CODE
DE
PROCÉDURE PÉNALE
2003

Litec
Groupe LexisNexis

CODE
DE
PROCÉDURE
PÉNALE

CODE DE PROCÉDURE PÉNALE 2003

Quinzième édition

La présente édition a été réalisée par

Gilbert AZIBERT
Magistrat
Directeur de l'École nationale de la magistrature
ancien Président de la Chambre de l'instruction
de la Cour d'appel de Paris
ancien conseiller référendaire à la Cour de cassation
ancien directeur de l'administration pénitentiaire

Litec
Groupe LexisNexis
Éditions du Juris-Classeur
141, rue de Javel - 75015 Paris

Textes à jour au 9 septembre 2002

Avertissement de l'éditeur

Toute utilisation ou traitement automatisé, par des tiers, de données personnelles pouvant figurer dans cet ouvrage sont formellement interdits.

DANGER

LE PHOTOCOPILLAGE TUE LE LIVRE

Le logo qui figure ci-dessus mérite une explication. Son objet est d'alerter le lecteur sur la menace que représente pour l'avenir de l'écrit, tout particulièrement dans les domaines du droit, de l'économie et de la gestion, le développement massif du photocopillage.

Le Code de la propriété intellectuelle du 1er juillet 1992 interdit en effet expressément la photocopie à usage collectif sans autorisation des ayants droit. Or, cette pratique s'est généralisée dans les établissements d'enseignement supérieur, provoquant une baisse brutale des achats de livres au point que la possibilité même pour les auteurs de créer des œuvres nouvelles et de les faire éditer correctement est aujourd'hui menacée.

ISBN 2-7111-3451-2 ISSN 0248-580X

AVERTISSEMENT

Quinzième édition

L'ouvrage comprend :
1° Le Code de procédure pénale proprement dit, mis à jour ;
2° Les annexes suivantes :
I – Droits de l'homme ;
II – Droit international humanitaire (Cour pénale internationale ; Tribunal international – ex-Yougoslavie ; Rwanda –) ;
III – Office européen de police (Convention Europol) ;
IV – Protocole de Sangatte ;
V – Extradition ;
VI – La Cour de justice de la République ;
VII – Juridictions pour mineurs ;
VIII – Législation militaire ;
IX – Code de l'organisation judiciaire.
3° Les textes complémentaires.

L'édition 2003 du Code de procédure pénale Litec, encore enrichie des textes et de la jurisprudence nationale et européenne, conserve le même objectif, répondre à l'attente des praticiens qui réclament un outil de travail sûr.

Le texte concernant la Cour pénale internationale a été intégré à la présente édition.

*
* *

Pour l'application des dispositions de la loi du 15 juin 2000, afin de faciliter les recherches, un tableau a été créé et se trouve en fin d'avertissement, après celui consacré aux textes de 1993.

Dans la première colonne figure, par ordre chronologique, la numérotation des articles du code, modifiés, remplacés ou créés, dans la seconde colonne celle des articles de la loi. En outre ce tableau est composé de plusieurs parties qui correspondent aux dates d'entrée en vigueur des textes.

*
* *

Sont reproduits, après la partie du code concernant les arrêtés, les articles 72 et 140 de la loi, ayant trait, respectivement, à la commission du suivi de la détention provisoire et au calendrier d'entrée en vigueur des articles.

*
* *

Le choix reste le même, quant à la jurisprudence, fournir aux utilisateurs la jurisprudence actualisée, d'où le très petit nombre d'arrêts de cours d'appel, la jurisprudence étant en effet constituée par les arrêts de la Cour de cassation.

Le premier tableau joint au présent avertissement, et qui figurait dejà dans les éditions précédentes devrait permettre de faciliter les recherches de correspondances au regard des importantes modifications législatives intervenues en 1993.

La colonne 1 contient dans un ordre chronologique, les numéros des articles du Code de procédure pénale (de droit positif) qui ont été modifiés, remplacés ou créés par la loi n. 93-1013 du 24 août 1993.

La consultation de cette colonne permet ainsi à l'utilisateur de savoir si le texte contenu dans le Code de procédure pénale est ou non concerné par la réforme.

La colonne 2 comporte, en regard de chaque numéro d'article du code contenu dans la colonne 1, le numéro de l'article de la loi n. 93-2 du 4 janvier 1993 qui l'avait, en son temps, modifié.

Enfin, dans la colonne 3 se trouve la numérotation des articles de la loi n. 93-1013 du 24 août 1993 modifiant ou remplaçant les articles du code dont la numérotation figure en colonne 1, modifiant ou abrogeant les articles de la loi du 4 janvier 1993 qui se trouvent dans la colonne 2 et créant de nouveaux articles du Code de procédure pénale.

Gilbert AZIBERT

Art. du CPP modifiés, remplacés ou créés	Art. L. n. 93-2, 4 janv. 1993	Art. L. n. 93-10 13, 24 août 1993	Art. du CPP modifiés, remplacés ou créés	Art. L. n. 93-2, 4 janv. 1993	Art. L. n. 93-1013, 24 août 1993	Art. du CPP modifiés, remplacés ou créés	Art. L. n. 93-2, 4 janv. 1993	Art. L. n. 93-1013, 24 août 1993
1	2	3	1	2	3	1	2	3
36	3	1	122	59, 236	19-I	187		38
59	161	20-I	135	61, 237	19-III	187-1		17
63	9	2-I	137		16-I	194	76	39
63-1	10	2-II	137-1	57, 235	18	207	70, 241	18, 40
63-2	10	2-III	141-2	62	19-II	212-1	49	36
63-3	10	2-IV, V, VI	145	64, 238	19-IV	385		78
63-4	10, 231	3	145-1	65, 239	19-V	392-1		35-V
65	12	4	145-2	66, 240	19-VI	398	58	18
69	13	6-I	148	183	35-III	570		41-I, II
72	14	6-II	152	188	14-I	571		41-III, IV
77	15	5-I				585-1		42
78-3	162	20-II	154	18	5-II, III, IV	609-1		43
80	22	7-I	156	38	8-IV	612-1		26
80-1	23	7-II	159	39	35-IV	802	82	27
80-2	23	7-III	164	25, 189	14-II			
				24				
80-3	23	7-III	167	40	8-V			
81	24	8-I	171	71	21-I			
82	26	16-II	172	71	21-II			
82-1	27	8-II, III	173	71	22			
83	19, 232	35-I	174	71	23			
86	28	9	175	72	24			
87	29	35-II	176	42	15-I			
89-1		10	177	43	15-II			
100-7		20-III	177-1	48	36			
104	30	11-I	178	73	37-I			
105	31	11-II	179	74	37-II			
114	32	12	181	75	15-III, IV			
116	34	13	183	190, 243	14-III, IV			
117	36	6-III	186	44, 234	15-V			

Art. CPP modifiés remplacés ou créés (ordre chronologique)	Art. L. 2000-516 15 juin 2000	Art. CPP modifiés remplacés ou crées (ordre chronologique)	Art. L. 2000-516 15 juin 2000	Art. CPP modifiés remplacés ou crées (ordre chronologique)	Art. L. 2000-516 15 juin 2000	Art. CPP modifiés remplacés ou crées (ordre chronologique)	Art. L. 2000-516 15 juin 2000
1	2	1	2	1	2	1	2
Application immédiate				Applic. 1er janv. 2001			
Art. préliminaire	1	709-1	123-I	41	3	138	132-V et 50-I
2-6	106	720-1-A	129	53-1	104-I		
2-17	105	721-1	119	56-1	44-I		
2-18	107	723-7	130	56-3	44-II	138-11e	51-I
2-19	108	729	126	62	4-I	138-15e	51-II
11	96-1	729-3	122	63	5-I		
15-2	17	731	123-II	63-1	7, 8, 9	141-2	132-VI
15-3	114	732	123-III	63-2	10		136-I
41	102	733	123-IV	63-4	11	141-3	61
	123-V	763-1	123-VI	63-5	6	142	51-III
				64	12		51-IV
75-1		763-8	123-VII	75	104-II		
75-2	15	800-2	88	77	13	142-2	51-V, 51-VI
81	2	803	93	77-2	73	142-3	51-VII
81-1	101			77-3		143-1	57
88-1	87-II	Applic. 16 déc. 2000		80-1	19	144	57
91	87-III	149-1	71-1	80-2	20-I	144-1	132-VII
				80-3	109	144-2	62
				81	50-II		
115	18	149-2	71-II	82	135	145	52, 96-II
			71-III			145-1	58
		149-3	71-IV	82-1	21-I	145-2	59, 132-VIII
				82-2	21-II		
		149-4	71-V	82-3	22-I	145-3	53
149	70-1			83	132-I	145-5	60
149-2	70-II			89-1	74-I et 29-II	146	54
177-1	96-III			96	44-III	147	55
177-2	97-I						
199	96-IV			101	31-II	148	56
212-1	96-V			102	31-III	148-1	136-II
227	16			104	131-I	152	131-III
344	110-I			105	131-II	153	4-II
							et 31-V
392-1	87-IV			109	31-IV		5-II et III
393-1	115				32-I	154	134
407	110-II			113-1 à 113-8	33	156	27-I
420-1	111					164	27-II
420-2	133-I			116	23	167	27-III
460-1	133-II			116-1	20-II	173	29-III
464	112			120	25	173-1	29-I
				121	26	174-1	30
583				122	132-II		
583-1	121			134	24	175	131-IV
618-1	113			135	132-III	175-1	74-II
626-1 à 626-7	89			136	132-IV	175-2	74-III
689-9	138			137-1 à	48	175-3	75
706-14	118			137-5		179	76

Art. CPP modifiés remplacés ou créés (ordre chronologique)	Art. L. 2000-516 15 juin 2000	Art. CPP modifiés remplacés ou créés (ordre chronologique)	Art. L. 2000-516 15 juin 2000	Art. CPP modifiés remplacés ou créés (ordre chronologique)	Art. L. 2000-516 15 juin 2000
1	2	1	2	1	2
Applic. 1er janv. 2001		Applic. 1er janv. 2001		Applic. 16 juin 2001	
181	82-I	345	37	215-2	77
183	84, 131-V	348	136-XII		
185	132-X	349-1	80-1	Applic. 16 juin 2002	
186	32-II, 82-II	351	136-XII	396	49-I
	132-XI	354	136-XIV	706-23	49-II
		356	80-II	706-24	49-III
186-1	22-11	359	79-V	706-28	49-IV
186-2	82-III	360	79-VI	706-29	49-V
187-2	64-I	361-1	80-III		
194	64-II	362	79-VII	Applic. 16 juin 2003	
197-1	34	367	85-I		
		370	136-XV	716	68
207	132-XII	374	85-II		
207-1	74-IV	380-1	81		
		à			
214	82-IV	380-15			
215	82-V	397-3	66		
215-1	82-VI	397-4	67		
217	28	408	38		
219	65	429	41		
231	79-I	442	39-II		
256	136-III	442-1	39-I		
260	136-IV	454	39-III		
		501	42		
266	136-V	513	43		
268	136-VII	594	136-XVI		
269	136-VIII	599	136-XVII		
272	82-VII	652	35		
272-1	82-VIII	698-6	136-XVIII		
273	136-IX	706-5	117		
		706-15	116		
289-1	136-VI	706-25	136-XIX		
		716-4	69		
		720-1	125-I		
296	79-II	722	125-III et IV		
297	79-III	722-1			
		et			
298	79-IV	722-2	125-V		
304	40	730	125-VI		
		732	125-VII		
312	36	733	125-VIII		
316	136-X	733-1	125-IX		
327	136-XI				

LISTE DES ABRÉVIATIONS

Ann.	Annexe
Act. lég. D.	Actualité législative Dalloz
Adde	Ajouter
Al.	Alinéa
Art.	Article
Ass. plén.	Assemblée plénière de la Cour de cassation
Bull. crim.	Bulletin des arrêts de la Chambre criminelle de la Cour de cassation
Bull. inf. C. cass.	Bulletin d'information de la Cour de cassation
Ch. mixte	Chambre mixte de la Cour de cassation
Ch. réun.	Chambres réunies de la Cour de cassation
Chron.	Chronique
Cass. 1re, 2e, 3e civ.	Chambre civile, 1, 2, 3, de la Cour de cassation
C.	Code
C. civ.	Code civil
C. com.	Code de commerce
CE	Conseil d'État
CGI	Code général des impôts
CIC	Code d'instruction criminelle
CJCE	Cour de justice des communautés européennes
C. pén.	Code pénal
C. proc. pén.	Code de procédure pénale
Cass. com.	Chambre commerciale de la Cour de cassation
Comp.	Comparer
Concl.	Conclusions
Cons. constit.	Conseil constitutionnel
Contra	En sens contraire
Cass. crim.	Chambre criminelle de la Cour de cassation
D., DA, DC, DH, DP, DS, inf. rap.	Recueil Dalloz, analytique, critique, hebdomadaire, périodique, Dalloz- Sirey, Informations rapides.
D., D.-L.	Décret, Décret-Loi
Dr. pénal	Revue mensuelle de droit pénal
Gaz. Pal.	Gazette du Palais
Infra	Voir plus bas
JCP	Juris-Classeur Périodique (Semaine juridique)
J.-Cl.	Juris-Classeur
JO	Journal officiel
Juris-Data	Éditions du Juris-Classeur-Gazette du Palais
L.	Loi
n.	Numéro
Not.	Notamment
Obs.	Observations
Ord.	Ordonnance
Préc.	Précité(e)
RAP	Règlement d'administration publique

Rec. dr. pén.	Recueil de droit pénal
Req.	Chambre des requêtes de la Cour de cassation
Rev. sc. crim.	Revue de science criminelle et de droit pénal comparé
Rev. soc.	Revue des sociétés
Rev. trim. dr. civ.	Revue trimestrielle de droit civil
Cass. soc.	Chambre sociale de la Cour de cassation
Somm.	Sommaire
Supra	Voir plus haut
TPI	Tribunal de première instance
Trib. confl.	Tribunal des conflits
Trib. corr.	Tribunal correctionnel
TGI	Tribunal de grande instance
Trib. pol.	Tribunal de police
V.	Voir
V°	Au mot

NB – Les arrêts des cours d'appel sont référencés par le seul nom de la ville, siège de la juridiction. Par ex. : Bordeaux 11 oct. 1978, Lyon 4 janv. 1980, ...

JURIS-CLASSEUR PÉRIODIQUE (OU SEMAINE JURIDIQUE)

PRÉSENTATION DES RÉFÉRENCES

Le premier nombre donne **le millésime** de l'année concernée.
Le second (en chiffres romains) indique **la partie** de la revue :

- I : articles de doctrine
- II : jurisprudence commentée ou annotée
- III : textes législatifs ou réglementaires
- IV : sommaires de jurisprudence, informations pratiques, bibliographies...
- Prat. : Pratique professionnelle (édition N depuis 1970).
- V : informations (édition G depuis 1992).

Le troisième nombre (numéro ou page) précise **la place de la référence** à l'intérieur de la partie.

Sans autre précision, dans le présent code, la référence concerne toujours l'édition **G (Générale).** S'il s'agit de l'édition **N (Notariale et immobilière)** ou **CI (Commerce et Industrie)** devenue **E (Entreprise),** il est indiqué : éd. N ou éd. CI (éd. E).

Exemples :

JCP 80, II, 19391, signifie : Juris-Classeur Périodique, année 1980, édition Générale, 2e partie, numéro 19391

JCP 78, IV, 109, signifie : Juris-Classeur Périodique, année 1978, édition Générale, 4e partie, page 109

À partir de 1992 :

JCP 92, IV, n. 109, signifie : Juris-Classeur Périodique, année 1992, édition Générale, 4e partie, **numéro** 109

JCP 80, éd. N, Prat., 7754, signifie : Juris-Classeur Périodique, année 1980, édition Notariale, Pratique professionnelle, numéro 7754

TABLE ANALYTIQUE

Loi n. 57-1426 du 31 décembre 1957
Ordonnance n. 58-1296 du 23 décembre 1958

Art. préliminaire *(L. n. 2000-516, 15 juin 2000, art. 1er).* **– I. – La procédure pénale doit être équitable et contradictoire et préserver l'équilibre des droits des parties.**

Elle doit garantir la séparation des autorités chargées de l'action publique et des autorités de jugement.

Les personnes se trouvant dans des conditions semblables et poursuivies pour les mêmes infractions doivent être jugées selon les mêmes règles.

II. – L'autorité judiciaire veille à l'information et à la garantie des droits des victimes au cours de toute procédure pénale.

III. – Toute personne suspectée ou poursuivie est présumée innocente tant que sa culpabilité n'a pas été établie. Les atteintes à sa présomption d'innoncence sont prévenues, réparées et réprimées dans les conditions prévues par la loi.

Elle a le droit d'être informée des charges retenues contre elle et d'être assistée d'un défenseur.

Les mesures de contraintes dont cette personne peut faire l'objet sont prises sur décision ou sous le contrôle effectif de l'autorité judiciaire. Elles doivent être strictement limitées aux nécessités de la procédure, proportionnées à la gravité de l'infraction reprochée et ne pas porter atteinte à la dignité de la personne.

Il doit être définitivement statué sur l'accusation dont cette personne fait l'objet dans un délai raisonnable.

Toute personne condamnée a le droit de faire examiner sa condamnation par une autre juridiction.

V. J. BUISSON, *Les présomptions de culpabilité : Procédures* déc. 1999, chron. 15 ; Danièle MAYER : DH 2001, chron. p. 1643.

Le droit au procès équitable et le droit de tout accusé à l'assistance d'un défenseur s'opposent à ce que la juridiction juge un prévenu non comparant et non excusé sans entendre l'avocat présent à l'audience pour assurer sa défense (Cass. crim., 16 mai 2001 : *Bull.* 127).

TITRE PRÉLIMINAIRE. – DE L'ACTION PUBLIQUE ET DE L'ACTION CIVILE

Art. 1er. – L'action publique pour l'application des peines est mise en mouvement et exercée par les magistrats ou par les fonctionnaires auxquels elle est confiée par la loi.

Cette action peut aussi être mise en mouvement par la partie lésée, dans les conditions déterminées par le présent code.

V. J.-L. POISOT, *Action publique et action civile : J.-Cl. Proc. pén.*, art. 1er.

1) L'action publique ne peut être valablement exercée qu'autant que le fait poursuivi est qualifié crime, délit ou contravention par une disposition de la loi pénale (Cass. crim., 12 déc. 1972 : *Bull.* 386).

L'action publique est valablement mise en mouvement par le réquisitoire introductif du procureur de la République alors même que la constitution de partie civile aurait été déclarée irrecevable ; il n'en serait autrement que si cette mise en mouvement était subordonnée au dépôt d'une plainte préalable (Cass. crim., 8 nov. 1983 : *Bull.* 290. – 26 avr. 1983 : *Bull.* 114).

Encourt la censure l'arrêt de la cour d'appel qui prononce à l'encontre de l'inculpé une peine d'emprisonnement pour des infractions cambiaires, poursuivies sur la seule citation de l'administration des douanes, en l'absence de mise en mouvement de l'action publique par le ministère public (Cass. crim., 10 mai 1989 : *Bull.* 187).

2) L'action civile ne met pas en mouvement l'action publique si elle n'est pas légalement introduite, dès lors, la cour d'appel ne saurait évoquer et statuer au fond (Cass. crim., 30 avr. 1968 : *Bull.* 133) ; une plainte non assortie d'une constitution de partie civile n'est pas un acte d'instruction ou de poursuite même dans les matières, comme les infractions à la réglementation des changes, où la plainte de l'administration est la condition préalable et nécessaire de la mise en mouvement de l'action publique (Cass. crim., 10 mai 1972 : *Bull.* 167).

3) Dans le cadre des poursuites devant être exercées, en application de l'article 15, alinéa 2, de la loi du 12 avr. 1943, à la diligence du secrétaire d'État chargé des Beaux-Arts ou du préfet, en présence d'une plainte signée pour le préfet par le secrétaire général, une cour d'appel saisie d'une exception tirée de l'irrégularité de la plainte doit rechercher si la signature du secrétaire général a été apposée dans l'un des cas prévus par le décret du 24 juin 1950 (Cass. crim., 10 mars 1965 : *Bull.* 71).

Art. 2. – L'action civile en réparation du dommage causé par un crime, un délit ou une contravention, appartient à tous ceux qui ont personnellement souffert du dommage directement causé par l'infraction.

(Ord. n. 58-1296, 23 déc. 1958) **La renonciation à l'action civile ne peut arrêter, ni suspendre l'exercice de l'action publique, sous réserve des cas visés à l'alinéa 3 de l'article 6.**

V. L. BORÉ, *Action civile exercée devant les tribunaux répressifs-généralités : J.-Cl. Proc. pén.*, art. 2 à 3, Fasc. 10, – *recevabilité,* Fasc. 20. – *Action civile des groupements,* Fasc. 30. – J.-H. ROBERT, *L'exercice, par mandataire, de l'action civile devant les juridictions répressives : Dr. pénal* 1993, chron. 33. – *Dr. pénal* 1995 ; avr. 1995 ; *Le dévoiement pénal ;* V. not. p. 14, *Le Procureur : L'éparpillement et la privatisation de l'Action Publique.*

V. Textes complémentaires, L. n. 91-2 du 3 janv. 1991 (protection de la nature). – L. n. 95-101 du 2 février 1995 (protection de l'environnement).

FONDEMENT – INFRACTION

1) La juridiction correctionnelle n'est compétente pour statuer sur une demande de dommages-intérêts qu'autant que le préjudice allégué a sa source dans l'infraction dont elle est saisie (Cass. crim., 6 févr. 1978 : *Bull.* 42) ; ainsi, en matière de détournement d'objets saisis, le préjudice résultant du délit ne saurait être confondu avec la créance préexistante que garantissait la saisie (Cass. crim., 13 nov. 1969 : *Bull.* 296) ; et une société est sans qualité pour se constituer partie civile en raison de la séquestration de ses dirigeants (Cass. crim., 12 mars 1985 : *JCP* 85, IV, 185 ; *Bull.* 107).

Les tribunaux répressifs ne sont compétents pour connaître d'une action civile en réparation d'un dommage provenant d'un délit qu'accessoirement à l'action publique. Ils sont dès lors, incompétents pour se prononcer sur la demande formée, en leur nom personnel, par les héritiers d'une victime de blessures involontaires, soutenant que le décès de leur auteur est la conséquence des blessures par lui subies, alors qu'avant la mort de celui-ci il a été statué sur l'action publique, engagée du chef de blessures involontaires, par une décision devenue définitive à leur égard (Cass. crim., 1er déc. 1980 : *Bull.* 323).

La juridiction répressive reste compétente pour statuer sur les intérêts civils, lorsqu'elle en a été régulièrement saisie avant l'abrogation de la loi pénale (Cass. crim., 6 févr. 1989 : *Bull.* 45).

PRÉJUDICE DIRECT PERSONNEL, CERTAIN

2) Il ne résulte d'aucun texte que l'appréciation du bien-fondé d'une exception d'irrecevabilité d'une partie civile doive être préalable à la poursuite des débats sur l'action publique (Cass. crim., 1er oct. 1997 : *Bull.* 320).

Il résulte des dispositions des articles 2 et 3 du Code de procédure pénale que les proches de la victime d'une infraction de blessures involontaires sont recevables à rapporter la preuve d'un dommage dont ils ont personnellement souffert et découlant directement des faits, objet de la poursuite (Cass. crim., 9 févr. 1989 : *Bull.* 63. – 21 mars 1989, *Bull.* 137).

Si la réparation dont est tenu l'auteur d'un fait dommageable doit être égale à la totalité du préjudice subi, elle ne saurait cependant la dépasser (Cass. crim., 8 déc. 1993 : *Bull.* 376).

3) L'action civile qui tend à la réparation d'un préjudice découlant directement d'une infraction peut être portée devant le juge répressif à l'occasion des poursuites pénales dirigées contre l'auteur de cette infraction (Cass. crim., 22 févr. 1996 : *Bull.* 88).

L'exercice de l'action civile devant les tribunaux de répression est un droit exceptionnel qui, en raison de sa nature, doit être strictement renfermé dans les limites fixées par le Code de procédure pénale ; aux termes de l'article 2 dudit code, l'action civile en réparation du dommage causé par un crime ou un délit n'appartient qu'à ceux qui ont personnellement souffert du dommage causé directement par l'infraction (Cass. crim., 5 févr. 1970 : *Bull.* 52. – 18 janv. 1982 : *Bull.* 14. – Cass. ass. plén. 12 janv. 1979 : *JCP* 80, II, 19335, rapp. Ponsard, obs. Cartier), sans exclure les personnes morales de droit public (Cass. crim., 27 nov. 1996 : *Bull.* 431).

Le juge correctionnel n'est compétent pour prononcer une condamnation à des dommages-intérêts qu'autant que cette condamnation est fondée sur un préjudice certain, qui trouve directement sa source dans l'infraction (Cass. crim., 10 déc. 1970 : *Bull.* 333. – Cass. crim., 26 juin 1978 : *Bull.* 212). Encourt la censure l'arrêt qui, pour déclarer irrecevable l'action de particuliers qui allèguent un préjudice personnel résultant de l'exercice illégal de la profession d'expert-comptable par le gérant d'une société, se borne à énoncer que ce délit ne peut porter atteinte qu'à l'intérêt général et à celui de la profession d'expert-comptable (Cass. crim., 12 juill. 1994 : *Bull.* 275).

En cas de décès, en cours d'instance, de la victime d'une infraction, le droit à réparation se transmet aux héritiers du défunt mais le préjudice résultant de la seule incapacité permanente de travail de la victime ne doit être apprécié par les juges qu'en fonction du temps écoulé jusqu'à la date du décès (Cass. crim., 15 juin 1994 : *Bull.* 237).

N'est pas recevable l'action civile d'une association cultuelle, qui entend se constituer partie civile à raison d'un délit de tromperie sur la qualité substantielle de la marchandise vendue ayant consisté en la vente sous la qualification de « cachère » de viandes qui n'auraient pu recevoir cette appellation, dès lors que ladite association n'a pas été en relations contractuelles avec les auteurs du délit allégué et n'en a pas été elle-même la victime (Cass. crim., 13 déc. 1988 : *Bull.* 424).

La juridiction répressive est incompétente pour rechercher si le civilement responsable, cité en cette qualité, a commis une faute personnelle au sens de l'article 1382 du Code civil (Cass. crim., 7 nov. 1990 : *Bull.* 370).

4) Est à bon droit déclarée irrecevable la constitution de partie civile d'un transporteur fondant sa demande, en réparation du préjudice que lui aurait causé l'auteur d'une infraction à la coordination des transports, sur l'inexécution d'une obligation contractuelle (Cass. crim., 16 mai 1961 : *Bull.* 267) ; c'est à tort que les juges déclarent recevables : les demandes de dommages-intérêts formées, en leur nom personnel, par le conjoint et le fils de la victime d'un délit de blessures involontaires (Cass. crim., 5 juill. 1967 : *Bull.* 203. – 15 févr. 1972 : *Bull.* 58), ou par une banque lorsque la poursuite et la condamnation sont intervenues à l'occasion de divers délits commis par un employé de cet établissement au préjudice de clients nommément désignés (Cass. crim., 6 oct. 1976 : *Bull.* 281), ou par une société de produits pharmaceutiques contre un arrêt ayant relaxé un prévenu d'exercice illégal de la pharmacie (Cass. crim., 3 nov. 1960 : *Bull.* 502). En cas de poursuites du chef de délit d'ingérence, ne saurait être déclarée recevable la constitution de partie civile d'une personne qui n'a pas été personnellement et directement lésée par l'infraction (Cass. crim., 2 févr. 1982 : *Bull.* 35) ; doit être cassé l'arrêt qui déclare l'Office national de la chasse recevable en sa constitution de partie civile au motif qu'il subit nécessairement un préjudice lorsque ses agents sont atteints dans l'exercice de leur mission (Cass. crim., 17 avr. 1985 : *JCP* 85, IV, 223. – *Bull.* 148) ; une escroquerie commise au préjudice d'une région ne cause de préjudice direct qu'à celle-ci, les citoyens et les contribuables de cette collectivité publique n'éprouvant qu'un préjudice indirect (Cass. crim., 16 janv. 1990 : *Bull.* 24).

La chambre régionale des huissiers de justice n'est pas recevable à se constituer partie civile dans une poursuite exercée à l'occasion de violences dont a été victime un huissier de justice dans l'exercice de ses fonctions (Cass. crim., 14 nov. 1996 : *Bull.* 407 ; *JCP* 97, II, 22850, note Boré).

Un crime ou un délit commis au préjudice d'une commune ne lèse directement que celle-ci. Les contribuables de cette commune n'éprouvent qu'un préjudice indirect, et hors le cas prévu par l'article L. 316-5 du Code des communes, ne sont pas recevables à se constituer partie civile devant les juridictions répressives (Cass. crim., 9 févr. 1993 : *Bull.* 66).

5) En revanche, une cour d'appel a pu admettre que, du fait des soustractions frauduleuses, commises à son préjudice, d'objets dont elle avait la charge et la responsabilité, la SNCF a subi un dommage direct de nature à donner ouverture à l'action civile (Cass. crim., 3 juill. 1979 : *Bull.* 236) ; sont également recevables et fondées dans leur action civile, les sociétés productrices, la Fédération nationale des distributeurs et la SACEM du seul fait de la contrefaçon, même en l'absence du délit de représentation illicite, non retenu contre les prévenus (Cass. crim., 2 déc. 1964 : *Bull.* 320) ; les enfants et les petits-enfants de victimes d'homicides involontaires ont un droit propre à obtenir l'indemnisation du préjudice moral né directement pour eux de la mort de leur ascendant (Cass. crim., 15 oct. 1979 : *Bull.* 277) ; sont également recevables les parcs nationaux, en réparation du préjudice personnel et direct résultant de l'atteinte portée, par des infractions à la police de la chasse, aux intérêts qu'ils ont la charge de préserver (Cass. crim., 8 mars 1995 : *Bull.* 93. – Cass. crim., 7 avr. 1995 : *Bull.* 69). Subit un préjudice direct et personnel le conjoint d'une personne victime d'une escroquerie portant sur des fonds provenant de la communauté de biens des époux (Cass. crim., 9 juill. 1996 : *Bull.* 287). Justifie sa décision la cour d'appel qui accorde à un office public d'habitations à loyers modérés (OPDHLM), constitué partie civile dans les poursuites pénales exercées contre son directeur général des chefs de corruption passive de fonctionnaire et d'abus de confiance, la réparation du préjudice moral personnel que subit cet organisme, du fait des infractions commises (Cass. crim., 18 déc. 1996 : *Bull.* 474).

L'abus de confiance peut préjudicier et ouvrir des droits à réparation, non seulement aux propriétaires, mais encore aux détenteurs des deniers détournés ; ainsi une banque, en sa qualité de détentrice de deniers détournés par son préposé, est fondée à invoquer un préjudice direct dont elle doit être dédommagée (Cass. crim., 8 janv. 1998 : *Bull.* 7).

Si le délit d'exercice d'une activité de transporteur public de voyageurs sans être inscrit à un plan ou à un registre correspondant à l'activité concernée, sanctionné par l'article 25-II-A de la loi de finances du 14 avril 1952 modifiée, et celui d'exercice sans licence d'une activité relative à l'organisation de voyages ou de séjours, prévu et réprimé par l'article 13 de la loi du 11 juillet 1975, repris par l'article 29 de la loi du 13 juillet 1992, portent atteinte à l'intérêt général, ils peuvent également causer à des particuliers un préjudice direct et personnel de nature à servir de fondement à l'action civile devant la juridiction répressive.

Encourt, dès lors, la censure la cour d'appel qui, à l'occasion de poursuites fondées sur les textes susvisés, déclare irrecevable l'action civile engagée par des membres des professions concernées, invoquant le manque à gagner résultant pour eux de l'exercice illicite de ces activités concurrentielles (Cass. crim., 27 févr. 1996 : *Bull.* 96).

Il résulte des articles 2 et 3 du Code de procédure pénale que les proches de la victime d'une infraction sont recevables à rapporter la preuve d'un dommage dont ils ont personnellement souffert et qui découle des faits, objet de la poursuite ; encourt, dès lors, la cassation l'arrêt de la cour d'assises, qui, pour déclarer irrecevable la constitution de partie civile faite au nom d'un enfant, né des relations incestueuses imposées par un père à sa fille mineure, se borne à énoncer que l'enfant « n'est pas la victime du viol commis sur la personne de sa mère et qu'il ne subit aucun préjudice découlant de cette infraction » (Cass. crim., 4 févr. 1998 : *Bull.* 43 ; *Dr. pénal* 1998, n. 104, note A. Maron).

Selon les articles 2 et 3 du Code de procédure pénale, le droit d'exercer l'action civile devant la juridiction pénale n'appartient qu'à ceux qui ont personnellement souffert du dommage directement causé par l'infraction ; méconnaît ces dispositions la cour d'appel qui, dans des poursuites engagées sur le fondement des articles R. 237-7 et R. 237-8 du Code du travail du chef d'absence d'analyse des risques, admet la recevabilité de l'action civile des salariés au motif que cette infraction a été directement la cause de l'incendie ayant détruit les locaux où ils étaient employés, alors qu'elle n'était pas la cause directe du préjudice invoqué par eux, lié à la perte de leur emploi (Cass. crim., 13 mars 2001 : *Bull.* 62).

6) L'intervention d'une partie civile peut n'être motivée que par le souci de corroborer l'action publique et d'obtenir que soit établie la culpabilité du prévenu (Cass. crim., 15 mars 1977 : *Bull.* 94) (V. également obs. Chambon : *JCP* 74, II, 17632, sous Aix-en-Provence 23 mai 1973), quand bien même l'action en réparation est de la compétence de la juridiction administrative ; la partie civile qui joint son action au ministère public doit justifier des mêmes conditions de recevabilité que celles exigées par l'article 2 (Cass. crim., 3 janv. 1970 : *Bull.* 8).

PRÉJUDICE ÉVENTUEL

7) L'action civile ne peut être exercée devant la juridiction répressive que pour la réparation d'un préjudice qui trouve directement sa source dans l'infraction poursuivie, et qui n'est pas purement éventuel. Encourt la cassation l'arrêt qui, d'une part, a fait droit aux demandes de l'administrateur provisoire d'une société civile tendant à la réparation des escroqueries commises par le gérant de cette société, alors que ces escroqueries n'ont causé un préjudice direct qu'aux souscripteurs de parts et non pas à la société elle-même et qui, d'autre part, a accordé à ce même administrateur ès qualités, la réparation des frais éventuels que la société pourrait être amenée à supporter en raison d'actions en responsabilité susceptibles d'être dirigées contre elle dans l'avenir (Cass. crim., 7 janv. 1975 : *Bull.* 2).

PERTE D'UNE CHANCE

8) L'élément de préjudice constitué par la perte d'une chance peut présenter en lui-même un caractère direct et certain chaque fois qu'est constatée la disparition, par l'effet du délit, de la probabilité d'un événement favorable, encore que par définition, la réalisation d'une chance ne soit jamais certaine (Cass. crim., 4 déc. 1996 : *Bull.* 445).

Encourt dès lors la cassation : l'arrêt qui, tout en admettant la disparition, du fait d'un délit d'homicide involontaire, d'une possibilité de changement favorable de situation pour la victime de cette infraction, refuse de prendre en considération cet élément de préjudice allégué par la veuve au motif que, rien ne permettant d'affirmer que la victime aurait accepté cette nouvelle situation, il s'agissait d'un préjudice éventuel, sans que les juges se soient expliqués sur le point de savoir si, en raison du degré de probabilité dudit événement, il y avait ou non en l'occurrence perte effective d'une chance sérieuse d'amélioration des ressources professionnelles de ladite victime (Cass. crim., 15 juin 1982 : *Bull.* 159) ; l'arrêt qui après avoir admis la disparition, du fait du délit retenu, d'une telle chance, en refuse l'indemnisation au motif qu'il n'est pas certain que cette chance se serait réalisée ; et l'arrêt qui sans rechercher si comme le soutenait la partie civile, la victime décédée d'un délit n'était pas appelée, en sa qualité d'agent d'EDF, à être nommée prochainement en avancement, et, ainsi, à percevoir à brève échéance, un salaire supérieur à celui qui lui était payé à la date de son décès, refuse l'indemnisation d'une telle perte de chance, au motif qu'il n'est pas certain que cette chance se serait réalisée (Cass. crim., 18 mars 1975 : *Bull.* 79. – Cass. crim., 9 oct. 1975 : *Bull.* 212).

IRRECEVABILITÉ

9) L'exception d'irrecevabilité est d'ordre public (Cass. crim., 1er févr. 1978 : *Bull.* 40) ; elle peut être relevée d'office en tout état de la procédure, même devant la Cour de cassation, et dans ce cas entraîne l'irrecevabilité du pourvoi de la partie civile (Cass. crim., 16 déc. 1975 : *Bull.* 278).

10) Si le comité d'entreprise jouit de la personnalité civile, et peut ester en justice, il ne tient cependant d'aucune disposition de la loi le droit d'exercer les pouvoirs de la partie civile sans avoir à justifier d'un préjudice personnel découlant directement de l'infraction poursuivie (Cass. crim., 7 juin 1983 : *Bull.* 172) ; la demande de dommages-intérêts formée, en leur

nom personnel, par les parents de la victime d'un délit de blessures involontaires, est irrecevable devant le juge pénal (Cass. crim., 24 janv. 1979 : *Bull.* 34).

11) Une commune ne peut se constituer partie civile pour obtenir la réparation du préjudice causé par une contravention à un arrêté municipal, la sanction de l'inobservation de ces arrêtés étant assurée exclusivement par l'action du ministère public (Cass. crim., 16 janv. 1975 : *Bull.* 20) ; un syndicat hôtelier n'est pas recevable en sa constitution de partie civile à l'occasion d'infraction aux dispositions du Code des débits de boissons relatives aux zones protégées, ces dispositions ayant été édictées dans le seul intérêt de la moralité publique (Cass. crim., 4 juin 1973 : *Bull.* 248).

12) Est irrecevable à se constituer partie civile à raison d'un faux en écritures commis dans un procès-verbal constatant les résultats d'un scrutin électoral, l'électeur qui, n'étant pas lui-même candidat à l'élection contestée, ne se prévaut que d'un préjudice indirect et d'ailleurs hypothétique (Cass. crim., 23 mai 1977 : *Bull.* 182) ; est irrecevable en sa constitution de partie civile à l'occasion de la poursuite d'une contravention de chasse à l'aide de moyens prohibés, la Ligue française pour la protection des oiseaux qui ne justifie pas d'un préjudice personnel distinct du préjudice social dont la poursuite est confiée au ministère public (Cass. crim., 10 nov. 1976 : *JCP* 77, II, 18709, obs. Mireille Delmas-Marty).

Est également irrecevable, la personne qui prétend se constituer partie civile à raison d'un trafic d'influence, dès lors que les faits poursuivis résulteraient d'un concert frauduleux formé par cette partie avec l'inculpé et de leurs agissements communs (Cass. crim., 13 juin 1978 : *Bull.* 194).

Après la condamnation pénale d'un prévenu du chef de blessures involontaires, si la victime décède avant l'achèvement d'une expertise médicale, ses ayants droit ne peuvent que continuer l'instance introduite par leur auteur en réparation du préjudice subi par lui, et ne peuvent demander, en leur nom personnel, à la juridiction correctionnelle, la réparation du préjudice résultant pour eux du décès (Cass. crim., 11 juill. 1978 : *Bull.* 227) ; le préfet qui exerce l'action récursoire contre un instituteur n'invoque pas un préjudice résultant directement de l'infraction, dès lors que le dommage allégué trouve sa source dans l'application de la loi substituant la responsabilité de l'État à celle des membres de l'enseignement (Cass. crim., 24 mai 1973 : *Bull.* 238) ; mais n'encourt pas la cassation l'arrêt qui reçoit la constitution de partie civile d'une commune pour la réparation du préjudice résultant de dégradations causées à un chemin public (Cass. crim., 18 oct. 1983 : *Bull.* 248).

L'ordre des avocats n'est pas recevable à intervenir dans une poursuite exercée à l'occasion du crime de tentative d'homicide volontaire et des délits de séquestration arbitraire, dégradation volontaire de bien immobilier, violences ou voies de fait aggravées dont a été victime un avocat inscrit à l'ordre (Cass. crim., 5 févr. 1992 : *Bull.* 54 ; *Rev. sc. crim.* 1993, 129, obs. Braunschweig).

Dans des poursuites exercées pour diffamation publique envers les cours et tribunaux, le garde des Sceaux, qui ne souffre pas personnellement du dommage causé par l'infraction, ne tient d'aucune disposition spéciale le pouvoir de se constituer partie civile pour obtenir réparation du préjudice causé à des magistrats et à une juridiction ; encourt la cassation, l'arrêt d'une cour d'appel, qui a octroyé au garde des Sceaux un franc de dommages-intérêts, après avoir accueilli sa constitution de partie civile (Cass. crim., 15 déc. 1998 : *Bull.* 340).

Le conseil départemental de l'Ordre des médecins n'est pas recevable à intervenir dans une poursuite exercée à l'occasion du délit de violences avec arme dont a été victime un médecin inscrit à l'Ordre (Cass. crim., 5 juin 1996 : *Bull.* 236).

L'auteur d'une infraction n'est pas recevable à se constituer partie civile à l'encontre des personnes qui l'auraient incité à commettre celle-ci, en alléguant le préjudice que lui auraient causé sa déclaration de culpabilité et sa condamnation (Cass. crim., 28 oct. 1997 : *Bull.* 353).

Désistement – Transaction

13) Devant les juridictions pénales et tant qu'il n'a pas été statué au fond, le désistement de l'action civile est régi par les seuls articles 2, 425 et 426 du Code de procédure pénale qui n'exigent, pour qu'il en soit donné acte, aucun accord de la personne contre qui cette action a été dirigée (Cass. crim., 4 juill. 1983 : *Bull.* 211) ; le juge pénal a qualité pour apprécier la valeur d'une transaction intervenue entre le prévenu et la partie civile et proposée comme moyen de défense (Cass. crim., 5 nov. 1969 : *Bull.* 286) ; déclare à bon droit recevable l'action civile de la victime ayant accepté une transaction par laquelle elle renonçait à exercer tout recours, l'arrêt qui constate que la partie civile s'est méprise sur la nature et l'étendue de ses droits et qui, par une appréciation souveraine, considérant que cette erreur a été la cause déterminante de cette renonciation à poursuivre l'exercice de ces mêmes droits, décide que cette transaction est affectée d'un vice du consentement, le privant de tout effet juridique quant à la recevabilité de l'action civile (Cass. crim., 24 mai 1960 : *Bull.* 275. – 7 juin 1968 : *Bull.* 182).

Le désistement de la partie civile dont la plainte a provoqué des poursuites pour abus de confiance est sans effet sur la poursuite de l'action publique (Cass. crim., 30 mai 1960 : *Bull.* 298). Le désistement de l'action civile est sans incidence sur l'action publique régulièrement mise en mouvement (Cass. crim., 18 oct. 1989 : *Bull.* 367).

14) Les juges ne peuvent évaluer le montant du dommage à une somme différente de celle qui résulterait de l'accord des parties ; encourt dès lors la cassation l'arrêt qui, saisi de conclusions faisant état d'une transaction entre les parties, s'abstient de vérifier la réalité de son existence et évalue le dommage sans en tenir compte (Cass. crim., 17 oct. 1989 : *Bull.* 362).

Associations

15) Sauf dispositions légales contraires, l'action civile d'une association n'est recevable qu'autant qu'elle a été personnellement lésée par le crime ou le délit imputé au prévenu (Cass. crim., 27 mai 1975 : *Bull.* 133. – 22 nov. 1978 : *Bull.* 325).

16) Si les ligues anti-alcooliques reconnues d'utilité publique tiennent de la loi le pouvoir d'exercer les droits reconnus à la partie civile relativement aux faits contraires aux dispositions du Code des débits de boissons, les demandes d'une telle ligue tendant à l'attribution de dommages-intérêts ne sauraient pourtant être accueillies qu'autant qu'il est justifié d'un préjudice direct (Cass. crim., 27 juin 1978 : *Bull.* 215), et que les juges ont précisé la nature du dommage causé par l'infraction à la partie civile (Cass. crim., 23 juin 1983 : *Bull.* 195) ; pour être déclarée recevable en sa constitution, une fédération d'associations de pêche et de pisciculture doit justifier d'un préjudice personnel et direct, et ne saurait fonder ses droits sur ceux des associations fédérées (Cass. crim., 22 juill. 1964 : *Bull.* 242) ; une fédération départementale de chasseurs ne saurait, à l'occasion d'un délit de chasse, obtenir le remboursement des dépenses occasionnées par l'enquête diligentée par les gardes fédéraux, par le travail qui leur incombe du fait du lâcher d'animaux et par celui qu'ils n'ont pu effectuer du fait de l'enquête (Cass. crim., 31 janv. 1968 : *Bull.* 29) ; ni prétendre à des dommages-intérêts à l'occasion d'une infraction de chasse avec engins prohibés (Cass. crim., 8 févr. 1995 : *Bull.* 56 ; *D.* 1996, 96, note D. Guihal) ; l'organisation d'une campagne de publicité illicite en faveur d'une boisson alcoolique contrarie les efforts du comité de défense contre l'alcoolisme et lui cause ainsi un préjudice direct, distinct du préjudice social (Cass. crim., 23 juin 1983 : *Bull.* 196) ; n'a pas subi un préjudice personnel prenant directement sa source dans l'infraction poursuivie une association, n'entrant pas dans les prévisions des articles 2-1 et suivants du Code de procédure pénale qui a pour objectif la lutte contre les accidents de la circulation et dont le préjudice allégué n'est pas distinct du préjudice social dont la réparation est assurée par l'exercice même de l'action publique (Cass. crim., 12 avr. 1988 : *Bull.* 146) ; tel est également le cas d'une association ayant pour objet le respect du suffrage universel (Cass. crim., 6 mars 1990 : *Bull.* 104).

Les associations agréées de consommateurs tiennent de l'article 1er de la loi du 5 janvier 1988, devenu l'article L. 421-1 du Code de la consommation, le pouvoir d'exercer les droits reconnus à la partie civile relativement aux faits portant préjudice à l'intérêt collectif des consommateurs (Cass. crim., 6 juill. 1994 : *Bull.* 267. – Cass. crim., 30 janv. 1995 : *Bull.* 37).

17) Par dérogation aux principes généraux de la procédure pénale, l'article 46 de la loi du 27 décembre 1973 admet les associations ayant pour objet statutaire la défense des consommateurs et agréées à cette fin, à exercer, devant toutes les juridictions, l'action civile relative aux faits portant préjudice même indirect à l'intérêt collectif des consommateurs (Cass. crim., 17 juin 1981 : *Bull.* 210. – 31 janv. 1983 : *Bull.* 38).

Ordres professionnels

18) L'article L. 375 du Code de la santé publique confère aux conseils de l'ordre et aux chirurgiens-dentistes la faculté de se porter partie civile dans la poursuite exercée par le ministère public pour exercice illégal de l'art dentaire (Cass. crim., 25 janv. 1962 : *Bull.* 67) ; ce texte confère également à l'ordre départemental des médecins et aux syndicats de médecins, en matière d'exercice illégal de la médecine, le droit de saisir les tribunaux par voie de citation directe, sans préjudice de se constituer, s'il y a lieu, partie civile, dans toute poursuite intentée par le ministère public, et le Conseil national de l'ordre des pharmaciens peut, aux termes de l'article 538 du même code, se constituer partie civile relativement aux faits portant préjudice direct ou indirect à l'intérêt collectif de la profession pharmaceutique (Cass. crim., 7 févr. 1962 : *Bull.* 85) ; mais la Chambre départementale des huissiers n'est pas recevable à intervenir dans une poursuite n'est pas recevable à intervenir dans une poursuite exercée à l'occasion de délits de rébellion et de menaces de mort à l'encontre d'un huissier dans l'exercice de ses fonctions (Cass. crim., 29 juin 1971 : *Bull.* 212).

L'ordre des avocats n'est pas recevable à intervenir dans une poursuite exercée à l'occasion du crime de tentative d'homicide volontaire et des délits de séquestration arbitraire, dégradation volontaire de bien immobilier, violences ou voies de fait aggravées dont a été victime un avocat inscrit à l'ordre (Cass. crim., 5 févr. 1992 : *Bull.* 54) ; en revanche, l'Ordre des avocats est recevable à se constituer partie civile en réparation du préjudice causé aux intérêts collectifs de la profession, notamment par le port illégal du costume d'avocat (Cass. crim., 5 nov. 1997 : *Bull.* 377).

À défaut de dispositions spéciales contraires, le Conseil régional des notaires n'est pas fondé à obtenir, devant la juridiction répressive, – saisie du chef d'infractions qui, commises par un notaire, n'ont causé de préjudice direct qu'aux personnes auxquelles appartiennent les sommes détournées, – le remboursement des sommes exposées en exécution de ses obligations légales, le préjudice subi par cet organisme étant nécessairement indirect (Cass. crim., 16 mars 1994 : *Bull.* 102).

S'il est vrai que le délit d'exercice illégal de la profession d'expert-comptable prévu et réprimé par les articles 2 et 20 de l'ordonnance du 19 septembre 1945 porte atteinte à l'intérêt général, il peut aussi causer à des particuliers un préjudice personnel de nature à servir de fondement à une action civile devant la juridiction répressive. Encourt, dès lors, la censure l'arrêt qui, pour déclarer irrecevable l'action de particuliers qui allèguent un préjudice personnel résultant de l'exercice illégal de la profession d'expert-comptable par le gérant d'une société, se borne à énoncer que ce délit ne peut porter atteinte qu'à l'intérêt général et à celui de la profession d'expert-comptable (Cass. crim., 12 juill. 1994 : *Bull.* 275).

Syndicats

19) Un syndicat professionnel n'est recevable à se porter partie civile que pour la défense des intérêts de la profession. Il ne tient d'aucune disposition de la loi le droit de poursuivre la réparation du trouble que porte une infraction aux intérêts généraux de la société, cette réparation étant assurée par l'exercice même de l'action publique (Cass. crim., 8 déc. 1987 : *Bull.* 452).

Un syndicat professionnel ne saurait être partie civile à la procédure suivie contre un membre de la profession pour une infraction en rapport avec celle-ci, dès lors que la seule mise en examen de l'intéressé n'est pas de nature à causer un préjudice aux intérêts collectifs défendus par le syndicat ; en effet, les syndicats n'ont qualité pour agir que lorsque le litige soulève une question de principe dont la solution, susceptible d'avoir des conséquences pour l'ensemble de leurs adhérents, est de nature à porter un préjudice, même indirect, à l'intérêt collectif de la profession (Cass. crim., 16 févr. 1999 : *Bull. inf. C. cass.*, n. 498 ; *Bull.* 18).

20) Aux termes de l'article L. 411-11 du Code du travail, les syndicats professionnels peuvent au nom de la profession qu'ils représentent, exercer tous les droits reconnus à la partie civile quand les faits déférés au juge portent un préjudice direct ou indirect à l'intérêt collectif de ladite profession (Cass. crim., 9 juill. 1982 : *Bull.* 184 ; *JCP* 83, II, 20046. – Cass. crim., 22 déc. 1987 : *Bull.* 484 ; *Gaz. Pal.* 10-11 août 1988, p. 8, note Doucet) ; par exemple, un syndicat de salariés a qualité pour exercer les droits de la partie civile relativement à une infraction aux dispositions de l'article L. 221-5 du Code du travail, selon lesquelles le repos hebdomadaire doit être donné le dimanche, en invoquant le préjudice porté à l'intérêt collectif de la profession qu'il représente (Cass. crim., 23 juill. 1980 : *Bull.* 222) ; la violation de la réglementation de la médecine du travail qui a pour objet essentiel la protection de la santé du personnel des entreprises, peut être de nature à préjudicier à l'intérêt collectif de la profession (Cass. crim., 9 mai 1978 : *Bull.* 145) ; un syndicat professionnel peut valablement se constituer partie civile dans une procédure suivie du chef d'homicide et blessures involontaires, dès lors que les imprudences et négligences retenues comme élément constitutif de l'infraction ont eu pour résultat de compromettre la sécurité des travailleurs et de causer ainsi un préjudice aux intérêts collectifs de la profession que ces syndicats représentent, ce préjudice étant distinct du dommage subi par les victimes ou leurs ayants droit et de l'atteinte portée à l'intérêt général (Cass. crim., 3 déc. 1981 : *Bull.* 323. – Cass. crim., 23 nov. 1982 : *Bull.* 264). Le fait de licencier un salarié à raison de son appartenance à un syndicat ou de l'exercice d'une activité syndicale est, en lui-même, générateur d'un préjudice subi par la profession à laquelle appartient l'intéressé et dont les syndicats qui représentent cette profession peuvent demander réparation, en application de l'article L. 411-11 du Code du travail (Cass. crim., 29 oct. 1996 : *Bull.* 379).

En revanche, un syndicat professionnel n'est pas recevable à se constituer partie civile à la suite d'un vol avec port d'arme et d'un meurtre dont un de ses adhérents a été victime (Cass. crim., 29 janv. 1986 : *Bull.* 39 ; *D.* 1986, inf. rap. 302, obs. Pradel).

Un syndicat n'est pas recevable à se constituer partie civile à la suite d'un délit de harcèlement sexuel dont l'un des salariés du secteur de la profession qu'il représente aurait été victime sur le lieu de son travail de la part de son supérieur hiérarchique (Cass. crim. 23 janv. 2002 : *Bull. inf. c. cass.*, avr. 2002, no 334).

Concubinage

21) Les articles 1382 du Code civil et 2 du Code de procédure pénale n'exigent pas en cas de décès l'existence d'un lien de droit entre le défunt et le demandeur en indemnisation (Ch. mixte, 27 févr. 1970 : *Bull.* 82) ; encourt la cassation la décision qui rejette l'action civile exercée par la concubine de la victime au motif que le concubinage ne saurait être générateur de droits (Cass. crim., 17 mars 1970 : *Bull.* 111).

Le préjudice subi par une concubine, elle-même veuve d'un homme, séparé de corps, victime d'un accident mortel, doit être réparé dès lors que les juges constatent la stabilité de l'union libre, exempte de tout caractère délictueux (Cass. crim., 14 juin 1973 : *Bull.* 263) ; mais le caractère précaire d'une double liaison ne saurait ouvrir droit à réparation sur le fondement de l'article 2 du Code de procédure pénale (Cass. crim., 8 janv. 1985 : *Bull.* 12) ; les articles 1382 du Code civil et 2 du Code de procédure pénale, n'exigent pas, en cas de décès, l'existence d'une obligation alimentaire entre le défunt et le demandeur en indemnisation (Cass. crim., 8 mars 1983 : *Bull.* 71. – Cass. crim., 2 mai 1983 : *Bull.* 119).

22) Encourt la cassation l'arrêt qui, pour refuser à un concubin la réparation du préjudice économique résultant de la perte des revenus procurés par le salaire de la femme avec laquelle il vivait, énonce, après avoir constaté le caractère sérieux et stable de cette union, que la partie civile dotée d'un bon emploi correctement rémunéré ne se trouve pas démunie par suite du décès de sa compagne, sans rechercher, en fonction notamment de la part de ressources que chacun consacrait à la satisfaction de ses besoins personnels et de celle qui était mise en commun, si la partie civile ne subirait pas un préjudice économique du fait de la diminution de ses revenus (Cass. crim., 10 nov. 1992 : *Bull.* 365).

MINEURS – PARENTS

23) Si les dispositions de l'article 14 de l'ordonnance de 1945, dans sa rédaction issue de la loi du 24 mai 1951, interdisant, de façon générale et absolue, la publication de l'identité d'un mineur délinquant, ont pour objet la protection de l'enfant, elles sont aussi édictées dans l'intérêt de ses parents. Dès lors, ceux-ci sont recevables à exercer, à titre personnel, l'action civile devant les juridictions répressives dans les conditions prévues aux articles 2 et 3 du Code de procédure pénale (Cass. crim., 9 oct. 1995 : *Bull.* 297).

Est recevable la constitution de partie civile d'une mère, agissant au nom de sa fille née des relations incestueuses que son père lui avait imposées (Cass. crim., 4 févr. 1998 : *JCP* 99, II, 10178, note Isabelle Moine-Dupuis).

24) Si les dispositions de l'article 434-1 du Code pénal ont pour objet l'intérêt général et répriment le trouble causé à l'ordre public par une abstention délictueuse, elles ont aussi pour but la protection des intérêts privés ; dès lors, justifie sa décision la chambre d'accusation qui, pour déclarer recevable la constitution de partie civile, à la suite d'une plainte portée pour non dénonciation de crime, contre un évêque, par les parents d'enfants ayant, au temps de leur minorité, subi des viols et des atteintes sexuelles de la part d'un prêtre, retiennent qu'en ne révélant pas aux autorités judiciaires ou administratives le comportement sexuel du prêtre envers les enfants dont celui-ci avait la charge, l'évêque a privé les parents d'une information qui leur eût permis de comprendre le comportement de leurs fils et d'adopter envers eux une attitude propre à apaiser leurs difficultés à un âge difficile de leur existence et que ce silence a empêché les parents de faire obstacle à la poursuite des rencontres entre leurs enfants et le prêtre (Cass. crim., 27 févr. 2001 : *Bull.* 48).

Art. 2-1 *(L. n. 92-1336, 16 déc. 1992, art. 1 ; L. n. 85-10, 3 janv. 1985, art. 99 ; L. n. 87-588, 30 juill. 1987, art. 87 ; L. n. 93-913, 19 juill. 1993).* – **Toute association régulièrement déclarée depuis au moins cinq ans à la date des faits, se proposant par ses statuts de combattre le racisme ou d'assister les victimes de discrimination fondée sur leur origine nationale, ethnique, raciale ou religieuse, peut exercer les droits reconnus à la partie civile en ce qui concerne, d'une part, les discriminations réprimées par les articles 225-2 et 432-7 du Code pénal, d'autre part, les atteintes volontaires à la vie et à l'intégrité de la personne et les destructions, dégradations et détériorations réprimées par les articles 221-1 à 221-4, 222-1 à 222-18 et 322-1 à 322-13 du Code pénal qui ont été commises au préjudice d'une personne à raison de son origine nationale, de son appartenance ou de sa non-appartenance, vraie ou supposée, à une ethnie, une race ou une religion déterminée.**

1) Si aux termes de l'article 2-1 du Code de procédure pénale, les associations constituées sous le régime de la loi du 1er juillet 1901 et se proposant, par leurs statuts de combattre le racisme, peuvent exercer les droits reconnus à la partie civile, une telle action n'est recevable que dans les cas limitativement prévus par le texte (Cass. crim., 16 févr. 1983 : *Bull.* 58), si les infractions ont été commises à raison de considérations raciales (Cass. crim., 3 mai 1995 : *Bull.* 161).

2) Une association régulièrement déclarée se proposant de combattre le racisme agissant conformément aux dispositions de l'article 2-1 du Code de procédure pénale, tient, sans autre condition, le pouvoir d'exercer les droits reconnus à la partie civile (Cass. crim., 1er déc. 1981 : *Bull.* 317).

Art. 2-2 *(L. n. 92-1336, 16 déc. 1992, art. 2 ; L. n. 80-1041, 23 déc. 1980, art. 3 ; L. n. 90-602, 12 juill. 1990, art. 12 ; L. n. 93-913, 19 juill. 1993).* – **Toute association régulièrement déclarée depuis au moins cinq ans à la date des faits, dont l'objet statutaire comporte la lutte contre les violences sexuelles ou contre les violences exercées sur un membre de la famille, peut exercer les droits reconnus à la partie civile, en ce qui concerne les atteintes volontaires à la vie et à l'intégrité de la personne, les agressions et autres atteintes sexuelles, l'enlèvement et la séquestration et la violation de domicile réprimés par les articles 221-1 à 221-4, 222-1 à 222-18, 222-23 à 222-33, 224-1 à 224-5, 226-4, 227-25, 227-26, 227-27 et 432-8 du Code pénal. Toutefois, l'association ne sera recevable dans son action que si elle justifie avoir reçu l'accord de la victime ou, si celle-ci est mineure, celui**

du titulaire de l'autorité parentale ou du représentant légal *(L. n. 98-468, 17 juin 1998, art. 23)* **ou, à défaut, celui du juge des tutelles saisi en application de l'article 389-3 du Code civil. Cette condition n'est toutefois pas exigée lorsque les faits ont été commis à l'étranger et qu'il est fait application des dispositions du second alinéa de l'article 222-22 et de l'article 227-27-1 du Code pénal.**

1) Il résulte des dispositions de l'article 2-2 du Code de procédure pénale que ce n'est qu'en ce qui concerne les infractions prévues par les articles 332, 333 et 333-1 du Code pénal que les associations régulièrement déclarées depuis au moins cinq ans, dont l'objet statutaire comporte la lutte contre les violences sexuelles, peuvent exercer les droits reconnus à la partie civile (Cass. crim., 11 mars 1987 : *Bull.* 121 ; *Rev. sc. crim.* 1987, p. 911, obs. Braunschweig).

2) Toute association régulièrement déclarée depuis au moins cinq ans à la date des faits et se proposant, aux termes de ses statuts, de combattre les violences sexuelles, tient, sans autre condition, des dispositions de l'article 2-2 du Code de procédure pénale, le pouvoir d'exercer les droits reconnus à la partie civile pour mettre l'action publique en mouvement, en ce qui concerne les infractions prévues par les articles 332, 333 et 333-1 du Code pénal (Cass. crim., 23 mars 1982 : *Bull.* 83).

La Cour de cassation exerce son contrôle sur l'interprétation donnée par les juges du fond des statuts d'une association qui sont joints aux pièces de la procédure *(même arrêt).*

Art. 2-3 *(L. n. 92-1336, 16 déc. 1992, art. 3 ; L. n. 81-82, 2 févr. 1981, art. 19-II ; L. n. 93-913, 19 juill. 1993).* **– Toute association régulièrement déclarée depuis au moins cinq ans à la date des faits, se proposant, par ses statuts, de défendre ou d'assister l'enfance martyrisée** *(L. n. 98-468, 17 juin 1998, art. 24)* **ou les mineurs victimes d'atteintes sexuelles, peut exercer les droits reconnus à la partie civile en ce qui concerne les tortures et actes de barbarie, les violences et agressions sexuelles commis sur la personne d'un mineur et les infractions de mise en péril des mineurs réprimés par les articles 222-3 à 222-6, 222-8, 222-10, 222-12, 222-13, 222-14, 222-15, 222-24, 222-25, 222-26, 222-29, 222-30, 227-22, 227-25, 227-26 et 227-27 du Code pénal, lorsque l'action publique a été mise en mouvement par le ministère public ou la partie lésée.**

Art. 2-4 *(L. n. 83-466, 10 juin 1983, art. 36).* **– Toute association régulièrement déclarée depuis au moins cinq ans qui se propose, par ses statuts, de combattre les crimes contre l'humanité ou les crimes de guerre ou de défendre les intérêts moraux et l'honneur de la Résistance ou des déportés peut exercer les droits reconnus à la partie civile en ce qui concerne les crimes de guerre et les crimes contre l'humanité.**

1) Une association qui n'a pas pour but la défense des intérêts de ses membres, qui a été spécialement créée pour conserver la mémoire des victimes de la déportation et qui a été reconnue d'utilité publique à cet effet, subit un préjudice direct et personnel du fait de l'apologie des crimes de guerre, la déportation étant un de ces crimes. La recevabilité de son intervention découle de la spécialité du but et de l'objet de sa mission (Cass. crim., 14 janv. 1971 : *Bull.* 14).

2) L'objet statutaire de l'association, défini par l'article 48-2 de la loi du 29 juillet 1881, issu de la loi du 13 juillet 1990, doit avoir été déclaré depuis au moins 5 ans, à la date des faits, pour permettre l'exercice des droits reconnus à la partie civile, en ce qui concerne l'infraction prévue par l'article 24 *bis* de ladite loi (Cass. crim., 21 mai 1996 : *Bull.* 209).

Art. 2-5 *(L. n. 83-466, 10 juin 1983, art. 36).* **– Toute association régulièrement déclarée depuis au moins cinq ans à la date des faits qui se propose, par ses statuts, de défendre les intérêts moraux et l'honneur de la Résistance ou des déportés peut exercer les droits reconnus à la partie civile en ce qui concerne soit l'apologie des crimes de guerre ou des crimes ou délits de collaboration avec l'ennemi, soit les destructions ou dégradations de monuments ou les violations de sépultures, soit les délits de diffamation ou injures, qui ont causé un préjudice direct ou indirect à la mission qu'elle remplit.**

Art. 2-6 *(L. n. 92-1336, 16 déc. 1992, art. 4 ; L. n. 85-772, 25 juill. 1985, art. 1er-V ; L. n. 93-913, 19 juill. 1993).* – **Toute association régulièrement déclarée depuis au moins cinq ans à la date des faits, se proposant par ses statuts de combattre les discriminations fondées sur le sexe ou sur les mœurs, peut exercer les droits reconnus à la partie civile en ce qui concerne les discriminations réprimées par les articles 225-2 et 432-7 du Code pénal, lorsqu'elles sont commises en raison du sexe, de la situation de famille ou des mœurs de la victime ; et par l'article L. 123-1 du Code du travail.**

(L. n. 92-1179, 2 nov. 1992) **Toutefois, en ce qui concerne les infractions aux dispositions du dernier alinéa de l'article L. 123-1 du Code du travail et** *(L. n. 2001-397, 9 mai 2001, art. 22-1)* **à l'article 6 *ter* de la loi n. 83-634 du 13 juillet 1983 portant droits et obligations des fonctionnaires, l'association ne sera recevable dans son action que si elle justifie avoir reçu l'accord écrit de la personne intéressée, ou, si celle-ci est mineure et après l'avis de cette dernière, celui du titulaire de l'autorité parentale ou du représentant légal.**

(L. n. 2000-516, 15 juin 2000, art. 106) **L'association peut également exercer les droits reconnus à la partie civile en cas d'atteintes volontaires à la vie ou à l'intégrité de la personne et de destructions, dégradations et détériorations réprimées par les articles 221-1 à 221-4, 222-1 à 222-18 et 322-1 à 322-13 du Code pénal, lorsque ces faits ont été commis en raison du sexe ou des mœurs de la victime, dès lors qu'elle justifie avoir reçu l'accord de la victime ou, si celle-ci est un mineur ou un majeur protégé, celui de son représentant légal.**

Art. 2-7 *(Ajouté, L. n. 87-565, 22 juill. 1987, art. 35).* – **En cas de poursuites pénales pour incendie volontaire commis dans les bois, forêts, landes, maquis, garrigues, plantations ou reboisements, les personnes morales de droit public peuvent se constituer partie civile devant la juridiction de jugement en vue d'obtenir le remboursement, par le condamné, des frais qu'elles ont exposés pour lutter contre l'incendie.**

Art. 2-8 *(L. n. 92-1336, 16 déc. 1992, art. 5 ; L. n. 90-602, 12 juill. 1990, art. 7 ; L. n. 93-913, 19 juill. 1993).* – **Toute association régulièrement déclarée depuis au moins cinq ans à la date des faits ayant, en vertu de ses statuts, vocation à défendre ou à assister les personnes malades ou handicapées peut exercer les droits reconnus à la partie civile en ce qui concerne les discriminations réprimées par les articles 225-2 et 432-7 du Code pénal, lorsqu'elles sont commises en raison de l'état de santé ou du handicap de la victime. Toutefois, l'association ne sera recevable dans son action que si elle justifie avoir reçu l'accord de la victime ou, si celle-ci est un mineur ou un majeur protégé, celui de son représentant légal.**

(L. n. 91-663, 13 juill. 1991, art. 7) **Toute association régulièrement déclarée depuis au moins cinq ans à la date des faits ayant, en vertu de ses statuts, vocation à défendre ou à assister les personnes handicapées peut également exercer les droits reconnus à la partie civile en ce qui concerne les infractions à l'article L. 111-7 du Code de la construction et de l'habitation, prévues et réprimées par l'article L. 152-4 du même code.**

Art. 2-9 *(L. n. 90-589, 6 juill. 1990, art. 1er).* – **Toute association régulièrement déclarée depuis au moins cinq ans à la date des faits qui se propose, par ses statuts, d'assister les victimes d'infractions peut exercer les droits reconnus à la partie civile en ce qui concerne les infractions entrant dans le champ d'application de l'article 706-16 lorsque l'action publique a été mise en mouvement par le ministère public ou la partie lésée.**

Le Fonds de garantie des victimes des actes de terrorisme et d'autres infractions, subrogé dans les droits de la victime qu'il a indemnisée, peut se constituer partie civile devant la juridiction répressive, sans que cette constitution soit subordonnée à celle de la victime (Cass. crim., 31 mai 2000 : *Bull.* 209).

Art. 2-10 *(L. n. 92-1336, 16 déc. 1992, art. 6 ; L. n. 90-602, 12 juill. 1990, art. 8 ; L. n. 93-913, 19 juill. 1993).* – **Toute association régulièrement déclarée depuis au moins cinq ans à la date des faits ayant, en vertu de ses statuts, vocation à lutter contre l'exclusion sociale ou culturelle des personnes en**

état de grande pauvreté ou en raison de leur situation de famille peut exercer les droits reconnus à la partie civile en ce qui concerne les discriminations réprimées par les articles 225-2 et 432-7 du Code pénal. Toutefois, l'association ne sera recevable dans son action que si elle justifie avoir reçu l'accord de la victime ou, si celle-ci est un mineur ou un majeur protégé, celui de son représentant légal.

Art. 2-11 *(L. n. 91-1257, 17 déc. 1991).* **– Toute association, régulièrement déclarée depuis au moins cinq ans à la date des faits et inscrite auprès de l'Office national des anciens combattants et victimes de guerre dans des conditions fixées par décret en Conseil d'État, qui se propose par ses statuts de défendre les intérêts moraux et l'honneur des anciens combattants et victimes de guerre et des morts pour la France peut exercer les droits reconnus à la partie civile en ce qui concerne les dégradations ou destructions de monuments ou les violations de sépultures, qui ont causé un préjudice direct ou indirect à la mission qu'elle remplit.**

Art. 2-12 *(L. n. 93-2, 4 janv. 1993).* **– Toute association régulièrement déclarée depuis au moins cinq ans à la date des faits qui se propose par ses statuts de combattre la délinquance routière et de défendre ou d'assister les victimes de cette délinquance peut exercer les droits reconnus à la partie civile en ce qui concerne les délits d'homicide ou blessures involontaires commis à l'occasion de la conduite d'un véhicule automobile terrestre à moteur lorsque l'action publique a été mise en mouvement par le ministère public ou la partie lésée.**

Toutefois, l'association ne sera recevable dans son action que si elle justifie avoir reçu l'accord de la victime ou, si celle-ci est mineure, celui du titulaire de l'autorité parentale ou du représentant légal.

Art. 2-13 *(L. n. 94-89, 1er févr. 1994, art. 16-I).* **– Toute association régulièrement déclarée depuis au moins cinq ans à la date des faits et dont l'objet statutaire est la défense et la protection des animaux peut exercer les droits reconnus à la partie civile en ce qui concerne les infractions réprimant les sévices graves ou actes de cruauté et les mauvais traitements envers les animaux ainsi que les atteintes volontaires à la vie d'un animal prévus par le Code pénal.**

Art. 2-14 *(L. n. 94-665, 4 août 1994, art. 19).* **– Toute association régulièrement déclarée se proposant par ses statuts la défense de la langue française et agréée dans les conditions fixées par décret en Conseil d'État peut exercer les droits reconnus à la partie civile en ce qui concerne les infractions aux dispositions des textes pris pour l'application des articles 2, 3, 4, 6, 7 et 10 de la loi n. 94-665 du 4 août 1994 relative à l'emploi de la langue française.**

V. Textes complémentaires.

Art. 2-15 *(L. n. 95-125, 8 févr. 1995, art. 51).* **– Toute association régulièrement déclarée ayant pour objet statutaire la défense des victimes d'un accident survenu dans les transports collectifs ou dans un lieu ou local ouvert au public** *(Mots ajoutés, L. n° 2002-1138, 9 sept. 2002, art. 33)* **« ou dans une propriété privée à usage d'habitation ou à usage professionnel » et regroupant plusieurs de ces victimes peut, si elle a été agréée à cette fin, exercer les droits reconnus à la partie civile en ce qui concerne cet accident lorsque l'action publique a été mise en mouvement par le ministère public ou la partie lésée.**

Les conditions dans lesquelles les associations visées au premier alinéa peuvent être agréées, après avis du ministère public, compte tenu de leur représentativité, sont fixées par décret.

Art. 2-16 *(L. n. 96-392, 13 mai 1996, art. 19).* **– Toute association régulièrement déclarée depuis au moins cinq ans à la date des faits qui se propose, par ses statuts, de lutter contre la toxicomanie ou le trafic de stupéfiants peut exercer les droits reconnus à la partie civile en ce qui concerne les infractions prévues par les articles 222-34 à 222-40 et par l'article 227-18-1 du Code pénal lorsque l'action publique a été mise en mouvement par le ministère public ou la partie lésée.**

Art. 2-17 *(L. n. 2000-516, 15 juin 2000, art. 105 ; Rempl., L. n. 2001-504, 12 juin 2001, art. 22).* **– Toute association reconnue d'utilité publique régulièrement déclarée depuis au moins cinq ans à la**

date des faits et se proposant par ses statuts de défendre et d'assister l'individu ou de défendre les droits et libertés individuels et collectifs peut, à l'occasion d'actes commis par toute personne physique ou morale dans le cadre d'un mouvement ou organisation ayant pour but ou pour effet de créer, de maintenir ou d'exploiter une sujétion psychologique ou physique, exercer les droits reconnus à la partie civile en ce qui concerne les infractions d'atteintes volontaires ou involontaires à la vie ou à l'intégrité physique ou psychique de la personne, de mise en danger de la personne, d'atteinte aux libertés de la personne, d'atteinte à la dignité de la personne, d'atteinte à la personnalité, de mise en péril des mineurs ou d'atteintes aux biens prévues par les articles 221-1 à 221-6, 222-1 à 222-40, 223-1 à 223-15, 223-15-2, 224-1 à 224-4, 225-5 à 225-15, 225-17 et 225-18, 226-1 à 226-23, 227-1 à 227-27, 311-1 à 311-13, 312-1 à 312-12, 313-1 à 313-3, 314-1 à 314-3 et 324-1 à 324-6 du Code pénal, les infractions d'exercice illégal de la médecine ou de la pharmacie prévues par les articles L. 4161-5 et L. 4223-1 du Code de la santé publique, et les infractions de publicité mensongère, de fraudes ou de falsifications prévues par les articles L. 121-6 et L. 213-1 à L. 213-4 du Code de la consommation.

Art. 2-18 *(L. n. 2000-516, 15 juin 2000, art. 107)*. **– Toute association régulièrement déclarée depuis au moins cinq ans qui se propose, par ses statuts, de défendre ou d'assister les victimes d'accidents du travail ou de maladies professionnelles peut exercer les droits reconnus à la partie civile en ce qui concerne les infractions prévues par les articles 221-6, 222-19 et 222-20 du Code pénal commises à l'occasion d'une activité professionnelle, lorsque l'action publique a été mise en mouvement par le ministère public ou la partie lésée.**

Toutefois, l'association ne sera recevable dans son action que si elle justifie avoir reçu l'accord de la victime ou, si celle-ci est mineure, celui du titulaire de l'autorité parentale ou du représentant légal.

Art. 2-19 *(L. n. 2000-516, 15 juin 2000, art. 108)*. **– Toute association départementale des maires régulièrement déclarée, affiliée à l'Association des maires de France, et dont les statuts ont été déposés depuis au moins cinq ans, peut exercer les droits reconnus à la partie civile dans toutes les instances introduites par les élus municipaux à la suite d'injures, d'outrages, de menaces ou de coups et blessures à raison de leurs fonctions.**

Toutefois, l'association ne sera recevable dans son action que si elle justifie avoir reçu l'accord de l'élu.

Art. 3. – L'action civile peut être exercée en même temps que l'action publique et devant la même juridiction.

Elle sera recevable pour tous chefs de dommages, aussi bien matériels que corporels ou moraux, qui découleront des faits objets de la poursuite.

V. Textes complémentaires, L. 31 décembre 1957 ; D. 22 décembre 1958 (compétence des tribunaux judiciaires).

1) Il résulte des dispositions des articles 2 et 3 du Code de procédure pénale que les proches de la victime d'une infraction de blessures involontaires sont recevables à rapporter la preuve d'un dommage dont ils ont personnellement souffert et découlant directement des faits, objet de la poursuite (Cass. crim., 9 févr. 1989 : *Bull.* 63. – 21 mars 1989 : *Bull.* 137).

La juridiction répressive faisant droit à la demande d'indemnisation de la partie civile doit préciser à quel titre et pour quel dommage elle alloue une indemnité (Cass. crim., 27 mars 1996 : *Bull.* 141).

2) Le juge répressif ne peut connaître de l'action civile qu'autant qu'il est saisi de l'action publique ; dès lors, il ne saurait, après qu'un jugement définitif a statué sur cette action et sur le principe des dommages-intérêts dont le quantum reste seul à fixer, admettre l'intervention d'une partie n'ayant pas figuré au procès, lors du jugement sur l'action publique (Cass. crim., 18 oct. 1983 : *Bull.* 253) ; ni admettre, après renvoi par la juridiction répressive sur les seuls intérêts civils, la mise en cause par la partie civile d'un civilement responsable (Cass. crim., 20 mars 1985 : *Bull.* 119 ; *JCP* 85, IV, 193).

Les tribunaux de répression ne sont compétents pour connaître de l'action civile qu'accessoirement à l'action publique. Ils ne peuvent se prononcer sur l'action civile qu'autant qu'ils ont préalablement statué sur l'action publique (Cass. crim., 7 déc. 1967 : *Bull.* 319).

L'action civile ne saurait être portée devant le tribunal de répression lorsque, au moment où elle y est portée, l'action publique se trouvait déjà éteinte par le décès de l'inculpé en cours d'instruction (Cass. crim., 22 déc. 1972 : *Bull.* 404).

La partie qui a choisi la voie pénale ne peut y renoncer, sauf accord des autres parties, lorsque le tribunal répressif, saisi de l'instance, parties, lorsque le tribunal répressif, saisi de l'instance, a statué au fond (Cass. crim., 14 juin 1983 : *Bull.* 179).

3) L'action civile n'est recevable que pour des chefs de dommages qui découlent des faits poursuivis (Cass. crim., 5 mars 1975 : *Bull.* 71) ; il doit être tenu compte de tous les chefs de dommage, aussi bien matériel que corporel ou moral, découlant des faits objets de la poursuite, pour en réparer l'intégralité (Cass. crim., 6 mai 1982 : *Bull.* 115) ; en cas d'infraction ayant entraîné la destruction d'un véhicule en location avec option d'achat, les juges ne peuvent refuser de prendre en considération le préjudice résultant de la perte des avantages que la partie civile était fondée à attendre de l'exécution normale du contrat (Cass. crim., 16 janv. 1980 : *Bull.* 25) ; si la réparation dont est tenu l'auteur d'un fait dommageable doit être égale à la totalité du préjudice subi, elle ne saurait cependant la dépasser (Cass. crim., 8 déc. 1993 : *Bull.* 376) ; est également recevable la constitution de partie civile d'un employé d'un magasin où a eu lieu un vol avec arme (Cass. crim., 17 mai 1995 : *Bull.* 176).

Le délit de fuite n'est pas exclu des prévisions de l'article 3 du Code de procédure pénale selon lequel l'action civile est recevable pour tous les chefs de dommage découlant des faits, objet de la poursuite (Cass. crim., 18 oct. 1990 : *Bull.* 345) ; tel est le cas du préjudice moral des parents de la victime, grièvement blessée au volant d'une voiture volée qu'elle conduisait sans permis mais qui aurait pu survivre à ses blessures si elle avait été secourue à temps, dès lors que l'action civile des ayants droit était exercée contre le passager du véhicule, reconnu coupable du délit de non-assistance à personne en péril pour avoir pris la fuite après l'accident (Cass. crim., 19 juin 1996 : *Bull.* 260).

4) Encourt la cassation la cour d'appel qui, accordant à la victime d'un accident l'indemnisation de son préjudice découlant de son incapacité temporaire et de son incapacité permanente, alloue en outre à son épouse et à ses enfants diverses indemnités au titre de leurs préjudices patrimoniaux, alors que l'indemnisation du préjudice économique de la victime, qui ne pouvait que tendre à le replacer aussi exactement que possible dans la situation où il se serait trouvé si l'acte dommageable ne s'était pas produit, devait tenir compte des ressources dont il aurait pu faire profiter ses proches encore à sa charge (Cass. crim., 12 avr. 1994 : *Bull.* 146).

5) La cour d'appel, qui condamne l'administrateur d'une société anonyme à payer des dommages-intérêts aux victimes d'une infraction dont il est l'auteur, fait à bon droit la distinction entre l'action civile engagée sur le fondement des articles 2 et 3 du Code de procédure pénale et l'action en responsabilité civile pouvant être engagée contre la société (Cass. crim., 14 oct. 1991 : *Bull.* 337).

6) Si l'action indemnitaire contre l'État substitué aux membres de l'enseignement public, doit être, selon l'article 2 de la loi du 5 avril 1937, portée, à titre principal, devant les juridictions civiles de droit commun, ce même texte n'exclut pas qu'elle le soit devant les juridictions pénales ordinaires, telle la cour d'assises, accessoirement à l'action publique ainsi que le prévoit l'article 3 du Code de procédure pénale (Cass. crim., 30 nov. 1994 : *Bull.* 387).

Art. 4. – L'action civile peut être aussi exercée séparément de l'action publique.

Toutefois, il est sursis au jugement de cette action exercée devant la juridiction civile tant qu'il n'a pas été prononcé définitivement sur l'action publique lorsque celle-ci a été mise en mouvement.

V. O. DE BOUILLANE DE LACOSTE, *Action civile exercée devant la juridiction civile, Règle* « Electa una via », *compétence du juge des référées : J.-Cl. Proc. pén.*, art. 4 à 5-1. – M. CACCHIA, *La règle « le criminel tient le civil en l'état » : JCP* 55, I, 1245. – M. PRALUS, *ibid. : Rev. sc. crim.* 1972, 31.

1) La constitution de partie civile devant le juge d'instruction a pour conséquence de mettre en mouvement l'action publique, alors même qu'il n'aurait été procédé à aucune inculpation contre personne dénommée ; dès cet instant la juridiction civile doit surseoir à statuer jusqu'à ce que la juridiction répressive se soit définitivement prononcée sur l'action publique (Cass. 2e civ., 26 oct. 1961 : *JCP* 62, II, 12566, obs. Chambon. – Cass. com., 5 oct. 1976 : *Bull.* IV, n. 251).

La seule plainte déposée au Parquet n'établit pas que l'action publique ait été mise en mouvement, et les juges peuvent refuser de surseoir à statuer dans l'attente d'une décision sur l'action publique (Cass. com., 8 févr. 1984 : *Bull.* IV, n. 60).

2) L'autorité de chose jugée sur l'action civile nécessite non seulement l'identité d'objet, mais encore identité de causes et de parties (Cass. crim., 21 juin 1978 : *Bull.* 207) ; cependant, l'identité d'objet et de cause ne sont pas une condition d'application du second alinéa de l'article 4 qui exige seulement que la décision à intervenir sur l'action publique soit susceptible d'influer sur celle qui sera rendue par la juridiction civile (Cass. 1re civ., 11 janv. 1984 : *Bull. civ.* n. 14).

3) L'article 4 concernant le sursis au jugement ne vise que l'action civile exercée devant une juridiction civile séparément de l'action publique (Cass. crim., 29 nov. 1962 : *Bull.* 350).

L'article 4, alinéa 2, ne saurait, à défaut d'une convention expresse avec un état étranger, recevoir application dans les rapports judiciaires internationaux (Cass. crim., 22 nov. 1967 : *Bull.* 297).

4) Sauf exception formellement autorisée par la loi, les décisions rendues en matière civile ne sauraient, au regard de l'action publique, avoir l'autorité de la chose jugée vis-à-vis de la juridiction répressive (Cass. crim., 23 janv. 1978 : *Bull.* 24).

Les juges ayant à statuer sur l'action civile ne peuvent méconnaître une condamnation définitivement prononcée par la juridiction pénale (Cass. crim., 2 avr. 1997 : *Bull.* 130).

5) La règle « le criminel tient le civil en l'état » s'applique devant toutes les juridictions autres que répressives, ainsi que devant les juridictions administratives (CE 29 juill. 1944 : *JCP* 45, II, 2763) ; la règle s'applique également en matière disciplinaire dès l'instant où la décision est de nature à préjuger du sort de l'action pénale (Cass. civ. 9 nov. 1881 : *DP* 1882, I, 281).

6) L'article 4 ne concerne que l'action civile et non la poursuite d'une voie d'exécution. Encourt la cassation la décision qui sursoit à la vente de biens saisis jusqu'à l'issue de l'instance pénale engagée par une plainte avec constitution de partie civile des débiteurs saisis (Cass. 2e civ., 18 avr. 1980 : *Bull. civ.* II, n. 76).

Art. 4-1 *(L. n. 2000-647, 10 juill. 2000, art. 2)*. **– L'absence de faute pénale non intentionnelle au sens de l'article 121-3 du Code pénal ne fait pas obstacle à l'exercice d'une action devant les juridictions civiles afin d'obtenir la réparation d'un dommage sur le fondement de l'article 1383 du Code civil si l'existence de la faute civile prévue par cet article est établie ou en application de l'article L. 452-1 du Code de la sécurité sociale si l'existence de la faute inexcusable prévue par cet article est établie.**

Art. 5. – La partie qui a exercé son action devant la juridiction civile compétente ne peut la porter devant la juridiction répressive. Il n'en est autrement que si celle-ci a été saisie par le ministère public avant qu'un jugement sur le fond ait été rendu par la juridiction civile.

1) Selon l'article 5 du Code de procédure pénale, la partie qui a exercé son action devant la juridiction civile compétente peut la porter devant la juridiction répressive si celle-ci a été saisie par le ministère public avant qu'un jugement sur le fond ait été rendu par la juridiction civile (Cass. crim., 20 mars 1989 : *Bull.* 134). La fin de non-recevoir tirée de l'article 5 doit être opposée « *in limine litis* » et ne saurait dès lors être proposée pour la première fois devant la cour d'appel (Cass. crim., 21 juill. 1971 : *Bull.* 233) ; le prévenu qui s'est défendu au fond devant le tribunal correctionnel doit être considéré comme ayant renoncé à se prévaloir de la fin de non-recevoir (Cass. crim., 21 juin 1976 : *Bull.* 221. – 5 juin 1984 : *Bull.* 204. – 8 janv. 1990 : *Bull.* 12) ; doivent être considérées comme abandonnées les conclusions du prévenu invoquant l'exception tirée de l'article 5 rejetées par les premiers juges et non reprises

devant les juges d'appel (Cass. crim., 30 oct. 1969 : *Bull.* 276).

– La règle posée par l'article 5 n'est pas applicable lorsque la juridiction civile préalablement saisie est un tribunal étranger, sauf convention expresse avec l'État étranger (Cass. crim., 22 nov. 1967 : *Bull.* 297).

– La victime qui a d'abord saisi de l'action civile la juridiction répressive, peut, ultérieurement, porter son action devant la juridiction civile, à la condition qu'elle se soit désistée préalablement de ladite action civile (Cass. crim., 20 déc. 1966 : *Bull.* 296).

2) La disposition de l'article 5 aux termes de laquelle la partie qui a exercé son action devant la juridiction civile ne peut la porter devant la juridiction répressive n'est susceptible de recevoir application qu'autant que les deux demandes respectivement portées devant le juge civil et le juge pénal constituent l'exercice de la même action et mettent en cause les mêmes parties (Cass. crim., 16 janv. 1973 : *Bull.* 17. – Cass. crim., 20 nov. 1973 : *Bull.* 423. – Cass. crim., 21 nov. 1983 : *JCP* 84, II, 20267, concl. Clerget, note Boccara. – Cass. crim., 19 janv. 1993 : *Bull.* 23).

La règle « *electa una via* » ne peut être opposée à la partie civile qui demande à la juridiction correctionnelle la réparation d'un délit que dans le cas où l'action portée par la partie civile devant la juridiction civile avait pour objet la réparation du même délit et que si les deux demandes ont la même cause et le même objet (Cass. crim., 25 oct. 1972 : *Bull.* 307).

Une telle identité n'existe pas lorsque ces deux actions ont pour fondements respectifs, l'une des révélations imputées au prévenu et constitutives d'une violation alléguée du secret professionnel, l'autre le délit de diffamation qu'aurait constitué la publication ultérieure par la voie de presse des mêmes révélations (Cass. crim., 6 déc. 1977 : *Bull.* 385).

La constitution de partie civile d'une société d'assurances contre son agent, du chef d'abus de confiance, est recevable, dès lors que les fautes reprochées par ladite société au même agent, devant la juridiction civile, ne sont pas constitutives de détournements, au sens de l'article 408 du Code pénal, les deux actions n'ayant réuni ni le même objet ni la même cause (Cass. crim., 25 févr. 1980 : *Bull.* 69).

L'article 5 n'est pas applicable lorsque l'instance engagée devant la juridiction commerciale avait pour objet la résiliation d'un contrat de vente et la réparation du préjudice causé par le mauvais fonctionnement d'un appareil, alors que devant la juridiction répressive, la partie civile demandait réparation du préjudice causé par une infraction à la loi du 26 mars 1930 (Cass. crim., 6 nov. 1968 : *Bull.* 283).

L'exercice par un salarié, d'une action devant le conseil de prud'hommes contre son employeur, pour licenciement abusif, ne fait pas obstacle à ce que le syndicat auquel il est affilié se constitue partie civile devant le juge répressif, dans les poursuites engagées contre le même employeur, à l'occasion du même licenciement, pour atteinte à l'exercice régulier des fonctions de délégué du personnel, les deux actions n'ayant pas la même cause juridique (Cass. crim., 13 mars 1984 : *Bull.* 103) ; de même lorsque la partie civile en même temps qu'elle se constitue devant la juridiction répressive produit à la faillite, au règlement judiciaire ou à la liquidation des biens, cette production n'ayant pas le caractère d'une action en justice (Cass. crim., 4 oct. 1974 : *Bull.* 276) ; de même est recevable la constitution de partie civile d'un salarié devant la juridiction répressive après la saisie du conseil des prud'hommes d'une demande de dommages-intérêts pour le préjudice causé par un licenciement irrégulier, les deux actions n'ayant pas le même objet (Cass. crim., 16 avr. 1985 : *JCP* 85, IV, 227).

Tel est également le cas lorsque le juge correctionnel est saisi, à l'occasion de poursuites pour non-représentation d'enfant, de l'action civile de la victime, cette dernière ayant également assigné le prévenu devant la juridiction civile pour être condamné sous astreinte à présenter l'enfant (Cass. crim., 9 mai 1977 : *Bull.* 158).

L'article 5 ne peut non plus être opposé à une partie civile demandant aux tribunaux répressifs la réparation d'un dommage causé par les administrateurs d'une société anonyme du fait d'une infraction aux articles 15 et 45 de la loi du 24 juillet 1867, au motif que cette partie civile aurait antérieurement engagé devant une juridiction civile une action en paiement des actions selon la valeur déterminée par les experts (Cass. crim., 15 mai 1968 : *Bull.* 156).

La règle prévue par l'article 5 du Code de procédure pénale n'est applicable à la victime d'une infraction que si l'action qu'elle a portée devant la juridiction civile comporte une identité de cause et d'objet avec celle exercée par elle contre la même partie devant le tribunal correctionnel ; encourt dès lors la censure l'arrêt qui, dans une poursuite pour contrefaçon de marque, accueille l'exception d'irrecevabilité de l'action civile fondée sur ce texte aux motifs que le juge civil, déjà saisi par la victime de faits antérieurs de contrefaçon commis par le prévenu, a sanctionné par une astreinte tout nouvel usage illicite de marque (Cass. crim., 20 mars 1996 : *Bull.* 118).

3) Les dispositions de l'article 5 s'opposent à la recevabilité d'une constitution de partie civile pour abus de confiance, dès lors que le plaignant a antérieurement saisi la juridiction consulaire ; non pas d'une action en revendication de documents sociaux, mais d'une action civile en indemnité pour détournement desdits documents (Cass. crim., 16 avr. 1975 : *Bull.* 94) ; justifie la déclaration d'irrecevabilité de l'action civile l'arrêt qui constate que les deux actions successivement engagées devant la juridiction civile sur le fondement de l'article 1382 du Code civil, puis devant la juridiction répressive en vertu de l'article 319 du Code pénal, procèdent de la même cause, ont le même objet, et se débattent entre les mêmes parties, et il n'importe que le ministère public ait requis l'ouverture d'une information du chef d'homicide involontaire (Cass. crim., 4 juill. 1978 : *Bull.* 217).

4) L'assignation devant le juge des référés dont l'objet est de voir ordonner des mesures conservatoires ou de remise en état qui s'imposent pour prévenir un dommage imminent ou pour faire cesser un trouble manifestement illicite, ne saurait s'analyser en une action en justice au sens de l'article 5 du Code de procédure pénale. Une telle assignation ne saurait faire obstacle au droit de la victime d'une infraction de saisir le juge pénal. Dans une telle hypothèse, la recherche de l'identité des parties, de l'objet ou de la cause est juridiquement sans intérêt (Cass. crim., 4 oct. 1983 : *Bull.* 237. – Cass. crim., 21 juin 2000 : *Bull.* 238).

5) Lorsque seul l'arrêt criminel d'une cour d'assises a été frappé de pourvoi, l'action publique et l'action civile, qui avaient été jointes devant la juridiction répressive, deviennent indépendantes l'une de l'autre de sorte que la cassation de l'arrêt statuant sur l'action publique n'entraîne pas par voie de conséquence l'annulation de l'arrêt statuant sur les intérêts civils qui a acquis l'autorité de la chose jugée (Ch. mixte 19 mars 1982 : *Bull.* 81 ; *D.* 1982, 473, concl. Cabannes ; *Rev. sc. crim.* 1983, p. 101, obs. Jean Robert).

6) Devant les juridictions pénales, et tant qu'il n'a pas été statué au fond, le désistement de l'action civile est régi par les seuls articles 2, 425 et 426 du Code de procédure pénale qui n'exigent, pour qu'il en soit donné acte, aucun accord de la personne contre qui cette action est dirigée (Cass. crim., 4 juill. 1983 : *Bull.* 211) ; toutefois, lorsque la juridiction pénale saisie la première, a déjà statué au fond, le désistement est irrecevable si les autres parties ne l'ont pas accepté. – (Cass. crim., 14 juin 1983 : *Bull.* 179 ; *JCP* 84, II, 20238, note Barbieri).

Art. 5-1 *(L. n. 83-608, 8 juill. 1983, art. 2).* **– Même si le demandeur s'est constitué partie civile devant la juridiction répressive, la juridiction civile, saisie en référé, demeure compétente pour ordonner toutes mesures provisoires relatives aux faits qui sont l'objet des poursuites, lorsque l'existence de l'obligation n'est pas sérieusement contestable.**

Une assignation en référé ne peut s'analyser en une action en justice au sens de l'article 5 du Code de procédure pénale et la juridiction répressive n'est pas dessaisie de l'action civile lorsqu'une instance en référé est engagée par la partie civile dans les conditions prévues par l'article 5-1 du code précité. Justifie, dès lors, sa décision la juridiction correctionnelle qui, en pareil cas, sursoit à statuer sur l'indemnisation de la victime dans l'attente du résultat d'une expertise ordonnée par le juge des référés (Cass. crim., 11 avr. 1991 : *Bull.* 173).

Art. 6. – L'action publique pour l'application de la peine s'éteint par la mort du prévenu, la prescription, l'amnistie, l'abrogation de la loi pénale et la chose jugée.

(Ord. n. 58-1296, 23 déc. 1958). **Toutefois, si des poursuites ayant entraîné condamnation ont révélé la fausseté du jugement ou de l'arrêt qui a déclaré l'action publique éteinte, l'action publique pourra être reprise ; la prescription doit alors être considérée comme suspendue depuis le jour où le**

jugement ou arrêt était devenu définitif jusqu'à celui de la condamnation du coupable de faux ou usage de faux.

Elle peut, en outre, s'éteindre par transaction lorsque la loi en dispose expressément ; il en est de même en cas de retrait de plainte, lorsque celle-ci est une condition nécessaire de la poursuite *(L. n. 99-515, 23 juin 1999, art. 4)* **ou par l'exécution d'une composition pénale.**

P. ESCANDE, *Extinction, décès, amnistie et autres causes : J.-Cl. Proc. pén.*, art. 6, Fasc. 10. – J. CEDRAS, *Extinction, l'autorité de la chose jugée au pénal sur le pénal,* Fasc. 2. – A.-M. BATUT, *Autorité de la chose jugée au pénal sur le civil. App. art. 6.*

La prescription de l'action publique ôte aux faits poursuivis tout caractère délictueux (Cass. crim., 27 oct. 1993 : *Bull.* 320).

La loi du 31 décembre 1970 modifiant l'article L. 628-1 du Code de la santé publique, prévoit au profit de ceux qui se soumettent à une cure de désintoxication, une cause d'extinction de l'action publique dont il incombe à l'intéressé de faire état devant le tribunal (Cass. crim., 4 mai 1972 : *Bull.* 156).

Les actes d'instruction et de poursuite interrompent la prescription à l'égard même des personnes qui n'y seraient pas impliquées (Cass. crim., 20 févr. 1985 : *Bull.* 83. – Cass. crim., 5 juill. 1993 : *Bull.* 239).

La signification régulièrement faite à l'une quelconque des parties au procès, d'un arrêt de la chambre criminelle de la Cour de cassation renvoyant l'affaire devant une nouvelle juridiction a le caractère d'un acte interruptif de la prescription (Cass. crim., 6 mai 1986 : *Bull.* 153).

DÉCÈS

1) Lorsque le prévenu, demandeur en cassation, décède au cours de l'instance et qu'il n'y a pas d'intérêts civils en cause, la Cour de cassation déclare l'action publique éteinte et dit qu'il n'y a pas lieu à statuer sur le pourvoi (Cass. crim., 21 janv. 1969 : *Bull.* 37).

2) Lorsque le prévenu est décédé au cours de l'instance d'appel ou de pourvoi, l'action publique s'éteint mais la cour d'appel et la Cour de cassation restent compétentes pour statuer sur les intérêts civils (Cass. crim., 5 avr. 1965 : *Bull.* 107. – Cass. crim., 15 juin 1977 : *Bull.* 221. – Cass. crim., 11 déc. 1984 : *JCP* 85, IV, 66), même si le décès est survenu après cassation, mais avant que le prévenu ait été cité devant la cour de renvoi (Cass. crim., 3 févr. 1965 : *Bull.* 32).

Les héritiers sont recevables pour défendre au pourvoi de la partie civile (Cass. crim., 29 mai 1978 : *Bull.* 169).

Le rejet du pourvoi entraîne la condamnation des ayants droit du demandeur aux dépens sans qu'il soit nécessaire qu'ils figurent personnellement dans la cause (Cass. crim., 28 févr. 1974 : *Bull.* 87). La circonstance qu'aucun des héritiers ou successeurs n'intervient, ne saurait avoir pour conséquence de faire considérer le pourvoi comme non avenu (Cass. crim., 19 oct. 1977 : *Bull.* 310).

3) Si les amendes fiscales sont des peines de nature spéciale, elles n'ont pas exclusivement le caractère d'indemnités et de réparations civiles ; l'action publique s'éteint par le décès du prévenu alors qu'on ne trouve dans les lois relatives aux contributions indirectes aucune dérogation expresse au principe édicté par l'article 6 (Ch. réun. 26 avr. 1961 : *Bull.* 223). Idem pour les amendes douanières (Cass. crim., 7 déc. 1972 : *Bull.* 383).

4) En matière d'infractions de change, le décès d'un prévenu avant toute décision définitive, éteint l'action publique, et ne laisse plus au ministre des Finances que l'action en confiscation dirigée contre la succession devant la juridiction civile (art. 11, ord. du 30 mai 1945) (Cass. crim., 8 mai 1963 : *Bull.* 170).

AMNISTIE

5) L'amnistie accordée par l'article 2 de la loi du 30 juin 1969 opère de plein droit par le fait même de l'entrée en vigueur de la loi. Elle interdit à cette date la continuation des poursuites (Cass. crim., 5 févr. 1970 : *Bull.* 53).

6) En vertu de l'article 10 de la loi du 4 août 1981, l'amnistie prévue par les articles 6 à 10 n'est acquise et ne peut être invoquée qu'après condamnation devenue définitive (Cass. crim., 15 nov. 1982 : *Bull.* 256).

7) Lorsque la cour d'appel constate à bon droit l'amnistie de la contravention retenue contre le prévenu, le pourvoi de ce dernier doit être déclaré irrecevable (Cass. crim., 10 janv. 1983 : *Bull.* 9).

ABROGATION DE LA LOI PÉNALE

8) Aux termes de l'article 6 du Code de procédure pénale, l'action publique s'éteint, notamment, par l'abrogation de la loi pénale. Tel est le cas lorsqu'en raison d'une modification législative, les faits poursuivis cessent d'être punissables avant qu'une décision définitive soit intervenue (Cass. crim., 30 janv. 1992 : *Bull.* 40).

Viole les dispositions combinées des articles 343, 1° et 2°, du Code des douanes et 6 du Code de procédure pénale, l'arrêt qui déclare des prévenus coupables d'un délit douanier, alors qu'au jour où le Parquet a mis en mouvement l'action publique, la réglementation qui rendait l'activité desdits prévenus passible de sanctions correctionnelles, avait été abrogée. La nullité de l'action publique affecte des mêmes conséquences l'action pour l'application des sanctions fiscales que le Parquet a exercée accessoirement aux poursuites pénales, les droits purement fiscaux de l'administration étant expressément réservés (Cass. crim., 3 janv. 1983 : *Bull.* 1).

CHOSE JUGÉE

9) Le principe de l'autorité de chose jugée, fût-ce en méconnaissance de la loi, met obstacle à ce qu'une cour d'appel, saisie de l'appel du prévenu limité aux dispositions civiles du jugement, réforme ce qui a été définitivement jugé sur l'action publique ; ainsi une juridiction du premier degré ayant définitivement déclaré le prévenu coupable d'une infraction au préjudice d'une victime déterminée constituée partie civile, la cour d'appel, saisie de l'appel du condamné limité aux dispositions civiles, ne peut déclarer cette partie civile irrecevable mais seulement apprécier le caractère direct et personnel de son préjudice (Cass. crim., 24 mars 1999 : *Bull.* 54).

10) Le crime d'homicide qui se commet par la détermination de la volonté, et le délit d'imprudence qui l'exclut étant deux infractions distinctes en leurs éléments de fait et de droit, un individu condamné pour homicide involontaire, peut être poursuivi à nouveau pour homicide volontaire, dès lors qu'il résulte des circonstances de fait révélées postérieurement à la décision des juges correctionnels que la mort de la victime a été la conséquence d'un acte intentionnel de son auteur (Cass. crim., 19 mai 1983 : *Bull.* 149 ; *JCP* 83, II, 20385, note Jeandidier ; *D.* 1984, p. 51, note Chapar).

11) Les mêmes faits, concernant la même personne ne peuvent plus, à la suite d'une transaction douanière ayant eu pour effet d'éteindre l'action publique, être poursuivis sous une autre qualification juridique (Cass. crim., 7 mars 1984 : *Bull.* 96).

Encourt la cassation l'arrêt qui sanctionne un prévenu pour un fait unique de revente d'héroïne déjà retenu à sa charge, dans le cadre d'un trafic de stupéfiants plus important, par un jugement antérieur ayant acquis l'autorité de la chose jugée (Cass. crim., 13 déc. 1990 : *Bull.* 433).

Lorsqu'un étranger a commis en France un crime et a été condamné définitivement dans son pays pour cette infraction à la suite d'une dénonciation officielle des faits par les autorités judiciaires françaises, l'action publique en France n'est pas éteinte par la chose jugée (Cass. crim., 17 mars 1999 : *Bull.* 44).

Il se déduit de l'article 6 du Code de procédure pénale qu'une décision de refus d'informer rendue au motif que les faits dénoncés ne peuvent admettre aucune qualification pénale s'oppose, en raison de l'autorité de la chose jugée qui s'y attache, à toute nouvelle poursuite à raison des mêmes faits sous quelque qualification que ce soit (Cass. crim., 3 févr. 1998 : *Bull.* 38).

12) Il se déduit de l'article 6 du Code de procédure pénale qu'une décision de refus d'informer fondée sur la circonstance que les faits dénoncés ne peuvent admettre aucune qualification pénale, s'oppose, en raison de l'autorité de la chose jugée qui s'y attache, à toute nouvelle poursuite à raison des mêmes faits sous quelque qualification que ce soit (Cass. crim., 3 févr. 1998, n. H.97-80.089 PF).

TRANSACTION

13) Selon l'article 6, dernier alinéa du Code de procédure pénale, sauf disposition légale contraire, la transaction qui ne fait pas disparaître l'infraction est sans effet sur l'action publique ; encourt, dès lors, la cassation l'arrêt qui retient que la transaction, en vertu de laquelle les ayants droit de la victime d'un vol ont été indemnisés, confère un caractère régulier à la possession du produit de l'infraction (Cass. crim., 4 juin 1998 : *Bull.* 183).

L'action publique est éteinte par la transaction. Il en est ainsi pour la transaction concédée par l'administration des douanes (Cass. crim., 10 oct. 1962 : *Bull.* 270. – Cass. crim., 13 déc. 1993 : *Bull.* 384).

14) La transaction intervenue sur des poursuites d'ordre économique, si elle éteint l'action publique de ce chef, laisse subsister les éléments matériels constitutifs d'une infraction fiscale (Cass. crim., 20 févr. 1969 : *Bull.* 88). L'extinction de l'action publique ne bénéficie qu'à l'auteur de l'infraction qui souscrit la transaction et ne peut limiter ni le principe, ni l'étendue de l'action publique à l'encontre des coauteurs ou complices qui restent tenus, en vertu de la solidarité, à l'entière réparation du préjudice subi par le Trésor (Cass. crim., 26 nov. 1964 : *Bull.* 314).

15) Les juges du fond ont la faculté d'apprécier la validité et la portée d'une transaction intervenue entre l'auteur d'un délit et sa victime et de déclarer en conséquence l'irrecevabilité de la constitution de partie civile de celle-ci (Cass. crim., 27 juin 1983 : *Bull.* 198).

RETRAIT DE PLAINTE – DÉSISTEMENT

16) S'il est de principe que la plainte déposée avec constitution de partie civile devant le juge d'instruction met l'action publique en mouvement, cet effet ne se produit que si la constitution de partie civile est régulière et recevable. Le désistement ultérieur de la partie civile est sans influence sur l'action publique qui suit alors son cours (Cass. crim., 15 janv. 1976 : *Bull.* 13).

17) Le désistement de la partie civile dont la plainte a provoqué des poursuites pour abus de confiance est sans effet sur la poursuite de l'action publique (Cass. crim., 30 mai 1960 : *Bull.* 298).

18) Le délit d'abandon de foyer entre dans les prévisions de l'article 6, alinéa 3, qui décide que l'action publique s'éteint en cas de retrait de plainte lorsque celle-ci est une condition nécessaire de la poursuite (Cass. crim., 28 oct. 1965 : *Bull.* 216).

Le délit de l'article 226-1 du Code pénal, qui réprime l'atteinte à l'intimité de la vie privée, ne pouvant, selon l'article 226-6 du même code, être poursuivi que sur plainte de la victime ou de ses ayants droit, entre dans les prévisions de l'article 6, alinéa 3, du Code de procédure pénale, selon lequel l'action publique s'éteint en cas de retrait de plainte lorsque celle-ci est une condition nécessaire de la poursuite (Cass. crim., 14 janv. 1997 : *Bull.* 9).

19) Lorsque l'action publique a été mise en mouvement par la citation directe de la partie civile, le désistement de celle-ci à l'audience ne fait pas obstacle à ce que soient attribués des dommages-intérêts au prévenu par application des articles 425 et 472 du Code de procédure pénale (Cass. crim., 24 oct. 1983 : *Bull.* 259).

Art. 6-1 *(L. n. 95-125, 8 févr. 1995, art. 55).* **– Lorsqu'un crime ou un délit prétendument commis à l'occasion d'une poursuite judiciaire impliquerait la violation d'une disposition de procédure pénale, l'action publique ne peut être exercée que si le caractère illégal de la poursuite ou de l'acte accompli à cette occasion a été constaté par une décision devenue définitive de la juridiction répressive saisie. Le délai de prescription de l'action publique court à compter de cette décision.**

A. BLANCHOT, *Obstacle à la mise en mouvement de l'action publique : J.-Cl. Proc. pén.*, art. 6-1.

1) Il résulte de la combinaison des articles 6-1 et 86 du Code de procédure pénale que, lorsqu'un crime ou un délit est dénoncé comme ayant été commis à l'occasion d'une poursuite judiciaire et impliquerait la violation d'une disposition de procédure pénale, l'existence d'une

décision définitive de la juridiction répressive écartant l'illégalité de la poursuite ou de l'acte accompli met obstacle à l'exercice de l'action publique pour la répression dudit crime ou délit (Cass. crim., 26 nov. 1996 : *Bull.* 424. – Cass. crim., 6 mai 1997 : *Bull.* 169).

L'obstacle, mis par l'article 6-1 du Code de procédure pénale à l'exercice de l'action publique pour des faits commis à l'occasion d'une poursuite judiciaire et impliquant la violation d'une disposition de procédure pénale est général, les tiers, qui ne peuvent agir en nullité des actes irréguliers devant la juridiction pénale, disposant d'un recours devant la juridiction civile (Cass. crim., 14 févr. 2001 : *Bull.* 42 ; *Bull. inf. C. cass.* 2001, n. 443).

Justifie sa décision la chambre d'accusation, qui, pour confirmer, sur le fondement de l'article 6-1 du Code de procédure pénale, une ordonnance du juge d'instruction portant refus d'informer sur une plainte avec constitution de partie civile dénonçant les conditions illégales dans lesquelles aurait été conduite une expertise dans une information judiciaire, énonce que ces faits auraient été commis à l'occasion d'une poursuite pénale et impliqueraient la violation des dispositions des articles 11, 162 et 166 du Code de procédure pénale, ce qui n'a pas été constaté par décision définitive de la juridiction répressive, et met ainsi obstacle à l'exercice de l'action publique (Cass. crim., 21 avr. 1998 : *Bull.* 139).

2) Les dispositions de l'article 6-1 du Code de procédure pénale, issues de la loi du 8 février 1995, entrent dans la catégorie des lois fixant les modalités de la poursuite, dont l'article 112-2-2° du Code pénal impose l'application immédiate à la répression des infractions commises avant leur entrée en vigueur (Cass. crim., 28 janv. 1997 : *Bull.* 37).

3) Les dispositions de l'article 6-1 du Code de procédure pénale ne sont pas incompatibles avec celles des articles 6 et 13 de la Convention européenne de sauvegarde des droits de l'homme et des libertés fondamentales, dès lors que la personne concernée dispose d'un recours judiciaire préalable en annulation des actes argués d'illégalité (Cass. crim., 28 janv. 1997 : *Bull.* 37).

Art. 7 *(L. n. 92-1336, 16 déc. 1992, art. 7 ; L. n. 93-913, 19 juill. 1993).* **– En matière de crime et sous réserve des dispositions de l'article 213-5 du Code pénal, l'action publique se prescrit par dix années révolues à compter du jour où le crime a été commis si, dans cet intervalle, il n'a été fait aucun acte d'instruction ou de poursuite.**

S'il en a été effectué dans cet intervalle, elle ne se prescrit qu'après dix années révolues à compter du dernier acte. Il en est ainsi même à l'égard des personnes qui ne seraient pas impliquées dans cet acte d'instruction ou de poursuite.

(L. n. 98-468, 17 juin 1998, art. 25 ; dispositions applicables aux infractions non encore prescrites lors de l'entrée en vigueur de la présente loi, art. 50) **Le délai de prescription de l'action publique des crimes commis contre des mineurs ne commence à courir qu'à partir de la majorité de ces derniers.**

V. P. Malibert, *Action publique. Prescription : J.-Cl. Proc. pén.*, art. 7 à 9. – Ch. Pigache, *La prescription pénale, instrument de politique criminelle : Rev. sc. crim.* 1983, p. 55. – L. n. 64-1326, 26 déc. 1964 : Crimes de guerre et contre l'humanité. – R. Geouffre de la Pradelle, *Crimes contre l'humanité et justice : JCP* 77, I, 2861. – Chron. dr. pénal : *JCP* 99, I, 112, p. 330.

V. Textes complémentaires, Ord. 28 août 1944 (crimes de guerre). – L. 26 décembre 1964 (crimes contre l'humanité).

1) Les crimes contre l'humanité sont imprescriptibles par nature ; leur imprescriptibilité se déduit tant des principes généraux de droit reconnus par l'ensemble des nations que du statut du tribunal militaire international annexé à l'accord de Londres du 8 août 1945 ; la loi du 26 décembre 1964 s'est bornée à confirmer que cette imprescriptibilité était déjà acquise, en droit interne, par l'effet des textes internationaux auxquels la France avait adhéré (Cass. crim., 26 janv. 1984 : *Bull.* 34 ; *JCP* 84, II, 20197, note Ruzie ; *Gaz. Pal.* 12 avr. 1984, nos 102, 103, p. 8, rapp. Le Gunehec, concl. Dontenwille).

Constituent des crimes imprescriptibles contre l'humanité, au sens de l'article 6 (c) du statut du tribunal militaire international de Nuremberg, annexé à l'accord de Londres du 8 août 1945 – alors même qu'ils seraient également qualifiables de crimes de guerre, selon l'article 6 (b) de ce texte – les actes inhumains et les persécutions qui, au nom d'un État pratiquant une politique d'hégémonie idéologique, ont été commis de façon systématique, non seulement contre des personnes en raison de leur appartenance à une collectivité raciale ou religieuse, mais aussi contre les adversaires de cette politique, quelle que soit la forme de leur opposition.

(Cass. crim., 20 déc. 1985 : *JCP* 86, II, 20655, rapp. Le Gunehec, concl. Dontenwille ; *D.* 1986, p. 500, note Chapar ; *Bull.* 407).

2) Le principe d'imprescriptibilité résultant du statut du tribunal militaire international de Nuremberg annexé à l'accord de Londres du 8 août 1945 et de la résolution des Nations Unies du 13 février 1946, régit, en tous leurs aspects, la poursuite et la répression des crimes contre l'humanité et fait obstacle à ce qu'une règle de droit interne, tirée de la chose jugée, permette à une personne, poursuivie du chef de l'un de ces crimes, de se soustraire à l'action de la justice en raison du temps écoulé, que ce soit depuis les actes incriminés ou depuis une précédente condamnation prononcée sous une autre qualification. Le ressortissant français qui, à l'instigation d'un responsable d'une organisation criminelle nazie, ordonne les assassinats de personnes choisies par lui exclusivement en raison de leur appartenance à la communauté juive, participe, en connaissance de cause, pour le compte d'un pays européen de l'Axe, au plan concerté d'extermination et de persécution de cette communauté mis en œuvre par le gouvernement national-socialiste allemand et se rend complice de crime contre l'humanité. Même s'ils ont été perpétrés à l'occasion et en représailles de l'assassinat d'un membre de la Milice française, de tels assassinats, commis dans de telles conditions, s'intègrent à ce plan concerté et constituent un crime contre l'humanité (Cass. crim., 21 oct. 1993 : *Bull.* 307).

3) Le haut fonctionnaire français qui, à l'instigation de responsables d'une organisation criminelle nazie, apporte, en connaissance de cause, son concours à l'arrestation, la séquestration et la déportation de personnes, choisies exclusivement en raison de leur appartenance à la communauté juive, participe au plan concerté de persécution et d'extermination de cette communauté mis en œuvre par le gouvernement national-socialiste allemand et se rend complice de crimes contre l'humanité (Cass. crim., 23 janv. 1997 : *Bull.* 32).

4) Les procès-verbaux établis par les officiers et agents de police judiciaire pour l'exécution de la mission qui leur est confiée par l'article 14 du Code de procédure pénale constituent des actes d'instruction au sens du premier alinéa de l'article 7 du Code de procédure pénale ; tel est le cas du procès-verbal recueillant la plainte de la victime d'une infraction (Cass. crim., 23 juin 1998 : *Bull.* 203) ; tel est le cas du procès-verbal d'audition d'une personne qui dénonce, à l'occasion d'une plainte portée contre elle, des infractions dont elle aurait été victime (Cass. crim. 7 juin 2001 : *Bull.* 142).

Constitue un acte d'instruction au sens du premier alinéa de l'article 7 du Code de procédure pénale l'ordonnance de soit-communiqué délivrée par le juge d'instruction, dès lors qu'elle a pour objet de saisir le procureur de la République aux fins de réquisitions sur l'action publique (même arrêt).

5) L'usage d'un acte faux en écriture publique ou authentique emporte une qualification criminelle et se prescrit en conséquence par dix ans révolus ; il s'agit d'une infraction instantanée qui se renouvelle à chaque fait positif qui interrompt la prescription (Cass. crim., 8 juill. 1971 : *Bull.* 227).

Après une condamnation définitive pour homicide involontaire, le procureur de la République ne peut ouvrir pour les mêmes faits, après l'expiration du délai de prescription de 10 ans, une information pour homicide volontaire, à la suite de nouvelles déclarations du condamné et d'une autre personne en cause (Cass. crim., 8 août 1994 : *Bull.* 288).

6) Lorsque, depuis la majorité de la victime, le délai de prescription était écoulé lors de l'entrée en vigueur de la loi du 10 juillet 1989, les dispositions de cette loi modifiant l'article 7 du Code de procédure pénale ne peuvent trouver leur application (Cass. crim., 8 févr. 1994 : *Bull.* 57).

7) Selon les articles 7, troisième alinéa, et 8 du Code de procédure pénale, la mise en mouvement de l'action publique, pour la poursuite de faits commis par un ascendant ou par une personne ayant autorité et dont sont victimes les mineurs, n'exige pas le dépôt préalable d'une

plainte avec constitution de partie civile (Cass. crim., 30 nov. 1994 : *Bull.* 389. – Cass. crim., 3 sept. 1997 : *Bull.* 294).

En application des articles 7, alinéa 3, et 8 du Code de procédure pénale, la prescription de l'action publique est suspendue pendant la minorité de la victime sans qu'il soit nécessaire d'attendre pour agir l'échéance de sa majorité (Cass. crim., 30 nov. 1994 : *Bull.* 389).

Il résulte de l'article 7, alinéa 3, du Code de procédure pénale, en sa rédaction issue de la loi du 10 juillet 1989, modifiée par celle du 4 février 1995, que la prescription de l'action publique est suspendue pendant la minorité de la victime lorsque le crime a été commis par un ascendant légitime, naturel ou adoptif ou par une personne ayant autorité sur elle ; dès lors n'encourt pas la cassation l'arrêt de la chambre d'accusation qui relève que le délai de la prescription n'était pas écoulé lors de l'entrée en vigueur de la loi du 10 juillet 1989 et que les faits ont été dénoncés par les victimes – dont la majorité a été acquise avant ladite loi – dans les 10 ans de leur majorité (Cass. crim., 26 mars 1997 : *Bull.* 122).

Art. 8 *(L. n. 95-116, 4 févr. 1995, art. 121-II).* **– En matière de délit, la prescription de l'action publique est de trois années révolues ; elle s'accomplit selon les distinctions spécifiées à l'article précédent.**

(L. n. 98-468, 17 juin 1998, art. 26 ; dispositions applicables aux infractions non encore prescrites lors de l'entrée en vigueur de la présente loi, art. 50) **Le délai de prescription de l'action publique des délits commis contre des mineurs prévus et réprimés par les articles 222-9, 222-11 à 222-15, 222-27 à 222-30, 225-7, 227-22 et 227-25 à 227-27 du Code pénal ne commence à courir qu'à partir de la majorité de ces derniers.**

Par dérogation aux dispositions du premier alinéa, le délai de prescription est de dix ans lorsque la victime est mineure et qu'il s'agit de l'un des délits prévus aux articles 222-30 et 227-26 du Code pénal.

1) Une loi nouvelle régissant la prescription est applicable immédiatement aux situations en cours (Cass. crim., 4 juin 1984 : *Bull.* 202).

Les lois nouvelles relatives à la prescription sont sans effet sur les prescriptions déjà acquises lors de leur entrée en vigueur (Cass. crim., 28 févr. 1995 : *Bull.* 87).

2) La prescription de l'action publique constitue une exception d'ordre public qui doit être relevée d'office par le juge et il appartient au ministère public d'établir que l'action publique n'est pas atteinte par la prescription (Cass. crim., 20 mai 1980 : *Bull.* 156. – Cass. crim., 14 févr. 1995 : *Bull.* 66).

– En raison de son caractère d'ordre public, l'exception de prescription de l'action publique peut être invoquée pour la première fois devant la Cour de cassation, à la condition que celle-ci trouve dans les constatations des juges du fond les éléments nécessaires pour en apprécier la valeur (Cass. crim., 28 oct. 1981 : *Bull.* 283. – Cass. crim., 22 nov. 1983 : *Bull.* 307. – Cass. crim., 11 déc. 1984 : *JCP* 85, IV, 66. – Cass. crim., 5 nov. 1984 : *JCP* 85, IV, 21).

– Si en règle générale, la saisine d'une juridiction territorialement incompétente interrompt la prescription, quand il est impossible de déterminer avec exactitude le lieu du délit, la résidence des inculpés ou le lieu où ils pourront être trouvés, il en est différemment lorsque la plainte avec constitution de partie civile a été déposée devant une juridiction manifestement incompétente, les plaignants disposant, lors de cet acte, d'informations de nature à déterminer sans incertitude le domicile de la personne visée dans la plainte et le lieu de commission de l'éventuelle infraction dénoncée (Cass. crim., 16 mars 1988 : *Bull.* 131).

3) Par dérogation au droit commun, l'action publique se prescrit séparément, à l'égard d'un membre du Parlement, lorsqu'une poursuite dans laquelle il se trouve nommément mis en cause est engagée pendant la durée des sessions ; suspendue à l'égard d'un membre du Parlement, par une demande de mainlevée de l'immunité parlementaire, la prescription de l'action publique ne saurait être interrompue par des actes de poursuite valablement accomplis à l'égard d'autres participants à l'infraction (Cass. crim., 14 juin 1979 : *Bull.* 209). – Un acte de poursuite ou d'instruction interrompt nécessairement la prescription d'infractions connexes ou indivisibles, que les poursuites de ces dernières aient été exercées séparément ou par voie de réquisitions supplétives (Cass. crim., 15 janv. 1990 : *Bull.* 22. – Cass. crim., 18 févr. 1991 : *Dr. pénal*, juin 1991, n. 185. – Cass. crim., 28 oct. 1992 : *Bull.* 350).

POINT DE DÉPART DE LA PRESCRIPTION

4) En matière d'abus de confiance, le point de départ de la prescription triennale doit être fixé au jour où le délit est apparu et a pu être constaté (Cass. crim., 18 juill. 1974 : *Bull.* 258. – Cass. crim., 7 déc. 1976 : *Bull.* 350. – Cass. crim., 26 janv. 1977 : *Bull.* 35. – Cass. crim., 3 janv. 1985 : *JCP* 85, IV, 99. – Cass. crim., 14 avr. 1993 : *D.* 1993, p. 616, note H. Fenaux) ; il en est de même en matière de dissimulation de tout ou partie du produit des jeux dans les cercles et les casinos (Cass. crim., 29 oct. 1984 : *Bull.* 323 ; *JCP* 85, IV, 13).

Le délai de prescription de l'action publique court à compter du jour du délit ; si ce point de départ peut, en matière d'abus de biens sociaux, en raison de la nature spéciale de cette infraction, être retardé jusqu'au jour où le délit est apparu et a pu être constaté, c'est à la condition que cette date ne soit pas hypothétique (Cass. crim., 13 janv. 1970 : *Bull.* 20. – Cass. crim., 14 févr. 1974 : *Bull.* 68. – 20 juill. 1977 : *Bull.* 267. – Cass. crim., 13 févr. 1989 : *Bull.* 69).

En matière de publicité fausse ou de nature à induire en erreur le point de départ de la prescription doit être fixé au jour où le délit est apparu et a pu être constaté (Cass. crim., 20 févr. 1986 : *Bull.* 70).

5) S'il est vrai que l'escroquerie est un délit instantané, lorsque des manœuvres frauduleuses multiples et répétées se poursuivent sur une longue période de temps, formant entre elles un tout indivisible et provoquant des remises successives, la prescription ne commence à courir qu'à partir de la dernière remise ou délivrance (Cass. crim., 9 mai 1972 : *Bull.* 161. – Cass. crim., 17 déc. 1974 : *Bull.* 371. – Cass. crim., 29 oct. 1978 : *Bull.* 283).

– L'usage de faux constituant une infraction instantanée, cette infraction se produit chaque fois qu'intervient un nouveau fait d'utilisation de la pièce fausse en vue du but auquel elle est destinée ; le point de départ de la prescription n'est donc pas le jour où le faux a été établi, mais celui où il en a été fait usage (Cass. crim., 7 janv. 1970 : *Bull.* 16. – Cass. crim., 12 nov. 1979 : *Bull.* 313).

Lorsque le délit de corruption est caractérisé par la perception illicite de dons, présents, commissions, escomptes ou primes, c'est seulement du jour de cette perception que court le délai de prescription (Cass. crim., 13 déc. 1972 : *Bull.* 391) ; en matière de perception indue d'arrérages de pension, le délai de prescription court à compter de la perception du dernier arrérage indûment obtenu (Cass. crim., 1er juill. 1970 : *Bull.* 222).

La prescription de l'action publique relative au délit de fraude ou de fausse déclaration en vue d'obtenir une aide personnalisée au logement, prévu par l'article L. 351-13 du Code de la construction et de l'habitation, ne commence à courir qu'à compter de la perception de la dernière prestation indûment obtenue (Cass. crim., 23 févr. 1994 : *Bull.* 76).

Le délit de blessures involontaires n'est caractérisé qu'au jour où existe l'incapacité, élément constitutif de l'infraction prévue et réprimée par l'article 320 du Code pénal ; le point de départ de la prescription est fixé à compter de la date à laquelle il a été permis de constater que l'incapacité prévue par la loi a duré plus de trois mois (Cass. crim., 22 oct. 1979 : *Bull.* 291) ; le délit d'homicide involontaire n'est, quant à lui, constitué que du jour du décès (Cass. crim., 4 nov. 1985 : *Bull.* 339).

Le délit de détournement de correspondance étant entièrement consommé au jour du détournement, le délai de prescription court à compter de ce jour (Cass. crim., 17 juin 1987 : *Bull.* 254).

6) Le délit constitué par la modification du sol d'un terrain soumis à un plan d'urbanisme s'accomplit pendant tout le temps où les travaux sont effectués ; mais c'est à l'achèvement de chaque ouvrage que commence à courir la prescription (Cass. crim., 17 juill. 1974 : *Bull.* 257).

La participation à une entente ou à une association en vue de commettre des infractions à la législation sur les stupéfiants est un délit continu qui ne commence à se prescrire qu'à partir de l'instant où le prévenu cesse d'en faire partie, soit en la quittant, soit parce qu'elle a cessé d'exister (Cass. crim., 16 oct. 1979 : *Bull.* 285).

Le proxénétisme constitué par le fait de vivre avec une personne se livrant habituellement à la prostitution est un délit continu qui ne commence à se prescrire qu'au moment où prend fin la cohabitation avec la prostituée (Cass. crim., 29 juin 1983 : *Bull.* 207).

Les articles 689, 691 et 692 du Code de procédure pénale qui régissent les conditions dans lesquelles les infractions commises à l'étranger peuvent être poursuivies en France ne comportent aucune dérogation aux articles 7 et 8 du même code relatifs au point de départ de la prescription de l'action publique.

Il en est de même de la Convention européenne d'entraide judiciaire en matière pénale du 20 avril 1959 (Cass. crim., 16 juill. 1987 : *Bull.* 298).

ACTES INTERRUPTIFS DE LA PRESCRIPTION

7) Par acte d'instruction ou de poursuite pouvant, aux termes des articles 7 et 8 du Code de procédure pénale, interrompre la prescription de l'action publique, il faut entendre tous les actes qui ont pour objet de constater les infractions, d'en découvrir ou d'en convaincre les auteurs ; tel est le cas d'instructions du procureur de la République à un officier de police judiciaire pour l'exécution des enquêtes préliminaires (Cass. crim., 19 oct. 1976 : *Bull.* 295. – Cass. crim., 3 janv. 1985 : *Bull.* 5. – Cass. crim., 2 avr. 1998 : *Bull.* 131) ; ou à l'effet de constater une infraction, d'en rassembler les preuves et d'en rechercher les auteurs (Cass. crim., 17 nov. 1976 : *Bull.* 331. – Cass. crim., 5 mars 1985 : *Bull.* 103 ; *JCP* 85, IV, 180) (V. *JCP* 79, II, 19041, obs. Chambon, sous Ch. acc. Aix-en-Provence 15 juin 1977) ; ou en vue de faire recevoir, par procès-verbal régulier, une plainte du chef d'usage de faux en écritures privées, de procéder à une enquête sur les faits dénoncés et prendre photocopie des actes et documents incriminés (Cass. crim., 16 mai 1973 : *Bull.* 224) ; constitue un acte de poursuite le mandement par lequel le ministère public requiert un huissier de justice, par application de l'article 551 du Code de procédure pénale, de délivrer une citation à comparaître devant la juridiction répressive (Cass. crim., 28 janv. 1988 : *Bull.* 44 ; *Gaz. Pal.* 10-11 août 1988, p. 9, note Doucet) ; ainsi que les instructions données par le procureur de la République à la police judiciaire, aux fins d'enquête sur les faits dénoncés par la plainte du Directeur des services fiscaux (Cass. crim., 22 janv. 1990 : *Bull.* 39). – Constitue également un acte interruptif de la prescription celui par lequel le ministère public sollicite du Parquet d'une autre juridiction la copie d'une pièce utile ou nécessaire à la poursuite (Cass. crim., 29 mars 1990 : *Dr. pénal* 1990, n. 237-2°).

L'acte par lequel le procureur de la République transmet la procédure, pour compétence, en application de l'article 43 du Code de procédure pénale, à un procureur de la République près un autre tribunal constitue un acte de poursuite interruptif de prescription (Cass. crim., 5 janv. 2000 : *Bull.* 2).

Constitue également un acte interruptif de la prescription, le procès-verbal recueillant la plainte de la victime d'une infraction (Cass. crim., 23 juin 1998 : *Bull.* 203), ainsi que l'ordonnance de soit-communiqué délivrée par le juge d'instruction, dès lors qu'elle a pour objet de saisir le procureur de la République aux fins de réquisitions sur l'action publique (même arrêt).

Interrompt le cours de la prescription tout acte du procureur de la République tendant à la recherche et à la poursuite des infractions à la loi pénale. Il en est ainsi d'une demande adressée à une administration pour l'interroger sur le sort de personnes disparues de façon suspecte (Cass. crim., 20 févr. 2002 : *Bull.* 42 ; *Bull. inf. c. cass.*, avr. 2002, n° 378 ; *JCP* 02, II, 10075, note P. Maistre du Chambon).

Constitue un acte interruptif de prescription l'avis de fin d'information donné par le juge d'instruction aux parties, en application de l'article 175 du Code de procédure pénale (Cass. crim., 11 janv. 2000 : *Bull.* 12).

Une convocation envoyée par le procureur de la République à une personne en vue de l'entendre sur une plainte dont elle est l'objet constitue un acte interruptif de prescription au sens de l'article 7 du Code de procédure pénale (Cass. crim., 27 avr. 2000 : *Bull.* 173).

– Sont interruptifs de prescription, tant les actes de poursuite ou d'instruction accomplis au cours de l'information, que ceux accomplis au cours d'une procédure incidente devant la chambre d'accusation (Cass. crim., 30 avr. 1996 : *Bull.* 177).

Mais tel n'est pas le cas d'une demande de renseignements adressée par le procureur de la République au Président de la Chambre des notaires au sujet de faits dénoncés dans une plainte (Cass. crim., 3 févr. 1977 : *Bull.* 45. – V. également *JCP* 81, II, 19670, obs. Chambon sous Rouen, 4 mars 1981) d'une demande d'aide judiciaire et de l'enquête qu'elle nécessite (Cass. crim., 19 mars 1987 : *Bull.* 130 ; *JCP* 87, II, 20879, note P. Chambon).

Un mandement de citation rédigé et signé du procureur de la République, qui n'est pas transmis à un huissier en vue de sa délivrance, ne constitue pas un acte interruptif de la prescription (Cass. crim., 16 févr. 1999 : *Bull.* 21).

Ne constitue pas un acte de poursuite ou d'instruction la plainte de l'Administration des impôts préalable aux poursuites du chef de fraude fiscale (Cass. crim., 17 mai 1989 : *Bull.* 204. – Cass. crim., 22 janv. 1990 : *Bull.* 39), ni le dépôt d'un rapport d'expertise ou les lettres adressées par un expert au tribunal (Cass. crim., 29 mai 1991 : *Bull.* 228).

8) Sont également interruptifs de prescription les procès-verbaux de l'Administration des douanes lorsqu'ils émanent d'agents compétents (Cass. crim., 29 nov. 1983 : *Bull.* 323), les procès-verbaux de gendarmerie tendant à la recherche et à la constatation de l'infraction dénoncée (Cass. crim., 15 mai 1973 : *Bull.* 222) ; les procès-verbaux dressés dans l'exercice de leurs attributions de police judiciaire par les inspecteurs des lois sociales en agriculture à l'effet de constater des infractions (Cass. crim., 28 juill. 1975 : *Bull.* 193) ; les procès-verbaux régulièrement dressés par les agents de la direction générale du commerce intérieur et des prix légalement habilités pour constater les infractions à la législation économique (Cass. crim., 19 juill. 1978 : *Bull.* 240) ou aux dispositions concernant les ententes et les positions dominantes assimilées à la pratique de prix illicites (Cass. crim., 2 févr. 1978 : *Bull.* 41. – Cass. crim., 16 déc. 1976 : *JCP* 77, II, 18609, obs. Soyer, Decocq) ; la transmission par le procureur de la République de la procédure à l'administration, faite conformément à l'article 19 de l'ordonnance 45-1484 du 30 juin 1945, en vue d'une transaction, constitue un acte de poursuite par lequel le magistrat manifeste sa volonté de convaincre l'auteur de l'infraction de sa culpabilité et de réprimer le délit (Cass. crim., 17 nov. 1980 : *Bull.* 302), donc interruptif de prescription ; la signification, régulièrement faite à l'une quelconque des parties, d'un arrêt de la Chambre criminelle de la Cour de cassation renvoyant l'affaire devant une nouvelle juridiction a le caractère d'un acte interruptif de la prescription (Cass. crim., 24 oct. 1989 : *Bull.* 378).

9) Une plainte avec constitution de partie civile faisant état d'une opération complexe déterminée, met l'action publique en mouvement et interrompt la prescription à l'égard de toutes les infractions, même non expressément qualifiées dans cette plainte, qui ont été commises à l'occasion de cette opération (Cass. crim., 20 oct. 1993 : *Bull.* 303).

Le dépôt, constaté par le juge d'instruction d'une plainte exprimant la volonté de son auteur de se constituer partie civile, interrompt la prescription de l'action publique à condition que la consignation exigée ait été ultérieurement versée dans le délai fixé (Cass. crim., 23 oct. 1979 : *Bull.* 293. – 6 mars 1984, pourvoi n. 83-91310), mais tel n'est pas le cas de la simple plainte adressée au juge d'instruction et ne comportant qu'une offre de se constituer partie civile (Cass. crim., 25 juin 1970 : *Bull.* 218).

En cas de citation directe devant le tribunal correctionnel, le dépôt au greffe du montant de la consignation fixée conformément aux dispositions de l'article R. 236, alinéa 2, du Code de procédure pénale a pour seule conséquence de rendre recevable l'action de la partie civile et ne constitue pas un acte interruptif de prescription (Cass. crim., 15 avr. 1991 : *Bull.* 177).

Une remise en cause, à défaut d'avoir été ordonnée par jugement, n'est interruptive de la prescription que si, prononcée contradictoirement et motivée par une mesure préparatoire, elle est constatée par une mention sur les notes d'audience tenues par le greffier et signées par le président en application de l'article 453 du Code de procédure pénale (Cass. crim., 3 févr. 1993 : *Bull.* 59).

La remise de cause prononcée par jugement ou arrêt en présence du ministère public constitue, qu'elle ait été ou non ordonnée en présence des autres parties, un acte de poursuite de nature à interrompre la prescription (Cass. crim., 21 mars 1995 : *Bull.* 116).

L'opposition, fût-elle déclarée irrecevable, à un jugement par défaut, interrompt la prescription de la peine et constitue le point de départ d'un nouveau délai de prescription de l'action publique, la poursuite ayant repris son cours (Cass. crim., 20 sept. 1994 : *Bull.* 299).

10) Lorsque des infractions sont connexes, un acte interruptif de la prescription concernant l'une d'elles a nécessairement le même effet à l'égard de l'autre (Cass. crim., 10 déc. 1979 : *Bull.* 353. – Cass. crim., 29 nov. 1983 : *Bull.* 323) ; il en est ainsi même si les infractions poursuivies n'ont pas le même auteur (Cass-

.crim., 6 juin 1996 : *Bull.* 243) ; une information ouverte du chef d'infractions à la législation sur les stupéfiants interrompt nécessairement la prescription de délits douaniers indivisibles, même si les poursuites ont été exercées séparément (Cass. crim., 12 janv. 1972 : *Bull.* 17) ; cependant les actes interruptifs de la prescription de l'action publique qui portent sur ces faits dont la juridiction est demeurée saisie, sont sans effet à l'égard d'autres faits, seraient-ils connexes, voire indivisibles, dont le renvoi devant le tribunal correctionnel a été précédemment ordonné et qui sont en instance de jugement (Cass. crim., 4 juin 1984 : *Bull.* 203).

11) Un acte d'instruction ou de poursuite interrompt la prescription à l'égard de tous les auteurs, coauteurs et complices de l'infraction, même s'ils ne sont pas personnellement impliqués dans cet acte (Cass. crim., 11 juill. 1972 : *Bull.* 235), qu'ils soient connus ou inconnus (Cass. crim., 5 juill. 1993 : *Bull.* 239) ; la plainte avec constitution de partie civile ou le réquisitoire introductif visant les agissements délictueux commis par les dirigeants d'une société met en mouvement l'action publique et interrompt la prescription à l'égard de toutes les infractions, même non visées par la plainte ou le réquisitoire, qui ont été commises dans le fonctionnement de la société (Cass. crim., 30 juin 1971 : *Bull.* 218).

12) Les actes interruptifs de l'action publique étendent leurs effets à l'action fiscale lorsqu'ils visent des faits constituant, à la fois, des infractions de droit commun et des infractions fiscales (Cass. crim., 3 oct. 1977 : *Bull.* 280) ; une remise de cause contradictoire constituant un acte d'instruction ou de poursuite est susceptible d'interrompre la prescription (Cass. crim., 11 mai 1988 : *Bull.* 206), mais ne saurait avoir pour effet de la suspendre. Le jugement de remise n'est pas un obstacle aux mesures de poursuite de la part des parties civiles et du ministère public qui conservent le droit, s'ils veulent interrompre le cours de la prescription, de donner au prévenu une citation nouvelle (Cass. crim., 25 juill. 1972 : *Bull.* 257).

13) L'inculpé ne saurait exciper de la prescription, dès lors que les faits, officiellement dénoncés au gouvernement français, ont été en temps de droit poursuivis et sanctionnés par les autorités judiciaires étrangères, et qu'il ne justifie pas qu'il a subi ou prescrit sa peine, ou obtenu sa grâce (Cass. crim., 15 sept. 1984 : *Bull.* 272. – Cass. crim., 19 avr. 1989 : *Dr. pénal*, 1989, n. 39).

14) À défaut de demande de mainlevée de l'immunité parlementaire, la prescription de l'action publique n'est pas suspendue et court au bénéfice du membre du Parlement ; un acte de poursuite accompli contre celui-ci pendant la durée des sessions ne saurait avoir pour effet d'interrompre la prescription (art. 26 constitution) (Cass. crim., 14 janv. 1965 : *Bull.* 17).

Les actes d'une information ouverte sur constitution de partie civile, annulés par une chambre d'accusation en raison d'une incompétence territoriale, ne peuvent ni interrompre ni suspendre le délai de la prescription (Cass. crim., 3 avr. 1997 : *Bull.* 134).

15) L'arrêt de la chambre de l'instruction statuant sur une requête en nullité de la procédure constitue un acte d'instruction ayant pour effet d'interrompre la prescription (Cass. crim., 5 mars 2002 : *Bull.* 53).

Effet suspensif

16) La prescription de l'action publique est suspendue lorsque la partie poursuivante se heurte à un obstacle de droit la mettant dans l'impossibilité d'agir (Cass. crim., 7 févr. 1980 : *Bull.* 52).

Si les articles 81, alinéa 9, 82-1, 156 et 173, alinéa 3, du Code de procédure pénale, qui permettent aux parties civiles de demander aux juridictions d'instruction l'accomplissement de certains actes interruptifs, font désormais obstacle à ce qu'une partie civile se prévale de la suspension de la prescription de l'action publique du fait de l'inaction du juge, ces textes, d'application immédiate, ne sauraient avoir d'effet sur les prescriptions dont le cours est demeuré suspendu jusqu'à leur entrée en vigueur (Cass. crim., 8 janv. 1997 : *Bull.* 6).

Cependant, en cas d'inaction du ministère public il appartient à la partie civile d'assigner le prévenu à l'une des audiences de la Cour pour interrompre la prescription, et faute d'avoir usé de ce droit, elle ne saurait invoquer une prétendue suspension de la prescription de l'action publique (Cass. crim., 20 mars 1984 : *Bull.* 117. – Cass. crim., 10 nov. 1999 : *Bull.* 254. – D. N. Commaret, *Rev. sc. crim.* 2000, p. 856) ; elle ne saurait non plus invoquer une prétendue suspension de la prescription lorsque, par son comportement, elle a contribué à la paralysie de la procédure (Cass. crim., 30 mai 1995 : *Bull.* 197).

17) En cas de pourvoi en cassation, la prescription de l'action publique et de l'action civile, prévue par l'article 65 de la loi du 29 juillet 1881 est suspendue pendant la durée de l'instance en cassation et jusqu'à la signification de la décision portant cassation (Cass. crim., 19 avr. 1983 : *Bull.* 111).

18) En application des articles 7, alinéa 3, et 8 du Code de procédure pénale, la prescription de l'action publique est suspendue pendant la minorité de la victime sans qu'il soit nécessaire d'attendre pour agir l'échéance de sa majorité (Cass. crim., 30 nov. 1994 : *Bull.* 389).

19) Les articles 648 et 651 du Code de procédure pénale qui imposent, en cas de disparition des pièces d'une procédure, que l'instruction soit recommencée à partir du point où les pièces se trouvent manquer, impliquent nécessairement la suspension de l'accomplissement de la prescription (Cass. crim., 26 sept. 2000 : *Bull.* 278).

20) Une décision de remise de cause qui ne fixe pas le terme à l'issue duquel l'affaire sera à nouveau appelée, ne peut suspendre la prescription de l'action publique (Cass. crim., 4 juin 1984 : *Bull.* 203).

21) Les actes d'une information ouverte sur constitution de partie civile, annulés par une chambre d'accusation en raison d'une incompétence territoriale, ne peuvent ni interrompre ni suspendre le délai de la prescription (Cass. crim., 3 avr. 1997 : *Bull.* 134).

22) La prescription de l'action publique est suspendue lorsque, par l'effet d'une ordonnance du président de la chambre de l'instruction prise en application de l'article 187 du Code de procédure pénale, le juge d'instruction se trouve dans l'impossibilité de poursuivre l'information (Cass. crim., 5 mars 2002 : *Bull.* 53)

Art. 9. – En matière de contravention, la prescription de l'action publique est d'une année révolue ; elle s'accomplit selon les distinctions spécifiées à l'article 7.

1) L'action civile irrégulièrement engagée ne peut mettre en mouvement l'action publique. Si plus d'une année s'est écoulée entre la constatation de la contravention et celle du pourvoi, la Cour de cassation constate que les faits sont prescrits et qu'il n'y a pas lieu à renvoi (Cass. crim., 5 avr. 1965 : *Bull.* 108).

Selon l'article 9 du Code de procédure pénale qui ne prévoit pas d'exception à la règle qu'il édicte, en matière de contravention, la prescription de l'action publique est d'une année révolue. Encourt dès lors la censure l'arrêt d'une cour d'appel qui décide qu'une contravention, par sa connexité à un délit, n'est prescrite qu'après 3 ans (Cass. crim., 16 févr. 1993 : *Bull.* 76).

Méconnaît les dispositions des articles 7 et 9 du Code de procédure pénale, l'arrêt qui énonce que la prescription ne peut être acquise avant que le tribunal correctionnel n'ait disqualifié en contravention le délit dont il avait été saisi par citation directe de la partie civile, malgré l'absence de tout acte d'instruction ou de poursuite, pendant plus de 1 an, entre la date de cette citation et celle des faits imputés au prévenu (Cass. crim., 7 mai 1996 : *Bull.* 196).

2) En cas d'inaction du ministère public, faute par la partie civile d'avoir assigné le prévenu pour interrompre le cours de la prescription, celle-ci ne saurait invoquer une prétendue suspension de la prescription de l'action publique (Cass. crim., 20 mars 1984 : *Bull.* 117).

3) Le visa du titre de l'amende pénale fixe par lequel le ministère public manifeste sa volonté de réprimer la contravention, constitue, s'il intervient dans l'année de l'infraction, un acte interruptif de la prescription, à partir duquel court un nouveau délai, il ne saurait être effacé rétroactivement par la réclamation postérieure du contrevenant, laquelle a pour seul effet d'annuler le titre en ce qu'il a un caractère exécutoire (Cass. crim., 27 févr. 1985 : *Bull.* 97 ; *JCP* 85, IV, 172).

Un tel visa est interruptif de la prescription même si l'auteur de l'infraction n'a été identifié que postérieurement à celui-ci (Cass. crim., 4 déc. 1985 : *Bull.* 392).

4) La signature du réquisitoire, aux fins de citation, comme le visa du titre de l'amende pénale fixe, manifeste la volonté du ministère public de réprimer l'infraction et constitue un acte interruptif de la prescription, à partir du-

quel court un nouveau délai d'un an (Cass. crim., 13 nov. 1991 : *Bull.* 406).

5) Constitue un acte interruptif de la prescription de l'action publique relative aux contraventions des quatre premières classes le document de transmission par lequel l'officier du ministère public adresse à un officier de police judiciaire des instructions aux fins d'enquête sur un contrevenant (Cass. crim., 10 déc. 1997 : *Bull.* 421).

6) La prescription de l'action publique n'est pas suspendue par l'exécution d'une expertise ordonnée par la juridiction pénale. Encourt, dès lors, la cassation l'arrêt confirmatif ayant disqualifié en contravention les faits poursuivis comme délit de violences et condamné la prévenue après avoir écarté la prescription de l'action publique, alors que plus d'un an s'était écoulé entre le jugement ayant ordonné l'expertise et la nouvelle citation à comparaître devant le tribunal correctionnel (Cass. crim., 3 oct. 2000 : *Bull.* 285).

Art. 10 *(L. n. 80-1042, 23 déc. 1980, art. 1er).* **– L'action civile se prescrit selon les règles du Code civil. Toutefois, cette action ne peut plus être engagée devant la juridiction répressive après l'expiration du délai de prescription de l'action publique.**

*(L. n. 81-82, 2 févr. 1981, art. 82)***Lorsqu'il a été statué sur l'action publique, les mesures d'instruction ordonnées par le juge pénal sur les seuls intérêts civils obéissent aux règles de la procédure civile.**

V. P. MALIBERT : *Action civile : Prescription ; mesures d'instruction : J.-Cl. Proc. pén.* art. 10, cf. ROGER, *La réforme du délai de prescription de l'action civile : D.* 1981, chron. p. 175.

1) Sauf les exceptions formellement autorisées par la loi, les décisions rendues en matière civile n'ont pas autorité de la chose jugée au regard de l'action publique dont sont saisies les juridictions répressives. Les juges du fond doivent statuer eux-mêmes sur toute question dont dépend, selon eux, l'application de la loi pénale, malgré l'existence d'une décision civile rendue sur cette question (Cass. crim., 10 janv. 1989 : *Bull.* 10).

2) Une loi nouvelle modifiant les délais de prescription ne peut produire effet que pour l'avenir, et ne saurait mettre en cause une prescription définitivement acquise. Les dispositions de l'article 10 (L. 23 déc. 1980) ne peuvent donc être appliquées aux actions civiles dont le délai de prescription était expiré (Cass. crim., 3 janv. 1984 : Gros).

L'action civile ne pouvant plus être exercée, selon l'article 10 du Code de procédure pénale auquel ne déroge pas l'article 53 de la loi du 24 juillet 1966, devant la juridiction répressive après le délai d'expiration de l'action publique, tout acte de poursuite et d'instruction accompli dans ce délai interrompt la prescription des actions tant publiques que civiles non seulement à l'égard de tous les participants à l'action, mais encore à l'égard de toutes les victimes de celle-ci (Cass. crim., 17 févr. 1986 : *Bull.* 62).

3) Les dispositions de l'article 10 n'autorisent pas le juge répressif à se substituer à la juridiction civile pour l'application des règles qui, comme celles de l'article 1244 du Code civil, prévoyant l'octroi de délais de paiement aux débiteurs, sont étrangères à l'action civile en réparation du dommage causé par une infraction (Cass. crim., 3 déc. 1981 : *Bull.* 322).

4) La loi du 23 décembre 1980 qui a modifié les dispositions de l'article 10 du Code de procédure pénale, et mis fin au principe de la solidarité des prescriptions de l'action publique et de l'action civile, n'a pas abrogé l'article 65 de la loi du 29 juillet 1881 qui, indépendamment de l'application dudit principe, dispose que l'action civile résultant des crimes, délits et contraventions prévus par ladite loi, se prescrira par trois mois révolus (Cass. crim., 11 déc. 1984 : *Bull.* 398. – Cass. 2e civ., 20 avr. 1983 : *Bull. civ.* 97).

5) Seules obéissent aux règles de la procédure civile, lorsqu'il a été statué sur l'action publique, les mesures d'instruction ordonnées par le juge pénal sur les intérêts civils (Cass. crim., 28 mai 1986 : *Bull.* 182).

– L'exception de péremption d'instance ne peut être accueillie en matière pénale dès lors que l'article 10, alinéa 2, du Code de procédure pénale ne rend applicables les règles de la procédure civile, après décision sur l'action publique, qu'aux mesures d'instruction ordonnées par le juge pénal sur les seuls intérêts civils (Cass. crim., 27 sept. 2000 : *Bull.* 279).

– Il résulte des dispositions combinées des articles 10 du Code de procédure pénale et 160 du Nouveau Code de procédure civile que l'expert commis par une juridiction pénale statuant sur les intérêts civils doit convoquer les parties par lettre recommandée avec demande d'avis de réception ou par remise à leur défenseur d'un simple bulletin (Cass. crim., 3 mai 1988 : *Bull.* 190. – Cass. crim., 13 déc. 1990 : *Bull.* 436).

6) L'imprescriptibilité des crimes contre l'humanité s'applique tant à l'action publique qu'à l'action civile pouvant résulter de tels crimes et ce qui, lorsqu'elle est exercée devant la juridiction répressive, est soumise, en vertu de l'article 10 du Code de procédure pénale, au même régime de prescription que l'action publique (Cass. crim., 1er juin 1995 : *Bull.* 202).

LIVRE PREMIER

DE L'EXERCICE DE L'ACTION PUBLIQUE ET DE L'INSTRUCTION

(L. n. 57-1426, 31 déc. 1957)

TITRE PREMIER. – DES AUTORITÉS CHARGÉES DE L'ACTION PUBLIQUE ET DE L'INSTRUCTION

Art. 11 *(L. n. 92-1336, 16 déc. 1992, art. 8 ; L. n. 93-913, 19 juill. 1993).* **– Sauf dans le cas où la loi en dispose autrement et sans préjudice des droits de la défense, la procédure au cours de l'enquête et de l'instruction est secrète.**

Toute personne qui concourt à cette procédure est tenue au secret professionnel dans les conditions et sous les peines des articles 226-13 et 226-14 du Code pénal.

(L. n. 2000-516, 15 juin 2000, art. 96-1) **Toutefois, afin d'éviter la propagation d'informations parcellaires ou inexactes ou pour mettre fin à un trouble à l'ordre public, le procureur de la République peut, d'office et à la demande de la juridiction d'instruction ou des parties, rendre publics des éléments objectifs tirés de la procédure ne comportant aucune appréciation sur le bien-fondé des charges retenues contre les personnes mises en cause.**

V. F. Desportes, *Secret de l'instruction : J.-Cl. Proc. pén.*, art. 11. – J.-H. Robert, *Protection de la présomption d'innocence : J.-Cl. Proc. pén.*, App. art. 11. – Larguier, *Le secret de l'instruction et l'article 11 du Code de procédure pénale : Rev. sc. crim.* 1959, p. 313. – Besson, *Le secret de la procédure pénale et ses incidences : D.* 1959, chron. p. 191. – Pol Naut, *Le juge d'instruction et son secret : D.* 1977, chron. p. 161. – A. Maron, *Secret de l'instruction : Dr. pénal* 1992, n° 160.

1) Se rend coupable du délit de l'article 11, le magistrat instructeur auteur d'une révélation concernant une information en cours, même si les faits relatés avaient déjà fait l'objet d'une divulgation (Rennes, 7 mai 1979 : *JCP* 80, II, 19333, note Chambon).

La violation du secret de l'instruction, à la supposer établie, ne peut entraîner l'annulation de la procédure, dès lors qu'elle est extérieure à celle-ci ; elle ouvre seulement droit, pour celui qui s'en prétend la victime, au recours prévu par l'article 9-1 du Code civil (Cass. crim., 30 avr. 1996 : *Bull.* 183) ; dès lors justifie sa décision la chambre d'accusation qui, après avoir constaté que la présence d'un stagiaire, non assermenté, lors d'un interrogatoire de première comparution, constitue une violation du secret de l'instruction, relève que cette violation n'entraîne pas la nullité de l'acte, dès lors qu'aucune opposition à cette présence n'a été formulée par le mis en examen et qu'il n'a pas été porté atteinte à ses intérêts (Cass. crim., 27 avr. 2000 : *Bull.* 170).

2) L'article 11 du Code de procédure pénale n'interdit pas aux juges d'annexer à une procédure pénale les éléments d'une autre procédure, même en cours d'instruction, de nature à les éclairer et à contribuer à la manifestation de la vérité ; la seule condition exigée est qu'une telle jonction ait un caractère contradictoire et que toutes les parties aient pu en débattre (Cass. crim., 16 mars 1981 : *Bull.* 91. – Cass. crim., 2 oct. 1981 : *Bull.* 256).

3) Ne viole pas les dispositions de l'article 11 l'avocat qui, dans l'intérêt de son client, verse aux débats une lettre dont il a eu connaissance en raison de son concours dans une instruction encore pendante, cette communication n'apportant aucune révélation et concernant une ques-

tion de pure procédure (Cass. crim., 18 oct. 1977 : *D.* 1978, p. 94, note Brunois).

4) Le secret de l'information n'est pas opposable au ministère public qui peut puiser dans une information judiciaire tous les éléments qui lui sont indispensables et en faire usage dans l'exercice des missions que la loi lui attribue (Cass. com., 15 nov. 1961 : *JCP* 62, II, 12636, obs. Gavalda) ; notamment en matière de discipline des avocats, il a qualité pour apprécier l'opportunité de communiquer au juge une procédure judiciaire de nature à l'éclairer (Cass. 1re civ., 10 juin 1992 : *D.* 1992, inf. rap., p. 203).

La partie civile n'est pas considérée comme concourant à la procédure d'information et n'est donc pas tenue au respect du secret de l'instruction (Cass. crim., 9 oct. 1978 : *Bull.* 263 ; *D.* 1979, 185, note Chambon ; *Rev. sc. crim.* 1979, 560, obs. Levasseur).

Encourt la cassation l'arrêt qui exclut des débats les pièces d'une information pénale produites par la partie civile et dont la communication n'était pas contestée (Cass. 2e civ., 21 janv. 1981 : *Bull.* 13).

5) S'il ne concourt pas à la procédure au sens de l'article 11 du Code de procédure pénale, il résulte de l'article 160 du décret du 27 novembre 1991 que l'avocat ne doit commettre aucune divulgation contrevenant au secret professionnel et doit notamment respecter le secret de l'instruction en matière pénale ; caractérise le délit de violation du secret professionnel, la cour d appel qui constate que l'avocat de la personne mise en examen a sciemment révélé à une personne étrangère à la procédure le contenu d'un acte couvert par le secret de l'instruction (Cass. crim., 18 sept. 2001 : *Bull.* 179).

6) Le juge d'instruction peut être cité comme témoin devant la juridiction de jugement et doit répondre aux questions qui lui sont posées (Cass. crim., 5 nov. 1903 : *Bull.* 359. – Cass. crim., 6 févr. 1957 : *Bull.* 121).

CHAPITRE I. – DE LA POLICE JUDICIAIRE

SECTION I. – DISPOSITIONS GÉNÉRALES

Art. 12. – La police judiciaire est exercée, sous la direction du procureur de la République, par les officiers fonctionnaires et agents désignés au présent titre.

V. J. Montreuil, *Police judiciaire. Dispositions générales. Direction, surveillance et contrôle de l'autorité judiciaire. Officiers de police judiciaire : J.-Cl. Proc. pén.*, art. 12 à 19-1, Fasc. 20. – A. Decocq, J. Montreuil, J. Buisson, *Le droit de la police*, Litec.

Les dispositions de l'article 151 du Code de procédure pénale, qui prescrivent à l'officier de police judiciaire recevant une commission rogatoire d'un juge d'instruction d'en aviser le procureur de la République, concernent les seuls rapports entre cet officier de police judiciaire et le procureur de la République, lequel, en vertu de l'article 12 du même code, exerce la direction de la police judiciaire ; qu'il s'ensuit que leur inobservation, à la supposer établie, ne porte pas atteinte aux intérêts des parties et ne saurait entraîner la nullité des actes accomplis (Cass. crim., 10 janv. 1989 : *Bull.* 8).

Art. 13. – Elle est placée, dans chaque ressort de cour d'appel, sous la surveillance du procureur général et sous le contrôle de la chambre de l'instruction conformément aux articles 224 et suivants.

Art. 14. – Elle est chargée, suivant les distinctions établies au présent titre, de constater les infractions à la loi pénale, d'en rassembler les preuves et d'en rechercher les auteurs tant qu'une information n'est pas ouverte.

Lorsqu'une information est ouverte, elle exécute les délégations des juridictions d'instruction et défère à leurs réquisitions.

L'article 14, alinéa 2, du Code de procédure pénale ne fait pas obligation au juge d'instruction, lorsque les circonstances l'exigent, de révéler par avance, aux officiers de police judiciaire qui collaborent avec lui, l'objet et le lieu d'un transport de justice, ou de requérir leur assistance par écrit, préalablement à l'opération (Cass. crim., 26 févr. 1997 : *Bull.* 78).

Art. 15 *(L. n. 78-788, 28 juill. 1978, art. 1er)*. **– La police judiciaire comprend :**

1° Les officiers de police judiciaire ;

2° Les agents de police judiciaire et les agents de police judiciaire adjoints ;

3° Les fonctionnaires et agents auxquels sont attribuées par la loi certaines fonctions de police judiciaire.

Art. 15-1 *(L. n. 94-89, 1er févr. 1994)*. **– Les catégories de services ou unités dans lesquels les officiers et agents de police judiciaire visés aux sections II et III du présent chapitre exercent leurs fonctions habituelles, les modalités de création de ces services ou unités ainsi que leurs critères de compétence territoriale sont déterminés par décret en Conseil d'État pris sur le rapport du ministre de la Justice et du ministre intéressé.**

Art. 15-2 *(L. n. 2000-516, 15 juin 2000, art. 17)*. **– Les enquêtes administratives relatives au comportement d'un officier ou d'un agent de police judiciaire dans l'exercice d'une mission de police judiciaire associent l'inspection générale des services judiciaires au service d'enquête compétent. Elles peuvent être ordonnées par le ministre de la justice et sont alors dirigées par un magistrat.**

Art. 15-3 *(L. n. 2000-516, 15 juin 2000, art. 114)*. **– La police judiciaire est tenue de recevoir les plaintes déposées par les victimes d'infractions à la loi pénale et de les transmettre, le cas échéant, au service ou à l'unité de police judiciaire territorialement compétent.**

SECTION II. – DES OFFICIERS DE POLICE JUDICIAIRE

Art. 16 *(L. n. 66-493, 9 juill. 1966, art. 1er ; L. n. 72-1226, 29 déc. 1972, art. 17 ; L. n. 78-788, 28 juill. 1978, art. 2 ; L. n. 94-89, 1er févr. 1994 ; L. n. 95-125, 8 févr. 1995, art. 53-I)*. **– Ont la qualité d'officier de police judiciaire :**

1° Les maires et leurs adjoints ;

2° *(L. n. 96-647, 22 juill. 1996, art. 20)* **Les officiers et les gradés de la gendarmerie, les gendarmes comptant au moins trois ans de service dans la gendarmerie, nominativement désignés par arrêté des ministres de la Justice et de la Défense, après avis conforme d'une commission ;**

3° *(L. n. 96-647, 22 juill. 1996, art. 20)* **Les inspecteurs généraux, les sous-directeurs de police active, les contrôleurs généraux, les commissaires de police ; les fonctionnaires titulaires du corps de commandement et d'encadrement de la police nationale, nominativement désignés par arrêté des ministres de la justice et de l'intérieur, après avis conforme d'une commission ;**

4° *(L. n. 98-1035, 18 nov. 1998)* **Les fonctionnaires du corps de maîtrise et d'application de la police nationale comptant au moins trois ans de services dans ce corps, nominativement désignés par arrêté des ministres de la justice et de l'intérieur, après avis conforme de la commission mentionnée au 3°.**

La composition des commissions prévues aux 2° à 4° sera déterminée par un décret en Conseil d'État pris sur le rapport du ministre de la justice et des ministres intéressés.

Ont également la qualité d'officier de police judiciaire les personnes exerçant des fonctions de directeur ou sous-directeur de la police judiciaire relevant du ministre de l'Intérieur et de directeur ou sous-directeur de la gendarmerie au ministère des armées.

(L. n. 78-788, 28 juill. 1978, art. 2 ; avec effet à compter du 1er janv. 1986, L. n. 85-1196, 18 nov. 1985, art. 1er et 8) **Les fonctionnaires mentionnés aux 2° à 4° ci-dessus ne peuvent exercer effectivement les attributions attachées à leur qualité d'officier de police judiciaire ni se prévaloir de cette qualité que s'ils sont affectés à un emploi comportant cet exercice et en vertu d'une décision du procureur général près la cour d'appel les y habilitant personnellement. L'exercice de ces attributions est momentanément suspendu pendant le temps où ils participent, en unité constituée, à une opération de maintien de l'ordre. Lorsqu'ils appartiennent à un service dont la compétence excède le ressort de la cour d'appel, la décision d'habilitation est prise par le procureur général près la cour d'appel du siège de leur fonction.**

(L. n. 98-1035, 18 nov. 1998) **Toutefois, les fonctionnaires visés au 4° ne peuvent recevoir l'habilitation prévue à l'alinéa précédent que s'ils sont affectés soit dans un service ou une catégorie de**

services déterminés en application de l'article 15-1 et figurant sur une liste fixée par arrêté des ministres de la justice et de l'intérieur, soit, à titre exclusif, dans une formation d'un service mentionnée par le même arrêté.

(L. n. 75-701, 6 août 1975, art. 20) **Les conditions d'octroi, de retrait et de suspension pour une durée déterminée de l'habilitation prévue par le précédent alinéa sont fixées par décret en Conseil d'État pris sur le rapport du ministre de la justice et des ministres intéressés.**

V. Textes complémentaires. D. 20 mai 1903 (organisation et service de la gendarmerie). – D. 25 juillet 1929 (police de l'air). Arrêté 11 septembre 1929 (criminels internationaux). – D. 21 novembre 1933 (trafic des stupéfiants). – L. 27 novembre 1943 (police technique). – D. 31 octobre 1958 (traite des êtres humains). – D. 28 décembre 1959 (sommier de police technique). – L. 9 juillet 1966 (organisation de la police nationale). – D. 18 mars 1986 (Code de déontologie, police nationale). – D. 11 octobre 1973 (répression du banditisme). – D. 26 mai 1975 (Interpol). – D. 2 juin 1975 ; D. 25 mars 1997 (office central de lutte contre le trafic des biens culturels). – D. 8 avril 1987 (empreintes digitales). – D. 6 août 1996 (office central pour la répression de l'immigration irrégulière et emploi d'étrangers sans titre). – Arr. 23 juin 1999 (traitement automatisé du courrier judiciaire – AGORA).

1) Un chef d'escadron, commandant du groupement d'intervention de la Gendarmerie nationale, conseiller technique au cabinet du Président de la Républconseiller technique au cabinet du Président de la République, qui n'est pas affecté à un emploi comportant l'exercice des attributions attachées à sa qualité d'officier de police judiciaire, et qui n'est pas habilité en vertu d'une décision du procureur général près la cour d'appel du siège de sa fonction ne peut ni exercer les attributions ni se prévaloir de la qualité d'officier de police judiciaire (Cass. crim., 26 avr. 1984 : *Bull.* 147).

2) Les maires d'arrondissement, institués dans les communes de Paris, Lyon et Marseille par la loi du 31 décembre 1982, et leurs adjoints, n'ont pas la qualité d'officier de police judiciaire (Cass. crim., 25 juill. 1983 : *Bull.* 226).

3) L'article 44-II de la loi du 27 décembre 1973 sur la publicité mensongère qui énumère les fonctionnaires habilités à constater les infractions n'exclut pas les agents et officiers de police judiciaire désignés par les articles 16 et 20 du Code de procédure pénale dont la compétence légale est générale (Cass. crim., 22 juin 1977 : *Bull.* 232).

4) La décision par laquelle le procureur général prononce le retrait ou la suspension de l'habilitation d'un officier de police judiciaire à exercer les attributions attachées à cette qualité ne constitue pas une sanction amnistiable au sens de l'article 14 de la loi du 3 août 1995 portant amnistie ; en effet ces mesures qui ont essentiellement pour objet d'assurer le bon fonctionnement de la police judiciaire, sont des mesures d'administration judiciaire (Cass. crim., 13 janv. 1998 : *Bull.* 14).

Art. 16-1 *(L. n. 75-701, 6 août 1975, art. 21).* **– Dans le mois qui suit la notification de la décision de suspension ou de retrait d'habilitation, l'officier de police judiciaire peut demander au procureur général de rapporter cette décision. Le procureur général doit statuer dans un délai d'un mois. À défaut, son silence vaut rejet de la demande.**

Art. 16-2 *(L. n. 75-701, 6 août 1975, art. 21).* **– Dans le délai d'un mois à partir du rejet explicite ou implicite de la demande prévue à l'article précédent, l'officier de police judiciaire peut former un recours devant une commission composée de trois magistrats du siège de la Cour de cassation ayant le grade de président de chambre ou de conseiller. Ces magistrats sont désignés annuellement, en même temps que trois suppléants, par le bureau de la Cour de cassation.**

Les fonctions du ministère public sont remplies par le parquet général près la Cour de cassation.

La Commission compétente en matière de retrait ou de suspension de l'habilitation des officiers de police judiciaire ne statuant ni sur des contestations relatives à des droits ou des obligations de caractère civil ni sur le bien-fondé d'une accusation en matière pénale, ses décisions n'entrent pas dans le champ d'application des dispositions de l'article 6.1 de la Convention européenne de sauvegarde des droits de l'homme et des libertés fondamentales relatives à l'exigence d'un procès équitable (Ass. plén. 1er juill. 1994 : *Bull.* 263).

Art. 16-3 *(L. n. 75-701, 6 août 1975, art. 21).* – **La commission statue par une décision non motivée. Les débats ont lieu et la décision est rendue en chambre du conseil. Le débat est oral ; le requérant peut être entendu personnellement sur sa demande ou celle de son conseil ; il peut être assisté de son conseil.**

La procédure devant la commission est fixée par un décret en Conseil d'État.

1) La Commission compétente en matière de retrait ou de suspension de l'habilitation des officiers de police judiciaire ne statuant ni sur des contestations relatives à des droits ou des obligations de caractère civil ni sur le bien-fondé d'une accusation en matière pénale, ses décisions n'entrent pas dans le champ d'application des dispositions de l'article 6.1 de la Convention européenne de sauvegarde des droits de l'homme et des libertés fondamentales relatives à l'exigence d'un procès équitable (Ass. plén. 1er juill. 1994 : *Bull.* 263).

2) Les décisions de la Commission compétente en matière de retrait ou de suspension de l'habilitation des officiers de police judiciaire n'ayant pas en vertu de la loi à être motivées sur le fond, n'enfreignent pas les principes généraux du droit, en ce qu'ils touchent notamment aux droits de la défense *(même arrêt)*.

3) La dispense de motivation prévue par l'article 16-3 du Code de procédure pénale ne s'étend pas aux exceptions de nullité de la procédure ou d'illégalité de la décision du procureur général, et les juges n'ont le devoir de répondre à cet égard, qu'aux conclusions dont ils ont été régulièrement saisis et qui ont été contradictoirement débattues *(même arrêt)*.

4) L'arrêté du procureur général prononçant le retrait ou la suspension de l'habilitation d'un officier de police judiciaire, acte qui doit être motivé, a le caractère d'un acte administratif exécutoire de plein droit dès qu'il a été procédé à sa notification à l'intéressé *(même arrêt)*.

5) En l'absence de disposition spéciale, les recours gracieux et contentieux formés contre l'arrêté du procureur général prononçant le retrait ou la suspension de l'habilitation d'un officier de police judiciaire sont dépourvus d'effet suspensif *(même arrêt)*.

Art. 17. – **Les officiers de police judiciaire exercent les pouvoirs définis à l'article 14 ; ils reçoivent les plaintes et dénonciations ; ils procèdent à des enquêtes préliminaires dans les conditions prévues par les articles 75 à 78.**

En cas de crimes et délits flagrants, ils exercent les pouvoirs qui leur sont conférés par les articles 53 à 67.

Ils ont le droit de requérir directement le concours de la force publique pour l'exécution de leur mission.

Les militaires de la Gendarmerie sont considérés comme étant en service et agissant dans l'exercice de leurs fonctions dès l'instant où ils accomplissent en uniforme soit de leur propre initiative, soit sur ordre de leur autorité hiérarchique, un acte entrant légalement dans leurs attributions (Cass. crim., 12 oct. 1983 : *Bull.* 244).

Art. 18 *(Ord. n. 58-1296, 23 déc. 1958 ; Ord. n. 60-529, 4 juin 1960, art. 2 ; L. n. 72-1226, 29 déc. 1972, art. 18 ; L. n. 75-285, 24 avr. 1975, art. 2 ; L. n. 78-788, 28 juill. 1978, art. 3 ; L. n. 85-1196, 18 nov. 1985, art. 2 et 8 ; L. n. 94-89, 1er févr. 1994 ; L. n. 95-125, 8 févr. 1995, art. 54).* – **Les officiers de police judiciaire ont compétence dans les limites territoriales où ils exercent leurs fonctions habituelles.**

Les officiers de police judiciaire qui n'exercent pas leurs fonctions habituelles dans l'ensemble du ressort du tribunal de grande instance auquel ils sont rattachés peuvent, en cas d'urgence ou de crime ou délit flagrant, opérer dans toute l'étendue de ce ressort à l'effet d'y poursuivre leurs investigations et de procéder à des auditions, perquisitions et saisies.

En cas de crime ou délit flagrant, les officiers de police judiciaire peuvent se transporter dans le ressort des tribunaux de grande instance limitrophes du tribunal ou des tribunaux auxquels ils sont rattachés, à l'effet d'y poursuivre leurs investigations et de procéder à des auditions, perquisitions et saisies. Pour l'application du présent alinéa, les ressorts des tribunaux de grande instance de Paris, Nanterre, Bobigny et Créteil sont considérés comme un seul et même ressort.

En cas d'urgence, les officiers de police judiciaire peuvent, sur commission rogatoire expresse du juge d'instruction ou sur réquisitions du procureur de la République prises au cours d'une enquête

préliminaire ou d'une enquête de flagrance, procéder aux opérations prescrites par ces magistrats sur toute l'étendue du territoire national. Ils sont tenus d'être assistés d'un officier de police judiciaire exerçant ses fonctions dans la circonscription intéressée si le magistrat dont ils tiennent la commission ou la réquisition le décide. Le procureur de la République territorialement compétent en est informé par le magistrat ayant prescrit l'opération.

Ils peuvent sur proposition des autorités administratives dont ils dépendent et par habilitation du procureur général, recevoir compétence dans les limites territoriales de la circonscription des officiers de police judiciaire qu'ils sont appelés à suppléer en cas de besoin.

Les officiers ou agents de police judiciaire exerçant leur mission dans des véhicules affectés au transport collectif de voyageurs ou dans les lieux destinés à l'accès à ces moyens de trans port dont les limites territoriales excèdent le ressort de leur circonscription d'affectation sont compétents pour opérer dans ces lieux ou véhicules dans des conditions déterminées par décret en Conseil d'État, pris sur le rapport du ministre de la justice et du ministre intéressé.

L. n. 94-89, 1er févr. 1994, art. 4 : – *I. – Les services de police judiciaire existant avant l'entrée en vigueur de la présente loi conservent leurs attributions et leurs limites territoriales jusqu'à l'entrée en vigueur du décret pris en application de l'article 15-1 du Code de procédure pénale.*

II. – Dès l'entrée en vigueur de la présente loi et jusqu'à celle du décret prévu au I, les officiers de police judiciaire des circonscriptions de sécurité publique ont compétence dans toute l'étendue de la circonscription où ils exercent leurs fonctions habituelles et des autres circonscriptions de sécurité publique sises dans l'ensemble du ressort du tribunal de grande instance.

1) Les limites territoriales visées à l'article 18, alinéa 1er, du Code de procédure pénale et dans lesquelles les officiers de police judiciaire exercent leurs fonctions habituelles sont déterminées par l'autorité réglementaire. Il résulte du décret du 15 février 1969 et des arrêtés ministériels des 25 septembre 1971 et 20 mai 1983 que les services départementaux de police judiciaire relevant de la direction régionale de la police judiciaire de Paris exercent leurs fonctions dans toute l'étendue de la circonscription de cette direction qui comprend la ville de Paris et les départements des Hauts-de-Seine, de la Seine-Saint-Denis et du Val-de-Marne, et qu'ils peuvent donc y agir en enquête préliminaire comme en flagrance ; c'est donc sans méconnaître leur compétence que des officiers de police judiciaire du service départemental de la Seine-Saint-Denis, informés de l'existence d'un trafic de stupéfiants à Paris, se sont rendus dans cette ville pour procéder, en enquête préliminaire, à des opérations de surveillance, puis, après avoir constaté le comportement délictueux d'un fournisseur de drogue, ont continué leurs opérations en flagrance (Cass. crim., 29 juin 1993 : *Bull. inf. C. cass.* oct. 1993, n. 1088 ; *Bull.* 228). Si, selon l'article 18, alinéa 1er, du Code de procédure pénale, les officiers de police judiciaire n'ont, en principe, compétence que dans les limites territoriales où ils exercent leurs fonctions, rien ne leur interdit de recueillir des renseignements en dehors de leur circonscription par téléphone, télécopie ou tout autre mode de communication, la valeur des renseignements ainsi recueillis étant soumise à la discussion contradictoire des parties et à l'appréciation des juges (Cass. crim., 10 janv. 1995 : *Bull.* 13).

Il résulte de l'article 18, premier alinéa, du Code de procédure pénale que, lorsqu'ils appartiennent à un service dont les limites territoriales excèdent celles du ressort de la cour d'appel, les officiers de police judiciaire, habilités conformément à l'article 16, alinéa 4, de ce code, sont compétents pour exercer leurs attributions non pas seulement dans le ressort de la cour d'appel, mais sur toute l'étendue territoriale de ce service (Cass. crim., 6 déc. 1995 : *Bull.* 370).

Les officiers de police judiciaire de la brigade de recherche et d'intervention, antenne de l'Office central pour la répression du banditisme (OCRB), créée par arrêté du 11 février 1986, détachée à Marseille et mise pour emploi à la disposition du service régional de police judiciaire de cette ville, ont une compétence territoriale étendue à tout le territoire national (Cass. crim., 2 juin 1999 : *Bull.* 120).

2) Selon les dispositions combinées des articles 18 et 151 du Code de procédure pénale, le juge d'instruction peut, en cas d'urgence, donner commission rogatoire à tout officier de police judiciaire, et lui prescrire d'effectuer ses opérations sur l'ensemble du territoire national, quel que soit le lieu où les faits poursuivis ont été commis, et l'étendue du ressort territorial de

l'enquêteur désigné. Les dispositions, de valeur réglementaire, de l'article D. 12 de ce code, réservant l'extension territoriale aux seuls officiers de police judiciaire du lieu de l'infraction, ne lient pas les magistrats instructeurs. L'officier de police judiciaire qui, en exécution d'une commission rogatoire ne visant pas l'extension de compétence territoriale, procède à l'interception, à l'enregistrement, et à la transcription de communications émises sur une ligne téléphonique attribuée à un abonné qui demeure hors de son ressort territorial, ne méconnaît pas les règles de sa compétence territoriale, dès lors que tous les actes d'exécution de la commission rogatoire ont été dressés au siège de son service, dans lequel une dérivation permettant l'écoute des conversations a été installée (Cass. crim., 20 juin 1996 : *Bull.* 270).

3) Est régulière au regard de l'article 18, alinéa 4 du Code de procédure pénale la commission rogatoire donnant mission « vu l'urgence » à l'officier de police judiciaire d'effectuer « en tant que de besoin » sur l'ensemble du territoire national, les obligations qu'elle précise. L'obligation faite par le même article d'informer le procureur de la République territorialement compétent n'est pas prescrite à peine de nullité (Cass. crim., 18 juill. 1989 : *Bull.* 290).

4) L'officier de police judiciaire, qui n'exerce pas habituellement ses fonctions dans l'ensemble du ressort du tribunal auquel il est rattaché, peut, en cas d'urgence ou de crime ou délit flagrant, opérer dans toute l'étendue de ce ressort à l'effet d'y poursuivre ses investigations et de procéder à des auditions, perquisitions et saisies. Les dispositions de l'alinéa 2 de l'article 18 du Code de procédure pénale qui l'y autorisent n'exigent pas que l'infraction portée à la connaissance de l'officier de police judiciaire ait été commise dans la circonscription où il exerce ses fonctions habituelles (Cass. crim., 25 juill. 1990 : *Bull.* 293).

5) Lorsque, en application de l'article 18, alinéa 4 du Code de procédure pénale, le procureur de la République requiert ou le juge d'instruction commet, pour procéder à des opérations sur toute l'étendue du territoire national, le chef d'un service de police ou d'une unité de gendarmerie, celui-ci peut se faire assister des officiers de police judiciaire placés sous son autorité (Cass. crim., 3 mars 1992 : *Dr. pénal* 1992, n° 133).

6) Selon l'article 18 du Code de procédure pénale, la compétence des officiers de police judiciaire ne peut s'exercer sur le territoire d'un État étranger en l'absence d'un traité international liant la France à cet État, encourt la cassation l'arrêt qui, tout en reconnaissant que la personne concernée avait été interpellée et arrêtée en territoire helvétique a cru pouvoir valider la procédure en raison notamment de la bonne foi des policiers (Cass. crim., 21 sept. 1999 : *Bull.* 189).

Art. 19. – Les officiers de police judiciaire sont tenus d'informer sans délai le procureur de la République des crimes, délits et contraventions dont ils ont connaissance. Dès la clôture de leurs opérations, ils doivent lui faire parvenir directement l'original ainsi qu'une copie certifiée conforme des procès-verbaux qu'ils ont dressés ; tous actes et documents y relatifs lui sont en même temps adressés ; les objets saisis sont mis à sa disposition.

Les procès-verbaux doivent énoncer la qualité d'officier de police judiciaire de leur rédacteur.

Art. 19-1 *(L. n. 93-2, 4 janv. 1993, art. 2)*. **– La notation par le procureur général de l'officier de police judiciaire habilité est prise en compte pour toute décision d'avancement.**

SECTION III. – DES AGENTS DE POLICE JUDICIAIRE

Art. 20 *(Ord. n. 60-529, 4 juin 1960, art. 2 ; L. n. 72-1226, 29 déc. 1972, art. 19 ; L. n. 78-788, 28 juill. 1978, art. 4 ; L. n. 85-1196, 18 nov. 1985, art. 3-I et II et 8 ; L. n. 87-1130, 31 déc. 1987, art. unique ; L. n. 96-647, 22 juill. 1996, art. 21)*. **– Sont agents de police judiciaire :**

1° Les gendarmes n'ayant pas la qualité d'officier de police judiciaire ;

2° Les fonctionnaires titulaires du corps de commandement et d'encadrement de la police nationale n'ayant pas la qualité d'officier de police judiciaire ainsi que les fonctionnaires stagiaires de ce même corps, et les élèves lieutenants de police ;

3° Les fonctionnaires titulaires du corps de maîtrise et d'application de la police nationale *(L. n. 2001-1062, 15 nov. 2001, art. 13)* **n'ayant pas la qualité d'officier de police judiciaire, sous réserve des dispositions concernant les fonctionnaires visés au 4° et au 5° ci-après ;**

4° Les gardiens de la paix issus de l'ancien corps des gradés et gardiens de la police nationale nommés stagiaires avant le 31 décembre 1985, lorsqu'ils comptent au moins deux ans de services en qualité de titulaires et ont satisfait aux épreuves d'un examen technique dans des conditions fixées par décret en Conseil d'État ou détiennent les qualifications professionnelles permettant l'accès au grade supérieur ;

5° Les gardiens de la paix issus de l'ancien corps des enquêteurs de police, nommés stagiaires avant le 1er mars 1979, lorsqu'ils comptent au moins deux ans de services en qualité de titulaires et remplissent les conditions d'aptitude prévues par la loi n. 78-788 du 28 juillet 1978 portant réforme de la procédure pénale sur la police judiciaire et le jury d'assises ou ont satisfait aux épreuves d'un examen technique dans des conditions fixées par décret en Conseil d'État ou détiennent les qualifications professionnelles permettant l'accès au grade supérieur.

Toutefois, les fonctionnaires mentionnés aux 1° et 5° ci-dessus ne peuvent exercer effectivement les attributions attachées à leur qualité d'agent de police judiciaire et se prévaloir de cette qualité que s'ils sont affectés à un emploi comportant cet exercice ; l'exercice de ces attributions est momentanément suspendu pendant le temps où ils participent, en unité constituée, à une opération de maintien de l'ordre.

Les agents de police judiciaire ont pour mission :

De seconder, dans l'exercice de leurs fonctions, les officiers de police judiciaire ;

De constater les crimes, délits ou contraventions et d'en dresser procès-verbal ;

De recevoir par procès-verbal les déclarations qui leur sont faites par toutes personnes susceptibles de leur fournir des indices, preuves et renseignements sur les auteurs et complices de ces infractions.

Les agents de police judiciaire n'ont pas qualité pour décider des mesures de garde à vue.

V. J. MONTREUIL, *Police judiciaire. Agents de police judiciaire. Agents de police judiciaire adjoints. Fonctionnaires et agents chargés de certaines fonctions de police judiciaire : J.-Cl. Proc. pén.*, art. 20 à 29, Fasc. 20.

1) L'article 121 du décret modifié du 20 mai 1903 concerne seulement les perquisitions et saisies opérées par un officier de police judiciaire et n'est pas applicable à la simple constatation d'une infraction, cette mission pouvant être confiée, en vertu de l'article 20 du Code de procédure pénale auquel une disposition réglementaire ne saurait déroger à un agent de police judiciaire (Cass. crim., 17 oct. 1989 : *Dr. pénal* 1989, n. 77).

Un agent de police judiciaire premier intervenant sur les lieux d'un crime flagrant peut appréhender matériellement une pièce à conviction que lui donne un tiers, pour la remettre ensuite à l'officier de police judiciaire compétent pour en opérer la saisie, dès lors qu'il n'accomplit pas d'actes coercitifs pour lesquels il n'a pas pouvoir (Cass. crim., 15 juin 2000 : *Juris-Data* n. 003127).

2) Les agents de police judiciaire qui, dans le cours d'une enquête, organisent une « parade » aux fins de présenter aux témoins des personnes soupçonnées d'avoir participé à une infraction, n'excèdent pas les pouvoirs qui leur sont conférés par l'article 20 du Code de procédure pénale (Cass. crim., 10 mars 1993 : *Bull.* 110).

Art. 21 *(L. n. 66-493, 9 juill. 1966, art. 2 ; L. n. 78-788, 28 juill. 1978, art. 5 ; L. n. 85-1196, 18 nov. 1985, art. 4 et 8).* – **Sont agents de police judiciaire adjoints :**

1° Les fonctionnaires des services actifs de police nationale ne remplissant pas les conditions prévues par l'article 20 ;

1° *bis* *(L. n. 97-1019, 28 oct. 1997, art. 6)* **Les volontaires servant en qualité de militaire dans la gendarmerie ;**

1° *ter* *(L. n. 2001-1062, 15 nov. 2001, art. 13-11-1°)* **Les adjoints de sécurité mentionnés à l'article 36 de la loi n. 95-73 du 21 janvier 1995 d'orientation et de programmation relative à la sécurité ;**

1° *quater* *(L. n. 2001-1062, 15 nov. 2001, art. 13-11-1°)* **Les agents de surveillance de Paris ;**

2° Les agents de police municipale.

Ils ont pour mission :

De seconder, dans l'exercice de leurs fonctions, les officiers de police judiciaire ;

De rendre compte à leurs chefs hiérarchiques de tous crimes, délits ou contraventions dont ils ont connaissance ;

De constater, en se conformant aux ordres de leurs chefs, les infractions à la loi pénale et de recueillir tous les renseignements en vue de découvrir les auteurs de ces infractions, le tout dans le cadre et dans les formes prévues par les lois organiques ou spéciales qui leur sont propres.

(L. n. 2001-1062, 15 nov. 2001, art. 13-11-2°) **De constater par procès-verbal les contraventions aux dispositions du code de la route dont la liste est fixée par décret en Conseil d'État.**

Les agents de police municipale, qui ont la qualité d'agents de police judiciaire adjoints, ont notamment pour mission de constater et de rendre compte à leurs chefs hiérarchiques de tous les crimes, délits ou contraventions dont ils ont connaissance ; les dispositions spéciales des articles R. 248 à R. 252 du Code de procédure pénale, et notamment de l'article R. 250-1, n'excluent pas l'application des dispositions générales de l'article 21 du Code de procédure pénale (Cass. crim., 14 nov. 2000 : *Bull.* 340).

Art. 21-1 *(L. n. 85-1196, 18 nov. 1985, art. 5 et 8).* **– Les agents de police judiciaire et agents de police judiciaire adjoints ont compétence dans les limites territoriales où ils exercent leurs fonctions habituelles ainsi que dans celles où l'officier de police judiciaire responsable du service de la police nationale ou de l'unité de gendarmerie auprès duquel ils ont été nominativement mis à disposition temporaire exerce ses fonctions. Lorsqu'ils secondent un officier de police judiciaire, ils ont compétence dans les limites territoriales où ce dernier exerce ses attributions en application des dispositions de l'article 18.**

Art. 21-2 *(L. n. 99-291, 15 avr. 1999, art. 13).* **– Sans préjudice de l'obligation de rendre compte au maire qu'ils tiennent de l'article 21, les agents de police municipale rendent compte immédiatement à tout officier de police judiciaire de la police nationale ou de la gendarmerie nationale territorialement compétent de tous crimes, délits ou contraventions dont ils ont connaissance.**

Ils adressent sans délai leurs rapports et procès-verbaux simultanément au maire et, par l'intermédiaire des officiers de police judiciaire mentionnés à l'alinéa précédent, au procureur de la République.

V. Textes complémentaires.

SECTION IV. – DES FONCTIONNAIRES ET AGENTS CHARGÉS DE CERTAINES FONCTIONS DE POLICE JUDICIAIRE

§ 1. – Des ingénieurs, chefs de district et agents techniques des eaux et forêts et des gardes champêtres

Art. 22. – Les ingénieurs, les chefs de district et agents techniques des eaux et forêts et les gardes champêtres recherchent et constatent par procès-verbaux les délits et les contraventions qui portent atteinte aux propriétés forestières ou rurales.

V. Textes complémentaires. Code forestier.

Art. 23. – Les chefs de district et agents techniques des eaux et forêts et les gardes champêtres des communes suivent les choses enlevées dans les lieux où elles ont été transportées et les mettent sous séquestre.

Ils ne peuvent cependant pénétrer dans les maisons, ateliers, bâtiments, cours adjacentes et enclos, qu'en présence d'un officier de police judiciaire qui ne peut se refuser à les accompagner et qui signe le procès-verbal de l'opération à laquelle il a assisté.

Art. 24. – **Les chefs de district et agents techniques des eaux et forêts et les gardes champêtres des communes conduisent devant un officier de police judiciaire tout individu qu'ils surprennent en flagrant délit.**

Les chefs de district et les agents techniques des eaux et forêts peuvent, dans l'exercice des fonctions visées à l'article 22, requérir directement la force publique ; les gardes champêtres peuvent se faire donner main-forte par le maire, l'adjoint ou le commandant de brigade de gendarmerie qui ne pourront s'y refuser.

Art. 25. – **Les chefs de district et agents techniques des eaux et forêts, ainsi que les gardes champêtres, peuvent être requis par le procureur de la République, le juge d'instruction et les officiers de police judiciaire afin de leur prêter assistance.**

Art. 26. – **Les chefs de district et agents techniques des eaux et forêts remettent à leur chef hiérarchique les procès-verbaux constatant des atteintes aux propriétés forestières.**

Art. 27. – **Les gardes champêtres des communes adressent leurs procès-verbaux au procureur de la République, par l'intermédiaire du commissaire de police ou de l'officier de police, chef des services de sécurité publique de la localité ou, à défaut, du commandant de brigade de gendarmerie.**

Cet envoi au destinataire doit avoir lieu dans les cinq jours au plus tard, y compris celui où ils ont constaté le fait, objet de leur procès-verbal.

V. Textes complémentaires. Code des communes ; L. 9 juillet 1971 (lieutenants de louveterie).

§ 2. – Des fonctionnaires et agents des administrations et services publics

Art. 28. – **Les fonctionnaires et agents des administrations et services publics auxquels des lois spéciales attribuent certains pouvoirs de police judiciaire exercent ces pouvoirs dans les conditions et dans les limites fixées par ces lois.**

V. Textes complémentaires, L. 22 juillet 1960 (parcs nationaux).

Art. 28-1 *(L. n. 99-515, 23 juin 1999, art. 28-I, applicable le premier jour du septième mois suivant sa publication au JO du 24 juin 1999).* – **I. – Des agents des douanes de catégories A et B, spécialement désignés par arrêté des ministres chargés de la justice et du budget, pris après avis conforme d'une commission dont la composition et le fonctionnement sont déterminés par décret en Conseil d'État, peuvent être habilités à effectuer des enquêtes judiciaires sur réquisition du procureur de la République ou sur commission rogatoire du juge d'instruction.**

Ces agents ont, pour l'exercice des missions prévues par le présent article, compétence sur l'ensemble du territoire national. Ils sont compétents pour rechercher et constater les infractions prévues par le Code des douanes, les infractions en matière de contributions indirectes, les infractions prévues aux articles L. 716-9 à L. 716-11 du Code de la propriété intellectuelle, ainsi que pour les infractions qui leur sont connexes.

Toutefois, sous réserve des dispositions du II, ils n'ont pas compétence en matière de trafic de stupéfiants, de trafic d'armes, de vols de biens culturels et de blanchiment du produit de ces trois catégories d'infractions.

II. – Pour la recherche et la constatation des infractions prévues par les articles 222-34 à 222-40 du Code pénal et par le décret-loi du 18 avril 1939 fixant le régime des matériels de guerre, armes et munitions, et des infractions qui leur sont connexes, le procureur de la République ou le juge d'instruction territorialement compétent peut constituer des unités temporaires composées d'officiers de police judiciaire et d'agents des douanes pris parmi ceux mentionnés au I. Le procureur de la République ou le juge d'instruction désigne le chef de chaque unité qu'il constitue.

Les unités temporaires agissent sous la direction du procureur de la République ou du juge d'instruction mandant, conformément aux dispositions du présent code. Elles ont compétence sur toute l'étendue du territoire national.

III. – Les agents de l'administration des douanes mentionnés aux I et II ne sont pas compétents pour effectuer des enquêtes judiciaires lorsque les faits ont été constatés en application des

dispositions du Code des douanes. Toutefois, ils peuvent dans ce cas exécuter des commissions rogatoires du juge d'instruction.

IV. – Les agents des douanes désignés dans les conditions prévues au I doivent, pour mener des enquêtes judiciaires et recevoir des commissions rogatoires, y être habilités personnellement en vertu d'une décision du procureur général.

La décision d'habilitation est prise par le procureur général près la cour d'appel du siège de leur fonction. Elle est accordée, suspendue ou retirée dans des conditions fixées par décret en Conseil d'État.

Dans le mois qui suit la notification de la décision de suspension ou de retrait de l'habilitation, l'agent concerné peut demander au procureur général de rapporter cette décision. Le procureur général doit statuer dans un délai d'un mois. À défaut, son silence vaut rejet de la demande. Dans un délai d'un mois à partir du rejet de la demande, l'agent concerné peut former un recours devant la commission prévue à l'article 16-2. La procédure applicable devant cette commission est celle prévue par l'article 16-3 et ses textes d'application.

V. – Pour l'exercice des missions mentionnées aux I et II, les agents des douanes sont placés sous la direction du procureur de la République, sous la surveillance du procureur général et sous le contrôle de la chambre de l'instruction du siège de leur fonction dans les conditions prévues par les articles 224 à 230.

VI. – Lorsque, sur réquisition du procureur de la République, les agents des douanes mentionnés aux I et II procèdent à des enquêtes judiciaires, il est fait application des articles 54 (deuxième et troisième alinéas), 56, 57 à 62, 63 à 67, 75 à 78, 706-28, 706-29 et 706-32.

Lorsque ces agents agissent sur commission rogatoire d'un juge d'instruction, il est également fait application des articles 152 à 155.

Ces agents sont autorisés à déclarer comme domicile l'adresse du siège du service dont ils dépendent.

VII. – Les agents des douanes mentionnés au I et II sont placés sous la direction administrative d'un magistrat de l'ordre judiciaire selon des modalités fixées par décret en Conseil d'État.

VIII. – Les agents de l'administration des douanes mentionnés aux I et II ne peuvent, à peine de nullité, exercer d'autres attributions ou accomplir d'autres actes que ceux prévus par le présent code dans le cadre des faits dont ils sont saisis par l'autorité judiciaire.

V. textes complémentaires.

§ 3. – Des gardes particuliers assermentés

Art. 29. – Les gardes particuliers assermentés constatent par procès-verbaux tous délits et contraventions portant atteinte aux propriétés dont ils ont la garde.

(Ord. n. 58-1296, 23 déc. 1958) **Les procès-verbaux sont remis ou envoyés par lettre recommandée directement au procureur de la République. Cet envoi doit avoir lieu, à peine de nullité, dans les trois jours au plus tard, y compris celui où ils ont constaté le fait, objet de leur procès-verbal.**

SECTION V. – DES POUVOIRS DES PRÉFETS EN MATIÈRE DE POLICE JUDICIAIRE

Abrogée, L. n. 93-2, 4 janv. 1993, art. 148

Art. 30. – *Abrogé, L. n. 93-2, 4 janvier 1993, art. 148.*

CHAPITRE II. – DU MINISTÈRE PUBLIC

SECTION I. – DISPOSITIONS GÉNÉRALES

Art. 31. – Le ministère public exerce l'action publique et requiert l'application de la loi.

V. P. MALIBERT, *Ministère Public : J.-Cl. Proc. pén.*, art. 31 à 44. – BONZOM, *De l'indépendance des magistrats du Parquet à l'égard des tribunaux : Rev. pénit. et de dr. pén.*, 1984, p. 47.

Art. 32. – Il est représenté auprès de chaque juridiction répressive.

Il assiste aux débats des juridictions de jugement ; toutes les décisions sont prononcées en sa présence.

Il assure l'exécution des décisions de justice.

1) Le ministère public doit être présent à toutes les audiences et doit être entendu dans ses réquisitions (Cass. crim., 23 janv. 1957 : *Bull.* 75) ; l'arrêt doit à peine de nullité constater qu'il a été présent et qu'il a eu la parole (Cass. crim., 9 mars 1965 : *Bull.* 68), même lorsqu'il ne s'agit plus que de réparations civiles.

2) Partie intégrante et nécessaire de la juridiction répressive, il y a incompatibilité absolue entre la qualité de témoin d'un magistrat du ministère public, cité par le prévenu, et sa présence dans la composition de la juridiction lors des débats d'audience (Cass. crim., 26 juill. 1983 : *Bull.* 228). Partie intégrante et nécessaire des juridictions pénales, il doit assister au prononcé de la décision (Cass. crim., 19 avr. 1995 : *Bull.* 157).

3) Le ministère public a le droit, dans l'intérêt d'une bonne administration de la justice, de soulever *« in limine litis »* l'exception de nullité de l'exploit de citation ou d'un acte de procédure, quand bien même la personne que cet acte concerne se serait abstenue de le faire (Cass. crim., 5 mars 1970 : *Bull.* 93).

4) L'abandon que le ministère public aurait fait de l'action publique ne lie pas le juge, et ne le dispense pas de statuer sur l'action publique dont il a été régulièrement saisi (Cass. crim., 23 mars 1954 : *Bull.* 117. – 8 déc. 1955 : *Bull.* 554).

Art. 33. – Il est tenu de prendre des réquisitions écrites conformes aux instructions qui lui sont données dans les conditions prévues aux articles 36, 37 et 44. Il développe librement les observations orales qu'il croit convenables au bien de la justice.

La parole du ministère public à l'audience est libre. Il a le droit de produire tous les documents et de donner toutes les explications qui lui paraissent utiles, sauf le droit de discussion des parties en cause (Cass. crim., 16 oct. 1974 : *Bull.* 296. – 13 mai 1976 : *Bull.* 157) ; il a droit de rendre compte verbalement à la cour d'assises des démarches qu'il a entreprises pour sauvegarder les intérêts civils de la victime d'une infraction (Cass. crim., 31 mai 1978 : *Bull.* 178).

SECTION II. – DES ATTRIBUTIONS DU PROCUREUR GÉNÉRAL PRÈS LA COUR D'APPEL

Art. 34. – Le procureur général représente en personne ou par ses substituts le ministère public auprès de la cour d'appel et auprès de la cour d'assises instituée au siège de la cour d'appel, sans préjudice des dispositions de l'article L. 153-1 du Code forestier et de l'article 458 du Code rural. Il peut, dans les mêmes conditions, représenter le ministère public auprès des autres cours d'assises du ressort de la cour d'appel.

Art. 35. – Le procureur général est chargé de veiller à l'application de la loi pénale dans toute l'étendue du ressort de la cour d'appel.

À cette fin, il lui est adressé tous les mois, par chaque procureur de la République, un état des affaires de son ressort.

Le procureur général a, dans l'exercice de ses fonctions, le droit de requérir directement la force publique.

V. Textes complémentaires.

Art. 36 *(L. n. 93-2, 4 janv. 1993, art. 3 ; L. n. 93-1013, 24 août 1993, art. 1er).* **– Le ministre de la Justice peut dénoncer au procureur général les infractions à la loi pénale dont il a connaissance, lui enjoindre, par instructions écrites et versées au dossier de la procédure, d'engager ou de faire engager des poursuites ou de saisir la juridiction compétente de telles réquisitions écrites que le ministre juge opportunes.**

Art. 37. – Le procureur général a autorité sur tous les officiers du ministère public du ressort de la cour d'appel.

À l'égard de ces magistrats, il a les mêmes prérogatives que celles reconnues au ministre de la Justice à l'article précédent.

Art. 38. – Les officiers et agents de la police judiciaire sont placés sous la surveillance du procureur général. Il peut les charger de recueillir tous renseignements qu'il estime utiles à une bonne administration de la justice.

SECTION III. – DES ATTRIBUTIONS DU PROCUREUR DE LA RÉPUBLIQUE

Art. 39 *(Ord. n. 58-1296, 23 déc. 1958)*. **– Le procureur de la République représente en personne ou par ses substituts le ministère public près le tribunal de grande instance, sans préjudice des dispositions de l'article L. 153-1 du Code forestier et de l'article 458 du Code rural.**

Il représente également en personne ou par ses substituts le ministère public auprès de la cour d'assises instituée au siège du tribunal.

(Ord. n. 60-529, 4 juin 1960, art. 2) **Il représente de même, en personne ou par ses substituts, le ministère public auprès du tribunal de police dans les conditions fixées par l'article 45 du présent code.**

V. ROLLAND, *Le ministère public en droit français : JCP* 56, I, 1271 et 1281. *Le ministère public, aspect non seulement de répression, mais de prévention : JCP* 57, I, 1342.

Le ministère public étant indivisible peut être représenté dans la même cause par des magistrats différents (Cass. crim., 2 déc. 1959 : *Bull.* 524).

Est régulier l'appel d'une décision judiciaire interjetée par un premier substitut du procureur de la République qui représente le ministère public près le tribunal de grande instance où il exerce ses fonctions (Cass. crim., 23 sept. 1974 : *Bull.* 271).

Art. 40 *(L. n. 85-1407, 30 déc. 1985, art. 1er et 94)*. **– Le procureur de la République reçoit les plaintes et les dénonciations et apprécie la suite à leur donner. Il avise le plaignant du classement de l'affaire ainsi que la victime lorsque celle-ci est identifiée.** *(L. n. 98-468, 17 juin 1998, art. 27)* **Lorsqu'il s'agit de faits commis contre un mineur et prévus et réprimés par les articles 222-23 à 222-32 et 227-22 à 227-27 du Code pénal, l'avis de classement doit être motivé et notifié par écrit.**

Toute autorité constituée, tout officier public ou fonctionnaire qui, dans l'exercice de ses fonctions, acquiert la connaissance d'un crime ou d'un délit est tenu d'en donner avis sans délai au procureur de la République et de transmettre à ce magistrat tous les renseignements, procès-verbaux et actes qui y sont relatifs.

1) Le classement sans suite d'une plainte, d'un procès-verbal ou d'une procédure d'enquête préliminaire par le procureur de la République, bien que ressortissant selon l'article 40 à l'exercice de l'autorité judiciaire n'est pas un acte juridictionnel et n'a pas l'autorité de la chose jugée. Le procureur de la République qui a le libre exercice de l'action publique peut, jusqu'à l'expiration du délai de prescription, revenir sur son appréciation première et exercer des poursuites sans avoir à s'en expliquer et sans avoir à justifier de la survenance de faits nouveaux (Cass. crim., 5 déc. 1972 : *Bull.* 375).

Le pouvoir d'ordonner une enquête préliminaire que le procureur de la République tient des articles 40, 41 et 75 du Code de procédure pénale ne comporte pas de restriction et concerne tous les faits qui parviennent d'une manière quelconque à la connaissance de ce magistrat (Cass. crim., 30 juin 1999 : *Bull.* 176).

2) Est irrecevable le moyen qui tend à mettre en cause l'appréciation faite par le procureur de la République de la suite qu'il lui appartenait de donner à une plainte selon les pouvoirs qui lui sont donnés par l'article 40. Les juridictions répressives ne sauraient sans excès de pouvoir, critiquer l'exercice que le ministère public fait de ses droits quant à l'opportunité d'engager ou non des poursuites (Cass. crim., 21 mai 1979 : *Bull.* 178).

3) Lorsqu'il n'y est pas tenu en vertu des dispositions de l'article 86 du Code de procédure pénale, du fait du dépôt d'une plainte avec constitution de partie civile recevable, le ministère public apprécie librement, en vertu de l'article 40 du même code, la suite à donner aux faits qui pourraient être constitutifs d'une infraction à la loi pénale (Cass. crim., 27 févr. 2001 : *Bull.*50) ; lorsqu'il n'engage pas l'action publique, la juridiction d'instruction ne saurait, d'elle-même, s'en saisir (Cass. crim., 7 nov. 1989 : *Bull.* 393).

Art. 40-1 *(Créé, L. n° 2002-1138, 9 sept. 2002, art. 64)*. **– Lorsque la victime souhaite se constituer partie civile et demande la désignation d'un avocat après avoir été informée de ce droit en application du 3° des articles 53-1 et 75, le procureur de la République, avisé par l'officier ou l'agent de police judiciaire, s'il décide de mettre l'action publique en mouvement, en informe sans délai le bâtonnier de l'ordre des avocats.**

Dans le cas contraire, il indique à la victime, en l'avisant du classement de sa plainte, qu'elle peut directement adresser sa demande de désignation auprès du bâtonnier si elle maintient son intention d'obtenir la réparation de son préjudice ».

Art. 41. – Le procureur de la République procède ou fait procéder à tous les actes nécessaires à la recherche et à la poursuite des infractions à la loi pénale.

À cette fin, il dirige l'activité des officiers et agents de la police judiciaire dans le ressort de son tribunal.

(L. n. 93-2, 4 janv. 1993, art. 5) **Le procureur de la République contrôle les mesures de garde à vue.** *(L. n. 2000-516, 15 juin 2000, art. 3, applic. 1er janv. 2001)***Il visite les locaux de garde à vue chaque fois qu'il l'estime nécessaire et au moins une fois par** *(L. n. 2002–307, 4 mars 2002, art. 1)* **an ; il tient à cet effet un registre répertoriant le nombre et la fréquence des contrôles effectués dans ces différents locaux.**

(Ord. n. 58-1296, 23 déc. 1958) **Il a tous les pouvoirs et prérogatives attachés à la qualité d'officier de police judiciaire prévus par la section II du chapitre 1er du titre 1er du présent livre, ainsi que par des lois spéciales.**

En cas d'infractions flagrantes, il exerce les pouvoirs qui lui sont attribués par l'article 68.

(L. n. 89-461, 6 juill. 1989, art. 1er) **Le procureur de la République peut également requérir, suivant les cas,** *(L. n. 2000-516, 15 juin 2000, art. 123-V)* **le service pénitentiaire d'insertion et de probation, le service compétent de l'éducation surveillée ou toute personne habilitée dans les conditions prévues par l'article 81, sixième alinéa, de vérifier la situation matérielle, familiale et sociale d'une personne faisant l'objet d'une enquête et de l'informer sur les mesures propres à favoriser l'insertion sociale de l'intéressé. En cas de poursuites contre un majeur âgé de moins de vingt et un ans au moment de la commission de l'infraction, lorsque la peine encourue n'excède pas cinq ans d'emprisonnement, ces diligences doivent être prescrites avant toute réquisition de placement en détention provisoire.**

(L. n. 2000-516, 15 juin 2000, art. 102) **Le procureur de la République peut également recourir à une association d'aide aux victimes ayant fait l'objet d'un conventionnement de la part des chefs de la Cour d'appel, afin qu'il soit porté aide à la victime de l'infraction.**

V. art. D. 15-1 à D. 15-8 ; V. Textes complémentaires, Circulaire du 18 oct. 1996.

Le procureur de la République a tous les pouvoirs et prérogatives attachés à la qualité d'officier de police judiciaire et notamment ceux que ce dernier tient de l'article 60 du Code de procédure pénale (Cass. crim., 10 mai 1984 : *Bull.* 168).

Art. 41-1 ancien. *– Transféré à l'article 41-4, L. n. 99-515, 23 juin 1999, art. 1er.*

Art. 41-1 *(L. n. 99-515, 23 juin 1999, art. 1er)*. **– S'il lui apparaît qu'une telle mesure est susceptible d'assurer la réparation du dommage causé à la victime, de mettre fin au trouble résultant de l'infraction ou de contribuer au reclassement de l'auteur des faits, le procureur de la République peut, préalablement à sa décision sur l'action publique, directement ou par délégation :**

1° Procéder au rappel auprès de l'auteur des faits des obligations résultant de la loi ;

2° Orienter l'auteur des faits vers une structure sanitaire, sociale ou professionnelle ;

3° Demander à l'auteur des faits de régulariser sa situation au regard de la loi ou des règlements ;

4° Demandeur à l'auteur des faits de réparer le dommage résultant de ceux-ci ;

5° Faire procéder, avec l'accord des parties, à une mission de médiation entre l'auteur des faits et la victime.

La procédure prévue au présent article suspend la prescription de l'action publique.

Les dispositions de l'article 24 de la loi du 8 février 1995, relatif à la médiation en matière civile, selon lesquelles les constatations du médiateur et les déclarations qu'il recueille ne peuvent être évoquées devant le juge saisi du litige qu'avec l'accord des parties, sont également applicables lorsque le procureur de la République fait procéder à une médiation en application de l'article 41-1 du Code de procédure pénale (Cass. crim., 28 févr. 2001 : *Bull.* 54).

Art. 41-2 *(L. n. 99-515, 23 juin 1999, art. 1er)*. **– Le procureur de la République, tant que l'action publique n'a pas été mise en mouvement, peut proposer, directement ou par l'intermédiaire d'une personne habilitée, une composition pénale à une personne majeure qui reconnaît avoir commis un ou plusieurs délits prévus par les articles 222-11, 222-13 (1° à 11°)** *(L. n. 2001-1062, 15 nov. 2001, art. 54)*, **222-16, 222-17, 222-18 (premier alinéa), 227-3 à 227-7, 227-9 à 227-11, 311-3, 313-5, 314-5, 314-6,** *(Référence créée, L. n° 2002-1138, 9 sept. 2002, art. 36, I, 1°)* **« 321-1 », 322-1, 322-2, 322-12 à 322-14, 433-5 à 433-7 et 521-1 du Code pénal, par les articles 28 et 32 (2°) du décret-loi du 18 avril 1939 fixant le régime des matériels de guerre, armes et munitions, par l'article L. 1er du Code de la route et par l'article L. 628 du Code de la santé publique, qui consiste en une ou plusieurs des mesures suivantes :**

1° Verser une amende de composition au Trésor public. Le montant de cette amende de composition, qui ne peut excéder ni 25 000 F (3 750 €) ni la moitié du maximum de l'amende encourue, est fixé en fonction de la gravité des faits ainsi que des ressources et des charges de la personne. Son versement peut être échelonné, selon un échéancier fixé par le procureur de la République, à l'intérieur d'une période qui ne peut être supérieure à un an ;

2° Se dessaisir au profit de l'État de la chose qui a servi ou était destinée à commettre l'infraction ou qui en est le produit ;

3° Remettre au greffe du tribunal de grande instance son permis de conduire *(Mots ajoutés, L. n° 2002-1138, 9 sept. 2002, art. 36, I, 2°)* **«, pour une période maximale de six mois, » ou son permis de chasser, pour une période maximale de quatre mois ;**

4° Effectuer au profit de la collectivité un travail non rémunéré pour une durée maximale de soixante heures, dans un délai qui ne peut être supérieur à six mois ;

5° *(Créé, L. n° 2002-1138, 9 sept. 2002, art. 36, I, 3°)* **Suivre un stage ou une formation dans un service ou organisme sanitaire, social ou professionnel pour une durée qui ne peut excéder trois mois dans un délai qui ne peut être supérieur à dix-huit mois.**

Lorsque la victime est identifiée, et sauf si l'auteur des faits justifie de la réparation du préjudice commis, le procureur de la République doit également proposer à ce dernier de réparer les dommages causés par l'infraction dans un délai qui ne peut être supérieur à six mois. Il informe la victime de cette proposition.

La proposition de composition pénale émanant du procureur de la République peut être portée à la connaissance de l'auteur des faits par l'intermédiaire d'un officier de police judiciaire. Elle fait alors l'objet d'une décision écrite et signée de ce magistrat, qui précise la nature et le quantum des mesures proposées et qui est jointe à la procédure. *(Phrase supprimée, L. n° 2002-1138, 9 sept. 2002, art. 36, I, 4°).*

La composition pénale peut être proposée dans une maison de justice et du droit.

La personne à qui est proposée une composition pénale est informée qu'elle peut se faire assister par un avocat avant de donner son accord à la proposition du procureur de la République. Ledit accord est recueilli par procès-verbal. Une copie de ce procès-verbal lui est transmise.

Lorsque l'auteur des faits donne son accord aux mesures proposées, le procureur de la République saisit par requête le président du tribunal aux fins de validation de la composition. Le procureur de la République informe de cette saisine l'auteur des faits et, le cas échéant, la victime. Le

président du tribunal peut procéder à l'audition de l'auteur des faits et de la victime, assistés, le cas échéant, de leur avocat. *(Phrase supprimée, L. n° 2002-1138, 9 sept. 2002, art. 36, I, 5°).* **Si ce magistrat rend une ordonnance validant la composition, les mesures décidées sont mises à exécution. Dans le cas contraire, la proposition devient caduque. La décision du président du tribunal, qui est notifiée à l'auteur des faits et, le cas échéant, à la victime, n'est pas susceptible de recours.**

Si la personne n'accepte pas la composition ou si, après avoir donné son accord, elle n'exécute pas intégralement les mesures décidées ou, si la demande de validation prévue par l'alinéa précédent est rejetée, le procureur de la République apprécie la suite à donner à la procédure. En cas de poursuites et de condamnation, il est tenu compte, le cas échéant, du travail déjà accompli et des sommes déjà versées par la personne.

La prescription de l'action publique est suspendue entre la date à laquelle le procureur de la République propose une composition pénale et la date d'expiration des délais impartis pour exécuter la composition pénale.

L'exécution de la composition pénale éteint l'action publique. Elle ne fait cependant pas échec au droit de la partie civile de délivrer citation directe devant le tribunal correctionnel dans les conditions prévues au présent code. Le tribunal ne statue alors que sur les seuls intérêts civils, au vu du dossier de la procédure qui est versé au débat.

(Al. créé, L. n° 2002-1138, 9 sept. 2002, art. 36, I, 6°) **« Les compositions pénales exécutées sont inscrites au bulletin n° 1 du casier judiciaire ».**

Les modalités d'application du présent article sont fixées par décret en Conseil d'État.

Art. 41-3 *(L. n. 99-515, 23 juin 1999, art. 1er).* **– La procédure de composition pénale est également applicable en cas de violences ou de dégradations contraventionnelles** *(Mots ajoutés, L. n° 2002-1138, 9 sept. 2002, art. 36, II,)* **« ainsi que pour les contraventions dont la liste est fixée par décret en Conseil d'État ».**

Le montant maximum de l'amende de composition ne peut alors excéder 5 000 F (750 €) ni la moitié du maximum de l'amende encourue, la durée de la remise du permis de conduire ou du permis de chasser ne peut dépasser deux mois et la durée du travail non rémunéré ne peut être supérieure à trente heures, dans un délai maximum de trois mois.

La requête en validation est portée devant le juge d'instance.

Art. 41-4 *(L. n. 85-1407, 30 déc. 1985, art. 2 et 94 ; L. n. 99–515, 23 juin 1999, art. 1er).* **– Lorsqu'aucune juridiction n'a été saisie ou lorsque la juridiction saisie a épuisé sa compétence sans avoir statué sur la restitution des objets, le procureur de la République** *(L. n. 87-962, 30 nov. 1987)* **ou le procureur général est compétent pour décider, d'office ou sur requête, de la restitution de ces objets lorsque la propriété n'en est pas sérieusement contestée.**

Il n'y a pas lieu à restitution lorsque celle-ci est de nature à créer un danger pour les personnes ou les biens ; la décision de non-restitution prise pour ce motif, même d'office, par le procureur de la République ou le procureur général peut être contestée dans le mois de sa notification par requête de l'intéressé devant le tribunal correctionnel ou la chambre des appels correctionnels, qui statue en chambre du conseil. Il n'y a pas lieu non plus à restitution lorsqu'une disposition particulière prévoit la destruction des objets placés sous main de justice.

Si la restitution n'a pas été demandée ou décidée dans un délai de *(L. n. 99-515, 23 juin 1999, art. 21-1°)* **six mois à compter de la décision de classement ou de la décision par laquelle la dernière juridiction saisie a épuisé sa compétence, les objets non restitués deviennent propriété de l'État, sous réserve des droits des tiers** *(L. n. 87-962, 30 nov. 1987).* **Il en est de même lorsque le propriétaire ou la personne à laquelle la restitution a été accordée ne réclame pas l'objet dans un délai de deux mois à compter d'une mise en demeure adressée à son domicile** *(L. n. 99-515, 23 juin 1999, art. 21-2°).* **Les objets dont la restitution est de nature à créer un danger pour les personnes ou les biens deviennent propriété de l'État, sous réserve des droits des tiers, dès que la décision de non-restitution ne peut plus être contestée, ou dès que le jugement ou l'arrêt de non-restitution est devenu définitif.**

1) Aux termes de l'article 41-1, alinéa 1er, du Code de procédure pénale, lorsque la juridiction saisie a épuisé sa saisine sans avoir statué sur la restitution des objets placés sous main de justice, le procureur de la République ou le procureur général est compétent pour décider d'office ou sur requête de la restitution de ces objets lorsque la propriété n'est pas sérieusement contestée. Le tribunal correctionnel ou la cour d'appel ne peuvent être saisis qu'en cas de contestation de décision de non-restitution, conformément à l'alinéa 2 de l'article précité (Cass. crim., 14 avr. 1992 : *Bull.* 163. – Cass. crim., 10 janv. 1994 : *Bull.* 13. – Cass. crim., 12 déc. 1996 : *Bull.* 467).

Selon le premier alinéa de l'article 41-4 du Code de procédure pénale, lorsque la juridiction saisie a épuisé sa compétence sans avoir statué sur la restitution des objets placés sous main de justice, il appartient, selon le cas, au procureur de la République ou au procureur général, de décider de leur restitution. La juridiction compétente en application de l'article 710 du même Code ne peut être saisie que de la difficulté d'exécution née de la décision prise par le magistrat du ministère public (Cass. crim., 5 févr. 2002 : *Bull.* 22 ; *Bull. inf. C. cass.*, avr. 2002, n° 384).

Justifie sa décision la cour d'appel qui confirme un jugement ayant déclaré irrecevable une requête en contestation de la décision de restitution partielle d'objets placés sous la main de la justice rendue par le procureur de la République, dès lors que cette décision n'étant pas fondée sur le danger que la restitution était de nature à créer pour les personnes ou les biens et qu'en l'absence de juridiction saisie ayant prononcé la sentence, la contestation soulevée ne pouvait être soumise à la juridiction répressive en application de l'article 41-4 ou de l'article 710 du Code de procédure pénale (Cass. crim., 18 oct. 2000 : *Bull.* 305).

2) Il résulte des dispositions de l'article 41-1, alinéa 2, du Code de procédure pénale que, lorsque la décision de non-restitution d'objets placés sous main de justice prise par le ministère public est motivée par le danger que cette mesure serait de nature à créer pour les personnes ou pour les biens, le recours contre cette décision est porté devant le tribunal correctionnel ou la chambre des appels correctionnels (Cass. crim., 12 juin 1996 : *Bull.* 249).

3) Il résulte de l'article 41-1, alinéas 1 et 2, du Code de procédure pénale que si la propriété d'un objet placé sous main de justice n'est pas sérieusement contestée, et que la confiscation n'en a pas été prononcée, sa restitution ne peut être refusée que lorsque celle-ci est de nature à créer un danger pour les personnes ou pour les biens, ou lorsqu'une disposition particulière en prévoit la destruction (Cass. crim., 10 juill. 1996 : *Bull.* 295).

Art. 42. – Le procureur de la République a, dans l'exercice de ses fonctions, le droit de requérir directement la force publique.

Art. 43. – Sont compétents le procureur de la République du lieu de l'infraction, celui de la résidence de l'une des personnes soupçonnées d'avoir participé à l'infraction, celui du lieu d'arrestation d'une de ces personnes, même lorsque cette arrestation a été opérée pour une autre cause.

Art. 44 *(Ord. n. 58-1296, 23 déc. 1958)*. **– Le procureur de la République a autorité sur les officiers du ministère public près les tribunaux de police de son ressort. Il peut leur dénoncer les contraventions dont il est informé, et leur enjoindre d'exercer des poursuites. Il peut aussi, le cas échéant, requérir l'ouverture d'une information.**

SECTION IV. – DU MINISTÈRE PUBLIC PRÈS LE TRIBUNAL DE POLICE

Art. 45 *(L. n. 92-1336, 16 déc. 1992, art. 10 ; Ord. n. 58-1296, 23 déc. 1958 ; Ord. n. 60-529, 4 juin 1960 ; L. n. 72-1226, 29 déc. 1972 ; L. n. 79-1131, 28 déc. 1979 ; L. n. 85-835, 7 août 1985 ; L. n. 89-469, 10 juill. 1989, art. 8 ; L. n. 93-913, 19 juill. 1993)*. **– Le procureur de la République près le tribunal de grande instance occupe le siège du ministère public devant le tribunal de police pour les contraventions de la 5e classe. Il peut l'occuper également en toute matière, s'il le juge à propos, aux lieu et place du commissaire de police qui exerce habituellement ces fonctions.**

Toutefois, dans le cas où les infractions forestières sont soumises aux tribunaux de police, les fonctions du ministère public sont remplies, soit par un ingénieur des eaux et forêts, soit par un chef de district ou un agent technique, désigné par le conservateur des eaux et forêts.

V. J. Buisson, *Ministère public près le tribunal de police : J.-Cl. Proc. pén.*, art. 45 à 48.

Art. 46 *(L. n. 72-1226, 29 déc. 1972, art. 20 ; L. n. 96-647, 22 juill. 1996, art. 22-I).* **– En cas d'empêchement du commissaire de police, le procureur général désigne, pour une année entière, un ou plusieurs remplaçants qu'il choisit parmi les commissaires et les commandants ou capitaines de police en résidence dans le ressort du tribunal de grande instance.**

À titre exceptionnel et en cas de nécessité absolue pour la tenue de l'audience, le juge du tribunal d'instance peut appeler, pour exercer les fonctions du ministère public, le maire du lieu où siège le tribunal de police ou un de ses adjoints.

La composition d'un tribunal de police est irrégulière lorsque les fonctions du ministère public sont exercées par un inspecteur principal de la police nationale qui n'a pas été désigné par le procureur général près la cour d'appel conformément aux dispositions des articles 46 et suivants du Code de procédure pénale (Cass. crim., 22 oct. 1987 : *Bull.* 366).

Art. 47. – S'il y a plusieurs commissaires de police au lieu où siège le tribunal, le procureur général désigne celui qui remplit les fonctions du ministère public.

Le commissaire de police qui a représenté le ministère public à l'audience du tribunal de police est présumé avoir été régulièrement habilité à remplir les fonctions du ministère public, s'il n'a été soulevé aucune contestation et que le jugement ne renferme aucune énonciation d'où l'on puisse induire le contraire (Cass. crim., 26 juin 1919 : *DP* 1922, I, 11).

Art. 48 *(L. n. 72-1226, 29 déc. 1972, art. 21 ; L. n. 89-461, 6 juill. 1989, art. 22 ; L. n. 96-647, 22 juill. 1996, art. 22-II).* **– S'il n'y a pas de commissaire de police au lieu où siège le tribunal, le procureur général désigne, pour exercer les fonctions du ministère public, un commissaire ou un commandant ou capitaine de police en résidence dans le ressort du tribunal de grande instance ou, à défaut d'un tribunal de grande instance limitrophe situé dans le même département.**

CHAPITRE III. – DU JUGE D'INSTRUCTION

Art. 49. – Le juge d'instruction est chargé de procéder aux informations, ainsi qu'il est dit au chapitre Ier du titre III.

Il ne peut, à peine de nullité, participer au jugement des affaires pénales dont il a connu en sa qualité de juge d'instruction.

V. J. Dumont, *Le juge d'instruction : J.-Cl. Proc. pén.*, art. 49 à 52.

V. Textes complémentaires, L. 10 décembre 1985 (réforme de l'instruction ; V. Annexe VIII, art. L. 611-1, COJ).

1) La nullité résultant de ce qu'un juge d'instruction, ayant instruit dans une affaire concernant un prévenu, a siégé comme conseiller dans la même affaire, est une nullité substantielle (Cass. crim., 23 mars 1934 : *Bull.* 67) ; le magistrat qui a exercé les fonctions de juge d'instruction ne peut assister le président des assises dans le jugement de l'affaire dans laquelle il a accompli des actes d'instruction, même si l'information dans laquelle les actes ont été faits, a été close par une ordonnance de non-lieu, puis reprise sur charges nouvelles (Cass. crim., 14 janv. 1953 : *Bull.* 16) ; le magistrat qui a fait des actes d'instruction dans une procédure ayant abouti à une condamnation ne peut siéger à la chambre d'accusation saisie d'une demande de confusion de peines parmi lesquelles figure celle prononcée par ladite condamnation (Cass. crim., 21 sept. 1989 : *Bull.* 325).

2) Les dispositions de l'article 49, alinéa 2, ne sauraient être étendues au cas où un juge, qui a concouru à un jugement, procède par la suite à des actes d'instruction dans une information concernant le même inculpé, alors qu'au surplus, il s'agit d'affaires distinctes et indépendantes par leur objet (Cass. crim., 2 oct. 1980 : *Bull.* 245 ; *Rev. sc. crim.* 1982, 141, obs. J. Robert ; *DS* 1982, 167, note Jeandidier) ; ni au juge qui a informé sur des infractions continues, abolies par l'amnistie, qui peut donc concourir au jugement d'infractions nouvelles, mais distinctes, bien que dérivant de la même source (Cass. crim., 24 avr. 1909 : *Bull.* 229).

3) N'est pas entaché de nullité, le jugement auquel a participé un juge d'instruction qui, au cours de la procédure a uniquement rendu une ordonnance autorisant une visite domiciliaire pour la recherche et la constatation d'infractions à la réglementation économique et fiscale en application de l'article L. 41 du livre des procédures fiscales, cette ordonnance n'étant pas un acte d'instruction au sens de l'article 49 (Cass. crim., 18 oct. 1982 : *Bull.* 221) ; la connaissance qu'un magistrat a eue, en qualité de juge d'instruction, d'une procédure terminée par une condamnation assortie du sursis ne met pas obstacle à ce que ce même magistrat participe ultérieurement au jugement de la requête en dispense de révocation de sursis (Cass. crim., 19 janv. 1983 : *Bull.* 23 ; *Rev. sc. crim.* 1983, obs. J. Robert, p. 686).

Ne peuvent faire partie de la chambre correctionnelle d'une cour d'appel les magistrats qui, dans l'affaire soumise à cette juridiction ont, à l'occasion de l'appel d'une ordonnance de non-lieu rendue par le juge d'instruction, participé à un arrêt de la chambre d'accusation dans lequel a été examinée la valeur des charges pouvant justifier le renvoi devant le tribunal correctionnel (Cass. crim., 11 mars 1986 : *Bull.* 100 ; *D.* 1986, inf. rap. 302, obs. Pradel).

Ne peut faire partie de la chambre d'accusation saisie aux fins d'annulation d'actes d'une procédure d'information le magistrat qui avait été chargé de cette procédure en qualité de juge d'instruction (Cass. crim., 31 mai 1988 : *Bull.* 235).

Ne peut faire partie de la chambre correctionnelle d'une cour d'appel un magistrat qui, dans l'affaire soumise à cette juridiction, a participé à un arrêt de la chambre d'accusation dans lequel a été examinée la valeur des charges pouvant justifier le renvoi du prévenu devant le tribunal correctionnel (Cass. crim., 27 juin 1996 : *Bull.* 279).

Art. 50 *(Ord. n. 58-1296, 23 déc. 1958 ; L. n. 87-1062, 30 déc. 1987, art. 24).* **– Le juge d'instruction, choisi parmi les juges du tribunal, est nommé dans les formes prévues pour la nomination des magistrats du siège.**

En cas de nécessité, un autre juge peut être temporairement chargé, dans les mêmes formes, des fonctions de juge d'instruction concurremment avec le magistrat désigné ainsi qu'il est dit au premier alinéa.

Si le premier président délègue un juge au tribunal, il peut aussi, dans les mêmes conditions, charger temporairement celui-ci de l'instruction par voie d'ordonnance.

Si le juge d'instruction est absent, malade ou autrement empêché, le tribunal de grande instance désigne l'un des juges de ce tribunal pour le remplacer.

1) Les règles ayant trait au remplacement d'un juge d'instruction touchant à l'organisation et à la composition des juridictions sont d'ordre public (Cass. crim., 24 janv. 1985 : *Bull.* 41 ; *JCP* 85, IV, 128).

2) L'ordonnance par laquelle le président du tribunal remplace un juge d'instruction empêché n'est pas susceptible de voie de recours, il appartient aux juridictions de vérifier, même d'office, si cette formalité a été respectée (Cass. crim., 22 oct. 1984 : *JCP* 85, IV, 5) ; la faculté conférée au président de désigner l'un des juges du tribunal afin de remplir les fonctions d'instruction, n'apporte pas d'exception aux dispositions des articles 83 et 84 du Code de procédure pénale, relatives à la désignation, dans chaque information, du magistrat instructeur (Cass. crim., 20 nov. 1984 : *JCP* 86, II, 20546).

3) L'article 50 du Code de procédure pénale, qui prévoit la désignation par le tribunal de grande instance du magistrat chargé de remplacer le juge d'instruction empêché, n'exige ni la présence ni l'avis du ministère public (Cass. crim., 5 janv. 1989 : *Bull.* 1).

Le juge du siège, désigné par le tribunal de grande instance pour suppléer momentanément les juges d'instruction simultanément empêchés, n'a pas à faire l'objet d'une désignation par le président du tribunal avant d'accomplir des actes en remplacement du juge d'instruction qui reste chargé de suivre la procédure *(même arrêt)*.

4) Lorsqu'un juge du tribunal remplace un juge d'instruction empêché, il y a présomption, en l'absence de contestation devant la chambre d'accusation sur la régularité de sa désignation, que cette dernière a été régulièrement faite en application des dispositions de l'article 50 du Code de procédure pénale (Cass. crim., 4 déc. 1990 : *Bull.* 414).

5) Lorsqu'un juge d'instruction, appelé à de nouvelles fonctions au sein de la juridiction à laquelle il appartient, est chargé par l'assemblée du Tribunal, en vertu de l'article 50 du Code de procédure pénale, de continuer ses fonctions à l'instruction, il n'y a pas nécessité d'une nouvelle désignation par le président du tribunal pour qu'il poursuive une information qui lui avait été antérieurement confiée dès lors qu'il n'a jamais cessé d'instruire cette procédure (Cass. crim., 20 nov. 1990 : *Bull.* 394).

6) Si l'article 50, dernier alinéa, du Code de procédure pénale donne compétence au tribunal de grande instance, lorsque le juge d'instruction est empêché, pour désigner celui des juges qui le remplacera, il appartient au président, en cas d'urgence et d'impossibilité de réunir l'assemblée générale des magistrats du siège, de procéder à ce remplacement ou d'accomplir lui-même les actes d'instruction utiles (Cass. crim., 18 avr. 1991 : *Bull. inf. C. cass.* 1er août 1991, n. 1331. – Cass. crim., 14 févr. 2001 : *Bull.* 43).

Art. 51. – Le juge d'instruction ne peut informer qu'après avoir été saisi par un réquisitoire du procureur de la République ou par une plainte avec constitution de partie civile, dans les conditions prévues aux articles 80 et 86.

En cas de crimes ou délits flagrants, il exerce les pouvoirs qui lui sont attribués par l'article 72.

Le juge d'instruction a, dans l'exercice de ses fonctions, le droit de requérir directement la force publique.

1) La signature du procureur de la République a pour effet de conférer l'authenticité à toutes les énonciations manuscrites ou imprimées du réquisitoire introductif, et notamment à une énonciation imprimée concernant la nature du délit, objet de l'inculpation (Cass. crim., 12 févr. 1927 : *Bull.* 54).

2) Les réquisitions du procureur de la République tendant à restreindre l'étendue de la saisine du juge en cours d'instruction sont inopérentes, le juge est tenu de statuer par ordonnance de règlement sur tous les faits dont il été régulièrement saisi (Cass. crim., 24 mars 1977 : *Bull.* 112).

Art. 52. – Sont compétents le juge d'instruction du lieu de l'infraction, celui de la résidence de l'une des personnes soupçonnées d'avoir participé à l'infraction, celui du lieu d'arrestation d'une de ces personnes, même lorsque cette arrestation a été opérée pour une autre cause.

1) Aux termes des articles 23 et 63 du Code d'instruction criminelle (43 et 52 du Code de procédure pénale), le juge d'instruction du lieu du crime ou du délit est compétent au même titre que celui du lieu de la résidence du prévenu ou celui du lieu de l'arrestation (Cass. crim., 19 mai 1950 : *Bull.* 166).

2) La chambre d'accusation a le droit de désigner l'un quelconque des juges d'instruction du ressort de la cour d'appel nonobstant les dispositions de l'article 52 du Code de procédure pénale (Cass. crim., 11 avr. 1964 : *Bull.* 110).

3) Le lien de connexité constitue un titre de compétence qui ne saurait être contesté alors même que certains de faits ayant servi de support à cette connexité ont fait l'objet d'une décision de non-lieu (Cass. crim., 20 oct. 1981 : *Bull.* 280) ; en raison de la connexité, la compétence territoriale du juge d'instruction, régulièrement saisi de faits commis par un ou plusieurs auteurs principaux ayant leur résidence dans sa circonscription s'étend à tout complice ou receleur (Cass. crim., 1er déc. 1976 : *Bull.* 348).

4) Le délit de publicité de nature à induire en erreur est consommé partout où des faits de publicité de cette nature ont eu lieu, notamment par la voie d'annonces dans un périodique de diffusion nationale (Cass. crim., 3 oct. 1978 : *Bull.* 254) ; de même, le délit de diffamation perpétré par la voie de la presse écrite doit être réputé commis partout où l'écrit a été publié ; la

diffamation réalisée par la voie de la radiodiffusion ou de la télévision est accomplie en tous les lieux où les émissions radiophoniques ou télévisées ont pu être reçues (Cass. crim., 8 oct. 1979 : *Bull.* 272).

TITRE II. – DES ENQUÊTES ET DES CONTRÔLES D'IDENTITÉ

(L. n. 83-466, 10 juin 1983, art. 20)

CHAPITRE I. – DES CRIMES ET DÉLITS FLAGRANTS

Art. 53. – Est qualifié crime ou délit flagrant, le crime ou le délit qui se commet actuellement, ou qui vient de se commettre. Il y a aussi crime ou délit flagrant lorsque, dans un temps très voisin de l'action, la personne soupçonnée est poursuivie par la clameur publique, ou est trouvée en possession d'objets, ou présente des traces ou indices, laissant penser qu'elle a participé au crime ou au délit.

(L. n. 99-515, 23 juin 1999, art. 11) **L'enquête de flagrance menée à la suite de la constatation d'un crime ou d'un délit flagrant ne peut se poursuivre pendant plus de huit jours.**

V. J. MONTREUIL, *Crimes et délits flagrants. Enquête de police : J.-Cl. Proc. pén.*, art. 53 à 73, Fasc. I. – P. CHAMBON, *L'ouverture forcée du coffre des véhicules automobiles : JCP* 80, I, 2983. – D. MAYER, *Plaidoyer pour une redéfinition du flagrant délit : D.* 1980, chr. p. 99. – A. DECOCQ, J. MONTREUIL, J. BUISSON, *Le droit de la police*, éd. Litec. — F. DEFFERRAND, *Le crime et le soupçon, réflexions sur la preuve dans la suspicion légitime d'infraction pénale : D.* 2001, chr. p. 2692.

1) La procédure de flagrant délit peut être suivie si dès la perpétration du fait délictueux, la recherche de son auteur s'est poursuivie sans interruption jusqu'à l'arrestation (Cass. crim., 22 janv. 1932 : *DH* 1932, 164).

Il n'importe que le procès-verbal relatant les investigations ne soit pas rédigé le jour même (Cass. crim., 11 févr. 1992 : *Bull.* 64. – 3 mars 1992 : *Dr. pénal* 1992, n. 134).

Ne peut être qualifiée de crime flagrant une infraction révélée six jours après sa commission (Cass. crim., 11 févr. 1998 : n. J.97-85.542 PF).

2) L'état de flagrance est caractérisé dès lors que les officiers de police judiciaire ont relevé des indices apparents d'un comportement délictueux révélant l'existence d'infractions répondant à la définition de l'article 53 (Cass. crim., 4 janv. 1982 : *Bull.* 2 ; *JCP* 82, IV, 106. – 26 avr. 1983 : *Bull.* 117. – Cass. crim., 23 oct. 1991 : *Bull.* 371) ; la révélation faite par la victime d'une infraction qui est sur le point de se commettre caractérise ces indices (Cass. crim., 22 avr. 1992 : *Bull.* 169).

L'avis donné par la victime d'une infraction qui vient d'être commise peut, avant l'enregistrement d'une plainte régulière, caractériser ces indices ; aucune présomption de la loi n'exige que les officiers de police judiciaire constatent par un procès-verbal spécial qu'il y a flagrant délit, cette notion se déduisant des circonstances (Cass. crim., 11 mai 1999 : *Bull.* 91).

La présence d'une arme, visible dans la boîte à gants disloquée d'un véhicule accidenté, constitue l'indice apparent d'un délit imputable au conducteur du véhicule, entrant dans les prévisions de l'article 53 du Code de procédure pénale ; les agents de police judiciaire qui découvrent cette arme sont habilités à la remettre, aux fins de saisie, à l'officier de police judiciaire compétent (Cass. crim., 2 mars 1993 : *Bull.* 93).

Ne sont pas régulières les perquisitions et saisies pratiquées par un officier de police judiciaire dans le cadre d'une enquête de flagrant délit d'abus de biens sociaux ordonnée à la suite de la seule constatation de la dissimulation de factures par le gérant d'une société (Cass. crim., 6 févr. 1997 : *Bull.* 49).

3) La perquisition effectuée au domicile d'une personne soupçonnée de vol, sans son consentement, est régulière dès lors qu'elle a été pratiquée alors que le délit venait de se commettre, et en tout cas, dans un temps très voisin de l'action (Cass. crim., 5 oct. 1976 : *Bull.* 278). Est régulière au regard des articles 53, 56, 67 du Code de procédure pénale la perquisition effectuée par un officier de police judiciaire agissant en état de flagrance, dès lors, d'une part, que cet état doit s'apprécier au moment de

l'intervention de cet officier dans le cadre d'une enquête visant un délit passible d'emprisonnement et, d'autre part, qu'il n'importe que, par la suite, les faits poursuivis aient reçu une qualification contraventionnelle (Cass. crim., 9 janv. 1990 : *Bull.* 16).

4) Sont nulles les perquisitions et saisies pratiquées par un officier de police judiciaire, sans l'assentiment exprès de la personne chez qui l'opération a eu lieu, alors qu'aucune information n'était ouverte et qu'aucun indice apparent d'un comportement délictueux ne pouvait révéler l'existence d'une infraction répondant à la définition donnée des crimes et délits flagrants par l'article 53 (Cass. crim., 30 mai 1980 : *Bull.* 165 ; *D.* 1981, 533, note Jeandidier. – Cass. crim., 21 juill. 1982 : *Bull.* 196 ; *D.* 1982, p. 642, note Berr. – Cass. crim., 8 nov. 1989 : *Bull.* 406).

Aucune disposition de la loi n'exige que les officiers de police judiciaire effectuant une perquisition établissent un procès-verbal spécial constatant l'état de flagrance qui se déduit des circonstances de fait (Cass. crim., 8 oct. 1985 : *Bull.* 301).

5) Pour pouvoir agir dans le cadre de la procédure de flagrant délit, et mettre en œuvre les pouvoirs prévus aux articles 53 et suivants du Code de procédure pénale, un officier de police judiciaire doit avoir eu, au préalable, connaissance d'indices apparents d'un comportement révélant l'existence d'une infraction en train ou venant de se commettre ; les juges, auxquels il est demandé d'apprécier les conditions de mise en œuvre d'une telle procédure, ne sauraient la justifier en substituant leurs propres déductions aux constatations initiales de l'officier de police judiciaire ; encourt la censure la chambre d'accusation qui, relevant que les faits de travail clandestin initialement visés par l'officier de police judiciaire ne présentaient pas le caractère d'une infraction flagrante, justifie cependant la mise en œuvre des pouvoirs, prévus aux articles 53 et suivants précités, en observant que les agissements constatés étaient l'indice d'une publicité mensongère et d'une tentative d'escroquerie (Cass. crim., 22 févr. 1996 : *Bull.* 87).

Ne sont pas régulières les saisies pratiquées par un officier de police judiciaire dans le cadre d'une enquête de flagrant délit d'abus de biens sociaux ordonnée à la suite de la constatation au domicile du gérant d'une société de documents concernant des biens dont la société est propriétaire ou de relevés bancaires portant sur des mouvements de fonds entre la société et le gérant (Cass. crim., 7 févr. 2001 : *Bull.* 40 ; *Bull. inf. C. cass.* 2001, n. 457).

6) La circonstance qu'une personne appréhendée à la suite d'un crime flagrant ait admis sa participation à cette infraction ne fait pas nécessairement obstacle à la continuation de la procédure d'enquête prévue par les articles 53 et suivants du Code de procédure pénale, dès lors que les diligences dont l'exécution ne peut être différée sont nécessaires et justifiées (Cass. crim., 11 août 1980 : *Bull.* 234).

7) Il résulte des dispositions de l'article 26 de la Constitution du 4 octobre 1958 qu'en cas de flagrant délit, un député peut être arrêté et poursuivi en matière criminelle ou correctionnelle, que les faits aient été commis en cours de session ou hors session (Cass. crim., 11 févr. 1960 : *Bull.* 84).

(Sur la compétence des militaires de la gendarmerie agissant hors de leur circonscription territoriale, et l'emploi de la contrainte ou de la coercition, voir observations Chambon : *JCP* 85, II, 20422 sous Reims, 18 mai 1984).

Art. 53-1 *(L. n. 2000-516, 15 juin 2000, art. 104-I et 140 puis remplacé, L. n° 2002-1138, 9 sept. 2002, art. 63).* **– Les officiers et les agents de police judiciaire informent par tout moyen les victimes de leur droit :**

1° D'obtenir réparation du préjudice subi ;

2° De se constituer partie civile si l'action publique est mise en mouvement par le parquet ou en citant directement l'auteur des faits devant la juridiction compétente ou en portant plainte devant le juge d'instruction ;

3° D'être, si elles souhaitent se constituer partie civile, assistées d'un avocat qu'elles pourront choisir ou qui, à leur demande, sera désigné par le bâtonnier de l'ordre des avocats près la juridiction compétente, les frais étant à la charge des victimes sauf si elles remplissent les conditions d'accès à l'aide juridictionnelle ou si elles bénéficient d'une assurance de protection juridique ;

4° D'être aidées par un service relevant d'une ou de plusieurs collectivités publiques ou par une association conventionnée d'aide aux victimes ;

5° De saisir, le cas échéant, la commission d'indemnisation des victimes d'infraction, lorsqu'il s'agit d'une infraction mentionnée aux articles 706-3 et 706-14.

Art. 54. – En cas de crime flagrant, l'officier de police judiciaire qui en est avisé, informe immédiatement le procureur de la République, se transporte sans délai sur le lieu du crime et procède à toutes constatations utiles.

Il veille à la conservation des indices susceptibles de disparaître et de tout ce qui peut servir à la manifestation de la vérité. Il saisit les armes et instruments qui ont servi à commettre le crime ou qui étaient destinés à le commettre, ainsi que tout ce qui paraît avoir été le produit de ce crime.

Il représente les objets saisis, pour reconnaissance, aux personnes qui paraissent avoir participé au crime, si elles sont présentes.

Art. 55 *(L. n. 92-1336, 16 déc. 1992, art. 11 et 326 ; L. n. 93-913, 19 juill. 1993)*. **– Dans les lieux où un crime a été commis, il est interdit, sous peine de l'amende prévue par le 4° de l'article 131-13 du Code pénal pour les contraventions de la 4e classe, à toute personne non habilitée, de modifier avant les premières opérations de l'enquête judiciaire l'état des lieux et d'y effectuer des prélèvements quelconques.**

Toutefois, exception est faite lorsque ces modifications ou ces prélèvements sont commandés par les exigences de la sécurité ou de la salubrité publique, ou par les soins à donner aux victimes.

Art. 56 *(Ord. n. 60-529, 4 juin 1960, art. 2)*. **– Si la nature du crime est telle que la preuve en puisse être acquise par la saisie des papiers, documents ou autres objets en la possession des personnes qui paraissent avoir participé au crime ou détenir des pièces ou objets relatifs aux faits incriminés, l'officier de police judiciaire se transporte sans désemparer au domicile de ces derniers pour y procéder à une perquisition dont il dresse procès-verbal.**

Il a seul, avec les personnes désignées à l'article 57 et celles auxquelles il a éventuellement recours en application de l'article 60, le droit de prendre connaissance des papiers ou documents avant de procéder à leur saisie.

Toutefois, il a l'obligation de provoquer préalablement toutes mesures utiles pour que soit assuré le respect du secret professionnel et des droits de la défense.

Tous objets et documents saisis sont immédiatement inventoriés et placés sous scellés. Cependant, si leur inventaire sur place présente des difficultés, ils font l'objet de scellés fermés provisoires jusqu'au moment de leur inventaire et de leur mise sous scellés définitifs et ce, en présence des personnes qui ont assisté à la perquisition suivant les modalités prévues à l'article 57.

Avec l'accord du procureur de la République, l'officier de police judiciaire ne maintient que la saisie des objets et documents utiles à la manifestation de la vérité.

(L. n. 99-515, 23 juin 1999, art. 22) **Le procureur de la République peut également, lorsque la saisie porte sur des espèces, lingots, effets ou valeurs dont la conservation en nature n'est pas nécessaire à la manifestation de la vérité ou à la sauvegarde des droits des personnes intéressées, autoriser leur dépôt à la Caisse des dépôts et consignations ou à la Banque de France.**

(L. n. 2001-1168, 11 déc. 2001, art. 18–1) **Lorsque la saisie porte sur des billets de banque ou pièces de monnaie libellés en euros contrefaits, l'officier de police judiciaire doit transmettre, pour analyse et identification, au moins un exemplaire de chaque type de billets ou pièces suspectés faux au centre d'analyse national habilité à cette fin. Le centre d'analyse national peut procéder à l'ouverture des scellés. Il en dresse inventaire dans un rapport qui doit mentionner toute ouverture ou réouverture des scellés. Lorsque les opérations sont terminées, le rapport et les scellés sont déposés entre les mains du greffier de la juridiction compétente. Ce dépôt est constaté par procès-verbal.**

Les dispositions du précédent alinéa ne sont pas applicables lorsqu'il n'existe qu'un seul exemplaire d'un type de billets ou de pièces suspectés faux, tant que celui-ci est nécessaire à la manifestation de la vérité.

1) Le terme domicile, au sens des articles 56 et 76 du Code de procédure pénale, ne signifie pas seulement le lieu où une personne a son principal établissement mais encore le lieu où, qu'elle y habite ou non, elle a le droit de se dire chez elle, quels que soient le titre juridique de

son occupation et l'affectation donnée aux locaux (Cass. crim., 24 juin 1987 : *Bull.* 267).

L'ouverture d'un coffre d'automobile au cours d'une enquête de crime flagrant n'a pas le caractère d'une perquisition domiciliaire et n'est donc pas soumise aux dispositions des articles 56 et suivants du Code de procédure pénale (Cass. crim., 8 nov. 1979 : *Bull.* 311 ; *JCP* 80, II, 19337, obs. Davia).

Les vérifications faites par des officiers de police judiciaire dans un casier de consigne de gare ne peuvent être assimilées à une perquisition effectuée au domicile d'un particulier, et ne sont donc pas soumises aux conditions prévues aux articles 56 et suivants du Code de procédure pénale (Cass. crim., 12 oct. 1993 : *Bull.* 287).

Les perquisitions et saisies d'objets, papiers et effets pouvant servir à conviction ou à décharge ne sont soumises aux formalités prescrites à peine de nullité par les articles 37, 38 et 39 du Code d'instruction criminelle (56 et suivants du Code de procédure pénale) qu'autant que ces perquisitions et saisies ont été opérées dans le domicile du prévenu (Cass. crim., 5 août 1952 : *D.* 1952, 654).

Les dispositions de l'article 56 du Code de procédure pénale n'imposent la présence à l'inventaire que des personnes ayant assisté à la perquisition dans les conditions prescrites par l'article 57 du même code (Cass. crim., 20 nov. 1984 : *JCP* 85, IV, 41 ; *Bull.* 355).

2) La perquisition pratiquée par un commissaire de police, sur commission rogatoire à l'occasion d'un délit déterminé, ne lui donne droit d'opérer une saisie se rapportant à une autre infraction qu'en cas de délit flagrant (Cass. crim., 13 févr. 1925 : *DP* 1925, I, 148. – Cass. crim., 11 juin 1985 : *Bull.* 227).

3) La fouille à corps d'un individu suspect est justifiée lorsque le commissaire de police opère en flagrant délit (Cass. crim., 18 déc. 1958 : *Bull.* 760).

4) Les perquisitions et saisies sont nulles lorsqu'aucun indice apparent d'un comportement délictueux ne peut révéler l'existence d'une infraction répondant à la définition des crimes et délits flagrants (Cass. crim., 30 mai 1980 : *Bull.* 165 ; *D.* 1981, 533, note Jeandidier).

En cas de constatation d'un délit flagrant [...] l'officier de police judiciaire peut procéder à une perquisition, non seulement chez toute personne qui paraît avoir participé à l'infraction, mais aussi chez celle qui paraît détenir des pièces ou objets relatifs aux faits incriminés, sans qu'il soit nécessaire qu'une infraction flagrante soit caractérisée à son égard (Cass. crim., 27 janv. 1987 : *D.* 1988, 179, note B. Darolle).

Aux termes des articles 56, 94 et 152 du Code de procédure pénale, les perquisitions ordonnées par le juge d'instruction ne peuvent avoir d'autres fins que la recherche d'objets utiles à la manifestation de la vérité ; dès lors, est irrégulière la commission rogatoire par laquelle le magistrat instructeur prescrit à l'officier de police judiciaire de procéder, à l'occasion d'une perquisition, à la captation, la transmission et l'enregistrement de conversations dans un domicile privé, de telles opérations n'étant autorisées ni par l'article 81 du Code de procédure pénale, ni par les articles 100 et suivants dudit Code (Cass. crim., 15 févr. 2000 : *Bull.* 68).

5) En matière contraventionnelle, la procédure de saisie d'objets dont la confiscation peut être ordonnée, comme le permet l'article 464 du Code pénal, relève du domaine réglementaire (Cass. crim., 9 janv. 1986 : *Bull.* 14).

6) Le support technique sur lequel a été relevée une empreinte digitale est une annexe du procès-verbal des enquêteurs et n'entre dès lors pas dans les prévisions de l'article 56 relatives au placement sous scellés (Cass. crim., 29 sept. 1992 : *Bull.* 289).

7) Les pouvoirs d'investigation conférés aux officiers et agents de police judiciaire ou à certains fonctionnaires par des lois spéciales ne peuvent être exercés que dans les conditions et dans les limites fixées par les textes qui les prévoient. Il s'ensuit que des agents des impôts ne peuvent, dans des conditions que n'autorisent ni l'ordonnance du 1er décembre 1986 ni le Code de travail et qui sont étrangères à l'article 56, alinéa 2, du Code de procédure pénale, assister des officiers de police judiciaire perquisitionnant en flagrance sur un délit de travail clandestin et des infractions à la législation sur les étrangers (Cass. crim., 17 oct. 1994 : *Bull.* 333).

Il résulte des dispositions combinées des articles 56 et 60 du Code de procédure pénale, à peine de nullité de la procédure, que l'officier de police judiciaire a seul le droit, lors d'une perquisition, de prendre connaissance des papiers ou documents trouvés sur place, avant de procéder à leur saisie, et qu'il ne peut, à cette occasion, se faire assister de tiers, en qualité de « personnes qualifiées » qu'à la condition que ceux-ci aient fait l'objet d'une réquisition régulière (Cass. crim., 22 févr. 1996 : *Bull.* 87. – Cass. crim., 6 févr. 1997 : *Bull.* 49).

Art. 56-1 * *(L. n. 2000-516, 15 juin 2000, art. 44-I)*. **– Les perquisitions dans le cabinet d'un avocat ou à son domicile ne peuvent être effectuées que par un magistrat et en présence du bâtonnier ou de son délégué. Ce magistrat et le bâtonnier ou son délégué ont seuls le droit de prendre connaissance des documents découverts lors de la perquisition préalablement à leur éventuelle saisie.**

Le bâtonnier ou son délégué peut s'opposer à la saisie d'un document à laquelle le magistrat a l'intention de procéder s'il estime que cette saisie serait irrégulière. Le document doit alors être placé sous scellé fermé. Ces opérations font l'objet d'un procès-verbal mentionnant les objections du bâtonnier ou de son délégué, qui n'est pas joint au dossier de la procédure. Si d'autres documents ont été saisis au cours de la perquisition sans soulever de contestation, ce procès-verbal est distinct de celui prévu par l'article 57. Ce procès-verbal ainsi que le document placé sous scellé fermé sont transmis sans délai au juge des libertés et de la détention, avec l'original ou une copie du dossier de la procédure.

Dans les cinq jours de la réception de ces pièces, le juge des libertés et de la détention statue sur la contestation par ordonnance motivée non susceptible de recours.

À cette fin, il entend le magistrat qui a procédé à la perquisition et, le cas échéant, le procureur de la République, ainsi que l'avocat au cabinet ou au domicile duquel elle a été effectuée et le bâtonnier ou son délégué. Il peut ouvrir le scellé en présence de ces personnes.

S'il estime qu'il n'y a pas lieu à saisir le document, le juge des libertés et de la détention ordonne sa restitution immédiate, ainsi que la destruction du procès-verbal des opérations et, le cas échéant, la cancellation de toute référence à ce document ou à son contenu qui figurerait dans le dossier de la procédure.

Dans le cas contraire, il ordonne le versement du scellé et du procès-verbal au dossier de la procédure. Cette décision n'exclut pas la possibilité ultérieure pour les parties de demander la nullité de la saisie devant, selon les cas, la juridiction de jugement ou la chambre de l'instruction.

* (*L. n. 2000-516, 15 juin 2000, art. 140, jusqu'au 1er janvier 2001* le président du tribunal de grande instance exerce les compétences que l'article 44 confie au juge des libertés et de la détention).

D. N. COMMARET : *Perquisitions dans un cabinet d'avocat, Rev. sc. crim.* 2001, p. 834.

Art. 56-2 *(L. n. 93-2, 4 janv. 1993, art. 55)*. **– Les perquisitions dans les locaux d'une entreprise de presse ou de communication audiovisuelle ne peuvent être effectuées que par un magistrat qui veille à ce que les investigations conduites ne portent pas atteinte au libre exercice de la profession de journaliste et ne constituent pas un obstacle ou n'entraînent pas un retard injustifié à la diffusion de l'information.**

1) Au sens de l'article 56-2 du Code de procédure pénale, ne peuvent être assimilées à la perquisition relevant du seul office du juge, les mesures préparatoires, qui sont nécessaires à son exécution dans le respect des dispositions spéciales de ce texte et qui sont mises en œuvre, par délégation du magistrat et sous son contrôle, dans les conditions prévues par l'article 151 dudit code (Cass. crim., 20 nov. 1995 : *Bull.* 363).

2) Attendu, d'autre part, que, pour rejeter les requêtes en nullité, la chambre d'accusation relève que, pour répondre aux impératifs du droit au respect de la vie privée et de la protection de l'ordre public, le juge d'instruction pouvait, dans le cadre de la recherche des preuves, procéder à des perquisitions qui ont été opérées aux sièges de Prisma Presse et de l'agence A., dans le respect des règles prévues à l'article 56-2 du Code de procédure pénale propres aux entreprises de presse ; qu'elle ajoute que, limités dans le temps et dans l'espace, ces actes d'investigation, en l'absence de tout autre élément permettant la manifestation de la vérité, étaient seuls susceptibles d'aider à la recherche des auteurs et des complices des faits poursui-

vis ; qu'en statuant ainsi, la chambre d'accusation, qui s'est expliquée sans insuffisance ni contradiction sur le caractère nécessaire et proportionné aux buts poursuivis des perquisitions ainsi effectuées, n'a pas méconnu les dispositions de l'article 10 de la convention invoquée par les demandeurs (Cass. crim., 5 déc. 2001, *JCP* 2001, 11, 10614, note Ph. Conte).

Art. 56-3 *(L. n. 93-2, 4 janv. 1993, art. 7) (L. n. 2000-516, 15 juin 2000, art. 44-11).* **– Les perquisitions dans le cabinet d'un médecin, d'un notaire, d'un avoué ou d'un huissier sont effectuées par un magistrat et en présence de la personne responsable de l'ordre ou de l'organisation professionnelle à laquelle appartient l'intéressé ou de son représentant.**

1) L'opération par laquelle un officier de police judiciaire, agissant sur commission rogatoire, se fait remettre des documents par une personne ou une administration en vue de procéder à leur saisie, entre dans les prévisions de l'article 81, alinéa 1er, du Code de procédure pénale. Elle ne constitue pas une « perquisition », dès lors que l'officier de police ne se livre à aucune recherche pour entrer en possession des documents (Cass. crim., 20 sept. 1995 : *Bull.* 276).

2) Justifie sa décision la chambre d'accusation qui, pour refuser d'annuler une perquisition effectuée en dehors des formes prescrites par l'article 56-1, alinéa 2, du Code de procédure pénale, retient qu'en l'espèce la chambre d'hôtel occupée par le médecin attaché à une équipe sportive en déplacement ne pouvait être considérée comme un cabinet médical (Cass. crim., 8 juin 1999 : *Bull.* 124).

Art. 57 *(Ord. n. 60-529, 4 juin 1960, art. 1er).* **– Sous réserve de ce qui est dit à l'article précédent concernant le respect du secret professionnel et des droits de la défense, les opérations prescrites par ledit article sont faites en présence de la personne au domicile de laquelle la perquisition a lieu.**

En cas d'impossibilité, l'officier de police judiciaire aura l'obligation de l'inviter à désigner un représentant de son choix ; à défaut, l'officier de police judiciaire choisira deux témoins requis à cet effet par lui, en dehors des personnes relevant de son autorité administrative.

Le procès-verbal de ces opérations, dressé ainsi qu'il est dit à l'article 66, est signé par les personnes visées au présent article ; au cas de refus, il en est fait mention au procès-verbal.

V. Textes complémentaires (art. 63 *ter*, C. douanes).

1) Eu égard à la proximité du lieu de détention, la présence du prévenu au cours de la perquisition ne peut être considérée comme impossible. La violation de cette obligation ne peut être couverte par les dispositions de l'article 802 (Cass. crim., 25 mai 1983 : *aff. Mano*).

Lorsque la perquisition a lieu dans un domicile autre que celui de l'inculpé, les prescriptions des articles 96, 57, alinéa 2, et 59 du Code de procédure pénale sont respectées, si cette perquisition est faite en présence de deux témoins, dans l'hypothèse où la personne chez laquelle la perquisition est effectuée est absente ou refuse d'y assister (Cass. crim., 14 oct. 1969 : *Bull.* 248).

2) Ne justifie pas l'inobservation par les enquêteurs des dispositions de l'alinéa 1er de l'article 57 l'arrêt de la chambre d'accusation qui, pour refuser d'annuler une perquisition au domicile d'une personne gardée à vue, se borne à indiquer le déroulement de l'enquête et l'état de santé de l'intéressé dont elle ne constate pas que cet état rendait la présence impossible au sens de l'alinéa 2 du même article (Cass. crim., 23 févr. 1988 : *Bull.* 91).

Art. 58 *(L. n. 92-1336, 16 déc. 1992, art. 322 et L. n. 93-2, 4 janv. 1993, art. 160 ; L. n. 93-913, 19 juill. 1993).* **– Sous réserve des nécessités des enquêtes, toute communication ou toute divulgation sans l'autorisation de la personne mise en examen ou de ses ayants droit ou du signataire ou du destinataire d'un document provenant d'une perquisition à une personne non qualifiée par la loi pour en prendre connaissance est punie d'une amende de 30 000 F (4 500) et d'un emprisonnement de deux ans.**

Art. 59 *(L. n. 93-913, 19 juill. 1993 ; L. n. 92-1336, 16 déc. 1992, art. 12 ; L. n. 93-2, 4 janv. 1993, art. 161 ; L. n. 93-1013, 24 août 1993, art. 20-I).* **– Sauf réclamation faite de l'intérieur de la maison ou exceptions prévues par la loi, les perquisitions et les visites domiciliaires ne peuvent être commencées avant 6 heures et après 21 heures.**

Les formalités mentionnées aux articles 56, 56-1, 57 et au présent article sont prescrites à peine de nullité.

Les gendarmes, auxquels venait d'être signalé qu'un conducteur présentait des signes manifestes d'ivresse et qui sont, avec son accord, entrés dans son habitation pour l'inviter à se soumettre aux vérifications légales, ne se sont livrés, ce faisant, à aucune visite domiciliaire, perquisition ou saisie soumise aux prescriptions des articles 59 ou 76 du Code de procédure pénale (Cass. crim., 4 mars 1969 : *Bull.* 105 ; v. Le Pavec : *D.* 1958, 564).

Art. 60 *(L. n. 85-1407, 30 déc. 1985, art. 11 et 94).* **– S'il y a lieu de procéder à des constatations ou à des examens techniques ou scientifiques** *(L. n. 99-515, 23 juin 1999, art. 12-I),* **l'officier de police judiciaire a recours à toutes personnes qualifiées.**

(L. n. 72-1226, 29 déc. 1972, art. 9) **Sauf si elles sont inscrites sur une des listes prévues à l'article 157, les personnes ainsi appelées prêtent, par écrit, serment d'apporter leur concours à la justice en leur honneur et en leur conscience.**

(L. n. 99-515, 23 juin 1999, art. 12-II) **Les personnes désignées pour procéder aux examens techniques ou scientifiques peuvent procéder à l'ouverture des scellés. Elles en dressent inventaire et en font mention dans un rapport établi conformément aux dispositions des articles 163 et 166. Elles peuvent communiquer oralement leurs conclusions aux enquêteurs en cas d'urgence.**

Sur instructions du procureur de la République, l'officier de police judiciaire donne connaissance des résultats des examens techniques et scientifiques aux personnes à l'encontre desquelles il existe des indices faisant présumer qu'elles ont commis ou tenté de commettre une infraction, ainsi qu'aux victimes.

1) Lorsqu'ils opèrent en cas de crime ou de délit flagrant, dès lors que le juge d'instruction n'est pas présent sur les lieux, et tant que l'ouverture d'une information n'a pas été requise, les officiers de police judiciaire tiennent de l'article 60 du Code de procédure pénale le pouvoir de recourir à toutes personnes qualifiées s'il y a lieu de procéder à des constatations ou à des examens techniques ou scientifiques (Cass. crim., 15 mars 1988 : *Bull.* 128).

Le recours à des personnes qualifiées prévu par les articles 60 et 77-1 du Code de procédure pénale est subordonné à la double condition que les constatations qu'entend leur confier l'officier de police judiciaire ne puissent être différées et que les personnes ainsi appelées prêtent par écrit le serment d'apporter leur concours à la justice en leur honneur et conscience (Cass. crim., 3 oct. 1996 : *Bull.* 345).

2) N'agit pas en qualité d'expert, la personne qualifiée appelée à faire des constatations et à donner son avis au cours d'une enquête de flagrant délit dans les conditions prévues par l'article 60.

Toutefois, si cette personne est inscrite sur une liste d'experts, elle n'est pas tenue de prêter spécialement et à nouveau le serment prévu par l'article 60 (Cass. crim., 5 août 1972 : *Bull.* 263. – Cass. crim., 17 oct. 1972 : *Bull.* 290).

S'expose à la censure l'arrêt qui retient que le procureur de la République ne tient d'aucune disposition le droit d'autoriser la participation d'un fonctionnaire des impôts à une perquisition elle-même autorisée par le président du tribunal de grande instance en application de l'article L. 611-13 du Code du travail (Cass. crim., 5 févr. 2002 : *Bull. inf. C. cass.*, avr. 2002, N° 369).

3) Les dispositions des articles 156 et suivants du Code de procédure pénale, réglementant l'expertise, ne sont pas applicables aux personnes appelées à faire des constatations et à donner leur avis dans les conditions prévues par l'article 60, en cas de crime ou délit flagrant (Cass. crim., 10 mai 1984 : *Bull.* 168).

Art. 61. – **L'officier de police judiciaire peut défendre à toute personne de s'éloigner du lieu de l'infraction jusqu'à la clôture de ses opérations.**

Alinéas 2 à 4 abrogés, L. n. 83-466, 10 juin 1983, art. 17.

Art. 62 *(Ord. n. 60-121, 13 févr. 1960, art. 1er ; Ord. n. 60-529, 4 juin 1960, art. 2 ; L. n. 93-2, 4 janv. 1993, art. 8)*. – **L'officier de police judiciaire peut appeler et entendre toutes les personnes susceptibles de fournir des renseignements sur les faits ou sur les objets et documents saisis.**

Les personnes convoquées par lui sont tenues de comparaître. Si elles ne satisfont pas à cette obligation, avis en est donné au procureur de la République qui peut les contraindre à comparaître par la force publique.

Il dresse un procès-verbal de leurs déclarations. Les personnes entendues procèdent elles-mêmes à sa lecture, peuvent y faire consigner leurs observations et y apposent leur signature. Si elles déclarent ne savoir lire, lecture leur en est faite par l'officier de police judiciaire préalablement à la signature. Au cas de refus de signer le procès-verbal, mention en est faite sur celui-ci.

Les agents de police judiciaire désignés à l'article 20 peuvent également entendre, sous le contrôle d'un officier de police judiciaire, toutes personnes susceptibles de fournir des renseignements sur les faits en cause. Ils dressent à cet effet, dans les formes prescrites par le présent code, des procès-verbaux qu'ils transmettent à l'officier de police judiciaire qu'ils secondent.

(L. n. 2000-516, 15 juin 2000, art. 4-I, applic. 1er janv. 2001) **Les personnes à l'encontre desquelles il n'existe** *(L. n. 2002-307, 4 mars 2002, art. 2-II)* **aucune raison plausible de soupçonner qu'elles ont commis ou tenté de commettre une infraction ne peuvent être retenues que le temps strictement nécessaire à leur audition.**

N'encourt pas la censure l'arrêt qui, pour rejeter une demande d'annulation d'actes de la procédure, retient que la personne concernée, dès lors que devait être vérifiée la réalité des indices faisant présumer qu'elle aurait commis les crimes constatés, a été entendue, conformément à l'article 62 du Code de procédure pénale, avant d'être placée en garde à vue et de recevoir notification des droits attachés à ce placement (Cass. crim., 19 févr. 1997 : *Bull.* 66).

Art. 62-1. – *(Al. supprimé, L. n. 2001-1062, 15 nov. 2001, art. 57-II).*

(L. n. 99-291, 15 avr. 1999, art. 14) **Les personnels visés aux articles 16 à 29 concourant à la procédure. Les fonctionnaires de la police nationale et les militaires de la gendarmerie nationale concourant à la procédure sont autorisés à déclarer comme domicile l'adresse du siège du service dont ils dépendent.**

(Al. supprimé, L. n. 2001-1062, 15 nov. 2001, art. 57-II).

Art. 63 *(L. n. 2000-516, 15 juin 2000, art. 53, applic. 1er janv. 2001)*. – **L'officier de police judiciaire peut, pour les nécessités de l'enquête, placer en garde à vue toute personne à l'encontre de laquelle il existe** *(L. n. 2002-307, 4 mars 2002, art. 2-I)* **une ou plusieurs raisons plausibles de soupçonner qu'elle a commis ou tenté de commettre une infraction. Il en informe dès le début de la garde à vue le procureur de la République.**

La personne gardée à vue ne peut être retenue plus de vingt-quatre heures. Toutefois, la garde à vue peut être prolongée pour un nouveau délai de vingt-quatre heures au plus, sur autorisation écrite du procureur de la République. Ce magistrat peut subordonner cette autorisation à la présentation préalable de la personne gardée à vue.

Sur instructions du procureur de la République, les personnes à l'encontre desquelles les éléments recueillis sont de nature à motiver l'exercice de poursuites sont, à l'issue de la garde à vue, soit remises en liberté, soit déférées devant ce magistrat.

Pour l'application du présent article, les ressorts des tribunaux de grande instance de Paris, Nanterre, Bobigny et Créteil constituent un seul et même ressort.

V. J. Leroy, *Garde à vue : J.-Cl. Proc. pén.*, art. 53 à 73, app. – R. Merle, *La garde à vue : Gaz. Pal.* 1969, 2, 18. – *JCP* 99, I, 112, p. 330 et 331, chron. *Dr. pénal*. – *Dr. pénal* 1999, chron. 5, *La garde à vue fait une poussée de bourbouille.* – A. Maron, . J. Buisson, *La garde à vue dans la loi du 15 juin 2000 : Rev. sc. crim.* 2001, p. 25. — J. Buisson, *Le placement en garde à vue : Rev. sc. crim.* 2001, p. 671.

1) Les dispositions des articles 63 et 64 du Code de procédure pénale relatives à la garde à vue en matière de crimes et délits flagrants ne sont pas incompatibles avec celles de l'article 5.3 de la Convention européenne de sauvegarde des droits de l'homme et des libertés fondamentales qui prescrivent de traduire aussitôt la personne arrêtée ou détenue devant un juge ou un magistrat habilité par la loi à exercer des fonctions judiciaires. Possède cette dernière qualité le procureur de la République, magistrat de l'ordre judiciaire dont la mission est de veiller à l'application de la loi (Cass. crim., 10 mars 1992 : *Bull.* 105).

2) En gardant à leur disposition une personne dont la carte d'identité était suspecte, et dont la possession laissait présumer que des infractions pouvaient avoir été commises, les services de police n'excèdent pas leurs pouvoirs (Cass. crim., 5 janv. 1973 : *Bull.* 7 ; *D.* 1973, p. 541, note Roujou de Boubée).

3) Les mesures d'internement administratif prévues par l'ordonnance du 7 octobre 1958 ne peuvent être confondues avec la garde à vue de l'article 63 (Cass. crim., 10 mai 1961 : *Bull.* 246).

Les individus retenus en chambre de sûreté en application de l'article L. 76 du Code des débits de boissons ne disposent pas des droits accordés par les articles 63 et suivants du Code de procédure pénale aux personnes gardées à vue (Cass. crim., 9 sept. 1998 : *Bull.* 229).

4) Selon les articles 63 et suivants du Code de procédure pénale, auxquels se réfère l'article 154 du même Code, la garde à vue a pour objet l'audition de la personne retenue à la disposition d'un officier de police judiciaire : tel n'est pas le cas d'une mesure de simple surveillance ordonnée par commission rogatoire du juge d'instruction (Cass. crim., 11 juill. 1994 : *Bull.* 273).

5) Encourt la cassation l'arrêt qui, pour refuser d'annuler la prolongation de la garde à vue accordée, en application de l'article 63, alinéa 3 du Code de procédure pénale, sans présentation préalable de la personne concernée, qualifie de flagrant un crime commis le 15 août et révélé le 21 août (Cass. crim., 11 févr. 1998 : *Bull.* 55).

Art. 63-1 *(Appl. 1er janv. 2001, L. n. 93-2, 4 janv. 1993, art. 10 ; L. n. 93-1013, 24 août 1993, art. 2-II ; L. n. 2002-307, 4 mars 2002, art. 3).* – **Toute personne placée en garde à vue est immédiatement informée par un officier de police judiciaire, ou, sous le contrôle de celui-ci, par un agent de police judiciaire,** *(L. n. 2000-516, 15 juin 2000, art. 7-I)* **de la nature de l'infraction sur laquelle porte l'enquête, des droits mentionnés aux articles 63-2, 63-3 et 63-4 ainsi que des dispositions relatives à la durée de la garde à vue prévues à l'article 63.** *(L. n. 2000-516, 15 juin 2000, art. 8)* **La personne gardée à vue est également immédiatement informée** *(L. n. 2002-307, 4 mars 2000, art. 3-II)* **qu'elle a le choix de faire des déclarations, de répondre aux questions qui lui seront posées ou de se taire.**

Mention de cet avis est portée au procès-verbal et émargée par la personne gardée à vue ; en cas de refus d'émargement, il en est fait mention.

Les informations mentionnées au premier alinéa doivent être communiquées à la personne gardée à vue dans une langue qu'elle comprend.

(L. n. 2000-516, 15 juin 2000, art. 9) **Si cette personne est atteinte de surdité et qu'elle ne sait ni lire ni écrire, elle doit être assistée par un interprète en langue des signes ou par toute personne qualifiée maîtrisant un langage ou une méthode permettant de communiquer avec des sourds. Il peut également être recouru à tout dispositif technique permettant de communiquer avec une personne atteinte de surdité.**

(L. n. 2002-307, 4 mars 2002, art. 3-III) **Si la personne est remise en liberté à l'issue de la garde à vue sans qu'aucune décision n'ait été prise par le procureur de la République sur l'action publique, les dispositions de l'article 77-2 sont portées à sa connaissance.**

(L. n. 2002-307, 4 mars 2002, art. 3-III) **Sauf en cas de circonstance insurmontable, les diligences résultant pour les enquêteurs de la communication des droits mentionnés aux articles 63-2 et 63-3 doivent intervenir au plus tard dans un délai de trois heures à compter du moment où la personne a été placée en garde à vue.**

V. *Dr. pénal*, juin 2000, l'article 63-1 du Code de procédure pénale dans la jurisprudence récente de la chambre criminelle, chron. 21, D. Karsenty.

1) La nullité de la garde à vue est sans effet sur les actes antérieurs régulièrement accomplis (Cass. crim., 6 mai 1997 : *Bull.* 177).

Justifie sa décision la chambre d'accusation qui, après avoir constaté l'irrégularité d'une prolongation de garde à vue, dresse la liste des actes subséquents procédant de cette mesure et les annule sans étendre cette annulation à la mise en examen et au placement en détention dont elle a souverainement apprécié qu'ils trouvaient leur support dans d'autres actes que ceux entachés de nullité (Cass. crim., 26 janv. 2000 : *Bull.* 46).

Il résulte de l'article 63-1 du Code de procédure pénale que le procès-verbal de notification des droits doit être rédigé et émargé sur-le-champ ; toutefois, l'irrégularité, consistant à ne consigner cette notification qu'à l'issue de la garde à vue, dans un procès-verbal récapitulatif, ne peut entraîner la nullité des actes effectués pendant la mesure lorsqu'il est établi que la personne concernée, ayant eu connaissance de ses droits, les a effectivement exercés dans les conditions prévues par la loi et que ce retard n'a pas eu pour effet de porter atteinte à ses intérêts, au sens des articles 171 et 802 du même code (Cass. crim., 6 déc. 1995 : *Bull.* 369).

Il résulte des articles 63-1 et 66 du Code de procédure pénale que le procès-verbal de notification des droits attachés à la garde à vue doit être rédigé sur le champ ; toutefois, l'irrégularité consistant à ne consigner cette notification qu'ultérieurement, lors de l'audition de la personne concernée, ne peut entraîner la nullité des actes effectués pendant la mesure lorsqu'il est établi que cette personne a eu effectivement connaissance de ses droits dès le début de la mesure (Cass. crim., 21 mars 2000 : *Bull.* 127).

2) Selon l'article 63-1 du Code de procédure pénale, l'officier de police judiciaire ou, sous son contrôle, l'agent de police judiciaire, a le devoir de notifier immédiatement les droits attachés au placement en garde à vue ; tout retard dans la mise en œuvre de cette obligation, non justifié par une circonstance insurmontable, porte nécessairement atteinte aux intérêts de la personne concernée (Cass. crim., 14 déc. 1999 : *Bull.* 301 et 302, 2 arrêts).

Encourt la cassation l'arrêt qui déclare régulière la notification tardive de ses droits à l'intéressé, sans caractériser l'impossibilité, pour l'officier de police judiciaire de notifier immédiatement chacun de ses droits à la personne gardée à vue (Cass. crim., 14 déc. 1999 : *Bull.* 302).

Il résulte des articles 63 et 63-1 du Code de procédure pénale que la personne, qui, pour les nécessités de l'enquête, est, sous la contrainte, tenue à la disposition d'un officier de police judiciaire, doit être immédiatement placée en garde à vue et recevoir notification des droits attachés à cette mesure ; tout retard dans la mise en œuvre de cette obligation, non justifié par des circonstances insurmontables, porte nécessairement atteinte aux intérêts de la personne concernée (Cass. crim., 6 déc. 2000 : *Bull.* 367 ; v. *JCP* 2000, I, 235, 3 ; *JCP* 2000, I, 289, 3) ; encourt la cassation l'arrêt qui déclare régulière la notification des droits effectuée à l'issue d'une perquisition, alors que la personne concernée avait été effectivement placée en garde à vue au début de cette mesure (Cass. crim., 10 mai 2000 : *Bull.* 182).

Méconnaît le sens et la portée de ce principe la chambre d'accusation qui, pour refuser d'annuler la garde à vue, retient que le retard à notifier les droits attachés à cette mesure n'a pas eu pour effet de porter atteinte aux intérêts de la personne concernée, alors qu'il résulte des énonciations mêmes du procès-verbal de l'audition de celle-ci qu'elle était gardée à vue depuis son arrivée au commissariat de police (Cass. crim., 29 avr. 1998 : *Bull.* 145) ; encourt également la cassation l'arrêt qui déclare régulière la notification des droits à l'issue de la perquisition alors que la personne concernée avait été effectivement placée en garde à vue au début de cette mesure (Cass. crim., 18 juin 1998 : *Bull.* 200. – Cass. crim., 14 déc. 1999 : *Bull.* 301) ; justifie sa décision la chambre d'accusation qui, pour dire régulière la notification à une personne placée en garde à vue de ses droits, retient que l'officier de police judiciaire lui en a donné connaissance au moment de son placement effectif en garde à vue, lorsque, en fin de perquisition, ont été découverts des éléments à sa charge (Cass. crim., 16 févr. 2000 : *Bull.* 72).

Fait l'exacte application des dispositions de l'article 63-1 du Code de procédure pénale, la chambre d'accusation qui constate que la personne placée en garde à vue dès son interpellation a reçu notification de ses droits dans les minutes qui ont suivi cette interpellation (Cass. crim., 23 mars 1999 : *Bull.* 51).

3) Une personne, qui se présente sans contrainte au service de police où elle est

convoquée, peut être entendue, au cours d'une enquête préliminaire, avant d'être informée de la plainte dont elle fait l'objet et d'être alors placée en garde à vue ; son audition n'est pas irrégulière, dès lors que la notification des droits prévue par les articles 63-1 du Code de procédure pénale est effectuée dès le placement effectif en garde à vue et que la durée de cette mesure est calculée à compter de l'heure de l'arrivée dans le service de police (Cass. crim., 13 nov. 1996 : *Bull.* 401) ; une personne qui se présente sans contrainte aux services de police, peut, au cours d'une enquête préliminaire, être entendue sur les faits qui lui sont imputés avant d'être placée en garde à vue (Cass. crim., 24 nov. 1998 : *Juris-Data* n. 005080).

Dès lors que la notification des droits mentionnés à l'article 63-1 du Code de procédure pénale a été faite dès le placement effectif en garde à vue, il n'importe que celle-ci, intervenue à l'issue d'opérations effectuées sans contrainte, ait été, dans l'intérêt de la personne gardée à vue, calculée à compter du début de ces opérations (Cass. crim., 19 janv. 2000 : *Bull.* 33).

Conformément aux dispositions des articles 76, 77 et 78 du Code de procédure pénale, une personne, qui, à l'issue d'une perquisition effectuée à son domicile en sa présence et avec son assentiment exprès, a accepté de suivre sans contrainte les policiers jusqu'au commissariat, pour y être entendue en enquête préliminaire, peut faire l'objet d'une audition avant d'être placée en garde à vue.

Cette audition n'est pas irrégulière dès lors que la notification des droits prévue par l'article 63-1 du Code de procédure pénale est effectuée dès le placement en garde à vue, quand bien même, dans l'intérêt de la personne concernée, le délai de cette mesure a été calculé à compter du début de la perquisition (Cass. crim., 10 mai 2000 : *Bull.* 180).

4) N'encourt pas la censure l'arrêt qui, pour refuser d'annuler le placement en garde à vue d'une personne de nationalité tunisienne qui avait reçu, en langue française, notification des droits attachés à ce placement, relève qu'entendue ultérieurement avec l'assistance d'un interprète de langue arabe, celle-ci, qui résidait en France, depuis 1973 avait déclaré avoir compris la nature et la portée de la notification faite en français et que le recours à un interprète était justifié par les difficultés tenant à l'attitude de la personne entendue (Cass. crim., 11 févr. 1998 : *Bull.* 55).

5) Aucune nullité ne saurait résulter de ce que la notification des droits ouverts à la personne placée en garde à vue est intervenue 8 heures après le début de cette mesure, en violation de l'article 63-1 du Code de procédure pénale, dès lors que l'arrêt constate que, lors de son interpellation, l'intéressé se trouvait dans un état d'ébriété, circonstance insurmontable, l'empêchant de comprendre la portée des droits qui auraient pu lui être notifiés et de les exercer utilement (Cass. crim., 3 avr. 1995 : *Bull.* 140. – Cass. crim., 10 mai 2000 : *Bull.* 181). Les individus retenus en chambre de sûreté en application de l'article L. 76 du Code des débits de boissons ne disposent pas des droits accordés par les article 63 et suivants du Code de procédure pénale aux personnes gardées à vue (Cass. crim., 9 sept. 1998 : *Bull.* 229 ; *Dr. pénal* 1999, comm. 16, note A. Maron) ; cependant, un automobiliste sous l'empire d'un état alcoolique mais dont l'état d'ivresse publique au sens de l'article L. 76 du Code des débits de boissons n'est pas constaté, ne peut être retenu dans un service de police ou de gendarmerie jusqu'à complet dégrisement sans qu'il soit placé en garde à vue et sans que les droits afférents à cette mesure lui soient notifiés dès que son état le permet (Cass. crim., 11 janv. 2001 : *Bull.* 7).

Conformément aux dispositions des articles 77 et 78 du Code de procédure pénale, une personne en état d'ivresse, qui a accepté de suivre sans contrainte les policiers jusqu'au commissariat, pour y être entendue en enquête préliminaire, peut, après complet dégrisement, faire l'objet d'une audition avant d'être placée en garde à vue. Cette audition n'est pas irrégulière dès lors que la notification des droits prévue par l'article 63-1 du Code de procédure pénale est effectuée dès le placement effectif en garde à vue, quand bien même, dans l'intérêt de la personne concernée, le délai de cette mesure a été calculée à compter de l'heure à laquelle elle a été prise en charge par les services de police (Cass. crim., 28 mars 2000 : *Bull.* 136).

6) Si la durée de la retenue douanière est imputable sur celle de la garde à vue, aucune disposition légale n'étend à la première le régime prévu pour la seconde par l'article 63-1 du Code de procédure pénale. Ainsi les agents de l'Administration des douanes, qui n'ont pas la qualité d'officiers de police judiciaire, n'ont pas

l'obligation d'informer la personne retenue en vertu de l'article 323 du Code des douanes des droits mentionnés aux articles 63-2, 63-3 et 63-4 du Code de procédure pénale ni des dispositions relatives à la durée de la garde à vue (Cass. crim., 7 mars 1994 : *Bull.* 89).

Art. 63-2 *(L. n. 93-2, 4 janv. 1993, art. 10 ; L. n. 93-1013, 24 août 1993, art. 2-III).* **– Toute personne placée en garde à vue peut, à sa demande, faire prévenir** *(L. n. 2000-516, 15 juin 2000, art. 10, applic. 1er janv. 2001) (L. n. 2002-307, 4 mars 2002, art. 3-IV)* **dans le délai prévu au dernier alinéa de l'article 63-1 par téléphone, une personne avec laquelle elle vit habituellement ou l'un de ses parents en ligne directe, l'un de ses frères et sœurs ou son employeur de la mesure dont elle est l'objet.**

Si l'officier de police judiciaire estime, en raison des nécessités de l'enquête, ne pas devoir faire droit à cette demande, il en refère sans délai au procureur de la République qui décide, s'il y a lieu, d'y faire droit.

Art. 63-3 *(L. n. 93-2, 4 janv. 1993, art. 10 ; L. n. 93-1013, 24 août 1993, art. 2-IV, V, VI).* **– Toute personne placée en garde à vue peut, à sa demande, être examinée par un médecin désigné par le procureur de la République ou l'officier de police judiciaire. En cas de prolongation, elle peut demander à être examinée une seconde fois.**

À tout moment, le procureur de la République ou l'officier de police judiciaire peut d'office désigner un médecin pour examiner la personne gardée à vue.

En l'absence de demande de la personne gardée à vue, du procureur de la République ou de l'officier de police judiciaire, un examen médical est de droit si un membre de sa famille le demande ; le médecin est désigné par le procureur de la République ou l'officier de police judiciaire.

Le médecin examine sans délai la personne gardée à vue. Le certificat médical par lequel il doit notamment se prononcer sur l'aptitude au maintien en garde à vue est versé au dossier.

Les dispositions du présent article ne sont pas applicables lorsqu'il est procédé à un examen médical en application de règles particulières.

Art. 63-4 *(Applic. 1er janv. 2001 ; L. n. 93-2, 4 janv. 1993, art. 10 et 231 ; L. n. 93-1013, 24 août 1993, art. 3 ; L. n. 94-89, 1er févr. 1994, art. 10, 18) (L. n. 2000-516, 15 juin 2000, art. 11).* **– Dès le début de la garde à vue ainsi qu'à l'issue de la vingtième heure, la personne peut demander à s'entretenir avec un avocat. Si elle n'est pas en mesure d'en désigner un ou si l'avocat choisi ne peut être contacté, elle peut demander qu'il lui en soit commis un d'office par le bâtonnier.**

Le bâtonnier est informé de cette demande par tous moyens et sans délai.

L'avocat désigné peut communiquer avec la personne gardée à vue dans des conditions qui garantissent la confidentialité de l'entretien. Il est informé par l'officier de police judiciaire ou, sous le contrôle de celui-ci, par un agent de police judiciaire *(L. n. 2000-516, 15 juin 2000, art. 11, 2e)* **de la nature et de la date présumée de l'infraction sur laquelle porte l'enquête.**

À l'issue de l'entretien dont la durée ne peut excéder trente minutes, l'avocat présente, le cas échéant, des observations écrites qui sont jointes à la procédure.

L'avocat ne peut faire état de cet entretien auprès de quiconque pendant la durée de la garde à vue.

(L. n. 2000-516, 15 juin 2000, art. 11-3e) **Lorsque la garde à vue fait l'objet d'une prolongation, la personne peut également demander à s'entretenir avec un avocat à l'issue de la douzième heure de cette prolongation, dans les conditions et selon les modalités prévues aux alinéas précédents.**

(L. n. 2000-516, 15 juin 2000, art. 11-4e) **L'entretien avec un avocat prévu au premier alinéa ne peut intervenir qu'à l'issue d'un délai de trente-six heures lorsque l'enquête a pour objet la participation à une association de malfaiteurs prévue par l'article 450-1 du Code pénal, les infractions de proxénétisme ou d'extorsion de fonds aggravés prévues par les articles 225-7, 225-9, 312-2 à 312-5 et 312-7 du Code pénal ou une infraction commise en bande organisée prévue par les articles 224-3, 225-8, 311-9, 312-6, 322-8 du Code pénal.**

Le procureur de la République est, dans les meilleurs délais, informé par l'officier de police judiciaire qu'il est fait application des dispositions de l'alinéa précédent.

(L. n. 2000-516, 15 juin 2000, art. 11-5e) **L'entretien avec un avocat prévu au premier alinéa ne peut intervenir qu'à l'issue d'un délai de soixante-douze heures lorsque la garde à vue est soumise à des règles particulières de prolongation.**

1) Le délai de l'article 63-4, alinéa 1er, du Code de procédure pénale court, non à compter du début de la retenue douanière, mais, comme le prévoit ce texte, à compter du début de la garde à vue, c'est-à-dire de la notification par les officiers de police judiciaire à la personne en cause de son placement en garde à vue dans un local de police ou de gendarmerie (Cass. crim., 1er mars 1994 : *Bull.* 80 ; *Rev. sc. crim.* 1994, p. 721, Marie-José Arcaute-Descazeaux).

La possibilité de présenter des observations écrites jointes à la procédure, prévue par l'article 63-4, alinéa 4, du Code de procédure pénale, s'étend à l'avocat commis d'office par le bâtonnier qui aurait acquis, à l'issue de son entretien avec la personne gardée à vue, la conviction que la volonté de celle-ci de s'entretenir avec son propre avocat n'a pas été comprise ou respectée. La juridiction correctionnelle ne saurait annuler la procédure sur l'allégation d'un tel grief sur la seule production d'une attestation transmise tardivement par l'avocat commis à l'avocat choisi (Cass. crim., 12 mars 1997 : *Bull.* 100).

2) L'article 63-4 du Code de procédure pénale, dans sa rédaction issue de la loi du 4 janvier 1993, impose seulement à l'officier de police judiciaire, lorsque la personne gardée à vue depuis plus de 20 heures demande à s'entretenir avec un avocat, de prendre contact avec l'avocat désigné ou d'informer par tous moyens et sans délai le bâtonnier de l'Ordre de la demande de commission d'un avocat d'office ; satisfait à cette obligation, l'officier de police judiciaire qui a téléphoné vainement à plusieurs reprises au numéro indiqué par le bâtonnier comme étant celui de la permanence organisée par le barreau intéressé pour centraliser les appels provenant de tous les lieux de garde à vue (Cass. crim., 9 mai 1994 : *Bull.* 174).

L'article 63-4 du Code de procédure pénale dans sa rédaction issue de la loi du 4 janvier 1993, impose à l'officier de police judiciaire, lorsque la personne gardée à vue demande à s'entretenir avec un avocat désigné d'office, d'en informer par tous moyens le bâtonnier de l'Ordre lorsque 20 heures se sont écoulées depuis le début de la garde à vue, mais il ne lui fait pas obligation de rendre effectif l'entretien avec cet avocat (Cass. crim., 13 févr. 1996 : *Bull.* 73 ; *JCP* 97, I, 3998, obs. Maron).

3) Il résulte de l'article 706-29 du Code de procédure pénale, que, pour la poursuite de l'instruction des infractions en matière de trafic de stupéfiants, la garde à vue d'une personne peut faire l'objet d'une prolongation supplémentaire de 48 heures, au-delà de la durée autorisée par les articles 63, 77 ou 154 du même code, le délai maximal pour son entretien avec un avocat étant alors porté à 72 heures par l'article 63-4, dernier alinéa ; encourt, dès lors, la cassation l'arrêt de la chambre d'accusation rendu dans cette hypothèse et qui annule des actes d'information, au motif qu'il n'est pas établi que la personne concernée ait pu s'entretenir avec son avocat lorsque 20 heures s'étaient écoulées, alors que la garde à vue, en l'espèce, n'avait duré que 55 heures et 30 minutes (Cass. crim., 3 avr. 1996 : *Bull.* 151).

4) Il résulte de l'article 63-4, alinéa 6, du Code de procédure pénale que le délai à l'expiration duquel une personne gardée à vue peut demander à s'entretenir avec un avocat est porté à 36 heures, lorsque l'enquête a pour objet une infraction commise en bande organisée prévue, notamment, par l'article 311-9 du Code pénal (Cass. crim., 30 avr. 1996 : *Bull.* 183).

5) Constitue une circonstance insurmontable excluant la nullité du procès-verbal de placement en garde à vue et de notification de droits, ainsi que de la procédure subséquente, la décision prise collectivement par un barreau de suspendre toute participation des avocats au service des commissions d'office (Cass. crim., 9 mai 1994 : *Bull.* 174. – Cass. crim., 12 mars 1997 : *Bull.* 99).

La prise en charge médicale momentanée, à l'initiative et sous le contrôle des policiers, d'une personne placée en garde à vue, dont le comportement se révèle incompatible avec son audition, n'a pas pour conséquence de suspendrede plein droit l'exécution de cette mesure ni le cours du délai prévu par l'article 63-4 du Code de procédure pénale ; sauf circonstances insurmontables, cette personne doit, lorsqu'elle en a fait la demande, avoir été mise en mesure de s'entretenir avec un avocat à l'issue de la vingtième heure suivant le début de la garde à vue (Cass. crim., 27 mai 1997 : *Bull.* 204).

Art. 63-5 *(L. n. 2000-516, 15 juin 2000, art. 6, applic.1er janv. 2001).* **– Lorsqu'il est indispensable pour les nécessités de l'enquête de procéder à des investigations corporelles internes sur une personne gardée à vue, celles-ci ne peuvent être réalisées que par un médecin requis à cet effet.**

Art. 64 *(L. n. 93-2, 4 janv. 1993, art. 11).* **– Tout officier de police judiciaire doit mentionner sur le procès-verbal d'audition de toute personne gardée à vue la durée des interrogatoires auxquels elle a été soumise et des repos qui ont séparé ces interrogatoires,** *(L. n. 2000-516, 15 juin 2000, art. 12, applic. 1er janv. 2001)* **les heures auxquelles elle a pu s'alimenter, le jour et l'heure à partir desquels elle a été gardée à vue, ainsi que le jour et l'heure à partir desquels elle a été soit libérée, soit amenée devant le magistrat compétent. Il mentionne également au procès-verbal les demandes faites en application des articles 63-2, 63-3 et 63-4 et de la suite qui leur a été donnée.**

Cette mention doit être spécialement émargée par les personnes intéressées, et, en cas de refus, il en est fait mention. Elle comportera obligatoirement les motifs de la garde à vue.

1) Le délai de garde à vue a, pour point de départ, le jour et l'heure auxquels cette mesure a été décidée et est mentionnée aux procès-verbaux établis à cette occasion (Cass. crim., 23 mars 1982 : *Bull.* 85).

2) Les règles énoncées aux articles 63 et 64 du Code de procédure pénale ne sont pas prescrites à peine de nullité (Cass. crim., 17 mars 1960 : *Bull.* 156 ; *JCP* 60, II, 641, note Chambon. – Cass. crim., 10 oct. 1968 : *Bull.* 252 ; *JCP* 69, II, 15741, note Chambon. – Cass. crim., 3 oct. 1973 : *Bull.* 43).

Art. 64-1. *– Abrogé, L. n. 83-446, 10 juin 1983, art. 17.*

Art. 65 *(L. n. 93-2, 4 janv. 1993, art. 12 ; L. n. 93-1013, 24 août 1993, art. 4).* **– Les mentions et émargements prévus par le premier alinéa de l'article 64, en ce qui concerne les dates et heures de début et de fin de garde à vue et la durée des interrogatoires et des repos séparant ces interrogatoires, doivent également figurer sur un registre spécial, tenu à cet effet dans tout local de police ou de gendarmerie susceptible de recevoir une personne gardée à vue.**

Dans les corps ou services où les officiers de police judiciaire sont astreints à tenir un carnet de déclaration, les mentions et émargements prévus à l'alinéa précédent doivent également être portés sur ledit carnet. Seules les mentions sont reproduites au procès-verbal qui est transmis à l'autorité judiciaire.

V. Textes complémentaires, D. 21 octobre 1983 (carnet de déclarations).

Art. 66. – Les procès-verbaux dressés par l'officier de police judiciaire en exécution des articles 54 à 62 sont rédigés sur-le-champ et signés par lui sur chaque feuillet du procès-verbal.

Les dispositions de l'article 66 du Code de procédure pénale selon lesquelles les procès-verbaux de visite domiciliaire et de perquisition doivent être rédigés « sur-le-champ », ne sont pas prescrites à peine de nullité.

Leur inobservation n'entraînerait la nullité que si elle était de nature à compromettre les droits de la défense ou à porter atteinte au respect du secret professionnel (Cass. crim., 7 juin 1963 : *Bull.* 194. – Cass. crim., 8 oct. 1985 : *Bull.* 301 ; *D.* 1986, inf. rap. 303, obs. Pradel).

Art. 67. – Les dispositions des articles 54 à 66 sont applicables, au cas de délit flagrant, dans tous les cas où la loi prévoit une peine d'emprisonnement.

Art. 68. – L'arrivée du procureur de la République sur les lieux dessaisit l'officier de police judiciaire.

Le procureur de la République accomplit alors tous actes de police judiciaire prévus au présent chapitre.

Il peut aussi prescrire à tous officiers de police judiciaire de poursuivre les opérations.

V. P. Malibert, *Crimes et délits flagrants, Action du Parquet : J.-Cl. Proc. pén.*, art. 53 à 73, Fasc. 20.

Art. 69 *(L. n. 93-2, 4 janv. 1993, art. 13 ; L. n. 93-1013, 24 août 1993, art. 6-I)*. **– Si les nécessités de l'enquête l'exigent, le procureur de la République ou le juge d'instruction lorsqu'il procède comme il est dit au présent chapitre peut se transporter dans les ressorts des tribunaux limitrophes de celui où il exerce ses fonctions, à l'effet d'y poursuivre ses investigations. Il doit aviser, au préalable, le procureur de la République du ressort du tribunal dans lequel il se transporte. Il mentionne sur son procès-verbal les motifs de son transport.**

Art. 70. – En cas de crime flagrant et si le juge d'instruction n'est pas encore saisi, le procureur de la République peut décerner mandat d'amener contre toute personne soupçonnée d'avoir participé à l'infraction.

Le procureur de la République interroge sur-le-champ la personne ainsi conduite devant lui. Si elle se présente spontanément, accompagnée d'un défenseur, elle ne peut être interrogée qu'en présence de ce dernier.

Art. 71 à 71-3. – *Abrogés, L. n. 81-82, 2 février 1981, art. 47.*

Art. 72. – *(L. n. 93-1013, 24 août 1993, art. 6-II ; L. n. 99-515, 23 juin 1999, art. 13).*
Lorsque le procureur de la République et le juge d'instruction sont simultanément sur les lieux, le procureur de la République peut requérir l'ouverture d'une information régulière dont est saisi le juge d'instruction présent, par dérogation, le cas échéant, aux dispositions de l'article 83.

Dès lors qu'il a été constaté qu'aucun juge d'instruction n'était présent sur les lieux où les crimes ont été commis et où toutes les constatations utiles devaient être effectuées, c'est sans contradiction que la chambre d'accusation a déclaré régulière la procédure établie par les officiers de police judiciaire, lesquels n'auraient pu être dessaisis que par l'arrivée sur les lieux du procureur de la République ou du juge d'instruction (Cass. crim., 24 nov. 1987 : *Bull.* 426).

Art. 73. – Dans les cas de crime flagrant ou de délit flagrant puni d'une peine d'emprisonnement, toute personne a qualité pour en appréhender l'auteur et le conduire devant l'officier de police judiciaire le plus proche.

1) Si dans le cas de crime flagrant ou de délit flagrant puni d'une peine d'emprisonnement toute personne a qualité pour en appréhender l'auteur, c'est seulement la conduite de celui-ci devant l'officier de police judiciaire le plus proche qui déclenche l'enquête prévue par les articles 54 et suivants du Code de procédure pénale (Cass. crim., 21 mars 1989 : *Bull.* 138).

2) L'arrestation ou la détention n'est pas illégale quand la personne qui a appréhendé l'auteur d'un délit, l'a retenu jusqu'à l'arrivée de l'officier de police qui en a été avisé dans les meilleurs délais permis par les circonstances (Cass. crim., 1er oct. 1979 : *Bull.* 263).

– Ne sauraient invoquer les dispositions de l'article 73 du Code de procédure pénale en ce qui concerne la séquestration arbitraire dont ils étaient prévenus ceux qui, après appréhension en flagrant délit de l'auteur d'un vol, attendent plusieurs heures avant d'aviser l'officier de police judiciaire (Cass. crim., 16 févr. 1988 : *Bull.* 75).

Art. 74. – En cas de découverte d'un cadavre, qu'il s'agisse ou non d'une mort violente, mais si la cause en est inconnue ou suspecte, l'officier de police judiciaire qui en est avisé informe immédiatement le procureur de la République, se transporte sans délai sur les lieux et procède aux premières constatations.

Le procureur de la République se rend sur place s'il le juge nécessaire et se fait assister de personnes capables d'apprécier la nature des circonstances du décès. Il peut, toutefois, déléguer, aux mêmes fins, un officier de police judiciaire de son choix.

(L. n. 72-1226, 29 déc. 1972, art. 10) **Sauf si elles sont inscrites sur une des listes prévues à l'article 157, les personnes ainsi appelées prêtent, par écrit, serment d'apporter leur concours à la justice en leur honneur et en leur conscience.**

Le procureur de la République peut aussi requérir information pour recherche des causes de la mort.

V. P. Malibert, *Mort suspecte : J.-Cl. Proc. pén.*, art. 74.

1) Le procureur de la République peut, en cas de découverte d'un cadavre, ou de mort dont la cause est inconnue ou suspecte, faire procéder à une autopsie.

Hors le cas de crime ou délit flagrant, le procureur de la République, ne saurait s'autoriser des dispositions de l'article 74 pour commettre des médecins experts avant toute ouverture d'information (Cass. crim., 20 janv. 1977 : *Bull.* 28).

2) Lorsque le procureur de la République requiert l'ouverture d'une information pour recherche des causes de la mort sur le fondement de l'article 74 alinéa 4 du Code de procédure pénale, il ne met pas l'action publique en mouvement ; dès lors, les dispositions de l'article 83 dudit code ne sauraient s'appliquer (Cass. crim., 11 mai 1989 : *Bull.* 193 ; *Rev. sc. crim.* 1990, p. 110, obs. Braunschweig). L'information ouverte à seule fin de rechercher les causes de la mort, et poursuivie jusqu'à sa clôture, exclut toute constitution de partie civile (Cass. crim., 26 juill. 1966 : *Bull.* 215 ; *D.* 1967, 58, note Edelman).

Il résulte de la combinaison des articles 54, 74 et 81 du Code de procédure pénale que lorsqu'il est requis d'informer sur les causes de la mort d'une personne et s'il est dans l'impossibilité de procéder à tous les actes d'instruction, le magistrat instructeur peut donner commission rogatoire aux officiers de police judiciaire afin de leur faire exécuter tous les actes rendus nécessaires par cette information (Cass. crim., 24 févr. 1987 : *Bull.* 93).

3) Les actes d'instruction accomplis pour rechercher les causes de la mort, par application de l'article 74 du Code de procédure pénale, qui ont pour objet de vérifier si la victime n'est pas décédée à la suite d'un crime ou d'un délit et tendent à la poursuite éventuelle de l'auteur de l'infraction, interrompent la prescription de l'action publique (Cass. crim., 6 juin 1991 : *Bull.* 243).

4) Dans le cadre de la procédure prévue par l'article 74 du Code de procédure pénale, l'officier de police judiciaire qui doit se rendre sur les lieux, ne peut subdéléguer à un fonctionnaire qui ne possède pas la qualité d'officier de police judiciaire les prérogatives qui lui ont été spécialement attribuées par le procureur de la République (Cass. crim., 1er avr. 1987 : *Bull.* 155 ; *Rev. sc. crim.* 1987, 731, obs. Braunschweig).

Art. 74-1 *(Créé, L. n° 2002-1138, 9 sept. 2002, art. 66).* **– Lorsque la disparition d'un mineur ou d'un majeur protégé vient d'intervenir ou d'être constatée, les officiers de police judiciaire, assistés le cas échéant des agents de police judiciaire, peuvent, sur instructions du procureur de la République, procéder aux actes prévus par les articles 56 à 62, aux fins de découvrir la personne disparue. À l'issue d'un délai de huit jours à compter des instructions de ce magistrat, ces investigations peuvent se poursuivre dans les formes de l'enquête préliminaire.**

Le procureur de la République peut également requérir l'ouverture d'une information pour recherche des causes de la disparition.

Les dispositions du présent article sont également applicables en cas de disparition d'un majeur présentant un caractère inquiétant ou suspect eu égard aux circonstances, à l'âge de l'intéressé ou à son état de santé.

CHAPITRE II. – DE L'ENQUÊTE PRÉLIMINAIRE

Art. 75 *(Ord. n. 60-529, 4 juin 1960, art. 1er ; L. n. 85-1196, 18 nov. 1985, art. 6 et 8).* **– Les officiers de police judiciaire et, sous le contrôle de ceux-ci, les agents de police judiciaire désignés à l'article 20 procèdent à des enquêtes préliminaires soit sur les instructions du procureur de la République, soit d'office.**

Ces opérations relèvent de la surveillance du procureur général.

(Alinéa créé, L. n° 2000-516, 15 juin 2000, art. 104-II et 140 puis remplacé par 6 alinéas, L. n° 2002-1138, 9 sept. 2002, art. 63) **Les officiers et les agents de police judiciaire informent par tout moyen les victimes de leur droit :**

1° D'obtenir réparation du préjudice subi ;

2° De se constituer partie civile si l'action publique est mise en mouvement par le parquet ou en citant directement l'auteur des faits devant la juridiction compétente ou en portant plainte devant le juge d'instruction ;

3° D'être, si elles souhaitent se constituer partie civile, assistées d'un avocat qu'elles pourront choisir ou qui, à leur demande, sera désigné par le bâtonnier de l'ordre des avocats près la juridiction compétente, les frais étant à la charge des victimes sauf si elles remplissent les conditions d'accès à l'aide juridictionnelle ou si elles bénéficient d'une assurance de protection juridique ;

4° D'être aidées par un service relevant d'une ou de plusieurs collectivités publiques ou par une association conventionnée d'aide aux victimes ;

5° De saisir, le cas échéant, la commission d'indemnisation des victimes d'infraction, lorsqu'il s'agit d'une infraction mentionnée aux articles 706-3 et 706-14.

V. J.-L. POISOT, *Enquête préliminaire : J.-Cl. Proc. pén.*, art. 75 à 78, fasc. 20. – Guy DENIS, *L'enquête préliminaire, étude théorique et pratique*, Police-Revue, 1974.

V. Textes complémentaires, Décrets du 29 mars 1971 (Convention de Vienne).

1) Les officiers de police judiciaire ont le pouvoir de constater une infraction, même si elle leur est révélée au cours de l'exécution d'instruction préfectorale. Ils agissent régulièrement en transmettant d'office, au Parquet, un exemplaire des procès-verbaux de l'enquête administrative (Cass. crim., 13 janv. 1972 : *Bull.* 20 ; *JCP* 73, II, 17523, note Syr).

Justifie sa décision la cour d'appel qui écarte l'exception de nullité d'une procédure d'enquête préliminaire, dès lors que les procès-verbaux constatant les actes accomplis par un agent de police judiciaire ont été adressés au procureur de la République par la voie hiérarchique, d'où se déduit l'existence du contrôle d'un officier de police judiciaire, conformément aux dispositions de l'article 75 du Code de procédure pénale, et que les réquisitions adressées hors circonscription l'ont été à partir du siège de la brigade où l'agent était territorialement compétent (Cass. crim., 24 mars 1999 : *Bull.* 56).

2) L'officier de police judiciaire, désigné par l'autorité judiciaire conformément aux dispositions de l'article L. 16 B du Livre des procédures fiscales pour assister aux opérations effectuées par des agents de l'administration des Impôts chez un contribuable, a qualité pour prendre connaissance des pièces et documents avant saisie. Il dispose en ce cas de la plénitude des attributions qu'il tient des articles 12, 14, 40 et 75 du Code de procédure pénale (Cass. crim., 30 oct. 1989 : *Bull.* 385).

3) Il résulte de l'article 57, alinéa 2, de la loi n. 84-46 du 24 janvier 1984 que les officiers de police judiciaire agissant sur réquisitions du procureur de la République dans le cadre d'une enquête préliminaire ne peuvent se voir opposer le secret bancaire (Cass. crim., 27 avr. 1994 : *D.* 1994, p. 402, note Ch. Gavalda).

Art. 75-1 *(L. n. 2000-516, 15 juin 2000, art. 15)*. **– Lorsqu'il donne instruction aux officiers de police judiciaire de procéder à une enquête préliminaire, le procureur de la République fixe le délai dans lequel cette enquête doit être effectuée. Il peut le proroger au vu des justifications fournies par les enquêteurs.**

Lorsque l'enquête est menée d'office, les officiers de police judiciaire rendent compte au procureur de la République de son état d'avancement lorsqu'elle est commencée depuis plus de six mois.

Art. 75-2 *(L. n. 2000-516, 15 juin 2000, art. 15)*. **– L'officier de police judiciaire qui mène une enquête préliminaire concernant un crime ou un délit avise le procureur de la République dès qu'une personne à l'encontre de laquelle existent des indices faisant présumer qu'elle a commis ou tenté de commettre l'infraction est identifiée.**

Art. 76. – Les perquisitions, visites domiciliaires et saisies de pièces à conviction ne peuvent être effectuées sans l'assentiment exprès de la personne chez laquelle l'opération a lieu.

Cet assentiment doit faire l'objet d'une déclaration écrite de la main de l'intéressé ou, si celui-ci ne sait écrire, il en est fait mention au procès-verbal ainsi que de son assentiment.

Les formes prévues par les articles 56 et 59 (premier alinéa) sont applicables.

Cons. const., 12 janv. 1977 : *DS* 1978, II, p. 173, note HAMON-LEAUTE. – *Ouverture du coffre d'un véhicule dans le cadre d'une enquête préliminaire : JCP* 84, 30 mai 1984, 20214, note CHAMBON, sous Trib. corr. Toulon, 26 avril 1983.

1) Sont nulles les perquisitions et saisies pratiquées par un officier de police judiciaire sans l'assentiment exprès de la personne chez qui l'opération a eu lieu alors qu'aucune information n'était ouverte et qu'aucun indice apparent d'un comportement délictueux ne pouvait révéler l'existence d'une infraction répondant à la définition donnée des crimes et délits flagrants par l'article 53 du Code de procédure pénale (Cass. crim., 30 mai 1980 : *Bull.* 165. – Cass. crim., 21 juill. 1982 : *Bull.* 196).

– Il résulte des dispositions combinées des articles 56 et 76 du Code de procédure pénale que s'il n'a pas reçu mandat du juge d'instruction, un officier de police judiciaire ne peut, sans l'assentiment exprès de la personne chez qui l'opération a lieu, légalement procéder à une perquisition ou à une saisie qu'en cas de crime ou de délit flagrants (Cass. crim., 24 juin 1987 : *Bull.* 267).

2) Ne se livre à aucune perquisition, visite domiciliaire ou saisie soumises aux prescriptions des articles 59 ou 76 du Code de procédure pénale les gendarmes qui, avec l'accord d'un conducteur présentant des signes manifestes d'ivresse, sont entrés dans le domicile de celui-ci pour l'inviter à se soumettre aux prescriptions légales (Cass. crim., 4 mars 1969 : *Bull.* 105).

3) La découverte d'un document dans le portefeuille d'un prévenu après la fouille du portefeuille par les agents des douanes constitue une perquisition qui échappe non seulement aux prévisions de l'article 64 du Code des douanes, mais encore à toute autre disposition de la loi, en l'absence soit d'une infraction flagrante, soit d'un assentiment recueilli dans les conditions de l'article 76 du Code de procédure pénale, ou faute d'une commission rogatoire (Cass. crim., 15 oct. 1984 : *Bull.* 298).

4) Si l'assentiment n'est que partiellement écrit de la main du prévenu, la nature des passages manuscrits et la mention, également manuscrite « lu et approuvé » qui précède la signature, peuvent mettre la Cour de cassation en mesure de s'assurer qu'il a été satisfait aux exigences de l'article 76 du Code de procédure pénale (Cass. crim., 28 janv. 1987 : *Bull.* 48 ; *D.* 1987, 258, note Azibert).

Art. 76-1 *(L. n. 2001-1062, 15 nov. 2001, art. 24-I ; Appplic. jusqu'au 31 déc. 2003).* **– Par dérogation aux deux premiers alinéas de l'article 76, si les nécessités de l'enquête relative à l'une des infractions en matière d'armes et d'explosifs visées par l'article 3 de la loi du 19 juin 1871 qui abroge le décret du 4 septembre 1870 sur la fabrication des armes de guerre et par les articles 20, 31 et 32 du décret du 18 avril 1939 fixant le régime des matériels de guerre, armes et munitions ou à l'un des crimes ou délits en matière de stupéfiants visés par les articles 222-34 à 222-38 du code pénal l'exigent, le juge des libertés et de la détention du tribunal de grande instance peut, à la requête du procureur de la République, autoriser, par décision écrite et motivée, les officiers de police judiciaire, assistés, le cas échéant, des agents de police judiciaire et des agents de police judiciaire adjoints mentionnés aux 1°, 1° *bis* et 1° *ter* de l'article 21, à procéder à des perquisitions, visites domiciliaires et saisies de pièces à conviction sans l'assentiment de la personne chez laquelle elles ont lieu. La décision du juge des libertés et de la détention doit préciser la qualification des infractions dont la preuve est recherchée, les éléments de fait laissant présumer de leur existence ainsi que l'adresse des lieux dans lesquels les opérations doivent être effectuées. Les dispositions de l'article 57 sont alors applicables.**

Lorsque les perquisitions et saisies ne concernent pas des locaux d'habitation, le juge des libertés et de la détention peut autoriser leur réalisation en dehors des heures prévues à l'article 59.

Le fait que les opérations prévues au présent article révèlent des infractions autres que celles visées dans la décision du juge des libertés et de la détention ne constitue pas une cause de nullité des procédures incidentes.

Art. 77 *(L. n. 93-2, 4 janv. 1993, art. 15 ; L. n. 93-1013, 24 août 1993, art. 5-I).* **– L'officier de police judiciaire peut, pour les nécessités de l'enquête, garder à sa disposition toute personne à l'encontre de laquelle il existe** *(L. n. 2000-307, 4 mars 2002, art. 2-I)* **une ou plusieurs raisons plausibles de soupçonner qu'elle a commis ou tenté de commettre une infraction. Il en informe** *(L. n. 2000-516, 15 juin 2000, art. 13, applic. 1er janv. 2001)* **dès le début de la garde à vue le procureur de la République. La personne gardée à vue ne peut être retenue plus de vingt-quatre heures.**

Le procureur de la République peut, avant l'expiration du délai de vingt-quatre heures, prolonger la garde à vue d'un nouveau délai de vingt-quatre heures au plus. Cette prolongation ne peut être accordée qu'après présentation préalable de la personne à ce magistrat. Toutefois, elle peut, à titre exceptionnel, être accordée par décision écrite et motivée sans présentation préalable de la personne. Si l'enquête est suivie dans un autre ressort que celui du siège du procureur de la République saisi des faits, la prolongation peut être accordée par le procureur de la République du lieu d'exécution de la mesure.

Sur instructions du procureur de la République saisi des faits, les personnes à l'encontre desquelles les éléments recueillis sont de nature à motiver l'exercice de poursuites sont, à l'issue de la garde à vue, soit remises en liberté, soit déférées devant ce magistrat.

Pour l'application du présent article, les ressorts des tribunaux de grande instance de Paris, Nanterre, Bobigny et Créteil constituent un seul et même ressort.

Les dispositions des articles 63-1, 63-2, 63-3, 63-4, 64 et 65 sont applicables aux gardes à vue exécutées dans le cadre du présent chapitre.

1) L'officier de police judiciaire, qui pour les nécessités de l'enquête, place en garde à vue une personne à l'encontre de laquelle il existe des indices faisant présumer qu'elle a commis ou tenté de commettre une infraction, doit en informer sans délai le procureur de la République ; que tout retard dans la mise en œuvre de cette obligation, non justifié par des circonstances insurmontables, fait nécessairement grief aux intérêts de la personne concernée (Cass. crim., 29 févr. 2000 : *Juris-Data* n. 1023).

Justifie sa décision, au regard des dispositions de l'article 77 du Code de procédure pénale, selon lesquelles le procureur de la République doit être informé de tout placement en garde à vue dans les meilleurs délais, la cour d'appel qui, après avoir relevé que ce texte n'exige pas une information immédiate du magistrat, retient qu'en l'espèce, où la garde à vue du prévenu, interpellé pour conduite sous l'empire d'un état alcoolique, a duré environ dix heures, le procureur de la République, informé deux heures et demie après la notification de ses droits à l'intéressé, n'a pas ordonné la levée de la mesure, mais a, au contraire, prescrit l'audition de l'intéressé et sa convocation par procès-verbal aux fins de comparution devant le tribunal correctionnel (Cass. crim., 25 juin 1997 : *Bull.* 255).

Selon l'article 77, alinéa 2, du Code de procédure pénale, la prolongation de la garde à vue ne peut être accordée, en matière d'enquête préliminaire, qu'après présentation préalable de la personne au procureur de la République, sauf à l'être, à titre exceptionnel, par décision écrite et motivée, sans cette présentation ; encourt dès lors la cassation l'arrêt qui, pour refuser d'annuler la prolongation de la garde à vue, en application de l'article 63, alinéa 3, dudit code, sans présentation préalable de la personne concernée, qualifie de flagrant un crime commis le 15 août et révélé le 21 août (Cass. crim., 11 févr. 1998 : *Bull.* 55).

Il résulte de l'article 77 du Code de procédure pénale que, lorsqu'à titre exceptionnel, le procureur de la République accorde la prolongation de la garde à vue sans présentation préalable de la personne concernée, sa décision doit être écrite et motivée. L'omission de cette formalité porte nécessairement atteinte aux intérêts de la personne gardée à vue ; encourt la censure l'arrêt qui, statuant sur une requête en nullité prise de ce que le procureur de la République avait prolongé une mesure de garde à vue, sans présentation préalable, en se bornant à porter sur la demande de l'officier de police judiciaire la mention « Vu, OK pour prolongation », énonce que l'absence de motivation de la décision de prolongation n'a pas porté atteinte aux intérêts de la personne gardée à vue (Cass. crim., 9 mai 2001 : *Bull.* 115).

2) Il résulte des articles 77 et 154 du Code de procédure pénale qu'une personne ne peut être retenue en garde à vue, à l'occasion des mêmes faits, pour une durée totale excédant 48 heures ; le dépassement de ce délai, même si les mesu-

res ont été successivement ordonnées en enquête préliminaire puis sur commission rogatoire, constitue par lui-même une atteinte aux intérêts de la personne concernée (Cass. crim., 13 févr. 1996 : *Bull.* 74).

3) Une personne qui se présente sans contrainte aux services de police, peut, au cours d'une enquête préliminaire, être entendue sur les faits qui lui sont imputés, avant d'être placée en garde à vue (Cass. crim., 4 mars 1998 : *Juris-Data* n. 001901).

4) Conformément aux dispositions des articles 77 et 78 du Code de procédure pénale, une personne qui se présente sans contrainte au service de police où elle est convoquée peut, au cours d'une enquête préliminaire, être entendue sur les faits qui lui sont imputés, avant d'être placée en garde à vue. Son audition n'est pas irrégulière dès lors que la notification des droits mentionnés aux articles 63-2, 63-3 et 63-4 du Code de procédure pénale est faite dès le placement effectif en garde à vue et que la durée de cette mesure est calculée à compter de l'heure de l'arrivée dans le service de police (Cass. crim., 14 oct. 1998 : *Bull.* 260).

5) Aucune disposition légale n'impose à l'officier de police judiciaire d'imputer, sur la durée d'une mesure de garde à vue en cours, celle d'une audition, portant sur les mêmes faits, effectuée sans contrainte, fût-elle postérieure à un premier placement en garde à vue (Cass. crim., 31 oct. 2001 : *Bull.* 226)

Art. 77-1 *(L. n. 81-82, 2 févr. 1981, art. 39-IV ; L. n. 83-466, 10 juin 1983, art. 17 ; L. n. 85-1407, 30 déc. 1985, art. 12 et 94).* **– S'il y a lieu de procéder à des constatations ou à des examens techniques ou scientifiques** *(L. n. 99-515, 23 juin 1999, art. 12-I),* **le procureur de la République ou, sur autorisation de celui-ci, l'officier de police judiciaire, a recours à toutes personnes qualifiées.**

(L. n. 99-515, 23 juin 1999, art. 12-III) **Les dispositions des deuxième, troisième et quatrième alinéas de l'article 60 sont applicables.**

V. J. Monteils, note sous Amiens 8 juillet 1985 : *D.* 1986, J. p. 602.

1) Le procureur de la République tient de l'article 77-1 du Code de procédure pénale le pouvoir de faire procéder, dans le cadre de l'enquête préliminaire, par toutes personnes qualifiées, aux constatations et aux examens techniques qui ne peuvent être différés. C'est donc à bon droit qu'une chambre d'accusation a refusé d'annuler la mission ainsi confiée à un administrateur judiciaire en vue de procéder à la vérification de la situation financière d'une entreprise et à l'identification de son véritable gérant, dès lors qu'il est constaté par l'arrêt attaqué que ces mesures ne pouvaient être différées (Cass. crim., 4 janv. 1993 : *Bull.* 3).

2) Les mesures d'ordre technique que l'article 77-1 du Code de procédure pénale autorise le procureur de la République à mettre en œuvre, et qui échappent aux prévisions de l'article 156 et suivants du même code relatives à l'expertise, ne s'entendent que des constatations ou examens techniques ou scientifiques destinés à éviter le dépérissement des preuves ou à s'assurer de l'existence des conditions préalables à l'exercice des poursuites (Cass. crim., 21 mai 1997 : *Bull.* 195).

Il appartient aux juges du fond, saisis d'une exception de nullité d'un examen technique ordonné en application du texte précité, d'apprécier souverainement si cet examen pouvait ou non être différé, au regard des circonstances de l'espèce ainsi que des nécessités de l'enquête préliminaire au cours de laquelle il a été procédé *(même arrêt)*.

3) L'article 77-1 du Code de procédure pénale ne permet à un officier de police judiciaire, agissant en enquête préliminaire, de recourir à une personne qualifiée en vue de procéder à des constatations ou à des examens techniques ou scientifiques que dans le cas où ils ne peuvent être différés, et sur autorisation du procureur de la République ; encourt la censure l'arrêt d'une chambre d'accusation qui sans constater la nécessité de ces conditions, déclare régulier l'examen médico-psychologique de la victime d'un viol requis par un officier de police judiciaire (Cass. crim., 14 mai 1998 : *Bull.* 165).

Art. 77-2 *(Applic. 1er janv. 2001 ; L. n. 2000-516, 15 juin 2000, art. 73 et 140 ; L. n. 2000-1354, 30 déc. 2000, art. 23).* **– Toute personne placée en garde à vue au cours d'une enquête préliminaire ou de flagrance qui, à l'expiration d'un délai de six mois à compter de la fin de la garde à vue, n'a**

pas fait l'objet de poursuites, peut interroger le procureur de la République dans le ressort duquel la garde à vue s'est déroulée sur la suite donnée ou susceptible d'être donnée à la procédure. Cette demande est adressée par lettre recommandée avec demande d'avis de réception.

(Trois derniers alinéas supprimés, L. n° 2002-1138, 9 sept. 2002, art. 34, I).

Art. 77-3 *(Applic. 1er janv. 2001 ; L. n. 2000-516, 15 juin 2000, art. 73 et 140).* **– Lorsque l'enquête n'a pas été menée sous la direction du procureur de la République du tribunal de grande instance dans le ressort duquel la garde à vue a été réalisée, celui-ci adresse sans délai la demande mentionnée** *(Mots remplacés, L. n° 2002-1138, 9 sept. 2002, art. 34, II)* **« à » l'article 77-2 au procureur de la République qui dirige l'enquête.** *(Phrase supprimée, L. n° 2002-1138, 9 sept. 2002, art. 34, II).*

Art. 78 *(L. n. 93-2, 4 janv. 1993, art. 16 ; L. n. 95-73, 21 janv. 1995, art. 27-II).* **– Les personnes convoquées par un officier de police judiciaire pour les nécessités de l'enquête sont tenues de comparaître. Si elles ne satisfont pas à cette obligation, avis en est donné au procureur de la République qui peut les y contraindre par la force publique.**

Les personnes à l'encontre desquelles *(L. n. 2002-307, 4 mars 2002, art. 2-II)* **il n'existe aucune raison plausible de soupçonner qu'elles ont commis ou tenté de commettre une infraction ne peuvent être retenues que le temps strictement nécessaire à leur audition.**

L'officier de police judiciaire dresse procès-verbal de leurs déclarations. Les agents de police judiciaire désignés à l'article 20 peuvent également, sous le contrôle d'un officier de police judiciaire, entendre les personnes convoquées.

Les procès-verbaux sont dressés dans les conditions prévues par les articles 62 et 62-1.

V. Textes complémentaires, Code des débits de boissons. – Code de la route. – L. 28 juin 1989 (usage des produits dopants à l'occasion des compétitions sportives). – L. 6 décembre 1993 (sécurité des manifestations sportives). – L. 9 juillet 1970 (taux légal d'alcoolémie).

Les dispositions de l'article (77) du Code de procédure pénale, relatives à la garde à vue, qui ont pour objet le maintien à la disposition des enquêteurs de toute personne dont la présence ou l'audition est nécessaire à leurs investigations ne sont pas incompatibles avec la Convention européenne de sauvegarde des droits de l'homme et des libertés fondamentales (Cass. crim., 28 janv. 1992 : *Bull.* 32).

CHAPITRE III. – DES CONTRÔLES DES VÉRIFICATIONS ET DES RELEVÉS D'IDENTITÉ

(L. n. 83-466, 10 juin 1983, art. 21 ; L. n. 93-992, 10 août 1993, art. 3 ; L. n. 99-291, 15 avr. 1999, art. 15)

Art. 78-1 *(L. n. 83-466, 10 juin 1983, art 21).* **– L'application des règles prévues par le présent chapitre est soumise au contrôle des autorités judiciaires mentionnées aux articles 12 et 13.**

(Alinéa ajouté, L. n. 86-1004, 3 sept. 1986, art. 1er) **Toute personne se trouvant sur le territoire national doit accepter de se prêter à un contrôle d'identité effectué dans les conditions et par les autorités de police visées aux articles suivants.**

V. J. Buisson, *Contrôles et vérifications d'identité : J.-Cl. Proc. pén.*, art. 78-1 à 78-6, Fasc. 10 et 20. – Pradel, *Les recherches d'identité et la poursuite des délits flagrants depuis la loi du 10 juin 1983 : D.* 1984, p. 75. – Morange, *Les contrôles d'identité : AJDA* 1983, p. 640. – A. Maron, *Contrôles et vérifications d'identité : Dr. pénal* 1992, n. 50.

Art. 78-2 *(L. n. 83-466, 10 juin 1983, art. 21 ; L. n. 93-992, 10 août 1993 ; L. n. 93-1027, 24 août 1993, art. 34-III).* **– Les officiers de police judiciaire et, sur l'ordre et sous la responsabilité de ceux-ci, les agents de police judiciaire et agents de police judiciaire adjoints mentionnés aux articles 20 et 21-1° peuvent inviter à justifier, par tout moyen, de son identité toute personne à l'égard de laquelle existe un indice faisant présumer :**

– qu'elle a commis ou tenté de commettre une infraction ;

– ou qu'elle se prépare à commettre un crime ou un délit ;
– ou qu'elle est susceptible de fournir des renseignements utiles à l'enquête en cas de crime ou de délit ;
– ou qu'elle fait l'objet de recherches ordonnées par une autorité judiciaire.

Sur réquisitions écrites du procureur de la République aux fins de recherche et de poursuite d'infractions qu'il précise, l'identité de toute personne peut être également contrôlée, selon les mêmes modalités, dans les lieux et pour une période de temps déterminés par ce magistrat. Le fait que le contrôle d'identité révèle des infractions autres que celles visées dans les réquisitions du procureur de la République ne constitue pas une cause de nullité des procédures incidentes.

L'identité de toute personne, quel que soit son comportement, peut être également contrôlée, selon les modalités prévues au premier alinéa, pour prévenir une atteinte à l'ordre public, notamment à la sécurité des personnes ou des biens.

Dans une zone comprise entre la frontière terrestre de la France avec les États parties à la convention signée à Schengen le 19 juin 1990 et une ligne tracée à 20 kilomètres en deçà ainsi que dans les zones accessibles au public des ports, aéroports et gares ferroviaires ou routières ouverts au trafic international et désignés par arrêté, l'identité de toute personne peut également être contrôlée, selon les modalités prévues au premier alinéa, en vue de vérifier le respect des obligations de détention, de port et de présentation des titres et documents prévues par la loi. Le fait que le contrôle d'identité révèle une infraction autre que celle de non-respect des obligations susvisées ne constitue pas une cause de nullité des procédures incidentes.

(L. n. 97-396, 24 avr. 1997, art. 18) **Dans une zone comprise entre les frontières terrestres ou le littoral du département de la Guyane et une ligne tracée à vingt kilomètres en-deçà, l'identité de toute personne peut être contrôlée, selon les modalités prévues au premier alinéa, en vue de vérifier le respect des obligations de détention, de port et de présentation des titres et documents prévus par la loi.**

V. Textes complémentaires : Circulaire du 11 décembre 1995, relative aux contrôles d'identité définis à l'article 78-2 4e al. du C. proc. pén. et à l'art. 67 *quater* du Code des douanes – Convention de Schengen.

D. THOMAS, *Les contrôles d'identité préventifs depuis les arrêts de la Chambre criminelle des 4 octobre 1984 et 25 avril 1985 : la nécessité d'une nouvelle réforme : D.* 1985, chron. p. 181. – DELMAS SAINT HILAIRE, *Infractions contre la chose publique : Rev. sc. crim.*, p. 95. – Danièle MAYER, *Prévention et répression en matière de contrôles d'identité : une distinction trompeuse : D.* 1993, chron. p. 272.

1) Encourt la cassation l'arrêt qui n'a pas précisé en quoi la sûreté des personnes et des biens était immédiatement menacée lors d'un contrôle d'identité (Cass. crim., 4 oct. 1984 : *Bull.* 287 ; *JCP* 85, II, 20391, note Buisson ; *Gaz. Pal.* 14-15 nov. 1984, p. 5, note Doucet ; *D.* 1985, p. 54, concl. Dontenwille et note Roujou de Boubée).

Aux termes de l'article 78-2, alinéa 3, du Code de procédure pénale, dans sa rédaction issue de la loi du 10 avr. 1993, l'identité de toute personne, quel que soit son comportement, peut être contrôlée pour prévenir une atteinte à l'ordre public, notamment une atteinte à la sécurité des personnes et des biens.

Encourt la cassation l'arrêt qui déclare irrégulier un contrôle administratif d'identité effectué, sur la base de ce texte, par des fonctionnaires de police dont le procès-verbal – se référant aux instructions données par le commissaire, chef de la sécurité générale, selon lesquelles de nombreux délits étaient commis dans le quartier considéré – constate que la personne interpellée a tenté de faire demi-tour, en accélérant le pas, à la vue du véhicule de police (Cass. crim., 23 mai 1995 : *Bull.* 187). Aux termes de l'article 78-2, alinéa 3, du Code de procédure pénale, l'identité de toute personne ne saurait être contrôlée que pour prévenir une atteinte à l'ordre public, notamment à la sécurité des personnes et des biens (Cass. crim., 17 déc. 1996 : *Bull.* 470).

2) Selon l'article 78-2, alinéa 1er, du Code de procédure pénale, toute personne peut faire l'objet d'un contrôle d'identité dès lors qu'il existe à son égard un indice faisant présumer notamment qu'elle a commis ou tenté de commettre une infraction, ou qu'elle se prépare à

commettre un crime ou un délit. L'existence de soupçons antérieurs sur le comportement délictueux de l'intéressé n'est pas de nature à faire obstacle au contrôle d'identité (Cass. crim., 1er févr. 1994 : *Bull.* 44).

3) En l'absence d'éléments objectifs extérieurs à la personne même de l'intéressé faisant apparaître sa qualité d'étranger, le contrôle d'identité doit être préalablement effectué sous les conditions et dans les formes prévues par les articles 78-1 et suivants (Cass. crim., 25 avr. 1985 : *Bull.* 159 ; *JCP* 85, II, 20465, concl. Dontenwille, note Jeandidier ; *Gaz. Pal.* 1985, n. 179, 180, concl. Dontenwille, p. 8 ; *D.* 1985, 329, concl. Dontenwille ; *D.* 1986, p. 169, chron. Favoreu).

L'application de l'article 78-2, alinéa 2, est subordonnée à la prévention « d'une atteinte à l'ordre public » qui soit directement rattachable au comportement de la personne dont l'identité est contrôlée (Cass. crim., 10 nov. 1992 : *D.* 1993, p. 36, note Danièle Mayer).

Le contrôle d'une personne de nationalité étrangère connue, pour avoir commis des infractions à la législation sur l'entrée et le séjour des étrangers en France, par les agents de police judiciaire y ayant procédé, est justifié, tant au regard de l'article 78-2 du Code de procédure pénale que de l'article 8 de l'ordonnance du 2 novembre 1945 modifiée par la loi du 24 août 1993 (Cass. crim., 17 mai 1995 : *Bull.* 177. – Cass. crim., 16 juill. 1996 : *Bull.* 298).

Ne donne pas de base légale à sa décision la chambre d'accusation qui, en raison du caractère général et abstrait des termes utilisés au procès-verbal d'interpellation, déclare irrégulier un contrôle administratif d'identité effectué par des fonctionnaires de police, agissant sur instructions du commissaire, chef de la sécurité générale, et mentionnant dans leur procès-verbal l'existence de nombreuses infractions récentes sur les lieux du contrôle, sans rechercher si la nature et le nombre de ces infractions ne caractérisaient pas le risque d'atteinte à l'ordre public, notamment à la sécurité des personnes ou des biens (Cass. crim., 10 oct. 1996 : *Bull.* 356 ; *JCP* 97, I, 3998, obs. Maron).

Ne justifie pas sa décision, la chambre d'accusation qui, pour déclarer régulier un contrôle administratif d'identité, se borne à se référer à une condition générale et abstraite énoncée au procès-verbal d'interpellation, sans relever de circonstances particulières de nature à caractériser un risque d'atteinte à l'ordre public, notamment à la sécurité des personnes ou des biens (Cass. crim., 12 mai 1999 : *Bull.* 95).

4) Il se déduit des dispositions de l'article 78-1 du Code de procédure pénale que l'appréciation de la régularité d'un contrôle d'identité effectué en application de l'article 78-2 du même code, relève de la compétence des juridictions de l'ordre judiciaire (Cass. crim., 25 avr. 1985 : *Bull.* 159).

Art. 78-2-1 *(L. n. 97-396, 24 avr. 1997, art. 19)*. **– Sur réquisitions du procureur de la République, les officiers de police judiciaire et, sur l'ordre ou la responsabilité de ceux-ci, les agents de police judiciaire et agents de police judiciaire adjoints mentionnés aux articles 20 et 21 (1°) sont habilités à entrer dans les lieux à usage professionnel, ainsi que dans leurs annexes et dépendances, sauf s'ils constituent un domicile, où sont en cours des activités de construction, de production, de transformation, de réparation, de prestation de services ou de commercialisation, en vue :**

– de s'assurer que ces activités ont donné lieu à l'immatriculation au répertoire des métiers ou au registre du commerce et des sociétés lorsqu'elle est obligatoire, ainsi qu'aux déclarations exigées par les organismes de protection sociale et l'administration fiscale ;

– de se faire présenter le registre unique du personnel et les documents attestant que les déclarations préalables à l'embauche ont été effectuées ;

– de contrôler l'identité des personnes occupées, dans le seul but de vérifier qu'elles figurent sur le registre ou qu'elles ont fait l'objet des déclarations mentionnées à l'alinéa précédent.

Les réquisitions du procureur de la République sont écrites et précisent les infractions, parmi celles visées aux articles L. 324-9 et L. 341-6 du Code du travail, qu'il entend faire rechercher et poursuivre, ainsi que les lieux dans lesquels l'opération de contrôle se déroulera. Ces réquisitions sont prises pour une durée maximum d'un mois et sont présentées à la personne disposant des lieux ou à celle qui la représente.

Les mesures prises en application des dispositions prévues au présent article font l'objet d'un procès-verbal remis à l'intéressé.

Art. 78-2-2 *(L. n. 2001-1062, 15 nov. 2001, art. 23 ; Applic. jusqu'au 31 déc. 2003).* – **Sur réquisitions écrites du procureur de la République aux fins de recherche et de poursuite des actes de terrorisme visés par les articles 421-1 à 421–5 du code pénal, des infractions en matière d'armes et d'explosifs visées par l'article 3 de la loi du 19 juin 1871 précitée et par les articles 20, 3l et 32 du décret du 18 avril 1939 précité ou des faits de trafic de stupéfiants visés par les articles 222-34 à 222-38 du code pénal, les officiers de police judiciaire, assistés, le cas échéant, des agents de police judiciaire et des agents de police judiciaire adjoints mentionnés aux 1°, 1° *bis* et 1° *ter* de l'article 21, peuvent, dans les lieux et pour la période de temps que ce magistrat détermine, procéder non seulement aux contrôles d'identité prévus au sixième alinéa de l'article 78-2 mais aussi à la visite des véhicules circulant, arrêtés ou stationnant sur la voie publique ou dans des lieux accessibles au public.**

Pour l'application des dispositions du présent article, les véhicules en circulation ne peuvent être immobilisés que le temps strictement nécessaire au déroulement de la visite qui doit avoir lieu en présence du conducteur. Lorsqu'elle porte sur un véhicule à l'arrêt ou en stationnement, la visite se déroule en présence du conducteur ou du propriétaire du véhicule ou, à défaut, d'une personne requise à cet effet par l'officier ou l'agent de police judiciaire et qui ne relève pas de son autorité administrative. La présence d'une personne extérieure n'est toutefois pas requise si la visite comporte des risques particuliers.

En cas de découverte d'une infraction ou si le conducteur ou le propriétaire du véhicule le demande ainsi que dans le cas où la visite se déroule en leur absence, il est établi un procès-verbal mentionnant le lieu et les dates et heures du début et de la fin de ces opérations. Un exemplaire en est remis à l'intéressé et un autre est transmis sans délai au procureur de la République.

Le fait que ces opérations révèlent des infractions autres que celles visées dans les réquisitions du procureur de la République ne constitue pas une cause de nullité des procédures incidentes.

Art. 78-3 *(L. n. 93-2, 4 janv. 1993, art. 162 ; L. n. 83-466, 10 juin 1983, art. 21 ; L. n. 93-1013, 24 août 1993, art. 20-II).* – **Si l'intéressé refuse ou se trouve dans l'impossibilité de justifier de son identité, il peut, en cas de nécessité, être retenu sur place ou dans le local de police où il est conduit aux fins de vérification de son identité. Dans tous les cas, il est présenté immédiatement à un officier de police judiciaire qui le met en mesure de fournir par tout moyen les éléments permettant d'établir son identité et qui procède, s'il y a lieu, aux opérations de vérification nécessaires. Il est aussitôt informé par celui-ci de son droit de faire aviser le procureur de la République de la vérification dont il fait l'objet et de prévenir à tout moment sa famille ou toute personne de son choix. Si des circonstances particulières l'exigent, l'officier de police judiciaire prévient lui-même la famille ou la personne choisie.**

(2e al. rempl., L. n. 86-1004, 3 sept. 1986, art. 3) **Lorsqu'il s'agit d'un mineur de dix-huit ans, le procureur de la République doit être informé dès le début de la rétention. Sauf impossibilité, le mineur doit être assisté de son représentant légal.**

La personne qui fait l'objet d'une vérification ne peut être retenue que pendant le temps strictement exigé par l'établissement de son identité. La rétention ne peut excéder quatre heures à compter du contrôle effectué en application de l'article 78-2 et le procureur de la République peut y mettre fin à tout moment.

(4e à 9e al. rempl. par les deux alinéas suivants, L. n. 86-1004, 3 sept. 1986, art. 4) **Si la personne interpellée maintient son refus de justifier de son identité ou fournit des éléments d'identité manifestement inexacts, les opérations de vérification peuvent donner lieu, après autorisation du procureur de la République ou du juge d'instruction, à la prise d'empreintes digitales ou de photographies lorsque celle-ci constitue l'unique moyen d'établir l'identité de l'intéressé.**

La prise d'empreintes ou de photographies doit être mentionnée et spécialement motivée dans le procès-verbal prévu ci-après.

L'officier de police judiciaire mentionne, dans un procès-verbal, les motifs qui justifient le contrôle ainsi que la vérification d'identité, et les conditions dans lesquelles la personne a été présentée devant lui, informée de ses droits et mise en mesure de les exercer. Il précise le jour et l'heure à partir desquels le contrôle a été effectué, le jour et l'heure de la fin de la rétention et la durée de celle-ci.

Ce procès-verbal est présenté à la signature de l'intéressé. Si ce dernier refuse de le signer, mention est faite du refus et des motifs de celui-ci.

Le procès-verbal est transmis au procureur de la République, copie en ayant été remise à l'intéressé dans le cas prévu par l'alinéa suivant.

Si elle n'est suivie à l'égard de la personne qui a été retenue d'aucune procédure d'enquête ou d'exécution adressée à l'autorité judiciaire, la vérification d'identité ne peut donner lieu à une mise en mémoire sur fichiers et le procès-verbal ainsi que toutes les pièces se rapportant à la vérification sont détruits dans un délai de six mois sous le contrôle du procureur de la République.

Dans le cas où il y a lieu à procédure d'enquête ou d'exécution adressée à l'autorité judiciaire et assortie du maintien en garde à vue, la personne retenue doit être aussitôt informée de son droit de faire aviser le procureur de la République de la mesure dont elle fait l'objet.

Les prescriptions énumérées au présent article sont imposées à peine de nullité.

1) Les garanties prévues par l'article 78-3 du Code de procédure pénale ne s'appliquent que dans le cas où la personne contrôlée ne peut ou ne veut justifier de son identité et fait l'objet d'une rétention pour vérification ; il n'en est pas ainsi d'un étranger qui, présentant un passeport démontrant l'irrégularité de son séjour sur le territoire national, est placé en garde à vue dans le cadre de l'enquête de flagrant délit aussitôt diligentée (Cass. crim., 13 janv. 1986 : *Bull.* 19).

2) À la supposer établie, l'illégalité d'un contrôle d'identité ne saurait entraîner la nullité des poursuites relatives à des outrages et coups ou violences volontaires commis contre les autorités de police à l'occasion dudit contrôle (Cass. crim., 7 févr. 1995 : *Bull.* 51).

3) La personne qui a commis une infraction découverte à l'occasion d'un contrôle d'identité ne peut se prévaloir d'une éventuelle irrégularité de ce contrôle dès lors que celui-ci est totalement indépendant de la poursuite engagée contre elle (Cass. crim., 16 janv. 1996 : *Dr. pénal* 1996, n. 114).

Art. 78-4 *(L. n. 83-466, 10 juin 1983, art. 21).* **– La durée de la rétention prévue par l'article précédent s'impute, s'il y a lieu, sur celle de la garde à vue.**

Art. 78-5 *(L. n. 92-1336, 16 déc. 1992, art. 322, 325, 329 ; L. n. 93-913, 19 juill. 1993).* **– Seront punis d'un emprisonnement de trois mois et d'une amende de 25 000 F (3 750) ceux qui auront refusé de se prêter aux prises d'empreintes digitales ou de photographies autorisées par le procureur de la République ou le juge d'instruction, conformément aux dispositions de l'article 78-3.**

Art. 78-6 *(L. n. 99-291, 15 avr. 1999, art. 16).* **– Les agents de police** *(L. n. 2001–1062, 15 nov. 2001, Art. 13–III-1er)* **judiciaire adjoints mentionnés aux 1° *bis*, 1° *ter*, 1° *quater* et 2° de l'article 21 sont habilités à relever l'identité des contrevenants pour dresser les procès-verbaux concernant des contraventions aux arrêtés de police du maire, des contraventions au Code de la route que la loi et les règlements les autorisent à verbaliser ou des contraventions qu'ils peuvent constater en vertu d'une disposition législative expresse.**

Si le contrevenant refuse ou se trouve dans l'impossibilité de justifier de son identité, l'agent de police *(L. n. 2001-1062, 15 nov. 2001, art. 13-III-2°)* **judiciaire adjoint mentionné au premier alinéa en rend compte immédiatement à tout officier de police judiciaire de la police nationale ou de la gendarmerie nationale territorialement compétent, qui peut alors lui ordonner sans délai de lui présenter sur-le-champ le contrevenant. À défaut de cet ordre, l'agent de police municipale ne peut retenir le contrevenant. Lorsque l'officier de police judiciaire décide de procéder à une vérification d'identité, dans les conditions prévues à l'article 78-3, le délai prévu au troisième alinéa de cet article court à compter du relevé d'identité.**

V. Textes complémentaires sous art. 21-2.

TITRE III. – DES JURIDICTIONS D'INSTRUCTION

CHAPITRE I. – DU JUGE D'INSTRUCTION : JURIDICTION D'INSTRUCTION DU PREMIER DEGRÉ

SECTION I. – DISPOSITIONS GÉNÉRALES

Art. 79. – L'instruction préparatoire est obligatoire en matière de crime ; sauf dispositions spéciales, elle est facultative en matière de délit ; elle peut également avoir lieu en matière de contravention si le procureur de la République le requiert en application de l'article 44.

V. J. DUMONT, *Juge d'instruction. Juridictions d'instruction du premier degré. Dispositions générales : J.-Cl. Proc. pén.*, art. 79 à 84. – M. GARREC, *La juridiction d'instruction est-elle indispensable ? : JCP* 86, I, 3266. – J. PRADEL, *De la réforme de l'instruction préparatoire : D.* 1989, chron. 1. – Marcel DORWLING-CARTER, *Faut-il supprimer le juge d'instruction ? : JCP* 90, I, 3458.

1) S'il résulte de l'article 79 du Code de procédure pénale que la victime d'une contravention ne peut, par une constitution de partie civile, provoquer l'ouverture d'une information, droit qui est réservé par cet article au procureur de la République, il demeure cependant qu'aucun texte légal n'interdit à la victime d'une contravention de se constituer partie civile au cours d'une information ouverte sur réquisition du procureur de la République. Il suit de là, en l'absence de dispositions contraires de la loi, que cette personne jouit alors de tous les droits reconnus à la partie civile par le Code de procédure pénale et notamment de ceux de relever appel d'une ordonnance de non-lieu (Cass. crim., 28 oct. 1974 : *Bull.* 304 ; *Rev. sc. crim.* 1975, 433, obs. J. Robert).

2) Il résulte de la combinaison des articles 79 et 85 du Code de procédure pénale qu'en matière de contravention, le procureur de la République a seul le droit de provoquer l'ouverture d'une information en application de l'article 44 dudit code. Il s'en déduit que la partie civile ne peut mettre l'action publique en mouvement pour une contravention que, soit en portant plainte de ce chef, soit en intervenant aux mêmes fins dans une instruction en cours (Cass. crim., 20 nov. 1979 : *Bull.* 326 ; *Rev. sc. crim.* 1980, 730, obs. J. Robert).

Art. 80 *(Mod., L. n. 93-2, 4 janv. 1993, art. 22 ; L. n. 93-1013, 24 août 1993, art. 7-I).* **– Le juge d'instruction ne peut informer qu'en vertu d'un réquisitoire du procureur de la République.**

Le réquisitoire peut être pris contre personne dénommée ou non dénommée.

Lorsque des faits, non visés au réquisitoire, sont portés à la connaissance du juge d'instruction, celui-ci doit immédiatement communiquer au procureur de la République les plaintes ou les procès-verbaux qui les constatent. *(L. n. 99-515, 23 juin 1999, art. 8-1°)* **Le procureur de la République peut alors soit requérir du juge d'instruction, par réquisitoire supplétif, qu'il informe sur ces nouveaux faits, soit requérir l'ouverture d'une information distincte, soit saisir la juridiction de jugement, soit ordonner une enquête, soit décider d'un classement sans suite ou de procéder à l'une des mesures prévues aux articles 41-1 à 41-3, soit transmettre les plaintes ou les procès-verbaux au procureur de la République territorialement compétent. Si le procureur de la République requiert l'ouverture d'une information distincte, celle-ci peut être confiée au même juge d'instruction, désigné dans les conditions prévues au premier alinéa de l'article 83.**

En cas de plainte avec constitution de partie civile, il est procédé comme il est dit à l'article 86. *(L. n. 99-515, 23 juin 1999, art. 8-2°)* **Toutefois, lorsque de nouveaux faits sont dénoncés au juge d'instruction par la partie civile en cours d'information, il est fait application des dispositions de l'alinéa qui précède.**

1) La date du réquisitoire introductif étant une mention substantielle de cet acte, le réquisitoire introductif non daté est nul (Cass. crim., 23 avr. 1971 : *Bull.* 115).

Le visa dans le réquisitoire introductif, des pièces qui y sont jointes, équivaut à une analyse desdites pièces, et, en conséquence, celles-ci déterminent, par les indications qu'elles contiennent, l'objet exact et l'étendue de la saisine du juge d'instruction (Cass. crim., 11 juill. 1972 : *Bull.* 235).

Le juge d'instruction n'a obligation d'instruire que sur les faits expressément indiqués dans l'acte qui le saisit (Cass. crim., 10 mai 1973 : *Bull.* 217).

Un réquisitoire introductif qui n'est revêtu d'aucune signature ne saisit pas le juge d'instruction, lequel, n'ayant pu se saisir lui-même, n'a pu dès lors instruire (Cass. crim., 17 févr. 1987 : *Bull.* 77).

Ne saurait encourir aucune critique le réquisitoire introductif portant une signature illisible après la mention « pour le procureur de la République ».

En raison du principe de l'indivisibilité du ministère public, tout substitut du procureur de la République puise dans sa seule qualité, en dehors de toute délégation de pouvoirs, le droit d'accomplir tous les actes rentrant dans l'exercice de l'action publique.

Sa signature, signe personnel lisible ou non, a par elle-même pour effet d'identifier l'auteur du réquisitoire (Cass. crim., 3 juill. 1990 : *Bull.* 275).

2) Si selon l'article 80 du Code de procédure pénale, le juge d'instruction ne peut informer qu'en vertu d'un réquisitoire du procureur de la République, le défaut de production d'un réquisitoire supplétif ne saurait constituer une cause de nullité, dès lors que les mentions du procès-verbal d'interrogatoire de première comparution établissent son existence et en reproduisent la teneur (Cass. crim., 8 juill. 1936 : *Bull.* 83. – Cass. crim., 3 oct. 1977 : *Bull.* 282) ; la disparition du réquisitoire introductif ne saurait constituer une cause de nullité dès lors que les mentions portées sur d'autres actes établissent son existence et en reproduisent la teneur (Cass. crim., 15 nov. 1993 : *Bull.* 338).

3) Si l'article 80 du Code de procédure pénale interdit au juge d'instruction d'informer sur des faits dont il n'a pas été saisi en vertu d'un réquisitoire du procureur de la République, ce texte ne met pas obstacle à ce qu'un inculpé soit entendu, dans les formes de la loi, sur des faits nouveaux apparaissant dans la procédure et dont il n'est ni établi ni soutenu qu'ils aient été l'objet de mesures d'instruction ; il importe seulement que ces faits ne donnent pas lieu à une inculpation ou à poursuite en l'état contre quiconque et que le procès-verbal qui les constate soit adressé immédiatement au procureur de la République, pour lui permettre d'apprécier la suite à leur donner (Cass. crim., 25 juin 1984 : *Bull.* 240).

4) Le juge d'instruction est saisi des faits dénoncés par le réquisitoire introductif indépendamment de la qualification provisoirement donnée à ces faits par le procureur de la République. Il n'est pas tenu de communiquer la procédure au procureur de la République avant de leur donner une nouvelle qualification et de notifier une inculpation de ce chef (Cass. crim., 20 mars 1972 : *Bull.* 111. – Cass. crim., 18 févr. 1975 : *Bull.* 56 ; *Rev. sc. crim.* 1975, 1026, obs. J. Robert).

5) Les réquisitions du procureur de la République tendant à restreindre l'étendue de la saisine du juge en cours d'instruction sont inopérantes, le juge est tenu de statuer par ordonnance de règlement sur tous les faits dont il a été régulièrement saisi (Cass. crim., 24 mars 1977 : *Bull.* 112 ; *Rev. sc. crim.* 1977, 832, obs. J. Robert).

6) Le juge d'instruction requis par un réquisitoire du Parquet d'informer sur une infraction déterminée a qualité pour instruire à l'égard de tous les auteurs ou complices de ladite infraction, alors même qu'ils n'auraient pas été nommément désignés dans le réquisitoire (Cass. crim., 13 mai 1958 : *Bull.* 374).

En vertu de l'article 80, 3e alinéa, du Code de procédure pénale, le juge d'instruction a le pouvoir d'inculper toute personne ayant pris part comme auteur ou complice aux faits qui lui sont déférés.

Il ne saurait être fait échec à ce principe lorsqu'en application des articles 1741 et suivants du Code général des impôts l'exercice de la poursuite initiale est subordonné à une plainte préalable de l'administration, après avis favorable de la commission des infractions fiscales (Cass. crim., 6 nov. 1978 : *Bull.* 301. – Cass. crim., 31 janv. 1983 : *Bull.* 40).

7) Le réquisitoire introductif ne peut valablement étendre la poursuite à des faits de diffamation non visés par la plainte avec constitution de partie civile.

Mais l'article 50 de la loi du 29 juillet 1881 ne déroge pas au principe édicté par le 3e alinéa de l'article 80 du Code de procédure pénale, selon lequel le juge d'instruction a le pouvoir d'inculper toute personne ayant pris part, comme auteur, coauteur ou complice, aux faits qui lui sont désignés (Cass. crim., 8 oct. 1979 : *Bull.* 272).

8) Le juge d'instruction peut qualifier librement les faits dont il est saisi soit par la plainte avec constitution de partie civile soit par le réquisitoire du Parquet et sur lesquels il a l'obligation d'informer. Pendant le cours de l'information, les inculpations sont purement indicatives et peuvent être modifiées. Un même fait peut et doit être envisagé sous sa plus haute acception pénale (Cass. crim., 28 oct. 1980 : *Bull.* 277. – Cass. crim., 13 mars 1984 : *Bull.* 107).

Il résulte de la combinaison des articles 51 et 80 du Code de procédure pénale que le juge d'instruction est saisi des faits dénoncés par les réquisitoires introductif ou supplétif, indépendamment des textes de loi visés par le ministère public ; méconnaît dès lors le sens et la portée des articles précités, une chambre d'accusation qui, pour prononcer la nullité d'un mandat de dépôt criminel, énonce que le magistrat instructeur, qui avait été saisi par un réquisitoire supplétif de faits dénoncés sous le visa de l'article 135 du Code pénal, ne pouvait de sa propre initiative inculper leur auteur du chef de l'incrimination criminelle de l'article 139 du même code et retient qu'en procédant ainsi, sans avoir sollicité de nouvelles réquisitions du ministère public, le juge avait outrepassé les limites strictes de sa saisine (Cass. crim., 16 nov. 1987 : *Bull.* 405).

9) Est irrégulière la détention ordonnée par un juge d'instruction qui, dans la même affaire, et pour les mêmes faits, après annulation de précédents mandats de dépôt, délivre un nouveau titre de détention en visant des circonstances nouvelles, alors qu'il n'était pas saisi de ces faits nouveaux par réquisitoire du procureur de la République (Cass. crim., 9 avr. 1986 : *Bull.* 122).

10) Encourt la cassation l'arrêt d'une chambre d'accusation qui s'abstient de constater qu'en l'état de réquisitions de non-informer auxquelles il n'avait répondu par aucune ordonnance le juge d'instruction ne pouvait informer (Cass. crim., 20 juin 1988 : *Bull.* 278 ; *D.* 1989, 62, note Danièle Mayer ; *D.* 1989, somm. 175, obs. Pradel).

11) N'encourt aucune nullité le réquisitoire introductif du procureur de la République ouvert sur message « télex » émanant d'un commissariat de police de son ressort, dès lors que les constatations dont le message fait état ont été confirmées par l'envoi au Parquet des procès-verbaux de police et des constatations médicales, et que toutes ces pièces de procédure figurent au dossier (Cass. crim., 1er sept. 1987 : *Bull.* 308).

12) Les pouvoirs accordés au juge d'instruction par l'article 81, premier alinéa, du Code de procédure pénale qui lui permettent de procéder, conformément à la loi, à tous les actes d'information qu'il juge utiles à la manifestation de la vérité, sont limités aux seuls faits dont il est régulièrement saisi en application des articles 80 et 86 de ce code ; lorsque ce magistrat acquiert la connaissance de faits nouveaux, si l'article 80 ne lui interdit pas, avant toute communication au procureur de la République, d'en consigner la substance dans un procès-verbal et, le cas échéant, d'effectuer d'urgence des vérifications sommaires pour en apprécier la vraisemblance, il ne peut, sans excéder ses pouvoirs, procéder à des actes qui, présentant un caractère coercitif, exigent la mise en mouvement préalable de l'action publique (Cass. crim., 6 févr. 1996 : *Dr. pénal* 1996, n. 74 ; *D.* 1996, 198, note Jean Pradel ; *JCP* 96, II, 22634, note P. Chambon).

13) Selon l'article 80 du Code de procédure pénale, dans sa rédaction issue de la loi n. 99-515 du 23 juin 1999, applicable immédiatement, une constitution de partie civile additionnelle, dénonçant des faits nouveaux, ne saisit le juge d'instruction que si le procureur de la République requiert qu'il soit instruit sur ces faits (Cass. crim., 26 sept. 2000 : *Bull.* 277).

Art. 80-1 *(L. n. 2000-516, 15 juin 2000, art. 19, applic. 1er janv. 2001).* – **À peine de nullité, le juge d'instruction ne peut mettre en examen que les personnes à l'encontre desquelles il existe des indices graves ou concordants rendant vraisemblable qu'elles aient pu participer, comme auteur ou comme complice, à la commission des infractions dont il est saisi.**

Il ne peut procéder à cette mise en examen qu'après avoir préalablement entendu les observations de la personne ou l'avoir mise en mesure de les faire, en étant assistée par son avocat, soit dans les conditions prévues par l'article 116 relatif à l'interrogatoire de première comparution, soit en tant que témoin assisté conformément aux dispositions des articles 113-1 à 113-8.

Le juge d'instruction ne peut procéder à la mise en examen de la personne que s'il estime ne pas pouvoir recourir à la procédure de témoin assisté.

Art. 80-2 *(L. n. 2000-516, 15 juin 2000, art. 20-I, applic. 1er janv. 2001).* **– Le juge d'instruction peut informer une personne par lettre recommandée qu'elle est convoquée, dans un délai qui ne peut être inférieur à dix jours ni supérieur à** *(Mots remplacés, L. n° 2002-1138, 9 sept. 2002, art. 39, I, 1°)* **« deux mois », pour qu'il soit procédé à sa première comparution dans les conditions prévues par l'article 116. Cette lettre indique la date et l'heure de la convocation. Elle donne connaissance à la personne de chacun des faits dont ce magistrat est saisi et pour lesquels la mise en examen est envisagée, tout en précisant leur qualification juridique. Elle fait connaître à la personne qu'elle a le droit de choisir un avocat ou de demander qu'il lui en soit désigné un d'office, ce choix ou cette demande devant être adressé au greffe du juge d'instruction. Elle précise que la mise en examen ne pourra intervenir qu'à l'issue de la première comparution de la personne devant le juge d'instruction.**

Le juge d'instruction peut également faire notifier cette convocation par un officier de police judiciaire. Cette notification comprend les mentions prévues à l'alinéa précédent ; elle est constatée par un procès-verbal signé par la personne qui en reçoit copie.

L'avocat choisi ou désigné est convoqué dans les conditions prévues par l'article 114 ; il a accès au dossier de la procédure dans les conditions prévues par cet article.

Art. 80-3 *(Applic. 1er janv. 2001 ; L. n. 2000-516, 15 juin 2000, art. 109 et 140).* **– Dès le début de l'information, le juge d'instruction doit avertir la victime d'une infraction de l'ouverture d'une procédure, de son droit de se constituer partie civile et des modalités d'exercice de ce droit. Si la victime est mineure, l'avis est donné à ses représentants légaux.**

Art. 80-4 *(Créé, L. n° 2002-1138, 9 sept. 2002, art. 66, I, 2°).* **– Pendant le déroulement de l'information pour recherche des causes de la mort ou des causes d'une disparition mentionnée aux articles 74 et 74-1, le juge d'instruction procède conformément aux dispositions du chapitre Ier du titre III du livre Ier. Les interceptions des correspondances émises par la voie des télécommunications sont effectuées sous son autorité et son contrôle dans les conditions prévues au deuxième alinéa de l'article 100 et aux articles 100-1 à 100-7. Les interceptions ne peuvent excéder une durée de deux mois renouvelable.**

Les membres de la famille ou les proches de la personne décédée ou disparue peuvent se constituer partie civile à titre incident. Toutefois, en cas de découverte de la personne disparue, l'adresse de cette dernière et les pièces permettant d'avoir directement ou indirectement connaissance de cette adresse ne peuvent être communiquées à la partie civile qu'avec l'accord de l'intéressé s'il s'agit d'un majeur et qu'avec l'accord du juge d'instruction s'il s'agit d'un mineur ou d'un majeur protégé.

Art. 81 *(Mod., L. n. 93-2, 4 janv. 1993, art. 24 ; L. n. 93-1013, 24 août 1993, art. 8-I).* **– Le juge d'instruction procède, conformément à la loi, à tous les actes d'information qu'il juge utiles à la manifestation de la vérité.** *(L. n. 2000-516, 15 juin 2000, art. 2)* **Il instruit à charge et à décharge.**

(Ord. n. 60-529, 4 juin 1960, art. 2) **Il est établi une copie de ces actes ainsi que de toutes les pièces de la procédure ; chaque copie est certifiée conforme par le greffier ou l'officier de police judiciaire commis mentionné à l'alinéa 4. Toutes les pièces du dossier sont cotées par le greffier au fur et à mesure de leur rédaction ou de leur réception par le juge d'instruction.**

Toutefois, si les copies peuvent être établies à l'aide de procédés photographiques ou similaires, elles sont exécutées à l'occasion de la transmission du dossier. Il en est alors établi autant d'exemplaires qu'il est nécessaire à l'administration de la justice. Le greffier certifie la conformité du dossier reproduit avec le dossier original. Si le dessaisissement momentané a pour cause l'exercice

d'une voie de recours, l'établissement des copies doit être effectué immédiatement pour qu'en aucun cas ne soit retardée la mise en état de l'affaire prévue à l'article 194.

Si le juge d'instruction est dans l'impossibilité de procéder lui-même à tous les actes d'instruction, il peut donner commission rogatoire aux officiers de police judiciaire afin de leur faire exécuter tous les actes d'information nécessaires dans les conditions et sous les réserves prévues aux articles 151 et 152.

Le juge d'instruction doit vérifier les éléments d'information ainsi recueillis.

(Ord. n. 60-529, 4 juin 1960, art. 2) **Le juge d'instruction procède ou fait procéder soit par des officiers de police judiciaire, conformément à l'alinéa 4, soit par toute personne habilitée** *(L. n. 83-466, 10 juin 1983, art. 28)* **dans les conditions déterminées par décret en Conseil d'État, à une enquête sur la personnalité des personnes mises en examen, ainsi que sur leur situation matérielle, familiale ou sociale. Toutefois, en matière de délit, cette enquête est facultative.**

L. n. 2000-516, 15 juin 2000, art. 50-II, applic. 1er janv. 2001) **Le juge d'instruction peut également commettre, suivant les cas, le service pénitentiaire d'insertion et de probation, le service compétent de la protection judiciaire de la jeunesse ou toute association habilitée en application de l'alinéa qui précède, à l'effet de vérifier la situation matérielle, familiale et sociale d'une personne mise en examen et de l'informer sur les mesures propres à favoriser l'insertion sociale de l'intéressée. À moins qu'elles n'aient été déjà prescrites par le ministère public, ces diligences doivent être pres crites par le juge d'instruction chaque fois qu'il envisage de placer en détention provisoire un majeur âgé de moins de vingt et un ans au moment de la commission de l'infraction lorsque la peine encourue n'excède pas cinq ans d'emprisonnement.**

Le juge d'instruction peut prescrire un examen médical, un examen psychologique ou ordonner toutes mesures utiles.

S'il est saisi par une partie d'une demande écrite et motivée tendant à ce qu'il soit procédé à l'un des examens ou à toutes autres mesures utiles prévus par l'alinéa qui précède, le juge d'instruction doit, s'il n'entend pas y faire droit, rendre une ordonnance motivée au plus tard dans le délai d'un mois à compter de la réception de la demande.

La demande mentionnée à l'alinéa précédent doit faire l'objet d'une déclaration au greffier du juge d'instruction saisi du dossier. Elle est constatée et datée par le greffier qui la signe ainsi que le demandeur ou son avocat. Si le demandeur ne peut signer, il en est fait mention par le greffier. Lorsque le demandeur ou son avocat ne réside pas dans le ressort de la juridiction compétente, la déclaration au greffier peut être faite au moyen d'une lettre recommandée avec demande d'avis de réception. Lorsque la personne mise en examen est détenue, la demande peut également être faite au moyen d'une déclaration auprès du chef de l'établissement pénitentiaire. Cette déclaration est constatée et datée par le chef de l'établissement pénitentiaire qui la signe, ainsi que le demandeur. Si celui-ci ne peut signer, il en est fait mention par le chef de l'établissement. Ce document est adressé sans délai, en original ou copie et par tout moyen, au greffier du juge d'instruction.

Faute par le juge d'instruction d'avoir statué dans le délai d'un mois, la partie peut saisir directement le président de la chambre de l'instruction, qui statue et procède conformément aux troisième, quatrième et cinquième alinéas de l'article 186-1.

V. LEVASSEUR, *De la minimisation du dossier de personnalité à la généralisation du pouvoir discrétionnaire : Rev. sc. crim.* 1961, 83. – VOUIN, *L'enquête de personnalité, l'instruction préparatoire et les droits de la défense : JCP* 61, I, 1633 *bis*. – DOLL, *Le dossier de personnalité : JCP* 61, I, 1631. – CHAMBON, *De la légalité des écoutes téléphoniques, concernant un inculpé, ordonnées par le juge d'instruction : JCP* 81, I, 3029. – G. DI MARINO, *Le statut des écoutes et enregistrements clandestins en procédure pénale.* VIIIe Congrès de l'Association française de droit pénal. Grenoble 1985, Économica, 1986. – Renée KOERING-JOULIN, *Des implications répressives du droit au respect de la vie privée de l'article 8 de la Convention européenne des droits de l'homme : Rev. sc. crim.* 1986, p. 736. – Gérard COHEN-JONATHAN, *La Convention européenne des droits de l'homme,* Économica, 1989. – Renée KOERING-JOULIN, *De l'art de faire l'économie d'une loi* (à propos de l'arrêt Kruslin et de ses suites) : *D.* 1990, chron. p. 187. – PRADEL, *Écoutes téléphoniques et Convention européenne des droits de l'homme : D.* 1990, chron. p. 15.

1) Il appartient au juge d'instruction d'ordonner la production de tous documents qui lui apparaissent susceptibles de contribuer à la manifestation de la vérité (Cass. crim., 26 mai 1964 : *Bull.* 175).

2) Aux termes de l'article 81 du Code de procédure pénale, le juge d'instruction procède, conformément à la loi, à tous les actes d'information qu'il juge utiles à la manifestation de la vérité.

L'article 378 du Code pénal ne saurait limiter les pouvoirs que tient le juge d'instruction de l'article précité notamment en ce qui concerne la saisie de documents comptables relatifs à l'exploitation d'un cabinet dentaire (Cass. crim., 8 juin 1966 : *Bull.* 167).

Le secret imposé au médecin par l'article 378 du Code pénal ne met pas obstacle à la saisie par le juge d'instruction d'un dossier contenant des renseignements médicaux relatifs à l'admission et au séjour dans un établissement hospitalier d'un inculpé dont ce magistrat a ordonné l'examen par des experts afin de vérifier si son état au moment de son hospitalisation pouvait être médicalement expliqué ou s'il était simulé (Cass. crim., 24 avr. 1969 : *Bull.* 145).

3) La mise sur écoutes téléphoniques du domicile d'un inculpé à laquelle il a été procédé sur commission rogatoire du juge d'instruction ne saurait constituer une cause de nullité de la procédure lorsque cette mesure d'investigation a été exécutée sous le contrôle de ce magistrat sans artifice ni stratagème et que rien ne permet d'établir que ce procédé ait eu pour résultat de compromettre les conditions d'exercice des droits de la défense (Cass. crim., 9 oct. 1980 : *Bull.* 255 ; *JCP* 81, II, 19578, note Di Marino ; *D.* 1981, 332, note Pradel ; *Rev. sc. crim.* 1982, 144, obs. J. Robert. – Cass. crim., 15 mars 1988 : *Bull.* 128).

La mise sur écoutes de la ligne téléphonique attribuée à une personne soupçonnée d'être impliquée dans un crime à laquelle il a été procédé sur commission rogatoire régulière d'un juge d'instruction ne saurait constituer une cause de nullité des actes de la procédure ni une violation de l'article 8 de la Convention européenne de sauvegarde des droits de l'homme et des libertés fondamentales dès lors que cette mesure d'investigation a été accomplie sans artifice ni stratagème et que rien ne permet d'établir que ce procédé ait eu pour résultat de compromettre les conditions d'exercice des droits de la défense (Cass. crim., 23 juill. 1985 : *Bull.* 275 ; *D.* 1986, inf. rap. 120, obs. Pradel).

Par application des articles 81, alinéa 1er, 151 et 152 du Code de procédure pénale, le juge d'instruction peut prescrire, par commission rogatoire, l'écoute et l'enregistrement des conversations tenues par la personne mise en examen au parloir de la maison d'arrêt pourvu que ces mesures aient lieu sous son contrôle et dans des conditions ne portant pas atteinte aux droits de la défense ; l'interception des conversations ainsi tenues, qui sont soumises de droit à la surveillance du personnel pénitenciaire, ne constitue pas, au sens de l'article 8 de la Convention européenne des droits de l'homme, une ingérence dans l'exercice du droit au respect de la vie privée, du domicile et de la correspondance (Cass. crim., 12 déc. 2000 : *Bull.* 369).

Par application des articles 81, alinéa premier, 151 et 152 du Code de procédure pénale, le juge d'instruction peut prescrire par commission rogatoire, en vue de la constatation des infractions, la captation, la transmission et l'enregistrement de conversations privées, autres que des communications téléphoniques, pourvu que ces mesures aient lieu sous son contrôle et dans des conditions ne portant pas atteinte aux droits de la défense (Cass. crim., 23 nov. 1999 : *Bull.* 269).

4) Selon l'article 8 de la Convention européenne de sauvegarde des droits de l'homme et des libertés fondamentales, toute personne a droit au respect de sa vie privée, de son domicile et de sa correspondance et il ne peut y avoir ingérence de l'autorité publique dans l'exercice de ce droit que pour autant que cette ingérence est prévue par la loi : si les articles 81 et 151 du Code de procédure pénale permettent au juge d'instruction d'ordonner, sous certaines conditions, des écoutes ou enregistrements d'entretiens téléphoniques, aucune disposition légale n'autorise les officiers de police judiciaire à y procéder dans le cadre d'une enquête préliminaire. (Cass. crim., 13 juin 1989 : *Bull.* 254. – A. Maron, *Les écoutes font du bruit : Dr. pénal.* nov. 1989, chron. p. 2).

5) Selon l'article 8 de la Convention européenne de sauvegarde des droits de l'homme et des libertés fondamentales, il ne peut y avoir ingérence des autorités publiques dans les

conversations téléphoniques que pour autant que cette ingérence est prévue par la loi.

Ainsi, les articles 81 et 151 du Code de procédure pénale ne permettent qu'au juge d'instruction d'ordonner, dans certaines conditions, des écoutes et des enregistrements téléphoniques.

Viole ces textes la cour d'appel qui, pour refuser de prononcer la nullité d'un procès verbal relatant l'écoute et l'enregistrement d'une conversation téléphonique suscitée par des services de police agissant d'initiative, énonce que ceux-ci n'ont pas employé un procédé de captation de toutes les conversations téléphoniques échangées à partir du poste d'un abonné, alors qu'ils ont, sans avoir reçu d'un juge commission rogatoire à cette fin, procédé, à l'insu de cet abonné, à l'écoute de propos tenus par celui-ci sur sa ligne téléphonique (Ass. plén. 24 nov. 1989 : *Bull.* 440 ; *JCP* 90, II, 21418, concl. E. Robert ; *Gaz. Pal.* 16 févr. 1990, note J.-P. Doucet). – J. PRADEL, *Écoute téléphonique et convention européenne des droits de l'homme* (à propos de Cass. Ass. plén. 24 nov. 1989, affaire *Baribeau : D.* 1990, chron. IV, 15).

6) Pour qu'il n'y ait pas méconnaissance de l'article 8, alinéa 2 de la Convention européenne des droits de l'homme, la mise sur écoutes et les enregistrements téléphoniques ne peuvent être ordonnés à l'insu des personnes intéressées que sur l'ordre d'un juge et sous son contrôle en vue d'établir la preuve d'un crime ou de toute autre infraction portant gravement atteinte à l'ordre public et d'en identifier les auteurs. Il faut que l'écoute soit obtenue sans artifice ni stratagème et que sa transcription puisse être discutée par les parties concernées. (Cass. crim., 15 mai 1990 : *Bull.* 193. – A. Maron, *Rien n'est perdu fors l'honneur (à propos des écoutes téléphoniques) : Dr. pénal,* juin 1990, chron. p. 111. – Il faut que le juge non seulement ordonne et contrôle les écoutes et enregistrements téléphoniques, mais également qu'il en détermine la durée (Cass. crim., 17 juill. 1990 : *Bull.* 286).

La chambre d'accusation, qui annule des écoutes téléphoniques ordonnées dans une information ouverte sous une qualification délictuelle, doit préciser, par référence aux éléments de l'espèce, en quoi l'infraction ne porte pas gravement atteinte à l'ordre public (Cass. crim., 6 nov. 1990 : *Bull.* 369).

7) La disposition de l'article 81 du Code de procédure pénale qui fait un devoir au juge d'instruction de réunir tous renseignements utiles sur la personnalité de l'inculpé poursuivi pour crime ne déroge pas au principe fondamental suivant lequel les juridictions d'instruction ont le droit et même l'obligation de clore leur information dès qu'elles estiment que celle-ci est complète sauf, aux juges du fond de prescrire toute mesure complémentaire d'information au cas où ils se considéreraient comme insuffisamment renseignés (Cass. crim., 29 avr. 1960 : *Bull.* 223 ; *Rev. sc. crim.* 1960, 660, obs. J. Robert. – Cass. crim., 1er déc. 1960 : *Bull.* 566 ; *D.* 1961, 385, note M. R. H. P. – Cass. crim., 23 nov. 1965 : *Bull.* 246). La disposition de l'article 81 du Code de procédure pénale qui fait un devoir au juge d'instruction de procéder à une enquête sur la personnalité de l'inculpé poursuivi pour crime ne déroge pas au principe fondamental suivant lequel les juridictions d'instruction ont l'obligation de clore leur information dès qu'elles estiment que celle-ci est complète (Cass. crim., 7 nov. 1989 : *Bull.* 399).

8) L'enquête de personnalité prévue par l'article 81 du Code de procédure pénale ne constitue pas une expertise au sens des articles 156 et suivants du même code. La personne qui a procédé à une enquête de cette nature doit, lorsqu'elle est appelée à déposer à l'audience, prêter le serment exigé des témoins (Cass. crim., 27 nov. 1963 : *Bull.* 336. – Cass. crim., 18 avr. 1969 : *Bull.* 135. – Cass. crim., 22 mai 1974 : *Bull.* 194) alors même qu'elle aurait été citée en qualité d'expert (Cass. crim., 17 janv. 1990 : *Bull.* 31).

Cependant si l'enquêteur a été cité comme expert, il peut prêter le serment prescrit par l'article 168 du même code, dès lors qu'il n'y a eu aucune observation des parties, ce serment impliquant notamment celui de dire la vérité (Cass. crim., 4 mars 1981 : *Bull.* 82. – Cass. crim., 27 mai 1981 : *Bull.* 175 ; *D.* 1983, 63, note Chapar. – Cass. crim., 24 févr. 1988 : *Bull.* 96).

9) L'examen médico-psychologique constitue une mesure d'expertise.

La personne ayant procédé à cet examen au cours de l'instruction préparatoire doit, lorsqu'elle est entendue à l'audience, prêter le serment exigé des experts (Cass. crim., 28 janv. 1969 : *Bull.* 50).

Il résulte des articles 81, D. 23 à D. 26 du Code de procédure pénale, que le soin de procéder à l'examen médico-psychologique doit être confié à un médecin, et non à un psychologue (Cass. crim., 25 janv. 1978 : *Bull.* 33).

10) Aucune nullité ne saurait résulter de ce que le juge d'instruction a versé, à titre de renseignements, au dossier de la procédure des copies non authentifiées de pièces figurant dans un autre dossier (Cass. crim., 15 mai 1990 : *Bull.* 193. – Cass. crim., 17 juill. 1990 : *Bull.* 286).

11) Les pouvoirs accordés au juge d'instruction par l'article 81, al. 1... sont limités aux seuls faits dont il est régulièrement saisi (Cass. crim., 6 févr. 1996 : *Dr. pénal* 1996, n. 74 ; *D.* 1996, 198, note Jean Pradel).

Les pouvoirs accordés au juge d'instruction par l'article 81, premier alinéa, du Code de procédure pénale et qui lui permettent de procéder, conformément à la loi, à tous les actes d'information qu'il juge utiles à la manifestation de la vérité, sont limités aux seuls faits dont il est régulièrement saisi en application des articles 80 et 86 de ce code. Lorsque ce magistrat acquiert la connaissance de faits nouveaux, si l'article 80 ne lui interdit pas, avant toute communication au procureur de la République, d'en consigner la substance dans un procès-verbal et, le cas échéant, d'effectuer d'urgence des vérifications sommaires pour en apprécier la vraisemblance (Cass. crim., 1er déc. 1998 : *Bull.* 323 ; *Dr. pénal* 1999, comm. 49 et 50, note A. Maron), il ne peut, sans excéder ses pouvoirs, procéder à des actes qui, présentant un caractère coercitif, exigent la mise en mouvement préalable de l'action publique (Cass. crim., 6 févr. 1996 : *Bull.* 60 – Cass. crim., 30 juin 1999 : *Bull.* 176).

Encourt la censure, l'arrêt d'une chambre d'accusation qui, dans une information ouverte pour blessures involontaires et infraction aux règles relatives à la sécurité des travailleurs, déclare régulière la commission rogatoire du juge d'instruction prescrivant, notamment, des investigations ayant pour effet de caractériser le délit de marchandage (Cass. crim., 24 nov. 1998 : *Bull.* 315).

Encourt la cassation l'arrêt d'une chambre d'accusation qui déclare justifiés par l'exécution d'une commission rogatoire l'interpellation et le placement en garde à vue de personnes par des officiers de police judiciaire à l'occasion de la constatation de faits nouveaux, non visés au réquisitoire introductif (Cass. crim., 1er avr. 1998 : *Bull.* 124).

12) Viole les dispositions légales relatives au mode d'administration des preuves et compromet ainsi l'exercice des droits de la défense l'audition effectuée par les gendarmes, sur commission rogatoire, d'un témoin placé, avec son consentement, sous hypnose, par un expert désigné par le juge d'instruction (Cass. crim., 12 déc. 2000 : *Bull.* 369 ; *JCP* 2000, II, 10495, note C. Puigelier).

13) La faculté de saisir la juridiction d'instruction d'une demande d'acte en application de l'article 82-1 du Code de procédure pénale, par déclaration au greffier au moyen d'une lettre recommandée avec demande d'avis de réception, n'appartient, selon l'article 81, alinéa 10, dudit code, qu'à celui, de la partie ou de son avocat, qui réside hors du ressort de la juridiction ; il ne peut être suppléé à la déclaration au greffier, par une lettre recommandée adressée au président de la chambre d'accusation (Cass. crim., 30 avr. 1996 : *Bull.* 179).

Art. 81-1 *(L. n. 2000-516, 15 juin 2000, art. 101).* **– Le juge d'instruction peut, d'office, sur réquisition du parquet ou à la demande de la partie civile, procéder, conformément à la loi, à tout acte lui permettant d'apprécier la nature et l'importance des préjudices subis par la victime ou de recueillir des renseignements sur la personnalité de celle-ci.**

Art. 82 *(L. n. 93-2, 4 janv. 1993, art. 26 ; L. n. 93-1013, 24 août 1993, art. 16-II).* **– Dans son réquisitoire introductif, et à toute époque de l'information par réquisitoire supplétif, le procureur de la République peut requérir du magistrat instructeur tous actes lui paraissant utiles à la manifestation de la vérité et toutes mesures de sûreté nécessaires.** *(Ajout à compter du 1er janv. 2001 ; L. n. 2000-516, 15 juin 2000, art. 135 et 140)* **Il peut également demander à assister à l'accomplissement des actes qu'il requiert.**

Il peut, à cette fin, se faire communiquer la procédure, à charge de la rendre dans les vingt-quatre heures.

(L. n. 96-1235, 30 déc. 1996, art. 1, applic. le 31 mars 1997) **S'il requiert le placement ou le maintien en détention provisoire de la personne mise en examen, ses réquisitions doivent être écrites et motivées par référence aux seules dispositions de l'article 144.**

Si le juge d'instruction ne suit pas les réquisitions du procureur de la République, il doit, sauf dans les cas prévus par le second alinéa de l'article 137, rendre une ordonnance motivée dans les cinq jours de ces réquisitions.

À défaut d'ordonnance du juge d'instruction, le procureur de la République peut, dans les dix jours, saisir directement la chambre de l'instruction.

V. E. De Monredon et G. Maman, *Dans quel délai le juge d'instruction doit-il rendre l'ordonnance refusant de faire droit aux réquisitions à fin de placement en détention provisoire contenues dans le réquisitoire introductif ? : JCP* 89, I, 3375.

1) Le juge d'instruction se trouve dans l'obligation de déférer à une réquisition de communiquer le dossier de la procédure en application de l'article 82 du Code de procédure pénale ; une ordonnance de refus est frappée de nullité (Cass. crim., 5 févr. 1970 : *Bull.* 53).

2) La signature d'un réquisitoire supplétif rédigé de la main du magistrat compétent du Parquet, qu'elle soit lisible ou non, est un signe personnel qui a pour effet, d'identifier l'auteur de ces réquisitions (Cass. crim., 11 juill. 1973 : *Bull.* 326).

3) Si, aux termes de l'article 82, alinéa 3, du Code de procédure pénale, dans sa rédaction issue de la loi du 30 décembre 1996, le procureur de la République, qui requiert le placement ou le maintien en détention, est désormais tenu de prendre des réquisitions écrites et motivées par référence aux seules dispositions de l'article 144 de ce code, la méconnaissance de cette obligation ne saurait avoir d'incidence sur la régularité de l'ordonnance du juge d'instruction statuant en matière de détention provisoire (Cass. crim., 3 déc. 1997 : *Bull.* 411).

4) Lorsqu'un juge d'instruction, saisi de réquisitions du ministère public aux fins de placement en détention provisoire ou sous contrôle judiciaire d'une personne, ne la met pas en examen et ne rend pas d'ordonnance, l'article 82 du Code de procédure pénale permet au procureur de la République de saisir directement la chambre de l'instruction, en vue de la mise en examen assortie d'une mesure de sûreté de la personne concernée (Cass. crim., 30 avr. 2002 : *Bull.* 91).

Art. 82-1

(Applic. 1er janv. 2001 ; L. n. 93-2, 4 janv. 1993, art. 27 ; L. n. 93-1013, 24 août 1993, art. 8-II et III). **– Les parties peuvent, au cours de l'information, saisir le juge d'instruction d'une demande écrite et motivée tendant à ce qu'il soit procédé à leur audition ou à leur interrogatoire, à l'audition d'un témoin, à une confrontation ou à un transport sur les lieux** *(Mots remplacés à compter du 1er janv. 2001, L. n. 2000-516, 15 juin 2000, art. 21-I-1)*, **à ce qu'il soit ordonné la production par l'une d'entre elles d'une pièce utile à l'information, ou à ce qu'il soit procédé à tous autres actes qui leur paraissent nécessaires à la manifestation de la vérité** *(Phrase remplacée à compter du 1er janv. 2001, L. n. 2000-516, 15 juin 2000, art. 21-I-2)* **À peine de nullité, cette demande doit être formée conformément aux dispositions du dixième alinéa de l'article 81 ; elle doit porter sur des actes déterminés et, lorsqu'elle concerne une audition, préciser l'identité de la personne dont l'audition est souhaitée.**

Le juge d'instruction doit, s'il n'entend pas y faire droit, rendre une ordonnance motivée au plus tard dans le délai d'un mois à compter de la réception de la demande. Les dispositions du dernier alinéa de l'article 81 sont applicables.

À l'expiration d'un délai de quatre mois depuis sa dernière comparution *(Mots supprimés, L. n. 2000-1354, 30 déc. 2000, art. 24)***..., la personne mise en examen qui en fait la demande écrite doit être entendue par le juge d'instruction. Le juge d'instruction procède à son interrogation dans les trente jours de la réception de la demande, qui doit être formée conformément aux dispositions du dixième alinéa de l'article 81.**

1) Lorsque la chambre de l'instruction n'est pas saisie du règlement de la procédure, les demandes d'actes ne peuvent lui être adressées directement, hormis le cas où le juge

d'instruction n'y aurait pas répondu dans le délai prévu. Le demandeur doit se conformer aux prescriptions de l'article 82-1 du Code de procédure pénale (Cass. crim., 19 sept. 2001 : *Bull.* 184).

2) L'article 82-1 n'autorise que les demandes tendant à la production de pièces par une autre partie, la demande tendant à la production de pièces par un témoin est irrecevable (Cass. crim., 25 mars 1997 : *Bull.* 118).

Art. 82-2 *(L. n. 2000-516, 15 juin 2000, art. 21-II, applic. 1er janv. 2001).* **– Lorsque la personne mise en examen saisit le juge d'instruction, en application des dispositions de l'article 82-1, d'une demande tendant à ce que ce magistrat procède à un transport sur les lieux, à l'audition d'un témoin, d'une partie civile ou d'une autre personne mise en examen, elle peut demander que cet acte soit effectué en présence de son avocat.**

La partie civile dispose de ce même droit s'agissant d'un transport sur les lieux, de l'audition d'un témoin ou d'une autre partie civile ou de l'interrogatoire de la personne mise en examen.

Le juge d'instruction statue sur ces demandes conformément aux dispositions du deuxième alinéa de l'article 82-1. S'il fait droit à la demande, le juge d'instruction convoque l'avocat au plus tard dans les deux jours ouvrables avant la date du transport, de l'audition ou de l'interrogatoire, au cours duquel celui-ci peut intervenir dans les conditions prévues à l'article 120.

Art. 82-3 *(L. n. 2000-516, 15 juin 2000, art. 22-I, applic. 1er janv. 2001).* **– Lorsque le juge d'instruction conteste le bien-fondé d'une demande des parties tendant à constater la prescription de l'action publique, il doit rendre une ordonnance motivée dans le délai d'un mois à compter de la réception de la demande.**

Art. 83 *(Applic. 1er janv. 2001 ; L. n. 2000-516, 15 juin 2000, art. 132 et 140) (L. n. 93-2, 4 janv. 1993, art. 19 et 232 ; L. n. 93-1013, 24 août 1993, art. 35-I ; L. n. 94-89, 1er févr. 1994, art. 17-I).* **– Lorsqu'il existe dans un tribunal plusieurs juges d'instruction, le président du tribunal ou, en cas d'empêchement, le magistrat qui le remplace, désigne, pour chaque information, le juge qui en sera chargé. Il peut établir, à cette fin, un tableau de roulement.**

Lorsque la gravité ou la complexité de l'affaire le justifie, le président du tribunal ou, en cas d'empêchement, le magistrat qui le remplace peut adjoindre au juge d'instruction chargé de l'information un ou plusieurs juges d'instruction qu'il désigne, soit dès l'ouverture de l'information, soit sur la demande du juge chargé de l'information, à tout moment de la procédure.

Le juge chargé de l'information coordonne le déroulement de celle-ci ; *(L. n. 2000-516, 15 juin 2000, art. 132-I)* **il a seul qualité pour saisir le juge des libertés et de la détention, pour ordonner une mise en liberté d'office** *(L. n. 94-89, 1er févr. 1994, art. 17)* **et pour rendre l'ordonnance de règlement.**

Les désignations prévues au présent article sont des mesures d'administration judiciaire non susceptibles de recours.

1) Lorsqu'il existe dans un tribunal plusieurs juges d'instruction, constitue une nullité substantielle touchant à l'organisation et à la composition des juridictions qui sont d'ordre public et, comme telle, échappant aux prévisions de l'article 802 du Code de procédure pénale, l'absence de désignation pour chaque information d'un juge d'instruction chargé de la procédure dans les conditions définies par les articles 83, 84, D. 27 et suivants dudit code (Cass. crim., 3 avr. 1979 : *Bull.* 135. – Cass. crim., 17 avr. 1980 : *Bull.* 109 ; *JCP* 81, II, 19632, note Jeandidier ; *Rev. sc. crim.* 1981, 115, obs. J. Robert).

2) Si le premier président est amené, en cas d'empêchement du titulaire, à déléguer un juge auprès d'un autre tribunal et à le charger temporairement de l'instruction par voie d'ordonnance, ce magistrat doit être désigné par le président du tribunal pour chaque information dont il est chargé.

Il doit en être de même si le premier président prend pour le même magistrat, des délégations successives, dans l'hypothèse où de telles délégations, sont conformes aux prescriptions de l'article R. 213-27 du Code de l'organisation judiciaire, ou dans l'hypothèse de changement de juge d'instruction dans le cours de l'information (Cass. crim., 10 mai 1983 : *Bull.* 136 ; *JCP* 83, II, 20276, note Chambon).

La désignation par le président du tribunal, en application de l'article 83 du Code de procédure pénale, aux fins de procéder à des actes d'information, d'un juge délégué aux fonctions d'instruction par le premier président de la cour d'appel est un acte d'administration judiciaire qui n'intéresse pas les droits des parties, lesquelles ne sauraient, dès lors, en discuter ni la régularité ni l'existence (Cass. crim., 17 nov. 1993 : *Bull.* 343) ; il en résulte également qu'aucune requête en nullité d'un acte du juge d'instruction ne peut être fondée sur les conditions de désignation de ce juge (Cass. crim., 3 oct. 1995 : *Bull.* 292). Le mode de désignation du juge d'instruction chargé d'une affaire déterminée constitue un acte d'administration judiciaire qui n'intéresse pas les droits des parties, lesquelles ne sauraient en discuter ni la régularité, ni l'existence (Cass. crim., 27 févr. 2001 : *Bull.* 50).

3) Les prescriptions des articles 83 et suivants du Code de procédure pénale ne sont pas applicables au supplément d'information ordonné par la chambre d'accusation dans les conditions des articles 201 et 205 du même code, le juge d'instruction ne procédant alors qu'en vertu d'une délégation de cette juridiction (Cass. crim., 26 mai 1983 : *Bull.* 155 ; *D.* 1983, inf. rap. 491).

4) La chambre d'accusation doit vérifier, même d'office, que le juge d'instruction désigné en application de l'article 83 du Code de procédure pénale fait légalement partie du tribunal, pour pouvoir s'assurer de la régularité des actes d'information qu'il a accomplis (Cass. crim. 15 juin 1982 : *Bull.* 161 ; *JCP* 83, II, 20059, note Chambon ; *Rev. sc. crim.* 1983, 491, obs. J. Robert).

5) Ni les dispositions du paragraphe 1er de l'article 6 de la Convention européenne de sauvegarde des droits de l'homme, lesquelles ne concernent pas les juridictions d'instruction, ni l'exigence d'impartialité, qui s'impose à toute juridiction, n'ont pour effet d'interdire en général, qu'une procédure d'information soit confiée à un juge d'instruction qui a précédemment été saisi de la même affaire en la même qualité (Cass. crim., 29 janv. 1985 : *Bull.* 46).

6) Le juge d'instruction appartenant à un tribunal qui en comprend plusieurs lorsqu'il a reçu une plainte avec constitution de partie civile devenue parfaite par le versement de la consignation dans le délai imparti ne saurait, après communication de la procédure au ministère public, sans avoir été chargé de l'information conformément aux dispositions de l'article 83 du Code de procédure pénale, se prononcer sur la recevabilité de ladite constitution de partie civile (Cass. crim., 7 mars 1988 : *Bull.* 114).

7) Lorsque le procureur de la République saisit le juge d'instruction au moyen d'un réquisitoire supplétif de faits qui n'étaient pas compris dans la saisine antérieure de ce magistrat, il n'y a pas lieu à nouvelle désignation par le président du tribunal en application de l'article 83 du Code de procédure pénale (Cass. crim., 15 nov. 1988 : *Bull.* 387).

8) Aux termes de l'article 83, alinéa 3, du Code de procédure pénale, lorsque un ou plusieurs juges d'instruction sont adjoints au juge d'instruction chargé de l'information, ce dernier a seul qualité pour statuer en matière de détention provisoire ; encourt, dès lors, la cassation l'arrêt de la chambre d'accusation qui omet de constater d'office la nullité de l'ordonnance de placement en détention provisoire rendue par deux juges d'instruction désignés dans une même information (Cass. crim., 7 juin 2000 : *Bull.* 218).

9) Le demandeur est sans intérêt à reprocher à l'arrêt attaqué d'avoir, au demeurant à bon droit, déclaré inopérante son argumentation prise de ce que l'ordonnance de non-lieu entreprise avait été cosignée par le juge titulaire et le juge adjoint, dès lors qu'en cas d'annulation d'une telle ordonnance, la chambre de l'instruction avait le pouvoir d'évoquer et de statuer au fond (Cass. crim., 3 avr. 2002 : *Bull.* 75).

Art. 83-1 *(Inséré, L. n. 93-2, 4 janv. 1993, art. 20)*. – **Pour l'application du deuxième alinéa de l'article 83, lorsque le tribunal comporte un ou deux juges d'instruction, le premier président de la cour d'appel, à la demande du président du tribunal, ou, en cas d'empêchement, le magistrat qui le remplace, peut adjoindre au juge chargé de l'information un ou plusieurs des juges de son ressort.**

Art. 84 *(Ord. n. 58-1296, 23 déc. 1958 ; L. n. 85-1407, 30 déc. 1985, art. 64 et 94 ; L. n. 93-2, 4 janv. 1993, art. 21)*. – **Sous réserve de l'application des articles 657 et 663, le dessaisissement du juge d'instruction au profit d'un autre juge d'instruction peut être demandé au président du tribunal,**

dans l'intérêt d'une bonne administration de la justice, par requête motivée du procureur de la République, agissant soit spontanément, soit à la demande des parties.

Le président du tribunal doit statuer dans les huit jours par une ordonnance qui ne sera pas susceptible de voies de recours.

En cas d'empêchement du juge chargé de l'information, par suite de congé, de maladie ou pour toute autre cause, de même qu'en cas de nomination à un autre poste, le président désigne le juge d'instruction chargé de le remplacer.

Toutefois, en cas d'urgence et pour des actes isolés, tout juge d'instruction peut suppléer un autre juge d'instruction du même tribunal, à charge par lui d'en rendre compte immédiatement au président du tribunal.

Dans les cas prévus par le deuxième alinéa de l'article 83 et l'article 83-1, le juge désigné ou, s'ils sont plusieurs, le premier dans l'ordre de désignation, peut remplacer ou suppléer le juge chargé de l'information sans qu'il y ait lieu à application des alinéas qui précèdent.

1) Un juge d'instruction suppléant le magistrat chargé de la procédure, pour des actes isolés, n'a pas à faire l'objet d'une désignation par le président du tribunal et n'est pas tenu de justifier l'urgence exigée par l'article 84, alinéa 4, du Code de procédure pénale, celle-ci étant présumée (Cass. crim., 24 janv. 1984 : *Bull.* 30).

2) Aux termes de l'article 84, alinéa 4, du Code de procédure pénale, lorsque le juge d'instruction saisi se trouve empêché, tout autre magistrat instructeur du même tribunal peut, s'il y a urgence et pour des actes isolés, le suppléer à charge de rendre compte immédiatement au président du tribunal.

Les chambres d'accusation apprécient s'il y a urgence et si les actes du magistrat instructeur suppléant ont été des actes isolés (Cass. crim., 5 déc. 1988 : *Bull.* 409). Lorsque lui sont déférés, en vue de leur annulation, des actes accomplis par un juge d'instruction ayant suppléé en raison de l'urgence le juge désigné pour suivre l'information, la chambre d'accusation apprécie souverainement si ce dernier était empêché (Cass. crim., 9 oct. 1990 : *Bull.* 336).

3) En cas de nomination d'un juge d'instruction à un autre poste, le président du tribunal procède, par ordonnance, à la désignation du juge d'instruction chargé de le remplacer ; satisfait aux exigences des articles 83 et 84 du Code de procédure pénale le classement, dans chaque dossier, de la copie, certifiée conforme dans chaque dossier, de la copie, certifiée conforme par le greffier, de l'ordonnance affectant au nouveau juge d'instruction les procédures d'information qui y sont énumérées ; en effet, la certification signée par le greffier fait foi jusqu'à inscription de faux (Cass. crim., 20 août 1986 : *Bull.* 244).

4) Lorsqu'un juge d'instruction est en congé, il appartient au président du tribunal d'apprécier s'il doit, en application de l'alinéa 3 de l'article 84 du Code de procédure pénale, procéder à son remplacement : un autre juge d'instruction, même figurant sur un tableau de service, ne peut qu'accomplir au lieu et place de son collègue, en cas d'urgence, ainsi que prévu au 4e alinéa du même article, des actes isolés ; le tableau de roulement prévu à l'article 83 dudit code ne concerne que les informations qui viennent à être ouvertes pendant la période qu'il prévoit et non celles pour lesquelles un juge d'instruction a, antérieurement, été désigné (Cass. crim., 22 nov. 1988 : *Bull.* 395).

5) Selon le dernier alinéa de l'article 84 du Code de procédure pénale, le juge qui a été adjoint au juge d'instruction chargé d'une information peut, en cas d'absence ou d'empêchement de ce dernier, le remplacer ou le substituer dans l'accomplissement des actes pour lesquels celui-ci a seule compétence ; c'est donc à bon droit qu'une chambre d'accusation a déclaré valable les ordonnances de placement en détention provisoire prises par le juge d'instruction adjoint, après avoir relevé qu'une cinquantaine de personnes étaient déférées en même temps au juge chargé de l'information (Cass. crim., 24 mars 1998 : *Bull.* 109. – Cass. crim., 29 nov. 2000 : *Bull.* 357).

SECTION II. – DE LA CONSTITUTION DE LA PARTIE CIVILE ET DE SES EFFETS

Art. 85. – Toute personne qui se prétend lésée par un crime ou un délit peut en portant plainte se constituer partie civile devant le juge d'instruction compétent.

V. J. DUMONT, *Constitution de partie civile : J.-Cl. Proc. pén.*, art. 85 à 91. – BROUCHOT, *L'arrêt Laurent-Athalin, sa genèse et ses conséquences*, in « Mélanges Patin », p. 411, éd. Cujas, 1966.

1) Quelles que soient les réquisitions prises par le ministère public au vu de la communication prescrite par l'article 70 du CIC, le juge d'instruction, saisi conformément à l'article 63 du même code, d'une plainte avec constitution régulière de partie civile, et d'ailleurs compétent aux termes du même article, a, sous la garantie, pour cette partie, du recours institué dans l'article 135, le devoir d'informer sur la plainte, dans telle mesure qu'il appartient, cette obligation ne cesse que si le juge d'instruction décide en l'état soit que, d'ores et déjà, la prévention est suffisamment établie pour être procédé conformément aux articles 129, 130, 133 du CIC, soit que, pour des causes affectant l'action publique elle-même, les faits ne peuvent légalement comporter une poursuite ou que, à les supposer démontrés, ils ne sauraient admettre aucune qualification pénale (Cass. crim., 8 déc. 1906 : *Bull.* 443 ; *DP* 1907, 1, 207, rap. de M. le conseiller Laurentin-Atthalin).

2) Il est de principe que le juge d'instruction qui a reçu une plainte déposée avec constitution de partie civile, conformément aux dispositions de l'article 85 du Code de procédure pénale, est tenu d'informer comme s'il était saisi par un réquisitoire introductif du procureur de la République (Cass. crim., 23 déc. 1955 : *Bull.* 605. – Cass. crim., 21 févr. 1968 : *Bull.* 56 ; *D.* 1968, 691, note Pradel).

3) Si l'article 85 du Code de procédure pénale accorde le droit de mettre l'action publique en mouvement, en se constituant partie civile devant le juge d'instruction, et sans aucune intervention du ministère public, à toute personne qui se prétend lésée par un crime ou un délit, on ne saurait déduire de cette formule qu'il suffit au plaignant, pour jouir d'un droit de cette nature, d'alléguer qu'il a été lésé par l'infraction dont il saisit la justice (Cass. crim., 9 févr. 1961 : *Bull.* 83).

Selon l'article 85 du Code de procédure pénale, il suffit, pour que la constitution de partie civile soit recevable lors de l'instruction préalable, que les circonstances sur lesquelles elle s'appuie permettent au juge d'admettre comme possible l'existence du préjudice allégué et la relation de celui-ci avec une infraction à la loi pénale (Cass. crim., 6 oct. 1964 : *Bull.* 256 ; *Rev. sc. crim.* 1965, 434, obs. J. Robert. – Cass. crim., 13 avr. 1967 : *Bull.* 119. – Cass. crim., 17 oct. 1972 : *Bull.* 289. – Cass. crim., 20 nov. 1980 : *Bull.* 309. – 4 juin 1996 : *Bull.* 230). Il n'importe que la partie civile ait mal qualifié l'infraction pouvant être constituée par les faits sur lesquels porte la plainte ; il appartient à la juridiction d'instruction d'examiner ces faits sous toutes les qualifications possibles (Cass. crim., 23 janv. 1990 : *Bull.* 43).

Aucune disposition légale n'exige, en outre, qu'il n'existe aucune opposition d'intérêts entre les diverses parties civiles (Cass. crim., 17 oct. 1972 : *Bull.* 289).

4) Justifie sa décision de refus d'informer, la juridiction d'instruction qui constate que la partie civile ne peut établir la preuve d'aucun préjudice personnel résultant directement des prétendues infractions dénoncées dans sa demande de poursuite (Cass. crim., 6 nov. 1963 : *Bull.* 308 ; *Rev. sc. crim.* 1964, 387, obs. J. Robert).

5) L'article 1131 du Code civil, qui déclare sans effet l'obligation sur cause illicite, ne vise pas les obligations ayant leur source dans un délit caractérisé par la loi pénale et dont les sommes allouées par les juges à la partie civile constituent la réparation (Cass. crim., 7 juin 1945 : *Bull.* 63 ; *D.* 1946, 149, note Savatier. – Cass. crim., 8 déc. 1953 : *Bull.* 325 ; *D.* 1954, 437, note Vouin).

6) Le juge d'instruction, saisi par une plainte avec constitution de partie civile de faits dénoncés comme constituant un délit ne peut, par le seul examen abstrait de l'inculpation visée par le plaignant, se prononcer, sans instruction préalable, sur le caractère délictuel ou contraventionnel desdits faits, décider que ceux-ci ne constituent qu'une contravention et, par voie de conséquence, déclarer la constitution de partie civile irrecevable par application de l'article 85 du Code de procédure pénale, duquel il ressort que le droit à provoquer l'ouverture d'une information par une plainte assortie de constitution de partie civile ne s'étend pas à la matière des contraventions.

Une telle décision, encore qu'elle ait été qualifiée d'ordonnance d'irrecevabilité, équivaut à un refus d'informer en dehors des cas limitativement prévus par l'article 86 du même code (Cass. crim., 18 mai 1971 : *Bull.* 160. - Cass. crim., 11 mai 1999 : *Bull.* 90).

7) L'action intentée par la partie civile se transmet, lorsque celle-ci vient à décéder, à ses

héritiers qui l'exercent dans son intégralité et sont fondés à obtenir la réparation de l'entier préjudice tant matériel que moral que l'infraction avait causé à leur auteur.

Dès lors les héritiers d'une partie civile, décédée en cours d'instance, ont seuls vocation à reprendre l'action introduite par leur auteur et dans les seules limites du préjudice subi personnellement par celui-ci (Cass. crim., 21 nov. 1957 : *Bull.* 760).

8) S'il est de principe que la plainte déposée avec constitution de partie civile devant le juge d'instruction met l'action publique en mouvement, cet effet ne se produit que si la constitution de partie civile est régulière et recevable.

S'il en est ainsi, le désistement ultérieur de la partie civile est sans influence sur l'action publique qui suit alors son cours (Cass. crim., 15 janv. 1976 : *Bull.* 13).

9) Il résulte des dispositions des articles 85 et 86 du Code de procédure pénale que, devant le juge d'instruction, le plaignant acquiert la qualité de partie civile par le seul fait de sa manifestation expresse de volonté suivie de la consignation des frais (Cass. crim., 8 mai 1979 : *Bull.* 165).

10) La personne, qui s'est constituée partie civile lors de l'instruction, conserve, sauf renonciation expresse, cette qualité ; elle n'est donc pas tenue de renouveler sa constitution au cours des débats devant la cour d'assises, auxquels elle intervient de plein droit (Cass. crim., 29 nov. 1989 : *Bull.* 454).

11) La partie civile constituée devant le juge d'instruction ne peut abandonner la voie de l'instruction préparatoire en cours, pour traduire quiconque et notamment l'inculpé, en raison des faits mêmes objet de l'information, par voie de citation directe devant la juridiction correctionnelle (Cass. crim., 29 oct. 1990 : *Bull.* 360).

Art. 86 *(Mod., L. n. 93-2, 4 janv. 1993, art. 28 ; L. n. 93-1013, 24 août 1993, art. 9).* **– Le juge d'instruction ordonne communication de la plainte au procureur de la République pour que ce magistrat prenne ses réquisitions.**

Le réquisitoire peut être pris contre personne dénommée ou non dénommée.

Lorsque la plainte n'est pas suffisamment motivée ou justifiée, le procureur de la République peut, avant de prendre ses réquisitions et s'il n'y a pas été procédé d'office par le juge d'instruction, demander à ce magistrat d'entendre la partie civile et, le cas échéant, d'inviter cette dernière à produire toute pièce utile à l'appui de sa plainte.

Le procureur de la République ne peut saisir le juge d'instruction de réquisitions de non informer que si, pour des causes affectant l'action publique elle-même, les faits ne peuvent légalement comporter une poursuite ou si, à supposer ces faits démontrés, ils ne peuvent admettre aucune qualification pénale. Dans le cas où le juge d'instruction passe outre, il doit statuer par une ordonnance motivée.

(Al. créé, L. n° 2002-1138, 9 sept. 2002, art. 39, I, 2°) **Lorsque le juge d'instruction rend une ordonnance de refus d'informer, il peut faire application des dispositions des articles 177-2 et 177-3.**

V. Bolze, *Le refus d'informer, une sanction exceptionnelle en procédure pénale : Rev. sc. crim.* 1982, p. 311.

1) Lorsque les faits dénoncés par une plainte avec constitution de partie civile ne comportent aucune qualification pénale, le juge d'instruction rend, à bon droit, une ordonnance de refus d'informer (Cass. crim., 16 janv. 1974 : *Bull.* 25).

Le juge d'instruction est tenu d'instruire sur tous les faits dénoncés par la plainte avec constitution de partie civile et d'examiner tous les chefs d'inculpation visés dans cette plainte, quelles que soient les réquisitions du procureur de la République (Cass. crim., 16 nov. 1999 : *Bull.* 259).

C'est à bon droit qu'une chambre d'accusation saisie d'une plainte avec constitution de partie civile reprochant à une personne déclarée en état de faillite personnelle de continuer à exercer illégalement l'exploitation d'un commerce en contravention à l'interdiction de l'article 105 de la loi du 13 juillet 1967, décide de confirmer l'ordonnance du juge d'instruction portant refus d'informer au motif que la seule violation de l'interdiction susvisée n'était assortie d'aucune sanction pénale et que les faits dénoncés dans la plainte, à les supposer établis, ne constituaient à aucun titre une infraction pénale (Cass. crim., 12 juin 1979 : *Bull.* 205).

En application des articles 6-1 et 86 du Code de procédure pénale, lorsqu'un crime ou un délit est dénoncé comme ayant été commis à l'occasion d'une poursuite judiciaire et impliquerait la violation d'une disposition de procédure pénale, l'existence d'une décision définitive de la juridiction répressive écartant l'illégalité de la poursuite ou de l'acte accompli met obstacle à l'exercice de l'action publique pour la répression dudit crime ou délit (Cass. crim., 6 mai 1997 : *Bull.* 169).

2) Doit être cassé l'arrêt d'une chambre d'accusation qui confirme une ordonnance de refus d'informer, par le motif que les faits sont insuffisamment établis ou que la partie civile se trouverait dans l'impossibilité d'en administrer la preuve, alors qu'il n'avait été procédé à aucun acte d'information (Cass. crim., 23 juill. 1962 : *Bull.* 251).

Les juridictions d'instruction ont le devoir d'instruire. Cette obligation ne cesse, notamment, suivant les dispositions de l'alinéa 3 de l'article 86 du Code de procédure pénale, que si pour une cause affectant l'action publique elle-même, les faits ne peuvent comporter de poursuite (Cass. crim., 7 déc. 1976 : *Bull.* 350).

Constitue en conséquence un refus d'informer la décision d'une chambre d'accusation qui, étant saisie de l'appel d'une ordonnance d'irrecevabilité de la plainte avec constitution de partie civile du juge d'instruction ayant omis de statuer sur une des infractions visées dans la plainte, confirme ladite ordonnance en procédant par le seul examen abstrait de faits omis par le magistrat instructeur (Cass. crim., 16 nov. 1999 : *Bull.* 259).

Aux termes de l'alinéa 3 de l'article 86 du même code, le procureur de la République ne peut saisir le juge d'instruction de réquisitions de non informer que si, pour des causes affectant l'action publique elle-même, les faits ne peuvent légalement comporter une poursuite, ou si à supposer les faits démontrés, ils ne peuvent admettre aucune qualification pénale.

Dès lors, doit être cassé l'arrêt de la chambre d'accusation qui, par le simple examen abstractivement fait de l'inculpation visée dans la plainte, confirme une ordonnance de refus d'informer du juge d'instruction (Cass. crim., 21 févr. 1968 : *Bull.* 56 ; *D.* 1968, 691, note Pradel).

De même, doit être cassé l'arrêt de la chambre d'accusation qui, pour confirmer une ordonnance de refus d'informer du juge d'instruction, statue sur un élément de pur fait sans l'avoir vérifié par une information préalable (Cass. crim., 3 févr. 1970 : *Bull.* 46. – Cass. crim., 7 févr. 1978 : *Bull.* 45. – Cass. crim., 28 avr. 1986 : *Bull.* 140).

Doit être également cassé l'arrêt de la cour d'appel qui, pour confirmer une ordonnance de refus d'informer du juge d'instruction, s'abstient, d'une part, de préciser les faits dénoncés par la partie civile et refuse d'autre part, de prendre connaissance des mémoires visés à la procédure ou déposés régulièrement au greffe de la cour (Cass. crim., 19 févr. 1974 : *Bull.* 69).

3) Spécialement en matière d'infractions à la loi du 29 juillet 1881 sur la presse, doit être cassé l'arrêt de la chambre d'accusation qui, pour confirmer une ordonnance de refus d'informer du juge d'instruction, statue, d'une part, sur des éléments de pur fait allégués par la partie civile sans les avoir vérifiés par une information préalable et qui, d'autre part, en présence de réquisitions du ministère public tendantau non-lieu à informer, ne recherche pas si l'action de la partie civile avait été régulièrement introduite au regard des exigences de l'article 50 de ladite loi (Cass. crim., 5 juin 1971 : *Bull.* 181).

Encourt la cassation l'arrêt d'une chambre d'accusation qui a confirmé une ordonnance de refus d'informer sans vérifier au préalable si la plainte avec constitution de partie civile répondait aux exigences de l'article 50 de la loi du 29 juillet 1881 et ainsi avait pu valablement mettre l'action publique en mouvement puisque ladite plainte constituait le seul titre de poursuite devant les réquisitions de refus d'informer du procureur de la République (Cass. crim., 29 janv. 1985 : *Bull.* 45).

4) Une chambre d'accusation ne peut, pour confirmer une ordonnance de refus d'informer, ni se référer, pour nier un détournement aux résultats d'une enquête ordonnée par le procureur général, ni qualifier un contrat non écrit alors que la partie civile allègue des éléments de fait de nature à influer sur l'interprétation des stipulations entre les parties (Cass. crim., 18 juill. 1973 : *Bull.* 334).

5) Le juge d'instruction ne peut fonder sa décision de non informer sur une appréciation des faits résultant d'une pièce étrangère à la procédure dont il est saisi (Cass. crim., 17 oct. 1995 : *Bull.* 308) ; d'une enquête discipli-

naire étrangère à la procédure et qui n'avait pas le même objet, ou sur la prescription, sans donner toutes les précisions qui auraient permis à la Cour de cassation d'exercer son contrôle (Cass. crim., 23 juill. 1974 : *Bull.* 261).

Selon l'article 86 du Code de procédure pénale, sous la réserve prévue par le 4e alinéa de ce texte lorsque les faits dénoncés ne peuvent comporter une poursuite ou admettre aucune qualification pénale, le juge d'instruction, régulièrement saisi d'une plainte avec constitution de partie civile, a le devoir d'instruire quelles que soient les réquisi tions du ministère public ; toutefois, s'il est saisi d'un réquisitoire de refus d'informer, il ne peut passer outre sans statuer par une ordonnance motivée ; ne met pas la Cour de cassation en mesure de s'assurer de la légalité de sa décision la chambre d'accusation qui confirme l'ordonnance de refus « partiel » d'informer, rendue sur réquisitions conformes prises plusieurs mois auparavant, sans préciser si les faits motivant cette décision avaient été vérifiés par l'information suivie des autres chefs dénoncés par la partie civile ou s'ils en étaient résultés, et sans rechercher si, malgré l'absence d'une ordonnance de passer outre aux réquisitions de refus d'informer, ils ne pouvaient après annulation et évocation, justifier une décision de non-lieu partiel (Cass. crim., 2 oct. 1996 : *Bull.* 341).

6) Si le juge d'instruction n'est pas lié par la qualification donnée aux faits par le réquisitoire introductif ou la constitution de partie civile, il n'en demeure pas moins, qu'étant tenu d'informer, il ne saurait, par un simple examen abstrait des pièces à lui transmises, écarter certains de ces faits dans le but d'adopter une qualification différente, d'une part, sous peine de rendre implicitement une décision valant refus d'informer en dehors des cas prévus par l'article 86, alinéa 3, du Code de procédure pénale et, d'autre part, sans répondre par une ordonnance motivée comme le lui impose l'article 82 de ce code dont le ministère public est recevable à interjeter appel aux termes des articles 183, alinéa 4, et 185 du même code (Cass. crim., 18 janv. 1983 : *Bull.* 22 ; *D.* 1984, 4, note Chambon).

Le juge d'instruction, saisi par une plainte avec constitution de partie civile de faits dénoncés comme constituant un délit, ne peut, par le seul examen abstrait de l'inculpation visée par le plaignant, se prononcer, sans instruction préalable, sur le caractère délictuel ou contraventionnel desdits faits, décider que ceux-ci ne constituent qu'une contravention et, par voie de conséquence, déclarer la constitution de partie civile irrecevable par application de l'article 85 du Code de procédure pénale, duquel il ressort que le droit de provoquer l'ouverture d'une information par une plainte assortie de constitution de partie civile ne s'étend pas à la matière des contraventions ; une telle décision, encore qu'elle ait été qualifiée d'ordonnance d'irrecevabilité, équivaut à un refus d'informer en dehors des cas limitativement prévus par l'article 86 du même Code (Cass. crim., 5 oct. 1999 : *Bull.* 203).

Le juge d'instruction saisi par réquisitoire supplétif du procureur de la République ne peut, au motif que les faits, objet dudit réquisitoire, ne résultent pas de l'information suivie par lui, refuser d'informer ; les dispositions de l'article 86, alinéa 3, du Code de procédure pénale qui autorisent le procureur de la République à requérir une ordonnance de refus d'informer en cas de plainte avec constitution de partie civile dans les hypothèses qu'énonce ce texte ne saurait permettre au magistrat instructeur de rendre une telle ordonnance lorsqu'il est requis d'instruire en vertu de l'article 80 du même code (Cass. crim., 31 mars 1987 : *Bull.* 149).

7) Le juge d'instruction peut qualifier librement les faits dont il est saisi soit par la plainte avec constitution de partie civile, soit par le réquisitoire du Parquet et à l'égard desquels il a l'obligation d'informer (Cass. crim., 28 oct. 1980 : *Bull.* 277).

8) L'action publique est valablement mise en mouvement par le réquisitoire introductif du procureur de la République alors sitoire introductif du procureur de la République alors même que la constitution de partie civile aurait été déclarée irrecevable.

Qu'il n'en serait autrement que si cette mise en mouvement de l'action publique était subordonnée au dépôt d'une plainte préalable (Cass. crim., 5 avr. 1924 : *Bull.* 163. – Cass. crim., 21 juin 1973 : *Bull.* 290. – Cass. crim., 8 nov. 1983 : *Bull.* 290).

Si l'irrecevabilité de la constitution de partie civile portée devant le juge d'instruction laisse subsister l'action publique mise en mouvement par les réquisitions d'informer prises par le procureur de la République en application de l'article 86 du Code de procédure pénale, une partie civile, dont la constitution est définitivement déclarée irrecevable par le rejet de son pourvoi, devient sans qualité pour invoquer, devant la Cour de cassation, une méconnaissance dudit article 86 (Cass. crim., 19 janv. 1993 : *Bull.* 23).

9) Doit être cassé l'arrêt d'une chambre d'accusation qui confirme une ordonnance de refus d'informer en se fondant sur l'exception de chose jugée dès lors que la personne nommément désignée dans la plainte est différente de celle déjà poursuivie et condamnée (Cass. crim., 5 févr. 1985 : *Bull.* 59).

Art. 87 *(Mod., L. n. 93-2, 4 janv. 1993, art. 29 ; L. n. 93-1013, 24 août 1993, art. 35-II).* **– La constitution de partie civile peut avoir lieu à tout moment au cours de l'instruction.**

Elle peut être contestée par le procureur de la République ou par une partie.

En cas de contestation, ou s'il déclare irrecevable la constitution de partie civile, le juge d'instruction statue, après communication du dossier au ministère public, par ordonnance motivée dont l'intéressé peut interjeter appel.

1) La constitution de partie civile au cours de l'instruction peut être réalisée par l'envoi au juge d'instruction d'une simple lettre dès lors que celle-ci est exempte d'équivoque et que son authenticité n'est pas contestée (Cass. crim., 2 oct. 1979 : *Bull.* 265 ; *Rev. sc. crim.* 1980, 457, obs. J. Robert).

Le plaignant devient partie civile par le seul fait de sa déclaration devant le juge d'instruction sans qu'il y ait lieu de notifier cette constitution aux autres parties (Cass. crim., 28 mai 1968 : *Bull.* 176 ; *D.* 1969, 3, note Faivre).

2) Lorsque l'action publique a été mise en mouvement à l'initiative du ministère public, une constitution de partie civile par voie d'intervention est recevable dès que les circonstances permettent au juge d'admettre comme possible l'existence du préjudice allégué et la relation directe de celui-ci avec les infractions visées par le réquisitoire (Cass. crim., 10 janv. 1979 : *Bull.* 18).

3) Est recevable à se constituer partie civile par voie d'intervention telle que prévue par l'article 87 du Code de procédure pénale, la victime d'une infraction résultant de la commission d'un fait unique et indivisible procédant de la même action coupable, alors même que l'action publique aurait été mise en mouvement par la constitution de partie civile d'une autre victime de ce même fait (Cass. crim., 9 juill. 1982 : *Bull.* 184).

La constitution de partie civile incidente devant la juridiction d'instruction n'est recevable qu'à raison des seuls faits pour lesquels l'information est ouverte (Cass. crim., 9 nov. 1995 : *Bull.* 345. – Cass. crim., 8 juin 1999 : *Bull.* 123).

4) Un préjudice personnel résultant directement de l'infraction poursuivie peut seul, en principe, servir de base à l'action civile devant la juridiction répressive.

En conséquence, c'est à bon droit qu'a été déclarée irrecevable la constitution de partie civile de deux groupements professionnels d'avocats qui, à l'occasion d'une poursuite pour blessures involontaires, prétendaient s'opposer à ce que le prévenu fît assurer sa défense par un avoué. Sur ce point précis d'ailleurs, la victime de l'infraction, partie civile, se trouve elle-même sans qualité pour intervenir (Cass. crim., 11 mars 1965 : *Bull.* 75).

5) L'intervention d'une partie civile peut n'être motivée que par le souci de corroborer l'action publique et d'obtenir que soit établie la culpabilité du prévenu. Dès lors, la constitution de partie civile doit être accueillie à ces fins, quand bien même il serait allégué ou démontré que la réparation du dommage causé par l'infraction échapperait à la compétence de la juridiction répressive (Cass. crim., 8 juin 1971 : *Bull.* 182. – Cass. crim., 24 mai 1973 : *Bull.* 238).

6) Il résulte des articles 47, 48 et 48-1 de la loi du 29 juillet 1881 que seuls le ministère public et certaines associations peuvent mettre en mouvement l'action publique dans le cas du délit prévu par l'article 24, alinéa 5, de ladite loi. Les personnes visées individuellement peuvent seulement se constituer parties civiles par voie d'intervention dans les termes de l'article 87 du Code de procédure pénale (Cass. crim., 3 mars 1980 : *Bull.* 74).

7) La partie civile qui relève appel de l'ordonnance déclarant irrecevable sa constitution, conserve sa qualité de partie civile par l'effet suspensif de son appel.

Dès lors, le conseil de la partie civile est en droit de prendre connaissance du dossier de la procédure au greffe de la Cour, dans les conditions prévues à l'article 197, § 3, du Code de procédure pénale. Et l'inobservation des dispositions dudit article entraîne nullité s'il y a eu violation des droits des parties (Cass. crim., 28 mai 1968 : *Bull.* 176).

8) Aux termes de l'article 87 du Code de procédure pénale, toute constitution de partie civile, au cours de l'instruction, peut être contestée par le ministère public (Cass. crim., 26 oct. 1967 : *Bull.* 274).

Aux termes de l'article 87 du Code de procédure pénale, toute constitution de partie civile peut être contestée au cours de l'instruction. Et il appartient au juge d'instruction, sur les réquisitions des parties ou même d'office, de statuer sur la recevabilité des demandes de constitution de partie civile dont il est saisi (Cass. crim., 11 déc. 1973 : *Bull.* 459).

La constitution de partie civile peut être contestée, aux termes de l'article 87, alinéa 2, du Code de procédure pénale, par le ministère public, l'inculpé ou une autre partie civile, qu'il s'agisse d'une constitution ayant mis en mouvement l'action publique ou d'une constitution intervenue au cours de l'instruction.

Est recevable l'appel par l'inculpé d'une ordonnance de renvoi en police correctionnelle qui présente le caractère d'une décision complexe en ce qu'elle a admis implicitement une constitution de partie civile dont la recevabilité avait été expressément contestée (Cass. crim., 13 juin 1972 : *Bull.* 197. – Cass. crim., 14 déc. 1982 : *Bull.* 288).

9) Aux termes de l'article 87 du Code de procédure pénale, en cas de contestation de la constitution de partie civile ou s'il la déclare d'office irrecevable, le juge d'instruction statue par une ordonnance motivée après communication du dossier au ministère public.

Il en est ainsi lorsqu'il est allégué que la consignation n'aurait pas été versée dans le délai fixé.

Le magistrat instructeur ne saurait dès lors saisir aux fins d'annulation des actes de l'information, en application de l'article 171 du Code de procédure pénale, la chambre d'accusation. Celle-ci n'a d'autre pouvoir que d'annuler la décision la saisissant à tort et de renvoyer la procédure au juge d'instruction pour qu'il statue sur l'exception soulevée (Cass. crim., 28 juin 1988 : *Bull.* 292).

10) Une constitution de partie civile par voie d'intervention est recevable si les circonstances permettent à la juridiction d'instruction d'admettre comme possible l'existence du préjudice allégué et la relation directe de celui-ci avec une infraction à la loi pénale ; une chambre d'accusation ayant à se prononcer sur la recevabilité d'une telle constitution de partie civile ne peut l'écarter au motif que l'infraction ne serait pas caractérisée (Cass. crim., 15 nov. 1988 : *Bull.* 387. – 4 juin 1996 : *Bull.* 230).

11) La partie civile qui n'a pas mis l'action publique en mouvement ne peut exiger l'extension des poursuites exercées par le ministère public à d'autres infractions, fussent-elles connexes à celles dont est saisi le juge d'instruction, par le moyen d'une constitution de partie civile incidente (Cass. crim., 15 janv. 1991 : *Bull.* 24). La constitution de partie civile incidente n'est recevable qu'à raison des seuls faits pour lesquels l'information est ouverte (Cass. crim., 10 déc. 1996 : *Bull.* 455).

Art. 87-1. – *Abrogé, L. n. 98-468, 17 juin 1998, art. 49.*

Art. 88 *(Mod., L. n. 93-2, 4 janv. 1993, art. 121).* – **Le juge d'instruction constate, par ordonnance, le dépôt de la plainte. En fonction des ressources de la partie civile, il fixe le montant de la consignation que celle-ci doit, si elle n'a obtenu l'aide juridictionnelle, déposer au greffe et le délai dans lequel elle devra être faite sous peine de non-recevabilité de la plainte. Il peut dispenser de consignation la partie civile.**

1) Une mention, relative à l'envoi de la lettre recommandée notifiant au plaignant le délai imparti pour consigner, vaut jusqu'à inscription de faux (Cass. crim., 5 juill. 1977 : *Bull.* 251).

Le délai imparti au plaignant par le juge pour consigner, commence à courir, sauf dispositions contraires, le lendemain du jour de la décision et se calcule suivant les règles prévues par l'article 801 du Code de procédure pénale (Cass. crim., 5 juill. 1977 : *Bull.* 251 ; *D.* 1978, inf. rap. 113, obs. Puech).

2) Le dépôt, constaté sans équivoque d'une plainte avec déclaration expresse de constitution de partie civile, interrompt la prescription

de l'action publique, dès lors que la consignation prévue par l'article 88 du Code de procédure pénale a été ultérieurement versée dans le délai fixé (Cass. crim., 23 oct. 1979 : *Bull.* 293 ; *Rev. sc. crim.* 1980, 459, obs. J. Robert. – Cass. crim., 9 déc. 1980 : *Bull.* 341).

3) La qualité de partie civile s'acquiert par le dépôt d'une plainte auprès de la juridiction compétente, contenant la manifestation expresse du plaignant de se constituer partie civile.

Lorsque le dépôt d'une telle plainte a été dûment constaté, c'est au jour de ce dépôt qu'il faut se placer pour apprécier la qualité du plaignant lui donnant le droit d'agir, s'il y a contestation, alors que la consignation des frais a été effectuée dans le délai imparti.

En effet, le versement de la consignation dans les conditions ci-dessus précisées, a pour effet, aux termes de l'article 88 du Code de procédure pénale, de rendre recevable une telle plainte (Cass. crim., 13 déc. 1983 : *Bull.* 338).

4) La juridiction d'instruction, saisie d'une plainte avec constitution de partie civile, suivie du versement de la consignation prévue à l'article 88 du Code de procédure pénale, doit, en l'absence de réquisitions de non-informer, instruire sur les faits dénoncés dans cette plainte, alors même qu'ils ne sont pas visés dans le réquisitoire introductif du ministère public, dans la mesure où cette constitution de partie civile n'a pas été déclarée irrecevable (Cass. crim., 8 déc. 1992 : *Bull.* 409).

5) Lorsque l'aide juridictionnelle même partielle lui a été accordée, la partie civile est dispensée de toute consignation, en application de l'article 88 du Code de procédure pénale (Cass. crim., 30 nov. 1999 : *Bull.* 277).

Art. 88-1 *(L. n. 2000-516, 15 juin 2000, art. 87-II).* **– La consignation fixée en application de l'article 88 garantit le paiement de l'amende civile susceptible d'être prononcée en application de l'article 177-2.**

La somme consignée est restituée lorsque cette amende n'a pas été prononcée par le juge d'instruction ou, en cas d'appel du parquet ou de la partie civile, par la chambre de l'instruction.

Art. 89 *(Rempl., L. n. 85-1407, 30 déc. 1985, art. 14 et 94).* **– Toute partie civile doit déclarer au juge d'instruction une adresse qui doit être située, si l'information se déroule en métropole, dans un département métropolitain ou, si l'information se déroule dans un département d'outre-mer, dans ce département.**

Elle peut déclarer soit une adresse personnelle, soit, avec l'accord de celui-ci, qui peut être recueilli par tout moyen, celle d'un tiers chargé de recevoir les actes qui lui sont destinés.

Elle est avisée qu'elle doit signaler au juge d'instruction jusqu'à la clôture de l'information, par nouvelle déclaration ou par lettre recommandée avec demande d'avis de réception, tout changement de l'adresse déclarée. Elle est également avisée que toute notification faite à la dernière adresse déclarée sera réputée faite à sa personne.

Faute par elle d'avoir déclaré une adresse, la partie civile ne peut opposer le défaut de notification des actes qui auraient dû lui être notifiés aux termes de la loi.

1) C'est à bon droit que le procureur général, postérieurement à l'entrée en vigueur de la loi du 30 décembre 1985, modifiant l'article 89 du Code de procédure pénale, a fait signifier au domicile élu par la partie civile sous l'empire de l'ancien texte un arrêt de non-lieu de la chambre d'accusation dès lors que cette partie civile n'a pas notifié, dans les formes prescrites par le nouvel article 89, une autre adresse ; le délai de pourvoi part de cette signification.

Une demande d'aide judiciaire ne saurait interrompre ou suspendre le délai de pourvoi en cassation fixé par l'article 568 du Code de procédure pénale (Cass. crim., 30 juin 1987 : *Bull.* 271).

2) La mention dans la plainte avec constitution de partie civile que cette dernière élit domicile au cabinet de son avocat, lequel a contresigné la plainte, vaut déclaration d'adresse au sens de l'article 89 du Code de procédure pénale.

La notification d'une ordonnance à la partie civile doit être faite à l'adresse déclarée par celle-ci en application de l'article 89 du Code de procédure pénale. Seule la notification régulière fait courir le délai d'appel (Cass. crim., 5 oct. 1999 : *Bull.* 205).

La notification d'une ordonnance du juge d'instruction à la partie civile, détenue pour autre cause, doit être faite à l'adresse déclarée et dans les formes prescrites par l'alinéa 2 de cet article qui exclut, en ce qui concerne la partie civile, la notification par les soins du chef de l'établissement pénitentiaire, réservée au seul inculpé. (Cass. crim., 11 oct. 1988 : *Bull.* 344 ; *JCP* 89, II, 21264, note Chambon).

3) L'article 89 du Code de procédure pénale ne soumet à aucune forme particulière l'accord du tiers dont l'adresse a été déclarée par la partie civile. Il importe seulement que cet accord soit certain (Cass. crim., 9 nov. 1998 : *Bull.* 290).

Art. 89-1 *(Applic. 1er janv. 2001 ; L. n. 2000-516, 15 juin 2000, art. 140) (L. n. 93-1013, 24 août 1993, art. 10).* **– Lors de sa première audition, la partie civile est avisée de son droit de formuler une demande d'acte ou de présenter une requête en annulation sur le fondement des articles 81, neuvième alinéa, 82-1, 156, premier alinéa, et 173, troisième alinéa, durant le déroulement de l'information et au plus tard le vingtième jour suivant l'envoi de l'avis prévu par le premier alinéa de l'article 175** *(L. n. 2000-516, 15 juin 2000, art. 29-II)* **sous réserve des dispositions de l'article 173-1.**

*(L. n. 2000-516, 15 juin 2000, art. 74-I)***S'il estime que le délai prévisible d'achèvement de l'information est inférieur à un an en matière correctionnelle ou à dix-huit mois en matière criminelle, le juge d'instruction donne connaissance de ce délai à la partie civile et l'avise qu'à l'expiration dudit délai elle pourra demander la clôture de la procédure en application des dispositions de l'article 175-I. Dans le cas contraire, il indique à la partie civile qu'elle pourra demander, en application de ce même article, la clôture de la procédure à l'expiration d'un délai d'un an en matière correctionnelle ou de dix-huit mois en matière criminelle.**

Les avis prévus au présent article peuvent également être faits par lettre recommandée.

Art. 90. – Dans le cas où le juge d'instruction n'est pas compétent aux termes de l'article 52, il rend, après réquisitions du ministère public, une ordonnance renvoyant la partie civile à se pourvoir devant telle juridiction qu'il appartiendra.

Art. 91 *(L. n. 2000-516, 15 juin 2000, art. 87-III).* **– Quand, après une information ouverte sur constitution de partie civile, une décision de non-lieu a été rendue, la personne mise en examen et toutes personnes visées dans la plainte, et sans préjudice d'une poursuite pour dénonciation calomnieuse, peuvent, si elles n'usent de la voie civile, demander des dommages-intérêts au plaignant dans les formes indiquées ci-après.**

L'action en dommages-intérêts doit être introduite dans les trois mois où jour de l'ordonnance de non-lieu est devenue définitive. Elle est portée par voie de citation devant le tribunal correctionnel où l'affaire a été instruite. Ce tribunal est immédiatement saisi du dossier de l'information terminée par une ordonnance de non-lieu, en vue de sa communication aux parties. Les débats ont lieu en chambre du conseil : les parties, ou leurs conseils, et le ministère public sont entendus. Le jugement est rendu en audience publique.

En cas de condamnation, le tribunal peut ordonner la publication intégrale ou par extraits de son jugement dans un ou plusieurs journaux qu'il désigne, aux frais du condamné. Il fixe le coût maximum de chaque insertion.

L'opposition et l'appel sont recevables dans les délais de droit commun en matière correctionnelle.

L'appel est porté devant la chambre des appels correctionnels statuant dans les mêmes formes que le tribunal. L'arrêt de la Cour d'appel peut être déféré à la Cour de cassation comme en matière pénale.

Lorsqu'une décision définitive rendue en application de l'article 177-2 a déclaré que la constitution de partie civile était abusive ou dilatoire, cette décision s'impose au tribunal correctionnel saisi dans les conditions prévues aux alinéas précédents.

1) Il résulte des termes de l'article 91 du Code de procédure pénale que l'action prévue par ce texte ne peut être exercée que si la personne qui l'engage est l'une de celles « visées dans la plainte au sens dudit article, c'est-à-dire à la condition qu'elle ait été nommément désignée ou que, si la plainte a été portée contre X...., les termes de celle-ci renferment de telles

précisions que son identification ne puisse laisser le moindre doute » (Cass. crim., 9 mars 1967 : *Bull.* 96. – Cass. crim., 27 avr. 1972 : *Bull.* 147).

2) Si la dénonciation téméraire ou abusive, servant de fondement à l'action en dommages-intérêts exercée en application de l'article 91 du Code de procédure pénale, peut être exempte de mauvaise foi, la mauvaise foi du dénonciateur, lorsqu'elle est établie, implique nécessairement le caractère téméraire et abusif de la dénonciation (Cass. crim., 9 juill. 1975 : *Bull.* 184).

3) L'action en dommages-intérêts accordée par l'article 91 du Code de procédure pénale à la personne victime d'une dénonciation téméraire ou abusive contre son dénonciateur n'est pas exclusive de l'action civile exercée par la même personne contre ce dénonciateur du chef de dénonciation calomnieuse. Ces deux actions, qui ont une cause juridique différente, peuvent être exercées concurremment (Cass. crim., 26 févr. 1953 : *Bull.* 67. – Cass. crim., 12 févr. 1958 : *Bull.* 151. – Cass. crim., 2 mars 1971 : *Bull.* 70).

4) Ne saurait être annulée pour avoir « porté atteinte à la personne concernée », au sens de l'article 565 du Code de procédure pénale, la citation à comparaître devant le tribunal correctionnel, en chambre du conseil, qui réclame des dommages-intérêts sur le fondement de l'article 91 du même code, dès lors que cette citation ne vise pas une dénonciation calomnieuse caractéristique du délit réprouvé par l'article 373 du Code pénal.

La référence, dans la citation, aux sanctions qui seraient prononcées à la requête du ministère public est une simple clause de style, manifestement inspirée par la rédaction même de l'article 91 susvisé, et qui n'est pas de nature à créer une ambiguïté sur le fondement juridique de l'action, dirigée d'ailleurs contre la société, personne morale, représentée par son président-directeur général (Cass. crim., 27 févr. 1973 : *Bull.* 98 ; *Rev. sc. crim.* 1973, 917, obs. J. Robert).

5) L'action en réparation, ouverte devant la juridiction répressive par l'article 91 du Code de procédure pénale à la personne qui se prétend victime d'une dénonciation abusive ou téméraire, ne peut être exercée qu'à l'encontre de celui ou de ceux dont la plainte, assortie d'une constitution de partie civile, a provoqué la mise en mouvement de l'action publique ; elle n'est pas recevable contre les parties civiles intervenantes (Cass. crim., 30 janv. 1984 : *Bull.* 35. – Cass. crim., 26 nov. 1996 : *Bull.* 427).

6) L'action exercée en vertu de l'article 91 du Code de procédure pénale est fondée sur l'article 1382 du Code civil. Le prévenu qui a fait l'objet d'une plainte avec constitution de partie civile et qui a bénéficié d'une ordonnance de non-lieu ne peut obtenir des dommages-intérêts que s'il rapporte la preuve d'une faute du dénonciateur.

L'arrêt de non-lieu ne peut avoir les effets de la chose jugée quant à l'existence d'une faute ou d'une imprudence du dénonciateur ; celle-ci doit être appréciée par les juges de l'action pour dénonciation abusive (Cass. crim., 20 déc. 1961 : *Bull.* 540).

Le caractère fautif de la dénonciation doit être apprécié au moment même où elle a été faite (Cass. crim., 9 juin 1970 : *Bull.* 191).

Le retrait de la plainte par la partie civile avant l'intervention d'une ordonnance de non-lieu est inopérant, le caractère fautif de ladite plainte devant être apprécié au moment où celle-ci a été portée.

Les faits desquels une absence de faute est justement déduite sont souverainement constatés par les juges du fond sans pouvoir être à nouveau discutés devant la Cour de cassation (Cass. crim., 11 juin 1979 : *Bull.* 202).

7) Une ordonnance de non-lieu ne peut motiver l'application de l'article 91 du Code de procédure pénale que lorsque cette ordonnance est fondée sur l'insuffisance ou l'inexistence des charges. Il n'en est pas de même lorsqu'une ordonnance de non-lieu est fondée sur l'amnistie des faits objet de la poursuite, une telle ordonnance ne pouvant préjudicier aux droits de la victime de l'infraction (Cass. crim., 26 nov. 1974 : *Bull.* 346).

8) L'évaluation du dommage subi par la victime d'une plainte avec constitution de partie civile suivie d'une information terminée par une ordonnance de non-lieu doit être effectuée de manière à ce qu'il n'y ait pour cette victime ni perte, ni profit (Cass. crim., 5 janv. 1962 : *Bull.* 11).

9) Lorsque les juges du fond accordent sur le fondement de l'article 91 du Code de procédure pénale, une somme globale pour réparer le préjudice résultant pour la victime de la dénonciation téméraire d'un ensemble de faits délictueux, ils doivent s'expliquer sur l'existence du

préjudice résultant de la dénonciation de chaque délit (Cass. crim., 16 juin 1973 : *Bull.* 274).

10) Aux termes de l'article 91 du Code de procédure pénale, la personne visée par une plainte avec constitution de partie civile peut, au cas où une ordonnance de non-lieu a été rendue, former contre le plaignant une demande de dommages-intérêts devant le tribunal correctionnel où l'affaire a été instruite.

Encourt, dès lors, la cassation l'arrêt déclarant incompétent pour statuer sur une telle demande, le tribunal auquel appartient le juge d'instruction qui, ayant été saisi d'une affaire par une constitution de partie civile et ayant inculpé la personne visée par la plainte, a, au moins pour partie, instruit cette affaire (Cass. crim., 18 oct. 1973 : *Bull.* 366 ; *JCP* 74, II, 17649, note Chambon ; *Rev. sc. crim.* 1974, 384, obs. J. Robert).

11) Lorsque l'auteur d'une plainte avec constitution de partie civile a fait ensuite l'objet d'une procédure de liquidation des biens, la personne visée dans la plainte, même si l'ordonnance de non-lieu rendue en sa faveur est postérieure au jugement déclaratif, n'est pas recevable en l'état à saisir le juge répressif d'une demande fondée sur l'article 91 du Code de procédure pénale ; en effet sa créance trouve sa source dans la dénonciation faite avant ledit jugement et elle doit en conséquence produire entre les mains du syndic (Cass. crim., 2 juin 1987 : *Bull.* 229).

L'action en dommages-intérêts prévue à l'article 91, alinéa 2, du Code de procédure pénale, ne prend naissance qu'au jour où la décision de non-lieu rendue par le juge d'instruction est devenue définitive (Cass. crim., 20 nov. 1997 : *Bull.* 397).

12) La juridiction correctionnelle n'est pas tenue de donner la parole en dernier à la personne citée devant elle en application de l'article 91, alinéa 2, du Code de procédure pénale, ou à son défenseur, dès lors que, d'une part, une telle obligation n'est pas imposée par les alinéas 3 et 6 dudit article, seuls applicables en l'espèce, et dès lors que, d'autre part, l'action en dommages-intérêts pour dénonciation téméraire ou abusive étant de nature purement civile, la personne citée n'a pas la qualité de prévenu (Cass. crim., 26 nov. 1996 : *Bull.* 427).

SECTION III. – DES TRANSPORTS, DES PERQUISITIONS, DES SAISIES ET DES INTERCEPTIONS DE CORRESPONDANCES ÉMISES PAR LA VOIE DES TÉLÉCOMMUNICATIONS

Sous-section 1. – Des transports, des perquisitions et des saisies

Art. 92. – Le juge d'instruction peut se transporter sur les lieux pour y effectuer toutes constatations utiles ou procéder à des perquisitions. Il en donne avis au procureur de la République, qui a la faculté de l'accompagner.

Le juge d'instruction est toujours assisté d'un greffier.

Il dresse un procès-verbal de ses opérations.

V. J. DUMONT, *Transports, perquisitions et saisies : J.-Cl. Proc. pén.*, art. 92 à 98.

1) Pour être valable, un procès-verbal de transport doit porter non seulement la signature du juge, mais aussi celle du greffier qui doit obligatoirement accompagner le juge (Cass. crim., 20 avr. 1972 : *Bull.* 136).

Doit être déclaré non avenu et en conséquence retiré du dossier, le procès-verbal de transport non revêtu de la signature du greffier, dont l'assistance à cet acte d'instruction est obligatoire (Cass. crim., 16 déc. 1980 : *Bull.* 350). Encourt la nullité le procès-verbal de saisie non signé par le greffier alors que celui-ci doit obligatoirement assister le juge d'instruction ; cette irrégularité n'ayant pas eu pour effet de porter atteinte aux intérêts de l'inculpé concerné, il n'y a pas lieu de prononcer la nullité de cet acte d'instruction en application de l'article 802 du Code de procédure pénale (Cass. crim., 26 sept. 1986 : *Bull.* 259).

2) Aucune disposition de la loi ne s'oppose à ce que le juge d'instruction procède, hors la présence de l'inculpé ou de son conseil, à un transport sur les lieux, à des vérifications matérielles ou à une reconstitution du crime matérielles ou à une reconstitution du crime ou du délit (Cass. crim., 8 déc. 1976 : *Bull.* 353). Mais le respect des droits de la défense impose au magistrat instructeur, qui envisage de se trans-

porter sur les lieux en vue de procéder à des vérifications matérielles ou à une reconstitution du crime ou du délit, en présence de l'inculpé, d'en donner préalablement avis au conseil de ce dernier, dans les conditions prévues par l'article 92 du Code de procédure pénale pour le procureur de la République, sauf impossibilité dûment constatée (Cass. crim., 15 févr. 1990 : *Bull.* 78).

3) Si le magistrat instructeur est amené, lors d'un transport sur les lieux, à recueillir les déclarations de l'inculpé, de la partie civile ou celles des témoins et à procéder à une confrontation, il doit observer les formes prescrites par les articles 106, 107 et 121 du Code de procédure pénale.

Il suit de l'inobservation de ces formalités que le procès-verbal de transport est nul et que la chambre d'accusation doit constater ce vice de l'information (Cass. crim., 8 déc. 1976 : *Bull.* 353. – Cass. crim., 6 juill. 1977 : *Bull.* 257. – Cass. crim., 20 juill. 1983 : *Bull.* 223. – Cass. crim., 14 sept. 1985 : *Bull.* 285 ; *D.* 1986, inf. rap. 304, obs. Pradel. – Cass. crim., 15 mars 1988 : *Bull.* 128). Mais, les mentions explicatives, contenues dans le procès-verbal de transport, des clichés photographiques illustrant la reconstitution du crime ou du délit effectuée sur les lieux, et s'appuyant sur les déclarations antérieures des témoins, inculpés ou partie civile ne constituent, par elles-mêmes ni audition ni interrogatoire et ne rendent pas nécessaire la rédaction de procès-verbal dans les formes prescrites par le Code de procédure pénale (Cass. crim., 6 oct. 1986 : *Bull.* 270. – Cass. crim., 28 juin 1988 : *Bull.* 293).

4) Si le magistrat instructeur est amené, au cours d'un transport sur les lieux et d'une reconstitution d'un crime ou d'un délit, à interpeller sur place l'inculpé, la partie civile et les témoins, il ne saurait résulter aucune irrégularité de la constatation de ces auditions, dès lors que le procès-verbal de transport est immédiatement suivi d'un interrogatoire et d'une confrontation des parties dans les formes prévues par les articles 106, 107 et 121 du Code de procédure pénale (Cass. crim., 5 juill. 1977 : *Bull.* 253 ; *Rev. sc. crim.* 1978, 369, obs. J. Robert). Mais, n'est pas entaché de nullité le procès-verbal de transport comportant à la fin de ce document la signature du juge d'instruction et du greffier ; l'article 92 du Code de procédure pénale, qui en prévoit la rédaction, ne se réfère pas aux articles 106, 107 et 121 du même code qui ne reçoivent application que si ce procès-verbal comporte des interrogatoires ou auditions (Cass. crim., 21 mars 1989 : *Bull.* 139).

5) L'enregistrement, sur une bande magnétique, des propos tenus par l'inculpé au cours de la reconstitution d'un crime et leur reproduction sur le procès-verbal de transport non signé par l'intéressé, ne sauraient suppléer l'absence d'un procès-verbal d'interrogatoire régulier. Un tel vice de l'information entraîne la nullité d'un interrogatoire subséquent où l'inculpé déclare authentifier les propos enregistrés (Cass. crim., 28 févr. 1974 : *Bull.* 88).

6) Ne constitue pas un transport sur les lieux, soumis aux formalités édictées par l'article 92 du Code de procédure pénale, le fait par un juge d'instruction, qui a délivré commission rogatoire, de se rendre dans les locaux du délégataire pour y exercer, à l'occasion de la garde à vue de suspects, ses pouvoirs de contrôle et de direction sur l'officier de police judiciaire commis, dès lors que le magistrat n'effectue, à cette occasion, aucun acte d'instruction.

Justifie en conséquence sa décision l'arrêt d'une cour d'appel qui se fonde sur pareils motifs pour rejeter l'exception de nullité de l'information fondée sur la méconnaissance des formalités prévues par le texte de la loi susvisé, lorsque l'exception a été soulevée par le prévenu avant toute défense au fond (Cass. crim., 28 mai 1990 : *Bull.* 216 ; *Rev. sc. crim.* 1991, 373, obs. Braunschweig).

7) L'inculpé n'est pas fondé à invoquer une violation des droits de la défense, résultant d'un défaut d'avis donné à son conseil préalablement à une opération de transport sur les lieux, dès lors qu'il résulte du procès-verbal de ce transport que la reconstitution a eu lieu hors la présence de l'inculpé qui a refusé d'y participer et a été reconduit à la maison d'arrêt, et qu'au surplus l'avocat de ce dernier est arrivé sur les lieux, mais en retard, ce qui implique qu'il avait été avisé (Cass. crim., 6 juin 1990 : *Bull.* 227).

8) Ne saurait être annulés un transport sur les lieux et des vérifications matérielles, effectuées à l'étranger, par les autorités judiciaires de l'État requis, en exécution d'une commission rogatoire internationale, dès lors que la Cour de cassation est en mesure de s'assurer que les actes dont la nullité est demandée n'ont pas été accomplis en violation des droits de la défense,

ni d'aucun principe général du droit (Cass. crim., 4 nov. 1997 : *Bull.* 366).

9) Il résulte des articles 92 et 60 du Code de procédure pénale que, si le juge d'instruction peut, lorsqu'il se transporte sur les lieux pour y effectuer toutes constatations utiles ou procéder à des perquisitions, avoir recours à des personnes qualifiées, celles-ci, sauf si elles sont inscrites sur l'une des listes prévues à l'article 157 du Code de procédure pénale, doivent prêter, par écrit, le serment indiqué à l'article 60 dudit code ; encourt, par conséquent, la censure la chambre d'accusation qui, pour refuser d'annuler une perquisition effectuée en présence d'agents de la Direction régionale de la Concurrence, de la Consommation et de la répression des Fraudes, dont la participation avait été requise en raison de leurs compétences dans le domaine des marchés publics, énonce que ces fonctionnaires n'étaient pas tenus de prêter serment dès lors qu'ils n'apportaient au juge qu'une simple assistance technique, distincte de la contribution que peut fournir un expert (Cass. crim., 3 déc. 1998 : *Bull.* 333).

Art. 93 *(L. n. 75-701, 6 août 1975, art. 14).* **– Si les nécessités de l'information l'exigent, le juge d'instruction peut, après en avoir donné avis au procureur de la République de son tribunal, se transporter avec son greffier dans toute l'étendue du territoire national, à l'effet d'y procéder à tous actes d'instruction, à charge par lui d'aviser, au préalable, le procureur de la République du tribunal dans le ressort duquel il se transporte. Il mentionne sur son procès-verbal les motifs de son transport.**

1) Satisfait aux prescriptions de l'article 93 du Code de procédure pénale le juge d'instruction qui, avant de se transporter dans le ressort d'un autre tribunal, rend une ordonnance indiquant les dates et motifs du transport envisagé, visée par le Parquet, et avise le procureur de la République du lieu du transport par lettre dont copie est annexée au dossier (Cass. crim., 11 déc. 1984 : *Bull.* 397).

2) Les dispositions de l'article 93 du Code de procédure pénale qui permettent au juge d'instruction lorsque l'exigent les nécessités de l'information, telle que l'hospitalisation de l'inculpé hors du ressort du magistrat saisi, de se transporter dans toute l'étendue du territoire national a l'effet d'y procéder à tous actes d'instruction, impliquent le déplacement concomitant du procureur de la République, lorsque l'acte accompli requiert à peine de nullité que ce magistrat soit entendu par le juge en ses réquisitions. Tel est le cas de la décision de mise en détention de l'inculpé, rendue après débat contradictoire, prévu à l'article 145, alinéa 5, du Code de procédure pénale (Cass. crim., 14 mars 1988 : *Bull.* 124 ; *Rev. sc. crim.* 1988, 824, obs. Braunschweig).

Art. 94. – Les perquisitions sont effectuées dans tous les lieux où peuvent se trouver des objets dont la découverte serait utile à la manifestation de la vérité.

Les articles 94 et 97 du Code de procédure pénale confèrent au juge d'instruction le droit d'effectuer des perquisitions dans tous les lieux où peuvent se trouver des objets dont la découverte serait utile à la manifestation de la vérité et, le cas échéant, de saisir de tels objets. Dès lors, la personne au domicile de laquelle la saisie d'objets est effectuée, ne peut opposer au juge d'instruction un droit de rétention, même s'il lui est reconnu par une décision de justice, dès lors que ce droit présente un caractère d'ordre privé et strictement personnel (Cass. crim., 20 juin 1972 : *Bull.* 210).

Art. 95 *(L. n. 93-2, 4 janv. 1993, art. 163).* **– Si la perquisition a lieu au domicile de la personne mise en examen, le juge d'instruction doit se conformer aux dispositions des articles 57 et 59.**

1) Au regard des dispositions du Code de procédure pénale, une perquisition effectuée dans une des résidences d'une personne ou dans les dépendances de cette résidence doit être considérée comme ayant eu lieu au domicile de ladite personne. La question de savoir si une personne a une résidence en un lieu déterminé et celle de savoir si une résidence comporte des dépendances, relèvent de l'appréciation souveraine des juges du fond (Cass. crim., 15 oct. 1974 : *Bull.* 292).

Un atelier de ciselure et une fonderie, dépourvus des équipements nécessaires à une habitation effective et dans lesquels les personnes mises en examen n'exercent aucune activité permanente, ne sauraient constituer un domicile ; dès lors, les investigations effectuées dans ces locaux ne peuvent être assimilées à des perquisitions, au sens de l'article 95 du Code de procédure pénale (Cass. crim., 17 oct. 1995 : *Bull.* 310).

2) Aucune irrégularité ne résulte de ce que le juge d'instruction, dans le cadre d'une information suivie contre un inculpé détenu, fait, par commission rogatoire, opérer une perquisition, hors la présence dudit inculpé, au siège d'une association dont il est le président (Cass. crim., 27 sept. 1984 : *Bull.* 275).

3) La seule circonstance que l'inculpé est détenu ne constitue pas une impossibilité d'assister à une perquisition opérée à son domicile alors que cette présence est prescrite par l'article 95 du Code de procédure pénale et que ce n'est qu'en cas d'impossibilité que les dispositions subsidiaires prévues par l'alinéa 2 de l'article 57 du même code peuvent être appliquées. La nullité encourue porte atteinte aux intérêts de l'inculpé et l'article 802 dudit code lui est étranger *(même arrêt)*.

4) Fait l'exacte application des articles 95, 56, alinéa 4, et 57, alinéa 1er, du Code de procédure pénale, une cour d'appel qui, pour déclarer régulières les opérations accomplies par des officiers de police judiciaire commis rogatoirement, constate qu'à l'occasion d'une perquisition opérée au domicile commun de deux personnes et en leur présence, il a été procédé à la saisie et à la mise sous scellés provisoires de divers documents dont l'inventaire sur place était impossible et qu'ultérieurement la mise sous scellés définitifs des objets découverts a été faite en présence de l'un des occupants des lieux qui a signé le procès-verbal dressé à cette fin (Cass. crim., 22 août 1989 : *Bull.* 307).

5) Est régulière la perquisition effectuée par le juge d'instruction au domicile et en présence de la personne mise en examen, en l'absence de l'avocat qui n'a pas été avisé de ce transport, dès lors que cet acte a été accompli dans le respect des formalités prévues aux articles 95, 57 et 59 du Code de procédure pénale et que la personne mise en examen n'a été soumise à aucun interrogatoire, confrontation ou reconstitution qui eût impliqué l'information de son avocat, préalablement au transport décidé par le magistrat (Cass. crim., 20 févr. 2002, *Bull. inf. C. cass.*, mai 2002, N. 439).

Art. 96 *(L. n. 93-2, 4 janv. 1993, art. 163)*. **– Si la perquisition a lieu dans un domicile autre que celui de la personne mise en examen, la personne chez laquelle elle doit s'effectuer est invitée à y assister. Si cette personne est absente ou refuse d'y assister, la perquisition a lieu en pré sence de deux de ses parents ou alliés présents sur les lieux ou, à défaut, en présence de deux témoins.**

Le juge d'instruction doit se conformer aux dispositions des articles 57 (alinéa 2) et 59.

Toutefois, il a l'obligation de provoquer préalablement toutes mesures utiles pour que soit assuré le respect du secret professionnel et des droits de la défense.

(L. n. 2000-516, 15 juin. 2000, art. 44-III) **Les dispositions des articles 56-1, 56-2 et 56-3 sont applicables aux perquisitions effectuées par le juge d'instruction.**

1) Lorsque la perquisition a lieu dans un domicile autre que celui de l'inculpé, les prescriptions des articles 96, 57, alinéa 2, et 59 du Code de procédure pénale sont respectées si cette perquisition est faite en présence de deux témoins désignés dans les conditions fixées par l'article 57, alinéa 2, susvisées, dans l'hypothèse où la personne chez laquelle ladite perquisition est effectuée, est absente ou refuse d'y assister (Cass. crim., 14 oct. 1969 : *Bull.* 248).

2) La pièce du domicile d'un tiers dans laquelle un inculpé s'est fait clandestinement héberger pour se soustraire aux poursuites dont il est l'objet et dans laquelle il vit clandestinement ne constitue pas le domicile de l'inculpé.

La perquisition effectuée dans ce local en l'absence de l'inculpé est régulière dès lors qu'elle a eu lieu en présence de la personne dans l'appartement de laquelle ledit local est situé (Cass. crim., 30 mars 1971 : *Bull.* 113).

Justifie sa décision au regard des dispositions du Code de procédure pénale l'arrêt qui, pour déclarer régulière la perquisition effectuée dans certains locaux du domicile d'un tiers, réservés à une personne, en la seule présence de cette dernière, constate que lesdits locaux dont elle détient la clef, constitue une résidence annexe de son propre domicile (Cass. crim., 1er févr. 1988 : *Bull.* 47).

Justifie sa décision, au regard de l'article 96 du Code de procédure pénale, la chambre d'accusation qui, après avoir décidé, par une appréciation souveraine des faits et circonstances de la cause, qu'un appartement, partiellement détruit et devenu inhabitable, avait perdu toute affectation de domicile, déduit de ces énonciations que les investigations, qui y ont été effectuées au cours de l'information, ne pouvaient être assimilées à une perquisition (Cass. crim., 31 mai 1994 : *Bull.* 213).

3) La « fouille à corps », assimilable à une perquisition, est nulle, ainsi que les actes qui ont suivi, si elle a été pratiquée par un officier de police judiciaire alors qu'aucune information n'était ouverte et que l'existence d'un délit imputable à la personne fouillée n'était révélée par aucun indice apparent (Cass. crim., 22 janv. 1953 : *Bull.* 24 ; *D.* 1953, 533 note Lapp. – V. Pedamon, *La fouille corporelle : Rev. sc. crim.* 1961, 466. – Cass. crim., 21 juill. 1982 : *Bull.* 196).

4) Aux termes des dispositions du Code de procédure pénale, les opérations de perquisition entrent dans les attributions du juge d'instruction ; il a, en conséquence, seul le droit de prendre connaissance des papiers et documents avant de procéder à leur saisie. Le bâtonnier, lorsque la perquisition a lieu dans le cabinet d'un avocat, a pour rôle d'assurer le respect du secret professionnel et des droits de la défense.

L'article 96 du Code de procédure pénale confie à l'honneur et à la probité du juge d'instruction la mission de rechercher et de saisir, où ils se trouvent, les documents utiles à la manifestation de la vérité (Cass. crim., 24 mars 1960 : *Bull.* 169).

Il appartient au juge d'instruction seul et non au bâtonnier de l'ordre des avocats ou à son représentant de rechercher et de saisir dans le cabinet d'un avocat des documents utiles à l'information.

Le pouvoir du juge d'instruction ne trouve sa limite que dans le principe de la liberté de la défense qui commande de respecter les communications confidentielles de l'avocat avec ses clients.

Le secret professionnel ne peut couvrir des documents tels que ceux qui ont été saisis en l'espèce et qu'un avocat avait été amené à recueillir dans des activités qui ont motivé sa propre inculpation des chefs de complicité d'escroquerie et de complicité d'abus de confiance (Cass. crim., 5 juin 1975 : *Bull.* 146 ; *JCP* 76, II, 18243, note Chambon. – Cass. crim., 20 janv. 1993 : *Bull.* 29).

Si les correspondances échangées entre l'avocat et ses clients sont couvertes par le secret et échappent à la saisie opérée par le juge d'instruction en application de l'article 96 du Code de procédure pénale, il en va autrement lorsqu'il s'agit d'écrits ayant donné lieu à la mise en examen dudit conseil, l'implication de ce dernier dans l'affaire en cause rendant inopérante son argumentation relative à la confidentialité et à l'atteinte portée au secret professionnel (Cass. crim., 5 oct. 1999 : *Bull.* 206).

Si les pièces échangées entre l'avocat et ses clients sont couvertes par le secret professionnel aux termes de l'article 66-5 de la loi du 31 décembre 1971, il n'en demeure pas moins que le juge d'instruction tient des articles 96 et 97 du Code de procédure pénale le pouvoir de saisir de telles pièces lorsqu'elles sont de nature à établir la preuve de la participation de l'avocat à une infraction (Cass. crim., 27 juin 2001 : *Bull.* 163).

5) L'article 96 du Code de procédure pénale prescrit qu'en matière de perquisition, le juge d'instruction a l'obligation de provoquer préalablement toutes mesures utiles pour que soit assuré le respect du secret professionnel et des droits de la défense.

Est justifié l'arrêt qui énonce que la discipline des avocats étant en l'espèce assurée par le tribunal de grande instance, et les avocats n'ayant pas désigné le bâtonnier, la présence du président du tribunal qui avait qualité pour tenir lieu de membre du conseil de l'ordre, était, pour le magistrat instructeur, la seule « mesure utile » à provoquer pour répondre aux exigences de l'article 96 du Code de procédure pénale (Cass. crim., 23 févr. 1977 : *Bull.* 74).

6) L'article 96 du Code de procédure pénale, seul applicable antérieurement à l'entrée en vigueur le 1er février 1986 de l'article 56-1 du Code de procédure pénale, issu de la loi du 30 décembre 1985, prescrit qu'en matière de perquisition, le juge d'instruction a l'obligation de provoquer préalablement toutes mesures utiles pour que soit assuré le respect du secret professionnel.

Est justifié l'arrêt qui constate qu'avant l'arrivée du bâtonnier, dûment avisé de la perquisition au cabinet d'un avocat, le juge d'instruction s'est borné à recevoir les explications de ce dernier, non encore inculpé, sur le maniement du livre relatif à son compte à la Caisse de règlements professionnels et que l'examen et la consultation des documents se rapportant à ce compte et des dossiers intéressant le client mis en cause, leur mise sous scellés et la photocopie de certaines pages dudit document ont été effectués postérieurement, en présence du bâtonnier (Cass. crim., 1er févr. 1988 : *Bull.* 47).

7) Les pouvoirs que le juge d'instruction tient de l'article 81 du Code de procédure pénale ne souffrent au principe aucune restriction.

Le secret imposé au médecin par l'article 378 du Code pénal ne met pas obstacle à la saisie par le juge d'instruction d'un dossier contenant des renseignements médicaux relatifs à l'admission et au séjour dans un établissement hospitalier d'un inculpé dont ce magistrat a ordonné l'examen par des experts afin de vérifier si son état au moment de son hospitalisation pouvait être médicalement expliqué ou s'il était simulé.

Un représentant de l'ordre des médecins ayant assisté à la saisie et à la remise des documents à l'expert et n'ayant élevé ni objection ni protestation, les prescriptions des articles 96 et 97 du Code de procédure pénale relatives aux mesures qui doivent être prises pour assurer le respect du secret professionnel ont été observées (Cass. crim., 24 avr. 1969 : *Bull.* 145 ; *JCP* 70, II, 16306, note Savatier)

8) Lors d'une perquisition dans les locaux d'une galerie d'art exploitée par une personne morale, celle-ci a valablement été représentée par le directeur salarié de cette galerie qui a assisté à toutes les opérations en cette qualité (Cass. crim., 28 févr. 1989 : *Bull.* 96).

Art. 97 *(Ord. n. 58-1296, 23 déc. 1958 ; Ord. n. 60-121, 13 févr. 1960, art. 1er ; Ord. n. 60-529, 4 juin 1960, art. 2 ; L. n. 85-1407, 30 déc. 1985, art. 3 et 4)*. **– Lorsqu'il y a lieu, en cours d'information, de rechercher des documents et sous réserve des nécessités de l'information et du respect, le cas échéant, de l'obligation stipulée par l'alinéa 3 de l'article précédent, le juge d'instruction ou l'officier de police judiciaire par lui commis a seul le droit d'en prendre connaissance avant de procéder à la saisie.**

Tous les objets et documents placés sous main de justice sont immédiatement inventoriés et placés sous scellés. Cependant, si leur inventaire sur place présente des difficultés, l'officier de police judiciaire procède comme il est dit au quatrième alinéa de l'article 56.

Avec l'accord du juge d'instruction, l'officier de police judiciaire ne maintient que la saisie des objets et documents utiles à la manifestation de la vérité.

Lorsque ces scellés sont fermés, ils ne peuvent être ouverts et les documents dépouillés qu'en présence de *(L. n. 93-2, 4 janv. 1993, art. 164)* **la personne mise en examen assistée de son avocat ou eux dûment appelés. Le tiers chez lequel la saisie a été faite est également invité à assister à cette opération.**

Si les nécessités de l'instruction ne s'y opposent pas, copie ou photocopie des documents placés sous main de justice peuvent être délivrées à leurs frais, dans le plus bref délai, aux intéressés qui en font la demande.

Si la saisie porte sur des espèces, lingots, effets ou valeurs dont la conservation en nature n'est pas nécessaire à la manifestation de la vérité ou à la sauvegarde des droits des parties, il peut autoriser le greffier à en faire le dépôt à la Caisse des dépôts et consignations ou à la Banque de France.

(L. n. 2001-1168, 11 déc. 2001, art. 18-II) **Lorsque la saisie porte sur des billets de banque ou pièces de monnaie libellés en euros contrefaits, le juge d'instruction ou l'officier de police judiciaire par lui commis doit transmettre, pour analyse et identification, au moins un exemplaire de chaque type de billets ou pièces suspectés faux au centre d'analyse national habilité à cette fin. Le centre d'analyse national peut procéder à l'ouverture des scellés. Il en dresse inventaire dans un rapport qui doit mentionner toute ouverture ou réouverture des scellés. Lorsque les opérations sont terminées, le rapport et les scellés sont déposés entre les mains du greffier de la juridiction compétente. Ce dépôt est constaté par procès-verbal.**

Les dispositions du précédent alinéa ne sont pas applicables lorsqu'il n'existe qu'un seul exemplaire d'un type de billets ou de pièces suspectés faux, tant que celui-ci est nécessaire à la manifestation de la vérité.

1) Si aux termes de l'article 97 du Code de procédure pénale, le juge d'instruction ne peut maintenir que la saisie des objets et documents utiles à la manifestation de la vérité ou dont la communication serait de nature à nuire à l'instruction, la restitution peut cependant être refusée en cours d'information lorsque celui qui la réclame ne peut invoquer à l'appui de sa demande que des droits sérieusement contestés (Cass. crim., 10 déc. 1970 : *Bull.* 335. – Cass. crim., 16 oct. 1979 : *Bull.* 283. – Cass. crim., 23 oct. 1984 : *Bull.* 315).

2) Les pièces saisies ne peuvent être conservées sous main de justice que pour les nécessités de l'information à l'occasion de laquelle leur saisie a été ordonnée. L'intérêt qu'elles sont susceptibles de présenter dans une autre procédure ne peut pas être pris en considération pour en refuser la restitution (Cass. crim., 22 févr. 1968 : *Bull.* 60).

3) Aucune disposition légale ne s'oppose à ce que le juge d'instruction procède à une nouvelle saisie de pièces déjà saisies puis restituées en exécution d'une précédente décision prononçant l'annulation d'actes de la procédure, dès lors que le procès-verbal de perquisition et de saisie ne se refère en aucune façon aux actes annulés (Cass. crim., 23 mars 1977 : *Bull.* 109 ; *JCP* 79, II, 19039, note Chambon).

4) Aux termes de l'article 97 § 3, du Code de procédure pénale, lorsque les scellés sont fermés, ils ne peuvent être ouverts et les documents dépouillés qu'en présence de l'inculpé assisté de son conseil ou eux dûment appelés.

La disposition prévue par ce texte est substantielle et son inobservation entraîne la nullité de la procédure (Cass. crim., 12 oct. 1972 : *Bull.* 284).

5) Ne commet aucune violation de l'article 97, alinéa 4 du Code de procédure pénale, le juge d'instruction qui se borne à présenter à des témoins ou parties civiles, hors la présence de l'inculpé, des scellés ouverts ou fermés sans qu'il y ait eu ouverture d'un scellé fermé (Cass. crim., 7 juin 1988 : *Bull.* 258).

6) Les objets saisis au cours d'une information suivie des chefs de contrefaçon et apposition d'une marque appartenant à autrui étant susceptibles d'une mesure de confiscation en application des articles 423-2 et 428 du Code pénal, ceux-ci ne peuvent donner lieu à restitution tant que l'instruction n'est pas close (Cass. crim., 3 mai 1984 : *Bull.* 155).

7) Si, selon les principes rappelés par l'article 66-5 de la loi du 31 décembre 1971, les correspondances échangées entre le client et son avocat sont, en toutes matières, couvertes par le secret professionnel, il demeure que le juge d'instruction tient de l'article 97 du Code de procédure pénale le pouvoir de les saisir dès lors qu'elles ne concernent pas l'exercice des droits de la défense (Cass. crim., 7 mars 1994 : *Bull.* 87 ; *JCP* 94, II, 22251, note Raymond Martin).

Encourt la cassation l'arrêt d'une chambre d'accusation qui, pour rejeter, sur le fondement de l'article 97 du Code de procédure pénale, la requête d'un avocat, resté étranger à la procédure et sollicitant la restitution de notes de travail et de correspondances avec ses clients, saisies à son cabinet par le juge d'instruction, se borne à énoncer que ces documents, afférents à des montages juridiques et financiers intéressant l'information en cours, ne concernent pas la défense des personnes mises en examen, dont ledit avocat n'a pas été chargé, et ne sauraient revêtir un caractère de confidentialité (Cass. crim., 6 févr. 1997 : *Bull.* 55).

8) Les dispositions des articles 97 et 99 du Code de procédure pénale, en vertu desquelles le juge d'instruction peut ordonner la saisie et la consignation de sommes d'argent afin de sauvegarder les droits des parties, sont étrangères à l'article 2075-1 du Code civil et ne sauraient engendrer aucun droit au profit de la partie civile (Cass. crim., 22 mai 1995 : *Bull.* 182).

Art. 98 *(Ord. n. 60-529, 4 juin 1960, art. 2 ; L. n. 92-1336, 16 déc. 1992, art. 322 ; L. n. 93-913, 19 juill. 1993).* **– Sous réserve des nécessités de l'information judiciaire, toute communication ou toute divulgation sans l'autorisation de** *(L. n. 93-2, 4 janv. 1993, art. 163)* **la personne mise en examen ou de ses ayants droit ou du signataire ou du destinataire d'un document provenant d'une perquisition, à une personne non qualifiée par la loi pour en prendre connaissance, est punie d'une amende de 30 000 F (4 500) et d'un emprisonnement de deux ans.**

Art. 99 *(Mod., L. n. 85-1407, 30 déc. 1985, art. 4 et 94).* **– Au cours de l'information, le juge d'instruction est compétent pour décider de la restitution des objets placés sous main de justice.**

Il statue par ordonnance motivée, soit sur réquisitions du procureur de la République, soit, après avis de ce dernier, d'office ou sur requête de *(L. n. 93-2, 4 janv. 1993, art. 163)* **la personne mise en examen, de la partie civile ou de toute autre personne qui prétend avoir droit sur l'objet.**

Il peut également, avec l'accord du procureur de la République, décider d'office de restituer ou de faire restituer à la victime de l'infraction les objets placés sous main de justice dont la propriété n'est pas contestée.

Il n'y a pas lieu à restitution lorsque celle-ci est de nature à faire obstacle à la manifestation de la vérité ou à la sauvegarde des droits des parties ou lorsqu'elle présente un danger pour les personnes ou les biens. Elle peut être refusée lorsque la confiscation de l'objet est prévue par la loi.

L'ordonnance du juge d'instruction mentionnée au deuxième alinéa du présent article est notifiée soit au requérant en cas de rejet de la demande, soit au ministère public et à toute autre partie intéressée en cas de décision de restitution. Elle peut être déférée à la chambre de l'instruction, sur simple requête déposée au greffe du tribunal, dans le délai et selon les modalités prévus par le quatrième alinéa de l'article 186. Ce délai est suspensif.

Le tiers peut, au même titre que les parties, être entendu par la chambre de l'instruction en ses observations, mais il ne peut prétendre à la mise à sa disposition de la procédure.

V. D. GUIRIMAND, *Restitution des objets placés sous main de justice par les juridictions d'instruction : J.-Cl. Proc. pén.,* art. 99.

1) Il appartient à la juridiction d'instruction, saisie d'une requête aux fins de restitution d'un objet placé sous la main de la justice, d'examiner les éléments fournis par l'information et d'apprécier souverainement, au vu desdits éléments et compte tenu de l'état de la procédure, s'il y a lieu ou non de faire droit à la demande (Cass. crim., 20 juin 1972 : *Bull.* 210. – Cass. crim., 11 déc. 1973 : *Bull.* 459. – Cass. crim., 23 mars 1977 : *Bull.*109). Elle ne saurait à cette occasion, sans excéder sa saisine, apprécier le bien-fondé d'une autre mesure de sûreté affectant le même objet dans le cadre d'une procédure distincte (Cass. crim., 3 juill. 1987 : *Bull.* 283).

La juridiction d'instruction doit justifier le refus de restitution d'un objet placé sous main de justice par l'un des motifs prévus à l'article 99 du Code de procédure pénale, notamment l'obstacle à la manifestation de la vérité ou la sauvegarde des droits des tiers (Cass. crim., 6 févr. 1997 : *Bull.* 55).

Ne justifie pas sa décision au regard de ce texte, la chambre d'accusation qui refuse la restitution d'un véhicule automobile et d'une caravane à un requérant, tiers intervenant, en faisant état des soupçons existant à son encontre ainsi que de la nécessité de garantir sa représentation en justice et les droits des victimes des infractions et en énonçant que le requérant ne justifie pas que la caravane est son domicile principal (Cass. crim., 5 oct. 1999 : *Bull.* 209).

Il n'importe que le juge d'instruction se soit dessaisi de la procédure en se déclarant territorialement incompétent et en renvoyant le ministère public à mieux se pourvoir, dès lors que la chambre d'accusation, qui statuait sur l'appel d'une ordonnance de refus de restitution rendue au cours de l'information, devait en apprécier le bien-fondé au regard de l'article 99 du Code de procédure pénale, en considérant les circonstances de l'espèce antérieures à l'ordonnance d'incompétence (Cass. crim., 13 janv. 1998 : *Juris-Data* n. 00800).

Il résulte des articles 97 et 99 du Code de procédure pénale et de l'article 8 de la Convention européenne de sauvegarde des droits de l'homme que le juge d'instruction peut s'opposer à la restitution de documents saisis dans le cabinet d'un avocat et couverts par le secret professionnel, dès lors que leur maintien sous la main de la justice en vue d'apprécier l'existence d'infractions pénales est nécessaire à la manifestation de la vérité et qu'il ne porte pas atteinte aux droits de la défense (Cass. crim., 30 juin 1999 : *Bull.* 172 ; *JCP* 99, II, 10177, note Raymond Martin).

2) Ni le juge d'instruction ni la chambre d'accusation, saisis d'une demande tendant à la restitution d'objets placés sous la main de la justice en vertu de l'article 97 du Code de procédure pénale, ne peuvent connaître d'une contestation sérieuse sur les objets revendiqués. Ils apprécient souverainement si le maintien de

la saisie est nécessaire pour la manifestation de la vérité (Cass. crim., 6 juill. 1966 : *Bull.* 191).

3) Lorsque le juge d'instruction s'est dessaisi de la procédure en se déclarant territorialement incompétent et en renvoyant le ministère public à mieux se pourvoir, la chambre d'accusation, qui statue sur l'appel d'une ordonnance de refus de restitution rendue au cours de l'information, doit en apprécier le bien-fondé au regard de l'article 99 du Code de procédure pénale, en considérant les circonstances de l'espèce antérieures à l'ordonnance d'incompétence (Cass. crim., 13 janv. 1998 : *Bull.* 15).

C'est à bon droit qu'une chambre d'accusation, saisie d'une demande de restitution d'objets saisis présentée par une personne étrangère aux poursuites rejette cette requête en l'état de l'information et en vue de protéger les droits éventuels des tiers alors même que l'inculpé consentirait à la restitution (Cass. crim., 6 févr. 1979 : *Bull.* 55).

4) Le pourvoi du tiers intervenant en vertu de l'article 99 du Code de procédure pénale, dirigé contre l'arrêt de la chambre d'accusation statuant sur l'ordonnance qui a rejeté ou accueilli une requête en restitution est immédiatement recevable devant la Cour de cassation (Cass. crim., 23 janv. 1973 : *Bull.* 28. – Cass. crim., 23 mars 1977 : *Bull.* 109. – Cass. crim., 3 juill. 1987 : *Bull.* 283).

Au contraire l'inculpé et la partie civile, qui sont parties au procès pénal, doivent présenter requête au président de la chambre criminelle, l'arrêt ayant à leur égard le caractère d'un arrêt d'instruction (Cass. crim., 23 janv. 1973 : *Bull.* 28).

5) La requête prévue par l'article 99 du Code de procédure pénale peut prendre la forme d'un acte d'appel inscrit au registre tenu au greffe de la juridiction concernée (Cass. crim., 19 févr. 1985 : *Bull.* 79).

6) L'article 99 du Code de procédure pénale, en donnant compétence aux juridictions d'instruction, avant clôture de l'information, pour connaître des demandes de restitution d'objets placés sous la main de la justice, institue une procédure exceptionnelle qui n'autorise pas ces juridictions à statuer, à cette occasion, sur le bien-fondé de la poursuite en cours (Cass. crim., 13 janv. 1986 : *Bull.* 20), ni sur la régularité des actes de l'information, fût-ce de ceux en vertu desquels le placement sous la main de justice a été opéré (Cass. crim., 2 juill. 1992 : *Bull.* 266. – Cass. crim., 13 janv. 1998 : *Bull.* 15).

7) La juridiction d'instruction apprécie souverainement s'il y a lieu, ou non, au regard des dispositions de l'article 99 du Code de procédure pénale modifié par la loi du 30 décembre 1985, d'accorder la restitution d'un objet placé sous main de justice.

Il n'importe que l'objet en cause soit susceptible d'être confisqué par la juridiction de jugement (Cass. crim., 21 févr. 1989 : *Bull.* 85).

Pour confirmer l'ordonnance du juge d'instruction refusant de faire droit à la demande de restitution présentée par les époux P., les juges énoncent que les prélèvements effectués aux fins d'analyses dans le cadre d'une procédure judiciaire, que ce soit sur une personne vivante ou décédée, ne sont pas des objets susceptibles de restitution au sens de l'article 99 du Code de procédure pénale ; en prononçant ainsi, la chambre d'accusation a justifié sa décision (Cass. crim., 3 avril 2002, N° G. 01-81.592).

8) Le seul fait qu'une personne ait intérêt à s'opposer à la restitution, par le juge d'instruction, d'un objet placé sous main de justice la rend recevable à déférer à la chambre d'accusation l'ordonnance de restitution, conformément à l'article 99, alinéa 5, du Code de procédure pénale (Cass. crim., 29 janv. 1991 : *Bull.* 51).

Le tiers saisi, à qui l'ordonnance de restitution est susceptible de faire grief, est une partie intéressée au sens de l'article 99, alinéa 5, du Code de procédure pénale, et a, dès lors, qualité pour déférer à la chambre d'accusation la décision du juge d'instruction ayant prononcé sur une demande de restitution portant sur des fonds dont il est détenteur (Cass. crim., 8 juill. 1997 : *Bull.* 268).

9) Aux termes de l'article 99-2, alinéa 2, du Code de procédure pénale, issu de la loi du 23 juin 1999, le juge d'instruction peut ordonner, sous réserve des droits des tiers, de remettre au service des Domaines, en vue de leur aliénation, des biens meubles placés sous main de justice appartenant aux personnes poursuivies, dont la conservation n'est plus nécessaire à la manifestation de la vérité et dont la confiscation est prévue par la loi, lorsque le maintien de la saisie serait de nature à diminuer la valeur du bien... En cas de non-lieu, de relaxe ou d'acquittement, ou lorsque la peine de confiscation n'est pas prononcée, ce produit est restitué au

propriétaire des objets qui en fait la demande ; fait l'exacte application de ce texte la cour d'appel qui confirme l'ordonnance du juge d'instruction ordonnant la remise du véhicule appartenant à une personne mise en examen du chef de blanchiment en relevant que le véhicule ne manquerait pas d'être déprécié en cas de prolongation de la procédure d'instruction et que son aliénation apparaît conforme à l'intérêt de la mise en examen dans l'hypothèse d'un non-lieu, d'une relaxe ou du non-prononcé de la peine complémentaire de la confiscation prévue par l'article 324-7 du Code pénal (Cass. crim., 11 janv. 2001 : *Bull.* 8).

Art. 99-1 *(L. n. 99-5, 6 janv. 1999, art. 9).* **– Lorsque, au cours d'une procédure judiciaire ou des contrôles mentionnés à l'article 283-5 du Code rural, il a été procédé à la saisie ou au retrait, à quelque titre que ce soit, d'un ou plusieurs animaux vivants, le procureur de la République près le tribunal de grande instance du lieu de l'infraction ou, lorsqu'il est saisi, le juge d'instruction peut placer l'animal dans un lieu de dépôt prévu à cet effet et qu'il désigne, jusqu'à ce qu'il ait statué sur l'infraction.**

Lorsque les conditions du placement sont susceptibles de rendre l'animal dangereux ou de mettre sa santé en péril, le juge d'instruction, lorsqu'il est saisi, ou le président du tribunal de grande instance ou un magistrat du siège délégué par lui peut, par ordonnance motivée prise sur les réquisitions du procureur de la République et après avis d'un vétérinaire, ordonner qu'il sera cédé à titre onéreux ou confié à un tiers ou qu'il sera procédé à son euthanasie.

Cette ordonnance est notifiée au propriétaire s'il est connu, qui peut la déférer soit au premier président de la cour d'appel du ressort ou à un magistrat de cette cour désigné par lui, soit, lorsqu'il s'agit d'une ordonnance du juge d'instruction, à la chambre de l'instruction dans les conditions prévues aux cinquième et sixième alinéas de l'article 99.

Le produit de la vente de l'animal est consigné pendant une durée de cinq ans. Lorsque l'instance judiciaire qui a motivé la saisie se conclut par un non-lieu ou par une décision de relaxe, le produit de la vente est restitué à la personne qui était propriétaire de l'animal au moment de la saisie si celle-ci en fait la demande. Dans le cas où l'animal a été confié à un tiers, son propriétaire peut saisir le magistrat désigné au deuxième alinéa d'une requête tendant à la restitution de l'animal.

Les frais exposés pour la garde de l'animal dans le lieu de dépôt sont à la charge du propriétaire, sauf décision contraire du magistrat désigné au deuxième alinéa saisi d'une demande d'exonération ou du tribunal statuant sur le fond. Cette exonération peut également être accordée en cas de non-lieu ou de relaxe.

V. Textes complémentaires – Code rural.

Art. 99-2 *(L. n. 99-515, 23 juin 1999, art. 23).* **– Lorsque, au cours de l'instruction, la restitution des biens meubles placés sous main de justice et dont la conservation n'est plus nécessaire à la manifestation de la vérité s'avère impossible, soit parce que le propriétaire ne peut être identifié, soit parce que le propriétaire ne réclame pas l'objet dans un délai de deux mois à compter d'une mise en demeure adressée à son domicile, le juge d'instruction peut ordonner, sous réserve des droits des tiers, la destruction de ces biens ou leur remise au service des domaines aux fins d'aliénation.**

Le juge d'instruction peut également ordonner, sous réserve des droits des tiers, de remettre au service des domaines, en vue de leur aliénation, des biens meubles placés sous main de justice appartenant aux personnes poursuivies, dont la conservation n'est plus nécessaire à la manifestation de la vérité et dont la confiscation est prévue par la loi, lorsque le maintien de la saisie serait de nature à diminuer la valeur du bien. S'il est procédé à la vente du bien, le produit de celle-ci est consigné pendant une durée de dix ans. En cas de non-lieu, de relaxe ou d'acquittement, ou lorsque la peine de confiscation n'est pas prononcée, ce produit est restitué au propriétaire des objets s'il en fait la demande.

Le juge d'instruction peut également ordonner la destruction des biens meubles placés sous main de justice dont la conservation n'est plus nécessaire à la manifestation de la vérité, lorsqu'il s'agit d'objets qualifiés par la loi de dangereux ou de nuisibles, ou dont la détention est illicite.

Les décisions prises en application du présent article font l'objet d'une ordonnance motivée. Cette ordonnance est prise soit sur réquisitions du procureur de la République, soit d'office après

avis de ce dernier. Elle est notifiée au ministère public, aux parties intéressées et, s'ils sont connus, au propriétaire ainsi qu'aux tiers ayant des droits sur le bien, qui peuvent la déférer à la chambre de l'instruction dans les conditions prévues au cinquième et sixième alinéas de l'article 99.

Un décret en Conseil d'État détermine les modalités d'application du présent article.

Sous-section 2. – Des interceptions de correspondances émises par la voie des télécommunications

(L. n. 91-646, 10 juill. 1991)

Art. 100. – En matière criminelle et en matière correctionnelle, si la peine encourue est égale ou supérieure à deux ans d'emprisonnement, le juge d'instruction peut, lorsque les nécessités de l'information l'exigent, prescrire l'interception, l'enregistrement et la transcription de correspondances émises par la voie des télécommunications. Ces opérations sont effectuées sous son autorité et son contrôle.

La décision d'interception est écrite. Elle n'a pas de caractère juridictionnel et n'est susceptible d'aucun recours.

V. J. DUMONT, *Interceptions de correspondances émises par la voie des télécommunications : J.-Cl. Proc. pén.*, art. 100 à 100-7. – G. ACCOMANDO et Chr. GUÉRY, *La sonorisation : un mode légal de preuve ? : D.* 2002, chron. p. 2001.

1) Les articles 100 à 100-7 du Code de procédure pénale confèrent au juge d'instruction le pouvoir exclusif d'ordonner que soit pratiquée l'interception des correspondances émises par la voie des télécommunications, ce pouvoir n'étant, en aucun cas, attribué aux officiers de police judiciaire agissant en enquête préliminaire et accomplissant des actes de procédure au sens de l'article 170 dudit code (Cass. crim., 27 févr. 1996 : *Bull.* 93 ; *JCP* 96, II, 22629, note Michèle-Laure Rassat).

2) Le pouvoir de prescrire, lorsque les nécessités de l'information l'exigent, l'interception, l'enregistrement et la transcription de communications téléphoniques, que le juge d'instruction tient de l'article 100 du Code de procédure pénale, trouve sa limite dans le respect des droits de la défense, qui commande, notamment, la confidentialité des correspondances téléphoniques de l'avocat désigné par la personne mise en examen ; il ne peut être dérogé à ce principe qu'à titre exceptionnel, s'il existe contre l'avocat des indices de participation à une infraction (Cass. crim., 15 janv. 1997 : *Bull.* 14).

3) Ne constitue pas une interception de correspondance émise par la voie des télécommunications, au sens des articles 8 de la Convention européenne des droits de l'homme ou 100 du Code de procédure pénale, le simple compte rendu de propos entendus par des policiers au cours d'une conversation téléphonique qui s'est déroulée en leur présence, sans artifice ni stratagème (Cass. crim., 2 avr. 1997 : *Bull.* 131).

L'utilisation, lors de l'enquête, d'un procédé technique ayant pour seul objet l'identification de l'auteur d'appels téléphoniques n'est pas irrégulier *(même arrêt)*.

Ne constituent pas une interception de correspondance émise par la voie des télécommunications au sens de l'article 100 du Code de procédure pénale, les simples lecture et transcription par les policiers, des messages parvenus sur la bande d'un récepteur de messagerie unilatérale (Cass. crim., 14 avr. 1999 : *Bull.* 82 ; *JCP* 2000, II, 10312, note Virginie Peltier).

Ne constitue pas une interception de correspondance émise par la voie des télécommunications le fait, pour un officier de police judiciaire, de se connecter à un réseau télématique au moyen d'un terminal mis à la disposition du public par un opérateur, sans modification préalable de l'installation et de lire, comme n'importe quel utilisateur, les annonces offertes (*Dr. pénal*, févr. 2001, comm. 27).

4) L'enregistrement effectué de manière clandestine, par un policier agissant dans l'exercice de ses fonctions, des propos qui lui sont tenus, fût-ce spontanément, par une personne suspecte, élude les règles de procédure et compromet les droits de la défense. La validité d'un tel procédé ne peut être admise (Cass. crim., 16 déc. 1997 : *Bull.* 427).

5) L'enregistrement clandestin, par un policier, des propos qui lui sont tenus ne constitue pas un acte de procédure susceptible d'annulation, mais seulement un moyen de preuve sou-

mis à la libre discussion des parties, lorsqu'il est effectué par lui, non dans l'exercice de ses fonctions, en vue, par exemple, de constater des agissements délictueux sur délégation judiciaire, mais pour se constituer la preuve de faits dont il est lui-même victime (Cass. crim., 19 janv. 1999 : *Bull.* 9 ; *Dr. pénal* 1999, n. 77, note A. Maron).

Art. 100-1. – La décision prise en application de l'article 100 doit comporter tous les éléments d'identification de la liaison à intercepter, l'infraction qui motive le recours à l'interception ainsi que la durée de celle-ci.

Art. 100-2. – Cette décision est prise pour une durée maximum de quatre mois. Elle ne peut être renouvelée que dans les mêmes conditions de forme et de durée.

Art. 100-3. – Le juge d'instruction ou l'officier de police judiciaire commis par lui peut requérir tout agent qualifié d'un service ou organisme placé sous l'autorité ou la tutelle du ministre chargé des Télécommunications ou tout agent qualifié d'un exploitant de réseau ou fournisseur de services de télécommunications autorisé, en vue de procéder à l'installation d'un dispositif d'interception.

Art. 100-4. – Le juge d'instruction ou l'officier de police judiciaire commis par lui dresse procès-verbal de chacune des opérations d'interception et d'enregistrement. Ce procès-verbal mentionne la date et l'heure auxquelles l'opération a commencé et celles auxquelles elle s'est terminée.

Les enregistrements sont placés sous scellés fermés.

Art. 100-5. – Le juge d'instruction ou l'officier de police judiciaire commis par lui transcrit la correspondance utile à la manifestation de la vérité. Il en est dressé procès-verbal. Cette transcription est versée au dossier.

Les correspondances en langue étrangère sont transcrites en français avec l'assistance d'un interprète requis à cette fin.

V. *JCP* 95, II, 22393, note Christian Guery, sous Ch. acc. Bastia, 25 mai 1994.

Fait l'exacte application des articles 100-5, 114 et 171 du Code de procédure pénale, la chambre d'accusation qui, pour refuser d'annuler un procès-verbal d'interrogatoire portant sur le contenu d'une écoute téléphonique dont la transcription n'avait pas encore été effectuée mais dont la teneur était rapportée par un procès-verbal versé au dossier, relève que l'acte a eu lieu en présence de l'avocat qui a consulté le dossier et n'a émis aucune réserve, que les questions n'ont pas dépassé ce qui était rapporté au procès-verbal et qu'il n'y a pas eu atteinte aux droits de la défense (Cass. crim., 23 mars 1999 : *Bull.* 51).

Art. 100-6. – Les enregistrements sont détruits, à la diligence du procureur de la République ou du procureur général, à l'expiration du délai de prescription de l'action publique.

Il est dressé procès-verbal de l'opération de destruction.

Art. 100-7 *(L. n. 93-1013, 24 août 1993, art. 20-III ; L. n. 95-125, 8 févr. 1995, art. 50)*. **– Aucune interception ne peut avoir lieu sur la ligne d'un député ou d'un sénateur sans que le président de l'assemblée à laquelle il appartient en soit informé par le juge d'instruction.**

Aucune interception ne peut avoir lieu sur une ligne dépendant du cabinet d'un avocat ou de son domicile sans que le bâtonnier en soit informé par le juge d'instruction.

Les formalités prévues par le présent article sont prescrites à peine de nullité.

SECTION IV. – DES AUDITIONS DE TÉMOINS

Sous-section 1. – Dispositions générales

(L. n. 2000-516, 15 juin 2000, art. 31-I, titre en application à compter du 1er janv. 2001)

Art. 101. – Le juge d'instruction fait citer devant lui, par un huissier ou par un agent de la force publique, toutes les personnes dont la déposition lui paraît utile. Une copie de cette citation leur est délivrée.

Les témoins peuvent aussi être convoqués par lettre simple, par lettre recommandée ou par la voie administrative ; ils peuvent en outre comparaître volontairement.

(L. n. 2000-516, 15 juin 2000, art. 31-II, applic. 1er janv. 2001) **Lorsqu'il est cité ou convoqué, le témoin est avisé que, s'il ne comparaît pas ou s'il refuse de comparaître, il pourra y être contraint par la force publique en application des dispositions de l'article 109.**

V. J. DUMONT, *Audition des témoins : J.-Cl. Proc. pén.*, art. 101 à 113-8, fasc. 20.

Un procès-verbal dressé par un officier de police judiciaire chargé d'une enquête préliminaire, qui rapporte des renseignements obtenus auprès d'une personne désirant conserver l'anonymat, ne constitue pas une audition de témoin au sens de l'article 101 du Code de procédure pénale (Cass. crim., 9 juin 1998 : *Bull.* 187).

Art. 102. – Ils sont entendus séparément, et hors la présence de *(L. n. 93-2, 4 janv. 1993, art. 163)* **la personne mise en examen, par le juge d'instruction assisté de son greffier ; il est dressé procès-verbal de leurs déclarations.**

(L. n. 72-1226, 29 déc. 1972, art. 16) **Le juge d'instruction peut faire appel à un interprète** *(L. n. 74-631, 5 juill. 1974, art. 13-I)* **majeur, à l'exclusion de son greffier et des témoins. L'inter prète, s'il n'est pas assermenté, prête serment d'apporter son concours à la justice en son honneur et en sa conscience.**

(L. n. 2000-516, 15 juin 2000, art. 31-III, applic. 1er janv. 2001) **Si le témoin est atteint de surdité, le juge d'instruction nomme d'office pour l'assister lors de son audition un interprète en langue des signes ou toute personne qualifiée maîtrisant un langage ou une méthode permettant de communiquer avec les sourds. Celui-ci, s'il n'est pas assermenté, prête serment d'apporter son concours à la justice en son honneur et en sa conscience. Il peut également être recouru à tout dispositif technique permettant de communiquer avec le témoin. Si le témoin atteint de surdité sait lire et écrire, le juge d'instruction peut également communiquer avec lui par écrit.**

1) Les formalités prévues pour l'audition des témoins au cours de l'instruction par l'article 102 du Code de procédure pénale, ne sont pas prévues à peine de nullité. Leur omission ne saurait motiver l'annulation de l'information ou de la procédure de renvoi devant la juridiction de jugement que s'il en résulte une violation des droits des parties (Cass. crim., 24 févr. 1927 : *Bull.* 64. – Cass. crim., 14 mars 1974 : *Bull.* 114 ; *D.* 1974, 604, note J.-M. Robert).

2) Les articles 102 et 121 du Code de procédure pénale relatifs aux auditions de témoins et aux interrogatoires et spécialement à l'assistance d'un interprète au cours de la procédure d'instruction ne sont pas applicables à l'enquête préliminaire (Cass. crim., 16 févr. 1961 : *Bull.* 104), ni à l'enquête de flagrance (Cass. crim., 13 févr. 1990 : *Bull.* 73).

Aucune disposition de la loi n'interdit, au cours de l'information, la confrontation entre témoins qui ont déjà été entendus pendant l'enquête (Cass. crim., 18 juin 1985 : *Bull.* 232).

3) Les articles 102 et 121 du Code de procédure pénale qui réglementent les cas où doit avoir lieu, au cours de l'instruction, la désignation d'un interprète, concernent les auditions de témoins, les interrogatoires et les confrontations ; les dispositions de ces textes ne s'étendent pas à l'expertise (Cass. crim., 20 août 1986 : *Bull.* 247).

Les dispositions de l'article 102 du Code de procédure pénale n'imposent pas qu'un témoin entendu par le juge d'instruction et ne parlant pas français soit nécessairement entendu dans sa langue d'origine s'il peut s'exprimer dans une autre langue étrangère avec l'assistance d'un interprète. A pu ainsi être entendu valablement avec l'assistance d'un interprète de langue anglaise un ressortissant hongrois s'exprimant en anglais (Cass. crim., 13 févr. 1990 : *Bull.* 73).

Art. 103. – Les témoins prêtent serment de dire toute la vérité, rien que la vérité. Le juge leur demande leurs nom, prénoms, âge, état, profession, demeure, s'ils sont parents ou alliés des parties, et à quel degré, ou s'ils sont à leur service. Il est fait mention de la demande et de la réponse.

Si tout témoin entendu au cours de l'instruction préparatoire, les articles 335 et 336 du Code de procédure pénale n'étant pas applicables en l'espèce, est tenu de prêter le serment prévu par l'article 103 dudit code, à l'exception des mineurs de 16 ans, le défaut de prestation de ce serment ne saurait être une cause de nullité de la procédure dès lors qu'il n'est pas établi que l'inobservation de cette formalité – qui n'est sanctionnée par aucun texte – ait eu pour effet de porter atteinte aux droits de la défense (Cass. crim., 22 mars 1983 : *Bull.* 87. – Cass. crim., 2 oct. 1990 : *Bull.* 327).

Art. 104. *– Abrogé à compter du 1er janvier 2001 ; L. n. 2000-516, 15 juin 2000, art. 131-I et 140.*

Art. 105 *(Applic. 1er janv. 2001 ; L. n. 2000-516, 15 juin 2000, art. 131-II et 140 ; L. n. 93-1013, 24 août 1993, art. 11-II).* **– Les personnes à l'encontre desquelles il existe des indices graves et concordants d'avoir participé aux faits dont le juge d'instruction est saisi ne peuvent être entendues comme témoins.**

1) L'audition au cours de l'enquête préliminaire, par un officier de police, d'une personne soupçonnée, n'est soumise qu'aux prescriptions des articles 53 à 78 du Code de procédure pénale, et notamment de l'article 77 en matière de garde à vue.

L'interdiction posée par l'article 105 n'est pas, en pareil cas, applicable (Cass. crim., 17 juin 1964 : *Bull.* 204 ; *JCP* 65, II, 14028, note P. C.).

Si, aux termes de l'article 105 du Code de procédure pénale, les juges d'instruction ainsi que les officiers de police judiciaire agissant sur commission rogatoire ne peuvent, dans le dessein de faire échec aux droits de la défense, entendre comme témoins des personnes contre lesquelles il existe des indices graves et concordants de culpabilité, ce texte suppose pour son application qu'une instruction a déjà été ouverte ; il laisse en dehors de ses prévisions les interrogatoires, auditions ou confrontations auxquels la police a pu procéder au cours d'enquêtes préliminaires suivies ou non de l'ouverture d'une information.

Tel est le cas d'une audition dans le cadre d'enquêtes préliminaires sur d'autres faits que ceux ayant motivé la commission rogatoire dont l'exécution entraîna l'audition suivante (Cass. crim., 27 juill. 1964 : *Bull.* 252 ; *JCP* 64, II, 13941, note Le Clère ; *Rev. sc. crim.* 1965, 149, obs. J. Robert).

Il en est également ainsi de l'enquête effectuée suivant les règles fixées pour le cas de crime flagrant (Cass. crim., 20 août 1986 : *Bull.* 247).

2) Il y a violation des prescriptions de l'article 105 du Code de procédure pénale et aux droits de la défense dans le fait qu'un officier de police judiciaire, agissant sur commission rogatoire, poursuit l'audition en qualité de témoin, d'une personne soupçonnée, dès lors que les déclarations déjà recueillies constituent contre celle-ci des indices graves de culpabilité.

Il en est ainsi alors même que l'officier de police judiciaire agit sur les instructions expresses du magistrat mandant.

La chambre d'accusation, saisie en vertu des dispositions de l'article 181 du Code de procédure pénale doit, fût-ce d'office, relever ce vice de l'information (Cass. crim., 13 févr. 1975 : *Bull.* 53).

3) Ne saurait être considéré comme ayant agi dans le dessein de faire échec aux droits de la défense, au sens de l'article 105 du Code de procé dure pénale, le juge d'instruction, ayant recueilli les explications d'un témoin, après lui avoir donné connaissance des termes de ce texte et l'avoir spécialement interpellé sur le point de savoir s'il consentait à répondre en cette qualité ou s'il préférait être immédiatement inculpé pour pouvoir bénéficier des droits de la

défense, et qui, l'intéressé ayant déclaré vouloir être entendu comme témoin et avoir avoué être matériellement l'auteur de l'infraction, a aussitôt interrompu son audition (Cass. crim., 24 févr. 1972 : *Bull.* 78).

4) Un prévenu ne peut se prévaloir de prétendues nullités qui auraient été commises au préjudice d'un coïnculpé et résultant soit d'écoutes téléphoniques soit de la violation des dispositions de l'article 105 du Code de procédure pénale (Cass. crim., 26 mai 1976 : *Bull.* 186. – Cass. crim., 23 avr. 1981 : *Bull.* 117).

5) Ne viole en rien l'article 105 du Code de procédure pénale l'arrêt de la chambre d'accusation qui a déduit implicitement mais nécessairement de ce qu'en poursuivant l'audition d'un individu sur lequel, avant ses aveux, ne se portaient que de simples soupçons et en vérifiant avec le concours de ce dernier les éléments qui étaient de nature à les convaincre de la crédibilité de ses aveux, les officiers de police judiciaire, agissant sur commission rogatoire du juge d'instruction, n'avaient pas eu pour dessein de faire échec aux droits de la défense (Cass. crim., 28 avr. 1981 : *Bull.* 130. – Cass. crim., 16 juin 1981 : *Bull.* 207 ; *JCP* 82, II, 19838, note Chambon ; *D.* 1983, inf. rap. 76, obs. Roujou de Boubée ; *Rev. sc. crim.* 1983, 97, obs. J. Robert).

Ne viole pas les dispositions de l'article 105 du Code de procédure pénale, l'arrêt de la chambre d'accusation qui, après avoir relevé que les auditions en qualité de témoins par des officiers de police judiciaire sur commission rogatoire délivrée par le juge d'instruction, d'un individu à l'encontre duquel les investigations effectuées avaient permis de réunir différents indices, étaient seulement destinées à recevoir les explications de l'intéressé au vu des éléments encore incertains qui avaient été recueillis, constate que ces actes n'ont pas été accomplis dans le dessein de faire échec aux droits de la défense (Cass. crim., 14 juin 1984 : *Bull.* 219).

6) Ne peut être considéré comme ayant agi dans le dessein de faire échec aux droits de la défense au sens des articles 104 et 105 du Code de procédure pénale, le juge d'instruction qui n'a pas averti la personne qui n'était pas particulièrement visée par la plainte avec constitution de partie civile qu'elle pouvait refuser d'être entendue comme témoin et qui ne l'a pas davantage inculpée alors que, s'agissant d'un médecin qui niait toutes charges sérieuses de culpabilité, il manquait encore à l'enquête l'avis des experts compétents (Cass. crim., 29 mars 1973 : *Bull.* 161).

7) Aucun grief ne peut être tiré de ce que un juge d'instruction avant d'inculper une personne déterminée, a fait recueillir, comme témoins, ses explications sur les faits qui donnent lieu à l'information. La nullité se serait encourue qu'autant qu'il serait établi qu'il a été usé de ce mode de procéder dans le dessein de faire échec aux droits de la défense (Cass. crim., 3 oct. 1973 : *Bull.* 343).

8) L'article 105 du Code de procédure pénale ne prohibe l'audition comme témoin d'une personne soupçonnée d'avoir commis une infraction que s'il existe contre cette personne des indices graves et concordants de culpabilité (Cass. crim., 21 nov. 1974 : *Bull.* 345 ; *JCP* 75, II, 18143, note Chambon. – Cass. crim., 23 févr. 1977 : *Bull.* 74).

Tel n'est pas le cas lorsque les soupçons ne reposent que sur l'accusation d'un tiers (Cass. crim., 5 mars 1985 : *Bull.* 102. – Cass. crim., 4 janv. 1995 : *Bull.* 1).

Justifie sa décision la chambre d'accusation qui, pour écarter un grief tiré de la violation de l'article 105 du Code de procédure pénale, retient qu'au moment de l'audition de témoins entendus sur commission rogatoire par les services de police, les indices graves recueillis à leur encontre, loin d'être concordants, nécessitaient des investigations supplémentaires (Cass. crim., 9 juin 1998 : *Bull.* 187).

Justifie sa décision la chambre d'accusation qui, pour écarter un grief tiré de la violation de l'article 105 du Code de procédure pénale, retient que le juge d'instruction était fondé à faire vérifier par l'audition d'une personne la vraisemblance des indices la concernant, sa mise en cause provenant essentiellement des accusations portées par un autre témoin ; en effet, le magistrat instructeur a la faculté de ne mettre en examen une personne déterminée qu'après s'être éclairé, notamment en faisant procéder à son audition en qualité de témoin, sur sa participation aux agissements incriminés dans des conditions pouvant engager sa responsabilité pénale (Cass. crim., 26 janv. 2000 : *Bull.* 44).

9) La nullité des actes auxquels le juge d'instruction procède ou fait procéder avant de notifier une inculpation ne peut être encourue que s'il est établi que ces actes ont été accomplis

dans le dessein de faire échec aux droits de la défense.

Il n'en est pas ainsi lorsqu'un individu, ayant reconnu qu'il avait occasionné la mort d'une personne, mais dans des conditions qui ne concordent pas avec les constatations des experts, et alors que d'autres individus sont déjà inculpés pour les mêmes faits, est à nouveau entendu en qualité de témoin. Cette dernière audition ne serait contraire à la loi que s'il existait déjà des indices non seulement graves mais concordants de culpabilité contre le témoin (Cass. crim., 27 avr. 1975 : *Bull.* 107).

Tel n'est pas le cas non plus, lorsqu'un officier de police judiciaire entend un témoin qui avait toujours nié les faits et présenté des alibis, alors surtout que les termes de l'article 105 du Code de procédure pénale ont été rappelés au témoin, dès son premier aveu (Cass. crim., 4 janv. 1977 : *Bull.* 5 ; *JCP* 77, II, 18727, note Mayer Jack. – Cass. crim., 27 avr. 1977 : *Bull.* 142).

10) L'audition, sur commission rogatoire, en qualité de témoin, d'un individu simplement soupçonné d'être l'un des auteurs des faits poursuivis ne comporte aucune irrégularité, lorsque les circonstances de la cause autorisaient le juge d'instruction mandant et son délégué à considérer qu'il n'existait pas, en l'état, contre cet individu, des indices suffisamment graves et concordants de culpabilité (Cass. crim., 18 déc. 1963 : *Bull.* 367. – Cass. crim., 28 févr. 1974 : *Bull.* 88. – Cass. crim., 11 juill. 1978 : *Bull.* 229).

Les officiers de police judiciaire, agissant sur commission rogatoire, ont le devoir, avant de mettre une personne en cause, de vérifier, notamment par l'audition de celle-ci, s'il existe à son encontre des indices graves et concordants d'avoir participé aux faits dont le juge d'instruction est saisi ; ce devoir, loin de porter atteinte aux intérêts de la personne concernée, a pour objet de garantir un procès équitable (Cass. crim., 1er déc. 1998 : *Bull.* 323).

Ne méconnaît pas les dispositions de l'article 105 du Code de procédure pénale, en sa rédaction issue de la loi du 24 août 1993, la chambre d'accusation qui, pour rejeter l'exception de nullité prise d'une mise en examen tardive, énonce que l'intéressé, lors de son audition, en qualité de témoin, par les enquêteurs agissant sur commission rogatoire, a nié toute participation aux faits poursuivis, a bénéficié de l'assistance d'un avocat au cours de sa garde à vue, et qu'il n'a été porté aucune atteinte à ses droits (Cass. crim., 13 mars 1997 : *Bull.* 105).

11) Dès lors que les éléments de la procédure révèlent que, malgré l'existence, contre une personne soupçonnée, d'indices de culpabilité graves et concordants découlant des déclarations initiales de celle-ci et des résultats d'un transport sur les lieux, l'officier de police judiciaire chargé de l'exécution d'une commission rogatoire a procédé à deux nouvelles auditions de cette personne en qualité de témoin, il appartient à la chambre d'accusation, saisie ensuite d'une ordonnance de transmission des pièces, de rechercher et d'apprécier si lesdites auditions ont été faites dans le dessein de faire échec aux droits de la défense (Cass. crim., 6 nov. 1984 : *Bull.* 335).

Bien que les énonciations de la chambre d'accusation fassent apparaître que l'officier de police judiciaire chargé de l'exécution d'une commission rogatoire a procédé à l'audition d'une personne soupçonnée alors qu'existaient contre celle-ci des indices graves et concordants de culpabilité, ladite chambre d'accusation qui déduit de l'analyse des éléments de la procédure que l'attitude de l'officier de police judiciaire ne pouvait être analysée comme caractérisant le dessein de faire échec aux droits de la défense est fondée à décider que les dispositions de l'article 105 du Code de procédure pénale n'ont pas été méconnues (Cass. crim., 21 mai 1985 : *Bull.* 194).

12) Un officier de police judiciaire, agissant sur commission rogatoire, ne viole pas l'article 105 du Code de procédure pénale et les droits de la défense quand, après avoir recueilli des indices graves de culpabilité contre une personne entendue comme témoin, il lui pose des questions qui ne font que résumer les déclarations spontanées de l'intéressé, tandis que les réponses de ce dernier auxdites questions n'ont apporté à sa charge aucun élément nouveau (Cass. crim., 1er sept. 1987 : *Bull.* 308).

13) Le magistrat instructeur, a la faculté de ne mettre en examen une personne déterminée qu'après s'être éclairé, notamment en faisant procéder à son audition en qualité de témoin, sur sa participation aux agissements incriminés dans des conditions pouvant engager sa responsabilitépénale ; ne méconnaît pas les dispositions de l'article 105 du Code de procédure

pénale, en sa rédaction issue de la loi du 24 août 1993, la chambre d'accusation qui, pour rejeter l'exception de nullité prise d'une mise en examen tardive, énonce que l'intéressé, lors de son audition, en qualité de témoin, par les enquêteurs agissant sur commission rogatoire, a nié toute participation aux faits poursuivis, a bénéficié de l'assistance d'un avocat au cours de sa garde à vue, et qu'il n'a été porté aucune atteinte à ses droits (Cass. crim., 13 mars 1997 : M. 94-83-209 ; N. 95-85-766).

14) Lorsqu'un juge d'instruction indique, par écrit, dans une procédure, que les éléments à charge préexistants à l'encontre de personnes soupçonnées, complétés par des investigations menées sur commission rogatoire, lui paraissent suffisants pour impliquer celles-ci « en toute certitude », il ne peut plus, sans violer l'article 105 du Code de procédure pénale, entendre ces dernières ultérieurement en qualité de témoins, après les avoir fait placer en garde à vue (Cass. crim., 20 juin 2001 : *Bull.* 156).

15) Justifie sa décision, la chambre d'accusation qui, pour écarter un grief tiré de la violation de l'article 105 du Code de procédure pénale, retient que le juge d'instruction était fondé à faire vérifier par l'audition d'une personne la vraisemblance des indices la concernant, sa mise en cause ne résultant que d'écoutes téléphoniques et de surveillances (Cass. crim., 23 mars 1999 : *Bull.* 51).V. Pierre SPITERI, *Le problème des inculpations tardives : JCP* 66, I, 2014. – Robert VOUIN, *Le malheureux article 105 : D.* 1974, chron. p. 1.

Art. 106. – Chaque page des procès-verbaux est signée du juge, du greffier et du témoin. Ce dernier est alors invité à relire sa déposition telle qu'elle vient d'être transcrite, puis à la signer s'il déclare y persister. Si le témoin ne sait pas lire, lecture lui en est faite par le greffier. Si le témoin ne veut ou ne peut signer, mention en est portée sur le procès-verbal. Chaque page est également signée par l'interprète s'il y a lieu.

1) L'article 106 du Code de procédure pénale, rendu applicable aux procès-verbaux d'interrogatoire et de confrontation par l'article 121 du même code, n'exige pas que le nom du greffier soit mentionné sur les procès-verbaux. Il suffit, pour désigner le greffier, que sa signature figure au bas de chacune des pages de l'acte (Cass. crim., 2 mai 1968 : *Bull.* 136).

2) Les dispositions de l'article 106 du Code de procédure pénale concernant la signature par le témoin du procès-verbal de son audition ne sont pas prescrites à peine de nullité. Aux termes de l'article 107, le procès-verbal non signé est non avenu (Cass. crim., 12 déc. 1973 : *Bull.* 462).

3) Méconnaît les prescriptions des articles 121, 106 et 107 du Code de procédure pénale le juge d'instruction qui recueille les déclarations d'un « inculpé » par télécopie ou par téléphone (Cass. crim., 4 janv. 1994 : *Bull.* 2).

Art. 107. – Les procès-verbaux ne peuvent comporter aucun interligne. Les ratures et les renvois sont approuvés par le juge d'instruction, le greffier et le témoin et, s'il y a lieu, par l'interprète. À défaut d'approbation, ces ratures et ces renvois sont non avenus.

Il en est de même du procès-verbal qui n'est pas régulièrement signé.

1) Les dispositions de l'article 78 du Code d'instruction criminelle (article 107 du Code de procédure pénale), relatives à l'approbation des ratures et surcharges, ne sont pas prescrites à peine de nullité (Cass. crim., 25 avr. 1913 : *Bull.* 214). Le défaut d'approbation d'une surcharge qui ne crée aucune incertitude sur la date d'une ordonnance ne doit pas conduire à son annulation (Cass. crim., 18 mai 1998 : *JCP* 99, II, 10055, note W. Jeandidier).

2) Les dispositions de l'article 107 du Code de procédure pénale, d'après lequel les interlignes, ratures et renvois non approuvés, sont réputés non avenus, régissent tous les actes de l'instruction criminelle et s'appliquent dès lors à tout ce qui est substantiel dans la procédure devant la cour d'assises (Cass. crim., 20 févr. 1969 : *Bull.* 89).

3) L'article 107 du Code de procédure pénale, selon lequel les ratures et les renvois, qui ne sont pas approuvés, sont non avenus, s'applique également aux surcharges irrégulières de la feuille de questions (Cass. crim., 28 févr. 2001 : *Bull.* 53).

4) Méconnaît les prescriptions des articles 121, 106 et 107 du Code de procédure pénale le juge d'instruction qui recueille les déclarations d'un « inculpé » par télécopie ou par téléphone (Cass. crim., 4 janv. 1994 : *Bull.* 2).

Art. 108. – **Les enfants au-dessous de l'âge de seize ans sont entendus sans prestation de serment.**

Art. 109 *(O. n. 58-1296, 23 déc. 1958 ; O. n. 60-529, 4 juin 1960, art. 8 ; L. n. 89-461, 6 juill. 1989, art. 20 ; L. n. 93-2, 4 janv. 1993, art. 56 et 225 ; L. n. 92-1336, 16 déc. 1992, art. 13 et 373).* – **Toute personne citée pour être entendue comme témoin est tenue de comparaître, de prêter serment et de déposer, sous réserve des dispositions des articles 226-13 et 226-14 du Code pénal.**

Tout journaliste, entendu comme témoin sur des informations recueillies dans l'exercice de son activité, est libre de ne pas en révéler l'origine.

(Mots remplacés à compter du 1er janv. 2001, L. n. 2000-516, 15 juin 2000, art. 31-IV) **Si le témoin ne comparaît pas ou refuse de comparaître, le juge d'instruction peut, sur les réquisitions du procureur de la République, l'y contraindre par la force publique.** *(Mots supprimés à compter du 1er janv. 2001, L. n. 2000-516, 15 juin 2000, art. 32-I).*

(Al. suppr., L. n. 2000-1354, 30 déc. 2000, art. 8).

(Al. mod., L. n. 2000-516, 15 juin 2000, art. 83 ; suppr., L. n. 2000-1354, 30 déc. 2000, art. 8).

V. art. 434-15-1 C. pénal.

1) Le témoin qui comparaît volontairement et qui prête serment se place ainsi dans le même état que le témoin qui comparaît sur citation régulière. S'il refuse de déposer, il s'expose à la condamnation prévue par l'article 109 du Code de procédure pénale (Cass. crim., 4 nov. 1971 : *Bull.* 301).

2) L'obligation de déposer en justice édictée par l'article 109 du Code de procédure pénale n'est imposée aux personnes citées comme témoins que sous réserve des dispositions de l'article 378 du Code pénal, lequel, dans le cas prévu par son 3e alinéa, dispose que les personnes visées à l'alinéa 1er, quand elles sont citées en justice, relativement aux services ou prestations de soins sur la personne des mineurs de 15 ans dont elles ont eu connaissance à l'occasion de l'exercice de leur profession, sont « libres de fournir leur témoignage sans s'exposer à aucune peine ».

Il en découle nécessairement que les personnes, et particulièrement les assistantes sociales, qui sont ainsi, dans le cas considéré, autorisées à témoigner, sont également libres de ne pas le faire (Cass. crim., 14 févr. 1978 : *Bull.* 56 ; *D.* 1978, 354, note Pradel).

Art. 110. – **La mesure de contrainte dont fait l'objet le témoin défaillant est prise par voie de réquisition. Le témoin est conduit directement et sans délai devant le magistrat qui a prescrit la mesure.**

Art. 111. – *Abrogé, L. n. 94-89, 1er février 1994, art. 14.*

Art. 112. – **Si un témoin est dans l'impossibilité de comparaître, le juge d'instruction se transporte pour l'entendre, ou délivre à cette fin commission rogatoire dans les termes prévus à l'article 151.**

Art. 113. – **Si le témoin entendu dans les conditions prévues à l'article précédent n'était pas dans l'impossibilité de comparaître sur la citation, le juge d'instruction peut prononcer contre ce témoin l'amende prévue à l'article 109.**

Sous-section 2. – Du témoin assisté

(L. n. 2000-516, 15 juin 2000, art. 33, art. 113-I à 113-VIII, applic. 1er janv. 2001)

Art. 113-1. – **Toute personne nommément visée à un réquisitoire introductif et qui n'est pas mise en examen ne peut être entendue que comme témoin assisté.**

A. Giudicelli, *Le témoin assisté et la personne mise en examen : vers un nouvel équilibre : Rev. sc. crim.* 2001, p. 43.

Art. 113-2. – **Toute personne nommément visée par une plainte ou mise en cause par la victime peut être entendue comme témoin assisté. Lorsqu'elle comparaît devant le juge d'instruction, elle est obligatoirement entendue en cette qualité si elle en fait la demande.**

Toute personne mise en cause par un témoin ou contre laquelle il existe des indices rendant vraisemblable qu'elle ait pu participer, comme auteur ou complice, à la commission des infractions dont le juge d'instruction est saisi peut être entendue comme témoin assisté.

Art. 113-3. – Le témoin assisté bénéficie du droit d'être assisté par un avocat qui est avisé préalablement des auditions et a accès au dossier de la procédure, conformément aux dispositions des articles 114 et 114-l. Il peut également demander au juge d'instruction, selon les modalités prévues par l'article 82-1, à être confronté avec la ou les personnes qui le mettent en cause. Cet avocat est choisi par le témoin assisté ou désigné d'office par le bâtonnier si l'intéressé en fait la demande.

Lors de sa première audition comme témoin assisté, la personne est informée de ses droits par le juge d'instruction.

Art. 113-4. – Lors de la première audition du témoin assisté, le juge d'instruction constate son identité, lui donne connaissance du réquisitoire introductif, de la plainte ou de la dénonciation, l'informe de ses droits et procède aux formalités prévues aux deux derniers alinéas de l'article 116. Mention de cette information est faite au procès-verbal.

Le juge d'instruction peut, par l'envoi d'une lettre recommandée, faire connaître à une personne qu'elle sera entendue en qualité de témoin assisté. Cette lettre comporte les informations prévues à l'alinéa précédent. Elle précise que le nom de l'avocat choisi ou la demande de désignation d'un avocat commis d'office doit être communiqué au greffier du juge d'instruction.

Art. 113-5. – Le témoin assisté ne peut être placé sous contrôle judiciaire ou en détention provisoire, ni faire l'objet d'une ordonnance de renvoi ou de mise en accusation.

Art. 113-6. – À tout moment de la procédure, le témoin assisté peut, à l'occasion de son audition ou par lettre recommandée avec demande d'avis de réception, demander au juge d'instruction à être mis en examen ; la personne est alors considérée comme mise en examen et elle bénéficie de l'ensemble des droits de la défense dès sa demande ou l'envoi de la lettre recommandée avec avis de réception.

Les dispositions de l'article 105 ne sont pas applicables au témoin assisté.

Art. 113-7. – Le témoin assisté ne prête pas serment.

Art. 113-8. – S'il apparaît au cours de la procédure que des indices graves ou concordants justifient la mise en examen du témoin assisté, le juge d'instruction ne peut procéder à cette mise en examen en faisant application des dispositions du septième alinéa de l'article 116 qu'après avoir informé la personne de son intention, le cas échéant par lettre recommandée, et l'avoir mise en mesure de faire connaître ses observations. Il peut également procéder à cette mise en examen en adressant à la personne, en même temps que l'avis de fin d'information prévu par l'article 175, une lettre recommandée précisant chacun des faits qui lui sont reprochés ainsi que leur qualification juridique, et l'informant de son droit de formuler des demandes d'actes ou des requêtes en annulation sur le fondement des articles 81, 82-1, 82-2, 156 et 173 pendant une durée de vingt jours. La personne est également informée que si elle demande à être à nouveau entendue par le juge celui-ci est tenu de procéder à son interrogatoire.

SECTION V. – DES INTERROGATOIRES ET CONFRONTATIONS

Art. 114 *(L. n. 93-2, 4 janv. 1993, art. 32 ; L. n. 93-1013, 24 août 1993, art. 12).* **– Les parties ne peuvent être entendues, interrogées ou confrontées, à moins qu'elles n'y renoncent expressément, qu'en présence de leurs avocats ou ces derniers dûment appelés.**

Les avocats sont convoqués au plus tard cinq jours ouvrables avant l'interrogatoire ou l'audition de la partie qu'ils assistent par lettre recommandée avec demande d'avis de réception, télécopie avec récépissé ou verbalement avec émargement au dossier de la procédure.

La procédure est mise à leur disposition quatre jours ouvrables au plus tard avant chaque interrogatoire de la personne mise en examen ou chaque audition de la partie civile. Après la première comparution de la personne mise en examen ou la première audition de la partie civile, la procédure est également mise à tout moment à la disposition des avocats durant les jours ouvrables, sous réserve des exigences du bon fonctionnement du cabinet d'instruction. Lorsqu'il a été fait application des dispositions du dernier alinéa de l'article 80-1, la procédure est mise à la disposition de l'avocat, sous réserve des exigences du bon fonctionnement du cabinet du juge d'instruction, quinze jours après l'envoi de la lettre recommandée ou de la notification par procès-verbal, s'il n'a pas été entre-temps procédé à la première comparution.

(L. n. 96-1235, 30 déc. 1996, art. 2-I, applic. le 31 mars 1997) **Après la première comparution ou la première audition, les avocats des parties peuvent se faire délivrer, à leurs frais, copie de tout ou partie des pièces et actes du dossier.**

Les avocats peuvent transmettre une reproduction des copies ainsi obtenues à leur client. Celui-ci atteste au préalable, par écrit, avoir pris connaissance des dispositions de l'alinéa suivant et de l'article 114-1.

Seules les copies des rapports d'expertise peuvent être communiquées par les parties ou leurs avocats à des tiers pour les besoins de la défense.

L'avocat doit donner connaissance au juge d'instruction, par déclaration à son greffier ou par lettre ayant ce seul objet et adressée en recommandé avec accusé de réception, de la liste des pièces ou actes dont il souhaite remettre une reproduction à son client.

Le juge d'instruction dispose d'un délai de cinq jours ouvrables à compter de la réception de la demande pour s'opposer à la remise de tout ou partie de ces reproductions par une ordonnance spécialement motivée au regard des risques de pression sur les victimes, les personnes mises en examen, leurs avocats, les témoins, les enquêteurs, les experts ou toute autre personne concourant à la procédure.

Cette décision est notifiée par tout moyen et sans délai à l'avocat. À défaut de réponse du juge d'instruction notifiée dans le délai imparti, l'avocat peut communiquer à son client la reproduction des pièces ou actes dont il avait fourni la liste. Il peut, dans les deux jours de sa notification, déférer la décision du juge d'instruction au président de la chambre de l'instruction, qui statue dans un délai de cinq jours ouvrables par une décision écrite et motivée, non susceptible de recours. À défaut de réponse notifiée dans le délai imparti, l'avocat peut communiquer à son client la reproduction des pièces ou actes mentionnés sur la liste.

Les modalités selon lesquelles ces documents peuvent être remis par son avocat à une personne détenue et les conditions dans lesquelles cette personne peut détenir ces documents sont déterminées par décret en Conseil d'État.

Par dérogation aux dispositions des huitième et neuvième alinéas, l'avocat d'une partie civile dont la recevabilité fait l'objet d'une contestation ne peut transmettre à son client une reproduction des pièces ou actes de la procédure sans l'autorisation préalable du juge d'instruction, qui peut lui être notifiée par tout moyen. En cas de refus du juge d'instruction ou à défaut de réponse de ce dernier dans les cinq jours ouvrables, l'avocat peut saisir le président de la chambre de l'instruction, qui statue dans un délai de cinq jours ouvrables, par une décision écrite et motivée non susceptible de recours. En l'absence d'autorisation préalable du président de la chambre de l'instruction, l'avocat ne peut transmettre la reproduction de pièces ou actes de la procédure à son client.

V. J. DUMONT, *Interrogatoires et confrontations : J.-Cl. Proc. pén.*, art. 114 à 121, fasc. 20.

1) L'inculpé ne peut être entendu ou confronté, à moins qu'il n'y renonce expressément, qu'en présence de son conseil ou celui-ci dûment appelé (Cass. crim., 4 janv. 1994 : *Bull.* 2. – Cass. crim., 14 nov. 1994, *Bull. inf. C. cass.* 1995, n. 101).

L'inobservation de ces dispositions est sanctionnée par la nullité de l'acte et de la procédure ultérieure en vertu de l'article 170 du même code (Cass. crim., 11 déc. 1974 : *Bull.* 367).

Mais un juge d'instruction peut interroger ou confronter un inculpé sans que le conseil de ce dernier soit présent ou ait été convoqué, à condition que cet inculpé ait renoncé expressément et préalablement à l'acte d'instruction, à l'assistance de son avocat (Cass. crim., 9 avr. 1986 : *Bull.* 121. – Cass. crim., 14 nov. 1994 :

Bull. inf. C. cass. 1995, n. 101. – Cass. crim., 31 mai 1995 : *Bull.* 200) ; aucune disposition légale ne fait obstacle à ce que cette renonciation soit constatée dans un procès-verbal distinct du procès-verbal de l'audience contradictoire (Cass. crim., 6 sept. 1994 : *Bull.* 295).

2) Doivent être considérées comme un interrogatoire, au sens des articles 114 et suivants du Code de procédure pénale, les déclarations de l'inculpé qui portent sur l'authenticité de documents qui vont faire l'objet d'une saisie, dès lors que les réponses de l'inculpé aux questions posées par le juge d'instruction étaient de nature à engager éventuellement sa responsabilité pénale (Cass. crim., 21 févr. 1967 : *Bull.* 72).

3) Le juge d'instruction procède à une simple confrontation ne présentant pas le caractère d'un interrogatoire dès lors qu'il se borne à présenter les inculpés aux témoins sans consigner de déclaration relative à la culpabilité des inculpés au fond. Les dispositions de l'article 118 du Code de procédure pénale ne s'appliquent pas à un tel acte d'instruction (Cass. crim., 22 févr. 1977 : *Bull.* 72).

Le juge d'instruction qui, à l'occasion d'un transport sur les lieux, procède à une parade d'identification de l'inculpé en l'absence de son conseil, et qui le fait présenter aux témoins en leur faisant entendre sa voix, n'effectue ni un interrogatoire, ni une confrontation entrant dans les prévisions de l'article 118 du Code de procédure pénale (Cass. crim., 30 mars 1993 : *Bull.* 134).

4) La convocation du conseil de l'inculpé par lettre recommandée à une ancienne adresse devenue périmée, entraîne la nullité de l'interroga toire de l'inculpé fait en l'absence dudit conseil ainsi que des actes subséquents faute de renonciation expresse par l'inculpé (Cass. crim., 16 mai 1974 : *Bull.* 181 ; *JCP* 75, II, 18190, note Andrée Mayer-Jack ; *D.* 1974, 727, note Brunois).

Mais est à bon droit rejeté le grief de nullité d'un procès-verbal d'interrogatoire pris de la violation alléguée des dispositions de l'article 118 du Code de procédure pénale relatives à la convocation du conseil de l'inculpé et à la mise à sa disposition de la procédure, dès lors qu'il est constaté que le juge d'instruction, saisi d'une contestation sur ce point, s'est abstenu de procéder à l'interrogatoire qui a été ajourné (Cass. crim., 11 août 1980 : *Bull.* 234).

Le départ de l'avocat en cours d'interrogatoire de son client ne met pas fin à l'acte d'instruction commencé par le juge (Cass. crim., 14 nov. 1994 : *Bull. inf. C. cass.* 1995, n. 101).

5) Est régulier l'interrogatoire subi par l'inculpé qui, ayant été averti dans les termes de l'article 114, alinéa 2, du Code de procédure pénale, du droit qu'il a de choisir ou demander un conseil, déclare qu'il « réfléchirait ». Cet avertissement n'a pas à être renouvelé lors d'un interrogatoire ultérieur de l'inculpé, alors que celui-ci n'avait pas encore désigné un défenseur (Cass. crim., 14 mars 1974 : *Bull.* 114).

Aux termes des articles 118 et 170 du Code de procédure pénale, et sous peine de nullité, le conseil de l'inculpé doit être convoqué par lettre recommandée adressée au plus tard l'avant-veille de tout interrogatoire (cinq jours ouvrables avant).

Ces formalités sont essentielles aux droits de la défense et leur observation doit être expressément constatée (Cass. crim., 6 juin 1974 : *Bull.* 206).

Mais la convocation adressée dans les délais de la loi au conseil d'un inculpé avant l'un de ses interrogatoires prévu pour un jour et une date déterminés, valide tous les interrogatoires subséquents de cet inculpé et les actes de procédure auxquels il a été soumis, s'ils en ont été la suite ininterrompue (Cass. crim., 10 oct. 1988 : *Bull.* 332).

Selon les dispositions combinées des articles 114, alinéa 2, et 145-2 du Code de procédure pénale, le juge d'instruction peut procéder au débat contradictoire en vue de la prolongation de la détention provisoire hors la présence du conseil de la personne mise en examen dès lors que celui-ci a été au préalable régulièrement convoqué (Cass. crim., 14 mai 1996 : *Bull.* 203).

6) Les mentions d'un procès-verbal, régulièrement dressé, qui énoncent que le conseil de l'inculpé a été régulièrement convoqué et que la procédure a été mise, la veille (deux jours ouvrables avant l'interrogatoire), à sa disposition, établissent jusqu'à inscription de faux, qu'il a été satisfait aux prescriptions de l'article 118 du Code de procédure pénale (Cass. crim., 9 janv. 1962 : *Bull.* 18. – Cass. crim., 21 juin 1962 : *Bull.* 230 ; *Rev. sc. crim.* 1963, 568, obs. J. Robert).

... Et ceci, même en l'absence de tout récépissé postal justifiant de l'envoi d'une lettre recommandée au conseil (Cass. crim., 1er févr. 1995 : *Bull.* 45).

Fait également foi jusqu'à inscription de faux l'attestation par le greffier, sur une ordonnance, de la notification de celle-ci au défenseur (Cass. crim., 9 janv. 1962 : *Bull.* 18).

La mention portée au procès-verbal d'une confrontation indiquant que l'avocat de l'inculpé a été convoqué par lettre recommandée dans le délai légal et que le dossier de la procédure a été mis à sa disposition vingt-quatre heures au plus tard (deux jours ouvrables) avant ladite confrontation, suffit à elle seule à constater l'accomplissement des formalités prescrites par l'article 118, alinéas 2 et 3 du Code de procédure pénale (Cass. crim., 26 mai 1981 : *Bull.* 171).

Bien que les procès-verbaux de notification d'expertises mentionnent que la procédure a été mise à la disposition des défenseurs vingt-quatre heures au plus tard avant chacune des notifications au lieu des deux jours ouvrables prévus à l'article 118 du Code de procédure pénale, les droits de la défense ne sont pas méconnus s'il appert que les lettres recommandées ont été adressées aux avocats quinze jours au moins avant chaque comparution de l'inculpé et qu'à chacune de celles-ci l'un des avocats était présent ou représenté et n'a pas demandé acte de l'inobservation des dispositions de l'article 118 (Cass. crim., 18 juin 1985 : *Bull.* 233).

7) Le dossier de la procédure qui doit être mis à la disposition du conseil de l'inculpé, en application de l'article 118, alinéa 3, du Code de procédure pénale, vingt-quatre heures (quatre jours ouvrables), au plus tard avant chaque interrogatoire, doit comprendre toutes les pièces de la procédure.

Ces prescriptions sont édictées à peine de nullité tant de l'acte lui-même que de la procédure ultérieure (Cass. crim., 21 févr. 1967 : *Bull.* 72).

Au cas où un procès-verbal, régulièrement dressé, mentionne que la procédure a été mise à la disposition du conseil de l'inculpé, vingt-quatre heures au plus tard avant un interrogatoire, il y a lieu de présumer, jusqu'à preuve du contraire, que le dossier porté à la connaissance du conseil était complet. (L'article 118) du Code de procédure pénale n'exige pas que ce soit au lieu de l'interrogatoire que la procédure soit mise à la disposition de la défense (Cass. crim., 21 juin 1962 : *Bull.* 230 ; *Rev. sc. crim.* 1963, 568, obs. J. Robert).

8) L'obligation faite au juge d'instruction par (l'article 118), alinéa 3 du Code de procédure pénale de mettre le dossier à la disposition du conseil de l'inculpé vingt-quatre heures au plus tard (quatre jours ouvrables) avant chaque interrogatoire n'impose que la communication de toutes les pièces qui se trouvent contenues dans le dossier à cette date.

D'autre part, aucune disposition légale n'interdit que, l'information se poursuivant, les pièces établies ou parvenues entre la date de la communication de la procédure et celle de l'interrogatoire soient versées au dossier.

Dès lors qu'il est constant que le juge d'instruction a d'une part communiqué le dossier complet au conseil de l'inculpé dans le délai prescrit par la loi et, qu'avant de procéder à l'interrogatoire, il a d'autre part donné connaissance à l'inculpé et à son conseil des pièces établies ou parvenues après cette communication, il n'y a eu violation, ni des dispositions des articles 118 et 170 du Code de procédure pénale, ni de celles de l'article 172 du même code (Cass. crim., 5 juin 1975 : *Bull.* 146. – Cass. crim., 20 févr. 1990 : *Bull.* 86).

9) L'article 118 du Code de procédure pénale prescrivant que la procédure doit être mise à la disposition du conseil de l'inculpé 24 heures au plus tard (quatre jours ouvrables) avant chaque interrogatoire n'a pu avoir en vue la communication de pièces qui ne figurent pas encore dans cette procédure et sur lesquelles l'inculpé ne peut être interrogé.

Il en est ainsi de pièces se trouvant entre les mains des experts pour l'accomplissement de leur mission et sur lesquelles l'inculpé ne sera interrogé que postérieurement au dépôt du rapport en faisant état (Cass. crim., 16 mai 1972 : *Bull.* 169).

L'interrogatoire d'un inculpé auquel il est procédé par un juge d'instruction agissant sur commission rogatoire, doit être précédé dans les conditions tracées par l'article 118 du Code de procédure pénale de la mise à la disposition de la défense de toutes les pièces figurant au dossier à cette date dès lors que cette communication a été expressément demandée avant ledit interrogatoire par le conseil de l'inculpé (Cass. crim., 9 févr. 1982 : *Bull.* 47 ; *JCP* 83, II, 19973, note Chambon ; *D.* 1982, 544, note Pradel ; *Rev. sc. crim.* 1983, 280, obs. J. Robert).

Aucune disposition légale n'interdit, l'information se poursuivant, de verser au dossier les pièces établies ou parvenues entre la date de la communication de la procédure et celle de l'interrogatoire de l'inculpé, alors que le juge d'instruction avait précisé que la confrontation ne porterait pas sur le contenu des pièces non communiquées (Cass. crim., 21 oct. 1975 : *Bull.* 221 ; *Rev. sc. crim.* 1976, 443, obs. J. Robert).

10) Fait l'exacte application de l'article 802 du Code de procédure pénale l'arrêt qui écarte la demande d'annulation de la procédure, nonobstant les irrégularités commises lors de la convocation des deux conseils choisis par l'inculpé, dès lors qu'un de ceux-ci ayant assisté à l'interrogatoire et aucune réserve n'ayant été formulée, il n'est pas établi que lesdites irrégularités aient eu pour effet de porter atteinte aux intérêts de l'inculpé (Cass. crim., 16 janv. 1991 : *Bull.* 27. – Cass. crim., 11 janv. 1994 : *Bull.* 15).

11) La délivrance incomplète de copies des pièces de la procédure aux conseils ne méconnaît pas les droits de la défense dès lors que le dossier a été tenu à la disposition des conseils tout au long de la procédure et que les notes et mémoires déposés tant devant le juge d'instruction que devant la chambre d'accusation établissent que les avocats ont une totale connaissance du dossier et qu'ils ont été en mesure de faire valoir leurs arguments pendant toute la durée de l'instruction (Cass. crim., 11 juill. 1994 : *Bull.* 274).

12) Hormis les rapports d'expertise, la copie des pièces d'une procédure d'instruction en cours ne peut, selon les dispositions de l'article 114, alinéa 6, du Code de procédure pénale, être communiquée, par les parties ou leurs avocats, à des tiers (Cass. crim., 11 janv. 2001 : *Bull.* 5).

Art. 114-1 *(L. n. 96-1235, 30 déc. 1996, art. 2-II, applic. le 31 mars 1997).* **– Sous réserve des dispositions du sixième alinéa de l'article 114, le fait, pour une partie à qui une reproduction des pièces ou actes d'une procédure d'instruction a été remise en application de cet article, de la diffuser auprès d'un tiers est puni de 25 000 F (3 750 €) d'amende.**

Art. 115 *(L. n. 93-2, 4 janv. 1993, art. 33).* **– Les parties peuvent à tout moment de l'information faire connaître au juge d'instruction le nom de l'avocat choisi par elles ; si elles désignent plusieurs avocats, elles doivent faire connaître celui d'entre eux auquel seront adressées les convocations et notifications ; à défaut de ce choix, celles-ci seront adressées à l'avocat premier choisi.**

(L. n. 2000-516, 15 juin 2000, art. 18) **Lorsque la personne mise en examen est détenue, le choix de son avocat peut résulter d'un courrier adressé par cette personne à celui-ci et le désignant pour assurer sa défense : une copie de ce courrier doit être remise par l'avocat, en tout ou partie, au cabinet du juge d'instruction. La personne mise en examen doit confirmer ce choix au juge d'instruction dans les quinze jours. Ce délai ne fait pas obstacle à la libre communication du dossier à l'avocat.**

1) Il résulte de l'article 115 du Code de procédure pénale que, si plusieurs conseils sont désignés par la personne mise en examen, celle-ci doit faire connaître celui d'entre eux auquel seront adressées les convocations et notifications et qu'à défaut d'un tel choix, lorsque plusieurs avocats ont été désignés simultanément, les convocations doivent être adressées à l'avocat dont le nom apparaît en premier sur l'acte de désignation (Cass. crim., 8 déc. 1999 : *Bull.* 294).

2) S'il est loisible à la personne mise en examen de renoncer à l'assistance d'un avocat pour revenir à celui initialement choisi, c'est à la condition d'aviser la juridiction d'instruction de ce nouveau changement ; à défaut d'un tel avis, le deuxième conseil doit être regardé comme le premier avocat choisi, au sens de l'article 115 du Code de procédure pénale (Cass. crim., 5 janv. 1994 : *Bull.* 7).

Il résulte de l'article 115, alinéa 2, du Code de procédure pénale que, tant que la personne mise en examen n'a pas confirmé elle-même au juge d'instruction le choix du nouvel avocat, seuls doivent être avisés de la date de l'audience les avocats précédemment désignés (Cass. crim., 4 déc. 2001 : *Bull.* 250).

3) En cas d'appel d'une ordonnance de mise en détention provisoire, et en l'absence d'un autre avocat choisi par l'intéressé ou désigné d'office pour l'assister pendant l'information, cette notification doit être faite à l'avocat désigné à l'occasion du débat contradictoire prévu par l'article 145 du Code de procédure pénale (Cass. crim., 19 sept. 1994 : *Bull. inf. C. cass.* 1994, n. 1137).

Art. 116 *(L. n. 2000-516, 15 juin 2000, art. 23, applic. 1er janv. 2001).* – **Lorsqu'il envisage de mettre en examen une personne qui n'a pas déjà été entendue comme témoin assisté, le juge d'instruction procède à sa première comparution selon les modalités prévues par le présent article.**

Le juge d'instruction constate l'identité de la personne et lui fait connaître expressément, en précisant leur qualification juridique, chacun des faits dont il est saisi et pour lesquels la mise en examen est envisagée. Mention de ces faits et de leur qualification juridique est portée au procès-verbal.

Lorsqu'il a été fait application des dispositions de l'article 80-2 et que la personne est assistée d'un avocat, le juge d'instruction procède à son interrogatoire : l'avocat de la personne peut présenter ses observations au juge d'instruction.

Dans les autres cas, le juge d'instruction avise la personne de son droit de choisir un avocat ou de demander qu'il lui soit désigné un office. L'avocat choisi ou, dans le cas d'une demande de commission d'office, le bâtonnier de l'ordre des avocats en est informé par tout moyen et sans délai. Si l'avocat choisi ne peut être contacté ou ne peut se déplacer, la personne est avisée de son droit de demander qu'il lui en soit désigné un d'office pour l'assister au cours de la première comparution. L'avocat peut consulter sur-le-champ le dossier et communiquer librement avec la personne. Le juge d'instruction avertit ensuite la personne qu'elle a le choix soit de se taire, soit de faire des déclarations, soit d'être interrogée. Mention de cet avertissement est faite au procès-verbal. L'accord pour être interrogé ne peut être donné qu'en présence d'un avocat. L'avocat de la personne peut également présenter ses observations au juge d'instruction.

Après avoir, le cas échéant, recueilli les déclarations de la personne ou procédé à son interrogatoire et entendu les observations de son avocat, le juge d'instruction lui notifie :

1° soit qu'elle n'est pas mise en examen ; le juge d'instruction informe alors la personne qu'elle bénéficie des droits du témoin assisté ;

2° soit qu'elle est mise en examen ; le juge d'instruction porte alors à la connaissance de la personne les faits ou la qualification juridique des faits qui lui sont reprochés, si ces faits ou ces qualifications diffèrent de ceux qui lui ont déjà été notifiés ; il l'informe de ses droits de formuler des demandes d'actes ou des requêtes en annulation sur le fondement des articles 81, 82-1, 82-2, 156 et 173 durant le déroulement de l'information et au plus tard le vingtième jour suivant l'avis prévu par le dernier alinéa de l'article 175, sous réserve des dispositions de l'article 173-1.

S'il estime que le délai prévisible d'achèvement de l'information est inférieur à un an en matière correctionnelle ou à dix-huit mois en matière criminelle, le juge d'instruction donne connaissance de ce délai prévisible à la personne et l'avise qu'à l'expiration dudit délai, elle pourra demander la clôture de la procédure en application des dispositions de l'article 175-1. Dans le cas contraire, il indique à la personne qu'elle pourra demander, en application de ce même article, la clôture de la procédure à l'expiration d'un délai d'un an en matière correctionnelle ou de dix-huit mois en matière criminelle.

À l'issue de la première comparution, la personne doit déclarer au juge d'instruction son adresse *(L. n. 2000-1354, 30 déc. 2000, art. 12)* **personnelle. Elle peut toutefois lui substituer l'adresse d'un tiers chargé de recevoir les actes qui lui sont destinés si elle produit l'accord de ce dernier. L'adresse déclarée doit être située, si l'information se déroule en métropole, dans un département métropolitain ou, si l'information se déroule dans un département d'outre-mer, dans ce département. Cette déclaration est faite devant le juge des libertés et de la détention lorsque ce magistrat, saisi par le juge d'instruction, décide de ne pas placer la personne en détention.**

La personne est avisée qu'elle doit signaler au juge d'instruction jusqu'au règlement de l'information, par nouvelle déclaration ou par lettre recommandée avec demande d'avis de réception, tout changement de l'adresse déclarée. Elle est également avisée que toute notification ou signification faite à la dernière adresse déclarée sera réputée faite à sa personne. Mention de cet avis, ainsi que de la déclaration d'adresse, est portée au procès-verbal. Ces avis sont donnés par le juge des libertés et de la détention lorsque celui-ci décide de ne pas placer la personne en détention.

1) Font foi jusqu'à inscription de faux, en l'absence de toutes autres circonstances intrinsèques, les mentions du procès-verbal d'interrogatoire de première comparution d'un inculpé qui constatent qu'il a été procédé conformément à l'article 114, alinéa 2, du Code de procé-

dure pénale (Cass. crim., 28 févr. 1974 : *Bull.* 88).

La mention, portée sur un procès-verbal de première comparution, que le juge d'instruction a fait connaître à la personne mise en examen chacun des faits dont il est saisi en vertu d'un réquisitoire introductif, ainsi que leur qualification juridique, satisfait aux prescriptions de l'article 116 du Code de procédure pénale qui n'exigent pas que soient explicités par écrit les faits et circonstances qui motivent la mise en examen (Cass. crim., 8 oct. 1998 : *Bull.* 250).

2) L'article 114 du Code de procédure pénale impose au juge d'instruction l'obligation de faire connaître expressément à l'inculpé chacun des faits qui lui sont imputés (Cass. crim., 31 janv. 1968 : *Bull.* 32).

3) Le juge d'instruction n'est tenu de recourir aux formalités de l'article 114 du Code de procédure pénale que lorsqu'il est saisi de faits différents de ceux sur lesquels il instruit et sur lesquels l'inculpé a déjà été entendu en première comparution. L'inculpation nouvelle portant sur les mêmes faits autrement qualifiés peut être notifiée à l'inculpé au cours d'un simple interrogatoire à condition que soient respectées les dispositions de l'article 118 du Code de procédure pénale (Cass. crim., 24 juin 1980 : *Bull.* 204).

Aucun texte n'impose au juge d'instruction, de renouveler, à l'occasion d'une inculpation supplétive, les formalités d'avertissement prévues par l'article 114, alinéa 1er, ancien, du Code de procédure pénale (article 116 nouveau), pour l'interrogatoire de première comparution (Cass. crim., 16 déc. 1997 : *Bull.* 426).

4) Contient une juste interprétation de la loi du 8 décembre 1897 l'arrêt qui annule la procédure, depuis et y compris le procès-verbal de première comparution, par le motif que l'inculpé, qui avait consenti à s'expliquer immédiatement sans l'assistance d'un conseil n'avait pas été avisé du droit, qui lui appartenait et auquel il n'avait pas renoncé, d'être assisté d'un défenseur pour la suite de l'information (Cass. crim., 30 déc. 1927 : *Bull.* 337).

5) Toute personne mise en cause par une plainte avec constitution de partie civile et contre laquelle le ministère public a requis nommément l'ouverture d'une information doit être considérée comme mise en examen au sens de l'article 116 du Code de procédure pénale et s'avère nécessairement partie à l'instance, quand bien même elle n'aurait pas été mise en examen par le juge d'instruction (Cass. crim., 2 juill. 1998 : *Bull.* 214. – Cass. crim., 19 nov. 1998 : *Bull.* 309 ; *JCP* 99, II, 10085, note W. Jeandidier).

6) Aucune disposition légale ne fait obligation au juge d'instruction, saisi après une ordonnance de dessaisissement d'un autre juge d'instruction, de procéder à un nouvel interrogatoire de première comparution de l'inculpé, lequel a déjà été interrogé par le précédent magistrat instructeur sur les faits objet de la poursuite (Cass. crim., 9 mai 1968 : *Bull.* 149).

7) Selon les dispositions de l'article 114 du Code de procédure pénale, les mêmes faits ne peuvent faire l'objet de deux inculpations successives se cumulant et justifiant deux titres de détention distincts.

Il s'ensuit qu'est irrégulière la détention ordonnée par un juge d'instruction qui, dans la même procédure, après annulation pour vice de fond d'un précédent mandat de dépôt, délivre un nouveau titre de détention pour les mêmes faits que ceux ayant justifié l'inculpation initiale, mais repris sous une qualification différente (Cass. crim., 16 nov. 1987 : *Bull.* 404).

8) L'absence d'une signature sur la seule page du procès-verbal d'interrogatoire de l'inculpé relative au débat contradictoire préalable à la mise en détention provisoire n'entraîne pas la nullité, prévue par l'article 170 du Code de procédure pénale, du procès-verbal d'interrogatoire de première comparution dès lors que les mentions des formalités prescrites par l'article 114 dudit code sont portées sur les autres pages du même document revêtues de toutes les signatures requises (Cass. crim., 27 juin 1989 : *Bull.* 277).

9) Les articles 116 et 145-3 du Code de procédure pénale, et l'article 6.3 de la Convention européenne de sauvegarde des droits de l'homme posent en principe la libre communication entre la personne poursuivie et son avocat ; en vertu de ce principe, la demande de la personne mise en examen, tendant à la désignation d'un interprète chargé de l'assister dans ses entretiens avec son avocat, et à la prise en charge par l'État des frais en résultant, si elle bénéficie de l'aide juridictionnelle, ne peut être déclarée irrecevable (Cass. crim., 6 déc. 1994 : *Bull.* 394).

Art. 116-1. – *Abrogé, L. n. 2000-516, 15 juin 2000, art. 20-II.*

Art. 117 *(L. n. 93-2, 4 janv. 1993, art. 36 ; L. n. 93-1013, 24 août 1993, art. 6-III)*. – **Nonobstant les dispositions prévues à l'article 116, le juge d'instruction peut procéder à un interrogatoire immédiat et à des confrontations si l'urgence résulte soit de l'état d'un témoin en danger de mort, soit de l'existence d'indices sur le point de disparaître, ou encore dans le cas prévu au dernier alinéa de l'article 72.**

Le procès-verbal fait mention des causes d'urgence.

Art. 118. – *Abrogé, L. n. 93-2, 4 janvier 1993, art. 37.*

V. J. DUMONT, *Interrogatoires et confrontations : J.-Cl. Proc. pén.*, art. 114 à 121. – Jacques LE CALVEZ, *L'inculpation et la présomption d'innocence : Gaz. Pal.* 1987, 2, doctr. 681.

Art. 119. – **Le procureur de la République peut assister aux interrogatoires et confrontations de** *(L. n. 93-2, 4 janv. 1993, art. 163)* **la personne mise en examen et aux auditions de la partie civile.**

Chaque fois que le procureur de la République a fait connaître au juge d'instruction son intention d'y assister, le greffier du juge d'instruction doit, sous peine d'une amende civile de 10 F (1,5) prononcée par le président de la chambre de l'instruction, l'avertir par simple note, au plus tard, l'avant-veille de l'interrogatoire.

Art. 120 *(L. n. 2000-516, 15 juin 2000, art. 25, applic. 1er janv. 2001)*. – **Le juge d'instruction dirige les interrogatoires, confrontations et auditions. Le procureur de la République et les avocats des parties peuvent poser des questions ou présenter de brèves observations.**

Le juge d'instruction détermine, s'il y a lieu, l'ordre des interventions et peut y mettre un terme lorsqu'il s'estime suffisamment informé. Il peut s'opposer aux questions de nature à nuire au bon déroulement de l'information ou à la dignité de la personne.

Mention de ce refus est portée au procès-verbal.

Les conclusions déposées par le procureur de la République ou les avocats des parties afin de demander acte d'un désaccord avec le juge d'instruction sur le contenu du procès-verbal sont, par le juge d'instruction, versées au dossier.

Art. 121. – **Les procès-verbaux d'interrogatoire et de confrontation sont établis dans les formes prévues aux articles 106 et 107.**

S'il est fait appel à un interprète, les dispositions de l'article 102 sont applicables.

(L. n. 2000-516, 15 juin 2000, art. 26, applic. 1er janv. 2001) **Si la personne mise en examen est atteinte de surdité, le juge d'instruction nomme d'office pour l'assister lors de l'information un interprète en langue des signes ou toute personne qualifiée maîtrisant un langage ou une méthode permettant de communiquer avec les sourds. Celui-ci, s'il n'est pas assermenté, prête serment d'apporter son concours à la justice en son honneur et en sa conscience. Il peut être également recouru à tout dispositif technique permettant de communiquer avec la personne mise en examen. Si la personne mise en examen sait lire et écrire, le juge d'instruction peut également communiquer avec elle par écrit.**

V. Andrée MAYER-JACK, *Confrontations, transports sur les lieux et droits de la défense : JCP* 81, I, 3045.

1) Il ressort des dispositions combinées des articles 121, 106 et 107 du Code de procédure pénale que les procès-verbaux d'interrogatoire doivent être signés par le juge d'instruction et le greffier. Cette formalité est substantielle (Cass. crim., 12 oct. 1972 : *Bull.* 284. – Cass. crim., 11 déc. 1974 : *Bull.* 367). Méconnaît les prescriptions des articles sus-mentionnés le juge d'instruction qui recueille les déclarations d'un « inculpé » par télécopie ou par téléphone (Cass. crim., 4 janv. 1994 : *Bull.* 2).

Le procès-verbal d'interrogatoire et de confrontation qui n'est pas signé par le juge d'instruction est non avenu et doit être retiré de la procédure (Cass. crim., 22 févr. 1977 : *Bull.* 72).

Doit être considéré comme inexistant un acte du juge d'instruction figurant dans la procédure mais qui n'est ni daté ni signé ; par suite, est entaché de nullité le procès-verbal qui s'y réfère (Cass. crim., 21 nov. 1988 : *Bull.* 394).

2) Un procès-verbal de confrontation qui ne porte pas la signature du juge d'instruction doit être considéré comme inexistant.

Une chambre d'accusation statuant comme juridiction de renvoi n'est pas tenue de prononcer elle- même la nullité d'une telle pièce lorsque l'inexistence légale de celle-ci a déjà été affirmée par l'arrêt de la Cour de cassation qui l'a saisie, mais elle doit s'interdire de faire état d'aucun des éléments contenus dans la pièce litigieuse (Cass. crim., 13 nov. 1968 : *Bull.* 294).

3) Le refus de signature d'un procès-verbal par un inculpé au motif que son conseil n'est pas présent ne saurait entraîner la nullité dudit procès-verbal dès lors qu'il est fait mention de ce refus conformément aux prescriptions de l'article 106 du Code de procédure pénale et qu'ont été observées les dispositions de l'article 118 du même code (Cass. crim., 5 mars 1985 : *Bull.* 102).

4) Si le magistrat instructeur est amené, lors d'un transport sur les lieux, à recueillir les déclarations des inculpés, de la partie civile ou celles des témoins et à procéder à des confrontations, il doit observer les formes prescrites par les articles 106, 107 et 121 du Code de procédure pénale.

Il suit de l'inobservation de ces formalités que le procès-verbal est nul et que la chambre d'accusation doit constater ce vice de l'information (Cass. crim., 20 juill. 1983 : *Bull.* 223. – Cass. crim., 24 janv. 1984 : *Bull.* 30. – Cass. crim., 14 sept. 1985 : *Bull.* 285).

5) Les dispositions des articles 121 et 102 du Code de procédure pénale relatives à l'assistance d'un interprète assermenté ne sont pas applicables à l'enquête préliminaire (Cass. crim., 27 nov. 2001 : *Bull.* 245).

SECTION VI. – DES MANDATS ET DE LEUR EXÉCUTION

Art. 122 *(Applic. 1er janv. 2000 ; L. n. 2000-516, 15 juin 2000, art. 132 et 140) (L. n. 93-2, 4 janv. 1993, art. 59 et 236 ; L. n. 93-1013, 24 août 1993, art. 19-I).* **– Le juge d'instruction peut, selon les cas, décerner mandat de comparution, d'amener ou d'arrêt. Le juge des libertés et de la détention peut décerner mandat de dépôt.**

Le mandat de comparution a pour objet de mettre la personne à l'encontre de laquelle il est décerné en demeure de se présenter devant le juge à la date et à l'heure indiquées par ce mandat.

Le mandat d'amener est l'ordre donné par le juge à la force publique de conduire immédiatement la personne à l'encontre de laquelle il est décerné, devant lui.

(L. n. 2000-516, 15 juin 2000, art. 132-II-2e) **Le mandat de dépôt est l'ordre donné par le juge des libertés et de la détention au chef de l'établissement pénitentiaire de recevoir et de détenir la personne mise en examen à l'encontre de laquelle il a rendu une ordonnance aux fins de placement en détention provisoire. Ce mandat permet également de rechercher ou de transférer la personne lorsqu'il lui a été précédemment notifié.**

Le mandat d'arrêt est l'ordre donné à la force publique de rechercher la personne à l'encontre de laquelle il est décerné et de la conduire à la maison d'arrêt indiquée sur le mandat, où elle sera reçue et détenue.

V. J. DUMONT, *Mandats : J.-Cl. Proc. pén.*, art. 122 à 136, Fasc. 20.

Art. 123 *(Modifié, L. n. 93-2, 4 janv. 1993, art. 166).* **– Tout mandat précise l'identité de la personne à l'encontre de laquelle il est décerné ; il est daté et signé par le magistrat qui l'a décerné et est revêtu de son sceau.**

Les mandats d'amener, de dépôt et d'arrêt mentionnent en outre la nature des faits imputés à la personne, leur qualification juridique et les articles de loi applicables.

(Ord. n. 60-529, 4 juin 1960, art. 2) **Le mandat de comparution est signifié par huissier à celui qui en est l'objet ou est notifié à celui-ci par un officier ou agent de la police judiciaire, ou par un agent de la force publique, lequel lui en délivre copie.**

Le mandat d'amener ou d'arrêt est notifié et exécuté par un officier ou agent de la police judiciaire ou par un agent de la force publique, lequel en fait l'exhibition à la personne et lui en délivre copie.

(Ord. n. 60-529, 4 juin 1960, art. 2) **Si la personne est déjà détenue pour une autre cause, la notification lui est faite comme il est dit à l'alinéa précédent, ou, sur instructions du procureur de la République, par le** *(L. n. 87-432, 22 juin 1987, art. 5-I)* **chef de l'établissement pénitentiaire qui en délivre également une copie.**

Les mandats d'amener et d'arrêt peuvent, en cas d'urgence, être diffusés par tous moyens.

Dans ce cas, les mentions essentielles de l'original et spécialement l'identité de la personne à l'encontre de laquelle il est décerné, la nature des faits qui lui sont imputés et leur qualification juridique, le nom et la qualité du magistrat mandant doivent être précisés *(L. n. 84-576, 9 juill. 1984, art. 1er)* **« L'original ou la copie du mandat est transmis à l'agent chargé d'en assurer l'exécution dans les délais les plus brefs. »**

Dernier alinéa abrogé, L. n. 89-461, 6 juill. 1989, art. 2.

Un mandat de comparution ne peut être délivré qu'à l'encontre d'une personne dont le dernier domicile est connu, afin d'en permettre la signification dans les formes et conditions prévues aux articles 550 et suivants du Code de procédure pénale (Cass. crim., 30 mai 1995 : *Bull.* 196).

Art. 124. – Les mandats sont exécutoires dans toute l'étendue du territoire de la République.

Art. 125 *(Mod., L. n. 93-2, 4 janv. 1993, art. 167).* **– Le juge d'instruction interroge immédiatement la personne qui fait l'objet d'un mandat de comparution.**

Il est procédé dans les mêmes conditions à l'interrogatoire de la personne arrêtée en vertu d'un mandat d'amener ; toutefois, si l'interrogatoire ne peut être immédiat, la personne est conduite dans la maison d'arrêt où elle ne peut être détenue plus de vingt-quatre heures.

À l'expiration de ce délai, elle est conduite d'office, par les soins du *(L. n. 87-432, 22 juin 1987, art. 5-II)* **chef d'établissement, devant le procureur de la République qui requiert le juge d'instruction, ou à son défaut le président du tribunal ou un juge désigné par celui-ci, de procéder immédiatement à l'interrogatoire, à défaut de quoi la personne est mise en liberté.**

La délivrance d'un mandat d'amener implique que le juge d'instruction a manifesté son intention de traiter comme un inculpé, la personne objet du mandat. Par suite, le juge devant qui cette personne est déférée ne peut l'entendre préalablement à titre de témoin (Cass. crim., 26 sept. 1986 : *Bull.* 260 ; *Rev. sc. crim.* 1987, p. 243, obs. Braunschweig).

Art. 126 *(L. n. 92-1336, 16 déc. 1992, art. 14 ; L. n. 93-913, 19 juill. 1993).* **– Tout inculpé arrêté en vertu d'un mandat d'amener, qui a été maintenu pendant plus de vingt-quatre heures dans la maison d'arrêt sans avoir été interrogé, est considéré comme arbitrairement détenu.**

Les articles 432-4 à 432-6 du Code pénal sont applicables aux magistrats ou fonctionnaires qui ont ordonné ou sciemment toléré cette détention arbitraire.

Art. 127 *(L. n. 72-1226, 29 déc. 1972, art. 27 ; Modifié, L. n. 93-2, 4 janv. 1993, art. 169).* **– Si la personne recherchée en vertu d'un mandat d'amener est trouvée à plus de 200 km du siège du juge d'instruction qui a délivré le mandat, elle est conduite dans les vingt-quatre heures soit, avec son accord, devant le juge d'instruction qui a délivré ce mandat, soit devant le procureur de la République du lieu de l'arrestation.**

1) L'omission des formalités prévues par l'article 127 du Code de procédure pénale, qui ne sont pas prescrites à peine de nullité, n'est pas de nature à entraîner, par elle-même, la nullité de la poursuite, dès lors que la recherche et l'établissement de la vérité ne s'en sont pas trouvés viciés fondamentalement ni la défense mise dans l'impossibilité d'exercer ses droits devant la juridiction d'instruction (Cass. crim., 8 nov. 1988 : *Bull.* 383).

2) Les formalités prévues à l'article 127 du Code de procédure pénale ont été respectées dès lors que l'intéressé a été présenté dans le délai légal au procureur de la République territorialement compétent en raison du lieu où se trouvait cette personne, après la fin de sa garde à vue, opérée dans le cadre d'une commission rogatoire, lorsque lui a été notifié le mandat d'amener qui venait d'être délivré par le juge d'instruction (Cass. crim., 12 janv. 2000 : *Bull.* 17).

Art. 128 *(Mod., L. n. 93-2, 4 janv. 1993, art. 170).* **– Ce magistrat l'interroge sur son identité, reçoit ses déclarations, après l'avoir avertie qu'elle est libre de ne pas en faire, l'interpelle afin de savoir si elle consent à être transférée ou si elle préfère prolonger les effets du mandat d'amener, en attendant, au lieu où il se trouve, la décision du juge d'instruction saisi de l'affaire. Si la personne déclare s'opposer au transfèrement, elle est conduite dans la maison d'arrêt et avis immédiat est donné au juge d'instruction compétent** *(L. n. 84-576, 9 juill. 1984, art. 2)* **« L'original ou la copie du procès-verbal » de la comparution contenant un signalement complet est transmis sans délai à ce magistrat, avec toutes les indications propres à faciliter la reconnaissance d'identité.**

Ce procès-verbal doit mentionner que la personne a reçu avis qu'elle est libre de ne pas faire de déclaration.

Art. 129. – Le juge d'instruction saisi de l'affaire décide, aussitôt après la réception de ces pièces, s'il y a lieu d'ordonner le transfèrement.

Art. 130 *(L. n. 84-576, 9 juill. 1984, art. 3 ; Modifié, L. n. 93-2, 4 janv. 1993, art. 171).* **– Lorsqu'il y a lieu à transfèrement dans les conditions prévues par les articles 128 et 129, la personne est conduite devant le juge d'instruction qui a délivré le mandat dans les quatre jours de la notification du mandat.**

Toutefois, ce délai est porté à six jours en cas de transfèrement d'un département d'outre-mer vers un autre département ou de la France métropolitaine vers un département d'outre-mer.

C'est à bon droit que la chambre d'accusation, appelée à statuer sur la validité de l'ordonnance de mise en détention provisoire d'un inculpé énonce que le délai prévu par l'article 130 du Code de procédure pénale concerne exclusivement le transfert des inculpés trouvés à plus de 200 kilomètres du siège du juge mandant.

En effet le mandat d'amener étant l'ordre donné par le juge d'instruction à la force publique de conduire devant lui l'inculpé, et non un titre de détention, les conditions de son exécution, telles que prévues par l'article 130 du Code de procédure pénale, sont indépendantes des formalités prescrites par l'article 145 dudit code pour le placement ultérieur en détention dudit inculpé (Cass. crim., 19 janv. 1987 : *Bull.* 24).

Art. 130-1 *(L. n. 84-576, 9 juill. 1984, art. 4 ; Modifié, L. n. 93-2, 4 janv. 1993, art. 172).* **– En cas de non-respect des délais fixés par les articles 127 et 130, la personne est libérée, sur ordre du juge d'instruction saisi de l'affaire, à moins que sa conduite ait été retardée par des circonstances insurmontables.**

Art. 131 *(Mod., L. n. 93-2, 4 janv. 1993, art. 173).* **– Si la personne est en fuite ou si elle réside hors du territoire de la République, le juge d'instruction, après avis du procureur de la République, peut décerner contre elle un mandat d'arrêt si le fait comporte une peine d'emprisonnement correctionnelle ou une peine plus grave.**

1) Est nul le mandat d'arrêt requis et délivré alors que l'inculpé était détenu pour autre cause à la connaissance du procureur de la République et du juge d'instruction.

La circonstance que le mandat d'arrêt en vertu duquel l'inculpé a été transféré devant le juge d'instruction est déclaré nul est sans influence sur la validité du mandat de dépôt décerné contre lui le même jour dans une autre procédure (Cass. crim., 25 janv. 1961 : *Bull.* 48 ; *D.* 1961, 252, note J. M. R ; *Rev. sc. crim.* 1961, 599, obs. J. Robert).

2) Si un inculpé ne peut être mis en prévention ni en accusation sans avoir été préalablement entendu ou, au moins, sans avoir été l'objet d'un mandat de justice décerné par le juge compétent et notifié suivant les règles tracées par la loi, il suffit, pour qu'il soit dûment appelé, que toutes les formalités prévues par le Code de procédure pénale aient été accomplies, et qu'il soit établi que l'autorité judiciaire, ayant été dans l'impossibilité de communiquer avec lui par les voies de droit, n'a pas porté atteinte aux droits de la défense. Si, résidant à l'étranger et non extradable, il n'a pu être régulièrement avisé des poursuites, il peut être renvoyé devant la cour d'assises qui ne le jugera d'ailleurs que par contumace, s'il ne se présente pas sponta-

nément. Tous ses droits seront ainsi préservés au cas où il se présenterait ultérieurement.

L'article 131 du Code de procédure pénale ne fait pas, en ce qui concerne la régularité du mandat d'arrêt, de différence entre l'inculpé en fuite et l'inculpé résidant hors du territoire de la République (Cass. crim., 1er déc. 1966 : *Bull.* 275 ; *D.* 1967, 23, rapport Costa).

Aucune disposition de loi n'impose à un juge d'instruction de délivrer, avant un mandat d'arrêt, un mandat de comparution *(même arrêt)*.

Lorsque le juge d'instruction a ordonné la transmission de la procédure au procureur général en vue de la mise en accusation de l'inculpé pour faits criminels, le mandat d'arrêt décerné contre l'individu poursuivi conserve sa valeur exécutoire jusqu'à décision de la chambre d'accusation *(même arrêt)*.

3) Le mandat d'arrêt, postérieur à un avis de mise en examen annulé, qui n'en est pas le préalable nécessaire, est régulier dès lors qu'il a été délivré par un juge d'instruction régulièrement saisi et qu'il respecte les conditions fixées par l'article 131 du Code de procédure pénale (Cass. crim., 26 janv. 2000 : *Bull.* 44).

4) La délivrance d'un mandat d'arrêt n'implique pas que l'inculpé contre lequel il est décerné ait déjà fait l'objet d'un interrogatoire de première comparution et il appartient au juge d'instruction, au vu des éléments du dossier, d'apprécier si un tel mandat doit être délivré contre une personne en fuite, aurait-elle été entendue précédemment comme témoin, dès lors qu'il existe contre elle des indices graves et concordants de culpabilité, au sens de l'article 105 du Code de procédure pénale (Cass. crim., 14 janv. 1985 : *Bull.* 22).

5) Il appartient aux juges, sous la seule condition de motiver spécialement leur décision, de décerner contre le prévenu condamné pour un délit de droit commun à une peine d'au moins un an d'emprisonnement, mandat d'arrêt, dès lors que ce prévenu régulièrement cité et présent à l'audience ainsi que son conseil refuse de participer aux débats et se retire avant que le jugement soit prononcé (Cass. crim., 23 juin 1986 : *Bull.* 219).

6) Un mandat d'arrêt ne peut être délivré par le juge d'instruction qu'après avis du procureur de la République ; ne constitue pas un tel avis des réquisitions portées sur un réquisitoire introductif ne visant pas nommément l'inculpée contre laquelle le mandat est ultérieurement décerné (Cass. crim., 7 avr. 1987 : *Bull.* 159 ; *Rev. sc. crim.* 1987, p. 911, obs. Braunschweig).

Art. 132 *(Mod., L. n. 93-2, 4 janv. 1993, art. 174)*. **– La personne saisie en vertu d'un mandat d'arrêt est conduite sans délai dans la maison d'arrêt indiquée sur le mandat, sous réserve des dispositions de l'article 133, alinéa 2.**

Le *(L. n. 87-432, 22 juin 1987, art. 5-II)* **chef d'établissement délivre à l'agent chargé de l'exécution une reconnaissance de la remise de la personne.**

Art. 133 *(L. n. 70-643, 17 juill. 1970, art. 2 ; L. n. 84-576, 9 juill. 1984, art. 5-I ; Modifié, L. n. 93-2, 4 janv. 1993, art. 175)*. **– Dans les vingt-quatre heures de l'incarcération de la personne, il est procédé à son interrogatoire et il est statué sur le maintien de sa détention dans les conditions prévues par l'article 145. À défaut et à l'expiration de ce délai, les dispositions des articles 125, troisième alinéa, et 126 sont applicables.**

Si la personne est arrêtée *(L. n. 84-576, 9 juill. 1984, art. 5-II)* **« à plus de deux cents kilomètres du siège » du juge d'instruction qui a délivré le mandat, elle est conduite immédiatement devant le procureur de la République du lieu de l'arrestation, qui reçoit ses déclarations, après l'avoir avertie qu'elle est libre de ne pas en faire. Mention est faite de cet avis au procès-verbal.**

Le procureur de la République informe sans délai le magistrat qui a délivré le mandat et requiert le transfèrement. Si celui-ci ne peut être effectué immédiatement, le procureur de la République en réfère au juge mandant.

(L. n. 84-576, 9 juill. 1984, art. 5-III) **Lorsqu'il y a lieu à transfèrement, la personne doit être conduite à la maison d'arrêt indiquée sur le mandat dans les délais prévus à l'article 130. Les dispositions de l'article 130-1 sont applicables.**

1) L'article 133 du Code de procédure pénale qui prévoit l'interrogatoire dans les 48 heures (aujourd'hui 24 heures en application de la loi du 9 juillet 1984) de l'arrestation en vertu d'un mandat d'arrêt, n'est pas applicable à la personne arrêtée après la clôture de l'information

(Cass. crim., 4 févr. 1976 : *Bull.* 44 ; *Rev. sc. crim.* 1976, 988, obs. J. Robert. – Cass. crim., 12 mars 1985 : *Bull.* 111. – Cass. crim., 28 nov. 1989 : *Bull.* 445).

2) La circonstance que le mandat d'arrêt en vertu duquel l'inculpé a été transféré devant le juge d'instruction est déclaré nul, affecte nécessairement la validité du maintien en détention ordonné, dans la même procédure, par un mandat de dépôt décerné contre l'intéressé en exécution d'une ordonnance rendue conformément aux prescriptions de l'article 145 du Code de procédure pénale (Cass. crim., 27 oct. 1986 : *Bull.* 306).

3) Ne saurait invoquer une prétendue irrégularité de sa mise en détention fondée sur l'absence de délivrance d'un mandat de dépôt le concernant, l'inculpé qui, après l'accomplissement des formalités exigées par l'article 145 du Code de procédure pénale, a été détenu en vertu du mandat d'arrêt ayant permis son arrestation et dont les effets ont été maintenus, dès lors qu'un tel mandat constitue un titre de détention (Cass. crim., 20 oct. 1987 : *Bull.* 357. – Cass. crim., 16 févr. 1988 : *Bull.* 76).

Art. 134 *(L. n. 72-1226, 29 déc. 1972, art. 30 ; Modifié, L. n. 93-2, 4 janv. 1993, art. 176).* **– L'agent chargé de l'exécution d'un mandat d'amener ou d'arrêt ne peut s'introduire dans le domicile d'un citoyen avant 6 heures ni après 21 heures.**

Il peut se faire accompagner d'une force suffisante pour que la personne ne puisse se soustraire à la loi. La force est prise dans le lieu le plus proche de celui où le mandat doit s'exécuter et elle est tenue de déférer aux réquisitions contenues dans ce mandat.

Si la personne ne peut être saisie, un procès-verbal de perquisition et de recherches infructueuses est adressé au magistrat qui a délivré le mandat. *(L. n. 2000-516, 15 juin 2000, art. 24, applic. 1er janv. 2001)* **La personne est alors considérée comme mise en examen pour l'application de l'article 176.**

Art. 135 *(L. n. 93-1013, 24 août 1993, art. 19-III ; 1er Alinéa supprimé à compter du 1er janv. 2001 ; L. n. 2000-516, 15 juin 2000, art. 132-III et 140).*

En matière criminelle et en matière correctionnelle, les mandats de dépôt ne peuvent être décernés qu'en exécution de l'ordonnance prévue à l'article 145.

L'agent chargé de l'exécution du mandat de dépôt remet l'intéressé au chef de l'établissement pénitentiaire, lequel lui délivre une reconnaissance de cette remise.

La date d'écrou d'une personne saisie en vertu d'un mandat d'arrêt fixe le point de départ de sa détention provisoire au sens de l'article 145-1 du Code de procédure pénale ; le mandat d'arrêt constituant un titre de détention, auquel les dispositions de l'article 135, alinéa 2, dudit code ne sont pas applicables, encourt la cassation l'arrêt qui énonce que le délai prévu pour la prolongation de la détention provisoire commence à courir à la date de l'ordonnance d'incarcération (Cass. crim., 10 mai 1995 : *Bull.* 168).

Art. 135-1. *– Abrogé, L. n. 84-576, 9 juillet 1984, art. 7.*

Art. 136 *(Applic. 1er janv. 2001 ; L. n. 2000-516, 15 juin 2000, art. 132-IV et 140 ; Modifié, L. n. 93-2, 4 janv. 1993, art. 177).* **– L'inobservation des formalités prescrites pour les mandats de comparution, d'amener, de dépôt et d'arrêt est sanctionnée par une amende civile de 50 F (7,5 €) prononcée contre le greffier par le président de la chambre de l'instruction ; elle peut donner lieu à des sanctions disciplinaires contre le juge d'instruction, le juge des libertés et de la détention ou le procureur de la République.**

Ces dispositions sont étendues, sauf application de peines plus graves, s'il y a lieu, à toute violation des mesures protectrices de la liberté individuelle prescrites par les articles 56, 57, 59, 96, 97, 138, 139 et 141.

Dans les cas visés aux deux alinéas précédents et dans tous les cas d'atteinte à la liberté individuelle, le conflit ne peut jamais être élevé par l'autorité administrative et les tribunaux de l'ordre judiciaire sont toujours exclusivement compétents.

(Dernier alinéa modifié au 1er mars 1994, L. n. 92-1336, 16 déc. 1992, art. 15) **Il en est de même dans toute instance civile fondée sur des faits constitutifs d'une atteinte à la liberté individuelle ou à l'inviolabilité du domicile prévue par les articles 432-4 à 432-6 et 432-8 du Code pénal.**

SECTION VII. – DU CONTRÔLE JUDICIAIRE ET DE LA DÉTENTION PROVISOIRE

(L. n. 70-643, 17 juill. 1970, art. 1er)

Art. 137 *(L. n. 2000-516, 15 juin 2000, art. 46 ; applic. 1er janv. 2001).* **– La personne mise en examen, présumée innocente, reste libre. Toutefois, en raison des nécessités de l'instruction ou à titre de mesure de sûreté, elle peut être astreinte à une ou plusieurs obligations du contrôle judiciaire. Lorsque celles-ci se révèlent insuffisantes au regard de ces objectifs, elle peut, à titre exceptionnel, être placée en détention provisoire.**

Art. 137-1 *(L. n. 2000-516, 15 juin 2000, art. 48 ; applic. 1er janv. 2001).* **– La détention provisoire est ordonnée ou prolongée par le juge des libertés et de la détention. Les demandes de mise en liberté lui sont également soumises.**

Le juge des libertés et de la détention est un magistrat du siège ayant rang de président, de premier vice-président ou de vice-président. Il est désigné par le président du tribunal de grande instance. Lorsqu'il statue à l'issue d'un débat contradictoire, il est assisté d'un greffier. *(L. n. 2000-1354, 30 déc. 2000, art. 13)* **Il peut alors faire application des dispositions de l'article 93.**

Il ne peut, à peine de nullité, participer au jugement des affaires pénales dont il a connu.

Il est saisi par une ordonnance motivée du juge d'instruction, qui lui transmet le dossier de la procédure accompagné des réquisitions du procureur de la République.

Art. 137-2 *(L. n. 2000-516, 15 juin 2000, art. 48 ; applic. 1er janv. 2001).* **– Le contrôle judiciaire est ordonné par le juge d'instruction, qui statue après avoir recueilli les réquisitions du procureur de la République.**

Le contrôle judiciaire peut être également ordonné par le juge des libertés et de la détention, lorsqu'il est saisi.

Le contrôle judiciaire ne peut être ordonné par le juge d'instruction qu'après avoir recueilli les réquisitions du procureur de la République. L'inobservation de cette formalité prescrite par l'article 137-2 du Code de procédure pénale entraîne la nullité de l'ordonnance de placement sous contrôle judiciaire (Cass. crim., 22 janv. 2002 : *Bull. inf. C. cass.* avr. 2002, n° 310 ; *Bull.* 7).

Art. 137-3 *(L. n. 2000-516, 15 juin 2000, art. 48 ; applic. 1er janv. 2001).* **– Le juge des libertés et de la détention statue par ordonnance motivée. Lorsqu'il ordonne ou prolonge une détention provisoire ou qu'il rejette une demande de mise en liberté, l'ordonnance doit comporter l'énoncé des considérations de droit et de fait sur le caractère insuffisant des obligations du contrôle judiciaire et le motif de la détention par référence aux seules dispositions des articles 143-l et 144.**

Dans tous les cas, l'ordonnance est notifiée à la personne mise en examen qui en reçoit copie intégrale contre émargement au dossier de la procédure.

Art. 137-4 *(Créé L. n. 2000-516, 15 juin 2000, art. 48 ; remplacé, L. n° 2002-1138, 9 sept. 2002, art. 37, 1°).* **– Lorsque, saisi de réquisitions du procureur de la République tendant au placement en détention provisoire, le juge d'instruction estime que cette détention n'est pas justifiée et qu'il décide de ne pas transmettre le dossier de la procédure au juge des libertés et de la détention, il est tenu de statuer sans délai par ordonnance motivée, qui est immédiatement portée à la connaissance du procureur de la République.**

Art. 137-5 *(L. n. 2000-516, 15 juin 2000, art. 48 ; applic. 1er janv. 2001). – Abrogé, L. n° 2002-1138, 9 sept. 2002, art. 37, 2°.*

Sous-section 1. – Du contrôle judiciaire

Art. 138 *(Applic. le 1er janv. 2001 ; L. n. 70-643, 17 juill. 1970, art. 1er ; Mod., L. n. 93-2, 4 janv. 1993, art. 149 et 179 ; L. n. 2000–516, 15 juin 2000, art. 45, 50 et 51, 132-V et 140).* – **Le contrôle judiciaire peut être ordonné par le juge d'instruction ou par le juge des libertés et de la détention si la personne mise en examen encourt une peine d'emprisonnement correctionnel ou une peine plus grave.**

(L. n. 75-701, 6 août 1975, art. 23 ; L. n. 83-608, 8 juill. 1983, art. 4) **Ce contrôle astreint la personne concernée à se soumettre, selon la décision du juge d'instruction, à une ou plusieurs des obligations ci-après énumérées :**

1° Ne pas sortir des limites territoriales déterminées par le juge d'instruction ;

2° Ne s'absenter de son domicile ou de la résidence fixée par le juge d'instruction qu'aux conditions et pour les motifs déterminés par ce magistrat ;

3° Ne pas se rendre en certains lieux ou ne se rendre que dans les lieux déterminés par le juge d'instruction ;

4° Informer le juge d'instruction de tout déplacement au-delà de limites déterminées ;

5° Se présenter périodiquement aux services, *(L. n. 2000-516, 15 juin 2000, art. 50)* **associations habilitées ou autorités désignés par le juge d'instruction qui sont tenus d'observer la plus stricte discrétion sur les faits reprochés à la personne mise en examen ;**

6° Répondre aux convocations de toute autorité ; *(L. n. 2000-516, 15 juin 2000, art. 50)* **de toute association ou de toute personne qualifiée désignée par le juge d'instruction et se soumettre, le cas échéant, aux mesures de contrôle portant sur ses activités professionnelles ou sur son assiduité à un enseignement** *(L. n. 2000-516, 15 juin 2000, art. 50)* **ainsi qu'aux mesures socio-éducatives destinées à favoriser son insertion sociale et à prévenir la récidive ;**

7° Remettre soit au greffe, soit à un service de police ou à une brigade de gendarmerie tous documents justificatifs de l'identité et, notamment le passeport, en échange d'un récépissé valant justification de l'identité ;

8° *(Complété, L. n. 85-1407, 30 déc. 1985, art. 16 et 94)* **S'abstenir de conduire tous les véhicules ou certains véhicules et, le cas échéant, remettre au greffe son permis de conduire contre récépissé ; toutefois, le juge d'instruction peut décider que la personne mise en examen pourra faire usage de son permis de conduire pour l'exercice de son activité professionnelle ;**

9° S'abstenir de recevoir ou de rencontrer certaines personnes spécialement désignées par le juge d'instruction, ainsi que d'entrer en relation avec elles, de quelque façon que ce soit ;

10° Se soumettre à des mesures d'examen, de traitement ou de soins, même sous le régime de l'hospitalisation, notamment aux fins de désintoxication ;

11° Fournir un cautionnement dont le montant et les délais de versement, en une ou plusieurs fois, sont fixés par le juge d'instruction, compte tenu notamment des ressources *(L. n. 2000-516, 15 juin 2000, art. 51)* **et des charges de la personne mise en examen ;**

12° Ne pas se livrer à certaines activités de nature professionnelle ou sociale, à l'exclusion de l'exercice des mandats électifs et des responsabilités syndicales, lorsque l'infraction a été commise dans l'exercice ou à l'occasion de l'exercice de ces activités et lorsqu'il est à redouter qu'une nouvelle infraction soit commise. Lorsque l'activité concernée est celle d'un avocat, *(L. n. 2000-516, 15 juin 2000, art. 45)* **le Conseil de l'Ordre, saisi par le juge d'instruction, a seul pouvoir de prononcer cette mesure à charge d'appel, dans les conditions prévues aux articles 23 et 24 de la loi n. 71-1130 du 31 décembre 1971 portant réforme de certaines professions judiciaires et juridiques ; le conseil de l'ordre statue dans les quinze jours ;**

13° Ne pas émettre de chèques autres que ceux qui permettent exclusivement le retrait de fonds par le tireur auprès du tiré ou ceux qui sont certifiés et, le cas échéant, remettre au greffe les formules de chèques dont l'usage est ainsi prohibé ;

14° Ne pas détenir ou porter une arme et, le cas échéant, remettre au greffe contre récépissé les armes dont elle est détenteur ;

15° Constituer, dans un délai, pour une période et un montant déterminés par le juge d'instruction, des sûretés personnelles ou réelles *(L. n. 2000-516, 15 juin 2000, art. 51)* **;**

16° Justifier qu'elle contribue aux charges familiales ou acquitte régulièrement les aliments qu'elle a été condamnée à payer conformément aux décisions judiciaires et aux conventions

judiciairement homologuées portant obligation de verser des prestations, subsides ou contributions aux charges du mariage.

(Al. créé, L. n° 2002-1138, 9 sept. 2002, art. 49, I, 1°) **L'obligation prévue au 2° peut être exécutée, avec l'accord de l'intéressé recueilli en présence de son avocat, sous le régime du placement sous surveillance électronique, à l'aide du procédé prévu par l'article 723-8. Les articles 723-9 et 723-12 sont applicables, le juge d'instruction exerçant les compétences attribuées au juge de l'application des peines.**

(L. n. 83-466, 10 juin 1983, art. 30) **Les modalités d'application du présent article, en ce qui concerne notamment l'habilitation des personnes contribuant au contrôle judiciaire** *(Mots ajoutés, L. n° 2002-1138, 9 sept. 2002, art. 49, I, 2°)* **« et au placement sous surveillance électronique », sont déterminées en tant que de besoin par un décret en Conseil d'État.**

V. E. Bloch : *Gaz. Pal.* 1970, 2, doctr. p. 1. – V. Pradel : *Gaz. Pal.* 1972, 1, doctr. p. 1. – J. Faget, *Contrôle judiciaire et travail social : Rev. sc. crim.* 1985, p. 319.

1) L'article 52 de la loi sur la presse qui, sauf pour les infractions qu'il énumère, prohibe la détention provisoire d'un inculpé ou d'un prévenu ne permet pas non plus, en matière d'injures ou diffamation publiques, de lui imposer une mesure de contrôle dont l'inobservation serait dépourvue de toute sanction (Cass. crim., 16 juill. 1986 : *Bull.* 235).

2) L'obligation imposée à l'inculpé, soumis au contrôle judiciaire, de ne pas se rendre à des réunions de toutes natures, n'excède pas les prévisions de l'article 138, § 2 et 3, du Code de procédure pénale et, en imposant une telle obligation le juge d'instruction n'outrepasse pas son pouvoir (Cass. crim., 10 mai 1972 : *Bull.* 166).

3) La décision d'une chambre d'accusation qui, réformant une ordonnance de maintien en détention, ordonne la mise en liberté d'une personne mise en examen et la place sous contrôle judiciaire, en lui imposant, en application de l'article 138.11°, du Code de procédure pénale, le versement d'une caution préalablement à sa libération, est dépourvue d'effet si la personne concernée n'exécute pas, dans le délai qui lui est imparti, l'obligation dont est assortie sa mise en liberté (Cass. crim., 12 févr. 1997 : *Bull.* 58).

Le montant et les délais de versement d'un cautionnement fixés par une juridiction d'instruction accordant à un inculpé le bénéfice d'une mesure de contrôle judiciaire, doivent être décidés, compte tenu notamment des ressources de cet inculpé (Cass. crim., 5 sept. 1981 : *Bull.* 250).

Encourt la cassation l'arrêt d'une chambre d'accusation qui se borne à énoncer que l'inculpé a déclaré « qu'il pensait pouvoir solder rapidement cette affaire » (Cass. crim., 5 juill. 1988 : *Bull.* 296).

Si le montant et les délais de cautionnement auxquels peut être subordonné le placement sous contrôle judiciaire d'un inculpé sont appréciés souverainement par la juridiction d'instruction, il n'en demeure pas moins que selon les termes de l'article 138-11° du Code de procédure pénale, ce montant et ces délais doivent être fixés compte tenu, notamment, des ressources de cet inculpé.

Encourt dès lors la cassation, l'arrêt d'une chambre d'accusation qui impose à un inculpé le paiement d'une somme au titre du cautionnement en énonçant par ailleurs que cet inculpé est dessaisi de l'administration de ses biens et ne dispose pas personnellement de quelque ressource que ce soit en raison de son état de banqueroute (Cass. crim., 21 oct. 1985 : *Bull.* 319) ; encourt également la cassation l'arrêt qui impose le paiement d'une somme au titre du cautionnement sans faire aucune référence aux ressources de la personne mise en examen (Cass. crim., 7 déc. 1994 : *Bull.* 397).

La chambre d'accusation statuant sur l'appel d'une ordonnance de placement sous contrôle judiciaire imposant, notamment, le versement d'un cautionnement, n'est pas tenue de relever que celui-ci a été fixé en tenant compte des ressources de la personne mise en examen dès lors qu'aucune contestation n'a été élevée sur ce point (Cass. crim., 10 déc. 1996 : *Bull.* 458).

Une procédure collective n'implique pas de présomption d'insolvabilité de l'inculpé et ne saurait faire obstacle en elle-même au versement d'un cautionnement ordonné dans le cadre d'un contrôle judiciaire (Cass. crim., 19 nov. 1987 : *Bull.* 418. – Cass. crim., 19 nov. 1987 : *Bull.* 419).

L'inculpé en liquidation des biens est sans qualité pour se prévaloir d'une atteinte aux droits de la masse de ses créanciers pouvant résulter du versement d'un cautionnement *(même arrêt)*.

Si aux termes de l'article 138, alinéa 2-11°, du Code de procédure pénale, le montant du cautionnement prévu par une décision de contrôle judiciaire doit être fixé, compte tenu, notamment, des ressources de l'inculpé, les juges ne méconnaissent aucunement les prescriptions de ce texte lorsque, pour apprécier les capacités financières réelles de l'intéressé, ils prennent en considération l'organisation par lui-même de son insolvabilité (Cass. crim., 16 mai 1991 : *Bull.* 212).

Il n'est pas non plus interdit au juge de prendre en considération le montant du préjudice dont l'indemnisation doit être garantie (Cass. crim., 23 août 1994 : *Bull.* 292).

Il résulte des articles 138, alinéa 2.11°, R. 21 et R. 23 du Code de procédure pénale que le cautionnement prévu par le premier de ces textes ne peut être versé que par chèque certifié ou en espèces ; justifie, dès lors, sa décision, la chambre d'accusation qui rejette une demande de modification du contrôle judiciaire tendant à substituer à la somme déjà versée à titre de cautionnement par chèque certifié, des bons du Trésor à taux annuel normalisé de même montant (Cass. crim., 11 janv. 2001 : *Bull.* 6).

4) La juridiction d'instruction peut, sans outrepasser son pouvoir, imposer au titre de l'article 138, § 12, du Code de procédure pénale, l'obligation de ne pas se livrer à certaines activités exercées à titre bénévole, dès lors qu'il est constaté que ces fonctions constituent en fait une véritable activité professionnelle au sens dudit article, que l'infraction poursuivie a été commise dans l'exercice ou à l'occasion d'une telle activité et qu'il est à redouter qu'une nouvelle infraction soit commise (Cass. crim., 1er févr. 1973 : *Bull.* 62 ; *JCP* 73, II, 17465, note Escande).

La chambre d'accusation peut, sans outrepasser son pouvoir, réimposer au titre de l'article 138, § 12, du Code de procédure pénale, à l'inculpé soumis au contrôle judiciaire une restriction à la liberté des activités professionnelles (Cass. crim., 14 mars 1978 : *Bull.* 96 ; *D.* 1979, inf. rap. 41, obs. Puech. – Cass. crim., 13 janv. 1987 : *Bull.* 13), ces dispositions ne sont pas incompatibles avec celles de l'article 11 de la Convention européenne de sauvegarde des droits de l'homme et des libertés fondamentales (Cass. crim., 25 juill. 1995 : *Bull.* 259).

La chambre d'accusation, juridiction d'instruction du second degré, est investie, en matière de contrôle judiciaire, des mêmes pouvoirs que le magistrat instructeur.

Saisie par l'appel de l'inculpé contre une ordonnance rejetant une demande de mainlevée du contrôle judiciaire, elle peut, par voie de conséquence, modifier tout ou partie des obligations du contrôle auquel se trouve assujetti l'intéressé (Cass. crim., 11 avr. 1991 : *Bull.* 176).

N'excède pas ses pouvoirs la chambre d'accusation qui astreint un inculpé placé sous contrôle judiciaire à ne pas se livrer à ses activités de pharmacien lorsque les infractions poursuivies ont été commises dans l'exercice de cette profession et qu'il y a lieu de redouter leur renouvellement ; l'article 138-12° du Code de procédure pénale, qui n'exige pas en pareil cas de limiter l'interdiction à certains actes que l'inculpé est susceptible d'accomplir dans ledit exercice, prévoit spécialement, parmi les modalités du contrôle judiciaire, la restriction, apportée par une décision de justice, à la liberté des activités professionnelles (Cass. crim., 13 janv. 1987 : *Bull.* 13).

Méconnaît les dispositions de l'article 138, alinéa 2-12°, du Code de procédure pénale l'arrêt de chambre d'accusation qui, pour imposer à une personne mise en examen et placée sous contrôle judiciaire l'obligation de ne pas se livrer à certaines activités professionnelles, constate l'existence d'un rapport entre l'activité professionnelle de l'intéressé et les infractions reprochées, sans se prononcer sur le risque de commission d'une nouvelle infraction (Cass. crim., 22 févr. 1995 : *Bull.* 78).

5) La disposition de l'article 138, 12°, complété par la loi du 4 janvier 1993, du Code de procédure pénale, d'une part, prévoit spécialement, parmi les modalités du contrôle judiciaire, une restriction apportée par décision de justice à la liberté des activités professionnelles, quelle qu'en soit la nature, à la seule exclusion des mandats électifs et des responsabilités syndicales (Cass. crim., 23 mai 1995 : *Bull.* 188), lorsque l'infraction a été commise dans l'exercice ou à l'occasion de l'exercice de ces activités et, d'autre part, impose au juge d'instruction, lorsqu'il a interdit à un avocat l'exercice de sa profession, d'en informer le conseil de l'Ordre pour permettre à cet organisme d'en tirer, au plan disciplinaire et au regard des règles de la profession, toutes conséquences qu'il estimera

utiles ; qu'en effet, la décision du juge d'instruction ne saurait être subordonnée à la décision d'une instance disciplinaire professionnelle (Cass. crim., 30 juin 1993 : *Dr. pénal* août-sept. 1993, n. 197).

Fait l'exacte application de l'article 138, alinéa 2, 12°, du Code de procédure pénale la chambre d'accusation qui, pour rejeter la demande d'un avocat, mis en examen, tendant à limiter aux seules activités juridiques l'interdiction d'exercer sa profession, énonce notamment que les faits reprochés ont été commis dans l'exercice de la profession et que les deux activités de conseil et de défense ne peuvent être dissociées (Cass. crim., 7 avr. 1998 : *Bull.* 135).

En excluant les « mandats électifs » des activités de nature professionnelle dont l'inculpé peut se voir interdire l'exercice, l'article 138, alinéa 2-12° du Code de procédure pénale vise les seules fonctions électives publiques (Cass. crim., 28 mars 1991 : *Bull.* 150). La fonction de président du conseil d'administration d'un office public d'habitations à loyer modéré ne constitue pas l'exercice d'un mandat électif, au sens de l'article 138, alinéa 2, 12° du Code de procédure pénale, lequel vise les seules fonctions électives publiques, et non les activités de nature sociale, fussent-elles exercées par le titulaire d'un mandat électif (Cass. crim., 17 mai 1995 : *Bull.* 178. – Cass. crim., 3 févr. 1998 : *Bull.*39 ; *Juris-Data* n. 001037), ou, par exemple, celles d'administrateur d'un établissement public exercées accessoirement à un mandat électif (Cass. crim., 3 déc. 1997 : *Bull.* 409). La fonction de Conseiller prud'hommes ne constitue pas l'exercice d'un mandat électif au sens de l'article 138, alinéa 2, 12° (Cass. crim., 7 avr. 1998 : *Bull.* 134).

L'inculpé, qui a vainement demandé au juge d'instruction la mainlevée de l'une des obligations auxquelles il était soumis au titre du contrôle judiciaire, est irrecevable à demander à la chambre d'accusation, saisie de son appel, la mainlevée d'une autre obligation (Cass. crim., 6 févr. 1992 : *Bull.* 58).

6) La constitution de sûretés personnelles ou réelles qui, aux termes du 15° de l'article 138 du Code de procédure pénale, peut être imposée à un inculpé n'est destinée à garantir que les droits des victimes et non pas le paiement des frais, réparations et amendes énoncées au 2° de l'article 142 dudit code, lesquels ne sont garantis que par la seconde partie du cautionnement prévu au 11° de l'article 138 précité (Cass. crim., 11 mars 1986 : *Bull.* 99).

7) Les juridictions d'instruction ne sont pas tenues de justifier par des motifs spéciaux le maintien des obligations du contrôle judiciaire imposant à un inculpé, en application des dispositions de l'article 138-5° et 15° du Code de procédure pénale, de se présenter à des services ou autorités désignés et de constituer des sûretés réelles ou personnelles pour garantir les droits des victimes. Cette décision relève de leur pouvoir souverain d'appréciation (Cass. crim., 29 avr. 1986 : *Bull.* 145).

8) Il résulte des dispositions des articles 138, alinéa 2-11°, R. 19, R. 21 et R. 23 du Code de procédure pénale que le cautionnement prévu par le premier de ces textes ne peut être versé que par chèque certifié ou en espèces (Cass. crim., 23 avr. 1991 : *Bull.* 191).

9) L'interdiction de rencontrer certaines personnes, en raison de leur qualité, s'applique à celles qui figurent déjà dans la procédure, à la date de la décision de placement sous contrôle judiciaire, et entre ainsi dans les prévisions de l'article 138.9° du Code de procédure pénale, lequel n'impose pas la désignation nominative des intéressés ; tel est le cas de l'ordonnance qui a interdit au demandeur de rencontrer le personnel de son étude, les témoins et les autres personnes mises en examen, qui tous ont été entendus dans l'information (Cass. crim., 9 janv. 1997 : *Bull.* 7).

Art. 139 *(L. n. 70-643, 17 juill. 1970, art. 1er ; Modifié, L. n. 93-2, 4 janv. 1993, art. 180).* – **La personne mise en examen est placée sous contrôle judiciaire par une ordonnance du juge d'instruction qui peut être prise en tout état de l'instruction.**

Le juge d'instruction peut, à tout moment, imposer à la personne placée sous contrôle judiciaire une ou plusieurs obligations nouvelles, supprimer tout ou partie des obligations comprises dans le contrôle, modifier une ou plusieurs de ces obligations ou accorder une dispense occasionnelle ou temporaire d'observer certaines d'entre elles.

1) L'appel d'une ordonnance de mise en liberté sous contrôle judiciaire assorti d'une caution est recevable (Cass. crim., 28 avr. 1981 : *D.* 1983, inf. rap. 75. – Cass. crim., 20 juin 1989 : *Bull.* 266. – Cass. crim., 20 janv. 1993 : *Bull.* 30. – solution implicite).

2) La chambre d'accusation, juridiction d'instruction du second degré, est investie, en matière du contrôle judiciaire, des mêmes pouvoirs que le magistrat instructeur.

Saisie par l'appel de l'inculpé contre une ordonnance rejetant une demande de mainlevée du contrôle judiciaire, elle peut, par voie de conséquence, modifier ou supprimer certaines des obligations du contrôle auquel se trouve assujetti l'intéressé (Cass. crim., 12 févr. 1976 : *Bull.* 56).

3) Le pouvoir conféré au juge d'instruction par l'article 139 du Code de procédure pénale d'ordonner le placement d'une personne sous contrôle judiciaire appartient, aux termes de l'article 141-1 dudit code, en tout état de cause, à la juridiction compétente selon les distinctions de l'article 148-1. En application de ce dernier texte, avant le renvoi d'une personne en cour d'assises, ce pouvoir est dévolu à la chambre d'accusation. Il en résulte que, lorsqu'elle renvoie devant la cour d'assises une personne pour des faits criminels, la chambre d'accusation peut ordonner son placement sous contrôle judiciaire, mesure qui n'est pas incompatible avec la délivrance de l'ordonnance de prise de corps prévue par l'article 215, alinéa 2, du Code de procédure pénale, laquelle sera mise à exécution, selon le cas, conformément aux dispositions des articles 215-1 ou 141-2 (solution implicite). Il en résulte également que, lorsque l'arrêt de la chambre d'accusation renvoyant une personne pour un crime devant la cour d'assises a été frappé de pourvoi, la saisine de cette juridiction de jugement n'est pas définitive, de sorte que, malgré l'arrêt qu'elle a rendu, la chambre d'accusation reste compétente pour statuer sur les réquisitions du procureur général demandant le placement sous contrôle judiciaire de ladite personne et pour ordonner cette mesure (Cass. crim., 21 oct. 1993 : *Bull.* 306).

4) Jusqu'à ce que l'accusé qui se trouve en liberté se constitue prisonnier en exécution de l'ordonnance de prise de corps, le contrôle judiciaire continue à produire ses effets.

Excède, dès lors, ses pouvoirs la chambre d'accusation qui, renvoyant en cour d'assises un accusé placé sous contrôle judiciaire, ordonne sa mise en détention immédiate sans constater que l'intéressé s'est soustrait volontairement aux obligations dudit contrôle (Cass. crim., 26 juin 1973 : *Bull.* 300).

5) Il se déduit des dispositions des articles 139 et 141-2 du Code de procédure pénale que les juridictions d'instruction n'ont pas le pouvoir, lorsqu'elles mettent un inculpé sous contrôle judiciaire, de décider par avance, sans nouvel examen, qu'une obligation se substituera à une autre au cas où ledit inculpé ne satisferait pas à l'obligation initiale (Cass. crim., 11 mars 1986 : *Bull.* 99).

6) En application des articles 139, 140 et 706-45 du Code de procédure pénale, une personne morale peut être placée sous contrôle judiciaire et notamment soumise à l'obligation de verser un cautionnement, et à l'interdiction d'exercer certaines activités professionnelles (Cass. crim., 19 mars 2002 : *Bull.* 64).

Art. 140 *(L. n. 70-643, 17 juill. 1970, art. 1er ; Modifié, L. n. 93-2, 4 janv. 1993, art. 179).* **– La mainlevée du contrôle judiciaire peut être ordonnée à tout moment par le juge d'instruction, soit d'office, soit sur les réquisitions du procureur de la République, soit sur la demande de la personne après avis du procureur de la République.**

Le juge d'instruction statue sur la demande de la personne dans un délai de cinq jours, par ordonnance motivée.

(Modifié, L. n. 85-1407, 30 déc. 1985, art. 18 et 94) **Faute par le juge d'instruction d'avoir statué dans ce délai, la personne peut saisir directement de sa demande la chambre de l'instruction qui, sur les réquisitions écrites et motivées du procureur général, se prononce dans les vingt jours de sa saisine. À défaut, la mainlevée du contrôle judiciaire est acquise de plein droit, sauf si des vérifications concernant la demande de la personne ont été ordonnées.**

1) La décision par laquelle le juge d'instruction statue sur le maintien ou la mainlevée du contrôle judiciaire doit être spécialement motivée par les éléments de l'espèce, notamment en ce qu'elle porte sur l'obligation faite à l'inculpé de fournir un cautionnement, et l'insuffisance

des motifs entraîne la cassation (Cass. crim., 16 janv. 1975 : *Bull.* 21).

2) Il découle des principes généraux régissant l'instruction que, nonobstant le silence de la loi, l'avocat de l'inculpé est habilité, sans limitation territoriale, à présenter la requête au juge d'instruction à l'effet de solliciter la mainlevée ou la modification d'une mesure de contrôle judiciaire (Cass. crim., 6 mars 1979 : *Bull.* 97 ; *Rev. sc. crim.* 1979. 860, obs. J. Robert).

3) Le juge d'instruction, juridiction du premier degré, est en principe seul compétent pour statuer en premier ressort, sur les demandes de mainlevée du contrôle judiciaire formées au cours de l'instruction préparatoire dont il est chargé.

Il n'en est autrement, hormis les cas prévus par les articles 140, alinéa 3, 141-1 et 142-2, alinéa 2, du Code de procédure pénale, que lorsque la chambre d'accusation a pris elle-même une mesure de contrôle judiciaire en se réservant expressément pour l'avenir la connaissance des incidents éventuels d'exécution et la faculté de mettre fin à cette mesure soit d'office, soit sur les réquisitions du ministère public ou sur la demande de l'inculpé (Cass. crim., 26 juill. 1978 : *Bull.* 247. – Cass. crim., 24 nov. 1977 : *Bull.* 370).

4) L'inculpé ne saurait être admis, faute d'intérêt, à se pourvoir contre la disposition de l'arrêt le faisant bénéficier d'une mainlevée de contrôle judiciaire (Cass. crim., 24 oct. 1978 : *Bull.* 286).

5) Une requête tendant à la limitation du montant d'un cautionnement, prescrit en application de l'article 138-11° du Code de procédure pénale, constitue une demande de mainlevée partielle du contrôle judiciaire au sens de l'article 140 dudit code. L'ordonnance qui refuse d'y faire droit est expressément visée par l'article 186, premier alinéa, comme étant de celles dont l'inculpé peut interjeter appel (Cass. crim., 24 juin 1986 : *Bull.* 221 ; *Rev. sc. crim.* 1986, 893, obs. Braunschweig ; *D.* 1987, somm., p. 78, obs. Pradel).

6) Il ressort de l'article 140 du Code de procédure pénale que la mainlevée du contrôle judiciaire peut être ordonnée à tout moment par les juridictions d'instruction, et que celles-ci, lorsqu'elles sont saisies d'une demande à cette fin, statuent par décision motivée.

Encourt la cassation l'arrêt d'une chambre d'accusation qui, pour écarter la demande de mainlevée totale du contrôle judiciaire imposé à un inculpé astreint notamment au versement d'un cautionnement conformément à l'article 138-11° du Code de procédure pénale, se borne à énoncer, d'une part, qu'il n'y a pas lieu à suppression de l'obligation de fournir le cautionnement puisque celui-ci a été versé, et d'autre part, qu'il résulte des articles 142-2 et 142-3 du même code que la requête, en ce qu'elle s'analyse comme une demande de restitution du cautionnement, est irrecevable en l'absence de décision mettant fin à la procédure, alors que cette juridiction était appelée à se prononcer hors du domaine d'application de ces derniers textes et qu'en toute hypothèse, la mainlevée du contrôle judiciaire, dont le cautionnement n'était qu'une modalité, était susceptible d'intervenir à tout moment de l'information (Cass. crim., 19 nov. 1987 : *Bull.* 420).

7) La seule conséquence de l'inobservation par le juge d'instruction du délai de 5 jours qui lui est imparti, par l'article 140, alinéa 2, du Code de procédure pénale, pour statuer sur les demandes de mainlevée du contrôle judiciaire est la faculté, accordée à l'inculpé par l'alinéa 3 du même article, de saisir directement de sa demande la chambre d'accusation.

Toutefois l'inculpé qui n'use pas de cette faculté avant que le juge d'instruction n'ait statué, même tardivement, est irrecevable à le faire, dès lors que, la décision de ce magistrat lui ayant été notifiée, il pouvait la déférer à la chambre d'accusation par la voie de l'appel (Cass. crim., 28 mars 1991 : *Bull.* 151 ; *Rev. sc. crim.* 1992, 118, obs. Braunschweig).

Art. 141. – *L. n. 70-643, 17 juillet 1970, art. 1er ; Abrogé, L. n. 85-1407, 30 décembre 1985, art. 17 et 94.*

Art. 141-1 *(L. n. 70-643, 17 juill. 1970, art. 1er).* – **Les pouvoirs conférés au juge d'instruction par les articles 139 et 140 appartiennent, en tout état de cause, à la juridiction compétente selon les distinctions de l'article 148-1.**

1) Le pouvoir conféré au juge d'instruction par l'article 139 du Code de procédure pénale d'ordonner le placement d'une personne sous contrôle judiciaire appartient, aux termes de l'article 141-1 dudit code, en tout état de cause, à la juridiction compétente selon les distinctions de l'article 148-1. En application de ce dernier texte, avant le renvoi d'une personne en cour d'assises, ce pouvoir est dévolu à la chambre d'accusation (Cass. crim., 21 oct. 1993 : *Bull.* 306).

2) Lorsqu'un juge d'instruction s'est déclaré incompétent et qu'aucun autre juge n'a été saisi, la demande de mainlevée du contrôle judiciaire ne peut être présentée qu'à la chambre d'accusation, en application des dispositions combinées des articles 141-1 et 148-1 du Code de procédure pénale (Cass. crim., 13 janv. 1998 : *Bull.* 13 ; *Juris-Data* n. 00801).

Art. 141-2 *(Applic. 1er janv. 2001 ; L. n. 2000-516, 15 juin 2000, art. 132-VI et 140 ; L. n. 70-643, 17 juill. 1970, art. 1er et 55 ; L. n. 93-2, 4 janv. 1993, art. 62 ; L. n. 93-1013, 24 août 1993, art. 19-II).* **– Si la personne mise en examen se soustrait volontairement aux obligations du contrôle judiciaire, le juge d'instruction peut décerner à son encontre mandat d'arrêt ou d'amener. Il peut également, dans les conditions prévues au quatrième alinéa de l'article 137-I, saisir le juge des libertés et de la détention aux fins de placement en détention provisoire. Quelle que soit la peine d'emprisonnement encourue, le juge des libertés et de la détention peut décerner, à l'encontre de cette personne, un mandat de dépôt en vue de sa détention provisoire, sous réserve des dispositions de l'article 141-3.**

Les mêmes droits appartiennent en tout état de cause à la juridiction qui est compétente selon les distinctions de l'article 148-1. Toutefois, à l'encontre de l'accusé, il n'y a pas lieu à délivrance d'un mandat et l'ordonnance de prise de corps est exécutée sur *(L. n. 2000-516, 15 juin 2000, art. 136-I)***ordre du président de la chambre de l'instruction, ou, pendant la session d'assises au cours de laquelle la personne doit être jugée, par le président de la Cour d'assises.**

1) La juridiction d'instruction qui constate qu'un inculpé soumis au contrôle judiciaire a enfreint l'obligation qui lui était faite de ne pas se rendre en un certain lieu et que ce comportement révèle chez lui la volonté délibérée de se soustraire aux obligations auxquelles il était astreint, est fondée à placer cet inculpé en détention provisoire (Cass. crim., 19 juin 1979 : *Bull.* 214).

Il résulte des dispositions de l'article 141-2, alinéa 2, que l'ordonnance de prise de corps peut être ramenée à exécution sur l'ordre du président de la chambre d'accusation, dans l'intervalle de sessions de la cour d'assises, lorsque l'accusé se soustrait volontairement aux obligations du contrôle judiciaire (Cass. crim., 12 juin 1997 : *Bull.* 233. – Cass. crim., 18 févr. 1998 : *Bull.* 67).

2) Les dispositions de l'article 141-2 du Code de procédure pénale ne restreignent pas les pouvoirs qu'a le juge d'instruction de délivrer mandat d'amener pour faire conduire l'inculpé devant lui, conformément aux dispositions de l'article 122 du même code (Cass. crim., 2 juill. 1991 : *Bull.* 289).

3) A justifié sa décision, sans méconnaître les dispositions de l'article 6-1 de la Convention européenne des droits de l'homme, l'arrêt de la chambre d'accusation qui a statué sur la régularité du titre de détention mis à exécution par son président en vertu de l'article 141-2 du Code de procédure pénale, dès lors que les décisions de la chambre d'accusation ne préjugent pas de la culpabilité (Cass. crim., 12 juin 1997 : *Bull.* 233).

Art. 141-3 *(Applic. 1er janv. 2001 ; L. n. 2000-516, 15 juin 2000, art. 61).* **– Lorsque la détention provisoire est ordonnée à la suite d'une révocation du contrôle judiciaire à l'encontre d'une personne antérieurement placée en détention provisoire pour les mêmes faits, la durée cumulée des détentions ne peut excéder de plus de quatre mois la durée maximale de la détention prévue respectivement aux articles 145-1 et 145-2. Lorsque la peine encourue est inférieure à celle mentionnée à l'article 143-1, la durée totale des détentions ne peut excéder quatre mois.**

Art. 142 *(L. n. 70-643, 17 juill. 1970, art. 1er ; Modifié, L. n. 93-2, 4 janv. 1993, art. 124 ; L. n. 2000-516, 15 juin 2000, art. 51-III, IV, applic. 1er janv. 2001).* **– Lorsque la personne mise en examen est astreinte à fournir un cautionnement ou à constituer des sûretés, ce cautionnement ou ces sûretés garantissent :**

1° La représentation de la personne mise en examen, du prévenu ou de l'accusé à tous les actes de la procédure et pour l'exécution du jugement, ainsi que, le cas échéant, l'exécution des autres obligations qui lui ont été imposées ;

2° Le paiement dans l'ordre suivant :

***a)* De la réparation des dommages causés par l'infraction et des restitutions, ainsi que de la dette alimentaire lorsque la personne mise en examen est poursuivie pour le défaut de paiement de cette dette ;**

***b)* Des amendes.**

La décision du juge d'instruction détermine les sommes affectées à chacune des deux parties du cautionnement ou des sûretés. Le juge d'instruction peut toutefois décider que les sûretés garantiront dans leur totalité les droits des victimes.

1) Les juridictions d'instruction peuvent ordonner dans une information ouverte pour fraude fiscale, le versement d'un cautionnement destiné à garantir le paiement de l'ensemble des sommes énumérées à l'article 142 du Code de procédure pénale (Cass. crim., 14 déc. 1976 : *Bull.* 362).

2) Aux termes de l'article 142 du Code de procédure pénale, la décision qui astreint l'inculpé à fournir un cautionnement détermine les sommes affectées à chacune des deux parties du cautionnement, telles que prévues par ledit article.

Ces dispositions impératives sont méconnues lorsqu'une décision limite le versement du cautionnement à la seule garantie de représentation en justice (Cass. crim., 1er déc. 1981 : *Bull.* 318. – 8 juill. 1992 : *Bull.* 268), ou lorsqu'une décision énonce que la représentation de l'inculpé n'a pas à être garantie par une partie du cautionnement (Cass. crim., 30 sept. 1992 : *Bull.* 294).

Il n'est pas dérogé à cette règle si la personne mise en examen vient à être détenue pour autre cause (Cass. crim., 5 mai 1997 : *Bull.* 163).

3) Selon l'article 142 du Code de procédure pénale, le cautionnement garantit à la fois la représentation de l'inculpé et le paiement des amendes.

Dès lors, les juges ne peuvent ordonner un cautionnement tout en relevant que l'inculpé offre des garanties suffisantes de représentation (Cass. crim., 20 juin 1989 : *Bull.* 266).

4) L'obligation de fournir des sûretés telles que prévues par l'article 138-15° du Code de procédure pénale ne préjuge ni de la culpabilité de l'inculpé ni du bien-fondé de la constitution de partie civile de la victime de l'infraction (Cass. crim., 30 sept. 1992 : *Bull.* 294).

5) Lorsqu'un cautionnement a été décidé, les juges n'ont pas à s'expliquer sur l'affectation de la partie de son montant à la garantie de représentation de la personne mise en examen à tous les actes de la procédure et pour l'exécution du jugement, qui est de droit en vertu de l'article 142 du Code de procédure pénale (Cass. crim., 19 mars 2002 : *Bull.* 64).

Art. 142-1 *(L. n. 70-643, 17 juill. 1970, art. 1er ; L. n. 93-1013, 24 août 1993, art. 34 ; L. n. 94-89, 1er févr. 1994, art. 17-II).* **– Le juge d'instruction peut, avec le consentement de la personne mise en examen, ordonner que la partie du cautionnement affectée à la garantie des droits de la victime ou du créancier d'une dette alimentaire soit versée à ceux-ci par provision, sur leur demande.**

(L. n. 83-608, 8 juill. 1983, art. 5) **Ce versement peut aussi être ordonné ; même sans le consentement de la personne mise en examen, lorsqu'une décision de justice exécutoire a accordé à la victime ou au créancier une provision à l'occasion des faits qui sont l'objet des poursuites.**

1) Si, aux termes de l'article 142-1 du Code de procédure pénale, le juge d'instruction peut ordonner que la partie du cautionnement affectée à la garantie des droits de la victime ou du créancier d'une dette alimentaire soit versée à ceux-ci par provision, c'est à la condition qu'ils en aient fait la demande et que la personne mise en examen y ait consenti. Ce magistrat ne

peut passer outre au défaut de consentement de cette dernière que lorsqu'une décision de justice exécutoire a accordé à la victime ou au créancier une provision à l'occasion des faits qui sont l'objet des poursuites (Cass. crim., 24 août 1993 : *Bull.* 259).

2) Dès lors que l'inculpé consent au versement à la partie civile, à titre de provision, d'une partie de la somme affectée à la garantie de ses droits, le juge doit, dans cette mesure, accueillir la demande de la partie civile (Cass. crim., 5 déc. 1991 : *Bull.* 462).

Art. 142-2 *(L. n. 2000-516, 15 juin 2000, art. 51-V et VI, applic. 1er janv. 2001 ; L. n. 92-1336, 16 déc. 1992, art. 16 ; L. n. 70-643, 17 juill. 1970, art. 1er ; L. n. 93-913, 19 juill. 1993).* **– La première partie du cautionnement est restituée ou la première partie des sûretés est levée si la personne mise en examen, le prévenu ou l'accusé s'est présenté à tous les actes de la procédure, a satisfait aux obligations du contrôle judiciaire et s'est soumis à l'exécution du jugement.**

Dans le cas contraire, sauf motif légitime d'excuse ou décision de non-lieu, de relaxe, d'acquittement ou d'exemption de peine, la première partie du cautionnement est acquise à l'État, ou il est procédé au recouvrement de la créance garantie par la première partie des sûretés.

1) Le prévenu condamné à l'emprisonnement avec sursis ne s'est pas soumis à l'exécution du jugement, au sens de l'article 142-2 du Code de procédure pénale, tant que le délai d'épreuve n'est pas expiré, et ne peut donc prétendre à la restitution de la première partie du cautionnement (Cass. crim., 25 juin 1991 : *Bull.* 275).

2) Lorsqu'un cautionnement a été fourni, les dispositions des premier et deuxième alinéas de l'article 142-2 et du deuxième alinéa de l'article 142-3 sont applicables, mais les sommes versées, qui ne restent pas acquises à l'État ou aux victimes, ne peuvent être restituées tant que la décision portant condamnation n'est pas devenue définitive (Cass. crim., 19 juin 1995 : *Bull.* 224).

3) Il résulte des dispositions de l'article 142-2 du Code de procédure pénale que si la personne mise en examen, placée sous contrôle judiciaire avec obligation de fournir un cautionnement dont elle s'est acquittée, est ultérieurement mise en détention provisoire, elle ne peut se voir restituer la première partie du cautionnement garantissant sa représentation en justice qu'à l'issue de la procédure et dans le cas où elle remplit les conditions déterminées par les dispositions de l'article 142-2 du Code de procédure pénale (Cass. crim., 20 juin 2000 : *Bull.* 234).

Art. 142-3 *(L. n. 70-643, 17 juill. 1970, art. 1er).* **– Le montant affecté à la deuxième partie du cautionnement qui n'a pas été versé à la victime de l'infraction ou au créancier d'une dette alimentaire est restitué en cas de non-lieu et, sauf s'il est fait application de l'article 372, en cas d'absolution ou d'acquittement.**

En cas de condamnation, il est employé conformément aux dispositions du 2° de l'article 142. Le surplus est restitué *(L. n. 89-461, 6 juill. 1989, art. 14)* **« lorsque la condamnation est définitive ».**

(L. n. 2000-516, 15 juin 2000, art. 51-VII, alinéa applic. à compter du 1er janv. 2001) **La deuxième partie des sûretés est levée ou il est procédé au recouvrement des créances que cette partie garantit selon les distinctions prévues aux deux alinéas précédents.**

Les conditions d'application du présent article sont fixées par un décret en Conseil d'État.

En cas de condamnation, il n'y a lieu à restitution d'un surplus de cautionnement, au sens de l'article 142-3 du Code de procédure pénale, qu'après emploi du montant conformément aux dispositions de l'article 142-2° de ce code, et notamment paiement intégral des réparations civiles (Cass. crim., 25 juin 1991 : *Bull.* 275).

Art. 143 *(L. n. 70-643, 17 juill. 1970, art. 1er).* **– Lorsqu'une juridiction de jugement est appelée à statuer dans les cas prévus à la présente sous-section, elle le fait dans les conditions déterminées par l'article 148-2.**

Sous-section 2. – De la détention provisoire

Art. 143-1 *(L. n. 2000-516, 15 juin 2000, art. 57, applic. 1er janv. 2001)*. **– Sous réserve des dispositions de l'article 137, la détention provisoire ne peut être ordonnée ou prolongée que dans l'un des cas ci-après énumérés :**

1° La personne mise en examen encourt une peine criminelle ;

2° La personne mise en examen encourt une peine correctionnelle d'une durée égale ou supérieure à trois ans d'emprisonnement.

(Al. supprimé, L. n° 2002-1138, 9 sept. 2002, art. 37, 3°).

La détention provisoire peut également être ordonnée dans les conditions prévues à l'article 141-2 lorsque la personne mise en examen se soustrait volontairement aux obligations du contrôle judiciaire. *(L. n. 2002–307, 4 mars 2002, art. 5)* **La détention provisoire peut également être ordonnée ou prolongée à l'égard d'une personne mise en examen pour un délit prévu par le livre III du code pénal et puni d'une peine égale ou supérieure à trois ans d'emprisonnement si, dans les six mois qui précèdent, cette personne a déjà fait l'objet pour un délit puni d'une peine supérieure ou égale à deux ans d'emprisonnement et dans une procédure dont la copie est jointe au dossier de l'information, soit d'une des mesures prévues aux articles 41-1 ou 41-2, soit d'une poursuite pénale qui n'a pas été clôturée par une décision de non-lieu, de relaxe ou d'acquittement.**

Art. 144 *(L. n. 2000-516, 15 juin 2000, art. 57, applic. 1er janv. 2001)*. **– La détention provisoire ne peut être ordonnée ou prolongée que si elle constitue l'unique moyen :**

1° De conserver les preuves ou les indices matériels ou d'empêcher soit une pression sur les témoins ou les victimes, soit une concertation frauduleuse entre personnes mises en examen et complices ;

2° De protéger la personne mise en examen, de garantir son maintien à la disposition de la justice, de mettre fin à l'infraction ou de prévenir son renouvellement ;

3° De mettre fin à un trouble exceptionnel et persistant à l'ordre public provoqué par la gravité de l'infraction, les circonstances de sa commission ou l'importance du préjudice qu'elle a causé. *(Phrase supprimée, L. n° 2002-1138, 9 sept. 2002, art. 37, 4°).*

V. *Dr. pénal* 1997, chron. 26 et *Dr. pénal* 1998, chron. 1, A. MARON, *La détention nouvelle est arrivée*.

V. Textes complémentaires : L. constit. du 4 août 1995... modifiant le régime de l'inviolabilité parlementaire, art. 7 et 10 ; L. du 29 janvier 1996, art. 2.

1) Les prescriptions du Code de procédure pénale, notamment en ce qui concerne la détention provisoire, ne sont pas incompatibles avec les dispositions de la Convention européenne de sauvegarde des droits de l'homme et des libertés fondamentales qui doivent être appliquées par les juridictions françaises (Cass. crim., 3 juin 1975 : *Bull.* 141).

Les dispositions du Code de procédure pénale instituent au contraire des garanties supplémentaires (Cass. crim., 6 mars 1986 : *Bull.* 94, arrêts nos 1 et 2 ; *D.* 1986, 315, note D. Mayer ; *Rev. sc. crim.* 1986, p. 643, obs. Braunschweig. – V. également : Wilfrid Jeandidier, *Détention provisoire, Convention européenne des droits de l'homme et Code de procédure pénale, ou valse-hésitation de la Chambre criminelle : Rev. sc. crim.* 1986, p. 711).

2) Le trouble apporté à l'ordre public susceptible de justifier le maintien en détention ne s'entend pas exclusivement de celui causé en France (Cass. crim., 15 oct. 1985 : *Bull.* 313 ; *D.* 1986, 170, note D. Mayer).

3) Le juge des libertés et de la détention peut délivrer un nouveau mandat de dépôt à raison des mêmes faits et dans la même information lorsque des circonstances nouvelles entrant dans les prévisions de l'article 144 du Code de procédure pénale justifient la délivrance de ce second titre d'incarcération (Cass. crim., 30 avr. 2002 : *Bull.* 92).

4) La liberté étant la règle, il ne saurait être imposé au juge qui l'ordonne de constater l'absence des conditions qui, selon les articles 137 et 144 du Code de procédure pénale, pourraient autoriser, à titre exceptionnel, une mesure de détention provisoire et ce, nonobstant les réquisitions contraires du ministère public invoquant notamment le trouble à l'ordre public, ainsi que les risques de concertation frauduleuse et de

renouvellement des infractions (Cass. crim., 30 oct. 1990 : *Bull.* 364).

5) Les dispositions des articles 144 et 145 du Code de procédure pénale, qui régissent exclusivement la détention provisoire, sont sans application en matière de contrôle judiciaire (Cass. crim., 28 mars 1991 : *Bull.* 150).

Art. 144-1 *(L. n. 96-1235, 30 déc. 1996, art. 4, applic. le 31 mars 1997).* **– La détention provisoire ne peut excéder une durée raisonnable, au regard de la gravité des faits reprochés à la personne mise en examen et de la complexité des investigations nécessaires à la manifestation de la vérité.**

Le juge d'instruction *(Ajout à compter du 1er janv. 2001 ; L. n. 2000-516, 15 juin 2000, art. 132-VII et 140)* **« ou, s'il est saisi, le juge des libertés et de la détention doit ordonner la mise en liberté immédiate de la personne placée en détention provisoire, selon les modalités prévues par l'article 147, dès que les conditions prévues à l'article 144 et au présent article ne sont plus remplies».**

1) Aux termes de l'article 144-1 du Code de procédure pénale, issu de la loi du 30 décembre 1996, la détention provisoire ne peut excéder une durée raisonnable, au regard de la gravité des faits reprochés à la personne mise en examen et de la complexité des investigations nécessaires à la manifestation de la vérité. Le juge d'instruction doit ordonner la mise en liberté immédiate de la personne placée en détention provisoire, selon les modalités prévues par l'article 147, dès lors, notamment, que ces conditions ne sont plus remplies (arrêts n. 1 et 2) (Cass. crim., 22 juill. 1997 : *Bull.* 277).

2) L'article 144-1 du Code de procédure pénale, issu de la loi du 30 décembre 1996, qui fait obligation aux juridictions d'instruction statuant en matière de détention provisoire de s'assurer de la durée raisonnable de cette détention au regard de la gravité des faits reprochés à la personne mise en examen et de la complexité des investigations nécessaires à la manifestation de la vérité, ne s'applique pas à la détention d'un accusé se trouvant sous l'effet de l'ordonnance de prise de corps.

Dans ce cas il appartient à l'accusé qui demande sa mise en liberté d'invoquer expressément une méconnaissance de son droit à être jugé dans un délai raisonnable, prévu par l'article 5, paragraphe 3, de la Convention européenne de sauvegarde des droits de l'homme et des libertés fondamentales (Cass. crim., 22 juill. 1997 : *Bull.* 278).

3) Encourt la censure l'arrêt de la chambre d'accusation qui, pour confirmer l'ordonnance du juge d'instruction rejetant la demande de mise en liberté de la personne mise en examen, ne répond pas au mémoire dont elle est saisie, articulant que la détention avait excédé un délai raisonnable (2e arrêt *Rapoport*), ou justifie la durée de la détention en se référant à une mesure d'instruction – l'identification des victimes décédées – étrangère aux conditions de droit et de fait prescrites par l'article 144-1 du Code de procédure pénale, issu de la loi du 30 décembre 1996, et sans répondre aux articulations essentielles du mémoire dont elle était saisie sur ce point (1er arrêt *Zannouti*) (Cass. crim., 22 juill. 1997 : *Bull.* 277).

4) Encourt la censure l'arrêt de la chambre d'accusation qui, sur l'appel du ministère public, prescrit la réincarcération de la personne mise en examen sans répondre à l'articulation essentielle du mémoire de celle-ci qui invoquait, après une première détention provisoire de 17 mois, le dépassement du délai raisonnable prévu par les articles 5.3 et 6.1 de la Convention européenne des droits de l'homme (Cass. crim., 23 avr. 1997 : *Bull.* 142).

Art. 144-2 *(Applic. 1er janv. 2001 ; L. n. 2000-516, 15 juin 2000, art. 62). – Abrogé, L. n° 2002-1138, 9 sept. 2002, art. 49, II.*

Art. 145 *(L. n. 2000-516, 15 juin 2000, art. 52, applic. 1er janv. 2001).* **– Le juge des libertés et de la détention saisi par une ordonnance du juge d'instruction tendant au placement en détention de la personne mise en examen fait comparaître cette personne devant lui, assistée de son avocat si celui-ci a déjà été désigné, et procède conformément aux dispositions du présent article.**

Au vu des éléments du dossier et après avoir, s'il l'estime utile, recueilli les observations de l'intéressé, ce magistrat fait connaître à la personne mise en examen s'il envisage de la placer en détention provisoire.

S'il n'envisage pas de la placer en détention provisoire, ce magistrat, après avoir le cas échéant ordonné le placement de la personne sous contrôle judiciaire, procède conformément aux deux derniers alinéas de l'article 116 relatifs à la déclaration d'adresse.

S'il envisage d'ordonner la détention provisoire de la personne, il l'informe que sa décision ne pourra intervenir qu'à l'issue d'un débat contradictoire et qu'elle a le droit de demander un délai pour préparer sa défense.

Si cette personne n'est pas déjà assistée d'un avocat, il l'avise qu'elle a droit à l'assistance d'un avocat de son choix ou commis d'office. L'avocat choisi ou, dans le cas d'une demande de commission d'office, le bâtonnier de l'ordre des avocats en est avisé par tout moyen et sans délai ; mention de cette formalité est faite au procès-verbal.

(L. n. 2000-516, 15 juin 2000, art. 96-II) **Si la personne majeure mise en examen ou son avocat en fait la demande dès l'ouverture de l'audience, le débat contradictoire a lieu en audience publique, sauf si la publicité est de nature à entraver des investigations spécifiques nécessitées par l'instruction ou à nuire à la dignité de la personne ou aux intérêts d'un tiers. Le juge des libertés et de la détention statue par ordonnance motivée sur cette demande de publicité après avoir recueilli les observations du ministère public, de la personne mise en examen et de son avocat.**

Le juge des libertés et de la détention statue en audience de cabinet, après un débat contradictoire au cours duquel il entend *(L. n. 96-1235, 30 déc. 1996, art. 5-II, applic. le 31 mars 1997)* **le ministère public qui développe ses réquisitions prises conformément au troisième alinéa de l'article 82, puis les observations de la personne mise en examen et, le cas échéant, celles de son avocat.**

Toutefois, le juge des libertés et de la détention ne peut ordonner immédiatement le placement en détention lorsque la personne mise en examen ou son avocat sollicite un délai pour préparer sa défense.

Dans ce cas, il peut, au moyen d'une ordonnance motivée par référence aux dispositions de l'alinéa précédent et non susceptible d'appel, prescrire l'incarcération de la personne pour une durée déterminée qui ne peut en aucun cas excéder quatre jours ouvrables. Dans ce délai, il fait comparaître à nouveau la personne et, que celle-ci soit ou non assistée d'un avocat, procède comme il est dit au sixième alinéa. S'il n'ordonne pas le placement de la personne en détention provisoire, celle-ci est mise en liberté d'office.

L'incarcération provisoire est, le cas échéant, imputée sur la durée de la détention provisoire pour l'application des articles 145-1 et 145-2. Elle est assimilée à une détention provisoire au sens de l'article 149 du présent code de l'article 24 du Code pénal.

V. Pierre CHAMBON, *Analyse et réflexions sur la loi n. 84-576 du 9 juillet 1984, tendant à renforcer les droits des personnes en matière de placement en détention provisoire et d'exécution d'un mandat de justice : JCP* 85, I, 3174. – Jean PRADEL, *La loi du 9 juillet 1984 sur le recul de la détention provisoire : un pas en avant utile ? : D.* 1985, chron. p. 7. – H. LEHMAN, *Détention durable et réformes provisoires : Gaz. Pal.* 1988, 2, chron. 590. – DE MONREDON et MAMAN, *Dans quel délai le juge d'instruction doit-il rendre l'ordonnance refusant de faire droit aux réquisitions à fin de placement en détention provisoire contenues dans le réquisitoire introductif ? : JCP* 89, I, 3375. – P. CHAMBON, *La loi n. 89-461 du 6 juillet 1989 modifiant le Code de procédure pénale et relative à la détention provisoire : analyse et réflexion : JCP* 89, I, 3417. – NASREDDINE EL HAGE, *La loi du 30 décembre 1996 et son apport relativement aux droits de la personne placée en détention provisoire : Gaz. Pal.* 1999, 1, 3.

1) Lorsqu'elle est saisie par la voie de l'appel d'un recours en annulation d'une ordonnance rendue en matière de détention provisoire, la chambre de l'instruction, qui n'a pas le pouvoir d'évocation, ne peut, après annulation substituer sa décision à celle du juge d'instruction (Cass. crim., 9 mai 2001, : *Bull.* 111).

Justifie sa décision la chambre d'accusation qui annule l'ordonnance de placement en détention provisoire d'un inculpé incarcéré en application de l'article 145, alinéa 7, du Code de procédure pénale et dont la nouvelle comparution n'a eu lieu qu'après la fin de l'incarcération, dont la durée normale est de *cinq jours*. Il se déduit de cette disposition de loi qu'en pareil cas la mise en détention ne peut plus être ordonnée, en l'état, par le juge d'instruction (Cass. crim., 3 juill. 1985 : *Bull.* 256 ; *Rev. sc. crim.* 1986, 130, obs. Braunschweig).

Après comparution devant lui et débat contradictoire, le juge des libertés, et de la détention, qui ne peut, hors le cas prévu par l'article 145, alinéa 7, du Code de procédure pénale, différer sa décision sur le placement en détention provisoire, ne saurait surseoir à statuer dans l'attente du rapport de l'enquête préalablement ordonnée en application de l'article 145-5 du même Code (Cass. crim., 11 déc. 2001 : *Bull.* 259).

2) La procédure prévue par les alinéas 3, 4, 5, 6 et 7 de l'article 145 du Code de procédure pénale n'est pas applicable devant la chambre d'accusation mais seulement devant le juge d'instruction. Les débats sont contradictoires devant la chambre d'accusation dès lors que sont respectées les prescriptions des articles 197, 198 et 199 du Code de procédure pénale. Aux termes du 3e alinéa de l'article 199, la comparution personnelle de l'inculpé devant la chambre d'accusation est une faculté laissée à l'appréciation des juges (Cass. crim., 12 juin 1985 : *Bull.* 229 ; *Rev. sc. crim.* 1986, 130, obs. Braunschweig ; *D.* 1986, inf. rap. 119, obs. Pradel).

3) Les dispositions de l'article 118 du Code de procédure pénale ne sont pas applicables au débat contradictoire différé prévu par l'article 145, alinéa 7, de ce code et relatif à la mise en détention de l'inculpé (Cass. crim., 26 sept. 1986 : *Bull.* 259).

4) Bien que saisie de l'appel par l'inculpé de l'ordonnance de placement en détention, la chambre d'accusation est compétente pour répondre aux conclusions de la défense invoquant la violation des prescriptions de l'article 145, alinéa 5, du Code de procédure pénale d'où résulterait l'irrégularité du titre de détention (solution implicite) ou l'abrogation de la loi pénale visée à l'inculpation.

Justifie sa décision la chambre d'accusation qui, sans se prononcer sur l'abrogation alléguée, constate pour déclarer régulière la détention, qu'à raison d'autres faits à lui imputés, l'inculpé encourt une peine d'emprisonnement égale ou supérieure à 2 ans (Cass. crim., 14 mars 1988 : *Bull.* 124).

5) C'est à bon droit qu'est déclaré irrecevable par la chambre d'accusation l'appel formé par un inculpé contre l'ordonnance d'incarcération provisoire dont il a été l'objet, l'article 145, alinéa 7, du Code de procédure pénale excluant expressément de cette voie de recours ce type d'ordonnance (Cass. crim., 19 janv. 1987 : *Bull.* 24).

6) N'est pas entachée de nullité l'ordonnance prescrivant une incarcération provisoire qui ne mentionne pas la durée de cette incarcération, dès lors que le « mandat à durée déterminée », délivré conjointement, limite à « 5 jours » l'incarcération ainsi ordonnée. La décision de mise en détention provisoire intervenue, avant l'expiration de ce délai, n'est elle-même, par voie de conséquence, affectée d'aucun vice (Cass. crim., 11 juill. 1990 : *Bull.* 283 ; *Rev. sc. crim.* 1991, 374, obs. Braunschweig).

7) Lorsqu'il envisage un placement en détention provisoire et si la personne mise en examen désire bénéficier d'un délai pour préparer sa défense, le juge d'instruction peut, en application de l'article 145, alinéa 6, du Code de procédure pénale, dans sa rédaction résultant des lois des 4 janvier 1993 et 24 août 1993, prescrire l'incarcération de cette personne pour une durée déterminée qui ne peut excéder 4 jours « ouvrables ». C'est donc à bon droit qu'un juge d'instruction fait comparaître à nouveau l'inculpé le lundi, après l'avoir incarcéré provisoirement le mercredi précédent, dès lors que le samedi et le dimanche ne sont pas des jours ouvrables selon l'article 801 dudit code (Cass. crim., 27 avr. 1994 : *Bull.* 155).

Constitue une circonstance imprévisible et insurmontable mettant le juge d'instruction dans l'impossibilité de procéder au débat contradictoire prévu par l'article 145-2 du Code de procédure pénale, l'existence de barrages routiers empêchant la circulation et occupant les gendarmes à des tâches de maintien de l'ordre, alors que le débat ne pouvait, en raison des délais légaux, être reporté à une date ultérieure (Cass. crim., 28 avr. 1998 : *Bull.* 143).

8) La décision prise collectivement par un barreau, de suspendre toute participation des avocats au service des commissions d'office, constitue une circonstance insurmontable, qui justifie que le juge d'instruction et la chambre d'accusation statuent sur la détention d'un inculpé en l'absence d'un conseil, dès lors que la présence effective de ce dernier n'est pas obligatoire et que toutes les formalités légales ont été accomplies en vue de faire respecter les droits de la défense (Cass. crim., 11 juill. 1990 : *Bull.* 282 ; *Rev. sc. crim.* 1991, 602, obs. Braunschweig).

9) Il résulte de la combinaison des articles 144, 145 et 145-2 du Code de procédure pénale

que la décision d'une juridiction d'instruction statuant sur la détention provisoire doit comporter l'énoncé des considérations de droit et de fait qui en constituent le fondement, par référence aux dispositions de l'article 144 dudit code. Ces dispositions sont substantielles. Encourt la cassation l'arrêt de la chambre d'accusation qui, pour confirmer l'ordonnance du juge d'instruction prolongeant la détention provisoire de la personne mise en examen, se borne à énoncer que les faits sont graves et que cette mesure apparaît comme nécessaire pour préserver l'ordre public du trouble causé par l'infraction, en omettant de préciser si, d'après les éléments de l'espèce, ce trouble à l'ordre public est toujours actuel (Cass. crim., 2 mars 1994 : *Bull.* 84).

Encourt la cassation l'arrêt d'une cour d'appel qui, pour infirmer une ordonnance du juge d'instruction mettant en liberté une personne de nationalité française, énonce notamment que les risques de fuite sont réels, au motif que l'intéressé serait de nationalité étrangère (Cass. crim., 26 juill. 1994 : *Bull.* 284).

En raison de l'effet dévolutif de l'appel, les motifs de l'arrêt de la chambre d'accusation confirmant l'ordonnance de prolongation de la détention, se substituent à ceux, insuffisants, de la décision entreprise (Cass. crim., 21 août 1995 : *Bull.* 265).

10) Aux termes de l'article 145 du Code de procédure pénale dans sa rédaction issue de la loi du 30 décembre 1996, le placement en détention provisoire est prescrit par une ordonnance spécialement motivée qui doit comporter l'énoncé des considérations de droit et de fait sur le caractère insuffisant des obligations du contrôle judiciaire (Cass. crim., 16 juill. 1997 : *Bull.* 273).

Encourt la cassation l'arrêt d'une chambre d'accusation, qui, pour infirmer une ordonnance du juge d'instruction qui avait placé une personne sous contrôle judiciaire et décerner mandat de dépôt à son encontre, énonce notamment que la mise en détention de cette personne s'impose en vertu de l'article 144 du Code de procédure pénale mais omet de se prononcer sur le caractère insuffisant des obligations du contrôle judiciaire qui lui avaient été imparties *(même arrêt)*.

Justifie sa décision confirmant l'ordonnance de placement en détention provisoire, la chambre d'accusation qui, pour estimer que les obligations du contrôle judiciaire sont insuffisantes, retient, par motifs propres et adoptés du juge d'instruction, que le demandeur, avocat, aurait menacé un témoin, et organisé la disparition d'archives concernant des « montages juridiques » susceptibles de dissimuler des opérations délictueuses (Cass. crim., 18 sept. 1997 : *Dr. pénal* 1997, n. 160 et s. ; *Bull.* 303).

11) Si le mandat de dépôt doit, en vertu des dispositions de l'article 123, alinéa 2, du Code de procédure pénale, mentionner la nature des faits imputés à la personne, leur qualification juridique et les articles de loi applicables, cette obligation ne s'applique pas à l'ordonnance de placement en détention provisoire, elle-même soumise aux seules dispositions de l'article 145, alinéa 1er, dudit code (Cass. crim., 28 juin 1994 : *Bull.* 256).

Art. 145-1 *(L. n. 2000-516, 15 juin 2000, art. 58, applic. 1er janv. 2001).* **– En matière correctionnelle, la détention provisoire ne peut excéder quatre mois si la personne mise en examen n'a pas déjà été condamnée pour crime ou délit de droit commun soit à une peine criminelle, soit à une peine d'emprisonnement sans sursis d'une durée supérieure à un an et lorsqu'elle encourt une peine inférieure ou égale à cinq ans.**

Dans les autres cas, à titre exceptionnel, le juge des libertés et de la détention peut décider de prolonger la détention provisoire pour une durée qui ne peut excéder quatre mois par une ordonnance motivée conformément aux dispositions de l'article 137-3 et rendue après un débat contradictoire organisé conformément aux dispositions du sixième alinéa de l'article 145, l'avocat ayant été convoqué selon les dispositions du deuxième alinéa de l'article 114. Cette décision peut être renouvelée selon la même procédure, sous réserve des dispositions de l'article 145-3, la durée totale de la détention ne pouvant excéder un an. Toutefois, cette durée est portée à deux ans lorsqu'un des faits constitutifs de l'infraction a été commis hors du territoire national ou lorsque la personne est poursuivie pour trafic de stupéfiants, terrorisme, association de malfaiteurs, proxénétisme, extorsion de fonds ou pour une infraction commise en bande organisée et qu'elle encourt une peine égale à dix ans d'emprisonnement.

(Al. créé, L. n° 2002-1138, 9 sept. 2002, art. 37, 5°) **À titre exceptionnel, lorsque les investigations du juge d'instruction doivent être poursuivies et que la mise en liberté de la personne mise en examen causerait pour la sécurité des personnes et des biens un risque d'une particulière gravité, la chambre de l'instruction peut prolonger pour une durée de quatre mois la durée de deux ans prévue au présent article. La chambre de l'instruction, devant laquelle la comparution personnelle du mis en examen est de droit, est saisie par ordonnance motivée du juge des libertés et de la détention selon les modalités prévues par le dernier alinéa de l'article 137-1, et elle statue conformément aux dispositions des articles 144, 144-1, 145-3, 194, 197, 198, 199, 200, 206 et 207.**

1) La durée de la détention provisoire, telle qu'elle est prévue par l'article 145 (devenu 145-1) du Code de procédure pénale, doit être calculée de quantième à quantième, sans que les dispositions de l'article 801 puissent recevoir application (Cass. crim., 16 nov. 1982 : *Bull.* 261. – Cass. crim., 4 janv. 1983 : *Bull.* 3 ; *JCP* 84, II, 20203, note Chambon ; *D.* 1983, 562, note Roger ; *Rev. sc. crim.* 1983, 684, obs. J. Robert. – Cass. crim., 30 mars 1989 : *Bull.* 154).

Il résulte de l'article 145-1 précité, que le juge ne peut pas prolonger la détention provisoire de la personne mise en examen en prenant en compte, pour déterminer la peine encourue, la circonstance de récidive (Cass. crim., 19 févr. 2002 : *Juris-Data* n. 1132 ; *Bull. inf. C. cass.* mai 2002, n. 434).

Le temps écoulé entre l'ordonnance de mise en liberté d'un mis en examen et sa réincarcération en exécution de l'arrêt infirmatif de la chambre d'accusation ne compte pas dans le calcul des délais prévus par l'article 145-1 du Code de procédure pénale (Cass. crim., 2 juill. 1998 : *Bull.* 212).

En cas de changement de qualification des faits au cours d'une information, de nature à entraîner une modification de la durée de la détention provisoire, le titre initial de détention demeure valable mais, à compter de la notification de la nouvelle qualification, la détention se trouve de plein droit, soumise aux règles qui découlent de celle-ci (Cass. crim., 9 janv. 1997 : *Bull.* 8).

2) Lorsqu'un inculpé a été appréhendé à plus de 200 km du siège du juge d'instruction qui a délivré contre lui mandat d'amener par application des dispositions des articles 127, 128 et 129 du Code de procédure pénale, le délai de quatre mois prévu par l'article 145-1 du même code a pour point de départ, non la date d'exécution de mandat d'amener, mais celle à laquelle l'inculpé a fait l'objet d'une ordonnance d'incarcération (Cass. crim., 25 juill. 1979 : *Bull.* 251 ; *Rev. sc. crim.* 1980, 455, obs. J. Robert. – Cass. crim., 8 avr. 1986 : *Bull.* 117. – Cass. crim., 17 déc. 1991 : *Bull.* 482).

Lorsqu'un inculpé a été appréhendé en vertu d'un mandat d'amener, le délai prévu par l'article 145-1 du Code de procédure pénale pour la prolongation de la détention provisoire a pour point de départ, non la date d'exécution du mandat d'amener, mais celle à laquelle l'inculpé a fait l'objet d'un mandat de dépôt ou d'une ordonnance d'incarcération provisoire.

La loi du 9 juillet 1984 n'a fait qu'étendre à la privation de liberté subie en exécution du mandat d'amener le bénéfice des dispositions de l'article 24 du Code pénal prescrivant l'imputation de la durée de la détention provisoire sur celle de la peine (Cass. crim., 26 juill. 1989 : *Bull.* 300).

3) Le délai de quatre mois prévu par l'article 139, alinéa 1er (devenu 145-1, alinéa 1er) du Code de procédure pénale ne commence à courir pour l'inculpé arrêté à l'étranger en vertu d'une demande d'extradition du gouvernement français qu'à partir du jour où il a été écroué sur le territoire national et ainsi mis à la disposition du magistrat instructeur (Cass. crim., 29 juin 1967 : *Bull.* 198).

La détention préventive d'un individu livré par un État auquel son extradition a été demandée ne prend effet que du jour de l'incarcération du prévenu en France.

Les mesures prises par les autorités étrangères pour assurer la remise du prévenu aux autorités françaises qui le réclament ne constituent pas une détention préventive dont la durée doit être déduite de la peine prononcée (Cass. crim., 15 oct. 1969 : *Bull.* 252 ; *JCP* 70, II, 16329, note A. P. ; *Rev. sc. crim.* 1970, 407, obs. J. Robert).

4) Lorsque le juge d'instruction a prescrit, en application de l'article 144 du Code de procédure pénale, la détention provisoire d'un individu qu'il a inculpé d'un délit et qu'il lui notifie postérieurement pour les mêmes faits autrement qualifiés une inculpation criminelle, aucune ordonnance n'est plus nécessaire pour prolonger

la détention (Cass. crim., 18 févr. 1975 : *Bull.* 56).

5) L'absence de notification, au conseil de l'inculpé, de l'ordonnance de prolongation de la détention provisoire n'a d'autre effet que d'empêcher le délai d'appel de courir (Cass. crim., 19 juin 1984 : *Bull.* 230).

6) L'article 145, alinéa 3 (devenu 145-1, alinéa 2) du Code de procédure pénale qui exclut l'inculpé détenu du bénéfice de la durée maximum de 6 mois de la détention provisoire, lorsque cet inculpé a déjà été condamné, pour crime ou délit de droit commun, soit à une peine criminelle, soit à une peine d'emprisonnement sans sursis d'une durée supérieure à 3 mois, n'exige pas, pour son application, que l'inculpé soit en état de récidive légale.

La situation de l'inculpé au regard de ce texte est appréciée par le juge d'instruction au jour de sa décision concernant la prolongation de la détention provisoire (Cass. crim., 21 juill. 1981 : *Bull.* 234 ; *D.* 1983, inf. rap. 75, obs. Roujou de Boubée).

7) Les dispositions de l'article 145, alinéa 3 (devenu 145-1, al. 2) du Code de procédure pénale ne font pas obstacle à la mise en détention provisoire par application de l'article 141-2 dudit code dès lors qu'il est constaté que l'inculpé s'est volontairement soustrait à une obligation judiciaire (Cass. crim., 22 janv. 1981 : *Bull.* 33 ; *D.* 1981, 561, note Pradel).

8) En cas d'application erronée des dispositions de l'alinéa 3 de l'article 145 (devenu 145-1, al. 2) du Code de procédure pénale, la chambre d'accusation, saisie par l'appel des parties, n'est pas tenue d'annuler l'ordonnance entreprise si celle-ci a été prise par un juge d'instruction compétent, dans les formes légales et alors que la détention provisoire n'avait pas excédé le délai de quatre mois prévu par l'alinéa 2 (devenu l'al. 1er de l'art. 145-1) du texte précité.

La chambre d'accusation doit se borner à réformer ladite ordonnance et à prolonger la détention pour telle durée qu'elle juge utile dans les limites édictées par l'article 145, alinéa 3, du Code de procédure pénale (Cass. crim., 8 nov. 1983 : *Bull.* 291).

9) L'ordonnance qui a pour effet de prolonger la détention au-delà du délai d'un an à compter du placement en détention doit être rendue après débat contradictoire conformément aux dispositions de l'article 145 premier et cinquième alinéas du Code de procédure pénale. L'ordonnance de prolongation de la détention provisoire au-delà de 1 an, prise en application de l'article 145-1, alinéa 3 du Code de procédure pénale, doit être notifiée à l'inculpé dans les conditions prévues à l'article 145, alinéa 1er, du même code (Cass. crim., 21 mars 1989 : *Bull.* 140).

La chambre de l'instruction doit prononcer d'office la mise en liberté de la personne mise en examen lorsqu'elle a constaté que cette dernière était détenue en vertu d'un titre nul, ce qui est le cas d'une ordonnance de prolongation de détention intervenue en l'absence du débat contradictoire prévu par l'article 145-1 du Code de procédure pénale (Cass. crim., 9 mai 2001 : *Bull.* 111).

Les règles prévues par l'article 145-1 du Code de procédure pénale pour justifier la prolongation de la détention provisoire, selon lesquelles l'ordonnance la prescrivant doit comporter l'énoncé des considérations de droit et de fait qui en constituent le fondement, par référence aux dispositions de l'article 144 du même code, ne souffrent aucune exception (Cass. crim., 20 janv. 1993 : *Bull.* 32).

Si l'inculpé placé sous mandat de dépôt ou son conseil ont, en vertu de l'article 145-1, alinéa 4, du Code de procédure pénale, la faculté de présenter des observation avant la prolongation de la détention provisoire, le juge d'instruction n'est tenu d'organiser le débat contradictoire prévu par l'article 145 du même code que lorsque la durée de cette détention excède une année (Cass. crim., 30 avr. 1985 : *Bull.* 166).

10) Selon l'article 145-1 du Code de procédure pénale, la détention provisoire, qui ne peut excéder quatre mois, d'un inculpé en matière correctionnelle ne saurait, sauf dans les cas limitativement énumérés, être prolongée pendant plus de deux mois que si la peine encourue est supérieure à cinq ans d'emprisonnement.

En conséquence encourt la cassation l'arrêt de la chambre d'accusation qui, confirmant une ordonnance de rejet de mise en liberté d'un inculpé détenu depuis plus de six mois, ne permet pas de vérifier si ces conditions sont remplies (Cass. crim., 7 janv. 1986 : *Bull.* 9).

Doit, dès lors, être censuré l'arrêt de la chambre d'accusation qui, pour confirmer l'ordonnance du magistrat instructeur prolongeant la détention provisoire pour une nouvelle durée de 2 mois (au-delà de 6 mois), énonce que les peines prononcées pour le délit d'usurpation d'état civil, puni aux termes de l'article 434-23 du Code pénal notamment d'une peine de 5 ans d'emprisonnement, se cumulent, selon cet article, avec celles qui auront été prononcées pour l'infraction à l'occasion de laquelle l'usurpation a été commise (Cass. crim., 11 janv. 1995 : *Bull.* 15).

Dès lors que la peine encourue par l'inculpé est supérieure à 5 ans d'emprisonnement et même si celui-ci n'a pas été condamné dans les conditions prévues à l'article 145-1, alinéa 2, du Code de procédure pénale dans sa rédaction due à la loi du 9 juillet 1989, la détention peut être prolongée par périodes de 4 mois dans les seules limites fixées par l'alinéa 3 dudit texte (Cass. crim., 18 juill. 1990 : *Bull.* 289 ; *Rev. sc. crim.* 1991, 374, obs. Braunschweig).

11) Il résulte de l'article 145-1, alinéa 3, du Code de procédure pénale, qui renvoie seulement aux dispositions des premier et cinquième alinéas de l'article 145 de ce code, que sont applicables au débat contradictoire organisé lors de la prolongation de la détention de l'inculpé au-delà d'un an, les alinéas 2 et 3 de l'article 118 du même code (Cass. crim., 9 janv. 1986 : *Bull.* 15).

Il résulte de l'article 145-1, alinéa 3, du Code de procédure pénale, qui renvoie seulement aux dispositions des 1er et 5e alinéas de l'article 145 de ce code, que le juge d'instruction, appelé à statuer sur la prolongation de la détention provisoire de l'inculpé au-delà d'un an, doit, si celui-ci a fait choix d'un conseil, observer en vue du débat contradictoire les dispositions des alinéas 2 et 3 de l'article 118 du même code ; il en est ainsi à chaque renouvellement de cette prolongation au-delà d'un an qui ne peut être ordonné que selon la procédure prévue par les dispositions sus-visées (Cass. crim., 10 févr. 1986 : *Bull.* 50).

Ne constitue pas une atteinte aux droits de la défense l'ajournement, au surlendemain de la date prévue, d'un débat contradictoire préalable à la prolongation de détention dès lors que le conseil en est informé par le juge d'instruction et que les formes et délais prescrits par l'article 118 du Code de procédure pénale ont été respectés pour la date initialement prévue. Est, en conséquence, écartée à bon droit la demande d'annulation de l'ordonnance de prolongation de la détention provisoire consécutive au débat contradictoire intervenu dans ces conditions (Cass. crim., 12 déc. 1988 : *Bull.* 422).

12) L'arrêt de la chambre d'accusation qui infirme l'ordonnance de mise en liberté de l'inculpé, rendue par le juge d'instruction et qui place de nouveau l'inculpé en détention provisoire ne constitue pas une décision de prolongation de la détention prévue par l'article 145-1 du Code de procédure pénale (Cass. crim., 2 juin 1987 : *Bull.* 230).

Le temps passé en liberté par l'inculpé entre l'ordonnance de mise en liberté et sa remise en détention en exécution de l'arrêt infirmatif de la chambre d'accusation ne compte pas dans les délais prévus par l'article 145-1 du Code de procédure pénale (Cass. crim., 27 janv. 1993 : *Bull.* 47).

Il appartient à la chambre d'accusation qui s'est réservée le contentieux de la détention, de rendre un arrêt prolongeant celle-ci à l'expiration du délai prévu par l'article 145-1 du Code de procédure pénale, si elle l'estime utile (Cass. crim., 2 juin 1987 : *Bull.* 230).

13) N'a pas à être explicitement limitée dans le temps la prolongation de la détention provisoireprescrite par une décision spécialement motivée d'après les éléments de l'espèce, conformément aux dispositions de l'article 145 du Code de procédure pénale, par référence aux dispositions de l'article 144 dudit code (Cass. crim., 26 avr. 1988 : *Bull.* 175).

Si l'article 145-1 du Code de procédure pénale autorise la prolongation de la détention provisoire pour une certaine durée, en fonction de la peine encourue et des antécédents judiciaires, ce texte n'impose pas que la prolongation soit ordonnée en une seule fois et par une décision unique. Dès lors que la peine encourue par la personne mise en examen est supérieure à cinq ans d'emprisonnement, la détention provisoire, déjà prolongée par une précédente ordonnance pour une durée de deux mois, peut l'être à nouveau pour la même durée (Cass. crim., 10 janv. 1994 : *Bull.* 12. – Cass. crim., 9 janv. 1997 : *Bull.* 8).

14) Toute décision prolongeant la détention provisoire doit se fonder sur les éléments résultant de l'information à l'expiration du délai pour la durée duquel cette détention a été ordonnée.

Il ne saurait être fait grief à une chambre d'accusation d'avoir confirmé une ordonnance de prolongation prise avant l'expiration de ce délai, dès lors que les juges du second degré, devant lesquels l'inculpé n'a invoqué aucun élément nouveau qui aurait pu survenir depuis l'ordonnance entreprise, se sont référés à l'état du dossier au jour de leur décision et ont motivé cette dernière conformément aux prescriptions des articles 144, 145 et 145-1 du Code de procédure pénale (Cass. crim., 21 nov. 1988 : *Bull.* 393).

15) Constitue, en l'espèce, une circonstance imprévisible et insurmontable mettant le juge d'instruction dans l'impossibilité de procéder au débat contradictoire prévu par l'article 145-1, alinéa 3, du Code de procédure pénale, la grève du personnel pénitentiaire qui s'oppose à toute extraction de détenus ainsi qu'à toute entrée du magistrat instructeur dans les locaux de détention et alors que le débat ne pouvait plus être reporté à une date ultérieure (Cass. crim., 31 janv. 1989 : *Bull.* 35. – Cass. crim., 15 déc. 1992 : *Bull.* 416).

16) Le juge d'instruction est saisi des faits qui lui sont dénoncés par le réquisitoire introductif, indépendamment de la qualification qui leur est donnée : s'il apparaît que ces faits doivent recevoir une qualification différente de celle retenue lors de la première comparution et qu'en raison de la peine alors encourue la durée de la détention provisoire s'en trouve modifiée, le titre initial de détention demeure valable, mais à compter de la notification de la nouvelle inculpation, la détention se trouve soumise aux règles qui découlent de la nouvelle qualification (Cass. crim., 27 mars 1990 : *Bull.* 135 ; *Dr. pénal*, mai 1990, n. 178).

17) Lorsque l'arrêt de mise en accusation est devenu définitif, l'accusé, détenu en vertu de l'ordonnance de prise de corps, n'est plus recevable à invoquer, à l'appui de sa demande de mise en liberté, l'illégalité de sa détention provisoire à raison d'une irrégularité prétendue du titre de détention antérieur (Cass. crim., 5 janv. 2000 : *Bull.* 1).

18) La mention au bulletin n° 1 du casier judiciaire d'une condamnation, pour crime ou délit de droit commun, soit à une peine criminelle, soit à une peine d'emprisonnement sans sursis et d'une durée supérieure à 1 an, fait obstacle à l'application de l'article 145-1, alinéa 2, du Code de procédure pénale (Cass. crim., 28 nov. 1991 : *Bull.* 445).

Art. 145-2 *(Applic. 1er janv. 2001 ; L. n. 2000-516, 15 juin 2000, art. 59, 132-VIII et 140 ; L. n. 93-2, 4 janv. 1993, art. 240 ; L. n. 93-1013, 24 août 1993, art. 19-VI ; L. n. 96-1235, 30 déc. 1996, applic. le 31 mars 1997).* – **En matière criminelle, la personne mise en examen ne peut être maintenue en détention au-delà d'un an. Toutefois** *(L. n. 96-1235, 30 déc. 1996, art. 7-1°)* **sous réserve des dispositions de l'article 145-3, le juge des libertés et de la détention peut, à l'expiration de ce délai, prolonger la détention pour une durée qui ne peut être supérieure à** *(L. n. 96-1235, 30 déc. 1996, art. 7-2°)* **six mois par une ordonnance motivée conformément aux dispositions de l'article 137-3 et rendue après un débat contradictoire organisé conformément aux dispositions du sixième alinéa de l'article 145, l'avocat ayant été convoqué conformément aux dispositions du deuxième alinéa de l'article 114. Cette décision peut être renouvelée selon la même procédure.**

(L. n. 2000-516, 15 juin 2000, art. 59) **La personne mise en examen ne peut être maintenue en détention provisoire au-delà de deux ans lorsque la peine encourue est inférieure à vingt ans de réclusion ou de détention criminelles et au-delà de trois ans dans les autres cas. Les délais sont portés respectivement à trois et quatre ans lorsque l'un des faits constitutifs de l'infraction a été commis hors du territoire national. Le délai est également de quatre ans lorsque la personne est poursuivie pour plusieurs crimes mentionnés aux livres II et IV du Code pénal, ou pour trafic de stupéfiants, terrorisme, proxénétisme, extorsion de fonds ou pour un crime commis en bande organisée.**

(Al. créé, L. n° 2002-1138, 9 sept. 2002, art. 37, 6°) **À titre exceptionnel, lorsque les investigations du juge d'instruction doivent être poursuivies et que la mise en liberté de la personne mise en examen causerait pour la sécurité des personnes et des biens un risque d'une particulière gravité, la chambre de l'instruction peut prolonger pour une durée de quatre mois les durées prévues au présent article. La chambre de l'instruction, devant laquelle la comparution personnelle du mis en examen est de droit, est saisie par ordonnance motivée du juge des libertés et de la détention selon les modalités prévues par le dernier alinéa de l'article 137-1, et elle statue conformément aux dispositions des articles 144, 144-1, 145-3, 194, 197, 198, 199, 200, 206 et 207. Cette décision peut être renouvelée une fois sous les mêmes conditions et selon les mêmes modalités.**

Les dispositions du présent article sont applicables jusqu'à l'ordonnance de règlement.

1) Excède ses pouvoirs le juge des libertés et de la détention qui rend une ordonnance de placement en détention provisoire, limitant à l'avance cette mesure à une durée inférieure à celle prévue par la loi (Cass. crim., 3 avr. 2002 : *Bull.* 73). Il résulte de l'article 145-2 du Code de procédure pénale, qui renvoie aux dispositions de l'article 145, alinéa 5, de ce code, que le juge d'instruction, appelé à statuer sur la prolongation de la détention de l'inculpé au-delà d'1 an, en matière criminelle, doit, si celui-ci a fait choix d'un conseil, observer les dispositions des alinéas 2 et 3 de l'article 118 du code susvisé (Cass. crim., 5 avr. 1990 : *Bull.* 147). Le juge d'instruction peut procéder au débat contradictoire en vue de la prolongation de la détention provisoire hors la présence du conseil de la personne mise en examen dès lors que celui-ci a été au préalable régulièrement convoqué (Cass. crim., 14 mai 1996 : *Bull.* 203).

2) La détention provisoire peut être prolongée sans débat contradictoire préalable lorsque des circonstances imprévisibles et insurmontables font obstacle à la tenue de celui-ci et qu'en raison du délai de 5 jours ouvrables imposé par la loi pour la convocation de l'avocat, le débat ne peut être régulièrement reporté avant la date à laquelle, faute de prolongation, la détention doit prendre fin (Cass. crim., 9 mai 2001 : *Bull.* 114).

Constitue une circonstance imprévisible et insurmontable mettant le juge d'instruction dans l'impossibilité de procéder au débat contradictoire prévu par l'article 145-2 du Code de procédure pénale, l'existence de barrages routiers empêchant la circulation et occupant les gendarmes à des tâches de maintien de l'ordre, alors que le débat ne pouvait, en raison des délais légaux, être reporté à une date ultérieure (Cass. crim., 28 avr. 1998 : *Bull.* 143).

3) L'article 145-2 du Code de procédure pénale, subordonnant, en matière criminelle, à une décision spécialement motivée la prolongation de la détention provisoire au-delà d'un an, ne s'impose qu'au juge d'instruction avant l'ordonnance de règlement (Cass. crim., 7 mai 1991 : *Bull.* 196).

Le mandat de dépôt délivré par le tribunal correctionnel qui se déclare incompétent en application de l'article 469 du Code de procédure pénale est un mandat de nature criminelle qui conserve ses effets jusqu'à ce qu'il ait été statué sur la compétence et la prévention par la chambre d'accusation désignée suivant la procédure de règlement de juges. Il s'ensuit que les dispositions de l'article 145-2 du même code prescrivant la prolongation de la détention provisoire au-delà d'un an ne sont pas applicables aux décisions prises sur le fondement de l'article 469 précité (Cass. crim., 7 déc. 1992 : *Bull.* 403).

4) En cas de changement de qualification des faits ou de notification d'une nouvelle inculpation, le titre initial de détention demeure valable, la détention se trouvant alors soumise aux règles qui découlent de la nouvelle qualification ou inculpation ; il s'en déduit que le délai d'un an prévu par l'article 145-2 du Code de procédure pénale et résultant de la nouvelle inculpation a commencé à courir à compter de la date du mandat de dépôt initial (Cass. crim., 29 oct. 1991 : *Bull.* 385. – Cass. crim., 9 janv. 1997 : *Bull.* 8).

5) L'application erronée des dispositions de l'article 145-2 du Code de procédure pénale relatives à la durée de la prolongation de la détention, n'est pas une cause de nullité de l'ordonnance du juge d'instruction ; la chambre d'accusation, saisie de l'appel de cette ordonnance doit se borner à la réformer et à prolonger la détention pour une durée qu'elle juge utile dans les limites édictées par l'article 145-2 du Code de procédure pénale (Cass. crim., 7 oct. 1997 : *Bull.*326).

Art. 145-3 *(Applic. 1er janv. 2001 ; L. n. 96-1235, 30 déc. 1996, art. 8, applic. le 31 mars 1997 ; L. n. 2000-516, 15 juin 2000, art. 53).* **– Lorsque la durée de la détention provisoire excède un an en matière criminelle ou huit mois en matière délictuelle, les décisions ordonnant sa prolongation ou rejetant les demandes de mise en liberté doivent aussi comporter les indications particulières qui justifient en l'espèce la poursuite de l'information et le délai prévisible d'achèvement de la procédure.**

Il n'est toutefois pas nécessaire que l'ordonnance de prolongation indique la nature des investigations auxquelles le juge d'instruction a l'intention de procéder lorsque cette indication risque d'entraver l'accomplissement de ces investigations.

1) Selon l'article 145-3 du Code de procédure pénale, lorsque la détention provisoire excède 1 an en matière criminelle, les décisions ordonnant sa prolongation ou rejetant les demandes de mise en liberté doivent comporter les indications particulières qui justifient, en l'espèce, la poursuite de l'information et le délai prévisible d'achèvement de la procédure ; en conséquence, doit être cassé l'arrêt qui, s'il précise le délai prévisible d'achèvement de la procédure, ne comporte pas les indications particulières justifiant, en l'espèce, la poursuite de l'information (Cass. crim., 10 mai 2001 : *Bull.* 117).

Encourt la cassation l'arrêt de la chambre d'accusation qui, statuant sur l'appel d'une ordonnance prolongeant la détention provisoire d'une personne mise en examen en matière criminelle, au-delà du délai d'un an, ne comporte aucune indication particulière qui justifie en l'espèce la poursuite de l'information et le délai prévisible d'achèvement de la procédure, ainsi que l'exige l'article 145-3 du Code de procédure pénale issu de la loi du 30 décembre 1996, entré en vigueur le 31 mars 1997 (Cass. crim., 6 août 1997 : *Bull.* 281. – Cass. crim., 28 oct. 1997 : *Bull.* 355. – Cass. crim., 18 nov. 1997 : *Bull.* 389).

2) La décision prise à cette occasion ne doit plus se limiter à justifier la prolongation de la détention au seul regard des nécessités de l'information ou des garanties de représentation en justice, mais préciser également en quoi les obligations du contrôle judiciaire sont insuffisantes aux mêmes fins. Elle doit, en outre, indiquer désormais, d'une part, ce qui justifie la poursuite de l'information et, d'autre part, le délai prévisible d'achèvement de la procédure (Cass. crim., 19 août 1997 : *Bull.* 284).

3) Selon l'article 145-3 du Code de procédure pénale dans la rédaction résultant de la loi du 30 décembre 1996, lorsque la durée de la détention excède 8 mois en matière délictuelle, les décisions ordonnant sa prolongation ou rejetant une demande de mise en liberté doivent comporter les indications particulières qui justifient en l'espèce la poursuite de l'information et le délai prévisible d'achèvement de la procédure ; encourt la cassation l'arrêt d'une chambre d'accusation qui confirme le rejet de la demande de mise en liberté d'une personne mise en examen détenue depuis plus de 8 mois pour des faits correctionnels sans donner ces indications particulières (Cass. crim., 19 août 1997 : *Bull.* 283 ; *JCP* 98, I, 105, A. Maron. – Cass. crim., 26 oct. 1999 : *Bull.* 231).

4) Encourt la cassation l'arrêt de la chambre d'accusation qui, statuant après ordonnance de transmission des pièces du juge d'instruction, sur une demande de mise en liberté au-delà d'un an de détention provisoire en matière criminelle, ne comporte aucune indication particulière qui justifie, en l'espèce, la poursuite de l'information et le délai prévisible d'achèvement de la procédure, ainsi que l'exige l'article 145-3 du Code de procédure pénale (Cass. crim., 10 févr. 1999 : *Bull. inf. C. cass.* 1999, n. 518).

Encourt la cassation l'arrêt d'une chambre d'accusation qui rejette une demande de mise en liberté d'une personne mise en examen détenue depuis plus d'un an pour des faits criminels sans préciser le délai prévisible d'achèvement de la procédure (Cass. crim., 22 sept. 1999 : *Bull.* 192).

5) En raison de l'effet dévolutif de l'appel, les motifs de l'arrêt de la chambre de l'instruction confirmant l'ordonnance de prolongation de la détention se substituent à ceux, insuffisants, de la décision entreprise ; il en est ainsi lorsque le juge d'instruction a omis de préciser, conformément aux dispositions de l'article 145-3 du Code de procédure pénale le délai prévisible d'achèvement de la procédure (Cass. crim., 9 mai 2001 : *Bull.* 110).

6) Les juges saisis d'une demande de mise en liberté formée par une personne détenue en vertu d'une ordonnance de prise de corps n'ont pas à se prononcer par référence aux dispositions de l'article 145-3 du Code de procédure pénale (Cass. crim., 5 janv. 1999 : *Bull.* 1).

Art. 145-4 *(Inséré, L. n. 93-2, 4 janv. 1993, art. 67 ; L. n. 96-1235, 30 déc. 1996, art. 8).* – **Lorsque la personne mise en examen est placée en détention provisoire, le juge d'instruction peut prescrire à son encontre l'interdiction de communiquer pour une période de dix jours. Cette mesure peut être renouvelée, mais pour une nouvelle période de dix jours seulement. En aucun cas, l'interdiction de communiquer ne s'applique à l'avocat de la personne mise en examen.**

Sous réserve des dispositions qui précèdent, toute personne placée en détention provisoire peut, avec l'autorisation du juge d'instruction, recevoir des visites sur son lieu de détention.

À l'expiration d'un délai d'un mois à compter du placement en détention provisoire, le juge d'instruction ne peut refuser de délivrer un permis de visite à un membre de la famille de la personne détenue que par une décision écrite et spécialement motivée au regard des nécessités de l'instruction.

Cette décision est notifiée par tout moyen et sans délai au demandeur. Ce dernier peut la déférer au président de la chambre de l'instruction qui statue dans un délai de cinq jours par une décision écrite et motivée non susceptible de recours. Lorsqu'il infirme la décision du juge d'instruction, le président de la chambre de l'instruction délivre le permis de visite.

Art. 145-5 *(L. n. 2000-516, 15 juin 2000, art. 60 ; L. n. 2002, 4 mars 2002, art. 6).* **– Le placement en détention provisoire d'une personne faisant connaître, lors de son interrogatoire par le juge d'instruction préalable à la saisine du juge des libertés et de la détention, qu'elle exerce à titre exclusif l'autorité parentale sur un mineur de seize ans au plus ayant chez elle sa résidence ne peut être ordonné sans que l'un des services ou l'une des personnes visés au septième alinéa de l'article 81 ait été chargé au préalable de rechercher et de proposer toutes mesures propres à éviter que la santé, la sécurité et la moralité du mineur né soient en danger ou que les conditions de son éducation ne soient gravement compromises.**

Les dispositions du présent article ne sont pas applicables en cas de crime, en cas de délit commis contre un mineur ou en cas de non-respect des obligations du contrôle judiciaire.

1) Il résulte de l'article 145-5 du Code de procédure pénale que la juridiction statuant sur le placement en détention provisoire ou la prolongation de la détention provisoire n'est tenue de faire effectuer l'enquête préalable prévue par ce texte que si la personne mise en examen lui fait connaître expressément qu'elle exerce l'autorité parentale sur un enfant de moins de 10 ans ayant chez elle sa résidence habituelle ; en conséquence, ne justifie pas sa décision la chambre de l'instruction qui, pour annuler, en raison de l'absence de cette enquête l'ordonnance du juge des libertés et de la détention prolongeant la détention provisoire de la personne mise en examen, se borne à constater que la situation familiale de celle-ci résultait des pièces du dossier (arrêts n. 1 et 2). Par ailleurs, lorsque la personne mise en examen n'a pas régulièrement déclaré, devant le juge des libertés et de la détention, exercer l'autorité parentale sur un enfant de moins de 10 ans ayant chez elle sa résidence habituelle et que l'enquête préalable n'a pas été effectuée avant la décision de ce magistrat prolongeant la détention provisoire, la chambre de l'instruction est tenue de faire procéder à cette enquête s'il est justifié devant elle par la personne concernée que celle-ci remplit les conditions prévues par l'article précité (arrêt n. 2) (Cass. crim., 18 sept. 2001 : *Bull.* 181).

2) Lorsqu'elle constate l'insuffisance de l'enquête adressée au juge des libertés et de la détention en application de l'article 145-5 du Code de procédure pénale, la chambre de l'instruction a le pouvoir d'ordonner les investigations complémentaires qu'elle estime nécessaires (Cass. crim., 22 mai 2001 : *Bull.* 129).

3) La mise en œuvre de ces dispositions par le juge des libertés et de la détention ou par la chambre de l'instruction suppose que l'intéressé ait non seulement fait connaître mais encore justifié qu'il exerce l'autorité parentale sur un enfant de moins de 10 ans ayant sa résidence habituelle chez lui. Les pièces produites à cet effet sont souverainement appréciées par les juges du fond (Cass. crim., 15 mai 2001 : *Bull.* 120).

Art. 146 *(L. n. 2000-516, 15 juin 2000, art. 54, applic. 1er janv. 2001).* **– S'il apparaît, au cours de l'instruction, que la qualification criminelle ne peut être retenue, le juge d'instruction peut, après avoir communiqué le dossier au procureur de la République aux fins de réquisitions, soit saisir par ordonnance motivée le juge des libertés et de la détention aux fins du maintien en détention provisoire de la personne mise en examen, soit prescrire sa mise en liberté assortie ou non du contrôle judiciaire.**

Le juge des libertés et de la détention statue dans le délai de trois jours à compter de la date de sa saisine par le juge d'instruction.

Art. 147 *(L. n. 2000-516, 15 juin 2000, art. 55, applic. 1er janv. 2001 ; L. n. 70-643, 17 juill. 1970, art. 1er ; Modifié L. n. 93-2, 4 janv. 1993, art. 182).* **– En toute matière, la mise en liberté assortie ou non du contrôle judiciaire peut être ordonnée d'office par le juge d'instruction après avis du procureur de la République, à charge pour la personne mise en examen de prendre l'engagement de se représenter à tous les actes de la procédure aussitôt qu'elle en sera requise et de tenir informé le magistrat instructeur de tous ses déplacements.**

Le procureur de la République peut également la requérir à tout moment. Sauf s'il ordonne la mise en liberté de la personne, le juge d'instruction doit, dans les cinq jours suivant les réquisitions du procureur de la République, transmettre le dossier, assorti de son avis motivé, au juge des libertés et de la détention, qui statue dans le délai de trois jours ouvrables.

Une ordonnance de mise en liberté rendue d'office par le juge d'instruction ne saurait être entachée de nullité pour avoir été précédée d'un débat contradictoire que l'article 145 nouveau, 5e alinéa, du Code de procédure pénale, ne prévoit pas dans une telle hypothèse – aucune nullité de procédure ne pouvant résulter de l'application, même dans un cas non prévu par la loi, d'une disposition destinée à garantir les droits de la défense – ni pour avoir été rendue sans les réquisitions écrites du procureur de la République dès lors que ce magistrat a formulé préalablement – fût-ce oralement – l'avis qu'exige seulement l'article 147 dudit code (Cass. crim., 6 mai 1985 : *Bull.* 169).

Art. 148 *(L. n. 2000-516, 15 juin 2000, art. 56, applic. 1er janv. 2001).* **– En toute matière, la personne placée en détention provisoire ou son avocat peut, à tout moment, demander sa mise en liberté, sous les obligations prévues à l'article précédent.**

La demande de mise en liberté est adressée au juge d'instruction, qui communique immédiatement le dossier au procureur de la République aux fins de réquisitions.

Sauf s'il donne une suite favorable à la demande, le juge d'instruction doit, dans les cinq jours suivant la communication au procureur de la République, la transmettre avec son avis motivé au juge des libertés et de la détention. Ce magistrat statue dans un délai de trois jours ouvrables, par une ordonnance comportant l'énoncé des considérations de droit et de fait qui constituent le fondement de cette décision par référence aux dispositions de l'article 144. Toutefois, lorsqu'il n'a pas encore été statué sur une précédente demande de mise en liberté ou sur l'appel d'une précédente ordonnance de refus de mise en liberté, les délais précités ne commencent à courir qu'à compter de la décision rendue par la juridiction compétente.

La mise en liberté, lorsqu'elle est accordée, peut être assortie de mesures de contrôle judiciaire.

(Modifié, L. n. 85-1407, 30 déc. 1985, art. 19-II et 94) **Faute par le juge des libertés et de la détention d'avoir statué dans le délai fixé au troisième alinéa, la personne peut saisir directement de sa demande la chambre de l'instruction qui, sur les réquisitions écrites et motivées du procureur général, se prononce dans les vingt jours de sa saisine faute de quoi la personne est mise d'office en liberté sauf si des vérifications concernant sa demande ont été ordonnées. Le droit de saisir dans les mêmes conditions la chambre de de l'instruction appartient également au procureur de la République.**

1) Le juge d'instruction, juridiction du premier degré, est, en principe, seul compétent pour statuer, en premier ressort, sur les demandes de mise en liberté formées au cours de l'instruction préparatoire dont il est chargé.

Il n'en est autrement, hormis les cas prévus par les articles 148, dernier alinéa, et 148-4 du Code de procédure pénale, que lorsque la chambre d'accusation, statuant dans les conditions prévues par l'article 207, alinéa 1er, du même code, a pris elle-même une mesure de détention en se réservant expressément la faculté d'en ordonner, le cas échéant, la prolongation ou d'y mettre fin soit d'office, soit sur les réquisitions du ministère public ou sur la demande de l'inculpé (Cass. crim., 24 nov. 1977 : *Bull.* 370 ; *JCP* 78, II, 18781, note Chambon).

2) La chambre d'accusation est habilitée par l'article 207, alinéa 1er, du Code de procédure pénale, au cas où elle infirme la décision qui lui est déférée, à prendre elle-même des mesures de liberté ou de détention que le juge d'instruction aurait pu prescrire. L'effet de ces mesures s'impose pour la suite de la procédure jusqu'à nouvelle décision de sa part et sur sa seule et propre appréciation.

Dès lors c'est à bon droit que la chambre d'accusation qui a délivré un mandat de dépôt contre un inculpé annule l'ordonnance du juge d'instruction qui a statué par la suite sur une demande de cet inculpé (Cass. crim., 22 févr. 1977 : *Bull.* 69 ; *JCP* 78, II, 18781, note Chambon).

3) Il résulte de la combinaison des articles 144, 145 et 148, alinéa 3, du Code de procédure pénale que la décision d'une juridiction d'instruction rejetant une demande de mise en liberté comme celle prescrivant la détention provisoire, doit être motivée d'après les éléments de l'espèce, par référence aux dispositions de l'article 144 du même code.

Ces dispositions sont substantielles (Cass. crim., 22 juin 1971 : *Bull.* 199 ; *JCP* 71, II, 16915. – Cass. crim., 24 juin 1971 : *Bull.* 209 ; *D.* 1971, 546, note Pradel. – Cass. crim., 7 août 1971 : *Bull.* 247 ; *Rev. sc. crim.* 1972, 127, obs. J. Robert ; *D.* 1972, 318, note M. Lescure et E. Robert).

En conséquence, encourt la cassation l'arrêt de la chambre d'accusation qui se borne à reproduire les termes généraux de l'article 144 sans se référer aux éléments de l'espèce, ainsi que l'exige l'article 145. Et la cassation est encore encourue même lorsque l'arrêt de la chambre d'accusation fait allusion aux faits de la cause, lorsque cette référence est faite en termes vagues, qui ne permettent pas à la Cour de cassation d'exercer son contrôle (Cass. crim., 15 juin 1972 : *Bull.* 207. – Cass. crim., 28 nov. 1972 : *Bull.* 359).

Encourt également la cassation l'arrêt de la chambre d'accusation qui, pour infirmer une ordonnance de mise en liberté, se borne à faire état de l'ordre public, en omettant de préciser si, d'après les éléments de l'espèce, la détention est nécessaire pour préserver l'ordre public du trouble actuellement causé par l'infraction (Cass. crim., 26 juin 1989 : *Bull.* 269. – Cass. crim., 7 août 1990 : *Bull.* 296).

Mais justifie sa décision la chambre d'accusation qui, pour confirmer l'ordonnance du juge d'instruction rejetant une demande de mise en liberté, énonce notamment que le maintien en détention de l'inculpé est « toujours nécessaire » pour préserver l'ordre public du trouble particulier causé par l'infraction reprochée et garantir son maintien à la disposition de la justice, en l'absence de garanties suffisantes de représentation « eu égard à la peine encourue ». S'agissant de cette dernière énonciation, il n'importe qu'elle ne figure pas au nombre des cas prévus par l'article 144, dès lors qu'elle n'a été retenue par les juges que comme l'un des éléments de fait rendant la détention nécessaire pour garantir le maintien de l'inculpé à la disposition de la justice (Cass. crim., 21 août 1990 : *Bull.* 304).

N'encourt pas la cassation l'arrêt de la chambre d'accusation qui, pour rejeter une nouvelle demande de mise en liberté, fait référence pour le détail de l'exposé des faits à celui résultant de deux précédents arrêts de la même juridiction, tous deux devenus définitifs, les juges s'étant par ailleurs attachés à justifier, par une décision spécialement motivée, conforme aux exigences des articles 144 et 145 du Code de procédure pénale, le maintien de l'inculpé en détention provisoire (Cass. crim., 7 nov. 1988 : *Bull.* 376).

4) L'exigence de motivation spéciale portant sur le caractère insuffisant des obligations du contrôle judiciaire, instituée par la loi du 30 décembre 1996, ne s'applique pas aux décisions qui rejettent une demande de mise en liberté formée sur le fondement de l'article 148 du Code de procédure pénale, texte qui ne fait pas référence à l'article 145 dudit code ; en conséquence, justifie sa décision la chambre d'accusation qui, pour confirmer une ordonnance de rejet d'une demande de mise en liberté, énonce les considérations de droit et de fait qui constituent le fondement de sa décision par référence aux seules dispositions de l'article 144 du Code de procédure pénale (Cass. crim., 22 juill. 1997 : *Bull.* 276).

5) La cassation est également encourue si l'arrêt ne s'explique que sur l'un des motifs de la décision de la juridiction d'instruction justifiant la liberté et expressément repris par le mémoire de l'inculpé (Cass. crim., 23 sept. 1974 : *Bull.* 271 ; *Rev. sc. crim.* 1975, 435, obs. J. Robert).

De même encourt la cassation l'arrêt de la chambre d'accusation qui infirme une ordonnance de mise en liberté en se bornant à reproduire les termes généraux de l'article 144, sans se référer aux éléments de l'espèce et sans même exposer les faits (Cass. crim., 1er févr. 1983 : *Bull.* 43. – Cass. crim., 25 oct. 1988 : *Bull.* 362).

Mais par suite de l'effet dévolutif de l'appel, les motifs de l'arrêt de la chambre d'accusation, qui confirme l'ordonnance du juge d'instruction ayant rejeté une demande de mise en liberté, viennent au soutien de la décision entreprise dont la motivation est insuffisante (Cass. crim., 20 déc. 1988 : *Bull.* 438).

6) Le délai imparti au juge d'instruction par l'article 141, § 3 (devenu 148, § 3) du Code de procédure pénale, ne commence à courir qu'à la date où la demande de mise en liberté provisoire a été régulièrement formée. Le magistrat instructeur est en droit d'exiger du détenu qui forme une demande de mise en liberté provisoire que cette demande soit explicitée, datée et signée (Cass. crim., 3 mai 1960 : *Bull.* 235).

La seule conséquence de l'inobservation par le juge d'instruction du délai de cinq jours qui lui est imparti par l'article 141, alinéa 3 (devenu 148, alinéa 3) du Code de procédure pénale, pour statuer sur les demandes de mise en liberté provisoire est la faculté accordée à l'inculpé par l'alinéa 5 du même article (devenu l'alinéa 6 de l'article 148) de saisir directement de sa demande la chambre d'accusation.

Toutefois, l'inculpé se trouve forclos s'il n'use pas de cette faculté avant que le juge d'instruction n'ait statué (Cass. crim., 27 juill. 1964 : *Bull.* 250 ; *JCP* 65, II, 14380, note P. C.).

L'article 148, alinéa 3, du Code de procédure pénale ne concerne que les demandes de mise en liberté présentées au juge d'instruction ; les dispositions ajoutées à ce texte par la loi du 9 septembre 1986 – aux termes desquelles, lorsqu'il n'a pas été statué sur une précédente demande de mise en liberté ou sur l'appel d'une précédente ordonnance de refus de mise en liberté, le délai de cinq jours ne commencera à courir qu'à compter de la décision rendue par la juridiction d'instruction – n'autorisent pas le juge d'instruction à différer sa décision si la demande de mise en liberté, sur laquelle il n'a pas encore été prononcé, a été directement adressée à la chambre d'accusation (Cass. crim., 31 janv. 1989 : *Bull.* 36).

7) Le jour où le juge d'instruction communique au procureur de la République la demande de mise en liberté dont il est saisi n'entre pas en compte dans le calcul du délai de cinq jours prévu par l'article 148 du Code de procédure pénale (Cass. crim., 19 mars 1985 : *Bull.* 114).

Si l'article 148 du Code de procédure pénale fixe à cinq jours, à compter de la communication du dossier au procureur de la République, le délai maximun dans lequel doit statuer le juge d'instruction sur la demande de mise en liberté formée par l'inculpé, faute de quoi ce dernier est autorisé à saisir directement la chambre d'accusation, aucune sanction n'est prévue lorsque la communication du dossier au ministère public n'est pas immédiate, la loi ayant confié à la conscience du juge d'instruction le soin d'ordonner cette communication dans le plus bref délai, au sens de l'article 5, paragraphe 4°, de la Convention européenne de sauvegarde des droits de l'homme et des libertés fondamentales (Cass. crim., 25 mars 1985 : *Bull.* 122).

8) Lorsque la chambre d'accusation est saisie directement d'une demande de mise en liberté formée en application de l'article 148, alinéa 6, du Code de procédure pénale, elle ne peut, sans violer les dispositions de ce texte, statuer sur ladite demande sans que le ministère public, à qui il appartient de se conformer à la mise en état de la procédure, ait pris des réquisitions écrites et motivées (Cass. crim., 22 janv. 1980 : *Bull.* 30).

9) Le délai prévu par l'article 148, dernier alinéa, du Code de procédure pénale et dans lequel la chambre d'accusation doit statuer sur une demande de mise en liberté formée conformément aux dispositions de l'article 148-4 du même code, expire le quinzième jour (devenu le vingtième jour) accompli depuis la saisine de la juridiction (Cass. crim., 13 nov. 1980 : *Bull.* 297 ; *Rev. sc. crim.* 1982, 143, obs. J. Robert).

Le jour où a été déposée au greffe de la cour d'appel la demande de mise en liberté d'office présentée au nom d'un inculpé, en application de l'article 148-4 du Code de procédure pénale, ne saurait entrer en compte pour le calcul du délai de 15 jours (devenu 20 jours) imparti à la chambre d'accusation pour statuer sur ladite demande (Cass. crim., 2 juin 1981 : *Bull.* 182 ; *Rev. sc. crim.* 1982, 799, obs. J. Robert).

10) Un arrêt de renvoi à une audience ultérieure au motif que l'affaire n'a pas été mise en état selon les prescriptions des articles 191 et 197 du Code de procédure pénale ne saurait être considéré comme une vérification concernant la demande de mise en liberté fondée sur l'article 148-4 dudit code permettant à la chambre d'accusation de statuer au-delà du délai de 15 jours (devenu 20 jours) imparti par l'article 148, dernier alinéa, de ce code.

Il s'ensuit que, faute d'avoir rendu sa décision dans les 15 jours (devenu 20 jours) accomplis depuis sa saisine, laquelle s'entend de la réception de la requête soit par la chambre d'accusation, soit par le procureur général soit par le greffe de la cour d'appel, ladite chambre d'accusation a violé le texte ci-dessus rappelé, étant précisé que le *dies a quo* ne saurait entrer en ligne de compte pour le calcul de ce délai, ce qui a pour conséquence que l'inculpé se trouve détenu sans titre à l'expiration dudit délai (Cass. crim., 25 oct. 1983 : *Bull.* 265 ; *D.* 1984, 240, note Chambon ; *Rev. sc. crim.* 1985, 337, obs. J. Robert).

Art. 148-1 *(Applic. 1er janv. 2001 ; L. n. 2000-516, 15 juin 2000, art. 136 et 140 ; L. n. 70-643, 17 juill. 1970, art. 1er ; Modifié, L. n. 93-2, 4 janv. 1993, art. 184).* **– La mise en liberté peut aussi être demandée en tout état de cause par toute personne mise en examen, tout prévenu ou accusé, et en toute période de la procédure.**

(L. n. 2000-516, 15 juin 2000, art. 136-II) **Lorsqu'une juridiction de jugement est saisie, il lui appartient de statuer sur la détention provisoire. Toutefois, en matière criminelle, la cour d'assises n'est compétente que lorsque la demande est formée durant la session au cours de laquelle elle doit juger l'accusé. Dans les autres cas, la demande est examinée par la chambre de l'instruction.**

En cas de pourvoi et jusqu'à l'arrêt de la Cour de cassation, il est statué sur la demande de mise en liberté par la juridiction qui a connu en dernier lieu de l'affaire au fond. Si le pourvoi a été formé contre un arrêt de la cour d'assises, il est statué sur la détention par la chambre de l'instruction.

En cas de décision d'incompétence et généralement dans tous les cas où aucune juridiction n'est saisie, la chambre de l'instruction connaît des demandes de mise en liberté.

1) En s'abstenant d'impartir aux juridictions qu'il détermine un délai pour statuer sur les demandes de mise en liberté provisoire, l'article 142 (devenu 148-1) du Code de procédure pénale, dont le champ d'application est différent de celui de l'article 141 (devenu 148) du même code, a confié à la conscience des juges le soin de se prononcer dans le plus bref délai (Cass. crim., 1er mars 1961 : *Bull.* 130).

2) Le rejet par une chambre d'accusation d'une demande de mise en liberté provisoire, ledit rejet fondé sur les circonstances de la cause et la gravité de l'inculpation, échappe à la censure de la Cour de cassation.

Aucune disposition de loi, ni aucun principe de droit, n'interdisent au juge, lorsqu'il statue sur une demande de liberté provisoire, de prendre en considération le fond même de l'affaire (Cass. crim., 10 juin 1960 : *Bull.* 310).

3) Lorsque, l'inculpé ayant fait appel d'une ordonnance refusant une expertise, il y a lieu de statuer sur le maintien en détention par application de l'article 139 (devenu 145-1) du Code de procédure pénale, c'est le juge d'instruction qui est compétent pour rendre cette ordonnance, sauf si la chambre d'accusation en ordonne autrement. En effet, l'article 187 prescrit au juge d'instruction de poursuivre son information ; l'ordonnance sur la détention est un des actes de cette information (Cass. crim., 11 janv. 1961 : *Bull.* 20).

4) Lorsqu'une juridiction de jugement ou une chambre d'accusation est saisie, par application de l'article 148-1 du Code de procédure pénale, d'une demande de mise en liberté, la décision rejetant cette demande doit être spécialement motivée dans les conditions prévues à l'article 145 du Code de procédure pénale, ainsi que l'exige l'article 148 du même code (Cass. crim., 16 déc. 1971 : *Bull.* 358 ; *D.* 1972, 318, note Lescure et E. Robert. – Cass. crim., 15 sept. 1979 : *Bull.* 258 ; *JCP* 80, II, 19470, note Chambon).

L'exigence de motivation spéciale portant sur le caractère insuffisant des obligations du contrôle judiciaire, instituée par la loi du 30 décembre 1996, ne s'applique pas aux décisions qui rejettent une demande de mise en liberté formée sur le fondement de l'article 148-1 du Code de procédure pénale, mais seulement aux placements en détention ou aux prolongations de celle-ci ; en conséquence, justifie sa décision la chambre d'accusation qui, pour confirmer une ordonnance de rejet d'une demande de mise en liberté, énonce les considérations de droit et de fait qui constituent le fondement de sa décision par référence aux seules dispositions de l'article 144 du Code de procédure pénale dans sa rédaction issue de la loi précitée (Cass. crim., 2 sept. 1997 : *Bull.* 291 ; *JCP* 98, I, 105, A. Maron).

5) En permettant aux inculpés de demander leur mise en liberté aux juridictions de jugement ou à défaut à la chambre d'accusation, les articles 148-1 et 148-2 du Code de procédure pénale leur ont attribué un droit exceptionnel qui

ne comporte aucune extension et limite la saisine de la juridiction à la seule question de la détention (Cass. crim., 15 sept. 1979 : *Bull.* 258. – Cass. crim., 7 févr. 1990 : *Bull.* 67).

6) La chambre d'accusation qui, sur renvoi après cassation, prononce la mise en accusation d'un accusé et ordonne le renvoi de ce dernier devant la cour d'assises, désignée comme juridiction de renvoi par la Cour de cassation qui avait réglé de juges par avance, et alors que sa décision est devenue définitive, n'est plus compétente pour connaître des demandes de mise en liberté formées ultérieurement (Cass. crim., 23 déc. 1986 : *Bull.* 385).

L'arrêt de cassation renvoyant le procès devant une cour d'assises emporte, dès son prononcé, l'incompétence de la chambre d'accusation qui était appelée à statuer sur la détention pendant l'instance en cassation, en vertu des dispositions de l'article 148-1, alinéa 3, du Code de procédure pénale, et attribue compétence, dans l'intervalle des sessions d'assises, à la chambre d'accusation dans le ressort de laquelle est située la cour de renvoi (Cass. crim., 28 oct. 1993 : *Bull.* 310).

7) Aux termes de l'article 148-1 du Code de procédure pénale, lorsqu'une juridiction de jugement est saisie, il lui appartient de statuer sur la détention provisoire ; dans l'intervalle des sessions d'assises ce pouvoir est dévolu à la chambre d'accusation.

La chambre d'accusation appelée à connaître des demandes de mise en liberté dans l'intervalle des sessions d'assises doit s'entendre de celle dans le ressort de laquelle se trouve la juridiction criminelle saisie de la poursuite (Cass. crim., 13 janv. 1987 : *Bull.* 11).

8) La chambre d'accusation régulièrement saisie par un accusé renvoyé devant une cour d'assises est compétente pour statuer sur cette demande dès lors qu'à la date de cette saisine, ladite cour d'assises n'était pas en session (Cass. crim., 27 avr. 1988 : *Bull.* 181 ; *Rev. sc. crim.* 1988, 548, obs. Braunschweig).

La chambre d'accusation à laquelle est soumise une demande de mise en liberté adressée à tort, par un accusé, au juge d'instruction dessaisi, pendant la session d'assises, est compétente pour se prononcer sur cette demande, dès lors que la session d'assises est close lorsque cette demande lui est soumise (Cass. crim., 24 juill. 1990 : *Bull.* 291. – Cass. crim., 6 oct. 1993 : *Bull.* 278. – Cass. crim., 29 sept. 1998 : *Bull.* 239).

Il résulte des dispositions combinées des articles 148-1 et 307 du Code de procédure pénale que la cour d'assises, seule compétente, lorsqu'elle est en session, pour connaître des demandes de mise en liberté formées par un accusé renvoyé devant elle, peut statuer sur une telle demande à l'occasion d'une suspension d'audience sans méconnaître le principe de la continuité des débats (Cass. crim., 3 oct. 1988 : *Bull.* 327).

9) Lorsque la cour d'assises saisie de l'affaire a été appelée, dans les conditions prévues à l'article 148-1 du Code de procédure pénale, à se prononcer sur une demande de mise en liberté de l'accusé, les magistrats qui ont participé à cette décision peuvent siéger à la cour d'assises ayant à juger ledit accusé (Cass. crim., 4 févr. 1987 : *Bull.* 59. – Cass. crim., 17 juin 1987 : *Bull.* 255. – Cass. crim., 20 nov. 1991 : *Bull.* 421).

10) La cour d'assises qui, par l'arrêt de condamnation qu'elle vient de rendre, a épuisé sa saisine, est dès lors incompétente pour statuer sur des conclusions, déposées après le prononcé de cet arrêt, par la défense, demandant la mise en liberté de l'accusé (Cass. crim., 2 oct. 1987 : *Bull.* 328).

11) Aux termes de l'article 148-1, alinéa 3, du Code de procédure pénale, lorsqu'un pourvoi a été formé contre un arrêt de la cour d'assises et jusqu'à l'arrêt de la Cour de cassation, il est statué sur la détention par la chambre d'accusation (Cass. crim., 1er avr. 1987 : *Bull.* 154).

12) L'information se poursuivant devant le juge d'instruction, le détenu qui est inculpé d'un crime ne saurait invoquer les dispositions de l'alinéa 2 de l'article 148-1 du Code de procédure pénale pour présenter directement une demande de mise en liberté à la chambre d'accusation (Cass. crim., 20 déc. 1988 : *Bull.* 437 ; *Rev. sc. crim.* 1989, 537, obs. Braunschweig).

13) Le pouvoir conféré au juge d'instruction par l'article 139 du Code de procédure pénale d'ordonner le placement d'une personne sous contrôle judiciaire appartient, aux termes de l'article 141-1 dudit code, en tout état de cause à la juridiction compétente selon les distinctions de l'article 148-1 ; qu'en application de ce dernier texte, avant le renvoi en cour d'assises, ce pouvoir est dévolu à la chambre d'accusation ;

que l'arrêt du 2 juin 1993 ordonnant le renvoi ayant été frappé de pourvoi et la saisine de la cour d'assises n'étant pas définitive, la chambre d'accusation restait compétente pour ordonner le placement de Paul Touvier sous contrôle judiciaire (Cass. crim., 21 oct. 1993 : *Bull.* 306).

Lorsqu'un juge d'instruction s'est déclaré incompétent et qu'aucun autre juge n'a été saisi, la demande de mainlevée du contrôle judiciaire ne peut être présentée qu'à la chambre d'accusation, en application des dispositions combinées des articles 141-1 et 148-1 du Code de procédure pénale (Cass. crim., 13 janv. 1998 : *Bull.* 13 ; *Juris Data* n. 00801).

14) Encourt la cassation l'arrêt de la chambre d'accusation qui, en invoquant l'article 148-1 dont les dispositions ne sont pas applicables aux peines en cours d'exécution, se déclare incompétente pour statuer sur la demande de mise en liberté d'un condamné à une peine criminelle qui conteste la validité de l'arrêté du ministre de la Justice révoquant sa libération conditionnelle (Cass. crim., 27 avr. 1994 : *Bull.* 156).

15) Encourt la cassation l'arrêt d'une chambre d'accusation qui déclare irrecevable une demande de mise en liberté, effectuée selon les modalités prévues par l'article 148-7 du Code de procédure pénale et régulièrement transmise à son greffe, au motif de l'existence d'une simple erreur matérielle commise sur le destinataire de la demande, alors que la chambre d'accusation, régulièrement saisie, était seule compétente pour en connaître en application de l'article 148-1 du même code (Cass. crim., 16 nov. 1994 : *Bull.* 365).

16) La demande qui invite la chambre d'accusation à ordonner, consécutivement à un non-lieu, la remise en liberté immédiate d'une personne détenue provisoirement ne saisit pas cette juridiction du contentieux de la détention, dès lors qu'elle est fondée sur les dispositions de l'article 212 du Code de procédure pénale et non sur celles de l'article 148-1 du même code (Cass. crim., 22 sept. 1998 : *Bull.* 232).

17) Lorsqu'elle est saisie, en application de l'article 148-1, alinéa 3, du Code de procédure pénale, d'une demande de mise en liberté, la chambre d'accusation ne peut, dans l'attente de l'arrêt de la Cour de cassation sur le pourvoi formé contre l'arrêt de la cour d'assises, ordonner la remise en liberté de l'accusé, sur le fondement des dispositions de l'article 5, paragraphe 3, de la Convention européenne des droits de l'homme (Cass. crim., 18 nov. 1998 : *Bull.* 306).

Art. 148-1-1 *(Créé à compter du 1er nov. 2002, L. n° 2002-1138, 9 sept. 2002, art. 38, I et III).* – **Lorsqu'une ordonnance de mise en liberté d'une personne placée en détention provisoire est rendue par le juge des libertés et de la détention ou le juge d'instruction contrairement aux réquisitions du procureur de la République, cette ordonnance est immédiatement notifiée à ce magistrat. Pendant un délai de quatre heures à compter de la notification de l'ordonnance du procureur de la République, et sous réserve de l'application des dispositions du dernier alinéa du présent article, la personne mise en examen ne peut être remise en liberté et cette décision ne peut être adressée pour exécution au chef de l'établissement pénitentiaire.**

Le procureur de la République peut interjeter appel de l'ordonnance devant le greffier du juge des libertés et de la détention ou du juge d'instruction, en saisissant dans le même temps le premier président de la cour d'appel d'un référé-détention, conformément aux dispositions de l'article 187-3 ; l'appel et le référé-détention sont mentionnés sur l'ordonnance. La personne mise en examen et son avocat en sont avisés en même temps que leur est notifiée l'ordonnance, qui ne peut être mise à exécution, la personne restant détenue tant que n'est pas intervenue la décision du premier président de la cour d'appel et, le cas échéant, celle de la chambre de l'instruction. La personne mise en examen et son avocat sont également avisés de leur droit de faire des observations écrites devant le premier président de la cour d'appel. Faute pour le procureur de la République d'avoir formé un référé-détention, dans un délai de quatre heures à compter de la notification de l'ordonnance de mise en liberté, celle-ci, revêtue d'une mention du greffier indiquant l'absence de référé-détention, est adressée au chef d'établissement pénitentiaire et la personne est mise en liberté sauf si elle est détenue pour une autre cause.

Si le procureur de la République, ayant pris des réquisitions de maintien en détention, estime néanmoins ne pas avoir à s'opposer à la mise en liberté immédiate de la personne, et sans préjudice de son droit de former ultérieurement appel dans le délai prévu par l'article 185, il retourne

l'ordonnance au magistrat qui l'a rendue en mentionnant sur celle-ci qu'il ne s'oppose pas à sa mise à exécution. La personne est alors mise en liberté, si elle n'est pas détenue pour une autre cause.

Art. 148-2 *(L. n. 83-466, 10 juin 1983, art. 22)*. **– Toute juridiction appelée à statuer, en application des articles 141-1 et 148-1, sur une demande de mainlevée totale ou partielle du contrôle judiciaire ou sur une demande de mise en liberté se prononce après audition du ministère public, du prévenu ou de son conseil ; le prévenu non détenu et son conseil sont convoqués par lettre recommandée, quarante-huit heures au moins avant la date de l'audience.**

(Al. modifié, L. n° 86-1019, 9 sept 1986, art. 17 puis remplacé par deux alinéas, L. n° 2002-1138, 9 sept. 2002, art. 38, IV) **Lorsque la personne n'a pas encore été jugée en premier ressort, la juridiction saisie statue dans les dix jours ou les vingt jours de la réception de la demande, selon qu'elle est du premier ou du second degré. Lorsque la personne a déjà été jugée en premier ressort et qu'elle est en instance d'appel, la juridiction saisie statue dans les deux mois de la demande. Lorsque la personne a déjà été jugée en second ressort et qu'elle a formé un pourvoi en cassation, la juridiction saisie statue dans les quatre mois de la demande.**

Toutefois, lorsqu'au jour de la réception de la demande il n'a pas encore été statué soit sur une précédente demande de mise en liberté ou de mainlevée de contrôle judiciaire, soit sur l'appel d'une précédente décision de refus de mise en liberté ou de mainlevée du contrôle judiciaire, les délais prévus ci-dessus ne commencent à courir qu'à compter de la décision rendue par la juridiction compétente. Faute de décision à l'expiration des délais, il est mis fin au contrôle judiciaire ou à la détention provisoire, le prévenu, s'il n'est pas détenu pour une autre cause, étant d'office remis en liberté.

La décision du tribunal est immédiatement exécutoire nonobstant appel ; lorsque le prévenu est maintenu en détention, la cour se prononce dans les vingt jours de l'appel, faute de quoi le prévenu, s'il n'est pas détenu pour autre cause, est mis d'office en liberté.

1) Il résulte de la combinaison des articles 148-1 et 148-2 du Code de procédure pénale que la chambre d'accusation appelée à statuer en application de l'article 148-1 précité, se prononce après audition du ministère public, de l'inculpé, du prévenu, de l'accusé ou de leur conseil.

Dès lors doit être cassé l'arrêt d'une chambre d'accusation qui, saisie d'une demande de mise en liberté présentée par un détenu faisant l'objet d'un arrêt de mise en accusation et de renvoi devant une cour d'assises, a statué sans procéder à l'audition de l'intéressé ou de son conseil (Cass. crim., 15 sept. 1986 : *Bull.* 255).

2) Dès lors qu'une chambre d'accusation, saisie de l'appel d'une ordonnance de rejet de demande de mise en liberté, a statué, conformément aux prescriptions de l'article 194, alinéa 2, du Code de procédure pénale, dans le délai de trente jours à compter de l'appel, il ne saurait lui être reproché d'avoir méconnu les dispositions de l'article 148-2 du même code. Ces dispositions, en effet, ne sont pas applicables aux cas dans lesquels la chambre d'accusation prononce sur l'appel d'une ordonnance du juge d'instruction, lui-même appelé à statuer en application de l'article 148 dudit code (Cass. crim., 14 févr. 1984 : *Bull.* 55 ; *Rev. sc. crim.* 1985, 339, obs. J. Robert).

Dans un pareil cas, la comparution personnelle de l'inculpé n'est de droit, aux termes de l'article 199 du même code, que si celui-ci ou son conseil en a fait la demande (Cass. crim., 17 avr. 1991 : *Bull.* 184).

3) L'article 148-2 du Code de procédure pénale, qui concerne les demandes de mise en liberté adressées à la juridiction appelée à statuer en application de l'article 148-1 dudit code, ne prévoit aucune faculté de prolonger les délais qu'il fixe et dans lesquels la juridiction saisie doit se prononcer sur la demande. Notamment, le délai de vingt jours imparti à la chambre d'accusation n'est pas prolongé lorsque cette juridiction fait procéder, par expertise, à des vérifications concernant la demande dont elle est saisie (Cass. crim., 28 févr. 1984 : *Bull.* 78).

Mais la chambre d'accusation qui, saisie d'une demande de mise en liberté sur le fondement de l'article 148-1 du Code de procédure pénale, ordonne, dans le délai de 20 jours, une expertise médicale et prononce en l'état le maintien en détention, rend une décision dans le délai imparti par l'article 148-2, alinéa 2, du Code de procédure pénale (Cass. crim., 7 mars

1991 : *Bull.* 116 ; *Dr. pénal,* juin 1991, 188, obs. Maron).

4) Selon l'article 148-2, alinéa 3, du Code de procédure pénale, si la cour d'appel, saisie d'un appel de rejet d'une demande de mise en liberté, doit statuer dans les vingt jours dudit appel, ce délai ne court que du lendemain du jour où cette voie de recours a été formée (Cass. crim., 24 juin 1987 : *Bull.* 266).

5) Il résulte de l'article 148-2 du Code de procédure pénale que lorsqu'une juridiction est appelée à statuer, en application de l'article 148-1 de ce code sur une demande de mise en liberté, elle doit se prononcer à compter de la réception de celle-ci dans le délai que fixe le 2e alinéa dudit article 148-2 ; toutefois, s'il n'a pas encore été statué sur une précédente demande, le délai ne commence à courir qu'à compter de la décision rendue par la juridiction compétente ; faute de décision à l'expiration de ce délai, il est mis fin à la détention provisoire.

Le défaut d'enregistrement par le greffier de la juridiction compétente d'une demande de mise en liberté, formée par déclaration auprès du chef de l'établissement pénitentiaire, ne saurait constituer une circonstance imprévisible et insurmontable suspendant le délai fixé à l'article 148-2 précité (Cass. crim., 24 sept. 1987 : *Bull.* 312).

Lorsqu'au jour de la réception de la demande de mise en liberté, il n'a pas été encore statué sur une précédente demande aux mêmes fins, le délai de 20 jours imparti à la chambre d'accusation par l'article 148-2, alinéa 2, du Code de procédure pénale ne commence à courir qu'à compter de la décision, quelle qu'en soit la nature, statuant sur cette précédente demande (Cass. crim., 6 oct. 1993 : *Bull.* 278).

6) La chambre d'accusation, saisie par le juge d'instruction, en application de l'article 171 du Code de procédure pénale, d'une demande d'examen de la validité d'une ordonnance de prolongation de la détention provisoire de l'inculpé, n'est pas tenue de statuer dans le délai de vingt jours prévu par l'article 148-2 de ce code (Cass. crim., 19 juin 1984 : *Bull.* 230 ; *JCP* 85, 20511, note Chambon).

7) Lorsque la chambre d'accusation statue en matière de détention provisoire après cassation de l'arrêt d'une première chambre d'accusation, le délai de vingt jours fixé par l'article 148-2 du Code de procédure pénale applicable à un autre état de la procédure, ne s'impose pas à elle. La juridiction de renvoi demeure néanmoins tenue de se prononcer dans les meilleurs délais (Cass. crim., 29 oct. 1985 : *Bull.* 329. – Cass. crim., 14 oct. 1986 : *Bull.* 283).

8) Aucun délai n'est imposé à la chambre d'accusation qui statue sur appel d'une ordonnance rendue par un juge d'instruction en matière de contrôle judiciaire.

Au surplus, elle n'est tenue par aucun délai lorsqu'elle statue comme juridiction de renvoi après cassation (Cass. crim., 13 nov. 1985 : *Bull.* 351).

9) L'ordonnance de soit-communiqué par laquelle le juge d'instruction, saisi d'une demande de mise en liberté, transmet immédiatement, conformément à l'article 148, alinéa 2, du Code de procédure pénale, le dossier de la procédure au procureur de la République aux fins de réquisitions n'entre pas dans la catégorie des actes qui, selon l'article 175 du même code, doivent être notifiés aux conseils des parties (Cass. crim., 7 nov. 1989 : *Bull.* 398).

10) Il résulte de la combinaison des articles 141-1, 148-1 et 148-2 du Code de procédure pénale que, lorsque la chambre d'accusation est appelée à statuer sur une demande directe de mainlevée d'une mesure de contrôle judiciaire qu'elle avait précédemment ordonnée et dont elle s'était réservée le contentieux, elle doit se prononcer dans les 20 jours de la réception de la demande, faute de quoi il est mis fin au contrôle judiciaire (Cass. crim., 19 juin 1990 : *Bull.* 251 ; *Rev. sc. crim.* 1991, 374, obs. Braunschweig. – Cass. crim., 3 avr. 1996 : *Bull.* 147).

11) Ne justifie pas sa décision la cour d'appel qui, saisie d'une demande de mise en liberté en vertu de l'article 148-1 du Code de procédure pénale, ordonne la mise en liberté « d'office » au motif qu'elle ne dispose pas du dossier, alors que le délai de l'article 148-2 n'est pas expiré et qu'elle a ainsi la possibilité de renvoyer l'affaire aux fins de production du dossier (Cass. crim., 20 août 1992 : *Bull.* 280 ; *JCP* 93, 22087, note Chambon).

Art. 148-3 *(L. n. 70-643, 17 juill. 1970, art. 1er ; L. n. 85-1407, 30 déc. 1985, art. 20 et 94 ; L. n. 93-2, 4 janv. 1993, art. 185).* **– Préalablement à sa mise en liberté, la personne mise en examen doit faire, auprès du juge d'instruction ou du chef de l'établissement pénitentiaire, la déclaration d'adresse prévue par le troisième alinéa de l'article 116.**

La personne est avisée qu'elle doit signaler au juge d'instruction, jusqu'à la clôture de l'information, par nouvelle déclaration ou par lettre recommandée avec demande d'avis de réception, tout changement de l'adresse déclarée. Elle est également avisée que toute notification ou signification faite à la dernière adresse déclarée sera réputée faite à sa personne.

Mention de cet avis, ainsi que de la déclaration d'adresse, est portée soit au procès-verbal, soit dans le document qui est adressé sans délai, en original ou en copie, par le chef de l'établissement pénitentiaire au juge d'instruction.

Art. 148-4 *(L. n. 75-701, 6 août 1975, art. 2 ; L. n. 93-2, 4 janv. 1993, art. 186).* **– À l'expiration d'un délai de quatre mois depuis sa dernière comparution devant le juge d'instruction ou le magistrat par lui délégué et tant que l'ordonnance de règlement n'a pas été rendue, la personne détenue ou son conseil peut saisir directement d'une demande de mise en liberté la chambre de l'instruction qui statue dans les conditions prévues à l'article 148 (dernier alinéa).** *(Deux dernières phrases supprimées, L. n. 89-461, 6 juill. 1989, art. 7).*

V. sous art. 148 : Cass. crim., 13 nov. 1980 : *Bull.* 297. – Cass. crim., 2 juin 1981 : *Bull.* 182. – Cass. crim., 25 oct. 1983 : *Bull.* 265.

1) Ne saurait se prévaloir de la faculté de saisir directement la chambre d'accusation d'une demande de mise en liberté, en application de l'article 148-4 du Code de procédure pénale, l'inculpé qui refuse de déférer aux convocations du juge d'instruction (Cass. crim., 9 janv. 1985 : *Bull.* 18).

Les dispositions de l'article 148-4 du Code de procédure pénale ouvrent une voie exceptionnelle dont il ne peut être fait usage que par une requête exempte de toute ambiguïté (Cass. crim., 8 janv. 1985 : *Bull.* 13).

2) Comparaît au sens de l'article 148-4 du Code de procédure pénale, l'inculpé à qui le juge d'instruction notifie les conclusions d'un rapport d'expertise et impartit un délai pour faire connaître ses observations mais qui refuse de répondre aux autres questions du magistrat instructeur.

Il n'est plus dès lors en droit de présenter une demande de mise en liberté à la chambre d'accusation (Cass. crim., 20 févr. 1985 : *Bull.* 80).

Pour déclarer irrecevable la demande de mise en liberté présentée le 10 novembre 2001 par X. sur le fondement de l'article 148-4 du Code de procédure pénale, l'arrêt attaqué énonce que l'intéressé a comparu le 22 août 2001 devant le juge des libertés et de la détention, délégué par le juge d'instruction au sens de l'article précité ; mais attendu qu'en prononçant ainsi, alors que le juge des libertés et de la détention, qui dispose, en matière de détention provisoire, de pouvoirs distincts de ceux du juge d'instruction, n'est pas délégué par ce dernier, la chambre de l'instruction a violé les textes susvisés (148-4 ; 137-1) (Cass. crim., 6 mars 2002 : *Bull.* 57 ; *Juris-Data* n. 1534).

3) Le jour où a lieu le dernier interrogatoire du juge d'instruction, prévu par l'article 148-4 du Code de procédure pénale, n'est pas pris en compte dans le calcul du délai de quatre mois fixé par ce texte pour permettre à l'inculpé de saisir directement la chambre d'accusation d'une demande de mise en liberté ; c'est au jour où elle est remise au chef de l'établissement pénitentiaire que cette demande est formée et que la chambre d'accusation doit se placer pour apprécier si le délai est effectivement expiré (Cass. crim., 19 janv. 1988 : *Bull.* 24).

4) La chambre d'accusation n'est saisie d'une demande de mise en liberté formée en application de l'article 148-4 du Code de procédure pénale qu'à compter du jour où cette demande est parvenue soit au président de cette juridiction, soit au procureur général, soit au greffe de la cour d'appel. Le jour de la réception de la demande de mise en liberté n'entre pas en ligne de compte pour le calcul du délai de 15 jours (devenu 20 jours, L. 30 déc. 1985) imparti à la chambre d'accusation pour statuer (Cass. crim., 9 mars 1985 : *Bull.* 100).

5) Aux termes de l'article 148-4 du Code de procédure pénale, lorsqu'à l'expiration d'un délai de quatre mois depuis sa dernière comparu-

tion devant le juge d'instruction, un inculpé détenu a saisi directement d'une demande de mise en liberté la chambre d'accusation, sa comparution personnelle devant cette juridiction est de droit si l'intéressé ou son conseil le demande.

Si, en raison d'un cas de force majeure, cette comparution n'est pas possible pour le jour où l'affaire a été fixée, la chambre d'accusation qui a la possibilité de renvoyer l'examen de la demande à une audience ultérieure sans excéder le délai imparti par l'article 148, ne peut, sans méconnaître les dispositions de l'article 148-4, s'estimer régulièrement saisie et statuer, pour la rejeter, sur ladite demande de mise en liberté, privant ainsi l'inculpé d'un droit qu'il avait demandé à exercer dans les conditions prévues par la loi et auquel il n'est pas constaté qu'il ait, à un moment quelconque, expressément renoncé (Cass. crim., 9 juill. 1985 : *Bull.* 262. – Cass. crim., 9 janv. 1990 : *Bull.* 14).

Aux termes de l'article 148-4 du Code de procédure pénale, la comparution de l'inculpé devant la chambre d'accusation saisie d'une demande directe de mise en liberté, est de droit si celui-ci ou son conseil le demande.

Le non-respect de cette règle n'est pas assorti, par l'article susvisé, de la mise en liberté d'office de l'inculpé (Cass. crim., 30 oct. 1985 : *Bull.* 336).

6) À compter du jour où l'ordonnance de règlement est rendue, l'inculpé ne peut plus user de la faculté prévue par l'article 148-4 du Code de procédure pénale de saisir directement d'une demande de mise en liberté la chambre d'accusation à l'expiration d'un délai de 4 mois depuis sa dernière comparution devant le juge d'instruction (Cass. crim., 9 janv. 1986 : *Bull.* 12).

7) Il résulte de l'article 148, dernier alinéa, du Code de procédure pénale que la chambre d'accusation, saisie directement d'une demande de mise en liberté sur le fondement de l'article 148-4 dudit code, doit se prononcer dans les 20 jours de sa saisine, faute de quoi l'inculpé est mis d'office en liberté.

Dans une telle hypothèse, la prolongation de 5 jours du délai pour statuer, prévue par l'article 199, alinéa 5, du même code, n'est pas applicable (solution implicite) (Cass. crim., 6 déc. 1990 : *Bull.* 420).

Art. 148-5 *(L. n. 78-1097, 22 nov. 1978, art. 6 ; L. n. 93-2, 4 janv. 1993, art. 179)*. **– En toute matière et en tout état de la procédure, la juridiction d'instruction ou de jugement peut, à titre exceptionnel, accorder une autorisation de sortie sous escorte à la personne mise en examen, au prévenu ou à l'accusé.**

Le rejet, par une chambre d'accusation, de la demande de sortie sous escorte présentée par un accusé sur le fondement de l'article 148-5 du Code de procédure pénale constitue une simple mesure d'administration judiciaire insusceptible de recours devant la Cour de cassation (Cass. crim., 22 juill. 1997 : *Bull.* 278).

Art. 148-6 *(Inséré, L. n. 85-1407, 30 déc. 1985, art. 21 et 94 ; L. n. 93-2, 4 janv. 1993, art. 68 et 187)*. **– Toute demande de mainlevée ou de modification du contrôle judiciaire ou de mise en liberté doit faire l'objet d'une déclaration au greffier de la juridiction d'instruction saisie du dossier ou à celui de la juridiction compétente en vertu de l'article 148-1.**

Elle doit être constatée et datée par le greffier qui la signe ainsi que le demandeur ou son avocat. Si le demandeur ne peut signer, il en est fait mention par le greffier.

Lorsque la personne ou son avocat ne réside pas dans le ressort de la juridiction compétente, la déclaration au greffier peut être faite au moyen d'une lettre recommandée avec demande d'avis de réception.

1) Aux termes de l'article 148-6 du Code de procédure pénale, issu de la loi du 30 décembre 1985, toute demande de mise en liberté doit faire l'objet d'une déclaration au greffier de la juridiction d'instruction saisie du dossier, il s'agit là d'une formalité essentielle à laquelle il ne peut être suppléé par l'envoi d'une lettre (Cass. crim., 17 juin 1986 : *Bull.* 210 ; *Rev. sc. crim.* 1986, 894, obs. Braunschweig. – Cass. crim., 20 août 1986 : *Bull.* 245. – Cass. crim., 14 oct. 1986 : *Bull.* 283. – Cass. crim., 9 févr. 2000 : n. W99-87-631D).

Il ne saurait non plus y être suppléé par l'insertion d'une telle demande dans un mémoire déposé devant la chambre d'accusation en vertu de l'article 198 du Code de procédure pénale (Cass. crim., 26 sept. 1986 : *Bull.* 261. – Cass. crim., 5 mai 1987 : *Bull.* 178. – Cass. crim., 7 mai 1987 : *Bull.* 187).

2) Ne saisit pas la chambre d'accusation la demande de mise en liberté formée irrégulièrement dans de telles conditions par un inculpé directement auprès de cette juridiction (Cass. crim., 16 févr. 1988 : *Bull.* 74).

3) La chambre d'accusation déclare à bon droit irrecevable la demande de mise en liberté, formée par lettre remise au juge d'instruction, qui n'a pas fait l'objet de la déclaration au greffier, exigée par l'article 148-6 du Code de procédure pénale (Cass. crim., 19 août 1987 : *Bull.* 307).

4) Lorsque l'inculpé entend, en application des dispositions de l'article 148-1 du Code de procédure pénale, saisir la juridiction d'instruction d'une demande de mainlevée ou de modification du contrôle judiciaire, celle-ci est faite, dans les formes prévues par l'article 148-6 du même code, par déclaration au greffier de la juridiction compétente ou, lorsque l'inculpé ne réside pas dans le ressort de celle-ci, au moyen d'une lettre recommandée avec avis de réception.

Il s'agit là d'une formalité essentielle à laquelle il ne peut être suppléé ni par l'envoi d'une lettre simple, ni par le dépôt d'un mémoire (Cass. crim., 25 sept. 1987 : *Bull.* 314. – Cass. crim., 20 févr. 1989 : *Bull.* 82. – Cass. crim., 29 mars 1990 : *Bull.* 138).

5) Une demande de mise en liberté présentée à l'audience de la juridiction de jugement qui examine le fond de l'affaire satisfait aux exigences de l'article 148-6 du Code de procédure pénale lorsqu'elle a été formulée, soit par déclaration verbale constatée par le greffier d'audience, soit par conclusions déposées à cette fin (Cass. crim., 16 juin 1998 : *Bull.* 192).

Art. 148-7 *(Inséré, L. n. 85-1407, 30 déc. 1985, art. 21 et 94 ; L. n. 93-2, 4 janv. 1993, art. 179).* – **Lorsque la personne mise en examen, le prévenu ou l'accusé est détenu, la demande de mise en liberté peut aussi être faite au moyen d'une déclaration auprès du chef de l'établissement pénitentiaire.**

Cette déclaration est constatée et datée par le chef de l'établissement pénitentiaire qui la signe, ainsi que le demandeur. Si celui-ci ne peut signer, il en est fait mention par le chef de l'établissement.

Ce document est adressé sans délai, en original ou en copie et par tout moyen, soit au greffier de la juridiction saisie du dossier, soit à celui de la juridiction compétente selon les distinctions de l'article 148-1.

Selon les articles 148-6 et 148-7 du Code de procédure pénale, une demande de mise en liberté formée par lettre est irrecevable (Cass. crim., 14 oct. 1986 : *Bull.* 283).

Art. 148-8 *(Inséré, L. n. 85-1407, 30 déc. 1985, art. 21 et 94 ; L. n. 93-2, 4 janv. 1993, art. 179).* – **Lorsque la personne mise en examen entend saisir la chambre de l'instruction en application des dispositions des articles 140, troisième alinéa, 148, sixième alinéa, ou 148-4, sa demande est faite, dans les formes prévues par les articles 148-6 et 148-7, au greffier de la chambre de l'instruction compétente ou au chef de l'établissement pénitentiaire qui en assure la transmission.**

(L. n. 89-461, 6 juill. 1989, art. 7) **Lorsque le président de la chambre de l'instruction constate que cette juridiction a été directement saisie, sur le fondement des articles 140, 148, sixième alinéa, ou 148-4, d'une demande de mainlevée du contrôle judiciaire ou de mise en liberté manifestement irrecevable, il peut décider, par une ordonnance motivée non susceptible de voie de recours, qu'il n'y a pas lieu de statuer sur cette demande ; dans ce cas, la demande et l'ordonnance sont versées au dossier de la procédure.**

Aux termes de l'article 148-8 du Code de procédure pénale, issu de la loi du 30 décembre 1985, lorsque l'inculpé entend saisir la chambre d'accusation en application des dispositions des articles 148, alinéa 6 ou 148-4 du même code, sa demande est faite dans les formes prévues par les articles 148-6 et 148-7, par déclaration au greffier de la chambre d'accusation compétente ou au chef de l'établissement pénitentiaire ; il s'agit là d'une formalité essentielle à laquelle il ne peut être suppléé notamment par l'envoi d'une lettre (Cass.

crim., 22 juill. 1986 : *Bull.* 239). Même si la réception de cette lettre est constatée par un acte signé du greffier de ladite chambre (Cass. crim., 14 mars 1989 : *Bull.* 124).

Sous-section 3. – De la réparation à raison d'une détention
(L. n. 2000-1354, 20 déc. 2000, art. 7-1)

Art. 149 *(Applic. le 16 déc. 2000 ; L. n. 2000-516, 15 juin 2000, art. 70-V ; L. n. 70-643, 17 juill. 1970, art. 1er ; L. n. 96-1235, 30 déc. 1996, art. 9 ; L. n. 2000-1354, 30 déc. 2000, art. 1er, immédiatement applic.).* **– Sans préjudice de l'application des dispositions des deuxième et troisième alinéas de l'article L. 781-1 du Code l'organisation judiciaire, la personne qui a fait l'objet d'une détention provisoire au cours d'une procédure terminée à son égard par une décision de non-lieu, de relaxe ou d'acquittement devenue définitive a droit, à sa demande, à réparation intégrale du préjudice moral et matériel que lui a causé cette détention. Toutefois, aucune réparation n'est due lorsque cette décision a pour seul fondement la reconnaissance de son irresponsabilité au sens de l'article 122-I du Code pénal, une amnistie postérieure à la mise en détention provisoire, ou lorsque la personne a fait l'objet d'une détention provisoire pour s'être librement et volontairement accusée ou laissé accuser à tort en vue de faire échapper l'auteur des faits aux poursuites** *(L. n. 2000-516, 15 juin 2000, art. 70-I-2°)* **À la demande de l'intéressé, le préjudice est évalué par expertise contradictoire réalisée dans les conditions des articles 156 et suivants.**

(L. n. 2000-516, 15 juin 2000, art. 70-I-3°) **Lorsque la décision de non-lieu, de relaxe ou d'acquittement lui est notifiée, la personne est avisée de son droit de demander une** *(L. n. 2000-1354, 30 déc. 2000, art. 2)* **réparation, ainsi que des dispositions** *(L. n. 2000-1354, 30 déc. 2000, art. 3)* **des articles 149-1 à 149-3 (premier alinéa).**

V. Touffait et Averseng, *Détention provisoire et responsabilité de l'État : DS* 1979, chron. 261. – Charles Bryon, *Des dispositions de la loi n. 70-643 du 17 juillet 1970 tendant à accorder une indemnisation en cas de non-lieu ou d'acquittement en raison de la détention provisoire subie : Rev. sc. crim.* 1971, p. 577. – G. Azibert, *La commission nationale d'indemnisation en matière de détention provisoire : Rev. sc. crim.* 1985, p. 517. – *Dr. pénal* 1995, n. 105, une autre procédure d'indemnisation de la détention provisoire, sous Cass. 1re civ. 29 juin 1994, note A. Maron. – D. N. Commaret, *L'indemnisation de la détention provisoire : Rev. sc. crim.* 2001, p. 117.

1) Il résulte de l'article 149 du Code de procédure pénale que réparation intégrale est due à la personne concernée, lorsqu'après avoir été placée en détention provisoire, celle-ci a fait l'objet d'une décision de non-lieu, de relaxe ou d'acquittement devenue définitive ; il s'ensuit que le bien-fondé de la décision de placement en détention échappe au contrôle du premier président, qui ne saurait, pour évaluer le montant de la réparation, retenir que la privation de liberté n'était pas nécessaire en l'espèce (Commission nationale de réparation des détentions, 24 janv. 2002 : *Bull. inf. C. cass.*, 1er mars 2002, n. 211).

2) Il résulte de l'article 149 du Code de procédure pénale que l'indemnité allouée vise à réparer le seul préjudice directement lié à la privation de liberté : dès lors, ne saurait donner lieu à indemnisation le préjudice invoqué par le requérant du fait de la publication d'articles de presse le concernant, sans que soit justifiée la relation directe entre ledit préjudice et la mesure de détention (Commission nationale de réparation des détentions, 24 janv. 2002 : *Bull. inf. C. cass.*, 1er mars 2002, n. 211).

Art. 149-1 *(Applic. le 16 déc. 2000 ; L. n. 2000-516, 15 juin 2000, art. 70-V et art. 71-I ; L. n. 2000-1354, 30 déc. 2000, art. 4, immédiatement applic.).* **– La réparation prévue à l'article précédent est allouée par décision du premier président de la cour d'appel dans le ressort de laquelle a été prononcée la décision de non-lieu, de relaxe ou d'acquittement.**

Art. 149-2 *(Applic. le 16 déc. 2000 ; L. n. 2000-516, 15 juin 2000, art. 70-V ; L. n. 70-643, 17 juill. 1970, art. 1er) (L. n. 2000-516, 15 juin 2000, art. 71-II).* **– Le premier président de la cour d'appel, saisi par voie de requête dans le délai de six mois de la décision non-lieu, de relaxe ou d'acquittement**

devenue définitive, statue par une décision *(L. n. 2000-516, 15 juin 2000, art. 70-II-2°)* **motivée qui n'est susceptible d'aucun recours de quelque nature que ce soit.**

(L. n. 2000-516, 15 juin 2000, art. 70-II-2°) **Les débats ont lieu en audience publique, sauf opposition du requérant. À sa demande, celui-ci est entendu personnellement ou par l'intermédiaire de son conseil** *(dernier al. supprimé, L. n. 2000-516, 15 juin 2000, art. 71-III).*

Art. 149-3 *(Applic. le 16 déc. 2000 ; L. n. 2000-516, 15 juin 2000, art. 71-IV et V).* **– Les décisions prises par le premier président de la cour d'appel peuvent, dans les dix jours de leur notification, faire l'objet d'un recours devant une commission nationale** *(L. n. 2000-1354, 30 déc. 2000, art. 7-II)* **de réparation des détentions. Cette commission, placée auprès de la Cour de cassation, statue souverainement et ses décisions ne sont susceptibles d'aucun recours, de quelque nature que ce soit.**

Le bureau de la Cour de cassation peut décider que la commission nationale comportera plusieurs formations.

La commission nationale, ou le cas échéant chacune des formations qu'elle comporte, est composée du premier président de la Cour de cassation, ou de son représentant, qui la préside, et de deux magistrats du siège de la cour ayant le grade de président de chambre, de conseiller ou de conseiller référendaire, désignés annuellement par le bureau de la cour. Outre ces deux magistrats, ce bureau désigne également, dans les mêmes conditions, trois suppléants.

Les fonctions du ministère public sont remplies par le parquet général près la Cour de cassation.

Les dispositions de l'article 149-2 sont applicables aux décisions rendues par la commission nationale.

La déclaration de recours du demandeur, faite par lettre recommandée avec accusé de réception et adressée directement à la Commission nationale de réparation de la détention provisoire et non déposée, contre récépissé, au greffe de la cour d'appel dont le premier président a rendu la décision attaquée, ne répond pas aux conditions exigées par les articles 149-3 et R. 40-4 du Code de procédure pénale (Commission nationale de réparation des détentions, 24 janv. 2002 : *Bull. inf. C. cass.*, 1 mars 2002, n. 210 et note).

Selon les articles 149-3 du Code de procédure pénale et R. 38, issu du décret n° 2000-1204 du 12 décembre 2000, le recours exercé contre une décision prise par le premier président de la cour d'appel doit être formé dans le délai de 10 jours à compter de la notification de la décision : la date de la notification s'entend, lorsque celle-ci est faite par voie postale, de la date de réception de la lettre (Commission nationale de réparation des détentions, 24 janv. 2002 : *Bull. inf. C. cass.*, 1er mars 2001, n. 211).

Art. 149-4 *(Applic. le 16 déc. 2000 ; L. n. 2000-516, 15 juin 2000, art. 71-IV et V).* **– La procédure devant le premier président de la cour d'appel et la commission nationale, qui statuent en tant que juridictions civiles, est fixée par un décret en Conseil d'État.**

Art. 150 *(L. n. 70-643, 17 juill. 1970, art. 1er ; L. n. 2000-1354, 30 déc. 2000, art. 5).* **– La réparation allouée en application de la présente sous-section est à la charge de l'État, sauf le recours de celui-ci contre le dénonciateur de mauvaise foi ou le faux témoin dont la faute aurait provoqué la détention ou sa prolongation. Elle est payée comme frais de justice criminelle.**

SECTION VIII. – DES COMMISSIONS ROGATOIRES

Art. 151 *(Ord. n. 58-1296, 23 déc. 1958 ; L. n. 85-1407, 30 déc. 1985, art. 22-I et 94 ; L. n. 93-2, 4 janv. 1993, art. 17).* **– Le juge d'instruction peut requérir par commission rogatoire tout juge de son tribunal, tout juge d'instruction ou tout officier de police judiciaire, qui en avise dans ce cas le procureur de la République, de procéder aux actes d'information qu'il estime nécessaires dans les lieux où chacun d'eux est territorialement compétent.**

La commission rogatoire indique la nature de l'infraction, objet des poursuites. Elle est datée et signée par le magistrat qui la délivre et revêtue de son sceau.

Elle ne peut prescrire que des actes d'instruction se rattachant directement à la répression de l'infraction visée aux poursuites.

Le juge d'instruction fixe le délai dans lequel la commission rogatoire doit lui être retournée avec les procès-verbaux dressés pour son exécution par l'officier de police judiciaire. À défaut d'une telle fixation, la commission rogatoire et les procès-verbaux doivent lui être transmis dans les huit jours de la fin des opérations exécutées en vertu de celle-ci.

V. J. DUMONT, *Commissions rogatoires : J.-Cl. Proc. pén.*, art. 151 à 155. – A. DECOCQ, *Commissions rogatoires internationales : J.-Cl. Proc. pén.*, 2e App., art. 151 à 155.

1) Le magistrat commis pour l'exécution d'une commission rogatoire peut procéder à l'interrogatoire de première comparution de l'inculpé en se conformant aux dispositions impératives de l'article 114 du Code de procédure pénale (Cass. crim., 5 avr. 1960 : *Bull.* 209).

2) La nullité, résultant de l'omission de la date d'une commission rogatoire, est substantielle (Cass. crim., 10 nov. 1970 : *Bull.* 294).

Aux termes de l'article 151 du Code de procédure pénale, la commission rogatoire doit être signée par le magistrat instructeur. Cette disposition est substantielle et son inobservation entraîne la nullité de la procédure (Cass. crim., 12 oct. 1972 : *Bull.* 284).

La date rectifiée, après rature d'une précédente, qui est apposée en marge d'un acte de procédure par le juge d'instruction et authentifiée par sa signature, fait foi jusqu'à inscription de faux (Cass. crim., 6 févr. 1996 : *Bull.* 60).

3) Est nulle, ainsi que toute opération effectuée pour son exécution, la commission rogatoire revêtant la forme d'une délégation générale, visant d'une façon éventuelle toute une catégorie d'infractions et abandonnant ainsi à la merci du délégué notamment l'inviolabilité du domicile de l'ensemble des citoyens (Cass. crim., 22 janv. 1953 : *Bull.* 24 ; *D.* 1953, 533, note Lapp).

Est nulle, ainsi que les actes accomplis pour son exécution, la commission rogatoire qui, visant d'une manière éventuelle toute une catégorie d'infractions, sans indiquer aucun fait déterminé, sans préciser aucune charge à l'égard de quiconque, ni faire état d'aucun document, revêt la forme d'une délégation générale de pouvoirs (Cass. crim., 21 mars 1957 : *Bull.* 278).

4) Est nulle, ainsi que les actes accomplis pour son exécution, la commission rogatoire qui prescrit de rechercher toute une catégorie d'infractions commises par l'inculpé dont le juge n'était pas saisi, de procéder à des perquisitions chez des tiers à l'occasion d'infractions non déterminées, et qui confère à l'officier de police judiciaire délégué le pouvoir de transmettre directement, sans contrôle du juge mandant, les résultats de ces recherches à l'expert commis d'autre part (Cass. crim., 16 avr. 1970 : *Bull.* 134 ; *Rev. sc. crim.* 1971, 141, obs. J. Robert).

5) Ne constitue pas une délégation générale de pouvoirs et est par suite régulière, la commission rogatoire donnée à un officier de police judiciaire dans une information ouverte contre personnes dénommées en raison de faits nettement déterminés, à l'effet de procéder à toutes recherches utiles en vue d'identifier les auteurs, coauteurs ou complices de ces faits et de rechercher et entendre dans ce but un témoin (Cass. crim., 5 avr. 1965 : *Bull.* 112).

Même si elle est intitulée « générale », une commission rogatoire est régulière dès lors que, conformément au troisième alinéa de l'article 151 du Code de procédure pénale, elle ne prescrit que des actes d'instruction se rattachant directement à la répression des infractions visées aux poursuites (Cass. crim., 6 févr. 1996 : *Bull.* 60).

Une commission rogatoire délivrée à un officier de police judiciaire compétent et qui porte en outre la mention « et tout magistrat compétent » ne constitue pas une délégation générale de pouvoirs et est par suite régulière, dès lors qu'elle désigne les inculpés, précise les infractions et fixe la mission à accomplir et alors qu'elle a été exécutée par des magistrats et des officiers de police judiciaire légalement aptes à recevoir les délégations données par le juge mandant et à en assurer l'exécution dans l'étendue de leur circonscription (Cass. crim., 4 oct. 1968 : *Bull.* 245 ; *D.* 1968, 689, note Baurès).

6) Ne saurait encourir la nullité la commission rogatoire qui, dans une information suivie des chefs de vols et tentatives de vols qualifiés et d'association de malfaiteurs, prescrit aux enquêteurs chargés de découvrir les individus coupables des vols, de rechercher les autres

méfaits qu'ils pouvaient avoir commis, d'identifier les auteurs ou complices de ces autres infractions, de recueillir les preuves de leur culpabilité et d'en identifier tous recéleurs ; de telles investigations, qui avaient pour objet de déterminer le rôle de chaque individu compromis, la composition de la bande et le but envisagé par ses membres, se rattachaient directement, par leur nature et leur étendue, à la répression de l'infraction prévue par l'article 265 du Code pénal (Cass. crim., 11 juin 1970 : *Bull.* 199 ; *D.* 1971, 321, note J. M. R.).

7) Ne peut être regardée comme constituant une délégation abusive des pouvoirs du juge d'instruction une commission rogatoire qui, dans une information ouverte contre X. du chef d'homicide volontaire, prescrit des investigations ayant pour seul objet d'établir la preuve du crime et d'en rechercher les auteurs (Cass. crim., 9 nov. 1976 : *Bull.* 320).

Ne peut être regardée comme constituant une délégation abusive la commission rogatoire qui se rapporte spécialement aux faits dont le juge d'instruction se trouve saisi et prescrit des investigations ayant pour seul objet d'établir la preuve de ces infractions et d'en rechercher les auteurs et complices (Cass. crim., 24 oct. 1974 : *Bull.* 302. – Cass. crim., 14 juin 1978 : *Bull.* 199).

Ne constitue pas une délégation générale de pouvoirs la commission rogatoire donnée à un officier de police judiciaire dans une information ouverte contre personne non dénommée du chef d'une infraction spécifiée et pour des faits déterminés, à l'effet de procéder à toutes recherches en vue d'identifier les auteurs ou complices de ces faits (Cass. crim., 9 déc. 1991 : *Bull.* 465).

8) De la combinaison des articles 81, alinéa 1er, et 151, alinéa 3, du Code de procédure pénale, il résulte que le juge d'instruction, à qui il appartient de procéder à tous les actes utiles à la manifestation de la vérité, et qui peut, à cette fin, requérir par commission rogatoire l'accomplissement d'actes d'instruction se rattachant directement à la répression de l'infraction visée aux poursuites, a la faculté d'ordonner par ce moyen les recherches propres à déterminer les circonstances dans lesquelles l'infraction a été commise (Cass. crim., 12 févr. 1985 : *Bull.* 69 ; *JCP* 86, II, 20587, note Jeandidier).

9) Aucune disposition de la loi ne prévoit la notification à l'inculpé d'un rapport de police établi à la suite de l'exécution d'une commission rogatoire (Cass. crim., 10 janv. 1989 : *Bull.* 8).

10) La disposition de l'article 151 du Code de procédure pénale, qui prescrit à l'officier de police judiciaire recevant une commission rogatoire d'un juge d'instruction d'en aviser le procureur de la République, ne concerne que les rapports entre ce magistrat et l'officier de police judiciaire ; son inobservation n'entraîne pas la nullité des actes accomplis *(même arrêt)*.

11) Au cours de l'exécution d'une commission rogatoire, le juge d'instruction a le droit de communiquer à l'officier de police judiciaire délégué tous les renseignements recueillis au cours de l'information susceptibles de faciliter l'exécution de la mission confiée *(même arrêt)*.

12) Les officiers de police judiciaire qui, lors de l'exécution d'une commission rogatoire, découvrent des faits étrangers à l'information et susceptibles d'incrimination pénale ont le devoir d'en informer le juge d'instruction.

Par suite, des officiers de police judiciaire régulièrement commis par le juge d'instruction pour procéder à des écoutes téléphoniques et pour transcrire les conversations se rapportant à l'information en cours ne commettent aucune violation de l'article 151 du Code de procédure pénale lorsqu'ayant entendu des conversations étrangères à cette information mais révélant l'existence d'une infraction, ils en informent leurmandant, par un procès-verbal de renseignements, sans transcrire ces conversations (Cass. crim., 14 janv. 1992 : *Bull.* 13 ; *Rev. sc. crim.* 1993, 130, obs. Braunschweig).

13) Des policiers découvrant en dehors de l'exécution d'une commission rogatoire, des indices apparents révélant l'existence d'agissements délictueux en cours et étrangers à la saisine du juge d'instruction, sont en droit de procéder à des investigations en application des règles prévues pour l'enquête de flagrance (Cass. crim., 19 janv. 1999 : *JCP* 99, II, 10156, note Dider Rebut).

Art. 152 *(Applic. 1er janv. 2001 ; L. n. 2000-516, 15 juin 2000, art. 131-III et 140 ; Mod., L. n. 93-2, 4 janv. 1993, art. 18 ; L. n. 93-1013, 24 août 1993, art. 14-I).* **– Les magistrats ou officiers de police judiciaire commis pour l'exécution exercent, dans les limites de la commission rogatoire, tous les pouvoirs du juge d'instruction.**

Toutefois, les officiers de police judiciaire ne peuvent pas procéder aux interrogatoires et confrontations des personnes mises en examen. Ils ne peuvent procéder à l'audition des parties civiles ou du témoin assisté qu'à la demande de *(L. n. 2000-1354, 30 déc. 2000, art. 14)* **ceux-ci.**

1) Si l'assistance du greffier est essentielle à la validité des actes accomplis par les juges d'instruction, aucun texte de loi n'oblige les officiers de police judiciaire, procédant sur commission rogatoire des juges d'instruction, à des actes d'information, à recourir à l'assistance d'un greffier (Cass. crim., 4 juin 1953 : *Bull.* 191 ; *D.* 1954, 147, note F. G.).

2) Agit dans les limites de ses pouvoirs, le juge d'instruction qui, en raison de difficultés d'ordre matériel à prévoir, autorise le commissaire de police qu'il a chargé de procéder à une visite domiciliaire et à une saisie de papiers et documents à se faire assister d'un tiers qu'il lui désigne.

De son côté, le commissaire de police, investi d'une semblable mission, ne commet aucune violation de la loi en se faisant aider pour la recherche, le triage et le classement de ces papiers et documents par le tiers ainsi désigné, pourvu que ce tiers agisse sous sa direction et son contrôle, qu'il ne lui délègue aucune partie de ses pouvoirs et qu'il constate lui-même dans son procès-verbal les circonstances de fait et les résultats de l'opération (Cass. crim., 25 nov. 1932 : *Bull.* 244 ; *DP* 1934, I, 24, note G. L.).

3) Le juge d'instruction ne peut, sans violer l'article 152 du Code de procédure pénale, délivrer une commission rogatoire à un officier de police judiciaire pour faire reconstituer par un inculpé un itinéraire se rattachant aux faits pour lesquels il est poursuivi, l'exécution de cette commission rogatoire revêtant nécessairement le caractère d'un interrogatoire (Cass. crim., 4 oct. 1968 : *Bull.* 245 ; *D.* 1968, 689, note Baurès).

4) Les pouvoirs du juge d'instruction, attribués par l'article 152 du Code de procédure pénale aux officiers de police judiciaire commis pour l'exécution d'une commission rogatoire, sont limités aux seuls faits dont le juge d'instruction est régulièrement saisi. Lorsque ces agents découvrent des faits nouveaux, s'il ne leur est pas interdit de mettre en œuvre, le cas échéant, l'ensemble des pouvoirs qu'ils tiennent des règles prévues pour l'enquête préliminaire ou de flagrance, ils ne peuvent procéder à des actes revêtant un caractère coercitif sous le couvert de l'exécution de la commission rogatoire dont ils sont chargés ; encourt la cassation l'arrêt de la chambre d'accusation qui n'annule que partiellement des actes concernant des faits dont le juge d'instruction n'était pas saisi et qui avaient été accomplis sous le couvert de l'exécution de la commission rogatoire délivrée par ce magistrat (Cass. crim., 13 déc. 2000 : *Bull.* 377).

Art. 153. **– Tout témoin cité pour être entendu au cours de l'exécution d'une commission rogatoire est tenu de comparaître, de prêter serment et de déposer.** *(L. n. 2000-516, 15 juin 2000, art. 4-II, applic. 1er janv. 2001)* **Lorsqu'il n'existe** *(L. n. 2002-307, 4 mars 2002, art. 2-II)* **aucune raison plausible de soupçonner qu'il a commis ou tenté de commettre une infraction, il ne peut être retenu que le temps strictement nécessaire à son audition** *(3e alinéa supprimé, L. n. 2001-1062, 15 nov. 2001, art. 57-II).*

(L. n. 2002-307, 4 mars 2002, art. 4) **S'il ne satisfait pas à cette obligation, avis en est donné au magistrat mandant qui peut le contraindre à comparaître par la force publique. Le témoin qui ne comparaît pas encourt l'amende prévue par l'article 434-15-1 du code pénal.**

Le défaut de prestation de serment prévu par l'article 153 du Code de procédure pénale concernant un témoin entendu au cours de l'exécution d'une commission rogatoire ne saurait être une cause de nullité de procédure dès lors qu'il n'est pas établi que l'inobservation de cette formalité – qui n'est sanctionnée par aucun texte – ait eu pour effet de porter atteinte aux droits de la défense (Cass. crim., 31 mars 1981 : *Bull.* 110).

Art. 154 *(Applic. 1er janv. 2001 ; L. n. 2000-516, 15 juin 2000, art. 140) ; (L. n. 93-2, 4 janv. 1993, art. 18 ; L. n. 93-1013, 24 août 1993, art. 5-II, III, IV ; L. n. 94-89, 1er févr. 1994, art. 19 ; L. n. 2000-516, 15 juin 2000, art. 5-II-III).* – **Lorsque l'officier de police judiciaire est amené, pour les nécessités de l'exécution de la commission rogatoire, à garder à sa disposition une personne à l'encontre de laquelle il existe** *(L. n. 2002-307, 4 mars 2002, art. 2-I)* **une ou plusieurs raisons plausibles de soupçonner qu'elle a commis ou tenté de commettre une infraction, il en informe dès le début de cette mesure le juge d'instruction saisi des faits. Ce dernier contrôle la mesure de garde à vue. L'officier de police judiciaire ne peut retenir la personne plus de vingt-quatre heures.**

La personne doit être présentée avant l'expiration du délai de vingt-quatre heures à ce magistrat ou, si la commission rogatoire est exécutée dans un autre ressort que celui de son siège, au juge d'instruction du lieu d'exécution de la mesure. À l'issue de cette présentation, le juge d'instruction peut accorder l'autorisation écrite de prolonger la mesure d'un nouveau délai dont il fixe la durée, sans que celle-ci puisse excéder vingt-quatre heures. Il peut, à titre exceptionnel, accorder cette autorisation par décision écrite et motivée sans présentation préalable de la personne.

Pour l'application du présent article, les ressorts des tribunaux de grande instance de Paris, Nanterre, Bobigny et Créteil constituent un seul et même ressort.

Les dispositions des articles 63-1, 63-2, 63-3, 63-4, 64 et 65 sont applicables aux gardes à vue exécutées dans le cadre de la présente section. Les pouvoirs conférés au procureur de la République par les articles 63-2 et 63-3 sont alors exercés par le juge d'instruction. *(L. n. 2000-516, 15 juin 2000, art. 134)* **L'information prévue au troisième alinéa de l'article 63-4 précise que la garde à vue intervient dans le cadre d'une commission rogatoire.**

1) L'officier de police judiciaire qui est amené, pour les nécessités de l'exécution d'une commission rogatoire, à garder une personne à sa disposition, a le devoir d'en informer le juge d'instruction dans les meilleurs délais ; tout retard, non justifié par une circonstance insurmontable, dans l'information donnée au juge d'instruction du placement en garde à vue fait nécessairement grief aux intérêts de la personne concernée (Cass. crim., 29 févr. 2000 : *Juris-Data* n. 1022, *Bull.* 92).

2) Justifie sa décision, au regard des dispositions de l'article 154, alinéa 2, du Code de procédure pénale la chambre d'accusation qui, pour rejeter l'exception de nullité de la prolongation de la garde à vue, retient que l'autorisation écrite du juge d'instruction, énonçant que la personne n'a pu lui être présentée en raison de la nécessité d'accomplir des investigations durant le temps de la garde à vue, suffit à rendre la procédure régulière (Cass. crim., 12 déc. 2000 : *Bull.* 370).

3) Est de nature à entraîner la nullité des actes de la procédure l'inobservation de la règle, énoncée à l'article 154 du Code de procédure pénale, selon laquelle, lorsqu'un officier de police judiciaire, chargé de l'exécution d'une commission rogatoire, en dehors du ressort du juge mandant, est amené à garder une personne à sa disposition, le juge d'instruction compétent pour ordonner la prolongation de la garde à vue est celui du lieu d'exécution de la mesure (Cass. crim., 6 oct. 1998 : *Bull.* 247).

Art. 155 *(Mod., L. n. 85-1407, 30 déc. 1985, art. 23 et 94).* – **Lorsque la commission rogatoire prescrit des opérations simultanées sur divers points du territoire, elle peut, sur l'ordre du juge d'instruction mandant, être adressée aux juges d'instruction ou officiers de police judiciaire chargés de son exécution sous forme de reproduction ou de copie intégrale de l'original.**

Elle peut même, en cas d'urgence, être diffusée par tous moyens ; chaque diffusion doit toujours préciser les mentions essentielles de l'original et spécialement la nature de l'inculpation, le nom et la qualité du magistrat mandant.

SECTION IX. – DE L'EXPERTISE

Art. 156 *(Ord. n. 60-529, 4 juin 1960, art. 2 ; Modifié, L. n. 93-2, 4 janv. 1993, art. 38 ; L. n. 93-1013, 24 août 1993, art. 8-IV).* – **Toute juridiction d'instruction ou de jugement, dans le cas où se pose une question d'ordre technique, peut, soit à la demande du ministère public, soit d'office, ou à la demande des parties, ordonner une expertise.** *(L. n. 2000-516, 15 juin 2000, art. 27, applic. 1er janv.*

2001) **Le ministère public ou la partie qui demande une expertise peut préciser dans sa demande les questions qu'il voudrait voir poser à l'expert.**

Lorsque le juge d'instruction estime ne pas devoir faire droit à une demande d'expertise, il doit rendre une ordonnance motivée au plus tard dans un délai d'un mois à compter de la réception de la demande. Les dispositions des neuvième et dixième alinéas de l'article 81 sont applicables.

Les experts procèdent à leur mission sous le contrôle du juge d'instruction ou du magistrat que doit désigner la juridiction ordonnant l'expertise.

V. M. ARNOULD, *Expertise : J.-Cl. Proc. pén.*, art. 156 à 169-1, fasc. 20. – Tony MOUSSA, *À propos des nouvelles règles de l'expertise en matière pénale.* Act. législ. : *DS* 1986, p. 69. – Jean PRADEL, *La responsabilité pénale de l'expert judiciaire : Rev. sc. crim.* 1986, p. 247. – J.-C. GALLOUX, *L'empreinte génétique : la preuve parfaite ? : JCP* 91, I, 3497. – J.-F. RENUCCI, *L'expertise pénale et la Convention européenne des droits de l'homme : JCP* 2000, I, 227.

1) En matière correctionnelle, les juges du fond apprécient l'opportunité d'une expertise ou d'un complément d'expertise. Leur décision sur ce point est souveraine dès qu'elle est légalement motivée (Cass. crim., 11 juill. 1972 : *Bull.* 234).

Les juridictions d'instruction apprécient souverainement les motifs de pur fait pour lesquels elles estiment devoir rejeter une demande d'expertise. La Cour de cassation n'exerce son contrôle qu'en cas d'insuffisance ou de contradiction de motifs ou d'erreur de droit (Cass. crim., 15 janv. 1985 : *Bull.* 27).

2) L'officier de police judiciaire chargé de l'exécution d'une commission rogatoire du juge d'instruction n'a pas compétence pour ordonner une expertise (Cass. crim., 2 sept. 1986 : *Bull.* 251 ; *JCP* 87, II, 20766, note P. Chambon ; *Rev. sc. crim.* 1987, p. 242, obs. Braunschweig).

3) Ne constitue pas la désignation d'un expert au sens de l'article 156 du Code de procédure pénale la demande adressée par un officier de police judiciaire, agissant sur commission rogatoire, au directeur d'un laboratoire de police scientifique de le renseigner sur la provenance d'un document qu'il lui soumet (Cass. crim., 7 juin 1988 : *Bull.* 258).

4) L'examen technique ordonné par le procureur de la République, tel que prévu par l'article 77-1 du Code de procédure pénale, n'est pas soumis aux dispositions des articles 156 et suivants dudit code (Cass. crim., 29 sept. 1993 : *Bull.* 272).

Art. 157 *(Ord. n. 60-529, 4 juin 1960, art. 2 ; L. n. 75-701, 6 août 1975, art. 24).* **– Les experts sont choisis parmi les personnes physiques ou morales qui figurent soit sur une liste nationale établie par le bureau de la Cour de cassation, soit sur une des listes dressées par les cours d'appel, le procureur général entendu.**

Les modalités d'inscription et de radiation sur ces listes sont fixées par un décret en Conseil d'État.

À titre exceptionnel, les juridictions peuvent, par décision motivée, choisir des experts ne figurant sur aucune de ces listes.

V. Textes complémentaires, D. 31 décembre 1974 (experts judiciaires).

1) Les dispositions de l'article 157, alinéas 1 et 3 du Code de procédure pénale sont substantielles comme ayant pour objet de garantir la valeur de l'expertise. Par suite, encourt la cassation l'arrêt d'une chambre d'accusation qui a dit n'y avoir lieu à annuler l'ordonnance non motivée ayant désigné des experts qui ne figuraient sur aucune des listes prévues par ledit article (Cass. crim., 26 nov. 1970 : *Bull.* 314 ; *D.*1971, 378, note Doll ; *Rev. sc. crim.* 1971, 961, obs. J. Robert).

2) Un expert ne figurant pas sur les listes prévues à l'article 157 du Code de procédure pénale ne peut être choisi à titre exceptionnel que par une décision motivée, faute de quoi, sa désignation est entachée de nullité (Cass. crim., 25 oct. 1983 : *Bull.* 267 ; *D.* 1984, inf. rap. 67, obs. J. M. R ; *Rev. sc. crim.*1984, 541, obs. J. Robert. – Cass. crim., 3 sept. 1985 : *Bull.* 283 ; *Rev. sc. crim.* 1986, 647, obs. Braunschweig. – Cass. crim., 26 févr. 1991 : *Bull.* 98 ; *Dr. pénal*, mai 1991, 153, obs. Mazon).

Un expert honoraire ne figurant sur aucune des listes prévues à l'article 157 du Code de procédure civile ne peut être choisi à titre exceptionnel que par décision motivée (Cass. crim., 25 juill. 1979 : *Bull.* 253 ; *Rev. sc. crim.* 1980, 455, obs. J. Robert).

3) Le juge d'instruction qui désigne un expert ne figurant pas sur l'une des listes prévues à l'article 157 du Code de procédure pénale doit motiver sa décision conformément aux dispositions du dernier alinéa de l'article précité. Faute de l'avoir fait, son ordonnance et l'expertise à laquelle il a été procédé sont entachées de nullités. Il appartient à la chambre d'accusation, lorsqu'elle est saisie de la procédure, de déclarer d'office ces nullités aux termes de l'article 206 du Code de procédure pénale (Cass. crim., 24 janv. 1984 : *Bull.* 30. – Cass. crim., 6 mars 1984 : *Bull.* 90).

4) L'exception tirée de la nullité d'une expertise pour violation des dispositions de l'article 157, dernier alinéa, du Code de procédure pénale doit, à peine de forclusion, être présentée avant toute défense au fond (Cass. crim., 18 mai 1983 : *Bull.* 148 ; *D.*1984, 188, note Jeandidier).

5) Le juge d'instruction qui désigne deux interprètes traducteurs, chargés de répondre à une question d'ordre technique, conférant à leur mission le caractère d'une expertise, doit respecter les formalités prescrites par les articles 156 et suivants du Code de procédure pénale pour la désignation des experts (Ass. plén. 19 oct. 1984 : *Bull.* 310 ; *JCP* 85, 20490, note Jeandidier).

Les formes prescrites, pour la désignation des experts, par les articles 156 et suivants du Code de procédure pénale ne doivent être observées, en ce qui concerne la désignation de traducteurs-interprètes, que dans le cas où la mission qui leur est confiée par le juge d'instruction ne se limite pas à la simple traduction de documents mais comporte des questions d'ordre technique portant sur le fond de l'affaire et revêt ainsi le caractère d'une expertise (Cass. crim., 20 août 1986 : *Bull.* 244).

6) Lorsque l'expert désigné par le juge d'instruction était inscrit sur les listes prévues par l'article 157 du Code de procédure pénale au moment de sa désignation aucune nullité ne saurait résulter de ce que son rapport soit déposé alors qu'il n'est plus qu'expert honoraire et ne figure plus en qualité d'expert en activité sur les listes précitées (Cass. crim., 10 juin 1986 : *Bull.* 200).

V. Jean MICHAUD, *Le traducteur et l'expert : Rev. sc. crim.* 1985, p. 266.

Art. 157-1 *(L. n. 75-701, 6 août 1975, art. 24)*. **– Si l'expert désigné est une personne morale, son représentant légal soumet à l'agrément de la juridiction le nom de la ou des personnes physiques qui, au sein de celle-ci et en son nom, effectueront l'expertise.**

Art. 158. – La mission des experts, qui ne peut avoir pour objet que l'examen de questions d'ordre technique, est précisée dans la décision qui ordonne l'expertise.

Art. 159 *(Ord. n. 58-1296, 23 déc. 1958 ; Ord. n. 60-529, 4 juin 1960, art. 2 ; L. n. 85-1407, 30 déc. 1985, art. 24 et 94 ; L. n. 93-2, 4 janv. 1993, art. 39 ; L. n. 93-1013, 24 août 1993, art. 35-IV)*. **– Le juge d'instruction désigne l'expert chargé de procéder à l'expertise.**

Si les circonstances le justifient, il désigne plusieurs experts.

Le juge d'instruction, qui n'agit pas dans le cadre des mesures prévues au dernier alinéa de l'article 81 du Code de procédure pénale, a la faculté d'adjoindre au médecin désigné en vue d'un examen médico-psychologique concernant la victime, comme second expert, une personne spécialement qualifiée pour sa compétence (Cass. crim., 20 févr. 1990 : *Bull.* 85).

Art. 160 *(Ord. n. 58-1296, 23 déc. 1958, art. 1er ; L. n. 72-1226, 29 déc. 1972, art. 11)*. **– Lors de leur inscription sur l'une des listes prévues à l'article 157, les experts prêtent, devant la cour d'appel du ressort de leur domicile, serment d'apporter leur concours à la justice en leur honneur et en leur conscience. Ces experts n'ont pas à renouveler leur serment chaque fois qu'ils sont commis.**

Les experts ne figurant sur aucune de ces listes prêtent, chaque fois qu'ils sont commis, le serment prévu à l'alinéa précédent devant le juge d'instruction ou le magistrat désigné par la

juridiction. Le procès-verbal de prestation de serment est signé par le magistrat compétent, l'expert et le greffier. En cas d'empêchement dont les motifs doivent être précisés, le serment peut être reçu par écrit et la lettre de serment est annexée au dossier de la procédure.

1) L'expert figurant sur l'une des listes prévues par l'article 157 du Code de procédure pénale n'a pas à renouveler, avant d'accomplir sa mission, le serment qu'il a prêté lors de son inscription sur cette liste (Cass. crim., 12 déc. 1973 : *Bull.* 462).

2) L'expert ne figurant sur aucune liste est tenu, en application des dispositions de l'article 160, alinéa 2, du Code de procédure pénale, de prêter serment devant le juge d'instruction chaque fois qu'il est commis (Cass. crim., 25 juill. 1979 : *Bull.* 253).

Le serment de l'expert peut être reçu par écrit en cas d'empêchement dont les motifs doivent être précisés. La nullité de la prestation de serment par écrit ne faisant état d'aucun empêchement motivé n'a pas à être prononcée, en application de l'article 802 du Code de procédure pénale, dès lors que l'irrégularité constatée, ne mettant en cause ni la réalité du serment prêté ni sa spécificité, ne porte pas atteinte aux intérêts de la partie concernée (Cass. crim., 14 nov. 1991 : *Bull.* 410).

3) L'article 160 du Code de procédure pénale n'impose pas que la prestation de serment de l'expert précède le commencement des opérations d'expertise. Aucune nullité n'existe dès lors que les experts, régulièrement désignés, ont prêté serment durant l'accomplissement de leur mission, et avant le dépôt de leur rapport (Cass. crim., 17 juin 1976 : *Bull.* 220. – Cass. crim., 7 juin 1977 : *Bull.* 206). Il n'existe aucune nullité dès lors que la prestation de serment intervient le jour des opérations d'expertise et 2 jours avant le dépôt du rapport entre les mains du greffier du juge d'instruction (Cass. crim., 14 nov. 1991 : *Bull.* 410).

4) Le serment prêté une première fois n'a pas à être renouvelé en cas d'addition à la commission donnée primitivement à l'expert (Cass. crim., 10 avr. 1975 : *Bull.* 90).

5) La formule du serment prêté par l'expert commis par le magistrat instructeur n'est pas sacramentelle et peut être suppléée par des termes équivalents, pourvu qu'il résulte des expressions employées un engagement semblable à celui découlant du texte de l'article 160 du Code de procédure pénale (Cass. crim., 10 avr. 1975 : *Bull.* 90).

6) Le serment que l'expert a accepté de prêter, sans observation des parties, dans les termes de l'article 331 du Code de procédure pénale, implique celui d'apporter son concours à la justice en son honneur et en sa conscience (Cass. crim., 8 janv. 1992 : *Bull.* 4).

Art. 161. – Toute décision commettant des experts doit leur impartir un délai pour remplir leur mission.

Si des raisons particulières l'exigent, ce délai peut être prorogé sur requête des experts et par décision motivée rendue par le magistrat ou la juridiction qui les a désignés. Les experts qui ne déposent pas leur rapport dans le délai qui leur a été imparti peuvent être immédiatement remplacés et doivent rendre compte des investigations auxquelles ils ont déjà procédé. Ils doivent aussi restituer dans les quarante-huit heures les objets, pièces et documents qui leur auraient été confiés en vue de l'accomplissement de leur mission. Ils peuvent être, en outre, l'objet de mesures disciplinaires allant jusqu'à la radiation de l'une ou de l'autre des listes prévues par l'article 157.

Les experts doivent remplir leur mission en liaison avec le juge d'instruction ou le magistrat délégué ; ils doivent le tenir au courant du développement de leurs opérations et le mettre à même de prendre à tout moment toutes mesures utiles.

Le juge d'instruction, au cours de ses opérations, peut toujours, s'il l'estime utile, se faire assister des experts.

1) Aux termes de l'article 161, alinéa 3, du Code de procédure pénale, les experts doivent remplir leur mission en liaison avec le juge d'instruction ; ils doivent le tenir au courant du développement de leurs opérations et le mettre à même de prendre à tout moment toutes mesures utiles.

Dès lors, l'expert a l'obligation de signaler au juge d'instruction, ou à la juridiction commettante, des faits qui lui paraîtraient suspects, qui apparaîtraient à l'occasion de l'examen des pièces qui lui avaient été remises aux fins d'expertise.

Si de tels faits sont de nature à constituer d'autres infractions que celles qui avaient été visées dans la commission d'expert, il appartient au magistrat de prendre toutes mesures utiles, et, le cas échéant, d'étendre la mission de l'expert (Cass. crim., 10 janv. 1967 : *Bull.* 11 ; *D.*1967, 246, note Doll).

2) L'obligation pour les experts de déposer leur rapport dans le délai imparti par le juge d'instruction ne saurait être une cause de nullité, dès lors qu'il n'est pas établi qu'en l'espèce le retard constaté pour le dépôt de ce rapport ait porté atteinte aux droits de la défense (Cass. crim., 16 oct. 1979 : *Bull.* 281).

Art. 162. – Si les experts demandent à être éclairés sur une question échappant à leur spécialité, le juge peut les autoriser à s'adjoindre des personnes nommément désignées, spécialement qualifiées par leur compétence.

Les personnes ainsi désignées prêtent serment dans les conditions prévues au deuxième alinéa de l'article 160.

Leur rapport sera annexé intégralement au rapport mentionné à l'article 166.

1) Il résulte des dispositions de l'article 162 du Code de procédure pénale qu'il appartient au seul juge de désigner les experts adjoints aux experts déjà désignés lorsque ceux-ci demandent à être éclairés sur une question échappant à leur spécialité.

Les experts ainsi désignés comme adjoints prêtent serment dans les conditions prévues au 2e alinéa de l'article 160 du Code de procédure pénale (Cass. crim., 20 avr. 1972 : *Bull.* 136 ; *Rev. sc. crim.* 1973, 140, obs. J. Robert. – Cass. crim., 26 juill. 1989 : *Bull.* 297 ; *D.* 1990, 222 somm. obs. Pradel).

Il résulte de la combinaison des articles 156 et 162 du Code de procédure pénale qu'au cours d'une information, seul le juge d'instruction peut désigner des experts. Il ne peut donc laisser au premier expert le choix du second (Cass. crim., 6 sept. 1988 : *Bull.* 317).

2) Viole les dispositions de l'article 162 du Code de procédure pénale, l'arrêt qui constate qu'un spécialiste a procédé, à la demande de l'expert régulièrement commis, à différents examens, et déposé un rapport dont la cour d'appel a fait état, alors que ce spécialiste n'avait aucune qualité pour rédiger un tel rapport (Cass. crim., 5 mai 1970 : *Bull.* 152).

3) L'inobservation des prescriptions de l'article 162, alinéa 3, du Code de procédure pénale, n'entraîne pas nullité, dès lors que les rapports des spécialistes désignés comme adjoints à des experts déjà commis – fussent-ils déposés séparément – ont été versés au dossier de la procédure et que les experts ont pu en prendre connaissance en temps voulu (Cass. crim., 28 févr. 1974 : *Bull.* 88 ; *JCP* 74, II, 17774, note Chambon ; *Rev. sc. crim.* 1975, 162, obs. J. Robert).

4) La désignation d'un troisième expert auquel le juge d'instruction, à la demande des experts précédemment désignés, assigne une mission particulière afin de les renseigner, constitue la désignation d'une personne spécialement qualifiée pour éclairer les experts sur une question échappant à leur compétence et entre dans les prévisions de l'article 162 du Code de procédure pénale. Dès lors que son rapport est reproduit dans le rapport d'ensemble des premiers experts, il a été satisfait aux prescriptions de ce texte (Cass. crim., 13 mars 1984 : *Bull.* 107).

5) La détermination du taux d'alcoolémie d'un prélèvement sanguin, sans interprétation des résultats, entre dans le cadre des simples constatations et n'est pas soumise aux prescriptions propres à l'expertise (Cass. crim., 6 oct. 1986 : *Bull.* 270).

6) Ne constitue pas une participation à l'expertise pour laquelle il n'avait pas à être désigné le concours matériel apporté par un officier de police judiciaire, dans la reconstitution des scellés (Cass. crim., 24 nov. 1987 : *Bull.* 426).

Art. 163 *(Rempl., L. n. 85-1407, 30 déc. 1985, art. 25 et 94)*. **– Avant de faire parvenir les scellés aux experts, le juge d'instruction ou le magistrat désigné par la juridiction procède, s'il y a lieu, à leur inventaire dans les conditions prévues par l'article 97. Il énumère ces scellés dans un procès-verbal. Les experts doivent faire mention dans leur rapport de toute ouverture ou réouverture des scellés ; dans ces cas, ils en dressent inventaire.**

L'article 163 du Code de procédure pénale est applicable dès l'ouverture d'une information, même si l'expert avait été commis, en matière de flagrant délit, avant ladite ouverture. Mais la nullité qui résulte de l'inobservation de cet article n'entraîne la cassation de l'arrêt de renvoi que s'il y a eu atteinte aux droits de la défense (Cass. crim., 24 nov. 1960 : *Bull.* 549).

Art. 164 *(Modifié, L. n. 93-2, 4 janv. 1993, art. 25, 189 et 224 ; L. n. 93-1013, 24 août 1993, art. 14-II).* – **Les experts peuvent recevoir, à titre de renseignements et pour l'accomplissement strict de leur mission, les déclarations de personnes autres que la personne mise en examen.**

(Ord. n. 58-1296, 23 déc. 1958, art. 1er) **S'ils estiment qu'il y a lieu d'interroger la personne mise en examen et sauf délégation motivée délivrée à titre exceptionnel par le magistrat, il est procédé à cet interrogatoire en leur présence par le juge d'instruction ou le magistrat désigné par la juridiction en observant dans tous les cas les formes et conditions prévues par les articles 114, premier et deuxième alinéas et 119.**

(Ord. n. 60-529, 4 juin 1960, art. 2) **La personne mise en examen peut, cependant, renoncer au bénéfice de cette disposition par déclaration expresse devant le juge d'instruction ou le magistrat désigné par la juridiction et fournir aux experts, en présence de son avocat, les explications nécessaires à l'exécution de leur mission. Elle peut également, par déclaration écrite remise par elle aux experts et annexée par ceux-ci à leur rapport, renoncer à l'assistance de son avocat pour une ou plusieurs auditions.**

Toutefois, les médecins et les psychologues experts chargés d'examiner la personne mise en examen peuvent lui poser les questions nécessaires à l'accomplissement de leur mission, hors la présence du juge et des avocats.

(L. n. 2000-516, 15 juin 2000, art. 27-II, applic. 1er janv. 1001) **Les dispositions du présent article sont également applicables au témoin assisté et à la partie civile.**

1) Aucune disposition du Code de procédure pénale n'impose que l'expert médical procède à sa mission d'examen de la victime contradictoirement avec le prévenu ; ce dernier ne peut se prévaloir de ne pas avoir été appelé à l'expertise (Cass. crim., 15 févr. 1967 : *Bull.* 67 ; *D.* 1967, 493, note Doll).

2) Aux termes de l'article 164, alinéa 3, du Code de procédure pénale, l'inculpé peut renoncer à être interrogé par le juge d'instruction en présence des experts, pour fournir directement ses explications aux experts, soit en présence de son conseil, soit en renonçant à l'assistance de son conseil, par déclaration écrite remise aux experts et annexée par ceux-ci à leur rapport.

L'inobservation de cette prescription constitue une nullité de même nature que celle prévue par l'article 118 du même code (Cass. crim., 21 mars 1968 : *Bull.* 99 ; *JCP* 68, II, 15647, note Chambon).

3) Viole les prescriptions de l'article 164 du Code de procédure pénale qui fixe les règles que doivent obligatoirement suivre les experts pour interroger les inculpés et, dès lors, entraîne la nullité de l'expertise, le procédé consistant, pour des experts, à provoquer les explications d'un inculpé en lui adressant par lettre un questionnaire écrit auquel cet inculpé doit lui-même répondre par lettre (Cass. crim., 2 mars 1972 : *Bull.* 82).

4) Le fait, par des experts, de violer les dispositions de l'article 164 du Code de procédure pénale pour entendre un inculpé constitue, par voie de conséquence, une violation de l'article 118 du même code. Dès lors, les juridictions correctionnelles ont qualité, selon les dispositions combinées des articles 170 et 174 du Code de procédure pénale pour constater cette nullité et tirer les conséquences légales que cette constatation implique (Cass. crim., 2 mars 1972 : *Bull.* 82).

Les dires d'un inculpé, entendu par un expert en application des dispositions de l'article 164, alinéa 2, du Code de procédure pénale, n'ont pas à être consignés dans un procès-verbal (Cass. crim., 18 mai 1983 : *Bull.* 148 ; *D.* 1984, 188, note Jeandidier).

5) L'article 164, alinéa 4, du Code de procédure pénale autorise les experts psychiatres chargés d'examiner l'inculpé à lui poser les questions nécessaires à l'accomplissement de leur mission, hors la présence du juge et des avocats, y compris sur les faits qui lui sont reprochés.

Il n'importe que les propos tenus par l'inculpé aux experts soient en contradiction avec ses déclarations devant le juge d'instruction.

Les dispositions de l'article 164, alinéa 4, du code précité ne sont pas incompatibles avec celles de l'article 6 de la Convention européenne de sauvegarde des droits de l'homme, qui sont étrangères aux opérations d'expertise, et dont l'objet est d'assurer les droits de la défense devant les juridictions (Cass. crim., 6 sept. 1993 : *Bull.* 261. – Cass. crim., 30 avr. 1996 : *Bull.* 183).

Art. 165. – Au cours de l'expertise, les parties peuvent demander à la juridiction qui l'a ordonnée qu'il soit prescrit aux experts d'effectuer certaines recherches ou d'entendre toute personne nommément désignée qui serait susceptible de leur fournir des renseignements d'ordre technique.

Si le prévenu, qui n'a été inculpé qu'après le dépôt du rapport d'expertise, n'a pu bénéficier des droits que lui reconnaît l'article 165 du Code de procédure pénale, il n'en résulte aucune violation des droits de la défense dès lors que les conclusions des experts ont été, après son inculpation, portées à sa connaissance conformément à l'article 167 du même code, et qu'il a eu, dès ce moment, toute latitude pour demander à la juridiction d'instruction qu'il soit prescrit aux experts d'effectuer de nouvelles recherches (Cass. crim., 11 avr. 1970 : *Bull.* 118).

Art. 166. – Lorsque les opérations d'expertise sont terminées, les experts rédigent un rapport qui doit contenir la description desdites opérations ainsi que leurs conclusions. Les experts doivent attester avoir personnellement accompli les opérations qui leur ont été confiées et signent leur rapport.

(2e al. rempl., L. n. 85-1407, 30 déc. 1985, art. 26 et 94) **Lorsque plusieurs experts ont été désignés et s'ils sont d'avis différents ou s'ils ont des réserves à formuler sur des conclusions communes, chacun d'eux indique son opinion ou ses réserves en les motivant.**

Le rapport et les scellés, ou leurs résidus, sont déposés entre les mains du greffier de la juridiction qui a ordonné l'expertise ; ce dépôt est constaté par procès-verbal.

1) L'article 166, § 1, du Code de procédure pénale n'impose aucune formule sacramentelle aux experts pour attester qu'ils ont personnellement accompli les opérations qui leur ont été confiées (Cass. crim., 9 févr. 1972 : *Bull.* 51. – Cass. crim., 5 nov. 1985 : *Bull.* 340. – Cass. crim., 7 juin 1988 : *Bull.* 258. – Cass. crim., 20 févr. 1990 : *Bull.* 85).

2) Il résulte de l'article 166 du Code de procédure pénale que les experts désignés par le juge d'instruction doivent accomplir personnellement la mission qui leur est confiée ; méconnaît ces dispositions le chef d'un service administratif désigné comme expert qui confie à un subordonné le soin d'exécuter la mission d'expertise et d'établir le rapport, se bornant à viser et approuver ce document (Cass. crim., 30 mars 1999 : *Bull.* 59).

3) Si elle peut affecter la force probante des conclusions de l'expert, l'exécution irrégulière par un seul expert n'entraîne pas sa nullité (Cass. crim., 1er févr. 2000 : n. Y.99-87-081PF).

Art. 167 *(Ord. n. 58-1296, 23 déc. 1958 ; Ord. n. 60-529, 4 juin 1960, art. 2 ; L. n. 85-1407, 30 déc. 1985, art. 27 et 94 ; Mod., L. n. 93-2, 4 janv. 1993, art. 40 ; L. n. 93-1013, 24 août 1993, art. 8-V).* **– Le juge d'instruction donne connaissance des conclusions des experts aux parties et à leurs avocats après les avoir convoqués conformément aux dispositions du deuxième alinéa de l'article 114.** *(L. n. 99-515, 23 juin 1999, art. 12-IV)* **Il leur donne également connaissance, s'il y alieu, des conclusions des rapports des personnes requises en application des articles 60 et 77-1, lorsqu'il n'a pas été fait application des dispositions du quatrième alinéa de l'article 60.**

(L. n. 2000-516, 15 juin 2000, art. 27-III, applic. 1er janv. 2001) **Une copie de l'intégralité du rapport est alors remise, à leur demande, aux avocats des parties.**

Les conclusions peuvent également être notifiées par lettre recommandée ou, lorsque la personne est détenue, par les soins du chef de l'établissement pénitentiaire qui adresse, sans délai, au juge d'instruction l'original ou la copie du récépissé signé par l'intéressé. *(L. n. 2000-516, 15 juin 2000, art. 27-III, applic. 1er janv. 2001)* **L'intégralité du rapport peut aussi être notifiée, à leur demande, aux avocats des parties par lettre recommandée.**

Dans tous les cas, le juge d'instruction fixe un délai aux parties pour présenter des observations ou formuler une demande, notamment aux fins de complément d'expertise ou de contre-expertise. Cette demande doit être formée conformément aux dispositions du dixième alinéa de l'article 81. Pendant ce délai, le dossier de la procédure est mis à la disposition des conseils des parties.

Lorsqu'il rejette une demande, le juge d'instruction rend une décision motivée qui doit intervenir dans un délai d'un mois à compter de la réception de la demande. Il en est de même s'il commet un seul expert alors que la partie a demandé qu'il en soit désigné plusieurs. Les dispositions du dernier alinéa de l'article 81 sont applicables.

1) Si l'inobservation des prescriptions de l'article 167 du Code de procédure pénale, fixant les conditions dans lesquelles le juge d'instruction donne connaissance aux parties des conclusions d'un rapport d'expertise, n'est pas sanctionnée expressément par la nullité, il n'en est pas de même lorsque cette irrégularité a eu pour conséquence de porter atteinte aux droits de la défense.

Cette solution découle des dispositions de l'article 172 du même code.

Une telle nullité donne ouverture à cassation (Cass. crim., 22 févr. 1966 : *Bull.* 60. – Cass. crim., 23 mai 1970 : *Bull.* 166. – Cass. crim., 15 mai 1973 : *Bull.* 221 ; *Rev. sc. crim.* 1974, 123, obs. J. Robert).

2) Si le procès-verbal de notification d'un rapport d'expertise à l'inculpé en application de l'article 167 du Code de procédure pénale est entaché de nullité, pour violation des prescriptions de l'article 118, par application de l'article 802 du même code il n'y a pas lieu de prononcer cette nullité dès lors qu'après ordonnance de transmission des pièces les dispositions de l'article 197 du Code de procédure pénale ayant été observées, le conseil de l'inculpé a pu prendre connaissance de la procédure et solliciter toute expertise complémentaire ou contre-expertise qu'il jugeait utile (Cass. crim., 7 juin 1988 : *Bull.* 258).

3) Il résulte des dispositions de l'article 167 du Code de procédure pénale que les parties intéressées ont la faculté de formuler des demandes de complément d'expertise ou de contre-expertise dans le délai fixé par le juge d'instruction. Si le juge d'instruction doit rendre une ordonnance motivée lorsqu'il rejette ces demandes, cette prescription ne s'applique qu'à celles qui lui sont adressées dans le délai par lui imparti (Cass. crim., 10 mai 1966 : *Bull.* 140. – Cass. crim., 7 févr. 1968 : *Bull.* 38).

Le juge d'instruction n'est pas tenu de répondre par une ordonnance motivée aux demandes de l'inculpé formées en vertu de l'article 165 du Code de procédure pénale ni à celles qu'il a formées en vertu de l'article 167 du même code, mais après l'expiration du délai qui lui avait été imparti (Cass. crim., 16 janv. 1976 : *Bull.* 17 ; *Rev. sc. crim.* 1976, 989, obs. J. Robert. – Cass. crim., 6 juin 1988 : *Bull.* 249).

Art. 167-1 *(L. n. 95-125, 8 févr. 1995, art. 56)*. **– Lorsque les conclusions de l'expertise sont de nature à conduire le juge d'instruction à déclarer qu'il n'y a lieu à suivre en application des dispositions du premier alinéa de l'article 122-1 du Code pénal, leur notification à la partie civile doit être effectuée dans les conditions prévues par le premier alinéa de l'article 167. La partie civile dispose alors d'un délai de quinze jours pour présenter des observations ou formuler une demande de complément d'expertise ou de contre-expertise. La contre-expertise demandée par la partie civile est de droit. Elle doit être accomplie par au moins deux experts.**

Art. 168 *(L. n. 72-1226, 29 déc. 1972, art. 12)*. **– Les experts exposent à l'audience, s'il y a lieu, le résultat des opérations techniques auxquelles ils ont procédé, après avoir prêté serment d'apporter leur concours à la justice en leur honneur et en leur conscience. Au cours de leur audition, ils peuvent consulter leur rapport et ses annexes.**

Le président peut, soit d'office, soit à la demande du ministère public, des parties ou de leurs conseils, leur poser toutes questions rentrant dans le cadre de la mission qui leur a été confiée.

Après leur exposé, les experts assistent aux débats, à moins que le président ne les autorise à se retirer.

1) Les experts commis par les juridictions d'instruction ou de jugement sont tenus, lorsqu'ils sont entendus à l'audience, de prêter le serment prescrit par l'article 168 du Code de

procédure pénale (Cass. crim., 29 avr. 1971 : *Bull.* 128. – Cass. crim., 19 mai 1971 : *Bull.* 162 ; *Rev. sc. crim.* 1972, 125, obs. J. Robert. – Cass. crim., 29 avr. 1976 : *Bull.* 133).

Les dispositions de l'article 168 du Code de procédure pénale relatives au serment des experts à l'audience s'appliquent à tous ceux qui ont été chargés d'une mission d'expertise par le juge d'instruction ou la juridiction de jugement, alors même qu'ils avaient été cités et dénoncés en qualité de témoins (Cass. crim., 22 déc. 1970 : *Bull.* 349. – Cass. crim., 22 juin 1976 : *Bull.* 226).

Une personne ayant la double qualité de témoin et d'expert peut prêter les deux serments ; cependant, le fait qu'elle ait prêté le seul serment d'expert n'entraîne aucune nullité dès lors que ce serment implique de dire la vérité (Cass. crim., 20 janv. 1993 : *Bull.* 31).

2) Le président de la cour d'assises ne peut, en se fondant sur le pouvoir discrétionnaire que lui confère l'article 310 du Code de procédure pénale, porter atteinte aux droits de la défense en méconnaissant les règles légales de l'expertise. Il ne peut notamment entendre comme expert, après lui avoir fait prêter le serment spécial prévu par l'article 168 du Code de procédure pénale, une personne qui n'a été chargée d'une mission d'expertise ni par une juridiction d'instruction, ni par le président lui-même, ni par la cour d'assises (Cass. crim., 24 févr. 1972 : *Bull.* 77) ; il ne peut non plus entendre un expert à titre de simples renseignements (Cass. crim., 13 janv. 1993 : *Bull.* 19).

Les prescriptions de l'article 168 du Code de procédure pénale relatives au serment des experts s'appliquent à toute personne entendue à l'audience, fût-ce en vertu du pouvoir discrétionnaire du président, dès lors qu'elle a été chargée d'une mission d'expertise au cours de l'information (Cass. crim., 19 mai 1971 : *Bull.* 163. – Cass. crim., 17 juill. 1976 : *Bull.* 256 ; *Rev. sc. crim.* 1977, 352, obs. J. Robert. – Cass. crim., 9 nov. 1983 : *Bull.* 296 ; *D.* 1984, inf. rap. 160, obs. J. M. R. ; *Rev. sc. crim.* 1984, 542, obs. J. Robert. – Cass. crim., 25 févr. 1987 : *Bull.* 99).

3) Les personnes commises pour procéder à une expertise par une juridiction étrangère ne peuvent être considérées comme des experts lorsqu'elles sont entendues devant une juridiction française ; elles doivent alors prêter le serment des témoins et non celui des experts (Cass. crim., 7 mars 1973 : *Bull.* 115. – Cass. crim., 8 juill. 1975 : *Bull.* 182. – Cass. crim., 12 déc. 1984 : *Bull.* 401).

4) L'examen médico-psychologique prévu par le dernier alinéa de l'article 81 du Code de procédure pénale constitue une mesure d'expertise. La personne ayant procédé à cet examen au cours de l'information doit, lorsqu'elle est entendue à l'audience, prêter le serment exigé des experts (Cass. crim., 3 oct. 1979 : *Bull.* 270).

5) Une personne requise par le président pour procéder à l'audience à une opération matérielle ne nécessitant aucun compte rendu à la barre, n'est pas chargée d'une mission d'expertise et n'a pas, dès lors, à prêter le serment prescrit par l'article 168 du Code de procédure pénale (Cass. crim., 17 déc. 1980 : *Bull.* 354. – Cass. crim., 2 juill. 1985 : *Bull.* 253).

6) La constatation au procès-verbal que l'expert a été entendu « après avoir prêté serment dans les formes prescrites par l'article 168 du Code de procédure pénale », établit que le serment a été prêté dans les termes prévus par ce texte (Cass. crim., 4 oct. 1973 : *Bull.* 345. – Cass. crim., 9 janv. 1974 : *Bull.* 9).

Il n'y a pas de nullité lorsque la formule employée pour le serment des experts à l'audience, bien que ne reproduisant pas exactement celle qui est prévue par l'article 168 du Code de procédure pénale, en exprime cependant le sens sans le dénaturer ni le restreindre (Cass. crim., 19 déc. 1973 : *Bull.* 479. – Cass. crim., 19 févr. 1975 : *Bull.* 60 ; *Rev. sc. crim.* 1975, 1027, obs. J. Robert).

7) Le serment que l'expert a accepté de prêter, sans observation des parties, dans les termes de l'article 331 du Code de procédure pénale, implique celui d'apporter son concours à la justice en son honneur et en sa conscience (Cass. crim., 9 nov. 1978 : *Bull.* 308. – Cass. crim., 17 déc. 1980 : *Bull.* 354 ; *Rev. sc. crim.* 1984, 542, obs. J. Robert).

8) Lorsqu'un expert a été entendu après avoir prêté le serment prescrit par l'article 168 du Code de procédure pénale, cette formalité n'a pas à être renouvelée si cet expert est réentendu au cours des débats (Cass. crim., 26 mai 1983 : *Bull.* 157).

9) Les prescriptions de l'article 168, § 2, du Code de procédure pénale, qui prévoient que le président peut, soit d'office, soit à la demande

des parties ou de leurs conseils, poser des questions aux experts, ne sont pas prévues à peine de nullité et n'interdisent pas au président, usant de son droit de direction des débats et de police de l'audience d'autoriser le ministère public ou les parties à poser directement ces questions sous son contrôle (Cass. crim., 31 mai 1972 : *Bull.* 185).

10) Si selon l'article 331 du Code de procédure pénale, les témoins doivent déposer séparément, l'article 168 du même code ne contient pas la même exigence en ce qui concerne l'audition des experts (Cass. crim., 19 déc. 1979 : *Bull.* 368).

11) Aucune disposition de loi n'exige qu'avant d'être entendus, les experts se retirent de la salle d'audience (Cass. crim., 8 févr. 1968 : *Bull.* 40).

12) Aux termes de l'article 168 du Code de procédure pénale, les experts peuvent consulter leur rapport et ses annexes. Sont assimilables à ces documents les notes prises à l'occasion de l'exécution de leur mission (Cass. crim., 17 janv. 1990 : *Bull.* 31 ; *Dr. pénal*, mai 1990, n. 179. – Cass. crim., 10 déc. 1996 : *Bull.* 456).

Le fait par un expert de faire état au cours de son audition d'une expertise effectuée dans une autre procédure et non jointe au dossier ne constitue pas une atteinte aux droits de la défense, dès lors que l'accusé n'a pas demandé le versement aux débats de cette expertise et que les déclarations de l'expert ont été soumises au débat contradictoire (Cass. crim., 7 mars 1990 : *Bull.* 109).

13) Si aux termes de l'article 168 du Code de procédure pénale, le président peut, soit d'office, soit à la demande des parties, poser des questions aux experts, ce texte ne lui fait pas obligation d'interpeller lesdites parties à ce sujet (Cass. crim., 16 janv. 1991 : *Bull.* 26).

Art. 169. – Si, à l'audience d'une juridiction de jugement, une personne entendue comme témoin ou à titre de renseignement contredit les conclusions d'une expertise ou apporte au point de vue technique des indications nouvelles, le président demande aux experts, au ministère public, à la défense et, s'il y a lieu, à la partie civile de présenter leurs observations. Cette juridiction, par décision motivée, déclare soit qu'il sera passé outre aux débats, soit que l'affaire sera renvoyée à une date ultérieure. Dans ce dernier cas, cette juridiction peut prescrire quant à l'expertise toute mesure qu'elle jugera utile.

Art. 169-1 *(L. n. 72-1226, 29 déc. 1972, art. 13)*. **– Les dispositions des articles 168 et 169 sont applicables aux personnes appelées soit à procéder à des constatations, soit à apprécier la nature des circonstances d'un décès, conformément aux articles 60 et 74.**

1) Les prescriptions de l'article 168 du Code de procédure pénale relatives au serment des experts s'appliquent à toute personne entendue à l'audience, fût-ce en vertu du pouvoir discrétionnaire du président, dès lors qu'elle a été chargée d'une mission d'expertise au cours de l'information, ou qu'elle a été appelée soit à procéder à des constatations, soit à apprécier la nature des circonstances d'un décès, conformément aux articles 60 et 74 du même code (Cass. crim., 17 juill. 1976 : *Bull.* 256).

2) Un médecin qui a délivré un certificat contenant des renseignements médicaux à la demande du juge d'instruction mais qui n'a pas été commis par celui-ci selon les dispositions des articles 156 et suivants du Code de procédure pénale, ou selon celles de l'article 80, alinéa 7, dudit code, n'a pas la qualité d'expert, dès lors qu'il n'a pas non plus été appelé à procéder à des constatations, conformément à l'article 60 du même code. À l'audience il doit donc prêter le serment des témoins (Cass. crim., 3 oct. 1979 : *Bull.* 269).

SECTION X. – DES NULLITÉS DE L'INFORMATION

Art. 170 *(L. n. 93-2, 4 janv. 1993, art. 71)*. **– En toute matière, la chambre de l'instruction peut, au cours de l'information, être saisie aux fins d'annulation d'un acte ou d'une pièce de la procédure par le juge d'instruction, par le procureur de la République ou par les parties.**

V. J. DUMONT, *Nullités de l'information : J.-Cl. Proc. pén.*, art. 170 à 174. – Ch. GOYET, *À propos des nullités de l'instruction préparatoire : quelques remarques sur la distinction des nullités textuelles et des nullités substantielles : Rev. sc. crim.* 1976, p. 899. – J.-M. ROBERT, *Nullités de procédure pénale et bonne administration de la justice : D.* 1971, chron. p. 85.

1) Le ministère public ne peut poursuivre l'annulation des décisions de justice qu'autant qu'elles affectent l'intérêt général. Dès lors n'est pas recevable, faute d'intérêt, le moyen pris par le procureur général du défaut d'avis à la partie civile de la date de l'audience à laquelle devait être examinée la demande de mise en liberté du prévenu (Cass. crim., 4 mai 1994 : *Bull.* 161).

2) Lorsqu'un juge d'instruction s'est déclaré incompétent, par ordonnance devenue définitive, et qu'aucune autre juridiction n'a été saisie, la chambre d'accusation n'a pas qualité pour examiner la régularité de la procédure dont le cours est suspendu (Cass. crim., 13 janv. 1998 : *Bull.* 11).

Art. 171 *(L. n. 93-1013, 24 août 1993, art. 21-I)*. – **Il y a nullité lorsque la méconnaissance d'une formalité substantielle prévue par une disposition du présent code ou toute autre disposition de procédure pénale a porté atteinte aux intérêts de la partie qu'elle concerne.**

1) Selon l'article 171 du Code de procédure pénale, il n'y a lieu à annulation d'un acte de la procédure que lorsque la méconnaissance d'une formalité substantielle a porté atteinte aux intérêts de la partie qu'elle concerne. Ne justifie pas sa décision au regard de ce texte, la chambre de l'instruction qui annule l'interrogatoire de première comparution de deux personnes mises en examen après avoir relevé que certains documents saisis ne figuraient pas dans le dossier de la procédure tenu à la disposition de leurs avocats en application de l'article 114, alinéa 2, du Code de procédure pénale, alors que l'une des personnes mises en examen n'avait fait aucune déclaration sur le fond et que l'autre était assistée de son avocat qui, bien qu'ayant pu prendre connaissance de l'existence et de la nature des documents concernés, décrits dans les procès-verbaux d'inventaire figurant au dossier, n'avait élevé aucune protestation au cours de l'interrogatoire de sa cliente et n'avait, au demeurant, ni établi, ni même allégué, à l'appui de sa demande d'annulation, une quelconque atteinte aux intérêts de celle-ci (Cass. crim., 30 oct. 2001 : *Bull.* 223).

2) Ne constitue pas la méconnaissance d'une formalité substantielle ayant porté atteinte aux intérêts de la partie qu'elle concerne, au sens de l'article 172 du Code de procédure pénale dans sa rédaction issue de la loi du 4 janvier 1993 (dont les dispositions sont reprises par l'article 171 du même code résultant de la loi du 24 août 1993) le fait qu'une personne n'a pu s'entretenir avec son avocat qu'après 22 heures 05 de garde à vue, dès lors que, dans un premier temps elle avait renoncé à ce droit et que, lorsqu'elle a manifesté la volonté d'en user, les mesures nécessaires ont été prises pour qu'elle puisse l'exercer, son avocat ayant été immédiatement averti (Cass. crim., 4 janv. 1994 : *Bull.* 1).

Il résulte de l'article 63-1 du Code de procédure pénale que le procès-verbal de notification des droits doit être rédigé et émargé sur-le-champ ; toutefois, l'irrégularité, consistant à ne consigner cette notification qu'à l'issue de la garde à vue, dans un procès-verbal récapitulatif, ne peut entraîner la nullité des actes effectués pendant la mesure lorsqu'il est établi que la personne concernée, ayant eu connaissance de ses droits, les a effectivement exercés dans les conditions prévues par la loi et que ce retard n'a pas eu pour effet de porter atteinte à ses intérêts, au sens des articles 171 et 802 du même code (Cass. crim., 6 déc. 1995 : *Bull.* 369).

La nullité d'une garde à vue est sans effet sur les actes antérieurs régulièrement accomplis et notamment, dans une procédure suivie du chef de conduite d'un véhicule sous l'empire d'un état alcoolique, sur les procès-verbaux de dépistage et de vérification de cet état alcoolique.

Est dès lors inopérant le moyen, se bornant à critiquer les motifs d'un arrêt concernant le rejet de l'exception tirée de l'irrégularité de la garde à vue (Cass. crim., 9 juin 1999 : *Bull.* 129).

3) Si, selon l'article 80 du Code de procédure pénale, le juge d'instruction ne peut informer qu'en vertu d'un réquisitoire du procureur de la République, la disparition de cette pièce ne saurait constituer une cause de nullité dès lors que les mentions portées sur d'autres actes établissent son existence et en reproduisent la teneur (Cass. crim., 15 nov. 1993 : *Bull.* 338).

4) L'annulation d'un acte de l'enquête préliminaire n'entraîne pas celle du réquisitoire introductif, dès lors que celui-ci est fondé sur d'autres pièces de la procédure (Cass. crim., 4 oct. 1994 : *Bull.* 313).

Art. 172 *(L. n. 93-2, 4 janv. 1993, art. 71 ; L. n. 93-1013, 24 août 1993, art. 21-II).* **– La partie envers laquelle une formalité substantielle a été méconnue peut renoncer à s'en prévaloir et régulariser ainsi la procédure. Cette renonciation doit être expresse. Elle ne peut être donnée qu'en présence de l'avocat ou ce dernier dûment appelé.**

Art. 173 *(L. n. 93-2, 4 janv. 1993, art. 71 ; L. n. 93-1013, 24 août 1993, art. 22).* **– S'il apparaît au juge d'instruction qu'un acte ou une pièce de la procédure est frappé de nullité, il saisit la chambre de l'instruction aux fins d'annulation, après avoir pris l'avis du procureur de la République et avoir informé les parties.**

Si le procureur de la République estime qu'une nullité a été commise, il requiert du juge d'instruction communication de la procédure en vue de sa transmission à la chambre de l'instruction, présente requête aux fins d'annulation à cette chambre et en informe les parties.

Si l'une des parties estime qu'une nullité a été commise, elle saisit la chambre de l'instruction par requête motivée, dont elle adresse copie au juge d'instruction qui transmet le dossier de la procédure au président de la chambre de l'instruction. La requête doit, à peine d'irrecevabilité, faire l'objet d'une déclaration au greffe de la chambre de l'instruction. Elle est constatée et datée par le greffier qui la signe ainsi que le demandeur ou son avocat. Si le demandeur ne peut signer, il en est fait mention par le greffier. Lorsque le demandeur ou son avocat ne réside pas dans le ressort de la juridiction compétente, la déclaration au greffe peut être faite au moyen d'une lettre recommandée avec demande d'avis de réception. Lorsque la personne mise en examen est détenue, la requête peut également être faite au moyen d'une déclaration auprès du chef de l'établissement pénitentiaire. Cette déclaration est constatée et datée par le chef de l'établissement pénitentiaire qui la signe, ainsi que le demandeur. Si celui-ci ne peut signer, il en est fait mention par le chef de l'établissement. Ce document est adressé sans délai, en original ou en copie et par tout moyen, au greffe de la chambre de l'instruction.

Les dispositions des trois premiers alinéas ne sont pas applicables aux actes de procédure qui peuvent faire l'objet d'un appel de la part des parties, et notamment des décisions rendues en matière de détention provisoire ou de contrôle judiciaire.

Dans les huit jours de la réception du dossier par le greffe de la chambre de l'instruction, le président peut, par ordonnance non susceptible de recours, constater que la requête est irrecevable en application du présent article, troisième ou quatrième alinéa, *(L. n. 2000-516, 15 juin 2000, art. 29-III, applic. 1er janv. 2001)* **de l'article 173-1, des articles 174, premier alinéa, ou 175, deuxième alinéa ; il peut également constater l'irrecevabilité de la requête si celle-ci n'est pas motivée. S'il constate l'irrecevabilité de la requête, le président de la chambre de l'instruction ordonne que le dossier de l'information soit renvoyé au juge d'instruction ; dans les autres cas, il le transmet au procureur général qui procède ainsi qu'il est dit aux articles 194 et suivants.**

1) L'article 173 du Code de procédure pénale, qui n'est pas contraire à l'article 6 de la Convention européenne de sauvegarde des droits de l'homme et des libertés fondamentales, ne subordonne pas la saisine de la chambre d'accusation par le juge d'instruction ou le procureur de la République aux fins d'annulation d'un acte ou d'une pièce de la procédure à la décision préalable du président de cette juridiction ; dès lors, encourt la cassation la chambre d'accusation, qui, pour se déclarer irrégulièrement saisie de la requête aux fins d'annulation présentée par le procureur de la République et renvoyer le ministère public à saisir son président, retient que l'article 173 du Code de procédure pénale n'est pas compatible avec le principe du procès équitable découlant de l'article 6 de la Convention européenne de sauvegarde des droits de l'homme et des libertés fondamentales (Cass. crim., 9 nov. 1999 : *Bull.* 251).

L'article 173 du Code de procédure pénale, dans sa rédaction issue de la loi du 4 janvier 1993 et non modifiée à cet égard par la loi du 24 août 1993, exige que la requête présentée par l'une des parties et tendant à l'annulation d'un acte ou d'une pièce de la procédure soit motivée. Il en résulte qu'en l'absence de motivation, la requête doit être déclarée irrecevable (Cass. crim., 1er févr. 1994 : *Bull.* 45) ; ce défaut de motivation ne peut être suppléé par le dépôt au greffe de la chambre d'accusation d'un mémoire précisant les nullités qui vicieraient les actes de la procédure visés dans la requête (*même arrêt ;* V. note : *Dr. pénal* 1994, n. 94).

Selon l'article 173, alinéa 3, du Code de procédure pénale, pour être recevable, la requête en annulation présentée par une partie doit être déclarée au greffe de la chambre d'accusation par le demandeur ou son avocat, lequel, n'étant pas tenu d'être muni d'un pouvoir spécial, peut se faire substituer par un autre avocat pour l'accomplissement de cette formalité (Cass. crim., 13 oct. 1998 : *Bull.* 253).

2) L'ordonnance du juge d'instruction prescrivant la vente aux enchères publiques d'un véhicule et le placement sous scellé du produit de celle-ci n'entre pas dans les décisions dont la personne mise en examen peut relever appel, elle est donc susceptible d'être annulée (Cass. crim., 7 déc. 1993 : *Dr. pénal* 1994, n. 73).

3) Excède ses pouvoirs le président de la chambre d'accusation qui, se fondant sur l'article 173, dernier alinéa, du Code de procédure pénale, rend une ordonnance déclarant irrecevable, au motif que le demandeur n'en a pas adressé copie au juge d'instruction, la requête en annulation de pièces de la procédure déposée par la personne mise en examen ; la chambre d'accusation se trouve ainsi saisie de cette requête, et la cassation de la décision attaquée a lieu sans renvoi (Cass. crim., 24 janv. 1994 : *Bull.* 33).

Il résulte de l'article 173, dernier alinéa, du Code de procédure pénale que le président de la chambre d'accusation, saisi par l'une des parties d'une requête en annulation d'actes ou de pièces de la procédure, doit la soumettre à la chambre d'accusation, sauf s'il en constate l'irrecevabilité dans l'un des cas limitativement prévus audit article. Dès lors, excède ses pouvoirs le président de la chambre d'accusation qui, saisi d'une telle requête, se prononce sur le bien-fondé des moyens de nullité qui y sont proposés (Cass. crim., 13 déc. 1994 : *Bull.* 403).

Excède ses pouvoirs le président de la chambre d'accusation qui, se fondant sur l'article 173, dernier alinéa, du Code de procédure pénale, rend une ordonnance déclarant irrecevable, au motif qu'elle invoque les mêmes griefs qu'une demande de contre-expertise rejetée par ordonnance du juge d'instruction, la requête en annulation de pièces de la procédure déposée par la personne mise en examen ; la chambre d'accusation se trouve ainsi saisie de cette requête, et la cassation de la décision attaquée a lieu sans renvoi (Cass. crim., 12 déc. 1994 : *Bull.* 402).

L'incompétence de la juridiction n'entre pas dans les prévisions de l'article 173, dernier alinéa du Code de procédure pénale dont les dispositions sont limitatives ; ainsi, excède ses pouvoirs le président de la chambre d'accusation qui, en application du texte précité, rend une ordonnance déclarant irrecevable, pour ce motif, une requête en annulation de pièces de procédure (Cass. crim., 17 déc. 1996 : *Bull.* 468).

Encourt la cassation l'ordonnance du président de la chambre d'accusation pour laquelle, un magistrat, pour déclarer une requête irrecevable retient que si l'avocat de la personne mise en examen a signé le procès-verbal par lequel le greffier de la chambre d'accusation a constaté le dépôt de la requête en nullité, il n'a cependant pas apposé sa signature sur la requête elle-même, pas plus que le requérant, alors que l'article 173, alinéa 3 du Code de procédure pénale impose seulement que la requête ait fait l'objet d'une déclaration au greffe de la chambre d'accusation, déclaration constatée, datée et signée par le greffier et le requérant ou son avocat, ce qui était le cas en l'espèce (Cass. crim., 17 févr. 1998 : *Bull.* 61 ; *Juris-Data* n. 001681). Le président de la chambre d'accusation ne saurait, sans excès de pouvoir, motiver l'irrecevabilité d'une requête de la personne mise en examen aux fins d'annulation d'actes de la procédure par l'existence d'une précédente saisine de la chambre d'accusation en matière de contrôle judiciaire, étrangère aux hypothèses visées par les 3 premiers alinéas de l'article 173 et au 1er alinéa de l'article 174 du Code de procédure pénale ; dès lors, l'ordonnance d'irrecevabilité devient, nonobstant les dispositions de l'article 173, dernier alinéa, susceptible de recours et il appartient au président de la chambre criminelle de décider, sur le fondement de l'article 567-1, du code précité, l'admission du pourvoi formé à son encontre (Ord. Prés. ch. crim. 5 mai 1997 : *Bull.* 160).

Excède ses pouvoirs le président de la chambre de l'instruction qui, se fondant sur l'article 173, dernier alinéa, du Code de procédure pénale, rend une ordonnance déclarant irrecevable, au motif qu'elle porte sur une ordonnance susceptible d'appel, la requête en annulation de pièces de la procédure déposée par la personne mise en examen, alors que ladite requête tendait à l'annulation de pièces n'entrant pas dans les prévisions de l'alinéa 4 de l'article 173, du Code précité ; la chambre de l'instruction se trouve ainsi saisie de cette requête, et la cassation de la décision attaquée a lieu sans renvoi (Cass. crim., 11 déc. 2001 : *Bull.* 257).

4) L'article 173 du Code de procédure pénale ne permettant la saisine de la chambre d'accusation que dans les cas où un acte ou une pièce de la procédure apparaît frappé de nullité, c'est à tort que cette juridiction, statuant en vertu de ce texte, se prononce sur l'exception de prescription de l'action publique soulevée par la personne mise en examen (Cass. crim., 14 juin 1994 : *Bull.* 236. – Cass. crim., 7 févr. 1995 : *Bull.* 50. – Cass. crim., 27 févr. 2001 : *Bull.* 49).

5) La chambre d'accusation, saisie en application de l'article 173 du Code de procédure pénale, est compétente pour apprécier la validité, au regard des dispositions du Code de procédure pénale, du mandat d'arrêt pour l'exécution duquel l'extradition a été accordée à la France (solution implicite) ; selon l'article 5.4 de la Convention européenne de sauvegarde des droits de l'homme et des libertés fondamentales, toute personne privée de sa liberté a le droit de demander à un tribunal qu'il soit statué sur la légalité de sa détention ; il en résulte que la personne placée sous écrou extraditionnel à l'étranger pour l'exécution d'un mandat d'arrêt délivré par un juge d'instruction français, doit être admise à présenter une requête en nullité sur le fondement de l'article 173 du Code de procédure pénale, aux fins de faire contrôler par la chambre d'accusation la légalité de ce mandat au regard de la loi française (Cass. crim., 7 nov. 2000 : *Bull.* 329).

6) Selon les dispositions de l'article 3 de la Convention européenne d'entraide judiciaire du 20 avr. 1959 les commissions rogatoires sont exécutées dans les formes prévues par la législation de l'État requis ce qui implique que la régularité de leur exécution soit contrôlée par les juridictions de cet État ; toutefois si l'article 173 du Code de procédure pénale ne fait pas obstacle à ce que la chambre d'accusation soit saisie, selon les modalités prévues par ce texte, d'une requête en annulation de pièces d'exécution en France c'est à la condition que ces actes, dont la régularité est contestée, puissent être mis à la disposition de la juridiction compétente pour en assurer le contrôle (Cass. crim., 24 juin 1997 : *Dr. pénal* 1997, n. 133 ; *Bull.* 252).

7) Selon les dispositions conjuguées des articles 173, alinéa 5, 174, alinéa 1er, et 175 du Code de procédure pénale, le président de la chambre d'accusation, saisi d'une requête en annulation d'actes ou de pièces de la procédure avant l'expiration du délai de 20 jours à compter de l'envoi de l'avis de fin d'information, peut en constater l'irrecevabilité, lorsque la chambre d'accusation a rejeté une précédente requête par un arrêt contradictoire à l'égard du demandeur, sans que celui-ci n'ait alors proposé les moyens de nullité présentés dans sa requête ultérieure et qu'il pouvait connaître (Cass. crim., 1er oct. 1998 : *Bull.* 246).

Art. 173-1 *(L. n. 2000-516, 15 juin 2000, art. 29-I, applic. 1er janv. 2001).* **– Sous peine d'irrecevabilité, la personne mise en examen doit faire état des moyens pris de la nullité des actes accomplis avant son interrogatoire de première comparution ou de cet interrogatoire lui-même dans un délai de six mois à compter de la notification de sa mise en examen, sauf dans le cas où elle n'aurait pu les connaître.** *(L. n. 2002–307, 4 mars 2002, art. 7–1°)* **Il en est de même s'agissant des moyens pris de la nullité des actes accomplis avant chacun de ses interrogatoires ultérieurs.**

Il en est de même pour la partie civile à compter de sa première audition *(L. n. 2002-307, 4 mars 2002, art. 7-2°)* **puis de ses auditions ultérieures.**

1) Il résulte de l'article 112-2.2° du Code pénal, selon lequel les lois de procédure sont applicables immédiatement, que le délai de forclusion institué par l'article 173-1 du Code de procédure pénale, entré en vigueur le 1er janvier 2001, qui impose à la personne poursuivie, à peine d'irrecevabilité, de présenter dans les 6 mois suivant la notification de sa mise en examen toute demande d'annulation de son interrogatoire de première comparution ou d'actes antérieurs, ne commence à courir qu'à compter de la date d'entrée en vigueur dudit article, lorsque la mise en examen a été notifiée avant cette date (Cass. crim., 20 juin 2001 : *Bull.* 152 ; *JCP*, 2002, II.10033, note S. Bouretz).

2) Le délai de forclusion institué par l'article 173-1 du Code de procédure pénale s'applique selon ce texte, indistinctement, aux moyens de nullité présentés, par requête ou par mémoire, par toute personne mise en examen (Cass. crim., 4 avr. 2002 : *Bull.* 80).

Art. 174 *(L. n. 93-2, 4 janv. 1993, art. 71 ; L. n. 93-1013, 24 août 1993, art. 23).* – **Lorsque la chambre de l'instruction est saisie sur le fondement de l'article 173, tous moyens pris de nullité de la procédure qui lui est transmise doivent, sans préjudice du droit qui lui appartient de les relever d'office, lui être proposés. À défaut, les parties ne sont plus recevables à en faire état, sauf le cas où elles n'auraient pu les connaître.**

La chambre de l'instruction décide si l'annulation doit être limitée à tout ou partie des actes ou pièces de la procédure viciée ou s'étendre à tout ou partie de la procédure ultérieure et procède comme il est dit au troisième alinéa de l'article 206.

Les actes ou pièces annulés sont retirés du dossier d'information et classés au greffe de la cour d'appel. Les actes ou pièces de la procédure partiellement annulés sont cancellés après qu'a été établie une copie certifiée conforme à l'original, qui est classée au greffe de la cour d'appel. Il est interdit de tirer des actes et des pièces ou parties d'actes ou de pièces annulés aucun renseignement contre les parties, à peine de poursuites disciplinaires pour les avocats et les magistrats.

1) Il résulte de l'article 174, alinéa 1er, du Code de procédure pénale que, lorsque la chambre d'accusation examine la régularité d'une procédure, tous moyens pris de sa nullité doivent lui être soumis, et que les parties ne sont plus recevables à s'en prévaloir par la suite, sauf le cas où elles n'auraient pu les connaître. Ainsi un inculpé est irrecevable à contester la validité d'écoutes téléphoniques déclarées régulières par un précédent arrêt de la chambre d'accusation, saisie sur requête d'un coïnculpé, dès lors que cet arrêt a été rendu au terme d'une procédure contradictoire à son égard et qu'il connaissait antérieurement l'existence des écoutes (Cass. crim., 19 juill. 1994 : *Bull.* 282).

Des personnes mises en examen sont irrecevables à contester la régularité de l'ouverture d'un scellé, pratiquée à l'occasion d'une expertise que la chambre d'accusation a annulée par un précédent arrêt, rendu au terme d'une procédure contradictoire à leur égard (Cass. crim., 3 mars 1998 : *Bull.* 79).

Méconnaît cette disposition la chambre d'accusation qui, saisie par le juge d'instruction aux fins d'annulation d'un rapport d'expertise, déclare irrecevable le mémoire tendant à l'invalidation d'autres actes de l'information, régulièrement déposé devant elle, conformément à l'article 198, par deux des personnes mises en examen dans la même procédure (Cass. crim., 2 juin 1995 : *Bull.* 229).

La chambre d'accusation, saisie par le juge d'instruction, dans les conditions de l'article 173 du Code de procédure pénale, doit statuer sur la régularité des actes de la procédure qui lui sont soumis. Les parties qui n'ont pas été avisées de la date de l'audience de la chambre d'accusation où est examinée la régularité d'une procédure d'infor mation, restent recevables par la suite à soulever d'éventuelles nullités. Le délai de forclusion prévu par l'article 175 du Code de procédure pénale ne peut, en ce cas, leur être opposé (Cass. crim., 30 nov. 1995 : *Bull.* 365).

Lorsque la chambre d'accusation annule un acte de l'information, elle doit, en vertu de l'article 172 du Code de procédure pénale, rechercher si l'annulation s'étend à tout ou partie de la procédure ultérieure (Cass. crim., 24 avr. 1990 : *Bull.* 151).

Il appartient à la chambre d'accusation qui a ordonné l'annulation de certains actes de la procédure de décider, sous le contrôle de la Cour de cassation, si cette annulation doit ou non s'étendre à tout ou partie de la procédure ultérieure (Cass. crim., 30 juin 1999 : *Bull.* 176).

Lorsque, en application de l'article 174, alinéa 1er, du Code de procédure pénale, la chambre d'accusation relève d'office des moyens de nullité, elle n'a pas à les soumettre préalablement aux parties pour observations (Cass. crim., 6 févr. 1996 : *Bull.* 60).

Ne saurait être déclaré irrecevable au sens de l'article 174, alinéa 1er, du Code de procédure pénale, un moyen de nullité qui invoque un acte de procédure accompli, ou une pièce versée au dossier, postérieurement à un arrêt de la chambre d'accusation ayant statué sur une précédente requête présentée en application de l'article 173 (Cass. crim., 17 sept. 1996 : *Bull.* 317).

2) Lorsque des actes sont nuls, la chambre d'accusation ne peut annuler des actes de la procédure ultérieure que si ces derniers découlent des actes viciés (Cass. crim., 12 févr. 1991 : *Bull.* 68). La chambre d'accusation, qui prononce la nullité de certains actes d'instruction, en application de l'article 172 du Code de procédure pénale, peut ne pas étendre la nullité à une expertise, dès lors que l'expert ne se réfère

à aucun des actes annulés (Cass. crim., 13 juill. 1971 : *Bull.* 230).

Lorsque la chambre d'accusation annule partiellement des actes de la procédure et, par voie de conséquence, ordonne la mise en liberté de la personne mise en examen, les actes subséquents, accomplis par le juge d'instruction ne peuvent être annulés que s'ils trouvent leur support nécessaire dans les actes viciés (Cass. crim., 23 juin 1999 : *Bull.* 149).

L'annulation d'un acte de l'enquête préliminaire n'entraîne pas celle du réquisitoire introductif, dès lors que celui-ci est fondé sur d'autres pièces de la procédure (Cass. crim., 4 oct. 1994 : *Bull. inf. C. cass.* 1994, n. 1191).

Justifie sa décision la chambre d'accusation qui, après avoir constaté un retard, non justifié par une circonstance insurmontable, dans la notification de ses droits à la personne gardée à vue et analysé souverainement les pièces de la procédure, en déduit qu'aucune d'entre elles n'est affectée par l'irrégularité de la garde à vue, en constatant notamment que cette mesure n'était pas le préalable nécessaire d'une perquisition effectuée entre le placement en garde à vue et la notification des droits (Cass. crim., 22 juin 2000 : *Bull.* 242. – Cass. crim., 27 juin 2000 : *Bull.* 246).

Lorsque les actes annulés ne sont pas le support nécessaire des actes subséquents, la régularité de ceux-ci ne s'en trouve pas affectée ; ainsi, une chambre d'accusation, après avoir annulé un placement en garde à vue, peut estimer que cette irrégularité n'affecte pas la mise en examen et le placement en détention qui s'en sont suivis dès lors que, d'une part, la garde à vue n'est pas le préalable nécessaire à ces actes et que, d'autre part, le juge d'instruction n'a pu fonder sa décision que sur des pièces antérieures à celles annulées, la personne gardée à vue n'ayant fait aucune déclaration au cours de l'exécution de cette mesure (Cass. crim., 26 mai 1999 : *Bull.* 106).

Justifie sa décision la chambre d'accusation qui, après avoir annulé les procès-verbaux relatifs à la garde à vue de la requérante et ceux de son audition au cours de cette mesure, refuse d'étendre l'annulation à son interrogatoire de première comparution et à d'autres pièces de la procédure, dès lors que les actes annulés n'étaient pas le support des actes subséquents de la procédure (Cass. crim., 19 avr. 2000 : *Bull.* 160).

Justifie sa décision la chambre d'accusation qui, après avoir annulé des procès-verbaux de l'enquête sur commission rogatoire, en raison de l'irrégularité de la garde à vue, refuse d'étendre l'annulation au mandat d'amener décerné par le juge d'instruction, aux réquisitions supplétives du procureur de la République, au procès-verbal de première comparution et à l'ordonnance de placement en détention provisoire, en énonçant qu'en l'état des éléments antérieurs de l'information, la garde à vue n'a pas été le préalable nécessaire à ces actes (Cass. crim., 28 mars 2000 : *Bull.* 137).

3) Des bandes magnétiques supportant l'enregistrement, effectué par l'un des participants, de conversations présentent le caractère de pièces à conviction n'ayant que la valeur d'indice de preuve et ne constituent pas des actes de l'information susceptibles d'être annulés en vertu de l'article 172 du Code de procédure pénale ; leur transcription n'est que la matérialisation de leur contenu afin d'en permettre la consultation (Cass. crim., 28 août 1987 : *Bull.* 173).

4) Il ne saurait être fait grief à la chambre d'accusation qui a annulé l'un des procès-verbaux d'interrogatoire d'un inculpé pour défaut de signature du juge et qui a cantonné cette nullité au seul acte vicié, faisant en cela application de l'article 172, alinéa 2, du Code de procédure pénale, de ne pas avoir relevé d'office une autre nullité affectant le même procès-verbal et toute la procédure subséquente, pour méconnaissance des dispositions des articles 118 et 170 du même code, dès lors que l'examen des pièces de la procédure permet à la Cour de cassation de s'assurer que les droits de la défense, que l'article 118 du Code de procédure pénale a pour objet de préserver, n'ont pas été, en l'espèce, méconnus, le conseil de l'inculpé ayant été présent aux trois interrogatoires de son client ayant précédé, le même jour, celui annulé pour autre cause par la chambre d'accusation (Cass. crim., 10 oct. 1988 : *Bull.* 332).

5) Aucune atteinte aux droits de la défense ne résulte de l'inculpation du conseil assistant un inculpé dans la même information, à moins qu'il ne soit démontré que cette inculpation n'a été prononcée que dans le dessein de faire échec à ces droits (Cass. crim., 6 janv. 1989 : *Bull.* 3).

6) Dès lors qu'il résulte des énonciations des juges que l'interpellation d'une personne, sus-

pectée de trafic d'influence, a procédé d'une machination de nature à déterminer ses agissements délictueux et que, par ce stratagème, qui a vicié la recherche et l'établissement de la vérité, il a été porté atteinte au principe de la loyauté des preuves, la chambre d'accusation est fondée à prononcer la nullité de la procédure subséquente (Cass. crim., 27 févr. 1996 : *Bull.* 93).

7) Le retrait du dossier de l'information, de pièces annulées, prescrit par l'article 173 du Code de procédure pénale, ne peut être ordonné par la juridiction répressive que d'une manière indivisible à l'égard de toutes les parties sans qu'il soit permis à ladite juridiction d'en réserver l'usage au profit de certaines d'entre elles contre d'autres qui ne se trouvent plus présentes aux débats, faute d'avoir exercé les voies de recours qui leur étaient offertes (Cass. crim., 8 mai 1974 : *Bull.* 167. – Cass. crim., 28 juin 2000 : *Bull.* 252).

8) L'article 173 du Code de procédure pénale, qui interdit de puiser des renseignements dans des actes annulés, ne s'applique pas à la lecture d'un arrêt se référant à eux, dès lors que, rendu antérieurement à la décision d'annulation, il est devenu définitif à l'égard de l'un des accusés (Cass. crim., 14 oct. 1976 : *Bull.* 291).

9) Si l'article 173 du Code de procédure pénale édicte que les actes annulés sont retirés du dossier d'information et classés au greffe de la cour d'appel et qu'il est interdit d'y puiser aucun renseignement contre les parties au débat, cette interdiction ne s'applique pas lorsqu'il s'agit de procédures différentes et, par suite, de débats distincts (Cass. crim., 9 mars 1981 : *Bull.* 86 ; *D.* 1982, 515, note Jeandidier) et que les pièces annulées ne constituent pas le fondement de la poursuite dans l'autre procédure (Cass. crim., 27 févr. 2001 : *Bull.* 50).

Aucune disposition conventionnelle ou légale n'interdit d'annexer à une procédure pénale des écoutes téléphoniques tirées d'une autre procédure et dont la transcription effectuée en application de l'article 81 du Code de procédure pénale peut être de nature à éclairer le juge pour les faits dont il est saisi ; la chambre d'accusation n'a pas à statuer sur la régularité de la commission rogatoire ayant prescrit ces écoutes, cette pièce étant étrangère au dossier qui lui est soumis et cette décision d'interception n'étant pas, d'ailleurs, susceptible de recours (Cass. crim., 6 oct. 1999 : *Bull.* 210).

Si l'article 174 du Code de procédure pénale interdit de tirer des actes et des pièces annulées aucun renseignement contre les parties, cette disposition ne s'oppose pas à ce que le juge d'instruction poursuive son information à partir des éléments qui subsistent, dès lors que les nouveaux actes ne se réfèrent en aucune façon à ceux qui ont été annulés. En l'espèce, la cancellation du nom d'une personne mise en cause dans le réquisitoire introductif ne modifiait en rien l'étendue de la saisine initiale du juge d'instruction. Il n'est ni allégué ni établi que le juge ait puisé des renseignements dans des actes annulés. C'est donc à tort que la chambre d'accusation a annulé des actes de procédure (Cass. crim., 8 déc. 1998 : *Juris-Data*n. 005087 ; *Bull.* 334).

Aux termes de l'article 173 du Code de procédure pénale, les actes annulés sont retirés du dossier et il est interdit d'y puiser aucun renseignement contre les parties au débat ; cette interdiction doit s'étendre à tout procédé ou artifice qui serait de nature à reconstituer, au mépris de ce texte et de l'article 105 du même code, la substance des actes annulés (Cass. crim., 30 juin 1981 : *Bull.* 224. – Cass. crim., 23 janv. 1990 : *Bull.* 42).

Lorsqu'à la suite du pourvoi d'un seul inculpé, l'arrêt de la chambre d'accusation n'est cassé qu'en ce qui le concerne, les annulations d'actes qui sont prononcées par la cour de renvoi n'ont d'effet qu'à son égard. En conséquence, les actes annulés, demeurant réputés réguliers pour les accusés précédemment renvoyés devant la cour d'assises, doivent, malgré les prescriptions de l'article 173 du Code de procédure pénale, être maintenus dans la procédure, mais ne peuvent être opposés à celui qui en a obtenu l'annulation (Cass. crim., 11 déc. 1984 : *Bull.* 396. – Cass. crim., 5 sept. 1990 : *Bull.* 310. – Cass. crim., 12 févr. 1991 : *Bull.* 68).

10) La chambre d'accusation qui annule des actes faisant partie de la procédure d'information auxquels le ministère public et les juges ont pu se référer pour requérir ou rendre leurs ordonnances doit, par voie de conséquence, constater la nullité desdites réquisitions et ordonnances puis appliquer les prescriptions de l'article 173 du Code de procédure pénale dès lors qu'aucune circonstance tirée de la procédure ne s'y oppose (Cass. crim., 29 oct. 1985 : *Bull.* 330 ; *D.* 1986, inf. rap. 118, obs. Pradel. – Cass. crim., 1er déc. 1987 : *Bull.* 437).

11) La chambre d'accusation, saisie d'une requête présentée sur le fondement de l'article 173 du Code de procédure pénale ne peut, sans excéder ses pouvoirs, annuler par voie de conséquence une ordonnance de non-lieu rendue au cours de l'information en application de l'article 182 du Code précité au bénéfice de l'une des personnes mises en examen (Cass. crim., 27 févr. 2001 : *Bull.* 50).

Art. 174-1 *(L. n. 2000-516, 15 juin 2000, art. 30, applic. 1er janv. 2001)*. – **Lorsque la chambre de l'instruction annule une mise en examen pour violation des dispositions de l'article 80-1, la personne est considérée comme témoin assisté à compter de son interrogatoire de première comparution et pour l'ensemble de ses interrogatoires ultérieurs, jusqu'à l'issue de l'information, sous réserve des dispositions des articles 113-6 et 113-8.**

SECTION XI. – DES ORDONNANCES DE RÈGLEMENT

Art. 175 *(Applic. 1er janv. 2001 ; L. n. 2000-516, 15 juin 2000, art. 131 et 140 ; L. n. 93-1013, 24 août 1993, art. 24)*. – **Aussitôt que l'information lui paraît terminée, le juge d'instruction en avise les parties et leurs avocats, soit verbalement avec émargement au dossier, soit par lettre recommandée. Lorsque la personne est détenue, cet avis peut également être notifié par les soins du chef de l'établissement pénitentiaire, qui adresse sans délai au juge d'instruction l'original ou la copie du récépissé signé par l'intéressé.**

À l'expiration d'un délai de vingt jours à compter de l'envoi de l'avis prévu à l'alinéa précédent, les parties ne sont plus recevables à formuler une demande ou présenter une requête sur le fondement des articles 81, neuvième alinéa, 82-1, 156, premier alinéa, et 173, troisième alinéa. Les parties peuvent déclarer renoncer, en présence de leur avocat ou celui-ci dûment convoqué, à invoquer ce délai.

À l'issue de ce délai, le juge d'instruction communique le dossier au procureur de la République. Celui-ci lui adresse ses réquisitions dans un délai d'un mois si une personne mise en examen est détenue et de trois mois dans les autres cas.

Le juge d'instruction qui ne reçoit pas de réquisitions dans le délai prescrit peut rendre l'ordonnance de règlement.

Les dispositions du premier alinéa sont également applicables *(L. n. 2000-516, 15 juin 2000, art. 131-IV)* **au témoin assisté.**

V. J. Dumont, *Ordonnances de règlement : J.-Cl. Proc. pén.*, art. 175 à 184, fasc. 20. – L. C. Cheynier, *Règlement des dossiers d'instruction. Réflexions sur l'article 175 du Code de procédure pénale : JCP* 84, I, 3152. – J. Pradel et Ph. Leger, *Pour un procès pénal dans un délai raisonnable : D.* 1982, chron. p. 105.

1) Selon les dispositions combinées des articles 174, alinéa 1er, et 175 du Code de procédure pénale, le délai de forclusion de 20 jours, prévu par ce dernier texte, ne peut être opposé aux parties en ce qui concerne les irrégularités révélées par les investigations complémentaires sollicitées dans ce délai, et diligentées même après son expiration (Cass. crim., 19 juin 1995 : *Bull.* 223).

Selon l'article 173, dernier alinéa, du Code de procédure pénale, l'ordonnance d'irrecevabilité du président de la chambre d'accusation, prévue par ce texte, n'est pas susceptible de recours. Il n'en est autrement que lorsque son examen fait apparaître un risque d'excès de pouvoir. Tel n'est pas le cas de l'ordonnance prononçant l'irrecevabilité de la requête en nullité d'actes de la procédure en application de l'article 175, alinéa 2, de ce code (Cass. crim., 6 mai 1998 : *Bull.* 153).

– La personne mise en examen dans deux informations, devenues distinctes par l'effet d'une disjonction, est recevable à invoquer dans l'une de ces procédures, des moyens de nullité portant sur des actes, antérieurs à la disjonction, nonobstant la forclusion intervenue, par application de l'article 175 du Code de procédure pénale, dans l'autre procédure (Cass. crim., 22 nov. 2000 : *Bull.* 353).

– N'est pas irrecevable une requête en annulation formée par une partie, même après le délai de forclusion de 20 jours prévu par l'article

175, alinéa 2, du Code de procédure pénale, dès lors que les irrégularités alléguées concernent des pièces versées au dossier de l'information ou des actes de la procédure, réalisés après l'expiration de ce délai (Cass. crim., 5 mai 1998 : *Bull.* 152).

Les parties ne sont plus recevables, après le délai de forclusion prévu par l'article 175, alinéa 2, du Code de procédure pénale, à contester la régularité des actes de la procédure antérieure à l'avis de fin d'information, quand bien même elles n'auraient pu connaître l'irrégularité alléguée (Cass. crim., 6 mai 1998 : *Bull.* 153. – *Dr. pénal* 1999, 62, note A. Maron).

La chambre d'accusation n'a pas à répondre aux articulations d'un mémoire invoquant des nullités d'actes de l'information que la partie civile, en application de l'article 175, alinéa 2, du Code de procédure pénale, n'était plus recevable à proposer (Cass. crim., 26 janv. 2000 : *Bull.* 41).

– La forclusion de l'article 175 du Code de procédure pénale ne fait pas obstacle à ce que les parties présentent à la chambre d'accusation, saisie du règlement de la procédure, des demandes de complément d'information. En application de l'article 201 de ce code, de telles demandes ne sont en effet soumises, devant la chambre d'accusation, à aucune condition de recevabilité (Cass. crim., 19 sept. 1995 : *Bull.* 272).

– La forclusion édictée par l'article 175 du Code de procédure pénale ne fait pas obstacle, en matière criminelle, à ce que les exceptions de nullité soient soumises, sur le fondement des articles 198 et 206 du Code de procédure pénale, à la chambre d'accusation à laquelle la procédure est transmise conformément à l'article 181 du même code (Cass. crim., 11 juill. 1995 : *Bull.* 255).

– La forclusion édictée par l'article 175 du Code de procédure pénale ne met pas obstacle à ce que la partie civile, appelante d'une ordonnance de non-lieu, saisisse la chambre d'accusation d'une demande de supplément d'information (Cass. crim., 3 avr. 1996 : *Bull.* 146).

– La forclusion édictée par l'article 175 al. 2 ne fait pas obstacle à ce que, en application des articles 463 et 512 du Code de procédure pénale, les parties puissent saisir la juridiction de jugement de demandes tendant à l'accomplissement d'un supplément d'information (Cass. crim., 30 juin 1999 : *Bull.* 173).

2) Les parties qui n'ont pas été avisées de la date de l'audience de la chambre d'accusation où est examinée la régularité d'une procédure d'information, restent recevables par la suite à soulever d'éventuelles nullités. Le délai de forclusion prévu par l'article 175 du Code de procédure pénale ne peut, en ce cas, leur être opposé (Cass. crim., 30 nov. 1995 : *Bull.* 365).

Il y a violation des droits de la défense entraînant nullité, lorsque l'ordonnance de « soit-communiqué » rendue par le juge d'instruction, en application de l'article 175 du Code de procédure pénale, n'a pas été portée à la connaissance du conseil de l'inculpé (Cass. crim., 11 oct. 1983 : *Bull.* 240).

Encourt la cassation l'arrêt de la chambre d'accusation qui déclare irrecevable une requête en annulation présentée après l'expiration du délai de 20 jours, alors qu'aucun élément du dossier n'établit que l'avis de fin d'information ait été notifié à l'avocat de la partie concernée (Cass. crim., 22 mars 2000 : *Bull.* 132).

Lorsque les recherches entreprises n'ont pas permis de retrouver une personne mise en examen, celle-ci peut être renvoyée devant le tribunal correctionnel sans que l'avis prévu à l'article 175 du Code de procédure pénale lui ait été notifié (Cass. crim., 15 mars 2000 : *Bull.* 120).

3) L'avis prévu par l'article 175 du Code de procédure pénale, pour permettre au délai de vingt jours de courir, doit être donné à toutes les parties et à leurs conseils à l'issue du dernier acte de l'information (Cass. crim., 9 janv. 1995 : *Dr. pénal* 1995, n. 131) ; la reprise de l'information en vertu d'un réquisitoire supplétif après l'expiration du délai de 20 jours ouvert par un premier avis délivré conformément à l'article 175 du Code de procédure pénale ne saurait entraîner la caducité de cet avis ni autoriser la contestation d'actes de procédure qui lui seraient antérieurs (Cass. crim., 22 févr. 1995 : *Bull.* 79).

Le juge d'instruction qui, postérieurement à l'avis donné aux parties conformément aux dispositions de l'article 175 du Code de procédure pénale, ordonne une expertise ayant pour unique objet de statuer sur la détention provisoire, n'a pas à renouveler cet avis avant de rendre une ordonnance de règlement de l'information (Cass. crim., 20 déc. 1995 : *Bull.* 394).

En l'absence d'actes d'instruction postérieurs à un premier avis de fin d'information donné aux parties en application de l'article 175 du Code de procédure pénale, la délivrance, par le juge d'instruction, d'un second avis, ne rouvre pas un nouveau délai pour présenter une requête sur le fondement de l'article 81 du Code de procédure pénale ; dès lors, c'est à bon droit qu'est déclarée irrecevable une demande d'actes déposée plus de 20 jours après ce premier avis (Cass. crim., 4 août 1998 : *Bull.* 220).

Lorsqu'un juge d'instruction notifie les conclusions d'une expertise, l'avis de fin d'information qu'il délivre en application de l'article 175 du Code de procédure pénale, n'a pas pour effet d'ouvrir un nouveau délai aux fins de demande de contre-expertise (Cass. crim., 19 janv. 1999 : *Bull.* 8).

L'avis de fin d'information prévu par l'article 175 du Code de procédure pénale doit être donné à l'issue du dernier acte d'instruction et ne peut être opposé à des actes qui lui sont postérieurs (Cass. crim., 7 juin 2000 : *Bull.* 217).

Ni le dessaisissement au profit d'un autre magistrat ni la jonction de l'information à une autre procédure, décidés par le juge d'instruction après l'expiration du délai de forclusion prévu par l'article 175, alinéa 2, du Code de procédure pénale, ne font revivre ce délai au profit des parties ayant reçu notification de l'avis de fin d'information, pour la contestation des actes antérieurs audit avis (Cass. crim., 24 avril 2001 : *Bull.* n. 97 ; — D. N. COMMARET ; *Rev. sc. crim.* 2001, p. 835).

4) Une constitution de partie civile incidente, déposée dans le délai de l'avis de fin d'information prévue à l'article 175 du Code de procédure pénale, ne constitue pas un acte d'instruction et, dès lors, ne nécessite pas la délivrance d'un nouvel avis de fin d'information (Cass. crim., 26 sept. 2000 : *Bull.* 276).

5) Il résulte des principes généraux du droit qu'un acte de procédure doit être signé par le magistrat dont il émane.

Dès lors, le réquisitoire définitif du ministère public ne comportant pas la signature du magistrat qui l'aurait établi est inexistant.

Il s'ensuit que le juge d'instruction ne peut, en l'absence de telles réquisitions, rendre l'ordonnance de règlement avant l'expiration du délai prescrit par l'article 175 du Code de procédure pénale. Il appartient à la chambre d'accusation qui, en application de l'article 206 du même code, a l'obligation d'examiner la régularité de la procédure qui lui est soumise en vertu de l'article 181 dudit code, de constater, même d'office, la nullité de cette ordonnance de règlement et de tirer de ces constatations les conséquences légales qu'elles comportent (Cass. crim., 6 juin 1988 : *Bull.* 249 ; *Rev. sc. crim.* 1989, 349, obs. Braunschweig).

6) Il résulte de l'article 175 du Code de procédure pénale que lorsqu'il estime une information terminée, le procureur de la République ne peut pas en requérir directement le règlement, mais seulement demander au juge d'instruction de donner aux parties l'avis prévu par le texte précité, afin de leur permettre, dans le délai de 20 jours, d'exercer les droits résultant des articles 81, alinéa 9, 82-1, 156, alinéa 1 et 173, alinéa 3, du code susvisé (Cass. crim., 13 nov. 1996 : *Bull.* 404).

7) La décision par laquelle le président de la chambre d'accusation, saisie une requête en annulation, ordonne, en application de l'article 187 du Code de procédure pénale, la suspension de l'instruction, n'a pas pour effet d'interrompre le cours du délai de 20 jours, imposé aux parties par l'article 175 du Code de procédure pénale, pour présenter une requête en annulation ou déposer une demande d'actes, lorsque l'avis de fin d'information leur a été notifié antérieurement par le juge d'instruction (Cass. crim., 19 avr. 2000 : *Bull.* 158).

Art. 175-1 *(Applic. 1er janv. 2001 ; L. n. 2000-516, 15 juin 2000, art. 74-II et 140).* **– La personne mise en examen, le témoin assisté ou la partie civile peut, à l'expiration du délai qui lui a été indiqué en application du huitième alinéa de l'article 116 ou du deuxième alinéa de l'article 89-I à compter, respectivement, de la date de la mise en examen, de la première audition ou de la constitution de partie civile, demander au juge d'instruction, selon les modalités prévues au dixième alinéa de l'article 81, de prononcer le renvoi** *(L. n. 2000-1354, 30 déc. 2000, art. 25)* **ou la mise en accusation devant la juridiction de jugementou de déclarer qu'il n'y a pas lieu à suivre, y compris en procédant, le cas échéant, à une disjonction. Cette demande peut également être formée lorsque aucun acte d'instruction n'a été accompli pendant un délai de quatre mois.**

Dans le délai d'un mois à compter de la réception de cette demande, le juge d'instruction y fait droit ou déclare, par ordonnance motivée, qu'il y a lieu à poursuivre l'information. Dans le premier cas, il procède selon les modalités prévues à la présente section. Dans le second cas, ou à défaut pour le juge d'avoir statué dans le délai d'un mois, la personne mise en examen, le témoin assisté ou la partie civile peut saisir le président de la chambre de l'instruction en application de l'article 207-1. Cette saisine doit intervenir dans les cinq jours qui suivent la notification de la décision du juge ou l'expiration du délai d'un mois.

Lorsque le juge d'instruction a déclaré qu'il poursuivait son instruction, une nouvelle demande peut être formée à l'expiration d'un délai de six mois.

Les dispositions du présent article ne sont pas applicables après l'envoi de l'avis prévu au premier alinéa de l'article 175.

1) Lorsqu'une partie civile ou une personne mise en examen saisit directement une chambre d'accusation d'une demande de règlement de la procédure, sur le fondement de l'article 175-1, alinéa 3, du Code de procédure pénale, le procureur général doit notifier à toutes les parties la date à laquelle l'affaire sera appelée à l'audience (Cass. crim., 11 janv. 2000 : *Bull.* 8).

2) La faculté offerte par l'article 175-1 à la personne mise en examen ou à la partie civile, de saisir le juge d'instruction d'une demande de non-lieu à suivre ou de renvoi devant la juridiction de jugement, à l'expiration d'un délai d'un an à compter, selon le cas, de la date à laquelle elle a été mise en examen ou du jour de sa constitution de partie civile, ne saurait jouer à répétition (Cass. crim., 15 janv. 1997 : *Bull.* 13 ; *JCP* 97, I, 4031, obs. Maron).

3) L'expiration du délai d'un mois fixé par l'article 175-1, alinéa 2, du Code de procédure pénale n'entraîne pas le dessaisissement du juge d'instruction (Cass. crim., 13 juin 1995 : *Bull.* 216).

Ni le dessaisissement au profit d'un autre magistrat, ni la jonction de l'information à une autre procédure, décidés par le juge d'instruction après l'expiration du délai de forclusion prévu par l'article 175, alinéa 2, du Code de procédure pénale, ne font revivre ce délai au profit des parties ayant reçu notification de l'avis de fin d'information, pour la contestation des actes antérieurs audit avis (Cass. crim., 24 avr. 2001 : *Bull.* 97).

4) Est irrecevable la demande de saisine directe de la chambre d'accusation en application de l'article 175-1, alinéa 3, déposée après qu'a été rendue, par le juge d'instruction, l'ordonnance prévue par l'alinéa 2 dudit texte (Cass. crim., 13 juin 1995 : *Bull.* 216).

Art. 175-2 *(Applic. 1er janv. 2001 ; L. n. 2000-516, 15 juin 2000, art. 74-III et 140).* **– En toute matière, la durée de l'instruction ne peut excéder un délai raisonnable au regard de la gravité des faits reprochés à la personne mise en examen, de la complexité des investigations nécessaires à la manifestation de la vérité et de l'exercice des droits de la défense.**

Si, à l'issue d'un délai de deux ans à compter de l'ouverture de l'information, celle-ci n'est pas terminée, le juge d'instruction rend une ordonnance motivée par référence aux critères prévus à l'alinéa précédent, expliquant les raisons de la durée de la procédure, comportant les indications qui justifient la poursuite de l'information et précisant les perspectives de règlement. Cette ordonnance est communiquée au président de la chambre de l'instruction qui peut, par requête, saisir cette juridiction conformément aux dispositions de l'article 221-1.

L'ordonnance prévue à l'alinéa précédent doit être renouvelée tous les six mois.

Art. 175-3 *(Applic. 1er janv. 2001 ; L. n. 2000-516, 15 juin 2000, art. 75 et 140).* **– Le juge d'instruction informe tous les six mois la partie civile de l'avancement de l'instruction.**

Art. 176 *(L. n. 93-1013, 24 août 1993, art. 15-I).* **– Le juge d'instruction examine s'il existe contre la personne mise en examen des charges constitutives d'infraction, dont il détermine la qualification juridique.**

La chambre de l'instruction ne peut, sans excès de pouvoir, annuler l'ordonnance du juge d'instruction portant règlement de la procédure d'information, lorsque cette ordonnance satisfait, en la forme, aux conditions essentielles de son existence légale ; dès lors, encourt la cassation l'arrêt rendu par la chambre de l'instruction, qui, statuant à la suite d'une ordonnance de transmission des pièces du juge d'instruction, prononce l'annulation de celle-ci, alors que le magistrat instructeur avait requalifié les faits par application de l'article 176 du Code de procédure pénale, non contraire aux dispositions de l'article 6.3 de la Convention européenne des droits de l'homme, et qu'il lui appartenait d'apprécier elle-même si les personnes mises en examen devaient être renvoyées devant la juridiction de jugement sous les qualifications ainsi retenues, quitte à ordonner, le cas échéant, tout acte d'information complémentaire utile (Cass. crim., 29 mai 2001 : *Bull.* 136).

Art. 177 *(L. n. 93-2, 4 janv. 1993, art. 43 ; L. n. 93-1013, 24 août 1993, art. 15-II).* **– Si le juge d'instruction estime que les faits ne constituent ni crime, ni délit, ni contravention, ou si l'auteur est resté inconnu, ou s'il n'existe pas de charges suffisantes contre la personne mise en examen, il déclare, par une ordonnance, qu'il n'y a lieu à suivre.**

Les personnes mises en examen qui sont provisoirement détenues sont mises en liberté. L'ordonnance met fin au contrôle judiciaire.

Le juge d'instruction statue par la même ordonnance sur la restitution des objets placés sous main de justice. Il peut refuser la restitution lorsque celle-ci présente un danger pour les personnes ou les biens. La décision relative à la restitution peut être déférée, par toute personne qui y a intérêt, à la chambre de l'instruction dans les conditions et selon les modalités prévues par l'article 99.

L'ordonnance de non-lieu dont bénéficie un inculpé quant aux infractions pénales est sans autorité sur sa qualité de civilement responsable (Cass. crim., 15 mars 1982 : *Bull.* 76).

Art. 177-1 *(L. n. 93-2, 4 janv. 1993, art. 48 ; L. n. 93-1013, 24 août 1993, art. 36).* **– Le juge d'instruction peut ordonner, sur la demande de la personne concernée** *(L. n. 2000-516, 15 juin 2000, art. 96-III)* **ou, avec l'accord de cette personne, d'office ou à la demande du ministère public, soit la publication intégrale ou partielle de sa décision de non-lieu, soit l'insertion d'un communiqué informant le public des motifs et du dispositif de celle-ci, dans un ou plusieurs journaux, écrits périodiques ou services de communication audiovisuelle qu'il désigne.**

Il détermine, le cas échéant, les extraits de la décision qui doivent être publiés ou fixe les termes du communiqué à insérer.

*(L. n. 2000-516, 15 juin 2000, art. 96-III)***Si le juge ne fait pas droit à la demande de la personne concernée, il doit rendre une ordonnance motivée, qui est susceptible d'appel devant la chambre de l'instruction.**

Art. 177-2 *(L. n. 2000-516, 15 juin 2000, art. 87).* **– Lorsqu'il rend une ordonnance de non-lieu à l'issue d'une information ouverte sur constitution de partie civile, le juge d'instruction peut, sur réquisitions du procureur de la République et par décision motivée, s'il considère que la constitution de partie civile a été abusive ou dilatoire, prononcer contre la partie civile une amende civile dont le montant ne peut excéder 100 000 F (15 000 €).**

Cette décision ne peut intervenir qu'à l'issue d'un délai de vingt jours à compter de la communication à la partie civile et à son avocat, par lettre recommandée ou par télécopie avec récépissé, des réquisitions du procureur de la République, afin de permettre à l'intéressé d'adresser des observations écrites au juge d'instruction.

Cette décision peut être frappée d'appel par la partie civile dans les mêmes conditions que l'ordonnance de non-lieu.

Si le juge d'instruction ne suit pas les réquisitions du procureur de la République, ce dernier peut interjeter appel dans les mêmes conditions.

En cas de non-lieu, le prononcé, contre la partie civile poursuivante, de l'amende civile prévue à l'article 177-2 du Code de procédure pénale relève, pour le juge, s'il considère que la plainte a été abusive ou dilatoire, d'une simple faculté. Il en résulte que la décision de la juridiction d'instruction de ne pas prononcer cette amende échappe au contrôle de la Cour de cassation (solution implicite) (Cass. crim., 26 févr. 2002 : *Bull.* 44).

Art. 177-3 *(Créé, L. n° 2002-1138, 9 sept. 2002, art. 39, I, 3°).* **– Lorsque la partie civile est une personne morale, l'amende civile prévue par l'article 177-2 peut être prononcée contre son représentant légal, si la mauvaise foi de ce dernier est établie.**

Art. 178 *(L. n. 93-1013, 24 août 1993, art. 37-I).* **– Si le juge estime que les faits constituent une contravention, il prononce, par ordonnance, le renvoi de l'affaire devant le tribunal de police.**

Lorsqu'elle est devenue définitive, cette ordonnance couvre, s'il en existe, les vices de la procédure.

Art. 179 *(Applic. 1er janv. 2001 ; L. n. 2000-516, 15 juin 2000, art. 76 et 140) ; (L. n. 93-2, 4 janv. 1993, art. 74 ; L. n. 93-1013, 24 août 1993, art. 37-II).* **– Si le juge estime que les faits constituent un délit, il prononce, par ordonnance, le renvoi de l'affaire devant le tribunal correctionnel.**

L'ordonnance de règlement met fin à la détention provisoire ou au contrôle judiciaire.

Toutefois, le juge d'instruction peut, par ordonnance distincte spécialement motivée, maintenir le prévenu en détention ou sous contrôle judiciaire jusqu'à sa comparution devant le tribunal. *(L. n. 96-1235, 30 déc. 1996, art. 10, applic. le 31 mars 1997)* **En cas de maintien en détention provisoire, les éléments de l'espèce expressément énoncés dans l'ordonnance doivent justifier cette mesure particulière par la nécessité d'empêcher une pression sur les témoins ou les victimes, de prévenir le renouvellement de l'infraction, de protéger le prévenu ou de garantir son maintien à la disposition de la justice. La même ordonnance peut également être prise lorsque l'infraction, en raison de sa gravité, des circonstances de sa commission ou de l'importance du préjudice qu'elle a causé, a provoqué un trouble exceptionnel et persistant à l'ordre public auquel le maintien en détention provisoire demeure l'unique moyen de mettre fin.**

(L. n. 2000-516, 15 juin 2000, art. 76) **Le prévenu en détention est immédiatement remis en liberté si le tribunal correctionnel n'a pas commencé à examiner au fond à l'expiration d'un délai de deux mois à compter de la date de l'ordonnance de renvoi.**

Toutefois, si l'audience sur le fond ne peut se tenir avant l'expiration de ce délai, le tribunal peut, à titre exceptionnel, par une décision mentionnant les raisons de fait ou de droit faisant obstacle au jugement de l'affaire, ordonner la prolongation de la détention pour une nouvelle durée de deux mois. La comparution personnelle du prévenu est de droit si lui-même ou son avocat en font la demande. Cette décision peut être renouvelée une fois dans les mêmes formes. Si le prévenu n'a toujours pas été jugé à l'issue de cette nouvelle prolongation, il est remis immédiatement en liberté.

Lorsqu'elle est devenue définitive, l'ordonnance mentionnée *(L. n. 2000-1354, 30 déc. 2000, art. 15)* **au premier alinéa couvre, s'il en existe, les vices de la procédure.**

1) Il découle des règles posées par les articles 175 et suivants du Code de procédure pénale que l'ordonnance du juge d'instruction qui, sur les réquisitions du procureur de la République, décide que l'information est complète et y met fin, soit en disant qu'il n'y a lieu à suivre, soit en renvoyant l'inculpé devant la juridiction compétente, dessaisit le juge d'instruction.

Il s'ensuit que, sauf s'il a rendu explicitement une ordonnance de disjonction, le juge d'instruction, dessaisi par son ordonnance de règlement de la procédure, ne saurait poursuivre son information sur les faits qu'il aurait omis de viser dans cette ordonnance, à moins d'en être saisi à nouveau régulièrement (Cass. crim., 23 déc. 1969 : *Bull.* 362 ; *D.* 1970, 282, note J. M. R.).

2) Le délai de 2 mois prévu par l'article 179 du Code de procédure pénale, à l'expiration duquel le prévenu maintenu en détention lors de son renvoi devant le tribunal correctionnel doit être mis en liberté si le tribunal n'a pas commencé à examiner l'affaire au fond ou ordonné la prolongation de la mesure, constitue un délai de comparution devant la juridiction de jugement qui, calculé, de quantième en quantième à compter du jour où l'ordonnance de renvoi a été rendue, expire à 24 heures, le jour du second mois suivant, portant le même quantième (Cas. crim., 11 déc. 2001 : *Bull.* 260).

Justifie sa décision la chambre d'accusation qui déclare sans objet l'appel d'une ordonnance maintenant l'intéressé en détention provisoire jusqu'à sa comparution devant le tribunal après avoir constaté que, dans le délai imparti à la juridiction d'appel pour statuer et avant l'expiration du délai de deux mois prévu à l'article 179 du Code de procédure pénale, celui-ci a comparu devant la juridiction de jugement qui l'a maintenu en détention (Cass. crim., 18 mai 1994 : *Bull. inf. C. cass.* 1994, n. 946).

3) Il résulte de la combinaison des articles 179 et 464-1 du Code de procédure pénale que le maintien en détention ordonné par le juge d'instruction par une ordonnance distincte de celle renvoyant le prévenu devant le tribunal correctionnel ne saurait excéder deux mois sauf au tribunal de décider la prolongation de cette mesure par une décision spéciale et motivée si les éléments de l'espèce le justifient.

Il s'ensuit qu'en l'état de la procédure devant la Cour de cassation, plus de deux mois s'étant écoulés depuis l'ordonnance du magistrat instructeur, le maintien en détention prescrit par celui-ci a nécessairement pris fin. Le pourvoi formé contre l'arrêt confirmatif devient sans objet (Cass. crim., 7 nov. 1989 : *Bull.* 395).

4) La décision par laquelle le juge d'instruction maintient le prévenu sous contrôle judiciaire jusqu'à sa comparution devant le tribunal, en application de l'article 179, alinéa 3, du Code de procédure pénale, est susceptible d'appel en vertu des dispositions de l'article 186 dudit code.

Une telle décision, distincte de l'ordonnance du règlement, doit être spécialement motivée par les éléments de l'espèce (Cass. crim., 9 mai 1977 : *Bull.* 161).

5) Lorsque le tribunal, saisi d'une poursuite contre un prévenu dont le juge d'instruction a ordonné le maintien en détention provisoire, renvoie l'affaire à une audience ultérieure, le mandat de dépôt devient caduc à compter du jugement et le prévenu doit être mis en liberté si le tribunal n'a pas maintenu la détention par une décision spéciale et motivée (Cass. crim., 13 mars 1978 : *Bull.* 92 ; *Rev. sc. crim.* 1979, 110, obs. J. Robert).

6) Même si elle s'est expressément réservée compétence pour statuer sur tout incident relatif à la détention, en ordonner la prolongation ou y mettre fin, une chambre d'accusation n'a pas le pouvoir de décider qu'un inculpé sera, en cas de renvoi par le juge d'instruction devant le tribunal correctionnel, maintenu en détention jusqu'à sa comparution devant la juridiction de jugement.

Aux termes des dispositions de l'article 179 du Code de procédure pénale, seul le juge d'instruction, lorsqu'il prononce le renvoi d'un inculpé devant le tribunal correctionnel, peut, par une ordonnance distincte, prescrire une telle mesure (Cass. crim., 21 janv. 1986 : *Bull.* 27).

Art. 180 *(Ord. n. 58-1296, 23 déc. 1958)*. **– Dans les cas de renvoi, soit devant le tribunal de police, soit devant le tribunal correctionnel, le juge d'instruction transmet le dossier avec son ordonnance au procureur de la République. Celui-ci est tenu de l'envoyer sans retard au greffe du tribunal qui doit statuer.**

Si la juridiction correctionnelle est saisie, le procureur de la République doit faire donner assignation au prévenu pour l'une des plus prochaines audiences, en observant les délais de citation prévus au présent code.

Dernier alinéa abrogé, Ord. n. 58-1296, 23 décembre 1958.

Art. 181 *(Applic. 1er janv. 2001 ; L. n. 2000-516, 15 juin 2000, art. 82-I et 140)*. **– Si le juge d'instruction estime que les faits retenus à la charge des personnes mises en examen constituent une infraction qualifiée crime par la loi, il ordonne leur mise en accusation devant la cour d'assises.**

Il peut également saisir cette juridiction des infractions connexes.

L'ordonnance de mise en accusation contient, à peine de nullité, l'exposé et la qualification légale des faits, objet de l'accusation, et précise l'identité de l'accusé.

Lorsqu'elle est devenue définitive, l'ordonnance de mise en accusation couvre, s'il en existe, les vices de la procédure.

Le contrôle judiciaire dont fait l'objet l'accusé continue à produire ses effets.

La détention provisoire ou le contrôle judiciaire des personnes renvoyées pour délit connexe prend fin, sauf s'il est fait application des dispositions du troisième alinéa de l'article 179. Le délai prévu par le quatrième alinéa de l'article 179 est alors porté à six mois.

L'ordonnance de mise en accusation ordonne également prise de corps contre l'accusé, et contre les personnes renvoyées pour délits connexes.

Le juge d'instruction transmet le dossier avec son ordonnance au procureur de la République. Celui-ci est tenu de l'envoyer sans retard au greffe de la cour d'assises.

Les pièces à conviction, dont il est dressé état, sont transmises au greffe de la cour d'assises si celle-ci siège dans un autre tribunal que celui du juge d'instruction.

1) Lorsque le juge d'instruction a ordonné la transmission de la procédure au procureur général en vue de la mise en accusation de l'inculpé pour faits criminels, le mandat de dépôt ou d'arrêt décerné contre l'individu poursuivi conserve sa valeur exécutoire jusqu'à décision de la chambre d'accusation (Cass. crim., 1er déc. 1966 : *Bull.* 275 ; *D.* 1967, 23, rapp. Costa. – Cass. crim., 26 janv. 1967 : *Bull.* 41. – Cass. crim., 19 sept. 1990 : *Bull.* 318).

2) L'intervention de l'ordonnance de transmission de pièces au procureur général deux jours après l'ordonnance de soit-communiqué ne constitue la violation d'aucun texte et la convocation du conseil devant la chambre d'accusation lui donne toute latitude pour intervenir dans l'intérêt de la défense (Cass. crim., 4 janv. 1977 : *Bull.* 5).

3) Le juge d'instruction n'est pas tenu de procéder à une audition de l'inculpé après les réquisi tions définitives du procureur de la République. Le principe qui veut que la défense soit toujours entendue en dernier ne saurait concerner que les procédures contradictoires ; tel n'est pas le cas de la procédure d'instruction du premier degré (Cass. crim., 24 janv. 1984 : *Bull.*30).

4) L'ordonnance prévue par l'article 181 du Code de procédure pénale, n'ayant pas d'autre objet que de transmettre au procureur général le dossier de la procédure, en vue de le soumettre à l'examen de la juridiction d'instruction du second degré, la personne mise en examen ne saurait arguer de nullité ladite ordonnance, au motif que n'étant, dans son exposé des faits, que la copie d'un précédent arrêt de la chambre d'accusation, elle ne détaillerait pas les charges recueillies par l'information (Cass. crim., 16 janv. 1997 : *Bull.* 16).

5) Lorsque la chambre d'accusation a statué dans le délai imparti par l'article 214, alinéa 3, du Code de procédure pénale, même pour ordonner seulement un supplément d'information, le mandat de dépôt initial conserve sa force exécutoire jusqu'au prononcé de la mise en accusation, par application de l'article 181, alinéa 2, du même code (Cass. crim., 10 févr. 1999 : *Bull.* 16).

6) Il résulte des articles 175, 177, 178, 179 et 181 du Code de procédure pénale que l'ordonnance du juge d'instruction qui, sur les réquisitions du procureur de la République, décide que l'information est complète et y met fin, soit en disant qu'il n'y a lieu à suivre, soit en renvoyant la personne mise en examen devant la juridiction compétente, dessaisit le juge d'instruction. Dès lors, encourt la cassation l'arrêt qui confirme l'ordonnance complémentaire du juge d'instruction décernant prise de corps contre l'accusé, afin de satisfaire à la formalité qui est imposée par l'article 181, alinéa 7, du Code de procédure pénale, sauf dans le cas des accusés mineurs, et dont l'accomplissement n'était pas mentionné dans l'ordonnance de mise en accusation devenue définitive (Cass. crim., 9 janv. 2002 : *Bull. inf. C. cass.*, avr. 2002, n° 320 ; *Bull.* 3).

Art. 182. – Des ordonnances comportant non-lieu partiel peuvent intervenir en cours d'information.

(L. n. 81-82, 2 févr. 1981, art. 53) **Peuvent intervenir, dans les mêmes conditions, des ordonnances de renvoi partiel ou de transmission partielle des pièces lorsque, sur l'un ou plusieurs des faits dont le juge d'instruction est saisi, les charges recueillies apparaissent suffisantes.**

Art. 183 *(L. n. 93-2, 4 janv. 1993, art. 190 et 243 ; L. n. 93-1013, 24 août 1993, art. 14-III, IV)*. **– Les ordonnances de règlement sont portées à la connaissance de la personne mise en examen** *(rempl. à compter du 1er janv. 2001 par :)* **« et du témoin assisté »** *(L. n. 2000-516, 15 juin 2000, art. 131-V et*

***140)* et les ordonnances de renvoi *(à compter du 1er janv. 2001)* ou de mise en accusation *(L. n. 2000-516, 15 juin 2000, art. 84 et 140)* à la connaissance de la partie civile ; la notification est effectuée dans les délais les plus brefs soit verbalement, avec émargement au dossier de la procédure, soit par lettre recommandée.**

Sous réserve de l'application *(L. n. 89-461, 6 juill. 1989, art. 10)* de l'article *(Référence remplacée, L. n° 2002-1138, 9 sept. 2002, art. 38, IV)* « 137-3, deuxième alinéa », les décisions qui sont susceptibles de faire l'objet de voies de recours de la part d'une partie à la procédure ou d'un tiers conformément aux articles 99, 186 et 186-1 leur sont notifiées dans les délais les plus brefs soit verbalement, avec émargement au dossier de la procédure, soit par lettre recommandée. Si la personne mise en examen est détenue, elles peuvent également être portées à sa connaissance par les soins du chef de l'établissement pénitentiaire qui adresse, sans délai, au juge d'instruction, l'original ou la copie du récépissé signé par la personne. Dans tous les cas, une copie de l'acte est remise à l'intéressée.

Toute notification d'acte à une partie par lettre recommandée expédiée à la dernière adresse déclarée par l'intéressée est réputée faite à sa personne.

Les ordonnances mentionnées aux premier et deuxième alinéas du présent article qui doivent être portées à la connaissance des parties sont simultanément, et selon les mêmes modalités, portées à la connaissance de leurs conseils.

Les avis destinés au procureur de la République lui sont adressés par tout moyen. Lorsque le juge d'instruction rend une ordonnance non conforme aux réquisitions du procureur de la République, avis en est donné à celui-ci par le greffier.

Dans tous les cas, mention est portée au dossier par le greffier de la nature et de la date de la diligence faite en application du présent article ainsi que des formes utilisées.

***(L. n. 99-515, 23 juin 1999, art. 15)* Les personnes ayant fait l'objet d'une ordonnance de renvoi partiel ou de transmission partielle des pièces et qui ne demeurent pas mises en examen pour d'autre faits sont entendues comme témoin assisté. Il en est de même en cas de disjonction d'une procédure d'instruction.**

V. P. BOUTEILLER, *La notification des ordonnances de non-lieu ou les insuffisances de l'article 183 du Code de procédure pénale : JCP* 81, I, 3033. – B. BOULOC, *Droits de la défense et simplification de la procédure pénale* (art. 28 à 30 de la loi du 30 déc. 1985 et art. 183, CPP) : *D.* 1986, chron. XXXVI, p. 226.

1) Seule la notification faite conformément aux dispositions de l'article 183 du Code de procédure pénale fait courir le délai d'appel d'une ordonnance rendue par le juge d'instruction ; la connaissance de l'ordonnance par toute autre voie est inopérante (Cass. crim., 24 nov. 1999 : *Bull.* 274).

Il y a violation de l'article 10 de la loi du 8 décembre 1897 et des droits de la défense lorsque les deux lettres missives informant le conseil de l'inculpé de l'ordonnance de soit-communiqué et de l'ordonnance de transmission de procédure ayant été déposées en même temps, à la poste, ledit conseil n'a été avisé de l'ordonnance de soit-communiqué qu'au moment où l'ordonnance de transmission de la procédure était déjà rendue et qu'il s'est trouvé, dès lors, dans l'impossibilité absolue d'intervenir dans l'intérêt de la défense, avant le règlement définitif de l'information (Cass. crim., 9 juin 1955 : *Bull.* 293).

2) Les ordonnances du juge d'instruction rejetant une demande d'expertise de la partie civile doivent être signifiées à l'inculpé en application de l'article 183 du Code de procédure pénale (Cass. crim., 24 mai 1971 : *Bull.* 171).

L'ordonnance par laquelle le juge d'instruction prescrit un transport sur les lieux n'est pas une ordonnance juridictionnelle dont la notification doit être faite au défenseur en conformité de l'article 10 de la loi du 8 décembre 1897 (Cass. crim., 31 janv. 1952 : *Bull.* 35).

3) Aux termes de l'article 183 du Code de procédure pénale, seules ont à être notifiées au conseil les ordonnances juridictionnelles. Ne présentent pas un tel caractère et sont, par suite, dispensées de toute notification, les ordonnances de soit-communiqué qui n'ont pour objet que d'obtenir les réquisitions du ministère public en vue d'instruire sur de nouveaux chefs d'inculpation, ou de faire joindre à la procédure une autre poursuite en cours d'instruction (Cass. crim., 9 janv. 1962 : *Bull.* 18).

L'ordonnance de soit-communiqué qui n'a d'autre objet que de mettre le procureur de la République en mesure de prendre ses réquisitions sur le maintien en détention préventive ou la mise en liberté provisoire, n'est qu'une simple formalité de procédure et n'a pas le caractère juridictionnel au sens de l'article 183 du Code de procédure pénale (Cass. crim., 12 nov. 1959 : *Bull.* 486 ; *JCP* 60, 11405, note Chambon ; *D.* 1960, 59, note Gollety ; *Rev. sc. crim.* 1960, 295, obs. J. Robert. – Cass. crim., 21 déc. 1970 : *Bull.* 346).

4) L'ordonnance de dessaisissement d'un juge d'instruction au profit d'un autre juge d'instruction appartenant à un tribunal différent doit être considérée comme une ordonnance statuant sur la compétence ; elle est dès lors, susceptible d'appel notamment de la part du mis en examen en application de l'article 186 du Code de procédure pénale (Cass. crim., 26 avr. 1967 : *Bull.* 133. – Cass. crim., 9 mai 1968 : *Bull.* 149. – Cass. crim., 11 mai 1981 : *Bull.* 150). Seule la notification faite conformément aux dispositions de l'article 183 du Code de procédure pénale fait courir le délai d'appel d'une ordonnance rendue par le juge d'instruction, la connaissance de l'ordonnance par toute autre voie est inopérante (Cass. crim., 8 févr. 1994 : *Bull.* 56).

5) Encourt la cassation l'arrêt d'une chambre d'accusation qui déclare irrecevable l'appel d'une ordonnance de non-lieu de la partie civile au motif que celle-ci n'ayant pas élu domicile, comme elle devait le faire, dans le ressort du tribunal où se faisait l'instruction, le délai d'appel courait, non de la signification de ladite ordonnance, mais du jour où elle avait été rendue, alors que ledit arrêt constate qu'en violation des prescriptions de l'article 183 du Code de procédure pénale, avis de cette ordonnance n'a pas été donné au conseil de la partie civile, cette violation des droits essentiels de la défense ayant pour conséquence d'enlever tout effet à la signification de l'ordonnance entreprise et de faire courir le délai d'appel (Cass. crim., 21 déc. 1982 : *Bull.* 299).

Selon l'article 183, alinéa 2, du Code de procédure pénale, les décisions du juge d'instruction qui sont susceptibles de voies de recours de la part de la partie civile sont notifiées à cette dernière dans les délais les plus brefs, soit verbalement avec émargement au dossier de la procédure, soit par lettre recommandée et dans tous les cas une copie de l'ordonnance est remise à l'intéressé. Et selon l'alinéa 6 du même texte mention est portée au dossier par le greffier de la nature et de la date de la diligence ainsi que des formes utilisées. Lorsque l'ordonnance figurant au dossier ne comporte aucune mention de l'expédition d'une lettre recommandée à la partie civile ou d'un émargement de celle-ci, le récépissé postal annexé à ladite ordonnance ne peut faire la preuve de l'envoi de la lettre recommandée susvisée (Cass. crim., 5 avr. 1995 : *Bull.* 149).

6) Il résulte des dispositions de l'article 183 du Code de procédure pénale, en sa rédaction issue de la loi du 30 décembre 1985, que la notification des ordonnances susceptibles de faire l'objet d'une voie de recours de la part de l'inculpé doit être faite à celui-ci et à son conseil selon les mêmes modalités ; dans tous les cas une copie de l'acte doit être remise tant à l'inculpé qu'à son conseil.

L'omission de notifier régulièrement au conseil de l'inculpé une ordonnance de rejet d'une demande de mise en liberté n'affecte pas la validité de l'ordonnance elle-même, et a pour seule conséquence d'empêcher le délai d'appel de courir (Cass. crim., 21 août 1986 : *Bull.* 250. – Cass. crim., 7 mars 1989 : *Bull.* 110).

7) L'ordonnance de soit-communiqué préalable à l'ordonnance de règlement n'entre pas dans la catégorie des actes qui d'après l'article 183 du Code de procédure pénale, en sa rédaction issue de la loi du 30 décembre 1985, doivent être notifiés aux parties ou à leurs conseils (Cass. crim., 28 janv. 1987 : *Bull.* 49). C'est ainsi que l'ordonnance de soit-communiqué n'a pas à être portée à la connaissance du conseil de la partie civile (Cass. crim., 31 mars 1987 : *Bull.* 148). Il en est de même de l'ordonnance de soit-communiqué pour règlement préalable à l'ordonnance de transmission de pièces au procureur général (Cass. crim., 28 janv. 1987 : *Bull.* 50).

8) La notification par lettre recommandée prévue par l'article 183 du Code de procédure pénale, dans sa rédaction issue de la loi du 30 décembre 1985, est réalisée par l'expédition de ladite lettre. C'est dès lors à bon droit qu'une chambre d'accusation déclare irrecevable l'appel d'une ordonnance de non-lieu relevée par une partie civile plus de dix jours après la date d'envoi de la lettre recommandée portant ladite décision à sa connaissance (Cass. crim., 12 janv. 1988 : *Bull.* 12. – Cass. crim., 19 oct. 1988 : *Bull.* 358).

9) L'article 183, alinéa 2, du Code de procédure pénale n'exige nullement que les ordonnances et décisions qui doivent être notifiées à l'inculpé – parmi lesquelles ne figurent ni les ordonnances de soit-communiqué ni les réquisitions du ministère public – soient remises en copies certifiées conformes et n'interdit pas qu'elles soient transmises par télécopie au chef de l'établissement pénitentiaire qui en donne connaissance à l'intéressé (Cass. crim., 3 juill. 1989 : *Bull.* 281).

10) Selon l'article 183, alinéa 2, du Code de procédure pénale, les décisions du juge d'instruction qui sont susceptibles de voies de recours de la part de la partie civile lui sont notifiées dans les délais les plus brefs, soit verbalement avec émargement au dossier de la procédure, soit par lettre recommandée ; dans tous les cas une copie de l'acte est remise à l'intéressé. Et, selon l'alinéa 6 du même texte, mention est portée au dossier par le greffier de la nature et de la date de la diligence, ainsi que des formes utilisées.

Encourt la censure l'arrêt qui, pour déclarer irrecevable comme tardif, l'appel d'une ordonnance du juge d'instruction, se fonde sur la seule mention attestant que ladite ordonnance « a été notifiée à la partie civile le... », une telle mention, non assortie de précisions relatives aux formes utilisées pour la notification, étant incomplète et ne faisant pas courir le délai d'appel (Cass. crim., 4 janv. 1991 : *Bull.* 6).

Selon l'article 183 du Code de procédure pénale, la notification des ordonnances, susceptibles de faire l'objet d'un recours, doit être faite à la partie concernée ainsi qu'à son avocat, selon les mêmes modalités, par la remise d'une copie de l'acte ou son envoi par lettre recommandée. La preuve de la nature, de la date et des formes utilisées pour cette formalité résulte de la mention portée au dossier par le greffier et les récépissés postaux, éventuellement annexés à l'ordonnance, ne peuvent y suppléer (Cass. crim., 22 oct. 1996 : *Bull.* 368. – Cass. crim., 30 nov. 1999 : *Bull.* 281).

11) Il ne peut être dérogé aux prescriptions légales relatives aux délais d'appel qu'à la condition qu'il soit établi que l'appelant a été dans l'impossibilité absolue de s'y conformer par suite d'un événement de force majeure ou d'un obstacle invincible et indépendant de sa volonté ; la seule constatation de grèves sporadiques et de la difficulté pour l'avocat de prendre contact avec son client ne caractérise pas la force majeure (Cass. crim., 24 mars 1998 : *Bull.* 107).

Art. 184 *(Mod., L. n. 93-2, 4 janv. 1993, art. 191).* **– Les ordonnances rendues par le juge d'instruction en vertu de la présente section contiennent les nom, prénoms, date, lieu de naissance, domicile et profession de la personne mise en examen. Elles indiquent la qualification légale du fait imputé à celle-ci et, de façon précise, les motifs pour lesquels il existe ou non contre elle des charges suffisantes.**

L'obligation de motivation imposée au juge d'instruction par l'article 184 du Code de procédure pénale n'est pas indispensable à la validité d'une ordonnance de règlement lorsque le magistrat rend une décision conforme au réquisition motivé du procureur de la République et s'y réfère explicitement (Cass. crim., 26 janv. 2000 : *Bull.* 41).

SECTION XII. – DE L'APPEL DES ORDONNANCES DU JUGE D'INSTRUCTION OU DU JUGE DES LIBERTÉS ET DE LA DÉTENTION

(L. n. 2000-516, 15 juin 2000, art. 132-IX et 140)

Art. 185 *(Ord. n. 60-529, 4 juin 1960, art. 8).* **– Le procureur de la République a le droit d'interjeter appel devant la chambre de l'instruction de toute ordonnance du juge d'instruction** *(ajout à compter du 1er janv. 2001 ; L. n. 2000-516, 15 juin 2000, art. 132-X et 140)* **« ou du juge des libertés et de la détention. »**

(2e al. rempl., L. n. 85-1407, 30 déc. 1985, art. 31 et 94). **Cet appel formé par déclaration au greffe du tribunal, doit être interjeté dans les cinq jours qui suivent la notification de la décision.**

(L. n. 2000-1354, 30 déc. 2000, art. 26, applic. 1er janv. 2001) **En cas d'appel par la personne mise en examen de l'ordonnance de mise en accusation prévue par l'article 181, le procureur de la**

République dispose d'un délai d'appel incident de cinq jours supplémentaires à compter de l'appel de la personne mise en examen.

Le droit d'appel appartient également dans tous les cas au procureur général. Il doit signifier son appel aux parties dans les dix jours qui suivent l'ordonnance du juge d'instruction *(ajout à compter du 1er janv. 2001 ; L. n. 2000-516, 15 juin 2000, art. 132-X et 140)* **« ou du juge des libertés et de la détention. »**

V. J. DUMONT, *Appel des ordonnances du juge d'instruction : J.-Cl. Proc. pén.*, art. 185 à 187-2, fasc. 20.

1) Aux termes de l'article 135 du Code d'instruction criminelle (185 du Code de procédure pénale), le procureur de la République peut interjeter appel dans tous les cas des ordonnances du juge d'instruction. Il en est ainsi, dans le cas d'ordonnances qui refusent de faire droit à des réquisitions tendant notamment à ce qu'il soit décerné mandat de dépôt contre l'inculpé (Cass. crim., 25 mars 1954 : *Bull.* 123 ; *D.* 1954, 345, note P. A.).

L'article 135 du Code d'instruction criminelle (185 du Code de procédure pénale) proclame le droit absolu du procureur de la République d'interjeter appel des ordonnances du juge d'instruction, à quelques phases de la procédure et dans quelques cas que ces ordonnances aient été rendues, sans aucune distinction entre lesdites ordonnances ni aucune restriction à ce droit (Cass. crim., 8 juill. 1958 : *Bull.* 526).

2) Il n'importe que l'ordonnance, dont le ministère public a relevé appel, ait été rendue conformément à ses réquisitions, cette circonstance ne pouvant lui enlever la faculté d'user d'un droit qui lui est ouvert par l'article 135 du Code d'instruction criminelle (185 du Code de procédure pénale), droit qui ne peut encourir d'autre fin de non-recevoir que celle qui résulterait de l'inobservation des formes et délais légaux (Cass. crim., 15 nov. 1956 : *Bull.* 753).

3) L'appel qui est exceptionnellement ouvert à l'administration des Douanes contre les ordonnances du juge d'instruction nonobstant les dispositions de l'article 186 du Code de procédure pénale, doit être formé dans le délai imparti au procureur de la République par l'article 185, § 2, du Code de procédure pénale (Cass. crim., 4 juill. 1973 : *Bull.* 316).

4) L'article 185 du Code de procédure pénale confère au procureur de la République et au procureur général le droit de relever appel de toute ordonnance du juge d'instruction.

Il en résulte qu'une chambre d'accusation ne saurait déclarer irrecevable l'appel, interjeté par le procureur général d'une cour d'appel, de l'ordonnance du magistrat instructeur prescrivant le placement d'un inculpé sous contrôle judiciaire (Cass. crim., 19 sept. 1990 : *Bull.* 319), ce, même au motif que cette décision n'aurait pas été précédée de réquisitions de mise en détention émanant du procureur de la République (Cass. crim., 14 oct. 1997 : *Bull.* 332).

5) Il résulte de l'article 185 du Code de procédure pénale et des principes généraux du droit que l'appel du ministère public s'étend à toutes les décisions rendues en matière de détention provisoire (Cass. crim., 6 juill. 1993 : *Bull.* 241 ; *D.* 1993, 429, note S. Kehrig ; *JCP* 94, II, 22115, concl. J. Perfetti).

6) Lorsque le procureur de la République a requis du magistrat instructeur, sur le fondement de l'article 82 du Code de procédure pénale, l'expertise psychiatrique d'une personne mise en examen, son appel de l'ordonnance qui refuse d'y faire droit n'entre pas dans les prévisions de l'article 186-1 dudit code, mais relève des seules dispositions de l'article 185 de ce code ; dès lors, encourt la cassation la chambre de l'instruction, qui, pour se déclarer non saisie de l'appel du procureur de la République contre une ordonnance de refus d'expertise psychiatrique rendue par le juge d'instruction, retient que l'affaire a été directement audiencée devant la chambre d'accusation, sans avoir été transmise préalablement au président de cette juridiction (Cass. crim., 28 avr. 1998 : *Bull.* 142 ; *Juris-Data* n. 002617).

Art. 186 *(Ord. n. 58-1296, 23 déc. 1958 ; Ord. n. 60-529, 4 juin 1960, art. 2 ; L. n. 70-643, 17 juill. 1970, art. 5 ; L. n. 72-1226, 29 déc. 1972, art. 32-I ; L. n. 81-82, 2 févr. 1981, art. 57 ; L. n. 83-466, 10 juin 1983, art. 18 ; L. n. 84-576, 9 juill. 1984, art. 14-I et 19 ; L. n. 89-461, 6 juill. 1989, art. 6 ; L.*

n. 93-2, 4 janv. 1993, art. 44 et 234 ; L. n. 93-1013, 24 août 1993, art. 15-V). – **Le droit d'appel appartient à la personne mise en examen contre les ordonnances et décisions prévues par les articles 87, 139, 140, 137-3** *(L. n. 2000-516, 15 juin 2000, art. 132-XI et 140)* **145-1, 145-2, 148, 179, troisième alinéa** *(L. n. 2000-516, 15 juin 2000, art. 82-II et 140, applic. 1er janv. 2001)* **et 181.**

La partie civile peut interjeter appel des ordonnances de non-informer, de non-lieu et des ordonnances faisant grief à ses intérêts civils. Toutefois, son appel ne peut, en aucun cas, porter sur une ordonnance ou sur la disposition d'une ordonnance relative à la détention de la personne mise en examen ou au contrôle judiciaire.

Les parties peuvent aussi interjeter appel de l'ordonnance par laquelle le juge a, d'office ou sur déclinatoire, statué sur sa compétence.

L'appel des parties [*(L. n. 2000-516, 15 juin 2000, art. 32-II, mots supprimés à compter du 1er janv. 2001)* **ou du témoin condamné en application des dispositions de l'article 109] ainsi que la requête prévue par le cinquième alinéa de l'article 99 doivent être formés dans les conditions et selon les modalités prévues par les articles 502 et 503, dans les dix jours qui suivent la notification ou la signification de la décision.**

Le dossier de l'information ou sa copie établie conformément à l'article 81 est transmis, avec l'avis motivé du procureur de la République, au procureur général, qui procède ainsi qu'il est dit aux articles 194 et suivants.

Si le président de la chambre de l'instruction constate qu'il a été fait appel d'une ordonnance non visée aux alinéas 1 à 3 du présent article, il rend d'office une ordonnance de non-admission de l'appel qui n'est pas susceptible de voies de recours. *(Phrase créée, L. n° 2002-1138, 9 sept. 2002, art. 39, I, 4°)* **Il en est de même lorsqu'il est fait appel, après expiration du délai prévu au quatrième alinéa du présent article, de toute ordonnance du juge d'instruction ou lorsque l'appel est devenu sans objet.**

1) Il résulte de l'article 186 du Code de procédure pénale que l'appel, par une partie privée, d'une ordonnance rendue par le juge d'instruction, doit être formé dans les 10 jours de sa notification, le délai d'appel est calculé à compter du lendemain de la date de la notification (Cass. crim., 27 mars 1995 : *Bull.* 126).

Aux termes de l'article 156, § 2, du Code de procédure pénale, le juge d'instruction, lorsqu'il estime ne pas devoir faire droit à une demande d'expertise formée par les parties, doit rendre une ordonnance motivée dont l'inculpé peut interjeter appel par application de l'article 186, § 3 (186-1), du même code.

Est dès lors recevable l'appel par le prévenu d'une ordonnance de renvoi en police correctionnelle qui présente le caractère d'une décision complexe en ce qu'elle rejette implicitement une demande d'expertise.

Saisie de l'appel d'une telle ordonnance, la chambre d'accusation doit le déclarer recevable sous ce rapport, décider qu'il y avait lieu de tenir pour non avenu le renvoi en police correctionnelle et, après annulation de l'ordonnance, procéder dans les conditions prévues à l'article 206, dernier alinéa, du Code de procédure pénale (Cass. crim., 2 mai 1967 : *Bull.* 143 ; *Rev. sc. crim.* 1968, 93, obs. J. Robert).

2) La constitution de partie civile peut être contestée, aux termes de l'article 87, alinéa 2, du Code de procédure pénale, par le ministère public, l'inculpé ou une autre partie civile, qu'il s'agisse d'une constitution ayant mis en mouvement l'action publique ou d'une constitution intervenue au cours de l'instruction.

Est recevable l'appel par l'inculpé d'une ordonnance de renvoi en police correctionnelle qui présente le caractère d'une décision complexe en ce qu'elle a admis implicitement une constitution de partie civile dont la recevabilité avait été expressément contestée (Cass. crim., 14 déc. 1982 : *Bull.* 288).

3) La décision par laquelle le juge d'instruction statue sur le maintien ou la mainlevée du contrôle judiciaire, en application de l'article 140 du Code de procédure est susceptible d'appel en vertu des dispositions de l'article 186 dudit code (Cass. crim., 16 janv. 1975 : *Bull.* 21).

Le délai d'appel contre une ordonnance de modification de contrôle judiciaire a pour point de départ la date d'envoi de la lettre recommandée valant notification, en application de l'article 186 du Code de procédure pénale, et est calculé à compter du lendemain (Cass. crim., 6 mai 1996 : *Bull.* 186).

Une requête tendant à la suppression de deux des trois versements d'un cautionnement prescrit en application de l'article 138 (1°) du Code de procédure pénale doit être analysée comme une demande de mainlevée partielle du contrôle judiciaire, au sens de l'article 140 dudit code. L'ordonnance qui refuse d'y faire droit est expressément visée par l'article 186, premier alinéa, comme étant de celles dont l'inculpé peut interjeter appel (Cass. crim., 23 oct. 1984 : *Bull.* 313).

En permettant aux inculpés de demander la mainlevée d'une mesure de contrôle judiciaire, les articles 186, alinéas 1 et 3, et 186-1 du Code de procédure pénale leur ont attribué un droit exceptionnel qui ne comporte aucune extension et limite la saisine de la juridiction à la seule question du contrôle judiciaire (Cass. crim., 23 juill. 1974 : *Bull.* 263. – Cass. crim., 25 juill. 1983 : *Bull.* 225).

En permettant aux personnes mises en examen de relever appel des ordonnances prévues par les articles 186 et 186-1 du Code de procédure pénale, ces textes leur ont attribué un droit exceptionnel dont elles ne sauraient s'autoriser pour faire juger, à l'occasion d'une de ces procédures spéciales, des questions étrangères à son unique objet. Encourt dès lors la cassation, l'arrêt de la chambre d'accusation qui, saisie d'un appel d'une ordonnance de placement en détention provisoire, ordonne la mise en liberté de l'intéressé en se fondant sur l'irrégularité prétendue de pièces de la procédure, étrangères à la décision qui lui était déférée (Cass. crim., 8 déc. 1993 : *Bull.* 380). Saisie du contentieux de la détention la chambre d'accusation ne saurait sans excéder ses pouvoirs se prononcer sur le bien-fondé de la poursuite (Cass. crim., 1er juin 1994 : *Bull.* 221).

Le principe de l'unique objet étant applicable en cas d'appel d'une ordonnance de placement sous contrôle judiciaire, la personne mise en examen n'est donc pas recevable à évoquer à cette occasion de prétendues irrégularités commises en cours d'information ou à contester l'existence des infractions qui lui sont reprochées (Cass. crim., 10 déc. 1996 : *Bull.* 458).

S'il est vrai que, par dérogation à la règle de l'unique objet de l'appel des ordonnances prévues par les articles 186 et 186-1 du Code de procédure pénale, la personne mise en examen a le droit de fonder son appel d'une ordonnance de placement en détention provisoire sur l'absence de procédure d'extradition, et sur l'irrégularité prétendue de son arrestation ou de sa détention, encore faut-il que les actes critiqués fassent partie de la procédure même dont la chambre d'accusation est saisie par le recours (Cass. crim., 10 janv. 1995 : *Bull.* 11. – Cass. crim., 30 mai 1995 : *Bull.* 195. – Cass. crim., 24 sept. 1997 : *Bull.* 311).

L'ordonnance de placement sous contrôle judiciaire étant susceptible d'appel depuis la modification de l'article 186 du Code de procédure pénale par la loi du 4 janvier 1993, son irrégularité ne peut être invoquée lorsqu'elle a acquis un caractère définitif, notamment lors de l'appel d'une ordonnance modifiant le contrôle judiciaire (Cass. crim., 27 oct. 1993 : *Bull.* 318).

4) L'ordonnance du juge d'instruction refusant d'ordonner l'examen médico-psychologique prévu à l'article 81, alinéa 6, du Code de procédure pénale, n'est pas susceptible d'appel de la part de l'inculpé (Cass. crim., 29 avr. 1960 : *Bull.* 221).

5) L'article 186 du Code de procédure pénale n'autorise pas l'appel de l'inculpé contre l'ordonnance qui le renvoie devant le tribunal correctionnel (Cass. crim., 12 janv. 1971 : *Bull.* 8. – Cass. crim., 17 juin 1975 : *Bull.* 155 ; *JCP* 78, II, 18772, note Jeandidier ; *Rev. sc. crim.* 1976, 142, obs. J. Robert. – Cass. crim., 25 juin 1979 : *Bull.* 222).

L'article 186 du Code de procédure pénale n'autorise pas l'inculpé à relever appel, pour quelque cause que ce soit, de l'ordonnance de non-lieu rendue par le juge d'instruction (Cass. crim., 15 juill. 1965 : *Bull.* 176 ; *Rev. sc. crim.* 1966, 98, obs. J. Robert).

6) La partie civile est habilitée à relever appel d'une ordonnance de non-lieu sans qu'il y ait à distinguer en présence de plusieurs inculpés si le non-lieu les concerne tous ou seulement quelques-uns d'entre eux (Cass. crim., 24 mars 1960 : *Bull.* 170).

L'article 186 du Code de procédure pénale n'exige pas, pour la validité de l'appel, que la partie civile, appelante d'une ordonnance de non-lieu, précise dans sa déclaration les qualifications pénales relevées dans les poursuites ou visées dans l'ordonnance elle-même (Cass. crim., 13 janv. 1965 : *Bull.* 13 ; *JCP* 65, II, 14210, note Escande).

Dès lors qu'avant la signification d'une ordonnance de non-lieu à la partie civile, aucune notification satisfaisant aux prescriptions de l'article 183, alinéa 2, du Code de procédure pénale n'a été faite à cette dernière, l'appel interjeté par elle dans le délai prévu par l'article 186, alinéa 4, du même code, après la signification précitée, est recevable (Cass. crim., 6 juin 1989 : *Bull.* 241).

La partie civile peut relever appel d'une ordonnance par laquelle le juge d'instruction a renvoyé certains inculpés devant le tribunal correctionnel mais a omis de statuer sur diverses infractions dénoncées par la partie civile (Cass. crim., 23 déc. 1969 : *Bull.* 362. – Cass. crim., 13 juin 1995 : *Bull.* 215) ; elle peut également relever appel de l'ordonnance prescrivant, par application de l'article 88 dudit code, le versement, par la partie civile, d'une consignation destinée à garantir le paiement de l'amende civile susceptible d'être prononcée et qui doit être proportionnée à ses ressources (Cass. crim., 19 juill. 1994 : *Bull.* 283).

L'article 186 du Code de procédure pénale ne limite pas le droit d'appel de la partie civile contre une ordonnance de non-lieu aux dispositions de cette ordonnance portant sur les faits qu'elle a elle-même dénoncés. Lorsqu'au cours d'une information ouverte sur plainte avec constitution de partie civile, le juge d'instruction est saisi de faits nouveaux par réquisitions supplétives du ministère public, la partie civile est recevable à interjeter appel des dispositions de l'ordonnance de non-lieu portant sur ces faits, bien qu'elle n'ait pas déposé une plainte additionnelle étendant sa constitution ; il suffit que les dispositions de cette ordonnance fassent grief à ses intérêts (Cass. crim., 22 févr. 2000 : *Bull.* 74).

7) Encourt la cassation l'arrêt de la chambre d'accusation qui, après avoir déclaré recevable l'appel interjeté par la partie civile d'une ordonnance de renvoi devant le tribunal correctionnel ayant requalifié les faits de la poursuite, a statué au fond, une telle ordonnance ne portant pas de préjudice direct aux intérêts de la partie civile au sens de l'article 186, alinéa 2, du Code de procédure pénale (Cass. crim., 1er déc. 1964 : *Bull.* 318. – Cass. crim., 15 févr. 1983 : *Bull.* 54).

8) Lorsque, en vertu de l'article L. 480-2° du Code de l'urbanisme, le juge d'instruction a, par ordonnance, décidé ou maintenu l'interruption des travaux, une telle décision, qui n'entre pas dans les prévisions de celles des dispositions des articles 186 et 186-1 du Code de procédure pénale qui énumèrent limitativement les ordonnances prises en application dudit code contre lesquelles le droit d'appel est ouvert à l'inculpé, peut être frappée d'appel par celui-ci, à qui il est fait grief, et déférée à la chambre d'accusation (Cass. crim., 10 janv. 1980 : *Bull.* 18).

9) Les conclusions prises par l'inculpé devant le juge d'instruction et tendant à faire décider que le texte pénal visé dans la poursuite était entaché d'illégalité, constituent non un déclinatoire de compétence au sens de l'article 186, alinéa 3, du Code de procédure pénale, mais des conclusions aux fins de non-lieu.

En conséquence, n'est pas recevable l'appel relevé par l'inculpé contre l'ordonnance qui a rejeté de telles conclusions (Cass. crim., 6 juill. 1961 : *Bull.* 328).

Est recevable, en application de l'alinéa 3 de l'article 186 du Code de procédure pénale, l'appel d'une ordonnance du juge d'instruction statuant implicitement sur un déclinatoire de compétence (Cass. crim., 26 juin 1968 : *Bull.* 207).

L'ordonnance de dessaisissement d'un juge d'instruction au profit d'un autre juge d'instruction appartenant à un tribunal différent, statue en fait sur la compétence et est, par suite, susceptible d'appel de la part de l'inculpé par application de l'article 186 du Code de procédure pénale (Cass. crim., 5 oct. 1961 : *Bull.* 392. – Cass. crim., 1er déc. 1976 : *Bull.* 348. – Cass. crim., 8 févr. 1994 : *Bull.* 56).

10) L'ordonnance du juge d'instruction fondée sur l'article L. 263-3-1 du Code du travail est susceptible d'appel, comme émanant d'un magistrat incompétent, de la part de l'entreprise à laquelle ont été imposées certaines obligations bien que celle-ci n'ait pas été partie en la cause et que l'appel d'une telle ordonnance ne soit pas prévu par le Code de procédure pénale.

Encourt la cassation l'arrêt de la chambre d'accusation qui déclare un tel appel irrecevable en vertu des articles 186 et 186-1 du Code de procédure pénale.

La Cour de cassation statuant sur le pourvoi formé contre un tel arrêt peut casser sans renvoi et mettre fin au litige, conformément à l'article L. 131-5 du Code de l'organisation judiciaire (loi du 3 janvier 1979) en déclarant ledit appel recevable et la nullité de l'ordonnance entreprise, lorsqu'elle trouve dans les constatations des juges du fond et les pièces de la procédure les éléments lui permettant de faire application de la règle de droit appropriée (Cass. crim., 24 févr. 1981 : *Bull.* 69).

11) Si le président de la chambre d'accusation est investi par l'alinéa final de l'article 186 du Code de procédure pénale, modifié par la loi du 29 décembre 1972, du pouvoir de rendre, d'office, une ordonnance de non-admission de l'appel formé contre une ordonnance du juge d'instruction hors des conditions prévues par les alinéas 1 à 3 dudit texte, il demeure libre de ne pas user de cette faculté.

En ce cas, la chambre d'accusation a qualité pour statuer sur la recevabilité d'appel (Cass. crim., 19 mars 1975 : *Bull.* 82 ; *Rev. sc. crim.* 1976, 142, obs. J. Robert).

Dès lors qu'il a été relevé appel de l'ordonnance de renvoi rendue par le juge d'instruction, en l'absence d'ordonnance du président de la chambre d'accusation, en vertu du dernier alinéa de l'article 186 du Code de procédure pénale, la juridiction correctionnelle, tant qu'il n'a pas été statué sur la recevabilité de cet appel par la chambre d'accusation, n'est pas valablement saisie et ne saurait se prononcer sur la détention provisoire du détenu (Cass. crim., 16 avr. 1985 : *Bull.* 138).

12) Le président de la chambre d'accusation tient du dernier alinéa de l'article 186 le pouvoir de rendre une ordonnance de non-admission d'appel dans tous les cas où il constate qu'il a été fait appel d'une ordonnance du juge d'instruction pour laquelle ce recours n'est pas prévu par les 3 premiers alinéas du même article ; ne commet, dès lors, aucun excès de pouvoir – malgré le visa erroné de l'article 186-1 du Code de procédure pénale – le président qui décide de ne pas saisir la chambre d'accusation de l'appel, relevé par la partie civile, d'une ordonnance déclarant irrecevable sa demande de saisie conservatoire d'un navire, après avoir constaté qu'une telle demande n'entre pas dans les prévisions de l'article 82-1 dudit code (Cass. crim., 24 juin 1998 : *Bull.* 207).

Excède ses pouvoirs, le président de la chambre d'accusation qui, se fondant sur l'article 186, alinéa 6, du Code de procédure pénale, rend une décision de non-admission de l'appel par la partie civile d'une ordonnance qui déclare irrecevable sa constitution ; la chambre d'accusation se trouve ainsi saisie de cet appel et la cassation de la décision attaquée a lieu sans renvoi (Cass. crim., 6 avr. 1993 : *Bull.* 147).

Excède ses pouvoirs le président de la chambre d'accusation qui rend une ordonnance de non-admission de l'appel interjeté par la partie civile d'une ordonnance de renvoi devant le tribunal correctionnel, faisant grief à ses intérêts civils dès lors que le juge d'instruction a omis de statuer sur une infraction dénoncée dans la plainte (Cass. crim., 17 nov. 1999 : *Bull.* 264).

Il résulte de l'article 567-1 du Code de procédure pénale que la décision du président de la chambre d'accusation, prise en application de l'article 186, alinéa 6, de ce code n'est pas susceptible de pourvoi en cassation, sauf en cas de risque d'excès de pouvoir constaté par ordonnance du président de la chambre criminelle (Cass. crim., 29 avr. 1997 : *Bull.* 154).

13) Il n'y a lieu, pour la chambre d'accusation, malgré la requalification des faits poursuivis, de décerner un mandat de dépôt criminel se substituant au mandat de dépôt initial lorsqu'elle annule une ordonnance de mise en liberté rendue par le juge d'instruction, ce mandat de dépôt initial n'étant que suspendu provisoirement, en raison de l'abrogation de l'alinéa 6 de l'article 186 du Code de procédure pénale, par l'effet de l'ordonnance frappée d'appel ; toutefois, la cassation de l'arrêt a pour conséquence de suspendre à nouveau provisoirement l'exécution dudit mandat de dépôt (Cass. crim., 6 mai 1985 : *Bull.* 169).

14) Il résulte des dispositions combinées des articles 4, 5 et 76 de la loi du 31 décembre 1971 portant réforme de certaines professions judiciaires et juridiques que l'avocat est investi, hormis le cas de désaveu et sous réserve des dérogations et restrictions spécialement prévues par la loi, d'un droit général d'assistance et de représentation devant la juridiction du premier degré sans avoir à justifier d'un pouvoir spécial et que dès lors, sous les mêmes réserves, il est habilité à formuler au nom de son client une déclaration d'appel.

Il en est ainsi notamment dans les hypothèses prévues par l'article 186 du Code de procédure pénale (Cass. crim., 6 mars 1979 : *Bull.* 97. – Cass. crim., 15 mai 1979 : *Bull.* 174).

Il résulte des dispositions de l'article 502 du Code de procédure pénale, tel qu'il a été modifié par la loi du 30 décembre 1985, et auxquelles renvoie l'article 186 de ce code, que, quel que soit le barreau dont il relève, l'avocat qui fait une déclaration d'appel n'est pas tenu de produire un pouvoir spécial (Cass. crim., 20 mars 1990 : *Bull.* 123).

15) Il résulte des dispositions combinées des articles 186, alinéa 4 (L. 30 déc. 1985) et 502 du Code de procédure pénale que la déclaration d'appel de l'inculpé ou de la partie civile, doit être faite au greffier de la juridiction qui a rendu la décision attaquée ; cette expression doit s'entendre, en matière d'appel des ordonnances du juge d'instruction, non du greffier de celui-ci, mais du greffe du tribunal auquel appartient le magistrat instructeur (Cass. crim., 19 janv. 1987 : *Bull.* 23 ; *Rev. sc. crim.* 1987, p. 465, obs. Braunschweig).

16) Le mandat de dépôt, faisant corps avec l'ordonnance de placement en détention provisoire qui en est le support, est susceptible d'appel comme l'ordonnance elle-même (Cass. crim., 1er mars 1994 : *Bull.* 81).

17) Il résulte de la combinaison des articles 185, 186, 191, 220 et 610 du Code de procédure pénale que si la chambre d'accusation d'une cour d'appel connaît des appels des ordonnances rendues par les juges d'instruction de son ressort, cette attribution se trouve, dans le cas où son arrêt de mise en accusation est annulé par la Cour de cassation, dévolue à la chambre d'accusation devant laquelle le procès est renvoyé (Cass. crim., 31 mars 1987 : *Bull.* 147).

18) La cassation d'un arrêt de chambre d'accusation infirmant l'ordonnance de mise en liberté du juge d'instruction entraîne la remise en liberté de l'inculpé en exécution de l'ordonnance frappée d'appel, l'article 14-II de la loi du 9 juillet 1984 ayant abrogé le 6e alinéa de l'article 186 du Code de procédure pénale sur l'effet suspensif de l'appel du ministère public à l'encontre d'une telle ordonnance (Cass. crim., 26 juin 1989 : *Bull.* 269).

Art. 186-1 *(L. n. 72-1226, 29 déc. 1972, art. 32-II ; L. n. 85-1407, 30 déc. 1985, art. 33 et 94 ; L. n. 93-2, 4 janv. 1993, art. 45).* **– Les parties peuvent aussi interjeter appel des ordonnances prévues par le neuvième alinéa de l'article 81, par** *(L. n. 2000-516, 15 juin 2000, art. 22-II, applic. 1er janv. 2001)* **les articles 82–1 et 82–3, par le deuxième alinéa de l'article 156 et le quatrième alinéa de l'article 167.**

Dans ce cas, le dossier de l'information, ou sa copie établie conformément à l'article 81, est transmis avec l'avis motivé du procureur de la République au président de la chambre de l'instruction.

Dans les huit jours de la réception de ce dossier, le président décide, par une ordonnance qui n'est pas susceptible de voie de recours, s'il y a lieu ou non de saisir la chambre de l'instruction de cet appel.

Dans l'affirmative, il transmet le dossier au procureur général qui procède ainsi qu'il est dit aux articles 194 et suivants.

Dans la négative, il ordonne par décision motivée que le dossier de l'information soit renvoyé au juge d'instruction.

1) Aux termes de l'article 186-1 du Code de procédure pénale, dans le cas où l'inculpé et la partie civile ont interjeté appel de l'une des ordonnances prévues par les articles 156, 2e alinéa et 167, 2e alinéa, le président de la chambre d'accusation, dans les huit jours de la réception du dossier et sur l'avis motivé du procureur de la République, décide par une ordonnance non motivée qui n'est pas susceptible de voie de recours, s'il y a lieu ou non de saisir la chambre d'accusation de cet appel.

Dès lors, si la Cour de cassation est en mesure de s'assurer que le président de la chambre d'accusation a statué sur l'appel d'une des ordonnances prévues par l'article 186-1, alinéa 1er, du Code de procédure pénale, le pourvoi formé contre l'ordonnance du président de la chambre d'accusation doit être déclaré irrecevable en application du 2e alinéa de l'article 186-1 susvisé (Cass. crim., 6 juin 1973 : *Bull.* 257. – Cass. crim., 22 déc. 1975 : *Bull.* 293 ; *Rev. sc. crim.* 1976, 745, obs. J. Robert. – Cass. crim., 6 nov. 1979 : *Bull.* 304. – Cass. crim., 27 mai 1986 : *Bull.* 174).

2) Le président de la chambre d'accusation, saisi de l'appel de la personne mise en examen contre l'ordonnance du juge d'instruction la renvoyant devant le tribunal correctionnel et rejetant sa requête aux fins d'amnistie, excède ses pouvoirs en décidant de ne pas soumettre à ladite chambre les dispositions relatives à l'amnistie (Cass. crim., 26 juin 1995 : *Bull.* 234).

3) Si la chambre d'accusation a le devoir, en application de l'article 206 du Code de procédure pénale, d'examiner la régularité des procé-

dures qui lui sont soumises et peut, après annulation des actes entachés de cause de nullité, soit évoquer, soit renvoyer le dossier de la procédure au juge d'instruction ou à tel autre afin de poursuivre l'information, il n'en est pas ainsi lorsqu'elle statue dans les conditions prévues par l'article 186-1 du même code, sa saisine étant alors limitée à l'examen de l'ordonnance entreprise (Cass. crim., 21 juill. 1998 : *Bull.* 218).

4) L'exercice par le président de la chambre d'accusation du pouvoir qu'il tient de l'article 186-1, alinéa 3, du Code de procédure pénale et qui procède du pouvoir général attribué à la chambre d'accusation, juridiction d'instruction du second degré, ne saurait interdire à ce magistrat de participation à la décision de règlement de la procédure (Cass. crim., 26 janv. 2000 : *Bull.* 41).

Art. 186-2 *(Applic. 1er janv. 2001 ; L. n. 2000-516, 15 juin 2000, art. 82-III et 140).* **– En cas d'appel contre une ordonnance prévue par l'article 181, la chambre de l'instruction statue dans les quatre mois de l'ordonnance, faute de quoi, si la personne est détenue, elle est mise d'office en liberté.**

Dès lors qu'un supplément d'information a été ordonné, conformément à l'article 186-2 du Code de procédure pénale, dans les 4 mois de l'ordonnance de mise en accusation et prise de corps frappée d'appel, la détention provisoire se poursuit régulièrement en vertu du mandat de dépôt initialement décerné par le juge d'instruction (Cass. crim., 9 oct. 2001 : *Bull.* 203).

Art. 187 *(L. n. 93-1013, 24 août 1993, art. 38 ; L. n. 95-125, 8 févr. 1995, art. 57).* **– Lorsqu'il est interjeté appel d'une ordonnance autre qu'une ordonnance de règlement ou que la chambre de l'instruction est directement saisie, en application des articles 81, neuvième alinéa, 82-1, deuxième alinéa, 156, deuxième alinéa, ou 167, quatrième alinéa, le juge d'instruction poursuit son information y compris, le cas échéant, jusqu'au règlement de celle-ci, sauf décision contraire du président de la chambre de l'instruction. Cette décision n'est pas susceptible de recours.**

Il en est de même lorsque la chambre de l'instruction est saisie d'une requête en nullité en application de l'article 173.

1) Lorsque l'inculpé ayant fait appel d'une ordonnance refusant une expertise, il y a lieu de statuer sur le maintien en détention, par application de l'article 139 du Code de procédure pénale, c'est le juge d'instruction qui est compétent pour rendre cette ordonnance, sauf si la chambre d'accusation en ordonne autrement. En effet, l'article 187 du même code prescrit au juge d'instruction de poursuivre son information ; l'ordonnance sur la détention est un des actes de cette information (Cass. crim., 11 janv. 1961 : *Bull.* 20 ; *D.* 1961, 196, note J. M. R.).

2) Il résulte de l'article 187 du Code de procédure pénale que, lorsqu'il est interjeté appel d'une ordonnance autre qu'une ordonnance de règlement, le juge d'instruction est en droit de poursuivre son information, y compris, le cas échéant, jusqu'au règlement de celle-ci, dès lors que le président de la chambre d'accusation n'en a pas expressément ordonné la suspension (Cass. crim., 17 nov. 1998 : *Bull.* 303).

L'article 187 du Code de procédure pénale, loin de mettre obstacle au règlement de la procédure, prescrit au juge d'instruction de poursuivre son information.

Il suit de là que, nonobstant l'appel interjeté par l'inculpé d'une ordonnance statuant sur la détention préventive, c'est à bon droit qu'en vertu de l'article 181 du Code de procédure pénale, le juge d'instruction communique le dossier de la procédure au procureur de la République aussitôt que l'information lui paraît terminée, puis rend une ordonnance de transmission de ce dossier au procureur général près la cour d'appel (Cass. crim., 17 mai 1966 : *Bull.* 150 ; *Rev. sc. crim.* 1966, 912, obs. J. Robert).

3) L'article 187 du Code de procédure pénale prescrit au juge d'instruction de poursuivre son information malgré l'appel formé contre une ordonnance autre qu'une ordonnance de règlement, sauf décision contraire de la chambre d'accusation.

Par voie de conséquence, le juge d'instruction est fondé à continuer ladite information malgré le pourvoi formé contre l'arrêt de la chambre d'accusation statuant sur cet appel, et nonobstant les recours ainsi exercés, à communiquer le dossier au procureur de la République dès que l'information lui apparaît terminée et enfin à rendre une ordonnance de transmission au procureur général (Cass. crim., 3 févr. 1967 : *Bull.* 51).

Nonobstant l'appel interjeté par la personne mise en examen d'une ordonnance ayant rejeté sa demande de supplément d'information, le juge d'instruction est fondé, en l'absence de décision contraire, à rendre une ordonnance de transmission des pièces au procureur général (Cass. crim., 6 févr. 1996 : *Bull.* 62).

Art. 187-1 *(L. n. 93-1013, 24 août 1993, art. 17 ; L. n. 96-1235, 30 déc. 1996, art. 11, applic. le 31 mars 1997).* **– En cas d'appel d'une ordonnance de placement en détention provisoire, la personne mise en examen ou le procureur de la République peut, si l'appel est interjeté au plus tard le jour suivant la décision de placement en détention, demander au président de la chambre de l'instruction ou, en cas d'empêchement, au magistrat qui le remplace, d'examiner immédiatement son appel sans attendre l'audience de la chambre de l'instruction. Cette demande doit, à peine d'irrecevabilité, être formée en même temps que l'appel devant la chambre de l'instruction. La personne mise en examen, son avocat ou le procureur de la République peut joindre toutes observations écrites à l'appui de la demande. À sa demande, l'avocat de la personne mise en examen présente oralement des observations devant le président de la chambre de l'instruction ou le magistrat qui le remplace, lors d'une audience de cabinet dont est avisé le ministère public pour qu'il y prenne, le cas échéant, ses réquisitions, l'avocat ayant la parole en dernier.**

Le président de la chambre de l'instruction ou le magistrat qui le remplace statue au plus tard le troisième jour ouvrable suivant la demande, au vu des éléments du dossier de la procédure, par une ordonnance non motivée qui n'est pas susceptible de recours.

Le président de la chambre de l'instruction ou le magistrat qui le remplace peut, s'il estime que les conditions prévues par l'article 144 ne sont pas remplies, infirmer l'ordonnance *(L. n. 2000-1354, 30 déc. 2000, art. 16. I, applic. au 1er janv. 2001)* **du juge des libertés et de la détention et ordonner la mise en liberté de la personne. La chambre de l'instruction est alors dessaisie.**

Dans le cas contraire, il doit renvoyer l'examen de l'appel à la chambre de l'instruction.

S'il infirme l'ordonnance *(L. n. 2000-1354, 30 déc. 2000, art. 16. I, applic. au 1er janv. 2001)* **du juge des libertés et de la détention, le président de la chambre de l'instruction ou le magistrat qui le remplace peut ordonner le placement sous contrôle judiciaire de la personne mise en examen.**

Si l'examen de l'appel est renvoyé à la chambre de l'instruction, la décision est portée à la connaissance du procureur général. Elle est notifiée à la personne mise en examen par le greffe de l'établissement pénitentiaire qui peut, le cas échéant, recevoir le désistement d'appel de cette dernière.

La déclaration d'appel et la demande prévue au premier alinéa du présent article peuvent être constatées *(L. n. 2000-1354, 30 déc. 2000, art. 16. II, applic. au 1er janv. 2001)* **par le juge des libertés et de la détentionà l'issue du débat contradictoire prévu par le quatrième alinéa de l'article 145. Pour l'application du deuxième alinéa du présent article, la transmission du dossier de la procédure au président de la chambre de l'instruction peut être effectuée par télécopie.**

V. E. ALLAIN, *Le référé-liberté. Genèse et mise en œuvre de la loi du 24 août 1993,* Centre de Recherches sociologiques sur le Droit et les Institutions pénales, 1996, n. 73.

1) L'exercice par le président de la chambre d'accusation du pouvoir qu'il tient de l'article 187-1 du Code de procédure pénale ne saurait interdire à ce magistrat de participer à la décision rendue par la formation collégiale à laquelle l'affaire a été renvoyée (Cass. crim., 6 juin 2000 : *Bull.* 211).

2) Lorsque la déclaration d'appel de l'ordonnance de placement en détention provisoire et la demande concomitante de suspension des effets de celle-ci sont constatées par le juge d'instruction, assisté du greffier, à l'issue du débat contradictoire, conformément au dernier alinéa de l'article 187-1 du Code de procédure pénale, le procès-verbal qui les constate se substitue à la formalité exigée de l'appelant par les articles 502 et 503 du Code de procédure pénale (Cass. crim., 14 nov. 1996 : *Bull.* 409).

Art. 187-2 *(Applic. 1er janv. 2001 ; L. n. 2000-516, 15 juin 2000, art. 64-I).* **– La personne qui forme le recours prévu par l'article 187-1 peut demander à ce qu'il soit directement examiné par la**

chambre de l'instruction. Il est alors statué au plus tard, au vu des éléments du dossier, le cinquième jour ouvrable suivant la demande.

Art. 187-3 *(Créé à compter du 1er nov. 2002, L. n° 2002-1138, 9 sept. 2002, art. 38, II et III).* **– Dans le cas prévu par le deuxième alinéa de l'article 148-1-1, le procureur de la République qui interjette appel d'une ordonnance de mise en liberté contraire à ses réquisitions dans un délai de quatre heures à compter de sa notification doit, à peine d'irrecevabilité, saisir dans le même temps le premier président de la cour d'appel ou, en cas d'empêchement, le magistrat qui le remplace, d'un référé-détention afin de déclarer cet appel suspensif. Le procureur de la République joint à sa demande les observations écrites justifiant le maintien en détention de la personne. La personne mise en examen et son avocat peuvent également présenter les observations écrites qu'ils jugent utiles.**

Le premier président de la cour d'appel ou le magistrat qui le remplace statue au plus tard le deuxième jour ouvrable suivant la demande. Pendant cette durée, les effets de l'ordonnance de mise en liberté sont suspendus et la personne reste détenue. À défaut pour le premier président de la cour d'appel ou le magistrat qui le remplace de statuer dans ce délai, la personne est remise en liberté, sauf si elle est détenue pour une autre cause.

Le premier président de la cour d'appel ou le magistrat qui le remplace statue, au vu des éléments du dossier de la procédure, par une ordonnance motivée qui n'est pas susceptible de recours. À sa demande, l'avocat de la personne mise en examen peut présenter des observations orales devant ce magistrat, lors d'une audience de cabinet dont le ministère public est avisé pour qu'il y prenne, le cas échéant, ses réquisitions.

Si le premier président de la cour d'appel ou le magistrat qui le remplace estime que le maintien en détention de la personne est manifestement nécessaire au vu d'au moins deux des critères prévus par les dispositions de l'article 144 jusqu'à ce que la chambre d'instruction statue sur l'appel du ministère public, il ordonne la suspension des effets de l'ordonnance de mise en liberté jusqu'à cette date. La personne mise en examen ne peut alors être mise en liberté jusqu'à l'audience de la chambre de l'instruction devant laquelle sa comparution personnelle est de droit ; la chambre de l'instruction doit se prononcer dans les plus brefs délais et au plus tard dans les dix jours de l'appel, faute de quoi la personne est mise d'office en liberté si elle n'est pas détenue pour une autre cause.

Dans le cas contraire, le premier président de la cour d'appel ou le magistrat qui le remplace ordonne que la personne soit mise en liberté si elle n'est pas détenue pour une autre cause.

À peine de nullité, le magistrat ayant statué sur la demande de référé-détention ne peut faire partie de la composition de la chambre de l'instruction qui statuera sur l'appel du ministère public.

La transmission du dossier de la procédure au premier président de la cour d'appel ou au magistrat qui le remplace peut être effectuée par télécopie.

SECTION XIII. – DE LA REPRISE DE L'INFORMATION SUR CHARGES NOUVELLES

Art. 188 *(Mod., L. n. 93-2, 4 janv. 1993, art. 192).* **– La personne mise en examen à l'égard de laquelle le juge d'instruction a dit n'y avoir lieu à suivre ne peut plus être recherchée à l'occasion du même fait, à moins qu'il ne survienne de nouvelles charges.**

V. A. BLANCHOT, *Autorité des décisions de non-lieu ; Reprise de l'information sur charges nouvelles : J.-Cl. Proc. pén.*, art. 188 à 190.

1) En application des articles 188 à 190 du Code de procédure pénale, il appartient au seul ministère public de décider s'il y a lieu de requérir la réouverture d'une information au cas d'apparition de charges nouvelles.

Doit être en conséquence cassé sans renvoi l'arrêt d'une cour d'appel qui a déclaré un prévenu coupable de faits pour lesquels il avait bénéficié précédemment d'un arrêt de non-lieu, alors que l'information aux termes de laquelle ce prévenu avait été à nouveau renvoyé devant la juridiction correctionnelle n'avait pas été réouverte sur les réquisitions du ministère public visant des charges nouvelles (Cass. crim., 10 nov. 1980 : *Bull.* 292 ; *JCP* 82, II, 19817, note Jeandidier).

2) Les règles relatives à la reprise de l'information sur charges nouvelles après décision de non-lieu, prévues par les articles 188 à 190 du Code de procédure pénale, s'appliquent seulement aux personnes qui, pour les faits incriminés, ont été antérieurement mises en examen ou nommément visées dans une plainte avec constitution de partie civile (Cass. crim., 14 juin 1994 : *Bull.* 235).

3) La partie civile qui s'était constituée dans le cadre d'une information ouverte contre personne non dénommée et clôturée par une ordonnance de non-lieu à suivre contre quiconque, non frappée d'appel, peut, de même que les autres ayants droit de la victime, prendre l'initiative de poursuites pénales par voie de citation directe contre une personne n'ayant été ni nommément désignée dans une plainte avec constitution de partie civile ni mise en examen dans cette information, lors même qu'elle aurait été entendue comme témoin ou aurait été l'objet, de la part du magistrat instructeur, de diverses vérifications ; encourt, dès lors, la cassation, l'arrêt qui déclare les parties civiles irrecevables en leurs actions sur citation directe dirigées contre cette personne en se fondant sur l'autorité de la chose jugée qu'il attache à cette ordonnance de non-lieu (Cass. crim., 22 janv. 1997 : *Bull.* 26).

Art. 189. – Sont considérées comme charges nouvelles les déclarations des témoins, pièces et procès-verbaux qui, n'ayant pu être soumis à l'examen du juge d'instruction, sont cependant de nature soit à fortifier les charges qui auraient été trouvées trop faibles, soit à donner aux faits de nouveaux développements utiles à la manifestation de la vérité.

1) Lorsque après la clôture d'une instruction par une ordonnance de non-lieu, une nouvelle information est ouverte contre une personne qui n'avait pas été inculpée dans la première instruction, cette personne ne saurait invoquer l'ordonnance de non-lieu précédemment intervenue comme ayant l'autorité de la chose jugée à son égard.

Il suffit, pour la régularité de la réouverture d'une instruction, que les charges nouvelles soient mentionnées dans le réquisitoire et constatées dans les pièces annexées à cet acte (Cass. crim., 23 juin 1949 : *Bull.* 219).

2) Lorsqu'une information suivie pour vol contre inconnu et pour recel contre personnes dénommées a été close par une ordonnance de non-lieu, cette ordonnance ne constitue la chose jugée à l'égard des personnes qui avaient été inculpées de recel que dans celles de ses dispositions qui concernent ce dernier chef d'inculpation. Dès lors, une telle ordonnance ne fait pas obstacle à la reprise de l'instruction, du chef de vol, même en l'absence de charges nouvelles, contre les personnes précédemment inculpées de recel (Cass. crim., 13 juill. 1950 : *Bull.* 209).

3) Après une ordonnance de non-lieu, les poursuites peuvent être reprises sur charges nouvelles résultant d'investigations faites postérieurement à l'ordonnance et établissant des faits de nature soit à fortifier les charges qui auront été trouvées trop faibles, soit à donner aux faits de nouveaux développements utiles à la manifestation de la vérité.

L'énumération des faits susceptibles de constituer charges nouvelles donnée par l'article 189 du Code de procédure pénale n'est pas limitative ; cette disposition doit être entendue dans le sens le plus large (Cass. crim., 9 nov. 1965 : *Bull.* 224 ; *Rev. sc. crim.* 1966, 356, obs. J. Robert).

Art. 190. – Il appartient au ministère public seul de décider s'il y a lieu de requérir la réouverture de l'information sur charges nouvelles.

1) Les textes apportant un tempérament au principe général posé par l'article 1er du Code d'instruction criminelle doivent être interprétés restrictivement.

Il en est ainsi de l'article 63, lequel, s'il confère à la victime d'un crime ou d'un délit le droit de mettre en mouvement l'action publique en se constituant partie civile, ne le lui reconnaît qu'à raison du fait qualifié crime ou délit motivant sa plainte contre celui à qui elle l'impute, et dont elle se prétend lésée.

En conséquence, lorsqu'une information a été close par une ordonnance de non-lieu, la partie civile n'a pas la faculté de la faire rouvrir par une nouvelle plainte à raison de la survenance de charges nouvelles, si le ministère public, auquel l'article 248 du Code d'instruction criminelle réserve le droit d'apprécier les nouvelles charges, ne requiert lui-même la reprise de l'instruction (Ch. réun. 29 janv. 1931 : *Bull.* 24 ; *DP* 1931, 1, 89, rapp. Moinet, concl. P. G. Matter).

2) Lorsqu'une information a été close par une ordonnance de non-lieu, la partie civile n'a pas le droit de la faire rouvrir par une nouvelle plainte à raison de charges nouvelles, si le ministère public auquel l'article 190 du Code de procédure pénale réserve le soin d'apprécier les charges nouvelles, ne requiert pas la reprise de l'information.

Dès lors, justifie sa décision la chambre d'accusation qui déclare qu'il n'appartient qu'au ministère public de requérir la réouverture d'une information sur charges nouvelles, lorsqu'elle constate que le plaignant s'était déjà constitué partie civile contre les mêmes personnes qu'il avait expressément mises en cause, à l'occasion des mêmes faits et sous les mêmes qualifications, et que la décision primitive de non-lieu est devenue définitive (Cass. crim., 17 janv. 1962 : *Bull.* 38. – Cass. crim., 24 févr. 1972 : *Bull.* 79. – Cass. crim., 13 févr. 1973 : *Bull.* 76).

En vertu de l'article 190 du Code de procédure pénale, il appartient au ministère public seul de décider s'il y a lieu de requérir la réouverture de l'information sur charges nouvelles.

Refuse dès lors, à bon droit, d'informer le juge d'instruction qui, en l'absence de réquisitions du ministère public exigées par ce texte, est saisi d'une nouvelle plainte avec constitution de partie civile portant sur les mêmes faits et visant la même personne (Cass. crim., 6 févr. 1979 : *Bull.* 53 ; *Rev. sc. crim.* 1980, 155, obs. J. Robert).

3) Lorsqu'une information a été close par une décision de renvoi contre l'un des inculpés, ainsi que de non-lieu en faveur des autres inculpés et, implicitement, de tous autres en l'état, la victime de l'infraction ne peut, en se constituant partie civile contre personne non dénommée, obtenir l'ouverture d'une information ayant les mêmes faits pour objet. Seul le ministère public peut, en ce cas, conformément aux dispositions de l'article 190 du Code de procédure pénale, requérir la réouverture de l'information s'il estime qu'il existe des charges nouvelles (Cass. crim., 24 mars 1981 : *Bull.* 106).

Lorsqu'une information a été clôturée contre personne non dénommée, la victime de l'infraction ne peut, en se constituant partie civile contre personne non dénommée, obtenir la réouverture d'une information ayant les mêmes faits pour objet. Seul le ministère public peut, en ce cas, requérir la réouverture de l'information s'il estime qu'il existe des éléments nouveaux (Cass. crim., 11 janv. 2000 : *Bull.* 11).

4) Encourt la cassation, l'arrêt qui confirme l'ordonnance du juge d'instruction ayant déclaré la victime d'une infraction irrecevable à se constituer partie civile, après clôture de l'information par une ordonnance de non-lieu fondée sur l'insuffisance des charges, contre une personne qui n'avait pas été impliquée dans cette information. Une telle décision de non-lieu n'acquiert l'autorité de la chose jugée qu'à l'égard de ceux qui avaient fait l'objet d'une inculpation (Cass. crim., 5 mai 1981 : *Bull.* 139 ; *Rev. sc. crim.* 1982, 798, obs. J. Robert).

CHAPITRE II. – DE LA CHAMBRE DE L'INSTRUCTION : JURIDICTION D'INSTRUCTION DU SECOND DEGRÉ

SECTION I. – DISPOSITIONS GÉNÉRALES

Art. 191. – Chaque cour d'appel comprend au moins une chambre de l'instruction.

Cette juridiction est composée d'un président de chambre exclusivement attaché à ce service, et de deux conseillers qui peuvent, en cas de besoin, assurer le service des autres chambres de la cour.

(Inséré, L. n. 87-1062, 30 déc. 1987, art. 12) **Le président de la chambre de l'instruction est désigné par décret, après avis du Conseil supérieur de la magistrature. En cas d'absence ou d'empêchement du président de la chambre de l'instruction, le premier président désigne pour le remplacer à titre temporaire un autre président de chambre ou un conseiller.**

(Ord. n. 58-1296, 23 déc. 1958 ; D. n. 74-163, 27 févr. 1974, art. 10 ; L. n. 87-1062, 30 déc. 1987, art. 12) **Les conseillers composant la chambre de l'instruction sont désignés chaque année, pour la durée de l'année judiciaire suivante, par l'assemblée générale de la cour.**

(Ord. n. 58-1296, 23 déc. 1958 ; L. n. 81-82, 2 févr. 1981, art. 54) **Un décret pourra prévoir que le président de la chambre de l'instruction d'une cour d'appel comptant moins de trois chambres assurera à titre exceptionnel le service d'une autre chambre de la même cour.**

V. H. ANGEVIN, *chambre de l'instruction : J.-Cl. Proc. pén.*, art. 191 à 230, *Composition, compétence,* Fasc. 10 ; *Pouvoirs propres du Président,* Fasc. 15 ; *Saisine, procédure, arrêts,* Fasc. 20 ; *Pouvoirs de la chambre de l'instruction : révision, évocation, annulation. Supplément d'information. Décisions sur le fond,* Fasc. 30 ; *Contentieux de la détention provisoire et du contrôle judiciaire,* Fasc. 40 ; *Connexité et indivisibilité,* Fasc. 50.

V. égal. BROUCHOT, *La chambre de l'instruction : JCP* 59, I, 1485 ; *Rev. sc. crim.* 1959, p. 527. – P. CHAMBON, *La chambre de l'instruction. Théorie et pratique de la procédure,* Dalloz 1978. – M. GAGNE, *La chambre de l'instruction,* Mél. Patin, Cujas 1965, p. 525. – J.-M. GUYENOT, *Le pouvoir de révision et le droit d'évocation de la chambre de l'instruction : Rev. sc. crim.* 1964, p. 559. – G. LEVASSEUR, *Les nullités de l'instruction préparatoire,* Mél. Patin, Cujas, 1965, p. 469. – Jean LEDOUX, *L'organisation et le fonctionnement des chambres d'accusation* (conférence annuelle des premiers présidents) : *Rev. pénit.* 1989, 176.

1) Si le président de la chambre d'accusation est exclusivement attaché à ce service, ce magistrat peut, en cas de nécessité, dans les cours d'appel comptant moins de trois chambres, être affecté à titre exceptionnel à la chambre correctionnelle, en application des articles 191, dernier alinéa, et D. 43 du Code de procédure pénale (Cass. crim., 19 févr. 1998 : *Bull.* 74).

2) Un conseiller titulaire ne peut, en cas d'empêchement, être remplacé que par un conseiller suppléant désigné par l'assemblée générale (Cass. crim., 1er mars 1977 : *Bull.* 82. – Cass. crim., 20 nov. 1979 : *Bull.* 329).

Selon les dispositions de l'article 191 du Code de procédure pénale, la chambre d'accusation est composée de deux conseillers désignés chaque année, pour la durée de l'année judiciaire suivante, par l'assemblée générale de la cour d'appel.

L'erreur affectant, dans l'arrêt, le nom de l'un des conseillers prive la Cour de cassation de la possibilité d'exercer son contrôle sur la composition de la chambre d'accusation (Cass. crim., 19 déc. 1988 : *Bull.* 433 ; *Rev. sc. crim.* 1989, 537, obs. Braunschweig).

3) N'est pas régulièrement composée une chambre d'accusation dont un des conseillers a été désigné par le premier président de la cour d'appel en application de l'article R. 761-12 du Code de l'organisation judiciaire. Ce texte réglementaire ne saurait, en effet, déroger aux prescriptions de l'article 191 du Code de procédure pénale, qui exige que ce soit l'assemblée générale de la cour d'appel qui désigne les magistrats du siège faisant partie de la chambre d'accusation (Cass. crim., 7 mai 1985 : *Bull.* 172).

Un premier président de cour d'appel, même régulièrement désigné par l'assemblée générale pour siéger à la chambre d'accusation, ne saurait présider cette juridiction aux lieu et place du président titulaire, présent et faisant office de premier assesseur (Cass. crim., 26 sept. 1990 : *Bull.* 320).

L'article 191 du Code de procédure pénale ne fait pas obstacle à ce que le premier président de la cour d'appel, régulièrement désigné par l'assemblée générale pour siéger à la chambre d'accusation, le fasse en qualité de premier assesseur du président de chambre, lui-même régulièrement appelé pour remplacer le titulaire empêché (Cass. crim., 15 nov. 1995 : *Bull.* 348. – Cass. crim., 5 mars 1997 : *Bull.* 85).

Est régulièrement composée la chambre d'accusation dont le président a été désigné par décret conformément aux dispositions de l'article 191 du Code de procédure pénale. L'absence de toute contestation à l'audience fait présumer que les deux conseillers ont été également désignés dans les conditions prévues par ce texte (Cass. crim., 8 août 1990 : *Bull.* 301).

Suffit à établir la régularité de la composition de la chambre d'accusation la mention, dans son arrêt, que le président et les conseillers, nommément désignés, ont été désignés en application de l'article 191 du Code de procédure pénale (Cass. crim., 30 nov. 1994 : *Bull.* 389).

La mention du titre de président de la chambre d'accusation suffit à établir, en l'absence de toute contestation à l'audience, la régularité de la désignation du magistrat qui a présidé celle-ci, au regard des dispositions de l'article 191 du Code de procédure pénale (Cass. crim., 19 nov. 1991 : *Bull.* 416).

Il résulte des dispositions combinées des alinéas 3 et 4 de l'article 191 du Code de procédure pénale que, si les conseillers de la chambre d'accusation doivent être désignés par l'assemblée générale de la cour d'appel, le premier président a qualité, en cas d'absence ou d'empêchement de l'un d'eux, et lorsqu'il n'est pas possible de réunir cette assemblée, pour désigner, par ordonnance, un remplaçant à titre temporaire (Cass. crim., 19 déc. 1989 : *Bull.* 488 ; *D.* 1990, p. 198, note Danièle Mayer ; *Dr. pénal,* juill. 1990, n. 240. – Cass. crim., 17 avr. 1991 : *Bull.* 183).

4) La cassation d'un arrêt a pour effet de dessaisir définitivement les magistrats qui ont concouru à la décision annulée. Lorsque la cause et les parties ont été renvoyées devant la même chambre d'accusation autrement composée, celle-ci ne saurait, pour connaître d'une demande de mise en liberté, être constituée des mêmes président et conseillers ayant participé à l'arrêt censuré (Cass. crim., 17 juill. 1985 : *Bull.* 264).

5) Est régulière la composition de la chambre d'accusation, qui siège, notamment en audience de vacations, selon les désignations faites par une délibération de l'assemblée générale de la cour prise en cours d'année judiciaire à l'effet d'assurer la permanence et la continuité des services (Cass. crim., 9 janv. 1979 : *Bull.* 15).

6) Satisfait au vœu de la loi l'arrêt qui constate que l'avocat appelé à compléter la cour d'appel était le plus ancien inscrit au tableau (Cass. crim., 4 juill. 1978 : *Bull.* 218).

Satisfait de même au voeu de la loi l'arrêt qui constate que l'avoué le plus ancien dans l'ordre du tableau a été appelé à compléter la chambre d'accusation en l'empêchement de tous autres conseillers, et en l'absence d'avocats pouvant être appelés à siéger, l'article L. 213-2 du Code de l'organisation judiciaire étant applicable pour la composition des chambres d'accusation (Cass. crim., 8 nov. 1979 : *Bull.* 310).

Aucune disposition légale n'interdit aux membres de la chambre d'accusation qui s'est prononcée sur la recevabilité de la plainte avec constitution de partie civile de faire partie de la composition de ladite chambre saisie, par la suite, de l'appel de l'ordonnance de non-lieu. Cette participation n'est pas contraire à l'exigence d'indépendance et d'impartialité énoncée par l'article 6 de la Convention européenne de sauvegarde des droits de l'homme et des libertés fondamentales (Cass. crim., 8 oct. 1996 : *Bull.* 349).

Aucune disposition légale n'interdit aux membres de la chambre d'accusation qui se sont prononcés sur la détention provisoire d'une personne mise en examen de faire ensuite partie de la chambre des appels correctionnels saisie du fond de l'affaire (Cass. crim., 19 févr. 1998 : *Bull.* 74).

Peut faire partie de la chambre correctionnelle saisie du fond de l'affaire, le magistrat qui a participé à un arrêt de la chambre d'accusation qui, dans la même procédure, a confirmé une ordonnance du juge d'instruction ayant rejeté une demande d'actes, dès lors que cette décision n'a pas porté sur la valeur des charges pouvant justifier le renvoi des prévenus devant le tribunal correctionnel (même arrêt).

7) La seule circonstance que le président de la chambre d'accusation ait exercé préalablement la fonction de procureur de la République adjoint près le tribunal où s'est faite l'instruction ne saurait entraîner la censure de l'arrêt attaqué dès lors qu'il n'est pas établi que ce magistrat ait accompli des actes de procédure ou dirigé l'action des membres du Parquet ayant eu à connaître de l'affaire (Cass. crim., 5 sept. 1990 : *Bull.* 310).

Art. 192. – Les fonctions du ministère public auprès de la chambre de l'instruction sont exercées par le procureur général ou par ses substituts ; celles du greffe par un greffier de la cour d'appel.

L'article 192 du Code de procédure pénale, pas plus qu'aucun autre texte, n'exige qu'un arrêt de la chambre d'accusation mentionne que la personne faisant fonctions de greffier ait été assermentée (Cass. crim., 4 déc. 1979 : *Bull.* 348).

Art. 193. – La chambre de l'instruction se réunit au moins une fois par semaine et, sur convocation de son président ou à la demande du procureur général, toutes les fois qu'il est nécessaire.

Art. 194 *(Applic. 1er janv. 2001 ; L. n. 2000-516, 15 juin 1000, art. 64-II) ; (Ord. n. 58-1296, 23 déc. 1958 ; Ord. n. 60-529, 4 juin 1960, art. 2 ; L. n. 93-2, 4 janv. 1993, art. 76 ; L. n. 93-1013, 24 août 1993, art. 39).* **– Le procureur général met l'affaire en état dans les quarante-huit heures de la réception des pièces en matière de détention provisoire et dans les dix jours en toute autre matière : il la soumet, avec son réquisitoire, à la chambre de l'instruction.**

Dans les cas prévus par les articles 173 et 186-1, ou lorsqu'elle est directement saisie en application des articles 81, neuvième alinéa, 82-1, deuxième alinéa, 156, deuxième alinéa, ou 167, quatrième alinéa, la chambre de l'instruction doit statuer dans les deux mois à compter de la transmission du dossier au procureur général par le président de la chambre de l'instruction.

En matière de détention provisoire, la chambre de l'instruction doit se prononcer dans les plus brefs délais et au plus tard dans les dix jours de l'appel lorsqu'il s'agit d'une ordonnance de placement en détention et dans les quinze jours dans les autres cas de l'appel prévu par l'article 186, faute de quoi la personne concernée est mise d'office en liberté, sauf si des vérifications concernant sa demande ont été ordonnées ou si des circonstances imprévisibles et insurmontables mettent obstacle au jugement de l'affaire dans le délai prévu au présent article.

1) Les dispositions de l'article 194, alinéa 1er, du Code de procédure pénale, fixant les délais dans lesquels le procureur général doit mettre l'affaire en état devant la chambre d'accusation, ne sont pas prescrites à peine de nullité. L'inobservation des formalités prévues par ce texte n'entraîne la nullité que s'il y a eu violation des droits de la défense (Cass. crim., 3 oct. 1974 : *Bull.* 273).

La signature, lisible ou non, apposée sur un réquisitoire, est présumée avoir été portée par un magistrat du Parquet du procureur général, habilité à le faire (Cass. crim., 12 juin 1990 : *Bull.* 239).

Lorsque le procureur général a déposé des réquisitions écrites le jour même de l'audience en méconnaissance des (dispositions des articles 194, 197, 198 du Code de procédure pénale et 6-1 de la Convention européenne des droits de l'homme) qui lui font l'obligation de les déposer au plus tard la veille de celle-ci, il appartient à la chambre de l'instruction de statuer après les avoir écartées des débats (Cass. crim., 9 mai 2001 : *Bull.* 112).

2) Le délai de deux mois prévu par le deuxième alinéa de l'article 194 du Code de procédure pénale dans sa rédaction issue de la loi du 24 août 1993 est seulement indicatif ; sa méconnaissance ne comporte pas de sanction (Cass. crim., 1er mars 1994 : *Bull.* 79).

3) Lorsque la chambre d'accusation statue en matière de détention préventive après cassation de l'arrêt d'une première chambre d'accusation, le délai [d'un mois] à compter de l'appel fixé par l'article 194, paragraphe 2, du Code de procédure pénale, ne s'impose pas à elle, ce délai ayant été déterminé pour un autre état de la procédure, état à ce moment dépassé. Toutefois, la chambre d'accusation demeure tenue de statuer dans les plus brefs délais (Cass. crim., 21 nov. 1968 : *Bull.* 311 ; *Rev. sc. crim.* 1969, 421, obs. J. Robert).

4) Les dispositions de l'article 148-2 du Code de procédure pénale ne sont pas applicables devant la chambre d'accusation lorsque cette juridiction est saisie de l'appel d'une ordonnance du juge d'instruction rejetant une demande de mainlevée du contrôle judiciaire. Dans cette hypothèse – l'article 194, deuxième alinéa, ne concernant pour sa part que l'appel formé en matière de détention provisoire – aucun délai ne s'impose aux juges du second degré pour rendre leur décision (Cass. crim., 23 juill. 1984 : *Bull.* 263) ; il en est autrement lorsque l'ordonnance a pour effet de maintenir en détention l'inculpé qui demande la mainlevée partielle d'un contrôle judiciaire dont les obligations tant qu'elles ne sont pas exécutées, font obstacle à la mise en liberté (Cass. crim., 20 janv. 1993 : *Bull.* 30).

5) Dès lors qu'une chambre d'accusation, saisie de l'appel d'une ordonnance de rejet de demande de mise en liberté, a statué, conformément aux prescriptions de l'article 194, alinéa 2, du Code de procédure pénale, dans le délai de [trente jours] à compter de l'appel, il ne saurait lui être reproché d'avoir méconnu les dispositions de l'article 148-2 du même code. Ces dispositions, en effet, ne sont pas applicables

aux cas dans lesquels la chambre d'accusation prononce sur l'appel d'une ordonnance du juge d'instruction, lui-même appelé à statuer en application de l'article 148 dudit code (Cass. crim., 14 févr. 1984 : *Bull.* 55).

6) Aucun délai de rigueur n'est imposé aux juridictions d'instruction du premier ou du second degré pour prononcer sur des exceptions soulevées par l'inculpé et d'où pourrait résulter, si elles étaient admises, la mainlevée du titre de détention, dès lors qu'il a été statué, dans les délais légaux qui sont de stricte observation, sur la demande subsidiaire de mise en liberté qui a pu être présentée simultanément (Cass. crim., 25 févr. 1985 : *Bull.* 85).

7) Le délai [de trente jours] imparti à la chambre d'accusation par l'alinéa 2 de l'article 194 du Code de procédure pénale pour statuer en matière de détention provisoire ne se calcule pas de quantième à quantième à partir de l'appel formé par l'inculpé contre l'ordonnance du juge d'instruction, mais se calcule en tenant compte, si le délai expire un samedi, ou un dimanche ou un jour férié ou chômé, de la prorogation prévue par l'article 801 dudit code (Cass. crim., 26 sept. 1985 : *Bull.* 287).

Pour le calcul du délai imparti à la chambre d'accusation par l'article 194, alinéa 2, du Code de procédure pénale pour statuer sur l'appel d'une ordonnance de rejet de mise en liberté, le jour où l'appel a été reçu au greffe n'entre pas en ligne de compte. Ce délai peut être prorogé par application de l'article 801 du Code de procédure pénale (Cass. crim., 8 févr. 1989 : *Bull.* 56).

Il résulte des dispositions combinées des articles 194 et 503 du Code de procédure pénale que si la chambre d'accusation doit, en matière de détention provisoire, se prononcer dans les plus brefs délais et au plus tard dans les 15 jours de l'appel prévu par l'article 186 du même code, ce dernier délai court à compter, non de la date d'établissement de la déclaration d'appel au lieu de détention, mais du lendemain du jour où cette déclaration a été transcrite sur le registre public prévu par l'article 502 dudit code et tenu au greffe de la juridiction ayant rendu la décision entreprise (Cass. crim., 8 févr. 1989 : *Bull.* 57 ; *Rev. sc. crim.* 1989, 349, obs. Braunschweig. – Cass. crim., 28 nov. 1989 : *Bull.* 443. – Cass. crim., 8 févr. 1996 : *Bull.* 69).

8) La chambre d'accusation qui est tenue, aux termes de l'article 593 du Code de procédure pénale, de statuer sur toutes les réquisitions du ministère public, a notamment le devoir de s'expliquer sur les conclusions par lesquelles le procureur général fait état de circonstances exceptionnelles ayant mis obstacle à ce que l'affaire soit jugée dans le délai imparti par l'article 194 du même code (Cass. crim., 25 oct. 1962 : *Bull.* 291 ; *JCP* 62, II, 12970, note P.-J. Doll).

Constitue une circonstance imprévisible et insurmontable, au sens de l'article 194 du Code de procédure pénale, le fait que la déclaration de l'appel formé par l'inculpé détenu contre l'ordonnance rejetant sa demande de mise en liberté, bien que reçue et expédiée par le surveillant-chef de l'établissement pénitentiaire dans les conditions prescrites par les articles 186 (4e al.) et 503 de ce code, ne soit pas parvenue au greffe de la juridiction pour une cause demeurée inconnue et n'ait pas été transcrite sur le registre à ce destiné. En effet, la défaillance d'un système d'acheminement du courrier ne pouvant être surmontée ni prévue par le destinataire, lorsque celui-ci ignore l'envoi d'un pli à son adresse, une telle circonstance met le procureur de la République dans l'impossibilité d'adresser le dossier de la procédure à la chambre d'accusation et fait obstacle au jugement de l'affaire par cette juridiction jusqu'à ce que se révèle l'existence de l'appel ainsi interjeté (Cass. crim., 22 avr. 1985 : *Bull.* 149).

9) Constitue une vérification entrant dans les prévisions de l'article 194 du Code de procédure pénale et autorisant la juridiction d'instruction du second degré, saisie de l'appel formé par un inculpé contre une ordonnance du juge d'instruction rejetant sa demande de mise en liberté, à statuer au fond après l'écoulement du délai de trente jours imparti par ce texte, le fait pour une chambre d'accusation, à laquelle avait été transmis le dos sier de la procédure dans l'état où celui-ci se trouvait lors de l'ordonnance en cause, de prescrire, à la requête expresse de l'inculpé et dans le délai prévu par l'article 194 précité du Code de procédure pénale, la communication de pièces de l'information établies postérieurement à la décision déférée (Cass. crim., 17 févr. 1987 : *Bull.* 75).

Mais le complément d'information, ordonné par la chambre d'accusation en vue de faire rechercher si le juge d'instruction ayant signé l'ordonnance de prolongation a été régulièrement désigné, ne constitue pas une vérificationconcernant la demande de l'inculpé et ne permet pas à la chambre d'accusation de statuer au-delà du délai de 15 jours imparti par l'article 194, alinéa 2, du Code de procédure pénale.

En effet, les pièces relatives à la désignation du juge d'instruction font partie du dossier de l'information et celui-ci, ou sa copie certifiée conforme par le greffier, doit, en cas d'appel d'une ordonnance du juge d'instruction, être transmis au procureur général puis déposé au greffe de la chambre d'accusation en application de l'article 186, alinéa 5, et de l'article 197 du Code de procédure pénale (Cass. crim., 20 juin 1989 : *Bull.* 263 ; *Rev. sc. crim.* 1990, 366, obs. Braunschweig ; *Dr. pénal,* nov. 1989, n. 42).

10) Hormis les cas où la loi en dispose autrement, la chambre d'accusation doit statuer en suivant les règles énoncées aux articles 194 et suivants du Code de procédure pénale. Tel est le cas lorsque ladite juridiction est saisie d'une requête du procureur de la République lui déférant une décision du juge de l'application des peines, conformément aux dispositions de l'article 733-1 du code précité (Cass. crim., 28 févr. 1984 : *Bull.* 79).

11) Lorsque la chambre d'accusation, conformément aux prescriptions de l'article 710 du Code de procédure pénale, est saisie d'une demande de confusion de peines prononcées par les cours d'assises, elle statue suivant les règles posées par les articles 711 et 712 du Code de procédure pénale, ce qui exclut l'application des dispositions des articles 194 et suivants du même code (Cass. crim., 14 mai 1985 : *Bull.* 184).

12) Il résulte des dispositions combinées des articles 194, alinéa 2, et 199, dernier alinéa, du Code de procédure pénale qu'en cas de demande de comparution personnelle de l'inculpé, la chambre d'accusation dispose d'un délai supplémentaire de 5 jours, soit 20 jours, pour statuer sur l'appel de l'ordonnance du juge d'instruction rejetant une demande de mise en liberté (Cass. crim., 30 mai 1991 : *Bull.* 230).

13) Aux termes de l'article 199, dernier alinéa, du Code de procédure pénale, en cas de comparution personnelle de l'inculpé, le délai maximum prévu à l'article 194, alinéa 2, du Code de procédure pénale est prolongé de 5 jours, sans qu'il y ait lieu de distinguer selon que la chambre d'accusation siège en chambre du conseil ou en audience publique (Cass. crim., 10 juill. 1991 : *Bull.* 296 ; *Rev. sc. crim.* 1992, 343, obs. Braunschweig).

14) Sous l'empire de la loi du 24 août 1993, le délai maximum imparti à la chambre d'accusation pour statuer en matière de détention provisoire demeure fixé à 20 jours lorsque la personne mise en examen a présenté une demande de comparution personnelle en même temps que sa déclaration d'appel (Cass. crim., 25 janv. 1994 : *Bull.* 34).

Art. 195 *(Ord. n. 58-1296, 23 déc. 1958).* **– Dans les causes dont sont saisies les juridictions correctionnelles ou de police et jusqu'à l'ouverture des débats, le procureur général, s'il estime que les faits sont susceptibles d'une qualification plus grave que celle dont ils ont été l'objet, ordonne l'apport des pièces, met l'affaire en état et la soumet avec son réquisitoire à la chambre de l'instruction.**

Art. 196. – Le procureur général agit de même lorsqu'il reçoit, postérieurement à un arrêt de non-lieu prononcé par la chambre de l'instruction, des pièces lui paraissant contenir des charges nouvelles dans les termes de l'article 189. Dans ce cas et en attendant la réunion de la chambre de l'instruction, le président de cette juridiction peut, sur les réquisitions du procureur général, décerner mandat de dépôt ou d'arrêt.

Art. 196-1 à 196-6. *– L. n. 81-82, 2 février 1981, art. 56 ; abrogés, L. n. 83-466, 10 juin 1983, art. 17.*

Art. 197 *(Ord. n. 60-529, 4 juin 1960, art. 12 ; L. n. 85-1407, 30 déc. 1985, art. 34 et 94 ; L. n. 87-1062, 30 déc. 1987, art. 14 ; L. n. 93-2, 4 janv. 1993, art. 46 et 224).* **– Le procureur général notifie par lettre recommandée à chacune des parties et à son avocat la date à laquelle l'affaire sera appelée à l'audience. La notification est faite à la personne détenue par les soins du chef de l'établissement pénitentiaire qui adresse, sans délai, au procureur général, l'original ou la copie du récépissé signé par la personne. La notification à toute personne non détenue, à la partie civile ou au requérant**

mentionné au cinquième alinéa de l'article 99, est faite à la dernière adresse déclarée tant que le juge d'instruction n'a pas clôturé son information.

Un délai minimum de quarante-huit heures en matière de détention provisoire, et de cinq jours en toute autre matière, doit être observé entre la date d'envoi de la lettre recommandée et celle de l'audience.

Pendant ce délai, le dossier est déposé au greffe de la chambre de l'instruction et tenu à la disposition des avocats des personnes mises en examen et des parties civiles dont la constitution n'a pas été contestée ou, en cas de contestation, lorsque celle-ci n'a pas été retenue.

(L. n. 81-82, 2 févr. 1981, art. 58) **Copie leur en est délivrée sans délai, à leurs frais, sur simple requête écrite. Ces copies ne peuvent être rendues publiques.**

1) La formalité imposée par l'article 197 du Code de procédure pénale de notifier aux parties et à leurs conseils la date de l'audience où sera appelée une cause soumise à la chambre d'accusation, est essentielle aux droits des parties et doit être observée à peine de nullité de l'arrêt à intervenir.

Doit, en conséquence, être cassé l'arrêt de la chambre d'accusation appelée à statuer sur une demande de confusion de peines lorsqu'il ne résulte ni des mentions de l'arrêt, ni de la procédure, que le conseil du demandeur ait été avisé de la date de l'audience et appelé à produire son mémoire ou à présenter ses observations (Cass. crim., 25 avr. 1979 : *Bull.* 145).

De même, doit être cassé l'arrêt de la chambre d'accusation lorsqu'il ne résulte ni des mentions de l'arrêt, ni de la procédure que la partie civile et son conseil aient été avisés de la date de l'audience et appelés à produire leurs mémoires ou à présenter leurs observations (Cass. crim., 13 déc. 1973 : *Bull.* 466. – Cass. crim., 5 nov. 1975 : *Bull.* 239. – Cass. crim., 18 déc. 1979 : *Bull.* 362. – Cass. crim., 9 déc. 1980 : *Bull.* 339. – Cass. crim., 13 nov. 1986 : *Bull.* 338).

Doit être cassé l'arrêt qui rejette une demande de mise en liberté alors que le défenseur de la personne mise en examen n'a pas été avisé de la date d'audience et que personne ne s'est présenté au côté de l'intéressé devant la chambre d'accusation (Cass. crim., 31 mai 1994 : *Bull. inf. C. cass.* 1994, n. 948).

L'irrégularité résultant de l'inobservation de cette formalité ne saurait être couverte par la présence à l'audience du conseil de l'inculpé, qui s'est expressément prévalu de la nullité sans présenter ses observations sur le fond (Cass. crim., 3 avr. 1984 : *Bull.* 136).

Encourt la cassation l'arrêt d'une chambre d'accusation qui confirme une ordonnance de rejet de mise en liberté ; alors qu'aucune notification à la personne mise en examen, détenue, n'a été effectuée, et qu'en vue de l'audience, à laquelle l'intéressé n'a pas comparu, ni celui-ci ni son avocat n'ont présenté de mémoire (Cass. crim., 15 oct. 1996 : *Bull.* 362).

La partie civile ne saurait se faire un grief de ce qu'en méconnaissance de l'article 197 du Code de procédure pénale, elle n'a pas été avisée de la date de l'audience de la chambre d'accusation, dès lors que son avocat, régulièrement convoqué, a déposé un mémoire et présenté des observations critiquant l'ordonnance entreprise (Cass. crim., 9 nov. 1998 : *Bull.* 290).

2) Encourt la cassation l'arrêt rendu alors que la lettre recommandée a été adressée à un conseil autre que celui désigné par l'inculpé (Cass. crim., 24 juin 1985 : *Bull.* 243 ; *Rev. sc. crim.* 1986, 406, obs. Braunschweig).

Il résulte de l'article 117 du Code de procédure pénale, que, s'ils désignent plusieurs conseils, l'inculpé et la partie civile doivent faire connaître celui d'entre eux auquel seront adressées les convocations et notifications. À défaut de ce choix, celles-ci seront adressées au conseil premier choisi. Cette disposition est applicable devant la chambre d'accusation. Encourt la cassation l'arrêt intervenu sans que l'avocat premier nommé ait été, à défaut d'indication contraire, convoqué (Cass. crim., 18 juin 1985 : *Bull.* 233 ; *Rev. sc. crim.* 1986, 406, obs. Braunschweig ; Cass. crim., 19 sept. 1994 : *Bull.* 297).

Il résulte de l'article 117 du Code de procédure pénale, applicable à la procédure suivie devant la chambre d'accusation, que si plusieurs conseils sont désignés par l'inculpé, celui-ci doit faire connaître celui d'entre eux auquel seront adressées les convocations et notifications. À défaut de ce choix, celles-ci seront adressées au conseil le premier choisi.

Lorsqu'un inculpé a, conformément aux dispositions de l'article 117 du Code de procédure pénale, désigné plusieurs conseils et fait connaître celui d'entre eux auquel le juge d'instruction adressera les convocations et notifications, c'est à l'avocat ainsi désigné que le procureur général est tenu, selon l'article 197 du même code, de notifier par lettre recommandée la date à laquelle l'affaire sera appelée devant la chambre d'accusation.

Une telle juridiction qui statue sans que ces formalités aient été accomplies, prive le conseil de l'inculpé de la possibilité de déposer un mémoire, et méconnaît les droits de la défense (Cass. crim., 16 avr. 1985 : *Bull.* 137).

3) Encourt la cassation l'arrêt de la chambre d'accusation lorsqu'il ne résulte ni des mentions de l'arrêt ni de la procédure que les conseils des parties civiles aient été avisés de la date de l'audience et appelés à produire leurs mémoires ou à présenter leurs observations (Cass. crim., 16 oct. 1984 : *Bull.* 302).

4) Les articles 197, 198 et 199 du Code de procédure pénale prévoient la participation de la partie civile aux débats devant la chambre d'accusation sans aucune restriction, même en matière de détention provisoire ou de contrôle judiciaire (Cass. crim., 13 déc. 1973 : *Bull.* 466. – Cass. crim., 5 nov. 1975 : *Bull.* 239. – Cass. crim., 19 févr. 1985 : *Bull.* 77).

Il en est ainsi, également, lorsque la chambre d'accusation statue sur une demande de restitution d'objets placés sous la main de la justice, dans les conditions prévues par l'article 373, alinéa 2, dudit code (Cass. crim., 19 déc. 1974 : *Bull.* 372).

5) Une partie civile est sans intérêt à se faire un grief d'une prétendue violation de l'article 197 du Code de procédure pénale qui aurait été commise au préjudice d'un inculpé (Cass. crim., 9 janv. 1973 : *Bull.* 9).

6) Encourt la cassation l'arrêt qui statue sur l'appel d'une partie civile d'une ordonnance du juge d'instruction ayant accordé la mainlevée d'une saisie à la requête d'un tiers sans que ce dernier ait été avisé de la date de l'audience, conformément aux dispositions de l'article 197 du Code de procédure pénale (Cass. crim., 27 janv. 1981 : *Bull.* 36).

7) Les règles de procédure tracées par les articles 194 et suivants du Code de procédure pénale sont applicables devant la chambre d'accusation, même lorsqu'elle statue comme juridiction d'instruction (Cass. crim., 9 déc. 1980 : *Bull.* 339).

Les règles de procédure tracées par les articles 194 et suivants du Code de procédure pénale sont applicables devant la chambre d'accusation, même lorsqu'elle statue comme juridiction d'instruction après s'être réservée la connaissance des incidents relatifs à la détention provisoire.

Notamment la formalité imposée par l'article 197 du code précité de notifier aux parties et à leurs conseils la date de l'audience où sera appelée une cause soumise à ladite chambre est essentielle aux droits des parties et doit être observée à peine de nullité (Cass. crim., 5 janv. 1982 : *Bull.* 5).

Si l'examen de la procédure fait l'objet de renvois successifs, il doit être justifié, à peine de nullité de l'arrêt à intervenir, que les prescriptions de l'article 197 ont été observées pour chacune des audiences (Cass. crim., 8 févr. 1994 : *Bull.* 55. – Cass. crim., 23 févr. 2000 : *Bull.* 80).

8) Selon l'article 197 du Code de procédure pénale, la date à laquelle l'affaire sera appelée devant la chambre d'accusation doit être notifiée à la personne détenue par les soins du chef de l'établissement pénitentiaire qui adresse sans délai, au procureur général, l'original ou la copie du récépissé, signé par l'intéressé. Ces formalités sont applicables lorsque la chambre d'accusation est saisie sur le fondement des articles 710 et 711 du même Code. En conséquence, doit être cassé l'arrêt d'une chambre d'accusation ayant rejeté une demande de confusion de peines, dès lors qu'en l'état des mentions erronées de l'arrêt et en l'absence au dossier du récépissé de notification signé par le requérant, la Cour de cassation n'est pas en mesure de s'assurer que les prescriptions des textes susvisés ont été respectées (Cass. crim., 18 avr. 2000 : *Bull.* 149).

La formalité prévue par l'article 197 du Code de procédure pénale imposant de notifier à l'inculpé détenu, par les soins du chef de l'établissement pénitentiaire, la date à laquelle l'affaire sera appelée devant la chambre d'accusation, est essentielle aux droits de l'inculpé et doit être observée à peine de nullité.

La notification de cette date faite, en ce qui concerne l'inculpé détenu, par lettre recommandée adressée au directeur de la maison d'arrêt ne satisfait pas aux prescriptions de ce texte et l'arrêt encourt la censure dès lors qu'il n'existe au dossier aucun récépissé de notification signé par l'inculpé (Cass. crim., 23 avr. 1991 : *Bull.* 190).

L'omission de la formalité prévue par l'article 197 du Code de procédure pénale imposant de notifier à l'inculpé détenu, par les soins du chef de l'établissement pénitentiaire, la date à laquelle l'affaire sera appelée devant la chambre d'accusation ne saurait entraîner la nullité de la décision entreprise si cette méconnaissance n'a pas eu pour effet de porter atteinte aux droits de la défense.

Il en est ainsi lorsque, l'inculpé n'ayant pas demandé à comparaître personnellement, un mémoire a été régulièrement déposé et des observations ont été présentées à l'audience dans son intérêt (Cass. crim., 27 nov. 1991 : *Bull.* 441).

Les prescriptions de l'article 197 du Code de procédure pénale ont pour objet de mettre en temps voulu les parties et leur conseil en mesure de produire leurs mémoires, et pour les conseils, de solliciter l'autorisation de présenter des observations sommaires à l'audience. Ces prescriptions sont essentielles aux droits des parties et doivent être observées à peine de nullité.

Méconnaît ces principes et encourt la cassation l'arrêt d'une chambre d'accusation qui confirme l'ordonnance du juge d'instruction rejetant une demande de mise en liberté, alors que l'avis adressé à l'inculpé, par l'intermédiaire du chef d'établissement pénitentiaire, pour lui notifier la date d'examen de son appel, n'a été reçu et enregistré au greffe de la maison d'arrêt que le jour même de l'audience, et que personne ne s'est présenté pour ledit inculpé devant la chambre d'accusation (Cass. crim., 28 oct. 1991 : *Bull.* 380 ; *Rev. sc. crim.* 1992, 343, obs. Braunschweig).

9) Les prescriptions de l'article 197 du Code de procédure pénale, dont l'omission constitue une violation des droits de la défense en privant l'arrêt d'une des conditions essentielles de son existence légale, sont applicables sans restriction, y compris lorsque la chambre d'accusation est saisie, selon les modalités de l'article 171, par le juge d'instruction ou le procureur de la République (Cass. crim., 19 oct. 1982 : *Bull.* 224).

10) Il ne saurait y avoir de violation des articles 197 et 198 du Code de procédure pénale, ni d'atteinte aux droits de la défense dans le fait par le procureur général, de déposer une note au cours des débats devant la chambre d'accusation, dès lors que cette note ne constitue qu'une réponse au mémoire de la partie civile et ne contient aucune réquisition additionnelle du ministère public. Il n'en serait autrement que si cette note, contenant des réquisitions nouvelles, les délais de l'article 197 du Code de procédure pénale n'avaient pas été respectés (Cass. crim., 13 juin 1974 : *Bull.* 219).

L'article 197 du Code de procédure pénale, dans sa rédaction issue de la loi du 30 décembre 1987 n'impose pas au procureur général de verser ses réquisitions au dossier lors de son dépôt au greffe de la chambre d'accusation (Cass. crim., 20 mars 1989 : *Bull.* 135. – Cass. crim., 26 févr. 1991 : *Bull.* 97).

Il suffit que ces réquisitions aient été jointes au dossier la veille de l'audience (Cass. crim., 1er juill. 1997 : *Bull.* 260).

11) Lorsque le procureur général a déposé des réquisitions écrites le jour même de l'audience en méconnaissance des (dispositions des articles 194, 197, 198 du Code de procédure pénale et 6-1 de la Convention européenne des droits de l'homme) qui lui font obligation de les déposer au plus tard la veille de celle-ci, il appartient à la chambre de l'instruction de statuer après les avoir écartées des débats (Cass. crim., 9 mai 2001, n. Y 01-81-192 F).

12) La délivrance incomplète, à la supposer établie, des pièces de la procédure aux conseils des inculpés ou des parties civiles qui en ont fait la demande, conformément aux dispositions de l'article 197, alinéa 4, du Code de procédure pénale, n'est pas de nature à vicier la procédure devant la chambre d'accusation s'il est établi que le dossier a bien été tenu à la disposition de ces conseils, au greffe, dans les conditions prévues par l'alinéa 3 dudit article (Cass. crim., 8 mars 1983 : *Bull.* 73).

Le défaut de communication du mémoire déposé par l'avocat de l'une des parties à celui des autres parties est dépourvu de sanction (Cass. crim., 15 juin 1994 : *Bull.* 240).

Les documents saisis par le juge d'instruction, placés sous scellés et déposés au greffe à titre de pièces à conviction, ne font pas partie du dossier de la procédure au sens de l'article 197 du Code de procédure pénale (Cass. crim., 9 janv. 1996 : *Bull.* 7).

13) L'article 197 du Code de procédure pénale dispose que, préalablement à l'audience de

la chambre d'accusation, le dossier, comprenant les réquisitions du procureur général, est déposé au greffe de ladite chambre et tenu à la disposition des conseils des inculpés et des parties civiles. Il n'est pas satisfait à cette prescription lorsque le dossier déposé au greffe ne comprend pas les renseignements et les pièces de détention relatifs aux coïnculpés de l'appelant. En effet, le dépôt doit porter sur le dossier de l'information, lequel comprend tous les actes d'information et toutes les pièces de la procédure (Cass. crim., 14 févr. 1984 : *Bull.* 56 ; *D.* 1984, 507, note Pradel ; *Rev. sc. crim.* 1985, 339, obs. J. Robert).

Les documents saisis par le juge d'instruction, placés sous scellés et déposés au greffe à titre de pièces à conviction, ne font pas partie du dossier de la procédure au sens de l'article 197 du Code de procédure pénale (Cass. crim., 9 janv. 1996 : *Bull.* 7).

Encourt la cassation l'arrêt qui statue sur une demande de mise en liberté alors qu'il résulte de ses énonciations que le conseil de l'inculpé n'avait pas eu connaissance de l'entier dossier, soit en original, soit en copie certifiée conforme par le greffier (Cass. crim., 20 juin 1989 : *Bull.* 264).

14) Ne donne pas de base légale à sa décision la chambre d'accusation qui, pour rejeter une demande de mise en liberté qui lui est soumise en vertu de l'article 148, alinéa 6, du Code de procédure pénale, se fonde sur l'existence d'une ordonnance du juge d'instruction qui ne figure pas dans le dossier déposé au greffe, en application de l'article 197 du même code (Cass. crim., 16 oct. 1984 : *Bull.* 301).

15) Encourt la cassation, l'arrêt d'une chambre d'accusation statuant en matière de détention qui, pour rejeter une demande de renvoi formulée par le défenseur d'un inculpé, en raison de ce que manquaient, à la veille de l'audience, au dossier mis à sa disposition, des procès-verbaux d'audition, énonce que cette demande est devenue sans objet, le Parquet général ayant fait, avant l'audience, toutes diligences pour faire réintégrer au dossier les pièces signalées manquantes ;

Que desdites constatations, il résulte que l'entier dossier de la procédure n'a pas été mis à la disposition du conseil de l'inculpé pendant quarante-huit heures avant l'audience et qu'ont été, par suite, méconnus les droits de la défense dont l'article 197, alinéa 3, du Code de procédure pénale, assure le respect (Cass. crim., 24 juin 1985 : *Bull.* 244).

Selon les articles 186 et 197 du Code de procédure pénale, en cas d'appel d'une ordonnance du juge d'instruction, le dossier de l'information (ou sa copie) est transmis au procureur général et déposé au greffe de la chambre d'accusation pour être tenu à la disposition des conseils des inculpés et des parties civiles, préalablement à l'audience de ladite chambre.

Il n'est pas satisfait à cette prescription, lorsque le dossier déposé au greffe ne comprend pas les renseignements et les pièces de détention relatifs aux coïnculpés de l'appelant.

En effet, le dépôt doit porter sur le dossier complet de l'information, lequel comprend tous les actes d'instruction et toutes les pièces de la procédure (Cass. crim., 21 févr. 1989 : *Bull.* 84).

16) Aux termes de l'article 197, alinéa 4, du Code de procédure pénale, copie du dossier déposé au greffe de la chambre d'accusation est délivrée sans délai aux conseils des inculpés et des parties civiles sur simple requête écrite de leur part.

L'inobservation de cette formalité ne saurait, à elle seule, avoir pour effet de porter atteinte aux droits de la défense dès lors qu'ont été respectées les prescriptions édictées par les alinéas 2 et 3 du même texte.

Il en est de même du défaut de réponse à une demande de renvoi formulée par le conseil de l'inculpé à la suite de la non délivrance de la copie du dossier dès lors que l'intéressé ne se présente pas à la l'audience dont la date lui a été notifiée conformément à l'alinéa 1 de l'article 197 du Code de procédure pénale, et n'a pas déposé de mémoire tendant à justifier le renvoi sollicité (Cass. crim., 4 sept. 1982 : *Bull.* 202. – Cass. crim., 3 mai 1988 : *Bull.* 189).

17) L'irrégularité provenant de ce que le dossier complet de la procédure n'a pas été mis à la disposition du conseil de l'inculpé dans les conditions prescrites par l'article 197 du Code de procédure pénale ne porte pas atteinte aux intérêts de l'inculpé dès lors qu'il n'est pas contesté que les pièces sur lesquelles elle fonde à bon droit sa décision d'irrecevabilité figuraient au dossier déposé au greffe et mis à la disposition dudit conseil.

Justifie sa décision la chambre d'accusation qui, en tel cas, fait application de l'article 802 du

Code de procédure pénale (Cass. crim., 14 sept. 1987 : *Bull.* 309).

Si l'article 197 du Code de procédure pénale dispose que, préalablement à l'audience de la chambre d'accusation, le dossier, ou sa copie, est déposé au greffe de ladite chambre, et tenu à la disposition des conseils des inculpés et des parties civiles, il n'est exigé par aucun texte que figure à ce dossier, pendant la durée de son exécution, une copie du mandement d'une commission rogatoire en cours d'exécution (Cass. crim., 12 mars 1991 : *Bull.* 122 ; *Rev. sc. crim.* 1992, 116, obs. Braunschweig).

L'article 6.3 a, b, c de la Convention européenne de sauvegarde des droits de l'homme et des libertés fondamentales n'impose pas la remise des copies des pièces du dossier à l'inculpé qui, en refusant l'assistance d'un avocat, se prive du bénéfice des dispositions de l'article 197, dernier alinéa, du Code de procédure pénale réservant cette délivrance aux seuls avocats des personnes mises en examen et des parties civiles (Cass. crim., 4 janv. 1995 : *Bull.* 1).

18) L'inobservation des prescriptions des articles 81, alinéas 2 et 3, 186, alinéa 5, et 197, alinéa 3, du Code de procédure pénale, selon lesquelles le dossier de l'information ou sa copie certifiée conforme par le greffier doit être transmis au procureur général pour être mis en état et tenu à la disposition des conseils des inculpés et des parties civiles, ne saurait entraîner de nullité de procédure lorsqu'aucune atteinte n'a été portée aux intérêts de la partie concernée ni aux droits de la défense (Cass. crim., 26 juill. 1989 : *Bull.* 298 ; *D.* 1990, 225, somm. obs. Pradel).

19) Lorsqu'un inculpé, placé sous mandat de dépôt, s'est évadé et se trouve en fuite lors de la fixation de la date de l'audience à laquelle son affaire doit être appelée devant la chambre d'accusation et lors des débats de cette juridiction, le procureur général n'a pas à aviser de cette date d'audience le conseil précédemment désigné par cet inculpé, ce dernier s'étant volontairement soustrait au contrôle de la justice (Cass. crim., 19 janv. 1988 : *Bull.* 25).

20) Aux termes de l'article 197, alinéa 2 du Code de procédure pénale, un délai minimum de 48 heures en matière de détention provisoire, et de 5 jours en toute autre matière, doit être observé entre la date d'envoi de la lettre recommandée et celle de l'audience. Il en résulte que ni le jour d'expédition de la lettre ni celui auxquel est fixée l'audience ne peuvent être pris en compte sans le calcul de ce délai (Cass. crim., 7 mars 1989 : *Bull.* 108).

Aux termes de l'article 197, alinéa 2, du Code de procédure pénale, un délai minimum de 48 heures doit être observé en matière de détention provisoire entre la date d'envoi de la lettre recommandée et celle de l'audience. Ce texte n'exige pas que le délai ainsi fixé comprenne 2 jours ouvrables (Cass. crim., 28 mars 1991 : *Bull.* 150. – Cass. crim., 25 juin 1991 : *Bull.* 274. – Cass. crim., 20 août 1991 : *Bull.* 308).

L'article 197, alinéa 2, du Code de procédure pénale exige seulement qu'un délai minimum de 5 jours soit observé entre la date de l'envoi de la lettre recommandée à chacune des parties ainsi qu'à son avocat et la date de l'audience de la chambre de l'instruction, sans imposer qu'il s'agisse de jours ouvrables (Cass. crim., 28 mars 2001 : *Bull.* 83).

21) Les délais prévus par l'article 197, alinéa 2, du Code de procédure pénale ne sont pas incompatibles avec le droit pour l'inculpé de préparer sa défense (Cass. crim., 26 févr. 1991 : *Bull.* 97).

Art. 197-1 *(L. n. 2000-516, 15 juin 2000, art. 34, applic. 1er janv. 2001).* **– En cas d'appel d'une ordonnance de non-lieu, le témoin assisté peut, par l'intermédiaire de son avocat, faire valoir ses observations devant la chambre de l'instruction. La date de l'audience est notifiée à l'intéressé et à son avocat conformément aux dispositions de l'article 197.**

S'il résulte des dispositions de l'article 197-1 du Code de procédure pénale, issues de la loi n° 2000-516 du 15 juin 2000, qu'en cas d'appel de l'ordonnance de non-lieu, le témoin assisté est avisé de la date d'audience et peut faire valoir ses observations par l'intermédiaire de son avocat, il n'acquiert pas pour autant la qualité de partie à la procédure et ne tire d'aucune disposition légale la faculté de former un pourvoi en cassation contre l'arrêt rendu par la chambre de l'instruction (Cass. crim., 13 nov. 2001 : *Bull.* 232).

Art. 198 *(Ord. n. 58-1296, 23 déc. 1958 ; L. n. 93-2, 4 janv. 1993, art. 224).* – **Les parties et leurs avocats sont admis jusqu'au jour de l'audience à produire des mémoires qu'ils communiquent au ministère public et aux autres parties.**

Ces mémoires sont déposés au greffe de la chambre de l'instruction et visés par le greffier avec l'indication du jour et de l'heure du dépôt.

(L. n. 93-2, 4 janv. 1993, art. 69) **Lorsqu'un avocat n'exerce pas dans la ville où siège la chambre de l'instruction, il peut adresser son mémoire au greffier, au ministère public et aux autres parties par télécopie ou par lettre recommandée avec demande d'avis de réception qui doit parvenir à leurs destinataires avant le jour de l'audience.**

1) Lorsque le procureur général a déposé des réquisitions le jour même de l'audience en méconnaissance des (dispositions des articles 194, 197, 198 du Code de procédure pénale et 6-1 de la Convention européenne des droits de l'homme) qui lui font obligation de les déposer au plus tard la veille de l'audience, il appartient à la chambre de l'instruction de statuer après les avoir écartées des débats (Cass. crim., 9 mai 2001, n. Y 01-81.192 F).

2) Les dispositions de l'article 198 du Code de procédure pénale doivent être interprétées en ce sens que, pour être recevables, les mémoires doivent être déposés au greffe de la chambre d'accusation au plus tard la veille de l'audience (Cass. crim., 9 juill. 1975 : *Bull.* 185).

Selon les dispositions de l'article 198 du Code de procédure pénale, les mémoires produits par les parties devant la chambre d'accusation sont recevables dès lors qu'ils ont été visés par le greffier au plus tard la veille de l'audience ; la circonstance que ce visa aurait été apposé après la fermeture du greffe est inopérante (Cass. crim., 16 mars 1999 : *Bull.* 39).

Est tardif le mémoire déposé par le conseil de l'inculpé le jour même de l'audience à laquelle la cause doit être débattue. Les droits de la partie civile subissent une atteinte du fait que la chambre d'accusation, après avoir visé le mémoire entaché d'irrégularité, en a tenu compte pour motiver sa décision (Cass. crim., 4 nov. 1986 : *Bull.* 323).

Les mémoires... doivent comporter la signature de la partie intéressée ou de son conseil (Cass. crim., 15 nov. 1993 : *Bull.* 335 ; *Dr. pénal* 1994, n. 22).

Est irrecevable, et ne saisit pas la chambre d'accusation des moyens qui peuvent y être formulés, un mémoire non signé, adressé au greffe sous le timbre de l'avocat de la défense, au moyen d'une lettre signée « par ordre » de la main d'une tierce personne (Cass. crim., 9 nov. 1995 : *Bull.* 344).

L'article 198 du Code de procédure pénale, qui autorise notamment les avocats des parties à produire un mémoire devant la chambre d'accusation, n'exige pas que ce mémoire soit déposé au greffe par l'avocat en personne (Cass. crim., 4 août 1998 : *Bull.* 221).

3) Encourt la cassation l'arrêt d'une chambre d'accusation qui, ne faisant pas mention du mémoire régulièrement produit par l'inculpé dans les conditions prévues par l'article 198 du Code de procédure pénale, ne met pas la Cour de cassation en mesure de savoir si ce mémoire a été soumis à l'examen des juges (Cass. crim., 25 avr. 1984 : *Bull.* 143. – Cass. crim., 22 août 1989 : *Bull.* 306).

4) Encourt la cassation l'arrêt d'une chambre d'accusation qui ne met pas la Cour de cassation en mesure de savoir si un mémoire, régulièrement produit par la partie civile dans les conditions prévues par l'article 198 du Code de procédure pénale, a été soumis à l'examen des juges (Cass. crim., 18 déc. 1979 : *Bull.* 362. – Cass. crim., 3 janv. 1980 : *Bull.* 4. – Cass. crim., 9 déc. 1980 : *Bull.* 39).

Encourt la cassation l'arrêt d'une chambre d'accusation statuant au fond qui, en ne visant pas le mémoire produit par la partie civile dans les conditions prévues par l'article 198 du Code de procédure pénale, n'a pas mis la Cour de cassation en mesure de savoir si le mémoire avait bien été communiqué aux juges.

Il en est ainsi encore que ledit mémoire ait été visé par un arrêt avant dire droit rendu en la même cause par la chambre d'accusation autrement composée (Cass. crim., 22 janv. 1980 : *Bull.* 32).

5) La chambre d'accusation n'est tenue de répondre qu'aux moyens figurant dans un mémoire établi et déposé au greffe, conformément aux dispositions de l'article 198 du Code de procédure pénale (Cass. crim., 28 juin 1972 : *Bull.* 223. – Cass. crim., 27 févr. 1978 : *Bull.* 73 ; *JCP* 79, II, 19113, note Chambon). Tel n'est pas

le cas d'un document annexé par l'inculpé à sa déclaration d'appel adressée au greffe du tribunal de grande instance où elle a été enregistrée (Cass. crim., 26 mai 1993 : *Bull. inf. C. cass.* août 1993, n. 921).

6) Il ne saurait être fait grief à une chambre d'accusation devant laquelle l'inculpé et son conseil, régulièrement avisés de la date d'audience, n'étaient pas présents, de n'avoir pas répondu à une demande de renvoi qui n'avait pas été formée dans un mémoire déposé conformément aux prescriptions de l'article 198 du Code de procédure pénale (Cass. crim., 17 juill. 1985 : *Bull.* 265).

7) Les droits de la partie civile subissent une atteinte lorsque la chambre d'accusation, après avoir constaté le dépôt d'un mémoire entaché d'irrégularité, au lieu de le rejeter comme tardif, en tient compte pour motiver sa décision (Cass. crim., 9 juill. 1975 : *Bull.* 185).

8) La chambre d'accusation ne peut, sans se contredire, énoncer d'une part qu'un mémoire des parties civiles n'a pas été communiqué au ministère public alors qu'elle constate d'autre part que le mémoire a été déposé au greffe de la chambre dans le délai de l'article 197, alinéa 3, du Code de procédure pénale (Cass. crim., 24 févr. 1981 : *Bull.* 71).

9) La chambre d'accusation qui statue comme cour de renvoi après cassation, n'est pas tenue de se référer à des mémoires produits par les parties au cours de la procédure antérieure ayant abouti à l'arrêt annulé (Cass. crim., 4 janv. 1978 : *Bull.* 5. – Cass. crim., 18 mai 1987 : *Bull.* 199).

10) La chambre d'accusation a le devoir, lorsqu'elle statue sur l'appel d'une ordonnance de non-lieu, d'énoncer les faits de la poursuite et de répondre au mémoire régulièrement produit devant elle par la partie civile, faute de quoi celle-ci est recevable, sur son seul pourvoi, à poursuivre l'annulation de l'arrêt conformément aux dispositions des articles 575, alinéa 2-6°, et 593 du Code de procédure pénale (Cass. crim., 29 mai 1984 : *Bull.* 193).

11) N'encourt pas la cassation l'arrêt d'une chambre d'accusation qui, omettant de faire mention du mémoire régulièrement déposé par le conseil d'une partie, dans les conditions prévues par l'article 198 du Code de procédure pénale, constate que l'avocat a été entendu à l'audience en ses observations sommaires, et que les motifs de son arrêt répondent aux chefs péremptoires des conclusions, en sorte qu'il s'en déduit nécessairement que les juges ont eu connaissance des moyens contenus dans le mémoire déposé (Cass. crim., 6 mai 1985 : *Bull.* 167).

12) Le greffier de la chambre d'accusation, n'a pas à viser un mémoire, qui n'a pas été déposé au greffe, mais a été transmis par lettre au président : un tel mémoire ne saisit pas la chambre d'accusation des arguments qui y sont contenus (Cass. crim., 16 avr. 1975 : *Bull.* 94).

13) Dès lors que son mémoire, régulièrement déposé, y fait allusion, une partie est en droit de produire devant la chambre d'accusation toute pièce ou document qu'elle estime utile à ses intérêts. Il appartient alors aux juges de soumettre ladite pièce aux débats contradictoires (Cass. crim., 21 nov. 1989 : *Bull.* 424).

14) Dans sa rédaction issue de la loi du 4 janvier 1993, l'article 198 n'autorise l'envoi des mémoires par télécopie que dans l'hypothèse où le conseil de la partie concernée ne réside pas dans la ville où siège la chambre d'accusation (Cass. crim., 19 juill. 1993 : *Bull.* 246).

Si, selon l'article 198 du Code de procédure pénale, un avocat, qui n'exerce pas dans la ville où siège la chambre d'accusation, peut adresser son mémoire par télécopie, celui-ci doit, pour être valable, être visé par le greffier avant le jour de l'audience, la date et l'heure du dépôt au greffe étant celles indiquées sur le visa ; c'est donc à bon droit qu'une chambre d'accusation refuse d'examiner le mémoire qui, adressé dans le délai légal par télécopie au numéro de fax du procureur général et non à celui du greffier, n'a été remis à ce dernier que le jour de l'audience (Cass. crim., 16 mai 1994 : *Bull.* 182).

C'est à bon droit qu'une chambre d'accusation refuse d'examiner un mémoire adressé dans les délais légaux par lettre simple (Cass. crim., 3 juin 1997 : *Bull.* 216).

15) La chambre d'accusation n'est tenue de répondre qu'aux articulations des mémoires régulièrement déposés devant elle. Elle n'a pas à examiner les notes et mémoires soumis au juge d'instruction, quand bien même le mémoire déposé devant elle se référerait à ces derniers (Cass. crim., 26 févr. 1991 : *Bull.* 97).

La chambre d'accusation qui, après avoir visé le mémoire par lequel les personnes mises en examen sollicitaient leur confrontation avec les parties civiles ainsi que l'audition de témoins, a exposé les faits résultant de l'information d'où elle a déduit l'existence de charges suffisantes à l'encontre des demandeurs, a implicitement mais nécessairement examiné, pour l'écarter, leur demande d'actes complémentaires d'instruction (Cass. crim., 11 juin 1996 : *Bull.* 244).

16) Il résulte des dispositions de l'article 198 du Code de procédure pénale que, devant la chambre d'accusation, les mémoires des parties doivent être produits au plus tard la veille de l'audience.

Si toute partie est en droit de produire devant la chambre d'accusation des pièces ou documents qu'elle estime utile à ses intérêts et qui sont visés par son mémoire, c'est à la condition que ce dernier ait été régulièrement déposé.

Encourt dès lors la cassation l'arrêt qui, après avoir constaté le dépôt tardif d'un mémoire d'une partie, fonde sa décision sur des pièces produites au cours de l'audience par cette même partie et qu'annonçait ce mémoire (Cass. crim., 14 janv. 1992 : *Bull.* 12 ; *Rev. sc. crim.* 1992, 609, obs. Braunschweig).

Art. 199 *(L. n. 93-2, 4 janv. 1993, art. 224).* **– Les débats se déroulent et l'arrêt est rendu en chambre du conseil.** *(L. n. 2000-516, 15 juin 2000, art. 96-IV-1°)* **Toutefois, si la personne majeure mise en examen ou son avocat le demande dès l'ouverture des débats, ceux-ci se déroulent et l'arrêt est rendu en séance publique, sauf si la publicité est de nature à entraver les investigations spécifiques nécessitées par l'instruction ou à nuire à la dignité de la personne ou aux intérêts d'un tiers. La chambre de l'instruction statue sur cette demande, après avoir recueilli les observations du procureur général et, le cas échéant, des avocats des autres parties, par un arrêt rendu en chambre du conseil qui n'est susceptible de pourvoi en cassation qu'en même temps que l'arrêt portant sur la demande principale.**

Après le rapport du conseiller, le procureur général et les avocats des parties qui en ont fait la demande présentent des observations sommaires.

La chambre de l'instruction peut ordonner la comparution personnelle des parties ainsi que l'apport des pièces à conviction.

(L. n. 93-2, 4 janv. 1993, art. 144) **Il est donné lecture de l'arrêt par le président ou par l'un des conseillers ; cette lecture peut être faite même en l'absence des autres conseillers.**

(L. n. 89-461, 6 juill. 1989, art. 7) **En matière de détention provisoire, la comparution personnelle de la personne concernée est de droit si celle-ci ou son avocat en fait la demande ; cette requête doit, à peine d'irrecevabilité, être présentée en même temps que la déclaration d'appel ou que la demande de mise en liberté adressée à la chambre de l'instruction.** *(L. n. 2000-516, 15 juin 2000, art. 96-IV-2°). (Phrase créée, L. n° 2002-1138, 9 sept. 2002, art. 38, VI)* **Si la personne a déjà comparu devant la chambre de l'instruction moins de quatre mois auparavant, le président de cette juridiction peut, en cas d'appel d'une ordonnance rejetant une demande de mise en liberté, refuser la comparution personnelle de l'intéressé par une décision motivée qui n'est susceptible d'aucun recours.**

En cas de comparution personnelle de la personne concernée, le délai maximum prévu au *(L. n. 99-515, 23 juin 1999, art. 16)* **troisième alinéa de l'article 194 est prolongé de cinq jours.**

1) La mention « Ainsi fait et prononcé en chambre du conseil », portée à la fin d'un arrêt de chambre d'accusation, constate suffisamment que l'audience au cours de laquelle il a été procédé à l'instruction et aux débats a été tenue en chambre du conseil, ainsi que le prescrit l'article 199 du Code de procédure pénale (Cass. crim., 15 oct. 1974 : *Bull.* 295).

L'arrêt étant rédigé dans un seul contexte, la mention « fait jugé et prononcé par la chambre d'accusation en chambre du conseil », s'applique à une audience précédente qui mettait l'affaire en délibéré et renvoyait pour le prononcé de l'arrêt (Cass. crim., 28 oct. 1974 : *Bull.* 305).

La mention selon laquelle l'arrêt a été rendu par la chambre d'accusation réunie en chambre du conseil, par sa généralité, constate, non seulement la tenue en chambre du conseil de l'audience où la décision a été prononcée, mais aussi celle de l'audience précédente où ont eu lieu les débats (Cass. crim., 6 mars 1989 : *Bull.* 101).

La mention que la chambre d'accusation s'est réunie « hors la présence du public » constate suffisamment que l'audience au cours de laquelle il a été procédé à l'instruction et aux débats a été tenue dans les conditions prévus par l'article 199 du Code de procédure pénale (Cass. crim., 12 avr. 1983 : *Bull.* 97).

La prescription de l'article 199 du Code de procédure pénale suivant laquelle les débats devant la chambre d'accusation se déroulent en chambre du conseil implique la seule présence des conseils des parties et, le cas échéant, de ces dernières si les juges ont ordonné leur comparution ; cette exigence exclut toute publicité, même restreinte à la présence d'auxiliaire de justice n'assistant pas ces parties (Cass. crim., 14 nov. 1989 : *Bull.* 412. – Cass. crim., 8 févr. 1990 : *Bull.* 69 ; *Rev. sc. crim.* 1990, p. 806, obs Braunschweig. – Cass. crim., 11 oct. 1994 : *Bull.* 322, *Dr. pénal* 1994, n. 269, obs. Maron).

La mention dans l'arrêt de la chambre d'accusation du nom d'une personne présente aux débats sans indication de sa qualité n'est pas une cause de nullité dès lors que, cette mention étant placée après celle des juges composant la juridiction et avant celle du greffier, la Cour de cassation est en mesure de s'assurer qu'est ainsi désigné le représentant du ministère public, entendu en ses réquisitions à l'audience des débats (Cass. crim., 11 juin 1996 : *Bull.* 244).

Les prescriptions de l'article 199, alinéa 1er, du Code de procédure pénale n'interdisent pas la présence, motivée par des impératifs de sécurité, aux débats de la chambre d'accusation des gardes régulièrement chargés d'escorter le détenu comparaissant en personne (Cass. crim., 7 août 1990 : *Bull.* 297 ; *Rev. sc. crim.* 1991, 603, obs. Braunschweig).

Lorsqu'il n'est ni démontré ni même allégué qu'une méconnaissance de la règle prescrivant la tenue en chambre du conseil de l'audience consacrée, devant la chambre d'accusation, au seul examen d'une demande de mise en liberté, ait porté atteinte aux droits de la défense, l'irrégularité ainsi commise ne saurait, en vertu des dispositions de l'article 802 du Code de procédure pénale, entraîner la nullité de la décision attaquée (*même arrêt : D.* 1990, 224, somm. obs. Pradel).

La chambre d'accusation qui, saisie d'une requête en réhabilitation, statue en chambre du conseil, conformément à l'article 199 du Code de procédure pénale, ne méconnaît pas l'exigence de publicité édictée par l'article 6.1 de la Convention européenne des droits de l'homme qui ne concerne que les procédures portant sur le « bien-fondé de toute accusation en matière pénale » (Cass. crim., 6 juill. 1994 : *Bull.* 268).

En statuant en chambre du conseil, comme le prévoit l'article 199 du Code de procédure pénale, une chambre d'accusation saisie sur le fondement de l'article 225 dudit code ne méconnaît pas l'exigence de publicité édictée par l'article 6, paragraphe 1, de la Convention européenne des droits de l'homme ; en effet, siégeant comme juridiction disciplinaire des officiers ou agents de police judiciaire, elle ne se prononce ni sur des contestations relatives à des droits ou des obligations de caractère civil, ni sur le bien-fondé d'une accusation en matière pénale (Cass. crim., 26 nov. 1996 : *Bull.* 425).

2) La formalité du rapport, exigée devant la chambre d'accusation par l'article 199 du Code de procédure pénale, auquel les articles 681 et suivants du même code n'ont apporté aucune dérogation, constitue un préliminaire indispensable aux débats.

L'accomplissement de cette formalité doit, aux termes de l'article 216 du même code, être mentionné dans l'arrêt.

En l'absence de cette formalité, l'arrêt ne satisfait pas en la forme aux conditions essentielles de son existence légale (Cass. crim., 3 mai 1978 : *Bull.* 135).

3) Le président d'une chambre de la cour d'appel n'est que le « premier des conseillers ». Constate l'accomplissement de la formalité prescrite par l'article 199, alinéa 2, du Code de procédure pénale, l'arrêt qui mentionne que le rapport à l'audience de la chambre d'accusation a été fait par le président (Cass. crim., 14 déc. 1971 : *Bull.* 350).

4) La forme du rapport qui doit être fait à l'audience de la chambre d'accusation, confor mément aux dispositions de l'article 199 du Code de procédure pénale, n'ayant pas été déterminée par la loi, est laissée à la conscience du magistrat qui en est chargé. Il en résulte que le demandeur au pourvoi ne saurait se faire un grief de ce que son auteur ait énoncé son avis personnel (Cass. crim., 20 déc. 1983 : *Bull.* 350).

S'il impose un rapport comme préliminaire indispensable aux débats, l'article 199, alinéa 2, du Code de procédure pénale n'en prescrit pas les formes et n'exige pas notamment qu'il soit présenté par son auteur ; en conséquence, le président peut lire, en début d'audience, un rapport de l'affaire établi par un autre conseiller de la chambre (Cass. crim., 5 nov. 1998 : *Bull.* 287).

Les dispositions de l'article 199, alinéa 1er, du Code de procédure pénale n'imposent pas la formalité du rapport lorsque la chambre de l'instruction statue sur une demande de publicité des débats (Cass. crim., 16 oct. 2001 : *Bull.* 208).

5) Aux termes de l'article 199 du Code de procédure pénale, les débats devant la chambre d'accusation comportent l'audition du procureur général en ses réquisitions. L'article 216 du même code prescrit de faire mention dans l'arrêt des réquisitions du ministère public.

L'inobservation de ces prescriptions légales entraîne la nullité de la décision (Cass. crim., 4 juin 1985 : *Bull.* 214).

6) Devant la chambre d'accusation, l'inculpé, lorsqu'il est présent aux débats, ou son conseil lorsque celui-ci a demandé à présenter des observations, doivent avoir la parole les derniers (Cass. crim., 28 sept. 1983 : *Bull.* 232 ; *D.* 1984, inf. rap. 88, obs. J. M. R. – Cass. crim., 23 oct. 1984 : *Bull.* 312).

Il se déduit des dispositions de l'article 199 du Code de procédure pénale et des principes généraux du droit que, devant la chambre d'accusation, l'inculpé ou son conseil doivent avoir la parole le dernier.

Devant la Cour de cassation, la violation de cette règle est relevée d'office (Cass. crim., 29 nov. 1984 : *Bull.* 376).

Devant la chambre d'accusation, la règle selon laquelle l'inculpé ou son conseil doit avoir la parole le dernier n'implique pas que, lorsque l'un d'eux a usé de ce droit, la parole soit en outre donnée à l'autre (Cass. crim., 6 févr. 1992 : *Bull.* 58 ; *Rev. sc. crim.* 1993, 131, obs. Braunschweig).

Lorsque la chambre d'accusation statue sur une procédure comprenant plusieurs personnes mises en examen, il est satisfait aux prescriptions de l'article 199 du Code de procédure pénale, dès lors que ces personnes ou leurs avocats ont la parole en dernier, aucun ordre n'étant prescrit pour leur audition, fussent-elles requérantes en annulation d'actes de la procédure (Cass. crim., 14 avr. 1999 : *Bull.* 80).

Il n'y a aucune violation des droits de la défense lorsqu'un inculpé ayant été admis à se présenter devant la chambre d'accusation, son conseil et ceux des autres inculpés non présents ont été entendus après lui, dès lors que, ni le ministère public, ni les conseils des autres parties n'ont pris la parole après cet inculpé, son avocat ou ceux d'autres inculpés ; aucun ordre n'est prescrit entre les divers inculpés ou leurs conseils (Cass. crim., 17 nov. 1987 : *Bull.* 410. – Cass. crim., 3 mars 1998 : *Bull.* 79).

Ne porte pas atteinte aux droits de la défense l'arrêt qui mentionne que le procureur général a pris la parole après les inculpés ou leurs conseils, dès lors qu'il est établi que ce magistrat a requis un non-lieu en leur faveur (Cass. crim., 3 mai 1990 : *Bull.* 167).

Il se déduit des dispositions de l'article 199, alinéa 1er, du Code de procédure pénale et des principes généraux du droit que, lorsque la chambre de l'instruction est appelée à statuer sur une demande tendant à ce que les débats se déroulent et que l'arrêt soit rendu en audience publique, la personne mise en examen ou son avocat doit avoir la parole en dernier (Cass. crim., 16 oct. 2001 : *Bull.* 208).

7) Les conseils des parties qui en ont fait la demande ne pouvant, selon l'article 199 du Code de procédure pénale, se voir refuser le droit de présenter des observations à l'audience de la chambre d'accusation, ce texte n'est pas incompatible avec l'article 5 de la Convention européenne du sauvegarde des droits de l'homme et des libertés fondamentales selon lequel toute personne privée de sa liberté par arrestation ou détention a le droit d'introduire un recours devant un tribunal afin qu'il soit statué sans délai sur la légalité de sa détention (Cass. crim., 3 juill. 1985 : *Bull.* 255).

8) Selon les dispositions de l'article 199, alinéa 3, du Code de procédure pénale, les parties ne sont pas appelées à comparaître personnellement devant la chambre d'accusation, à moins que celle-ci ne l'ordonne expressément.

Si, devant la chambre d'accusation, les parties sont admises, jusqu'au jour de l'audience, à produire des mémoires, et si leurs conseils qui en ont fait la demande peuvent présenter à cette audience des observations sommaires, ces moyens de défense qui leur sont accordés par les articles 198 et 199, alinéa 2, du Code de procédure pénale, ne constituent que de simples facultés dont ils sont libres d'user ou de ne pas user.

Il s'ensuit qu'encourt cassation pour absence de motifs, l'arrêt d'une chambre d'accusation qui, pour confirmer une ordonnance de non-lieu du juge d'instruction, se fonde uniquement sur la constatation que la partie civile n'a ni comparu à l'audience, ni produit de mémoire à l'appui de son appel (Cass. crim., 28 mai 1973 : *Bull.* 242).

9) Les dispositions finales de l'article 148-4 du Code de procédure pénale relatives à la comparution personnelle de l'inculpé devant la chambre d'accusation saisie directement d'une demande de mise en liberté, abrogées à compter du 1er décembre 1989 par l'article 7-1 de la loi du 6 juillet 1989, sont reprises à l'article 199, alinéa 4 nouveau, du même code, en sa rédaction issue de la même loi (Cass. crim., 2 avr. 1990 : *Bull.* 140).

En application de l'article 199 alinéa 3 du Code de procédure pénale, et sous réserve des dispositions de l'alinéa 5, devant la chambre d'accusation, les parties ne sont entendues que si les juges ont ordonné leur comparution personnelle ; encourt dès lors la censure, la chambre d'accusation qui, en matière de détention provisoire, en l'absence de la personne mise en examen dont elle rejette la demande de mise en liberté, a procédé à l'audition de la partie civile sans avoir ordonné la comparution personnelle des parties (Cass. crim., 18 déc. 1996 : *Bull.* 476).

10) Ne méconnaît pas les droits de la défense la chambre d'accusation qui statue, en l'absence de l'inculpé, sur une demande de mise en liberté présentée par le conseil de ce dernier et assortie d'une requête tendant à la comparution personnelle de l'intéressé, dès lors que l'avocat, entendu à l'audience, n'a formulé aucune observation à ce sujet *(même arrêt)*.

Si les dispositions de l'alinéa 3 de l'article 199 du Code de procédure pénale imposent, en matière de détention provisoire, la présence personnelle de l'inculpé aux débats, lorsque la demande en est faite, ces dispositions n'exigent pas que l'intéressé soit présent lors du prononcé de l'arrêt (Cass. crim., 5 sept. 1990 : *Bull.* 311).

Les dispositions de l'article 199, alinéa 3, du Code de procédure pénale (issues de la loi du 6 juillet 1989), relatives au droit pour l'inculpé qui le demande, de comparaître personnellement devant la chambre d'accusation, précisent que la requête doit, à peine d'irrecevabilité, être présentée en même temps que la déclaration d'appel ou que la demande de mise en liberté adressée à la chambre d'accusation.

Un inculpé ne peut invoquer une violation de ce droit, dès lors, d'une part, que sa demande de comparution personnelle n'a pas été présentée en même temps que la déclaration d'appel et que, d'autre part, la chambre d'accusation n'en a pas été matériellement saisie (Cass. crim., 30 oct. 1990 : *Bull.* 363).

Est déclarée à bon droit irrecevable, par application des dispositions de l'article 199, alinéa 4, du Code de procédure pénale, la demande de comparution personnelle de l'inculpé devant la chambre d'accusation, qui n'a pas été présentée en même temps que la déclaration d'appel et a été postérieurement adressée au président de la formation (Cass. crim., 27 nov. 1991 : *Bull.* 440).

Les dispositions de l'alinéa 3 de l'article 199 relatives à la comparution personnelle n'imposent pas la formalité préalable du rapport (Cass. crim., 18 mai 1998 : *Bull.* 166).

11) La chambre d'accusation apprécie souverainement au regard des dispositions de l'article 199 du Code de procédure pénale la suite à donner à la demande de publicité des débats formée par l'inculpé ou son conseil en application dudit article. (Cass. crim., 3 juill. 1990 : *Bull.* 273. – Cass. crim., 5 sept. 1990 : *Bull.* 312), ainsi qu'à la demande de publicité de l'arrêt (Cass. crim., 9 janv. 1996 : *Bull.* 7).

Les dispositions de l'alinéa 5 de l'article 199 n'imposent pas la formalité du rapport préalablement à la décision sur la demande de publicité (Cass. crim., 30 mai 1995 : *Bull.* 195).

Seule la personne poursuivie, qui lors de sa comparution personnelle devant la chambre d'accusation en matière de détention provisoire, peut demander que les débats se déroulent en audience publique, est recevable à se pourvoir contre l'arrêt rejetant sa demande (Cass. crim., 24 janv. 1995 : *Bull.* 31).

Si les dispositions de l'alinéa 3 de l'article 199 du Code de procédure pénale imposant, en matière de détention provisoire, la présence de l'inculpé aux débats lorsque la demande en est faite, ces dispositions n'exigent pas que l'intéressé soit présent au prononcé de l'arrêt (Cass. crim., 14 nov. 90 : *Bull.* 380).

Justifie sa décision, sans avoir à s'expliquer autrement, la chambre d'accusation qui, pour rejeter la demande de l'inculpé tendant à ce que les débats se déroulent et l'arrêt soit rendu en audience publique, énonce que la publicité demandée est de nature à nuire au bon déroulement de l'information (Cass. crim., 11 avr. 1991 : *Bull.* 175).

Encourt la cassation l'arrêt unique par lequel la chambre d'accusation statue sur la demande de publicité des débats et sur la détention (Cass. crim., 10 janv. 1994 : *Bull.* 10).

12) La procédure prévue par les alinéas 3, 4, 5, 6 et 7 de l'article 145 du Code de procédure pénale n'est pas applicable devant la chambre d'accusation, mais seulement devant le juge d'instruction. Les débats sont contradictoires devant la chambre d'accusation dès lors que sont respectées les prescriptions des articles 197, 198 et 199 du Code de procédure pénale (Cass. crim., 12 juin 1985 : *Bull.* 229).

13) L'arrêt par lequel la chambre d'accusation ordonne l'apport des pièces à conviction constitue une mesure d'ordre qui n'a pas à être signifiée et contre laquelle aucun recours n'est recevable (Cass. crim., 27 janv. 1981 : *Bull.* 37).

14) Il résulte des dispositions combinées des alinéas 4 et 5 de l'article 199 du Code de procédure pénale que la demande de comparution personnelle, présentée par l'inculpé en même temps que sa déclaration d'appel, a pour effet de porter de 15 à 20 jours le délai maximum imparti à la chambre d'accusation pour statuer. La renonciation ultérieure de l'appelant à se prévaloir des dispositions précitées est dépourvue d'incidence sur la durée de ce délai (Cass. crim., 8 nov. 1990 : *Bull.* 375. – Cass. crim., 30 mai 1991 : *Bull.* 230. – Cass. crim., 25 juin 1991 : *Bull.* 274 ; *Rev. sc. crim.* 1992, 343, obs. Braunschweig. – Cass. crim., 18 nov. 1997 : *Bull.* 389).

15) La grève du personnel pénitentiaire, qui s'oppose à toute extraction, constitue une circonstance imprévisible et insurmontable permettant à la chambre d'accusation de rendre son arrêt sur l'appel d'une ordonnance de rejet de mise en liberté en l'absence de l'inculpé détenu, et nonobstant sa demande de comparaître, alors que la décision ne peut être différée (Cass. crim., 19 févr. 1992 : *Bull.* 77).

16) L'article 199, alinéa 4, du Code de procédure pénale, dans sa rédaction issue de la loi du 4 janvier 1993, permet que les arrêts de la chambre d'accusation soient prononcés par l'un seul des membres de la composition ayant instruit la cause et délibéré (Cass. crim., 14 juin 2000 : *Bull.* 222).Le magistrat qui a régulièrement donné lecture de l'arrêt de la chambre d'accusation a la faculté d'en signer la minute, nonobstant les dispositions de l'article 216 du code précité (Cass. crim., 2 févr. 1994 : *Bull.* 47).

17) Lorsqu'une chambre d'accusation se trouve saisie simultanément de plusieurs appels formés contre une même ordonnance du juge d'instruction, seul le premier d'entre eux doit être examiné et, l'appelant ayant épuisé son droit à recours par l'exercice qu'il en a fait, les autres appels sont irrecevables (Cass. crim., 3 nov. 1994 : *Bull.* 348).

Art. 199-1 *(L. n. 95-125, 8 févr. 1995, art. 56).* **– En cas d'appel d'une ordonnance de non-lieu motivée par les dispositions du premier alinéa de l'article 122-1 du Code pénal, la chambre de l'instruction doit, à la demande de la partie civile, ordonner la comparution personnelle de la personne mise en examen, si l'état de cette dernière le permet. Cette demande doit, à peine d'irrecevabilité, être présentée en même temps que la demande d'appel.**

Si la comparution personnelle de la personne mise en examen a été ordonnée, et si la partie civile ou son avocat en fait la demande dès l'ouverture des débats, ceux-ci se déroulent et l'arrêt est rendu en séance publique, sauf si la publicité est de nature à nuire à l'ordre public ou aux bonnes mœurs ; la chambre de l'instruction statue sur cette demande de publicité, après avoir recueilli les observations du procureur général, de la personne mise en examen et de son avocat ainsi que, le cas échéant, des avocats des autres parties, par un arrêt rendu en chambre du conseil qui n'est susceptible de pourvoi en cassation qu'en même temps que l'arrêt portant sur la demande principale.

Les experts ayant examiné la personne mise en examen doivent être entendus par la chambre de l'instruction.

L'article 199-1 du Code de procédure pénale subordonne la publicité des débats et du prononcé de l'arrêt sur l'appel d'une ordonnance de non-lieu motivée par l'abolition du discernement de la personne mise en examen à la possibilité de la comparution personnelle de celle-ci (Cass. crim., 18 févr. 1998 : *Bull.* 66).

Art. 200 *(L. n. 93-2, 4 janv. 1993, art. 224)*. – **Lorsque les débats sont terminés, la chambre de l'instruction délibère sans qu'en aucun cas le procureur général, les parties, leurs avocats et le greffier puissent être présents.**

1) La mention de l'arrêt selon laquelle la chambre d'accusation a délibéré hors la présence du ministère public et du secrétaire greffier, implique qu'aucune personne autre que les juges de cette chambre n'assistait au délibéré (Cass. crim., 3 juill. 1973 : *Bull.* 310).

La mention de l'arrêt selon laquelle la chambre d'accusation a rendu sa décision en chambre du conseil, après en avoir délibéré conformément à la loi, implique qu'aucune personne autre que les juges de cette chambre n'assistait au délibéré (Cass. crim., 3 mai 1978 : *Bull.* 134. – Cass. crim., 24 juin 1986 : *Bull.* 222. – Cass. crim., 11 juin 1996 : *Bull.* 244).

2) Aucune violation de l'article 200 du Code de procédure pénale n'est établie lorsque, des énonciations de l'arrêt selon lesquelles, une fois les débats terminés, la chambre d'accusation a mis l'affaire en délibéré pour que la décision soit rendue à une date ultérieure, il se déduit qu'à l'issue des débats et avant l'ouverture du délibéré, le ministère public, les parties, leurs conseils et le greffier se sont retirés (Cass. crim., 19 févr. 1980 : *Bull.* 61. – Cass. crim., 6 mai 1980 : *Bull.* 136).

3) Les auditeurs de justice peuvent, aux termes de l'article 19 de l'ordonnance du 22 décembre 1958 rétabli par la loi organique du 17 juillet 1970, assister avec voix consultative au délibéré de la chambre d'accusation (Cass. crim., 5 mai 1981 : *Bull.* 138. – Cass. crim., 28 avr. 1981 : *Bull.* 127).

Art. 201 *(L. n. 93-2, 4 janv. 1993, art. 193)*. – **La chambre de l'instruction peut, dans tous les cas, à la demande du procureur général, d'une des parties ou même d'office, ordonner tout acte d'information complémentaire qu'elle juge utile.**

Elle peut également, dans tous les cas, le ministère public entendu, prononcer d'office la mise en liberté de la personne mise en examen.

1) La chambre d'accusation apprécie souverainement la nécessité d'un complément d'information (Cass. crim., 19 févr. 1976 : *Bull.* 66. – Cass. crim., 27 févr. 1978 : *Bull.* 73 ; *JCP* 79, II, 19113, note Chambon).

Si l'opportunité d'ordonner un supplément d'information relève du pouvoir d'appréciation souverain des juges du fond, c'est à la condition de ne pas se fonder sur des éléments de preuve irrégulièrement obtenus (Cass. crim., 20 mai 1980 : *Bull.* 153).

Une demande d'acte d'information complémentaire n'est soumise, selon l'article 201 du Code de procédure pénale, à aucune condition de recevabilité. Une partie peut former une telle demande devant la chambre d'accusation, saisie de l'appel de l'ordonnance de non-lieu, lors du règlement de la procédure, même si elle n'a pas usé de la faculté qui lui était offerte de présenter une telle demande devant le juge d'instruction, après notification de l'avis prévu par l'article 80-3 du Code de procédure pénale, dont les dispositions ont été reprises par l'article 175 de ce code (Cass. crim., 3 avr. 1995 : *Bull.* 139).

2) La chambre d'accusation apprécie souverainement la nécessité d'un supplément d'information. En application des articles 201 et 205 du Code de procédure pénale, elle peut ordonner, en même temps une expertise dont elle confie le contrôle des opérations à l'un de ses membres et un supplément d'information pour l'exécution duquel elle délègue un juge d'instruction (Cass. crim., 10 déc. 1985 : *Bull.* 393).

3) Lorsque la chambre de l'instruction saisie, dans une matière, autre que la détention, après infirmation d'une ordonnance du juge d'instruction, ordonne un supplément d'information et délègue pour y procéder le juge saisi ou un autre juge, elle évoque l'affaire dans sa totalité et demeure seule compétente pour rendre les décisions de caractère juridictionnel imposées par le déroulement postérieur de l'information, et notamment en matière de détention provisoire (Cass. crim., 11 déc. 2001 : *Bull.* 258).

4) Le président de la chambre d'accusation ne dispose d'aucun pouvoir propre pour ordonner un supplément d'information (Cass. crim., 20 mai 1980 : *Bull.* 153 ; *Rev. sc. crim.* 1981, 404, obs. J. Robert).

5) L'alinéa 2 de l'article 201 du Code de procédure pénale, qui donne à la chambre d'accusation le pouvoir de prononcer d'office la

mise en liberté de l'inculpé, conserve au profit de cette juridiction un droit dont l'exercice relève de sa seule initiative, et n'est pas subordonné à une saisine de son président ou de l'intéressé, ni limité au cas où le titre de détention serait nul ou inexistant (Cass. crim., 26 sept. 1995 : *Bull.* 282), et n'autorise en aucun cas l'inculpé à la requérir, d'en faire usage à son profit (Cass. crim., 25 oct. 1973 : *Bull.* 303).

6) En application de l'article 201, deuxième alinéa, du Code de procédure pénale, la chambre d'accusation, lorsqu'elle est saisie de la procédure, doit prononcer d'office la mise en liberté de l'inculpé s'il apparaît que celui-ci est détenu en vertu d'un titre inexistant ; tel est le cas d'une ordonnance de prolongation de détention provisoire qui, bien que n'ayant pas été frappée d'appel, est intervenue tardivement (Cass. crim., 4 janv. 1983 : *Bull.* 3 ; *JCP* 84, II, 20203, note Chambon ; *D.* 1983, 562, note M. Roger. – Cass. crim., 10 mai 1995 : *Bull.* 168).

Lorsque la chambre d'accusation, saisie sur le fondement de l'article 173 du Code de procédure pénale, a relevé que l'état de flagrance n'était pas caractérisé et annulé les actes de la procédure d'interpellation de la personne concernée, ainsi que l'ensemble de la procédure d'instruction ouverte à la suite de cette interpellation, elle n'a pas à faire application de l'article 201, alinéa 2, du Code de procédure pénale, dès lors que la mise en liberté est ordonnée en raison de l'annulation du titre de détention (Cass. crim., 23 juin 1998 : *Bull.* 202).

7) Le placement en détention provisoire d'un inculpé intervenant après l'ordonnance de transmission des pièces de la procédure est une décision juridictionnelle et relève de la compétence exclusive de la chambre d'accusation.

La chambre d'accusation ne peut déléguer à l'un de ses membres ses pouvoirs de placement d'un inculpé en détention provisoire (Cass. crim., 8 nov. 1990 : *Bull.* 374).

Art. 202 *(Ord. n. 58-1296, 23 déc. 1958 ; L. n. 93-2, 4 janv. 1993, art. 194 ; L. n. 94-89, 1er févr. 1994, art. 17-III)*. **– Elle peut, d'office ou sur réquisitions du procureur général, ordonner qu'il soit informé à l'égard des personnes mises en examen ou prévenus renvoyés devant elle sur tous les chefs de crimes, de délits, de contraventions, principaux ou connexes, résultant du dossier de la procédure, qui n'auraient pas été visés par l'ordonnance du juge d'instruction ou qui auraient été distraits par une ordonnance comportant non-lieu partiel, disjonction ou renvoi devant la juridiction correctionnelle ou de police.**

Elle peut statuer sans ordonner une nouvelle information si les chefs de poursuite visés à l'alinéa précédent ont été compris dans les faits pour lesquels la personne a été mise en examen par le juge d'instruction.

1) Les constatations de fait des arrêts des chambres d'accusation échappent, en raison de leur caractère souverain, au contrôle de la Cour de cassation (Cass. crim., 10 mai 1973 : *Bull.* 217).

2) Les chambres d'accusation ne peuvent, sans recourir à la procédure prévue par les articles 202 et 204 du Code de procédure pénale, statuer sur des faits restés en dehors de la saisine du juge d'instruction (Cass. crim., 3 janv. 1970 : *Bull.* 6. – Cass. crim., 31 mai 1994 : *Bull.* 211).

Les chambres d'accusation, juridictions d'instruction du second degré, ne peuvent statuer sur des faits qui, ayant été commis postérieurement à la mise en mouvement de l'action publique, sont restés en dehors de la saisine du juge d'instruction.

Le caractère continu de l'infraction ne saurait faire échec à cette règle (Cass. crim., 15 mai 1979 : *Bull.* 173).

3) Aux termes de l'article 202 du Code de procédure pénale, les chambres d'accusation sont investies du pouvoir de faire informer, à l'égard des inculpés renvoyés devant elle, sur tous les chefs de poursuite résultant du dossier de la procédure, qui en auraient été distraits par une ordonnance comportant renvoi devant la juridiction correctionnelle.

Dès lors qu'elle a été régulièrement saisie du dossier de la procédure par l'appel de la partie civile, en vertu de l'article 186 du Code de procédure pénale, et qu'ainsi l'inculpé a été renvoyé devant elle au sens de l'article 202 dudit code, la chambre d'accusation a le pouvoir, en application de ce même texte et sans que sa saisine ait été limitée par l'effet dévolutif de l'appel, de statuer à l'égard de cet inculpé, sur tous les chefs de poursuites résultant de la procédure, et notamment sur ceux qui en avaient été distraits par une ordonnance de renvoi de police correctionnelle (Cass. crim.,

15 oct. 1969 : *Bull.* 249. – Cass. crim., 28 avr. 1981 : *Bull.* 128 ; *JCP* 70, II, 16278, note Desmonts).

Elle peut renvoyer devant la juridiction correctionnelle pour des faits compris dans les inculpations du juge d'instruction, même si ceux-ci ont fait l'objet d'une ordonnance de non-lieu partiel (Cass. crim., 26 nov. 1996 : *Bull.* 426).

4) La chambre d'accusation tient de l'article 202 du Code de procédure pénale le pouvoir de statuer à l'égard de l'inculpé renvoyé devant elle, sur la partie de la poursuite ayant fait l'objet de la part du juge d'instruction, d'une décision partielle de non-lieu (Cass. crim., 2 janv. 1980 : *Bull.* 31. – Cass. crim., 10 mars 1993 : *Bull.* 107).

5) Les dispositions de l'article 202 du Code de procédure pénale concernant les attributions de la chambre d'accusation, relativement aux chefs d'inculpation qui n'auraient pas été visés par l'ordonnance du juge d'instruction, n'ont pas dérogé au droit et au devoir qu'ont les juridictions d'instruction de terminer par une décision de non-lieu une procédure, lorsqu'elles estiment que celle-ci est complète et qu'aucun crime, délit ou contravention, ne peut être établi (Cass. crim., 20 juill. 1976 : *Bull.* 260. – Cass. crim., 7 nov. 1978 : *Bull.* 302. – Cass. crim., 4 janv. 1979 : *Bull.* 4).

6) Si, aux termes du premier alinéa de l'article 202 du Code de procédure pénale, les chambres d'accusation sont investies du droit de faire informer, à l'égard des inculpés renvoyés devant elles, sur tous les chefs de poursuites résultant du dossier de la procédure qui n'auraient pas été visés par l'ordonnance du juge d'instruction et si, en pareille hypothèse, elles ont la faculté d'évoquer l'affaire, elles ne peuvent statuer « sans ordonner une nouvelle information », selon le deuxième alinéa de l'article 202 susvisé que si les chefs de poursuite ont été compris dans les inculpa tions faites par le juge d'instruction. Dans la négative, les chambres d'accusation doivent ordonner une nouvelle information (Cass. crim., 23 févr. 1971 : *Bull.* 60 ; *D.* 1971, 592, note J.-M. Robert ; *Bull. inf. C. cass.* 1994, n. 947).

7) La chambre d'accusation, qui tient de l'article 202 du Code de procédure pénale, le droit d'ordonner d'informer sur tous les chefs d'infraction résultant du dossier, ne saurait mettre en accusation pour un crime non compris dans les inculpations du juge d'instruction, notamment en qualifiant tentative de meurtre des faits de violences avec armes, retenus seulement comme circonstances aggravantes d'un vol (Cass. crim., 4 janv. 1977 : *Bull.* 5).

8) S'il est de principe général que la chambre d'accusation est investie du droit de modifier ou de compléter la qualification donnée aux faits dénoncés, elle ne peut, par contre, aux termes de l'article 202 du Code de procédure pénale, statuer sans ordonner une nouvelle information si les nouveaux chefs de poursuite n'ont pas été compris dans les inculpations faites par le juge d'instruction (Cass. crim., 18 janv. 1983 : *Bull.* 20. – Cass. crim., 20 oct. 1987 : *Bull.* 355. – Cass. crim., 31 mai 1994 : *Bull.* 211).

9) Il est de principe que les chambres d'accusation sont investies du droit de modifier et de compléter les qualifications données aux faits incriminés, soit par le ministère public, soit par le juge d'instruction. L'article 202, alinéa 2, du Code de procédure pénale, leur reconnaît le droit de statuer sans ordonner une nouvelle information si les chefs de poursuite résultant du dossier de la procédure ont été compris dans les inculpations faites par le juge d'instruction (Cass. crim., 28 avr. 1981 : *Bull.* 130).

Ainsi n'encourt pas la censure l'arrêt d'une chambre d'accusation qui renvoie devant la cour d'assises sous l'accusation de meurtre une personne inculpée par le juge d'instruction de coups ayant entraîné la mort sans intention de la donner. (Cass. crim., 9 janv. 1990 : *Bull.* 15).

Les dispositions de l'article 202 étant de portée générale, elles s'appliquent à la chambre d'accusation devant laquelle une procédure a été renvoyée en vertu de l'article 659 du Code de procédure pénale (Cass. crim., 19 mars 1997 : *Bull.* 111).

10) La chambre d'accusation, statuant comme juge d'appel, est saisie par l'acte d'appel et, sous réserve de l'application des dispositions des articles 202 et 204 du Code de procédure pénale, sa juridiction est circonscrite par les termes de cet acte et par la qualité de l'appelant.

Lorsque aucun inculpé n'est renvoyé devant elle et qu'elle n'est saisie de l'appel de la partie civile, qu'en ce que l'ordonnance entreprise a dit la constitution de partie civile irrecevable sur certains chefs, elle ne peut étendre cette irrecevabilité à un autre chef (Cass. crim., 2 oct. 1985 : *Bull.* 291).

Le pouvoir d'évocation de la chambre d'accusation ne peut s'étendre à une personne mise en examen qui n'est pas concernée par une décision de non-lieu partiel, dont la partie civile a interjeté appel, et qui, ayant fait l'objet d'une ordonnance de renvoi devant le tribunal correctionnel dont seul le ministère public peut interjeter appel, n'est pas renvoyée devant elle au sens de l'article 202 du Code de procédure pénale (Cass. crim., 28 juin 2000 : *Bull.* 249).

11) Lorsqu'une personne mise en examen a fait l'objet d'une ordonnance de non-lieu portant sur l'ensemble de la poursuite et que la partie civile, constituée en ce qui concerne une des infractions poursuivies, a fait appel de cette ordonnance en ses seules dispositions relatives à cette infraction, la chambre de l'instruction tient de l'article 202 du Code de procédure pénale le pouvoir de statuer, à l'égard de la personne mise en examen, ainsi renvoyée devant elle, sur toutes les infractions résultant de la procédure, et notamment sur celles qui en avaient été distraites dans l'ordonnance de renvoi (Cass. crim., 2 oct. 2001 : *Bull.* 195).

12) L'ordonnance par laquelle le juge d'instruction, délégué par arrêt de la chambre d'accusation, qui a usé du pouvoir que lui confère l'article 202 du Code de procédure pénale, afin de notifier à l'inculpé renvoyé devant elle un nouveau chef d'inculpation, ne constitue pas une ordonnance de caractère juridictionnel ; elle est annulée par la chambre d'accusation en application de l'article 206 du même code (Cass. crim., 10 févr. 1987 : *Bull.* 66).

13) Lorsque la chambre d'accusation ordonne, en application de l'article 202 du Code de procédure pénale, qu'il soit informé contre un inculpé renvoyé devant elle, du chef d'un délit résultant du dossier de la procédure qui n'a pas été visé dans l'ordonnance du juge d'instruction, et prescrit de procéder à l'inculpation ainsi retenue, cette décision s'impose au magistrat délégué comme à la chambre d'accusation elle-même, qui ne saurait renvoyer l'inculpé devant la juridiction de jugement, sous la prévention envisagée, sans notification préalable de ladite inculpation (Cass. crim., 18 juin 1991 : *Bull.* 263).

Art. 203. – Les infractions sont connexes soit lorsqu'elles ont été commises en même temps par plusieurs personnes réunies, soit lorsqu'elles ont été commises par différentes personnes, même en différents temps et en divers lieux, mais par suite d'un concert formé à l'avance entre elles, soit lorsque les coupables ont commis les unes pour se procurer les moyens de commettre les autres, pour en faciliter, pour en consommer l'exécution ou pour en assurer l'impunité, soit lorsque des choses enlevées, détournées ou obtenues à l'aide d'un crime ou d'un délit ont été, en tout ou en partie, recelées.

V. H. Angevin, *Chambre de l'instruction : J.-Cl. Proc. pén.*, art. 191 à 230 ; *Connexité et indivisibilité* : Fasc. 60. – M. Gobert, *La connexité dans la procédure pénale française : JCP* 61, I, 1607.

1) Les dispositions des articles 203 et 382 du Code de procédure pénale d'après lesquelles la compétence du tribunal correctionnel peut s'étendre aux délits et contraventions connexes, ne sont applicables que lorsque le fait principal et les faits connexes sont également justiciables des tribunaux répressifs (Cass. crim., 17 mars 1965 : *Bull.* 80).

2) Il appartient à la chambre d'accusation, lorsqu'elle constate la connexité entre un crime et un délit, d'apprécier la nécessité ou la convenance de la jonction des poursuites, dans l'intérêt d'une bonne administration de la justice (Cass. crim., 7 août 1971 : *Bull.* 245).

3) Les dispositions de l'article 203 du Code de procédure pénale ne sont pas limitatives. Il y a connexité lorsqu'il existe entre les diverses infractions des rapports étroits analogues à ceux que la loi a spécialement prévus (Cass. crim., 12 nov. 1981 : *Bull.* 302).

4) Les infractions sont connexes lorsque les choses enlevées, détournées ou obtenues à l'aide d'un crime ou d'un délit, ont été, en tout ou en partie, recelées (Cass. crim., 16 déc. 1971 : *Bull.* 359).

Il résulte des articles 55 du Code pénal et 203 du Code de procédure pénale qu'il y a connexité entre l'infraction par laquelle les objets ont été enlevés, détournés ou obtenus, et le recel des mêmes objets.

Ainsi, le receleur, même s'il n'a reçu qu'une partie des objets provenant d'un crime de vol avec arme, est solidairement responsable, avec les auteurs principaux, de la totalité des dommages-intérêts (Cass. crim., 6 mai 1987 : *Bull.* 185).

5) La chambre d'accusation apprécie souverainement s'il échet pour elle de surseoir à statuer jusqu'à ce qu'une procédure connexe ait été menée à son terme (Cass. crim., 23 mars 1982 : *Bull.* 85).

6) Lorsque les infractions sont connexes, un acte interruptif de la prescription concernant l'une d'elles a nécessairement le même effet à l'égard de l'autre (Cass. crim., 19 déc. 1995 : *Bull.* 390).

Les actes de poursuite ou d'instruction concernant des faits dont la juridiction d'instruction est demeurée saisie interrompent ainsi la prescription de l'action publique à l'égard d'autres faits connexes ayant fait l'objet précédemment d'un renvoi devant le tribunal correctionnel, lorsque le prévenu n'a pas encore été cité à comparaître devant cette juridiction (Cass. crim., 25 févr. 1998 : *Bull.* 76).

Un décision de non-lieu concernant certains faits déterminés n'est pas de nature à retirer aux actes d'instruction et de procédure accomplis antérieurement leur effet interruptif à l'égard d'autres infractions connexes poursuivies (même arrêt).

Art. 204 *(L. n. 93-2, 4 janv. 1993, art. 195)*. **– La chambre de l'instruction peut également, quant aux infractions résultant du dossier de la procédure, ordonner que soient mises en examen, dans les conditions prévues à l'article 205, des personnes qui n'ont pas été renvoyées devant elle, à moins qu'elles n'aient fait l'objet d'une ordonnance de non-lieu devenue définitive.**

Cette décision ne pourra pas faire l'objet d'un pourvoi en cassation.

1) Il résulte des dispositions de l'article 204 du Code de procédure pénale que, si la chambre d'accusation peut, quant aux infractions résultant du dossier de la procédure, ordonner que soient inculpées des personnes qui n'ont pas été renvoyées devant elle d'un chef d'inculpation, il n'en est pas ainsi quand ces personnes ont fait l'objet d'une ordonnance de non-lieu devenue, même partiellement, définitive (Cass. crim., 25 mai 1976 : *Bull.* 178 ; *JCP* 78, II, 18772, note Jeandidier ; *Rev. sc. crim.* 1977, 113, obs. J. Robert. – Cass. crim., 13 oct. 1998 : *Bull.* 255).

La circonstance que la chambre d'accusation soit saisie en application de l'article 196 du Code de procédure pénale ne lui interdit pas d'exercer le pouvoir qu'elle tient de l'article 204 du même Code (Cass. crim., 16 nov. 1999 : *Bull.* 256).

2) La chambre d'accusation, saisie d'un mémoire de la partie civile tendant à ce que soit ordonnée l'inculpation de personnes qui n'ont pas été renvoyées devant elle quant aux infractions résultant du dossier de la procédure, a le devoir, si elle veut écarter ces conclusions, de s'en expliquer afin de mettre la Cour de cassation en mesure d'exercer son contrôle sur la décision.

Résulte suffisamment du dossier de la procédure une infraction dénoncée devant la chambre d'accusation, dès lors qu'elle est reliée par un lien indivisible à un fait établi par l'information (Cass. crim., 29 nov. 1983 : *Bull.* 321).

3) Une chambre d'accusation, qui estime nécessaire l'inculpation d'une personne désignée dans la procédure, ne peut qu'ordonner un supplément d'information dans les conditions déterminées par les articles 204 et 205 du Code de procédure pénale et non enjoindre à un juge d'instruction d'inculper cette personne (Cass. crim., 13 févr. 1984 : *Bull.* 50).

4) Une chambre d'accusation qui infirme une ordonnance du juge d'instruction refusant de faire droit à des réquisitions du ministère public aux fins de mise en examen d'une personne déterminée et qui, n'usant pas de la faculté d'évocation, renvoie le dossier à un autre juge d'instruction, ne peut, sans excès de pouvoir, lui donner d'injonction quant à la conduite de l'information (Cass. crim., 25 juin 1996 : *Bull.* 272).

Art. 205. – Il est procédé aux suppléments d'information conformément aux dispositions relatives à l'instruction préalable soit par un des membres de la chambre de l'instruction, soit par un juge d'instruction qu'elle délègue à cette fin.

Le procureur général peut à tout moment requérir la communication de la procédure, à charge de rendre les pièces dans les vingt-quatre heures.

Les prescriptions des articles 83 et suivants du Code de procédure pénale, si elles sont substantielles et d'ordre public, lorsqu'une information vient d'être ouverte sur réquisitions du procureur de la République et qu'il convient de désigner celui des juges d'instruction du tribunal qui en sera chargé, ne sont pas applicables au supplément d'information ordonné par la chambre d'accusation dans les conditions des articles 201 et 205 du même code, le juge d'instruction ne procédant alors qu'en vertu d'une délégation de cette juridiction (Cass. crim., 26 mai 1983 : *Bull.* 155).

Art. 206. – La chambre de l'instruction examine la régularité des procédures qui lui sont soumises.

Si elle découvre une cause de nullité, elle prononce la nullité de l'acte qui en est entaché et, s'il y échet, celle de tout ou partie de la procédure ultérieure.

Après annulation, elle peut soit évoquer et procéder dans les conditions prévues aux articles 201, 202 et 204, soit renvoyer le dossier de la procédure au même juge d'instruction ou à tel autre, afin de poursuivre l'information.

1) En application de l'article 206 du Code de procédure pénale, il appartient à la chambre d'accusation d'examiner la régularité des procédures qui lui sont soumises, en vertu de l'article 181 du même code. Dès lors, encourt la cassation l'arrêt de la chambre d'accusation qui omet de constater, fût-ce d'office, la nullité des actes d'instruction entachés de vices et de tirer de ces constatations les conséquences légales qu'elles comportent (Cass. crim., 12 oct. 1972 : *Bull.* 284. – Cass. crim., 25 oct. 1983 : *Bull.* 267 ; *D.* 1984, inf. rap., 67, obs. Robert).

L'article 206 du Code de procédure pénale n'impose pas à la chambre d'accusation, saisie de l'entier dossier, d'indiquer expressément, dans sa décision, qu'elle a examiné la régularité de la procédure qui lui est soumise (Cass. crim., 19 juin 1996 : *Bull.* 263).

Aux termes de l'article 206, alinéa 3, du Code de procédure pénale, après annulation d'actes, la chambre d'accusation peut soit évoquer et procéder dans les conditions prévues aux articles 201, 202 et 204, soit renvoyer le dossier de la procédure au même juge d'instruction ou à tel autre, afin de poursuivre l'information ; encourt la cassation l'arrêt d'une chambre d'accusation qui tient pour régulière la mission donnée à un juge d'instruction aux fins de poursuivre l'information, alors que la chambre d'accusation avait évoqué sans ordonner de supplément d'information (Ass. plén. 3 mars 2000 : *Bull. inf. C. cass.* n. 513 ; 1er mai 2000).

2) Dès lors qu'elle constate que l'appel porté devant elle est irrecevable, la chambre d'accusation se trouve dessaisie de la poursuite. Dans ce cas elle ne peut, sans commettre un excès de pouvoir, examiner la régularité de la procédure et faire application de l'article 206 du Code de procédure pénale (Cass. crim., 17 juin 1975 : *Bull.* 155 ; *JCP* 78, II, 18772, note Jeandidier).

3) Lorsque la chambre d'accusation est régulièrement saisie de l'appel d'une ordonnance de règlement du juge d'instruction qui a omis de statuer sur certains faits, objets de l'information, elle doit annuler cette ordonnance en ce qu'elle a omis de statuer sur ces faits, puis, conformément aux dispositions de l'article 206, § 3, du Code de procédure pénale, soit évoquer et procéder dans les conditions prévues aux articles 201, 202, 204, soit renvoyer le dossier de la procédure au même juge d'instruction ou à tel autre, afin de poursuivre l'information sur les faits omis par l'ordonnance (Cass. crim., 23 déc. 1969 : *Bull.* 362 ; *D.* 1970, 282, note J. M. R.).

4) Saisie de l'appel du ministère public contre une ordonnance de règlement, même partiel, du juge d'instruction, la chambre d'accusation a l'obligation de vérifier la régularité de la procédure qui lui est soumise et lorsqu'elle découvre une cause de nullité de procédure ainsi qu'il est dit à l'article 206 du Code de procédure pénale (Cass. crim., 23 mai 1978 : *Bull.* 162).

Lorsque la chambre d'accusation est saisie de l'appel d'une ordonnance de règlement, elle est tenue, en vertu de l'article 206 du Code de procédure pénale, d'examiner les moyens de nullité de l'information qui pourraient lui être proposés par les parties (Cass. crim., 6 avr. 1993 : *Bull.* 146. – Ass. plén., 24 mai 1996 : *JCP* 96, II, 22667, note Chambon).

5) Il appartient à la chambre d'accusation, qui a ordonné l'annulation de certains actes d'instruction, de décider si cette annulation doit ou non s'étendre à tout ou partie de la procédure ultérieure (Cass. crim., 28 juin 1983 : *Bull.* 201).

Selon l'article 206, dernier alinéa, du Code de procédure pénale, après avoir prononcé l'annulation de certains actes d'instruction, il appartient à la chambre d'accusation, sans avoir à s'en justifier, d'apprécier si elle doit évoquer la procédure ou la renvoyer au même juge d'instruction ou à tel autre, afin de poursuivre l'information *(même arrêt* – Cass. crim., 9 oct. 1990 : *Bull.* 336).

Dès lors qu'un acte annulé n'est qu'un élément de la procédure qu'il ne vicie pas la chambre d'accusation peut statuer indépendamment de cet acte ou ordonner telles mesures d'instruction qui lui paraîtraient nécessaires (Cass. crim., 2 sept. 1986 : *Bull.* 251. – Cass. crim., 6 oct. 1986 : *Bull.* 270).

6) Selon l'alinéa 3 de l'article 206 du Code de procédure pénale, ce n'est que lorsqu'elle prononce l'annulation d'actes de la procédure que la chambre d'accusation peut renvoyer le dossier de ladite procédure à un autre juge d'instruction que celui qui en était régulièrement chargé (Cass. crim., 20 nov. 1984 : *Bull.* 355).

7) Saisie de l'appel formé par l'inculpé contre l'ordonnance du juge d'instruction ayant statué sur l'exception d'immunité parlementaire, la chambre d'accusation ne devait se prononcer que de ce chef et il ne saurait lui être reproché de n'avoir pas statué sur de prétendues irrégularités de la procédure qui affecteraient l'instruction, étrangères à l'ordonnance entreprise et dont l'inculpé ne saurait faire état devant elle, alors qu'elle n'est pas saisie de la procédure au sens de l'article 206 du Code de procédure pénale (Cass. crim., 8 déc. 1983 : *Bull.* 334).

8) Lorsqu'à la suite du pourvoi d'un seul inculpé, l'arrêt de la chambre d'accusation n'est cassé qu'en ce qui le concerne, les annulations d'actes qui sont prononcées par la cour de renvoi n'ont d'effet qu'à son égard. En conséquence, les actes annulés, demeurant réputés réguliers pour les accusés précédemment renvoyés devant la cour d'assises, doivent, malgré les prescriptions de l'article 173 du Code de procédure pénale, être maintenus dans la procédure, mais ne peuvent être opposés à celui qui en a obtenu l'annulation (Cass. crim., 11 déc. 1984 : *Bull.* 396).

9) La chambre d'accusation qui annule des actes faisant partie de la procédure d'information auxquels le procureur de la République et le juge d'instruction ont pu se référer pour requérir et ordonner la transmission des pièces au procureur général doit, par voie de conséquence, constater la nullité desdites réquisitions et ordonnances puis procéder conformément aux prescriptions de l'alinéa 3 de l'article 206 du Code de procédure pénale (Cass. crim., 17 juill. 1985 : *Bull.* 265).

Fait l'exacte application de l'article 206, alinéa 3, du Code de procédure pénale la chambre d'accusation qui, après annulation de l'ordonnance de transmission des pièces au procureur général, évoque la cause (Cass. crim., 5 sept. 1990 : *Bull.* 310).

Malgré l'annulation de l'ordonnance de transmission des pièces, la chambre d'accusation, en application de l'article 206 du Code de procédure pénale, demeure saisie de la procédure et le mandat de dépôt conserve sa force exécutoire, comme énoncé par l'alinéa 2 de l'article 181 du même code (Cass. crim., 16 févr. 1993 : *Bull.* 73).

10) L'ordonnance par laquelle le juge d'instruction, délégué par arrêt de la chambre d'accusation, qui a usé des pouvoirs qui lui confère l'article 202 du Code de procédure pénale, afin de notifier à l'inculpé devant elle un nouveau chef d'inculpation, ne constitue pas une ordonnance de caractère juridictionnel. Elle est annulée par la chambre d'accusation en application de l'article 206 du même code (Cass. crim., 10 févr. 1987 : *Bull.* 66).

11) Aux termes des articles 171, alinéa 3, et 206 du Code de procédure pénale, la chambre de l'instruction qui décide l'annulation d'un ou de plusieurs actes d'une information doit préciser, sans contradiction, ni insuffisance, les actes qu'elle annule, puis doit, soit évoquer, soit renvoyer le dossier au même juge d'instruction ou à un autre, afin de poursuivre l'information (Cass. crim., 15 sept. 1987 : *Bull.* 311 ; *JCP* 88, II, 21047, note Chambon).

12) Saisi par l'inculpé de l'appel d'une ordonnance de renvoi devant le tribunal correctionnel portant rejet implicite d'une demande d'expertise, en l'absence d'ordonnance motivée du juge d'instruction rejetant ladite demande, la chambre d'accusation, le constatant, doit, déclarant recevable l'appel de l'inculpé, tenir pour non avenu le renvoi devant le tribunal correctionnel et, après annulation de l'ordonnance, procéder dans les conditions prévues à l'article 206, dernier alinéa, du Code de procédure pénale (Cass. crim., 2 avr. 1992 : *Bull.* 139).

13) Si la chambre d'accusation tient de l'article 206 du Code de procédure pénale le pouvoir de prononcer sur les exceptions de nullité qui lui sont soumises par les parties, c'est à la condition qu'elle n'ait pas statué, conformément aux articles 170, 173, 174 et 175 du même code, sur des moyens relatifs à des actes accomplis antérieurement, sauf le cas où les parties n'auraient pu les connaître et sans préjudice du droit qui lui appartient de les relever d'office (Cass. crim., 19 févr. 1997 : *Bull.* 66).

Art. 207 *(Applic. 1er janv. 2001 ; L. n. 2000-516, 15 juin 2000, art. 132-XII et 140 ; L. n. 93-2, 4 janv. 1993, art. 241 ; L. n. 93-1013, 24 août 1993, art. 18, 40).* **– Lorsque la chambre de l'instruction a statué sur l'appel relevé contre une ordonnance du juge des libertés et de la détention en matière de détention provisoire ou à la suite d'une saisine du procureur de la République** *(Mots supprimés, L. n° 2002-1138, 9 sept. 2002, art. 37, 7°)*, **soit qu'elle ait confirmé la décision du juge des libertés et de la détention, soit que, l'infirmant, elle ait ordonné une mise en liberté ou maintenu en détention ou décerné un mandat de dépôt ou d'arrêt, le procureur général fait sans délai retour du dossier au juge d'instruction après avoir assuré l'exécution de l'arrêt.**

Lorsque, en toute autre matière, la chambre de l'instruction infirme une ordonnance du juge d'instruction ou est saisie en application des articles 81, neuvième alinéa, 82, quatrième alinéa, 82-1, deuxième alinéa, 156, deuxième alinéa, ou 167, quatrième alinéa, elle peut, soit évoquer et procéder dans les conditions prévues aux articles 201, 202, 204 et 205, soit renvoyer le dossier au juge d'instruction ou à tel autre afin de poursuivre l'information.

L'ordonnance du juge d'instruction ou du juge des libertés et de la détention frappée d'appel sort son plein et entier effet si elle est confirmée par la chambre de l'instruction.

En cas d'appel formé contre une ordonnance de refus de mise en liberté, la chambre de l'instruction peut, lors de l'audience et avant la clôture des débats, se saisir immédiatement de toute demande de mise en liberté sur laquelle le juge d'instruction ou le juge des libertés et de la détention n'a pas encore statué ; dans ce cas, elle se prononce à la fois sur l'appel et sur cette demande.

V. M.-L. Remplon, *La maîtrise du contentieux de la détention en cas d'opposition entre chambre de l'instruction et juge d'instruction : JCP* 78, I, 2887. — E. Dreyer, *Résurrection de la réserve de contentieux en matière de détention provisoire, D.* 2001, jurisp., p. 3571.

1) Si la chambre de l'instruction est, de plein droit, compétente pour connaître du contentieux de la détention provisoire lorsque, statuant dans les conditions de l'article 207 du Code de procédure pénale, elle a délivré le titre de détention initial, elle a, néanmoins, en ce cas, la faculté de décider qu'elle entend ne pas se réserver le contentieux de la détention (Cass. crim., 5 févr. 2002 : *Bull.* 18 ; *Juris-Data* n. 789 ; *Bull. inf. C. cass.*, avr. 2002, n° 355).

Saisie de l'appel de l'ordonnance du juge d'instruction refusant de décerner mandat d'arrestation contre l'inculpé, la chambre d'accusation qui infirme la décision entreprise a le pouvoir de délivrer elle-même mandat de dépôt ou d'arrêt et d'imposer l'effet d'une telle mesure pour toute la suite de la procédure d'instruction jusqu'à décision nouvelle de sa part.

Mais elle ne saurait, sans commettre un excès de pouvoir et porter atteinte à l'indépendance du magistrat instructeur, lui enjoindre d'avoir à décerner personnellement mandat, contrairement à la conviction affirmée dans l'ordonnance de refus (Cass. crim., 22 déc. 1959 : *Bull.* 569 ; *D.* 1960, 1, concl. Antonin Besson ; *JCP* 62, II, 12857, note Chambon).

2) Si la chambre d'accusation est habilitée, par l'article 207, alinéa 1er, du Code de procédure pénale, au cas où elle infirme la décision qui lui est déférée, à prendre elle-même les mesures de mise en liberté ou en détention que le magistrat instructeur aurait pu prendre et à imposer l'effet de ces mesures pour la suite de la procédure, elle ne saurait avoir, quant à la délivrance d'un nouveau mandat contre un inculpé illégalement détenu, plus de pouvoirs qu'il n'en est accordé au juge d'instruction (Cass. crim., 8 oct. 1970 : *Bull.* 259).

3) La chambre d'accusation est habilitée par l'article 207, alinéa 1er, du Code de procédure pénale, au cas où elle infirme la décision qui lui est déférée, à prendre elle-même des mesures de liberté ou de détention que le juge d'instruction aurait pu prescrire. L'effet de ces mesures s'impose pour la suite de la procédure jusqu'à

nouvelle décision de sa part et sur sa seule et propre appréciation.

Dès lors, c'est à bon droit que la chambre d'accusation qui a délivré un mandat de dépôt contre un inculpé annule l'ordonnance du juge d'instruction qui a statué par la suite sur une demande de cet inculpé (Cass. crim., 22 févr. 1977 : *Bull.* 69 ; *JCP* 78, II, 18781, note Chambon).

4) Le juge d'instruction, juridiction du premier degré est, en principe, seul compétent pour statuer, en premier ressort, sur les demandes de mise en liberté formées au cours de l'instruction préparatoire dont il est chargé.

Il n'en est autrement, hormis les cas prévus par les articles 148, dernier alinéa, et 148-4 du Code de procédure pénale, que lorsque la chambre d'accusation, statuant dans les conditions prévues par l'article 207, alinéa 1er, du même code, a pris elle-même une mesure de détention ou se réservant expressément la faculté d'en ordonner, le cas échéant, la prolongation ou d'y mettre fin soit d'office, soit sur les réquisitions du ministère public ou sur la demande de l'inculpé (Cass. crim., 24 nov. 1977 : *Bull.* 370 ; *D.* 1979, 56, note Malaval ; *Rev. sc. crim.* 1978, 652, obs. J.-M. Robert).

Le juge d'instruction, juridiction du premier degré, est, en principe, seul compétent pour statuer en premier ressort, sur les demandes de mainlevée du contrôle judiciaire formées au cours de l'instruction préparatoire dont il est chargé.

Il n'en est autrement, hormis les cas prévus par les articles 140, alinéa 3, 141-1 et 141-2, alinéa 2, du Code de procédure pénale, que lorsque la chambre d'accusation a pris elle-même une mesure de contrôle judiciaire en se réservant expressément pour l'avenir la connaissance des incidents éventuels d'exécution et la faculté de mettre fin à cette mesure soit d'office, soit sur les réquisitions du ministère public ou sur la demande de l'inculpé (Cass. crim., 26 juill. 1978 : *Bull.* 247).

5) Si l'abrogation du sixième alinéa de l'article 186 du Code de procédure pénale par la loi du 9 juillet 1984 doit être considérée comme entraînant l'exécution provisoire d'une ordonnance de mise en liberté contre laquelle le procureur de la République a cependant formé appel, l'arrêt de la chambre d'accusation qui infirme ou annule une telle ordonnance rend son plein effet au titre de détention initial qu'avait délivré le juge d'instruction, et cet arrêt doit être exécuté sans délai par le procureur général, conformément aux prescriptions de l'article 207, premier alinéa, dudit code, lesquelles font échec à l'effet suspensif du pourvoi en cassation (Cass. crim., 22 avr. 1985 : *Bull.* 150 ; *JCP* 86, 20594, note Jeandidier).

6) Si les dispositions de l'article 569 du Code de procédure pénale n'écartent l'effet suspensif du pourvoi en cassation que pour les arrêts d'une chambre des appels correctionnels confirmant le mandat décerné par le tribunal en application de l'article 464-1 ou de l'article 465, premier alinéa, ou décernant elle-même mandat selon les mêmes règles, une autre dérogation à cet effet suspensif résulte de l'article 207, premier alinéa, du même code qui prescrit l'exécution immédiate de l'arrêt d'une chambre d'accusation ordonnant le maintien en détention d'un inculpé.

Cette dérogation s'étend nécessairement à l'ensemble des dispositions de l'arrêt en question touchant au contentieux de la détention (Cass. crim., 3 août 1985 : *Bull.* 278).

7) La chambre d'accusation qui, dans le cas où elle infirme une ordonnance du juge d'instruction refusant de placer l'inculpé en détention provisoire, décerne, conformément à l'article 207, alinéa 1er, du Code de procédure pénale, un mandat de dépôt en matière criminelle, n'est pas tenue de motiver sa décision par référence aux dispositions de l'article 144 de ce code (Cass. crim., 11 mars 1980 : *Bull.* 87 ; *Rev. sc. crim.* 1981, 114, obs. J. Robert).

8) Lorsque, sauf en matière de détention provisoire, une chambre d'accusation infirme une ordonnance du juge d'instruction frappée d'appel et prescrit, en conséquence, un supplément d'information, il se déduit nécessairement de l'article 207, alinéa 2, du Code de procédure pénale, qu'elle agit en vertu de son pouvoir d'évocation.

Dans ces conditions, quel que soit le magistrat délégué pour l'exécution de cette mesure, seule la chambre d'accusation est compétente pour rendre les décisions de caractère juridictionnel imposées par le déroulement de l'instruction, après la mise en œuvre de la procédure prévue par les articles 208 et 209 dudit code (Cass. crim., 5 oct. 1982 : *Bull.* 205 ; *JCP* 83, II, 20005, note D. Allix).

9) Lorsque, après avoir infirmé une ordonnance de non-lieu, la chambre d'accusation use de la faculté d'évocation prévue par l'article 207, alinéa 2, du Code de procédure pénale, elle dispose, en matière de détention provisoire, des mêmes pouvoirs que le juge d'instruction et est habilitée à décerner mandat de dépôt (Cass. crim., 6 déc. 1983 : *Bull.* 330).

10) S'il est vrai qu'aux termes des articles 206 et 207 du Code de procédure pénale, la chambre d'accusation ne peut dessaisir un juge d'instruction d'une affaire que lorsqu'elle annule tout ou partie de la procédure, ou lorsqu'elle infirme une ordonnance de ce juge d'instruction, en une matière autre que celle de la détention provisoire, cette règle ne peut pas faire échec aux principes généraux de l'organisation judiciaire, et de la compétence des juridictions.

Saisie après cassation, la chambre d'accusation de renvoi se trouve substituée à celle dont la décision a été censurée, pour la poursuite de l'information. Elle doit dès lors, même si elle confirme l'ordonnance entreprise, désigner un juge d'instruction dans le ressort de sa propre juridiction (Cass. crim., 23 juin 1980 : *Bull.* 200 ; *D.* 1982, 167, note Jeandidier).

11) L'arrêt d'une chambre d'accusation qui infirme ou annule une ordonnance de mise en liberté du juge d'instruction rend son plein effet au titre de détention initial. Un nouveau titre de détention n'a donc pas à être délivré (Cass. crim., 14 mai 1985 : *Bull.* 182. – Cass. crim., 7 nov. 1989 : *Bull.* 397 ; *Rev. sc. crim.* 1990, 367, obs. Braunschweig).

12) La chambre d'accusation a la faculté de se réserver, par une disposition expresse, la connaissance ultérieure du contentieux de la détention dès lors qu'elle prend à ce sujet une décision contraire à celle du juge d'instruction. Il s'agit-là d'une faculté discrétionnaire dont elle ne doit aucun compte (Cass. crim., 14 mai 1985 : *Bull.* 182. – Cass. crim., 2 juill. 1985 : *Bull.* 252 ; *D.* 1986, inf. rap. 118, obs. Pradel).

13) Lorsque la chambre d'accusation a infirmé une ordonnance du juge d'instruction relative à la détention provisoire et s'est réservée le contentieux de la détention cette décision attribue, pendant la durée de l'information, compétence aux juges du second degré pour statuer sur les mesures de prolongation de la détention provisoire. Dans un tel cas le juge d'instruction n'est pas compétent pour prolonger la détention provisoire (Cass. crim., 4 nov. 1987 : *Bull.* 386 ; *Rev. sc. crim.* 1988, p. 333, obs. Braunschweig).

La chambre d'accusation qui infirme l'ordonnance de mise en liberté du juge d'instruction et rend ses effets au mandat de dépôt initialement décerné, ne peut, sans se réserver le contentieux de la détention, ordonner en outre la prolongation de cette dernière (Cass. crim., 1er avr. 1992 : *Bull.* 136).

14) Lorsque la chambre d'accusation après avoir infirmé une ordonnance du juge d'instruction n'évoque pas et prescrit que le dossier soit retourné au magistrat instructeur, c'est à celui-ci qu'il appartient de régler la procédure et non pas à la chambre d'accusation qui se trouve dessaisie (Cass. crim., 13 janv. 1987 : *Bull.* 12).

15) En vertu des prescriptions de l'article 207, alinéa 2, du Code de procédure pénale, lorsque la chambre d'accusation infirme une ordonnance de non-lieu du juge d'instruction, elle peut renvoyer le dossier au magistrat instructeur afin de poursuivre l'information.

Dans cette hypothèse, exclusive d'évocation par la chambre d'accusation, en l'absence de supplément d'information ordonné par elle, et malgré la transmission matérielle inopinée du dossier au greffe de la cour d'appel, le juge d'instruction demeure légalement saisi de la procédure et reste donc compétent pour connaître d'une demande de mise en liberté (Cass. crim., 6 janv. 1992 : *Bull.* 1).

16) La chambre d'accusation, saisie de l'appel interjeté par le ministère public contre une ordonnance du juge d'instruction qui a refusé de faire droit à des réquisitions fondées sur l'article 663 du Code de procédure pénale, est compétente pour se prononcer sur le bien-fondé de cette décision et, dans le cas où elle l'infirme, pour ordonner elle-même le dessaisissement ; faute d'accord, il y aura lieu, le cas échéant, à l'utilisation de la procédure prévue par l'article 664 du même code (Cass. crim., 4 oct. 1988 : *Bull.* 329).

17) L'article 207, alinéa 4, du Code de procédure pénale, qui permet à la chambre d'accusation, lors de l'audience et avant la clôture des débats, de se saisir immédiatement de toute demande de mise en liberté sur laquelle le juge d'instruction n'a pas encore statué, ne fait pas de distinction entre les demandes adressées au juge d'instruction antérieurement ou postérieurement

à l'appel d'une ordonnance rejetant une précédente demande (Cass. crim., 3 oct. 1991 : *Bull.* 327 ; *Dr. pénal,* nov. 1991, 301, obs. Maron).

18) Une chambre d'accusation, qui infirme une ordonnance du juge d'instruction rejetant une demande d'acte complémentaire et qui, faute d'avoir évoqué et confié à l'un de ses membres ou à un juge d'instruction délégué à cette fin le supplément d'information qu'elle a ordonné, renvoie le dossier au juge initialement saisi, ne peut, sans excès de pouvoir, lui donner d'injonction quant à la conduite de l'information (Cass. crim., 17 nov. 1998 : *Bull.* 301 ; *Juris-Data* n. 005104).

Art. 207-1 *(Applic. 1er janv. 2001 ; L. n. 2000-516, 15 juin 2000, art. 74-IV et 140 ; L. n. 2000-1354, 30 déc. 2000, art. 17).* – **Le président de la chambre de l'instruction saisi en application des dispositions du deuxième alinéa de l'article 175-1, décide, dans les huit jours de la transmission du dossier, par une ordonnance qui n'est pas susceptible de recours, s'il y a lieu ou non de saisir la chambre de l'instruction.**

Dans l'affirmative, il transmet le dossier au procureur général qui procède ainsi qu'il est dit aux articles 194 et suivants. Après qu'elle a été saisie, la chambre de l'instruction peut soit prononcer le renvoi devant la juridiction de jugement ou la mise en accusation devant la cour d'assises, soit déclarer qu'il n'y a pas lieu à suivre, soit évoquer et procéder dans les conditions prévues aux articles 201, 202 et 204, soit renvoyer le dossier de la procédure au même juge d'instruction ou à tel autre, afin de poursuivre l'information.

Dans la négative, il ordonne, par décision motivée, que le dossier de l'information soit renvoyé au juge d'instruction.

Art. 208 *(Ord. n. 58-1296, 23 déc. 1958 ; L. n. 93-2, 4 janv. 1993, art. 224).* – **Lorsqu'elle a prescrit une information complémentaire et que celle-ci est terminée, la chambre de l'instruction ordonne le dépôt au greffe du dossier de la procédure.**

Le procureur général avise immédiatement de ce dépôt chacune des parties et son avocat par lettre recommandée.

1) Est irrecevable le moyen, présenté pour la première fois devant la Cour de cassation et pris de ce que l'arrêt ne mentionne pas que la partie civile et son conseil aient été informés du dépôt au greffe des pièces d'une information complémentaire ordonnée par la chambre d'accusation, dès lors qu'aucune contestation n'a été élevée, sur ce point, devant cette juridiction (Cass. crim., 16 févr. 1966 : *Bull.* 47. – Cass. crim., 3 nov. 1977 : *Bull.* 327).

2) Lorsqu'elle a ordonné un supplément d'information et que celui-ci est terminé, la chambre d'accusation, selon l'article 208, alinéa 1er, du Code de procédure pénale, prescrit le dépôt de la procédure au greffe. Encourt la cassation, l'arrêt de la chambre d'accusation qui a prononcé un non-lieu après que le conseiller, commis pour procéder au supplément d'information, a, par ordonnance, communiqué la procédure au procureur général, lequel a pris ses réquisitions écrites et fait venir l'affaire à l'audience sans que la juridiction ait, au préalable, ordonné le dépôt de la procédure au greffe (Cass. crim., 20 juin 1985 : *Bull.* 239 ; *Rev. sc. crim.* 1986, 405, obs. Braunschweig ; *D.* 1986, inf. rap. 119, obs. Pradel).

3) Aucune disposition légale ne prescrit que le conseiller, qui a été commis par la chambre d'accusation pour exécuter un supplément d'information et qui a participé à la décision prise en application de l'article 208 du Code de procédure pénale, doive également participer à l'arrêt de renvoi (Cass. crim., 20 mars 1990 : *Bull.* 123).

4) La décision prononcée par la chambre d'accusation en application de l'article 208 du Code de procédure pénale constitue une simple formalité de procédure ne donnant lieu à aucun débat. Dès lors, la mention de la présence du ministère public n'y est pas requise à peine de nullité *(même arrêt).*

5) Est régulière la composition d'une chambre d'accusation qui statue après exécution d'un supplément d'information dans une composition différente de celle qui a ordonné cette mesure dès lors que, après dépôt de la procédure au greffe et reprise des débats, les magistrats qui ont statué au fond sont les mêmes que ceux qui ont assisté aux débats, au délibéré et au prononcé de l'arrêt (Cass. crim., 8 août 1990 : *Bull.* 301).

Art. 209 *(Ord. n. 60-529, 4 juin 1960, art. 8).* **– Le dossier de la procédure reste déposé au greffe pendant quarante-huit heures en matière de détention provisoire, pendant cinq jours en toute autre matière.**

Il est alors procédé conformément aux articles 197, 198 et 199.

Art. 210. – La chambre de l'instruction statue par un seul et même arrêt sur tous les faits entre lesquels il existe un lien de connexité.

1) L'indivisibilité des poursuites, en cas de pluralité de délinquants, ne peut s'appliquer qu'à l'égard de ceux qui sont en état d'être jugés (Cass. crim., 29 juin 1976 : *Bull.* 235).

2) Seule la constatation par les juges de faits rattachés entre eux par un lien tel que l'existence des uns ne se comprend pas sans l'existence des autres et formant un tout indivisible, peut faire obstacle à des poursuites séparées : l'unité de dessein de l'auteur d'infractions successives révèle seulement un cas de connexité (Cass. crim., 20 févr. 1980 : *Bull.* 68).

Art. 211 *(L. n. 93-2, 4 janv. 1993, art. 196).* **– Elle examine s'il existe contre la personne mise en examen des charges suffisantes.**

L'arrêt d'une chambre d'accusation qui, tout en admettant l'existence de charges suffisantes de culpabilité, ne prononce aucun renvoi devant la juridiction de jugement et surseoit, pour statuer sur ce point, jusqu'à l'exécution d'un supplément d'information, est un arrêt d'instruction auquel ne s'attache pas l'autorité de la chose jugée. Il laisse la chambre d'accusation libre d'apprécier à nouveau, une fois la procédure devenue complète, tous les éléments du dossier et, le cas échéant, de réviser son premier arrêt en ce qui concerne l'existence des charges (Cass. crim., 19 juin 1990 : *Bull.* 250).

Art. 212 *(L. n. 93-2, 4 janv. 1993, art. 197 ; L. n. 94-89, 1er févr. 1994, art. 17-IV).* **– Si la chambre de l'instruction estime que les faits ne constituent ni crime, ni délit, ni contravention, ou si l'auteur est resté inconnu ou s'il n'existe pas de charges suffisantes contre la personne mise en examen, elle déclare qu'il n'y a lieu à suivre.**

Les personnes mises en examen qui sont provisoirement détenues sont remises en liberté. L'arrêt met fin au contrôle judiciaire.

(3e al. rempl., L. n. 85-1407, 30 déc. 1985, art. 6 et 94) **La chambre de l'instruction statue par le même arrêt sur la restitution des objets placés sous main de justice. Elle peut refuser la restitution lorsque celle-ci présente un danger pour les personnes ou les biens.**

1) Les dispositions de l'article 567 du Code de procédure pénale autorisent le ministère public à se pourvoir en cassation contre les arrêts de la chambre d'accusation qui constituent une décision de non-lieu à suivre dans les termes de l'article 212 du même code (Cass. crim., 21 nov. 1972 : *Bull.* 349).

2) La détention provisoire ne peut s'appliquer à d'autres faits que ceux pour lesquels le titre de détention a été délivré. Dans le cas particulier où il s'agit de faits criminels, il en résulte que, lorsqu'un inculpé en détention provisoire est l'objet d'une inculpation supplétive à raison d'autres faits pour lesquels aucune mesure de détention n'est prise, s'il n'est ensuite renvoyé devant la cour d'assises que pour ces derniers faits, la chambre d'accusation le faisant bénéficier d'un non-lieu pour les faits initiaux, il doit être mis en liberté immédiatement, par application de l'article 212, alinéa 2, du Code de procédure pénale (Cass. crim., 4 mai 1993 : *Bull.* 163).

3) Il résulte des dispositions de l'article 212, alinéa 2, du Code de procédure pénale que, lorsqu'elle confirme une ordonnance de non-lieu rendue par le juge d'instruction, la chambre de l'instruction doit statuer par le même arrêt sur la restitution des objets placés sous main de justice (Cass. crim., 2 oct. 2001 : *Bull.* 194).

Art. 212-1 *(L. n. 93-2, 4 janv. 1993, art. 49 ; L. n. 93-1013, 24 août 1993, art. 36).* **– La chambre de l'instruction peut ordonner, sur la demande de la personne concernée** *(L. n. 2000-516, 15 juin 2000, art. 96-V-1°)* **ou, avec l'accord de cette personne, d'office ou à la demande du ministère public, soit la**

publication intégrale ou partielle de l'arrêt de non-lieu, soit l'insertion d'un communiqué informant le public des motifs et du dispositif de celui-ci, dans un ou plusieurs journaux, écrits périodiques ou services de communication audiovisuelle désignés par cette chambre.

Elle détermine, le cas échéant, les extraits de l'arrêt qui doivent être publiés ou fixe les termes du communiqué à insérer.

(L. n. 2000-516, 15 juin 2000, art. 96-V-2°) **Si la chambre de l'instruction ne fait pas droit à la demande de la personne concernée, elle doit rendre une décision motivée.**

Art. 213 *(Ord. n. 58-1296, 23 déc. 1958 ; L. n. 70-643, 17 juill. 1970, art. 6).* **– Si la chambre de l'instruction estime que les faits constituent un délit ou une contravention, elle prononce le renvoi de l'affaire, dans le premier cas devant le tribunal correctionnel, dans le second cas devant le tribunal de police.**

Le prévenu détenu est immédiatement remis en liberté et le contrôle judiciaire prend fin. Toutefois, la chambre de l'instruction peut faire application, par un arrêt spécialement motivé, des dispositions prévues aux troisième et quatrième alinéas de l'article 179.

En cas de renvoi devant le tribunal de police, le prévenu détenu est immédiatement remis en liberté ; le contrôle judiciaire prend fin.

1) La chambre d'accusation, saisie de l'appel de l'ordonnance du juge d'instruction renvoyant l'inculpé devant le tribunal, a le pouvoir, si elle déclare cet appel irrecevable, d'ordonner le maintien en détention provisoire, en application des dispositions combinées de l'article 213, alinéa 2, du Code de procédure pénale, et des alinéas 3 et 4 de l'article 179, lorsque cette mesure est justifiée au regard de l'article 144, 2°, cette décision cessant de produire effet à l'expiration d'un délai de quatre mois (deux mois : loi du 6 août 1975), et le droit demeurant pour l'inculpé de saisir à tout moment la chambre d'accusation d'une demande de mise en liberté, ainsi que le prévoit l'article 148-1 du même code (Cass. crim., 2 déc. 1971 : *Bull.* 336 ; *Rev. sc. crim.* 1972, 897, obs. J. Robert).

2) La chambre d'accusation saisie de l'appel de l'ordonnance du juge d'instruction portant disjonction et renvoyant l'inculpé devant le tribunal a le pouvoir, si elle déclare cet appel irrecevable, d'ordonner le maintien en détention provisoire, en application des dispositions combinées de l'article 213, alinéa 2, et des alinéas 3 et 4 de l'article 179 du Code de procédure pénale, lorsque cette mesure est justifiée au regard de l'article 144, 2°, du même code (Cass. crim., 28 nov. 1984 : *Bull.* 374).

3) Il résulte des dispositions combinées des articles 179, alinéa 3, et 213, alinéa 2, du Code de procédure pénale que la durée du contrôle judiciaire ordonné en application de ces textes par la chambre d'accusation – devant laquelle n'est pas applicable l'article 569, alinéa 2, du même code concernant la seule juridiction de jugement – n'a d'autre limite que celle tendant à la comparution du prévenu devant cette juridiction, sauf à celui-ci à saisir à tout moment la chambre d'accusation d'une demande de mainlevée dudit contrôle, ainsi que le prévoit l'article 140 du code précité (Cass. crim., 30 oct. 1995 : *Bull.* 331).

Art. 214 *(L. n. 93-2, 4 janv. 1993, art. 198).* **– Si les faits retenus à la charge des personnes mises en examen constituent une infraction qualifiée crime par la loi, la chambre de l'instruction prononce la mise en accusation devant la cour d'assises.**

Elle peut saisir également cette juridiction des infractions connexes.

(Alinéa supprimé à compter du 1er janv. 2001 ; L. n. 2000-516, 15 juin 2000, art. 82-IV et 140)

1) Aux termes de l'article 214, alinéa 3 nouveau, du Code de procédure pénale, la chambre d'accusation statue par un arrêt rendu dans les deux mois de l'ordonnance de transmission des pièces, faute de quoi l'inculpé est mis d'office en liberté.

Répond aux exigences de ce texte l'arrêt qui, dans ledit délai, a ordonné un supplément d'information (Cass. crim., 30 juin 1981 : *Bull.* 221).

Répond aux exigences de l'alinéa 3 de l'article 214 du Code de procédure pénale, l'arrêt de la chambre d'accusation qui ordonne un supplément d'information, et il n'y a pas lieu dans un tel cas de rendre une décision sur la détention provisoire (Cass. crim., 18 juin 1985 : *Bull.* 232).

Encourt la cassation l'arrêt d'une chambre d'accusation qui, pour dire que le délai fixé par ce texte a été prorogé en raison de la survenance d'un cas de force majeure, relève une circonstance ne présentant pas les caractères d'un événement imprévisible et insurmontable, extérieur au service de la justice (Cass. crim., 26 juin 1997 : *Bull.* 258).

Lorsque la chambre d'accusation a, dans le délai de 2 mois prévu par l'article 214, alinéa 3, du Code de procédure pénale, rendu un arrêt prescrivant un supplément d'information et que, celui-ci exécuté, elle prescrit, en application de l'article 208 du même code, le dépôt du dossier de la procédure au greffe, les dispositions précitées de l'article 214 ne sont plus applicables et il n'y a pas lieu à mise en liberté d'office de l'inculpé si la chambre d'accusation ne se prononce pas dans les 2 mois suivant l'arrêt de dépôt de la procédure (Cass. crim., 17 juill. 1990 : *Bull.* 286).

2) Les articles 6 de la loi n. 81-737 du 4 août 1981 et 14 de la loi n. 82-621 du 21 juillet 1982 n'ont pas apporté de dérogation aux articles 214 et 231 du Code de procédure pénale, aux termes desquels la cour d'assises ne peut être saisie que par un arrêt de renvoi de la chambre d'accusation (Cass. crim., 14 juin 1983 : *Bull.* 184).

Encourt la cassation l'arrêt de la chambre d'accusation qui, prononçant la mise en accusation, omet de désigner la cour d'assises compétente (Cass. crim., 6 mars 1996 : *Bull.* 103).

3) En statuant sur les charges de culpabilité, les chambres d'accusation apprécient souverainement, au point de vue des faits, tous les éléments constitutifs des crimes ; la Cour de cassation n'a d'autre pouvoir que de vérifier si la qualification qu'elles ont donnée aux faits justifie le renvoi de l'inculpé devant la juridiction de jugement (Cass. crim., 20 août 1986 : *Bull.* 244).

4) Ne saurait encourir la censure de la Cour de cassation l'arrêt de le chambre d'accusation portant renvoi devant la cour d'assises lorsque le fait, objet de la poursuite, à le supposer mal qualifié, n'en constituerait pas moins un crime (Cass. crim., 2 oct. 1990 : *Bull.* 327).

5) L'arrêt de la chambre d'accusation qui renvoie l'inculpé devant la cour d'assises sous l'accusation d'homicide volontaire n'excède pas ses pouvoirs en examinant, pour l'écarter, le fait justificatif de la légitime défense, alors surtout que cette question était évoquée dans le mémoire produit par l'inculpé ainsi que dans le réquisitoire du ministère public, les droits de la défense demeurant entiers devant la juridiction de jugement (Cass. crim., 24 juill. 1991 : *Bull.* 306).

6) Selon l'article 181 du Code de procédure pénale, le titre de détention initial conserve de plein droit sa force exécutoire après le prononcé de l'ordonnance de transmission des pièces de la procédure et ce, jusqu'à ce qu'il ait été statué par la chambre d'accusation, laquelle, lorsqu'elle a été saisie sur renvoi après cassation, n'est pas tenue par le délai prévu par l'article 214, dernier alinéa, du Code de procédure pénale (Cass. crim., 4 mars 1992 : *Bull.* 98).

7) Rien n'interdit aux chambres d'accusation, qui apprécient souverainement les charges sur lesquelles repose l'accusation, de fonder leur décision de renvoi sur les déclarations de coïnculpés ; il n'en résulte aucune atteinte aux intérêts de la personne que ces déclarations mettent en cause, dès lors que leurs auteurs pourront être interrogés devant la juridiction de jugement (Cass. crim., 6 févr. 1996 : *Bull.* 62).

Art. 215 *(Applic. 1er janv. 2001 ; L. n. 2000-516, 15 juin 2000, art. 82-V et 140).* **– L'arrêt de mise en accusation contient à peine de nullité, l'exposé et la qualification légale des faits, objet de l'accusation, et précise l'identité de l'accusé.**

Il décerne en outre ordonnance de prise de corps contre l'accusé et contre les personnes renvoyées pour délit connexe devant la cour d'assises.

Les dispositions des cinquième et sixième alinéas de l'article 181 sont applicables.

(Al. créé, L. n° 2002-1138, 9 sept. 2002, art. 43, I) **L'arrêt de mise en accusation est notifié à l'accusé conformément aux dispositions du deuxième alinéa de l'article 183.**

V. Chapar, *De quelques difficultés pratiques du jugement par la cour d'assises des individus renvoyés devant elle pour des délits connexes à des crimes : D.* 1965, chron. 111.

1) Doit être annulé, selon les dispositions de l'article 215, alinéa 1er, du Code de procédure pénale, l'arrêt de la chambre d'accusation prononçant la mise en accusation et qui ne contient aucun exposé même sommaire, des faits (Cass. crim., 8 déc. 1976 : *Bull.* 353).

2) La chambre d'accusation, en statuant sur les charges de culpabilité, apprécie souverainement tous les éléments constitutifs des crimes et délits et notamment les questions d'intention. La Cour de cassation n'a d'autre pouvoir que de vérifier si la qualification donnée aux faits justifie le renvoi devant la juridiction de jugement (Cass. crim., 8 mai 1969 : *Bull.* 160. – Cass. crim., 24 juin 1980 : *Bull.* 204).

L'arrêt de mise en accusation se borne à constater, au terme de l'instruction, l'existence de charges justifiant la saisine de la cour d'assises, qui conserve son entière liberté, après débats contradictoires, pour en apprécier la valeur ; les motifs d'un tel arrêt sont dépourvus de l'autorité de la chose jugée et, même s'ils présentent comme établis certains des faits poursuivis, ils ne peuvent porter atteinte à la présomption d'innocence dont l'accusé continuera de bénéficier jusqu'à déclaration éventuelle de culpabilité, prononcée par la juridiction de jugement et devenue irrévocable (Cass. crim., 13 nov. 1996 : *Bull.* 401).

3) L'arrêt de renvoi en cour d'assises ne forme qu'un seul et même contexte avec l'ordonnance de prise de corps (Cass. crim., 1er déc. 1966 : *Bull.* 275 ; *D.* 1967, 23, rapp. Costa).

4) Le pourvoi en cassation, sauf dans les cas où la loi en a, de manière expresse, disposé autrement, suspend l'exécution de l'arrêt contre lequel il a été formé, jusqu'au jour où la Cour de cassation, seule arbitre de la validité et de la recevabilité de ce recours, a rendu sa décision. Il en résulte qu'une ordonnance de prise de corps incluse dans un arrêt de renvoi en cour d'assises ne peut être exécutée pendant la durée du pourvoi dirigé contre l'arrêt de renvoi (Cass. crim., 26 janv. 1967 : *Bull.* 41).

5) Il résulte de l'article 215 du Code de procédure pénale que, même lorsque l'accusé est placé sous contrôle judiciaire, l'arrêt de mise en accusation doit décerner à son encontre ordonnance de prise de corps, celle ci n'étant alors mise à exécution que dans les conditions prévues par les articles 141-2 et 215-1 dudit code (Cass. crim., 3 déc. 1996 : *Bull.* 442).

Art. 215-1 *(Article abrogé à compter du 1er janv. 2001 ; L. n. 2000-516, 15 juin 2000, art. 82-VI)*

Art. 215-2 *(Applic. à compter du 16 juin 2001 ; L. n. 2000-516, 15 juin 2000, art. 77 et 140).* – **L'accusé détenu en raison des faits pour lesquels il est renvoyé devant la cour d'assises est immédiatement remis en liberté s'il n'a pas comparu devant celle-ci à l'expiration d'un délai d'un an** *(Mots remplacés, L. n° 2002-1138, 9 sept. 2002, art. 43, II)* **« à compter soit de la date à laquelle la décision de mise en accusation est devenue définitive s'il était alors déjà détenu, soit de la date à laquelle il a été ultérieurement placé en détention provisoire ».**

Toutefois, si l'audience sur le fond ne peut débuter avant l'expiration de ce délai, la chambre de l'instruction peut, à titre exceptionnel, par une décision rendue conformément à l'article 144 et mentionnant les raisons de fait ou de droit faisant obstacle au jugement de l'affaire, ordonner la prolongation des effets de l'ordonnance de prise de corps pour une nouvelle durée de six mois. La comparution personnelle de l'accusé est de droit si lui-même ou son avocat en font la demande. Cette prolongation peut être renouvelée une fois dans les mêmes formes. Si l'accusé n'a pas comparu devant la cour d'assises à l'issue de cette nouvelle prolongation, il est immédiatement remis en liberté.

Le point de départ des délais de comparution fixés par l'article 215-2 du Code de procédure pénale, issu de la loi du 15 juin 2000, ne court, à l'égard d'un accusé qui s'est soustrait à l'action de la justice, qu'à compter de la date à laquelle celui-ci a été placé en détention (Cass. crim., 3 oct. 2001 : *Bull.* 198).

Art. 216 *(L. n. 93-2, 4 janv. 1993, art. 125 et 224).* – **Les arrêts de la chambre de l'instruction sont signés par le président et par le greffier. Il y est fait mention du nom des juges, du dépôt des pièces**

et des mémoires, de la lecture du rapport, des réquisitions du ministère public et, s'il y a lieu, de l'audition des parties ou de leurs avocats.

La chambre condamne l'auteur de l'infraction à payer à la partie civile la somme qu'elle détermine, au titre des frais non payés par l'État et exposés par celle-ci. Elle tient compte de l'équité ou de la situation économique de la partie condamnée. Elle peut, même d'office, pour des raisons tirées des mêmes considérations, dire qu'il n'y a pas lieu à cette condamnation.

1) La mention par le greffier sur l'expédition d'un arrêt que celui-ci a été signé par le président et le greffier fait foi jusqu'à inscription de faux et établit que les signatures ont été portées sur la minute de la décision (Cass. crim., 16 sept. 1992 : *Bull.* 286).

2) Aux termes de l'article 199 du Code de procédure pénale, les débats devant la chambre de l'instruction comportent l'audition d'un conseiller en son rapport, et celle du procureur général en ses observations sommaires. L'article 216 du même code prescrit de faire mention dans l'arrêt de la lecture dudit rapport et des réquisitions du ministère public.

L'inobservation de ces prescriptions légales entraîne la nullité de la décision (Cass. crim., 13 janv. 1965 : *Bull.* 11. – Cass. crim., 3 mai 1978 : *Bull.* 135. – Cass. crim., 25 juin 1979 : *Bull.* 222 ; *D.* 1980, 153, note Jeandidier).

L'omission du rapport oral, formalité destinée à l'information de la juridiction saisie, n'entre pas dans les prévisions de l'article 802 du Code de procédure pénale et doit être sanctionnée par l'annulation de l'arrêt qui ne mentionne pas l'accomplissement de cette formalité (Cass. crim., 27 oct. 1997 : *Bull.* 351).

La formalité du rapport n'est pas imposée préalablement à une décision sur une demande de publicité (Cass. crim., 30 mai 1995 : *Bull.* 195).

À défaut de contestation sur l'existence même de la décision attaquée, la circonstance que la signature du greffier ne figure pas au bas de l'arrêt ne saurait entraîner la nullité de l'arrêt et être invoquée comme un cas de cassation (Cass. crim., 5 déc. 1988 : *Bull.* 409).

3) Encourt la cassation l'arrêt d'une chambre d'accusation qui, ne faisant pas mention du mémoire régulièrement produit par l'inculpé (ou les parties civiles) dans les conditions prévues par l'article 198 du Code de procédure pénale, ne met pas la Cour de cassation en mesure de savoir si ce mémoire a été soumis à l'examen des juges (Cass. crim., 9 déc. 1980 : *Bull.* 339. – Cass. crim., 25 avr. 1984 : *Bull.* 143).

L'article 216 du Code de procédure pénale ne fait toutefois pas obligation à la chambre d'accusation de mentionner spécialement les pièces annexées à un mémoire régulièrement visé (Cass. crim., 16 nov. 1982 : *Bull.* 260. – Cass. crim., 19 févr. 1997 : *Bull.* 64).

4) Le magistrat qui a régulièrement donné lecture de l'arrêt de la chambre d'accusation, en application de l'article 199, alinéa 4, du Code de procédure pénale, dans sa rédaction issue de la loi du 4 janvier 1993, a la faculté d'en signer la minute, nonobstant les dispositions de l'article 216 du code précité (Cass. crim., 2 févr. 1994 : *Bull.* 47. – Cass. crim., 14 juin 2000 : *Bull.* 222).

5) Il n'importe que l'arrêt de la chambre d'accusation ne mentionne pas la présence du représentant du ministère public à l'audience à laquelle la décision a été prononcée, dès lors que l'article 216 du Code de procédure pénale, propre à cette juridiction d'instruction, n'impose pas cette mention et que, selon l'article 592, alinéa 2, du même code, la nullité de la décision n'est encourue qu'à défaut d'audition de ce magistrat lors des débats (Cass. crim., 6 mars 1996 : *Bull.* 104).

L'article 216 du Code de procédure pénale, propre aux chambres d'accusation, n'impose que la seule mention, dans leurs arrêts, des réquisitions prises par le représentant du ministère public à l'audience ; il n'importe en conséquence que l'arrêt ne mentionne pas la présence de ce magistrat à l'audience à laquelle la décision a été prononcée (Cass. crim., 11 juin 1996 : *Bull.* 244).

Art. 217 *(Ord. n. 60-529, 4 juin 1960, art. 2 ; L. n. 93-2, 4 janv. 1993, art. 199 et 224).* **– Hors le cas prévu à l'article 196,** *(L. n. 2000-516, 15 juin 2000, art. 28, applic. 1er janv. 2001)* **les arrêts sont, dans les trois jours, par lettre recommandée, portés à la connaissance des avocats des parties.**

Dans les mêmes formes et délais, les dispositifs des arrêts de non-lieu sont portés à la connaissance des personnes mises en examen, les dispositifs des arrêts de renvoi devant le tribunal correctionnel ou de police sont portés à la connaissance des parties.

(3e al. rempl. par deux alinéas, L. n. 85-1407, 30 déc. 1985, art. 35 et 94) **Les arrêts contre lesquels les parties peuvent former un pourvoi en cassation leur sont signifiés à la requête du procureur général dans les trois jours. Toutefois, ces arrêts sont notifiés par lettre recommandée aux parties ou au requérant mentionné au cinquième alinéa de l'article 99 tant que le juge d'instruction n'a pas clôturé son information.** *(Complété, L. n. 89-461, 6 juill. 1989, art. 11)* **Ils peuvent être notifiés à la personne détenue par les soins du chef de l'établissement pénitentiaire qui adresse, sans délai, au procureur général l'original ou la copie du récépissé signé par elle.**

Toute notification d'acte à la dernière adresse déclarée par une partie est réputée faite à sa personne.

Le délai de signification ou de notification aux parties ou à leurs conseils des arrêts de la chambre d'accusation, prévu par l'article 217 du Code de procédure pénale, n'est pas prescrit à peine de nullité. Le retard dans la signification de l'arrêt rendu ne peut avoir pour effet que de reculer d'autant le point de départ du pourvoi en cassation (Cass. crim., 3 oct. 1973 : *Bull.* 343).

Le délai de pourvoi contre un arrêt de chambre d'accusation ne court pas du jour où l'arrêt a été rendu mais à compter de sa signification, ou de sa notification, tant que le juge d'instruction n'a pas clôturé son information (Cass. crim., 17 mars 1998 : *Juris-Data* n. 001850).

Art. 218 *(Ord. n. 60-529, 4 juin 1960, art. 2 ; L. n. 93-2, 4 janv. 1993, art. 77)*. **– Les dispositions des articles 171, 172, et du dernier alinéa de l'article 174 sont applicables au présent chapitre.**

La régularité des arrêts des chambres d'accusation et celle de la procédure antérieure, lorsque cette chambre a statué sur le règlement d'une procédure, relève du seul contrôle de la Cour de cassation, que le pourvoi soit immédiatement recevable ou qu'il ne puisse être examiné qu'avec l'arrêt sur le fond.

1) Aux termes de l'article 218, alinéa 2, du Code de procédure pénale, la régularité des arrêts des chambres d'accusation relève du seul contrôle de la Cour de cassation.

Encourt la cassation l'arrêt d'une chambre d'accusation qui, pour dire que le délai fixé par ce texte a été prorogé en raison de la survenance d'un cas de force majeure, relève une circonstance ne présentant pas les caractères d'un événement imprévisible et insurmontable, extérieur au service de la justice (Cass. crim., 26 févr. 1997 : *Bull.* 258).

Lorsqu'une chambre d'accusation, infirmant l'ordonnance du juge d'instruction, a maintenu l'inculpé en détention provisoire et s'est expressément réservée le contentieux auquel était susceptible de donner lieu cette détention, seule cette chambre d'accusation est compétente pour statuer sur ledit contentieux (Cass. crim., 11 janv. 1983 : *Bull.* 13).

2) Sur le pourvoi du prévenu, recevable au regard des dispositions de l'article 574 du Code de procédure pénale, encourt la cassation sur un moyen relevé d'office l'arrêt d'une chambre d'accusation qui s'est abstenue de constater la nullité de l'audition en qualité de témoin d'une personne nommément visée par une plainte avec constitution de partie civile, sans observer les formalités de l'article 104 du Code de procédure pénale, dans sa rédaction antérieure à la loi du 30 décembre 1987, et qui a renvoyé ladite personne devant le tribunal correctionnel, sans qu'elle ait été inculpée ou dûment appelée (Cass. crim., 30 janv. 1989 : *Bull.* 34).

SECTION II. – DES POUVOIRS PROPRES DU PRÉSIDENT DE LA CHAMBRE DE L'INSTRUCTION

Art. 219 *(Ord. n. 58-1296, 23 déc. 1958)*. **– Le président de la chambre de l'instruction, et dans les cours où il existe plusieurs chambres d'accusation l'un des présidents spécialement désigné par l'assemblée générale, exerce les pouvoirs propres définis aux articles suivants.**

En cas d'empêchement de ce président, ses pouvoirs propres sont attribués, par délibération de l'assemblée générale de la cour d'appel, à un magistrat du siège appartenant à ladite cour.

(L. n. 75-701, 6 août 1975, art. 25) **Le président peut déléguer tout ou partie de ses pouvoirs à un magistrat du siège de la chambre de l'instruction et, dans les cours où il existe plusieurs chambres d'accusation, à un magistrat du siège d'une autre chambre de l'instruction après accord du président de cette chambre.** *(Dernière phrase supprimée à compter du 1er janv. 2001 ; L. n. 2000-516, 15 juin 2000, art. 65)*

V. H. Angevin, *chambre de l'instruction : J.-Cl. Proc. pén.*, art. 191 à 230 ; *Pouvoirs propres et attributions de son président :* Fasc. 1.

Art. 220 *(Ord. n. 60-529, 4 juin 1960, art. 8).* **– Le président de la chambre de l'instruction s'assure du bon fonctionnement des cabinets d'instruction du ressort de la cour d'appel. Il vérifie notamment les conditions d'application des alinéas 4 et 5 de l'article 81** *(L. n. 96-1235, 30 déc. 1996, art. 13-1°, applic. le 31 mars 1997)* **et de l'article 144 et s'emploie à ce que les procédures ne subissent aucun retard injustifié.** *(L. n. 96-1235, 30 déc. 1996, art. 13-2°, applic. le 31 mars 1997)* **Chaque fois qu'il le juge nécessaire et au moins une fois par an, il transmet ses observations écrites au premier président de la cour d'appel, au procureur général près ladite cour ainsi qu'au président du tribunal de grande instance concerné et au procureur de la République près ledit tribunal.**

(L. n. 81-82, 2 février 1981, art. 55-I, alinéa 2, abrogé, L. n. 83-466, 10 juin 1983, art. 17).

Art. 221 *(L. n. 81-82, 2 févr. 1981, art. 55-II ; L. n. 83-466, 10 juin 1983, art. 18 ; L. n. 93-2, 4 janv. 1993, art. 200).* **– À cette fin, il est établi, chaque trimestre, dans chaque cabinet d'instruction, un état de toutes les affaires en cours portant mention, pour chacune des affaires, de la date du dernier acte d'information exécuté.**

Les affaires dans lesquelles sont impliquées des personnes mises en examen, détenues provisoirement figurent sur un état spécial.

Les états prévus par le présent article sont adressés au président de la chambre de l'instruction et au procureur général dans les trois premiers jours du trimestre.

Art. 221-1 *(Inséré, L. n. 87-1062, 30 déc. 1987, art. 15).* **– Lorsqu'un délai de quatre mois s'est écoulé depuis la date du dernier acte d'instruction nécessaire à la manifestation de la vérité, le président de la chambre de l'instruction peut, par requête, saisir cette juridiction. La chambre de l'instruction peut, dans l'intérêt d'une bonne administration de la justice, soit évoquer et procéder dans les conditions prévues par les articles 201, 202, 204 et 205, soit renvoyer le dossier au juge d'instruction ou à tel autre afin de poursuivre l'information.**

Art. 221-2 *(L. n. 96-1235, 30 déc. 1996, art.14, applic. le 31 mars 1997).* **– Lorsqu'un délai de quatre mois s'est écoulé depuis la date du dernier acte d'instruction, les parties peuvent saisir la chambre de l'instruction dans les conditions prévues par le troisième alinéa de l'article 173. Ce délai est ramené à deux mois au profit de la personne mise en examen lorsque celle-ci est placée en détention provisoire.**

Dans les huit jours de la réception du dossier par le greffe de la chambre de l'instruction, le président peut, par ordonnance motivée non susceptible de recours, décider qu'il n'y a pas lieu de saisir la chambre de l'instruction.

La chambre de l'instruction, lorsqu'elle est saisie, peut, soit évoquer et procéder dans les conditions prévues par les articles 201, 202, 204 et 205, soit renvoyer le dossier au juge d'instruction ou à tel autre afin de poursuivre l'information.

Si, dans les deux mois suivant le renvoi du dossier au juge d'instruction initialement saisi, aucun acte d'instruction n'a été accompli, la chambre de l'instruction peut être à nouveau saisie selon la procédure prévue aux premier et deuxième alinéas du présent article. Ce délai est ramené à un mois au profit de la personne mise en examen lorsque celle-ci est placée en détention provisoire.

La chambre de l'instruction doit alors, soit évoquer comme il est dit au troisième alinéa du présent article, soit renvoyer le dossier à un autre juge d'instruction afin de poursuivre l'information.

Art. 222 *(L. n. 93-2, 4 janv. 1993, art. 201).* **– Le président, chaque fois qu'il l'estime nécessaire et au moins une fois par trimestre, visite les maisons d'arrêt du ressort de la cour d'appel et y vérifie la situation des personnes mises en examen en état de détention provisoire.**

Art. 223 *(L. n. 93-2, 4 janv. 1993, art. 202).* **– Il peut saisir la chambre de l'instruction, afin qu'il soit par elle statué sur le maintien en détention d'une personne mise en examen en état de détention provisoire.**

1) Le président de la chambre d'accusation ne dispose d'aucun pouvoir propre pour ordonner un supplément d'information (Cass. crim., 5 nov. 1969 : *Bull.* 289. – Cass. crim., 20 mai 1980 : *Bull.* 153 ; *D.* 1980, 493, note Chambon ; *Rev. sc. crim.* 1981, 404, obs. J. Robert).

2) Le président de la chambre d'accusation ne dispose d'aucun pouvoir propre pour ordonner le placement en détention provisoire d'un inculpé (Cass. crim., 8 nov. 1990 : *Bull.* 374).

SECTION III. – DU CONTRÔLE DE L'ACTIVITÉ DES OFFICIERS ET AGENTS DE POLICE JUDICIAIRE

Art. 224 *(L. n. 78-788, 28 juill. 1978, art. 7).* **– La chambre de l'instruction exerce un contrôle sur l'activité des fonctionnaires civils et des militaires, officiers et agents de police judiciaire, pris en cette qualité.**

1) Lorsqu'elle statue dans les conditions prévues par les articles 224 à 230 du Code de procédure pénale, la chambre d'accusation ne prononçant ni sur des contestations relatives à des droits ou des obligations de caractère civil ni sur le bien-fondé d'une accusation en matière pénale, ses décisions n'entrent pas dans le champ d'application des dispositions de l'article 6.1 de la Convention européenne de sauvegarde des droits de l'homme et des libertés fondamentales relatives à l'exigence d'un tribunal impartial (Cass. crim., 26 févr. 1997 : *Bull.* 78 ; *D.*1997, p. 297, note Pradel).

2) Les articles 224 et suivants du Code de procédure pénale qui chargent la chambre d'accusation d'exercer un contrôle de caractère disciplinaire sur l'activité des officiers et agents de police judiciaire sont étrangers au régime des nullités pouvant affecter les actes de procédure (Cass. crim., 20 mars 1984 : *Bull.* 117).

Art. 225. – Elle est saisie soit par le procureur général, soit par son président.

Elle peut se saisir d'office à l'occasion de l'examen de la procédure qui lui est soumise.

Art. 226 *(L. n. 78-788, 28 juill. 1978, art. 8).* **– La chambre de l'instruction, une fois saisie, fait procéder à une enquête ; elle entend le procureur général et l'officier ou agent de police judiciaire en cause.**

Ce dernier doit avoir été préalablement mis à même de prendre connaissance de son dossier d'officier de police judiciaire tenu au parquet général de la cour d'appel.

Il peut se faire assister par un avocat.

Art. 227 *(Ord. n. 58-1296, 23 déc. 1958 ; L. n. 78-788, 28 juill. 1978, art. 9).* **– La chambre de l'instruction peut, sans préjudice des sanctions disciplinaires qui pourraient être infligées à l'officier ou agent de police judiciaire par ses supérieurs hiérarchiques, lui adresser des observations ou décider qu'il ne pourra, temporairement ou définitivement, exercer, soit dans le ressort de la cour d'appel, soit sur tout l'ensemble du territoire, ses fonctions d'officier de police judiciaire et de délégué du juge d'instruction ou ses fonctions d'agent de police judiciaire.** *(L. n. 2000-516, 15 juin 2000, art. 16)* **Cette décision prend effet immédiatement.**

La police judiciaire étant, aux termes de l'article 13 du Code de procédure pénale, placée dans le ressort de chaque cour d'appel, sous la surveillance du procureur général et sous le contrôle de la chambre d'accusation, cette juridiction est compétente pour prendre, sous le contrôle de la Cour de cassation, les décisions disciplinaires prévues par l'article 227 dudit code, alors même que le procureur général aurait, à raison des mêmes faits, usé à l'égard de l'officier de police judiciaire des pouvoirs, différents par leur nature et par leur étendue, qu'il tient de l'article 16 du même code (Cass. crim., 4 mai 1988 : *Bull.* 191).

Art. 228 *(L. n. 78-788, 28 juill. 1978, art. 9).* **– Si la chambre de l'instruction estime que l'officier ou agent de police judiciaire a commis une infraction à la loi pénale, elle ordonne en outre la transmission du dossier au procureur général à toutes fins qu'il appartiendra.**

Art. 229 *(L. n. 78-788, 28 juill. 1978, art. 9).* **– Les décisions prises par la chambre de l'instruction contre les officiers ou agents de police judiciaire sont notifiées, à la diligence du procureur général, aux autorités dont ils dépendent.**

Art. 230 *(L. n. 93-2, 4 janv.1993, art. 151).* **– Les dispositions de la présente section sont applicables aux agents de police judiciaire adjoints ainsi qu'aux fonctionnaires et agents chargés de certaines fonctions de police judiciaire.**

TITRE IV. – DISPOSITIONS COMMUNES

(L. n. 2001-1062, 15 nov. 2001, art. 30, art. 22, dispositions applic. jusqu'au 31 déc. 2003)

CHAPITRE UNIQUE. – DE LA MISE AU CLAIR DES DONNÉES CHIFFRÉES NÉCESSAIRES À LA MANIFESTATION DE LA VÉRITÉ

Art. 230-1. – Sans préjudice des dispositions des articles 60, 77-1 et 156, lorsqu'il apparaît que des données saisies ou obtenues au cours de l'enquête ou de l'instruction ont fait l'objet d'opérations de transformation empêchant d'accéder aux informations en clair qu'elles contiennent ou de les comprendre, le procureur de la République, la juridiction d'instruction ou la juridiction de jugement saisie de l'affaire peut désigner toute personne physique ou morale qualifiée, en vue d'effectuer les opérations techniques permettant d'obtenir la version en clair de ces informations ainsi que, dans le cas où un moyen de cryptologie a été utilisé, la convention secrète de déchiffrement, si cela apparaît nécessaire.

Si la peine encourue est égale ou supérieure à deux ans d'emprisonnement et que les nécessités de l'enquête ou de l'instruction l'exigent, le procureur de la République, la juridiction d'instruction ou la juridiction de jugement saisie de l'affaire peut prescrire le recours aux moyens de l'État soumis au secret de la défense nationale selon les formes prévues au présent chapitre.

Art. 230-2. – Lorsque le procureur de la République, la juridiction d'instruction ou la juridiction de jugement saisie de l'affaire décident d'avoir recours, pour les opérations mentionnées à l'article 230-1, aux moyens de l'État couverts par le secret de la défense nationale, la réquisition écrite doit être adressée au service national de police judiciaire chargé de la lutte contre la criminalité liée aux technologies de l'information, avec le support physique contenant les données à mettre au clair ou une copie de celui-ci. Cette réquisition fixe le délai dans lequel les opérations de mise au clair doivent être réalisées. Le délai peut être prorogé dans les mêmes conditions de forme. À tout moment, l'autorité judiciaire requérante peut ordonner l'interruption des opérations prescrites.

Le service de police judiciaire auquel la réquisition a été adressée transmet sans délai cette dernière ainsi que, le cas échéant, les ordres d'interruption, à un organisme technique soumis au secret de la défense nationale, et désigné par décret. Les données protégées au titre du secret de la défense nationale ne peuvent être communiquées que dans les conditions prévues par la loi n° 98-567 du 8 juillet 1998 instituant une Commission consultative du secret de la défense nationale.

Art. 230-3. – Dès l'achèvement des opérations ou dès qu'il apparaît que ces opérations sont techniquement impossibles ou à l'expiration du délai prescrit ou à la réception de l'ordre d'interrup-

tion émanant de l'autorité judiciaire, les résultats obtenus et les pièces reçues sont retournés par le responsable de l'organisme technique au service de police judiciaire qui lui a transmis la réquisition. Sous réserve des obligations découlant du secret de la défense nationale, les résultats sont accompagnés des indications techniques utiles à la compréhension et à leur exploitation ainsi que d'une attestation visée par le responsable de l'organisme technique certifiant la sincérité des résultats transmis.

Ces pièces sont immédiatement remises à l'autorité judiciaire par le service national de police judiciaire chargé de la lutte contre la criminalité liée aux technologies de l'information.

Les éléments ainsi obtenus font l'objet d'un procès-verbal de réception et sont versés au dossier de la procédure.

Art. 230-4. – Les décisions judiciaires prises en application du présent chapitre n'ont pas de caractère juridictionnel et ne sont susceptibles d'aucun recours.

Art. 230-5. – Sans préjudice des obligations découlant du secret de la défense nationale, les agents requis en application des dispositions du présent chapitre sont tenus d'apporter leur concours à la justice.

LIVRE DEUXIÈME

DES JURIDICTIONS DE JUGEMENT

(Ord. n. 58-1296, 23 déc. 1958, art. 1er)

TITRE PREMIER. – DE LA COUR D'ASSISES

V. F. CHAPAR, *La cour d'assises,* Dalloz, 1987, 4e éd. – J. BROUCHOT, *La cour d'assises sous le régime du Code de procédure pénale : JCP* 59, I, 1479. – A. BESSON, *De quelques aspects essentiels de la nouvelle procédure criminelle : D.* 1959, chron. 95. – Henri ANGEVIN, *La pratique de la cour d'assises* (traité-formulaire) Litec, 1989.

CHAPITRE I. – DE LA COMPÉTENCE DE LA COUR D'ASSISES

Art. 231 *(Applic. 1er janv. 2001 ; L. n. 2000-516, 15 juin 2000, art. 79-1 et 140).* **– La cour d'assises a plénitude de juridiction pour juger, en premier ressort ou en appel, les personnes renvoyées devant elle par la décision de mise en accusation.**

Elle ne peut connaître d'aucune autre accusation.

V. Annexe IV, Haute Cour de Justice. Annexe V, Juridictions pour mineurs. Cour d'assises des mineurs.

V. H. ANGEVIN, *Cour d'assises, Introduction générale, Compétence de la cour d'assises, Tenue des assises : J.-Cl. Proc. pén.,* art. 231 à 239 ; *Cour d'assises des mineurs,* App. art. 231 à 380. – V. F. CHAPAR, *De quelques difficultés pratiques du jugement par la cour d'assises des individus renvoyés devant elle pour des délits connexes à des crimes : D.* 1965, chron. 111. – H. ANGEVIN, *Incidences de la Convention européenne des droits de l'homme sur la procédure pénale française et plus spécialement sur celle de la cour d'assises : Dr. pénal* juill. 1991, chron. p. 1.

1) L'arrêt de la chambre d'accusation qui renvoie un inculpé devant une cour d'assises a fixé définitivement la compétence de cette cour d'assises quand il n'a pas été attaqué en temps utile. L'accusé n'est plus recevable à proposer à la Cour de cassation un moyen pris de ce que la cour d'assises n'aurait pas été compétente pour le juger (Cass. crim., 13 juill. 1949 : *Bull.* 243).

Dès lors qu'il n'est pas frappé de pourvoi, l'arrêt de renvoi fixe définitivement la compétence de la cour d'assises (Cass. crim., 28 janv. 1981 : *Bull.* 41).

Il résulte des articles 231 et 594 du Code de procédure pénale que la cour d'assises ne peut connaître d'aucune autre accusation que celle fixée par l'arrêt de renvoi, devenu définitif (Cass. crim., 8 mars 2000 : *Bull.* 110) ; méconnaît ces textes l'arrêt incident de la cour d'assises qui, après la lecture de l'arrêt de renvoi, modifie les termes de l'accusation ; qu'il n'importe que l'accusé ait comme le relate le procès-verbal, accepté cette rectification (Cass. crim., 21 févr. 1996 : *Bull.* 82).

2) L'arrêt de renvoi passé en force de chose jugée ayant fixé la compétence de la cour d'assises, cette juridiction ne saurait se déclarer incompétente pour statuer sur certains chefs d'accusation et notamment pour le motif qu'ayant procédé à la disjonction de ces chefs elle ne pouvait statuer sur les délits connexes imputés à certains des accusés (Cass. crim., 11 avr. 1959 : *Bull.* 210).

Il résulte de l'article 231 du Code de procédure pénale que la cour d'assises a plénitude de juridiction et qu'elle est, dès lors, compétente pour connaître de toutes les infractions dont elle est saisie, même si celles-ci, par l'effet d'une loi nouvelle entrée en vigueur postérieurement à l'arrêt de renvoi, ne sont plus constitutives de crimes mais de délits au moment où elle est appelée à statuer (Cass. crim., 29 avr. 1997 : *Bull.* 155. – Cass. crim., 21 janv. 1998 : *Bull.* 26).

3) En se déclarant incompétente pour juger un mineur de seize à dix-huit ans, accusé d'un crime, une cour d'assises ne fait que se conformer aux dispositions de l'article 20, alinéa 1er, de l'ordonnance du 2 février 1945. Ladite ordonnance détermine, en effet, dans l'intérêt des mineurs, des règles impératives qui ne comportent aucune dérogation (Cass. crim., 14 mars 1973 : *Bull.* 128).

Aux termes de l'article 20, alinéa 1er, de l'ordonnance du 2 février 1945, modifié par la loi du 24 mai 1951, la cour d'assises des mineurs connaît seule des crimes commis par les mineurs âgés de plus de seize ans. Cette compétence exceptionnelle, et édictée dans le seul intérêt des mineurs, ne saurait être étendue.

Dès lors, se déclare à bon droit incompétente la cour d'assises des mineurs devant laquelle a été renvoyé, en même temps que des majeurs de dix-huit ans, un mineur de seize à dix-huit ans, lorsque celui-ci est décédé depuis l'arrêt de renvoi de la chambre d'accusation (Cass. crim., 18 déc. 1973 : *Bull.* 470).

4) Selon l'article 231 du Code de procédure pénale, la cour d'assises ne peut connaître d'aucune autre accusation que celle qui est contenue dans le dispositif de l'arrêt de renvoi ; sous réserve des dispositions de l'article 351 dudit code, la Cour et le jury ne peuvent sans excès de pouvoir, être interrogés par une question substituant ou ajoutant un fait principal nouveau aux faits retenus par l'arrêt de mise en accusation (Cass. crim., 21 janv. 1996 : *Bull.* 42).

CHAPITRE II. – DE LA TENUE DES ASSISES

Art. 232 *(L. n. 72-625, 5 juill. 1972, art. 3)*. **– Il est tenu des assises à Paris et dans chaque département.**

V. Textes complémentaires.

Art. 233. – La cour d'appel peut, sur les réquisitions du procureur général, ordonner qu'il soit formé autant de sections d'assises que les besoins du service l'exigent.

Art. 234. – Dans les départements où siège une cour d'appel, les assises se tiennent ordinairement au chef-lieu de cette cour.

Dans les autres départements, les assises se tiennent ordinairement au chef-lieu de ces circonscriptions.

Exceptionnellement, un règlement d'administration publique peut fixer le siège de la cour d'assises dans une autre ville du département où existe un tribunal de grande instance.

Art. 235. – La cour d'appel peut, sur les réquisitions du procureur général, ordonner par arrêt motivé que les assises se tiendront au siège d'un tribunal autre que celui auquel elles se tiennent habituellement.

L'arrêt est porté à la connaissance des tribunaux intéressés par les soins du procureur général.

Art. 236. – La tenue des assises a lieu tous les trois mois.

Cependant, le premier président de la cour d'appel peut, après avis du procureur général, ordonner qu'il soit tenu, au cours d'un même trimestre, une ou plusieurs sessions supplémentaires.

1) Aucun motif ne s'oppose à ce que l'ordonnance par laquelle le premier président convoque des assises extraordinaires ne soit prise avant l'ouverture de la session ordinaire (Cass. crim., 16 juin 1898 : *Bull.* 220).

En fixant, par une même ordonnance, les dates d'ouverture de la session ordinaire et des sessions supplémentaires d'un trimestre, le premier président de la cour d'appel use du droit que lui confère l'article 236 du Code de procédure pénale (Cass. crim., 26 oct. 1977 : *Bull.* 323).

2) La session d'assises se poursuit tant que la cour d'assises n'a pas épuisé son rôle.

Le rôle n'est pas épuisé lorsque la cour a encore à statuer sur les intérêts civils (Cass. crim., 9 déc. 1987 : *Bull.* 453).

Art. 237. – La date de l'ouverture de chaque session d'assises ordinaire ou supplémentaire est fixée, après avis du procureur général, par ordonnance du premier président de la cour d'appel ou, dans le cas prévu par l'article 235, par l'arrêt de la cour d'appel.

Cette ordonnance ou cet arrêt est porté à la connaissance du tribunal siège de la cour d'assises, par les soins du procureur général, quinze jours au moins avant l'ouverture de la session.

Art. 238. – Le rôle de chaque session est arrêté par le président de la cour d'assises, sur proposition du ministère public.

Art. 239. – Le ministère public avise l'accusé de la date à laquelle celui-ci doit comparaître.

CHAPITRE III. – DE LA COMPOSITION DE LA COUR D'ASSISES

Art. 240. – La cour d'assises comprend : la cour proprement dite et le jury.

V. H. ANGEVIN, *Cour d'assises. Composition. La cour proprement dite : J.-Cl. Proc. pén.*, art. 240 à 267, Fasc. 10 ; *Composition, jury,* Fasc. 20.

1) La mention au procès-verbal des débats selon laquelle des auditeurs de justice ont « assisté au délibéré de la cour d'assises », conformément aux dispositions de la loi organique du 17 juillet 1970 modifiant l'article 19 de l'ordonnance du 22 décembre 1968, permet de constater que lesdits auditeurs de justice n'ont pas « participé » à la délibération de la cour et du jury (Cass. crim., 31 mai 1978 : *Bull.* 176).

2) Si l'article 19 de l'ordonnance du 22 décembre 1958, modifié par la loi organique du 17 juillet 1970, autorise les auditeurs de justice à assister aux délibérés des cours d'assises, ce texte doit être interprété restrictivement et exclut toute participation de leur part aux décisions prises en commun par la cour et le jury (Cass. crim., 5 juill. 1978 : *Bull.* 221).

Art. 241. – Les fonctions du ministère public y sont exercées dans les conditions définies aux articles 34 et 39.

(Second alinéa remplacé, L. n. 85-1407, 30 déc. 1985, art. 36 et 94) **Toutefois, le procureur général peut déléguer tout magistrat du ministère public du ressort de la cour d'appel auprès d'une cour d'assises instituée dans ce ressort.**

1) Le ministère public fait partie essentielle et intégrante des tribunaux de répression qui ne peuvent procéder au jugement des affaires qu'en sa présence et avec son concours (Cass. crim., 9 mai 1985 : *Bull.* 178).

2) Le magistrat qui occupe le siège du ministère public auprès d'une cour d'assises du ressort de la cour d'appel dans lequel il exerce ses fonctions habituelles est présumé avoir reçu délégation du procureur général, conformément à l'article 241 du Code de procédure pénale (Cass. crim., 17 nov. 1993 : *Bull.* 345).

Il n'appartient pas à l'accusé de contester la régularité de la délégation du magistrat occupant les fonctions du ministère public (Cass. crim., 5 juin 1996 : *Bull.* 233).

3) Le magistrat qui a occupé les fonctions du ministère public auprès d'une cour d'assises dont l'arrêt a été cassé, peut, sans que puisse être invoquée une violation de l'article 6 de la Convention européenne de sauvegarde des droits de l'homme et des libertés fondamentales, exercer les mêmes fonctions devant la cour d'assises de renvoi (Cass. crim., 10 déc. 1986 : *Bull.* 370).

Art. 242. – La cour d'assises est, à l'audience, assistée d'un greffier.

(L. n. 67-557, 12 juill. 1967, art. 19) **À Paris et dans les départements où siège une cour d'appel, les fonctions du greffe sont exercées par le greffier en chef ou un greffier de la cour d'appel.**

Dans les autres départements, elles le sont par le greffier en chef ou un greffier du tribunal de grande instance.

SECTION I. – DE LA COUR

Art. 243. – La cour proprement dite comprend : le président et les assesseurs.

§ 1. – Du président

Art. 244. – La cour d'assises est présidée par un président de chambre ou par un conseiller de la cour d'appel.

Art. 245. – Pour la durée de chaque trimestre et pour chaque cour d'assises, le président est désigné par l'ordonnance du premier président qui fixe la date d'ouverture des sessions.

1) L'ordonnance du premier président désignant, pour la durée d'un trimestre, le président et les assesseurs de la cour d'assises, est un acte d'administration pour lequel l'assistance du greffier n'est pas nécessaire (Cass. crim., 15 janv. 1980 : *Bull.* 22).

2) Le président de chambre qui supplée le premier président de la cour d'appel empêché, a qualité pour procéder à la désignation du président et des assesseurs de la cour d'assises prévue par les articles 245 et 250 du Code de procédure pénale (Cass. crim., 3 sept. 1977 : *Bull.* 278).

Il résulte des dispositions de l'article R. 213-6 du Code de l'organisation judiciaire, qu'en cas d'empêchement du président de chambre désigné, dans la première quinzaine du mois qui précède l'année judiciaire, pour le suppléer dans les fonctions qui lui sont spécialement attribuées, le premier président est suppléé par le plus ancien des présidents de chambre.

C'est donc, dans ce cas, ce dernier magistrat qui est compétent pour prendre l'ordonnance prévue par les articles 245 et 250 du Code de procédure pénale (Cass. crim., 21 mars 1984 : *Bull.* 122).

La méconnaissance des dispositions réglementaires de l'article R. 213-6 du Code de l'organisation judiciaire selon lesquelles le premier président de la cour d'appel, dans la première quinzaine du mois qui précède l'année judiciaire, désigne pour le suppléer, s'il y a lieu, dans les fonctions qui lui sont attribuées, un président de chambre, ne saurait entraîner la nullité de la procédure suivie devant les juridictions pénales, laquelle ne relève que de la loi ; il s'ensuit que les mentions du procès-verbal des débats aux termes desquelles le président des assises a été désigné par le président de chambre suppléant le premier président, suffisent à établir la régularité d'une telle désignation tant au regard des articles 243 à 245 du Code de procédure pénale que de l'article L. 632-1 du Code de l'organisation judiciaire (Cass. crim., 15 févr. 1995 : *Bull.* 69).

3) Le président des assises étant, aux termes de l'article 245 du Code de procédure pénale, désigné pour la durée d'un trimestre, le magistrat nommé en cette qualité préside de plein droit la cour lors des sessions supplémentaires qui ont pu être ordonnées en application de l'article 236 du même code (Cass. crim., 12 juill. 1982 : *Bull.* 190).

Art. 246. – En cas d'empêchement survenu avant l'ouverture de la session, le président des assises est remplacé par ordonnance du premier président.

Si l'empêchement survient au cours de la session, le président des assises est remplacé par l'assesseur du rang le plus élevé.

1) Le droit de désigner le président des assises, qui appartient au premier président de la cour d'appel, ne doit s'entendre que de la nomination du président pour une session entière. En conséquence, lorsque le président nommé se trouve empêché de remplir ses fonctions à l'égard d'une affaire de la session, il doit être remplacé par l'assesseur le plus ancien (Cass. crim., 26 sept. 1895 : *Bull.* 245).

2) La règle d'ancienneté qui sert de base au remplacement du président de la cour d'assises, ne s'applique pas à l'assesseur désigné seulement pour compléter la cour d'assises ; dès lors le président empêché doit être remplacé par un des assesseurs désignés pour la composition primitive de la cour d'assises, alors même que l'assesseur désigné pour compléter la cour serait plus ancien que lui (Cass. crim., 16 avr. 1857 : *Bull.* 152).

3) La cour d'assises est présidée par un président de chambre ou un conseiller à la cour d'appel, à moins que, par suite d'un empêchement survenu au cours de la session, ce magistrat soit remplacé de plein droit par l'assesseur du rang le plus élevé, même s'il s'agit d'un juge au tribunal de grande instance (Cass. crim., 7 déc. 1977 : *Bull.* 388 ; *Rev. sc. crim.* 1978, p. 876, obs. J. Robert).

4) Il résulte des dispositions des articles 246 et 251 du Code de procédure pénale, qu'en cas d'empêchement survenu avant l'ouverture de la session, le président des assises et les assesseurs sont remplacés par ordonnance du premier président.

Le premier assesseur, désigné par le premier président, est sans qualité pour présider la cour d'assises et n'est donc pas compétent pour désigner un magistrat destiné à assurer son propre remplacement, dès lors que l'empêchement du président des assises s'est révélé avant la date d'ouverture de la session (Cass. crim., 15 mai 1985 : *Bull.* 187).

5) Il résulte des dispositions de l'article 246 du Code de procédure pénale qu'en cas d'empêchement survenu après l'ouverture de la session, le président des assises est remplacé par l'assesseur du rang le plus élevé (Cass. crim., 13 nov. 1986 : *Bull.* 340).

Art. 247. – Le premier président peut présider la cour d'assises chaque fois qu'il le juge convenable.

§ 2. – Des assesseurs

Art. 248. – Les assesseurs sont au nombre de deux.

Toutefois, il peut leur être adjoint un ou plusieurs assesseurs supplémentaires, si la durée ou l'importance de la session rendent cette mesure nécessaire.

Les assesseurs supplémentaires siègent aux audiences. Ils ne prennent part aux délibérations qu'en cas d'empêchement d'un assesseur titulaire, constaté par ordonnance motivée du président de la cour d'assises.

Les termes impératifs de l'article 248 du Code de procédure pénale excluent la désignation de plus de deux assesseurs titulaires pour une même session de la cour d'assises (Cass. crim., 15 avr. 1978 : *Bull.* 98. – Cass. crim., 25 juin 1986 : *Bull.* 224).

Art. 249. – Les assesseurs sont choisis soit parmi les conseillers de la cour d'appel, soit parmi les président, vice-présidents ou juges du tribunal de grande instance du lieu de la tenue des assises.

1) L'article 249 du Code de procédure pénale ne fait aucune distinction selon les fonctions dont sont chargés les juges du tribunal de grande instance qui peuvent être désignés pour composer la cour d'assises. Il n'existe aucune incompatibilité pour le juge chargé du service d'un tribunal d'instance (Cass. crim., 14 févr. 1973 : *Bull.* 79), ni pour le juge d'instruction du lieu de la tenue des assises, sauf lorsqu'il a participé à des actes d'instruction dans l'affaire soumise à la cour d'assises (Cass. crim., 11 déc. 1974 : *Bull.* 365).

Il résulte de l'article 3-1, alinéa 4, de l'ordonnance modifiée du 22 décembre 1958 portant loi organique relative au statut de la magistrature qu'un magistrat du siège placé auprès du premier président en application de l'article 1.2° du même texte exerce, à défaut d'être chargé d'un remplacement temporaire dans un autre tribunal, ses fonctions au tribunal du siège de la cour d'appel à laquelle il est rattaché ; il a donc qualité, au regard de l'article 249 du Code de procédure pénale, pour être désigné comme assesseur à la cour d'assises du département, siège de ladite cour d'appel (Cass. crim., 22 nov. 1989 : *Bull.* 436. – Cass. crim., 8 janv. 1992 : *Bull.* 4).

2) Un magistrat, dès lors qu'il a été régulièrement délégué au tribunal de grande instance du lieu de la tenue des assises, a qualité pour être

aussitôt désigné comme assesseur à la cour d'assises (Cass. crim., 30 mai 1979 : *Bull.* 188. – Cass. crim., 26 mai 1983 : *Bull.* 157).

Il n'importe qu'un magistrat ait été délégué au tribunal de grande instance du lieu de la tenue des assises postérieurement à sa désignation comme assesseur à la cour d'assises, dès lors que cette délégation est intervenue avant l'ouverture de la session (Cass. crim., 8 nov. 1993 : *Bull.* 328).

Est régulièrement assesseur de la cour d'assises le magistrat qui a été délégué au tribunal de grande instance du lieu de la tenue des assises postérieurement à sa désignation et antérieurement à l'audience (Cass. crim., 17 mars 1999 : *Bull.* 45).

Aucune disposition légale n'interdit au premier président de déléguer par application de l'article L. 221-1 du Code de l'organisation judiciaire, après l'ouverture d'une session, un magistrat au tribunal du lieu des assises, pour permettre ensuite au président de la cour d'assises de le désigner dans les conditions posées par l'article 251 du Code de procédure pénale (Cass. crim., 25 mai 1994 : *Bull. inf. C. cass.* 1994, n. 952).

Un juge délégué au tribunal de grande instance du lieu de la tenue des assises peut être désigné comme assesseur. Si la session de la cour d'assises ne doit pas se poursuivre plus de deux mois après le début de la délégation, celle-ci n'a pas à être renouvelée par arrêté du garde des Sceaux, l'article 250 du Code de procédure pénale n'exigeant pas que le magistrat reste délégué audit tribunal, lorsque les besoins du service ne l'imposent pas (Cass. crim., 23 mai 1979 : *Bull.* 183).

L'article R. 213-27 du Code de l'organisation judiciaire prévoit que, selon les besoins du service, le premier président peut, par ordonnance, déléguer les juges des tribunaux d'instance et de grande instance pour exercer des fonctions judiciaires dans les tribunaux du ressort de la cour d'appel, le mot de « juge » étant un terme générique pour désigner l'ensemble des magistrats du siège d'une juridiction, quelles que soient les fonctions qu'ils y exercent (Cass. crim., 29 nov. 1989 : *Bull.* 453).

3) Entraîne la cassation de l'arrêt et des débats de la cour d'assises de Paris, l'annulation pour excès de pouvoir par le Conseil d'État de l'arrêté du garde des Sceaux affectant au tribunal de grande instance de Paris, en application du décret du 19 janvier 1979, un magistrat à titre temporaire qui avait siégé à ce titre en qualité d'assesseur à ladite cour d'assises (Cass. crim., 4 juin 1981 : *Bull.* 191 ; *Rev. sc. crim.* 1982, p. 799, obs. J. Robert).

4) La loi organique relative au statut de la magistrature interdisant à un ancien avocat d'être nommé magistrat dans le ressort d'un tribunal de grande instance où il aura exercé sa profession depuis moins de cinq ans, est illégale l'ordonnance du premier président déléguant un magistrat en application du Code de l'organisation judiciaire, pour exercer des fonctions judiciaires à un tribunal, dès lors que ce magistrat avait exercé depuis moins de cinq ans la profession d'avocat au barreau de la ville, siège de ce tribunal.

Il s'ensuit que ce magistrat n'avait pas qualité, au regard des dispositions de l'article 249 du Code de procédure pénale, pour être désigné comme assesseur du président de la cour d'assises siégeant dans cette ville (Cass. crim., 9 janv. 1985 : *Bull.* 19).

5) L'omission du nom d'un assesseur dans l'arrêt de condamnation, résultant d'une simple erreur matérielle, n'est pas une cause de nullité dès lors que les autres pièces de la procédure, et notamment le procès-verbal des débats, permettent d'y suppléer (Cass. crim., 18 janv. 1977 : *Bull.* 22).

Art. 250. – Les assesseurs sont désignés par le premier président pour la durée d'un trimestre et pour chaque cour d'assises, dans les mêmes formes que le président.

1) Lorsqu'il sera tenu une session supplémentaire de la cour d'assises et dès lors qu'il n'a pas été désigné plus de deux assesseurs pour une même session le premier président de la cour d'appel peut, sans violer la loi, désigner en cette qualité pour cette session supplémentaire deux magistrats différents de ceux qui l'ont été pour la session ordinaire (Cass. crim., 18 juin 1986 : *Bull.* 216).

Le premier président peut procéder à telle désignation dès lors qu'elle intervient avant l'ouverture de la session supplémentaire, celle-ci étant distincte de la session ordinaire avec tirage au sort d'un nouveau jury (Cass. crim., 19 nov. 1986 : *Bull.* 348).

2) En l'absence de toute réclamation formulée par l'accusé au cours des débats, il y a présomption légale qu'un magistrat a été désigné conformément à la loi pour remplir les fonctions d'assesseur à la cour d'assises (Cass. crim., 22 juin 1988 : *Bull.* 284).

3) L'article 250 du Code de procédure pénale n'exige pas que les assesseurs soient désignés en même temps que le président (Cass. crim., 20 oct. 1999 : *Bull.* 226).

Art. 251. – En cas d'empêchement survenu avant l'ouverture de la session, les assesseurs sont remplacés par ordonnance du premier président.

Si l'empêchement survient au cours de la session, les assesseurs sont remplacés par ordonnance du président de la cour d'assises et choisis parmi les magistrats du siège de la cour d'appel ou du tribunal, siège de la cour d'assises.

1) L'empêchement de siéger comme assesseur ne survient, au sens de l'article 251 du Code de procédure pénale, qu'au moment où il est révélé au magistrat compétent pour y remédier : il en est ainsi même si l'empêchement résulte d'une cause antérieure à l'ouverture de la session des assises (Cass. crim., 9 janv. 1974 : *Bull.* 8. – Cass. crim., 23 janv. 1991 : *Bull.* 39. – Cass. crim., 1er déc. 1993 : *Bull.* 367. – Cass. crim., 10 mai 1995 : *Bull.* 166).

2) Les assesseurs sont remplacés par ordonnance du premier président si l'empêchement survient avant l'ouverture de la session (Cass. crim., 28 oct. 1975 : *Bull.* 227), même s'il s'agit de la session supplémentaire (Cass. crim., 26 oct. 1977 : *Bull.* 323. – Cass. crim., 11 janv. 1989 : *Bull.* 11. – Cass. crim., 19 févr. 1992 : *Bull.* 78).

En cas d'empêchement survenu avant l'ouverture de la session, les assesseurs sont, aux termes de l'article 251 du Code de procédure pénale remplacés par ordonnance du premier président. Il en résulte que, si le premier président omet de procéder à ce remplacement, le président de la cour d'assises ne saurait, après l'ouverture de la session, obvier à cette carence (Cass. crim., 3 mars 1999 : *Bull.* 30).

Aucune disposition légale n'interdit au premier président de déléguer par application de l'article L. 221-1 du Code de l'organisation judiciaire, après l'ouverture d'une session, un magistrat au tribunal du lieu des assises, pour permettre ensuite au président de la cour d'assises de le désigner dans les conditions de l'article 251 (Cass. crim., 25 mai 1994 : *Bull. inf. C. cass.* 1994, n. 952).

3) L'ordonnance du président des assises ordonnant le remplacement d'un assesseur empêché, datée du jour de l'ouverture de la session, est régulière dès lors qu'elle a été rendue postérieurement à l'heure fixée par le premier président (Cass. crim., 23 juill. 1973 : *Bull.* 337).

4) La disposition de l'article 251, alinéa 2, du Code de procédure pénale, qui donne au président des assises le pouvoir de remplacer un assesseur empêché, est générale : elle s'applique même si ce magistrat est lui-même empêché par une cause d'incompatibilité. Le président qui le remplace de droit est investi de la même prérogative pendant la durée de ses fonctions intérimaires (Cass. crim., 29 janv. 1963 : *Bull.* 52. – Cass. crim., 23 janv. 1974 : *Bull.* 35).

5) L'article 251, alinéa 2, du Code de procédure pénale, dispose qu'en cas d'empêchement survenu au cours de la session, les assesseurs sont remplacés par ordonnance du président de la cour d'assises.

Dès lors, le premier président ne peut désigner, même avant l'ouverture de la session, à côté des deux assesseurs prévus par l'article 248 du Code de procédure pénale, deux assesseurs suppléants qui n'ont pas qualité pour siéger à la cour d'assises en cas d'empêchement d'un assesseur survenu au cours de la session si l'un des deux n'a pas été désigné par le président de la cour d'assises (Cass. crim., 24 mars 1982 : *Bull.* 86).

6) L'article 251 du Code de procédure pénale, comme l'article 249 du même code, ne fait aucune distinction selon les fonctions dont sont chargés les juges du tribunal de grande instance, qui peuvent être désignés pour composer la cour d'assises en remplacement d'assesseurs empêchés après l'ouverture de la session.

Il n'existe aucune incompatibilité pour le juge chargé du service d'un tribunal d'instance dans les conditions prévues par les articles L. 321-5 et R. 321-34 du Code de l'organisation judiciaire (Cass. crim., 26 nov. 1980 : *Bull.* 318 ; *Gaz. Pal.* 1981, 1, 285, note Angevin).

7) L'assesseur, dont le président assure le remplacement en constatant un empêchement limité à un jour, doit ultérieurement composer la cour pour statuer sur les autres affaires inscrites au rôle (Cass. crim., 14 nov. 1979 : *Bull.* 318).

Lorsque le président de la cour d'assises a procédé au remplacement d'un assesseur empêché, sans en préciser le terme, ce remplacement, dont la durée est nécessairement limitée à celle de l'empêchement, prend alors fin à la reprise des fonctions de cet assesseur (Cass. crim., 5 mars 1997 : *Bull.* 86).

La session d'assises se poursuivant tant que la cour d'assises n'a pas épuisé son rôle, les magistrats désignés comme assesseurs jusqu'à la date de clôture de ladite session, prévue par l'ordonnance du premier président de la cour d'appel, sont habilités à siéger au-delà de cette date, jusqu'à ce que toutes les affaires aient été examinées ; par voie de conséquence, s'il constate leur empêchement de siéger pendant cette période, le président est en droit de procéder à leur remplacement, en application de l'article 251, alinéa 2, du Code de procédure pénale (Cass. crim., 7 janv. 1998 : *Bull.* 5).

8) Lorsque le premier président de la cour d'appel, après avoir désigné comme assesseur du président de la cour d'assises deux magistrats A et B, désigne, par une autre ordonnance rendue avant l'ouverture de la session, un magistrat C en qualité d'assesseur en remplacement de B, empêché pour ladite session, ce dernier devient sans qualité pour siéger au cours de cette session et sa présence au sein de la cour d'assises en vicie la composition (Cass. crim., 21 mai 1990 : *Bull.* 202).

Art. 252. – Lorsque la session est ouverte, le président de la cour d'assises peut, s'il y a lieu, désigner un ou plusieurs assesseurs supplémentaires.

Art. 253. – Ne peuvent faire partie de la cour en qualité de président ou d'assesseur les magistrats qui, dans l'affaire soumise à la cour d'assises, ont soit fait un acte de poursuite ou d'instruction, soit participé à l'arrêt de mise en accusation ou à une décision sur le fond relative à la culpabilité de l'accusé.

1) Aux termes des nouvelles dispositions de l'article 253 du Code de procédure pénale, ne peuvent faire partie de la cour, en qualité de président ou d'assesseur, les magistrats qui, dans l'affaire soumise à la cour d'assises, ont participé à une décision sur le fond relative à la culpabilité de l'accusé.

Doit, en conséquence, être annulé l'arrêt de la cour d'assises auquel a concouru un magistrat ayant précédemment connu de la même affaire jugée par contumace (Cass. crim., 10 mars 1966 : *Bull.* 92).

L'article 253 du Code de procédure pénale interdit aux magistrats qui, dans l'affaire soumise à la cour d'assises, ont procédé à un acte d'instruction, de faire partie de cette cour en qualité de président ou d'assesseur ; cette interdiction s'étend aux magistrats qui ont instruit des infractions indivisibles de celles soumises à la cour d'assises (Cass. crim., 6 oct. 1999 : *Bull.* 211).

La prohibition qu'édicte l'article 253 du Code de procédure pénale ne s'étend pas au magistrat qui a procédé au tirage au sort de la liste du jury de session (Cass. crim., 14 déc. 1988 : *Bull.* 430 ; *Rev. sc. Cass. crim.*, 1989, 538, obs. Braunschweig).

2) Le juge qui a remplacé le juge d'instruction, ne peut siéger à la cour d'assises, même s'il s'est borné à rendre une ordonnance rejetant une demande de mise en liberté, ce qui implique un examen préalable du fond (Cass. crim., 18 mars 1982 : *Bull.* 79 ; *Rev. sc. crim.* 1983, p. 489, obs. J. Robert).

Un auditeur de justice ayant assisté le juge d'instruction dans l'accomplissement d'actes d'information, ne peut, après sa nomination à la fonction de juge, siéger comme assesseur du président des assises (Cass. crim., 21 juin 1978 : *Bull.* 209).

3) Aux termes de l'article 253 du Code de procédure pénale, ne peuvent faire partie de la cour d'assises, en qualité de président ou d'assesseur, les magistrats qui, dans l'affaire soumise à la cour, ont, soit fait un acte de poursuite ou d'instruction, soit participé à l'arrêt de mise en accusation ou à une décision sur le fond relative à la culpabilité de l'accusé.

Par suite, doit être annulé l'arrêt d'une cour d'assises auquel a concouru un magistrat ayant accompli des actes d'instruction dans la procédure antérieure (Cass. crim., 26 mai 1981 : *Bull.* 170).

Le magistrat qui a participé à un arrêt de la chambre d'accusation, rendu sur la détention provisoire d'un inculpé renvoyé ultérieurement devant la cour d'assises, ne peut faire partie de cette juridiction, car il a nécessairement procédé à un examen préalable du fond (Cass. crim., 12 oct. 1983 : *Bull.* 243 ; *D.* 1984, 610, note Pradel. – Cass. crim., 23 janv. 1985 : *Bull.* 35 ; *Rev. sc. Cass. crim.*, 1986, p. 131, obs. Braunschweig. – Cass. crim., 3 déc. 1997 : *Bull.* 410).

L'article 253 du Code de procédure pénale interdit aux magistrats qui ont participé à l'arrêt de la chambre d'accusation qui a renvoyé l'accusé devant la cour d'assises, de faire partie de cette cour en qualité de président ou d'assesseur (Cass. crim., 29 janv. 1986 : *Bull.* 38).

4) Les fonctions du ministère public sont incompatibles avec celles de juge ; par suite, est nul l'arrêt de la cour d'assises auquel a concouru, comme assesseur, un magistrat qui avait requis, comme officier du ministère public, la mise en accusation de l'accusé (Cass. crim., 3 mars 1859 : *Bull.* 67).

Deux magistrats conjoints ne peuvent connaître d'une même cause, l'un comme président de la cour d'assises devant laquelle l'accusé a été renvoyé par arrêt de la chambre d'accusation sur réquisition de l'autre, substitut du procureur général (Cass. crim., 29 juin 1983 : *Bull.* 204).

Mais ne constitue pas une cause d'incompatibilité empêchant un magistrat de siéger à la cour d'assises en qualité d'assesseur le fait que son conjoint, lui même magistrat, ait, en remplacement du juge d'instruction chargé de l'affaire, statué sur une demande de mise en liberté formée par un coïnculpé de l'accusé non soumis au même débat devant la cour d'assises (Cass. crim., 6 mars 1991 : *Bull.* 114).

Aucune disposition de loi n'interdit à un magistrat du ministère public de requérir successivement contre le même accusé devant la chambre d'accusation et devant la cour d'assises (Cass. crim., 23 nov. 1966 : *Bull.* 266).

5) Le juge des enfants qui a reçu le procès-verbal d'une enquête sociale sur la situation de famille d'une enfant victime d'attentats à la pudeur, n'accomplit pas un acte de poursuite ou d'instruction en adressant une copie de cette pièce au juge d'instruction chargé de l'information ouverte contre les individus inculpés de crime et peut, dès lors, faire partie de la cour d'assises en qualité d'assesseur (Cass. crim., 3 oct. 1968 : *Bull.* 242).

Les incompatibilités prévues par l'article 253 du Code de procédure pénale sont de droit étroit et ne peuvent être étendues par voie d'analogie ; elles ne sauraient concerner un magistrat qui a participé au jugement de l'accusé dans une précédente affaire (Cass. crim., 18 mai 1977 : *Bull.* 180) ni au magistrat ayant participé au jugement de divorce de l'accusé, quand bien même le divorce a été prononcé aux torts exclusifs de ce dernier dès lors que lesdits torts sont étrangers aux faits retenus par l'arrêt de renvoi devant la cour d'assises (Cass. crim., 5 juill. 1994 : *Bull.* 265 ; *D.* 1995, somm. comm., p. 143, note Pradel).

Ne peut siéger à la cour d'assises un magistrat qui, en qualité de juge civil, a déjà porté une appréciation sur la culpabilité de l'accusé à raison des mêmes faits (Cass. crim., 30 nov. 1994 : *Bull.* 390).

La circonstance qu'un magistrat composant la cour d'assises ait eu à se prononcer sur une autre poursuite exercée contre le même accusé n'est contraire ni aux dispositions de l'article 253 du Code de procédure pénale, ni à l'exigence d'impartialité contenue dans l'article 6.3 *d* de la Convention européenne de sauvegarde des droits de l'homme (Cass. crim., 13 juin 1991 : *Bull.* 252. – Cass. crim., 20 janv. 1999 : *Bull.* 11).

Aucune disposition légale ou conventionnelle n'interdit à un magistrat, ayant antérieurement eu à connaître des procédures concernant un accusé de faire partie de la cour d'assises appelée à juger cette personne pour des faits distincts, seraient-ils connexes, ce magistrat demeurant libre de se former, en toute objectivité, une opinion sur l'affaire soumise à son examen (Cass. crim., 23 juin 1999 : *Bull.* 147).

Ne peut siéger en qualité d'assesseur de la cour d'assises le magistrat qui a été antérieurement conduit à porter une appréciation sur les faits de viols et agressions sexuelles aggravés reprochés à l'accusé, à l'occasion d'une instance en divorce opposant ce dernier à son épouse et au cours de laquelle étaient invoqués les faits poursuivis (Cass. crim., 21 févr. 1996 : *Bull.* 82).

L'opposition, voie de rétractation, nécessairement portée devant la juridiction ayant rendu la décision de défaut, éventuellement composée des mêmes magistrats, n'est pas en contradiction avec l'obligation d'impartialité édictée par l'article 6-1 de la Convention européenne de sauvegarde des droits de l'homme et des libertés fondamentales (Cass. crim., 25 juill. 1989 : *Bull.* 296 ; *D.* 1990, 226, somm. obs. Pradel).

6) La prohibition qu'édicte l'article 253 du Code de procédure pénale ne s'étend pas au magistrat qui a pris part à l'arrêt par lequel la chambre des appels correctionnels s'est déclarée incompétente en raison du caractère criminel des faits incriminés dès lors que ledit arrêt ne préjuge pas du fond et, en conséquence, ne constitue pas « une décision sur le fond relative à la culpabilité de l'accusé » au sens de l'article 253 du Code de procédure pénale (Cass. crim., 22 août 1981 : *Bull.* 245).

7) Lorsque l'arrêt d'une cour a été annulé par la Cour de cassation en raison de l'entrée en vigueur postérieure d'une loi nouvelle édictant des pénalités moins sévères et que la cause et les parties ont été renvoyées devant « la même cour d'assises », les magistrats ayant participé à l'arrêt annulé ne peuvent, sans violation des dispositions de l'article 253 du Code de procédure pénale, faire partie de la cour appelée à rejuger l'affaire (Cass. crim., 16 déc. 1982 : *Bull.* 296 ; *Rev. sc. crim.* 1983, p. 686, obs. J. Robert).

Mais, lorsque la cour d'assises saisie de l'affaire a été appelée, dans les conditions prévues à l'article 148-1 du Code de procédure pénale, à se prononcer sur une demande de mise en liberté de l'accusé, les magistrats qui ont participé à cette décision, peuvent siéger à la cour d'assises ayant à juger ledit accusé (Cass. crim., 4 févr. 1987 : *Bull.* 59).

8) Lorsque la cour d'assises saisie de l'affaire a été appelée, dans les conditions prévues à l'article 148-1 du Code de procédure pénale, à se prononcer sur une demande de mise en liberté d'un accusé, le président qui a participé à cette décision peut siéger à la cour d'assises ayant à juger ledit accusé (Cass. crim., 17 juin 1987 : *Bull.* 255).

Les dispositions de l'article 253 du Code de procédure pénale et celles de l'article 6 de la Convention européenne des droits de l'homme n'interdisent pas à un magistrat qui a fait partie de la cour d'assises ayant prononcé l'arrêt de condamnation, de siéger à nouveau pour statuer sur une demande de mise en liberté dont la cour d'assises a été saisie dans les conditions prévues par l'article 148-1, alinéa 2, du Code de procédure pénale (Cass. crim., 18 févr. 1998 : *Bull.* 67).

9) Le renvoi d'une affaire à une autre session n'interdit pas au magistrat qui présidait la cour d'assises de siéger en la même qualité à celle qui est appelée à connaître à nouveau de la cause, dès lors que la cour d'assises qui a ordonné le renvoi n'a pris aucune décision impliquant une appréciation de la culpabilité de l'accusé *(même arrêt)*.

10) Les incompatibilités résultant de l'article 6 de la Convention européenne des droits de l'homme et des articles 49 et 253 du Code de procédure pénale, sont de droit étroit et interdisent seulement que siège à la juridiction de jugement, dans la même cause, un magistrat ayant participé à l'instruction de l'affaire, mais ne font pas obstacle à ce qu'un même magistrat soit statutairement chargé des deux fonctions, comme l'est le Président du Tribunal supérieur d'appel de Saint-Pierre-et-Miquelon (Cass. crim., 13 nov. 1991 : *Bull.* 402).

SECTION II. – DU JURY

Art. 254. – Le jury est composé de citoyens désignés conformément aux dispositions des articles suivants.

§ 1. – Des conditions d'aptitude aux fonctions de juré

V. H. Angevin, *Cour d'assises. Composition. Jury : J.-Cl. Proc. pén.*, art. 240 à 267, Fasc. 1. – J.-M. Aussel, *La loi du 28 juillet 1978 et le recrutement des jurés des cours d'assises : JCP* 78, I, 2919. – F. Chapar, *Le nouveau jury criminel : D.* 1980, chron. p. 203. – Decocq, *Réforme du jury d'assises : Rev. sc. crim.* 1979, 127. – Pochon, *L'étrange réforme du jury d'assises : Gaz. Pal.* 1978, 2.553.

Art. 255 *(L. n. 72-1226, 29 déc. 1972, art. 3).* **– Peuvent seuls remplir les fonctions de juré, les citoyens de l'un ou l'autre sexe, âgés de plus de vingt-trois ans, sachant lire et écrire en français,**

jouissant des droits politiques, civils et de famille, et ne se trouvant dans aucun des cas d'incapacité ou d'incompatibilité énumérés par les deux articles suivants.

1) Les opérations de tirage au sort de la liste du jury de session ne sont entachées d'aucune nullité bien que figure sur ladite liste un juré âgé de moins de vingt-trois ans, le magistrat qui procède à un tel tirage ne pouvant, en effet, recourir à aucune vérification d'état civil (Cass. crim., 2 juill. 1984 : *Bull.* 250).

2) Aux termes de l'article 255 du Code de procédure pénale, peuvent seuls remplir les fonctions de juré les citoyens de l'un ou l'autre sexe, âgés de plus de vingt-trois ans.

Est nulle la déclaration de la cour et du jury à laquelle a participé un juré âgé de moins de vingt-trois ans (Cass. crim., 14 nov. 1985 : *Bull.* 355 ; *Rev. sc. Cass. crim.,* 1986, 891, obs. Braunschweig).

Art. 256 *(L. n. 92-1336, 16 déc. 1992, art. 18 ; L. n. 93-913, 19 juill. 1993).* **– Sont incapables d'être jurés :**

1° *(Applic. à compter du 1er janv. 2001 ; L. n. 2000-516, 15 juin 2000, art. 137-111 et 140)* **Les personnes dont le bulletin n. 1 du casier judiciaire mentionne une condamnation pour crime ou une condamnation pour délit à une peine égale ou supérieure à six mois d'emprisonnement ;**

2° *Abrogé ;*

3° Ceux qui sont en état d'accusation ou de contumace et ceux qui sont sous mandat de dépôt ou d'arrêt ;

4° Les fonctionnaires et agents de l'État, des départements et des communes, révoqués de leurs fonctions ;

5° Les officiers ministériels destitués et les membres des ordres professionnels frappés d'une interdiction définitive d'exercer par une décision juridictionnelle ;

6° *(L. n. 78-788, 28 juill. 1978, art. 13)* **Les personnes qui ont été déclarées en état de faillite et n'ont pas été réhabilitées ;**

7° Celles auxquelles les fonctions de juré sont interdites en vertu de l'article 288, alinéa 5, du présent code ou de l'article 131-26 du Code pénal ;

8° Les majeurs sous sauvegarde de justice, les majeurs en tutelle, les majeurs en curatelle et ceux qui sont placés dans un établissement d'aliénés en vertu des articles L. 326-1 à L. 355 du Code de la santé publique.

Les incapacités aux fonctions de jurés édictées par l'article 256 du Code de procédure pénale, sont de droit étroit et ne peuvent être étendues (Cass. crim., 29 févr. 1984 : *Bull.* 84).

Art. 257 *(L. n. 78-788, 28 juill. 1978, art. 14).* **– Les fonctions de juré sont incompatibles avec celles qui sont énumérées ci-après :**

1° Membre du Gouvernement, du Parlement, du Conseil constitutionnel, du Conseil supérieur de la magistrature et du Conseil économique et social ;

2° Membre du Conseil d'État ou de la Cour des comptes, magistrat de l'ordre judiciaire, membre des tribunaux administratifs, magistrat des tribunaux de commerce, assesseur des tribunaux paritaires de baux ruraux et conseiller prud'homme ;

3° Secrétaire général du Gouvernement ou d'un ministère, directeur de ministère, membre du corps préfectoral ;

4° *(Rempl., L. n. 85-1407, 30 déc. 1985, art. 37 et 94)* **Fonctionnaire des services de police ou de l'administration pénitentiaire, militaire, en activité de service.**

1) Les fonctions de juge à un tribunal de commerce sont incompatibles avec celles de juré (Cass. crim., 21 nov. 1973 : *Bull.* 429).

2) Les gardes-champêtres n'ayant pas la qualité de fonctionnaire des services de police au sens de l'article 257, § 4, du Code de procédure pénale, leurs fonctions ne sont pas incompatibles avec celles de juré (Cass. crim., 25 mai 1965 : *Bull.* 145).

Un contrôleur du Trésor n'exerce pas l'une des fonctions limitativement énumérées par l'article 257 du Code de procédure pénale comme étant incompatible avec les fonctions de juré (Cass. crim., 19 déc. 1967 : *Bull.* 332).

3) Un adjudant de sapeurs-pompiers, hors les cas où il appartient à une formation militaire, n'exerce pas des fonctions rentrant dans la nomenclature essentiellement limitative, des incompatibilités instituées par l'article 257 du Code de procédure pénale (Cass. crim., 19 déc. 1967 : *Bull.* 333).

Il en est de même pour les adjudants-chefs, adjudants et surveillants militaires des palais nationaux, car ils ne sont pas des militaires de l'armée de terre, de mer ou de l'air en activité de service et pourvus d'emploi (Cass. crim., 13 nov. 1969 : *Bull.* 298).

4) La décision de rayer de la liste de session un garde républicain, implique que la cour a constaté souverainement que ce militaire en activité de service, était pourvu d'un emploi (Cass. crim., 19 mars 1981 : *Bull.* 100 ; *D.* 1982, 605, note Fenaux).

Art. 258 *(L. n. 78-788, 28 juill. 1978, art. 14 ; L. n. 81-82, 2 févr. 1981, art. 61)*. **– Sont dispensées des fonctions de juré les personnes âgées de plus de soixante-dix ans ou n'ayant pas leur résidence principale dans le département siège de la cour d'assises lorsqu'elles en font la demande à la commission prévue par l'article 262.**

Peuvent, en outre, être dispensées de ces fonctions les personnes qui invoquent un motif grave reconnu valable par la commission.

Les dispositions de l'article 258 du Code de procédure pénale, aux termes desquelles sont dispensées des fonctions de juré les personnes âgées de plus de soixante-dix ans lorsqu'elles en font la demande à la commission prévue par l'article 262 dudit code, ne font pas obstacle à ce que la cour d'assises dispense par arrêt motivé, le ministère public entendu, un juré dont elle constate souverainement que son âge ne lui permet pas de remplir ses fonctions (Cass. crim., 28 avr. 1982 : *Bull.* 105. – Cass. crim., 6 juill. 1982 : *Bull.* 180).

Art. 258-1 *(L. n. 78-788, 28 juill. 1978, art. 15)*. **– Sont exclus ou rayés de la liste annuelle des jurés et de la liste spéciale des jurés suppléants ceux qui ont rempli les fonctions de juré dans le département depuis moins de cinq ans.**

(L. n. 80-1042, 23 déc. 1980, art. 2-I) **Une objection morale d'ordre laïque ou religieux ne constitue pas un motif grave susceptible de justifier l'exclusion de la liste des jurés.**

La commission prévue à l'article 262 peut également exclure les personnes qui, pour un motif grave, ne paraissent pas en mesure d'exercer les fonctions de juré.

L'inobservation des dispositions du présent article et de l'article précédent n'entache d'aucune nullité la formation du jury.

§ 2. – De la formation du jury

Art. 259. – Il est établi, annuellement, dans le ressort de chaque cour d'assises, une liste du jury criminel.

Les opérations aboutissant, en application des articles 259 à 265 du Code de procédure pénale, à l'établissement de la liste annuelle du jury criminel, constituent des actes d'administration qui échappent au contrôle de la Cour de cassation (Cass. crim., 17 déc. 1980 : *Bull.* 355. – Cass. crim., 23 mai 1984 : *Bull.* 190).

Art. 260 *(L. n. 78-788, 28 juill. 1978, art. 16)*. **– Cette liste comprend, pour la cour d'assises de Paris, mille huit cents jurés et, pour les autres ressorts de cour d'assises, un juré pour mille trois cents habitants, sans toutefois que le nombre des jurés puisse être inférieur à deux cents** *(L. n. 80-1042, 23 déc. 1980, art. 2-II)*.

(Alinéa en applic. à compter du 1er janv. 2001 ; L. n. 2000-516, 15 juin 2000, art. 136-IV et 140) **Un décret en Conseil d'État peut, pour la liste annuelle de chaque cour d'assises, fixer un nombre de jurés plus élevé que celui résultant des dispositions du premier alinéa, si le nombre de sessions tenues chaque année par la cour d'assises le justifie.**

Le nombre des jurés pour la liste annuelle est réparti proportionnellement au tableau officiel de la population. Cette répartition est faite par commune ou communes regroupées, par arrêté du préfet au mois d'avril de chaque année. À Paris, elle est faite par arrêté du préfet au mois de juin entre les arrondissements.

(4e al. abrogé, L. n. 81-82, 2 févr. 1981, art. 62).

Art. 261 *(L. n. 78-788, 28 juill. 1978, art. 16).* – Dans chaque commune, le maire, en vue de dresser la liste préparatoire de la liste annuelle, tire au sort publiquement à partir de la liste électorale un nombre de noms triple de celui fixé par l'arrêté préfectoral pour la circonscription *(L. n. 81-82, 2 févr. 1981, art. 63).* Pour la constitution de cette liste préparatoire, ne sont pas retenues les personnes qui n'auront pas atteint l'âge de vingt-trois ans au cours de l'année civile qui suit.

Lorsque l'arrêté préfectoral de répartition a prévu un regroupement de communes, le tirage au sort est effectué par le maire de la commune désignée dans l'arrêté du préfet. Il porte sur l'ensemble des listes électorales des communes concernées.

À Paris, le tirage au sort est effectué, dans chaque arrondissement, par l'officier d'état civil désigné par le maire.

Art. 261-1 *(L. n. 78-788, 28 juill. 1978, art. 17).* – La liste préparatoire doit être dressée en deux originaux dont l'un est déposé à la mairie, et pour Paris à la mairie annexe, et l'autre transmis avant le 15 juillet au secrétariat-greffe de juridiction siège de la cour d'assises.

Le maire doit avertir les personnes qui ont été tirées au sort. Il leur demande de lui préciser leur profession. Il les informe qu'elles ont la possibilité de demander par lettre simple avant le 1er septembre au président de la commission prévue à l'article 262 le bénéfice des dispositions de l'article 258.

Le maire est tenu d'informer *(L. n. 80-1042, 23 déc. 1980, art. 2-III)* « le greffier en chef » de la cour d'appel ou du tribunal de grande instance siège de la cour d'assises, des inaptitudes légales résultant des articles 255, 256 et 257 qui, à sa connaissance, frapperaient les personnes portées sur la liste préparatoire. Il peut, en outre, présenter des observations sur le cas des personnes qui, pour des motifs graves, ne paraissent pas en mesure d'exercer les fonctions de juré.

Art. 262 *(L. n. 78-788, 28 juill. 1978, art. 18).* – La liste annuelle est dressée au siège de chaque cour d'assises par une commission présidée, au siège de la cour d'appel, par le premier président ou son délégué et, dans les tribunaux de grande instance, sièges de la cour d'assises, par le président du tribunal ou son délégué.

Cette commission comprend, outre son président :

Trois magistrats du siège désignés chaque année par l'assemblée générale de la juridiction siège de la cour d'assises ;

Selon le cas, soit le procureur général ou son délégué, soit le procureur de la République ou son délégué ;

Le bâtonnier de l'ordre des avocats de la juridiction, siège de la cour d'assises, ou son représentant ;

Cinq conseillers généraux désignés chaque année par le conseil général et, à Paris, cinq conseillers désignés par le conseil de Paris.

Art. 263 *(L. n. 78-788, 28 juill. 1978, art. 18).* – La commission se réunit sur la convocation de son président au siège de la cour d'assises, dans le courant du mois de septembre. Son secrétariat est assuré par le greffier en chef de la juridiction siège de la cour d'assises.

Elle exclut les personnes qui ne remplissent pas les conditions d'aptitude légale résultant des articles 255, 256 et 257. Elle statue sur les requêtes présentées en application de l'article 258. Sont également exclues les personnes visées par l'article 258-1 (alinéa 1er), ainsi que, le cas échéant, celles visées par l'article 258-1 (alinéa 2).

Les décisions de la commission sont prises à la majorité ; en cas de partage, la voix du président est prépondérante.

La liste annuelle des jurés est établie par tirage au sort parmi les noms qui n'ont pas été exclus.

La liste est définitivement arrêtée *(L. n. 80-1042, 23 déc. 1980, art. 2-IV)* **« dans l'ordre du tirage au sort », signée séance tenante et déposée au secrétariat-greffe de la juridiction siège de la cour d'assises.**

Art. 264 *(L. n. 78-788, 28 juill. 1978, art. 18)*. **– Une liste spéciale de jurés suppléants est également dressée chaque année par la commission, dans les conditions prévues à l'article 263, en dehors de la liste annuelle des jurés. Les jurés suppléants doivent résider dans la ville siège de la cour d'assises.**

(Second alinéa remplacé, L. n. 85-1407, 30 déc. 1985, art. 38 et 94) **Le nombre des jurés figurant sur cette liste, qui ne peut être inférieur à cinquanteni supérieur à sept cents, est fixé pour chaque cour d'assises, par décret en Conseil d'État.**

Art. 265 *(L. n. 78-788, 28 juill. 1978, art. 18 ; L. n. 2000-516, 15 juin 2000, art. 136-V et 140)*. **– La liste annuelle et la liste spéciale sont transmises par le président de la commission au préfet qui les fait parvenir au maire de chaque commune. Le maire est tenu d'informer, dès qu'il en a connaissance, le premier président de la cour d'appel ou le président du tribunal de grande instance, siège de la cour d'assises, des décès, des incapacités ou des incompatibilités légales qui frapperaient les personnes dont les noms sont portés sur ces listes.**

Le premier président de la cour d'appel ou le président du tribunal de grande instance, siège de la cour d'assises, ou leur délégué, est habilité à retirer les noms de ces personnes de la liste annuelle et de la liste spéciale.

Art. 266 *(L. n. 78-788, 28 juill. 1978, art. 18 ; L. n. 2000-516, 15 juin 2000, art. 136-V et 140)*. **– Trente jours au moins avant l'ouverture des assises, le premier président de la cour d'appel, ou son délégué, ou le président du tribunal de grande instance, siège de la cour d'assises, ou son délégué, tire au sort, en audience publique, sur la liste annuelle, les noms de quarante jurés qui forment la liste de session. Il tire, en outre, les noms de douze jurés suppléants sur la liste spéciale.**

Si, parmi les noms tirés au sort, figurent ceux d'une ou de plusieurs personnes décédées ou qui se révéleraient ne pas remplir les conditions d'aptitude légale résultant des articles 255, 256 et 257 ou avoir exercé les fonctions de juré dans le département depuis moins de cinq ans, ces noms sont immédiatement remplacés sur la liste de session et la liste des jurés suppléants, par les noms d'un ou de plusieurs autres jurés désignés par le sort ; ils sont retirés de la liste annuelle ou de la liste spéciale par le premier président de la cour d'appel ou par le président du tribunal de grande instance, siège de la cour d'assises, ou leur délégué.

Sont également remplacés sur la liste de session et sur la liste des jurés suppléants, dans le cas où ils sont tirés au sort, les noms des personnes qui, dans l'année, ont satisfait aux réquisitions prescrites par les alinéas 2 et 3 de l'article 267.

1) En application de l'article 266, alinéa 1er, du Code de procédure pénale, en sa rédaction résultant de la loi du 28 juillet 1978, est notamment compétent pour procéder au tirage au sort de la liste de session le magistrat qu'a spécialement désigné à cette fin le premier président de la cour d'appel ou le président du tribunal de grande instance, siège de la cour d'assises (Cass. crim., 6 mai 1981 : *Bull.* 145. – Cass. crim., 21 avr. 1982 : *Bull.* 97).

Si l'article 266, alinéa 1er, du Code de procédure pénale, en sa rédaction résultant de la loi du 28 juillet 1978, permet au premier président de désigner spécialement un magistrat pour effectuer le tirage au sort du jury de session, il ne s'agit là que d'une simple faculté ; à défaut par lui d'en user, le premier président, s'il n'y procède personnellement, est suppléé dans cette fonction, comme dans toutes celles qui lui sont spécialement attribuées, par le président de chambre qu'il a désigné en application des dispositions de l'article R. 213-6 du Code de l'organisation judiciaire (Cass. crim., 17 juin 1981 : *Bull.* 209).

2) Les dispositions de l'article 266 du Code de procédure pénale telles que modifiées par la loi du 28 juillet 1978 n'exigent pas que le magistrat ayant qualité pour procéder au tirage au sort du jury de session soit assisté d'assesseurs lors de ces opérations (Cass. crim., 24 oct. 1984 : *Bull.* 319).

3) La publicité de l'audience au cours de laquelle a été tiré le jury de session, conformément aux prescriptions de l'article 266 du Code de procédure pénale, est une formalité substan-

tielle de la procédure d'assises qui permet à toute personne de constater que le sort a désigné le jury qui servira à former au cours de la session les différentes formations du jury de jugement.

Il en résulte que la cassation est encourue dès lors que le procès-verbal établi ne mentionne pas que l'audience a été publique (Cass. crim., 11 janv. 1984 : *Bull.* 16. – Cass. crim., 22 févr. 1984 : *Bull.* 70).

Aux termes de l'article 266 du Code de procédure pénale, les noms des trente-cinq jurés qui forment la liste de session sont tirés au sort en audience publique.

Lorsque le procès-verbal mentionne que cette opération a été effectuée conformément à l'article précité, il se déduit de cette mention que le tirage au sort a eu lieu en audience publique (Cass. crim., 23 nov. 1983 : *Bull.* 312. – Cass. crim., 20 févr. 1985 : *Bull.* 81).

4) Les jurés qui ont été dispensés de service pour la durée d'une session n'en continuent pas moins de figurer sur la liste annuelle. C'est dès lors à juste titre qu'avant de procéder au tirage au sort de la liste de session, le magistrat qui en est chargé remet dans les urnes les noms des jurés qui, lors de précédents tirages effectués au cours de la même année, avaient été désignés par le sort, mais dispensés de service (Cass. crim., 3 déc. 1980 : *Bull.* 331).

5) L'article 282 du Code de procédure pénale impose la signification à l'accusé seulement de la liste des jurés de session. Ni l'article 266 du même code, ni aucun autre texte n'exigent que le procès-verbal du tirage au sort desdits jurés soit inséré dans le dossier de la procédure suivie devant la cour d'assises (Cass. crim., 20 déc. 1978 : *Bull.* 362).

6) Les dispositions de l'article 266 du Code de procédure pénale n'exigent pas la présence du ministère public lors des opérations de tirage au sort de la liste de session (Cass. crim., 23 oct. 1985 : *Bull.* 326).

L'article 266 du Code de procédure pénale n'interdit pas d'utiliser des numéros pour le tirage au sort du jury de session, dès lors que chacun des numéros déposés dans les urnes correspond au numéro figurant sur les listes annuelle et spéciale en regard du nom de chaque juré et que le collationnement des numéros sortis des urnes et des noms correspondants inscrits sur les listes est opéré séance tenante (Cass. crim., 4 juin 1986 : *Bull.* 195).

Art. 267 *(L. n. 78-788, 28 juill. 1978, art. 18 ; L. n. 2000-516, 15 juin 2000, art. 136-V et 140).* **– Le préfet notifie à chacun des jurés l'extrait de la liste de session ou de la liste des jurés suppléants le concernant quinze jours au moins avant l'ouverture de la session.**

Ce jour est mentionné dans la notification, laquelle indique également la durée prévisible de la session et contient sommation de se trouver aux jour et heure indiqués sous les peines portées au présent code.

À défaut de notification à personne, elle est faite à domicile ainsi qu'au maire, qui est alors tenu d'en donner connaissance au juré désigné.

Les opérations par lesquelles le préfet notifie à chacun des jurés l'extrait de la liste de session le concernant, constituent des actes administratifs dont le contrôle échappe à la Cour de cassation (Cass. crim., 26 nov. 1980 : *Bull.* 319. – Cass. crim., 26 avr. 1984 : *Bull.* 146).

CHAPITRE IV. – DE LA PROCÉDURE PRÉPARATOIRE AUX SESSIONS D'ASSISES

SECTION I. – DES ACTES OBLIGATOIRES

Art. 268 *(Applic. 1er janv. 2001 ; L. n. 2000-516, 15 juin 2000, art. 136-VII et 140 ; Ord. n. 60-529, 4 juin 1960, art. 8 ; Complété, L. n. 93-2, 4 janv. 1993, art. 145). – Abrogé, L. n° 2002-1138, 9 sept. 2002, art. 43, III.*

V. H. ANGEVIN, *Cour d'assises, Procédure préparatoire aux sessions d'assises, Actes obligatoires : J.-Cl. Proc. pén.*, art. 268 à 287, Fasc. 10 ; *Actes facultatifs ou exceptionnels,* Fasc. 20.

1) L'absence de signature de l'accusé sur l'original de la signification de l'arrêt de renvoi ne saurait être une cause de nullité, dès lors que cette irrégularité n'a pas eu pour effet de porter atteinte aux intérêts de l'accusé (Cass. crim., 4 mai 1977 : *Bull.* 156).

2) L'omission du nom de la personne à qui l'huissier de justice a parlé, dans l'exploit de signification de l'arrêt de renvoi de l'accusé devant la cour d'assises, est couvert dès lors que celui-ci a reconnu avoir reçu signification de cet arrêt à la date mentionnée sur l'exploit dans l'interrogatoire que lui a fait subir le président (Cass. crim., 5 janv. 1984 : *Bull.* 7).

3) L'accusé n'ayant à prendre aucune décision sur-le-champ, au moment de la signification de l'arrêt de renvoi, la présence d'un interprète ne s'impose pas (Cass. crim., 4 janv. 1980 : *Bull.* 5).

4) Lorsque l'accusé est en fuite et dès lors sans domicile connu, la signification de l'arrêt de renvoi devant la cour d'assises est régulièrement faite au parquet par application des articles 268, dernier alinéa, et 559 du Code de procédure pénale.

Le pourvoi formé hors délai contre cette décision doit être déclaré irrecevable (Cass. crim., 6 juill. 1977 : *Bull.* 256. – Cass. crim., 2 sept. 1997 : *Bull.* 290).

5) L'ordonnance de mise en accusation doit être signifiée à l'accusé si celui-ci n'est pas détenu ; le délai d'appel ne court qu'à compter de l'accomplissement de cette formalité (Cass. crim., 6 mars 2002 : *Juris-Data* n. 1533).

Art. 269 *(Applic. 1er janv. 2001 ; L. n. 2000-516, 15 juin 2000, art. 136-VIII et 140).* **– Dès que la décision de mise en accusation est devenue définitive ou, en cas d'appel, dès que l'arrêt de désignation de la cour d'assises d'appel a été signifié, l'accusé, s'il est détenu, est transféré dans la maison d'arrêt du lieu où se tiennent les assises.**

Art. 270. – Si l'accusé ne peut être saisi ou ne se présente pas, on procède contre lui par contumace.

Art. 271. – Si l'affaire ne doit pas être jugée au siège de la cour d'appel, le dossier de la procédure est renvoyé par le procureur général au greffe du tribunal de grande instance où se tiennent les assises.

Les pièces à conviction sont également transportées au greffe de ce tribunal.

Art. 272 *(L. n. 70-643, 17 juill. 1970, art. 8).* **– Le président de la cour d'assises interroge l'accusé dans le plus bref délai, après l'arrivée de ce dernier à la maison d'arrêt et la remise des pièces au greffe.**

Si l'accusé est en liberté, il est procédé comme il est dit à l'article *(L. n. 2000-516, 15 juin 2000, art. 82-VII et 140, applic. 1er janv. 2001)* **272-1.**

Le président peut déléguer un de ses assesseurs afin de procéder à cet interrogatoire.

Il doit être fait appel à un interprète si l'accusé ne parle ou ne comprend pas la langue française.

V. J. Brouchot, *L'interrogatoire préalable de l'accusé par le président de la cour d'assises : JCP* 63, I, 1748.

1) Le président de la cour d'assises qui procède à l'interrogatoire prévu par l'article 272 du Code de procédure pénale est celui qui est désigné pour présider la session à la date dudit interrogatoire (Cass. crim., 31 mai 1978 : *Bull.* 177).

L'article 272 du Code de procédure pénale n'exige pas que l'interrogatoire qu'il prescrit soit effectué par le président de la session d'assises au cours de laquelle l'accusé sera jugé ; il peut y avoir été procédé par le président d'une session antérieure (Cass. crim., 17 mars 1993 : *Bull.* 120).

L'article 272 du Code de procédure pénale ne prévoyant aucun délai pour l'interrogatoire de l'accusé en liberté, le président peut y procéder à n'importe quel moment se situant entre la signification de l'arrêt de renvoi et le sixième jour précédant l'ouverture des débats. Le même article n'exige pas que cet interrogatoire soit effectué par le président de la session au cours de laquelle l'accusé sera jugé (Cass. crim., 26 nov. 1980 : *Bull.* 320). Il peut y être procédé par le président Il peut y être procédé par le président de la session en cours (Cass. crim., 21 août 1986, *Bull.* 249).

2) L'article 272 du Code de procédure pénale laisse à l'appréciation du président le soin de décider si l'accusé doit être assisté d'un interprète au cours de l'interrogatoire préalable (Cass. crim., 4 janv. 1980 : *Bull.* 5).

Si aux termes de l'article 272, alinéa 4, du Code de procédure pénale, il doit être fait appel à un interprète lorsque l'accusé ne parle ou ne comprend pas la langue française, ce texte ne prescrit pas qu'il ait à prêter serment (Cass. crim., 7 sept. 1974 : *Bull.* 268).

3) Au cours de l'interrogatoire prévu par l'article 272 du Code de procédure pénale, le président des assises n'a pas le pouvoir de provoquer les explications de l'accusé sur le fond de l'affaire (Cass. crim., 5 mai 1982 : *Bull.* 114 ; *Rev. sc. crim.* 1983, p. 489, obs. J. Robert).

4) Aucune disposition légale n'oblige, après cassation d'un arrêt de condamnation, le président de la cour d'assises de renvoi à procéder à un nouvel interrogatoire de l'accusé dans les formes prévues par les articles 272 et suivants du Code de procédure pénale. Il importe seulement que les droits de la défense soient respectés, ce qui est établi dès lors que le procès-verbal des débats constate que l'accusé était assisté à l'audience d'un défenseur (Cass. crim., 21 févr. 1979 : *Bull.* 78).

5) Le terme « accusé » employé par les articles 272 et suivants du Code de procédure pénale doit s'entendre aussi bien de l'individu renvoyé devant la cour d'assises en raison d'un fait qualifié crime par la loi que de celui qui est impliqué dans la poursuite pour un délit connexe à ce crime. Dès lors, les formalités antérieures aux débats, et notamment l'interrogatoire par le président, doivent être observées à l'égard de tous les individus renvoyés devant la cour d'assises quelle que soit la qualification des faits qui leur sont imputés (Cass. crim., 14 mars 1979 : *Bull.* 105 ; *Rev. sc. crim.* 1979, p. 860, obs. J. Robert).

Art. 272-1 *(Applic. 1er janv. 2001 ; L. n. 2000-516, 15 juin 2000, art. 82-VIII et 140).* **– Si l'accusé, après avoir été convoqué par la voie administrative au greffe de la cour d'assises, ne se présente pas, sans motif légitime d'excuse, au jour fixé pour être interrogé par le président de la cour d'assises, ce dernier peut, par décision motivée, mettre à exécution l'ordonnance de prise de corps.**

Pendant le déroulement de l'audience de la cour d'assises, la cour peut également, sur réquisition du ministère public, ordonner la mise à exécution de l'ordonnance de prise de corps si l'accusé se soustrait aux obligations du contrôle judiciaire ou s'il apparaît que la détention est l'unique moyen d'assurer sa présence lors des débats ou d'empêcher des pressions sur les victimes ou les témoins. Dès le début de l'audience, la cour peut aussi, sur les réquisitions du ministère public, ordonner le placement de l'accusé sous contrôle judiciaire afin d'assurer sa présence au cours des débats ou empêcher des pressions sur les victimes ou les témoins. Les dispositions du présent alinéa sont également applicables aux personnes renvoyées pour délits connexes.

À tout moment, la personne peut demander sa mise en liberté devant la cour.

Art. 273 *(Applic. 1er janv. 2001 ; L. n. 2000-516, 15 juin 2000, art. 136-IX et 140).* **– Le président interroge l'accusé sur son identité et s'assure que celui-ci a reçu signification de la décision de mise en accusation ou, en cas d'appel, de l'arrêt de désignation de la cour d'assises d'appel.**

Aux termes de l'article 273 du Code de procédure pénale, le président s'assure que l'accusé a reçu signification de l'arrêt de renvoi. Ce texte n'exige pas que le président interroge spécialement l'accusé sur ce point (Cass. crim., 27 avr. 1976 : *Bull.* 128).

Art. 274 *(Mod., L. n. 93-2, 4 janv. 1993, art. 224).* **– L'accusé est ensuite invité à choisir un avocat pour l'assister dans sa défense.**

Si l'accusé ne choisit pas son avocat, le président ou son délégué lui en désigne un d'office.

Cette désignation est non avenue si, par la suite, l'accusé choisit un avocat.

Au cours de son interrogatoire par le président, l'accusé doit être invité par celui-ci à choisir un conseil pour l'assister dans sa défense. Toutefois, l'irrégularité résultant du fait que la réponse de l'accusé n'est pas mentionnée au procès-verbal, n'a pas pour effet de porter atteinte aux intérêts dudit accusé, dès lors qu'il est constaté au procès-verbal des débats que ce dernier a été assisté d'un défenseur pendant tout son procès (Cass. crim., 13 mai 1981 : *Bull.* 157).

Art. 275 *(Rempl., L. n. 93-2, 4 janv. 1993, art. 224).* **– À titre exceptionnel, le président peut autoriser l'accusé à prendre pour conseil un de ses parents ou amis.**

Art. 276. – L'accomplissement des formalités prescrites par les articles 272 à 275 est constaté par un procès-verbal que signent le président ou son délégué, le greffier, l'accusé et, s'il y a lieu, l'interprète.

Si l'accusé ne sait ou ne veut signer, le procès-verbal en fait mention.

1) L'omission de la date du procès-verbal d'interrogatoire préalable constitue une cause de nullité, à moins que l'acte lui-même ou certaines pièces de la procédure ne permettent de suppléer à cette omission et de vérifier que le délai prescrit par l'article 277 du Code de procédure pénale a été observé ou encore que l'accusé et son conseil aient expressément renoncé à ce délai (Cass. crim., 4 avr. 1979 : *Bull.* 138).

2) L'article 276 du Code de procédure pénale n'exige pas que le nom du président et du greffier figurent dans le contexte même de l'interrogatoire. Il suffit, pour désigner le président et le greffier, que leurs signatures aient été apposées régulièrement au bas de cet acte (Cass. crim., 30 nov. 1971 : *Bull.* 325. – Cass. crim., 23 mai 1986 : *Bull.* 172).

Ces signatures confèrent au procès-verbal le caractère authentique : elles sont substantielles, tandis que la signature de l'accusé exigée seulement comme complément de l'interrogatoire, n'est pas prescrite à peine de nullité (Cass. crim., 24 nov. 1971 : *Bull.* 322).

Est nul ainsi que toute la procédure antérieure le procès-verbal d'interrogatoire de l'accusé par le président des assises s'il ne porte pas la signature du greffier (Cass. crim., 18 nov. 1970 : *Bull.* 301).

Art. 277 *(Mod., L. n. 93-2, 4 janv. 1993, art. 224).* **– Les débats ne peuvent s'ouvrir moins de cinq jours après l'interrogatoire par le président de la cour d'assises. L'accusé et son avocat peuvent renoncer à ce délai.**

1) Aux termes de l'article 277 du Code de procédure pénale, les débats ne peuvent s'ouvrir moins de cinq jours après l'interrogatoire par le président de la cour d'assises. L'accusé et son conseil peuvent renoncer à ce délai. La renonciation doit être expresse (Cass. crim., 21 oct. 1964 : *Bull.* 272).

2) L'omission de la date du procès-verbal d'interrogatoire préalable constitue une cause de nullité, à moins que l'acte lui-même ou certaines pièces de la procédure ne permettent de suppléer à cette omission et de vérifier que le délai prescrit par l'article 277 du Code de procédure pénale a été observé, ou encore que l'accusé et son conseil aient expressément renoncé à ce délai (Cass. crim., 27 oct. 1965 : *Bull.* 214 ; *Rev. sc. crim.* 1966, p. 97, obs. J. Robert. – Cass. crim., 4 avr. 1979 : *Bull.* 138).

3) L'article 277 du Code de procédure pénale, qui dispose que les débats ne peuvent avoir lieu moins de cinq jours après l'interrogatoire par le président de la cour d'assises, ajoute que « l'accusé et son conseil peuvent renoncer à ce délai ».

La renonciation du seul accusé est toutefois insuffisante s'il ne résulte d'aucune pièce de la procédure que son conseil ait également renoncé à ce délai, lequel est destiné à permettre la préparation de la défense (Cass. crim., 26 janv. 1983 : *Bull.* 35).

Art. 278 *(Mod., L. n. 93-2, 4 janv. 1993, art. 224).* **– L'accusé ne cesse pas de pouvoir communiquer librement avec son avocat.**

L'avocat peut prendre sur place communication de toutes les pièces du dossier sans que cette communication puisse provoquer un retard dans la marche de la procédure.

V. H. ANGEVIN, *Cour d'assises, Procédure préparatoire aux sessions d'assises, Actes obligatoires-(suite) : J.-Cl. Proc. pén.*, art. 268 à 287, Fasc. 1.

1) Doit être cassé, pour violation des droits de la défense, l'arrêt de condamnation prononcé contre les accusés lorsque d'aucune pièce ni d'aucune mention, il ne résulte soit une preuve soit une présomption quelconque que l'instruction complémentaire, à laquelle il a été procédé par le président des assises, ait été communiqué à la défense (Cass. crim., 4 juin 1959 : *Bull.* 300).

2) En l'absence de tout incident soulevé de ce chef à l'audience par l'accusé ou son défenseur et relaté au procès-verbal, il y a présomption légale que toutes les pièces dont il a été fait état aux débats ont été, sous la surveillance et le contrôle du président de la cour d'assises, mises intégralement à la disposition de la défense dans les conditions prévues par l'article 278 du Code de procédure pénale. Il en est ainsi, notamment, des pièces provenant d'une information complémentaire prescrite par la chambre d'accusation et dont le dépôt au greffe a été ordonné conformément aux dispositions de l'article 208 du même code (Cass. crim., 28 mars 1963 : *Bull.* 136).

3) Il résulte des dispositions combinées des articles 271, 278 et 341 du Code de procédure pénale que doivent être mises à la disposition de la défense, durant la phase préparatoire aux sessions d'assises, les seules pièces du dossier, à l'exclusion des pièces à conviction (Cass. crim., 8 janv. 1992 : *Bull.* 4).

4) Lorsque, à la suite d'une information unique relative à des faits multiples, un accusé a été renvoyé devant la cour d'assises pour certains de ces faits seulement alors que pour certains autres il a bénéficié d'un non-lieu, c'est à bon droit que le dossier complet de l'information commune à l'ensemble de ces faits a été transmis à la cour d'assises (Cass. crim., 18 févr. 1970 : *Bull.* 71).

5) Ne méconnaît pas les dispositions des articles 278 du Code de procédure pénale et 6.3 de la Convention européenne de sauvegarde des droits de l'homme et des libertés fondamentales, la cour d'assises qui, après avoir ordonné le huis clos, refuse d'autoriser la présence d'un interprète officieux, choisi par l'accusé, dès lors, d'une part, qu'un interprète a effectivement été commis par le président, conformément aux dispositions de l'article 344 du Code de procédure pénale, afin de permettre à l'accusé de suivre les débats, et de communiquer chaque fois qu'il était nécessaire avec son conseil, d'autre part, que le procès-verbal des débats constate que l'interprète a assisté l'accusé chaque fois qu'il a été nécessaire (Cass. crim., 2 févr. 1994 : *Bull.* 49).

Art. 279. – Il est délivré gratuitement à chacun des accusés *(L. n. 90-589, 6 juill. 1990, art. 16)* **et parties civiles copie des procès-verbaux constatant l'infraction, des déclarations écrites des témoins et des rapports d'expertise.**

1) Les dispositions de l'article 279 du Code de procédure pénale, aux termes duquel il est délivré gratuitement à chacun des accusés copies de certaines pièces du dossier, ne sont pas prescrites à peine de nullité (Cass. crim., 20 oct. 1982 : *Bull.* 228).

2) Aucun texte n'exige l'établissement d'un inventaire détaillé des copies des procès-verbaux, déclarations des témoins et des rapports d'expertise, remis aux accusés (Cass. crim., 31 janv. 1979 : *Bull.* 47).

3) L'article 279 énumère limitativement les pièces dont une copie gratuite doit être remise à l'accusé. Une note de renseignements n'est pas une de ces pièces (Cass. crim., 4 mars 1970 : *Bull.* 91).

4) L'accusé ne saurait se faire un grief de ce qu'il a reçu tardivement à l'audience des copies de rapports d'expertise, dès lors que les prescriptions de l'article 279 du Code de procédure pénale ne sont pas édictées, à peine de nullité, et que la cour apprécie souverainement, aux termes de l'article 343 dudit code, l'opportunité d'un renvoi (Cass. crim., 29 juin 1983 : *Bull.* 206).

Art. 280 *(Mod., L. n. 93-2, 4 janv. 1993, art. 224).* **– L'accusé et la partie civile, ou leurs avocats, peuvent prendre ou faire prendre copie, à leurs frais, de toutes pièces de la procédure.**

Art. 281 *(Ord. n. 60-529, 4 juin 1960, art. 2 ; L. n. 94-89, 1er févr. 1994, art. 21).* **– Le ministère public et la partie civile signifient à l'accusé, l'accusé signifie au ministère public et, s'il y a lieu, à la**

partie civile, vingt-quatre heures au moins avant l'ouverture des débats, la liste des personnes qu'ils désirent faire entendre en qualité de témoin.

Les noms des experts appelés à rendre compte des travaux dont ils ont été chargés au cours de l'information doivent être signifiés dans les mêmes conditions.

L'exploit de signification doit mentionner les nom, prénoms, profession et résidence de ces témoins ou experts.

Les citations faites à la requête des parties sont à leurs frais, ainsi que les indemnités des témoins cités, s'ils en requièrent. Toutefois, le ministère public est tenu de citer à sa requête les témoins, dont la liste lui a été communiquée par les parties, cinq jours au moins avant l'ouverture des débats ; cette liste ne peut comporter plus de cinq noms.

1) Les prescriptions de l'article 281 du Code de procédure pénale ne sont pas prévues à peine de nullité ; l'omission du prénom d'un expert sur la liste signifiée à l'accusé, n'a pas pour effet de porter atteinte aux droits de la défense (Cass. crim., 24 nov. 1971 : *Bull.* 322).

2) Les irrégularités de la notification de la liste des témoins ne peuvent donner à l'accusé que le droit de s'opposer à l'audition des témoins devant la cour d'assises (Cass. crim., 8 déc. 1955 : *Bull.* 551).

Les mentions de l'exploit de signification attestant la remise à l'accusé de la copie de la liste des témoins et des experts suffisent à établir qu'il a été satisfait aux prescriptions de l'article 281 du Code de procédure pénale, dès lors qu'il ne résulte pas du procès-verbal des débats que l'accusé ou son conseil se soient opposés à l'audition sous serment des témoins signifiés ou aient formulé une observation quelconque lors de l'audition des experts (Cass. crim., 5 janv. 1984 : *Bull.* 7).

Art. 282

(Ord. n. 60-529, 4 juin 1960, art. 8 ; Mod., L. n. 93-2, 4 janv. 1993, art. 224 ; L. n. 94-89, 1er févr. 1994, art. 22). – **La liste des jurés de session telle qu'elle a été arrêtée conformément aux prescriptions de l'article 266 est « signifiée » à chaque accusé au plus tard l'avant-veille de l'ouverture des débats.**

(L. n. 83-466, 10 juin 1983, art. 31) **Cette liste doit contenir des indications suffisantes pour permettre l'identification des jurés, à l'exception de celles concernant leur domicile ou résidence.**

1) Aux termes de l'article 266 du Code de procédure pénale modifié par la loi du 22 juillet 1978, le tirage au sort des jurés de la session doit avoir lieu trente jours au moins avant l'ouverture des assises. L'accusé ne saurait toutefois se faire un grief de l'inobservation de ce délai, dès lors qu'il a reçu signification de la liste des jurés de session dans le délai prescrit par l'article 282 du même code (Cass. crim., 9 juill. 1980 : *Bull.* 220).

2) La signification de la liste des jurés est une formalité substantielle, elle est réputée omise lorsque son accomplissement n'est pas régulièrement constaté. Tel est le cas lorsque l'exploit de signification n'est pas signé par l'huissier (Cass. crim., 6 oct. 1971 : *Bull.* 252 ; *D.* 1971, 325 ; *Gaz. Pal.* 1972-1-3).

3) La liste signifiée en application de l'article 282 du Code de procédure pénale, doit contenir les indications nécessaires pour permettre l'identification des jurés (Cass. crim., 15 mars 1972 : *Bull.* 104).

L'absence de réclamation relative à la mention ambiguë de la profession d'un juré sur la liste de session implique que les accusés ont jugé les autres énonciations suffisantes pour leur permettre d'exercer leur droit de récusation (Cass. crim., 30 nov. 1977 : *Bull.* 379).

La circonstance que sur la liste signifiée la profession d'un juré n'est indiquée que de manière imprécise ne peut entraîner l'annulation de l'arrêt de condamnation lorsque les autres énonciations relatives à ce juré permettent à l'accusé de l'identifier, d'exercer son droit de récusation, et qu'il n'y a pas eu de réclamation (Cass. crim., 8 mars 1977 : *Bull.* 89 ; *D.* 1977, inf. rap. 241, obs. Puech).

Les mentions de l'exploit de signification attestant la remise à l'accusé de la copie de la liste de jurés suffisent à établir qu'il a été satisfait aux prescriptions de l'article 282 du Code de procédure pénale, dès lors qu'il ne résulte pas du procès-verbal des débats qu'une réclamation quelconque ait été élevée par l'accusé ou son conseil lors de la formation du jury de jugement (Cass. crim., 5 janv. 1984 : *Bull.* 7).

4) Il y a nullité pour atteinte aux droits de la défense et violation de l'article 282 du Code de

procédure pénale lorsque le nom de l'un des jurés qui ont pris part au jugement n'a pas été signifié à l'accusé (Cass. crim., 25 mai 1972 : *Bull.* 170).

5) La liste des jurés de session qui est signifiée à l'accusé l'avant-veille de l'ouverture des débats doit contenir des indications suffisantes pour permettre l'identification des jurés, à l'exception de celles concernant leur domicile ou leur résidence.

Dès lors ne permet pas à l'accusé d'exercer le droit de récusation que lui confère la loi, la liste qui lui est signifiée sans indiquer les date, lieu de naissance et profession d'aucun des jurés (Cass. crim., 17 avr. 1985 : *Bull.* 147).

6) L'article 282 du Code de procédure pénale impose la signification à l'accusé seulement de la liste du jury de session. Ni l'article 266 du même code, ni aucun texte n'exigent que le procès-verbal du tirage au sort desdits jurés soit inséré dans le dossier de la procédure suivie devant la cour d'assises (Cass. crim., 20 déc. 1978 : *Bull.* 362).

SECTION II. – DES ACTES FACULTATIFS OU EXCEPTIONNELS

Art. 283. – Le président, si l'instruction lui semble incomplète ou si des éléments nouveaux ont été révélés depuis sa clôture, peut ordonner tous actes d'information qu'il estime utiles.

***(Ord. n. 60-529, 4 juin 1960, art. 2)* Il y est procédé soit par le président, soit par un de ses assesseurs ou un juge d'instruction qu'il délègue à cette fin. Dans ce cas, les prescriptions du chapitre Ier du titre III, du livre 1er doivent être observées, à l'exception de celles de l'article 167.**

V. H. ANGEVIN, *Cour d'assises, Procédure préparatoire aux sessions d'assises, Actes facultatifs ou exceptionnels : J.-Cl. Proc. pén.*, art. 268 à 287, Fasc. 2.

1) En ordonnant l'examen médical de l'accusé à l'effet de déterminer si l'état de celui-ci lui permet de subir l'interrogation et de comparaître ultérieurement devant la cour d'assises, le président de la cour d'assises ne procède pas à un supplément d'information au sens des articles 283 et 284 du Code de procédure pénale (Cass. crim., 10 avr. 1962 : *Bull.* 176).

Il en est de même si l'examen a été ordonné à l'effet de dire si l'état de santé de l'accusé est compatible avec la détention (Cass. crim., 15 févr. 1966 : *Bull.* 45).

2) Ne constitue pas un acte d'instruction le fait de la part du président de la cour d'assises de s'être rendu sur le lieu du crime avant l'ouverture des débats lorsqu'il n'est pas établi qu'en prenant cette initiative le président se soit proposé un autre but que de remplir exactement sa fonction, ni qu'une atteinte ait été portée aux droits de la défense (Cass. crim., 17 oct. 1968 : *Bull.* 260 ; *JCP* 69, 15780, note Vitré ; *D.* 1969, 449, rap. de M. Chapar).

Il ne saurait en être de même lorsque le président s'est fait accompagner au cours de sa visite par une personne appelée à témoigner à l'audience et dont les déclarations ne pouvaient dès lors être provoquées ou reçues que dans les conditions et selon les formes exigées par les articles 283 et 284. La visite des lieux par le président a alors le caractère d'un acte d'information complémentaire soumis aux règles édictées par ces textes (Cass. crim., 30 avr. 1969 : *Bull.* 149 ; *JCP* 70, II, 16448, note L. Boyer).

3) Les réclamations relatives à de prétendues irrégularités qui auraient été commises avant l'ouverture des débats, lors de l'exécution d'un supplément d'information ordonné par le président, doivent être présentées devant la cour d'assises. L'accusé ne peut contester pour la première fois devant la Cour de cassation, la validité des actes accomplis au cours de cette information (Cass. crim., 10 juill. 1978 : *Bull.* 223). (Voir art. 305-1 inséré par la loi du 30 décembre 1985).

4) Les dispositions de l'article 145-2 du Code de procédure pénale relatives au renouvellement de la détention provisoire au-delà d'un an ne sont pas applicables devant le juge désigné, en vertu de l'article 283, alinéa 2, du même code, pour procéder à un supplément d'information (Cass. crim., 3 mai 1993 : *Bull.* 160).

Art. 284. – Les procès-verbaux et autres pièces ou documents réunis au cours du supplément d'information sont déposés au greffe et joints au dossier de la procédure.

Ils sont mis à la disposition du ministère public et des parties qui sont avisés de leur dépôt par les soins du greffier.

Le procureur général peut, à tout moment, requérir communication de la procédure, à charge de rendre les pièces dans les vingt-quatre heures.

1) En communiquant aux parties, avant l'audition de l'expert, les conclusions du rapport de l'expertise qu'il a ordonnée antérieurement à l'ouverture de la session, le président ne méconnaît pas le principe de l'oralité des débats mais se conforme aux dispositions de l'article 284 du Code de procédure pénale, selon lequel les procès-verbaux et autres pièces ou documents réunis au cours d'un supplément d'information doivent être portés à la connaissance du ministère public et des parties et mis à leur disposition pour leur permettre de les consulter (Cass. crim., 13 oct. 1993 : *Bull.* 291).

2) Les documents concernant un supplément d'information ordonné par le président avant les débats et parvenus en retour pendant l'audience, doivent être considérés comme étant régulièrement communiqués à l'accusé et à son conseil dès lors que ces derniers ont eu connaissance desdits documents, ont eu la possibilité de les consulter et n'ont déposé à ce sujet aucune conclusion ni formulé la moindre observation (Cass. crim., 27 oct. 1983 : *Bull.* 271).

Art. 285. – **Lorsque, à raison d'un même crime, plusieurs arrêts de renvoi ont été rendus contre différents accusés, le président peut, soit d'office, soit sur réquisition du ministère public, ordonner la jonction des procédures.**

Cette jonction peut également être ordonnée quand plusieurs arrêts de renvoi ont été rendus contre un même accusé pour des infractions différentes.

1) Il ne résulte d'aucune disposition du Code de procédure pénale que les ordonnances de jonction, rendues par le président de la cour d'assises en exécution de l'article 285 dudit code, doivent être signifiées aux accusés ou à leurs conseils, ou portées à leur connaissance (Cass. crim., 2 mars 1967 : *Bull.* 89).

Une telle décision ne peut donner ouverture à cassation qu'autant qu'elle est de nature à porter préjudice à la défense (Cass. crim., 23 janv. 1963 : *Bull.* 41).

2) Les pouvoirs du président des assises lui donnent compétence, dès sa désignation, pour accomplir tous les actes nécessaires à la préparation de la session dont la présidence lui a été confiée et, notamment, pour rendre une ordonnance prononçant la jonction de deux ou plusieurs procédures (Cass. crim., 20 oct. 1993 : *Bull.* 301).

Les ordonnances de jonction rendues par le président des assises en application de l'article 285 du Code de procédure pénale ne nécessitent pas l'assistance d'un greffier (Cass. crim., 2 mars 1967 : *Bull.* 89).

3) Après l'ouverture de l'audience et avant le tirage au sort du jury de jugement, la cour étant déjà constituée, a compétence pour prononcer la disjonction des poursuites relatives à un accusé (Cass. crim., 5 juill. 1978 : *Bull.* 222 ; *Gaz. Pal.* 1979, 1, 159).

Art. 286. – **Quand l'arrêt de renvoi vise plusieurs infractions non connexes, le président peut, soit d'office, soit sur réquisition du ministère public, ordonner que les accusés ne soient immédiatement poursuivis que sur l'une ou quelques-unes de ces infractions.**

1) La disjonction des accusations est une mesure d'ordre prise par le président des assises dans l'intérêt de la bonne administration de la justice et qui n'est pas susceptible d'être attaquée par la voie du recours en cassation, dès lors qu'elle a été prononcée par une ordonnance régulière n'ayant fait l'objet d'aucune réclamation devant la cour d'assises (Cass. crim., 18 avr. 1948 : *Bull.* 118).

La disjonction est une mesure d'ordre qui peut être décidée également par la cour dans l'intérêt d'une bonne administration de la justice et qui ne donne ouverture à cassation qu'autant qu'elle porte préjudice à la défense de l'accusé (Cass. crim., 8 oct. 1969 : *Bull.* 244).

2) Les dispositions de l'article 286 du Code de procédure pénale ne sont ni limitatives, ni absolues mais simplement énonciatives.

L'ordonnance qui prononce la disjonction n'est pas susceptible d'être attaquée par la voie du recours en cassation dès lors que l'accusé a, postérieurement à cette ordonnance, accepté le débat, sans élever de réclamation devant la cour d'assises (Cass. crim., 27 mai 1964 : *Bull.* 181)... ou que, malgré les réserves par lui formulées, il n'a élévé aucune réclamation avant la clôture des débats (Cass. crim., 2 déc. 1964 : *Bull.* 324).

Art. 287. – Le président peut, soit d'office, soit sur réquisition du ministère public, ordonner le renvoi à une session ultérieure des affaires qui ne lui paraissent pas en état d'être jugées au cours de la session au rôle de laquelle elles sont inscrites.

1) L'article 287 du Code de procédure pénale réserve au président seul, avant le tirage au sort du jury de jugement, le droit d'ordonner le renvoi à une session ultérieure des affaires qui ne lui paraissent pas en état d'être jugées. Ledit article dispose que cette mesure peut être ordonnée soit d'office, soit sur réquisition du ministère public ; il n'autorise pas les parties à la demander (Cass. crim., 7 déc. 1966 : *Bull.* 281).

Selon l'article 287 du Code de procédure pénale, l'accusé n'a pas qualité pour présenter, avant l'ouverture des débats, une requête tendant au renvoi de l'affaire le concernant à une autre session (Cass. crim., 19 avr. 1972 : *Bull.* 132. – Cass. crim., 5 févr. 1992 : *Bull.* 51).

Il est dès lors sans droit à critiquer les actes par lesquels ses conclusions à cette fin ont été rejetées (Cass. crim., 5 déc. 1990 : *Bull.* 419).

Toutefois, la cour, qui existe et se trouve constituée, dès lors que l'audience est ouverte, est compétente pour statuer, avant le tirage au sort du jury de jugement, sur les conclusions déposées par un défenseur et tendant au renvoi de l'affaire (Cass. crim., 19 juill. 1972 : *Bull.* 248. – Cass. crim., 23 nov. 1977 : *Bull.* 366).

2) Le renvoi d'une affaire à un autre jour de la même session n'est réglementé par aucune disposition légale : il peut être ordonné d'office sans le consentement de l'accusé, dès lors que la remise est ordonnée avant le tirage au sort du jury et qu'elle ne porte aucune atteinte aux droits de la défense.

Il en résulte que les témoins doivent être avisés de la remise de l'audience et être tous présents à l'appel, à moins que les parties ne fassent aucune observation relativement à leur absence (Cass. crim., 19 juill. 1972 : *Bull.* 248. – Cass. crim., 30 avr. 1985 : *Bull.* 164).

3) Lorsque la défense demande le renvoi de l'affaire pour permettre l'audition d'un coaccusé dont la cause a été disjointe, son état de santé ne lui permettant pas de comparaître, la Cour peut, en se fondant sur les résultats de l'instruction à l'audience, rejeter cette demande au motif que cette audition n'est pas nécessaire à la manifestation de la vérité (Cass. crim., 30 nov. 1988 : *Bull.* 406).

4) La nécessité d'assurer la continuité du cours de la justice et celle de permettre le jugement dans un délai raisonnable justifient que, malgré l'absence du défenseur choisi par l'accusé, le renvoi de l'affaire ne soit pas ordonné (Cass. crim., 20 oct. 1993 : *Bull.* 301).

CHAPITRE V. – DE L'OUVERTURE DES SESSIONS

SECTION I. – DE LA RÉVISION DE LA LISTE DU JURY

Art. 288. – Aux lieu, jour et heure fixés pour l'ouverture de la session, la cour prend séance.

Le greffier procède à l'appel des jurés inscrits sur la liste établie conformément à l'article 266.

La cour statue sur le cas des jurés absents.

Tout juré qui, sans motif légitime, n'a pas déféré à la citation qui lui a été notifiée est condamné par la cour à une amende, laquelle est, pour la première fois, de 100 F (15 €), la cour ayant la faculté de la réduire de moitié, pour la seconde fois de 200 F (30 €), et pour la troisième fois de 500 F (75 €).

Cette dernière fois, il est, de plus, déclaré incapable d'exercer à l'avenir les fonctions de juré.

Les peines portées au présent article sont applicables à tout juré qui, même ayant déféré à la citation, se retire avant l'expiration de ses fonctions, sans une excuse jugée valable par la cour.

V. H. Angevin, *Cour d'assises ; Ouverture des sessions : J.-Cl. Proc. pén.*, art. 288 à 305-1 ; Fasc. 20.

1) Aucun texte de loi n'interdit au président de réunir les jurés de session pour les entretenir de la procédure de la cour d'assises, à la condition toutefois que la conférence ainsi tenue ne porte ni sur les faits des causes devant être jugées au cours de la session, ni sur la personnalité des accusés (Cass. crim., 24 nov. 1982 : *Bull.* 266).

2) La révision de la liste de session du jury, prévue par les articles 288 et suivants du Code de procédure pénale, doit, à peine de nullité, être effectuée en audience publique (Crim. 13 oct. 1982 : *Bull.* 216. – Cass. crim., 9 nov. 1983 : *Bull.* 297).

Constate la publicité de l'audience au cours de laquelle a été révisée la liste du jury de session, l'arrêt se terminant par la mention « Fait et prononcé... en audience publique » (Cass. crim., 1er févr. 1984 : *Bull.* 39. – Cass. crim., 26 avr. 1984 : *Bull.* 146).

3) En application de l'article 20 de l'ordonnance du 2 février 1945, modifiée, et des articles 288 à 292 du Code de procédure pénale, la cour d'assises siégeant dans la formation prévue pour le jugement des mineurs, a qualité pour ouvrir la session et réviser la liste des jurés qui seront appelés, au cours de cette session, à juger tant les accusés majeurs que les mineurs (Cass. crim., 13 févr. 1980 : *Bull.* 58).

4) Les jurés, qui n'ont pas pu été convoqués dans les conditions prévues par l'article 267 du Code de procédure pénale, faute de résidence connue, doivent être rayés de la liste de la session en cours (Cass. crim., 31 janv. 1979 : *Bull.* 47).

5) L'arrêt rendu par la cour pour réviser la liste du jury de session et qui prononce une condamnation contre un juré défaillant, ne raie pas pour autant celui-ci de ladite liste. L'accusé ne saurait, dès lors, se faire un grief d'avoir eu seulement connaissance, à l'occasion de l'appel fait à l'ouverture des débats, de la présence de ce juré, lequel n'a pas cessé de figurer sur la liste de session (Cass. crim., 28 févr. 1979 : *Bull.* 91).

6) La présence au sein de la cour d'assises d'un assesseur qui n'a pas été désigné conformément aux dispositions des articles 248 et suivants du Code de procédure pénale, vicie la composition de ladite cour.

Une telle irrégularité de la composition de la cour qui a procédé, conformément aux dispositions des articles 288 et suivants du même code, à la révision de la liste du jury de session à partir de laquelle ont été tirés au sort les noms des jurés qui ont participé au jugement de l'accusé, affecte directement la composition de la cour d'assises devant laquelle cet accusé a comparu et entraîne l'annulation de la déclaration commune de la cour et du jury, les débats qui l'ont précédée et l'arrêt de condamnation (Cass. crim., 17 avr. 1985 : *Bull.* 145).

Art. 289 *(L. n. 78-788, 28 juill. 1978, art. 20).* **– Si, parmi les jurés présents, il en est qui ne remplissent pas les conditions d'aptitudes légales exigées par les articles 255, 256 et 257, la cour ordonne que leurs noms soient rayés de la liste et adressés au premier président de la cour d'appel ou au président du tribunal de grande instance, siège de la cour d'assises, aux fins de radiation de la liste annuelle.**

Il en est de même en ce qui concerne les noms des jurés décédés.

Sont également rayés de la liste de session les noms des jurés qui se révéleraient être conjoints, parents ou alliés jusqu'au degré d'oncle ou de neveu inclusivement d'un membre de la cour ou de l'un des jurés présents inscrits avant lui sur ladite liste.

Art. 289-1 *(Applic. 1er janv. 2001 ; L. n. 2000-516, 15 juin 2000, art. 136-VI et 140) ; (L. n. 78-788, 28 juill. 1978, art. 21).* **– Si, en raison des absences ou à la suite des radiations par la cour,** *(L. n. 2000-516, 15 juin 2000, art. 136-VI)* **il reste, sur la liste de session, moins de vingt-trois jurés ou, lorsqu'au cours de la session la cour d'assises doit statuer en appel, moins de vingt-six jurés, ce nombre est complété par les jurés suppléants, suivant l'ordre de leur inscription ; en cas d'insuffisance, par des jurés tirés au sort, en audience publique, parmi les jurés inscrits sur la liste spéciale, subsidiairement parmi les jurés de la ville inscrits sur la liste annuelle.**

Dans le cas où les assises se tiennent dans un lieu autre que celui où elles doivent se tenir habituellement, le nombre des jurés titulaires est complété par un tirage au sort fait, en audience publique, parmi les jurés de la ville inscrits sur la liste annuelle.

Les noms des jurés suppléants, de ceux qui sont inscrits sur la liste spéciale ainsi que les noms des jurés de la ville où se tiennent les assises, qui sont inscrits sur la liste annuelle, sont rayés des listes dans les conditions prévues à l'article précédent.

1) Lorsque le nombre des jurés titulaires est inférieur à vingt-trois, ce nombre est complété par des jurés suppléants suivant l'ordre du tableau.

L'application de cette règle est une formalité substantielle dont l'inobservation entraîne la cassation de l'arrêt de condamnation ; même en l'absence de réclamation de l'accusé et de son défenseur ; il n'importe que le juré suppléant irrégulièrement inscrit sur la liste de service ait ou non, fait partie du jury de jugement (Cass. crim., 19 déc. 1974 : *Bull.* 374. – Cass. crim., 19 oct. 1977 : *Bull.* 311. – Cass. crim., 23 mai 1986 : *Bull.* 171).

2) Aux termes du premier alinéa de l'article 289-1 du Code de procédure pénale, si, en raison des absences ou à la suite des radiations par la cour, il reste moins de vingt-trois jurés sur la liste de session, ce nombre est complété par les jurés suppléants suivant l'ordre de leur inscription. Cet appel à des jurés suppléants n'est pas une mesure soumise à décision de la cour et devant, comme telle, faire l'objet d'un arrêt rendu dans les conditions prévues par l'article 290 du même code (Cass. crim., 14 juin 1984 : *Bull.* 222).

3) Les jurés complémentaires doivent être inscrits sur la liste de session, non pas dans l'ordre où leurs noms sont sortis de l'urne, mais dans celui où, après convocation, ils se sont présentés à l'audience, ce qui ne laisse aucune place à la possibilité d'un choix arbitraire (Cass. crim., 26 nov. 1980 : *Bull.* 320).

Le tirage au sort complémentaire prévu par l'article 289, alinéa 3 (289-1, alinéa 1) du Code de procédure pénale, doit être effectué parmi les jurés inscrits sur la liste spéciale formée en application de l'article 264 du même code.

Constate qu'ont été observées les prescriptions légales relatives à ce tirage au sort complémentaire, le procès-verbal énonçant que le président a utilisé l'urne contenant les noms des jurés de la ville. Il ne peut en effet exister aucune confusion entre ces jurés et les jurés de la ville inscrits sur la liste annuelle, dès lors que les noms de ceux-ci ne sont pas préalablement déposés dans une urne séparée (Cass. crim., 23 nov. 1977 : *Bull.* 365).

Art. 290. – **L'ensemble des décisions de la cour fait l'objet d'un arrêt motivé, le ministère public entendu.**

Cet arrêt ne peut être attaqué par la voie du recours en cassation qu'en même temps que l'arrêt sur le fond.

1) La cour apprécie souverainement la cause d'excuse invoquée par un juré et doit, aux termes de l'article 290 du Code de procédure pénale, rendre à son sujet, après que le ministère public a été entendu, une décision motivée (Cass. crim., 28 nov. 1979 : *Bull.* 341).

2) Aucune disposition légale n'exige que soit constatée dans l'arrêt de révision de la liste du jury de session l'absence d'une cause d'incapacité tenant à ce qu'un des jurés n'était conjoint, parent ou allié d'un membre de la cour ou d'un autre juré (Cass. crim., 5 juill. 1983 : *Bull.* 213).

Art. 291 *(L. n. 78-788, 28 juill. 1978, art. 22 ; Mod., L. n. 93-2, 4 janv. 1993, art. 224)*. – **Avant le jugement de chaque affaire, la cour procède, s'il y a lieu, aux opérations prévues par les articles 288, 289 et 289-1. La cour ordonne, en outre, que soient provisoirement retirés de la liste, éventuellement modifiée, les noms des conjoints, parents et alliés jusqu'au degré d'oncle ou de neveu inclusivement de l'accusé ou de son avocat, ainsi que les noms de ceux qui, dans l'affaire, sont témoins, interprètes, dénonciateurs, experts, plaignants ou parties civiles ou ont accompli un acte de police judiciaire ou d'instruction.**

Art. 292 *(L. n. 78-788, 28 juill. 1978, art. 22 ; Mod., L. n. 93-2, 4 janv. 1993, art. 224)*. – **Tout arrêt modifiant la composition de la liste de session établie conformément à l'article 266 est porté, par les soins du greffier, sans formalité, à la connaissance de l'accusé. Celui-ci ou son avocat peut demander qu'un délai, qui ne pourra excéder une heure, soit observé avant l'ouverture des débats.**

1) L'identité complète des jurés complémentaires doit être portée à la connaissance de l'accusé, afin que celui-ci ait toutes les indications nécessaires lui permettant d'exercer éventuellement son droit de récusation (Cass. crim., 28 nov. 1979 : *Bull.* 340).

2) L'article 292 du Code de procédure pénale, modifié par la loi du 28 juillet 1978, n'impose aucun délai au greffier pour la notification à l'accusé de l'arrêt modifiant la composition de la liste de session. Cette notification devant être faite sans formalité, l'accusé n'a pas à être averti expressément de la faculté qui lui est offerte de réclamer un délai ne pouvant excéder une heure (Cass. crim., 22 oct. 1980 : *Bull.* 266. – Cass. crim., 19 mars 1981 : *Bull.* 100 ; *D.* 1982, 605, note Fenaux).

3) L'arrêt qui ordonne des radiations ou admet des excuses, sans apporter une modification à la liste du jury de session relativement à la profession ou à l'état civil des jurés, n'a pas à être porté à la connaissance de l'accusé dans les conditions prévues par l'article 292 du Code de procédure pénale (Cass. crim., 9 juin 1982 : *Bull.* 155. – Cass. crim., 24 oct. 1984 : *Bull.* 319).

4) Dans le cas où la notification à l'accusé d'un arrêt modifiant la composition de la liste de session, formalité prescrite par l'article 292 du Code de procédure pénale a été accomplie avec l'assistance d'un interprète, aucun texte n'impose que celui-ci ait préalablement prêté serment (Cass. crim., 21 déc. 1977 : *Bull.* 407).

La communication à un accusé d'un arrêt modifiant la liste de session faite par le greffier, sans l'assistance d'un interprète mais dans les conditions prévues par l'article 292 du Code de procédure pénale, ne constitue ni une méconnaissance de cet article ni une violation des droits de la défense, bien que dès l'ouverture des débats un interprète ait été désigné à cet accusé en raison de ce qu'il comprenait difficilement la langue française, dès lors qu'aucune réclamation n'a été élevée par l'accusé ou son conseil avant le tirage au sort du jury de jugement (Cass. crim., 9 févr. 1983 : *Bull.* 50).

SECTION II. – DE LA FORMATION DU JURY DE JUGEMENT

Art. 293 *(Mod., L. n. 93-2, 4 janv. 1993, art. 224)*. **– Au jour indiqué pour chaque affaire, la cour prend séance et fait introduire l'accusé.**

Le jury de jugement est formé en audience publique.

La présence de l'avocat de l'accusé n'est pas prescrite à peine de nullité.

1) Aux termes de l'article 293 du Code de procédure pénale, le jury de jugement doit être formé en audience publique. Cette disposition est d'ordre public (Cass. crim., 4 mai 1977 : *Bull.* 154).

2) La cour, qui existe et se trouve constituée, dès lors que l'audience est ouverte, est compétente pour statuer, avant le tirage au sort du jury de jugement, sur des conclusions déposées par un défenseur et tendant au renvoi de l'affaire (Cass. crim., 23 nov. 1977 : *Bull.* 366).

De même, elle a compétence pour prononcer la disjonction des poursuites relatives à un accusé (Cass. crim., 5 juill. 1978 : *Bull.* 222).

Art. 294. – Le président demande à l'accusé ses nom, prénoms, date et lieu de naissance, profession et résidence.

Art. 295 *(L. n. 78-788, 28 juill. 1978, art. 23)*. **– Le greffier fait l'appel des jurés non excusés.**

Une carte portant leur nom est déposée dans une urne.

1) La liste du jury de session comprend tant les jurés titulaires que les jurés suppléants. La constatation au procès-verbal que le greffier a fait l'appel « des jurés de la présente session » établit donc que les noms des jurés suppléants ont été appelés à la suite de ceux des jurés titulaires (Cass. crim., 19 mars 1981 : *Bull.* 100).

Lorsque le procès-verbal des opérations de formation du jury de jugement énonce que le greffier a fait l'appel des jurés titulaires non excusés dont le nombre est de 30, il est ainsi établi, ledit procès-verbal ne mentionnant aucune absence, que ces jurés étaient présents au nombre de 30 (Cass. crim., 27 oct. 1983 : *Bull.* 270).

2) La dispense de siéger accordée par la cour à un juré qu'elle excuse, peut être limitée à certaines audiences. Ce juré reprend ensuite sa place dans le jury de session (Cass. crim., 4 janv. 1977 : *Bull.* 3).

Aucune disposition légale n'interdit le rétablissement sur la liste de session d'un juré excusé et dispensé dans une précédente affaire (Cass. crim., 24 oct. 1984 : *Bull.* 319).

Art. 296 *(Applic. 1er janv. 2001 ; L. n. 2000-516, 15 juin 2000, art. 79-II et 140).* **– Le jury de jugement est composé de neuf jurés lorsque la cour d'assises statue en premier ressort et de douze jurés lorsqu'elle statue en appel.**

(L. n. 83-466, 10 juin 1983, art. 32) **La cour doit, par arrêt, ordonner, avant le tirage de la liste des jurés, qu'indépendamment des** *(L. n. 2000-516, 15 juin 2000, art. 79-II-2°)* **jurés de jugement, il soit tiré au sort un ou plusieurs jurés supplémentaires qui assistent aux débats.**

Dans le cas où l'un ou plusieurs des *(L. n. 2000-516, 15 juin 2000, art. 79-II-2°)* **jurés de jugement seraient empêchés de suivre les débats jusqu'au prononcé de l'arrêt de la cour d'assises, ils sont remplacés par les jurés supplémentaires.**

Le remplacement se fait suivant l'ordre dans lequel les jurés supplémentaires ont été appelés par le sort.

1) L'arrêt ordonnant, avant le tirage de la liste des jurés, qu'indépendamment des neuf jurés, il soit tiré un juré supplémentaire, doit être prononcé en audience publique.

Répond à cette exigence l'arrêt qui, bien que ne mentionnant pas qu'il a été rendu publiquement, est inséré dans le procès-verbal des débats, lequel débute en indiquant que la cour d'assises s'est réunie en audience publique (Cass. crim., 11 mai 1983 : *Bull.* 138).

2) En raison du caractère obligatoire du tirage au sort des jurés supplémentaires tel qu'il résulte de l'article 296 du Code de procédure pénale modifié par la loi du 10 juin 1983, il n'y a lieu d'interpeller ni le ministère public ni la défense sur l'opportunité d'une mesure qui a pour objet une bonne administration de la justice et à laquelle ils ne pouvaient pas s'opposer (Cass. crim., 4 mai 1984 : *Bull.* 157).

3) Le juré supplémentaire, bien qu'il n'ait pas participé à la délibération et à la déclaration de la cour d'assises, est légalement investi de tous les droits et tenu de tous les devoirs des jurés de jugement au cours des débats. Il peut donc poser des questions aux témoins en demandant la parole au président, dès lors qu'il ne manifeste pas son opinion (Cass. crim., 27 juin 1984 : *Bull.* 246).

4) Lorsqu'au cours des débats un juré de jugement se trouve empêché, la cour statue sur cet empêchement et sur le remplacement éventuel de ce juré, selon les modalités prévues par l'article 296, alinéas 3 et 4, du Code de procédure pénale, par un arrêt motivé rendu après audition du ministère public et des parties (Cass. crim., 5 nov. 1997 : *Bull.* 376).

Aux termes de l'article 296, alinéas 3 et 4, du Code de procédure pénale, le juré supplémentaire doit prendre la place du juré de jugement empêché de continuer à suivre les débats. Il en résulte que si le premier juré de jugement est remplacé, c'est le juré supplémentaire qui doit signer la feuille des questions. Toutefois, si ladite feuille est signée par le deuxième juré, une telle irrégularité n'a pas pour effet de porter atteinte aux intérêts de l'accusé (Cass. crim., 30 avr. 1980 : *Bull.* 126. – Cass. crim., 8 janv. 1997 : *Bull.* 5).

5) Le juré supplémentaire n'a pas à être présent auprès de la cour d'assises au moment de la lecture de l'arrêt de condamnation, s'il n'a pas été appelé à remplacer un juré de jugement avant le prononcé de cet arrêt (Cass. crim., 3 sept. 1977 : *Bull.* 278).

6) L'article 296 du Code de procédure pénale, qui prescrit le tirage au sort d'un ou de plusieurs jurés supplémentaires, investit la cour, dans l'intérêt d'une bonne administration de la justice et pour éviter que le cours n'en soit interrompu, d'un pouvoir souverain à l'effet d'apprécier si l'empêchement qui survient en la personne d'un juré, quelle que soit la cause de cet empêchement, rend nécessaire son remplacement par le juré supplémentaire désigné par le sort (Cass. crim., 16 janv. 1985 : *Bull.* 30. – Cass. crim., 19 oct. 1994 : *Bull.* 336).

Lorsque au cours des débats, un juré de jugement se trouve empêché, la cour statue sur cet empêchement et sur le remplacement éventuel de ce juré, comme il est dit à l'article 296, alinéas 3 et 4, du Code de procédure pénale, par un arrêt motivé rendu après audition du ministère public et des parties (Cass. crim., 12 nov. 1987 : *Bull.* 401).

7) Si l'article 296 du Code de procédure pénale, en sa rédaction issue de la loi du 10 juin 1983, rend obligatoire le tirage au sort de jurés supplémentaires, l'inobservation de cette prescription ne porte pas atteinte aux droits de l'accusé et ne saurait donner ouverture à cassation (Cass. crim., 5 juin 1985 : *Bull.* 218 ; *Rev. sc. crim.* 1986, p. 406, obs. Braunschweig).

8) En application de l'article 296 du Code de procédure pénale, en sa rédaction issue de la loi du 10 juin 1983, le tirage au sort d'un ou plusieurs jurés supplémentaires est obligatoire. L'arrêt par lequel la cour l'ordonne n'a dès lors pas un caractère contentieux et les prescriptions de l'article 316 ne lui sont pas applicables (Cass. crim., 29 janv. 1986 : *Bull.* 39. – Cass. crim., 21 août 1986 : *Bull.* 249).

9) Il n'importe que le juré inapte ait ou non participé à un début de délibération, dès lors qu'après son remplacement par un juré supplémentaire, régulièrement décidé en application de l'article 296 du Code de procédure pénale, il a été procédé à une nouvelle délibération entièrement distincte de la première, laquelle doit être considérée comme non avenue (Cass. crim., 3 avr. 1991 : *Bull.* 154 ; *Dr. pénal,* juill. 1991, obs. Maron).

Art. 297 *(Applic. 1er janv. 2001 ; L. n. 2000-516, 15 juin 2000, art. 79-III et 140 ; mod. L. n. 93-2, 4 janv. 1993, art. 224).* **– L'accusé ou son avocat d'abord, le ministère public ensuite, récusent tels jurés qu'ils jugent à propos, à mesure que leurs noms sortent de l'urne, sauf la limitation exprimée à l'article 298.**

L'accusé, son avocat, ni le ministère public ne peuvent exposer leurs motifs de récusation.

Le jury de jugement est formé à l'instant où sont sortis de l'urne les noms de neuf ou douze jurés non récusés, selon les distinctions prévues par le premier alinéa de l'article 296, et les noms des jurés supplémentaires prévus par l'article 296.

1) La mention du procès-verbal, qui énonce que le président a fait connaître aux accusés les droits de récusation qui leur étaient conférés par les articles 297, 298, 299, 300 et 301 du Code de procédure pénale établit que les accusés ont été avertis tant des droits de récusation dont ils disposaient que du mode d'exercice de ces droits (Cass. crim., 23 nov. 1977 : *Bull.* 366).

2) Lorsque la liste de session contient une erreur matérielle sur la date de naissance d'un juré, la production de l'extrait de naissance devant la Cour de cassation permet de vérifier sa capacité.

L'absence de réclamation au moment du tirage au sort implique que les intéressés ont jugé les autres énonciations suffisantes pour leur permettre d'exercer leur droit de récusation (Cass. crim., 4 mai 1977 : *Bull.* 155).

3) Le procès-verbal des débats, en mentionnant que les formalités de l'article 297 du Code de procédure pénale ont été observées, constate que les récusations sont intervenues au moment même du tirage au sort de chaque nom (Cass. crim., 9 juin 1977 : *Bull.* 211).

4) Aux termes de l'alinéa 3 de l'article 297 du Code de procédure pénale, le jury de jugement est formé à l'instant où sont sortis de l'urne neuf noms de jurés non récusés, et, s'il y a lieu, les noms des jurés supplémentaires prévus par l'article 296 dudit code ; ce tirage au sort est irrévocable et le jury ainsi régulièrement constitué est définitivement acquis à l'accusé.

Le président des assises ne peut donc seul, sans recueillir le consentement formel de l'accusé et du ministère public et sans même faire annuler par la cour le tirage au sort et les débats qui ont suivi, procéder au remplacement d'un juré inapte (Cass. crim., 16 févr. 1983 : *Bull.* 59).

Art. 298 *(Applic. 1er janv. 2001 ; L. n. 2000-516, 15 juin 2000, art. 79-IV et 140).* **– Lorsque la cour d'assises statue en premier ressort, l'accusé ne peut récuser plus de cinq jurés et le ministère public plus de quatre. Lorsqu'elle statue en appel, l'accusé ne peut récuser plus de six jurés, le ministère public plus de cinq.**

Art. 299. – S'il y a plusieurs accusés, ils peuvent se concerter pour exercer leurs récusations ; ils peuvent les exercer séparément.

Dans l'un et l'autre cas, ils ne peuvent excéder le nombre de récusations déterminé pour un seul accusé.

1) Le silence des accusés et de leurs conseils, qui n'ont formé aucune observation après lecture des articles 297 à 301 du Code de procédure pénale, implique un accord sur l'exercice du droit de récusation (Cass. crim., 27 avr. 1977 : *Bull.* 141).

2) La mention du procès-verbal des débats qui énonce que les accusés ont déclaré que les récusations seraient exercées par le défenseur de l'un d'eux, implique que lesdits accusés se sont concertés pour exercer leurs récusations (Cass. crim., 31 janv. 1978 : *Bull.* 46).

Art. 300. – Si les accusés ne se concertent pas pour récuser, le sort règle entre eux le rang dans lequel ils font les récusations. Dans ce cas, les jurés récusés par un seul, et dans cet ordre, le sont pour tous jusqu'à ce que le nombre des récusations soit épuisé.

Art. 301. – Les accusés peuvent se concerter pour exercer une partie des récusations, sauf à exercer le surplus suivant le rang fixé par le sort.

Art. 302. – Le greffier dresse procès-verbal des opérations de formation du jury de jugement.

Le procès-verbal du tirage au sort du jury de jugement, lorsqu'il est distinct du procès-verbal des débats, doit, à peine de nullité, porter la signature du greffier, avec celle du président (Cass. crim., 28 avr. 1971 : *Bull.* 126).

Aucune disposition de la loi n'impose de mentionner, au procès-verbal de tirage du jury de jugement, le nom des jurés récusés, ni même le nombre de ceux-ci, dès lors que la défense n'a élevé aucune réclamation à l'occasion du tirage au sort (Cass. crim., 11 oct. 1977 : *Bull.* 300).

Art. 303. – Les jurés se placent dans l'ordre désigné par le sort, aux côtés de la cour, si la disposition des lieux le permet, et sinon sur des sièges séparés du public, des parties et des témoins, en face de celui qui est destiné à l'accusé.

Art. 304. – Le président adresse aux jurés, debout et découverts, le discours suivant : « Vous jurez et promettez d'examiner avec l'attention la plus scrupuleuse les charges qui seront portées contre X..., de ne trahir ni les intérêts de l'accusé, ni ceux de la société qui l'accuse *(L. n. 2000-516, 15 juin 2000, art. 40-1°, applic. 1er janv. 2001)* **ni ceux de la victime ; de ne communiquer avec personne jusqu'après votre déclaration ; de n'écouter ni la haine ou la méchanceté, ni la crainte ou l'affection** *(L. n. 2000-516, 15 juin 2000, art. 40-2°, applic. 1er janv. 2001)* **de vous rappeler que l'accusé est présumé innocent et que le doute doit lui profiter ; de vous décider d'après les charges et les moyens de défense, suivant votre conscience et votre intime conviction, avec l'impartialité et la fermeté qui conviennent à un homme probe et libre, et de conserver le secret des délibérations, même après la cessation de vos fonctions. »**

Chacun des jurés, appelé individuellement par le président, répond en levant la main : « Je le jure ».

V. F. CHAPAR, *Le serment des jurés de la cour d'assises : D.* 1962, chron. 63.

1) Les dispositions de l'article 304 du Code de procédure pénale prescrivant qu'avant d'entrer en fonction les jurés prêtent serment, sont d'ordre public. Il y a nullité lorsque le procès-verbal des débats ne constate pas l'accomplissement de cette formalité (Cass. crim., 4 juin 1982 : *Bull.* 148).

Le serment des jurés est une formalité substantielle qui doit, à peine de nullité, être accomplie avant l'ouverture des débats (Cass. crim., 1er juin 1983 : *Bull.* 167).

2) Il y a nullité lorsque le procès-verbal des débats ne constate pas la prestation de serment de tous les jurés, y compris les jurés supplémentaires. La nullité est encourue même lorsque les jurés supplémentaires n'ont pas pris part à la délibération et à la déclaration de la cour et du jury (Cass. crim., 30 oct. 1974 : *Bull.* 309 ; *Rev. sc. crim.* 1975, p. 432, obs. J. Robert).

3) La référence par le procès-verbal à l'article 304 du Code de procédure pénale pour les termes dans lesquels les jurés ont prêté serment est suffisante. Aucun texte n'exige que la formule du serment soit reproduite au procès-verbal (Cass. crim., 17 oct. 1973 : *Bull.* 361).

4) Les jurés peuvent circuler hors la salle d'audience, les seules communications prohibées sont celles qui, portant sur les faits du procès, sont de nature à exercer une influence sur l'opinion du juré (Cass. crim., 8 févr. 1977 : *Bull.* 48 ; *Rev. sc. crim.* 1977, p. 831, obs. J. Robert).

5) Une communication illicite de certains jurés avec le représentant du ministère public, au cours d'une suspension d'audience, est cause de nullité, lorsque cette communication a porté sur les faits de la cause et a été de nature à exercer une influence sur l'opinion des jurés (Cass. crim., 14 janv. 1988 : *Bull.* 20).

6) Le fait qu'un juré ait tenu les yeux clos pendant une partie du réquisitoire du ministère public ne suffit pas à établir que ce juré n'ait pas suivi les débats avec « l'attention scrupuleuse » qu'exige l'article 304 du Code de procédure pénale (Cass. crim., 19 juin 1991 : *Bull.* 266).

Art. 305. – Le président déclare le jury définitivement constitué.

Art. 305-1 *(Inséré, L. n. 85-1407, 30 déc. 1985, art. 39 et 94).* **– L'exception tirée d'une nullité autre que celles purgées par l'arrêt de renvoi devenu définitif et entachant la procédure qui précède l'ouverture des débats doit, à peine de forclusion, être soulevée dès que le jury de jugement est définitivement constitué. Cet incident contentieux est réglé conformément aux dispositions de l'article 316.**

1) En application des dispositions de l'article 305-1, introduit dans le Code de procédure pénale par la loi du 30 décembre 1985, l'exception tirée d'une nullité entachant la procédure qui précède l'ouverture des débats doit, à peine de forclusion, être soulevée dès que le jury de jugement est définitivement constitué.

Il en est notamment ainsi de la nullité résultant de la présence au sein du jury de jugement d'un juré incapable comme n'ayant pas encore atteint l'âge de vingt-trois ans (Cass. crim., 8 oct. 1986 : *Bull.* 276 ; *D.* 1986, 605, note Angevin ; *Rev. sc. Cass. crim.*, 1987, 243, obs. Braunschweig) ; ou de la nullité qui résulterait d'une irrégularité de l'exploit de signification de la liste du jury de session qui a été délivré à l'accusé (Cass. crim., 26 nov. 1986 : *Bull.* 357) ; ou de la nullité concernant l'interrogatoire préalable de l'accusé par le président (Cass. crim., 1er déc. 1999 : *Bull.* 287) ; ou de la nullité résultant d'une violation de l'article 277 du Code de procédure pénale relatif à la date à laquelle il doit être procédé à l'interrogatoire prescrit par l'article 272 dudit code (Cass. crim., 3 déc. 1986 : *Bull.* 365) ; ou de la nullité résultant d'une irrégularité qui aurait été commise lors de l'exercice du droit de récusation de l'accusé et du ministère public (Cass. crim., 23 déc. 1986 : *Bull.* 388) ; ou encore de la nullité qui résulterait d'une irrégularité du tirage au sort du jury de session (Cass. crim., 14 janv. 1987 : n° 86-93.418. – Cass. crim., 9 déc. 1987 : *Bull.* 453).

2) Lorsque, saisie dès que le jury de jugement a été déclaré définitivement constitué, de conclusions demandant acte de ce que la liste des jurés de session n'a pas été signifiée aux accusés, la cour donne l'acte requis, il ne peut être ensuite passé outre aux débats, dès lors qu'a été légalement constaté l'inaccomplissement d'une formalité essentielle aux droits de la défense (Cass. crim., 1er juin 1988 : *Bull.* 242, 1er arrêt).

Il en est autrement lorsque les conclusions déposées dans les mêmes conditions tendent à ce qu'il soit donné acte d'irrégularités qui ne sont pas de nature à vicier la procédure ; tel est le cas d'un transfèrement estimé tardif de l'accusé à la maison d'arrêt du siège des assises et d'une prétendue inobservation des dispositions de l'article 279 du Code de procédure pénale (même bulletin, 2e arrêt).

3) Aucune disposition de la loi ne fait obligation au président de rappeler aux parties avant l'ouverture des débats les prescriptions de l'article 305-1 du Code de procédure pénale (Cass. crim., 22 oct. 1987 : *Bull.* 365. – Cass. crim., 22 déc. 1987 : *Bull.* 481. – Cass. crim., 20 août 1997 : *Bull.* 287).

4) Lorsqu'un accusé n'a pas usé du droit que lui confère l'article 305-1 du Code de procédure pénale, de soulever une exception tirée d'une nullité de la procédure précédant l'ouverture des débats, il n'est pas fondé, devant la Cour de

cassation, à faire grief à un président de cour d'assises de lui avoir, en l'absence de tout incident contentieux, donné l'acte qu'il a demandé. Il ne saurait non plus se plaindre de ce qu'il a été passé outre aux débats dès lors que, le tirage au sort du jury de jugement ayant été effectué sur un contingent de plus de 23 jurés, l'irrégularité alléguée n'était pas de nature à vicier la procédure (Cass. crim., 8 févr. 1989 : *Bull.* 58).

5) Les réclamations relatives à des irrégularités de procédure entachant les actes d'un supplément d'information ordonné, avant l'ouverture des débats, par le président de la cour d'assises doivent en application de l'article 305-1 du Code de procédure pénale être présentées devant cette juridiction (Cass. crim., 25 mars 1998 : *Bull.* 111).

CHAPITRE VI. – DES DÉBATS

SECTION I. – DISPOSITIONS GÉNÉRALES

Art. 306 *(L. n. 92-1336, 16 déc. 1992, art. 19 ; L. n. 93-913, 19 juill. 1993).* **– Les débats sont publics, à moins que la publicité ne soit dangereuse pour l'ordre ou les mœurs. Dans ce cas, la cour le déclare par un arrêt rendu en audience publique.**

Toutefois, le président peut interdire l'accès de la salle d'audience aux mineurs ou à certains d'entre eux.

(L. n. 80-1041, 23 déc. 1980, art. 4) **Lorsque les poursuites sont exercées du chef de viol ou de tortures et actes de barbarie accompagnés d'agressions sexuelles, le huis clos est de droit si la victime partie civile ou l'une des victimes parties civiles le demande ; dans les autres cas, le huis clos ne peut être ordonné que si la victime partie civile ou l'une des victimes parties civiles ne s'y oppose pas.**

Lorsque le huis clos a été ordonné, celui-ci s'applique au prononcé des arrêts qui peuvent intervenir sur les incidents contentieux visés à l'article 316.

L'arrêt sur le fond doit toujours être prononcé en audience publique.

(L. n. 2002-307, 4 mars 2002, art. 9) **Les dispositions du présent article sont applicables devant la cour d'assises des mineurs si la personne poursuivie, mineure au moment des faits, est devenue majeure au jour de l'ouverture des débats et qu'elle en fait la demande, sauf s'il existe un autre accusé qui est toujours mineur ou qui, mineur au moment des faits et devenu majeur au jour de l'ouverture des débats, s'oppose à cette demande.**

V. H. ANGEVIN, *Cour d'assises, Débats, Dispositions générales, Principes fondamentaux : publicité, continuité, oralité : J.-Cl. Proc. pén.*, art. 306 à 316, Fasc. 20 ; *Pouvoirs du président, compétence de la cour,* Fasc. 30 ; *Incidents contentieux,* Fasc. 40 ; *Droits et devoirs des jurés, Ministère public, Partie civile,* Fasc. 50.

1) La cour d'assises peut prononcer un arrêt ordonnant le huis clos dès que, les jurés ayant prêté serment, le jury est définitivement constitué. Il lui appartient, en effet, d'apprécier si, dès l'ouverture des débats, la publicité de ceux-ci peut être dangereuse pour l'ordre et pour les mœurs (Cass. crim., 14 nov. 1979 : *Bull.* 317).

En l'absence d'incident contentieux, la cour peut ordonner le huis clos sans constater que l'accusé a préalablement reçu la parole le dernier (Cass. crim., 14 nov. 1979 : *Bull.* 318).

2) La loi laisse à la conscience des juges le soin d'apprécier les faits et circonstances nécessitant le huis clos, ainsi que de déterminer l'étendue de cette mesure (Cass. crim., 11 déc. 1968 : *Bull.* 339 ; *JCP* 69, 15898, note M.-L. Rassat ; *D.* 1969, 264, note J. M. R ; *Rev. sc. crim.* 1969, 419, obs. J. Robert), rien n'interdit de prononcer le huis clos au vu des seules énonciations de l'arrêt de renvoi, avant même sa lecture (Cass. crim., 10 mai 1995 : *Bull.* 167).

La manière dont est exécutée une mesure de huis clos n'affecte à aucun degré les droits de la défense et ne saurait, en conséquence, autoriser de sa part aucune critique (Cass. crim., 23 nov. 1977 : *Bull.* 366. – Cass. crim., 14 nov. 1979 : *Bull.* 317).

L'exécution incomplète d'une mesure de huis clos ne porte pas atteinte aux droits de la défense et l'accusé ne saurait se faire un grief de ce que des jurés de session non tirés au sort sont restés dans la salle (Cass. crim., 10 févr. 1988 : *Bull.* 68).

3) Excède ses pouvoirs le président des assises qui « annule » un arrêt de la cour prononçant le huis clos (Cass. crim., 1er juin 1983 : *Bull.* 167). La cour a seule le pouvoir de déclarer que la publicité des débats est dangereuse pour l'ordre ou les mœurs et de prononcer le huis clos (Cass. crim., 12 févr. 1986 : *Bull.* 57).

4) Il résulte des dispositions du 3e alinéa de l'article 306 du Code de procédure pénale que, lorsque les poursuites sont fondées sur les articles 332 ou 333-1 du Code pénal, le huis clos est de droit si la victime partie civile le demande (Cass. crim., 22 août 1981 : *Bull.* 245. – Cass. crim., 9 juill. 1984 : *Bull.* 257), que le huis clos ne peut être ordonné que si la victime partie civile ne s'y oppose pas (Cass. crim., 30 janv. 1985 : *Bull.* 52).

En laissant à la partie civile, victime d'un viol, le soin de décider si la protection de sa vie privée nécessite que les débats, ou partie d'entre eux, ne soient pas publics, l'article 306, alinéa 3, du Code de procédure pénale ne fait qu'édicter une prescription entrant dans les prévisions de l'article 6.1 de la Convention européenne de sauvegarde des droits de l'homme et des libertés fondamentales (Cass. crim., 3 avr. 1996 : *Bull.* 148).

La mère de la victime des viols imputés à l'accusé, s'étant constituée partie civile en tant que représentante légale de sa fille mineure, a qualité pour demander au nom de celle-ci le huis clos de droit prévu par l'alinéa 3 de l'article 306 du Code de procédure pénale (Cass. crim., 22 mars 1989 : *Bull.* 145).

Le directeur départemental de l'Éducation surveillée, régulièrement constitué partie civile en tant que tuteur *ad hoc* de la victime, a qualité pour demander au nom de celle-ci le huis clos de droit prévu par l'article 306, alinéa 3, du Code de procédure pénale. (Cass. crim., 30 oct. 1989 : *Bull.* 384 ; *D.* 1990, 221, somm. obs. Pradel ; *Rev. sc. Cass. crim.*, 1990, 366, obs. Braunschweig ; *Dr. pénal*, janv. 1990, n. 38).

L'article 306, alinéa 3, du Code de procédure pénale, qui dispose que, lorsque les poursuites sont fondées sur les articles 332 ou 331-1 du Code pénal, le huis clos est de droit si la victime, partie civile, le demande, n'impose aucune limitation au droit accordé à celle-ci, que ce soit en ce qui concerne le moment où la demande de huis clos peut être formée ou l'étendue de cette mesure.

Fait l'exacte application de cette disposition l'arrêt incident par lequel la cour d'assises ordonne, à la demande de la victime, partie civile, d'un viol, que son audition, et elle seule, aurait lieu à huis clos (Cass. crim., 7 déc. 1988 : *Bull.* 414).

5) L'arrêt incident par lequel la cour ordonne le huis clos demandé par la victime partie civile, dont la qualité n'est pas contestée, est suffisamment motivé par la référence faite au texte de loi précité, et, en l'absence de tout incident contentieux, il n'est pas indispensable qu'il mentionne que toutes les parties ont été entendues (Cass. crim., 9 juill. 1984 : *Bull.* 257).

L'arrêt incident par lequel la cour ordonne le huis clos à la demande du ministère public n'a pas à mentionner que la victime partie civile ne s'est pas opposée à cette mesure, dès lors que l'arrêt a été rendu après débats contradictoires au cours desquels toutes les parties ont été entendues (Cass. crim., 30 janv. 1985 : *Bull.* 52).

6) La victime d'un viol qui s'est régulièrement constituée partie civile a, en application des dispositions de l'article 306, alinéa 3, du Code de procédure pénale, le droit d'exiger le huis clos. (Cass. crim., 29 nov. 1989 : *Bull.* 454).

Mais si, aux termes de l'article 306, alinéa 3, du Code de procédure pénale, le huis clos est de droit lorsqu'il est demandé par une partie civile victime d'un attentat aux mœurs de nature criminelle, il n'en est pas de même lorsque la partie civile a été victime d'un attentat aux mœurs de nature délictuelle. Dès lors, encourt la cassation l'arrêt qui prononce le huis clos à la demande d'une partie civile, victime d'un attentat à la pudeur délictuel, alors qu'une autre partie civile, victime d'un viol, s'y est opposée (Cass. crim., 13 juin 1991 : *Bull.* 255).

7) La portée du huis clos n'est pas limitée par le fait qu'un coaccusé, étranger à l'accusation de viol, était uniquement poursuivi pour d'autres crimes. L'exécution extensive d'un arrêt prononçant le huis clos, en l'absence de protestation de la défense, ne fait pas grief à l'accusé qui ne peut invoquer, comme moyen de cassation, que la publicité de l'audience n'a pas été rétablie avant la clôture des débats (Cass. crim., 28 avr. 1993 : *Bull.* 158 ; *Dr. pénal* 1994, n. 170, note).

8) Le premier alinéa de l'article 306 du Code de procédure pénale dispose que les débats

sont publics, à moins que la publicité ne soit dangereuse pour l'ordre ou les mœurs et le troisième alinéa du même article que, lorsque les poursuites sont fondées sur les articles 332 ou 333-1 du Code pénal, le huis clos est de droit si la victime partie civile le demande.

Il résulte de ces dispositions combinées que, lorsque la victime de tels crimes n'a pas la qualité de partie civile et n'a pas réclamé le huis clos, la cour d'assises ne peut l'ordonner sans constater que la publicité est dangereuse pour l'ordre ou les mœurs (Cass. crim., 26 juin 1985 : *Bull.* 251).

9) Le droit exceptionnel, qu'accorde le troisième alinéa de l'article 306 du Code de procédure pénale à la « victime partie civile » d'un viol ou d'un attentat à la pudeur de nature criminelle, de s'opposer à ce que le huis clos soit ordonné, est exclusivement réservé à la personne qui réunit les qualités de victime et de partie civile, ce qui n'est pas le cas, bien qu'elle soit constituée partie civile, de la mère de la victime décédée d'un viol (Cass. crim., 30 oct. 1985 : *Bull.* 337 ; *JCP* 87, II, 20727, note Ph. conte).

10) Le huis clos ne peut être ordonné que pour les débats ; après clôture, l'audience doit être continuée publiquement (Cass. crim., 19 mars 1986 : *Bull.* 111).

C'est à bon droit qu'après leur réouverture, les débats ont été repris à huis clos, dès lors que celui-ci avait été initialement ordonné, en application de l'article 306, alinéa 3, du Code de procédure pénale, à la demande de la victime d'un viol, constituée partie civile (Cass. crim., 13 nov. 1996 : *Bull.* 403).

11) Dès lors que le procès-verbal des débats constate la publicité de la première audience, il y a présomption, à défaut de constatation contraire, que la publicité s'est prolongée pendant toute la durée de l'affaire (Cass. crim., 14 déc. 1988 : *Bull.* 431).

Art. 307. – Les débats ne peuvent être interrompus et doivent continuer jusqu'à ce que la cause soit terminée par l'arrêt de la cour d'assises.

Ils peuvent être suspendus pendant le temps nécessaire au repos des juges et de l'accusé.

1) Le président dispose d'un pouvoir discrétionnaire pour fixer le moment et la durée des suspensions nécessaires au repos de ceux qui prennent part aux débats, et en renvoyant à cette fin l'affaire au surlendemain, il prend une mesure qui entre dans les pouvoirs qu'il tient de l'article 307 du Code de procédure pénale (Cass. crim., 14 déc. 1977 : *Bull.* 397).

2) Le silence du procès-verbal relativement à une suspension d'audience, simple fait matériel, n'entraîne ni conséquence juridique ni violation des droits de la défense, dès lors que la reprise implique que l'audience se poursuit dans les conditions de régularité déjà constatées (Cass. crim., 9 juin 1977 : *Bull.* 211).

3) Il résulte des dispositions combinées des articles 148-1 et 307 du Code de procédure pénale que la cour d'assises, seule compétente, lorsqu'elle est en session, pour connaître des demandes de mise en liberté formées par un accusé renvoyé devant elle, peut statuer sur une telle demande à l'occasion d'une suspension d'audience sans méconnaître le principe de la continuité des débats (Cass. crim., 3 oct. 1988 : *Bull.* 327).

Une cour d'assises composée du président et des assesseurs peut, sans méconnaître le principe de la continuité des débats, statuer, au cours d'une suspension, sur une demande de mainlevée d'une ordonnance de prise de corps, formée par un accusé dans une autre cause.

La seule interruption prohibée par l'article 307 du Code de procédure pénale est celle qui amènerait la Cour et le jury réunis à délaisser momentanément l'affaire commencée pour procéder à l'examen d'une autre cause (Cass. crim., 7 déc. 1988 : *Bull.* 415).

Art. 308 *(L. n. 92-1336, 16 déc. 1992 ; L. n. 93-2, 4 janv. 1993, art. 224 ; L. n. 93-913, 19 juill. 1993).* **– Dès l'ouverture de l'audience, l'emploi de tout appareil d'enregistrement ou de diffusion sonore, de caméra de télévision ou de cinéma, d'appareils photographiques, est interdit sous peine d'une amende de 120 000 F (18 000 €) qui peut être prononcée dans les conditions prévues au titre VIII du livre IV.**

(L. n. 81-82, 2 févr. 1981, art. 65) **Toutefois, le président de la cour d'assises peut ordonner que les débats feront l'objet, sous son contrôle, d'un enregistrement sonore.**

Les supports de cet enregistrement sont placés sous scellés et déposés au greffe de la cour d'assises.

L'enregistrement sonore peut être utilisé devant la cour d'assises, jusqu'au prononcé de l'arrêt ; s'il l'est au cours de la délibération, les formalités prévues au troisième alinéa de l'article 347 sont applicables. L'enregistrement sonore peut encore être utilisé devant la Cour de cassation saisie d'une demande en révision, ou, après cassation ou annulation sur demande en révision, devant la juridiction de renvoi, en ce qui concerne les déclarations faites par des personnes qui ne peuvent plus être entendues.

Les scellés sont ouverts par le premier président ou un magistrat délégué par lui, en présence du condamné assisté de son avocat, ou eux dûment appelés, ou en présence de l'une des personnes visées à l'article 623 (3°), ou elles dûment appelées.

Après présentation des scellés, le premier président fait procéder par un expert à une transcription de l'enregistrement qui est jointe au dossier de la procédure.

Les dispositions ci-dessus ne sont pas prescrites à peine de nullité de la procédure.

V. Textes complémentaires, L. 11 juillet 1985 (archives audiovisuelles) et décret d'application du 15 janvier 1986.

1) Une infraction à l'article 308 du Code de procédure pénale, notamment l'enregistrement des débats par des tiers, n'a pas de conséquence sur la validité des débats (Cass. crim., 12 oct. 1972 : *Bull.* 285).

De même la photographie de l'accusé au cours des débats, n'a pas de conséquences sur la validité des débats (Cass. crim., 8 mai 1974 : *Bull.* 166).

2) Ne constitue pas une inobservation de l'article 308 du Code de procédure pénale, dont les dispositions ne sont, au demeurant, pas prescrites à peine de nullité, l'utilisation durant les débats d'un dispositif destiné à communiquer simultanément aux juges et aux parties, par projection sur les écrans, d'un circuit interne de télévision, les plans et photographies des lieux du crime (Cass. crim., 21 avr. 1982 : *Bull.* 97).

Art. 309. – Le président a la police de l'audience et la direction des débats.

Il rejette tout ce qui tendrait à compromettre leur dignité ou à les prolonger sans donner lieu d'espérer plus de certitude dans les résultats.

V. H. Angevin, *Cour d'assises ; Débats ; Dispositions générales ; Pouvoirs du président, compétence de la cour : J.-Cl. Proc. pén.*, art. 306 à 316, Fasc. 20.

1) Le président ayant la direction des débats, ne fait qu'user des pouvoirs que lui confère l'article 309 du Code de procédure pénale, auquel l'article 341 du même code n'apporte aucune dérogation, en faisant présenter une pièce à conviction, au cours de l'interrogatoire de l'accusé (Cass. crim., 5 janv. 1978 : *Bull.* 7. – Cass. crim., 1er avr. 1987 : *Bull.* 152).

2) L'article 309 du Code de procédure pénale charge le président de la direction des débats, et aucun texte ne prescrit d'ordre obligatoire à suivre entre les interrogatoires, les auditions d'experts et les dépositions de témoins (Cass. crim., 28 juin 1978 : *Bull.* 216) et les observations des parties civiles (Cass. crim., 26 févr. 1992 : *Bull.* 89).

3) L'appréciation de l'opportunité de faire droit à une requête du défenseur d'un accusé tendant à ce qu'un témoin, déjà entendu, se retire de la salle d'audience pendant la déposition d'un autre témoin, relève du pouvoir de direction des débats que l'article 309 du Code de procédure pénale confère au seul président de la cour d'assises.

Dès lors l'incident ne présente pas un caractère contentieux et excède la compétence de la cour, de sorte que le président n'est pas tenu de donner à nouveau la parole à l'accusé après l'audition du ministère public (Cass. crim., 21 mars 1979 : *Bull.* 116).

4) En refusant de joindre au dossier une lettre anonyme produite par la défense, le président ne fait que se conformer aux prescriptions de l'article 309 du Code de procédure pénale. Il n'importe que le pouvoir dont le président a usé, ait été improprement qualifié, dans le procès-verbal, « pouvoir discrétionnaire » (Cass. crim., 19 mars 1981 : *Bull.* 100 ; *D.* 1982, 605, note Fenaux).

5) En ordonnant, en l'absence de conclusions déposées par la défense, qu'un témoin cité mais non comparant soit recherché afin d'être entendu à l'audience, le président ne fait qu'user du pouvoir de direction des débats qu'il tient de l'article 309 du Code de procédure pénale.

L'article 326 dudit code ne prévoit l'intervention de la cour que s'il est ordonné que le témoin non comparant soit amené par la force publique ou que l'affaire soit renvoyée à la prochaine session (Cass. crim., 25 janv. 1984 : *Bull.* 32).

6) Si la publicité des débats est un principe essentiel de la procédure pénale, ce principe doit toutefois se concilier avec le pouvoir de police que l'article 309 du Code de procédure pénale confère au président des assises.

Celui-ci fait un usage régulier de ce pouvoir lorsque, un tumulte s'étant produit, il ordonne l'évacuation d'une partie de l'assistance, l'audience n'en demeurant pas moins publique (Cass. crim., 24 oct. 1984 : *Bull.* 318).

7) L'alinéa 2 de l'article 307 du Code de procédure pénale qui prévoit la suspension des débats pour le repos des juges et de l'accusé, ne donne pas une liste limitative des causes de suspension.

En l'absence de réclamation des parties, le président peut ordonner, en vertu de l'article 309 dudit code, une suspension d'audience sans qu'il soit nécessaire que le procès-verbal des débats énonce la cause de ladite suspension (Cass. crim., 27 févr. 1985 : *Bull.* 96).

8) En refusant de poser à un témoin à la demande de la défense une question au motif que cette question n'avait pas trait à l'affaire soumise à la cour ni à la moralité des accusés, le président a fait usage régulier de son pouvoir de direction des débats qui lui permet, selon l'article 309 du Code de procédure pénale, de rejeter tout ce qui tendrait à les prolonger sans donner lieu d'espérer plus de certitude dans leurs résultats. Il appartenait à la défense, si elle entendait soutenir que le président avait excédé ses pouvoirs, de saisir la cour de l'incident (Cass. crim., 26 juill. 1993 : *Bull.* 251 ; *Bull. inf. C. cass.* nov. 1993, n. 1199).

9) En refusant de joindre au dossier une pièce produite par la défense, le président fait un usage régulier de son pouvoir de direction des débats, qui lui permet, selon l'article 309 du Code de procédure pénale, de rejeter tout ce qui tendrait à les prolonger sans donner lieu d'espérer plus de certitude dans leurs résultats ; il appartient à la défense, si elle entend soutenir que le président a excédé ses pouvoirs, de saisir la Cour de l'incident ; à défaut, elle est irrecevable à se faire un grief du refus qui lui a été opposé (Cass. crim., 12 nov. 1997 : *Bull.* 381).

Art. 310. – Le président est investi d'un pouvoir discrétionnaire en vertu duquel il peut *(L. n. 72-1226, 29 déc. 1972, art. 6)* **« en son honneur et en sa conscience », prendre toutes mesures qu'il croit utiles pour découvrir la vérité** *(L. n. 72-1226, 29 déc. 1972, art. 6).* **Il peut, s'il l'estime opportun, saisir la cour qui statue dans les conditions prévues à l'article 316.**

Il peut au cours des débats appeler, au besoin par mandat d'amener, et entendre toutes personnes ou se faire apporter toutes nouvelles pièces qui lui paraissent, d'après les développements donnés à l'audience, utiles à la manifestation de la vérité.

Les témoins ainsi appelés ne prêtent pas serment et leurs déclarations ne sont considérées que comme renseignements.

1) Le pouvoir discrétionnaire dont le président est investi aux termes de l'article 310 du Code de procédure pénale a un caractère général et il est illimité en tout ce qui n'est pas contraire aux dispositions de la loi (Cass. crim., 18 mai 1977 : *Bull.* 180. – Cass. crim., 1er avr. 1987 : *Bull.* 153).

Les présidents des cours d'assises ne sont pas tenus de motiver les décisions qu'ils prennent en vertu de leur pouvoir discrétionnaire (Cass. crim., 23 nov. 1988 : *Bull.* 398).

2) L'arrêt de la cour d'assises rejetant une demande de supplément d'information ne fait pas obstacle à ce que le président des assises ordonne dans la suite, en vertu de son pouvoir discrétionnaire, une mesure d'instruction que pouvait comprendre le supplément d'information refusé (Cass. crim., 19 mars 1947 : *Bull.* 81).

3) Il entre dans le pouvoir discrétionnaire du président de donner lecture de toutes pièces de la procédure utiles à la manifestation de la vérité dès lors que la régularité ou la validité de ces pièces n'a pas été contestée. En l'absence de

réclamation au sujet de ces lectures, l'énumération au procès-verbal des pièces qui ont été lues est inutile (Cass. crim., 9 janv. 1974 : *Bull.* 9. – Cass. crim., 5 janv. 1978 : *Bull.* 7. – Cass. crim., 18 févr. 1981 : *Bull.* 67).

Ne viole pas le principe de l'oralité des débats le président qui donne lecture d'extraits de pièces de l'instruction écrite et communique aux assesseurs et aux jurés d'autres pièces du dossier, dès lors qu'il n'est pas allégué que, parmi les pièces lues ou communiquées, se trouvent des procès-verbaux d'audition de témoins ou des rapports d'experts, les uns ou les autres acquis aux débats, comparants et non encore entendus (Cass. crim., 1er avr. 1987 : *Bull.* 153). Les emprunts succincts faits, de mémoire, par le président, au contenu d'un rapport d'expertise, sans lecture, même partielle, de celui-ci, alors que l'expert, acquis aux débats, n'a pas encore été entendu, ne constituent pas la violation de la règle de l'oralité des débats (Cass. crim., 19 nov. 1997 : *Bull.* 394).

Mais le principe de l'oralité des débats s'oppose à ce que le président, avant l'audition de tout témoin et de tout expert, communique en vertu de son pouvoir discrétionnaire aux assesseurs et aux jurés, des documents de la procédure écrite concernant des témoins ou des experts acquis aux débats et qui n'ont pas encore été entendus (Cass. crim., 9 avr. 1986 : *Bull.* 120 ; *D.* 1986, inf. rap. 305, obs. Pradel).

De même, le principe de l'oralité des débats s'oppose à ce que le président donne lecture d'un procès-verbal de confrontation de l'accusé avec plusieurs témoins, dès lors que certains de ceux-ci régulièrement cités et signifiés étaient présents et n'avaient pas encore été entendus (Cass. crim., 15 oct. 1986 : *Bull.* 289).

Lorsque le président donne lecture, en vertu de son pouvoir discrétionnaire, de pièces de la procédure, il appartient à la partie qui entend alléguer une violation du principe de l'oralité des débats, de demander acte, le cas échéant, de ce qu'il se trouve, dans les pièces lues, des déclarations de témoins ou d'experts acquis aux débats, comparants et non encore entendus (Cass. crim., 13 juin 1991 : *Bull.* 252).

En revanche, ne viole pas le principe de l'oralité des débats, le président qui, en vertu de son pouvoir discrétionnaire, communique aux assesseurs et aux jurés les planches photographiques de la reconstitution effectuée par le juge d'instruction, même si certains de ces documents portent une légende indiquant qu'ils ont été établis d'après les déclarations de témoins présents, dès lors que ces témoins ont été entendus antérieurement à cette communication.

Une violation des droits de la défense ne saurait résulter de cette communication, dès lors que le procès-verbal des débats constate qu'aucune observation n'a été faite par les parties (Cass. crim., 22 oct. 1986 : *Bull.* 299).

Le président de la cour d'assises peut donner communication de toutes pièces de la procédure qu'il estime utiles à la manifestation de la vérité ; dès lors que des photographies sont extraites du dossier auquel les parties ont eu accès, aucune atteinte aux droits de la défense ne peut résulter de leur communication à la cour et au jury (Cass. crim., 5 avr. 1995 : *Bull.* 147).

La lecture par le président, en vertu de son pouvoir discrétionnaire, de documents n'est subordonnée à aucune communication spéciale à l'accusé ou à son conseil, dès lors qu'il s'agit de pièces du dossier dont le conseil pouvait prendre connaissance en application de l'article 278 du Code de procédure pénale (Cass. crim., 1er avr. 1987 : *Bull.* 153).

4) Le président des assises peut faire entendre à titre de renseignements, en vertu de son pouvoir discrétionnaire, toutes personnes dont les déclarations lui paraissent pouvoir aider à la manifestation de la vérité, notamment celles dont l'article 335 du Code de procédure pénale défend de recevoir les dépositions sous la foi du serment (Cass. crim., 7 déc. 1966 : *Bull.* 282).

5) En donnant lecture de dépositions faites à l'instruction par des témoins ni cités, ni dénoncés à l'accusé, ni comparants, le président de la cour d'assises fait de son pouvoir discrétionnaire un usage régulier, et ne viole en rien le principe de l'oralité des débats (Cass. crim., 27 avr. 1977 : *Bull.* 140).

Le président use légitimement de son pouvoir discrétionnaire en donnant lecture des dépositions écrites de témoins, après le refus de déposer exprimé par ceux-ci. Il ne porte ainsi aucune atteinte au principe de l'oralité des débats (Cass. crim., 18 mai 1977 : *Bull.* 180).

Le principe de l'oralité des débats n'est pas violé dès lors que le procès-verbal mentionne l'audition de témoins appelés en vertu du pouvoir discrétionnaire du président (Cass. crim., 22 févr. 1984 : *Bull.* 68).

En donnant lecture de la déposition faite à l'instruction par un témoin dont l'absence à l'audience a été constatée, le président de la cour d'assises fait un usage régulier de son pouvoir discrétionnaire.

Il n'importe que les parties aient renoncé expressément à l'audition de ce témoin (Cass. crim., 20 août 1983 : *Bull.* 230).

Justifie sa décision la cour d'assises qui, pour rejeter des conclusions tendant au renvoi de l'affaire en raison de l'absence de deux témoins, énonce que ceux-ci ont été vainement recherchés et que, leur audition n'étant pas indispensable à la manifestation de la vérité, le renvoi de l'affaire pour poursuivre les recherches n'apparaît pas nécessaire ; en ce cas, en donnant ensuite lecture des dépositions écrites desdits témoins, le président ne fait qu'user du pouvoir discrétionnaire qu'il tient de l'article 310 du Code de procédure pénale et ne méconnaît ni le principe de l'oralité des débats ni l'autorité de la chose jugée par l'arrêt incident précité (Cass. crim., 31 mars 1999 : *Bull.* 65).

Si, en application de l'article 310, il appartient au seul président de prendre la décision de faire lire la déposition écrite d'un témoin absent, il est loisible à ce magistrat de confier à une autre personne, et notamment au représentant du ministère public, le soin de procéder à la lecture ainsi ordonnée (Cass. crim., 14 janv. 1987 : *Bull.* 20).

En donnant lecture de dépositions écrites faites à l'instruction par des parties civiles qui, bien que présentes, n'ont pas été entendues par la cour d'assises, le président fait de son pouvoir discrétionnaire un usage régulier et ne viole pas le principe de l'oralité des débats (Cass. crim., 15 mai 1991 : *Bull.* 207).

6) Le président n'est pas tenu d'avertir la cour et le jury que les témoins qu'il fait entendre sans prestation de serment, en vertu de son pouvoir discrétionnaire, ne sont entendus qu'à titre de renseignement (Cass. crim., 1er févr. 1950 : *Bull.* 35).

Le président n'est pas tenu d'avertir la cour et le jury que la partie civile qu'il doit entendre sans prestation de serment, n'est entendue qu'à titre de renseignements, en vertu de son pouvoir discrétionnaire (Cass. crim., 11 oct. 1978 : *Bull.* 268).

7) L'audition d'un témoin non acquis aux débats comme ayant été cité tardivement relève du pouvoir discrétionnaire du président. C'est donc par l'exacte application de la loi que la cour, saisie de conclusions tendant à « rejeter l'audition » d'un tel témoin se déclare incompétente (Cass. crim., 12 juin 1981 : *Bull.* 198) ; c'est également à bon droit que la cour saisie de conclusions tendant à l'audition de tels témoins se déclare incompétente (Cass. crim., 26 juill. 1993 : *Bull.* 251).

L'audition de témoins non acquis aux débats comme n'ayant été ni cités ni dénoncés relève du pouvoir discrétionnaire du président. C'est donc par l'exacte application de la loi que, saisie de conclusions tendant à ce que des témoins ni cités ni dénoncés soient recherchés et entendus et qu'en cas de vaines recherches, l'affaire soit renvoyée à une session ultérieure, la cour d'assises s'est déclarée incompétente (Cass. crim., 2 oct. 1991 : *Bull.* 325).

L'apport aux débats de pièces nouvelles pouvant être utiles à la manifestation de la vérité, relève du pouvoir discrétionnaire du président. C'est donc par l'exacte application de la loi que la cour, saisie des conclusions tendant à la production de pièces nouvelles, se déclare incompétente.

Le président n'est pas tenu de motiver son refus de faire produire aux débats des documents nouveaux. Les parties en effet, ne peuvent requérir le président d'exercer son pouvoir discrétionnaire, qui est entièrement laissé à sa libre disposition (Cass. crim., 16 mai 1979 : *Bull.* 177).

Le président des assises peut, en vertu de son pouvoir discrétionnaire, verser aux débats ou faire représenter à l'audience, tout objet dont la production lui paraît utile à la manifestation de la vérité (Cass. crim., 20 août 1983 : *Bull.* 230).

Le président de la cour d'assises peut, en vertu de son pouvoir discrétionnaire, faire apporter des pièces nouvelles dans le cours des débats sans qu'elles aient été préalablement communiquées à la défense.

Il ne serait, dans ce cas, porté atteinte aux droits de la défense que si celle-ci avait été dans l'impossibilité de prendre connaissance des pièces après leur production ou que si cette communication lui eût été refusée (Cass. crim., 20 mai 1987 : *Bull.* 208).

8) Les parties ne peuvent requérir le président d'exercer son pouvoir discrétionnaire.

La compétence exclusive du président doit être déterminée d'après la nature des actes sollicités quelles que soient les expressions employées par le demandeur dans ses conclusions (Cass. crim., 12 mai 1970 : *Bull.* 158 ; *D.* 1970, 515, rap. Chapar).

Il appartient exclusivement au président des assises d'ordonner, en vertu de son pouvoir discrétionnaire, l'audition de témoins qui, n'ayant été ni cités ni dénoncés, ne sont pas des témoins acquis aux débats ; en raison de la nature même du pouvoir discrétionnaire, l'opposition de la défense ne peut paralyser son exercice (Cass. crim., 18 janv. 1989 : *Bull.* 21).

L'audition de personnes n'ayant pas la qualité de témoins acquis aux débats est une mesure relevant, en application de l'article 310 du Code de procédure pénale, du pouvoir discrétionnaire du président de la cour d'assises ; ce pouvoir est exercé en dehors de tout contrôle, la loi conférant au magistrat qui en est investi le soin d'en déterminer l'application en son honneur et sa conscience en sorte que nul n'est en droit d'en requérir l'exercice et que le président n'est pas tenu de répondre aux demandes qui lui sont adressées à cette fin (Cass. crim., 29 nov. 1989 : *Bull.* 457).

Le témoin régulièrement cité qui, au cours des débats, s'est constitué partie civile, peut être entendu à titre de renseignement et sans prestation de serment, mais, en ne faisant pas entendre ce témoin, le président use légalement de son pouvoir discrétionnaire (Cass. crim., 17 oct. 1990 : *Bull.* 344).

9) Il appartient au président des assises de donner acte de l'inexécution d'une mesure relevant exclusivement de son pouvoir discrétionnaire (Cass. crim., 28 janv. 1981 : *Bull.* 42).

10) Si, en application de l'article 310 du Code de procédure pénale, le témoin entendu en vertu du pouvoir discrétionnaire du président n'a pas à prêter serment, l'accomplissement de cette formalité ne peut, en l'absence de toutes oppositions des parties, être une cause de nullité (Cass. crim., 23 févr. 1983 : *Bull.* 66).

11) Les prescriptions de l'article 168 du Code de procédure pénale relatives au serment des experts s'appliquent à tout expert entendu à l'audience, fût-ce en vertu du pouvoir discrétionnaire du président, dès lors qu'il a été chargé d'une mission d'expertise au cours de l'information (Cass. crim., 23 déc. 1969 : *Bull.* 361. – Cass. crim., 19 mai 1971 : *Bull.* 162).

Fait un usage régulier de son pouvoir discrétionnaire le président qui entend à titre de simples renseignements un expert sur des faits étrangers à sa mission d'expertise, dès lors que cet expert n'avait été régulièrement cité et dénoncé qu'en cette seule qualité (Cass. crim., 15 mars 1995 : *Bull.* 105).

12) Rentre dans le pouvoir discrétionnaire du président de la cour d'assises l'appréciation de l'opportunité de donner lecture de la déposition écrite d'un témoin défaillant.

Ce pouvoir est exercé sous contrôle et le président ne peut recevoir injonction d'en user.

Outrepasse ses pouvoirs, empiète sur ceux du président et méconnaît les règles de sa compétence, la cour d'assises qui ordonne que le président fasse un acte relevant exclusivement de son pouvoir discrétionnaire.

La cour ne peut être appelée à statuer sur l'utilité d'une telle mesure que si le président juge opportun de la saisir (Cass. crim., 4 juin 1969 : *Bull.* 187 ; *JCP* 70, 16181, note Chambon. – Cass. crim., 19 juin 1974 : *Bull.* 226 ; *D.* 1974, 705, note Chapar. – Cass. crim., 21 janv. 1987 : *Bull.* 35).

Outrepasse ses pouvoirs, empiète sur ceux du président et méconnaît les règles de sa compétence, la cour d'assises qui, saisie par le conseil des parties civiles, reconnaît valable l'opposition à l'audition des témoins cités à la requête du demandeur en raison de ce que leurs noms ne leur avaient pas été signifiés et ordonne elle-même qu'ils soient entendus à titre de renseignements en vertu du pouvoir discrétionnaire du président (Cass. crim., 9 juin 1982 : *Bull.* 154).

La cour est incompétente pour statuer sur des conclusions tendant à réformer une décision prise par le président dans l'exercice de son pouvoir discrétionnaire alors même que la mesure ordonnée constituait un acte ordinaire d'instruction que la cour aurait eu, comme le président, le pouvoir de prendre (Cass. crim., 13 déc. 1989 : *Bull.* 479 ; *Rev. sc. Cass. crim.*, 1990, 368, obs. Braunschweig ; *Dr. pénal,* mars 1990, n. 106).

13) Le fait que la cour ait statué sur deux mesures relevant du pouvoir discrétionnaire du président, alors qu'aucune conclusion n'avait été déposée, implique que le président avait estimé opportun de la saisir conformément aux dispositions de l'article 310, alinéa 1er *in fine,* du Code de procédure pénale (Cass. crim., 18 déc. 1980 : *Bull.* 357 ; *D.* 1981, 312, note Chapar. – Cass. crim., 4 févr. 1987 : *Bull.* 60).

La délégation expresse consentie à la cour, par le président, de son pouvoir discrétionnaire, en vertu de l'alinéa 1er, de l'article 310 du Code de procédure pénale, doit être renouvelée pour que la cour statue à nouveau (Cass. crim., 21 mars 1984 : *Bull.* 121).

14) Si le pouvoir discrétionnaire qui appartient au président de la cour d'assises ne l'autorise à entendre des témoins sans prestation de serment et à titre de renseignements que dans le cours des débats, aucune disposition de la loi ne lui interdit de prendre à l'avance les mesures nécessaires pour que ce pouvoir puisse s'exercer, notamment en invitant, avant l'ouverture des débats, des témoins à comparaître (Cass. crim., 4 juin 1984 : *Bull.* 201).

Si le président ne peut user de son pouvoir discrétionnaire avant les débats, il a la possibilité, avant l'audience, de prendre les mesures nécessaires pour en assurer l'exercice.

C'est ainsi qu'il peut se procurer à l'avance, en vue de les verser aux débats si les développements donnés à l'audience le nécessitent, des documents que l'étude du dossier lui fait apparaître comme pouvant être utiles à la manifestation de la vérité (Cass. crim., 7 déc. 1988 : *Bull.* 413).

15) Le président des assises ne peut en se fondant sur le pouvoir discrétionnaire que lui confère l'article 310 du Code de procédure pénale, ordonner qu'un témoin cité non comparant soit amené devant la cour par la force publique pour y être entendu, dès lors que l'article 326 dudit code investit la cour d'un pouvoir exclusif et souverain pour prendre une telle mesure ou pour renvoyer l'affaire à la prochaine session (Cass. crim., 22 févr. 1984 : *Bull.* 69).

16) Dès lors que la Cour de cassation a prononcé l'annulation en même temps que de l'arrêt d'une cour d'assises, de la déclaration de la cour et du jury et des débats qui l'ont précédée, il ne saurait être fait usage, devant la cour d'assises de renvoi, des déclarations d'un témoin consignées au procès-verbal desdits débats dans les conditions prévues à l'article 379 du Code de procédure pénale.

C'est en conséquence, à bon droit, que la cour, saisie de l'incident par son président, conformément au premier alinéa de l'article 310 du même code, rejette les conclusions de la défense tendant à ce qu'il soit donné lecture des propos d'un témoin mentionnés au procès-verbal des débats annulés (Cass. crim., 14 juin 1984 : *Bull.* 220).

17) Les mesures tendant à l'examen de questions d'ordre technique, telle que l'identification d'une empreinte digitale, qu'en dehors de tout incident contentieux, le président peut être amené à prendre au cours des débats en vertu du pouvoir discrétionnaire qu'il tient de l'article 310 du Code de procédure pénale, ne sont pas soumises aux prescriptions des articles 156 et suivants du même code relatives à l'expertise (Cass. crim., 23 oct. 1985 : *Bull.* 325 ; *Rev. sc. crim.* 1986, 407, obs. Braunschweig ; *D.* 1986, inf. rap. 117, obs. Pradel. – Cass. crim., 8 avr. 1987 : *Bull.* 162. – Cass. crim., 30 nov. 1988 : *Bull.* 406 ; *D.* 1989, somm. 171, obs. Pradel. – Cass. crim., 20 oct. 1999 : *Bull.* 227).

18) Aucune disposition de loi n'interdit au président de la cour d'assises d'appeler, en vertu de son pouvoir discrétionnaire, le magistrat qui a été chargé de l'instruction de l'affaire pour fournir tous renseignements qu'il juge utiles à la manifestation de la vérité (Cass. crim., 16 mars 1901 : *Bull.* 86. – Cass. crim., 2 déc. 1987 : *Bull.* 443 ; *Rev. sc. Cass. crim.*, 1988, 826, obs. Braunschweig).

19) Ne constitue pas une violation du principe de l'oralité des débats le fait, par le président, l'instruction à l'audience étant terminée, de remettre à la cour et aux jurés la transcription, extraite du dossier, d'un enregistrement magnétique saisi au cours de l'information et dont il a ordonné la lecture (Cass. crim., 8 févr. 1989 : *Bull.* 59).

20) La déclaration par laquelle un témoin reconnaît qu'il est privé de ses droits civiques en raison d'une condamnation à une peine criminelle, déclaration non contestée par le ministère public ni par l'accusé, suffit pour autoriser l'audition sans prestation de serment dudit témoin *(même arrêt)*.

21) Fait un usage régulier de son pouvoir discrétionnaire le président qui communique aux parties, à la Cour et au jury, après la plaidoirie de la défense, les documents nouveaux apportés par cette dernière, afin d'en permettre la discussion contradictoire en respectant les règles édictées par l'article 346 du Code de procédure pénale concernant l'usage du droit de réplique.

Entre aussi dans son pouvoir discrétionnaire la lecture, dans les mêmes circonstances et sous les mêmes conditions, de toute pièce utile à la manifestation de la vérité (Cass. crim., 10 avr. 1991 : *Bull.* 171).

Ne constitue pas de la part du président de la cour d'assises une manifestation d'opinion ni une méconnaissance de son devoir d'impartialité le versement aux débats de documents relatifs aux antécédents judiciaires de l'accusé (Cass. crim., 5 janv. 1994 : *Bull.* 10). Rien non plus n'interdit au président de faire présenter une pièce à conviction, objet d'une expertise, avant l'audition de l'expert *(même arrêt).*

22) N'encourt pas le grief d'excès de pouvoir le président qui, en vertu de son pouvoir discrétionnaire, refuse la projection d'un film réalisé en vidéo-cassette par la défense et déjà versé à la procédure (Cass. crim., 24 mars 1993 : *Bull.* 131).

Art. 311. – Les assesseurs et les jurés peuvent poser des questions aux accusés et aux témoins en demandant la parole au président.

Ils ont le devoir de ne pas manifester leur opinion.

V. H. Angevin, *Cour d'assises ; Débats ; Dispositions générales ; Droits et devoirs des jurés ; Ministère public ; Partie civile : J.-Cl. Proc. pén.*, art. 306 à 316, Fasc. 40.

1) Si les articles 311 et 312 du Code de procédure pénale permettent aux assesseurs, aux jurés et au ministère public de poser des questions aux accusés, il ne s'agit là que d'une simple faculté et l'un des accusés ne peut se plaindre de ce qu'il n'en ait été fait usage qu'à l'égard de l'un d'eux seulement (Cass. crim., 4 mars 1970 : *Bull.* 87).

En l'absence de réclamation à ce sujet, il y a lieu de présumer que, pour poser leurs questions, les jurés ont demandé la parole au président qui, ayant la police de l'audience, a seul qualité pour les autoriser à intervenir (Cass. crim., 24 nov. 1993 : *Bull.* 355).

2) Bien que les paroles prononcées à haute voix par un juré au cours des débats n'expriment pas nécessairement par elles-mêmes une opinion arrêtée sur les faits de l'accusation, la cour peut trouver dans les circonstances qui ont accompagné ces paroles des éléments de nature à leur conférer le caractère d'une manifestation d'opinion (Cass. crim., 4 nov. 1958 : *Bull.* 663).

3) Est légalement remplacé par un juré supplémentaire régulièrement désigné lors du tirage au sort du jury de jugement, le juré titulaire qui, en manifestant publiquement son opinion, sur les faits de l'accusation, s'est interdit de rester juge (Cass. crim., 28 févr. 1952 : *Bull.* 64. – Cass. crim., 4 nov. 1958 : *Bull.* 663).

4) Le fait, par un juré, de poser une question destinée à obtenir un éclaircissement qu'il juge nécessaire n'implique pas la manifestation d'une opinion préconçue sur les faits incriminés au point de vue de la culpabilité de l'accusé et n'est pas de nature à entraîner la nullité des débats (Cass. crim., 20 déc. 1967 : *Bull.* 337 ; *Rev. sc. crim.* 1968, 653, obs. J. Robert).

Il en est ainsi lorsqu'un juré a posé une question tendant à obtenir l'opinion d'un enquêteur sur une circonstance de l'affaire (Cass. crim., 6 mai 1975 : *Bull.* 115).

Le fait par un assesseur de poser à un expert une question destinée à obtenir un éclaircissement qu'il juge nécessaire n'implique pas la manifestation d'une opinion préconçue sur les faits incriminés au point de vue de la culpabilité de l'accusé et n'est pas de nature à entraîner la nullité des débats (Cass. crim., 2 juill. 1985 : *Bull.* 253).

L'utilisation par un assesseur dans la question posée à un expert psychiatre des termes « coup de couteau sournois » et tendant à obtenir du praticien son avis sur un élément de l'affaire, n'implique pas, de la part de ce magistrat, la manifestation d'une opinion préconçue sur les faits incriminés au point de vue de la culpabilité de l'accusé et n'est pas, dès lors, de nature à entraîner la nullité des débats et de la décision qui a suivi (Cass. crim., 28 janv. 1998 : *Bull.* 34).

5) Les articles 311 et 328 du Code de procédure pénale n'étant pas applicables aux experts, les propos tenus par ceux-ci à l'audience, quant à la culpabilité de l'accusé, sont sans influence sur la validité de la procédure ; dès lors, il n'importe que la cour ait refusé de donner acte de telles déclarations (Cass. crim., 11 oct. 1995 : *Bull.* 300).

Art. 312 *(L. n. 2000-516, 15 juin 2000, art. 36, applic. 1er janv. 2001).* **– Sous réserve des dispositions de l'article 309, le ministère public et les avocats des parties peuvent poser directement des questions à l'accusé, à la partie civile, aux témoins et à toutes les personnes appelées à la barre, en demandant la parole au président.**

L'accusé et la partie civile peuvent également poser des questions par l'intermédiaire du président.

1) Si l'article 6, § 3 de la Convention européenne de sauvegarde des droits de l'homme et des libertés fondamentales, comme l'article 312 du Code de procédure pénale, reconnaissent à l'accusé et à son conseil le droit d'interroger ou de faire interroger les témoins, ni l'un ni l'autre de ces textes n'autorise le défenseur à accompagner les questions qu'il pose de déclarations ou de commentaires de nature à influencer le témoin interrogé ou à dénaturer sa déposition.

Il appartient au président qui, en vertu de son pouvoir de direction des débats, a le devoir de rejeter tout ce qui tendrait à compromettre leur dignité de s'opposer à de telles pratiques qui pourraient nuire à l'équité du procès (Cass. crim., 5 mars 1986 : *Bull.* 92).

2) Si l'article 312 du Code de procédure pénale confère notamment à l'accusé et à son conseil le droit de poser des questions à un coaccusé par l'intermédiaire du président, il appartient à celui-ci, à qui le pouvoir de direction des débats, qu'il tient de l'article 309 du même code, permet de déterminer leur ordre, de fixer le moment auquel ces questions seront posées (Cass. crim., 25 mars 1987 : *Bull.* 142).

Art. 313. – Le ministère public prend, au nom de la loi, toutes les réquisitions qu'il juge utiles : la cour est tenue de lui en donner acte et d'en délibérer.

Les réquisitions du ministère public prises dans le cours des débats sont mentionnées par le greffier sur son procès-verbal. Toutes les décisions auxquelles elles ont donné lieu sont signées par le président et par le greffier.

V. H. ANGEVIN, *Cour d'assises ; Débats ; Dispositions générales ; Incidents contentieux : J.-Cl. Proc. pén.*, art. 306 à 316, Fasc. 30.

1) La parole du ministère public à l'audience est libre. Il a le droit de produire tous les documents et de donner toutes les explications qui lui paraissent utiles, sauf le droit de discussion des parties en cause (Cass. crim., 13 mai 1976 : *Bull.* 157. – Cass. crim., 4 mai 1988 : *Bull.* 193).

2) Un membre du Parquet, même s'il a engagé la poursuite, est un témoin acquis aux débats, dès lors qu'il a été cité et dénoncé aux accusés en cette qualité de témoin ; aucune disposition légale ne le dispense de la prestation de serment (Cass. crim., 16 déc. 1975 : *Bull.* 282).

3) Le ministère public est indépendant dans l'exercice de ses fonctions et à l'audience, sa parole est libre.

Il a, dès lors, le droit de rendre compte verbalement à la cour d'assises des démarches qu'il a entreprises pour sauvegarder les intérêts civils de la victime d'une infraction (Cass. crim., 31 mai 1978 : *Bull.* 178 ; *Rev. sc. crim.* 1979, 590, obs. J. Robert).

Art. 314. – Lorsque la cour ne fait pas droit aux réquisitions du ministère public, l'instruction ni le jugement ne sont arrêtés ni suspendus.

Art. 315 *(Mod., L. n. 93-2, 4 janv. 1993, art. 224).* **– L'accusé, la partie civile et leurs avocats peuvent déposer des conclusions sur lesquelles la cour est tenue de statuer.**

V. P. FAIVRE, *Le donné acte devant la cour d'assises : Mél. Patin*, Éd. Cujas, 1965, p. 553.

1) En application des dispositions de l'article 315 du Code de procédure pénale, la cour est tenue de statuer sur les conclusions déposées, notamment, par l'accusé et son conseil (Cass. crim., 30 avr. 1985 : *Bull.* 163).

Laisse sans réponse les conclusions de donné acte dont la cour a été saisie l'arrêt qui se borne à donner acte de l'incident sans se prononcer sur la réalité des faits allégués (Cass. crim., 17 déc. 1980 : *Bull.* 353. – Cass. crim., 8 juill.

1987 : *Bull.* 290. – Cass. crim., 24 févr. 1988 : *Bull.* 96. – Cass. crim., 24 juin 1998 : *Bull.* 205).

Il n'appartient pas au président de la cour d'assises de rejeter par ordonnance et en se fondant sur des motifs de droit, des conclusions déposées par la défense devant la cour. Celle-ci, saisie desdites conclusions, est tenue de statuer (Cass. crim., 21 janv. 1981 : *Bull.* 30 ; *Rev. sc. crim.* 1982, 364, obs. J. Robert).

2) La cour, saisie par la défense de conclusions aux fins d'expertise, ne saurait, sans violation de l'article 315 précité, se dispenser d'y répondre et le président ne peut, dans ce cas, en usant de son pouvoir discrétionnaire, se substituer à elle pour faire échec aux règles légales de l'expertise, définies par les articles 156 et suivants du Code de procédure pénale et qui s'imposent à toute juridiction d'instruction ou de jugement (Cass. crim., 30 avr. 1985 : *Bull.* 163 ; *Rev. sc. crim.* 1986, p. 407, obs. Braunschweig).

3) Saisie de conclusions de la défense tendant à ce que soit posée une question sur l'application de l'article 2-5° de la loi d'amnistie du 4 août 1981, la cour ne peut refuser de poser la question demandée, dès lors que les contestations relatives à l'amnistie sont, aux termes de l'article 11, alinéa 3, de ladite loi, soumises à la juridiction compétente pour statuer sur la poursuite, laquelle est, en l'espèce, la cour d'assises formée par la réunion de la cour et du jury (Cass. crim., 14 mars 1984 : *Bull.* 111).

4) Si les parties sont recevables à demander acte à la cour, tant que celle-ci n'a pas épuisé sa juridiction, de faits qui se seraient produits devant elle pendant les débats, il n'en demeure pas moins que ladite cour peut, lorsqu'il ne lui est pas demandé de procéder à une enquête pour en vérifier l'exactitude, refuser de donner acte de faits qui ne sont pas parvenus à sa connaissance ou dont, en raison du temps écoulé, elle ne conserve pas le souvenir (Cass. crim., 21 janv. 1987 : *Bull.* 34).

La cour refuse à bon droit de donner acte de faits qui se seraient produits en dehors de l'audience, en sorte qu'elle n'aurait pas été en mesure de les constater (Cass. crim., 22 nov. 1989 : *Bull.* 436).

5) De simples « protestations » ou « réserves », qui ne précisent pas quelle décision il est demandé aux juges de prendre, ne sauraient être tenues pour des conclusions donnant naissance à un incident contentieux et mettant la cour dans l'obligation de statuer en application de l'article 315 du Code de procédure pénale (Cass. crim., 1er avr. 1987 : *Bull.* 153).

6) Encourt la cassation l'arrêt de condamnation rendu par une cour d'assises après que la Cour eut décidé de passer outre à l'absence d'un témoin cité et dénoncé, sans répondre aux chefs péremptoires des conclusions de la défense qui, pour réclamer sa comparution, soutenaient que l'accusé n'avait, à aucun stade de la procédure, été confronté avec ce témoin dont les déclarations constituaient, selon elle, la principale charge sur laquelle reposait l'accusation (Cass. crim., 6 mars 1991 : *Bull.* 115 ; *Dr. pénal*, juill. 1991, 213, obs. Maron).

7) C'est à bon droit que la Cour refuse de donner acte de faits qui se seraient produits hors de l'audience et qu'elle n'a pas été en mesure de constater, et c'est en usant de son pouvoir souverain d'appréciation qu'elle rejette, par décision motivée, la demande d'enquête sollicitée (Cass. crim., 9 oct. 1996 : *Bull.* 354).

8) Le dépôt, après la délibération de la cour d'assises, de conclusions aux fins de donner acte n'entraîne pas la réouverture des débats (Cass. crim., 7 oct. 1992 : *Bull.* 312).

Art. 316 *(Applic. 1er janv. 2001 ; L. n. 2000-516, 15 juin 2000, art. 136 et 140 ; L. n. 93-2, 4 janv. 1993, art. 224).* **– Tous incidents contentieux sont réglés par la cour, le ministère public, les parties ou leurs avocats entendus.**

Ces arrêts ne peuvent préjuger du fond.

(L. n. 2000-516, 15 juin 2000, art. 136) **Lorsque la cour d'assises examine l'affaire en appel, ces arrêts ne peuvent être attaqués que par la voie du recours en cassation, en même temps que l'arrêt sur le fond. Lorsque la cour d'assises examine l'affaire en premier ressort, ces arrêts ne peuvent faire l'objet d'un recours, mais, en cas d'appel de l'arrêt sur le fond et de réexamen de l'affaire devant une autre cour d'assises, ils n'ont pas autorité de la chose jugée devant cette cour.**

1) Les arrêts de la cour, statuant sur un incident contentieux, doivent être motivés à peine de nullité (Cass. crim., 9 oct. 1974 : *Bull.* 284. – Cass. crim., 28 oct. 1975 : *Bull.* 226).

Si, selon l'article 309 du Code de procédure pénale, le pouvoir de direction des débats est un pouvoir personnel que le président de la cour d'assises exerce seul, sans le concours de ses assesseurs, il appartient à la cour de statuer lorsqu'il s'élève un incident contentieux à l'occasion de son exercice (Cass. crim., 14 déc. 1994 : *Bull.* 409).

Lorsqu'à la suite d'un dépôt de conclusions s'élève un incident contentieux sur lequel la cour doit statuer par un arrêt, toutes les parties doivent être entendues à peine de nullité, y compris celle qui a déposé des conclusions (Cass. crim., 12 juill. 1983 : *Bull.* 219).

Lorsque le président ne fait pas droit aux conclusions de la défense, demandant que soient posées des questions subsidiaires, il s'élève un incident contentieux qui doit être réglé par la Cour (Cass. crim., 17 déc. 1997 : *Bull.* 431).

Lorsque, à la suite du dépôt de conclusions, s'élève un incident contentieux sur lequel la cour doit statuer par un arrêt, le ministère public, comme les parties ou leurs conseils, doit être entendu à peine de nullité (Cass. crim., 9 mai 1932 : *Bull.* 125. – Cass. crim., 9 oct. 1974 : *Bull.* 284. – Cass. crim., 8 févr. 1984 : *Bull.* 47).

Lorsque, à la suite d'un premier arrêt de sursis à statuer, la Cour se prononce sur le bien-fondé d'un incident contentieux, le ministère public et les parties ou leurs conseils doivent à nouveau être entendus à peine de nullité (Cass. crim., 26 sept. 1990 : *Bull.* 322. – Cass. crim., 13 juin 1991 : *Bull.* 254 ; *Rev. sc. Cass. crim.*, 1992, 117, obs. Braunschweig. – Cass. crim., 6 mai 1997 : *Bull.* 173).

Lorsque, à la suite du dépôt de conclusions par le conseil d'un accusé, s'élève un incident contentieux sur lequel la cour doit statuer par un arrêt, et lorsqu'il y a d'autres coaccusés, tous ces accusés ou leurs conseils doivent être entendus à peine de nullité (Cass. crim., 24 févr. 1988 : *Bull.* 95. – Cass. crim., 27 avr. 1988 : *Bull.* 182).

2) La règle selon laquelle l'accusé ou son conseil auront toujours la parole les derniers n'est pas applicable seulement une fois l'instruction à l'audience terminée, mais également lors de tout incident contentieux intéressant la défense qui est réglé par un arrêt (Cass. crim., 17 févr. 1983 : *Bull.* 62 ; *D.* 1983, inf. rap. 281, obs. J. M. R. – Cass. crim., 12 oct. 1983 : *Bull.* 243).

Mais l'arrêt incident rendu par la cour, sans opposition de quiconque, n'a pas un caractère contentieux ; il n'importe dès lors qu'il n'ait pas constaté que l'accusé ou son conseil ait eu la parole en dernier (Cass. crim., 4 févr. 1987 : *Bull.* 60).

Si tous les accusés doivent être entendus lorsqu'un incident contentieux est élevé par l'un d'entre eux, seul celui-ci doit avoir la parole le dernier (Cass. crim., 7 mars 1990 : *Bull.* 110).

3) L'énonciation dans un arrêt incident, « la cour, après en avoir délibéré », implique que le jury n'a pas participé à la délibération, l'article 243 du Code de procédure pénale précisant que « la cour proprement dite comprend le président et les assesseurs » (Cass. crim., 22 juin 1977 : *Bull.* 231).

Les énonciations de l'arrêt rendu par une juridiction collégiale selon laquelle cette juridiction a statué établissent qu'elle a précédemment délibéré (Cass. crim., 13 oct. 1993 : *Bull.* 291).

4) La cour apprécie souverainement la nécessité d'une expertise sollicitée par le défenseur de l'accusé. Elle doit, sans préjuger le fond, répondre aux chefs péremptoires des conclusions dont elle est saisie, mais n'a pas à s'expliquer d'une manière spéciale sur les articulations qui ne constituent que de simples arguments (Cass. crim., 20 juin 1973 : *Bull.* 285).

5) Les arrêts incidents ne doivent pas préjuger du fond (Cass. crim., 16 nov. 1976 : *Bull.* 327).

Les énonciations d'un arrêt incident qui conduisent à mettre en doute certaines affirmations de l'accusé, peuvent avoir une incidence sur le jugement du fond et violent ainsi les dispositions de l'article 316, alinéa 2, du Code de procédure pénale (Cass. crim., 9 nov. 1977 : *Bull.* 343. – Cass. crim., 6 nov. 1985 : *Bull.* 348).

Doit également être annulé l'arrêt qui relève que les faits reprochés à l'accusé ne sont pas contestés par celui-ci (Cass. crim., 5 mars 1986 : *Bull.* 91. – Cass. crim., 8 mars 1989 : *Bull.* 114).

Doit de même être annulé l'arrêt qui relève que les déclarations d'un accusé mettant en cause un tiers « impliquent que ce dernier peut être considéré comme un complice des accusés... » (Cass. crim., 4 mai 1988 : *Bull.* 193).

Doit être annulé l'arrêt qui, pour refuser de poser une question relative à l'excuse de provocation, se prononce sur la gravité des violences alléguées (Cass. crim., 31 janv. 1990 : *Bull.* 52).

6) Ne préjuge pas la culpabilité de l'accusé l'arrêt incident constatant, à la demande de l'accusé, une mutilation dont celui-ci est atteint et déclarant que la cour et le jury ont les éléments suffisants pour apprécier eux-mêmes les conséquences de cette mutilation (Cass. crim., 21 févr. 1973 : *Bull.* 90).

La cour ne préjuge pas du fond en affirmant que la déposition d'un témoin défaillant n'est pas indispensable à la manifestation de la vérité.

La cour violerait le principe de l'oralité des débats en statuant sur une demande de renvoi, motivée par la défaillance d'un témoin, avant le commencement de l'instruction à l'audience : mais elle peut statuer au cours des débats, en l'état de l'instruction sans attendre son achèvement (Cass. crim., 9 juin 1977 : *Bull.* 211. – Cass. crim., 22 déc. 1987 : *Bull.* 478).

En se référant objectivement à la qualification criminelle retenue par la chambre d'accusation pour ordonner le huis clos, la cour ne préjuge pas la culpabilité de l'accusé (Cass. crim., 17 déc. 1980 : *Bull.* 352).

7) Ne préjuge pas le fond l'arrêt incident rejetant la demande d'audition d'un témoin défaillant, qui ne contient aucun motif de nature à mettre en doute les déclarations de l'accusé, telles qu'elles résultent des conclusions de la défense (Cass. crim., 23 janv. 1985 : *Bull.* 37).

Méconnaît le principe du débat oral et porte atteinte aux droits de la défense, l'arrêt incident qui, pour rejeter avant tout débat au fond une demande de renvoi formée par l'accusé sur le fondement de la défaillance d'un témoin, est motivé uniquement par des considérations relatives aux déclarations dudit témoin au cours de l'information (Cass. crim., 12 oct. 1977 : *Bull.* 303. – Cass. crim., 18 mai 1983 : *Bull.* 146. – Cass. crim., 21 janv. 1987 : *Bull.* 35).

8) Dès lors qu'il a été rendu après achèvement de l'instruction à l'audience, ou à tout le moins au cours de cette instruction, ne méconnaît pas le principe de l'oralité des débats, l'arrêt incident par lequel la cour décide de passer outre à l'absence d'un témoin cité et dénoncé, en relevant que l'audition de ce témoin ne paraît pas indispensable et que le président peut, en vertu de son pouvoir discrétionnaire, donner lecture de sa déposition écrite (Cass. crim., 14 juin 1984 : *Bull.* 221).

Ne méconnaît pas le principe de l'oralité des débats, l'arrêt incident rejetant la demande d'audition d'un témoin défaillant et rendu une fois l'instruction à l'audience terminée (Cass. crim., 23 janv. 1985 : *Bull.* 37).

9) Saisie de réquisitions du ministère public tendant à un supplément d'information et au renvoi de l'affaire à une session ultérieure, la cour dispose d'un pouvoir souverain pour accorder ou refuser la mesure sollicitée (Cass. crim., 21 mars 1984 : *Bull.* 121).

10) La renonciation à l'audition d'un témoin n'étant pas réglée par la loi, le président peut déclarer seul qu'il sera passé outre aux débats malgré l'absence de ce témoin dès lors qu'aucun incident contentieux n'a été soulevé (Cass. crim., 25 janv. 1984 : *Bull.* 32).

En l'absence d'incident contentieux relatif à l'audition d'un témoin défaillant, la décision de passer outre aux débats appartient au président (Cass. crim., 23 janv. 1985 : *Bull.* 37).

11) Aux termes de l'article 316 du Code de procédure pénale, les arrêts de la cour d'assises, statuant sur les incidents contentieux, ne peuvent être attaqués par la voie du recours en cassation qu'en même temps que l'arrêt sur le fond (Cass. crim., 2 mars 1993 : *Dr. pénal* 1994, n. 120, note).

Les articles 570 et 571 du même code sont étrangers aux arrêts de cette sorte (Cass. crim., 15 juill. 1981 : *Bull.* 229).

Si une partie, autre que l'accusé, est sans qualité pour contester le bien-fondé de la décision rendue sur l'action publique, est néanmoins recevable son pourvoi dirigé contre l'arrêt de condamnation dans la mesure où, conformément à l'article 316 du Code de procédure pénale, l'arrêt incident qui lui a fait grief en rejetant sa demande de constitution de partie civile ne peut être attaqué par la voie du recours en cassation qu'en même temps que l'arrêt sur le fond (Cass. crim., 18 mars 1981 : *Bull.* 99).

12) Ne méconnaît pas les dispositions de l'article 316 du Code de procédure pénale, ni d'ailleurs celles d'aucun autre texte de loi, l'arrêt incident, rendu après achèvement de l'instruction à l'audience, qui, pour rejeter des conclusions de la défense demandant des mesures d'instruction complémentaires, énonce qu'en l'état des débats, les mesures sollicitées n'apparaissent pas utiles à la manifestation de la vérité (Cass. crim., 30 oct. 1985 : *Bull.* 337).

Ne méconnaît pas les dispositions de l'article 316 du Code de procédure pénale, l'arrêt incident qui, pour rejeter la demande de l'accusé tendant à la production d'une pièce, énonce qu'après l'audition de tous les témoins et experts cités, la mesure sollicitée n'apparaît pas utile à la manifestation de la vérité (Cass. crim., 19 avr. 2000 : *Bull.* 156).

13) Lorsqu'il est ajouté à un donné acte requis par la défense des constatations propres de nature à modifier la portée de ce donné acte, l'incident revêt un caractère contentieux et doit donner lieu à un arrêt rendu par la cour dans les formes de l'article 316 du Code de procédure pénale (Cass. crim., 2 juill. 1985 : *Bull.* 253).

Est rendu conformément aux dispositions de l'article 316 du Code de procédure pénale l'arrêt contentieux par lequel la cour fait droit à une demande de donné acte présentée par la défense en y ajoutant des constatations ou des commentaires de nature à en modifier ou à en limiter la portée (Cass. crim., 18 févr. 1998 : *Bull.* 67).

14) La cour, saisie de conclusions de donner acte d'un propos tenu par le président, ne peut sans contradiction refuser de donner l'acte requis, aux motifs que le président ayant été interrompu par un avocat, il n'y avait pas lieu de donner acte d'une phrase incomplète, sortie du contexte de l'interrogatoire auquel il était procédé, alors que l'arrêt incident reconnaît la réalité des propos imputés au président (Cass. crim., 9 avr. 1986 : *Bull.* 119).

15) Des conclusions aux fins de donner acte des faits qui ne sont pas de nature à entraîner la nullité de la procédure n'ont pas un caractère contentieux (Cass. crim., 25 févr. 1987 : *Bull.* 98).

Ainsi en est-il lorsque les conclusions tendent à la constatation du rappel d'une condamnation amnistiée, les dispositions de l'article 25 de la loi du 4 août 1981, qui interdisent un tel rappel, n'étant pas prescrites à peine de nullité.

L'accusé est, dans un tel cas, sans intérêt à se prévaloir d'une irrégularité entachant l'arrêt incident (Cass. crim., 8 juill. 1987 : *Bull.* 290).

La cour qui constate le caractère contentieux d'une demande de donné acte est tenue de statuer sur le bien-fondé de celle-ci (Cass. crim., 18 févr. 1998 : *Bull.* 68).

16) De simples « réserves », qui ne précisent pas quelle décision il est demandé aux juges de prendre, ne donnent pas naissance à un incident contentieux et ne mettent pas la cour dans l'obligation de statuer en application de l'article 316 du Code de procédure pénale (Cass. crim., 22 nov. 1989 : *Bull.* 437).

17) Les dispositions de l'article 316 du Code de procédure pénale ne s'appliquent qu'aux arrêts incidents rendus au cours des débats et non à ceux qui peuvent l'être avant leur ouverture (Cass. crim., 5 déc. 1990 : *Bull.* 419).

SECTION II. – DE LA COMPARUTION DE L'ACCUSÉ

Art. 317. – À l'audience, la présence d'un défenseur auprès de l'accusé est obligatoire.

Si le défenseur choisi ou désigné conformément à l'article 274 ne se présente pas, le président en commet un d'office.

V. H. ANGEVIN, *Cour d'assises. Débats ; Comparution de l'accusé ; L'accusé et son défenseur ; Droits de la défense : J.-Cl. Proc. pén.*, art. 317 à 322.

1) Il n'importe que l'avocat désigné lors de l'interrogatoire de l'accusé par le président ait été remplacé à l'audience par un autre avocat dès lors que la défense de l'accusé devant la cour d'assises a été assurée dans les conditions prescrites par l'article 317 du Code de procédure pénale et que le changement intervenu n'a donné lieu à aucune réclamation (Cass. crim., 31 janv. 1974 : *Bull.* 51. – Cass. crim., 10 janv. 1990 : *Bull.* 17).

2) L'accusé ne saurait se faire un grief de l'absence, à ses côtés, d'un conseil qu'il aurait choisi, dès lors que sa défense a été assurée, devant la cour d'assises, par un avocat désigné d'office et que la présence, près de lui, de cet avocat, n'a donné lieu à aucune réclamation (Cass. crim., 19 déc. 1974 : *Bull.* 375).

Dès lors qu'il ne résulte pas du fait de la cour, du président ou du ministère public, le départ d'un avocat au cours des débats ne vicie pas la procédure.

En cas d'abandon volontaire de la barre par les défenseurs après lecture de la feuille des questions, l'article 317, alinéa 2, du Code de procédure pénale n'impose pas la désignation d'un avocat d'office (Cass. crim., 14 oct. 1976 : *Bull.* 291 ; *Gaz. Pal.* 1977, 1, 343).

3) Il n'est commis aucune violation des droits de la défense lorsque, les conseils de l'accusé ayant déclaré au cours des débats ne plus pouvoir continuer d'assurer la défense de celui-ci, le président de la cour d'assises commet l'un d'eux d'office, comme lui permet de le faire l'article 317 du Code de procédure pénale (Cass. crim., 13 sept. 1877 : *Bull.* 214. – Cass. crim., 19 févr. 1986 : *Bull.* 68. – 23 nov. 1994 : *Bull.* 374).

4) Le respect des droits de la défense est assuré dès lors qu'en l'absence du défenseur choisi par l'accusé, celui-ci a été assisté pendant toute la durée des débats par un avocat commis d'office qui avait obtenu un délai pour préparer la défense (Cass. crim., 5 déc. 1990 : *Bull.* 419).

Art. 318. – L'accusé comparaît libre et seulement accompagné de gardes pour l'empêcher de s'évader.

1) Lorsque le procès-verbal des débats constate qu'à chaque reprise d'audience, sauf pour l'une d'elles, l'accusé a comparu « libre », à défaut de réclamation ou de circonstances contraires, il y a présomption qu'il a comparu dans les mêmes conditions pendant toutes les audiences (Cass. crim., 6 févr. 1980 : *Bull.* 49).

2) Justifie sa décision la cour qui, tout en respectant les prescriptions de l'article 318 du Code de procédure pénale, prend pour la comparution des accusés des mesures de sécurité exigées par leur particulière dangerosité (Cass. crim., 20 févr. 1985 : *Bull.* 81).

3) Le dispositif de sécurité, consistant en un enclos de verre à l'intérieur duquel sont placés les accusés durant leur comparution à l'audience, est licite dès lors que ce dispositif, dans lequel lesdits accusés sont libres de leurs mouvements, comporte des aménagements permettant à chacun d'eux de communiquer librement et secrètement avec son conseil (Cass. crim., 15 mai 1985 : *Bull.* 188).

4) Il est de principe que l'accusé doit, à peine de nullité, sauf dans les cas expressément prévus par la loi, être présent à toutes les parties du débat oral et ne peut renoncer à l'observation de cette formalité substantielle. La seule présence du défenseur ne suffit pas à rendre le débat contradictoire (Cass. crim., 22 juin 1988 : *Bull.* 286 ; *Rev. sc. Cass. crim.*, 1988, 826, obs. Braunschweig.)

Art. 319. – Si un accusé refuse de comparaître, sommation lui est faite au nom de la loi, par un huissier commis à cet effet par le président et assisté de la force publique. L'huissier dresse procès-verbal de la sommation et de la réponse de l'accusé.

Art. 320. – Si l'accusé n'obtempère pas à la sommation, le président peut ordonner qu'il soit amené par la force devant la cour ; il peut également, après lecture faite à l'audience du procès-verbal constatant sa résistance, ordonner que, nonobstant son absence, il soit passé outre aux débats.

Après chaque audience, il est, par le greffier de la cour d'assises, donné lecture à l'accusé qui n'a pas comparu du procès-verbal des débats, et il lui est signifié copie des réquisitions du ministère public ainsi que des arrêts rendus par la cour, qui sont tous réputés contradictoires.

1) La signification, prescrite par l'article 320, alinéa 2 du Code de procédure pénale, à l'accusé qui a refusé de comparaître, de réquisitions prises par le ministère public à la fin d'une audience suspendue un vendredi pour être reprise le lundi suivant, lui est valablement délivrée ce dernier jour (Cass. crim., 3 juin 1988 : *Bull.* 246).

2) Lorsque la poursuite des débats, durant le temps de l'expulsion de l'accusé, s'est limitée aux seules réquisitions du ministère public, il suffit, pour satisfaire aux prescriptions de l'article 320, alinéa 2, du Code de procédure pénale, que la copie de ces réquisitions soit signifiée à l'accusé (Cass. crim., 26 janv. 2000 : *Bull.* 42).

3) La mission de l'interprète appelé à prêter son concours à un accusé ne parlant pas suffisamment la langue française s'applique aux parties des débats pour lesquelles les accusés ne peuvent être suppléées par les conseils qui les assistent. Ce n'est pas le cas de la signification à un accusé qui refuse de comparaître des réquisitions du ministère public prises en réponse à des conclusions déposées par son défenseur *(même arrêt)*.

Art. 321. – Lorsque à l'audience l'un des assistants trouble l'ordre de quelque manière que ce soit, le président ordonne son expulsion de la salle d'audience.

Si, au cours de l'exécution de cette mesure, il résiste à cet ordre ou cause du tumulte, il est, sur-le-champ, placé sous mandat de dépôt, jugé et puni d'un emprisonnement de deux ans, sans préjudice des peines portées au Code pénal contre les auteurs d'outrages et de violences envers les magistrats.

Sur l'ordre du président, il est alors contraint par la force publique de quitter l'audience.

Art. 322. – Si l'ordre est troublé par l'accusé lui-même, il lui est fait application des dispositions de l'article 321.

L'accusé, lorsqu'il est expulsé de la salle d'audience, est gardé par la force publique, jusqu'à la fin des débats, à la disposition de la cour ; il est, après chaque audience, procédé ainsi qu'il est dit à l'article 320, alinéa 2.

SECTION III. – DE LA PRODUCTION ET DE LA DISCUSSION DES PREUVES

Art. 323. – Lorsque le conseil de l'accusé n'est pas inscrit à un barreau, le président l'informe qu'il ne peut rien dire contre sa conscience ou le respect dû aux lois et qu'il doit s'exprimer avec décence et modération.

V. H. ANGEVIN, *Cour d'assises, Débats, Production et discussion des preuves, Déroulement des débats : J.-Cl. Proc. pén.,* art. 323 à 346, Fasc. 20 ; *Audition des témoins,* Fasc. 30 ; *Audition des experts,* Fasc. 40.

Art. 324 ***(Ord. n. 60-529, 4 juin 1960, art. 8 ; L. n. 85-1407, 30 déc. 1985, art. 40 et 94).*** **– Le président ordonne à l'huissier de faire l'appel des témoins cités par le ministère public, l'accusé et la partie civile dont les noms ont été signifiés conformément aux prescriptions de l'article 281.**

Le renvoi d'une affaire à un autre jour de la même session n'est réglementé par aucune disposition légale : il peut être ordonné d'office sans le consentement de l'accusé, dès lors que la remise est ordonnée avant le tirage au sort du jury et qu'elle ne porte aucune atteinte aux droits de la défense.

Il en résulte que les témoins doivent être avisés de la remise de l'audience et être tous présents à l'appel, à moins que les parties ne fassent aucune observation relativement à leur absence (Cass. crim., 30 avr. 1985 : *Bull.* 164).

Art. 325. – Le président ordonne aux témoins de se retirer dans la chambre qui leur est destinée. Ils n'en sortent que pour déposer. Le président prend, s'il en est besoin, toutes mesures utiles pour empêcher les témoins de conférer entre eux avant leur déposition.

1) Les dispositions de l'article 325 du Code de procédure pénale ne sont pas prescrites à peine de nullité. Même si le témoin a assisté à une partie des débats avant son audition, il n'en résulte aucune nullité (Cass. crim., 7 oct. 1970 : *Bull.* 257. – Cass. crim., 15 févr. 1989 : *Bull.* 76. – Cass. crim., 15 déc. 1999 : *Bull.* 309).

2) Les dispositions de l'article 325 du Code de procédure pénale ne sont pas prescrites à peine de nullité. Ce texte ne concerne que les témoins et ne s'applique pas aux experts auxquels il n'est pas interdit d'assister aux débats avant leur audition (Cass. crim., 4 mai 1977 : *Bull.* 156).

Art. 326 ***(Mod., L. n. 93-2, 4 janv. 1993, art. 143).*** **– Lorsqu'un témoin cité ne comparaît pas, la cour peut, sur réquisitions du ministère public ou même d'office, ordonner que ce témoin soit immédiatement amené par la force publique devant la cour pour y être entendu, ou renvoyer l'affaire à la prochaine session.**

Dans tous les cas, le témoin qui ne comparaît pas ou qui refuse soit de prêter serment, soit de faire sa déposition, peut, sur réquisitions du ministère public, être condamné par la cour *(L. n. 2000-1354, 30 déc. 2000, art. 9, applic. 1er janv. 2001)* **à une amende de 25 000 F (3 750 €).**

La voie de l'opposition est ouverte au condamné qui n'a pas comparu. L'opposition s'exerce dans les cinq jours de la signification de l'arrêt faite à sa personne ou à son domicile. La cour statue sur cette opposition soit pendant la session en cours, soit au cours d'une session ultérieure.

1) Aux termes de l'article 326 du Code de procédure pénale, lorsqu'un témoin cité ne comparaît pas, la cour d'assises peut renvoyer l'affaire à la prochaine session.

S'il est vrai qu'aucune disposition de la loi n'interdit que l'affaire soit renvoyée à un autre jour de la même session, avec formation dans ce cas d'un nouveau jury de jugement, cette procédure exceptionnelle, que peuvent seuls justifier l'intérêt de l'accusé et celui d'une prompte justice, est privée de cette justification s'il n'est pas constaté que l'accusé y ait expressément consenti (Cass. crim., 16 déc. 1971 : *Bull.* 356 ; *D.* 1972, 164 ; *Rev. sc. crim.* 1972, 403, obs. J. Robert).

2) Les parties ne sauraient se faire grief de l'absence d'un témoin, à l'audition duquel ils ont expressément renoncé (Cass. crim., 31 janv. 1979 : *Bull.* 47).

3) Ne méconnaît pas les dispositions de l'article 326 du Code de procédure pénale, qui réserve à la cour le pouvoir d'ordonner qu'un témoin défaillant soit amené devant elle par la force publique, le président qui, en l'absence de tout incident contentieux, fait rechercher ce témoin en vue de l'inviter à se présenter pour être entendu à une audience qu'il indique (Cass. crim., 30 avr. 1986 : *Bull.* 149).

4) Ne méconnaît pas les dispositions de l'article 326 du Code de procédure pénale, qui réserve à la cour le pouvoir d'ordonner qu'un témoin défaillant soit amené devant elle par la force publique, la cour qui se déclare incompétente pour statuer sur la comparution d'un témoin absent, signifié mais non cité (Cass. crim., 20 oct. 1993 : *Bull.* 299).

Art. 327 *(Applic. 1er janv. 2001 ; L. n. 2000-516, 15 juin 2000, art. 136-XI et 140).* **– Le président invite l'accusé et les jurés à écouter avec attention la lecture de la décision de renvoi, ainsi que, lorsque la cour d'assises statue en appel, des questions posées à la cour d'assises ayant statué en premier ressort, des réponses faites aux questions, de la décision et de la condamnation prononcée. Il invite le greffier à procéder à cette lecture.**

1) La lecture de l'arrêt de renvoi, prescrite par l'article 327 du Code de procédure pénale, est indispensable et l'omission de cette formalité entraîne la nullité de la procédure (Cass. crim., 6 janv. 1982 : *Bull.* 8 ; *Rev. sc. crim.* 1983, 489, obs. J. Robert. – Cass. crim., 9 oct. 1985 : *Bull.* 306).

La constatation par le procès-verbal des débats que le président a invité les accusés à écouter avec attention la lecture des arrêts de renvoi suffit à établir que la lecture en a été faite par le greffier (Cass. crim., 20 oct. 1993 : *Bull.* 301).

La lecture de l'arrêt de renvoi est une formalité obligatoire, même lorsque cet arrêt est cassé partiellement mais devient définitif à l'égard de l'un des accusés, faute de pourvoi de sa part (Cass. crim., 14 oct. 1976 : *Bull.* 291 ; *Gaz. Pal.* 1977, 1, 343).

Les parties et la cour d'assises doivent avoir connaissance de l'intégralité de l'accusation qui doit être dans son ensemble oralement exposée et discutée. Il en résulte que si un arrêt de renvoi a été partiellement cassé, la lecture de cet arrêt de renvoi ainsi que celle de l'arrêt rendu après cassation sont obligatoires (Cass. crim., 24 nov. 1982 : *Bull.* 267).

Lorsque l'arrêt de la chambre d'accusation renvoyant plusieurs accusés devant une même cour d'assises a été cassé sur le pourvoi d'un seul d'entre eux et est, par conséquent devenu définitif à l'égard des autres, il doit, lors des débats de la cour d'assises devant laquelle ont été renvoyés tous les accusés, être donné lecture tant de l'arrêt de renvoi initial que de celui de la chambre d'accusation de renvoi.

Il en est ainsi alors même que l'arrêt de la chambre d'accusation de renvoi aurait prononcé l'annulation de pièces de la procédure dont il était fait état dans l'arrêt de la chambre d'accusation initialement saisie (Cass. crim., 25 juin 1986 : *Bull.* 225).

2) Si la lecture de l'arrêt de renvoi est une formalité obligatoire, un accusé ne saurait, faute d'intérêt, se faire un grief de ce que le greffier n'ait pas donné lecture d'une partie dudit arrêt dès lors qu'y étaient partiellement reproduits des passages d'un rapport d'expertise dont la chambre d'accusation avait ordonné la cancella-

tion à la demande de la défense (Cass. crim., 12 juin 1981 : *Bull.* 198).

Un accusé ne peut se faire grief de ce que la partie de l'arrêt de renvoi relative aux renseignements le concernant n'a pas été lue à l'audience, dès lors que c'est en application de l'article 25 de la loi du 4 août 1981 que cette lecture n'a pas été faite (Cass. crim., 4 juin 1982 : *Bull.* 147).

Art. 328. – Le président interroge l'accusé et reçoit ses déclarations.
Il a le devoir de ne pas manifester son opinion sur la culpabilité.

1) Seule la manifestation d'une opinion préconçue sur les faits incriminés du point de vue de la culpabilité de l'accusé est interdite au président de la cour d'assises par l'article 328, alinéa 2, du Code de procédure pénale (Cass. crim., 12 juin 1981 : *Bull.* 198 ; *Rev. sc. crim.* 1982, 800, obs. J. Robert. – Cass. crim., 28 mai 1997 : *Bull.* 209).

La seule communication à la cour et aux jurés d'une brochure extraite du dossier de la procédure ne saurait constituer, de la part du président, une manifestation prohibée d'opinion au sens de l'article 328 du Code de procédure pénale, dès lors qu'à cette occasion il n'est rien relevé dans les propos de ce magistrat qui soit de nature à révéler son sentiment sur la culpabilité de l'accusé (Cass. crim., 3 juin 1988 : *Bull.* 246).

2) Constituent, de la part de l'un des juges appelés à se prononcer sur la culpabilité de l'accusé, la manifestation d'une opinion sur cette culpabilité viciant les débats et portant atteinte aux droits de la défense, les paroles suivantes prononcées par le président des assises avant l'interrogatoire dudit accusé : « quel qu'en soit le mobile, l'accusé a commis deux crimes odieux et abominables » (Cass. crim., 14 juin 1956 : *Bull.* 476 ; *D.* 1956, 733, note Vouin).

3) Constitue de la part du président de la cour d'assises une manifestation prohibée d'opinion et une atteinte aux droits de la défense le fait de demander à l'accusé, qui dénie sa culpabilité, « ne pensez-vous pas que vous niez l'évidence et que vous avez une position insoutenable » (Cass. crim., 14 juin 1989 : *Bull.* 259 ; *Rev. sc. Cass. crim.,* 1990, 368, obs. Braunschweig).

Constitue de la part du président de la cour d'assises une manifestation prohibée d'opinion et une atteinte aux droits de la défense le fait de donner lecture, à la fin des débats, d'une question comportant l'affirmation de la culpabilité d'un accusé (Cass. crim., 8 mars 2000 : *Bull.* 110).

4) Constitue de la part du président de la cour d'assises une manifestation prohibée d'opinion et une atteinte aux droits de la défense, en même temps qu'une violation du principe de l'oralité des débats, le fait de remettre, dès l'ouverture de ceux-ci, aux assesseurs et aux jurés, copie d'une feuille de questions préétablie portant, à la suite du texte des questions qui leur seraient posées, mention de la décision de la Cour et du jury de condamner l'accusé (Cass. crim., 9 janv. 1991 : *Bull.* 16 ; *Rev. sc. Cass. crim.,* 1991, 787, obs. Braunschweig).

Seule est prohibée la manifestation publique d'opinion sur la culpabilité de l'accusé. Ne méconnaît pas les dispositions de l'article 328 du Code de procédure pénale, le président qui fait usage, au cours du délibéré, d'une feuille de questions comportant, après l'énoncé des questions, une mention prérédigée sur la majorité des votants et les articles appliqués (Cass. crim., 9 mars 1995 : *Bull.* 97).

5) Aucune disposition de la loi n'interdit au président de la cour d'assises de poser à un témoin une question qu'il estime utile à la manifestation de la vérité dès lors qu'en posant cette question il ne manifeste pas sa propre opinion sur la culpabilité de l'accusé (Cass. crim., 4 juin 1984 : *Bull.* 201).

6) Aucune disposition de loi n'interdit au président de lire au cours de l'interrogatoire de l'accusé un procès-verbal d'audition de celui-ci lors de l'enquête ou de l'information (Cass. crim., 1er avr. 1987 : *Bull.* 152).

7) Ne constitue pas de la part du président de la cour d'assises une manifestation d'opinion prohibée et une atteinte aux droits de la défense, le fait de rappeler, après la lecture de l'arrêt de renvoi, la condamnation prononcée antérieurement contre un complice de l'accusé (Cass. crim., 20 nov. 1991 : *Bull.* 422) ; ni de verser aux débats des documents relatifs aux antécédents judiciaires de l'accusé (Cass. crim., 5 janv. 1994 : *Bull.* 10).

8) Si l'article 328 du Code de procédure pénale n'impose pas à l'accusé de répondre aux

questions qui lui sont posées par le président, aucune disposition légale ou conventionnelle ne fait obligation, à ce magistrat, de la prévenir qu'il a le droit de conserver le silence (Cass. crim., 1er juin 1995 : *Bull.* 202).

Art. 329. – Les témoins appelés par le ministère public ou les parties sont entendus dans le débat, même s'ils n'ont pas déposé à l'instruction, ou s'ils n'ont pas été assignés, à condition que leurs noms aient été signifiés conformément aux prescriptions de l'article 281.

V. H. ANGEVIN, *Cour d'assises ; Débats ; Production et discussion des preuves ; Audition des témoins : J.-Cl. Proc. pén.*, art. 323 à 346, Fasc. 20 ; *Audition des experts : J.-Cl. Proc. pén.*, art. 323 à 346, Fasc. 30.

1) Un accusé ne saurait se prévaloir de ce qu'un témoin régulièrement cité par un coaccusé n'a pas été entendu, cette irrégularité ne faisant pas grief à ses intérêts (Cass. crim., 27 mai 1981 : *Bull.* 175 ; *D.* 1983, 63, note Chapar).

2) Le témoin régulièrement cité et dénoncé à l'audition duquel les parties ont expressément renoncé perd sa qualité de témoin acquis aux débats (Cass. crim., 25 juin 1986 : *Bull.* 225. – Cass. crim., 18 janv. 1989 : *Bull.* 21).

3) Lorsqu'il ne résulte pas du procès-verbal des débats qu'un témoin, dont le nom a été signifié et dont l'absence n'est pas révélée, ait été entendu, il y a, à défaut de réclamation, présomption que les parties ont renoncé à l'audition de ce témoin (Cass. crim., 22 déc. 1987 : *Bull.* 479).

4) La cour peut passer outre à l'absence d'un témoin acquis aux débats dont l'audition est réclamée par la défense, alors même que ce témoin n'aurait jamais été confronté avec les accusés, dès lors que les juges constatent, d'une part, qu'il est impossible d'assurer la comparution dudit témoin, d'autre part, que l'instruction à l'audience a fait apparaître des éléments de conviction permettant de se passer de sa présence (Cass. crim., 29 nov. 1989 : *Bull.* 457).

Art. 330 *(Ord. n. 60-529, 4 juin 1960, art. 8)*. **– Le ministère public et les parties peuvent s'opposer à l'audition d'un témoin dont le nom ne leur aurait pas été signifié ou qui leur aurait été irrégulièrement signifié.**

La cour statue sur cette opposition.

Si elle est reconnue fondée, ces témoins peuvent être entendus, à titre de renseignements, en vertu du pouvoir discrétionnaire du président.

1) Lorsque l'une des parties s'oppose à l'audition d'un témoin dont le nom ne lui aurait pas été signifié, la cour doit rechercher si le grief pris du défaut de dénonciation dudit témoin est fondé (Cass. crim., 27 juin 1979 : *Bull.* 235. – Cass. crim., 28 mai 1986 : *Bull.* 181. – Cass. crim., 6 mai 1987 : *Bull.* 182).

2) Une des parties ne peut s'opposer à l'audition sous serment d'un témoin, dès lors qu'elle ne conteste pas que le nom de ce témoin lui a été régulièrement signifié (Cass. crim., 1er avr. 1987 : *Bull.* 153).

3) Méconnaît les dispositions de l'article 329 du Code de procédure pénale et les droits de la défense la cour d'assises qui, statuant, par arrêt incident, sur l'opposition du ministère public à l'audition de témoins cités par l'accusé et présents à l'audience, a reconnu fondée cette opposition par des motifs erronés, alors que ces témoins avaient été régulièrement signifiés audit ministère public et que les parties civiles ne s'étaient pas opposées à leur audition (Cass. crim., 30 nov. 1988 : *Bull.* 407).

Art. 331. – Les témoins déposent séparément l'un de l'autre, dans l'ordre établi par le président.

Les témoins doivent, sur la demande du président, faire connaître leurs nom, prénoms, âge, profession, leur domicile ou résidence, s'ils connaissaient l'accusé avant le fait mentionné dans l'arrêt de renvoi, s'ils sont parents ou alliés, soit de l'accusé, soit de la partie civile, et à quel degré. Le président leur demande encore s'ils ne sont pas attachés au service de l'un ou de l'autre.

Avant de commencer leur déposition, les témoins prêtent le serment « de parler sans haine et sans crainte, de dire toute la vérité, rien que la vérité ». Cela fait, les témoins déposent oralement.

Sous réserve des dispositions de l'article 309, les témoins ne sont pas interrompus dans leur déposition.

Les témoins déposent uniquement soit sur les faits reprochés à l'accusé, soit sur sa personnalité et sa moralité.

1) En l'absence de toute réclamation de la part de l'accusé ou de son défenseur, la référence à l'article 331 du Code de procédure pénale figurant au procès-verbal des débats suffit à établir l'accomplissement des formalités prescrites par le paragraphe 2 dudit article, lesquelles, d'ailleurs, ne sont pas prescrites à peine de nullité (Cass. crim., 7 nov. 1961 : *Bull.* 441).

2) Les prescriptions de l'article 331, alinéa 2, du Code de procédure pénale ne concernent que les témoins et la circonstance que l'expert aurait déposé sans avoir décliné son identité, son domicile, ni indiqué s'il connaissait l'accusé avant les faits, s'il était son parent ou allié ou celui de la partie civile, ne saurait vicier sa déclaration en l'absence de toute réclamation des parties (Cass. crim., 21 mars 1961 : *Bull.* 187).

3) Le témoin, qui a été au service de l'accusé, n'est pas dispensé de la prestation de serment (Cass. crim., 19 oct. 1977 : *Bull.* 311).

4) Tout témoin cité et dénoncé est acquis aux débats et, en dehors des cas prévus par la loi, doit, à peine de nullité, prêter avant de déposer le serment prescrit par l'article 331 du Code de procédure pénale.

Méconnaît ce principe le président des assises qui entend sans prestation de serment, en vertu de son pouvoir discrétionnaire et à titre de simple renseignement, un témoin cité et dénoncé au seul motif que ledit témoin a, pour des raisons d'ordre religieux, refusé de prêter serment (Cass. crim., 26 nov. 1980 : *Bull.* 318 ; *Gaz. Pal.* 1981, 1, 285, note Angevin).

Méconnaît également ce principe le président de la cour d'assises qui, constatant qu'il avait omis de faire prêter serment à un témoin cité et dénoncé, à l'audition duquel les parties n'avaient pas renoncé, continue de l'entendre en vertu de son pouvoir discrétionnaire, à titre de simple renseignement (Cass. crim., 13 nov. 1986 : *Bull.* 341).

5) Un témoin, cité avant l'ouverture des débats, doit, à peine de nullité, s'il ne se trouve dans un cas d'empêchement ou d'incapacité prévu par la loi, prêter, avant de déposer, le serment prescrit par l'article 331 du Code de procédure pénale ; même si son nom n'a pas été signifié dans les conditions prévues à l'article 281 dudit code, il ne doit être entendu sans prestation de serment que si la partie à qui cette signification aurait dû être faite a formé, conformément à l'article 330 du même code, une opposition reconnue fondée par la cour (Cass. crim., 18 mai 1983 : *Bull.* 146. – Cass. crim., 23 déc. 1986 : *Bull.* 387. – Cass. crim., 14 janv. 1987 : *Bull.* 20).

Tout témoin régulièrement cité doit, à peine de nullité, s'il ne se trouve pas dans un cas d'empêchement ou d'incapacité prévu par la loi, prêter, avant de déposer, le serment prescrit par l'article 331 du Code de procédure pénale, même s'il a été cité sous une identité erronée (Cass. crim., 17 mai 2000 : *Bull.* 195).

6) Un témoin ni cité ni dénoncé n'est pas acquis aux débats. Son audition sans prestation de serment est régulière (Cass. crim., 1er juin 1983 : *Bull.* 168).

Le fait pour une personne de se désister de sa constitution de partie civile ne lui confère pas la qualité de témoin acquis aux débats dès lors qu'elle n'a été ni citée ni dénoncée comme témoin ; son audition sans prestation de serment est dès lors régulière (Cass. crim., 22 févr. 1989 : *Bull.* 88).

7) Lorsqu'un témoin, acquis aux débats, a été entendu à tort sans prestation de serment, le président des assises peut, tant que les débats ne sont pas terminés, annuler l'audition irrégulière et procéder à une nouvelle audition du témoin, cette fois sous serment (Cass. crim., 6 févr. 1980 : *Bull.* 49. – Cass. crim., 15 févr. 1989 : *Bull.* 76).

Le témoin, régulièrement cité et dénoncé, à l'audition duquel les parties ont renoncé, perd sa qualité de témoin acquis aux débats et peut, ainsi, être entendu ultérieurement, à titre de simple renseignement, en vertu du pouvoir discrétionnaire du président ; est ainsi régulière l'audition sans serment d'un témoin qui s'est présenté tardivement au cours des débats, dès lors que son absence avait été régulièrement constatée à l'ouverture de l'audience et qu'il avait été passé outre aux débats, sans opposition des parties (Cass. crim., 19 mai 1998 : *Bull.* 172).

8) La cassation est encourue s'il ne résulte pas expressément des énonciations du procès-verbal des débats, que le témoin ait, avant de déposer, prêté serment dans les termes prescrits par l'alinéa 3 de l'article 331 du Code de procédure pénale (Cass. crim., 19 mai 1978 : *Bull.* 157).

Mais la mention du procès-verbal des débats selon laquelle les témoins ont satisfait aux prescriptions de l'article 331 du Code de procédure pénale est suffisante pour établir qu'ils ont prêté le serment prévu par ce texte (Cass. crim., 20 févr. 1985 : *Bull.* 81).

9) Les termes du serment des témoins prescrits par l'article 331 du Code de procédure pénale sont sacramentels et ne peuvent comporter ni modification ni retranchement (Cass. crim., 4 nov. 1983 : *Bull.* 283 ; *Rev. sc. crim.* 1984, 542, obs. J. Robert).

Mais satisfait aux prescriptions de l'article 331 du Code de procédure pénale l'engagement pris par un témoin de religion juive, par lequel il a « promis de parler sans haine et sans crainte, de dire toute la vérité rien que la vérité », forme qu'il a dit être celle du serment autorisé par sa religion (Cass. crim., 6 mai 1987 : *Bull.* 182).

La Cassation est enrourue, lorsqu'il ne résulte pas de la formule employée que le témoin se soit engagé à parler sans haine et sans crainte (Cass. crim., 6 déc. 2000 : *Bull.* 365).

10) Lorsque des témoins ont été entendus régulièrement, conformément aux dispositions de l'article 331 du Code de procédure pénale, les formalités prescrites par ledit article n'ont pas à être observées de nouveau si ces témoins sont réentendus au cours des débats (Cass. crim., 30 avr. 1980 : *Bull.* 126).

Lorsqu'un témoin a, avant son audition, prêté le serment prescrit par l'article 331 du Code de procédure pénale, ce serment s'applique à l'ensemble de ses déclarations, celles-ci fussent-elles recueillies à diverses reprises au cours des débats. En conséquence, sauf survenance d'une cause d'incapacité ou d'incompatibilité, ce témoin ne peut être entendu par la suite, dans la même affaire, à titre de simple renseignement (Cass. crim., 14 janv. 1987 : *Bull.* 20. – Cass. crim., 8 juill. 1987 : *Bull.* 291. – Cass. crim., 27 mai 1988 : *Bull.* 231. – Cass. crim., 17 mars 1999 : *Bull.* 47).

11) Lorsqu'une personne est entendue en vertu du pouvoir discrétionnaire du président, sur demande de l'accusé, il appartient à celui-ci d'informer la cour qu'il s'agit en réalité d'un témoin cité à sa requête, mais non dénoncé au ministère public. Le demandeur ne saurait se prévaloir d'une absence de prestation de serment contre laquelle il était le seul à pouvoir élever une réclamation à l'audience (Cass. crim., 28 juin 1978 : *Bull.* 216).

12) Un médecin qui a délivré un certificat contenant des renseignements médicaux à la demande du juge d'instruction mais qui n'a pas été commis par celui-ci selon les dispositions des articles 156 et suivants du Code de procédure pénale, ou selon celles de l'article 80, alinéa 7, dudit code, n'a pas la qualité d'expert, dès lors qu'il n'a pas non plus été appelé à procéder à des constatations, conformément à l'article 60 du même code. À l'audience il doit donc prêter le serment des témoins (Cass. crim., 3 oct. 1979 : *Bull.* 269).

Un médecin qui a délivré un certificat médical à la demande de la victime, mais qui n'a été, ni chargé d'une mission d'expertise, ni appelé à procéder à des constatations, conformément à l'article 60 du Code de procédure pénale, doit prêter à l'audience le serment des témoins (Cass. crim., 9 juill. 1980 : *Bull.* 220. – Cass. crim., 11 janv. 1989 : *Bull.* 11).

13) L'accusé ne saurait se faire un grief de l'audition sous serment d'un témoin frappé d'incapacité en application des articles 28 et 34 du Code pénal, dès lors qu'il ne s'est pas opposé à la prestation de serment (Cass. crim., 21 févr. 1979 : *Bull.* 78).

14) Aux termes de l'article 331, alinéa 4 *in fine*, du Code de procédure pénale, les témoins déposent oralement, ce qui implique l'interdiction pour eux de lire une déposition écrite. Fait l'exacte application de la loi le président qui, après s'être aperçu que le témoin s'aidait de notes manuscrites, l'invite à prêter de nouveau serment et à recommencer sa déposition (Cass. crim., 25 juin 1980 : *Bull.* 207).

Les témoins, s'ils doivent déposer oralement, peuvent toutefois, exceptionnellement s'aider de documents si le président les a autorisés à le faire (Cass. crim., 8 janv. 1981 : *Bull.* 7).

15) Lorsque l'accusé a refusé de comparaître malgré la sommation délivrée conformément à l'article 319 du Code de procédure pénale et que le président a ordonné qu'il soit passé outre aux débats, le principe de l'oralité des débats

n'empêche pas ce magistrat de lire les procès-verbaux d'audition et d'interrogatoire de l'accusé lors de l'enquête de police et devant le magistrat instructeur.

Toutefois, le président ne peut, sans violer ce principe, donner lecture du procès-verbal d'audition d'un témoin présent avant d'avoir reçu sa déposition orale (Cass. crim., 2 nov. 1949 : *Bull.* 300. – Cass. crim., 14 mars 1984 : *Bull.* 111).

16) Fait l'exacte application de la loi le président qui, après lui avoir fait prêter serment, ne laisse pas un témoin acquis aux débats poursuivre sa déposition, après que celui-ci a précisé qu'il n'était pas en état de déposer, ni sur les faits reprochés aux accusés, ni sur leur personnalité, ni sur leur moralité (Cass. crim., 31 janv. 1979 : *Bull.* 46 ; *D.* 1979, inf. rap. 217, obs. Puech ; *Rev. sc. Cass. crim.,* 1979, 861, obs. J. Robert).

Fait l'exacte application de la loi le président qui, après lui avoir fait prêter serment, met fin à la déposition d'un témoin après que celui-ci eut déclaré qu'il n'avait aucune connaissance des faits de la poursuite, non plus que de la personnalité ni de la moralité de l'accusé.

Est de même justifié l'arrêt incident qui, se fondant sur ces déclarations, a par la suite rejeté des conclusions tendant à ce que la déposition de ce témoin soit néanmoins recueillie (Cass. crim., 21 avr. 1982 : *Bull.* 97).

Relève du pouvoir discrétionnaire du président et ne constitue pas une interruption au sens de l'article 331, alinéa 4, du Code de procédure pénale le fait, au cours de la déposition d'un témoin ou de l'exposé d'un expert, de présenter des documents ou des pièces à conviction (Cass. crim., 9 déc. 1992 : *Bull.* 413).

17) En imposant certaines limites à l'audition des personnes appelées en qualité de témoins, l'article 331, dernier alinéa, du Code de procédure pénale ne fait aucune discrimination selon que celles-ci ont été citées par l'accusation ou par la défense.

Ces dispositions ne vont pas à l'encontre des prescriptions de l'article 6-3 *d* de la Convention européenne de sauvegarde des droits de l'homme et des libertés fondamentales (Cass. crim., 4 nov. 1983 : *Bull.* 282 ; *Rev. sc. Cass. crim.,* 1984, 542, obs. J. Robert).

18) Les paroles spontanément prononcées à l'audience par un témoin sont sans influence sur la validité de la procédure (Cass. crim., 28 févr. 1979 : *Bull.* 90).

19) L'audition d'un témoin après les réquisitions du ministère public, même si elle n'est pas intervenue dans le cours du déroulement normal de la procédure à l'audience, n'a pas porté préjudice aux intérêts du demandeur (Cass. crim., 6 févr. 1980 : *Bull.* 49).

20) Un accusé ne saurait se prévaloir de ce qu'un témoin régulièrement cité par un coaccusé n'a pas été entendu, cette irrégularité ne faisant pas grief à ses intérêts (Cass. crim., 27 mai 1981 : *Bull.* 175).

21) Toute formalité non constatée par le procès-verbal des débats est réputée n'avoir pas été accomplie.

Ne met pas la Cour de cassation en mesure d'exercer son contrôle sur la régularité de la procédure au regard des dispositions des articles 331 et 335 du Code de procédure pénale, lesquels prescrivent des formalités substantielles, le procès-verbal qui, après avoir constaté que la cour a ordonné le huis clos pour l'audition d'un témoin acquis aux débats, omet d'indiquer dans quelles conditions la déposition de ce témoin a été recueillie (Cass. crim., 9 oct. 1985 : *Bull.* 307).

22) La constatation du procès-verbal des débats qu'un témoin « condamné » n'a pas prêté le serment prescrit par la loi, ne permet pas à la Cour de cassation de vérifier si ledit témoin subissait une peine à laquelle la loi attache l'interdiction de témoigner en justice autrement que pour y donner de simples renseignements (Cass. crim., 20 nov. 1985 : *Bull.* 367 ; *Rev. sc. Cass. crim.,* 1986, 892, obs. Braunschweig).

23) Dès lors qu'il n'a été présenté aucune observation ou réclamation de la part de l'une quelconque des parties lorsqu'un témoin, acquis aux débats, a déclaré être l'épouse de l'un des accusés, le président peut, sans violation de l'article 331 du Code de procédure pénale, procéder à son audition en vertu de son pouvoir discrétionnaire, sans prestation de serment et à titre de simple renseignement (Cass. crim., 27 nov. 1985 : *Bull.* 382).

Il en est de même lorsque le témoin a déclaré être le beau-frère de l'accusé (Cass. crim., 22 déc. 1987 : *Bull.* 480).

24) La décision de passer outre aux débats en cas d'absence d'un témoin acquis à ceux-ci, ne peut être prise par le président des assises,

dès lors que l'accusé ayant déclaré ne pas renoncer à cette audition, un incident contentieux a pris naissance qui nécessite l'intervention de la cour (Cass. crim., 11 mai 1988 : *Bull.* 208).

Si la cour est seule compétente pour ordonner la comparution forcée du témoin absent, en revanche, le président, après avoir constaté que l'intéressé n'avait pas été découvert, peut, sans excéder ses pouvoirs, décider, en l'absence d'observations des parties, qu'il serait passé outre aux débats (Cass. crim., 1er févr. 1995 : *Bull.* 40).

25) Tout témoin cité et dénoncé est acquis aux débats et, en dehors des cas prévus par la loi, doit, à peine de nullité, prêter, avant de déposer, le serment prescrit par l'article 331 du Code de procédure pénale. Méconnaît ce principe le président de la cour d'assises qui entend à titre de simples renseignements, en vertu de son pouvoir discrétionnaire, le témoin qui s'est constitué partie civile, mais dont la constitution a été contestée, alors que la Cour a rendu un arrêt incident disant qu'il serait sursis à statuer sur l'exception d'irrecevabilité jusqu'à l'audience civile (Cass. crim., 4 déc. 1991 : *Bull.* 459 ; *Rev. sc. Cass. crim.*, 1992, 609, obs. Braunschweig).

26) Aucun texte n'exige que tous les experts commis au cours de l'information comparaissent devant la cour d'assises ; il en est ainsi lorsque des experts rédacteurs ou signataires d'un rapport commun, bien que régulièrement cités, ont pris accord pour être représentés à la barre par certains d'entre eux. Dans un tel cas, l'absence de toute observation ou réclamation de l'accusé ou de son avocat implique une renonciation implicite de la défense à l'audition des experts non comparants (Cass. crim., 6 août 1996 : *Bull.* 303).

Art. 332. – Après chaque déposition, le président peut poser des questions aux témoins.

Le ministère public, ainsi que les conseils de l'accusé et de la partie civile, l'accusé et la partie civile ont la même faculté, dans les conditions déterminées à l'article 312.

Art. 333. – Le président fait dresser d'office ou à la requête *(Ord. n. 60-529, 4 juin 1960, art. 8)* « du ministère public ou des parties », par le greffier, un procès-verbal des additions, changements ou variations qui peuvent exister entre la déposition d'un témoin et ses précédentes déclarations. Ce procès-verbal est joint au procès-verbal des débats.

1) Le président de la cour d'assises apprécie souverainement d'après les débats, s'il existe des additions, changements ou variations entre la déposition d'un témoin et ses précédentes déclarations et s'il y a lieu d'en établir un procès-verbal. Il n'est pas tenu de motiver sa décision (Cass. crim., 14 avr. 1972 : *Bull.* 119).

2) L'article 333 du Code de procédure pénale attribue au président seul le droit de faire dresser au procès-verbal des additions, changements ou variations qui peuvent exister entre la déposition d'un témoin et ses précédentes déclarations ; il n'appartient pas à la cour d'intervenir dans l'exercice de ce droit personnel et exclusif du président (Cass. crim., 11 janv. 1977 : *Bull.* 12).

3) Le procès-verbal des additions, changements ou variations entre la déposition d'un témoin et ses précédentes déclarations, que le président de la cour d'assises fait, le cas échéant, dresser par le greffier en application de l'article 333 du Code de procédure pénale, doit, à peine de nullité de la procédure, être signé par le président et par le greffier (Cass. crim., 4 déc. 1985 : *Bull.* 389).

Art. 334. – Chaque témoin, après sa déposition, demeure dans la salle d'audience, si le président n'en ordonne autrement, jusqu'à la clôture des débats.

Si des témoins ont été entendus à deux reprises, et s'ils sont restés dans la salle d'audience après leur première déposition, c'est en application des dispositions de l'article 334 du Code de procédure pénale (Cass. crim., 14 déc. 1977 : *Bull.* 397. – Cass. crim., 30 avr. 1980 : *Bull.* 126. – Cass. crim., 15 févr. 1989 : *Bull.* 76).

Art. 335. – Ne peuvent être reçues sous la foi du serment les dépositions :

1° Du père, de la mère ou de tout autre ascendant de l'accusé, ou de l'un des accusés présents et soumis au même débat ;
2° Du fils, de la fille ou de tout autre descendant ;
3° Des frères et sœurs ;
4° Des alliés aux mêmes degrés ;
5° Du mari ou de la femme ; cette prohibition subsiste même après le divorce ;
6° De la partie civile ;
7° Des enfants au-dessous de l'âge de seize ans.

1) Les parents et alliés à un degré prohibé d'un des accusés ne sont pas admis à témoigner à l'égard d'aucun des accusés présents à l'audience et soumis aux mêmes débats (Cass. crim., 15 déc. 1954 : *Bull.* 399. – Cass. crim., 12 déc. 1990 : *Bull.* 428).

La mère d'un coaccusé, faisant l'objet d'une poursuite distincte par contumace, doit être entendue après prestation de serment dès lors qu'elle a été régulièrement citée et dénoncée en qualité de témoin (Cass. crim., 22 juin 1976 : *Bull.* 227).

Cité en qualité de témoin au procès d'un majeur jugé par la cour d'assises, le père d'un coauteur mineur renvoyé par le même arrêt de la chambre d'accusation devant le tribunal pour enfants, doit prêter le serment prescrit par l'article 331 du Code de procédure pénale.

La prohibition prévue par l'article 335-1° du même code ne s'applique en effet qu'au père de l'accusé ou de l'un des accusés présents et soumis au même débat.

Le père du coauteur mineur ne peut, d'autre part, être cité en qualité de civilement responsable que devant la juridiction compétente pour juger son fils (Cass. crim., 22 avr. 1977 : *Bull.* 129).

Doit prêter le serment de témoin le père des victimes mineures entendu en qualité de témoin et non de représentant légal. (Cass. crim., 29 nov. 1989 : *Bull.* 456).

En revanche, la mère d'un mineur, lorsqu'elle intervient en qualité d'administrateur légal de la victime, devient partie civile (Cass. crim., 16 déc. 1992 : *Bull.* 423).

2) Une sœur utérine appartient à la catégorie des personnes énumérées par l'article 335 du Code de procédure pénale dont les dépositions ne peuvent être reçues sous la foi du serment (Cass. crim., 30 mars 1977 : *Bull.* 118).

Il appartient à la Cour de cassation de se reporter aux pièces de procédure pour contrôler le lien de parenté entre l'accusé et un témoin désigné comme « demi-sœur » de l'accusé *(même arrêt)*.

3) L'enfant d'un premier lit de l'un des conjoints est l'allié au degré prohibé de l'autre conjoint et doit donc être entendu sans prestation de serment (Cass. crim., 7 janv. 1958 : *Bull.* 18. – Cass. crim., 18 déc. 1968 : *Bull.* 348. – Cass. crim., 4 mars 1998 : *Bull.* 83).

Le conjoint d'une alliée de l'accusé n'est pas lui-même, dans l'acception juridique du mot, l'allié de ce dernier.

Constitue dès lors une fausse application de l'article 335 du Code de procédure pénale, en même temps qu'une violation de l'article 331 de ce code, l'audition sans serment du mari de la fille d'un premier lit de l'épouse de l'accusé (Cass. crim., 4 déc. 1962 : *Bull.* 353).

Mais le gendre de l'accusé est un allié au premier degré en ligne directe de celui-ci et entre donc dans les prévisions de l'article 335-4° du Code de procédure pénale.

Dès lors, c'est à bon droit qu'il a été entendu sans prestation de serment, à titre de simples renseignements (Cass. crim., 5 déc. 1990 : *Bull.* 418).

Le conjoint du frère ou de la sœur de l'un des époux n'est pas dans l'acception juridique du mot l'allié de l'autre époux. Le conjoint du frère de la femme de l'accusé, cité comme témoin, doit dès lors prêter serment avant son audition (Cass. crim., 21 déc. 1972 : *Bull.* 399).

De même l'épouse du frère du mari de l'accusée doit prêter serment (Cass. crim., 28 avr. 1978 : *Bull.* 131).

Si le procès-verbal des débats ne précise pas le lien de parenté ou d'alliance qui unit le témoin et l'accusé, la preuve de ce lien peut être recherchée dans les énonciations de l'arrêt de renvoi (Cass. crim., 18 déc. 1968 : *Bull.* 348).

L'alliance, comme motif de reproche à l'égard des témoins, survit au conjoint qui en formait le lien. C'est, par suite, à bon droit qu'est entendu sans prestation de serment, le frère du mari défunt de l'accusée (Cass. crim., 13 mars 1952 : *Bull.* 74).

De même l'enfant d'un précédent lit d'une femme remariée avec l'accusé et décédée, ainsi que la sœur de cette femme, sont des alliés de l'accusé et doivent donc être entendus sans prestation de serment (Cass. crim., 3 sept. 1977 : *Bull.* 278).

Si, en application de l'article 335 du Code de procédure pénale, l'interdiction d'entendre sous la foi du serment la femme de l'accusé subsiste après le divorce, il n'en va pas de même pour les membres de la belle-famille de l'accusé dès lors que leur alliance avec celui-ci a cessé à la suite de la dissolution du mariage (Cass. crim., 4 août 1984 : *Bull.* 267).

De même l'ancien gendre de l'accusé, dont le mariage avec la fille de celui-ci a été dissous, doit être entendu comme témoin avec prestation de serment (Cass. crim., 4 févr. 1954 : *Bull.* 54).

Mais une ordonnance de non-conciliation qui n'a qu'un caractère provisoire ne saurait être assimilée à une décision de divorce définitive qui seule a pour effet de rompre le lien d'alliance résultant du mariage.

Les dispositions de l'article 335 du Code de procédure pénale sont donc applicables à la mère de la victime, épouse non divorcée de l'accusé (Cass. crim., 27 avr. 1988 : *Bull.* 183).

4) Aux termes de l'article 335-5° du Code de procédure pénale, la déposition de la femme de l'accusé ne peut être reçue sous la foi du serment et la prohibition subsiste même après le divorce.

Si le procès-verbal ne précise pas le lien d'alliance qui unit le témoin et l'accusé, la Cour de cassation peut rechercher la preuve de ce lien en se référant aux pièces de procédure et notamment aux énonciations de l'arrêt de renvoi (Cass. crim., 25 juin 1980 : *Bull.* 207).

Mais les exclusions portées par ledit article sont limitatives. Doit, en conséquence, être entendue sous serment une femme que n'unit à l'accusé qu'un simple mariage religieux (Cass. crim., 12 janv. 1983 : *Bull.* 16 ; *Rev. sc. crim.* 1983, 687, obs. J. Robert).

5) C'est à bon droit qu'un témoin cité et notifié, qui s'est constitué partie civile avant son audition, est entendu sans prestation de serment. En effet, nul ne peut, dans la même affaire, être témoin et partie (Cass. crim., 28 janv. 1958 : *Bull.* 91).

Est régulière par application de l'article 335-6° du Code de procédure pénale l'audition sans prestation de serment d'une personne citée et dénoncée comme témoin, mais qui s'était constituée partie civile au cours de l'information alors même qu'elle n'a pas renouvelé sa constitution de partie civile à l'audience de la cour d'assises. Cette personne conserve sa qualité de partie civile à défaut d'une renonciation expresse (Cass. crim., 17 nov. 1971 : *Bull.* 310. – Cass. crim., 3 juill. 1990 : *Bull.* 274).

Un témoin dont la constitution de partie civile à l'audience a fait l'objet d'une exception d'irrecevabilité sur laquelle la cour a sursis à statuer, peut être entendu avant que celle-ci ne se prononce, dès lors que cette audition n'a donné lieu à aucune opposition des parties (Cass. crim., 2 déc. 1998 : *Bull.* 328).

Est régulièrement entendu à l'audience sans prestation de serment un mineur cité comme témoin, dont le père s'était précédemment constitué partie civile en tant que représentant légal de ce mineur (Cass. crim., 29 nov. 1967 : *Bull.* 308. – Cass. crim., 4 janv. 1968 : *Bull.* 2).

Aucune disposition légale n'oblige le président des assises à annuler le serment d'un témoin qui, postérieurement à sa déposition, s'est constitué partie civile (Cass. crim., 18 nov. 1981 : *Bull.* 307).

L'énumération contenue dans l'article 335 du Code de procédure pénale des témoins reprochables est limitative et ne peut s'appliquer par conséquent à l'épouse de la partie civile qui n'est pas elle-même partie dans l'instance (Cass. crim., 26 juill. 1966 : *Bull.* 212 ; *Rev. sc. Cass. crim.*, 1967, 190, obs. J. Robert. – Cass. crim., 24 janv. 1990 : *Bull.* 44).

Elle ne peut non plus s'appliquer à la fille de la partie civile qui n'est pas elle-même partie dans l'instance (Cass. crim., 25 mai 1960 : *Bull.* 288).

Ni au gendre de la victime, celle-ci fût-elle partie civile (Cass. crim., 20 avr. 1983 : *Bull.* 112).

Dès lors qu'un témoin n'avait pas la qualité de partie civile au moment où il a été entendu comme témoin, serment préalablement prêté, il n'a été commis aucune violation de l'article 335 du Code de procédure pénale non plus que de l'article 6 de la Convention européenne de sauvegarde des droits de l'homme et des libertés fondamentales, rien ne permettant d'induire du fait allégué que la cause de l'accusé n'a pas été entendue équitablement par un tribunal indépendant et impartial (Cass. crim., 12 mars 1986 : *Bull.* 106. – Cass. crim., 23 nov. 1994 : *Bull.* 373).

6) L'énumération à l'article 335 du Code de procédure pénale des personnes qui ne peuvent être entendues sous la foi du serment est limitative. Cette dérogation aux prescriptions de l'article 331 relatives au serment des témoins ne s'applique ni au concubin de l'accusée ni aux parents ou alliés de la victime (Cass. crim., 21 mars 1973 : *Bull.* 141), ni à la concubine de l'accusé, même si le concubinage présente un certain caractère de stabilité (Cass. crim., 15 oct. 1986 : *Bull.* 289).

Les dispositions de l'article 335 du Code de procédure pénale ne sont pas non plus applicables à l'oncle et à la cousine germaine de l'accusé (Cass. crim., 9 janv. 1980 : *Bull.* 16).

7) Malgré un renvoi devant la cour d'assises par un seul arrêt, le coaccusé, condamné à une peine correctionnelle, puis cité comme témoin lors de la comparution d'un autre accusé bénéficiaire d'une ordonnance de disjonction, ne rentre pas dans les cas d'exclusion prévus par la loi et doit prêter serment (15 janv. 1975 : *Bull.* 18 ; *Rev. sc. Cass. crim.*, 1975, 1029, obs. J. Robert).

Le coaccusé, renvoyé devant la cour d'assises pour un délit connexe et qui a été cité comme témoin lors de la comparution d'un autre accusé renvoyé pour crime, n'est pas soumis au même débat et doit prêter serment (Cass. crim., 14 déc. 1988 : *Bull.* 431).

Il en est de même pour l'inculpé ayant bénéficié d'une ordonnance de non-lieu et cité comme témoin au procès d'un coïnculpé (Cass. crim., 4 mai 1977 : *Bull.* 156).

Rien ne s'oppose à ce qu'un coaccusé soit appelé à déposer au procès d'un accusé lorsqu'ils ne sont pas soumis au même débat.

Mais le président fait l'exacte application des articles 28 et 34 du Code pénal et 310 du Code de procédure pénale en entendant, en vertu de son pouvoir discrétionnaire et sans prestation de serment, ce coaccusé, pourtant cité en qualité de témoin et régulièrement dénoncé, dès lors qu'ayant été condamné à une peine criminelle devenue définitive, il est frappé d'incapacité de témoigner sous serment (Cass. crim., 29 nov. 1989 : *Bull.* 455).

La personne citée comme civilement responsable ne peut pas être entendue sous la foi du serment, alors même qu'elle a été également citée et dénoncée comme témoin (Cass. crim., 20 oct. 1971 : *Bull.* 275 ; *Rev. sc. crim.* 1972, 896, obs. J. Robert).

8) En présence de la déclaration d'un témoin se disant épouse divorcée de l'accusé, le président peut, en vertu de l'article 335 du Code de procédure pénale, l'entendre sans prestation de serment, dès lors que cet état n'a fait l'objet d'aucune contestation ou réclamation de la part de l'accusé ou du ministère public et bien qu'il ait été produit pour la première fois devant la Cour de cassation un document selon lequel le mariage entre l'accusé et le témoin avait fait l'objet non d'un jugement de divorce, mais d'un jugement d'annulation (Cass. crim., 3 oct. 1985 : *Bull.* 296 ; *Rev. sc. crim.* 1986, p. 407, obs. Braunschweig).

La constatation, par le procès-verbal des débats, qu'un témoin était le gendre de l'accusé, sans que cette qualité fût contestée par quiconque, justifie son audition sans prestation de serment. La production, pour la première fois devant la Cour de cassation, d'une expédition d'un jugement prononçant le divorce entre le témoin et la fille de l'accusé est inopérante (Cass. crim., 1er juin 1988 : *Bull.* 241. – Cass. crim., 18 oct. 1995 : *Bull.* 313).

9) Après une audition sans serment de la fille de l'épouse divorcée de l'accusé, mineure de seize ans, régulièrement citée et dénoncée, la nouvelle audition de celle-ci, après prestation de serment, annule implicitement la première audition irrégulière de ce témoin (Cass. crim., 4 mai 1994 : *Dr. pénal* 1994, n. 170, note).

10) Les prohibitions édictées par l'article 335 du Code de procédure pénale ne peuvent être étendues au-delà des cas fixés par ce texte. Les dispositions dudit article ne sont donc pas applicables au père nourricier et à la mère nourricière de l'accusé (Cass. crim., 3 oct. 1985 : *Bull.* 297 ; *Rev. sc. crim.* 1986, p. 407, obs. Braunschweig).

11) C'est à la date de sa déposition, et non à celle des faits sur lesquels il est appelé à déposer, qu'il faut se placer pour apprécier l'âge d'un témoin (Cass. crim., 29 nov. 1989 : *Bull.* 456).

12) Répondent suffisamment aux exigences de la loi les mentions du procès-verbal des

débats qui relatent que plusieurs témoins, dont il est précisé qu'ils sont acquis aux débats mais visés par la prohibition de l'article 335 du Code de procédure pénale, ont été entendus sans prestation de serment, aucune autre mention du procès-verbal n'établissant que les parties aient élevé une contestation à ce sujet (Cass. crim., 3 avr. 1996 : *Bull.* 149).

Art. 336. – Néanmoins, l'audition sous serment des personnes désignées par l'article précédent n'entraîne pas nullité lorsque le ministère public ni aucune des parties ne s'est opposé à la prestation de serment.

En cas d'opposition du ministère public ou d'une ou plusieurs des parties, le témoin peut être entendu à titre de renseignements, en vertu du pouvoir discrétionnaire du président.

1) Aux termes de l'article 336 du Code de procédure pénale, l'audition sous serment des personnes désignées à l'article 335 du même code n'entraîne pas nullité lorsque le ministère public ni aucune des parties ne s'est opposé à la prestation de serment (Cass. crim., 22 nov. 1967 : *Bull.* 299. – Cass. crim., 29 janv. 1970 : *Bull.* 45).

2) La partie civile est un témoin simplement reprochable. Par suite son audition sous la foi du serment n'est pas une cause de nullité si elle a eu lieu sans opposition (Cass. crim., 16 mars 1959 : *Bull.* 185).

L'accusé n'est pas fondé à invoquer une violation de l'article 6 de la Convention européenne des droits de l'homme et des libertés fondamentales tenant à l'audition sous serment d'un témoin acquis aux débats qui s'était constitué partie civile avant son audition, dès lors qu'il n'a pas usé de la faculté que lui donnait l'article 336 du Code de procédure pénale de s'opposer à la prestation de serment de ce témoin (Cass. crim., 13 mars 1985 : *Bull.* 112).

Art. 337. – La personne qui, agissant en vertu d'une obligation légale ou de sa propre initiative, a porté les faits poursuivis à la connaissance de la justice, est reçue en témoignage mais le président en avertit la cour d'assises.

Celui dont la dénonciation est récompensée pécuniairement par la loi peut être entendu en témoignage, à moins qu'il n'y ait opposition d'une des parties ou du ministère public.

1) N'est pas prescrite à peine de nullité la disposition de l'article 337 du Code de procédure pénale selon laquelle la cour d'assises doit être avertie qu'un témoin est la personne qui a porté les faits poursuivis à la connaissance de la justice (Cass. crim., 22 juin 1977 : *Bull.* 231).

2) Si un officier de police judiciaire n'entre pas dans les prévisions de l'alinéa 1er de l'article 337 du Code de procédure pénale, l'avertissement prévu par ce texte et donné à tort par le président de la cour d'assises ne constitue pas toutefois une violation des droits de la défense (Cass. crim., 4 avr. 1979 : *Bull.* 139).

3) Les officiers de police judiciaire qui ont procédé à l'enquête n'entrent pas dans les prévisions de l'article 337 du Code de procédure pénale ; lorsqu'ils déposent devant la cour d'assises, le président n'a pas à leur donner l'avertissement prévu par ce texte dont les dispositions, au demeurant, ne sont pas prescrites à peine de nullité (Cass. crim., 29 nov. 1989 : *Bull.* 456).

Art. 338. – Le ministère public ainsi que la partie civile et l'accusé peuvent demander, et le président peut toujours ordonner, qu'un témoin se retire momentanément de la salle d'audience, après sa déposition, pour y être introduit et entendu s'il y a lieu après d'autres dépositions, avec ou sans confrontation.

Art. 339. – Le président peut, avant, pendant ou après l'audition d'un témoin, faire retirer un ou plusieurs accusés, et les examiner séparément sur quelques circonstances du procès ; mais il a soin de ne reprendre la suite des débats qu'après avoir instruit chaque accusé de ce qui s'est fait en son absence, et ce qui en est résulté.

L'article 339 du Code de procédure pénale, qui invite le président de la cour d'assises à instruire l'accusé momentanément éloigné de l'audience de ce qui s'est fait en son absence, ne prévoit pas la forme dans laquelle cet acte doit être donné.

Répond aux exigences de ce texte, l'énonciation du procès-verbal qui constate qu'après son retour à l'audience, l'accusé a été instruit des déclarations de ses coaccusés et a été à nouveau interrogé (Cass. crim., 12 janv. 1977 : *Bull.* 17 ; *Gaz. Pal.* 1977, 1, 290).

Art. 340. – Pendant l'examen, les magistrats et les jurés peuvent prendre note de ce qui leur paraît important soit dans les dépositions des témoins, soit dans la défense de l'accusé, pourvu que les débats ne soient pas interrompus.

Art. 341. – Dans le cours ou à la suite des dépositions, le président fait, s'il est nécessaire, présenter à l'accusé ou aux témoins les pièces à conviction et reçoit leurs observations.

Le président les fait aussi présenter, s'il y a lieu, aux assesseurs et aux jurés.

1) Si aux termes de l'article 341 du Code de procédure pénale, le président fait, s'il est nécessaire, présenter à l'accusé ou aux témoins les pièces à conviction et reçoit leurs observations, ce texte ne fait pas une obligation au président d'interpeller l'accusé à ce sujet, il appartient à ce dernier, s'il le juge opportun, de demander la parole pour user de la faculté que lui donne la loi (Cass. crim., 3 avr. 1974 : *Bull.* 142).

2) Les conditions dans lesquelles le président, conformément aux dispositions de l'article 341 du Code de procédure pénale, fait présenter les pièces à conviction ne sauraient donner ouverture à cassation dès lors que ni l'accusé, ni son conseil n'ont élevé de protestation au cours de cette présentation, et que les droits de la défense n'ont pas été méconnus (Cass. crim., 20 juill. 1976 : *Bull.* 262. – Cass. crim., 22 janv. 1997 : *Bull.* 24).

3) Les réponses des accusés et les déclarations des témoins faites lors de la présentation des pièces à conviction ne peuvent être insérées au procès-verbal des débats sans l'ordre exprès du président (Cass. crim., 12 oct. 1983 : *Bull.* 243).

4) Le président peut produire à l'audience, s'il y a lieu, une pièce à conviction, même dans le cas où elle n'a pas été présentée à l'inculpé au cours de l'information (Cass. crim., 28 févr. 1979 : *Bull.* 90).

5) Rien n'interdit au président de faire présenter une pièce à conviction, objet d'une expertise, avant l'audition de l'expert (Cass. crim., 5 janv. 1994 : *Bull.* 9).

6) Le ministère public a le droit de produire à l'audience tous les documents qui lui paraissent utiles, sauf le droit, pour les autres parties, d'examiner les pièces produites et de présenter toutes observations à leur sujet (Cass. crim., 8 janv. 1997 : *Bull.* 5).

Art. 342. – Si, d'après les débats, la déposition d'un témoin paraît fausse, le président, soit d'office, soit à la requête du ministère public ou d'une des parties, peut ordonner spécialement à ce témoin d'être présent aux débats jusqu'à leur clôture et en outre de demeurer dans la salle d'audience jusqu'au prononcé de l'arrêt de la cour d'assises. En cas d'infraction à cet ordre, le président fait mettre le témoin en état d'arrestation provisoire.

Après lecture de l'arrêt de la cour d'assises, ou, dans le cas de renvoi à une autre session, le président ordonne que le témoin soit, par la force publique, conduit sans délai devant le procureur de la République qui requiert l'ouverture d'une information.

Le greffier transmet à ce magistrat une expédition du procès-verbal qui a pu être dressé par application de l'article 333.

La faculté donnée par l'article 342 du Code de procédure pénale au président de la cour d'assises, rentre dans l'exercice du pouvoir discrétionnaire qui lui est conféré par l'article 310 du même code.

Par suite, l'emploi des mesures indiquées par l'article 342 précité, le refus par le président de les prendre ou son inaction ne peuvent, dans aucun cas, devenir le fondement d'un moyen de cassation (Cass. crim., 2 févr. 1966 : *Bull.* 29).

Art. 343. – En tout état de cause, la cour peut ordonner d'office, ou à la requête du ministère public ou de l'une des parties, le renvoi de l'affaire à la prochaine session.

1) Si dans le cas prévu par l'article 342 du Code de procédure pénale, la cour peut, conformément aux dispositions de l'article 343 du même code, ordonner le renvoi de l'affaire à la prochaine session, aucun texte n'exige qu'elle se prononce à cet égard (Cass. crim., 13 mars 1963 : *Bull.* 118).

2) Aux termes de l'article 343 du Code de procédure pénale, la cour est investie d'un pouvoir exclusif et souverain pour décider, au cours des débats et en tout état de cause, d'office ou à la requête du ministère public ou de l'une des parties, s'il y a lieu d'ordonner le renvoi de l'affaire à la prochaine session (Cass. crim., 25 févr. 1965 : *Bull.* 63. – Cass. crim., 23 mai 1967 : *Bull.* 159 ; *Rev. sc. crim.* 1967, 879, obs. J. Robert).

3) Aucune disposition de la loi n'interdit que l'affaire soit renvoyée à un autre jour de la même session, avec formation dans ce cas d'un nouveau jury de jugement.

Ce renvoi ne porte aucune atteinte aux droits de la défense, dès lors qu'il est constaté que l'accusé y a expressément consenti (Cass. crim., 10 mai 1978 : *Bull.* 147).

Art. 344 *(L. n. 72-1226, 29 déc. 1972, art. 15)*. **– Dans le cas où l'accusé,** *(L. n. 2000-516, 15 juin 2000, art. 110-1)* **la partie civile, les témoins ou l'un d'eux ne parlent pas suffisamment la langue française ou s'il est nécessaire de traduire un document versé aux débats, le président nomme d'office un interprète, âgé de vingt et un ans au moins, et lui fait prêter serment d'apporter son concours à la justice en son honneur et en sa conscience.**

Le ministère public, l'accusé et la partie civile peuvent récuser l'interprète en motivant leur récusation. La cour se prononce sur cette récusation. Sa décision n'est susceptible d'aucune voie de recours.

L'interprète ne peut, même du consentement de l'accusé ou du ministère public, être pris parmi les juges composant la cour, les jurés, le greffier qui tient l'audience, les parties et les témoins.

1) Il n'y a pas nullité lorsque la formule employée pour le serment de l'interprète à l'audience, bien que ne reproduisant pas celle qui est prévue par l'article 344 du Code de procédure pénale, en exprime cependant le sens sans le dénaturer ni le restreindre (Cass. crim., 22 févr. 1977 : *Bull.* 70 ; *Gaz. Pal.* 1977, 1, 281. – Cass. crim., 9 nov. 1983 : *Bull.* 296 ; *Rev. sc. crim.* 1984, 542, obs. J. Robert).

2) Les incompatibilités prévues par l'article 344 du Code de procédure pénale sont de droit étroit et ne peuvent pas être étendues par voie d'analogie à un gendarme désigné comme interprète au cours des débats (Cass. crim., 21 déc. 1977 : *Bull.* 409).

3) La prohibition édictée par le 3e alinéa de l'article 344 du Code de procédure pénale, aux termes duquel l'interprète ne peut être pris, notamment, parmi les témoins, s'applique à tous les témoins, qu'ils aient été cités et déposent sous la foi du serment ou qu'ils aient été entendus en vertu du pouvoir discrétionnaire du président (Cass. crim., 27 oct. 1982 : *Bull.* 236).

Mais peut être désignée en qualité d'interprète une personne citée comme témoin qui n'a pas déposé du fait de la renonciation des parties à son audition, dès lors qu'elle remplit les autres conditions exigées par l'article 344 du Code de procédure pénale (Cass. crim., 20 avr. 1987 : *Bull.* 170).

4) L'article 344 n'interdit pas l'audition comme témoin de la personne qui a servi d'interprète pendant l'information (Cass. crim., 30 sept. 1992 : *Bull.* 295).

5) Le serment prêté par l'interprète à l'ouverture des débats conserve sa valeur jusqu'à la fin de l'affaire (Cass. crim., 22 oct. 1987 : *Bull.* 364).

6) La seule constatation, par le procès-verbal des débats, que, l'accusé ne parlant pas le français, le président a nommé d'office deux interprètes, n'établit pas que ceux-ci ont rempli leur mission conformément à la loi (Cass. crim., 20 juin 1990 : *Bull.* 253).

Est suffisante, à défaut de mentions contraires ou résultant de donnés-acte qu'il appartenait à l'accusé ou à son conseil de solliciter, la mention du procès-verbal des débats indiquant que l'interprète, assistant l'accusé ne parlant pas suffisamment la langue française, a prêté son concours « pendant le cours des débats », une telle formule impliquant que l'interprète est intervenu chaque fois que cela a été nécessaire (Cass. crim., 30 oct. 1996 : *Bull.* 382).

7) Lorsque plusieurs accusés ou témoins parlent des langues étrangères différentes, il doit être constaté, non seulement que les déclarations de chacun d'eux ont été traduites en français, mais aussi qu'elles l'ont été dans les langues que comprennent les autres *(même arrêt).*

Ni l'accusé ni son conseil n'ayant élevé d'incident contentieux au moment de leur lecture par le président, le défaut de traduction à l'accusé des questions principales auxquelles la Cour et le jury auront à répondre ne saurait constituer une atteinte aux droits de la défense (Cass. crim., 9 mars 1995 : *Bull.* 97).

8) Ne méconnaît pas les dispositions des articles 278 du Code de procédure pénale et 6.3 de la Convention européenne de sauvegarde des droits de l'homme et des libertés fondamentales, la cour d'assises qui, après avoir ordonné le huis clos, refuse d'autoriser la présence d'un interprète officieux, choisi par l'accusé, dès lors, d'une part, qu'un interprète a effectivement été commis par le président, conformément aux dispositions de l'article 344 du Code de procédure pénale, afin de permettre à l'accusé de suivre les débats, et de communiquer chaque fois qu'il était nécessaire avec son conseil, d'autre part, que le procès-verbal des débats constate que l'interprète a assisté l'accusé chaque fois qu'il a été nécessaire (Cass. crim., 2 févr. 1994 : *Bull.* 49 ; *Dr. pénal* 1994, n. 197, note).

Art. 345 *(L. n. 2000-516, 15 juin 2000, art. 37, applic. 1er janv. 2001).* **– Si l'accusé est atteint de surdité, le président nomme d'office pour l'assister lors du procès un interprète en langue des signes ou toute personne qualifiée maîtrisant un langage ou une méthode permettant de communiquer avec les sourds. Celui-ci prête serment d'apporter son concours à la justice en son honneur et en sa conscience.**

Le président peut également décider de recourir à tout dispositif technique permettant de communiquer avec la personne atteinte de surdité.

Si l'accusé sait lire et écrire, le président peut également communiquer avec lui par écrit.

Les autres dispositions du précédent article sont applicables.

Le président peut procéder de même avec les témoins ou les parties civiles atteints de surdité.

Art. 346 *(Mod., L. n. 93-2, 4 janv. 1993, art. 224).* **– Une fois l'instruction à l'audience terminée, la partie civile ou son avocat est entendu. Le ministère public prend ses réquisitions.**

L'accusé et son avocat présentent leur défense.

La réplique est permise à la partie civile et au ministère public, mais l'accusé ou son avocat auront toujours la parole les derniers.

1) Le fait pour une partie civile de ne pas user, une fois l'instruction à l'audience terminée, de la faculté que lui confère l'article 346 du Code de procédure pénale, ne saurait porter atteinte aux droits de la défense (Cass. crim., 23 nov. 1977 : *Bull.* 366).

2) Si le procès-verbal des débats ne constate pas que, l'instruction à l'audience terminée, le ministère public ait pris la parole, cette omission n'est pas une cause de nullité dès lors que l'arrêt de condamnation énonce que l'avocat général a été entendu en ses réquisitions pour l'application de la loi pénale (Cass. crim., 27 juin 1979 : *Bull.* 233. – Cass. crim., 26 mai 1983 : *Bull.* 158).

3) Lorsque les débats ont été réouverts, le président de la cour d'assises doit, avant d'en prononcer à nouveau la clôture, donner la parole à toutes les parties comme le prescrit l'article 346 du Code de procédure pénale. Il ne suffit pas que le procès-verbal constate qu'aucune observation n'a été présentée (Cass. crim., 4 nov. 1972 : *Bull.* 324 ; *D.* 1973, 47, note Chapar ; *Gaz. Pal.* 1973, 1, 27).

Le dépôt de conclusions après la clôture des débats entraîne la réouverture de ceux-ci. Dès lors, après le prononcé de l'arrêt incident, le président doit de nouveau se conformer aux prescriptions de l'article 346 du Code de procédure pénale et redonner la parole aux parties (Cass. crim., 27 juin 1979 : *Bull.* 234. – Cass. crim., 27 nov. 1985 : *Bull.* 381. – Cass. crim., 19 nov. 1997 : *Bull.* 395).

4) La règle selon laquelle l'accusé ou son conseil auront toujours la parole les derniers n'est pas applicable seulement une fois l'instruction à l'audience terminée, mais également lors de tout

incident contentieux intéressant la défense qui est réglé par un arrêt (Cass. crim., 17 févr. 1983 : *Bull.* 62 ; *D.* 1983, inf. rap. 281, obs. J. M. R.).

5) Lorsque le représentant du ministère public a usé, à l'égard du conseil de l'un des accusés, qui venait de présenter la défense de celui-ci, du droit de réplique qu'il tient de l'article 346 du Code de procédure pénale, et que cet avocat a, à son tour, répliqué, le président est en droit de refuser de redonner la parole à ceux des avocats des autres accusés qui avaient auparavant prononcé leur plaidoirie (Cass. crim., 27 nov. 1985 : *Bull.* 382).

6) L'audition d'un témoin après les réquisitions du ministère public, même si elle n'est pas intervenue dans le cours du déroulement normal de la procédure à l'audience, n'a pas porté préjudice aux intérêts du demandeur (Cass. crim., 15 févr. 1989 : *Bull.* 76).

7) Le respect des droits de la défense est assuré, dès lors que l'accusé a été assisté par un avocat choisi pendant toute la durée de l'instruction à l'audience et pendant une partie des plaidoiries des parties civiles et qu'il a, en outre, eu la parole en dernier, conformément à l'article 346 du Code de procédure pénale, après le refus de cet avocat de plaider (Cass. crim., 20 oct. 1993 : *Bull.* 301 ; *D.* 1994, 280, note Anne d'Hauteville).

SECTION IV. – DE LA CLÔTURE DES DÉBATS ET DE LA LECTURE DES QUESTIONS

Art. 347 *(Mod., L. n. 93-2, 4 janv. 1993, art. 224)*. **– Le président déclare les débats terminés.**

Il ne peut résumer les moyens de l'accusation et de la défense.

Il ordonne que le dossier de la procédure soit déposé entre les mains du greffier de la cour d'assises ; toutefois, il conserve, en vue de la délibération prévue par les articles 355 et suivants, l'arrêt de la chambre de l'instruction.

Si, au cours de la délibération, la cour d'assises estime nécessaire l'examen d'une ou plusieurs pièces de la procédure, le président ordonne le transport dans la salle des délibérations du dossier, qui à ces fins sera rouvert en présence du ministère public et des avocats de l'accusé et de la partie civile.

V. H. Angevin, *Cour d'assises, Clôture des débats, Formalités précédant la délibération : J.-Cl. Proc. pén.*, art. 347 à 354, Fasc. 10 ; *Questions,* Fasc. 20.

1) Si aux termes de l'article 347, alinéa 3, du Code de procédure pénale, le président de la cour d'assises doit conserver l'arrêt de la chambre d'accusation en vue de la délibération, cette formalité n'est pas substantielle, la loi ne faisant pas dépendre la conviction de la cour et du jury de l'examen de la décision de renvoi mais du débat oral qui s'est déroulé devant eux (Cass. crim., 30 oct. 1973 : *Bull.* 392).

2) L'article 347, alinéa 3, du Code de procédure pénale se borne à prescrire que, les débats étant terminés, le dossier de la procédure, à l'exception de l'arrêt de renvoi, soit, sur l'ordre du président, déposé entre les mains du greffier ; il n'interdit pas notamment, aux magistrats de la cour et aux jurés, de conserver par devers eux, durant la délibération des notes prises pendant l'audience ou des documents qui leur auraient été remis pendant les débats pour leur faciliter la compréhension de ceux-ci (Cass. crim., 21 avr. 1982 : *Bull.* 97).

3) Aux termes de l'article 347, alinéa 4, du Code de procédure pénale, si, au cours de la délibération, la cour d'assises estime nécessaire l'examen d'une ou plusieurs pièces de la procédure, le président ordonne le transport dans la salle des délibérations du dossier qui, à ces fins, doit être rouvert en présence du ministère public et des conseils tant de l'accusé que de la partie civile (Cass. crim., 12 juill. 1983 : *Bull.* 220).

4) Le principe de l'oralité des débats s'oppose à ce que le président communique aux assesseurs et aux jurés, une fois l'instruction à l'audience terminée, des documents de l'instruction écrite, sans en donner lecture et sans préciser que ces pièces avaient fait l'objet d'un débat contradictoire (Cass. crim., 9 avr. 1986 : *Bull.* 120).

5) Le principe de l'oralité des débats devant la cour d'assises interdit de donner lecture de tout ou partie du procès-verbal des déclarations faites à l'instruction par un témoin acquis aux

débats et comparant, avant la déposition à l'audience de ce témoin (Cass. crim., 18 juin 1986 : *Bull.* 217).

Le principe de l'oralité des débats s'oppose à ce que le président donne lecture d'un procès-verbal de confrontation de l'accusé avec plusieurs témoins, dès lors que l'un de ceux-ci régulièrement cité et signifié était présent et n'avait pas encore été entendu (Cass. crim., 14 juin 1989 : *Bull.* 258 ; *D.* 1990, 221, somm. obs. Pradel).

6) S'il est permis au président de faire, au cours de l'interrogatoire de l'accusé, de mémoire ou en se référant à ses notes, des emprunts succincts des pièces de la procédure écrite, ce magistrat ne saurait, sans méconnaître le principe de l'oralité des débats, donner lecture, fût-ce partiellement, des procès-verbaux d'auditions de témoins ou des rapports d'experts, dès lors que ces témoins ou ces experts sont acquis aux débats et que, bien que comparants, ils n'ont pas encore été entendus à la barre (Cass. crim., 20 mai 1987 : *Bull.* 209).

7) Méconnaît le principe de l'oralité des débats et porte atteinte aux droits de la défense l'arrêt incident, rendu avant toute instruction à l'audience, qui, pour rejeter des conclusions de la défense tendant au renvoi de l'affaire en vue de l'audition d'un témoin défaillant est motivé par des considérations se référant uniquement à des pièces de la procédure écrite (Cass. crim., 1er avr. 1992 : *Bull.* 137 ; Cass. crim., 6 mai 1998 : *Bull.* 155).

8) Mais ne porte pas atteinte au principe de l'oralité des débats ni aux droits de la défense la communication à la cour et au jury de photographies dès lors qu'il n'est pas établi que ces photographies étaient assorties de commentaires faisant état de déclarations de témoins ou d'experts, acquis aux débats, comparants et non encore entendus à l'audience (Cass. crim., 1er avr. 1987 : *Bull.* 152).

Art. 348. – Le président donne lecture des questions auxquelles la cour et le jury ont à répondre. Cette lecture n'est pas obligatoire quand les questions sont posées dans les termes de *(L. n. 2000-516, 15 juin 2000, art. 136-XII et 140, à compter du 1er janv. 2001)* **la décision de mise en accusation ou si l'accusé ou son défenseur y renonce.**

1) Le président n'est dispensé de la lecture des questions, conformément aux dispositions de l'article 348 du Code de procédure pénale, que si elles sont posées dans les termes de l'arrêt de renvoi (Cass. crim., 14 nov. 1979 : *Bull.* 319).

Tel n'est pas le cas de la question non lue, à laquelle il a été répondu affirmativement et qui interrogeait la cour et le jury sur le point de savoir si l'accusé avait commis des actes de pénétration sexuelle avec violence, contrainte ou surprise alors que le dispositif de l'arrêt de renvoi ne faisait état que d'un acte de pénétration sexuelle (Cass. crim., 15 oct. 1997 : *Bull.* 335).

2) Il appartient au président de la cour d'assises de rectifier des erreurs matérielles contenues dans le dispositif de l'arrêt de renvoi, et de poser les questions à la cour et au jury en tenant compte de ces rectifications, mais à la condition de ne pas modifier la substance de l'accusation, ni d'ajouter de faits nouveaux.

Ainsi en est-il de la rectification d'une erreur matérielle commise dans la seule évaluation des objets volés (Cass. crim., 18 mars 1981 : *Bull.* 99. – Cass. crim., 7 oct. 1981 : *Bull.* 262).

Le président de la cour d'assises peut compléter la question posée à la Cour et au jury, s'il le fait d'après le contenu de l'arrêt de renvoi, dès lors qu'il ne modifie ni la substance ni la nature des faits imputés à l'accusé (Cass. crim., 13 nov. 1991 : *Bull.* 403).

3) Pour dispenser le président de la cour d'assises de l'obligation de donner lecture des questions, lorsqu'elles sont posées dans les termes de l'arrêt de renvoi, l'article 348 du Code de procédure pénale n'exige pas que lesdites questions soient la reproduction littérale du dispositif de l'arrêt, mais seulement que le sens de celui-ci ne soit pas altéré (Cass. crim., 1er févr. 1984 : *Bull.* 39. – Cass. crim., 22 juin 1988 : *Bull.* 285).

4) Est obligatoire, à moins que l'accusé n'y ait expressément renoncé, la lecture par le président d'une question relative à une circonstance aggravante qui n'avait pas été retenue par l'arrêt de renvoi (Cass. crim., 28 avr. 1982 : *Bull.* 106. – Cass. crim., 25 nov. 1987 : *Bull.* 431 ; *Rev. sc. Cass. crim.*, 1988, 826, obs. Braunschweig).

5) Il y a violation de l'article 348 du Code de procédure pénale entraînant l'annulation de l'arrêt de condamnation lorsque le procès-verbal

des débats ne constate pas que le président ait donné lecture de questions subsidiaires posées par lui comme résultant des débats ni que l'accusé ait renoncé à cette lecture (Cass. crim., 30 juin 1987 : *Bull.* 274. – Cass. crim., 20 août 1997 : *Bull.* 289).

6) La dispense de la lecture des questions prévue par l'article 348 du Code de procédure pénale n'est pas subordonnée par la loi à la lecture publique de l'arrêt de renvoi (Cass. crim., 18 nov. 1987 : *Bull.* 417. – Cass. crim., 3 avr. 1996 : *Bull.* 148. – Cass. crim., 4 nov. 1999 : *Bull.* 246).

7) Le président de la cour d'assises qui, sur une accusation d'assassinat, interroge la cour et le jury, qui ont répondu négativement à la question principale d'homicide volontaire, d'abord par des questions *in abstracto* sur la matérialité des faits constitutifs du meurtre, puis sur les circonstances aggravantes de préméditation et de guet-apens, avant de poser, se référant à celles-ci, la question de culpabilité de l'accusé du chef de complicité du crime ainsi spécifié et qualifié, ne pose qu'une seule question subsidiaire – celle de complicité – dont il soit tenu de donner lecture en application de l'article 348 du Code de procédure pénale, les autres questions étant conformes au dispositif de l'arrêt de renvoi (Cass. crim., 5 déc. 1984 : *Bull.* 386).

8) En donnant connaissance, avant le réquisitoire et les plaidoiries, des questions qu'il se propose de poser à la Cour et au jury, le président de la cour d'assises ne commet aucune violation de la loi (Cass. crim., 22 mai 1991 : *Bull.* 215) ; au surplus, aux termes du même article, il est expressément dispensé d'en donner lecture quand elles sont posées conformément à l'arrêt de renvoi. Il n'importe, dès lors, que le président qui, au cours des débats à huis clos, et avant les explications du ministère public et des parties, avait donné connaissance de la question qui serait posée à la Cour et au jury, n'en ait pas fait une lecture publique après la clôture des débats (Cass. crim., 30 oct. 1996 : *Bull.* 381).

9) Les dispositions de l'article 348 du Code de procédure pénale, qui visent à informer l'accusé de la nature et de la cause de l'accusation portée contre lui, sont étrangères aux exigences de l'article 6, paragraphe 1er, de la Convention européenne des droits de l'homme relative à la publicité des débats judiciaires (Cass. crim., 4 nov. 1999 : *Bull.* 246).

Art. 349 ***(L. n. 92-1336, 16 déc. 1992, art. 20 ; L. n. 93-913, 19 juill. 1993).*** **– Chaque question principale est posée ainsi qu'il suit : « L'accusé est-il coupable d'avoir commis tel fait ? »**

Une question est posée sur chaque fait spécifié dans le dispositif de [l'arrêt de renvoi] ***(L. n. 2000-516, 15 juin 2000, art. 136-XII et 140, à compter du 1er janv. 2001)*** **« la décision de mise en accusation ».**

Chaque circonstance aggravante fait l'objet d'une question distincte.

Il en est de même, lorsqu'elle est invoquée, de chaque cause légale d'exemption ou de diminution de la peine.

V. H. ANGEVIN, *Cour d'assises ; Questions : J.-Cl. Proc. pén.*, art. 347 à 354, Fasc. 20. – *Cour d'assises ; Formulaire de questions* (nouveau Code pénal) : *J.-Cl. Proc. pén.*, art. 347 à 354, Fasc. 30. – *Cour d'assises ; Formulaire de questions* (ancien Code pénal) : *J.-Cl. Proc. pén.*, art. 347 à 354, Fasc. 25.

1) Si l'emploi du mot « coupable » prescrit par l'article 349 du Code de procédure pénale n'est pas sacramentel dans la question posée à la cour et au jury, il est du moins nécessaire que les termes substitués soient, au point de vue de l'intention criminelle, absolument équivalents (Cass. crim., 12 juin 1981 : *Bull.* 200. – Cass. crim., 28 oct. 1987 : *Bull.* 378).

2) La question relative à la contrainte se trouve comprise dans la question de culpabilité et ne doit dès lors pas être posée séparément (Cass. crim., 19 nov. 1980 : *Bull.* 308).

3) L'état de récidive légale, qui ne constitue ni un fait punissable ni une circonstance aggravante d'un tel fait, n'a pas à faire l'objet d'une question à la cour et au jury (Cass. crim., 12 juin 1981 : *Bull.* 199. – Cass. crim., 26 mai 1999 : *Bull.* 104).

L'article 122-1, alinéa 2, du Code pénal n'édicte pas de cause légale de diminution de la peine au sens de l'article 349 du Code de procédure pénale. Dès lors, il n'y a pas lieu de poser de question sur le trouble psychique ou neuropsychique ayant pu altérer le discernement de l'accusé ou le contrôle de ses actes, la cour d'assises demeurant entièrement libre dans la détermination de la peine (Cass. crim., 1er oct. 1997 : *Bull.* 322).

4) Le président de la cour d'assises peut rectifier ou compléter les questions posées à la cour et au jury s'il le fait d'après le contenu de l'arrêt de renvoi, dès lors qu'il ne modifie ni la substance ni la nature des faits imputés à l'accusé (Cass. crim., 17 oct. 1973 : *Bull.* 362. – Cass. crim., 14 nov. 1979 : *Bull.* 319. – Cass. crim., 13 févr. 1985 : *Bull.* 75).

5) Aucun texte de loi n'interdit de diviser la question sur les éléments constitutifs d'un crime dès lors qu'il n'en résulte ni substitution ni addition au fait retenu par l'arrêt de renvoi (Cass. crim., 21 avr. 1982 : *Bull.* 97. – Cass. crim., 19 nov. 1986 : *Bull.* 350. – Cass. crim., 26 sept. 1996 : *Bull.* 335).

Le fait que la circonstance de filiation soit un élément constitutif du crime de parricide ne fait pas obstacle à ce que le président de la cour d'assises pose une question spéciale sur ce point (Cass. crim., 23 déc. 1986 : *Bull.* 389).

Toutefois, est régulière la question réunissant en une formule unique l'homicide volontaire et cette circonstance (Cass. crim., 26 oct. 1988 : *Bull.* 364).

6) Si un fait criminel unique portant préjudice à plusieurs personnes peut faire l'objet d'une seule question, il peut faire également l'objet de questions distinctes relatives à chacune des victimes (Cass. crim., 13 mai 1981 : *Bull.* 158. – Cass. crim., 24 oct. 1984 : *Bull.* 321. – Cass. crim., 4 mars 1992 : *Bull.* 99).

7) Une question distincte peut être posée pour chacun des modes de complicité d'un même crime (Cass. crim., 21 avr. 1982 : *Bull.* 97).

8) La cour d'assises doit être interrogée sur tous les éléments constitutifs d'une infraction. Tel n'est pas le cas lorsque la question principale omet de mentionner l'intention frauduleuse de l'auteur du vol (Cass. crim., 24 avr. 1980 : *Bull.* 120. – Cass. crim., 11 juin 1986 : *Bull.* 202. – Cass. crim., 28 oct. 1987 : *Bull.* 378).

Prive sa décision de base légale la cour d'assises qui, pour déclarer des accusés coupables d'introduction sur le territoire national de billets de banque étrangers contrefaits, fonde les condamnations qu'elle prononce sur des réponses affirmatives à des questions qui ont omis de caractériser la connaissance qu'aurait eue ces accusés de la contrefaçon des billets introduits (Cass. crim., 26 nov. 1986 : *Bull.* 358).

La question demandant si des actes de pénétration sexuelle ont été commis en réunion ne caractérise pas l'une des circonstances aggravantes prévues par l'alinéa 3 de l'article 332 du Code pénal lequel dispose que le viol est aggravé lorsqu'il a été commis par deux ou plusieurs auteurs ou complices (Cass. crim., 24 juin 1987 : *Bull.* 265).

9) Une question unique sur des actes répétés d'attentats à la pudeur sur la même personne peut être posée à la cour et au jury lorsqu'ils ont été accomplis dans les mêmes conditions et entraînent les mêmes conséquences pénales (Cass. crim., 20 déc. 1978 : *Bull.* 362).

Une question unique sur des actes répétés de viol sur la même personne peut être posée à la cour et au jury, lorsqu'ils ont été accomplis dans les mêmes conditions et entraînent les mêmes conséquences pénales (Cass. crim., 12 juill. 1982 : *Bull.* 191. – Cass. crim., 17 nov. 1982 : *Bull.* 262. – Cass. crim., 17 oct. 1990 : *Bull.* 344).

Encourt le grief de complexité prohibée la question unique qui interroge la cour et le jury sur des viols qui, bien que commis sur la même victime, ne constituent pas un acte unique et indivisible accompli dans le même trait de temps, mais plusieurs pénétrations sexuelles de nature différente perpétrées sur plusieurs jours par des auteurs différents (Cass. crim., 24 juin 1987 : *Bull.* 265).

Est entachée de complexité prohibée comme englobant en une formule unique, des crimes distincts perpétrés sur une même victime par deux auteurs différents, la question, posée de manière abstraite, par laquelle il est demandé à la cour et au jury si des actes de pénétration sexuelle par violence, contrainte ou surprise ont été commis sur la même personne (Cass. crim., 14 janv. 1998 : *Bull.* 18).

10) Si l'auteur principal et le complice sont soumis au même débat, il suffit que la question relative au complice se réfère au crime précédemment spécifié sans qu'il y ait lieu de rappeler autrement les éléments constitutifs et les circonstances aggravantes de ce crime (Cass. crim., 2 avr. 1977 : *Bull.* 141. – Cass. crim., 26 avr. 1984 : *Bull.* 146. – Cass. crim., 8 févr. 1989 : *Bull.* 59).

Le complice empruntant la criminalité de l'auteur principal, il suffit, en cas de pluralité d'auteurs principaux d'un même crime, que l'un d'entre eux ait prémédité son acte pour que cette circonstance aggravante produise ses effets à l'égard du complice ; dès lors, il n'importe que la question relative à la culpabilité du complice se soit référée aux questions portant sur la culpabilité de chacun des auteurs principaux et sur la préméditation qui, pour l'un des auteurs, avait reçu une réponse négative (Cass. crim., 2 févr. 1994 : *Bull.* 50).

11) Les crimes d'arrestation illégale, d'une part, et de détention ou séquestration illégales, d'autre part, bien que prévus et réprimés par le même texte, constituent des crimes distincts dont la nature et les éléments constitutifs sont différents.

Est en conséquence entachée de complexité prohibée la question par laquelle il est demandé à la cour et au jury si un accusé est coupable d'avoir arrêté, détenu et séquestré une personne (Cass. crim., 23 mars 1983 : *Bull.* 92. – Cass. crim., 30 juin 1987 : *Bull.* 273).

Mais n'encourt pas le grief de complexité la question unique posée sous la forme alternative, par laquelle il est demandé à la cour et au jury si la durée de la séquestration arbitraire est d'un mois ou de moins d'un mois dès lors que, selon les dispositions de l'article 341-2° du Code pénal, les conséquences pénales sont les mêmes (Cass. crim., 10 janv. 1990 : *Bull.* 18 ; *Dr. pénal,* avr. 1990, n. 140).

12) Les actes de complicité se référant à des faits principaux distincts doivent faire l'objet de questions séparées. Est, dès lors, entachée de complexité, la question unique qui demande à la cour et au jury, si l'accusé s'est rendu complice de crimes multiples, qui ne sont pas de même qualification pénale et qui ont été commis par des auteurs principaux différents (Cass. crim., 14 févr. 1979 : *Bull.* 69).

Il en est de même de la question unique qui demande à la cour et au jury si l'accusé s'est rendu complice de viols qui ont été commis sur la même personne par des auteurs principaux différents (Cass. crim., 29 nov. 1989 : *Bull.* 458).

La question de complicité par aide ou assistance doit préciser que l'aide ou l'assistance a été prêtée avec connaissance (Cass. crim., 19 mars 1986 : *Bull.* 142). La question de complicité par fourniture de moyens doit préciser la connaissance qu'avait l'accusé que les moyens avaient servi à l'action criminelle *(même arrêt).* La question de complicité par instructions doit préciser que ces instructions ont été données en vue de commettre un crime *(même arrêt).*

Lorsque le complice paraît seul aux débats, est entachée de complexité prohibée la question unique comprenant à la fois le fait principal, les circonstances aggravantes et l'accusation de complicité (Cass. crim., 27 janv. 1988 : *Bull.* 40).

13) Est entachée de complexité la question posée à la cour et au jury comprenant à la fois le fait principal de tentative d'homicide volontaire et la circonstance aggravante portant sur le fait que ladite tentative a été commise sur la personne d'un agent de la force publique dans l'exercice de ses fonctions (Cass. crim., 10 janv. 1979 : *Bull.* 17).

14) La cour d'assises doit être interrogée sur toutes les circonstances constitutives de l'infraction, objet de l'accusation. Tel n'est pas le cas lorsque la question principale demande à la cour et au jury si l'accusé est coupable d'avoir commis un viol (Cass. crim., 23 mai 1984 : *Bull.* 191 ; *JCP* 85, II, 20431, note Angevin).

Mais, la question par laquelle il est demandé à la cour et au jury si un viol a été commis sous la menace d'une arme est régulière, sans qu'il soit nécessaire de préciser la nature de l'arme (Cass. crim., 7 déc. 1988 : *Bull.* 414).

15) Une question unique ne peut être posée sur des faits de viol commis sur plusieurs victimes, sans encourir le grief de complexité prohibée, ces faits constituant des crimes distincts devant faire l'objet de questions séparées (Cass. crim., 2 juill. 1984 : *Bull.* 251).

De même, une question unique ne peut être posée sur des faits d'homicide volontaire commis sur deux personnes ni sur la circonstance aggravante de préméditation, sans encourir le grief de complexité prohibée, dès lors que ces faits ne procèdent pas d'un acte criminel unique et indivisible (Cass. crim., 8 oct. 1986 : *Bull.* 278).

16) Une question, mentionnant la date de naissance de la victime d'un enlèvement, même faisant apparaître un âge inférieur à quinze ans, n'est pas complexe dès lors que, d'une part, cette question tend à établir la minorité, élément constitutif du crime, et que, d'autre part, une seconde question interroge sur la circonstance aggravante résultant de la minorité de quinze ans (Cass. crim., 23 mars 1977 : *Bull.* 118).

17) Le fait de tirer des coups de feu en direction de trois personnes au cours d'une même tentative d'homicide volontaire, constitue un seul crime. Dès lors, n'est pas entaché de complexité la question unique mentionnant le nom des trois victimes (Cass. crim., 31 mai 1978 : *Bull.* 177. – Cass. crim., 23 janv. 1985 : *Bull.* 37).

18) L'enlèvement d'un mineur et la séquestration illégale du même mineur constituent des crimes distincts dont la nature et les éléments constitutifs sont différents. En conséquence, le coauteur de la séquestration peut n'avoir été ni l'auteur, ni le coauteur, ni le complice de l'enlèvement qui a permis la réalisation de ladite séquestration (Cass. crim., 21 févr. 1979 : *Bull.* 80).

19) N'est pas entachée de complexité la question unique posée au sujet du complice d'un fait principal dont deux ou plusieurs coaccusés ont été reconnus coupables, dès lors qu'il s'agit d'un seul et même crime (Cass. crim., lors qu'il s'agit d'un seul et même crime (Cass. crim., 22 oct. 1980 : *Bull.* 267).

20) La minorité de quinze ans de la victime est un élément constitutif du délit d'attentat à la pudeur prévu et réprimé par l'article 331 du Code pénal en sa rédaction résultant de la loi du 2 février 1981, et non une circonstance aggravante.

N'est donc pas entachée de complexité la question principale qui comprend cet élément constitutif (Cass. crim., 6 juill. 1982 : *Bull.* 180).

21) Constitue une seule et même infraction l'attentat à la pudeur commis ou tenté avec violence.

Dès lors, en cas de renvoi de l'accusé devant la cour d'assises pour délit connexe d'attentat à la pudeur, la question posée de savoir si celui-ci est coupable d'avoir commis ou tenté une telle infraction, ne comporte aucune complexité prohibée, l'article 331 du Code pénal n'exigeant pas la constitution des éléments de la tentative (Cass. crim., 27 juin 1984 : *Bull.* 247).

22) Est régulièrement posée la question par laquelle il est demandé à la cour et au jury si un accusé, déjà déclaré coupable de vol avec port d'armes, l'est en outre d'avoir résisté avec violences et voies de fait à des gendarmes qui, en service et en tenue, tentaient de procéder à son arrestation.

Il s'en déduit, en effet, qu'en tentant d'arrêter un malfaiteur qui venait de commettre un crime, ces gendarmes ont nécessairement agi pour l'exécution des lois.

Les violences et voies de fait, caractérisant la résistance constitutive de la rébellion, sont d'autre part des circonstances de fait que la loi laisse à l'appréciation de la cour et du jury, sans qu'il soit nécessaire que leur nature soit précisée dans la question qui leur est posée (Cass. crim., 24 oct. 1984 : *Bull.* 320).

23) N'encourt pas le grief de complexité la question qui interroge la cour et le jury à la fois sur une arrestation illégale et sur la durée de la séquestration, la durée de la séquestration constituant non une circonstance aggravante, mais un élément constitutif de l'arrestation illégale (Cass. crim., 24 oct. 1984 : *Bull.* 321).

La circonstance aggravante de prise d'otage pour favoriser la fuite ou assurer l'impunité des auteurs ou complices d'un crime ou d'un délit s'applique à l'infraction commise par l'auteur de l'arrestation ou de la séquestration illégale, quelle que soit la durée de la rétention (Cass. crim., 11 déc. 1991 : *Bull.* 470).

24) Un officier ministériel ayant été renvoyé devant la cour d'assises sous l'accusation unique d'avoir détourné une importante somme d'argent sans que soient précisés les noms des victimes et les dates des détournements, c'est à bon droit que le président a posé 535 questions restituant aux abus de confiance leur date exacte et indiquant le nom des victimes, précisions qui ressortaient de l'exposé des faits et des pièces du procès dès lors que, le total des sommes détournées étant inférieur à celui qu'avait retenu l'arrêt de renvoi, la substance de l'accusation n'a pas été altérée et aucun fait nouveau n'a été ajouté (Cass. crim., 31 oct. 1984 : *Bull.* 331).

Est entachée de complexité la question unique posée à la cour et au jury sur des faits constitutifs du crime d'abus de confiance qualifié, commis à des dates différentes au préjudice de plusieurs victimes (Cass. crim., 27 mai 1988 : *Bull.* 231. – Cass. crim., 26 janv. 1989 : *Bull.* 32 ; *D.* 1989, somm. 172, obs. Pradel).

N'est pas entachée de complexité la question qui demande si la somme détournée a été remise à un notaire en cette qualité (Cass. crim., 13 nov. 1991 : *Bull.* 405).

25) L'emploi du mot « coupable » prescrit par l'article 349 du Code de procédure pénale dans

la rédaction de chaque question relative au fait principal, ne concerne pas la question distincte dont, conformément à l'alinéa 3 du même article, doit faire l'objet chaque circonstance aggravante (Cass. crim., 5 juill. 1978 : *Bull.* 222).

26) Est entachée de complexité prohibée la question unique relative à une circonstance aggravante se référant à plusieurs questions principales concernant des infractions distinctes (Cass. crim., 31 oct 1984 : *Bull.* 331. – Cass. crim., 30 juin 1987 : *Bull.* 274).

27) Est entachée de complexité la question relative posée à la cour et au jury comprenant à la fois le fait principal de tentative d'homicide volontaire et la circonstance aggravante de préméditation (Cass. crim., 15 déc. 1982 : *Bull.* 294).

28) En matière de coups ou violences volontaires ayant entraîné la mort sans intention de la donner, le fait principal de coups ou violences et la circonstance aggravante de mort occasionnée doivent, à peine de nullité pour complexité, former l'objet de questions distinctes et séparées (Cass. crim., 8 août 1981 : *Bull.* 240 ; *JCP* 82, II, 19845, note Chambon).

Est entachée de complexité prohibée la question unique qui réunit le fait principal de coups ou violences volontaires et la circonstance aggravante consistant en ce que lesdits coups ou violences ont, aux termes de l'article 310 du Code pénal, « entraîné une mutilation, une amputation ou la privation de l'usage d'un membre, la cécité, la perte d'un œil ou d'autres infirmités permanentes » (Cass. crim., 6 mars 1985 : *Bull.* 106).

29) Lorsqu'il y a pluralité d'accusés, une question distincte doit être posée pour chacun d'eux en ce qui concerne la préméditation, circonstance aggravante morale et personnelle. Il y a complexité si les questions portant sur la culpabilité de plusieurs accusés se réfèrent à une question unique, relative à la préméditation, posée de manière abstraite (Cass. crim., 3 déc. 1980 : *Bull.* 332).

Une question est entachée de complexité prohibée comme englobant, en une formule unique, des crimes distincts perpétrés sur une même victime par deux auteurs différents, en sorte que, en répondant affirmativement aux questions subséquentes portant sur la culpabilité de chaque accusé des faits spécifiés dans la première question, qui avait été posée de manière abstraite, la cour et le jury ont nécessairement déclaré chacun d'eux coupable non seulement d'un ou des viols qui lui étaient personnellement imputés mais en outre de ceux qui l'étaient à l'autre (Cass. crim., 14 janv. 1998 : *Juris-Data* n. 000804).

30) Dans une accusation d'homicide volontaire, les circonstances aggravantes de préméditation et de guet-apens doivent faire l'objet de deux questions distinctes.

Leurs caractères propres sont en effet déterminés par deux dispositions différentes du Code pénal, et si le guet-apens suppose nécessairement la préméditation, celle-ci peut exister sans guet-apens (Cass. crim., 19 oct. 1977 : *Bull.* 312. – Cass. crim., 1er mars 1978 : *Bull.* 81).

Le guet-apens comportant nécessairement le dessein formé à l'avance et, par conséquent, la préméditation, il y a contradiction dans la déclaration de la cour et du jury qui répondent négativement à la question de préméditation et affirmativement à celle de guet-apens (Cass. crim., 22 févr. 1989 : *Bull.* 89).

31) Il suffit de demander à la cour et au jury si l'accusé a agi avec préméditation, ce mot exprimant par lui-même qu'un dessein a été formé avant l'action (Cass. crim., 21 avr. 1982 : *Bull.* 97. – Cass. crim., 21 mars 1984 : *Bull.* 121).

Il suffit de demander à la cour et au jury si l'accusé a agi de guet-apens, ce mot exprimant par lui-même que l'accusé a attendu plus ou moins de temps sa victime pour lui donner la mort ou exercer sur elle des violences (Cass. crim., 21 mars 1984 : *Bull.* 121).

32) Si les circonstances aggravantes de préméditation, d'une part, et de guet-apens, d'autre part, doivent faire l'objet de deux questions distinctes, la loi n'impose aucun ordre dans la position de ces questions (Cass. crim., 21 avr. 1982 : *Bull.* 97. – Cass. crim., 21 mars 1984 : *Bull.* 121).

33) Dès lors que le dispositif de l'arrêt de renvoi vise la préméditation ou le guet-apens, le président peut poser deux questions, la première sur la circonstance aggravante de préméditation, la seconde sur la circonstance aggravante de guet-apens (Cass. crim., 3 oct. 1984 : *Bull.* 284).

34) Le même fait ne peut être retenu comme constitutif à la fois d'un crime et d'une circonstance aggravante accompagnant un autre crime. C'est ainsi que la circonstance aggravante de

violences ne doit pas être relevée à l'égard de l'auteur d'un vol qualifié et d'un meurtre concomitant, si ce dernier crime ne peut se distinguer desdites violences (Cass. crim., 23 juin 1977 *Bull.* 235. – Cass. crim., 21 mai 1980 : *Bull.* 158).

35) La question unique relative à la concomitance d'un meurtre et de deux autres crimes est complexe, dès lors qu'elle réunit deux circonstances aggravantes en violation des prescriptions de l'article 349 du Code de procédure pénale (Cass. crim., 14 oct. 1976 : *Bull.* 292 ; *Gaz. Pal.* 1977, 1, 71).

Au cas de concomitance entre deux homicides volontaires ou tentatives d'homicide volontaire, chacun des crimes aggrave l'autre en application de l'article 304, alinéa 1er, du Code pénal. Cette concomitance doit donc donner lieu à deux questions distinctes, chacune portant sur la circonstance aggravante qui accompagne chaque crime (Cass. crim., 28 févr. 1979 : *Bull.* 91).

Caractérise légalement la circonstance aggravante de concomitance prévue par l'article 304, alinéa 1er, du Code pénal la question qui se réfère aux deux questions relatives aux faits principaux de meurtre et de viol, alors qu'il résulte en outre de cette question que le meurtre a suivi le viol (Cass. crim., 15 mai 1991 : *Bull.* 207).

36) La circonstance aggravante de corrélation d'un meurtre avec un délit ou un autre crime, prévue par l'article 304, alinéa 2, du Code pénal, est une circonstance morale, personnelle à chacun des coauteurs d'un même meurtre. Elle doit, à peine de complexité prohibée, être constatée par une question distincte pour chaque accusé (Cass. crim., 5 mars 1981 : *Bull.* 83 ; *Rev. sc. crim.* 1982, 629, obs. J. Robert).

N'est entachée d'aucune complexité prohibée la question demandant si un homicide volontaire a eu pour objet soit de préparer, faciliter ou exécuter la soustraction frauduleuse spécifiée à une précédente question, soit de favoriser la fuite ou d'assurer l'impunité de son auteur.

Mais la circonstance aggravante de corrélation peut aussi être décomposée en deux questions demandant, l'une si le meurtre a eu pour objet de préparer, faciliter ou exécuter la soustraction frauduleuse, l'autre s'il a eu pour objet de favoriser la fuite ou d'assurer l'impunité de l'auteur du vol. Il n'y a pas de contradiction entre les réponses affirmatives à chacune de ces deux questions (Cass. crim., 9 déc. 1987 : *Bull.* 454).

37) Lorsque deux accusés ont été déclarés coupables d'avoir commis chacun un ou plusieurs viols sur la personne d'une même victime, les viols commis par l'un et par l'autre n'en constituent pas moins des crimes distincts.

Il s'ensuit qu'est entachée de complexité prohibée la question unique, se référant à ces crimes distincts, demandant s'ils ont été commis par deux ou plusieurs auteurs ou complices (Cass. crim., 9 janv. 1985 : *Bull.* 20).

Lorsque la cour et le jury, interrogés de manière abstraite, ont répondu affirmativement que plusieurs viols avaient été commis sur la même victime, une deuxième question abstraite ne peut être posée, sans encourir le grief de complexité, sur le point de savoir si lesdits viols avaient été commis par plusieurs auteurs ou complices, cette question unique se référant à des crimes distincts commis sur des accusés différents (Cass. crim., 24 juin 1987 : *Bull.* 265).

Lorsqu'un accusé a été renvoyé devant la cour d'assises des chefs, d'une part de viols répétés commis sur la personne d'une même victime, d'autre part de complicité d'un autre viol commis sur la même victime par un personne ayant fait l'objet d'une décision de non-lieu comme étant en état de démence, la Cour et le jury sont légalement interrogés par une première question demandant si l'accusé s'est rendu coupable d'actes de pénétration sexuelle par violence, contrainte ou surprise, puis par une question *in abstracto* sur la matérialité d'un autre viol commis sur la même victime, enfin par une troisième question demandant si l'accusé s'est rendu complice par instructions données de ce dernier viol (Cass. crim., 13 mars 1991 : *Bull.* 125).

38) La réunion dans une même question des deux circonstances aggravantes relatives au port d'arme et à la présence d'une arme dans un véhicule motorisé, prévues par le 1er alinéa de l'article 381 du Code pénal, ne constitue pas une complexité prohibée (Cass. crim., 4 avr. 1979 : *Bull.* 138).

Ne peuvent être réunis dans une question unique les faits de viol reprochés à l'accusé et les circonstances aggravantes d'autorité sur la victime et de minorité de celle-ci ; une telle question, entachée de complexité, contrevient aux dispositions de l'article 349 du Code de procédure pénale (Cass. crim., 21 févr. 1996 : *Bull.* 82).

39) Lorsque la cour et le jury ont été interrogés *in abstracto* sur l'existence du fait principal et de circonstances aggravantes matérielles, la question relative à la culpabilité d'un accusé se référant à celles qui constatent l'existence du fait principal et des circonstances aggravantes, n'est pas entachée de complexité. Les circonstances aggravantes matérielles sont en effet inhérentes au fait principal même, elles ne peuvent en être séparées et engagent la responsabilité de tout auteur de l'infraction (Cass. crim., 8 févr. 1977 : *Bull.* 49. – Cass. crim., 8 janv. 1981 : *Bull.* 7. – Cass. crim., 28 janv. 1981 : *Bull.* 42. – Cass. crim., 15 nov. 1989 : *Bull.* 421).

40) En matière de vol aggravé, les violences et le fait que ces violences ont entraîné une incapacité totale de travail personnel d'une durée supérieure à huit jours, constituent deux circonstances aggravantes distinctes sur lesquelles la cour et le jury doivent être interrogés séparément à peine de nullité (Cass. crim., 28 mars 1984 : *Bull.* 131).

En matière de vol, le fait que le vol a été aggravé par le port d'une arme apparente ou cachée constitue une circonstance aggravante sur laquelle la cour et le jury doivent être interrogés par une question distincte (Cass. crim., 11 juin 1986 : *Bull.* 202).

Il en est de même lorsqu'il s'agit d'un vol aggravé par la circonstance de violences ayant entraîné la mort (Cass. crim., 4 mai 1988 : *Bull.* 194).

Est entachée de complexité la question posée à la cour et au jury comprenant à la fois le fait principal de vol et la circonstance aggravante de corrélation entre un meurtre et ce délit (Cass. crim., 10 janv. 1990 : *Bull.* 19).

En revanche, n'est pas entachée de complexité prohibée la question qui demande si le vol dont un accusé a été déclaré coupable a été commis avec effraction extérieure dans un local d'habitation ; l'aggravation de peine prévue par l'article 382 du Code pénal n'est en effet encourue qu'autant que l'effraction s'est produite dans un local d'habitation ou un lieu où sont conservés des fonds, valeurs, marchandises ou matériels (Cass. crim., 18 juin 1986 : *Bull.* 216).

En matière de vol, n'est pas entachée de complexité prohibée comme réunissant en une seule interrogation la circonstance aggravante de port d'arme et celle de pluralité d'auteurs, la question par laquelle il est demandé à la cour et au jury si une soustraction frauduleuse a été commise par des auteurs ou l'un d'eux porteur d'une arme apparente ou cachée (Cass. crim., 8 avr. 1987 : *Bull.* 163).

Lorsque plusieurs vols ont été commis au préjudice de personnes différentes au cours d'une même action criminelle, dans un même lieu, au même moment et avec les même circonstances aggravantes, il suffit qu'une seule question soit posée à la Cour et au jury sur le fait principal de vol (Cass. crim., 10 oct. 1990 : *Bull.* 337).

41) Est réelle la circonstance aggravante visée à l'alinéa 3 de l'article 332 du Code pénal, lorsque la victime du viol est une personne particulièrement vulnérable.

Il en résulte qu'en cas de pluralité d'auteurs, cette question peut n'être posée qu'une fois.

Si elle est posée plusieurs fois, elle ne peut être résolue tantôt affirmativement tantôt négativement, sous peine d'entacher de contradiction la déclaration de la cour et du jury (Cass. crim., 10 oct. 1984 : *Bull.* 297).

L'emploi de tortures ou d'actes de barbarie constitue, au sens de l'article 303 du Code pénal, une circonstance aggravante réelle, inhérente au fait principal même et engageant la responsabilité de tout auteur ou complice de l'infraction.

Mais il doit être posé autant de questions concernant la circonstance aggravante réelle d'emploi de tortures ou d'actes de barbarie que de crimes aggravés retenus contre un accusé (Cass. crim., 8 nov. 1989 : *Bull.* 407).

Le point de savoir si l'accusé est le père de la victime est une question de fait dont la solution appartient à la cour et au jury.

Le fait que la paternité de l'accusé ait été qualifiée, dans la question, de « légitime » est sans incidence sur l'application de l'aggravation de peine édictée par l'article 332, alinéa 3, du Code pénal, dès lors que ce texte considère comme une circonstance aggravante du crime de viol, entraînant les mêmes conséquences pénales, la qualité d'« ascendant légitime, naturel ou adoptif de la victime » (Cass. crim., 11 janv. 1989 : *Bull.* 12).

42) La question relative à la circonstance aggravante définie par l'article 304, alinéa 2, du

Code pénal, doit se référer aux éléments constitutifs du délit corrélatif (Cass. crim., 30 avr. 1985 : *Bull.* 163).

43) La cour ne peut rejeter les conclusions de la défense tendant à ce que soit posée la question de l'excuse légale de provocation, dès lors que les faits articulés tant dans les motifs que le dispositif de ces conclusions entrent expressément dans les prévisions de l'article 321 du Code pénal (Cass. crim., 22 mars 1977 : *Bull.* 105 ; *D.* 1977, inf. rap. 241, obs. Puech).

Il résulte des dispositions de l'article 349, alinéa 4, du Code de procédure pénale que tout fait d'excuse, admis comme tel par la loi, doit, quand il est allégué par la défense, faire l'objet d'une question posée à la cour et au jury (Cass. crim., 31 janv. 1990 : *Bull.* 52).

Dès lors que, dans ses conclusions tendant à ce que soit posée la question d'excuse de provocation, l'accusé n'a allégué aucun fait précis, la question relative à ladite excuse peut être posée dans les termes mêmes de l'article 321 du Code pénal (Cass. crim., 29 juin 1983 : *Bull.* 207).

Il ne saurait être fait grief au président de n'avoir pas posé une question portant sur l'excuse de provocation quand ni l'accusé ni son défenseur n'ont demandé que la question fut posée (Cass. crim., 20 oct. 1982 : *Bull.* 228).

44) Une question unique peut, sans être entachée de complexité prohibée, demander si une tentative a été manifestée par un commencement d'exécution et si elle n'a été suspendue ou n'a manqué son effet que par suite de circonstances indépendantes de la volonté de son auteur (Cass. crim., 19 juin 1985 : *Bull.* 237. – Cass. crim., 30 nov. 1988 : *Bull.* 406).

Est régulière la question, relative à une tentative de vol, posée dans les termes de l'article 2 du Code pénal, sans qu'il soit nécessaire qu'elle précise les circonstances qui forment le commencement d'exécution ni l'intervention extérieure qui a interrompu, contre la volonté de l'auteur, l'exécution de l'acte criminel (Cass. crim., 22 déc. 1987 : *Bull.* 481).

La tentative d'homicide volontaire impliquant nécessairement l'intention de donner la mort, la question principale est régulièrement posée lorsque le terme « volontairement » n'a pas été employé (Cass. crim., 22 juin 1988 : *Bull.* 284).

45) Doit être annulé l'arrêt rendu par la cour d'assises lorsqu'il est établi que le président, après avoir averti qu'il poserait la question d'excuse de provocation, a omis de la soumettre à la cour et au jury (Cass. crim., 18 juill. 1985 : *Bull.* 270).

46) La circonstance que la destruction ou la détérioration d'un objet mobilier ou d'un bien immobilier appartenant à autrui a été effectuée par l'effet d'une substance explosive ou incendiaire, ou de tout autre moyen de nature à créer un danger pour la sécurité, est un élément constitutif de l'infraction prévue et réprimée par l'article 435, alinéa 1er, du Code pénal. La question unique posée dans les termes de ce texte n'est, en conséquence, pas entachée de complexité prohibée (Cass. crim., 27 nov. 1985 : *Bull.* 382).

47) Il résulte de l'article 461 du Code pénal qu'il doit être posé à l'égard de l'accusé receleur une question sur chaque circonstance aggravante.

Dès lors, en cas de recel du produit d'un vol avec arme, une question doit être posée sur le point de savoir si le receleur a eu connaissance de la circonstance que le vol a été commis avec une arme apparente ou cachée (Cass. crim., 19 mars 1986 : *Bull.* 112).

La question par laquelle il est demandé si l'accusé est coupable d'avoir recelé des objets frauduleusement soustraits par des individus définitivement jugés, interroge la Cour et le jury, non sur la matérialité du vol, mais uniquement sur la culpabilité dudit accusé du chef de recel des objets provenant de cette soustraction frauduleuse (Cass. crim., 6 févr. 1991 : *Bull.* 59).

48) N'est pas entachée de complexité prohibée la question qui porte qu'une prise d'otages a été exécutée pour faciliter la commission d'un crime et pour permettre la fuite de ses auteurs, dès lors que l'une ou l'autre de ces circonstances, prévues par l'article 343 du Code pénal, entraîne à elle seule les mêmes conséquences pénales (Cass. crim., 27 avr. 1988 : *Bull.* 184).

Mais le fait, prévu par l'article 343 du Code pénal, que la personne arrêtée, détenue ou séquestrée l'ait été comme otage constitue une circonstance aggravante du crime défini par l'article 341 du même code et doit dès lors, à peine de complexité, faire l'objet d'une question distincte *(même arrêt)*.

La question relative à la circonstance aggravante de prise d'otage définie par l'article 343 du Code pénal doit se référer aux élémentsconstitutifs du crime que l'arrestation illégale ou la séquestration ont eu pour but de préparer ou faciliter (Cass. crim., 2 juill. 1987 : *Bull.* 279).

49) La réponse négative à une question principale portant sur des faits sans lien de connexité avec ceux objet d'autres questions, doit demeurer acquise à l'accusé demandeur au pourvoi (Cass. crim., 19 mars 1986 : *Bull.* 111).

50) Il n'y a complexité prohibée qu'autant que la même question contient plusieurs faits ou circonstances qui peuvent donner lieu à des réponses distinctes et qui, diversement appréciés, peuvent conduire à des conséquences différentes.

Tel n'est pas le cas, en matière de crime contre l'humanité, de la question par laquelle il est demandé si l'accusé a, en commettant un acte criminel déterminé, pris part à l'exécution d'un plan concerté pour réaliser la déportation ou l'extermination de populations civiles pendant la guerre, ou bien des persécutions pour des motifs politiques, raciaux ou religieux (Cass. crim., 3 juin 1988 : *Bull.* 246).

51) L'acquittement de la personne renvoyée comme auteur principal n'exclut pas la culpabilité de complices de cette action, dès lors que l'existence du fait criminel a été établie par la réponse affirmative de la Cour et du jury à la question qui leur était posée sous une forme abstraite sur la matérialité de ce crime (Cass. crim., 21 mai 1990 : *Bull.* 203).

52) Lorsque les questions relatives à un viol et à un délit connexe de coups et violences volontaires ont été posées dans les termes du dispositif de l'arrêt de renvoi, les réponses affirmatives de la Cour et du jury sont irrévocables, dès lors qu'il n'en résulte pas que les violences retenues comme délit connexe soient les mêmes que celles qui l'ont été à titre d'élément constitutif du viol (Cass. crim., 22 mai 1991 : *Bull.* 215).

53) N'a pas à être examiné le moyen qui allègue l'irrégularité de questions n'intéressant que des délits connexes dès lors que la peine criminelle prononcée contre l'accusé trouve son seul support légal dans les réponses affirmatives de la Cour et du jury le déclarant coupable de crime (Cass. crim., 26 juin 1996 : *Bull.* 278).

Art. 349-1 *(Applic. 1er janv. 2001 ; L. n. 2000-516, 15 juin 2000, art. 80-1 et 140).* **– Lorsque est invoquée comme moyen de défense l'existence de l'une des causes d'irresponsabilité pénale prévue par les articles 122-1 (premier alinéa), 122-2, 122-3, 122-4 (premier et second alinéas), 122-5 (premier et second alinéas) et 122-7 du Code pénal, chaque fait spécifié dans le dispositif de la décision de mise en accusation fait l'objet de deux questions posées ainsi qu'il suit :**

« 1° L'accusé a-t-il commis tel fait ? ;

« 2° L'accusé bénéficie-t-il pour ce fait de la cause d'irresponsabilité pénale prévue par l'article ... du code pénal selon lequel n'est pas pénalement responsable la personne qui ... ? »

Le président peut, avec l'accord des parties, ne poser qu'une seule question concernant la cause d'irresponsabilité pour l'ensemble des faits reprochés à l'accusé.

Sauf si l'accusé ou son défenseur y renonce, il est donné lecture des questions posées en application du présent article.

Art. 350. – S'il résulte des débats une ou plusieurs circonstances aggravantes, non mentionnées dans l'arrêt de renvoi, le président pose une ou plusieurs questions spéciales.

1) Le président de la cour d'assises ne peut soumettre à la cour et au jury une question relative à une circonstance aggravante qui a été formellement écartée par l'arrêt de renvoi pour un motif de droit (Cass. crim., 21 mai 1980 : *Bull.* 158).

2) Le président de la cour d'assises qui, en application de l'article 350 du Code de procédure pénale, décide de poser une question spéciale sur une circonstance aggravante non mentionnée dans l'arrêt de renvoi, a nécessairement estimé que ladite circonstance résultait des débats.

Aucune disposition de la loi n'interdit au président de poser un telle question à la requête de l'une des parties (Cass. crim., 23 févr. 1983 : *Bull.* 66 ; *D.* 1983, inf. rap. 293, obs. J. M. R.).

3) Le président de la cour d'assises qui, en application de l'article 350 du Code de procédure pénale, décide de poser une question spéciale sur une circonstance aggravante non mentionnée dans l'arrêt de renvoi, doit au préalable

poser les questions résultant du dispositif de l'arrêt de renvoi (Cass. crim., 30 avr. 1985 : *Bull.* 165).

4) Si le président peut, aux termes de l'article 350 du Code de procédure pénale, poser, comme résultant des débats, des questions spéciales relatives à des circonstances aggravantes qui n'ont pas été retenues par l'arrêt de renvoi, il a le devoir d'en donner lecture, dès lors qu'il n'est pas constaté que l'accusé a renoncé à cette lecture (Cass. crim., 13 déc. 1995 : *Bull.* 381).

Ne méconnaît pas les dispositions de l'article 6 de la Convention européenne des droits de l'homme et ne porte pas atteinte aux droits de la défense, le président de la cour d'assises qui, après avoir prononcé la clôture des débats, fait savoir qu'il va poser, comme résultant de ceux-ci, en application de l'article 350 du Code de procédure pénale, une question spéciale sur une circonstance aggravante non mentionnée dans l'arrêt de renvoi ; l'article 352 du même code permet, en effet, à l'accusé d'obtenir la réouverture des débats et ainsi de se défendre spécialement sur les faits constitutifs de ladite circonstance aggravante (Cass. crim., 23 févr. 1983 : *Bull.* 66. – Cass. crim., 22 mai 1985 : *Bull.* 198).

5) Le droit de soumettre à la cour et au jury les circonstances aggravantes résultant des débats peut s'exercer non seulement quand l'arrêt de renvoi a omis de les relever, mais également lorsqu'il les a écartées pour des motifs de fait et non de droit *(même arrêt).*

Art. 351. – S'il résulte des débats que le fait comporte une qualification légale autre que celle donnée par *(L. n. 2000-516, 15 juin 2000, art. 136-XIII et 140, à compter du 1er janv. 2001)* **la décision de mise en accusation, le président doit poser une ou plusieurs questions subsidiaires.**

1) Le président des assises ne peut, sans méconnaître les dispositions des articles 349 et 351 du Code de procédure pénale, soumettre à la cour et au jury, par voie de question principale, une accusation comportant une qualification légale autre que celle donnée aux faits par l'arrêt de renvoi (Cass. crim., 13 oct. 1982 : *Bull.* 217).

Le président de la cour d'assises ne peut poser, comme résultant des débats, une question subsidiaire si la cour et le jury n'ont au préalable répondu négativement à la question principale. Ce principe est méconnu lorsque la cour et le jury répondent affirmativement aux questions subsidiaires alors que les questions principales sont déclarées « sans objet » (Cass. crim., 19 nov. 1986 : *Bull.* 350).

Mais, lorsque les questions principales ont été résolues affirmativement, les questions subsidiaires deviennent sans objet (Cass. crim., 1er juin 1988 : *Bull.* 243).

Selon les dispositions combinées des articles 348 et 351 du Code de procédure pénale, s'il résulte des débats une qualification légale autre que celle de l'arrêt de renvoi, le président doit poser une ou plusieurs questions subsidiaires dont il est tenu de donner lecture, sauf si l'accusé ou son défenseur y renonce, lesdites questions fussent-elles déclarées sans objet à l'issue de la délibération sur la culpabilité (Cass. crim., 18 févr. 1998 : *Bull.* 69).

2) Selon l'article 231 du Code de procédure pénale, la cour d'assises ne peut connaître d'aucune autre accusation que celle qui est contenue dans le dispositif de l'arrêt de renvoi ; sous réserve des dispositions de l'article 351 dudit code, la cour et le jury ne peuvent, sans excès de pouvoir, être interrogés par une question substituant ou ajoutant un fait principal nouveau aux faits retenus par l'arrêt de mise en accusation.

L'arrestation illégale et la séquestration illégale constituant des crimes distincts, excède en conséquence ses pouvoirs, le président qui pose la question de savoir si un accusé, renvoyé sous la seule accusation de séquestration illégale, est coupable d'arrestation, détention ou séquestration illégales (Cass. crim., 9 nov. 1983 : *Bull.* 297. – Cass. crim., 24 janv. 1996 : *Bull.* 42).

3) Le président peut, en vertu de l'article 351 du Code de procédure pénale, poser subsidiairement à la cour et au jury comme résultant des débats, la question de complicité du crime d'assassinat à raison duquel l'accusé est renvoyé devant la cour d'assises (Cass. crim., 12 mai 1970 : *Bull.* 158 ; *D.* 1970, 515, rapp. F. Chapar).

Une question subsidiaire de tentative de meurtre peut être posée comme résultant des débats à l'occasion d'une accusation de complicité de ce crime (Cass. crim., 26 mai 1983 : *Bull.* 158).

La question subsidiaire de tentative du crime relevé par l'arrêt de renvoi ne crée pas une accusation nouvelle, mais s'applique au même fait différemment qualifié (Cass. crim., 13 nov. 1991 : *Bull.* 404).

4) Le président de la cour d'assises n'anticipe pas sur le résultat des débats en annonçant, avant les plaidoiries, son intention de poser une question subsidiaire ; loin de violer les droits de la défense, il en facilite l'exercice en permettant aux parties de fournir leurs explications (Cass. crim., 25 mars 1987 : *Bull.* 142).

Art. 352. – S'il s'élève un incident contentieux au sujet des questions, la cour statue dans les conditions prévues à l'article 316.

1) Le président excède ses pouvoirs s'il rejette ou délaisse les conclusions de la défense demandant que soit posée une question subsidiaire ; seule la cour, compétente, en application des articles 316 et 352 du Code de procédure pénale, pour statuer sur les incidents contentieux relatifs aux questions, dispose d'un pouvoir souverain pour refuser, par arrêt motivé, de poser une question réclamée par l'accusé ou son avocat (Cass. crim., 6 mai 1997 : *Bull.* 173).

2) Dès lors qu'il est saisi de conclusions lui demandant de poser une question subsidiaire, le président ne peut refuser de lire cette question, sans que naisse de son opposition un incident contentieux qui doit alors être tranché par la cour conformément aux dispositions de l'article 352 du Code de procédure pénale (Cass. crim., 20 août 1997 : *Bull.* 289).

Art. 353. – Avant que la cour d'assises se retire, le président donne lecture de l'instruction suivante, qui est, en outre, affichée en gros caractères dans le lieu le plus apparent de la chambre des délibérations :

« La loi ne demande pas compte aux juges des moyens par lesquels ils se sont convaincus, elle ne leur prescrit pas de règles desquelles ils doivent faire particulièrement dépendre la plénitude et la suffisance d'une preuve ; elle leur prescrit de s'interroger eux-mêmes, dans le silence et le recueillement, et de chercher, dans la sincérité de leur conscience, quelle impression ont faite, sur leur raison, les preuves rapportées contre l'accusé, et les moyens de sa défense. La loi ne leur fait que cette seule question, qui renferme toute la mesure de leurs devoirs : Avez-vous une intime conviction ? »

1) Il résulte des articles 353 et 357 du Code de procédure pénale que les arrêts de condamnation prononcés par les cours d'assises ne peuvent comporter d'autres énonciations que celles qui, tenant lieu de motivation, sont constituées par l'ensemble des réponses données par les magistrats et les jurés aux questions posées conformément à l'arrêt de renvoi ; encourt la cassation l'arrêt qui contient de telles énonciations (Cass. crim., 15 déc. 1999 : *Bull.* 307 et 308.

2) Le procès-verbal des débats n'a pas à constater l'affichage, dans la salle des délibérations, de l'instruction prévue par l'article 353 du Code de procédure pénale, cette formalité devant être accomplie en dehors des audiences de la cour d'assises.

Au surplus, les dispositions dudit article 353 ne sont pas substantielles et aucune nullité ne peut résulter de leur inobservation (Cass. crim., 26 juin 1991 : *Bull.* 279).

Art. 354. – Le président fait retirer l'accusé de la salle d'audience. *(Phrase ajoutée à compter du 1er janv. 2001 ; L. n. 2000-516, 15 juin 2000, art. 136-XIV et 140)* **Si l'accusé est libre, il lui enjoint de ne pas quitter le palais de justice pendant la durée du délibéré, en indiquant, le cas échéant, le ou les locaux dans lesquels il doit demeurer, et invite le chef du service d'ordre à veiller au respect de cette injonction.**

Il invite le chef du service d'ordre à faire garder les issues de la chambre des délibérations, dans laquelle nul ne pourra pénétrer, pour quelque cause que ce soit, sans autorisation du président.

Le président déclare l'audience suspendue.

CHAPITRE VII. – DU JUGEMENT

SECTION I. – DE LA DÉLIBÉRATION DE LA COUR D'ASSISES

Art. 355. – Les magistrats de la cour et les jurés se retirent dans la chambre des délibérations. Ils n'en peuvent sortir qu'après avoir pris leurs décisions.

V. H. ANGEVIN, *Cour d'assises ; Jugement ; Délibération ; Peines : J.-Cl. Proc. pén.*, art. 355 à 365.

La délibération de la cour et du jury étant secrète, la mention dans l'arrêt de condamnation que des auditeurs de justice ont assisté au délibéré « sans voix délibérative » est dès lors dépourvue de portée et ne saurait signifier que lesdits auditeurs y aient participé d'une manière quelconque, fût-ce avec voix consultative (Cass. crim., 30 janv. 1985 : *Bull.* 52).

Art. 356 *(L. n. 92-1336, 16 déc. 1992, art. 21 ; L. n. 93-913, 19 juill. 1993)*. **– La cour et le jury délibèrent puis votent par bulletins écrits et par scrutins distincts et successifs, sur le fait principal d'abord et, s'il y a lieu,** *(L. n. 2000-516, 15 juin 2000, art. 80-II et 140 ; applic. 1er janv. 2001)* **sur les causes d'irresponsabilité pénale, sur chacune des circonstances aggravantes, sur les questions subsidiaires, et sur chacun des faits constituant une cause légale d'exemption ou de diminution de la peine.**

L'application au 1er mars 1994 des dispositions de la loi du 16 décembre 1992 qui a supprimé dans les articles 356, 358 et 359 du Code de procédure pénale toutes les dispositions relatives aux circonstances atténuantes a pour conséquence que, depuis cette date, la question relative à l'octroi de ces dernières n'a plus à être posée à la cour et au jury délibérant en commun sur l'application de la peine (Cass. crim., 14 déc. 1994 : *Bull.* 410. – Cass. crim., 1er févr. 1995 : *Bull.* 41).

Art. 357 *(L. n. 72-1226, 29 déc. 1972, art. 8)*. **– « Chacun des magistrats et des jurés reçoit, à cet effet, un bulletin ouvert, marqué du timbre de la cour d'assises et portant ces mots : « Sur mon honneur et en ma conscience, ma déclaration est ... ».**

Il écrit à la suite ou fait écrire secrètement le mot « oui » ou le mot « non » sur une table disposée de manière que personne ne puisse voir le vote inscrit sur le bulletin. Il remet le bulletin écrit et fermé au président, qui le dépose dans une urne destinée à cet usage.

Art. 358 *(L. n. 92-1336, 16 déc. 1992, art. 22 ; L. n. 93-913, 19 juill. 1993)*. **– Le président dépouille chaque scrutin en présence des membres de la cour et du jury, qui peuvent vérifier les bulletins. Il constate sur-le-champ le résultat du vote en marge ou à la suite de la question résolue.**

Les bulletins blancs, ou déclarés nuls par la majorité, sont comptés comme favorables à l'accusé.

Immédiatement après le dépouillement de chaque scrutin, les bulletins sont brûlés.

Art. 359 *(Applic. 1er janv. 2001 ; L. n. 2000-516, 15 juin 2000, art. 79-V et 140)*. **– Toute décision défavorable à l'accusé, se forme à la majorité de huit voix au moins lorsque la cour d'assises statue en premier ressort et à la majorité de dix voix au moins lorsque la cour d'assises statue en appel.**

Aux termes de l'article 359 du Code de procédure pénale, toute décision défavorable à l'accusé, y compris celle qui refuse les circonstances atténuantes, se forme à la majorité de huit voix au moins.

La réponse négative à la question relative aux circonstances atténuantes doit préciser que cette décision a été prise à la majorité de huit voix au moins (Cass. crim., 5 mars 1981 : *Bull.* 83 ; *Rev. sc. Cass. crim.*, 1982, 629, obs. J. Robert. – Cass. crim., 7 mai 1986 : *Bull.* 157).

Art. 360 *(Applic. 1er janv. 2001 ; L. n. 2000-516, 15 juin 2000, art. 79-VI et 140)*. **– La déclaration, lorsqu'elle est affirmative, constate que la majorité de voix exigée par l'article 359 a été acquise sans que le nombre de voix puisse être autrement exprimé.**

L'article 360 du Code de procédure pénale dispose que la déclaration de la cour et du jury, lorsqu'elle est affirmative, doit constater que la majorité de huit voix au moins doit être acquise sans que le nombre de voix puisse être autrement exprimé.

L'indication du nombre des voix qui se sont prononcées pour la culpabilité entraîne la nullité de cette déclaration (Cass. crim., 15 juin 1983 : *Bull.* 186. – Cass. crim., 4 mai 1984 : *Bull.* 158).

Art. 361. – Au cas de contradiction entre deux ou plusieurs réponses, le président peut faire procéder à un nouveau vote.

Art. 361-1 *(Applic. 1er janv. 2001 ; L. n. 2000-516, 15 juin 2000, art. 80-III et 140).* **– Si, lorsqu'il est fait application des dispositions de l'article 349-1, la cour d'assises a répondu positivement à la première question et négativement à la seconde question, elle déclare l'accusé coupable. Si elle a répondu négativement à la première question ou positivement à la seconde question, elle déclare l'accusé non coupable.**

Art. 362 *(Applic. 1er janv. 2001 ; L. n. 2000-516, 15 juin 2000, art. 79-VII et 140 ; L. n. 92-1336, 16 déc. 1992, art. 24 ; L. n. 93-913, 19 juill. 1993).* **– En cas de réponse affirmative sur la culpabilité, le président donne lecture aux jurés des dispositions des articles 132-18 et 132-24 du Code pénal. La cour d'assises délibère alors sans désemparer sur l'application de la peine. Le vote a lieu ensuite au scrutin secret, et séparément pour chaque accusé.**

La décision sur la peine se forme à la majorité absolue des votants. Toutefois, le maximum de la peine privative de liberté encourue ne peut être prononcé qu'à la majorité de huit voix au moins *(L. n. 2000-516, 15 juin 2000, art. 79-VII)* **lorsque la cour d'assises statue en premier ressort et qu'à la majorité de dix voix au moins lorsque la cour d'assises statue en appel. Si le maximum de la peine encourue n'a pas obtenu** *(L. n. 2000-516, 15 juin 2000, art. 79-VII)* **cette majorité, il ne peut être prononcé une peine supérieure à trente ans de réclusion criminelle lorsque la peine encourue est la réclusion criminelle à perpétuité et une peine supérieure à vingt ans de réclusion criminelle lorsque la peine encourue est de trente ans de réclusion criminelle. Les mêmes règles sont applicables en cas de détention criminelle.**

Si, après deux tours de scrutin, aucune peine n'a réuni la majorité des suffrages, il est procédé à un troisième tour au cours duquel la peine la plus forte proposée au tour précédent est écartée. Si, à ce troisième, aucune peine n'a encore obtenu la majorité absolue des votes, il est procédé à un quatrième tour et ainsi de suite, en continuant à écarter la peine la plus forte, jusqu'à ce qu'une peine soit prononcée.

Lorsque la cour d'assises prononce une peine correctionnelle, elle peut ordonner à la majorité qu'il soit sursis à l'exécution de la peine avec ou sans mise à l'épreuve.

La cour d'assises délibère également sur les peines accessoires ou complémentaires.

1) Aux termes de l'article 362 du Code de procédure pénale, la cour et le jury doivent se prononcer sans désemparer, successivement sur la culpabilité et, s'il y a lieu, sur la peine, dans une délibération unique. Ainsi, les décisions sur la culpabilité et sur la peine sont indivisibles et ne sauraient être scindées.

Dès lors, la cassation visant la décision sur la peine doit être totale et porter à la fois sur l'arrêt, la déclaration de culpabilité et les débats qui l'ont précédée (Cass. crim., 18 oct. 1962 : *Bull.* 279. – Cass. crim., 6 févr. 1964 : *Bull.* 44).

Conformément aux articles 362 et 364 du Code de procédure pénale, en cas de réponse affirmative sur la culpabilité, la cour et le jury doivent se prononcer sans désemparer sur la peine dans une délibération unique et mention des décisions prises est faite sur la feuille de questions qui est signée séance tenante par le président et par le premier juré désigné par le sort ; ces dispositions sont d'ordre public (Cass. crim., 20 oct. 1993 : *Bull.* 300).

2) Selon l'article 362 nouveau du Code de procédure pénale, le maximum de la peine privative de liberté encourue ne peut être prononcé qu'à la majorité qualifiée de huit voix au moins. Il s'ensuit que cette indication doit figurer sur la feuille des questions. À défaut de mention permettant à la Cour de cassation de

constater ce vote, la décision doit être censurée (Cass. crim., 6 déc. 1995 : *Bull.* 368).

Il n'importe que cette mention ne figure pas dans l'arrêt de condamnation (Cass. crim., 25 janv. 1995 : *Bull.* 35).

Aux termes de l'article 362, alinéa 2, du Code de procédure pénale, si le maximum de la peine encourue n'a pas obtenu la majorité de huit voix, il ne peut être prononcé une peine supérieure à vingt ans de réclusion criminelle, lorsque la peine encourue est de trente ans de réclusion criminelle (Cass. crim., 8 janv. 1997 : *Bull.* 4).

Les dispositions de l'article 362 du Code de procédure pénale imposant, pour le prononcé du maximum d'une peine privative de liberté, une majorité qualifiée de huit voix au moins, sont applicables, lorsque cette peine est de nature correctionnelle (Cass. crim., 29 oct. 1997 : *Bull.* 360).

3) Les délibérations communes de la cour et du jury sont essentiellement secrètes, aucune pièce de la procédure ne peut constater ni révéler ce qui s'y est passé. Le demandeur ne saurait donc se faire un grief de la non-constatation de formalités prévues par l'article 362 du Code de procédure pénale dont l'observation est laissée à la conscience des juges (Cass. crim., 8 févr. 1967 : *Bull.* 60. – Cass. crim., 10 janv. 1968 : *Bull.* 7).

Lorsque la feuille de questions énonce que la cour et le jury ont délibéré dans les conditions prévues à l'article 362 du Code de procédure pénale, il en résulte que le président a lu aux jurés, après leur réponse affirmative sur la culpabilité et avant la délibération sur la peine, les textes des articles 132-18 et 132-24 du Code pénal (Cass. crim., 8 févr. 1995 : *Bull.* 59. – Cass. crim., 22 mars 1995 : *Bull.* 120) ; cette mention implique également que la décision sur la peine, inférieure au maximum légal, a été acquise à la majorité absolue, celle de huit voix au moins n'étant requise que pour le prononcé du maximum de la peine privative de liberté (Cass. crim., 19 mars 1997 : *Juris-Data* n. 001685).

4) La peine de la réclusion criminelle ne peut être assortie de sursis, avec ou sans mise à l'épreuve (Cass. crim., 11 juin 1986 : *Bull.* 204).

5) Aux termes de l'article 362 du Code de procédure pénale, toutes les décisions concernant l'application de la peine sont prises par la cour et le jury, après réponse affirmative sur la culpabilité. Seuls, dès lors, la cour et le jury réunis ont qualité, après avoir statué sur la peine, pour décider que celle-ci se confondra, ou non, avec une peine prononcée antérieurement contre l'accusé (Cass. crim., 13 févr. 1980 : *Bull.* 57).

6) Une cour d'assises peut prononcer le maximum de la peine d'interdiction des droits civiques, civils et de famille à la majorité absolue, l'article 362 ne s'appliquant que pour la seule peine privative de liberté (Cass. crim., 1er févr. 1995 : *Bull.* 42) ; il en est de même pour le maximum de la période de sûreté (Cass. crim., 8 févr. 1995 : *Bull.* 57) et pour l'interdiction de séjour (Cass. crim., 8 févr. 1995 : *Bull* 59).

Le respect par la Cour et le jury des dispositions de l'article 362 du Code de procédure pénale apporte la garantie que la décision sur la peine d'interdiction du territoire français est prise en considération de la gravité de l'infraction ; la délibération et le vote de la Cour et du jury tiennent ainsi lieu de motivation spéciale, pour l'application de cette peine, dans les cas prévus à l'alinéa 3 de l'article 131-30 du Code pénal (Cass. crim., 9 oct. 1996 : *Bull.* 353).

7) La déchéance de l'autorité parentale, que l'article 378 du Code civil permet aux juridictions répressives de prononcer contre les père et mère qui sont condamnés, notamment, comme auteurs, coauteurs, ou complices d'un crime ou d'un délit commis sur la personne de leur enfant, est, non une peine accessoire frappant le condamné, mais une mesure de protection de ses enfants.

Cette mesure, d'ordre purement civil, ne peut, en conséquence, être prononcée que par la cour seule, sans l'assistance du jury (Cass. crim., 4 janv. 1985 : *Bull.* 10).

Art. 363 *(L. n. 92-1336, 16 déc. 1992, art. 25 ; L. n. 93-913, 19 juill. 1993).* **– Si le fait retenu contre l'accusé ne tombe pas ou ne tombe plus sous l'application de la loi pénale, ou si l'accusé est déclaré non coupable, la cour d'assises prononce l'acquittement de celui-ci.**

Si l'accusé bénéficie d'une cause d'exemption de peine, la cour d'assises le déclare coupable et l'exempte de peine.

L'acquittement d'un accusé ne doit être prononcé que s'il a été déclaré non coupable sur tous les chefs d'accusation retenus contre lui par l'arrêt de renvoi (Cass. crim., 11 déc. 1985 : *Bull.* 401).

Art. 364. – Mention des décisions prises est faite sur la feuille de questions, qui est signée séance tenante par le président et par le premier juré désigné par le sort ou, s'il ne peut signer, par celui désigné par la majorité des membres de la cour d'assises.

1) L'article 364 du Code de procédure pénale exige que mention de la décision prise sur l'application de la peine soit faite sur la feuille de questions qui est signée séance tenante par le président et le premier juré (Cass. crim., 22 oct. 1980 : *Bull.* 268).

Constitue une violation de cette disposition le fait, par le président, d'avoir consigné cette décision sur une feuille volante sur laquelle ne figure aucune signature (Cass. crim., 16 févr. 1983 : *Bull.* 60. – Cass. crim., 18 nov. 1998 : *Bull.* 307).

2) Les signatures apposées par le président et par le premier juré à la suite des décisions prises sur la culpabilité, lesquelles forment un seul contexte, même si elles sont rédigées sur plusieurs feuillets, s'appliquent à la totalité des énonciations qui les précèdent et suffisent à les authentifier (Cass. crim., 9 juin 1982 : *Bull.* 155. – Cass. crim., 5 juin 1985 : *Bull.* 218).

3) L'article 364 du Code de procédure pénale qui règle la forme de la déclaration de la cour et du jury n'exigeant pas qu'elle soit datée, l'absence de date sur la feuille de questions ne saurait donner ouverture à cassation. Les énonciations du procès-verbal des débats et de l'arrêt de condamnation suppléent à cette constatation (Cass. crim., 3 oct. 1984 : *Bull.* 284. – Cass. crim., 9 mars 1995 : *Bull.* 97).

4) Le procédé consistant à porter, à l'aide d'un timbre humide, sur la feuille de questions, les réponses de la cour et du jury n'est pas irrégulier dès lors que les mentions sont authentifiées par les signatures du président et du premier juré (Cass. crim., 16 juin 1971 : *Bull.* 190).

5) L'article 364 du Code de procédure pénale n'exige pas que, lorsqu'il y a plusieurs accusés, il soit précisé sur la feuille des questions qu'une délibération distincte a eu lieu pour chaque accusé en ce qui concerne l'application de la peine ; une mention unique indiquant les décisions prises pour chacun des accusés est suffisante (Cass. crim., 6 mai 1975 : *Bull.* 116).

6) L'article 364 du Code de procédure pénale exige seulement que la mention de la décision concernant la peine figure sur la feuille des questions, sans qu'il soit nécessaire de préciser que la cour d'assises a délibéré sur l'application de cette peine (Cass. crim., 7 déc. 1977 : *Bull.* 389. – Cass. crim., 20 févr. 1985 : *Bull.* 81).

7) La confiscation spéciale des armes, des objets et instruments ayant servi à commettre le crime de meurtre est une peine ; comme telle, elle doit être prononcée par la cour et le jury réunis et dès lors, figurer sur la feuille de questions (Cass. crim., 8 juin 1977 : *Bull.* 210 ; *D.* 1977, inf. rap. 425, Puech. – Cass. crim., 22 nov. 1989 : *Bull.* 439).

8) L'omission de mentionner sur la feuille de questions la décision de la cour et du jury sur l'application de la peine constitue une violation des articles 362 et 364 du Code de procédure pénale, entraînant la cassation. Il en est ainsi alors même que la loi prévoit une peine fixe et qu'il a été répondu négativement à la question relative aux circonstances atténuantes (Cass. crim., 10 mars 1982 : *Bull.* 75).

9) La feuille de questions doit, selon les prescriptions de l'article 364 du Code de procédure pénale, indiquer non seulement la durée de la peine, mais la nature de celle-ci (Cass. crim., 15 juin 1983 : *Bull.* 186).

10) L'article 364 du Code de procédure pénale exige seulement que la mention de la décision sur l'application de la peine figure sur la feuille de questions, sans qu'il soit nécessaire de préciser que ladite décision a été prise à la majorité (Cass. crim., 1er févr. 1984 : *Bull.* 39. – Cass. crim., 21 mars 1984 : *Bull.* 122. – Cass. crim., 16 janv. 1985 : *Bull.* 29).

Selon les dispositions des articles 362 et 364 du Code de procédure pénale, en cas de réponse affirmative sur la culpabilité, la cour et le jury doivent se prononcer sans désemparer sur la peine, dans une délibération unique, et mention des décisions prises est faite sur la feuille de questions qui est signée séance tenante par le président et par le premier juré désigné par le sort ; ces dispositions sont d'ordre public (Cass. crim., 17 avr. 1985 : *Bull.* 146).

11) Si l'article 364 du Code de procédure pénale n'exige pas qu'il soit fait mention sur la feuille de questions, de la condamnation aux frais, aucune nullité ne saurait résulter de ce qu'une telle mention y ait été portée, dès lors qu'il doit être statué, au cours de la délibération commune de la cour et du jury, sur toutes les dispositions de l'arrêt de condamnation, et notamment sur les dépens et la contrainte par corps (Cass. crim., 8 juill. 1985 : *Bull.* 257).

12) La déclaration de culpabilité reprise par l'arrêt de condamnation doit, à peine de nullité, être en concordance avec les questions posées telles qu'elles figurent sur la feuille de questions (Cass. crim., 9 oct. 1985 : *Bull.* 307).

Encourt la cassation l'arrêt de condamnation qui porte que la cour et le jury ont accordé à l'accusé le bénéfice des circonstances atténuantes, alors que la feuille de questions mentionne que lesdites circonstances ont été refusées (Cass. crim., 8 mars 1989 : *Bull.* 114).

13) En l'absence de toute rature ou surcharge apparente et non approuvée, l'authenticité des réponses portées sur la feuille de questions, revêtue des signatures du président et du premier juré, ne peut être contestée que par la voie de l'inscription de faux (Cass. crim., 27 nov. 1985 : *Bull.* 382).

14) Les surcharges et les renvois non approuvés sont non avenus par application de l'article 107 du Code de procédure pénale.

L'irrégularité qui en résulte n'est cause de nullité que si les lacunes qui en sont la conséquence portent sur une mention substantielle.

À défaut de toute exception soulevée par lui au cours des débats, fondée sur la date et le lieu du crime, l'accusé ne peut se faire un grief de leur omission, la question critiquée étant présumée se référer à la date et au lieu énoncés dans l'arrêt de renvoi (Cass. crim., 19 sept. 1990 : *Bull.* 316).

Les surcharges de la feuille de questions non approuvées sont non avenues. L'erreur sur la date du crime qui en résulte est purement matérielle et ne peut entraîner la cassation en l'absence de toute discussion sur cette date au cours des débats (Cass. crim., 26 janv. 2000 : *Bull.* 43).

15) Les dispositions de l'article 107 du Code de procédure pénale, d'après lequel les ratures et les renvois non approuvés sont non avenus, s'appliquent également aux surcharges (irrégulières) figurant sur la feuille des questions soumises à la Cour et au jury (Cass. crim., 3 janv. 1991 : *Bull.* 1).

Art. 365. – Les réponses de la cour d'assises aux questions posées sont irrévocables.

1) Les réponses de la cour et du jury aux questions posées dans les termes de la loi et conformément au dispositif de l'arrêt de renvoi étant irrévocables, ne peuvent être remises en cause à l'aide d'arguments de fait ou de suppositions qui échappent au contrôle de la Cour de cassation (Cass. crim., 18 mai 1977 : *Bull.* 179. – Cass. crim., 9 nov. 1978 : *Bull.* 308. – Cass. crim., 6 févr. 1980 : *Bull.* 49).

2) Lorsque les questions ont été posées dans les termes de l'arrêt de renvoi sans qu'il soit possible d'en déduire que l'acte de complicité d'un crime résulte du seul fait constitutif d'un autre crime, les réponses affirmatives de la cour et du jury sont irrévocables (Cass. crim., 3 juin 1988 : *Bull.* 246).

SECTION II. – DE LA DÉCISION SUR L'ACTION PUBLIQUE

Art. 366 *(L. n. 92-1336, 16 déc. 1992, art. 26 ; L. n. 93-913, 19 juill. 1993).* **– La cour d'assises rentre ensuite dans la salle d'audience. Le président fait comparaître l'accusé, donne lecture des réponses faites aux questions, et prononce l'arrêt portant condamnation, absolution ou acquittement.**

Les textes de loi dont il est fait application sont lus à l'audience par le président ; il est fait mention de cette lecture dans l'arrêt.

Au cas de condamnation ou d'exemption de peine, l'arrêt se prononce sur la contrainte par corps.

V. H. ANGEVIN, *Cour d'assises, Jugement, Décision sur l'action publique : J.-Cl. Proc. pén.*, art. 366 à 370, Fasc. 20.

1) Il résulte des dispositions de l'article 366 du Code de procédure pénale que l'accusé, qui comparaît libre, est tenu d'être présent lors du prononcé de l'arrêt pénal (Cass. crim., 18 févr. 1998 : *Bull.* 67).

Les réponses de la cour et du jury aux questions posées et leur décision commune sur la peine ne deviennent irrévocables qu'à compter de leur lecture en audience publique conformément à l'article 366 du Code de procédure pénale. Elles ne sont pas acquises à l'accusé qui prend la fuite en cours de délibéré (Cass. crim., 9 déc. 1998 : *Bull.* 337).

2) La mention du procès-verbal selon laquelle le président a donné lecture de la déclaration de la cour et du jury, implique nécessairement que le président a donné lecture des réponses faites aux questions posées (Cass. crim., 11 oct. 1978 : *Bull.* 268).

3) Si le procès-verbal des débats ne mentionne pas la présence du ministère public après la délibération de la cour et du jury, il est suppléé à cette omission par les énonciations de l'arrêt de condamnation qui constate expressément qu'il a été rendu en présence de l'avocat général (Cass. crim., 30 avr. 1980 : *Bull.* 126).

La présence du ministère public lors de la lecture des réponses aux questions se déduit de la mention de l'arrêt de condamnation constatant que ledit arrêt a été rendu en présence du représentant du ministère public (Cass. crim., 15 mai 1985 : *Bull.* 186).

4) La sanction de la nullité ne s'attache pas à la disposition de l'article 366, alinéa 2, du Code de procédure pénale relative à la lecture par le président des textes de loi dont il a été fait application à l'accusé (Cass. crim., 8 févr. 1989 : *Bull.* 58).

5) Encourt la cassation l'arrêt d'une cour d'assises qui déclare l'accusé coupable d'un crime ou d'un délit, alors que la feuille de questions ne fait pas mention d'une interrogation de la Cour et du jury relative à cette infraction (arrêts n. 1 et 2. – Cass. crim., 6 janv. 1999 : *Bull.* 3).

Art. 367 *(Applic. 16 juin 2001 ; L. n. 2000-516, 15 juin 2000, art. 85-I et 140).* **– Si l'accusé est exempté de peine ou acquitté, s'il est condamné à une peine autre qu'une peine ferme privative de liberté, ou s'il est condamné à une peine ferme privative de liberté couverte par la détention provisoire, il est mis immédiatement en liberté s'il n'est retenu pour autre cause.**

Dans les autres cas, tant que l'arrêt n'est pas définitif et, le cas échéant, pendant l'instance d'appel, l'ordonnance de prise de corps est mise à exécution ou continue de produire ses effets, jusqu'à ce que la durée de détention ait atteint celle de la peine prononcée *(Mots ajoutés, L. n° 2002-1138, 9 sept. 2002, art. 43, IV, 1°)* **«, sans préjudice pour l'accusé de son droit à demander sa mise en liberté conformément aux dispositions des articles 148-1 et 148-2 » ;** *(Phrases supprimées, L. n° 2002-1138, 9 sept. 2002, art. 43, IV, 2°).*

La cour d'assises peut, par décision spéciale et motivée, décider que l'ordonnance de prise de corps sera mise à exécution contre la personne renvoyée pour délit connexe qui n'est pas détenue au moment où l'arrêt est rendu, si la peine prononcée est supérieure ou égale à un an d'emprisonnement et si les éléments de l'espèce justifient une mesure particulière de sûreté.

Les sanctions pénales prononcées en application des articles 131-6 à 131-11 du code pénal peuvent être déclarées exécutoires par provision.

1) Selon l'article 367, alinéa 2, du Code de procédure pénale, dans sa rédaction issue de la loi du 15 juin 2000, tant que l'arrêt n'est pas définitif, l'ordonnance de prise de corps continue de produire ses effets jusqu'à ce que la durée de la détention ait atteint celle de la peine prononcée (Cass. crim., 20 juin 2001 : *Bull.* 153).

2) Il n'est pas contraire au principe de la présomption d'innocence que, comme le prévoit l'article 367, alinéa 2, du Code de procédure pénale, dans sa rédaction issue de la loi du 15 juin 2000, tant que l'arrêt n'est pas définitif et, le cas échéant, pendant l'instance d'appel, l'ordonnance de prise de corps soit mise à exécution ou continue de produire ses effets jusqu'à ce que la durée de la détention ait atteint celle de la peine prononcée (Cass. crim., 20 juin 2001 : *Bull.* 154).

Art. 368. – Aucune personne acquittée légalement ne peut plus être reprise ou accusée à raison des mêmes faits, même sous une qualification différente.

1) Le crime d'homicide qui se commet par la détermination de la volonté, et le délit d'imprudence qui l'exclut étant deux infractions distinctes en leurs éléments de fait, aussi bien qu'en leurs éléments de droit, un individu condamné pour homicide involontaire peut être poursuivi à nouveau pour homicide volontaire, dès lors qu'il résulte des circonstances de fait révélées postérieurement à la décision des juges correctionnels que la mort de la victime a été la conséquence d'un acte intentionnel de son auteur (Cass. crim., 25 mars 1954 : *Bull.* 121. – Cass. crim., 19 mai 1983 : *Bull.* 149 ; *D.* 1984, 51, note Chapar).

2) Après cassation d'une décision judiciaire intervenue sur le pourvoi du seul accusé, la juridiction de renvoi ne peut retenir à son encontre un chef d'accusation sur lequel il a été répondu négativement par la juridiction dont la décision a fait l'objet de la cassation (Cass. crim., 17 nov. 1960 : *Bull.* 529. – Cass. crim., 1er avr. 1998 : *Bull.* 123).

3) Lorsque la poursuite comporte des chefs d'accusation multiples, les réponses négatives de la Cour et du jury aux questions portant sur un chef d'accusation sont acquises à l'accusé, à moins que les faits retenus par l'arrêt de renvoi soient étroitement liés (Cass. crim., 5 févr. 1992 : *Bull.* 52).

Art. 369. – Lorsque dans le cours des débats des charges sont relevées contre l'accusé à raison d'autres faits, et lorsque le ministère public a fait des réserves aux fins de poursuites, le président ordonne que l'accusé acquitté soit, par la force publique, conduit sans délai devant le procureur de la République du siège de la cour d'assises qui doit immédiatement requérir l'ouverture d'une information.

Art. 370 *(Applic. 1er janv. 2001 ; L. n. 2000-516, 15 juin 2000, art. 136-XV et 140).* **– Après avoir prononcé l'arrêt, le président avertit, s'il y a lieu, l'accusé de la faculté qui lui est accordée, selon les cas, d'interjeter appel ou de se pourvoir en cassation et lui fait connaître le délai d'appel ou de pourvoi.**

1) Les dispositions de l'article 370 du Code de procédure pénale relatives à l'avertissement donné au condamné concernant le pourvoi en cassation et le délai de ce pourvoi ne sont pas prescrites à peine de nullité (Cass. crim., 3 juill. 1973 : *Bull.* 312).

2) Aucun texte de loi ne fait obligation au président de donner, après la lecture de l'arrêt civil, l'avertissement prévu par l'article 370 du Code de procédure pénale, lequel ne concerne que la décision sur l'action publique (Cass. crim., 8 févr. 1989 : *Bull.* 58).

SECTION III. – DE LA DÉCISION SUR L'ACTION CIVILE

Art. 371. – Après que la cour d'assises s'est prononcée sur l'action publique, la cour, sans l'assistance du jury, statue sur les demandes en dommages-intérêts formées soit par la partie civile contre l'accusé, soit par l'accusé acquitté contre la partie civile, après que les parties et le ministère public ont été entendus.

La cour peut commettre l'un de ses membres pour entendre les parties, prendre connaissance des pièces et faire son rapport à l'audience, où les parties peuvent encore présenter leurs observations et où le ministère public est ensuite entendu.

V. H. ANGEVIN, *Cour d'assises ; Décision sur l'action civile, Restitutions ; Retrait de l'autorité parentale : J.-Cl. Proc. pén.*, art. 371 à 375-2, Fasc. 20.

1) La cour d'assises étant la même juridiction saisie à la fois de l'action publique et de l'action civile, n'épuise sa compétence que lorsqu'elle a rendu sa décision sur les intérêts civils. Dès lors, les magistrats composant la cour demeurent compétents pour authentifier, s'il est établi, un fait intervenu en leur présence, au cours de l'audience criminelle (Cass. crim., 28 nov. 1979 : *Bull.* 340 ; *Rev. sc. crim.* 1980, 728, obs. J. Robert).

À l'audience de la cour d'assises sur les intérêts civils, les parties et le ministère public, doivent, selon l'article 371 du Code de procédure pénale, être entendus en leurs observations, conclusions ou moyens de défense. L'arrêt civil et le procès-verbal des débats doivent faire mention de l'accomplissement de cette formalité substantielle (Cass. crim., 25 mars 1998 : *Bull.* 110).

2) La constatation de l'existence des éléments constitutifs de l'infraction et l'affirmation d'un préjudice causé à la partie civile justifient les dommages-intérêts alloués à celle-ci, sans que l'arrêt ait à s'en expliquer autrement (Cass. crim., 6 févr. 1980 : *Bull.* 49. – Cass. crim., 29 janv. 1986 : *Bull.* 39).

3) La cour d'assises, statuant sur les intérêts civils, est en droit de relever le comportement de la victime en se fondant sur les faits tels qu'ils résultent des débats, mais non sur l'octroi des circonstances atténuantes que les membres de la cour et du jury n'ont pas à motiver (Cass. crim., 11 juin 1980 : *Bull.* 186).

4) Si les établissements publics à caractère administratif peuvent intervenir devant les cours d'assises aux fins prévues par l'article 1er de l'ordonnance du 7 janvier 1959 modifiée par la loi du 2 janvier 1968, leur intervention n'échappe pas pour autant aux règles de l'exercice de l'action civile devant les tribunaux répressifs. Leur action ne peut ainsi être intentée devant la cour d'assises que jusqu'à la clôture des débats prévue par l'article 347 du Code de procédure pénale. À défaut, leur intervention est tardive, donc irrecevable, et ne peut plus être portée que devant les juridictions civiles (Cass. crim., 19 oct. 1983 : *Bull.* 257).

Si les caisses de sécurité sociale peuvent intervenir devant la juridiction répressive aux fins prévues par l'article L. 397 du Code de la sécurité sociale, une telle intervention n'échappe pas pour autant aux règles de l'exercice de l'action civile. Ainsi, devant la cour d'assises, leur action ne peut être intentée que jusqu'à la clôture du débat, sur l'action publique ; à défaut leur intervention est tardive donc irrecevable (Cass. crim., 16 févr. 1984 : *Bull.* 61).

5) Un syndicat professionnel n'est recevable à se porter partie civile que pour la défense des intérêts collectifs de la profession qu'il représente. Tel n'est pas le cas d'une organisation syndicale de bijoutiers qui s'est constituée partie civile à la suite d'un vol avec port d'arme et d'un meurtre dont un de ses adhérents a été victime (Cass. crim., 29 janv. 1986 : *Bull.* 39).

6) Les juges répressifs ne sauraient, sans interrompre le cours de la justice, ordonner un sursis à statuer d'une durée indéterminée (Cass. crim., 26 juin 1991 : *Bull.* 278).

7) L'absence du défenseur au cours de l'audience précédant la décision sur l'action civile ne saurait vicier la procédure si elle ne provient pas du fait de la Cour, du président ou du ministère public (Cass. crim., 29 janv. 1997 : *Bull.* 41).

Art. 372 *(L. n. 92-1336, 16 déc. 1992, art. 28 ; L. n. 93-913, 19 juill. 1993)*. **– La partie civile, dans le cas d'acquittement comme dans celui d'exemption de peine, peut demander réparation du dommage résultant de la faute de l'accusé, telle qu'elle résulte des faits qui sont l'objet de l'accusation.**

1) La cour d'assises doit, après l'acquittement de l'accusé et sur les conclusions de la partie civile qui maintient sa demande de dommages-intérêts, rechercher si, en raison du fait poursuivi dégagé de tout caractère criminel, l'accusé a commis une faute distincte de la culpabilité sur laquelle il a été statué (Cass. crim., 14 janv. 1981 : *Bull.* 24).

La cour d'assises peut, après l'acquittement de l'accusé, le condamner à des dommages-intérêts, pourvu que sa décision soit fondée sur les faits qui ont été l'objet de l'accusation, qu'elle puisse se concilier avec la déclaration de non-culpabilité et qu'elle précise la faute, distincte du crime définitivement écarté, qui sert de base à la condamnation (Cass. crim., 26 févr. 1969 : *Bull.* 97. – *D.* 1969, 325. – Cass. crim., 11 mars 1987 : *Bull.* 121).

2) Doit être annulé l'arrêt qui, après acquittement de l'accusé, rejette une demande de dommages-intérêts fondée sur des faits se rattachant à l'accusation, sans s'expliquer sur la faute précise imputée par la partie civile à l'accusé acquitté (Cass. crim., 27 févr. 1968 : *Bull.* 63).

3) Le verdict négatif et l'arrêt d'acquittement ne font pas obstacle à ce que la cour examine si le même fait, dépouillé des circonstances qui lui imprimaient le caractère d'un crime, ne constitue pas tout au moins un fait dommageable de nature à engager, en cas de faute constatée à la charge de l'accusé, la responsabilité civile de celui-ci (Cass. crim., 15 déc. 1982 : *Bull.* 293. –

Cass. crim., 7 oct. 1987 : *Bull.* 341. – Cass. crim., 20 oct. 1993 : *Bull.* 298).

En retenant une telle faute, les juges ont nécessairement écarté le chef des conclusions du demandeur au pourvoi invoquant la légitime défense (Cass. crim., 11 janv. 1984 : *Bull.* 17).

4) Dès lors, que la partie civile n'invoque contre l'accusé aucune faute précise se rattachant à l'accusation mais distincte du crime définitivement écarté par le verdict négatif, justifie sa décision la cour d'assises qui, pour débouter ladite partie civile de sa demande de dommages-intérêts, relève que la preuve d'une telle faute n'est pas rapportée (Cass. crim., 4 nov. 1982 : *Bull.* 239).

La cour ne peut réduire les dommages-intérêts demandés par la partie civile au motif que la victime aurait commis une faute si l'accusé n'a pas lui-même réclamé un partage de responsabilité (Cass. crim., 7 oct. 1987 : *Bull.* 341).

Saisie sur intérêts civils après acquittement de l'accusé, la cour d'assises n'est pas tenue de rechercher si celui-ci a commis une faute distincte du crime définitivement écarté, dès lors que la partie civile ne lui a pas demandé de le faire (Cass. crim., 13 avr. 1988 : *Bull.* 157).

5) La cour d'assises peut, après l'acquittement de l'accusé, le condamner à des dommages-intérêts dès lors qu'elle a caractérisé à la charge de celui-ci une faute qui résulte des faits objet de l'accusation, sans toutefois faire revivre le crime définitivement écarté par le verdict négatif de la Cour et du jury (Cass. crim., 19 févr. 1986 : *Bull.* 67).

6) L'obligation, faite au président de la cour d'assises, par l'article 351 du Code de procédure pénale, de poser une question subsidiaire s'il résulte des débats que le fait incriminé comporte une qualification légale autre que celle donnée par l'arrêt de renvoi, est sans incidence sur l'application des dispositions de l'article 372 du même code reconnaissant à la partie civile, en cas d'acquittement de l'accusé, la possibilité de demander réparation du dommage résultant de la faute de celui-ci (Cass. crim., 7 oct. 1987 : *Bull.* 341).

Art. 373. – La cour peut ordonner d'office la restitution des objets placés sous la main de la justice. Toutefois, s'il y a eu condamnation, cette restitution n'est effectuée que si son bénéficiaire justifie que le condamné a laissé passer les délais sans se pourvoir en cassation ou, s'il s'est pourvu, que l'affaire est définitivement jugée.

(Second al. rempl., L. n. 85-1407, 30 déc. 1985, art. 7 et 94) **La cour peut refuser la restitution lorsque celle-ci présente un danger pour les personnes ou les biens.**

1) Il résulte de l'article 373 du Code de procédure pénale que la cour d'assises ne peut ordonner de restitutions qu'autant que, distincts des dommages-intérêts alloués en réparation du préjudice causé, elles portent sur des objets identifiés et placés sous la main de la justice (Cass. crim., 10 nov. 1998 : *Bull.* 296).

2) La cour seule peut ordonner la restitution des objets saisis, la cour et le jury réunis n'ont pas compétence pour le faire. Cette disposition illégale de l'arrêt de condamnation doit être annulée par voie de retranchement, dès lors qu'elle n'affecte ni le prononcé de la peine, ni les réparations allouées aux parties civiles (Cass. crim., 20 nov. 1985 : *Bull.* 369).

Art. 374 *(L. n. 2000-516, 15 juin 2000, art. 85-II et 140 ; applic. 1er janv. 2001)*. **– Lorsqu'elle statue en premier ressort, la cour peut ordonner l'exécution provisoire de sa décision, si celle-ci a été demandée, sans préjudice des dispositions de l'article** *(L. n. 2000-1354, 30 déc. 2000, art. 27)* **380-8.**

Toutefois, l'exécution provisoire des mesures d'instruction est de droit.

Art. 375 *(Rempl., L. n. 93-2, 4 janv. 1993, art. 127)*. **– La cour condamne l'auteur de l'infraction à payer à la partie civile la somme qu'elle détermine, au titre des frais non payés par l'État et exposés par celle-ci. La cour tient compte de l'équité ou de la situation économique de la partie condamnée. Elle peut, même d'office, pour des raisons tirées des mêmes considérations, dire qu'il n'y a pas lieu à cette condamnation.**

Art. 375-1 *(L. n. 81-82, 2 févr. 1981, art. 84).* **– La partie civile est assimilée au témoin en ce qui concerne le paiement des indemnités, sauf décision contraire du tribunal.**

Art. 375-2 *(L. n. 92-1336, 16 déc. 1992, art. 29 ; L. n. 93-913, 19 juill. 1993 ; L. n. 94-89, 1er févr. 1994, art. 10-II).* **– Les personnes condamnées pour un même crime sont tenues solidairement des restitutions et des dommages-intérêts.**

En outre, la cour peut, par décision spéciale et motivée, ordonner que l'accusé qui s'est entouré de coauteurs ou de complices insolvables sera tenu solidairement des amendes.

La solidarité, prévue par l'article 375-2 du Code de procédure pénale, entre les personnes condamnées pour un même crime s'étend à celles déclarées couplables de différentes infractions rattachées entre elles par des liens d'indivisibilité ou de connexité. Il en est ainsi en cas de tentative de meurtre commise, au cours du vol et au moyen de l'une des armes dont ils se sont munis, par l'un des auteurs d'un vol avec arme (Cass. crim., 31 mars 2000 : *Bull.* 209).

SECTION IV. – DE L'ARRÊT DU PROCÈS-VERBAL

Art. 376. – Le greffier écrit l'arrêt ; les textes de lois appliqués y sont indiqués.

V. H. Angevin, *Cour d'assises ; Jugement ; Arrêt et procès-verbal : J.-Cl. Proc. pén.*, art. 376 à 380, Fasc. 20.

1) La disposition de l'article 376 du Code de procédure pénale, aux termes de laquelle le greffier écrit l'arrêt, n'interdit pas l'usage de formules comportant certaines mentions imprimées à l'avance (Cass. crim., 24 nov. 1965 : *Bull.* 251).

2) Si l'arrêt de condamnation contient une erreur de date et d'heure purement matérielle, cette erreur peut être rectifiée par l'examen des autres pièces de procédure (Cass. crim., 30 nov. 1977 : *Bull.* 379).

L'omission du nom d'un assesseur dans l'arrêt de condamnation résultant d'une simple erreur matérielle n'est pas une cause de nullité dès lors que les autres pièces de la procédure, et notamment le procès-verbal des débats, permettent d'y suppléer (Cass. crim., 18 janv. 1977 : *Bull.* 22).

3) Aucun texte de loi ne prescrit, à peine de nullité, que les noms des jurés soient mentionnés dans l'arrêt de la cour d'assises, le procès-verbal du tirage au sort du jury contenant, à cet égard, toute indication nécessaire pour permettre à la Cour de cassation d'exercer son contrôle (Cass. crim., 11 avr. 1964 : *Bull.* 111. – 3 nov. 1994 : *Bull.* 346).

4) La déclaration de culpabilité reprise par l'arrêt de condamnation doit être en concordance avec les questions posées telles qu'elles figurent sur la feuille de questions (Cass. crim., 26 janv. 1981 : *Bull.* 41).

Les mentions de la feuille de questions et les énonciations de l'arrêt de condamnation doivent, à peine de nullité, être en concordance (Cass. crim., 13 oct. 1982 : *Bull.* 217. – Cass. crim., 16 nov. 1983 : *Bull.* 301. – Cass. crim., 6 sept. 1988 : *Bull.* 316. – Cass. crim., 12 déc. 1990 : *Bull.* 429).

Encourt la cassation l'arrêt de condamnation d'une cour d'assises qui porte que la cour et le jury ont déclaré les accusés coupables d'une tentative de meurtre, alors que la feuille de questions ne fait pas mention d'une interrogation relative à ce crime (Cass. crim., 11 mars 1988 : *Bull.* 209).

Si les énonciations de l'arrêt de condamnation et les mentions de la feuille de questions doivent être en concordance, cette règle ne fait pas obstacle à ce que l'ordre des divers éléments d'une déclaration de culpabilité de la cour et du jury soit inversé dans l'arrêt dès lors que la substance de cette déclaration est intégralement reproduite, sans adjonction ni substitution (Cass. crim., 3 juin 1988 : *Bull.* 246).

5) Aucun texte n'exige que l'arrêt de condamnation constate que la décision refusant les circonstances atténuantes a été prise à la majorité requise par l'article 359 du Code de procédure pénale, dès lors que cet arrêt se refère à la déclaration de la cour et du jury, laquelle a été exprimée conformément aux dispositions dudit article (Cass. crim., 17 déc. 1980 : *Bull.* 352).

6) L'arrêt de condamnation doit mentionner qu'il a été prononcé en audience publique. Il

peut toutefois être suppléé à l'omission de cette mention par les constatations du procès-verbal des débats (Cass. crim., 14 juin 1989 : *Bull.* 257 ; *Dr. pénal,* nov. 1989, n. 43).

Art. 377. – La minute de l'arrêt rendu après délibération de la cour d'assises, ainsi que la minute des arrêts rendus par la cour sont signées par le président et le greffier.

Tous ces arrêts doivent porter mention de la présence du ministère public.

Art. 378. – Le greffier dresse, à l'effet de constater l'accomplissement des formalités prescrites, un procès-verbal qui est signé par le président et par ledit greffier.

Le procès-verbal est dressé et signé dans le délai de trois jours au plus tard du prononcé de l'arrêt.

1) Les signatures du président et du greffier apposées à la fin du procès-verbal des débats rédigé sur plusieurs feuilles réunies, et en un seul contexte, s'appliquent à la totalité des énonciations qui les précèdent, dès lors que rien ne met en doute la force probante des mentions qui y sont contenues (Cass. crim., 12 juin 1981 : *Bull.* 199).

2) Il résulte des termes de l'article 378 du Code de procédure pénale que seules sont exigées pour authentifier l'ensemble des énonciations qui précèdent, la signature du président et celle du greffier (Cass. crim., 28 févr. 1979 : *Bull.* 90).

L'accomplissement des formalités au cours de l'audience n'est pas authentifié si le greffier a omis de signer le procès-verbal des débats (Cass. crim., 20 févr. 1980 : *Bull.* 67).

3) Les greffiers peuvent se remplacer au cours des débats devant la cour d'assises, mais il incombe à chacun d'eux d'authentifier par sa signature la partie du procès-verbal relative aux actes auxquels il a personnellement assisté (Cass. crim., 11 mai 1977 : *Bull.* 171. – Cass. crim., 24 mars 1993 : *Bull.* 130).

4) La preuve des faits survenus au cours des débats résulte des mentions du procès-verbal des débats, insérées, le cas échéant, après une demande de donner acte (Cass. crim., 8 févr. 1977 : *Bull.* 48).

La preuve d'un fait matériel, survenu à l'audience, résulte, en principe, seulement d'une constatation, en la forme authentique, que toute partie peut réclamer en demandant acte.

La demande de donner acte est recevable jusqu'à la levée de la dernière audience du procès (Cass. crim., 22 avr. 1977 : *Bull.* 130 ; *D.* 1978, 28, note Chapar).

Le procès-verbal des débats doit nécessairement préciser l'objet du donné acte qui est concédé par le président (Cass. crim., 17 mars 1999 : *Bull.* 46).

À défaut de mention au procès-verbal des débats, la référence à des faits prétendument survenus à l'audience demeure à l'état d'allégation (Cass. crim., 22 juin 1988 : *Bull.* 285).

Aucune contradiction ne peut être opposée aux constatations du procès-verbal des débats si ce n'est par la voie de l'inscription de faux (Cass. crim., 9 déc. 1987 : *Bull.* 453).

Le premier Président de la Cour de cassation ayant rejeté la requête prévue par l'article 647 du Code de procédure pénale qui sollicitait l'autorisation de s'inscrire en faux contre la date à laquelle a été établi le procès-verbal des débats de la cour d'assises, il ne peut être opposé aucune contradiction sur ce point (Cass. crim., 9 févr. 1994 : *Bull.* 60).

5) Des attestations produites après la levée de l'audience, n'ont pas de valeur probatoire. Il ne peut être suppléé à la constatation régulière d'un fait matériel survenu à l'audience par une demande d'incription de faux reposant uniquement sur un silence du procès-verbal *(même arrêt).*

6) Le procès-verbal n'a pas à préciser, en l'absence de réclamation des parties, si les médecins cités comme experts par le ministère public, ont été commis en cette qualité, soit par le juge d'instruction, soit conformément aux dispositions des articles 60 et 74 du Code de procédure pénale (Cass. crim., 11 oct. 1978 : *Bull.* 268).

7) La prescription de l'article 378, alinéa 2, du Code de procédure pénale, qui exige que le procès-verbal des débats soit établi et signé dans les trois jours au plus tard du prononcé de l'arrêt, est substantielle (Cass. crim., 20 nov. 1975 : *Bull.* 252 ; *JCP* 75, II, 18188 *bis,* note R. C. ; *Gaz. Pal.* 1975, 2, 835 ; *Rev. sc. crim.* 1976, 747, obs. J. Robert).

L'article 378, alinéa 2, du Code de procédure pénale édicte que le procès-verbal des débats est dressé et signé dans le délai de trois jours au plus tard du prononcé de l'arrêt. Cette exigence, ajoutée à la législation antérieure par le Code de procédure pénale, et qui se combine avec l'article 568 du même code fixant le délai du pourvoi en cassation, est substantielle.

Il est donc porté atteinte aux intérêts de l'accusé lorsque son avocat ne peut, dans l'intervalle séparant les expirations respectives de ces délais et dès qu'il en a fait la demande, prendre connaissance au greffe du procès-verbal des débats (Cass. crim., 23 juill. 1980 : *Bull.* 23 ; *Rev. sc. crim.* 1981, 887, obs. J. Robert).

Si aux termes de l'article 378 du Code de procédure pénale, le procès-verbal des débats est dressé et signé dans le délai de trois jours au plus tard du prononcé de l'arrêt, cette disposition n'est pas prescrite à peine de nullité ; le retard apporté à l'établissement du procès-verbal des débats ne donne ouverture à cassation que lorsqu'il est établi qu'il a eu pour effet de porter atteinte aux intérêts de l'accusé, notamment en ce qui concerne l'exercice d'un pourvoi en cassation (Cass. crim., 13 nov. 1996 : *Bull.* 403).

Aux termes de l'article 378 du Code de procédure pénale, le procès-verbal des débats est dressé et signé dans le délai de trois jours au plus tard du prononcé de l'arrêt. La mention, dans le procès-verbal, de la date à laquelle il a été établi, étant essentielle à la validité de cet acte, l'omission de cette mention entraîne la cassation de l'arrêt et des débats (Cass. crim., 26 janv. 1983 : *Bull.* 35. – Cass. crim., 25 févr. 1987 : *Bull.* 99. – Cass. crim., 17 mars 1999 : *Bull.* 46).

8) Est, conformément aux dispositions de l'article 801 du Code de procédure pénale, prorogé jusqu'au premier jour ouvrable suivant, le délai de trois jours à compter du prononcé de l'arrêt imparti par l'article 378, alinéa 2, du même code, pour dresser et signer le procès-verbal des débats, dès lors que ledit délai expirait normalement un samedi, un dimanche ou un jour férié (Cass. crim., 19 nov. 1980 : *Bull.* 307. – Cass. crim., 21 avr. 1982 : *Bull.* 97).

9) Toute surcharge non approuvée doit être déclarée non avenue, même si elle a été dactylographiée à l'emplacement d'autres mots préalablement effacés, en l'espèce, à l'aide d'une substance chimique.

Néanmoins, s'il résulte sans ambiguïté des mots subsistants, que le procès-verbal des débats a bien été signé dans un délai de trois jours au plus tard du prononcé de l'arrêt, aucune nullité n'est encourue (Cass. crim., 11 mai 1983 : *Bull.* 138).

10) Le procès-verbal des débats que dresse le greffier en exécution des dispositions de l'article 378 du Code de procédure pénale ne constate valablement l'accomplissement des formalités prescrites qu'à la condition d'être exempt de contradictions (Cass. crim., 21 juin 1995 : *Bull.* 228).

En outre, le procès-verbal des débats ne fait foi des faits qu'il constate que dans la mesure où ses énonciations ne sont pas en contradiction avec celles de l'arrêt de condamnation.

Dès lors que les énonciations des actes susvisés relativement aux dates sont contradictoires entre elles, il en résulte une incertitude tant sur la date à laquelle l'audience a été ouverte que sur celle à laquelle l'arrêt de condamnation a été prononcé (Cass. crim., 8 juill. 1985 : *Bull.* 258).

11) Est nul l'arrêt de condamnation d'une cour d'assises lorsque le procès-verbal des débats constate le concours d'un juré, tandis que l'arrêt lui-même en indique un autre (Cass. crim., 3 oct. 1990 : *Bull.* 329. – Cass. crim., 29 janv. 1992 : *Bull.* 38).

12) Dès lors qu'à l'ouverture de la première audience de la cour d'assises la publicité a été constatée au procès-verbal des débats, il y a présomption, à défaut de constatation contraire, qu'après une suspension d'audience, celle-ci a été reprise dans les mêmes conditions de publicité (Cass. crim., 22 juin 1988 : *Bull.* 285. – Cass. crim., 14 déc. 1988 : *Bull.* 431).

13) En cas de divergence entre le président et le greffier sur la constatation au procès-verbal des débats d'un fait ou de l'accomplissement d'une formalité, c'est le témoignage du président qui doit prévaloir et qui fait foi jusqu'à inscription de faux. (Cass. crim., 14 juin 1989 : *Bull.* 257).

Art. 379. – À moins que le président n'en ordonne autrement, d'office ou sur la demande du ministère public ou des parties, il n'est fait mention au procès-verbal ni des réponses des accusés ni du contenu des dépositions, sans préjudice, toutefois, de l'exécution de l'article 333 concernant les additions, changements ou variations dans les déclarations des témoins.

1) Aux termes de l'article 379 du Code de procédure pénale, il n'est pas fait mention au procès-verbal des réponses des accusés à moins que le président n'en ordonne autrement d'office ou sur la demande du ministère public ou des parties. Cette disposition d'ordre public s'applique à toute déclaration en relation avec la culpabilité de l'accusé (Cass. crim., 24 mars 1971 : *Bull.* 105).

2) Le pouvoir donné par l'article 379 du Code de procédure pénale au président, d'ordonner qu'il soit pris note de la déposition d'un témoin est général.

Il s'applique à toutes les dépositions, celles qui sont faites sous la foi du serment comme celles qui ne sont reçues qu'à titre de renseignement, il n'est pas limité au cas ou des additions, changements ou variations existent entre la déposition d'un témoin et ses précédentes déclarations (Cass. crim., 3 juill. 1974 : *Bull.* 246).

3) La mention de la substance de la déposition d'un témoin dans le procès-verbal des débats, en l'absence d'ordre du président, constitue une violation de l'article 379 du Code de procédure pénale ; tel est le cas de la mention de la réponse d'un témoin entendu à titre de simples renseignements qui est en relation avec la culpabilité de l'accusé (Cass. crim., 7 déc. 1994 : *Bull.* 398) ; les dispositions dudit article sont d'ordre public lorsque la déclaration est en relation avec la culpabilité de l'accusé (Cass. crim., 11 janv. 1977 : *Bull.* 12 ; *Gaz. Pal.* 1977, 1, 282).

4) L'article 379 du Code de procédure pénale confère au président seul le droit d'ordonner qu'il soit fait mention au procès-verbal des réponses des accusés ou du contenu des dépositions des témoins ; il n'appartient pas à la cour d'intervenir dans l'exercice de ce droit personnel et exclusif du président (Cass. crim., 1er juin 1983 : *Bull.* 166 ; *D.* 1983, 637, note Chapar. – Cass. crim., 29 juin 1983 : *Bull.* 205. – Cass. crim., 23 nov. 1983 : *Bull.* 311).

5) Si l'article 379 du Code de procédure pénale prescrit de ne faire mention au procès-verbal ni des réponses des accusés ni du contenu des dépositions, à moins que le président n'en ordonne autrement, d'office ou sur la demande du ministère public ou des parties, ce texte n'exige pas que la décision du président ait la forme d'une ordonnance ; l'ordre du président de mentionner au procès-verbal des propos tenus par un témoin au cours de sa déposition est nécessairement contenu dans sa décision de donner acte à l'avocat général de ces propos (Cass. crim., 4 juin 1984 : *Bull.* 201. – Cass. crim., 7 févr. 1996 : *Bull.* 64).

6) Les réponses des accusés et les déclarations des témoins faites lors de la présentation des pièces à conviction ne peuvent être insérées au procès-verbal des débats sans l'ordre exprès du président (Cass. crim., 12 oct. 1983 : *Bull.* 243. – Cass. crim., 2 déc. 1987 : *Bull.* 444) ; il s'ensuit que ces déclarations étant en relation avec la culpabilité, la cassation est encourue (Cass. crim., 10 avr. 1996 : *Bull.* 155).

7) Pour motiver un arrêt incident, répondant à une demande de donner acte, la cour peut, sans violer les dispositions de l'article 379 du Code de procédure pénale, faire état de la déposition d'un témoin, dès lors que le contenu de ladite déposition n'est pas relaté au procès-verbal des débats, et que le simple fait auquel l'arrêt se réfère, n'est pas en relation avec la culpabilité de l'accusé (Cass. crim., 19 déc. 1979 : *Bull.* 367).

Pour motiver un arrêt incident, répondant à une demande de donner acte, la cour ne peut, sans violer les dispositions de l'article 379 du Code de procédure pénale, faire état de la déposition d'un témoin, dès lors que le contenu de ladite déposition n'est pas relatée au procès-verbal des débats et qu'elle est en relation avec la culpabilité de l'accusé ; c'est, dès lors, à bon droit que la cour se déclare incompétente pour donner acte à la défense du refus d'un témoin à charge de répondre à une question de l'avocat de l'accusé (Cass. crim., 6 janv. 1999 : *Bull.* 4).

L'article 379 du Code de procédure pénale ne reçoit pas application lorsque la cour, pour répondre à des conclusions, se trouve dans l'obligation de relater, dans un arrêt incident, nécessairement motivé, certaines réponses d'un accusé (Cass. crim., 8 déc. 1993 : *Bull.* 378).

8) Les mentions du procès-verbal des débats selon lesquelles l'accusé a « voulu reprendre l'intégralité des faits pour sa déclaration finale » et « qu'il n'avait rien à ajouter » échappent aux dispositions prohibitives de l'article 379 du Code de procédure pénale, le procès-verbal se bornant ainsi à constater un fait sans relation avec la culpabilité de l'accusé (Cass. crim., 7 févr. 1990 : *Bull.* 66).

9) Les propos tenus au cours des débats par les conseils des parties n'entrent pas dans les prévisions de l'article 379 du Code de procédure pénale selon lequel il n'est fait mention au procès-verbal, si le président n'en ordonne autrement, ni des réponses des accusés ni du contenu des dépositions (Cass. crim., 14 févr. 1990 : *Bull.* 76).

Art. 380. – Les minutes des arrêts rendus par la cour d'assises sont réunies et déposées au greffe du tribunal de grande instance, siège de ladite cour. Toutefois, les minutes des arrêts rendus par la cour d'assises du département où siège la cour d'appel restent déposées au greffe de ladite cour.

CHAPITRE VIII. – DE L'APPEL DES DÉCISIONS RENDUES PAR LA COUR D'ASSISES EN PREMIER RESSORT

(Art. 380-1 à 380-15, applic. à compter du 1er janv. 2001 ; L. n. 2000-516, 15 juin 2000, art. 81 et 140)

SECTION I. – DISPOSITIONS GÉNÉRALES

Art. 380-1. – Les arrêts de condamnation rendus par la cour d'assises en premier ressort peuvent faire l'objet d'un appel dans les conditions prévues par le présent chapitre.

Cet appel est porté devant une autre cour d'assises désignée par la chambre criminelle de la Cour de cassation et qui procède au réexamen de l'affaire selon les modalités et dans les conditions prévues par les chapitres II à VII du présent titre.

V. H. ANGEVIN, *Cour d'assises ; Appel des décisions rendues en premier ressort : J.-Cl. Proc. pén.*, art. 380-1 à 380-15, Fasc. 20. – H. ANGEVIN, *Mort d'un dogme. À propos de l'instauration, par la loi du 15 juin 2000, d'un second degré de juridiction en matière criminelle : JCP* 2000, I, 260.

Art. 380-2. – La faculté d'appeler appartient :

1° À l'accusé ;

2° Au ministère public ;

3° À la personne civilement responsable, quant à ses intérêts civils ;

4° À la partie civile, quant à ses intérêts civils ;

5° En cas d'appel du ministère public, aux administrations publiques, dans les cas où celles-ci exercent l'action publique.

(L. n. 2002-307, 4 mars 2002, art. 8-1) **Le procureur général peut également faire appel des arrêts d'acquittement.**

Art. 380-3. – La cour d'assises statuant en appel sur l'action publique ne peut, sur le seul appel de l'accusé, aggraver le sort de ce dernier.

Art. 380-4. – Pendant les délais d'appel et durant l'instance d'appel, il est sursis à l'exécution de l'arrêt sur l'action publique.

Toutefois, l'ordonnance de prise de corps continue de produire ses effets à l'encontre de la personne condamnée à une peine privative de liberté conformément aux dispositions du deuxième alinéa de l'article 367.

Art. 380-5. – Lorsque la cour d'assises n'est pas saisie de l'appel formé contre le jugement rendu sur l'action publique, l'appel formé par une partie contre le seul jugement rendu sur l'action civile est porté devant la chambre des appels correctionnels. Les articles 380-14 et 380-15 ne sont pas applicables.

Aux termes de l'article 380-5 du Code de procédure pénale, lorsque la cour d'assises n'est pas saisie de l'appel formé contre le jugement rendu sur l'action publique, l'appel formé par une partie contre le seul jugement rendu sur l'action civile est porté devant la chambre des appels correctionnels (Cass. crim., 28 mars 2001 : *Bull.* 84).

Art. 380-6. – La cour d'assises statuant en appel sur l'action civile ne peut, sur le seul appel de l'accusé, du civilement responsable ou de la partie civile, aggraver le sort de l'appelant.

La partie civile ne peut, en cause d'appel, former aucune demande nouvelle ; toutefois, elle peut demander une augmentation des dommages et intérêts pour le préjudice souffert depuis la première décision. Même lorsqu'il n'a pas été fait appel de la décision sur l'action civile, la victime constituée partie civile en premier ressort peut exercer devant la cour d'assises statuant en appel les droits reconnus à la partie civile jusqu'à la clôture des débats ; elle peut également demander l'application des dispositions du présent alinéa, ainsi que de celle de l'article 375.

Art. 380-7. – Pendant les délais d'appel et durant l'instance d'appel, il est sursis à l'exécution de l'arrêt sur l'action civile, sous réserve des dispositions de l'article 374.

Art. 380-8. – Lorsque la cour d'assises statuant en premier ressort sur l'action civile a ordonné le versement provisoire, en tout ou en partie, des dommages-intérêts alloués, cette exécution provisoire peut être arrêtée, en cause d'appel, par le premier président, statuant en référé si elle risque d'entraîner des conséquences manifestement excessives. Le premier président peut subordonner la suspension de l'exécution provisoire à la constitution d'une garantie, réelle ou personnelle, suffisante pour répondre de toutes restitutions ou réparations.

Lorsque l'exécution provisoire a été refusée par la cour statuant sur l'action civile ou lorsque l'exécution provisoire n'a pas été demandée, ou si, l'ayant été, la cour a omis de statuer, elle peut être accordée, en cas d'appel par le premier président statuant en référé.

Pour l'application des dispositions du présent article, est compétent le premier président de la cour d'appel dans le ressort de laquelle siège la cour d'assises désignée pour connaître de l'affaire en appel.

SECTION II. – DÉLAIS ET FORMES DE L'APPEL

Art. 380-9. – L'appel est interjeté dans le délai de dix jours à compter du prononcé de l'arrêt.

Toutefois, le délai ne court qu'à compter de la signification de l'arrêt, quel qu'en soit le mode, pour la partie qui n'était pas présente ou représentée à l'audience où le jugement a été prononcé, mais seulement dans le cas où elle-même ou son représentant n'auraient pas été informés du jour où l'arrêt serait prononcé.

Art. 380-10. – En cas d'appel d'une partie, pendant les délais ci-dessus, les autres parties ont un délai supplémentaire de cinq jours pour interjeter appel.

Art. 380-11. – L'accusé peut se désister de son appel jusqu'à son interrogatoire par le président prévu par l'article 272.

Ce désistement rend caducs les appels incidents formés par le ministère public ou les autres parties.

Le désistement d'appel est constaté par ordonnance du président de la cour d'assises.

La caducité de l'appel de l'accusé résulte également de la constatation, par le président de la cour d'assises, que ce dernier a pris la fuite et n'a pas pu être retrouvé avant l'ouverture de l'audience ou au cours de son déroulement.

Art. 380-12. – La déclaration d'appel doit être faite au greffe de la cour d'assises qui a rendu la décision attaquée.

Elle doit être signée par le greffier et par l'appelant lui-même, par un avocat, par un avoué près la cour d'appel, ou par un fondé de pouvoir spécial ; dans ce dernier cas, le pouvoir est annexé à l'acte dressé par le greffier. Si l'appelant ne peut signer, il en sera fait mention par le greffier.

Elle est inscrite sur un registre public à ce destiné et toute personne a le droit de s'en faire délivrer une copie.

(L. n. 2002-307, 4 mars 2002, art. 8-II) Lorsque l'appel est formé par le procureur général et que le siège de la cour d'assises n'est pas celui de la cour d'appel, la déclaration d'appel, signée par le procureur général, est adressée sans délai, en original ou en copie, au greffe de la cour d'assises ; elle est transcrite sur le registre prévu à l'alinéa précédent et annexée à l'acte dressé par le greffier.

Art. 380-13. – Lorsque l'appelant est détenu, l'appel peut être fait au moyen d'une déclaration auprès du chef de l'établissement pénitentiaire.

Cette déclaration est constatée, datée et signée par le chef de l'établissement pénitentiaire. Elle est également signée par l'appelant ; si celui-ci ne peut signer, il en est fait mention par le chef de l'établissement.

Ce document est adressé sans délai, en original ou en copie, au greffe de la cour d'assises qui a rendu la décision attaquée ; il est transcrit sur le registre prévu par le troisième alinéa de l'article *(L. n. 2002-307, 4 mars 2002, art. 8-III)* 380-12 et annexé à l'acte dressé par le greffier.

SECTION III. – DÉSIGNATION DE LA COUR D'ASSISES STATUANT EN APPEL

Art. 380-14. – Dès que l'appel a été enregistré, le ministère public adresse sans délai au greffe de la chambre criminelle de la Cour de cassation, avec ses observations éventuelles, la décision attaquée et, le cas échéant, le dossier de la procédure.

Dans le mois qui suit la réception de l'appel, la chambre criminelle, après avoir recueilli les observations écrites du ministère public et des parties ou de leurs avocats, désigne la cour d'assises chargée de statuer en appel.

Il est alors procédé comme en cas de renvoi après cassation.

Par dérogation aux dispositions du deuxième alinéa de l'article 380-1, en cas d'appel d'une décision de la cour d'assises d'un département d'outre-mer, de la Nouvelle-Calédonie, de la Polynésie française et des îles Wallis-et-Futuna, la chambre criminelle peut désigner la même cour d'assises, autrement composée, pour connaître de l'appel. Les dispositions du présent alinéa sont également applicables en cas d'appel des décisions de la cour criminelle de Mayotte ou du tribunal criminel de Saint-Pierre-et-Miquelon. En cas de vacance de poste, d'absence, d'empêchement ou d'incompatibilité légale, les fonctions de président de la juridiction criminelle statuant en appel et, le cas échéant, des magistrats assesseurs qui la composent, sont exercées par des conseillers désignés, sur une liste arrêtée pour chaque année civile, par le premier président de la cour d'appel de Paris, ou, pour la cour criminelle de Mayotte, par le premier président de la cour d'appel de Saint-Denis-de-la-Réunion.

Art. 380-15. – Si la chambre criminelle de la Cour de cassation constate que l'appel n'a pas été formé dans les délais prévus par la loi ou porte sur un arrêt qui n'est pas susceptible d'appel, elle dit n'y avoir pas lieu à désignation d'une cour d'assises chargée de statuer en appel.

TITRE II. – DU JUGEMENT DES DÉLITS

CHAPITRE I. – DU TRIBUNAL CORRECTIONNEL

SECTION I. – DE LA COMPÉTENCE ET DE LA SAISINE DU TRIBUNAL CORRECTIONNEL

§ 1. – Dispositions générales

Art. 381 *(L. n. 92-1336, 16 déc. 1992, art. 30 ; L. n. 93-913, 19 juill. 1993).* – Le tribunal correctionnel connaît des délits *(L. n. 79-1131, 28 déc. 1979).*

Sont des délits les infractions que la loi punit d'une peine d'emprisonnement ou d'une peine d'amende supérieure ou égale à 25 000 F (3 750 €).

V. Textes complémentaires.

V. P. Escande, *Tribunal correctionnel. Compétence et saisine : J.-Cl. Proc. pén.*, art. 381 à 392, Fasc. 1. – V. A. Maron, *Tribunal correctionnel. Intervention de l'assureur au procès pénal*, art. 381 à 392-1, Fasc. 15. – V. Annexe V : Juridictions pour mineurs. Tribunal pour enfants.

1) En matière répressive, les juridictions sont d'ordre public ; dès lors, le prévenu est recevable, même pour la première fois, devant la Cour de cassation, à exciper de l'incompétence de la juridiction qui a statué en se fondant sur ce que les faits seraient de nature à justifier la compétence d'une autre juridiction (Cass. crim., 2 mai 1983 : *Bull.* 121 ; *JCP* 83, IV, 214) ; la cour d'appel doit, même en l'absence de réquisitions du ministère public en ce sens, vérifier sa compétence et se déclarer incompétente s'il résulte de ses constatations et du titre même de la poursuite que les faits constitueraient non un délit mais un crime (Cass. crim., 16 nov. 1982 : *Bull.* 257 ; *JCP* 83, IV, 38. – Cass. crim., 3 févr. 1988 : *Bull.* 55).

2) La juridiction correctionnelle est incompétente pour connaître d'une prévention d'escroquerie lorsque l'un des éléments essentiels de cette escroquerie consiste en l'usage d'un faux en écriture publique (Cass. crim., 7 nov. 1974 : *Bull.* 319).

Art. 382 *(L. n. 92-1336, 16 déc. 1992, art. 31 ; L. n. 93-913, 19 juill. 1993).* **– Est compétent le tribunal correctionnel du lieu de l'infraction, celui de la résidence du prévenu ou celui du lieu d'arrestation de ce dernier, même lorsque cette arrestation a été opérée pour une autre cause.**

(L. n. 75-701, 6 août 1975, art. 15) **Le tribunal dans le ressort duquel une personne est détenue n'est compétent que dans les conditions prévues au titre VI du livre IV.**

Pour le jugement du délit d'abandon de famille prévu par l'article 227-3 du Code pénal, est également compétent le tribunal du domicile ou de la résidence de la personne qui doit recevoir la pension, la contribution, les subsides ou l'une des autres prestations visées par cet article.

La compétence du tribunal correctionnel s'étend aux délits et contraventions qui forment avec l'infraction déférée au tribunal un ensemble indivisible ; elle peut aussi s'étendre aux délits et contraventions connexes, au sens de l'article 203.

V. Textes complémentaires. D. L. 30 octobre 1935, art. 75 (modifié L. 3 janv. 1975). – L. 22 décembre 1972 (compétence du ministère public sur certains aérodromes).

1) L'auteur présumé d'une infraction qui a deux résidences habituelles peut être poursuivi devant le tribunal de l'une ou de l'autre (Cass. crim., 4 août 1984 : *Bull.* 266 ; *JCP* 84, IV, 325).

Est nul comme vicié d'incompétence, le jugement d'un tribunal correctionnel autre que celui du lieu du délit ou de la résidence du prévenu ou celui de son arrestation, alors d'ailleurs qu'il n'est justifié de l'existence d'aucune autre poursuite indivisible ou du moins connexe pour attribuer aux juges la connaissance de l'ensemble des procédures (Cass. crim., 28 mars 1974 : *Bull.* 138 ; *JCP* 74, IV, 179).

2) Aucune disposition de la loi n'autorise les juridictions correctionnelles à se dessaisir de la connaissance de faits qui rentrent dans leur compétence et dont elles sont régulièrement saisies, sous le prétexte que ces faits seraient rattachés par des liens plus ou moins étroits à d'autres faits, fussent-ils connexes, pouvant donner lieu à des poursuites devant des juridictions différentes (Cass. crim., 30 mars 1971 : *Bull.* 113 ; *JCP* 71, IV, 127) ; lorsque le délit, objet de la poursuite, est complexe et comprend un ensemble de faits, le juge du lieu où s'est accomplie une partie de ces faits est compétent pour connaître du délit (Cass. crim., 3 mars 1976 : *Bull.* 80) ; lorsque la juridiction correctionnelle a été saisie de deux infractions, dont l'une n'a pu lui être déférée qu'en raison de sa connexité avec l'autre, elle reste compétente pour statuer sur l'action publique et l'action civile, afférentes à cette infraction connexe, alors même que, pour le reste de la poursuite, l'action publique se trouve éteinte (Cass. crim., 3 juin 1981 : *Bull.* 188 ; *JCP* 81, IV, 298. – Cass. crim., 31 janv. 1995 : *Bull.* 39).

3) Le juge d'instruction chargé des affaires de mineurs doit, s'il constate au terme de l'information l'existence de charges suffisantes, renvoyer

les inculpés majeurs devant celle des juridictions du ressort du tribunal pour enfants qui est compétente à leur égard selon le droit commun (Cass. crim., 17 oct. 1983 : *Bull.* 247).

4) La compétence accordée au tribunal du lieu du domicile ou de la résidence du créancier en matière d'abandon de famille n'exclut pas la compétence territoriale de droit commun telle que définie par l'article 382, notamment en cas de pluralité de poursuites contre un auteur unique (Cass. crim., 3 mars 1977 : *JCP* 78, II, 18790, rapp. Guerder).

5) Fait une exacte application de l'article 382 du Code de procédure pénale et des principes d'ordre public régissant la compétence des juridictions correctionnelles, l'arrêt qui pour infirmer la décision des premiers juges saisis de faits qualifiés « refus de vente », constate que le tribunal correctionnel n'était, ni celui de la résidence des prévenus, ni celui de leur arrestation, ni celui où le délit avait été consommé et qui, pour spécifier le lieu où se consomme le délit visé à l'article 37 de l'ordonnance n. 45-1483 du 30 juin 1945, énonce que le refus de vente se trouve constitué au lieu même où ce refus a été décidé, le lieu de connaissance de ce refus, comme le lieu où les marchandises refusées devaient être livrées, étant sans influence dès lors que l'infraction était déjà consommée (Cass. crim., 28 avr. 1986 : *Bull.* 141).

Art. 383. – La compétence à l'égard d'un prévenu s'étend à tous coauteurs et complices.

Aux termes de l'article 383 du Code de procédure pénale, la compétence du tribunal correctionnel à l'égard d'un prévenu s'étend à tous ses coauteurs ou complices ; cette compétence subsiste malgré une disjonction des poursuites dès lors que le tribunal a été valablement saisi par l'ordonnance de renvoi (Cass. crim., 4 mai 1988 : *Bull.* 192).

Art. 384. – Le tribunal saisi de l'action publique est compétent pour statuer sur toutes exceptions proposées par le prévenu pour sa défense, à moins que la loi n'en dispose autrement ou que le prévenu n'excipe d'un droit réel immobilier.

V. P. ORTSCHEIDT, *Le juge pénal et la procédure du sursis à statuer : Rev. sc. crim. et droit pénal comparé,* 1981, p. 303.

1) Le tribunal saisi de l'action publique est tenu de statuer lui-même sur toutes les exceptions proposées par le prévenu pour sa défense à moins que la loi n'en dispose autrement ou que le prévenu n'excipe d'un droit réel immobilier (Cass. crim., 30 janv. 1973 : *Bull.* 52) ; le juge de répression saisi d'une poursuite pour usage d'une fausse attestation de bail n'a pas à surseoir à statuer jusqu'à ce que la validité du bail ait été examinée par le juge civil (Cass. crim., 29 oct. 1963 : *Bull.* 297) : saisi d'une poursuite pour entrave à l'exercice du droit syndical, le juge, ne peut refuser de statuer au fond sur l'exception tendant à faire constater l'absence de représentativité dans l'entreprise, d'une organisation syndicale, une telle exception ayant un caractère péremptoire comme étant de nature à enlever aux faits poursuivis leur caractère punissable (Cass. crim., 6 oct. 1981 : *Bull.* 260) ; saisis de poursuites pour non représentation d'enfant, les juges statuent à bon droit sur la régularité internationale d'un jugement d'adoption étranger (Cass. crim., 9 mai 1977 : *Bull.* 158).

2) Une exception préjudicielle fondée sur l'existence de droits réels immobiliers ne peut être admise par les tribunaux répressifs qu'autant que les titres produits ou les faits invoqués sont de nature, dans le cas où ils seraient retenus par les juges compétents à faire disparaître l'infraction (Cass. crim., 22 févr. 1978 : *Bull.* 69. – Cass. crim., 8 juill. 1986 : *Bull.* 231) ; pour que l'exception concernant un droit réel immobilier soit admise, encore faut-il qu'elle soit fondée sur un titre apparent ou sur des faits de possession équivalents et que le titre invoqué ne soit pas contredit par d'autres titres opposés au demandeur (Cass. crim., 27 févr. 1985 : *JCP* 85, IV, 170).

Art. 385 *(L. n. 93-2, 4 janv.1993, art. 78 ; L. n. 93-1013, 24 août 1993, art. 25).* **– Le tribunal correctionnel a qualité pour constater les nullités des procédures qui lui sont soumises sauf lorsqu'il est saisi par le renvoi ordonné par le juge d'instruction ou la chambre de l'instruction.**

Toutefois, dans le cas où l'ordonnance ou l'arrêt qui l'a saisi n'a pas été porté à la connaissance des parties dans les conditions prévues, selon le cas, par le quatrième alinéa de l'article 183 ou par l'article 217, ou si l'ordonnance n'a pas été rendue conformément aux dispositions de l'article 184, le tribunal renvoie la procédure au ministère public pour lui permettre de saisir à nouveau la juridiction d'instruction afin que la procédure soit régularisée.

(L. n. 99-515, 23 juin 1999, art. 17) **Lorsque l'ordonnance de renvoi du juge d'instruction a été rendue sans que les conditions prévues par l'article 175 aient été respectées, les parties demeurent recevables, par dérogation aux dispositions du premier alinéa, à soulever devant le tribunal correctionnel les nullités de la procédure.**

Lorsque la procédure dont il est saisi n'est pas renvoyée devant lui par la juridiction d'instruction, le tribunal statue sur les exceptions tirées de la nullité de la procédure antérieure.

La nullité de la citation ne peut être prononcée que dans les conditions prévues par l'article 565.

Dans tous les cas, les exceptions de nullité doivent être présentées avant toute défense au fond.

1) Aux termes de l'article 385, l'exception tirée de nullité de la citation doit, à peine de forclusion, être présentée avant toute défense au fond (Cass. crim., 22 avr. 1977 : *Bull.* 127).

La règle édictée par l'article 385, alinéa 1, du Code de procédure pénale, selon laquelle les juridictions de jugement n'ont pas qualité pour statuer sur la nullité de la procédure dont elles sont saisies par le renvoi ordonné par le juge d'instruction ou la chambre d'accusation, s'applique à toutes les nullités, mêmes substantielles touchant à l'ordre public, sauf celles affectant la compétence juridictionnelle (Cass. crim., 7 juin 2000 : *Bull.* 219).

Le prévenu poursuivi sur citation de la partie civile ne peut se voir opposer la forclusion édictée par l'article 385, alinéa 5, du Code de procédure pénale au motif qu'il n'aurait pas présenté les exceptions de nullité lors de l'audience à l'issue de laquelle les juges ont fixé la consignation prévue par l'article 392-1 du même code, dès lors que, l'action publique n'étant mise en mouvement qu'après le versement de la somme due par la partie civile, le débat sur le fond n'a pu s'engager (Cass. crim., 22 juin 1999 : *Bull.* 145).

2) La nullité de la citation, délivrée par la partie civile et mettant en mouvement l'action publique, ne peut être invoquée que préalablement à l'ouverture des débats (Cass. crim., 11 juin 1981 : *Bull.* 194).

Les exceptions de nullité de la citation ne peuvent être présentées pour la première fois devant la cour d'appel, après un débat au fond devant le tribunal (Cass. crim., 26 avr. 1994 : *Bull.* 151).

3) Les dispositions de l'article 385, dernier alinéa, du Code de procédure pénale ne peuvent être invoquées devant la cour d'appel lorsque le jugement entrepris mentionne que l'exception a été régulièrement présentée par voie de conclusions qui ont été débattues devant les premiers juges ; il n'importe que ces conclusions n'aient été visées ni par le président du tribunal ni par le greffier, comme l'exige l'article 459, alinéa 2, du Code de procédure pénale (Cass. crim., 11 juill. 1994 : *Bull.* 270). Le prévenu ne saurait faire état, devant la cour d'appel, des nullités qui auraient été commises au cours de l'exécution d'une expertise ordonnée par le tribunal, s'il ne les a pas préalablement soulevées devant le tribunal avant de se défendre au fond (Cass. crim., 23 nov. 1971 : *Bull.* 320. – Cass. crim., 29 avr. 1985 : *Bull.* 162), ou des nullités qui auraient été commises au cours d'un supplément d'information ordonné par le tribunal correctionnel s'il ne les a pas préalablement soulevées devant ledit tribunal avant toute défense au fond (Cass. crim., 22 nov. 1961 : *JCP* 62, II, 12545, obs. Chambon).

4) Il résulte de l'article 385, alinéa 2, du Code de procédure pénale que, lorsque la cour d'appel constate la nullité de l'ordonnance de renvoi du juge d'instruction, elle doit, par dérogation à l'article 520 dudit code, renvoyer la procédure au ministère public pour lui permettre de saisir à nouveau la juridiction d'instruction (Cass. crim., 20 oct. 1998 : *Bull.* 266). Ces dispositions sont applicables devant les juridictions des mineurs saisies par l'ordonnance de renvoi du juge des enfants (Cass. crim., 7 oct. 1997 : *Bull.* 327).

L'article 385, alinéa 2, du Code de procédure pénale autorise les juridictions correctionnelles à constater la nullité de l'ordonnance portant renvoi d'une personne devant le tribunal correctionnel pour une infraction dont le juge d'instruction n'était pas saisi (Cass. crim., 20 oct. 1998 : *Bull.* 266).

5) La prétendue irrégularité d'une expertise ordonnée par une décision avant-dire droit doit être présentée avant toute défense au fond, cette règle s'applique à la partie civile comme au prévenu, et un tel grief ne peut être invoqué pour la première fois devant la Cour de cassation (Cass. crim., 20 déc. 1973 : *Bull.* 482).

6) Le prévenu relaxé en première instance ne peut se voir opposer les dispositions de l'article 385 alors qu'il était sans intérêt à interjeter appel (Cass. crim., 26 févr. 1985 : *Bull.* 93 ; *JCP* 85, IV, 167).

Le prévenu, intimé par l'appel du ministère public, est recevable à présenter les exceptions régulièrement soulevées devant les premiers juges, et la cour d'appel est tenue de statuer sur ces demandes (Cass. crim., 10 juill. 1996 : *Bull.* 291).

7) Conformément aux dispositions de l'article 385 du Code de procédure pénale, l'inscription de faux doit être prise avant toute défense au fond (Cass. crim., 12 avr. 1988 : *Bull.* 154).

8) Seules les parties sont recevables à présenter, avant toute défense au fond et à peine de forclusion, les exceptions tirées soit de la nullité de la citation, soit de la procédure antérieure. Les juges ne sauraient relever d'office une telle exception en l'absence du prévenu défaillant (Cass. crim., 21 mars 1989 : *Bull.* 138).

9) Les juges ne peuvent prononcer la nullité de la citation ou de la procédure antérieure que s'ils sont saisis par voie d'exception présentée par les parties dans les conditions prévues par l'article 385 du Code de procédure pénale.

Cette règle s'applique à toutes les nullités même substantielles touchant à l'ordre public (Cass. crim., 6 juill. 1993 : *Bull.* 243) à l'exception de celles affectant la compétence (Cass. crim 25 févr. 1991 : *Bull.* 94), et exclut qu'elles soient relevées d'office par la juridiction répressive ; il en est ainsi de l'exception de nullité tirée de l'absence de désignation du juge d'instruction, en méconnaissance des dispositions de l'article 83 du Code de procédure pénale (Cass. crim., 14 oct. 1991 : *Bull.* 341) ou de l'absence de transmission au procureur de la République dans les quatre jours qui suivent leur clôture des procès-verbaux d'infraction à la chasse (Cass. crim., 17 mars 1993 : *Bull.* 124).

Art. 385-1 ***(L. n. 83-608, 8 juill. 1983, art. 6).*** **– Dans les cas prévus par les articles 388-1 et 388-2, l'exception fondée sur une cause de nullité ou sur une clause du contrat d'assurance et tendant à mettre l'assureur hors de cause est, à peine de forclusion, présentée par celui-ci avant toute défense au fond. Elle n'est recevable que si elle est de nature à exonérer totalement l'assureur de son obligation de garantie à l'égard des tiers.**

L'assureur mis en cause dans les conditions prévues par l'article 388-2 qui n'intervient pas au procès pénal est réputé renoncer à toute exception ; toutefois, s'il est établi que le dommage n'est pas garanti par l'assureur prétendu, celui-ci est mis hors de cause par le tribunal.

V. Bouillane de Lacoste, *Tribunal correctionnel. Intervention des assureurs devant la juridiction pénale : J.-Cl. Proc. pén.*, art. 381 à 392, Fasc. 2.

1) Lorsque des poursuites pénales sont exercées, les assureurs appelés à garantir le dommage sont admis à intervenir et peuvent être mis en cause devant la juridiction répressive, même pour la première fois en cause d'appel ; la disposition de l'article 385-1 du Code de procédure pénale ne fait pas échec à ce principe, mais impose seulement à l'assureur de présenter toute exception fondée sur une cause de nullité ou sur une clause du contrat d'assurance et tendant à le mettre hors de cause avant d'exposer lui-même ses prétentions sur le fond (Cass. crim., 22 avr. 1986 : *Bull.* 135. – Cass. crim., 23 oct. 1986 : *Bull.* 304. – Cass. crim., 19 déc. 2000 : *Bull.* 382).

Est recevable l'appel formé par un assureur, régulièrement appelé en cause, en application de l'article 388-2 du Code de procédure pénale, même si cet assureur n'a pas comparu devant la juridiction du premier degré (Cass. crim., 15 déc. 1987 : *Bull.* 461).

Le juge pénal, saisi d'une exception présentée par l'assureur en application de l'article 385-1 du Code de procédure pénale, ne peut, lorsque les termes du contrat d'assurance sont clairs et précis, dénaturer les obligations qui en résultent, ni modifier les stipulations qu'il renferme (Cass. crim., 4 juin 1997 : *Bull.* 220).

2) Lorsqu'elle est saisie, avant toute défense au fond, d'une exception fondée sur une cause

de nullité ou sur une clause du contrat d'assurance tendant à mettre l'assurance du responsable hors de cause et à l'exonérer totalement de son obligation de garantie à l'égard des tiers, la juridiction pénale est tenue de statuer ; tel est le cas de l'exception tirée d'une fausse déclaration intentionnelle de l'assuré (Cass. crim., 29 mai 1986 : *Bull.* 183).

L'exception fondée sur une cause de nullité ou sur une clause du contrat d'assurance, et tendant à mettre l'assureur hors de cause, est irrecevable dès lors qu'invoquée en cause d'appel elle n'avait pas été soumise aux premiers juges avant toute défense au fond (Cass. crim., 5 juin 1996 : *Bull.* 237).

3) Selon l'article 385-1 du Code de procédure pénale, dont les dispositions sont d'ordre public, l'exception fondée sur une cause de nullité ou sur une clause du contrat d'assurance et tendant à mettre l'assureur hors de cause n'est recevable devant la juridiction répressive que si elle est de nature à exonérer totalement l'assureur de son obligation de garantie à l'égard des tiers.

N'entre pas dans cette catégorie l'exception par laquelle l'assureur oppose à l'assuré la déchéance de la garantie pour déclaration tardive du sinistre, une telle exception, selon l'article R. 124-1 du Code des assurances, n'étant pas de nature à exonérer l'assureur de son obligation de garantie à l'égard des victimes de l'infraction.

En pareil cas, la juridiction répressive doit, sous peine d'excéder ses pouvoirs, déclarer, même d'office l'exception irrecevable (Cass. crim., 9 oct. 1986 : *Bull.* 279) ; le juge pénal n'a pas compétence pour examiner l'exception en ce qu'elle oppose seulement l'assureur à l'assuré (Cass. crim., 18 janv. 1990 : *Bull.* 32).

4) Si l'assureur qui n'intervient pas au procès pénal est, selon l'article 385-1 du Code de procédure pénale, réputé renoncer à toute exception, c'est à la condition, exprimée par ce texte, qu'il ait été mis en cause dans les forme et délai prévus par l'article 388-2 du même code.

Justifie dès lors sa décision la cour d'appel qui, pour déclarer recevable une exception de nullité du contrat soulevée par l'assureur, constate que ce dernier, d'abord mis en cause irrégulièrement, le délai de dix jours prévu par l'article 388-2 du Code de procédure pénale n'ayant pas été respecté, n'était intervenu qu'à la suite d'une nouvelle mise en cause régulière, et avait alors opposé l'exception avant toute défense au fond (Cass. crim., 10 nov. 1987 : *Bull.* 395).

Un assureur ne saurait faire grief à une cour d'appel d'avoir déclaré irrecevable son exception de nullité du contrat d'assurance dès lors qu'il avait lui-même saisi la juridiction civile d'une instance en annulation dudit contrat et ne s'était pas désisté de cette action (Cass. crim., 4 nov. 1987 : *Bull.* 385).

Art. 385-2 *(L. n. 83-608, 8 juill. 1983, art. 6)*. **– En ce qui concerne les intérêts civils, le tribunal, après avoir mis les parties en demeure de conclure au fond, statue dans un seul et même jugement sur l'exception d'irrecevabilité et sur le fond du litige.**

Art. 386. – L'exception préjudicielle est présentée avant toute défense au fond.

Elle n'est recevable que si elle est de nature à retirer au fait qui sert de base à la poursuite le caractère d'une infraction.

Elle n'est admise que si elle s'appuie sur des faits ou sur des titres donnant un fondement à la prétention du prévenu.

Si l'exception est admissible, le tribunal impartit un délai dans lequel le prévenu doit saisir la juridiction compétente. Faute par le prévenu d'avoir introduit l'instance dans ce délai et de justifier de ses diligences, il est passé outre à l'exception.

Si l'exception n'est pas admise, les débats sont continués.

1) Aux termes de l'article 386, l'exception préjudicielle doit être soulevée avant tout débat au fond ; dès lors, la demande de sursis à statuer en raison d'un recours devant la juridiction administrative présentée pour la première fois devant la cour d'appel, est irrecevable (Cass. crim., 21 avr. 1964 : *Bull.* 119. – Cass. crim., 20 juin 1983 : *Bull.* 189 ; *JCP* 83, IV, 277. – Cass. crim., 8 juill. 1986 : *Bull.* 231) ; est également irrecevable lors-qu'elle est présentée pour la première fois devant la Cour de cassation l'exception tirée de l'illégalité prétendue d'un arrêté préfectoral portant mise en demeure (Cass. crim., 17 févr. 1993 : *Bull.* 79).

Les juges répressifs doivent statuer eux-mêmes sur toute question dont dépend selon eux l'application de la loi pénale ; ils n'ont pas à surseoir à statuer jusqu'à la décision de la juridiction administrative saisie d'une contestation contre un refus de l'inspecteur du Travail d'autoriser le licenciement, ni jusqu'à celle de la juridiction prud'homale saisie du litige individuel du travail (Cass. crim., 15 févr. 1994 : *Bull.* 68).

Selon l'article 386 du Code de procédure pénale, une exception préjudicielle, invoquant l'illégalité d'un acte administratif, doit être présentée par les parties avant toute défense au fond, alors même que la juridiction, saisie de l'action, serait compétente pour en connaître ; il se déduit, en revanche, de l'article 111-5 du Code pénal que le juge répressif peut d'office constater l'illégalité d'un acte administratif, réglementaire ou individuel, lorsqu'il lui apparaît que cette illégalité conditionne la solution du procès qui lui est soumis (Cass. crim., 7 juin 1995 : *Bull.* 208).

2) L'exception préjudicielle n'est recevable que si elle est de nature à retirer au fait qui lui sert de base le caractère d'une infraction (Cass. crim., 23 nov. 1971 : *Bull.* 319. – Cass. crim., 4 sept. 1976 : *Bull.* 273).

C'est à bon droit que le juge refuse de recevoir comme préjudicielle une exception faisant état du dépôt au ministère de la Justice d'une requête en amnistie à titre individuel (Cass. crim., 7 juin 1968 : *Bull.* 183) ; la procédure de l'article 386 pour l'administration de la preuve de bien fondé de l'exception préjudicielle ne saurait être ordonnée lorsque la preuve de la non-propriété du prévenu serait seulement susceptible de rendre éventuellement responsable une autre personne, son admission aboutissant alors à un renversement de la charge de la preuve (Cass. crim., 14 oct. 1971 : *Bull.* 265).

3) S'il ne résulte pas des articles 384 et 386 que le prévenu qui propose une exception tirée à l'existence d'un droit réel immobilier doive lui-même être titulaire de celui-ci, ladite exception ne peut, en revanche, être admise, en vertu de l'alinéa 3 de ce dernier article, que quand elle s'appuie sur des faits ou sur des titres donnant un fondement à la prétention formulée (Cass. crim., 27 nov. 1984 : *Bull.* 372).

4) Selon l'article 124 du Code de la nationalité française, les questions de nationalité sont préjudicielles devant toute autre juridiction que la juridiction civile de droit commun ou les juridictions répressives comportant un jury criminel (Cass. crim., 4 juill. 1978 : *Bull.* 220 ; *JCP* 78, IV, 286).

5) Une demande d'interprétation fondée sur l'article 177 du Traité instituant la Communauté économique européenne n'est pas soumise aux règles de procédure prévues par l'article 386 du Code de procédure pénale. Elle est recevable bien qu'elle n'ait pas été formulée avant toute défense au fond et peut être présentée pour la première fois en cause d'appel (Cass. crim., 16 mai 1991 : *Bull.* 210).

6) Encourt la censure le jugement qui dit irrecevable, en application des articles 385 et 386, les conclusions du prévenu déposées avant l'audience et visées par le greffier, pour n'avoir pas été développées oralement avant les réquisitions du ministère public (Cass. crim., 26 mars 1997 : U. 56-83.477).

Art. 387. – Lorsque le tribunal est saisi de plusieurs procédures visant des faits connexes, il peut en ordonner la jonction soit d'office, soit sur réquisition du ministère public, ou à la requête d'une des parties.

Art. 388 *(L. n. 75-701, 6 août 1975, art. 8 ; L. n. 81-82, 2 févr. 1981, art. 48 ; L. n. 83-466, 10 juin 1983, art. 23).* **– Le tribunal correctionnel est saisi des infractions de sa compétence soit par la comparution volontaire des parties, soit par la citation, soit par la convocation par procès-verbal, soit par la comparution immédiate, soit enfin par le renvoi ordonné par la juridiction d'instruction.**

1) Si le tribunal correctionnel peut être valablement saisi par l'avertissement délivré par le ministère public, c'est à la condition que cet avertissement soit suivi de la comparution volontaire de la personne à laquelle il est adressé (Cass. crim., 27 avr. 1981 : *Bull.* 125).

La comparution volontaire, telle que prévue par l'article 388 du Code de procédure pénale, suppose, au préalable, la mise en mouvement de l'action publique dans les conditions prescrites par l'article 1er de ce code (Cass. crim., 19 mars 1997 : *Bull.* 110 ; *JCP* 98, I, 105, obs. A. Maron).

2) Un inculpé cité à tort comme témoin ne peut être jugé que s'il y consent (Cass. crim., 16 juill. 1958 : *Bull.* 550) ; lorsqu'un prévenu a été cité par erreur devant un tribunal autre que celui qui devait le juger, ce tribunal n'ayant pas été régulièrement saisi, n'a pas le pouvoir de statuer (Cass. crim., 22 avr. 1969 : *Bull.* 140).

Méconnaît les dispositions combinées des articles 388 du Code de procédure pénale, 343-1 et 343-2 du Code des douanes, une cour d'appel qui, accueillant les demandes de l'administration des Douanes, qualifiée à tort de partie civile, condamne un prévenu à diverses pénalités fiscales pour délit douanier de contrebande de marchandises prohibées, alors que l'intéressé, renvoyé devant la juridiction correctionnelle pour infractions de droit commun, a été cité à la requête du ministère public de ces seuls chefs de prévention, que les Douanes n'ont pas fait citer directement ledit prévenu du chef de l'infraction douanière reprochée et qu'il est établi que ce dernier n'a pas expressément accepté d'être jugé sur les faits de contrebande (Cass. crim., 5 sept. 1989 : *Bull.* 316).

3) Le tribunal ne peut plus être saisi par une citation directe de faits faisant l'objet d'une information (Cass. crim., 19 avr. 1929 : *DP* 1931, I, 47).

4) Ne saurait alléguer une prétendue violation des droits de la défense le prévenu qui a été en mesure de se défendre sur la circonstance aggravante de récidive non mentionnée dans la citation et relevée d'office par les juges du fond dès lors qu'il s'est expliqué à ce sujet devant les juges du fond (Cass. crim., 13 nov. 1980 : *Bull.* 299) ou dans les conclusions qu'il a déposées devant la juridiction du jugement (Cass. crim., 11 févr. 1981 : *Bull.* 56). De la même façon, a été en mesure de se défendre le prévenu comparant, qui n'a pas été préalablement informé en première instance d'une circonstance aggravante, mais qui, en appel, a discuté de cet élément modificatif de la prévention relevé d'office comportant extension de la saisine du juge (Cass. crim., 9 juill. 1980 : *Bull.* 222).

5) S'il appartient aux juges de retenir tous les faits qui, bien que non visés dans le titre de la poursuite, ne constituent que des circonstances du fait principal, ils ne peuvent statuer sur des faits autres que ceux qui leur sont déférés et distincts de celui visé dans la prévention (Cass. crim., 19 mars 1985 : *Bull.* 255) ; à moins que le prévenu n'ait accepté formellement d'être jugé sur les faits nouveaux (Cass. crim., 23 avr. 1980 : *Bull.* 118. – Cass. crim., 18 juin 1980 : *Bull.* 196) ; mais les juges, légalement saisis de l'ensemble des faits relevés par l'ordonnance de renvoi ou la citation, doivent statuer sur ceux-ci (Cass. crim., 21 avr. 1986 : *Bull.* 132).

6) Cependant si les juges ne sont pas liés par la qualification qui a été donnée par la prévention, ils ont non seulement le droit mais le devoir de caractériser les faits qui leur sont déférés (Cass. crim., 6 févr. 1985 : *Bull.* 65). En ce sens, voir également (Cass. crim., 26 janv. 1982 : *Bull.* 32. – Cass. crim., 9 mars 1982 : *Bull.* 173 ; *JCP* 82, IV, 188. – Cass. crim., 21 avr. 1980 : *Bull.* 116).

Les juges correctionnels ont le droit et le devoir de restituer aux faits dont ils sont saisis leur véritable qualification. S'ils ne peuvent substituer des faits distincts à ceux de la prévention, à moins que le prévenu accepte d'être jugé sur ces faits nouveaux, il suffit, en revanche, que le prévenu soit mis en mesure de s'expliquer, lorsque la nouvelle qualification s'applique aux mêmes faits et n'ajoute à la prévention qu'une circonstance qui n'y est pas mentionnée (Cass. crim., 13 févr. 1997 : *Bull.* 63).

S'il appartient aux juridictions correctionnelles de modifier la qualification des faits et de substituer une qualification nouvelle à celle sous laquelle ils leurs étaient déférés, puis de se déclarer incompétentes si cette dernière leur apparaît criminelle, c'est à la condition qu'il ne soit rien changé ni ajouté aux faits de la prévention et que ceux-ci restent tels qu'ils ont été retenus dans l'acte de saisine (Cass. crim., 22 avr. 1986 : *Bull.* 136).

S'il appartient aux juges du fond de restituer leur véritable qualification aux faits qui leur sont soumis par les ordonnances de renvoi ou les citations, ils ne peuvent, au prétexte de cette requalification, ajouter des faits et des délits non visés à la prévention en ce qu'elle concerne l'un des prévenus, sans que, au préalable, l'intéressé ait expressément accepté d'être jugé de ce chef complémentaire. La cassation partielle pour l'incrimination complémentaire ainsi indûment retenue peut avoir lieu par voie de simple retranchement et sans renvoi dès lors que la peine prononcée pour l'infraction visée régulièrement à la prévention et retenue contre le prévenu est justifiée et que les dommages-intérêts alloués à la partie civile l'ont été du seul chef du délit mentionné à la citation et retenu par l'arrêt de condamnation (Cass. crim., 4 mai 1987 : *Bull.* 175).

7) S'il appartient aux juges répressifs de restituer aux faits dont ils sont saisis leur véritable qualification, c'est à la condition que le prévenu ait été mis en mesure de se défendre sur la nouvelle qualification envisagée (Cass. crim., 12 sept. 2001 : *Bull.* 177).

Méconnaît ce principe la cour d'appel qui déclare un prévenu, renvoyé devant la juridiction correctionnelle pour entrave aux vérifications et aux contrôles du commissaire aux comptes et condamné par les premiers juges sous cette qualification, coupable de complicité de ce délit sans l'avoir invité à se défendre sur cette nouvelle qualification (même arrêt).

Encourt la censure l'arrêt qui requalifie d'office des faits poursuivis sous la qualification de banqueroute en abus de biens sociaux, sans que le prévenu n'ait été invité à s'expliquer sur cette modification (Cass. crim., 16 mai 2001 : *Bull.* 128).

Art. 388-1 *(L. n. 83-608, 8 juill. 1983, art. 7)*. – **La personne dont la responsabilité civile est susceptible d'être engagée à l'occasion d'une infraction d'homicide ou de blessures involontaires qui a entraîné pour autrui un dommage quelconque pouvant être garanti par un assureur doit préciser le nom et l'adresse de celui-ci, ainsi que le numéro de sa police d'assurance. Il en est de même pour la victime lorsque le dommage qu'elle a subi peut être garanti par un contrat d'assurance. Ces renseignements sont consignés dans les procès-verbaux d'audition.**

Lorsque des poursuites pénales sont exercées, les assureurs appelés à garantir le dommage sont admis à intervenir et peuvent être mis en cause devant la juridiction répressive, même pour la première fois en cause d'appel ; ils doivent se faire représenter par un avocat ou un avoué.

En ce qui concerne les débats et les voies de recours, les règles concernant les personnes civilement responsables et les parties civiles sont applicables respectivement à l'assureur du prévenu et à celui de la partie civile sous réserve des dispositions de l'alinéa ci-dessus et des articles 385-1, deuxième alinéa, 388-2 et 509, deuxième alinéa.

V. Anne D'HAUTEVILLE, *L'intervention des assureurs au procès pénal en application de la loi du 8 juillet 1983 : JCP* 84, I, 3139. – Jean APPIETTO, *Intervention de l'assureur au procès pénal : Gaz. Pal.* 1984, 2, doct. 520. – G. ROUJOU DE BOUBÉE, *Commentaire de la loi n. 83-608 du 8 juillet 1983 renforçant la protection des victimes d'infraction : ALD* 1984, p. 49. – Jean PRADEL, *Un nouveau stade dans la protection des victimes d'infractions : DS* 1983, chron. p. 241.

1) Il appartient aux juges d'assurer, même d'office, le respect des dispositions de l'article 388-1 du Code de procédure pénale limitant l'intervention ou la mise en cause de l'assureur au cas de poursuites pénales pour infraction d'homicide ou de blessures involontaires (Cass. crim., 2 mars 1988 : *Bull.* 111. – Cass. crim., 31 mai 1989 : *Bull.* 229) ; ainsi, est mis à bon droit hors de cause, par application de l'article 388-1 du Code de procédure pénale, l'assureur du propriétaire d'un véhicule à l'aide duquel a été commis un délit de coups ou violences volontaires (Cass. crim., 23 mai 1991 : *Bull.* 220).

Il résulte de l'article 388-1 du Code de procédure pénale que, devant la juridiction répressive saisie de poursuites pour homidice ou blessures involontaires, seul l'assureur du prévenu ou de la personne civilement responsable peut intervenir ou être mis en cause en tant qu'assureur de responsabilité (Cass. crim., 2 avr. 1992 : *Bull.* 138. – Cass. crim., 17 févr. 1993 : *Bull.* 77).

2) Si, en application de l'article 388-1 du Code de procédure pénale, l'assureur du prévenu, appelé à garantir le dommage est admis à intervenir et peut être mis en cause devant la juridiction répressive, c'est à la condition que la victime elle-même exerce l'action en réparation qui lui appartient en vertu de l'article 2 du même code. À défaut, l'intervention, volontaire ou forcée, de cet assureur est sans objet (Cass. crim., 12 oct. 1994 : *Bull.* 330).

3) La cassation, sur le pourvoi de l'assureur de responsabilité du prévenu, des dispositions de nature civile d'un arrêt d'une juridiction répressive saisie de poursuites pour homicides et blessures involontaires, bénéficie au prévenu même si celui-ci ne s'est pas pourvu (Cass. crim., 5 juin 1984 : *Bull.* 206).

L'assureur du prévenu est sans qualité, lorsqu'il ne s'est pas pourvu contre l'arrêt attaqué, pour intervenir devant la Cour de cassation au soutien du seul pourvoi de son assuré, même s'il peut éventuellement bénéficier de la cassation qui serait prononcée (Cass. crim., 21 nov. 1989 : *Bull.* 427).

4) Si en vertu de l'article 388-1 du Code de procédure pénale, les assureurs sont admis à intervenir devant la juridiction répressive, et même pour la première fois en cause d'appel (Cass. crim., 15 déc. 1987 : *Bull.* 461), ce texte ne saurait pour autant leur permettre d'intervenir devant une juridiction qui n'est pas régulièrement saisie, en raison d'appels tardifs (Cass. crim., 21 mai 1986 : *Bull.* 164).

Il résulte des dispositions combinées des articles 388-1 et 509 du Code de procédure pénale que l'intervention de l'assureur en cause d'appel produit effet, en ce qui concerne l'action civile, à l'égard de l'assuré régulièrement appelant, même si ce dernier, après avoir exercé son recours, fait défaut devant la juridiction du second degré (Cass. crim., 21 juin 1988 : *Bull.* 280).

Il résulte des articles 385-1 et 388-1 du Code de procédure pénale et 6.1 de la Convention européenne de sauvegarde des droits de l'homme et des libertés fondamentales – textes qui imposent le restect du caractère contradictoire des débats – que, si le souscripteur du contrat n'est présent à l'instance à aucun titre, l'assureur qui soulève une exception de nullité ou de non-garantie doit, à peine d'irrecevabilité de ladite exception, mettre le souscripteur en cause (Cass. crim., 14 déc. 1989 : *Bull.* 480 ; *Dr. pénal* 1990, n. 75. – Cass. crim., 2 juill. 1996 : *Bull.* 281).

5) Les dispositions de l'article 388-1 s'appliquent à la cour d'assises lorsque, ayant déclaré l'accusé coupable d'homicide ou de blessures involontaires, elle statue sur les intérêts civils (Cass. crim., 30 mai 1985 : *Bull.* 206 ; *Rev. sc. crim.* 1986, 131, obs. Braunschweig).

6) L'assureur de la victime de l'infraction ne disposant devant la juridiction répressive, hors les cas de poursuites pour homocide ou blessures involontaires prévus par l'article 388-1 du Code de procédure pénale, d'aucun recours subrogatoire contre le responsable du dommage, l'indemnisation éventuelle de la victime d'un vol par son assureur ne dispense pas l'auteur de l'infraction de réparer le préjudice qui en découle (Cass. crim., 26 sept. 1996 : *Bull.* 332).

Art. 388-2 *(L. n. 83-608, 8 juill. 1983, art. 7).* **– Dix jours au moins avant l'audience, la mise en cause de l'assureur est faite par toute partie qui y a intérêt au moyen d'un acte d'huissier ou d'une lettre recommandée, avec demande d'avis de réception, qui mentionne la nature des poursuites engagées, l'identité du prévenu, de la partie civile et, le cas échéant, de la personne civilement responsable, le numéro des polices d'assurance, le montant de la demande en réparation ou, à défaut, la nature et l'étendue du dommage, aussi que le tribunal saisi, le lieu, la date et l'heure de l'audience.**

Art. 388-3 *(L. n. 83-608, 8 juill. 1983, art. 7).* **– La décision concernant les intérêts civils est opposable à l'assureur qui est intervenu au procès ou a été avisé dans les conditions prévues par l'article 388-2.**

L'intervention volontaire ou forcée de l'assureur à l'instance pénale a pour objet, selon l'article 388-3 du Code de procédure pénale, de lui rendre opposable la décision rendue sur les intérêts civils.

Fait l'exacte application de ce texte la cour d'appel qui, saisie par la partie civile de conclusions tendant à la condamnation du prévenu et de son assureur au paiement des indemnités réclamées, se borne, après avoir condamné le prévenu au paiement desdites indemnités, à déclarer la décision opposable à son assureur (Cass. crim., 11 oct. 1989 : *Bull.* 347).

Est inopposable à l'assureur, non intervenu aux débats, la décision sur les intérêts civils, dès lors que la mise en cause tardive n'a pas été faite dans les formes et délais prévus par l'article 388-2 du Code de procédure pénale (Cass. crim., 22 janv. 1997 : *Bull.* 23).

§ 2. – De la comparution volontaire et de la citation

(L. n. 81-82, 2 févr. 1981, art. 49)

Art. 389. – L'avertissement, délivré par le ministère public, dispense de citation, s'il est suivi de la comparution volontaire de la personne à laquelle il est adressé.

Il indique le délit poursuivi et vise le texte de loi qui le réprime.

Lorsqu'il s'agit d'un prévenu détenu, le jugement doit constater le consentement de l'intéressé à être jugé sans citation préalable.

1) Il résulte des dispositions combinées des articles 388 et 389 du Code de procédure pénale que le tribunal correctionnel peut être valablement saisi des infractions de sa compétence par l'avertissement délivré par le ministère public, à la condition que cet avertissement soit suivi de la comparution volontaire de la personne à laquelle il est adressé (Cass. crim., 27 avr. 1981 : *Bull.* 125).

2) Il appartient au prévenu qui comparait et qui estime n'avoir pas été régulièrement cité, de demander, s'il le juge utile, le renvoi de la cause à une audience ultérieure, avant toute défense au fond, conformément aux prescriptions de l'article 553 du Code de procédure pénale ; il ne saurait exciper d'un défaut d'avertissement d'avoir à comparaître délivré par le ministère public, alors que la procédure de l'article 389 du Code de procédure pénale n'avait pas été suivie en l'occurrence (Cass. crim., 22 juin 1971 : *Bull.* 201).

3) Une cour d'appel, saisie notamment de l'appel formé par un prévenu contre un jugement portant condamnation à son égard, ne peut se prononcer sur la voie de recours exercée, alors que ce prévenu, qui a fait l'objet d'un avertissement à comparaître devant les juges du second degré pendant qu'il était en détention, puis a été élargi, ne comparaît pas volontairement devant ladite cour à la date indiquée (Cass. crim., 29 nov. 1988 : *Bull.* 401).

Art. 390. – La citation est délivrée dans les délais et formes prévus par les articles 550 et suivants.

Art. 390-1 *(Inséré, L. n. 85-1407, 30 déc. 1985, art. 41 et 94)*. **– Vaut citation à personne la convocation en justice notifiée au prévenu, sur instructions du procureur de la République et dans les délais prévus par l'article 552, soit par un greffier** *(L. n. 86-1019, 9 sept. 1986, art. 5 et 19)* **ou un officier ou agent de police judiciaire soit, si le prévenu est détenu, par le chef de l'établissement pénitentiaire.**

La convocation énonce le fait poursuivi, vise le texte de loi qui le réprime et indique le tribunal saisi, le lieu, la date et l'heure de l'audience. Elle précise, en outre, que le prévenu peut se faire assister d'un avocat.

Elle est constatée par un procès-verbal signé par le prévenu qui en reçoit copie.

Selon l'article 390-1 du Code de procédure pénale, vaut citation à personne la convocation en justice notifiée au prévenu, sur instructions du procureur de la République, dans les délais prévus par l'article 552 du même code, par un greffier ou un officier ou agent de police judiciaire, dans les formes prévues par ledit article 390-1 ; en cas de non-comparution du prévenu, les dispositions de l'article 410 du Code de procédure pénale sont applicables (Cass. crim., 6 mars 1990 : *Bull.* 107).

Art. 391. – Toute personne ayant porté plainte est avisée par le parquet de la date de l'audience.

L'article 391 qui dispose que toute personne ayant porté plainte est avisée par le Parquet de la date de l'audience ne constitue pas une prescription dont l'inobservation entraîne une nullité (Cass. crim., 5 mars 1964 : *Bull.* 82).

Art. 392. – La partie civile, qui cite directement un prévenu devant un tribunal répressif, fait, dans l'acte de citation, élection de domicile dans le ressort du tribunal saisi, à moins qu'elle n'y soit domiciliée.

1) La partie civile peut, après clôture de l'information, user de la voie de la citation directe contre une personne qui n'a pas été l'objet de l'instruction (Ch. réun. 24 avr. 1961 : *JCP* 61, II, 12131, rapp. Monguilan. – Cass. crim., 12 mars 1969 : *Bull.* 118 ; *Rev. sc. crim.* 1970, p. 121, obs. J.-M. Robert).

2) Dès lors qu'elle s'est constituée partie civile auprès du juge d'instruction, la victime d'une infraction n'a plus la possibilité de saisir par voie de citation directe le tribunal correctionnel de poursuites contre des personnes qui n'ont pas été renvoyées devant cette juridiction par le magistrat instructeur, bien qu'elles aient été visées par la plainte et mises en cause lors de l'information sans toutefois avoir été inculpées (Cass. crim., 17 janv. 1983 : *Bull.* 19 ; *JCP* 84, II, 20232, note Jeandidier).

Art. 392-1 *(L. n. 93-1013, 24 août 1993, art. 35-V).* **– Lorsque l'action de la partie civile n'est pas jointe à celle du ministère public, le tribunal correctionnel fixe, en fonction des ressources de la partie civile, le montant de la consignation que celle-ci doit, si elle n'a pas obtenu l'aide juridictionnelle, déposer au greffe et le délai dans lequel elle devra être faite sous peine de non-recevabilité de la citation directe. Cette consignation garantit le paiement de l'amende civile susceptible d'être prononcée en application du second alinéa.**

(L. n. 2000-516, 15 juin 2000, art. 87-IV) **Lorsque le tribunal correctionnel, saisi par une citation directe de la partie civile, prononce une relaxe, il peut, par ce même jugement, sur réquisitions du procureur de la République, condamner la partie civile au paiement d'une amende civile dont le montant ne saurait excéder 100 000 F (15 000 €) s'il estime que la citation directe était abusive ou dilatoire. Les réquisitions du procureur de la République doivent intervenir avant la clôture des débats, après les plaidoiries de la défense, et la partie civile ou son avocat doivent avoir été mis en mesure d'y répliquer. Les dispositions du présent alinéa sont également applicables devant la cour d'appel, lorsque le tribunal correctionnel a, en premier ressort, relaxé la personne poursuivie et statué sur des réquisitions du procureur de la République tendant à la condamnation de la partie civile en application des dispositions du présent alinéa.**

Selon les dispositions combinées de l'article R. 236 ancien et 392-1 du Code de procédure pénale, le tribunal correctionnel a l'obligation d'ordonner la consignation mise à la charge de la partie civile dont l'action n'est pas jointe à celle du ministère public, sous peine de non-recevabilité de la citation directe (Cass. crim., 21 janv. 1997 : *Bull.* 20).

§ 3. – De la convocation par procès-verbal et de la comparution immédiate

Art. 393 *(L. n. 83-466, 10 juin 1983, art. 25 ; L. n. 93-2, 4 janv. 1993, art. 224).* **– En matière correctionnelle, après avoir constaté l'identité de la personne qui lui est déférée, lui avoir fait connaître les faits qui lui sont reprochés et avoir recueilli ses déclarations si elle en fait la demande, le procureur de la République peut, s'il estime qu'une information n'est pas nécessaire, procéder comme il est dit aux articles 394 à 396.**

Le procureur de la République informe alors la personne déférée devant lui qu'elle a le droit à l'assistance d'un avocat de son choix ou commis d'office. L'avocat choisi ou, dans le cas d'une demande de commission d'office, le bâtonnier de l'ordre des avocats, en est avisé sans délai.

L'avocat peut consulter sur-le-champ le dossier et communiquer librement avec le prévenu.

Mention de ces formalités est faite au procès-verbal à peine de nullité de la procédure.

V. V. Lesclous, *Convocation par procès-verbal et comparution immédiate : J.-Cl. Proc. pén.*, art. 393 à 397-6.

1) L'option donnée au procureur de la République, en matière correctionnelle, par l'article 393 du Code de procédure pénale, d'ouvrir une information ou, s'il estime que celle-ci n'est pas nécessaire, de procéder conformément aux articles 394 à 396, est laissée à la libre appréciation de ce magistrat (Cass. crim., 26 avr. 1994 : *Bull.* 149).

2) En matière de comparution immédiate, le tribunal statue sur les faits notifiés à l'intéressé dans le procès-verbal dressé en application de l'article 393 ; les faits énoncés dans l'ordonnance

prescrivant la détention provisoire, à les supposer différents du procès-verbal précité, sont sans incidence sur l'étendue de la saisine du tribunal (Cass. crim., 21 mars 2000 : *Bull.* 125).

Art. 393-1 *(L. n. 2000-516, 15 janv. 2000, art. 115).* **– Dans les cas prévus à l'article 393, la victime doit être avisée par tout moyen de la date de l'audience.**

Art. 394 *(L. n. 83-466, 10 juin 1983, art. 25 ; L. n. 93-2, 4 janv. 1993, art. 203 et 224).* **– Le procureur de la République peut inviter la personne déférée à comparaître devant le tribunal dans un délai qui ne peut être inférieur à dix jours, sauf renonciation expresse de l'intéressé en présence de son avocat, ni supérieur à deux mois. Il lui notifie les faits retenus à son encontre ainsi que le lieu, la date et l'heure de l'audience. Cette notification, mentionnée au procès-verbal dont copie est remise sur-le-champ au prévenu, vaut citation à personne.**

L'avocat choisi ou le bâtonnier est informé, par tout moyen et sans délai, de la date et de l'heure de l'audience ; mention de cet avis est portée au procès-verbal. L'avocat peut, à tout moment, consulter le dossier.

Si le procureur de la République estime nécessaire de soumettre le prévenu jusqu'à sa comparution devant le tribunal à une ou plusieurs obligations du contrôle judiciaire, il le traduit sur-le-champ devant le président du tribunal ou le juge délégué par lui, statuant en chambre du conseil avec l'assistance d'un greffier. Ce magistrat peut, après audition du prévenu, son avocat ayant été avisé et entendu en ses observations, s'il le demande, prononcer cette mesure dans les conditions et suivant les modalités prévues par les articles 138 et 139. Cette décision est notifiée verbalement au prévenu et mentionnée au procès-verbal dont copie lui est remise sur-le-champ.

V. note PRADEL : *D.* 1987, 58, sous TGI Paris 22 sept. 1986.

L'exception tirée de la violation des dispositions de l'article 394 du Code de procédure pénale relatives à la notification des faits au prévenu et de l'article 6.3 a de la Convention européenne de sauvegarde des droits de l'homme et des libertés fondamentales relatif à cette même information doit être présentée avant toute défense au fond (Cass. crim., 26 avr. 1994 : *Bull.* 149).

Art. 395 *(L. n. 86-1019, 9 sept. 1986, art. 5 et 19 ; L. n. 95-125, 8 févr. 1995, art. 58).* **– Si le maximum de l'emprisonnement prévu par la loi est au moins égal à deux ans** *(Mots supprimés, L. n° 2002-1138, 9 sept. 2002, art. 40, I, 1°)*, **le procureur de la République, lorsqu'il lui apparaît que les charges réunies sont suffisantes et que l'affaire est en état d'être jugée, peut, s'il estime que les éléments de l'espèce justifient une comparution immédiate, traduire le prévenu sur-le-champ devant le tribunal.**

(L. n. 83-466, 10 juin 1983, art. 25) **En cas de délit flagrant, si le maximum de l'emprisonnement prévu par la loi est** *(Mots remplacés, L. n° 2002-1138, 9 sept. 2002, art. 40, I, 2°)* **« au moins égal à six mois », le procureur de la République, s'il estime que les éléments de l'espèce justifient une comparution immédiate, peut traduire le prévenu sur-le-champ devant le tribunal.**

Le prévenu est retenu jusqu'à sa comparution qui doit avoir lieu le jour même ; il est conduit sous escorte devant le tribunal.

1) L'article 395, alinéa 1er, du Code de procédure pénale permet au procureur de la République d'utiliser la procédure de comparution immédiate sans condition de flagrance lorsque le délit poursuivi est puni d'une peine dont le maximum est au moins égal à 2 ans d'emprisonnement (Cass. crim., 18 juill. 1990 : *Bull.* 288).

2) En l'absence de flagrant délit, la procédure de comparution immédiate prévue par l'article 395 du Code de procédure pénale est applicable en cas d'infractions punies d'un emprisonnement inférieur à deux ans lorsqu'elles sont poursuivies concurremment avec des infractions punies d'un emprisonnement au moins égal à deux ans ; il en est ainsi en cas de poursuites simultanées pour fraude aux allocations de chômage prévue par l'article L. 365-1 du Code du travail et pour escroquerie (solution implicite) (Cass. crim., 26 avr. 1994 : *Bull.* 149).

3) Il résulte de l'article 395 du Code de procédure pénale que, pour déterminer si, au regard de la peine d'emprisonnement prévue par

la loi, il peut être recouru à la procédure de comparution immédiate, seule doit être considérée la peine édictée par les dispositions réprimant le délit objet de la poursuite, sans tenir compte de l'éventuel état de récidive du prévenu (Cass. crim., 19 févr. 2002 : *Bull.* 33).

Art. 396* *(Entre en applic. le 16 juin 2002) (L. n. 75-701, 6 août 1975, art. 12 ; L. n. 81-82, 2 févr. 1981, art. 51-1 ; L. n. 83-466, 10 juin 1983, art. 25 ; L. n. 84-576, 9 juill. 1984, art. 16 et 19 ; L. n. 93-2, 4 janv. 1993, art. 204 et 224 ; L. n. 96-1235, 30 déc. 1996, art. 12 ; L. n. 2000-516, 15 juin 2000, art. 49, art. 140).* – **Dans le cas prévu par l'article précédent, si la réunion du tribunal est impossible le jour même et si les éléments de l'espèce lui paraissent exiger une mesure de détention provisoire, le procureur de la République peut traduire le prévenu devant le juge des libertés et de la détention, statuant en chambre du conseil avec l'assistance d'un greffier.**

Le juge, après avoir recueilli les déclarations du prévenu, son avocat ayant été avisé, et après avoir fait procéder, s'il y a lieu, aux vérifications prévues par le sixième alinéa de l'article 41, statue sur les réquisitions du ministère public aux fins de détention provisoire, après avoir recueilli les observations éventuelles du prévenu ou de son avocat ; l'ordonnance rendue n'est pas susceptible d'appel.

Il peut placer le prévenu en détention provisoire jusqu'à sa comparution devant le tribunal. L'ordonnance prescrivant la détention est rendue suivant les modalités prévues *(Mots remplacés, L. n° 2002-1138, 9 sept. 2002, art. 40, II)* **« par l'article 137-3, premier alinéa », et doit comporter l'énoncé des considérations de droit et de fait qui constituent le fondement de la décision par référence aux dispositions des 1°, 2° et 3° de l'article 144. Cette décision énonce les faits retenus et saisit le tribunal ; elle est notifiée verbalement au prévenu et mentionnée au procès-verbal dont copie lui est remise sur-le-champ. Le prévenu doit comparaître devant le tribunal au plus tard le deuxième jour ouvrable suivant. À défaut, il est mis d'office en liberté.**

Si le juge estime que la détention provisoire n'est pas nécessaire, le ministère public procède comme il est dit à l'article 394.

** (Jusqu'au 16 juin 2002, le président du tribunal peut confier au juge des libertés et de la détention désigné en application du second alinéa de l'article 137-1 les fonctions visées à l'article ci-dessus.)*

Art. 397 *(L. n. 83-466, 10 juin 1983, art. 25 ; L. n. 93-2, 4 janv. 1993, art. 224).* – **Lorsque le tribunal est saisi en application des articles 395 et 396, troisième alinéa, le président constate l'identité du prévenu, son avocat ayant été avisé. Il avertit le prévenu qu'il ne peut être jugé le jour même qu'avec son accord ; toutefois, cet accord ne peut être recueilli qu'en présence de son avocat ou, si celui-ci n'est pas présent, d'un avocat désigné d'office sur sa demande par le bâtonnier.**

Si le prévenu consent à être jugé séance tenante, mention en est faite dans les notes d'audience.

Art. 397-1 *(L. n. 86-1019, 9 sept. 1986, art. 8 et 19 ; L. n. 93-2, 4 janv. 1993, art. 224).* – **Si le prévenu ne consent pas à être jugé séance tenante ou si l'affaire ne paraît pas en état d'être jugée, le tribunal, après avoir recueilli les observations des parties et de leur avocat, renvoie à une prochaine audience qui doit avoir lieu dans un délai qui ne peut être inférieur à deux semaines, sauf renonciation expresse du prévenu, ni supérieur à six semaines.**

(Al. créé, L. n° 2002-1138, 9 sept. 2002, art. 40, III) **Lorsque la peine encourue est supérieure à sept ans d'emprisonnement, le prévenu, informé de l'étendue de ses droits, peut demander que l'affaire soit renvoyée à une audience qui devra avoir lieu dans un délai qui ne peut être inférieur à deux mois, sans être supérieur à quatre mois.**

Art. 397-2 *(L. n. 83-466, 10 juin 1983, art. 25 ; L. n. 93-2, 4 janv. 1993, art. 205).* – **À la demande des parties ou d'office, le tribunal peut commettre par jugement l'un de ses membres ou l'un des juges d'instruction de la juridiction désigné dans les conditions de l'article 83, alinéa premier, pour procéder à un supplément d'information ; les dispositions de l'article 463 sont applicables.**

(L. n. 86-1019, 9 sept. 1986, art. 9 et 19) **Le tribunal peut, dans les mêmes conditions, s'il estime que la complexité de l'affaire nécessite des investigations supplémentaires approfondies, renvoyer le dossier au procureur de la République.**

Le tribunal statue au préalable sur le maintien du prévenu en détention provisoire jusqu'à sa comparution devant un juge d'instruction. Cette comparution doit avoir lieu le jour même, à défaut de quoi le prévenu est remis en liberté d'office.

Le tribunal saisi par la comparution immédiate du prévenu apprécie souverainement si l'affaire est en état d'être jugée ou s'il y a lieu, comme le lui permet l'article 397-2, de renvoyer le dossier au procureur de la République lorsqu'il estime que la complexité de l'affaire nécessite des investigations complémentaires approfondies (Cass. crim., 26 avr. 1994 : *Bull.* 149).

Art. 397-3 *(L. n. 83-466, 10 juin 1983, art. 25 ; L. n. 93-2, 4 janv. 1993, art. 206 ; L. n. 94-89, 1er févr. 1994, art. 17-V).* **– Dans tous les cas prévus par le présent paragraphe, le tribunal peut, conformément aux dispositions de l'article 141-1, placer ou maintenir le prévenu sous contrôle judiciaire. Cette décision est exécutoire par provision.**

Dans les cas prévus par les articles 395 et suivants, le tribunal peut également placer ou maintenir le prévenu en détention provisoire par décision spécialement motivée. La décision prescrivant la détention est rendue suivant les modalités prévues par les articles 135, *(Référence remplacée, L. n° 2002-1138, 9 sept. 2002, art. 40, IV, 1°)* **« 137-3, premier alinéa, » et 464-1 et est motivée par référence aux dispositions des 1°, 2°** *(L. n. 96-1235, 30 déc. 1996, art. 12)* **et 3° de l'article 144. Elle est exécutoire par provision.**

(Al. modifié, L. n° 2000-516, 15 juin 2000, art. 66, I et 66, II, puis remplacé L. n° 2002-1138, 9 sept. 2002, art. 40, IV, 2°) **Lorsque le prévenu est en détention provisoire, le jugement au fond doit être rendu dans les deux mois qui suivent le jour de sa première comparution devant le tribunal. Faute de décision au fond à l'expiration de ce délai, il est mis fin à la détention provisoire. Le prévenu, s'il n'est pas détenu pour une autre cause, est mis d'office en liberté.**

(Al. créé, L. n° 2002-1138, 9 sept. 2002, art. 40, IV, 3°) **Lorsqu'il a été fait application des dispositions du deuxième alinéa de l'article 397-1, le délai prévu à l'article précédent est porté à quatre mois.**

Art. 397-4 *(L. n. 83-466, 10 juin 1983, art. 25).* **– Dans le cas où le prévenu est condamné à un emprisonnement sans sursis, le tribunal saisi en application des articles 395 et suivants peut, quelle que soit la durée de la peine, ordonner, d'après les éléments de l'espèce, le placement ou le maintien en détention par décision spécialement motivée. Les dispositions des articles 148-2 et 471, deuxième alinéa, sont applicables.**

(Al. modifié, L. n. 2000-516, 15 juin 2000, art. 67, puis remplacé L. n° 2002-1138, 9 sept. 2002, art. 40, V) **La cour statue dans les quatre mois de l'appel du jugement rendu sur le fond interjeté par le prévenu détenu, faute de quoi celui-ci, s'il n'est pas détenu pour une autre cause, est mis d'office en liberté.**

Si la juridiction estime devoir décerner un mandat d'arrêt, les dispositions de l'article 465 sont applicables, quelle que soit la durée de la peine prononcée.

Selon l'article 397-4 du Code de procédure pénale, applicable après comparution immédiate, la cour d'appel statue dans les 4 mois de l'appel du jugement rendu sur le fond lorsqu'il a été interjeté par le prévenu détenu. Ce texte n'ayant prévu, en cas de dépassement du délai qu'il fixe, d'autre conséquence que la mise d'office en liberté, sa méconnaissance ne saurait entacher de nullité la procédure ni mettre fin aux poursuites (Cass. crim., 13 janv. 1993 : *Bull.* 8 ; *Rev. sc. Cass. crim.,* 1993, 129, obs. Braunschweig).

Art. 397-5 *(L. n. 83-466, 10 juin 1983, art. 25).* **– Dans tous les cas prévus par le présent paragraphe et par dérogation aux dispositions des articles 550 et suivants, les témoins peuvent être cités sans délai et par tout moyen. Lorsqu'ils sont requis verbalement par un officier de police judiciaire ou un agent de la force publique, ils sont tenus de comparaître sous les sanctions portées aux articles 438 à 441.**

La procédure de comparution immédiate n'interdit pas au prévenu, au besoin en sollicitant le renvoi de la cause, de faire citer les témoins de son choix... de surcroît, le tribunal a la faculté... d'autoriser sur la proposition des parties l'audition de témoins, non régulièrement cités, mais présents à l'audience (faute d'avoir usé de cette faculté, le demandeur ne saurait faire grief à la cour d'appel d'avoir méconnu le principe du procès équitable et les droits de la défense) (Cass. crim., 18 avr. 1988 : *Bull.* 161).

Art. 397-6 *(L. n. 83-466, 10 juin 1983, art. 25).* **– Les dispositions des articles 393 à 397-5 ne sont applicables ni aux mineurs, ni en matière de délits de presse, de délits politiques ou d'infractions dont la procédure de poursuite est prévue par une loi spéciale.**

Le recours à la procédure de comparution immédiate ne se heurte pas aux dispositions de l'article 397-6 du Code de procédure pénale lorsqu'une loi spéciale détermine une incrimination, mais ne soumet pas la poursuite à une procédure spéciale (Cass. crim., 26 avr. 1994 : *Bull.* 149).

SECTION II. – DE LA COMPOSITION DU TRIBUNAL ET DE LA TENUE DES AUDIENCES

Art. 398 *(L. n. 75-701, 6 août 1975, art. 6 ; L. n. 93-2, 4 janv. 1993, art. 58 ; L. n. 93-1013, 24 août 1993, art. 18 ; L. n. 95-125, 8 févr. 1995, art. 36 ; applic. le 6 mars 1995, al. 3 de l'article 398).* **– Le tribunal correctionnel est composé d'un président et de deux juges.**

Lorsqu'un procès paraît de nature à entraîner de longs débats, le président du tribunal de grande instance peut décider qu'un ou plusieurs magistrats du siège supplémentaires assisteront aux débats. Dans le cas où un ou plusieurs magistrats du siège composant le tribunal correctionnel seraient empêchés de suivre les débats jusqu'au prononcé du jugement, ils sont remplacés par le ou les magistrats du siège supplémentaires dans l'ordre de leur nomination au tribunal de grande instance, en commençant par le plus ancien du rang le plus élevé.

Toutefois, pour le jugement des délits énumérés à l'article 398-1 *(L. n. 99-515, 23 juin 1999, art. 7-I)* **sauf si la peine encourue, compte tenu de l'état de récidive légale du prévenu, est supérieure à cinq ans d'emprisonnement, il est composé d'un seul de ces magistrats exerçant les pouvoirs conférés au président.**

La désignation des magistrats du tribunal correctionnel appelés à statuer dans les conditions prévues à l'alinéa 3 est faite par le président du tribunal de grande instance selon les modalités fixées pour la répartition des juges entre les diverses chambres de ce tribunal ; s'il y a lieu, le président du tribunal correctionnel répartit les affaires entre ces magistrats.

Les décisions prévues au présent article sont des mesures d'administration non susceptibles de recours.

V. J.-M. GUTH, *Tribunal correctionnel ; Composition du tribunal ; Tenue des audiences : J.-Cl. Proc. pén.*, art. 398-399. – V. *D.* 1979, 360, note LEPOINTE, sous Basse-Terre 3 oct. 1978, sur *L'application de l'article 398 du Code de procédure pénale, qui n'a pas été modifié par les dispositions du Code de l'organisation judiciaire.*

1) Les mentions des jugements et arrêts relatives à la composition de la juridiction font foi jusqu'à inscription de faux. Leur autorité ne peut être détruite par les indications du plumitif relatif à l'audience (Cass. crim., 7 janv. 1976 : *Bull.* 4).

2) Le tribunal qui, en application de l'arti-cle 469-3 du Code de procédure pénale, a déclaré le prévenu coupable et a ajourné le prononcé de la peine peut être autrement composé lorsqu'il statue sur cette dernière (Cass. crim., 17 nov. 1987 : *Bull.* 414).

3) L'identité de composition de la juridiction se prononçant sur l'opposition à une précédente décision rendue par défaut n'est pas contraire à l'exigence du tribunal impartial édictée par l'article 6 de la Convention européenne de sauvegarde des droits de l'homme et des libertés fondamentales (Cass. crim., 23 oct. 1996 : *Bull.* 370).

4) Le ministère public est partie intégrante et nécessaire des juridictions pénales. Dès lors, encourt la cassation, l'arrêt qui ne mentionne la présence du ministère public ni aux débats, ni lors du prononcé de la décision, même si celle-ci concerne uniquement les intérêts civils (Cass. Cass. crim., 14 févr. 1991 : *Bull.* 77).

Art. 398-1 *(L. n. 95-125, 8 févr. 1995, art. 37, applic. 6 mars 1995 ; L. n. 96-647, 22 juill. 1996, art. 18).* – **Sont jugés dans les conditions prévues au troisième alinéa de l'article 398 :**

1° Les délits prévus par les articles 66 et 69 du décret-loi du 30 octobre 1935 unifiant le droit en matière de chèques et relatif aux cartes de paiement ;

2° Les délits prévus par le Code de la route ainsi que, lorsqu'ils sont commis à l'occasion de la conduite d'un véhicule, par les articles 222-19, 222-20, 223-1 et 434-10 du Code pénal ;

3° Les délits en matière de coordination des transports ;

4° Les délits prévus par le 2° de l'article 32 du décret-loi du 18 avril 1939 fixant le régime des matériels de guerre, armes et munitions ;

5° Les délits prévus par les articles 222-11, 222-12 (1° à 10°), 222-13 (1° à 10°), 222-16, 222-17, 222-18, 222-32, 227-3 à 227-11, 311-3, 311-4 (1° à 8°), 313-5, 314-5, 314-6, 321-1, 322-1 à 322-4, 322-12, 322-13, 322-14, 433-3, premier alinéa, 433-5 *(Références ajoutées, L. n° 2002-1138, 9 sept. 2002, art. 41, 1°)* **« 433-6 à 433-8, premier alinéa, 433-10, premier alinéa, » et 521-1 du Code pénal et L. 628 du Code de la santé publique ;**

6° Les délits prévus par le Code rural en matière de chasse, de pêche et de protection de la faune et de la flore et les délits prévus par le décret-loi du 9 janvier 1852 en matière de pêche maritime.

7° *(créé L. n. 2001-602, 9 juill. 2001, art. 66-X)* **Les délits prévus par le Code forestier et par le Code de l'urbanisme pour la protection des bois et forêts.**

8° *(Al. créé, L. n° 2002-1138, 9 sept. 2002, art. 41, 2°)* **Les délits pour lesquels une peine d'emprisonnement n'est pas encourue, à l'exception des délits de presse.**

Toutefois, le tribunal statue obligatoirement dans les conditions prévues par le premier alinéa de l'article 398 lorsque le prévenu est en état de détention provisoire lors de sa comparution à l'audience ou lorsqu'il est poursuivi selon la procédure de comparution immédiate. Il statue également dans les conditions prévues par le premier alinéa de l'article 398 pour le jugement des délits prévus au présent article lorsque ces délits sont connexes à d'autres délits non prévus par cet article.

V. *Conseil constitutionnel*, 23 juill. 1975 : *JCP* 75, II, 18200, obs. Claude FRANCK ; *DS* 1977, 629, note Léo HAMON et G. LEVASSEUR.

Le tribunal correctionnel qui, statuant à juge unique, a prononcé une condamnation comportant une interdiction, déchéance ou incapacité, est compétent pour connaître, en la même formation, d'une requête en relèvement de cette mesure, présentée ultérieurement, conformément à l'article 55-1 du Code pénal (Cass. crim., 27 janv. 1988 : *Bull.* 41).

Art. 398-2 *(L. n. 95-125, 8 févr. 1995, art. 38-I, applic. 6 mars 1995).* – **Lorsque le tribunal correctionnel, dans sa composition prévue par le troisième alinéa de l'article 398, constate que la qualification retenue dans l'acte qui le saisit ne relève pas des dispositions de l'article 398-1, il renvoie l'affaire devant le tribunal correctionnel siégeant dans les conditions prévues par le premier alinéa de l'article 398.**

Lorsque le tribunal correctionnel, dans sa composition prévue par le premier alinéa de l'article 398, constate que la qualification retenue dans l'acte qui le saisit relève des dispositions de l'article 398-1, et sous réserve des dispositions du dernier alinéa de cet article, l'affaire peut soit être renvoyée devant le tribunal correctionnel siégeant dans les conditions prévues par le troisième alinéa de l'article 398, soit être jugée par le seul président.

(L. n. 99-515, 23 juin 1999, art. 7-II) **Le tribunal correctionnel siégeant dans sa composition prévue par le troisième alinéa de l'article 398 peut, si la complexité des faits le justifie, décider, d'office ou à la demande des parties ou du ministère public, de renvoyer l'affaire devant le tribunal correctionnel siégeant dans les conditions prévues au premier alinéa du même article. Les dispositions de l'alinéa qui précède ne sont alors pas applicables. Cette décision constitue une mesure d'administration judiciaire qui n'est pas susceptible de recours.**

Art. 398-3 *(L. n. 72-1226, 29 déc. 1972, art. 2).* – **Les fonctions du ministère public près le tribunal correctionnel sont exercées par le procureur de la République ou l'un de ses substituts ; celles du greffe par un greffier du tribunal de grande instance.**

1) Le magistrat du parquet qui, par l'effet d'une citation, a reçu la qualité de témoin dans les poursuites dirigées contre un prévenu, ne saurait, aussi longtemps que cette qualité lui est attachée, exercer les fonctions du ministère public auprès du tribunal correctionnel chargé de statuer sur lesdites poursuites ; jusqu'à ce qu'il ait été pourvu à son remplacement, le tribunal ne peut statuer ni sur la régularité de la citation ni sur les poursuites (Cass. crim., 26 juill. 1983 : *Bull.* 228).

2) La juridiction qui énonce que l'arrêt a été rendu avec le concours d'un commis faisant fonction de secrétaire-greffier assermenté à cet effet, constate implicitement mais nécessairement que le greffier d'audience a prêté le serment requis par le décret du 30 novembre 1967 (Cass. crim., 15 mars 1977 : *Bull.* 95).

Art. 399 *(L. n. 83-466, 10 juin 1983, art. 18 ; rempl. L. n. 87-1062, 30 déc. 1987, art. 19).* **– Le nombre et le jour des audiences correctionnelles sont fixés à la fin de chaque année judiciaire pour l'année judiciaire suivante par une ordonnance du président du tribunal de grande instance prise après avis de l'assemblée générale du tribunal.**

En cas de nécessité, cette ordonnance peut être modifiée dans les mêmes conditions en cours d'année.

SECTION III. – DE LA PUBLICITÉ ET DE LA POLICE DE L'AUDIENCE

Art. 400. – Les audiences sont publiques.

Néanmoins, le tribunal peut, en constatant dans son jugement que la publicité est dangereuse pour l'ordre ou les mœurs, ordonner, par jugement rendu en audience publique, que les débats auront lieu à huis clos.

Lorsque le huis clos a été ordonné, celui-ci s'applique au prononcé des jugements séparés qui peuvent intervenir sur des incidents ou exceptions ainsi qu'il est dit à l'article 459, alinéa 4.

Le jugement sur le fond doit toujours être prononcé en audience publique.

(L. n. 2002-307, 4 mars 2002, art. 10) **Les dispositions du présent article sont applicables devant le tribunal pour enfants si la personne poursuivie, mineure au moment des faits, est devenue majeure au jour de l'ouverture des débats et qu'elle en fait la demande, sauf s'il existe un autre prévenu qui est toujours mineur ou qui, mineur au moment des faits et devenu majeur au jour de l'audience, s'oppose à cette demande.**

V. J.-M. GUTH, *Tribunal correctionnel ; Publicité et police des audiences : J.-Cl. Proc. pén.*, art. 400 à 405.

1) La mention selon laquelle l'arrêt a été rendu par la cour d'appel publiquement, par sa généralité, constate la publicité non seulement de l'audience où la décision a été prononcée, mais aussi de celles précédentes où ont eu lieu les débats (Cass. crim., 14 mars 1972 : *Bull.* 100. – Cass. crim., 24 avr. 1984 : *Bull.* 142) ; il en est de même de la mention finale « ainsi fait et prononcé en audience publique » (Cass. crim., 15 juin 1976 : *Bull.* 215) ; l'arrêt qui constate expressément la publicité de l'audience à laquelle l'affaire a été appelée et retenue et de celle où il a été prononcé, spécifie que l'affaire avait été renvoyée en continuation à l'audience intermédiaire où les débats se sont poursuivis et terminés et où elle a été mise en délibéré, constate par là même la publicité de cette audience intermédiaire (Cass. crim., 9 nov. 1965 : *Bull.* 225) ; en revanche, encourt la cassation l'arrêt qui ne fait pas mention de la publicité de l'audience au cours de laquelle il a été rendu (Cass. crim., 23 avr. 1985 : *Bull.* 154).

2) Aucune disposition de la loi ne déroge à la règle de publicité des débats lorsque la juridiction correctionnelle est saisie, après décision définitive sur le fond, d'une requête aux fins de restitution d'objets placés sous la main de justice, que cette requête émane d'une des parties ou d'un tiers (Cass. crim., 27 oct. 1983 : *Bull.* 273. – Cass. crim., 21 juill. 1982 : *Bull.* 197. – Cass. crim., 3 nov. 1983 : *Bull.* 274).

3) En matière correctionnelle, lorsque le huis clos a été ordonné pour la durée des débats, il est satisfait aux prescriptions légales concernant la publicité lorsqu'il est constaté que la décision attaquée a été rendue en audience publique (Cass. crim., 21 janv. 1964 : *Bull.* 18) ; est suffisamment motivé l'arrêt qui prononce le huis

clos en faisant droit à des réquisitions du ministère public fondées sur ce que la publicité des débats pourrait être dangereuse pour les mœurs (Cass. crim., 29 juill. 1968 : *Bull.* 241) ; en revanche, est insuffisamment motivé l'arrêt qui prononce le huis clos en se référant seulement à des réquisitions du ministère public visant la nature des débats (Cass. crim., 17 mars 1970 : *Bull.* 110).

La cour d'appel ou le tribunal, qui ordonne que les débats auront lieu à huis clos, doit constater expressément que la publicité paraît dangereuse pour l'ordre ou les mœurs (Cass. crim., 8 mars 1989 : *Bull.* 116 ; *Rev. sc. Cass. crim.*, 1990, p. 113, obs. Braunschweig).

En matière correctionnelle, l'article 400 du Code de procédure pénale ne confère aucun caractère contentieux au prononcé du huis-clos (Cass. crim., 10 févr. 1993 : *Bull.* 70).

4) Selon l'article 400 rendu applicable en cause d'appel par l'article 512 du Code de procédure pénale, les audiences sont publiques. Il n'est dérogé à ce principe qu'en vertu de dispositions particulières de la loi (Cass. crim., 4 févr. 1985 : *JCP* 85, IV, 146 ; *Bull.* 53).

5) Encourt la cassation la décision relevant le taux d'une astreinte rendue en audience non publique (Cass. crim., 2 juin 1981 : *JCP* 81, IV, 298).

Art. 401. – Le président a la police de l'audience et la direction des débats.

La publicité des débats doit se concilier avec les pouvoirs de police que confèrent au président les articles 401 et suivants du Code de procédure pénale ; l'expulsion d'un perturbateur vaut pour toute la durée de l'audience, quelles que soient les affaires qui y sont successivement jugées, à moins qu'en vertu de ses pouvoirs le président n'autorise expressément le perturbateur à revenir dans la salle d'audience (Cass. crim., 10 juill. 1974 : *Bull.* 253).

Art. 402. – Le président peut interdire l'accès de la salle d'audience aux mineurs ou à certains d'entre eux.

Art. 403. – *Abrogé, L. n. 81-82, 2 février 1981, art. 46.*

Art. 404. – Lorsque, à l'audience, l'un des assistants trouble l'ordre de quelque manière que ce soit, le président ordonne son expulsion de la salle d'audience.

Si, au cours de l'exécution de cette mesure, il résiste à cet ordre ou cause du tumulte, il est, sur-le-champ, placé sous mandat de dépôt, jugé et puni d'un emprisonnement de deux ans, sans préjudice des peines portées au Code pénal contre les auteurs d'outrages et de violences envers les magistrats.

Sur l'ordre du président, il est alors contraint par la force publique de quitter l'audience.

Art. 405. – Si l'ordre est troublé à l'audience par le prévenu lui-même, il lui est fait application des dispositions de l'article 404.

Le prévenu, même libre, lorsqu'il est expulsé de la salle d'audience, est gardé par la force publique, jusqu'à la fin des débats, à la disposition du tribunal. Il est alors reconduit à l'audience, où le jugement est rendu en sa présence.

SECTION IV. – DES DÉBATS

§ 1. – De la comparution du prévenu

Art. 406 *(L. n. 95-125, 8 févr. 1995, art. 39, applic. 6 mars 1995).* **– Le président ou l'un des assesseurs, par lui désigné, constate l'identité du prévenu et donne connaissance de l'acte qui a saisi le tribunal. Il constate aussi s'il y a lieu la présence ou l'absence de la personne civilement responsable, de la partie civile, des témoins, des experts et des interprètes.**

V. D. Caron, *Tribunal correctionnel ; Débats, comparution et citation : J.-Cl. Proc. pén.*, art. 406 à 417, fasc. 20. – J.-Y. Lassalle, *La comparution du prévenu : Rev. sc. crim.* 1981, p. 541. – P.

NICOLOPOULOS, *La procédure devant les juridictions répressives et le principe du contradictoire : Rev. sc. crim.* 1989, 1s.

1) La disposition de l'article 406 du Code de procédure pénale, aux termes duquel le président constate l'identité du prévenu, n'est qu'une simple recommandation, dont le défaut de constatation ne saurait entraîner nullité (Cass. crim., 30 mars 1960 : *Bull.* 182. – Cass. crim., 6 mai 1969 : *Bull.* 152).

Il en est de même de la formalité consistant à donner connaissance de l'acte qui a saisi le tribunal (Cass. crim., 30 mars 1960, *précité*).

2) Il n'importe que l'identité du prévenu ait été vérifiée par le conseiller rapporteur, et non par le président, dès lors que les dispositions de l'article 406 du Code de procédure pénale n'édictent qu'une simple recommandation dont l'inobservation ne saurait entraîner une nullité. (Cass. crim., 3 juill. 1989 : *Dr. pénal* 1989, n. 44).

3) Ne sont pas contradictoires la mention de l'arrêt précisant que le prévenu n'a pas comparu et celle indiquant que le président a constaté son identité, dès lors que cet acte d'instruction à l'audience, prévu par les articles 406 et 512 du Code de procédure pénale, n'implique pas la présence de l'intéressé (Cass. crim., 4 avr. 1991 : *Bull.* 159).

Art. 407 *(L. n. 72-1226, 29 déc. 1972, art. 14).* **– Dans le cas où le prévenu,** *(L. n. 2000-516, 15 juin 2000, art. 110-II)* **la partie civile ou le témoin ne parle pas suffisamment la langue française, ou s'il est nécessaire de traduire un document versé aux débats, le président désigne d'office un interprète, âgé de vingt et un ans au moins, et lui fait prêter serment d'apporter son concours à la justice en son honneur et en sa conscience.**

Le ministère public, le prévenu et la partie civile peuvent récuser l'interprète en motivant leur récusation. Le tribunal se prononce sur cette récusation, et sa décision n'est susceptible d'aucune voie de recours.

L'interprète ne peut, même du consentement du prévenu ou du ministère public, être pris parmi les juges composant le tribunal, le greffier qui tient l'audience, les parties et les témoins.

1) Les juges apprécient souverainement si un prévenu a une connaissance suffisante de la langue française pour être entendu sans être assisté par un interprète (Cass. crim., 30 juin 1981 : *Bull.* 225).

2) Si l'interprète désigné par le président doit être âgé de vingt et un ans au moins, aucun texte n'exige qu'il soit fait mention dans la décision de l'âge de l'interprète, et il y a présomption, en l'absence de toute contestation du ministère public et du prévenu, que la personne appelée à remplir cette fonction a l'âge requis par la loi (Cass. crim., 27 juill. 1971 : *Bull.* 244. – Cass. crim., 24 sept. 1996 : *Bull.* 329).

3) Le jugement ou l'arrêt doit expressément constater que l'interprète a prêté le serment exigé par l'article 407 ; la mention « interprète assermenté » est insuffisante pour établir que les prescriptions impératives de cet article ont été observées (Cass. crim., 25 juill. 1961 : *Bull.* 358) ; l'omission de cette formalité substantielle vicie de nullité l'ensemble de la procédure, la prestation de serment n'étant pas prescrite dans le seul intérêt du prévenu mais étant ordonnée pour le bien de la justice, afin d'assurer mieux l'oralité et le caractère contradictoire des débats (Cass. crim., 2 févr. 1977 : *Bull.* 42). Il s'ensuit que la partie civile a qualité pour se plaindre de la violation de cette disposition (Cass. crim., 28 févr. 1974 : *Bull.* 89).

4) L'interprète désigné par le président de la juridiction correctionnelle doit prêter le serment prévu par l'article 407 du Code de procédure pénale ; s'il ne résulte pas non plus des mentions de l'arrêt qu'il était assermenté, la cassation est encourue (Cass. crim., 12 janv. 2000 : *Bull.* 19).

Lorsque l'interprète est inscrit sur une liste d'experts judiciaires, et lorsqu'il n'est ni établi ni allégué que l'omission de la formalité du serment ait porté atteinte aux intérêts du prévenu, la nullité qui en résulte ne saurait être prononcée (Cass. crim., 28 mars 1991 : *Dr. pénal,* mai 1991, n. 155 ; *Bull.* 152).

5) Satisfait aux prescriptions légales l'arrêt qui mentionne que l'interprète a « dans les formes de la loi, prêté le serment de traduire fidèlement les discours à transmettre entre ceux qui parlent des langages différents » (Cass. crim., 21 mars 1962 : *Bull.* 140. – Cass. crim., 20 déc. 1967 : *Bull.* 339) ; dès lors que l'arrêt constate

que l'interprète a prêté le serment dans les termes et formes voulus par la loi, il y a présomption que le serment prêté est celui de l'article 407 (Cass. crim., 10 nov. 1964 : *Bull.* 293).

6) Doit être écarté le grief fait à la chambre d'accusation devant laquelle comparaissait une personne de nationalité étrangère, assistée d'un interprète assermenté, de n'avoir pas fait prêter, à cet auxiliaire de justice, le serment exigé par l'article 407 du Code de procédure pénale, dès lors que ce texte est inapplicable aux juridictions d'instruction (Cass. crim., 18 févr. 1998 : *Bull.* 70).

Art. 408 *(L. n. 2000-516, 15 juin 2000, art. 38, applic. 1er janv. 2001).* **– Si le prévenu est atteint de surdité, le président nomme d'office pour l'assister lors du procès un interprète en langue des signes ou toute personne qualifiée maîtrisant un langage ou une méthode permettant de communiquer avec les sourds. Celui-ci prête serment d'apporter son concours à la justice en son honneur et en sa conscience.**

Le président peut également décider de recourir à tout dispositif technique permettant de communiquer avec la personne atteinte de surdité.

Si le prévenu sait lire et écrire, le président peut également communiquer avec lui par écrit.

Les autres dispositions du précédent article sont applicables.

Le président peut procéder de même avec les témoins ou les parties civiles atteints de surdité.

Art. 409. – Au jour indiqué pour la comparution à l'audience, le prévenu en état de détention y est conduit par la force publique.

Aux termes de l'article 409 du Code de procédure pénale, au jour indiqué pour la comparution à l'audience, le prévenu en état de détention y est conduit par la force publique ; le respect de cette disposition, applicable à la procédure de révocation d'un sursis avec mise à l'épreuve en vertu de l'article 744 du code précité, est commandé par le libre exercice du droit de la défense et s'impose aux juridictions correctionnelles ; encourt la cassation l'arrêt qui, pour statuer contradictoirement sur la révocation d'un sursis avec mise à l'épreuve à l'égard d'un condamné régulièrement cité mais absent, énonce que la comparution de ce dernier qui, étant détenu, sollicitait sa conduite devant les juges, n'est pas nécessaire en raison de l'irrecevabilité de son appel (Cass. crim., 26 mai 1993 : *Bull. inf. C. cass.,* août 1993, n. 944).

Art. 410 *(Ord. n. 60-529, 4 juin 1960).* **– Le prévenu régulièrement cité à personne doit comparaître, à moins qu'il ne fournisse une excuse reconnue valable par la juridiction devant laquelle il est appelé. Le prévenu a la même obligation lorsqu'il est établi que, bien que même n'ayant pas été cité à personne, il a eu connaissance de la citation régulière le concernant dans les cas prévus par les articles 557, 558 et 560.**

Si ces conditions sont remplies, le prévenu non comparant et non excusé est jugé contradictoirement.

1) Le droit au procès équitable et le droit de tout accusé à l'assistance d'un défenseur s'opposent à ce que la juridiction juge un prévenu non comparant et non excusé sans entendre l'avocat présent à l'audience pour assurer sa défense (Ass. plén. 2 mars 2001 : *Bull.* 56 ; *Juris-Data* n. 008384 et 008385 ; Cass. crim., 16 mai 2001 : *Bull.* 127, *JCP* 2001, II, 10611, SS. *Ass. plén.* 2 mars 2001, note Chr. LIEVREMONT).

La présence à l'audience de l'avocat ayant reçu mandat exprès de représenter le prévenu a pour effet de donner à l'arrêt un caractère contradictoire (Cass. crim., 16 mai 2001 : *Bull.* 127).

Il résulte de l'article 410 que le prévenu cité à personne ou qui a eu connaissance de la citation régulière le concernant, et qui n'a fourni aucune excuse, doit être jugé contradictoirement en son absence (Cass. crim., 15 nov. 1967 : *Bull.* 290. – Cass. crim., 20 déc. 1967 : *Bull.* 340).

Dès lors, le simple avis d'avoir à comparaître donné par un avocat à un prévenu non cité à personne, ne satisfait pas aux conditions légales pour que le prévenu soit jugé contradictoirement (Cass. crim., 1er juin 1981 : *Bull.* 178 ; *JCP* 81, IV, 298).

L'article 410 du Code de procédure pénale n'est pas incompatible avec les dispositions de l'article 6 de la Convention européenne des droits de l'homme, lequel ne confère pas au prévenu la faculté de s'abstenir de comparaître en justice ; le prévenu régulièrement cité à personne qui ne comparaît pas doit, selon l'article 410 précité, fournir une excuse reconnue valable ; ne peut valoir excuse au sens de ce texte la demande de renvoi présentée par le conseil du prévenu, qui doit, dès lors, en son absence, être jugé contradictoirement par décision à signifier (Cass. crim., 6 mai 1997 : *Bull.* 176).

2) Si une excuse a été fournie par le prévenu, celui-ci ne peut être jugé contradictoirement qu'autant que cette excuse n'est pas reconnue valable, et la décision doit le déclarer expressément (Cass. crim., 17 janv. 1978 : *Bull.* 19) ; il en est de même si l'excuse est présentée avant la clôture des débats (Cass. crim., 23 avr. 1981 : *Bull.* 118 ; *JCP* 81, IV, 240. – Cass. crim., 15 juin 1981 : *Bull.* 205 ; *JCP* 82, II, 19824, note Chambon). Encourt la cassation l'arrêt qui statue par décision contradictoire en omettant de se prononcer sur une telle excuse, parvenue après les débats, pendant la durée du délibéré (Cass. crim., 1er févr. 1995 : *Bull.* 46. – Cass. crim., 20 mars 1996 : *Bull.* 122).

Lorsqu'elle est saisie d'une demande de révocation de sursis avec mise à l'épreuve et que le condamné, cité devant elle ne comparaît pas mais invoque une excuse, la juridiction ne peut statuer contradictoirement sans s'être prononcée sur la validité de cette excuse, alors même que cette excuse ne lui serait parvenue qu'en cours de délibéré (Cass. crim., 27 févr. 1996 : *Bull.* 94).

L'appréciation du bien-fondé d'une excuse, invoquée par le prévenu qui ne comparaît pas, relève du pouvoir souverain des juges du fond (Cass. crim., 19 mars 1998 : *Juris-Data* n. 001851).

Le pouvoir souverain d'appréciation sur la validité de l'excuse n'autorise pas les juges à se déterminer par des motifs énoncés de manière abstraite et ambiguë (Cass. crim., 25 févr. 1981, Bourdin).

3) Bien que régulièrement cité à personne, le prévenu détenu qui ne comparaît pas ne saurait être condamné contradictoirement dès lors que la décision ne constate pas qu'il a manifesté sa volonté de ne pas être présent aux débats (Cass. crim., 26 janv. 1977 : *Bull.* 36 ; *JCP* 77, IV, 74. – Cass. crim., 5 janv. 1982 : *Bull.* 6 ; *JCP* 82, IV, 106 ; *Rev. sc. Cass. crim.,* 1983, p. 489, obs. J. Robert).

Mais le refus délibéré de comparaître manifesté par un prévenu régulièrement cité, ne saurait impliquer une excuse dont la juridiction saisie serait tenue d'apprécier la validité par application des dispositions de l'article 410 du Code de procédure pénale (Cass. crim., 23 juin 1986 : *Bull.* 219).

Encourt la cassation l'arrêt qui, pour statuer contradictoirement à l'égard d'un prévenu cité en mairie, se borne à énoncer que le prévenu, régulièrement cité, ne comparait pas et n'a fourni aucune excuse (Cass. crim., 17 sept. 1991 : *Bull.* 314).

4) Le prévenu cité à personne qui ne comparaît pas mais fournit une excuse re-connue valable, ne peut être jugé contradictoirement à une audience ultérieure à laquelle l'affaire a été renvoyée, sans qu'il ait été cité pour cette nouvelle audience (Cass. crim., 9 janv. 1962 : *Bull.* 19. – Cass. crim., 18 janv. 1995 : *Bull.* 24. – Cass. crim., 10 mai 1995 : *Bull.* 170. – Cass. crim., 27 juin 2000 : *Bull.* 247).

L'affaire qui fait l'objet de renvois successifs à des dates fixes dont les parties présentes sont régulièrement informées, conserve un caractère contradictoire à l'égard du prévenu présent lors de la première audience, même s'il ne comparaît pas lors des audiences ultérieures (Cass. crim., 17 déc. 1985 : *Bull.* 406).

Encourt la censure le jugement de police qui statue en application de l'article 410 du Code de procédure pénale, alors qu'au moment du renvoi de l'affaire, avait été remis au contrevenant un avis mentionnant une date erronée de l'audience des débats (Cass. crim., 10 juin 1998 : *Bull.* 189).

5) Le prévenu qui, encourant une peine égale ou supérieure à deux ans, obtient des juges, contrairement aux dispositions de l'article 410 du Code de procédure pénale, la faveur sollicitée par lui, d'être, en son absence, représenté et jugé contradictoirement, ne saurait s'en faire un grief pour demander l'annulation de la décision intervenue (Cass. crim., 29 avr. 1964 : *Bull.* 137).

6) Bien que régulièrement cité à l'étranger, un prévenu non comparant peut être jugé contradictoirement si les circonstances de l'es-

pèce établissent qu'il a eu connaissance de la citation en temps utile (Cass. crim., 6 déc. 1982 : *Bull.* 276 ; *JCP* 83, IV, p. 67) ; cependant si le prévenu résidant à l'étranger et cité hors du délai prévu par l'article 552 du Code de procédure pénale peut couvrir la nullité résultant de l'irrégularité de la citation par une comparution volontaire, ou en demandant à être jugé en son absence, représenté par son avocat aux conditions de l'article 411 du code précité, il ne peut, en ce dernier cas, lui être opposé qu'il a eu connaissance de la citation pour le condamner contradictoirement, en vertu des dispositions de l'article 410 du même code, sans avoir entendu son défenseur (Cass. crim., 14 oct. 1991 : *Bull.* 340).

7) Les dispositions de l'article 410 du Code de procédure pénale, selon lesquelles le prévenu régulièrement cité à personne ou ayant eu connaissance de la citation le concernant, et qui ne comparaît pas, est jugé contradictoirement lorsqu'il n'a pas été excusé, ont un caractère exceptionnel et ne sauraient être étendues à la partie civile. Dans le cas où celle-ci, régulièrement citée, ne comparaît pas, il doit être statué à son égard par défaut (Cass. crim., 25 oct. 1988 : *Bull.* 363).

8) Les dispositions des articles 410 et 411 du Code de procédure pénale ne sont pas applicables à la personne citée devant la juridiction correctionnelle en application de l'article 91 du même code, celle-ci n'ayant pas la qualité de prévenu et pouvant se faire représenter à l'audience par un avocat, comme en matière civile ; méconnaît ce principe la cour d'appel qui refuse à la personne citée, non comparante à l'audience, d'être représentée par son avocat, au prétexte qu'elle n'a pas remis de lettre de représentation, et qui statue à l'égard de celle-ci par une décision contradictoire à signifier, en application de l'article 410, alinéa 2, du Code de procédure pénale (Cass. crim., 8 juin 1999 : *Bull.* 125).

Art. 410-1 *(L. n. 95-125, 8 févr. 1995, art. 41)*. **– Lorsque le prévenu cité dans les conditions prévues par le premier alinéa de l'article 410 ne comparaît pas et que la peine qu'il encourt est égale ou supérieure à deux années d'emprisonnement, le tribunal peut ordonner le renvoi de l'affaire et, par décision spéciale et motivée, décerner mandat d'amener.**

Le prévenu arrêté en vertu du mandat d'amener est conduit dans les vingt-quatre heures suivant son arrestation devant le procureur de la République, qui procède immédiatement à son interrogatoire d'identité, faute de quoi il est mis en liberté d'office. Toutefois, si le prévenu est trouvé à plus de deux cents kilomètres du siège de la juridiction qui a délivré le mandat d'amener, il est conduit, dans le même délai, soit, avec son accord, devant le procureur de la République de la juridiction qui a décerné mandat d'amener, soit devant celui du lieu de l'arrestation. Dans ce dernier cas, celui-ci l'interroge sur son identité, transmet sans délai le procès-verbal de comparution contenant un signalement complet, avec toutes les indications propres à faciliter la reconnaissance d'identité, au président de la juridiction saisie et requiert son transfèrement, qui doit être exécuté au plus tard dans les cinq jours suivant son arrestation. Dans tous les cas, le prévenu est conduit à la maison d'arrêt la plus proche du lieu d'arrestation.

Le prévenu doit comparaître devant la juridiction qui a décerné mandat d'amener dès que possible et au plus tard avant l'expiration du troisième jour à compter de son arrivée à la maison d'arrêt du siège de cette juridiction, faute de quoi il est mis en liberté d'office ; la juridiction apprécie s'il y a lieu de le soumettre, jusqu'à l'audience de jugement, à une mesure de contrôle judiciaire ou de détention provisoire.

Art. 411. **– Le prévenu cité pour une infraction passible d'une peine d'amende ou d'une peine d'emprisonnement inférieure à deux années peut, par lettre adressée au président et qui sera jointe au dossier de la procédure, demander à être jugé en son absence.**

(L. n. 99-515, 23 juin 1999, art. 18) **Il en est de même en cas de citation directe délivrée par la partie civile quelle que soit la durée de la peine encourue.**

(L. n. 99-515, 23 juin 1999, art. 18) **Dans les deux cas l'avocat du prévenu est entendu.**

Toutefois, si le tribunal estime nécessaire la comparution du prévenu en personne, il est procédé à la réassignation du prévenu, à la diligence du ministère public, pour une audience dont la date est fixée par le tribunal.

Le prévenu qui ne répondrait pas à cette invitation est jugé contradictoirement.

Il est également jugé contradictoirement dans le cas prévu par le premier alinéa du présent article.

1) Le prévenu cité pour une infraction passible d'une peine d'amende ou d'une peine d'emprisonnement inférieure à deux années, ne peut être dispensé de comparaître que s'il l'a expressément demandé par une lettre au président. Cette lettre doit être jointe au dossier (Cass. crim., 29 oct. 1970 : *Bull.* 284. – Cass. crim., 27 févr. 1995 : *Bull.* 84) ; dans ce cas son défenseur est entendu (Cass. crim., 12 févr. 1975 : *Bull.* 50) ; il a le pouvoir de représenter son client à chaque audience à laquelle la cause a été contradictoirement renvoyée, et sauf comparution personnelle, jusqu'au jugement (Cass. crim., 11 juin 1981 : *Bull.* 195).

Lorsqu'un prévenu non comparant a demandé, par lettre adressée au président de la juridiction d'appel, à être jugé en son absence, conformément aux dispositions de l'article 411, alinéa 1er, du Code de procédure pénale, les juges du second degré sont tenus de se référer et de répondre aux conclusions annexées à ce courrier et ne peuvent, pour confirmer le jugement entrepris, se borner à en adopter les motifs (Cass. crim., 4 janv. 1995 : *Bull.* 2).

2) Le prévenu, non comparant, qui a demandé à être jugé en son absence, conformément aux dispositions de l'article 411, alinéa 1er, du Code de procédure pénale, n'est soumis à aucun formalisme pour la présentation par écrit de ses moyens de défense ; les juges sont, dès lors, tenus de répondre aux moyens qui sont exposés dans la lettre adressée par le prévenu au président de la juridiction ou dans des conclusions annexées à cette correspondance (Cass. crim., 6 mai 1997 : *Bull.* 175).

Même lorsque le débat sur le fond ne doit pas être abordé, la seule déclaration d'un avocat d'après laquelle il représenterait le prévenu, ne saurait, en l'absence d'une disposition de la loi, tenir lieu de la lettre (Cass. crim., 20 déc. 1967 : *Bull.* 340) ; l'existence de cette dernière résulte jusqu'à inscription de faux de la mention qui en est faite dans la décision (Cass. crim., 28 mars 1968 : *Bull.* 113).

Lorsqu'il ne résulte ni de l'arrêt attaqué, ni du dossier qu'ait été adressée au président la lettre prévue par l'article 411, le prévenu ne peut être jugé en son absence, son défenseur étant entendu (Cass. crim., 25 juin 1970 : *Bull.* 217. – Cass. crim., 8 févr. 1972 : *Bull.* 47).

Le droit au procès équitable et le droit de tout accusé à l'assistance d'un défenseur s'opposent à ce que la juridiction juge un prévenu non comparant et non excusé sans entendre l'avocat présent à l'audience pour assurer sa défense (Ass. plén. 2 mars 2001 : *Bull.* 56 ; *Juris-Data* n. 008384 et 008385).

3) Un télégramme adressé à l'avocat du prévenu indiquant que celui-ci ne peut assister à l'audience ne satisfait pas aux prescriptions de l'article 411 (Cass. crim., 8 mai 1973 : *Bull.* 211).

4) Seule la peine légalement attachée à l'infraction imputée au prévenu doit être prise en considération et servir de critère pour accorder ou refuser la représentation du prévenu par son conseil (Cass. crim., 22 févr. 1961 : *Bull.* 113).

5) Lorsqu'un prévenu, remplissant les conditions prévues par l'article 411, alinéa 1, a demandé à être jugé en son absence, la décision à intervenir est contradictoire alors même que l'affaire aurait fait l'objet de remises avant que ladite décision ne soit prononcée (Cass. crim., 9 févr. 1965 : *Bull.* 40).

6) En matière d'appel de police, le prévenu qui n'est passible que d'une peine d'amende peut être jugé contradictoirement par la cour d'appel, bien qu'il soit absent, dès lors qu'un avocat a déclaré le représenter, sans avoir à adresser au président la lettre prévue par le premier alinéa de l'article 411 (Cass. crim., 6 déc. 1961 : *Bull.* 503).

Le tribunal de police est tenu de répondre aux chefs péremptoires des conclusions transmises par un prévenu non comparant, qui a demandé à être jugé en son absence conformément aux dispositions de l'article 411, alinéa 1er, du Code de procédure pénale (Cass. crim., 3 déc. 1991 : *Bull.* 455).

7) La partie civile qui n'a pas déposé de conclusions en vue de requérir la comparution personnelle du prévenu ne saurait se faire un grief de la méconnaissance des dispositions des articles 411 et 414 du Code de procédure pénale, lesquelles sont prescrites dans l'intérêt du prévenu (Cass. crim., 8 juin 1972 : *Bull.* 193).

Art. 412. – Si la citation n'a pas été délivrée à la personne du prévenu, et s'il n'est pas établi qu'il ait eu connaissance de cette citation, la décision, au cas de non-comparution du prévenu, est rendue par défaut.

1) Aux termes de l'article 412 du Code de procédure pénale, la décision est rendue par défaut à l'égard du prévenu non comparant, lorsque la citation n'a pas été délivrée à sa personne et qu'il n'est pas établi qu'il en ait eu connaissance. Il ne saurait en être de même lorsqu'une copie de la citation a été remise au prévenu par les autorités consulaires en application de l'article 562 dudit code et qu'il en a accusé réception. La décision est alors rendue contradictoirement (Cass. crim., 25 févr. 1988 : *Bull.* 98).

2) Encourt la cassation l'arrêt qui, au motif que la preuve n'est pas rapportée que le prévenu, domicilié à l'étranger, ait eu connaissance de la citation, renvoie le ministère public à se pourvoir, alors que tant les prescriptions de l'article 562, alinéa 2, que celles de l'article 552, alinéa 2, du Code de procédure pénale avaient été observées (Cass. crim., 19 oct. 1987 : *Bull.* 354).

Art. 413. – Nul n'est recevable à déclarer qu'il fait défaut dès lors qu'il est présent au début de l'audience.

Aux termes de l'article 413 du Code de procédure pénale, nul n'est recevable à déclarer qu'il fait défaut dès lors qu'il est présent au début de l'audience ; fait une exacte application de ce texte la cour d'appel qui statue à l'égard d'un prévenu par décision contradictoire, après avoir relevé que celui-ci s'est présenté à l'audience, mais a quitté définitivement la salle avant l'examen de son affaire (Cass. crim., 28 févr. 1995 : *Bull.* 86).

Art. 414. – Les dispositions de l'article 411, alinéas 1 et 2, sont applicables chaque fois que le débat sur le fond de la prévention ne doit pas être abordé, et spécialement quand le débat ne doit porter que sur les intérêts civils.

1) Il résulte des dispositions des articles 411 et 414 du Code de procédure pénale que, même lorsque le débat porte seulement sur les intérêts civils, le défenseur du prévenu ne doit être entendu que si celui-ci a demandé, par lettre adressée au président et qui doit être jointe au dossier de la procédure, à être jugé en son absence. Toutefois, malgré le défaut d'une telle demande, le prévenu ne saurait s'en faire un grief, dès lors qu'il ne résulte pas de la procédure que l'irrégularité commise a eu pour effet de porter atteinte à ses intérêts (Cass. crim., 7 nov. 1977 : *Bull.* 334).

2) Si, aux termes de l'article 414, les prévenus ont la faculté de demander à être jugés en leur absence et de faire entendre leurs conseils chaque fois que le débat sur le fond de la prévention ne doit pas être abordé, cette faculté ne s'applique pas à ceux qui se dérobent à l'exécution d'un mandat d'arrêt décerné contre eux et ne se tiennent pas à la disposition de la justice (Cass. crim., 21 janv. 1965 : *Bull.* 22).

3) Si, selon les dispositions combinées des articles 411, alinéa 1er, et 414 du Code de procédure pénale, le prévenu peut demander à être jugé contradictoirement en son absence, par lettre adressée au président et qui doit être jointe au dossier, c'est à la condition que le débat sur le fond de la prévention ne doive pas être abordé ou que l'infraction poursuivie soit passible d'une peine d'amende ou d'une peine d'emprisonnement inférieure à deux années. Il ne saurait être dérogé à ce principe au motif que des conclusions déposées par le conseil auraient eu pour effet de limiter le débat à l'examen de la compétence, alors que le prévenu avait été cité pour être jugé au fond et pour une infraction punie d'une peine d'emprisonnement supérieure à deux ans (Cass. crim., 3 oct. 1989 : *Bull.* 334).

Art. 415. – La personne civilement responsable peut toujours se faire représenter par un avocat *ou un avoué*. Dans ce cas, le jugement est contradictoire à son égard.

Est contradictoire à l'égard du civilement responsable, la décision intervenue, lorsque celui-ci s'est fait représenter par un avocat ou un avoué (Cass. crim., 8 déc. 1964 : *Bull.* 331).

Art. 416 *(L. n. 93-2, 4 janv. 1993, art. 224)*. **– Si le prévenu ne peut, en raison de son état de santé, comparaître devant le tribunal et s'il existe des raisons graves de ne point différer le jugement de l'affaire, le tribunal ordonne, par décision spéciale et motivée, que le prévenu, éventuellement assisté de son avocat, sera entendu à son domicile ou à la maison d'arrêt dans laquelle il se trouve détenu, par un magistrat commis à cet effet, accompagné d'un greffier. Procès-verbal est dressé de cet interrogatoire. Le débat est repris après citation nouvelle du prévenu, et les dispositions de l'article 411, alinéas 1 et 2, sont applicables, quel que soit le taux de la peine encourue. Dans tous les cas, le prévenu est jugé contradictoirement.**

1) L'article 416 dispose que si le prévenu ne peut, en raison de son état de santé, comparaître devant le tribunal, et s'il existe des raisons graves de ne pas différer le jugement de l'affaire, le tribunal ordonne par décision spéciale et motivée que le prévenu, éventuellement assisté de son conseil, sera entendu à son domicile par un magistrat commis à cet effet ; que le débat ne peut être repris qu'après citation nouvelle du prévenu (Cass. crim., 26 févr. 1969 : *Bull.* 99) ; l'omission de cette formalité substantielle constituant une atteinte aux droits de la défense (Cass. crim., 13 févr. 1978 : *Bull.* 53).

2) Lorsqu'un prévenu a été entendu en ses explications à son domicile et que le débat est repris après citation nouvelle, les dispositions des alinéas 1 et 2 de l'article 411 sont applicables quel que soit le taux de la peine encourue, et le prévenu est dans tous les cas jugé contradictoirement (Cass. crim., 22 juin 1971 : *Bull.* 202).

Art. 417. – Le prévenu qui comparaît a la faculté de se faire assister par un défenseur.

S'il n'a pas fait choix d'un défenseur avant l'audience et s'il demande cependant à être assisté, le président en commet un d'office.

Le défenseur ne peut être choisi ou désigné que parmi les avocats inscrits à un barreau, *ou parmi les avoués admis à plaider devant le tribunal*.

L'assistance d'un défenseur est obligatoire quand le prévenu est atteint d'une infirmité de nature à compromettre sa défense.

1) L'article 417 du Code de procédure pénale impose au président de commettre un défenseur d'office au prévenu comparant qui en fait la demande ; l'inobservation de cette formalité substantielle porte atteinte aux droits de la défense (Cass. crim., 22 sept. 1999 : *Bull.* 196).

Encourt la cassation, l'arrêt de la cour d'appel qui, pour rejeter la demande du prévenu sollicitant la désignation d'un avocat d'office, énonce que l'intéressé a, depuis 8 mois, eu tout loisir de choisir un avocat ou de s'en faire désigner un *(même arrêt)*.

2) La connaissance insuffisante de la langue française ne peut être considérée comme constituant pour un prévenu une « infirmité de nature à compromettre sa défense » justifiant l'assistance obligatoire d'un défenseur, ainsi que le prévoit l'article 417 du Code de procédure pénale (Cass. crim., 7 nov. 1968 : *Bull.* 289).

3) L'inobservation des dispositions de l'article 417 constitue une atteinte aux droits de la défense (Cass. crim., 26 avr. 1977 : *Bull.* 138).

§ 2. – De la constitution de partie civile et de ses effets

Art. 418. – Toute personne qui, conformément à l'article 2, prétend avoir été lésée par un délit, peut, si elle ne l'a déjà fait, se constituer partie civile à l'audience même.

Le ministère d'un avoué *(avocat)* n'est pas obligatoire.

La partie civile peut, à l'appui de sa constitution, demander des dommages-intérêts correspondant au préjudice qui lui a été causé.

V. I. Ferrari, *Tribunal correctionnel ; Constitution de partie civile ; Effets : J.-Cl. Proc. pén.*, art. 418 à 426, fasc. 20.

1) Aux termes de l'article 418, alinéa 3, la possibilité pour la partie civile de demander des dommages-intérêts correspondant au préjudice qui lui a été causé est une simple faculté dont elle est libre de ne pas user ; ce principe est également applicable à l'administration fiscale (Cass. crim., 10 oct. 1968 : *Bull.* 248).

2) L'intervention de la partie civile peut n'être motivée que par le souci de corroborer l'action publique ; dès lors sa constitution doit être accueillie, quand bien même il serait allégué ou démontré que la réparation du dommage causé par l'infraction échapperait à la compétence de la juridiction répressive (Cass. crim., 15 mars 1977 : *Bull.* 94 ; *JCP* 79, II, 19148, note Bonjean. – Cass. crim., 8 juin 1971 : *Bull.* 182 ; *D.* 1971, 594, note Maury).

3) Encourt la cassation l'arrêt par lequel une cour d'appel, après avoir déclaré le prévenu coupable de l'infraction dénoncée, se déclare incompétente pour statuer sur une demande de réparations civiles, au motif que celle-ci n'est dirigée que contre le commettant en sa qualité de civilement responsable (Cass. crim., 26 oct. 1982 : *Bull.* 233 ; *JCP* 83, IV, 17).

4) La juridiction correctionnelle, lorsqu'elle décide que la partie civile n'a, pas plus que le ministère public, rapporté la preuve du délit poursuivi, ne peut que débouter ladite partie civile de son action, elle ne saurait en pareil cas se déclarer incompétente (Cass. crim., 5 mai 1976. – *DS* 1976, 494, note Jean Robert. – Cass. crim., 2 juin 1976 : *Bull.* 196 ; *Rev. sc. crim.* 1976, p. 745, chron. Jean Robert).

Art. 419. – La déclaration de constitution de partie civile se fait soit avant l'audience au greffe, soit pendant l'audience par déclaration consignée par le greffier ou par dépôt de conclusions.

Art. 420. – Lorsqu'elle est faite avant l'audience, la déclaration de partie civile doit préciser l'infraction poursuivie et contenir élection de domicile dans le ressort du tribunal saisi, à moins que la partie civile n'y soit domiciliée.

Elle est immédiatement transmise par le greffier au ministère public qui cite la partie civile pour l'audience.

V. J. PRADEL, *La loi du 2 février 1981, dite « Sécurité et liberté », et ses dispositions de procédure pénale : D.* 1981, chron., p. 101.

Art. 420-1 *(L. n. 81-82, 2 févr. 1981, art. 87 ; L. n. 83-466, 10 juin 1983, art. 34 ; L. n. 83-608, 8 juill. 1983, art. 12 ; L. n. 93-2, 4 janv. 1993, art. 224).* **– Par dérogation aux dispositions qui précèdent, toute personne qui se prétend lésée peut se constituer partie civile, directement ou par son avocat, par lettre recommandée avec avis de réception** *(L. n. 2000-516, 15 juin 2000, art. 111-1°)* **ou par télécopie parvenue au tribunal vingt-quatre heures au moins avant la date de l'audience, lorsqu'elle demande soit la restitution d'objets saisis, soit des dommages-intérêts ;** *(L. n. 2000-516, 15 juin 2000, art. 111-1°)* **elle joint à sa demande toutes les pièces justificatives de son préjudice. Ces documents sont immédiatement joints au dossier.**

(L. n. 2000-516, 15 juin 2000, art. 111-2°) **Avec l'accord du procureur de la République, la demande de restitution ou de dommages-intérêts peut également être formulée par la victime, au cours de l'enquête de police, auprès d'un officier ou d'un agent de police judiciaire, qui en dresse procès-verbal. Cette demande vaut constitution de partie civile si l'action publique est mise en mouvement et que le tribunal correctionnel ou de police est directement saisi.**

Dans le cas prévus aux deux alinéas précédents, la partie civile n'est pas tenue de comparaître.

En cas de contestation sur la propriété des objets dont la restitution est demandée, ou si le tribunal ne trouve pas dans la demande, dans les pièces jointes à celle-ci et dans le dossier, les motifs suffisants pour statuer, la décision sur les seuls intérêts civils est renvoyée à une audience ultérieure à laquelle toutes les parties sont citées à la diligence du ministère public.

Il résulte des articles 419 et 420-1 du Code de procédure pénale que les constitutions de partie civile ne peuvent être reçues par lettre recommandée avec avis de réception devant les juridictions pénales que si la demande n'excède pas le plafond de la compétence de droit commun des tribunaux d'instance en matière civile. La même règle est applicable aux parties intervenantes. Il s'ensuit que la caisse primaire d'assurance maladie ne peut demander le remboursement de ses prestations par lettre recommandée avec avis de réception lorsque leur montant dépasse le plafond de la compétence de droit commun des tribunaux d'instance en matière civile (Cass. crim., 7 nov. 1989 : *Bull.* 392).

Art. 420-2 *(Aj., L. n. 81-82, 2 févr. 1981, art. 87).* **– La décision rendue sur la demande de restitution d'objets saisis ou de dommages-intérêts présentée** *(L. n. 2000-516, 15 juin 2000, art. 133)* **conformément aux dispositions de l'article 420-1 produit tous les effets d'une décision contradictoire ; elle est signifiée à la partie civile par exploit d'huissier conformément aux dispositions des articles 550 et suivants.**

Art. 421. – À l'audience, la déclaration de partie civile doit, à peine d'irrecevabilité, être faite avant les réquisitions du ministère public sur le fond *(L. n. 75-624, 11 juill. 1975, art. 25)* **ou, si le tribunal a ordonné l'ajournement du prononcé de la peine, avant les réquisitions du ministère public sur la peine.**

1) Est irrecevable la constitution de partie civile faite à l'audience après les réquisitions sur le fond du ministère public (Cass. crim., 4 nov. 1969 : *Bull.* 279) ; les dispositions de l'article 421 ne prévoient aucune exception et sont applicables à la Caisse des dépôts et consignations qui, agissant en application de l'article 7 de l'ordonnance du 7 janvier 1959, et se trouvant subrogée dans les droits de la victime, ne saurait avoir plus de droits que le subrogeant (Cass. crim., 12 oct. 1981 : *Bull.* 266 ; *JCP* 82, IV, 1. – Cass. crim., 29 mai 1984 : *Bull.* 199. – Cass. crim., 6 oct. 1993 : *Bull.* 277).

2) Voir observations de Lestang sous Tribunal correctionnel d'Hazebrouck, 14 juin 1977 : *JCP* 81, II, 19548.

Art. 422. – La personne qui s'est constituée partie civile ne peut plus être entendue comme témoin.

(L. n. 81-82, 2 févr. 1981, art. 85) **Toutefois, la partie civile est assimilée au témoin en ce qui concerne le paiement des indemnités, sauf décision contraire du tribunal.**

Est régulière, par application de l'article 335-6° du Code de procédure pénale, l'audition sans prestation de serment d'une personne citée et dénoncée comme témoin mais qui s'était constituée partie civile au cours de l'information alors même qu'elle n'a pas renouvelé sa constitution de partie civile à l'audience de la cour d'assises. Cette personne conserve sa qualité de partie civile, à défaut d'une renonciation expresse (Cass. crim., 17 nov. 1971 : *Bull.* 310).

Art. 423. – Le tribunal apprécie la recevabilité de la constitution de partie civile et, s'il échet, déclare cette constitution irrecevable.

L'irrecevabilité peut également être soulevée par le ministère public, le prévenu, le civilement responsable ou une autre partie civile.

1) L'appréciation par le juge du bien fondé de l'exception d'irrecevabilité d'une constitution de partie civile n'a pas à être préalable à la décision sur l'action publique (Cass. crim., 15 oct. 1970 : *Bull.* 268 ; *D.* 1970, 733, note Costa).

2) L'irrecevabilité de l'action civile peut être soulevée d'office en tout état de la procédure (Cass. crim., 10 juin 1970 : *Bull.* 193. – Cass. crim., 16 déc. 1975 : *Bull.* 278).

Art. 424. – La partie civile peut toujours se faire représenter par un avocat *(ou un avoué).* Dans ce cas le jugement est contradictoire à son égard.

Art. 425. – La partie civile régulièrement citée qui ne comparaît pas ou n'est pas représentée à l'audience est considérée comme se désistant de sa constitution de partie civile.

En ce cas, et si l'action publique n'a été mise en mouvement que par la citation directe délivrée à la requête de la partie civile, le tribunal ne statue sur ladite action que s'il en est requis par le

ministère public, sauf au prévenu à demander au tribunal des dommages-intérêts pour abus de citation directe comme il est dit à l'article 472.

(L. n. 81-82, 2 févr. 1981, art. 87) **Le jugement constatant le désistement présumé de la partie civile lui est signifié par exploit d'huissier, conformément aux dispositions des articles 550 et suivants. Ce jugement est assimilé à un jugement par défaut, et l'opposition est soumise aux dispositions des articles 489 à 495.**

V. Chambon, *L'article 425 du Code de procédure pénale, le désistement de la partie civile alors que la caisse de sécurité sociale demeure en cause : JCP* 70, I, 2324.

1) Les dispositions de l'article 425, alinéa 1er, ne peuvent être appliquées qu'à la partie civile qui n'a pas manifesté son intention de persister dans son action civile. Dans le cas où l'action publique n'a pas été mise en mouvement par la citation délivrée à la requête de la partie civile, il appartient au prévenu de conclure devant les juges du fond à l'application de ce texte, et de demander qu'il lui soit donné acte du désistement de la partie civile, faute par lui de l'avoir fait, le désistement constaté par la juridiction saisie, est une décision par défaut susceptible d'opposition (Cass. crim., 29 déc. 1964 : *Bull.* 346 ; *D.* 1965, somm. 67) ; c'est à bon droit qu'une cour d'appel alloue des dommages-intérêts à la partie civile qui n'a pas comparu et n'a pas été représentée, dès lors que par lettre adressée au président elle a manifesté son intention de persister dans sa constitution (Cass. crim., 16 févr. 1960 ; *D.* 1960, 243, rapp. M. Damour).

2) Les dispositions de l'article 425 n'établissant qu'une présomption simple, la partie civile doit être admise, sur opposition à l'arrêt de défaut, à démontrer que malgré les apparences, son défaut n'impliquait pas l'intention de se désister (Chambéry 14 oct. 1965 : *JCP* 65, II, 14712, obs. M. B.).

3) Les dispositions de l'article 425 sont inconciliables avec les effets de l'appel qui a saisi les juges du second degré ; ce texte doit être considéré comme sans application en cause d'appel, nonobstant les termes de l'article 512 du même code (Cass. crim., 13 avr. 1983 : *Bull.* 99 ; *JCP* 83, IV, 189. – Cass. crim., 11 mars 1992 : *Bull.* 109).

4) Lorsque le tribunal correctionnel est saisi par l'ordonnance de renvoi du juge d'instruction, la demande de dommages-intérêts présentée par le prévenu sur le fondement de l'article 425 du Code de procédure pénale à l'encontre de la partie civile qui s'est désistée de son action, est irrecevable, ce texte n'étant applicable que dans le cas où l'action publique a été mise en mouvement par une citation directe délivrée à la requête de la partie civile (Cass. crim., 11 déc. 2001 : *Bull.* 262).

Art. 426. – Le désistement de la partie civile ne met pas obstacle à l'action civile devant la juridiction compétente.

Il se déduit de l'article 426 du Code de procédure pénale que la partie civile qui s'est désistée de l'action qu'elle avait engagée devant la juridiction pénale ne peut ultérieurement exercer une même action que devant la juridiction civile (Cass. crim., 2 mai 1972 : *Bull.* 148. – Cass. crim., 14 juin 1983 : *Bull.* 179).

§ 3. – De l'administration de la preuve

Art. 427. – Hors les cas où la loi en dispose autrement, les infractions peuvent être établies par tout mode de preuve et le juge décide d'après son intime conviction.

Le juge ne peut fonder sa décision que sur des preuves qui lui sont apportées au cours des débats et contradictoirement discutées devant lui.

V. H. Pelletier, *Tribunal correctionnel, administration de la preuve : J.-Cl. Proc. pén.*, art. 427 à 457, Fasc. 10 : *Principes généraux – Aveu – Procès-verbaux – Preuve par écrit – Expertise – Transports.* – Fasc. 20 : *Preuve testimondiale.* – P. Mimin, *La preuve par magnétophone : JCP* 57, I, 1370.

1) Les juges du fond apprécient souverainement les éléments de preuve versés aux débats, notamment l'opportunité d'ordonner un complément d'information (Cass. crim., 26 mai

1976 : *Bull.* 186. – Cass. crim., 15 juin 1976 : *Bull.* 215) ou les données fournies par les rapports des experts (Cass. crim., 28 oct. 1971 : *Bull.* 287. – Cim. 7 déc. 1982 : *JCP* 83, IV, 67) ; ou les aveux faits à la police, et confirmés devant le magistrat instructeur (Cass. crim., 21 oct. 1965 : *Bull.* 206). Les résultats des analyses qui ont été pratiquées, afin de déterminer le taux d'alcoolémie du sang d'un prévenu de conduite sous l'empire d'un état alcoolique, sont soumis à l'appréciation des juges qui conservent le droit de se décider d'après leur intime conviction en se fondant sur les preuves qui leur sont apportées au cours des débats et contradictoirement discutées devant eux (Cass. crim., 7 juin 1988 : *Bull.* 259). Cependant, encourt la cassation l'arrêt qui a fondé la relaxe d'un prévenu sur un renversement de la charge de la preuve qu'il incombait à ce prévenu de rapporter (Cass. crim., 5 nov. 1976 : *Bull.* 314).

2) L'appréciation des témoignages produits rentre exclusivement dans le pouvoir des juges du fond qui n'ont pas à rendre compte des éléments de conviction dont ils ont fait dépendre, d'après les débats, la preuve des faits qui leur sont déférés (Cass. crim., 13 janv. 1960 : *Bull.* 17) ; l'appréciation des éléments de preuve régulièrement produits aux débats... échappe au contrôle de la Cour de cassation (Cass. crim., 23 janv. 1964 : *Bull.* 27).

3) L'appréciation faite par les juges du fond de la mauvaise foi du prévenu est souveraine dès lors qu'elle résulte des élémentest souveraine dès lors qu'elle résulte des éléments de fait exposés dans la décision et qu'elle n'est pas en contradiction avec ceux-ci (Cass. crim., 20 mai 1980 : *Bull.* 155).

4) Si les juges du fond apprécient, selon leur intime conviction, les présomptions invoquées par le ministère public quant à la culpabilité du conducteur d'une voiture automobile auquel est reproché un excès de vitesse constaté à l'aide d'un appareil automatique sans que le conducteur ait été interpellé, ils n'en ont pas moins l'obligation de préciser les éléments de fait sur lesquels ils ont fondé leur conviction (Cass. crim., 20 janv. 1977 : *JCP* 77, II, 18641, obs. Chambon. En ce sens, v. *JCP* 81, II, 19493, obs. Chambon).

5) Les juges ne peuvent, sans violation de la loi, fonder leur conviction sur la connaissance personnelle d'éléments de preuve puisés dans d'autres procédures et dès lors étrangers à la cause débattue devant eux (Cass. crim., 29 mars 1977 : *Bull.* 116. – Cass. crim., 3 avr. 1984 : *Bull.* 138) ou sur la connaissance personnelle par le juge du fait, objet de la poursuite (Cass. crim., 13 mai 1922 : *Bull.* 183).

6) Les juges correctionnels peuvent puiser les éléments de leur conviction dans tous les éléments de la cause pourvu qu'ils aient été soumis au débat et à la libre discussion des parties (Cass. crim., 3 mai 1961 : *Bull.* 234. – Cass. crim., 13 janv. 1970 : *Bull.* 21). Devant le juge de police (Cass. crim., 20 nov. 1984 : *Bull.* 316). Doit être cassé l'arrêt qui se fonde sur un élément de conviction parvenu à la connaissance des juges entre la fin de l'audience à laquelle ont eu lieu les débats et le prononcé de la décision et qui, dès lors, n'a pas été soumis à la libre discussion des parties (Cass. crim., 21 janv. 1975 : *Bull.* 26. – 22 juin 1977 : *Bull.* 234), ou qui se fonde sur un élément de conviction irrégulièrement porté à la connaissance des juges et qui n'a pas été soumis à la libre discussion des parties (Cass. crim., 20 mai 1980 : *Bull.* 153).

7) Mais n'encourt pas la cassation, l'arrêt qui se fonde sur un élément de conviction résultant de documents parvenus à la connaissance des juges entre la fin de l'audience à laquelle ont eu lieu les débats et le prononcé de la décision, dès lors que lesdits documents ont été régulièrement communiqués à la partie adverse qui a eu la possibilité d'y répondre et y a effectivement répondu sans soulever aucune contestation ni demander la réouverture des débats (Cass. crim., 6 nov. 1979 : *Bull.* 307).

Méconnaît le sens et la portée de l'article 427 du Code de procédure pénale, et dès lors encourt la cassation, l'arrêt qui écarte les pièces produites aux débats au motif qu'elles auraient dû être communiquées à la partie adverse antérieurement à l'audience (Cass. crim., 19 juin 1991 : *Bull.* 267).

8) Aucune disposition légale ne fait obligation à la juridiction saisie d'écarter les éléments d'appréciation régulièrement tirés d'une autre procédure, sous la réserve expresse que ces éléments soient soumis devant elle à la libre discussion des parties... Les dispositions de l'article 427 concernent non seulement la preuve des infractions, mais aussi les moyens de défense (Cass. crim., 2 oct. 1981 : *JCP* 81, IV, 389).

L'article 53 de la loi du 3 juillet 1985 qui dispose qu'outre les procès-verbaux des officiers ou agents de police judiciaire, la preuve de la matérialité des infractions aux dispositions de ladite loi peut résulter des constatations d'agents assermentés désignés par le Centre national de la cinématographie, ne déroge nullement à l'article 427 du Code de procédure pénale et n'interdit pas le recours à tout autre mode de preuve (Cass. crim., 5 sept. 1989 : *Bull.* 314).

Le juge répressif ne peut écarter une expertise produite au débat par une partie au seul motif qu'elle n'aurait pas été effectuée contradictoirement. Il lui appartient seulement, en application de l'article 427 du Code de procédure pénale, d'en apprécier la valeur probante (Cass. crim., 15 sept. 1999 : *Bull.* 186).

9) Ni l'article 427 du Code de procédure pénale, ni l'article 6 de la Convention européenne de sauvegarde des droits de l'homme et des libertés fondamentales n'exigent que les actes écrits constitutifs du dossier de procédure pas plus que les pièces à conviction soient matériellement remis en communication à la personne poursuivie. Il n'existe aucune exception en faveur de celui qui entend se défendre lui-même (Cass. crim., 9 févr. 1978 : *Bull.* 52 ; *Rev. sc. crim.* 1979, p. 108, obs. J. Robert).

10) Selon l'article 427 du Code de procédure pénale, la preuve est libre en matière répressive hors les cas où la loi en dispose autrement ; qu'il en est ainsi de l'interdiction du témoignage des descendants sur les griefs invoqués par les époux à l'appui d'une demande en divorce ou en séparation de corps ; que cette prohibition énoncée à l'article 205 du nouveau Code de procédure civile n'est que l'expression d'un principe fondamental inspiré par un souci de décence et de protection des intérêts moraux de la famille, dont l'application ne saurait être limitée à la procédure civile (Cass. crim., 4 févr. 1991 : *Dr. pénal,* mai 1991, n. 156 ; *Bull.* 57 ; *JCP* 92, II, 21915, note Chambon).

11) Les juges répressifs ne peuvent écarter les moyens de preuve produits par les parties au seul motif qu'ils auraient été obtenus de façon illicite ou déloyale. Il leur appartient seulement d'en apprécier la valeur probante (Cass. crim., 15 juin 1993 : *Bull.* 210. – Cass. crim., 6 avr. 1994 : *Bull.* 136).

Art. 428. – L'aveu, comme tout élément de preuve, est laissé à la libre appréciation des juges.

1) Les juges du fond apprécient souverainement la valeur probante d'un prétendu aveu (Cass. crim., 28 oct. 1981 : *Bull.* 284. – Cass. crim., 4 janv. 1985 : *Bull.* 11 ; *JCP* 85, IV, 102).

2) Le principe de l'indivisibilité de l'aveu souffre exception quand le juge trouve la preuve de l'inexactitude partielle de cet aveu dans la fausseté et l'invraisemblance des déclarations du prévenu (Cass. crim., 3 mai 1966 : *Bull.* 134) ; la règle de l'indivisibilité, posée par l'article 1356 du Code civil, ne vaut que pour la preuve de l'existence du contrat dont la violation est un élément constitutif de l'infraction poursuivie, mais ne s'étend pas à la preuve du détournement, élément de fait extérieur au contrat et qui, comme tel, demeure soumis à l'appréciation du juge de répression (Cass. crim., 27 avr. 1968 : *Bull.* 127).

Art. 429. – Tout procès-verbal ou rapport n'a de valeur probante que s'il est régulier en la forme, si son auteur a agi dans l'exercice de ses fonctions et a rapporté sur une matière de sa compétence ce qu'il a vu, entendu ou constaté personnellement.

(L. n. 2000-516, 15 juin 2000, art. 41, applic. 1er janv. 2001) **Tout procès-verbal d'interrogatoire ou d'audition doit comporter les questions auxquelles il est répondu.**

1) Selon l'article 429 du Code de procédure pénale, un procès-verbal n'a de valeur probante que s'il est régulier en la forme ; qu'il suit de là qu'aucun renseignement ne saurait être tiré d'un procès-verbal annulé (Cass. crim., 6 nov. 1991 : *Dr. pénal* 1992, n. 66).

2) Les procès-verbaux n'ont de valeur probante que dans la mesure où leur auteur rapporte ce qu'il a vu, entendu ou constaté personnellement ; n'a donc pas de valeur probante le procès-verbal fondement de la poursuite établi par le syndic des gens de mer qui rapporte les déclarations d'un tiers (Cass. crim., 30 mai 1978 : *Bull.* 174), celui d'un inspecteur ou contrôleur du travail déduisant des circonstances des déclarations de témoins (Cass. crim., 28 avr. 1975 : *Bull.* 111) ; participent personnellement à la constatation d'une contravention d'excès de vitesse, et doivent être considérés

comme les rédacteurs communs du procès-verbal qu'ils ont conjointement signé, aussi bien l'agent qui met en œuvre le cinémomètre que celui qui, placé à une certaine distance, reçoit et consigne les indications du premier (Cass. crim., 28 mai 1980 : *Bull.* 159. – Cass. crim., 9 févr. 1981 : *Bull.* 49. – *JCP* 81, IV, 146. – Cass. crim., 12 févr. 1997 : *Bull.* 59).

3) Ne participe pas personnellement à la constatation d'une contravention d'excès de vitesse, et n'est dès lors pas tenu de signer le procès-verbal relevant celle-ci, le gendarme motocycliste qui, avisé de l'infraction par message radiophonique du militaire chargé du fonctionnement du cinémomètre, intercepte le véhicule du contrevenant et escorte celui-ci jusqu'au poste d'interpellation (Cass. crim., 5 juill. 1994 : *Bull.* 264).

4) S'il est vrai que les procès-verbaux établis par des agents n'ayant pas eux-mêmes constaté les contraventions qui y sont rapportées sont dépourvus de la force probante particulière prévue par les articles 429 et 537 du Code de procédure pénale et par l'article R. 253 du Code de la route, leurs énonciations valent à titre de simples renseignements et peuvent suffire à fonder la conviction des juges ; en conséquence, justifie sa décision, la cour d'appel qui déclare le prévenu coupable d'inobservation de la signalisation imposant l'arrêt absolu en se fondant sur un procès-verbal établi par des agents ayant rapporté ce qu'ils ont entendu de leur collègue, agissant dans l'exercice de ses fonctions et qui leur rendait compte, par liaison radio, de ses propres constatations (Cass. crim., 5 nov. 1996 : *Bull.* 392).

Art. 430. – Sauf dans les cas où la loi en dispose autrement, les procès-verbaux et les rapports constatant les délits ne valent qu'à titre de simples renseignements.

En matière de crimes et délits prévus par le Code pénal, les procès-verbaux, de quelques agents qu'ils émanent, ne font pas foi par eux-mêmes et n'ont que la valeur d'un simple renseignement.

Par suite, est légalement justifié l'arrêt qui, à l'occasion d'une poursuite du chef de violences et voies de fait avec port d'arme commis sur la personne d'un garde-chasse, énonce que le procès-verbal dressé par cet agent pour constater ladite infraction ne vaut qu'à titre de simple renseignement (Cass. crim., 21 juill. 1977 : *Bull.* 271) ; le procès-verbal de la réunion du comité d'entreprise, rédigé par le secrétaire, n'a au regard de la loi pénale, que la valeur d'un simple renseignement (Cass. crim., 4 oct. 1977 : *Bull.* 287).

Art. 431. – Dans les cas où les officiers de police judiciaire, les agents de police judiciaire ou les fonctionnaires et agents chargés de certaines fonctions de police judiciaire ont reçu d'une disposition spéciale de la loi le pouvoir de constater des délits par des procès-verbaux ou des rapports, la preuve contraire ne peut être rapportée que par écrit ou par témoins.

V. Textes complémentaires. Nouveau Code des impôts, art. L. 238.

Encourt la cassation : la décision de relaxe sans que la preuve contraire aux énonciations du procès-verbal ait été rapportée (Cass. crim., 12 avr. 1929 : *DH* 1929, 268) ; celle qui rejette comme inutile la preuve offerte par le prévenu et se fonde uniquement pour condamner ce dernier sur les énonciations d'un procès-verbal qui ne fait pas foi de son contenu jusqu'à preuve contraire (Cass. crim., 5 avr. 1895 : *Bull.* 109) ; celle qui écarte l'aveu d'un prévenu, constaté par un procès-verbal des douanes, contre lequel la preuve contraire n'a pas été rapportée (Cass. crim., 27 mars 1968 : *Bull.* 107).

Art. 432 *(L. n. 93-2, 4 janv. 1993, art. 224)*. **– La preuve par écrit ne peut résulter de la correspondance échangée entre le prévenu et son avocat.**

Art. 433. – Les matières donnant lieu à des procès-verbaux faisant foi jusqu'à inscription de faux sont réglées par des lois spéciales. À défaut de disposition expresse, la procédure de l'inscription de faux est réglée comme il est dit au titre II du livre IV.

Art. 434 *(Ord. n. 60-529, 4 juin 1960, art. 2).* **– Si le tribunal estime qu'une expertise est nécessaire, il est procédé conformément aux articles 156 à 166, 168 et 169.**

En matière correctionnelle, les juges du fond apprécient l'opportunité et l'étendue d'une expertise ou d'un complément d'expertise ; leur décision sur ce point est souveraine dès qu'elle est légalement motivée (Cass. crim., 25 mars 1971 : *Bull.* 111. – 28 oct. 1975 : *Bull.* 228).

Art. 435. – Les témoins sont cités ainsi qu'il est dit aux articles 550 et suivants.

Art. 436. – Après avoir procédé aux constatations prévues à l'article 406, le président ordonne aux témoins de se retirer dans la chambre qui leur est destinée. Ils n'en sortent que pour déposer. Le président prend, s'il en est besoin, toutes mesures utiles pour empêcher les témoins de conférer entre eux avant leur déposition.

Art. 437. – Toute personne citée pour être entendue comme témoin est tenue de comparaître, de prêter serment et de déposer.

Le serment ne peut empêcher un avocat d'invoquer le secret professionnel s'il est interrogé sur des secrets qui lui auraient été confiés dans l'exercice de sa profession (Cass. crim., 7 mars 1924 : *Bull.* 116) ; la cour fait l'exacte application de la loi en refusant d'enjoindre au médecin, cité à la requête de la défense en qualité de témoin, de déposer sur l'état de santé de l'accusé, alors que le médecin invoquait le secret professionnel (Cass. crim., 5 juin 1985 : *Bull.* 218).

Art. 438. – Le témoin qui ne comparaît pas ou qui refuse, soit de prêter serment, soit de faire sa déposition, peut être, sur réquisitions du ministère public, condamné par le tribunal *(L. n. 2000-1354, 30 déc. 2000, art. 10, applic. 1er janv. 2001)* **à une amende de 25 000 F (3 750 €).**

Art. 439. – Si le témoin ne comparaît pas, et s'il n'a pas fait valoir un motif d'excuse reconnu valable et légitime, le tribunal peut, sur réquisitions du ministère public ou même d'office, ordonner que ce témoin soit immédiatement amené devant lui par la force publique pour y être entendu, ou renvoyer l'affaire à une prochaine audience.

2e alinéa abrogé, L. n. 93-2, 4 janvier 1993, art. 143.

En matière correctionnelle, aucun article du Code de procédure pénale ne prescrit au président ou au tribunal, lorsqu'il a été estimé que l'affaire pouvait suivre son cours malgré l'absence d'un témoin, de décider expressément qu'il sera passé outre aux débats (Cass. crim., 16 nov. 1961 : *Bull.* 469).

Art. 440. – Le témoin qui a été condamné à une amende ou aux frais pour non-comparution peut, au plus tard dans les cinq jours de la signification de cette décision faite à sa personne où à son domicile, former opposition.

La voie de l'appel ne lui est ouverte que sur le jugement rendu sur cette opposition.

Art. 441. – Le témoin qui a été condamné pour refus de prêter serment ou de déposer peut interjeter appel.

Art. 442. – Avant de procéder à l'audition des témoins, le président interroge le prévenu et reçoit ses déclarations. *(L. n. 2000-516, 15 juin 2000, art. 39-II, phrase supprimée à compter du 1er janv. 2001)*

Art. 442-1 *(L. n. 2000-516, 15 juin 2000, art. 39-I, applic. 1er janv. 2001).* **– Sous réserve des dispositions de l'article 401, le ministère public et les avocats des parties peuvent poser directement des questions au prévenu, à la partie civile, aux témoins et à toutes personnes appelées à la barre, en demandant la parole au président.**

Le prévenu et la partie civile peuvent également poser des questions par l'intermédiaire du président.

L'article 442 du Code de procédure pénale ne prescrit pas, à peine de nullité, l'interrogatoire du prévenu appelant. L'omission de cette formalité ne peut devenir une cause de nullité que s'il est établi que le prévenu n'a pas été appelé à se défendre d'une manière quelconque pendant le débat qui a suivi le rapport (Cass. crim., 26 juin 1968 : *Bull.* 208 ; *D.* 1968, 671, note Doll. – Cass. crim., 16 mars 1971 : *Bull.* 90. – Cass. crim., 29 avr. 1971 : *Bull.* 129).

Art. 443. – Lorsqu'un témoin est sourd-muet ou ne parle pas suffisamment la langue française, les dispositions des articles 407 et 408 sont applicables.

Art. 444 *(Ord. n. 60-1067, 6 oct. 1960, art. 2).* **– Les témoins déposent ensuite séparément, soit sur les faits reprochés au prévenu, soit sur sa personnalité et sur sa moralité.**

Parmi les témoins cités, ceux qui sont produits par les parties poursuivantes sont entendus les premiers, sauf pour le président à régler lui-même souverainement l'ordre d'audition des témoins.

Peuvent également, avec l'autorisation du tribunal, être admises à témoigner, les personnes, proposées par les parties, qui sont présentes à l'ouverture des débats sans avoir été régulièrement citées.

Art. 445. – Les témoins doivent, sur la demande du président, faire connaître leurs nom, prénoms, âge, profession et domicile, s'ils sont parents ou alliés du prévenu, de la personne civilement responsable ou de la partie civile et s'ils sont à leur service.

Le cas échéant, le président leur fait préciser quelles relations ils ont, ou ont eu, avec le prévenu, la personne civilement responsable, ou la partie civile.

Art. 446. – Avant de commencer leur déposition, les témoins prêtent le serment de dire toute la vérité, rien que la vérité.

1) Aux termes de l'article 446, les témoins entendus à l'audience d'une juridiction correctionnelle doivent, avant de commencer leur déposition, prêter le serment de dire toute la vérité, rien que la vérité (Cass. crim., 2 nov. 1971 : *Bull.* 289).

Cependant, l'addition faite à la formule du serment ne vicie pas celui-ci, lorsque la formule prescrite par l'article 446 se trouve reproduite et que l'addition est surabondante (Cass. crim., 14 nov. 1972 : *Bull.* 341) ; il se déduit de l'arrêt qui constate que le témoin a prêté serment que le serment prêté est celui prescrit par l'article 446 (Cass. crim., 30 avr. 1986, n. 85-93041, Guilleux).

2) Il résulte de l'article 446 du Code de procédure pénale que les témoins entendus à l'audience d'une juridiction correctionnelle doivent, avant de commencer leur déposition, prêter le serment de dire toute la vérité, rien que la vérité ; l'omission de cette formalité vicie la procédure dès lors que les juges se fondent en tout ou en partie, sur le témoignage ainsi recueilli (Cass. crim., 7 nov. 2000 : *Bull.* 330).

Viole la disposition de l'article 446, l'arrêt qui statue sans que le témoin entendu à l'audience ait prêté serment, alors qu'il n'est pas établi que cette audition n'ait exercé aucune influence sur la décision des juges (Cass. crim., 17 févr. 1970 : *Bull.* 69. – Cass. crim., 6 mars 1973 : *Bull.* 111) ; dès lors, doit être cassé l'arrêt dont les mentions n'établissent pas que les dispositions de l'article 446 aient été respectées, alors que la cour s'est fondée sur les témoignages qu'elle a recueillis (Cass. crim., 5 mai 1981 : *Bull.* 140 ; *JCP* 81, IV, 259. – Cass. crim., 6 nov. 1991 : *Bull.* 400) ; toutefois, cette irrégularité n'est pas de nature à entraîner l'annulation de l'arrêt lorsqu'il résulte des énonciations de celui-ci que la déposition du témoin n'a exercé aucune influence sur la décision des juges (Cass. crim., 14 juin 1972 : *Bull.* 204. – Cass. crim., 2 avr. 1990 : *Bull.* 142) ; cependant, lorsqu'un arrêt constate qu'au cours d'une précédente audience, un témoin avait prêté le serment prescrit par l'article 446, il est ainsi établi que la formalité du serment a été légalement observée (Cass. crim., 12 mai 1970 : *Bull.* 161).

3) Le président du tribunal correctionnel ne saurait s'arroger le pouvoir discrétionnaire que l'article 310 n'attribue qu'au président de la cour d'assises, pour entendre sans prestation de ser-

ment et à titre de simple renseignement une personne dont le témoignage est requis (Cass. crim., 17 févr. 1965 : *Bull.* 53) ; aucune disposition ne dispense du serment devant les juridictions correctionnelles, les témoins qui sont attachés au service de l'une des parties (Cass. crim., 6 mars 1973, *précité*), ou les agents assermentés d'une administration (Cass. crim., 26 avr. 1977 : *Bull.* 137. – Cass. crim., 3 mai 1990 : *Bull.* 173) ; les médecins commis par une juridiction étrangère pour procéder à une expertise, doivent, lorsqu'ils sont entendus devant une juridiction française, prêter le serment des témoins et non celui des experts (Cass. crim., 7 mars 1973 : *Bull.* 115) ; l'agent de la Direction de la concurrence, de la consommation et de la répression des fraudes, intéressée aux poursuites pour publicité trompeuse, ne doit pas être entendu à l'audience à titre de simple renseignement. Il ne peut l'être qu'en qualité de témoin (Cass. crim., 3 janv. 1996 : *Bull.* 2).

Art. 447. – **Les enfants au-dessous de l'âge de seize ans sont entendus sans prestation de serment.**

Art. 448. – **Sont reçues dans les mêmes conditions les dépositions :**

1° Du père, de la mère ou de tout autre ascendant du prévenu ou de l'un des prévenus présents et impliqués dans la même affaire ;

2° Du fils, de la fille ou de tout autre descendant ;

3° Des frères et sœurs ;

4° Des alliés aux mêmes degrés ;

5° Du mari ou de la femme ; cette prohibition subsiste même après le divorce.

Les dispositions de l'article 156 du Code d'instruction criminelle (art. 448, C. proc. pén.) sont limitatives (Cass. crim., 20 juin 1952 : *Bull.* 160) ; les juges peuvent donc faire état du témoignage de la femme dont le mari s'est constitué partie civile (Cass. crim., 30 nov. 1954 : *Bull.* 359).

Art. 449. – **Toutefois, les personnes visées aux articles 447 et 448 peuvent être entendues sous serment lorsque ni le ministère public ni aucune des parties ne s'y sont opposés.**

Art. 450. – **Le témoin qui a prêté le serment n'est pas tenu de le renouveler, s'il est entendu une seconde fois au cours des débats.**

Le président lui rappellera, s'il y a lieu, le serment qu'il a prêté.

Art. 451. – **La personne qui, agissant en vertu d'une obligation légale ou de sa propre initiative, a porté les faits poursuivis à la connaissance de la justice, est reçue en témoignage, mais le président en avertit le tribunal.**

Celui dont la dénonciation est récompensée pécuniairement par la loi peut aussi être entendu en témoignage, à moins qu'il n'y ait opposition d'une des parties, ou du ministère public.

L'inspecteur du Travail entendu comme témoin sur les infractions au Code du travail qu'il a constatées dans l'exercice de ses fonctions n'entre pas dans les prévisions de l'article 451 du Code de procédure pénale, de sorte que le président n'a pas à donner à la cour l'avertissement prévu par ce texte, dont, au demeurant, les dispositions ne sont pas prescrites à peine de nullité (Cass. crim., 25 janv. 2000 : *Bull.* 38).

Art. 452. – **Les témoins déposent oralement.**

Toutefois, ils peuvent, exceptionnellement, s'aider de documents avec l'autorisation du président.

Art. 453. – **Le greffier tient note du déroulement des débats et principalement, sous la direction du président, des déclarations des témoins ainsi que des réponses du prévenu.**

Les notes d'audience sont signées par le greffier. Elles sont visées par le président, au plus tard dans les trois jours qui suivent chaque audience.

1) Les notes d'audiences régulièrement dressées, conformément à l'article 453 du Code de procédure pénale, ont pour principal objet de tenir note des déclarations des témoins ainsi que des réponses du prévenu.

Elles établissent, par suite, les auditions de témoins recueillies au cours des débats de la cour d'appel et dont l'arrêt ne fait à tort aucune mention (Cass. crim., 6 mars 1973 : *Bull.* 111). Elles peuvent établir la prestation de serment d'un témoin (Cass. crim., 16 nov. 1994 : *Bull.* 366).

2) Les constatations faites par les juges, dans l'exercice et les limites de leurs attributions de faits matériels accomplis par eux, font foi jusqu'à inscription de faux et les énonciations des notes d'audience ne sauraient faire échec à de telles constatations (Cass. crim., 17 juill. 1980 : *Bull.* 228).

Art. 454 *(L. n. 2000-516, 15 juin 2000, art. 39-III, applic. 1er janv. 2001).* **– Après chaque déposition, le président et, dans les conditions prévues à l'article 442-1, le ministère public et les parties posent au témoin les questions qu'ils jugent nécessaires.**

Le témoin peut se retirer après déposition, à moins que le président n'en décide autrement.

Le ministère public, ainsi que la partie civile et le prévenu, peuvent demander, et le président peut toujours ordonner, qu'un témoin se retire momentanément de la salle d'audience après sa déposition, pour y être introduit et entendu s'il y a lieu après d'autres dépositions avec ou sans confrontation.

Art. 455. – Au cours des débats le président fait, s'il est nécessaire, représenter au prévenu ou aux témoins les pièces à conviction et reçoit leurs observations.

Art. 456 *(L. n. 93-2, 4 janv. 1993, art. 224).* **– Le tribunal, soit d'office, soit à la demande du ministère public, de la partie civile ou du prévenu, peut ordonner tous transports utiles en vue de la manifestation de la vérité.**

Les parties et leurs avocats sont appelés à y assister. Il est dressé procès-verbal de ces opérations.

Art. 457. – Si d'après les débats la déposition d'un témoin paraît fausse, le président, soit d'office, soit à la requête du ministère public ou de l'une des parties, fait consigner aux notes d'audience les dires précis du témoin.

Il peut enjoindre spécialement à ce témoin de demeurer à la disposition du tribunal, qui l'entendra à nouveau, s'il y a lieu.

Si le jugement doit être rendu le jour même, le président peut également faire garder ce témoin par la force publique dans ou hors la salle d'audience.

Après lecture du jugement sur le fond, le tribunal ordonne sa conduite devant le procureur de la République qui requiert l'ouverture d'une information pour faux témoignage.

Il est dressé séance tenante par le tribunal, après la lecture du jugement sur le fond, un procès-verbal des faits ou des dires d'où peut résulter le faux témoignage.

Ce procès-verbal et une expédition des notes d'audience sont transmis sans délai au procureur de la République.

§ 4. – De la discussion par les parties

Art. 458. – Le procureur de la République prend, au nom de la loi, les réquisitions tant écrites qu'orales qu'il croit convenables au bien de la justice.

Dans le cas où des réquisitions écrites sont prises, mention en est faite dans les notes tenues par le greffier et le tribunal est tenu d'y répondre.

V. J.-L. GALLET, *Tribunal correctionnel ; Discussion par les parties : J.-Cl. Proc. pén.*, art. 458 à 461.

Art. 459 *(L. n. 93-2, 4 janv. 1993, art. 224).* **– Le prévenu, les autres parties et leurs avocats, peuvent déposer des conclusions.**

Ces conclusions sont visées par le président et le greffier ; ce dernier mentionne ce dépôt aux notes d'audience.

Le tribunal qui est tenu de répondre aux conclusions ainsi régulièrement déposées doit joindre au fond les incidents et exceptions dont il est saisi, et y statuer par un seul et même jugement en se prononçant en premier lieu sur l'exception et ensuite sur le fond.

Il ne peut en être autrement qu'au cas d'impossibilité absolue, ou encore lorsqu'une décision immédiate sur l'incident ou sur l'exception est commandée par une disposition qui touche à l'ordre public.

1) En matière correctionnelle ou de police, la clôture des débats ne peut résulter que du prononcé du jugement ou de l'arrêt (Cass. crim., 10 mars 1970 : *Bull.* 96. – Cass. crim., 23 avr. 1981 : *Bull.* 118).

2) L'inobservation par le greffier de la formalité du visa des conclusions déposées par le prévenu n'a pu avoir pour effet de porter atteinte aux droits de la défense dès lors qu'il résulte de l'examen des pièces de procédure que ces conclusions, d'ailleurs visées par le président, ont été effectivement soumises à l'examen de la cour (Cass. crim., 25 oct. 1977 : *Bull.* 318).

3) Les juges sont tenus de statuer sur tous les chefs péremptoires de conclusions dont ils sont régulièrement saisis (Cass. crim., 23 avr. 1970 : *Bull.* 144) ; de simples arguments, qui se révèlent inopérants en la cause, ne sauraient constituer des chefs péremptoires de conclusions (Cass. crim., 19 janv. 1967 : *Bull.* 31) ; dès lors, une cour d'appel n'est pas tenue de répondre à une note, fût-elle visée par le président (Cass. crim., 5 nov. 1970 : *Bull.* 290) ou par le président et le greffier (Cass. crim., 9 janv. 1963 : *Bull.* 53) qui lui est remise par l'une des parties pendant son délibéré et qui ne contient aucun chef propre de conclusions ; les juges ne sont pas non plus tenus de répondre par des motifs spéciaux à des arguments présentés par voie de conclusions et qui, ne pouvant permettre d'écarter la prévention, ne sauraient être considérés comme des chefs péremptoires de défense (Cass. crim., 26 juill. 1978 : *Bull.* 246) ; ni à une note en délibéré déposée après l'audience par un prévenu cité à personne qui n'a pas comparu et a été jugé contradictoirement (art. 410) (Cass. crim., 29 nov. 1983 : *Bull.* 322).

Sont, à bon droit, déclarées irrecevables les conclusions que le défenseur adresse par la voie postale à la juridiction d'appel sans se présenter à l'audience et sans satisfaire aux prescriptions de l'article 459 du même code (Cass. crim., 10 janv. 1996 : *Bull.* 15).

4) S'il est vrai que les juges du fond sont tenus de répondre aux conclusions dont ils sont saisis et notamment de s'expliquer sur toute demande de mesure d'instruction, c'est à la condition que l'indication de son objet et de son intérêt pour la cause permette à la juridiction d'en apprécier le bien-fondé.

Ne répond pas à cette exigence la demande d'audition d'un témoin désigné seulement par son nom, à l'exclusion de toute précision sur l'éventuelle utilité de sa déposition pour la manifestation de la vérité, ainsi que de toute explication sur les raisons pour lesquelles sa comparution en première instance n'avait pas été proposée en vertu des dispositions des articles 435 et suivants du Code de procédure pénale (Cass. crim., 27 oct. 1993 : *Bull.* 319).

5) Un écrit émanant du conseil du prévenu et intitulé note et ne contenant aucun dispositif constitue, bien que visé par le président et le greffier, non des conclusions mais un simple mémoire et ne peut par lui-même mettre la cour en demeure de s'expliquer, à peine de nullité, sur les arguments qui y sont formulés (Cass. crim., 13 juin 1978 : *Bull.* 196) ; il n'est pas établi que les juges aient été mis en demeure de répondre à des conclusions figurant au dossier de la procédure et répertoriées à l'inventaire, lorsque ces conclusions ne sont ni datées ni visées par le président et le greffier ni mentionnées par l'arrêt (Cass. crim., 9 oct. 1963 : *Bull.* 275. – Cass. crim., 8 juin 1994 : *Dr. pénal* 1994, comm. n. 199) ni signées par leur rédacteur (Cass. crim., 15 févr. 1995 : *Bull.* 73).

6) Aucune disposition légale n'imposant à la partie civile l'obligation de communiquer au prévenu avant les débats les pièces qu'elle entend utiliser à l'appui de sa demande, lorsque ces documents ont été soumis au débat contradictoire le prévenu qui a pu les discuter ne saurait se plaindre de ne pas en avoir reçu communication à l'avance (Cass. crim., 12 mars 1969 : *Bull.* 115).

7) Le tribunal doit joindre au fond les incidents et exceptions dont il est saisi et statuer par un seul et même jugement (Cass. crim., 15 févr. 1967 : *Bull.* 68) ; la jonction dans les conditions prévues par l'article 459, pour qu'il soit ultérieu-

rement statué par un seul et même jugement sur les incidents et les exceptions dont les juges sont saisis, ainsi que sur le fond, constitue une mesure d'administration judiciaire qui n'est soumise à aucune forme particulière, n'a pas à être motivée et n'est susceptible d'aucun recours (Cass. crim., 13 mars 1995 : *Bull.* 101) ; en revanche, peut être frappé d'appel immédiatement le jugement qui a joint l'incident au fond, s'agissant de l'exception d'irrecevabilité de l'action exercée contre des personnes bénéficiant de l'immunité diplomatique (Cass. crim., 26 févr. 1937 : *S.* 1938, 1, 117).

Art. 460 *(L. n. 93-2, 4 janv. 1993, art. 224)*. **– L'instruction à l'audience terminée, la partie civile est entendue en sa demande, le ministère public prend ses réquisitions, le prévenu, et, s'il y a lieu, la personne civilement responsable, présentent leur défense.**

La partie civile et le ministère public peuvent répliquer. Le prévenu ou son avocat auront toujours la parole les derniers.

1) Le ministère public étant partie intégrante et nécessaire des juridictions répressives, il doit être entendu, à peine de nullité, en ses réquisitions. La preuve de l'accomplissement de cette formalité substantielle doit résulter de l'arrêt (Cass. crim., 8 janv. 1972 : *Bull.* 8) ; il s'agit là d'une exigence légale dont l'inobservation, lorsque l'action publique est en cause, porte atteinte aux intérêts de toutes les parties au procès pénal (Cass. crim., 11 mai 1978 : *Bull.* 150. – Cass. crim., 11 oct. 1979 : *Bull.* 276. – Cass. crim., 3 déc. 1991 : *Bull.* 456. – Cass. crim., 10 juill. 1995 : *Bull.* 251).

Encourt la cassation l'arrêt qui ne mentionne pas la présence du ministère public aux débats, ceux-ci fussent-ils exclusivement consacrés à l'action civile (Cass. crim., 27 juill. 1987 : *Bull.* 299).

2) Si dans une poursuite où les intérêts civils sont seuls en cause, la formalité de l'audition du ministère public demeure substantielle, la nullité résultant de son omission ne saurait, en application de l'article 802 du Code de procédure pénale, être prononcée dès lors qu'il n'est pas établi ni même allégué que cette irrégularité ait eu pour effet de porter atteinte aux intérêts du demandeur au pourvoi (Cass. crim., 22 févr. 1978 : *Bull.* 67), il en est de même dans une procédure où seules des pénalités fiscales sont encourues (Cass. crim., 21 nov. 1977 : *Bull.* 358).

3) La mention d'un arrêt aux termes de laquelle le ministère public s'en rapporte à l'appréciation de la cour implique nécessairement que le représentant du ministère public a été entendu (Cass. crim., 29 mars 1973 : *Bull.* 162).

4) À l'issue des audiences en continuation, la parole doit être donnée en dernier au conseil du prévenu même si ce dernier, déjà acquis aux débats contradictoires par sa comparution à la première audience, est ensuite seulement représenté par son avocat à une audience ultérieure, au cours de laquelle la partie civile a été admise à conclure (Cass. crim., 13 juin 1983 : *Bull.* 178).

5) Il résulte des dispositions de l'article 460 du Code de procédure pénale que, lorsque l'instruction à l'audience est terminée, le prévenu ou son conseil doivent avoir toujours la parole les derniers ; que la plaidoirie du conseil ne dispense pas les juges de donner la parole au prévenu s'il la demande, à peine de violation des droits de la défense (Cass. crim., 11 déc. 1990 : *Bull.* 425).

6) Encourt la cassation l'arrêt qui ne porte pas la mention que la personne civilement responsable a présenté sa défense (Cass. crim., 5 janv. 1974 : *Bull.* 3).

Art. 460-1 *(L. n. 81-82, 2 févr. 1981, art. 89)*. **– Lorsque la personne qui se prétend lésée** *(L. n. 2000-516, 15 juin 2000, art. 133-II)* **s'est constituée partie civile selon les modalités prévues à l'article 420-1, le président donne lecture de sa demande dès que l'instruction à l'audience est terminée. Le ministère public prend ses réquisitions ; le prévenu et, s'il y a lieu, la personne civilement responsable, présentent leur défense.**

Si le tribunal l'estime nécessaire, il peut ordonner la comparution de la partie civile. En ce cas, les débats sur l'ensemble de l'affaire ou uniquement sur les intérêts civils sont renvoyés à une prochaine audience dont la date est immédiatement fixée. Les parties sont tenues de comparaître

sans autre citation à l'audience de renvoi. Il en est de même pour les personnes invitées par le tribunal à rester à sa disposition lorsqu'un avertissement écrit leur est immédiatement délivré.

Art. 461. – Si les débats ne peuvent être terminés au cours de la même audience, le tribunal fixe, par jugement, le jour où ils seront continués.

Les parties et les témoins non entendus, ou ceux qui ont été invités à rester à la disposition du tribunal, sont tenus de comparaître, sans autre citation, à l'audience de renvoi.

Les juges ne sauraient sans interrompre le cours de la justice ordonner un sursis à statuer d'une durée indéterminée (Cass. crim., 20 mai 1987 : *Bull.* 210).

SECTION V. – DU JUGEMENT

Art. 462. – Le jugement est rendu soit à l'audience même à laquelle ont eu lieu les débats, soit à une date ultérieure.

Dans ce dernier cas, le président informe les parties présentes du jour où le jugement sera prononcé.

V. M. VIENNOIS, *Tribunal correctionnel, jugement, prononcé du jugement ; catégories de jugements ; supplément d'information ; Expertise : J.-Cl. Proc. pén.*, art. 462-463.

1) L'affaire qui fait l'objet de renvois successifs à des dates fixes dont les parties présentes sont régulièrement informées, conserve un caractère contradictoire à l'égard du prévenu présent lors de la première audience, même s'il ne comparaît pas lors des audiences ultérieures. Les décisions ainsi prononcées n'ont pas à lui être signifiées et il n'a pas à être cité pour chaque nouvelle audience, même si une audition de témoins est ordonnée par arrêt avant dire droit (Cass. crim., 17 déc. 1985 : *Bull.* 83).

Lorsqu'à l'occasion de renvois contradictoires successifs ayant pour objet de proroger le délibéré, le président a, conformément aux dispositions de l'article 462, alinéa 2 du Code de procédure pénale, avisé les parties ou leurs conseils de la date à laquelle la décision serait rendue, les délais de recours courent à compter du prononcé de celle-ci (Cass. crim., 13 déc. 1982 : *Bull.* 283 ; *JCP* 83, IV, p. 71).

Le prévenu présent à l'audience des débats et régulièrement mis en demeure d'assister ou d'être représenté à celle à laquelle la décision devait être rendue, ne saurait se prévaloir de son absence à cette dernière audience, qui seule l'a empêché de connaître la prorogation du délibéré et d'être informé de la date à laquelle le jugement a été effectivement rendu (Cass. crim., 7 févr. 1996 : *Bull.* 65).

2) En revanche, le délai d'appel ne court qu'à compter de la signification du jugement pour la partie qui, après débat contradictoire, n'était pas présente ou représentée à l'audience où le jugement a été prononcé, dans le cas où elle-même ou son représentant n'auraient pas été informés par le président du jour où la décision serait rendue (Cass. crim., 13 nov. 1978 : *Bull.* 311).

3) Lorsque les parties ont été informées, comme le prescrit l'article 462, alinéa 2, du jour auquel l'arrêt serait rendu, la signification dudit arrêt n'est pas exigée pour faire courir le délai de pourvoi (Cass. crim., 11 déc. 1975 : *Bull.* 277 ; *Gaz. Pal.* 1976, p. 257, note X).

Le délai de cinq jours francs pour se pourvoir en cassation a pour point de départ le jour du prononcé de la décision lorsque l'arrêt de la cour d'appel est prononcé à une date dont les parties représentées à l'audience ont été informées conformément aux dispositions de l'article 462, alinéa 2 (Cass. crim., 29 mars 1978 : *Bull.* 117).

4) En l'absence d'une mention établissant que, à l'issue des débats, le prévenu a été informé de la date à laquelle l'arrêt serait prononcé, son pourvoi en cassation est recevable, bien que formé plus de cinq jours après cette date (Cass. crim., 20 déc. 1984 : *Bull.* 412. – Cass. crim., 15 oct. 1996 : *Bull.* 360).

Le délai prescrit par l'article 59 de la loi du 29 juillet 1881 commence à courir à dater de la signification de l'arrêt, si l'avis prescrit par l'alinéa 2 de l'article 462 du Code de procédure pénale n'a pas été donné, sans ambiguïté, à la partie intéressée (Cass. crim., 11 déc. 1984 : *Bull.* 399).

5) Les renvois successifs du prononcé de la décision n'impliquent pas la prolongation du

délibéré et, simples mesures d'ordre, peuvent intervenir après la cessation des fonctions de l'un des magistrats dès lors que ce dernier, selon une mention de la décision faisant foi jusqu'à inscription de faux, était présent aux débats et au délibéré et que la lecture a été faite, conformément à l'article 485, dernier alinéa, du Code de procédure pénale, par un autre magistrat ayant composé la juridiction (Cass. crim., 7 oct. 1992 : *Bull.* 316).

Art. 463 *(L. n. 70-643, 17 juill. 1970, art. 39 ; L. n. 93-2, 4 janv. 1993, art. 207).* **– S'il y a lieu de procéder à un supplément d'information, le tribunal commet par jugement un de ses membres qui dispose des pouvoirs prévus aux articles 151 à 155.**

Ce supplément d'information obéit aux règles édictées par les articles 114, 119, 120 et 121.

Le procureur de la République peut obtenir, au besoin par voie de réquisitions, la communication du dossier de la procédure à toute époque du supplément d'information, à charge de rendre les pièces dans les vingt-quatre heures.

1) L'instruction complémentaire doit être diligentée par l'un des membres du tribunal ayant concouru au jugement (Cass. crim., 22 nov. 1956 : *D.* 1957, 89, note P. A.) ; l'opportunité d'une telle mesure relève de l'appréciation souveraine des juges du fond (Cass. crim., 2 mars 1971 : *JCP* 71, II, 16815, obs.) ; ils ne peuvent cependant, sans méconnaître le sens et la portée de l'article 463, se refuser à procéder à un supplément d'information dont ils reconnaissent par ailleurs la nécessité (Cass. crim., 25 nov. 1991 : *Bull.* 433).

2) Le supplément d'information confié par la juridiction correctionnelle à l'un de ses membres conformément à l'article 463 du Code de procédure pénale, n'est pas contraire aux dispositions de l'article 6.1 de la Convention européenne des droits de l'homme dès lors que son exécution n'implique pas que le magistrat commis acquiert à l'occasion de cette mesure une conviction sur la culpabilité du prévenu. Rien n'interdit en conséquence à ce magistrat de participer au jugement de l'affaire (Cass. crim., 19 janv. 2000 : *Bull.* 35).

3) Il résulte de l'article 463 du Code de procédure pénale que seule la juridiction de jugement saisie peut ordonner des investigations complémentaires par voie de supplément d'information, lequel obéit aux règles édictées par les articles 114, 119, 120 et 121 du même code ; encourt, dès lors, la cassation l'arrêt d'une cour d'appel qui refuse d'annuler le rapport et les procès-verbaux, versés aux débats, de l'enquête complémentaire ordonnée par le ministère public relativement aux faits dont la juridiction de jugement était saisie (Cass. crim., 8 déc. 1999 : *Bull.* 298).

4) La forclusion édictée par l'article 175, alinéa 2, du Code de procédure pénale ne fait pas obstacle à ce que, en application des articles 463 et 512 du même code, les parties puissent saisir la juridiction de jugement de demandes tendant à l'accomplissement d'un supplément d'information (Cass. crim., 30 juin 1999 : *Bull.* 173).

5) Ne peut être invoqué pour la première fois devant la Cour de cassation la nullité d'un supplément d'information ordonné par la cour d'appel, alors que, sur nouvelle citation, la cour avait, lors d'un nouveau débat, examiné la prévention au vu, notamment, de ce supplément d'information (Cass. crim., 6 mai 1980 : *Bull.* 135).

Art. 464 *(L. n. 95-125, 8 févr. 1995, art. 38-II, applic. le 6 mars 1995, al. 3 de l'art. 464).* **– Si le tribunal estime que le fait constitue un délit, il prononce la peine.**

Il statue, s'il y a lieu, sur l'action civile, et peut ordonner le versement provisoire, en tout ou partie, des dommages-intérêts alloués.

Il a aussi la faculté, s'il ne peut se prononcer en l'état sur la demande en dommages-intérêts, d'accorder à la partie civile une provision, exécutoire nonobstant opposition ou appel.

(L. n. 2000-516, 15 juin 2000, art. 112) **Après avoir statué sur l'action publique, le tribunal peut, d'office ou à la demande du procureur de la République ou des parties, renvoyer l'affaire à une date ultérieure pour statuer sur l'action civile, même s'il n'ordonne pas de mesure d'instruction, afin de permettre à la partie civile d'apporter les justificatifs de ses demandes. Ce renvoi est de droit lorsqu'il est demandé par les parties civiles. Le tribunal doit alors fixer la date de l'audience à**

laquelle il sera statué sur l'action civile. La présence du ministère public à cette audience n'est pas obligatoire.

Les dispositions du présent article sont applicables lorsque le tribunal correctionnel, dans sa composition prévue par le premier alinéa de l'article 398, estime, au résultat des débats, que le fait qui lui était déféré constitue un délit visé par l'article 398-1.

V. J. FRANCILLON, *Tribunal correctionnel (jugement au fond, dommages-intérêts, principes généraux) : J.-Cl. Proc. pén.*, art. 464, Fasc. 1. – H. GROUTEL *(jugement au fond, dommages-intérêts, recours des débiteurs de prestations sociales : introduction générale)*, Fasc. 2. – *(Jugement au fond, dommages et intérêts. Recours des débiteurs de prestations sociales : droit de recourir)*, Fasc. 3. – *(... étendue du recours)*, Fasc. 4. – *Recours des débiteurs de prestations sociales*, Fasc. 50. – J.-D. BREDIN, *À propos des arrêts de l'assemblée plénière du 30 juin 1960 ; fondement et domaine des recours du débiteur de prestations contre le responsable de l'accident survenu au prestataire : JCP* 60, I, 1584. – H. GROUTEL, *Le recours de la sécurité sociale contre le tiers responsable pour des « prestations futures » : JCP* 76, 1, 2815. – J. ROBERT, *Action civile, exécution provisoire : Rev. sc. crim.* 1983, p. 684.

1) Le juge correctionnel ne peut déclarer la culpabilité d'un prévenu à raison d'un fait qualifié délit qu'autant qu'il constate dans son jugement la réunion des éléments constitutifs de l'infraction retenue (Cass. crim., 28 janv. 1976 : *Bull.* 35) ; selon l'article 464 et sauf application des dispositions particulières des articles 469-1 et suivants du Code de procédure pénale, le juge pénal ne peut retenir la culpabilité d'un prévenu sans prononcer simultanément la peine (Cass. crim., 15 avr. 1985 : *Bull.* 132 ; *JCP* 85, IV, p. 228).

2) Il n'est pas permis aux juges correctionnels de déclarer la culpabilité d'un prévenu tout en subordonnant à une mesure d'instruction la détermination de l'infraction retenue et la peine applicable (Cass. crim., 10 juill. 1979 : *Bull.* 242) ; encourt la cassation, l'arrêt d'une cour d'appel qui, après avoir affirmé la culpabilité d'un prévenu, ordonne une expertise pour évaluer le préjudice résultant de l'infraction, sans toutefois prononcer une peine (Cass. crim., 21 nov. 1968 : *Bull.* 310).

3) Les juges peuvent cependant, après avoir statué sur l'action publique, se réserver la connaissance ultérieure de l'action civile, dès lors qu'ils justifient ce renvoi par une mesure d'instruction (Cass. crim., 24 juill. 1974 : *Bull.* 264) ; mais ils ne sauraient, sans interrompre le cours de la justice, ordonner qu'il sera sursis à statuer pour un temps indéterminé sur une action dont ils sont saisis (Cass. crim., 14 déc. 1981 : *Bull.* 328. – Cass. crim., 14 févr. 1973 : *Bull.* 78. – Cass. crim., 7 févr. 1991 : *Bull.* 62) ; équivaut à un renvoi pour un temps indéterminé le renvoi à trois ans à la requête de la partie la plus diligente qui sollicitera une nouvelle expertise (Cass. crim., 25 janv. 1973 : *Bull.* 44), ou après qu'ils aient eu connaissance des résultats des mesures d'instruction par eux ordonnées, un nouvel ajournement de la décision sur les réparations civiles au motif que l'importance du dommage est susceptible de se modifier (Cass. crim., 22 févr. 1966 : *Bull.* 58).

4) Commet un excès de pouvoir la cour d'appel qui, après avoir condamné le prévenu à payer une indemnité à la partie civile, ordonne l'attribution à celle-ci d'une somme placée sous main de justice, pour assurer le paiement partiel de cette indemnité (Cass. crim., 28 mai 1970 : *Bull.* 173).

5) Si les juges tiennent de l'article 464 la faculté de surseoir à statuer sur le préjudice esthétique et le préjudice d'agrément d'un enfant dans la mesure où leur étendue définitive ne peut être en l'état déterminée, ils ne peuvent pour autant, sans violer le texte précité, se dispenser de prononcer au jour de leur décision, la réparation de la part de ces préjudices dont ils constatent dès à présent la réalité (Cass. crim., 10 mai 1979 : *Bull.* 171) ; ils ne sauraient non plus refuser de prendre en considération, pour déterminer l'assiette du recours de l'organisme social à la date de leur décision, les chefs de préjudice qui sont dès à présent susceptibles d'évaluation (Cass. crim., 24 avr. 1981 : *Bull.* 122).

6) Les juges ne sauraient user des dispositions exceptionnelles de l'article 464, alinéa 2, lorsqu'ils condamnent le prévenu à des réparations civiles dont le caractère particulier exclut toute possibilité ultérieure de restitution (Cass. crim., 16 oct. 1968 : *Bull.* 255).

7) Aucune disposition de la loi ne confère à l'appelant le droit de demander des défenses à l'exécution des jugements ordonnant le versement provisoire de dommages-intérêts (Cass. crim., 6 mai 1965 : *Bull.* 133).

8) Il résulte de l'article 464, alinéa 3, du Code de procédure pénale, issu de la loi du 15 juin 2000, que la présence du ministère public à l'audience de la juridiction correctionnelle statuant sur intérêts civils n'est plus obligatoire (Cass. crim., 18 déc. 2001 : *Bull.* 274).

Art. 464-1 *(L. n. 70-643, 17 juill. 1970, art. 10).* **– À l'égard du prévenu détenu, le tribunal peut, en tout état de cause, par décision spéciale et motivée, lorsque les éléments de l'espèce justifient la prolongation d'une mesure particulière de sûreté, maintenir la détention. Pour l'exécution de cette décision, le mandat continue à produire ses effets.**

V. D. CARON, *Tribunal correctionnel. Jugement ; détention provisoire ; compétence ; ajournement, dispense et exemption de peine : J.-Cl. Proc. pén.,* art. 464-1 à 472, Fasc. 20.

1) Il résulte des dispositions des articles 464-1 et 569, alinéa 1er, du Code de procédure pénale, que la décision d'une juridiction correctionnelle ordonnant le maintien de la détention provisoire, lorsque les éléments de l'espèce justifient cette mesure particulière, doit être spéciale et motivée (Cass. crim., 10 mars 1981 : *Bull.* 87) ; doit être cassé l'arrêt qui omet de préciser si la détention est nécessaire pour préserver l'ordre public du trouble causé par l'infraction au moment de la décision (Cass. crim., 6 mars 1986 : *Bull.* 94, arrêt n. 2).

Dès lors que la mesure particulière de sûreté, prévue par l'article 464-1 du Code de procédure pénale, a été ordonnée, ses effets se prolongent, sans qu'il soit nécessaire de la renouveler, jusqu'au jugement sur le fond (Cass. crim., 25 mai 1988 : *Bull.* 220).

2) La comparution du prévenu détenu devant les juges correctionnels fait cesser de plein droit la détention provisoire lorsque ceux-ci n'en ordonnent pas le maintien par décision spéciale et motivée (Cass. crim., 1er oct. 1975 : *Bull.* 199. – Cass. crim., 14 juin 1976 : *Bull.* 211 ; *Gaz. Pal.* 1976, p. 730, note X. – Cass. crim., 16 sept. 1972 : *Bull.* 264 ; *D.* 1973, p. 330, note Le Tourneau ; *Gaz. Pal.* 1972, p. 844, note X).

3) Il en est ainsi lorsque la comparution est suivie d'une remise de la cause et que le maintien en détention ne résulte, en l'absence du jugement, que des notes d'audience (Cass. crim., 26 mars 1985 : *Bull.* 125 ; *JCP* 85, IV, p. 206).

4) Les motifs imprécis de la décision de maintien en détention peuvent être :

– explicités par les autres motifs des juges du fond relevant les circonstances de l'espèce et, notamment la gravité du comportement du prévenu, et justifiant ainsi la nécessité qui en résulte, dans le souci de l'ordre public, de prolonger le maintien en détention (Cass. crim., 7 janv. 1972 : *Bull.* 3 ; *Gaz. Pal.* 1972, p. 388, note X ; *D.* 1972, p. 318, note Lescure et E. Robert) ;

– ou corroborés par les autres motifs de l'arrêt (Cass. crim., 14 nov. 1972 : *Bull.* 341).

5) Sur des demandes de mise en liberté, émanant de prévenus à l'égard desquels le tribunal correctionnel a prononcé des peines d'emprisonnement, en ordonnant leur maintien en détention par décision spéciale, la cour d'appel saisie des appels contre le jugement de condamnation ne saurait, en constatant que la décision prise en application de l'article 464-1 est dépourvue de motifs, s'abstenir d'examiner le bien fondé dudit maintien en détention (Cass. crim., 7 mai 1985 : *Bull.* 171).

6) Il se déduit des dispositions des arti-cles 179 et 464-1 du Code de procédure pénale que la comparution d'un prévenu détenu devant une juridiction correctionnelle se prolonge pendant toute la durée des débats et, si l'affaire a été mise en délibéré, jusqu'à la clôture de ceux-ci par le jugement. Ainsi cette comparution ne fait cesser de plein droit la détention provisoire qu'au prononcé dudit jugement lequel doit alors statuer sur le maintien en détention par une décision spéciale et motivée (Cass. crim., 25 juin 1986 : *Bull.* 226).

7) Il résulte de la combinaison des articles 179 et 464-1 du Code de procédure pénale que le maintien en détention ordonné par le juge d'instruction par une ordonnance distincte de celle renvoyant le prévenu devant le tribunal correctionnel ne saurait excéder 2 mois sauf au tribunal de décider la prolongation de cette mesure par une décision spéciale et motivée si les éléments de l'espèce le justifient. Il s'ensuit qu'en l'état de la procédure devant la Cour de cassation, plus de 2 mois s'étant écoulés depuis l'ordonnance du magistrat instructeur, le maintien en détention prescrit par celui-ci a nécessairement pris fin. Le pourvoi formé contre l'arrêt confirmatif devient sans objet (Cass. crim., 7 nov. 1989 : *Bull.* 395).

Art. 465 *(L. n. 70-643, 17 juill. 1970, art. 11-1 et 11 ; L. n. 85-1407, 30 déc. 1985, art. 42 et 94).* – **Dans le cas visé à l'article 464, premier alinéa, s'il s'agit d'un délit de droit commun** *(L. n. 99-929, 10 nov. 1999, art. 56)* **ou d'un délit militaire prévu par le livre III du Code de justice militaire et si la peine prononcée est au moins d'une année d'emprisonnement sans sursis, le tribunal peut, par décision spéciale et motivée, lorsque les éléments de l'espèce justifient une mesure particulière de sûreté, décerner mandat de dépôt ou d'arrêt contre le prévenu.**

Le mandat d'arrêt continue à produire son effet, même si le tribunal, sur opposition, ou la cour, sur appel, réduit la peine à moins d'une année d'emprisonnement.

Le mandat de dépôt décerné par le tribunal produit également effet lorsque, sur appel, la cour réduit la peine d'emprisonnement à moins d'une année.

Toutefois, le tribunal, sur opposition, ou la cour, sur appel, a la faculté par décision spéciale et motivée, de donner mainlevée de ces mandats.

En toutes circonstances, les mandats décernés dans les cas susvisés continuent à produire leur effet, nonobstant le pourvoi en cassation.

En cas d'opposition au jugement dans les conditions prévues par les articles 491 et 492, l'affaire doit venir devant le tribunal à la première audience ou au plus tard dans la huitaine du jour de l'opposition, faute de quoi le prévenu doit être mis en liberté d'office. S'il y a lieu à remise, le tribunal doit statuer d'office par une décision motivée sur le maintien ou la mainlevée du mandat, le ministère public entendu. Le tout sans préjudice de la faculté pour le prévenu de former une demande de mise en liberté provisoire dans les conditions prévues par les articles 148-1 et 148-2.

1) Si un mandat de dépôt ou un mandat d'arrêt peut être décerné à l'audience dans les conditions prévues par l'article 465, alinéa 1er, en vertu d'une décision spéciale ou motivée, les juges ne sont pas tenus d'engager un débat sur cette mesure d'exécution (Cass. crim., 24 oct. 1968 : *Bull.* 266).

2) La motivation spéciale de la délivrance d'un mandat peut se déduire nécessairement et implicitement de la nature et du montant de la peine prononcée (Cass. crim., 12 nov. 1980, Garry).

3) C'est du jour où l'opposition est formée contre un jugement par défaut ayant décerné mandat d'arrêt, en application de l'article 465 du Code de procédure pénale, que part le délai de huitaine dans lequel l'affaire doit être soumise au Tribunal (Cass. crim., 26 mars 1991 : *Bull.* 144).

4) Les dispositions du dernier alinéa de l'article 465 du Code de procédure pénale ne concernent que le prévenu qui, au moment de son opposition, était détenu en vertu du mandat d'arrêt décerné par le tribunal ; dans le cas particulier où l'intéressé est arrêté à l'étranger, ce n'est qu'à compter du jour où il est remis aux autorités françaises que le mandat d'arrêt peut être exécuté et que le délai prévu par l'article 465 peut prendre effet (Cass. crim., 1er févr. 1994 : *Bull.* 46).

Art. 466. – **Si le tribunal régulièrement saisi d'un fait qualifié délit par la loi, estime, au résultat des débats, que ce fait ne constitue qu'une contravention, il prononce la peine et statue, s'il y a lieu, sur l'action civile.**

Lorsqu'un tribunal correctionnel constate, au résultat des débats, qu'un fait dont il est saisi constitue en réalité une contravention, cette juridiction, en application des dispositions de l'article 466 du Code de procédure pénale, doit statuer sur cette contravention (Cass. crim., 1er sept. 1979 : *Bull.* 256).

Art. 467. – **Si le fait est une contravention connexe à un délit, le tribunal statue par un seul et même jugement, à charge d'appel sur le tout.**

Art. 467-1. – *Abrogé, à compter du 1er mars 1994, L. n. 92-1336, 16 décembre 1992, art. 33 ; L. n. 93-913, 19 juillet 1993.*

Art. 468 *(L. n. 92-1336, 16 déc. 1992, art. 34 ; L. n. 93-913, 19 juill. 1993).* **– Si le prévenu bénéficie d'une cause légale d'exemption de peine, le tribunal le déclare coupable et l'exempte de peine. Il statue, s'il y a lieu, sur l'action civile, ainsi qu'il est dit aux deuxième et troisième alinéas de l'article 464.**

Art. 469. – Si le fait déféré au tribunal correctionnel sous la qualification de délit est de nature à entraîner une peine criminelle, le tribunal renvoie le ministère public à se pourvoir ainsi qu'il avisera.

Il peut, le ministère public entendu, décerner, par la même décision, mandat de dépôt ou d'arrêt contre le prévenu.

(L. n. 95-125, 8 févr. 1995, art. 38-III, applic. le 6 mars 1995) **Les dispositions des deux alinéas précédents sont également applicables si le tribunal correctionnel, dans sa composition prévue par le troisième alinéa de l'article 398, estime, au résultat des débats, que le fait qui lui était déféré sous la qualification de l'un des délits visés à l'article 398-1 est de nature à entraîner une peine prévue pour un délit non visé par cet article.**

1) En matière répressive, les juridictions sont d'ordre public ; les juridictions correctionnelles sont incompétentes pour connaître des infractions qualifiées crimes par la loi. Il appartient aux juges du second degré, saisis de la cause entière par l'appel du ministère public, d'examiner, même d'office, leur compétence lorsque les faits tels qu'ils résultent du débat sont du ressort de la juridiction criminelle (Cass. crim., 3 févr. 1988 : *Bull.* 55.– Cass. crim., 4 janv. 1990 : *Bull.* 1).

2) Les dispositions selon lesquelles la juridiction correctionnelle qui se déclare incompétente ne peut décerner mandat de dépôt ou d'arrêt qu'après avoir entendu le ministère public sur cette mesure, ne s'appliquent que devant la juridiction qui décerne le titre de détention et non devant celle qui ne fait que confirmer les effets du mandat régulièrement décerné (Cass. crim., 3 sept. 1985 : *Bull.* 281, arrêt n. 2).

3) La décision par laquelle un tribunal correctionnel, après s'être déclaré incompétent en raison de la nature criminelle des faits, a, sur les réquisitions du ministère public demandant l'application des dispositions de l'alinéa 2 de l'article 469 du Code de procédure pénale, ordonné que le prévenu comparaissant détenu serait maintenu en détention, vaut délivrance d'un mandat de dépôt criminel (Cass. crim., 26 juill. 1988 : *Bull.* 307) ; dans cette hypothèse, les dispositions de l'article 145-2 du même code ne sont pas applicables (Cass. crim., 7 déc. 1992 : *Bull.* 403).

Art. 469-1 *(L. n. 92-1336, 16 déc. 1992, art. 35 ; L. n. 75-624, 11 juill. 1975, art. 24 ; L. n. 93-913, 19 juill. 1993).* **– Nonobstant les dispositions de l'alinéa premier de l'article 464, le tribunal peut, après avoir déclaré le prévenu coupable, soit le dispenser de peine, soit ajourner le prononcé de celle-ci dans les conditions prévues aux articles 132-59 à 132-70 du Code pénal et aux articles 747-3 et 747-4 du présent code. Il statue s'il y a lieu sur l'action civile.**

La dispense de peine exclut l'application des dispositions prévoyant des interdictions, déchéances ou incapacités de quelque nature qu'elles soient qui résulteraient de plein droit d'une condamnation.

V. P. Couvrat, *L'appel interjeté contre un jugement d'ajournement de peine : Rev. sc. crim.* 1987, p. 483.

1) Même dans les cas où les conditions des articles 469-1 et 469-2 du Code de procédure pénale sont réunies, l'application de la dispense de peine est une faculté discrétionnaire dont les juges du fond ne doivent aucun compte (Cass. crim., 20 nov. 1985 : *Bull.* 368).

2) Les dispositions de l'article 469-1 ne sont pas applicables, lorsque la pénalité encourue est de nature fiscale (Cass. crim., 11 avr. 1983 : *Bull.* 93), et en matière d'infractions à la loi sur la presse (Cass. crim., 2 déc. 1980 : *Bull.* 326 ; *Gaz. Pal.* 1981, 483, note P. L. G.).

3) Lorsque la juridiction a, par une première décision, déclaré un prévenu coupable du délit qui lui était imputé et renvoyé le prononcé de la peine à une date ultérieure, cette même juridiction ne peut, par la suite, rendre une décision de relaxe incompatible avec la déclaration de

culpabilité qui a acquis l'autorité de la chose jugée (Cass. crim., 12 juin 1979 : *Bull.* 206. – Cass. crim., 22 juin 1982 : *Bull.* 166).

4) Lorsque par application des articles 132-58 et suivants du Code pénal et 469-1 du Code de procédure pénale, un tribunal a, par jugement définitif, déclaré un prévenu coupable, puis a, par une décision ultérieure, statué sur la peine, la cour d'appel, saisie du seul recours formé contre cette dernière décision, ne saurait prononcer à nouveau sur la culpabilité (Cass. crim., 19 avr. 2000 : *Bull.* 155).

Art. 469-2. – *Abrogé, à compter du 1er mars 1994, L. n. 92-1336, 16 décembre 1992, art. 36 ; L. n. 93-913, 19 juillet 1993.*

Art. 469-3. – *Abrogé, à compter du 1er mars 1994, L. n. 92-1336, 16 décembre 1992, art. 36 ; L. n. 93-913, 19 juillet 1993.*

Art. 469-4. – *Abrogé, à compter du 1er mars 1994, L. n. 92-1336, 16 décembre 1992, art. 36 ; L. n. 93-913, 19 juillet 1993.*

Art. 469-5. – *Abrogé, à compter du 1er mars 1994, L. n. 93-1417, 30 décembre 1993, art. 10-A, 10-C.*

Art. 470. – Si le tribunal estime que le fait poursuivi ne constitue aucune infraction à la loi pénale ou que le fait n'est pas établi, ou qu'il n'est pas imputable au prévenu, il renvoie celui-ci des fins de la poursuite.

1) Selon les articles 470 et 512 du Code de procédure pénale, lorsque les faits dont elle est saisie sont établis et imputables faits dont elle est saisie sont établis et imputables au prévenu, la juridiction correctionnelle ne prononce une relaxe que si ces faits ne constituent aucune infraction à la loi pénale (Cass. crim., 24 févr. 1981 : *JCP* 81, IV, 168).

2) Le juge correctionnel qui n'est pas lié par la qualification donnée à la prévention, principe auquel ne dérogent pas les dispositions de l'article 698-1 du Code de procédure pénale, ne peut prononcer une décision de relaxe qu'autant qu'il a vérifié que les faits dont il est saisi ne sont constitutifs d'aucune infraction (Cass. crim., 13 oct. 1993 : *Bull.* 294. – Cass. crim., 22 janv. 1997 : *Bull.* 31).

Art. 470-1 *(L. n. 83-608, 8 juill. 1983, art. 13-I ; L. n. 96-393, 13 mai 1996, art. 4 ; L. n. 2000-647, 10 juill. 2000, art. 3)*. **– Le tribunal saisi, à l'initiative du ministère public ou sur renvoi d'une juridiction d'instruction, de poursuites exercées pour une infraction non intentionnelle au sens des deuxième, troisième et quatrième alinéas de l'article 121-3 du Code pénal, et qui prononce une relaxe demeure compétent, sur la demande de la partie civile ou de son assureur formulée avant la clôture des débats, pour accorder, en application des règles du droit civil, réparation de tous les dommages résultant des faits qui ont fondé la poursuite.**

Toutefois, lorsqu'il apparaît que des tiers responsables doivent être mis en cause, le tribunal renvoie l'affaire, par une décision non susceptible de recours, devant la juridiction civile compétente qui l'examine d'urgence selon une procédure simplifiée déterminée par décret en Conseil d'État.

V. Textes complémentaires, L. 13 mai 1996, responsabilité des élus pour des faits d'imprudence ou de négligence.

(V. D. n. 83-1155, 23 déc. 1983, art. R. 41-2 et R. 50).

V. G. Delivre, *L'article 470-1 du Code de procédure pénale, le juge pénal et la responsabilité civile : Gaz. Pal.* 1984, chron. p. 11. – J. Pradel, *Un nouveau stade dans la protection des victimes d'infractions : D.* 1983, chron. p. 241.

1) Aux termes de l'article 470-1 du Code de procédure pénale le tribunal saisi de poursuites exercées pour homicide involontaire qui prononce une relaxe demeure compétent pour accorder, en application des règles du droit civil, sur la demande de la partie civile formulée avant la clôture des débats, réparation de tous les dommages résultant des faits qui ont fondé

la poursuite (Cass. crim., 3 août 1987 : *Bull.* 305).

Les juridictions correctionnelles ne peuvent user de la faculté que leur confère l'article 470-1 du Code de procédure pénale de faire application des règles du droit civil pour statuer sur les conséquences dommageables d'une infraction non intentionnelle si, elles ne sont pas saisies d'une demande formulée avant clôture des débats (Cass. crim., 29 juin 1999 : *Bull.* 161).

La juridiction répressive peut, après relaxe d'un prévenu du chef de blessures involontaires : retenir à la charge de ce prévenu une faute contractuelle en relation de cause à effet avec le dommage consécutif auxdites blessures (Cass. crim., 3 mars 1993 : *Bull.* 96) ; retenir à la charge du prévenu une faute d'imprudence en rapport de causalité avec la perte de chance qui lui est imputable (Cass. crim., 20 mars 1996 : *Bull.* 119).

2) L'action publique et l'action civile sont indépendantes ; par suite, les juges du second degré, saisis du seul appel de la partie civile, ne sont nullement liés, en ce qui concerne les intérêts civils, par une décision de relaxe rendue en première instance (Cass. crim., 28 nov. 1989 : *Bull.* 441. – 4 oct. 1990 : *Bull.* 332).

3) Les dispositions de l'article 470-1 du Code de procédure pénale, en vertu desquelles la juridiction pénale qui a prononcé une relaxe demeure compétente pour accorder, sur la demande de la partie civile ou de son assureur, réparation, en application des règles de droit civil, des dommages résultant des faits qui ont fondé la poursuite, ne peuvent être étendues au prévenu et à l'assureur de celui-ci (Cass. crim., 12 janv. 1988 : *Bull.* 9).

4) Les dispositions de l'article 470-1, alinéa 2 du Code de procédure pénale qui, lorsqu'au cours des débats il apparaît que des tiers responsables doivent être mis en cause, permettent à la juridiction répressive de renvoyer l'affaire devant la juridiction civile compétente exigent que la première de ces juridictions ait prononcé une relaxe ; que dès lors elles ne sauraient être appliquées quand les juges du second degré, même si saisis par la seule partie civile, ils ne pouvaient plus réprimer pénalement l'infraction poursuivie, ont déclaré réunis les éléments constitutifs de cette dernière (Cass. crim., 26 avr. 1988 : *Bull.* 172).

5) Les dispositions de l'article 470-1 ne sont pas applicables dès lors que les juges du second degré sont saisis du seul appel de la partie civile contre une décision de relaxe, et que l'application de cet article n'a pas été invoquée devant le tribunal (Cass. crim., 10 juill. 1989 : *Bull.* 286. – Cass. crim., 29 janv. 1997 : *Bull.* 38).

6) Les dispositions de l'article 470-1 du Code de procédure pénale, qui autorisent la partie civile, en cas de relaxe du prévenu, à demander réparation, en application des règles du droit civil, des dommages résultant des faits qui ont fondé la poursuite, s'étendent au civilement responsable ; il s'ensuit que ce dernier peut voir sa responsabilité recherchée, après relaxe de ses préposés du chef de blessures involontaires, sur le fondement de son obligation contractuelle de sécurité (Cass. crim., 1er juill. 1997 : *Bull.* 259).

7) Justifie sa décision la cour d'appel qui, statuant en application de l'article 470-1 du Code de procédure pénale, après relaxe du propriétaire d'un animal, poursuivi pour homicide involontaire, retient pour rejeter la demande d'indemnisation présentée par les parties civiles sur le fondement de l'article 1385 du Code civil que l'accident dans lequel s'est trouvé impliqué l'animal trouve sa cause dans l'acte de malveillance d'un tiers qui, perpétré de nuit, à l'insu du propriétaire, lequel ne pouvait en pallier les conséquences, a constitué pour celui-ci un événement imprévisible et irrésistible (Cass. crim., 1er oct. 1997 : *Bull.* 316).

8) La partie civile, qui demande, à titre subsidiaire, la réparation de son préjudice sur le fondement d'une règle de droit civil, telle la loi du 5 juillet 1985, sollicite nécessairement le bénéfice de l'article 470-1 du Code de procédure pénale (Cass. crim., 30 sept. 1998 : *Bull.* 241).

Art. 471 *(L. n. 92-1336, 16 déc. 1992, art. 37 ; L. n. 70-643, 17 juill. 1970, art. 12 ; L. n. 75-624, 11 juill. 1975, art. 26 ; L. n. 89-461, 6 juill. 1989, art. 14-II ; L. n. 93-913, 19 juill. 1993).* **– Nonobstant appel, le prévenu détenu qui n'a pas été condamné à une peine d'emprisonnement sans sursis est mis en liberté immédiatement après le jugement.**

Il en est de même en cas de condamnation à une peine d'emprisonnement, lorsque la détention provisoire a été ordonnée ou maintenue en application de l'article 464-1 ou de l'article 465, premier alinéa, aussitôt que la durée de la détention a atteint celle de la peine prononcée.

Le contrôle judiciaire prend fin sauf si le tribunal en décide autrement lorsqu'il prononce une condamnation à l'emprisonnement sans sursis ou assorti du sursis avec mise à l'épreuve. Si un cautionnement a été fourni, les dispositions des premier et deuxième alinéas de l'article 142-2 et du deuxième alinéa de l'article 142-3 sont applicables.

Les sanctions pénales prononcées en application des articles 131-6 à 131-11 du Code pénal peuvent être déclarées exécutoires par provision.

Une cour d'appel retient à bon droit, en application des articles 471, alinéa 3, 142-2, alinéa 3, et 142-3, alinéa 1, du Code de procédure pénale, qu'en cas de décision de relaxe, même non définitive, le cautionnement est restitué de plein droit au prévenu et qu'il n'appartient pas au juge d'en prononcer la restitution (Cass. crim., 27 oct. 1999 : *Bull.* 234).

Art. 472 *(L. n. 92-1336, 16 déc. 1992, art. 38 ; L. n. 93-913, 19 juill. 1993).* **– Dans le cas prévu par l'article 470, lorsque la partie civile a elle-même mis en mouvement l'action publique, le tribunal statue par le même jugement sur la demande en dommages-intérêts formée par la personne relaxée contre la partie civile pour abus de constitution de partie civile.**

1) Si, selon l'article 472 du Code de procédure pénale, le tribunal peut, à la demande de la personne acquittée, condamner la partie qui a mis en mouvement l'action publique à des dommages-intérêts pour action abusive, c'est seulement lorsque celle-ci a la qualité de partie civile. Tel n'est pas le cas de l'administration des impôts, partie poursuivante en matière de contributions indirectes (Cass. crim., 7 déc. 1992 : *Bull.* 404).

2) L'action en dommages-intérêts exercée par le prévenu acquitté contre la partie civile qui a mis l'action publique en mouvement est fondée sur l'existence d'une faute commise par la partie civile en saisissant la juridiction répressive (Cass. crim., 6 févr. 1974 : *Bull.* 56. – Cass. crim., 22 avr. 1992 : *Bull.* 168) ; justifie l'allocation de dommages-intérêts sur le fondement de l'article 472 l'arrêt qui relève que l'action publique a été mise en mouvement par la partie civile de façon téméraire (Cass. crim., 5 avr. 1965 : *Bull.* 109).

Le fait d'attraire de manière hâtive et téméraire une personne devant une juridiction répressive lui cause nécessairement un préjudice et justifie l'allocation à son profit de dommages-intérêts, sur le fondement de l'article 472 du Code de procédure pénale (Cass. crim., 21 janv. 1997 : *Bull.* 18).

3) Lorsque l'action publique a été mise en mouvement par la citation directe de la partie civile, le désistement de celle-ci à l'audience ne fait pas obstacle à ce que soient attribués des dommages-intérêts au prévenu, dès lors qu'il a été constaté que la citation résulte d'une faute lourde de la partie civile, dont la mauvaise foi a causé un préjudice à la personne citée (Cass. crim., 24 oct. 1983 : *Bull.* 259) ; cependant, une telle faute ne saurait se déduire du seul exercice du droit de citation directe qui est ouvert à la partie civile (Cass. crim., 10 mai 1973 : *Bull.* 218. – Cass. crim., 6 nov. 1979 : *Bull.* 308).

4) Encourt la cassation, l'arrêt qui a condamné la partie civile à payer des dommages-intérêts au prévenu relaxé, au motif qu'elle a commis une faute en agissant en réparation du préjudice découlant, selon elle, de l'infraction alléguée devant la juridiction répressive plutôt que devant le juge civil (Cass. crim., 2 juin 1982 : *Bull.* 138).

5) Échappe aux prévisions de l'article 472, l'action civile exercée dans les conditions de l'article 91 du Code de procédure pénale devant le juge répressif qui ne peut connaître d'une demande reconventionnelle au sens de l'article 64 du nouveau Code de procédure civile, étranger aux juridictions pénales (Cass. crim., 30 janv. 1984 : *Bull.* 35).

6) Les dispositions de l'article 472 du Code de procédure pénale, afférentes à la procédure devant le tribunal correctionnel, ne sont pas applicables devant le tribunal de police (Cass. crim., 2 févr. 1988 : *Bull.* 50) ; un prévenu acquitté ne saurait donc faire grief à la cour d'appel, qui a prononcé sa relaxe par réformation de la décision du tribunal de police, de n'avoir pas statué sur la demande de dommages-intérêts pour abus de constitution de partie civile dont il l'avait régulièrement saisie (Cass. crim., 21 nov. 1991 : *Bull.* 423).

Art. 473 *(L. n. 93-2, 4 janv. 1993, art. 128).* **– Tout jugement de condamnation se prononce à l'égard du prévenu sur la durée de la contrainte par corps.**

V. J. BAILLY, *Tribunal correctionnel ; Frais du procès : J.-Cl. Proc. pén.*, art. 473 à 475-1.

La contrainte par corps étant attachée de plein droit, en vertu de l'article 382-2 du Code des douanes, à l'exécution des condamnations douanières, il en résulte que la juridiction qui, en prononçant de telles condamnations, omet de se prononcer simultanément sur la contrainte par corps et sur sa durée n'épuise pas ses pouvoirs. Dès lors, pour le jugement de ces questions, les parties intéressées peuvent revenir devant elle (Cass. crim., 18 mai 1978 : *Bull.* 153).

Art. 474. *– Abrogé, L. n. 93-2, 4 janvier 1993, art. 143.*

Art. 475. *– Abrogé, L. n. 93-2, 4 janvier 1993, art. 143.*

Art. 475-1 *(L. n. 93-2, 4 janv. 1993, art. 129).* **– Le tribunal condamne l'auteur de l'infraction à payer à la partie civile la somme qu'il détermine, au titre des frais non payés par l'État et exposés par celle-ci. Le tribunal tient compte de l'équité ou de la situation économique de la partie condamnée. Il peut, même d'office, pour des raisons tirées des mêmes considérations, dire qu'il n'y a pas lieu à cette condamnation.**

1) En visant et appliquant l'article 475-1, la cour d'appel estime nécessairement inéquitable de laisser à la charge de la partie civile les sommes exposées par elle et non comprises dans les frais et dépens (Cass. crim., 26 avr. 1983 : *Bull.* 118 ; *JCP* 83, IV, 207) ; il en est de même lorsque la cour d'appel énonce que cette allocation est justifiée compte tenu des éléments de la cause (Cass. crim., 13 juin 1983 : *JCP* 83, IV, 267 ; *Bull.* 177) ; donne une base légale à sa décision d'écarter la demande de la partie civile fondée sur les dispositions de l'article 475-1, la cour d'appel qui énonce qu'il ne paraît pas inéquitable de laisser à sa charge les frais non compris dans les dépens qu'elle a cru devoir engager (Cass. crim., 23 avr. 1985 : *JCP* 85, IV, 236).

Les sommes allouées à la partie civile au titre de l'article 475-1 du Code de procédure pénale ne sont pas des dommages-intérêts et n'obéissent pas, en conséquence, aux dispositions des articles 35 et 40 de la loi du 13 juillet 1967 (Cass. crim., 10 déc. 1990 : *Bull.* 421) ; Les sommes allouées à la partie civile au titre de l'article 475-1 du Code de procédure pénale ne sont pas des dommages-intérêts et ne sont donc pas soumises aux dispositions des articles 47 et 50 de la loi du 25 janvier 1985 ; justifie sa décision la cour d'appel qui condamne le prévenu, déclaré responsable d'une infraction, en état de liquidation judiciaire, à payer ces mêmes sommes à la partie civile sur le fondement de l'article 475-1 du code précité (Cass. crim., 15 janv. 1998 : *Bull.* 20).

Ne satisfait pas à l'obligation qui lui a été spécialement imposée d'acquitter, en fonction de ses facultés contributives, les sommes dues à la victime de l'infraction, le condamné à une peine assortie du sursis avec mise à l'épreuve qui ne verse pas à la victime la somme allouée au titre de l'article 475-1 du Code de procédure pénale, laquelle entre dans les prévisions des articles 739 et R. 58.6° de ce code (Cass. crim., 27 juill. 1993 : *Bull.* 253).

2) Il n'y a pas lieu de distinguer si la partie civile, qui a obtenu une allocation sur le fondement de l'article 475-1, est appelante ou intimée (Cass. crim., 6 nov. 1984 : *Bull.* 336 ; *JCP* 85, IV, p. 23. – Cass. crim., 10 avr. 1986 : *Bull.* 124. – Cass. crim., 4 févr. 1998 : *Bull.* 46).

3) L'article 475-1 ne saurait permettre à la juridiction correctionnelle de condamner le civilement responsable à verser à la partie civile une somme correspondant aux frais non recouvrables qu'elle a dû exposer (Cass. crim., 12 oct. 1982 : *Bull.* 212 ; *JCP* 83, IV, 5), ou la partie civile à verser au prévenu renvoyé des fins de la poursuite une somme correspondant aux frais non recouvrables qu'il a dû exposer (Cass. crim., 3 déc. 1985 : *Bull.* 387. – Cass. crim., 27 juin 1996 : *Bull.* 279), ou une partie intervenante à verser à la partie civile une somme correspondante aux frais non recouvrables qu'elle a dû engager (Cass. crim., 9 juin 1986 : *Bull.* 196) ; ou la partie civile à verser à un tiers appelé en la cause par elle-même une somme correspondant aux frais non recouvra-

bles occasionnés par cette procédure (Cass. crim., 22 juin 1987 : *Bull.* 258).

4) L'article 475-1 du Code de procédure pénale ne prévoit la condamnation de l'auteur de l'infraction au paiement des frais non recouvrables qu'au profit des parties civiles, ce qui exclut les parties intervenantes, fussent-elles subrogées dans les droits de la victime (Cass. crim., 25 sept. 1996 : *Bull.* 331. – Cass. crim., 16 déc. 1998 : *Bull.* 342).

La condamnation prévue par l'article 475-1 du Code de procédure pénale ne peut être prononcée que contre l'auteur de l'infraction, ni bénéficier à une personne autre que la partie civile (Cass. crim., 19 févr. 1998 : *Bull.* 72).

5) La somme allouée au titre de l'article 475-1 du Code de procédure pénale, qui n'a pas le caractère de dommages-intérêts et n'obéit pas aux règles fixées par les articles 47 et 48 de la loi du 25 janvier 1985 sur le redressement et la liquidation judiciaires, peut être mise à la charge de l'auteur de l'infraction personnellement dans les liens d'une procédure collective (Cass. crim., 19 févr. 1998 : *Bull.* 72).

6) Une personne condamnée pour abus de constitution de partie civile sur le fondement de l'article 472 du Code de procédure pénale, n'est l'auteur d'aucune infraction au sens de l'article 475-1 à l'encontre de la personne qui s'est constituée partie civile à l'audience en demandant des dommages-intérêts en application de l'article 472 (Cass. crim., 17 avr. 1985 : *Bull.* 148).

7) Les dispositions de l'article 475-1 du Code de procédure pénale ne concernant que les juges du fond ne sont pas applicables devant la Cour de cassation (Cass. crim., 10 mai 1988 : *Bull.* 197. – Cass. crim., 3 mars 1993 : *Bull.* 96).

Art. 476. – *Abrogé, L. n. 93-2, 4 janvier 1993, art. 143.*

Art. 477. – *Abrogé, L. n. 93-2, 4 janvier 1993, art. 143.*

Art. 478. – Le prévenu, la partie civile ou la personne civilement responsable, peut réclamer au tribunal saisi de la poursuite la restitution des objets placés sous la main de la justice.

Le tribunal peut ordonner d'office cette restitution.

V. D. Guirimand, *Restitution par les juridictions de jugement des objets placés sous main de justice : J.-Cl. Proc. pén.*, art. 478 à 484, Fasc. 10. – L. Bore, *Solidarité*, Fasc. 20.

1) La juridiction correctionnelle est incompétente pour statuer sur la demande de restitution d'une somme d'argent ou de tout autre objet placé sous main de justice au cours d'une procédure distincte des poursuites dont elle est saisie (Cass. crim., 7 juin 1982 : *Bull.* 150).

2) Le juge répressif saisi par le prévenu relaxé d'une demande de restitution d'objets saisis entre ses mains, doit, sans qu'il y ait lieu à application de l'article 2279 du Code civil, faire droit à cette demande, dès lors que lesdits objets ne sont pas revendiqués par des tiers, que leur détention n'est pas illicite et que leur confiscation n'a pas été prononcée (Cass. crim., 12 mai 1982 : *Bull.* 123).

3) L'action en restitution des objets sous main de justice est distincte de l'action civile avec laquelle elle ne saurait se confondre (Cass. crim., 7 sept. 1999 : *Bull.* 180), même si, nonobstant l'article 479, dernier alinéa, elle peut être examinée lors du jugement de l'affaire au fond lorsqu'elle est exercée simultanément par une partie civile et par un tiers étranger aux poursuites (Cass. crim., 3 févr. 1986 : *Bull.* 42).

Art. 479. – Toute personne autre que le prévenu, la partie civile ou la personne civilement responsable qui prétend avoir droit sur des objets placés sous la main de la justice, peut également en réclamer la restitution au tribunal saisi de la poursuite.

Seuls, les procès-verbaux relatifs à la saisie des objets peuvent lui être communiqués.

Le tribunal statue par jugement séparé, les parties entendues.

1) Si par application des dispositions de l'article 479 du Code de procédure pénale, il doit être statué à l'audience par une décision séparée sur une demande de restitution émanant d'une personne autre que le prévenu, la partie civile ou le civilement responsable, la nullité ne saurait être encourue lorsque la décision qui a accueilli la demande de restitution présentée

par un tiers intervenant à l'audience mentionne que le prévenu et son avocat ont été entendus en leurs moyens de défense et précise que le prévenu a eu la parole le dernier ; constatations s'appliquant tant à la défense sur le fond que sur la requête en restitution (Cass. crim., 19 déc. 1967 : *Bull.* 334).

2) Les dispositions de l'article 479, alinéa 3, du Code de procédure pénale, ne sont pas applicables au cas où la demande est présentée conjointement par le prévenu et par des tiers (Cass. crim., 19 avr. 1961 : *Bull.* 213).

3) Lorsque des objets ont été saisis entre les mains d'une personne demeurée étrangère aux poursuites, la demande de restitution formée, par ladite personne, après le jugement définitif de l'action publique, ne peut, en l'absence de toute contestation émanant d'autres personnes prétendant avoir des droits propres sur les mêmes objets, être rejetée motif pris du caractère équivoque de la possession, sur le seul fondement de l'article 2279 du Code civil, ce texte régissant l'action civile en revendication distincte de l'action en restitution (Cass. crim., 11 juill. 1978 : *Bull.* 232. – Cass. crim., 30 oct. 1996 : *Bull.* 388).

Art. 480. – Si le tribunal accorde la restitution, il peut prendre toutes mesures conservatoires pour assurer jusqu'à décision définitive sur le fond la représentation des objets restitués.

Art. 480-1 *(L. n. 92-1336, 16 déc. 1992, art. 41 ; L. n. 93-913, 19 juill. 1993 ; L. n. 94-89, 1er févr. 1994, art. 10-II).* **– Les personnes condamnées pour un même délit sont tenues solidairement des restitutions et des dommages-intérêts.**

En outre, le tribunal peut, par décision spéciale et motivée, ordonner que le prévenu qui s'est entouré de coauteurs ou de complices insolvables sera tenu solidairement des amendes.

Art. 481. – Si le tribunal estime que les objets placés sous la main de la justice sont utiles à la manifestation de la vérité ou susceptibles de confiscation, il sursoit à statuer jusqu'à sa décision sur le fond.

Dans ce cas, le jugement n'est susceptible d'aucun recours.

(L. n. 86-1019, 9 sept. 1986, art. 18) **Le tribunal peut refuser la restitution lorsque celle-ci présente un danger pour les personnes ou les biens.**

Art. 482. – Le jugement qui rejette une demande de restitution est susceptible d'appel de la part de la personne qui a formé cette demande.

Le jugement qui accorde la restitution est susceptible d'appel de la part du ministère public et de la part du prévenu, de la personne civilement responsable, ou de la partie civile à qui cette décision ferait grief.

La cour ne peut être saisie qu'après que le tribunal a statué au fond.

Art. 483. *– Abrogé, L. n. 85-1407, 30 décembre 1985.*

Art. 484. – Lorsque la cour d'appel est saisie du fond de l'affaire, elle est compétente pour statuer sur les restitutions dans les conditions prévues par les articles 478 à 481.

(L. n. 85-1407, 30 déc. 1985, art. 8 et 94) **La cour d'appel peut refuser la restitution lorsque celle-ci présente un danger pour les personnes ou les biens.**

1) Selon les dispositions des articles 481 et 484 du Code de procédure pénale, lorsque les objets saisis ne sont pas susceptibles de confiscation et ne sont pas revendiqués par un tiers, la juridiction correctionnelle ne peut en refuser la restitution que si celle-ci présente un danger pour les personnes ou les biens ; encourt, dès lors, la cassation l'arrêt de condamnation qui, pour rejeter la demande de restitution d'objets saisis formée par le prévenu, se borne à énoncer qu'il n'a pas établi que ces objets étaient sa propriété, sans rechercher, notamment, s'ils étaient susceptibles de confiscation (Cass. crim., 22 mai 1997 : *Bull.* 201).

2) Méconnaît le principe de l'autorité de la chose jugée l'arrêt qui refuse la restitution d'une voiture volée au motif que le requérant était de mauvaise foi lors de son acquisition, alors

qu'une décision antérieure, ayant acquis force de chose jugée, avait relaxé celui-ci d'une poursuite du chef de recel, le prévenu ayant ignoré, lors de l'achat, l'origine frauduleuse du véhicule (Cass. crim., 29 avr. 1980 : *Bull.* 124).

Art. 485 *(L. n. 70-643, 17 juill. 1970, art. 40).* **– Tout jugement doit contenir des motifs et un dispositif.**

Deuxième alinéa modifié, L. n. 85-1407, 30 décembre 1985, art. 43-I et 94.

Les motifs constituent la base de la décision.

Le dispositif énonce les infractions dont les personnes citées sont déclarées coupables ou responsables ainsi que la peine, les textes de loi appliqués, et les condamnations civiles.

(Dernier al. rempl., L. n. 85-1407, 30 déc. 1985, art. 43-II et 94) **Il est donné lecture du jugement par le président ou par l'un des juges ; cette lecture peut être limitée au dispositif. Dans le cas prévu par l'alinéa premier de l'article 398, elle peut être faite même en l'absence des autres magistrats du siège.**

V. J.-L. GALLET, *Rédaction et prononcé des jugements : J.-Cl. Proc. pén.*, art. 485-486.

1) Encourt la cassation tout jugement de condamnation qui ne constate pas les éléments constitutifs de l'infraction retenue (Cass. crim., 5 juill. 1961 : *Bull.* 321) ; ainsi que le jugement d'un tribunal de police rédigé sur un imprimé, ne comportant notamment aucune référence ni à l'établissement du procès-verbal de constatation, ni aux circonstances de la contravention réprimée (Cass. crim., 26 nov. 1990 : *Bull.* 404).

2) Encourt la cassation pour insuffisance de motifs un arrêt qui ne permet pas à la Cour de cassation d'exercer son contrôle sur le point de savoir si les juges se sont déterminés en raison de circonstances de fait ou si leur décision est fondée sur des considérations de droit (Cass. crim., 14 nov. 1968 : *Bull.* 302).

Doit être cassé l'arrêt qui se limite à adopter les motifs d'un jugement se bornant à énoncer que les faits sont établis, sans les énoncer et sans préciser l'existence des circonstances exigées par la loi pour que ces faits soient punissables (Cass. crim., 6 mars 1996 : *Bull.* 105).

3) La loi exige que les motifs de toute décision ne soient en contradiction ni entre eux ni avec le dispositif. Ainsi doit être cassé : l'arrêt qui, après avoir déclaré que les premiers juges ont fait une exacte appréciation des éléments de la cause et que leur décision doit être maintenue, émande cette dernière en décidant qu'il y a contravention et non délit (Cass. crim., 13 déc. 1961 : *Bull.* 523) ; l'arrêt qui dans son dispositif fixe la durée d'une peine à un chiffre différent de celui qui a été envisagé dans les motifs (Cass. crim., 22 nov. 1983 : *Bull.* 307) ; le jugement du tribunal de police qui, par des mentions contradictoires, provoque une incertitude sur le texte de loi appliqué et, par là-même, sur la recevabilité du pourvoi (Cass. crim., 12 juill. 1982 : *Bull.* 188).

Doivent être déclarés nuls les jugements ou arrêts dont le dispositif contient des décisions contradictoires.

Doit dès lors être cassé l'arrêt confirmant le jugement entrepris dans toutes ses dispositions, et ordonnant révocation d'un sursis expressément écartée par les premiers juges (Cass. crim., 16 avr. 1986 : *Bull.* 129).

4) Le dispositif qui constitue les jugements et arrêts, fait foi jusqu'à inscription de faux, cette autorité ne peut être détruite par de simples notes d'audience dont l'objet est seulement d'assurer aux cours d'appel la connaissance des débats oraux (Cass. crim., 23 mai 1967 : *Bull.* 160).

5) Tout jugement ou arrêt portant condamnation à des pénalités fiscales doit préciser le montant de ces pénalités (Cass. crim., 20 nov. 1978 : *Bull.* 320) ; encourt la cassation l'arrêt qui, sans préciser les pénalités prononcées sur l'action publique et celles sur l'action fiscale, se borne à énoncer « condamne le prévenu pour chacune des infractions au minimum des amendes prévues par les textes applicables en la matière » (Cass. crim., 10 nov. 1970 : *Bull.* 295).

6) L'omission de viser les textes appliqués ne saurait donner ouverture à cassation dès lors qu'il n'existe aucune incertitude sur la nature de l'infraction retenue ni sur les textes dont il a été fait application (Cass. crim., 10 févr. 1981 : *JCP* 81, IV, p. 146 ; *Bull.* 50).

7) Il résulte des dispositions combinées des articles 485 et 512 du Code de procédure pénale que la lecture du jugement ou de l'arrêt peut

être faite par le président ou par l'un des magistrats ayant concouru à la décision, et ce, même en l'absence des autres magistrats du siège. Il est satisfait à ces prescriptions lorsque l'arrêt constate qu'il a été procédé à sa lecture par l'un des magistrats ayant participé aux débats et au délibéré, et ainsi concouru à la décision. Il n'importe dès lors que l'arrêt mentionne en outre, qu'un autre magistrat du siège était présent à l'audience de lecture (Cass. crim., 11 avr. 1988 : *Bull.* 145. – Cass. crim., 26 juill. 1989 : *Bull.* 301).

La lecture du seul dispositif d'un jugement ou arrêt, à l'audience même à laquelle ont eu lieu les débats, ne saurait impliquer l'inexistence de sa motivation au moment du prononcé alors qu'il résulte des dispositions combinées des articles 462, 485 et 486 du Code de procédure pénale que le président peut se limiter à cette lecture et déposer au greffe, dans le délai prévu par ce dernier texte, la minute de la décision (Cass. crim., 9 janv. 1989 : *Bull.* 5).

8) Ne met pas la Cour de cassation en mesure d'exercer son contrôle sur la régularité de la composition de la juridiction ayant statué, l'arrêt de la cour d'appel qui fait état, pour l'audience des débats et celle du prononcé de la décision, de deux compositions différentes, sans mentionner une reprise des débats, auxquels d'ailleurs n'aurait pu assister un des conseillers faisant partie de la seconde composition indiquée et ayant concouru à une précédente décision, entre-temps annulée, concernant la même affaire, ni davantage indiquer qu'il ait été fait application en l'espèce, pour la lecture de la décision, des dispositions de l'article 485, dernier alinéa, du Code de procédure pénale dans sa rédaction issue de la loi n. 85-1407 du 30 décembre 1985 (Cass. crim., 19 mai 1987 : *Bull.* 204).

Encourt la cassation l'arrêt qui énonce qu'il a été lu par un conseiller, alors que ce magistrat n'entrait pas dans la composition de la cour d'appel à cette audience, ces mentions contradictoires ne mettant pas la Cour de cassation en mesure de s'assurer de la régularité de la composition de la juridiction (Cass. crim., 4 oct. 1989 : *Bull.* 339).

La minute d'un arrêt étant signée par un conseiller qui a participé aux débats et au délibéré, il se déduit de cette seule circonstance d'une part que la lecture de la décision a été donnée par ce magistrat à l'audience ultérieure tenue dans une autre composition où l'arrêt a été rendu et d'autre part que le président était empêché (Cass. crim., 28 oct. 1992 : *Bull.* 348).

Ne met pas la Cour de cassation en mesure d'exercer son contrôle sur la régularité de la composition de la juridiction ayant statué l'arrêt de la cour d'appel qui n'indique pas qu'il ait été fait application, pour la lecture de la décision, des dispositions de l'article 485, dernier alinéa, du Code de procédure pénale dans sa rédaction issue de la loi n. 85-1407 du 30 décembre 1985 et qui fait état pour l'audience des débats et celle du prononcé de la décision de deux compositions différentes sans mentionner une reprise des débats (Cass. crim., 3 juill. 1987 : *Bull.* 286. – Cass. crim., 13 oct. 1988 : *Bull.* 346).

9) La présence du ministère public à l'audience de lecture s'impose, non seulement lorsque la décision est rendue par la formation de jugement qui a débattu de l'affaire et en a délibéré, mais encore lorsque la décision est lue par l'un des membres de ladite formation en application des dispositions de l'article 485, dernier alinéa, du Code de procédure pénale (Cass. Cass. crim., 11 févr. 1991 : *Bull.* 66. – Cass. crim., 18 janv. 1995 : *Bull.* 27).

Art. 486. – La minute du jugement est datée et mentionne les noms des magistrats qui l'ont rendu ; la présence du ministère public à l'audience doit y être constatée.

Après avoir été signée par le président et le greffier, la minute est déposée au greffe du tribunal dans les trois jours au plus tard du prononcé du jugement. Ce dépôt est mentionné sur le registre spécialement tenu au greffe à cet effet.

(L. n. 89-461, 6 juill. 1989, art. 24) **En cas d'empêchement du président, mention en est faite sur la minute qui est signée par celui des juges qui donne lecture du jugement.**

1) L'arrêt rendu en matière correctionnelle doit, à peine de nullité, constater non seulement que le ministère public a été présent à l'audience, mais aussi qu'il a eu la parole pour donner ses réquisitions (Cass. crim., 9 mars 1965 : *Bull.* 68) ; l'omission du nom du représentant du ministère public ne constitue pas la violation d'une formalité substantielle (Cass.

crim., 26 févr. 1970 : *Bull.* 81. – Cass. crim., 12 juill. 1994 ; *Bull.* 278) ; il suffit que soit constatée sa présence à l'audience (Cass. crim., 12 juill. 1994 : *Bull.* 278) ; l'arrêt étant rédigé d'un seul contexte, il y a présomption que le ministère public mentionné par l'arrêt comme ayant été présent à la dernière audience a assisté à toutes les audiences consacrées à la cause (Cass. crim., 25 oct. 1967 : *Bull.* 269).

2) L'article 486 n'exige pas que le nom du greffier qui a assisté les magistrats au cours de la procédure soit mentionné, il suffit pour le désigner que sa signature figure au bas de l'acte (Cass. crim., 15 déc. 1965 : *Bull.* 276. – Cass. crim., 26 juill. 1989 : *Bull.* 301) ; la capacité du greffier repose, jusqu'à preuve contraire, sur une présomption, qui dispense de toute mention spéciale, relativement au serment professionnel ou aux autres conditions que doivent remplir les greffiers d'audience (Cass. crim., 11 mai 1977 : *Bull.* 172. – Cass. crim., 16 mai 1995 : *Bull.* 175).

La mention de l'assistance d'un greffier différent lors des audiences des débats et du prononcé de la décision implique que la minute, lorsqu'elle ne précise pas le nom du signataire, a été signée par le greffier présent lors du prononcé (Cass. crim., 5 déc. 1996 : *Bull.* 453).

3) Si la minute de l'arrêt est signée par le conseiller qui en a régulièrement donné lecture, il est présumé, en l'absence de mention contraire, que c'est en l'empêchement du magistrat qui a présidé aux débats et au délibéré (Cass. crim., 21 nov. 1989 : *Bull.* 429. – Cass. crim., 28 oct. 1992 : *Bull.* 348).

4) Ne satisfait pas en lui-même aux conditions essentielles de son existence légale, et spécialement aux prescriptions de l'article 486, alinéa 1er, du Code de procédure pénale un jugement qui ne mentionne pas le nom des magistrats composant le tribunal correctionnel et se borne à énoncer qu'il a été rendu par le président en l'absence de deux juges assesseurs dont la présence aux débats et au délibéré n'est pas mentionnée, et sans qu'il soit fait référence aux dispositions de l'article 485, alinéa 3, du même code ; la cour d'appel ne saurait suppléer aux mentions légales et rejeter l'exception de nullité du jugement en constatant que, d'après les notes d'audience tenues lors des débats, le tribunal était composé des magistrats dont s'agit ; la cour d'appel doit en ce cas, par application de l'article 520 du Code de procédure pénale, annuler, évoquer et statuer sur le fond (Crim. 31 janv. 1994 : *Bull.* 40).

5) Les formalités prescrites par l'article 486 ne le sont pas à peine de nullité ; dès lors, le dépôt tardif de la minute d'un jugement ne peut entraîner la nullité de celui-ci quand il n'a été causé, de ce fait, aucun préjudice au prévenu (Cass. crim., 12 mai 1971 : *Bull.* 153) ; si la minute d'un arrêt n'a pas été déposée au greffe revêtue de la signature du président et du greffier, dans les trois jours du prononcé de la décision, et si la Cour de cassation est en mesure de s'assurer que l'inobservation de cette prescription n'a pas porté de préjudice au condamné, celui-ci ne peut se faire un grief de cette irrégularité (Cass. crim., 27 nov. 1984 : *Bull.* 370).

SECTION VI. – DU JUGEMENT PAR DÉFAUT ET DE L'OPPOSITION

§ 1. – Du défaut

Art. 487. – Sauf les cas prévus par les articles 410, 411, 414, 415, 416 et 424, toute personne régulièrement citée qui ne comparaît pas au jour et à l'heure fixés par la citation est jugée par défaut, ainsi qu'il est dit à l'article 412.

V. A. BLANCHOT, *Tribunal correctionnel, Jugement en l'absence du prévenu : J.-Cl. Proc. pén.*, art. 487-488.

1) Encourt la cassation l'arrêt statuant contradictoirement à l'égard de prévenus défaillants, dès lors qu'il ne renferme pas les constatations permettant de décider s'il est contradictoire ou par défaut (Cass. crim., 28 oct. 1971 : *Bull.* 286).

2) Le prévenu cité en mairie qui ne comparaît pas est jugé par défaut, la circonstance qu'au cours du délibéré, il ait fait parvenir à la cour une lettre par laquelle il demande que la décision à intervenir soit contradictoire à son égard ne saurait conférer à ladite décision

un caractère contraire à celui qui lui est légalement attribué (Cass. crim., 22 juill. 1964 : *Bull.* 247).

3) Sur le jugement par défaut d'une partie civile régulièrement citée, voir note M. B. sous Chambéry, 14 oct. 1965 : *JCP* 66, II, 14712.

Art. 488. – Le jugement prononcé par défaut est signifié par exploit d'huissier, conformément aux dispositions des articles 550 et suivants.

§ 2. – De l'opposition

Art. 489. – Le jugement par défaut est non avenu dans toutes ses dispositions, si le prévenu forme opposition à son exécution.

Il peut, toutefois, limiter cette opposition aux dispositions civiles du jugement.

V. A. Blanchot, *Tribunal correctionnel, Opposition, Itératif défaut : J.-Cl. Proc. pén.*, art. 489 à 495. – V. A. Vitu, *La réglementation de l'appel et de l'opposition dans le Code de procédure pénale : JCP* 59, I, 1486.

1) La partie à l'encontre de laquelle il a été statué par défaut a la faculté de choisir la voie de l'opposition ou celle de l'appel ; si elle opte pour cette dernière, elle se ferme, sans retour, la voie de l'opposition (Cass. crim., 7 févr. 1984 : *Bull.* 44).

Il résulte de l'article 489 du Code de procédure pénale qu'un avocat, même muni d'un pouvoir spécial, ne peut représenter un prévenu pour faire opposition à un jugement rendu par défaut (Cass. crim., 21 juin 1990 : *Bull.* 255) ; l'opposition si elle n'est soumise à aucune formalité ne peut cependant être formée que par l'interessé lui-même (Cass. crim., 7 avr. 1993 : *Dr. pénal,* juin 1993, n. 146. – Cass. crim., 1er févr. 1994 : *Bull.* 46).

2) Lorsque le prévenu pour un même jugement par défaut forme opposition et interjette appel, la cour ne peut statuer sur l'appel que si l'opposition a été auparavant déclarée irrecevable, ou que si le prévenu a renoncé à son opposition (Cass. crim., 27 mai 1961 : *Bull.* 275 ; *D.* 1961, 626, note J. M. R.).

3) S'il est vrai qu'aux termes de l'article 489 du Code de procédure pénale, le jugement par défaut est non avenu dans toutes ses dispositions lorsque le prévenu forme opposition à son exécution, ce texte est sans application à celles des dispositions de la décision prononçant sa relaxe, à l'égard desquelles l'appel est ouvert au ministère public et à la partie civile (Cass. crim., 5 oct. 1994 : *Bull.* 319).

La cour d'appel, ayant à statuer contradictoirement, tant sur l'appel du ministère public que sur celui du prévenu, recouvre la plénitude de ses pouvoirs et peut, sans violer l'article 489 du Code de procédure pénale, aggraver la peine initialement prononcée (Cass. crim., 15 sept. 1986 : *Bull.* 256).

4) L'acte d'opposition à un jugement rendu par défaut a un effet extinctif absolu, même au regard d'une mesure de suspension du permis de conduire assortie de l'exécution provisoire et prononcée conformément aux dispositions de l'article L. 19, 2e alinéa, du Code de la route (Cass. crim., 29 avr. 1981 : *Bull.* 135 ; *JCP* 81, IV, 251).

5) Si l'article 489, alinéa 1er, n'interdit pas à la juridiction appelée à statuer sur l'opposition du prévenu comparant, de faire revivre le jugement ou l'arrêt rendu par défaut, encore faut-il qu'elle justifie sa décision (Cass. crim., 23 juin 1971 : *Bull.* 205).

6) Il résulte de l'article 489 du Code de procédure pénale que l'opposition du prévenu à l'exécution d'un jugement prononcé par défaut, dès lors qu'elle met à néant ce jugement, non avenu en toutes ses dispositions, tant pénales que civiles, ne saurait laisser subsister la condamnation du civilement responsable, nécessairement subordonnée à celle de l'auteur de l'infraction (Cass. crim., 4 avr. 1995 : *Bull.* 145).

7) L'article 489, alinéa 1, du Code de procédure pénale n'interdit pas à la juridiction appelée à statuer sur l'opposition du prévenu comparant, de s'approprier explicitement, pour justifier sa décision de condamnation, les motifs de son précédent arrêt, aux termes desquels elle avait caractérisé en tous ses éléments le délit reproché (Cass. crim., 26 févr. 1997 : *Bull.* 79).

Art. 490 *(Ord. n. 60-529, 4 juin 1960, art. 8 ; L. n. 85-1407, 30 déc. 1985, art. 44 et 94).* **– L'opposition est portée à la connaissance du ministère public, à charge par lui d'en aviser la partie civile par lettre recommandée avec demande d'avis de réception.**

L'article 490 n'impose pas, à peine de nullité, pour l'opposant de recourir au ministère d'un huissier pour dénoncer son opposition... au ministère public (Cass. crim., 19 janv. 1961 : *Bull.* 39) à la partie civile (Cass. crim., 21 déc. 1961 : *Bull.* 547), cette opposition est recevable lorsqu'elle est déclarée dans le délai légal au magistrat du ministère public ou à toute autorité qualifiée pour en dresser procès-verbal et rendre compte (19 janv. 1961, *précité*), ... à la partie civile ou à son conseil et qu'il n'est pas contesté qu'elle en ait eu connaissance (21 déc. 1961, *précité*).

Art. 490-1 *(Inséré, L. n. 85-1407, 30 déc. 1985, art. 45 et 94).* **– Lorsque l'opposant est détenu, l'opposition peut être faite au moyen d'une déclaration auprès du chef de l'établissement pénitentiaire.**

Cette déclaration est constatée, datée et signée, par le chef de l'établissement pénitentiaire. Elle est également signée par le demandeur. Si celui-ci ne peut signer, il en est fait mention par le chef d'établissement.

Ce document est adressé sans délai, en original ou en copie et par tout moyen, au ministère public près la juridiction qui a rendu la décision attaquée.

Art. 491. – Si la signification du jugement a été faite à la personne du prévenu, l'opposition doit être formée dans les délais ci-après, qui courent à compter de cette signification : dix jours si le prévenu réside en France métropolitaine, un mois s'il réside hors de ce territoire.

Art. 492. – Si la signification du jugement n'a pas été faite à la personne du prévenu, l'opposition doit être formée dans les délais ci-après, qui courent à compter de la signification du jugement faite à domicile, à mairie ou à parquet : dix jours si le prévenu réside dans la France métropolitaine, un mois s'il réside hors de ce territoire.

(Ord. n. 60-529, 4 juin 1960) **Toutefois, s'il s'agit d'un jugement de condamnation et s'il ne résulte pas, soit de l'avis constatant remise de la lettre recommandée prévue aux articles 557, et 558, alinéa 3, soit d'un acte d'exécution quelconque, ou de l'avis donné conformément à l'article 560, que le prévenu a eu connaissance de la signification, l'opposition tant en ce qui concerne les intérêts civils que la condamnation pénale reste recevable jusqu'à l'expiration des délais de prescription de la peine.**

Dans les cas visés à l'alinéa précédent, le délai d'opposition court à compter du jour où le prévenu a eu cette connaissance.

1) Il résulte des dispositions du deuxième alinéa de l'article 492 que dans les cas prévus par ce texte, les condamnations pénales et civiles prononcées par défaut sont exécutoires, sous réserve d'opposition formée dans les délais de prescription de la peine, auquel cas la poursuite reprend son cours (Cass. crim., 26 janv. 1977 : *Bull.* 37).

2) Il résulte des dispositions de l'article 492 du Code de procédure pénale, applicable en cause d'appel, que le délai d'opposition court à partir du jour où le prévenu, même s'il n'a pas personnellement signé l'avis de réception de la lettre recommandée, a retiré lui-même en mairie la copie de l'exploit de signification (Cass. crim., 20 déc. 1988 : *Bull.* 441).

Doit être approuvé, au regard des dispositions de l'article 492 du Code de procédure pénale, l'arrêt de la cour d'appel, qui déclare irrecevable comme tardive l'opposition à un précédent jugement faite par le prévenu, en retenant que celui-ci avait eu connaissance de la signification lors d'une première opposition, formée par son avocat (Cass. crim., 30 mars 1999 : *Bull.* 62).

Le délai d'opposition, tant en ce qui concerne les intérêts civils que la condamnation pénale, ne peut s'appliquer aux jugements ne statuant que sur l'action civile (Cass. crim., 10 févr. 1970 : *Bull.* 59. – Cass. crim., 17 janv. 1973 : *Bull.* 22).

L'opposition à une décision statuant uniquement sur les intérêts civils, et non à un arrêt de condamnation au sens de l'alinéa 2 de l'article 492 du Code de procédure pénale, ne peut être formée que dans les délais prévus par l'alinéa 1 dudit article, soit dans les 10 jours de la signification (Cass. crim., 26 mars 1998 : *Bull.* 119).

3) Une signification viciée de nullité ne saurait faire courir, ni le délai d'opposition, ni celui de prescription de la peine (Cass. crim., 14 nov. 1972 : *Bull.* 338), si la prescription de l'action publique s'est accomplie entre-temps, il ne reste rien à juger après la constatation de cette prescription *(même arrêt)*.

4) L'arrestation du prévenu, en pays étranger, sur une demande d'extradition en vertu d'un mandat d'arrêt et d'une décision de condamnation régulièrement signifiée à domicile, constitue un acte d'exécution qui marque le point de départ du délai d'opposition (Cass. crim., 15 déc. 1960 : *Bull.* 591) ; en revanche, ne constitue pas un acte d'exécution et ne fait pas courir le délai d'opposition la notification d'un arrêt prononcé par défaut à une personne détenue à l'étranger à raison d'une demande d'extradition, dès lors que cette notification n'est pas assortie d'une demande d'extradition portant sur les faits ayant donné lieu à la condamnation par défaut, et permettant d'envisager la reprise de la procédure en France en cas de remise (Cass. crim., 15 oct. 1984 : *Bull.* 300).

Art. 493. – La personne civilement responsable et la partie civile peuvent former opposition à tout jugement par défaut à leur encontre, dans les délais fixés à l'article 491, lesquels courent à compter de la signification du jugement, quel qu'en soit le mode.

1) L'action civile et l'action publique étant indépendantes, le juge saisi d'une opposition par une partie civile d'un jugement ayant contradictoirement relaxé un prévenu doit statuer au fond sur cette opposition (Cass. crim., 28 janv. 1985 : *Bull.* 43).

2) La partie civile, à la différence du prévenu, peut toujours se faire représenter devant la juridiction répressive. Dès lors, les dispositions de l'article 493 du Code de procédure pénale, qui ne soumettent son opposition à aucune formalité spéciale, ne font pas obstacle à ce que cette voie de recours soit exercée par le ministère d'un avoué, mandataire légal de cette partie (Cass. crim., 18 janv. 1990 : *Bull.* 33).

§ 3. – De l'itératif défaut

Art. 494 *(Mod., L. n. 85-1407, 30 déc. 1985, art. 46-I et 94).* **– L'opposition est non avenue si l'opposant ne comparaît pas à la date qui lui est fixée soit par la notification à lui faite verbalement et constatée par procès-verbal au moment où l'opposition a été formée, soit par une nouvelle citation, délivrée à la personne de l'intéressé, conformément aux dispositions des articles 550 et suivants.**

(L. n. 72-1226, 29 déc. 1972, art. 34) **Toutefois, en cas de condamnation à une peine privative de liberté sans sursis, le tribunal peut ordonner le renvoi de l'affaire à une prochaine audience sans qu'il y ait lieu à délivrance de nouvelles citations et donner l'ordre à la force publique de rechercher et de conduire l'opposant devant le procureur de la République du siège du tribunal qui, soit le fait comparaître à l'audience de renvoi, soit le met en demeure de s'y présenter.**

Si l'opposant est trouvé en dehors du ressort du tribunal, il est conduit devant le procureur de la République du lieu de l'arrestation qui le met en demeure de se présenter à l'audience de renvoi.

Dans tous les cas, le procureur de la République dresse procès-verbal de ses diligences et l'opposant ne peut être retenu plus de vingt-quatre heures.

(5e al. rempl. par deux alinéas, L. n. 85-1407, 30 déc. 1985, art. 46-II et 94) **Si les recherches ordonnées sont demeurées sans effet, le tribunal déclare l'opposition non avenue sans nouveau renvoi.**

Il en est de même si l'opposant, régulièrement mis en demeure, ne comparaît pas.

1) Est valable la citation délivrée au parquet, après avoir été vainement présentée au domicile indiqué par le prévenu dans sa déclaration d'opposition (Cass. crim., 2 mai 1968 : *Bull.* 138), il appartenait en effet au prévenu d'informer le parquet de tout changement qui aurait

pu modifier le lieu de ce domicile (Cass. crim., 18 mai 1960 : *Bull.* 273. – Cass. crim., 2 juill. 1963 : *Bull.* 252).

2) Lorsqu'il s'agit d'une citation à comparaître à la suite d'une opposition à un arrêt de défaut, le point de départ du délai de comparution, tel que ce délai est fixé par l'article 552 du Code de procédure pénale, est le jour de la citation, quel qu'en soit le mode (Cass. crim., 10 mai 1984 : *Bull.* 166).

3) Lorsque le prévenu fait défaut en son opposition, la cour d'appel doit, sans entrer dans l'examen du fond, déclarer que l'arrêt par défaut sortira son plein et entier effet (Cass. crim., 10 juill. 1963 : *Bull.* 252). L'arrêt qui constate l'itératif défaut du prévenu et le déboute de son opposition à l'arrêt l'ayant condamné par défaut, n'a pas à être autrement motivé (Cass. crim., 18 déc. 1973 : *Bull.* 472) ; il n'y a pas lieu alors de faire un rapport qui serait sans objet (Cass. crim., 23 déc. 1963 : *Bull.* 371).

4) Lorsqu'un prévenu comparaît sur son opposition valablement formée à l'exécution d'un jugement de défaut, l'opposition produit son effet extinctif et un désistement de cette voie de recours intervenant à une audience ultérieure est inopérant (Cass. crim., 14 juin 1977 : *Bull.* 214).

5) La cour d'appel saisie d'une opposition à un arrêt par défaut, est nécessairement investie du droit de statuer sur cette opposition et par suite de la déclarer non avenue, même en l'absence de réquisitions spéciales du ministère public à cet égard (Cass. crim., 9 janv. 1973 : *Bull.* 11).

Encourt la cassation l'arrêt qui, relevant que les juges du premier degré ont constaté à bon droit l'itératif défaut, se borne à confirmer cette décision et s'abstient d'examiner le fond, au motif que, l'opposition ayant été déclarée non avenue, le jugement par défaut a acquis l'autorité de la chose jugée (Cass. crim., 21 oct. 1991 : *Bull.* 363).

6) Lorsque l'opposant, non avisé par procès-verbal ni cité à personne conformément aux dispositions des articles 550 et suivants du Code de procédure pénale, ne comparaît pas, la juridiction, qui ne peut dès lors déclarer non avenue l'opposition dont elle est saisie, doit rendre une nouvelle décision de défaut, laquelle est susceptible d'opposition (Cass. crim., 8 juin 1989 : *Bull.* 247. – Cass. crim., 5 déc. 1989 : *Bull.* 465).

Art. 494-1 *(L. n. 85-1407, 30 déc. 1985, art. 47 et 94).* – **Dans les cas prévus par les premier à cinquième alinéas de l'article 494 et si des circonstances particulières le justifient, le tribunal peut, par décision spécialement motivée, modifier le jugement frappé d'opposition, sans possibilité d'aggravation de la peine.**

1) Les dispositions de l'article 494-1 ne s'appliquent qu'au cas où l'opposition est, conformément aux prévisions des alinéas 1 à 5 de l'article 494 du Code de procédure pénale déclarée non avenue (Cass. crim., 8 juin 1989 : *Bull.* 247 ; *JCP* 90, II, 21512 note Y. Picod).

2) Encourt la cassation l'arrêt qui, déclarant non avenue l'opposition formée par le prévenu, laisse cependant subsister une condamnation à une amende supérieure au maximum légal encouru (Cass. crim., 18 oct. 1990 : *Bull.* 348).

Art. 495 ancien. – *Abrogé, L. n. 93-2, 4 janvier 1993, art. 143.*

SECTION VII. – DE LA PROCÉDURE SIMPLIFIÉE

(Section créée, L. n° 2002-1138, 9 sept. 2002, art. 42)

Art. 495 *(L. n° 2002-1138, 9 sept. 2002, art. 42).* – **Peuvent être soumis à la procédure simplifiée prévue à la présente section les délits prévus par le code de la route.**

Cette procédure n'est pas applicable :

1° Si le prévenu était âgé de moins de dix-huit ans au jour de l'infraction ;

2° Si la victime a formulé, au cours de l'enquête, une demande de dommages et intérêts ou de restitution, ou a fait directement citer le prévenu avant qu'ait été rendue l'ordonnance prévue à l'article 495-1 ;

3° Si le délit prévu par le code de la route a été commis en même temps qu'une contravention ou qu'un délit d'homicide involontaire ou d'atteinte involontaire à l'intégrité de la personne.

Le ministère public ne peut recourir à la procédure simplifiée que lorsqu'il résulte de l'enquête de police judiciaire que les faits reprochés au prévenu sont établis et que les renseignements concernant la personnalité de celui-ci, et notamment ses charges et ses ressources, sont suffisants pour permettre la détermination de la peine.

Art. 495-1 *(L. n° 2002-1138, 9 sept. 2002, art. 42).* **– Le ministère public qui choisit la procédure simplifiée communique au président du tribunal le dossier de la poursuite et ses réquisitions.**

Le président statue sans débat préalable par une ordonnance pénale portant relaxe ou condamnation à une amende ainsi que, le cas échéant, à une ou plusieurs des peines complémentaires encourues, ces peines pouvant être prononcées à titre de peine principale.

S'il estime qu'un débat contradictoire est utile ou qu'une peine d'emprisonnement devrait être prononcée, le juge renvoie le dossier au ministère public.

Art. 495-2 *(L. n° 2002-1138, 9 sept. 2002, art. 42).* **– L'ordonnance mentionne les nom, prénoms, date et lieu de naissance et domicile du prévenu, la qualification légale, la date et le lieu du fait imputé, la mention des textes applicables et, en cas de condamnation, la ou les peines prononcées.**

L'ordonnance pénale doit être motivée, au regard notamment des dispositions du dernier alinéa de l'article 495.

Art. 495-3 *(L. n° 2002-1138, 9 sept. 2002, art. 42).* **– Dès qu'elle est rendue, l'ordonnance pénale est transmise au ministère public qui, dans les dix jours, peut soit former opposition par déclaration au greffe du tribunal, soit en poursuivre l'exécution.**

Cette ordonnance est portée à la connaissance du prévenu par lettre recommandée avec demande d'avis de réception.

Le prévenu est informé qu'il dispose d'un délai de quarante-cinq jours à compter de cette notification pour former opposition à l'ordonnance et que cette opposition permettra que l'affaire fasse l'objet d'un débat contradictoire et public devant le tribunal correctionnel, au cours duquel il pourra être assisté par un avocat, dont il pourra demander la commission d'office. Le prévenu est également informé que le tribunal correctionnel, s'il l'estime coupable des faits qui lui sont reprochés, aura la possibilité de prononcer contre lui une peine d'emprisonnement si celle-ci est encourue pour le délit ayant fait l'objet de l'ordonnance.

En l'absence d'opposition, l'ordonnance est exécutée suivant les règles prévues par le présent code pour l'exécution des jugements correctionnels.

Toutefois, s'il ne résulte pas de l'avis de réception que le prévenu a reçu la lettre de notification, l'opposition reste recevable jusqu'à l'expiration d'un délai de trente jours qui court de la date à laquelle l'intéressé a eu connaissance, d'une part, de la condamnation, soit par un acte d'exécution, soit par tout autre moyen, d'autre part, du délai et des formes de l'opposition qui lui sont ouvertes.

Le comptable du Trésor arrête le recouvrement dès réception de l'avis d'opposition à l'ordonnance pénale établi par le greffe.

Art. 495-4 *(L. n° 2002-1138, 9 sept. 2002, art. 42).* **– En cas d'opposition formée par le ministère public ou par le prévenu, l'affaire est portée à l'audience du tribunal correctionnel. Le jugement rendu par défaut, sur l'opposition du prévenu, n'est pas susceptible d'opposition.**

Jusqu'à l'ouverture des débats, le prévenu peut renoncer expressément à son opposition. L'ordonnance pénale reprend alors sa force exécutoire et une nouvelle opposition n'est pas recevable.

Art. 495-5 *(L. n° 2002-1138, 9 sept. 2002, art. 42).* **– L'ordonnance pénale, à laquelle il n'a pas été formé opposition ou qui n'a pas été portée par le ministère public à l'audience du tribunal correctionnel, a les effets d'un jugement passé en force de chose jugée.**

Cependant, elle n'a pas l'autorité de la chose jugée à l'égard de l'action civile en réparation des dommages causés par l'infraction.

Art. 495-6 *(L. n° 2002-1138, 9 sept. 2002, art. 42)*. **– Les dispositions de la présente section ne font pas échec aux droits de la partie lésée de citer l'auteur des faits devant le tribunal correctionnel.**

Le tribunal statue uniquement sur les intérêts civils si l'ordonnance pénale a acquis la force de chose jugée.

CHAPITRE II. – DE LA COUR D'APPEL EN MATIÈRE CORRECTIONNELLE

SECTION I. – DE L'EXERCICE DU DROIT D'APPEL

Art. 496. – Les jugements rendus en matière correctionnelle peuvent être attaqués par la voie de l'appel.

L'appel est porté à la cour d'appel.

V. D. GUIRIMAND, *Cour d'appel en matière correctionnelle, Conditions de l'appel : J.-Cl. Proc. pén.*, art. 496 à 520, Fasc. 10. – *Effets de l'appel*, Fasc. 20. – *Composition, procédure*, Fasc. 30.

V. Textes complémentaires, Arr. 12 oct. 1995, relatif au traitement automatisé de la gestion des affaires soumises aux chambres des appels correctionnels des cours d'appel.

1) Aux termes de l'article 146, les jugements rendus en matière correctionnelle peuvent être attaqués par la voie d'appel ; cette règle générale doit recevoir application à moins qu'il n'y soit dérogé par une disposition expresse de la loi (Cass. crim., 17 mars 1977 : *Bull.* 102 ; *Rev. sc. crim.* 1978, p. 118, obs. J. Robert) ; elle ne saurait dépendre du montant de la condamnation prononcée (Cass. crim., 9 févr. 1960 : *Bull.* 73).

2) La décision, rendue par un tribunal, en matière d'incident contentieux relatif à l'exécution d'une peine (Cass. crim., 29 déc. 1964 : *Bull.* 350), ou celle portant sur la possibilité d'interrompre l'exécution d'une peine d'emprisonnement, en application de l'article 720-1 du Code de procédure pénale (Cass. crim., 17 mars 1977, *précité*), peut être attaquée par la voie de l'appel.

3) Le pourvoi en cassation contre un jugement portant à tort qu'il a été rendu en dernier ressort est irrecevable, il a cependant pour effet de différer jusqu'à la notification de l'arrêt de la Cour de cassation, l'ouverture du délai d'appel du jugement (Cass. crim., 13 avr. 1983 : *Bull.* 100).

Art. 497 *(L. n. 83-608, 8 juill. 1983, art. 8)*. **– La faculté d'appeler appartient :**

1° Au prévenu ;

2° À la personne civilement responsable quant aux intérêts civils seulement ;

3° À la partie civile, quant à ses intérêts civils seulement ;

4° Au procureur de la République ;

5° Aux administrations publiques, dans les cas où celles-ci exercent l'action publique ;

6° Au procureur général près la cour d'appel.

1) L'article 497 détermine de façon limitative les personnes qui peuvent appeler d'un jugement rendu en matière correctionnelle ; d'autre part, selon l'article 502 du même code, la déclaration d'appel doit être faite soit par l'appelant lui-même, soit par l'avocat ou le fondé de pouvoir spécial qui le représente ; il s'ensuit que la déclaration d'appel faite au nom d'une personne décédée est nulle (Cass. crim., 10 janv. 1984 : *Bull.* 12).

2) La faculté pour la partie civile d'interjeter appel dans l'instance pénale, quant à ses intérêts civils, est un droit spécifique, général et absolu, qui n'est pas soumis aux règles limitatives de la procédure civile (Cass. crim., 2 mars 1981 : *Bull.* 77).

Si la décision de renvoyer l'affaire devant la juridiction civile compétente en application de l'article 470-1, alinéa 2, du Code de procédure pénale n'est pas susceptible de recours, cette règle ne fait pas obstacle au droit de la partie civile d'appeler, quant à ses intérêts civils, du jugement de relaxe en vertu de l'article 497-3° dudit code (Cass. crim., 4 oct. 1990 : *Bull.* 332).

3) Si, selon l'article 497 du Code de procédure pénale, la partie civile n'a la faculté d'ap-

peler que quant à ses intérêts civils, il n'en est ainsi qu'à l'égard des décisions par lesquelles les premiers juges ont statué sur le fond ; dès lors, dans le cas où la cour d'appel réforme un jugement d'incompétence, elle se trouve investie, par le seul appel de la partie civile, de la mission de statuer tant sur l'action publique que sur l'action civile (Cass. crim., 10 mai 1994 : *Bull.* 177).

La cour d'appel, saisie du seul appel de la partie civile, ne peut se déclarer incompétente au motif que les faits seraient de la compétence de la juridiction criminelle, l'action publique n'étant pas en cause (Cass. crim., 4 mars 1981 : *Bull* 80 ; *JCP* 81, IV, 175. – Cass. crim., 25 nov. 1992 : *JCP* 94, 22261, note Jeandidier). Justifie sa décision la cour d'appel qui, saisie par les parties civiles, seules appelantes, d'un déclinatoire de compétence au motif que les faits objet de la poursuite auraient un caractère criminel, constate que la décision entreprise portant condamnation des prévenus est devenue définitive, rejette l'exception, qualifie les faits au point de vue des intérêts civils et se prononce sur l'indemnisation des parties civiles (Cass. crim., 22 mars 1995 : *Bull.* 118).

4) Une personne déclarée civilement responsable par les premiers juges a intérêt à agir, et a la faculté d'appeler de cette décision même si le jugement, à défaut de citation, lui est inopposable (Cass. crim., 13 déc. 1982 : *Bull.* 282).

Le commettant régulièrement cité en qualité de civilement responsable n'est pas dépourvu d'intérêt à relever appel du jugement qui, bien qu'ayant omis de se prononcer sur les demandes dirigées contre lui, a évalué l'étendue du dommage causé et fixé le montant des remboursements dus à la sécurité sociale intervenante (Cass. crim., 18 oct. 1983 : *Bull.* 251).

5) L'administration des eaux et forêts a qualité, en vertu des articles 34 et 39 du Code de procédure civile, pour exercer l'action publique conjointement avec le ministère public dans la poursuite d'une infraction entrant dans les prévisions de l'article 105 du Code forestier, et a donc qualité pour interjeter appel d'un jugement rendu en son absence (Cass. crim., 4 juill. 1978 : *Bull.* 219) ; lorsque l'intervention du Trésor public a été régulièrement admise, il devient partie à l'instance, et dispose d'un droit propre d'appel (Cass. crim., 6 déc. 1966 : *Bull.* 277).

Art. 498. – Sauf dans le cas prévu à l'article 505, l'appel est interjeté dans le délai de dix jours à compter du prononcé du jugement contradictoire.

(Ord. n. 60-529, 4 juin 1960, art. 2) **Toutefois, le délai d'appel ne court qu'à compter de la signification du jugement quel qu'en soit le mode :**

1° Pour la partie qui, après débat contradictoire, n'était pas présente ou représentée à l'audience où le jugement a été prononcé, mais seulement dans le cas où elle-même ou son représentant n'auraient pas été informés du jour où le jugement serait prononcé ;

2° Pour le prévenu qui a demandé à être jugé en son absence dans les conditions prévues par l'article 411, alinéa 1er ;

3° Pour le prévenu qui n'a pas comparu, dans les conditions prévues par l'article 411, alinéa 4.

(Dernier al. rempl., L. n. 85-1407, 30 déc. 1985, art. 48 et 94) **Il en est de même dans les cas prévus par les articles 410 et 494-1.**

1) Les formes et délais d'appel sont d'ordre public, les nullités qui s'y réfèrent peuvent être invoquées pour la première fois devant la Cour de cassation ou même supplées d'office (Cass. crim., 21 déc. 1965 : *Bull.* 282. – Cass. crim., 28 févr. 1968 : *Bull.* 68).

2) Aux termes de l'article 498, l'appel est interjeté dans le délai de dix jours à compter selon le cas, soit du prononcé, soit de la signification du jugement ; cette formule ne comporte aucune ambiguïté et implique que l'appel formé le onzième jour est tardif (Cass. crim., 13 juill. 1960 : *Bull.* 372. – Cass. crim., 30 janv. 1973 : *Bull.* 46) ; est irrecevable, l'appel formé après l'expiration du délai de dix jours prévu par l'article 498 et avant l'ouverture du délai exceptionnel institué par l'article 500 du Code de procédure pénale (Cass. crim., 15 janv. 1970 : *Bull.* 28).

3) Un appel intervenu le onzième jour est recevable si l'appelant apporte la preuve d'une impossibilité absolue, survenue au cours du délai d'appel, de se présenter au greffe, ou de constituer mandataire, à raison d'un obstacle invincible assimilable à la force majeure (Cass. crim., 22 nov. 1978 : *Bull.* 326), tel est le cas du prévenu, détenu pour autre cause, non extrait à

la date à laquelle la décision est rendue (Cass. crim., 17 mars 1986 : *Bull.* 107).

Justifie de circonstances l'ayant mis dans l'impossibilité absolue d'exercer son recours en temps utile, le prévenu détenu qui étant présent aux débats n'a pas été extrait de la maison d'arrêt le jour où a été prononcé le jugement ; le délai d'appel ne peut dès lors courir qu'à compter de la signification (Cass. crim., 29 févr. 1988 : *Bull.* 100).

4) L'avertissement donné aux représentants des parties L'avertissement donné aux représentants des parties que le jugement est renvoyé à une date ultérieure a pour effet de faire courir le délai d'appel dès le jugement sans qu'il soit nécessaire de procéder à la signification de ce dernier (Cass. crim., 18 févr. 1964 : *Bull.* 56), il en est de même lorsqu'à l'occasion de renvois contradictoires successifs ayant pour objet de proroger le délibéré, le président a avisé les parties ou leurs conseils de la date à laquelle la décision serait rendue (Cass. crim., 13 déc. 1982 : *Bull.* 283) ; la mention de l'avertissement donné conformément aux dispositions de l'article 462, alinéa 2, du Code de procédure pénale, doit figurer en termes exprès dans le jugement (Cass. crim., 13 nov. 1978 : *Bull.* 311).

5) En revanche, le délai d'appel ne court que du jour de la signification, quel qu'en soit le mode, lorsque, après renvoi contradictoire, le jugement a été rendu hors la présence du prévenu, s'il n'est pas constaté que celui-ci a été informé de la date à laquelle le jugement serait prononcé (Cass. crim., 23 mars 1981 : *Bull.* 102 ; *Rev. sc. crim.* 1982, p. 632, obs. J.-M. Robert) à la condition que cette signification ait été faite régulièrement (Cass. crim., 11 juill. 1973 : *Bull.* 323).

6) Les dispositions de l'alinéa 2-2° de l'article 498 du Code de procédure pénale ne s'appliquent qu'aux décisions rendues dans les conditions prévues par l'article 411, alinéa 1er, et non, au cas prévu par l'alinéa 2 du même article, où le défenseur est entendu. En ce cas, le prévenu étant représenté par son avocat, le délai d'appel court à compter du prononcé de la décision (Cass. crim., 27 nov. 1978 : *Bull.* 330).

7) L'article 498 du Code de procédure pénale, selon lequel, à l'égard du prévenu jugé contradictoirement dans les conditions de l'article 410, le délai d'appel court à compter de la signification, ne limite pas à la décision intervenue sur l'action publique les effets d'une signification effectuée à la requête du ministère public (Cass. crim., 15 janv. 1975 : *Bull.* 16).

8) Lorsqu'un jugement est rendu par défaut à l'égard d'une partie et contradictoirement pour une autre, celle-ci doit former son appel dans le délai fixé par l'article 498 du Code de procédure pénale. Ce droit n'est point subordonné à la condition de signification préalable du jugement, mais la cour doit surseoir, le cas échéant, à statuer sur l'appel jusqu'à ce que les délais d'opposition soient expirés (Cass. crim., 12 mai 1976 : *Bull.* 153).

Aux termes de l'article 498 du Code de procédure pénale, si le jugement est rendu par défaut ou itératif défaut, le délai d'appel court à compter de la signification faite en mairie, après vérification par l'huissier de l'exactitude du domicile du prévenu, celui-ci ayant été régulièrement informé par lettre recommandée avec avis de réception.

L'appel est irrecevable comme tardif, s'il est formé plus de dix jours après signification dudit jugement et le pourvoi dirigé contre cet arrêt est lui-même irrecevable (Cass. crim., 3 mars 1986 : *Bull.* 82).

9) Le délai d'appel de l'assureur, appelé en cause, mais non intervenant, ne court qu'à compter de la signification du jugement (Cass. crim., 15 déc. 1987 : *Bull.* 461). En cas de pluralité de parties défaillantes ou non comparantes, le délai d'appel ne court, pour chacune d'elles, qu'à compter de la signification qui lui est faite du jugement ; dès lors, encourt la cassation l'arrêt qui, statuant sur l'appel d'un assureur qui ne s'était pas fait représenter en première instance, déclare cet appel irrecevable au motif qu'il avait été interjeté plus de dix jours après la signification du jugement à l'assuré (Cass. crim., 7 juin 1988 : *Bull.* 256).

10) En matière forestière, l'action publique appartient tant à l'administration chargée des forêts qu'au ministère public. Cependant le droit, indépendant de celui du ministère public, reconnu par les articles L. 153-8 et L. 153-9 du Code forestier aux ingénieurs de l'État chargés des forêts d'interjeter appel, au nom de leur administration, des jugements susceptibles de préjudicier à ses intérêts, quand bien même le ministère public ne se pourvoirait pas, ne saurait le ministère public ne se pourvoirait pas, ne saurait leur conférer plus de droits qu'à celui-ci ;

il s'ensuit que le délai de dix jours imparti par l'article 498 du Code de procédure pénale court du prononcé du jugement pour l'Administration à l'égard de qui il est nécessairement contradictoire même si elle n'est pas présente à l'audience (Cass. crim., 20 oct. 1993 : *Bull.* 302).

11) Il résulte des dispositions combinées des articles 498 et 562 du Code de procédure pénale que le délai d'appel d'un jugement signifié à l'étranger ne court qu'à compter de la remise de l'acte effectuée dans les conditions prévues par la convention internationale applicable et, notamment, par l'article 7 de la Convention européenne d'entraide judiciaire, s'il s'agit d'un État l'ayant ratifiée ; doit être cassé l'arrêt qui, pour déclarer irrecevable comme tardif l'appel du prévenu, omet de s'assurer que la signification du jugement entrepris avait été effectuée au destinataire par l'autorité du pays de sa résidence (Cass. crim., 18 juin 1996 : *Bull.* 256).

Art. 499. – Si le jugement est rendu par défaut ou par itératif défaut, le délai d'appel ne court qu'à compter de la signification du jugement, quel qu'en soit le mode.

1) Si, aux termes de l'article 499 du Code de procédure pénale, dans le cas d'un jugement par défaut, le délai d'appel court à compter de la signification quel qu'en soit le mode, c'est à la condition que la signification ait été faite conformément aux prescriptions des articles 555 et suivants du même code (Cass. crim., 4 avr. 1974 : *Bull.* 150).

2) En cas de signification faite en mairie, la circonstance que l'avis de réception ait été ou non signé par l'intéressé n'exerce par elle-même aucune influence sur la validité de la signification (Cass. crim., 6 janv. 1970 : *Bull.* 10).

3) Il incombe au prévenu d'avertir le parquet de tout changement ayant pu modifier le lieu de son domicile, tel qu'il l'avait indiqué lorsqu'il a fait opposition (Cass. crim., 6 mai 1970 : *Bull.* 156).

Art. 500. – En cas d'appel d'une des parties pendant les délais ci-dessus, les autres parties ont un délai supplémentaire de cinq jours pour interjeter appel.

1) La disposition de l'article 500 du Code de procédure pénale, qui est de droit strict, n'admet le délai supplémentaire que dans le cas où l'appel principal est interjeté dans le délai prévu par les articles 498 et 499 du même code (Cass. crim., 18 janv. 1962 : *Bull.* 46 ; *JCP* 62, II, 12884, obs. Chambon ; *Rev. sc. crim.* 1962, p. 530, obs. J. Robert. – Cass. crim., 2 nov. 1967 : *Bull.* 276 ; *DS* 1968, 378, note J.-M. R.).

2) Il est imparti, pour faire appel incident, à toutes les parties qui auraient été admises à interjeter appel principal un délai global de quinze jours après celui où le jugement entrepris a été rendu contradictoirement (Cass. crim., 14 janv. 1970 : *Bull.* 24. – Cass. crim., 22 déc. 1970 : *Bull.* 348) ; l'appel incident formé par un coprévenu est recevable (Cass. crim., 14 janv. 1970, *précité*) ; il en est ainsi même à l'égard de celles des autres parties dont le délai d'appel a eu un autre point de départ que celui de l'appelant principal, eût-elle formé son appel le même jour et par le même acte que l'appelant principal (Cass. crim., 8 nov. 1995 : *Bull.* 340).

3) Le désistement de son appel par l'une des parties n'entraîne pas l'irrecevabilité de l'appel formé par une autre partie dans le délai supplémentaire de cinq jours prévu par l'article 500 du Code de procédure pénale, ledit appel subsistant avec son entier effet évolutif (Cass. crim., 19 janv. 1994 : *Bull.* 26).

4) Le délai prévu par l'article 500 ne court qu'à compter du moment où le ministère public est informé de l'appel principal par la transcription de la déclaration du prévenu sur le registre du greffe dans les conditions prévues par l'article 503 du même code (Cass. crim., 30 janv. 1969 : *Bull.* 58 ; *DS* 1969, 559, note J.-M. R.).

Art. 500-1 *(L. n. 2000-516, 15 juin 2000, art. 42, applic. 1er janv. 2001)*. **– Lorsqu'il intervient dans un délai d'un mois à compter de l'appel, le désistement par le prévenu ou la partie civile de son appel principal entraîne la caducité des appels incidents, y compris celui du ministère public. Constitue un appel incident l'appel formé dans le délai prévu par l'article 500, ainsi que l'appel formé, à la suite d'un précédent appel, dans les délais prévus par les articles 498 ou 505, lorsque**

l'appelant précise qu'il s'agit d'un appel incident. Dans tous les cas, le ministère public peut toujours se désister de son appel formé après celui du prévenu en cas de désistement de celui-ci.

Art. 501 *(L. n. 70-643, 17 juill. 1970, art. 13).* **– Lorsque le tribunal statue sur une demande de mise en liberté conformément aux articles 148-1 et 148-2 ainsi que lorsqu'il statue sur une demande de mainlevée ou de modification du contrôle judiciaire, l'appel doit être formé dans un délai de vingt-quatre heures.**

Deuxième alinéa abrogé, L. n. 84-576, 9 juillet 1984, art. 17 et 19.

Dernier alinéa abrogé à compter du 1er février 1986, L. n. 85-1407, 30 décembre, art. 49 et 94.

Les décisions des juridictions correctionnelles statuant sur une demande de mise en liberté, en application de l'article 148-1 du Code de procédure pénale sont, aux termes de l'article 501 de ce code, susceptibles d'appel dans un délai de vingt-quatre heures, sans que la recevabilité de ce recours soit soumise à la procédure prévue par les articles 507 et 508 du même code (Cass. crim., 25 juin 1979 : *Bull.* 221).

Art. 502. – La déclaration d'appel doit être faite au greffier de la juridiction qui a rendu la décision attaquée.

(Deuxième al. mod., L. n. 85-1407, 30 déc. 1985, art. 88 et 94) **Elle doit être signée par le greffier et par l'appelant lui-même, ou par un avoué près la juridiction qui a statué, ou par un avocat, ou par un fondé de pouvoir spécial ; dans ce dernier cas, le pouvoir est annexé à l'acte dressé par le greffier. Si l'appelant ne peut signer, il en sera fait mention par le greffier.**

Elle est inscrite sur un registre public à ce destiné et toute personne a le droit de s'en faire délivrer une copie.

1) La déclaration d'appel doit être faite au greffe de la juridiction qui a rendu la décision attaquée. Il s'agit là d'une formalité substantielle à laquelle il ne peut être suppléé qu'au cas où il y aurait eu impossibilité absolue d'y satisfaire (Cass. crim., 2 nov. 1960 : *Bull.* 493).

Les formes et délais d'appel étant d'ordre public, les nullités qui s'y réfèrent peuvent être proposées pour la première fois devant la Cour de cassation (Cass. crim., 23 mars 1993 : *Bull.* 126).

Il suffit pour la régularité d'un appel de spécifier le jugement contre lequel cette voie de recours est exercée, sans qu'il soit nécessaire, à peine de nullité, de désigner les noms de toutes les parties en cause, du moment qu'il résulte de la déclaration d'appel que celle-ci n'a pu être faite qu'au nom d'une de ces parties, à l'exclusion de toute autre (Cass. crim., 28 févr. 1962 : *Bull.* 110).

En cas de pluralité de décisions, la déclaration d'appel doit spécifier chacune des décisions entreprises (Cass. crim., 23 mars 1993 : *Bull.* 126).

L'acte d'appel fait foi jusqu'à inscription de faux des mentions et des énonciations qui y sont contenues, notamment du nom des parties appelantes. C'est dès lors à bon droit qu'une cour d'appel dénie la qualité d'appelantes à des personnes qui, ne figurant pas dans l'acte d'appel, sont désignées dans un acte rectificatif établi sous la seule signature du greffier après l'expiration du délai de recours (Cass. crim., 16 nov. 1994 : *Bull.* 364).

2) Méconnaît le sens et la portée de l'article 502 du Code de procédure pénale, la cour d'appel qui, pour déclarer irrecevable l'appel formé par un avocat au nom d'un prévenu, contre lequel le tribunal correctionnel avait décerné mandat d'arrêt, énonce que ce dernier, qui ne s'est pas soumis à un mandat de justice, n'est pas en droit de se faire représenter pour exercer la voie de recours (Cass. crim., 24 nov. 1999 : *Bull.* 27-3).

3) Quel que soit le barreau dont il relève, l'avocat qui fait une déclaration d'appel n'est pas tenu de produire un pouvoir spécial (Cass. crim., 20 mars 1990 : *Bull.* 123. – Cass. crim., 13 juin 1990 : *Bull.* 242). Satisfait aux exigences de ce texte, la déclaration d'appel formée par l'avocat d'une personne morale, sans que soit mentionné l'organe qui la représente (Cass. crim., 10 mars 1999 : *Bull.* 35).

4) Les fonctionnaires des impôts territorialement compétents pour suivre l'action fiscale devant les juridictions répressives sont habilités à relever appel au nom de leur Administration, sans avoir à produire un pouvoir spécial au sens

de l'article 502 du Code de procédure pénale (Cass. crim., 4 juin 1998 : *Bull.* 186).

5) Lorsque l'appelant a recours à un fondé de pouvoir spécial, la preuve de la présentation au greffe de ce pouvoir au moment de la déclaration d'appel, doit résulter des constatations mêmes de l'acte d'appel et des pièces qui y sont annexées (Cass. crim., 13 nov. 1962 : *Bull.* 315).

6) Il résulte des articles 497 et 502 du Code de procédure pénale que la déclaration d'appel faite au nom d'une personne décédée est nulle (Cass. crim., 10 janv. 1984 : *Bull.* 12 ; *Rev. sc. crim.* 1985, 121, obs. J. Robert).

Art. 503 *(Rempl., L. n. 85-1407, 30 déc. 1985, art. 50 et 94).* **– Lorsque l'appelant est détenu, l'appel peut être fait au moyen d'une déclaration auprès du chef de l'établissement pénitentiaire.**

Cette déclaration est constatée, datée et signée par le chef de l'établissement pénitentiaire. Elle est également signée par l'appelant ; si celui-ci ne peut signer, il en est fait mention par le chef de l'établissement.

Ce document est adressé sans délai, en original ou en copie, au greffe de la juridiction qui a rendu la décision attaquée ; il est transcrit sur le registre prévu par le troisième alinéa de l'article 502 et annexé à l'acte dressé par le greffier.

1) Aux termes de l'article 503 du Code de procédure pénale, lorsque l'appelant est détenu il peut, à défaut de déclaration faite au greffe de la juridiction qui a rendu la décision attaquée, faire connaître sa volonté d'interjeter appel par une lettre qu'il remet au surveillant-chef de la maison d'arrêt ; cette formalité est substantielle et l'appelant ne peut la remplacer par l'envoi d'une lettre recommandée (Cass. crim., 29 nov. 1983 : *Bull.* 320), par une lettre au procureur de la République (Cass. crim., 12 juill. 1962 : *Bull.* 245), par une déclaration verbale d'intention (Cass. crim., 25 nov. 1970 : *Bull.* 308).

2) Il n'importe que la lettre remise au surveillant-chef (dans les délais d'appel) ait été tardivement transcrite au greffe (Cass. crim., 20 déc. 1972 : *Gaz. Pal.* 1973, 2, 503, note).

3) Sont opposables à l'appelant les ratures apposées par lui, pour limiter son appel, sur l'imprimé dit « déclaration d'appel » mis par l'administration pénitentiaire à la disposition des détenus et qui, complété et, éventuellement, corrigé, constitue la lettre d'appel (Cass. crim., 11 déc. 1973 : *Bull.* 456).

4) L'article 503 a une portée générale à l'égard de tout appelant détenu. Il s'applique à la partie civile qui, lorsqu'elle est en détention, peut manifester son intention de relever appel d'une ordonnance de non-lieu du juge d'instruction en remettant, après l'avoir signée, au surveillant-chef de la maison d'arrêt... une déclaration d'appel, ce document constituant la lettre prévue par l'article 503 (Cass. crim., 10 févr. 1977 : *Bull.* 56).

Art. 504. – Une requête contenant les moyens d'appel peut être remise dans les délais prévus pour la déclaration d'appel au greffe du tribunal ; elle est signée de l'appelant ou d'un avocat inscrit à un barreau ou d'un avoué ou d'un fondé de pouvoir spécial.

La requête, ainsi que les pièces de la procédure, sont envoyées par le procureur de la République au parquet de la cour dans le plus bref délai.

Si le prévenu est en état d'arrestation, il est également dans le plus bref délai, et par ordre du procureur de la République, transféré dans la maison d'arrêt du lieu où siège la cour d'appel.

Art. 505 *(Ord. n. 60-529, 4 juin 1960, art. 8).* **– Le procureur général forme son appel par signification, soit au prévenu, soit à la personne civilement responsable du délit, dans le délai de deux mois à compter du jour du prononcé du jugement.**

1) L'appel du procureur général doit être signifié au prévenu par ministère d'huissier (Cass. crim., 30 juill. 1969 : *Bull.* 58).

2) La mention de l'appel « du ministère public » s'applique à l'appel formé par le procureur général du moment qu'il résulte de la procédure que c'est bien lui qui a fait appel dans le délai de l'article 505 du Code de procédure pénale (Cass. crim., 11 déc. 1963 : *Bull.* 357) si le libellé de l'acte ne spécifie pas que l'appel émane du procureur général, le demandeur ne saurait se faire un grief de cette imprécision dès lors qu'instruit, avant l'expiration du délai d'appel du procureur gé-

néral, d'un appel interjeté par le ministère public, il a été ainsi mis à même de produire et de faire valoir ses moyens de défense (Cass. crim., 20 avr. 1961 : *Bull.* 214).

Art. 506 *(L. n. 70-643, 17 juill. 1970, art. 14)*. **– Pendant les délais d'appel et durant l'instance d'appel, il est sursis à l'exécution du jugement, sous réserve des dispositions des articles 464 (deuxième et troisième alinéas), 464-1, 471, 507, 508 et 708.**

1) Conformément à l'article 506 du Code de procédure pénale, l'appel du prévenu ou du ministère public entraîne le sursis à exécution du jugement en celles de ses dispositions qui constatent la nullité de l'ordonnance dispositions qui constatent la nullité de l'ordonnance de renvoi, mais, en revanche, cet appel n'a aucun effet suspensif à l'égard des autres dispositions du même jugement qui, par application de l'article 464-1, ordonne le maintien en détention provisoire du prévenu (Cass. crim., 25 juin 1984 : *Bull.* 240).

2) L'article 506, qui écarte expressément de son champ d'application les dispositions de l'article 464-1 exclut, par là même, en la matière, l'effet suspensif de l'appel du procureur de la République (Cass. crim., 13 mars 1978 : *Bull.* 92).

3) Il se déduit des dispositions combinées des articles 471, alinéa 2, et 506 du Code de procédure pénale, qu'à défaut de nouvelle décision la concernant, la détention ordonnée par le tribunal en application de l'article 464-1 dudit code se prolonge jusqu'à l'expiration de la peine prononcée (Cass. crim., 26 sept. 1986 : *Bull.* 258).

Art. 507. – Lorsque le tribunal statue par jugement distinct du jugement sur le fond, l'appel est immédiatement recevable si ce jugement met fin à la procédure.

Dans le cas contraire et jusqu'à l'expiration des délais d'appel, le jugement n'est pas exécutoire et le tribunal ne peut statuer au fond.

Si appel n'a pas été interjeté ou si avant l'expiration du délai d'appel la partie appelante n'a pas déposé au greffe la requête prévue à l'alinéa suivant, le jugement est exécutoire et le tribunal statue au fond.

La partie appelante peut déposer au greffe, avant l'expiration des délais d'appel, une requête adressée au président de la chambre des appels correctionnels et tendant à faire déclarer l'appel immédiatement recevable.

1) Le président de la chambre des appels correctionnels ne peut statuer sur l'examen immédiat du recours formé par la partie appelante d'un jugement distinct de celui sur le fond et ne mettant pas fin à la procédure que lorsque celle-ci l'a préalablement saisi d'une requête à cette fin. Excède ses pouvoirs et rend une ordonnance qui ne rentre pas dans la classe de celles prévues par les articles 507 et 508 du Code de procédure pénale le président qui, d'office, statue sur la recevabilité d'un tel appel (Cass. crim., 28 avr. 1987 : *Bull.* 169).

Excède ses pouvoirs la juridiction qui statue immédiatement sur l'appel d'une décision ne mettant pas fin à la procédure en l'absence d'accomplissement des formalités prévues par les articles 507, alinéa 4, et 508 du Code de procédure pénale, qui sont essentielles à sa saisine (Cass. crim., 26 nov. 1997 : *Bull.* 402).

Aux termes du 1er alinéa de l'article 507 du Code de procédure pénale, lorsque le tribunal statue par un jugement distinct du jugement sur le fond, l'appel est immédiatement recevable si ce jugement met fin à la procédure. Il en est de même si le jugement contient une disposition définitive.

C'est ainsi, qu'est susceptible d'appel un jugement : accordant un sursis indéfini et illimité (Cass. crim., 14 juin 1967 : *Bull.* 179. – Cass. crim., 22 oct. 1984 : *Bull.* 311 ; *JCP* 85, IV, p. 6) ; déclarant irrégulières les citations délivrées aux prévenus et renvoyant le ministère public à se pourvoir (Cass. crim., 12 juin 1968 : *Bull.* 189) ; faisant droit à une exception de nullité et annulant l'ensemble de la procédure (Cass. crim., 6 avr. 1992 : *Bull.* 141) ; ordonnant le renvoi d'une affaire sans fixer de date et en laissant à la partie poursuivante le soin de délivrer une nouvelle citation (Cass. crim., 20 juill. 1993 : *Bull.* 249).

2) Le rejet d'une exception prise de l'application de l'article 68 de la constitution n'entre pas

dans la classe des jugements que visent les règles posées par les articles 507 et 508 du Code de procédure pénale quant à l'appel des jugements qui ne mettent pas fin à la procédure (Cass. crim., 9 juill. 1984 : *Bull.* 256).

3) Si aux termes des alinéas 3 et 4 de l'article 507, la partie appelante d'un jugement distinct du jugement sur le fond et ne mettant pas fin à la procédure peut présenter requête à l'effet de voir déclarer son appel immédiatement recevable, elle est libre de ne pas user de cette faculté et l'appel n'en demeure pas moins recevable en même temps que l'appel ultérieurement formé sur le fond (Cass. crim., 24 juin 1975 : *Bull.* 167). Il en est ainsi d'un jugement statuant avant dire droit sur la compétence *(même arrêt)* ou d'un jugement rejetant une demande de contre-expertise (Cass. crim., 10 mars 1987 : *Bull.* 115).

Lorsque l'appelant d'un jugement ne mettant pas fin à la procédure n'a pas déposé la requête prévue par l'article 507, alinéa 4, du Code de procédure pénale tendant à faire déclarer l'appel immédiatement recevable et qu'en conséquence le président de la chambre des appels correctionnels n'a pas rendu une ordonnance d'admission dans les conditions de l'article 508 dudit code, la cour d'appel ne peut être saisie de l'affaire. Excède ses pouvoirs la juridiction qui statue immédiatement sur l'appel d'une décision ne mettant pas fin à la procédure en l'absence d'accomplissement des formalités prévues par les textes précités et qui sont essentielles à sa saisine. Les formes et délai de l'appel sont d'ordre public, et les nullités qui s'y réfèrent peuvent être proposées pour la première fois devant la Cour de cassation ou être suppléées d'office. Ce principe s'applique à la requête prévue par l'article 507, alinéa 4, du Code de procédure pénale (Cass. crim., 20 déc. 1988 : *Bull.* 436. – Cass. crim., 25 févr. 1991 : *Bull.* 91).

4) N'ont pas de caractère définitif et ne dessaisissent pas, en tout ou partie des poursuites, le tribunal dont elles émanent, les dispositions d'un jugement avant dire droit qui se borne à rejeter une exception de prescription, à relever l'existence d'une éventuelle responsabilité pénale... (en application de l'article 396 du Code des douanes)... à écarter l'exception de force majeure, et à ordonner une expertise (Cass. crim., 6 janv. 1970 : *Bull.* 9).

Le jugement du tribunal correctionnel qui, en application de l'article 392-1 du Code de procédure pénale, fixe le montant de la consignation que la partie civile devra verser au greffe, et le délai de ce versement, ne met pas fin à la procédure, et l'appel qui en est interjeté n'est pas immédiatement recevable (Cass. crim., 26 nov. 1997 : *Bull.* 402).

5) Le ministère public, comme toute autre partie, doit présenter la requête prévue par l'article 507, lorsqu'il interjette appel d'un jugement ne mettant pas fin à la procédure (Cass. crim., 29 déc. 1971 : *Bull.* 367) ; doit également présenter la requête prévue par l'article 507, la partie appelante d'un jugement du tribunal correctionnel qui, constatant une nullité visée par l'article 170 du Code de procédure pénale et renvoyant le ministère public à se pourvoir, ainsi qu'il avisera, ne met pas fin à la procédure (Cass. crim., 25 janv. 1982 : *Bull.* 27. – Cass. crim., 20 déc. 1988 : *Bull.* 436. – Cass. crim., 22 nov. 1994 : *Bull.* 369).

6) En application de l'article 59 de la loi du 29 juillet 1881, lorsque le prévenu n'a pas présenté la requête prévue par l'article 507 du Code de procédure pénale, les appels formés avant le jugement sur le fond, contre des décisions qui ont statué sur des incidents et exceptions autres que les exceptions d'incompétence, se trouvent, de plein droit, frappés de nullité (Cass. crim., 17 mars 1980 : *Bull.* 92).

N'entre pas dans la classe des décisions visées par l'article 507 du Code de procédure pénale le jugement avant dire droit qui se prononce sur une exception d'incompétence au sens de l'alinéa 2 de l'article 59 de la loi du 29 juillet 1881 (Cass. crim., 15 févr. 1988 : *Bull.* 70).

Toutefois, il peut être immédiatement interjeté appel du jugement qui ordonne un sursis à statuer, mais renvoie la cause à une date déterminée et ne met pas fin à la procédure, à condition qu'il soit fait application des articles 507 et 508 du Code de procédure pénale (Cass. crim., 5 nov. 1991 : *Bull.* 395).

7) S'il ne met pas fin à la procédure, un jugement qui condamne le prévenu et admet le principe de sa responsabilité civile mais ordonne une mesure d'instruction complémentaire aux fins de fixer le montant du préjudice subi par la victime, n'est pas au sens de l'article 507 un jugement distinct sur le fond. Dès lors la procédure prévue par les articles 507 et 508 du Code de procédure pénale n'est pas applicable (Cass. crim., 20 nov. 1969 : *Bull.* 309. – Cass.

crim., 13 nov. 1984 : *Bull.* 344 ; *JCP* 85, IV, 29. – Cass. crim., 27 janv. 1993 : *Bull.* 45).

8) Constitue une décision susceptible d'appel, sans qu'il soit nécessaire de présenter la requête prévue à l'article 507 du Code de procédure pénale, le jugement qui, ordonnant un sursis à statuer sur les poursuites engagées dans l'attente de la décision de la Commission des Communautés européennes, sans fixer la date de la remise de la cause, a interrompu le cours de la justice (Cass. crim., 14 janv. 1992 : *Bull.* 11).

Tel est également le cas d'un jugement qui ordonne un renvoi sans fixer de date et laisse à la partie poursuivante le soin de délivrer une nouvelle citation (Cass. crim., 20 juill. 1993 : *Bull. inf. C. cass.*, nov. 1993, n. 1188).

9) Les décisions juridictionnelles statuant en matière de détention provisoire sont susceptibles d'appel sans que la recevabilité de ce recours soit soumise à la procédure prévue par les articles 507 et 508 du Code de procédure pénale ; encourt la cassation l'arrêt qui saisi d'un appel du prévenu sur le maintien en détention prononcé par le tribunal, déclare que le jugement n'ayant pas mis fin à la procédure et la requête prévue par l'article 507 du Code de procédure pénale n'ayant pas été présentée, l'appel ne peut être examiné (Cass. crim., 8 juin 1999 : *Bull.* 122).

Art. 508. – Le greffier avise le président du tribunal du dépôt de cette requête. Le jugement n'est pas exécutoire et le tribunal ne peut statuer au fond tant qu'il n'a pas été prononcé sur ladite requête.

Dès que le greffier a reçu l'appel et la requête il fait parvenir celle-ci au président de la chambre des appels correctionnels ainsi qu'une expédition du jugement et de l'acte d'appel.

Le président statue sur la requête, par ordonnance non motivée, dans les huit jours de la réception de ce dossier.

S'il rejette la requête, le jugement est exécutoire et le tribunal se prononce au fond ; aucun recours n'est recevable contre l'ordonnance du président et l'appel n'est alors jugé qu'en même temps que l'appel formé contre le jugement sur le fond.

Si, dans l'intérêt de l'ordre public ou d'une bonne administration de la justice, le président fait droit à la requête, il fixe la date à laquelle l'appel sera jugé.

La cour doit statuer dans le mois qui suit l'ordonnance du président, sans que puisse être soulevée devant elle une exception tirée de ce que l'appel formé contre la décision entreprise ne serait pas suspensif ; l'exécution du jugement est suspendue dans ce dernier cas jusqu'à ce qu'intervienne l'arrêt de la cour.

1) Satisfait en la forme aux conditions essentielles de son existence légale l'ordonnance non motivée du président de la chambre des appels correctionnels, rendue en application de l'article 508 du Code de procédure pénale, qui, apposée sur la requête du demandeur, fait apparaître la date où elle a été établie, la qualité du signataire et la signature du magistrat qui a statué, même si le nom de celui-ci n'est pas mentionné, dès lors qu'aucune inscription de faux n'a été prise.

Dès lors que la Cour de cassation est en mesure de s'assurer que l'ordonnance a été rendue en la forme légale sur l'appel d'un jugement prévu par l'article 507, alinéa 2, du Code de procédure pénale le pourvoi formé contre cette ordonnance doit être déclaré irrecevable par application de l'article 508, alinéa 4, du même code (Cass. crim., 4 nov. 1987 : *Bull.* 384).

2) Au cas où un appel a été formé d'un jugement ordonnant un simple sursis à statuer, et lorsque la partie appelante a déposé la requête prévue à l'article 507 du Code de procédure pénale tendant à faire déclarer l'appel immédiatement recevable, la cour d'appel ne peut être saisie de l'affaire qu'autant que le président de la chambre des appels correctionnels a rendu une ordonnance d'admission dans les conditions énoncées à l'article 508 (Cass. crim., 24 juill. 1962 : *Bull.* 253).

3) Lorsque le président a rejeté la requête tendant à voir statuer immédiatement sur l'appel d'un jugement avant dire droit, cet appel n'est jugé qu'en même temps que l'appel formé contre le jugement sur le fond. À défaut d'appel contre cette dernière décision, l'appel formé contre la première devient caduc (Cass. crim., 28 juin 1983 : *Bull.* 200. – Cass. crim., 26 mai 1988 : *Bull.* 225).

4) Le délai d'un mois imparti par l'article 508, dernier alinéa, du Code de procédure pénale à la cour d'appel pour statuer sur l'appel d'un jugement incident est indicatif et ne comporte pas de sanction (Cass. crim., 17 nov. 1993 : *Bull.* 343).

Art. 509. – L'affaire est dévolue à la cour d'appel dans la limite fixée par l'acte d'appel et par la qualité de l'appelant ainsi qu'il est dit à l'article 515.

(L. n. 83-608, 8 juill. 1983, art. 9) **L'appel de l'assureur produit effet à l'égard de l'assuré en ce qui concerne l'action civile. Il est, dans un délai de trois jours, notifié à l'assuré par lettre recommandée avec demande d'avis de réception adressée par l'assureur.**

1) La cour d'appel ne peut légalement statuer que sur les faits soumis aux premiers juges et dans les limites de l'acte d'appel (Cass. crim., 13 mai 1971 : *Bull.* 156) ; le juge d'appel n'est saisi que par l'acte d'appel et sa juridiction est circonscrite par les termes de cet acte, d'où il suit que si le jugement contient des dispositions distinctes et s'il n'y a appel que de certaines d'entre elles, la cour ne peut réformer celles dont elle n'est pas saisie (Cass. crim., 10 juill. 1963 : *Bull.* 251. – Cass. crim., 11 févr. 1965 : *Bull.* 45. – Cass. crim., 2 mars 1976 : *Bull.* 75), ce principe général et absolu s'applique à l'appel du ministère public (Cass. crim., 23 avr. 1975 : *Bull.* 105. – Cass. crim., 25 oct. 1993 : *Bull.* 308). De même si l'article 507 du Code de procédure pénale prescrit le dépôt d'une requête en admission immédiate de l'appel, seul l'acte d'appel fixe les limites de la saisine de la juridiction du second degré (Cass. crim., 23 janv. 1990 : *Bull.* 40).

S'il appartient à la cour d'appel de déterminer l'étendue de sa saisine, elle ne saurait lui apporter des restrictions que ne contient pas l'acte d'appel. Dès lors que, par deux actes successifs, réguliers en la forme et intervenus dans les délais de la loi, un prévenu spécifie qu'il frappe d'appel le jugement rendu dans toutes ses dispositions « pénales, civiles et financières », la cour ne peut attribuer l'effet et le bénéfice de la chose jugée aux actions civiles des parties qui se sont constituées devant le premier juge (Cass. crim., 12 déc. 1988 : *Bull.* 417).

2) Une déclaration d'appel dont ne résulte nettement aucune restriction, peut être interprétée par la cour comme un appel lui déférant la cause dans son ensemble (Cass. crim., 30 janv. 1973 : *Bull.* 47). En cas de contestation, c'est à la cour d'appel qu'il appartient de déterminer elle-même, au vu des actes d'appel, l'étendue de sa saisine (Cass. crim., 30 janv. 1973 : *Bull.* 48), mais elle est incompétente pour statuer sur des faits étrangers à la prévention soumise aux premiers juges (Cass. crim., 21 mars 1979 : *Bull.* 115).

3) L'affaire est dévolue à la cour d'appel dans la limite fixée par l'acte d'appel et par la qualité de l'agent. Justifie sa décision l'arrêt qui, après avoir constaté que l'appel du prévenu était expressément limité aux dispositions pénales, dit n'y avoir lieu à statuer sur les conclusions de la partie civile non appelante (Cass. crim., 22 juill. 1981 : *Bull.* 235) ; sur le seul appel d'un prévenu, suivi de l'appel incident des parties civiles expressément limité à ce prévenu, les juges ne peuvent réviser la condamnation prononcée en première instance contre des coprévenus dont la situation ne leur est pas soumise (Cass. crim., 19 nov. 1984 : *Bull.* 349).

Le second alinéa de l'article 509 du Code de procédure pénale ne déroge au principe posé par le premier alinéa de ce texte qu'au profit de l'assuré, en cas d'appel de l'assureur ; dès lors, méconnaît l'effet dévolutif de l'appel d'un prévenu la cour d'appel qui déclare que son recours, limité à l'action civile et formé dans le délai légal, doit produire effet à l'égard de son assureur (Cass. crim., 19 juin 1996 : *Bull.* 262).

4) L'appel d'une partie civile ne saurait profiter à une autre partie civile non appelante (Cass. crim., 25 oct. 1983 : *Bull.* 263).

5) L'appel du ministère public est sans effet sur les intérêts civils (Cass. crim., 21 nov. 1972 : *Bull.* 347).

6) La relaxe d'un prévenu intervenue en cause d'appel sans qu'il ait personnellement exercé un recours est sans influence sur sa condamnation en première instance à des intérêts civils, laquelle est définitive, malgré l'appel interjeté par son coïnculpé, le civilement responsable et le ministère public (Cass. crim., 26 avr. 1972 : *Bull.* 143).

7) La notification prévue par le dernier alinéa de l'article 509, l'est dans le seul intérêt de l'assuré, et ne constitue pas une condition de recevabilité de l'appel de l'assureur (Cass. crim., 10 avr. 1986 : *Bull.* 123. – Cass. crim., 15 déc. 1987 : *Bull.* 461).

L'appel de l'assureur, même en l'absence de recours de l'assuré, fait obstacle à ce que le jugement devienne définitif à l'égard de ce dernier, d'autre part, l'assureur peut soumettre aux juges d'appel tous les moyens de défense que l'assuré aurait pu faire valoir lui-même (Cass. crim., 7 mars 1989 : *Bull.* 106).

8) Aux termes de l'article 509, alinéa 2, du Code de procédure pénale, l'appel de l'assureur produit effet à l'égard de l'assuré.

Dès lors, encourt la cassation l'arrêt de la cour d'appel qui, saisie par l'assureur d'un prévenu, déclare irrecevable, à l'endroit du premier seulement, la demande des ayants droit d'une victime au motif que ledit prévenu n'avait pas interjeté appel (Cass. crim., 3 nov. 1988 : *Bull.* 368).

Justifie sa décision la cour d'appel qui, saisie par les seuls appels des parties civiles, de l'assureur du prévenu et du Fonds de garantie contre les accidents, modifie le jugement entrepris dans un sens défavorable aux parties civiles (Cass. crim., 20 sept. 1993 : *Bull.* 270).

SECTION II. – DE LA COMPOSITION DE LA CHAMBRE DES APPELS CORRECTIONNELS

Art. 510. – La chambre des appels correctionnels est composée d'un président de chambre et de deux conseillers.

Les fonctions du ministère public sont exercées par le procureur général ou par un de ses avocats généraux ou de ses substituts ; celles du greffe par un greffier de la cour d'appel.

1) La division en chambres d'une juridiction ne porte pas atteinte à son unité et n'a aucune incidence sur sa compétence (Cass. crim., 21 sept. 1989 : *Bull.* 326).

2) La chambre des appels correctionnels est composée d'un président de chambre et de deux conseillers.

La preuve de cette composition doit résulter de l'arrêt (Cass. crim., 16 juin 1970 : *Bull.* 206).

Dès lors que l'arrêt attaqué énonce que la chambre correctionnelle de la cour d'appel était composée de trois conseillers, le premier nommé étant dit « faire fonction de président », il s'en déduit que celui-ci a été régulièrement appelé à présider en l'empêchement du président titulaire, et que se trouvent respectées les dispositions édictées par l'article 510 du Code de procédure pénale (Cass. crim., 24 oct. 1988 : *Bull.* 360. – Cass. crim., 9 févr. 1989 : *Bull.* 64).

Un magistrat d'une cour d'appel maintenu en activité au-delà de la limite d'âge comme conseiller en vertu de l'article 1er de la loi organique du 7 janvier 1988 relative au statut de la magistrature peut exercer toutes les fonctions attachées à cette qualité et notamment, présider une chambre de la cour d'appel dans les conditions prescrites par le Code de l'organisation judiciaire (Cass. crim., 3 janv. 1991 : *Bull.* 3).

La capacité du greffier qui a assisté la cour d'appel repose, jusqu'à preuve du contraire sur une présomption, qui dispense d'indiquer au procès-verbal s'il a été préalablement assermenté (Cass. crim., 16 mars 1989 : *Bull.* 132).

3) Doit être cassé l'arrêt qui constate qu'il a été rendu par deux magistrats seulement (Cass. crim., 30 oct. 1973 : *Bull.* 391. – Cass. crim., 15 nov. 1973 : *Bull.* 420).

Doit être cassé comme ne renfermant pas la preuve de la composition légale de la juridiction dont il émane, l'arrêt qui ne précise pas si l'avocat, appelé à compléter la cour d'appel, en remplacement d'un magistrat empêché, appartenait au barreau institué auprès de cette juridiction et s'il a été appelé en suivant l'ordre du tableau (Cass. crim., 3 juin 1991 : *Bull.* 235).

4) Les prescriptions réglementaires de l'article L. 215-5°, alinéa 1er, du Code de l'organisation judiciaire, modifiées par le décret du 14 mai 1979, et aux termes desquelles les renvois après cassation sont portés aux audiences solennelles, concernent seulement les affaires civiles. En matière pénale, les dispositions de l'article 510 du Code de procédure pénale fixant la composition de la chambre des appels correctionnels, et auxquelles renvoie l'article L. 224-1° du Code de l'organisation judiciaire, sont applicables (Cass. crim., 23 oct. 1980 : *Bull.* 269).

5) La méconnaissance éventuelle des dispositions réglementaires du Code de l'organisation judiciaire est sans incidence sur la régularité de la composition de la chambre correctionnelle d'une cour d'appel, qui s'apprécie au regard des seules règles fixées par la loi (Cass. crim., 18 janv. 1995 : *Bull.* 26).

La procédure pénale relevant, selon l'arti-cle 34 de la Constitution, du domaine de la loi, la méconnaissance éventuelle des dispositions réglementaires du Code de l'organisation judiciaire, relatives à la composition des juridictions répressives, ne saurait entraîner la nullité des décisions qu'elles rendent (Cass. crim., 3 avr. 1996 : *Bull.* 153).

Art. 511 *(L. n. 81-82, 2 févr. 1981, art. 43 ; L. n. 83-466, 10 juin 1983, art. 18 ; rempl. L. n. 87-1062, 30 déc. 1987, art. 20).* **– Le nombre et le jour des audiences correctionnelles sont fixés à la fin de chaque année judiciaire pour l'année judiciaire suivante par ordonnance du premier président prise après avis de l'assemblée générale de la cour d'appel.**

Cette ordonnance peut être modifiée dans les mêmes conditions en cours d'année, suivant les nécessités.

SECTION III. – DE LA PROCÉDURE DEVANT LA CHAMBRE DES APPELS CORRECTIONNELS

Art. 512. – Les règles édictées pour le tribunal correctionnel sont applicables devant la cour d'appel sous réserve des dispositions suivantes.

1) Aux termes de l'article 400 du Code de procédure pénale, rendu applicable en cause d'appel par l'article 512 dudit code, les audiences sont publiques ; l'observation de cette règle d'ordre public doit, à peine de nullité, être constatée par l'arrêt (Cass. crim., 12 nov. 1974 : *Bull.* 325) ; il n'est dérogé à ce principe que par une disposition particulière de la loi (Cass. crim., 4 févr. 1985 : *Bull.* 53) ; ainsi la décision qui ordonne l'exécution d'une peine assortie du sursis avec mise à l'épreuve doit être rendue en chambre du conseil (Cass. crim., 7 déc. 1971 : *Bull.* 340).

En revanche, les débats sont publics et l'arrêt doit être rendu en audience publique lorsque la cour d'appel juge une violation des obligations résultant d'une mesure de travail d'intérêt général (Cass. crim., 1er juin 1988 : *Bull.* 244).

2) Aucune nullité ne saurait résulter de ce qu'il n'a été tenu aucune note d'audience devant la cour d'appel, l'objet des notes d'audience étant seulement d'assurer aux cours d'appel la connaissance des débats oraux de première instance (Cass. crim., 31 mai 1961 : *Bull.* 283).

3) Les dispositions de l'article 425 du Code de procédure pénale sont inconciliables avec les effets de l'appel, et inapplicables en cause d'appel (Cass. crim., 18 juin 1975 : *Bull.* 157).

4) Il résulte des dispositions combinées des articles 485 et 512 du Code de procédure pénale que la lecture du jugement ou de l'arrêt peut être faite par le président ou par l'un des magistrats ayant concouru à la décision, et ce, même en l'absence des autres magistrats du siège.

Il est satisfait à ces prescriptions lorsque l'arrêt constate qu'il a été procédé à sa lecture par l'un des magistrats ayant participé aux débats et au délibéré et ainsi concouru à la décision. Il n'importe dès lors que l'arrêt mentionne en outre qu'un autre magistrat du siège était présent à l'audience de lecture (Cass. crim., 11 avr. 1988 : *Bull.* 145).

Les dispositions du dernier alinéa de l'article 485 du Code de procédure pénale, issu de la loi du 30 décembre 1985, applicable à la cour d'appel en vertu de l'article 512 dudit code, permettent que la lecture de la décision soit donnée par l'un des conseillers ayant participé au jugement de l'affaire hors la présence des autres membres de la cour ; aucune disposition de la loi n'exige que ce soit le magistrat qui a fait le rapport prescrit par l'article 513 du même code qui procède à cette lecture (Cass. crim., 6 oct. 1987 : *Bull.* 337).

5) Les prescriptions de l'article 385, dernier alinéa, du Code de procédure pénale s'imposent devant la cour d'appel en vertu de l'article 512 du même Code ; fait l'exacte application de ces dispositions la cour d'appel qui déclare irrecevable l'exception de nullité de la citation proposée par le prévenu, dès lors que ladite exception de nullité, bien que régulièrement soulevée devant le tribunal, n'avait pas été reprise avant toute défense au fond devant les juges du second degré (Cass. crim., 28 févr. 2001 : *Bull.* 52).

6) Le juge répressif doit, en application des dispositions de l'article 385 du Code de procédure pénale, statuer sur toutes les exceptions de nullité qui lui ont été régulièrement soumises.

Méconnaît ces dispositions, applicables en cause d'appel en vertu de l'article 512 du Code de procédure pénale, la cour d'appel qui, saisie de poursuites contre un prévenu étranger tant pour entrée et séjour irréguliers que pour soustraction à la reconduite à la frontière, se refuse à examiner la régularité de l'interpellation et de la garde à vue ayant précédé la procédure de rétention administrative (Cass. crim., 4 sept. 2001 : *Bull.* 171).

Art. 513 *(Applic. à compter du 1er janv. 2001) ; (L. n. 93-2, 4 janv. 1993, art. 99 ; L. n. 95-125, 8 févr. 1995, art. 59).* **– L'appel est jugé à l'audience sur le rapport oral d'un conseiller ; le prévenu est interrogé.**

(L. n. 2000-516, 15 juin 2000, art. 43-I) **Les témoins cités par le prévenu sont entendus dans les règles prévues aux articles 435 à 457. Le ministère public peut s'y opposer si ces témoins ont déjà été entendus par le tribunal. La cour tranche avant tout débat au fond.**

(L. n. 2000-516, 15 juin 2000, art. 43-II) **Après que l'appelant ou son représentant a sommairement indiqué les motifs de son appel, les parties en cause ont la parole dans l'ordre prévu par l'article 460.**

Le prévenu ou son avocat auront toujours la parole les derniers.

1) Le rapport prescrit par l'article 513 du Code de procédure pénale constitue une formalité substantielle dont l'accomplissement s'impose et doit être expressément constaté lorsqu'il s'agit de juger le fond du procès (Cass. crim., 15 déc. 1976 : *Bull.* 366) ou de statuer soit sur une nullité de procédure soit sur une expertise préjudicielle (Cass. crim., 6 nov. 1984 : *Bull.* 334 ; *JCP* 85, IV, p. 24) ; et même si l'action civile reste seule en cause (Cass. crim., 3 juill. 1975 : *Bull.* 178. – 16 juin 1993 : *Bull.* 213).

2) Le rapport a pour objet de faire connaître aux juges d'appel les éléments de la cause sur laquelle ils sont appelés à statuer. Dès lors, le rapport qui a été fait à une audience où le prévenu n'a pas comparu bien que régulièrement cité, n'a pas à être renouvelé à l'audience ultérieure à laquelle l'affaire a été renvoyée en continuation et où le prévenu était présent (Cass. crim., 2 avr. 1979 : *Bull.* 130) ; le rapport n'est pas nécessaire lorsque les juges sont appelés à statuer à l'occasion de faits qui se sont produits à l'audience même (Cass. crim., 15 juin 1976 : *Bull.* 215) ; le rapport n'est pas non plus nécessaire lorsque la cour d'appel statue seulement sur une demande de renvoi de l'affaire (Cass. crim., 6 nov. 1989 : *Bull.* 389).

3) La constatation dans l'arrêt qu'un conseiller a fait le rapport implique que le rapport a été fait oralement (Cass. crim., 30 nov. 1961 : *Bull.* 485).

4) Le magistrat qui fait le rapport doit, à peine de nullité concourir à la délibération et au prononcé de l'arrêt (Cass. crim., 19 mai 1981 : *Bull.* 163), l'inobservation de cette exigence légale porte atteinte aux intérêts de toutes les parties en cause (Cass. crim., 1er mars 1982 : *Bull.* 62).

5) Satisfait aux prescriptions de l'article 513 l'arrêt qui énonce que le président a fait le rapport (Cass. crim., 16 sept. 1978 : *Bull.* 249) ; les juges de cour d'appel ont reçu de la loi le titre de conseillers, le président n'est dans la chambre où il siège que le premier des conseillers, et a par suite, le droit de présenter le rapport (Cass. crim., 10 nov. 1965 : *Bull.* 229).

6) La seule mention de la réouverture des débats devant la cour d'appel autrement composée, et de la reprise par les parties de leurs conclusions antérieures ne permet pas à la Cour de cassation de s'assurer que la composition de cette dernière juridiction a été régulière, ni que le rapport ait été repris et le ministère public entendu (Cass. crim., 10 mars 1976 : *Bull.* 90).

7) L'interrogatoire du prévenu appelant n'étant pas prescrit à peine de nullité, l'omission de cette formalité ne peut constituer une cause de nullité, dès lors qu'il est établi qu'il a été appelé à se défendre au cours du débat oral (Cass. crim., 29 avr. 1971 : *Bull.* 129).

8) Devant la cour d'appel les témoins ne sont entendus que si elle a ordonné leur audition, ; si elle a ordonné cette audition, elle doit ensuite indiquer si elle y a procédé ou si elle y a renoncé. Doit être cassé l'arrêt qui à défaut d'indication à ce sujet ne met pas la Cour de cassation en mesure d'exercer son contrôle (Cass. crim., 13 janv. 1972 : *Bull.* 19).

9) Ne saurait encourir la cassation l'arrêt qui, en raison de l'absence d'un témoin dont une précédente décision avait, avant dire droit, ordonné la comparution, décide de statuer à la lumière des éléments de preuve recueillis dans la procédure et soumis aux débats (Cass. crim., 8 janv. 1972 : *Bull.* 6).

10) La faculté pour une cour d'appel d'entendre ou de refuser d'entendre les témoins dont l'audition est requise, cesse lorsque, à défaut de procès-verbal qui constate le délit et de témoins entendus en première instance, la preuve testimoniale est requise en cause d'appel (Cass. crim., 24 janv. 1962 : *Bull.* 61).

11) La règle édictée par le dernier alinéa de l'article 513 domine tout débat pénal et concerne toutes les procédures intéressant la défense et se terminant par un arrêt ou un jugement (Cass. crim., 8 juin 1983 : *Bull.* 175 ; *JCP* 83, IV, p. 257) ; il en est notamment ainsi des procédures dans lesquelles seule l'action pour l'application des sanctions fiscales est engagée à la diligence de l'administration des Douanes (Cass. crim., 23 août 1993 : *Bull. inf. C. cass.*, nov. 1993, n. 1202) ; dès lors encourt la cassation, l'arrêt qui porte des mentions d'où il résulte que le ministère public a été entendu le dernier (Cass. crim., 11 oct. 1978 : *Bull.* 269. – Cass. crim., 10 janv. 1983 : *Bull.* 9 ; *JCP* 83, IV, p. 94) ; ou l'arrêt des mentions duquel il ne résulte pas sans équivoque que le prévenu ou son conseil aient eu la parole les derniers (Cass. crim., 11 déc. 1984 : *Bull.* 399). Il en est également ainsi de la procédure au cours de laquelle la cour d'appel, statuant en chambre du conseil à la requête du juge de l'application des peines, se prononce sur la révocation d'une mesure de sursis avec mise à l'épreuve (Cass. crim., 21 oct. 1997 : *Bull.* 343).

12) La mention, portée dans l'arrêt, suivant laquelle les prescriptions de l'article 513 du Code de procédure pénale ont été respectées, ne permet pas à la Cour de cassation de vérifier la régularité de la procédure alors que les notes d'audience mentionnent les réquisitions du ministère public après l'audition du prévenu (Cass. crim., 28 nov. 1978 : *Bull.* 334).

Dès lors qu'il résulte des mentions de l'arrêt que la parole a été donnée en dernier à tous les prévenus, comparants en personne ou représentés par ceux de leurs conseils qui étaient présents à la clôture des débats, il est satisfait aux exigences de l'article 513 du Code de procédure pénale (Cass. crim., 6 juill. 1993 : *Bull.* 242).

La mention d'un arrêt selon laquelle, après le rapport du président à l'audience publique, les avocats des parties ont déposé leurs dossiers de plaidoirie à la demande expresse de la cour n'établit pas qu'il ait été fait obstacle à l'exercice de leur droit à la parole tel qu'il est prévu par l'article 513 (Cass. crim., 15 févr. 1995 : *Bull.* 73).

13) À l'issue des audiences en continuation, la parole doit être donnée en dernier au conseil du prévenu même si ce dernier, déjà acquis aux débats contradictoires par sa comparution à la première audience est ensuite seulement représenté par son avocat à une audience ultérieure au cours de laquelle la partie civile a été admise à conclure (Cass. crim., 13 juin 1983 : *Bull.* 178).

14) Lorsque les juges, saisis par l'appel du prévenu contre une décision qui statue sur l'action publique et sur l'action civile, constatant que l'action publique se trouve éteinte par l'effet de l'amnistie, ils ne sont pas tenus, dès lors qu'ils se prononcent uniquement sur les intérêts civils, de donner la parole les derniers au prévenu ou à son conseil (Cass. crim., 13 déc. 1983 : *Bull.* 341).

15) Sur le seul appel de la partie civile d'un jugement ayant prononcé la relaxe du prévenu, celle-ci devient définitive et la chose jugée emporte extinction de l'action publique. Dès lors, la partie pénalement condamnée perd la qualité de prévenu devant la cour d'appel et ne comparaît qu'en qualité d'intimée. Dans un tel cas, les dispositions du dernier alinéa de l'article 513 du Code de procédure pénale ne peuvent recevoir application (Cass. crim., 14 nov. 1989 : *Bull.* 416. – Cass. crim., 7 sept. 1999 : *Bull.* 180).

16) La mention dans un arrêt qu'à l'audience des débats, à laquelle était présent un substitut du procureur général, « les parties en cause ont eu la parole dans l'ordre prévu par les articles 513 et 460 du Code de procédure pénale » implique que le ministère public a été entendu en ses réquisitions (Cass. crim., 4 févr. 1997 : *Bull.* 45).

Art. 514. – Si la cour estime que l'appel est tardif ou irrégulièrement formé, elle le déclare irrecevable.

Si elle estime que l'appel, bien que recevable, n'est pas fondé, elle confirme le jugement attaqué.

Alinéa abrogé, L. n. 93-2, 4 janvier 1993, art. 143.

1) Lorsque la cour d'appel juge que les appels dont elle est saisie ne sont pas fondés et qu'elle confirme le jugement dans son intégralité, elle ne peut mettre tous les dépens à la

charge d'un seul appelant (Cass. crim., 6 oct. 1977 : *Bull.* 294).

2) La cour d'appel, après avoir annulé un jugement frappé d'appel par le seul prévenu, ne peut, sans méconnaître les dispositions de l'article 514 du Code de procédure pénale, condamner la partie civile aux dépens de première instance et d'appel (Cass. crim., 14 mai 1985, 83-90941, Roujansky).

Art. 515. – La cour peut, sur l'appel du ministère public, soit confirmer le jugement, soit l'infirmer en tout ou en partie dans un sens favorable ou défavorable au prévenu.

(L. n. 83-608, 8 juill. 1983, art. 10) **La cour ne peut, sur le seul appel du prévenu, du civilement responsable, de la partie civile ou de l'assureur de l'une de ces personnes, aggraver le sort de l'appelant.**

La partie civile ne peut, en cause d'appel, former aucune demande nouvelle ; toutefois elle peut demander une augmentation des dommages-intérêts pour le préjudice souffert depuis la décision de première instance.

1) La cour peut, sur appel du ministère public, soit confirmer le jugement, soit l'infirmer en tout ou partie dans un sens favorable ou défavorable au prévenu. Les conclusions du ministère public ne restreignent pas les pouvoirs du juge quant à l'application de la peine (Cass. crim., 30 janv. 1985 : *Bull.* 51 ; *JCP* 85, IV, p. 133. – Cass. crim., 5 févr. 1985 : *Bull.* 56 ; *JCP* 85, IV, p. 143).

Il ne saurait être fait grief à la juridiction du second degré, saisie du seul appel du prévenu, d'avoir passé outre au désistement d'appel dont il se prévalait, dès lors que ce désistement était assorti de réserves, en l'espèce la contestation de sa culpabilité (Cass. crim., 28 nov. 1989 : *Bull.* 442).

2) Par l'appel du ministère public et de la partie civile, la cour se trouve saisie de la cause entière (Cass. crim., 30 nov. 1987 : *Bull.* 435) et ne saurait déclarer irrecevables les exceptions de nullité de la citation soutenues devant elle par le prévenu qui les avait régulièrement soulevées devant les premiers juges, mais qui ayant bénéficié d'une relaxe ne pouvait se voir reprocher de n'avoir pas interjeté appel (Cass. crim., 26 févr. 1985 : *Bull.* 93) ; l'aggravation des sanctions n'a pas à être spécialement motivée par la cour d'appel (Cass. crim., 30 nov. 1987, *précité*).

En cas de poursuites mixtes exercées, d'une part, par le ministère public pour délit de droit commun et, d'autre part, par une unique citation directe de l'administration des Douanes pour infraction douanière, l'appel du parquet à l'encontre d'un jugement rendu en présence des Douanes ne saurait concerner que l'action publique exercée pour le délit de droit commun. Méconnaît ces principes une cour d'appel qui, dans des poursuites mixtes pour infraction de droit commun et infraction douanière, étant saisie des seuls appels du ministère public et du prévenu sur l'action publique exercée pour le délit de droit commun, a étendu le bénéfice de la relaxe du prévenu aux pénalités douanières prononcées en première instance (Cass. crim., 21 janv. 1991 : *Bull.* 33).

3) À l'occasion de l'appel formé par le seul prévenu contre un jugement qui, sur requête du juge de l'application des peines, a ordonné la révocation d'un sursis avec mise à l'épreuve assortissant une condamnation à l'emprisonnement et a refusé d'ordonner la révocation d'un autre sursis de même nature assortissant une autre condamnation la cour d'appel, en l'absence d'appel du ministère public, ne peut ordonner la révocation refusée par les premiers juges, sans violer les dispositions de l'article 515 du Code de procédure pénale (Cass. crim., 9 avr. 1991 : *Bull.* 168).

La cour d'appel qui, saisie du seul appel du prévenu, ne modifie pas la durée de la peine d'emprisonnement prononcée mais substitue au sursis simple qui l'assortissait, un sursis avec mise à l'épreuve, ne méconnaît pas la disposition de l'article 515, alinéa 2, du Code de procédure pénale, interdisant d'aggraver, sur son seul appel, le sort du prévenu (Cass. crim., 4 avr. 2002 : *Bull.* 78).

4) Statuant sur le seul appel de la partie civile d'un jugement de relaxe, la cour ne peut prononcer aucune peine contre le prévenu, mais doit rechercher si le fait qui lui est déféré constitue ou non une infraction pénale et décider sur l'action civile (Cass. crim., 15 mars 1983 : *JCP* 83, IV, p. 169).

Lorsque le jugement frappé d'appel a déclaré irrecevable la constitution de partie civile de la victime qui a saisi le tribunal par citation directe, la cour d'appel, dans l'hypothèse où elle infirme cette décision, doit statuer tant sur l'action publique que sur l'action civile, alors même que seule la partie civile aurait usé de cette voie de recours (Cass. crim., 29 avr. 1996 : *Bull.* 167).

5) L'exception tirée de l'irrecevabilité, en cause d'appel, d'une demande nouvelle n'est pas d'ordre public, elle ne peut, en conséquence, être relevée d'office par les juges d'appel (Cass. crim., 20 juill. 1976 : *Bull.* 259. – Cass. crim., 18 oct. 1988 : *Bull.* 349. – Cass. crim., 18 sept. 1996 : *Bull.* 318).

6) Ne constitue pas, au sens de l'article 515, alinéa 3, du Code de procédure pénale, une demande nouvelle en cause d'appel la demande de la partie civile qui, tendant aux mêmes fins que celle soumise aux premiers juges, repose sur un fondement juridique différent (Cass. crim., 29 juin 1999 : *Bull.* 164).

Les dispositions prohibant en cause d'appel les demandes nouvelles, ne sauraient interdire à la partie civile d'élever le montant de sa demande pour un chef de dommage déjà soumis au débat de première instance (Cass. crim., 13 déc. 1983 : *Bull.* 339 ; *Rev. sc. crim.* 1985, p. 119, obs. J. Robert) sur la recevabilité et la portée de l'appel du Fonds de garantie en l'absence d'appel du prévenu ou de la partie civile (*JCP* 61, II, 12123, et *JCP* 64, II, 13791, obs. R. Meurisse) ; n'est pas nouvelle, la demande par laquelle, pour la première fois en appel, la partie civile réclame le bénéfice des dispositions de l'article 470-1 du Code de procédure pénale (Cass. crim., 11 mars 1986 : *Bull.* 98. – Cass. crim., 20 oct. 1986 : *Bull.* 291).

7) Les dispositions combinées des articles 472 et 515, alinéa 3, du Code de procédure pénale ne font pas obstacle à ce que les juges du second degré élèvent le montant des réparations allouées au prévenu relaxé, bien que seule la partie civile ait interjeté appel, dès lors qu'il allègue une aggravation de préjudice postérieure au jugement et se rattachant directement à l'abus de constitution de partie civile dont elle est la conséquence et le développement (Cass. crim., 18 oct. 1993 : *Bull.* 296).

8) L'appel formé par le Fonds de garantie contre un jugement ayant fait droit à l'exception de nullité du contrat d'assurance soulevée par l'assureur remet nécessairement en question à l'égard de toutes les parties intimées, compte tenu de l'indivisibilité de ce chef de litige, la chose jugée en première instance quant à la validité du contrat (Cass. crim., 12 mai 1987 : *Bull.* 193).

Art. 515-1 *(L. n. 81-82, 2 févr. 1981, art. 93)*. **– Lorsque le tribunal, statuant sur l'action civile, a ordonné le versement provisoire, en tout ou en partie, des dommages-intérêts alloués, cette exécution provisoire peut être arrêtée, en cause d'appel, par le premier président statuant en référé si elle risque d'entraîner des conséquences manifestement excessives. Le premier président peut subordonner la suspension de l'exécution provisoire à la constitution d'une garantie, réelle ou personnelle, suffisante pour répondre de toutes restitutions ou réparations.**

Lorsque l'exécution provisoire a été refusée par le tribunal statuant sur l'action civile ou lorsque l'exécution provisoire n'a pas été demandée, ou si, l'ayant été, le tribunal a omis de statuer, elle peut être accordée, en cas d'appel, par le premier président statuant en référé.

L'ordonnance d'un premier président statuant en référé, par application de l'article 515-1, sur une demande de suspension de l'exécution provisoire des dispositions civiles d'un jugement pénal, n'entre pas dans les précisions de l'article 567 du Code de procédure pénale et ne peut, dès lors, faire l'objet d'un pourvoi devant la chambre criminelle de la Cour de cassation (Cass. crim., 13 avr. 1983 : *Bull.* 101 ; *Rev. sc. crim.* 1984, 99, obs. J. Robert).

Art. 516. – Si le jugement est réformé parce que la cour estime qu'il n'y a ni crime, ni délit, ni contravention ou que le fait n'est pas établi ou qu'il n'est pas imputable au prévenu, elle renvoie celui-ci des fins de la poursuite.

Dans ce cas, si le prévenu acquitté demande des dommages-intérêts, dans les conditions prévues à l'article 472, il porte directement sa demande devant la cour d'appel.

Il résulte de l'article 516 du Code de procédure pénale que le prévenu acquitté ne peut porter directement devant la cour d'appel sa demande de dommages-intérêts pour abus de constitution de partie civile que dans le cas où cette juridiction a prononcé sa relaxe en réformant le jugement déféré (Cass. crim., 2 févr. 1988 : *Bull.* 50).

Art. 517 *(L. n. 92-1336, 16 déc. 1992, art. 42 ; L. n. 93-913, 19 juill. 1993).* **– Si le jugement est réformé parce que la cour estime que le prévenu bénéficie d'une cause légale d'exemption de peine, elle se conforme aux dispositions de l'article 468.**

Art. 518. – Si le jugement est annulé parce que la cour estime que le fait ne constitue qu'une contravention, elle prononce la peine et statue, s'il y a lieu, sur l'action civile.

1) La cour d'appel doit, si l'infraction a été déférée à tort au juge de police, alors qu'elle constitue un délit, statuer au fond sous cette qualification rectifiée (Cass. crim., 5 mai 1960 : *Bull.* 244 ; *JCP* 60, II, 11691, note Chambon ; *D.* 1960, p. 498, note Meurisse).

2) Si une cour d'appel se déclare incompétente pour connaître de faits inexactement qualifiés délits douaniers mais qu'elle déclare constituer une contravention de douanes, elle doit prononcer la peine afférente à cette contravention et statuer sur l'action des douanes (Cass. crim., 12 févr. 1964 : *Bull.* 47).

Art. 519. – Si le jugement est annulé parce que la cour estime que le fait est de nature à entraîner une peine criminelle, la cour d'appel se déclare incompétente. Elle renvoie le ministère public à se pourvoir ainsi qu'il avisera.

Elle peut, le ministère public entendu, décerner par la même décision, mandat de dépôt ou d'arrêt contre le prévenu.

1) Sur l'appel du ministère public, la cour d'appel doit, même en l'absence de réquisitions en ce sens, vérifier sa compétence et se déclarer incompétente s'il résulte de ses constatations et du titre même de la poursuite que les faits constitueraient non un délit mais un crime (Cass. crim., 16 nov. 1982 : *Bull.* 257. – Cass. crim., 4 janv. 1990 : *Bull.* 1. – Cass. crim., 22 mai 1996 : *Bull.* 212).

2) En application de l'article 519 du Code de procédure pénale, la cour d'appel, après s'être déclarée incompétente, ne peut décerner un mandat de dépôt sans entendre à nouveau le ministère public sur la mesure de détention (Cass. crim., 3 sept. 1985 : *Bull.* 281, arrêt n. 1).

3) La cour d'appel qui annule le jugement qui lui est déféré au motif que les faits, à les supposer établis, seraient constitutifs d'un crime, ne peut se borner à ordonner le maintien en détention du prévenu, et doit, après avoir entendu le ministère public en ses réquisitions, délivrer un nouveau titre de détention (Cass. crim., 8 févr. 1989 : *Bull.* 60).

Art. 520. – Si le jugement est annulé pour violation ou omission non réparée de formes prescrites par la loi à peine de nullité, la cour évoque et statue sur le fond.

1) La disposition de l'article 520 du Code de procédure pénale qui n'est pas limitative, fait obligation à la cour d'appel d'évoquer et de statuer au fond chaque fois qu'elle annule un jugement pour autre cause que celle d'incompétence (Cass. crim., 16 févr. 1972 : *Bull.* 60. – Cass. crim., 8 août 1981 : *Bull.* 239. – Cass. crim., 31 mai 1989 : *Bull.* 228), quand il y a eu violation des formes prescrites par la loi mais encore parce qu'il a été mal jugé sur un incident (Cass. crim., 8 janv. 1974 : *Bull.* 5).

2) Les dispositions de l'article 520 du Code de procédure pénale, qui obligent les juges d'appel à évoquer le fond lorsque le jugement est annulé pour violation ou omission non réparée des formes prescrites à peine de nullité ne sont pas limitatives et s'étendent aux cas où l'irrégularité s'attache à l'enquête et affecte l'acte par lequel le tribunal a été saisi ; encourt la cassation, l'arrêt qui, après avoir annulé des actes de l'enquête de flagrant délit se borne à ordonner que les pièces annulées seront retirées du dossier et déposées au greffe, alors que la cour d'appel était tenue d'évoquer le fond et de statuer sur la prévention (Cass. crim., 21 nov. 2000 : *Bull.* 344. – Cass.

crim., 14 févr. 2001 : *Bull. inf. C. cass.* 2001, n. 443).

3) La cour d'appel doit se déclarer incompétente sans évoquer, lorsqu'elle annule la décision des premiers juges pour cause d'incompétence « *ratione loci* » (Cass. crim., 10 août 1963 : *Bull.* 269) ; l'évocation est prohibée lorsque les premiers juges n'ont pas régulièrement été saisis de la prévention (Cass. crim., 21 mars 1979 : *Bull.* 115) ; la cour ne peut se prononcer, après évocation, à l'égard d'une partie qui ne se trouvait pas en cause en première instance (Cass. crim., 8 nov. 1983 : *Bull.* 292).

Nonobstant les dispositions de l'article 520 du Code de procédure pénale, l'évocation par la Cour est impossible lorsque le prévenu n'a pas été cité devant la juridiction qui a rendu le jugement frappé d'appel, lequel lui est alors inopposable (Cass. crim., 5 juin 1991 : *Bull.* 239).

4) Lorsque les tribunaux répressifs ont statué au fond, en première instance, sur l'action civile accessoirement à l'action publique, le premier juge ne peut, après infirmation de sa décision, être à nouveau saisi de ce chef et se trouver ainsi exposé à se mettre en opposition avec le jugement rendu par lui (Cass. crim., 8 juin 1971 : *Bull.* 182. – Cass. crim., 10 oct. 1972 : *Bull.* 274. – Cass. crim., 18 janv. 1983 : *Bull.* 21 ; *JCP* 83, IV, p. 99). Ce principe est d'ordre public (Cass. crim., 10 oct. 1973 : *Bull.* 348. – Cass. crim., 24 oct. 1973 : *Bull.* 374. – Cass. crim., 30 janv. 1975 : *Bull.* 37).

5) La disposition de l'article 520 du Code de procédure pénale, qui fait obligation à la cour d'appel d'évoquer et de statuer au fond lorsque le jugement est annulé pour violation ou omission des formes prescrites par la loi à peine de nullité n'est pas limitative, et s'étend : au cas où le tribunal a déclaré à tort irrecevable une constitution de partie civile (Cass. crim., 15 nov. 1978 : *Bull.* 316) ; au cas où le tribunal s'est à tort dessaisi de la poursuite (Cass. crim., 23 févr. 1983 : *Bull.* 65. – Cass. crim., 4 oct. 1993 : *Bull.* 274) ; au cas où le tribunal saisi d'une poursuite pour infraction à la loi du 29 juillet 1881 a méconnu les dispositions de l'article 59, alinéas 2 et 3 de ladite loi (Cass. crim., 12 juill. 1983 : *Bull.* 221) ; au cas où le tribunal n'a pas énoncé ou a laissé incertaines les infractions dont les prévenus ont été déclarés coupables (Cass. crim., 5 nov. 1970 : *Bull.* 291) au cas où l'irrégularité s'attache à l'instruction et affecte l'acte par lequel le tribunal a été saisi (Cass. crim., 30 nov. 1987 : *Bull.* 433).

Encourt la cassation, par un moyen relevé d'office, l'arrêt qui, après avoir annulé le réquisitoire définitif, l'ordonnance de renvoi devant le tribunal correctionnel et le jugement déféré, a omis d'évoquer et de statuer au fond et a renvoyé le ministère public et les parties civiles à se pourvoir (Cass. crim., 13 juin 1994 : *Bull.* 231).

6) La cour d'appel qui infirme un jugement dans ses dispositions par lesquelles il a statué sur la responsabilité civile des parties statue à nouveau en vertu de l'effet dévolutif de l'appel, et ne peut renvoyer l'appréciation des dommages-intérêts au tribunal qui avait lui-même ordonné une expertise mais qui se trouve complètement dessaisi (Cass. crim., 10 juill. 1974 : *Bull.* 252).

7) Lorsque la cour d'appel statue sur les appels du ministère public et du prévenu d'un jugement ayant omis de prononcer sur une action civile, elle doit annuler ce jugement, évoquer et statuer à nouveau (Cass. crim., 12 mars 1984 : *Bull.* 98).

Lorsque le jugement frappé d'appel a déclaré nul l'acte qui saisissait la juridiction correctionnelle, la cour d'appel, dans l'hypothèse où elle infirme cette décision, doit statuer tant sur l'action publique que sur l'action civile, alors même que seule la partie civile aurait usé de cette voie de recours (Cass. crim., 12 oct. 1993 : *Bull.* 284).

8) Lorsque la cour d'appel statue sur l'appel du ministère public d'un jugement déclaré à tort d'itératif défaut, alors que le prévenu, détenu et régulièrement cité, n'avait pas été extrait pour l'audience, c'est à bon droit qu'elle annule le jugement, évoque et statue à nouveau (Cass. crim., 23 juin 1981 : *Bull.* 216).

Fait une exacte application des dispositions de l'article 520 du Code de procédure pénale la cour d'appel qui, après avoir annulé, sur l'appel du prévenu, un jugement par défaut improprement qualifié de contradictoire, évoque et statue à nouveau sur le fond (Cass. crim., 18 janv. 1995 : *Bull.* 24).

9) Lorsque postérieurement à une désignation d'une juridiction par la chambre criminelle de la Cour de cassation, les dispositions de l'article 680 ont été méconnues et que cette irrégularité a, dès lors, affecté l'instruction et l'acte par lequel le tribunal a été saisi, la cour d'appel doit, si cette exception tirée de la nullité

de la procédure est régulièrement soulevée devant elle, annuler le jugement et évoquer en application de l'article 520 (Cass. crim., 3 mai 1989 : *Bull.* 177).

10) La cour d'appel qui annule un jugement ayant à tort ordonné un sursis à statuer sur une exception et renvoyé l'examen de l'affaire à une audience ultérieure, a l'obligation d'évoquer et de statuer tant sur l'incident que sur le fond (Cass. crim., 11 déc. 1989 : *Bull.* 472).

TITRE III. – DU JUGEMENT DES CONTRAVENTIONS

CHAPITRE I. – DE LA COMPÉTENCE DU TRIBUNAL DE POLICE

Art. 521 *(L. n. 92-1336, 16 déc. 1992, art. 43 ; L. n. 93-913, 19 juill. 1993).* **– Le tribunal de police connaît des contraventions.**

Sont des contraventions les infractions que la loi punit d'une peine d'amende n'excédant pas 20 000 F (3 000 €).

V. Textes complémentaires.

V. J. Buisson, *Tribunal de police, Compétence : J.-Cl. Proc. pén.*, art. 521-522.

1) Le tribunal correctionnel se déclare à juste titre incompétent lorsqu'il est appelé, par une erreur matérielle évidente, à connaître d'une contravention relevant du tribunal de police ainsi que le prévoit l'article 521 (Cass. crim., 19 mai 1981 : *Bull.* 165).

2) Méconnaît les règles de sa compétence le juge de police qui, saisi de contravention à la réglementation du travail, prononce une condamnation à des dommages-intérêts en réparation du fait distinct constitué par un décès qui, selon ses propres énonciations, est le résultat d'un délit d'homicide involontaire dont le juge ne pouvait connaître (Cass. crim., 14 janv. 1971 : *Bull.* 12).

En matière contraventionnelle, la saisie d'objets dont la confiscation peut être ordonnée comme le permet l'article 464 du Code pénal relève du domaine réglementaire (Cass. crim., 9 janv. 1986 : *Bull.* 14).

Art. 522 *(L. n. 83-466, 10 juin 1983, art. 37).* **– Est compétent le tribunal de police du lieu de commission ou de constatation de la contravention ou celui de la résidence du prévenu.**

Est également compétent le tribunal de police du siège de l'entreprise détentrice du véhicule en cas de contravention, soit aux règles relatives au chargement ou à l'équipement de ce véhicule, soit aux conditions de travail dans les transports routiers, soit à la coordination des transports.

Les articles 383 à 387 sont applicables au jugement des infractions de la compétence du tribunal de police.

1) En matière répressive, les juridictions sont d'ordre public ; il en résulte que le prévenu est recevable, même pour la première fois, devant la Cour de cassation, à exciper de l'incompétence de la juridiction qui a statué en se fondant sur ce que les faits seraient de nature à justifier la compétence d'un autre ordre de juridiction (Cass. crim., 2 mai 1983 : *Bull.* 121).

2) Sauf dans les cas limitativement prévus par l'article 522, alinéa 2, du Code de procédure pénale, la connaissance des contraventions n'est attribuée, aux termes de l'alinéa 1er dudit article, qu'au tribunal de police du lieu de commission ou de constatation de l'infraction, ou à celui de la résidence du prévenu ; encourt dès lors la cassation, l'arrêt d'une cour d'appel qui déclare le tribunal de police du siège social d'une entreprise territorialement compétent pour connaître d'infractions à la règle du repos dominical, alors que l'activité de cette entreprise n'entre pas dans l'un des cas visés à l'article 522, alinéa 2, du code précité et que les contraventions ont été commises et constatées hors du ressort du tribunal saisi de la poursuite (Cass. crim., 27 juin 1995 : *Bull.* 237).

3) Il résulte de la combinaison des articles 385 et 522 du Code de procédure pénale, que devant le tribunal de police, les exceptions ti-

rées de la nullité de la citation doivent à peine de forclusion, être présentées avant toute défense au fond (Cass. crim., 1er févr. 1986 : *Bull.* 36) ; que le prévenu ne saurait faire état devant la Cour de cassation de nullités qui auraient été connues au cours de l'exécution d'un supplément d'information ordonné par le tribunal de police, s'il ne les a pas préalablement soulevées devant le tribunal, saisi par une nouvelle citation, avant toute défense au fond (Cass. crim., 17 juill. 1975 : *Bull.* 188).

4) Lorsqu'il y a connexité entre plusieurs contraventions, le tribunal de police du lieu de commission de l'une d'entre elles est compétent pour connaître des autres, même commises en dehors de son ressort (Cass. crim., 17 oct. 1978 : *Bull.* 274).

5) En application de l'article 522 du Code de procédure pénale, la connaissance des contraventions aux règles relatives au chargement ou à l'équipement d'un véhicule, aux conditions de travail dans les transports routiers ou à la coordination des transports est attribuée non seulement au tribunal de police du siège de l'entreprise détentrice du véhicule, mais aussi au tribunal de police du lieu de commission ou de constatation de la contravention ou celui de la résidence du prévenu (Cass. crim., 10 nov. 1992 : *Dr. pénal*, avr. 1993, n. 97).

Art. 523. – Le tribunal de police est constitué par le juge du tribunal d'instance, un officier du ministère public ainsi qu'il est dit aux articles 45 et suivants, et un greffier.

V. J. Buisson, *Tribunal de police ; Organisation : J.-Cl. Proc. pén.*, art. 523.

CHAPITRE II. – DE LA PROCÉDURE SIMPLIFIÉE

Art. 524 *(L. n. 92-1336, 16 déc. 1992, art. 44 ; L. n. 93-913, 19 juill. 1993).* **– Toute contravention de police, même commise en état de récidive, peut être soumise à la procédure simplifiée prévue au présent chapitre.**

Cette procédure n'est pas applicable :

1° Si la contravention est prévue par le Code du travail ;

2° Si le prévenu, auteur d'une contravention de la cinquième classe était âgé de moins de dix-huit ans au jour de l'infraction.

Cette procédure ne peut plus être poursuivie lorsque la victime du dommage causé par la contravention a fait citer directement le prévenu avant qu'ait été rendue l'ordonnance prévue à l'article 525.

V. J. Buisson, *Tribunal de police ; Procédure simplifiée ; Ordonnance pénale : J.-Cl. Proc. pén.*, art. 524 à 530-3, Fasc. 10.

J.-H. Robert, *Tribunal de police. Amende et indemnité forfaitaires : J.-Cl. Proc. pén.*, art. 524 à 530-3, Fasc. 2.

1) La procédure simplifiée prévue aux articles 524 et suivants du Code de procédure pénale revêtant un caractère subsidiaire et facultatif jusqu'à l'expiration du délai d'opposition à l'exécution de l'ordonnance pénale, le ministère public conserve la faculté d'y renoncer en recourant à la procédure de droit commun (Cass. crim., 3 févr. 1998 : *Bull.* 41 : *Juris-Data* n. 001035).

2) L'ordonnance pénale prononcée selon les articles 524 et suivants du Code de procédure pénale, et devenue définitive, n'a pas l'autorité de la chose jugée à l'égard de l'action civile en réparation des dommages causés par l'infraction (Cass. crim., 3 févr. 1998 : *Bull.* 41).

Art. 525 *(L. n. 72-5, 3 janv. 1972, art. 1er).* **– Le ministère public qui choisit la procédure simplifiée communique au juge du tribunal de police le dossier de la poursuite et ses réquisitions.**

Le juge statue sans débat préalable par une ordonnance pénale portant soit relaxe, soit condamnation à une amende *(L. n. 99-515, 23 juin 1999, art. 8)* **ainsi que, le cas échéant, à une ou plusieurs des peines complémentaires encourues.**

S'il estime qu'un débat contradictoire est utile *(L. n. 99-515, 23 juin 1999, art. 8-2°)*, **le juge renvoie le dossier au ministère public aux fins de poursuites dans les formes de la procédure ordinaire.**

Art. 526 *(L. n. 93-2, 4 janv. 1993, art. 130).* **– L'ordonnance contient les nom, prénoms, date et lieu de naissance et domicile du prévenu, la qualification légale, la date et le lieu du fait imputé, la mention des textes applicables et, en cas de condamnation, le montant de l'amende ainsi que la durée de la contrainte par corps.**

Le juge n'est pas tenu de motiver l'ordonnance pénale.

Art. 527 *(L. n. 93-2, 4 janv. 1993, art. 152).* **– Le ministère public peut, dans les dix jours de l'ordonnance, former opposition à son exécution par déclaration au greffe du tribunal.**

Si, à l'expiration du délai prévu à l'alinéa précédent, le ministère public n'a pas fait opposition, l'ordonnance pénale est notifiée au prévenu par lettre recommandée avec demande d'avis de réception et exécutée suivant les règles prévues par le présent code pour l'exécution des jugements de police.

Le prévenu peut, dans un délai de trente jours à compter de la date d'envoi de la lettre, former opposition à l'exécution de l'ordonnance.

À défaut de paiement ou d'opposition dans le délai ci-dessus, l'amende et le droit fixe de procédure sont exigibles.

Toutefois, s'il ne résulte pas de l'avis de réception que le prévenu a reçu la lettre de notification, l'opposition reste recevable jusqu'à l'expiration d'un délai de trente jours qui courent de la date à laquelle l'intéressé a eu connaissance, d'une part, de la condamnation, soit par un acte d'exécution, soit par tout autre moyen, d'autre part, du délai et des formes de l'opposition qui lui est ouverte.

Le comptable du Trésor arrête le recouvrement dès réception de l'avis d'opposition à l'ordonnance pénale établi par le greffe.

1) Pour la computation du délai de trente jours ouvert au prévenu pour former opposition à l'exécution d'une ordonnance pénale, le jour d'envoi de la lettre recommandée avec avis de réception par laquelle cette décision lui est notifiée ne doit pas être pris en compte.

Le délai de trente jours ouvert au prévenu pour former opposition à l'exécution d'une ordonnance pénale expire le dernier jour à 24 heures (Cass. crim., 23 juin 1987 : *Bull.* 262).

2) Aux termes de l'article 527 du Code de procédure pénale, le prévenu peut former opposition à l'exécution d'une ordonnance pénale dans un délai de 30 jours à compter de la date d'envoi de la lettre recommandée avec avis de réception par laquelle cette décision lui est notifiée ; s'il ne résulte pas de cet avis que le prévenu a reçu la lettre de notification, l'opposition reste recevable jusqu'à l'expiration du même délai qui court de la date à laquelle l'intéressé a eu connaissance de la condamnation, soit par un acte d'exécution, soit par tout autre moyen ; encourt la cassation l'arrêt qui déclare tardive l'opposition formée par un prévenu plus de 30 jours après l'envoi de la lettre recommandée, alors que, celle-ci ne lui étant pas parvenue, le délai d'opposition n'avait commencé à courir qu'à compter de l'avertissement du Trésor, premier acte d'exécution (Cass. crim., 27 avr. 1994 : *Bull.* 153).

Art. 528 *(L. n. 72-5, 3 janv. 1972, art. 1er).* **– En cas d'opposition formée par le ministère public ou par le prévenu, l'affaire est portée à l'audience du tribunal de police dans les formes de la procédure ordinaire. Le jugement rendu par défaut, sur l'opposition du prévenu, ne sera pas susceptible d'opposition.**

Jusqu'à l'ouverture des débats, le prévenu peut renoncer expressément à son opposition. L'ordonnance pénale reprend alors sa force exécutoire et une nouvelle opposition est irrecevable.

Encourt la cassation le jugement d'un tribunal de police qui, statuant sur opposition à une ordonnance pénale, se borne à confirmer celle-ci sans répondre à un argument péremptoire de défense contenu dans l'acte d'opposition. Il résulte, en effet, de l'article 528 qu'au cas d'opposition à l'ordonnance pénale, l'affaire est portée à l'audience du tribunal de police dans les formes de la procédure ordinaire (Cass. crim., 9 juin 1980 : *Bull.* 181).

Art. 528-1 *(L. n. 72-5, 3 janv. 1972, art. 1er).* **– L'ordonnance pénale à laquelle il n'a pas été formé opposition a les effets d'un jugement passé en force de chose jugée.**

Cependant, elle n'a pas l'autorité de la chose jugée à l'égard de l'action civile en réparation des dommages causés par l'infraction.

Art. 528-2 *(L. n. 72-5, 3 janv. 1972, art. 1er).* **– Les dispositions du présent chapitre ne font pas échec au droit de la partie lésée de citer directement le contrevenant devant le tribunal de police, dans les conditions prévues par le présent code.**

Lorsque la citation est délivrée après qu'une ordonnance pénale a été rendue sur les mêmes faits, le tribunal de police statue :

Sur l'action publique et sur les intérêts civils si l'ordonnance pénale a fait l'objet d'une opposition dans les délais prévus à l'article 527 et au plus tard à l'ouverture des débats.

Sur les intérêts civils seulement si aucune opposition n'a été formée ou si le prévenu a déclaré expressément, au plus tard à l'ouverture des débats, renoncer à son opposition ou à son droit d'opposition. Il en est de même s'il est établi que l'ordonnance pénale a fait l'objet d'un paiement volontaire.

CHAPITRE II *bis*. – DE LA PROCÉDURE DE L'AMENDE FORFAITAIRE

(L. n. 85-1407, 30 déc. 1985, art. 51 et 94 ; L. n. 89-469, 10 juill. 1989, art. 1er ; L. n. 99-515, 23 juin 1999, art. 9-1)

SECTION I. – DISPOSITIONS APPLICABLES À CERTAINES INFRACTIONS, À LA RÉGLEMENTATION DES TRANSPORTS PAR ROUTE, AU CODE DES ASSURANCES EN CE QUI CONCERNE L'ASSURANCE OBLIGATOIRE DES VÉHICULES TERRESTRES À MOTEUR ET DE LEURS REMORQUES ET SEMI-REMORQUES AINSI QU'À LA RÉGLEMENTATION SUR LES PARCS NATIONAUX

SECTION I. – DISPOSITIONS APPLICABLES À CERTAINES CONTRAVENTIONS

[Ces dispositions entreront en vigueur à la date de publication du décret en Conseil d'État]

Art. 529. – Pour les contraventions des quatre premières classes à la réglementation des transports par route, au Code des assurances en ce qui concerne l'assurance obligatoire des véhicules terrestres à moteur et de leurs remorques et semi-remorques et à la réglementation sur les parcs nationaux *(L. n. 95-101, 2 févr. 1995, art. 87-II)* **et les réserves naturelles qui sont punies seulement d'une peine d'amende, l'action publique est éteinte par le paiement d'une amende forfaitaire qui est exclusive de l'application des règles de la récidive.**

Toutefois, la procédure de l'amende forfaitaire n'est pas applicable si plusieurs infractions, dont l'une au moins ne peut donner lieu à amende forfaitaire, ont été constatées simultanément.

Art. 529 *(L. n. 99-515, 23 juin 1999, art. 9-II).* **– Pour les contraventions des quatre premières classes dont la liste est fixée par décret en Conseil d'État l'action publique est éteinte par le paiement d'une amende forfaitaire qui est exclusive de l'application des règles de la récidive.**

Toutefois, la procédure de l'amende forfaitaire n'est pas applicable si plusieurs infractions, dont l'une au moins ne peut donner lieu à amende forfaitaire, ont été constatées simultanément. *[Ces dispositions entreront en vigueur à la date de publication du décret en Conseil d'État].*

V. Textes complémentaires : Code rural, L. n. 95-101, 2 février 1995 relative au renforcement de la protection de l'environnement.

Art. 529-1. – Le montant de l'amende forfaitaire peut être acquitté soit entre les mains de l'agent verbalisateur au moment de la constatation de l'infraction, soit auprès du service indiqué dans l'avis de contravention ou, si cet avis est ultérieurement envoyé à l'intéressé, dans les trente jours qui suivent cet envoi.

Art. 529-2. – Dans le délai prévu par l'article précédent, le contrevenant doit s'acquitter du montant de l'amende forfaitaire, à moins qu'il ne formule dans le même délai une requête tendant à son exonération auprès du service indiqué dans l'avis de contravention. Cette requête est transmise au ministère public.

À défaut de paiement ou d'une requête présentée dans le délai de trente jours, l'amende forfaitaire est majorée de plein droit et recouvrée au profit du Trésor public en vertu d'un titre rendu exécutoire par le ministère public.

Le juge de police n'est pas tenu de répondre aux demandes ou exceptions invoquées par le prévenu non par voie de conclusions régulièrement déposées à l'audience du tribunal, mais seulement dans la requête prévue à l'article 529-2 du Code de procédure pénale concernant la procédure de l'amende forfaitaire et adressée au représentant du ministère public (Cass. crim., 16 nov. 1992 : *Bull.* 377. – Cass. crim., 18 juin 1997 : *Bull.* 246).

SECTION II. – DISPOSITIONS APPLICABLES À CERTAINES INFRACTIONS À LA POLICE DES SERVICES PUBLICS DE TRANSPORTS TERRESTRES

Art. 529-3. – Pour les contraventions des quatre premières classes à la police des services publics de transports ferroviaires et des services de transports publics de personnes, réguliers et à la demande, constatées par les agents assermentés de l'exploitant, l'action publique est éteinte, par dérogation à l'article 521 du présent code, par une transaction entre l'exploitant et le contrevenant.

Toutefois, les dispositions de l'alinéa précédent ne sont pas applicables si plusieurs infractions dont l'une au moins ne peut donner lieu à transaction ont été constatées simultanément.

Art. 529-4 *(L. n. 93-2, 4 janv. 1993, art. 153)*. **– I. – La transaction est réalisée par le versement à l'exploitant d'une indemnité forfaitaire et, le cas échéant, de la somme due au titre du transport.**

Ce versement est effectué :

1° Soit, au moment de la constatation de l'infraction, entre les mains de l'agent de l'exploitant ;

2° Soit, dans un délai de deux mois à compter de la constatation de l'infraction, auprès du service de l'exploitant indiqué dans la proposition de transaction : dans ce dernier cas, il y est ajouté aux sommes dues le montant des frais de constitution du dossier.

À défaut de paiement immédiat entre ses mains, l'agent de l'exploitant est habilité à recueillir le nom et l'adresse du contrevenant : en cas de besoin, il peut requérir l'assistance d'un officier ou d'un agent de police judiciaire.

Le montant de l'indemnité forfaitaire et, le cas échéant, celui des frais de constitution du dossier sont acquis à l'exploitant.

II. – *(L. n. 99-291, 15 avr. 1999, art. 17-I)* **À défaut de paiement immédiat entre leurs mains, les agents de l'exploitant, s'ils ont été agréés par le procureur de la République et assermentés, et uniquement lorsqu'ils procèdent au contrôle de l'existence et de la validité des titres de transport des voyageurs, sont habilités à relever l'identité et l'adresse du contrevenant.**

Si le contrevenant refuse ou se trouve dans l'impossibilité de justifier de son identité, l'agent de l'exploitant en rend compte immédiatement à tout officier de police judiciaire de la police nationale ou de la gendarmerie nationale territorialement compétent, qui peut alors lui ordonner sans délai de lui présenter sur-le-champ le contrevenant. À défaut de cet ordre, l'agent de l'exploitant ne peut retenir le contrevenant. Lorsque l'officier de police judiciaire mentionné au présent alinéa décide de procéder à une vérification d'identité, dans les conditions prévues à l'article 78-3, le délai prévu au troisième alinéa de cet article court à compter du relevé d'identité.

Il est mis fin immédiatement à la procédure prévue à l'alinéa précédent si le contrevenant procède au versement de l'indemnité forfaitaire.

III. – *(L. n. 99-291, 15 avr. 1999, art. 17-I)* **Les conditions d'application du II du présent article sont fixées par décret en Conseil d'État. Ce décret précise notamment les conditions dans lesquelles les agents de l'exploitant doivent, aux frais de ce dernier, suivre une formation spécifique afin de pouvoir obtenir l'agrément délivré par le procureur de la République. Il définit en outre les conditions dans lesquelles le représentant de l'État approuve l'organisation que l'exploitant arrêté aux fins d'assurer les contrôles précités et les modalités de coordination et de transmission d'informations entre l'exploitant et la police ou la gendarmerie nationales.**

Art. 529-5 *(L. n. 93-2, 4 janv. 1993, art. 153).* **– Dans le délai prévu par l'article précédent, le contrevenant doit s'acquitter du montant des sommes dues au titre de la transaction, à moins qu'il ne formule dans le délai de deux mois à compter de la constatation de l'infraction une protestation auprès du service de l'exploitant. Cette protestation, accompagnée du procès-verbal d'infraction, est transmise au ministère public.**

À défaut de paiement ou de protestation dans le délai de deux mois précité, le procès-verbal d'infraction est adressé par l'exploitant au ministère public et le contrevenant devient redevable de plein droit d'une amende forfaitaire majorée recouvrée par le Trésor public en vertu d'un titre rendu exécutoire par le ministère public.

SECTION II *bis*. – DISPOSITIONS APPLICABLES
À CERTAINES INFRACTIONS AU CODE DE LA ROUTE

Art. 529-6. – Pour les contraventions des quatre premières classes au Code de la route punies d'une simple peine d'amende, qu'elles entraînent ou non une perte des points affectés au permis de conduire, l'action publique est éteinte par le paiement d'une amende forfaitaire qui est exclusive de l'application des règles de la récidive.

Toutefois, la procédure de l'amende forfaitaire n'est pas applicable si plusieurs infractions, dont l'une au moins ne peut donner lieu à amende forfaitaire, ont été constatées simultanément.

Art. 529-6*. – Abrogé, L. n. 99-515, 23 juin 1999, art. 9-III. [Ces dispositions entreront en vigueur à la date de publication du décret en Conseil d'État].*

Art. 529-7. – Pour les contraventions au Code de la route des deuxième, troisième et quatrième classes prévues par l'article 529-6, à l'exception de celles relatives au stationnement, l'amende forfaitaire est minorée si le contrevenant en règle le montant dans les conditions prévues par l'article 529-8.

Art. 529-7. – Pour les contraventions au Code de la route des deuxième, troisième et quatrième classes *(L. n. 99-515, 23 juin 1999, art. 9-III)* **dont la liste est fixée par décret en Conseil d'État, à l'exception de celles relatives au stationnement, l'amende forfaitaire est minorée si le contrevenant en règle le montant dans les conditions prévues par l'article 529-8.** *[Ces dispositions entreront en vigueur à la date de publication du décret en Conseil d'État].*

Art. 529-8. – Le montant de l'amende forfaitaire minorée peut être acquitté soit entre les mains de l'agent verbalisateur au moment de la constatation de l'infraction, soit dans un délai de trois jours à compter de la constatation de l'infraction ou, si cet avis est ultérieurement envoyé à l'intéressé, dans les sept jours qui suivent cet envoi.

En cas de non-paiement de l'amende forfaitaire minorée dans les conditions prévues ci-dessus, le contrevenant est redevable de l'amende forfaitaire.

Art. 529-9. – L'amende forfaitaire doit être versée avant l'expiration de la période de trente jours qui suit la constatation de l'infraction ou l'envoi de l'avis de contravention.

Les dispositions de l'article 529-2 relatives à la requête aux fins d'exonération et à la majoration de plein droit sont applicables.

SECTION III. – DISPOSITIONS COMMUNES

Art. 530 *(L. n. 93-2, 4 janv. 1993, art. 154).* **– Le titre mentionné au second alinéa de l'article 529-2 ou au second alinéa de l'article 529-5 est exécuté suivant les règles prévues par le présent code pour l'exécution des jugements de police. La prescription de la peine commence à courir à compter de la signature par le ministère public du titre exécutoire, qui peut être individuel ou collectif.**

Dans les trente jours de l'envoi de l'avis invitant le contrevenant à payer l'amende forfaitaire majorée, l'intéressé peut former auprès du ministère public une réclamation motivée qui a pour effet d'annuler le titre exécutoire en ce qui concerne l'amende contestée. Cette réclamation reste recevable tant que la peine n'est pas prescrite, s'il ne résulte pas d'un acte d'exécution ou de tout autre moyen de preuve que l'intéressé a eu connaissance de l'amende forfaitaire majorée.

La réclamation doit être accompagnée de l'avis correspondant à l'amende considérée.

Art. 530-1 *(L. n. 93-2, 4 janv. 1993, art. 155).* **– Au vu de la requête faite en application du premier alinéa de l'article 529-2, de la protestation formulée en application du premier alinéa de l'article 529-5 ou de la réclamation faite en application du deuxième alinéa de l'article 530, le ministère public peut, soit renoncer à l'exercice des poursuites, soit procéder conformément aux articles 524 à 528-2 ou aux articles 531 et suivants, soit aviser l'intéressé de l'irrecevabilité de la réclamation non motivée ou non accompagnée de l'avis.**

En cas de condamnation, l'amende prononcée ne peut être inférieure au montant de l'amende ou de l'indemnité forfaitaire dans les cas prévus par le premier alinéa de l'article 529-2 et le premier alinéa de l'article 529-5, ni être inférieure au montant de l'amende forfaitaire majorée dans les cas prévus par le second alinéa de l'article 529-2 et le second alinéa de l'article 529-5.

1) Le régime de l'amende forfaitaire majorée ne porte pas atteinte au pouvoir du juge de fixer librement le *quantum* de la peine et n'est pas incompatible avec l'article 6 de la Convention européenne des droits de l'homme, dès lors que le juge de police, qui fixe la peine dans les limites comprises entre le montant de l'amende forfaitaire majorée et le maximum encouru, dispose du pouvoir de proportionner le montant de l'amende à la gravité de la contravention commise, à la personnalité de son auteur et à ses ressources (Cass. crim., 16 juin 1999 : *Bull.* 138).

2) Il résulte de l'article 530-1, alinéa 2, du Code de procédure pénale qu'en cas de recours contre une amende forfaitaire majorée, l'amende prononcée ne peut être inférieure au montant de l'amende qui aurait été due si l'intéressé n'avait pas présenté de réclamation ; encourt la cassation le jugement qui après la réclamation formée par l'intéressé en application du deuxième alinéa de l'article 530 du Code de procédure pénale prononce une amende inférieure au montant de l'amende forfaitaire majorée (Cass. crim., 20 oct. 1999 : *Bull.* 229).

3) Il se déduit des dispositions des articles 530, alinéa 3, et 530-1, alinéa 1er, du Code de procédure pénale que la réclamation du contrevenant, lorsqu'elle n'est pas accompagnée de l'original de l'avis correspondant à l'amende considérée, peut être déclarée irrecevable par l'officier du ministère public (Cass. crim., 18 janv. 2000 : *Bull.* 26).

Art. 530-2. – Les incidents contentieux relatifs à l'exécution du titre exécutoire et à la rectification des erreurs matérielles qu'il peut comporter sont déférés au tribunal de police, qui statue conformément aux dispositions de l'article 711.

Selon l'article 530-2 du Code de procédure pénale, donne lieu à incident contentieux relatif à l'exécution du titre exécutoire la décision de l'officier du ministère public de déclarer irrecevable la réclamation formée par le contrevenant pour un motif autre que ceux prévus par l'article 530-1, alinéa 1, du même code ; encourt la cassation le jugement déclarant irrecevable une requête présentée sur le fondement de l'article 530-2 du Code de procédure pénale alors que la réclamation n'avait pas été déclarée irrecevable en raison de l'absence de motivation ou du défaut d'accompagnement de l'avis correspondant à l'amende considérée et que, dès lors, l'officier du ministère public devait, en application de l'article R. 49-8 du code précité, informer le comptable du Trésor de l'annulation du titre exécutoire (Cass. crim., 29 oct. 1997 : *Bull.* 357).

Art. 530-3 *(L. n. 89-469, 10 juill. 1989, art. 2)*. **– Un décret en Conseil d'État fixe le montant des amendes et indemnités forfaitaires, des amendes forfaitaires minorées et des amendes forfaitaires majorées ainsi que des frais de constitution de dossier et précise les modalités d'application du présent chapitre, en déterminant notamment les conditions dans lesquelles les agents habilités à constater les infractions sont assermentés et perçoivent le montant des amendes forfaitaires et celui des transactions.**

Les dispositions de l'article 21 de l'ordonnance du 2 février 1945 relative à l'enfance délinquante excluent nécessairement, en raison de leurs exigences particulières, l'application de la procédure de l'amende forfaitaire prévue par les articles 529 et 530 du Code de procédure pénale (Cass. crim., 4 févr. 1971 : *Bull.* 42).

CHAPITRE III. – DE LA SAISINE DU TRIBUNAL DE POLICE

Art. 531. – Le tribunal de police est saisi des infractions de sa compétence soit par le renvoi qui lui en est fait par la juridiction d'instruction, soit par la comparution volontaire des parties, soit par la citation délivrée directement au prévenu et à la personne civilement responsable de l'infraction.

V. J. Buisson, *Tribunal de police ; De la saisine et de l'instruction définitive : J.-Cl. Proc. pén.*, art. 531 à 543.

Art. 532. – L'avertissement délivré par le ministère public dispense de citation s'il est suivi de la comparution volontaire de la personne à laquelle il est adressé.

Il indique l'infraction poursuivie et vise le texte de loi qui la réprime.

Le tribunal de police saisi de l'action publique par la comparution volontaire du prévenu convoqué par simple avertissement ne peut se dessaisir que par un jugement d'incompétence ou par un jugement sur le fond (Cass. crim., 9 mai 1961 : *Bull.* 241).

Art. 533 *(L. n. 83-608, 8 juill. 1983, art. 11 ; L. n. 93-2, 4 janv. 1993, art. 79 ; L. n. 94-89, 1er févr. 1994, art. 17-VI)*. **– Les articles 388-1, 388-2, 388-3 et 390 à 392-1 sont applicables devant le tribunal de police.**

CHAPITRE IV. – DE L'INSTRUCTION DÉFINITIVE DEVANT LE TRIBUNAL DE POLICE

Art. 534. – Avant le jour de l'audience, le président peut, sur la requête du ministère public ou de la partie civile, estimer ou faire estimer les dommages, dresser ou faire dresser des procès-verbaux, faire ou ordonner tous actes requérant célérité.

Art. 535. – Les dispositions des articles 400 à 405, 406 à 408, sont applicables à la procédure devant le tribunal de police.

Toutefois, les sanctions prévues par l'article 404, alinéa 2, ne peuvent être prononcées que par le tribunal correctionnel, saisi par le ministère public, au vu du procès-verbal dressé par le juge du tribunal de police relatant l'incident.

Art. 536. – Sont également applicables les règles édictées par les articles 418 à 426 concernant la constitution de partie civile ; par les articles 427 à 457 relatifs à l'administration de la preuve sous réserve de ce qui est dit à l'article 537 ; par les articles 458 à 461 concernant la discussion par les parties ; par l'article 462 relatif au jugement.

1) En application de l'article 460 du Code de procédure pénale, applicable devant le tribunal de police selon l'article 536 du même code, le prévenu ou son conseil doivent toujours avoir la parole les derniers (Cass. crim., 5 mars 1984 : *Bull.* 86).

2) Aux termes de l'article 427 du Code de procédure pénale auquel se réfère l'article 536 du même code, le juge de police ne peut fonder sa décision que sur des preuves qui sont contradictoirement discutées devant lui (Cass. crim., 20 nov. 1984 : *Bull.* 361). Enfreint cette disposition, le jugement qui se fonde sur des documents non soumis à publication et qui n'ont pas été communiqués au prévenu ou à son conseil *(même arrêt).*

3) Il résulte des dispositions combinées des articles 459 et 536 du Code de procédure pénale que les conclusions produites par un prévenu comparant à l'audience du tribunal de police sont irrecevables lorsqu'elles n'ont pas été déposées le jour de l'audience des débats et qu'il n'est pas établi que le président en ait eu connaissance (Cass. crim., 17 févr. 1998 : *Bull.* 64).

4) Encourt la cassation le jugement d'un tribunal de police rédigé sur un imprimé, ne comportant notamment aucune référence ni à l'établissement du procès-verbal de constatation, ni aux circonstances de la contravention réprimée (Cass. crim., 26 nov. 1990 : *Bull.* 404).

Art. 537. – Les contraventions sont prouvées soit par procès-verbaux ou rapports, soit par témoins à défaut de rapports et procès-verbaux, ou à leur appui.

(L. n. 78-788, 28 juill. 1978, art. 10) **Sauf dans les cas où la loi en dispose autrement, les procès-verbaux ou rapports établis par les officiers et agents de police judiciaire et les agents de police judiciaire adjoints, ou les fonctionnaires ou agents chargés de certaines fonctions de police judiciaire auxquels la loi a attribué le pouvoir de constater les contraventions, font foi jusqu'à preuve contraire.**

La preuve contraire ne peut être rapportée que par écrit ou par témoins.

1) L'article 537 du Code de procédure pénale, qui dispose que les contraventions sont prouvées soit par procès-verbaux ou rapports soit par témoins et que la preuve contraire ne peut être rapportée que par écrit ou par témoins, n'est pas incompatible avec le principe conventionnel de « l'égalité des armes » dès lors qu'il impose à chacune des parties au procès-verbal les mêmes modes de preuve (Cass. crim., 10 juill. 1996 : *Bull.* 289. – Cass. crim., 12 nov. 1997 : *Bull.* 380).

2) Une cour d'appel ne peut, sans violer les dispositions de l'article 537 du Code de procédure pénale, prononcer la relaxe d'un contrevenant sans constater que la preuve contraire aux énonciations du procès-verbal a été rapportée par écrit ou par témoins (Cass. crim., 25 avr. 1977 : *Bull.* 134) ; si les « parcmètres » ne sont pas, en l'état actuel des textes, soumis au contrôle de l'État, cette absence de vérification réglementaire est sans incidence sur la valeur des procès-verbaux constatant une infraction à la réglementation sur le stationnement payant ; ces procès-verbaux font foi jusqu'à preuve contraire (Cass. crim., 23 mai 1984 : *Bull.* 189).

3) Doit être cassé le jugement qui, à défaut de constatations personnelles des agents verbalisateurs, a refusé de tenir compte des témoignages recueillis à l'occasion de la collision entre deux véhicules au motif que l'article L. 24 du Code de la route a déterminé de façon impérative, et restrictive à la fois, les conditions dans lesquelles sont relevées les infractions aux règles de la circulation, excluant les témoignages (Cass. crim., 28 juill. 1969 : *JCP* 70, II, 1625, note Gassin).

4) Une attestation écrite ne constitue pas une preuve écrite ou par témoins suceptible, selon l'article 537 du Code de procédure pénale, de combattre la force probante qui s'attache à un procès-verbal de police (Cass. crim., 7 févr. 2001 : *Bull.* 39 ; *Bull. inf. C. cass.* 2001, n. 452).

Art. 538 *(L. n. 93-2, 4 janv. 1993, art. 208).* **– S'il y a lieu à supplément d'information, il y est procédé par le juge du tribunal de police, conformément aux articles 114, 119, 120 et 121.**

Les dispositions de l'article 463, alinéa 3, sont applicables.

Art. 539 *(L. n. 92-1336, 16 déc. 1992, art. 46 ; L. n. 93-913, 19 juill. 1993).* **– Si le tribunal de police estime que le fait constitue une contravention, il prononce la peine, sous réserve des dispositions des articles 132-59 à 132-70 du Code pénal et des articles 747-3 et 747-4 du présent code.**

Il statue s'il y a lieu sur l'action civile conformément aux dispositions de l'article 464, alinéas 2 et 3.

Il résulte de l'article 539 du Code de procédure pénale, applicable en cause d'appel, que le juge qui déclare le prévenu coupable d'une contravention doit, sauf s'il fait application des dispositions des articles 469-1 à 469-3 du Code de procédure pénale, prononcer simultanément la peine.

Il en est ainsi, notamment, lorsque la juridiction répressive est saisie d'une poursuite exercée contre un prévenu à raison de faits, non indivisibles, de nature à constituer les contraventions prévues par les articles L. 221-5 et L. 221-17 du Code du travail (Cass. crim., 17 janv. 1989 : *Bull.* 20).

Art. 539-1. – *Abrogé, à compter du 1er mars 1994, L. n. 92-1336, 16 décembre 1992, art. 47 ; L. n. 93-913, 19 juillet 1993.*

Art. 540. – Si le tribunal de police estime que le fait constitue un crime ou un délit, il se déclare incompétent. Il renvoie le ministère public à se pourvoir ainsi qu'il avisera.

Art. 541. – Si le tribunal de police estime que le fait ne constitue aucune infraction à la loi pénale, ou que le fait n'est pas établi, ou qu'il n'est pas imputable au prévenu, il renvoie celui-ci des fins de la poursuite.

(L. n. 83-608, 8 juill. 1983, art. 14) **Les dispositions de l'article 470-1 sont applicables.**

Art. 542 *(L. n. 92-1336, 16 déc. 1992, art. 48 ; L. n. 93-913, 19 juill. 1993)*. **– Si le prévenu bénéficie d'une cause légale d'exemption de peine, le tribunal de police le déclare coupable et l'exempte de peine. Il statue, s'il y a lieu, sur l'action civile ainsi qu'il est dit à l'article 539.**

Art. 543 *(L. n. 93-2, 4 janv. 1993, art. 131)*. **– Sont applicables à la procédure devant le tribunal de police les articles 473 à 486 concernant certains frais non payés par l'État et exposés par la partie civile, la restitution des objets placés sous la main de la justice et la forme des jugements.**

(L. n. 92-1336, 16 déc. 1992, art. 49 et 373) **Toutefois, les dispositions de l'article 480-1 ne sont applicables qu'aux condamnés pour contraventions de la cinquième classe.**

V. Jurisp. sous art. 473 à 486.

L'article 486 du Code de procédure pénale, rendu applicable aux tribunaux de police par l'article 543 du même code, exige seulement la constatation, dans le jugement, de la présence du ministère public à l'audience ; l'omission de son nom ne constitue pas la violation d'une formalité substantielle (Cass. crim., 28 mai 1974 : *Bull.* 203).

CHAPITRE V. – DU JUGEMENT PAR DÉFAUT ET DE L'OPPOSITION

Art. 544. – Sont applicables devant le tribunal de police les dispositions des articles 410 à 415 relatives à la comparution et à la représentation du prévenu et de la personne civilement responsable.

Toutefois, lorsque la contravention poursuivie n'est passible que d'une peine d'amende, le prévenu peut se faire représenter par un avoué *(avocat)* ou par un fondé de procuration spéciale.

V. J. Buisson, *Tribunal de police ; Défaut, opposition, appel : J.-Cl. Proc. pén.*, art. 544 à 549 ; V. Jurisp. sous, art. 410 à 415.

Selon les dispositions de l'alinéa 2 de l'article 544 du Code de procédure pénale, le prévenu traduit devant le tribunal de police pour une contravention passible d'une simple peine d'amende", est régulièrement représenté par un avocat. Dès lors la décision rendue à son égard est contradictoire (Cass. crim., 15 oct. 1964 : *Bull.* 266. – Cass. crim., 16 févr. 1977 : *Bull.* 64) ; dans cette hypothèse, il résulte de la combinaison des articles 544 et 547 du Code de procédure pénale, que le prévenu n'a pas à adresser au président la lettre prévue par le premier alinéa de l'article 411 du même code (Cass. crim., 23 nov. 1960 : *Bull.* 542).

Art. 545. – Sont également applicables les dispositions des articles 487 et 488 relatives aux jugements par défaut, et 489 à 495 relatives à l'opposition.

CHAPITRE VI. – DE L'APPEL DES JUGEMENTS DE POLICE

Art. 546 *(L. n. 92-1336, 16 déc. 1992, art. 50 ; L. n. 93-913, 19 juill. 1993 ; L. n. 94-89, 1er févr. 1994, art. 10-III, 14).* **– La faculté d'appeler appartient au prévenu, à la personne civilement responsable, au procureur de la République** *(L. n. 99-515, 23 juin 1999, art. 10-1°)* **au procureur général et à l'officier du ministère public près le tribunal de police, lorsque l'amende encourue est celle prévue pour les contraventions de la cinquième classe, lorsqu'a été prononcée la peine prévue par le 1° de l'article 131-16 du Code pénal, ou lorsque la peine d'amende prononcée est supérieure au maximum de l'amende encourue pour les contraventions de la deuxième classe.**

Lorsque des dommages et intérêts ont été alloués, la faculté d'appeler appartient également au prévenu et à la personne civilement responsable.

Cette faculté appartient dans tous les cas à la partie civile quant à ses intérêts civils seulement.

Dans les affaires poursuivies à la requête de l'administration des eaux et forêts, l'appel est toujours possible de la part de toutes les parties, quelles que soient la nature et l'importance des condamnations.

Alinéa abrogé, L. n. 99-515, 23 juin 1999, art. 10-2°.

1) L'article 546 du Code de procédure pénale qui exclut la faculté d'appeler des jugements de police lorsque la peine prononcée n'excède pas le maximum de l'amende encourue pour les contraventions de la deuxième classe n'est pas contraire à l'article 2 du protocole n° 7 additionnel à la Convention européenne des droits de l'homme qui prévoit que le droit de faire examiner par une juridiction supérieure la déclaration de culpabilité ou la condamnation peut faire l'objet d'exceptions pour les infractions mineures (Cass. crim., 6 févr. 2002 : *Bull. inf. C. cass.*, avr. 2002, n. 360).

2) Lorsqu'un tribunal est saisi par la même poursuite de plusieurs contraventions lui permettant de prononcer plusieurs amendes, il y a lieu de totaliser les amendes encourues pour déterminer si le jugement est susceptible d'appel (Cass. crim., 20 mars 1984 : *Bull.* 115 ; *Rev. sc. crim.* 1985, 336, obs. J. Robert. – Cass. crim., 3 juin 1987: *Bull.* 235. – 11 avr. 1991 : *Bull. inf. C. cass.,* 1er août 1991, n. 1304) ; le pourvoi contre un jugement susceptible d'appel en raison de cette totalisation n'est pas recevable (Cass. crim., 20 oct. 1965 : *Bull.* 203. – Cass. crim., 5 juill. 1976 : *Bull.* 245. – Cass. crim., 24 juin 1986 : *Bull.* 220) il a cependant pour effet de différer jusqu'à la notification de l'arrêt de la Cour de cassation l'ouverture du délai d'appel du jugement (Cass. crim., 3 juin 1987, *précité*).

Doit être cassé, pour violation des dispositions d'ordre public de l'article 546 du Code de procédure pénale, l'arrêt qui, au lieu de le déclarer irrecevable, examine le bien-fondé d'un appel formé contre un jugement improprement qualifié de rendu en premier ressort.

La qualification erronée de « rendu en premier ressort » d'un jugement de police ne saurait avoir pour effet de préjudicier au justiciable qui, induit en erreur sur la voie de recours applicable, a interjeté appel de cette décision.

En conséquence, le délai de pourvoi à son encontre ne commence à courir que de la date de signification de l'arrêt qui constate l'irrecevabilité de cet appel (Cass. crim., 1er oct. 1987 : *Bull.* 318).

Encourt la censure la cour d'appel qui, au lieu de le déclarer irrecevable, examine le bien-fondé d'un appel formé par le procureur de la République contre une décision de relaxe rendue dans une affaire où la peine encourue n'excédait pas le seuil indiqué par l'article 546 (Cass. crim., 7 févr. 1994 : *Bull.* 54).

3) Est irrecevable à se pourvoir en cassation la partie civile qui n'a pas préalablement usé du droit d'appel que lui confère l'alinéa 3 de l'article 546 du Code de procédure pénale (Cass. crim., 27 nov. 1984 : *Bull.* 367 ; *JCP* 85, IV, p. 47).

4) Les dommages-intérêts visés par l'article 546 du Code de procédure pénale concernent toutes les réparations civiles, quelle qu'en soit la nature ; est donc recevable l'appel d'un prévenu condamné à effectuer à ses frais le curage d'une

rivière (Cass. crim., 31 oct. 1961 : *Bull.* 426), à effectuer des travaux en application de l'article L. 30 du Code de la santé publique (Cass. crim., 8 déc. 1965 : *Bull.* 266).

Art. 547. – L'appel des jugements de police est porté à la cour d'appel.

Cet appel est interjeté dans les délais prévus par les articles 498 à 500.

L'appel est suivi et jugé dans la même forme que les appels des jugements correctionnels.

Les articles 502 à 504, alinéas 1er et 2, sont applicables à l'appel des jugements de police.

Il résulte des dispositions combinées des articles 544 et 547 du Code de procédure pénale qu'en matière d'appel de police, le prévenu qui n'est passible que d'une peine d'amende peut être jugé contradictoirement par la cour d'appel, bien qu'il soit absent, dès lors qu'il est représenté par un avocat (Cass. crim., 12 janv. 1971 : *Bull.* 5. – Cass. crim., 10 oct. 1974 : *Bull.* 290).

Art. 548 *(Ord. n. 60-529, 4 juin 1960, art. 8)*. **– Le procureur général forme son appel par signification, soit au prévenu, soit à la partie civilement responsable de l'infraction, dans le délai de deux mois à compter du jour du prononcé du jugement.**

Art. 549. – Les dispositions des articles 506 à 509, 510 à 520, sont applicables aux jugements rendus par les tribunaux de police.

(Ord. n. 60-529, 4 juin 1960, art. 2) **La cour d'appel, saisie de l'appel d'un jugement d'incompétence du tribunal de police, si elle constate que le fait poursuivi constitue un délit, prononce la peine et statue, s'il y a lieu, sur les dommages-intérêts.**

1) En application de l'article 549 du Code de procédure pénale une cour d'appel, saisie du seul appel de la partie civile, doit rechercher, si à la suite d'une condamnation pour contravention à l'article R. 38-1 du Code pénal, les coups portés entrent, quant aux intérêts civils, dans les prévisions de cet article, soit dans celles de l'article R. 40 dudit code, soit dans celles de l'article 320 du même code (Cass. crim., 15 nov. 1978 : *Bull.* 316).

2) Saisie de l'appel d'un jugement d'incompétence du tribunal de police, une cour d'appel, qui constate que le fait poursuivi est un délit, ne peut confirmer le jugement, mais doit, par application de l'article 549 du Code de procédure pénale, se prononcer au fond (Cass. crim., 2 mai 2002 : *Bull.* 103).

TITRE IV. – DES CITATIONS ET SIGNIFICATIONS

Art. 550 *(Ord. n. 60-529, 4 juin 1960, art. 2 ; L. n. 92-1336, 16 déc. 1992, art. 51 ; L. n. 93-913, 19 juill. 1993)*. **– Les citations et significations, sauf disposition contraire des lois et règlements, sont faites par exploit d'huissier de justice.**

Les notifications sont faites par voie administrative.

L'huissier ne peut instrumenter pour lui-même, pour son conjoint, pour ses parents et alliés et ceux de son conjoint, en ligne directe à l'infini, ni pour ses parents et alliés collatéraux, jusqu'au degré de cousin issu de germain inclusivement.

L'exploit de citation ou de signification contient la désignation du requérant, la date, les nom, prénoms et adresse de l'huissier, ainsi que les nom, prénoms et adresse du destinataire ou, si le destinataire est une personne morale, sa dénomination et son siège.

La personne qui reçoit copie de l'exploit signe l'original ; si elle ne veut ou ne peut signer, mention en est faite par l'huissier.

V. C. Carlioz, *Citations et significations : J.-Cl. Proc. pén.*, art. 550 à 566. – M. Lemercier, *Citation, comparution des parties et saisine du juge dans le procès civil et pénal à la suite des réformes récentes : JCP* 61, 1633.

1) La personne qui reçoit un exploit signe l'original, si elle ne peut ou ne veut signer, mention en est faite par l'huissier ; ces formalités sont substantielles (Cass. crim., 23 juill. 1975 : *Bull.* 191).

Il y a nullité de la citation pour violation de l'article 550 du Code de procédure pénale lorsque l'original de l'exploit ne comporte pas la signature de la personne qui en a reçu copie et qu'il n'est pas précisé qu'elle n'a pu ou voulu signer. Dès lors que le prévenu n'a été ni présent ni représenté à l'audience, la nullité de l'exploit par lequel il a été cité a eu pour effet de porter atteinte à ses intérêts (Cass. crim., 26 mars 1992 : *Bull.* 130).

2) Constitue un exploit de signification d'un jugement rendu par défaut l'acte qui, quel que soit son intitulé, contient, défaut l'acte qui, quel que soit son intitulé, contient, en des termes précis et non équivoques, les mentions afférentes à ladite signification (Cass. crim., 30 juin 1976 : *Bull.* 237).

Art. 551. – La citation est délivrée à la requête du ministère public, de la partie civile, et de toute administration qui y est légalement habilitée. L'huissier doit déférer sans délai à leur réquisition.

La citation énonce le fait poursuivi et vise le texte de loi qui le réprime.

Elle indique le tribunal saisi, le lieu, l'heure et la date de l'audience, et précise la qualité de prévenu, de civilement responsable, ou de témoin de la personne citée.

Si elle est délivrée à la requête de la partie civile, elle mentionne les nom, prénoms, profession et domicile réel ou élu de celle-ci.

La citation délivrée à un témoin doit en outre mentionner que la non-comparution, le refus de témoigner et le faux témoignage sont punis par la loi.

1) Est nulle la citation qui ne mentionne pas que la personne citée doit comparaître devant une juridiction répressive et qui porte ainsi atteinte aux intérêts de cette personne (Cass. crim., 28 nov. 1983 : *Bull.* 316).

L'article 551, alinéa 4, du Code de procédure pénale, exige que la citation, si elle est délivrée à la requête de la partie civile, mentionne les nom, prénoms, profession et domicile réel ou élu de celle-ci ; lorsque la partie civile est une personne morale, cette exigence s'applique à la désignation de celui qui agit en justice au nom de la personne morale (Cass. crim., 5 mars 1970 : *Bull.* 93. – Cass. crim., 15 mai 1984 : *Bull.* 179).

2) Il y a nullité de la citation pour violation de l'article 551 du Code de procédure pénale lorsque celle-ci n'indique pas l'heure de l'audience ; si le prévenu n'y a été ni présent ni représenté, cette nullité a eu pour effet de porter atteinte à ses intérêts (Cass. crim., 5 mai 1987 : *Bull.* 179).

3) Il suffit que la citation délivrée au prévenu énonce le fait poursuivi et vise le texte de loi prévoyant l'incrimination ; n'est pas nécessaire le visa du texte prévoyant la peine complémentaire encourue (Cass. crim., 30 nov. 1988 : *Bull.* 408. – Cass. crim., 24 janv. 1996 : *Bull.* 46) ; n'est pas nécessaire que la citation, qui informe le prévenu des faits de non-représentation d'enfant réprimés par l'article 227-5 du Code pénal, précise la nature du droit qui l'oblige à représenter l'enfant (Cass. crim., 13 mars 1996 : *Bull.* 114).

4) La cour d'appel étant saisie par l'acte d'appel et non par la citation à comparaître, laquelle n'a d'autre objet que d'informer les parties de la date à laquelle l'affaire doit être appelée, les prescriptions de l'article 551, alinéa 2, du Code de procédure pénale sont inapplicables devant elle (Cass. crim., 10 avr. 1995 : *Bull.* 153).

Art. 552 *(L. n. 75-701, 6 août 1975 ; L. n. 75-1257, 27 déc. 1975 ; L. n. 93-2, 4 janv. 1993, art. 146).* **– Le délai entre le jour où la citation est délivrée et le jour fixé pour la comparution devant le tribunal correctionnel ou de police est d'au moins dix jours, si la partie citée réside dans un département de la France métropolitaine ou si, résidant dans un département d'outre-mer, elle est citée devant un tribunal de ce département.**

Ce délai est augmenté d'un mois si la partie citée devant le tribunal d'un département d'outre-mer réside dans un autre département d'outre-mer, dans un territoire d'outre-mer, à Saint-Pierre-et-Miquelon ou Mayotte ou en France métropolitaine, ou si, cité devant un tribunal d'un département

de la France métropolitaine, elle réside dans un département ou territoire d'outre-mer, à Saint-Pierre-et-Miquelon ou Mayotte.

Si la partie citée réside à l'étranger, ce délai est augmenté de deux mois.

Art. 553. – Si les délais prescrits à l'article précédent n'ont pas été observés, les règles suivantes sont applicables :

1° Dans le cas où la partie citée ne se présente pas, la citation doit être déclarée nulle par le tribunal ;

2° Dans le cas où la partie citée se présente, la citation n'est pas nulle mais le tribunal doit, sur la demande de la partie citée, ordonner le renvoi à une audience ultérieure.

Cette demande doit être présentée avant toute défense au fond, ainsi qu'il est dit à l'article 385.

Art. 554 *(Ord. n. 60-529, 4 juin 1960, art. 2)*. **– La signification des décisions, dans les cas où elle est nécessaire, est effectuée à la requête du ministère public ou de la partie civile.**

Art. 555 *(L. n. 92-1336, 16 déc. 1992, art. 52 ; L. n. 93-913, 19 juill. 1993)*. **– L'huissier doit faire toutes diligences pour parvenir à la délivrance de son exploit à la personne même du destinataire ou, si le destinataire est une personne morale, à son représentant légal, à un fondé de pouvoir de ce dernier ou à toute personne habilitée à cet effet ; il lui en remet une copie.**

Lorsque la signification est faite à une personne morale, l'huissier doit, en outre et sans délai, informer celle-ci par lettre simple de la signification effectuée, du nom du requérant ainsi que de l'identité de la personne à laquelle la copie a été remise.

1) L'huissier devant lequel un détenu refuse de se laisser conduire, accomplit toutes diligences utiles, en faisant signer l'original et remettre la copie de l'exploit par l'intermédiaire du surveillant-chef, puis en envoyant un avis à l'intéressé par lettre recommandée avec accusé de réception (Cass. crim., 22 déc. 1975 : *Bull.* 295).

2) Une signification n'a pas été régulièrement faite à domicile, lorsque l'huissier, s'étant transporté au domicile présumé de l'intéressé que celui-ci avait quitté, s'est borné à remettre la copie de l'exploit en mairie (Cass. crim., 11 juill. 1973 : *Bull.* 323), ou à la concierge (Cass. crim., 7 janv. 1969 : *JCP* 69, II, 15928, obs. Chambon), et à adresser la lettre recommandée prévue par la loi au nouveau domicile de l'intéressé *(mêmes arrêts)*.

Il résulte des articles 7 à 13 et 42 de la loi du 29 juillet 1881, ainsi que de l'article 5 de la loi du 1er août 1986, que le directeur de la publication d'un journal, ou celui qui a pris cette qualité dans la publication, peut, par dérogation aux articles 555 et suivants du Code de procédure pénale, être cité au siège de l'entreprise éditrice, à raison des écrits ou images publiés par l'organe de presse dont il est responsable (Cass. crim., 21 janv. 1997 : *Bull.* 20).

3) Les juges répressifs ne sont pas tenus de constater dans leur décision l'accomplissement des diligences (prévues par l'article 555) qui résultent des mentions figurant sur l'exploit et font foi jusqu'à inscription de faux (Cass. crim., 2 mai 1968 : *Bull.* 138).

Lorsqu'il résulte des pièces de la procédure la preuve qu'un prévenu régulièrement cité à domicile a eu connaissance de la signification ainsi que le démontre la signature sur le récépissé de la lettre recommandée, il ne saurait, s'il ne justifie pas avoir contesté cette signature en s'inscrivant en faux dans les conditions prévues par les articles 647 et suivants du Code de procédure pénale, soulever pour la première fois cette contestation devant la Cour de cassation (Cass. crim., 10 janv. 1983 : *Bull.* 11).

N'est pas régulière, la citation qui ne précise pas les raisons pour lesquelles elle a été délivrée en mairie, et alors qu'au surplus en l'absence de l'avis de réception de la lettre recommandée, la Cour de cassation n'est pas en mesure de s'assurer que les formalités de l'article 558 du Code de procédure pénale ont été respectées (Cass. crim., 20 févr. 1986 : *Bull.* 69).

Art. 556 *(Ord. n. 60-529, 4 juin 1960, art. 2)*. **– Si la personne visée par l'exploit est absente de son domicile, la copie est remise à un parent, allié, serviteur ou à une personne résidant à ce domicile.**

L'huissier indique dans l'exploit la qualité déclarée par la personne à laquelle est faite cette remise.

La signification à domicile d'un jugement qui ne permet pas de s'assurer que la copie de la décision a été remise à l'une des personnes énumérées par l'article 556 du Code de procédure pénale n'est pas régulière.

Une telle signification ne peut produire ses effets que si l'avis de réception de la lettre recommandée a été signé par la personne visée par l'exploit (Cass. crim., 5 mars 1986 : *Bull.* 90 ; *Rev. sc. crim* 1986, 892, obs. Braunschweig).

Art. 557 *(Ord. n. 60-529, 4 juin 1960, art. 2 ; L. n. 92-1336, 16 déc. 1992, art. 53 ; L. n. 93-913, 19 juill. 1993).* **– Si la copie a été remise à une personne résidant au domicile de celui que l'exploit concerne, l'huissier informe sans délai l'intéressé de cette remise, par lettre recommandée avec avis de réception. Lorsqu'il résulte de l'avis de réception, signé par l'intéressé, que celui-ci a reçu la lettre recommandée de l'huissier, l'exploit remis à domicile produit les mêmes effets que s'il avait été délivré à personne.**

(L. n. 95-125, 8 févr. 1995, art. 42) **L'huissier peut également envoyer à l'intéressé par lettre simple une copie de l'acte accompagnée d'un récépissé que le destinataire est invité à réexpédier par voie postale ou à déposer à l'étude de l'huissier, revêtu de sa signature. Lorsque ce récépissé signé a été renvoyé, l'exploit remis à domicile produit les mêmes effets que s'il avait été remis à personne.**

Le domicile de la personne morale s'entend du lieu de son siège.

1) Les formalités prévues par les articles 556 et 557 du Code de procédure pénale s'imposent à toutes les significations quel qu'en soit le mode (Cass. crim., 16 nov. 1971 : *Bull.* 308) et notamment aux significations à domicile élu *(même arrêt).*

La nullité d'un exploit de citation ne peut être prononcée en cas d'omission, sur cet acte, de la mention d'envoi de la lettre recommandée d'avis de remise de copie à une personne résidant au domicile du destinataire, dès lors qu'il se déduit des énonciations de l'arrêt attaqué lui-même que cet avis a été reçu et qu'il n'a donc pas été porté atteinte aux intérêts de la personne qu'il concernait (Cass. crim., 17 nov. 1971 : *Bull.* 312).

2) C'est à bon droit qu'une cour d'appel statue contradictoirement à l'égard d'un prévenu non comparant et non excusé qui a été informé de la remise à son domicile de l'exploit de citation par lettre recommandée avec avis de réception, et qu'il résulte de cet avis, signé par lui, qu'il a bien reçu la lettre (Cass. crim., 19 déc. 1961 : *Bull.* 536).

Ne saurait être déclarée nulle la citation à comparaître délivrée conformément aux prescriptions des articles 557 et 558 du Code de procédure pénale au motif que l'avis de réception de la lettre recommandée ne figurerait pas au dossier alors que la mention, dans l'exploit, des diligences accomplies par l'huissier vaut jusqu'à inscription de faux. La citation est alors valable et interrompt la prescription (Cass. crim., 21 nov. 1973 : *Bull.* 430. – Cass. crim., 6 nov. 1984 : *Bull.* 334).

3) L'envoi par l'huissier d'une lettre simple à la personne que l'exploit concerne ne satisfait pas aux prescriptions de l'article 557 du Code de procédure pénale qui, à la différence de l'article 658 du nouveau Code de procédure civile, impose l'expédition d'une lettre recommandée avec avis de réception (Cass. crim., 8 janv. 1991 : *Bull.* 13).

4) La seule date de présentation portée sur l'avis postal prévu par l'article 557 du Code de procédure pénale ne peut, en l'absence de date de distribution, faire courir le délai d'opposition (Cass. crim., 23 juin 1999 : *Bull.* 153).

Art. 558 *(Ord. n. 60-529, 4 juin 1960, art. 2).* **– Si l'huissier ne trouve personne au domicile de celui que l'exploit concerne, il vérifie immédiatement l'exactitude de ce domicile.**

Lorsque le domicile indiqué est bien celui de l'intéressé, l'huissier mentionne dans l'exploit ses diligences et constatations, puis il remet une copie de cet exploit à la mairie, au maire ou, à défaut, à un adjoint ou à un conseiller municipal délégué, ou au secrétaire de mairie.

Il informe sans délai de cette remise l'intéressé, par lettre recommandée avec avis de réception, en lui faisant connaître qu'il doit retirer immédiatement la copie de l'exploit signifié à la mairie

indiquée *(L. n. 72-1226, 29 déc. 1972, art. 35).* **Si l'exploit est une signification de jugement rendu par itératif défaut, la lettre recommandée mentionne la nature de l'acte signifié et le délai d'appel.**

Lorsqu'il résulte de l'avis de réception, signé par l'intéressé, que celui-ci a reçu la lettre recommandée de l'huissier, l'exploit remis à la mairie produit les mêmes effets que s'il avait été délivré à personne.

(L. n. 95-125, 8 févr. 1995, art. 43) **L'huissier peut également envoyer à l'intéressé par lettre simple une copie de l'acte accompagnée d'un récépissé que le destinataire est invité à réexpédier par voie postale ou à déposer à l'étude de l'huissier, revêtu de sa signature. Lorsque ce récépissé a été renvoyé, l'exploit remis à la mairie produit les mêmes effets que s'il avait été remis à personne.**

Si l'exploit est une citation à comparaître, il ne pourra produire les effets visés à l'alinéa précédent que si le délai entre le jour où l'avis de réception est signé par l'intéressé et le jour indiqué pour la comparution devant le tribunal correctionnel ou de police est au moins égal à celui fixé, compte tenu de l'éloignement du domicile de l'intéressé, par l'article 552.

1) L'exploit de signification, régulièrement délivré en mairie par l'huissier, conformément aux prescriptions de l'article 558 du Code de procédure pénale, produit les mêmes effets que s'il avait été délivré à personne lorsqu'il résulte de l'avis de réception signé par le prévenu, que celui-ci a reçu la lettre recommandée envoyée par l'huissier (Cass. crim., 27 juin 1973 : *Bull.* 302. – Cass. crim., 21 mai 1979 : *Bull.* 179).

2) L'absence de l'avis de réception de la lettre recommandée ne peut entraîner la nullité de la citation du moment que cet acte établit lui-même, par des mentions qui font foi jusqu'à inscription de faux, que les formalités prescrites par l'article 558 du Code de procédure pénale ont été accomplies (Cass. crim., 6 nov. 1984 : *Bull.* 334 ; *JCP* 85, IV, 24).

3) L'huissier doit informer sans délai, par lettre recommandée, l'intéressé de la remise en mairie de la copie de l'exploit de signification d'un jugement. La signification est parfaite et ne fait courir les délais d'appel que dans la mesure où cette formalité a été accomplie dans le temps exigé (Cass. crim., 4 avr. 1974 : *Bull.* 150 ; *D.* 1974, 668. – Cass. crim., 14 févr. 1978 : *Bull.* 55) ; tel n'est pas le cas d'une lettre recommandée expédiée trois jours après la signification (Cass. crim., 13 déc. 1995 : *Bull.* 382).

Aux termes de l'article 558, dernier alinéa, du Code de procédure pénale, l'exploit de citation à comparaître remis à la mairie par l'huissier ne produit les effets d'un exploit remis à personne que si le délai entre le jour où l'avis de réception est signé par l'intéressé et le jour indiqué pour la comparution est au moins égal à celui fixé, compte tenu de l'éloignement du domicile de l'intéressé, par l'article 552 du même code (Cass. crim., 18 févr. 1980 : *Bull.* 64).

Selon l'article 552, alinéa 1er, du Code de procédure pénale, le délai entre le jour où une citation à comparaître est délivrée et le jour fixé pour la comparution devant la juridiction correctionnelle est d'au moins 10 jours. Lorsque l'exploit de citation a été remis en mairie dans les conditions prévues à l'article 558 du code précité, le défaut de signature par l'intéressé de l'accusé de réception de la lettre recommandée dans le délai susvisé ne peut affecter la validité de la saisine du tribunal et a pour seule conséquence de priver l'exploit d'huissier des effets d'un exploit remis à personne, le prévenu ne pouvant ainsi être jugé contradictoirement, mais par défaut (Cass. crim., 31 janv. 1990 : *Bull.* 53).

La lettre recommandée est une formalité extérieure à l'exploit, qui n'a d'autre objet que de faire connaître à l'intéressé que l'exploit le concernant a été remis à l'une des personnes visées par la loi.

Il s'ensuit que les irrégularités de ladite lettre ne pourraient entacher de nullité l'exploit de signification que s'il était établi, en fait, qu'elles ont mis l'intéressé dans l'impossibilité absolue d'exercer son droit d'appel (Cass. crim., 16 nov. 1971 : *Bull.* 308).

En cas de signification en mairie, la circonstance que l'avis de réception ait été ou non signé par l'intéressé n'exerce par elle-même aucune influence sur la validité de la signification, dès lors que l'appelant auquel deux présentations ont été faites à domicile, n'a pas justifié de circonstances exceptionnelles l'ayant mis dans l'impossibilité de retirer à la poste la lettre recommandée qui lui avait été adressée par l'huissier (Cass. crim., 7 mai 1986 : *Bull.* 156).

4) La signification d'un arrêt rendu sur itératif défaut irrégulière en ce qu'elle a été délivrée à un domicile autre que celui indiqué dans l'acte d'opposition, ne saurait faire courir le délai du pourvoi qui reste, dès lors, recevable quelle que

soit la date où il a été formé (Cass. crim., 5 déc. 1973 : *Bull.* 451).

5) Lorsque l'exploit dont l'huissier remet une copie à la mairie est une signification de jugement rendu par itératif défaut, la lettre recommandée doit mentionner la nature de l'acte signifié et le délai d'appel (Cass. crim., 6 févr. 1978 : *Bull.* 43).

6) Hormis le cas de l'article 558, alinéa 3, du Code de procédure pénale, l'huissier qui procède à la signification d'un jugement rendu par itératif défaut à la personne du condamné qui a reçu copie de la décision et a signé l'original de l'exploit (Cass. crim., 15 févr. 1983 : *Bull.* 53), ou à la signification d'une décision de la juridiction pénale, n'est pas tenu d'indiquer dans l'acte de signification les modalités de l'exercice du droit d'appel (Cass. crim., 3 juin 1980 : *Bull.* 170. – Cass. crim., 15 nov. 1982 : *Bull.* 253 ; *JCP* 83, IV, 40 ; v. également Circ. 3 janv. 1973 : *JCP* 73, III, 40071. – Cass. crim., 7 févr. 1989 : *Bull.* 51).

Art. 559 *(Ord. n. 60-529, 4 juin 1960, art. 2 ; L. n. 92-1336, 16 déc. 1992, art. 54 ; L. n. 93-913, 19 juill. 1993).* **– Si la personne visée par l'exploit est sans domicile ou résidence connus, l'huissier remet une copie de l'exploit au parquet du procureur de la République du tribunal saisi.**

Les dispositions qui précèdent sont applicables à la signification d'un acte concernant une personne morale dont le siège est inconnu.

1) Une signification ne peut être valablement délivrée à parquet que si la personne à laquelle elle est destinée n'a pas en France de domicile ni de résidence connus. Cette formalité est également dépourvue d'effet si la condition exigée par l'article 559 du Code de procédure pénale n'est pas remplie (Cass. crim., 20 juill. 1977 : *Bull.* 265 ; *Gaz. Pal.* 1977, p. 584. – 29 janv. 1980 : *Bull.* 37. – 17 juin 1980 : *Bull.* 192).

Est entachée de nullité la signification faite à Parquet à la requête du procureur de la République, alors que, depuis cette signification le procureur a été officiellement informé de la résidence de l'intéressé, lequel se trouvait détenu dans une maison d'arrêt depuis plusieurs mois (Cass. crim., 27 juin 2000 : *Bull.* 245).

2) Lorsque l'accusé est en fuite, la signification de l'arrêt de renvoi est régulièrement faite au parquet (Cass. crim., 12 févr. 1975 : *Bull.* 47. – Cass. crim., 2 sept. 1997 : *Bull.* 290).

3) En revanche, est entachée de nullité la signification faite à parquet, lorsqu'à la suite d'une erreur matérielle les cédules de citation portent une adresse autre que celle donnée par la personne citée (Cass. crim., 10 févr. 1977 : *Bull.* 54), ou lorsque le procureur de la République a été officiellement informé de la résidence de la personne intéressée (Cass. crim., 14 nov. 1972 : *Bull.* 338).

Art. 560 *(Mod., L. n. 85-1407, 30 déc. 1985, art. 65 et 94 ; L. n. 95-125, 8 févr. 1995, art. 44).* **– Lorsqu'il n'est pas établi que l'intéressé a reçu la lettre qui lui a été adressée par l'huissier conformément aux dispositions des articles 557 et 558, ou lorsque l'exploit a été délivré au parquet, un officier ou un agent de police judiciaire peut être requis par le procureur de la République à l'effet de procéder à des recherches en vue de découvrir l'adresse de l'intéressé. En cas de découverte de ce dernier, l'officier ou l'agent de police judiciaire lui donne connaissance de l'exploit, qui produit alors les mêmes effets que s'il avait été délivré à personne.**

Dans tous les cas, l'officier ou l'agent de police judiciaire dresse procès-verbal de ses recherches et le transmet sans délai au procureur de la République.

Lorsqu'il s'agit d'une citation à prévenu, le procureur de la République peut également donner l'ordre à la force publique de rechercher l'intéressé. En cas de découverte de ce dernier, il en est immédiatement avisé et peut adresser, par tout moyen, une copie de l'exploit pour notification par un officier ou un agent de police judiciaire. Cette notification vaut signification à personne. Lorsqu'un prévenu visé par un acte de citation n'a pu être découvert avant la date fixée pour l'audience, l'ordre de recherche peut être maintenu. En cas de découverte, le procureur de la République peut faire notifier à l'intéressé, en application de l'article 390-1, une convocation en justice.

Le procureur de la République peut également requérir de toute administration, entreprise, établissement ou organisme de toute nature soumis au contrôle de l'autorité administrative, sans qu'il soit possible de lui opposer le secret professionnel, de lui communiquer tous renseignements en sa possession aux fins de déterminer l'adresse du domicile ou de la résidence du prévenu.

La disposition de l'article 560 du Code de procédure pénale, suivant laquelle l'exploit remis à l'intéressé après signification au parquet produit les mêmes effets que s'il avait été délivré à personne, ne s'applique pas à la signification des jugements contradictoires énumérés à l'article 498 du Code de procédure pénale, aux termes duquel le délai d'appel court, en pareil cas et sans exception, à compter de la signification quel qu'en soit le mode (Cass. crim., 21 nov. 1973 : *Bull.* 430).

Art. 561 *(L. n. 92-1336, 16 déc. 1992, art. 55 ; L. n. 93-913, 19 juill. 1993).* **– Dans les cas prévus aux articles 557 et 558, la copie est délivrée sous enveloppe fermée ne portant d'autres indications, d'un côté que les nom, prénoms, adresse de l'intéressé ou, si le destinataire est une personne morale, que ses dénomination et adresse et de l'autre que le cachet de l'étude de l'huissier apposé sur la fermeture du pli.**

Aucune nullité ne saurait résulter de ce que l'huissier, dans le cas de signification à personne, ait remis la copie sous enveloppe fermée (Cass. crim., 30 nov. 1971 : *Bull.* 325).

Art. 562 *(L. n. 92-1336, 16 déc. 1992, art. 56 ; L. n. 93-913, 19 juill. 1993).* **– Si la personne réside à l'étranger, elle est citée au parquet du procureur de la République près le tribunal saisi. Le procureur de la République vise l'original et en envoie la copie au ministre des affaires étrangères ou à toute autorité déterminée par les conventions internationales.**

Les dispositions de l'alinéa précédent sont applicables aux personnes morales qui ont leur siège à l'étranger.

1) Bien que cité à l'étranger..., un prévenu non comparant peut être jugé contradictoirement, en application de l'article 410 du Code de procédure pénale, si les circonstances de l'espèce établissent qu'il a eu connaissance de la citation en temps utile (Cass. crim., 6 déc. 1982 : *Bull.* 276).

2) Toute personne habitant à l'étranger doit être citée à comparaître par acte d'huissier délivré au parquet de la juridiction saisie qui envoie la copie de l'acte au ministre des Affaires étrangères ou à toute autre autorité déterminée par les conventions diplomatiques ; en cas de non-comparution, la décision est rendue par défaut sauf s'il est établi que l'intéressé a eu connaissance de la citation auquel cas il peut être jugé contradictoirement à la condition que les prescriptions de l'article 552 du Code de procédure pénale aient été observées.

Aucune disposition légale ne prévoyant qu'une citation puisse être délivrée au domicile élu en France par une personne habitant l'étranger, la cour d'appel qui n'avait d'ailleurs pas été valablement saisie, ne saurait en pareil cas juger cette personne contradictoirement (Cass. crim., 17 juin 1986 : *Bull.* 212).

3) Lorsqu'une partie civile a fait citer une personne résidant à l'étranger en se conformant aux dispositions de l'article 562 du Code de procédure pénale, il ne saurait lui être opposée l'annulation de la citation, en raison d'un défaut de transmission de la copie de cet acte au ministre des Affaires étrangères ou à toute autre autorité déterminée par les conventions diplomatiques (Cass. crim., 11 mai 1999 : *Bull.* 92).

Art. 563. – Dans tous les cas, l'huissier doit mentionner sur l'original de l'exploit, et sous forme de procès-verbal, ses diligences ainsi que les réponses qui ont été faites à ses différentes interpellations.

Le procureur de la République peut prescrire à l'huissier de nouvelles recherches, s'il estime incomplètes celles qui ont été effectuées.

L'original de l'exploit doit être adressé à la personne à la requête de qui il a été délivré, dans les vingt-quatre heures.

En outre, si l'exploit a été délivré à la requête du procureur de la République, une copie de l'exploit doit être jointe à l'original.

La mention par l'huissier, dans un exploit de signification de jugement, des diligences accomplies par lui, vaut jusqu'à inscription de faux (Cass. crim., 4 nov. 1969 : *Bull.* 284. – Cass. crim., 21 nov. 1973 : *Bull.* 430).

Art. 564. – Les huissiers sont tenus de mettre, à la fin de l'original et de la copie de l'exploit, le coût de celui-ci, à peine d'une amende civile de 20 F (3 €) à 100 F (15 €), cette amende est prononcée par le président de la juridiction saisie de l'affaire.

Art. 565. – La nullité d'un exploit ne peut être prononcée que lorsqu'elle a eu pour effet de porter atteinte aux intérêts de la personne qu'il concerne, sous réserve, pour les délais de citation, des dispositions de l'article 553, 2°.

1) Aux termes de l'article 565 du Code de procédure pénale, la nullité d'un exploit ne peut être prononcée que lorsqu'elle a eu pour effet de porter atteinte aux intérêts de la personne qu'il concerne (Cass. crim., 16 juin 1970 : *Bull.* 204. – Cass. crim., 21 déc. 1972 : *Bull.* 402. – Cass. crim., 13 mars 1996 : *Bull.* 114).

Le ministère public a le droit de soulever l'irrégularité d'un acte de procédure dans la mesure où la constatation de cette irrégularité est conforme aux intérêts d'une bonne administration de la justice, et l'article 565 du Code de procédure pénale, ne fait aucune réserve relativement à la qualité de ceux qui sont en droit de l'invoquer (Cass. crim., 5 mars 1970 : *JCP* 70, II, 16556, obs. Michèle-Laure Rassat).

2) Le prévenu ne saurait se faire un grief d'irrégularités qui auraient été commises dans l'exploit par lequel l'appel du procureur général lui a été signifié, dès lors que lesdites irrégularités n'ont pu avoir aucune conséquence préjudiciable à la défense (Cass. crim., 29 juill. 1968 : *Bull.* 241).

3) La citation visant le procès-verbal qui constate l'infraction, informe le prévenu des faits servant de base à la prévention et le met en mesure de préparer ses moyens de défense (Cass. crim., 7 mars 1962 : *Bull.* 120. – Cass. crim., 24 juill. 1974 : *Bull.* 267).

4) Lorsque la date, même surchargée, de l'exploit résulte d'un acte de procédure, aucune sanction n'est encourue (Cass. crim., 20 mai 1976 : *Bull.* 172).

5) En cas de citation en mairie, l'inexactitude d'une mention portée dans la lettre d'avis de l'huissier lorsqu'elle est de nature à porter atteinte aux droits de la défense (erreur sur la date d'audience), entraîne la nullité de la citation (Cass. crim., 25 janv. 1983 : *Bull.* 31).

6) Une citation délivrée par un huissier territorialement incompétent est entachée d'une nullité qui la prive de tout effet légal. C'est à l'huissier qu'il incombe de s'assurer de sa compétence (Cass. crim., 8 janv. 1991 : *Bull.* 13).

Art. 566. – Si un exploit est déclaré nul par le fait de l'huissier, celui-ci peut être condamné aux frais de l'exploit et de la procédure annulée, et éventuellement à des dommages-intérêts envers la partie à laquelle il est porté préjudice.

La juridiction qui déclare la nullité a compétence pour prononcer ces condamnations.

Si la cassation résulte d'une faute de l'huissier, celui-ci doit, aux termes de l'article 566 du Code de procédure pénale, être condamné aux frais de l'exploit et de la procédure annulée (Cass. crim., 6 oct. 1971 : *Bull.* 252 ; *D.* 1971, p. 705 ; *Gaz. Pal.* 1972, p. 3. – Cass. crim., 5 mai 1987 : *Bull.* 179. – 26 mars 1992 : *Bull.* 130).

LIVRE TROISIÈME

DES VOIES DE RECOURS EXTRAORDINAIRES

TITRE PREMIER. – DU POURVOI EN CASSATION

CHAPITRE I. – DES DÉCISIONS SUSCEPTIBLES D'ÊTRE ATTAQUÉES ET DES CONDITIONS DU POURVOI

Art. 567. – Les arrêts de la chambre de l'instruction et les arrêts et jugements rendus en dernier ressort en matière criminelle, correctionnelle et de police peuvent être annulés en cas de violation de la loi sur pourvoi en cassation formé par le ministère public ou par la partie à laquelle il est fait grief, suivant les distinctions qui vont être établies.

Le recours est porté devant la chambre criminelle de la Cour de cassation.

V. O. Bouillane de Lacoste, *Pourvoi en cassation. Décisions susceptibles d'être attaquées et conditions du pourvoi, origines et caractères de l'institution, Cour de cassation et droit pénal, état des textes : J.-Cl. Proc. pén.*, Fasc. 10 à 50. – H. Pelletier, *Pourvoi en cassation. Décisions susceptibles d'être attaquées et conditions du pourvoi : J.-Cl. Proc. pén.*, art. 567 à 621, Fasc. 12. *Décisions contre lesquelles on peut se pourvoir : règles particulières à certaines décisions,* Fasc. 13.

1) Il se déduit des termes de l'article 567 du Code de procédure pénale qu'un pourvoi n'est recevable que contre une décision de nature à constituer une violation de la loi (Cass. crim., 29 nov. 1982 : *Bull.* 269) cette règle, d'ordre général, est applicable aussi bien au pourvoi formé par le ministère public qu'à celui formé par la partie à laquelle il est fait grief *(même arrêt) ;* les constatations de pur fait des juges du fond, lorsqu'elles ne sont pas entachées de contradiction, échappent au contrôle de la Cour de cassation devant laquelle les demandeurs ne peuvent les remettre en question à l'aide d'éléments pris en dehors de la décision attaquée (Cass. crim., 14 mars 1968 : *Bull.* 90).

2) La chambre criminelle n'est pas compétente pour statuer sur le recours formé contre une décision qui n'émane pas d'une juridiction pénale. Tel est le cas du pourvoi formé contre une ordonnance du président du tribunal fixant la durée de la contrainte par corps pour le recouvrement des sommes dues en exécution d'une décision du conseil supérieur de confiscation des produits illicites (Cass. crim., 16 janv. 1962 : *Bull.* 35), contre une ordonnance d'un premier président statuant en référé par application de l'article 515-1 du Code de procédure pénale (Cass. crim., 13 avr. 1983 : *Bull.* 101).

La décision par laquelle le juge de l'application des peines refuse une permission de sortir constitue une mesure d'administration judiciaire qui n'entre pas dans les prévisions de l'article 567 du Code de procédure pénale et ne peut faire l'objet d'un pourvoi du condamné (Cass. crim., 26 juin 1996 : *Bull.* 275).

La décision par laquelle une juridiction d'instruction, estimant l'information terminée, ordonne la communication de la procédure au ministère public, aux fins de réquisitions, constitue une mesure d'administration judiciaire, qui n'est pas susceptible de pourvoi en cassation (Cass. crim., 29 avr. 1996 : *Bull.* 168 ; *JCP* 96, II, 22700 note Chambon).

3) Le pourvoi en cassation est une voie extraordinaire de recours ouverte seulement contre les arrêts et jugements en dernier ressort qui ne sont pas susceptibles d'être attaqués par les voies ordinaires, au moment où le recours est formé. Dès lors, n'est pas recevable le pourvoi de la partie civile contre un arrêt par défaut

portant condamnation, et encore susceptible d'opposition (Cass. crim., 22 juill. 1970 : *Bull.* 242. – Cass. crim., 13 nov. 1973 : *Bull.* 413. – Cass. crim., 21 mars 1978 : *Bull.* 106), ou encore un arrêt rendu par défaut à son égard, alors que seule la voie de l'opposition lui est ouverte (Cass. crim., 8 mars 1983 : *Bull.* 72. – Cass. crim., 17 déc. 1990 : *Bull.* 437), ou contre un jugement d'un tribunal de police alors qu'elle n'a pas préalablement usé du droit d'appel que lui confère l'article 546 (Cass. crim., 27 nov. 1984 : *Bull.* 367) ; il en est ainsi d'un jugement sur la compétence prononcé en matière de presse (Cass. crim., 3 mars 1993 : *Bull.* 98).

Doit également être déclaré irrecevable le pourvoi formé par le prévenu contre un arrêt rendu par défaut lorsqu'à la date du pourvoi, cet arrêt pouvait encore être attaqué par la voie de l'opposition (Cass. crim., 15 juin 1962 : *Bull.* 220. – Cass. crim., 4 févr. 1981 : *Bull.* 46), ou contre un arrêt par défaut non signifié (Cass. crim., 22 juill. 1964 : *Bull.* 247) ; ou contre l'arrêt de la cour d'appel statuant sur le recours formé contre une ordonnance de référé se prononçant, en application de l'article 756 du Code de procédure pénale relatif au sursis à incarcération en matière de contrainte par corps (Cass. crim., 28 oct. 1987 : *Bull.* 377) ; ou contre l'ordonnance du président de la cour d'assises qui désigne des avocats d'office (Cass. crim., 13 oct. 1987 : *Bull.* 348). Est irrecevable le pourvoi formé par le Fonds de garantie contre les accidents, partie intervenante, contre un arrêt, qui rendu par défaut, est encore susceptible d'opposition de la part du prévenu (Cass. crim., 14 déc. 1994 : *Bull.* 406).

L'ordre donné en application de l'article 141-2 du Code de procédure pénale d'exécuter l'ordonnance de prise de corps, contre un accusé qui se soustrait volontairement aux obligations du contrôle judiciaire, n'est pas susceptible de recours. Le pourvoi formé contre l'ordonnance du président de la cour d'assises, rendue à cette fin, n'est dès lors pas recevable. Il appartient à l'accusé de présenter une demande de mise en liberté (Cass. crim., 26 janv. 1999 : *Bull.* 13).

Le pourvoi en cassation contre un jugement portant à tort qu'il a été rendu en dernier ressort est irrecevable, il a cependant pour effet de différer, jusqu'à la notification de l'arrêt de la Cour de cassation, l'ouverture du délai d'appel du jugement (Cass. crim., 9 nov. 1982 : *Bull.* 246. – Cass. crim., 13 avr. 1983 : *Bull.* 100. – Cass. crim., 29 oct. 1986 : *Bull.* 312. – Cass. crim., 1987 : *Bull.* 235. – Cass. crim., 3 mars 1993 : *Bull.* 98).

4) Le ministère public puise dans les articles 567 et 591 du Code de procédure pénale le droit de se pourvoir en cassation afin de poursuivre l'annulation d'une décision qui lui paraît entachée d'illégalité (Cass. crim., 15 nov. 1973 : *Bull.* 420. – Cass. crim., 29 janv. 1975 : *Bull.* 33) ; les dispositions de l'article 567 l'autorisent à se pourvoir contre les arrêts de la chambre d'accusation qui constituent une décision de non-lieu à suivre (Cass. crim., 17 juill. 1976 : *Bull.* 255. – Cass. crim., 11 juill. 1995 : *Bull.* 254).

Le procureur général est recevable à se pourvoir contre l'arrêt qui a dit n'y avoir lieu à exécution de la mesure à caractère pénal que constitue la contrainte par corps ordonnée par une décision de condamnation pour fraude fiscale (Cass. crim., 29 oct. 1996 : *Bull.* 376).

5) Est recevable à se pourvoir en cassation toute personne ayant figuré dans l'instance qui a donné lieu à l'arrêt attaqué lorsque ce dernier contient à son égard des dispositions qui lui font grief et qui sont susceptibles d'acquérir l'autorité de la chose jugée (Cass. crim., 27 janv. 1981 : *Bull.* 36). Nul ne peut se pourvoir ni intervenir devant la Cour de cassation contre un jugement ou un arrêt en dernier ressort s'il n'a pas été partie à l'instance (Cass. crim., 29 janv. 1979 : *Bull.* 38) ; est irrecevable le pourvoi formé par un avocat, conseil d'un inculpé contre l'arrêt de la chambre d'accusation prononçant la suppression d'une partie d'un mémoire qu'il avait présenté en faveur de l'inculpé, cet avocat, en effet, n'est pas partie à la procédure d'information (Cass. crim., 5 févr. 1985 : *Bull.* 58).

6) Faute d'intérêt, un prévenu est irrecevable à se pourvoir contre un arrêt qui se borne à déclarer la nullité de la citation à comparaître qui lui avait été délivrée, et à renvoyer le ministère public à se mieux pourvoir (Cass. crim., 19 mars 1984 : *Bull.* 113) ; un demandeur en cassation est sans intérêt et donc sans droit à invoquer un moyen qui, s'il était accueilli, conduirait à une aggravation de sa peine (Cass. crim., 27 oct. 1971 : *Bull.* 284).

Le pourvoi du prévenu contre l'arrêt de la chambre d'accusation le renvoyant devant le tribunal correctionnel sur appel d'une ordonnance de non-lieu, interjeté par l'administration des Douanes, partie poursuivante, est irrecevable, dès lors que l'arrêt ne statue pas sur la compétence et ne contient aucune disposition de nature à s'imposer aux juges du fond (Cass. crim., 4 nov. 1991 : *Bull.* 390).

Est irrecevable, faute d'intérêt, le moyen, tiré d'une insuffisance prétendue de motifs, qui fait grief à l'arrêt d'une chambre d'accusation d'avoir ordonné la mise en liberté assortie de l'obligation de fournir un cautionnement préalable alors que, d'une part, le demandeur a satisfait à la condition dont il était assorti et que, d'autre part, l'annulation de cette décision entraînerait sa réincarcération (Cass. crim., 5 janv. 1994 : *Bull.* 6).

7) Il résulte de l'article 567 du Code de procédure pénale que la partie civile est sans qualité pour contester le bien-fondé de la décision rendue sur l'action publique (Cass. crim., 25 juin 1975 : *Bull.* 164. – 17 oct. 1979 : *Bull.* 286) ; en l'absence de pourvoi du ministère public, la partie civile, sur son pourvoi et celui du prévenu, est irrecevable à soulever devant la Cour de cassation l'incompétence de la juridiction correctionnelle qui, par un même arrêt, a statué sur la compétence et l'action publique, lorsque le prévenu n'invoque pas cette incompétence (Cass. crim., 22 juin 1994 : *JCP* 94, II, 22310, note Michèle-Laure Rassat) ; la partie civile qui a obtenu dans les limites de sa demande, la réparation du préjudice que l'infraction poursuivie lui a causé, n'est pas recevable faute d'intérêt à critiquer la qualification sous laquelle l'infraction a été retenue (Cass. crim., 28 juin 1983 : *Bull.* 202) ; cependant, si la partie civile ne peut se pourvoir que quant aux dispositions relatives à ses intérêts civils, cette restriction aux effets de son pourvoi n'a pas lieu lorsqu'il n'a été statué que sur la validité de la poursuite (Cass. crim., 11 mai 1981 : *Bull.* 150) ; en conséquence, dans ce cas, la juridiction de renvoi est tenue de statuer sur la prévention, tant au point de vue pénal que du point de vue civil (Cass. crim., 3 févr. 1992 : *Bull.* 46. – Cass. crim., 17 mars 1993 : *Bull.* 124).

Il résulte de l'article 567 du Code de procédure pénale que la partie civile est sans qualité pour se prévaloir d'un moyen fondé sur la violation ou fausse application de la loi d'amnistie, dès lors que cette violation ou fausse application n'est pas susceptible de préjudicier à ses intérêts ; en conséquence est irrecevable le pourvoi d'une partie civile contre les dispositions d'un arrêt ayant déclaré amnistiée une précédente condamnation prononcée aux termes d'une décision ayant fait droit à ses propres prétentions (Cass. crim., 15 oct. 1996 : *Bull.* 361).

8) L'administration des Douanes exerçant l'action pour l'application des sanctions fiscales est recevable, comme le ministère public, à se pourvoir contre les arrêts de la chambre d'accusation (Cass. crim., 30 sept. 1991 : *Bull.* 322).

Art. 567-1 *(L. n. 75-701, 6 août 1975, art. 18 ; L. n. 89-461, 6 juill. 1989, art. 7-IV ; L. n. 93-2, 4 janv. 1993, art. 80).* **– Si le président de la chambre criminelle constate qu'il a été formé un pourvoi contre une décision qui n'est pas susceptible de voie de recours, il rend une ordonnance de non-admission du pourvoi. Sa décision n'est pas susceptible de recours.**

1) Est constatée par ordonnance du président de la chambre criminelle l'irrecevabilité des pourvois formés contre les décisions non susceptibles de recours que vise l'article 567-1 du Code de procédure pénale, modifié par la loi du 6 juillet 1989 : – Tel est le cas, en application des articles 186, dernier alinéa, et 186-1, alinéa 3, du même code, de la décision du président de la chambre d'accusation déclarant non admis l'appel de l'inculpé contre une ordonnance de renvoi devant le tribunal correctionnel qui, selon le demandeur, aurait implicitement rejeté une demande de contre-expertise (Ord. 1er déc. 1989 : *Bull.* 459). Il en est autrement lorsque cet examen fait apparaître un risque d'excès de pouvoir (Ord. prés. Cass. crim., 29 avr. 1997 : *Bull.* 154).

– Tel est le cas de la décision du président de la chambre d'accusation qui, faute de pouvoir statuer sur une demande étrangère à l'unique objet de l'appel d'une ordonnance de renvoi devant le tribunal de police, en constate l'irrecevabilité par application de l'article 186, alinéa 6, du Code de procédure pénale ; cette ordonnance de règlement ne revêt en effet aucun caractère complexe dans la mesure où il n'est pas allégué que le mis en examen avait saisi le juge d'instruction d'une requête aux fins de voir déclarer amnistiés les faits poursuivis (Cass. crim., 6 juin 1996 : *Bull.* 241).

La chambre d'accusation, saisie comme juridiction de renvoi par un arrêt de cassation lui donnant compétence pour la poursuite de l'ensemble de la procédure, ainsi que le prévoit l'article 609-1, 2e alinéa, du Code de procédure pénale, désigne à bon droit un juge d'instruction de son ressort pour connaître de l'information antérieurement suivie dans un autre ressort. La décision rendue à cette fin, avant de statuer sur la solution du contentieux qui a motivé sa saisine, constitue une mesure d'administration judiciaire, non susceptible de recours et entrant dans les prévisions de l'article 567-1 du Code de procédure pénale (Ord. prés. Cass. crim., 5 mai 1997 : *Bull* 161).

2) Aucune disposition légale n'autorise l'étranger qui fait l'objet d'une demande d'extradition à se pourvoir en cassation contre la décision de la chambre d'accusation lui donnant acte, conformément à l'article 15 de la loi du 10 mars 1927, de sa renonciation au bénéfice de cette loi ; une telle décision, qui n'est pas susceptible de recours, entre dans les prévisions de l'article 567-1 du Code de procédure pénale, modifié par la loi du 4 janvier 1993, et il appartient au président de la chambre criminelle de constater, par ordonnance, la non-admission du pourvoi dont elle a été frappée (Cass. crim., 15 déc. 1993 : *Bull*. 388).

3) Si, selon l'article 173 du Code de procédure pénale, l'ordonnance d'irrecevabilité du président de la chambre d'accusation prévue par ce texte n'est pas susceptible de recours – et si, en application de l'article 567-1 du même code, le pourvoi dont elle fait l'objet doit être déclaré non admis par le président de la chambre criminelle – il en est autrement lorsque l'examen d'une telle ordonnance fait apparaître un risque d'excès de pouvoir relevant du contrôle de la Cour de cassation (Cass. crim., 26 nov. 1993 : *Bull*. 360. – Ord. prés. Cass. crim., 29 avr. 1997 : *Bull*. 154).

Tel est le cas d'une ordonnance qui déclare irrecevable, à raison de l'incompétence de la chambre d'accusation pour en connaître, la requête aux fins d'annulation d'une perquisition effectuée sur le territoire français en exécution d'une commission rogatoire internationale, l'incompétence de la juridiction ne constituant pas un motif d'irrecevabilité au sens de l'article 173, alinéa 5, susvisé (Cass. crim., 29 oct. 1996 : *Bull*. 377).

Le président de la chambre d'accusation ne saurait, sans excès de pouvoir, motiver l'irrecevabilité d'une requête de la personne mise en examen aux fins d'annulation d'actes de la procédure par l'existence d'une précédente saisine de la chambre d'accusation en matière de contrôle judiciaire, étrangère aux hypothèses visées par les 3 premiers alinéas de l'article 173 et au 1er alinéa de l'article 174 du Code de procédure pénale ; dès lors, l'ordonnance d'irrecevabilité devient, nonobstant les dispositions de l'article 173, dernier alinéa, susceptible de recours et il appartient au président de la chambre criminelle de décider, sur le fondement de l'article 567-1, du code précité, l'admission du pourvoi formé à son encontre (Ord. prés. Cass. crim., 5 mai 1997 : *Bull*. 160).

4) Si la partie qui avait formé une demande en cassation d'un arrêt de condamnation ne peut plus, conformément aux dispositions de l'article 618 du Code de procédure pénale, présenter de nouvelle demande aux mêmes fins lorsque la précédente a été rejetée par la chambre criminelle, le président de celle-ci tient de l'article 567-1 dudit code le pouvoir de ne pas ordonner l'examen immédiat de l'opposition formée par ce demandeur à l'encontre de l'arrêt de rejet, une telle opposition n'étant ouverte qu'au seul défendeur, dans les conditions prévues par les articles 579 et 589 du même code (Ord. prés. Cass. crim., 7 oct. 1997 : *Bull*. 325).

5) En l'absence de recours du ministère public, l'arrêt de la chambre d'accusation qui annule une information ouverte pour fraude fiscale et qui met fin à l'action publique n'est pas susceptible du pourvoi en cassation formé par l'administration des Impôts, constituée partie civile dans les conditions de l'article L. 232 du Livre des procédures fiscales ; un tel pourvoi entre dans les prévisions de l'article 567-1 du Code de procédure pénale, qui permet au président de la chambre criminelle d'en déclarer la non-admission par ordonnance (Ord. prés. Cass. crim., 28 avr. 1997 : *Bull*. 148).

6) Constitue une mesure d'administration judiciaire, échappant au contrôle de la Cour de cassation, la décision d'une chambre d'accusation qui ordonne, après exécution du supplément d'information prescrit par un précédent arrêt, le dépôt du dossier au greffe de la chambre d'accusation et sa communication au procureur général ; le pourvoi formé contre une telle décision étant irrecevable, les dispositions des articles 567-1, 570 et 571 du Code de procédure

pénale permettent au président de la chambre criminelle de le constater par une ordonnance de non-lieu à statuer (Ord. prés. Cass. crim., 23 avr. 1997 : *Bull.* 141).

Art. 567-2 *(L. n. 81-82, 2 févr. 1981, art. 44 ; L. n. 85-1407, 30 déc. 1985, art. 52-I et 94).* **– La chambre criminelle saisie d'un pourvoi contre un arrêt de la chambre de l'instruction rendu en matière de détention provisoire doit statuer dans les trois mois qui suivent la réception du dossier à la Cour de cassation, faute de quoi l'inculpé est mis d'office en liberté.**

(L. n. 83-466, 10 juin 1983, art. 38 ; L. n. 85-1407, 30 déc. 1985, art. 52-II et 94) **Le demandeur en cassation ou son avocat doit, à peine de déchéance, déposer son mémoire exposant les moyens de cassation dans le délai d'un mois à compter de la réception du dossier, sauf décision du président de la chambre criminelle prorogeant, à titre exceptionnel, le délai pour une durée de huit jours. Après l'expiration de ce délai, aucun moyen nouveau ne peut être soulevé par lui et il ne peut plus être déposé de mémoire.**

Dès le dépôt du mémoire, le président de la chambre criminelle fixe la date de l'audience.

1) La faculté, prévue par l'article 567-2, alinéa 2, du Code de procédure pénale, de transmettre au greffe de la Cour de cassation, sans le ministère d'un avocat à ladite Cour, un mémoire personnel dans le délai d'un mois à compter de la réception du dossier n'est offerte qu'au demandeur qui se pourvoit contre un arrêt de la chambre d'accusation statuant en matière de détention provisoire. Tel n'est pas le cas de l'inculpé qui se pourvoit contre un arrêt de cette juridiction rendu en matière de contrôle judiciaire (Cass. crim., 10 août 1993 : *Bull.* 257. – Cass. crim., 19 nov. 1997 : *Bull.* 392).

Est irrecevable une demande de mise en liberté d'office présentée devant la chambre d'accusation par un inculpé sur le fondement des dispositions de l'article 567-2, alinéa 1er, du Code de procédure pénale dans le cas où la chambre criminelle de la Cour de cassation était saisie d'un pourvoi formé contre un arrêt de la chambre d'accusation rendu non pas en matière de détention provisoire mais en matière de contrôle judiciaire (Cass. crim., 23 mai 1986 : *Bull.* 170).

2) Il résulte de l'article 567-2 que, par dérogation aux articles 584 et 585, le demandeur en cassation a la faculté de transmettre un mémoire directement au greffe de la Cour de cassation pendant le délai d'un mois à compter de la réception du dossier à la Cour de cassation (Cass. crim., 14 nov. 1989 : *Bull.* 411).

Un second mémoire qui, sous couvert de complément et rectification d'un moyen proposé dans le mémoire précédemment déposé, revient à invoquer un nouveau moyen de cassation, et qui est déposé après expiration du délai fixé par l'article 567-2, n'est pas recevable (Cass. crim., 25 avr. 1989 : *Bull.* 166).

3) L'article 567-2 ne déroge cependant pas aux dispositions de l'article 585, en ce qu'elles exigent que le mémoire, à défaut d'être signé par le demandeur lui-même, soit présenté par le ministère d'un avocat à la Cour de cassation (Cass. crim., 6 mai 1985 : *Bull.* 169. – Cass. crim., 11 juill. 1990 : *Bull.* 281).

4) Le délai de dépôt du mémoire tel que prévu par l'article 567-2 est applicable lorsque la chambre d'accusation a statué sur une demande de mise en liberté formée par une personne faisant l'objet d'une procédure d'extradition (Cass. crim., 5 févr. 1985 : *Bull.* 57).

5) Ne fait pas courir les délais de 1 et 3 mois, prévus par l'article 567-2 du Code de procédure pénale, la réception, à la Cour de cassation, du dossier d'un pourvoi, formé contre l'arrêt d'une chambre d'accusation rejetant une demande de mise en liberté, qui ne contient pas la copie de 2 décisions antérieures, présentées, dans les motifs de l'arrêt attaqué, comme justifiant la détention provisoire du demandeur mais contestées par celui-ci, l'absence de ces décisions ne permet ni à l'avocat constitué ni à la chambre criminelle d'apprécier la valeur de ces motifs (Ord. prés. Cass. crim., 30 avr. 1997 : *Bull.* 156).

Art. 568. – Le ministère public et toutes les parties ont cinq jours francs après celui où la décision attaquée a été prononcée pour se pourvoir en cassation.

Toutefois, le délai de pourvoi ne court qu'à compter de la signification de l'arrêt, quel qu'en soit le mode :

1° Pour la partie qui, après débat contradictoire, n'était pas présente ou représentée à l'audience où l'arrêt a été prononcé, si elle n'avait pas été informée ainsi qu'il est dit à l'article 462, alinéa 2 ;

2° Pour le prévenu qui a demandé à être jugé en son absence dans les conditions prévues à l'article 411, alinéa 1er ;

3° *(Ord. n. 60-529, 4 juin 1960, art. 2)* **Pour le prévenu qui n'a pas comparu dans les cas prévus aux articles 410 et 411, alinéa 4 ;**

4° Pour le prévenu qui a été jugé par itératif défaut.

Le délai du pourvoi contre les arrêts ou les jugements par défaut ne court, à l'égard du prévenu, que du jour où ils ne sont plus susceptibles d'opposition. À l'égard du ministère public, le délai court à compter de l'expiration du délai de dix jours qui suit la signification.

1) Nul ne peut se pourvoir en cassation contre un arrêt s'il n'a pas été partie au procès.

Il en est ainsi de la personne visée dans une plainte avec constitution de partie civile suivie de réquisition d'informer contre personne non dénommée. En effet, si cette personne bénéficie, en vertu de l'article 104 du Code de procédure pénale, de certains droits reconnus à l'inculpé, elle n'en devient pas pour autant partie à la procédure (Cass. crim., 30 oct. 1990 : *Bull.* 362).

Si dans des cas exceptionnels il peut être dérogé aux prescriptions de l'article 568 du Code de procédure pénale relatives aux délais du pourvoi, c'est à la condition que par un événement de force majeure ou par un obstacle invincible et indépendant de sa volonté, le demandeur se soit trouvé dans l'impossibilité de s'y conformer (Cass. crim., 4 janv. 1963 : *Bull.* 2. – 28 mars 1977 : *Bull.* 113. – Cass. crim., 20 juin 1985 : *Bull.* 240).

2) Le délai de pourvoi a pour point de départ le jour où l'arrêt attaqué a été rendu lorsque le demandeur a été présent, soit par lui-même, soit par ses représentants légaux, lors de ce prononcé ou lorsqu'il a été régulièrement mis en demeure d'y assister ; il n'importe qu'il y ait eu plusieurs remises successives de la décision si elles ont toutes été faites à date fixe jusqu'à la dernière de ces dates où intervient cette décision ; dès lors que, conformément aux dispositions de l'article 462 du Code de procédure pénale, le président a informé les parties présentes du jour où l'arrêt serait rendu (Cass. crim., 20 déc. 1971 : *Bull.* 360. – Cass. crim., 7 juin 1978 : *Bull.* 185. – Cass. crim., 9 mai 1984 : *Bull.* 159. – Cass. crim., 22 oct. 1990 : *Bull.* 349) ; en effet, la signification dudit arrêt n'est pas exigée aux termes de l'article 568-2° du Code de procédure pénale, pour faire courir à l'égard de ces parties, le délai de pourvoi (Cass. crim., 11 déc. 1975 : *Bull.* 277), quand bien même le demandeur n'aurait pas été présent à l'audience indiquée par le président et qui a vu ordonner la prolongation du délibéré à une date ultérieure (Cass. crim., 4 janv. 1983 : *Bull.* 5) ; mais le délai ne commence à courir qu'à dater de la signification si l'avis prescrit par l'article 462, alinéa 2, du Code de procédure pénale n'a pas été donné sans ambiguïté (Cass. crim., 11 déc. 1984 : *Bull.* 399) ; et le pourvoi est recevable, bien que formé plus de cinq jours après la date à laquelle l'arrêt a été rendu, en l'absence de mention établissant que le prévenu a été informé, à l'issue des débats, de la date à laquelle l'arrêt serait prononcé (Cass. crim., 20 déc. 1984 : *Bull.* 412).

Il résulte de la combinaison des articles 217, alinéa 3, et 568 du Code de procédure pénale que le délai de pourvoi en cassation contre un arrêt de la chambre d'accusation court, tant que le juge d'instruction n'a pas clôturé son information, du jour de la notification dudit arrêt par lettre recommandée ou par les soins du chef de l'établissement pénitentiaire s'il s'agit d'une personne détenue (Cass. crim., 4 mars 1997 : *Bull.* 82).

3) Le prévenu qui, par lettre, a demandé à être jugé contradictoirement en son absence et dont l'avocat a été entendu, ne peut invoquer les dispositions de l'article 568, alinéa 2, du Code de procédure pénale qui ne font courir le délai de pourvoi que la signification de l'arrêt attaqué (Cass. crim., 14 mai 1991 : *Bull. inf. C. cass.*, 1er août 1991, n. 1303) ; l'affaire ayant été mise en délibéré et l'avertissement, prévu par l'article 462, alinéa 2, du Code de procédure pénale ayant été donné, le délai de cinq jours francs pour se pourvoir en cassation a pour point de départ le jour du prononcé de la décision (Crim. 23 mars 1987 : *Bull.* 132. – Cass. crim., 29 nov. 1988 : *Bull.* 400. – Cass. crim., 29 mai 1996 : *Bull.* 217). Si aux termes de l'article 568 du Code de procédure pénale, le ministère public et toutes les parties ont cinq jours après celui où la décision attaquée a été pro-

noncée pour se pourvoir en cassation et si ce délai ne court qu'à compter de la signification de l'arrêt pour la partie qui n'était pas présente ou représentée à l'audience où l'arrêt a été rendu, l'administration des Douanes, qui exerce à titre principal l'action pour l'application des sanctions fiscales et qui est représentée devant la chambre d'accusation par le ministère public, ne saurait avoir à cet égard plus de droits que celui-ci, qu'il s'ensuit que le pourvoi de l'Administration doit être formé dans le délai imparti au ministère public (Cass. crim., 30 nov. 1987 : *Bull.* 434).

L'article 711 du Code de procédure pénale prescrivant que la décision se prononçant sur un incident contentieux relatif à l'exécution ou sur une rectification soit signifiée aux parties intéressées à la requête du ministère public, le point de départ du délai de pourvoi doit être fixé au jour de cette signification (Cass. crim., 5 mars 1991 : *Bull.* 109).

4) Le délai de trois jours, imparti par l'article 59 de la loi du 29 juillet 1881 est d'une portée générale et s'applique notamment aux pourvois formés contre les arrêts de la chambre d'accusation (Cass. crim., 8 avr. 1986 : *Bull.* 118) ; ce n'est cependant pas un délai franc, et la prorogation prévue par l'article 801 du Code de procédure pénale ne lui est pas applicable (Cass. crim., 29 nov. 1983 : *Bull.* 324). En revanche, lorsque la chambre d'accusation est saisie d'une demande d'extradition, elle doit, aux termes de l'article 14 de la loi du 10 mars 1927, statuer en présence de l'étranger réclamé ; dès lors, le délai de pourvoi commence à courir dès le lendemain du jour où la décision a été rendue, et les dispositions de l'article 801 du Code de procédure pénale sont applicables (Cass. crim., 21 mai 1985 : *Bull.* 193).

Lorsqu'un même arrêt a statué à la fois sur deux infractions respectivement prévues par la loi sur la liberté de la presse et par un autre texte, le délai de pourvoi en cassation est de 3 jours non francs, en ce qui concerne les dispositions relatives à la première de ces infractions et de 5 jours, pour le surplus (Cass. crim., 15 janv. 1991 : *Bull.* 23).

5) Lorsqu'un arrêt rendu par défaut à l'égard d'une partie civile n'est pas susceptible d'opposition de sa part, faute d'intérêt, le droit de se pourvoir est ouvert au prévenu à partir du prononcé de l'arrêt (Cass. crim., 3 déc. 1981 : *Bull.* 323). En revanche, est irrecevable le pourvoi contre les dispositions de l'arrêt concernant la partie civile dès lors que la décision ayant été prononcée par défaut à l'égard de celle-ci et n'ayant pas encore été signifiée, cette décision reste susceptible d'opposition (Cass. crim., 13 nov. 1973 : *Bull.* 413 ; *D.* 1974, 219, note A. M. H).

Est irrecevable comme prématuré le pourvoi formé par le procureur général contre un arrêt qui, rendu par défaut, est encore susceptible d'opposition de la part du prévenu (Cass. crim., 11 juill. 1990 : *Bull.* 280).

6) Lorsque la chambre d'accusation est saisie d'une demande d'extradition, elle doit, aux termes de l'article 14 de la loi du 10 mars 1927, statuer en présence de l'étranger réclamé ; il s'ensuit que le délai de cinq jours francs prévus à l'article 568 du Code de procédure pénale pour se pourvoir en cassation contre la décision commence à courir du lendemain du jour où elle a été prononcée ; le pourvoi formé alors que le délai est expiré est tardif (Cass. crim., 12 juin 1987 : *Bull.* 245).

7) Une demande d'aide judiciaire ne saurait interrompre ou suspendre le délai de pourvoi en cassation fixé par l'article 568 du Code de procédure pénale (Cass. crim., 30 juin 1987 : *Bull.* 271).

Art. 569 *(L. n. 70-643, 17 juill. 1970, art. 15 ; L. n. 89-461, 6 juill. 1989, art. 14-III ; L. n. 92-1336, 16 déc. 1992, art. 57 ; L. n. 93-913, 19 juill. 1993).* – **Pendant les délais du recours en cassation et, s'il y a eu recours, jusqu'au prononcé de l'arrêt de la Cour de cassation, il est sursis à l'exécution de l'arrêt de la cour d'appel, sauf en ce qui concerne les condamnations civiles, et à moins que la cour d'appel ne confirme le mandat décerné par le tribunal en application de l'article 464-1 ou de l'article 465, premier alinéa, ou ne décerne elle-même mandat sous les mêmes conditions et selon les mêmes règles.**

Le contrôle judiciaire prend fin, sauf si la cour d'appel en décide autrement, lorsqu'elle prononce une condamnation à l'emprisonnement sans sursis ou assorti du sursis avec mise à l'épreuve. Lorsqu'un cautionnement a été fourni, les dispositions des premier et deuxième alinéas de l'article 142-2 et du deuxième alinéa de l'article 142-3 sont applicables.

En cas d'acquittement, d'exemption de peine ou de condamnation soit à l'emprisonnement assorti du sursis simple ou du sursis avec mise à l'épreuve, soit à l'amende, le prévenu détenu est, nonobstant pourvoi, mis en liberté immédiatement après l'arrêt.

Il en est de même en cas de condamnation à une peine d'emprisonnement, lorsque la détention provisoire a été ordonnée ou maintenue dans les conditions prévues par l'alinéa 1er aussitôt que la durée de la détention aura atteint celle de la peine prononcée.

1) Les articles 570 et 571 du Code de procédure pénale, qui déterminent les règles selon lesquelles le pourvoi formé contre une décision ne mettant pas fin à la procédure peut être admis immédiatement, n'apportent aucune dérogation aux dispositions de l'article 568 du Code de procédure pénale lequel fixe à 5 jours francs, après celui où la décision a été rendue, le délai pour se pourvoir en cassation (Cass. crim., 4 avr. 1991 : *Bull.* 158).

Le pourvoi en cassation, sauf dans les cas où la loi en a, de manière expresse, disposé autrement, suspend l'exécution de l'arrêt contre lequel il a été formé, jusqu'au jour où la Cour de cassation, seule arbitre de la validité de la recevabilité de ce recours, a rendu sa décision (Cass. crim., 26 janv. 1967 : *Bull.* 41).

Il en résulte qu'une ordonnance de prise de corps incluse dans un arrêt de renvoi en cour d'assises ne peut être exécutée pendant la durée du pourvoi dirigé contre l'arrêt de renvoi *(même arrêt)* ; et que doit être cassée la décision d'une cour d'appel qui, après avoir condamné un prévenu pour infraction au Code de l'urbanisme, ordonne la mise en conformité des lieux dans le délai d'un an à compter de l'arrêt, sous astreinte de 300 F par jour de retard (Cass. crim., 16 oct. 1984 : *Bull.* 307) ou ordonne la démolition dans un délai de trois mois sous astreinte de 250 F par jour de retard (Cass. crim., 18 nov. 1986 : *Bull.* 347).

Conformément à la règle posée par l'arti-cle 569 du Code de procédure pénale et en l'absence d'une dérogation expresse de la loi, le pourvoi en cassation formé contre un arrêt de la chambre d'accusation statuant en application de l'article 227 a un effet suspensif, à la différence du recours prévu pour l'article R. 15-16 du même code (Cass. crim., 26 févr. 1997 : *Bull.* 78).

2) Il résulte des dispositions de l'article 569, alinéa 2, du Code de procédure pénale que, sauf exception prévue par ce texte, le contrôle judiciaire prend fin avec l'arrêt sur le fond, de telle sorte que les juges n'ont plus le pouvoir de prononcer à ce sujet.

Encourt donc la censure la cour d'appel qui, après avoir infligé au prévenu une condamnation avec sursis frappée de pourvoi, nonobstant les dispositions de l'article 569, alinéa 2, précitées, se déclare compétente pour statuer sur une requête en modification de contrôle judiciaire (Cass. crim., 19 juin 1995 : *Bull.* 224). La règle posée par l'article 569 souffre exception lorsque la loi y déroge expressément ; tel est le cas de l'article L. 13, alinéa 2, du Code de la route qui édicte que les peines complémentaires de la suspension et de l'annulation du permis de conduire pourront être déclarées exécutoires par provision, à titre de mesure de protection ; dès lors cette peine est exécutoire nonobstant l'exercice d'un pourvoi (Cass. crim., 17 janv. 1961 : *Bull.* 25) ; et celui de l'article 207 du Code de procédure pénale qui prescrit l'exécution immédiate de l'arrêt d'une chambre d'accusation ordonnant le maintien en détention d'un inculpé, cette dérogation s'étend nécessairement à l'ensemble des dispositions de l'arrêt en question touchant au contentieux de la détention (Cass. crim., 3 août 1985 : *Bull.* 278).

3) L'effet suspensif du pourvoi en cassation ne s'attache pas à l'exécution des condamnations civiles prononcées par une juridiction répressive (Cass. crim., 5 juin 1997 : *Bull.* 228).

L'effet suspensif qui s'attache au pourvoi formé contre une décision rejetant une demande en divorce ne s'applique pas aux dispositions de la décision relative à la garde des enfants ainsi qu'aux prestations et pensions lorsqu'elles ont été prononcées au titre des mesures provisoires (Cass. crim., 18 nov. 1981 : *Bull.* 306).

4) Malgré le maintien en détention prescrit par la cour d'appel, la peine d'emprisonnement prononcée contre un prévenu n'est exécutoire, en raison de l'effet suspensif du pourvoi en cassation, qu'à compter du rejet de ce pourvoi. En conséquence, lorsqu'un décret de grâces collectives accorde des remises de peines aux condamnés dont la peine est devenue exécutoire à une date déterminée, celui qui a formé un pourvoi en cassation qui est rejeté après cette date ne peut bénéficier de la mesure de grâce (Cass. crim., 20 oct. 1992 : *Bull.* 328).

5) En cas de pourvoi en cassation contre un arrêt qui déclare le prévenu coupable d'une infraction et ajourne le prononcé de la peine, il est sursis à l'exécution de l'arrêt conformément aux dispositions de l'article 569 ; doit dès lors être cassé l'arrêt qui, sans attendre la décision de la Cour de cassation, se prononce sur la peine après l'expiration du délai d'ajournement (Cass. crim., 8 févr. 1993 : *Bull.* 64).

6) Il ne saurait être fait grief à une cour d'appel d'avoir prononcé une peine d'emprisonnement pour partie ferme à l'encontre d'un prévenu, membre des parlements français et européen, sans que l'inviolabilité dont il bénéficiait à la date de la décision ait été levée, dès lors que cette peine, en application de l'article 569 du Code de procédure pénale, n'était pas susceptible d'exécution immédiate et ne pouvait constituer une mesure privative ou restrictive de liberté au sens de l'article 26 de la Constitution du 4 octobre 1958, également applicable aux députés européens en vertu de l'article 10 du Protocole sur les privilèges et immunités des membres du Parlement européen (Cass. crim., 4 févr. 1997 : *Bull.* 45).

7) Si l'état de santé du prévenu, condamné par l'arrêt d'une cour d'appel et demandeur au pourvoi, le prive de l'exercice de ses facultés intellectuelles et l'empêche de communiquer avec son avocat, il y a lieu, pour la Cour de cassation, de surseoir à statuer jusqu'à ce qu'il soit justifié que l'état de santé du demandeur lui permette de présenter sa défense lors de l'instance de cassation, et, notamment, d'exercer la faculté de produire un mémoire personnel ou de se désister de son pourvoi (Cass. crim., 5 juin 1997 : *Bull.* 228 ; *JCP* 97, II, 22908, rapp. de la Rosière de Champfeu).

Art. 570 *(Ord. n. 60-529, 4 juin 1960, art. 2 ; L. n. 93-1013, 24 août 1993, art. 41-I, II)*. **– Lorsque le tribunal ou la cour d'appel statue par jugement ou arrêt distinct de l'arrêt sur le fond, le pourvoi en cassation est immédiatement recevable si cette décision met fin à la procédure. Si le président de la chambre criminelle constate qu'une décision a été à tort considérée par la partie intéressée comme mettant fin à la procédure, il apprécie si le pourvoi doit néanmoins être reçu dans l'intérêt de l'ordre public ou d'une bonne administration de la justice, ou si, au contraire, il ne doit pas être reçu, et rend d'office à cet effet une ordonnance d'admission ou de non-admission.**

Dans le cas où la décision n'a pas mis fin à la procédure et jusqu'à l'expiration des délais de pourvoi, l'arrêt n'est pas exécutoire et la cour d'appel ne peut statuer au fond.

Si aucun pourvoi n'a été interjeté ou si, avant l'expiration du délai du pourvoi, la partie demanderesse au pourvoi n'a pas déposé au greffe la requête prévue par l'alinéa suivant, le jugement ou l'arrêt est exécutoire et le tribunal ou la cour d'appel statue au fond. Il en est de même, nonobstant les dispositions de l'alinéa suivant, en cas d'arrêt rendu soit sur appel d'une ordonnance du juge d'instruction en application des articles 81, neuvième alinéa, 82-1, deuxième alinéa, 156, deuxième alinéa, ou 167, quatrième alinéa, soit en raison du défaut, par le juge d'instruction, d'avoir rendu une telle ordonnance. Dans ces cas, si la procédure a été néanmoins transmise à la Cour de cassation, le président de la chambre criminelle ordonne qu'il en soit fait retour à la juridiction saisie.

Le demandeur en cassation peut déposer au greffe, avant l'expiration des délais de pourvoi, une requête adressée au président de la chambre criminelle de la Cour de cassation et tendant à faire déclarer son pourvoi immédiatement recevable.

V. BROUCHOT, *Des voies de recours contre les décisions pénales distinctes des décisions sur le fond : JCP* 64, I, 1828.

1) L'article 570 du Code de procédure pénale ne déroge pas aux dispositions des articles 584 et 585 du même code ; dès lors la requête déposée par le demandeur, avant l'expiration du délai de pourvoi, au greffe de la juridiction qui a rendu l'arrêt, doit être signée par lui (Cass. crim., 3 juill. 1987 : *Bull.* 284) sous peine d'irrecevabilité (Ord. Prés. ch. Cass. crim., 19 juin 1990 : *Bull.* 249).

Les articles 570 et 571 du Code de procédure pénale, qui déterminent les règles selon lesquelles le pourvoi formé contre une décision ne mettant pas fin à la procédure peut être admis immédiatement, n'apportent aucune dérogation aux dispositions de l'article 568 du même code, lequel fixe le délai pour se pourvoir en cassation à cinq jours francs après celui où la décision a été rendue (Cass. crim., 5 juill. 1994 :

Bull. inf. C. cass. 1994, n. 1085. – Cass. crim., 29 avr. 1996 : *Bull.* 169).

L'effet suspensif du pourvoi en cassation, prévu par les articles 570 et 571 du Code de procédure pénale, lorsque sont remplies les conditions fixées par ces textes, ne s'attache qu'aux arrêts qui peuvent donner lieu à des actes d'exécution et ne fait pas obstacle à la poursuite de l'information ; ainsi un pourvoi en cassation, assorti d'une requête déposée conformément à l'article 570 précité, formé contre un arrêt de la chambre d'accusation qui, en cours d'information, se borne à rejeter une requête en annulation, est sans incidence sur le déroulement de l'instruction (Cass. crim., 29 avr. 1996 : *Bull.* 170).

Il résulte des dispositions des articles 570 et 571 du Code de procédure pénale, applicables aux pourvois formés contre les arrêts préparatoires, interlocutoires ou d'instruction rendus par les chambres d'accusation, que, lorsqu'un tel arrêt ne mettant pas fin à la procédure a été frappé de pourvoi et que le président de la chambre criminelle de la Cour de cassation a fait droit à la requête prévue par l'article 570, il ne peut être statué au fond tant qu'il n'a pas été prononcé définitivement sur l'objet du pourvoi ; méconnaît le sens et la portée de ces textes la chambre d'accusation qui prononce le renvoi d'un accusé devant la cour d'assises, alors que le président de la chambre criminelle avait ordonné l'examen immédiat d'un pourvoi formé contre un arrêt rejetant une requête en annulation et qu'il n'avait pas été prononcé définitivement sur l'objet de ce pourvoi (Cass. crim., 6 janv. 1999 : *Bull.* 2).

Aux termes de l'article 570, alinéa 1er, du Code de procédure pénale, lorsque le tribunal ou la cour d'appel statue par jugement ou arrêt distinct de la décision sur le fond, le pourvoi en cassation est immédiatement recevable si ce jugement ou cet arrêt met fin à la procédure. Il en est ainsi du pourvoi formé contre un arrêt ordonnant un sursis à statuer indéfini et illimité (Cass. crim., 7 juin 1972 : *Bull.* 191. – Cass. crim., 14 févr. 1973 : *Bull.* 78), le pourvoi est également immédiatement recevable dans le cas où l'ordre public ou l'intérêt d'une bonne administration de la justice exigent qu'il soit statué immédiatement, tel est le cas du pourvoi formé par l'inculpé contre un arrêt de la chambre d'accusation constatant la régularité d'une perquisition dans un cabinet d'avocat (Cass. crim., 24 mars 1960 : *Bull.* 169).

2) L'arrêt qui rejette l'exception de prescription de la peine pour accueillir l'opposition formée par le prévenu contre un jugement rendu par défaut à l'égard de celui-ci, présente de ce chef un caractère définitif, et, dès lors, n'entre pas dans la classe des décisions visées par les articles 570 et 571 (Cass. crim., 14 févr. 1983 : *Bull.* 51) ; il en est de même de l'arrêt qui accorde ou rejette une demande de restitution (Cass. crim., 27 janv. 1981 : *Bull.* 36), ou de l'arrêt qui après s'être prononcé sur la culpabilité ajourne le prononcé de la peine (Cass. crim., 8 févr. 1977 : *Bull.* 46) ; en revanche, entre dans la classe des décisions visées par les articles 570 et 571 l'arrêt de la cour d'appel qui déclare recevable une constitution de partie civile (Cass. crim., 20 nov. 1979 : *Bull.* 328).

Interrompt le cours de la justice, l'arrêt de la chambre d'accusation qui ordonne un sursis à statuer, jusqu'à ce que la chambre criminelle de la Cour de cassation ait rendu sa décision sur un pourvoi antérieur à l'occasion duquel le président de la chambre criminelle avait rendu une ordonnance de rejet de la requête présentée sur le fondement des articles 570 et 571 du Code de procédure pénale (Ord. 3 juill. 1987 : *Bull.* 282).

S'il est exact qu'aux termes de l'article 508 du Code de procédure pénale l'ordonnance du président de la chambre des appels correctionnels, statuant sur l'éventuelle saisine de la cour d'appel d'un jugement ne mettant pas fin à la procédure n'est susceptible d'aucun recours, la requête présentée au président de la chambre criminelle sur le pourvoi formé contre cette décision et mettant en cause les conditions essentielles de l'existence légale de cette dernière n'entre pas dans le cadre de l'application des articles 567-1, 570 et 571 du Code de procédure pénale. Il n'y a donc pas lieu à statuer sur ladite requête, le pourvoi devant être de droit soumis à la chambre criminelle (Ord. 9 juin 1987 : *Bull.* 237).

Le pourvoi contre l'arrêt d'une chambre d'accusation contenant, d'une part, des dispositions touchant au fond ou mettant fin à la procédure, et, d'autre part, des dispositions avant dire droit, n'entre pas dans la classe des décisions visées par les articles 570 et 571 du Code de procédure pénale, et doit être, de droit, soumis à la chambre criminelle (Ord. Prés. ch. Cass. crim., 17 nov. 1988 : *Bull.* 391).

3) Lorsqu'une cour d'appel, statuant par arrêt avant dire droit, rend une décision distincte qui

ne met pas fin à l'instance, les parties sont tenues, pour que leur pourvoi soit déclaré immédiatement recevable, de se conformer aux articles 570 et 571 du Code de procédure pénale et de saisir le président de la chambre criminelle d'une requête à cette fin (Cass. crim., 25 oct. 1967 : *Bull.* 267. – Cass. crim., 15 févr. 1983 : *Bull.* 52) ; tel est le cas du pourvoi formé contre un arrêt de la chambre d'accusation statuant sur les prétendues nullités d'actes de la procédure d'information dans les conditions prévues par l'article 171 du Code de procédure pénale (Cass. crim., 26 mai 1977 : *Bull.* 194) ; ou du pourvoi formé contre une décision qui déclare d'une part la poursuite régulièrement engagée et ordonne d'autre part un supplément d'information (Cass. crim., 17 juill. 1974 : *Bull.* 255).

Le pourvoi formé contre un arrêt rendu en matière de restitution par une chambre d'accusation est soumis aux règles prévues par les articles 570 et 571 lorsqu'il émane de l'une des parties au procès pénal et que, dès lors, il ne met pas fin à la procédure (Cass. crim., 30 janv. 1992 : *Bull.* 42).

L'arrêt d'une cour d'appel, statuant sur l'appel formé contre un jugement avant dire droit et qui constate qu'à défaut de dépôt de la requête prévue par l'article 507 du Code de procédure pénale le jugement entrepris devient exécutoire et que l'appel contre cette décision serait examiné en même temps que l'appel ultérieur contre la décision sur le fond, entre dans la classe des décisions visées par l'article 570 du Code de procédure pénale (Ord. 11 mars 1987 : *Bull.* 120).

Entre dans la classe des décisions visées par les articles 570 et 571 du Code de procédure pénale l'arrêt d'une chambre d'accusation qui renvoie l'examen de l'affaire à une date ultérieure après avoir déclaré irrecevable l'intervention personnelle de la victime d'un viol commis sur une mineure de 15 ans par ascendant légitime ; cependant ni l'intérêt de l'ordre public ni celui d'une bonne administration de la justice ne commandent l'examen immédiat du pourvoi formé contre un tel arrêt par la mineure victime, dès lors que cette dernière est régulièrement représentée à la procédure, en qualité de partie civile, par un administrateur *ad hoc* désigné conformément aux dispositions de l'article 87-1 du Code de procédure pénale (Ord. 16 juill. 1992 : *Bull.* 272).

N'est pas susceptible d'examen immédiat, sur le fondement des articles 570 et 571 du Code de procédure pénale, le pourvoi formé contre un arrêt de chambre d'accusation qui rejette la requête en nullité d'enregistrements de conversations, auxquels il a été procédé par des personnes privées et qui, remis par un témoin, ont été versés au dossier de l'ins-truction ; l'examen immédiat d'un tel pourvoi n'est en effet commandé ni par l'intérêt de l'ordre public, ni par celui d'une bonne administration de la justice, ni par les dispositions de l'article 8 de la Convention européenne des droits de l'homme (Cass. crim., 17 janv. 1997 : *Bull.* 17).

4) Il résulte des dispositions des articles 570 et 571 du Code de procédure pénale applicables aux pourvois formés contre les arrêts préparatoires, interlocutoires ou d'instruction rendus par la chambre d'accusation que lorsqu'un tel arrêt a été frappé de pourvoi et que le demandeur a présenté la requête prévue par le premier de ces textes tendant à l'examen immédiat du pourvoi, l'arrêt n'est pas exécutoire tant qu'il n'a pas été prononcé sur ladite requête, ou après admission de celle-ci, sur le pourvoi ; par suite le complément d'information ordonné par un arrêt de la chambre d'accusation frappé d'un pourvoi accompagné d'une requête ne peut être exécuté, sans excès de pouvoir, avant que le président de la chambre criminelle ait rejeté la requête susvisée ou, si celle-ci a été admise, avant qu'il ait été statué sur le pourvoi (Cass. crim., 7 déc. 1993 : *Bull.* 371).

5) Le pouvoir accordé par les articles 570 et 571 du Code de procédure pénale au président de la chambre criminelle s'exerce en toute matière, notamment celle des affaires de presse, dès que l'intérêt d'une bonne administration de la justice exige un examen immédiat de la décision attaquée (Ord. 3 janv. 1970 : *Bull.* 5) ; le président de la chambre criminelle a seul qualité pour statuer sur la recevabilité d'un pourvoi formé contre un arrêt avant dire droit ne mettant pas fin à la procédure, mais seulement au regard des dispositions de l'article 570 du Code de procédure pénale (Cass. crim., 4 avr. 1960 : *Bull.* 200. – Cass. crim., 5 nov. 1969 : *Bull.* 288) ; il peut, d'office, alors que le demandeur au pourvoi n'a pas déposé la requête, ordonner qu'il sera statué immédiatement sur un pourvoi formé contre un arrêt qui, ayant déclaré un appel recevable, ne met pas fin à la procédure, dès lors que l'ordre public et l'intérêt d'une bonne administration de la justice commandent

qu'il en soit ainsi décidé (Ord. 3 juill. 1967 : *Bull.* 201) ; lorsque le président de la chambre criminelle a déclaré le pourvoi recevable, sa décision, non motivée, implique que l'examen du pourvoi répond aux nécessités de l'ordre public ou d'une bonne administration de la justice. Sur ce point, l'appréciation du président est souveraine (Cass. crim., 4 févr. 1960 : *Bull.* 66). Est irrecevable comme tardive la requête prévue par l'article 570 du Code de procédure pénale qui a été déposée au greffe par le demandeur après l'expiration du délai de pourvoi (Ord. 13 janv. 1966 : *Bull.* 13).

6) Le contentieux de la détention provisoire, dans son ensemble, échappe aux prévisions des articles 570 et 571 en raison des brefs délais auquel il est soumis (Cass. crim., 26 juill. 1989 : *Bull.* 298).

7) Sont exclus des prévisions des articles 570 et 571 du Code de procédure pénale les arrêts de la chambre d'accusation rendus, soit sur appel de l'une des ordonnances du juge d'instruction visées aux articles 81, alinéa 9, 82-1, alinéa 2, 156, alinéa 2 et 167, alinéa 4, de ce code, soit en raison du défaut par le juge d'instruction d'avoir rendu une telle ordonnance ; les pourvois formés contre ces arrêts n'ont pas d'effet suspensif et leur examen immédiat ne peut être ordonné par le président de la chambre criminelle (Cass. crim., 23 déc. 1993 : *Bull.* 396).

Est exclu des prévisions des articles 570 et 571 du Code de procédure pénale l'arrêt de la chambre d'accusation qui confirme l'ordonnance du juge d'instruction rendue en application de l'article 167, quatrième alinéa, et refusant l'expertise complémentaire sollicitée par la partie civile. L'examen immédiat du pourvoi formé contre cet arrêt par le procureur général ne peut être ordonné par le président de la chambre criminelle (Cass. crim., 11 avr. 1996 : *Bull.* 158).

8) Lorsqu'elle statue sur une demande qui lui est présentée, en application de l'article 195 du Code de procédure pénale, par le procureur général, la chambre d'accusation procède à une appréciation des faits qui échappe au contrôle de la Cour de cassation. Le pourvoi formé contre l'arrêt qui rejette une telle demande ne saurait dès lors être déclaré immédiatement recevable, sur le fondement des articles 570 et 571 du Code de procédure pénale, l'article 469 du même code étant ou demeurant applicable devant la juridiction correctionnelle saisie (Cass. crim., 5 déc. 1996 : *Bull.* 451).

La désignation d'un juge d'instruction constitue, aux termes du dernier alinéa de l'article 83 du Code de procédure pénale, une mesure d'administration judiciaire qui n'est pas susceptible de recours et la méconnaissance éventuelle des dispositions réglementaires de l'article D. 28 du même code n'est pas de nature à entraîner une nullité de procédure ; ne saurait, dès lors, donner lieu à examen immédiat, sur le fondement des articles 570 et 571 du Code de procédure pénale, le pourvoi formé contre l'arrêt d'une chambre d'accusation qui statue en ce sens (Ord. 18 sept. 1996 : *Bull.* 321).

9) Constitue une mesure d'administration judiciaire soustraite au contrôle de la Cour de cassation la décision d'une cour d'appel qui confirme un jugement du tribunal correctionnel ayant ordonné la jonction d'un dossier avec d'autres, connexes ; le pourvoi formé contre un tel arrêt ne saurait, dès lors, donner lieu à examen immédiat sur le fondement des dispositions des articles 567-1, 570 et 571 du Code de procédure pénale (Ord. 12 oct. 1998 : *Bull.* 251).

10) La décision d'une chambre d'accusation qui, après exécution d'actes d'instruction par son président délégué à cet effet, prescrit la communication du dossier d'information au procureur général près la cour d'appel, constitue une mesure d'administration judiciaire échappant au contrôle de la Cour de cassation (Ord. 12 oct. 1998 : *Bull.* 252).

11) Échappe aux prévisions des articles 570 et 571 du Code de procédure pénale l'arrêt rendu par une juridiction de jugement qui, après condamnation définitive d'un prévenu en première instance pour infraction au Code du travail, a, statuant sur les seuls intérêts civils, déterminé la part de responsabilité lui incombant et ordonné une expertise médicale de la victime. Le pourvoi formé contre un tel arrêt étant recevable de droit, il n'y a, dès lors, pas lieu pour le président de la chambre criminelle de statuer sur la requête présentée sur le fondement des textes précités aux fins de son examen immédiat (Ord. 18 déc. 1998 : *Bull.* 344).

Art. 571 *(L. n. 93-1013, 24 août 1993, art. 41-III, IV).* **– Le greffier avise le président du tribunal ou le premier président de la cour d'appel du dépôt de cette requête. Le jugement ou l'arrêt n'est pas exécutoire et il ne peut être statué au fond tant qu'il n'a pas été prononcé sur ladite requête.**

Dès que le greffier a reçu le pourvoi et la requête, il fait parvenir celle-ci au président de la chambre criminelle ainsi qu'une expédition du jugement ou de l'arrêt et de la déclaration de pourvoi.

(Ord. n. 60-529, 4 juin 1960, art. 2) **Le président de la chambre criminelle statue sur la requête par ordonnance dans les huit jours de la réception de ce dossier.**

S'il rejette la requête, le jugement ou l'arrêt est exécutoire et le tribunal ou la cour d'appel se prononce au fond ; aucun recours n'est recevable contre l'ordonnance du président et le pourvoi n'est alors jugé qu'en même temps que le pourvoi formé contre le jugement ou l'arrêt sur le fond.

Si, dans l'intérêt de l'ordre public ou d'une bonne administration de la justice, le président fait droit à la requête, il fixe la date à laquelle le pourvoi sera jugé.

La chambre criminelle doit statuer dans les deux mois qui suivent l'ordonnance du président, sans que puisse être soulevée devant elle une exception tirée de ce que le pourvoi formé contre la décision entreprise ne serait pas suspensif. L'exécution du jugement ou de l'arrêt est suspendue jusqu'à ce qu'intervienne l'arrêt de la chambre criminelle.

(Ord. n. 60-529, 4 juin 1960, art. 2) **Les dispositions de l'article 570 et du présent article sont applicables aux pourvois formés contre les arrêts préparatoires, interlocutoires ou d'instruction rendus par les chambres d'accusation à l'exception des arrêts visés au troisième alinéa de l'article 570.**

Lorsque le président de la chambre criminelle déclare immédiatement recevable le pourvoi formé contre un arrêt de la chambre de l'instruction, saisie par application de l'article 173, il peut ordonner au juge d'instruction saisi de suspendre son information, à l'exception des actes urgents.

1) Les dispositions des articles 570 et 571 du Code de procédure pénale étant d'ordre public, leur inobservation n'entre pas dans les prévisions de l'article 802 de ce code (Cass. crim., 19 mai 1980 : *Bull.* 148).

L'irrecevabilité d'une requête déposée conformément aux articles 570 et 571 du Code de procédure pénale ne fait pas obstacle à ce que l'examen immédiat du pourvoi soit prescrit d'office par le président de la chambre criminelle (Ord. Prés. ch. Cass. crim., 19 juin 1990 : *Bull.* 249).

2) L'ordonnance du président de la chambre criminelle statuant, pour la rejeter, sur la requête prévue aux articles 570 et 571 du Code de procédure pénale n'a d'autre effet que de refuser l'examen immédiat du pourvoi formé contre un arrêt avant dire droit, notamment contre un arrêt de la chambre d'accusation réglant un incident de la procédure d'ins-truction ; elle laisse entière la question posée par le pourvoi dont la solution est seulement ajournée jusqu'au jour où la Cour de cassation sera appelée à statuer sur le pourvoi éventuellement formé contre l'arrêt à intervenir sur le fond (Cass. crim., 7 juin 1963 : *Bull.* 194).

3) Les arrêts portant mise en accusation et renvoi d'inculpés devant la cour d'assises n'entrent pas dans la classe des arrêts préparatoires, interlocutoires ou d'instruction prévus par le dernier alinéa de l'article 571 du Code de procédure pénale.

Il s'ensuit que le pourvoi formé contre ces arrêts doit être transmis à la chambre criminelle seule compétente pour statuer sans qu'il y ait lieu de présenter requête au président de ladite chambre (Cass. crim., 21 juill. 1966 : *Bull.* 207).

(V. égal. *JCP* 84, II, 20276, note Chambon).

L'arrêt de la chambre d'accusation qui admet la recevabilité de la partie civile, n'entre pas dans la classe des arrêts visés par le dernier alinéa de l'article 571 du Code de procédure pénale, contre lesquels le pourvoi n'est immédiatement recevable que s'il en a été décidé ainsi par ordonnance du président de la chambre criminelle de la Cour de cassation statuant sur requête adressée par le demandeur en cassation (Cass. crim., 6 mars 1990 : *Bull.* 104).

L'arrêt de la chambre d'accusation qui déclare irrecevable une constitution de partie civile comporte, de ce chef, le caractère d'une décision définitive ; le pourvoi formé contre un tel arrêt est de droit recevable (Ord. Prés. ch. Cass. crim., 4 avr. 1995 : *Bull.* 144).

4) Le pourvoi du tiers intervenant, formé en application de l'article 99 du Code de procédure pénale et dirigé contre l'arrêt de la chambre

d'accusation statuant sur l'ordonnance qui a accueilli ou rejeté la requête en restitution, est immédiatement recevable devant la Cour de cassation.

Au contraire, l'inculpé et la partie civile, qui sont parties au procès pénal, doivent présenter au président de la chambre criminelle la requête prévue par les articles 570 et 571 du Code de procédure pénale, l'arrêt ayant à leur égard le caractère d'un arrêt d'instruction (Cass. crim., 21 août 1986 : *Bull.* 248).

5) L'arrêt fixant la consignation à verser par la partie civile préalablement à la mise en mouvement de l'action publique ayant le caractère d'une décision préparatoire, il appartient au demandeur en cassation pour que son pourvoi puisse être déclaré immédiatement recevable de présenter requête à cette fin au président de la chambre criminelle de la Cour de cassation (Cass. crim., 3 juin 1986 : *Bull.* 189).

6) Les arrêts de la chambre d'accusation, qui, dans le cadre d'une demande de mise en liberté, ordonnent, sur le fondement de l'article 194, alinéa 2 du Code de procédure pénale, des vérifications et renvoient l'affaire à une date ultérieure, entrent dans la catégorie des décisions prévues par le dernier alinéa de l'article 571 du Code de procédure pénale.

En cas de rejet de la requête présentée par le demandeur, son pourvoi doit être examiné en même temps que celui qui sera éventuellement formé contre l'arrêt de la chambre d'accusation statuant sur la détention (Ord. Prés. ch. Cass. crim., 5 janv. 1987 : *Bull.* 1).

7) Lorsque la chambre d'accusation annule partiellement des actes de la procédure et, par voie de conséquence, ordonne la mise en liberté de la personne mise en examen, son arrêt, en application des articles 570 et 571 du Code de procédure pénale, n'est pas exécutoire pendant le délai de pourvoi en cassation ; en cas de pourvoi, il n'est exécutoire que dans les conditions prévues par les articles 570 et 571 précités (Cass. crim., 23 juin 1999 : *Bull.* 150).

8) Se trouve frappé de nullité le pourvoi formé contre l'arrêt d'une cour d'appel qui dans des poursuites pour diffamation a statué sur une exception de nullité de la procédure, autre que l'incompétence, ladite nullité résulte des effets combinés de l'ordonnance de rejet du président de la chambre criminelle de la Cour de cassation et des dispositions de l'article 59 de la loi du 29 juillet 1881 (Ord. 6 juill. 1987 : *Bull.* 288 ; Ord. 11 avr. 1996 : *Bull.* 157).

Art. 571-1 *(L. n. 85-1407, 30 déc. 1985, art. 53 et 94)*. **– Le désistement du pourvoi est constaté par ordonnance du président de la chambre criminelle.**

1) Le désistement ne devient irrévocable que lorsque la Cour de cassation (le président de la chambre criminelle, L. 30 déc. 1985) en a donné acte. La production des moyens ultérieurement au désistement et antérieurement à la décision de la cour (du président de la chambre criminelle, L. 30 déc. 1985) doit être considérée comme une rétractation du désistement (Cass. crim., 10 janv. 1961 : *Bull.* 15. – Cass. crim., 17 mars 1971 : *Bull.* 92) et laisse subsister le pourvoi avec tous ses effets (Cass. crim., 7 mars 1994 : *Bull.* 88) ; doit en conséquence être rapportée l'ordonnance qui, dans l'ignorance des moyens de cassation produits, avait donné acte du désistement de pourvoi *(même arrêt)*.

2) Si un arrêt de condamnation ne devient exécutoire qu'à la date à laquelle il est donné acte du désistement du pourvoi dont il a fait l'objet, il en est autrement lorsque, par suite d'une erreur non imputable au demandeur, les pièces du pourvoi ainsi que l'acte de désistement n'ont été transmis que tardivement à la Cour de cassation et il appartient au président de la chambre criminelle, compétent en application de l'article 571-1 du Code de procédure pénale, de fixer dans son ordonnance, la date à laquelle la condamnation doit être considérée comme étant devenue définitive (Ord. 12 juill. 1996 : *Bull.* 296).

3) Il n'y a pas lieu de s'arrêter au désistement qui, étant accompagné de réserves, ne saurait être tenu pour pur et simple (Cass. crim., 7 oct. 1971 : *Bull.* 254).

4) Est irrecevable la demande qualifiée de « rétractation » formée contre l'arrêt de la Cour de cassation qui a rejeté le pourvoi du demandeur (Cass. crim., 19 août 1961 : *Bull.* 361).

Art. 572. – Les arrêts d'acquittement prononcés par la cour d'assises ne peuvent faire l'objet d'un pourvoi que dans le seul intérêt de la loi, et sans préjudicier à la partie acquittée.

Aux termes de l'article 572 du Code de procédure pénale, les arrêts d'acquittement prononcés par la cour d'assises ne peuvent faire l'objet d'un pourvoi que dans le seul intérêt de la loi, et sans préjudicier à la partie acquittée ; dès lors, l'arrêt de la cour d'assises déclarant l'accusé coupable de certains des crimes lui étant reprochés, et prononçant son acquittement pour le surplus, ne peut être annulé, en l'absence d'indivisibilité, que dans ses seules dispositions portant condamnation (Cass. crim., 16 juill. 1996 : *Bull.* 297).

Art. 573 *(L. n. 92-1336, 16 déc. 1992, art. 57 ; L. n. 93-913, 19 juill. 1993)*. **– Peuvent toutefois donner lieu à un recours en cassation de la part des parties auxquelles ils font grief les arrêts prononcés par la cour d'assises soit après acquittement dans les conditions prévues par l'article 371, soit après acquittement ou exemption de peine dans les conditions prévues par l'article 372.**

Il en est de même des arrêts statuant sur les restitutions, comme il est dit à l'article 373.

Art. 574. – L'arrêt de la chambre de l'instruction portant renvoi du prévenu devant le tribunal correctionnel ou de police ne peut être attaqué devant la Cour de cassation que lorsqu'il statue, d'office ou sur déclinatoire des parties, sur la compétence ou qu'il présente des dispositions définitives que le tribunal, saisi de la prévention, n'a pas le pouvoir de modifier.

V. W. JEANDIDIER, *Un texte sibyllin, l'article 574 : JCP* 78, II, 18772. – V. également note sous 25 mai 1976 et 17 juin 1975, II, 18772, et note s.s. – Crim. 15 mars 1983 : *D.* 1983, 615.

1) L'arrêt de la chambre d'accusation portant renvoi du prévenu devant le tribunal correctionnel peut être attaqué devant la Cour de cassation par la partie civile lorsqu'il statue sur la compétence soit d'office, soit sur déclaration des parties (Cass. crim., 21 déc. 1982 : *Bull.* 300 ; *JCP* 84, II, 20143, note Jeandidier. – Cass. crim., 21 oct. 1997 : *Bull.* 342).

2) L'arrêt de la chambre d'accusation, saisie par le seul appel de la partie civile, qui, après avoir infirmé une ordonnance contenant un refus implicite d'informer, a renvoyé le prévenu devant le tribunal correctionnel, constitue une décision définitive et en dernier ressort susceptible de pourvoi par le prévenu (Cass. crim., 25 avr. 1979 : *Bull.* 144 ; *JCP* 80, II, 19353, obs. Jeandidier) ; contient des dispositions définitives que le tribunal saisi de la prévention n'a pas le pouvoir de modifier l'arrêt de la chambre d'accusation qui, sur l'appel du ministère public contre une ordonnance de non-lieu, renvoie le prévenu devant le tribunal correctionnel, après avoir statué sur la régularité de la procédure en rejetant les exceptions de nullité soulevées par ledit prévenu (Cass. crim., 20 janv. 1977 : *Bull.* 28) ; ainsi que l'arrêt qui, sur le seul appel de la partie civile contre une ordonnance de non-lieu ordonne le renvoi du prévenu devant le tribunal de police (Cass. crim., 26 nov. 1985 : *Bull.* 374).

3) Est recevable le pourvoi en cassation formé par un prévenu contre l'arrêt de la chambre d'accusation qui, sur le seul appel de la partie civile contre l'ordonnance de non-lieu du juge d'instruction et après avoir fait procéder à son inculpation, l'a renvoyé devant le tribunal correctionnel. En effet, en ce cas, l'appel de la partie civile met en jeu à nouveau l'action publique, alors même que cette partie serait sans qualité pour agir.

Les juges correctionnels, saisis par l'arrêt d'une chambre d'accusation renvoyant des prévenus devant eux, conservent le pouvoir de donner aux faits leur interprétation légale. Dès lors, en application de l'article 574 du Code de procédure pénale, n'est pas recevable le moyen par lequel les prévenus critiquent les énonciations d'un tel arrêt relatives aux éléments constitutifs de l'infraction poursuivie et aux charges que la chambre d'accusation a retenues contre eux.

En revanche, est recevable le moyen portant sur les pouvoirs de la chambre d'accusation et doit être relevé d'office celui qui est pris de l'abrogation de certaines incriminations. Dans ce dernier cas, il doit être prononcé l'annulation sans renvoi des dispositions de l'arrêt disant qu'il existe des charges suffisantes de ces chefs (Cass. crim., 13 janv. 1988 : *Bull.* 18).

L'arrêt de la chambre d'accusation qui renvoie le prévenu devant le tribunal correctionnel ou de police sur le seul appel de la partie civile contre une ordonnance de non-lieu du juge d'instruction, entre dans la classe des arrêts qui, selon les dispositions de l'article 574 du Code de procédure pénale, peuvent être attaqués devant la Cour de cassation.

Sont seuls recevables contre un arrêt de cette nature les moyens dirigés contre les dispositions de la décision que le tribunal saisi de la prévention n'a pas le pouvoir de modifier.

Tel est le cas de celles par lesquelles la chambre d'accusation a statué sur la régularité de la procédure.

Au contraire, il n'en va pas ainsi des moyens contestant soit l'étendue et la portée de l'acte de saisine soit la valeur des charges justifiant le renvoi (Cass. crim., 22 févr. 1988 : *Bull.* 84).

En application de l'article 574 du Code de procédure pénale, le pourvoi formé contre un arrêt d'une chambre d'accusation renvoyant des inculpés devant la juridiction de jugement, sur appel de la partie civile d'une ordonnance de non-lieu du juge d'instruction, est recevable, l'arrêt ayant statué sur la compétence des juridictions françaises (Cass. crim., 10 oct. 1988 : *Bull.* 331).

4) Le pourvoi est recevable lorsque la chambre d'accusation saisie par ordonnance du juge d'instruction prise en vertu de l'article 181 du Code de procédure pénale décide que les faits, objet des poursuites, constituent un délit (Cass. crim., 26 nov. 1990 : *Bull.* 400).

5) Est irrecevable le pourvoi formé par l'inculpé contre l'arrêt de la chambre d'accusation le renvoyant devant le tribunal correctionnel dans l'hypothèse où la juridiction du second degré a été saisie par les appels du ministère public et de la partie civile de l'ordonnance de non-lieu du juge d'instruction ; il n'en serait autrement que si l'arrêt attaqué avait statué sur la compétence ou contenu des dispositions définitives que le tribunal saisi de la prévention n'aurait pas le pouvoir de modifier (Cass. crim., 26 mars 1985 : *Bull.* 123. – Cass. crim., 19 avr. 1988 : *Bull.* 166).

6) La décision de la chambre d'accusation admettant la recevabilité de l'action civile ne présente pas un caractère définitif dès lors qu'elle ne s'impose pas à la juridiction de jugement (Cass. crim., 20 janv. 1998 : *Bull.* 22) ; il s'ensuit que le pourvoi formé par la personne mise en examen contre l'arrêt de renvoi de la chambre d'accusation rendu sur son appel et prononçant également sur la recevabilité de l'action civile, doit être déclaré irrecevable par application de l'article 574 du Code de procédure pénale *(même arrêt).*

Art. 574-1 *(L. n. 81-82, 2 févr. 1981, art. 60-I ; L. n. 85-1407, 30 déc. 1985, art. 66 et 94).* **– La chambre criminelle saisie d'un pourvoi contre l'arrêt portant mise en accusation doit statuer dans les trois mois de la réception du dossier à la Cour de cassation** *(L. n. 83-466, 10 juin 1983, art. 38 ; L. n. 85-1407, 30 déc. 1985, art. 66 et 94).*

Le demandeur en cassation ou son avocat doit, à peine de déchéance, déposer son mémoire exposant les moyens de cassation dans le délai d'un mois à compter de la réception du dossier à la Cour de cassation, sauf décision du président de la chambre criminelle prorogeant, à titre exceptionnel, le délai pour une durée de huit jours. Après l'expiration de ce délai, aucun moyen nouveau ne peut être soulevé par lui et il ne peut plus être déposé de mémoire.

S'il n'est pas statué dans le délai prévu au premier alinéa, le prévenu est mis d'office en liberté.

1) La Cour de cassation doit constater la déchéance du pourvoi formé contre un arrêt de la chambre d'accusation portant mise en accusation devant la cour d'assises lorsque aucun mémoire n'a été déposé, par le demandeur ou par son avocat, dans le délai d'un mois de la déclaration du pourvoi (de la réception du dossier à la Cour de cassation, art. 66, L. 30 déc. 1985) (Cass. crim., 29 juin 1982 : *Bull.* 178).

N'est pas un mémoire au sens des articles 574-1, 584 et 585 du Code de procédure pénale, le document qui, déposé à l'appui d'un pourvoi, n'est signé ni du demandeur en cassation ni d'un avocat aux Conseils. Le terme d'« avocat », employé à l'article 574-1 du Code de procédure pénale désigne, compte tenu du monopole qui leur est reconnu pour assister les parties devant la Cour de cassation, les avocats aux Conseils (Cass. crim., 8 juill. 1987 : *Bull.* 289).

2) Ne fait pas courir les délais prévus par l'article 574-1 du Code de procédure pénale la réception, à la Cour de cassation, de l'arrêt d'une chambre d'accusation portant renvoi devant la cour d'assises, accompagné de la copie des réquisitions du Parquet général tendant à ce renvoi et de l'expédition des déclarations de pourvoi ; ces seuls documents ne constituant pas, au sens dudit article, le dossier dont l'exa-

men permettrait, à l'avocat du demandeur et à la chambre criminelle, d'examiner la régularité de la procédure antérieure à l'arrêt attaqué (Ord. Prés. ch. Cass. crim., 7 oct. 1988 : *Bull.* 330).

3) Les dispositions de l'article 574-1 ne sont pas applicables et la chambre criminelle n'est pas tenue de statuer dans le délai prévu par cet article lorsqu'elle est saisie du seul pourvoi formé par des parties civiles contre une disposition de non-lieu prise en faveur d'un coïnculpé et auquel le requérant demeure étranger (Cass. crim., 15 juill. 1981 : *Lafleur*, n. 81-92851).

4) Lorsqu'une contestation sérieuse sur la validité d'un acte administratif individuel d'où résulte la nomination d'un magistrat est soulevée pour la première fois devant la chambre criminelle de la Cour de cassation, il résulte des dispositions de l'article 574-1 qu'elle ne peut surseoir à sa décision sur le fond, et doit renvoyer l'affaire devant la même chambre d'accusation, après annulation de l'arrêt attaqué (Cass. crim., 15 juin 1982 : *Bull.* 161 ; *JCP* 83, II, 20059, note Chambon).

Art. 575. – La partie civile ne peut se pourvoir en cassation contre les arrêts de la chambre de l'instruction que s'il y a pourvoi du ministère public.

Toutefois, son seul pourvoi est recevable dans les cas suivants :

1° Lorsque l'arrêt de la chambre de l'instruction a dit n'y avoir lieu à informer ;

2° Lorsque l'arrêt a déclaré l'irrecevabilité de l'action de la partie civile ;

3° *(Ord. n. 60-529, 4 juin 1960, art. 2)* **Lorsque l'arrêt a admis une exception mettant fin à l'action publique ;**

4° Lorsque l'arrêt a, d'office ou sur déclinatoire des parties, prononcé l'incompétence de la juridiction saisie ;

5° Lorsque l'arrêt a omis de statuer sur un chef d'inculpation ;

6° Lorsque l'arrêt ne satisfait pas, en la forme, aux conditions essentielles de son existence légale ;

7° *(L. n. 92-1336, 16 déc. 1992, art. 57 ; L. n. 93-913, 19 juill. 1993)* **En matière d'atteintes aux droits individuels telles que définies aux articles 224-1 à 224-5 et 432-4 à 432-6 du Code pénal.**

1) L'article 575 du Code de procédure pénale n'est pas incompatible avec les dispositions de l'article 6.1 de la Convention européenne des droits de l'homme, la victime disposant d'un recours devant les juridictions civiles pour faire valoir ses droits (Cass. crim., 23 nov. 1999 : *Bull.* 268).

Les dispositions de l'article 575 du Code de procédure pénale sont générales et s'appliquent notamment aux arrêts de renvoi des accusés devant la cour d'assises (Cass. crim., 24 févr. 1966 : *Bull.* 71. – Cass. crim., 20 août 1992 : *Bull.* 278).

En raison de la généralité de ses termes, l'article 575 du Code de procédure pénale s'applique aux arrêts préparatoires rendus par la chambre d'accusation et soumis à la procédure des articles 570 et 571 dudit code. Est, en conséquence, irrecevable, en l'absence de pourvoi du ministère public, le pourvoi d'une partie civile contre un arrêt de chambre d'accusation statuant sur une requête en annulation, dès lors que le demandeur n'invoque aucun des griefs énumérés par l'article 575 susvisé (Cass. crim., 23 janv. 1990 : *Bull.* 41. – Cass. crim., 30 mai 1996 : *Bull.* 226).

En l'absence de pourvoi du ministère public, la partie civile, sur son pourvoi et celui du prévenu, est irrecevable à soulever devant la Cour de cassation l'incompétence de la juridiction correctionnelle qui, par un même arrêt, a statué sur la compétence et l'action publique, lorsque le prévenu n'invoque pas cette incompétence (Cass. crim., 22 juin 1994 : *JCP* 94, II, 22310, note Michèle-Laure Rassat).

Est irrecevable le pourvoi formé par la partie civile seule contre un arrêt ayant statué sur son appel, formé contre l'ordonnance de mise en liberté sous contrôle judiciaire de la personne mise en examen, dès lors qu'il n'est justifié d'aucun des griefs énumérés à l'article 575 du Code de procédure pénale (Cass. crim., 19 juill. 1994 : *Bull. inf. C. cass.* 1994, n. 1084).

En revanche, en cas de pourvoi du ministère public contre un arrêt de la chambre d'accusation, l'article 575, alinéa 1er, du Code de procédure pénale permet à la partie civile de se pourvoir, quel que soit le grief formulé contre la décision attaquée ou l'objet de la poursuite (Cass. crim., 4 sept. 1991 : *Bull.* 311).

Doivent être déclarés irrecevables, aux termes de l'article 575 du Code de procédure pénale, les moyens pris par la partie civile de ce que la chambre d'accusation aurait, pour dire n'y avoir lieu à suivre du chef de coups mortels, inexactement retenu le fait justificatif d'ordre de la loi prévu par les articles 327 ancien et 122-4 nouveau du Code pénal, un tel grief n'étant pas de ceux que l'article 575 précité autorise la partie civile à présenter devant la Cour de cassation à l'appui de son seul pourvoi contre un arrêt de chambre d'accusation en l'absence de recours du ministère public (Cass. crim., 30 avr. 1996 : *Bull.* 178).

(575-1°)

2) Est recevable le pourvoi de la partie civile seule, contre l'arrêt de la chambre d'accusation qui contient un refus d'informer (Cass. crim., 23 avr. 1971 : *Bull.* 115), et contre l'arrêt de non-lieu qui soulève l'incompétence de la juridiction d'instruction (Cass. crim., 22 juin 1978 : *Bull.* 210).

3) En revanche, la partie civile ne saurait être admise à discuter, à l'appui de son seul pourvoi, les motifs sur lesquels la chambre d'accusation a fondé sa décision de non-lieu (Cass. crim., 24 juill. 1961 : *Bull.* 351. – Cass. crim., 27 oct. 1964 : *Bull.* 277. – Cass. crim., 27 oct. 1966 : *Bull.* 243), ces motifs seraient-ils contradictoires ou erronés en droit (Cass. crim., 20 juin 1985 : *Bull.* 238), ou refusé d'ordonner une mesure d'instruction complémentaire (Cass. crim., 24 avr. 1975 : *Bull.* 108) ; elle n'est pas non plus admise à discuter, à l'appui de son seul pourvoi, les motifs par lesquels les juges ont ordonné la mise en liberté d'un inculpé (Cass. crim., 25 nov. 1991 : *Bull.* 430. – Cass. crim., 19 juill. 1994 : *Bull.* 281).

4) Lorsqu'une ordonnance de refus d'informer confirmée par un arrêt de la chambre d'accusation devenu définitif déclare que les faits visés dans une plainte avec constitution de partie civile ne sont pas susceptibles de recevoir une qualification pénale, l'autorité de la chose jugée s'oppose à ce qu'une nouvelle plainte soit déposée pour les mêmes faits et justifie une nouvelle décision de refus d'informer (Cass. crim., 4 mars 1986 : *Bull.* 86).

(575-2°)

5) Le pourvoi de la partie civile est recevable lorsque l'arrêt de la chambre d'accusation a déclaré l'irrecevabilité de son action (Cass. crim., 2 janv. 1964 : *Bull.* 1) ; il appartient à la Cour de cassation de relever d'office tout moyen concernant l'irrecevabilité de l'action de la partie civile, et, dès lors, de son pourvoi (Cass. crim., 4 nov. 1969 : *Bull.* 280).

(575-3°)

6) Une partie civile est recevable à se pourvoir en cassation contre un arrêt de la chambre d'accusation qui, pour motiver une décision de non-lieu, constate l'extinction de l'action publique par l'effet des dispositions d'une loi d'amnistie (Cass. crim., 9 mai 1977 : *Bull.* 159. – Cass. crim., 15 mai 1979 : *Bull.* 173) ; il en va de même lorsque les faits ont été déclarés prescrits (Cass. crim., 1er juin 1976 : *Bull.* 193).

7) En revanche, la décision fondée sur le motif qu'aucune des incriminations prévues par l'ordonnance du 30 juin 1945 ne peut s'appliquer aux faits relatés dans la plainte avec constitution de partie civile, ne constitue pas l'admission d'une exception mettant fin à l'action publique (Cass. crim., 27 juin 1978 : *Bull.* 214). Il en va de même des faits justificatifs de légitime défense résultant de l'article 328 du Code pénal (Cass. crim., 13 déc. 1973 : *Bull.* 465. – Cass. crim., 15 oct. 1985 : *Bull.* 311), ou du fait justificatif prévu par l'article 327 du Code pénal (Cass. crim., 18 mai 1976 : *Bull.* 167), ou de l'immunité résultant de l'article 380 du Code pénal (Cass. crim., 13 mai 1976 : *Bull.* 156).

(575-5°)

8) Dès lors qu'il est constaté par la Cour de cassation qu'il a été statué par la chambre d'accusation sur tous les chefs d'inculpation que comportait la plainte de la partie civile, le pourvoi de celle-ci, en l'absence de pourvoi du ministère public, doit être déclaré irrecevable

(Cass. crim., 22 juin 1960 : *Bull.* 338. – Cass. crim., 10 oct. 1962 : *Bull.* 269) ; l'omission, dans l'arrêt confirmant une ordonnance de non-lieu, de statuer sur un chef d'inculpation rend recevable le pourvoi de la partie civile (Cass. crim., 6 déc. 1974 : *Bull.* 361. – Cass. crim., 20 juin 1983 : *Bull.* 188. – Cass. crim., 30 mars 1993 : *Bull.* 133).

9) Les inculpations au sens de l'article 575 du Code de procédure pénale, doivent s'entendre seulement de celles visées dans la plainte avec constitution de partie civile et dans les réquisitions du parquet (Cass. crim., 12 mai 1960 : *Bull.* 259. – Cass. crim., 25 janv. 1961 : *Bull.* 44) ; dès lors, la chambre d'accusation a le devoir, lorsqu'elle statue sur l'appel d'une ordonnance de non-lieu, d'énoncer les faits de la poursuite et de se prononcer sur tous les chefs d'inculpation visés dans la plainte de la partie civile (Cass. crim., 8 mai 1973 : *Bull.* 208. – Cass. crim., 25 avr. 1974 : *Bull.* 152).

10) Ne constitue pas un chef d'inculpation au sens de l'article 575, l'allégation par la partie civile, dans une lettre adressée au juge d'instruction, d'une prétendue infraction qui n'a été suivie d'aucun réquisitoire supplétif du parquet (Cass. crim., 28 avr. 1970 : *Bull.* 147) ; ou le simple visa par la partie civile d'une prétendue infraction, alors que la plainte originaire ne précise aucune circonstance de fait dans lesquelles le délit aurait été commis (Cass. crim., 22 mai 1964 : *Bull.* 166). En revanche, encourt la cassation, l'arrêt qui a omis de statuer sur certains faits dénoncés dans une plainte additionnelle dont le juge d'instruction a été régulièrement saisi par la partie civile, même en l'absence de réquisitoire supplétif du parquet (Cass. crim., 21 nov. 1972 : *Bull.* 348. – Cass. crim., 30 mars 1993 : *Bull.* 133).

(575-6°)

11) L'article 575-6° du Code de procédure pénale admet la partie civile à se pourvoir seule contre un arrêt de la chambre d'accusation qui ne satisfait pas aux conditions essentielles de son existence légale ; tel est le cas lorsque les énonciations de l'arrêt ne permettent pas à la Cour de cassation de s'assurer s'il a été ou non répondu aux chefs péremptoires des conclusions déposées par la partie civile (Cass. crim., 16 nov. 1982 : *Bull.* 259. – Cass. crim., 16 déc. 1980 : *Bull.* 349) ; ou lorsque l'arrêt n'est que la reproduction littérale du réquisitoire et qu'il ne peut dès lors être considéré comme ayant, même implicitement répondu aux conclusions de la partie civile déposées postérieurement à ce réquisitoire (Cass. crim., 29 janv. 1985 : *Bull.* 44) ; et qui sollicitaient, en particulier, un complément d'information (Cass. crim., 26 juin 1996 : *Bull.* 276) ; ou lorsqu'il ne résulte ni des mentions de l'arrêt ni de la procédure que la partie civile et son conseil aient été avisés de la date d'audience et appelés à produire leurs mémoires ou à présenter leurs observations (Cass. crim., 5 nov. 1975 : *Bull.* 239).

L'inobservation des règles de compétence pouvant être constatée en tout état de cause, l'arrêt rendu sur une procédure affectée d'un tel vice ne satisfait pas aux conditions essentielles de son existence légale (Cass. crim., 5 oct. 1982 : *JCP* 83, II, 20005, obs. D. Allix).

(575-7°)

12) La partie civile est recevable à se pourvoir seule en cassation contre les arrêts de la chambre d'accusation en matière d'atteinte aux droits individuels telle que définie par les articles 341 à 344 du Code pénal (Cass. crim., 5 janv. 1973 : *Bull.* 7. – Cass. crim., 17 nov. 1976 : *Bull.* 328. – Cass. crim., 6 juin 1978 : *Bull.* 180), et 114 à 122 du Code pénal (Cass. crim., 3 juill. 1987 : *Bull.* 285. – Cass. crim., 1er févr. 1988 : *Bull.* 48).

L'exception instituée par ce texte ne saurait recevoir aucune extension (Cass. crim., 3 juill. 1987, précité).

CHAPITRE II. – DES FORMES DU POURVOI

Art. 576. – La déclaration de pourvoi doit être faite au greffier de la juridiction qui a rendu la décision attaquée.

Elle doit être signée par le greffier et par le demandeur en cassation lui-même ou par un avoué près la juridiction qui a statué, ou par un fondé de pouvoir spécial. Dans ce dernier cas, le pouvoir est annexé à l'acte dressé par le greffier. Si le déclarant ne peut signer, le greffier en fera mention.

Elle est inscrite sur un registre public, à ce destiné et toute personne a le droit de s'en faire délivrer une copie.

V. O. de Bouillane de Lacoste, *Pourvoi en cassation. Formes du pourvoi : J.-Cl. Proc. pén.*, art. 576 à 590, Fasc. 10 et 20.

1) Le pourvoi formé hors délai est tardif si le demandeur ne justifie pas d'une impossibilité absolue de se présenter au greffe ou d'envoyer un fondé de pouvoir ; une déclaration au parquet après l'heure de fermeture du greffe le dernier jour utile ne satisfait pas aux exigences de l'article 576 (Cass. crim., 16 juin 1973 : *Bull.* 275) ; une lettre au procureur général ne saurait remplacer la déclaration au greffe (Cass. crim., 4 janv. 1963 : *Bull.* 2), n'est pas non plus recevable le pourvoi formé par lettre recommandée au greffier de la juridiction qui a rendu la décision attaquée, alors que le condamné ne justifie pas avoir été dans l'impossibilité absolue de satisfaire aux prescriptions légales (Cass. crim., 29 mai 1973 : *Bull.* 244 ; *JCP* 74, II, 17665, note H. B.).

Le télégramme adressé au greffier de la cour d'appel, sans indication du nom de l'expéditeur, portant déclaration de pourvoi contre un arrêt rendu contre une personne désignée nommément, ne satisfait à aucune des exigences de l'article 576 du Code de procédure pénale, relatif à la forme du pourvoi ; une telle déclaration est dès lors irrecevable (Cass. crim., 3 avr. 1991 : *Bull.* 153).

Il n'y a pas lieu à statuer lorsqu'un condamné, après avoir manifesté sa volonté de se pourvoir, n'a pas régularisé son pourvoi dans les formes prescrites par la loi (Cass. crim., 21 juin 1961 : *Bull.* 306).

Est irrecevable comme tardif le pourvoi formé hors des délais légaux, dès lors qu'il est pas justifié que le demandeur se soit trouvé dans l'impossibilité absolue de se présenter au greffe de la cour d'appel, aux heures réglementaires d'ouverture, pour y faire enregistrer sa déclaration de pourvoi (Cass. crim., 2 déc. 1991 : *Bull.* 448).

2) Les énonciations contenues dans le procès-verbal de la déclaration de pourvoi en cassation font foi jusqu'à inscription de faux (Cass. crim., 14 mars 1967 : *Bull.* 101).

3) Poursuivi pour escroquerie devant le tribunal correctionnel, R. a comparu devant les premiers juges et devant la cour d'appel qui, constatant son absence lors du prononcé de l'arrêt le condamnant à 4 ans d'emprisonnement a decerné un mandat d'arrêt non encore exécuté ; il a, le même jour, formé un pourvoi par l'intermédiaire d'un avoué ; invité ultérieurement à se mettre en état, il ne s'est pas soumis à cette obligation et n'en a pas été dispensé ;

Attendu qu'en l'absence de dispositions expresses de la loi dérogeant, en cas dedélivrance d'un mandat de justice, à l'application des conditions de forme prévues par l'article 576 du Code de procédure pénale, le pourvoi est recevable (Crim., 30 juin 1999 : *Bull.* 167).

4) Il résulte des dispositions de l'article 576 du Code de procédure pénale que, lorsque le pourvoi en cassation est formé par un fondé de pouvoir spécial, la preuve du mandat dont ce dernier est investi doit résulter du document annexé à la déclaration de pourvoi.

Tel n'est pas le cas du document qui, tel un télex, ne comporte pas la signature du mandant (Cass. crim., 28 janv. 1988 : *Bull.* 43).

En revanche, répond à cette exigence le pouvoir transmis par télécopie qui comporte la signature de celui dont il émane (Cass. crim., 9 oct. 1989 : *Bull.* 344 ; *Rev. sc. Cass. crim.*, 1990, obs. Braunschweig).

5) Un avocat ne peut former, au nom de son client, un pourvoi en cassation contre un arrêt de cour d'appel sans produire un pouvoir spécial ; le pourvoi doit être déclaré irrecevable, lorsque l'acte de pourvoi signé par l'avocat ne mentionne pas que celui-ci ait justifié, dans les formes prescrites, du pouvoir spécial exigé par la loi (Cass. crim., 22 mai 1984 : *Bull.* 186. – Cass. crim., 14 déc. 1994 : *Bull.* 407) ; ce pouvoir spécial doit demeurer annexé à l'acte dressé par le greffier (Cass. crim., 27 oct. 1980 : *Bull.* 272) ; doit également être déclaré irrecevable le pourvoi formé par un avocat pour le compte d'un condamné, dès lors que le pouvoir spécial, annexé au pourvoi, a été donné au nom d'un autre avocat et que ni les termes du pou-

voir, ni ceux de la déclaration de pourvoi ne font apparaître l'appartenance des deux avocats à la même SCP (Cass. crim., 3 mai 1979 : *Bull.* 155. – Cass. crim., 5 mars 1992 : *Dr. pénal* 1992, n. 111), ce même s'il est lié à la SCP par un contrat de collaboration (Cass. crim., 5 juin 1997 : *Bull.* 225). Le pouvoir spécial doit comporter la désignation nominative du mandataire chargé de former pourvoi (Cass. crim., 30 nov. 1994 : *Bull.* 388).

Est irrecevable le pourvoi formé dans le délai du recours en cassation par un avocat, lorsque celui-ci n'a obtenu le pouvoir spécial exigé par l'article 576 du Code de procédure pénale que postérieurement à l'expiration dudit délai (Cass. crim., 3 mai 1990 : *Bull.* 619).

Un mandataire, fût-il avocat, ne saurait former un pourvoi en cassation sans justifier d'un pouvoir spécial écrit, ni subdéléguer un tiers pour l'accomplissement de ce mandat ; aussi, lorsque pouvoir à cette fin a été donné à un avocat, celui-ci ne peut se faire substituer par un confrère qui n'appartient pas à la même société civile professionnelle (Cass. crim., 20 oct. 1987 : *Bull.* 355) ; il en est ainsi, même lorsqu'il existe entre eux une société civile de moyens (Cass. crim., 13 mai 1996 : *Bull.* 198).

Le demandeur en cassation est seul qualifié pour désigner un fondé de pouvoir spécial, dès lors, le document joint à la déclaration de pourvoi, par lequel un avoué donne pouvoir à un particulier de former un pourvoi en cassation au nom de son client ne répond pas aux exigences de l'article 576 (Cass. crim., 13 mars 1989 : *Bull.* 117).

Est irrecevable le pourvoi formé par un mandataire qui n'a pas reçu pouvoir exprès d'effectuer la déclaration de pourvoi. Ne saurait constituer un tel pouvoir la procuration générale donnée à l'effet d'ester en justice, d'assigner et de défendre devant les tribunaux et cours compétents (Cass. crim., 16 avr. 1991 : *Bull.* 180).

Nonobstant les termes généraux de la déclaration souscrite par le mandataire du demandeur, le pourvoi se trouve limité par les termes du pouvoir spécial en exécution duquel il a été formé (Cass. crim., 7 oct. 1991 : *Bull.* 332).

Si, selon l'article 576 du Code de procédure pénale, l'avoué près la juridiction qui a statué est dispensé de produire une procuration écrite lorsqu'il déclare se pourvoir en cassation au nom de son client, encore faut-il qu'il ne résulte pas des termes mêmes de cette déclaration que celui-ci ne l'a pas mandaté à cette fin. Est, en conséquence, irrecevable le pourvoi en cassation formé par un avoué qui déclare tenir son mandat de l'avocat du prévenu (Cass. crim., 4 oct. 1989 : *Bull.* 336).

Les termes du pouvoir prévu par l'article 576 du Code de procédure pénale doivent établir que le demandeur a personnellement décidé de se pourvoir en cassation et qu'il a spécialement chargé un mandataire d'exercer ce recours en son nom. Ne répond pas à cette exigence le pouvoir donnant mandat à un avocat de « faire toutes suites nécessaires, suite à l'arrêt rendu par la cour d'appel » (Cass. crim., 25 févr. 1998 : *Bull.* 75).

6) En revanche, l'avocat postulant est dispensé de produire la procuration écrite prévue par l'article 576 lorsqu'il forme un pourvoi au nom de son client contre un jugement rendu en dernier ressort par le tribunal de police sis dans le ressort du tribunal de grande instance auprès duquel il est établi professionnellement (Cass. crim., 20 déc. 1983 : *Bull.* 348) ; en revanche, est irrecevable le pourvoi formé par un avocat postulant qui déclare tenir son mandat de l'avocat du prévenu (Cass. crim., 8 oct. 1997 : *Bull.* 328) ; en matière criminelle, le défenseur de l'accusé doit être assimilé à l'accusé lui-même, et a, par suite, qualité pour former au nom de celui-ci un pourvoi en cassation (Cass. crim., 11 févr. 1981 : *Bull.* 54), et ce, même contre l'arrêt civil (Cass. crim., 8 mars 1989 : *Bull.* 113). Il n'importe que la déclaration du pourvoi, faite par un avoué au nom d'un conseil régional de l'ordre des pharmaciens, mentionne le nom d'un président qui n'était plus à ce moment en exercice, alors qu'il résulte des pièces produites que l'avoué avait bien reçu mandat régulier du conseil de l'ordre (Cass. crim., 18 janv. 1961 : *Bull.* 31).

Si l'avoué tient de l'article 576 du Code de procédure pénale le droit de se pourvoir en cassation, au nom de son client, il ne peut le faire au nom d'une personne morale qu'en précisant l'organe qui la représente (Cass. crim., 30 mai 1995 : *Bull.* 194).

7) Est irrecevable le pourvoi formé au nom de la femme par son mari qui n'est pas porteur d'un mandat spécial à cet effet (Cass. crim., 15 janv. 1963 : *Bull.* 23) ; un majeur en tutelle qui n'a pas la capacité d'agir en justice n'est pas recevable à former seul un pourvoi en cassation (Cass. crim., 1er mars 1983 : *Bull.* 68).

Est irrecevable le pourvoi formé pour une personne morale, sans indication de l'organe qui la représente (Cass. crim., 10 févr. 1998 : *Bull.* 50). Cependant, satisfait aux exigences de l'article 576 du Code de procédure pénale la déclaration de pourvoi formée par l'avoué d'une personne morale, sans mention de l'organe qui la représente (arrêts n. 1 et 2 ; Cass. crim., 22 oct. 1998 : *Bull.* 275).

8) Est valable le pouvoir spécial établi en vue de former un pourvoi en cassation par l'agent d'un gouvernement étranger dont le ministre des Affaires étrangères fait connaître qu'il est habilité à agir en justice pour le compte de l'État représenté.

Dès lors que le pouvoir concerne avec certitude la procédure en cause il satisfait aux exigences de l'article 576 du Code de procédure pénale (Cass. crim., 22 mars 1988 : *Bull.* 137).

Les termes du pouvoir prévu par l'article 576 du Code de procédure pénale doivent permettre de déterminer la décision contre laquelle le déclarant a reçu spécialement mandat de former un pourvoi au nom du demandeur (Cass. crim., 24 mars 1993 : *Bull.* 129).

9) Une lettre visant une décision de justice non encore prononcée, partant indéterminée, ne saurait constituer un pouvoir spécial (Cass. crim., 20 févr. 1992 : *Dr. pénal* 1992, n. 165 ; *Bull.* 79).

Art. 577 *(Rempl., L. n. 85-1407, 30 déc. 1985, art. 67 et 94).* **– Lorsque le demandeur en cassation est détenu, le pourvoi peut être formé au moyen d'une déclaration auprès du chef de l'établissement pénitentiaire.**

Cette déclaration est constatée, datée et signée par le chef de l'établissement pénitentiaire. Elle est également signée par le demandeur ; si celui-ci ne peut signer, il en est fait mention par le chef de l'établissement.

Ce document est adressé sans délai, en original ou en copie, au greffe de la juridiction qui a rendu la décision attaquée ; il est transcrit sur le registre prévu par le troisième alinéa de l'article 576 et annexé à l'acte dressé par le greffier.

Art. 578. – Le demandeur en cassation doit notifier son recours au ministère public et aux autres parties par lettre recommandée avec demande d'avis de réception, dans un délai de trois jours.

1) L'omission des prescriptions de l'arti-cle 578 du Code de procédure pénale n'a d'autre effet que d'autoriser le défendeur à former opposition à l'arrêt rendu par la Cour de cassation (Cass. crim., 20 oct. 1964 : *Bull.* 268).

2) Est recevable l'opposition formée contre un arrêt de la Cour de cassation lorsqu'elle est faite dans les formes et délais prévus aux articles 579 et 589 du Code de procédure pénale et alors qu'il est justifié que le demandeur à l'opposition n'a reçu en violation de l'article 578 du même code et de l'article 589, ni la notification du pourvoi à la suite duquel a été rendu l'arrêt de cassation, ni la copie du mémoire produit à l'appui dudit pourvoi (Cass. crim., 10 juill. 1979 : *Bull.* 240).

3) Faute d'être partie à l'instance, celui qui bien que mis personnellement en cause dans une plainte avec constitution de partie civile, mais qui n'a pas été visé par les réquisitions du ministère public, et ne saurait dès lors être considéré comme inculpé, ne peut être admis à intervenir en défense devant la Cour de cassation ; il s'ensuit que la partie civile demanderesse n'a pas à lui signifier son recours ni à lui adresser copie de son mémoire ampliatif, et que l'opposition par lui formée à l'arrêt rendu par la cour est irrecevable (Cass. crim., 8 oct. 1985 : *Bull.* 299).

Art. 579 *(Ord. n. 60-529, 4 juin 1960, art. 2).* **– La partie qui n'a pas reçu la notification prévue à l'article 578 a le droit de former opposition à l'arrêt rendu par la Cour de cassation, par déclaration au greffe de la juridiction qui a rendu la décision, dans les cinq jours de la signification prévue à l'article 614.**

1) L'opposition à l'arrêt rendu par la Cour de cassation doit être formée dans les cinq jours de la signification de l'arrêt (Cass. crim., 20 oct. 1971 : *Bull.* 273).

La procédure d'opposition aux arrêts rendus par la chambre criminelle de la Cour de cassation n'est ouverte qu'au seul défendeur au pourvoi et dans les conditions prévues par les articles 579 et 589 du même code. Dès lors l'opposition formée par un demandeur en cassation doit être déclarée irrecevable (Cass. crim., 12 juill. 1988 : *Bull.* 299).

La partie défenderesse au pourvoi n'a le droit de former opposition à un arrêt rendu par la chambre criminelle que lorsque celui-ci est un arrêt de cassation, une telle décision étant seule susceptible de faire grief à ses intérêts (Cass. crim., 19 déc. 1994 : *Bull.* 418).

2) Est recevable l'opposition formée contre un arrêt de la Cour de cassation, alors qu'il n'est pas justifié que le demandeur à l'opposition ait reçu la notification du pourvoi à la suite duquel a été rendu l'arrêt (Cass. crim., 2 mai 1961 : *Bull.* 224. – Cass. crim., 16 juill. 1969 : *Bull.* 227. – Cass. crim., 15 juin 1987 : *Bull.* 248).

Au fond, l'opposition doit être rejetée, lorsque l'opposant ne produit aucun moyen nouveau ou argument de droit de nature à déterminer la chambre criminelle à rétracter son arrêt initial (Cass. crim., 15 juin 1987, *précité*).

3) L'assignation délivrée à une partie en vue de comparaître à l'audience de la cour d'appel statuant comme juridiction de renvoi après cassation, vaut notification dudit arrêt. C'est à partir de cette date que commence à courir le délai imparti pour former opposition à l'arrêt de cassation (Cass. crim., 25 oct. 1960 : *Bull.* 470).

4) N'est pas recevable l'opposition à un arrêt de la Cour de cassation statuant sur une requête aux fins de désignation d'une juridiction en application des dispositions des articles 679 et suivants du Code de procédure pénale (Cass. crim., 7 oct. 1991 : *Bull.* 331).

Art. 580 à 582. – *Abrogés, L. n. 81-759, 6 août 1981, art. 3-I.*

Art. 583. – *Abrogé, L. n. 2000-516, 15 juin 2000, art. 121.*

Art. 583-1. – *Abrogé, L. n. 2000-516, 15 juin 2000, art. 121.*

Art. 584. – **Le demandeur en cassation, soit en faisant sa déclaration, soit dans les dix jours suivants, peut déposer, au greffe de la juridiction qui a rendu la décision attaquée, un mémoire signé par lui, contenant ses moyens de cassation. Le greffier lui en délivre reçu.**

1) Le demandeur non condamné pénalement, ne peut déposer un mémoire signé par lui qu'au greffe de la juridiction qui a statué (Cass. crim., 26 mars 1985 : *Bull.* 124).

Les articles 584 et 585 du Code de procédure pénale ne sont pas applicables aux mémoires déposés à l'appui de ses pourvois par le ministère public, chargé de veiller à l'application de la loi (Cass. crim., 23 janv. 2001 : *Bull.* 17).

2) Le mémoire personnel, produit à l'appui d'un pourvoi sans le ministère d'un avocat à la Cour de cassation par le demandeur condamné pénalement, doit être signé par celui-ci (Cass. crim., 27 oct. 1980 : *Bull.* 272) ; si ce mémoire n'est pas signé par le demandeur qu'il concerne il est irrecevable et ne saisit pas la Cour de cassation des moyens qui peuvent y être contenus (Cass. crim., 25 avr. 1970 : *Bull.* 140) ; et lorsque le mémoire personnel, déposé au nom de plusieurs demandeurs n'a pas été signé par l'un d'entre eux, il y a lieu de considérer que celui-ci n'a produit aucun moyen (Cass. crim., 14 nov. 1973 : *Bull.* 416).

Est irrecevable le mémoire personnel produit à l'appui du pourvoi formé par une société, sans indication du nom du représentant qualifié de cette personne morale, cette carence faisant obstacle à la reconnaissance de la signature apposée sur ce document, laquelle par application de l'article 584 du Code de procédure pénale doit émaner du demandeur lui-même (Cass. crim., 11 mars 1991 : *Bull.* 118).

3) Un mémoire ne portant que la signature d'un avoué (Cass. crim., 10 janv. 1962 : *Bull.* 23) ou d'un avocat admis à postuler (Cass. crim., 23 mai 1973 : *Bull.* 234) ou d'un avocat (Cass. crim., 3 nov. 1965 : *Bull.* 218) ne saisit pas la Cour de cassation des moyens qui peuvent y être contenus.

La signature d'un avocat, fût-il muni d'un pouvoir, est insuffisante (Cass. crim., 2 déc.

1991 : *Bull.* 449. – Cass. crim., 8 janv. 1997 : *Bull.* 2).

La signature apposée par le demandeur en cassation au bas d'un acte de dépôt dressé par le greffier qui a reçu le mémoire personnel, ne saurait suppléer à l'absence de la signature prescrite à peine d'irrecevabilité sur le mémoire lui-même par l'article 584 du Code de procédure pénale (Cass. crim., 24 févr. 1993 : *Bull.* 89).

En revanche est recevable bien que non signé par lui, le mémoire personnel du demandeur dès lors qu'il justifie de son impossibilité médicale absolue de signer, ce qui constitue un cas de force majeure (Cass. crim., 31 mars 1993 : *Bull.* 138).

4) Le mémoire déposé par la partie civile plus de dix jours après la déclaration de pourvoi est produit hors du délai imparti par l'article 584 du Code de procédure pénale et ne saisit pas la Cour de cassation des moyens qui y sont formulés (Cass. crim., 9 janv. 1974 : *Bull.* 6) ; ce délai de dix jours n'est pas franc, et le mémoire déposé le onzième jour suivant la déclaration de pourvoi est irrecevable (Cass. crim., 9 juill. 1982 : *Bull.* 185. – Cass. crim., 13 mai 1986 : *Bull.* 160).

Lorsque la Cour de cassation constate que le mémoire est irrecevable, il lui appartient, avant de se prononcer sur le rejet du pourvoi, de rechercher si l'arrêt est régulier en la forme et s'il ne laisse apparaître aucune irrégularité que la cour devrait relever d'office (Cass. crim., 2 janv. 1970 : *Bull.* 3).

5) Le moyen de cassation proposé par le demandeur n'est recevable qu'autant qu'il critique les dispositions de la décision attaquée expressément visées par la déclaration de pourvoi (Cass. crim., 8 nov. 1982 : *Bull.* 244) ; le moyen dirigé contre une partie de l'arrêt expressément exclue des limites du pourvoi par l'acte de pourvoi lui-même est irrecevable (Cass. crim., 13 oct. 1980 : *Bull.* 256).

6) Un document signé par le demandeur et produit, à l'appui de son pourvoi, non rédigé en langue française, ne saurait être considéré comme un mémoire au sens de l'article 584 (Cass. crim., 4 mars 1986 : *Bull.* 85. – Cass. crim., 27 oct. 1987 : *Bull.* 371).

7) Aucune disposition légale n'exige qu'il soit fait droit à la requête d'un demandeur en cassation tendant à l'autorisation de prendre, en personne, communication du dossier de la procédure (Cass. crim., 8 févr. 1982 : *Bull.* 42).

Art. 585. – Après l'expiration de ce délai, le demandeur condamné pénalement peut transmettre son mémoire directement au greffe de la Cour de cassation ; les autres parties ne peuvent user du bénéfice de la présente disposition sans le ministère d'un avocat à la Cour de cassation.

Dans tous les cas, le mémoire doit être accompagné d'autant de copies qu'il y a de parties en cause.

1) Seul le condamné pénalement qui n'a pas déposé au greffe de la juridiction qui a rendu l'arrêt attaqué et dans le délai de dix jours à compter de sa déclaration de pourvoi un mémoire signé de lui et contenant ses moyens de cassation peut transmettre son mémoire directement au greffe de la Cour de cassation (Cass. crim., 31 oct. 1961 : *Bull.* 429. – Cass. crim., 19 mai 1978 : *Bull.* 155. – Cass. crim., 16 nov. 1982 : *Bull.* 258. – Cass. crim., 16 avr. 1985 : *Bull.* 136) ; le mémoire ainsi transmis doit être signé par le demandeur condamné pénalement (Cass. crim., 3 nov. 1965 : *Bull.* 218).

Il résulte de la combinaison des dispositions des articles 584 et 585 du Code de procédure pénale que la faculté de transmettre au greffe de la Cour de cassation, sans le ministère d'un avocat à la cour, un mémoire personnel, après l'expiration du délai de dix jours suivant la déclaration de pourvoi, n'est offerte qu'au demandeur qui a été condamné pénalement par la décision attaquée :

– Tel n'est pas le cas, lorsqu'après une condamnation pénale devenue définitive, la cour d'appel s'est bornée à statuer sur une requête en restitution d'objets saisis (Cass. crim., 25 mai 1987 : *Bull.* 212).

– Tel n'est pas le cas du demandeur qui se pourvoit contre un arrêt qui s'est borné à statuer sur sa requête en relèvement d'une interdiction résultant d'une condamnation précédente (Cass. crim., 15 mars 1988 : *Bull.* 127).

– Tel n'est pas le cas du demandeur qui après avoir été déclaré coupable du délit objet des poursuites a été dispensé de peine (Cass. crim., 12 avr. 1988 : *Bull.* 149).

2) Le mémoire transmis sans le ministère d'un avocat à la Cour de cassation, après l'expi-

ration du délai de 10 jours suivant la déclaration de pourvoi, par le demandeur contre lequel l'arrêt attaqué a prononcé des sanctions fiscales, est recevable en application des articles 584 et 585 du Code de procédure pénale, dès lors qu'en matière de contributions indirectes les pénalités ont un caractère mixte, répressif et indemnitaire (Cass. crim., 19 janv. 2000 : *Bull.* 30).

3) Le mémoire personnel commun au condamné et au civilement responsable, signé seulement par ce dernier et déposé au greffe de la Cour de cassation plus de dix jours après la date du pourvoi, ne saisit pas la Cour de cassation des moyens qui y sont contenus, tant en ce qui concerne le condamné que le civilement responsable (Cass. crim., 25 avr. 1972 : *Bull.* 140).

4) Sont irrecevables les moyens contenus dans un mémoire présenté par la partie civile après l'expiration du délai de dix jours imparti par l'article 584, sans le ministère d'un avocat à la Cour de cassation exigé en pareil cas par l'article 585 (Cass. crim., 1er avr. 1965 : *Bull.* 102).

5) L'article 585 n'est pas applicable aux requêtes déposées par le ministère public à l'appui de ses pourvois (Cass. crim., 8 déc. 1965 : *Bull.* 267).

6) En raison du monopole qui leur est reconnu, seuls les avocats aux conseils peuvent, en matière de représentation et d'assistance des parties, exercer leur ministère devant la Cour de cassation (Cass. crim., 14 févr. 1996 : *Bull.* 77).

Art. 585-1 *(L. n. 93-1013, 24 août 1993, art. 42).* **– Sauf dérogation accordée par le président de la chambre criminelle, le mémoire du demandeur condamné pénalement doit parvenir au greffe de la Cour de cassation un mois au plus tard après la date du pourvoi.**

Il en est de même pour la déclaration de l'avocat qui se constitue au nom d'un demandeur au pourvoi.

1) Aux termes de l'article 585-1 du Code de procédure pénale, sauf dérogation accordée par le président de la chambre criminelle, le mémoire du demandeur condamné pénalement doit parvenir au greffe de la Cour de cassation un mois, au plus tard, après la date du pourvoi (Cass. crim., 1er févr. 1994 : *Bull.* 43) ; la déclaration de l'avocat qui se constitue au nom du demandeur au pourvoi doit parvenir au greffe de la Cour de cassation un mois, au plus tard, après la date de ce pourvoi *(même arrêt).*

2) Un arrêt de rejet du pourvoi ayant été rendu, conformément à l'article 604 du Code de procédure pénale, faute de moyen produit ou pouvant être relevé d'office, est dès lors sans objet la demande de dérogation présentée par un avocat qui déclare se constituer, au nom du demandeur en cassation après l'expiration du délai d'un mois prévu par l'article 585-1 du même code, résultant de la loi du 24 août 1993 (Cass. crim., 28 févr. 1994 : *Bull.* 77).

Art. 586. – Sous peine d'une amende civile de 50 F (7,5 €) prononcée par la Cour de cassation, le greffier, dans le délai maximum de vingt jours à dater de la déclaration de pourvoi, cote et paraphe les pièces du dossier, auquel il joint une expédition de la décision attaquée, une expédition de l'acte de pourvoi et, s'il y a lieu, le mémoire du demandeur. Du tout, il dresse inventaire.

Aux termes de l'article 586, sous peine d'une amende civile de 50 F prononcée par la Cour de cassation, le dossier de la procédure est mis en état par le greffier, dans le délai maximum de vingt jours à dater de la déclaration de pourvoi (Cass. crim., 13 nov. 1968 : *Bull.* 293. – Cass. crim., 27 avr. 1971 : *Bull.* 123). La Cour de cassation peut prononcer cette amende sur réquisitions du ministère public (Cass. crim., 12 juill. 1960 : *Bull.* 366).

Art. 587. – Lorsque le dossier est ainsi en état, le greffier le remet au magistrat du ministère public, qui l'adresse immédiatement au procureur général près la Cour de cassation ; celui-ci le transmet, à son tour, au greffe de la chambre criminelle.

Le président de cette chambre commet un conseiller pour faire le rapport.

La destruction de pièces et la disparition de documents substantiels aux droits de la défense, au cours de la transmission de la procédure, entraîne l'annulation de l'arrêt de la chambre d'accusation et de l'arrêt de condamnation (Cass. crim., 6 févr. 1947 : *D.* 1947,187).

Art. 588. – Si un ou plusieurs avocats se sont constitués, le conseiller rapporteur fixe un délai pour le dépôt des mémoires entre les mains du greffier de la chambre criminelle.

Art. 589 *(Ord. n. 60-529, 4 juin 1960, art. 2)*. **– La partie intéressée au pourvoi qui n'aurait pas reçu copie des mémoires produits à l'appui du pourvoi pourra former opposition à l'arrêt rendu par la Cour de cassation, par déclaration au greffe de la juridiction qui a rendu la décision, dans les cinq jours de la signification prévue à l'article 614.**

1) Aux termes de l'article 589 du Code de procédure pénale, l'opposition à un arrêt rendu par la chambre criminelle de la Cour de cassation doit être formée par déclaration au greffe de la juridiction ayant rendu la décision déférée à la censure de la Cour de cassation et non pas au greffe de la Cour de cassation (Cass. crim., 31 mai 1967 : *Bull.* 168. – Cass. crim., 4 mars 1980 : *Bull.* 76) ; une simple requête adressée au président de la chambre criminelle ne saurait donc saisir celle-ci d'une opposition, et la chambre criminelle doit, dans cette hypothèse, déclarer qu'il n'y a lieu à statuer (Cass. crim., 2 nov. 1967 : *Bull.* 298).

Les formes de l'opposition étant d'ordre public, il ne peut y être suppléé par l'envoi d'une lettre recommandée (Cass. crim., 24 juin 1987 : *Bull.* 264).

2) Est recevable l'opposition formée contre un arrêt de la Cour de cassation alors qu'il est justifié que la partie intéressée au pourvoi n'a pas reçu copie des mémoires produits à l'appui dudit pourvoi (Cass. crim., 31 oct. 1961 : *Bull.* 427) ; le demandeur à l'opposition, en réalité défendeur au pourvoi, qui se borne à contester les motifs de la décision dont la cassation a été prononcée, ne peut déterminer la chambre criminelle à rétracter son arrêt frappé d'opposition (Cass. crim., 21 mars 1978 : *Bull.* 105).

Est recevable l'opposition formée par une partie civile contre l'arrêt de la Cour de cassation censurant la décision d'une chambre d'accusation statuant en matière de détention provisoire, lorsque la demanderesse à l'opposition, en méconnaissance des dispositions des articles 578 et 589 du Code de procédure pénale, n'a reçu ni la notification du pourvoi à la suite duquel a été rendu l'arrêt de cassation, ni la copie du mémoire produit à l'appui dudit pourvoi (Cass. crim., 9 oct. 1990 : *Bull.* 335).

3) Le demandeur au pourvoi n'est pas recevable à former opposition contre l'arrêt rendu par la Cour de cassation, au motif que le défendeur ne lui aurait pas donné connaissance du mémoire par lui produit (Cass. crim., 11 janv. 1983 : *Bull.* 12).

Doit être déclarée irrecevable la requête en rétractation d'un arrêt de cassation dès lors que le requérant, défendeur au pourvoi, a la possibilité d'attaquer ledit arrêt par la voie de l'opposition (Cass. crim., 18 oct. 1988 : *Bull.* 350).

4) N'est pas recevable l'opposition à un arrêt de la Cour de cassation statuant sur une requête aux fins de désignation de juridiction, conformément aux dispositions des articles 679 et suivants du Code de procédure pénale (Cass. crim., 7 oct. 1991 : *Bull.* 331).

Art. 590. – Les mémoires contiennent les moyens de cassation et visent les textes de loi dont la violation est invoquée.

Ils sont rédigés sur timbre, sauf si le demandeur est un condamné à une peine criminelle.

(Ord. n. 60-529, 4 juin 1960, art. 2) **Ils doivent être déposés dans le délai imparti. Aucun mémoire additionnel n'y peut être joint, postérieurement au dépôt de son rapport par le conseiller commis. Le dépôt tardif d'un mémoire proposant des moyens additionnels peut entraîner son irrecevabilité.**

1) N'est pas recevable le moyen qui ne vise aucun texte et ne formule aucun grief contre l'arrêt frappé de pourvoi (Cass. crim., 27 nov. 1974 : *Bull.* 352) ; n'a pas à être examiné le mémoire qui n'offre à juger aucun point de droit et qui ne formule aucun grief précis (Cass. crim., 23 mai 1964 : *Bull.* 170).

Ne met pas la Cour de cassation en mesure de l'examiner un mémoire dont l'obscurité et l'imprécision ne permettent pas de dégager les moyens (Cass. crim., 20 nov. 1974 : *Bull.* 341).

2) Lorsqu'un pourvoi vise en termes restrictifs une disposition déterminée d'un arrêt, il n'y a pas lieu pour la Cour de cassation de statuer sur les autres dispositions de l'arrêt (Cass. crim., 14 déc. 1965 : *Bull.* 274) ; dès lors, un moyen dirigé contre une partie de l'arrêt attaqué, expressément exclue des limites du pourvoi par l'acte de pourvoi lui-même, est irrecevable (Cass. crim., 27 févr. 1968 : *Bull.* 61. – Cass. crim., 18 févr. 1986 : *Bull.* 65. – Cass. crim., 9 juin 1986 : *Bull.* 196).

3) La Cour de cassation peut, aux termes de l'article 590, alinéa 3, du Code de procédure pénale, déclarer irrecevable un mémoire additionnel produit après l'expiration du délai imparti et postérieurement au dépôt du rapport du conseiller commis (Cass. crim., 12 févr. 1969 : *Bull.* 74. – Cass. crim., 9 nov. 1977 : *Bull.* 340).

CHAPITRE III. – DES OUVERTURES À CASSATION

Art. 591. – Les arrêts de la chambre de l'instruction ainsi que les arrêts et jugements rendus en dernier ressort par les juridictions de jugement, lorsqu'ils sont revêtus des formes prescrites par la loi, ne peuvent être cassés que pour violation de la loi.

V. O. DE BOUILLANE DE LACOSTE, *Pourvoi en cassation. Ouvertures à cassation (art. 591 à 600), violation des règles relatives à la compétence, à la saisine et aux pouvoirs, violation des règles de procédure, vices de motivation : J.-Cl. Proc. pén.*, art. 567 à 621, Fasc. 10 ; *Violation de la loi de fond,* Fasc. 20 ; *Causes d'irrecevabilité ou d'inefficacité des moyens de cassation,* Fasc. 30 ; *Violation des règles relatives au jugement des affaires,* Fasc. 32. *Moyens de cassation, Conditions de recevabilité,* Fasc. 37.

La partie civile qui tient de l'article 546 du Code de procédure pénale la faculté d'appeler, dans tous les cas, des jugements du tribunal de police, ne peut pas se pourvoir contre ces jugements. En effet, aux termes de l'article 591, le pourvoi n'est reçu que contre les arrêts et jugements rendus en dernier ressort (Cass. crim., 21 avr. 1980 : *Bull.* 114).

Art. 592. – Ces décisions sont déclarées nulles lorsqu'elles ne sont pas rendues par le nombre de juges prescrit ou qu'elles ont été rendues par des juges qui n'ont pas assisté à toutes les audiences de la cause. Lorsque plusieurs audiences ont été consacrées à la même affaire, les juges qui ont concouru à la décision sont présumés avoir assisté à toutes ces audiences.

Ces décisions sont également déclarées nulles lorsqu'elles ont été rendues sans que le ministère public ait été entendu.

(Compl., L. n. 72-1226, 29 déc. 1972, art. 33) **Sont, en outre, déclarées nulles les décisions qui, sous réserve des exceptions prévues par la loi, n'ont pas été rendues ou dont les débats n'ont pas eu lieu en audience publique.**

1) La preuve de la composition de la chambre des appels correctionnels doit résulter de l'arrêt ; doit être cassé l'arrêt qui ne mentionne pas la présence du président (Cass. crim., 16 juin 1970 : *Bull.* 206), ou celui qui constate qu'il a été rendu par deux magistrats seulement (Cass. crim., 30 oct. 1973 : *Bull.* 391), ou celui qui ne fait mention que du président et du conseiller rapporteur et qui omet d'indiquer le nom de l'autre magistrat qui devait nécessairement siéger à l'audience (Cass. crim., 2 juill. 1953 : *Bull.* 236).

2) Sont nulles ou doivent être déclarées nulles, les décisions rendues par des juges qui n'ont pas assisté à toutes les audiences sur le fond, c'est-à-dire aux audiences au cours desquelles la cause a été instruite, plaidée ou jugée (Cass. crim., 20 nov. 1973 : *Bull.* 426) ; cette nullité ne saurait être étendue aux audiences au cours desquelles l'affaire a été seulement appelée et renvoyée à une audience ultérieure (Cass. crim., 30 oct. 1963 : *Bull.* 300), ni à celles au cours desquelles a été ordonné, avant dire droit, un complément d'information (Cass. crim., 20 janv. 1992 : *Bull.* 19).

La présomption prévue par l'article 592 du Code de procédure pénale ne s'applique pas lorsque l'un des juges a été remplacé à l'une des audiences par suite d'un empêchement (Cass. crim., 17 nov. 1987 : *Bull.* 413).

Mais encourt dès lors la cassation l'arrêt qui ne précise pas la composition de la cour d'appel lors des débats et du délibéré, et qui énonce qu'il a été rendu par « la cour autrement composée », la présomption de régularité instituée par l'article précité ne pouvant s'appliquer dans ce cas (Cass. crim., 9 févr. 1988 : *Bull.* 64).

Encourt également la cassation l'arrêt lu et signé par un magistrat absent lors des débats et du délibéré (Cass. crim., 5 juin 1989 : *Bull.* 235. – Cass. crim., 20 déc. 2000 : *Bull.* 384).

Il résulte des articles 510 et 592 du Code de procédure pénale que la chambre des appels correctionnels est composée, même lorsqu'elle statue sur les seuls intérêts civils, d'un président de chambre et de deux conseillers, qui doivent assister à toutes les audiences au cours desquelles la cause est instruite, plaidée ou jugée ; ces règles sont d'ordre public, les parties ne pouvant y renoncer ; viole ces dispositions l'arrêt qui mentionne qu'un conseiller rapporteur a entendu seul les plaidoiries, les avocats ne s'y étant pas opposés, et qu'il en a rendu compte à la cour d'appel dans son délibéré (Cass. crim., 1er févr. 2000 : *Bull.* 50).

3) À une audience ultérieure d'une cour d'appel, comportant une composition différente, sur une nouvelle citation du prévenu, après le rapport du président et lecture d'un premier arrêt avant dire droit ainsi que du procès-verbal d'interrogatoire du prévenu en application de l'article 416 du Code de procédure pénale, le fond de l'affaire ayant été discuté et jugé, il a été pleinement satisfait aux dispositions des articles 416 et 592 du Code de procédure pénale (Cass. crim., 28 nov. 1968 : *Bull.* 324).

4) Selon l'alinéa 2 de l'article 592 du Code de procédure pénale, la nullité de la décision n'est encourue qu'à défaut de l'audition du ministère public à l'audience des débats. Il n'importe que la minute ne mentionne pas la présence du ministère public au prononcé (Cass. crim., 26 mars 1996 : *Bull.* 134).

Art. 593. – Les arrêts de la chambre de l'instruction, ainsi que les arrêts et jugements en dernier ressort sont déclarés nuls s'ils ne contiennent pas de motifs ou si leurs motifs sont insuffisants et ne permettent pas à la Cour de cassation d'exercer son contrôle et de reconnaître si la loi a été respectée dans le dispositif.

Il en est de même lorsqu'il a été omis ou refusé de prononcer soit sur une ou plusieurs demandes des parties, soit sur une ou plusieurs réquisitions du ministère public.

V. P. ESCANDE, *Pourvoi en cassation ; Ouvertures à cassation : J.-Cl. Proc. pén.*, art. 567 à 621 ; *Violation des règles de compétence,* Fasc. 33 ; *Contrôle de la motivation,* Fasc. 34 ; *Violation de l'autorité de la chose jugée, violation de la règle* « non bis in idem », Fasc. 35 ; *Contrôle de l'application des règles de fond,* Fasc. 36.

1) La Cour de cassation n'est pas un troisième degré de juridiction : l'appréciation souveraine par les juges du fond des faits et circonstances de la cause échappe à son contrôle (Cass. crim., 21 mars 1990 : *Bull.* 125).

Les motifs d'un jugement ou d'un arrêt doivent permettre à la Cour de cassation de reconnaître si la loi a été respectée dans le dispositif. Viole ce principe le tribunal qui, par des mentions contradictoires de sa décision provoque une incertitude sur le texte de loi appliqué et, par là même, sur la recevabilité du pourvoi (Cass. crim., 12 juill. 1982 : *Bull.* 188). Le dispositif doit être interprété par les motifs auxquels il s'unit et dont il est la conséquence, un défaut de concordance entre le dispositif et les motifs, lorsqu'il est seulement le résultat d'une erreur de plume évidente, ne saurait donner ouverture à cassation (Cass. crim., 24 oct. 1972 : *Bull.* 302) ; en revanche encourt la cassation la décision qui, après avoir reconnu la réunion de « charges lourdes » de culpabilité, prononce la relaxe en affirmant l'existence d'un doute (Cass. crim., 3 févr. 1992 : *Bull.* 47 ; *Rev. sc. Cass. crim.*, 1993, 132, obs. Braunschweig).

2) La contradiction entre deux motifs d'un arrêt qui n'est que le résultat d'une erreur de plume évidente, ne saurait donner ouverture à cassation dès lors que le contexte permet de lever toute ambiguïté sur le sens de la décision prise par les juges (Cass. crim., 24 avr. 1981 : *Bull.* 123).

Ne sont pas contradictoires la mention de l'arrêt précisant que le prévenu n'a pas comparu et celle indiquant que le président a constaté son identité, dès lors que cet acte d'instruction à l'audience, prévu par les articles 406 et 512 du Code de procédure pénale, n'implique pas la présence de l'intéressé (Cass. crim., 4 avr. 1991 : *Bull.* 159).

3) Doit être cassé l'arrêt qui se limite à adopter les motifs d'un jugement se bornant à énoncer que les faits sont établis sans énoncer lesdits faits (Cass. crim., 14 oct. 1985 : *Bull.* 310) ; les arrêts de la chambre d'accusation doivent être motivés de manière à permettre le contrôle de la Cour de cassation sur la légalité de la décision rendue ; ils doivent répondre aux demandes des parties et aux réquisitions du ministère public (Cass. crim., 10 mai 1973 : *Bull.* 217. – Cass. crim., 11 mai 1974 : *Bull.* 142 et 143).

4) Sont nuls les arrêts de chambre d'accusation qui omettent ou refusent de prononcer sur une ou plusieurs demandes des parties (Cass. crim., 1er juill. 1964 : *Bull.* 221) ; doit donc être cassé l'arrêt renvoyant un inculpé devant le tribunal correctionnel sans répondre aux arguments péremptoires qu'il soutenait dans le mémoire par lui déposé (Cass. crim., 7 juin 1963 : *Bull.* 193), ou celui qui omet de répondre au mémoire faisant valoir un argument péremptoire de défense tiré de la prescription de l'action publique (Cass. crim., 1er juill. 1964 : *Bull.* 221).

La chambre d'accusation ne peut s'abstenir de répondre à des conclusions qui tendent au placement d'un inculpé sous contrôle judiciaire avec obligation de suivre un traitement médical spécifique (Cass. crim., 1er oct. 1984 : *Bull.* 276).

Doit être cassé l'arrêt qui confirme une ordonnance du juge d'instruction refusant de faire droit à une demande de mise en liberté, sans répondre aux articulations du mémoire régulièrement déposé, fût-ce pour les déclarer irrecevables (Cass. crim., 22 mars 1983 : *Bull.* 86 ; *JCP* 84, II, 20251, obs. Chambon).

5) S'il est vrai que le moyen qui invoque une violation de l'article 593, alinéa 2 du Code de procédure pénale est recevable, encore faut-il que soit établi un défaut de réponse à une articulation essentielle ayant formulé devant la chambre d'accusation un moyen péremptoire de défense. Tel n'est pas le cas de ce qui ne constitue qu'une simple argumentation (Cass. crim., 15 juin 1965 : *Bull.* 159) ; n'est pas recevable le moyen du prévenu qui entend se fonder sur l'article 593 du Code de procédure pénale, pour faire grief à l'arrêt de ne pas avoir répondu à des articulations essentielles des réquisitions du ministère public qui concluait au non-lieu (Cass. crim., 8 mars 1966 : *Bull.* 82).

6) Les constatations de pur fait, lorsqu'elles ne sont pas entachées de contradiction, échappent au contrôle de la Cour de cassation devant laquelle le demandeur ne peut les remettre en question à l'aide d'éléments pris en dehors de la décision attaquée (Cass. crim., 9 mars 1982 : *Bull.* 72) ; doit être annulé l'arrêt de la chambre d'accusation prononçant la mise en accusation pour des crimes dont les éléments constitutifs ne résulteraient que de motifs hypothétiques (Cass. crim., 19 juin 1984 : *Bull.* 231).

7) La Cour de cassation peut substituer un motif de pur droit à un motif erroné ou inopérant de l'arrêt attaqué, pour rejeter le moyen proposé contre ce dernier motif (Cass. crim., 31 janv. 1983 : *Bull.* 38. – Cass. crim., 2 févr. 1994 : *Bull.* 48).

8) Doivent être déclarés nuls les jugements ou arrêts dont le dispositif contient des décisions contradictoires, il en est ainsi lorsque l'arrêt, après avoir confirmé le jugement entrepris dans toutes ses dispositions, ordonne la révocation d'un sursis expressément écartée par les premiers juges (Cass. crim., 16 avr. 1986 : *Bull.* 129). Ainsi qu'un jugement dit « collectif », se bornant à énoncer par une motivation commune à tous les prévenus régulièrement cités que « leur absence laisse présumer qu'il n'ont rien à objecter » et que « les contraventions paraissent suffisamment établies » (Cass. crim., 19 mars 1986 : *Bull.* 113 ; *D.* 1988, p. 568, note J. Vallansan).

Art. 594. – *Abrogé à compter du 1er janv. 2001 ; L. n. 2000-516, 15 juin 2000, art. 136-XVI et 140.*

Art. 595. – **Lorsque la chambre de l'instruction statue sur le règlement d'une procédure, tous moyens pris de nullités de l'information doivent lui être proposés, faute de quoi les parties ne sont plus recevables à en faire état, sauf le cas où elles n'auraient pu les connaître, et sans préjudice du droit qui appartient à la Cour de cassation de relever tous moyens d'office.**

V. DESMONTS, *Les pouvoirs de la chambre de l'instruction saisie par application de l'article 171 du Code de procédure pénale, pour examiner la régularité de l'ensemble de la procédure* ; note S. S., ch. d'acc., Paris, 15 févr. 1975 : *JCP* 75, II, 18020.

1) Les articles 206 et 595 du Code de procédure pénale font obligation à la chambre d'accusation, statuant sur le règlement d'une procédure, d'examiner les moyens de nullité de l'information qui lui sont proposés par les parties ; tel est le cas lorsque la chambre d'accusation déclare recevable l'appel d'une ordonnance de renvoi qui présente un caractère complexe, notamment, en ce qu'elle prononce, même implicitement, sur une constitution de partie civile contestée par l'appelant (Cass. crim., 4 nov. 1999 : *Bull.* 243).

2) Il résulte de l'article 595 du Code de procédure pénale, tel que modifié par la loi du 4 janvier 1993, que même en matière criminelle, lorsque la chambre d'accusation statue sur le règlement d'une procédure, la partie, qui n'a pas soulevé devant cette juridiction la nullité d'un acte d'instruction, ne saurait l'invoquer pour la première fois devant la Cour de cassation (Cass. crim., 19 juill. 1993 : *Bull.* 245).

Lorsque la Cour de cassation, faisant application de l'article 595 du Code de procédure pénale, déclare irrecevables des moyens de nullité qui n'ont pas été proposés à la chambre d'accusation, sa décision implique que ces moyens, s'ils étaient relevés d'office, ne pourraient être accueillis (Cass. crim., 27 nov. 1996 : *Bull.* 429).

3) Le moyen pris de la nullité d'écoutes téléphoniques réalisées à la demande du juge d'instruction est nouveau et comme tel irrecevable, par application de l'article 595 du Code de procédure pénale, s'il n'a pas été proposé à la chambre d'accusation prononçant le renvoi de l'affaire devant la cour d'assises (Cass. crim., 7 sept. 1993 : *Bull.* 262).

4) L'inculpé qui n'a pas soulevé devant la chambre d'accusation la nullité de l'instruction préparatoire suivie contre lui pour une éventuelle violation de l'article 21 de la loi du 10 mars 1927, ne saurait, aux termes de l'article 595 du Code de procédure pénale, l'invoquer pour la première fois devant la Cour de cassation. Il s'ensuit qu'il est irrecevable à critiquer les dispositions de l'arrêt ordonnant son renvoi devant la juridiction de jugement à laquelle il appartiendra, après avoir ordonné la disjonction des poursuites, de distinguer les infractions pour lesquelles l'extradition a été accordée de celles pour lesquelles elle ne l'aurait pas été (Cass. crim., 22 nov. 1983 : *Bull.* 308).

Art. 596. – En matière criminelle et dans le cas où l'accusé a été condamné, si l'arrêt a prononcé une peine autre que celle appliquée par la loi à la nature du crime, l'annulation de l'arrêt pourra être poursuivie tant par le ministère public que par la partie condamnée.

L'article 410 du Code d'instruction criminelle (596 du Code de procédure pénale) autorise le ministère public à poursuivre l'annulation des peines autres que celles édictées par la loi, mais non à se pourvoir contre la disposition d'une condamnation relative à une réparation civile (Cass. crim., 26 mars 1931 : *DH* 1931, 318).

Art. 597. – La même action appartient au ministère public contre les arrêts d'acquittement mentionnés à l'article 363 si la décision a été prononcée sur la base de la non-existence d'une loi pénale qui pourtant aurait existé.

Art. 598. – Lorsque la peine prononcée est la même que celle portée par la loi qui s'applique à l'infraction, nul ne peut demander l'annulation de l'arrêt sous le prétexte qu'il y aurait erreur dans la citation du texte de la loi.

1) La référence donnée à un texte inopérant ne saurait donner ouverture à cassation (Cass. crim., 6 janv. 1962 : *Bull.* 12) ; le visa surabondant d'un article du Code des douanes ne saurait être invoqué comme motif de cassation, dès lors que la Cour de cassation est à même en se référant aux conclusions des parties en cause, de constater que le prévenu a eu connaissance exacte des textes douaniers dont l'administration demandait l'application (Cass. crim., 26 janv. 1965 : *Bull.* 27).

2) Lorsqu'un arrêt a qualifié de façon erronée un délit, l'erreur relevée par la Cour de cassation ne saurait donner lieu à cassation lorsque la peine et les réparations civiles sont justifiées. Il en est ainsi, d'une part, lorsque les délits sont punis des mêmes peines ou lorsque la peine prononcée n'excède pas celle qu'édicte la loi pour l'infraction qui aurait dû être retenue ; d'autre part, les juges ont l'obligation, quelle que soit l'infraction retenue, de réparer

dans sa totalité le préjudice résultant de l'infraction réprimée (Cass. crim., 3 mars 1970 : *Bull.* 84. – Cass. crim., 26 févr. 1975 : *Bull.* 66. – Cass. crim., 30 janv. 1979 : *Bull.* 44) ; tel est le cas notamment lorsque l'arrêt a déclaré à tort coauteur celui qui n'était que complice (Cass. crim., 7 mars 1972 : *Bull.* 84. – Cass. crim., 30 janv. 1979 précité) ; ou lorsqu'il a déclaré à tort coupable d'escroquerie l'auteur d'une tentative de ce même délit (Cass. crim., 9 mars 1983 : *Bull.* 76) ou un prévenu coupable de trafic d'influence, dès lors que les faits constatés caractérisent le délit de corruption passive (Cass. crim., 1er oct. 1984 : *Bull.* 277).

3) Lorsque plusieurs faits délictueux ont été retenus contre le prévenu, si l'un d'eux l'a été à tort, la condamnation pénale peut se trouver justifiée par les autres délits (Cass. crim., 8 oct. 1963 : *Bull.* 271. – Cass. crim., 8 déc. 1966 : *Bull.* 286) ; dès lors, si la peine prononcée se trouve justifiée par d'autres infractions poursuivies et retenues, la cassation peut n'être que partielle en ce qui concerne la peine complémentaire de suspension du permis de conduire qu'entraîne le seul délit de fuite objet de la cassation (Cass. crim., 6 déc. 1966 : *Bull.* 278).

4) L'omission de viser dans le dispositif d'un arrêt les textes répressifs dont il a été fait application au prévenu ne saurait donner lieu à ouverture à cassation alors qu'il n'existe aucune incertitude quant à l'infraction retenue, aux textes dont il a été fait application ainsi qu'aux peines qui ont été infligées (Cass. crim., 15 juin 1962 : *Bull.* 223).

5) Le pourvoi formé par le procureur général près d'une cour d'appel, doit être déclaré non recevable, comme fait sans intérêt et sans droit, quand la peine est justifiée, et quand le demandeur ne soulève qu'une prétendue erreur de qualification du fait poursuivi (Cass. crim., 27 janv. 1967 : *Bull.* 25. – Cass. crim., 11 mai 1988 : *Bull.* 206). Une telle erreur ne peut donner lieu qu'à un pourvoi dans l'intérêt de la loi exclusivement réservé au procureur général près la Cour de cassation et que celui-ci peut former à l'audience de la chambre criminelle en reprenant à son compte le moyen que proposait le procureur général près la cour d'appel (Cass. crim., 20 janv. 1993 : *Bull.* 28).

6) Les principes énoncés par l'article 598 ne s'appliquent ni en matière de dommages-intérêts (Cass. crim., 17 juin 1926 : *DH* 1926, 518) ni en matière de récidive (Cass. crim., 23 mars 1982 : *Bull.* 84).

Art. 599. – En matière correctionnelle, le prévenu n'est pas recevable à présenter comme moyen de cassation les nullités commises en première instance s'il ne les a pas opposées devant la cour d'appel, à l'exception de la nullité pour cause d'incompétence lorsqu'il y a eu appel du ministère public.

(Second al. inséré, L. n. 85-1407, 30 déc. 1985, art. 68 et 9) **En matière criminelle, l'accusé n'est pas recevable à présenter comme moyen de cassation les nullités qu'il n'a pas soulevées devant la cour d'assises** *(ajout à compter du 1er janv. 2001 ; L. n. 2000-516, 15 juin 2000, art. 136-XVII et 140)* **statuant en appel conformément aux prescriptions de l'article 305-1.**

1) Le prévenu n'est pas recevable à présenter comme moyen de cassation les nullités commises en première instance s'il ne les a pas opposées devant la cour d'appel (Cass. crim., 31 mai 1961 : *Bull.* 277. – 27 nov. 1968 : *Bull.* 318. – 5 déc. 1991 : *Bull.* 461) ; les dispositions de l'article 599 sont applicables en matière de police, en vertu de l'article 547 du Code de procédure pénale (Cass. crim., 10 juill. 1963 : *Bull.* 249).

2) L'exception tirée de l'incompétence des juridictions de l'ordre judiciaire étant d'ordre public, peut être soulevée pour la première fois devant la cour d'appel (Cass. crim., 28 oct. 1981 : *Bull.* 287). Le prévenu est recevable, même pour la première fois devant la Cour de cassation à exciper de l'incompétence de la juridiction qui a statué en se fondant sur ce que les faits seraient de nature à justifier la compétence d'une autre juridiction (Cass. crim., 2 mai 1983 : *Bull.* 121) ; est irrecevable comme nouveau le moyen pris d'une exception d'incompétence territoriale qui n'a jamais été allégué devant les juges du fond et dont l'appréciation impose l'examen d'éléments de fait qui ne résultent ni du jugement ni de l'arrêt (Cass. crim., 3 juill. 1985 : *Bull.* 254).

3) Si l'exception de prescription de l'action publique est d'ordre public et peut, à ce titre, être opposée pour la première fois devant la Cour de cassation, elle ne saurait être accueillie que si cette cour trouve dans les constatations

des juges du fond – qu'il appartient au prévenu de provoquer, en saisissant ces juges de conclusions utiles –, les éléments nécessaires pour en apprécier le bien-fondé (Cass. crim., 20 déc. 1984 : *Bull.* 412. – Dans le même sens, Cass. crim., 22 nov. 1983 : *Bull.* 307. – Cass. crim., 5 nov. 1984 : *Bull.* 332).

La nullité découlant de l'inobservation de l'article 50 de la loi du 29 juillet 1881 est absolue et d'ordre public ; elle peut être invoquée d'office à tout moment de la procédure, même devant la Cour de cassation (Cass. crim., 19 mai 1987 : *Bull.* 205).

4) L'irrecevabilité de l'action civile peut être soulevée en tout état de la procédure, elle entraîne l'irrecevabilité du pourvoi de la partie civile (Cass. crim., 10 juin 1970 : *Bull.* 193. – Cass. crim., 16 déc. 1975 : *Bull.*278).

Art. 600. – Nul ne peut, en aucun cas, se prévaloir contre la partie poursuivie de la violation ou omission des règles établies pour assurer la défense de celle-ci.

Est irrecevable, en application de l'article 600 du Code de procédure pénale, le moyen pris par la partie civile de la violation des dispositions du dernier alinéa de l'article 513 dudit code, lesquelles ne concernent que le prévenu (Cass. crim., 2 juin 1980 : *Bull.* 168).

CHAPITRE IV. – DE L'INSTRUCTION DES RECOURS ET DES AUDIENCES

Art. 601. – Les règles concernant la publicité, la police et la discipline des audiences doivent être observées devant la Cour de cassation.

V. O. DE BOUILLANE DE LACOSTE, *Pourvoi en cassation. Instruction des recours et audiences, Art. 601 à 604 : J.-Cl. Proc. pén.*, Fasc. 20.

Art. 602. – Les rapports sont faits à l'audience. Les avocats des parties sont entendus dans leurs observations après le rapport, s'il y a lieu. Le ministère public présente ses réquisitions.

1) Les réquisitions de l'avocat général qui, selon l'article 602 du Code de procédure pénale, ne sont présentées qu'oralement à l'audience, ne peuvent être communiquées préalablement aux parties ; celles-ci ont la possibilité, en application du même texte, de faire présenter des observations à l'audience, par le ministère d'un avocat à la Cour de cassation, lequel sera invité par le président, pour satisfaire aux exigences du débat contradictoire, à reprendre la parole, s'il le souhaite, après l'intervention de l'avocat général (Cass. crim., 18 déc. 1996 : *Bull.* 475 ; *Dr. pénal* 1997, n. 86).

2) La requête adressée à la Cour de cassation par un plaignant ou une partie civile, tendant à ce qu'il soit autorisé à présenter des observations à la barre, doit être rédigée sur timbre et présentée par un avocat à la Cour de cassation. En l'absence de ces formalités la requête est irrecevable (Cass. crim., 10 déc. 1970 : *Bull.* 332). Il appartient à la Cour de cassation, suivant les circonstances de faire droit ou non à la requête du demandeur tendant à son audition personnelle (Cass. crim., 6 juin 1967 : *Bull.* 174. – Cass. crim., 3 mai 1990 : *Bull.* 166).

Art. 603. – Dans les délibérations de la cour, les opinions sont recueillies par le président, suivant l'ordre des nominations, en commençant par le conseiller le plus ancien.

Le rapporteur opine toujours le premier et le président le dernier.

Art. 603-1 *(L. n. 67-523, 3 juill. 1967, art. 21)*. **– Les arrêts de la Cour de cassation rendus en matière pénale mentionnent les noms du président, du rapporteur, des autres magistrats qui les ont rendus, de l'avocat général ainsi que des avocats qui ont postulé dans l'instance et, en outre, les nom, prénoms, profession, domicile des parties et les moyens produits.**

Lorsque le président ou le magistrat faisant fonction est décédé avant d'avoir pu signer la minute d'un arrêt rendu sous sa présidence, il y a lieu pour la Cour de cassation de désigner parmi les magistrats ayant concouru audit arrêt, celui qui devra les signer en ses lieu et place (Cass. crim., 14 févr. 1963 : *Bull.* 77).

Art. 604. – La Cour de cassation, en toute affaire criminelle, correctionnelle ou de police, peut statuer sur le pourvoi, aussitôt après l'expiration d'un délai de dix jours à compter de la réception du dossier à la Cour de cassation.

Elle doit statuer d'urgence et par priorité, et en tout cas, avant l'expiration d'un délai de trois mois à compter de la réception du dossier à la Cour de cassation dans les cas suivants :

1° Lorsque le pourvoi est formé contre un arrêt de renvoi en cour d'assises ;

2° Lorsqu'il est formé contre un arrêt de cour d'assises ayant prononcé la peine de mort ; *(L. n. 81-908, 9 oct. 1981).*

3° Dans les cas prévus à l'article 571, ce délai est réduit à deux mois.

CHAPITRE V. – DES ARRÊTS RENDUS PAR LA COUR DE CASSATION

Art. 605. – La Cour de cassation, avant de statuer au fond, recherche si le pourvoi a été régulièrement formé. Si elle estime que les conditions légales ne sont pas remplies, elle rend, suivant les cas, un arrêt d'irrecevabilité, ou un arrêt de déchéance.

V. O. de Bouillane de Lacoste, *Pourvoi en cassation. Arrêts rendus par la Cour de cassation. Arrêts autres que les arrêts de cassation : J.-Cl. Proc. pén.*, art. 605 à 619, Fasc. 10 ; *Arrêts de cassation,* Fasc. 20 ; *Juridiction de renvoi,* Fasc. 30.

V. R. Lindon, *La motivation des arrêts de la Cour de cassation : JCP* 75, I, 2681.

Art. 606. – La Cour de cassation rend un arrêt de non-lieu à statuer si le pourvoi est devenu sans objet.

1) Devient sans objet le pourvoi formé par un condamné, contre l'arrêt de la chambre d'accusation qui a rejeté sa demande de mise en liberté, dès lors que le pourvoi frappant l'arrêt de condamnation de la cour d'assises a été rejeté (Cass. crim., 22 mai 1963 : *Bull.* 182) ; ou contre un arrêt de la cour d'appel qui a rejeté sa demande de mise en liberté, dès lors qu'a été précédemment rejeté le pourvoi qu'il avait formé contre l'arrêt de la même juridiction le condamnant à une peine d'emprisonnement en ordonnant son maintien en détention (Cass. crim., 15 avr. 1985 : *Bull.* 130) ; ou contre une décision rejetant une demande de mise en liberté dès lors que, par précédent arrêt, la Cour de cassation a constaté que le titre de détention en vertu duquel l'inculpé était détenu dans la procédure était devenu caduc (Cass. crim., 4 nov. 1987 : *Bull.* 386).

2) Deviennent sans objet, les moyens proposés à l'appui d'un pourvoi formé contre la décision d'une cour d'appel refusant de surseoir à statuer dans l'attente d'un arrêt de la Cour de justice des Communautés européennes, dès lors que cet arrêt est intervenu avant qu'il ne soit statué sur le pourvoi et que le prévenu est ainsi en mesure d'en faire état devant les juges du fond saisis de la poursuite ; dans une telle hypothèse, il n'y a lieu à statuer sur le pourvoi (Cass. crim., 23 janv. 1984 : *Bull.* 26).

3) Le pourvoi formé contre un arrêt de la chambre d'accusation rejetant la demande de mise en liberté d'un inculpé détenu en vertu d'un mandat de dépôt du juge d'instruction devient sans objet lorsque l'arrêt de mise en accusation de cet inculpé acquiert un caractère définitif. En effet, l'accusé n'est plus détenu provisoirement en vertu du mandat de dépôt mais en exécution de l'ordonnance de prise de corps comprise dans l'arrêt de mise en accusation et, par application de l'article 606 du Code de procédure pénale, il n'y a pas lieu de statuer sur un tel pourvoi (Cass. crim., 1er mars 1990 : *Bull.* 101).

4) L'ordonnance de règlement ayant rendu caduc le titre initial de détention, le pourvoi formé contre l'arrêt confirmant une ordonnance du juge d'instruction rejetant une demande de mise en liberté devient sans effet ; il n'importe que la personne mise en examen ait fait l'objet d'une ordonnance de maintien en détention jusqu'à sa comparution devant le tribunal (Cass. crim., 15 mars 1994 : *Bull.* 96).

5) Dès lors qu'un prévenu se trouve maintenu en détention par application de l'article 464-1 du Code de procédure pénale en vertu d'une décision du tribunal – cette disposition étant exécutoire nonobstant appel – le pourvoi par lui formé contre l'arrêt d'une chambre d'accusation confirmant son maintien en détention

provisoire jusqu'à comparution devant la juridiction de jugement devient sans objet (Cass. crim., 14 oct. 1991 : *Bull.* 338).

6) Il n'y a pas lieu à statuer sur le pourvoi antérieur formé par une personne mise en examen contre l'arrêt ayant rejeté sa demande d'annulation d'actes de la procédure, lorsque le pourvoi contre l'arrêt l'ayant renvoyée devant la cour d'assises est irrecevable comme tardif (Cass. crim., 27 nov. 1997 : *Bull.* 406).

Art. 607. – Lorsque le pourvoi est recevable, la Cour de cassation, si elle le juge mal fondé, rend un arrêt de rejet.

1) Lorsque l'arrêt de la cour d'appel déclare amnistiés les faits poursuivis, en raison de la nature de l'infraction, le prévenu n'est pas admis à critiquer cet arrêt et son pourvoi est irrecevable (Cass. crim., 10 janv. 1983 : *Bull.* 9).

2) Est irrecevable, le moyen de cassation qui énonce des griefs que le demandeur au pourvoi est sans intérêt à invoquer (Cass. crim., 15 nov. 1982 : *Bull.* 252).

Art. 608 *(L. n. 81-759, 6 août 1981, art. 3-II). – (Premier al. abrogé, L. n. 93-2, 4 janv. 1993, art. 143).*
Sauf décision contraire de la Cour de cassation, l'arrêt donnant acte du désistement d'une partie est enregistré gratis.

En cas de décès du prévenu, alors que l'instance en cassation est pendante, la Cour de cassation reste compétente pour statuer sur les condamnations non atteintes par l'extinction de l'action publique ; le pourvoi régulièrement formé profitant aux héritiers ou successeurs du demandeur, la circonstance qu'aucun d'eux n'intervient pour le soutenir ne saurait avoir pour effet de le faire déclarer non avenu (Cass. crim., 5 janv. 1977 : *Bull.* 7).

Art. 609. – Lorsque la Cour de cassation annule un arrêt ou un jugement rendu en matière correctionnelle ou de police, elle renvoie le procès et les parties devant une juridiction de même ordre et degré que celle qui a rendu la décision annulée.

1) L'exigence de motivation spéciale, prévue à l'article 132-19 du Code pénal, conduit à écarter l'indivisibilité entre la peine irrégulièrement prononcée et la déclaration de culpabilité, lorsque celle-ci n'encourt pas elle-même la censure. Par conséquent, la cassation d'un arrêt prononçant, sans s'en expliquer, une condamnation à une peine d'emprisonnement partiellement ferme, contre un prévenu dont les autres moyens de cassation ont été écartés, doit être limitée à la peine (Cass. crim., 26 oct. 1995 : *Bull.* 324).

En matière correctionnelle, en raison de l'indivisibilité entre la déclaration de culpabilité et la décision sur la peine, l'annulation doit être totale (Cass. crim., 22 janv. 1981 : *Bull.* 34) ; dès lors, l'annulation d'une peine complémentaire doit entraîner l'annulation totale des dispositions pénales de la décision (Cass. crim., 9 juill. 1980 : *Bull.* 222).

2) Après jonction de plusieurs pourvois, la cassation prononcée sur le moyen produit par l'un des demandeurs peut être, en raison de l'indivisibilité des faits étendue aux autres demandeurs (Cass. crim., 21 nov. 1972 : *Bull.* 350) ; cependant, lorsque la cassation ne concerne que l'application de la peine prononcée contre un des coprévenus, la cassation doit être limitée à ce prévenu et ne pas s'étendre à ses coprévenus ; il en est ainsi notamment lorsque la peine d'amende infligée à un des prévenus dépasse le maximum prévu par la loi (Cass. crim., 20 mars 1973 : *Bull.* 139) ; en revanche lors-qu'une même décision attaquée dans toutes ses dispositions par le prévenu, a prononcé plusieurs peines pour des contraventions distinctes et statué globalement sur les réparations civiles, la violation d'un texte applicable à l'une seulement desdites contraventions entraîne la cassation totale de la décision (Cass. crim., 19 juill. 1978 : *Bull.* 238).

3) Les effets de la cassation intervenue sont déterminés par le dispositif de l'arrêt (Cass. crim., 8 déc. 1960 : *Bull.* 577. – Cass. crim. 11 déc. 1963 : *Bull.* 355) ; la cassation d'un arrêt remet la cause et les parties au même état où elles étaient avant la décision cassée, elle entraîne dès lors l'annulation de tout ce qui a été la suite ou l'exécution dudit arrêt (Cass. crim. 18 déc. 1973 : *Bull.* 468. – Cass. crim., 17 mai 1976 : *Bull.* 160).

4) Aux termes de l'article L. 131-4 du Code de l'organisation judiciaire, en cas de cassation, l'affaire est renvoyée, sauf disposition contraire, devant une autre juridiction de même nature que celle dont émane l'arrêt ou le jugement cassé ou devant la même juridiction composée d'autres magistrats. Dans cette dernière hypothèse, aucun des juges qui ont concouru à la décision concernée ne peut composer la juridiction de renvoi (Cass. crim., 10 janv. 1989 : *Bull.* 7).

La cour d'appel désignée après cassation comme cour de renvoi est saisie de l'affaire telle qu'elle s'était présentée devant la première cour d'appel en ce qui concerne toutes les dispositions qui ont été annulées par l'arrêt de cassation (Cass. crim., 8 mai 1974 : *Bull.* 167) ; la cour de renvoi doit statuer sur l'ensemble des actions pénales et civiles qui, par l'effet des appels intervenus, étaient soumises à la cour d'appel dont l'arrêt a été annulé (Cass. crim., 28 avr. 1977 : *Bull.* 145) et a, dans les limites de la cassation prononcée, les mêmes pouvoirs que la juridiction qui a statué antérieurement (Cass. crim., 23 oct. 1963 : *Bull.* 286) ; elle ne saurait en conséquence statuer au-delà de ces limites sans excéder ses pouvoirs (Cass. crim., 4 févr. 1986 : *Bull.* 44).

5) Lorsque la Cour de cassation a annulé un arrêt sans réserve, aucune disposition de cet arrêt n'a pu acquérir l'autorité de la chose jugée (Cass. crim., 17 janv. 1991 : *Bull.* 30). Il appartient à la juridiction de renvoi, saisie, après cassation totale, tant de l'action publique que de l'action civile, d'apprécier la validité de la poursuite (Cass. crim., 21 déc. 1977 : *Bull.* 406) ; ainsi que de statuer sur tous les chefs de demande qui ont donné lieu aux dispositions annulées, quelle qu'ait été la portée du moyen qui a servi de base à la cassation (Cass. crim., 24 avr. 1981 : *Bull.* 121).

6) Lorsque la chambre criminelle casse un arrêt sans réserve, en ce qui concerne les réparations civiles, la cour de renvoi se trouve saisie de toute l'action civile, aucune disposition civile de l'arrêt n'ayant pu acquérir l'autorité de la chose jugée (Cass. crim., 4 mai 1982 : *Bull.* 112) quelle qu'ait été la portée du moyen ayant servi de base à la cassation, la cour de renvoi doit alors statuer sur tous les chefs de demande dont elle est saisie, et apprécier notamment les responsabilités en cause au moment où elle rend sa décision (Cass. crim., 24 mai 1982 : *Bull.* 131).

7) Un arrêt cassant une décision sans réserves, ne statue pas sur une exception de prescription alors qu'aucun moyen de ce chef n'a été pris ou relevé d'office (Cass. crim., 7 févr. 1980 : *Bull.* 52) ; lorsqu'un texte déterminant autrement qu'un texte précédant les éléments d'une infraction et les pénalités encourues est intervenu après une condamnation et avant l'arrêt qui statue sur le pourvoi, il y a lieu à application de ce texte toutes les fois que ses dispositions sont plus favorables au prévenu. Dans ce cas, la Cour de cassation annule la décision et renvoie l'affaire pour nouvel examen devant la juridiction qui a statué (Cass. crim., 21 nov. 1972 : *Bull.* 351).

8) En cas de cassation partielle, la juridiction de renvoi n'est saisie que dans la limite de la cassation intervenue et ne saurait en conséquence, statuer au-delà de cette limite sans excéder ses pouvoirs (Cass. crim., 5 janv. 1962 : *Bull.* 1) ; ainsi lorsqu'un arrêt relaxant un prévenu du chef de blessures involontaires, a été cassé en ses seules dispositions rejetant le recours de la caisse primaire d'assurance maladie en remboursement des prestations servies à la victime, la juridiction de renvoi ne peut se prononcer sur la responsabilité du prévenu à l'égard de la partie civile que dans la mesure où cette décision permet de déterminer l'étendue du recours de la caisse (Cass. crim., 10 déc. 1980 : *Bull.* 343) ; la cassation encourue sur le pourvoi d'une partie civile ne saurait bénéficier à une autre partie civile qui ne s'est pas pourvue, la cassation doit être partielle et le dispositif de l'arrêt de cassation doit indiquer les limites de celle-ci (Cass. crim., 11 déc. 1963 : *Bull.* 355. Sur l'étendue d'une cassation partielle, v. note Mme Mayer-Jack : *JCP* 76, II, 18484).

La chambre d'accusation, statuant comme juridiction de renvoi après cassation partielle d'un arrêt ayant prononcé une des nullités de procédure, ne saurait, sans excéder ses pouvoirs, modifier l'interprétation qui a été donnée, par la juridiction initialement saisie, à des actes de l'information, lorsque cette interprétation n'a pas été censurée par l'arrêt de cassation intervenu ; dès lors, encourt la cassation la chambre d'accusation de renvoi qui refuse d'annuler des actes portant sur des faits dont le juge d'instruction, selon les constatations de la décision initiale, qui n'avait pas été censurée sur ce point, n'était pas régulièrement saisi (Cass. crim., 4 juin 1997 : *Bull.* 221).

9) La cassation est prononcée sans renvoi dès lors que la cour trouve dans les constatations des juges du fond des éléments lui permettant, de réparer l'omission et de mettre fin à cette partie du litige (Cass. crim., 17 mars 1981 : *Bull.* 96. – Cass. crim., 14 oct. 1981 : *Bull.* 274), ou d'appliquer la règle de droit méconnue par l'arrêt attaqué (Cass. crim., 15 févr. 1983 : *Bull.* 55).

Lorsque au cours d'une information intervient la cassation d'un arrêt de la chambre d'accusation ayant statué sur la détention provisoire cette cassation n'entraîne le dessaisissement de la chambre d'accusation qu'en ce qui concerne l'instance particulière qui lui était soumise et ne lui interdit pas de se prononcer sur les autres instances relatives à cette information (Cass. crim., 3 juin 1986 : *Bull.* 190).

Art. 609-1 *(L. n. 93-1013, 24 août 1993, art. 43)*. **– Lorsque la Cour de cassation annule un arrêt d'une chambre de l'instruction statuant sur un appel d'une ordonnance de règlement** *(L. n. 2000-1354, 30 déc. 2000, art. 18)*, **elle renvoie le procès et les parties devant une autre chambre de l'instruction qui devient compétente pour la poursuite de l'ensemble de la procédure.**

Lorsque la Cour de cassation annule un arrêt de chambre de l'instruction autre que ceux visés à l'alinéa précédent, la compétence de la chambre de l'instruction de renvoi est limitée, sauf si la Cour de cassation en décide autrement, à la solution du contentieux qui a motivé sa saisine et, après décision définitive, sous la réserve des dispositions du premier alinéa de l'article 207, il est fait retour du dossier à la chambre de l'instruction primitivement saisie, aux fins prévues, s'il y a lieu, par le deuxième alinéa dudit article ou par le troisième alinéa de l'article 206.

Il résulte des articles 174 et 609-1 du Code de procédure pénale que, devant la chambre d'accusation statuant sur renvoi après cassation, seuls peuvent être invoqués les moyens de nullité qui avaient été soulevés devant la chambre d'accusation dont l'arrêt a été annulé (Cass. crim., 24 mai 2000 : *Bull.* 201).

Art. 610. – En matière criminelle, la Cour de cassation prononce le renvoi du procès, savoir :

– devant une chambre de l'instruction autre que celle qui a prononcé la mise en accusation, si l'arrêt annulé émane d'une chambre de l'instruction ;

– devant une cour d'assises autre que celle qui a rendu l'arrêt, si l'arrêt est annulé pour cause de nullité commise à la cour d'assises ;

– *(L. n. 2000-1354, 30 déc. 2000, art. 19)* **devant une cour d'appel autre que celle dans le ressort de laquelle siège la Cour d'assises qui a rendu l'arrêt, si l'arrêt est annulé seulement du chef des intérêts civils.**

1) Lorsque l'arrêt d'une cour d'assises a été annulé en raison de l'entrée en vigueur postérieure d'une loi nouvelle édictant des pénalités moins sévères, et que la cause et les parties ont été renvoyées devant la même cour d'assises, les magistrats ayant participé à l'arrêt annulé ne peuvent faire partie de la cour appelée à rejuger l'affaire (Cass. crim., 8 déc. 1982 : *Bull.* 296).

2) Lorsque l'arrêt criminel d'une cour d'assises a été frappé de pourvoi, l'action publique et l'action civile, qui avaient été jointes devant la juridiction répressive, deviennent indépendantes l'une de l'autre, de sorte que l'arrêt statuant sur l'action publique n'entraîne pas par voie de conséquence l'annulation de l'arrêt statuant sur les intérêts civils qui a acquis l'autorité de la chose jugée (Cass. crim., 19 mars 1982 : *Bull.* 81) ; il s'ensuit que n'étant plus partie au procès, la victime ou ses ayants droit sont irrecevables à intervenir en qualité de partie civile devant la cour d'assises de renvoi (Cass. crim., 12 mars 1986 : *Bull.* 105. – Cass. crim., 23 déc. 1986 *Bull.* 387).

3) Si la cassation ne porte que sur l'arrêt statuant sur les intérêts civils, il y a lieu à renvoi devant la juridiction civile (Cass. crim., 22 déc 1892 : *DP* 93, 1, 102) ; en revanche, si la cassation concerne non seulement les intérêts civils mais encore les frais de l'action publique, le renvoi est prononcé devant la cour d'assises statuant sans l'assistance du jury (Cass. crim. 22 déc. 1976 : *Bull.* 380).

4) Lorsque le fait formulé dans la question subsidiaire ne constitue ni crime ni délit, la cassation doit être prononcée sans renvoi (Cass. crim., 15 mars 1960 : *Bull.* 149).

Art. 611. – Lorsque le renvoi aura été fait à une chambre de l'instruction, celle-ci désigne, s'il échet, dans son ressort, la juridiction de jugement. Toutefois, la Cour de cassation peut désigner par avance, même dans un autre ressort, la juridiction criminelle devant laquelle doit, le cas échéant, être renvoyé l'accusé.

Art. 612. – En matière correctionnelle ou de police, si l'arrêt et la procédure sont annulés pour cause d'incompétence, la Cour de cassation renvoie le procès devant les juges qui doivent en connaître et les désigne.

La Cour de cassation peut n'annuler qu'une partie de la décision lorsque la nullité ne vicie qu'une ou quelques-unes de ces dispositions.

Lorsque l'arrêt est annulé pour cause d'incompétence, la Cour de cassation renvoie le procès devant les juges qui doivent en connaître et les désigne (Cass. crim., 27 nov. 1968 : *Bull.* 320).

Art. 612-1 *(L. n. 93-1013, 24 août 1993, art. 26).* **– En toute matière, lorsque l'intérêt de l'ordre public ou d'une bonne administration de la justice le commande, la Cour de cassation peut ordonner que l'annulation qu'elle prononce aura effet à l'égard des parties à la procédure qui ne se sont pas pourvues.**

1) L'article 612-1 du Code de procédure pénale permet à la Cour de cassation, dans l'intérêt de l'ordre public ou d'une bonne administration de la justice, d'ordonner que l'annulation qu'elle prononce aura effet à l'égard des parties à la procédure qui ne se sont pas pourvues (Cass. crim., 17 nov. 1993 : *Bull.* 343).

2) Les dispositions de l'article 520 du Code de procédure pénale, qui obligent les juges d'appel d'évoquer le fond lorsque le jugement est annulé pour violation ou omission non réparée des formes prescrites à peine de nullité ne sont pas limitatives et s'étendent aux cas où l'irrégularité s'attache à l'instruction et affecte l'acte par lequel le tribunal a été saisi ; encourt la cassation, par un moyen relevé d'office, l'arrêt qui, après avoir annulé le réquisitoire définitif, l'ordonnance de renvoi devant le tribunal correctionnel et le jugement déféré, a omis d'évoquer et de statuer au fond et a renvoyé le ministère public et les parties civiles à se pourvoir ; dès lors, l'annulation ainsi prononcée doit, par application de l'article 612-1 du Code de procédure pénale, avoir effet à l'égard des prévenus qui ne se sont pas pourvus (Cass. crim., 13 juin 1994 : *Bull.* 231).

L'annulation, sur le pourvoi du civilement responsable, d'un arrêt ayant déclaré recevable et fondée la demande de partie civile, doit, par application de l'article 612-1 du Code de procédure pénale, dans l'intérêt de l'ordre public et d'une bonne administration de la justice, avoir effet à l'égard du prévenu, condamné au paiement de l'indemnité mais qui ne s'est pas pourvu (Cass. crim., 12 févr. 1997 : *Bull.* 57).

La cassation prononcée doit, par application de l'article 612-1 du Code de procédure pénale, avoir effet à l'égard du coprévenu, non demandeur au pourvoi, contre lequel cette peine complémentaire a été prononcée dans les mêmes conditions (Cass. crim., 4 déc. 1996 : *Bull.* 448).

3) L'application de l'article 612-1 du Code de procédure pénale ne peut conduire à aggraver la peine prononcée contre un condamné qui ne s'est pas pourvu (Cass. crim., 29 févr. 2000 : *Bull.* 90 ; *Dr. pénal,* août-sept. 2000, comm. n. 107, A. Maron).

4) Sauf dans les cas prévus à l'article 612-1, la juridiction pénale saisie sur renvoi après cassation ne peut statuer qu'à l'égard des seuls condamnés qui se sont pourvus contre la décision censurée (Cass. crim., 7 juin 1995 : *Bull.* 205).

Art. 613. – Dans tous les cas où la Cour de cassation est autorisée à choisir une cour ou un tribunal pour le jugement d'une affaire renvoyée, ce choix ne peut résulter que d'une délibération spéciale prise immédiatement en la chambre du conseil ; il en est fait mention expresse dans l'arrêt.

La désignation de la cour de renvoi faite par la Cour de cassation n'est qu'un acte d'administration qu'il lui appartient de modifier, alors que toutes choses sont encore en état (Cass. crim., 7 juill. 1900 : *DP* 1900, I, 480. – Cass. crim., 16 déc. 1954 : *D.* 1955, somm. 41. – Cass. crim., 17 janv. 1962 : *Bull.* 37. – Cass. crim., 27 févr. 1985, *Ismael,* n. 84-91799).

Art. 614. – Une expédition de l'arrêt qui a admis la demande en cassation et ordonné le renvoi devant une nouvelle juridiction est délivrée au procureur général près la Cour de cassation dans les trois jours. Cette expédition est adressée, avec le dossier de la procédure, au magistrat chargé du ministère public près la cour ou le tribunal de renvoi.

L'arrêt de la Cour de cassation est signifié par huissier aux parties, à la diligence de ce magistrat.

Une expédition est également adressée par le procureur général près la Cour de cassation au magistrat chargé du ministère public près la cour ou le tribunal qui a rendu l'arrêt ou le jugement annulé.

1) La signification aux parties des arrêts admettant une demande en cassation n'est pas prescrite à peine de nullité et n'a pas le caractère d'une formalité substantielle de la procédure préalable à la comparution d'un accusé devant la cour d'assises de renvoi (Cass. crim., 12 janv. 1966 : *Bull.* 9).

La signification à l'inculpé d'un arrêt admettant sa demande en cassation, telle que prévue à l'article 614 du Code de procédure pénale, n'est pas une condition préalable à la reprise de la procédure suivie en matière de détention devant la chambre d'accusation de renvoi (Cass. crim., 8 déc. 1992 : *Bull.* 407).

2) La citation délivrée à une partie en vue de comparaître à l'audience de la cour d'appel statuant comme juridiction de renvoi après arrêt de cassation vaut signification dudit arrêt. Le délai de 5 jours imparti pour former opposition à l'arrêt de cassation court à compter de la date de la citation (Cass. crim., 10 janv. 1989 : *Bull.* 6 ; Cass. crim. 5 déc. 2001 : *Bull.* 252).

Art. 615. – Lorsqu'un arrêt ou un jugement est annulé pour violation des formes substantielles prescrites par la loi, une expédition de la décision est transmise au ministre de la Justice.

Art. 616. *– Abrogé, L. n. 81-759, 6 août 1981, art. 3-1.*

Art. 617. – L'arrêt qui a rejeté la demande en cassation, ou a prononcé la cassation sans renvoi, est délivré, dans les trois jours, au procureur général près la Cour de cassation, par extrait signé du greffier, lequel extrait est adressé au magistrat chargé du ministère public près la cour ou le tribunal qui a rendu l'arrêt ou le jugement attaqué.

Il est notifié aux parties, à la diligence de ce magistrat, par lettre recommandée avec demande d'avis de réception.

La notification d'un arrêt de déchéance dans les formes de l'article 617 du Code de procédure pénale n'est pas prescrite à peine de nullité et n'a pas le caractère d'une formalité substantielle de la procédure préalable à la comparution d'un accusé devant la cour d'assises de renvoi (Cass. crim., 17 mars 1993 : *Bull.* 120).

Art. 618. – Lorsqu'une demande en cassation a été rejetée, la partie qui l'avait formée ne peut plus se pourvoir en cassation contre le même arrêt ou jugement, sous quelque prétexte et par quelque moyen que ce soit.

1) Un arrêt rendu par la chambre criminelle de la Cour de cassation n'est du chef des parties sur le pourvoi desquelles il a été statué, susceptible d'aucun recours sous quelque forme que ce soit (Cass. crim., 9 juill. 1964 : *Bull.* 228) ; le demandeur en cassation dont le pourvoi a été rejeté ne peut plus se pourvoir contre le même arrêt du jugement par quelque moyen que ce soit (Cass. crim., 28 janv. 1981 : *Bull.* 40. – 12 juill. 1988 : *Bull.* 299).

2) Lorsque la Cour de cassation se trouve saisie simultanément de deux pourvois formés contre un même arrêt, le premier avant signification, le second après ladite signification, ce second pourvoi doit être déclaré irrecevable, le

demandeur ayant épuisé le droit de se pourvoir par l'exercice qu'il en a fait précédemment (Cass. crim., 25 janv. 1984 : *Bull.* 31).

3) Le rejet du pourvoi a pour effet de dessaisir la Cour de cassation à qui, par suite, il n'appartient pas de statuer sur une requête tendant, postérieurement audit rejet, à la constatation de l'amnistie (Cass. crim., 3 déc. 1974 : *Bull.* 357).

4) Lorsque à l'appui d'un nouveau pourvoi le demandeur invoque un moyen sur lequel la Cour de cassation a déjà statué dans la même affaire entre les mêmes parties, il y a lieu d'opposer à ce grief l'exception de chose jugée (Cass. crim., 29 juin 1966 : *Bull.* 183. – Cass. crim., 9 oct. 1984 : *Bull.* 290).

Le demandeur en cassation dont le pourvoi a été rejeté est non recevable à se pourvoir contre l'arrêt de rejet, soit par opposition, soit par toute autre voie (Cass. crim., 1er avr. 1987 : *Bull.* 151).

5) Doit être déclaré irrecevable : le moyen rejeté lors d'un précédent pourvoi par la Cour de cassation statuant dans la même cause et entre les mêmes parties (Cass. crim., 14 janv. 1970 : *Bull.* 25) ; ainsi que le moyen qui, à l'occasion du pourvoi formé contre un arrêt de la chambre d'accusation rejetant une demande de mise en liberté, tend à remettre en cause la validité d'une ordonnance antérieure du juge d'instruction ayant refusé de faire droit à une demande de mise en liberté, confirmée par un arrêt précédent de la chambre d'accusation, devenu définitif par suite du rejet du pourvoi dirigé contre cet arrêt (Cass. crim., 12 mars 1985 : *Bull.* 109).

6) La Cour de cassation est compétente pour interpréter ses propres arrêts lorsque leur exécution se heurte à une difficulté sérieuse (Cass. crim., 15 mars 1989 : *Bull.* 130).

Art. 618-1 *(L. n. 2000-516, 15 juin 2000, art. 113).* **– La cour condamne l'auteur de l'infraction à payer à la partie civile la somme qu'elle détermine, au titre des frais non payés par l'État et exposés par celle-ci. La cour tient compte de l'équité ou de la situation économique de la partie condamnée. Elle peut, même d'office, pour des raisons tirées des mêmes considérations, dire qu'il n'y a pas lieu à cette condamnation.**

La condamnation prévue par l'article 618-1 du Code de procédure pénale, issu de la loi du 15 juin 2000, ne pouvant être prononcée que contre l'auteur de l'infraction et au profit de la seule partie civile, est irrecevable la demande faite à ce titre par une partie intervenante contre la partie civile opposante (Cass. crim., 29 mai 2001 ; *Bull.* 135).

Art. 619 *(L. n. 67-523, 3 juill. 1967, art. 20 ; L. n. 79-9, 3 janv. 1979, art. 6 et 8).* **– Lorsque après cassation d'un premier arrêt ou jugement rendu en dernier ressort, le deuxième arrêt ou jugement rendu dans la même affaire, entre les mêmes parties, procédant en la même qualité, est attaqué par les mêmes moyens, l'affaire est portée devant l'assemblée plénière dans les formes prévues par les articles L. 131-2 et L. 131-3 du Code de l'organisation judiciaire.**

1) Lorsque après la cassation d'un premier arrêt, le deuxième arrêt rendu dans la même affaire entre les mêmes parties procédant en la même qualité est attaqué par les mêmes moyens que le premier, la chambre compétente saisit les chambres réunies (l'assemblée plénière) par un arrêt de renvoi (Cass. crim., 5 déc. 1961 : *Bull.* 497. – Cass. crim., 12 mars 1963 : *Bull.* 113).

Il résulte de la combinaison des articles 619 du Code de procédure pénale et L. 131-3 du Code de l'organisation judiciaire que l'arrêt par lequel la chambre criminelle ordonne le renvoi d'une affaire devant l'assemblée plénière n'est pas motivé (Cass. crim., 27 sept. 1989 : *Bull.* 330).

2) La Cour de cassation ne peut être appelée à revenir sur la doctrine affirmée dans un arrêt de cassation lorsque la juridiction de renvoi s'y est conformée (Cass. crim., 12 juill. 1971 : *Bull.* 228. – Cass. crim., 8 juin 1977 : *Bull.* 209. – Cass. crim., 23 juin 1980 : *Bull.* 200. – Cass. crim., 16 févr. 1982 : *Bull.* 52).

3) Ne donne pas lieu à l'application de l'article 619 du Code de procédure pénale le pourvoi formé contre une décision de la cour de renvoi qui, tout en statuant comme l'avait fait l'arrêt cassé, s'est fondée en droit sur des motifs qui ne sont pas en opposition avec la doctrine de l'arrêt de cassation (Cass. crim., 14 avr. 1972 : *Bull.* 118) ; ou qui s'est fondée en droit sur des motifs différents et se trouve attaquée par un

moyen distinct de celui qui avait été présenté à l'appui du premier pourvoi (Cass. crim., 6 juin 1985 : *Bull.* 219).

4) L'ordonnance du premier président de la Cour de cassation, rejetant une requête tendant à la saisine de l'assemblée plénière, ne dispense pas la chambre criminelle d'examiner un moyen de pourvoi qui, s'il était fondé, établirait que la cour d'appel, statuant sur renvoi après cassation, a opposé une résistance à la thèse de droit contenue dans le premier arrêt de cassation (Cass. crim., 28 mars 1968 : *Bull.* 112).

CHAPITRE VI. – DU POURVOI DANS L'INTÉRÊT DE LA LOI

Art. 620. – Lorsque, sur l'ordre formel à lui donné par le ministre de la Justice, le procureur général près la Cour de cassation dénonce à la chambre criminelle des actes judiciaires, arrêts ou jugements contraires à la loi, ces actes, arrêts ou jugements peuvent être annulés.

V. O. de Bouillane de Lacoste, *Pourvois dans l'intérêt de la loi ; Pourvoi en cassation : J.-Cl. Proc. pén.*, art. 620 à 621, Fasc. 10.

1) Le recours en cassation ouvert par l'article 441 du Code d'instruction criminelle (620 du Code de procédure pénale) ne peut s'étendre aux intérêts purement privés des parties (Cass. crim., 22 juill. 1948 : *Bull.* 209) et ne peut être exercé que dans les cas et sous les conditions prévues audit article (Cass. crim., 20 oct. 1936 : *DH* 1936, 589).

2) Le pourvoi dans l'intérêt de la loi et du condamné ne peut préjudicier aux intérêts de la partie civile (Cass. crim., 30 oct. 1962 : *Bull.* 296. – Cass. crim., 28 oct. 1975 : *Bull.* 225), ni exposer le condamné à des peines plus rigoureuses que celles qui lui avaient été infligées (Cass. crim., 12 juin 1976 : *Bull.* 208. – Cass. crim., 14 déc. 1994 : *Bull.* 413) ; si le prévenu a été relaxé, la cassation doit avoir lieu sans renvoi (Cass. crim., 24 juill. 1974 : *Bull.* 265).

3) La cassation prononcée en vertu de l'article 620 du Code de procédure pénale doit être prononcée dans l'intérêt de la loi et avec renvoi, lorsque le cours de la justice est interrompu (Cass. crim., 19 oct. 1960 : *Bull.* 456. – Cass. crim., 14 avr. 1961 : *Bull.* 195). Saisie d'un pourvoi dans l'intérêt de la loi et du condamné contre un arrêt auquel, par d'autres motifs, ses auteurs ont donné une base légale, la Cour de cassation prononce seulement, par voie de retranchement, l'annulation des motifs surabondants dont le caractère erroné a servi de base au pourvoi (Cass. crim., 24 juill. 1969 : *Bull.* 235).

4) Il y a lieu de faire droit au pourvoi formé dans l'intérêt de la loi et du condamné lorsque ce dernier a été condamné successivement en raison d'un même fait par deux jugements distincts, seul le jugement qui a acquis le premier l'autorité de la chose jugée continue d'exister, le second est annulé sans renvoi (Cass. crim., 28 oct. 1975 : *Bull.* 225).

5) Doit être cassé, dans l'intérêt de la loi et du condamné, en application des dispositions de l'article 620 du Code de procédure pénale, l'arrêt d'une Cour d'assises qui prononce une peine supérieure à celle encourue ; dans ce cas, la cassation est prononcée avec renvoi et ne peut avoir pour conséquence de remettre en cause les décisions favorables à l'accusé qui lui restent acquises (Cass. crim., 12 oct. 1994 : *Bull.* 327).

6) Doit être déclaré irrecevable le pourvoi formé, d'ordre du Garde des Sceaux, par le procureur général près la Cour de cassation lorsque, par un arrêt de rejet, antérieurement rendu dans la même affaire, la Cour de cassation a déjà statué sur le moyen invoqué au soutien de ce nouveau pourvoi (Cass. crim., 13 nov. 1996 : *Bull.* 400).

Art. 621. – Lorsqu'il a été rendu par une cour d'appel ou d'assises, ou par un tribunal correctionnel ou de police, un arrêt ou jugement en dernier ressort, sujet à cassation, et contre lequel néanmoins aucune des parties ne s'est pourvue dans le délai déterminé, le procureur général près la Cour de cassation peut d'office et nonobstant l'expiration du délai se pourvoir, mais dans le seul intérêt de la loi, contre ledit jugement ou arrêt. La cour se prononce sur la recevabilité et le bien-fondé de ce pourvoi. Si le pourvoi est accueilli, la cassation est prononcée, sans que les parties puissent s'en prévaloir et s'opposer à l'exécution de la décision annulée.

1) Le droit de former un pourvoi en cassation dans l'intérêt de la loi est exclusivement réservé au procureur général près la Cour de cassa-tion ; en conséquence, est irrecevable un pourvoi formé dans l'intérêt de la loi par un procureur général près une cour d'appel (Cass. crim., 11 déc. 1963 : *Bull.* 356. – Cass. crim., 20 nov. 1985 : *Bull.* 366) ; la voie de recours instituée par l'article 442 du Code d'instruction criminelle (621 du Code de procédure pénale), ne pouvant ni profiter, ni nuire aux parties, celles-ci ne sont pas recevables à intervenir dans le débat (Cass. crim., 1er févr. 1951 : *Bull.* 39).

2) Le procureur général près la Cour de cassation peut se pourvoir dans l'intérêt de la loi, même quand les infractions visées par la décision attaquée sont amnistiées (Cass. crim., 4 nov. 1959 : *Bull.* 464).

3) Lorsque le demandeur se trouve déchu de son pourvoi faute de s'être mis en état, le pourvoi du procureur général près la Cour de cassation peut être formé d'office par des réquisitions orales de l'avocat général d'audience. Cette voie de recours n'intervient que dans le seul intérêt de la loi (Cass. crim., 3 avr. 1978 : *Bull.* 121. – Cass. crim., 11 juill. 1990 : *Bull.* 280).

4) L'avocat général présent à l'audience de la Cour de cassation au cours de laquelle est examiné un pourvoi irrecevable peut lui-même former, contre le même arrêt, un pourvoi dans l'intérêt de la loi (Cass. crim., 30 avr. 1996 : *Bull.* 178).

TITRE II. – DES DEMANDES EN RÉVISION

Art. 622 *(L. n. 89-431, 23 juin 1989, art. 1er).* **– La révision d'une décision pénale définitive peut être demandée au bénéfice de toute personne reconnue coupable d'un crime ou d'un délit lorsque :**

1° Après une condamnation pour homicide, sont représentées des pièces propres à faire naître de suffisants indices sur l'existence de la prétendue victime de l'homicide ;

2° Après une condamnation pour crime ou délit, un nouvel arrêt ou jugement a condamné pour le même fait un autre accusé ou prévenu et que, les deux condamnations ne pouvant se concilier, leur contradiction est la preuve de l'innocence de l'un ou de l'autre condamné ;

3° Un des témoins entendus a été, postérieurement à la condamnation, poursuivi et condamné pour faux témoignage contre l'accusé ou le prévenu ; le témoin ainsi condamné ne peut pas être entendu dans les nouveaux débats ;

4° Après une condamnation, vient à se produire ou à se révéler un fait nouveau ou un élément inconnu de la juridiction au jour du procès, de nature à faire naître un doute sur la culpabilité du condamné.

V. H. ANGEVIN, *Demandes en révision : J.-Cl. Proc. pén.*, art. 622 à 626. – H. ANGEVIN, *La réforme de la révision des condamnations pénales : JCP* 89, I, 3416. – C. GUILLEMAIN, *Révision et criminalité dépendante. La portée des décisions de justice inconciliables : JCP* 2001, I, 295.

1) La demande en révision d'un arrêt de la chambre criminelle de la Cour de cassation n'entre pas dans les prévisions de l'article 622 du Code de procédure pénale (Cass. crim., 5 mai 1994 : *Bull.* 171).

La procédure de révision est une voie de recours extraordinaire qui ne peut être exercée lorsqu'un autre moyen de droit – en l'espèce, la procédure de rectification des mentions du casier judiciaire prévue par l'article 778 du Code de procédure pénale – permet de réparer l'erreur commise (Cass. crim., 21 juill. 1966 : *Bull.* 209).

La demande en révision n'est recevable que si elle concerne une décision portant déclaration de culpabilité d'un crime ou d'un délit. Tel n'est pas le cas d'une demande concernant une condamnation à des dommages-intérêts pour abus de constitution de partie civile (Cass. crim., 4 nov. 1996 : *Bull.* 390).

2) Il y a lieu à révision lorsque deux jugements passés en force de chose jugée sont inconciliables entre eux, comme ayant successivement condamné deux personnes à raison d'une infraction unique et qu'en l'état des faits constatés aucune coopération ni aucun lien de complicité ne peut avoir existé entre elles de telle sorte que la culpabilité de l'une serait exclusive de la culpabilité de l'autre (Cass. crim., 1er août 1930 : *Bull.* 225. – Cass. crim.,

28 oct. 1931 : *Bull.* 239. – Cass. crim., 18 nov. 1933 : *Bull.* 213).

Il y a lieu à révision quand deux individus ont été, à raison du même fait, condamnés par deux décisions successives passées en force de chose jugée et que, les deux condamnations ne pouvant se concilier, leur contradiction est la preuve de l'innocence de l'un ou de l'autre condamné (Cass. crim., 8 janv. 1932 : *Bull.* 4. – Cass. crim., 28 avr. 1975 : *Bull.* 112. – Cass. crim., 5 nov. 1987 : *Bull.* 392 ; *Rev. sc. Cass. crim.*, 1988, 550, obs. Braunschweig. – Cass. crim., 8 févr. 1989 : *Bull.* 62).

3) Lorsque deux condamnations définitives ont été successivement prononcées pour le même fait de vol, la première contre deux accusés, la dernière contre un autre accusé, il n'y a pas inconciliabilité de nature à entraîner révision, si rien n'établit que le vol ait dû n'être commis que par deux personnes, alors surtout que la circonstance aggravante admise par le jury précisait que le vol avait été commis par « deux ou plusieurs personnes » (Ch. réun. 15 janv. 1902 : *Bull.* 23 ; *DP* 1902, 1, 113, concl. procureur général Baudouin).

Il ne résulte pas nécessairemlent de deux décisions successives condamnant deux prévenus pour délits de fuite, commis le même jour et dans des conditions identiques, une inconciliabilité qui soit la preuve de l'innocence de l'un ou de l'autre des condamnés (Cass. crim., 12 mai 1933 : *Bull.* 107).

4) Il suffit, pour que la demande en révision basée sur l'article 443, § 3, du Code d'instruction criminelle (C. proc. pén., art. 622-3°) soit recevable, qu'un témoin ait été condamné pour faux témoignage par la juridiction correctionnelle à des dommages-intérêts envers la partie civile, bien que, le ministère public n'ayant pas interjeté appel du jugement de relaxe rendu par les premiers juges, la cour n'ait eu à statuer que sur l'action civile (Cass. crim., 2 mars 1934 : *Bull.* 51).

La Cour de cassation, régulièrement saisie d'une demande en révision fondée sur une condamnation pour faux témoignage, peut, après avoir déclaré cette demande recevable en la forme, dire qu'il n'y a lieu de réviser l'arrêt qui lui est déféré, en se fondant sur ce que, dans l'espèce et d'après les pièces produites, la condamnation du faux témoignage n'implique pas l'innocence du prévenu contre lequel le faux témoignage a été porté *(même arrêt)*.

5) La révision peut être demandée lorsqu'un des témoins entendus a été, postérieurement à la condamnation, poursuivi et condamné pour faux témoignage contre le prévenu.

Il appartient au juge du fait qui a statué sur le faux témoignage, ou à celui du renvoi, de rechercher et prévoir si le faux témoignage a eu une influence déterminante sur la décision de condamnation et a vicié l'ensemble des charges retenues par la prévention (Cass. crim., 13 nov. 1968 : *Bull.* 296).

La demande en révision ne peut être admise sur le fondement de l'article 622-3° du Code de procédure pénale, dès lors que les poursuites pour faux témoignage, engagées contre un témoin, ont abouti à une décision de relaxe de ce dernier (Cass. crim., 26 janv. 1994 : *Bull.* 37).

6) Est irrecevable la demande en révision présentée par le garde des Sceaux sur le fondement de l'article 622-4° du Code de procédure pénale, qui n'articule aucun fait de nature à établir l'innocence du condamné ou même à faire douter de sa culpabilité (Cass. crim., 12 juill. 1988 : *Bull.* 301).

7) Pour qu'il y ait matière à révision, au sens de l'article 622-4° du Code de procédure pénale, il est nécessaire que l'élément inconnu de la juridiction au jour du procès soit de nature à faire naître un doute sur la culpabilité de la personne condamnée (Cass. crim., 26 janv. 1994 : *Bull.* 37).

La révélation, postérieure au jugement, de la communication aux juges d'un document qui a pu produire sur leur esprit une impression décisive et qui est, après enquête, considéré comme inapplicable au condamné, constitue un fait nouveau de nature à établir l'innocence de celui-ci (Cass. crim., 3 juin 1899 : *Bull.* 144 ; *DP* 1900, 1, 180, rapp. de M. le président Ballot-Beaupré ; *S.* 1900, 297, note J.-A. Roux).

Il y a également fait nouveau lorsqu'il résulte des enquêtes ou expertises postérieures au jugement, des faits tendant à démontrer qu'une lettre-missive, base principale de l'accusation, attribuée au condamné, n'aurait pas, en réalité, été écrite par lui *(même arrêt)*.

Les nouvelles déclarations, particulièrement tardives, de la partie civile, seule accusatrice, ne présentent pas, en l'absence d'autres éléments objectifs, et dès lors que les juges du fond ont nécessairement apprécié la sincérité des accusations de la plaignante, une force probante suffisante pour permettre à la Cour de cassation de les considérer comme de nature à faire naître un doute sur la culpabilité du condamné, au sens de l'article 622, 4e alinéa, du Code de procédure pénale (Cass. crim., 26 janv. 2000 : *Bull.* 47).

8) La rétractation du témoin dont la déposition constituait la base de la condamnation prononcée peut constituer le fait nouveau, postérieur à la condamnation, qui est de nature à établir l'innocence du condamné et donner lieu à révision, sans qu'il y ait lieu d'ailleurs à procéder à de nouveaux débats, lorsque la prescription a éteint l'action publique (Cass. crim., 15 mars 1900 : *Bull.* 117) ; tel n'est pas le cas de nouvelles déclarations d'un témoin, dont la déposition initiale ne constituait pas la principale charge à l'encontre du condamné, qui ne permettent d'établir ni légitime défense ni excuse de provocation (Cass. crim., 26 janv. 1994 : *Bull.* 37).

9) L'altération d'une initiale ou d'une date dans une lettre produite par l'accusation en vue d'attribuer à l'accusé un fait qu'il n'a pas commis est un faux dont la découverte postérieure à la condamnation constitue un fait nouveau de nature à établir l'innocence du condamné (Cass. crim., 12 juill. 1906 : *Bull.* 283).

10) Une découverte scientifique, propre à faire tomber les charges qui ont entraîné une condamnation, constitue un fait nouveau de nature à établir l'innocence du condamné (Cass. crim., 28 déc. 1923 : *Bull.* 449).

11) Constitue un fait nouveau rentrant dans les prévisions de l'article 443, § 4, du Code d'instruction criminelle (C. proc. pén., art. 622-4°), la révélation, postérieure au jugement ou à l'arrêt, de l'état de démence du demandeur, lorsqu'il est établi que celui-ci était irresponsable à l'époque des faits qui ont motivé les poursuites (Cass. crim., 26 oct. 1911 : *Bull.* 466. – Cass. crim., 6 févr. 1931 : *Bull.* 40. – Cass. crim., 3 déc. 1937 : *Bull.* 226. – Cass. crim., 3 mai 1994 : *Bull.* 163).

12) Lorsqu'il peut être procédé à de nouveaux débats contradictoires, il suffit pour justifier la révision, que le fait nouveau fasse naître des doutes sérieux sur la culpabilité et détruise la présomption de certitude résultant de la chose jugée (Cass. crim., 28 juin 1930 : *Bull.* 195).

13) Il y a fait nouveau donnant ouverture à révision, lorsque des documents inconnus des juges qui ont statué sur la prévention, établissent que le prévenu a été dans l'impossibilité matérielle de commettre le fait incriminé (Cass. crim., 13 mars 1931 : *Bull.* 79). Constitue un fait nouveau de nature, au sens de l'article 622-4° du Code de procédure pénale à établir l'innocence du condamné la révélation qu'à la date des faits l'intéressé était hospitalisé en un lieu très éloigné du lieu de l'infraction et que son état civil avait été usurpé par un tiers non identifié (Cass. crim., 28 juin 1994 : *Bull.* 258).

14) Constitue un fait nouveau, aux termes de l'article 443, § 4, du Code d'instruction criminelle (C. proc. pén., art. 622-4°), la découverte à l'ancien domicile du plaignant d'un portefeuille qu'il prétendait lui avoir été soustrait (Cass. crim., 12 déc. 1930 : *Bull.* 300).

15) La rétractation d'un témoin dont la déclaration formait la charge principale retenue contre le prévenu peut constituer le fait nouveau, inconnu de la cour d'appel qui a prononcé l'arrêt de condamnation, et de nature à établir l'innocence du condamné (Cass. crim., 18 déc. 1930 : *Bull.* 307).

Il y a fait nouveau, lorsqu'il résulte des expertises postérieures au jugement des faits tendant à démontrer qu'une lettre missive, base principale de l'accusation, attribuée au condamné, n'aurait pas, en réalité, été écrite par lui, ce qui est de nature à faire naître les doutes les plus sérieux sur sa culpabilité (Cass. crim., 9 nov. 1955 : *Bull.* 474).

Un témoignage inconnu des juges et de nature à apporter un doute sérieux sur la culpabilité du condamné, constitue un fait nouveau postérieur à la condamnation et donnant lieu à révision (Cass. crim., 27 févr. 1957 : *Bull.* 206).

16) Lorsqu'une condamnation a été prononcée pour un délit de dénonciation calomnieuse commis à l'égard de plusieurs personnes, il y a lieu à révision partielle s'il se produit un fait nouveau excluant l'existence du délit à l'égard de l'une d'elle (Cass. crim., 17 janv. 1935 : *Bull.* 12).

17) Il y a lieu à révision lorsque, postérieurement à un jugement de condamnation, il a été établi, notamment par un jugement de reconnaissance d'identité, que le condamné est innocent du fait à raison duquel une peine a été prononcée contre lui, bien que, par ses déclarations inexactes, il ait égaré la justice et qu'il soit en réalité l'auteur de l'erreur qui a été commise (Cass. crim., 2 déc. 1937 : *Bull.* 225).

18) L'enlèvement d'un mobilier, au cours d'une expulsion pour défaut de paiement de loyers, ignorée du tribunal qui avait condamné de ce chef un contribuable pour détournement d'objets saisis par le Trésor, constitue un fait nouveau au sens de l'article 622, 4e alinéa, du Code de procédure pénale, qui donne lieu à annulation sans renvoi de la condamnation (Cass. crim., 9 nov. 1976 : *Bull.* 321).

19) Constitue un fait nouveau rendant recevable une demande de révision, la révélation qu'un prévenu, condamné pour infraction à un arrêté d'expulsion, était, à cette époque, devenu français (Cass. crim., 28 déc. 1929 : *Bull.* 300. – Cass. crim., 11 avr. 1970 : *Bull.* 120. – Cass. crim., 8 juin 1988 : *Bull.* 265).

20) La Cour de cassation apprécie souverainement la portée des éléments qui lui sont soumis à l'appui d'une requête en révision. Il en est notamment ainsi de l'expertise psychiatrique concluant à un état mental inconnu des juges qui ont prononcé la condamnation (Cass. crim., 28 oct. 1980 : *Bull.* 280).

21) Constitue un fait nouveau de nature, au sens de l'article 622-4° du Code de procédure pénale, à établir l'innocence du condamné, les aveux, inconnus des juges et corroborés par des constatations de fait, d'une tierce personne qui s'accuse d'être l'auteur d'un crime dont ledit condamné a été déclaré coupable (Cass. crim., 24 févr. 1982 : *Bull.* 56).

Constitue, au sens de l'article 622, 4° du Code de procédure pénale, un fait nouveau de nature à faire naître un doute sur la culpabilité d'une personne condamnée pour complicité d'un délit par un jugement passé en force de chose jugée, la relaxe de l'auteur principal intervenue devant une autre juridiction, quel que soit le motif de la décision de relaxe (Cass. crim., 16 nov. 1998 : *Bull.* 299 ; *JCP* 99, II, 10118, note Wilfrid Jeandidier).

Si la relaxe de l'auteur du délit d'où proviennent des objets recelés ne fait pas obstacle à la poursuite du receleur, celle-ci nécessite cependant la constatation, par le juge, de l'existence du délit principal. Constitue, dès lors, un élément nouveau de nature à faire naître un doute sur la culpabilité d'une personne condamnée pour recel, la décision ayant relaxé l'auteur principal, gérant d'une société à responsabilité limitée poursuivi pour abus de biens sociaux, au motif que sa participation au détournement d'espèces n'était pas suffisamment établie par les éléments de la procédure, dès lors que cette infraction ne pouvait être imputée qu'à ce seul prévenu, en vertu de l'article 254, 4° de la loi du 24 juillet 1996 (même arrêt : *JCP* 99, II, 10118, note W. Jeandidier).

Constitue un fait nouveau de nature, au sens de l'article 622-4° du Code de procédure pénale, à faire naître un doute sur la culpabilité du prévenu la rétractation, intervenue après la décision des juges, d'un témoin entendu au cours de l'information préparatoire et dont les déclarations ont servi à fonder la condamnation prononcée (Cass. crim., 16 mars 1993 : *Bull.* 116).

22) Un jugement postérieur à une décision de condamnation et sanctionnant la subornation d'un coaccusé, est un fait nouveau au sens de l'article 622-4° du Code de procédure pénale et peut être un motif d'ouverture à révision si ses énonciations sont de nature à faire naître un doute sérieux sur la culpabilité du condamné (Cass. crim., 29 mars 1984 : *Bull.* 133).

23) Il peut y avoir lieu à révision lorsque la cour statuant sur l'appel de l'auteur principal seul, a acquitté celui-ci sur le vu d'éléments de fait nouveaux pouvant être considérés comme étant de nature à établir l'innocence du complice (Cass. crim., 9 févr. 1934 : *Bull.* 31).

Lorsque l'auteur principal et le complice d'un délit ont été condamnés par un même arrêt et que l'auteur principal s'est seul pourvu en cassation contre cette décision, les constatations de l'arrêt de relaxe de la cour de renvoi intervenu en faveur de l'auteur principal peuvent constituer un fait nouveau de nature à donner ouverture à révision à l'égard du complice.

L'annulation a lieu sans renvoi lorsqu'elle ne laisse rien subsister qui puisse, à la charge du demandeur, être qualifié crime ou délit (Cass. crim., 14 nov. 1985 : *Bull.* 357 ; *Rev. sc. Cass. crim.*, 1986, 647, obs. Braunschweig).

24) Les déclarations de deux condamnés relativement à la prétendue innocence de leur cocondamné, alors qu'elles se produisent dans des conditions suspectes et sont même contradictoires, ne peuvent constituer le fait nouveau prévu par l'article 443, § 4, du Code d'instruction criminelle (C. proc. pén., art. 622-4°). (Ch. réun. 15 janv. 1902 : *Bull.* 23 ; *DP* 1903, 1, 113, concl. procureur général Baudouin).

Ne constitue pas un fait nouveau, ni un élément inconnu au jour du procès, au sens de l'article 622-4° du Code de procédure pénale, l'affirmation, par une personne condamnée par itératif défaut, qu'elle n'a pas été en mesure de faire connaître au tribunal un alibi excluant sa responsabilité pénale, lorsqu'il résulte du dossier qu'elle a invoqué cet alibi tant au cours de l'enquête préliminaire que lors de son opposition au jugement par défaut et que les juges pouvaient ainsi en tenir compte, notamment par application de l'article 494-1 dudit code (Cass. crim., 22 mars 1995 : *Bull.* 123).

25) La rectification d'une décision de justice servant de base à des poursuites pénales, peut constituer un fait nouveau, au sens de l'article 622-4° du Code de procédure pénale, et rendre recevable une demande en révision, dès lors que les condamnations prononcées perdent leur fondement juridique ; tel est le cas de l'arrêt rectificatif qui, supprimant de la décision rectifiée l'interdiction définitive du territoire français prononcée contre un étranger, justifie la révision de deux jugements ayant condamné celui-ci pour s'être soustrait à cette mesure d'interdiction (Cass. crim., 22 juin 1994 : *Bull.* 253).

26) Une interprétation nouvelle donnée par la juridiction administrative à des circonstances purement matérielles ne constitue pas un fait nouveau donnant lieu à l'application du paragraphe 4 de l'article 622 du Code de procédure pénale (Cass. crim., 4 juin 1970 : *Bull.* 186).

Il en est de même, s'agissant d'établir l'innocence du gérant d'une SARL condamné pour non-paiement de cotisations de sécurité sociale, de la circonstance relevée après la condamnation que ce gérant avait, à la date où les cotisations étaient exigibles, cessé ses fonctions et n'était plus employeur des salariés de la société, si cette cessation de fonctions n'avait pas été inscrite au registre de commerce (Cass. crim., 12 janv. 1971 : *Bull.* 9).

27) La demande en révision formée contre une contravention est recevable dès lors que cette contravention est indivisible avec des crimes ou délits eux-mêmes soumis à révision (Cass. crim., 5 nov. 1987 : *Bull.* 392).

28) La révision peut être demandée au bénéfice de toute personne qui, bien que non condamnée pénalement, a été reconnue auteur d'un délit par une juridiction répressive statuant sur les intérêts civils (Cass. crim., 27 avr. 1989 : *Bull.* 172).

29) Constitue un élément inconnu des juges, de nature à faire naître un doute sur la culpabilité de deux personnes condamnées pour vol de voiture et vol avec effraction, la révélation résultant d'une décision de relaxe prononcée postérieurement pour des faits similaires, que les délits auraient été commis, sans que les condamnés en soient informés, à l'instigation de gendarmes qui, par l'intermédiaire d'un informateur auraient fourni les renseignements nécessaires à la commission du vol avec effraction et procuré le véhicule prétendument volé (Cass. crim., 5 juin 1996 : *Bull.* 240).

30) Pour qu'il y ait matière à révision, au sens de l'article 622.4° du Code de procédure pénale, il est nécessaire que le fait nouveau ou l'élément inconnu de la juridiction lors du procès soit de nature à faire naître un doute sur la culpabilité de la personne condamnée ; tel n'est pas le cas de la décision de l'Office français de protection des réfugiés et apatrides (OFPRA) ou de la Commission des recours, qui reconnaît la qualité de réfugié à une personne condamnée pour entrée ou séjour irrégulier en France, lorsque cette décision intervient après le rejet, antérieur à la condamnation, d'une ou plusieurs demandes précédentes (Cass. crim., 28 avr. 1997 : *Bull.* 151).

31) L'annulation de la reconnaissance d'un enfant naturel, alors même qu'elle aboutit à l'anéantissement rétroactif du lien de filiation, ne saurait donner lieu à la révision de la condamnation de l'auteur de la reconnaissance pour abandon de famille, en raison du non-respect des obligations alimentaires mises à sa charge par une décision de justice à la suite de cette reconnaissance (Cass. crim., Cour de révision, 2 mars 1998 : *Bull.* 78).

Art. 623 *(L. n. 89-431, 23 juin 1989, art. 2 ; L. n. 93-2, 4 janv. 1993, art. 224)*. **– La révision peut être demandée :**

1° Par le ministre de la Justice ;

2° Par le condamné ou, en cas d'incapacité, par son représentant légal ;

3° Après la mort ou l'absence déclarée du condamné, par son conjoint, ses enfants, ses parents, ses légataires universels ou à titre universel ou par ceux qui en ont reçu de lui la mission expresse.

La demande en révision est adressée à une commission composée de cinq magistrats de la Cour de cassation, désignés par l'assemblée générale de cette juridiction et dont l'un, choisi parmi les membres de la chambre criminelle, en assure la présidence. Cinq magistrats suppléants sont désignés selon les mêmes formes. Les fonctions du ministère public sont exercées par le parquet général de la Cour de cassation.

Après avoir procédé, directement ou par commission rogatoire, à toutes recherches, auditions, confrontations et vérifications utiles et recueilli les observations écrites ou orales du requérant ou de son avocat et celles du ministère public, cette commission saisit la chambre criminelle, qui statue comme cour de révision, des demandes qui lui paraissent pouvoir être admises. La commission statue par une décision motivée qui n'est susceptible d'aucun recours ; cette décision, sur demande du requérant ou de son avocat, est rendue en séance publique.

La commission prend en compte, dans le cas où la requête est fondée sur le dernier alinéa (4°) de l'article 622, l'ensemble des faits nouveaux ou éléments inconnus sur lesquels ont pu s'appuyer une ou des requêtes précédemment rejetées.

1) Met fin à la procédure qui n'est pas reprise par l'une des personnes visée à l'article 623 du Code de procédure pénale, le décès du condamné qui avait présenté une demande en révision (Cass. crim., 10 janv. 2000 : *Bull.* 6).

La demande en révision, présentée par le petit-fils d'un condamné décédé n'entre pas dans les prévisions de l'article 623, alinéa 1.3°, du Code de procédure pénale (Cass. crim., 24 mars 1994 : *Bull.* 115).

2) Il appartient à la chambre criminelle, statuant comme cour de révision, en application de l'article 625 du Code de procédure pénale, si elle estime que l'affaire n'est pas en état, d'ordonner un supplément d'instruction sur la demande de révision dont elle est saisie (Cass. crim., 26 févr. 1997 : *Bull.* 80).

3) Aux termes de l'article 623 du Code de procédure pénale, la Commission de révision saisit la Cour de révision des demandes qui lui paraissent pouvoir être admises, tel est le cas de la demande en révision qui invoque deux expertises constituant des éléments nouveaux inconnus de la juridiction de nature à faire naître, sur la culpabilité du condamné, un doute dont l'appréciation revient à la Cour de cassation, (Cass. crim., 25 juin 2001 ; *Bull.* 157).

Art. 624

(L. n. 89-431, 23 juin 1989, art. 3). – **La commission saisie d'une demande de révision peut, à tout moment, ordonner la suspension de l'exécution de la condamnation.**

Il en est de même pour la cour de révision lorsqu'elle est saisie.

La circonstance qu'elle décide de procéder à un supplément d'information, sur la réalité du fait nouveau allégué, ne fait pas obstacle à ce que la cour de révision par le même arrêt, ordonne, en application de l'article 624, 2e alinéa du Code de procédure pénale, la suspension de l'exécution de la condamnation (Cass. crim., 26 févr. 1997 : *Bull.* 80).

Art. 625

(L. n. 89-431, 23 juin 1989, art. 4 ; L. n. 93-2, 4 janv. 1993, art. 224). – **Si la cour de révision estime que l'affaire n'est pas en état, elle procède comme il est dit à l'avant-dernier alinéa de l'article 623.**

Lorsque l'affaire est en état, la cour l'examine au fond et statue, par arrêt motivé non susceptible de voie de recours, à l'issue d'une audience publique au cours de laquelle sont recueillies les observations orales ou écrites du requérant ou de son avocat, celles du ministère public ainsi que, si elle intervient à l'instance, après en avoir été dûment avisée, celles de la partie civile constituée au procès dont la révision est demandée ou de son avocat. Elle rejette la demande si elle l'estime mal fondée. Si, au contraire, elle l'estime fondée, elle annule la condamnation prononcée. Elle apprécie s'il est possible de procéder à de nouveaux débats contradictoires. Dans l'affirmative, elle renvoie les accusés ou prévenus devant une juridiction de même ordre et de même degré, mais autre que celle dont émane la décision annulée.

S'il y a impossibilité de procéder à de nouveaux débats, notamment en cas d'amnistie, de décès, de démence, de contumace ou de défaut d'un ou plusieurs condamnés, d'irresponsabilité pénale ou d'excusabilité, en cas de prescription de l'action ou de la peine, la cour de révision, après l'avoir

expressément constatée, statue au fond en présence des parties civiles, s'il y en a au procès, et des curateurs nommés par elle à la mémoire de chacun des morts ; en ce cas, elle annule seulement celles des condamnations qui lui paraissent non justifiées et décharge, s'il y a lieu, la mémoire des morts.

Si l'impossibilité de procéder à de nouveaux débats ne se révèle qu'après l'arrêt de la cour de révision annulant l'arrêt ou le jugement de condamnation et prononçant le renvoi, la cour, sur la réquisition du ministère public, rapporte la désignation par elle faite de la juridiction de renvoi et statue comme il est dit à l'alinéa précédent.

Si l'annulation du jugement ou de l'arrêt à l'égard d'un condamné vivant ne laisse rien subsister à sa charge qui puisse être qualifié crime ou délit, aucun renvoi n'est prononcé.

L'annulation de la condamnation entraîne la suppression de la fiche du casier judiciaire.

1) Aux termes de l'article 625 du Code de procédure pénale, la partie civile constituée au procès dont la révision est demandée peut intervenir à l'instance et doit à cette fin être convoquée à l'audience au cours de laquelle la cour de révision examine l'affaire au fond (Cass. crim., 21 mars 1994 : *Bull.* 108).

2) Il y a lieu à révision lorsqu'il est intervenu une condamnation pour faux témoignage. Mais lorsque cette condamnation laisse subsister les autres charges qui pèsent contre le demandeur en révision et, par suite, n'implique pas nécessairement son innocence, la Cour de cassation doit, alors qu'il y a possibilité de procéder à de nouveaux débats oraux, le renvoyer devant une autre cour d'assises (Cass. crim., 23 avr. 1896 : *Bull.* 140. – Cass. crim., 27 avr. 1989 : *Bull.* 172).

3) L'annulation doit être prononcée sans renvoi, lorsqu'il est établi que le demandeur était irresponsable au moment des faits qui ont motivé les poursuites (Cass. crim., 3 déc. 1937 : *Bull.* 226).

L'annulation doit être prononcée sans renvoi, lorsque le prévenu dont l'innocence est démontrée est décédé (Cass. crim., 6 févr. 1931 : *Bull.* 40. – Cass. crim., 5 mars 1931 : *Bull.* 65).

4) Lorsque, au cours de l'instance en révision, le condamné vient à décéder, la Cour de cassation doit, à la requête du procureur général, nommer un curateur à la mémoire du mort, conformément aux prescriptions de l'article 625 du Code de procédure pénale. L'arrêt nommant le curateur est rendu en chambre du conseil (Cass. crim., 6 mai 1949 : *Bull.* 164. – Cass. crim., 19 mai 1949 : *Bull.* 179. – Cass. crim., 9 mai 1962 : *Bull.* 188).

5) Lorsqu'il ne peut être procédé à de nouveaux débats, notamment en cas de prescription de l'action publique, la Cour de cassation, qui est alors tenue, en vertu de l'article 445, § 4, du Code d'instruction criminelle (C. proc. pén., art. 625, al. 3), de statuer au fond, ne doit annuler la condamnation que s'il est établi qu'elle a été injustement prononcée (Cass. crim., 28 juin 1930 : *Bull.* 195. – Cass. crim., 21 janv. 1933 : *Bull.* 16. – Cass. crim., 2 mars 1934 : *Bull.* 51. – Cass. crim., 8 févr. 1989 : *Bull.* 62).

6) Lorsque, à la suite d'un arrêt ayant annulé, sur une demande de révision, un jugement de condamnation et déclaré qu'il serait procédé à de nouveaux débats oraux devant une juridiction de renvoi, l'accusé est tombé dans un état de démence inguérissable, il y a lieu de rapporter la désignation de la juridiction de renvoi et de statuer au fond.

Le rapport de la désignation de la juridiction de renvoi implique le rapport de la déclaration qu'il sera procédé à de nouveaux débats oraux (Cass. crim., 28 févr. 1918 : *DP* 1920, 1, 182, rapp. de M. le conseiller Petitier).

7) Il appartient à la chambre criminelle, statuant comme cour de révision, en application de l'article 625 du Code de procédure pénale, si elle estime que l'affaire n'est pas en état, d'ordonner un supplément d'instruction sur la demande de révision dont elle est saisie (Cass. crim., 26 févr. 1997 : *Bull.* 80).

8) L'annulation a lieu sans renvoi lorsqu'elle ne laisse rien subsister qui puisse, à la charge du demandeur, être qualifié crime ou délit, en ce qui concerne le fait pour lequel est intervenue la condamnation (Cass. crim., 12 juill. 1906 : *Bull.* 283 ; *DP* 1908, 1, 153, note. – Cass. crim., 13 mars 1931 : *Bull.* 79. – Cass. crim., 2 déc. 1937 : *Bull.* 225. – Cass. crim., 14 nov. 1985 : *Bull.* 357).

Art. 625-1 *(Inséré, L. n. 89-431, 23 juin 1989, art. 5)*. **– Pour l'application des articles 623 et 625, le requérant peut être représenté ou assisté par un avocat au Conseil d'État et à la Cour de cassation ou par un avocat régulièrement inscrit à un barreau.**

Art. 626 *(L. n. 89-431, 23 juin 1989, art. 6 ; L. n. 2000-1354, 30 déc. 2000, art. 6)*. **– Sans préjudice des dispositions des deuxième et troisième alinéas de l'article L. 781-1 du Code de l'organisation judiciaire, un condamné reconnu innocent en application du présent titre a droit à réparation intégrale du préjudice matériel et moral que lui a causé la condamnation. Toutefois, aucune réparation n'est due lorsque la personne a été condamnée pour des faits dont elle s'est librement et volontairement accusée ou laissé accuser à tort en vue de faire échapper l'auteur des faits aux poursuites.**

Peut également demander une réparation, dans les mêmes conditions, toute personne justifiant du préjudice que lui a causé la condamnation.

(L. n. 2000-1354, 30 déc. 2000, art. 6-III) **À la demande de l'intéressé, le préjudice est évalué par expertise contradictoire réalisée dans les conditions des articles 156 et suivants.**

La réparation est allouée *(L. n. 2000-1354, 30 déc. 2000, art. 6-V)* **par le premier président de la cour d'appel dans le ressort de laquelle réside l'interessé et suivant la procédure prévue par les articles 149-2 à 149-4.** *(L. n. 99-515, 23 juin 1999, art. 25-II)* **Si la personne en fait la demande, la réparation peut également être allouée par la décision d'où résulte son innocence. Devant la cour d'assises, la réparation est allouée par la cour statuant, comme en matière civile, sans l'assistance des jurés.**

(L. n. 99-515, 23 juin 1999, art. 25-III) **Cette réparation est à la charge de l'État, sauf son recours contre la partie civile, le dénonciateur ou le faux témoin par la faute desquels la condamnation a été prononcée. Elle est payée comme frais de justice criminelle, correctionnelle et de police.**

5e, 6e et 7e alinéas abrogés, L. n. 93-2, 4 janvier 1993, art. 143.

Si le demandeur le requiert, l'arrêt ou le jugement de révision d'où résulte l'innocence du condamné est affiché dans la ville où a été prononcée la condamnation, dans la commune du lieu où le crime ou le délit a été commis, dans celle du domicile des demandeurs en révision, dans celle du lieu de naissance et du dernier domicile de la victime de l'erreur judiciaire, si elle est décédée ; dans les mêmes conditions, il est ordonné qu'il soit inséré au *Journal officiel* et publié par extraits dans cinq journaux au choix de la juridiction qui a prononcé la décision.

Les frais de la publicité ci-dessus prévue sont à la charge du Trésor.

V. Textes complémentaires, L. 25 septembre 1946, (recours en révision en matière d'outrages aux bonnes mœurs par la voie du livre).

TITRE III. – DU RÉEXAMEN D'UNE DÉCISION PÉNALE CONSÉCUTIF AU PRONONCÉ D'UN ARRÊT DE LA COUR EUROPÉENNE DES DROITS DE L'HOMME (1)

(L. n. 2000-516, 15 juin 2000, art. 89)

Art. 626-1. – Le réexamen d'une décision pénale définitive peut être demandé au bénéfice de toute personne reconnue coupable d'une infraction lorsqu'il résulte d'un arrêt rendu par la Cour

(1) À titre transitoire, les demandes de réexamen présentées en application des articles 626-1 et suivants du Code de procédure pénale et motivées par une décision rendue par la Cour européenne des droits de l'homme rendue avant la publication de la présente loi au *Journal officiel* de la République française peuvent être formées dans un délai d'un an à compter de cette publication. Pour l'application des dispositions de ces articles, les décisions du Comité des ministres du Conseil de l'Europe rendues, après une décision de la Commission européenne des droits de l'homme, en application de l'article 32 (ancien) de la convention de sauvegarde des droits de l'homme ou de l'article 5 (paragraphe 6) de son protocole n° 11, sont assimilés aux décisions de la Cour européenne des droits de l'homme.

européenne des droits de l'homme que la condamnation a été prononcée en violation des dispositions de la convention de sauvegarde des droits de l'homme et des libertés fondamentales ou de ses protocoles additionnels, dès lors que, par sa nature et sa gravité, la violation constatée entraîne pour le condamné des conséquences dommageables auxquelles la « satisfaction équitable » allouée sur le fondement de l'article 41 de la convention ne pourrait mettre un terme.

V. C. BARBEROT, *Réexamen d'une décision pénale définitive consécutif au prononcé d'un arrêt de la Cour européenne des droits de l'homme : J.-Cl. Proc. pén.*, art. 626-1 à 626-7, fasc. 20. – V. *Gaz. Pal.* 2001, n. 84 à 86, p. 8, commission de réexamen d'une décision pénale, 30 nov. 2000, note Inès MONTEILLET. – J.-F. RENUCCI, *Le réexamen d'une décision de justice définitive dans l'intérêt des droits de l'homme : DH* 2000, chron. p. 655. – J. LEFEBVRE, *Premiers décisions tendues par la commission de réexamen d'une décision pénale : JCP* 2001, II.10642.

1) Selon l'article 626-1 du Code de procédure pénale, le réexamen ne peut être demandé que s'il résulte d'un arrêt de la Cour européenne des droits de l'homme que la condamnation a été prononcée en violation des dispositions de la Convention européenne des droits de l'homme (Comission de Réexamen, 8 nov. 2001 : *Bull.* 231).

2) Par sa nature et sa gravité, la violation de l'article 6.1 de la Convention européenne des droits de l'homme résultant de ce qu'une condamnation a été prononcée par une juridiction dont l'impartialité n'a pas été établie, entraîne pour le condamné des conséquences dommageables auxquelles seul le réexamen de l'affaire peut mettre un terme (Comission de Réexamen, 6 déc. 2001 : *Bull.* 255).

3) La décision définitive du Comité des ministres du Conseil de l'Europe, rendue après décision de la Commission européenne des droits de l'homme, assimilée à un arrêt de la Cour européenne des droits de l'homme par l'article 89-II de la loi n. 2000-516 du 15 juin 2000, ayant déclaré irrecevable la demande fondée sur des griefs tirés de l'article 6.1 de la Convention, qui constate une violation de l'article 8 de celle-ci, ne relève pas de lien de causalité entre la condamnation et cette violation. Par suite, est irrecevable la demande qui soutient, pour la première fois devant la Commission de réexamen, que la condamnation a été prononcée sur le fondement de preuves irrégulièrement obtenues (Comission de Réexamen, 8. nov. 2001 : *Bull.* 231).

4) N'entre pas dans les prévisions de l'article 626-1 du Code de procédure pénale et doit être déclarée irrecevable la demande de réexamen d'une condamnation pénale fondée sur une décision de la Cour européenne des droits de l'homme ayant déclaré irrecevable la requête présentée par le demandeur (Comission de Réexamen, 4 oct. 2001 : *Bull.* 200).

Est irrecevable la demande qui tend au réexamen d'une décision sur le fondement de violations prétendues du droit communautaire et du Code des douanes (Comission de Réexamen, 8 nov. 2001 : *Bull.* 231).

5) N'entre pas dans les prévisions des articles 626-1 du Code de procédure pénale et 89-II de la loi du 15 juin 2000 et doit être déclarée irrecevable la demande de réexamen d'une condamnation pénale fondée sur une décision de la Commission européenne des droits de l'homme ayant constaté l'accord intervenu entre le gouvernement français et le demandeur et dit que cet accord valait règlement amiable de l'affaire au sens de la Convention européenne des droits de l'homme (Comission de Réexamen, 4 oct. 2001 : *Bull.* 201).

6) S'agissant de la procédure devant la cour d'appel, la violation de l'article 6.1 et 3 de la Convention consiste, a avoir privé le requérant, non comparant, et non excusé, du droit à l'assistance d'un défenseur, et, s'agissant de la procédure devant la Cour de cassation, la violation de l'article 6.1 de la Convention, consiste à avoir privé le requérant du droit d'exercer un recours. Ces violations par leur nature et leur gravité, ont entraîné, pour le condamné, des conséquences auxquelles, seul le réexamen de l'affaire par une autre cour d'appel peut mettre un terme (Comission de Réexamen, 24 janv. 2001 : *Bull.* 1).

Art. 626-2. – Le réexamen peut être demandé par :

- **le ministre de la justice ;**
- **le procureur général près la Cour de cassation ;**

– le condamné ou, en cas d'incapacité, son représentant légal ;
– les ayants droit du condamné, en cas de décès de ce dernier.

Art. 626-3. – La demande en réexamen est adressée à une commission composée de sept magistrats de la Cour de cassation, désignés par l'assemblée générale de cette juridiction ; chacune des chambres est représentée par un de ses membres, à l'exception de la chambre criminelle qui est représentée par deux magistrats, l'un d'entre eux assurant la présidence de la commission. *(L. n. 2002-307, 4 mars 2002, art. 11)* **Sept magistrats suppléants sont désignés dans les mêmes conditions. Les fonctions du ministère public sont exercées par le parquet général de la Cour de cassation.**

La demande en réexamen doit être formée dans un délai d'un an à compter de la décision de la Cour européenne des droits de l'homme.

La décision de la commission est prononcée à l'issue d'une audience publique au cours de laquelle sont recueillies les observations orales ou écrites du requérant ou de son avocat, ainsi que celles du ministère public ; cette décision n'est pas susceptible de recours.

Art. 626-4. – Si elle estime la demande justifiée, la commission procède conformément aux dispositions ci-après :

– Si le réexamen du pourvoi du condamné, dans des conditions conformes aux dispositions de la convention, est de nature à remédier à la violation constatée par la Cour européenne des droits de l'homme, la commission renvoie l'affaire devant la Cour de cassation qui statue en assemblée plénière ;

– Dans les autres cas, la commission renvoie l'affaire devant une juridiction de même ordre et de même degré que celle qui a rendu la décision litigieuse, sous réserve de l'application des dispositions des troisième et quatrième alinéas de l'article 625.

Art. 626-5. – La suspension de l'exécution de la condamnation peut être prononcée à tout moment de la procédure de réexamen par la commission ou la Cour de cassation.

Art. 626-6. – Pour l'application des dispositions du présent titre, le requérant peut être représenté ou assisté par un avocat au Conseil d'État ou à la Cour de cassation ou par un avocat régulièrement inscrit à un barreau.

Art. 626-7. – Si, à l'issue de la procédure, le condamné est reconnu innocent, les dispositions de l'article 626 sont applicables.

LIVRE QUATRIÈME

DE QUELQUES PROCÉDURES PARTICULIÈRES

TITRE PREMIER. – DE LA COOPÉRATION AVEC LA COUR PÉNALE INTERNATIONALE

(L. n. 2002-268, 26 févr. 2002, art. 1er)

Art. 627. – Pour l'application du statut de la Cour pénale internationale signé le 18 juillet 1998, la France participe à la répression des infractions et coopère avec cette juridiction dans les conditions fixées par le présent titre.

Les dispositions qui suivent sont applicables à toute personne poursuivie devant la Cour pénale internationale ou condamnée par celle-ci à raison des actes qui constituent, au sens des articles 6 à 8 et 25 du statut, un génocide, des crimes contre l'humanité ou des crimes de guerre.

CHAPITRE I. – DE LA COOPÉRATION JUDICIAIRE

SECTION I. – DE L'ENTRAIDE JUDICIAIRE

Art. 627-1. – Les demandes d'entraide émanant de la Cour pénale internationale sont adressées aux autorités compétentes en vertu de l'article 87 du statut en original ou en copie certifiée conforme accompagnées de toutes pièces justificatives.

Ces documents sont transmis au procureur de la République de Paris qui leur donne toutes suites utiles.

En cas d'urgence, ces documents peuvent être transmis directement et par tout moyen à ce magistrat. Ils sont ensuite transmis dans les formes prévues aux alinéas précédents.

Art. 627-2. – Les demandes d'entraide sont exécutées, selon les cas, par le procureur de la République ou par le juge d'instruction de Paris qui agissent sur l'ensemble du territoire national en présence, le cas échéant, du procureur près la Cour pénale internationale ou de son représentant, ou de toute autre personne mentionnée dans la demande de la Cour pénale internationale.

Les procès-verbaux établis en exécution de ces demandes sont adressés à la Cour pénale internationale par les autorités compétentes en vertu de l'article 87 du statut.

En cas d'urgence, les copies certifiées conformes des procès-verbaux peuvent être adressées directement et par tout moyen à la Cour pénale internationale. Les procès-verbaux sont ensuite transmis dans les formes prévues aux alinéas précédents.

Art. 627-3. – L'exécution sur le territoire français des mesures conservatoires mentionnées au *k* du paragraphe 1 de l'article 93 du statut est ordonnée, aux frais avancés du Trésor et selon les modalités prévues par le nouveau code de procédure civile, par le procureur de la République de Paris. La durée maximale de ces mesures est limitée à deux ans. Elles peuvent être renouvelées dans les mêmes conditions avant l'expiration de ce délai à la demande de la Cour pénale internationale.

Le procureur de la République de Paris transmet aux autorités compétentes, en vertu de l'article 87 du statut, toute difficulté relative à l'exécution de ces mesures, afin que soient menées les consultations prévues aux articles 93, paragraphe 3, et 97 du statut.

SECTION II. – DE L'ARRESTATION ET DE LA REMISE

Art. 627-4. – Les demandes d'arrestation aux fins de remise délivrées par la Cour pénale internationale sont adressées, en original et accompagnées de toutes pièces justificatives, aux autorités compétentes en vertu de l'article 87 du statut qui, après s'être assurées de leur régularité formelle, les transmettent au procureur général près la cour d'appel de Paris et, dans le même temps, les mettent à exécution dans toute l'étendue du territoire de la République.

En cas d'urgence, ces demandes peuvent aussi être adressées directement et par tout moyen au procureur de la République territorialement compétent. Elles sont ensuite transmises dans les formes prévues à l'alinéa précédent.

Art. 627-5. – Toute personne appréhendée en vertu d'une demande d'arrestation aux fins de remise doit être déférée dans les vingt-quatre heures au procureur de la République territorialement compétent. Dans ce délai, les dispositions des articles 63-1 à 63-5 du présent code lui sont applicables.

Après avoir vérifié l'identité de cette personne, ce magistrat l'informe, dans une langue qu'elle comprend, qu'elle fait l'objet d'une demande d'arrestation aux fins de remise et qu'elle comparaîtra, dans un délai maximum de cinq jours, devant le procureur général près la cour d'appel de Paris. Le procureur de la République l'informe également qu'elle pourra être assistée par un avocat de son choix ou, à défaut, par un avocat commis d'office par le bâtonnier de l'ordre des avocats, informé sans délai et par tout moyen. Il l'avise de même qu'elle pourra s'entretenir immédiatement avec l'avocat désigné.

Mention de ces informations est faite au procès-verbal, qui est aussitôt transmis au procureur général près la cour d'appel de Paris.

Le procureur de la République ordonne l'incarcération de la personne réclamée à la maison d'arrêt.

Art. 627-6. – La personne réclamée est transférée, s'il y a lieu, et écrouée à la maison d'arrêt du ressort de la cour d'appel de Paris. Le transfèrement doit avoir lieu dans un délai maximum de cinq jours à compter de sa présentation au procureur de la République, faute de quoi la personne réclamée est immédiatement libérée sur décision du président de la chambre de l'instruction de la cour d'appel de Paris, à moins que le transfèrement ait été retardé par des circonstances insurmontables.

Le procureur général près cette même cour lui notifie, dans une langue qu'elle comprend, la demande d'arrestation aux fins de remise ainsi que les chefs d'accusation portés contre elle.

Lorsque la personne réclamée a déjà demandé l'assistance d'un avocat et que celui-ci a été dûment convoqué, le procureur général reçoit ses déclarations.

Dans les autres cas, ce magistrat lui rappelle son droit de choisir un avocat ou de demander qu'il lui en soit désigné un d'office. L'avocat choisi ou, dans le cas d'une demande de commission d'office, le bâtonnier de l'ordre des avocats en est informé par tout moyen et sans délai. L'avocat peut consulter sur-le-champ le dossier et communiquer librement avec la personne réclamée. Le procureur général reçoit les déclarations de cette dernière après l'avoir avertie qu'elle est libre de ne pas en faire. Mention de cet avertissement est faite au procès-verbal.

Art. 627-7. – La chambre de l'instruction est immédiatement saisie de la procédure. La personne réclamée comparaît devant elle dans un délai de huit jours à compter de sa présentation au procureur général. Sur la demande de ce dernier ou de la personne réclamée, un délai supplémentaire de huit jours peut être accordé avant les débats. Il est ensuite procédé à un interrogatoire, dont il est dressé procès-verbal.

Les débats se déroulent et l'arrêt est rendu en audience publique, sauf si la publicité est de nature à nuire au bon déroulement de la procédure en cours, aux intérêts d'un tiers ou à la dignité de la personne. Dans ce cas, la chambre de l'instruction, à la demande du ministère public, de la personne réclamée ou d'office, statue par un arrêt rendu en chambre du conseil qui n'est susceptible de pourvoi en cassation qu'en même temps que l'arrêt portant sur la remise prévue à l'article 627-8.

Le ministère public et la personne réclamée sont entendus, cette dernière assistée, le cas échéant, de son avocat et, s'il y a lieu, en présence d'un interprète.

Art. 627-8. – Lorsque la chambre de l'instruction constate qu'il n'y a pas d'erreur évidente, elle ordonne la remise de la personne réclamée et, si celle-ci est libre, son incarcération à cette fin. Toute autre question soumise à la chambre de l'instruction est renvoyée à la Cour pénale internationale qui lui donne les suites utiles.

La chambre de l'instruction statue dans les quinze jours de la comparution devant elle de la personne réclamée. En cas de pourvoi, la chambre criminelle de la Cour de cassation statue dans un délai de deux mois suivant la réception du dossier à la Cour de cassation.

Art. 627-9. – La mise en liberté peut être demandée à tout moment à la chambre de l'instruction de la cour d'appel de Paris qui procède conformément à l'article 59 du statut et à la procédure prévue aux articles 148-1 et suivants du présent code.

La chambre de l'instruction statue par un arrêt rendu en audience publique et motivé par référence aux dispositions du paragraphe 4 de l'article 59 susvisé.

Art. 627-10. – L'arrêt rendu par la chambre de l'instruction et, le cas échéant, le lieu et la date de la remise de la personne réclamée, ainsi que la durée de la détention subie en vue de cette remise, sont portés à la connaissance de la Cour pénale internationale, par tout moyen, par les autorités compétentes en vertu de l'article 87 du statut.

La personne réclamée est remise dans un délai d'un mois à compter du jour où cette décision est devenue définitive, faute de quoi elle est immédiatement libérée sur décision du président de la chambre de l'instruction, à moins que sa remise ait été retardée par des circonstances insurmontables.

Art. 627-11. – Les dispositions des articles 627-4 à 627-10 sont également applicables si la personne réclamée est poursuivie ou condamnée en France pour d'autres chefs que ceux visés par la demande de la Cour pénale internationale. Toutefois, la personne détenue dans ces conditions ne peut bénéficier d'une mise en liberté au titre des articles 627-6, 627-9 et du second alinéa de l'article 627-10.

La procédure suivie devant la Cour pénale internationale suspend, à l'égard de cette personne, la prescription de l'action publique et de la peine.

Art. 627-12. – Le transit sur le territoire français est autorisé conformément à l'article 89 du statut par les autorités compétentes en vertu de l'article 87 du statut.

Art. 627-13. – Lorsque la cour sollicite l'extension des conditions de la remise accordée par les autorités françaises, la demande est transmise aux autorités compétentes en vertu de l'article 87 du statut, qui la communiquent, avec toutes les pièces justificatives ainsi que les observations éventuelles de l'intéressé, à la chambre de l'instruction de la cour d'appel de Paris.

Si, au vu des pièces considérées et, le cas échéant, des explications de l'avocat de la personne concernée, la chambre de l'instruction constate qu'il n'y a pas d'erreur évidente, elle autorise l'extension sollicitée.

Art. 627-14. – La personne qui a fait l'objet d'une arrestation provisoire dans les conditions prévues à l'article 92 du statut peut, si elle y consent, être remise à la Cour pénale internationale avant que les autorités compétentes en vertu de l'article 87 du statut aient été saisies d'une demande formelle de remise de la part de la juridiction internationale.

La décision de remise est prise par la chambre de l'instruction de la cour d'appel de Paris après que celle-ci a informé la personne concernée de son droit à une procédure formelle de remise et a recueilli son consentement.

Au cours de son audition par la chambre de l'instruction, la personne concernée peut se faire assister par un avocat de son choix ou, à défaut, par un avocat commis d'office par le bâtonnier et, s'il y a lieu, par un interprète.

La personne qui a fait l'objet d'une arrestation provisoire dans les conditions prévues à l'article 92 du statut et qui n'a pas consenti à être remise à la cour peut être libérée si les autorités compétentes en vertu de l'article 87 du statut ne reçoivent pas de demande formelle de remise dans le délai prescrit par le règlement de procédure et de preuve de cette juridiction internationale.

La libération est décidée par la chambre de l'instruction sur requête présentée par l'intéressé. La chambre de l'instruction statue dans les huit jours de la comparution devant elle de la personne arrêtée.

Art. 627-15. – Toute personne détenue sur le territoire de la République peut, si elle y consent, être transférée à la Cour pénale internationale à des fins d'identification ou d'audition ou pour l'accomplissement de tout autre acte d'instruction. Le transfert est autorisé par le ministre de la Justice.

CHAPITRE II. – DE L'EXÉCUTION DES PEINES ET DES MESURES DE RÉPARATION PRONONCÉES PAR LA COUR PÉNALE INTERNATIONALE

SECTION I. – DE L'EXÉCUTION DES PEINES D'AMENDE ET DE CONFISCATION AINSI QUE DES MESURES DE RÉPARATION EN FAVEUR DES VICTIMES

Art. 627-16. – Lorsque la Cour pénale internationale en fait la demande, l'exécution des peines d'amende et de confiscation ou des décisions concernant les réparations prononcées par celle-ci est autorisée par le tribunal correctionnel de Paris saisi, à cette fin, par le procureur de la République. La procédure suivie devant le tribunal correctionnel obéit aux règles du présent code.

Le tribunal est lié par la décision de la Cour pénale internationale, y compris en ce qui concerne les dispositions relatives aux droits des tiers. Toutefois, dans le cas d'exécution d'une ordonnance de confiscation, il peut ordonner toutes les mesures destinées à permettre de récupérer la valeur du produit, des biens ou des avoirs dont la cour a ordonné la confiscation, lorsqu'il apparaît que l'ordonnance de confiscation ne peut pas être exécutée. Le tribunal entend le condamné ainsi que toute personne ayant des droits sur les biens, au besoin par commission rogatoire. Ces personnes peuvent se faire représenter par un avocat.

Lorsque le tribunal constate que l'exécution d'une ordonnance de confiscation ou de réparation aurait pour effet de porter préjudice à un tiers de bonne foi qui ne peut relever appel de ladite ordonnance, il en informe le procureur de la République aux fins de renvoi de la question à la Cour pénale internationale qui lui donne toutes suites utiles.

Art. 627-17. – L'autorisation d'exécution rendue par le tribunal correctionnel en vertu de l'article précédent entraîne, selon la décision de la Cour pénale internationale, transfert du produit des amendes et des biens confisqués ou du produit de leur vente à la cour ou au fonds en faveur des victimes. Ces biens ou sommes peuvent également être attribués aux victimes, si la cour en a décidé et a procédé à leur désignation.

Toute contestation relative à l'affectation du produit des amendes, des biens ou du produit de leur vente est renvoyée à la Cour pénale internationale qui lui donne les suites utiles.

SECTION II. – DE L'EXÉCUTION DES PEINES D'EMPRISONNEMENT

Art. 627-18. – Lorsque, en application de l'article 103 du statut, le Gouvernement a accepté de recevoir une personne condamnée par la Cour pénale internationale sur le territoire de la République afin que celle-ci y purge sa peine d'emprisonnement, la condamnation prononcée est directement et immédiatement exécutoire dès le transfert de cette personne sur le sol national, pour la partie de peine restant à subir.

Sous réserve des dispositions du statut et de la présente section, l'exécution et l'application de la peine sont régies par les dispositions du présent code, à l'exception des articles 713-1 à 713-7.

Art. 627-19. – Dès son arrivée sur le territoire de la République, la personne transférée est présentée au procureur de la République du lieu d'arrivée, qui procède à son interrogatoire d'identité et en dresse procès-verbal. Toutefois, si l'interrogatoire ne peut être immédiatement effectué, la personne est conduite à la maison d'arrêt où elle ne peut être détenue plus de vingt-quatre heures. À l'expiration de ce délai, elle est conduite d'office devant le procureur de la République par les soins du chef d'établissement.

Au vu des pièces constatant l'accord entre le Gouvernement français et la Cour pénale internationale concernant le transfert de l'intéressé, d'une copie certifiée conforme du jugement de condamnation et d'une notification par la cour de la date de début d'exécution de la peine et de la durée restant à accomplir, le procureur de la République ordonne l'incarcération immédiate de la personne condamnée.

Art. 627-20. – Si la personne condamnée dépose une demande de placement à l'extérieur, de semi-liberté, de réduction de peine, de fractionnement ou de suspension de peine, de placement sous surveillance électronique ou de libération conditionnelle, sa requête est adressée au procureur général près la cour d'appel dans le ressort de laquelle elle est incarcérée qui la transmet au ministre de la justice.

Celui-ci communique la requête à la Cour pénale internationale dans les meilleurs délais, avec tous les documents pertinents.

La Cour pénale internationale décide si la personne condamnée peut ou non bénéficier de la mesure considérée. Lorsque la décision de la cour est négative, le Gouvernement indique à la cour s'il accepte de garder la personne condamnée sur le territoire de la République ou s'il entend demander son transfert dans un autre État qu'elle aura désigné.

TITRE PREMIER *bis*. – DES CONTUMACES

Art. 627-21 *(Ord. n. 60-529, 4 juin 1960, art. 8).* **– Lorsque, après** *(L. n. 2000-1354, 30 déc. 2000, art. 28, applic. 1er janv. 2001)* **une décision de mise en accusation, l'accusé n'a pu être saisi ou ne se représente pas dans les dix jours de la signification qui en a été faite à son domicile, ou lorsque après s'être présenté ou avoir été saisi, il s'est évadé, le président de la cour d'assises ou, en son absence, le président du tribunal du lieu où se tiennent les assises, ou le magistrat qui le remplace, rend une ordonnance portant qu'il est tenu de se représenter dans un nouveau délai de dix jours, sinon, qu'il sera déclaré rebelle à la loi, qu'il sera suspendu de l'exercice de ses droits de citoyen, que ses biens seront séquestrés pendant l'instruction de la contumace, que toute action en justice lui sera interdite pendant le même temps, qu'il sera procédé contre lui et que toute personne est tenue d'indiquer le lieu où il se trouve.**

Cette ordonnance fait de plus mention du crime et de l'ordonnance de prise de corps.

V. H. Angevin, *Contumace : J.-Cl. Proc. pén.*, art. 627 à 641. – F. Chapar, *La cour d'assises,* p. 234, Dalloz, 1987, 4e éd. – L. Topor, *Les difficultés de qualification suscitées par la confiscation générale des biens en cas de représentation du contumax : Rev. sc. crim.* 1973, p. 819. – M.-L. Niboyet, ... « À propos de la condamnation de la procédure française de contumace au nom du droit au procès équitable : CJCE, 28 mars 2000 » : *Gaz. Pal.* 2000, n. 275 à 277, I, p. 21 et II, p. 30.

Un accusé n'est pas recevable à se prévaloir de ce que la procédure de contumace n'ait pas été suivie à son encontre ou à alléguer des irrégularités pouvant l'affecter, dès lors que le ministère public n'est pas tenu, lorsqu'un accusé est en fuite, de recourir à cette procédure, laquelle, d'ailleurs, n'est pas prescrite à peine de nullité (Cass. crim., 22 nov. 2000 : *Bull.* 349).

Art. 628. – Dans le délai de huit jours, cette ordonnance est insérée dans l'un des journaux du département et affichée à la porte du domicile de l'accusé, à celle de la mairie de sa commune et à celle de l'auditoire de la cour d'assises.

Le procureur général adresse une expédition de cette ordonnance au directeur des domaines du domicile du contumax.

Art. 629. – Après un délai de dix jours, il est procédé au jugement de la contumace.

Art. 630 *(Mod., L. n. 93-2, 4 janv. 1993, art. 224).* **– Aucun avocat ne peut se présenter pour l'accusé contumax. Toutefois, si l'accusé est dans l'impossibilité absolue de déférer à l'injonction contenue dans l'ordonnance prévue par l'article** *(L. n. 2002–268, 26 févr. 2002, art. 2)* **627–21, ses parents ou ses amis peuvent proposer son excuse.**

V. Annexe Dr. de l'homme art. 6 – Arrêt 13 févr. 2001 – *D.* 2001, note J. P. MARGUÉNAUD, *La procédure par contumace frappée par la foudre européenne,* p. 3302.

Hormis la mission que lui permet l'article 630 du Code de procédure pénale, le parent ou ami n'a pas la qualité de partie au procès. Son pourvoi doit, par suite, être déclaré irrecevable (Cass. crim., 8 août 1960 : *Bull.* 404).

Art. 631. – Si la cour trouve l'excuse légitime, elle ordonne qu'il soit sursis au jugement de l'accusé et, s'il y a lieu, au séquestre de ses biens pendant un temps qui est fixé eu égard à la nature de l'excuse et à la distance des lieux.

Art. 632 *(Ord. n. 60-529, 4 juin 1960, art. 8 ; L. n. 94-89, 1er févr. 1994, art. 10-III).* **– Hors ce cas, il est procédé à la lecture de** *(L. n. 2000-1354, 30 déc. 2000, art. 29, applic. 1er janv. 2001)* **la décision de renvoi à la cour d'assises, de l'exploit de signification de l'ordonnance ayant pour objet la représentation du contumax et des procès-verbaux dressés pour en constater la publication et l'affichage.**

Après cette lecture, la cour, sur les réquisitions du procureur général, prononce sur la contumace.

Si l'une des formalités prescrites par les articles *(L. n. 2002-268, 26 févr. 2002, art. 2)* **627-21 et 628 a été omise, la cour déclare nulle la procédure de contumace et ordonne qu'elle sera recommencée à partir du plus ancien acte illégal.**

Dans le cas contraire, la cour prononce sans l'assistance de jurés sur l'accusation. La cour statue ensuite sur les intérêts civils.

L'arrêt par contumace, s'il ne peut être exécuté sur la personne du condamné pendant les délais de la prescription de la peine, est à certains égards exécutoire, et produit les effets définitifs dont il est susceptible ; notamment les dommages-intérêts auxquels le contumax et le civilement responsable ont été condamné peuvent être recouvrés par la partie civile pendant les délais de la prescription de la peine. Il n'y a donc lieu de s'arrêter à la demande du civilement responsable tendant à faire surseoir à statuer sur son pourvoi jusqu'à ce que la condamnation prononcée contre le contumax soit devenue définitive (Cass. crim., 29 mai 1914 : *Bull.* 269).

Art. 633. – Si le contumax est condamné, ses biens, s'ils n'ont pas fait l'objet d'une confiscation, sont maintenus sous séquestre et le compte de séquestre est rendu à qui il appartiendra après que la condamnation est devenue irrévocable par l'expiration du délai donné pour purger la contumace.

Art. 634. – Extrait de l'arrêt de condamnation est, dans le plus bref délai, à la diligence du procureur général, inséré dans l'un des journaux du département du dernier domicile du condamné.

Il est affiché, en outre, à la porte de ce dernier domicile, à la porte de la mairie de la commune où le crime a été commis et à celle du prétoire de la cour d'assises.

Pareil extrait est adressé au directeur des domaines du domicile du contumax.

Art. 635. – À partir de l'accomplissement des mesures de publicité prescrites par l'article précédent, le condamné est frappé de toutes les déchéances prévues par la loi.

Art. 636. – Le pourvoi en cassation n'est pas ouvert au contumax.

1) L'accusé qui se dérobe à l'exécution des mandements de justice décernés contre lui n'est pas recevable à se pourvoir contre l'arrêt de la chambre d'accusation qui le renvoie devant la cour d'assises (Cass. crim., 13 mai 1965 : *Bull.* 138. – Cass. crim., 1er déc. 1966 : *Bull.* 275 ; *D.* 1967, 23, rap. Costa).

2) Aux termes de l'article 636 du Code de procédure pénale, le pourvoi en cassation n'est pas ouvert au contumax.

Cette irrecevabilité s'étend nécessairement aux pourvois en cassation contre les décisions contentieuses, telles que celles relatives à l'application des lois d'amnistie, qui se rattachent à la condamnation rendue par contumace (Cass. crim., 9 juill. 1970 : *Bull.* 234).

3) Un arrêt de condamnation par contumace, anéanti de plein droit par la représentation du contumax, ne met pas fin à la procédure. Les articles 570 et 571 du Code de procédure pénale permettent, dès lors, au président de la chambre criminelle de constater, par ordonnance, qu'il n'y a lieu de statuer sur le pourvoi formé contre un tel arrêt, d'autant que ce pourvoi, selon l'article 636 dudit code, est en toute hypothèse irrecevable (Cass. crim., 28 oct. 1988 : *Bull.* 365).

Art. 637. – En aucun cas, la contumace d'un accusé ne suspend ni ne retarde de plein droit l'instruction à l'égard de ses coaccusés présents.

La cour peut ordonner, après le jugement de ceux-ci, la remise des effets déposés au greffe comme pièces à conviction, lorsqu'ils sont réclamés par les propriétaires ou ayants droit. Elle peut, aussi, ne l'ordonner qu'à charge de les représenter s'il y a lieu.

Cette remise est précédée d'un procès-verbal de description dressé par le greffier.

Art. 638. – Durant le séquestre, il peut être accordé des secours à la femme, aux enfants, aux ascendants du contumax s'ils sont dans le besoin.

Il est statué par ordonnance du président du tribunal du domicile du contumax, après avis du directeur des domaines.

Art. 639. – Si le contumax se constitue prisonnier ou s'il est arrêté avant que la peine soit éteinte par prescription, l'arrêt et les procédures faites depuis l'ordonnance de se représenter sont anéantis de plein droit et il est procédé à son égard dans la forme ordinaire.

Dans le cas ou l'arrêt de condamnation avait prononcé une confiscation au profit de l'État, les mesures prises pour assurer l'exécution de cette peine restent valables. Si la décision qui intervient après la représentation du contumax ne maintient pas la peine de la confiscation, il est fait restitution à l'intéressé du produit net de la réalisation des biens aliénés et, dans l'état où ils se trouvent, des biens non liquidés.

1) Le condamné par contumace ne peut ni former opposition, ni acquiescer à la décision intervenue contre lui. La purge de la contumace est subordonnée à la représentation de l'accusé ou à son arrestation avant que la peine soit éteinte par prescription (Cass. crim., 6 déc. 1951 : *Bull.* 332).

2) Si le jugement par contumace est anéanti de plein droit si le condamné se constitue prisonnier ou s'il est arrêté avant que la peine ne soit éteinte par prescription, le décès dudit condamné avant l'expiration de ce terme, qui a pour effet de rendre la condition irréalisable, entraîne nécessairement l'irrévocabilité de la condamnation (Cass. crim., 1er juill. 1954 : *Bull.* 244 ; *D.* 1954, 550, note P. A.).

3) Lorsque l'accusé est en fuite et dès lors sans résidence connue, la signification de l'arrêt de renvoi est régulièrement faite au parquet par application des articles 268, dernier alinéa, et 559 du Code de procédure pénale.

La signification de l'arrêt de renvoi antérieure à l'ordonnance de se représenter n'est pas anéantie par l'arrestation ultérieure du contumax et elle n'a pas à être renouvelée (Cass. crim., 3 févr. 1955 : *Bull.* 85. – Cass. crim., 12 févr. 1975 : *Bull.* 47. – Cass. crim., 6 juill. 1977 : *Bull.* 256).

4) Doit être annulé l'arrêt de la cour d'assises auquel a concouru un magistrat ayant précédemment connu de la même affaire jugée par contumace (Cass. crim., 10 mars 1966 : *Bull.* 92).

5) Les juridictions d'instruction sont incompétentes pour connaître des faits ayant donné lieu à condamnation par contumace et, notamment, pour déclarer acquise la prescription à l'égard de ces faits (Cass. crim., 20 déc. 1985 : *Bull.* 407).

Art. 640. – Dans le cas prévu à l'article précédent, si, pour quelque cause que ce soit, des témoins ne peuvent être produits aux débats, leurs dépositions écrites et, s'il est nécessaire, les réponses écrites des autres accusés du même crime sont lues à l'audience ; il en est de même de toutes les autres pièces qui sont jugées, par le président, utiles à la manifestation de la vérité.

1) L'obligation de lire à l'audience les dépositions des témoins qui ne sont pas produites aux débats ne s'applique qu'aux dépositions des témoins qui, après avoir été entendus dans l'instruction écrite et avoir été cités à comparaître à l'audience, ont été empêchés de fournir leur témoignage oral (Cass. crim., 1er avr. 1952 : *Bull.* 98. – Cass. crim., 6 juin 1952 : *Bull.* 143 ; *Rev. sc. crim.* 1953, 111, obs. Patin).

2) Il résulte des termes de l'article 640 du Code de procédure pénale que la lecture des déclarations écrites des autres accusés est laissée à la conscience du président qui décide si une telle lecture doit être faite (Cass. crim., 6 oct. 1960 : *Bull.* 432. – Cass. crim., 23 nov. 1961 : *Bull.* 484).

Art. 641 *(Rempl., L. n. 93-2, 4 janv. 1993, art. 132).* **– La cour peut ordonner que les mesures de publicité prescrites par l'article 634 s'appliquent à toute décision de justice rendue au profit du contumax.**

TITRE II. – DU FAUX

Art. 642. – Lorsqu'il est porté à la connaissance du procureur de la République qu'une pièce arguée de faux figure dans un dépôt public ou a été établie dans un dépôt public, le procureur de la République peut se transporter dans ce dépôt pour procéder à tous examens et vérifications nécessaires.

Le procureur de la République ne peut déléguer les pouvoirs ci-dessus à un officier de police judiciaire.

Le procureur de la République peut, en cas d'urgence, ordonner le transport au greffe des documents suspectés.

V. J.-M. Gonnard, *Faux : J.-Cl. proc. pén.,* art. 642 à 647-4.

Art. 643. – Dans toute information pour faux en écritures, le juge d'instruction, aussitôt que la pièce arguée de faux a été produite devant lui ou a été placée sous main de justice, en ordonne le dépôt au greffe. Il la revêt de sa signature, ainsi que le greffier qui dresse du dépôt un acte décrivant l'état de la pièce.

Toutefois, avant le dépôt au greffe, le juge d'instruction peut ordonner que la pièce soit reproduite par photographie ou par tout autre moyen.

Art. 644. – Le juge d'instruction peut se faire remettre par qui il appartiendra et saisir toutes pièces de comparaison. Celles-ci sont revêtues de sa signature et de celle du greffier qui en fait un acte descriptif comme il est dit à l'article précédent.

Art. 645. – Tout dépositaire public de pièces arguées de faux, ou ayant servi à établir des faux, est tenu, sur ordonnance du juge d'instruction, de les lui remettre et de fournir, le cas échéant, les pièces de comparaison qui sont en sa possession.

Si les pièces ainsi remises par un officier public ou saisies entre ses mains ont le caractère d'actes authentiques, il peut demander à ce qu'il lui en soit laissé une copie, certifiée conforme par le greffier, ou une reproduction par photographie ou par tout autre moyen.

Ladite copie ou reproduction est mise au rang des minutes de l'office jusqu'à restitution de la pièce originale.

Art. 646. – Si au cours d'une audience d'un tribunal ou d'une cour une pièce de la procédure, ou une pièce produite, est arguée de faux, la juridiction décide, après avoir recueilli les observations du

ministère public et des parties, s'il y a lieu ou non de surseoir jusqu'à ce qu'il ait été prononcé sur le faux par la juridiction compétente.

Si l'action publique est éteinte ou ne peut être exercée du chef de faux, et s'il n'apparaît pas que celui qui a produit la pièce ait fait sciemment usage d'un faux, le tribunal ou la cour saisi de l'action principale statue incidemment sur le caractère de la pièce prétendue entachée de faux.

V. Textes complémentaires : Code des douanes (art. 339, 340, 341, inscription de faux).

V. P. ORTSCHEIDT, *Le juge pénal et la procédure du sursis à statuer : Rev. sc. crim.* 1981, p. 303.

1) L'inscription de faux, régie par l'article 646 du Code de procédure pénale, a le caractère d'un incident auquel il ne peut être donné suite qu'autant qu'il se rattache à une instance principale et qu'il est de nature à exercer une influence sur la solution de cette instance (Cass. crim., 26 déc. 1960 : *Bull.* 617).

2) La mention, dans l'exploit de citation, des diligences de l'huissier, vaut jusqu'à inscription de faux.

Pour soulever la nullité d'une citation contenant la transcription d'une déclaration relative à l'abandon de son domicile par un prévenu, il ne saurait être suppléé au recours à la procédure d'inscription de faux par la production d'un exploit ultérieurement dressé par un second huissier qui a trouvé le destinataire à la même adresse (Cass. crim., 15 janv. 1970 : *Bull.* 29).

3) Les constatations faites par les juges, dans l'exercice et les limites de leurs attributions, de faits matériels accomplis par eux font foi jusqu'à inscription de faux.

Tel est le cas, quelles que soient les énonciations du « plumitif », de la mention relative à l'indication donnée par le président de la date à laquelle la décision doit être rendue (Cass. crim., 20 avr. 1977 : *Bull.* 122).

Des attestations produites après la levée de l'audience de la cour d'assises n'ont pas de valeur probatoire ; il ne peut être suppléé à la constatation régulière d'un fait matériel survenu à l'audience par une demande d'inscription de faux reposant uniquement sur un silence du procès-verbal (Cass. crim., 22 avr. 1977 : *Bull.* 130).

4) Les juges du fond qui énoncent que les faits sur lesquels repose le faux allégué n'apparaissent pas de nature à exercer une influence sur la solution de l'instance, justifient par cette appréciation souveraine, la décision de refus de surseoir à statuer jusqu'à ce qu'il ait été statué sur le faux (Cass. crim., 15 juin 1976 : *Bull.* 215).

5) Une demande en inscription de faux incident n'est recevable, en application de l'article 646 du Code de procédure pénale, que devant une juridiction de jugement ; elle ne l'est pas devant une juridiction d'instruction (Cass. crim., 10 nov. 1987 : *Bull.* 396).

6) Le premier président de la Cour de cassation ayant rejeté la requête prévue par l'article 647 du Code de procédure pénale qui sollicitait l'autorisation de s'inscrire en faux contre la date à laquelle a été établi le procès-verbal des débats de la cour d'assises, il ne peut être opposé aucune contradiction sur ce point (Cass. crim., 9 févr. 1994 : *Bull.* 60).

Art. 647. – *(L. n. 67-523, 3 juill. 1967, art. 20-II)* **La demande en inscription de faux contre une pièce produite devant la Cour de cassation est adressée au premier président. Elle est déposée au greffe. Elle est signée par le demandeur ou par un avocat au Conseil d'État et à la Cour de cassation ou par un fondé de pouvoir spécial. Dans ce dernier cas, le pouvoir est annexé à l'acte dressé par le greffier. Si la personne qui dépose la demande ne peut signer, le greffier en fait mention.**

Art. 647-1 *(L. n. 67-523, 3 juill. 1967, art. 20-II).* – **Le premier président statue dans le mois du dépôt de la requête au greffe, après avis du procureur général.**

Il rend une ordonnance de rejet ou une ordonnance portant permission de s'inscrire en faux.

En cas de rejet et sauf s'il en est expressément dispensé, le demandeur est condamné au paiement d'une amende dont le taux est fixé par décret.

Art. 647-2 *(L. n. 67-523, 3 juill. 1967, art. 20-II).* – **L'ordonnance portant permission de s'inscrire en faux est signifiée au défendeur dans le délai de quinze jours, avec sommation de déclarer s'il entend se servir de la pièce arguée de faux.**

À cette sommation doit être jointe une copie de la requête et de l'ordonnance portant permission de s'inscrire en faux.

Art. 647-3 *(L. n. 67-523, 3 juill. 1967, art. 20-1).* **– Le défendeur doit répondre, dans un délai de quinze jours, s'il entend ou s'il n'entend pas se servir de la pièce arguée de faux.**

Cette déclaration est signifiée au demandeur.

Après notification aux parties de l'ordonnance du premier président portant autorisation de s'inscrire en faux, les parties, lorsqu'elles n'ont pas manifesté, comme le leur impose l'article 647-3 du Code de procédure pénale, leur intention d'utiliser la pièce arguée de faux, ne peuvent valablement invoquer les énonciations contestées, celles-ci étant alors réputées être inexactes (Cass. crim., 8 mars 1979 : *Bull.* 100. – Cass. crim., 12 oct. 1993 : *Bull.* 288. – Cass. crim., 2 juin 1999 : *Bull.* 119).

Art. 647-4 *(L. n. 67-523, 3 juill. 1967, art. 20-II).* **– Dans le cas où le défendeur entend se servir de la pièce arguée de faux, le premier président doit renvoyer les parties à se pourvoir devant telle juridiction qu'il désignera pour y être procédé, suivant la loi, au jugement de l'inscription de faux incident.**

TITRE III. – DE LA MANIÈRE DE PROCÉDER EN CAS DE DISPARITION DES PIÈCES D'UNE PROCÉDURE

Art. 648. – Lorsque, par suite d'une cause extraordinaire, des minutes d'arrêts ou de jugements rendus en matière criminelle, correctionnelle ou de police, et non encore exécutés, ou des procédures en cours et leurs copies établies conformément à l'article 81 ont été détruites, enlevées ou se trouvent égarées et qu'il n'a pas été possible de les rétablir, il est procédé ainsi qu'il suit.

V. E. Verny, *Manière de procéder en cas de disparition des pièces d'une procédure : J.-Cl. Proc. pén.*, art. 648 à 651.

Les dispositions édictées par les articles 648 et suivants du Code de procédure pénale ne sont applicables que s'il n'a pas été possible de rétablir les pièces détruites, enlevées ou égarées ; tel n'est pas le cas d'une commission rogatoire dont l'original ne figure pas au dossier de la procédure mais dont l'existence est attestée par la référence explicite qui en est faite dans des décisions du juge mandant autorisant pour les besoins de son exécution la prolongation de la garde à vue de certaines personnes (Cass. crim., 10 mars 1993 : *Bull.* 106).

Art. 649. – S'il existe une expédition ou copie authentique du jugement ou de l'arrêt, elle est considérée comme minute et en conséquence remise par tout officier public ou tout dépositaire au greffe de la juridiction qui a rendu la décision, sur l'ordre qui lui en est donné par le président de cette juridiction.

Cet ordre lui sert de décharge.

Art. 650. – Lorsqu'il n'existe plus en matière criminelle d'expédition ni de copie authentique de l'arrêt, mais s'il existe encore la déclaration de la cour et du jury mentionnée sur la feuille de questions, comme il est dit à l'article 364, il est procédé, d'après cette déclaration, au prononcé d'un nouvel arrêt.

Art. 651. – Lorsque la déclaration de la cour et du jury ne peut plus être représentée ou lorsque l'affaire a été jugée par contumace et qu'il n'en existe aucun acte par écrit, l'instruction est recommencée à partir du point où les pièces se trouvent manquer.

Il en est de même en toute autre matière, lorsqu'il n'existe plus d'expédition ni de copie authentique de la décision.

1) Aux termes de l'article 651 du Code de procédure pénale, lorsque la déclaration de la cour et du jury concernant l'application de la peine ne peut plus être représentée, l'instruction est recommencée à partir du point où les pièces se trouvent manquer ; il y a lieu dans ce cas à annulation de l'arrêt de la cour d'assises, de la déclaration de la cour et du jury et des débats qui ont précédé (Cass. crim., 4 mai 1994 : *Bull.* 168).

2) Lorsque, à l'appui d'un pourvoi en cassation, des pièces substantielles aux droits de la défense ne peuvent être produites, l'instruction doit être recommencée à partir du point où les pièces manquent. Lorsque le pourvoi est formé contre l'arrêt de renvoi de la chambre des mises en accusation toute la procédure antérieure doit être annulée (Cass. crim., 6 févr. 1947 : *Bull.* 46).

Méconnaît ses obligations la cour d'appel qui, saisie à nouveau des poursuites contre un prévenu, par suite de la destruction ou de la disparition de la minute de l'arrêt – frappé de pourvoi – qu'elle a antérieurement rendu, oppose aux parties poursuivantes l'autorité de la chose jugée ou la prescription, alors au demeurant que l'existence d'un pourvoi et la mise en œuvre d'une procédure de reconstitution suspend la prescription (Cass. crim., 29 mai 1997 : *Bull.* 215).

Les articles 648 et 651 du Code de procédure pénale qui imposent, en cas de disparition des pièces d'une procédure, que l'instruction soit recommencée à partir du point où les pièces se trouvent manquer, impliquent nécessairement la suspension de l'accomplissement de la prescription (Cass. crim., 26 sept. 2000 : *Bull.* 278).

3) Lorsqu'une procédure en cours a disparu, seules les copies des pièces établies conformément aux dispositions de l'article 81 du Code de procédure pénale permettent la poursuite de celle-ci ; à défaut de telles copies, les prescriptions des articles 648 et 651 du même code, édictant que l'instruction est recommencée à partir du point où les pièces se trouvent manquer, doivent être appliquées (Cass. crim., 14 févr. 1989 : *Bull.* 72).

4) Selon l'article 648 du Code de procédure pénale, les dispositions de l'article 651 du même code ne sont applicables que lorsque, par suite d'une cause extraordinaire, des minutes d'arrêts ou de jugements rendus en matière criminelle, correctionnelle ou de police, et non encore exécutées, ou des procédures en cours et leurs copies établies conformément à l'article 81 ont été détruites, enlevées ou se trouvent égarées.

Ces dispositions, dès lors, ne sauraient recevoir application lorsque les conclusions écrites auxquelles l'arrêt d'une cour d'appel porte référence n'existent pas dans le dossier et ne peuvent être représentées (Cass. crim., 15 juin 1994 : *Bull.* 239).

TITRE IV. – DE LA MANIÈRE DONT SONT REÇUES LES DÉPOSITIONS DES MEMBRES DU GOUVERNEMENT ET CELLES DES REPRÉSENTANTS DES PUISSANCES ÉTRANGÈRES

Art. 652. – Le Premier ministre et les autres membres du Gouvernement ne peuvent comparaître comme témoins qu'après autorisation du conseil des ministres, sur le rapport du garde des sceaux, ministre de la Justice.

Cette autorisation est donnée par décret.

(L. n. 2000-516, 15 juin 2000, art. 35, applic. 1er janv. 2001) **Les dispositions de cet article ne s'appliquent pas aux membres du Gouvernement entendus comme témoin assisté.**

V. J.-M. Gonnard, *Dépositions des membres du gouvernement et des représentants des puissances étrangères : J.-Cl. Proc. pén.*, art. 652 à 656.

Dès lors que les conclusions dont elle était saisie n'articulaient aucun fait ou circonstance de nature à caractériser l'importance du témoignage, justifie sa décision au regard de l'article 6.3 *d* de la Convention européenne de sauvegarde des droits de l'homme, la Cour d'assises qui énonce, pour rejeter la demande d'audition du Premier ministre dans les formes prévues par les articles 654 et 655 du Code de procédure pénale, qu'au vu de l'instruction orale à laquelle il a été procédé, l'audition de ce témoin n'apparaît pas indispensable à la manifestation de la vérité (Cass. crim., 1er juin 1995 : *Bull.* 202).

Art. 653. – Lorsque la comparution a lieu en vertu de l'autorisation prévue à l'article précédent, la déposition est reçue dans les formes ordinaires.

Art. 654. – Lorsque la comparution n'a pas été demandée ou n'a pas été autorisée, la déposition est reçue par écrit dans la demeure du témoin, par le premier président de la cour d'appel ou, si le témoin réside hors du chef-lieu de la cour, par le président du tribunal de grande instance de sa résidence.

Il sera, à cet effet, adressé par la juridiction saisie de l'affaire, au magistrat ci-dessus désigné, un exposé des faits ainsi qu'une liste des demandes et questions sur lesquels le témoignage est requis.

Art. 655. – La déposition ainsi reçue est immédiatement remise au greffe ou envoyée, close et cachetée, à celui de la juridiction requérante et communiquée, sans délai, au ministère public ainsi qu'aux parties intéressées.

À la cour d'assises, elle est lue publiquement et soumise aux débats.

Art. 656. – La déposition écrite d'un représentant d'une puissance étrangère est demandée par l'entremise du ministre des Affaires étrangères. Si la demande est agréée, cette déposition est reçue par le premier président de la cour d'appel ou par le magistrat qu'il aura délégué.

Il est alors procédé dans les formes prévues aux articles 654, alinéa 2, et 655.

TITRE V. – DES RÈGLEMENTS DE JUGES

Art. 657 *(Rempl., L. n. 85-1407, 30 déc. 1985, art. 69 et 94)*. **– Lorsque deux juges d'instruction, appartenant à un même tribunal ou à des tribunaux différents, se trouvent simultanément saisis de la même infraction, le ministère public peut, dans l'intérêt d'une bonne administration de la justice, requérir l'un des juges de se dessaisir au profit de l'autre. Le dessaisissement n'a lieu que si les deux juges en sont d'accord. Si le conflit de compétence subsiste, il est procédé, selon les cas, conformément aux dispositions des articles 84, 658 ou 659.**

V. H. ANGEVIN, *Règlements de juges : J.-Cl. Proc. pén.*, art. 657 à 661. – J. GUYENOT, *Le dessaisissement des juridictions dans la procédure pénale française : Rev. sc. crim.* 1963, p. 279.

1) Lorsqu'il n'existe aucun conflit de compétence rendant nécessaire le recours à la procédure en règlement de juges prévue par les articles 658 et suivants du Code de procédure pénale, il y a lieu d'appliquer seulement les dispositions de l'article 657 (Cass. crim., 5 oct. 1961 : *Bull.* 382).

2) Il résulte des dispositions de l'article 657 du Code de procédure pénale qu'un juge d'instruction n'est autorisé à se dessaisir au profit d'un autre juge d'instruction appartenant à un tribunal différent qu'à la condition que ce dernier magistrat se trouve simultanément saisi de la même infraction ou d'une infraction connexe (Cass. crim., 16 janv. 1979 : *Bull.* 25 ; *JCP* 80, II, 19380, note Remplon).

Art. 658 *(Mod., L. n. 93-2, 4 janv. 1993, art. 209)*. **– Lorsque deux tribunaux correctionnels, deux juges d'instruction ou deux tribunaux de police appartenant au même ressort de cour d'appel se trouvent saisis simultanément de la même infraction, il est réglé de juges par la** *(L. n. 2000-516, 15 juin 2000, art. 83 et 140)* **chambre de l'instructionqui statue sur requête présentée par le ministère public, ou les parties. Cette décision est susceptible d'un recours en cassation.**

Art. 659 *(Ord. n. 60-529, 4 juin 1960, art. 2 ; Mod., L. n. 93-2, 4 janv. 1993, art. 209).* **– Tous autres conflits de compétence sont portés devant la chambre criminelle de la Cour de cassation, laquelle est saisie par requête du ministère public, ou des parties. La Cour de cassation peut aussi, à l'occasion d'un pourvoi dont elle est saisie, régler de juges d'office et même par avance. Elle peut statuer sur tous actes faits par la juridiction qu'elle dessaisit.**

1) Il y a conflit positif nécessitant un règlement de juges par la Cour de cassation lorsqu'un juge d'instruction, compétent en raison du lieu du délit et un tribunal correctionnel, compétent en raison de la résidence du prévenu, sont simultanément saisis du même délit imputé au même prévenu (Cass. crim., 2 mars 1933 : *Bull.* 47).

2) Lorsqu'une demande en règlement de juges a trait à un conflit négatif de juridiction entre deux décisions, émanant l'une d'un tribunal de police, l'autre d'un tribunal correctionnel d'un même ressort de cour d'appel, cette demande est valablement portée devant la Cour de cassation qui a seule qualité pour en connaître. Il appartient à cette cour de désigner, d'après les données des procédures suivies, la juridiction compétente et de renvoyer devant cette juridiction la cause et les parties, pour être statué au fond (Cass. crim., 10 févr. 1966 : *Bull.* 41. – 13 déc. 1994 : *Bull.* 404).

Aucun conflit négatif de compétence n'existe, et il n'y a pas lieu à règlement de juges, lorsque, le juge de l'application des peines ayant saisi le tribunal correctionnel d'une requête en révocation de sursis avec mise à l'épreuve et le ministère public ayant audiencé cette demande devant un magistrat siégeant à juge unique, ce dernier renvoie l'affaire devant la formation collégiale, conformément à l'article 398-2 du Code de procédure pénale (Cass. crim., 3 juill. 1996 : *Bull.* 284).

3) En l'absence de décisions définitives contradictoires entre elles des juridictions d'instruction concurremment saisies, il n'existe pas de conflit positif rendant nécessaire la procédure de règlement de juges (Cass. crim., 18 mai 1966 : *Bull.* 153).

Il y a conflit négatif de juridiction nécessitant un règlement de juges lorsque la juridiction correctionnelle devant laquelle une ordonnance du juge d'instruction a renvoyé le prévenu s'est déclaré incompétente au motif que les faits, à les supposer établis, constitueraient un crime, l'ordonnance et l'arrêt dont s'agit étant passés en force de chose jugée ; un arrêt d'incompétence rendu par défaut signifié à Parquet a acquis le caractère définitif dès lors qu'aucune voie de recours n'a été exercée en temps utile, et notamment qu'aucune opposition n'a été formée dans les délais fixés par les articles 492 et 568 du Code de procédure pénale (Cass. crim., 27 avr. 1988 : *Bull.* 185).

4) Il y a lieu à règlement de juges lorsqu'une cour d'appel, saisie par l'appel du seul prévenu, renvoyé devant la juridiction correctionnelle par ordonnance du juge d'instruction, s'est déclarée incompétente par le motif que les faits constitueraient un crime (Cass. crim., 19 juill. 1966 : *Bull.* 203).

Il en est de même lorsqu'une cour d'appel ayant infirmé un jugement et néanmoins renvoyé l'affaire au même tribunal, celui-ci se déclare incompétent et que l'arrêt et le jugement sont devenus définitifs (Cass. crim., 13 janv. 1972 : *Bull.* 22).

Il y a conflit négatif de juridiction nécessitant un règlement de juges lorsque la juridiction correctionnelle, devant laquelle une ordonnance du juge d'instruction a renvoyé le prévenu s'est déclarée incompétente par le motif que, celui-ci était domicilié et que les faits avaient été commis dans un autre arrondissement (Cass. crim., 18 nov. 1948 : *Bull.* 263).

5) Il y a conflit de juridictions nécessitant un règlement de juges lorsqu'un tribunal correctionnel et un tribunal maritime commercial se trouvent régulièrement saisis, le premier d'un délit d'homicides involontaires et le second de l'inobservation d'un règlement maritime, commis à l'occasion d'un abordage ayant entraîné la mort de membres de l'équipage.

Il y a lieu, le champ d'application des articles 80 et 81, alinéa 2, du Code disciplinaire et pénal de la marine marchande ne sanctionnant que des infractions à certains règlements émanant des autorités maritimes et étant plus restreint que celui de l'article 319 du Code pénal, de soumettre à la juridiction de droit commun l'ensemble de l'affaire (Cass. crim., 2 juin 1977 : *Bull.* 200. – Cass. crim., 6 févr. 1980 : *Bull.* 51 ; *Rev. sc. crim.* 1980, p. 1005, obs. J. Robert).

6) Quand un mineur de dix-huit ans a été renvoyé par le juge d'instruction devant le tribu-

nal correctionnel et que ce tribunal s'est déclaré incompétent, il y a lieu à règlement de juges (Cass. crim., 11 oct. 1973 : *Bull.* 356. – Cass. crim., 15 févr. 1978 : *Bull.* 60).

Préalablement à la mise en jugement éventuelle du prévenu, il appartient au juge d'instruction chargé spécialement des affaires de mineurs désigné par l'arrêt réglant de juges, de reprendre l'instruction et de la purger s'il y a lieu, des nullités dont elle pourrait être entachée, et s'il échet, de faire application de l'article 171 du Code de procédure pénale (Cass. crim., 15 févr. 1978 : *Bull.* 60).

7) Lorsque deux juges d'instruction, n'appartenant pas au même ressort, se trouvent saisis des mêmes faits, et que chacun a rendu une ordonnance de refus de dessaisissement, devenue définitive, il y a lieu à règlement de juges par la chambre criminelle et les deux informations doivent être réunies entre les mains de l'un des deux juges d'instruction (Cass. crim., 23 juill. 1985 : *Bull.* 276).

8) Lorsqu'une cour d'appel déclare incompétente la juridiction correctionnelle saisie par citation directe, il n'existe pas de conflit négatif de juridiction. La requête en règlement de juges du procureur général est sans objet (Cass. crim., 11 janv. 1977 : *Bull.* 15).

9) En cas de rejet du pourvoi formé contre une décision d'incompétence d'où résulte un conflit négatif de juridiction interrompant le cours de la justice, il y a lieu de convertir le pourvoi en demande de règlement de juges et de procéder ainsi qu'il est dit aux articles 657 et suivants du Code de procédure pénale (Cass. crim., 22 déc. 1970 : *Bull.* 352. – Cass. crim., 16 oct. 1973 : *Bull.* 358).

10) Il y a lieu à règlement de juges par anticipation, dans l'intérêt d'une bonne administration de la justice lorsque, par l'effet de la cassation partielle d'un avis de chambre d'accusation, deux tribunaux correctionnels peuvent se trouver régulièrement saisis de la connaissance de faits délictueux indivisibles ou étroitement connexes (Cass. crim., 18 oct. 1977 : *Bull.* 305).

Lorsqu'un conflit de juridiction intervient entre une chambre d'accusation et la chambre correctionnelle de la même cour d'appel sur la qualification à donner à des infractions susceptibles de revêtir un caractère criminel, la Cour de cassation, en même temps qu'elle règle de juges et renvoie devant la chambre d'accusation d'une autre cour d'appel, peut ordonner, pour le cas où il y aurait lieu à mise en accusation du prévenu, que l'affaire soit renvoyée devant la cour d'assises normalement compétente (Cass. crim., 5 mars 1979 : *Bull.* 95).

11) L'article 659 du Code de procédure pénale donne à la chambre criminelle le pouvoir de statuer sur tous actes faits par la juridiction qu'elle dessaisit en réglant de juges et d'annuler une procédure irrégulière (Cass. crim., 12 févr. 1970 : *Bull.* 65. – Cass. crim., 4 mai 1971 : *Bull.* 133).

12) Il résulte de la combinaison des articles 214 et 215 du Code de procédure pénale que si les faits retenus à la charge d'un inculpé constituent une infraction qualifiée crime par la loi, la chambre d'accusation doit prononcer la mise en accusation devant la cour d'assises et décerner ordonnance de prise de corps contre l'accusé.

Ces dispositions, de portée générale, s'appliquent notamment à la chambre d'accusation devant laquelle une procédure a été renvoyée en vertu de l'article 659 du Code de procédure pénale (Cass. crim., 6 sept. 1989 : *Bull.* 319).

13) Lorsqu'une cour d'appel, après avoir annulé certains actes d'information, ne se déclare pas incompétente pour statuer sur le fond, il n'existe aucun conflit négatif de juridiction, il n'y a donc pas lieu à règlement de juges (Cass. crim., 6 mars 1990 : *Bull.* 108).

Art. 660 *(Ord. n. 60-529, 4 juin 1960, art. 2).* **– La chambre criminelle peut, avant de régler de juges, ordonner la communication de la requête aux parties. Dans ce cas, les pièces de la procédure lui sont transmises, dans le délai par elle fixé, avec les observations des intéressés, et le cours de la procédure est suspendu.**

Le mémoire qui n'est pas présenté dans les conditions prescrites par les articles 660 et 661 du Code de procédure pénale, est irrecevable (Cass. crim., 25 mai 1971 : *Bull.* 176).

Art. 661 *(Ord. n. 60-529, 4 juin 1960, art. 2)*. – **L'arrêt portant règlement de juges est signifié aux parties intéressées. Celles-ci peuvent, hors le cas où la communication de la requête a été ordonnée, former opposition à cet arrêt, par acte reçu au greffe du lieu où siège l'une des juridictions en conflit, dans les formes et délais du pourvoi en cassation.**

L'opposition emporte effet suspensif si la chambre criminelle en décide ainsi.

L'opposition est jugée dans les quinze jours de l'arrivée des pièces au greffe de la Cour de cassation. Si l'opposition est rejetée, la chambre criminelle peut condamner le demandeur à une amende civile de 100 F (15 €).

TITRE VI. – DES RENVOIS D'UN TRIBUNAL À UN AUTRE

Art. 662 *(Mod., L. n. 93-2, 4 janv. 1993, art. 103)*. – **En matière criminelle, correctionnelle ou de police, la chambre criminelle de la Cour de cassation peut dessaisir toute juridiction d'instruction ou de jugement et renvoyer la connaissance de l'affaire à une autre juridiction du même ordre, pour cause de suspicion légitime.**

La requête aux fins de renvoi peut être présentée soit par le procureur général près la Cour de cassation, soit par le ministère public établi près la juridiction saisie, soit par les parties.

La requête doit être signifiée à toutes les parties intéressées qui ont un délai de dix jours pour déposer un mémoire au greffe de la Cour de cassation.

La présentation de la requête n'a point d'effet suspensif à moins qu'il n'en soit autrement ordonné par la Cour de cassation.

Dernier alinéa abrogé.

V. H. ANGEVIN, *Renvois d'un tribunal à un autre : J.-Cl. Proc. pén.*, art. 662 à 667-1, Fasc. 20.

V. A. MARON, *Incidences de la Convention européenne de sauvegarde des droits de l'homme sur la procédure de suspicion légitime : Bull. inf. C. cass.* 1995, chron. n. 34.

1) La désignation d'une juridiction d'instruction par la Cour de cassation en application de l'article 662 du Code de procédure pénale entraîne la compétence de la juridiction de jugement.

Une chambre d'accusation ne peut renvoyer un inculpé ou un accusé devant une juridiction de jugement étrangère à son ressort (Cass. crim., 24 avr. 1975 : *Bull.* 108).

2) Une requête par laquelle un inculpé reproche à un membre de la chambre d'accusation des manifestations assez graves pour faire suspecter son impartialité constitue non pas une requête en suspicion légitime mais une requête en récusation et doit, dès lors, être présentée, à peine de nullité, au premier président de la cour d'appel.

La chambre criminelle de la Cour de cassation est incompétente pour statuer sur une telle requête (Cass. crim., 25 nov. 1976 : *Bull.* 343 ; *Rev. sc. crim.* 1977, p. 603, obs. J. Robert).

3) Les requêtes en suspicion légitime ne sont pas recevables contre les militaires de la gendarmerie, ni contre le ministère public (Cass. crim., 7 avr. 1976 : *Bull.* 107 ; *Rev. sc. crim.* 1976, p. 991, obs. J. Robert. – Cass. crim., 27 janv. 1993 : *Bull.* 49).

4) La procédure particulière aux requêtes en dessaisissement pour cause de suspicion légitime commande que, devant la Cour de cassation, les débats qui sont, par leur nature, susceptibles de porter atteinte à l'ordre public ou aux intérêts de la justice, aient lieu en chambre du conseil (Cass. crim., 20 sept. 1989 : *Bull.* 323 ; *Rev. sc. crim.* 1990, 113, obs. Braunschweig).

5) Constitue un motif suffisant de suspicion légitime, l'hostilité manifestée publiquement par un juge d'instruction à l'égard d'un inculpé (Cass. crim., 21 août 1990 : *Bull.* 305 ; *Rev. sc. crim.* 1991, 375, obs. Braunschweig).

Est objectivement de nature à faire naître un doute sur l'impartialité de la juridiction, selon l'article 6 de la Convention européenne de sauvegarde des droits de l'homme et des libertés fondamentales, et constitue, dès lors, un motif de dessaisissement pour cause de suspicion légitime, au sens de l'article 662 du Code de procédure pénale, la circonstance que l'assemblée générale des magistrats d'un tribunal a adopté une motion de soutien à l'un de ses membres, constitué partie civile dans une procédure pendante devant ce tribunal (Cass. crim., 3 nov. 1994 : *Bull.* 351).

Les circonstances de l'espèce dans lesquelles ont été exercées des poursuites, sur la dénonciation d'un magistrat du Parquet se présentant comme victime des faits, sont de nature, non à douter de l'indépendance des membres du Tribunal mais à faire craindre que la juridiction ayant à décider du bien-fondé de l'accusation n'offre pas les garanties suffisantes d'impartialité, selon l'article 6 de la Convention européenne de sauvegarde des droits de l'homme et des libertés fondamentales, et constituent, dès lors, un motif de dessaisissement pour cause de suspicion légitime, au sens de l'article 662 du Code de procédure pénale (Cass. crim., 30 nov. 1994 : *Bull.* 392).

La circonstance qu'un magistrat ait à instruire sur des faits dénoncés par A. après avoir opposé à celui-ci un refus d'informer injustifié, constitue, au sens de l'article 6 de la Convention européenne des droits de l'homme, un élément objectif de nature à faire naître, dans l'esprit de la partie civile, un doute sur son impartialité ; il existe, dès lors, des motifs suffisants, au sens tant de l'article 662 du Code de procédure pénale que des dispositions conventionnelles précitées, pour attribuer à un autre juge d'instruction la connaissance de l'information (Cass. crim., 4 mars 1998 : *Bull.*86 ; *Juris-Data* n. 001684).

6) Est objectivement de nature à faire naître un doute sur l'impartialité du juge d'instruction, selon l'article 6 de la Convention européenne des droits de l'homme, et constitue, dès lors, un motif de dessaisissement pour cause de suspicion légitime, au sens de l'article 662 du Code de procédure pénale, la circonstance que le magistrat instructeur, contre lequel une plainte avec constitution de partie civile a été déposée, a rendu une ordonnance de refus d'informer ; saisie de l'appel d'une telle ordonnance la chambre d'accusation ne pouvait, à défaut du dépôt d'une requête déposée en application de l'article 662 du Code de procédure pénale, ou d'une demande de récusation selon l'article 668 du Code de procédure pénale, que constater l'irrégularité de la procédure contraire à l'article 6 de la Convention européenne des droits de l'homme (Cass. crim., 16 mai 2000 : *Bull.* 191).

7) Il n'existe pas de motifs de renvoi pour cause de suspicion légitime lorsqu'un juge d'instruction, qui envisage la mise en examen d'une personne bénéficiant d'une immunité parlementaire, rend une ordonnance, visant à obtenir la levée de cette immunité, dans laquelle il relève les indices graves et concordants laissant penser que la personne poursuivie a participé aux faits dont il est saisi (Cass. crim., 10 juill. 1996 : *Bull.* 294).

Ne sont pas objectivement de nature à faire naître un doute sur l'impartialité de la juridiction de jugement et ne constituent pas un motif de dessaisissement pour cause de suspicion légitime, les conditions déloyales dans lesquelles l'action pénale aurait été, aux dires du demandeur, exercée contre lui à l'occasion d'une précédente poursuite devant la même juridiction, ces faits, à les supposer établis, étant étrangers à la conduite de l'action pénale concernant la procédure en cours (Cass. crim., 20 mars 1996 : *Bull.* 124).

Art. 663 *(Rempl., L. n. 85-1407, 30 déc. 1985, art. 70 et 94 ; Mod., L. n. 93-2, 4 janv. 1993, art. 210).* **– Lorsque deux juges d'instruction, appartenant à un même tribunal ou à des tribunaux différents, se trouvent simultanément saisis d'infractions connexes ou d'infractions différentes « en raison desquelles une même personne ou les mêmes personnes sont mises en examen », le ministère public peut, dans l'intérêt d'une bonne administration de la justice et nonobstant les dispositions des articles 43, 52 et 382, requérir l'un des juges de se dessaisir au profit de l'autre. Le dessaisissement a lieu si les juges en sont d'accord. En cas de désaccord, il est fait application, s'il y a lieu, des dispositions de l'article 664.**

Lorsqu'un condamné à une peine privative de liberté est détenu au siège de la juridiction qui a prononcé cette condamnation définitive ou non, le procureur de la République, le juge d'instruction, les tribunaux et les cours d'appel de ce lieu de détention auront compétence, en dehors des règles prescrites par les articles 43, 52 et l'alinéa premier de l'article 382, pour connaître de toutes les infractions qui lui sont imputées.

1) La chambre d'accusation, saisie de l'appel interjeté par le ministère public contre une ordonnance du juge d'instruction qui a refusé de faire droit à des réquisitions fondées sur l'article 663 du Code de procédure pénale, est compétente pour se prononcer sur le bien-fondé de cette décision et, dans le cas où elle l'infirme, pour ordonner elle-même le dessaisissement ; faute d'accord, il y aura lieu, le cas échéant, à l'utilisation de la procédure prévue par l'article 664 du même code (Cass. crim., 4 oct. 1988 : *Bull.* 329).

2) Les dispositions de l'article 663, alinéa 1er, du Code de procédure pénale, qui permettent au ministère public de requérir, dans l'intérêt d'une bonne administration de la justice, le dessaisissement du juge d'instruction au profit d'un autre juge d'instruction informant contre le même inculpé, n'exigent que l'accord des deux juges ; il n'est pas nécessaire que les infractions soient connexes, ni que l'inculpé soit détenu (Cass. crim., 21 nov. 1989 : *Bull.* 433).

En vertu de l'article 663 du Code de procédure pénale, le dessaisissement d'un juge d'instruction, requis par le procureur de la République de son siège, a lieu de plein droit en cas d'accord entre ce magistrat et l'autre juge d'instruction déjà saisi des mêmes faits ou de faits connexes, sans que de nouvelles réquisitions du ministère public soient nécessaires (Cass. crim., 27 févr. 1995 : *Bull.* 85).

3) L'article 663 du Code de procédure pénale ne subordonne pas la réalisation du dessaisissement qu'il prévoit à l'inculpation préalalable des personnes soupçonnées. Ce dessaisissement peut intervenir dans une procédure suivie contre personne non dénommée (Cass. crim., 12 juin 1990 : *Bull.* 241).

4) Le juge d'instruction, saisi dans les conditions prévues par l'article 663 du Code de procédure pénale et qui a la maîtrise de son information, est libre du choix de la date de notification de l'inculpation nouvelle, dans le respect des prescriptions de l'article 105 de ce Code *(même arrêt)*.

5) Selon l'article 663 du Code de procédure pénale, lorsque deux juges d'instruction appartenant à un même tribunal se trouvent simultanément saisis d'infractions connexes, l'un d'eux peut, sur réquisitions du ministère public, se dessaisir au profit de l'autre, s'ils sont tous deux d'accord ; il s'ensuit qu'une commission rogatoire délivrée par un juge d'instruction dans une procédure dont il a été saisi en application du texte précité est régulière dès lors qu'il a donné son accord à sa saisine (Cass. crim., 6 févr. 1996 : *Bull.* 62).

Sont simultanément saisis d'infractions connexes justifiant le dessaisissement de l'un au profit de l'autre en application de l'article 663 du Code de procédure pénale, deux juges d'instruction chargés d'informer sur des infractions qui auraient été commises, les unes lors de l'enquête, d'autres au cours de l'instruction, d'autres à l'occasion du jugement d'une même procédure (Cass. crim., 3 mai 2000 : *Bull.* 177).

Art. 664 *(Ord. n. 60-529, 4 juin 1960, art. 2 ; L. n. 75-701, 6 août 1975, art. 16 ; L. n. 85-1407, 30 déc. 1985, art. 71 et 94 ; Mod., L. n. 93-2, 4 janv. 1993, art. 211).* **– Lorsqu'une personne mise en examen ou un prévenu est détenu provisoirement en vertu d'une décision prescrivant la détention ou en exécution d'une condamnation, le ministère public peut, dans l'intérêt d'une bonne administration de la justice, notamment pour éviter le transfèrement du détenu, requérir le renvoi de la procédure de la juridiction d'instruction ou de jugement saisie à celle du lieu de détention. Il est procédé comme en matière de règlement de juges.**

1) Aux termes de l'article 664 du Code de procédure pénale, lorsque le transfert d'une personne détenue à titre provisoire présente des risques certains, la Cour de cassation, procédant comme en matière de règlement de juges à la demande du ministère public, a compétence pour renvoyer la connaissance de la procédure à la juridiction des lieux de détention (Cass. crim., 21 juin 1976 : *Bull.* 223).

2) Il résulte de la combinaison des articles 663 et 664 du Code de procédure pénale que la Cour de cassation, réglant de juges sur requête du ministère public à la suite du désaccord de deux juges d'instruction saisis d'infractions différentes imputées au même inculpé et dont l'un a été requis, dans l'intérêt d'une bonne administration de la justice, de se dessaisir au profit de l'autre, ne peut faire droit à ladite requête qu'en faveur de la juridiction du lieu de détention (Cass. crim., 14 janv. 1987 : *Bull.* 22).

Art. 665 *(Mod., L. n. 93-2, 4 janv. 1993, art. 104).* **– Le renvoi d'une affaire d'une juridiction à une autre peut être ordonné pour cause de sûreté publique par la chambre criminelle, mais seulement à la requête du procureur général près la Cour de cassation.**

Le renvoi peut également être ordonné, dans l'intérêt d'une bonne administration de la justice, par la chambre criminelle, soit sur requête du procureur général près la Cour de cassation, soit sur requête du procureur général près la cour d'appel dans le ressort de laquelle la juridiction saisie a son siège, agissant d'initiative ou sur demande des parties.

Dans les dix jours de la réception de la demande et s'il n'y donne pas suite, le procureur général près la cour d'appel informe le demandeur des motifs de sa décision. Ce dernier peut alors former un recours devant le procureur général près la Cour de cassation qui, s'il ne saisit pas la chambre criminelle l'informe des motifs de sa décision.

La chambre criminelle statue dans les huit jours de la requête.

1) Une demande de renvoi de la connaissance d'une affaire d'une juridiction à une autre pour cause de sûreté publique ne peut être reçue qu'autant que la juridiction qu'il s'agit de dessaisir se trouve effectivement saisie (Cass. crim., 24 avr. 1975 : *Bull.* 109).

Une requête présentée en application des dispositions de l'article 665, alinéa 2, du Code de procédure pénale, tendant au renvoi devant une autre juridiction dans l'intérêt d'une bonne administration de la justice, n'est recevable que si la juridiction qu'il est demandé de dessaisir se trouve effectivement saisie (Cass. crim., 24 févr. 1993 : *Bull.* 90).

2) Lorsqu'il s'agit d'un fait unique, le tribunal correctionnel, déjà saisi partiellement d'une affaire, peut être saisi, par la chambre criminelle, à la requête du procureur général près la Cour de cassation, dans l'intérêt d'une bonne administration de la justice, d'une affaire déférée au tribunal de police (Cass. crim., 17 juin 1971 : *Bull.* 197).

3) L'arrêt de la chambre criminelle de la Cour de cassation renvoyant dans l'intérêt d'une bonne administration de la justice, la connaissance d'une poursuite à un autre juge d'instruction que celui qui était originairement saisi a pour effet de dessaisir définitivement ce dernier au profit de la juridiction d'instruction désignée par l'arrêt (Cass. crim., 10 janv. 1978 : *Bull.* 13).

La désignation d'une juridiction d'instruction par la Cour de cassation, en application de l'article 665, alinéa 2, du Code de procédure pénale, emporte, pour le jugement de l'affaire, la compétence de la cour d'assises du département où l'instruction a été faite (Cass. crim., 8 janv. 1997 : *Bull.* 3).

4) Continuent à produire leurs effets les actes de procédure régulièrement effectués avant l'arrêt de la Cour de cassation ordonnant le renvoi d'un tribunal à un autre, dans l'intérêt d'une bonne administration de la justice, en application des dispositions de l'article 662 du Code de procédure pénale (Cass. crim., 26 mars 1985 : *Bull.* 128).

5) Les dispositions de l'article (662, alinéa 5), du Code de procédure pénale permettent au procureur général près la Cour de cassation de demander à la chambre criminelle le renvoi d'une affaire d'une juridiction à une autre, toutes les fois qu'il estime cette mesure conforme à l'intérêt d'une bonne administration de la justice (Cass. crim., 25 janv. 1990 : *Bull.* 48).

Est irrecevable, en l'état, la requête du procureur général près d'une cour d'appel qui, dans l'intérêt d'une bonne administration de la justice, demande le renvoi d'une procédure devant une cour d'assises autre que celle qui a été désignée par l'arrêt de mise en accusation, dès lors que cet arrêt, en raison des pourvois en cassation dont il fait l'objet, n'est pas définitif et que son annulation éventuelle pourrait être étendue, par application de l'article 612-1 du Code de procédure pénale, aux parties qui ne se sont pas pourvues ; dans cette hypothèse, la chambre criminelle de la Cour de cassation doit surseoir à statuer jusqu'à ce que soit rendue sa décision sur les pourvois dont elle est par ailleurs saisie (Cass. crim., 10 mai 1995 : *Bull.* 171).

6) La chambre criminelle de la Cour de cassation, saisie d'une requête présentée sur le fondement de l'article 662, alinéa 5, du Code de procédure pénale, apprécie souverainement s'il existe dans les faits articulés par le procureur général des motifs de renvoi *(même arrêt).*

7) La mise en cause d'un magistrat dans une plainte avec constitution de partie civile n'est pas à elle seule de nature à justifier le dessaisissement, dans l'intérêt d'une bonne administra-

tion de la justice, de la juridiction d'instruction régulièrement saisie de la procédure (Cass. crim., 21 sept. 1993 : *Bull.* 267).

Doit être rejetée la requête présentée à la demande de parties civiles qui sollicitent le renvoi de l'affaire devant une juridiction de leur choix, dans l'intérêt d'une bonne administration de la justice, sans invoquer aucun motif pouvant justifier le dessaisissement de la juridiction régulièrement saisie (Cass. crim., 3 nov. 1993 : *Bull.* 324).

Art. 665-1 *(Inséré, L. n. 93-2, 4 janv. 1993, art. 105).* **– Le renvoi peut encore être ordonné par la chambre criminelle si la juridiction normalement compétente ne peut être légalement composée ou si le cours de la justice se trouve autrement interrompu.**

La requête aux fins de renvoi peut être présentée, soit par le procureur général près la Cour de cassation, soit par le ministère public établi près la juridiction saisie.

La requête doit être signifiée à toutes les parties intéressées qui ont un délai de dix jours pour déposer un mémoire au greffe de la Cour de cassation.

La chambre criminelle statue dans les quinze jours de la requête.

Selon les articles 5 et 321-4° du Code de justice militaire, lorsqu'un tribunal aux armées a cessé de fonctionner, les affaires de la compétence de ce tribunal sont renvoyées, suivant les règles prévues à l'article 665-1 du Code de procédure pénale, à une juridiction de même degré. C'est ainsi qu'une demande en rectification d'une erreur matérielle, présentée par une personne résidant à l'étranger, concernant une décision rendue par une juridiction militaire supprimée ayant siégé en Algérie, est renvoyée devant le tribunal des forces armées de Paris (Cass. crim., 1er déc. 1993 : *Bull.* 369).

C'est ainsi qu'une demande en relèvement de l'incapacité électorale, ayant été présentée par une personne condamnée à une peine criminelle prononcée par une juridiction militaire supprimée, la Cour de cassation, le cours de la justice se trouvant interrompu, renvoie la connaissance de l'affaire à la chambre d'accusation de la cour d'appel dans le ressort de laquelle le requérant a son domicile (Cass. crim., 21 mai 1990 : *Bull.* 205).

Art. 666 *(Mod., L. n. 93-2, 4 janv. 1993, art. 147).* **– Tout arrêt qui a statué sur une demande en renvoi pour l'une des causes précitées sera signifié aux parties intéressées à la diligence du procureur général près la Cour de cassation.**

Art. 667 *(Rempl., L. n. 93-2, 4 janv. 1993, art. 106).* **– L'arrêt qui a rejeté une demande en renvoi pour sûreté publique, pour les motifs énoncés au premier alinéa de l'article 665-1, pour suspicion légitime ou dans l'intérêt d'une bonne administration de la justice n'exclut pas une nouvelle demande en renvoi fondée sur des faits survenus depuis.**

Art. 667-1 *(L. n. 99-515, 23 juin 1999, art. 26).* **– Si la juridiction normalement compétente ne peut être composée en raison de l'existence des incomptabilités prévues par la loi, le premier président de la cour d'appel peut ordonner le renvoi devant la juridiction limitrophe située dans le ressort de cette cour et désignée par l'ordonnance prévue au dernier alinéa du présent article.**

La requête aux fins de renvoi est présentée par le procureur de la République de la juridiction saisie.

Elle est signifiée à toutes les parties intéressées, qui ont un délai de dix jours pour présenter leurs observations auprès du premier président.

Celui-ci statue dans les quinze jours de la requête. Sa décision constitue une mesure d'administration judiciaire qui n'est pas susceptible de recours.

Après avis des présidents des tribunaux de grande instance concernés et du procureur général, le premier président prend chaque année une ordonnance indiquant, pour chacune des juridictions de son ressort, la juridiction devant laquelle des procédures sont susceptibles d'être envoyées en application des dispositions du présent article. Cette ordonnance ne peut être modifiée en cours d'année.

TITRE VII. – DE LA RÉCUSATION

Art. 668. – Tout juge ou conseiller peut être récusé pour les causes ci-après :

1° Si le juge ou son conjoint sont parents ou alliés de l'une des parties ou de son conjoint jusqu'au degré de cousin issu de germain inclusivement.

La récusation peut être exercée contre le juge, même au cas de divorce ou de décès de son conjoint, s'il a été allié d'une des parties jusqu'au deuxième degré inclusivement ;

2° Si le juge ou son conjoint, si les personnes dont il est tuteur, subrogé tuteur, curateur ou conseil judiciaire, si les sociétés ou associations à l'administration ou à la surveillance desquelles il participe ont intérêt dans la contestation ;

3° Si le juge ou son conjoint est parent ou allié, jusqu'au degré indiqué ci-dessus, du tuteur, subrogé tuteur, curateur ou conseil judiciaire d'une des parties ou d'un administrateur, directeur ou gérant d'une société, partie en cause ;

4° Si le juge ou son conjoint se trouve dans une situation de dépendance vis-à-vis d'une des parties ;

5° Si le juge a connu du procès comme magistrat, arbitre ou conseil, ou s'il a déposé comme témoin sur les faits du procès ;

6° S'il y a eu procès entre le juge, son conjoint, leurs parents ou alliés en ligne directe, et l'une des parties, son conjoint ou ses parents ou alliés dans la même ligne ;

7° Si le juge ou son conjoint ont un procès devant un tribunal où l'une des parties est juge ;

8° Si le juge ou son conjoint, leurs parents ou alliés en ligne directe ont un différend sur pareille question que celle débattue entre les parties ;

9° S'il y a eu entre le juge ou son conjoint et une des parties toutes manifestations assez graves pour faire suspecter son impartialité.

V. H. ANGEVIN, *Récusation : J.-Cl. Proc. pén.*, art. 668 à 674-2. – VIALA, *Le ministère public peut-il être récusé ? : Gaz. Pal.* 1980, 1, doctr. 163.

1) Une requête par laquelle un inculpé reproche à un membre de la chambre d'accusation des manifestations assez graves pour faire suspecter son impartialité constitue non pas une requête en suspicion légitime mais une requête en récusation et doit, dès lors, être présentée, à peine de nullité, au premier président de la cour d'appel. La chambre criminelle de la Cour de cassation est incompétente pour statuer sur une telle requête (Cass. crim., 25 nov. 1976 : *Bull.* 343).

2) Ne constitue pas, au regard de l'article 668 du Code de procédure pénale, une cause de récusation du conseiller rapporteur le défaut de communication à l'une des parties du projet de rapport et du projet d'arrêt qu'il a établis, pièces qu'aucune disposition légale n'impose à ce magistrat de communiquer à quiconque (Cass. crim., 6 mars 2001 : *Bull.* 58).

3) Un même magistrat pouvant se prononcer sur les diverses demandes de mise en liberté présentées par un même accusé dans une même affaire, rien ne s'oppose à ce que deux magistrats conjoints puissent siéger séparément à la cour d'assises puis à la chambre d'accusation à l'occasion de demandes de mise en liberté déposées successivement par un accusé devant ces deux juridictions (Cass. crim., 28 mars 2001 : *Bull.* 86).

4) Aucune disposition légale n'interdit à un juge ayant rendu une décision civile concernant la garde d'un mineur de faire ensuite partie de la juridiction correctionnelle qui sanctionne l'infraction constituée par l'inobservation des dispositions prévues par ladite décision (Cass. crim., 19 avr. 1983 : *Bull.* 110).

Art. 669 *(Mod., L. n. 93-2, 4 janv. 1993, art. 212)*. **– La personne mise en examen, le prévenu, l'accusé et toute partie à l'instance qui veut récuser un juge d'instruction, un juge de police, un, plusieurs ou l'ensemble des juges du tribunal correctionnel, des conseillers de la cour d'appel ou de la cour d'assises doit, à peine de nullité, présenter requête au premier président de la cour d'appel.**

Les magistrats du ministère public ne peuvent être récusés.

La requête doit désigner nommément le ou les magistrats récusés et contenir l'exposé des moyens invoqués avec toutes les justifications utiles à l'appui de la demande.

La partie qui aura procédé volontairement devant une cour, un tribunal ou un juge d'instruction ne sera reçue à demander la récusation qu'à raison des circonstances survenues depuis, lorsqu'elles seront de nature à constituer une cause de récusation.

Art. 670. – Le premier président notifie en la forme administrative la requête dont il a été saisi au président de la juridiction à laquelle appartient le magistrat récusé.

La requête en récusation ne dessaisit pas le magistrat dont la récusation est proposée. Toutefois, la premier président peut, après avis du procureur général, ordonner qu'il sera sursis soit à la continuation de l'information ou des débats, soit au prononcé du jugement.

Art. 671. – Le premier président reçoit le mémoire complémentaire du demandeur, s'il y a lieu, et celui du magistrat dont la récusation est proposée ; il prend l'avis du procureur général et statue sur la requête.

L'ordonnance statuant sur la récusation n'est susceptible d'aucune voie de recours. Elle produit effet de plein droit.

Aux termes de l'article 671 du Code de procédure pénale, n'est susceptible d'aucune voie de recours l'ordonnance du premier président d'une cour d'appel statuant sur une requête en récusation (Cass. crim., 14 mars 2001 : *Bull*. 69).

Art. 672. – Toute demande de récusation visant le premier président de la cour d'appel doit faire l'objet d'une requête adressée au premier président de la Cour de cassation qui, après avis du procureur général près ladite cour, statue par une ordonnance, laquelle n'est susceptible d'aucune voie de recours. Les dispositions de l'article 670 sont applicables.

Art. 673. – Toute ordonnance rejetant une demande de récusation prononce la condamnation du demandeur à une amende civile de 500 à 5 000 F (75 à 750 €).

Art. 674. – Aucun des juges ou conseillers visés à l'article 668 ne peut se récuser d'office sans l'autorisation du premier président de la cour d'appel dont la décision, rendue après avis du procureur général, n'est susceptible d'aucune voie de recours.

Lorsque la juridiction d'instruction normalement compétente ne peut être légalement composée, notamment par suite de la récusation d'office des magistrats aptes à siéger, intervenue dans les conditions fixées à l'article 674 du Code de procédure pénale, il appartient à la chambre criminelle de la Cour de cassation, par application des dispositions de l'article 662 du même code, de renvoyer la connaissance de l'affaire à une autre juridiction du même ordre (Cass. crim., 5 avr. 1960 : *Bull*. 216).

Art. 674-1 *(L. n. 67-523, 3 juill. 1967, art. 22)*. **– La demande en récusation d'un magistrat de la Cour de cassation, saisie en matière pénale, doit être motivée ; elle est déposée au greffe. Le ministère d'un avocat n'est pas obligatoire.**

Est sans objet la requête en récusation visant des magistrats de la chambre criminelle mis en cause dans une plainte avec constitution de partie civile dès lors que, conformément aux principes généraux du droit et à l'article 6 de la Convention européenne des droits de l'homme, les magistrats visés par la requête s'abstiennent de siéger pour examiner le pourvoi formé par la partie civile contre l'arrêt de refus d'informer (Cass. crim., 12 janv. 1994 : *Bull*. 20).

Art. 674-2 *(L. n. 67-523, 3 juill. 1967, art. 22)*. **– La chambre compétente statue dans le mois du dépôt de la requête au greffe, après observations du magistrat récusé.**

Pour le surplus, les dispositions du livre II, titre XX, du Code de procédure civile seront observées.

(V. nouveau C. proc. civ. Livre Ier, titre X, chap. II).

TITRE VIII. – DU JUGEMENT DES INFRACTIONS COMMISES À L'AUDIENCE DES COURS ET TRIBUNAUX

Art. 675 *(L. n. 82-506, 15 juin 1982, art. 7 ; Mod., L. n. 93-2, 4 janv. 1993, art. 107)*. – **Sous réserve des dispositions des articles 342 et 457, alinéa 6, les infractions commises à l'audience sont jugées, d'office ou sur les réquisitions du ministère public, suivant les dispositions ci-après, nonobstant toutes règles spéciales de compétence ou de procédure.**

V. J.-M. GONNARD, *Jugement des infractions commises à l'audience des cours et tribunaux : J.-Cl. Proc. pén.*, art. 675 à 678.

Art. 676. – **S'il se commet une contravention de police pendant la durée de l'audience, le tribunal ou la cour dresse procès-verbal du fait, entend le prévenu, les témoins, le ministère public, et, éventuellement, le défenseur, et applique sans désemparer les peines portées par la loi.**

Art. 677 *(Complété, L. n. 93-2, 4 janv. 1993, art. 108 ; L. n. 94-89, 1er févr. 1994, art. 10-VI)*. – **Si le fait commis pendant la durée de l'audience d'un tribunal correctionnel ou d'une cour est un délit, il peut être procédé comme il est dit à l'article précédent. Dans ce cas, si la peine prononcée est supérieure à un mois d'emprisonnement, un mandat de dépôt peut être décerné.**

Si le fait, qualifié délit, a été commis à l'audience d'un tribunal de police, le président en dresse procès-verbal, qu'il transmet au procureur de la République ; il peut, si la peine encourue est supérieure à six mois d'emprisonnement, ordonner l'arrestation de l'auteur, et sa conduite immédiate devant le procureur de la République.

Par dérogation aux dispositions qui précèdent, lorsqu'il a été commis pendant la durée d'une audience d'un tribunal ou d'une cour le délit d'outrage prévu par l'article 434-24 du Code pénal, le président en dresse procès-verbal qu'il transmet au procureur de la République. Les magistrats ayant participé à l'audience lors de la commission du délit ne peuvent composer la juridiction saisie des poursuites.

Lorsqu'une personne commet à l'audience de la chambre d'accusation un délit et est jugée sur-le-champ, elle doit être entendue par la cour ainsi, éventuellement, que son conseil, avant que soit prononcée une condamnation à son égard (Cass. crim., 14 sept. 1988 : *Bull.* 322).

Art. 678. – **Si le fait commis est un crime, la cour ou le tribunal, après avoir fait arrêter l'auteur, l'interroge et dresse procès-verbal des faits ; cette juridiction transmet les pièces et ordonne la conduite immédiate de l'auteur devant le procureur de la République compétent qui requiert l'ouverture d'une information.**

Lorsque l'action publique n'a pas été régulièrement mise en mouvement avant l'abrogation par la loi du 4 janvier 1993 des articles 679 et suivants du Code de procédure pénale, l'arrêt portant désignation n'a pas saisi la juridiction désignée qui n'est plus compétente en vertu de l'article 225, alinéa 2, de cette loi (Cass. crim., 13 oct. 1993 : *Bull.* 292).

Art. 679 à 688. – *Abrogés, L. n. 93-2, 4 janv. 1993, art. 102 à 225.*

TITRE IX. – DES INFRACTIONS COMMISES HORS DU TERRITOIRE DE LA RÉPUBLIQUE

(L. n. 92-1336, 16 déc. 1992, art. 60 ; L. n. 93-913, 19 juill. 1993)

CHAPITRE I. – DE LA COMPÉTENCE DES JURIDICTIONS FRANÇAISES

Art. 689 *(L. n. 92-1336, 16 déc. 1992, art. 61 ; L. n. 93-913, 19 juill. 1993)*. – **Les auteurs ou complices d'infractions commises hors du territoire de la République peuvent être poursuivis et jugés par les juridictions françaises soit lorsque, conformément aux dispositions du livre Ier du Code pénal ou d'un autre texte législatif, la loi française est applicable, soit lorsqu'une convention internationale donne compétence aux juridictions françaises pour connaître de l'infraction.**

V. Ph. LABRÉGÈRE, *Compétence des tribunaux répressifs français et de la loi pénale française : J.-Cl. Proc. pén.*, art. 689 à 696. Introduction générale. Infractions commises en France (Fasc. 10). – P. LABRÉGÈRE, Infractions commises à l'étranger (Fasc. 20). – R. KOERING-JOULIN et A. HUET, *Effets en France des décisions répressives étrangères : J.-Cl. Proc. pén.*, art. 689 à 696, (Fasc. 30). – M. DELMAS-MARTY et K. TIEDEMANN, *La criminalité, le droit pénal et les multinationales : JCP* 79, éd. G, I, 2935. – A. FOURNIER, *Complicité internationale et compétence des juridictions répressives françaises : Rev. crit. dr. int. pr.* 1981, p. 31 s. – A. HUET, *Pour une application limitée de la loi pénale étrangère : Clunet* 1982, n. 3. – R. KOERING-JOULIN, *L'application de la loi pénale dans l'espace (avant-projet de Code pénal 1983) : Rev. sc. crim.* 1984, 263 s. – P. Y. GAUTIER, *Sur la localisation de certaines infractions économiques : Rev. crit. dr. int. pr.* 1989, p. 669. – V. Annexe II, Extradition. – V. Textes complémentaires. Code de l'aviation civile (infractions commises à bord d'un aéronef). V. Textes complémentaires : Circulaire du 23 juin 1995 commentant les dispositions des articles 39, 40 et 41 de la convention signée à Schengen le 10 juin 1980. – Loi du 29 avril 1996 – Trafic de stupéfiants – Haute Mer – Convention de Vienne.

1) Justifie sa décision au regard de l'alinéa 1er de l'article 689 du Code de procédure pénale, l'arrêt de la chambre d'accusation qui, pour ordonner la mise en accusation d'une personne du chef de faux en écriture authentique à raison des altérations de la vérité contenues dans un acte de notoriété dressé à l'étranger, constate sa participation à l'établissement de ce faux, après avoir relevé l'accord de la législation étrangère et de la législation française quant au caractère public de l'acte (Cass. crim., 21 févr. 1978 : *Bull.* 63).

L'arrêt qui, en l'absence de conclusions des prévenus contestant la compétence des juges du fond, constate l'accord de la législation étrangère et de la législation française pour réprimer un fait commis à l'étranger, établit l'existence des deux conditions nécessaires, aux termes de l'article 689 du Code de procédure pénale, pour la poursuite d'un délit commis à l'étranger par des Français (Cass. crim., 27 nov. 1968 : *Bull.* 319).

2) Viole l'article 689 du Code de procédure pénale l'arrêt qui prononce une condamnation à raison d'un délit d'abus de confiance commis à l'étranger, sans constater que le fait est puni par la législation du pays où il a été perpétré (Cass. crim., 19 mai 1971 : *Bull.* 164).

Méconnaît les dispositions de l'article 689 du Code de procédure pénale l'arrêt qui prononce une condamnation à raison d'un délit de recel commis à l'étranger sans constater que le fait est puni par la législation du pays où il a été perpétré (Cass. crim., 27 juin 1984 : *Bull.* 248. – Cass. crim., 10 oct. 1988 : *Bull.* 331).

Les dispositions de l'article 689, alinéa 2, du Code de procédure pénale sont applicables même dans l'hypothèse où les faits criminels visés dans l'acte initial de poursuite font l'objet d'une disqualification les faisant considérer comme des délits.

En conséquence, violent l'article précité l'ordonnance du juge d'instruction ou l'arrêt de la chambre d'accusation qui renvoient l'inculpé devant la juridiction de jugement sans constater que le ou les faits sont punis par la législation du pays où ils ont été perpétrés (Cass. crim., 6 mars 1984 : *Bull.* 90).

3) Donne une base légale à sa décision au regard des dispositions de l'article 689, alinéa 2,

du Code de procédure pénale, l'arrêt qui, statuant sur une poursuite du chef d'évasion par bris de prison commis en Belgique par un citoyen français, constate que le fait n'est pas puni par la législation du pays où il a été perpétré et, le requalifiant, déclare le prévenu coupable de dégradation de monument d'utilité publique, délit prévu et réprimé par l'article 257 du Code pénal français et par l'article 526 du Code pénal belge (Cass. crim., 9 nov. 1988 : *Bull.* 385).

4) L'exportation de stupéfiants commise en France et, à la supposer punissable, l'importation des mêmes stupéfiants dans un pays étranger constituent des infractions distinctes. Dès lors, l'action publique est exercée à bon droit contre l'auteur du premier de ces délits, sans qu'il y ait à rechercher s'il a été jugé antérieurement à l'étranger pour le second (Cass. crim., 22 nov. 1973 : *Bull.* 434).

5) Les articles 689, 691 et 692 du Code de procédure pénale qui régissent les conditions dans lesquelles les infractions commises à l'étranger peuvent être poursuivies en France ne comportent aucune dérogation aux articles 7 et 8 du même code relatifs au point de départ de la prescription de l'action publique.

Il en est de même de la Convention européenne d'entraide judiciaire en matière pénale du 20 avr. 1959 (Cass. crim., 16 juill. 1987 : *Bull.* 298).

6) Seule la qualité de Français de la victime directe de l'infraction commise à l'étranger attribue compétence aux lois et juridictions françaises sur le fondement des articles 113-7 du Code pénal et 689 du Code de procédure pénale ; les stipulations des articles 6 et 14 de la Convention européenne des droits de l'homme ne sauraient s'interpréter comme étant de nature à remettre en cause les règles relatives à la compétence internationale des lois et juridictions pénales françaises (Cass. crim., 31 janv. 2001 : *Bull.* 31 ; *Bull. inf. C. cass.*, avr. 2001, n. 406).

Art. 689-1 *(L. n. 92-1336, 16 déc. 1992, art. 61 ; L. n. 93-913, 19 juill. 1993).* **– En application des conventions internationales visées aux articles suivants, peut être poursuivie et jugée par les juridictions françaises, si elle se trouve en France, toute personne qui s'est rendue coupable hors du territoire de la République de l'une des infractions énumérées par ces articles. Les dispositions du présent article sont applicables à la tentative de ces infractions, chaque fois que celle-ci est punissable.**

Art. 689-2 *(L. n. 92-1336, 16 déc. 1992, art. 61 ; L. n. 93-913, 19 juill. 1993).* **– Pour l'application de la convention contre la torture et autres peines ou traitements cruels, inhumains ou dégradants, adoptée à New York le 10 décembre 1984, peut être poursuivie et jugée dans les conditions prévues à l'article 689-1 toute personne coupable de tortures au sens de l'article 1er de la convention.**

Il résulte de l'article 689-2 du Code de procédure pénale que les juridictions françaises sont compétentes, dans les conditions prévues par l'article 689-1 du même code, pour juger les personnes qui se seraient rendues coupables, à l'étranger, de tortures, au sens de l'article 1er de la Convention de New York du 10 décembre 1984, dès lors que les faits délictueux sont susceptibles de revêtir, selon la loi française, une qualification entrant dans les prévisions de cet article. Pour déclarer le juge d'instruction incompétent, la chambre d'accusation, après avoir décidé que les faits poursuivis doivent être envisagés sous leur plus haute acception pénale, retient qu'ils constituent les crimes de génocide et de complicité de génocide, prévus par l'article 211-1 du Code pénal, et que les éléments constitutifs de ces crimes ne sont pas compris dans la définition des actes de torture visés à l'article 1er de la Convention de New York du 10 décembre 1984. En affirmant que seule la qualification de génocide était applicable en l'espèce, la chambre d'accusation a méconnu l'article 689-2 précité (Cass. crim., 6 janv. 1998 : *Bull.* 2 ; *Juris-Data* n. 001026 ; *JCP* 98, II, 10158, note Jean-François Roulot).

La cassation est également encourue en vertu des dispositions de la loi du 22 mai 1996 applicable aux procédures en cours *(même arrêt)*.

Art. 689-3 *(L. n. 92-1336, 16 déc. 1992, art. 61 ; L. n. 93-913, 19 juill. 1993).* **– Pour l'application de la convention européenne pour la répression du terrorisme, signée à Strasbourg le 27 janvier 1977,**

et de l'accord entre les États membres des Communautés européennes concernant l'application de la convention européenne pour la répression du terrorisme, fait à Dublin le 4 décembre 1979, peut être poursuivie et jugée dans les conditions prévues à l'article 689-1 toute personne coupable de l'une des infractions suivantes :

1° Atteinte volontaire à la vie, tortures et actes de barbarie, violences ayant entraîné la mort, une mutilation ou une infirmité permanente ou, si la victime est mineure, une incapacité totale de travail supérieure à huit jours, enlèvement et séquestration réprimés par le livre II du Code pénal ainsi que les menaces définies aux articles 222-17, alinéa 2, et 222-18 de ce code, lorsque l'infraction est commise contre une personne ayant droit à une protection internationale, y compris les agents diplomatiques ;

2° Atteintes à la liberté d'aller et venir définies à l'article 421-1 du Code pénal ou tout autre crime ou délit comportant l'utilisation de bombes, de grenades, de fusées, d'armes à feu automatiques, de lettres ou de colis piégés, dans la mesure où cette utilisation présente un danger pour les personnes, lorsque ce crime ou délit est en relation avec une entreprise individuelle ou collective ayant pour but de troubler gravement l'ordre public par l'intimidation ou la terreur.

La coutume internationale s'oppose à ce que les chefs d'État en exercice puissent, en l'absence de dispositions internationales contraires s'imposant aux parties concernées, faire l'objet de poursuites devant les juridictions pénales d'un État étranger ; encourt la cassation la chambre d'accusation qui dit y avoir lieu à informer dans une procédure mettant en cause un chef d'Etat en exercice alors qu'en l'état du droit international, le crime dénoncé, quelle qu'en soit la gravité, ne relève pas des exceptions au principe ci-dessus énoncé (Cass. crim., 13 mars 2001 : *Bull.* 64 ; *D.* 2001, II, p. 2631, note J. F. Roulot, *La coutume du droit international pénal et l'affaire Kadhafi.*

Art. 689-4 *(L. n. 92-1336, 16 déc. 1992, art. 61 ; L. n. 93-913, 19 juill. 1993)*. **– Pour l'application de la convention sur la protection physique des matières nucléaires, ouverte à la signature à Vienne et New York le 3 mars 1980, peut être poursuivie et jugée dans les conditions prévues à l'article 689-1 toute personne coupable de l'une des infractions suivantes :**

1° Délit prévu à l'article 6-1 de la loi n. 80-572 du 25 juillet 1980 sur la protection et le contrôle des matières nucléaires ;

2° Délit d'appropriation indue prévue par l'article 6 de la loi n. 80-572 du 25 juillet 1980 précitée, atteinte volontaire à la vie ou à l'intégrité de la personne, vol, extorsion, chantage, escroquerie, abus de confiance, recel, destruction, dégradation ou détérioration ou menace d'une atteinte aux personnes ou aux biens définis par les livres II et III du Code pénal, dès lors que l'infraction a été commise au moyen des matières nucléaires entrant dans le champ d'application des articles 1er et 2 de la convention ou qu'elle a porté sur ces dernières.

Art. 689-5 *(L. n. 92-1336, 16 déc. 1992, art. 61 ; L. n. 93-913, 19 juill. 1993)*. **– Pour l'application de la convention pour la répression d'actes illicites contre la sécurité de la navigation maritime et pour l'application du protocole pour la répression d'actes illicites contre la sécurité des plates-formes fixes situées sur le plateau continental, faits à Rome le 10 mars 1988, peut être poursuivie et jugée dans les conditions prévues à l'article 689-1 toute personne coupable de l'une des infractions suivantes :**

1° Crime défini aux articles 224-6 et 224-7 du Code pénal ;

2° Atteinte volontaire à la vie ou à l'intégrité physique, destruction, dégradation ou détérioration, menace d'une atteinte aux personnes ou aux biens réprimées par les livres II et III du Code pénal ou délits définis par l'article 224-8 de ce code et par l'article L. 331-2 du Code des ports maritimes, si l'infraction compromet ou est de nature à compromettre la sécurité de la navigation maritime, où d'une plate-forme fixe située sur le plateau continental ;

3° Atteinte volontaire à la vie, tortures et actes de barbarie ou violences réprimés par le livre II du Code pénal, si l'infraction est connexe soit à l'infraction définie au 1°, soit à une ou plusieurs infractions de nature à compromettre la sécurité de la navigation maritime ou d'une plate-forme visées au 2°.

Art. 689-6 *(L. n. 92-1336, 16 déc. 1992, art. 61 ; L. n. 93-913, 19 juill. 1993).* **– Pour l'application de la convention pour la répression de la capture illicite d'aéronefs, signée à La Haye le 16 décembre 1970, et de la convention pour la répression d'actes illicites dirigés contre la sécurité de l'aviation civile, signée à Montréal le 23 septembre 1971, peut être poursuivie et jugée dans les conditions prévues à l'article 689-1 toute personne coupable de l'une des infractions suivantes :**

1° Détournement d'un aéronef non immatriculé en France et tout autre acte de violence dirigé contre les passagers ou l'équipage, et commis par l'auteur présumé du détournement, en relation directe avec cette infraction.

2° Toute infraction concernant un aéronef non immatriculé en France et figurant parmi celles énumérées aux a, b et c, du 1° de l'article 1er de la convention pour la répression d'actes illicites dirigés contre la sécurité de l'aviation civile précitée.

Art. 689-7 *(L. n. 92-1336, 16 déc. 1992, art. 61 ; L. n. 93-913, 19 juill. 1993).* **– Pour l'application du protocole pour la répression des actes illicites de violence dans les aéroports servant à l'aviation civile internationale, fait à Montréal le 24 février 1988, complémentaire à la convention pour la répression d'actes illicites dirigés contre la sécurité de l'aviation civile, faite à Montréal le 23 septembre 1971, peut être poursuivie et jugée dans les conditions prévues à l'article 689-1 toute personne qui s'est rendue coupable, à l'aide d'un dispositif matériel, d'une substance ou d'une arme :**

1° De l'une des infractions suivantes si cette infraction porte atteinte ou est de nature à porter atteinte à la sécurité dans un aérodrome affecté à l'aviation civile internationale :

***a)* Atteintes volontaires à la vie, tortures et actes de barbarie, violences ayant entraîné la mort, une mutilation ou une infirmité permanente ou, si la victime est mineure, une incapacité totale de travail pendant plus de huit jours, réprimés par le livre II du Code pénal, lorsque l'infraction a été commise dans un aérodrome affecté à l'aviation civile internationale ;**

***b)* Destructions, dégradations et détériorations réprimées par le livre III du Code pénal, lorsque l'infraction a été commise à l'encontre des installations d'un aérodrome affecté à l'aviation civile internationale ou d'un aéronef stationné dans l'aérodrome et qui n'est pas en service ;**

***c)* Délit prévu au quatrième alinéa (3°) de l'article L. 282-1 du Code de l'aviation civile, lorsque l'infraction a été commise à l'encontre des installations d'un aérodrome affecté à l'aviation civile internationale ou d'un aéronef dans l'aérodrome et qui n'est pas en service ;**

2° De l'infraction définie au sixième alinéa (5°) de l'article L. 282-1 du Code de l'aviation civile, lorsqu'elle a été commise à l'encontre des services d'un aérodrome affecté à l'aviation civile internationale.

Art. 689-8* *(L. n. 2000-595, 30 juin 2000).* **– Pour l'application du protocole à la convention relative à la protection des intérêts financiers des Communautés européennes fait à Dublin le 27 septembre 1996 et de la convention relative à la lutte contre la corruption impliquant des fonctionnaires des Communautés européennes ou des fonctionnaires des États membres de l'Union européenne faite à Bruxelles le 26 mai 1997, peut être poursuivi et jugé dans les conditions prévues à l'article 689-1 :**

1° Tout fonctionnaire communautaire au service d'une institution des Communautés européennes ou d'un organisme créé conformément aux traités instituant les Communautés européennes et ayant son siège en France, coupable du délit prévu à l'article 435-1 du Code pénal ou d'une infraction portant atteinte aux intérêts financiers des Communautés européennes au sens de la convention relative à la protection des intérêts financiers des Communautés européennes faite à Bruxelles le 26 juillet 1995 ;

2° Tout Français ou toute personne appartenant à la fonction publique française coupable d'un des délits prévus aux articles 435-1 et 435-2 du Code pénal ou d'une infraction portant atteinte aux intérêts financiers des Communautés européennes au sens de la convention relative à la protection des intérêts financiers des Communautés européennes faite à Bruxelles le 26 juillet 1995 ;

3° Toute personne coupable du délit prévu à l'article 435-2 du Code pénal ou d'une infraction portant atteinte aux intérêts financiers des Communautés européennes au sens de la convention relative à la protection des intérêts financiers des Communautés européennes faite à Bruxelles le 26 juillet 1995, lorsque ces infractions sont commises à l'encontre d'un ressortissant français.

* *(L'article 689-8 entrera en application à la date d'entrée en vigueur en France des conventions ou protocoles visés dans ledit article).*

Art. 689-9 *(L. n. 2000-516, 15 juin 2000, art. 138).* **– Pour l'application de la convention internationale pour la répression des attentats terroristes, ouverte à la signature à New York le 12 janvier 1998, peut être poursuivie et jugée dans les conditions prévues à l'article 689-1 toute personne coupable d'un crime ou d'un délit d'acte de terrorisme défini par les articles 421-1 et 421-2 du Code pénal ou du délit d'association terroriste prévu par l'article 421-2-1 du même code lorsque l'infraction a été commise en employant un engin explosif ou un autre engin meurtrier défini à l'article 1er de ladite convention.**

Art. 689-10. – *(applicable à la date d'entrée en vigueur de la convention internationale pour la répression du financement du terrorisme ouverte à la signature à New York, le 10 janvier 2000) (L. n. 2001-1062, 15 nov. 2001, art. 33-VII)*

Pour l'application de la convention internationale pour la répression du financement du terrorisme, ouverte à la signature à New York le 10 janvier 2000, peut être poursuivie et jugée dans les conditions prévues à l'article 689-1 toute personne coupable d'un crime ou d'un délit défini par les articles 421-1 à 421-2-2 du code pénal lorsque cette infraction constitue un financement d'actes de terrorisme au sens de l'article 2 de ladite convention.

Art. 690. – *Abrogé, à compter du 1er mars 1994 ; L. n. 92-1336, 16 décembre 1992, art. 62 ; L. n. 93-913, 19 juillet 1993.*

Art. 691. – *Abrogé, à compter du 1er mars 1994 ; L. n. 92-1336, 16 décembre 1992, art. 62 ; L. n. 93-913, 19 juillet 1993.*

CHAPITRE II. – DE L'EXERCICE DES POURSUITES ET DE LA JURIDICTION TERRITORIALEMENT COMPÉTENTE

(L. n. 92-1336, 16 déc. 1992, art. 63 ; L. n. 93-913, 19 juill. 1993)

Art. 692 *(L. n. 92-1336, 16 déc. 1992, art. 63 ; L. n. 93-913, 19 juill. 1993).* **– Dans les cas prévus au chapitre précédent, aucune poursuite ne peut être exercée contre une personne justifiant qu'elle a été jugée définitivement à l'étranger pour les mêmes faits et, en cas de condamnation, que la peine a été subie ou prescrite.**

1) Dès lors qu'une infraction a été commise sur le territoire français, la poursuite ne saurait être soumise à l'article 692 du Code de procédure pénale, lequel concerne exclusivement les crimes et délits commis à l'étranger (Cass. crim., 3 nov. 1970 : *Bull.* 285).

Un délit ayant été commis au moins partiellement sur le territoire de la République, la poursuite n'est pas soumise aux dispositions de l'article 692 du Code de procédure pénale, lequel concerne exclusivement les crimes et délits commis à l'étranger ; dès lors, l'action publique est à bon droit reçue sans qu'il y ait à rechercher si le prévenu a été jugé antérieurement à l'étranger (Cass. crim., 13 mai 1971 : *Bull.* 157).

Il résulte de l'article 692 du Code de procédure pénale que les décisions rendues par des juridictions étrangères n'ont l'autorité de la chose jugée que lorsqu'elles concernent des faits commis en dehors du territoire de la République. Il résulte d'une réserve émise par le Gouvernement français que l'article 54 de la Convention de Schengen du 19 juin 1990, portant application de la Convention de Schengen du 14 juin 1985, n'est pas applicable lorsque l'ensemble des faits poursuivis ont eu lieu en France. C'est à tort que la cour d'appel a déclaré l'action publique éteinte au motif qu'une chambre d'accusation étrangère avait prononcé un non-lieu au profit d'une personne ayant commis un abus de biens sociaux en France (Cass. crim., 3 déc. 1998 : *Bull.* 331 ; *Juris-Data* n. 005114).

2) Un citoyen français, poursuivi en France pour un fait commis à l'étranger et qualifié crime par la loi française, ne peut se prévaloir d'une décision prononcée à l'étranger que s'il

justifie avoir été définitivement jugé à l'étranger et, en cas de condamnation, qu'il a subi ou prescrit sa peine ou obtenu sa grâce (Cass. crim., 2 mai 1968 : *Bull.* 136).

3) Rejette à bon droit l'exception de prescription invoquée par le prévenu, l'arrêt qui constate que les actes des autorités judiciaires étrangères ont valablement interrompu la prescription de l'action publique exercée en France contre lui en raison de faits criminels antérieurement poursuivis par les tribunaux étrangers (Cass. crim., 6 mars 1958 : *Bull.* 232. – Cass. crim., 15 sept. 1984 : *Bull.* 272).

4) Aucune disposition légale ou conventionnelle ne permet d'imputer sur l'exécution d'une peine privative de liberté prononcée par une juridiction nationale, saisie sur dénonciation officielle des faits, pour un crime ou un délit commis par un citoyen français sur le territoire d'un État étranger, la durée de l'incarcération subie dans ce pays en exécution d'une condamnation infligée, pour les mêmes faits, par une juridiction dudit État, dès lors que le condamné ne justifie ni qu'il a intégralement subi sa peine, ni qu'il l'a prescrite, ou qu'il a obtenu sa grâce (Cass. crim., 11 juin 1986 : *Bull.* 203. – 26 oct. 1993 : *Bull.* 315).

Art. 693 *(L. n. 92-1336, 16 déc. 1992, art. 63 ; L. n. 93-913, 19 juill. 1993)*. **– La juridiction compétente est celle du lieu où réside le prévenu, celle de sa dernière résidence connue, celle du lieu où il est trouvé, celle de la résidence de la victime ou, si l'infraction a été commise à bord ou à l'encontre d'un aéronef, celle du lieu d'atterrissage de celui-ci. Ces dispositions ne sont pas exclusives de l'application éventuelle des règles particulières de compétence prévues par les articles 697-3, 705,** *(L. n. 2000-595, 30 juin 2000, art. 5-II)* **706-1 et 706-17.**

Lorsque les dispositions de l'alinéa précédent ne peuvent recevoir application, la juridiction compétente est celle de Paris, à moins que la connaissance de l'affaire ne soit renvoyée à une juridiction plus voisine du lieu de l'infraction par la Cour de cassation statuant sur la requête du ministère public ou à la demande des parties.

Les dispositions de l'article 696, alinéa 2, du Code de procédure pénale permettent à la Cour de cassation, sur la demande du ministère public ou des parties, de renvoyer la connaissance d'une affaire devant une cour ou un tribunal plus voisin du lieu du crime ou du délit (Cass. crim., 13 févr. 1991 : *Bull.* 72).

TITRE X. – DE L'ENTRAIDE JUDICIAIRE INTERNATIONALE

(L. n. 99-515, 23 juin 1999, art. 30)

Art. 694. – Les demandes d'entraide émanant des autorités judiciaires étrangères sont exécutées, selon l'origine de la demande ou la nature des actes sollicités, dans les formes prévues par le présent code pour l'enquête, l'instruction ou l'audience de jugement.

La demande d'entraide doit être exécutée dans les formes prévues pour l'instruction lorsqu'elle nécessite certains actes de procédure qui ne peuvent être ordonnés ou exécutés que par un juge d'instruction.

La demande d'entraide doit être exécutée dans les formes prévues pour l'audience de jugement lorsqu'elle doit être réalisée en audience publique et contradictoire. Elle est alors confiée, selon le cas, au tribunal correctionnel siégeant dans sa composition prévue par le troisième alinéa de l'article 398 ou au tribunal de police.

Art. 695. – Pour l'application de l'article 53 de la convention signée à Schengen le 19 juin 1990, le procureur général du ressort de la cour d'appel est chargé de transmettre les demandes d'entraide auprès des autorités judiciaires compétentes et d'assurer le retour des pièces d'exécution.

Art. 696. – Pour le retour des pièces d'exécution en urgence entre les autorités judiciaires françaises et les autres États parties à la convention signée à Schengen le 19 juin 1990, les compétences confiées au ministère de la Justice par le paragraphe 2 de l'article 15 de la convention européenne d'entraide judiciaire en matière pénale faite à Strasbourg le 20 avril 1959 sont exercées par le procureur général du ressort de la cour d'appel.

Art. 696-1. – Les autorités judiciaires sollicitant un acte urgent d'entraide judiciaire en matière pénale peuvent, dans le cadre des conventions en vigueur, saisir les autorités compétentes de l'État requis, afin d'obtenir, dans les meilleurs délais, le retour des pièces d'exécution de l'acte sollicité.

Art. 696-2. – Les autorités judiciaires saisies d'une demande d'entraide judiciaire en matière pénale internationale dont elles estiment que la mise à exécution pourrait être de nature à porter atteinte à la sécurité, à l'ordre public ou à d'autres intérêts essentiels de la Nation, prennent les dispositions nécessaires pour permettre aux autorités compétentes d'apprécier la suite à lui réserver.

TITRE XI. – DES CRIMES ET DES DÉLITS EN MATIÈRE MILITAIRE ET DES CRIMES ET DÉLITS CONTRE LES INTÉRÊTS FONDAMENTAUX DE LA NATION

(L. n. 93-2, 4 janv. 1993, art. 65)

CHAPITRE I. – DE LA POURSUITE, DE L'INSTRUCTION ET DU JUGEMENT DES CRIMES ET DÉLITS EN MATIÈRE MILITAIRE EN TEMPS DE PAIX

(L. n. 82-621, 21 juill. 1982, art. 3)

SECTION I. – COMPÉTENCE

Art. 697 *(Ord. n. 60-529, 4 juin 1960, art. 2 ; L. n. 82-621, 21 juin 1982, art. 3)*. **– Dans le ressort de chaque cour d'appel, un tribunal de grande instance est compétent pour l'instruction et, s'il s'agit de délits, le jugement des infractions mentionnées à l'article 697-1.**

Des magistrats sont affectés, après avis de l'assemblée générale, aux formations de jugement, spécialisées en matière militaire, de ce tribunal.

Dans le même ressort, une cour d'assises est compétente pour le jugement des crimes mentionnés à l'article 697-1.

Un décret pris sur le rapport conjoint du garde des sceaux, ministre de la Justice, et du ministre chargé de la défense fixe la liste de ces juridictions.

V. J.-M. GONNARD, *Crimes et délits en matière militaire et en matière de sûreté de l'État : J.-Cl. Proc. pén.*, art. 697 à 702. – V. Annexe V, Législation militaire (liste des juridictions compétentes).

1) Il résulte des dispositions de l'article 697, alinéa 2, du Code de procédure pénale qu'il appartient au seul président du tribunal de grande instance compétent pour le jugement des infractions mentionnées à l'article 697-1 du même code, d'affecter des magistrats, après avis de l'assemblée générale, aux formations de jugement spécialisées en matière militaire de ce tribunal (Cass. crim., 29 avr. 1987 : *Bull.* 174).

2) Les jeunes gens dont la demande en vue de bénéficier des dispositions relatives aux objecteurs de conscience a été agréée, sont, en application des dispositions de l'article L. 116-4 du Code du service national, assimilés aux assujettis du service de défense, notamment pour l'application des dispositions des articles L. 141 et L. 145 à L. 149 dudit code.

En temps de paix, les assujettis au service de défense relèvent, pour l'application du livre III du Code de justice militaire, de la compétence des tribunaux de droit commun dans les conditions prévues par les articles 697 à 698-8 du Code de procédure pénale (Cass. crim., 3 oct. 1986 : *Bull.* 267 ; *D.* 1987-82, note G. Azibert. – Cass. crim., 18 févr. 1987 : *Bull.* 82 ; *Rev. sc. crim.* 1987, p. 464, obs. Braunschweig).

3) Lorsqu'un juge d'instruction a renvoyé l'inculpé devant le tribunal correctionnel alors

que celui-ci était poursuivi du chef d'insoumission, c'est à bon droit que le tribunal, non spécialisé en matière militaire, se déclare incompétent.

Dès lors que ces deux décisions juridictionnelles contradictoires entre elles sont devenues définitives, il appartient à la chambre criminelle de régler de juges et de renvoyer le prévenu devant le tribunal correctionnel qui a, dans sa composition, une formation spécialisée en matière militaire (Cass. crim., 3 févr. 1988 : *Bull.* 57).

4) L'ordonnance ou l'arrêt portant renvoi d'un militaire devant le tribunal correctionnel pour un délit de droit commun commis dans l'exécution du service doit désigner la formation de jugement spécialisée en matière militaire, seule compétente en application de l'article 697 du Code de procédure pénale (Cass. crim., 16 juill. 1997 : *Bull.* 275).

Art. 697-1 *(L. n. 82-621, 21 juill. 1982, art. 3).* – **Les juridictions mentionnées à l'article 697 connaissent des infractions militaires prévues par le livre III du Code de justice militaire ; elles connaissent également des crimes et délits de droit commun commis dans l'exécution du service par les militaires, tels que ceux-ci sont définis par les articles 61 à 63 du Code de justice militaire.**

Ces juridictions sont compétentes à l'égard de toutes personnes majeures, auteurs ou complices, ayant pris part à l'infraction.

Par dérogation aux dispositions du premier alinéa ci-dessus, ces juridictions ne peuvent connaître des infractions de droit commun commises par les militaires de la gendarmerie dans l'exercice de leurs fonctions relatives à la police judiciaire ou à la police administrative ; elles restent néanmoins compétentes à leur égard pour les infractions commises dans le service du maintien de l'ordre.

Si le tribunal correctionnel mentionné à l'article 697 se déclare incompétent pour connaître des faits dont il a été saisi, il renvoie le ministère public à se pourvoir ainsi qu'il avisera ; il peut, le ministère public entendu, décerner par la même décision mandat de dépôt ou d'arrêt contre le prévenu.

1) Ne constituent des crimes et délits de droit commun commis dans l'exécution du service, au sens de l'article 697-1 du Code de procédure pénale, que les infractions commises par un militaire dans le cadre de la mission de service qui lui est confiée.

Dès lors, les juridictions visées à l'article 697 du même code ne sont pas compétentes pour connaître des infractions de droit commun commises, même à l'intérieur de l'établissement militaire, par des militaires qui ne sont affectés à aucune tâche et n'accomplissent aucun devoir attaché à leurs fonctions, et ainsi n'exécutent aucun service (Cass. crim., 2 oct. 1987 : *Bull.* 330 ; *Rev. sc. crim.* 1988, 334, obs. Braunschweig).

Tel est le cas d'un gendarme qui, dans la chambre de son cantonnement, tue accidentellement un autre gendarme avec l'arme de service conservée par ce dernier (Cass. crim., 17 nov. 1993 : *Bull.* 346).

2) Constituent des fautes détachables du service les fautes personnelles commises par un militaire, dans l'enceinte militaire, hors le cadre de la mission de service qui lui est confiée.

Le tribunal aux armées est compétent pour statuer sur les intérêts civils, lorsqu'il constate, comme en l'espèce, que l'homicide involontaire, dont a été déclaré entièrement responsable le prévenu, est le résultat d'une grave faute d'imprudence détachable du service (Cass. crim., 1er févr. 1989 : *Bull.* 43).

3) Selon l'article 465 du Code de procédure pénale, si la peine prononcée est au moins de une année d'emprisonnement sans sursis, le tribunal correctionnel ne peut décerner mandat de dépôt ou d'arrêt contre le prévenu que s'il s'agit d'un délit de droit commun. Ces dispositions ne sont ainsi pas applicables devant les juridictions mentionnées à l'article 697 du code précité, compétentes en matière militaire, lorsque celles-ci sont saisies que d'infractions militaires telles que le délit d'insoumission (Cass. crim., 25 avr. 1990 : *Bull.* 156).

Art. 697-2. – *Abrogé (L. n. 99-929, 10 nov. 1999, art. 57).*

Art. 697-3 *(L. n. 82-621, 21 juill. 1982, art. 3)*. **– La compétence territoriale des juridictions mentionnées à l'article 697 est déterminée conformément aux articles 43, 52, 382 et 663. Sont également compétentes les juridictions du lieu de l'affectation ou du débarquement. En outre, la juridiction territorialement compétente à l'égard des personnels des navires convoyés est celle à laquelle seraient déférés les personnels du navire convoyeur.**

SECTION II. – PROCÉDURE

Art. 698 *(Ord. n. 60-529, 4 juin 1960, art. 2 ; L. n. 63-22, 15 janv. 1963, art. 1er ; L. n. 81-737, 4 août 1981, art. 1er ; L. n. 82-621, 21 juill. 1982, art. 3)*. **– Les infractions relevant de la compétence des juridictions mentionnées à l'article 697 sont instruites et jugées selon les règles du présent code sous réserve des dispositions particulières édictées par les articles 698-1** *(L. n. 99-929, 10 nov. 1999, art. 58)* **à 698-9.**

Toutefois, le procureur de la République compétent en application de l'article 43 a qualité pour accomplir ou faire accomplir les actes nécessités par l'urgence et requérir à cet effet le juge d'instruction de son siège. Les dispositions des articles 698-1 à 698-5 sont alors applicables.

Art. 698-1 *(L. n. 82-621, 21 juill. 1982, art. 3)*. **– Sans préjudice de l'application de l'article 36, l'action publique est mise en mouvement par le procureur de la République territorialement compétent, qui apprécie la suite à donner aux faits portés à sa connaissance, notamment par la dénonciation du ministre chargé de la défense ou de l'autorité militaire habilitée par lui. À défaut de cette dénonciation, le procureur de la République doit demander préalablement à tout acte de poursuite, sauf en cas de crime ou de délit flagrant, l'avis du ministre chargé de la défense ou de l'autorité militaire habilitée par lui. Hormis le cas d'urgence, cet avis est donné dans le délai d'un mois. L'avis est demandé par tout moyen dont il est fait mention au dossier de la procédure.**

La dénonciation ou l'avis figure au dossier de la procédure, à peine de nullité, sauf si cet avis n'a pas été formulé dans le délai précité ou en cas d'urgence.

L'autorité militaire visée au premier alinéa du présent article est habilitée par arrêté du ministre chargé de la défense.

Aurélie DE ADRADE : *Une particularité de la procédure pénale applicable aux militaires : l'avis du ministre de la Défense, Rev. sc. crim.* 2002, p. 71.

V. Textes complémentaires : A. 14 févr. 2001.

1) Les dispositions de l'article 698-1 du Code de procédure pénale qui imposent au procureur de la République d'obtenir, soit une dénonciation, soit un avis du ministre chargé de la Défense ou de l'autorité militaire habilitée par lui pour exercer l'action publique devant les juridictions mentionnées à l'article 697 du même code ne sauraient être invoquées : lorsqu'il s'agit des infractions définies par les articles 70 à 85 du Code pénal concernant les atteintes à la défense nationale (Cass. crim., 1er août 1987 : *Bull.* 302) ; lorsqu'il s'agit d'infractions définies par les articles 411-1 à 411-11 et 413-1 à 413-12 du Code pénal concernant les atteintes à la défense nationale (Cass. crim., 20 févr. 2002 : *Bull.* 36).

2) L'article 698-1 du Code de procédure pénale, qui subordonne les poursuites exercées contre les militaires pour les infractions visées à l'article 697-2 du même code soit à la dénonciation, soit à l'avis préalable des autorités militaires, ne régit que la mise en mouvement de l'action publique par le procureur de la République. Cette formalité ne s'impose pas au juge d'instruction qui, s'il est habilité conformément à l'article 697 du Code de procédure pénale, a le pouvoir de mettre en examen, dans les conditions du droit commun, un militaire ayant pris part aux faits dont il est saisi. Dès lors, justifie sa décision la chambre d'accusation qui, après avoir constaté que, lors de la mise en mouvement de l'action publique par le réquisitoire introductif, il n'existait aucun indice laissant présumer qu'un militaire avait participé aux faits déférés au juge d'instruction, énonce que ce magistrat n'avait pas à demander l'avis du ministre chargé de la défense ou de l'autorité militaire habilitée par lui avant de procéder à la mise en examen du militaire responsable des services des essences de l'armée à Mayotte (Cass. crim., 16 juill. 1997 : *Bull.* 275).

3) Le juge correctionnel qui n'est pas lié par la qualification donnée à la prévention, principe auquel ne dérogent pas les dispositions de l'article 698-1 du Code de procédure pénale, ne peut prononcer une décision de relaxe qu'autant qu'il a vérifié que les faits dont il est saisi ne sont constitutifs d'aucune infraction (Cass. crim., 13 oct. 1993 : *Bull.* 294).

Art. 698-2 *(L. n. 92-1336, 16 déc. 1992, art. 66 ; L. n. 93-913, 19 juill. 1993).* **– L'action civile en réparation du dommage causé par l'une des infractions mentionnées au premier alinéa de l'article 697-1 appartient à ceux qui ont personnellement souffert du dommage directement causé par l'infraction.**

(L. n. 99-929, 10 nov. 1999, art. 59-1, entrée en vigueur le 1er janvier 2002, art. 59-11). **– L'action publique peut être mise en mouvement par la partie lésée dans les conditions déterminées aux articles 85 et suivants**

1) Estime à bon droit que, s'agissant d'une faute de service, elle n'est pas compétente pour statuer sur les demandes formulées, la cour d'appel devant laquelle, pour obtenir réparation du dommage causé par une infraction commise dans une enceinte militaire, des parties civiles invoquent les dispositions de l'article 697-1 du Code de procédure pénale, dans sa rédaction issue de la loi du 21 juillet 1982, qui permettent de porter devant la juridiction pénale, devenue compétente, l'action civile exercée.

En effet, en subordonnant expressément à l'observation « des règles de compétence et de procédure applicables » le transfert qu'elle opère, ladite loi n'a pas dérogé au principe selon lequel les conséquences dommageables d'une faute non détachable de la fonction ne peuvent être appréciées par une juridiction de l'ordre judiciaire dès lors que, la responsabilité de l'État se trouvant substituée à celle de l'auteur de cette faute, seuls les tribunaux administratifs sont compétents pour se prononcer sur l'indemnisation du préjudice résultant de celle-ci (Cass. crim., 29 nov. 1988 : *Bull.* 403).

2) Méconnaît le principe posé par l'article 6.1 de la Conventin européenne des droits de l'homme aux termes duquel toute personne a droit à ce que sa cause soit entendue par un tribunal indépendant et impartial qui décidera notamment de ses droits en matière civile, l'arrêt d'une chambre d'accusation qui, pour déclarer irrecevable, en application de l'article 698–2, du Code de procédure pénale, une plainte avec constitution de partie civile du chef de dénonciation calomnieuse contre des militaires, retient que la juridiction d'instruction ne peut être considérée comme un tribunal, alors qu'en l'espèce – le Parquet ayant refusé d'engager des poursuites – la recevabilité de la constitution de partie civile était déterminante pour l'issue de la procédure et affectait le droit du plaignant d'agir en réparation du dommage causé par l'infraction (Cass. crim., 19 juin 2001 : *Bull.* 147).

Art. 698-3 *(L. n. 82-3, 21 juill. 1982, art. 3).* **– Lorsque le procureur de la République, le juge d'instruction et les officiers de police judiciaire sont amenés, soit à constater des infractions dans les établissements militaires, soit à rechercher, en ces mêmes lieux, des personnes ou des objets relatifs à ces infractions, ils doivent adresser à l'autorité militaire des réquisitions tendant à obtenir l'entrée dans ces établissements.**

Les réquisitions doivent, sauf nécessité, préciser la nature et les motifs des investigations jugées nécessaires. L'autorité militaire est tenue de s'y soumettre et se fait représenter aux opérations.

Le procureur de la République, le juge d'instruction et les officiers de police judiciaire veillent, en liaison avec le représentant qualifié de l'autorité militaire, au respect des prescriptions relatives au secret militaire. Le représentant de l'autorité militaire est tenu au respect du secret de l'enquête et de l'instruction.

Art. 698-4 *(L. n. 82-621, 21 juill. 1982, art. 3).* **– Les supérieurs hiérarchiques doivent satisfaire à la demande des officiers de police judiciaire tendant à mettre à leur disposition un militaire en activité de service, lorsque soit les nécessités de l'enquête, soit l'exécution d'une commission rogatoire ou d'un mandat de justice exigent cette mesure.**

Art. 698-5 *(L. n. 82-621, 21 juill. 1982, art. 3 ; Mod., L. n. 93-2, 4 janv. 1993, art. 214 ; Mod., L. n. 99-929, 10 nov. 1999, art. 60).* **– Les articles 73 à 77, 93, 94, 137, 204, 349, 357, 366, 368, 369, 371, 373, 374, 375, 377 et le deuxième alinéa de l'article 384 du Code de justice militaire sont applicables. Conformément à l'article 135 de ce même code, la personne mise en examen, le prévenu ou le condamné militaire doit être détenu dans des locaux séparés.**

1) Lorsqu'un militaire est poursuivi devant une juridiction de droit commun autre que celles prévues par l'article 697 du Code de procédure pénale pour le jugement des infractions énoncées par l'article 697-1 dudit code, les dispositions de l'article 137, alinéa 1 qui interdisent d'ordonner une mesure de contrôle judiciaire à l'égard d'un militaire ne sont pas applicables.

En effet, l'article 698-5 du Code de procédure pénale ne prescrit l'application de l'article 137 dudit Code de justice militaire que devant les juridictions statuant en vertu des articles 697 et 697-1 précités (Cass. crim., 4 janv. 1984 : *Bull.* 3).

2) Il résulte des articles 738 et 698-5 du Code de procédure pénale que le sursis avec mise à l'épreuve ne peut être prononcé par les juridictions de droit commun, saisies d'infractions militaires (Cass. crim., 30 sept. 1992 : *Bull.* 298).

Art. 698-6 *(Applic. 1er janv. 2001 ; L. n. 2000-516, 15 juin 2000, art. 136-XVIII et 140) (L. n. 92-1336, 16 déc. 1992, art. 67 ; L. n. 82-621, 21 juill. 1982, art. 3 ; L. n. 93-913, 19 juill. 1993).* **– Par dérogation aux dispositions du titre Ier du livre II, notamment aux articles 240 et 248, premier alinéa, et sous réserve des dispositions de l'article 698-7, la cour d'assises prévue par l'article 697 est composée d'un président et, lorsqu'elle statue en premier ressort, de six assesseurs, ou lorsqu'elle statue en appel, de huit assesseurs. Ces assesseurs sont désignés comme il est dit aux alinéas 2 et 3 de l'article 248 et aux articles 249 à 253.**

La cour ainsi composée applique les dispositions du titre Ier du livre II sous les réserves suivantes :

1° Il n'est pas tenu compte des dispositions qui font mention du jury ou des jurés ;

2° Les dispositions des articles 254 à 267, 282, 288 à 292, 293, alinéas 2 et 3, 295 à 305 ne sont pas applicables ;

3° Pour l'application des articles 359, 360 et 362, les décisions sont prises à la majorité.

(L. n. 2000-1354, 30 déc. 2000, art. 20, applic. 1er janv. 2001) **Par dérogation aux dispositions du deuxième alinéa de l'article 380-1, en cas d'appel d'une décision d'une cour d'assises composée comme il est dit au présent article, la chambre criminelle de la Cour de cassation peut désigner la même cour d'assises, autrement composée, pour connaître de l'appel.**

1) La cour d'assises spécialement composée conformément à l'article 698-6 du Code de procédure pénale a plénitude de juridiction pour juger les accusés renvoyés devant elle par l'arrêt de mise en accusation (Cass. crim., 26 juill. 1993 : *Bull. inf. C. cass.*, nov. 1993, n. 1199). La cour n'est tenue de donner acte que des faits survenus à l'audience, constatés à cette occasion et susceptibles de porter atteinte aux droits de la défense. Dès lors, c'est à bon droit qu'elle refuse de donner acte de réserves concernant sa composition et le mode de désignation de ses membres *(même arrêt)*.

2) Les dispositions de l'article 305-1 du Code de procédure pénale relatives au moment où doivent être soulevées les exceptions tirées d'une nullité entachant la procédure qui précède l'ouverture des débats, sont applicables aux affaires soumises aux cours d'assises composées conformément aux dispositions de l'article 698-6 du même code pour le jugement des crimes énumérés en son article 706-16. Dès lors les accusés ne sauraient se faire un grief de ce que le président, dans leur propre intérêt, leur ait rappelé, bien qu'il n'en eût pas l'obligation, que s'ils entendaient invoquer des nullités entachant la procédure antérieure, ils devaient le faire à ce moment, à peine de forclusion (Cass. crim., 4 mai 1988 : *Bull.* 193).

Art. 698-7 *(L. n. 82-621, 21 juill. 1982, art. 3).* **– Les dispositions de l'article 698-6 ne sont applicables, pour le jugement des crimes de droit commun commis dans l'exécution du service par les militaires, que s'il existe un risque de divulgation d'un secret de la défense nationale.**

Lorsque la mise en accusation est prononcée en application de l'article 214, premier alinéa, la *(L. n. 2000-516, 15 juin 2000, art. 83 et 140)* **chambre de l'instruction constate dans son arrêt, s'il y a lieu, qu'il existe un risque de divulgation d'un secret de la défense nationale et ordonne que la cour d'assises saisie soit composée conformément aux dispositions de l'article 698-6.**

Art. 698-8 *(L. n. 82-621, 21 juill. 1982, art. 3)*. – **Les juridictions compétentes pour juger les infractions prévues par le livre III du Code de justice militaire peuvent également prononcer les peines militaires de la destitution et de la perte du grade.**

Art. 698-9 *(L. n. 99-929, 10 nov. 1999, art. 61)*. – **Les juridictions de jugement mentionnées à l'article 697 peuvent, en constatant dans leur décision que la publicité risque d'entraîner la divulgation d'un secret de la défense nationale, ordonner, par décision rendue en audience publique, que les débats auront lieu à huis clos. Lorsque le huis clos a été ordonné, celui-ci s'applique au prononcé des jugements séparés qui peuvent intervenir sur des incidents ou exceptions.**

La décision au fond est toujours prononcée en audience publique.

CHAPITRE II. – DES JURIDICTIONS COMPÉTENTES EN CAS DE GUERRE, DE MOBILISATION, D'ÉTAT DE SIÈGE OU D'ÉTAT D'URGENCE

(L. n. 82-621, 21 juill. 1982, art. 3)

Art. 699 *(Ord. n. 60-529, 4 juin 1960, art. 2 ; L. n. 63-22, 15 janv. 1963, art. 1er ; L. n. 74-631, 5 juill. 1974, art. 13 ; L. n. 81-737, 4 août 1981, art. 2 ; L. n. 82-621, 21 juill. 1982, art. 3)*. – **En temps de guerre, les tribunaux des forces armées sont immédiatement établis.**

Jusqu'à leur mise en place effective, les affaires de leur compétence sont portées devant les juridictions mentionnées à l'article 697. Celles-ci se dessaisissent des affaires au profit des tribunaux des forces armées dès que ceux-ci les revendiquent.

Art. 699-1 *(L. n. 82-621, 21 juill. 1982, art. 3)*. – **Lorsque le Gouvernement décide l'application des mesures de mobilisation ou de mise en garde dans les conditions prévues par l'ordonnance n. 59-147 du 7 janvier 1959 portant organisation générale de la défense, les dispositions du Code de justice militaire relatives au temps de guerre peuvent être rendues applicables par décret en conseil des ministres pris sur le rapport du garde des sceaux, ministre de la justice, et du ministre chargé de la défense.**

Art. 700 *(Ord. n. 60-529, 4 juin 1960, art. 2 ; L. n. 63-22, 15 janv. 1963, art. 1er ; L. n. 81-737, 4 août 1981, art. 2 ; L. n. 82-621, 21 juill. 1982, art. 3)*. – **En cas d'état de siège ou d'état d'urgence déclaré, un décret en conseil des ministres, pris sur le rapport du garde des sceaux, ministre de la Justice, et du ministre chargé de la Défense, peut établir des tribunaux territoriaux des forces armées dans les conditions prévues par le Code de justice militaire.**

La compétence de ces tribunaux résulte des dispositions du Code de justice militaire pour le temps de guerre et des dispositions particulières des lois sur l'état de siège ou l'état d'urgence.

En ce qu'elles concernent la procédure, les lois sur l'état de siège et l'état d'urgence ne sont applicables que si elles sont compatibles avec les dispositions de procédure pénale militaire relatives au temps de guerre.

CHAPITRE III. – DES CRIMES ET DÉLITS CONTRE LES INTÉRÊTS FONDAMENTAUX DE LA NATION

(L. n. 82-621, 21 juill. 1982, art. 3 ; L. n. 92-1336, 16 déc. 1992, art. 68)

Art. 701 *(Ord. n. 60-529, 4 juin 1960, art. 2 ; L. n. 63-22, 15 janv. 1963, art. 1er ; L. n. 81-737, 4 août 1981, art. 2 ; L. n. 82-621, 21 juill. 1982, art. 3)*. – **En temps de guerre, les crimes et délits contre la sûreté de l'État et les infractions qui leur sont connexes sont instruits et jugés par les juridictions des forces armées ainsi qu'il est dit au Code de justice militaire.**

Toutefois, le procureur de la République a qualité pour accomplir ou faire accomplir les actes nécessités par l'urgence et requérir à cet effet le juge d'instruction de son siège. Les dispositions des articles 698-1 à 698-5 sont alors applicables.

Il doit se dessaisir ou requérir le dessaisissement du juge d'instruction dès que l'urgence a cessé.

Art. 702 *(L. n. 92-1336, 16 déc. 1992, art. 69 ; Ord. n. 60-529, 4 juin 1960, art. 2 ; L. n. 63-22, 15 janv. 1963, art. 1er ; L. n. 81-737, 4 août 1981, art. 2 ; L. n. 82-621, 21 juill. 1982, art. 3 ; L. n. 93-913, 19 juill. 1993)*. **– En temps de paix, les crimes et délits contre la sûreté de l'État sont instruits et jugés par les juridictions de droit commun et selon les règles du présent code.**

Lorsque les faits poursuivis constituent un crime ou un délit prévu et réprimé par les articles 411-1 à 411-11 et 413-1 à 413-12 du Code pénal ou une infraction connexe, la compétence est dévolue aux juridictions prévues et organisées par les articles 697 et 698-6.

Si le tribunal correctionnel mentionné à l'article 697 se déclare incompétent pour connaître des faits dont il a été saisi, il renvoie le ministère public à se pourvoir ainsi qu'il avisera ; il peut, le ministère public entendu, décerner par la même décision mandat de dépôt ou d'arrêt contre le prévenu.

V. Annexe V, Législation militaire, L. 4 août 1981 (suppression de la Cour de sûreté de l'État). L. 21 juillet 1982 (infractions en matière militaire et de sûreté de l'État).

L'inculpé militaire, poursuivi pour infraction à l'article 78 du Code pénal, peut être placé sous contrôle judiciaire. En effet, l'alinéa 2 de l'article 702 du Code de procédure pénale ne rend pas applicable, dans un tel cas, les dispositions de l'article 698-5 du même code qui étendent les prescriptions de l'article 137 du Code de justice militaire aux militaires qui font l'objet de poursuites pour infractions militaires ou de droit commun commises dans l'exercice du service (Cass. crim., 16 juill. 1986 : *Bull.* 234. – V. Cass. crim., 4 janv. 84, s.s., art. 698-5).

TITRE XII. – DES DEMANDES PRÉSENTÉES EN VUE D'ÊTRE RELEVÉ DES INTERDICTIONS, DÉCHÉANCES, OU INCAPACITÉS OU MESURES DE PUBLICATION

(L. n. 72-1226, 29 déc. 1972, art. 47 ; L. n. 75-624, 11 juill. 1975, art. 42)

Art. 702-1 *(L. n. 92-1336, 16 déc. 1992, art. 70 ; L. n. 93-913, 19 juill. 1993 ; L. n. 94-475, 10 juin 1994, art. 90)*. **– Toute personne frappée d'une interdiction, déchéance ou incapacité ou d'une mesure de publication quelconque résultant de plein droit d'une condamnation pénale ou prononcée dans le jugement de condamnation à titre de peine complémentaire peut demander à la juridiction qui a prononcé la condamnation ou, en cas de pluralité de condamnations, à la dernière juridiction qui a statué, de la relever, en tout ou partie, y compris en ce qui concerne la durée, de cette interdiction, déchéance ou incapacité. Si la condamnation a été prononcée par une cour d'assises, la juridiction compétente pour statuer sur la demande est la** *(L. n. 2000-516, 15 juin 2000, art. 83 et 140)* **chambre de l'instruction dans le ressort de laquelle la cour d'assises a son siège.**

Lorsque la demande est relative à une déchéance, interdiction ou incapacité prononcée en application de l'article 201 de la loi n. 85-98 du 25 janvier 1985 relative au redressement et à la liquidation judiciaires des entreprises, la juridiction ne peut accorder le relèvement que si l'intéressé a apporté une contribution suffisante au paiement du passif du débiteur. La juridiction peut accorder, dans les mêmes conditions, le relèvement des interdictions, déchéances et incapacités résultant des condamnations pour banqueroutes prononcées en application des articles 126 à 149 de la loi n. 67-563 du 13 juillet 1967 sur le règlement judiciaire, la liquidation des biens, la faillite personnelle et les banqueroutes.

Sauf lorsqu'il s'agit d'une mesure résultant de plein droit d'une condamnation pénale, la demande ne peut être portée devant la juridiction compétente qu'à l'issue d'un délai de six mois après la décision initiale de condamnation. En cas de refus opposé à cette première demande, une autre demande ne peut être présentée que six mois après cette décision de refus. Il en est de même, éventuellement, des demandes ultérieures.

Les dispositions du deuxième alinéa (1°) de l'article 131-6 du Code pénal permettant de limiter la suspension du permis de conduire à la conduite en dehors de l'activité professionnelle sont applicables lorsque la demande de relèvement d'interdiction ou d'incapacité est relative à la peine de suspension du permis de conduire.

V. Cl. ZAMBEAUX, *Relèvement des interdictions, déchéances, incapacités ou mesures de publication : J.-Cl. Proc. pén.*, art. 702-1 et 703.

1) L'article 55-1 de l'ancien Code pénal, devenu l'article 702-1 du Code de procédure pénale, n'autorise pas le juge à relever un condamné de la privation des droits civiques prononcée contre lui à titre de peine principale (Cass. crim., 31 mai 1994 : *Bull.* 214).

Selon l'article L. 15-II du Code de la route, le permis de conduire du prévenu est annulé de plein droit en cas de condamnation pour conduite sous l'empire d'un état alcoolique commise en état de récidive ; cette mesure ne peut pas faire l'objet d'une décision de relèvement dans les conditions prévues par l'article 702-1 du Code de procédure pénale (Cass. crim., 18 janv. 2000 : *Bull.* 25).

2) Selon l'article 55-1 du Code pénal, dont les dispositions sont reprises par l'article 702-1 du Code de procédure pénale, les demandes en relèvement des interdictions, déchéances ou incapacités doivent être présentées à la juridiction qui a prononcé la condamnation, cette juridiction étant éventuellement composée des mêmes magistrats ; de telles dispositions ne sont pas incompatibles avec l'exigence d'impartialité prévue par l'article 6 de la Convention européenne des droits de l'homme (Cass. crim., 15 juin 1994 : *Bull. inf. C. cass.* 1994, n. 1027).

(V. égal. jurisp. s.s. art. 55-1, anc. C. pénal).

3) Conformément à l'article 702-1, dernier alinéa, du Code de procédure pénale, la juridiction statuant sur une demande de relèvement de la suspension du permis de conduire a désormais, en toute hypothèse, qu'il s'agisse d'une peine complémentaire ou d'une peine alternative, la faculté de limiter cette mesure à la conduite en dehors de l'activité professionnelle, dans les conditions prévues par les dispositions de l'article 131-6.1° du Code pénal (Cass. crim., 26 juill. 1994 : *Bull.* 287).

4) L'article 702-1 du Code de procédure pénale permet à toute personne condamnée à la peine complémentaire de l'interdiction de séjour d'en solliciter le relèvement auprès de la juridiction qui l'a prononcée, depuis l'abrogation, intervenue le 1er mars 1994, de l'article 44-2 du Code pénal (Cass. crim., 5 sept. 1994 : *Bull.* 294 ; *Bull. inf. C. cass.* 1994, n. 1237).

Les dispositions de l'article 407 sont applicables au requérant agissant dans le cadre de l'article 702 ; dès lors, lorsque le demandeur ne parle pas suffisamment la langue française, le président doit, d'office, désigner un interprète (Cass. crim., 6 mars 1997 : *Bull.* 93).

5) L'accomplissement du délai de 6 mois après la décision initiale de condamnation, prévu par l'article 702-1, alinéa 3, du Code de procédure pénale, doit être apprécié non pas à partir du jour où la demande en relèvement est présentée au procureur général ou au procureur de la République mais à compter de celui où cette demande est portée par ce magistrat devant la juridiction compétente ; dès lors, encourt la cassation l'arrêt qui déclare irrecevable une demande présentée moins de 6 mois après la décision de condamnation, alors que, au moment où elle a été portée devant la cour d'appel par le procureur général qui l'en a saisie, le délai de 6 mois était achevé (Cass. crim., 9 juin 1999 : *Bull.* 134).

6) Les articles 702-1 et 703 du Code de procédure pénale donnent compétence, pour statuer sur les demandes de relèvement d'interdictions, déchéances ou incapacités, à la juridiction qui a prononcé la condamnation, éventuellement composée des mêmes magistrats. Ces dispositions ne sont pas incompatibles avec l'obligation d'impartialité prévue par l'article 6 de la Convention européenne des droits de l'homme, dès lors qu'il s'agit de trancher un incident d'exécution et non de décider du bien-fondé d'une accusation en matière pénale. (Cass. crim., 9 janv. 2002 : *Bull. inf. C. Cass.*, Avr. 2002, no 311 ; *Bull.* 1).

Art. 703 *(L. n. 92-1336, 16 déc. 1992, art. 71 ; L. n. 63-22, 15 janv. 1963 ; L. n. 72-1226, 29 déc. 1972, art. 47 ; L. n. 75-624, 11 juill. 1975, art. 42 ; L. n. 93-2, 4 janv. 1993, art. 143 ; L. n. 93-913, 19 juill.*

***1993).* – Toute demande présentée par un condamné en vue d'être relevé d'une interdiction, d'une déchéance, d'une incapacité ou d'une mesure de publication, formée en application des dispositions du premier alinéa de l'article 702-1 précise la date de la condamnation ainsi que les lieux où a résidé le requérant depuis sa condamnation ou sa libération.**

Elle est adressée, selon le cas, au procureur de la République ou au procureur général qui s'entoure de tous les renseignements utiles, prend, s'il y a lieu, l'avis du juge de l'application des peines et saisit la juridiction compétente.

La juridiction saisie statue en chambre du conseil sur les conclusions du ministère public, le requérant ou son conseil entendus ou dûment convoqués. S'il paraît nécessaire d'entendre un condamné qui se trouve détenu, il peut être procédé conformément aux dispositions de l'article 712 du présent code.

La décision est signifiée à la requête du ministère public lorsqu'elle est rendue hors de la présence du requérant ou de son conseil. Elle peut être, selon le cas, frappée d'appel ou déférée à la Cour de cassation.

Mention de la décision par laquelle un condamné est relevé totalement ou partiellement d'une interdiction, déchéance, incapacité ou d'une mesure de publication est faite en marge du jugement ou de l'arrêt de condamnation et au casier judiciaire.

1) Il se déduit des articles 702-1 et 703 du Code de procédure pénale, ainsi que des principes généraux du droit, que devant la juridiction saisie d'une demande en relèvement d'interdiction, le requérant ou son conseil doit avoir la parole le dernier (Cass. crim., 16 janv. 1996 : *Bull.* 23. – Cass. crim., 31 janv. 1996 : *Bull.* 58).

2) L'article 703, alinéas 1er et 3, du Code de procédure pénale, dispose que toute demande présentée par un condamné en vue d'être relevé d'une interdiction, d'une déchéance ou d'une incapacité professionnelle, formée en application de l'article 55-1, alinéa 2, du Code pénal, doit être examinée en chambre du conseil (Cass. crim., 24 févr. 1988 : *Bull.* 97. – 10 janv. 1995 : *Bull.* 12).

Le ministère public a qualité pour se pourvoir contre un arrêt qui, en méconnaissance de cette disposition, a statué en audience publique sur la demande d'un condamné et a rejeté cette demande (Cass. crim., 27 nov. 1974 : *Bull.* 354).

Si les mentions contradictoires de l'arrêt d'une cour d'appel statuant sur une demande en relèvement d'interdiction du territoire français, ne permettent pas de savoir si l'affaire a été jugée en chambre du conseil, comme le prescrit l'article 703, alinéa 3, du Code de procédure pénale, l'irrégularité commise ne doit pas entraîner l'annulation de la décision, dès lors qu'il n'est pas établi qu'elle ait porté atteinte aux intérêts du demandeur (Cass. crim., 13 avr. 1999 : *Bull.* 79).

3) Il résulte de l'article 703 du Code de procédure pénale que la juridiction correctionnelle appelée à se prononcer sur une demande en relèvement statue en chambre du conseil. L'exigence de publicité édictée par l'article 6 de la Convention européenne des droits de l'homme ne concerne que les procédures portant sur le bien-fondé de toute accusation en matière pénale et non celle portant sur des incidents d'exécution (Cass. crim., 15 juin 1994 : *Bull. inf. C. cass.* 1994, n. 1027).

4) Ne méconnaît pas les dispositions des articles 6 et 8 de la Convention européenne des droits de l'homme, la cour d'appel qui statue en chambre du conseil, en application de l'article 703 du Code de procédure pénale, sur une requête en relèvement d'une interdiction du territoire français, dès lors que le droit pour un étranger à demeurer sur le territoire de son choix, quand bien même il affecterait indirectement le respect de sa vie privée et familiale, n'est pas un droit de caractère civil au sens de l'article 6.1 de la Convention précitée (Cass. crim., 4 mai 2000 : *Bull.* 179).

5) Encourt la cassation l'arrêt qui tout en condamnant un prévenu, pour le délit de proxénétisme, à l'interdiction de séjour, conformément à l'article 335-3 du Code pénal, le dispense en même temps de l'exécution de cette peine complémentaire sans respecter les dispositions de l'article 44-2 dudit code, qui prévoit, à cette fin, le dépôt d'une requête ainsi que son instruction et son jugement selon les règles qu'il précise, et qui exigent notamment l'avis du préfet (Cass. crim., 19 août 1985 : *Bull.* 280).

TITRE XIII. – DE LA POURSUITE, DE L'INSTRUCTION ET DU JUGEMENT DES INFRACTIONS EN MATIÈRE ÉCONOMIQUE ET FINANCIÈRE

Art. 704 *(L. n. 94-89, 1er févr. 1994, art. 5, 14 ; L. n. 96-392, 13 mai 1996, art. 3)*. **– Dans le ressort de chaque cour d'appel, un ou plusieurs tribunaux de grande instance sont compétents dans les conditions prévues par le présent titre pour la poursuite, l'instruction et, s'il s'agit de délits, le jugement des infractions suivantes dans les affaires qui sont ou apparaîtraient d'une grande complexité :**

1° Délits prévus par les articles 222-38, 313-1, 313-2, 313-4, 313-6, 314-1, 314-2, 324-1, 324-2, 432-10 à 432-15, 433-1, 433-2, 434-9, 435-1 et 435-2 du Code pénal *(L. n. 2000-595, 30 juin 2000, art. 6)* **;**

2° Délits prévus par la loi n. 66-537 du 24 juillet 1966 sur les sociétés commerciales ;

3° Délits prévus par la loi n. 85-98 du 25 janvier 1985 relative au redressement et à la liquidation judiciaires des entreprises ;

4° Délits prévus par le Code de la construction et de l'habitation ;

5° Délits prévus par le Code de la propriété intellectuelle ;

6° Délits prévus par les articles 1741 à 1753 *bis* A du Code général des impôts ;

7° Délits prévus par le Code des douanes ;

8° Délits prévus par le Code de l'urbanisme ;

9° Délits prévus par le Code de la consommation ;

10° Délits prévus par la loi n. 84-46 du 24 janvier 1984 relative à l'activité et au contrôle des établissements de crédit ;

11° Délits prévus par l'ordonnance n. 67-833 du 28 septembre 1967 instituant une commission des opérations de bourse et relative à l'information des porteurs de valeurs mobilières et à la publicité de certaines opérations de bourse ;

12° Délits prévus par la loi n. 83-628 du 12 juillet 1983 relative aux jeux de hasard ;

13° Délits prévus par la loi du 28 mars 1885 sur les marchés à terme ;

14° Délits prévus par la loi n. 88-1201 du 23 décembre 1988 relative aux organismes de placement collectif en valeurs mobilières et portant création des fonds communs de créances ;

15° Délits prévus par la loi n. 86-897 du 1er août 1986 portant réforme du régime juridique de la presse ;

16° Délits prévus par l'ordonnance n. 86-1243 du 1er décembre 1986 relative à la liberté des prix et de la concurrence.

Cette compétence s'étend aux infractions connexes.

Un décret fixe la liste et le ressort de ces tribunaux. Des magistrats sont affectés aux formations d'instruction et de jugement spécialisées en matière économique et financière après avis de l'assemblée générale de ces tribunaux.

V. H. GUERIN, *Infractions en matière économique et financière : J.-Cl. Proc. pén.*, art. 704 et 705.

V. Textes complémentaires. D. 25 mars 1994 fixant la liste et le ressort des tribunaux spécialisés en matière économique et financière, mod. par D. 30 juin 2000.

Les parties ne sont pas admises à contester la mise en oeuvre, au regard de la complexité apparente de l'affaire, des règles de compétence des juridictions spécialisées en matière économique et financière prévues par l'article 704 du Code de procédure pénale (Cass. Crim, 26 juin 2001 : *Bull.* 159).

Art. 705. – Pour la poursuite, l'instruction et, s'il s'agit de délits, le jugement des infractions prévues à l'article 704 et des infractions connexes, le procureur de la République, le juge d'instruction et la formation correctionnelle spécialisée du tribunal de grande instance visé au même article

exercent une compétence concurrente à celle qui résulte de l'application des articles 43, 52, 382, 663 (second alinéa) et 706-42.

Lorsqu'ils sont compétents pour la poursuite et l'instruction des infractions entrant dans le champ d'application de l'article 704, le procureur de la République et le juge d'instruction exercent leurs attributions sur toute l'étendue du ressort fixé en application de l'article 704.

La juridiction saisie reste compétente quelles que soient les incriminations retenues lors du règlement ou du jugement de l'affaire sous réserve de l'application des dispositions des articles 181 et 469. Si les faits constituent une contravention, le juge d'instruction prononce le renvoi de l'affaire devant le tribunal de police compétent en application de l'article 522.

Il résulte des dispositions combinées des articles 704 et 705 du Code de procédure pénale que le dessaisissement du juge d'instruction initialement saisi, requis par le procureur de la République de son siège, a lieu immédiatement et de plein droit, en cas d'accord entre ce magistrat et le juge d'instruction spécialisé, sans que des réquisitions nouvelles ou supplétives du Ministère public du siège du magistrat saisi soient nécessaires (Crim. 23 janv. 2000 : *Bull.* 11).

Art. 706 *(L. n. 98-546, 2 juill. 1998, art. 91).* **– Peuvent exercer des fonctions d'assistant spécialisé auprès d'une ou plusieurs cours d'appel ou d'un ou de plusieurs tribunaux de grande instance mentionnés à l'article 704 les fonctionnaires de catégorie A ou B ainsi que les personnes titulaires d'un diplôme sanctionnant une formation économique, financière, juridique ou sociale d'une durée au moins égale à quatre années d'études supérieures après le baccalauréat qui remplissent les conditions d'accès à la fonction publique et justifient d'une expérience professionnelle minimale de quatre années.**

Les assistants spécialisés assistent, dans le déroulement de la procédure, les magistrats sous la direction desquels ils sont placés, sans pouvoir procéder par eux-mêmes à aucun acte.

Ils ont accès au dossier de la procédure pour l'exécution des tâches qui leur sont confiées et sont soumis au secret professionnel sous les peines prévues à l'article 226-13 du Code pénal.

Un décret en Conseil d'État précise les modalités d'application du présent article, notamment la durée pour laquelle les assistants spécialisés sont nommés et les modalités selon lesquelles ils prêtent serment.

Art. 706-1 *(L. n. 2000-595, 30 juin 2000, art. 5–I).* **– Pour la poursuite, l'instruction et le jugement des actes incriminés par les articles 435-3 et 435-4 du Code pénal, le procureur de la République de Paris, le juge d'instruction et le tribunal correctionnel de Paris exercent une compétence concurrente à celle qui résulte de l'application des articles 43, 52, 282, du second alinéa de l'article 663 et de l'article 706-42.**

Lorsqu'ils sont compétents pour la poursuite et l'instruction des infractions prévues aux articles 435-3 et 435-4 du Code pénal, le procureur de la République et le juge d'instruction de Paris exercent leurs attributions sur toute l'étendue du territoire national.

TITRE XIII *bis*. – DE LA POURSUITE, DE L'INSTRUCTION ET DU JUGEMENT DES INFRACTIONS EN MATIÈRE SANITAIRE

(L. n. 2002-303, 4 mars 2002, art. 33)

Art. 706-2. – I. – La compétence territoriale d'un tribunal de grande instance peut être étendue au ressort d'une ou de plusieurs cours d'appel pour la poursuite, l'instruction et, s'il s'agit de délits, le jugement des infractions définies ci-après dans les affaires relatives à un produit de santé tel que défini par l'article L. 5311-1 du code de la santé publique ou un produit destiné à l'alimentation de l'homme ou de l'animal qui sont ou apparaîtraient d'une grande complexité :

– atteintes à la personne humaine, au sens du titre II du livre II du code pénal ;

– infractions prévues par le code de la santé publique ;

– infractions prévues par le code rural ou le code de la consommation.

Les dispositions des deux derniers alinéas de l'article 704 et de l'article 705 sont applicables aux formations d'instruction et de jugement spécialisées prévues au présent titre.

II. – Dans les conditions prévues par l'article 706, peuvent exercer des fonctions d'assistant spécialisé en matière sanitaire les fonctionnaires de catégorie A ou B relevant des ministres chargés de la santé, de la recherche et de l'agriculture ainsi que les personnes justifiant d'une qualification professionnelle définie par décret et d'une expérience professionnelle minimale de quatre années.

V. Textes Complémentaires *D.* 22 avril 2002 fixant la liste et le ressort des tribunaux spécialisés en matière sanitaire.

TITRE XIV. – DU RECOURS EN INDEMNITÉ OUVERT À CERTAINES VICTIMES DE DOMMAGES RÉSULTANT D'UNE INFRACTION

(L. n. 77-5, 3 janv. 1977, art. 1er ; L. n. 81-82, 2 févr. 1981, art. 97)

Art. 706-3 *(L. n. 92-1336, 16 déc. 1992, art. 73 ; L. n. 90-589, 6 juill. 1990, art. 2 ; L. n. 93-913, 19 juill. 1993).* **– Toute personne ayant subi un préjudice résultant de faits volontaires ou non qui présentent le caractère matériel d'une infraction peut obtenir la réparation intégrale des dommages qui résultent des atteintes à la personne, lorsque sont réunies les conditions suivantes :**

1° Ces atteintes n'entrent pas dans le champ d'application *(L. n. 2000-1257, 23 déc. 2000, art. 53-VIII)* **de l'article 53 de la loi de financement de la Sécurité sociale pour 2001** *(n. 2000-1257, 23 déc. 2000)* **ni de l'article L. 126-1 du Code des assurances ni du chapitre Ier de la loi n. 85-677 du 5 juillet 1985 tendant à l'amélioration de la situation des victimes d'accidents de la circulation et à l'accélération des procédures d'indemnisation et n'ont pas pour origine un acte de chasse ou de destruction des animaux nuisibles ;**

2° Ces faits :

– soit ont entraîné la mort, une incapacité permanente ou une incapacité totale de travail personnel égale ou supérieure à un mois ;

– soit sont prévus et réprimés par les articles 222-22 à 222-30 et 227-25 à 227-27 du Code pénal ;

3° La personne lésée est de nationalité française. Dans le cas contraire, les faits ont été commis sur le territoire national et la personne lésée est :

– soit ressortissante d'un État membre de la Communauté économique européenne ;

– soit, sous réserve des traités et accords internationaux, en séjour régulier au jour des faits ou de la demande.

La réparation peut être refusée ou son montant réduit à raison de la faute de la victime.

V. Textes complémentaires *(D. 15 oct. 1986) ; (L. n. 2000-1257, 23 déc. 2000, art. 53-VIII, 2e al. et art. 53-X).*

V. H. Groutel, *Recours en indemnité ouvert à certaines victimes de dommages résultant d'une infraction : J.-Cl. Proc. pén.*, art. 706-3 à 706-14, Fasc. 20. – E. Deghilage, *La loi du 3 janvier 1977 garantissant les victimes de certains dommages corporels et ses décrets d'application : JCP* 77, I, 2854. – A. Decocq, *Indemnisation de certaines victimes de dommages corporels résultant d'une infraction : Rev. sc. crim.* 1977, p. 618. – P. Escande, *La loi n. 83-608 du 8 juillet 1983 renforçant la protection des victimes d'infraction :* Éditions techniques, *Droit pénal* n. 6 *bis*, numéro spécial. – J. Pradel, *Un nouveau stade dans la protection des victimes d'infraction : DS* 1983, 241, chron. XLIII. – Yves Chartier, *L'indemnisation des victimes d'infractions pénales : Gaz. Pal.* 21-22 juin 1985. – P. Couvrat, *La protection des victimes d'infractions ; Essai d'un bilan : Rev. sc. crim.* 1983-577. – Anne d'Hauteville, *L'intervention des assureurs au procès pénal en application de la loi du 8 juillet 1983 : JCP* 84, I, 3139. – Jean Favard et Jean-Michel Guth, *La marche vers l'uniformisation ?... la quatrième réforme du droit à indemnisation des victimes d'infractions. Art. 706-3 à 706-15 du Code de procédure pénale : JCP* 90, I, 3466.

Le fonds de garantie des victimes des actes de terrorisme et d'autres infractions est sans intérêt à se faire un grief de ce que la cour d'assises, statuant sur les conclusions dirigées contre les seuls auteurs des faits, ait alloué des indemnités complémentaires à des victimes ayant conclu avec lui des transactions ; l'intervention du fonds de garantie des victimes des actes de terrorisme et d'autres infractions, subrogé dans les droits des victimes qu'il a indemnisées, n'est pas subordonnée à la constitution de partie civile desdites victimes (Cass. crim., 2 juin 1993 : *Bull. inf. C. cass.*, août 1993, n. 919).

Art. 706-4 *(L. n. 77-5, 3 janv. 1977, art. 1er ; L. n. 83-608, 8 juill. 1983, art. 16 ; L. n. 92-665, 16 juill. 1992).* **– L'indemnité est allouée par une commission instituée dans le ressort de chaque tribunal de grande instance. Cette commission a le caractère d'une juridiction civile qui se prononce en premier ressort.**

La commission est composée de deux magistrats du siège du tribunal de grande instance et d'une personne majeure, de nationalité française et jouissant de ses droits civiques, s'étant signalée par l'intérêt qu'elle porte aux problèmes des victimes. Elle est présidée par l'un des magistrats.

Les membres de la commission et leurs suppléants sont désignés pour une durée de trois ans par l'assemblée générale des magistrats du siège du tribunal.

Les fonctions du ministère public sont exercées par le procureur de la République ou l'un de ses substituts.

Un décret en Conseil d'État détermine les modalités d'application du présent article.

V. Textes complémentaires *(L. n. 2000-1257, 23 déc. 2000, art. 53-IX).*

Art. 706-5 *(Applic. 1er janv. 2000 ; L. n. 2000-516, 15 juin 2000, art. 117 et 140) (L. n. 77-5, 3 janv. 1977, art. 1er ; L. n. 81-82, 2 févr. 1981, art. 95 ; L. n. 83-608, 8 juill. 1983, art. 17).* **– À peine de forclusion, la demande d'indemnité doit être présentée** *(L. n. 90-589, 6 juill. 1990, art. 3)* **dans le délai de trois ans à compter de la date de l'infraction ; lorsque des poursuites pénales sont exercées, ce délai est prorogé et n'expire qu'un an après la décision de la juridiction qui a statué définitivement sur l'action publique ou sur l'action civile engagée devant la juridiction répressive ; lorsque l'auteur d'une infraction mentionnée aux articles 706-3 et 706-14 est condamné à verser des dommages-intérêts, le délai d'un an court à compter de l'avis donné par la juridiction en application de l'article 706-15. Toutefois, la commission relève le requérant de la forclusion lorsqu'il n'a pas été en mesure de faire valoir ses droits dans les délais requis ou lorsqu'il a subi une aggravation de son préjudice ou pour tout autre motif légitime.**

Art. 706-6 *(L. n. 77-5, 3 janv. 1977, art. 1er ; L. n. 83-608, 8 juill. 1983, art. 18).* **– La commission ou son président peut procéder ou faire procéder à toutes auditions et investigations utiles, sans que puisse leur être opposé le secret professionnel. Ils peuvent notamment se faire communiquer copie des procès-verbaux constatant l'infraction ou de toutes les pièces de la procédure pénale, même en cours. Ils peuvent également requérir :**

1° De toute personne ou administration, la communication de renseignements sur la situation professionnelle, financière, fiscale ou sociale des personnes ayant à répondre du dommage causé par l'infraction ou du requérant ;

2° De tout service de l'État, collectivité publique, organisme de sécurité sociale, organisme assurant la gestion des prestations sociales ou compagnies d'assurance susceptibles de réparer tout ou partie du préjudice, la communication des renseignements relatifs à l'exécution de leurs obligations éventuelles.

Les renseignements ainsi recueillis ne peuvent être utilisés à d'autres fins que l'instruction de la demande d'indemnité et leur divulgation est interdite.

*(Rempl., L. n. 90-589, 6 juill. 1990, art. 4)***Le président de la commission peut accorder une ou plusieurs provisions en tout état de la procédure ; il est statué dans le délai d'un mois à compter de la demande de provision.**

V. Textes complémentaires *(L. n. 2000-1257, 23 déc. 2000, art. 53-IX).*

Art. 706-7 *(L. n. 77-5, 3 janv. 1977, art. 1er)*. **– Lorsque des poursuites pénales ont été engagées, la décision de la commission peut intervenir avant qu'il ait été statué sur l'action publique.**

(2e al. rempl., L. n. 90-589, 6 juill. 1990, art. 5) **La commission peut, pour l'application du dernier alinéa de l'article 706-3, surseoir à statuer jusqu'à décision définitive de la juridiction répressive. Dans tous les cas, elle doit surseoir à statuer à la demande de la victime.**

Les débats ont lieu et la décision est rendue en chambre du conseil.

Art. 706-8 *(L. n. 77-5, 3 janv. 1977, art. 1er ; L. n. 90-589, 6 juill. 1990, art. 6 et 18)*. **– Lorsque la juridiction statuant sur les intérêts civils a alloué des dommages-intérêts d'un montant supérieur à l'indemnité accordée par la commission, la victime peut demander un complément d'indemnité. Elle doit présenter sa demande dans le délai d'un an après que la décision statuant sur les intérêts civils est devenue définitive.**

Art. 706-9 *(Rempl. à compter du 1er janv. 1991, L. n. 90-589, 6 juill. 1990, art. 7 et 18)*. **– La commission tient compte, dans le montant des sommes allouées à la victime au titre de la réparation de son préjudice :**

– des prestations versées par les organismes, établissements et services gérant un régime obligatoire de sécurité sociale et par ceux qui sont mentionnés aux articles 1106-9, 1234-8 et 1234-20 du Code rural ;

– des prestations énumérées au II de l'article 1er de l'ordonnance n. 59-76 du 7 janvier 1959 relative aux actions en réparation civile de l'État et de certaines autres personnes publiques ;

– des sommes versées en remboursement des frais de traitement médical et de rééducation ;

– des salaires et des accessoires du salaire maintenus par l'employeur pendant la période d'inactivité consécutive à l'événement qui a occasionné le dommage ;

– des indemnités journalières de maladie et des prestations d'invalidité versées par les groupements mutualistes régis par le Code de mutualité.

Elle tient compte également des indemnités de toute nature reçues ou à recevoir d'autres débiteurs au titre du même préjudice.

Les sommes allouées sont versées par le fonds de garantie des victimes des actes de terrorisme et d'autres infractions.

Art. 706-10 *(L. n. 77-5, 3 janv. 1977, art. 1er ; L. n. 83-608, 8 juill. 1983, art. 19 ; Mod., L. n. 90-589, 6 juill. 1990, art. 8 et 18)*. **– Lorsque la victime, postérieurement au paiement de l'indemnité, obtient, du chef du même préjudice, une des prestations ou indemnités visées à l'article 706-9, le fonds peut demander à la commission qui l'avait accordée d'ordonner le remboursement total ou partiel de l'indemnité ou de la provision.**

Art. 706-11 *(L. n. 77-5, 3 janv. 1977, art. 1er ; L. n. 83-608, 8 juill. 1983, art. 20 ; L. n. 90-589, 6 juill. 1990)*. **– Le fonds est subrogé dans les droits de la victime pour obtenir des personnes responsables du dommage causé par l'infraction ou tenues à un titre quelconque d'en assurer la réparation totale ou partielle le remboursement de l'indemnité ou de la provision versée par lui, dans la limite du montant des réparations à la charge desdites personnes.**

Le fonds peut exercer ses droits par toutes voies utiles, y compris par voie de constitution de partie civile devant la juridiction répressive et ce, même pour la première fois, en cause d'appel. Lorsqu'il se constitue partie civile par lettre recommandée, le fonds peut demander le remboursement des sommes mises à sa charge sans limitation de plafond nonobstant les dispositions de l'article 420-1.

Pour l'application des dispositions de l'article 706-9 et du présent article, le fonds peut demander au procureur de la République de requérir de toute personne ou administration la communication de renseignements sur la situation professionnelle, financière, fiscale ou sociale des personnes ayant à répondre du dommage. Le secret professionnel ne peut être opposé au procureur de la République. Les renseignements ainsi recueillis ne peuvent être utilisés à d'autres fins que celles prévues au présent article ; leur divulgation est interdite.

1) Il résulte des dispositions de l'article L. 422-1 du Code des assurances et de l'article 706-11 du Code de procédure pénale que l'intervention devant les juridictions répressives du Fonds de garantie des victimes des actes de terrorisme et d'autres infractions n'est pas subordonnée à l'existence d'une instance engagée par la victime ou ses ayants droit (Cass. crim., 20 oct. 1993, *Bull.* 301).

2) Il résulte des dispositions combinées des articles L. 422-1 du Code des assurances et 706-11 du Code de procédure pénale que, si le Fonds de garantie des victimes des actes de terrorisme et d'autres infractions est subrogé dans les droits des victimes, il ne peut exercer son recours que dans la limite des réparations mises à la charge des personnes responsables du dommage causé par l'infraction ou tenues, à un titre quelconque, d'en assurer la réparation totale ou partielle ; il s'ensuit que c'est à bon droit que la cour d'appel déclare irrecevable, en l'état, la demande de Fonds de garantie tendant à être remboursé des sommes versées en application de la transaction intervenue avec les victimes, alors que des expertises sont en cours et que le préjudice des victimes n'est pas déterminé par la juridiction de jugement (Cass. crim., 13 mars 1996 : *Bull.* 112).

Art. 706-12 *(L. n. 77-5, 3 janv. 1977, art. 1er)*. **– Si la victime ou ses ayants droit se constituent partie civile devant la juridiction répressive ou engagent une action contre les personnes responsables du dommage, ils doivent indiquer, en tout état de la procédure, s'ils ont saisi la commission instituée par l'article 706-4 et si, le cas échéant, celle-ci leur a accordé une indemnité.**

À défaut de cette indication, la nullité du jugement en ce qui concerne ses dispositions civiles pourra être demandée par toute personne intéressée pendant deux ans à compter de la date à partir de laquelle ledit jugement est devenu définitif.

L'article 706-12 du Code de procédure pénale impose à la victime ou à ses ayants droit constitués parties civiles devant la juridiction répressive ou ayant engagé une action contre les personnes responsables du dommage, d'indiquer, en tout état de la procédure, s'ils ont saisi la commission instituée par l'article 706-4 et si, le cas échéant, celle-ci leur a accordé une indemnité. La nullité, pour défaut de cette indication, du jugement ou de l'arrêt en ce qui concerne ses dispositions civiles, ne peut être demandée par toute personne intéressée, pendant 2 ans, qu'à compter de la date à partir de laquelle ledit jugement ou ledit arrêt est devenu définitif (Cass. crim., 22 sept. 1999 : *Bull.* 194).

Art. 706-13. – *Abrogé, à compter du 1er janvier 1991, L. n. 90-589, 6 juillet 1990, art. 17 et 18.*

Art. 706-14 *(Rempl., L. n. 90-589, 6 juill. 1990, art. 10 et 18)*. **– Toute personne qui, victime d'un vol, d'une escroquerie,** *(L. n. 2000-516, 15 juin 2000, art. 118)* **d'un abus de confiance, d'une extorsion de fond ou d'une destruction, d'une dégradation ou d'une détérioration d'un bien lui appartenant, ne peut obtenir à un titre quelconque une réparation ou une indemnisation effective et suffisante de son préjudice, et se trouve de ce fait dans une situation matérielle ou psychologique grave, peut obtenir une indemnité dans les conditions prévues par les articles 706-3 (3° et dernier alinéa) à 706-12, lorsque ses ressources sont inférieures au plafond prévu par** *(L. n. 91-647, 10 juill. 1991, art. 74 et 76)* **l'article 4 de la loi n. 91-647 du 10 juillet 1991, relative à l'aide juridique pour bénéficier de l'aide juridictionnelle partielle, compte tenu, le cas échéant, de ses charges de famille.**

L'indemnité est au maximum égale au triple du montant mensuel de ce plafond de ressources.

Ces dispositions sont aussi applicables aux personnes mentionnées à l'article 706-3 qui, victimes d'une atteinte à la personne prévue par cet article, ne peuvent à ce titre prétendre à la réparation intégrale de leur préjudice, les faits générateurs de celui-ci ayant entraîné une incapacité totale de travail inférieure à un mois.

Art. 706-15 *(Applic. 1er janv. 2001, L. n. 2000-516, 15 juin 2000, art. 116 et 140)*. **– Lorsqu'une juridiction condamne l'auteur d'une infraction mentionnée aux articles 706-3 et 706-14 à verser des dommages-intérêts à la partie civile, elle informe cette dernière de la possibilité de saisir la commission d'indemnisation des victimes d'infraction.**

TITRE XV. – DE LA POURSUITE, DE L'INSTRUCTION ET DU JUGEMENT DES ACTES DE TERRORISME

(Créé, L. n. 86-1020, 9 sept. 1986, art. 1er ; L. n. 92-1336, 16 déc. 1992, art. 74 ; L. n. 93-913, 19 juill. 1993)

Art. 706-16 *(L. n. 92-1336, 16 déc.1992, art. 75 ; L. n. 93-913, 19 juill. 1993 ; L. n. 96-647, 22 juill. 1996, art. 8 et 9)*. **– Les actes de terrorisme incriminés par les articles 421-1 à 421-5 du Code pénal ainsi que les infractions connexes sont poursuivis, instruits et jugés selon les règles du présent code sous réserve des dispositions du présent titre.**

Ces dispositions sont également applicables à la poursuite, à l'instruction et au jugement des actes de terrorisme commis à l'étranger lorsque la loi française est applicable en vertu des dispositions de la section II du chapitre III du titre I du livre I du Code pénal.

V. J.-M. GONNARD, *Règles particulières en matière de terrorisme : règles de compétence et de procédure : J.-Cl. Proc. pén.*, art. 706-16 à 706-25-1. – Jean PRADEL, *Les infractions de terrorisme, un nouvel exemple de l'éclatement du droit pénal* (L. n. 86-1020, 9 sept. 1986) : *D.* 1987, chron. IX, p. 39. – J.-F. RENUCCI, *L'indemnisation des victimes d'acte de terrorisme : D.* 1987, chron. 197. – Jean-Pierre MARGUENAUD, *La qualification pénale des actes de terrorisme : Rev. sc. crim.* 1990, p. 1.

V. Textes complémentaires, Loi du 9 septembre 1986 relative à la lutte contre le terrorisme.

1) L'article 706-16 du Code de procédure pénale ne définit, ni une infraction nouvelle, ni une circonstance aggravante, mais a pour seul objet de déterminer les cas dans lesquels les infractions qu'il énumère seront poursuivies, instruites et jugées, selon les dispositions du titre XV du Livre IV du code précité (Cass. crim., 24 sept. 1987 : *Bull.* 313).

2) En application de l'article 148-1 du Code de procédure pénale, la chambre d'accusation est compétente pour statuer sur la demande de mise en liberté formée par le détenu accusé de faits entrant dans les prévisions de l'article 706-16 du code susvisé et renvoyé devant la cour d'assises composée conformément à l'article 698-6 dudit code, lorsque cette dernière juridiction n'est pas en session.

Il n'importe à cet égard qu'ait été alors en session la cour d'assises composée conformément au droit commun (Cass. crim., 7 mai 1987 : *Bull.* 187. – Cass. crim., 2 mars 1988 : *Bull.* 112).

SECTION I. – COMPÉTENCE

Art. 706-17 *(Aj., L. n. 86-1020, 9 sept. 1986, art. 1er)*. **– Pour la poursuite, l'instruction et le jugement des infractions entrant dans le champ d'application de l'article 706-16, le procureur de la République, le juge d'instruction, le tribunal correctionnel et la cour d'assises de Paris exercent une compétence concurrente à celle qui résulte de l'application des articles 43, 52, 382 et du second alinéa de l'article 663.**

En ce qui concerne les mineurs, le procureur de la République, le juge d'instruction, le juge des enfants, le tribunal pour enfants et la cour d'assises des mineurs de Paris exercent une compétence concurrente à celle qui résulte de l'application des dispositions de l'ordonnance n. 45-174 du 2 février 1945 relative à l'enfance délinquante.

Lorsqu'ils sont compétents pour la poursuite et l'instruction des infractions entrant dans le champ d'application de l'article 706-16, le procureur de la République et le juge d'instruction de Paris exercent leurs attributions sur toute l'étendue du territoire national.

(L. n. 2001-1062, 15 nov. 2001, art. 33-V ; alinéa applic. jusqu'au 31 déc. 2003, art. 22) **L'instruction des actes de terrorisme définis aux 5° à 7° de l'article 421-1 du code pénal et à l'article 421-2-2 du même code peut être confiée, le cas échéant dans les conditions prévues au deuxième alinéa de l'article 83, à un magistrat du tribunal de grande instance de Paris affecté aux formations d'instruction spécialisées en matière économique et financière en application des dispositions du dernier alinéa de l'article 704.**

Art. 706-17-1 *(L. n. 97-1273, 29 déc. 1997).* **– Pour le jugement des délits et des crimes entrant dans le champ d'application de l'article 706-16, le premier président de la cour d'appel de Paris peut, sur les réquisitions du procureur général, après avis des chefs des tribunaux de grande instance intéressés, du bâtonnier de Paris et, le cas échéant, du président de la cour d'assises de Paris, décider que l'audience du tribunal correctionnel, de la chambre des appels correctionnels de Paris ou de la cour d'assises de Paris se tiendra, à titre exceptionnel et pour des motifs de sécurité, dans tout autre lieu du ressort de la cour d'appel que celui où ces juridictions tiennent habituellement leurs audiences.**

L'ordonnance prise en application du précédent alinéa est portée à la connaissance des tribunaux intéressés par les soins du procureur général. Elle constitue une mesure d'administration judiciaire qui n'est pas susceptible de recours.

Art. 706-18 *(Aj., L. n. 86-1020, 9 sept. 1986, art. 1er ; Mod., L. n. 93-2, 4 janv. 1993, art. 216).* **– Le procureur de la République près un tribunal de grande instance autre que celui de Paris peut, pour les infractions entrant dans le champ d'application de l'article 706-16, requérir le juge d'instruction de se dessaisir au profit de la juridiction d'instruction de Paris. Les parties sont préalablement avisées et invitées à faire connaître leurs observations ; l'ordonnance est rendue huit jours au plus tôt après cet avis.**

L'ordonnance par laquelle le juge d'instruction se dessaisit ne prend effet qu'à compter du délai de cinq jours prévu par l'article 706-22 ; lorsqu'un recours est exercé en application de cet article, le juge d'instruction demeure saisi jusqu'à ce que l'arrêt de la chambre criminelle de la Cour de cassation soit porté à sa connaissance.

Dès que l'ordonnance est devenue définitive, le procureur de la République adresse le dossier de la procédure au procureur de la République de Paris.

Les dispositions du présent article sont applicables devant la *(L. n. 2000-516, 15 juin 2000, art. 83 et 140)* **chambre de l'instruction.**

L'ordonnance rendue sur le fondement de l'article 706-18 du Code de procédure pénale par laquelle un juge d'instruction statue sur son dessaisissement pouvant, à l'exclusion de toute autre voie de recours, être déférée, à la requête du ministère public, de l'inculpé ou de la partie civile, à la chambre criminelle de la Cour de cassation, doit être notifiée à l'inculpé et à son conseil et, selon les prescriptions de l'alinéa 2 de l'article 183 dudit code, une copie de ladite ordonnance doit être remise tant à l'inculpé qu'à son conseil (Cass. crim., 3 juin 1987 : *Bull.* 236).

Art. 706-19 *(Aj., L. n. 86-1020, 9 sept. 1986, art. 1er ; Mod., L. n. 93-2, 4 janv. 1993, art. 217).* **– Lorsqu'il apparaît au juge d'instruction de Paris que les faits dont il a été saisi ne constituent pas une des infractions entrant dans le champ d'application de l'article 706-16 et ne relèvent pas de sa compétence à un autre titre, ce magistrat se déclare incompétent, soit sur requête du procureur de la République, soit, après avis de ce dernier, d'office ou sur requête des parties. Celles des parties qui n'ont pas présenté requête sont préalablement avisées et invitées à faire connaître leurs observations ; l'ordonnance est rendue au plus tôt huit jours après cet avis.**

Les dispositions du deuxième alinéa de l'article 706-18 sont applicables à l'ordonnance par laquelle le juge d'instruction de Paris se déclare incompétent.

Dès que l'ordonnance est devenue définitive, le procureur de la République de Paris adresse le dossier et la procédure au procureur de la République territorialement compétent.

Les dispositions du présent article sont applicables lorsque la *(L. n. 2000-516, 15 juin 2000, art. 83 et 140)* **chambre de l'instruction de la cour d'appel de Paris statue sur sa compétence.**

Art. 706-20 *(Aj., L. n. 86-1020, 9 sept. 1986, art. 1er).* **– Lorsque le tribunal correctionnel ou le tribunal pour enfants de Paris se déclare incompétent pour les motifs prévus par l'article 706-19, il renvoie le ministère public à se pourvoir ainsi qu'il avisera ; il peut, le ministère public entendu, décerner, par la même décision, mandat de dépôt ou d'arrêt contre le prévenu.**

Art. 706-21 *(Aj., L. n. 86-1020, 9 sept. 1986, art. 1er).* **– Dans les cas prévus par les articles 706-18 à 706-20, le mandat de dépôt ou d'arrêt conserve sa force exécutoire ; les actes de poursuite ou d'instruction et les formalités intervenus avant que la décision de dessaisissement ou d'incompétence soit devenue définitive n'ont pas à être renouvelés.**

Art. 706-22 *(Aj., L. n. 86-1020, 9 sept. 1986, art. 1er ; Mod., L. n. 93-2, 4 janv. 1993, art. 218).* **– Toute ordonnance rendue sur le fondement de l'article 706-18 ou de l'article 706-19 par laquelle un juge d'instruction statue sur son dessaisissement ou le juge d'instruction de Paris statue sur sa compétence peut, à l'exclusion de toute autre voie de recours, être déférée dans les cinq jours de sa notification, à la requête du ministère public, des parties, à la chambre criminelle de la Cour de cassation qui désigne, dans les huit jours suivant la date de réception du dossier, le juge d'instruction chargé de poursuivre l'information.**

La chambre criminelle qui constate que le juge d'instruction du tribunal de grande instance de Paris n'est pas compétent peut néanmoins, dans l'intérêt d'une bonne administration de la justice, décider que l'information sera poursuivie à ce tribunal.

L'arrêt de la chambre criminelle est porté à la connaissance du juge d'instruction ainsi qu'au ministère public et signifié aux parties.

Les dispositions du présent article sont applicables à l'arrêt rendu sur le fondement du dernier alinéa des articles 706-18 et 706-19 par lequel une *(L. n. 2000-516, 15 juin 2000, art. 83 et 140)* **chambre de l'instruction statue sur son dessaisissement ou sa compétence.**

1) L'article 706-22 du Code de procédure pénale reçoit application, dès lors que, d'une part, les infractions dont les intéressés sont inculpés entrent dans les prévisions de l'article 706-16 dudit code et que, d'autre part, l'ordonnance du juge d'instruction expose les circonstances de fait d'où il résulte que ces infractions, à les supposer établies, seraient en relation avec une entreprise ayant pour but de troubler gravement l'ordre public par l'intimidation et la terreur (Cass. crim., 3 juin 1987 : *Bull.* 236).

2) Toute ordonnance du juge d'instruction de Paris, qui retient sa compétence au motif que les infractions dont il est saisi entrent dans les prévisions des articles 706-16 du Code de procédure pénale et 421-1 du Code pénal, peut être déféré à la chambre criminelle de la Cour de cassation, en application de l'article 706-22, à l'exclusion de toute autre voie de recours (Cass. crim., 5 juill. 1994 : *Bull. inf. C. cass.* 1994, n. 1104).

SECTION II. – PROCÉDURE

Art. 706-23* *(Entre en applic. le 16 juin 2002) ; (Aj., L. n. 86-1020, 9 sept. 1986, art. 1er ; L. n. 2000-516, 15 juin 2000, art. 49 et 140).* **– Pour l'application des articles 63, 77 et 154, si les nécessités de l'enquête ou de l'instruction relatives à l'une des infractions entrant dans le champ d'application de l'article 706-16 l'exigent, la garde à vue d'une personne majeure peut faire l'objet d'une prolongation supplémentaire de quarante-huit heures.**

Cette prolongation est autorisée soit, à la requête du procureur de la République, par le juge des libertés et de la détention, soit, dans les cas prévus par les articles 72 et 154, par le juge d'instruction.

L'intéressé doit être présenté à l'autorité qui statue sur la prolongation préalablement à sa décision.

Dans le cas où la prolongation est décidée, un examen médical est de droit. Le procureur de la République ou, dans les cas prévus par les articles 72 et 154, le juge d'instruction est compétent pour désigner le médecin chargé de cet examen.

** (Jusqu'au 16 juin 2002 le président du tribunal peut confier au juge des libertés et de la détention désigné en application du second alinéa de l'article 137-1 les fonctions visées à l'article ci-dessus).*

Art. 706-24* *(Entre en applic. le 16 juin 2002) ; (Aj., L. n. 86-1020, 9 sept. 1986, art. 1er ; L. n. 96-647, 22 juill. 1996, art. 10 ; L. n. 2000-516, 15 juin 2000, art. 49 et 140).* **– Par dérogation aux dispositions de l'article 76, si les nécessités de l'enquête relatives à l'une des infractions entrant dans le champ d'application de l'article 706-16 l'exigent, le juge des libertés et de la détention du**

tribunal de grande instance peut, à la requête du procureur de la République, décider que les perquisitions, visites domiciliaires et saisies de pièces à conviction pourront être faites sans l'assentiment de la personne chez laquelle elles ont lieu. *(L. n. 2001-1062, 15 nov. 2001, art. 24-II , phrase aj., applic. jusqu'au 31 déc. 2003)* **Si ces opérations ne concernent pas des locaux d'habitation, le juge des libertés et de la détention peut autoriser leur réalisation en dehors des heures prévues à l'article 59.**

[Les trois premiers alinéas de l'article 10 sont déclarés non conformes à la Constitution par décision du Conseil constitutionnel n° 96-377 DC du 16 juillet 1996 dans la mesure où ils visent les cas d'enquête préliminaire.]

Si les nécessités de l'enquête *(L. n. 96-1235, 30 déc. 1996, art. 16-II)* **de flagrance *[Dispositions déclarées non conformes à la Constitution par décision du Conseil constitutionnel n° 96-377 DC du 16 juillet 1996]* l'exigent, les visites, perquisitions et saisies peuvent être opérées en dehors des heures prévues par l'article 59.**

Les opérations prévues à l'alinéa précédent doivent, à peine de nullité, être autorisées sur requête du procureur de la République par le juge des libertés et de la détention du tribunal de grande instance, *[Dispositions déclarées non conformes à la Constitution par décision du Conseil constitutionnel n° 96-377 DC du 16 juillet 1996]* les autorisations sont données pour des perquisitions déterminées. Chaque autorisation fait l'objet d'une décision écrite, précisant la qualification de l'infraction dont la preuve est recherchée ainsi que l'adresse des lieux dans lesquels les visites, perquisitions et saisies peuvent être effectuées, et motivée par référence aux éléments de fait justifiant que ces opérations sont nécessaires. Celles-ci sont effectuées sous le contrôle du magistrat qui les a autorisées, et qui peut se déplacer sur les lieux pour veiller au respect des dispositions légales.

Ces opérations ne peuvent, à peine de nullité, avoir un autre objet que la recherche et la constatation des infractions entrant dans le champ d'application de l'article 706-16.

Pour l'application des dispositions du présent article, le juge des libertés et de la détention du tribunal de grande instance est le juge des libertés et de la détention du tribunal de grande instance dans le ressort duquel les opérations sont effectuées ou le juge des libertés et de la détention du tribunal de grande instance de Paris, ce dernier exerçant alors ses attributions sur toute l'étendue du territoire national.

**** (Jusqu'au 16 juin 2002 le président du tribunal peut confier au juge des libertés et de la détention désigné en application du second alinéa de l'article 137-1 les fonctions visées à l'article ci-dessus).***

Art. 706-24-1 *(L. n. 96-1235, 30 déc. 1996, art. 16-I).* **– En cas d'urgence, si les nécessités de l'instruction l'exigent, les visites, perquisitions et saisies peuvent être effectuées en dehors des heures prévues par l'article 59, pour la recherche et la constatation des actes de terrorisme prévus par l'article 706-16 et punis d'au moins dix ans d'emprisonnement :**

1° Lorsqu'il s'agit d'un crime ou d'un délit flagrant ;

2° Lorsqu'il existe un risque immédiat de disparition des preuves ou des indices matériels ;

3° Lorsqu'il existe des présomptions qu'une ou plusieurs personnes se trouvant dans les locaux où la perquisition doit avoir lieu se préparent à commettre de nouveaux actes de terrorisme.

À peine de nullité, ces opérations doivent être prescrites par une ordonnance motivée du juge d'instruction précisant la nature de l'infraction dont la preuve est recherchée ainsi que l'adresse des lieux dans lesquelles ces opérations doivent être accomplies, et comportant l'énoncé des considérations de droit et de fait qui constituent le fondement de cette décision par référence aux seules conditions prévues par les 1°, 2° et 3° du présent article.

Cette ordonnance est notifiée par tout moyen au procureur de la République. Elle n'est pas susceptible d'appel.

Les dispositions du quatrième alinéa de l'article 706-24 sont applicables.

Art. 706-24-2 *(L. n. 2001-1062, 15 nov. 2001, art. 33-VI ; Applic. jusqu'au 31 déc. 2003, art. 22).* **– En cas d'information ouverte pour une infraction entrant dans le champ d'application de l'article 706-16 et afin de garantir le paiement des amendes encourues ainsi que l'exécution de la confisca-**

tion prévue à l'article 422-6 du code pénal, le juge des libertés et de la détention peut, sur requête du procureur de la République, ordonner, aux frais avancés du Trésor et selon les modalités prévues par le code de procédure civile, des mesures conservatoires sur les biens de la personne mise en examen.

La condamnation vaut validation des saisies conservatoires et permet l'inscription définitive des sûretés.

La décision de non-lieu, de relaxe ou d'acquittement emporte de plein droit, aux frais du Trésor, mainlevée des mesures ordonnées. Il en est de même en cas d'extinction de l'action publique.

Pour l'application des dispositions du présent article, le juge des libertés et de la détention est compétent sur l'ensemble du territoire national.

Art. 706-24-3 *(Créé, L. n° 2002-1138, 9 sept. 2002, art. 46, II).* **– Pour l'instruction de malfaiteurs prévu par l'article 421-5 du Code pénal, la durée totale de la détention provisoire prévue par le deuxième alinéa de l'article 145-1 est portée à trois ans.**

Art. 706-25 *(Applic. 1er janv. 2001 ; L. n. 2000-516, 15 juin 2000, art. 136-XIX et 140) (L. n. 92-1336, 16 déc. 1992, art. 76 ; L. n. 93-913, 19 juill. 1993).* **– Pour le jugement des accusés majeurs, les règles relatives à la composition et au fonctionnement de la cour d'assises sont fixées par les dispositions de l'article 698-6.**

Pour l'application de l'alinéa précédent, le juge d'instruction ou la chambre de l'instruction qui prononce la mise en accusation constate que les faits entrent dans le champ d'application de l'article 706-16.

1) Aux termes de l'article 2 de la loi du 30 décembre 1986, complétant l'article 10 de la loi du 9 septembre 1986, lorsqu'un accusé majeur est renvoyé devant la cour d'assises par un arrêt devenu définitif, la chambre d'accusation peut être à nouveau saisie afin de constater, s'il y a lieu, que les faits entrent dans le champ d'application de l'article 706-16 du Code de procédure pénale et que le premier alinéa de l'article 706-25 dudit code doit recevoir application.

Il s'en déduit que la chambre d'accusation compétente pour être à nouveau saisie est celle qui a rendu la décision devenue définitive ; tel est le cas de la chambre d'accusation qui a prononcé la mise en accusation après cassation et dont la décision n'a pas été frappée de pourvoi (Cass. crim., 7 mai 1987 : *Bull.* 187).

Le délai de deux mois, prescrit par l'article 2 précité pour statuer sur une requête de cette nature, ne commence à courir qu'à compter de la saisine de la chambre d'accusation qui a prononcé la mise en accusation et le renvoi devant la cour d'assises (Cass. crim. 24 sept. 1987 : *Bull.* 313).

2) Sauf dispositions contraires expresses toute loi de procédure et de compétence est d'effet immédiat.

Il en est ainsi de la loi du 30 décembre 1986 qui a complété la loi du 9 septembre 1986 et l'article 706-25 du code susvisé, rendant ledit article applicable aux procédures en cours *(même arrêt).*

Art. 706-25-1 *(L. n. 95-125, 8 févr. 1995, art. 52-I).* **– L'action publique des crimes mentionnés à l'article 706-16 se prescrit par trente ans. La peine prononcée en cas de condamnation pour l'un de ces crimes se prescrit par trente ans à compter de la date à laquelle la condamnation est devenue définitive.**

L'action publique relative au délit mentionné à l'article 706-16 se prescrit par vingt ans. La peine prononcée en cas de condamnation pour ce délit se prescrit par vingt ans à compter de la date à laquelle la condamnation est devenue définitive.

TITRE XVI. – DE LA POURSUITE, DE L'INSTRUCTION ET DU JUGEMENT DES INFRACTIONS EN MATIÈRE DE TRAFIC DE STUPÉFIANTS

(Aj., à compter du 1er mars 1994, L. n. 92-1336, 16 déc. 1992, art. 77 ; L. n. 93-913, 19 juill. 1993)

Art. 706-26. – Les infractions prévues par les articles 222-34 à 222-39 du Code pénal, ainsi que le délit de participation à une association de malfaiteurs prévu par l'article 450-1 du même code lorsqu'il a pour objet de préparer l'une de ces infractions, sont poursuivies, instruites et jugées selon les règles du présent code, sous réserve des dispositions du présent titre.

V. J. BUISSON, *Règles particulières en matière de trafic de stupéfiants : J.-Cl. Proc. pén.*, art. 706-26 à 706-33.

V. Textes complémentaires sous art. 689, L. du 29 avril 1996. – Sous art. 706-26, L. du 13 mai 1996, relative à la lutte contre le blanchiment et le trafic des stupéfiants, coopération internationale.

Art. 706-27. – Dans le ressort de chaque cour d'appel, une ou plusieurs cours d'assises dont la liste est fixée par décret sont compétentes pour le jugement des crimes visés à l'article 706-26 et des infractions qui leur sont connexes. Pour le jugement des accusés majeurs, les règles relatives à la composition et au fonctionnement de la cour d'assises sont fixées par les dispositions de l'article 698-6.

Pour l'application de l'alinéa précédent, la *(L. n. 2000-516, 15 juin 2000, art. 83 et 140)* **chambre de l'instruction, lorsqu'elle prononce la mise en accusation conformément au premier alinéa de l'article 214, constate que les faits entrent dans le champ d'application de l'article 706-26.**

Art. 706-28 * *(Entre en applic. le 16 juin 2002) (L. n. 96-647, 22 juill. 1996, art. 11 ; L. n. 2000-516, 15 juin 2000, art. 49 et 140)*. **– Pour la recherche et la constatation des infractions visées à l'article 706-26, les visites, perquisitions et saisies prévues par l'article 59 peuvent être opérées en dehors des heures prévues par cet article à l'intérieur des locaux où l'on use en société de stupéfiants ou dans lesquels sont fabriqués, transformés ou entreposés illicitement des stupéfiants.**

Les opérations prévues à l'alinéa précédent doivent, à peine de nullité, être autorisées, sur requête du procureur de la République, par le juge des libertés et de la détention, lorsqu'il s'agit de les effectuer dans une maison d'habitation ou un appartement, à moins qu'elles ne soient autorisées par le juge d'instruction. Chaque autorisation fait l'objet d'une décision écrite, précisant la qualification de l'infraction dont la preuve est recherchée ainsi que l'adresse des lieux dans lesquels les visites, perquisitions et saisies peuvent être effectuées, et motivée par référence aux éléments de fait justifiant que ces opérations sont nécessaires. Celles-ci sont effectuées sous le contrôle du magistrat qui les a autorisées, et qui peut se déplacer sur les lieux pour veiller au respect des dispositions légales.

Les actes prévus au présent article ne peuvent, à peine de nullité, avoir un autre objet que la recherche et la constatation des infractions visées à l'article 706-26.

* *(Jusqu'au 16 juin 2002 le président du tribunal peut confier au juge des libertés et de la détention désigné en application du second alinéa de l'article 137-1 les fonctions visées à l'article ci-dessus).*

Art. 706-29 * *(Entre en applic. le 16 juin 2002) (L. n. 2000-516, 15 juin 2000, art. 49 et 140)*. **– Pour l'application des articles 63, 77 et 154, si les nécessités de l'enquête ou de l'instruction relative à l'une des infractions visées par l'article 706-26 l'exigent, la garde à vue d'une personne peut faire l'objet d'une prolongation supplémentaire de quarante-huit heures.**

Cette prolongation est autorisée soit, à la requête du procureur de la République, par le juge des libertés et de la détention, soit, dans les cas prévus par les articles 72 et 154, par le juge d'instruction.

La personne gardée à vue doit être présentée à l'autorité qui statue sur la prolongation préalablement à cette décision. À titre exceptionnel, la prolongation peut être accordée par décision écrite et motivée sans présentation préalable.

Dès le début de la garde à vue, le procureur de la République ou le juge d'instruction doit désigner un médecin expert qui examine toutes les vingt-quatre heures la personne gardée à vue et délivre après chaque examen un certificat médical motivé qui est versé au dossier. La personne retenue est avisée, par l'officier de police judiciaire du droit de demander d'autres examens médicaux. Ces examens médicaux sont de droit. Mention de cet avis est portée au procès-verbal et émargée par la personne intéressée, en cas de refus d'émargement, il en est fait mention.

** (Jusqu'au 16 juin 2002 le président du tribunal peut confier au juge des libertés et de la détention désigné en application du second alinéa de l'article 137-1 les fonctions visées à l'article ci-dessus).*

1) Il résulte de l'article 706-29 du Code de procédure pénale, que, pour la poursuite de l'instruction des infractions en matière de trafic de stupéfiants, la garde à vue d'une personne peut faire l'objet d'une prolongation supplémentaire de 48 heures, au-delà de la durée autorisée par les articles 63, 77 ou 154 du même code, le délai maximal pour son entretien avec un avocat étant alors porté à 72 heures par l'article 63-4, dernier alinéa ; encourt, dès lors, la cassation l'arrêt de la chambre d'accusation rendu dans cette hypothèse et qui annule des actes d'information, au motif qu'il n'est pas établi que la personne concernée ait pu s'entretenir avec son avocat lorsque 20 heures s'étaient écoulées, alors que la garde à vue, en l'espèce, n'avait duré que 55 heures et 30 minutes (Cass. crim., 3 avr. 1996 : *Bull.* 151).

2) Il n'importe que la notification d'une mesure de prolongation de la garde à vue de 48 heures, sollicitée en application de l'article 706-29 du Code de procédure pénale, à une personne faisant l'objet d'une enquête pour infractions à la législation sur les stupéfiants ait été effectuée après l'expiration de la précédente mesure de garde à vue de 24 heures, dès lors que cette personne avait été tenue, par le procureur de la République, à la disposition du juge délégué pour apprécier le bien-fondé de la demande de prolongation avant l'expiration du précédent délai de garde à vue (Cass. crim. 14 oct. 1998 : *Bull.* 260).

Art. 706-30 *(L. n. 94-89, 1er févr. 1994, art. 10-V).* **– En cas d'information ouverte pour l'infraction** *(L. n. 2001-420, 15 mai 2001, art. 47-II)* **aux articles 222-34 à 222-38, 324-1 et 324-2 du Code pénal, et afin de garantir le paiement des amendes encourues, ainsi que l'exécution de la confiscation prévue** *(L. n. 2001-420, 15 mai 2001, art. 47-II)* **au deuxième alinéa de l'article 222-49 et au 12e de l'article 324-7 du Code pénal, le président du tribunal de grande instance ou un juge délégué par lui, sur requête du procureur de la République, peut ordonner, aux frais avancés du Trésor et selon les modalités prévues par le Code de procédure civile, des mesures conservatoires sur les biens de la personne mise en examen.**

La condamnation vaut validation des saisies conservatoires et permet l'inscription définitive des sûretés.

La décision de non-lieu, de relaxe ou d'acquittement emporte de plein droit, aux frais du Trésor mainlevée des mesures ordonnées. Il en est de même en cas d'extinction de l'action publique.

Art. 706-30-1 *(L. n. 99-515, 23 juin 1999, art. 24).* **– Lorsqu'il est fait application des dispositions du troisième alinéa de l'article 99-2 à des substances stupéfiantes saisies au cours de la procédure, le juge d'instruction doit conserver un échantillon de ces produits afin de permettre, le cas échéant qu'ils fassent l'objet d'une expertise. Cet échantillon est placé sous scellés.**

Il doit être procédé par le juge d'instruction ou par un officier de police judiciaire agissant sur commission rogatoire à la pesée des substances saisies avant leur destruction. Cette pesée doit être réalisée en présence de la personne qui détenait les substances, ou, à défaut, en présence de deux témoins requis par le juge d'instruction ou l'officier de police judiciaire et choisis en dehors des personnes relevant de leur autorité. La pesée peut également être réalisée, dans les mêmes conditions, au cours de l'enquête de flagrance ou de l'enquête préliminaire, par un officier de police judiciaire, ou, au cours de l'enquête douanière, par un agent des douanes de catégorie A ou B.

Le procès-verbal des opérations de pesée est signé par les personnes mentionnées ci-dessus. En cas de refus, il en est fait mention au procès-verbal.

Art. 706-31 *(L. n. 95-125, 8 févr. 1995, art. 52-II)*. **– L'action publique des crimes mentionnés à l'article 706-26 se prescrit par trente ans. La peine prononcée en cas de condamnation pour l'un de ces crimes se prescrit par trente ans à compter de la date à laquelle la condamnation est devenue définitive.**

L'action publique relative aux délits mentionnés à l'article 706-26 se prescrit par vingt ans. La peine prononcée en cas de condamnation pour l'un de ces délits se prescrit par vingt ans à compter de la date à laquelle la condamnation est devenue définitive.

Par dérogation aux dispositions de l'article 750, la durée de la contrainte par corps est fixée à deux années lorsque l'amende et les condamnations pécuniaires prononcées pour l'une des infractions mentionnées à l'alinéa précédent ou pour les infractions douanières connexes excèdent 500 000 F (75 000 €).

L'application de l'article 706-31, alinéa 3, du Code de procédure pénale, qui prévoit que la durée de la contrainte par corps est fixée à 2 années lorsque l'amende et les condamnations pécuniaires sont prononcées pour une infraction douanière connexe à une infraction à la législation sur les stupéfiants, suppose que le prévenu ait été déclaré coupable de l'une et l'autre de ces deux infractions ; en conséquence, justifie sa décision la cour d'appel qui, pour écarter l'application de cet article, relève que l'intéressé n'a été poursuivi que pour une infraction douanière (Cass. Crim. 19 déc. 2001 : *Bull.* 275).

Art. 706-32. – Afin de constater les infractions prévues par les articles 222-34 à 222-38 du Code pénal, d'en identifier les auteurs et complices et d'effectuer les saisies prévues par le présent code, les officiers et, sous l'autorité de ceux-ci, les agents de police judiciaire peuvent, après en avoir informé le procureur de la République, procéder à la surveillance de l'acheminement de stupéfiants ou de produits tirés de la commission desdites infractions.

Ils ne sont pas pénalement responsables lorsque, aux mêmes fins, avec l'autorisation du procureur de la République ou du juge d'instruction saisi, qui en avise préalablement le parquet, ils acquièrent, détiennent, transportent ou livrent ces stupéfiants ou ces produits ou mettent à la disposition des personnes se livrant aux infractions mentionnées à l'alinéa précédent des moyens de caractère juridique, ainsi que des moyens de transport, de dépôt, de stockage, de conservation et de communication. L'autorisation ne peut être donnée que pour des actes ne déterminant pas la commission des infractions visées au premier alinéa.

Les dispositions des deux alinéas précédents sont, aux mêmes fins, applicables aux substances qui sont utilisées pour la fabrication illicite de stupéfiants et dont la liste est fixée par décret, ainsi qu'aux matériels servant à cette fabrication.

1) Il résulte de l'article L. 627-7 du Code de la santé publique (devenu l'article 706-32 du Code de procédure pénale) que les officiers de police judiciaire peuvent, afin de constater certaines infractions à la législation sur les stupéfiants et en identifier les auteurs, après en avoir informé le procureur de la République ou le juge d'instruction compétents et sans plus de formalité, procéder à la surveillance de l'acheminement de produits stupéfiants ; il en va autrement, toutefois, lorsque, aux mêmes fins, ils sont amenés à faire l'acquisition de stupéfiants et à fournir un véhicule de service à un trafiquant. En ce cas, ces agents ne peuvent, sans commettre un excès de pouvoir viciant la procédure, procéder à de tels actes qu'avec l'autorisation formelle des autorités judiciaires (Cass. crim., 19 déc. 1996 : *Bull.* 481).

L'autorisation visée par l'article 706-32 du Code de procédure pénale n'est prévue par la loi que pour exempter les fonctionnaires de police de leur responsabilité à raison de leur participation à des infractions à la législation sur les stupéfiants et n'a pas d'incidence sur la validité de la procédure ; dès lors doit être approuvée la chambre d'accusation qui pour considérer comme régulière l'intervention du policier, se borne à relever qu'elle n'a pas déterminé les agissements des personnes mises en examen mais a eu pour seul effet en facilitant l'infiltration d'un réseau préexistant, de constater le trafic de stupéfiants auquel ces dernières se livraient (Cass. crim., 30 avr. 1998 : *Bull.* 147).

2) Un officier de police judiciaire ne peut procéder à l'acquisition de produits stupéfiants, dans le cadre des dispositions prévues aux articles 706-32, alinéa 2, du Code de procédure pénale, qu'avec l'autorisation expresse du procureur de la République ou du juge d'instruction saisi ; encourt la censure l'arrêt de la chambre d'accusation qui, pour refuser d'annuler les actes relatifs à une acquisition de stupéfiants réalisée dans le cadre d'une livraison contrôlée, se borne à énoncer que l'information du procureur de la République en cours d'enquête, les instructions données à la police « de poursuivre celle-ci », et l'absence de contestation à la réception de la procédure, « valaient autorisation », alors que les seules instructions données ne sauraient être regardées comme l'autorisation expresse d'acquérir des stupéfiants (Cass. crim., 13 nov. 1997 : *Bull.* 386).

3) L'achat de stupéfiants par un fonctionnaire de police à des revendeurs de rue qui les lui proposent, lorsqu'il est effectué en vue de constater l'infraction prévue à l'article 222-39, alinéa 1, du Code pénal, ne constitue pas une livraison surveillée entrant dans les prévisions de l'article 706-32 du Code de procédure pénale dont les dispositions ne sont applicables, à peine de nullité, que pour la constatation des infractions prévues par les articles 222-34 à 222-38 du Code pénal (Cass. crim., 5 juin 1997 : *Bull.* 229).

4) L'offre d'achat de stupéfiants par un fonctionnaire de police, suivie d'une mise à disposition d'un local pour servir à la transaction, en vue de constater des infractions prévues aux articles 222-34 à 222-38 du Code pénal, constitue une livraison contrôlée entrant dans les prévisions de l'article 706-32, alinéa 2, du Code de procédure pénale ; justifie, dès lors, sa décision la chambre d'accusation qui, pour faire droit à la requête présentée aux fins d'annulation de la procédure, énonce que l'article 706-32 susvisé était applicable en l'espèce, et que l'intervention des policiers nécessitait l'autorisation expresse du procureur de la République (Cass. crim., 4 déc. 1997 : *Dr. pénal* 1998, n. 46 ; *Bull.* 417).

Art. 706-33. – En cas de poursuite pour l'une des infractions visées à l'article 706-26, le juge d'instruction peut ordonner à titre provisoire, pour une durée de six mois au plus, la fermeture de tout hôtel, maison meublée, pension, débit de boissons, restaurant, club, cercle, dancing, lieu de spectacle ou leurs annexes ou lieu quelconque ouvert au public ou utilisé par le public, où ont été commises ces infractions par l'exploitant ou avec sa complicité.

Cette fermeture peut, quelle qu'en ait été la durée, faire l'objet de renouvellements dans les mêmes formes pour une durée de trois mois au plus chacun.

Les décisions prévues aux alinéas précédents et celles statuant sur les demandes de mainlevées peuvent faire l'objet d'un recours devant la *(L. n. 2000-516, 15 juin 2000, art. 83 et 140)* **chambre de l'instruction dans les vingt-quatre heures de leur exécution ou de la notification faite aux parties intéressées.**

Lorsqu'une juridiction de jugement est saisie, la mainlevée de la mesure de fermeture en cours ou son renouvellement, pour une durée de trois mois au plus chaque fois, est prononcée selon les règles fixées par les deuxième à quatrième alinéas de l'article 148-1.

TITRE XVII. – DE LA POURSUITE, DE L'INSTRUCTION ET DU JUGEMENT DES INFRACTIONS EN MATIÈRE DE PROXÉNÉTISME OU DE RECOURS À LA PROSTITUTION DES MINEURS

(Aj., à compter du 1er mars 1994, L. n. 92-1336, 16 déc. 1992, art. 77 ; L. n. 93-913, 19 juill. 1993)

Art. 706-34. – Les infractions prévues par les articles 225-5 à *(L. n. 2002-305, 4 mars 2002, art. 13 VIII)* **225-12-4 du Code pénal, ainsi que le délit de participation à une association de malfaiteurs prévu par l'article 450-1 du même code lorsqu'il a pour objet de préparer l'une de ces infractions, sont poursuivies, instruites et jugées selon les règles du présent code, sous réserve des dispositions du présent titre.**

V. M.-L. Rassat, *Règles particulières en matière de proxénétisme : J.-Cl. Proc. pén.*, art. 706-34 à 706-40.

Art. 706-35. – Pour la recherche et la constatation des infractions visées à l'article 706-34, les visites, perquisitions et saisies prévues par l'article 59 peuvent être opérées à toute heure du jour et de la nuit, à l'intérieur de tout hôtel, maison meublée, pension, débit de boissons, club, cercle, dancing, lieu de spectacle et leurs annexes et en tout autre lieu ouvert au public ou utilisé par le public lorsqu'il est constaté que des personnes se livrant à la prostitution y sont reçues habituellement.

Les actes prévus au présent article ne peuvent, à peine de nullité, être effectués pour un autre objet que la recherche et la constatation des infractions visées à l'article 706-34.

Art. 706-36. – En cas de poursuite pour l'une des infractions visées à l'article 706-34, le juge d'instruction peut ordonner à titre provisoire, pour une durée de trois mois au plus, la fermeture totale ou partielle :

1° D'un établissement visé aux 1° et 2° de l'article 225-10 du Code pénal dont le détenteur, le gérant ou le préposé est poursuivi ;

2° De tout hôtel, maison meublée, pension, débit de boissons, restaurant, club, cercle, dancing, lieu de spectacle ou leurs annexes ou lieu quelconque ouvert au public ou utilisé par le public, dans lequel une personne poursuivie aura trouvé au cours des poursuites, auprès de la direction ou du personnel, un concours sciemment donné pour détruire des preuves, exercer des pressions sur des témoins ou favoriser la continuation de son activité délictueuse.

Cette fermeture peut, quelle qu'en ait été la durée, faire l'objet de renouvellements dans les mêmes formes pour une durée de trois mois au plus chacun.

Les décisions prévues aux alinéas précédents et celles statuant sur les demandes de mainlevées peuvent faire l'objet d'un recours devant la *(L. n. 2000-516, 15 juin 2000, art. 83 et 140)* **chambre de l'instruction dans les vingt-quatre heures de leur exécution ou de la notification faite aux parties intéressées.**

Lorsqu'une juridiction de jugement est saisie, la mainlevée de la mesure de fermeture en cours ou son renouvellement, pour une durée de trois mois au plus chaque fois, est prononcée selon les règles fixées par les deuxième à quatrième alinéas de l'article 148-1.

Art. 706-37. – Le ministère public fait connaître au propriétaire de l'immeuble, au bailleur et au propriétaire du fonds où est exploité un établissement dans lequel sont constatés les faits visés au 2° de l'article 225-10 du Code pénal et fait mentionner au registre du commerce et aux registres sur lesquels sont inscrites les sûretés, l'engagement des poursuites et la décision intervenue. Les modalités d'application du présent article sont déterminées par décret en Conseil d'État.

V. Textes complémentaires.

Art. 706-38. – Lorsque la personne titulaire de la licence de débit de boissons ou de restaurant ou propriétaire du fonds de commerce dans lequel est exploité l'un des établissements visés au 2° de l'article 225-10 du Code pénal n'est pas poursuivie, les peines complémentaires prévues par l'article 225-22 du Code pénal ne peuvent être prononcées, par décision spéciale et motivée, que s'il est établi que cette personne a été citée à la diligence du ministère public avec indication de la nature des poursuites exercées et de la possibilité pour le tribunal de prononcer ces peines.

La personne visée à l'alinéa précédent peut présenter ou faire présenter par un avocat ses observations à l'audience. Si elle use de cette faculté, elle peut interjeter appel de la décision prononçant l'une des peines prévues par l'article 225-22 du Code pénal.

Art. 706-39. – La décision qui, en application de l'article 225-22 du Code pénal, prononce la confiscation du fonds de commerce ordonne l'expulsion de toute personne qui, directement ou par personne interposée, détient, gère, exploite, dirige, fait fonctionner, finance ou contribue à financer l'établissement.

Cette même décision entraîne le transfert à l'État de la propriété du fonds confisqué et emporte subrogation de l'État dans tous les droits du propriétaire du fonds.

Art. 706-40. – En cas d'infraction prévue par le 3° de l'article 225-10 du Code pénal, l'occupant et la personne se livrant à la prostitution sont solidairement responsables des dommages-intérêts pouvant être alloués pour trouble du voisinage. Lorsque les faits visés par cet article sont pratiqués de façon habituelle, la résiliation du bail et l'expulsion du locataire, sous-locataire ou occupant qui se livre à la prostitution ou la tolère sont prononcées par le juge des référés, à la demande du ministère public, du propriétaire, du locataire principal ou des occupants ou voisins de l'immeuble. Les propriétaires ou bailleurs de ces locaux sont informés, à la diligence du ministère public, que ceux-ci servent de lieux de prostitution.

TITRE XVIII. – DE LA POURSUITE, DE L'INSTRUCTION ET DU JUGEMENT DES INFRACTIONS COMMISES PAR LES PERSONNES MORALES

(Aj., à compter du 1er mars 1994, L. n. 92-1336, 16 déc. 1992, art. 78 ; L. n. 93-913, 19 juill. 1993)

Art. 706-41. – Les dispositions du présent code sont applicables à la poursuite, à l'instruction et au jugement des infractions commises par les personnes morales, sous réserve des dispositions du présent titre.

V. F. Desportes et F. Le Gunehec, *Poursuite, instruction et jugement des infractions commises par les personnes morales : J.-Cl. Proc. pén.*, art. 706-41 à 706-46.

Art. 706-42. – Sans préjudice des règles de compétence applicables lorsqu'une personne physique est également soupçonnée ou poursuivie, sont compétents :

1° Le procureur de la République et les juridictions du lieu de l'infraction ;

2° Le procureur de la République et les juridictions du lieu où la personne morale a son siège.

Ces dispositions ne sont pas exclusives de l'application éventuelle des règles particulières de compétence prévues par les articles 705 et 706-17 relatifs aux infractions économiques et financières et aux actes de terrorisme.

Art. 706-43. – L'action publique est exercée à l'encontre de la personne morale prise en la personne de son représentant légal à l'époque des poursuites. Ce dernier représente la personne morale à tous les actes de la procédure. *(L. n. 2000-647, 10 juill. 2000, art. 9)* **Toutefois, lorsque des poursuites pour des mêmes faits ou pour des faits connexes sont engagées à l'encontre du représentant légal,** *(L. n. 2000-647, 10 juill. 2000, art. 9)* **celui-ci peut saisir par requête le président du tribunal de grande instance aux fins de désignation d'un mandataire de justice pour représenter la personne morale.**

La personne morale peut également être représentée par toute personne bénéficiant, conformément à la loi ou à ses statuts, d'une délégation de pouvoir à cet effet.

La personne chargée de représenter la personne morale en application du deuxième alinéa doit faire connaître son identité à la juridiction saisie, par lettre recommandée avec demande d'avis de réception.

Il en est de même en cas de changement du représentant légal en cours de procédure.

En l'absence de toute personne habilitée à représenter la personne morale dans les conditions prévues au présent article, le président du tribunal de grande instance désigne, à la requête du ministère public, du juge d'instruction ou de la partie civile, un mandataire de justice pour la représenter.

1) Il résulte de l'article 706-43, alinéa 1er, du Code de procédure pénale que, dès lors qu'à l'occasion de poursuites exercées contre une personne morale, l'action publique est également mise en mouvement, pour les mêmes faits ou pour des faits connexes, contre le représentant légal de celle-ci ou contre le délégataire nommé en application de l'alinéa 2 du texte précité, la désignation d'un mandataire de justice pour représenter la personne morale au cours des poursuites est obligatoire, selon les modalités prévues par le dernier alinéa (Cass. crim., 9 déc. 1997 : *Bull.* 420. – Cass. crim., 12 janv. 2000 : *Bull.* 23).

2) La personne morale poursuivie, qui a désigné un préposé, également poursuivi, pour la représenter devant le tribunal correctionnel, ne peut se faire un grief de ce qu'un mandataire de justice n'ait pas été désigné par le président du tribunal, conformément aux dispositions de l'article 706-43, dernier alinéa, du Code de procédure pénale, une telle désignation n'étant obligatoire que lorsque la personne morale est poursuivie pour les mêmes faits ou pour des faits connexes, en même temps que son représentant légal (Cass. crim., 3 nov. 1999 : *Bull.* 242).

3) Dès lors qu'un mandataire de justice a été désigné pour représenter la personne morale au cours des poursuites en application de l'article 706-43, alinéa 1er, du Code de procédure pénale, son représentant légal n'a plus qualité pour la représenter dans la procédure ; il s'ensuit que, postérieurement à la désignation du mandataire de justice, la déclaration de pourvoi, faite au nom de la société représentée par le président du conseil d'administration, est irrecevable (Cass. crim., 5 janv. 2000 : *Bull.* 4).

Art. 706-44. – Le représentant de la personne morale poursuivie ne peut, en cette qualité, faire l'objet d'aucune mesure de contrainte autre que celle applicable au témoin.

Art. 706-45. – Le juge d'instruction peut placer la personne morale sous contrôle judiciaire dans les conditions prévues aux articles 139 et 140 en la soumettant à une ou plusieurs des obligations suivantes :

1° Dépôt d'un cautionnement dont le montant et les délais de versement, en une ou plusieurs fois, sont fixés par le juge d'instruction ;

2° Constitution, dans un délai, pour une période et un montant déterminés par le juge d'instruction, des sûretés personnelles ou réelles destinées à garantir les droits de la victime ;

3° Interdiction d'émettre des chèques autres que ceux qui permettent le retrait de fonds par le tireur auprès du tiré ou ceux qui sont certifiés ou d'utiliser des cartes de paiement ;

4° Interdiction d'exercer certaines activités professionnelles ou sociales lorsque l'infraction a été commise dans l'exercice ou à l'occasion de l'exercice de ces activités et lorsqu'il est à redouter qu'une nouvelle infraction soit commise.

5° *(créé, L. n. 2001-504, 12 juin 2001, art. 23, 1°)* **Placement sous contrôle d'un mandataire de justice désigné par le juge d'instruction pour une durée de six mois renouvelable, en ce qui concerne l'activité dans l'exercice ou à l'occasion de laquelle l'infraction a été commise.**

Les interdictions prévues aux 3° et 4° ne peuvent être ordonnées par le juge d'instruction que dans la mesure où elles sont encourues à titre de peine par la personne morale poursuivie. *(Phrase ajoutée, L. n. 2001-504, 12 juin 2001, art. 23, 2 °)* **La mesure prévue au 5° ne peut être ordonnée par le juge d'instruction si la personne morale ne peut être condamnée à la peine prévue par le 3° de l'article 131-39 du Code pénal.**

En cas de violation du contrôle judiciaire, les articles 434-43 et 434-47 du Code pénal sont, le cas échéant, applicables.

Art. 706-46. – Les dispositions particulières applicables à la signification des actes aux personnes morales sont fixées au titre IV du livre II.

TITRE XIX. – DE LA PROCÉDURE APPLICABLE AUX INFRACTIONS DE NATURE SEXUELLE ET DE LA PROTECTION DES MINEURS VICTIMES

(L. n. 98-468, 17 juin 1998, art. 28)

V. Textes complémentaires, SS. 706-47, Code de la santé publique, art. R. 355-33 et s.

Art. 706-47. – Les personnes poursuivies pour le meurtre ou l'assassinat d'un mineur précédé ou accompagné d'un viol, de tortures ou d'actes de barbarie ou pour l'une des infractions visées aux articles 222-23 à 222-32 et 227-22 à 227-27 du Code pénal doivent être soumises, avant tout jugement sur le fond, à une expertise médicale. L'expert est interrogé sur l'opportunité d'une injonction de soins dans le cadre d'un suivi socio-judiciaire.

Cette expertise peut être ordonnée dès le stade de l'enquête par le procureur de la République.

Cette expertise est communiquée à l'administration pénitentiaire en cas de condamnation à une peine privative de liberté, afin de faciliter le suivi médical et psychologique en détention prévu par l'article 718.

V. *Procédure applicable aux infractions de nature sexuelle ; Protection des mineurs : J.-Cl. Proc. pén.*, art. 706-47 à 706–54.

Art. 706-48. – Les mineurs victimes de l'une des infractions mentionnées à l'article 706-47 peuvent faire l'objet d'une expertise médico-psychologique destinée à apprécier la nature et l'importance du préjudice subi et à établir si celui-ci rend nécessaires des traitements ou des soins appropriés.

Une telle expertise peut être ordonnée dès le stade de l'enquête par le procureur de la République.

Art. 706-49. – Le procureur de la République ou le juge d'instruction informe sans délai le juge des enfants de l'existence d'une procédure concernant un mineur victime de l'une des infractions mentionnées à l'article 706-47 et lui en communique toutes pièces utiles, dès lors qu'une procédure d'assistance éducative a été ouverte à l'égard du mineur victime de cette infraction.

Art. 706-50. – Le procureur de la République ou le juge d'instruction, saisi de faits commis volontairement à l'encontre d'un mineur, désigne un administrateur *ad hoc* lorsque la protection des intérêts de celui-ci n'est pas complètement assurée par ses représentants légaux ou par l'un d'entre eux. L'administrateur *ad hoc* assure la protection des intérêts du mineur et exerce, s'il y a lieu, au nom de celui-ci les droits reconnus à la partie civile. En cas de constitution de partie civile, le juge fait désigner un avocat d'office pour le mineur s'il n'en a pas déjà été choisi un.

Les dispositions qui précèdent sont applicables devant la juridiction de jugement.

1) Si en application de l'article 706-50 du Code de procédure pénale, un administrateur *ad hoc* peut être désigné pour assurer la protection des intérêts d'un mineur, victime de fait commis volontairement, et exercer, s'il y a lieu, au nom de celui-ci, les droits reconnus à la partie civile, cette désignation ne peut intervenir qu'en faveur d'un mineur vivant (Cass. crim., 15 juin 2000 : *Bull.* 230).

2) La désignation d'un administrateur *ad hoc* en application de l'article 706-50 du Code de procédure pénale, pour assurer la protection des intérêts d'un mineur et exercer au nom de celui-ci les droits reconnus à la partie civile, fait obstacle à ce que le représentant légal du mineur puisse également intervenir au nom de celui-ci en qualité de partie civile dans la même procédure (Cass. crim., 12 sept. 2000 : *Bull.* 266).

Art. 706-51. – L'administrateur *ad hoc* nommé en application de l'article précédent est désigné par le magistrat compétent, soit parmi les proches de l'enfant, soit sur une liste de personnalités

dont les modalités de constitution sont fixées par décret en Conseil d'État. Ce décret précise également les conditions de leur indemnisation.

Art. 706-52 *(L. n. 98-468, 17 juin 1998, art. 48 : les dispositions de l'article 706-52 entreront en vigueur au plus tard le 1er juin 1999).* **– Au cours de l'enquête et de l'information, l'audition d'un mineur victime de l'une des infractions mentionnées à l'article 706-47 fait, avec son consentement ou, s'il n'est pas en état de le donner, celui de son représentant légal, l'objet d'un enregistrement audiovisuel.**

L'enregistrement prévu à l'alinéa précédent peut être exclusivement sonore si le mineur ou son représentant légal en fait la demande.

Lorsque le procureur de la République ou le juge d'instruction décide de ne pas procéder à cet enregistrement, cette décision doit être motivée.

Le procureur de la République, le juge d'instruction ou l'officier de police judiciaire chargé de l'enquête ou agissant sur commission rogatoire peut requérir toute personne qualifiée pour procéder à cet enregistrement. Les dispositions de l'article 60 sont applicables à cette personne, qui est tenue au secret professionnel dans les conditions de l'article 11.

Il est par ailleurs établi une copie de l'enregistrement aux fins d'en faciliter la consultation ultérieure au cours de la procédure. Cette copie est versée au dossier. L'enregistrement original est placé sous scellés fermés.

Sur décision du juge d'instruction, l'enregistrement peut être visionné ou écouté au cours de la procédure. La copie de ce dernier peut toutefois être visionnée ou écoutée par les parties, les avocats ou les experts, en présence du juge d'instruction ou d'un greffier.

Les huit derniers alinéas de l'article 114 du Code de procédure pénale ne sont pas applicables à l'enregistrement. La copie de ce dernier peut toutefois être visionnée par les avocats des parties au palais de justice dans des conditions qui garantissent la confidentialité de cette consultation.

Le fait, pour toute personne, de diffuser un enregistrement ou une copie réalisée en application du présent article est puni d'un an d'emprisonnement et de 100 000 F (15 000 €) d'amende.

À l'expiration d'un délai de cinq ans à compter de la date de l'extinction de l'action publique, l'enregistrement et sa copie sont détruits dans le délai d'un mois.

Art. 706-53. – Au cours de l'enquête ou de l'information, les auditions ou confrontations d'un mineur victime de l'une des infractions mentionnées à l'article 706-47 sont réalisées sur décision du procureur de la République ou du juge d'instruction, le cas échéant à la demande du mineur ou de son représentant légal, en présence d'un psychologue ou d'un médecin spécialistes de l'enfance ou d'un membre de la famille du mineur ou de l'administrateur *ad hoc* désigné en application de l'article 706-50 ou encore d'une personne chargée d'un mandat du juge des enfants.

V. Chr. CATHALA et M. REDON, *L'article 706-53 du Code de procédure pénale et l'audition du mineur victime. Éléments de réflexion pour de nouvelles pratiques : DH* 2000, chron. p. 534.

TITRE XX. – DU FICHIER NATIONAL AUTOMATISÉ DES EMPREINTES GÉNÉTIQUES

(L. n. 2001-1062, 15 nov. 2001, art. 56-I)

Art. 706-54. – Il est crée un fichier national automatisé destiné à centraliser les traces génétiques ainsi que les empreintes génétiques des personnes condamnées pour l'une *(L. n. 2001-1062, 15 nov. 2001, art. 56-II)* **des infractions visées à l'article 706-55 en vue de faciliter l'identification et la recherche des auteurs de ces infractions.**

Ce fichier est placé sous le contrôle d'un magistrat.

Les modalités d'application du présent article, y compris la durée de conservation des informations enregistrées, sont déterminées par décret en Conseil d'État après avis de la Commission nationale de l'informatique et des libertés.

Les empreintes génétiques des personnes à l'encontre desquelles il existe des indices graves ou concordants de nature à motiver leur mise en examen pour l'une des infractions visée à l'article 706-55, peuvent faire l'objet, à la demande du juge d'instruction ou du procureur de la République, d'un rapprochement avec les données incluses au fichier. Elles ne peuvent toutefois y être conservées.

Art. 706-55 *(L. n. 2001-1062, 15 nov. 2001, art. 56-IV)*. – **Le fichier national automatisé des empreintes génétiques centralise les traces et empreintes génétiques concernant les infractions suivantes :**

1° Les infractions de nature sexuelle visées à l'article 706-47, ainsi que le recel de ces infractions ;

2° Les crimes d'atteintes volontaires à la vie de la personne, de torture et actes de barbarie et de violences volontaires prévus par les articles 221-1 à 221-5, 222-1 à 222-8, 222-10 et 222-14 (1° et 2°) du code pénal ;

3° Les crimes de vols, d'extorsions et de destructions, dégradations et détériorations dangereuses pour les personnes prévus par les articles 311-7 à 311-11, 312-3 à 312-7 et 322-7 à 322-10 du code pénal ;

4° Les crimes constituant des actes de terrorisme prévus par les articles 421-1 à 421-4 du code pénal.

Art. 706-56 *(L. n. 2001-1062, 15 nov. 2001, art. 56-IV)*. – **Le fait, pour une personne définitivement condamnée pour une des infractions visées à l'article 706-55, de refuser de se soumettre à un prélèvement biologique destiné à permettre l'analyse d'identification de son empreinte génétique est puni de six mois d'emprisonnement et de 7 500 € d'amende. Lorsque la personne a été condamnée pour crime, la peine est de deux ans d'emprisonnement et 30 000 € d'amende.**

TITRE XXI. – DE LA PROTECTION DES TÉMOINS

(L. n. 2001-1062, 15 nov. 2001, art. 57-I)

Art. 706-57. – **Les personnes à l'encontre desquelles il n'existe** *(L. n. 2002-307, 4 mars 2002, art. 2-II)* **aucune raison plausible de soupçonner qu'elles ont commis ou tenté de commettre une infraction et qui sont susceptibles d'apporter des éléments de preuve intéressant la procédure peuvent, sur autorisation du procureur de la République ou du juge d'instruction, déclarer comme domicile l'adresse du commissariat ou de la brigade de gendarmerie.**

L'adresse de ces personnes est alors inscrite sur un registre coté et paraphé, qui est ouvert à cet effet.

Art. 706-58. – **En cas de procédure portant sur un crime ou sur un délit puni d'au moins** *(Mots remplacés, L. n° 2002-1138, 9 sept. 2002, art. 39, I, 5°)* **« trois ans » d'emprisonnement, lorsque l'audition d'une personne visée à l'article 706-57 est susceptible de mettre gravement en danger la vie ou l'intégrité physique de cette personne, des membres de sa famille ou de ses proches, le juge des libertés et de la détention, saisi par requête motivée du procureur de la République ou du juge d'instruction, peut, par décision motivée, autoriser que les déclarations de cette personne soient recueillies sans que son identité apparaisse dans le dossier de la procédure. Cette décision n'est pas susceptible de recours, sous réserve des dispositions du deuxième alinéa de l'article 706-60. Le juge des libertés et de la détention peut décider de procéder lui-même à l'audition du témoin.**

La décision du juge des libertés et de la détention, qui ne fait pas apparaître l'identité de la personne, est jointe au procès-verbal d'audition du témoin, sur lequel ne figure pas la signature de l'intéressé. L'identité et l'adresse de la personne sont inscrites dans un autre procès-verbal signé par l'intéressé, qui est versé dans un dossier distinct du dossier de la procédure, dans lequel figure également la requête prévue à l'alinéa précédent. L'identité et l'adresse de la personne sont inscrites sur un registre coté et paraphé, qui est ouvert à cet effet au tribunal de grande instance.

Art. 706-59. – **En aucune circonstance, l'identité ou l'adresse d'un témoin ayant bénéficié des dispositions des articles 706-57 ou 706-58 ne peut être révélée, hors le cas prévu par le dernier alinéa de l'article 706-60.**

La révélation de l'identité ou de l'adresse d'un témoin ayant bénéficié des dispositions des articles 706-57 ou 706-58 est punie de cinq ans d'emprisonnement et 75 000 € d'amende.

Art. 706-60. – Les dispositions de l'article 706-58 ne sont pas applicables si, au regard des circonstances dans lesquelles l'infraction a été commise ou de la personnalité du témoin, la connaissance de l'identité de la personne est indispensable à l'exercice des droits de la défense.

La personne mise en examen peut, dans les dix jours à compter de la date à laquelle il lui a été donné connaissance du contenu d'une audition réalisée dans les conditions de l'article 706-58, contester, devant le président de la chambre de l'instruction, le recours à la procédure prévue par cet article. Le président de la chambre de l'instruction statue par décision motivée qui n'est pas susceptible de recours au vu des pièces de la procédure et de celles figurant dans le dossier mentionné au deuxième alinéa de l'article 706-58. S'il estime la contestation justifiée, il ordonne l'annulation de l'audition. Il peut également ordonner que l'identité du témoin soit révélée à la condition que ce dernier fasse expressément connaître qu'il accepte la levée de son anonymat.

Art. 706-61. – La personne mise en examen ou renvoyée devant la juridiction de jugement peut demander à être confrontée avec un témoin entendu en application des dispositions de l'article 706-58 par l'intermédiaire d'un dispositif technique permettant l'audition du témoin à distance ou à faire interroger ce témoin par son avocat par ce même moyen. La voix du témoin est alors rendue non identifiable par des procédés techniques appropriés.

Art. 706-62. – Aucune condamnation ne peut être prononcée sur le seul fondement de déclarations recueillies dans les conditions prévues par les articles 706-58 et 706-61.

Art. 706-63. – Un décret en Conseil d'État précise, en tant que de besoin, les conditions d'application des dispositions du présent titre.

TITRE XXII. – SAISINE POUR AVIS DE LA COUR DE CASSATION

(L. org. 2001-539, 25 juin 2001, art. 26 ; Mod. L. n. 2001-1062, 15 nov. 2001, art. 55)

Art. 706-64. – Les juridictions pénales, à l'exception des juridictions d'instruction et de la cour d'assises, peuvent solliciter l'avis de la Cour de cassation en application de l'article L. 151-1 du code de l'organisation judiciaire. Toutefois, aucune demande d'avis ne peut être présentée lorsque, dans l'affaire concernée, une personne est placée en détention provisoire ou sous contrôle judiciaire.

Art. 706-65. – Lorsque le juge envisage de solliciter l'avis de la Cour de cassation en application de l'article L. 151-1 du code de l'organisation judiciaire, il en avise les parties et le ministère public. Il recueille les observations écrites éventuelles des parties et les conclusions du ministère public dans le délai qu'il fixe, à moins que ces observations ou conclusions n'aient déjà été communiquées.

Dès réception des observations et conclusions ou à l'expiration du délai, le juge peut, par une décision non susceptible de recours, solliciter l'avis de la Cour de cassation en formulant la question de droit qu'il lui soumet. Il surseoit à statuer jusqu'à la réception de l'avis ou jusqu'à l'expiration du délai mentionné à l'article 706-67.

Art. 706-66. – La décision sollicitant l'avis est adressée, avec les conclusions et les observations écrites éventuelles, par le greffier de la juridiction au greffe de la Cour de cassation.

Elle est notifiée, ainsi que la date de transmission du dossier, aux parties par lettre recommandée avec demande d'avis de réception.

Le Ministère public auprès de la juridiction est avisé ainsi que le premier président de la cour d'appel et le procureur général lorsque la demande d'avis n'émane pas de la cour.

Art. 706-67. – La Cour de cassation rend son avis dans les trois mois de la réception du dossier.

Art. 706-68. – L'affaire est communiquée au procureur général près la Cour de cassation. Celui-ci est informé de la date de séance.

Art. 706-69. – L'avis peut mentionner qu'il sera publié au Journal officiel de la République française.

Art. 706-70. – L'avis est adressé à la juridiction qui l'a demandé, au ministère public auprès de cette juridiction, au premier président de la cour d'appel et au procureur général lorsque la demande n'émane pas de la cour.

Il est notifié aux parties par le greffe de la Cour de cassation.

TITRE XXIII. – DE L'UTILISATION DE MOYENS DE TÉLÉCOMMUNICATIONS AU COURS DE LA PROCÉDURE

(L. n. 2001-1062, 15 nov. 2001, art. 32 ; Applic. jusqu'au 31 déc. 2003, art. 22)

Art. 706-71. – Lorsque les nécessités de l'enquête ou de l'instruction le justifient, l'audition ou l'interrogatoire d'une personne ainsi que la confrontation entre plusieurs personnes peuvent être effectués en plusieurs points du territoire de la République se trouvant reliés par des moyens de télécommunications garantissant la confidentialité de la transmission. *(Phrase créée, L. n° 2002-1138, 9 sept. 2002, art. 35, I)* « Dans les mêmes conditions, la présentation aux fins de prolongation de la garde à vue ou de la retenue judiciaire peut être réalisée par l'utilisation de moyens de télécommunication audiovisuelle. » Il est alors dressé, dans chacun des lieux, un procès-verbal des opérations qui y ont été effectuées. Ces opérations peuvent faire l'objet d'un enregistrement audiovisuel ou sonore, les dispositions des quatrième à neuvième alinéas de l'article 706-52 sont alors applicables.

En cas de nécessité, résultant de l'impossibilité pour un interprète de se déplacer, l'assistance de l'interprète au cours d'une audition, d'un interrogatoire ou d'une confrontation peut également se faire par l'intermédiaire de moyens de télécommunications.

Les dispositions du présent article sont également applicables pour l'exécution simultanée, sur un point du territoire de la République et sur un point situé à l'extérieur, de demandes d'entraide émanant des autorités judiciaires étrangères ou des actes d'entraide réalisés à l'étranger sur demande des autorités judiciaires françaises.

Un décret en Conseil d'État précise, en tant que de besoin, les modalités d'application du présent article.

TITRE XXIV. – DISPOSITIONS RELATIVES À LA JURIDICTION DE PROXIMITÉ

(Créé, L. n° 2002-1138, 9 sept. 2002, art. 10)

Art. 706-72 *(Créé, L. n° 2002-1138, 9 sept. 2002, art. 10)*. – La juridiction de proximité est compétente pour juger des contraventions de police dont la liste est fixée par décret en Conseil d'État. Elle statue alors selon la procédure applicable devant le tribunal de police, conformément aux dispositions des articles 521 à 549.

La juridiction de proximité peut également valider, sur délégation donnée par le président du tribunal de grande instance, les mesures de composition pénale prévues aux articles 41-2 et 41-3.

Pour le jugement des contraventions mentionnées au premier alinéa et relevant des quatre premières classes, les fonctions du ministère public sont exercées par un officier du ministère public, conformément aux dispositions des articles 45 à 48.

LIVRE CINQUIÈME

DES PROCÉDURES D'EXÉCUTION

TITRE PREMIER. – DE L'EXÉCUTION DES SENTENCES PÉNALES

Art. 707. – Le ministère public et les parties poursuivent l'exécution de la sentence chacun en ce qui le concerne.

Néanmoins, les poursuites pour le recouvrement des amendes et confiscations sont faites au nom du procureur de la République, par le percepteur.

V. Cl. ZAMBEAUX, *Exécution des sentences pénales. Action du ministère public : J.-Cl. Proc. pén.*, art. 707 à 709, Fasc. 20. –J.-P. CÉRÉ, M. HERZOG-EVANS, E. PECHILLON, *Actualité jurisprudentielle du droit de l'exécution des peines : DH* 2001, chron. 562. – V. Textes complémentaires. D. 22 décembre 1964 (recouvrement des amendes) ; L. 11 juillet 1972, art. 7 *(modifié, L.* 30 déc. 1985).

Art. 708 *(L. n. 92-1336, 16 déc. 1992, art. 79 ; L. n. 93-913, 19 juill. 1993)*. **– L'exécution à la requête du ministère public a lieu lorsque la décision est devenue définitive.**

Toutefois, le délai d'appel accordé au procureur général par les articles 505 et 548 ne fait point obstacle à l'exécution de la peine.

L'exécution d'une peine de police ou d'une peine correctionnelle non privative de liberté peut être suspendue ou fractionnée pour motifs graves d'ordre médical, familial, professionnel ou social. La décision est prise soit par le ministère public, soit, sur la proposition du ministère public, par le tribunal correctionnel ou de police statuant en chambre du conseil, selon que l'exécution de la peine doit être suspendue pendant moins ou plus de trois mois.

Lorsque l'exécution fractionnée d'une peine d'amende, de jours-amende ou de suspension du permis de conduire a été décidée par la juridiction de jugement en application de l'article 132-28 du Code pénal, cette décision peut être modifiée dans les conditions prévues à l'alinéa précédent.

V. Anne-Marie LARGUIER, *L'exécution provisoire en matière pénale : Rev. sc. crim.* 1980, 587.

1) Il résulte des termes des articles 569 et 708 du Code de procédure pénale qu'en dehors des exceptions édictées par la loi, l'exécution d'une condamnation pénale ne peut avoir lieu que lorsque la décision est devenue définitive.

Dès lors, viole le principe sus-énoncé l'arrêt qui ordonne l'exécution provisoire non prévue par la loi de la fermeture définitive d'un débit prononcée en application de l'article L. 30 du Code des débits de boissons et des mesures contre l'alcoolisme (Cass. crim., 3 oct. 1978 : *Bull.* 255).

2) Il résulte des termes de l'article 708 du Code de procédure pénale que la demande de fractionnement de l'exécution d'une peine de suspension du permis de conduire ne peut être soumise à la juridiction saisie de l'action publique dès lors qu'elle ne peut viser qu'une condamnation définitive et exige une proposition du ministère public, lorsque celui-ci n'est pas lui-même compétent pour en décider (Cass. crim., 30 nov. 1977 : *Bull.* 380).

Art. 709. – Le procureur de la République et le procureur général ont le droit de requérir directement l'assistance de la force publique à l'effet d'assurer cette exécution.

Cf. art. D. 48 et D. 49 ; V. J. Delobeau, *Exécution des sentences pénales. Le juge de l'application des peines : J.-Cl. Proc. pén.* ; art. 709-1. – J.-M. Coulon, *La loi du 29 décembre 1972 et le juge de l'application des peines : JCP* 73, I, 2553. – B. Dutheillet-Lamonthezie, *Place du JAP dans l'organisation judiciaire et dans la cité : Travaux de l'association nationale des juges et anciens juges de l'application des peines : Rev. pénit.* 1975, p. 421. – B. Jouve, *Une institution contestée, l'application des peines : Gaz. Pal.* 1984, 21-22 sept., p. 5. – G. Levasseur, *Un pilote nécessaire, le juge de l'application des peines : Rev. pénit.* 1972, 743.

Art. 709-1 *(L. n. 72-1226, 29 déc. 1972, art. 36 ; L. n. 87-1062, 30 déc. 1987, art. 24).* **– Dans chaque tribunal de grande instance, un ou plusieurs magistrats du siège sont chargés des fonctions de juge de l'application des peines.**

Ces magistrats sont désignés, par décret pris après avis du Conseil supérieur de la magistrature.

Si un juge de l'application des peines est temporairement empêché d'exercer ses fonctions, le tribunal de grande instance désigne un autre magistrat pour le remplacer.

Alinéa supprimé, L. n. 2000-516, 15 juin 2000, art. 123-I.

V. F. Staechele, *Exécution des sentences pénales ; juge de l'application des peines : J.-Cl. Proc. pén.*, art. 709-1.

Art. 710 *(L. n. 92-1336, 16 déc. 1992, art. 80 ; L. n. 93-913, 19 juill. 1993).* **– Tous incidents contentieux relatifs à l'exécution sont portés devant le tribunal ou la cour qui a prononcé la sentence ; cette juridiction peut également procéder à la rectification des erreurs purement matérielles contenues dans ses décisions. Elle statue sur les demandes de confusion de peines présentées en application de l'article 132-4 du Code pénal.**

En matière criminelle, la *(L. n. 2000-516, 15 juin 2000, art. 83 et 140)* **chambre de l'instruction connaît des rectifications et des incidents d'exécution auxquels peuvent donner lieu les arrêts de la cour d'assises.**

1) Si les juges peuvent interpréter leurs décisions, lorsque des difficultés s'élèvent sur le sens de celles-ci, il leur est interdit d'en restreindre ou d'en étendre les dispositions et de modifier ainsi la chose jugée (Cass. crim., 9 mai 1978 : *Bull.* 144 ; *D.* 1978, inf. rap. 346, obs. Roujou de Boubée).

Si les juridictions de jugement peuvent procéder à la rectification des erreurs purement matérielles contenues dans leurs décisions, en application de l'article 710 du Code de procédure pénale, ce pouvoir trouve cependant sa limite dans la défense de modifier la chose jugée, de restreindre ou d'accroître les droits consacrés par ces décisions (Cass. crim., 21 juin 1977 : *Bull.* 228 ; *D.* 1977, inf. rap. 425, obs. Puech. – Cass. crim., 5 nov. 1981 : *Bull.* 296. – Cass. crim., 10 mai 1983 : *Bull.* 135. – Cass. crim., 22 juill. 1986 : *Bull.* 240. – Cass. crim., 26 avr. 1990 : *Bull.* 161) ou, sous couvert d'interprétation ou de rectification d'erreur, de modifier le quantum d'une condamnation, tel qu'il résulte de la minute du jugement ou de l'arrêt (Cass. crim., 29 févr. 1988 : *Bull.* 103. – Cass. crim., 6 sept. 1988 : *Bull.* 316).

L'erreur de calcul, résultant de ce que, dans une opération consistant à soustraire du montant global du préjudice de la partie civile, le montant des remboursements attribués à une caisse de Sécurité sociale, l'arrêt a omis de tenir compte d'une partie de ces remboursements, ne peut être considérée comme une erreur purement matérielle lorsqu'il ne résulte pas des motifs de l'arrêt que les juges entendaient les inclure dans les sommes à soustraire (Cass. crim., 5 déc. 1989 : *Bull.* 464).

2) Si rien ne s'oppose à ce qu'il soit procédé, dans les conditions prévues aux articles 710 et 711 du Code de procédure pénale à la rectification d'une erreur purement matérielle, aucun recours n'est ouvert aux parties, devant les juridictions répressives, en vue d'obtenir l'annulation ou la rétractation d'une décision qui a définitivement fait droit à leurs conclusions de désistement (Cass. crim., 21 janv. 1970 : *Bull.* 36).

Un tribunal saisi en application de l'arti-cle 710 du Code de procédure pénale d'un incident contentieux relatif à l'exécution d'une condamnation, n'a pas le pouvoir de modifier la chose jugée en substituant à la décision initiale des dispositions nouvelles qui ne seraient pas la réparation d'erreurs matérielles.

Viole ce principe le jugement correctionnel qui « annule » la disposition d'un précédent jugement ayant prononcé contre un condamné l'interdiction de solliciter la délivrance d'un permis de conduire pour une durée de trois années, et « prononce » contre le même condamné la suspension du permis de conduire pour la durée d'une année (Cass. crim., 12 nov. 1975 : *Bull.* 243).

Encourt la censure la cour d'appel qui, sous couvert d'interprétation ou de rectification d'erreur d'un arrêt ayant condamné un prévenu à la peine de la publication sans en préciser le coût, fixe à 8 000 francs le montant des frais ainsi mis à charge du prévenu (Cass. crim., 28 mars 1996 : *Bull.* 144).

3) N'excède pas les pouvoirs qu'elle tient de l'alinéa 2 de l'article 710 du Code de procédure pénale, la chambre d'accusation qui, saisie d'une demande de confusion entre une peine prononcée par une cour d'assises et une peine prononcée par une juridiction correctionnelle, examine, pour statuer, le caractère exécutoire des peines susceptibles d'être confondues (Cass. crim., 13 janv. 1981 : *Bull.* 20).

Lorsque la chambre d'accusation, conformément aux prescriptions de l'article 710 du Code de procédure pénale, est saisie d'une demande de confusion de peines prononcées par les cours d'assises, elle statue suivant les règles posées par les articles 711 et 712 du Code de procédure pénale, ce qui exclut l'application des dispositions des articles 194 et suivants du même code (Cass. crim., 14 mai 1985 : *Bull.* 184).

4) Dès lors qu'en prononçant une condamnation la juridiction de jugement a déjà refusé la confusion de la peine qu'elle infligeait avec une peine antérieure devenue définitive le condamné ne saurait, en utilisant les dispositions de l'article 710 du Code de procédure pénale, présenter une requête en confusion de peines, mettant ainsi en cause l'autorité de la chose jugée attachée à la décision précédente (Cass. crim., 5 nov. 1985 : *Bull.* 343).

Lorsque les juges disposent d'une faculté discrétionnaire, ils ne sauraient cependant, s'ils donnent les motifs de leur décision, fonder celle-ci sur une affirmation de fait ou de droit inexacte.

Encourt ainsi la cassation l'arrêt qui, ayant constaté que les conditions légales rendant possible l'admission d'une requête en confusion de peines la rejette en se fondant sur le motif de fait erroné que les deux peines prononcées l'auraient été en répression de faits de même nature (Cass. crim., 13 juin 1989 : *Bull.* 255).

5) Les dispositions des articles 710 et 711 du Code de procédure pénale relatifs aux incidents contentieux et rectifications des erreurs purement matérielles excluent l'application des dispositions des articles 194 et suivants du même code relatives à la procédure suivie devant la chambre d'accusation (Cass. crim., 19 mai 1987 : *Bull.* 203).

6) Si les chambres d'accusation ont la faculté, en application des dispositions de l'article 710 du Code de procédure pénale, de procéder à la rectification des erreurs purement matérielles contenues dans leurs décisions, elle ne peuvent, sans porter atteinte à la chose jugée, restreindre ou accroître les droits consacrés par la décision, objet de la rectification. Lorsque le dispositif d'un arrêt, notifié conformément à l'article 217 du Code de procédure pénale, infirme une ordonnance de prolongation de détention, il confère un droit à la liberté ; les juges ne peuvent dès lors, en se fondant sur les motifs qui le précèdent, dire que ce dispositif aurait dû confirmer ladite ordonnance et prescrire sa rectification en ce sens (Cass. crim., 18 janv. 1994 : *Bull.* 24).

7) Selon l'article 710, alinéa 2, du Code de procédure pénale, la chambre d'accusation est compétente pour connaître des incidents d'exécution auxquels donnent lieu les arrêts de la cour d'assises.

Encourt en conséquence la cassation l'arrêt de la chambre d'accusation qui, en invoquant l'article 148-1 dudit code dont les dispositions ne sont pas applicables aux peines en cours d'exécution, se déclare incompétente pour statuer sur la demande de mise en liberté d'un condamné à une peine criminelle qui conteste la validité de l'arrêté du ministre de la Justice révoquant sa libération conditionnelle (Cass. crim., 27 avr. 1994 : *Bull.* 156).

8) Déclare à bon droit irrecevable la requête du ministère public qui, sous couvert d'une rectification d'erreurs purement matérielles, tend en réalité à provoquer un nouveau débat sur le fond l'arrêt qui constate que la chambre d'accusation a, par un précédent arrêt, émis son avis sur la demande d'extradition présentée par un gouvernement étranger *(même arrêt)*.

9) Constitue une simple erreur matérielle, au sens de l'article 710 du Code de procédure pénale, l'omission de deux crimes dans le dispositif d'un arrêt de chambre d'accusation portant renvoi devant une cour d'assises, dès lors que, d'une part, dans les motifs dudit arrêt, les charges d'avoir commis ces infractions sont relevées contre les accusés et que, d'autre part, l'énumération des crimes retenus, faite dans le dispositif, comporte, dans la progression numérique, une solution de continuité de deux maillons, correspondant à cette omission (Cass. crim., 12 avr. 1988 : *Bull.* 153).

L'omission par la cour d'appel de fixer la dimension des caractères typographiques de l'affiche prescrit par son arrêt, relève du contentieux de l'exécution tel que prévu par les articles 710 et 711 du Code de procédure pénale (Cass. crim., 3 nov. 1993 : *Bull.* 323).

L'omission par la cour d'appel de déterminer les extraits de sa décision dont la publication est ordonnée, relève du contentieux de l'exécution prévu par les articles 710 et 711 du Code de procédure pénale (Cass. crim., 3 déc. 1997 : *Bull.* 412).

10) Aux termes de l'article 710 du Code de procédure pénale, tout incident contentieux relatif à l'exécution des décisions pénales est porté devant le tribunal ou la Cour qui a prononcé la sentence : tel est le cas de la difficulté d'exécution, résultant du refus par le procureur de la République de restituer un objet placé sous la main de la justice, pour un motif autre que ceux prévus à l'article 41-1, alinéa 2, dudit code ; doit être cassé l'arrêt d'une cour d'appel confirmant le jugement ayant déclaré irrecevable le recours formé par un condamné contre le refus du procureur de la République de lui restituer des objets qui avaient été saisis lors de l'instruction, au motif que le requérant ne pouvait en justifier la propriété, alors que l'article 41-1 du même code n'exclut pas que le refus du magistrat du Parquet soit soumis à la juridiction répressive, en application des dispositions générales prévues par l'article 710 (Cass. crim., 9 mai 1994 ; *Bull.* 175).

11) La juridiction saisie, sur le fondement de l'article 710 du Code de procédure pénale, de la difficulté d'exécution résultant du refus de restitution d'objets mobiliers décidé, en application de l'article 41-4, alinéa 1er, de ce Code, par le procureur de la République ou le procureur général, est tenue de trancher la contestation relative à la propriété des objets réclamés lorsque la décision sur la restitution en dépend (Cass. crim., 5 févr. 2002 : *Bull.* 21 ; *Bull. inf. C. cass.*, avr. 2002, n. 383).

12) Selon les articles 710 et R. 25 du Code de procédure pénale, lorsque le contrôle judiciaire prend fin après une décision sur le fond, les questions relatives à la restitution du cautionnement relèvent du contentieux de l'exécution et doivent être portées devant la juridiction qui a prononcé la sentence ; encourt donc la censure la cour d'appel qui retient sa compétence, alors que la décision de relaxe avait été rendue par le tribunal correctionnel (Cass. crim., 27 oct. 1999 : *Bull.* 234).

13) Lorsque l'exercice anticipé de la contrainte par corps a été ordonné, par une décision définitive, en application de l'article 388 du Code des douanes, le débiteur peut, à tout moment, demander à être dispensé de l'exécution de cette mesure, sur le fondement des articles 710 et 752 du Code de procédure pénale (Cass. crim., 20 janv. 1998 : *Bull.* 23).

Art. 711. – Le tribunal ou la cour, sur requête du ministère public ou de la partie intéressée, statue en chambre du conseil après avoir entendu le ministère public, le conseil de la partie s'il le demande et, s'il échet, la partie elle-même, sous réserve des dispositions de l'article 712.

L'exécution de la décision en litige est suspendue si le tribunal ou la cour l'ordonne.

Le jugement sur l'incident est signifié à la requête du ministère public aux parties intéressées.

1) L'instance tendant à faire ordonner l'exécution de la peine qui avait été assortie du sursis avec mise à l'épreuve constituant un incident contentieux relatif à l'exécution de la sentence pénale doit se dérouler en chambre du conseil (Cass. crim., 21 févr. 1963 : *Bull.* 90 ; *D.* 1963, 506, note Schewin. – Cass. crim., 14 mars 1963 : *Bull.* 124).

2) Aux termes des articles 710 et 711 du Code de procédure pénale, la juridiction saisie d'un incident contentieux relatif à l'exécution des peines, statue en chambre du conseil après avoir entendu le ministère public, le conseil de la partie, s'il le demande, et s'il échet, la partie elle-même, sous réserve des dispositions de l'article 712 dudit code ; il se déduit des disposi-

tions combinées des articles susvisés et des articles 460 et 513 du Code de procédure pénale, ainsi que des principes généraux du droit, que le conseil de la partie doit avoir la parole le dernier (Cass. crim., 1er avr. 1988 : *Bull.* 169). Il en est notamment ainsi pour une demande en confusion de peines (Cass. crim., 5 déc. 1972 : *Bull.* 376. – Cass. crim., 20 juill. 1977 : *Bull.* 266) ; il en est de même de la partie elle-même si elle est présente (Cass. crim., 30 nov. 1993 : *Bull.* 363).

Lorsque le tribunal correctionnel statue sur un incident relatif à l'exécution des peines, dans les conditions prévues par les articles 710 et 711 du Code de procédure pénale, son jugement, rendu en chambre du conseil, doit être, à la requête du ministère public, signifié aux parties intéressées pour faire courir, à leur égard, le délai d'appel. Encourt la cassation l'arrêt qui déclare irrecevable l'appel formé plus de 10 jours après le prononcé du jugement, rendu « contradictoirement », sur une requête en confusion de peines, sans rechercher la date de signification de ce jugement (Cass. crim., 16 sept. 1992 : *Bull.* 283).

3) Aux termes de l'article 711 du Code de procédure pénale, les jugements et arrêts interprétatifs doivent être rendus en chambre du conseil (Cass. crim., 10 juin 1970 : *Bull.* 197).

L'exigence de publicité édictée par l'article 6 de la Convention européenne de sauvegarde des droits de l'homme et des libertés fondamentales ne concerne que les procédures portant sur le « bien-fondé de toute accusation en matière pénale » et ne peut donc être invoquée à l'occasion d'une instance en révocation d'un sursis avec mise à l'épreuve, constitutive d'un incident contentieux relatif à l'exécution d'une sentence pénale sur lequel il convient, en application de l'article 711 du Code de procédure pénale, de statuer en chambre du conseil (Cass. crim., 20 juin 2000 : *Bull.* 235).

4) Aux termes des articles 710 et 711 du Code de procédure pénale, les incidents relatifs à l'exécution d'une sentence pénale doivent être portés par la partie intéressée devant le tribunal ou la cour qui a prononcé ladite sentence.

Par suite, lorsque l'apposition des scellés a été une mesure d'exécution de la fermeture d'un hôtel ordonnée par le juge répressif, conformément aux prescriptions de l'article 34 de l'ordonnance du 23 décembre 1958, la demande de levée desdits scellés, formée par les propriétaires de l'immeuble dans lequel était exploité cet hôtel, parties intéressées au sens de l'article 711 du Code de procédure pénale, ne peut être portée que devant la juridiction pénale, seule compétente pour statuer sur les incidents relatifs à l'exécution des peines par elle prononcées (Ch. mixte 18 févr. 1972 : *Bull.* 69).

5) Une erreur matérielle, qui peut être rectifiée par l'emploi de la procédure prévue aux articles 710 et 711 du Code de procédure pénale, ne saurait donner ouverture à cassation (Cass. crim., 22 nov. 1988 : *Bull.* 395).

6) L'éditeur d'une publication de presse, désignée par la juridiction pénale pour procéder à la diffusion de la condamnation, est une partie intéressée au sens de l'article 711 du Code de procédure pénale. Il est recevable à saisir la juridiction répressive d'un incident contentieux relatif à l'exécution de la peine de diffusion prononcée (Cass. crim., 6 mars 2001 : *Bull.* 57).

7) S'il est regrettable que les mentions d'un arrêt statuant sur une demande de confusion de peines ne permettent pas de savoir si l'affaire a été jugée en chambre du conseil, comme le prescrit l'article 711 du Code de procédure pénale, ou en audience publique, l'irrégularité commise ne doit cependant pas entraîner l'annulation de la décision, dès lors qu'il n'est pas établi qu'elle ait porté atteinte aux intérêts du demandeur (Cass. crim., 6 févr. 1991 : *Bull.* 61).

Art. 712. – Dans toutes les hypothèses où il paraît nécessaire d'entendre un condamné qui se trouve détenu, la juridiction saisie peut donner commission rogatoire au président du tribunal de grande instance le plus proche du lieu de détention.

Ce magistrat peut déléguer l'un des juges du tribunal qui procède à l'audition du détenu par procès-verbal.

Art. 713. – *Abrogé, L. n. 81-908, 9 octobre 1981, art. 4.*

Art. 713-1 *(L. n. 84-1150, 21 déc. 1984, art. 1er).* – **Lorsque, en application d'une convention ou d'un accord internationaux, une personne détenue en exécution d'une condamnation prononcée**

par une juridiction étrangère est transférée sur le territoire français pour y accomplir la partie de la peine restant à subir, l'exécution de la peine est poursuivie conformément aux dispositions du présent code, et notamment des articles 713-2 à 713-6.

V. C. ZAMBEAUX, *Transfèrement en France des personnes condamnées et détenues à l'étranger : J.-Cl. Proc. pén.*, art. 713-1 à 713-8, Fasc. 20.

Art. 713-2 *(L. n. 84-1150, 21 déc. 1984, art. 1er)*. – **Dès son arrivée sur le sol français, le condamné détenu est présenté au procureur de la République du lieu d'arrivée, qui procède à son interrogatoire d'identité et en dresse procès-verbal. Toutefois, si l'interrogatoire ne peut être immédiat, le condamné est conduit à la maison d'arrêt où il ne peut être détenu plus de vingt-quatre heures. À l'expiration de ce délai, il est conduit d'office devant le procureur de la République, par les soins du** *(L. n. 87-432, 22 juin 1987, art. 5-II)* **« chef d'établissement ».**

Au vu des pièces constatant l'accord des États sur le transfèrement et le consentement de l'intéressé ainsi que de l'original ou d'une expédition du jugement étranger de condamnation, accompagnés, le cas échéant, d'une traduction officielle, le procureur de la République requiert l'incarcération immédiate du condamné.

Art. 713-3 *(L. n. 84-1150, 21 déc. 1984, art. 1er)*. – **La peine prononcée à l'étranger est, par l'effet de la convention ou de l'accord internationaux, directement et immédiatement exécutoire sur le territoire national pour la partie qui restait à subir dans l'État étranger.**

Toutefois, lorsque la peine prononcée est, par sa nature ou sa durée, plus rigoureuse que la peine prévue par la loi française pour les mêmes faits, le tribunal correctionnel du lieu de détention, saisi par le procureur de la République ou le condamné, lui substitue la peine qui correspond le plus en droit français ou réduit cette peine au maximum légalement applicable. Il détermine en conséquence, suivant les cas, la nature et, dans la limite de la partie qui restait à subir dans l'État étranger, la durée de la peine à exécuter.

À compter du transfèrement sur le territoire national de la personne condamnée, la loi française régit la partie de la peine lui restant à subir compte tenu, le cas échéant, des remises ou des réductions de peine accordées par l'État de condamnation et afférentes à la période de détention subie sur le territoire étranger (Cass. crim., 10 mars 1998 : *Juris-Data* n. 001687).

Art. 713-4 *(L. n. 84-1150, 21 déc. 1984, art. 1er ; Mod., L. n. 93-2, 4 janv. 1993, art. 224)*. – **Le tribunal statue en audience publique, après avoir entendu le ministère public, le condamné et, le cas échéant, l'avocat choisi par lui ou commis d'office sur sa demande. Le jugement est immédiatement exécutoire nonobstant appel.**

Art. 713-5 *(L. n. 84-1150, 21 déc. 1984, art. 1er)*. – **Les délais de transfèrement s'imputent intégralement sur la durée de la peine qui est mise à exécution en France.**

Art. 713-6 *(L. n. 84-1150, 21 déc. 1984, art. 1er)*. – **Tous incidents contentieux relatifs à l'exécution de la peine privative de liberté restant à subir en France sont portés devant le tribunal correctionnel du lieu de détention.**

Les dispositions de l'article 711 du présent code sont applicables.

Art. 713-7 *(L. n. 84-1150, 21 déc. 1984, art. 1er)*. – **L'application de la peine est régie par les dispositions du présent code.**

Art. 713-8 *(L. n. 84-1150, 21 déc. 1984, art. 1er)*. – **Aucune poursuite pénale ne peut être exercée ou continuée et aucune condamnation ne peut être exécutée à raison des mêmes faits contre le condamné qui exécute en France, en application d'une convention ou d'un accord internationaux, une peine privative de liberté prononcée par une juridiction étrangère.**

TITRE II. – DE LA DÉTENTION

CHAPITRE I. – DE L'EXÉCUTION DE LA DÉTENTION PROVISOIRE

Art. 714 *(Mod., L. n. 93-2, 4 janv. 1993, art. 219).* **– Les personnes mises en examen, prévenus et accusés soumis à la détention provisoire la subissent dans une maison d'arrêt.**

Il y a une maison d'arrêt près de chaque tribunal de grande instance, de chaque cour d'appel et de chaque cour d'assises, sauf auprès des tribunaux et des cours qui sont désignés par décret. Dans ce dernier cas, le décret détermine la ou les maisons d'arrêt où sont retenus les prévenus, appelants ou accusés ressortissant à chacune de ces juridictions.

V. J. PRADEL, *Les dispositions de la loi du 17 juillet 1970 sur l'exécution des peines : D.* 1971, chron. p. 183.

Art. 715. – Le juge d'instruction, le président de la *(L. n. 2000-516, 15 juin 2000, art. 83 et 140)* **chambre de l'instruction et le président de la cour d'assises, ainsi que le procureur de la République et le procureur général, peuvent donner tous les ordres nécessaires soit pour l'instruction, soit pour le jugement, qui devront être exécutés dans les maisons d'arrêt.**

Art. 716 *(Mod., L. n. 93-2, 4 janv. 1993, art. 220).* **– Les personnes mises en examen, prévenus et accusés soumis à la détention provisoire sont placés au régime de l'emprisonnement individuel de jour et de nuit. Il ne peut être dérogé à ce principe qu'en raison de la distribution intérieure des maisons d'arrêt ou de leur encombrement temporaire ou, si les intéressés ont demandé à travailler, en raison des nécessités d'organisation du travail.**

Toutes communications et toutes facilités compatibles avec les exigences de la discipline et de la sécurité de la prison sont accordées aux personnes mises en examen, prévenus et accusés pour l'exercice de leur défense.

V. F. JACOMET, *Détention ; Exécution de la détention provisoire : J.-Cl. Proc. pén.*, art. 714 à 716.

Art. 716 *(Applic. 16 juin 2003 ; L. n. 2000-516, 15 juin 2000, art. 68).* **– Les personnes mises en examen, prévenus et accusés soumis à la détention provisoire sont placés au régime de l'emprisonnement individuel de jour et de nuit. Il ne peut être dérogé à ce principe qu'à leur demande ou si les intéressés sont autorisés à travailler, en raison des nécessités d'organisation du travail.**

Toutes communications et toutes facilités compatibles avec les exigences de la discipline et de la sécurité de la prison sont accordées aux personnes mises en examen, prévenus et accusés pour l'exercice de leur défense.

CHAPITRE II. – DE L'EXÉCUTION DES PEINES PRIVATIVES DE LIBERTÉ

SECTION I. – DISPOSITIONS GÉNÉRALES

(L. n. 97-1159, 19 déc. 1997)

Art. 716-1 *(L. n. 92-1336, 16 déc. 1992, art. 81 ; L. n. 93-913, 19 juill. 1993).* **– La peine d'un jour d'emprisonnement est de vingt-quatre heures. Celle d'un mois est de trente jours. Celle de plus d'un mois se calcule de quantième en quantième.**

V. F. JACOMET, *Exécution des peines privatives de liberté, durée de la peine, J.-Cl. Proc. pén.*, art. 716-1 à 716-4.

Art. 716-2 *(L. n. 92-1336, 16 déc. 1992, art. 81 ; L. n. 93-913, 19 juill. 1993).* **– La durée de toute peine privative de liberté est complétée du jour où le condamné est détenu en vertu d'une condamnation définitive.**

Art. 716-3 *(L. n. 92-1336, 16 déc. 1992, art. 81 ; L. n. 93-913, 19 juill. 1993)*. **– Le condamné dont l'incarcération devrait prendre fin un jour de fête légale ou un dimanche sera libéré le jour ouvrable précédent.**

Art. 716-4 *(L. n. 92-1336, 16 déc. 1992, art. 81 ; L. n. 93-913, 19 juill. 1993)*. **– Quand il y a eu détention provisoire à quelque stade que ce soit de la procédure, cette détention est intégralement déduite de la durée de la peine prononcée ou, s'il y a lieu, de la durée totale de la peine à subir après confusion.**

(Aj. à compter du 1er janv. 2001 ; L. n. 2000-516, 15 juin 2000, art. 69) **Il en est de même, s'agissant d'une détention provisoire ordonnée dans le cadre d'une procédure suivie pour les mêmes faits que ceux ayant donné lieu à condamnation, si cette procédure a été ultérieurement annulée.**

Les dispositions de l'alinéa précédent sont également applicables à la privation de liberté subie en exécution d'un mandat d'amener ou d'arrêt, à l'incarcération subie hors de France sur la demande d'extradition et à l'incarcération subie en application des articles 741-2 et 741-3.

Art. 717 *(L. n. 87-432, 22 juin 1987, art. 5-III ; L. n. 95-125, 8 févr. 1995, art. 60)*. – *(Deux premiers alinéas remplacés par un alinéa unique, L. n° 2002-1138, 9 sept. 2002, art. 50)* **Les condamnés purgent leur peine dans un établissement pour peines.**

Les condamnés à l'emprisonnement d'une durée inférieure ou égale à un an peuvent, cependant, à titre exceptionnel, être maintenus en maison d'arrêt et incarcérés, dans ce cas, dans un quartier distinct, lorsque des conditions tenant à la préparation de leur libération, leur situation familiale ou leur personnalité le justifient. Peuvent également, dans les mêmes conditions, être affectés, à titre exceptionnel, en maison d'arrêt, les condamnés auxquels il reste à subir une peine d'une durée inférieure à un an.

V. F. Jacomet, *Détention provisoire ; Exécution des peines privatives de liberté ; Généralités : J.-Cl. Proc. pén.*, art. 717 à 720.

V. Textes complémentaires, L. 22 juin 1987, relative au service public pénitentiaire. – D. 31 juillet 1987, relatif à l'habilitation à certaines fonctions dans les établissements pénitentiaires. – Arr. 4 févr. 1991, gestion automatisée ; Arr. 28 oct. 1996, fichier national automatisé ; Arr. 10 avr. 1997, droit de retrait individuel du personnel pénitentiaire ; Arr. 8 sept. 1998, déterminant les missions et compétences du service de l'emploi pénitentiaire ; Arr. 22 avr. 1999 relatif au traitement informatisé d'informations nominatives de gestion centralisée de la population pénale mis en œuvre par la direction de l'administration pénitentiaire au ministère de la Justice.

Art. 718 *(L. n. 94-89, 1er févr. 1994, art. 7)*. **– La répartition des condamnés dans les prisons établies pour peines s'effectue compte tenu de leur catégorie pénale, de leur âge, de leur état de santé et de leur personnalité.**

Dans des conditions prévues par décret en Conseil d'État, les personnes condamnées pour le meurtre ou l'assassinat d'un mineur de quinze ans précédé ou accompagné d'un viol, de tortures ou d'actes de barbarie ou pour toute infraction visée aux articles 222-23 à 222-32 et 227-25 à 227-27 du Code pénal exécutent leur peine dans des établissements pénitentiaires permettant d'assurer un suivi médical et psychologique adapté.

Art. 719. – Les condamnés sont soumis dans les *(L. n. 87-432, 22 juin 1987, art. 5-IV)* **« maisons d'arrêt » à l'emprisonnement individuel de jour et de nuit, et dans les** *(L. n. 87-432, 22 juin 1987, art. 5-IV)* **« établissements pour peines », à l'isolement de nuit seulement, après avoir subi éventuellement une période d'observation en cellule.**

Il ne peut être dérogé à ce principe qu'en raison de la distribution intérieure des locaux de détention ou de leur encombrement temporaire ou des nécessités d'organisation du travail.

Art. 720 *(Premier alinéa remplacé par les alinéas suivants, L. n. 87-432, 22 juin 1987, art. 5-V ; Mod. L. n. 90-9, 2 janv. 1990, art. 9)*. **– Les activités de travail et de formation professionnelle sont prises en compte pour l'appréciation des gages de réinsertion et de bonne conduite des condamnés.**

Au sein des établissements pénitentiaires, toutes dispositions sont prises pour assurer une activité professionnelle aux personnes incarcérées qui le souhaitent.

Les relations de travail des personnes incarcérées ne font pas l'objet d'un contrat de travail. Il peut être dérogé à cette règle pour les activités exercées a l'extérieur des établissements pénitentiaires *(Phrase créée à compter du 1er janvier 2003, L. n° 2002-1138, 9 sept. 2002, art. 51, I et II)* **« Le produit du travail des détenus ne peut faire l'objet d'aucun prélèvement pour frais d'entretien en établissement pénitentiaire. »**

*(L. n. 75-624, 11 juill. 1975, art. 61)***Les règles relatives à la répartition des produits du travail des détenus sont fixées par décret.**

Art. 720-1-AA *(Créé, L. n° 2002-1138, 9 sept. 2002, art. 52).* **– Les personnes détenues peuvent travailler pour leur propre compte avec l'autorisation du chef d'établissement.**

Art. 720-1-A *(L. n. 2000-516, 15 juin 2000, art. 129).* **– Les députés et les sénateurs sont autorisés à visiter à tout moment des locaux de garde à vue, les centres de rétention, les zones d'attente et les établissements pénitentiaires.**

SECTION II. – DE LA SUSPENSION ET DU FRACTIONNEMENT DES PEINES PRIVATIVES DE LIBERTÉ

(L. n. 97-1159, 19 déc. 1997)

Art. 720-1 *(Applic. 1er janv. 2001 ; L. n. 2000-516, 15 juin 2000, art. 125-I et 140) (L. n. 92-1336, 16 déc. 1992, art. 82 ; L. n. 93-913, 19 juill. 1993).* **– En matière correctionnelle, lorsqu'il reste à subir par la personne condamnée une peine d'emprisonnement inférieure ou égale à un an, cette peine peut, pour motif grave d'ordre médical, familial, professionnel ou social et pendant une période n'excédant pas trois ans, être suspendue ou exécutée par fractions, aucune de ces fractions ne pouvant être inférieure à deux jours.** *(L. n. 2000-516, 15 juin 2000, art. 125-I)* **La décision est prise par le juge de l'application des peines dans les conditions prévues par l'article 722.**

Lorsque l'exécution fractionnée de la peine d'emprisonnement a été décidée par la juridiction de jugement en application de l'article 132-27 du Code pénal, cette décision peut être modifiée dans les conditions prévues à l'alinéa précédent.

V. F. JACOMET, *Détention ; Exécution des peines privatives de liberté ; Attributions du juge de l'application des peines et de la commission de l'application des peines – Période de sûreté – Suspension et fractionnement de la peine – Réduction de la peine : J.-Cl. Proc. pén.*, art. 720-1 à 723-14 (Fasc. 10). *Exécution des peines privatives de liberté – Placement à l'extérieur – Semi-liberté – Permission de sortir - Autorisation de sortie sous escorte - Placement sous surveillance électronique-* (Fasc. 20).

1) S'il est vrai que l'article 720-1 du Code de procédure pénale permet au tribunal correctionnel de suspendre provisoirement pour un motif grave d'ordre médical, familial, professionnel ou social, l'exécution d'une peine d'emprisonnement correctionnelle, il s'agit-là d'une simple faculté de l'exercice de laquelle ils ne doivent aucun compte (Cass. crim., 15 juill. 1981 : *Bull.* 231).

2) Aux termes de l'article 496 du Code de procédure pénale, les jugements rendus en matière correctionnelle peuvent être attaqués par la voie de l'appel ; cette règle générale doit recevoir application à moins qu'il n'y soit dérogé par une disposition expresse de la loi.

L'article 720-1 du Code de procédure pénale qui donne compétence au tribunal pour prendre la décision d'interrompre l'exécution d'une peine d'emprisonnement pendant plus de trois mois, n'édicte aucune dérogation à la règle inscrite dans l'article 496 dudit code.

Doit être cassé l'arrêt qui déclare irrecevable l'appel d'un jugement rendu en cette matière (Cass. crim., 17 mars 1977 : *Bull.* 102).

Art. 720-1-1 *(L. n. 2002–303, 4 mars 2002, art. 10)*. **– La suspension peul également être ordonnée, quelle que soit la nature de la peine ou la durée de la peine restant à subir, et pour une durée qui n'a pas à être déterminée, pour les condamnés dont il est établi qu'ils sont atteints d'une pathologie engageant le pronostic vital ou que leur état de santé est durablement incompatible avec le maintien en détention, hors les cas d'hospitalisation des personnes détenues en établissement de santé pour troubles mentaux.**

La suspension ne peut être ordonnée que si deux expertises médicales distinctes établissent de manière concordante que le condamné se trouve dans l'une des situations énoncées à l'alinéa précédent.

Lorsque la peine privative de liberté prononcée est d'une durée inférieure ou égale à dix ans ou que, quelle que soit la peine initialement prononcée, la durée de détention restant à subir est inférieure ou égale à trois ans, cette suspension est ordonnée par le juge de l'application des peines selon les modalités prévues par l'article 722.

Dans les autres cas, elle est prononcée par la juridiction régionale de la libération conditionnelle selon les modalités prévues par l'article 722-1.

Le juge de l'application des peines peut à tout moment ordonner une expertise médicale à l'égard d'un condamné ayant bénéficié d'une mesure de suspension de peine en application du présent article et ordonner qu'il soit mis fin à la suspension si les conditions de celle-ci ne sont plus remplies.

Les dispositions de l'article 720-2 ne sont pas applicables lorsqu'il est fait application des dispositions du présent article.

SECTION III. – DE LA PÉRIODE DE SÛRETÉ

(L. n. 97-1159, 19 déc. 1997)

Art. 720-2 *(L. n. 92-1336, 16 déc. 1992, art. 83 ; L. n. 93-913, 19 juill. 1993)*. **– Les dispositions concernant la suspension ou le fractionnement de la peine, le placement à l'extérieur, les permissions de sortir, la semi-liberté et la libération conditionnelle ne sont pas applicables pendant la durée de la période de sûreté prévue à l'article 132-23 du Code pénal.**

Sauf s'il en est décidé autrement par le décret de grâce, la commutation ou la remise d'une peine privative de liberté assortie d'une période de sûreté entraîne de plein droit le maintien de cette période pour une durée globale qui correspond à la moitié de la peine résultant de cette commutation ou remise, sans pouvoir toutefois excéder la durée de la période de sûreté attachée à la peine prononcée.

V. M. PUECH, *Commentaire de la loi n. 83-466 du 10 juin 1983 : ALD* 1983, 105. – J. PRADEL, *Vers un retour à une plus grande certitude de la peine avec les lois du 9 septembre 1986 : D.* 1987, chron. p. 5.

1) La période de sûreté est une modalité d'exécution de la peine privative de liberté ; la décision relative à sa durée doit donc, conformément aux dispositions de l'article 362 du Code de procédure pénale, faire l'objet, comme la peine elle-même, d'un vote acquis à la majorité absolue, et non à la majorité de faveur prévue par l'article 359 du même code (Cass. crim., 10 déc. 1980 : *Bull.* 344. – Cass. crim., 16 janv. 1985 : *Bull.* 29. – Cass. crim., 8 juill. 1992 : *Bull.* 269).

2) Il résulte des dispositions du deuxième alinéa de l'article 720-2 du Code de procédure pénale qui concerne les infractions non visées à l'alinéa premier dudit article, que lorsqu'elle prononce une peine privative de liberté d'une durée supérieure à trois ans, non assortie du sursis, la juridiction peut fixer une période de sûreté dont la durée ne peut excéder les deux tiers de la peine prononcée ou dix-huit ans en cas de condamnation à la réclusion criminelle à perpétuité (Cass. crim., 26 févr. 1986 : *Bull.* 80).

3) Si l'admission des circonstances atténuantes interdit aux juges de prononcer le maximum de la peine encourue, elle est sans incidence sur la fixation de la durée de la période de sûreté (Cass. crim., 9 mai 1990 : *Bull.* 177).

4) La juridiction qui, par application des dispositions de l'article 720-2 du Code de procédure pénale, fixe la durée de la période de

sûreté, par une décision spéciale, n'a pas à la motiver (Cass. crim., 22 mai 1990 : *Bull.* 210).

5) La période de sûreté prévue à l'article 720-2 du Code de procédure pénale n'est pas une mesure distincte de la peine qui en est assortie, mais constitue seulement une modalité d'exécution de celle-ci. Dès lors, en cas de confusion entre deux peines privatives de liberté, la durée de la détention subie antérieurement à cette mesure en exécution de la peine absorbée doit s'imputer sur la période de sûreté attachée à la peine absorbante (Cass. crim., 9 mars 1993 : *Bull.* 104).

6) La période de sûreté prévue par l'article 720-2 du Code de procédure pénale n'est qu'une modalité d'exécution de la peine. Il en résulte que la décision qui la prononce n'a pas à être motivée et qu'elle doit être acquise à la majorité absolue (Cass. crim., 5 juill. 1993 : *Bull.* 237).

Art. 720-3. – *Abrogé, à compter du 1er mars 1994, L. n. 92-1336, 16 décembre 1992, art. 84 ; L. n. 93-913, 19 juillet 1993.*

Art. 720-4 *(L. n. 92-1336, 16 déc. 1992, art. 85 ; L. n. 93-913, 19 juill. 1993 ; L. n. 94-89, 1er févr. 1994, art. 6-II)*. – **Lorsque le condamné présente des gages sérieux de réadaptation sociale, le juge de l'application des peines peut, à titre exceptionnel et dans les conditions de l'article 722, saisir la juridiction du lieu de détention, de même degré que celle qui a prononcé la condamnation, pour qu'il soit mis fin à l'application de tout ou partie des dispositions de l'article 720-2 ou pour que la durée de la période de sûreté soit réduite. Si la condamnation a été prononcée par une cour d'assises, la juridiction compétente pour statuer sur la demande est la** *(L. n. 2000-516, 15 juin 2000, art. 83 et 140)* **chambre de l'instruction dans le ressort de laquelle le condamné est détenu. Toutefois, lorsque la cour d'assises a, en application du dernier alinéa des articles 221-3 et 221-4 du Code pénal, décidé de porter la durée de la période de sûreté à trente ans, la** *(L. n. 2000-516, 15 juin 2000, art. 83 et 140)* **chambre de l'instruction ne peut être saisie qu'après que le condamné a subi une incarcération d'une durée au moins égale aux deux tiers de la période de sûreté.**

Dans le cas où la cour d'assises a décidé qu'aucune des mesures énumérées à l'article 132-23 du Code pénal ne pourrait être accordée au condamné à la réclusion criminelle à perpétuité, le juge de l'application des peines peut, à l'expiration d'une période de trente ans suivant la condamnation, saisir un collège de trois experts médicaux désignés par le bureau de la Cour de cassation sur la liste des experts agréés par la cour, qui se prononce sur l'état de dangerosité du condamné.

Une commission composée de cinq magistrats de la Cour de cassation détermine, au vu de l'avis de ce collège, s'il y a lieu de mettre fin à l'application de la décision de la cour d'assises mentionnée à l'alinéa précédent. Les membres de cette commission sont désignés par l'assemblée générale de la Cour de cassation ; l'un d'entre eux, choisi parmi les membres de la chambre criminelle, en assure la présidence.

Par dérogation au troisième alinéa de l'article 732, les mesures d'assistance et de contrôle dont se trouverait assortie une décision de libération conditionnelle ultérieure pourront être fixées sans limitation dans le temps.

Art. 720-5 *(L. n. 92-1336, 16 déc. 1992, art. 86 ; L. n. 93-913, 19 juill. 1993)*. – **En cas de condamnation assortie d'une période de sûreté d'une durée supérieure à quinze ans, aucune libération conditionnelle ne pourra être accordée avant que le condamné ait été placé pendant une période d'un an à trois ans sous le régime de la semi-liberté.** *(L. n. 2000-1354 ; 30 déc. 2000, art. 21, applic. 1er janv. 2001)* **La semi-liberté est alors ordonnée par la juridiction régionale de la libération conditionnelle dans les conditions prévues par l'article 722-1, sauf si la peine restant à subir par le condamné est inférieure à trois ans.**

SECTION IV. – DES RÉDUCTIONS DE PEINES

(L. n. 97-1159, 19 déc. 1997)

Art. 721 *(L. n. 70-643, 17 juill. 1970, art. 25 ; L. n. 72-1226, 29 déc. 1972, art. 45 ; L. n. 85-1407, 30 déc. 1985, art. 75 et 94)*. – **Une réduction de peine peut être accordée aux condamnés détenus en exécution d'une ou plusieurs peines privatives de liberté s'ils ont donné des preuves suffisantes de bonne conduite.**

Cette réduction est accordée par le juge de l'application des peines, après avis de la commission de l'application des peines, sans qu'elle puisse excéder trois mois par année d'incarcération et sept jours par mois pour une durée d'incarcération moindre.

Elle est prononcée en une seule fois si l'incarcération est inférieure à une année et par fractions annuelles dans le cas contraire. Toutefois, pour l'incarcération subie sous le régime de la détention provisoire, elle est prononcée, le cas échéant, dans un délai de deux mois à compter de la date à laquelle la condamnation est devenue définitive.

Dans l'année suivant son octroi, et en cas de mauvaise conduite du condamné en détention, la réduction de peine peut être rapportée en tout ou en partie par le juge de l'application des peines après avis de la commission de l'application des peines.

Pour l'application du présent article, la situation de chaque condamné est examinée au moins une fois par an.

1) Le refus par le condamné de bénéficier d'une mesure de réduction de peine ne constitue pas un motif permettant au juge de l'application des peines de rapporter une précédente décision accordant cette réduction (Cass. crim., 24 janv. 1989 : *Bull.* 280 ; *D.* 1989, somm. 173, obs. Pradel ; *Rev. sc. crim.* 1989, p. 539, obs. Braunschweig).

2) Il résulte de l'article 721 du Code de procédure pénale que les périodes de détention inférieures à un mois ne peuvent être prises en compte pour l'octroi d'une réduction de peine pour bonne conduite (Cass. crim., 1er févr. 1990 : *Bull.* 58).

3) La contrainte par corps constituant une mesure d'exécution forcée des peines pécuniaires, au sens de l'article 112-2-3° du Code pénal, sa durée ne saurait être réduite en application des dispositions des articles 721 et 721-1 du Code de procédure pénale relatives aux seules peines d'emprisonnement (Cass. crim., 24 sept. 1996 : *Bull.* 328).

4) La sanction disciplinaire de mise en cellule prévue par l'article 726 du Code de procédure pénale et le refus de réduction de peine dont elle peut être accompagnée en application de l'article 721 du même code constituent des modalités d'exécution d'un emprisonnement antérieurement prononcé pour d'autres faits et se cumulent donc nécessairement avec cette sanction pénale, sans qu'il soit porté atteinte aux articles 6 de la Convention européenne des droits de l'homme et 14.7° du Pacte international relatif aux droits civils et politiques (Cass. crim., 27 mars 1997 : *Bull.* 128).

Art. 721-1 *(Rempl., L. n. 86-1021, 9 sept. 1986, art. 1er)*(1). – **Après un an de détention, une réduction supplémentaire de la peine peut être accordée aux condamnés qui manifestent des efforts sérieux de réadaptation sociale, notamment en passant avec succès un examen scolaire, universitaire ou professionnel traduisant l'acquisition de connaissances nouvelles** *(L. n. 2000-516, 15 juin 2000, art. 119)* **en justifiant de progrès réels dans le cadre d'un enseignement ou d'une formation ou en s'efforçant d'indemniser leurs victimes.** *(L. n. 98-468, 17 juin 1998, art. 6)***Sauf décision du juge de l'application des peines, prise après avis de la commission de l'application des peines, les personnes condamnées à un suivi socio-judiciaire comprenant une injonction de soins, et qui refusent de suivre un traitement pendant leur incarcération, ne sont pas considérées comme manifestant des efforts sérieux de réadaptation sociale.**

Cette réduction, accordée par le juge de l'application des peines après avis de la commission de l'application des peines, ne peut excéder, si le condamné est en état de récidive légale, un mois par année d'incarcération ou deux jours par mois lorsque la durée d'incarcération restant à subir est inférieure à une année. Si le condamné n'est pas en état de récidive légale, ces limites sont

(1) Dispositions applicables à compter du 1er octobre 1986 ; toutefois, elles ne seront applicables qu'aux condamnations prononcées postérieurement à cette date. En conséquence, les dispositions de l'article 721-1 dans sa rédaction antérieure à la loi du 9 septembre 1986 demeurent applicables aux autres condamnations, L. n. 86-1021, 9 sept. 1986, art. 5.

respectivement portées à deux mois et à quatre jours. Les dispositions du troisième alinéa de l'article 721 sont applicables.

(L. n. 98-468, 17 juin 1998, art. 7) **Sauf décision du juge de l'application des peines, prise après avis de la commission de l'application des peines, les dispositions du présent article ne sont pas applicables aux personnes condamnées pour l'une des infractions mentionnées à l'article 706-47 si, lorsque leur condamnation est devenue définitive, le casier judiciaire faisait mention d'une telle condamnation.**

Le condamné ayant à exécuter une peine unique, par suite de l'absorption, en application de l'article 5 du Code pénal alors en vigueur, d'une peine correctionnelle par une peine criminelle en concours, doit être considéré comme récidiviste pour l'octroi des réductions supplémentaires de peine prévues par l'article 721-1 du Code de procédure pénale, s'il était en état de récidive légale lors de l'une des condamnations confondues prononcées contre lui (Cass. crim., 10 avr. 1996 : *Bull.* 156).

Art. 721-1 ancien *(L. n. 75-624, 11 juill. 1975, art. 38). – Une réduction de peine exceptionnelle peut être accordée aux condamnés détenus ayant passé avec succès les épreuves d'un examen scolaire, universitaire ou professionnel.*

Cette réduction est prononcée, sans préjudice de l'application des articles 721 et 729-1, dans les formes et conditions prévues aux alinéas 2 et 3 de l'article 721.

SECTION V. – DES ATTRIBUTIONS DU JUGE DE L'APPLICATION DES PEINES, DES JURIDICTIONS DE LA LIBÉRATION CONDITIONNELLE ET DE LA COMMISSION DE L'APPLICATION DES PEINES

(L. n. 2000-516, 15 juin 2000, art. 125-II et 140)

Art. 722 *(Applic. 1er janv. 2001 ; L. n. 2000-516, 15 juin 2000, art. 125 et 140) (L. n. 72-1226, 29 déc. 1972, art. 37 ; L. n. 78-788, 28 juill. 1978, art. 25-I et II ; L. n. 78-1097, 22 nov. 1978, art. 2 ; L. n. 81-82, 2 févr. 1981, art. 36-I et II ; L. n. 83-466, 10 juin 1983, art. 6-I et II ; L. n. 94-89, 1er févr. 1994, art. 8). –* **Auprès de chaque établissement pénitentiaire, le juge de l'application des peines détermine pour chaque condamné les principales modalités du traitement pénitentiaire. Dans les limites et conditions prévues par la loi, il accorde les placements à l'extérieur, la semi-liberté, les réductions, fractionnements et suspensions de peines, les autorisations de sortie sous escorte, les permissions de sortir, la libération conditionnelle,** *(L. n. 97-1159, 19 déc. 1997, art. 10)* **le placement sous surveillance électronique ou il saisit la juridiction compétente pour aménager l'exécution de la peine. Sauf urgence, il statue après avis de la commission de l'application des peines** *(L. n. 2000-516, 15 juin 2000, art. 125-III)* **pour l'octroi des réductions de peine, des autorisations de sortie sous escorte et des permissions de sortir.**

Cette commission est réputée avoir rendu son avis si celui-ci n'est pas intervenu dans le délai d'un mois à compter du jour de sa saisine.

Le juge de l'application des peines donne en outre son avis, sauf urgence, sur le transfert des condamnés d'un établissement à un autre.

La commission de l'application des peines est présidée par le juge de l'application des peines ; le procureur de la République et le chef de l'établissement en sont membres de droit.

Les mesures énumérées au premier alinéa, à l'exception des réductions de peines *(L. n. 98-468, 17 juin 1998, art. 29)* **n'entraînant pas de libération immédiate et des autorisations de sortie sous escorte, ne peuvent être accordées sans une expertise psychiatrique préalable à une personne condamnée pour meurtre ou assassinat d'un mineur** *(L. n. 98-468, 17 juin 1998, art. 30)* **précédé ou accompagné d'un viol, de tortures ou d'actes de barbarie, ou condamnée pour l'une des infractions visées aux articles 222-23 à 222-32 et 227-25 à 227-27 du Code pénal. L'expertise est réalisée par trois experts lorsque la personne a été condamnée pour le meurtre, l'assassinat ou le viol d'un mineur de quinze ans.**

(L. n. 2000-516, 15 juin 2000, art. 125-IV) **Les mesures de placement à l'extérieur, de semi-liberté, de fractionnement et suspension des peines, de placement sous surveillance électronique et de**

libération conditionnelle sont accordées, ajournées, refusées, retirées ou révoquées par décision motivée du juge de l'application des peines saisi d'office, sur la demande du condamné ou sur réquisition du procureur de la République. Cette décision est rendue, après avis du représentant de l'administration pénitentiaire, à l'issue d'un débat contradictoire tenu en chambre du conseil, au cours duquel le juge de l'application des peines entend les réquisitions du ministère public et les observations du condamné ainsi que, le cas échéant, celle de son avocat ; elle peut être attaquée par la voie de l'appel par le condamné, par le procureur de la République et par le procureur général, dans le délai de dix jours à compter de sa notification. L'appel est porté devant la chambre des appels correctionnels.

(Alinéa créé, L. n° 2002-1138, 9 sept. 2002, art. 44) **Le juge de l'application des peines peut, avec l'accord du procureur de la République et celui du condamné ou de son avocat, octroyer une des mesures mentionnées à l'alinéa précédent sans procéder à un débat contradictoire.**

Les décisions du juge de l'application des peines sont exécutoires par provision. Toutefois, lorsque l'appel du ministère public est formé, dans les vingt-quatre heures de la notification, contre une décision accordant l'une des mesures prévues par le sixième alinéa, il suspend l'exécution de cette décision jusqu'à ce que la cour ait statué. L'affaire doit venir devant la cour d'appel au plus tard dans les deux mois suivant l'appel du parquet, faute de quoi celui-ci est non avenu.

Un décret détermine les modalités d'application des deux alinéas précédents. *(L. n. 2000-1354, 30 déc. 2000, art. 22. I)* **Ce décret précise la localisation des débats contradictoires que doit tenir le juge de l'application des peines lorsqu'ils concernent des condamnés incarcérés.**

(*V. L. n. 2000-1354, 30 déc. 2000, art. 36, sous Circ. 31 mai 2000, avant Annexes*).

Art. 722-1 *(Applic. 1er janv. 2001 ; L. n. 2000-516, 15 juin 2000, art. 125-V et 140).* **– Les mesures de libération conditionnelle qui ne relèvent pas de la compétence du juge de l'application des peines sont accordées, ajournées, refusées ou révoquées par décision motivée de la juridiction régionale de la libération conditionnelle, saisie sur la demande du condamné ou sur réquisition du procureur de la République, après avis de la commission d'application des peines.**

Cette juridiction, établie auprès de chaque cour d'appel, est composée d'un président de chambre ou d'un conseiller de la cour d'appel, président, et de deux juges de l'application des peines du ressort de la cour d'appel, dont, pour les décisions d'octroi, d'ajournement ou de refus, celui de la juridiction dans le ressort de laquelle est situé l'établissement pénitentiaire dans lequel le condamné est écroué.

Les fonctions du ministère public sont exercées par le procureur général ou par l'un de ses avocats généraux ou de ses substituts ; celle de greffe par un greffier de la cour d'appel.

La juridiction régionale de la libération conditionnelle statue par décision motivée, à l'issue d'un débat contradictoire tenu en chambre du conseil, au cours duquel elle entend les réquisitions du ministère public, les observations du condamné et, le cas échéant, celles de son avocat.

Les décisions de la juridiction peuvent faire l'objet d'un appel, dans les dix jours de leur notification par le condamné ou par le ministère public, devant la juridiction nationale de la libération conditionnelle. Ces décisions sont exécutoires par provision. Toutefois, lorsque l'appel du procureur général est formé dans les vingt-quatre heures de la notification, il suspend l'exécution de la décision jusqu'à ce que la juridiction nationale ait statué. L'affaire doit être examinée par cette juridiction nationale au plus tard deux mois suivant l'appel ainsi formé, faute de quoi celui-ci est non avenu.

La juridiction nationale de la libération conditionnelle est composée du premier président de la Cour de cassation ou d'un conseiller de la cour le représentant, qui la préside, de deux magistrats du siège de la cour ainsi que d'un responsable des associations nationales de réinsertion des condamnés et d'un responsable des associations nationales d'aide aux victimes. Les fonctions du ministère public sont remplies par le parquet général de la Cour de cassation. La juridiction nationale statue par décision motivée qui n'est susceptible d'aucun recours, de quelque nature que ce soit. Les débats ont lieu et la décision est rendue en chambre du conseil, après que l'avocat du condamné a été entendu en ses observations.

Un décret précise les modalités d'application du présent article. *(L. n. 2000-1354, 30 déc. 2000, art. 22-II)* **Ce décret détermine la localisation des débats contradictoires que doit tenir la juridiction régionale de la libération conditionnelle lorsqu'ils concernent des condamnés incarcérés.**

Art. 722-1-1 *(L. n. 2000-1354, 30 déc. 2000, art. 32. I, applic. 1er janv. 2001)*. – **Dans les territoires et départements d'outre-mer, en Nouvelle-Calédonie, en Polynésie française et dans les collectivités territoriales de Mayotte et de Saint-Pierre-et-Miquelon, la juridiction régionale de la libération conditionnelle prévue à l'article 722-1 est composée d'un magistrat du siège de la cour d'appel, président, d'un magistrat du siège de la cour d'appel et d'un juge de l'application des peines, assesseurs.**

Lorsque les débats contradictoires de la juridiction régionale de la libération conditionnelle établie auprès de la cour d'appel de Fort-de-France se tiennent dans le département de la Guyane, le premier président de la cour d'appel de Fort-de-France peut, par ordonnance, désigner le président de la chambre détachée ou l'un de ses conseillers pour exercer les fonctions de président et un conseiller de la chambre détachée pour exercer les fonctions d'assesseur.

Art. 722-2 *(Appl. 1er janv. 2001 ; L. n. 2000-516, 15 juin 2000, art. 125-V et 140)*. – **En cas d'inobservation par le condamné ayant bénéficié d'une des mesures mentionnées aux articles 722 ou 722-1 des obligations qui lui incombent, le juge de l'application des peines peut délivrer un mandat d'amener contre ce dernier.**

Si celui-ci est en fuite ou réside à l'étranger, il peut délivrer un mandat d'arrêt.

Les dispositions des articles 122 à 124 et 126 à 134 sont alors applicables, les attributions du juge d'instruction étant exercées par le juge de l'application des peines.

SECTION VI. – DU PLACEMENT À L'EXTÉRIEUR, DE LA SEMI-LIBERTÉ, DES PERMISSIONS DE SORTIR ET DES AUTORISATIONS DE SORTIE SOUS ESCORTE

(L. n. 97-1159, 19 déc. 1997)

Art. 723 *(L. n. 92-1336, 16 déc. 1992, art. 87 ; L. n. 70-643, 17 juill. 1970, art. 26 ; L. n. 93-913, 19 juill. 1993)*. – **Le placement à l'extérieur permet au condamné d'être employé au dehors d'un établissement pénitentiaire à des travaux contrôlés par l'administration.**

Le régime de semi-liberté est défini par l'article 132-26 du Code pénal.

Un décret détermine les conditions auxquelles ces diverses mesures sont accordées et appliquées.

Art. 723-1 *(L. n. 92-1336, 16 déc. 1992, art. 88 ; L. n. 93-913, 19 juill. 1993)*. – **Le juge de l'application des peines peut prévoir que la peine s'exécutera sous le régime de la semi-liberté, soit lorsqu'il reste à subir par le condamné, une ou plusieurs peines privatives de liberté dont la durée totale n'excède pas un an, soit lorsque le condamné a été admis au bénéfice de la libération conditionnelle, sous la condition d'avoir été soumis à titre probatoire au régime de la semi-liberté.**

Art. 723-2 *(L. n. 92-1336, 16 déc. 1992, art. 89 ; L. n. 93-913, 19 juill. 1993 ; L. n. 70-643, 17 juill. 1970, art. 27 ; L. n. 72-1226, 29 déc. 1972, art. 60-I)*. – **Lorsqu'il a été fait application des dispositions de l'article 132-25 du Code pénal, si les conditions qui ont permis au tribunal de décider que la peine serait subie sous le régime de la semi-liberté ne sont plus remplies, si le condamné ne satisfait pas aux obligations qui lui sont imposées ou s'il fait preuve de mauvaise conduite, le bénéfice de la semi-liberté peut être retiré, sur rapport du juge de l'application des peines, par le tribunal de grande instance. Ce tribunal est celui du lieu d'exécution de la décision, ou, si le condamné est écroué, du lieu de détention.**

Le juge de l'application des peines peut, si l'urgence l'exige, suspendre l'application de la semi-liberté.

Dans ce cas, le tribunal doit statuer dans les cinq jours sur le maintien ou le retrait de ce régime.

Art. 723-3 *(L. n. 78-1097, 22 nov. 1978, art. 4)*. – **La permission de sortir autorise un condamné à s'absenter d'un établissement pénitentiaire pendant une période de temps déterminée qui s'impute sur la durée de la peine en cours d'exécution.**

Elle a pour objet de préparer la réinsertion professionnelle ou sociale du condamné, de maintenir ses liens familiaux ou de lui permettre d'accomplir une obligation exigeant sa présence.

1) Il résulte de l'article D. 146 du Code de procédure pénale que seuls les condamnés, incarcérés dans les centres de détention, peuvent bénéficier des permissions de sortir prévues à l'article D. 145, lorsqu'ils ont exécuté le tiers de leur peine ; encourt, dès lors, la cassation le jugement qui confirme l'ordonnance du juge de l'application des peines accordant une telle permission à un condamné ayant exécuté le tiers de sa peine, mais détenu dans une maison d'arrêt (Cass. crim., 8 mars 1990 : *Bull.* 112 ; *JCP* 91, II, 21647, note J.-H. Syr).

2) Il résulte de la combinaison des articles 729, 723-3 et D. 142 à D. 147 du Code de procédure pénale qu'aucune disposition légale n'interdit de faire bénéficier d'une permission de sortir un condamné à la réclusion criminelle à perpétuité à qui une libération conditionnelle a été accordée (Cass. crim., 13 déc. 1988 : *Bull.* 428 ; *Rev. sc. crim.* 1989, 539, obs. Braunschweig).

Art. 723-4. – *L. n. 78-1097, 22 novembre 1978, art. 4 ; L. n. 81-82, 2 février 1981, art. 37 ; abrogé, L. n. 83-466, 10 juin 1983, art. 6-III.*

Art. 723-5 *(L. n. 92-1336, 16 déc. 1992, art. 90 ; L. n. 93-913, 19 juill. 1993 ; L. n. 78-1097, 22 nov. 1978, art. 4)*. – **Sans préjudice de l'application de l'article 434-29 du Code pénal, en cas de condamnation pour un crime ou un délit volontaire commis à l'occasion d'une permission de sortir, la juridiction peut décider que le condamné perdra le bénéfice des réductions de peine qui lui ont été accordées antérieurement.**

Art. 723-6 *(L. n. 78-1097, 22 nov. 1978, art. 5)*. – **Tout condamné peut, dans les conditions de l'article 722, obtenir, à titre exceptionnel, une autorisation de sortie sous escorte.**

SECTION VII. – DU PLACEMENT SOUS SURVEILLANCE ÉLECTRONIQUE

(L. n. 97-1159, 19 déc. 1997)

Art. 723-7 *(L. n. 97-1159, 19 déc. 1997, art. 2)*. – **En cas de condamnation à une ou plusieurs peines privatives de liberté dont la durée totale n'excède pas un an ou lorsqu'il reste à subir par le condamné une ou plusieurs peines privatives de liberté dont la durée totale n'excède pas un an, le juge de l'application des peines peut décider, sur son initiative ou à la demande du procureur de la République ou du condamné, que la peine s'exécutera sous le régime du placement sous surveillance électronique. La décision de recourir au placement sous surveillance électronique ne peut être prise qu'après avoir recueilli le consentement du condamné, donné en présence de son avocat. À défaut de choix par le condamné, un avocat est désigné d'office par le bâtonnier.** *(L. n. 2000-516, 15 juin 2000, art. 130-1°)* **La décision de placement sous surveillance électronique d'un mineur non émancipé ne peut être prise, dans les mêmes conditions, qu'avec l'accord des titulaires de l'exercice de l'autorité parentale.**

(L. n. 2000-516, 15 juin 2000, art. 130-2°) **Lorsque le lieu désigné par le juge de l'application des peines n'est pas le domicile du condamné, la décision de placement sous surveillance électronique ne peut être prise qu'avec l'accord du maître des lieux, sauf s'il s'agit d'un lieu public.**

Le placement sous surveillance électronique peut également être décidé, selon les modalités prévues à l'alinéa précédent, à titre probatoire de la libération conditionnelle, pour une durée n'excédant pas un an.

Le placement sous surveillance électronique emporte, pour le condamné, interdiction de s'absenter de son domicile ou de tout autre lieu désigné par le juge de l'application des peines en dehors des périodes fixées par celui-ci. Les périodes et les lieux sont fixés en tenant compte : de l'exercice d'une activité professionnelle par le condamné ; du fait qu'il suit un enseignement ou une formation, effectue un stage ou occupe un emploi temporaire en vue de son insertion sociale ; de sa participation à la vie de famille ; de la prescription d'un traitement médical. *(Phrase créée, L. n° 2002-1138, 9 sept. 2002, art. 49, III)* **« Le placement sous surveillance électronique emporte également pour le condamné l'obligation de répondre aux convocations de toute autorité publique désignée par le juge de l'application des peines. »**

Art. 723-8 *(L. n. 97-1159, 19 déc. 1997, art. 3).* **– Le contrôle de l'exécution de la mesure est assuré au moyen d'un procédé permettant de détecter à distance la présence ou l'absence du condamné dans le seul lieu désigné par le juge de l'application des peines pour chaque période fixée. La mise en œuvre de ce procédé peut conduire à imposer à la personne assignée le port, pendant toute la durée du placement sous surveillance électronique, d'un dispositif intégrant un émetteur.**

Le procédé utilisé est homologué à cet effet par le ministre de la justice. La mise en œuvre doit garantir le respect de la dignité, de l'intégrité et de la vie privée de la personne.

V. art. R. 57-11 et s. et textes complémentaires.

Art. 723-9 *(L. n. 97-1159, 19 déc. 1997, art. 4).* **– La personne sous surveillance électronique est placée sous le contrôle du juge de l'application des peines dans le ressort duquel elle est assignée.**

Le contrôle à distance du placement sous surveillance électronique est assuré par des fonctionnaires de l'administration pénitentiaire qui sont autorisés, pour l'exécution de cette mission, à mettre en œuvre un traitement automatisé de données nominatives.

(Alinéa créé, L. n° 2002-1138, 9 sept. 2002, art. 49, IV) **La mise en œuvre du dispositif technique permettant le contrôle à distance peut être confiée à une personne de droit privé habilitée dans des conditions fixées par décret en Conseil d'État.**

(Alinéa remplacé, L. n° 2002-1138, 9 sept. 2002, art. 49, IV) **Dans la limite des périodes fixées dans la décision de placement sous surveillance électronique, les agents de l'administration pénitentiaire chargés du contrôle peuvent se rendre sur le lieu de l'assignation pour demander à rencontrer le condamné. Ils ne peuvent toutefois pénétrer au domicile de la personne chez qui le contrôle est pratiqué sans l'accord de celle-ci. Ces agents font aussitôt rapport au juge de l'application des peines de leurs diligences.**

Les services de police ou de gendarmerie peuvent toujours constater l'absence irrégulière du condamné et en faire rapport au juge de l'application des peines.

Art. 723-10 *(L. n. 97-1159, 19 déc. 1997, art. 5).* **– Le juge de l'application des peines peut également soumettre la personne placée sous surveillance électronique aux mesures prévues par les articles 132-43 à 132-46 du Code pénal.**

Art. 723-11 *(L. n. 97-1159, 19 déc. 1997, art. 6).* **– Le juge de l'application des peines peut, d'office ou à la demande du condamné, et après avis du procureur de la République, modifier les conditions d'exécution du placement sous surveillance électronique prévues au troisième alinéa de l'article 723-7 ainsi que les mesures prévues à l'article 723-10.**

Art. 723-12 *(L. n. 97-1159, 19 déc. 1997, art. 7).* **– Le juge de l'application des peines peut à tout moment désigner un médecin afin que celui-ci vérifie que la mise en œuvre du procédé mentionné au premier alinéa de l'article 723-8 ne présente pas d'inconvénient pour la santé du condamné. Cette désignation est de droit à la demande du condamné. Le certificat médical est versé au dossier.**

Art. 723-13 *(L. n. 97-1159, 19 déc. 1997, art. 8).* **– Le juge de l'application des peines peut, après avoir entendu le condamné en présence de son avocat, retirer la décision de placement sous surveillance électronique soit en cas** *(Mots remplacés, L. n° 2002-1138, 9 sept. 2002, art. 49, V)* **« d'inobservation des interdictions ou obligations prévues au dernier alinéa de l'article 723-7, d'inconduite notoire », d'inobservation des mesures prononcées en application de l'article 723-10, de nouvelle condamnation ou de refus par le condamné d'une modification nécessaire des conditions d'exécution, soit à la demande du condamné.**

La décision est prise en chambre du conseil à l'issue d'un débat contradictoire au cours duquel le juge de l'application des peines entend les réquisitions du procureur de la République et les observations du condamné ainsi que, le cas échéant, celles de son conseil. Elle est exécutoire par provision. Elle peut faire l'objet d'un appel dans les dix jours devant la chambre des appels correctionnels statuant en matière d'application des peines.

En cas de retrait de la décision de placement sous surveillance électronique, le condamné subit, selon les dispositions de la décision de retrait, tout ou partie de la durée de la peine qui lui restait à

accomplir au jour de son placement sous surveillance électronique. Le temps pendant lequel il a été placé sous surveillance électronique compte toutefois pour l'exécution de sa peine.

Art. 723-14 *(L. n. 97-1159, 19 déc. 1997, art. 9).* **– Un décret en Conseil d'État détermine les conditions d'application de la présente section.**

CHAPITRE III. – DES DISPOSITIONS COMMUNES AUX DIFFÉRENTS ÉTABLISSEMENTS PÉNITENTIAIRES

Art. 724 *(L. n. 70-643, 17 juill. 1970, art. 28).* **– Les établissements pénitentiaires reçoivent les personnes en détention provisoire ou condamnées à une peine privative de liberté.**

Un acte d'écrou est dressé pour toute personne qui est conduite dans un établissement pénitentiaire ou qui s'y présente librement.

Les conditions d'application du présent article sont fixées par décret.

Cf. art. D. 148 à D. 151 ; V. F. JACOMET, *Détention ; Dispositions communes aux différents établissements pénitentiaires : J.-Cl. Proc. pén.*, art. 714 à 728.

Art. 724-1 *(L. n. 98-349, 11 mai 1998, art. 38).* **– Les services pénitentiaires constituent et tiennent à jour pour chaque personne incarcérée un dossier individuel comprenant des informations de nature pénale et pénitentiaire.**

Les services pénitentiaires communiquent aux autorités administratives compétentes pour en connaître des informations relatives à l'identité du détenu, à son lieu d'incarcération, à sa situation pénale et à sa date de libération, dès lors que ces informations sont nécessaires à l'exercice des attributions desdites autorités.

Ils communiquent notamment aux services centraux ou déconcentrés du ministère de l'intérieur les informations de cette nature relatives aux étrangers détenus faisant ou devant faire l'objet d'une mesure d'éloignement du territoire.

Art. 725 *(L. n. 70-643, 17 juill. 1970, art. 28).* **– Nul agent de l'administration pénitentiaire ne peut, à peine d'être poursuivi et puni comme coupable de détention arbitraire, recevoir ni retenir aucune personne qu'en vertu d'un arrêt ou jugement de condamnation, d'une ordonnance de prise de corps, d'un mandat de dépôt ou d'arrêt, d'un mandat d'amener lorsque ce mandat doit être suivi d'incarcération provisoire, ou d'un ordre d'arrestation établi conformément à la loi, et sans qu'ait été donné l'acte d'écrou prévu à l'article 724.**

Art. 726. – Si quelque détenu use de menaces, injures ou violences ou commet une infraction à la discipline, il peut être enfermé seul dans une cellule aménagée à cet effet ou même être soumis à des moyens de coercition en cas de fureur ou de violence grave, sans préjudice des poursuites auxquelles il peut y avoir lieu.

La sanction disciplinaire de mise en cellule prévue par l'article 726 du Code de procédure pénale et le refus de réduction de peine dont elle peut être accompagnée en application de l'article 721 du même code constituent des modalités d'exécution d'un emprisonnement antérieurement prononcé pour d'autres faits et se cumulent donc nécessairement avec cette sanction pénale, sans qu'il soit porté atteinte aux articles 6 de la Convention européenne des droits de l'homme et 14.7° du Pacte international relatif aux droits civils et politiques (Cass. crim., 27 mars 1997 : *Bull.* 128).

Art. 727. – Le juge de l'application des peines, le juge d'instruction, le président de la *(L. n. 2000-516, 15 juin 2000, art. 83 et 140)* **chambre de l'instruction ainsi qu'il est dit à l'article 222, le procureur de la République et le procureur général visitent les établissements pénitentiaires.**

Auprès de tout établissement pénitentiaire est instituée une commission de surveillance dont la composition et les attributions sont déterminées par décret.

Ce décret fixe en outre les conditions dans lesquelles certaines personnes peuvent être admises à visiter les détenus.

(L. n. 72-1226, 29 déc. 1972, art. 38) **Les condamnés peuvent continuer à communiquer dans les mêmes conditions que les prévenus avec le défenseur qui les a assistés au cours de la procédure.**

Cf. art. D. 180 à D. 185.

Art. 728. – Un décret détermine l'organisation et le régime intérieur des établissements pénitentiaires.

Second alinéa abrogé, L. n. 87-432, 22 juin 1987, art. 5-VI.

Cf. art. D. 188 et s.

Art. 728-1 à 728-4. *– De l'exécution de la tutelle pénale – L. n. 70-643, 17 juillet 1970, art. 35 ; abrogés, L. n. 81-82, 2 février 1981, art. 69 ; remplacé, L. n. 90-589, 6 juillet 1990, art. 11.*

CHAPITRE IV. – DES VALEURS PÉCUNIAIRES DES DÉTENUS

(L. n. 90-589, 6 juill. 1990, art. 11)

Art. 728-1. – Les valeurs pécuniaires des détenus, inscrites à un compte nominatif ouvert à l'établissement pénitentiaire, sont divisées en trois parts : la première sur laquelle seules les parties civiles et les créanciers d'aliments peuvent faire valoir leurs droits ; la deuxième, affectée au pécule de libération, qui ne peut faire l'objet d'aucune voie d'exécution ; la troisième, laissée à la libre disposition des détenus.

Les sommes destinées à l'indemnisation des parties civiles leur sont versées directement, sous réserve des droits des créanciers d'aliments, à la demande du procureur de la République, par l'établissement pénitentiaire.

La consistance des valeurs pécuniaires, le montant respectif des parts et les modalités de gestion du compte nominatif sont fixés par décret.

V. S. Helleux, *Gestion des biens des détenus, J.-Cl. Proc. pén.*, art. 728-1.

TITRE III. – DE LA LIBÉRATION CONDITIONNELLE

Art. 729 *(L. n. 92-1336, 16 déc. 1992, art. 91 ; L. n. 93-913, 19 juill. 1993 ; L. n. 70-643, 17 juill. 1970, art. 41 ; L. n. 72-1226, 29 déc. 1972, art. 39 ; L. n. 75-624, 11 juill. 1975, art. 39 ; L. n. 2000-516, 15 juin 2000, art. 126).* **– La libération conditionnelle tend à la réinsertion des condamnés et à la prévention de la récidive. Les condamnés ayant à subir une ou plusieurs peines privatives de liberté peuvent bénéficier d'une libération conditionnelle s'ils manifestent des efforts sérieux de réadaptation sociale, notamment lorsqu'ils justifient soit de l'exercice d'une activité professionnelle, soit de l'assiduité à un enseignement ou à une formation professionnelle ou encore d'un stage ou d'un emploi temporaire en vue de leur insertion sociale, soit de leur participation essentielle à la vie de famille, soit de la nécessité de subir un traitement, soit de leurs efforts en vue d'indemniser leurs victimes.**

Sous réserve des dispositions de l'article 132-23 du Code pénal, la libération conditionnelle peut être accordée lorsque la durée de la peine accomplie par le condamné est au moins égale à la durée de la peine lui restant à subir. Toutefois, les condamnés en état de récidive aux termes des articles 132-8, 132-9 ou 132-10 du Code pénal ne peuvent bénéficier d'une mesure de libération conditionnelle que si la durée de la peine accomplie est au moins égale au double de la durée de la peine restant à subir. Dans les cas prévus au présent alinéa, le temps d'épreuve ne peut excéder quinze années.

Pour les condamnés à la réclusion criminelle à perpétuité, le temps d'épreuve est de quinze années.

V. J.-M. GONNARD, *Libération conditionnelle : J.-Cl. Proc. pén.*, art. 729 à 733. – V. M. FIZE, *Il y a 100 ans la libération conditionnelle : Rev. sc. crim.* 1985, p. 755. – V. D. MEURSET P. TOURNIER, *L'érosion des peines : analyse statistique de cohortes de détenus libérés, condamnés à une peine de trois ans au plus : Rev. sc. crim.* 1985, p. 533.

1) La remise totale ou partielle d'une peine par voie de grâce équivaut à son exécution totale ou partielle.

C'est donc à bon droit qu'une cour d'appel, saisie d'un incident d'exécution, a estimé qu'un condamné à une peine de six mois d'emprisonnement, ayant bénéficié d'une remise gracieuse de trois mois, satisfaisait à la condition de délai prévu par l'article 729, alinéa 2, du Code de procédure pénale (Cass. crim., 5 juill. 1983 : *Bull.* 214).

2) Il n'appartient pas à la juridiction administrative de connaître des litiges relatifs à la nature et aux limites d'une peine infligée par une juridiction judiciaire et dont l'exécution est poursuivie à la diligence du Ministère public (CE 4 nov. 1994 : *JCP* 95, II, 22422, note F. Lemaire).

3) Le condamné ayant à exécuter une peine unique, par suite de l'absorption de plein droit, en application de l'article 5 ancien du Code pénal alors en vigueur, d'une peine correctionnelle par une peine criminelle en concours, doit être considéré comme récidiviste pour la détermination du temps d'épreuve prévu par l'article 729, alinéa 2, du Code de procédure pénale, s'il était en état de récidive légale pour la condamnation correctionnelle prononcée contre lui (Cass. crim., 30 sept. 1997 : *Bull.* 315).

Art. 729-1 *(L. n. 92-1336, 16 déc. 1992, art. 92 ; L. n. 93-913, 19 juill. 1993 ; L. n. 86-1021, 9 sept. 1986, art. 2)*. – **Des réductions du temps d'épreuve nécessaire à l'octroi de la libération conditionnelle peuvent être accordées aux condamnés à la réclusion criminelle à perpétuité dans les formes et conditions prévues par les articles 721 et 721-1 ; la durée totale de ces réductions ne peut toutefois excéder, par année d'incarcération, vingt jours ou un mois selon que le condamné se trouve ou non en état de récidive légale. Les réductions ne sont, le cas échéant, imputables que sur la partie de la peine excédant la période de sûreté prévue par l'article 132-23 du Code pénal.**

Art. 729-2 *(L. n. 95-125, 8 févr. 1995, art. 46)*. – **Lorsqu'un étranger condamné à une peine privative de liberté est l'objet d'une mesure d'interdiction du territoire français, de reconduite à la frontière, d'expulsion ou d'extradition, sa libération conditionnelle est subordonnée à la condition que cette mesure soit exécutée. Elle peut être décidée sans son consentement.**

Il résulte des dispositions conjuguées des articles 729-2, D. 523, alinéa 2, et D. 535, 4° du Code de procédure pénale que la situation d'un étranger, qui a été condamné à une peine privative de liberté et dont la libération conditionnelle est subordonnée à l'exécution d'une mesure d'interdiction du territoire français, de reconduite à la frontière, d'expulsion ou d'extradition, n'a pas à être examinée au regard des critères personnels, familiaux et sociaux énoncés à l'article 729 du même code (Cass. crim., 6 mars 2002 : *Bull.* 59).

Art. 729-3 *(L. n. 2000-516, 15 juin 2000, art. 122)*. – **La libération conditionnelle peut être accordée pour tout condamné à une peine privative de liberté inférieure ou égale à quatre ans, ou pour laquelle la durée de la peine restant à subir est inférieure ou égale à quatre ans, lorsque ce condamné exerce l'autorité parentale sur un enfant de moins de dix ans ayant chez ce parent sa résidence habituelle.**

Les dispositions du présent article ne sont pas applicables aux personnes condamnées pour un crime ou pour un délit commis sur un mineur.

Art. 730 *(Applic. 1er janv. 2001 ; L. n. 2000-516, 15 juin 2000, art. 125-VI et 140)*. – **Lorsque la peine privative de liberté prononcée est d'une durée inférieure ou égale à dix ans, ou que, quelle que soit la peine initialement prononcée, la durée de détention restant à subir est inférieure ou égale à trois ans, la libération conditionnelle est accordée par le juge de l'application des peines selon les modalités prévues par l'article 722.**

Dans les autres cas, la libération conditionnelle est accordée par la juridiction régionale de la libération conditionnelle, selon les modalités prévues par l'article 722-1.

Pour l'application du présent article, la situation de chaque condamné est examinée au moins une fois par an, lorsque les conditions de délai prévues à l'article 729 sont remplies.

Un décret fixe les modalités d'application du présent article.

Cf. art. D. 520 et s.

La durée de peine restant à accomplir, qui détermine la compétence de la juridiction régionale de la libération conditionnelle pour connaître d'une demande, s'apprécie à la date à laquelle statue cette juridiction (Cass. Crim, 2 nov. 2001 : *Bull.* 228).

Art. 731. – Le bénéfice de la libération conditionnelle peut être assorti de conditions particulières ainsi que de mesures d'assistance et de contrôle destinées à faciliter et à vérifier le reclassement du libéré.

(L. n. 72-1226, 29 déc. 1972, art. 41) **Ces mesures sont mises en œuvre par le juge de l'application des peines assisté** *(L. n. 2000-516, 15 juin 2000 ; art. 123-II)* **du service pénitentiaire d'insertion et de probation, et, le cas échéant, avec le concours des organismes habilités à cet effet.**

(L. n. 72-1226, 29 déc. 1972, art. 41) **Un décret détermine les modalités d'application des mesures visées au présent article,** *(L. n. 2000-516, 15 juin 2000, art. 123-II)* **et les conditions d'habilitation des organismes mentionnés à l'alinéa précédent. Il fixe également les conditions du financement indispensable à l'application de ces mesures et au fonctionnement des comités.**

Art. 732 *(Applic. 1er janv. 2001 ; L. n. 2000-516, 15 juin 2000, art. 125 et 140) (L. n. 92-1336, 16 déc. 1992, art. 93 ; L. n. 93-913, 19 juill. 1993 ; L. n. 70-643, 17 juill. 1970, art. 42 ; L. n. 72-1226, 29 déc. 1972, art. 42).* **– La décision de libération conditionnelle fixe les modalités d'exécution et les conditions auxquelles l'octroi ou le maintien de la liberté est subordonné, ainsi que la nature et la durée des mesures d'assistance et de contrôle. Si elle est prise par** *(L. n. 2000-516, 15 juin 2000, art. 125-VII-1°)* **la juridiction régionale de libération conditionnelle, celle-ci peut prévoir que l'élargissement s'effectuera au jour fixé par le juge de l'application des peines entre deux dates déterminées.**

Cette durée ne peut être inférieure à la durée de la partie de la peine non subie au moment de la libération s'il s'agit d'une peine temporaire ; elle peut la dépasser pour une période maximum d'un an. La durée totale des mesures d'assistance et de contrôle ne peut toutefois excéder dix ans.

Lorsque la peine en cours d'exécution est une peine perpétuelle, la durée des mesures d'assistance et de contrôle est fixée pour une période qui ne peut être inférieure à cinq années, ni supérieure à dix années.

Pendant toute la durée de la liberté conditionnelle, les dispositions de la décision peuvent être modifiées, suivant les distinctions de l'article 730, soit après avis *(L. n. 2000-516, 15 juin 2000, art. 123-III)* **du service pénitentiaire d'insertion et de probation, par le juge de l'application des peines compétent pour mettre en œuvre cette décision, soit, sur proposition de ce magistrat,** *(L. n. 2000-516, 15 juin 2000, art. 125-VII-2°)* **par la juridiction régionale de la libération conditionnelle.**

Art. 733 *(Applic. 1er janv. 2001 ; L. n. 2000-516, 15 juin 2000, art. 125 et 140) (L. n. 72-1226, 29 déc. 1972, art. 42).* **– En cas de nouvelle condamnation, d'inconduite notoire, d'infraction aux conditions ou d'inobservation des mesures énoncées dans la décision de mise en liberté conditionnelle, cette décision peut être révoquée, suivant les distinctions de l'article 730, soit, après avis** *(L. n. 2000-516, 15 juin 2000, art. 123-IV)* **du service pénitentiaire d'insertion et de probation, par le juge de l'application des peines compétent pour sa mise en œuvre, soit, sur proposition de ce magistrat,** *(L. n. 2000-516, 15 juin 2000, art. 125-VIII)* **par la juridiction régionale de la libération conditionnelle. Le juge d'application des peines qui a pris une décision de libération conditionnelle peut rapporter celle-ci lorsqu'elle n'a pas encore reçu exécution.**

En cas d'urgence, l'arrestation peut être provisoirement ordonnée par le juge de l'application des peines du lieu où se trouve le libéré, le Ministère public entendu et à charge, s'il y a lieu, de saisir l'autorité compétente pour révoquer la libération conditionnelle.

Après révocation, le condamné doit subir, selon les dispositions de la décision de révocation, tout ou partie de la durée de la peine qu'il lui restait à subir au moment de sa mise en liberté conditionnelle, cumulativement, s'il y a lieu, avec toute nouvelle peine qu'il aurait encourue ; le temps pendant lequel il a été placé en état d'arrestation provisoire compte toutefois pour l'exécution de sa peine.

Si la révocation n'est pas intervenue avant l'expiration du délai prévu à l'article précédent, la libération est définitive. Dans ce cas, la peine est réputée terminée depuis le jour de la liberté conditionnelle.

Art. 733-1 *(Applic. 1er janv. 2001 ; L. n. 2000-516, 15 juin 2000, art. 125-IX et 140).* – **1° Les décisions mentionnées au premier alinéa de l'article 722, à l'exception de celles mentionnées par le sixième alinéa de cet article, sont des mesures d'administration judiciaire. Ces décisions peuvent être déférées, à la requête du procureur de la République et, sauf en ce qui concerne les permissions de sortir, seulement pour violation de la loi, devant le tribunal correctionnel qui statue en chambre du conseil après avoir procédé à toutes auditions utiles et entendu en leurs observations, s'ils en ont fait la demande, les conseils du condamné et de la partie civile.**

Cette requête est formée dans les vingt-quatre heures qui suivent soit la date de la décision prise en présence du procureur de la République, soit, dans les autres cas, la date de notification au procureur de la République. Elle suspend l'exécution de la décision jusqu'à ce que le tribunal ait statué.

Le juge de l'application des peines ne peut, à peine de nullité, siéger au sein du tribunal saisi de l'une de ses décisions.

L'affaire doit venir devant le tribunal correctionnel à la première audience ou au plus tard dans la huitaine du jour de la requête du procureur de la République, faute de quoi celle-ci est non avenue.

Si le condamné exécute une peine prononcée par une juridiction pour mineurs et s'il n'a pas encore atteint l'âge de la majorité, les attributions du tribunal correctionnel sont exercées par le tribunal pour enfants.

La décision du tribunal correctionnel ou du tribunal pour enfants ne peut faire l'objet, dans les cinq jours, que d'un pourvoi en cassation qui n'est pas suspensif.

2e abrogé L. n. 2000-516, 15 juin 2000, art. 125-IX-3e.

1) Le procureur de la République est recevable à déférer au tribunal correctionnel, pour violation de la loi, les décisions du juge de l'application des peines concernant les réductions de peine (Cass. crim., 24 janv. 1989 : *Bull.* 28 ; *Rev. sc. crim.* 1989, 540, obs. Braunschweig ; encourt dès lors la cassation, le jugement qui déclare irrecevable la requête du procureur de la République, déférant devant le tribunal correctionnel une ordonnance du juge de l'application des peines rapportant une réduction de peine, en vue de son annulation pour violation de la loi (Cass. crim., 2 déc. 1997 : *Bull.* 407).

2) Selon l'article 733-1 du Code de procédure pénale, le tribunal correctionnel, saisi du recours exercé par le procureur de la République contre une décision du juge de l'application des peines, statue après avoir entendu en leurs observations, s'ils en ont fait la demande, les avocats du condamné et de la partie civile ; il s'en déduit que les parties doivent être avisées de la date de l'audience, afin d'être en mesure de s'y faire représenter (Cass. crim., 16 juin 1998 : *Bull.* 193).

3) Il résulte des dispositions de l'article 733-1 du Code de procédure pénale – dont le deuxième paragraphe se réfère aux formes et conditions décrites au premier paragraphe – que le pourvoi en cassation formé contre une décision du tribunal correctionnel statuant sur le recours exercé contre une décision du juge de l'application des peines concernant une des mesures visées par cet article, n'est pas suspensif (Cass. crim., 23 mars 1994 : *Bull.* 110).

TITRE IV. – DU SURSIS ET DE L'AJOURNEMENT

(L. n. 92-1336, 16 déc. 1992, art. 94 ; L. n. 93-913, 19 juill. 1993)

Art. 734 *(L. n. 92-1336, 16 déc. 1992, art. 95 ; L. n. 93-913, 19 juill. 1993)*. **– Le tribunal ou la cour qui prononce une peine peut, dans les cas et selon les conditions prévus par les articles 132-29 à 132-57 du Code pénal, ordonner qu'il sera sursis à son exécution.**

La juridiction peut également ajourner le prononcé de la peine dans les cas et conditions prévus par les articles 132-60 à 132-70 dudit code.

Les modalités de mise en œuvre du sursis et de l'ajournement sont fixées par le présent titre.

V. J.-M. Gonnard, *Sursis simple : J.-Cl. Proc. pén.*, art. 735 et 736. – René Levy et Renée Zauberman, *Quelques données statistiques sur la pratique du sursis en France depuis 1960 : Gaz. Pal.* 1982, 2, doctr. 625. – André Vitu, *Les problèmes posés par le fonctionnement du sursis : Rev. sc. crim.* 1989, 95.

1) La suspension de peine prévue par les articles 734 et 734-1 du Code de procédure pénale est purement facultative pour le juge qui peut toujours s'abstenir de la prononcer sans avoir à s'en expliquer (Cass. crim., 6 févr. 1973 : *Bull.* 65).

2) La peine de la réclusion criminelle ne peut être assortie de sursis avec ou sans mise à l'épreuve (Cass. crim., 11 juin 1986 : *Bull.* 204).

CHAPITRE I. – DU SURSIS SIMPLE

Art. 734-1. *– Abrogé, à compter du 1er mars 1994, L. n. 92-1336, 16 décembre 1992, art. 96 ; L. n. 93-913, 19 juillet 1993.*

Art. 735 *(L. n. 92-1336, 16 déc. 1992, art. 97 ; L. n. 93-913, 19 juill. 1993)*. **– Lorsque la juridiction de jugement n'a pas expressément statué sur la dispense de révocation du sursis en application de l'article 132-38 du Code pénal, le condamné peut ultérieurement demander à bénéficier de cette dispense ; sa requête est alors instruite et jugée selon les règles de compétence et de procédure fixées par les articles 702-1 et 703 du présent code.**

V. Jean Larguier, *Les formes de la révocation du sursis simple : Rev. sc. crim.* 1980, p. 119 ; *Révocation du sursis et notion de peine correctionnelle : Rev. sc. crim.* 1981, p. 75. – Pierre Couvrat, *Les procédures de révocation du sursis : Rev. sc. crim.* 1990, p. 611.

1) Lorsque les conditions prévues par l'article 735 du Code de procédure pénale sont réalisées, la condamnation assortie du sursis simple est considérée comme non avenue ; elle ne peut dès lors servir de base à une aggravation de peine (Cass. crim., 28 nov. 1978 : *Bull.* 335).

2) C'est à partir du jour où la condamnation est devenue définitive par l'expiration du délai imparti pour exercer les voies de recours ou par le rejet du pourvoi en cassation que court le délai de cinq ans, prévu par l'article 735 du Code de procédure pénale, après lequel une condamnation à l'emprisonnement avec sursis est considérée comme non avenue en l'absence d'une nouvelle condamnation à l'emprisonnement sans sursis (Cass. crim., 31 mars 1987 : *Bull.* 150).

3) Lorsqu'est prononcée une peine d'emprisonnement dont une partie est assortie du sursis simple, le délai d'épreuve imparti par l'article 735 du Code de procédure pénale, dont le point de départ est en principe le jour où la condamnation est devenue définitive, est suspendu pendant l'exécution de la partie ferme de la peine d'emprisonnement infligée (Cass. crim., 9 févr. 1988 : *Bull.* 65).

4) La disposition du deuxième alinéa de l'article 735 du Code de procédure pénale qui autorise une juridiction à dire que la condamnation qu'elle prononce n'entraînera pas la révocation du sursis simple antérieurement accordé laisse à cette juridiction en cas de pluralité de sursis antérieurs, la faculté de limiter à une partie seulement de ces sursis la dispense de révocation qu'elle accorde (Cass. crim., 16 janv. 1979 : *Bull.* 28).

5) Il résulte de l'article 735, alinéa 2, du Code de procédure pénale que, si les juges peuvent, dans leur décision de condamnation à une peine entraînant par l'effet de la loi la révocation d'un sursis antérieur, dire que cette peine n'entraînera pas la révocation, en revanche, ce texte ne les autorise pas, en l'absence de demande de dispense de révocation, à dire, dans la même décision, qu'il n'y a pas lieu à dispense de révocation (Cass. crim., 1er oct. 1987 : *Bull.* 325. – Cass. crim., 14 févr. 1989 : *Bull.* 73).

6) Il résulte des dispositions de l'article 735, alinéa 2, du Code de procédure pénale que la procédure spéciale instituée par l'article 703 de ce code ne concerne que l'instruction et le jugement d'une demande de dispense de révocation du sursis présentée par un condamné, postérieurement à la nouvelle condamnation susceptible d'entraîner cette révocation.

Encourt la cassation l'arrêt qui, après débats en chambre du conseil, a été rendu de même, alors que sur appel d'un jugement qui avait prononcé une peine susceptible de révoquer un sursis antérieur et statué sur la demande de dispense de révocation présentée par le prévenu, cette dernière disposition était seule déférée à la cour (Cass. crim., 19 mai 1981 : *Bull.* 164. – Cass. crim., 4 févr. 1985 : *Bull.* 53).

7) La décision de dispense de révocation du sursis confère à l'expiration du délai prévu par l'article 735 du Code de procédure pénale, le caractère non avenu à la condamnation assortie du sursis (Cass. crim., 23 janv. 1985 : *Bull.* 39 ; *JCP* 86, 20534, note Ph. Salvage).

8) Lorsque, par l'effet de circonstances atténuantes, la peine d'emprisonnement prononcée en répression d'un délit est égale ou inférieure à deux mois, elle n'en conserve pas moins le caractère d'une peine correctionnelle et révoque, lorsqu'elle intervient dans les conditions prévues à l'article 735 du Code de procédure pénale, le sursis simple antérieurement accordé, à moins que par décision spéciale et motivée le tribunal ne prononce expressément la dispense de révocation dudit sursis (Cass. crim., 30 janv. 1980 : *Bull.* 41).

9) Il ne saurait être fait grief à une juridiction de n'avoir constaté ni la date des faits ayant motivé une condamnation qui a révoqué un sursis accordé par une décision antérieure, ni le caractère définitif de cette dernière condamnation, dès lors que la requête dont elle était saisie avait pour objet non de contester la révocation du sursis mais de solliciter une dispense de cette révocation intervenue de plein droit (Cass. crim., 21 juin 1983 : *Bull.* 192).

10) Il résulte de l'article 735 du Code de procédure pénale que le sursis dont est assortie une condamnation à l'emprisonnement est révoqué de plein droit lorsque, dans le délai de 5 ans, le condamné commet un crime ou un délit suivi d'une nouvelle condamnation, soit à une peine criminelle, soit à une peine correctionnelle d'emprisonnement ; il en est notamment ainsi lorsque les faits ayant entraîné la nouvelle condamnation ont été commis, pour partie au moins, dans ledit délai (Cass. crim., 11 déc. 1991 : *Bull.* 426).

Art. 736 *(L. n. 92-1336, 16 déc. 1992, art. 98 ; L. n. 93-913, 19 juill. 1993 ; L. n. 70-643, 17 juill. 1970, art. 29)*. **– La suspension de la peine ne s'étend pas au paiement des dommages-intérêts.**

Elle ne s'étend pas non plus aux incapacités, interdictions et déchéances résultant de la condamnation.

Toutefois, ces incapacités, interdictions et déchéances cesseront d'avoir effet du jour où, par application des dispositions de l'article 132-35 du Code pénal, la condamnation aura été réputée non avenue. *(L. n. 98-468, 17 juin 1998, art. 41-II)* **Cette disposition ne s'applique pas au suivi socio-judiciaire prévu à l'article 131-36-1 du Code pénal ou à la peine d'interdiction d'exercer une activité professionnelle ou bénévole impliquant un contact habituel avec des mineurs.**

Art. 737. *– Abrogé, à compter du 1er mars 1994, L. n. 92-1336, 16 décembre 1992, art. 99 ; L. n. 93-913, 19 juillet 1993.*

CHAPITRE II. – DU SURSIS AVEC MISE À L'ÉPREUVE

Art. 738. *– Abrogé, à compter du 1er mars 1994, L. n. 92-1336, 16 décembre 1992, art. 99 ; L. n. 93-913, 19 juillet 1993.*

Art. 739 *(L. n. 92-1336, 16 déc. 1992, art. 100 ; L. n. 93-913, 19 juill. 1993 ; L. n. 70-643, 17 juill. 1970, art. 29).* **– Lorsqu'une condamnation est assortie du sursis avec mise à l'épreuve, le condamné est placé sous le contrôle du juge de l'application des peines dans le ressort duquel il a sa résidence habituelle ou, s'il n'a pas en France de résidence habituelle, sous le contrôle du juge de l'application des peines dans le ressort duquel la juridiction qui a prononcé la condamnation a son siège.**

Au cours du délai d'épreuve, le condamné doit satisfaire à l'ensemble des mesures de contrôle prévues par l'article 132-44 du Code pénal et à celles des obligations particulières prévues par l'article 132-45 du même code qui lui sont spécialement imposées, soit par la décision de condamnation, soit par une décision que peut, à tout moment, prendre le juge de l'application des peines.

Lorsqu'une obligation particulière est ordonnée par le juge de l'application des peines, cette décision est exécutoire par provision. Toutefois, elle peut être soumise par le condamné, dans le délai de un mois à compter de la notification qui lui en est faite, à l'examen du tribunal correctionnel qui peut la valider, la rapporter ou la modifier. Si le tribunal impose une obligation différente de celle qu'avait prévue le juge de l'application des peines, sa décision se substitue à celle du juge de l'application des peines à compter du jour où elle est notifiée à l'intéressé.

Le juge de l'application des peines peut, en outre, à tout moment, par une décision immédiatement exécutoire, aménager ou supprimer les obligations particulières auxquelles a été soumis le condamné.

Cf. art. R. 56 à R. 59.

V. J.-M. GONNARD, *Sursis avec mise à l'épreuve : J-Cl. Proc. pén.*, art. 739 à 747.

1) S'agissant de dommages pécuniaires, l'obligation de réparer prévue par l'article R. 58 (5o) du Code de procédure pénale ne peut être ordonnée que si le préjudice est déterminé dans son montant au moment du prononcé de la décision pénale (Cass. crim., 11 oct. 1978 : *Bull.* 267. – Cass. crim., 27 juin 1983 : *Bull.* 199).

Il en est de même pour l'obligation de réparer prévue par l'article R. 58-6° (Cass. crim., 15 déc. 1987 : *Bull.* 466).

2) Si l'obligation de réparer les dommages pécuniaires, prévue en cas de sursis avec mise à l'épreuve par l'article R. 58-6° du Code de procédure pénale, ne peut être imposée en l'absence de toute condamnation préalable et déterminée sur les intérêts civils, il en est autrement lorsque les juges, en ordonnant une expertise sur le préjudice, ont condamné le prévenu à verser à la partie civile une indemnité provisionnelle immédiatement exécutoire en vertu de l'article 464, alinéa 3, du Code de procédure pénale (Cass. crim., 10 déc. 1990 : *Bull.* 423).

3) Le juge pénal, qui place un condamné sous le régime du sursis avec mise à l'épreuve, peut imposer une obligation de réparer le dommage causé par l'infraction dès lors que le préjudice a été évalué par une décision intervenue sur l'exercice de l'action civile. C'est au cours de l'exécution de la mesure de probation, et non lors du prononcé de la condamnation, que les facultés contributives du condamné doivent être prises en considération en application de l'article R. 58-6° du Code de procédure pénale (Cass. crim., 20 juin 1989 : *Bull.* 265).

4) L'obligation, pour le condamné du chef d'enlèvement d'enfant, de remettre le mineur à sa mère constitue la réparation du dommage causé par l'infraction et entre dès lors dans les prévisions de l'article R. 58-5° du Code de procédure pénale (Cass. crim., 27 nov. 1984 : *Bull.* 368).

5) Le juge de l'application des peines tient de l'article 739 du Code de procédure pénale le pouvoir d'imposer au condamné placé sous le régime du sursis probatoire, au cours du délai d'épreuve, une ou plusieurs obligations prévues à l'article R. 58 du même code. En outre, il peut à tout moment aménager ou supprimer les obligations auxquelles celui-ci a été soumis (Cass. crim., 5 janv. 1993 : *Bull.* 5).

Art. 740 *(L. n. 92-1336, 16 déc. 1992, art. 101 ; L. n. 93-913, 19 juill. 1993 ; L. n. 70-643, 17 juill. 1970, art. 29).* **– Au cours du délai d'épreuve, le juge de l'application des peines sous le contrôle de qui le condamné est placé s'assure, soit par lui-même, soit par toute personne qualifiée, de l'exécution des mesures de contrôle et d'aide et des obligations imposées à ce condamné.**

Si les actes nécessaires à cette fin doivent être effectués hors des limites de son ressort, il charge d'y procéder ou d'y faire procéder le juge de l'application des peines territorialement compétent.

Art. 741 *(L. n. 70-643, 17 juill. 1970, art. 29).* **– Le condamné est tenu de se présenter, chaque fois qu'il en est requis, devant le juge de l'application des peines sous le contrôle duquel il est placé.**

Lorsque le condamné ne défère pas à sa réquisition, le magistrat peut, si le condamné se trouve dans son ressort, ordonner qu'il sera conduit devant lui par la force publique pour être entendu sans délai. Si le condamné ne se trouve pas dans son ressort, le même magistrat peut demander au juge de l'application des peines dans le ressort duquel se trouve ce condamné de se le faire présenter par la force publique et de procéder à son audition.

Art. 741-1 *(L. n. 70-643, 17 juill. 1970, art. 29).* **– Si le condamné est en fuite, le juge de l'application des peines peut décerner un ordre de recherche. Le condamné qui fait l'objet de cet ordre est conduit devant le juge de l'application des peines du lieu où il est trouvé ou, si ce magistrat ne peut procéder immédiatement à son audition, devant le procureur de la République. Lorsque le condamné n'a pas été conduit devant le juge de l'application des peines qui a lui-même ordonné les recherches, un procès-verbal de ses déclarations est transmis sans délai à ce magistrat.**

Art. 741-2 *(L. n. 92-1336, 16 déc. 1992, art. 101 ; L. n. 93-913, 19 juill. 1993 ; L. n. 70-643, 17 juill. 1970, art. 29).* **– Lorsque le condamné ne se soumet pas aux mesures de contrôle ou aux obligations particulières imposées en application de l'article 739, le juge de l'application des peines, après l'avoir entendu ou fait entendre, peut décider, par ordonnance motivée, rendue sur les réquisitions du ministère public, que le condamné sera provisoirement incarcéré dans l'établissement pénitentiaire le plus proche.**

Cette décision peut être prise sur délégation par le juge de l'application des peines dans le ressort duquel le condamné est trouvé.

Art. 741-3 *(L. n. 70-643, 17 juill. 1970, art. 29).* **– Les mesures prévues à l'article 741-2 impliquent saisine du tribunal correctionnel pour qu'il soit statué sur l'application des dispositions de l'article 742.**

L'affaire doit venir à la première audience ou au plus tard dans les cinq jours de l'écrou, faute de quoi le condamné doit être mis en liberté d'office. S'il y a lieu à remise, le tribunal doit statuer par décision motivée sur le maintien en détention du condamné.

Art. 742 *(L. n. 92-1336, 16 déc. 1992, art. 102 ; L. n. 93-913, 19 juill. 1993 ; L. n. 70-643, 17 juill. 1970, art. 29 ; L. n. 75-624, 11 juill. 1975, art. 32 ; L. n. 81-82, 2 févr. 1981, art. 96).* **– Le tribunal correctionnel peut prolonger le délai d'épreuve :**

1° Lorsque le condamné ne satisfait pas aux mesures de contrôle et d'aide ou aux obligations particulières imposées en application de l'article 739 ;

2° Lorsqu'il a commis une infraction suivie d'une condamnation à l'occasion de laquelle la révocation du sursis n'a pas été prononcée ;

3° Lorsqu'il s'est soustrait volontairement à l'obligation de contribuer aux charges familiales, d'acquitter régulièrement les pensions alimentaires, de remettre ses enfants entre les mains de ceux auxquels leur garde a été confiée par décision de justice, ou encore de réparer les dommages causés par l'infraction.

Le tribunal peut aussi, dans les conditions prévues aux articles 132-49 à 132-51 du Code pénal, révoquer en totalité ou en partie le sursis.

V. Jean Larguier, *La révocation du sursis avec mise à l'épreuve : Rev. sc. crim.* 1981, p. 603.

1) Selon l'article 742 du Code de procédure pénale, lorsque le condamné ne satisfait pas aux obligations du sursis avec mise à l'épreuve, la juridiction peut soit prolonger le délai d'épreuve, soit révoquer en totalité ou en partie le sursis (Cass. crim., 16 mars 1999 : *Bull.* 41).

2) La cour d'appel qui ordonne l'exécution d'une peine assortie de sursis avec mise à l'épreuve n'est pas tenue, en l'absence de mesure d'incarcération du condamné, de rendre une décision spéciale et motivée, la constatation de l'existence de l'une des conditions de révo-

cation du sursis prévues à l'article 742 du Code de procédure pénale étant suffisante pour justifier la décision (Cass. crim., 30 avr. 1980 : *Bull.* 128).

3) Selon les dispositions combinées des articles 132-47, 132-48 du Code pénal et 742 du Code de procédure pénale, lorsque le condamné à une peine d'emprisonnement assortie du sursis avec mise à l'épreuve commet une infraction suivie d'une condamnation pendant le délai d'épreuve, la révocation du sursis peut être prononcée soit par le tribunal prononçant sur l'infraction nouvelle, soit par le tribunal statuant comme juridiction de l'application des peines ; dans ce second cas, la juridiction de l'application des peines doit s'assurer que la condamnation prononcée pendant le délai d'épreuve est définitive (Cass. crim., 30 mars 1999 : *Bull.* 63).

Art. 742-1 *(L. n. 70-643, 17 juill. 1970, art. 29)*. **– Lorsque le tribunal correctionnel prolonge le délai d'épreuve, ce délai ne peut au total être supérieur à** *(L. n. 89-461, 6 juill. 1989, art. 19)* **trois années. Le tribunal peut, en outre, par décision spéciale et motivée, ordonner l'exécution provisoire de cette mesure.**

Art. 742-2. *– Abrogé, à compter du 1er mars 1994, L. n. 92-1336, 16 décembre 1992, art. 103 ; L. n. 93-913, 19 juillet 1993.*

Art. 742-3. *– Abrogé, à compter du 1er mars 1994, L. n. 92-1336, 16 décembre 1992, art. 103 ; L. n. 93-913, 19 juillet 1993.*

Art. 742-4. *– Abrogé, à compter du 1er mars 1994, L. n. 92-1336, 16 décembre 1992, art. 103 ; L. n. 93-913, 19 juillet 1993.*

Art. 743 *(L. n. 92-1336, 16 déc. 1992, art. 104 ; L. n. 93-913, 19 juill. 1993 ; L. n. 70-643, 17 juill. 1970, art. 29)*. **– Si le condamné satisfait aux mesures de contrôle et d'aide et aux obligations particulières imposées en application de l'article 739 et si son reclassement paraît acquis, le tribunal correctionnel peut déclarer non avenue la condamnation prononcée à son encontre.**

Le tribunal ne peut être saisi à cette fin avant l'expiration *(L. n. 89-461, 6 juill. 1989, art. 19)* **d'un délai d'un an à dater du jour où la condamnation est devenue définitive.**

La décision du tribunal peut être frappée d'appel par le ministère public et par le condamné.

Art. 744 *(L. n. 70-643, 17 juill. 1970, art. 29)*. **– Le tribunal correctionnel compétent pour statuer dans les cas prévus par les articles 739, troisième alinéa, 741-3, 742 et 743 est celui dans le ressort duquel le condamné a sa résidence habituelle ou, si le condamné n'a pas en France de résidence habituelle, celui dans le ressort duquel la juridiction qui a prononcé la condamnation a son siège. Toutefois, s'il a été fait application des dispositions de l'article 741-2, le tribunal compétent pour prendre les mesures prévues à l'article 742 est celui dans le ressort duquel le condamné a été trouvé.**

Le tribunal correctionnel est saisi soit par le juge de l'application des peines, soit par le procureur de la République. Il peut également être saisi par la requête du condamné demandant le bénéfice des dispositions de l'article 743.

Le condamné est cité à la requête du ministère public dans les conditions prévues par les articles 550 à 566. Il peut également comparaître dans les conditions prévues par l'article 389, premier et troisième alinéas.

Le tribunal statue en chambre du conseil. Lorsque le juge de l'application des peines ne participe pas à la décision, le tribunal statue sur son rapport écrit.

Art. 744-1 *(L. n. 92-1336, 16 déc. 1992, art. 105 ; L. n. 93-913, 19 juill. 1993 ; L. n. 70-643, 17 juill. 1970, art. 29)*. **– Les décisions rendues en application des articles qui précèdent sont susceptibles d'opposition, d'appel ou de pourvoi en cassation dans les conditions prévues aux livres II et III du présent code.**

Toutefois, la décision prise par le tribunal en application de l'article 132-51 du Code pénal produit effet nonobstant opposition, appel ou pourvoi en cassation.

En cas d'opposition, l'affaire doit venir devant le tribunal à la première audience ou, au plus tard, dans la huitaine du jour de l'opposition, faute de quoi le condamné doit être mis en liberté d'office. S'il y a lieu à remise, la juridiction doit statuer d'office par une décision motivée sur le maintien ou la levée de l'écrou.

Les dispositions du présent article sont applicables lorsque la révocation du sursis est décidée par la juridiction de jugement en application de l'article 132-48 du Code pénal.

Art. 744-2 *(L. n. 70-643, 17 juill. 1970, art. 29 ; L. n. 74-631, 5 juill. 1974, art. 13-III). – Abrogé, L. n° 2002-1138, 9 sept. 2002, art. 21, II.*

Art. 744-3. – *Abrogé, à compter du 1er mars 1994, L. n. 92-1336, 16 décembre 1992, art. 106 ; L. n. 93-913, 19 juillet 1993.*

Art. 745. – *Abrogé, à compter du 1er mars 1994, L. n. 92-1336, 16 décembre 1992, art. 106 ; L. n. 93-913, 19 juillet 1993.*

Art. 745-1. – *Abrogé, à compter du 1er mars 1994, L. n. 92-1336, 16 décembre 1992, art. 106 ; L. n. 93-913, 19 juillet 1993.*

Art. 746 *(L. n. 92-1336, 16 déc. 1992, art. 107 ; L. n. 93-913, 19 juill. 1993 ; L. n. 70-643, 17 juill. 1970, art. 29)*. **– La suspension de la peine ne s'étend pas au paiement des frais du procès et des dommages-intérêts.**

Elle ne s'étend pas non plus aux incapacités, interdictions et déchéances résultant de la condamnation.

Toutefois, ces incapacités, interdictions et déchéances cesseront d'avoir effet du jour où, par application des dispositions de l'article 743 ou de l'article 132-52 du Code pénal, la condamnation aura été déclarée ou réputée non avenue. *(L. n. 98-468, 17 juin 1998, art. 41-III)* **Cette disposition ne s'applique pas à la peine d'interdiction d'exercer une activité professionnelle ou bénévole impliquant un contact habituel avec des mineurs.**

Une condamnation avec sursis et mise à l'épreuve est considérée comme non avenue dès lors que les conditions prévues par l'article 739 sont réalisées. En application de l'article 746, alinéa 3, les incapacités résultant de cette condamnation cessent alors d'avoir effet. Il en est ainsi de l'incapacité d'être juré édictée par l'article 256 du Code de procédure pénale (Cass. crim., 24 janv. 1973 : *Bull.* 38).

Art. 747 *(L. n. 92-1336, 16 déc. 1992, art. 108 ; L. n. 93-913, 19 juill. 1993)*. **– Les dispositions relatives aux effets du sursis avec mise à l'épreuve sont fixées par les articles 132-52 et 132-53 du Code pénal.**

CHAPITRE III. – DU SURSIS ASSORTI DE L'OBLIGATION D'ACCOMPLIR UN TRAVAIL D'INTÉRÊT GÉNÉRAL

(L. n. 83-466, 10 juin 1983, art. 4)

Art. 747-1 *(L. n. 92-1336, 16 déc. 1992, art. 109 ; L. n. 93-913, 19 juill. 1993)*. **– Le sursis assorti de l'obligation d'accomplir un travail d'intérêt général suit les mêmes règles que celles qui sont prévues pour le sursis avec mise à l'épreuve, sous réserve des adaptations suivantes :**

1° L'obligation d'accomplir un travail d'intérêt général est assimilée à une obligation particulière ;

2° Les mesures de contrôle sont celles énumérées à l'article 132-55 du Code pénal ;

3° Le délai prévu par l'article 742-1 est ramené à dix-huit mois ;

4° L'article 743 n'est pas applicable.

V. GONNARD, *Sursis assorti de l'obligation d'accomplir un travail d'intérêt général : J.-Cl. Proc. pén.*, art. 747-1 et 747-2.

V. M. PUECH, *Commentaire de la loi n. 83-466 du 10 juin 1983 : ALD* 1983, 105. – Henri SUQUET, *Le travail d'intérêt général et les peines de substitution* (Conférence des Premiers présidents du 9 juin 1988) : *Rev. pénit.* avril-juin 1989, 187 s. – Actes du forum du 7 juin 1990 à la Faculté Panthéon-Assas, *De la peine de substitution à la peine de réparation ? : Dr. pénal,* août-sept. 1990.

V. Textes complémentaires, D. 25 janvier 1984 (accidents du travail des personnes condamnées à un travail d'intérêt général).

Art. 747-2 *(L. n. 92-1336, 16 déc. 1992, art. 110 ; L. n. 93-913, 19 juill. 1993)*. **– Dans le cas prévu à l'article 132-57 du Code pénal, la juridiction est saisie par le juge de l'application des peines au moyen d'un rapport mentionnant que, après avoir été informé du droit de refuser l'accomplissement d'un travail d'intérêt général, le condamné a expressément déclaré renoncer à se prévaloir de ce droit. Le rapport ne peut être présenté que si la peine d'emprisonnement n'est pas en cours d'exécution. Son dépôt a pour effet de suspendre, jusqu'à la décision de la juridiction saisie, l'exécution de la peine.**

La juridiction statue en chambre du conseil sur les conclusions du ministère public, le condamné ou son avocat entendus ou convoqués. Si la personne pour laquelle le sursis est demandé se trouve détenue, il est procédé conformément aux dispositions de l'article 712.

La décision est portée sans délai à la connaissance du juge de l'application des peines ; elle est notifiée par ce magistrat au condamné lorsqu'elle a été rendue hors la présence de celui-ci. Elle est seulement susceptible d'un pourvoi en cassation qui n'est pas suspensif.

1) Aux termes de l'article 747-2 du Code de procédure pénale, la décision statuant sur une requête en conversion d'une peine d'emprisonnement sans sursis de six mois au plus en une peine d'emprisonnement avec sursis et obligation d'effectuer un travail d'intérêt général est seulement susceptible d'un pourvoi en cassation (Cass. crim., 21 janv. 1988 : *Bull.* 30 ; *Juris-Data* n. 001030).

2) Il résulte de l'article 747-2 du Code de procédure pénale que, devant la juridiction saisie, sur le fondement de l'article 132-57 du Code pénal, d'une requête en conversion d'une peine d'emprisonnement en peine avec sursis assorti d'un travail d'intérêt général, la présence du condamné n'est pas obligatoire, dès lors que le rapport du juge de l'application des peines mentionne l'adhésion de l'intéressé à cette mesure (Cass. crim., 10 mars 1998 : *Bull.* 92).

CHAPITRE IV. – DE L'AJOURNEMENT

(Créé à compter du 1er mars 1994, L. n. 92-1336, 16 déc. 1992, art. 112 ; L. n. 93-913, 19 juill. 1993)

Art. 747-3. – Lorsque la juridiction de jugement ajourne le prononcé de la peine en application de l'article 132-63 du Code pénal, le prévenu est placé sous le contrôle du juge de l'application des peines dans le ressort duquel il a sa résidence. Le juge de l'application des peines s'assure, soit par lui-même, soit par toute personne qualifiée, de l'exécution de la mesure. Les dispositions du deuxième alinéa de l'article 740 et celles de l'article 741 sont applicables au contrôle exercé sur le prévenu.

Le tribunal correctionnel peut, à la demande du juge de l'application des peines, aménager ou supprimer les obligations particulières imposées au prévenu ou en prévoir de nouvelles.

Si le prévenu ne se soumet pas aux mesures de contrôle et d'assistance ou aux obligations particulières, le juge de l'application des peines peut saisir le tribunal avant l'expiration du délai d'épreuve afin qu'il soit statué sur la peine.

Les dispositions des articles 741-1 et 741-2, du deuxième alinéa de l'article 741-3 et du troisième alinéa de l'article 744 sont applicables. La comparution du prévenu devant le tribunal dans le cas prévu par le troisième alinéa du présent article rend non avenue la fixation de la date d'audience de renvoi par la décision d'ajournement.

Lorsque la décision d'ajournement a été rendue par une juridiction compétente à l'égard des mineurs, les attributions du juge de l'application des peines sont dévolues au juge des enfants dans le ressort duquel le mineur a sa résidence.

V. A. BLANCHOT, *Ajournement, J.-Cl. Proc. pén.* , art. 747-3 et 747-4.

Art. 747-4. – Lorsque la juridiction de jugement ajourne le prononcé de la peine en application de l'article 132-66 du Code pénal, le juge de l'application des peines dans le ressort duquel le prévenu a sa résidence s'assure, soit par lui-même, soit par toute personne qualifiée, de l'exécution des prescriptions énumérées par l'injonction de la juridiction. Les dispositions du deuxième alinéa de l'article 740 sont, le cas échéant, applicables.

Art. 747-5. – *Abrogé, à compter du 1er mars 1994, L. n. 92-1336, 16 décembre 1992, art. 111 ; L. n. 93-913, 19 juillet 1993.*

Art. 747-6. – *Abrogé, à compter du 1er mars 1994, L. n. 92-1336, 16 décembre 1992, art. 111 ; L. n. 93-913, 19 juillet 1993.*

Art. 747-7. – *Abrogé, à compter du 1er mars 1994, L. n. 92-1336, 16 décembre 1992, art. 111 ; L. n. 93-913, 19 juillet 1993.*

Art. 747-8. – *Abrogé, à compter du 1er mars 1994, L. n. 92-1336, 16 décembre 1992, art. 111 ; L. n. 93-913, 19 juillet 1993.*

TITRE V. – DE LA RECONNAISSANCE DE L'IDENTITÉ DES INDIVIDUS CONDAMNÉS

Art. 748. – Lorsque, après une évasion suivie de reprise ou dans toute autre circonstance, l'identité d'un condamné fait l'objet d'une contestation, cette contestation est tranchée suivant les règles établies en matière d'incidents d'exécution. Toutefois l'audience est publique.

Si la contestation s'élève au cours et à l'occasion d'une nouvelle poursuite, elle est tranchée par la cour ou le tribunal saisi de cette poursuite.

V. J.-M. GONNARD, *Reconnaissance de l'identité des individus condamnés : J.-Cl. Proc. pén.*, art. 748.

TITRE VI. – DE LA CONTRAINTE PAR CORPS

Art. 749 *(L. n. 85-1407, 30 déc. 1985, art. 76 et 94 ; Mod., L. n. 93-2, 4 janv. 1993, art. 135).* **– Lorsqu'une condamnation à l'amende, ou à tout autre paiement au profit du Trésor public qui n'a pas le caractère d'une réparation civile est prononcée pour une infraction n'étant pas de nature politique et n'emportant pas peine perpétuelle, la durée de la contrainte par corps est applicable, en cas d'inexécution de la condamnation, dans les limites prévues par l'article 750.**

Cette durée est déterminée, le cas échéant, en fonction du montant cumulé des condamnations qui n'ont pas été exécutées.

V. J.-M. GONNARD, *Contrainte par corps : J.-Cl. Proc. pén.*, art. 749 à 762, Fasc. 20.

1) Aux termes de l'article 749 du Code de procédure pénale, la contrainte par corps ne peut être prononcée pour une infraction ayant un caractère politique. Les infractions de presse sont assimilées, à ce point de vue, à des infractions politiques (Cass. crim., 15 mars 1973 : *Bull.* 135). Aussi la contrainte par corps ne s'applique-t-elle pas en matière de délit de presse (Cass. crim., 3 mai 1972 : *Bull.* 151. – Cass. crim., 9 janv. 1974 : *Bull.* 12. – Cass. crim., 6 mars 1974 : *Bull.* 97).

2) Par application de l'article 749 du Code de procédure pénale qui prohibe son application

en matière d'infractions politiques, la contrainte par corps ne peut être prononcée lorsque le prévenu a été déclaré coupable à la fois d'un délit de droit commun et d'un délit politique et que ce dernier est plus sévèrement sanctionné par la loi que le premier (Cass. crim., 23 mars 1971 : *Bull.* 102. – Cass. crim., 7 mars 1972 : *Bull.* 85).

Tel est le cas aussi lorsque le délit le plus sévèrement sanctionné est une infraction de presse (Cass. crim., 9 oct. 1974 : *Bull.* 282. – Cass. crim., 25 juill. 1979 : *Bull.* 252).

3) Même s'il est commis par la voie de la presse, le délit d'outrages aux bonnes mœurs ne saurait être assimilé à une infraction politique. La contrainte par corps est, dès lors, applicable dans ce cas (Cass. crim., 15 déc. 1980 : *Bull.* 345).

4) La contrainte par corps ne peut être prononcée contre les personnes qui n'ont figuré dans l'instance pénale qu'en qualité de civilement responsables (Cass. crim., 14 mars 1973 : *Bull.* 303).

5) La contrainte par corps n'est pas applicable aux réparations de caractère purement civil allouées au Trésor public ensuite d'un délit d'escroquerie dont il a été la victime (Cass. crim., 19 juin 1978 : *Bull.* 201).

6) Le juge pénal n'a pas à se prononcer sur l'assiette de l'impôt qui reste du domaine de la juridiction administrative. Viole le principe de la séparation des autorités administratives et judiciaires la décision qui, sur requête du trésorier-payeur général, fixe cette assiette et arbitre en conséquence la durée de la contrainte par corps infligée en suite d'un précédent jugement, qui a statué sur la peine et les prétentions de l'Administration des impôts (Cass. crim., 3 févr. 1976 : *Bull.* 41).

En application des dispositions de l'arti-cle 1845 du Code général des impôts, le juge répressif fixe la durée de la contrainte par corps, dès lors qu'il a constaté l'existence des infractions fiscales reprochées aux prévenus et leur a infligé une sanction pénale, sans avoir, ni à déterminer le montant des impôts éludés et des pénalités fiscales y afférent, ni à surseoir à statuer jusqu'à ce que le juge de l'impôt, éventuellement saisi, ait prononcé sur le montant des impositions exigibles et des pénalités fiscales (Cass. crim., 10 mai 1982 : *Bull.* 116).

L'assujettissement au droit fixe de procédure dont le montant est déterminé par l'arti-cle 1018 A du Code général des impôts ne peut donner lieu au prononcé de la contrainte par corps prévue par l'article 749 du Code de procédure pénale (Cass. crim., 15 janv. 1997 : *Bull.* 12).

7) La contrainte par corps étant attachée de plein droit, en vertu de l'article 382-2 du Code des douanes, à l'exécution des condamnations douanières, il en résulte que la juridiction qui, en prononçant de telles condamnations, omet de prononcer simultanément sur la contrainte par corps et sur sa durée, n'épuise pas ses pouvoirs. Dès lors, pour le jugement de ces questions, les parties intéressées peuvent revenir devant elle (Cass. crim., 18 mai 1978 : *Bull.* 153).

Il résulte des dispositions combinées des articles L. 240 du Livre des procédures fiscales et 749 du Code de procédure pénale qu'en matière de contributions indirectes, il y a lieu à application de la contrainte par corps, lorsque l'Administration le requiert, pour le recouvrement des amendes, confiscations et pénalités fiscales (Cass. crim., 3 oct. 1994 : *Bull.* 310).

8) Il résulte de l'article L. 211-8, alinéa 2, du Code des assurances, que la majoration de 50 % affectant l'amende édictée par l'alinéa 1er du même texte est perçue au profit du Fonds de garantie automobile, et non du Trésor public. Par suite, la contrainte par corps prévue par l'article 749 du Code de procédure pénale est inapplicable au recouvrement de cette majoration (Cass. crim., 16 déc. 1982 : *Bull.* 295 ; *Rev. sc. crim.* 1983, p. 683, obs. Robert).

Art. 750 *(L. n. 85-1407, 30 déc. 1985, art. 76 et 94)*. **– La durée de la contrainte par corps est fixée ainsi qu'il suit :**

1° À cinq jours, lorsque l'amende et les condamnations pécuniaires sont au moins égales à 1 000 F (150 €) sans excéder 3 000 F (450 €) ;

2° À dix jours, lorsque, supérieures à 3 000 F (450 €), elles n'excèdent pas 10 000 F (1 500 €) ;

3° À vingt jours, lorsque, supérieures à 10 000 F (1 500 €), elles n'excèdent pas 20 000 F (3 000 €) ;

4° À un mois, lorsque, supérieures à 20 000 F (3 000 €), elles n'excèdent pas 40 000 F (6 000 €) ;

5° À deux mois, lorsque, supérieures à 40 000 F (6 000 €), elles n'excèdent pas 80 000 F (12 000 €) ;

6° À quatre mois, lorsqu'elles excèdent 80 000 F (12 000 €).

Doit être cassé par voie de retranchement et sans renvoi le jugement du tribunal de police qui, après condamnation du prévenu du chef de stationnement irrégulier, a ordonné l'exercice de la contrainte par corps, alors que le montant cumulé de l'amende et des dépens était inférieur à 1 000 francs, seuil minimum prévu pour cet exercice par l'article 750 du Code de procédure pénale (Cass. crim., 28 avr. 1987 : *Bull.* 170).

Art. 751 *(L. n. 74-631, 5 juill. 1974, art. 13 ; L. n. 85-1407, 30 déc. 1985, art. 76 et 94)*. **– La contrainte par corps ne peut être prononcée ni contre les personnes mineures au moment des faits, ni contre les personnes âgées d'au moins soixante-cinq ans au moment de la condamnation.**

Art. 752 *(L. n. 85-1407, 30 déc. 1985, art. 76 et 94)*. **– La contrainte par corps ne peut être exécutée contre les condamnés qui justifient de leur insolvabilité en produisant :**

1° Un certificat du percepteur de leur domicile constatant qu'ils ne sont pas imposés ;

2° Un certificat du maire ou du commissaire de police de leur commune.

La preuve que le condamné est en réalité solvable peut être rapportée par tous moyens.

1) À l'encontre des condamnés qui justifient de leur insolvabilité dans les conditions qu'il précise, l'article 752 du Code de procédure pénale interdit d'exécuter la contrainte par corps mais n'exclut pas le prononcé de cette mesure (Cass. crim., 18 déc. 1989 : *Bull.* 484 ; *Rev. sc. crim.* 1990, 807, obs. Braunschweig).

2) Lorsque l'exercice anticipé de la contrainte par corps a été ordonné, par une décision définitive, en application de l'article 388 du Code des douanes, le débiteur peut, à tout moment, demander à être dispensé de l'exécution de cette mesure, sur le fondement des articles 710 et 752 du Code de procédure pénale (Cass. crim., 20 janv. 1998 : *Bull.* 23).

Art. 753. **– Elle ne peut être exercée simultanément contre le mari et la femme, même pour le recouvrement de sommes afférentes à des condamnations différentes.**

L'article 753 du Code de procédure pénale qui n'a pas été modifié par l'article 76 de la loi n. 85-1407 du 30 décembre 1985 entrée en vigueur le 1er février 1986, n'interdit que l'exercice simultané contre le mari et la femme de toute mesure de contrainte par corps et non le prononcé de cette sanction à leur encontre, dès lors que les deux époux ont été reconnus pénalement coupables des infractions dont ils avaient l'un et l'autre à répondre, et qui, en l'espèce, consistaient en des délits de fraudes fiscales et de passation d'écritures comptables irrégulières, perpétrés au sein d'une personne morale dont ils étaient les dirigeants de droit et de fait (Cass. crim., 2 févr. 1987 : *Bull.* 51).

Art. 754 *(Ord. n. 60-529, 4 juin 1960, art. 2 ; L. n. 85-1407, 30 déc. 1985, art. 77-I, 77-II, 94)*. **– Elle ne peut être exercée que cinq jours après un commandement fait au condamné à la requête de la partie poursuivante.**

Dans le cas où le jugement de condamnation n'a pas été précédemment signifié au débiteur, le commandement porte en tête un extrait de ce jugement, lequel contient le nom des parties et le dispositif.

Sur le vu de l'exploit de signification du commandement et sur la demande de la partie poursuivante, le procureur de la République adresse les réquisitions nécessaires aux agents de la force publique et autres fonctionnaires chargés de l'exécution des mandements de justice. Les réquisitions d'incarcération ne sont valables que jusqu'à l'expiration des délais de prescription de la peine. Cette prescription acquise, la contrainte par corps qui n'aura pas commencé à être exécutée ne pourra plus être exercée.

Lorsque, avant la signature des réquisitions d'incarcération, il s'est écoulé une année entière depuis le commandement, il en est fait un nouveau.

1) Il résulte des dispositions combinées de l'article 754 du Code de procédure pénale et de celles de l'article 382-5 du Code des douanes que la contrainte par corps ne peut être exercée après l'expiration du délai de prescription de la peine (Cass. crim., 31 janv. 1983 : *Bull.* 39).

2) Il résulte des dispositions combinées des articles 754, 4e alinéa, du Code de procédure pénale, et L. 272 du Livre des procédures fiscales que la contrainte par corps ne peut être exercée après l'expiration du délai de prescription de la peine (Cass. crim., 29 oct. 1996 : *Bull.* 376).

Art. 755 *(Ord. n. 60-529, 4 juin 1960, art. 2).* **– Les règles sur l'exécution des mandats de justice fixées par les articles 124, 132 hormis la référence à l'article 133, et 134, alinéas 1er et 2, sont applicables à la contrainte par corps.**

Art. 756. – Si le débiteur déjà incarcéré requiert qu'il en soit référé, il est conduit sur-le-champ devant le président du tribunal de grande instance du lieu où l'arrestation a été faite. Ce magistrat statue en état de référé sauf à ordonner, s'il échet, le renvoi pour être statué dans les formes et conditions des articles 710 et 711.

(Second al. modifié, L. n. 85-1407, 30 déc. 1985, art. 78 et 94) **Le même droit appartient au débiteur arrêté, qui est conduit sur-le-champ devant le président du tribunal de grande instance du lieu de détention.**

Art. 757. – Si le débiteur arrêté ne requiert pas qu'il en soit référé, ou si, en cas de référé, le président ordonne qu'il soit passé outre, il est procédé à l'incarcération dans les formes ci-dessus prévues pour l'exécution des peines privatives de liberté.

Art. 758. – La contrainte par corps est subie en maison d'arrêt, dans le quartier à ce destiné.

Second alinéa abrogé, L. n. 85-1407, 30 décembre 1985, art. 79 et 94.

Art. 759. – Les individus contre lesquels la contrainte a été prononcée peuvent en prévenir ou en faire cesser les effets soit en payant ou consignant une somme suffisante pour éteindre leur dette, soit en fournissant une caution reconnue bonne et valable.

La caution est admise par le receveur des finances. En cas de contestation, elle est déclarée, s'il y a lieu, bonne et valable par le président du tribunal de grande instance agissant par voie de référé.

La caution doit se libérer dans le mois, faute de quoi elle peut être poursuivie.

Lorsque le paiement intégral n'a pas été effectué, et sous réserve des dispositions de l'article 760, la contrainte par corps peut être requise à nouveau pour le montant des sommes restant dues.

Art. 760. – Lorsque la contrainte par corps a pris fin pour une cause quelconque, elle ne peut plus être exercée ni pour la même dette, ni pour des condamnations antérieures à son exécution, à moins que ces condamnations n'entraînent par leur quotité une contrainte plus longue que celle déjà subie, auquel cas la première incarcération doit toujours être déduite de la nouvelle contrainte.

Les termes mêmes de l'article 760 du Code de procédure pénale, signifient sans équivoque que ce texte n'est applicable que lorsque l'exécution de la contrainte a pris fin et non, dans le cas où la procédure elle-même a trouvé son terme avant toute incarcération (Cass. crim., 11 févr. 1980 : *Bull.* 53 ; *Rev. sc. crim.* 1980, p. 1006, obs. J. Robert).

Art. 761. – Le débiteur détenu est soumis au même régime que les condamnés, sans toutefois être astreint au travail.

Encourt la cassation l'arrêt qui, pour déclarer un débiteur exécutant une contrainte par corps sous le régime de la semi-liberté, coupable du délit d'évasion prévu par l'article 245, dernier alinéa, du Code pénal, se fonde sur les dispositions de l'article 761 du Code de procédure pénale. Cet article qui se combine avec l'article 728 du même code ne concerne, en effet, dans l'assimilation qu'il édicte, que le régime intérieur de l'établissement où est détenu le débiteur sans pour autant placer celui-ci dans la situation juridique d'un condamné prévue à l'article 245, dernier alinéa, du Code pénal (Cass. crim., 10 nov. 1978 : *Bull.* 323 ; *JCP* 77, II, 18548, note X ; *D.* 1977, 36, note D. Mayer ; *Rev. sc. crim.* 1977, 86, obs. Vitu et 563, obs. Larguier).

Art. 762. – Le condamné qui a subi une contrainte par corps n'est pas libéré du montant des condamnations pour lesquelles elle a été exercée.

TITRE VII. – DE L'INTERDICTION DE SÉJOUR

(Applic. à compter du 1er mars 1994, L. n. 92-1336, 16 déc. 1992, art. 113 ; L. n. 93-913, 19 juill. 1993)

Art. 762-1. – La personne condamnée à la peine d'interdiction de séjour en application de l'article 131-31 du Code pénal peut être soumise par la décision de condamnation à une ou plusieurs des mesures de surveillance suivantes :

1° Se présenter périodiquement aux services ou autorités désignés par la décision de condamnation ;

2° Informer le juge de l'application des peines de tout déplacement au-delà de limites déterminées par la décision de condamnation ;

3° Répondre aux convocations de toute autorité ou de toute personne qualifiée désignée par la décision de condamnation.

V. R. Laur, *Interdiction de séjour : J.-Cl. Proc. pén.*, art. 762-1 à 763.

Art. 762-2. – La personne condamnée à la peine d'interdiction de séjour est tenue d'informer le juge de l'application des peines sous le contrôle duquel elle est placée de tout changement de résidence.

Les articles 741 et 741-1 sont applicables au condamné à l'interdiction de séjour.

Art. 762-3. – Les mesures d'assistance prévues à l'article 131-31 du Code pénal ont pour objet de faciliter le reclassement social du condamné.

Art. 762-4. – Le juge de l'application des peines dans le ressort duquel le condamné a déclaré fixer sa résidence assure la mise en œuvre des mesures d'assistance et veille au respect des mesures de surveillance prévues par la décision de condamnation.

À tout moment de la durée de l'interdiction de séjour, le juge de l'application des peines peut, après audition du condamné et avis du procureur de la République, modifier la liste des lieux interdits et les mesures de surveillance et d'assistance. Sa décision est exécutoire par provision. Elle peut être soumise à l'examen du tribunal correctionnel par le condamné ou le ministère public dans les conditions prévues par le troisième alinéa de l'article 739.

Art. 762-5. – Le juge de l'application des peines peut également décider de suspendre provisoirement l'exécution de la mesure d'interdiction de séjour. Toutefois, la décision est prise, sur la proposition du juge de l'application des peines, par le tribunal correctionnel statuant en chambre du conseil lorsque l'exécution de la mesure doit être suspendue pour une durée supérieure à trois mois.

En cas d'urgence, l'autorisation provisoire de séjourner dans une localité interdite peut être donnée par le procureur de la République de cette localité pour une durée n'excédant pas huit jours. Le procureur de la République informe sans délai de sa décision le juge de l'application des peines territorialement compétent.

Sauf disposition contraire de la décision ordonnant la suspension de la mesure, le temps pendant lequel le condamné a bénéficié de la suspension est compté dans la durée de l'interdiction de séjour.

Art. 763. – En cas de prescription d'une peine prononcée en matière criminelle, le condamné est soumis de plein droit et à titre définitif à l'interdiction de séjour dans le département où demeurent la victime du crime ou ses héritiers directs.

Art. 764 et 765. – *Abrogés, L. n. 92-1336, 16 décembre 1992 ; L. n. 93-913, 19 juillet 1993.*

Art. 765-1 *(L. n. 93-2, 4 janv. 1993, art. 157).* – **Pour le recouvrement des amendes en matière criminelle, correctionnelle et de police, la prescription est interrompue par un commandement notifié au condamné ou une saisie signifiée à celui-ci.**

Art. 766 et 767. – *Abrogés, L. n. 92-1336, 16 décembre 1992 ; L. n. 93-913, 19 juillet 1993.*

TITRE VII *bis*. – DU SUIVI SOCIO-JUDICIAIRE

(L. n. 98-468, 17 juin 1998, art. 8)

Art. 763-1. – La personne condamnée à un suivi socio-judiciaire selon les modalités prévues par les articles 131-36-1 à 131-36-8 du Code pénal est placée sous le contrôle du juge de l'application des peines dans le ressort duquel elle a sa résidence habituelle ou, si elle n'a pas en France de résidence habituelle, du juge de l'application des peines du tribunal dans le ressort duquel a son siège la juridiction qui a statué en première instance. Le juge de l'application des peines peut désigner *(L. n. 2000-516, 15 juin 2000, art. 123-VI)* **le service pénitentiaire d'insertion et de probation pour veiller au respect des obligations imposées au condamné. Les dispositions de l'article 740 sont applicables.**

V. Suivi socio-judiciaire, *J.-Cl. Proc. pén.*, art. 763-1 à 763-9.

Art. 763-2. – La personne condamnée à un suivi socio-judiciaire est tenue de justifier, auprès du juge de l'application des peines, de l'accomplissement des obligations qui lui sont imposées.

Art. 763-3. – Pendant la durée du suivi socio-judiciaire, le juge de l'application des peines peut, après audition du condamné et avis du procureur de la République, modifier ou compléter les mesures prévues aux articles 131-36-2 et 131-36-3 du Code pénal.

Sa décision est exécutoire par provision. Elle peut être soumise à l'examen du tribunal correctionnel par le condamné ou le procureur de la République dans les conditions prévues par le troisième alinéa de l'article 739. Le juge de l'application des peines ne peut, à peine de nullité, siéger au sein du tribunal saisi de l'une de ses décisions.

Le juge de l'application des peines peut également, s'il est établi après une expertise médicale ordonnée postérieurement à la décision de condamnation que la personne astreinte à un suivi socio-judiciaire est susceptible de faire l'objet d'un traitement, prononcer une injonction de soins. Cette expertise est réalisée par deux experts en cas de condamnation pour meurtre ou assassinat d'un mineur précédé ou accompagné d'un viol, de tortures ou d'actes de barbarie. Le juge de l'application des peines avertit le condamné qu'aucun traitement ne pourra être entrepris sans son consentement, mais que, s'il refuse les soins qui lui seront proposés, l'emprisonnement prononcé en application du troisième alinéa de l'article 131-36-1 du Code pénal pourra être mis à exécution. Les dispositions de l'alinéa précédent sont alors applicables.

Art. 763-4. – Lorsque la personne condamnée à un suivi socio-judiciaire comprenant une injonction de soins doit exécuter cette mesure à la suite d'une peine privative de liberté, le juge de l'application des peines peut ordonner l'expertise médicale de l'intéressé avant sa libération. Cette expertise est obligatoire si la condamnation a été prononcée plus de deux ans auparavant.

Le juge de l'application des peines peut en outre, à tout moment du suivi socio-judiciaire et sans préjudice des dispositions de l'article 763-6, ordonner, d'office ou sur réquisitions du procureur de la République, les expertises nécessaires pour l'informer sur l'état médical ou psychologique de la personne condamnée.

Les expertises prévues par le présent article sont réalisées par un seul expert, sauf décision motivée du juge de l'application des peines.

Art. 763-5. – En cas d'inobservation des obligations mentionnées aux articles 131-36-2 et 131-36-3 du Code pénal ou de l'injonction de soins, le juge de l'application des peines peut, d'office ou

sur réquisitions du procureur de la République, ordonner, par décision motivée, la mise à exécution de l'emprisonnement prononcé par la juridiction de jugement en application du troisième alinéa de l'article 131-36-1 du Code pénal. L'exécution peut porter sur tout ou partie de cette peine. Cette décision est prise en chambre du conseil, à l'issue d'un débat contradictoire au cours duquel le juge de l'application des peines entend les réquisitions du procureur de la République et les observations du condamné ainsi que celles de son conseil. Cette décision est exécutoire par provision. Elle peut faire l'objet d'un appel dans les dix jours devant la chambre des appels correctionnels, qui statue dans le délai d'un mois.

En cas d'inobservation des obligations ou de l'injonction de soins, le juge de l'application de peines peut délivrer un mandat d'amener contre le condamné.

Si celui-ci est en fuite ou réside à l'étranger, il peut délivrer un mandat d'arrêt.

Les dispositions des articles 122 à 124 et 126 à 134 sont alors applicables, les attributions du juge d'instruction étant exercées par le juge de l'application des peines.

L'accomplissement de l'emprisonnement pour inobservation des obligations du suivi socio-judiciaire ne dispense pas le condamné de l'exécution du suivi socio-judiciaire. En cas de nouveau manquement par le condamné à ses obligations, le juge de l'application des peines peut de nouveau ordonner la mise à exécution de l'emprisonnement pour une durée qui, cumulée avec la durée de l'emprisonnement exécuté, ne saurait excéder celle fixée par la juridiction de condamnation.

Art. 763-6. – Toute personne condamnée à un suivi socio-judiciaire peut demander à la juridiction qui a prononcé la condamnation ou, en cas de pluralité de condamnations, à la dernière juridiction qui a statué de la relever de cette mesure. Si la condamnation a été prononcée par une cour d'assises, la juridiction compétente pour statuer sur la demande est la *(L. n. 2000-516, 15 juin 2000, art. 83)* chambre de l'instruction dans le ressort de laquelle la cour d'assises a son siège.

La demande ne peut être portée devant la juridiction compétente qu'à l'issue d'un délai d'un an à compter de la décision de condamnation. En cas de refus opposé à cette première demande, une autre demande ne peut être présentée qu'une année après cette décision de refus. Il en est de même, éventuellement, des demandes ultérieures.

La demande de relèvement est adressée au juge de l'application des peines, qui ordonne une expertise médicale et la transmet à la juridiction compétente avec les conclusions de l'expert ainsi que son avis motivé.

L'expertise est réalisée par deux experts en cas de condamnation pour meurtre ou assassinat d'un mineur précédé ou accompagné d'un viol, de tortures ou d'actes de barbarie.

La juridiction statue dans les conditions prévues par les troisième, quatrième et cinquième alinéas de l'article 703.

La juridiction peut décider de relever le condamné d'une partie seulement de ses obligations.

Ces dispositions ne sont pas applicables lorsque le suivi socio-judiciaire est prononcé comme peine principale.

Art. 763-7. – Lorsqu'une personne condamnée à un suivi socio-judiciaire comprenant une injonction de soins doit subir une peine privative de liberté, elle exécute cette peine dans un établissement pénitentiaire prévu par le second alinéa de l'article 718 et permettant de lui assurer un suivi médical et psychologique adapté.

Elle est immédiatement informée par le juge de l'application des peines de la possibilité d'entreprendre un traitement. Si elle ne consent pas à suivre un traitement, cette information est renouvelée au moins une fois tous les six mois.

En cas de suspension ou de fractionnement de la peine, de placement à l'extérieur sans surveillance ou de mesure de semi-liberté, les obligations résultant du suivi socio-judiciaire sont applicables.

Art. 763-8. – Lorsque le suivi socio-judiciaire est prononcé par une juridiction spéciale des mineurs, le juge des enfants, le tribunal pour enfants et la chambre spéciale des mineurs exercent les attributions dévolues par le présent titre au juge de l'application des peines, au tribunal

correctionnel et à la chambre des appels correctionnels, jusqu'à la fin de la mesure de suivi socio-judiciaire, sauf si le juge des enfants se dessaisit au profit du juge de l'application des peines.

Le juge des enfants désigne un service du secteur public de la protection judiciaire de la jeunesse pour veiller au respect des obligations imposées au condamné. Lorsque ce dernier a atteint l'âge de sa majorité, le juge des enfants peut désigner à cette fin *(L. n. 2000-516, 15 juin 2000, art. 123-VII)* **le service pénitentiaire d'insertion et de probation ; il peut également se dessaisir au profit du juge de l'application des peines.**

Art. 763-9. – Un décret en Conseil d'État détermine les modalités d'application des dispositions du présent titre.

TITRE VIII. – DU CASIER JUDICIAIRE

Art. 768 *(L. n. 75-624, 11 juill. 1975, art. 47 ; L. n. 80-2, 4 janv. 1980, art. 1er ; L. n. 92-1336, 16 déc. 1992, art. 114 ; L. n. 93-913, 19 juill. 1993)*. **– Le casier judiciaire national automatisé, qui peut comporter un ou plusieurs centres de traitement, est tenu sous l'autorité du ministre de la Justice. Il reçoit, en ce qui concerne les personnes nées en France et après contrôle de leur identité au moyen du répertoire national d'identification des personnes physiques, le numéro d'identification ne pouvant en aucun cas servir de base à la vérification de l'identité :**

1° Les condamnations contradictoires ou par contumace ainsi que les condamnations par défaut, non frappées d'opposition, prononcées pour crime, délit ou contravention de la cinquième classe, ainsi que les déclarations de culpabilité assorties d'une dispense de peine ou d'un ajournement du prononcé de la peine sauf si la mention de la décision au bulletin n° 1 a été expressément exclue en application de l'article 132-59 du Code pénal ;

2° Les condamnations contradictoires ou par défaut, non frappées d'opposition, pour les contraventions des quatre premières classes dès lors qu'est prise, à titre principal ou complémentaire, une mesure d'interdiction, de déchéance ou d'incapacité ;

3° Les décisions prononcées par application *(Mots remplacés, L. n° 2002-1138, 9 sept. 2002, art. 15, 1°)* **« des articles 8, 15, 15-1, 16, 16 *bis* et 28 » de l'ordonnance n. 45-174 du 2 février 1945, modifiée, relative à l'enfance délinquante ;**

4° Les décisions disciplinaires prononcées par l'autorité judiciaire ou par une autorité administrative lorsqu'elles entraînent ou édictent des incapacités ;

5° *(L. n. 67-563, 13 juill. 1967, art. 153 et 164 ; L. n. 85-98, 25 janv. 1985, art. 219-I et 243 ; L. n. 94-475, 10 juin 1994, art. 93-I)* **Les jugements prononçant la liquidation judiciaire à l'égard d'une personne physique, la faillite personnelle ou l'interdiction prévue par l'article 192 de la loi n. 85-98 du 25 janvier 1985 relative au redressement et à la liquidation judiciaires des entreprises ;**

6° Tous les jugements prononçant la déchéance de l'autorité parentale ou le retrait de tout ou partie des droits y attachés ;

7° Les arrêtés d'expulsion pris contre les étrangers ;

8° *(L. n. 84-1150, 21 déc. 1984, art. 2)* **Les condamnations prononcées par les juridictions étrangères qui, en application d'une convention ou d'un accord internationaux, ont fait l'objet d'un avis aux autorités françaises ou ont été exécutées en France à la suite du transfèrement des personnes condamnées.**

9° *(Créé, L. n° 2002-1138, 9 sept. 2002, art. 36, III)* **Les compositions pénales, dont l'exécution a été constatée par le procureur de la République.**

V. G. LORHO et E. ALESANDRINI, *Casier judiciaire* : *J.-Cl. Proc. pén.*, art. 768 à 781.

Textes complémentaires. L. 24 juin 1970 (centralisation de la documentation relative à la circulation routière). L. 4 janvier 1980 (automatisation du casier judiciaire).

Art. 768-1 *(L. n. 92-1336, 16 déc. 1992, art. 115 ; L. n. 93-913, 19 juill. 1993)*. **– Le casier judiciaire national automatisé reçoit, en ce qui concerne les personnes morales et après contrôle de leur identité au moyen du répertoire national des entreprises et des établissements :**

1° Les condamnations contradictoires et les condamnations par défaut non frappées d'opposition, prononcées pour crime, délit ou contravention de la cinquième classe par toute juridiction répressive ;

2° Les condamnations contradictoires ou par défaut non frappées d'opposition pour les contraventions des quatre premières classes, dès lors qu'est prise, à titre principal ou complémentaire, une mesure d'interdiction, de déchéance, d'incapacité, ou une mesure restrictive de droit ;

3° Les déclarations de culpabilité assorties d'une dispense de peine ou d'un ajournement, avec ou sans injonction, du prononcé de la peine ;

4° Les condamnations prononcées par les juridictions étrangères qui, en application d'une convention ou d'un accord internationaux, ont fait l'objet d'un avis aux autorités françaises.

Les modalités d'application du présent article sont déterminées par décret en Conseil d'État.

Art. 769 *(L. n. 92-1336, 16 déc. 1992, art. 116 ; L. n. 93-913, 19 juill. 1993 ; L. n. 75-624, 11 juill. 1975, art. 48 ; L. n. 84-1150, 21 déc. 1984, art. 3 ; L. n. 94-475, 10 juin 1994, art. 91).* – Il est fait mention sur les fiches du casier judiciaire des peines ou dispenses de peines prononcées après ajournement du prononcé de la peine, des grâces, commutations ou réductions de peines, des décisions qui suspendent ou qui ordonnent l'exécution d'une première condamnation, des décisions prises en application du deuxième alinéa de l'article 713-3 ou du premier alinéa de l'article 713-6, des décisions de libération conditionnelle et de révocation, des décisions de suspension de peine, des décisions qui rapportent ou suspendent les arrêtés d'expulsion, ainsi que la date de l'expiration de la peine et du paiement de l'amende.

Sont retirées du casier judiciaire les fiches relatives à des condamnations effacées par une amnistie par la réhabilitation de plein droit ou judiciaire ou réformées en conformité d'une décision de rectification du casier judiciaire. Il en est de même, sauf en ce qui concerne les condamnations prononcées pour des faits imprescriptibles, des fiches relatives à des condamnations prononcées depuis plus de quarante ans et qui n'ont pas été suivies d'une nouvelle condamnation à une peine criminelle ou correctionnelle.

Sont également retirés du casier judiciaire :

1° Les jugements prononçant la faillite personnelle ou l'interdiction prévue par l'article 192 de la loi n. 85-98 du 25 janvier 1985 précitée lorsque ces mesures sont effacées par un jugement de clôture pour extinction du passif, par la réhabilitation ou à l'expiration du délai de cinq ans à compter du jour où ces condamnations sont devenues définitives ainsi que le jugement prononçant la liquidation judiciaire à l'égard d'une personne physique, à l'expiration d'un délai de cinq ans à compter du jour où ce jugement est devenu définitif ou après le prononcé d'un jugement emportant réhabilitation.

Toutefois, si la durée de la faillite personnelle ou de l'interdiction est supérieure à cinq ans, la condamnation relative à ces mesures demeure mentionnée sur les fiches du casier judiciaire pendant la même durée ;

2° Les décisions disciplinaires effacées par la réhabilitation ;

3° Les condamnations assorties en tout ou partie du bénéfice du sursis, avec ou sans mise à l'épreuve, à l'expiration des délais prévus par les articles 133-13 et 133-14 du Code pénal calculés à compter du jour où les condamnations doivent être considérées comme non avenues ;

4° Les dispenses de peines, à l'expiration d'un délai de trois ans à compter du jour où la condamnation est devenue définitive ;

5° Les condamnations pour contravention, à l'expiration d'un délai de trois ans à compter du jour où ces condamnations sont devenues définitives.

6° *(Créé, L. n° 2002-1138, 9 sept. 2002, art. 36, IV)* Les mentions relatives à la composition pénale, à l'expiration d'un délai de trois ans à compter du jour où l'exécution de la mesure a été constatée, si la personne n'a pas, pendant ce délai, soit subi de condamnation à une peine criminelle ou correctionnelle, soit exécuté une nouvelle composition pénale.

Art. 769-1 *(L. n. 92-1336, 16 déc. 1992, art. 117 ; L. n. 93-913, 19 juill. 1993).* – Il est fait mention, sur les fiches du casier judiciaire des personnes morales, des décisions modificatives prévues au premier alinéa de l'article 769.

Le deuxième alinéa de l'article 769 s'applique aux condamnations prononcées à l'encontre des personnes morales.

Art. 769-2 *(L. n. 92-1336, 16 déc. 1992, art. 118 ; L. n. 93-913, 19 juill. 1993)*. **– Sont retirées du casier judiciaire :**

1° Les fiches relatives aux mesures prononcées, par application *(Mots remplacés, L. n° 2002-1138, 9 sept. 2002, art. 15, 2°)* **« des articles 8, 15, 15-1, 16, 16 *bis* et 28 » de l'ordonnance n. 45-174 du 2 février 1945 relative à l'enfance délinquante, à la date d'expiration de la mesure et en tout cas lorsque le mineur atteint l'âge de la majorité ;**

2° Les fiches relatives à des condamnations à des peines d'amende ainsi qu'à des peines d'emprisonnement n'excédant pas deux mois, prononcées contre des mineurs, lorsque l'intéressé atteint l'âge de la majorité ;

3° Les fiches relatives aux autres condamnations pénales prononcées par les tribunaux pour enfants, assorties du bénéfice du sursis avec ou sans mise à l'épreuve ou assorties du bénéfice du sursis avec l'obligation d'accomplir un travail d'intérêt général, à l'expiration du délai d'épreuve.

Art. 770 *(L. n. 70-643, 17 juill. 1970, art. 31)*. **– Lorsque, à la suite d'une décision prise à l'égard d'un mineur de dix-huit ans, la rééducation de ce mineur apparaît comme acquise, le tribunal pour enfants peut, après l'expiration d'un délai de trois ans à compter de ladite décision et même si le mineur a atteint sa majorité, décider, à sa requête, à celle du ministère public ou d'office, la suppression du casier judiciaire de la fiche concernant la décision dont il s'agit.**

Le tribunal pour enfants statue en dernier ressort. Lorsque la suppression de la fiche a été prononcée, la mention de la décision initiale ne doit plus figurer au casier judiciaire du mineur. La fiche afférente à ladite décision est détruite.

Le tribunal de la poursuite initiale, celui du lieu du domicile actuel du mineur et celui du lieu de sa naissance sont compétents pour connaître de la requête.

La suppression de la fiche relative à une condamnation prononcée pour des faits commis par une personne âgée de dix-huit à vingt et un ans peut également, si le reclassement du condamné paraît acquis, être prononcée à l'expiration d'un délai de trois ans à compter de la condamnation. Cette suppression ne peut cependant intervenir qu'après que les peines privatives de liberté ont été subies et que les amendes ont été payées et, si des peines complémentaires ont été prononcées pour une durée déterminée, après l'expiration de cette durée.

Dans le cas prévu à l'alinéa qui précède, la suppression du casier judiciaire de la fiche constatant la condamnation est demandée par requête, selon les règles de compétence et de procédure fixées par les deuxième et troisième alinéas de l'article 778.

Art. 771 *(L. n. 80-2, 4 janv. 1980, art. 2)*. **– Le casier judiciaire national automatisé reçoit également les condamnations, décisions, jugements ou arrêtés visés à l'article 768 du présent code, concernant les personnes nées à l'étranger et les personnes dont l'acte de naissance n'est pas retrouvé ou dont l'identité est douteuse.**

Art. 772. – Il est donné connaissance aux autorités militaires, par l'envoi d'une copie de la fiche du casier judiciaire, des condamnations ou des décisions de nature à modifier les conditions d'incorporation des individus soumis à l'obligation du service militaire.

Il est donné avis également aux mêmes autorités de toutes modifications apportées à la fiche ou au casier judiciaire en vertu des articles 769 et 770.

Art. 773 *(L. n. 80-2, 4 janv. 1980, art. 3 ; L. n. 85-699, 11 juill. 1985, art. 10)*. **– Le casier judiciaire national automatisé communique à l'Institut national de la statistique et des études économiques l'identité des personnes qui ont fait l'objet d'une décision entraînant la privation de leurs droits électoraux.**

Art. 773-1 *(L. n. 80-2, 4 janv. 1980, art. 4)*. **– Une copie de chaque fiche constatant une condamnation à une peine privative de liberté prononcée pour crime ou délit est adressée au sommier de**

police technique tenu par le ministre de l'Intérieur. La consultation de ce fichier est exclusivement réservée aux autorités judiciaires et aux services de police et de gendarmerie.

Les condamnations effacées par une amnistie ou par la réhabilitation de plein droit ou judiciaire cessent de figurer au sommier de police technique.

Art. 774. – Le relevé intégral des fiches du casier judiciaire applicables à la même personne est porté sur un bulletin appelé bulletin n° 1.

Le bulletin n° 1 n'est délivré qu'aux autorités judiciaires.

(L. n. 70-643, 17 juill. 1970, art. 32 ; L. n. 75-624, 11 juill. 1975, art. 49) Lorsqu'il n'existe pas de fiche au casier judiciaire, le bulletin n° 1 porte la mention « néant ».

Art. 774-1 *(L. n. 92-1336, 16 déc. 1992, art. 119 ; L. n. 93-913, 19 juill. 1993)*. – Le relevé intégral des fiches du casier judiciaire applicables à la même personne morale est porté sur le bulletin n° 1, qui n'est délivré qu'aux autorités judiciaires nationales, sauf accord de réciprocité.

Lorsqu'il n'existe pas de fiche au casier judiciaire, le bulletin n° 1 porte la mention « néant ».

Art. 775 *(L. n. 92-1336, 16 déc. 1992, art. 120 ; L. n. 93-913, 19 juill. 1993 ; L. n. 70-643, 17 juill. 1970, art. 31 ; L. n. 75-624, 11 juill. 1975, art. 50)*. – Le bulletin n° 2 est le relevé des fiches du casier judiciaire applicables à la même personne, à l'exclusion de celles concernant les décisions suivantes :

1° Les décisions prononcées en vertu *(Mots remplacés, L. n° 2002-1138, 9 sept. 2002, art. 15, 3°)* « des articles 2, 8, 15, 15-1, 16, 16 *bis*, 18 et 28 » de l'ordonnance n. 45-174 du 2 février 1945 modifiée, relative à l'enfance délinquante ;

2° Les condamnations dont la mention au bulletin n° 2 a été expressément exclue en application de l'article 775-1 ;

3° Les condamnations prononcées pour contraventions de police ;

4° Les condamnations assorties du bénéfice du sursis, avec ou sans mise à l'épreuve, lorsqu'elles doivent être considérées comme non avenues ; *(L. n. 98-468, 17 juin 1998, art. 41-IV)*toutefois, si a été prononcé le suivi socio-judiciaire prévu par l'article 131-36-1 du Code pénal ou la peine d'interdiction d'exercer une activité professionnelle ou bénévole impliquant un contact habituel avec des mineurs, la décision continue de figurer au bulletin n° 2 pendant la durée de la mesure ;

5° *Abrogé.*

6° Les condamnations auxquelles sont applicables les dispositions de l'article 343 (361) du Code de justice militaire ;

7° *Abrogé.*

8° *Abrogé.*

9° Les dispositions prononçant la déchéance de l'autorité parentale ;

10° Les arrêtés d'expulsion abrogés ou rapportés ;

11° Les condamnations prononcées sans sursis en application des articles 131-5 à 131-11 du Code pénal, à l'expiration d'un délai de cinq ans à compter du jour où elles sont devenues définitives. Le délai est de trois ans s'il s'agit d'une condamnation à une peine de jours-amende.

Toutefois, si la durée de l'interdiction, déchéance ou incapacité, prononcée en application des articles 131-10 et 131-11, est supérieure à cinq ans, la condamnation demeure mentionnée au bulletin n° 2 pendant la même durée ;

12° Les déclarations de culpabilité assorties d'une dispense de peine ; *(L. n. 89-461, 6 juill. 1989, art. 13)* ou d'un ajournement du prononcé de celle-ci ;

13° Les condamnations prononcées par des juridictions étrangères.

Les bulletins n° 2 fournis en cas de contestation concernant l'inscription sur les listes électorales, ne comprennent que les décisions entraînant des incapacités en matière d'exercice du droit de vote.

Lorsqu'il n'existe pas au casier judiciaire de fiches concernant des décisions à relever sur le bulletin n° 2, celui-ci porte la mention « Néant ».

14° *(Créé, L. n° 2002-1138, 9 sept. 2002, art. 36, V)* Les compositions pénales mentionnées à l'article 768.

Art. 775-1 A *(L. n. 92-1336, 16 déc. 1992, art. 121 ; L. n. 93-913, 19 juill. 1993)*. **– Le bulletin n° 2 d'une personne morale est le relevé des fiches qui lui sont applicables, à l'exclusion de celles concernant les décisions suivantes :**

1° Les condamnations dont la mention sur l'extrait de casier a été expressément exclue, en application de l'article 775-1 ;

2° Les condamnations prononcées pour contravention de police et les condamnations à des peines d'amende d'un montant inférieur à 200 000 F (30 000 €) ;

3° Les condamnations assorties du bénéfice du sursis lorsqu'elles doivent être considérées comme non avenues ;

4° Les déclarations de culpabilité assorties d'une dispense de peine ou d'un ajournement, avec ou sans injonction, du prononcé de la peine ;

5° Les condamnations prononcées par les juridictions étrangères.

Lorsqu'il n'existe pas au casier judiciaire de fiches concernant des décisions à relever sur ce bulletin n° 2, il porte la mention « Néant ».

Art. 775-1 *(L. n. 92-1336, 16 déc. 1992, art. 122 ; L. n. 93-913, 19 juill. 1993 ; L. n. 75-624, 11 juill. 1975, art. 51)*. **– Le tribunal qui prononce une condamnation peut exclure expressément sa mention au bulletin n° 2 soit dans le jugement de condamnation, soit par jugement rendu postérieurement sur la requête du condamné instruite et jugée selon les règles de compétence et procédure fixées par les articles 702-1 et 703.**

L'exclusion de la mention d'une condamnation au bulletin n° 2 emporte relèvement de toutes les interdictions, déchéances ou incapacités de quelque nature qu'elles soient résultant de cette condamnation.

1) De la combinaison des articles 775-1 du Code de procédure pénale et de l'article 55-1 du Code pénal, il résulte qu'en cas de pluralité de condamnations l'une prononcée par une cour d'assises, l'autre par un tribunal correctionnel, la dernière juridiction qui a statué, en l'espèce le tribunal correctionnel, est compétente, pour se prononcer sur une demande d'exclusion de la mention de ces condamnations au bulletin n° 2 du casier judiciaire (Cass. crim., 9 oct. 1978 : *Bull.* 261).

2) C'est à bon droit qu'une cour d'appel, saisie comme étant la dernière juridiction qui a statué, d'une demande d'exclusion de mentions de condamnations au bulletin n° 2 du casier judiciaire en application de l'article 55-1 du Code pénal, se déclare incompétente, dès lors qu'elle relève que, par un jugement postérieur à l'arrêt de condamnation qu'elle avait prononcé, un tribunal statuant sur l'opposition d'un jugement par défaut, a donné acte au prévenu comparant de la renonciation à son opposition et statué sur une demande de confusion de peines ; un tel jugement a valeur de décision sur le fond (Cass. crim., 28 juin 1982 : *Bull.* 174).

3) L'exclusion de la mention d'une condamnation au bulletin n°2 du casier judiciaire, n'emporte relèvement des interdictions, déchéances ou incapacités de quelque nature qu'elles soient, que lorsque celles-ci, résultant de la condamnation, ont le caractère de peines accessoires (Cass. crim., 19 oct. 1982 : *Bull.* 223).

4) Les dispositions de l'article 775-1 du Code de procédure pénale qui permettent aux juges répressifs prononçant une condamnation pénale d'en exclure la mention au bulletin n° 2 du casier judiciaire, ne constituent pour eux qu'une simple faculté de l'exercice de laquelle ils ne doivent aucun compte (Cass. crim., 5 sept. 1989 : *Bull.* 313. – Cass. crim., 5 févr. 1990 : *Bull.* 62).

5) L'exclusion de la mention d'une condamnation au bulletin n° 2 du casier judiciaire, telle que prévue par l'article 775-1 du Code de procédure pénale, n'emporte relèvement que des interdictions, déchéances ou incapacités résultant d'une condamnation à une sanction pénale.

L'interdiction d'exercer la profession de notaire découlant de la destitution prononcée par une juridiction disciplinaire ne saurait entrer dans les prévisions de ce texte (Cass. crim., 4 janv. 1990 : *Bull.* 3 ; *JCP* 90, II, 21543, note Ph. Salvage ; *Rev. sc. crim.* 1990, 807, obs. Braunschweig).

Art. 775-2 *(L. n. 88-828, 20 juill. 1988, art. 33).* **– Les condamnés à une peine ne pouvant donner lieu à réhabilitation de plein droit bénéficient, sur simple requête, de l'exclusion de la mention de leur condamnation au bulletin n° 2, selon les règles de compétence fixées par l'article précédent, à l'expiration d'un délai de vingt années à compter de leur libération définitive ou de leur libération conditionnelle non suivie de révocation, s'ils n'ont pas, depuis cette libération, été condamnés à une peine criminelle ou correctionnelle.**

Art. 776. – Le bulletin n° 2 du casier judiciaire est délivré :

1° Aux préfets et aux administrations publiques de l'État saisis de demandes d'emplois publics, de propositions relatives à des distinctions honorifiques ou de soumissions pour des adjudications de travaux ou de marchés publics ou en vue de poursuites disciplinaires ou de l'ouverture d'une école privée ;

2° *(L. n. 85-98, 25 janv. 1985, art. 219-III et 243)* **Aux autorités militaires pour les appelés des classes et de l'inscription maritime et pour les jeunes qui demandent à contracter un engagement ainsi qu'aux autorités publiques compétentes en cas de contestation sur l'exercice des droits électoraux ou sur l'existence de l'incapacité d'exercer une fonction publique élective prévue par l'article 194 de la loi n. 85-98 du 25 janvier 1985 précitée.**

3° Aux administrations et personnes morales dont la liste sera déterminée par le décret en Conseil d'État prévu par l'article 779 ;

4° Aux présidents des tribunaux de commerce pour être joint aux procédures de faillite et de règlement judiciaire, ainsi qu'aux juges commis à la surveillance du registre du commerce à l'occasion des demandes d'inscription audit registre.

Art. 776-1 *(L. n. 92-1336, 16 déc. 1992, art. 123 ; L. n. 93-913, 19 juill. 1993).* **– Le bulletin n° 2 du casier judiciaire des personnes morales est délivré :**

1° Aux préfets, aux administrations de l'État et aux collectivités locales saisis de propositions ou de soumissions pour des adjudications de travaux ou de marchés publics ;

2° Aux administrations chargées de l'assainissement des professions agricoles, commerciales, industrielles ou artisanales ;

3° Aux présidents des tribunaux de commerce en cas de redressement ou de liquidation judiciaires, ainsi qu'aux juges commis à la surveillance du registre du commerce et des sociétés à l'occasion des demandes d'inscription audit registre ;

4° À la Commission des opérations de bourse en ce qui concerne les personnes morales faisant appel public à l'épargne.

Art. 777 *(L. n. 92-1336, 16 déc. 1992, art. 124 ; L. n. 93-913, 19 juill. 1993 ; L. n. 70-643, 17 juill. 1970, art. 31 ; L. n. 75-624, 11 juill. 1975, art. 52).* **– Le bulletin n° 3 est le relevé des condamnations suivantes prononcées pour crime ou délit, lorsqu'elles ne sont pas exclues du bulletin n° 2 :**

1° Condamnations à des peines privatives de liberté d'une durée supérieure à deux ans qui ne sont assorties d'aucun sursis ou qui doivent être exécutées en totalité par l'effet de révocation du sursis ;

2° Condamnations à des peines privatives de liberté de la nature de celles visées au 1° ci-dessus et d'une durée inférieure ou égale à deux ans, si la juridiction en a ordonné la mention au bulletin n° 3 ;

3° Condamnations à des interdictions, déchéances ou incapacités prononcées sans sursis, en application des articles 131-6 à 131-11 du Code pénal, pendant la durée des interdictions, déchéances ou incapacités.

4° *(L. n. 98-468, 17 juin 1998, art. 41-V)* **Décisions prononçant le suivi socio-judiciaire prévu par l'article 131-36-1 du Code pénal ou la peine d'interdiction d'exercer une activité professionnelle ou bénévole impliquant un contact habituel avec des mineurs, pendant la durée de la mesure.**

Le bulletin n° 3 peut être réclamé par la personne qu'il concerne. Il ne doit, en aucun cas, être délivré à un tiers.

La loi du 11 juillet 1975 modifiant l'article 777 du Code de procédure pénale et qui, notamment dans son alinéa 2-2°, édicte que les peines privatives de liberté inférieures ou égales à deux ans ne figurent pas au bulletin n° 3 du casier judiciaire, sauf le cas où la juridiction en a ordonné la mention audit bulletin, étant une loi de procédure, est applicable aux condamnations devenues définitives avant le 1er janvier 1976, date d'entrée en vigueur de la loi précitée.

C'est donc à bon droit qu'une chambre d'accusation saisie d'une requête basée sur l'article 777-1 du Code de procédure pénale et tendant à voir exclure de son bulletin n° 3 des condamnations à des peines privatives de liberté égales ou inférieures à deux ans devenues définitives avant le 1er janvier 1976, a pu juger que ces condamnations étaient exclues d'office du bulletin n° 3 du demandeur (Cass. crim., 14 juin 1983 : *Bull.* 181).

Art. 777-1 *(L. n. 72-1226, 29 déc. 1972, art. 51 ; L. n. 75-624, 11 juill. 1975, art. 53)*. **– La mention d'une condamnation au bulletin n° 3 peut être exclue dans les conditions fixées par l'alinéa 1er de l'article 775-1.**

Art. 777-2 *(L. n. 92-1336, 16 déc. 1992, art. 125 ; L. n. 93-913, 19 juill. 1993 ; L. n. 80-2, 4 janv. 1980, art. 5)*. **– Toute personne justifiant de son identité obtient, sur demande adressée au procureur de la République près le tribunal de grande instance dans le ressort duquel elle réside, communication du relevé intégral des mentions du casier judiciaire la concernant.**

Lorsqu'il s'agit d'une personne morale, la demande est adressée au procureur de la République près le tribunal de grande instance dans le ressort duquel elle a son siège, par son représentant légal justifiant de sa qualité.

Si la personne réside ou a son siège à l'étranger, la communication est faite par l'intermédiaire de l'agent diplomatique ou du consul compétent.

La communication ne vaut pas notification des décisions non définitives et ne fait pas courir les délais de recours.

Aucune copie de ce relevé intégral ne peut être délivrée.

Les dispositions du présent article sont également applicables au sommier de police technique.

Art. 777-3 *(L. n. 92-1336, 16 déc. 1992, art. 127 ; L. n. 93-913, 19 juill. 1993 ; L. n. 80-2, 4 janv. 1980, art. 6)*. **– Aucun rapprochement ni aucune connexion, au sens de l'article 19 de la loi n. 78-17 du 6 janvier 1978 relative à l'informatique, aux fichiers et aux libertés, ne peuvent être effectués entre le casier judiciaire national automatisé et tout autre fichier ou recueil de données nominatives détenus par une personne quelconque ou par un service de l'État ne dépendant pas du ministère de la justice.**

Aucun fichier ou recueil de données nominatives détenu par une personne quelconque ou par un service de l'État ne dépendant pas du ministère de la justice ne pourra mentionner, hors les cas et dans les conditions prévus par la loi, des jugements ou arrêts de condamnation.

Toutefois, une condamnation pénale pourra toujours être invoquée en justice par la victime de l'infraction.

Toute infraction aux dispositions qui précèdent sera punie des peines encourues pour le délit prévu à l'article 226-21 du Code pénal.

Art. 778. **– Lorsque au cours d'une procédure quelconque, le procureur de la République ou le juge d'instruction constate qu'un individu a été condamné sous une fausse identité ou a usurpé un état civil, il est immédiatement procédé d'office, à la diligence du procureur de la République, aux rectifications nécessaires avant la clôture de la procédure.**

La rectification est demandée par requête au président du tribunal ou de la cour qui a rendu la décision. Si la décision a été rendue par une cour d'assises, la requête est soumise à la *(L. n. 2000-516, 15 juin 2000, art. 83)* **chambre de l'instruction.**

Le président communique la requête au ministère public et commet un magistrat pour faire le rapport. Les débats ont lieu et le jugement est rendu en chambre du conseil. Le tribunal ou la cour peut ordonner d'assigner la personne objet de la condamnation.

Si la requête est admise, les frais sont supportés par celui qui a été la cause de l'inscription reconnue erronée s'il a été appelé dans l'instance. Dans le cas contraire ou dans celui de son insolvabilité, ils sont supportés par le Trésor.

Toute personne qui veut faire rectifier une mention portée à son casier judiciaire peut agir dans la même forme. Dans le cas où la requête est rejetée, le requérant est condamné aux frais.

Mention de la décision est faite en marge du jugement ou de l'arrêt visé par la demande en rectification.

La même procédure est applicable au cas de contestation sur la réhabilitation de droit, ou de difficultés soulevées par l'interprétation d'une loi d'amnistie, dans les termes de l'article 769, alinéa 2.

Art. 779 *(L. n. 92-1336, 16 déc. 1992, art. 126 ; L. n. 93-913, 19 juill. 1993 ; L. n. 80-514, 7 juill. 1980)* **. – Un décret en Conseil d'État détermine les mesures nécessaires à l'exécution des articles 768 à 778, et notamment les conditions dans lesquelles doivent être demandés, établis et délivrés les bulletins nos 1, 2 et 3 du casier judiciaire.**

Ce règlement détermine également les conditions dans lesquelles les informations enregistrées par le casier judiciaire national automatisé peuvent être utilisées pour l'exécution des sentences pénales.

Ce décret organise en outre les modalités de transmission des informations entre le casier judiciaire national automatisé et les personnes ou services qui y ont accès.

Le décret en Conseil d'État susvisé est pris après avis de la commission nationale de l'informatique et des libertés.

Cf. art. R. 62 à R. 90.

Art. 780. – *Abrogé, à compter du 1er mars 1994, L. n. 92-1336, 16 décembre 1992, art. 128 ; L. n. 93-913, 19 juillet 1993.*

Art. 781 *(L. n. 80-2, 4 janv. 1980, art. 9 ; L. n. 92-1336, 16 déc. 1992, art. 129 ; L. n. 93-913, 19 juill. 1993)*. **– Quiconque, en prenant un faux nom ou une fausse qualité, s'est fait délivrer un extrait du casier judiciaire d'un tiers est puni de 50 000 F (7 500 €) d'amende.**

Est puni des mêmes peines celui qui aura fourni des renseignements d'identité imaginaires qui ont provoqué ou auraient pu provoquer des mentions erronées au casier judiciaire.

Est puni des mêmes peines celui qui se sera fait délivrer par l'intéressé tout ou partie des mentions du relevé intégral visé à l'article 777-2 du présent code.

TITRE IX. – DE LA RÉHABILITATION DES CONDAMNÉS

Art. 782 *(L. n. 70-643, 17 juill. 1970, art. 32)*. **– Toute personne condamnée par un tribunal français à une peine criminelle, correctionnelle ou contraventionnelle peut être réhabilitée.**

V. Cl. ZAMBEAUX, *Réhabilitation des condamnés : J.-Cl. Proc. pén.*, art. 782 à 798-1. – P. ESCANDE et J. JEANJEAN, *Grâce et recours, la grâce : J.-Cl. Proc. pén.*, App., art. 782 à 799.

Art. 783 *(L. n. 92-1336, 16 déc. 1992, art. 130 ; L. n. 93-913, 19 juill. 1993)*. **– La réhabilitation est soit acquise de plein droit dans les conditions prévues par les articles 133-13 et suivants du Code pénal, soit accordée par la chambre d'accusation dans les conditions prévues au présent titre.**

Dans tous les cas, elle produit les effets prévus à l'article 133-16 du Code pénal.

Art. 784. – *Abrogé, à compter du 1er mars 1994, L. n. 92-1336, 16 décembre 1992, art. 131 ; L. n. 93-913, 19 juillet 1993.*

CHAPITRE I. – DISPOSITIONS APPLICABLES AUX PERSONNES PHYSIQUES

(L. n. 92-1336, 16 déc. 1992, art. 134 ; L. n. 93-913, 19 juill. 1993)

Art. 785. **– La réhabilitation ne peut être demandée en justice, du vivant du condamné, que par celui-ci, ou, s'il est interdit, par son représentant légal ; en cas de décès et si les conditions légales**

sont remplies, la demande peut être suivie par son conjoint ou par ses ascendants ou descendants et même formée par eux, mais dans le délai d'une année seulement à dater du décès.

(L. n. 75-624, 11 juill. 1975, art. 55) **La demande doit porter sur l'ensemble des condamnations prononcées qui n'ont pas été effacées par une réhabilitation antérieure.**

Il résulte du second alinéa de l'article 785 du Code de procédure pénale que la réhabilitation doit porter sur l'ensemble des condamnations prononcées qui n'ont pas été effacées par une réhabilitation antérieure ; méconnaît ce principe, la chambre d'accusation qui prononce la réhabilitation d'une personne en omettant l'une des condamnations dont elle avait fait l'objet (Cass. crim., 16 janv. 2001 : *Bull.* 13).

Art. 786 *(L. n. 75-624, 11 juill. 1975, art. 56).* **– La demande en réhabilitation ne peut être formée qu'après un délai de cinq ans pour les condamnés à une peine criminelle, de trois ans pour les condamnés à une peine correctionnelle et d'un an pour les condamnés à une peine contraventionnelle.**

(L. n. 70-643, 17 juill. 1970, art. 44) **Ce délai part, pour les condamnés à une amende, du jour où la condamnation est devenue irrévocable et, pour les condamnés à une peine privative de liberté, du jour de leur libération définitive ou, conformément aux dispositions de l'article 733, quatrième alinéa, du jour de leur libération conditionnelle lorsque celle-ci n'a pas été suivie de révocation (et, pour les condamnés soumis à la tutelle pénale, du jour où celle-ci a pris fin).**

À l'égard des condamnés à une sanction pénale autre que l'emprisonnement ou l'amende, prononcée à titre principal, ce délai part de l'expiration de la sanction subie.

Lorsqu'une condamnation à l'emprisonnement est assortie du sursis, le délai prévu par l'article 786 du Code de procédure pénale ne court qu'à compter du jour où elle doit être considérée comme non avenue, la personne condamnée n'étant réputée avoir subi sa peine qu'à l'expiration du délai d'épreuve (Cass. crim., 17 févr. 1998 : *Bull.* 62 ; *JCP* 98, II, 10163, note Philippe Salvage. – Cass. crim., 9 nov. 1998 : *Bull.* 292).

Art. 787. – Les condamnés qui sont en état de récidive légale, ceux qui, après avoir obtenu la réhabilitation, ont encouru une nouvelle condamnation, ceux qui, condamnés contradictoirement ou par contumace à une peine criminelle, ont prescrit contre l'exécution de la peine, ne sont admis à demander leur réhabilitation qu'après un délai de dix ans écoulés depuis leur libération ou depuis la prescription.

Néanmoins, les récidivistes qui n'ont subi aucune peine criminelle et les réhabilités qui n'ont encouru qu'une condamnation à une peine correctionnelle sont admis à demander la réhabilitation après un délai de six années écoulées depuis leur libération.

Sont également admis à demander la réhabilitation, après un délai de six années écoulées depuis la prescription, les condamnés contradictoirement ou par défaut à une peine correctionnelle qui ont prescrit contre l'exécution de la peine.

Les condamnés contradictoirement, les condamnés par contumace ou par défaut, qui ont prescrit contre l'exécution de la peine, sont tenus, outre les conditions qui vont être énoncées, de justifier qu'ils n'ont encouru, pendant les délais de la prescription, aucune condamnation pour faits qualifiés crimes ou délits et qu'ils ont eu une conduite irréprochable.

Art. 788 *(Mod., L. n. 93-2, 4 janv. 1993, art. 136).* **– Le condamné doit, sauf le cas de prescription, justifier du paiement de l'amende et des dommages-intérêts ou de la remise qui lui en est faite.**

À défaut de cette justification, il doit établir qu'il a subi le temps de contrainte par corps déterminé par la loi ou que le Trésor a renoncé à ce moyen d'exécution.

S'il est condamné pour banqueroute frauduleuse, il doit justifier du paiement du passif de la faillite en capital, intérêts et frais ou de la remise qui lui en est faite.

Quatrième alinéa abrogé.

(L. n. 75-624, 11 juill. 1975, art. 57) **En cas de condamnation solidaire, la cour fixe la part des dommages-intérêts ou du passif qui doit être payée par le demandeur.**

Si la partie lésée ne peut être retrouvée, ou si elle refuse de recevoir la somme due, celle-ci est versée à la Caisse des dépôts et consignations comme en matière d'offres de paiement et de consignation. Si la partie ne se présente pas dans un délai de cinq ans pour se faire attribuer la somme consignée, cette somme est restituée au déposant sur sa simple demande.

Art. 789 *(Mod., L. n. 93-2, 4 janv. 1993, art. 137).* **– Si depuis l'infraction le condamné a rendu des services éminents au pays, la demande de réhabilitation n'est soumise à aucune condition de temps ni d'exécution de peine. En ce cas, la cour peut accorder la réhabilitation même si l'amende et les dommages-intérêts n'ont pas été payés.**

Art. 790 *(L. n. 75-624, 11 juill. 1975, art. 58).* **– Le condamné adresse la demande en réhabilitation au procureur de la République de sa résidence actuelle ou, s'il demeure à l'étranger, au procureur de la République de sa dernière résidence en France ou, à défaut, à celui du lieu de condamnation.**

Cette demande précise :

1° La date de la condamnation ;

2° Les lieux où le condamné a résidé depuis sa libération.

Art. 791. – Le procureur de la République s'entoure de tous renseignements utiles aux différents lieux où le condamné a pu séjourner.

Il prend en outre l'avis du juge de l'application des peines.

Art. 792. – Le procureur de la République se fait délivrer :

1° Une expédition des jugements de condamnation ;

2° Un extrait du registre des lieux de détention où la peine a été subie constatant quelle a été la conduite du condamné ;

3° Un bulletin n° 1 du casier judiciaire.

Il transmet les pièces avec son avis au procureur général.

Art. 793. – La cour est saisie par le procureur général.

Le demandeur peut soumettre directement à la cour toutes pièces utiles.

Art. 794 *(Mod., L. n. 93-2, 4 janv. 1993, art. 224).* **– La cour statue dans les deux mois sur les conclusions du procureur général, la partie ou son avocat entendu ou dûment convoqués.**

1) Est insuffisamment motivé l'arrêt qui, pour rejeter une demande en réhabilitation judiciaire, se borne à déclarer que le délai d'épreuve apparaît insuffisant eu égard à la gravité des faits qui ont motivé la condamnation sans s'expliquer sur la conduite du demandeur depuis sa condamnation (Cass. crim., 12 févr. 1963 : *Bull.* 72).

2) Ne justifie pas sa décision, l'arrêt d'une chambre d'accusation qui, pour rejeter une demande en réhabilitation judiciaire, se fonde uniquement sur le nombre et la gravité des condamnations prononcées contre le demandeur sans tenir compte de la conduite de ce dernier pendant le délai d'épreuve.

La Cour de cassation exerce, à cet égard, son contrôle (Cass. crim., 18 oct. 1974 : *Bull.* 295. – Cass. crim., 10 déc. 1975 : *Bull.* 275).

Mais si la chambre d'accusation, lorsqu'elle statue sur une demande en réhabilitation, a l'obligation de s'expliquer sur la conduite du condamné pendant le délai d'épreuve, elle a également le droit, pour rejeter comme prématurée une demande en réhabilitation, de tenir compte de la gravité des faits qui ont motivé la condamnation. Son appréciation est souveraine et échappe au contrôle de la Cour de cassation (Cass. crim., 20 févr. 1973 : *Bull.* 84).

Art. 795. – L'arrêt de la *(L. n. 2000-516, 15 juin 2000, art. 83)* **chambre de l'instruction peut être déféré à la Cour de cassation dans les formes prévues par le présent code.**

Art. 796. – Dans le cas visé par l'article 789, le pourvoi en cassation formé contre l'arrêt rejetant la demande en réhabilitation est instruit et jugé sans amende ni frais. Tous les actes de la procédure sont visés pour timbre et enregistrés gratis.

Art. 797. – En cas de rejet de la demande, une nouvelle demande ne peut être formée avant l'expiration d'un délai de deux années, à moins que le rejet de la première ait été motivé par l'insuffisance des délais d'épreuve. En ce cas, la demande peut être renouvelée dès l'expiration de ces délais.

Art. 798 *(L. n. 92-1336, 16 déc. 1992, art. 132 ; L. n. 93-913, 19 juill. 1993).* **– Mention de l'arrêt prononçant la réhabilitation est faite en marge des jugements de condamnation.**

Le réhabilité peut se faire délivrer sans frais une expédition de l'arrêt de réhabilitation et un extrait de casier judiciaire.

CHAPITRE II. – DISPOSITIONS APPLICABLES AUX PERSONNES MORALES

(L. n. 92-1336, 16 déc. 1992, art. 134 ; L. n. 93-913, 19 juill. 1993)

Art. 798-1. – Lorsque la personne condamnée est une personne morale, la demande en réhabilitation est formée par son représentant légal.

La demande ne peut être formée qu'après un délai de deux ans à compter de l'expiration de la durée de la sanction subie. Elle doit préciser, d'une part, la date de la condamnation pour laquelle il est demandé la réhabilitation et, d'autre part, tout transfert du siège de la personne morale intervenu depuis la condamnation.

Le représentant légal adresse la demande en réhabilitation au procureur de la République du lieu du siège de la personne morale ou, si la personne morale a son siège à l'étranger, au procureur de la République du lieu de la juridiction qui a prononcé la condamnation.

Le procureur de la République se fait délivrer une expédition des jugements de condamnation de la personne morale et un bulletin n° 1 du casier judiciaire de celle-ci. Il transmet ces pièces avec son avis au procureur général.

Les dispositions de l'article 788, à l'exception de celles des deuxième et quatrième alinéas, et les dispositions des articles 793 à 798 sont applicables en cas de demande en réhabilitation d'une personne morale condamnée. Toutefois, le délai prévu par l'article 797 est ramené à un an.

Art. 799. *– Abrogé, à compter du 1er mars 1994, L. n. 92-1336, 16 décembre 1992, art. 131 ; L. n. 93-913, 19 juillet 1993.*

TITRE X. – DES FRAIS DE JUSTICE

Art. 800 *(L. n. 80-514, 7 juill. 1980).* **– Un décret en Conseil d'État détermine les frais qui doivent être compris sous la dénomination de frais de justice criminelle, correctionnelle et de police ; il en établit le tarif, en règle le paiement et le recouvrement, détermine les voies de recours, fixe les conditions que doivent remplir les parties prenantes et, d'une façon générale, règle tout ce qui touche aux frais de justice en matière criminelle, correctionnelle et de police.**

Cf. art. R. 91 à R. 105.

V. P. DECHEIX, *Frais de justice : indemnité en cas de non-lieu, relaxe ou acquittement : J.-Cl. Proc. pén. :* art. 800 à 800-2, Fasc. 20. – P. LAROCHE DE ROUSSANE, *Aide juridictionnelle en matière pénale : J.-Cl. Proc. pén.*, art. 800. – J. BAILLY et P. JACQUET, *Frais de justice criminelle, correctionnelle et de police*, Sofiac, 1989.

V. Textes complémentaires : L. 3 janvier 1972 (aide judiciaire) ; D. 1er septembre 1972 (aide judiciaire) ; L. 30 décembre 1977 (gratuité des actes de justice) ; D. 20 janvier 1978 (gratuité des actes de justice) ; D. 20 janvier 1978 (id.).

1) Aux termes de l'article 19-3° du décret n. 80-608 du 30 juillet 1980, le droit à émolument en matière correctionnelle est subordonné seulement à la constatation, par le juge, de la présence effective de l'avoué dans la procédure mais non pas nécessairement au cours des débats (Cass. crim., 19 avr. 1982 : *Bull.* 94).

2) Selon les dispositions de l'article R. 127 du Code de procédure pénale, lorsque les militaires en activité de service sont appelés en témoignage, ils n'ont droit à aucune taxe ou indemnité payable sur les fonds de justice criminelle pour frais de voyage ou de séjour, à moins qu'ils ne soient cités au lieu de leur domicile pendant qu'ils sont en congé ou en permission et qu'à la date de leur comparution, ce congé ou cette permission soit en cours (Cass. crim., 20 nov. 1984 : *Bull.* 359).

Art. 800-1 *(Inséré, L. n. 93-2, 4 janv. 1993, art. 120).* **– Nonobstant toutes dispositions contraires, les frais de justice criminelle, correctionnelle et de police sont à la charge de l'État et sans recours envers les condamnés.**

1) Les émoluments des avoués près les cours d'appel, tels que déterminés en matière correctionnelle par l'article 19-3° du décret du 30 juillet 1980, ne figurent pas dans l'énumération des frais de justice par l'article R. 92 du Code de procédure pénale, pris pour l'application de l'article 800 du même code, qui seuls pouvaient être compris dans les frais et dépens mis à la charge du condamné selon l'article 473 de ce code en sa rédaction antérieure à la loi du 4 janvier 1993 ; depuis cette loi, ils ne peuvent être compris dans les frais mis à la charge de l'État par l'article 800-1 (Cass. crim., 11 janv. 1995 : *Bull.* 16).

2) Les frais de publication et d'affichage des jugements, qui ne sont pas des frais de justice criminelle, correctionnelle ou de police, au sens des articles 800, R. 91 et R. 92 du Code de procédure pénale, échappent à l'application de l'article 800-1 de ce code, issu de la loi du 4 janvier 1993 (Cass. crim., 12 oct. 1995 : *Bull.* 306).

Art. 800-2 *(L. n. 2000-516, 15 juin 2000, art. 88).* **– À la demande de l'intéressé, toute juridiction prononçant un non-lieu, une relaxe ou un acquittement peut accorder à la personne poursuivie une indemnité qu'elle détermine au titre des frais non payés par l'État et exposés par celle-ci.**

Cette indemnité est à la charge de l'État. La juridiction peut toutefois ordonner qu'elle soit mise à la charge de la partie civile lorsque l'action publique a été mise en mouvement par cette dernière.

Un décret en Conseil d'État fixe les conditions d'application du présent article.

DISPOSITIONS GÉNÉRALES

Art. 801 *(L. n. 75-701, 6 août 1975, art. 19).* **– Tout délai** *(L. n. 89-461, 6 juill. 1989, art. 23)* **prévu par une disposition de procédure pénale pour l'accomplissement d'un acte ou d'une formalité expire le dernier jour à vingt-quatre heures. Le délai qui expirerait normalement un samedi ou un dimanche ou un jour férié ou chômé est prorogé jusqu'au premier jour ouvrable suivant.**

V. W. Jeandidier, *Dispositions générales ; Délai : J.-Cl. Proc. pén.*, art. 801.

1) Le délai de trois jours imparti par l'article 59 de la loi du 29 juillet 1881 sur la liberté de la presse pour se pourvoir en cassation, n'est pas un délai franc et la prolongation prévue par l'article 801 du Code de procédure pénale ne lui est pas applicable (Cass. crim., 8 mars 1978 : *Bull.* 90. – Crim. 10 mars 1980 : *Bull.* 85. – Cass. crim., 19 sept. 1981 : *Bull.* 255. – Cass. crim., 29 nov. 1983 : *Bull.* 324).

2) La durée de la détention provisoire, telle qu'elle est prévue par l'article 145 du Code de procédure pénale, doit être calculée de quantième à quantième, sans que les dispositions de l'article 801 puissent recevoir application (Cass. crim., 16 nov. 1982 : *Bull.* 261).

La durée de l'incarcération provisoire prévue par l'article 145, alinéa 7, du Code de procédure pénale doit être calculée, comme celle de la détention provisoire à laquelle la loi assimile l'incarcération, de quantième à quantième, sans que les dispositions de l'article 801 du Code de procédure pénale puissent recevoir application (Cass. crim., 3 juill. 1985 : *Bull.* 256 ; *JCP* 86, 20602, note Jeandidier ; *Rev. sc. crim.* 1986, 130, obs. Braunschweig).

3) Lorsque la chambre d'accusation est saisie d'une demande d'extradition, elle doit, aux termes de l'article 14 de la loi du 10 mars 1927, statuer en présence de l'étranger réclamé.

Il s'ensuit que le délai de cinq jours prévu par l'article 568 du Code de procédure pénale, pour se pourvoir contre une telle décision, commence à courir, non de la signification de celle-ci mais du lendemain du jour où elle a été prononcée. L'article 801 du même code est applicable en la matière (Cass. crim., 21 mai 1985 : *Bull.* 193).

4) L'article 801 du Code de procédure pénale ne s'applique pas lorsque le tribunal fixe, non pas un délai pour consigner, mais une date avant laquelle la consignation doit être déposée ; c'est à bon droit que les juges ont déclaré tardif le dépôt d'une consignation qui est intervenu le 22 avril alors que le tribunal avait ordonné que la somme devra être versée, avant ce jour (Cass. crim., 5 oct. 1999 : *Bull.* 207).

5) Le délai de prescription de l'action publique dont l'écoulement a pour effet d'ôter aux faits poursuivis tout caractère délictueux, ne constitue pas un délai prévu pour l'accomplissement d'un acte ou d'une formalité au sens de l'article 801 du Code de procédure pénale ; en conséquence, c'est à bon droit qu'une chambre d'accusation a refusé de proroger au lundi suivant, le délai de prescription qui expirait un samedi (Cass. Crim. 30 oct 2001 : *Bull.* 224).

Art. 802 *(L. n. 93-1013, 24 août 1993, art. 27).* **– En cas de violation des formes prescrites par la loi à peine de nullité ou d'inobservation des formalités substantielles, toute juridiction, y compris la Cour de cassation, qui est saisie d'une demande d'annulation ou qui relève d'office une telle irrégularité ne peut prononcer la nullité que lorsque celle-ci a eu pour effet de porter atteinte aux intérêts de la partie qu'elle concerne.**

V. J. DUMONT, *Dispositions générales ; Nullité : J.-Cl. Proc. pén.*, art. 802. – J. ROBERT : *Rev. sc. crim.* 1976, p. 743. – Gérard CLEMENT, *De la règle « pas de nullité sans grief » en droit judiciaire privé et en procédure pénale : Rev. sc. crim.* 1984, p. 433.

1) En vertu des dispositions de l'article 802 du Code de procédure pénale, la Cour de cassation, saisie d'une demande d'annulation d'actes de la procédure, pour violation des formes prescrites par la loi ou inobservation de formalités substantielles, ne saurait prononcer la nullité, à moins que celle-ci ait eu pour effet de porter atteinte aux intérêts de la partie qu'elle concerne. Sur ce dernier point, la chambre criminelle exerce son contrôle (Cass. crim., 18 mars 1976 : *Bull.* 101 ; *DS* 1976, 548, note J. M. Robert. – Cass. crim., 14 juin 1978 : *Bull.* 199).

Il résulte des articles 171 et 802 du Code de procédure pénale que celui qui invoque l'absence ou l'irrégularité d'une formalité protectrice des droits des parties n'a qualité pour le faire que si cette irrégularité le concerne ; dès lors, viole le principe posé par ces textes la cour d'appel qui fait droit aux conclusions d'un prévenu soutenant que les poursuites dirigées contre lui étaient nulles à raison de l'irrégularité de l'interpellation en flagrant délit d'autres personnes l'ayant mis en cause (Cass. crim., 14 déc. 1999 : *Bull.* 304).

2) Si, dans une poursuite où les intérêts civils sont seuls en cause, où les intérêts civils sont seuls en cause, la formalité de l'audition du ministère public en ses réquisitions demeure substantielle, la nullité résultant de son omission ne saurait, en application de l'article 802 du Code de procédure pénale, être prononcée dès lors qu'il n'est pas établi ni même allégué que cette irrégularité ait eu pour effet de porter atteinte aux intérêts du demandeur au pourvoi (Cass. crim., 8 nov. 1977 : *Bull.* 338. – Cass. crim., 21 nov. 1977 : *Bull.* 358. – Cass. crim., 22 févr. 1978 : *Bull.* 67).

3) S'il est vrai que selon les dispositions de l'article 711 du Code de procédure pénale, la cour d'appel, saisie d'une requête en interprétation, statue en chambre du conseil, l'irrégularité commise ne doit cependant pas, en application de l'article 802 du même code, entraîner l'annulation de l'arrêt dès lors qu'il n'est pas établi ni même allégué que l'inobservation de formes ainsi prévues par la loi a eu pour effet de porter atteinte en la cause aux intérêts du demandeur (Cass. crim., 9 mai 1978 : *Bull.* 144).

Mais l'inobservation des dispositions de l'article 711 du Code de procédure pénale à l'occasion d'une requête en confusion de peines ne saurait donner lieu à l'application de l'article 802 du même code, le rappel à l'audience publique des condamnations infligées au requérant étant de nature à porter atteinte aux intérêts de celui-ci (Cass. crim., 16 janv. 1978 : *Bull.* 17).

4) Les dispositions des articles 570 et 571 du Code de procédure pénale étant d'ordre public, leur inobservation n'entre pas dans les prévisions de l'article 802 de ce code (Cass. crim., 19 mai 1980 : *Bull.* 148 ; *DS* 1981, 177, note Jeandidier).

5) L'article 802 du Code de procédure pénale ne saurait recevoir application en cas de violation des prescriptions édictées par l'article 50 de la loi du 29 juillet 1881, à peine de nullité, de telles prescriptions tendant à garantir les droits de la défense et touchant à la liberté d'expression telle que la réglemente cette loi (Cass. crim., 25 févr. 1980 : *Bull.* 70. – Cass. crim., 2 déc. 1980 : *Bull.* 327 ; *Gaz. Pal.* 1981, 2, 505, note P. L. G.).

6) Il résulte des dispositions des articles 411 et 414 du Code de procédure pénale que, même lorsque le débat porte seulement sur les intérêts civils, le défenseur du prévenu ne doit être entendu que si celui-ci a demandé, par lettre adressée au président et qui doit être jointe au dossier de la procédure, à être jugé en son absence. Toutefois, lorsque, malgré le défaut d'une telle demande, le défenseur a été entendu, le prévenu ne saurait s'en faire un grief dès lors qu'il ne résulte d'aucun élément et qu'il n'est, d'ailleurs, pas allégué que l'irrégularité commise ait eu pour effet de porter atteinte à ses intérêts (Cass. crim., 7 nov. 1977 : *Bull.* 334 ; *Gaz. Pal.* 1978, 1, 170, et note).

7) Il résulte des articles 486 et 512 du Code de procédure pénale que la minute d'un arrêt doit être déposée au greffe, revêtue de la signature du président et de celle du greffier, dans les trois jours du prononcé de la décision. Lorsque l'inobservation de cette prescription n'a pas porté de préjudice au prévenu, celui-ci ne peut, de cette irrégularité, se faire un grief à l'appui d'un pourvoi. Tel est le cas lorsque le prévenu, ayant été informé de la date à laquelle l'arrêt devait être rendu, a été en mesure d'avoir sur-le-champ connaissance de la décision (Cass. crim., 27 nov. 1984 : *Bull.* 370).

8) Les dispositions de l'article 802 du Code de procédure pénale ne sont applicables que lorsque la violation de formes prescrites par la loi à peine de nullité ou l'inobservation de formalités substantielles n'a pas eu pour effet de porter atteinte aux intérêts de la partie concernée.

Tel n'est pas le cas lorsqu'une personne, entendue comme témoin, sans que l'avertissement prévu à l'article (104) du Code de procédure pénale lui ait été donné, alors qu'il aurait dû l'être, a, lors de son audition qui portait sur le fond de l'affaire, reconnu les faits objet de la plainte (Cass. crim., 28 févr. 1989 : *Bull.* 97).

9) Les formalités prévues par les dispositions du Code de procédure pénale en matière de perquisition et de saisie ne sont pas exclues du champ d'application de l'article 802 du même code (Cass. crim., 17 sept. 1996 : *Bull.* 316).

10) L'omission du rapport oral, formalité destinée à l'information de la juridiction saisie (chambre d'accusation), n'entre pas dans les prévisions de l'article 802 et doit être sanctionnée par l'annulation de l'arrêt qui ne mentionne pas l'accomplissement de cette formalité (Cass. crim., 27 oct. 1997 : *Bull.* 351).

Art. 803 *(Inséré, L. n. 93-2, 4 janv. 1993, art. 60).* **– Nul ne peut être soumis au port des menottes ou des entraves que s'il est considéré soit comme dangereux pour autrui ou pour lui-même, soit comme susceptible de tenter de prendre la fuite.**

*(L. n. 2000-516, 15 juin 2000, art. 93)***Dans ces deux hypothèses, toutes mesures utiles doivent être prises, dans les conditions compatibles avec les exigences de sécurité, pour éviter qu'une personne menottée ou entravée soit photographiée ou fasse l'objet d'un enregistrement audiovisuel.**

Art. 803-1 *(L. n. 99-515, 23 juin 1999, art. 27).* **– Dans les cas où, en vertu des dispositions du présent code, il est prévu de procéder aux notifications à un avocat par lettre recommandée ou par lettre recommandée avec demande d'avis de réception, la notification peut aussi être faite sous la forme d'une télécopie avec récépissé.**

LIVRE SIXIÈME

DISPOSITIONS RELATIVES AUX TERRITOIRES D'OUTRE-MER ET AUX COLLECTIVITÉS TERRITORIALES DE MAYOTTE ET DE SAINT-PIERRE-ET-MIQUELON

(Ord. n. 96-268, 28 mars 1996, art. 1er à 4, à compter du 1er mai 1996, intitulé remplacé, Ord. n. 98-729, 20 août 1998, art. 2)

TITRE PREMIER. – DISPOSITIONS APPLICABLES DANS LES TERRITOIRES DE LA NOUVELLE-CALÉDONIE, DE LA POLYNÉSIE FRANÇAISE ET DES ÎLES WALLIS-ET-FUTUNA

CHAPITRE I. – DISPOSITIONS GÉNÉRALES

Art. 804 *(Ord. n. 96-268, 28 mars 1996, art. 1er à 4)*. **– À l'exception des articles 529-3 à 529-9, 717 à 719, le présent code (Dispositions législatives) est applicable dans les territoires de la Nouvelle-Calédonie, de la Polynésie française et des îles Wallis-et-Futuna, sous réserve des adaptations prévues au présent titre.**

Art. 805 *(Ord. n. 96-268, 28 mars 1996, art. 1er à 4)*. **– Pour l'application du présent code dans les territoires d'outre-mer, les termes : « tribunal de grande instance », « tribunal d'instance ou « tribunal de police » sont remplacés par les termes : « tribunal de première instance » ou, le cas échéant, par les termes : « section détachée du tribunal de première instance » ;**

De même, les références à des dispositions non applicables dans ces territoires sont remplacées par les références à des dispositions applicables localement ayant le même objet.

Art. 806 *(Ord. n. 96-268, 28 mars 1996, art. 1er à 4)*. **– Dans les territoires d'outre-mer, les sanctions pécuniaires encourues en vertu du présent code sont prononcées en monnaie locale, compte tenu de la contre-valeur** *(Mots rempl. à compter du 1er janv. 2002, Ord. n. 2000-916, 19 sept. 2000, art. 16 et 19)* **de l'euro dans cette monnaie.**

CHAPITRE II. – DE L'ACTION PUBLIQUE ET DE L'ACTION CIVILE

Art. 807 *(Ord. n. 96-268, 28 mars 1996, art. 1er à 4)*. **– L'article 2-6 est rédigé comme suit :**

« *Art. 2-6.* – Toute association régulièrement déclarée depuis au moins cinq ans à la date des faits, se proposant par ses statuts de combattre des discriminations fondées sur le sexe ou sur les mœurs, peut exercer les droits reconnus à la partie civile en ce qui concerne les discriminations commises en raison du sexe, de la situation de famille ou des mœurs de la victime, réprimées par les articles 225-2 et 432-7 du Code pénal, ou prohibées par les dispositions applicables localement en matière de droit du travail. »

Art. 808 *(Ord. n. 96-268, 28 mars 1996, art. 1er à 4).* – **Le deuxième alinéa de l'article 2-8 est rédigé comme suit :**

« Toute association régulièrement déclarée depuis au moins cinq ans à la date des faits ayant, en vertu de ses statuts, vocation à défendre ou à assister les personnes handicapées peut également exercer les droits reconnus à la partie civile en ce qui concerne les infractions aux dispositions législatives ou réglementaires applicables localement relatives à l'accessibilité des locaux d'habitation, des lieux de travail ou des établissements et installations recevant du public. »

CHAPITRE III. – DE LA POLICE JUDICIAIRE

Art. 809 *(Ord. n. 96-268, 28 mars 1996, art. 1er à 4).* – **I. – Les fonctionnaires et agents exerçant dans les territoires d'outre-mer des fonctions correspondant à celles des fonctionnaires et agents métropolitains visés aux articles 22 à 29 sont chargés de certaines fonctions de police judiciaire dans les conditions et les limites fixées par ces mêmes articles.**

II. – Les agents assermentés des territoires et, en Nouvelle-Calédonie, des provinces, peuvent constater par procès-verbal des infractions aux réglementations édictées par les territoires ou, en Nouvelle-Calédonie, les provinces, lorsqu'ils appartiennent à une administration chargée de contrôler la mise en œuvre de ces réglementations. Ces agents sont commissionnés par l'autorité administrative compétente après qu'ils ont été agréés par le procureur de la République. Ils prêtent serment devant le tribunal de première instance.

Art. 809-1 *(Créé, L. n. 99-515, 23 juin 1999, art. 6).* – **Pour l'application de l'article 41-2, les références aux articles 28 et 32 (2°) du décret-loi du 18 avril 1939 fixant le régime des matériels de guerre, armes et munitions et à l'article L. 1er du Code de la route sont remplacées par les références aux dispositions applicables localement qui répriment la détention ou le port d'arme et aux dispositions applicables localement en matière de circulation routière qui répriment la conduite sous l'empire d'un état alcoolique ou en état d'ivresse manifeste.**

Art. 810 *(Ord. n. 96-268, 28 mars 1996, art. 1er à 4).* – **Pour l'application du deuxième alinéa de l'article 45, les fonctions du ministère public sont remplies par les fonctionnaires et agents mentionnés au I de l'article 809, à l'exception de ceux exerçant des fonctions de gardes champêtres des communes et des gardes particuliers assermentés.**

Art. 811 *(Ord. n. 96-268, 28 mars 1996, art. 1er à 4).* – **Pour l'application du premier alinéa de l'article 46 et de l'article 48, les fonctions du ministère public peuvent également être exercées par un officier de police judiciaire appartenant à la gendarmerie.**

Pour l'application du deuxième alinéa de l'article 46, les fonctions du ministère public peuvent être également exercées par le chef de la circonscription *(Mots ajoutés, L. n. 96-1240, 30 déc. 1996, art. 20)* **ou de la subdivision administrative où siège le tribunal de police.**

CHAPITRE IV. – DES ENQUÊTES

Art. 812 *(Ord. n. 96-268, 28 mars 1996, art. 1er à 4).* – **Pour l'application des articles 63, 77 et 154, lorsque les conditions de transport ne permettent pas de conduire devant le magistrat compétent la personne retenue, l'officier de police judiciaire peut prescrire à cette personne de se présenter à lui périodiquement, à charge d'en informer immédiatement le magistrat compétent. Ce dernier décide de la mainlevée de la mesure ou de son maintien pour une durée qu'il fixe et qui ne peut se prolonger au-delà du jour de la première liaison aérienne ou maritime.**

Le fait de se soustraire à l'obligation définie au précédent alinéa est puni d'un an de prison et 100 000 F (15 000 €) d'amende.

Art. 813 *(Ord. n. 96-268, 28 mars 1996, art. 1er à 4).* – **Dans le territoire de la Polynésie française, en l'absence d'un médecin dans l'île où se déroule la garde à vue, l'examen prévu par l'article 63-3**

est effectué par un infirmier diplômé ou, à défaut, par un membre du corps des auxiliaires de santé publique.

Art. 814 *(Ord. n. 96-268, 28 mars 1996, art. 1er à 4).* **– Dans le territoire de la Nouvelle-Calédonie, lorsque la garde à vue se déroule en dehors des communes de Nouméa, Mont-Doré, Dumbea et Paita et que le déplacement d'un avocat paraît matériellement impossible, l'entretien prévu au premier alinéa de l'article 63-4 peut avoir lieu avec une personne choisie par la personne gardée à vue, qui n'est pas mise en cause pour les mêmes faits ou pour des faits connexes et qui n'a fait l'objet d'aucune condamnation, incapacité ou déchéance mentionnée au bulletin n. 2 du casier judiciaire. Les dispositions des deuxième et quatrième alinéas de l'article 63-4 sont applicables à la personne choisie, qui en est informée par l'officier de police judiciaire.**

Le fait pour une personne, qui a été appelée à intervenir dans les conditions prévues à l'alinéa précédent, de faire état auprès de quiconque de cet entretien dans le but d'entraver le cours de la justice est puni d'un an d'emprisonnement et 100 000 F (15 000 €) d'amende.

Les dispositions des alinéas précédents s'appliquent dans le territoire de la Polynésie française, lorsque la garde à vue se déroule dans une île où il n'y a pas d'avocat et que le déplacement d'un avocat paraît matériellement impossible.

Dans les territoires des îles Wallis-et-Futuna, il peut être fait appel pour l'entretien prévu au premier alinéa de l'article 63-4 à une personne agréée par le président du tribunal de première instance. Lorsque cette personne n'est pas désignée par la personne gardée à vue, elle l'est d'office par le président de cette juridiction. Les dispositions des deuxième au quatrième alinéas de l'article 63-4 et celles du deuxième alinéa du présent article sont applicables à la personne choisie, qui en est informée par l'officier de police judiciaire.

CHAPITRE V. – DES JURIDICTIONS D'INSTRUCTION

Art. 815 *(Ord. n. 96-268, 28 mars 1996, art. 1er à 4).* **– Pour l'application de l'article 88, l'aide juridictionnelle doit s'entendre du régime d'aide ou d'assistance judiciaire applicable localement.**

Art. 816 *(Ord. n. 96-268, 28 mars 1996, art. 1er à 4).* **– L'obligation pour la partie civile de déclarer une adresse au juge d'instruction prévue par l'article 89 s'entend, pour les territoires d'outre-mer, d'une adresse située dans le territoire où se déroule l'information.**

Art. 817 *(Ord. n. 96-268, 28 mars 1996, art. 1er à 4).* **– Pour l'application du deuxième alinéa de l'article 102, le greffier peut être désigné comme interprète pour l'une des langues en usage dans le territoire. Il est, dans ce cas, dispensé du serment.**

Art. 818 *(Ord. n. 96-268, 28 mars 1996, art. 1er à 4).* **– L'obligation pour la personne mise en examen de déclarer une adresse au juge d'instruction prévue au cinquième alinéa de l'article 116 s'entend d'une adresse située dans le territoire où se déroule l'information.**

Art. 819 *(Ord. n. 96-268, 28 mars 1996, art. 1er à 4).* **– Le délai prévu à l'article 116-1 est porté à un mois lorsque la personne mise en examen ne réside pas sur l'île où siège le juge d'instruction saisi.**

Art. 820 *(Ord. n. 96-268, 28 mars 1996, art. 1er à 4).* **– Pour l'application des articles 127 et 133, si la personne faisant l'objet du mandat est trouvée dans une île où ne siège pas de tribunal, la conduite a lieu dès la première liaison aérienne ou maritime. Le délai nécessaire à la conduite de cette personne devant le magistrat compétent et celui pendant lequel elle a été retenue avant son embarquement sont imputés, s'il y a lieu, sur la durée de la peine.**

Art. 821 *(Ord. n. 96-268, 28 mars 1996, art. 1er à 4).* **– Les délais prévus à l'article 130 sont portés à quinze jours lorsque le transfèrement se fait à partir ou à destination d'un territoire d'outre-mer.**

Art. 822 *(Ord. n. 96-268, 28 mars 1996, art. 1er à 4).* **– Pour l'application des articles 128 et 132, la personne peut être retenue dans un local autre qu'une maison d'arrêt.**

Art. 823 *(Ord. n. 96-268, 28 mars 1996, art. 1er à 4 ; Alinéa remplacé, L. n. 2000-1354, 30 déc. 2000, art. 32, II)*. – Pour l'application des dispositions de l'article 145 dans le territoire des îles Wallis-et-Futuna, le juge d'instruction peut ordonner l'incarcération provisoire de la personne mise en examen. Celle-ci doit comparaître devant le juge des libertés et de la détention dans les meilleurs délais et, au plus tard, le septième jour ouvrable suivant.

Le délai prévu au deuxième alinéa de l'article 187-1 est également porté à sept. jours ouvrables.

Art. 824 *(Ord. n. 96-268, 28 mars 1996, art. 1er à 4)*. – Pour l'application de l'article 191, la chambre de l'instruction de la cour d'appel de Nouméa et celle de la cour d'appel de Papeete sont composées d'un président de chambre ou d'un conseiller et de deux magistrats du siège du ressort de la cour d'appel.

Ces magistrats sont désignés chaque année par le premier président de la cour d'appel.

En cas d'empêchement d'un membre de la chambre de l'instruction, celui-ci est remplacé par un magistrat du siège désigné par le premier président.

CHAPITRE VI. – DE LA COUR D'ASSISES

Art. 825 *(Ord. n. 96-268, 28 mars 1996, art. 1er à 4)*. – Par dérogation à l'article 236, la tenue des assises a lieu chaque fois qu'il est nécessaire.

Art. 826 *(Ord. n. 96-268, 28 mars 1996, art. 1er à 4)*. – Pour l'application de l'article 244, et sous réserve de l'application des dispositions de l'article 247, la cour d'assises peut également être présidée par le président du tribunal de première instance ou par le magistrat du siège le plus ancien dans le grade le plus élevé de ce tribunal.

Art. 827 *(Ord. n. 96-268, 28 mars 1996, art. 1er à 4)*. – Pour l'application des articles 245 et 250, il est procédé annuellement à la désignation du président de la cour d'assises et des assesseurs.

Art. 828 *(Ord. n. 96-268, 28 mars 1996, art. 1er à 4)*. – Le 8° de l'article 256 est rédigé comme suit :

« 8° Les majeurs sous sauvegarde de justice, les majeurs en tutelle, les majeurs en curatelle et ceux qui sont placés dans un établissement accueillant les malades atteints de troubles mentaux en vertu des dispositions applicables localement. »

Art. 829 *(Ord. n. 96-268, 28 mars 1996, art. 1er à 4)*. – Sans préjudice de l'application de l'article 257, les fonctions de juré sont également incompatibles avec les fonctions suivantes : assesseurs du tribunal du travail ; assesseurs du tribunal mixte de commerce ; assesseurs du Tribunal de première instance de Wallis-et-Futuna ; membres du gouvernement de la Polynésie française ; membres des assemblées territoriales ; membres du conseil du territoire des îles Wallis-et-Futuna ; membres des assemblées provinciales de la Nouvelle-Calédonie ; représentants de l'état dans les territoires ; secrétaires généraux des territoires ; chefs de circonscription ou de subdivision administratives.

Art. 830 *(Ord. n. 96-268, 28 mars 1996, art. 1er à 4)*. – Le nombre minimum de jurés prévus par le premier alinéa de l'article 260 est fixé à 80 pour le territoire des îles Wallis-et-Futuna.

Art. 831 *(Ord. n. 96-268, 28 mars 1996, art. 1er à 4)*. – Dans le territoire des îles Wallis-et-Futuna, la liste préparatoire de la liste annuelle, prévue par les articles 261 et 261-1, est dressée par circonscription territoriale et les attributions du maire sont exercées par le chef de circonscription administrative.

Art. 832 *(Ord. n. 96-268, 28 mars 1996, art. 1er à 4)*. – I. – Pour l'application dans les territoires de la Nouvelle-Calédonie et de la Polynésie française du deuxième alinéa de l'article 262 fixant la composition de la commission prévue à cet article, les conseillers généraux sont remplacés par *(Mots remplacés, L. n. 96-1240, 30 déc. 1996, art. 21)* cinq membres désignés chaque année en son sein par le Congrès ou l'assemblée de la Polynésie française.

II. – Dans le territoire des îles Wallis-et-Futuna, la commission prévue à l'article 262 comprend :
– le président du tribunal de première instance, président ;
– le procureur de la République ou son délégué ;
– un citoyen désigné dans les conditions définies à l'article L. 933-2 du Code de l'organisation judiciaire ;
– deux membres de l'assemblée territoriale désignés chaque année par celle-ci.

Art. 833 *(Ord. n. 96-268, 28 mars 1996, art. 1er à 4)*. **– La liste spéciale de jurés suppléants, prévue à l'article 264, comprend trente noms dans le territoire des îles Wallis-et-Futuna.**

Art. 834 *(Ord. n. 96-268, 28 mars 1996, art. 1er à 4)*. **– Pour l'application de l'article 269, l'accusé peut être transféré dans un établissement pénitentiaire autre qu'une maison d'arrêt.**

CHAPITRE VII. – DU JUGEMENT DES DÉLITS

Art. 835 *(Ord. n. 96-268, 28 mars 1996, art. 1er à 4)*. **– Pour l'application de l'article 392-1, l'aide juridictionnelle doit s'entendre du régime d'aide ou d'assistance judiciaire en vigueur localement.**

Art. 836 *(Ord. n. 96-268, 28 mars 1996, art. 1er à 4)*. **– Dans le territoire de la Nouvelle-Calédonie, le tribunal correctionnel statuant en formation collégiale est complété par deux assesseurs dans les conditions prévues au Code de l'organisation judiciaire.**

Dans le territoire des îles Wallis-et-Futuna, le tribunal correctionnel statuant en formation collégiale est composé d'un magistrat du siège et de deux assesseurs, dans les conditions prévues au Code de l'organisation judiciaire.

Art. 837 *(Ord. n. 96-268, 28 mars 1996, art. 1er à 4)*. **– L'article 398-1 est ainsi rédigé :**

I. - Dans le territoire de la Polynésie française :

« ***Art. 398-1.*** **– Sont jugés dans les conditions prévues au troisième alinéa de l'article 398 :**

1° Les délits prévus par les articles 66 et 69 du décret-loi du 30 octobre 1935 unifiant le droit en matière de chèques et relatif aux cartes de paiement ;

2° Les délits prévus par les dispositions applicables localement en matière de circulation routière ainsi que, lorsqu'ils sont commis à l'occasion de la conduite d'un véhicule, par les articles 222-19, 222-20, 223-1, 434-10 du Code pénal ;

3° Les délits prévus par les dispositions applicables localement en matière de coordination des transports ;

4° Les délits prévus par les articles 222-11, 222-12 (1° à 10°), 222-13 (1° à 10°), 222-16, 222-17, 222-18, 222-32, 227-3 à 227-11, 311-3, 311-4 (1° à 8°), 313-5, 314-5, 314-6, 321-1, 322-1 à 322-4, 322-12, 322-13, 322-14, 433-5 et 521-1 du Code pénal et L. 628 du Code de la santé publique ;

5° Les délits prévus par les dispositions applicables localement en matière de chasse, de pêche, de protection de la faune et de la flore et en matière de pêche maritime ;

6° Les délits prévus par le Code de l'aménagement de la Polynésie française en matière de défaut de permis de construire ou de terrassement ou par la réglementation applicable localement sur les installations classées ;

7° Les délits prévus par la loi n. 83-581 du 5 juillet 1983 relative à la sauvegarde de la vie humaine en mer.

Toutefois, le tribunal statue obligatoirement dans les conditions prévues par le premier alinéa de l'article 398 lorsque le prévenu est en état de détention provisoire lors de sa comparution à l'audience ou lorsqu'il est poursuivi selon la procédure de comparution immédiate. Il statue également dans les conditions prévues par le premier alinéa de l'article 398 pour le jugement des délits prévus au présent article lorsque ces délits sont connexes à d'autres délits non prévus par cet article. »

II. – Dans les territoires de la Nouvelle-Calédonie et des îles Wallis-et-Futuna :

« ***Art. 398-1.*** **– Sont jugés dans les conditions prévues au troisième alinéa de l'article 398 :**

1° Les délits prévus par les articles 66 et 69 du décret-loi du 30 octobre 1935 unifiant le droit en matière de chèques et relatif aux cartes de paiement ;

2° Les délits prévus par les dispositions applicables localement en matière de circulation routière ainsi que, lorsqu'ils sont commis à l'occasion de la conduite d'un véhicule, par les articles 222-19, 222-20, 223-1 et 434-10 du Code pénal ;

3° Les délits prévus par les dispositions applicables localement en matière de coordination des transports ;

4° Les délits prévus par les dispositions applicables localement en matière de chasse, de pêche, de protection de la faune et de la flore et en matière de pêche maritime.

Toutefois, le tribunal statue obligatoirement dans les conditions prévues par le premier alinéa de l'article 398 lorsque le prévenu est en état de détention provisoire lors de sa comparution à l'audience ou lorsqu'il est poursuivi selon la procédure de comparution immédiate. Il statue également dans les conditions prévues par le premier alinéa de l'article 398 pour le jugement des délits prévus au présent article lorsque ces délits sont connexes à d'autres délits non prévus par cet article. »

Art. 838 *(Ord. n. 96-268, 28 mars 1996, art. 1er à 4).* – **Dans le territoire des îles Wallis-et-Futuna, l'avis prévu par l'article 399 est donné par le procureur de la République.**

Art. 839 *(Ord. n. 96-268, 28 mars 1996, art. 1er à 4).* – **Pour l'application de l'article 407, le greffier peut être désigné comme interprète pour l'une des langues en usage dans le territoire. Il est, dans ce cas, dispensé du serment.**

S'il existe un interprète officiel permanent, celui-ci ne prête serment qu'à l'occasion de son entrée en fonctions.

Art. 840 *(Ord. n. 96-268, 28 mars 1996, art. 1er à 4).* – **Pour l'application de l'article 410-1, si le prévenu est trouvé dans une île où ne siège pas de tribunal, la conduite a lieu dès la première liaison aérienne ou maritime. Le délai nécessaire à la conduite du prévenu devant le magistrat compétent et celui pendant lequel il a été retenu avant son embarquement sont imputés, s'il y a lieu, sur la durée de la peine.**

Le délai prévu pour exécuter le transfèrement vers la juridiction saisie est porté à quinze jours si ce transfèrement est fait à partir ou à destination d'un territoire d'outre-mer.

Art. 841 *(Ord. n. 96-268, 28 mars 1996, art. 1er à 4).* – **Les dispositions de l'article 411 sont applicables au prévenu qui réside dans une île où ne siège pas de tribunal ou qui réside à plus de cent cinquante kilomètres du siège du tribunal, lorsque la durée de l'emprisonnement encourue n'excède pas cinq ans.**

Art. 842 *(Ord. n. 96-268, 28 mars 1996, art. 1er à 4).* – **Pour l'application de l'article 416 dans les territoires de Polynésie française et de Nouvelle-Calédonie, lorsque le déplacement d'un avocat paraît matériellement impossible, le prévenu peut prendre pour conseil une personne qui n'a fait l'objet d'aucune condamnation, incapacité ou déchéance mentionnée au bulletin n° 2 du casier judiciaire. Ne peut être choisie comme conseil une personne qui fait l'objet de poursuites pour les mêmes faits ou pour des faits connexes.**

Dans le territoire des îles Wallis-et-Futuna, le prévenu peut prendre pour conseil une personne agréée dans les conditions prévues au dernier alinéa de l'article 814.

Art. 843 *(Ord. n. 96-268, 28 mars 1996, art. 1er à 4).* – **Pour l'application de l'article 420-1, le montant de la demande ne doit pas excéder le plafond de la compétence de droit commun des tribunaux d'instance de la métropole en matière civile.**

Art. 844 *(Ord. n. 96-268, 28 mars 1996, art. 1er à 4).* – **Le deuxième alinéa de l'article 470-1 est ainsi rédigé :**

« Toutefois, lorsqu'il apparaît que des tiers responsables doivent être mis en cause, le tribunal renvoie l'affaire, par une décision non susceptible de recours, devant la juridiction civile compétente. »

Art. 845 *(Ord. n. 96-268, 28 mars 1996, art. 1er à 4)*. **– Les délais d'opposition prévus à l'article 491 et au premier alinéa de l'article 492 sont de dix jours si le prévenu réside dans l'île où siège le tribunal et d'un mois s'il réside hors de cette île.**

Art. 846 *(Ord. n. 96-268, 28 mars 1996, art. 1er à 4)*. **– Le délai supplémentaire prévu à l'article 500 est porté à quinze jours pour les parties qui résident hors de l'île où la juridiction qui a rendu la décision attaquée a son siège.**

Art. 847 *(Ord. n. 96-268, 28 mars 1996, art. 1er à 4)*. **– Si l'appelant réside hors de l'île où la juridiction qui a rendu la décision attaquée a son siège, la déclaration d'appel prévue à l'article 502 peut être adressée au greffier de la juridiction par lettre signée de l'appelant. Dès réception de cette lettre, le greffier dresse l'acte d'appel et y annexe la lettre de l'appelant. Dans le délai prévu par les articles 498, 500 et 846, l'appelant est tenu de confirmer son appel à la mairie ou à la gendarmerie la plus proche de sa résidence.**

CHAPITRE VIII. – DU JUGEMENT DES CONTRAVENTIONS

Art. 848 *(Ord. n. 96-268, 28 mars 1996, art. 1er à 4)*. **– À Nouméa, Mata-Utu et Papeete, le tribunal de police est constitué par un juge du tribunal de première instance, un officier du ministère public ainsi qu'il est dit aux articles 45 à 48, 810 et 811, et un greffier.**

Dans les sections du tribunal de première instance et lors des audiences foraines, le tribunal est constitué par le juge chargé du service de la section ou le juge forain, un officier du ministère public ainsi qu'il est dit aux articles 45 à 48, 810 et 811, et un greffier.

Art. 849 *(Ord. n. 96-268, 28 mars 1996, art. 1er à 4)*. **– Pour l'application de l'article 527, le délai d'opposition ouvert au prévenu, fixé au troisième alinéa de cet article, est porté à deux mois si le prévenu réside hors de l'île où la juridiction qui a rendu la décision attaquée a son siège.**

Art. 850 *(Ord. n. 96-268, 28 mars 1996, art. 1er à 4)*. **– Le premier alinéa de l'article 529 est ainsi rédigé :**

« Pour les contraventions des quatre premières classes aux réglementations applicables localement en matière de circulation routière, d'assurances, de chasse, de pêche, de protection de l'environnement, de droit de la consommation, de la sécurité en mer, de réglementation sur les débits de boissons ou l'ivresse publique manifeste et d'écobuage, qui sont punies seulement d'une peine d'amende, l'action publique est éteinte par le paiement d'une amende forfaitaire qui est exclusive de l'application des règles de la récidive. »

Art. 851 *(Ord. n. 96-268, 28 mars 1996, art. 1er à 4)*. **– Outre les dispositions rendues applicables par les articles 544 et 545, les articles 841 et 845 sont applicables devant le tribunal de police.**

Art. 852 *(Ord. n. 96-268, 28 mars 1996, art. 1er à 4)*. **– Les dispositions du quatrième alinéa de l'article 546 s'appliquent aux affaires poursuivies à la requête des autorités compétentes en matière d'eaux et forêts.**

Art. 853 *(Ord. n. 96-268, 28 mars 1996, art. 1er à 4)*. **– Outre les dispositions rendues applicables par les articles 547 et 549, l'article 846 est applicable aux appels formés contre les jugements de police.**

CHAPITRE IX. – DES CITATIONS ET SIGNIFICATIONS

Art. 854 *(Ord. n. 96-268, 28 mars 1996, art. 1er à 4)*. – **Le délai prévu par l'article 552 entre le jour où la citation est délivrée et le jour fixé pour la comparution devant la juridiction est d'au moins dix jours si la partie citée réside dans l'île où siège le tribunal. Ce délai est augmenté d'un mois si la partie citée réside dans une autre île de ce territoire ou en tout autre lieu du territoire de la République.**

CHAPITRE X. – DU POURVOI EN CASSATION

Art. 855 *(Ord. n. 96-268, 28 mars 1996, art. 1er à 4)*. – **Le délai de pourvoi prévu au premier alinéa de l'article 568 est porté à un mois si le demandeur en cassation réside hors de l'île où la juridiction qui a rendu la décision attaquée a son siège.**

Art. 856 *(Ord. n. 96-268, 28 mars 1996, art. 1er à 4)*. – **Si le demandeur en cassation réside hors de l'île où la juridiction qui a rendu la décision attaquée a son siège, la déclaration de pourvoi prévue à l'article 576 peut également être faite par lettre signée du demandeur en cassation et adressée au greffier de la juridiction qui a rendu la décision attaquée. Dès réception de cette lettre, le greffier dresse l'acte de pourvoi et y annexe la lettre du demandeur en cassation. Dans les délais prévus par les articles 568 et 855, le demandeur en cassation est tenu de confirmer son pourvoi à la mairie ou à la gendarmerie la plus proche de sa résidence.**

Art. 857 *(Ord. n. 96-268, 28 mars 1996, art. 1er à 4)*. – **Le délai d'opposition à l'arrêt rendu par la Cour de cassation prévu à l'article 579 est porté à un mois si la partie qui forme opposition réside hors de l'île où la juridiction qui a rendu la décision attaquée a son siège.**

Dans ce dernier cas, l'opposition peut être également faite dans les formes prévues à l'article 856.

Art. 858 *(Ord. n. 96-268, 28 mars 1996, art. 1er à 4)*. – **Le délai prévu à l'article 584 est porté à deux mois si le demandeur en cassation réside hors de l'île où la juridiction qui a rendu la décision attaquée a son siège.**

Art. 859 *(Ord. n. 96-268, 28 mars 1996, art. 1er à 4)*. – **Le délai et les formes d'opposition à l'arrêt rendu par la Cour de cassation prévus à l'article 589 sont ceux définis aux articles 855 et 856.**

CHAPITRE XI. – DE QUELQUES PROCÉDURES PARTICULIÈRES

Art. 859-1 *(L. n. 2002–268, 26 févr. 2002, art. 4–I)*. – **Le délai prévu au premier alinéa de l'article 627-6 est porté à quinze jours lorsque le transfèrement se fait à partir de la Nouvelle-Calédonie, de la Polynésie française ou des îles Wallis-et-Futuna.**

Art. 860 *(Ord. n. 96-268, 28 mars 1996, art. 1er à 4)*. – **L'ordonnance mentionnée à l'article 628 et l'extrait de condamnation mentionné à l'article 634 sont insérés dans l'un des journaux du territoire, affichés à la porte du domicile de l'intéressé et, lorsqu'il n'y a pas de mairie, affichés à la diligence du chef de circonscription administrative.**

Art. 861 *(Ord. n. 96-268, 28 mars 1996, art. 1er à 4)*. – **Le délai prévu au troisième alinéa de l'article 662 est de deux mois.**

Art. 862 *(Ord. n. 96-268, 28 mars 1996, art. 1er à 4)*. – **Dans le territoire des îles Wallis-et-Futuna, le président du tribunal de première instance exerce les attributions dévolues à la commission mentionnée à l'article 706-4.**

Art. 863 *(Ord. n. 96-268, 28 mars 1996, art. 1er à 4)*. – **L'article 706-9 est rédigé ainsi :**

« *Art. 706-9*. – La commission ou, à Wallis-et-Futuna, le président du tribunal de première instance tient compte dans le montant des sommes allouées à la victime au titre de la réparation de son préjudice :

– des prestations énumérées au II de l'article 1er de l'ordonnance n. 59-76 du 7 janvier 1959 relative aux actions en réparation civile de l'état et de certaines autres personnes publiques ;

– des prestations versées par les organismes, établissements et services gérant un régime obligatoire de sécurité sociale ;

– des sommes versées en remboursement d'un traitement médical ou de rééducation ;

– des salaires et des ressources du salarié maintenus par l'employeur pendant la période d'inactivité consécutive à l'événement qui occasionne le dommage.

Il est tenu également compte des indemnités de toutes natures reçues ou à recevoir d'autres débiteurs au titre du même préjudice.

Les sommes allouées sont versées par le fonds de garantie des victimes des actes de terrorisme et d'autres infractions. »

Art. 864 *(Ord. n. 96-268, 28 mars 1996, art. 1er à 4)*. **– Le premier alinéa de l'article 706-14 est ainsi rédigé :**

« Toute personne qui, victime d'un vol, d'une escroquerie ou d'un abus de confiance, ne peut obtenir à un titre quelconque une réparation ou une indemnisation effective et suffisante de son préjudice, et se trouve de ce fait dans une situation matérielle grave, peut obtenir une indemnité dans les conditions prévues par les articles 706-3 (troisième et dernier alinéas) à 706-12, lorsque ses ressources sont inférieures au plafond pour bénéficier de l'aide juridictionnelle partielle, affectée le cas échéant de correctif pour charges de famille, prévu par l'article 3 de l'ordonnance n. 92-1147 du 12 octobre 1992 relative à l'aide juridictionnelle en matière pénale dans les territoires d'outre-mer. »

Art. 865 *(Ord. n. 96-268, 28 mars 1996, art. 1er à 4)*. **– Dans le territoire de la Polynésie française, les examens prévus aux articles 706-23 et 706-29 peuvent être effectués dans les conditions définies à l'article 813.**

Art. 866 *(Ord. n. 96-268, 28 mars 1996, art. 1er à 4)*. **– Le premier alinéa de l'article 706-30 est ainsi rédigé :**

« En cas d'information ouverte pour infraction aux articles 222-34, 222-38 du Code pénal et afin de garantir le paiement des amendes encourues ainsi que l'exécution de la confiscation prévue au deuxième alinéa de l'article 222-49 du même code, le président du tribunal de première instance ou un juge délégué par lui, sur requête du procureur de la République, peut ordonner, aux frais avancés du Trésor et selon les modalités prévues par la réglementation applicable localement en matière de procédure civile, des mesures conservatoires sur les biens de la personne mise en examen. »

CHAPITRE XII. – DES PROCÉDURES D'EXÉCUTION

Art. 867 *(Ord. n. 96-268, 28 mars 1996, art. 1er à 4)*. **– Les attributions dévolues au percepteur par l'article 707 sont exercées par l'agent chargé du recouvrement des amendes en vertu de la réglementation applicable dans le territoire.**

Art. 868 *(Ord. n. 96-268, 28 mars 1996, art. 1er à 4)*. **– Les personnes visées à l'article 714 peuvent être détenues dans un local autre qu'une maison d'arrêt.**

Art. 868-1 *(Créé, L. n. 2000-1354, 30 déc. 1999, art. 32, III)*. **– Par dérogation aux dispositions des deuxième et troisième alinéas de l'article 709-1, le président du tribunal de première instance de Wallis-et-Futuna exerce les fonctions de juge de l'application des peines.**

Art. 869 *(Ord. n. 96-268, 28 mars 1996, art. 1er à 4)*. **– Les attributions dévolues au ministre de la justice par les articles 730 à 733 sont exercées par le représentant de l'état dans le territoire.**

Art. 870 *(Ord. n. 96-268, 28 mars 1996, art. 1er à 4)*. – **L'article 752 est ainsi rédigé :**

« *Art. 752*. – La contrainte par corps ne peut être exécutée contre les condamnés qui justifient de leur insolvabilité en produisant :

1° Un certificat du percepteur ou de l'agent qui exerce les fonctions dévolues au percepteur de leur domicile constatant qu'ils ne sont pas imposés ;

2° Un certificat du maire ou du commissaire de police de leur commune ou du chef de leur circonscription administrative.

La preuve que le condamné est en réalité solvable peut être rapportée par tous moyens. »

Art. 871 *(Ord. n. 96-268, 28 mars 1996, art. 1er à 4)*. – **L'article 758 est ainsi rédigé :**

« *Art. 758*. – La contrainte par corps est subie dans un établissement pénitentiaire. »

Art. 872 *(Ord. n. 96-268, 28 mars 1996, art. 1er à 4)*. – **La caution mentionnée à l'article 759 est admise par le receveur des finances ou par l'agent qui exerce les fonctions dévolues à celui-ci par la réglementation applicable au territoire.**

Art. 873 *(Ord. n. 96-268, 28 mars 1996, art. 1er à 4)*. – **L'article 763 est ainsi rédigé :**

« *Art. 763*. – En cas de prescription d'une peine prononcée en matière criminelle, le condamné est soumis de plein droit et à titre définitif à l'interdiction de séjour, dans la circonscription ou subdivision administrative où demeurent la victime du crime ou ses héritiers directs ».

Art. 873-1 *(Créé, L. n. 98-468, 17 juin 1998, art. 40)*. – **Le premier alinéa de l'article 763-7 est ainsi rédigé :**

« Lorsqu'une personne condamnée à un suivi socio-judiciaire comprenant une injonction de soins doit subir une peine privative de liberté, elle exécute cette peine dans un établissement pénitentiaire permettant de lui assurer un suivi médical et psychologique adapté. »

CHAPITRE XIII. – DU CASIER JUDICIAIRE

Art. 874 *(Ord. n. 96-268, 28 mars 1996, art. 1er à 4)*. – **Pour l'application de l'article 768, les attributions du casier judiciaire national sont exercées par le greffe de chaque tribunal de première instance qui reçoit, en ce qui concerne les personnes nées dans la circonscription du tribunal et après vérification de leur identité aux registres de l'état civil, des fiches constatant les condamnations, jugements et décisions énumérées aux 1° à 8° dudit article.**

Art. 875 *(Ord. n. 96-268, 28 mars 1996, art. 1er à 4)*. – **Pour l'application de l'article 768-1, les attributions du casier judiciaire national sont exercées par le greffe du tribunal de première instance qui reçoit, en ce qui concerne les personnes morales dont le siège se situe dans le ressort du tribunal et après contrôle de leur identité au moyen du répertoire territorial des entreprises et établissements, des fiches constatant les condamnations et déclarations mentionnées aux 1° à 4° dudit article.**

Art. 876 *(Ord. n. 96-268, 28 mars 1996, art. 1er à 4)*. – **L'article 773 est ainsi rédigé :**

« *Art. 773*. – Il est adressé une copie de chaque fiche constatant une décision entraînant la privation des droits électoraux à l'autorité administrative compétente du territoire. »

TITRE II. – DISPOSITIONS APPLICABLES DANS LA COLLECTIVITÉ TERRITORIALE DE MAYOTTE

CHAPITRE I. – DISPOSITIONS GÉNÉRALES

Art. 877 *(Ord. n. 96-268, 28 mars 1996, art. 1er à 4).* **– À l'exception des articles 191, 232, 235, 240, 243 à 267, 288 à 303, 305, 398 à 398-2, 399, 510,** *(Références supprimées, L. n. 99-1121, 28 déc. 1999, art. 8)* **..., 717 à 719, le présent code (Dispositions législatives) est applicable dans la collectivité territoriale de Mayotte sous réserve des adaptations prévues au présent titre.**

Art. 878 *(Ord. n. 96-268, 28 mars 1996, art. 1er à 4).* **– Pour l'application du présent code dans la collectivité territoriale de Mayotte :**

Les termes : « cour d'appel » ou : « chambre des appels correctionnels » ou : « chambre de l'instruction » sont remplacés par les termes : « tribunal supérieur d'appel » ;

Les termes : « tribunal de grande instance » ou : « tribunal d'instance » ou : « tribunal de police » sont remplacés par les termes : « tribunal de première instance » ;

Les termes : « cour d'assises » ou : « la cour et le jury » sont remplacés par les termes : « cour criminelle » ;

Le terme : « département » est remplacé par les termes : « collectivité territoriale » ;

Le terme : « préfet » est remplacé par les termes : « représentant du Gouvernement » et les termes : « arrêté préfectoral » par les termes : « arrêté du représentant du Gouvernement ».

De même, les références à des dispositions non applicables dans la collectivité territoriale sont remplacées par les références aux dispositions applicables localement ayant le même objet.

Les compétences attribuées aux chefs de cours par le présent code sont exercées respectivement par le président du tribunal supérieur d'appel et par le procureur de la République près ledit tribunal. Celles qui sont attribuées au juge d'instruction sont exercées par un magistrat du siège du tribunal de première instance.

Art. 879 *(Ord. n. 96-268, 28 mars 1996, art. 1er à 4).* **– Les attributions dévolues par le présent code aux avocats et aux conseils des parties peuvent être exercées par des personnes agréées par le président du tribunal supérieur d'appel. Ces personnes sont dispensées de procuration.**

Art. 879-1 *(Créé à compter du 1er oct. 1998, Ord. n. 98-728, 20 août 1998, art. 3 10 puis remplacé, L. n. 99-1121, 28 déc. 1999, art. 4).* **– Pour l'application des articles 16 à 19, les officiers de police de la collectivité territoriale de Mayotte mis à la disposition de l'état sont assimilés, selon les dispositions et dans les conditions prévues par ces articles, aux fonctionnaires titulaires du corps de commandement et d'encadrement de la police nationale.**

Pour l'application des articles 20 et 21, les agents de police de la collectivité territoriale de Mayotte mis à la disposition de l'état sont assimilés, selon les dispositions et dans les conditions prévues par ces articles, aux agents de la police nationale.

CHAPITRE II. – DES ENQUÊTES

Art. 880 *(Ord. n. 96-268, 28 mars 1996, art. 1er à 4).* **– Lorsque le déplacement d'un avocat ou d'une personne agréée en application de l'article 879 paraît matériellement impossible, l'entretien prévu au premier alinéa de l'article 63-4 peut avoir lieu avec une personne choisie par la personne gardée à vue, qui n'est pas mise en cause pour les mêmes faits ou pour des faits connexes et qui n'a fait l'objet d'aucune condamnation, incapacité ou déchéance mentionnée au bulletin n° 2 du caser judiciaire. Les dispositions des deuxième au quatrième alinéas de l'article 63-4 sont applicables à la personne choisie, qui en est informée par l'officier de police judiciaire.**

Le fait pour une personne qui a été appelée à intervenir dans les conditions prévues à l'alinéa précédent, de faire état auprès de quiconque de cet entretien dans le but d'entraver le cours de la justice est puni d'un an d'emprisonnement et de 100 000 F (15 000 €) d'amende.

CHAPITRE III. – DES JURIDICTIONS D'INSTRUCTION

Art. 881 *(Ord. n. 96-268, 28 mars 1996, art. 1er à 4).* – **L'obligation pour la partie civile de déclarer une adresse au juge d'instruction prévue par l'article 89 s'entend d'une adresse située dans la collectivité territoriale.**

Art. 882 *(Ord. n. 96-268, 28 mars 1996, art. 1er à 4).* – **L'obligation pour la personne mise en examen de déclarer une adresse au juge d'instruction prévue par le cinquième alinéa de l'article 116 s'entend d'une adresse située dans la collectivité territoriale.**

Art. 883 *(Ord. n. 96-268, 28 mars 1996, art. 1er à 4).* – **Les délais prévus à l'article 130 sont portés à quinze jours lorsque le transfèrement se fait à partir ou à destination de la collectivité territoriale.**

Art. 884 *(Ord. n. 96-268, 28 mars 1996, art. 1er à 4).* – **Par dérogation à l'article 193, le tribunal supérieur d'appel, en tant que chambre de l'instruction, se réunit sur la convocation de son président ou à la demande du procureur de la République à chaque fois qu'il est nécessaire.**

CHAPITRE IV. – DE LA COUR CRIMINELLE

Art. 885 *(Ord. n. 96-268, 28 mars 1996, art. 1er à 4).* – **La cour criminelle est présidée par le président du tribunal supérieur d'appel ou par un magistrat du siège délégué par lui, assisté de quatre assesseurs** *(Mots ajoutés à compter du 1er janvier 2001, L. n. 2000-516, 15 juin 2000, art. 136-XX)* **lorsque la cour criminelle statue en premier ressort et de six assesseurs lorsqu'elle statue en appel. Ces assesseurs sont tirés au sort, pour chaque session, sur une liste arrêtée par le garde des sceaux, ministre de la justice, sur proposition du président du tribunal supérieur d'appel faite après avis du procureur de la République. Peuvent être inscrites sur cette liste les personnes de nationalité française, âgées de plus de vingt-trois ans, sachant lire et écrire en français, présentant des garanties de compétence et d'impartialité et jouissant des droits politiques, civils et de famille.**

En cas d'empêchement du président, survenant avant ou pendant la session, celui-ci est remplacé par un magistrat du siège du tribunal supérieur d'appel. En cas d'empêchement d'un assesseur, il est pourvu à son remplacement selon les mêmes modalités que pour sa désignation initiale.

Art. 886 *(Ord. n. 96-268, 28 mars 1996, art. 1er à 4).* – **Le président de la cour criminelle adresse aux assesseurs qui l'assistent le discours prévu par l'article 304. Ces derniers prêtent le serment prévu au deuxième alinéa du même article.**

Art. 887 *(Ord. n. 96-268, 28 mars 1996, art. 1er à 4).* – **Le président de la cour criminelle exerce les attributions dévolues à la cour par les articles 316, 343, 344 et 371 à 375-2.**

Art. 888 *(Ord. n. 96-268, 28 mars 1996, art. 1er à 4 ; remplacé à compter du 1er janv. 2001, L. n. 2000-516, 15 juin 2000, art. 136-XXI).* – **Les majorités de huit ou dix voix prévues par les articles 359 et 362, deuxième alinéa, sont remplacées par des majorités de quatre ou cinq voix.**

CHAPITRE V. – DU JUGEMENT DES DÉLITS

Art. 889 *(Ord. n. 96-268, 28 mars 1996, art. 1er à 4).* – **Le tribunal correctionnel est composé d'un magistrat du siège du tribunal de première instance.**

Art. 890 *(Ord. n. 96-268, 28 mars 1996, art. 1er à 4).* – **Le nombre et le jour des audiences correctionnelles sont fixés à la fin de chaque année judiciaire pour l'année judiciaire suivante par une ordonnance du président du tribunal supérieur d'appel prise** *(Mots remplacés, L. n. 99-1121, 28 déc. 1999, art. 11)* **après avis du président du tribunal de première instance et du procureur de la République. Cette décision peut être modifiée dans les mêmes conditions en cours d'année.**

Art. 891 *(Ord. n. 96-268, 28 mars 1996, art. 1er à 4).* – **Le délai prévu au deuxième alinéa de l'article 410-1 pour exécuter le transfèrement vers la juridiction saisie est porté à quinze jours si ce transfèrement est fait à partir ou à destination de la collectivité territoriale.**

Art. 892 *(Ord. n. 96-268, 28 mars 1996, art. 1er à 4).* – **Les délais d'opposition prévus à l'article 491 et au premier alinéa de l'article 492 sont de dix jours si le prévenu réside dans la collectivité territoriale, et d'un mois s'il réside en dehors de celle-ci.**

Art. 893 *(Ord. n. 96-268, 28 mars 1996, art. 1er à 4).* – **Le délai supplémentaire prévu à l'article 500 est porté à quinze jours pour les parties qui résident hors de la collectivité territoriale.**

Art. 894 *(Ord. n. 96-268, 28 mars 1996, art. 1er à 4).* – **Le nombre et le jour des audiences du tribunal supérieur d'appel statuant en tant que chambre des appels correctionnels sont fixés à la fin de chaque année judiciaire pour l'année judiciaire suivante par une ordonnance du président du tribunal supérieur d'appel prise après avis du procureur de la République. Cette décision peut être modifiée dans les mêmes conditions en cours d'année.**

CHAPITRE VI. – DU JUGEMENT DES CONTRAVENTIONS

Art. 895 *(Ord. n. 96-268, 28 mars 1996, art. 1er à 4).* – **Le délai d'opposition à l'ordonnance pénale prévu par le troisième alinéa de l'article 527 est porté à deux mois si le prévenu ne réside pas dans la collectivité territoriale.**

Art. 896 *(Ord. n. 96-268, 28 mars 1996, art. 1er à 4).* – **Les articles 892 et 893 sont applicables devant le tribunal de police.**

CHAPITRE VII. – DES CITATIONS ET DES SIGNIFICATIONS

Art. 897 *(Ord. n. 96-268, 28 mars 1996, art. 1er à 4).* – **Le délai prévu au premier alinéa de l'article 552 s'applique lorsque la partie citée réside dans la collectivité territoriale. Ce délai est augmenté d'un mois si la partie citée réside en tout autre lieu du territoire de la République.**

CHAPITRE VIII. – DE QUELQUES PROCÉDURES PARTICULIÈRES

Art. 897-1 *(L. n. 2002–268, 26 févr. 2002, art. 4–II).* – **Le délai prévu au premier alinéa de l'article 627-6 est porté à quinze jours lorsque le transfèrement se fait à partir de Mayotte.**

Art. 898 *(Ord. n. 96-268, 28 mars 1996, art. 1er à 4).* – **Le président du tribunal de première instance ou le magistrat du siège qu'il délègue exerce les attributions dévolues à la commission mentionnée à l'article 706-4.**

Art. 899 *(Ord. n. 96-268, 28 mars 1996, art. 1er à 4).* – **L'article 706-9 est rédigé ainsi :**

« ***Art. 706-9.*** **– Le président tient compte dans le montant des sommes allouées à la victime au titre de la réparation de son préjudice :**

– des prestations énumérées au II de l'article 1er de l'ordonnance n. 59-76 du 7 janvier 1959 relative aux actions en réparation civile de l'état et de certaines autres personnes publiques ;

– des prestations versées par les organismes, établissements et services gérant un régime obligatoire de sécurité sociale ;

– des sommes versées en remboursement d'un traitement médical ou de rééducation ;

– des salaires et des ressources du salarié maintenus par l'employeur pendant la période d'inactivité consécutive à l'événement qui occasionne le dommage.

Il tient également compte des indemnités de toutes natures reçues ou à recevoir d'autres débiteurs au titre du même préjudice.

Les sommes allouées sont versées par le fonds de garantie des victimes des actes de terrorisme et d'autres infractions. »

Art. 900 *(Ord. n. 96-268, 28 mars 1996, art. 1er à 4).* **– Le premier alinéa de l'article 706-14 est ainsi rédigé :**

« Toute personne qui, victime d'un vol, d'une escroquerie ou d'un abus de confiance ne peut obtenir à un titre quelconque une réparation ou une indemnisation effective et suffisante de son préjudice, et se trouve de ce fait dans une situation matérielle grave, peut obtenir une indemnité dans les conditions prévues par les articles 706-3 (troisième et dernier alinéas) à 706-12, lorsque ses ressources sont inférieures au plafond pour bénéficier de l'aide juridictionnelle partielle, affectées le cas échéant de correctif pour charges de famille, prévu par l'article 3 de l'ordonnance n. 92-1143 du 12 octobre 1992 relative à l'aide juridictionnelle en matière pénale dans la collectivité territoriale de Mayotte. »

CHAPITRE IX. – DES PROCÉDURES D'EXÉCUTION

Art. 901 *(Ord. n. 96-268, 28 mars 1996, art. 1er à 4).* **– L'article 758 est ainsi rédigé :**

« *Art. 758.* – La contrainte par corps est subie dans un établissement pénitentiaire. »

Art. 901-1 *(Créé, L. n. 2000-1354, 30 déc. 2000, art. 32, IV).* **– Par dérogation aux dispositions des deuxième et troisième alinéas de l'article 709-1, le président du tribunal de première instance exerce les fonctions de juge de l'application des peines.**

Art. 902 *(Créé, L. n. 98-468, 17 juin 1998, art. 42).* **– Le premier alinéa de l'article 763-7 est ainsi rédigé :**

« Lorsqu'une personne condamnée à un suivi socio-judiciaire comprenant une injonction de soins doit subir une peine privative de liberté, elle exécute cette peine dans un établissement pénitentiaire permettant de lui assurer un suivi médical et psychologique adapté. »

TITRE III. – DISPOSITIONS PARTICULIÈRES À LA COLLECTIVITÉ TERRITORIALE DE SAINT-PIERRE-ET-MIQUELON

(Titre créé, Ord. n. 98-729, 20 août 1998, art. 3)

Art. 902-1 *(Créé, Ord. n. 98-729, 20 août 1998, art. 3 ; numérotation rectifiée, L. n. 99-1121, 28 déc. 1999, art. 10-I).* **– Pour l'application du présent code dans la collectivité territoriale de Saint-Pierre-et-Miquelon, il est tenu compte des adaptations prévues par le présent titre.**

CHAPITRE I. – DISPOSITIONS GÉNÉRALES

(Chapitre créé, Ord. n. 98-729, 20 août 1998, art. 3)

Art. 903 *(Créé, Ord. n. 98-729, 20 août 1998, art. 3).* **– Le tribunal supérieur d'appel exerce les compétences attribuées par le présent code à la cour d'appel et à la chambre de l'instruction.**

Art. 904 *(Créé, Ord. n. 98-729, 20 août 1998, art. 3).* **– Les compétences attribuées par le présent code au tribunal de grande instance, à la cour d'assises, au premier président de la cour d'appel et au juge du tribunal d'instance sont exercées respectivement par le tribunal de première instance, le tribunal criminel, le président du tribunal supérieur d'appel et par un juge du tribunal de première**

instance. Les compétences attribuées au procureur de la République et au procureur général près la cour d'appel sont exercées par le procureur de la République près le tribunal supérieur d'appel.

Art. 905 *(Créé, Ord. n. 98-729, 20 août 1998, art. 3).* **– Les attributions dévolues par le présent code aux avocats et aux conseils des parties peuvent être exercées par des personnes agréées dans la collectivité territoriale par le président du tribunal supérieur d'appel. Ces personnes sont dispensées de justifier d'un mandat.**

CHAPITRE II. – DE L'EXERCICE DE L'ACTION PUBLIQUE ET DE L'INSTRUCTION

(Chapitre créé, Ord. n. 98-729, 20 août 1998, art. 3)

Art. 906 *(Créé, Ord. n. 98-729, 20 août 1998, art. 3).* **– Par dérogation à l'article 193, le tribunal supérieur d'appel, en tant que chambre de l'instruction, ne se réunit que sur convocation de son président ou à la demande du procureur de la République, toutes les fois qu'il est nécessaire.**

Art. 907 *(Créé, Ord. n. 98-729, 20 août 1998, art. 3).* **– Les articles L. 952-11 et L. 952-12 du Code de l'organisation judiciaire relatifs au remplacement du président du tribunal supérieur d'appel et des assesseurs et aux modalités particulières d'exercice des fonctions juridictionnelles sont applicables à la chambre de l'instruction et à son président.**

Art. 907-1 *(L. n. 2002–268, 26 févr. 2002, art. 4–III).* **– Les délais prévus à l'article 130 et au premier alinéa de l'article 627-6 sont portés à quinze jours lorsque le transfèrement se fait à partir de la collectivité territoriale.**

CHAPITRE III. – DES JURIDICTIONS DE JUGEMENT

(Chapitre créé, Ord. n. 98-729, 20 août 1998, art. 3)

SECTION I. – DU JUGEMENT DES CRIMES

(Section créée, Ord n. 98-729, 20 août 1998, art. 3)

Art. 908 *(Créé, Ord. n. 98-729, 20 août 1998, art. 3).* **– Les articles 233, 245, 261 et 261-1 du présent code ne sont pas applicables.**

Art. 909 *(Créé, Ord. n. 98-729, 20 août 1998, art. 3).* **– Pour l'application de l'article 236, le président du tribunal supérieur d'appel convoque, en cas de besoin, le tribunal criminel par ordonnance prise après avis du procureur de la République.**

Art. 910 *(Créé, Ord. n. 98-729, 20 août 1998, art. 3).* **– Pour l'application de l'article 240, le tribunal criminel est composé du tribunal proprement dit et du jury.**

Art. 911 *(Créé, Ord. n. 98-729, 20 août 1998, art. 3).* **– Pour l'application de l'article 243, le tribunal proprement dit comprend le président et les assesseurs.**

Art. 912 *(Créé, Ord. n. 98-729, 20 août 1998, art. 3).* **– Pour l'application de l'article 244, le tribunal criminel est présidé par le président du tribunal supérieur d'appel.**

En cas de vacance de poste, d'absence, d'empêchement ou d'incompatibilité légale, les fonctions de président du tribunal supérieur d'appel sont exercées par un magistrat du siège désigné par le premier président de la cour d'appel de Paris sur une liste arrêtée par lui pour chaque année civile.

Art. 913 *(Créé, Ord. n. 98-729, 20 août 1998, art. 3).* **– Pour l'application de l'article 249, les conditions que doivent remplir les assesseurs au tribunal criminel sont celles énoncées à l'article L. 951-2 du Code de l'organisation judiciaire.**

Art. 914 *(Créé, Ord. n. 98-729, 20 août 1998, art. 3)*. – **Pour l'application de l'article 250, les assesseurs sont désignés par ordonnance du président du tribunal supérieur d'appel, après avis du procureur de la République.**

Art. 915 *(Créé, Ord. n. 98-729, 20 août 1998, art. 3)*. – **Pour l'application de l'article 251, en cas d'empêchement survenu avant ou au cours de la session, les assesseurs sont remplacés par ordonnance du président du tribunal supérieur d'appel.**

Art. 916 *(Créé, Ord. n. 98-729, 20 août 1998, art. 3)*. – **Pour l'application de l'alinéa 1er de l'article 260, le nombre des jurés ne peut être inférieur à trente-quatre.**

Art. 917 *(Créé, Ord. n. 98-729, 20 août 1998, art. 3)*. – **Pour l'application de l'article 262, la commission comprend :**

– le président du tribunal supérieur d'appel, président ;

– le président du tribunal de première instance ;

– le procureur de la République ou son suppléant ;

– une personne agréée dans les conditions définies à l'article 905 et désignée par le président du tribunal supérieur d'appel ;

– trois conseillers généraux désignés chaque année par le conseil général ;

– trois conseillers municipaux désignés chaque année par les conseils municipaux, à raison de deux pour la commune de Saint-Pierre et un pour la commune de Miquelon-Langlade.

Art. 918 *(Créé, Ord. n. 98-729, 20 août 1998, art. 3)*. – **Pour l'application de l'article 264, une liste spéciale de dix jurés suppléants est formée chaque année, en dehors de la liste annuelle du jury et dans les mêmes conditions que celle-ci.**

Art. 919 *(Créé, Ord. n. 98-729, 20 août 1998, art. 3)*. – **Pour l'application de l'article 266, seize jurés, dont les noms sont tirés sur la liste annuelle, forment la liste de la session. En outre, les noms de trois jurés suppléants sont tirés sur la liste spéciale.**

Si par suite des décès, des incapacités ou des incompatibilités légales survenues depuis l'établissement des listes, le nombre des citoyens parmi lesquels les jurés de la session doivent être tirés au sort est inférieur à trente, la commission chargée de dresser la liste annuelle des jurés est réunie de nouveau pour compléter la liste principale et former une nouvelle liste spéciale de dix citoyens.

Art. 920 *(Créé, Ord. n. 98-729, 20 août 1998, art. 3)*. – **Pour l'application du premier alinéa de l'article 289-1, si, à la suite des absences ou des radiations, il reste moins de quatorze jurés sur la liste, ce nombre est complété par les jurés suppléants, suivant l'ordre de leur inscription ; en cas d'insuffisance, par des jurés tirés au sort, en audience publique, parmi les jurés inscrits sur la liste spéciale.**

Art. 921 *(Créé, Ord. n. 98-729, 20 août 1998, art. 3)*. – **Pour l'application des articles 296 et 297, le jury de jugement est formé de quatre jurés** *(Mots ajoutés à compter du 1er janvier 2001, L. n. 2000-516, 15 juin 2000, art. 136-XXII)* **lorsque le tribunal criminel statue en premier ressort et de six jurés lorsqu'il statue en appel.**

Art. 922 *(Créé, Ord. n. 98-729, 20 août 1998, art. 3)*. – **Pour l'application de l'article 298, l'accusé et le ministère public ne peuvent récuser chacun plus de quatre jurés.**

Art. 923 *(Créé, Ord. n. 98-729, 20 août 1998, art. 3)*. – **Les majorités de huit ou dix voix prévues par les articles 359 et 362, deuxième alinéa, sont remplacées par des majorités de quatre ou cinq voix.**

SECTION II. – DU JUGEMENT DES DÉLITS
(Section créée, Ord n. 98-729, 20 août 1998, art. 3)

Art. 924 *(Créé, Ord. n. 98-729, 20 août 1998, art. 3).* – **Pour l'application de l'article 398, le tribunal correctionnel est toujours composé du président ou d'un juge du tribunal de première instance.**

Les articles L. 952-6 et L. 952-7 du Code de l'organisation judiciaire relatifs au remplacement de ces magistrats et aux modalités particulières d'exercice des fonctions juridictionnelles sont applicables au tribunal correctionnel.

Art. 925 *(Créé, Ord. n. 98-729, 20 août 1998, art. 3).* – **Les articles 398-1 et 398-2 du présent code ne sont pas applicables.**

Art. 926 *(Créé, Ord. n. 98-729, 20 août 1998, art. 3 puis rempl., L. n. 99-1121, 28 déc. 1999, art. 10-II).* – **Pour l'application du premier alinéa de l'article 399, le président du tribunal supérieur d'appel, après avis du président du tribunal de première instance et du procureur de la République, fixe par ordonnance, pendant la première quinzaine du mois de décembre, le nombre des audiences correctionnelles pour l'année judiciaire suivante.**

Art. 927 *(Créé, Ord. n. 98-729, 20 août 1998, art. 3).* – **Pour l'application des articles 491 et 492, les délais d'opposition sont de dix jours si le prévenu réside dans la collectivité territoriale et d'un mois s'il réside en dehors de celle-ci.**

Art. 928 *(Créé, Ord. n. 98-729, 20 août 1998, art. 3).* – **Pour l'application de l'article 510, la chambre des appels correctionnels est composée du président du tribunal supérieur d'appel ainsi que de deux assesseurs figurant sur la liste prévue à l'article L. 951-3 du Code de l'organisation judiciaire.**

Les articles L. 952-10 et L. 952-11 du Code de l'organisation judiciaire relatifs au remplacement du président du tribunal supérieur d'appel et des assesseurs et aux modalités particulières d'exercice des fonctions juridictionnelles sont applicables à la chambre des appels correctionnels.

Art. 928-1 *(Créé, L. n. 99-1121, 28 déc. 1999, art. 10-III).* – **Pour l'application du premier alinéa de l'article 511, le président du tribunal supérieur d'appel, après avis du procureur de la République, fixe par ordonnance, pendant la première quinzaine du mois de décembre, le nombre des audiences correctionnelles pour l'année judiciaire suivante.**

Art. 929 *(Créé, Ord. n. 98-729, 20 août 1998, art. 3).* – **Pour l'application de l'article 513, l'appel est jugé sur le rapport oral du président.**

SECTION III. – DU JUGEMENT DES CONTRAVENTIONS
(Section créée, Ord n. 98-729, 20 août 1998, art. 3)

Art. 930 *(Créé, Ord. n. 98-729, 20 août 1998, art. 3).* – **Pour l'application de l'article 523, le procureur de la République occupe le siège du ministère public devant le tribunal de police.**

Art. 931 *(Créé, Ord. n. 98-729, 20 août 1998, art. 3).* – **Les articles L. 952-6 et L. 952-7 du Code de l'organisation judiciaire relatifs au remplacement des magistrats du tribunal de première instance et aux modalités particulières d'exercice des fonctions juridictionnelles sont applicables au tribunal de police.**

SECTION IV. – DES CITATIONS ET SIGNIFICATIONS
(Section créée, Ord n. 98-729, 20 août 1998, art. 3)

Art. 932 *(Créé, Ord. n. 98-729, 20 août 1998, art. 3).* – **Le délai prévu au premier alinéa de l'article 552 s'applique lorsque la partie citée réside dans la collectivité territoriale. Le délai est augmenté d'un mois si la partie citée réside en tout autre lieu du territoire de la République.**

SECTION V. – DES RECOURS EN INDEMNITÉ
(Section créée, Ord n. 98-729, 20 août 1998, art. 3)

Art. 933 *(Créé, Ord. n. 98-729, 20 août 1998, art. 3)*. – **Par dérogation aux dispositions des deuxième et troisième alinéas de l'article 706-4, le président du tribunal de première instance exerce les attributions dévolues à la commission d'indemnisation.**

SECTION VI. – DE L'EXÉCUTION DES SENTENCES PÉNALES
(Section créée, Ord n. 98-729, 20 août 1998, art. 3)

Art. 934 *(Créé, Ord. n. 98-729, 20 août 1998, art. 3)*. – **Par dérogation aux dispositions des deuxième et troisième alinéas de l'article 709-1, le président du tribunal de première instance exerce les fonctions de juge de l'application des peines.**

DÉCRETS EN CONSEIL D'ÉTAT

TITRE PRÉLIMINAIRE

Néant.

LIVRE PREMIER

DE L'EXERCICE DE L'ACTION PUBLIQUE ET DE L'INSTRUCTION

TITRE PREMIER. – DES AUTORITÉS CHARGÉES DE L'ACTION PUBLIQUE ET DE L'INSTRUCTION

CHAPITRE I. – DE LA POLICE JUDICIAIRE (1)

(D. n. 66-716, 28 sept. 1966, art. 1er)

SECTION I. – DISPOSITIONS GÉNÉRALES

(D. n. 66-716, 28 sept. 1966, art. 1er)

Art. R. 1er *(D. n. 66-716, 28 sept. 1966, art. 1er).* **– Les officiers de police judiciaire, à l'occasion d'une enquête ou de l'exécution d'une commission rogatoire, ne peuvent,** *(D. n. 2002-801, 3 mai 2002, art. 8-I),* **solliciter ou recevoir des ordres ou instructions que de l'autorité judiciaire dont ils dépendent.**

Art. R. 2 *(D. n. 66-716, 28 sept. 1966, art. 1er).* **– Les officiers de police judiciaire doivent rendre compte de leurs diverses opérations à l'autorité judiciaire dont ils dépendent sans attendre la fin de leur mission.**

(1) Dispositions prises en application de l'article 16 du Code de procédure pénale (1re partie, Législative).

SECTION II. – DES OFFICIERS DE POLICE JUDICIAIRE

§ 1. – Désignation des officiers de police judiciaire

A. – Désignation des gendarmes officiers de police judiciaire

Art. R. 3 *(D. n. 94-983, 15 nov. 1994, art. 1er).* – **La commission prévue à l'article 16 (2°) du Code de procédure pénale et dont l'avis conforme est requis pour la désignation des gendarmes ayant la qualité d'officier de police judiciaire est composée comme suit :**

1° Le procureur général près la Cour de cassation ou son délégué choisi par lui parmi le premier avocat général et les avocats généraux près la Cour de cassation, président ;

2° Le général de gendarmerie, inspecteur général des armées, ou son représentant ;

3° Des magistrats du ministère public, dont quatre au plus peuvent être des magistrats honoraires, et des officiers supérieurs de la gendarmerie dont quatre au plus peuvent être en retraite, en nombre égal. Ce nombre, qui est au moins de huit et au plus de quinze, est déterminé par arrêté conjoint du garde des sceaux, ministre de la justice, et du ministre chargé des armées en fonction du nombre de candidats à l'examen technique prévu à l'article R. 5.

Le secrétariat de la commission est assuré par la gendarmerie nationale.

Art. R. 4 *(D. n. 66-716, 28 sept. 1966, art. 1er).* – **Les membres de la commission sont nommés par arrêté conjoint du garde des sceaux, ministre de la justice, et du ministre des armées.**

Art. R. 5 *(D. n. 66-716, 28 sept. 1966, art. 1er ; D. n. 94-983, 15 nov. 1994, art. 2).* – **La qualité d'officier de police judiciaire peut être attribuée à la suite d'un examen technique aux gendarmes comptant au moins quatre ans de service dans la gendarmerie.**

Les candidats doivent totaliser au moins trois ans de service dans la gendarmerie au 1er janvier de l'année de l'examen pour être autorisés à subir les épreuves.

Les conditions d'établissement des listes des candidats admis à se présenter, les modalités d'organisation de l'examen technique et le programme des épreuves sont fixés par arrêté conjoint du garde des sceaux, ministre de la justice, et du ministre desarmées.

Art. R. 6 *(D. n. 66-716, 28 sept. 1966, art. 1er).* – **Le jury de l'examen technique est constitué par la commission composée conformément à l'article R. 3.**

Le jury établit la liste des candidats ayant satisfait à l'examen technique.

Art. R. 7 *(D. n. 66-716, 28 sept. 1966, art. 1er ; D. n. 94-983, 15 nov. 1994, art. 2).* – **L'attribution de la qualité d'officier de police judiciaire aux candidats reçus à l'examen technique est prononcée, suivant les besoins du service, sur avis conforme de la commission, par arrêté conjoint du garde des sceaux, ministre de la justice, et du ministre des armées.**

Par dérogation aux dispositions des articles R. 5 et R. 6 et de l'alinéa qui précède, sur avis conforme de la commission, la qualité d'officier de police judiciaire peut être attribuée sans examen technique, par arrêté conjoint du garde des sceaux, ministre de la justice, et du ministre des armées, au gendarme blessé dans le service à l'occasion d'une opération de police au cours de laquelle il a fait preuve de qualités particulières de courage.

En aucun cas, l'attribution de la qualité d'officier de police judiciaire ne peut prendre effet avant que les bénéficiaires aient accompli quatre ans en activité de service dans la gendarmerie.

B. – Désignation des officiers de police judiciaire de la police nationale

Art. R. 8 *(D. n. 2001-411, 10 mai 2001, art. 1er).* – **La commission prévue à l'article 16 (3° et 4°), dont l'avis conforme est requis pour la désignation des fonctionnaires du corps de commandement et d'encadrement et du corps de maîtrise et d'application de la police nationale auxquels est attribuée la qualité d'officier de police judiciaire, est composée comme suit :**

1° Le procureur général près de la Cour de cassation ou son délégué choisi par lui parmi le premier avocat général et les avocats généraux près de la Cour de cassation, président ;

2° Douze magistrats en activité ou honoraires ;
3° Le directeur général de la police nationale ou son représentant ;
4° Le directeur, chef de l'inspection générale de la police nationale ou son représentant ;
5° Le directeur de la formation de la police nationale ou son représentant ;
6° Neuf fonctionnaires de la police nationale ayant au moins rang de commissaire principal.

Toutefois l'effectif des magistrats et celui des fonctionnaires de la police nationale prévus aux 2° et 6° peut être augmenté en nombre égal, sans pouvoir respectivement excéder quinze et douze, par arrêté conjoint du garde des sceaux, ministre de la justice, et du ministre de l'intérieur, si le nombre de candidats à l'examen technique prévu à l'article R. 10 le justifie.

Les membres de la commission mentionnés aux 2° et 6° ci-dessus sont nommés pour une durée de quatre ans renouvelable une fois, et ont chacun un suppléant désigné dans les mêmes conditions.

Le secrétariat de la commission est assuré par la direction de la formation de la police nationale.

Art. R. 9 *(D. n. 79-115, 5 févr. 1979, art. 1er).* **– Les membres de la commission et leurs suppléants sont nommés par arrêté conjoint du garde des sceaux, ministre de la justice, et du ministre de l'Intérieur.**

Art. R. 10 *(D. n. 2001-411, 10 mai 2001, art. 2).* **– La qualité d'officier de police judiciaire peut être attribuée aux fonctionnaires du corps de commandement et d'encadrement de la police nationale ayant satisfait aux épreuves d'un examen technique.**

Elle peut être attribuée dans les mêmes conditions aux fonctionnaires du corps de maîtrise et d'application de la police nationale comptant au moins trois ans de services dans ce corps. Ceux-ci doivent avoir exercé au moins deux ans de services dans ce corps au 1er janvier de l'année de l'examen pour être autorisés à subir les épreuves.

Les modalités d'organisation de l'examen technique et le programme des épreuves sont fixés par arrêté conjoint du garde des sceaux, ministre de la justice, et du ministre de l'intérieur.

Art. R. 11 *(D. n. 79-115, 5 févr. 1979, art. 1er).* **– Le jury de l'examen technique est constitué par la commission composée conformément à l'article R. 8. Le membre suppléant qui remplace le membre titulaire siège pendant toute la durée de l'examen.**

Le jury établit la liste des candidats ayant satisfait à l'examen technique.

Art. R. 12 *(D. n. 79-115, 5 févr. 1979, art. 1er).* **– L'attribution de la qualité d'officier de police judiciaire aux candidats reçus à l'examen technique est prononcée, après avis conforme de la commission, par arrêté conjoint du garde des sceaux, ministre de la justice, et du ministre de l'intérieur, sur proposition du directeur général de la police nationale.**

§ 2. – Habilitation des militaires de la gendarmerie et des fonctionnaires de la police nationale, ayant la qualité d'officier de police judiciaire, à exercer effectivement les attributions attachées à cette qualité

A. – Habilitation des officiers de police judiciaire de la gendarmerie

Art. R. 13 *(D. n. 66-716, 28 sept. 1966, art. 1er).* **– Les militaires de la gendarmerie visés à l'article 16 (2°) ne peuvent être habilités à exercer effectivement les attributions attachées à leur qualité d'officier de police judiciaire que lorsqu'ils doivent assurer, à un poste actif de commandement ou d'exécution, le service spécial à leur arme, dans le cadre d'une circonscription territoriale.**

(D. n. 2001-303, 4 avr. 2001, art. 1er) **Toutefois cette habilitation peut leur être accordée pour l'ensemble du territoire national lorsqu'ils exercent leurs fonctions au sein des offices centraux institués dans les services mentionnés à l'article R. 15-18.**

Art. R. 14 *(D. n. 66-716, 28 sept. 1966, art. 1er).* **– Pour chaque militaire de la gendarmerie remplissant la condition prévue** *(D. n. 2001-303, 4 avr. 2001, art. 2)* **au premier alinéa de l'article qui précède**

et affecté à un emploi comportant effectivement l'exercice des attributions attachées à sa qualité d'officier de police judiciaire, une demande d'habilitation est adressée au procureur général près la cour d'appel dans le ressort de laquelle se trouve le siège des fonctions de l'officier de police judiciaire intéressé, par le commandant de groupement lorsque ce militaire lui est subordonné, et par le commandant régional de la gendarmerie dans les autres cas.

La demande doit préciser la nature des fonctions confiées à cet officier de police judiciaire et les limites territoriales dans lesquelles il sera appelé à les exercer habituellement.

Art. R. 15 *(D. n. 66-716, 28 sept. 1966, art. 1er).* – Lorsque les limites territoriales dans lesquelles l'officier de police judiciaire est appelé à exercer ses fonctions habituelles excèdent celles de la cour d'appel dans le ressort de laquelle est situé le siège desdites fonctions, le procureur général saisi de la demande d'habilitation statue sur cette demande après avoir pris l'avis du procureur général près chaque cour d'appel dans le ressort de laquelle l'officier de police judiciaire est appelé à exercer ses fonctions habituelles.

Lorsque l'officier de police judiciaire est appelé à exercer lesdites fonctions sur tout le territoire de la République, la demande d'habilitation est adressée au procureur général près la cour d'appel de Paris, qui statue sans être tenu de procéder à la consultation prévue à l'alinéa qui précède. *(D. n. 2001-303, 4 avr. 2001, art. 3)* Dans le cas prévu au deuxième alinéa de l'article R. 13, la demande d'habilitation est transmise par le responsable de l'office au sein duquel ce militaire exerce ses fonctions.

Art. R. 15-1 *(D. n. 66-716, 28 sept. 1966, art. 1er).* – Le procureur général accorde ou refuse par arrêté l'habilitation à exercer effectivement les attributions attachées à la qualité d'officier de police judiciaire.

L'arrêté d'habilitation indique les fonctions en vue desquelles cette habilitation est accordée et précise qu'elle vaut seulement pour le temps pendant lequel l'officier de police judiciaire exercera lesdites fonctions.

(D. n. 75-1338, 31 déc. 1975, art. 1er) Lorsqu'il envisage de refuser l'habilitation, le procureur général en informe l'intéressé, en lui précisant qu'il peut, dans un délai de quinze jours, prendre connaissance de son dossier et être entendu, le cas échéant, avec l'assistance d'un conseil de son choix.

Art. R. 15-2 *(D. n. 75-1338, 31 déc. 1975, art. 1er).* – Le procureur général prononce le retrait ou, pour une durée n'excédant pas deux ans, la suspension de l'habilitation à exercer les attributions attachées à la qualité d'officier de police judiciaire, par arrêté pris soit d'office, soit sur la proposition du commandant du groupement ou du commandant régional de la gendarmerie.

Il entend préalablement l'officier de police judiciaire qui peut prendre connaissance du dossier relatif aux faits qui lui sont reprochés et se faire assister d'un conseil de son choix.

L'officier de police judiciaire dont l'habilitation a été suspendue reprend de plein droit, à l'expiration de la suspension, l'exercice des attributions attachées à sa qualité. Le procureur général peut, à tout moment, abréger la durée de la suspension.

Après un retrait, l'habilitation ne peut être rendue que dans les formes prévues pour son attribution initiale.

B. – Habilitation des officiers de police judiciaire de la police nationale

Art. R. 15-3 *(D. n. 66-716, 28 sept. 1966, art. 1er).* – Les fonctionnaires de la police nationale visés à l'article 16 (3°) ne peuvent être habilités à exercer effectivement les attributions attachées à leur qualité d'officier de police judiciaire que lorsqu'ils sont affectés à un emploi comportant l'exercice desdites attributions.

Pour chaque fonctionnaire affecté à un tel emploi, une demande d'habilitation est adressée, par le chef du service auquel appartient ce fonctionnaire, au procureur général près la cour d'appel dans le ressort de laquelle se trouve le siège des fonctions de l'officier de police judiciaire intéressé.

La demande doit préciser la nature des fonctions confiées à cet officier de police judiciaire et les limites territoriales dans lesquelles il sera appelé à les exercer habituellement.

Art. R. 15-4 *(D. n. 66-716, 28 sept. 1966, art. 1er)*. – **Lorsque les limites territoriales dans lesquelles l'officier de police judiciaire est appelé à exercer ses fonctions habituelles excèdent celles de la cour d'appel dans le ressort de laquelle est situé le siège desdites fonctions, le procureur général saisi de la demande d'habilitation statue sur cette demande après avoir pris l'avis du procureur général près chaque cour d'appel dans le ressort de laquelle l'officier de police judiciaire est appelé à exercer ses fonctions habituelles.**

Lorsque l'officier de police judiciaire est appelé à exercer lesdites fonctions sur tout le territoire de la République, la demande d'habilitation est adressée au procureur général près la cour d'appel de Paris, qui statue sans être tenu de procéder à la consultation prévue à l'alinéa qui précède.

Art. R. 15-5 *(D. n. 66-716, 28 sept. 1966, art. 1er)*. – **Le procureur général accorde ou refuse par arrêté l'habilitation à exercer effectivement les attributions attachées à la qualité d'officier de police judiciaire.**

L'arrêté d'habilitation indique les fonctions en vue desquelles cette habilitation est accordée et précise qu'elle vaut seulement pour le temps pendant lequel l'officier de police judiciaire exercera lesdites fonctions.

*(D. n. 75-1338, 31 déc. 1975, art. 2)***Lorsqu'il envisage de refuser l'habilitation, le procureur général en informe l'intéressé, en lui précisant qu'il peut, dans un délai de quinze jours, prendre connaissance de son dossier et être entendu, le cas échéant, avec l'assistance d'un conseil de son choix.**

Art. R. 15-6 *(D. n. 75-1338, 31 déc. 1975, art. 2)*. – **Le procureur général prononce le retrait ou, pour une durée n'excédant pas deux ans, la suspension de l'habilitation à exercer les attributions attachées à la qualité d'officier de police judiciaire, par arrêté pris soit d'office, soit sur la proposition du chef de service. Il entend préalablement l'officier de police judiciaire qui peut prendre connaissance du dossier relatif aux faits qui lui sont reprochés et se faire assister d'un conseil de son choix.**

L'officier de police judiciaire dont l'habilitation a été suspendue reprend de plein droit, à l'expiration de la suspension, l'exercice des attributions attachées à sa qualité. Le procureur général peut, à tout moment, abréger la durée de la suspension.

Après un retrait, l'habilitation ne peut être rendue que dans les formes prévues pour une attribution initiale.

§ 3. – Fonctionnement de la commission prévue à l'article 16-2 (1)

Art. R. 15-7 *(D. n. 75-1338, 31 déc. 1975, art. 3)*. – **Le président de la commission prévue à l'article 16-2 et son suppléant sont désignés annuellement par le bureau de la Cour de cassation parmi les membres de la commission.**

Le secrétaire de la commission est désigné par le premier président de la Cour de cassation parmi les secrétaires-greffiers de cette juridiction.

Art. R. 15-8 *(D. n. 75-1338, 31 déc. 1975, art. 3)*. – **Le recours prévu à l'article 16-2 est formé par voie de requête signée par l'officier de police judiciaire et remise ou adressée au secrétaire de la commission qui en délivre récépissé. Cette requête contient toutes indications utiles sur la décision de suspension ou de retrait de l'habilitation.**

Art. R. 15-9 *(D. n. 75-1338, 31 déc. 1975, art. 3)*. – **Dès réception de la requête, le secrétaire de la commission en transmet copie au procureur général près la Cour de cassation et au procureur général qui a pris la décision de suspension ou de retrait d'habilitation. Le dossier d'officier de**

(1) Dispositions prises par décret en Conseil d'État en application de l'article 16-3 du présent code (1re partie, Législative).

police judiciaire du requérant est adressé au secrétariat de la commission avec un rapport motivé du procureur général qui a pris la décision.

Art. R. 15-10 *(D. n. 75-1338, 31 déc. 1975, art. 3)*. – Dans les quinze jours qui suivent la réception de la requête, le président charge du rapport un des membres de la commission.

Art. R. 15-11 *(D. n. 75-1338, 31 déc. 1975, art. 3)*. – La commission procède ou fait procéder soit par l'un de ses membres, soit par commission rogatoire, à toutes mesures d'instruction utiles, notamment, s'il y a lieu, à l'audition du requérant qui peut se faire assister d'un conseil de son choix. Le procureur général près la Cour de cassation dépose ses conclusions au secrétariat vingt jours au moins avant la date de l'audience.

Art. R. 15-12 *(D. n. 75-1338, 31 déc. 1975, art. 3)*. – Le président de la commission fixe la date de l'audience après avis du procureur général près la Cour de cassation. Cette date et les conclusions du procureur général près la Cour de cassation sont notifiées par le secrétaire de la commission au requérant par lettre recommandée, avec demande d'avis de réception. Sauf si le président a ordonné sa comparution personnelle, l'officier de police judiciaire est invité à faire connaître s'il comparaîtra personnellement, s'il se fera assister d'un conseil ou se fera représenter.

La lettre recommandée prévue à l'alinéa précédent doit être adressée au requérant douze jours au moins avant la date de l'audience.

Art. R. 15-13 *(D. n. 75-1338, 31 déc. 1975, art. 3)*. – Après l'exposé du rapport par le magistrat qui en est chargé, l'officier de police judiciaire peut faire entendre des témoins dont les noms et adresses doivent avoir été indiqués au secrétariat de la commission cinq jours au moins avant la date de l'audience.

Le procureur général près la Cour de cassation développe ses conclusions. S'ils sont présents, le requérant et son conseil sont entendus.

Art. R. 15-14 *(D. n. 75-1338, 31 déc. 1975, art. 3)*. – La commission peut soit annuler la décision ou la confirmer, soit transformer le retrait en suspension ou réduire la durée de la suspension.

Si le requérant n'est pas présent ou représenté lorsque la décision de la commission est rendue, cette décision lui est notifiée dans les quarante-huit heures de son prononcé par lettre recommandée avec demande d'avis de réception.

Le dossier de l'officier de police judiciaire, complété par une copie de la décision de la commission, est immédiatement renvoyé au procureur général qui a pris la décision frappée de recours.

Art. R. 15-15 *(D. n. 75-1338, 31 déc. 1975, art. 3)*. – Les frais exposés devant la commission, y compris les frais de déplacement du requérant, sont assimilés aux frais de justice criminelle, correctionnelle et de police. Ils restent à la charge de l'État.

Art. R. 15-16 *(D. n. 75-1338, 31 déc. 1975, art. 3)*. – La décision de la commission peut être déférée à la Cour de cassation pour violation de la loi.

SECTION III. – DES AGENTS DE POLICE JUDICIAIRE

(D. n. 79-115, 5 févr. 1979, art. 2)

Art. R. 15-17 *(D. n. 88-986, 17 oct. 1988, art. 1er ; D. n. 2001-411, 10 mai 2001, art. 3)*. – La qualité d'agent de police judiciaire est attribuée par arrêté conjoint du garde des sceaux, ministre de la justice, et du ministre de l'Intérieur aux gardiens de la paix qui, en application de l'article 20 (4° et 5°), ont satisfait à un examen technique portant sur le droit pénal, la procédure pénale et les libertés publiques, après avoir reçu une formation spécifique.

Un arrêté conjoint du garde des sceaux ministre de la justice, et du ministre de l'Intérieur fixe le contenu du programme de la formation et des épreuves de l'examen technique ainsi que les modalités d'organisation de celles-ci et d'établissement de la liste des candidats reçus.

Une ou plusieurs commissions d'examen, dont les membres sont nommés par arrêté conjoint du garde des sceaux, ministre de la justice, et du ministre de l'Intérieur, sont instituées dans chaque ressort de cour d'appel comportant au moins un centre interdépartemental ou départemental de stages et de formation de la police nationale. Chaque commission est composée :

1° Du procureur général près la cour d'appel ou de son délégué, président, et du procureur de la République près l'un des tribunaux de grande instance du ressort de la cour d'appel ou de son délégué ;

2° Du chef de la délégation régionale au recrutement et à la formation de la police nationale ou de son représentant ayant au moins le grade de commissaire de police et d'un fonctionnaire de police ayant également au moins le même grade.

Le secrétariat de chaque commission d'examen est assuré par la direction de la formation de la police nationale.

SECTION IV. – DES SERVICES ET UNITÉS VISÉS À L'ARTICLE 15-1

(D. n. 95-661, 9 mai 1995, art. 2)

§ 1. – Des services de la police nationale

Art. R. 15-18. – Les services actifs de la police nationale au sein desquels les officiers et agents de police judiciaire exercent leurs fonctions habituelles et dont la compétence s'exerce sur l'ensemble du territoire national sont les suivants :

1° La direction centrale de la police judiciaire ;

2° *(D. n. 2001-303, 4 avr. 2001, art. 4)* **La direction centrale de la police aux frontières ;**

3° La direction de la surveillance du territoire ;

4° La sous-direction chargée des courses et jeux de la direction centrale des renseignements généraux ;

5° L'inspection générale de la police nationale ;

6° Le détachement de la police nationale auprès de la direction nationale des enquêtes douanières.

Art. R. 15-19. – Les catégories de services actifs de la police nationale au sein desquels les officiers et agents de police judiciaire exercent leurs fonctions habituelles et dont la compétence s'exerce sur le ressort d'une ou plusieurs cours d'appel ou parties de celles-ci sont les suivantes :

1° Les services régionaux de police judiciaire et la direction régionale de la police judiciaire de Paris ainsi que leurs détachements, antennes et services départementaux ;

2° Les directions interrégionales et la direction interdépartementale du contrôle de l'immigration et de la lutte contre l'emploi des clandestins ainsi que les unités de police des chemins de fer, les brigades mobiles de recherches et les brigades de police aéronautique qui leur sont rattachées, dans la zone de défense où elles ont leur siège ;

3° Les unités autoroutières des compagnies républicaines de sécurité pour les voies de circulation auxquelles elles sont affectées et, pour les infractions visées à l'article L. 23-1 du Code de la route, les sections motocyclistes dans les départements du ressort de leur groupement d'affectation ;

4° La direction des renseignements généraux de la préfecture de police ;

5° L'inspection générale des services de la préfecture de police, dans les départements de Paris, des Hauts-de-Seine, du Val-de-Marne et de la Seine-Saint-Denis ;

6° La direction *(D. n. 2002-801, 3 mai 2002, art. 8-II)* **de la logistique de la préfecture de police dans les départements de Paris, des Hauts-de-Seine, du Val-de-Marne et de la Seine-Saint-Denis.**

Art. R. 15-20. – Les catégories de services actifs de la police nationale au sein desquels les officiers et agents de police judiciaire exercent leurs fonctions habituelles et dont la compétence s'exerce dans le ressort d'un ou de plusieurs tribunaux de grande instance d'une même cour d'appel sont les suivantes :

1° Les sûretés départementales de sécurité publique, pour l'ensemble des circonscriptions de sécurité publique du département où elles ont leur siège ;

2° Les services de police urbaine des circonscriptions de sécurité publique, pour l'ensemble des circonscriptions de sécurité publique du ressort du tribunal de grande instance où ils ont leur siège ;

3° Les directions départementales du contrôle de l'immigration et de la lutte contre l'emploi des clandestins, dans le département où elles ont leur siège.

Art. R. 15-21. – La création ou la suppression des services visés aux articles précédents est décidée par décret lorsque leur compétence territoriale excède les limites d'un département.

Elle est décidée par arrêté du ministre de l'Intérieur lorsque leur compétence territoriale n'excède pas ces limites.

Leur compétence territoriale est modifiée selon les mêmes formes.

Toutefois, la création des services visés à l'article R. 15-20 (1°) est décidée par décret lorsque ceux-ci sont situés dans un département comportant plusieurs tribunaux de grande instance.

§ 2. – Des unités de la gendarmerie nationale

Art. R. 15-22. – Les unités de la gendarmerie nationale au sein desquelles les officiers et agents de police judiciaire exercent leurs fonctions habituelles et dont la compétence s'exerce sur l'ensemble du territoire national sont les suivantes :

1° L'inspection technique de la gendarmerie nationale ;

2° La section judiciaire de la gendarmerie de l'air ;

3° La brigade de recherches du groupement de gendarmerie maritime de l'Atlantique, implantée à Brest ;

4° La brigade de recherches du groupement de la gendarmerie des transports aériens de Paris-Orly.

Art. R. 15-23. – Les catégories d'unités de la gendarmerie nationale au sein desquelles les officiers et agents de police judiciaire exercent leurs fonctions habituelles et dont la compétence s'exerce dans le ressort d'une ou de plusieurs cours d'appel ou parties de celles-ci sont les suivantes :

1° Les sections de recherches de la gendarmerie départementale ;

2° Les brigades, pelotons et brigades rapides d'intervention de gendarmerie d'autoroute, pour les voies de circulation auxquelles ils sont affectés ;

3° Les sections ou détachements aériens de la gendarmerie départementale ;

4° Les brigades, les brigades de recherches et les brigades motorisées de la gendarmerie des transports aériens ;

5° Les brigades et les brigades motorisées de la gendarmerie de l'air, dans la région aérienne où elles sont implantées ;

6° Les brigades de recherches, les brigades de surveillance du littoral, les unités navigantes de la gendarmerie maritime ;

7° Les sections ou brigades de la gendarmerie de l'armement placées auprès d'établissements relevant de la délégation générale pour l'armement implantés dans le ressort des cours d'appel de Paris ou de Versailles ;

8° Les pelotons de gendarmerie de montagne ou de haute montagne ;

9° Les brigades fluviales et nautiques de la gendarmerie départementale.

Art. R. 15-24. – Les catégories d'unités de la gendarmerie nationale au sein desquelles les officiers et agents de police judiciare exercent leurs fonctions habituelles et dont la compétence s'exerce dans le ressort d'un ou de plusieurs tribunaux de grande instance d'une même cour d'appel sont les suivantes :

1° Les brigades de recherches de la gendarmerie départementale implantées au chef-lieu du département, pour le département où elles sont situées ;

2° Les brigades départementales de renseignements judiciaires de la gendarmerie départementale, pour le département où elles sont situées ;

3° Les pelotons et brigades motorisés de la gendarmerie départementale et les brigades motorisées de la gendarmerie mobile, pour le département où ils sont situés ;

4° Les pelotons de surveillance et d'intervention de la gendarmerie départementale, pour le département où ils sont situés ;

5° Les brigades ou postes de la gendarmerie maritime placés auprès des services des affaires maritimes, pour les arrondissements maritimes où ils sont situés ;

6° Les sections ou brigades de la gendarmerie de l'armement non visées au 7° de l'article R. 15-23 pour les établissements relevant de la délégation générale pour l'armement auxquels ils sont rattachés.

Art. R. 15-25. – Les catégories d'unités de la gendarmerie nationale au sein desquelles les officiers et agents de police judiciaire exercent leurs fonctions habituelles et dont la compétence s'exerce dans le ressort d'un tribunal de grande instance ou partie de celui-ci sont les suivantes :

1° Les brigades de recherches et les équipes de recherches de la gendarmerie départementale non visées aux articles précédents, pour le ressort du tribunal de grande instance dans lequel l'unité a son siège ;

2° Les brigades territoriales de la gendarmerie départementale, pour la circonscription de la compagnie de rattachement ou, lorsque cette circonscription s'étend sur tout ou partie du ressort de deux tribunaux de grande instance, pour la partie de la circonscription de la compagnie située dans le ressort du tribunal de grande instance dans lequel la brigade a son siège ;

3° Les pelotons de la gendarmerie maritime.

Aux termes de l'article R. 15-25.2° du Code de procédure pénale, les militaires affectés dans des brigades territoriales de la gendarmerie départementale ont compétence sur toute l'étendue de la circonscription de la compagnie de rattachement (Cass. crim., 9 févr. 2000 : *Bull.* 65).

Art. R. 15-26. – La création ou la suppression des unités visées aux articles précédents est décidée par décret lorsque leur compétence territoriale excède les limites d'un département. Elle est décidée par arrêté du ministre de la Défense lorsque leur compétence territoriale n'excède pas ces limites.

Leur compétence territoriale est modifiée selon les mêmes formes.

Toutefois, la création des unités de la gendarmerie maritime, de la gendarmerie de l'air, de la gendarmerie des transports aériens et de la gendarmerie de l'armement et des unités aériennes, autoroutières, fluviales, nautiques ou de montagne de la gendarmerie départementale est décidée par arrêté du ministre de la Défense.

§ 3. – Dispositions communes

Art. R. 15-27. – La compétence territoriale des directeurs et chefs de services, des commandants d'unités et de leurs adjoints au sein desquels sont regroupés des services ou unités visés aux articles R. 15-18 à R. 15-20 et R. 15-22 à R. 15-25 couvre l'ensemble du ressort territorial de ces services ou unités.

SECTION V. – DES OFFICIERS ET AGENTS DE POLICE JUDICIAIRE EXERÇANT LEUR MISSION DANS DES VÉHICULES AFFECTÉS AU TRANSPORT COLLECTIF DE VOYAGEURS

(D. n. 95-661, 9 mai 1995, art. 4)

Art. R. 15-28. – Les officiers ou agents de police judiciaire appartenant aux services ou unités désignés aux articles R. 15-29 à R. 15-33 sont compétents, dans les limites définies par ces articles, pour exercer leur mission dans les véhicules affectés au transport collectif de voyageurs, dès lors que ces véhicules, ou le réseau sur lequel ils circulent, traversent tout ou partie de leur circonscription d'affectation.

§ 1. – Des officiers et agents de police judiciaire
de la police nationale

Art. R. 15-29. – Les officiers et agents de police judiciaire appartenant aux directions interrégionales, interdépartementale ou départementales du contrôle de l'immigration et de la lutte contre l'emploi des clandestins sont compétents pour opérer sur l'ensemble du domaine ferroviaire du ressort de la direction interrégionale à laquelle ils appartiennent et des directions interrégionales ou interdépartementale limitrophes.

Art. R. 15-30. – Les officiers et agents de police judiciaire appartenant aux sûretés départementales de sécurité publique ou aux services de police urbaine des circonscriptions de sécurité publique sont compétents pour opérer sur l'ensemble des lignes, stations, gares, arrêts et couloirs affectés aux transports collectifs de voyageurs dans leur département d'affectation et dans les départements limitrophes.

*(D. n. 99-737, 27 août 1999, art. 1)***Toutefois, les officiers et agents de police judiciaire appartenant au service de la préfecture de police chargé de la surveillance du métropolitain et du réseau express régional sont compétents pour opérer sur l'ensemble des lignes, stations, gares, arrêts et couloirs de ceux-ci.**

Art. R. 15-31. – Les officiers et agents de police judiciaire affectés à la direction régionale de la police judiciaire de la préfecture de police et au service régional de la police judiciaire de Versailles sont compétents pour opérer sur l'ensemble des lignes, stations, gares, arrêts et couloirs des transports en commun de la région Ile-de-France.

§ 2. – Des officiers et agents de police judiciaire
de la gendarmerie nationale

Art. R. 15-32. – Les officiers et agents de police judiciaire appartenant aux brigades de recherches de la gendarmerie départementale visées à l'article R. 15-24 (1°), sont compétents pour opérer sur l'ensemble des lignes, stations, gares, arrêts et couloirs affectés aux transports collectifs de voyageurs dans le ressort de leur cour d'appel de rattachement.

Art. R. 15-33. – Les officiers et agents de police judiciaire appartenant aux brigades ou équipes de recherches et aux brigades territoriales de la gendarmerie départementale visées à l'article R. 15-25 (1° et 2°), sont compétents pour opérer sur l'ensemble des lignes, stations, gares, arrêts et couloirs affectés aux transports collectifs de voyageurs dans leur département d'affectation et dans les départements limitrophes.

SECTION VI. – DES AGENTS DES DOUANES
CHARGÉS DE CERTAINES MISSIONS
DE POLICE JUDICIAIRE
(D. n. 2000-1072, 2 nov. 2000)

§ 1. – Désignation des agents des douanes
chargés de certaines missions de police judiciaire

Art. R. 15-33-1. – La commission prévue à l'article 28-1 dont l'avis conforme est requis pour la désignation des agents des douanes des catégories A et B habilités à effectuer des enquêtes judiciaires sur réquisition du procureur de la République ou sur commission rogatoire du juge d'instruction est composée comme suit :

1° Le procureur général près la Cour de cassation ou son délégué choisi par lui parmi le premier avocat général ou les avocats généraux à la Cour de cassation, président ;

2° Quatre magistrats du ministère public dont deux au plus peuvent être des magistrats honoraires ;

3° Le directeur général des douanes et droits indirects ou son représentant ;

4° Le fonctionnaire chargé de la sous-direction du personnel et du budget de la direction générale des douanes et droits indirects ou son représentant ;

5° Le fonctionnaire chargé de la sous-direction des affaires juridiques, contentieuses et de la lutte contre la fraude de la direction générale des douanes et droits indirects ou son représentant ;

6° Un fonctionnaire de l'administration des douanes et droits indirects ayant au moins le grade de directeur adjoint ;

7° Le magistrat délégué aux missions judiciaires de la douane, mentionné au VII de l'article 28-1, ou son représentant.

Les membres de la commission désignés ci-dessus aux 2° et 6° ont chacun un suppléant.

Le secrétariat de la commission est assuré par la direction générale des douanes et droits indirects.

Art. R. 15-33-2. – Les membres de la commission et, le cas échéant, leurs suppléants sont nommés par arrêté conjoint du garde des sceaux, ministre de la justice, et du ministre chargé des douanes.

Art. R. 15-33-3. – Pour pouvoir être désignés aux fins d'être chargés de certaines missions de police judiciaire, les agents des douanes doivent justifier d'au moins deux ans de services effectifs dans leur corps en qualité de titulaire et avoir satisfait aux épreuves d'un examen technique.

Les modalités d'organisation de cet examen et le programme des épreuves sont fixés par arrêté conjoint du garde des sceaux, ministre de la justice, et du ministre chargé des douanes.

Art. R. 15-33-4. – Le jury de l'examen technique est constitué par la commission mentionnée à l'article R. 15-33-1. Lorsqu'un membre suppléant du jury remplace un membre titulaire, il siège pendant toute la durée de l'examen.

Le jury établit la liste des candidats ayant satisfait à l'examen technique.

Art. R. 15-33-5. – Les agents des douanes chargés d'effectuer des enquêtes judiciaires en application de l'article 28-1 sont désignés parmi ceux qui ont été reçus à l'examen technique, par arrêté conjoint du garde des sceaux, ministre de la justice, et du ministre chargé des douanes, sur proposition du directeur général des douanes et droits indirects et après avis conforme de la commission mentionnée à l'article R. 15-33-1.

Art. R. 15-33-6. – Un arrêté conjoint du garde des sceaux, ministre de la justice, et du ministre chargé des douanes fixe la liste des agents qui, en raison de leurs responsabilités et de leurs compétences, sont dispensés de l'examen technique mentionné à l'article R. 15-33-3.

§ 2. – Habilitation des agents des douanes
chargés de certaines missions de police judiciaire

Art. R. 15-33-7. – Les agents des douanes ne peuvent être habilités à effectuer des missions de police judiciaire que lorsqu'ils sont affectés à la direction nationale du renseignement et des enquêtes douanières.

Pour chacun de ces agents, une demande d'habilitation est adressée, sur proposition du chef de la direction nationale du renseignement et des enquêtes douanières, au procureur général près la cour d'appel de Paris par le magistrat délégué aux missions judiciaires de la douane.

Art. R. 15-33-8. – Le procureur général près la cour d'appel de Paris accorde ou refuse l'habilitation par arrêté. Lorsqu'il envisage de refuser l'habilitation, il en informe l'intéressé en lui précisant qu'il peut, dans un délai de quinze jours, prendre connaissance de son dossier et être entendu, le cas échéant, avec l'assistance d'un conseil de son choix.

Art. R. 15-33-9. – Le procureur général près la cour d'appel de Paris prononce le retrait ou la suspension, pour une durée n'excédant pas deux ans, de l'habilitation à effectuer des missions de

police judiciaire, par arrêté pris soit d'office, soit sur proposition du magistrat délégué aux missions judiciaires de la douane ou du chef de la direction nationale du renseignement et des enquêtes douanières.

Il entend préalablement l'agent des douanes, qui peut prendre connaissance du dossier relatif aux faits qui lui sont reprochés et se faire assister d'un conseil de son choix.

L'agent des douanes dont l'habilitation a été suspendue recouvre de plein droit, à l'expiration de la suspension, la faculté d'exercer des missions de police judiciaire sur réquisition de l'autorité judiciaire. Le procureur général près la cour d'appel de Paris peut, à tout moment, abréger la durée de la suspension.

Après un retrait, l'habilitation ne peut être rétablie que dans les formes prévues pour son attribution initiale.

L'affectation en dehors de la direction nationale du renseignement et des enquêtes douanières entraîne la perte de l'habilitation.

§ 3. – Direction administrative des agents des douanes
chargés de certaines missions de police judiciaire

Art. R. 15-33-10. – Le magistrat délégué aux missions judiciaires de la douane, mentionné à l'article 28-1, est placé en position de détachement auprès du ministère de l'économie, des finances et de l'industrie et exerce ses fonctions auprès du directeur général des douanes et droits indirects.

Art. R. 15-33-11. – Le magistrat délégué aux missions judiciaires de la douane veille au respect des principes énoncés aux articles R. 15-33-18 et R. 15-33-19.

Il donne aux agents des douanes chargés de missions de police judiciaire des éléments d'information sur le sens de leurs missions et les conditions pratiques de l'exécution de celles-ci.

Il fait des propositions à l'autorité judiciaire sur les types de missions de police judiciaire qui pourraient être confiées aux agents des douanes.

Art. R. 15-33-12. – Le magistrat délégué aux missions judiciaires de la douane ou, en cas d'empêchement, l'adjoint qu'il délègue à cet effet reçoit les réquisitions aux fins d'enquête du procureur de la République et les commissions rogatoires du juge d'instruction dans les matières mentionnées à l'article 28-1. Il les transmet sans délai au chef de la direction nationale du renseignement et des enquêtes douanières qui désigne l'agent des douanes habilité chargé d'assurer l'exécution de ces réquisitions ou commissions rogatoires.

Art. R. 15-33-13. – Le magistrat délégué aux missions judiciaires de la douane veille à l'exécution des opérations de police judiciaire et s'assure de la transmission des procès-verbaux aux autorités judiciaires.

§ 4. – Notation des agents de douanes
chargés de certaines missions de police judiciaire

Art. R. 15-33-14. – Il est tenu en permanence au parquet général près la cour d'appel de Paris un dossier individuel concernant l'activité de chaque agent des douanes habilité à exercer des missions de police judiciaire.

Ce dossier comprend notamment :

1° Les demandes d'habilitation et les documents qui y sont joints ;

2° La copie des décisions prononcées par l'autorité judiciaire en application des dispositions des articles 28-1, 224 à 229, R. 15-33-8 et R. 15-33-9, notamment la copie des arrêtés d'habilitation ;

3° La copie de tout document émanant d'un magistrat relatif à l'exercice des activités judiciaires de l'intéressé ;

4° Les notations annuelles établies en application des dispositions ci-après.

Le dossier est communiqué à la chambre de l'instructionlorsque celle-ci se trouve saisie dans les conditions fixées à l'article 225.

Art. R. 15-33-15. – Le procureur de la République près le tribunal de grande instance de Paris, après avoir recueilli, le cas échéant, les observations des juges d'instruction et des présidents des chambres correctionnelles, établit une proposition de notation qu'il transmet chaque année au procureur général près de la cour d'appel de Paris.

Celui-ci établit la notation après avoir recueilli, le cas échéant, les observations des présidents de la chambre de l'instruction de Paris et des autres procureurs généraux concernés.

Art. R. 15-33-16. – Les propositions de notation et les notations prévues à l'article R. 15-33-15 sont établies sur un imprimé conforme au modèle fixé par le ministre de la justice.

Elles doivent comporter une note chiffrée de 0 à 5 et une appréciation sur chacun des éléments suivants :

1° Qualité de la procédure et rédaction des rapports et des procès-verbaux ;

2° Valeur des informations données au parquet ;

3° Habileté professionnelle ;

4° Degré de confiance accordé.

Elles doivent également comporter une note globale chiffrée de 0 à 5 et une appréciation générale circonstanciée.

Si l'activité de l'agent des douanes habilité est demeurée inconnue de l'autorité judiciaire, l'imprimé visé au premier alinéa porte pour seule mention les mots : « activité judiciaire non observée ».

Art. R. 15-33-17. – La notation établie par le procureur général près la cour d'appel de Paris est portée directement à la connaissance de l'agent des douanes habilité qui peut présenter des observations par écrit dans un délai de quinze jours, délai à l'issue duquel la notation définitive est transmise au magistrat délégué aux missions judiciaires de la douane. Elle est communiquée immédiatement au chef de la direction nationale du renseignement et des enquêtes douanières, qui la prend en compte dans le cadre de la notation administrative annuelle de l'agent des douanes intéressé.

§ 5. – Modalités d'exercice des missions de police judiciaire par les agents des douanes habilités

Art. R. 15-33-18. – Les agents des douanes exercent des missions de police judiciaire en application de l'article 28-1 sont dirigés selon les cas soit par le procureur de la République, soit par le juge d'instruction requérant.

À l'occasion d'une enquête judiciaire ou de l'exécution d'une commission rogatoire, ils ne peuvent solliciter ou recevoir des ordres ou instructions que de l'autorité judiciaire qui les a requis.

Art. R. 15-33-19. – Les missions de police judiciaire sont, pour ces agents, prioritaires sur toute autre mission dont ils seraient chargés au même moment.

Art. R. 15-33-20. – Les agents des douanes habilités doivent énoncer leur nom et leur qualité dans tous les procès-verbaux qu'ils établissent en matière de police judiciaire.

Art. R. 15-33-21. – Lorsqu'ils agissent dans le cadre de l'enquête préliminaire, les agents des douanes habilités peuvent relater dans un seul procès-verbal les différentes opérations effectuées au cours de la même enquête.

Si plusieurs de ces agents concourent à une enquête préliminaire, le nom de celui qui a personnellement accompli chacune des opérations doit être précisé.

Art. R. 15-33-22. – Lorsqu'ils exécutent une commission rogatoire ou agissent selon la procédure de flagrance, les agents des douanes habilités établissent des procès-verbaux séparés pour chacun des actes qu'ils sont appelés à faire.

Chaque procès-verbal doit mentionner le nom et la qualité de l'agent des douanes habilité qui a opéré personnellement, à l'exclusion de tout autre.

Art. R. 15-33-23. – L'agent des douanes désigné pour assurer l'exécution d'une mission de police judiciaire en rend compte immédiatement au procureur de la République ou au juge d'instruction requérant si celui-ci a prescrit cette diligence.

Il l'informe sans délai des difficultés qui viendraient à se présenter et sollicite ses instructions.

Il l'informe régulièrement de son activité.

Art. R. 15-33-24 *(Dénuméroté, D. n. 2001-71, 29 janv. 2001, art. 1er).* **– Voir désormais article R. 15-33-61.**

CHAPITRE II. – DU MINISTÈRE PUBLIC

(D. n. 2001-71, 29 janv. 2001, art. 2)

SECTION I. – DES DÉLÉGUÉS ET DES MÉDIATEURS DU PROCUREUR DE LA RÉPUBLIQUE

Art. R. 15-33-30. – Les personnes physiques ainsi que les associations régulièrement déclarées qui ont été habilitées comme délégués du procureur de la République dans les conditions prévues par la présente section peuvent être désignées par ce dernier pour être chargées d'une des missions prévues par les 1° à 4° de l'article 41-1 ou pour intervenir lors de la procédure de composition pénale prévue par les articles 41-2 et 41-3.

Les personnes physiques ainsi que les associations régulièrement déclarées qui ont été habilitées comme médiateurs du procureur de la République dans les conditions prévues par la présente section peuvent être désignées par ce dernier pour effectuer une mission de médiation conformément aux dispositions du 5° de l'article 41-1. Elles peuvent également se voir confier les missions mentionnées à l'alinéa précédent.

Alinéa supprimé ; D. n. 2002-801, 3 mai 2002, art. 1er-I.

Art. R. 15-33-31. – La personne physique ou morale selon qu'elle désire être habilitée dans le ressort du tribunal de grande instance ou dans celui de la cour d'appel en fait la demande au procureur de la République ou au procureur général.

Art. R. 15-33-32. – La demande présentée par une association comporte notamment :

1° La copie du *Journal officiel* portant publication de la déclaration de l'association ou, en ce qui concerne les départements du Bas-Rhin, du Haut-Rhin ou de la Moselle, une copie de l'extrait du registre des associations du tribunal d'instance ;

2° Un exemplaire des statuts et, s'il y a lieu, du règlement intérieur ;

3° La liste des établissements de l'association avec indication de leur siège ;

4° Un exposé indiquant les conditions de fonctionnement de l'association et, le cas échéant, l'organisation et les conditions de fonctionnement des comités locaux ainsi que leurs rapports avec l'association ;

5° La mention des nom, prénom, date et lieu de naissance, nationalité, profession et domicile des membres du conseil d'administration et du bureau de l'association ainsi que, le cas échéant, ceux de ses représentants locaux ;

6° Les pièces financières qui doivent comprendre les comptes du dernier exercice, le budget de l'exercice courant et un bilan ou état de l'actif mobilier et immobilier et du passif.

7° *(D. n. 2002-801, 3 mai 2002, art. 1er-II)* **La liste des personnes physiques qui, au sein de l'association, doivent accomplir les missions qui lui sont confiées, avec la mention des nom, prénoms, date et lieu de naissance, nationalité, profession et domicile de chacune d'entre elles.**

Art. R. 15-33-33. – Le Médiateur ou le délégué du procureur de la République doit satisfaire aux conditions suivantes :

1° Ne pas exercer d'activités judiciaires à titre professionnel ;

2° Ne pas avoir fait l'objet d'une condamnation, incapacité ou déchéance mentionnée sur le bulletin n° 2 du casier judiciaire ;

3° Présenter des garanties de compétence, d'indépendance et d'impartialité.

Le Médiateur ou le délégué du procureur de la République appelé à se voir confier des missions concernant des mineurs doit en outre s'être signalé par l'intérêt qu'il porte aux questions de l'enfance.

(D. n. 2002-801, 3 mai 2002, art. 1er-III) **Lorsqu'une association envisage une modification de la liste mentionnée au 7° de l'article R. 15-33-32 ou de désigner, pour accomplir les missions confiées à l'association, une personne physique n'ayant pas été personnellement habilitée, elle doit en aviser le procureur de la République. Ce dernier lui indique, le cas échéant, les personnes qui, ne remplissant pas les conditions mentionnées aux alinéas précédents, ne peuvent être autorisées à accomplir les missions confiées à l'association.**

Art. R. 15-33-34. – Le Médiateur et le délégué du procureur de la République sont tenus à l'obligation du secret dans les conditions fixées par l'article 226-13 du code pénal.

Art. R. 15-33-35. – Après avoir procédé à toutes les diligences qu'il juge utiles, le procureur de la République ou le procureur général soumet la demande d'habilitation à l'assemblée générale des magistrats du siège et du parquet du tribunal ou de la cour d'appel, qui statue à la majorité des membres présents.

La commission restreinte de l'assemblée générale des magistrats du siège et du parquet, dans les juridictions où sa constitution est obligatoire, exerce les attributions mentionnées à l'alinéa précédent.

La décision prise par l'assemblée générale ou la commission restreinte précise si la personne est habilitée comme Médiateur ou comme délégué du procureur de la République et si elle est habilitée à se voir confier des missions concernant des mineurs.

Art. R. 15-33-36. – En cas d'urgence, une habilitation provisoire, valable jusqu'à la décision de la prochaine assemblée générale, peut être prise par le procureur de la République ou le procureur général.

Art. R. 15-33-37. – L'habilitation peut être retirée selon la procédure prévue par l'article R. 15-33-35.

Le procureur de la République ou le procureur général peut, aux fins de retrait de l'habilitation, saisir, selon le cas, l'assemblée générale des magistrats du siège et du parquet du tribunal, celle de la cour d'appel ou la commission restreinte compétente.

En cas d'urgence, le procureur de la République ou le procureur général peut retirer provisoirement l'habilitation jusqu'à la décision de la prochaine assemblée générale ou commission restreinte.

SECTION II. – DE LA COMPOSITION PÉNALE

§ 1. – Proposition des mesures

Art. R. 15-33-38. – Le procureur de la République peut proposer soit directement soit par l'intermédiaire d'un délégué ou d'un Médiateur une composition pénale, en application des dispositions des articles 41-2 et 41-3.

Art. R. 15-33-39. – La personne à qui est proposée une composition pénale peut demander à disposer d'un délai de dix jours avant de faire connaître sa décision après s'être, le cas échéant, fait assister par un avocat. Si elle demande à bénéficier de ce délai, il lui est indiqué la date et l'heure auxquelles elle est invitée à recomparaître pour faire connaître sa réponse. Elle est informée que si elle ne se présente pas, elle sera considérée comme ayant refusé la composition pénale.

Art. R. 15-33-40. – Le procès-verbal prévu par le neuvième alinéa de l'article 41-2 précise :

– la nature des faits reprochés ainsi que leur qualification juridique ;

– la nature et le quantum de mesures proposées en application des 1° à 4° de l'article 41-2, ainsi que les délais dans lesquels elles doivent être exécutées ;

– le cas échéant, le montant ou la nature des réparations proposées en application des dispositions du sixième alinéa de l'article 41-2.

Ce procès-verbal indique que la personne a été informée de son droit de se faire assister d'un avocat avant de donner son accord aux propositions du procureur de la République et de son droit de demander à bénéficier d'un délai de dix jours avant de faire connaître sa réponse.

Le procès-verbal précise que la personne a été informée que la proposition de composition pénale va être adressée pour validation au président du tribunal de grande instance ou au juge d'instance, et qu'elle peut demander à être entendue par ce magistrat. Il indique si la personne demande ou ne demande pas cette audition.

Le procès-verbal précise également que la personne sera informée de la décision du président du tribunal de grande instance ou du juge d'instance, et qu'en cas de validation les délais d'exécution des mesures commenceront à courir à la date de notification de cette décision.

Le procès-verbal est signé par la personne ainsi que par le procureur de la République, son délégué ou son Médiateur. Une copie du procès-verbal est remise à l'auteur des faits.

Art. R. 15-33-41. – La remise du permis de conduire ou de chasser prévue par le 3° de l'article 41-2 emporte pour la personne l'engagement de ne pas conduire ou chasser pendant la période de remise de son permis.

Lorsqu'est proposée la remise du permis de conduire, cet engagement peut être limité à la conduite en dehors de l'activité professionnelle, ou à la conduite de certains véhicules. Dans ce cas, la proposition comporte les précisions pévues à l'article R. 131-1 ou R. 131-3 du code pénal.

Art. R. 15-33-42. – L'accomplissement d'un travail non rémunéré prévu par le 4° de l'article 41-2 consiste dans la réalisation d'un travail au profit soit d'une personne morale de droit public, soit d'une association habilitée en application des dispositions des articles R. 131-12 à R. 131-16 du code pénal.

Art. R. 15-33-43. – Lorsque la composition pénale intervient à la suite d'un délit prévu *(D. n. 2002-801, 3 mai 2002, art. 8-III)* aux articles L. 234-1 et L. 234-8 du code de la route, le procès-verbal mentionné à l'article R. 15-33-40 comporte une mention informant la personne de la perte de points qui résultera de l'exécution de la composition pénale, de l'existence d'un traitement automatisé de ces points et de la possibilité pour elle d'exercer sont droit d'accès.

Art. R. 15-33-44. – Lorsque la proposition de composition pénale a été portée à la connaissance de la personne par un officier de police judiciaire en application des dispositions du septième alinéa de l'article 41-2, la décision écrite du procureur de la République prévue par cet alinéa est annexée au procès-verbal mentionné à l'article R. 15-33-40 qui est signé par l'officier de police judiciaire.

Art. R. 15-33-45. – Lorsqu'il est fait application des dispositions du sixième alinéa de l'article 41-2, le procès-verbal mentionné à l'article R. 15-33-40 ou un procès-verbal distinct précise les conditions dans lesquelles l'information de la victime, qui peut se faire par tout moyen, a été effectuée.

La victime est informée de son droit de demander à être entendue par le président du tribunal de grande instance ou le juge d'instance chargé de statuer sur la requête en validation de la composition pénale. Elle est avisée que la demande d'audition doit, à peine d'irrecevabilité, être formée dans les dix jours, soit par lettre recommandée avec demande d'avis de réception adressée au procureur de la République, soit par déclaration au greffe.

La victime est également informée de son droit à demander l'assistance d'un avocat.

§ 2. – Validation des mesures

Art. R. 15-33-46. – La requête en validation de la composition pénale est datée et signée par le procureur de la République. Y sont joints les procès-verbaux prévus par les articles R. 15-33-40 et R. 15-33-45 ainsi que l'intégralité de la procédure d'enquête.

Art. R. 15-33-47. – Lorsque le président du tribunal décide, d'office ou à la demande des intéressés, de procéder à l'audition de l'auteur des faits et de la victime, ceux-ci sont convoqués par tout moyen. Le président du tribunal peut procéder à une audition commune ou à des auditions séparées. Ces auditions, qui font l'objet d'un procès-verbal signé du président et des intéressés, ne sont pas publiques. Le procureur de la République est informé de ces auditions et y assiste s'il le souhaite.

Art. R. 15-33-48. – Le procureur de la République peut informer les services de police ou de gendarmerie ayant participé à l'enquête de la validation de la composition pénale, notamment lorsque celle-ci comporte la mesure prévue au 3° de l'article 41-2 et que la non-exécution de cette mesure est susceptible d'être constatée par ces services.

§ 3. – Exécution des mesures

Art. R. 15-33-49. – Lorsque la composition pénale a été validée, le procureur de la République peut désigner un délégué ou un Médiateur aux fins de mettre en œuvre les mesures décidées et de contrôler les conditions de leur exécution.

Art. R. 15-33-50. – Le procureur de la République ou la personne par lui désignée adresse ou remet à l'auteur des faits un document l'informant de la validation de la composition pénale, des mesures à accomplir et des conditions dans lesquelles ces mesures doivent être effectuées.

Ce document comporte une mention indiquant que si la personne n'exécute pas ces mesures, le procureur de la République pourra décider d'engager des poursuites à son encontre.

Ce document est constitué si nécessaire de plusieurs feuillets destinés à permettre le paiement de l'amende de composition et dont le modèle est arrêté par le ministre de l'économie, des finances et de l'industrie et le ministre de la justice.

Art. R. 15-33-51. – Lorsque la composition pénale consiste dans le versement d'une amende de composition, le paiement s'effectue exclusivement, par dérogation à l'article 24 du décret n. 62-1587 du 29 décembre 1962, soit par timbre fiscal, soit auprès d'un comptable du Trésor, par versement d'espèces ou par remise d'un chèque certifié dans les conditions prévues au troisième alinéa de l'article 6 du décret-loi du 30 octobre 1935 unifiant le droit en matière de chèques et relatif aux cartes de paiement. Jusqu'à 5 000 F (750 €), le paiement ne peut s'effectuer que par timbre fiscal.

Lorsque le paiement s'effectue par timbre fiscal, le ou les timbres correspondants au montant de l'amende sont apposés par l'interessé sur un des feuillets du document prévu par l'article R. 15-33-50, que celui-ci retourne au procureur de la République ou à la personne par lui désignée.

Dans les autres cas, un comptable du Trésor reçoit le paiement accompagné du document prévu par l'article R. 15-33-50. Après émargement du règlement par le comptable du Trésor, deux feuillets sont retournés ou remis à l'intéressé, qui doit en transmettre un au procureur de la République ou à la personne par lui désignée.

Lorsqu'il est prévu que les versements seront échelonnés, il est remis à l'intéressé autant de documents que d'échéances.

Art. R. 15-33-52. – Lorsque la composition pénale consiste dans le dessaisissement d'une chose au profit de l'État, la personne doit, dans le délai imparti, remettre cette chose au greffe du tribunal contre récépissé. Si cette chose a fait l'objet d'une saisie et est toujours détenue par le service enquêteur, celui-ci est avisé de la décision de validation et adresse le scellé au greffe du tribunal. Lorsque le greffe est en possession du scellé, il peut sans délai procéder à la destruction de l'objet ou à sa remise au service des domaines.

Art. R. 15-33-53. – Lorque la composition pénale consiste dans la remise du permis de conduire ou du permis de chasser, cette remise est effectuée par l'intéressé, dans le délai imparti soit au greffe du tribunal de grande instance, soit à la personne désignée par le procureur de la République, à charge pour cette dernière de remettre le document au greffe du tribunal. Il lui est remis, en échange de son permis, un récépissé.

Lorsqu'il a été fait application des dispositions du deuxième alinéa de l'article R. 15-33-41, ce récépissé comporte les mentions prévues aux articles R. 131-2 ou R. 131-4 du code pénal, les références à la décision de la juridiction prévues par ces articles étant remplacées par les références à la décision de validation de la composition pénale.

Lorsque la personne a fait l'objet d'une mesure administrative de rétention ou de suspension de son permis de conduire en application des dispositions des articles L. 18 ou L. 18-1 du code de la route, et que son permis est détenu par l'autorité administrative, elle en apporte le justificatif au greffe du tribunal de grande instance. Dans ce cas, la suspension cesse de recevoir effet à l'expiration du délai fixé en application du 3° de l'article 41-2. S'il est fait application des dispositions du deuxième alinéa de l'article R. 15-33-41, le récépissé prévu par le deuxième alinéa du présent article est remis à l'intéressé.

Les services de police ou les unités de gendarmerie qui constateraient qu'une personne n'a pas respecté son engagement de ne pas conduire ou de ne pas chasser en dressent rapport qui est transmis au procureur de la République dans les meilleurs délais.

Art. R. 15-33-54. – Lorsque la composition pénale comporte l'accomplissement d'un travail non rémunéré, ce travail consiste dans l'un des travaux inscrits sur la liste prévue par l'article 131-36 (1°) du code pénal. Le procureur de la République peut compléter cette liste en y inscrivant d'autres travaux, dans des conditions identiques à celles prévues par les articles R. 131-17 et R. 131-18 du code pénal, les attributions confiées par ces articles au juge de l'application des peines étant dévolues au procureur de la République.

Art. R. 15-33-55. – Les dispositions des articles 131-23 et 131-24, 132-55, R. 131-23 à R. 131-34 du code pénal *(D. n. 2002-801, 3 mai 2002, art. 8-IV)* et L. 412-8 (5°) du code de la sécurité sociale sont applicables à l'exécution du travail prévu par le 4° de l'article 41-2 du présent code, les attributions confiées par ces articles au tribunal ou au juge de l'application des peines étant dévolues au procureur de la République ou à la personne par lui désignée.

Le service pénitentiaire d'insertion et de probation peut être désigné par le procureur de la République pour exercer les attributions prévues pour l'agent de probation par les articles mentionnés à l'alinéa précédent.

Art. R. 15-33-56. – Lorsqu'il est fait application des dispositions du sixième alinéa de l'article 41-2, le procureur de la République s'assure, directement ou par la personne par lui désignée, que l'auteur des faits répare le préjudice subi par la victime dans les délais prescrits.

Art. R. 15-33-57. – Lorsque, pour des motifs graves d'ordre médical, familial, professionnel ou social, la personne n'a pas pu exécuter les mesures décidées dans les délais prescrits, et que ces délais sont inférieurs aux délais maxima, prévus aux 1° et 4° *(D. n. 2002-801, 3 mai 2002, art. 8-V)* et au sixième alinéa de l'article 41-2, le procureur de la République peut prolonger les délais d'exécution de ces mesures, sans pouvoir toutefois dépasser lesdits délais.

Art. R. 15-33-58. – Lorsque la ou les mesures décidées ont été intégralement exécutées, le procureur de la République ou la personne par lui désignée constate l'exécution de la composition pénale.

Le procureur de la République avise l'intéressé et, le cas échéant, la victime de l'extinction de l'action publique.

Art. R. 15-33-59. – Lorsque la composition pénale est intervenue à la suite de la commission d'un délit prévu par l'article L. 1er du code de la route, le procureur de la République adresse aux services du ministère de l'intérieur un avis les informant de l'exécution de la composition pénale, afin qu'il puisse être procédé au retrait des points du permis de conduire.

L'avis adressé par le procureur de la République précise la date d'exécution de la composition pénale qui fait courir le délai prévu au premier alinéa de l'article L. 11-6 du code de la route.

Art. R. 15-33-60. – **Si des poursuites sont engagées dans les cas prévus par le onzième alinéa de l'article 41-2, le dossier concernant cette procédure et dans lequel sont, le cas échéant, précisées les mesures exécutées en tout ou partie par la personne est communiqué à la juridiction de jugement, afin qu'elle puisse en tenir compte, en cas de condamnation, dans le prononcé de sa décision.**

CHAPITRE III

Néant.

TITRE II. – DES ENQUÊTES

(D. n. 96-767, 3 sept. 1996)

CHAPITRE I. – DES CRIMES ET DÉLITS FLAGRANTS

Art. R. 15-33-61. – **Lorsqu'il est fait application des dispositions du premier alinéa de l'article 62-1, le procès-verbal des déclarations de la personne entendue mentionne l'autorisation donnée par le procureur de la République ou, dans le cas prévu par l'article 153, par le juge d'instruction.**

Le registre prévu par le dernier alinéa de l'article 62-1 est tenu au siège de chaque service de police nationale ou unité de gendarmerie nationale. Il est paraphé par le chef du service de police ou de l'unité de gendarmerie. Ce registre est présenté, à tout moment, au procureur de la République qui en fait la demande.

Chaque inscription sur le registre comporte un numéro d'ordre. Ce numéro est mentionné dans le procès-verbal des déclarations de la personne entendue ainsi que la dénomination et l'adresse du service ou de l'unité détenant le registre.

La personne ayant fait l'objet des dispositions du premier alinéa de l'article 62-1 est avisée qu'elle doit faire connaître, pendant l'année qui suit son audition, ses changements d'adresse au service de police ou à l'unité de gendarmerie détenant le registre.

Les services de police ou les unités de gendarmerie sont tenus, à la demande des seules autorités judiciaires, de délivrer dans les meilleurs délais aux personnes ayant fait l'objet des dispositions des premier et deuxième alinéas de l'article 62-1 les convocations émanant de ces autorités. Ils doivent de même remettre les citations à comparaître dont peuvent faire l'objet ces personnes. S'ils constatent à cette occasion qu'une personne ayant fait l'objet des dispositions du premier alinéa a changé d'adresse, ils inscrivent la nouvelle adresse dans le registre, en marge de la précédente. Il en est de même s'ils sont directement informés par cette personne de son changement d'adresse.

Lorsque la personne a changé d'adresse et que la convocation ou la citation à comparaître ne peut lui être remise, le magistrat mandant en est immédiatement informé.

Lorsqu'elles sont entendues comme témoins devant une juridiction d'instruction ou de jugement, les personnes ayant bénéficié des dispositions des premier ou deuxième alinéas de l'article 62-1 sont autorisées à continuer de déclarer comme domicile l'adresse du service de police ou de l'unité de gendarmerie. Cette juridiction peut toutefois demander aux personnes ayant bénéficié des dispositions du premier alinéa de cet article de déclarer leur véritable domicile.

Les dispositions du présent article ne sont pas prescrites à peine de nullité.

CHAPITRES II ET III

Néant.

TITRE III. – DES JURIDICTIONS D'INSTRUCTION

CHAPITRE I. – DU JUGE D'INSTRUCTION : JURIDICTION D'INSTRUCTION DU PREMIER DEGRÉ

SECTION I. – DISPOSITIONS GÉNÉRALES

(D. n. 83-1164, 23 déc. 1983, art. 1er, mod. D. n. 95-661, 9 mai 1995, art. 1er)

Art. R. 15-34 *(D. n. 83-1164, 23 déc. 1983, art. 1er, mod. D. n. 95-661, 9 mai 1995, art. 1er)*. – **Lorsqu'il ne procède pas lui-même ou ne fait pas procéder par un officier de police judiciaire à l'enquête de personnalité prévue par l'alinéa 6 de l'article 81, le juge d'instruction saisi de la procédure ou, sur délégation, celui dans le ressort duquel réside la personne mise en examen peut désigner à cette fin toute personne physique ou morale habilitée comme il est dit ci-après ou, à titre exceptionnel, un contrôleur judiciaire.**

Art. R. 15-35 *(D. n. 83-1164, 23 déc. 1983, art. 1er, mod. D. n. 95-661, 9 mai 1995, art. 1er)*. – **La personne physique ou morale, selon qu'elle désire être habilitée à procéder à des enquêtes de personnalité dans le ressort du tribunal de grande instance ou dans celui de la cour d'appel, en fait la demande au doyen des juges d'instruction ou au président de la chambre de l'instruction.**

La demande présentée par une association comporte notamment :

1° La copie du *Journal officiel* portant publication de la déclaration de l'association ou, en ce qui concerne les départements du Bas-Rhin ou de la Moselle, une copie de l'extrait du registre des associations du tribunal d'instance ;

2° Un exemplaire des statuts et, s'il y a lieu, du règlement intérieur ;

3° La liste des établissements de l'association avec indication de leur siège ;

4° Un exposé indiquant les conditions de fonctionnement de l'association et, le cas échéant, l'organisation et les conditions de fonctionnement des comités locaux, ainsi que leurs rapports avec l'association ;

5° La mention des nom, prénoms, date et lieu de naissance, nationalité, profession et domicile des membres du conseil d'administration et du bureau de l'association ainsi que, le cas échéant, ceux de ses représentants locaux ;

6° Les pièces financières qui doivent comprendre les comptes du dernier exercice, le budget de l'exercice courant et un bilan ou un état de l'actif mobilier et immobilier et du passif.

7° *(D. n. 2002-801, 3 mai 2002, art. 2-I)* **La liste des personnes physiques qui, au sein de l'association, doivent accomplir les missions qui lui sont confiées, avec la mention des nom, prénoms, date et lieu de naissance, nationalité, profession et domicile de chacune d'entre elles.**

Art. R. 15-36 *(D. n. 83-1164, 23 déc. 1983, art. 1er, mod. D. n. 95-661, 9 mai 1995, art. 1er)*. – **Après avoir procédé à toutes les diligences qu'il juge utiles, le doyen des juges d'instruction ou le président de la chambre de l'instruction communique la demande au président du tribunal ou au premier président.**

Art. R. 15-37 *(D. n. 83-1164, 23 déc. 1983, art. 1er, mod. D. n. 95-661, 9 mai 1995, art. 1er)*. – **L'assemblée générale des magistrats du siège et du parquet du tribunal ou de la cour d'appel, sur le rapport du magistrat saisi de la demande, statue sur l'habilitation à la majorité de ses membres présents.**

La commission restreinte de l'assemblée générale des magistrats du siège et du parquet, dans les juridictions où sa constitution est obligatoire, exerce les attributions mentionnées à l'alinéa précédent.

Art. R. 15-38 *(D. n. 83-1164, 23 déc. 1983, art. 1er, mod. D. n. 95-661, 9 mai 1995, art. 1er)*. – **En cas d'urgence, une habilitation provisoire, valable jusqu'à la décision de la prochaine assemblée géné-**

rale ou commission restreinte, peut être prise par le doyen des juges d'instruction, sur proposition ou après avis conforme du procureur de la République, ou par le président de la chambre de l'instruction, sur proposition ou après avis conforme du procureur général.

Art. R. 15-39 *(D. n. 83-1164, 23 déc. 1983, art. 1er, mod. D. n. 95-661, 9 mai 1995, art. 1er).* **– Ne peut être habilitée une personne qui a fait l'objet d'une condamnation, incapacité ou déchéance mentionnée au bulletin n. 2 du casier judiciaire.**

(D. n. 2002-801, 3 mai 2002, art. 2-II) **Lorsqu'une association envisage une modification de la liste mentionnée au 7° de l'article R. 15-35 ou de désigner, pour accomplir les missions confiées à l'association, une personne physique n'ayant pas été personnellement habilitée, elle doit en aviser le procureur de la République. Ce dernier lui indique, le cas échéant, les personnes qui, suivant les dispositions de l'alinéa précédent, ne peuvent être autorisées à accomplir les missions confiées à l'association.**

Art. R. 15-40 *(D. n. 83-1164, 23 déc. 1983, art. 1er, mod. D. n. 95-661, 9 mai 1995, art. 1er).* **– L'habilitation peut être retirée selon la procédure prévue par les articles R. 15-36 et R. 15-37.**

Le procureur de la République ou le procureur général peut, aux fins de retrait de l'habilitation, saisir, selon le cas, l'assemblée générale des magistrats du siège et du parquet du tribunal, celle de la cour d'appel ou la commission restreinte compétente.

En cas d'urgence, le doyen des juges d'instruction, sur proposition ou avis conforme du procureur de la République, ou le président de la chambre de l'instruction, sur proposition ou avis conforme du procureur général, peut retirer provisoirement l'habilitation jusqu'à la décision de la prochaine assemblée générale ou commission restreinte.

SECTION II. – DE LA CONSIGNATION DE PARTIE CIVILE

(D. n. 93-867, 28 juin 1993, art. 21, mod. D. n. 95-661, 9 mai 1995, art. 1er)

Art. R. 15-41 *(D. n. 95-661, 9 mai 1995, art. 1er).* **– La partie civile est tenue, en application des articles 88 et 88-1, de consigner au greffe sauf dispense, dans le délai imparti par le juge d'instruction, sous peine d'irrecevabilité, une somme en vue de garantir le paiement de l'amende civile pouvant être prononcée à son encontre sur le fondement de l'article 91 du Code de procédure pénale.**

La somme consignée est remise à la partie civile sur simple récépissé lorsque l'action fondée sur cette disposition est prescrite ou a abouti à une décision devenue définitive constatant que la constitution de partie civile n'était ni abusive ni dilatoire.

En cas de condamnation à une amende civile, la somme consignée est employée au paiement de celle-ci.

SECTIONS III et IV

Néant.

SECTION V. – DE LA REMISE DE LA REPRODUCTION DES PIÈCES D'UNE PROCÉDURE D'INSTRUCTION À UNE PERSONNE DÉTENUE

(D. n. 97-180, 28 févr. 1997, art. 1 et 2, applic. le 31 mars 1997)

Art. R. 15-42. – Les reproductions des copies de pièces ou actes d'une procédure d'instruction que l'avocat d'une personne détenue transmet à cette dernière en application de l'article 114 doivent être adressées au greffe de l'établissement pénitentiaire par envoi recommandé avec demande d'avis de réception ou par remise directe contre récépissé.

Art. R. 15-43. – Le greffe de l'établissement pénitentiaire doit, dans les trois jours ouvrables qui suivent la réception des documents, les remettre au détenu concerné après lui avoir donné connais-

sance des dispositions du sixième alinéa de l'article 114 et de l'article 114-1. Le détenu atteste par écrit avoir pris connaissance de ces dispositions.

Cette attestation ainsi que la notification écrite de remise des pièces au détenu sont transmises dans les meilleurs délais au juge d'instruction et à l'avocat du détenu.

Art. R. 15-44. – Par dérogation aux dispositions de l'article R. 15-43, le juge d'instruction saisi d'une demande de remise de reproductions à une partie, en application des huitième ou onzième alinéas de l'article 114, peut subordonner l'autorisation de remise à la condition que ces documents soient conservés au greffe de l'établissement pénitentiaire sous réserve du droit du détenu de les consulter selon les modalités fixées par l'article R. 15-45.

Cette décision est notifiée à l'avocat conformément aux dispositions du neuvième alinéa de l'article 114. Le juge d'instruction en informe sans délai l'établissement pénitentiaire.

En outre, même lorsque le juge d'instruction n'a pas prescrit de conditions particulières de remise des pièces, les documents sont conservés au greffe de l'établissement pénitentiaire lorsque le détenu le demande et après qu'il les a consultés.

Art. R. 15-45. – Lorsqu'il a été fait application des dispositions de l'article R. 15-44, le détenu peut à tout moment solliciter la consultation des reproductions des pièces ou actes de la procédure d'instruction auprès du chef d'établissement. Ce dernier organise cette consultation dans les trois jours ouvrables suivant la demande, sous réserve des exigences du bon fonctionnement de l'établissement pénitentiaire.

La consultation est organisée dans un local permettant d'en garantir la confidentialité. À l'issue de la consultation, les documents sont restitués au greffe de l'établissement.

Ces documents sont remis au détenu à sa libération. Ils lui sont également restitués lorsque l'information est définitivement terminée.

SECTION VI

Néant.

SECTION VII. – DU CONTRÔLE JUDICIAIRE ET DE LA DÉTENTION PROVISOIRE

(D. n. 70-1223, 23 déc. 1970, art. 1er)

Sous-section 1. – Du contrôle judiciaire (1)

(D. n. 70-1223, 23 déc. 1970, art. 1er)

§ 1. – Des autorités ou personnes contribuant au contrôle judiciaire

Art. R. 16 *(D. n. 83-1164, 23 déc. 1983, art. 2)*. **– Le juge d'instruction saisi de la procédure ou, sur délégation, celui dans le ressort duquel réside la personne mise en examen, désigne, pour contribuer à l'application du contrôle judiciaire, soit une personne physique ou morale habilitée à cette fin, soit un service de police ou de gendarmerie ou tout service judiciaire ou administratif compétent, soit, à titre exceptionnel, un enquêteur de personnalité.**

(D. n. 95-661, 9 mai 1995, art. 1er) **Les contrôleurs judiciaires sont habilités sous les conditions et selon les règles de compétence et de procédure définies par les articles** *(D. n. 2002-801, 3 mai 2002, art. 3)* **R. 15-35 à R. 15-40.**

(1) Dispositions prises en application de l'article 138 du présent code (1re partie, Législative).

Art. R. 16-1 *(D. n. 70-1223, 23 déc. 1970, art. 1er).* – **Les autorités ou personnes chargées de contribuer à l'application du contrôle judiciaire s'assurent que la personne mise en examen se soumet aux obligations qui lui sont imposées ; à cet effet, elles peuvent le convoquer et lui rendre visite ; elles effectuent toutes démarches et recherches utiles à l'exécution de leur mission.**

Elle rendent compte au juge d'instruction, dans les conditions qu'il détermine, du comportement de la personne mise en examen ; si celui-ci se soustrait aux obligations qui lui sont imposées, elles en avisent le juge sans délai.

Art. R. 16-2 *(D. n. 70-1223, 23 déc. 1970, art. 1er).* – **La rétribution et le remboursement des frais de déplacement des enquêteurs de personnalité et des personnes physiques ou représentants des personnes morales désignées en application de l'article 138, alinéa 2 (6°) sont payés comme frais de justice criminelle.**

Les dispositions du présent article ne sont pas applicables aux membres en activité des personnels de l'État appartenant soit à un service relevant du ministère de la justice ou à un service de police ou de gendarmerie, soit à un service social ou à tout autre service chargé normalement de l'exécution de décisions judiciaires.

§ 2. – Des modalités d'exécution du contrôle judiciaire

Art. R. 17 *(D. n. 70-1223, 23 déc. 1970, art. 1er).* – **L'application du contrôle judiciaire ne doit pas porter atteinte à la liberté d'opinion de ceux qui y sont soumis non plus qu'à leurs convictions religieuses ou politiques, ni faire échec aux droits de la défense.**

Art. R. 17-1 *(D. n. 70-1223, 23 déc. 1970, art. 1er).* – **Avis est donné aux chefs des services de police ou de gendarmerie du lieu de résidence de la personne mise en examen de toutes ordonnances soumettant ce dernier à l'une des obligations prévues aux 1°, 2°, 3°, 4°, 8°, 9°, 12° de l'article 138 (alinéa 2), ainsi que de toutes ordonnances portant suppression, modification ou dispense de ces obligations.**

Art. R. 17-2 *(D. n. 70-1223, 23 déc. 1970, art. 1er).* – **Le service ou autorité auquel la personne mise en examen doit se présenter périodiquement par application du 5° de l'article 138 (alinéa 2) relève les dates auxquelles l'intéressé s'est présenté dans les conditions fixées par le juge d'instruction.**

Art. R. 17-3 *(D. n. 70-1223, 23 déc. 1970, art. 1er).* – **L'autorité ou la personne qualifiée désignée par le juge d'instruction pour contrôler les activités professionnelles de la personne mise en examen ou son assiduité à un enseignement, par application du 6° de l'article 138 (alinéa 2), peut se faire présenter par la personne mise en examen tous documents ou renseignements concernant son travail ou sa scolarité.**

Art. R. 17-4 *(D. n. 70-1223, 23 déc. 1970, art. 1er).* – **Le récépissé remis à la personne mise en examen en échange des documents visés aux 7° et 8° de l'article 138 (alinéa 2) doit mentionner la nature et les références du document retiré, les nom, prénoms, date de naissance et domicile de l'intéressé ; il doit comporter en outre, lorsqu'il s'agit d'un des documents visés au 7° de l'article 138 (alinéa 2), une photographie récente de la personne mise en examen et indiquer qu'il vaut justification de l'identité.**

Le récépissé doit être remis par la personne mise en examen lorsque le document retiré lui est restitué.

Art. R. 17-5 *(D. n. 70-1223, 23 déc. 1970, art. 1er).* – **Lorsqu'il est soumis à l'obligation prévue au 10° de l'article 138 (alinéa 2), la personne mise en examen choisit le praticien ou l'établissement qui assurera l'examen, le traitement ou les soins. Il présente ou fait parvenir au juge toutes les justifications requises.**

Dans le cas où les dispositions des articles L. 355-1 et suivants du Code de la santé publique sont applicables, le juge d'instruction peut ordonner à la personne mise en examen, au titre du contrôle

judiciaire, de se soumettre aux mesures de surveillance sanitaire prévues à l'article L. 355-3 dudit code. Avis de l'ordonnance portant placement sous contrôle judiciaire est donné à l'autorité sanitaire.

Art. R. 18 *(D. n. 70-1223, 23 déc. 1970, art. 1er).* **– Lorsque le juge d'instruction fait application des mesures prévues au 12° de l'article 138 (alinéa 2), avis en est donné, s'il y a lieu, soit à l'employeur ou à l'autorité hiérarchique dont relève la personne mise en examen, soit à l'ordre professionnel auquel il appartient, soit à l'autorité à l'agrément de laquelle est soumis l'exercice de sa profession.**

Art. R. 18-1 *(D. n. 77-193, 3 mars 1977, art. 2).* **– Lorsque le juge d'instruction fait application des mesures prévues par le 13° de l'article 138 (alinéa 2), avis en est donné à la succursale ou agence bancaire, à la personne, à l'établissement ou au service qui gèrent le ou les comptes de la personne mise en examen.**

§ 3. – Du cautionnement

Art. R. 19 *(D. n. 83-455, 2 juin 1983, art. 1er).* **– Le cautionnement prévu au 11° de l'article 138 (alinéa 2) est versé au régisseur de recettes installé auprès du secrétariat-greffe de la juridiction compétente auquel le chef de ce service adresse copie de l'ordonnance rendue par le juge d'instruction.**

Art. R. 20 *(D. n. 70-1223, 23 déc. 1970, art. 1er). – (Al. 1er et 2 ab., D. n. 83-455, 2 juin 1983, art. 2).*

Les récépissés constatant le versement ou les versements partiels du cautionnement sont détachés d'un carnet à souches tenu par le « régisseur de recettes » (1).

Art. R. 21 *(D. n. 70-1223, 23 déc. 1970, art. 1er).* **– Lorsque le cautionnement est fourni par chèque, celui-ci doit être certifié et établi au nom du « régisseur de recettes » de la juridiction compétente.**

Art. R. 22 *(D. n. 70-1223, 23 déc. 1970, art. 1er).* **– Il est donné avis au juge d'instruction par le greffier des défauts ou retards de versement du cautionnement.**

Avis du versement lui-même est donné sans délai au juge d'instruction par le greffier lorsqu'une mise en liberté, assortie du contrôle judiciaire, est subordonnée à ce versement dans les conditions prévues par les articles 147 et 148.

Art. R. 23 *(D. n. 70-1223, 23 déc. 1970, art. 1er).* **– Les espèces ou valeurs de caisse remises au « régisseur de recettes » pour un cautionnement doivent être versées à la caisse des dépôts et consignations dans le délai de deux jours.**

Le greffier est responsable de la conservation de ces espèces ou valeurs avant leur versement à la caisse des dépôts et consignations.

Art. R. 23-1 *. – Abrogé, D. n. 83-455, 2 juin 1983, art. 2.*

Art. R. 24 *(D. n. 70-1223, 23 déc. 1970, art. 1er).* **– Lorsque le juge d'instruction ordonne que la partie du cautionnement affectée à la garantie des droits de la victime ou du créancier d'une dette alimentaire soit versée à ceux-ci par provision, il leur en est donné avis.**

La caisse des dépôts et consignations, sur les diligences du « régisseur de recettes », crédite le compte de ce dernier de la somme correspondante, aux fins de versement aux ayants droit.

Art. R. 25 *(D. n. 70-1223, 23 déc. 1970, art. 1er).* **– Le ministère public, d'office ou à la demande des parties civiles, produit aux services du Trésor qui assurent au titre des produits divers du budget, le**

(1) Le mot greffier est remplacé par les mots « régisseur de recettes » par décret n. 83-455 du 2 juin 1983, art. 4.

recouvrement de la fraction du cautionnement acquise à l'État dans le cas prévu par l'article 142-2 (alinéa 2), un certificat du greffe établi en double exemplaire constatant la responsabilité encourue par la personne mise en examen dans ce cas et, éventuellement, un second certificat mentionnant les condamnations prononcées et le numéro de l'extrait du jugement ou d'arrêt dans les cas prévus par les articles 142-3 (alinéa 2) et 372.

La caisse des dépôts et consignations distribue sans délai, aux ayants droit, les sommes déposées.

Toute contestation relative à l'application du présent article est jugée sur requête, en chambre du conseil, comme incident de l'exécution du jugement ou de l'arrêt.

Sous-section 2. – De la détention provisoire et du placement sous surveillance électronique

(D. n. 2002-479, 3 avril 2002, art. 1er)

Art. R. 25-1. – Le placement sous surveillance électronique par le juge des libertés et de la détention des personnes placées en détention provisoire s'effectue dans les conditions fixées aux articles R. 57-10 et suivants.

Sous-section 3. – De la réparation à raison d'une détention provisoire (1)

(D. n. 2000-1204, 12 déc. 2000, art. 1er ; D. n. 2001-709, 31 juill. 2001, art. 4, 1°)

§ 1. – De la réparation demandée
devant le premier président de la cour d'appel

Art. R. 26. – Le premier président de la cour d'appel dans le ressort de laquelle a été prononcée la décision de non-lieu, de relaxe ou d'acquittement est saisi par une requête signée du demandeur ou d'un des mandataires mentionnés au premier alinéa de l'article R. 27 et remise contre récépissé ou adressée par lettre recommandée avec demande d'avis de réception au greffe de la cour d'appel.

La requête contient l'exposé des faits, le montant de *(D. n. 2001-709, 31 juill. 2001, art. 4, 2°, a)* **la réparation demandée et toutes indications utiles, notamment en ce qui concerne :**

1° La date et la nature de la décision qui a ordonné la détention provisoire ainsi que l'établissement pénitentiaire où cette détention a été subie ;

2° La juridiction qui a prononcé la décision de non-lieu, de relaxe ou d'acquittement ainsi que la date de cette décision ;

3° L'adresse où doivent être faites les notifications au demandeur.

La requête est accompagnée de toutes pièces justificatives, notamment de la copie de la décision de non-lieu, de relaxe ou d'acquittement.

Le délai de six mois prévu à l'article 149-2 ne court à compter de la décision de non-lieu, de relaxe ou d'acquittement devenue définitive que si, lors de la notification de cette décision, la personne a été avisée de son droit de demander une réparation ainsi que des dispositions de l'article 149-1 *(D. n. 2001-709, 31 juill. 2001, art. 4, 2°, b)* **149-2 et 149-3 (1er alinéa).**

Art. R. 27. – Devant le premier président de la cour d'appel, le demandeur et l'agent judiciaire du Trésor peuvent être assistés ou représentés par un avocat ou représentés par un avoué inscrit auprès de la cour d'appel.

Lorsqu'une partie est assistée par un avocat, les notifications par lettre recommandée avec demande d'avis de réception prévues par les articles suivants sont faites au seul avocat et copie en

---

(1) *(D. n. 2000-1204, 12 déc. 2000, art. 2)* Les requêtes en indemnisation sur lesquelles il n'a pas encore été statué par la commission d'indemnisation à la date du 16 décembre 2000 sont transmises pour attribution par le secrétaire de la commission aux premiers présidents de cour d'appel compétents.

Le demandeur et l'agent judiciaire du trésor sont informé de cette transmission par lettre recommandée avec demande d'avis de réception.

est adressée par lettre simple à la partie. Lorsqu'une partie est représentée par un avocat ou un avoué inscrit auprès de la cour d'appel, ces notifications sont faites dans les mêmes formes au seul avocat ou avoué.

Art. R. 28. – Dès la réception de la requête, le greffe de la cour d'appel demande au greffe de la juridiction qui a rendu la décision de non-lieu, de relaxe ou d'acquittement la communication du dossier de la procédure pénale ou, si cette procédure est toujours en cours en ce qui concerne d'autres personnes que le demandeur, de la copie du dossier.

Dans un délai de quinze jours à compter de la réception de ce dossier, le greffe de la cour d'appel transmet une copie de la requête au procureur général près la cour d'appel et, par lettre recommandée avec demande d'avis de réception, à l'agent judiciaire du Trésor.

Art. R. 29. – Le demandeur peut se faire délivrer sans frais copie des pièces de la procédure pénale. Seul son avocat peut prendre communication du dossier au greffe de la cour d'appel.

Art. R. 30. – L'agent judiciaire du Trésor peut prendre connaissance du dossier de la procédure pénale au greffe de la cour d'appel. Il lui est délivré sans frais, sur sa demande, copie des pièces.

Art. R. 31. – L'agent judiciaire du Trésor dépose ses conclusions au greffe de la cour d'appel dans le délai de deux mois à compter de la réception de la lettre recommandée prévue à l'article R. 28.

Le greffe de la cour d'appel notifie au demandeur par lettre recommandée avec demande d'avis de réception, dans le délai de quinze jours à compter de leur dépôt, les conclusions de l'agent judiciaire du Trésor.

Art. R. 32. – Lorsque l'agent judiciaire du Trésor a déposé ses conclusions ou à l'expiration du délai prévu à l'article précédent, le greffe de la cour d'appel transmet le dossier au procureur général.

Le procureur général dépose ses conclusions dans les deux mois.

Le greffe de la cour d'appel notifie au demandeur par lettre recommandée avec demande d'avis de réception, dans le délai de quinze jours à compter de leur dépôt, les conclusions du procureur général. Il communique, dans le même délai, ces conclusions à l'agent judiciaire du Trésor.

Art. R. 33. – Dans le délai d'un mois à compter de la notification prévue au dernier alinéa de l'article précédent, le demandeur remet contre récépissé ou adresse par lettre recommandée avec demande d'avis de réception au greffe de la cour d'appel ses observations en réponse qui sont communiquées à l'agent judiciaire du Trésor et au procureur général dans le délai de quinze jours.

Les conclusions produites ultérieurement par les parties sont communiquées entre elles à la diligence de leur auteur.

Art. R. 34. – Le premier président de la cour d'appel procède ou fait procéder à toutes mesures d'instruction utiles. Il peut, s'il l'estime nécessaire, entendre le demandeur, en présence de son avocat ou celui-ci dûment convoqué, et en présence de l'agent judiciaire du Trésor et du procureur général ou ceux-ci dûment convoqués.

Art. R. 35. – Le premier président de la cour d'appel fixe la date de l'audience après avis du procureur général. Cette date est notifiée par le greffe de la cour d'appel, par lettre recommandée avec demande d'avis de réception, au demandeur et à l'agent judiciaire du Trésor un mois au moins avant l'audience.

Le demandeur est avisé, à l'occasion de cette notification, qu'il peut s'opposer jusqu'à l'ouverture des débats à ce que ceux-ci aient lieu en audience publique.

Art. R. 36. – Lorsqu'il apparaît manifestement que le demandeur soit ne remplit pas la condition d'avoir fait l'objet d'une détention provisoire au cours d'une procédure terminée à son égard par une décision de non-lieu, de relaxe ou d'acquittement devenue définitive, soit a formé sa requête après l'expiration du délai de six mois prévu à l'article 149-2, le premier président de la cour d'appel

peut, après en avoir avisé le demandeur, l'agent judiciaire du Trésor et le procureur général, décider qu'il n'y a pas lieu à plus ample instruction ni à l'accomplissement des actes prévus aux article R. 31 à R. 34.

Il est alors fait application des dispositions de l'article R. 35.

Art. R. 37. – Au jour de l'audience, le demandeur ou son avocat, puis l'agent judiciaire du Trésor ou son avocat sont entendus en leurs observations.

Le procureur général développe ses conclusions.

Les parties peuvent alors répliquer, le demandeur ou son avocat ayant la parole en dernier.

Art. R. 38. – La décision du premier président de la cour d'appel est rendue en audience publique.

Cette décision est notifiée au demandeur et à l'agent judiciaire du Trésor soit par remise d'une copie contre récépissé, soit par lettre recommandée avec demande d'avis de réception. La notification indique que la décision peut faire l'objet d'un recours devant la *(D. n. 2001-709, 31 juill. 2001, art. 4, 3°, a)* **commission nationale de réparation de détentions dans un délai de dix jours.**

Une copie de la décision est remise au procureur général.

(D. n. 2001-709, 31 juill. 2001, art. 4, 3°, b) **Une copie de la décision est en outre adressée, au ministère de la justice, à la commission de suivi de la détention provisoire.**

Art. R. 39. – Le premier président de la cour d'appel peut à tout moment de la procédure accorder en référé une provision au demandeur. Cette décision n'est susceptible d'aucun recours.

Art. R. 40. – Les décisions du premier président de la cour d'appel accordant une *(D. n. 2001-709, 31 juill. 2001, art. 4, 4°)* **réparation sont assorties de plein droit de l'exécution provisoire.**

Art. R. 40-1. – Par dérogation aux dispositions de l'article R. 233, le paiement au demandeur de *(D. n. 2001-709, 31 juill. 2001, art. 4, 5°)* **la réparation ou de la provision est effectué par les comptables directs du Trésor.**

Art. R. 40-2. – Si la requête est rejetée, le demandeur est condamné aux dépens, à moins que le premier président de la cour d'appel ne l'en décharge en partie ou en totalité.

La décision du premier président comporte exécution forcée pour le paiement des dépens.

Art. R. 40-3. – Lorsque le recours prévu au premier alinéa de l'article 149-3 n'est pas exercé, le dossier de la procédure pénale est renvoyé, avec une copie de la décision, à la juridiction qui a rendu la décision de non-lieu, de relaxe ou d'acquittement.

§ 2. – Du recours devant la commission nationale de réparation des détentions
(D. n. 2001-709, 31 juill. 2001, art. 4, 6°)

A. – De l'exercice du recours

Art. R. 40-4. – Les décisions du premier président de la cour d'appel peuvent faire l'objet d'un recours devant la *(D. n. 2001-709, 31 juill. 2001, art. 4, 6°)* **commission nationale de réparation des détentions de la part :**

1° Du demandeur ;

2° De l'agent judiciaire du Trésor ;

3° Du procureur général près la cour d'appel.

La déclaration de recours est remise au greffe de la cour d'appel en quatre exemplaires.

La remise est constatée par le greffe qui en mentionne la date sur chaque exemplaire, dont l'un est immédiatement restitué, et qui adresse un exemplaire aux personnes énumérées aux 1° et 3° autres que l'auteur du recours.

Art. R. 40-5. – Devant la commission nationale, le demandeur et l'agent judiciaire du Trésor peuvent être assistés ou représentés par un avocat au Conseil d'État et à la Cour de cassation ou par un avocat inscrit au barreau d'une cour d'appel ou d'un tribunal de grande instance.

Les dispositions du second alinéa de l'article R. 27 sont applicables.

Art. R. 40-6. – Le dossier de la procédure *(D. n. 2001-709, 31 juill. 2001, art. 4, 7°)* **de réparation, assorti de la déclaration de recours et du dossier de la procédure pénale, est transmis sans délai par le greffe de la cour d'appel au secrétariat de la commission nationale.**

Les fonctions de secrétaire et de greffier de la commission sont remplies par un greffier de la Cour de cassation.

Art. R. 40-7. – Si cela n'a pas déjà été demandé lors de la procédure devant le premier président de la cour d'appel, le demandeur et l'agent judiciaire du Trésor peuvent se faire délivrer sans frais copie des pièces de la procédure pénale. Seuls leurs avocats peuvent prendre communication du dossier au secrétariat de la commission.

B. – De la procédure suivie devant la commission nationale
de réparation des détentions
(D. n. 2001-709, 31 juill. 2001, art. 4, 6°)

a). – Des communications et notifications applicables lorsque l'auteur du recours est le demandeur ou l'agent judiciaire du Trésor

Art. R. 40-8. – Lorsque l'auteur du recours est l'une des personnes énumérées aux 1° et 2° de l'article R. 40-4, le secrétaire de la commission demande à celle-ci, dans un délai de quinze jours à compter de la réception du dossier et par lettre recommandée avec demande d'avis de réception, de lui adresser ses conclusions dans le délai d'un mois.

Art. R. 40-9. – Dès réception des conclusions mentionnées à l'article précédent, le secretaire de la commission en transmet copie au procureur général près la Cour de cassation ainsi que, par lettre recommandée avec demande d'avis de réception, à celle des personnes énumérées aux 1° et 2° de l'article R. 40-4 qui n'est pas l'auteur du recours.

Cette personne dispose d'un délai de deux mois à compter de la réception de la lettre recommandée prévue à l'alinéa précédent pour déposer ses conclusions au secrétariat de la commission.

Lorsque ces conclusions ont été déposées ou à l'expiration du délai prévu à l'alinéa précédent, le secrétaire de la commission transmet le dossier au procureur général près la Cour de cassation.

Art. R. 40-10. – Le procureur général dépose ses conclusions dans les deux mois.

Art. R. 40-11. – Le secrétaire de la commission notifie à l'auteur du recours, par lettre recommandée avec demande d'avis de réception, dans le délai de quinze jours à compter de leur dépôt, les conclusions du procureur général près la Cour de cassation et les conclusions de la personne mentionnée à l'article R. 40-9.

Il communique à cette personne les conclusions du procureur général près la Cour de cassation.

Art. R. 40-12. – Dans le délai d'un mois à compter de la dernière des notifications prévues au premier alinéa de l'article précédent, l'auteur du recours remet contre récépissé ou adresse par lettre recommandée avec demande d'avis de réception au secrétariat de la commission ses observations en réponse qui sont communiquées au procureur général près la Cour de cassation et à la personne mentionnée à l'article R. 40-9 dans le délai de quinze jours.

Les dispositions du second alinéa de l'article R. 33 sont applicables.

b). – Des communications et notifications applicables
lorsque l'auteur du recours est le procureur général près la cour d'appel

Art. R. 40-13. – Lorsque l'auteur du recours est le procureur général près la cour d'appel, le secrétaire de la commission demande à celui-ci, dans un délai de quinze jours à compter de la réception du dossier, de lui adresser ses conclusions dans le délai d'un mois.

Dès réception de ces conclusions, il en transmet une copie, d'une part au procureur général près la Cour de cassation, d'autre part, par lettre recommandée avec demande d'avis de réception, à

l'agent judiciaire du Trésor et au demandeur qui disposent d'un délai de deux mois à compter de la réception de cette lettre pour déposer leurs conclusions. Lorsque ces conclusions ont été déposées ou à l'expiration du délai de deux mois, le secrétaire de la commission transmet le dossier au procureur général près la Cour de cassation qui dépose ses conclusions dans les deux mois.

Les conclusions du procureur général sont communiquées, dans un délai de quinze jours, à l'agent judiciaire du Trésor, accompagnées des conclusions du demandeur ; elles sont également, dans le même délai, communiquées au demandeur, accompagnées des conclusions de l'agent judiciaire du Trésor.

Les dispositions du second alinéa de l'article R. 33 sont applicables.

C. – Des autres actes de procédure

Art. R. 40-14. – **Dans le mois qui suit l'expiration du délai de quinze jours prévu à l'article R. 40-12 ou au dernier alinéa de l'article R. 40-13, le président de la commission désigne parmi les membres de la commission, un rapporteur.**

Art. R. 40-15. – **Le président de la commission et le rapporteur désigné peuvent procéder ou faire procéder à toutes mesures d'instruction complémentaires. Ils peuvent, s'ils l'estiment nécessaire, entendre le demandeur, en présence de son avocat ou celui-ci dûment convoqué, et en présence de l'agent judiciaire du Trésor et du procureur général près la Cour de cassation ou ceux-ci dûment convoqués.**

Art. R. 40-16. – **Le président de la commission fixe la date de l'audience après avis du procureur général près la Cour de cassation. Cette date est notifiée par le secrétariat de la commission, par lettre recommandée avec demande d'avis de réception, au demandeur et à l'agent judiciaire du Trésor un mois au moins avant l'audience.**

Le demandeur est avisé, à l'occasion de cette notification, qu'il peut s'opposer jusqu'à l'ouverture des débats à ce que ceux-ci aient lieu en audience publique.

Art. R. 40-17. – **Lorsqu'il apparaît manifestement que l'auteur du recours a formé celui-ci après l'expiration du délai de dix jours prévu à l'article 149-3, le président de la commission peut, après en avoir avisé les personnes énumérées aux 1° à 3° de l'article R. 40-4, décider qu'il n'y a pas lieu à plus ample instruction ni à l'accomplissement des actes prévus aux articles R. 40-8 à R. 40-15. Il peut procéder de la même façon lorsque le recours a été formé contre une décision du premier président de la cour d'appel rendue en application des dispositions des articles R. 36 à R. 39.**

Il est alors fait application des dispositions de l'article R. 40-16.

Art. R. 40-18. – **Au jour de l'audience, après le rapport, le demandeur et l'agent judiciaire du Trésor ou leurs avocats respectifs sont entendus en leurs observations, celle des personnes énumérées aux 1° et 2° de l'article R. 40-4 qui est l'auteur du recours ou son avocat ayant la parole en premier. Lorsque le recours a été formé par le procureur général près la cour d'appel, le demandeur ou son avocat a la parole en premier.**

Le procureur général près la Cour de cassation développe ses conclusions.

Le demandeur et l'agent judiciaire du Trésor ou leurs avocats respectifs peuvent alors répliquer, le demandeur ou son avocat ayant la parole en dernier.

Art. R. 40-19. – **La décision de la commission est rendue en audience publique.**

Cette décision est notifiée au demandeur et à l'agent judiciaire du Trésor soit par remise d'une copie contre récépissé, soit par lettre recommandée avec demande d'avis de réception.

Une copie de la décision est remise au procureur général près la Cour de cassation.

(D. n. 2001-709, 31 juill. 2001, art. 4, 8°) **Une copie de la décision est en outre adressée, au ministère de la justice, à la commission de suivi de la détention provisoire.**

Art. R. 40-20. – **Si la commission accorde une provision ou une** *(D. n. 2001-709, 31 juill. 2001, art. 4, 9°)* **réparation d'un montant supérieur à celui fixé par la décision du premier président de la**

cour d'appel, son paiement au demandeur est, par dérogation aux dispositions de l'article R. 233, effectué par le comptable direct du Trésor de Paris.

Art. R. 40-21. – Si la requête est rejetée, l'auteur du recours est condamné aux dépens, à moins que la commission ne l'en décharge en partie ou en totalité.

La décision de la commission comporte exécution forcée pour le paiement des dépens.

Les dispositions du présent article ne sont pas applicables lorsque le recours a été formé par le procureur général près la cour d'appel.

Art. R. 40-22. – Le dossier de la procédure pénale est renvoyé, avec une copie de la décision, au premier président de la cour d'appel pour transmission à la juridiction qui a rendu la décision de non-lieu, de relaxe ou d'acquittement.

Une copie de la décision est également adressée au procureur général près la cour d'appel.

SECTION VIII

Néant.

SECTION IX. – DE L'EXPERTISE – MODALITÉS D'INSCRIPTION ET DE RADIATION SUR LES LISTES D'EXPERTS

Abrogée, D. n. 74-1184, 31 déc. 1974, art. 40

SECTIONS X à XIII

Néant.

CHAPITRE II

Néant.

LIVRE DEUXIÈME

DES JURIDICTIONS DE JUGEMENT

TITRE PREMIER. – DE LA COUR D'ASSISES

CHAPITRE I

Néant.

CHAPITRE II. – DE LA TENUE DES ASSISES (1)

Art. R. 41. – **Le siège des cours d'assises énumérées ci-dessous est exceptionnellement fixé dans une ville autre que le chef-lieu de la cour d'appel s'il en existe une ou dans le cas contraire autre que le chef-lieu du département.**

Cour d'assises	Départements, siège
Saintes	Charente-Maritime
Coutances	Manche
Saint-Omer	Pas-de-Calais
Chalon-sur-Saône	Saône-et-Loire
Draguignan (à titre temporaire)	Var

(D. n. 2001-742, 23 août 2001, art. 1er, appliquée à compter du 1er janv. 2002, art. 2).

CHAPITRE III. – DE LA COMPOSITION DE LA COUR D'ASSISES

(D. n. 2002-195, 11 févr. 2002)

Art. R. 41-1-A. – **En application des dispositions du deuxième alinéa de l'article 260, le nombre des jurés figurant sur les listes annuelles établies dans le ressort des cours d'assises énumérées ci-dessous est fixé comme suit :**

(1) Dispositions prises en application de l'article 234 du Code de procédure pénale (1re partie, Législative).

DÉPARTEMENTS	NOMBRE DE JURÉS figurant sur la liste annuelle
Alpes-Maritimes	1 000
Ardèche	420
Bouches-du-Rhône	2 000
Charente	300
Côte-d'Or	600
Dordogne	400
Eure	500
Guadeloupe	450
Haute-Marne	300
Haute-Savoie	600
Ille-et-Vilaine	900
Indre	230
Mayenne	300
Nièvre	230
Paris	2 300
Savoie	390
Val-de-Marne	1 700
Var	1 000
Yonne	350

Les dispositions du présent article cessent d'être applicables si, en raison de l'évolution officiellement constatée du nombre des habitants du ressort de la cour d'assises, le nombre des jurés résultant des dispositions du premier alinéa de l'article 260 dépasse celui fixé ci-dessus.

Art. R. 41-1. – La liste des jurés suppléants prévue par l'article 264 comprend :

1° Sept cents jurés pour la cour d'assises de Paris ;

2° Six cents jurés pour la cour d'assises du Val-de-Marne ;

3° Quatre cent cinquante jurés pour les cours d'assises des Bouches-du-Rhône, de la Gironde, du Nord et des Yvelines ;

4° Trois cent cinquante jurés pour la cour d'assises de la Seine-Saint-Denis ;

5° Deux cent cinquante jurés pour les cours d'assises des Alpes-Maritimes, de la Corse-du-Sud, de la Haute-Corse, de l'Essonne, des Hauts-de-Seine, d'Ille-et-Vilaine, de la Loire-Atlantique, du Pas-de-Calais, du Rhône, de la Seine-Maritime, de Seine-et-Marne, du Val-d'Oise et du Var ;

6° Deux cents jurés pour les cours d'assises de la Marne et de la Réunion ;

7° Cent cinquante jurés pour les cours d'assises de l'Aisne, de l'Ardèche, du Calvados, de la Côte-d'Or, de l'Eure, du Finistère, du Gard, de la Guadeloupe, de la Haute-Garonne, de la Haute-Savoie, de l'Hérault, de l'Isère, de Maine-et-Loire, de Meurthe-et-Moselle, de la Meuse, de la Moselle, de l'Oise, des Pyrénées-Atlantiques, des Pyrénées-Orientales, du Bas-Rhin, du Haut-Rhin, de la Sarthe, de la Savoie, de la Somme, de Vaucluse, des Vosges et de l'Yonne ;

8° Soixante-dix jurés pour la cour d'assises de la Polynésie française ;

9° Cinquante jurés pour la cour d'assises de la Nouvelle-Calédonie ;

10° Cent jurés pour les autres cours d'assises.

CHAPITRES IV À VII

Néant.

TITRE II. – DU JUGEMENT DES DÉLITS

(D. n. 83-1155, 23 déc. 1983, art. 1er)

CHAPITRE I. – DU TRIBUNAL CORRECTIONNEL

(D. n. 83-1155, 23 déc. 1983, art. 1er)

Art. R. 41-2 *(Ancien art. R. 41-1, D. n. 86-773, 17 juin 1986, art. 1er).* **– Dans le cas prévu par l'alinéa 2 de l'article 470-1, la décision de renvoi de la juridiction pénale désigne la juridiction civile compétente et précise l'identité des tiers responsables qui paraissent devoir être mis en cause.**

Une copie de la décision de renvoi et le dossier de l'affaire sont aussitôt transmis par le secrétariat-greffe à la juridiction désignée.

CHAPITRE II

Néant.

TITRE III. – DU JUGEMENT DES CONTRAVENTIONS

CHAPITRE I

Néant.

CHAPITRE II. – PROCÉDURE SIMPLIFIÉE

(D. n. 95-457, 26 avr. 1995, art. 1er. Les dispositions du titre Ier du présent décret entreront en application le 1er sept. 1995, art. 8)

Art. R. 42 *(D. n. 95-457, 26 avr. 1995, art. 1er).* **– À l'expiration du délai d'opposition ouvert au ministère public, le chef du greffe de la juridiction notifie l'ordonnance pénale au prévenu par une lettre recommandée avec demande d'avis de réception qui comporte les mentions prévues à l'article 526 et indique les délais et modalités de paiement et d'opposition fixés aux articles R. 43 à R. 46.**

Les magistrats ou officiers du ministère public vérifient les extraits d'ordonnances pénales. Ils vérifient et visent l'état récapitulatif des ordonnances pénales, auquel sont joints les extraits mentionnés dans cet état, qui est adressé par le chef du greffe au comptable principal du Trésor.

Art. R. 43 *(D. n. 95-457, 26 avr. 1995, art. 1er).* **– Dans les trente jours de la date d'envoi de la lettre recommandée, le prévenu doit acquitter l'amende et le droit fixe de procédure en versant leur montant entre les mains du comptable direct du Trésor, à moins qu'il ne fasse opposition.**

Dans tous les cas, le prévenu doit, à l'appui du paiement, indiquer au comptable direct du Trésor les références portées sur la lettre de notification.

Art. R. 44 *(D. n. 95-457, 26 avr. 1995, art. 1er).* **– Deux contraventions ou plus peuvent donner lieu à une seule ordonnance ; dans ce cas, le prévenu acquitte une seule fois le droit fixe de procédure.**

Art. R. 45 *(D. n. 95-457, 26 avr. 1995, art. 1er).* **– L'opposition faite par le prévenu, dans les délais prévus soit au troisième soit au cinquième alinéa de l'article 527, doit être formée :**

– soit par lettre adressée au chef du greffe du tribunal qui a rendu la décision attaquée. La lettre doit être expédiée dans le délai prescrit, le cachet de la poste faisant foi ;

– soit par une déclaration verbale faite au chef du greffe, enregistrée et signée par celui-ci et par le prévenu lui-même ou par un avocat ou un fondé de pouvoir spécial. Le pouvoir est annexé à l'acte dressé par le chef du greffe.

Dans les deux cas, le prévenu doit, à l'appui de l'opposition, remettre ou adresser au chef du greffe la lettre de notification ou lui faire connaître les références portées sur celle-ci.

Les déclarations d'opposition sont inscrites sur un registre.

Art. R. 46 *(D. n. 95-457, 26 avr. 1995, art. 1er)*. – En cas d'opposition formée par le prévenu, le chef du greffe avise sans délai le procureur de la République ou l'officier du ministère public, et lui transmet les pièces de la procédure.

Art. R. 47 *(D. n. 95-457, 26 avr. 1995, art. 1er)*. – À l'expiration du délai d'opposition, le chef du greffe donne avis au comptable direct du Trésor des oppositions reçues et de l'annulation des extraits correspondants.

Art. R. 48 *(D. n. 95-457, 26 avr. 1995, art. 1er)*. – Le comptable direct du Trésor procède au recouvrement de l'ordonnance pénale à l'expiration du délai de trente jours à compter de la date d'envoi de la lettre recommandée prévue à l'article R. 42, à moins qu'il ne soit fait opposition.

CHAPITRE II *bis*. – AMENDE FORFAITAIRE ET AMENDE FORFAITAIRE MAJORÉE

Art. R. 48-1 *(D. n. 2002-801, 3 mai 2002, art. 4)*. – Les contraventions des quatre premières classes pour lesquelles l'action publique est éteinte par le paiement d'une amende forfaitaire sont les suivantes :

1° Contraventions réprimées par le code de la route punies uniquement d'une peine d'amende, à l'exclusion de toute peine complémentaire, qu'elles entraînent ou non un retrait des points affectés au permis de conduire sous réserve des dispositions de l'article R. 49-8-5 relatives à l'amende forfaitaire minorée ;

2° Contraventions en matière de transport et de circulation réprimées par :

a) Les articles R. 211-14 et R. 211-21-5 du code des assurances relatifs à l'assurance obligatoire des véhicules terrestres à moteur et de leurs remorques et semi-remorques ;

b) L'article 80-1 du décret n° 42-730 du 22 mars 1942 sur la police, la sûreté et l'exploitation des voies ferrées d'intérêt général et d'intérêt local, en tant qu'y sont instituées des contraventions aux dispositions des arrêtés préfectoraux concernant la circulation, l'arrêt et le stationnement des véhicules dans les cours de gares ;

c) L'article 3, alinéa 1, du décret n° 86-1130 du 17 octobre 1986 modifié relatif à l'application des dispositions du règlement CEE n° 38-20/85 du Conseil du 20 décembre 1985 relatif à l'harmonisation de certaines dispositions en matière sociale dans le domaine du transport par route et du règlement CEE n° 38-21/85 du Conseil du 20 décembre 1985 concernant l'appareil de contrôle dans le domaine du transport par route ;

d) L'article 22-2 du décret n° 90-200 du 5 mars 1990 modifié relatif à l'exercice de la profession de commissionnaire de transport ;

e) L'article 12 et l'article 13, alinéas 1 et 2, du décret n° 97-608 du 31 mai 1997 modifié relatif à la formation professionnelle initiale et continue des conducteurs salariés du transport routier public de marchandises ;

f) L'article 11 et l'article 12, alinéas 1 et 2, du décret n° 98-1039 du 18 novembre 1998 relatif à la formation professionnelle initiale et continue des conducteurs non salariés du transport routier public de marchandises ;

g) L'article 19-II du décret n° 99-752 du 30 août 1999 modifié relatif aux transports routiers de marchandises ;

3° Contraventions en matière de protection de l'environnement réprimées par :

a) L'article R. 632-1 du code pénal relatif au dépôt ou à l'abandon de matières, d'ordures ou de déchets dans les bois, forêts et terrains à boiser ;

b) **Les articles R. 241-61, R. 241-62 (2°), R. 241-63 (1° et 2°) du code rural relatifs aux parcs nationaux, ainsi que l'article R. 241-66 de ce même code en ce qu'il concerne les faits mentionnés par ces mêmes articles ;**

c) **L'article R. 322-5 du code forestier relatif à la protection contre l'incendie, l'alinéa premier de l'article R. 331-3 du même code relatif à l'introduction dans les bois, forêts et terrains à boiser de véhicules, bestiaux, animaux de charge ou de monture et l'article R. 133-1-1 du même code relatif à l'aménagement prescrit par l'article L. 133-1 des bois et forêts du domaine de l'État ;**

d) **L'article 10 (deuxième alinéa) du décret n° 2000-1302 du 26 décembre 2000 relatif aux mesures de protection de l'environnement contre les émissions polluantes des moteurs à allumage par compression destinés à équiper les engins mobiles non routiers ;**

4° Contraventions en matière de protection ou de contrôle des animaux domestiques et des animaux sauvages, apprivoisés ou tenus en captivité réprimées par :

a) **L'article R. 622-2 du code pénal relatif à la divagation d'animal ;**

b) **L'article 10 du décret n° 76-352 du 15 avril 1976 fixant les modalités d'application aux équidés de la loi du 28 décembre 1966 sur l'élevage ;**

c) **L'article 15 du décret n° 80-791 du 1er octobre 1980 pris pour l'application de l'article 276 du code rural ;**

d) **L'article 6 du décret n° 87-223 du 26 mars 1987 relatif à l'utilisation des animaux dans les spectacles publics et les jeux ;**

e) **L'article 26 du décret n° 87-848 du 19 octobre 1987 relatif aux expériences pratiquées sur les animaux vertébrés ;**

f) **L'article 16 du décret n° 91-823 du 28 août 1991 relatif à l'identification des chiens, des chats et autres carnivores domestiques et à la tenue des locaux où se pratiquent de façon habituelle l'élevage en vue de la vente, la commercialisation, le toilettage, le transit ou la garde de ces animaux pris pour l'application des articles 276, 276-2 et 276-3 du code rural ;**

g) **Les articles 12 et 13 du décret n° 95-1285 du 13 décembre 1995 relatif à la protection des animaux en cours de transport ;**

h) **L'article 21 (*b* et *c*) du décret n° 97-903 du 1er octobre 1997 relatif à la protection des animaux au moment de leur abattage ou de leur mise à mort ;**

i) **L'article 8 du décret n° 99-1164 du 29 décembre 1999 pris pour l'application du chapitre III du titre II du livre II du code rural, et relatifs à l'application des articles L. 211-14 et L. 211-16 du code rural prévoyant la déclaration en mairie, la vaccination, la stérilisation, l'assurance et les conditions de circulation de certains chiens.**

Art. R. 49 *(Aj. au 1er oct. 1986, D. n. 86-1044, 18 sept. 1986, art. 2).* **– Le montant de l'amende forfaitaire prévue par l'article 529 est fixé ainsi qu'il suit :**

1° 30 F *(Montant et unité monétaire rempl. à compter du 1er janv. 2002, D. n. 2001-373, 27 avr. 2001, art. 1er, III et 7 : 4 €)* **pour les contraventions aux dispositions du Code de la route commises par les piétons ;**

2° 75 F (11 €) pour les autres contraventions de la 1re classe ;

3° 230 F (35 €) pour les contraventions de la 2e classe ;

4° 450 F (68 €) pour les contraventions de la 3e classe ;

5° 900 F (135 €) pour les contraventions de la 4e classe.

Art. R. 49-1 *(Aj. au 1er oct. 1986, D. n. 86-1044, 18 sept. 1986, art. 2).* **– Un avis de contravention et une carte de paiement, dont le modèle est fixé par arrêté du garde des sceaux, ministre de la justice, sont remis au contrevenant au moment de la constatation de l'infraction. L'avis mentionne le délai et les modalités de la requête prévue par le premier alinéa de l'article 529-2, le montant de l'amende forfaitaire ainsi que celui de l'amende forfaitaire majorée qui sera due à défaut de paiement ou de présentation d'une requête.**

Lorsque les documents mentionnés à l'alinéa 1er ne peuvent être remis au contrevenant, ils sont adressés à son domicile. Toutefois, s'il s'agit d'une contravention au Code de la route ou de celle qui est prévue à l'article R. 211-21-5 du Code des assurances, ces documents sont laissés sur le véhicule ou, en cas d'impossibilité, envoyés au titulaire du certificat d'immatriculation.

Art. R. 49-2 *(Aj. au 1er oct. 1986, D. n. 86-1044, 18 sept. 1986, art. 2 ; D. n. 95-457, 26 avr. 1995, art. 2).* **– Le montant de l'amende peut être acquitté immédiatement entre les mains de l'agent verbalisateur lorsqu'il est porteur d'un carnet de quittances à souches dont le modèle est fixé par arrêté du ministre du Budget après avis des autres ministres intéressés.**

Ce paiement est effectué en espèces ou au moyen d'un chèque et donne lieu à la délivrance immédiate d'une quittance extraite du carnet à souches.

Art. R. 49-3 *(Aj. au 1er oct. 1986, D. n. 86-1044, 18 sept. 1986, art. 2 ; D. n. 95-457, 26 avr. 1995, art. 3-I).* **– Si le montant de l'amende forfaitaire n'est pas acquitté dans les conditions prévues par l'article R. 49-2, le paiement est effectué soit par l'apposition sur la carte de paiement, dûment remplie, d'un timbre émis à cet effet par le ministre du Budget, qui en établit le modèle et les modalités de délivrance, soit par l'envoi au comptable direct du Trésor d'un chèque joint à la carte de paiement.**

(D. n. 95-457, 26 avr. 1995, art. 3-II) **Un arrêté du ministre du Budget fixe les conditions dans lesquelles les amendes forfaitaires peuvent être acquittées au moyen d'un chèque libellé à l'ordre du Trésor public.**

Art. R. 49-4 *(Aj. au 1er oct. 1986, D. n. 86-1044, 18 sept. 1986, art. 2).* **– La requête présentée en application de l'article 529-2 est motivée et accompagnée de l'avis de contravention.**

Art. R. 49-5 *(D. n. 95-457, 26 avr. 1995, art. 4).* **– La majoration de plein droit des amendes forfaitaires prévue par le deuxième alinéa de l'article 529-2 et le deuxième alinéa de l'article 529-5 est constatée par l'officier du ministère public qui la mentionne sur le titre exécutoire prévu par l'alinéa premier de l'article 530.**

Le titre exécutoire mentionne en annexe, pour chaque amende, l'identité et le domicile du contrevenant, le lieu et la date de la contravention et le montant de l'amende forfaitaire majorée.

Le titre exécutoire, signé par l'officier du ministère public est transmis au comptable principal du Trésor.

En l'absence de définition par l'article R. 49-5 du Code de procédure pénale des modalités de transmission au comptable direct du Trésor de l'état récapitulatif des amendes forfaitaires majorées, cet état peut être établi et transmis sur une bande magnétique sans qu'en soit affectée la validité du titre exécutoire, constitué par le bordereau d'envoi signé par l'officier du ministère public (Cass. crim., 5 oct. 1994 : *Bull.* 314).

Art. R. 49-6 *(D. n. 95-457, 26 avr. 1995, art. 5).* **– Le comptable direct du Trésor adresse au contrevenant un extrait du titre exécutoire le concernant sous forme d'avis l'invitant à s'acquitter du montant de l'amende forfaitaire majorée. Cet avis contient, pour chaque amende, les mentions prévues par le deuxième alinéa de l'article R. 49-5 et indique le délai et les modalités de la réclamation prévue par les deuxième et troisième alinéas de l'article 530.**

Art. R. 49-7 *(Aj. au 1er oct. 1986, D. n. 86-1044, 18 sept. 1986, art. 2 ; D. n. 89-989, 29 déc. 1989, art. 4 et 5).* **– Le montant de l'amende forfaitaire majorée est fixé ainsi qu'il suit :**

1° 50 F *(Montant et unité monétaire rempl. à compter du 1er janv. 2002, D. n. 2001-373, 27 avr. 2001, art. 1er, III et 7 : 7 €)* **pour les contraventions aux dispositions du Code de la route commises par les piétons ;**

2° 220 F (33 €) pour les autres contraventions de la 1re classe ;

3° 500 F (75 €) pour les contraventions de la 2e classe ;

4° 1 200 F (180 €) pour les contraventions de la 3e classe ;

5° 2 500 F (375 €) pour les contraventions de la 4e classe.

Art. R. 49-8 *(D. n. 95-457, 26 avr. 1995, art. 6).* **– L'officier du ministère public saisi d'une réclamation recevable informe sans délai le comptable direct du Trésor de l'annulation du titre exécutoire en ce qui concerne l'amende contestée.**

CHAPITRE II *ter*. – DISPOSITIONS APPLICABLES À CERTAINES INFRACTIONS À LA POLICE DES SERVICES PUBLICS DE TRANSPORTS TERRESTRES

(D. n. 2000-1136, 24 nov. 2000, art. 2)

Art. R. 49-8-1. – L'exploitant d'un service public de transport terrestre mentionné à l'article 529-3 qui entend faire agréer ses agents pour procéder au relevé d'identité des voyageurs dépourvus de titres réguliers de transport, prévu au II de l'article 529-4, doit :

I. – Assurer une formation de ses agents portant sur :

– les contrôles, vérifications et relevés d'identité ;

– les conditions de leur mise en œuvre ;

– les personnes habilitées à y procéder.

II. – Mettre en place les modalités d'une liaison permanente entre ses agents et les officiers de police judiciaire territorialement compétents, et doter ses agents de moyens de transmission leur permettant une communication immédiate avec ceux-ci.

Art. R. 49-8-2. – I. – L'exploitant d'un service public de transport terrestre soumet au représentant de l'Etat dans le département dans lequel il a son siège et à Paris, au préfet de police, un dossier décrivant les modalités de la formation et de l'organisation prévues à l'article R. 49-8-1.

Ce dossier comprend les renseignements suivants :

1° La dénomination de l'organisme ou de la personne dispensant la formation ;

2° Le contenu et la durée de la formation ;

3° La description des modalités de la liaison permanente mentionnée au II de l'article R. 49-8-1 ;

4° L'inventaire et la description des moyens de transmission dont sont dotés les agents.

II. – Le représentant de l'Etat dans le département et à Paris le préfet de police approuve par arrêté le contenu du dossier mentionné au I ci-dessus s'il estime que les dispositions qu'il prévoit garantissent le bon déroulement des relevés d'identité.

Art. R. 49-8-3. – I. – Le procureur de la République compétent pour délivrer l'agrément mentionné au premier alinéa du II de l'article 529-4 est le procureur près le tribunal de grande instance dans le ressort duquel est situé le siège de l'exploitant.

II. – Le procureur de la République se prononce au vu du dossier présenté par l'exploitant. Ce dossier comprend les renseignements suivants :

1° L'arrêté mentionné au II de l'article R. 49-8-2 ;

2° L'identité de l'agent concerné ;

3° La justification de la formation suivie par cet agent.

Art. R. 49-8-4. – L'agent justifie en cas de besoin de l'agrément mentionné au premier alinéa du II de l'article 529-4.

CHAPITRE II *quater*. – DISPOSITIONS APPLICABLES À CERTAINES INFRACTIONS AU CODE DE LA ROUTE

(D. n. 90-388, 10 mai 1990, art. 1er ; D. n. 2000-1136, 24 nov. 2000, art. 1er)

Art. R. 49-8-5 *(D. n. 2002-801, 3 mai 2002, art. 5)*. **– Les dispositions de l'article 529-7 du présent code relatives à l'amende forfaitaire minorée sont applicables aux contraventions des deuxième, troisième et quatrième classes mentionnées à l'article R. 48-1 à l'exception des contraventions réprimées par les articles R. 417-1 à R. 417-13 et R. 421-7 du code de la route relatives à l'arrêt et au stationnement dangereux, gênant ou abusif.**

Art. R. 49-9. – Le montant de l'amende forfaitaire minorée prévue par l'article R. 529-7 est fixé ainsi qu'il suit :

1° 150 F (22 €) pour les contraventions de la 2e classe ;

2° 300 F (45 €) pour les contraventions de la 3e classe ;

3° 600 F (90 €) pour les contraventions de la 4e classe.

Art. R. 49-10. – Un avis de contravention et une carte de paiement, dont le modèle est fixé par arrêté du garde des sceaux, ministre de la justice, sont remis au contrevenant au moment de la constatation de l'une des infractions prévues par *(D. n. 2002-801, 3 mai 2002, art. 6)* l'article R. 49-8-5.

L'avis mentionne le montant de l'amende forfaitaire minorée, le délai accordé pour la régler, la personne ou le service auprès duquel le paiement doit être effectué.

Il mentionne également la procédure applicable en cas de non-paiement de l'amende forfaitaire minorée, notamment le délai et les modalités de la requête prévue par le premier alinéa de l'article 529-2, le montant de l'amende forfaitaire dont le contrevenant doit s'acquitter ainsi que le montant de l'amende forfaitaire majorée qui sera due par le contrevenant en cas de non-paiement de l'amende forfaitaire ou à défaut de la présentation d'une requête dans les délais.

Lorsque les documents mentionnés aux alinéas précédents ne peuvent être remis au contrevenant, ils sont adressés au titulaire du certificat d'immatriculation.

Art. R. 49-11. – Le paiement de l'amende forfaitaire minorée est effectué en espèces ou par chèque entre les mains de l'agent verbalisateur. Celui-ci délivre immédiatement au contrevenant une quittance, dont le modèle est fixé par arrêté du ministre chargé du budget.

Si l'amende forfaitaire n'est pas acquittée dans les conditions prévues à l'alinéa ci-dessus, le paiement est effectué soit par l'apposition d'un timbre-amende sur la carte de paiement dûment remplie et renvoyée au service verbalisateur dans les délais prévus par l'article 529-8, soit par l'envoi dans ces mêmes délais au comptable du Trésor d'un chèque joint à la carte de paiement.

***(D. n. 95-457, 26 avr. 1995, art. 7)* Un arrêté du ministre du budget fixe les conditions dans lesquelles les amendes forfaitaires minorées peuvent être acquittées au moyen d'un chèque libellé à l'ordre du Trésor public.**

Art. R. 49-12. – Lorsque le contrevenant n'a pas réglé l'amende forfaitaire minorée, il est redevable de l'amende forfaitaire et les dispositions des articles R. 49, R. 49-3 à R. 49-8 lui sont applicables.

Art. R. 49-13. – Les contraventions au Code de la route prévues par *(D. n. 2002-801, 3 mai 2002, art. 7)* l'article R. 48-1 pour lesquelles l'amende forfaitaire minorée n'est pas applicable sont soumises aux dispositions des articles R. 49 à R. 49-8.

CHAPITRE III. – DE L'INSTRUCTION DÉFINITIVE DEVANT LE TRIBUNAL DE POLICE

(D. n. 83-1155, 23 déc. 1983, art. 2)

Art. R. 50 *(D. n. 83-1155, 23 déc. 1983, art. 2 ; D. n. 2002-801, 3 mai 2002, art. 9-I)*.. **– Dans le cas prévu par l'alinéa 2 de l'article 470-1, il est procédé comme il est dit à l'article R. 41-2.**

CHAPITRES IV À VI

Néant.

TITRE IV

Néant.

LIVRE TROISIÈME

Néant.

LIVRE QUATRIÈME

DE QUELQUES PROCÉDURES PARTICULIÈRES

TITRES PREMIER À XII

Néant.

TITRE XIII. – DE LA POURSUITE, DE L'INSTRUCTION ET DU JUGEMENT DES INFRACTIONS EN MATIÈRE ÉCONOMIQUE ET FINANCIÈRE

(D. n. 99-75, 5 févr. 1999)

Art. R. 50 *bis*. – Les assistants spécialisés prévus à l'article 706 sont nommés pour une durée de trois ans renouvelable.

Les fonctions d'assistant spécialisé sont exclusives de toute autre activité professionnelle rémunérée, à l'exception de l'enseignement.

Art. R. 50 *ter*. – Les personnes non fonctionnaires remplissant les conditions prévues au premier alinéa de l'article 706 sont recrutées en qualité d'agent contractuel. Le décret n. 86-83 du 17 janvier 1986 relatif aux dispositions générales applicables aux agents non titulaires de l'État leur est applicable.

Leur contrat comporte une période d'essai de trois mois.

Art. R. 50 *quater*. – L'arrêté de mise à disposition ou de détachement des fonctionnaires, ou le contrat des agents contractuels, précise la cour d'appel dans le ressort de laquelle l'assistant spécialisé exerce ses fonctions à titre principal.

Il peut prévoir que l'assistant spécialisé exercera également ses fonctions à titre accessoire dans le ressort d'autres cours d'appel.

Art. R. 50 *quinquies*. – Sous réserve des règles relatives à la mise à disposition et au détachement des fonctionnaires, l'assistant spécialisé relève de l'autorité des chefs de la cour d'appel visée à l'alinéa premier de l'article précédent.

Il est placé par ceux-ci, le cas échéant, pour une période qu'ils déterminent, auprès des chefs d'un tribunal de grande instance visé à l'article 704, qui fixent les conditions d'exercice de ses fonctions.

Dans l'exercice desdites fonctions, l'assistant spécialisé ne peut recevoir ni solliciter d'autres instructions que celles du ou des magistrats sous la direction desquels il est placé.

Art. R. 50 *sexies*. – Préalablement à l'exercice de son activité, l'assistant spécialisé prête serment en ces termes devant la cour d'appel visée à l'alinéa premier de l'article R. 50 *quater* : « Je jure de conserver le secret des informations sur les affaires judiciaires ainsi que sur les actes du parquet et des juridictions d'instruction et de jugement, dont j'aurai eu connaissance à l'occasion de mes travaux au sein des juridictions ».

Il ne peut en aucun cas être relevé de ce serment.

TITRE XIV. – DU RECOURS EN INDEMNITÉ OUVERT À CERTAINES VICTIMES DE DOMMAGES RÉSULTANT D'UNE INFRACTION (1)

(D. n. 77-194, 3 mars 1977, art. 2)

Art. R. 50-1 *(D. n. 83-1156, 23 déc. 1983, art. 2).* **– Tous les trois ans, au cours du dernier trimestre, l'assemblée générale des magistrats du siège du tribunal de grande instance désigne les membres titulaires de la commission prévue par l'article 706-4 ainsi que parmi ceux-ci, le magistrat qui en assure la présidence. Elle désigne également deux magistrats du siège suppléants ainsi que la personne susceptible de suppléer le troisième membre de la commission.**

Elle peut décider que la commission comportera plusieurs formations composées comme il est dit à l'alinéa précédent.

En cas d'empêchement ou de cessation de fonctions du président, la présidence de la commission est assurée par l'autre magistrat.

En cas d'empêchement ou de cessation de fonctions d'un des membres, la composition de la commission est complétée en faisant appel aux suppléants dans les conditions prévues par le présent article. Les fonctions du nouveau membre expirent à la date de renouvellement normal de la commission. Il est procédé au remplacement du membre suppléant par l'assemblée générale des magistrats du siège.

En cas d'urgence, s'il ne peut être fait immédiatement application des dispositions qui précèdent, le président du tribunal pourvoit provisoirement, par ordonnance, au remplacement du membre de la commission. Cette ordonnance ne peut produire effet au-delà de la prochaine assemblée générale.

Art. R. 50-1-1 *(D. n. 83-1156, 23 déc. 1983, art. 3).* **– Les personnes, autres que les magistrats en activité, qui souhaitent faire acte de candidature en qualité d'assesseurs à la commission d'indemnisation du tribunal de grande instance de leur lieu de résidence en font la demande auprès du président de ce tribunal avant le 30 avril de l'année au cours de laquelle doit être renouvelée la commission.**

Le président du tribunal procède ou fait procéder à toutes diligences utiles pour l'instruction de la demande. L'assemblée générale statue sur son rapport.

Avant de prendre leurs fonctions, les assesseurs désignés, titulaires et suppléants, prêtent serment devant le tribunal de bien et fidèlement remplir leur mission et de garder le secret des délibérations. Une indemnité horaire est allouée aux assesseurs qui siègent à la commission ; le montant et les modalités de versement de cette indemnité sont fixés par un arrêté conjoint du garde des sceaux, ministre de la justice, et du ministre chargé du budget.

Lorsqu'ils se sont abstenus, sans motif légitime, de déférer à trois convocations successives, les assesseurs peuvent être déclarés démissionnaires. En cas de faute grave entachant l'honneur ou la probité, ils sont déchus de leurs fonctions.

Les décisions prévues par l'alinéa précédent sont prises, à la demande du président de la commission ou du procureur de la République, par l'assemblée générale des magistrats du siège du tribunal ; en cas d'urgence, le président du tribunal peut, par ordonnance, prononcer une suspension provisoire. Cette ordonnance ne peut produire effet au-delà de la prochaine assemblée générale.

Art. R. 50-2 *(D. n. 77-194, 3 mars 1977, art. 2).* **– Le secrétariat de la commission est assuré par le greffier en chef ou par un secrétaire greffier** *(D. n. 83-1156, 23 déc. 1983, art. 4)* **« du tribunal de grande instance ».**

---

(1) Intitulé modifié par décret n. 83-1156 du 23 déc. 1983, art. 1er.

Art. R. 50-3 *(D. n. 77-194, 3 mars 1977, art. 2).* – **Le siège et le ressort de la commission sont les mêmes que ceux** *(D. n. 83-1156, 23 déc. 1983, art. 4)* **« du tribunal de grande instance ».**

Art. R. 50-4 *(D. n. 77-194, 3 mars 1977, art. 2).* – **La commission territorialement compétente est :**

Soit celle dans le ressort de laquelle demeure le demandeur ;

Soit, si une juridiction pénale a été saisie en France métropolitaine ou dans les départements d'outre-mer, celle dans le ressort de laquelle cette juridiction a son siège.

Le demandeur peut, à son choix, présenter sa requête devant l'une ou l'autre de ces deux commissions.

Art. R. 50-5 *(D. n. 77-194, 3 mars 1977, art. 2).* – **Si le demandeur ne demeure pas en France métropolitaine ou dans les départements d'outre-mer et si aucune juridiction pénale n'a été saisie dans ces départements ou en métropole, la commission compétente est celle** *(D. n. 83-1156, 23 déc. 1983, art. 4)* **du tribunal de grande instance de Paris.**

Art. R. 50-6 *(D. n. 77-194, 3 mars 1977, art. 2).* – **En cas de pluralité de demandeurs victimes d'une même infraction, la commission saisie par l'un d'entre eux peut être également saisie par les autres.**

Art. R. 50-7 *(D. n. 77-194, 3 mars 1977, art. 2).* – **L'admission au bénéfice de l'aide judiciaire devant la commission peut être accordée par le bureau établi près** *(D. n. 83-1156, 23 déc. 1983, art. 4)* **« le tribunal de grande instance ».**

La demande d'aide judiciaire interrompt les délais prévus aux articles 706-5 et 706-8.

Art. R. 50-8 *(D. n. 77-194, 3 mars 1977, art. 2).* – **La commission est saisie par une requête signée de la personne lésée, de son représentant légal ou de son conseil et remise, ou adressée par lettre recommandée, au secrétaire de la commission qui en délivre récépissé.**

Art. R. 50-9 *(Rempl. au 1er janv. 1991, D. n. 90-1211, 21 déc. 1990, art. 1er).* – **La requête contient tous renseignements utiles à l'instruction de la demande d'indemnité et notamment l'indication :**

1° Des nom, prénoms, date et lieu de naissance et demeure du demandeur ;

2° De la date, du lieu et des circonstances de l'infraction génératrice du dommage ;

3° Des atteintes à la personne du demandeur ou des dommages causés à ses biens ;

4° De la juridiction pénale éventuellement saisie de l'infraction ;

5° Des liens de parenté ou relations de droit ou de fait existant entre le demandeur et celui qui a personnellement souffert du dommage s'il ne s'agit pas de la même personne ;

6° Le cas échéant, des organismes publics ou privés dont relève le demandeur ou auprès desquels il est assuré et qui sont susceptibles de l'indemniser de tout ou partie du préjudice subi ;

7° Des demandes de réparation ou d'indemnité déjà présentées et, en particulier, des actions en dommages-intérêts qui ont été engagées ainsi que des sommes qui ont déjà été versées au demandeur en réparation du préjudice ;

8° Du montant de l'indemnité réclamée devant la commission ;

9° De l'adresse à laquelle les notifications doivent être faites au demandeur.

La requête est accompagnée de toutes pièces justificatives, notamment d'une copie du certificat médical initial et, le cas échéant, de toutes pièces attestant la consolidation, ainsi que de tout document permettant d'apprécier la perte ou la diminution des revenus, l'accroissement des charges ou l'inaptitude à exercer une activité professionnelle qui sont la conséquence du dommage.

Art. R. 50-10 *(Rempl. au 1er janv. 1991, D. n. 90-1211, 21 déc. 1990, art. 2).* – **Lorsque la demande d'indemnité est fondée sur l'article 706-14, la requête contient en outre :**

1° L'indication du montant des ressources du demandeur avec les justifications utiles, notamment une copie de la déclaration de ses revenus de l'année précédant l'infraction et de l'année précédant celle où la commission est saisie ou, s'il n'est pas imposable, un certificat de non-imposition et, le cas échéant, la liste de ses biens immobiliers ;

2° Les éléments desquels résulte l'impossibilité d'obtenir auprès des organismes publics ou privés dont relève le demandeur ou de toute autre personne morale ou physique la réparation effective et suffisante de son préjudice ;

3° La description de la situation matérielle grave dans laquelle il se trouve de ce fait.

Art. R. 50-11 *(D. n. 77-194, 3 mars 1977, art. 2).* **– S'il s'agit d'une requête en complément d'indemnité fondée sur l'article 706-8, elle doit être accompagnée d'une expédition de la décision, passée en force de chose jugée, qui a statué sur les intérêts civils.**

Art. R. 50-12 *(Rempl. au 1er janv. 1991, D. n. 90-1211, 21 déc. 1990, art. 3).* **– Le secrétaire de la commission transmet sans délai copie de la requête et des pièces annexes au procureur de la République près le tribunal de grande instance et, par lettre simple, au fonds de garantie des victimes des actes de terrorisme et d'autres infractions.**

Art. R. 50-13 *(D. n. 77-194, 3 mars 1977, art. 2 ; D. n. 83-1156, 23 déc. 1983, art. 7).* **– Le président de la commission ou le magistrat assesseur instruit l'affaire ; il peut procéder ou faire procéder à toutes auditions et investigations utiles.**

Toutefois, lorsqu'il est manifeste au vu des énonciations de la requête ou des pièces annexes que le demandeur ne remplit pas une des conditions prévues à l'article 706-3, il est procédé immédiatement comme il est dit aux articles R. 50-17 et suivants.

Art. R. 50-14 *(D. n. 77-194, 3 mars 1977, art. 2 ; D. n. 90-1211, 21 déc. 1990, art. 4).* **– Le demandeur ainsi que le fonds de garantie peuvent prendre connaissane du dossier au secrétariat de la commission et adresser toutes observations qu'ils estiment utiles à l'instruction de la demande d'indemnité.**

Le requérant et le fonds de garantie peuvent se faire délivrer, à leurs frais, par le secrétariat, copie des pièces du dossier. S'il s'agit de procès-verbaux constatant l'infraction ou de pièces de la procédure pénale, la délivrance ou l'envoi des copies est subordonné à l'autorisation du ministère public.

Art. R. 50-15 *(Rempl. au 1er janv. 1991, D. n. 90-1211, 21 déc. 1990, art. 5).* **– Lorsque le demandeur sollicite l'attribution d'une provision, le président de la commission communique sans délai la requête au procureur de la République et au fonds de garantie et recueille leurs observations. Le président statue dans le délai d'un mois à compter de la demande par une ordonnance portée à la connaissance du procureur de la République. Il est procédé comme il est dit à l'article R. 50-22.**

Art. R. 50-16 *(D. n. 77-194, 3 mars 1977, art. 2).* **– Lorsque l'affaire est instruite, le président de la commission fixe la date de l'audience.**

Art. R. 50-17 *(D. n. 77-194, 3 mars 1977, art. 2 ; D. n. 90-1211, 21 déc. 1990, art. 10).* **– Le secrétaire de la commission convoque au moins deux mois à l'avance le demandeur et le fonds de garantie à l'audience qui a été fixée. Cette convocation est faite par lettre recommandée avec demande d'avis de réception.**

Les parties sont informées dans la convocation que leurs observations doivent être adressées à la commission au plus tard quinze jours avant la date de l'audience mais qu'elles peuvent consulter le dossier au secrétariat jusqu'au jour de celle-ci.

Art. R. 50-18 *(D. n. 77-194, 3 mars 1977, art. 2 ; D. n. 83-1156, 23 déc. 1983, art. 9).* **– Le procureur de la République est informé de la date de l'audience et dépose ses conclusions quinze jours au moins avant cette date.**

Art. R. 50-19 *(D. n. 83-1156, 23 déc. 1983, art. 10 ; D. n. 90-1211, 21 déc. 1990, art. 10).* **– À l'audience, le magistrat qui a procédé à l'instruction de l'affaire fait son rapport ; le demandeur et le fonds de garantie, s'ils sont présents ou représentés, sont ensuite entendus.**

Le procureur de la République développe ses conclusions.

Art. R. 50-20 *(D. n. 77-194, 3 mars 1977, art. 2).* **– À l'audience, la commission, lorsqu'elle estime qu'il y a lieu de renvoyer l'affaire à une autre audience, fixe immédiatement la date de celle-ci. Les parties, lorsqu'elles ne sont ni présentes ni représentées, sont informées, par lettre recommandée avec demande d'avis de réception, de ce renvoi.**

Art. R. 50-21 *(D. n. 77-194, 3 mars 1977, art. 2).* **– Si la requête est rejetée, le demandeur est condamné aux dépens, à moins que la commission ne l'en décharge en partie ou en totalité.**

Art. R. 50-22 *(Rempl. au 1er janv. 1991, D. n. 90-1211, 21 déc. 1990, art. 6).* **– La décision de la commission est notifiée sans délai, par lettre recommandée avec demande d'avis de réception, au demandeur et au fonds de garantie.**

Art. R. 50-23 *(D. n. 83-1156, 23 déc. 1983, art. 12).* **– Les décisions de la commission et du président de la commission ne peuvent être frappées d'opposition.** *(D. n. 2002-801, 3 mai 2002, art. 9-II)* **Elles peuvent être frappées d'appel quel que soit le montant de la demande.**

Art. R. 50-24 *(Rempl. au 1er janv. 1991, D. n. 90-1211, 21 déc. 1990, art. 7).* **– Les sommes allouées à la victime en application des articles 706-3 à 706-14 sont versées par le fonds de garantie dans le délai d'un mois à compter de la notification de la décision de la commission ; avis du paiement est donné sans délai au président de la commission.**

Art. R. 50-25 *(Rempl. au 1er janv. 1991, D. n. 90-1211, 21 déc. 1990, art. 8).* **– Lorsque le fonds de garantie demande, en application de l'article 706-10, le remboursement total ou partiel de l'indemnité qu'il a versée, il saisit par simple requête la commission qui se prononce, les parties entendues ou appelées, dans les conditions prévues aux articles R. 50-17 et suivants.**

Art. R. 50-26 *(D. n. 77-194, 3 mars 1977, art. 2 ; D. n. 90-1211, 21 déc. 1990, art. 10).* **– Lorsque, postérieurement à l'attribution d'une provision ou d'une indemnité par une commission, des poursuites pénales sont engagées contre l'auteur présumé de l'infraction, le ministère public de la juridiction répressive saisie en informe le fonds de garantie.**

Art. R. 50-27 *(D. n. 77-194, 3 mars 1977, art. 2 ; D. n. 90-1211, 21 déc. 1990, art. 10).* **– La déclaration de la victime ou de ses ayants droit faite par application des dispositions de l'article 706-12 est communiquée par le greffier en chef ou le secrétaire-greffier de la juridiction saisie dans le délai de quinze jours, par lettre recommandée avec demande d'avis de réception. Cette communication est accompagnée des renseignements nécessaires à l'exercice de l'action prévue à l'article 706-11. La date de l'audience au cours de laquelle il sera statué sur les intérêts civils est notifiée au moins un mois à l'avance par le greffier en chef ou le secrétaire-greffier au fonds de garantie par lettre recommandée avec demande d'avis de réception. En cas de déclaration tardive, l'affaire doit être renvoyée à une audience ultérieure dont le fonds de garantie est informé dans le délai ci-dessus indiqué.**

Art. R. 50-28 *(D. n. 77-194, 3 mars 1977, art. 2 ; D. n. 90-1211, 21 déc. 1990, art. 9).* **– Les dispositions des articles 643 à 647 du nouveau Code de procédure civile s'appliquent aux délais d'un mois et de deux mois prévus aux articles R. 50-15 et R. 50-17.**

TITRE XV. – DILIGENCES INCOMBANT AU MINISTÈRE PUBLIC POUR L'APPLICATION DE L'ARTICLE 706-37

Art. R. 51. – L'information prévue par l'article 706-37 est effectuée par lettre recommandée avec demande d'avis de réception. Lorsqu'il ressort de l'accusé de réception que le destinataire est inconnu à l'adresse indiquée, la notification est effectuée par les services de police ou de gendarmerie.

La copie de la lettre recommandée ou le procès-verbal de police ou de gendarmerie est annexé à la procédure.

« Cette information n'est pas effectuée auprès des personnes qui font elles-mêmes l'objet des poursuites ».

Art. 51-1. – Dès l'engagement des poursuites, lorsque celles-ci concernent un établissement dont le propriétaire ou l'exploitant est immatriculé au registre du commerce et des sociétés, le ministère public adresse au greffier du tribunal du commerce dans le ressort duquel est situé l'établissement une réquisition afin que soient portées à ce registre les informations mentionnées à l'article 706-37.

Cette réquisition, établie en double exemplaire, précise :

– l'identité de l'exploitant du fonds de commerce : nom et prénoms pour les personnes physiques ou forme et dénomination sociales pour les personnes morales ;

– l'identité de la personne poursuivie s'il ne s'agit pas de l'exploitant du fonds de commerce, la nature, le fondement et la date des poursuites engagées ;

– l'activité et l'adresse de l'établissement concerné et, le cas échéant, le nom commercial et l'enseigne de celui-ci.

Dès réception de la réquisition, les mentions sont portées par le greffier au registre du commerce et des sociétés et, le cas échéant, aux registres sur lesquels sont inscrits les privilèges et les sûretés. L'un des exemplaires de la réquisition est conservé au greffe en annexe du registre du commerce et des sociétés, l'autre est retourné au ministère public après apposition par le greffier d'une mention certifiant l'accomplissement des formalités requises et la date à laquelle celles-ci ont été effectuées. Le greffier joint à cet envoi un extrait actualisé du registre du commerce et des sociétés et, le cas échéant, un relevé des sûretés inscrites.

Il est procédé dans les mêmes formes lorsqu'intervient la décision judiciaire définitive.

En cas de non-lieu ou de relaxe, le ministère public adresse au greffier, selon les modalités définies au deuxième alinéa, une réquisition aux fins de radiation des mentions prévues ci-dessus. Le greffier procède aux radiations requises, annexe au registre du commerce et des sociétés un exemplaire de la réquisition et adresse l'autre exemplaire au ministère public après y avoir apposé une mention certifiant l'accomplissement des formalités requises et la date à laquelle celles-ci ont été effectuées. Il joint à cet envoi un extrait actualisé du registre du commerce et des sociétés et, le cas échéant, un relevé des sûretés inscrites.

TITRE XIX. – DE LA PROCÉDURE APPLICABLE AUX INFRACTIONS DE NATURE SEXUELLE ET AUX MINEURS VICTIMES

(D. n. 99-818, 16 sept. 1999, art. 2)

CHAPITRE UNIQUE

SECTION I. – DE LA LISTE DES ADMINISTRATEURS *AD HOC*

Art. R. 53. – Il est dressé tous les quatre ans, dans le ressort de chaque cour d'appel, une liste sur laquelle sont inscrits les administrateurs *ad hoc*. Elle peut faire l'objet, en tant que de besoin, de mises à jour annuelles.

La liste des administrateurs *ad hoc* est tenue à la disposition du public dans les locaux du secrétariat-greffe de la cour d'appel et des tribunaux de grande instance. Elle peut également être affichée dans ces locaux.

Art. R. 53-1. – Une personne physique ne peut être inscrite sur la liste que si elle réunit les conditions suivantes :

1° Être âgée de trente ans au moins et de soixante-dix ans au plus ;

2° S'être signalée depuis un temps suffisant par l'intérêt qu'elle porte aux questions de l'enfance et par sa compétence ;

3° Avoir sa résidence dans le ressort de la cour d'appel ;

4° N'avoir pas été l'auteur de faits ayant donné lieu à condamnation pénale ou à sanction disciplinaire ou administrative pour agissements contraires à l'honneur, à la probité et aux bonnes mœurs ;

5° N'avoir pas été frappée de faillite personnelle ou d'une autre sanction en application du titre VI de la loi n. 85-98 du 25 janvier 1985 relative au redressement et à la liquidation judiciaires des entreprises.

Art. R. 53-2. – En vue de l'inscription d'une personne morale sur une liste d'administrateurs *ad hoc,* il doit être justifié :

1° Que les dirigeants de la personne morale remplissent les conditions prévues aux 4° et 5° de l'article précédent ;

2° Que chacune des personnes susceptibles d'exercer pour le compte de la personne morale une mission d'administrateur *ad hoc* remplit les conditions prévues audit article.

Art. R. 53-3. – Les demandes d'inscription sont adressées au procureur de la République près le tribunal de grande instance dans le ressort duquel le candidat a sa résidence. Le procureur instruit les demandes. Il recueille l'avis du juge d'instruction, du juge des tutelles et, le cas échéant, du juge des enfants.

Il transmet le dossier, pour avis de l'assemblée générale de la juridiction, au président du tribunal de grande instance.

Le procureur de la République transmet ensuite le dossier avec l'avis de l'assemblée générale du tribunal au procureur général qui en saisit le premier président de la cour d'appel aux fins d'examen par l'assemblée générale de la cour.

L'assemblée générale dresse la liste des administrateurs *ad hoc* après avoir entendu le magistrat chargé du rapport et le ministère public.

Art. R. 53-4. – Tous les quatre ans, les administrateurs *ad hoc* figurant sur la liste prévue à l'article R. 53 formulent une nouvelle demande d'inscription qui est instruite conformément aux dispositions de l'article R. 53-3. Ils justifient à cette occasion qu'ils ont respecté les obligations résultant des missions qui leur ont été confiées, et notamment celles qui figurent à l'article R. 53-8.

Art. R. 53-5. – La radiation d'un administrateur *ad hoc* peut être prononcée chaque année par l'assemblée générale de la cour d'appel, soit à la demande de l'intéressé, soit à l'initiative du premier président ou du procureur général, après que l'intéressé ait été mis à même de présenter ses observations, dès lors que l'une des conditions prévues aux articles R. 53-1 et R. 53-2 cesse d'être remplie ou que l'administrateur *ad hoc* n'a pas respecté les obligations résultant de sa mission.

En cas d'urgence, et après avoir mis l'intéressé en mesure de présenter ses observations, le premier président peut prononcer, à titre provisoire, la radiation de l'administrateur *ad hoc.*

La décision de radiation ne peut donner lieu qu'à un recours devant la Cour de cassation dans un délai d'un mois.

SECTION II. – DE LA DÉSIGNATION D'UN ADMINISTRATEUR *AD HOC*

Art. R. 53-6. – Lorsque, dans le ressort de la cour d'appel, il n'est pas possible de désigner l'une des personnes, figurant sur la liste prévue à l'article R. 53 ou que cette liste n'a pas encore été constituée, et qu'il ne peut être fait appel à l'une des personnes proches de l'enfant, la désignation d'un administrateur *ad hoc* en application de l'article 706-50 est faite, à titre provisoire et jusqu'à l'établissement ou la mise à jour annuelle de la liste, parmi les personnes physiques ou morales remplissant les conditions définies aux articles R. 53-1 et R. 53-2.

Art. R. 53-7. – La désignation d'un administrateur *ad hoc* en application des dispositions de l'article 706-50 est notifiée aux représentants légaux du mineur et peut être contestée par ces derniers par la voie de l'appel dans un délai de dix jours à compter de la notification. Cet appel n'est pas suspensif. Il est porté devant la chambre de l'instruction ou la chambe des appels correctionnels.

Art. R. 53-8. – Dans les trois mois de l'achèvement de sa mission, l'administrateur *ad hoc* transmet à l'autorité qui l'a désigné un rapport dans lequel sont détaillées les démarches effectuées pour l'exercice de la mission définie à l'article 706-50, et précisées, le cas échéant, les formalités accomplies en vue du placement des sommes perçues par le mineur à l'occasion de la procédure.

TITRE XX. – DU FICHIER NATIONAL AUTOMATISÉ DES EMPREINTES GÉNÉTIQUES ET DU SERVICE CENTRAL DE PRÉSERVATION DES PRÉLÈVEMENTS BIOLOGIQUES

(D. n. 2002–697, 30 avril 2002, art. 1er)

(V. Textes complémentaires – dispositions transitoires SS. R. 53-9)

Art. R. 53-9. – Le traitement, au moyen du fichier national automatisé des empreintes génétiques, des informations mentionnées au premier alinéa de l'article 706-54 est mis en œuvre par la direction centrale de la police judiciaire du ministère de l'Intérieur.

Ce fichier est placé sous le contrôle d'un magistrat du Parquet.

Art. R. 53-10. – Font l'objet d'un enregistrement au fichier :

1° Les résultats des analyses d'identification par empreintes génétiques des traces de matériel biologique issu de personnes inconnues, recueillies dans le cadre d'une enquête préliminaire, d'une enquête pour crime ou délit flagrant, ou d'une instruction préparatoire concernant l'une des infractions mentionnées à l'article 706- 55 *(D. n. 2002–697, 30 avril 2002, art. 2)* ;

2° Avec l'autorisation, selon le cas, du procureur de la République ou du procureur général, les résultats des analyses d'identification par empreintes génétiques des échantillons de matériel biologique prélevés dans le cadre d'une enquête préliminaire, d'une enquête pour crime ou délit flagrant, d'une instruction préparatoire ou de la procédure prévue à l'article R. 53-21 sur une personne définitivement condamnée pour l'une des infractions mentionnées à l'article 706-55 *(D. n. 2002–697, 30 avril 2002, art. 2)*.

Art. R. 53-11. – Les données enregistrées, visées au 1° de l'article R. 53-10, sont accompagnées des informations suivantes :

1° La nature de l'affaire et la référence de la procédure ;

2° Le service ayant procédé au prélèvement et à la mise sous scellé ;

3° Les lieu, date et numéro du scellé du prélèvement ;

4° Les nom et prénom de l'expert ayant procédé à l'analyse d'identification et la date de l'analyse ;

5° Les segments d'ADN analysés pour l'identification ;

6° Les rapprochements déjà effectués avec d'autres traces figurant au fichier.

Art. R. 53-12. – Les données enregistrées, visées au 2° de l'article R. 53-10, sont accompagnées des informations suivantes :

1° Les nom, prénoms, date et lieu de naissance, filiation et sexe du condamné ;

2° Les références de la transmission par laquelle le magistrat du ministère public a informé le responsable du fichier de l'autorisation d'enregistrement de l'empreinte génétique du condamné ;

3° La date à laquelle la condamnation est devenue définitive ;

4° Les lieu, date et numéro du scellé du prélèvement ;

5° Les nom et prénom de l'expert ayant procédé à l'analyse d'identification et la date de l'analyse ;

6° Les segments d'ADN analysés pour l'identification.

Art. R. 53-13. – Les analyses d'identification par empreintes génétiques ne peuvent porter, outre le segment correspondant au marqueur du sexe, que sur des segments d'ADN non codants.

Le nombre et la nature de ces segments d'ADN sont définis par arrêté du ministre de la Justice, du ministre de l'Intérieur et du ministre de la Défense pris après avis de la commission chargée d'agréer les personnes habilitées à effectuer des missions d'identification par empreintes génétiques dans le cadre des procédures judiciaires, prévue par l'article 1er du décret n. 97-109 du 6 février 1997 relatif aux conditions d'agrément des personnes habilitées à procéder à des identifications par empreintes génétiques dans le cadre d'une procédure judiciaire.

Art. R. 53-14. – Les informations enregistrées ne peuvent être conservées au-delà d'une durée de quarante ans, soit à compter de l'analyse d'identification lorsqu'il s'agit des résultats visés au 1° de l'article R. 53-10, soit, lorsqu'il s'agit des résultats visés au 2° du même article, à compter du jour où la condamnation est devenue définitive sans que cette durée puisse dépasser la date du quatre-vingtième anniversaire du condamné.

Art. R. 53-15. – Le droit d'accès prévu par l'article 34 de la loi n. 78-17 du 6 janvier 1978 modifiée relative à l'informatique, aux fichiers et aux libertés s'exerce auprès du directeur central de la police judiciaire au ministère de l'Intérieur.

Art. R. 53-16. – Le fichier national automatisé des empreintes génétiques est placé sous le contrôle d'un magistrat du Parquet hors hiérarchie, nommé pour trois ans par arrêté du garde des Sceaux, ministre de la Justice, et assisté par un comité composé de trois membres nommés dans les mêmes conditions.

Art. R. 53-17. – Le magistrat mentionné à l'article R. 53-16 et, à sa demande, les membres du comité prévu au même article disposent d'un accès permanent au fichier et au lieu où se trouve celui-ci.

L'autorité gestionnaire du fichier lui adresse un rapport annuel d'activité ainsi que, sur sa demande, toutes informations relatives au fichier.

Ce magistrat peut ordonner toutes mesures nécessaires à l'exercice de son contrôle, telles que saisies ou copies d'informations, ainsi que l'effacement d'enregistrements illicites.

Les pouvoirs qui lui sont confiés s'exercent sans préjudice du contrôle exercé par la Commission nationale de l'informatique et des libertés en application des dispositions et selon les modalités prévues par l'article 21 de la loi n. 78-17 du 6 janvier 1978 relative à l'informatique, aux fichiers et aux libertés.

Art. R. 53-18. – Les fonctionnaires de la sous-direction de la police technique et scientifique du ministère de l'Intérieur et les personnels de l'Institut de recherche criminelle de la gendarmerie nationale, spécialement affectés dans le service mettant en œuvre le traitement, et dûment habilités, pourront seuls, à la demande de l'autorité judiciaire ou des officiers de police judiciaire de la police nationale ou de la gendarmerie nationale, assurer l'alimentation du fichier, avoir accès aux informations enregistrées et procéder aux opérations de rapprochement.

Un dispositif permettant de retracer, par suivi informatique, la consultation du fichier sera mis en place par l'autorité gestionnaire de celui-ci.

Art. R. 53-19. – Le fichier national automatisé des empreintes génétiques ne peut faire l'objet d'aucune interconnexion ni de rapprochement ou de mise en relation avec un autre traitement automatisé d'informations nominatives, sous réserve des dispositions du deuxième alinéa de l'article R. 53-20.

Art. R. 53-20. – Sur décision du procureur de la République ou, en cours d'information, du juge d'instruction, les scellés contenant des échantillons de matériel biologique saisis dans le cadre d'une

enquête préliminaire, d'une enquête pour crime ou délit flagrant, ou d'une instruction préparatoire suivie pour l'une des infractions mentionnées à l'article 706-55 *(D. n. 2002–697, 30 avril 2002, art. 2)* et ayant fait l'objet d'un conditionnement normalisé, sont conservés, jusqu'à l'expiration des délais prévus par l'article R. 53-14, par le Service central de préservation des prélèvements biologiques de l'Institut de recherche criminelle de la gendarmerie nationale.

Dans les conditions prévues par la loi n. 78-17 du 6 janvier 1978 relative à l'informatique, aux fichiers et aux libertés, les informations transmises au Service central pourront faire l'objet d'un traitement informatisé. Celui-ci pourra, par dérogation à l'article R. 53-19, comporter un numéro d'ordre commun avec le fichier mentionné à l'article R. 53-9. Il ne pourra, en aucun cas, contenir des résultats d'analyses d'identification par empreintes génétiques.

Le magistrat mentionné à l'article R. 53-16 contrôle les conditions dans lesquelles fonctionne le service central de préservation des prélèvements biologiques. Il peut procéder à toute vérification sur place.

L'autorité responsable du Service lui adresse un rapport annuel d'activité ainsi que, sur sa demande, toutes informations relatives au fonctionnement du Service.

Art. R. 53-21. – Lorsqu'elle n'a pas été réalisée au cours de la procédure d'enquête, d'instruction ou de jugement, l'analyse d'identification par empreintes génétiques d'une personne définitivement condamnée pour l'une des infractions énumérées à l'article 706-55 *(D. n. 2002–697, 30 avril 2002, art. 2)* est ordonnée par le procureur de la République. Cette analyse est effectuée par un expert habilité conformément aux dispositions de l'article 16-12 du Code civil.

Cette analyse est ordonnée dans les six mois suivant la date à laquelle la condamnation est devenue définitive. Si, en raison de sa condamnation, la personne exécute une peine privative de liberté, un travail d'intérêt général, fait l'objet d'un sursis avec mise à l'épreuve ou se trouve placée sous le régime de la libération conditionnelle, l'analyse est ordonnée pendant la période d'exécution de peine ou le temps d'épreuve.

Le procureur de la République peut si nécessaire requérir un officier ou un agent de police judiciaire pour procéder ou faire procéder aux prélèvements destinés à l'analyse. Ceux-ci sont placés sous scellés. Lorsque l'analyse a été effectuée, ces scellés sont conservés par le Service central de préservation des prélèvements biologiques prévu par l'article R. 53-20.

LIVRE CINQUIÈME

DES PROCÉDURES D'EXÉCUTION

TITRE PREMIER. – DE L'APPLICATION DES PEINES

(D. n. 86-461, 14 mars 1986, art. 1er ; D. 99-818, 16 sept. 1999, art. 1er)

Art. R. 57-1 *(Inséré, D. n. 86-461, 14 mars 1986, art. 1er)*. **– Le premier président désigne, après avis de l'assemblée générale des magistrats du siège, un ou plusieurs conseillers chargés de suivre l'application des peines et de coordonner l'action des juges de l'application des peines dans le ressort de la cour d'appel.**

Il est mis fin à leurs fonctions et pourvu à leur remplacement dans les mêmes formes.

Art. R. 57-2 *(Inséré, D. n. 86-461, 14 mars 1986, art. 1er)*. **– Chaque année, le juge de l'application des peines adresse au ministre de la Justice un rapport sur l'application des peines dans son ressort. Ce rapport est également transmis au conseiller chargé de l'application des peines et au procureur général. En outre, le juge de l'application des peines le présente oralement à l'assemblée générale des magistrats du siège et du Parquet.**

Art. R. 57-3 *(Inséré, D. n. 66-461, 14 mars 1986, art. 1er)*. **– Le juge de l'application des peines est assisté par le comité de probation et d'assistance aux libérés.**

Art. R. 57-4 *(Inséré, D. n. 86-461, 14 mars 1986, art. 1er)*. **– En cas de nouvelle poursuite exercée contre un condamné placé sous son contrôle, le juge de l'application des peines en est avisé par le procureur de la République. Il communique à ce magistrat les renseignements qui lui paraissent utiles sur le comportement du condamné ; il lui donne notamment son avis sur l'opportunité de toute décision de modification ou de révocation de la mesure dont bénéficie le condamné, qui serait de la compétence de la juridiction de jugement.**

TITRE II. – DES CONDITIONS DE DÉTENTION

Art. R. 57-5. – Les personnes condamnées *(D. n. 99-571, 7 juill. 1999, art. 2)* **à un suivi socio-judiciaire, quel qu'en soit le motif, ainsi que les personnes condamnées pour le meurtre ou l'assassinat d'un mineur de quinze ans précédé ou accompagné d'un viol, de tortures ou d'actes de barbarie ou pour toute infraction visée aux articles 222-23 à 222-32 et 227-25 à 227-27 du Code pénal exécutent leur peine dans les établissements pénitentiaires permettant d'assurer un suivi médical et psychologique adapté. Ces établissements sont les suivants :**

1° Les établissements pénitentiaires sièges d'un service médico-psychologique régional ;

2° Les établissements pour peines dotés d'une unité fonctionnelle rattachée à un service médico-psychologique régional ;

3° Les établissements pénitentiaires dans lesquels intervient le secteur de psychiatrie générale en application des protocoles prévus par les articles R. 711-10 et R. 711-17 du Code de la santé publique ;

4° Les établissements pénitentiaires dans lesquels le suivi médical est régi par une convention passée dans le cadre de la loi n. 87-432 du 22 juin 1987 relative au service public pénitentiaire.

Art. R. 57-6. – **Les personnes mentionnées à l'article R. 57-5 sont signalées au psychiatre intervenant en milieu pénitentiaire par le chef d'établissement qui met en outre à la disposition de ce praticien un résumé de la situation pénale ainsi que les expertises psychologiques ou psychiatriques conservées dans le dossier individuel.**

Art. R. 57-7. – **Avant leur libération les personnes mentionnées à l'article R. 57-5 font l'objet d'un examen psychiatrique en vue de préparer, le cas échéant, une prise en charge post-pénale adaptée.**

Art. R. 57-8 *(D. n. 97-1188, 24 déc. 1997, art. 1)*. – **Le directeur régional des services pénitentiaires est compétent pour prendre les décisions administratives individuelles suivantes :**

1° Agrément des associations pour le compte desquelles les détenus peuvent être autorisés à travailler ;

2° Délivrance des autorisations de visiter ou de communiquer avec des détenus non nominativement désignés incarcérés dans les établissements pénitentiaires situés dans le ressort de sa direction régionale ;

3° Restitution de tout ou partie de la part disponible du compte nominatif d'un détenu réincarcéré après une évasion ;

4° Autorisation, pour un détenu, de se faire soigner par un médecin de son choix ;

5° Délivrance d'une autorisation de portée régionale d'effectuer des photographies, croquis, prises de vues ou enregistrements sonores se rapportant à la détention ;

6° Autorisation, pour une mère détenue avec son enfant, de le garder auprès d'elle au-delà de l'âge de dix-huit mois ;

7° Nomination des membres non fonctionnaires de la commission consultative devant émettre un avis sur la demande d'une mère détenue aux fins de garder auprès d'elle, son enfant, au-delà de la limite réglementaire ;

8° Habilitation des aumôniers assurant le service religieux dans les établissements pénitentiaires ;

9° Autorisation de sortie des écrits faits par un détenu en vue de leur publication ou divulgation sous quelque forme que ce soit ;

10° Délivrance d'une autorisation, pour un détenu, d'être hospitalisé dans un établissement de santé privé ;

11° Autorisation d'hospitalisation d'un détenu dans un établissement de santé situé dans le ressort de la direction régionale des services pénitentiaires.

Art. R. 57-9 *(D. n. 97-1188, 24 déc. 1997, art. 1)*. – **Le procureur général près la cour d'appel saisie de la procédure est compétent pour délivrer les permis de visiter des détenus écroués à la suite d'une demande d'extradition émanant d'un gouvernement étranger.**

TITRE III. – DU PLACEMENT SOUS SURVEILLANCE ÉLECTRONIQUE

(D. n. 2002-479, 3 avr. 2002, art. 2)

Art. R. 57-10. – **Le placement sous surveillance électronique par le juge des libertés et de la détention des personnes placées en détention provisoire ou par le juge de l'application des peines des personnes condamnées à une peine privative de liberté, prévu respectivement par les articles 144-2 et 723-7, s'effectue dans les conditions fixées par les dispositions du présent titre.**

CHAPITRE UNIQUE. – DISPOSITIONS GÉNÉRALES

SECTION I. – DISPOSITIONS CONCERNANT LE PROCÉDÉ PRÉVU PAR L'ARTICLE 723-8

Art. R. 57-11. – **Pour la mise en œuvre du procédé permettant le placement sous surveillance électronique prévu par l'article 723-8, la personne assignée porte un bracelet comportant un émetteur.**

Cet émetteur transmet des signaux à un récepteur placé au lieu d'assignation dont le boîtier envoie par l'intermédiaire d'une ligne téléphonique, à un centre de surveillance, relevant d'un ou plusieurs établissements pénitentiaires, des messages relatifs au fonctionnement du dispositif et à la présence de l'intéressé dans le lieu où il est assigné.

Le bracelet porté par la personne assignée est conçu de façon à ne pouvoir être enlevé par cette dernière sans que soit émis un signal d'alarme.

Art. R. 57-12. – Le procédé décrit à l'article R. 57-11 est homologué par arrêté du garde des sceaux, ministre de la justice.

SECTION II. – MESURES PRÉALABLES AU PLACEMENT SOUS SURVEILLANCE ÉLECTRONIQUE

Art. R. 57-13. – Lorsqu'il est saisi d'une demande de placement sous surveillance électronique ou lorsqu'il envisage de prononcer d'office une telle mesure, le juge des libertés et de la détention ou le juge de l'application des peines peut charger le service pénitentiaire d'insertion et de probation de s'assurer de la disponibilité du dispositif technique décrit à l'article R. 57-11 et de vérifier la situation familiale, matérielle et sociale de la personne condamnée ou prévenue, notamment aux fins de déterminer les horaires et les lieux d'assignation.

Art. R. 57-14. – Dans le cas prévu par le deuxième alinéa de l'article 723-7, l'accord écrit du propriétaire, ou du ou des titulaires du contrat de location des lieux où pourra être installé le récepteur, est recueilli par le service pénitentiaire d'insertion et de probation, sauf si cet accord figure déjà au dossier de la procédure.

Art. R. 57-15. – Le magistrat informe l'intéressé qu'il peut demander à tout moment qu'un médecin vérifie que la mise en œuvre du procédé décrit à l'article R. 57-11 ne présente pas d'inconvénient pour sa santé.

SECTION III. – DÉCISIONS DE PLACEMENT SOUS SURVEILLANCE ÉLECTRONIQUE, DE MODIFICATION OU DE RETRAIT DE LA MESURE

Art. R. 57-16. – Lorsqu'il décide de placer la personne sous surveillance électronique, le magistrat compétent lui notifie les périodes et les lieux d'assignation ainsi que les obligations résultant des dispositions de l'article R. 57-21 et, le cas échéant, les mesures prévues aux articles 132-43 à 132-46 du code pénal.

Il l'informe que dans les cas énumérés à l'article 723-13 il pourra retirer sa décision de placement sous surveillance électronique.

Il donne connaissance à la personne condamnée à une peine privative de liberté des dispositions des 2° et 4° de l'article 434-29 du code pénal.

Art. R. 57-17. – Lorsqu'il est fait application des dispositions de l'article 723-11, le magistrat compétent notifie à la personne assignée les modifications des conditions d'exécution du placement sous surveillance électronique ou des mesures de contrôle et les obligations particulières auxquelles elle est soumise.

Art. R. 57-18. – Pour la tenue du débat contradictoire prévu par le deuxième alinéa de l'article 723-13, l'avocat de la personne est convoqué sans délai et par tout moyen.

SECTION IV. – MISE EN ŒUVRE DU PLACEMENT SOUS SURVEILLANCE ÉLECTRONIQUE

Art. R. 57-19. – Le personnel de l'administration pénitentiaire assure la pose et la dépose du bracelet prévu à l'article R. 57-11.

Lorsque la décision de placement sous surveillance électronique est exécutoire, la mise en place du dispositif technique doit intervenir au plus tard, sous réserve de la disponibilité de ce dispositif, dans les cinq jours qui suivent la décision.

Art. R. 57-20. – La personne placée sous surveillance électronique est inscrite au registre d'écrou de l'un des établissements pénitentiaires dépendant du centre de surveillance.

Art. R. 57-21. – Le service pénitentiaire d'insertion et de probation de l'établissement mentionné à l'article R. 57-20 assure, le cas échéant, le contrôle et le suivi des mesures prévues aux articles 132-43 à 132-46 du code pénal et ordonnées par le juge des libertés ou de la détention ou le juge de l'application des peines.

Art. R. 57-22. – Le contrôle du respect des obligations de la personne assignée s'effectue par vérifications téléphoniques, visites au lieu d'assignation, convocations à l'établissement d'écrou ou, dans les cas prévus à l'article R. 57-21, au service pénitentiaire d'insertion et de probation.

TITRE IV. – DU SURSIS

CHAPITRE I

Néant.

CHAPITRE II. – DU SURSIS AVEC MISE À L'ÉPREUVE

Art. R. 58. – Le juge de l'application des peines dans le ressort duquel réside le condamné contrôle l'exécution des mesures et des obligations relatives au régime de la mise à l'épreuve.

Art. R. 59 *(Rempl., D. n. 86-461, 14 mars 1986, art. 2)*. – Le juge de l'application des peines convoque le condamné pour lui rappeler les mesures de surveillance auxquelles il est soumis ainsi que, le cas échéant, les obligations particulières imposées par la décision de condamnation.

Il lui notifie les obligations particulières qu'il ordonne. Il porte à sa connaissance les conditions dans lesquelles ces mesures et ces obligations seront appliquées et contrôlées.

L'accomplissement de ces formalités est constaté par procès-verbal dont copie est remise à l'intéressé, après émargement.

À compter du 1er sept. 1993, les mots : « les mesures de surveillance » sont remplacés par : « les mesures de contrôle » ; D. n. 93-726, 29 mars 1993.

Art. R. 60. – Lorsque le juge des enfants est compétent *(D. n. 77-193, 3 mars 1977, art. 3)* en vertu de l'article 744-2, il peut, s'il l'estime opportun, combiner les mesures prévues au présent chapitre avec celles qui sont définies aux articles 15 à 19, 27 et 28 de l'ordonnance n. 45-174 du 2 février 1945 modifiée relative à l'enfance délinquante.

Le délégué à la liberté surveillée désigné par ce magistrat exerce alors les fonctions d'agent de probation.

TITRE V. – DU SUIVI SOCIO-JUDICIAIRE

(D. n. 99-571, 7 juill. 1999)

CHAPITRE I. – DISPOSITIONS COMMUNES

Art. R. 61. – Le juge de l'application des peines mentionné à l'article 763-1 convoque la personne condamnée à un suivi socio-judiciaire pour lui rappeler les obligations auxquelles elle est soumise en application de la décision de condamnation et, le cas échéant, lui notifier les obligations complémentaires qu'il a ordonnées en application de l'article 763-3. Il porte à sa connaissance les conditions dans lesquelles le respect de ces obligations sera contrôlé. Il lui rappelle la durée du suivi socio-judiciaire ainsi que la durée maximum de l'emprisonnement encouru en application de l'article 131-36-1 du Code pénal en cas d'inobservation de ces obligations.

Lorsque, conformément aux dispositions de l'article 763-8, les dispositions du présent article sont mises en œuvre par le juge des enfants à l'égard d'un mineur, ce magistrat convoque également les titulaires de l'exercice de l'autorité parentale.

Si le condamné fait l'objet d'une injonction de soins, le juge lui indique le médecin coordonnateur qu'il a désigné. Il l'avise qu'il devra rencontrer ce médecin dans un délai qu'il fixe et qui ne peut être supérieur à un mois.

Le juge de l'application des peines informe le condamné dans les mêmes formes en cas de modification de ses obligations.

L'accomplissement de ces formalités est constaté par procès-verbal dont une copie est remise à l'intéressé après émargement.

Art. R. 61-1. – Lorsque le juge de l'application des peines procède au débat contradictoire prévu à l'article 763-5, il est dressé un procès-verbal d'audience, qui est signé par le juge de l'application des peines et par son greffier.

Si le juge de l'application des peines ordonne la mise à exécution de l'emprisonnement prévu par le troisième alinéa de l'article 131-36-1 du Code pénal, sa décision précise la durée de l'emprisonnement qui doit être subi. Une copie de la décision est remise au condamné, ainsi que, le cas échéant, à son avocat. Cette décision vaut ordre donné au chef de l'établissement pénitentiaire désigné de recevoir et de détenir le condamné.

Appel de cette décision peut être fait soit auprès du greffier du juge de l'application des peines selon les modalités prévues aux deux premiers alinéas de l'article 502, soit auprès du chef de l'établissement pénitentiaire selon les modalités prévues à l'article 503.

Art. R. 61-2. – Le juge de l'application des peines peut décider par ordonnance motivée qu'il soit mis fin à l'emprisonnement prévu au troisième alinéa de l'article 131-36-1 du Code pénal s'il lui apparaît que le condamné est en mesure de respecter les obligations du suivi socio-judiciaire. Seule la période d'emprisonnement effectivement accomplie est prise en compte pour l'application des dispositions du dernier alinéa de l'article 763-5.

Art. R. 61-3. – Un dossier individuel concernant la personne condamnée à un suivi socio-judiciaire est tenu par le greffier du juge de l'application des peines.

Ce dossier comprend des copies des documents issus de la procédure ayant abouti à la condamnation et qui sont nécessaires au suivi de la mesure.

Il comprend également les rapports établis et les décisions prises pendant le déroulement de la mesure et, le cas échéant, au cours de l'exécution de la peine privative de liberté.

CHAPITRE II. – DISPOSITIONS PARTICULIÈRES APPLICABLES AUX PERSONNES EXÉCUTANT UNE PEINE PRIVATIVE DE LIBERTÉ

Art. R. 61-4. – Lorsque le condamné est détenu, le rappel des obligations auxquelles il est soumis et qui est prévu au premier alinéa de l'article R. 61 est fait, dans les jours précédant sa libération, par le juge de l'application des peines sous le contrôle duquel le suivi socio-judiciaire doit être effectué.

Si le condamné décide de fixer, après sa libération, sa résidence habituelle dans le ressort d'un tribunal de grande instance autre que celui dans le ressort duquel est situé l'établissement pénitentiaire, le juge de l'application des peines du lieu de détention communique en temps utile au juge de l'application des peines compétent pour contrôler le suivi socio-judiciaire le dossier individuel mentionné à l'article R. 61-3.

Lorsque le détenu est mineur, le juge de l'application des peines avertit le juge des enfants de la date à laquelle sa libération devra intervenir, afin de permettre à ce magistrat de procéder, dans les jours précédant cette libération, au rappel des obligations auxquelles le condamné est soumis.

Art. R. 61-5. – Lorsque le suivi socio-judiciaire accompagne une peine privative de liberté, la période pendant laquelle le condamné se trouve en permission de sortir, ou est placé sous le régime de la semi-liberté ou fait l'objet d'un placement à l'extérieur ou d'un placement sous surveillance électronique ne s'impute pas sur la durée du suivi socio-judiciaire. Le juge de l'application des peines peut décider que les obligations résultant de l'injonction de soins ne seront pas applicables si leur mise en œuvre s'avère incompatible avec la mesure d'aménagement dont bénéficie l'intéressé, notamment en raison de la brièveté de la sortie de l'établissement pénitentiaire.

En cas de violation des obligations du suivi socio-judiciaire au cours d'une permission de sortir, d'un placement en semi-liberté, d'un placement à l'extérieur ou d'un placement sous surveillance électronique, les sanctions attachées à ces mesures d'aménagement sont prononcées en premier lieu, avant l'application éventuelle de la mesure d'emprisonnement prévue au premier alinéa de l'article 763-5.

Art. R. 61-6. – Une personne peut être soumise en même temps aux obligations d'un suivi socio-judiciaire et à celles d'un sursis avec mise à l'épreuve ou d'une libération conditionnelle.

TITRES VI ET VII

Néant.

TITRE VIII. – DU CASIER JUDICIAIRE (1)

CHAPITRE I. – DE L'ORGANISATION DES SERVICES DU CASIER JUDICIAIRE

Art. R. 62 *(D. n. 81-1003, 6 nov. 1981, art. 1er)*. **– Le service du casier judiciaire national automatisé est dirigé par un magistrat de l'administration centrale du ministère de la justice sous le contrôle et l'autorité du directeur des affaires criminelles et des grâces.**

Art. R. 63 *(D. n. 83-1003, 6 nov. 1981, art. 2)*. **– Le magistrat chargé du service du casier judiciaire national automatisé désigne nommément les personnes habilitées à traiter les informations destinées au casier judiciaire ainsi que celles qui peuvent accéder auxdites informations.**

Art. R. 64 *(D. n. 81-1003, 6 nov. 1981, art. 3 ; D. n. 94-167, 25 févr. 1994, art. 2)*. **– Le directeur de l'institut national de la statistique et des études économiques communique au service du casier judiciaire national automatisé les noms patronymiques, les prénoms, les date et lieu de naissance et le sexe des personnes âgées de plus de douze ans qui figurent au répertoire national d'identification ainsi que les modifications dont ces données auront éventuellement été l'objet.**

(1) Dispositions prises en application des articles 776 (3°) et 779 du Code de procédure pénale (1re partie, Législative). Le siège du casier judiciaire central a été fixé à Nantes (23, allées d'Orléans, 44035 Nantes Cedex) par arrêté du 17 février 1966 (*JO* 19 févr.). En aucun cas le numéro attribué par l'Institut national de la statistique et des études économiques pour servir de base aux vérifications d'identité n'est communiqué au service du casier judiciaire national automatisé.

Cette communication, effectuée sur support magnétique ou par téléinformatique, a lieu périodiquement, au moins une fois par an. Il peut y être procédé par plusieurs envois séparés.

Le service du casier judiciaire national automatisé ne peut utiliser l'extrait du répertoire national d'identification des personnes physiques qui lui est communiqué à des fins autres que la vérification de l'état civil des personnes dont le casier judiciaire est demandé.

CHAPITRE II. – DE L'ÉTABLISSEMENT DES FICHES DU CASIER JUDICIAIRE

Art. R. 65. – Une fiche de casier judiciaire est établie au nom de toute personne physique ou morale qui a été l'objet d'une des décisions énumérées aux articles 768 et 768-1.

Cette fiche est établie sur papier ou sur support magnétique.

Art. R. 66 *(D. n. 77-193, 3 mars 1977, art. 4)*. – « La fiche constatant l'une des décisions visées par les articles 768 (1° à 6°) et 768-1 (1° à 3°) est dressée par le greffier de la juridiction qui a statué dans les quinze jours qui suivent celui où la décision est devenue définitive si elle a été rendue contradictoirement ».

En cas de décision par défaut, le délai de quinzaine court du jour de la signification ; pour les arrêts de contumace, il court du jour de l'arrêt.

Lorsque les cours et tribunaux ont ordonné qu'il sera sursis à l'exécution de la peine, avec ou sans mise à l'épreuve, cette décision est mentionnée sur la fiche constatant la condamnation.

Art. R. 66-1 *(D. n. 81-1003, 6 nov. 1981, art. 5)*. – Les fiches sont adressées au service du casier judiciaire national automatisé soit sur un support papier, soit sous la forme d'un enregistrement magnétique, soit par téléinformatique.

Art. R. 67. – Les fiches constatant une décision disciplinaire d'une autorité administrative, qui entraîne ou édicte les incapacités, sont adressées *(D. n. 81-1003, 6 nov. 1981, art. 6)* « au service du casier judiciaire national automatisé » dès la réception de l'avis qui est donné dans le plus bref délai au procureur de la République ou au ministre de la justice par l'autorité qui a rendu la décision.

Les fiches relevant un arrêté d'expulsion sont dressées par le ministre de l'Intérieur ou les préfets des départements frontières et transmises *(D. n. 81-1003, 6 nov. 1981, art. 6)* « au service du casier judiciaire national automatisé ».

Art. R. 68 *(D. n. 81-1003, 6 nov. 1981, art. 7)*. – Les fiches du casier judiciaire national automatisé sont enregistrées sur un support magnétique.

Art. R. 69 *(D. n. 81-1003, 6 nov. 1981, art. 8 ; D. n. 94-167, 25 févr. 1994, art. 6)*. – « Le service du casier judiciaire national automatisé, dès qu'il est avisé, enregistre sur les fiches les mentions prescrites aux articles 769 et 769-1.

L'avis lui est adressé dans les plus brefs délais :

1° Pour les grâces, commutations ou réductions de peines, par le ministre de la justice ou par le directeur ou le surveillant-chef de l'établissement pénitentiaire agissant par l'intermédiaire du procureur de la République de la résidence de l'intéressé ».

2° Pour les décisions qui suspendent ou qui ordonnent l'exécution d'une condamnation, par le greffe de la juridiction ou par l'autorité qui les a rendues ;

3° Pour les arrêts portant réhabilitation, par le greffier de la juridiction qui a statué ;

4° Pour les décisions rapportant les arrêtés d'expulsion, par le ministre de l'Intérieur ;

5° *(D. n. 67-195, 10 mars 1967)* « Pour les dates de l'expiration des peines corporelles et l'exécution de la contrainte par corps ainsi que pour les arrêtés de mise en liberté conditionnelle, par les directeurs et surveillants-chefs des établissements pénitentiaires et par l'intermédiaire du procureur de la République de leur résidence ; pour les arrêtés supprimant les mesures d'assistance et de contrôle prévues par les arrêtés de libération conditionnelle et pour les arrêtés de révocation de liberté conditionnelle, par le ministre de la justice » ;

6° Pour le paiement de l'amende, par les trésoriers-payeurs généraux, les receveurs particuliers des finances et les percepteurs *(Mod., D. n. 86-750, 26 mai 1986, art. 1 et 3).*

7° *(D. n. 77-193, 3 mars 1977)* **Pour les décisions prononçant une peine ou une dispense de peine après ajournement du prononcé de la peine, par le greffier de la juridiction qui a statué.**

8° *(D. n. 81-1003, 6 nov. 1981)* **Pour les décisions prises en application des articles 132-21 du Code pénal, 702-1, 775-1 et 777-1 du Code de procédure pénale, par le greffier de la juridiction qui a statué.**

Les homologations de concordat sont également enregistrées d'après l'avis qui en est donné par le greffier de la juridiction qui a prononcé.

Ces avis peuvent être adressés au service du casier judiciaire national automatisé sous la forme d'un support magnétique ou par téléinformatique.

Art. R. 70 *(D. n. 81-1003, 6 nov. 1981, art. 90 ; D. n. 94-167, 25 févr. 1994, art. 7).* **– Les fiches du casier judiciaire national automatisé sont effacées dans les cas suivants :**

1° Au décès du titulaire de la fiche, établi notamment par la mention portée au registre de l'état civil des naissances en application de l'article 79 du Code civil ou, lorsque le décès ne serait pas parvenu à la connaissance du service du casier judiciaire national automatisé, quand le titulaire aurait atteint l'âge de cent ans ;

2° Lorsque la condamnation mentionnée sur la fiche a été entièrement effacée par l'amnistie, la réhabilitation ou lorsque les délais prévus à l'article 769 (alinéas 2 et 3) sont expirés ;

3° Lorsque l'intéressé a obtenu une décision de rectification du casier judiciaire, le retrait se fait, selon le cas, à la diligence du procureur général ou du procureur de la République près la judiction qui a statué ;

4° Lorsque le condamné purge sa contumace ou lorsqu'il a fait opposition à un jugement ou arrêt par défaut ou lorsque la Cour de cassation annule la décision par application des articles 620 ou 625, le retrait se fait sur ordre du procureur général ou du procureur de la République près la juridiction qui a rendu la décision devenue caduque ;

5° Lorsque le tribunal pour enfants a décidé la suppression de la fiche en application de l'article 770, le retrait se fait à la diligence du ministère public près le tribunal pour enfants qui a rendu cette décision.

Art. R. 71 *(D. n. 81-1003, 6 nov. 1981, art. 10).* **– Le service du casier judiciaire national automatisé enregistre les avis provenant des autorités étrangères concernant les personnes condamnées par une juridiction étrangère.**

Art. R. 72. – Pour les personnes nées dans les territoires d'outre-mer, les fiches prévues aux articles R. 65 et R. 67, alinéa 2, et les avis prévus aux articles R. 67, alinéa 1er, R. 69 et R. 71, sont transmis au procureur général ou au procureur de la République près la juridiction d'appel du territoire dans lequel est situé le lieu de naissance, qui les fait parvenir au greffe compétent.

CHAPITRE III. – DES COPIES DES FICHES DU CASIER JUDICIAIRE

Art. R. 73 *(D. n. 86-750, 26 mai 1986, art. 2 et 3).* **– Lorsque la communication d'avis de condamnation est prévue par des conventions internationales, les copies des fiches sont établies et transmises par le service du casier judiciaire national automatisé aux autorités prévues par ces conventions.**

Dans les ressorts des tribunaux de grande instance pour lesquels ne sont pas intervenus les décrets prévus par l'article 10 de la loi n. 80-2 du 4 janvier 1980, les copies des fiches sont adressées par le greffe au ministère de la justice en vue de leur transmission aux autorités compétentes.

Art. R. 74. – En cas de condamnation ou de décision de nature à modifier les conditions d'incorporation prononcée contre un individu soumis à l'obligation du service militaire, le greffier de la juridiction qui a prononcé la décision adresse une copie de la fiche à la direction du recrutement et de la statistique de la région militaire sur le territoire de laquelle il se trouve.

Lorsqu'il y a lieu d'apporter des modifications à la fiche, avis en est donné par l'autorité qui l'avait établie à la direction du recrutement et de la statistique de la région militaire sur le territoire de laquelle elle se trouve.

Art. R. 75 *(Rempl., D. n. 85-913, 29 août 1985, art. 1er et 10).* **– Le service du casier judiciaire national automatisé communique à l'Institut national de la statistique et des études économiques l'identité des personnes de nationalité française ayant fait l'objet d'une décision entraînant la privation des droits électoraux en précisant, pour chaque cas, la date à laquelle cette incapacité cessera d'avoir effet.**

Il informe l'Institut national de la statistique et des études économiques de toute modification ultérieure de la capacité électorale de ces personnes.

Pour l'application du présent article, les informations peuvent être communiquées sur support magnétique ou par téléinformatique.

Art. R. 75-1 *(D. n. 81-1003, 6 nov. 1981, art. 11).* **– Une copie de chaque fiche relative à une condamnation à une peine privative de liberté prononcée pour crime ou délit est adressée par le greffier de la juridiction qui a prononcé la condamnation au fichier central de la police nationale du ministère de l'intérieur en vue de son enregistrement sur le sommier de police technique.**

CHAPITRE IV. – DE LA DÉLIVRANCE DES BULLETINS N. 1 DU CASIER JUDICIAIRE

Art. R. 76 *(D. n. 81-1003, 6 nov. 1981, art. 12).* **– Le bulletin n. 1 est réclamé au magistrat chargé du casier judiciaire national automatisé par lettre, télégramme, télécopie, télétransmission ou support magnétique, indiquant l'état civil de la personne dont le bulletin est demandé, et précisant l'autorité judiciaire requérante.**

(D. n. 94-167, 25 févr. 1994, art. 9) **Si la personne dont le bulletin est demandé est une personne morale, la demande doit comporter l'indication de sa dénomination, de son immatriculation au Répertoire national des entreprises et des établissements et de son siège. Lorsque la personne morale n'est pas immatriculée, un justificatif de son identité doit être joint à la demande.**

(D. n. 60-897, 24 août 1960, art. 1er) **Sur instructions de l'autorité judiciaire requérante, le bulletin n. 1 est délivré en double exemplaire.**

Art. R. 77 *(D. n. 85-913, 29 août 1985, art. 2 et 10).* **– Avant d'établir le bulletin n. 1 d'une personne physique, le service chargé du casier judiciaire national automatisé vérifie l'identité de l'intéressé au moyen des informations communiquées par l'Institut national de la statistique et des études économiques en application de l'article R. 64. Si le résultat de cet examen s'avère négatif, il inscrit dans le corps du bulletin, à l'exclusion de toute autre mention, l'indication « Aucune identité applicable ».**

Si l'intéressé est né hors de la France métropolitaine, si son lieu de naissance est inconnu ou s'il est âgé de moins de douze ans, le service inscrit sur le bulletin n. 1 la mention « Identité non vérifiable par le service ».

Art. R. 77-1 *(D. n. 94-167, 25 févr. 1994, art. 10).* **– Avant d'établir le bulletin n. 1 d'une personne morale, le service chargé du casier judiciaire national automatisé vérifie l'immatriculation de celle-ci au moyen des informations détenues par l'Institut national de la statistique et des études économiques. Si le résultat de cet examen s'avère négatif, il inscrit dans le corps du bulletin, à l'exclusion de toute autre mention, l'indication « Aucune identité applicable ».**

Si la personne morale n'est pas immatriculée, le service inscrit sur le bulletin n. 1 la mention « Identité non vérifiable par le service ».

Art. R. 78. – S'il existe une ou plusieurs fiches du casier judiciaire, la teneur, ainsi que celle des mentions prévues à l'article 769, en est reproduite sur le bulletin n. 1.

Sinon, le bulletin n. 1 est revêtu de la mention : « néant ».

Art. R. 78-1 *(D. n. 81-1003, 6 nov. 1981, art. 14).* – Le bulletin n. 1 du casier judiciaire est adressé par lettre à l'autorité judiciaire requérante.

En cas d'urgence, cet envoi peut être effectué par télécopie.

CHAPITRE V. – DE LA DÉLIVRANCE DES BULLETINS N. 2 DU CASIER JUDICIAIRE

Art. R. 79. – Outre les cas prévus aux 1°, 2° et 4° de l'article 776, le bulletin n. 2 du casier judiciaire est délivré :

1° Aux administrations publiques de l'État chargées de la police des étrangers ;

2° À celles chargées des intérêts des anciens combattants, victimes de la guerre et pupilles de la nation ;

3° *(D. n. 81-1003, 6 nov. 1981, art. 15)* À celles qui sont chargées de l'assainissement des professions agricoles, commerciales, industrielles ou artisanales ;

4° À celles chargées de l'attribution de dommages de guerre et de prêts à la construction ;

5° À celles chargées de l'admission des candidatures à une représentation professionnelle ;

6° À celles saisies de demandes d'autorisation d'introduction en France d'un employé étranger du sexe féminin ;

7° Aux juges commis à la surveillance du registre du commerce à l'occasion des demandes d'inscription au registre spécial des agents commerciaux ;

8° *(D. n. 67-737, 23 août 1967, art. 1er)* Aux collectivités publiques locales, à la Société nationale des chemins de fer français, aux Charbonnages de France et houillères de bassin, à Électricité de France et Gaz de France, à la Banque de France, saisis de demandes d'emploi, de soumissions pour des adjudications de travaux ou de marchés publics, ou en vue de poursuites disciplinaires ;

9° *(D. n. 81-512, 12 mai 1981, art. 29)* Aux administrations publiques saisies de demandes d'autorisation ou de détention d'armes ou de munitions, ou de demandes d'autorisation d'importation, d'exportation, d'élaboration, de détention, de transfert, d'utilisation ou de transport de matières nucléaires définies à l'article 1er de la loi du 25 juillet 1980 ;

10° *(D. n. 79-697, 8 août 1979, art. 1er)* Aux conseils de l'ordre des médecins, des chirurgiens-dentistes, des sages-femmes et des pharmaciens saisis de demandes d'inscription au tableau ou de poursuites disciplinaires ;

11° *(D. n. 69-810, 19 août 1969, art. 188)* Aux commissions d'inscription sur la liste de commissaires aux comptes ;

12° *(D. n. 70-147, 19 févr. 1970, art. 69)* Aux commissaires du Gouvernement près les conseils de l'ordre des experts-comptables et comptables agréés saisis de demandes d'inscription ou de poursuites disciplinaires ;

13° *(D. n. 76-99, 28 janv. 1976, art. 1er)* À l'administration fiscale à l'occasion de la délivrance des certificats prévus à l'article 6 du décret n. 75-911 du 6 octobre 1975 relatif aux centres de gestion agréés ;

14° *(D. n. 76-858, 1er oct. 1979, art. 3)* Aux institutions mentionnées à l'article L. 351-2 du Code du travail ;

15° *(D. n. 80-237, 27 mars 1980, art. 1er)* Aux administrations publiques saisies de candidatures à un embarquement sur un navire français, et chargées du contrôle des conditions d'exercice de la profession de marin ;

16° *(Rempl., D. n. 85-913, 29 août 1985, art. 3-1 et 10)* Aux administrations publiques de l'État chargées de contrôler les déclarations des agences privées de recherche ou de délivrer l'autorisation d'exercer les activités de gardiennage, de surveillance, de transport de fonds ou de protection des personnes ;

(Compl., D. n. 85-913, 29 août 1985, art. 3-II et 10) ;

17° À l'administration auprès de laquelle est institué le comité prévu par l'article 46 du Code pénal ;

18° Aux administrations publiques de l'État chargées d'instruire les procédures de changement de nom, d'acquisition, de perte ou de déchéance de la nationalité française ;

19° Aux établissements mentionnés à l'article L. 792 du Code de la santé publique lorsqu'ils sont saisis d'une demande d'emploi ;

20° À la commission des opérations de bourse, en ce qui concerne les dirigeants d'entreprises faisant appel public à l'épargne lors de la nomination de ces dirigeants, lors d'une demande de visa formulée par ceux-ci ou du dépôt d'un document d'information en application de l'article 37 de la loi n. 83-1 du 3 janvier 1983 ;

21° À la commission des marchés à terme de marchandises en ce qui concerne les personnes physiques ou les dirigeants des personnes morales qui sollicitent l'agrément ou l'inscription prévus par les articles 31, 32 et 34 de la loi n. 83-610 du 8 juillet 1983, ainsi que les personnes qui font l'objet d'une procédure disciplinaire sur le fondement des articles 22, 29 ou 41 de cette loi ;

22° *(D. n. 87-604, 31 juill. 1987, art. 9)* À l'administration pénitentiaire au titre des autorisations, agréments, ou habilitations qu'elle est susceptible de délivrer aux personnes appelées à intervenir dans les établissements pénitentiaires ou pour le recrutement de ses personnels ;

23° *(D. n. 88-949, 6 oct. 1988, art. 13)* Aux juges des enfants à l'occasion de l'instruction des procédures d'habilitation des personnes physiques, établissements, services ou organismes publics ou privés auxquels l'autorité judiciaire confie habituellement des mineurs ainsi que dans le cadre du contrôle que les juges des enfants exercent sur les mêmes personnes, établissements, services ou organismes lorsqu'ils sont habilités.

Art. R. 80 *(D. n. 85-913, 29 août 1985, art. 4 et 10 ; D. n. 94-167, 25 févr. 1994, art. 11)*. – Le bulletin n. 2 est réclamé au service du casier judiciaire national automatisé par lettre, télégramme, télétransmission ou support magnétique avec l'indication de l'état civil de la personne dont le bulletin est demandé, de la qualité de l'autorité requérante ainsi que du motif de la demande.

Si la personne dont le bulletin est demandé est une personne morale, la demande doit comporter l'indication de sa dénomination, de son immatriculation au Répertoire national des entreprises et des établissements et de son siège. Lorsque la personne morale n'est pas immatriculée, un justificatif de son identité doit être joint à l'appui de la demande.

Art. R. 80-1 *(Inséré, D. n. 85-913, 29 août 1985, art. 5 et 10)*. – Les dispositions de l'article R. 77 sont applicables pour l'établissement du bulletin n. 2.

Art. R. 81 *(Al. 1er ab., n. 81-1003, 6 nov. 1981, art. 17)*. – S'il existe une ou plusieurs fiches du casier judiciaire autres que celles figurant aux articles 775 et 775-1 A, la teneur, ainsi que celle des mentions prévues à l'article 769, en est reproduite sur le bulletin n. 2.

Sinon, le bulletin n. 2 est revêtu de la mention : « néant ». *(D. n. 2000-479, 31 mai 2000, art. 1er)* Dans ce cas, la transmission prévue au troisième alinéa de l'article 779 peut être effectuée par téléinformatique.

CHAPITRE VI. – DE LA DÉLIVRANCE DES BULLETINS N. 3 DU CASIER JUDICIAIRE

Art. R. 82 *(D. n. 98-632, 23 juill. 1998, art 1er)*. – Le bulletin n. 3 ne peut être demandé au service du casier judiciaire national automatisé que par la personne qu'il concerne, ou son représentant légal s'il s'agit d'un mineur ou d'un majeur sous tutelle.

La demande, qui doit précisé l'état civile de l'intéressé, peut être faite par lettre ou par téléinformatique.

Toutefois, si le demandeur est né à l'étranger, si son lieu de naissance est inconnu ou s'il est âgé de moins de douze ans, la demande ne peut être faite que par lettre accompagnée d'un justificatif d'identité.

Le bulletin n. 3 peut également être obtenu si la personne qu'il concerne se présente au service du casier judiciaire national automatisé et justifie de son identité.

Art. R. 83 *(Inséré avec effet à compter du 1er sept. 1985, D. n. 85-913, 29 août 1985, art. 7 et 10).* – **La vérification d'identité prévue par l'article R. 77 doit être effectuée avant l'établissement du bulletin n. 3 des personnes nées en France. Si le résultat de cet examen s'avère négatif, le service du casier judiciaire national automatisé ne délivrera le bulletin n. 3 qu'au vu d'une fiche d'état civil.**

Art. R. 84. – Lorsqu'il n'existe pas au casier judiciaire de fiche ou lorsque les mentions que portent les fiches ne doivent pas être inscrites sur le bulletin n. 3, celui-ci est oblitéré par une barre transversale.

Lorsque l'examen des fiches révèle l'existence d'une des condamnations prévues à l'article 777, la teneur, avec indication de toutes les peines prononcées, en est reproduite sur le bulletin n. 3, ainsi que les mentions prévues à l'article 769 *(D. n. 81-1003, 6 nov. 1981, art. 20)* **« qui s'y rapportent ».**

(D. n. 98-632, 23 juill. 1998, art. 2) **Dans le cas prévu à l'alinéa précédent, la délivrance du bulletin est faite soit par remise en mains propres si le demandeur s'est présenté au service dans les conditions fixées au dernier alinéa de l'article R. 82, soit par lettre recommandée avec demande d'avis de réception.**

CHAPITRE VII. – DISPOSITIONS DIVERSES

Art. R. 85 *(D. n. 93-867, 28 juin 1993, art. 1er).* – **Les fiches et les copies des fiches relatives à des décisions judiciaires ainsi que les bulletins n. 1, sont payés sur les crédits affectés aux frais de justice.**

Les bulletins n. 1 du casier judiciaire sont délivrés gratuitement.

Art. R. 86 *(D. n. 70-520, 19 juin 1970, art. 1er).* – **Les bulletins n. 2 du casier judiciaire sont délivrés gratuitement.**

Art. R. 87 *(D. n. 78-62, 20 janv 1978, art. 9).* – **Les bulletins n. 3 du casier judiciaire sont délivrés gratuitement.**

Art. R. 88 *(D. n. 81-1003, 6 nov. 1981, art. 21).* – **« Le service du casier judiciaire national automatisé » est avisé, par les soins du procureur de la République ou du procureur général, des mandats d'arrêt et des jugements ou arrêts prononçant des condamnations à des peines privatives de liberté, contradictoires ou par défaut, qui n'ont pas été exécutés** *(D. n. 81-1003, 6 nov. 1981, art. 22).* **« Ces avis font l'objet d'un enregistrement au casier judiciaire ».**

Ils sont renvoyés avec toutes les indications utiles permettant l'exécution des mandats, jugements ou arrêts, par *(D. n. 81-1003, 6 nov. 1981, art. 21)* **« le service du casier judiciaire national automatisé », au procureur de la République près le tribunal, au procureur général près la cour d'appel ou au commissaire du gouvernement près le tribunal des forces armées dont ils émanent, lorsque les intéressés demandent un bulletin n. 3 ou qu'il a été demandé à leur sujet un bulletin n. 1 ou n. 2.**

En outre, les autorités militaires donnent avis *(D. n. 81-1003, 6 nov. 1981, art. 21)* **au service du casier judiciaire national automatisé des cas d'insoumission ou de désertion dont elles ont connaissance.** *(D. n. 81-1003, 6 nov. 1981, art. 22)* **« Ces avis font l'objet d'un enregistrement au casier judiciaire ». Ils sont renvoyés, avec toutes les indications utiles, aux autorités dont ils émanent, dans les circonstances prévues au deuxième alinéa.**

Art. R. 89. *– Abrogé, D. n. 85-913, 29 août 1985, art. 8 et 10.*

Art. R. 90 *(D. n. 74-560, 24 mai 1974, art. 2).* – **Les fiches du casier judiciaire, les copies de ces fiches destinées à l'échange international ou au recrutement de l'armée ainsi que les bulletins n. 1,**

n. 2 et n. 3 sont établis conformément aux modèles fixés par le garde des sceaux, ministre de la justice.

Les copies de fiches destinées à la vérification de la capacité électorale sont établies selon un modèle fixé par l'institut national de la statistique et des études économiques.

TITRES IX

Néant.

TITRE X. – DES FRAIS DE JUSTICE (1)

CHAPITRE I. – DISPOSITIONS PRÉLIMINAIRES

Art. R. 91 *(D. n. 93-867, 28 juin 1993, art. 2).* **– Le Trésor public paye les frais énumérés à l'article R. 92. Il fait l'avance de ceux énumérés à l'article R. 93 et poursuit le recouvrement des frais qui ne sont pas à la charge de l'État, le tout dans la forme et selon les règles établies par le présent titre.**

Art. R. 92 *(D. n. 88-600, 6 mai 1988, art. 1er ; D. n. 90-1211, 21 déc. 1990, art. 11 ; D. n. 92-1161, 4 nov. 1992 ; D. n. 93-867, 28 juin 1993, art. 3).* **– Les frais de justice criminelle, correctionnelle et de police sont :**

1° Les frais de translation des prévenus ou accusés, les frais de translation des condamnés pour se rendre au lieu où ils sont appelés en témoignage lorsque cette translation ne peut être effectuée par les voitures cellulaires du service pénitentiaire, les frais de transport des procédures et des pièces à conviction.

2° Les frais d'extradition des prévenus, accusés ou condamnés ; les frais de commission rogatoire et autres frais de procédure pénale en matière internationale.

3° *(D. n. 2001-71, 29 janv. 2001, art. 3)* **Les honoraires et indemnités qui peuvent être accordés aux personnes ci-après :**

***a)* Experts et traducteurs interprètes ;**

***b)* Personnes chargées des enquêtes sociales ou de personnalité ;**

***c)* Personnes contribuant au contrôle judiciaire ;**

***d)* Médiateurs du procureur de la République chargés d'une mission de médiation en application des dispositions du 5° de l'article 41-1 ;**

***e)* Délégués du procureur de la République chargés d'une des missions prévues par les 1° à 4° de l'article 41-1 ou intervenant au cours d'une composition pénale.**

4° Les indemnités qui peuvent être accordées aux témoins, aux jurés par application des articles R. 123 à R. 145 et aux parties civiles par application des articles 375-1 et 422.

5° *(D. n. 99-203, 18 mars 1999, art. 2)* **Les frais de saisie ou de mise sous séquestre ou en fourrière, ainsi que les frais en matière de scellés.**

6° Les frais d'enquête sociale et d'expertise engagés en matière d'exécution ou d'application des peines et en matière de grâces.

7° Les émoluments et indemnités alloués aux huissiers de justice.

8° Les frais de capture.

(1) Dispositions prises en application des articles 800 du Code de procédure pénale (1re partie, Législative).

9° Les dépenses diverses de reconstitution, d'exhumation ou de travaux techniques exposés pour l'instruction d'une affaire particulière et pour une enquête préliminaire ou de flagrant délit, à l'exclusion des dépenses de fonctionnement.

10° Les indemnités allouées aux magistrats et greffiers au cas de transport pour exercer un acte de leur fonction dans les cas prévus par la section VII du chapitre II du présent titre.

11° Les frais postaux et télégraphiques, le port des paquets pour une procédure pénale.

12° Les frais des procédures suivies en application des lois concernant l'enfance délinquante.

13° Les indemnités accordées aux victimes d'erreurs judiciaires ainsi que les frais de révision et les secours aux individus relaxés ou acquittés.

14° Les indemnités accordées en application des articles 149 et 150.

15° Les frais exposés devant les commissions prévues par l'article 705-4.

16° Les frais de copie, droits, redevances et émoluments, dus aux greffiers des tribunaux de commerce pour la délivrance des pièces à l'autorité judiciaire dans le cadre d'une procédure pénale.

17° Les frais et dépens mis à la charge du Trésor public en cas de décision juridictionnelle rectifiant ou interprétant une précédente décision en matière pénale.

18° *(D. n. 99-203, 18 mars 1999, art. 2-II)* **Les frais de recherche et de délivrance de reproductions de tous documents imprimés ;**

19° *(D. n. 99-203, 18 mars 1999, art. 2-II)* **Les frais de remise ou de mise en œuvre des conventions secrètes de moyens ou prestations de cryptologie engagés à la demande des autorités judiciaires par les organismes agréés mentionnés à l'article 28 de la loi n. 90-1170 du 29 décembre 1990 sur la réglementation des télécommunications ;**

20° *(D. n. 99-203, 18 mars 1999, art. 2-II)* **Les indemnités en vacations qui peuvent être accordées aux membres titulaires et suppléants de la formation de jugement de la Cour de justice de la République selon les modalités prévues au décret n° 95-692 du 9 mai 1995.**

21° *(D. n. 99-818, 16 sept. 1999, art. 3)* **Les frais des administrateurs *ad hoc* lorsqu'ils figurent sur la liste prévue à l'article R. 53 ou qu'il a été fait application des dispositions de l'article R. 53-6.**

22° *(D. n. 2001–1321, 27 déc. 2001, art. 1er)* **Les indemnités accordées en application de l'article 800-2.**

Art. R. 93 *(D. n. 88-600, 6 mai 1988, art. 1er ; D. n. 91-1266, 19 déc.1991, art. 162 ; D. n. 93-867, 28 juin 1993, art. 4 et 5)*. **– Sont, en outre, assimilées aux frais de justice criminelle, correctionnelle et de police, les dépenses qui résultent :**

1° Des procédures suivies en application des lois concernant la protection de l'enfance en danger.

2° De l'application de la législation sur le régime des aliénés.

3° Des procédures suivies en application de la législation en matière de tutelle des mineurs, de tutelle et curatelle des majeurs et de sauvegarde de justice.

4° Des frais exposés à la requête du ministère public lorsque celui-ci est partie principale ou partie jointe en matière civile, commerciale et prud'homale et des dépens qui peuvent être laissés à la charge du ministère public, lorsque celui-ci est partie principale en application de l'article 696 du Nouveau Code de procédure civile.

5° Des inscriptions hypothécaires requises par le ministère public.

6° Des avances faites en matière de règlement judiciaire ou de liquidation des biens dans les cas prévus à l'article 94 de la loi n. 67-553 du 13 juillet 1967, ainsi que des frais relatifs aux jugements de clôture pour insuffisance d'actif.

7° Des avances faites par le Trésor public en matière de redressement et de liquidation judiciaires des entreprises, en application de l'article 215 de la loi n. 85-98 du 25 janvier 1985.

8° Des frais de copie, droits, redevances et émoluments dus aux greffiers des tribunaux de commerce à l'occasion de toute procédure pour la délivrance des pièces à l'autorité judiciaire.

9° De la contribution versée par l'État au titre de l'aide juridictionnelle.

10° Des frais et dépens mis à la charge du Trésor public soit en application d'une disposition législative ou réglementaire, soit en cas de décision juridictionnelle rectifiant ou interprétant une précédente décision.

11° Des frais exposés devant la commission prévue par l'article 16-2.

12° Des enquêtes ordonnées en matière d'exercice de l'autorité parentale.

13° Des indemnités de transport et de séjour des magistrats, des greffiers et des secrétaires des juridictions de l'ordre judiciaire, sans préjudice des dispositions de l'article R. 92.

14° Des frais postaux des greffes des juridictions civiles nécessités par les actes et procédures ainsi que par l'envoi des bulletins de casier judiciaire.

15° Des actes faits d'office en matière de mesures conservatoires prises après l'ouverture d'une succession.

16° Des dispositions législatives ou réglementaires particulières prévoyant que l'avance doit être faite par le Trésor public.

17° *(Aj., D. n. 90-226, 13 mars 1990, art. 1er-I)* **Des frais d'interprète exposés dans le cadre du contentieux judiciaire relatif au maintien des étrangers dans les locaux ne relevant pas de l'administration pénitentiaire.**

18° *(D. n. 95-660, 9 mai 1995, art. 33)* **Des frais des mesures d'instruction prévues à l'alinéa L. 332-2 du Code de la consommation.**

19° *(D. n. 99-203, 18 mars 1999, art. 3)* **Les frais d'impression, d'insertion, de publication et de diffusion audiovisuelle des arrêts, jugements et ordonnances de justice en application de l'article 131-35 du Code pénal.**

20° *(D. n. 99-203, 18 mars 1999, art. 3)* **Les frais d'une immobilisation décidée en application du 5° de l'article 131-6 et du 2° de l'article 131-14 du Code pénal.**

21° *(D. 99-818, 16 sept. 1999, art. 8)* **Les frais des administrateurs *ad hoc* désignés en application des articles 388-2 et 389-3 du Code civil, lorsqu'ils figurent sur la liste prévue à l'article R. 53.**

CHAPITRE II. – TARIF DES FRAIS

SECTION I. – DES FRAIS DE TRANSLATION DES PERSONNES, DE TRANSPORT DES PROCÉDURES ET DES PIÈCES À CONVICTION

Art. R. 94. – Les prévenus ou accusés sont, en principe, transférés soit par chemin de fer, soit, à défaut, par service régulier de transport en commun ou en voiture sur la réquisition des autorités judiciaires.

Les individus qui doivent être conduits devant une cour ou un tribunal siégeant dans une ville autre que celle où ils sont détenus, pour entendre statuer soit sur l'opposition à un jugement ou arrêt, soit sur l'appel interjeté contre un jugement, sont transférés par les voitures cellulaires du service pénitentiaire, toutes les fois que ce mode de transfèrement est possible et qu'il n'y a pas urgence à opérer le transport.

Art. R. 95. – Le transport par chemin de fer doit, à moins de circonstances exceptionnelles, être effectué dans un compartiment réservé de 2e classe.

Art. R. 96. – La réquisition, soit à la compagnie de chemin de fer, soit au voiturier, doit être établie en deux exemplaires dont l'un est remis au greffier chargé de la liquidation des frais du procès et l'autre à la compagnie de chemin de fer ou au voiturier, pour qu'ils le produisent à l'appui de leur mémoire.

Art. R. 97 *(D. n. 67-62, 14 janv. 1967, art. 1er ; D. n. 70-72, 26 janv. 1970, art. 1er)*. **– Les prévenus ou accusés peuvent être, en cas de nécessité, transférés par des véhicules de la gendarmerie ou de la police.**

(D. n. 82-953, 10 nov. 1982, art. 1er) **Dans ce cas, une indemnité kilométrique, fixée chaque année par arrêté du garde des sceaux, ministre de la justice, et du ministre chargé du budget, est attribuée pour le trajet aller et retour parcouru. Son taux est uniforme quels que soient le type de véhicule utilisé et le nombre de personnes transportées.**

Art. R. 98. – Lorsque, dans le ressort d'une cour d'appel ou d'un tribunal de grande instance ou dans un département, il y a lieu de charger un entrepreneur général d'assurer le transport des prévenus ou accusés, le droit de passer le marché, conformément aux dispositions *(D. n. 2002-801, 3 mai 2002, art. 10-I)* du code des marchés publics, n'appartient qu'au ministre de la justice, qui peut déléguer ses pouvoirs aux procureurs généraux ou aux procureurs de la République, à charge par eux de soumettre à son approbation préalable le marché s'il est passé de gré à gré, ou ses clauses et conditions s'il a lieu avec concurrence et publicité.

Dans les localités où le service n'est pas assuré par un entrepreneur général, l'autorité requérante traite de gré à gré pour chaque transport avec un voiturier au mieux des intérêts du Trésor.

À défaut de voiturier acceptant le prix proposé, des réquisitions sont adressées au maire qui y pourvoit par les moyens dont il dispose.

Art. R. 99. – Les prévenus ou accusés peuvent se faire transporter par chemin de fer ou en voiture à leurs frais, en se soumettant aux mesures de précaution prescrites par le magistrat qui aura ordonné le transport ou par le chef d'escorte chargé de l'exécuter.

Art. R. 100. – Le transport des prévenus ou accusés dans l'intérieur de Paris ou dans sa banlieue, ainsi que dans les villes où cette mesure est rendue nécessaire par l'importance du service ou par l'éloignement de la prison, se fait, en principe, par voiture fermée et par un entrepreneur particulier, en vertu d'un marché passé conformément aux dispositions de l'article R. 98.

Une convention préalable détermine, s'il y a lieu, au moment de la conclusion de chaque marché, le montant des subventions qui seront allouées par la ville et par le département.

Art. R. 101. – Les procédures et les pièces à conviction sont confiées aux gendarmes ou aux agents chargés de la conduite des prévenus ou accusés.

Si, en ce cas, des frais exceptionnels ont dû être avancés par les agents chargés du transport, ceux-ci, pour en obtenir le remboursement, en portent le montant sur leur mémoire.

Si, à raison du poids ou du volume, les objets ne peuvent être transportés par les gendarmes ou agents, ils le sont, sur réquisition écrite du magistrat, soit par chemin de fer, soit par un entrepreneur, soit par toutes autres voies plus économiques, sauf les précautions convenables pour la sûreté desdits objets.

Art. R. 102. – Les aliments ou secours nécessaires aux personnes qui font l'objet du transport leur sont fournis dans les maisons d'arrêt.

Cette dépense n'est point considérée comme faisant partie des frais généraux de justice criminelle, correctionnelle et de police, elle est confondue dans la masse des dépenses ordinaires des maisons d'arrêt.

Dans les lieux où il n'y a point de maison d'arrêt, le maire assure la fourniture des aliments et autres objets, et le remboursement en est fait aux fournisseurs comme frais généraux de justice criminelle, correctionnelle et de police.

Si l'individu transféré tombe malade en cours de route et doit être placé dans un hôpital, les frais d'hospitalisation sont payés conformément aux lois et règlements sur l'aide sociale.

Art. R. 103. – Les dépenses que les gendarmes se trouvent obligés de faire en route leur sont remboursées comme frais de justice criminelle, correctionnelle et de police, sur leurs mémoires détaillés, auxquels ils joignent les ordres qu'ils ont reçus ainsi que les quittances particulières pour les dépenses de nature à être ainsi constatées.

Si les gendarmes n'ont pas de fonds suffisants pour faire ces avances, la somme présumée nécessaire leur est provisoirement allouée par le magistrat qui ordonne le transport.

Il est fait mention du montant de cette allocation provisoire sur l'ordre de transport.

Arrivés à destination, les gendarmes font régler définitivement leur mémoire par le magistrat devant lequel le prévenu doit comparaître.

Il est alloué aux gendarmes des frais d'escorte dans les conditions et conformément aux tarifs fixés par les règlements sur le service de la gendarmerie.

Art. R. 104. – Lorsqu'en conformité des dispositions du Code de procédure pénale sur le faux, et dans les cas prévus notamment aux articles 642 et 645, des pièces arguées de faux ou des pièces de comparaison doivent être remises au greffe par des dépositaires publics ou particuliers, le procureur de la République ou le juge d'instruction peut ordonner soit que le dépositaire se transportera en personne ou par mandataire au greffe du tribunal ou devant lui pour faire ce dépôt, soit que ce dépositaire les remettra à tel magistrat ou tel officier de police judiciaire qu'il désigne, lequel lui délivrera un double du procès-verbal constatant cette remise.

Lorsque le dépositaire ou son mandataire s'est transporté pour faire ce dépôt, il a droit à la taxe de comparution et aux indemnités de voyage et de séjour allouées aux témoins.

Art. R. 105 *(D. n. 93-867, 28 juin 1993, art. 6)*. **– Les frais de location de coffres destinés à mettre en sûreté les valeurs mobilières, bijoux et objets précieux sont payés par le régisseur nommé dans chaque secrétariat-greffe sur l'avance consentie par le comptable direct du Trésor.**

SECTION II. – HONORAIRES ET INDEMNITÉS DES EXPERTS, DES INTERPRÈTES ET DES PERSONNES CHARGÉES DES ENQUÊTES SOCIALES ET DE PERSONNALITÉ

§ 1. – Des experts

A. – Règles générales

Art. R. 106. – Les tarifs fixés par le présent titre, en ce qui concerne les frais d'expertise, doivent être appliqués en prenant pour base la résidence des experts.

Les frais de rédaction et de dépôt du rapport, ainsi que, le cas échéant, de la prestation de serment sont compris dans les indemnités fixées par ces tarifs.

*(D. n. 60-897, 24 août 1960, art. 1er)***Aucune indemnité n'est allouée pour la prestation de serment de l'expert devant la cour d'appel lors de sa première inscription ni, le cas échéant, lors d'une nouvelle inscription après radiation ou non-réinscription.**

Art. R. 107 *(D. n. 99-203, 18 mars 1999, art. 4)*. **– Lorsque le montant prévu de ses frais et honoraires dépasse 3 000 F** *(Montant et unité monétaire rempl. à compter du 1er janv. 2002, D. n. 2001-373, 27 avr. 2001, art. 2 et 7 : 460 €)*, **l'expert désigné doit, avant de commencer ses travaux, en informer la juridiction qui l'a commis.**

Sauf urgence, cette estimation est communiquée au ministère public qui présente ses observations dans le délai de cinq jours, après avoir fait procéder si nécessaire à des vérifications de toute nature sur les éléments de l'estimation présentée par l'expert.

S'il n'est pas tenu compte de ses observations, le ministère public peut saisir, par l'intermédiaire du procureur général, le président de la chambre de l'instruction, qui statue dans les huit jours par une décision qui ne peut faire l'objet de recours.

Art. R. 108. *– Abrogé, D. n. 74-88, 4 févr. 1974, art. 1er.*

Art. R. 109. – Les prix des opérations tarifées ou non tarifées peuvent être réduits en cas de retard dans l'accomplissement de la mission ou d'insuffisance du rapport.

Si le travail doit être refait, toute rémunération peut être refusée.

Art. R. 110 *(D. n. 72-436, 29 mai 1972, art. 1er)*. **– Lorsque les experts se déplacent, il leur est alloué, sur justification, une indemnité de transport qui est calculée ainsi qu'il suit :**

1° Si le voyage est fait par chemin de fer, l'indemnité est égale au prix d'un billet de première classe, tant à l'aller qu'au retour ;

2° Si le voyage est fait par un autre service de transport en commun, l'indemnité est égale au prix d'un voyage, d'après le tarif de ce service, tant à l'aller qu'au retour ;

3° *(D. n. 79-235, 19 mars 1979, art. 1er)* **Si le voyage n'est pas fait par l'un des moyens visés ci-dessus, l'indemnité est fixée selon les taux prévus pour les déplacements des personnels civils de l'État utilisant leur voiture personnelle ;**

4° Si le voyage est fait par mer, il est accordé, sur le vu du duplicata du billet de voyage délivré par la compagnie de navigation, le remboursement du prix de passage en 1re classe ordinaire, tant à l'aller qu'au retour ;

5° Si le voyage est fait par air, il est accordé, sur le vu du billet de voyage délivré par la compagnie aérienne, le remboursement du prix de passage sur la base du tarif de la classe la plus économique.

Les experts titulaires de permis de circulation ou jouissant, à titre personnel ou en raison de leur emploi, de réductions de tarifs n'ont pas droit au remboursement des frais de transport pour la partie correspondant à l'exonération dont ils bénéficient.

Les demandes de remboursement de frais de transport doivent être obligatoirement accompagnées d'une déclaration des intéressés certifiant qu'ils ne bénéficient pas, à quelque titre que ce soit, d'avantages de tarifs ou, dans le cas contraire, qu'ils ne bénéficient pas d'autres avantages que ceux dont il est fait état dans la demande.

Si le déplacement d'un expert chargé de plusieurs missions est opéré au cours de la même journée sur le territoire de plusieurs communes situées dans la même direction, le mémoire doit être établi d'après la distance de sa résidence à la commune la plus éloignée.

Art. R. 111 *(D. n. 72-436, 29 mai 1972, art. 1er)*. **– Il est alloué aux experts qui se déplacent une indemnité journalière de séjour calculée suivant la réglementation relative aux frais de déplacement des personnels civils de l'État.**

Pour le calcul de ces indemnités, les experts sont assimilés aux fonctionnaires du groupe I.

Art. R. 112 *(D. n. 72-436, 29 mai 1972, art. 1er)*. **– Lorsque les experts sont entendus soit devant les cours ou tribunaux, soit devant les magistrats instructeurs à l'occasion de la mission qui leur est confiée, il leur est alloué, outre leurs frais de déplacement et de séjour s'il y a lieu, une indemnité déterminée par la formule suivante : I = 20 + (S x 4), dans laquelle :**

I est le montant de l'indemnité forfaitaire exprimée en francs *(« en euros » à compter du 1er janv. 2002)* **;**

S le salaire minimum interprofessionnel de croissance tel qu'il est fixé au 1er janvier de l'année en cours.

Les experts qui justifient *(D. n. 99-203, 18 mars 1999, art. 5)* **d'une perte d'une partie du revenu tiré de leur activité professionnelle ont droit en outre, à une indemnité supplémentaire calculée suivant la formule I = S x D, dans laquelle :**

S est le salaire minimum interprofessionnel de croissance déterminé comme ci-dessus ; D est la durée horaire de comparution, celle-ci ne pouvant excéder huit heures par jour ouvrable.

Art. R. 113. – Lorsque les experts justifient qu'ils se sont trouvés par suite de circonstances indépendantes de leur volonté dans l'impossibilité de remplir leur mission, les magistrats commettants peuvent, par décision motivée soumise à l'agrément du président de la chambre de l'instruction, leur allouer une indemnité, outre leurs frais de transport, de séjour et autres débours s'il y a lieu.

Art. R. 114. – Les experts ont droit, sur la production de pièces justificatives, au remboursement des frais de transport des pièces à conviction et de tous autres débours reconnus indispensables.

Art. R. 115 *(D. n. 74-88, 4 févr. 1974, art. 1er)*. **– Les magistrats commettants peuvent autoriser les experts à percevoir au cours de la procédure des acomptes provisionnels soit lorsqu'ils ont fait des travaux d'une importance exceptionnelle, soit lorsqu'ils ont été dans la nécessité de faire des transports coûteux ou des avances personnelles.**

Toutefois, le montant total des acomptes ne pourra pas dépasser le tiers du montant des frais et honoraires prévu.

B. – Dispositions spéciales

a). – *Expertise en matière de fraudes commerciales*

Art. R. 116 *(D. n. 67-62, 14 janv. 1967, art. 1er).* **– Il est alloué à chaque expert désigné conformément aux lois et règlements sur la répression des fraudes en matière commerciale, pour l'analyse de chaque échantillon, y compris les frais de laboratoire :**

Pour le premier échantillon... 85 F (12,96 €).

Pour les échantillons suivants dans la même affaire... 47 F (7,17 €) (1)

b). – *Médecine légale*

Art. R. 116-1 *(D. n. 79-235, 19 mars 1979, art. 2).* **– Les tarifs d'honoraires correspondant aux actes d'expertise prévus par les articles R. 117 à R. 120 sont déterminés par référence aux tarifs conventionnels d'honoraires fixés en application** *(D. n. 2002-801, 3 mai 2002, art. 10-II)* **de l'article L. 162-15-2 du Code de la sécurité sociale et sont calculés, pour chacun de ces actes, d'après leur nature et leur valeur relative telles qu'elles résultent des cotations par lettres clés et coefficients mentionnées dans les articles suivants.**

Les articles R. 116-1 et R. 117 du Code de procédure pénale, qui énoncent que les médecins sont rémunérés par référence aux tarifs des conventions d'honoraires fixés par le Code de la sécurité sociale, ne prévoient pas de coefficient spécifique pour les visites médicales de nuit (Cass. crim., 5 oct. 1999 : *Bull.* 204).

Art. R. 117 *(D. n. 79-235, 19 mars 1979, art. 3).* **– Chaque médecin régulièrement requis ou commis reçoit à titre d'honoraires une somme calculée en fonction des cotations suivantes :**

1° ***a)*** **Pour une visite judiciaire comportant un ou plusieurs examens et le dépôt d'un rapport C 2,5 ;**

b) **Pour une visite judiciaire comportant un ou plusieurs examens d'une victime, la fixation des taux d'incapacité et le dépôt d'un rapport C 3,5 ;**

c) **Pour l'examen clinique et la prise de sang prévus aux articles R. 20 à R. 25 du Code des débits de boissons :**

– auxquels il est procédé entre 7 heures et 22 heures C 1,5

– auxquels il est procédé entre 22 heures et 7 heures C 1,5
(Plus une indemnité de 70 F [10,67 €]).

– auxquels il est procédé les dimanches et jours fériés C 1,5
(Plus une indemnité de 50 F [7,62 €]).

d) **Pour chaque examen prévu par l'article** *(D. n. 97-525, 26 mai 1997, art. 1)* **706-29 du Code de procédure pénale C 2 ;**

2° Pour un transport sur les lieux et description de cadavre C 2,5

Lorsque ces opérations sont effectuées par l'expert qui procède ultérieurement à l'autopsie C 1,5

3° Pour autopsie avant inhumation Cs 6

4° Pour autopsie après exhumation ou autopsie de cadavre en état de décomposition avancée Cs 10

5° Pour autopsie de cadavre de nouveau-né avant inhumation Cs 3

6° Pour autopsie de cadavre de nouveau-né après exhumation ou autopsie de cadavre de nouveau-né en état de décomposition avancée Cs 5

7° *(D. n. 99-203, 18 mars 1999, art. 6)* **Pour une expertise médico-psychologique comportant un ou plusieurs examens, pratiquée par un médecin ayant également la qualité de psychologue, intervenant en qualité d'expert unique : CNPSY 5 ;**

---

(1) Ce chiffre résulte du décret n. 81-70 du 28 janv. 1981, art. 2.

8° *(D. n. 99-203, 18 mars 1999, art. 6)* Pour la partie médicale de l'expertise médico-psychologique pratiquée par un médecin et un psychologue mentionnée au 2° de l'article R. 120-2 : C 3,5 ;

9° *(D. n. 99-203, 18 mars 1999, art. 6)* Pour une expertise psychiatrique comportant un ou plusieurs examens : CNPSY 6 ;

10° *(D. n. 99-203, 18 mars 1999, art. 6)* Pour une expertise psychiatrique comportant un ou plusieurs examens et concernant une personne poursuivie ou condamnée pour infraction sexuelle : CNPSY 6,5.

c). – *Toxicologie*

Art. R. 118 *(D. n. 79-235, 19 mars 1979, art. 4)*. **– Les analyses toxicologiques sont ainsi cotées, pour chaque expert, lorsque les dosages de plusieurs éléments ne peuvent être groupés en une seule opération :**

1° Pour recherche et dosage de l'alcool dans le sang : B 50 ;

(D. n. 97-525, 26 mai 1997, art. 2) **Et, en cas de recours à la chromatographie en phase gazeuse : B 120.**

2° Dosage de l'oxycarbonémie B 50

3° Dosage de l'oxyde de carbone dans l'atmosphère B 60

4° Dosage de la benzolémie B 70

5° Recherche et dosage du trichloréthylène et de l'acide trichloracétique B 70

6° Recherche et dosage d'un élément toxique dans les viscères B 220

7° Expertise toxicologique complète B 1 500

8° Recherche et dosage des amphétamines dans le sang ou les urines B 60

9° Recherche et dosage des stupéfiants dans le sang ou les urines B 150

d). – *Biologie*

Art. R. 119 *(D. n. 79-235, 19 mars 1979, art. 5)*. **– Il est alloué à chaque expert régulièrement requis ou commis : pour caractériser des produits biologiques, dans les cas simples, une somme calculée en fonction de la cotation B 50.**

e).– *Radiodiagnostic*

Art. R. 120 *(D. n. 79-235, 19 mars 1979, art. 6)*. **– Il est alloué à chaque médecin expert ou radiologiste qualifié, régulièrement requis ou commis :**

1° Lorsqu'il s'agit d'examen radiologique ou radioscopique d'une personne vivante, des honoraires calculés en fonction des cotations fixées dans la troisième partie de la nomenclature générale des actes professionnels des médecins Z.

2° Lorsqu'il s'agit de la localisation de corps étrangers dans un cadavre, des honoraires calculés en fonction de la cotation Z 20.

3° Lorsqu'il s'agit de la localisation de corps étrangers dans un cadavre putréfié, des honoraires calculés en fonction de la cotation Z 35.

f). – *Expertise mécanique*

Art. R. 120-1 *(D. n. 74-88, 4 févr. 1974, art. 1er)*. **– Il est alloué à chaque expert, pour une expertise mécanique complète portant sur un ou plusieurs véhicules automobiles, ordonnée par une juridiction siégeant à Paris ou dans les départements des Hauts-de-Seine, de la Seine-Saint-Denis ou du Val-de-Marne, à la suite d'accident de la circulation, à l'exclusion des examens simples ne portant que sur des organes déterminés du véhicule, et à l'exclusion de toute indemnité d'établissement de plans, prise de photographies et frais de séjour : « 330 F » (50,31 €) (1).**

(1) Ce chiffre résulte du décret n. 81-70, 28 janv. 1981, art. 3.

Pour une expertise ordonnée dans les mêmes conditions, par les juridictions des autres départements, à l'exclusion de toute indemnité autre que les indemnités de transport et de séjour : « 300 F » (45,73 €) (1).

g). – *Psychologie légale*

(D. n. 99-203, 18 mars 1999, art. 7)

Art. R. 120-2. – Il est alloué à chaque expert régulièrement requis ou commis :

1° Pour une expertise psychologique comportant un ou plusieurs examens : K 90 ;

2° Pour la partie psychologique d'une expertise médico-psychologique pratiquée par un médecin et un psychologue : K 90.

§ 2. – Des personnes chargées des enquêtes sociales et de personnalité ou contribuant au contrôle judiciaire ainsi que des médiateurs et des délégués du procureur de la République (1)

Art. R. 121 *(D. n. 92-1181, 4 nov. 1992, art. 2)*. **– En sus du remboursement de leurs frais de déplacement, calculés dans les conditions fixées pour les déplacements des fonctionnaires du groupe II, il est alloué aux personnes habilitées :**

1° Pour la vérification de la situation matérielle, familiale ou sociale des personnes faisant l'objet d'une enquête prévue par les articles 41 *(D. n. 2002-801, 3 mai 2002, art. 10-III-a)* **(alinéa 6) et 81 (alinéa 7) : 255 F (38,87 €) ;**

2° Pour l'enquête sur la personnalité des *(D. n. 2002-801, 3 mai 2002, art. 10-III-b)* **personnes mises en examen ainsi que sur leur situation matérielle, familiale ou sociale, prévue par l'article 81 (alinéa 6) : 480 F (73,18 €) ;**

3° *(supprimé, D. n. 2001-71, 29 janv. 2001, art. 5-1°).*

(D. n. 2001-71, 29 janv. 2001, art. 5-2°) **Lorsque la personne habilitée est une association qui a passé une convention avec le premier président et le procureur général de la cour d'appel dans le ressort de laquelle est situé son siège, l'indemnité prévue au 1° ci-dessus est portée à 420 F (64,03 €) et l'indemnité prévue au 2° à 1 000 F (152,45 €).**

Art. R. 121-1 *(Rempl., D. n. 88-600, 6 mai 1988, art. 3 et mod., D. n. 90-21, 4 janv. 1990, art. 2 ; D. n. 92-1181, 4 nov. 1992, art. 3)*. **– En sus du remboursement de leurs frais de déplacement, calculés dans les conditions fixées pour les déplacements des fonctionnaires du groupe II, il est alloué aux enquêteurs de personnalité et aux personnes physiques ou représentants des personnes morales mentionnées à l'article R. 16-2 (alinéa 1er) pour la mission de contrôle judiciaire exercée sur chaque** *(D. n. 2002-801, 3 mai 2002, art. 10-IV)* **personne mise en examen, en application du 6° de l'article 138 (alinéa 2) :**

340 F (51,83 €) lorsque la mission de contrôle judiciaire dure trois mois ou moins ;

725 F (110,53 €) lorsque la mission de contrôle judiciaire dure plus de trois mois sans excéder un an ;

1 000 F (152,45 €) lorsque la mission de contrôle judiciaire dure plus d'un an.

Lorsque cette mission est effectuée par une association qui a passé une convention avec le *(D. n. 97-1188, 24 déc. 1997, art. 18)* **premier président et le procureur général de la cour d'appel dans le ressort de laquelle est situé son siège social, l'indemnité allouée est portée respectivement à 1 000 F (152,45 €), 1 670 F (254,59 €) et 2 670 F (407,04 €).**

Art. R. 121-2. – *(D. n. 2001-71, 29 janv. 2001, art. 6)* **En sus du remboursement de leurs frais de déplacement, calculés dans les conditions fixées pour les déplacements des fonctionnaires du groupe II, il est alloué aux délégués et aux médiateurs du procureur de la République :**

(1) Intitulé du présent paragraphe modifié par l'art. 2 du décret n. 70-1223, 23 déc. 1970 et par l'art. 4 du décret n. 2001-71, 29 janv. 2001.

1° Pour une mission tendant à procéder au rappel des obligations résultant de la loi en application des dispositions du 1° de l'article 41-1 : 50 F (7,62 €) ;

2° Pour une mission tendant à favoriser la réparation du dommage, la régularisation d'une situation ou l'orientation vers une structure sanitaire, sociale ou professionnelle en application des dispositions des 2°, 3° et 4° de l'article 41-1 : 100 F (15,24 €) ;

3° Pour une mission de médiation en application des dispositions du 5° de l'article 41-1 : 255 F (38,87 €) ;

4° Pour une composition pénale :

***a)* Pour la notification des mesures proposées et le recueil de l'accord de la personne : 100 F (15,24 €) ;**

***b)* Pour le contrôle de l'exécution des mesures décidées : 50 F (7,62 €) lorsqu'il s'agit des mesures prévues aux 1°, 2° ou 3° de l'article 41-2 ; 100 F (15,24 €) lorsqu'est également décidée la mesure prévue au 4° de l'article 41-2 ou celle prévue au sixième alinéa de cet article.**

Lorsque la personne habilitée est une association qui a passé une convention avec le premier président et le procureur général de la cour d'appel dans le ressort de laquelle est situé son siège, l'indemnité prévue au 1° est portée à 75 F (11,43 €), l'indemnité prévue au 2° à 200 F (30,49 €), l'indemnité prévue au 3° est portée à 500 F (76,22 €) lorsque la durée de la mission est inférieure ou égale à un mois, 1 000 F (152,45 €) lorsque cette durée est supérieure à un mois et inférieure ou égale à trois mois et 2 000 F (304,90 €) lorsqu'elle est supérieure à trois mois, et les indemnités prévues au 4° sont respectivement portées à 200 F (30,49 €), 100 F (15,24 €), et 200 F (30,49 €).

Lorsque les mesures prévues au 1° et 3° ci-dessus concernent un mineur, le délégué ou le Médiateur du procureur qui doit procéder à l'audition des responsables légaux du mineur se voit allouer une indemnité supplémentaire de 50 F (7,62 €).

§ 3. – Des interprètes traducteurs

Art. R. 122 *(D. n. 74-88, 4 févr. 1974, art. 1er)*. **– Les traductions par écrit sont payées « 73 F » (11,13 €) (1) la page de texte français.**

Lorsque les interprètes traducteurs sont appelés devant le procureur de la République, les officiers de police judiciaire ou leurs auxiliaires, devant les juges d'instruction ou devant les juridictions répressives pour faire les traductions orales, il leur est alloué :

1° Pour la première heure de présence, qui est toujours due en entier :

À Paris et dans les départements des Hauts-de-Seine, de la Seine-Saint-Denis et du Val-de-Marne « 97 F » (14,79 €) (1) ;

Dans les autres départements « 87 F » (13,26 €) (1).

2° Par demi-heure supplémentaire, due en entier dès qu'elle est commencée « 48 F » (7,32 €) (1) ou « 44 F » (6,71 €)(1) suivant la distinction ci-dessus.

Les sommes fixées par le présent article sont majorées de 25 % lorsque la traduction porte sur une langue autre que l'anglais, l'allemand, l'espagnol ou l'italien.

Les interprètes traducteurs ont droit aux indemnités de voyage et de séjour prévues aux articles R. 110 et R. 111.

SECTION III. – DES INDEMNITÉS QUI PEUVENT ÊTRE ACCORDÉES AUX TÉMOINS ET AUX JURÉS

§ 1. – Des témoins

A. – Règles générales

Art. R. 123 *(D. n. 74-88, 4 févr. 1974, art. 1er)*. **– Il peut être accordé aux témoins, s'ils le requièrent :**

(1) Ce chiffre résulte du décret n. 99-203, 18 mars 1999, art. 8.

1. Une indemnité de comparution ;
2. Des frais de voyage ;
3. Une indemnité journalière de séjour.

Art. R. 124 *(D. n. 93-867, 28 juin 1993, art. 7)*. – Les indemnités accordées aux témoins ne sont payées par le Trésor qu'en tant qu'ils ont été cités ou appelés soit à la requête du ministère public, soit en vertu d'une ordonnance rendue d'office dans les cas prévus aux articles 283 et 310 *(D. n. 99-203, 18 mars 1999, art. 9)*.

Art. R. 125. – Les témoins cités ou appelés à la requête soit des accusés, soit des parties civiles, reçoivent les indemnités ci-dessus mentionnées.

Elles leur sont payées par ceux qui les ont appelés en témoignage.

Art. R. 126. – *Abrogé, D. n. 72-436, 29 mai 1972, art. 2.*

Art. R. 127. – Les militaires des armées de terre, de mer et de l'air, en activité de service, lorsqu'ils sont appelés en témoignage, n'ont droit à aucune taxe ni à aucune indemnité payables sur les fonds de justice criminelle, correctionnelle et de police, pour frais de voyage et de séjour, à moins qu'ils ne soient cités au lieu de leur domicile, pendant qu'ils sont en congé ou en permission, et qu'à la date de leur comparution ce congé ou cette permission soit encore en cours.

Art. R. 128. – Les magistrats sont tenus d'énoncer, dans les mandats qu'ils délivrent au profit des témoins, *(D. n. 88-600, 6 mai 1988, art. 4)* « que l'allocation des indemnités prévues à l'article R. 123 a été requise ».

B. – Indemnités de comparution

Art. R. 129 *(D. n. 72-436, 29 mai 1972, art. 1er)*. – Les témoins âgés de seize ans ou plus, appelés à déposer soit à l'instruction, soit devant les cours et tribunaux statuant en matière criminelle, correctionnelle ou de police reçoivent une indemnité de comparution déterminée par la formule suivante : I = 10 + (S x 4), dans laquelle :

I est le montant de l'indemnité forfaitaire exprimée en francs (euros) ;

S le salaire minimum interprofessionnel de croissance tel qu'il est fixé au 1er janvier de l'année en cours.

Les témoins qui justifient d'une *(D. n. 99-203, 18 mars 1999, art. 5)* perte d'une partie du revenu tiré de leur activité professionnelle ont droit, en outre, à une indemnité supplémentaire calculée suivant la formule I = S x D, dans laquelle :

S est le salaire minimum interprofessionnel de croissance déterminé comme ci-dessus ;

D la durée horaire de comparution, celle-ci ne pouvant excéder huit heures par jour ouvrable.

Art. R. 130. – Lorsque les enfants de moins de seize ans, appelés en témoignage dans les conditions prévues à l'article précédent, sont accompagnés par une personne sous l'autorité de laquelle ils se trouvent ou par son délégué, cette personne a droit à l'indemnité prévue à l'article précédent *(D. n. 99-818, 16 sept. 1999, art. 4)* sauf lorsqu'elle a été désignée, en qualité d'administrateur *ad hoc* et qu'elle figure sur la liste prévue à l'article R. 53 ou qu'il a été fait application des dispositions de l'article R. 53-6.

Art. R. 131. – Lorsqu'il est constaté qu'un témoin, en raison de ses infirmités, a dû être accompagné par un tiers, celui-ci a droit à l'indemnité prévue aux articles R. 129 et R. 130.

Art. R. 132. – Tout témoin a droit à l'indemnité prévue aux articles R. 129, R. 130 et R. 131 alors même qu'il lui est alloué une indemnité pour frais de voyage et de séjour.

C. – Frais de voyage et de séjour (1)

Art. R. 133 *(D. n. 72-436, 29 mai 1972, art. 1er).* – **Lorsque les témoins se déplacent, il leur est alloué sur justification une indemnité de transport qui est calculée ainsi qu'il suit :**

1° Si le voyage est fait par chemin de fer, l'indemnité est égale au prix d'un billet de deuxième classe tant à l'aller qu'au retour ;

2° Si le voyage est fait par un autre service de transport en commun, l'indemnité est égale au prix d'un voyage, d'après le tarif de ce service, tant à l'aller qu'au retour ;

3° Si le voyage n'est pas fait par l'un des moyens visés ci-dessus, l'indemnité est fixée à 0,38 F (0,06 €) par kilomètre parcouru, tant à l'aller qu'au retour ;

4° Si le voyage est fait par mer, il est accordé, sur le vu du duplicata du billet de voyage délivré par la compagnie de navigation, le remboursement du prix de passage en deuxième classe tant à l'aller qu'au retour ;

5° Si le voyage est fait par air, il est accordé sur le vu du billet de voyage délivré par la compagnie aérienne le remboursement du prix de passage sur la base du tarif de la classe la plus économique.

Les témoins, titulaires de permis de circulation ou jouissant à titre personnel ou en raison de leur emploi, de réductions de tarifs n'ont pas droit au remboursement des frais de transport pour la partie correspondant à l'exonération dont ils bénéficient. Les demandes de remboursement des frais de transport doivent être obligatoirement accompagnées d'une déclaration des intéressés certifiant qu'ils ne bénéficient pas, à quelque titre que ce soit, d'avantages de tarifs ou, dans le cas contraire, qu'ils ne bénéficient pas d'autres avantages que ceux dont il est fait état dans la demande.

Art. R. 134 *(D. n. 74-88, 4 févr. 1974, art. 1er).* – **Lorsqu'un témoin se trouve hors d'état de subvenir aux frais de son déplacement, il lui est délivré, s'il le requiert et sur présentation d'une ordonnance rendue par le président du tribunal d'instance de sa résidence, un acompte sur l'indemnité qui lui sera due.**

Cet acompte peut être égal au prix d'un billet aller et retour quand le voyage s'effectue par un service de transport qui délivre des billets d'aller et retour payables intégralement au moment du départ ; dans les autres cas, il ne doit pas excéder la moitié du montant de l'indemnité.

(D. n. 83-455, 2 juin 1983, art. 10) **Le régisseur d'avances qui paie cet acompte en fait mention en marge ou au bas soit de la copie de la citation, soit de l'avertissement remis au témoin.**

Art. R. 135 *(D. n. 72-436, 29 mai 1972, art. 1er).* – **Les témoins retenus en dehors de leur résidence par l'accomplissement de leurs obligations ont droit à une indemnité journalière calculée dans les conditions fixées à l'article R. 111.**

Pour le calcul des taux journaliers, les témoins sont assimilés aux fonctionnaires du groupe III.

Art. R. 136 et R. 137. – *Abrogés, D. n. 72-436, 29 mai 1972, art. 2.*

Art. R. 138. – **Les indemnités de voyage et de séjour prévues aux articles R. 133 et suivants sont accordées aux personnes qui accompagnent des mineurs de seize ans ou des témoins malades ou infirmes dans les conditions précisées aux articles R. 130 et R. 131.**

§ 2. – Des membres du jury criminel

Art. R. 139. – **Il est accordé aux membres du jury criminel, s'ils le requièrent et quand il y a lieu :**

1° Une indemnité de session ;

2° Des frais de voyage ;

3° *(D. n. 74-88, 4 févr. 1974, art. 1er)* **Une indemnité journalière de séjour.**

(1) Décret n. 74-88 du 4 févr. 1974, art. 1er.

Art. R. 140 *(D. n. 72-436, 29 mai 1972, art. 1er)*. – Il est accordé aux jurés, pendant la durée de la session, une indemnité journalière déterminée par la formule suivante : I = 40 + (S x 8), dans laquelle :

I est le montant de l'indemnité forfaitaire exprimé en francs (euros) ;

S le salaire minimum interprofessionnel de croissance tel qu'il est fixé au 1er janvier de l'année en cours.

Les jurés qui justifient d'une *(D. n. 99-203, 18 mars 1999, art. 5)* perte d'une partie du revenu tiré de leur activité professionnelle ont droit, en outre, à une indemnité supplémentaire calculée suivant la formule suivante : I = S x D, dans laquelle :

S est le salaire minimum interprofessionnel de croissance déterminé comme ci-dessus ;

D la durée horaire de l'audience, celle-ci ne pouvant excéder huit heures par jour ouvrable.

Art. R. 141 *(D. n. 72-436, 29 mai 1972, art. 1er ; D. n. 78-263, 9 mars 1978, art. 4)*. – Lorsque les jurés se déplacent, il leur est alloué, sur justification, une indemnité de transport qui est calculée ainsi qu'il suit :

1° Si le voyage est fait par chemin de fer, l'indemnité est égale au prix d'un billet de première classe, tant à l'aller qu'au retour ;

2° Si le voyage est fait par un autre service de transport en commun, l'indemnité est égale au prix d'un voyage, d'après le tarif de ce service, tant à l'aller qu'au retour ;

3° *(D. n. 78-263, 9 mars 1978, art. 4)* Si le voyage n'est pas fait par l'un des moyens visés ci-dessus, l'indemnité est fixée selon les taux prévus pour les déplacements des personnels civils de l'État, utilisant leur voiture personnelle ;

4° Si le voyage est fait par mer, il est accordé, sur le vu du duplicata du billet de voyage délivré par la compagnie de navigation, le remboursement du prix de passage en première classe ordinaire, tant à l'aller qu'au retour ;

5° Si le voyage est fait par air, il est accordé, sur le vu du billet de voyage délivré par la compagnie aérienne, le remboursement du prix de passage sur la base du tarif de la classe la plus économique.

Les jurés titulaires de permis de circulation ou jouissant, à titre personnel ou en raison de leur emploi, de réductions de tarifs n'ont pas droit au remboursement des frais de transport pour la partie correspondant à l'exonération dont ils bénéficient. Les demandes de remboursement de frais de transport doivent être obligatoirement accompagnées d'une déclaration des intéressés certifiant qu'ils ne bénéficient pas, à quelque titre que ce soit, d'avantages de tarifs ou, dans le cas contraire, qu'ils ne bénéficient pas d'autres avantages que ceux dont il est fait état dans la demande.

Art. R. 142 *(D. n. 72-436, 29 mai 1972, art. 1er)*. – Les jurés retenus en dehors de leur résidence par l'accomplissement de leurs obligations ont droit à une indemnité journalière de séjour calculée dans les conditions fixées par l'article R. 111.

Pour le calcul des taux journaliers, les jurés sont assimilés aux fonctionnaires *(D. n. 78-263, 9 mars 1978, art. 5)* du groupe 1.

Art. R. 143. – *Abrogé, D. n. 72-436, 29 mai 1972, art. 2.*

Art. R. 144 *(D. n. 72-436, 29 mai 1972, art. 1er)*. – Les indemnités de session et de séjour pendant la durée de la session sont dues pour chaque journée où le juré titulaire ou supplémentaire a été présent à l'appel pour concourir à la formation du jury de jugement.

Les jurés complémentaires n'ont droit à l'indemnité de session que s'ils ont été inscrits sur la liste de service.

Art. R. 145 *(D. n. 88-600, 6 mai 1988, art. 5)*. – Le greffier de la cour d'assises délivre, jour par jour, aux membres du jury criminel qui en font la demande, les certifications correspondant aux indemnités journalières auxquelles ils ont droit.

Mention de ces certifications partielles est faite sur la copie de la notification délivrée en exécution de l'article 267 du présent code pour être ensuite déduite de la certification définitive.

Art. R. 146 *(D. n. 74-88, 4 févr. 1974, art. 1er)*. – **Lorsqu'un juré se trouve hors d'état de subvenir aux frais de son déplacement, il lui est délivré, s'il le requiert et sur présentation d'une ordonnance rendue par le président du tribunal d'instance de sa résidence, un acompte sur l'indemnité qui lui sera due. Le montant de cet acompte est déterminé conformément aux dispositions du deuxième alinéa de l'article R. 134.**

(D. n. 83-455, 2 juin 1983, art. 11) **« Le régisseur d'avances qui paie cet acompte en fait mention en marge ou au bas de la notification délivrée au juré ».**

SECTION IV. – « DES FRAIS DE GARDE DES SCELLÉS, DE MISE EN FOURRIÈRE ET DE L'IMMOBILISATION DÉCIDÉE EN APPLICATION DES ARTICLES 131-6 (5°) ET 131-14 (2°) DU CODE PÉNAL » (1)

Art. R. 147 *(D. n. 67-62, 14 janv. 1967, art. 1er)*. – **Dans les cas prévus aux articles 54, 55, 56, 97 et 151,** *(D. n. 88-600, 6 mai 1988, art. 6)* **« il n'est accordé d'indemnité pour la garde des scellés » que lorsqu'il n'a pas été jugé à propos de confier cette garde à des habitants de l'immeuble où les scellés ont été apposés.**

(D. n. 81-70, 28 janv. 1981, art. 5) **Dans ces cas, il est alloué pour chaque jour, pendant le premier mois, au gardien nommé d'office :**

À Paris : 3 F (0,46 €) ;

Dans les autres localités : 2 F (0,30 €) ;

Le premier mois écoulé, ces indemnités sont réduites de moitié.

(D. n. 99-203, 18 mars 1999, art. 10) **Lorsque les scellés sont apposés sur des véhicules automobiles, les tarifs des frais de garde journalière sont fixés ainsi qu'il suit :**

Pour les véhicules poids lourds d'un poids total autorisé en charge supérieur à 3,5 tonnes : 40 F (6,10 €) ;

Pour les voitures particulières et les autres véhicules poids lourds : 21 F (3,20 €) ;

Pour les autres véhicules immatriculés : 16 F (2,44 €).

Art. R. 147-1 *(D. n. 83-1154, 23 déc. 1983, art. 4)*. – **Le tarif des frais de garde entraîné par l'immobilisation d'un véhicule décidée en application des articles 131-6 (5°) et 131-14 (2°) du Code pénal est celui qui est fixé conformément** *(D. n. 99-203, 18 mars 1999, art. 11)* **au dernier alinéa de l'article précédent.**

Art. R. 148. – **Les animaux et tous les objets périssables, pour quelque cause qu'ils soient saisis, ne peuvent rester en fourrière ou sous le séquestre plus de huit jours.**

Après ce délai, la mainlevée provisoire doit, en principe, être accordée.

S'ils ne doivent ou ne peuvent être restitués, ils sont mis en vente, et les frais de fourrière sont prélevés sur le produit de la vente par privilège et de préférence à tous autres.

Art. R. 149. – **La mainlevée provisoire de la mise sous séquestre des animaux et objets périssables est ordonnée par le président du tribunal d'instance ou par le juge d'instruction, moyennant caution et paiement des frais de fourrière et de séquestre.**

Si lesdits animaux ou objets doivent être vendus, la vente est ordonnée par les mêmes magistrats.

Cette vente est faite à l'enchère au marché le plus voisin à la diligence *(D. n. 74-88, 4 févr. 1974, art. 1er)* **« du comptable des impôts ».**

Le jour de la vente est indiqué par affiche, vingt-quatre heures à l'avance, à moins que la modicité de l'objet ne détermine le magistrat à en ordonner la vente sans formalité, ce qu'il exprime dans son ordonnance.

(1) Intitulé modifié par décret n. 2002-801 du 3 mai 2002, art. 10-V.

Le produit de la vente est versé dans la caisse *(D. n. 83-455, 2 juin 1983, art. 8)* **« du comptable direct du Trésor » pour en être disposé, ainsi qu'il est ordonné par le jugement définitif.**

SECTION V. – « DES FRAIS DE COPIE » (1)

A. – Dispositions générales

Art. R. 150. – *Abrogé, D. n. 78-62, 20 janv. 1978, art. 11.*

Art. R. 151. – *Abrogé, D. n. 67-903, 12 oct. 1967, art. 4.*

Art. R. 152 et R. 153. – *Abrogés, D. n. 78-62, 20 janv. 1978, art. 11.*

B. – Expéditions

a). – *Délivrance des expéditions*

Art. R. 154. – Dans le cas de renvoi des accusés soit devant une autre juridiction d'instruction, soit devant une autre cour d'assises, s'ils ont déjà reçu la copie des pièces prescrites à l'article 279, il ne peut leur être délivré une nouvelle copie payée sur les frais généraux de justice criminelle, correctionnelle et de police.

Mais tout accusé, renvoyé devant la cour d'assises, peut se faire délivrer à ses frais une expédition des pièces de la procédure, même de celles qui ne sont pas comprises dans la copie délivrée gratuitement.

Le même droit appartient à la partie civile et aux personnes civilement responsables.

Art. R. 155 *D. n. 2001-689, 31 juill. 2001, art. 1er-I).* **– En matière criminelle, correctionnelle et de police, hors les cas prévus par l'article 114, il peut être délivré aux parties :**

1° Sur leur demande, expédition de la plainte ou de la dénonciation *(D. n. 72-630, 4 juill. 1972, art. 1er)* **des ordonnances définitives, des arrêts, des jugements, des ordonnances pénales et des titres exécutoires prévus** *(D. n. 2002-801, 3 mai 2002, art. 10-VI)* **à l'article 529-2, alinéa 2, du code de procédure pénale.**

2° Avec l'autorisation du procureur de la République, ou du procureur général selon le cas, expédition de toutes les autres pièces de la procédure, notamment en ce qui concerne les pièces d'une enquête terminée par une décision de classement sans suite.

(D. n. 2001-689, 31 juill. 2001, art. 1er-II) **Toutefois, cette autorisation n'est pas requise lorsque des poursuites ont été engagées ou qu'il est fait application des articles 41-1 à 41-3 et que la copie est demandée pour l'exercice des droits de la défense ou des droits de la partie civile.**

Art. R. 156. – En matière criminelle, correctionnelle ou de police, aucune expédition autre que celle des *(D. n. 72-630, 4 juill. 1972, art. 2)* **« arrêts, jugements, ordonnances pénales définitifs et titres exécutoires », ne peut être délivrée à un tiers sans une autorisation du procureur de la République, ou du procureur général selon le cas, notamment en ce qui concerne les pièces d'une enquête terminée par une décision de classement sans suite.**

Toutefois, dans les cas prévus au présent article et à l'article précédent, l'autorisation doit être donnée par le procureur général lorsqu'il s'agit de pièces déposées au greffe de la cour ou faisant partie d'une procédure close par une décision de non-lieu ou d'une affaire dans laquelle le huis clos a été ordonné.

---

(1) Intitulé de la présente section modifié par l'art. 11 du décret n. 78-62 du 20 janv. 1978. À la présente section sont abrogés par décret n. 78-62 du 20 janv. 1978, art. 11, les intitulés suivants : « A. – Dispositions générales », « C. – Droits forfaitaires » et « D. – Droits fixes ».

Dans les cas prévus au présent article et à l'article précédent, si l'autorisation n'est pas accordée, le magistrat compétent, pour la donner, doit notifier sa décision en la forme administrative et faire connaître les motifs du refus.

Art. R. 157. – Toutes les fois qu'une procédure en matière criminelle, correctionnelle ou de police est transmise à quelque cour ou tribunal que ce soit, ou au ministère de la justice, la procédure et les pièces sont envoyées en minutes, à moins que le ministre de la justice ne désigne des pièces pour être expédiées par copies ou par extraits.

Art. R. 158. – Dans tous les cas où il y a envoi des pièces d'une procédure, le greffier est tenu d'y joindre un inventaire, qu'il dresse sans frais, ainsi qu'il est prescrit à l'article 586.

Art. R. 159. – Sont seuls expédiés dans la forme exécutoire les *(D. n. 72-630, 4 juill. 1972, art. 3)* **« arrêts, jugements ordonnances pénales et ordonnances de justice », que les parties ou le ministère public demandent dans cette forme.**

Art. R. 160. – Ne doivent pas être insérés dans la rédaction des arrêts et jugements les réquisitoires ou plaidoyers prononcés soit par le ministère public, soit par les défenseurs des prévenus ou accusés, mais seulement leurs conclusions.

b). – *Droits d'expédition et de copie*

Art. R. 161 à R. 164. – *Abrogés, D. n. 67-903, 12 oct. 1967, art. 4.*

Art. R. 165 *(D. n. 78-62, 20 janv. 1978, art. 10).* **– En matière pénale, la délivrance, lorsqu'elle est autorisée, de reproductions de pièces de procédures autres que les décisions est rémunérée** *(D. n. 80-629, 4 août 1980, art. 1er)* **« à raison de 3 F (0,46 €) par page ».**

(D. n. 2001-689, 31 juill. 2001, art. 2) **Toutefois, la délivrance de la première reproduction de chaque acte est gratuite lorsqu'elle est demandée soit par l'avocat de la partie, soit par la partie elle-même si celle-ci n'est pas représentée par un avocat.**

c). – *Abrogé, D. n. 99–203, 18 mars 1999, art. 12.*

Art. R. 166. – *Abrogé, D. n. 99–203, 18 mars 1999, art. 12.*

C. – Droits forfaitaires

Art. R. 167. – *Abrogé, D. n. 67-903, 12 oct. 1967, art. 4.*

Art. R. 168. – *Abrogé, D. n. 78-62, 20 janv. 1978, art. 11.*

D. – Droits fixes

Art. R. 169 et R. 170. – *Abrogés, D. n. 78-62, 20 janv. 1978, art. 11.*

Art. R. 171 à R. 174. – *Abrogés, D. n. 67-903, 12 oct. 1967, art. 4.*

Art. R. 175. – *Abrogé, D. n. 78-62, 20 janv. 1978, art. 11.*

E. – Indemnités

Art. R. 176. – *Abrogé, D. n. 88-600, 6 mai 1988, art. 20.*

Art. R. 177. – *Abrogé, D. n. 67-903, 12 oct. 1967, art. 4.*

Art. R. 178. – *Abrogé, D. n. 88-600, 6 mai 1988, art. 20.*

SECTION VI. – DES ÉMOLUMENTS ET INDEMNITÉS ALLOUÉS AUX HUISSIERS DE JUSTICE ET AUX AGENTS DE LA FORCE PUBLIQUE

§ 1. – Service d'audience des huissiers de justice

Art. R. 179 *(D. n. 88-600, 6 mai 1988, art. 7)*. – **Chaque huissier de justice audiencier reçoit une indemnité de :**

1° 100 F (15,24 €)pour le service d'une audience de cour d'assises et de la Cour de cassation ;

2° 70 F (10,67 €) pour le service d'une audience du tribunal correctionnel ou du tribunal pour enfants ;

3° 50 F (7,62 €) pour le service d'une audience du tribunal de police.

Art. R. 180. – *Abrogé, D. n. 88-600, 6 mai 1988, art. 20.*

§ 2. – Citations et significations

Art. R. 181 *(D. n. 84-289, 19 avr. 1984, art. 2)*. – **Il est alloué aux huissiers de justice pour toutes citations en matière criminelle, correctionnelle et de police, pour les significations des mandats de comparution, pour toutes significations d'ordonnances, jugements et arrêts et tous autres actes ou pièces en matière criminelle, correctionnelle et de police, une somme forfaitaire de** *(Montant remplacé, D. n. 2002-1067, 5 août 2002, art. 1er)* **4,50 € pour l'original, les copies et l'envoi de la lettre recommandée avec avis de réception prévue par les articles 557 et 558 et ce, en sus du coût d'affranchissement.**

Art. R. 182 *(D. n. 81-384, 22 avr. 1981, art. 2)*. – **Dans les cas prévus à l'article précédent, il est alloué, en outre, aux huissiers de justice** *(D. n. 88-600, 6 mai 1988, art. 8)* **« une somme de 45 F (6,86 €) » si la délivrance de l'acte a été faite à personne.**

Art. R. 183. – **Lorsqu'il n'a pas été délivré au ministère public d'expédition des actes ou jugement à signifier, les significations sont faites par les huissiers de justice sur les minutes qui leur sont confiées par les greffiers contre récépissé, à la charge par eux de les rétablir au greffe dans les vingt-quatre heures qui suivent la signification.**

Lorsqu'un acte ou jugement a été remis en expédition au ministère public, la signification est faite sur cette expédition sans qu'il en soit délivré une seconde pour cet objet.

Art. R. 184. – **Les copies de tous actes, jugements et pièces à signifier sont toujours faites par les huissiers de justice ou leurs clercs.**

Art. R. 185 *(D. n. 74-88, 4 févr. 1974, art. 1er)*. – **Lorsqu'il doit être donné copie de certaines pièces, il est alloué, quel que soit le nombre de pages copiées, une somme forfaitaire de « 6 F (0,91 €) » en matière de police et de « 9 F » (1,37 €) en matière correctionnelle et criminelle (1).**

Art. R. 186. – *Abrogé, D. n. 74-88, 4 févr. 1974, art. 1er.*

Art. R. 187. – **Sauf disposition spéciale des lois et règlements, il n'est alloué aucune taxe aux agents de la force publique à raison des citations, notifications et significations dont ils peuvent être chargés par les officiers de police judiciaire et par le ministère public.**

---

(1) Ces chiffres résultent du décret n. 84-289 du 19 avr. 1984, art. 4.

§ 3. – Exécution des mandats d'amener, de dépôt et d'arrêt
et des mesures de contrainte exercées contre les témoins défaillants.
Capture en exécution d'une ordonnance de prise de corps,
d'un jugement ou d'un arrêt

Art. R. 188. – L'exécution des mandats d'amener, de dépôt et d'arrêt, des ordonnances de prise de corps, des arrêts et jugements de condamnation, des mesures de contrainte exercées contre les témoins défaillants en vertu des articles 109, 110 et 153 est confiée aux militaires de la gendarmerie autres que les officiers et aux fonctionnaires de police autres que les commissaires et commissaires adjoints, ainsi qu'aux gardes champêtres et aux chefs de district et agents techniques des eaux et forêts.

Art. R. 189. – Des primes sont allouées aux agents de la force publique dans les conditions fixées aux articles R. 190 et R. 191 lorsqu'il y a eu exécution forcée et que l'arrestation a nécessité des recherches spéciales dûment constatées.

Il n'y a pas lieu de distinguer, au point de vue du droit à l'allocation, suivant que l'agent qui a opéré l'arrestation était porteur du mandat ou de l'extrait de jugement ou d'arrêt ou avait été simplement avisé de l'existence de cette pièce par une circulaire ou par une insertion à un bulletin de police.

La gratification la plus élevée est seule accordée si le prévenu accusé ou condamné était sous le coup de plusieurs mandats, ordonnances de prise de corps, arrêts ou jugements de condamnations.

Art. R. 190 *(D. n. 67-62, 14 janv. 1967, art. 1er)*. **– Il est alloué aux personnes mentionnées à l'article R. 188 pour l'exécution des mandats d'amener ou des mesures de contrainte exercées contre les témoins défaillants en vertu des articles 109, 110 et 153, une prime de « 5 F » (0,76 €).**

Art. R. 191 *(D. n. 67-62, 14 janv. 1967, art. 1er)*. **– Il est alloué aux personnes mentionnées à l'article R. 188, pour capture ou saisie de la personne, en exécution :**

1° D'un jugement de police (1) ou d'un jugement ou arrêt correctionnel prononçant une peine d'emprisonnement n'excédant pas dix jours : « 5 F » (0,76 €) (2).

2° D'un mandat d'arrêt ou d'un jugement ou arrêt en matière correctionnelle emportant peine d'emprisonnement de plus de dix jours : « 7 F » (1,07 €) (2).

3° D'une ordonnance de prise de corps ou d'un arrêt de condamnation à une peine de réclusion criminelle à temps n'excédant pas dix ans : « 10 F » (1,52 €) (2).

4° D'un arrêt de condamnation à une peine de réclusion criminelle à temps excédant dix ans ou à une peine plus forte : 20 F (3,05 €) .

§ 4. – Exécution des arrêts de contumace

Art. R. 192 *(D. n. 67-62, 14 janv. 1967, art. 1er)*. **– Pour les affiches de l'ordonnance qui, aux termes des articles 627 et 628, doit être rendue et publiée contre les contumax, y compris le procès-verbal de la publication, il est alloué aux huissiers de justice une indemnité de « 7,50 F » (1,14 €).**

Art. R. 193 *(D. n. 67-62, 14 janv. 1967, art. 1er)*. **– Il est alloué aux huissiers de justice pour l'apposition de chacun des trois extraits de l'arrêt de condamnation par contumace qui doit être affiché, conformément à l'article 634, et pour la rédaction du procès-verbal constatant l'accomplissement de cette formalité un droit de « 3,75 F » (0,57 €).**

---

(1) Les mots « d'un jugement de police » sont caducs du fait de l'abrogation de l'emprisonnement contraventionnel (V. D. n. 93-726, 29 mars 1993, art. 1er, 1°).

(2) Ce chiffre résulte du décret n. 74-88 du 4 févr. 1974, art. 1er.

§ 5. – Frais de voyage et de séjour

Art. R. 194 *(D. n. 67-62, 14 janv. 1967, art. 1er ; D. n. 74-88, 4 févr. 1974, art. 1er)*. – **« Il est alloué aux huissiers de justice, qui se transportent hors de la commune de leur résidence, l'indemnité prévue à l'article R. 110 ».**

Les huissiers de justice titulaires de permis de circulation ou jouissant, à titre personnel ou en raison de leur emploi, de réductions de tarifs, n'ont pas droit au remboursement des frais de transport pour la partie correspondant à l'exonération dont ils bénéficient. Les demandes de remboursement de frais de transport doivent être obligatoirement accompagnées d'une déclaration des intéressés certifiant qu'ils ne bénéficient pas, à quelque titre que ce soit, d'avantages de tarifs ou, dans le cas contraire, qu'ils ne bénéficient pas d'autres avantages que ceux dont il est fait état dans la demande.

Il n'est dû aucun transport dans les limites des villes ou chefs-lieux de commune, telles qu'elles sont actuellement fixées.

Art. R. 195 *(D. n. 67-62, 14 janv. 1967, art. 1er)*. – **Il est alloué, à compter du second jour, une indemnité de « 30 F » (4,57 €) par jour aux huissiers de justice retenus en dehors de leur résidence soit par l'accomplissement de leurs fonctions, soit en raison de la durée du déplacement, soit par un cas de force majeure dûment constatée.**

§ 6. – Dispositions générales

Art. R. 196. – *Abrogé, D. n. 88-600, 6 mai 1988, art. 20.*

Art. R. 197. – **Les procureurs généraux et les procureurs de la République examinent en même temps les écritures, afin de s'assurer qu'elles sont conformes aux prescriptions de l'article R. 185, et ils réduisent au taux convenable le prix des écritures qui ne seraient pas dans la proportion établie par ledit article.**

Art. R. 198. – **Tout huissier de justice qui refusera d'instrumenter dans une procédure suivie à la requête du ministère public ou de faire le service auquel il est tenu près la cour ou le tribunal et qui, après injonction à lui faite par le procureur général ou le procureur de la République, persistera dans son refus sera destitué, sans préjudice de tous dommages-intérêts et des autres peines qu'il aura encourues.**

Art. R. 199. – **Les huissiers de justice ne peuvent, pour quelque cause et sous quelque prétexte que ce soit, exiger d'autres ou de plus forts droits que ceux qui leur sont alloués par le présent titre.**

Par dérogation à la règle établie à l'alinéa précédent, sont fixés conformément aux tarifs en matière civile, *(D. n. 2002-801, 3 mai 2002, art. 10-VII)*, **les frais des actes délivrés à la requête des parties civiles après l'extinction de l'action publique et en vue de faire statuer uniquement sur les intérêts civils.**

Ces frais sont à la charge des intéressés et ne sont pas imputables sur les crédits de la justice criminelle.

SECTION VII. – INDEMNITÉS DE TRANSPORT ET DE SÉJOUR ACCORDÉES AUX MAGISTRATS ET AUX GREFFIERS

Art. R. 200 *(D. n. 82-70, 21 janv. 1982)*. – **« Il est alloué aux magistrats et aux personnels exerçant les fonctions de greffier des indemnités pour frais de voyage et de séjour nécessités » :**

1° Par les transports effectués en matière criminelle correctionnelle ou de police, dans les cas prévus par le Code de procédure pénale *(D. n. 99-203, 18 mars 1999, art. 13-I)* **ou par des lois spéciales ;**

2° Par les transports du président de la chambre de l'instruction à l'effet de s'assurer du bon fonctionnement des cabinets d'instruction du ressort de la cour d'appel, conformément aux dispositions de l'article 220 ;

3° *Abrogé, D. n. 88-600, 6 mai 1988, art. 20.*

4° Par les transports des magistrats *(D. n. 99-203, 18 mars 1999, art. 13-II)* du ressort de la cour d'appel qui siègent comme présidents ou assesseurs dans une cour d'assises tenue *(D. n. 2001-1321, 27 déc. 2001, art. 2)* hors du siège de la juridiction où ils sont affectés, et du procureur général ou de ses substituts qui vont y porter la parole, sans qu'il y ait lieu de distinguer entre les sessions ordinaires et extraordinaires, ainsi que du procureur de la République lorsqu'il occupe le siège du ministère public devant les tribunaux d'instance de son ressort, en application de l'article 45 du présent code ou de l'article 4 de l'ordonnance n. 58-1273 du 22 décembre 1958 ;

5° Par les transports des commissaires de police, ou des officiers de police désignés par le procureur général, conformément aux articles 46 et 48, pour occuper le siège du ministère public près le tribunal de police d'une autre ville que celle où ils exercent leurs fonctions ;

6° au 10° *Abrogé, D. n. 88-600, 6 mai 1988, art. 20.*

Art. R. 201 *(D. n. 82-70, 21 janv. 1982, art. 2 ; D. n. 88-600, 6 mai 1988, art. 9)*. – Les indemnités prévues par l'article R. 200 sont calculées sur la base des règles relatives aux conditions et modalités de règlement des frais occasionnés par les déplacements des personnels civils lorsqu'ils sont à la charge des budgets de l'État, des établissements publics nationaux à caractère administratif et de certains organismes subventionnés.

Art. R. 202. – *Abrogé, D. n. 99-203, 18 mars 1999, art. 14.*

Art. R. 203 à R. 207. – *Abrogés, D. n. 82-70, 21 janv. 1982, art. 3.*

SECTION VIII. – DES FRAIS DE MISE EN ŒUVRE DES CONVENTIONS SECRÈTES DE CRYPTOLOGIE

(D. n. 99-203, 18 mars 1999, art. 15)

Art. R. 208. – Pour chaque remise ou mise en œuvre, à la demande des autorités judiciaires dans les conditions fixées par le II de l'article 28 de la loi n. 90-1170 du 29 décembre 1990 sur la réglementation des télécommunications, des conventions secrètes de moyens ou prestations de cryptologie, il est alloué une somme de 400 F (60,98 €) à chaque organisme agréé.

Art. R. 209. – *Abrogé, D. n. 93-867, 28 juin 1993, art. 20.*

SECTION IX. – DES FRAIS D'IMPRESSION

Art. R. 210. – Les seules impressions qui doivent être payées à titre de frais de justice sont :

1° *(D. n. 99-203, 18 mars 1999, art. 16)* Celle des publications ou insertions de communiqué, relatives à des décisions de non-lieu, qui sont ordonnées par le juge d'instruction ou la chambre de l'instruction en application des articles 177-1 et 212-1 ;

2° Celle des signalements individuels de personnes arrêtées dans les cas exceptionnels où l'envoi de ces signalements aurait été reconnu indispensable ;

3° Celle de l'arrêt ou du jugement de révision d'où résulte l'innocence d'un condamné et dont l'affichage est prescrit par l'article 626, alinéas 9 et 10.

Art. R. 211. – Les placards destinés à être affichés sont transmis aux maires qui les font apposer dans les lieux accoutumés aux frais de la commune.

Art. R. 212 *(D. n. 93-867, 28 juin 1993, art. 8)*. – Les impressions payées à titre de frais de justice sont faites en vertu de marchés passés pour chaque ressort de cour ou de tribunal par le procureur général ou le procureur de la République, suivant le cas, et qui ne peuvent être exécutés qu'avec l'approbation préalable du ministre de la justice.

Toutefois, à défaut d'un tel marché, il peut être traité de gré à gré chaque fois qu'une impression doit être faite. Les imprimeurs joignent à chaque article de leur mémoire un exemplaire de l'objet imprimé comme pièce justificative.

SECTION X. – DES FRAIS DE RECHERCHE
ET DE DÉLIVRANCE DE REPRODUCTIONS DES DOCUMENTS IMPRIMÉS
(D. n. 99-203, 18 mars 1999, art. 17)

Art. R. 213. – Il est alloué à chaque propriétaire ou dépositaire de documents imprimés, conservés sur support de quelque nature que ce soit, une indemnité de 25 F (3,81 €) par réquisition pour l'ensemble des recherches d'archives nécessaires auxquelles il procède et une indemnité de 0,50 F (0,08 €) par page pour les reproductions délivrées de ces documents.

SECTION XI. – « DES FRAIS ET DROITS EN MATIÈRE D'ORDONNANCE PÉNALE »

Art. R. 213-1 et R. 213-2. – *Abrogés, D. n. 78-62, 20 janv. 1978, art. 11.*

CHAPITRE III. – DES DÉPENSES ASSIMILÉES À CELLES DE L'INSTRUCTION DES PROCÈS CRIMINELS

SECTION I. – RÈGLES GÉNÉRALES

Art. R. 214 *(D. n. 88-600, 6 mai 1988, art. 11)*. **– Les frais énumérés à l'article R. 93 sont avancés par le Trésor public conformément aux dispositions du présent titre : ils sont taxés et liquidés d'après le tarif et selon les règles de chaque juridiction compétente.**

Les dispositions des articles R. 222, R. 223, R. 224-2, R. 225, R. 228, R. 228-1, R. 229, R. 230, R. 233 et R. 234 sont applicables pour le paiement de ces frais.

Art. R. 215. – Par dérogation à la règle établie à l'article précédent, sont payés, conformément au tarif fixé par le présent titre, les frais des poursuites exercées devant le tribunal civil ou devant la cour d'appel :

1° Pour contravention aux lois sur la tenue des registres de l'état civil, dans les cas prévus aux articles 50 et 53 du Code civil, et sur la célébration des mariages, dans le cas prévu à l'article 192 du Code civil ;

2° Pour infractions disciplinaires commises par des officiers publics ou ministériels.

SECTION II. – RÈGLES SPÉCIALES

§ 1. – Des dépenses résultant de la désignation des administrateurs *ad hoc*
(D. n. 99-818, 16 sept. 1999, art. 5) (1)

Art. R. 216. – Il est alloué à chaque personne désignée en qualité d'administrateur *ad hoc*, lorsqu'elle figure sur la liste prévue à l'article R. 53 ou qu'il a été fait application des dispositions de l'article R. 53-6, pour l'ensemble des frais exposés pour la défense des intérêts d'une victime mineure :

1° Lorsque les faits ont donné lieu à l'ouverture d'une information devant le juge d'instruction : 2 500 F (381,12 €) ;

---

(1) Les désignations des administrateurs ad hoc intervenues avant l'entrée en vigueur du présent décret demeurent valables jusqu'à la fin de la mission.

Les dispositions des articles 3 et 5 sont applicables aux missions confiées aux administrateurs ad hoc en application des dispositions de l'article 706-50, y compris si celles-ci ont été achevées avant la date d'entrée en vigueur du présent décret. Elles sont également applicables, si sa mission a été achevée après cette date, lorsque l'administrateur ad hoc a été désigné en application de l'article 87-1 du Code de procédure pénale.

2° Lorsque la désignation de l'administrateur *ad hoc*a été faite par le procureur de la République au cours d'une enquête qui n'a pas été suivie d'une instruction préparatoire : 1 500 F (228,67 €) ;

3° En cas de désignation par la juridiction de jugement : 1 000 F (152,45 €).

Lorsque l'administrateur *ad hoc* est désigné pour assurer la protection des intérêts de plusieurs mineurs d'une même fratrie, l'indemnité est réduite de 50 % pour chaque enfant à partir du deuxième.

Art. R. 216-1. – En cas d'ouverture d'une information judiciaire, une provision d'un montant maximum de 1 500 F (228,67 €) peut être accordée par le juge d'instruction à l'administrateur *ad hoc,* sur sa demande, si ce dernier remet en cours de mission et au moins six mois après sa désignation, un rapport récapitulant les démarches effectuées et les formalités accomplies.

§ 2. – Procédures suivies en application de la législation sur les incapables

Art. R. 217 *(D. n. 81-70, 28 janv. 1981, art. 8 ; D. n. 93-867, 28 juin 1993, art. 9).* **– Si le mineur est solvable, les frais des procédures suivies en matière de tutelle sont à sa charge et le recouvrement en est poursuivi selon les procédures et sous les garanties prévues en matière d'amende pénale.**

Le juge des tutelles ou le tribunal ultérieurement saisi, peut toutefois décider qu'une autre partie en supportera la charge.

Si le mineur ne paraît pas avoir de ressources suffisantes, le juge des tutelles constate cette insuffisance par ordonnance ; les frais sont alors avancés et recouvrés comme en matière de frais de justice.

Les mêmes règles sont applicables en matière de régimes de protection des majeurs.

§ 3. – Frais engagés d'office en matière de mesures conservatoires prises après l'ouverture d'une succession

Art. R. 218 *(D. n. 93-867, 28 juin 1993, art. 10).* **– Les frais engagés d'office en matière de mesures conservatoires prises après l'ouverture d'une succession sont à la charge de celle-ci et le recouvrement en est poursuivi selon les procédures et sous les garanties prévues en matière d'amende pénale.**

Art. R. 218-1. – *Abrogé, D. n. 68-1116, 5 déc. 1968.*

§ 4. – Inscriptions hypothécaires requises par le ministère public

Art. R. 219. – Les frais des inscriptions hypothécaires prises d'office par le ministère public sont avancés par *(D. n. 83-455, 2 juin 1983, art. 15)* **« les régisseurs d'avances », sauf recouvrement ultérieur contre les intéressés.**

§ 5. – Recouvrement des amendes

Art. R. 220. – Les frais de recouvrement des amendes prononcées dans les cas prévus par le Code de procédure pénale et par le Code pénal sont taxés conformément aux tarifs en matière civile.

Ces frais ne sont point imputés sur les fonds généraux des frais de justice criminelle, correctionnelle et de police ; l'avance et la régularisation en sont effectuées par les soins *(D. n. 74-88, 4 févr. 1974, art. 1er)* **« des comptables du Trésor ».**

§ 6. – Frais d'enquêtes sociales ordonnées en matière d'exercice de l'autorité parentale

Art. R. 221 *(D. n. 88-600, 6 mai 1988, art. 13 ; D. n. 93-867, 28 juin 1993, art. 11).* **– Les frais d'enquêtes sociales ordonnées en matière d'exercice de l'autorité parentale sont recouvrés par le Trésor selon les procédures et sous les garanties prévues en matière d'amende pénale.**

La partie condamnée aux dépens peut former un recours contre la disposition de la décision relative à la liquidation de ces frais. À défaut d'appel sur le fond, le recours, motivé, est formé au

greffe de la juridiction dont émane la décision, dans le mois de la notification de cette décision. Il est porté devant la chambre de l'instruction.

En l'absence de condamnation aux dépens, les frais d'enquête sociale sont recouvrés contre la partie désignée par le juge qui a ordonné l'enquête.

CHAPITRE IV. – DU PAIEMENT ET DU RECOUVREMENT DES FRAIS

(D. n. 93-867, 28 juin 1993, art. 12)

SECTION I. – DU PAIEMENT DES FRAIS

(D. n. 88-600, 6 mai 1988, art. 14)

§ 1. – Présentation des états et des mémoires

Art. R. 222. – Les parties prenantes dressent leurs états ou mémoires de frais de justice en un exemplaire, sur papier non timbré, conformément aux modèles arrêtés par le ministère de la justice.

Tout état ou mémoire fait au nom de deux ou plusieurs parties prenantes doit être signé par chacune d'elles ; le paiement ne peut être fait que sur leur acquit individuel ou sur celui de la personne qu'elles ont autorisée, spécialement et par écrit, à percevoir le montant de l'état ou mémoire. Cette autorisation est mise au bas de l'état et ne donne lieu à la perception d'aucun droit.

Art. R. 223. – Les parties prenantes déposent ou adressent leur état ou mémoire au greffe de la juridiction compétente.

§ 2. – Procédure de certification

Art. R. 224-1. – La procédure de certification est applicable aux frais de justice criminelle, correctionnelle et de police suivants :

1° Indemnités accordées aux jurés, aux témoins, aux parties civiles, aux interprètes traducteurs et aux personnes mentionnées aux articles R. 121 et *(D. n. 2002-801, 3 mai 2002, art. 10-VIII)* **R. 121-2 ;**

2° Frais de vérifications médicales, cliniques et biologiques en matière d'alcoolémie ;

3° Frais de garde de scellés et de mise en fourrière ;

4° Émoluments et indemnités alloués aux huissiers de justice ;

5° Frais de capture ;

6° Indemnités de transport et de séjour des magistrats et greffiers ;

7° Frais de communication postale, télégraphique et de port des paquets ;

8° Frais de consultation du registre national du commerce par le ministère public.

La procédure de certification est également applicable aux dépenses de toute nature inférieures à un montant fixé par le ministre de la justice.

Art. R. 224-2. – La procédure de certification est applicable aux frais suivants énumérés à l'article R. 93 :

1° Indemnités accordées aux témoins ;

2° *(D. n. 91-1266, 19 déc. 1991, art. 162)* **Part contributive de l'État à la rétribution des auxiliaires de justice en matière d'aide juridictionnelle ;**

3° Indemnités de transport et de séjour des magistrats, des greffiers et des secrétaires des juridictions de l'ordre judiciaire ;

4° Frais postaux des greffes des juridictions civiles nécessités par les actes et procédures ;

5° Frais tarifés des actes faits d'office en matière de mesures conservatoires prises après l'ouverture d'une succession.

Art. R. 225. – Lorsque l'état ou mémoire porte sur des frais mentionnés aux articles R. 224-1 et R. 224-2, le greffier, après avoir procédé s'il y a lieu aux redressements nécessaires, certifie avoir vérifié la réalité de la dette et son montant.

S'il refuse d'établir le certificat, le greffier demande au ministère public de prendre des réquisitions aux fins de taxe.

§ 3. – Procédure de taxation

Art. R. 226. – Les états ou mémoires relatifs aux frais de justice criminelle, correctionnelle et de police autres que ceux énumérés à l'article R. 224-1 sont transmis aux fins de réquisitions au parquet du ressort dans lequel la juridiction a son siège.

Le magistrat du ministère public transmet l'état ou mémoire, assorti de ses réquisitions, au magistrat taxateur.

Art. R. 227. – Le président de chaque juridiction ou le magistrat qu'il délègue à cet effet taxe les états ou mémoires relatifs à des frais engagés sur la décision des autorités appartenant à cette juridiction ou des personnes agissant sous le contrôle de ces autorités.

Les frais engagés sur la décision d'un juge d'instruction ou d'un juge des enfants sont taxés par ce magistrat.

Art. R. 227-1. – Lorsque les états ou mémoires sont relatifs aux frais engagés par un huissier de justice pour des actes effectués hors du ressort de la juridiction qui a rendu la décision, ils sont selon le cas certifiés par le greffier en chef ou taxés par le président du tribunal de grande instance ou du tribunal d'instance, dans le ressort duquel l'huissier a sa résidence.

Art. R. 227-2. – *Abrogé, D. n. 93-867, 28 juin 1993, art. 20.*

§ 4. – Voies de recours

Art. R. 228. – Lorsque la taxe diffère de la demande de la partie prenante, l'ordonnance de taxe lui est notifiée par le greffe par lettre recommandée.

Lorsque la taxe diffère des réquisitions du ministère public, l'ordonnance de taxe lui est notifiée par le greffe.

Le délai de recours contre une ordonnance de taxe a pour point de départ la date d'envoi de la lettre recommandée valant notification en application des articles R. 228 et R. 228-1 du Code de procédure pénale ; est irrecevable l'appel interjeté hors du délai légal, en l'absence de preuve d'un obstacle insurmontable (Cass. crim. 10 févr. 1998 : *Bull.* 52).

Art. R. 228-1. – L'ordonnance de taxe peut être frappée par la partie prenante ou le ministère public d'un recours devant la chambre de l'instruction quelle que soit la juridiction à laquelle appartient le magistrat taxateur. Le délai de recours est de dix jours à compter de la notification. Le délai de recours et l'exercice du recours dans le délai sont suspensifs d'exécution.

Art. R. 229. – Un recours contre l'ordonnance de taxe peut être formé devant la chambre de l'instruction par le ministère public, à la demande du comptable assignataire, dans un délai d'un mois à compter du versement de la pièce de dépense par le régisseur entre les mains de ce comptable.

(D. n. 99-203, 18 mars 1999, art. 18) **En matière d'aide juridictionnelle, le délai d'un mois court à compter de la transmission qui est faite par le greffe au comptable assignataire de l'ordonnance de taxe.**

Le refus motivé du ministère public d'exercer le recours est porté à la connaissance du Trésor public. Dans ce cas, le comptable assignataire exécute l'ordonnance de taxe.

Art. R. 230. – Les recours mentionnés aux articles précédents sont formés par déclaration au greffe du magistrat taxateur ou par lettre recommandée avec demande d'accusé de réception adressée à ce greffe.

La partie prenante est informée du recours du procureur de la République par lettre recommandée, adressée par le greffe.

La décision de la chambre de l'instruction est adressée pour exécution au greffe de la juridiction à laquelle appartient le magistrat taxateur. En cas de trop-versé le greffier en chef procède à l'émission d'un titre de recouvrement.

Le pourvoi en cassation est ouvert dans tous les cas.

Art. R. 231. – La partie condamnée peut former un recours contre la disposition de la décision relative à la liquidation des dépens.

Ce recours est porté devant la juridiction d'appel au cas où la décision qui contient la liquidation peut être entreprise par cette voie.

Dans le cas où la décision qui contient la liquidation des dépens n'est pas susceptible d'appel, le recours est porté devant la chambre de l'instruction.

Le recours est formé au greffe de la juridiction qui a rendu la décision, selon les règles et dans le délai qui sont, suivant le cas, ceux de l'appel ou du pourvoi en cassation.

Le pourvoi en cassation est ouvert dans tous les cas.

Art. R. 232. – *Abrogé, D. n. 93-867, 28 juin 1993, art. 20.*

§ 5. – Paiement

Art. R. 233. – Sauf dispositions particulières, le paiement des frais est effectué par le régisseur d'avances au vu d'un état ou d'un mémoire de la partie prenante certifié ou taxé.

Le régisseur, en cas de désaccord sur un mémoire certifié, demande au ministère public de prendre des réquisitions aux fins de taxe ; dans ce cas, il sursoit au paiement jusqu'à taxation définitive.

Art. R. 234. – S'agissant d'un mémoire ou d'un état certifié, la partie prenante, dans le délai d'un mois à compter de la perception de la somme, ou le comptable assignataire, dans le délai d'un mois à compter du versement de la pièce de dépense par le régisseur entre les mains de ce comptable, peuvent adresser une réclamation au ministère public qui saisit de ses réquisitions le magistrat taxateur.

(D. n. 99-203, 18 mars 1999, art. 19) En matière d'aide juridictionnelle, le délai d'un mois imparti au comptable assignataire court à compter de la transmission qui lui est faite par le greffe du mémoire ou de l'état certifié.

Art. R. 235 et R. 236. – *Abrogés, D. n. 93-867, 28 juin 1993, art. 20.*

Art. R. 237 et R. 238. – *Abrogés, D. n. 83-455, 2 juin 1983, art. 2.*

Art. R. 239 et R. 240. – *Abrogés, D. n. 93-867, 28 juin 1993, art. 20.*

SECTION II. – DE LA LIQUIDATION ET DU RECOUVREMENT DES FRAIS

§ 1. – Liquidation des frais

Art. R. 241 *(D. n. 93-867, 28 juin 1993, art. 17)*. – Sont déclarés dans tous les cas à la charge de l'État et sans recours envers les condamnés :

1° Les frais et dépens engagés en cas de décision juridictionnelle rectifiant ou interprétant une précédente décision.

2° Les frais exposés devant la commission prévue à l'article 16-2.

Art. R. 242. – Il est dressé pour chaque affaire criminelle, correctionnelle ou de police, un état de liquidation des frais autres que ceux qui sont à la charge de l'État sans recours envers les condamnés.

Au cours de l'instruction cet état est dressé par le greffier d'instruction au fur et à mesure des frais comme il est dit à l'article 81, alinéa 2.

Cette liquidation doit être insérée soit dans l'ordonnance *(D. n. 72-630, 4 juill. 1972, art. 8)*, « soit dans l'arrêt, le jugement ou l'ordonnance pénale », qui prononce la condamnation aux frais.

Lorsque cette insertion ne peut être faite, le juge décerne exécutoire contre qui de droit, au bas de l'état même de liquidation.

Art. R. 243. – *Abrogé, D. n. 93-867, 28 juin 1993, art. 20.*

Art. R. 244. – **Le greffier doit remettre au trésorier-payeur général, dès que la condamnation est devenue définitive, un extrait de l'ordonnance, jugement ou arrêt, pour ce qui concerne la liquidation et la condamnation au remboursement des frais ou une copie de l'état de liquidation rendu exécutoire.**

Art. R. 245 à R. 247. – *Abrogés, D. n. 93-867, 28 juin 1993, art. 20.*

§ 2. – Régularisation des dépenses. – Recouvrement

Art. R. 248. – *Abrogé, D. n. 83-455, 2 juin 1983, art. 2.*

Art. R. 249 *(D. n. 74-88, 4 févr. 1974, art. 1er)*. – **Le recouvrement des frais de justice** *(D. n. 88-600, 6 mai 1988, art. 17)* **« avancés par le Trésor public » qui ne restent pas définitivement à la charge de l'État est poursuivi à la diligence des comptables du Trésor par toutes voies de droit et notamment celle de la contrainte par corps s'il y a lieu.**

§ 3. – Des extraits délivrés par les greffes

(D. n. 93-867, 28 juin 1993, art. 18)

Art. R. 249-1 *(D. n. 93-867, 28 juin 1993, art. 19)*. – **En matière criminelle, correctionnelle ou de police, les extraits sont établis par le greffe de la juridiction dont la décision est devenue définitive.**

CHAPITRE V. – DE L'INDEMNITÉ POUVANT ÊTRE ACCORDÉE EN CAS DE NON-LIEU, RELAXE OU ACQUITTEMENT

(D. n. 2001-1321, 27 déc. 2001, art. 3)

Art. R. 249-2. – **L'indemnité prévue par l'article 800-2 comporte l'indemnisation des frais d'avocat exposés par la personne poursuivie, dont le montant ne peut excéder la contribution de l'État à la rétribution de l'avocat qui aurait prêté son concours à l'intéressé au titre de l'aide juridictionnelle pour l'ensemble de la procédure ayant abouti à la décision de non-lieu, de relaxe ou d'acquittement.**

Cette indemnité comporte également, sauf si la personne poursuivie était en détention provisoire lors de ses comparutions devant les juridictions d'instruction ou de jugement :

1° Pour les interrogatoires de la personne devant le juge d'instruction, la chambre de l'instruction ou un magistrat d'une juridiction de jugement chargé d'un supplément d'information, sa comparution devant le tribunal ou le juge pour enfants, le tribunal de police, le tribunal correctionnel ou la chambre des appels correctionnels, des indemnités de comparution ne pouvant excéder celles calculées dans les conditions fixées aux articles R. 129, R. 130 et R. 131 ;

2° En cas de comparution devant la cour d'assises, des indemnités journalières ne pouvant excéder celles calculées dans les conditions fixées à l'article R. 140 ;

3° Des indemnités de transport ne pouvant excéder celles calculées dans les conditions fixées aux articles R. 133 et R. 138 ;

4° Si l'intéressé a été retenu hors de sa résidence du fait de ses comparutions devant les juridictions d'instruction ou de jugement, des indemnités de séjour ne pouvant excéder celles calculées dans les conditions fixées à l'article R. 111.

Art. R. 249-3. – **L'indemnité doit être demandée à la juridiction d'instruction ou de jugement avant que celle-ci ne statue sur l'action publique.**

La demande fait l'objet d'une requête datée et signée du demandeur ou de son avocat, adressée à la juridiction soit par lettre recommandée avec demande d'accusé de réception, soit par remise au greffe contre récépissé :

1° Au plus tard avant l'expiration du délai de vingt jours prévu par l'article 175, si la demande est formée devant le juge d'instruction ou la chambre de l'instruction ;

2° Avant la clôture des débats, si la demande est formée devant une juridiction de jugement.

Cette requête indique le montant de l'indemnité demandée pour chacun des frais exposés, conformément aux distinctions prévues par l'article R. 249-2. Elle est accompagnée des pièces justificatives des frais exposés, comprenant notamment une attestation de l'avocat indiquant soit le montant de ses honoraires, soit le fait que ceux-ci ont dépassé le montant prévu au premier alinéa du même article.

Art. R. 249-4. – La décision statuant sur la demande d'indemnisation est rendue par la juridiction en même temps que la décision statuant sur l'action publique, sauf si l'état du dossier ne permet pas de déterminer le montant de l'indemnité.

En matière criminelle, cette décision est rendue par la cour statuant sans l'assistance des jurés.

Art. R. 249-5. – Lorsque l'action publique a été mise en mouvement par la partie civile, la juridiction d'instruction ou de jugement ne peut mettre l'indemnité à la charge de cette dernière que sur réquisitions du procureur de la République et par décision motivée, si elle estime que la constitution de partie civile a été abusive ou dilatoire.

Il est alors fait application, selon le cas, des dispositions du deuxième alinéa de l'article 177-2 ou du deuxième alinéa de l'article 392-1.

Art. R. 249-6. – Le demandeur ou le ministère public peuvent former appel, dans les dix jours de sa notification, de la décision rendue sur la demande d'indemnisation lorsqu'elle émane d'une juridiction répressive statuant en premier ressort. Le même droit est ouvert à la partie civile lorsque l'indemnité est mise à sa charge.

Cet appel est porté :

a) Devant la chambre de l'instruction lorsque la décision a été rendue par le juge d'instruction ;

b) Devant la chambre des appels correctionnels lorsque la décision a été rendue par le tribunal de police, le tribunal des enfants ou le tribunal correctionnel, ou par la cour d'assises statuant en premier ressort.

L'appel de la décision de non-lieu ou de relaxe par le ministère public vaut également appel de la décision sur la demande d'indemnisation. Il en est de même de l'appel de la décision de non-lieu par la partie civile.

Pendant le délai d'appel et durant l'instance d'appel, il est sursis à l'exécution de la décision.

Art. R. 249-7. – Le paiement de l'indemnité est effectué par le régisseur d'avances au vu de la décision de la juridiction.

Lorsque la décision met l'indemnité à la charge de la partie civile, l'indemnité est payée par le régisseur à titre d'avance faite par le Trésor public. Le recouvrement du montant de l'indemnité auprès de la partie civile est poursuivi à la diligence des comptables du Trésor par toutes voies de droit.

Art. R. 249-8. – Après le paiement de l'indemnité par le régisseur, un recours contre la décision peut être formé devant la juridiction mentionnée au *a* ou au *b* de l'article R. 249-6 par le ministère public à la demande du comptable assignataire, dans un délai d'un mois à compter du versement de la pièce de dépense par le régisseur entre les mains de ce comptable.

Le refus motivé du ministère public d'exercer le recours est porté à la connaissance du comptable assignataire. Dans ce cas, celui-ci exécute la décision et reconstitue l'avance de la régie.

SECTION

§

DISPOSITIONS GÉNÉRALES

Art. R. 250 *(D. n. 64-118, 4 févr. 1964)*. **– Le présent code, ainsi que les règlements qui le modifient, est applicable aux départements** *(D. n. 79-299, 2 avr. 1979, art. 2-2°)* **« de la Guadeloupe, de la Guyane, de la Martinique, de la Réunion et de Saint-Pierre-et-Miquelon ».**

LIVRE SIXIÈME

MODALITÉS D'APPLICATION EN CE QUI CONCERNE LES DÉPARTEMENTS DE LA GUADELOUPE, DE LA GUYANE, DE LA MARTINIQUE ET DE LA RÉUNION

DÉCRETS (1)

TITRE PRÉLIMINAIRE

Art. D. 1. – I. – Toute association visée à l'article 2-15 peut demander l'agrément prévu par le deuxième alinéa de cet article dès lors qu'elle remplit les conditions suivantes :

1° Un nombre représentatif de membres adhérents qui ont été victimes de l'infraction ;

2° Des garanties suffisantes d'une activité effective en vue de la défense des victimes de l'infraction, notamment par l'intervention d'un avocat ;

3° Le caractère désintéressé des activités.

L'agrément est accordé par arrêté du ministre de la justice.

La condition visée au 2° est notamment satisfaite par l'adhésion de l'association au sein d'une fédération lui permettant d'assurer une activité effective en vue de la défense des victimes et agréée par arrêté du ministre de la justice.

II. – *(D. n. 2002-223, 20 févr. 2002, art. 1er)* **La demande d'agrément est adressée au ministère de la Justice.**

Le dossier accompagnant la demande d'agrément doit comprendre un exemplaire des statuts et du récépissé de déclaration, ainsi que la justification des conditions prévues aux 1° et 3° ci-dessus.

Lorsque le dossier remis est complet, il en est délivré récépissé. La décision d'agrément ou de refus est notifiée dans un délai de deux mois à compter de la date de délivrance du récépissé. Les décisions de refus doivent être motivées.

L'avis prévu par l'article 2-15 est donné par le procureur de la République de la juridiction saisie, ou par le procureur de la République de la juridiction dans le ressort de laquelle l'association a son siège.

L'agrément peut être suspendu ou retiré par arrêté du ministre de la justice lorsque l'association ne remplit plus l'une des conditions ayant justifié l'agrément. L'association doit être au préalable mise en demeure de présenter ses observations.

III. – Au moment de la constitution de partie civile, le président de l'association doit faire connaître à la juridiction saisie la liste des personnes victimes de l'infraction qui ont adhéré à l'association. Il doit lui communiquer en cours de procédure l'identité des victimes dont l'adhésion est intervenue postérieurement à cette constitution de partie civile.

---

(1) V. Textes complémentaires – après V. Art. 800 – sur la déconcentration des décisions administratives individuelles.

LIVRE PREMIER

DE L'EXERCICE DE L'ACTION PUBLIQUE ET DE L'INSTRUCTION

TITRE PREMIER. – DES AUTORITÉS CHARGÉES DE L'ACTION PUBLIQUE ET DE L'INSTRUCTION

CHAPITRE I. – DE LA POLICE JUDICIAIRE

SECTION I. – DISPOSITIONS GÉNÉRALES (1)

Art. D. 2. – Dans le ressort de chaque cour d'appel, les officiers de police judiciaire sont égaux devant la loi en prérogative et en responsabilité ; ils sont placés sous la surveillance du procureur général et sous le contrôle de la chambre de l'instruction.

Dans le ressort de chaque tribunal, le procureur de la République et ses substituts ont seuls qualité pour diriger l'activité des officiers et agents de police judiciaire, par la voie, s'il y a lieu, de leurs supérieurs hiérarchiques.

Le procureur de la République et le juge d'instruction ont le libre choix des formations auxquelles appartiennent les officiers de police judiciaire territorialement compétents qui seront chargés de l'exécution de leurs réquisitions ou commissions rogatoires.

(D. n. 82-1064, 16 déc. 1982) **Le chef de la formation coordonne l'exécution des opérations de police judiciaire effectuées dans son service et veille à la transmission des procès-verbaux aux autorités judiciaires.**

Art. D. 2-1 *(D. n. 96-4, 26 janv. 1996)*. **– Les officiers de police judiciaire des différents corps ou services entretiennent, à tous les échelons, des relations de coopération et d'aide réciproque, dans le respect des règles administratives et des procédures hiérarchiques en vigueur.**

Art. D. 3 *(D. n. 96-74, 26 janv. 1996 ; D. n. 96-694, 6 août 1996)*. **– Dès qu'il est informé d'un crime ou d'un délit flagrant, l'officier de police judiciaire local prévient le procureur de la République et, dans le cadre des dispositions réglementaires propres à chaque corps ou service, provoque l'enquête ou y procède conformément aux prescriptions du Code de procédure pénale.**

Le magistrat compétent apprécie souverainement, dans chaque cas d'espèce, en fonction de la nature et des circonstances de l'affaire, des hypothèses qu'elle autorise et de l'étendue des recherches à entreprendre, s'il y a lieu de dessaisir l'officier de police judiciaire qui a commencé l'enquête ou de lui laisser poursuivre pour tout ou partie les investigations.

Qu'ils appartiennent à la police nationale ou à la gendarmerie nationale, les officiers de police judiciaire s'avisent réciproquement dans les meilleurs délais de tout fait paraissant constituer un

(1) Dispositions du décret prises pour l'application des art. 12 à 15 du Code de procédure pénale (1re partie, Législative).

crime ou délit d'un caractère particulier en raison de son objet, des circonstances de sa commission ou de son auteur présumé, dès lors qu'il est susceptible d'être mis en rapprochement avec des faits de même nature qui auraient déjà été constatés ou qui pourraient être imputés aux personnes mises en cause dans des affaires similaires.

Lorsqu'un tel fait est de nature à susciter des investigations entrant dans le champ d'application de l'article D. 4, ces officiers de police judiciaire le portent sans délai à la connaissance des services relevant de la direction centrale de la police judiciaire ou, lorsqu'il relève du domaine de compétence de l'office central mentionné au 8° de l'article D. 8-1, de la direction centrale du contrôle de l'immigration et de la lutte contre l'emploi des clandestins.

Art. D. 4 *(D. n. 96-74, 26 janv. 1996 ; D. n. 96-694, 6 août 1996).* – Le magistrat fait appel aux officiers de police judiciaire relevant de la direction centrale de la police judiciaire ou de la direction centrale du contrôle de l'immigration et de la lutte contre l'emploi des clandestins, dans les cas de nécessité, en tenant compte des possibilités que procurent à l'officier de police judiciaire premier saisi sa rapidité d'intervention, ses sources d'information, sa connaissance de l'affaire et du milieu humain.

Le concours de ces officiers de police judiciaire peut se révéler indispensable lorsque la poursuite de l'enquête exige :

– soit une compétence technique particulière notamment dans les domaines relevant des offices centraux de police judiciaire énumérés à l'article D. 8-1 ; ces derniers assurent en outre, chaque fois que nécessaire, la coordination entre les services de police et les unités de gendarmerie ;

– soit des investigations internationales auprès d'offices ou d'organismes étrangers.

Art. D. 5 *(D. n. 96-74, 26 janv. 1996).* – Lorsqu'ils participent à une même enquête, les officiers ou agents de police judiciaire de la police nationale et de la gendarmerie nationale collaborent constamment dans l'intérêt de la justice. Ils mettent en commun leur compétence, leurs aptitudes et les moyens complémentaires dont ils disposent.

La répartition des tâches et la centralisation des éléments d'enquête sont assurées par le magistrat saisi.

Les officiers et agents de police judiciaire de la police nationale et de la gendarmerie nationale se font part des renseignements recueillis et des opérations effectuées dans le cadre des instructions données par le magistrat.

Ils mentionnent dans leur procédure les concours qu'ils se sont apportés dans la conduite de l'enquête.

Art. D. 6 *(D. n. 96-74, 26 janv. 1996).* – Lorsqu'ils sont amenés, soit pour l'exécution d'une commission rogatoire, soit dans le cadre d'une enquête préliminaire ou de flagrance, à procéder à un acte d'enquête susceptible d'entraîner un trouble à l'ordre public, les officiers de police judiciaire de la police nationale ou de la gendarmerie nationale sont tenus, après avis donné au magistrat mandant, d'informer de leur intervention et par tout moyen le responsable de la police nationale ou de la gendarmerie nationale en charge de la sécurité publique.

Le service local facilite dans toute la mesure de ses moyens l'exécution de cette mission ; en tout état de cause, il est impérativement, et dans les meilleurs délais, avisé de la fin de celle-ci.

Dans la limite des instructions du magistrat mandant et des dispositions législatives ou réglementaires visant notamment les obligations qui lient les officiers de police judiciaire, les militaires de la gendarmerie et les fonctionnaires de la police nationale agissant dans les circonstances objet du premier alinéa informent le responsable de la police nationale ou de la gendarmerie nationale ayant en charge la sécurité publique du résultat de leur intervention dès lors que celui-ci peut avoir des incidences sur l'ordre public.

Art. D. 7 *(D. n. 96-74, 26 janv. 1996).* – Les officiers et agents de police judiciaire veillent à la préservation de l'état des lieux ainsi qu'à la conservation des traces et des indices jusqu'à ce qu'il soit procédé aux opérations de police technique et scientifique. Sauf désignation par le magistrat d'un service de police technique et scientifique particulier, ces opérations sont effectuées par les spécialistes auxquels font habituellement appel les premiers intervenants.

Lorsqu'il y a lieu de procéder à des examens techniques ou scientifiques qui ne peuvent être différés, les officiers de police judiciaire peuvent, selon le type d'enquête qu'ils conduisent, faire appel aux personnes qualifiées appartenant aux organismes spécialisés de la police nationale ou de la gendarmerie nationale.

L'interprétation des résultats des opérations de police technique et scientifique peut être indifféremment confiée aux organismes spécialisés cités ci-dessus. Ceux-ci mettent en commun les moyens dont ils disposent lorsque leurs propres capacités se révèlent insuffisantes.

Art. D. 8 *(D. n. 96-74, 26 janv. 1996 ; D. n. 96-694, 6 août 1996).* **– Dans le cadre des textes législatifs et réglementaires ou des accords interministériels en vigueur :**

1° La police nationale et la gendarmerie nationale s'attachent à organiser et à mettre en œuvre la convergence de leurs systèmes centraux de documentation criminelle.

Les services de police et les unités de gendarmerie adressent aux services relevant de la direction centrale de la police judiciaire ou, lorsqu'ils entrent dans le domaine de compétence de l'office central mentionné au 8° de l'article D. 8-1, de la direction centrale du contrôle de l'immigration et de la lutte contre l'emploi des clandestins, les renseignements relatifs à la délinquance et à la criminalité susceptibles d'être exploités dans un but de centralisation, de classification ou de diffusion (avis, fiches, statistiques).

La direction centrale de la police judiciaire et la direction centrale du contrôle de l'immigration et de la lutte contre l'emploi des clandestins transmettent aux autres services de la police nationale ainsi qu'à la gendarmerie nationale par tout moyen, toutes indications utiles à l'identification ou à la recherche de malfaiteurs. Le service de police ou l'unité de gendarmerie qui est à l'origine d'une demande de diffusion doit figurer parmi les autorités à prévenir dès la découverte des individus recherchés.

2° Les services de la police nationale et les unités de la gendarmerie nationale informent les offices centraux de police judiciaire et les organes de coopération internationale policière énumérés aux articles D. 8-1 et D. 8-2.

Ces services ont la charge d'assurer, dans les matières relevant de leurs compétences respectives, la centralisation, la coordination et la diffusion nationales de l'information auprès des services de police et des unités de gendarmerie.

Art. D. 8-1 *(D. n. 96-74, 26 janv. 1996 ; D. n. 96-694, 6 août 1996).* **– Les offices centraux de police judiciaire relevant du 1° de l'article R. 15-18 sont les suivants :**

1° Office central pour la répression du faux-monnayage ;

2° Office central pour la répression du trafic illicite des stupéfiants ;

3° Office central pour la répression de la traite des êtres humains ;

4° Office central pour la répression du banditisme ;

5° Office central *(D. n. 97-285, 25 mars 1997, art. 7)* **de lutte contre le trafic des biens culturels ;**

6° Office central pour la répression du trafic des armes, des munitions, des produits explosifs et des matières nucléaires, biologiques et chimiques ;

7° Office central pour la répression de la grande délinquance financière ;

8° Office central pour la répression de l'immigration irrégulière et de l'emploi d'étrangers sans titre ;

9° *(D. n. 2001-475, 30 mai 2001, art. 1er)* **Office central de lutte contre la criminalité liée aux technologies de l'information et de la communication ;**

10° *(D. n. 2002-730, 3 mai 2002, art. 1er)* **Office central chargé des disparitions inquiétantes de personnes.**

V. Textes complémentaires

Art. D. 8-2 *(D. n. 96-74, 26 janv. 1996).* **– Les organes de coopération internationale policière placés au sein de la direction centrale de la police judiciaire sont les suivants :**

1° Le bureau central national-France de l'organisation internationale de police criminelle Interpol ;

2° Le bureau national chargé de la gestion opérationnelle de la partie nationale du système d'information Schengen, dénommé Sirene ;

3° L'unité centrale de coopération policière internationale, désignée par l'article 40, paragraphe 5, de la convention d'application de l'accord de Schengen du 14 juin 1985, signée à Schengen le 19 juin 1990 ;

4° L'unité nationale de l'Office européen de police, dénommé Europol.

SECTION II. – DES OFFICIERS DE POLICE JUDICIAIRE (1)

Art. D. 9. – Les officiers de police judiciaire doivent énoncer leur nom et leur qualité dans tous les procès-verbaux qu'ils établissent en matière de police judiciaire.

Art. D. 10. – Lorsqu'ils exécutent une commission rogatoire ou agissent selon la procédure des crimes et délits flagrants ou sur la réquisition du préfet en application de l'article 30 du Code de procédure pénale, les officiers de police judiciaire établissent des procès-verbaux séparés pour chacun des actes qu'ils sont appelés à faire.

Chaque procès-verbal doit mentionner le nom et la qualité de l'officier de police judiciaire qui a opéré personnellement, à l'exclusion de tout autre.

Art. D. 11. – Lorsqu'ils agissent dans le cadre de l'enquête préliminaire, les officiers de police judiciaire peuvent relater dans un seul procès-verbal les opérations effectuées au cours de la même enquête.

Si plusieurs officiers de police judiciaire concourent à une enquête préliminaire, le nom de celui qui a personnellement accompli chacune des opérations doit être précisé.

(D. n. 60-898, 24 août 1960, art. 1er) **Ces dispositions sont applicables aux agents de police judiciaire énumérés à l'article 20.**

Art. D. 12 *(D. n. 96-74, 25 janv. 1996 ; D. n. 96-694, 6 août 1996)*. **– 1. L'extension de compétence territoriale conférée aux officiers de police judiciaire par l'article 18 (troisième alinéa) revêt un caractère exceptionnel et limitatif :**

– elle n'est applicable qu'en cas de crime ou de délit flagrant ;

– elle ne peut être exercée que s'il s'agit d'un crime ou délit constaté dans la circonscription habituelle de l'officier de police judiciaire ;

– elle concerne seulement la poursuite des investigations et l'exécution des auditions, perquisitions et saisies qui se rattachent directement à l'infraction et qui s'imposent à l'officier de police judiciaire dans le temps de l'enquête de flagrance.

2. Lorsque, par application de l'article 18 (deuxième et troisième alinéas), un officier de police judiciaire opère en dehors de sa circonscription habituelle, même s'il agit dans le ressort d'un tribunal de grande instance près duquel il exerce ses fonctions, il doit aviser préalablement le procureur de la République et l'officier de police judiciaire en charge de la sécurité publique territorialement compétents.

À l'issue de ses opérations, il tient ces derniers informés des résultats obtenus. Il mentionne dans sa procédure les avis donnés et, éventuellement, les concours qui lui ont été prêtés par le service local de police ou de gendarmerie.

3. L'extension de compétence territoriale prévue à l'article 18 (quatrième alinéa) est applicable soit dans le cours d'une enquête de flagrance ou d'une enquête préliminaire, soit dans le cadre d'une information judiciaire, mais elle ne peut résulter que d'une prescription formelle du magistrat saisi, et seulement s'il y a urgence.

(1) Dispositions du décret prises pour l'application des art. 17 à 19 du Code de procédure pénale (1re partie, Législative).

Les réquisitions du procureur de la République ou la commission rogatoire, selon le cas, doivent viser l'article 18 (quatrième alinéa) et mentionner expressément, outre l'urgence, la nature et le lieu des opérations à effectuer. Elles doivent également préciser si l'assistance d'un officier de police judiciaire territorialement compétent est requise.

Lorsque le magistrat a décidé qu'une assistance territoriale est nécessaire, l'officier de police judiciaire bénéficiant de l'extension de compétence doit, dans le plus bref délai et autant que possible avant son transport, aviser un officier de police judiciaire exerçant ses fonctions dans la circonscription où il doit opérer qu'il va recourir à son assistance ; il lui fournit en même temps les précisions indispensables, notamment de temps et de lieu. Il mentionne cet avis dans sa procédure ainsi que le concours de l'officier de police judiciaire l'ayant assisté.

Lorsque le magistrat n'a pas décidé qu'une assistance territoriale était nécessaire, l'officier de police judiciaire bénéficiant de l'extension de compétence doit, dans le plus bref délai et, autant que possible, avant son transport, aviser l'officier de police judiciaire en charge de la sécurité publique dans la circonscription où il doit opérer. Il mentionne cet avis dans sa procédure. Si les circonstances l'exigent, il peut être assisté par des agents de police judiciaire territorialement compétents.

Dans tous les cas, l'officier de police judiciaire ayant bénéficié de l'extension de compétence informe le procureur de la République territorialement compétent du résultat de ses opérations.

4. Lorsque les investigations portent sur un fait ayant donné lieu à l'information prévue au dernier alinéa de l'article D. 3, l'officier de police judiciaire bénéficiant de l'extension de compétence avise, selon les cas, les services relevant de la direction centrale de la police judiciaire ou de la direction centrale du contrôle de l'immigration et de la lutte contre l'emploi des clandestins.

SECTION III. – DES AGENTS DE POLICE JUDICIAIRE (1)

Art. D. 13. – Les agents de police judiciaire secondent les officiers de police judiciaire dans l'exercice de leurs fonctions, en se limitant strictement aux opérations qui leur sont prescrites et sans que puisse leur être délégué aucun des pouvoirs propres de l'officier de police judiciaire chargé de l'enquête.

En outre, les agents de police judiciaire ont notamment pour mission d'assurer l'exécution :

1° Des mesures de contrainte contre les témoins défaillants en application des articles 62, 109, 110 et 153 du Code de procédure pénale ;

2° Des mandats d'amener, de dépôt, d'arrêt et des ordonnances de prise de corps ;

3° Des arrêts et des jugements de condamnation ;

4° Des contraintes par corps.

(D. n. 60-898, 24 août 1960, art. 1er) **Les agents de police judiciaire énumérés aux articles 20 et 21 n'ont, en aucun cas, qualité pour décider des mesures de garde à vue.**

Art. D. 14 *(D. n. 60-898, 24 août 1960, art. 1er)*. **– Les agents de police judiciaire énumérés à l'article 20 ont compétence pour constater tous crimes, délits ou contraventions et pour en dresser procès-verbal.**

En outre, ils peuvent effectuer des enquêtes préliminaires soit d'office, soit sur instructions du procureur de la République ou de leurs chefs hiérarchiques.

Dans le cadre d'une procédure de crime ou délit flagrant, ils ont qualité pour entendre les personnes susceptibles de fournir des renseignements sur les faits en cause, mais seulement s'ils ont reçu des ordres à cet effet et dans les limites qui leur ont été ainsi fixées.

Indépendamment de ces attributions, ils secondent les officiers de police judiciaire comme il est dit à l'article D. 13.

Ils font parvenir leurs procès-verbaux au procureur de la République par l'intermédiaire de leurs chefs hiérarchiques, qui les transmettent sans délai, conformément à l'article 19.

---

(1) Les habilitations des médiateurs, personnes physiques ou morales, intervenues avant l'entrée en vigueur du présent décret conformément aux dispositions des articles R. 15-18 à R. 15-25, demeurent valables.

Art. D. 15 *(D. n. 60-898, 24 août 1960, art. 1er)*. **– Les agents de police judiciaire énumérés à l'article 21 rendent compte de tous crimes, délits ou contraventions dont ils ont connaissance sous forme de rapports adressés à leurs chefs hiérarchiques. Ces derniers, qui ont la qualité d'officiers de police judiciaire, informent sans délai le procureur de la République en lui transmettant notamment les rapports de ces agents de police judiciaire, en application de l'article 19.**

SECTIONS IV et V

Néant.

CHAPITRE II. – DU MINSTÈRE PUBLIC

(D. 2001-475, 30 mai 2001, art. 2)

Néant.

TITRE II

Néant.

TITRE III. – DES JURIDICTIONS D'INSTRUCTION

CHAPITRE I. – DU JUGE D'INSTRUCTION : JURIDICTION D'INSTRUCTION DU PREMIER DEGRÉ

SECTION I. – DISPOSITIONS GÉNÉRALES

Subdivisions modifiées, D. n. 64-119, 4 févr. 1964, art. 2

§ 1 à 4

Néant.

§ 5. – Examens médical et médico-psychologique (1)

Intitulé modifié, D. n. 83-1164, 23 déc. 1983, art. 3

Art. D. 16 *(D. n. 60-898, 24 août 1960, art. 1er)*. **– L'enquête sur la personnalité des inculpés ainsi que sur leur situation matérielle, familiale ou sociale prévue à l'article 81, alinéa 6, du Code de procédure pénale et les examens, notamment médical et médico-psychologique, mentionnés à l'alinéa 7 dudit article, constituent le dossier de personnalité de l'inculpé.**

(1) Dispositions du décret prises pour l'application de l'art. 81, al. 5 et 6, du Code de procédure pénale (Première partie, Législative).

Ce dossier a pour objet de fournir à l'autorité judiciaire, sous une forme objective et sans en tirer de conclusion touchant à l'affaire en cours, des éléments d'appréciation sur le mode de vie passé et présent de l'inculpé.

Il ne saurait avoir pour but la recherche des preuves de la culpabilité.

Art. D. 17 *(D. n. 72-852, 12 sept. 1972, art. 1er)*. – **Lorsqu'elles ont à apprécier l'opportunité de requérir ou d'ordonner les enquêtes et examens visés à l'article D. 16, les autorités judiciaires tiennent le plus grand compte, notamment :**

1° Du fait que l'inculpé est âgé de moins de vingt-cinq ans ;

2° De sa qualité de récidiviste, *spécialement s'il encourt* la tutelle pénale (1) ;

3° De la nature du délit (coups et blessures volontaires, délits sexuels, incendie volontaire) ;

4° De la possibilité de prononcer la déchéance de l'autorité parentale, en application des articles 1er et 2 de la loi du 24 juillet 1889 (2) ;

5° De l'éventualité d'une décision de sursis avec mise à l'épreuve ou d'admission au régime de semi-liberté conformément aux dispositions de l'article 723-1.

Art. D. 18. – **Le juge d'instruction qui ordonne les enquêtes et examens visés à l'article D. 16, fixe le délai dans lequel les rapports doivent lui être adressés.**

En cas de retards injustifiés, la personne désignée peut être remplacée et il en est donné avis aux fins de droit au procureur général et au président de la chambre de l'instruction.

Art. D. 19. – **Dans les cas où il apparaît nécessaire de soumettre à une expertise psychiatrique un inculpé qui a fait l'objet d'une enquête ou d'un examen mentionnés à l'article D. 16, le dossier de personnalité peut être communiqué, en tout ou partie, à l'expert.**

Art. D. 20. – *D. n. 60-898, 24 août 1960, art. 1er ; D. n. 61-364, 11 avr. 1961 ; abrogé, D. n. 83-1164, 23 déc. 1983, art. 3.*

Art. D. 21 et D. 22. – *Abrogés, D. n. 83-1164, 23 déc. 1983, art. 3.*

Art. D. 23. – **L'examen médical et l'examen médico-psychologique prévus par l'article 81, alinéa 6, du Code de procédure pénale constituent des mesures soumises aux règles de l'expertise organisée par les articles 156 à 169 dudit code.**

Art. D. 24. – **Les médecins chargés de ces examens sont, en principe, choisis sur les listes d'experts établies en application de l'article 157 et des articles R. 26 à R. 40 du Code de procédure pénale.**

Le juge d'instruction peut également, par décision motivée, choisir des médecins particulièrement qualifiés, ne figurant pas sur ces listes.

Art. D. 25. – **Lorsque le médecin chargé de l'examen médical ou médico-psychologique se fait assister d'autres personnes, leur nom et leur qualité doivent être mentionnés dans le rapport d'examen.**

Art. D. 26. – **Le juge d'instruction peut désigner, pour procéder aux examens qu'il estime utiles, des techniciens de qualifications différentes et notamment un psychologue et un observateur.**

Il peut prescrire que ces derniers exécuteront leur mission en liaison avec le médecin chargé de l'examen médical ou médico-psychologique.

---

(1) Supprimée, L. n. 81-82, 2 févr. 1981, art. 70.
(2) L. n. 70-459, 4 juin 1970, art. 6. – V. C. civ., art. 378 et 378-1.

§ 6. – Désignation du juge d'instruction (1)

Art. D. 27. – Le juge d'instruction chargé d'une information nouvelle ou appelé à remplacer son collègue en cas d'empêchement ou de changement de poste, est désigné dans les conditions prévues ci-après.

Art. D. 28 *(D. n. 60-898, 24 août 1960, art. 1er)*. **– Le président du tribunal, saisi du réquisitoire introductif et des pièces jointes s'il s'agit d'une information nouvelle, transmet le dossier assorti de sa décision au juge d'instruction désigné.**

Art. D. 29. – Le président peut désigner, pour le remplacer dans l'exercice des fonctions prévues à l'article D. 28, l'un des vice-présidents ou des juges du tribunal.

À défaut de désignation, il est remplacé, en cas d'absence, par le vice-président ou le juge du rang le plus élevé, présent au tribunal.

Art. D. 30. – Le président du tribunal peut établir un tableau de roulement désignant les juges d'instruction provisoirement chargés des informations qui viendraient à se présenter la nuit, les dimanches et jours fériés.

(D. n. 60-898, 24 août 1960, art. 1er) **La désignation définitive du juge d'instruction intervient dans les vingt-quatre heures.**

Art. D. 31. – Les dispositions du présent paragraphe ne sont pas applicables :

1° Lorsqu'il n'existe qu'un juge d'instruction ;

2° Lorsqu'il s'agit d'une information comportant un inculpé mineur de dix-huit ans et qu'il n'existe qu'un juge d'instruction chargé spécialement des affaires concernant les mineurs désignés conformément à l'article 4, pénultième alinéa, de l'ordonnance du 2 février 1945, modifiée, relative à l'enfance délinquante ;

3° Lorsque le juge d'instruction présent sur les lieux d'un crime ou délit flagrant est saisi en vertu de l'article 72, dernier alinéa, du Code de procédure pénale.

SECTION II. – DE LA CONSTITUTION DE PARTIE CIVILE
ET DE SES EFFETS (2)

Art. D. 32. – Quand, après une information ouverte sur constitution de partie civile, une décision de non-lieu a été rendue, l'inculpé et toute personne visée dans la plainte peut se faire délivrer par le procureur de la République, une expédition de la plainte et de la décision de non-lieu en vue de l'application éventuelle des dispositions de l'article 91 du Code de procédure pénale.

SECTION III. – INSTRUCTIONS ET RENSEIGNEMENTS DONNÉS
PAR L'AUTORITÉ JUDICIAIRE

(Insérée, D. n. 85-836, 6 août 1985, art. 2)

Art. D. 32-1 *(D. n. 2000-1213, 13 déc. 2000, art. 1 7, applic. 1er janv. 2001)*. **– Le juge d'instruction qui saisit le juge des libertés et de la détention en application des dispositions du quatrième alinéa de l'article 137-1 aux fins de placement en détention provisoire de la personne mise en examen remplit une notice individuelle comportant des renseignements relatifs aux faits ayant motivé la poursuite de la personne, à ses antécédents judiciaires et à sa personnalité, qui est destinée, en cas de placement en détention, au chef de l'établissement pénitentiaire.**

(1) Dispositions du décret prises pour l'application des art. 83 et 84 du Code de procédure pénale (1re partie, Législative).
(2) Dispositions du décret prises pour l'application de l'art. 91 du Code de procédure pénale (1re partie, Législative).

S'il ordonne le placement de la personne en détention provisoire, le juge des libertés et de la détention transmet au chef d'établissement, outre le titre de détention qu'il délivre, cette notice individuelle revêtue de son visa, après l'avoir complétée s'il l'estime nécessaire.

Les documents mentionnés à l'alinéa précédent peuvent être, le cas échéant, transmis au chef d'établissement par le juge d'instruction si le dossier de la procédure est retourné à ce magistrat avant la mise à exécution du titre de détention.

SECTIONS IV à VII

Néant.

SECTION VIII. – DES COMMISSIONS ROGATOIRES (1)

Art. D. 33. – Lorsqu'un juge d'instruction adresse une commission rogatoire à un officier de police judiciaire chef d'un service de police ou d'une unité de gendarmerie, celui-ci peut en faire assurer l'exécution par un officier de police judiciaire placé sous son autorité, à condition que ce dernier agisse dans les limites de sa compétence territoriale.

L'officier de police judiciaire chargé de l'exécution d'une commission rogatoire par son chef hiérarchique doit, sans préjudice de l'application des dispositions de l'article D. 9, en rendre compte immédiatement au magistrat mandant si celui-ci a prescrit cette diligence.

Art. D. 34. – L'officier de police judiciaire chargé de l'exécution d'une commission rogatoire tient le magistrat commettant informé de son activité.

Il lui réfère sans délai des difficultés qui viendraient à se présenter et sollicite ses instructions.

Art. D. 35. – Lorsqu'une commission rogatoire prescrit des opérations simultanées sur divers points du territoire, le juge d'instruction peut ordonner sa diffusion en reproductions ou copies en application de l'article 155, alinéa 1er, du Code de procédure pénale.

Une reproduction intégrale de l'original de la commission rogatoire, notamment par photocopie ou même une reproduction de reproduction, est, dans ce cas, valable.

Il en est de même d'une copie intégrale de la commission rogatoire certifiée conforme par l'autorité chargée de la diffusion.

Si les services de police et de gendarmerie sont appelés à assurer une diffusion générale, la commission rogatoire est établie en trois originaux adressés au ministre de l'Intérieur (direction des services de police judiciaire), au ministre des Armées (sous-direction de la gendarmerie) et au préfet de police (direction de la police judiciaire).

Art. D. 36. – S'il y a urgence, la commission rogatoire peut être diffusée par tous moyens, et notamment par la voie télégraphique, conformément à l'article 155, alinéa 2, du Code de procédure pénale.

Le télégramme ou le message doit préciser les mentions essentielles de l'original, et spécialement la nature de l'inculpation, le nom et la qualité du magistrat mandant.

Il porte également, le cas échéant, l'indication des autorités qui en ont assuré la transmission ainsi que le numéro d'enregistrement.

SECTION IX. – DE L'EXPERTISE

Art. D. 37 à D. 42. – *Abrogés, D. n. 74-1184, 31 déc. 1974, art. 40.*

---

(1) Dispositions du décret prises pour l'application des art. 151 à 155 du Code de procédure pénale (1re partie, Législative).

SECTIONS X à XIII

Néant.

CHAPITRE II. – DE LA CHAMBRE DE L'INSTRUCTION : JURIDICTION D'INSTRUCTION DU SECOND DEGRÉ

SECTION I. – DISPOSITIONS GÉNÉRALES (1)

Art. D. 43 *(D. n. 60-134, 12 févr. 1960, art. 1er)*. **– Dans les cours d'appel comportant quatre chambres au plus, non compris les chambres détachées, et jusqu'à ce qu'il puisse en être autrement disposé, le président de la chambre de l'instruction peut, en cas de nécessité, assurer à titre exceptionnel le service d'une autre chambre, de la même cour, conformément aux dispositions de l'article 191, alinéa 4.**

SECTION II

Néant.

SECTION III. – DE LA NOTATION ET DU CONTRÔLE DE L'ACTIVITÉ JUDICIAIRE DES OFFICIERS DE POLICE JUDICIAIRE

[Dispositions prises pour l'application des articles 13, 16, 19-1, 224 à 230 et R. 14 à R. 15-6 du Code de procédure pénale]

(D. n. 98-1203, 28 déc. 1998)

Art. D. 44. – Il est tenu en permanence au parquet général de chaque cour d'appel un dossier individuel concernant l'activité, en tant qu'officier de police judiciaire et pour l'ensemble du ressort, de chacun des fonctionnaires et militaires habilités à exercer les attributions attachées à la qualité d'officier de police judiciaire.

Ce dossier comprend notamment :

1° Les demandes d'habilitation et les documents qui y sont joints ;

2° La copie des décisions prononcées par l'autorité judiciaire en application des dispositions des articles 16-1, 16-3, 224 à 229, R. 15-2 et R. 15-5, et notamment la copie des arrêtés d'habilitation ;

3° L'avis des promotions dont l'intéressé a pu faire l'objet depuis sa dernière habilitation ;

4° La copie de tout document émanant d'un magistrat ou d'un service exerçant des attributions d'inspection et relatif à l'exercice des activités judiciaires de l'intéressé ;

5° Les notations annuelles établies en application des dispositions ci-après.

Le dossier est communiqué à la chambre de l'instruction lorsque celle-ci se trouve saisie dans les conditions fixées à l'article 225.

Art. D. 45. – Pour les officiers de police judiciaire appartenant à un service ou à une unité dont le ressort n'excède pas celui d'un tribunal de grande instance, le procureur de la République, après avoir recueilli les observations du ou des juges d'instruction et, le cas échéant, des juges des enfants et de l'application des peines et celles du ou des présidents des chambres correctionnelles, établit une proposition de notation qu'il transmet chaque année au procureur général près la cour d'appel.

---

(1) Dispositions du décret prises pour l'application de l'article 191 du Code de procédure pénale (1re partie, Législative).

La notation est établie par le procureur général, après consultation, le cas échéant, des présidents de la chambre de l'instruction et des cours d'assises du ressort.

Art. D. 45-1. – À l'égard des officiers de police judiciaire qui sont affectés à un service ou à une unité dont le ressort excède celui d'un tribunal de grande instance, le procureur de la République du tribunal dans le ressort duquel le service ou l'unité a son siège, après avoir recueilli les observations du ou des juges d'instruction et, le cas échéant, des juges des enfants et de l'application des peines et celles du ou des présidents des chambres correctionnelles, établit une proposition de notation qu'il transmet chaque année au procureur général près la cour d'appel.

Celui-ci établit la notation après avoir, le cas échéant, recueilli les observations des autres procureurs de la République concernés de son ressort, des présidents de la chambre de l'instruction et des cours d'assises. Lorsque le service ou l'unité dans lequel l'officier de police judiciaire est affecté excède le ressort de la cour d'appel, le procureur général peut également recueillir l'avis des autres procureurs généraux concernés.

Art. D. 46. – Les propositions de notation et les notations prévues aux articles D. 45 et D. 45-1 sont établies sur un imprimé conforme au modèle fixé par le ministre de la justice.

Elles doivent comporter une note chiffrée de 0 à 5 et une appréciation sur chacun des éléments suivants :

1. **Qualité de procédure et rédaction des rapports et des procès-verbaux ;**
2. **Valeur des informations données au parquet ;**
3. **Habileté professionnelle ;**
4. **Degré de confiance accordé ;**
5. **Note générale.**

Elles doivent également comporter une appréciation générale circonstanciée.

Si l'activité de l'officier de police judiciaire est demeurée inconnue de l'autorité judiciaire, l'imprimé visé au premier alinéa porte pour seule mention les mots : « activité judiciaire non observée ».

Art. D. 47 *(D. n. 60-898, 24 août 1960, art. 1er)*. **– La notation établie par le procureur général est portée directement à la connaissance de l'officier de police judiciaire qui peut présenter des observations par écrit dans un délai de quinze jours, délai à l'issue duquel la notation définitive est communiquée à l'autorité administrative ou militaire chargée d'établir les propositions d'avancement de l'intéressé.**

LIVRES DEUXIÈME ET TROISIÈME

Néant.

LIVRE QUATRIÈME

DE QUELQUES PROCÉDURES PARTICULIÈRES

(D. n. 68-645, 9 juill. 1968)

TITRE PREMIER

Néant.

TITRE II. – DU FAUX

Art. D. 47-1. – Le demandeur en inscription de faux contre une pièce produite devant la Cour de cassation, dont le premier président rejette la demande, est condamné, sauf s'il en est expressément dispensé, au paiement d'une amende civile de 200 F (30 €) au moins et de 1 000 F (150 €) au plus.

TITRES III À XI

Néant.

TITRE XVI. – DE LA POURSUITE, DE L'INSTRUCTION ET DU JUGEMENT DES INFRACTIONS EN MATIÈRE DE STUPÉFIANTS

Art. D. 47-2 *(D. n. 94-1032, 23 nov. 1994)*. **– Par application de l'article 706-27, les cours d'assises désignées dans le tableau annexé au présent article sont compétentes pour connaître, dans les circonscriptions définies à ce tableau, des crimes visés à l'article 706-26.**

ANNEXE

LISTE ET RESSORT DES COURS D'ASSISES COMPÉTENTES POUR JUGER LES CRIMES VISÉS PAR L'ARTICLE 706-26 DU CODE DE PROCÉDURE PÉNALE

(Infractions en matière de trafic de stupéfiants)

COURS d'APPEL	COURS D'ASSISES	COMPÉTENCE TERRITORIALE
Agen	Cour d'assises de Lot-et-Garonne.	Ressort de la cour d'appel d'Agen.
Aix-en-Provence	Cour d'assises des Bouches-du-Rhône.	Ressort de la cour d'appel d'Aix-en-Provence.
Amiens...........	Cour d'assises de la Somme.	Ressort de la cour d'appel d'Amiens.
Angers	Cour d'assises de Maine-et-Loire.	Ressort de la cour d'appel d'Angers.
Bastia	Cour d'assises de Haute-Corse.	Ressort de la cour d'appel de Bastia.
Besançon........	Cour d'assises du Doubs.	Ressort de la cour d'appel de Besançon.
Bordeaux........	Cour d'assises de la Gironde.	Ressort de la cour d'appel de Bordeaux.
Bourges..........	Cour d'assises du Cher.	Ressort de la cour d'appel de Bourges.
Caen	Cour d'assises du Calvados.	Ressort de la cour d'appel de Caen.
Chambéry	Cour d'assises de la Savoie.	Ressort de la cour d'appel de Chambéry.
Colmar	Cour d'assises du Bas-Rhin.	Département du Bas-Rhin.
	Cour d'assises du Haut-Rhin.	Département du Haut-Rhin.
Dijon	Cour d'assises de la Côte-d'Or.	Ressort de la cour d'appel de Dijon.
Douai	Cour d'assises du Nord.	Département du Nord.
	Cour d'assises du Pas-de-Calais.	Département du Pas-de-Calais.
Grenoble	Cour d'assises de l'Isère.	Ressort de la cour d'appel de Grenoble.
Limoges..........	Cour d'assises de la Haute-Vienne.	Ressort de la cour d'appel de Limoges.

COURS d'APPEL	COURS D'ASSISES	COMPÉTENCE TERRITORIALE
Lyon	Cour d'assises du Rhône.	Ressort de la cour d'appel de Lyon.
Metz	Cour d'assises de la Moselle.	Ressort de la cour d'appel de Metz.
Montpellier.....	Cour d'assises des Pyrénées-Orientales.	Département des Pyrénées-Orientales.
	Cour d'assises de l'Hérault.	Départements de l'Hérault, de l'Aude et de l'Aveyron.
Nancy.............	Cour d'assises de Meurthe-et-Moselle.	Ressort de la cour d'appel de Nancy.
Nîmes.............	Cour d'assises du Gard.	Départements du Gard et de la Lozère.
	Cour d'assises de Vaucluse.	Départements de Vaucluse et de l'Ardèche.
Orléans...........	Cour d'assises du Loiret.	Ressort de la cour d'appel d'Orléans.
Paris	Cour d'assises de Paris.	Ressort de la cour d'appel de Paris.
Pau.................	Cour d'assises des Pyrénées-Atlantiques.	Ressort de la cour d'appel de Pau.
Poitiers	Cour d'assises de la Vienne.	Ressort de la cour d'appel de Poitiers.
Reims	Cour d'assises de la Marne.	Ressort de la cour d'appel de Reims.
Rennes	Cour d'assises d'Ille-et-Vilaine.	Départements d'Ille-et-Vilaine, des Côtes-d'Armor et du Finistère.
	Cour d'assises de la Loire-Atlantique.	Départements de la Loire-Atlantique et du Morbihan.
Riom	Cour d'assises du Puy-de-Dôme.	Ressort de la cour d'appel de Riom.
Rouen	Cour d'assises de la Seine-Maritime.	Ressort de la cour d'appel de Rouen.
Toulouse.........	Cour d'assises de la Haute-Garonne.	Ressort de la cour d'appel de Toulouse.
Versailles	Cour d'assises des Hauts-de-Seine.	Département des Hauts-de-Seine.

COURS d'APPEL	COURS D'ASSISES	COMPÉTENCE TERRITORIALE
	Cour d'assises des Yvelines.	Départements des Yvelines et d'Eure-et-Loir.
	Cour d'assises du Val-d'Oise.	Département du Val-d'Oise.
Basse-Terre	Cour d'assises de la Guadeloupe.	Ressort de la cour d'appel de Basse-Terre.
Fort-de-France.	Cour d'assises de la Martinique.	Département de la Martinique.
	Cour d'assises de la Guyane.	Département de la Guyane.
Saint-Denis-de-la-Réunion.	Cour d'assises de la Réunion.	Ressort de la cour d'appel de Saint-Denis-de-la-Réunion.

LIVRE CINQUIÈME

DES PROCÉDURES D'EXÉCUTION

TITRE PREMIER. – DE L'EXÉCUTION DES SENTENCES PÉNALES (1)

Art. D. 48 *(D. n. 60-898, 24 août 1960, art. 1er)*. **– Le ministère public étant chargé de l'exécution de l'ensemble des sentences pénales prononcées par les juridictions répressives, il est tenu à cet effet, par chaque parquet, un fichier ou un registre dit « Registre d'exécution des peines ».**

Le registre d'exécution des peines est établi de manière à permettre de prendre immédiatement connaissance des peines à exécuter et, le cas échéant, des motifs pour lesquels l'exécution n'a pas encore eu lieu.

Les mentions utiles sont portées sur le registre après chaque audience, ainsi qu'après toute diligence relative à l'exécution de la peine ou à l'inscription de la condamnation au casier judiciaire.

Les registres d'exécution des peines sont établis conformément aux modèles fixés par le ministre de la justice et sont tenus selon ses instructions.

Art. D. 49. – *Abrogé, D. n. 98-1099, 8 déc. 1998, art. 197.*

Art. D. 49-1 *(D. n. 2000-1213, 13 déc. 2000, art. 1er)*. **– Préalablement à la mise à exécution, à l'encontre d'une personne non incarcérée, d'une condamnation à une peine égale ou inférieure à un an d'emprisonnement, ou pour laquelle la durée de la détention restant à subir est inférieure ou égale à un an, le ministère public communique au juge de l'application des peines un extrait de la décision accompagné, le cas échéant, de toutes informations utiles. Il en est de même en cas de cumul de condamnations concernant la même personne si le total des peines prononcées ou restant à subir est inférieur ou égal à un an.**

Le juge de l'application des peines peut charger le service pénitentiaire d'insertion et de probation de vérifier la situation matérielle, familiale et sociale de la personne condamnée et de proposer les mesures propres à favoriser l'insertion sociale de l'intéressé.

Afin de déterminer les modalités d'exécution de la peine en considération de la situation du condamné, le juge de l'application des peines peut, d'office, à la demande de l'intéressé ou sur réquisitions du procureur de la République, et selon la procédure prévue par le sixième alinéa de l'article 722, ordonner l'une des mesures mentionnées à cet alinéa.

(D. 2002-619, 26 avril 2002, art. 2) **Toutefois, le juge de l'application des peines peut ordonner l'une de ces mesures sans procéder au débat contradictoire prévu par le sixième alinéa de l'article 722 lorsque la mesure envisagée reçoit l'accord du ministère public et du condamné.**

À défaut de décision du juge de l'application des peines dans les trois mois suivant la communication visée au premier alinéa et même, en cas d'urgence, avant ce terme, la peine peut être ramenée à exécution par le ministère public en la forme ordinaire.

---

(1) Dispositions du décret prises pour l'application des art. 707 à 709 du Code de procédure pénale (1re partie, Législative).

TITRE II. – DE LA DÉTENTION (1)

Art. D. 50 *(D. n. 85-836, 6 août 1985, art. 1er).* **– Sont désignées dans le présent titre par le mot détenus, les personnes faisant l'objet d'une mesure privative de liberté à l'intérieur d'un établissement pénitentiaire.**

Sont désignés par le mot condamnés, uniquement les condamnés ayant fait l'objet d'une décision ayant acquis le caractère définitif. Toutefois, par application des dispositions du deuxième alinéa de l'article 708, le délai d'appel accordé au procureur général par l'article 505 n'est pas pris en considération à cet égard.

Sont indistinctement désignés par le mot prévenus tous les détenus qui sont sous le coup de poursuites pénales et n'ont pas fait l'objet d'une condamnation définitive au sens précisé ci-dessus, c'est-à-dire aussi bien les *(D. n. 98-1099, 8 déc. 1998, art. 144)* **personnes mises en examen, les prévenus, et les accusés, que les condamnés ayant formé opposition, appel ou pourvoi.**

Art. D. 51. – L'expression « magistrat saisi du dossier de l'information » désigne dans le présent titre, selon le cas et conformément aux règles de la procédure pénale, le juge d'instruction ou le juge des enfants, le procureur de la République, le président de la cour d'assises, le procureur général près la cour d'appel, et éventuellement le procureur général près la Cour de cassation.

Second alinéa abrogé, D. n. 83-48, 26 janv. 1983, art. 1er.

Art. D. 52. – Les détenus qui sont prévenus pour une cause et condamnés pour une autre doivent être soumis au même régime et aux mêmes règles disciplinaires que les condamnés, sauf à bénéficier des avantages et facilités accordés aux prévenus pour les besoins de leur défense.

CHAPITRE I. – DE L'EXÉCUTION DE LA DÉTENTION PROVISOIRE

SECTION I. – DES ÉTABLISSEMENTS DANS LESQUELS LA DÉTENTION PROVISOIRE EST SUBIE (2)

Art. D. 53 *(D. n. 59-822, 10 juill. 1959 ; D. n. 72-852, 12 sept. 1972, art. 1er).* **– Les prévenus placés en détention provisoire sont incarcérés, selon les prescriptions du mandat ou de la décision de justice dont ils font l'objet, à la maison d'arrêt de la ville où siège la juridiction d'instruction ou de jugement devant laquelle ils ont à comparaître.**

(D. n. 85-836, 6 août 1985, art. 1er) **Toutefois, au cas où il n'y a pas de maison d'arrêt dans cette ville ou lorsque la maison d'arrêt ne comporte pas de locaux appropriés à l'âge ou à l'état de santé des intéressés, ou en ce qui concerne les femmes, de quartiers aménagés pour elles, ou encore lorsque cet établissement n'offre pas une capacité d'accueil ou des garanties de sécurité suffisantes, les prévenus sont incarcérés à la maison d'arrêt la plus proche disposant d'installations convenables, d'où ils sont extraits chaque fois que l'autorité judiciaire le requiert.**

Art. D. 54 *(D. n. 60-898, 24 août 1960 ; D. n. 66-656, 1er sept. 1966 ; D. n. 72-852, 12 sept. 1972, art. 1er ; D. n. 73-281, 7 mars 1973, art. 1er ; D. n. 75-402, 23 mai 1975, art. 1er ; D. n. 84-584, 3 juill. 1984, art. 1er ; D. n. 85-836, 6 août 1985, art. 1er).* **– Il y a une maison d'arrêt auprès de chaque cour d'assises. Toutefois, les accusés ressortissant aux cours d'assises du Gers, de la Haute-Savoie et du Vaucluse sont retenus respectivement à la maison d'arrêt d'Agen, à la maison d'arrêt de Bonneville et à la maison d'arrêt d'Avignon.**

(1) Dispositions prises pour l'application du titre II du livre V du Code de procédure pénale (1re partie, Législative).
(2) D. n. 72-852, 12 sept. 1972, art. 2-1°.

La liste des tribunaux de grande instance auprès desquels il n'y a pas de maison d'arrêt est fixée conformément au tableau ci-dessous, qui détermine en outre la ou les maisons d'arrêt où sont retenus les prévenus ou appelants ressortissant à ces juridictions.

COURS D'APPEL	JURIDICTIONS	PRISONS DE RATTACHEMENT
Agen	Auch. Marmande.	Agen. Agen.
Aix	Tarascon.	Avignon.
Amiens	Abbeville. Laon. Péronne. Senlis.	Amiens. Saint-Quentin et Soissons. Amiens et Saint-Quentin. Compiègne.
Angers	Saumur.	Angers.
Besançon	Dole.	Besançon.
Bordeaux	Bergerac. Libourne.	Périgueux. Bordeaux.
Chambéry	Albertville. Annecy. Thonon-les-Bains.	Chambéry. Bonneville. Bonneville.
Douai	Avesnes-sur-Help. Boulogne. Hazebrouck.	Valenciennes. Béthune et Saint-Omer. Saint-Omer.
Grenoble	Vienne.	Lyon.
Lyon	Belley. Montbrison. Villefranche-sur-Saône.	Chambéry. Saint-Étienne. Lyon et Trévoux.
Metz	Thionville.	Metz.
Montpellier	Narbonne. Millau.	Carcassonne. Rodez.
Nancy	Saint-Dié.	Remiremont-en-Épinal.
Nîmes	Carpentras.	Avignon.
Paris	Bobigny. Sens.	Fleury-Mérogis et Fresnes. Auxerre.
Pau	Dax.	Bayonne et Mont-de-Marsan.
Poitiers	La Rochelle. Rochefort. Bressuire. Les Sables-d'Olonne.	Fontenay-le-Comte. Saintes. Fontenay-le-Comte. La Roche-sur-Yon.
Rennes	Dinan. Guingamp. Morlaix.	Saint-Malo. Saint-Brieuc. Brest et Saint-Brieuc.
Riom	Cusset.	Moulins-Yzeure.
Rouen	Bernay.	Évreux.
Toulouse	Saint-Gaudens. Castres.	Toulouse. Albi et Toulouse.
Versailles	Nanterre.	M. A. des Yvelines.

SECTION II. – DES ORDRES DONNÉS PAR L'AUTORITÉ JUDICIAIRE

Art. D. 55. – Conformément aux dispositions de l'article 715, le juge d'instruction, le président de la chambre de l'instruction et le président de la cour d'assises, ainsi que le procureur de la République et le procureur général, peuvent donner tous les ordres nécessaires, soit pour l'instruction, soit pour le jugement, qui devront être exécutés dans les maisons d'arrêt.

Compte rendu doit leur être adressé d'urgence des difficultés auxquelles pourrait donner lieu l'exécution desdits ordres.

(D. n. 83-48, 26 janv. 1983, art. 1er ; D. n. 85-836, 6 août 1985, art. 1er) **Les mêmes prérogatives appartiennent au juge des enfants à l'égard des mineurs relevant de sa juridiction.**

Art. D. 55-1 *(D. n. 85-836, 6 août 1985, art. 1er)*. **– Hors le cas de l'instruction préparatoire, l'autorité judiciaire qui ordonne un placement en détention provisoire ou, à défaut, le ministère public chargé de l'exécution de la décision, adresse au chef de l'établissement, en même temps que le titre de détention, la notice prévue par l'article D. 32-1 (al. 1er).**

Cette notice précise, le cas échéant, les mesures prescrites par l'autorité judiciaire et l'avis prévu par l'article *(D. n. 98-1099, 8 déc. 1998, art. 145)* **D. 78.**

Art. D. 56 *(D. n. 72-852, 12 sept. 1972, art. 1er)*. **– Indépendamment des mesures d'isolement ou de séparation d'autres détenus qu'il peut ordonner conformément aux dispositions de l'article D. 55, le juge d'instruction a le droit de prescrire une interdiction temporaire de communiquer en vertu de l'article** *(D. n. 98-1099, 8 déc. 1998, art. 146-I)* **145-4.**

En aucun cas, l'interdiction de communiquer ne s'applique au conseil de *(D. n. 98-1099, 8 déc. 1998, art. 146-II)* **la personne mise en examen, mais elle s'oppose à ce que le détenu qu'elle concerne soit visité par toute autre personne étrangère à l'administration pénitentiaire ou corresponde avec elle.**

Art. D. 57 *(D. n. 79-534, 3 juill. 1979, art. 18 ; D. n. 85-836, 6 août 1985, art. 1er)*. **– Les autorités judiciaires requièrent la translation ou l'extraction des prévenus aux fins et dans les conditions visées aux articles D. 116, D. 292 à D. 296, D. 297 à D. 299 et D. 314 à D. 317.**

Sous réserve de l'application éventuelle des dispositions du deuxième alinéa de l'article R. 94, l'exécution des réquisitions de translation ou d'extraction est assurée par les services de gendarmerie ou de police.

(D. n. 83-48, 26 janv. 1983, art. 1er) **Les frais de l'opération sont imputables sur le chapitre des frais de justice criminelle et correctionnelle, sauf dans le cas prévu à l'article R. 99.**

SECTION III. – DU RÉGIME DE LA DÉTENTION PROVISOIRE (1)

§ 1. – Hypothèses où il est dérogé au principe de l'emprisonnement individuel

Art. D. 58. – Dans les maisons d'arrêt où, par suite de la distribution des locaux ou de leur encombrement temporaire, le régime de l'emprisonnement individuel ne peut être appliqué à tous les prévenus, ceux à l'égard desquels l'autorité judiciaire aura prescrit l'interdiction de communiquer ou la mise à l'isolement doivent être placés par priorité en cellule individuelle.

Art. D. 59 *(D. n. 72-852, 12 sept. 1972, art. 1er)*. **– Dans les maisons d'arrêt où le régime de l'emprisonnement individuel ne peut être appliqué pour des raisons visées à l'article D. 58, les prévenus doivent être séparés des autres détenus dans les conditions indiquées aux articles D. 85, D. 89 et D. 90 et placés par priorité en cellule individuelle, sauf contre-indication médicale.**

Les prévenus ne doivent pas être réunis contre leur gré avec des condamnés.

(1) D. n. 72-852, 12 sept. 1972, art. 2-1°.

Art. D. 60 *(D. n. 85-836, 6 août 1985, art. 1er).* **– Lorsqu'ils ont demandé à travailler et si la nature des travaux à exécuter l'exige ou s'il n'a pas été possible de trouver des tâches susceptibles d'être effectuées individuellement en cellule, les prévenus peuvent travailler en commun.**

§ 2. – Dispenses dont bénéficient les prévenus

Art. D. 61 *(D. n. 72-852, 12 sept. 1972, art. 1er ; D. n. 75-402, 23 mai 1975, art. 2-4° ; D. n. 83-48, 26 janv. 1983, art. 1er).* **– Les prévenus conservent leurs vêtements personnels, à moins qu'il n'en soit autrement ordonné par l'autorité administrative, pour d'impérieuses raisons d'ordre ou de propreté, ou par l'autorité judiciaire, dans l'intérêt de l'instruction.**

Ils sont autorisés à recevoir du dehors les vêtements dont ils ont besoin ou à les faire acheter à leurs frais.

Ils ont la possibilité de demander à l'administration de leur fournir les effets nécessaires s'ils ont consenti à faire un travail susceptible de détériorer leurs vêtements personnels.

À défaut d'effets personnels convenables, un costume civil en bon état est mis à la disposition du prévenu en vue de sa comparution devant les autorités judiciaires.

Art. D. 62 *(D. n. 72-852, 12 sept. 1972, art. 1er).* **– Les prévenus peuvent demander qu'il leur soit donné du travail dans les conditions prévues aux articles D. 99 et suivants.**

(Second al. rempl. supprimé, D. n. 75-128, 7 mars 1975, art. 1er et 3).

Art. D. 63 *(D. n. 75-128, 7 mars 1975, art. 1er et 3).* **– Les sommes appartenant ou venant à échoir aux prévenus sont inscrites à leur compte nominatif dans les conditions fixées aux articles D. 328 et D. 329.**

§ 3. – Visites et correspondance

Art. D. 64. – Les permis de visite sont délivrés pour les prévenus par le magistrat saisi du dossier de l'information *(D. n. 98-1099, 8 déc. 1998, art. 98)* **dans les conditions prévues par l'article 145-4, et ils sont utilisés dans les conditions visées aux articles D. 403 et suivants.**

Sauf disposition contraire, ces permis sont valables jusqu'au moment où la condamnation éventuelle acquiert un caractère définitif. En conséquence, il n'y a pas lieu à renouvellement du permis lorsque le magistrat qui l'a accordé est dessaisi du dossier de la procédure, mais l'autorité judiciaire ultérieurement saisie est compétente pour en supprimer ou en suspendre les effets ou pour délivrer de nouveaux permis.

Art. D. 65. – Les prévenus peuvent écrire tous les jours et sans limitation à toute personne de leur choix et recevoir des lettres de toute personne, sous réserve de dispositions contraires ordonnées par le magistrat saisi du dossier de l'information.

Indépendamment des mesures de contrôle auxquelles elle est soumise conformément aux articles D. 415 et D. 416, leur correspondance est communiquée audit magistrat dans les conditions que celui-ci détermine.

§ 4. – Exercice des droits de la défense

Art. D. 66. – Il est interdit au personnel de l'administration pénitentiaire et à toute personne qui apporte sa collaboration à cette administration d'agir de façon directe ou indirecte auprès des détenus pour influer sur leurs moyens de défense et sur le choix de leur défenseur.

(D. n. 73-281, 7 mars 1973, art. 1er) **Pour l'exercice de ce choix, le tableau des avocats inscrits dans les barreaux du département est affiché au greffe et tenu à la disposition des détenus.**

Art. D. 67. – Conformément aux dispositions des articles *(D. n. 98-1099, 8 déc. 1998, art. 147)* **145-4 et 716, les prévenus peuvent communiquer librement avec leur conseil verbalement ou par écrit, et toutes facilités compatibles avec les exigences de la discipline et de la sécurité de** *(D. n. 98-1099, 8 déc. 1998, art. 147)* **l'établissement pénitentiaire leur sont accordées pour l'exercice de leur défense.**

Ni l'interdiction de communiquer visée à l'article 116, ni les *(D. n. 75-402, 23 mai 1975)* **« sanctions disciplinaires » de quelque nature qu'elles soient, ne peuvent supprimer ou restreindre cette faculté de libre communication avec le conseil.**

Art. D. 68. – Le défenseur régulièrement choisi ou désigné, agissant dans l'exercice de ses fonctions, et sur présentation d'un permis portant mention de sa qualité, communique librement avec les prévenus, en dehors de la présence d'un surveillant, et dans un parloir spécial.

À moins de dérogations motivées par l'urgence, les visites du conseil peuvent avoir lieu tous les jours, aux heures fixées par le règlement intérieur de l'établissement après avis du bâtonnier de l'ordre des avocats.

Art. D. 69. – Les lettres adressées sous pli fermé par les prévenus à leur défenseur, ainsi que celles que leur envoie ce dernier, ne sont pas soumises au contrôle visé à l'article D. 416, s'il peut être constaté sans équivoque qu'elles sont réellement destinées au défenseur ou proviennent de lui.

À cet effet, les mentions utiles doivent être portées sur leur enveloppe pour indiquer la qualité et l'adresse professionnelle de leur destinataire ou de leur expéditeur.

CHAPITRE II. – DE L'EXÉCUTION DES PEINES PRIVATIVES DE LIBERTÉ

SECTION I. – DES DIVERS ÉTABLISSEMENTS AFFECTÉS À L'EXÉCUTION DES PEINES

(D. n. 98-1099, 8 déc. 1998)

Art. D. 70 *(D. n. 2002-663, 30 avril 2002, art. 1er)*. **– Les établissements qui reçoivent les condamnés définitifs sont les maisons centrales, les centres de détention à vocation nationale ou régionale selon les distinctions prévues par les articles D. 71 et D. 72, les centres de semi-liberté et les centres pour peines aménagées.**

Les maisons centrales comportent une organisation et un régime de sécurité dont les modalités internes permettent également de préserver et de développer les possibilités de réinsertion sociale des condamnés.

Les centres de détention et les centres pour peines aménagées comportent un régime principalement orienté vers la réinsertion sociale et la préparation à la sortie des condamnés.

Les condamnés faisant l'objet d'une mesure de semi-liberté sont détenus soit dans les centres ou quartiers de semi-liberté, soit dans les centres pour peines aménagées. Les condamnés faisant l'objet d'une mesure de placement à l'extérieur dans les conditions fixées par l'article D. 136 peuvent également être détenus dans ces établissements.

À titre exceptionnel, les maisons d'arrêt peuvent recevoir des condamnés, dans les conditions déterminées par l'article D. 73.

Art. D. 71. – Les maisons centrales et les centres de détention à vocation nationale reçoivent les condamnés à une ou plusieurs peines d'emprisonnement dont la durée totale est supérieure à cinq ans, sous réserve des dispositions de l'article D. 72, deuxième alinéa.

Un arrêté du ministre de la justice fixe la liste des maisons centrales et des centres de détention à vocation nationale.

Art. D. 72. – Les centres de détention à vocation régionale reçoivent les condamnés à une ou plusieurs peines d'emprisonnement dont la durée totale n'excède pas cinq ans.

Ils peuvent recevoir les condamnés à une ou plusieurs peines dont la durée totale est inférieure à sept ans, si la durée de l'incarcération restant à subir au moment où leur condamnation ou la dernière de leurs condamnations est devenue définitive, est inférieure à cinq ans.

Un arrêté du ministre de la justice fixe la liste des centres de détention à vocation régionale.

Art. D. 72-1 *(D. n. 2002-663, 30 avril 2002, art. 2)*. **– Les centres pour peines aménagées peuvent recevoir les condamnés dont le reliquat de peine leur restant à subir est inférieur à un an.**

L'affectation dans un centre pour peines aménagées ne peut être décidée qu'avec l'accord du condamné.

Un arrêté de la garde des sceaux, ministre de la justice, fixe la liste des centres pour peines aménagées.

Art. D. 73. – Les maisons d'arrêt peuvent recevoir des condamnés à l'emprisonnement d'une durée inférieure ou égale à un an dans les conditions prévues par le troisième alinéa de l'article 717.

SECTION II. – DE LA PROCÉDURE D'ORIENTATION ET DES DÉCISIONS D'AFFECTATION DES CONDAMNÉS

(D. n. 98-1099, 8 déc. 1998)

§ 1. – Dispositions générales

Art. D. 74. – La procédure d'orientation consiste à réunir tous les éléments relatifs à la personnalité du condamné, son sexe, son âge, ses antécédents, sa catégorie pénale, son état de santé physique et mentale, ses aptitudes, ses possibilités de réinsertion sociale et, d'une manière générale, tous renseignements susceptibles d'éclairer l'autorité compétente pour décider de l'affectation la plus adéquate.

L'affectation consiste à déterminer, sur la base de ces éléments, dans quel établissement le condamné doit exécuter sa peine.

Les jeunes condamnés âgés de moins de vingt et un ans peuvent être affectés, en fonction des critères définis au premier alinéa, dans des établissements ou quartiers d'établissements appartenant à l'une des catégories mentionnées à l'article D. 70 dont le régime fait l'objet des aménagements prévus aux articles D. 515 et suivants.

Les condamnés sont intéressés à l'élaboration ou à la modification du projet d'exécution de leur peine. Celui-ci est conçu et mis en œuvre par les différents services concourant à l'individualisation de la peine.

§ 2. – La procédure d'orientation

Art. D. 75. – La procédure d'orientation est obligatoirement mise en œuvre pour les condamnés dont le temps d'incarcération restant à subir est supérieur à un an. Pour les condamnés mineurs, elle est obligatoire si le temps d'incarcération à subir est supérieur à trois mois.

Elle s'opère dans les conditions définies aux articles D. 76 à D. 79, à l'aide des renseignements qui sont fournis par l'autorité judiciaire et par l'administration pénitentiaire sur les intéressés, et, éventuellement, grâce aux examens auxquels ces derniers sont soumis au centre national d'observation de l'administration pénitentiaire.

Art. D. 76. – Le chef d'établissement constitue un dossier d'orientation pour chaque condamné auquel il reste à subir un temps d'incarcération d'une durée supérieure à un an. Pour les condamnés mineurs, le dossier d'orientation est constitué si le temps d'incarcération restant à subir est d'une durée supérieure à trois mois. Ce dossier comprend les renseignements relatifs à la situation pénale et pénitentiaire du condamné, les éléments afférents aux conditions de prise en charge sanitaire et l'avis du *(D. n. 99-276, 13 avr. 1999, art. 2)* **service pénitentiaire d'insertion et de probation compétent auprès de l'établissement, l'avis du juge de l'application des peines et celui du juge des enfants s'il y a lieu, ainsi que la proposition du chef d'établissement.**

Les condamnés ayant à subir un temps d'incarcération d'une durée inférieure ou égale à un an pour les majeurs, et à trois mois pour les mineurs, peuvent faire l'objet d'un dossier d'orientation selon les mêmes modalités lorsque le chef d'établissement estime que leur situation nécessite une orientation particulière.

Lorsque le temps d'incarcération restant à subir est égal ou supérieur à deux ans et, pour les mineurs, à six mois, ce dossier contient également les pièces visées à l'article D. 77.

Le dossier d'orientation est adressé au directeur régional des services pénitentiaires, qui arrête une décision d'affectation lorsque celle-ci relève de sa compétence ou communique le dossier assorti de son avis au ministre de la justice.

Art. D. 77. – Le ministère public près la juridiction qui a prononcé une condamnation à une peine privative de liberté adresse à l'établissement pénitentiaire où le condamné est détenu ou doit être incarcéré l'extrait de jugement ou d'arrêt, la notice individuelle visée à l'article D. 158 et, s'il y a lieu, la copie de la décision sur les intérêts civils conformément à l'article D. 325.

Lorsque la peine privative de liberté prononcée est supérieure à deux ans pour les majeurs, et six mois pour les mineurs, le ministère public adresse en outre à l'établissement pénitentiaire, les pièces suivantes :

1° La copie du rapport de l'enquête ou des enquêtes sur la personnalité, la situation matérielle, familiale ou sociale de l'intéressé, qui auraient été prescrites conformément aux dispositions de l'article 41, alinéa 6, et de l'article 81, alinéas 6 et 7 ;

2° La copie du rapport de l'examen ou des examens médicaux, psychiatriques ou médico-psychologiques auxquels il aurait été éventuellement procédé en vertu d'une décision judiciaire ;

3° La copie du réquisitoire définitif et de la décision de condamnation ;

4° Et, s'il y a lieu, les avis indiqués à l'article D. 78.

Ces pièces doivent être envoyées dans le mois qui suit la date à compter de laquelle la condamnation est devenue définitive lorsque l'intéressé est détenu ou, dans le cas contraire, dans le mois qui suit l'incarcération de celui-ci.

(D. n. 2000-1213, 13 déc. 2000, art. 2-I) Une copie des documents prévus par le présent article est également adressée par le ministère public au secrétariat-greffe du juge de l'application des peines compétent pour être versé dans le dossier individuel du condamné prévu par l'article D. 116-6.

Art. D. 78. – Chaque fois qu'ils l'estiment utile, le président de la juridiction qui a prononcé la condamnation ainsi que le représentant du ministère public peuvent exprimer leur avis sur l'affectation qui leur semble la mieux appropriée au condamné ou sur celle qui, au contraire, leur paraît inadaptée.

Ces avis sont joints aux documents mentionnés à l'article D. 77, en vue de leur transmission à l'établissement où le condamné est détenu.

(D. n. 2000-1213, 13 déc. 2000, art. 2-II) Une copie de ces avis est également adressée au secrétariat-greffe du juge de l'application des peines compétent.

Art. D. 79. – Afin de compléter le dossier mentionné à l'article D. 76, le ministre de la justice, ou le directeur régional, peut procéder ou faire procéder, notamment par *(D. n. 99-276, 13 avr. 1999, art. 3)* l'un des services pénitentiaires d'insertion et de probation, à toute enquête sur la situation familiale et sociale d'un condamné. Le chef d'établissement peut également faire procéder à une telle enquête par le service *(D. n. 99-276, 13 avr. 1999, art. 3)* pénitentiaire d'insertion et de probation compétent auprès de son établissement.

§ 3. – La décision d'affectation

Art. D. 80. – Le ministre de la justice dispose d'une compétence d'affectation des condamnés dans toutes les catégories d'établissement. Sa compétence est exclusive pour les affectations dans les maisons centrales et les centres de détention à vocation nationale.

L'affectation des condamnés dans les centres de détention à vocation régionale *(D. n. 2002-663, 30 avril 2002, art. 3-I)* et les centres pour peines aménagées est décidée par le directeur régional des services pénitentiaires. Celui-ci peut déléguer sa compétence aux directeurs des établissements pénitentiaires comprenant un quartier maison d'arrêt et un quartier centre de détention régional, pour l'affectation des condamnés qui y sont incarcérés et auxquels il reste à subir, au moment où leur condamnation ou la dernière de leurs condamnations est devenue définitive, une incarcération d'une durée inférieure à deux ans.

(D. n. 2002-663, 30 avril 2002, art. 3-II) Le directeur régional des services pénitentiaires peut également déléguer sa compétence aux directeurs des établissements pénitentiaires comprenant un quartier

maison d'arrêt et un quartier centre pour peines aménagées, pour l'affectation des condamnés qui y sont incarcérés et auxquels il reste à subir, au moment où leur condamnation ou la dernière de leurs condamnations est devenue définitive, une incarcération dont la durée totale n'excède pas un an.

Les condamnés affectés dans des maisons d'arrêt sont maintenus dans l'établissement où ils sont écroués ou sont transférés dans une autre maison d'arrêt de la région. Dans ce second cas, l'affectation est décidée par le directeur régional des services pénitentiaires en tenant compte notamment de la capacité offerte par chaque établissement.

Dans tous les cas, la décision est prise, sauf urgence, après consultation du juge de l'application des peines.

Art. D. 81. – Lorsque l'affectation incombe au directeur régional, la décision donne lieu :

1° Soit à la délivrance d'un ordre de transfèrement du condamné à destination d'un centre de détention à vocation régionale *(D. n. 2002-663, 30 avril 2002, art. 4)* ou d'un centre pour peines aménagées ou d'une maison d'arrêt de sa circonscription ;

2° Soit au maintien de l'intéressé à l'établissement où il se trouve ;

3° Soit à sa mise à la disposition d'un autre directeur régional après l'accord préalable de ce dernier. Le ministre de la justice est compétent en cas de désaccord entre les directeurs régionaux.

Art. D. 81-1. – Lorsque l'affectation incombe au ministre de la justice, la décision donne lieu :

1° Soit à l'envoi du condamné au centre national d'observation ;

2° Soit à la délivrance d'un ordre de transfèrement du condamné à destination d'un établissement pour peine ou d'une maison d'arrêt qui paraît le mieux adapté à sa situation ;

3° Soit au maintien de l'intéressé à l'établissement où il se trouve ;

4° Soit à sa mise à la disposition d'un directeur régional.

Art. D. 81-2. – En cas d'admission au centre national d'observation, le condamné est transféré dans cet établissement suivant les instructions et à la date arrêtées par le ministre de la justice. Le détenu est soumis aux différents examens qui semblent nécessaires.

Au vu de ces examens, du dossier qui a été constitué en application de l'article D. 76 et des propositions du centre national d'observation, une décision d'affectation dans l'établissement qui paraît le mieux approprié à la personnalité du condamné est prise par le ministre de la justice.

§ 4. – Changements d'affectation

Art. D. 82. – L'affectation peut être modifiée soit à la demande du condamné, soit à la demande du chef de l'établissement dans lequel il exécute sa peine.

Hors le cas où le condamné a été mis à la disposition d'un directeur régional dans les conditions prévues par les articles D. 81 et D. 81-1, la décision de changement d'affectation appartient à l'autorité qui a décidé de l'affectation initiale.

L'affectation ne peut être modifiée que s'il survient un fait ou un élément d'appréciation nouveau.

Art. D. 82-1. – Que la demande émane du condamné ou du chef d'établissement, ce dernier constitue un dossier qui comprend les éléments permettant d'établir la motivation de la demande.

Le ministre de la justice, le directeur régional ou le chef d'établissement peuvent procéder ou faire procéder dans les conditions définies à l'article D. 79 à toute enquête sur la situation familiale ou sociale du condamné.

La décision de changement d'affectation est prise, sauf urgence, après avis du juge de l'application des peines et du procureur de la République du lieu de détention.

Art. D. 82-2. – Lorsque la décision incombe au directeur régional, elle donne lieu :

1° Soit à la délivrance d'un ordre de transfèrement du condamné à destination d'un centre de détention à vocation régionale *(D. n. 2002-663, 30 avril 2002, art. 5)* ou d'un centre pour peines aménagées ou d'une maison d'arrêt de sa circonscription ;

2° Soit au maintien de l'intéressé à l'établissement où il se trouve.

Art. D. 82-3. – Lorsque la décision incombe au ministre de la justice, elle donne lieu :

1° Soit à l'envoi du condamné au centre national d'observation ;

2° Soit à la délivrance d'un ordre de transfèrement du condamné à destination d'un autre établissement ;

3° Soit au maintien de l'intéressé à l'établissement où il se trouve ;

4° Soit à sa mise à la disposition d'un directeur régional.

Art. D. 82-4. – Indépendamment de toute demande de changement d'affectation émanant du condamné ou du chef d'établissement, le ministre de la justice peut charger le centre national d'observation d'effectuer un bilan d'évolution de la personnalité du condamné dans la perspective, notamment, d'une libération conditionnelle ou d'une meilleure individualisation du régime de détention ou d'exécution de la peine.

SECTION III. – DU RÉGIME AUQUEL LES CONDAMNÉS SONT SOUMIS

§ 1. – Maisons d'arrêt (1)

Art. D. 83 *(D. n. 78-852, 12 sept. 1972, art. 1er)*. **– Le régime appliqué dans les maisons d'arrêt est celui de l'emprisonnement individuel de jour et de nuit dans toute la mesure où la distribution des lieux le permet et sauf contre-indication médicale.**

Cette règle ne fait pas obstacle, toutefois, à ce que soient organisées des activités collectives ou des activités dirigées, dans les conditions prévues aux articles D. 459-3 *(D. n. 98-1099, 8 déc. 1998, art. 3)*, **D. 446 et D. 452.**

Art. D. 83-1. *– D. n. 72-852, 12 sept. 1972, art. 1er ; abrogé, D. n. 79-534, 3 juill. 1979, art. 14.*

A. – Établissements cellulaires

Art. D. 84. – Dans les maisons d'arrêt (2) cellulaires, ou dans les quartiers cellulaires de ces établissements, il ne peut être dérogé à la règle de l'emprisonnement individuel qu'à titre temporaire, en raison de leur encombrement ou, pendant la journée, en raison des nécessités de l'organisation du travail.

Le chef de l'établissement peut cependant décider, sur *(D. n. 98-1099, 8 déc. 1998, art. 4)* **avis médical motivé, de suspendre l'emprisonnement individuel d'un détenu,** *(D. n. 98-1099, 8 déc. 1998, art. 4)* **notamment pour des motifs d'ordre psychologique, à charge d'en rendre compte au directeur régional et, selon qu'il s'agit d'un prévenu ou d'un condamné, au magistrat saisi du dossier de l'information ou au juge de l'application des peines.**

Art. D. 85. – Au cas où le nombre des cellules ne serait pas suffisant pour que chaque détenu puisse en occuper une individuellement, le chef de l'établissement désigne les détenus qui peuvent être placés ensemble dans le quartier en commun ou dans les locaux de désencombrement s'il en existe, et, à défaut, dans les cellules.

(D. n. 75-402, 23 mai 1975, art. 1er) **Les détenus ainsi désignés ne doivent comprendre, ni les prévenus à l'égard desquels l'autorité judiciaire aura prescrit l'interdiction de communiquer ou la mise à l'isolement, ni les détenus âgés de moins de vingt et un ans,** *(D. n. 98-1099, 8 déc. 1998, art. 5)* **non plus, dans la mesure du possible, que les prévenus et les condamnés n'ayant pas subi antérieurement une peine privative de liberté.**

Art. D. 86 *(D. n. 64-735, 20 juill. 1964 ; D. n. 98-1099, 8 déc. 1998, art. 6)*. **– Des personnes mises en examen dans la même affaire ne doivent pas être réunies dans une même cellule, alors même que le magistrat saisi du dossier de l'information n'aurait pas ordonné leur séparation.**

(1) D. n. 72-852, 12 sept. 1972, art. 2-7°.
(2) D. n. 72-852, 12 sept. 1972, art. 2-7°.

Art. D. 87 *(D. n. 85-836, 6 août 1985, art. 1er)*. **– Si la nature des travaux à exécuter l'exige, ou s'il n'a pas été possible de trouver des tâches susceptibles d'être effectuées individuellement en cellule les détenus peuvent travailler en commun.**

B. – Établissements en commun

Art. D. 88. – Dans les maisons d'arrêt dont les locaux, en tout ou en partie, ne permettent que l'incarcération en commun, et où les détenus sont par suite nécessairement réunis, toutes les précautions utiles doivent être prises pour éviter que leur promiscuité entraîne des conséquences fâcheuses.

Au surplus, dans la mesure du possible, il convient d'assurer l'emprisonnement individuel de certains détenus et, pour les autres, de les séparer par catégories.

Art. D. 89 *(D. n. 72-852, 12 sept. 1972, art. 1er)*. **– Indépendamment des détenus qui doivent être isolés de leurs codétenus pour des raisons disciplinaires ou par mesure de précaution ou de sécurité, ou sur prescription médicale, et des prévenus qui font l'objet de l'une des mesures visées à l'article D. 56, il importe que soient séparés, chaque fois que cela est possible, les détenus âgés de moins de vingt et un ans, quelle que soit leur situation pénale** *(D. n. 98-1099, 8 déc. 1998, art. 7)*.

Art. D. 90 *(D. n. 98-1099, 8 déc. 1998, art. 8)*. **– Pour les détenus dont l'isolement n'est pas assuré dans les conditions prévues à l'article D. 89, les catégories suivantes doivent être séparées :**

1° Les condamnés ;

2° Les détenus soumis à la contrainte par corps ;

3° Les prévenus conformément aux dispositions de l'article D. 59.

(D. n. 83-48, 26 janv. 1983, art. 1er) **Doivent être distingués au surplus, à l'intérieur de chacune de ces catégories, d'une part les détenus n'ayant pas subi antérieurement une peine privative de liberté, et d'autre part ceux qui ont déjà encouru de nombreuses condamnations.**

C. – Répartition des détenus dans les établissements

Art. D. 91 *(D. n. 72-852, 12 sept. 1972, art. 1er)*. **– Le choix des détenus à placer en commun et leur répartition à l'intérieur de chaque maison d'arrêt incombent personnellement au chef de l'établissement, sous réserve des dispositions de l'article D. 83.**

Art. D. 92 *(D. n. 85-836, 6 août 1985, art. 1er)*. **– Le chef d'établissement informe chaque mois le président du tribunal de grande instance dans le ressort duquel se trouve la maison d'arrêt, le juge de l'application des peines, le procureur de la République près ledit tribunal, ainsi que le directeur régional des services pénitentiaires, de l'état des effectifs au regard des capacités d'accueil de l'établissement.**

Art. D. 93 *(D. n. 98-1099, 8 déc. 1998, art. 9)*. **– Le directeur régional ordonne tous les transfèrements utiles à l'intérieur de sa région concernant les condamnés relevant de sa compétence d'affectation, les détenus soumis à la contrainte par corps et les condamnés mis à sa disposition.**

Si les mesures qui lui paraissent nécessaires concernent d'autres détenus, excèdent sa compétence ou soulèvent des difficultés particulières, il doit adresser dans les plus brefs délais un rapport au ministre de la justice.

§ 2. – Établissements pour peines

(Intitulé mod., D. n. 83-48, 26 janv. 1983, art. 4)

Art. D. 94 *(D. n. 75-402, 23 mai 1975, art. 1er)*. **– Dans chaque maison centrale ou centre de détention la prise en charge des détenus est effectuée, à leur arrivée, par le chef d'établissement et les différents personnels visés à l'article D. 285, en particulier par les membres du** *(D. n. 99-276, 13 avr. 1999, art. 4)* **service pénitentiaire d'insertion et de probation compétent auprès de l'établissement.**

À cette occasion, les condamnés sont informés du régime intérieur de l'établissement et *(D. n. 98-1099, 8 déc. 1998, art. 10)* **du projet d'exécution de leur peine, dont les modalités sont examinées avec eux, ainsi qu'il est prévu à l'article D. 74.**

La période d'accueil et d'observation, durant laquelle les détenus peuvent être placés à l'emprisonnement individuel, ne peut excéder quinze jours.

Art. D. 95 *(D. n. 75-402, 23 mai 1975, art. 1er).* **– Le régime des maisons centrales et des centres de détention comporte l'isolement de nuit. Il n'y est dérogé que sur indication médicale ou, à titre exceptionnel et provisoire, en raison de la distribution des locaux.**

Pendant la journée, les condamnés sont réunis pour le travail et les activités physiques et sportives. Ils peuvent l'être aussi pour les besoins de l'enseignement ou de la formation, de même que pour des activités culturelles ou de loisirs.

Le contenu de l'emploi du temps, et notamment la part faite à ces diverses activités, doit permettre aux condamnés de conserver ou de développer leurs aptitudes intellectuelles, psychologiques et physiques pour préparer leur *(D. n. 98-1099, 8 déc. 1998, art. 187)* **réinsertion ultérieure.**

Art. D. 95-1 *(D. n. 75-402, 23 mai 1975, art. 1er).* **– Sans préjudice de l'application des dispositions de l'article D. 95 prévoyant la mise en œuvre** *(D. n. 98-1099, 8 déc. 1998, art. 11)* **d'activités pendant toute la durée de l'exécution de la peine, les condamnés bénéficient, au cours de la dernière période de l'incarcération, d'une préparation active à leur élargissement conditionnel ou définitif, en particulier sur le plan socio-professionnel. Cette préparation comprend, le cas échéant, un placement** *(D. n. 98-1099, 8 déc. 1998, art. 11)* **à l'extérieur ou au régime de semi-liberté. Elle est effectuée soit sur place, soit après transfèrement sur un centre ou un quartier spécialisé.**

Art. D. 96. *– D. n. 72-852, 12 sept. 1972, art. 1er ; D. n. 77-1294, 25 nov. 1977 ; abrogé, D. n. 79-534, 3 juill. 1979, art. 14.*

Art. D. 97 *(D. n. 98-1099, 8 déc. 1998, art. 12).* **– Le régime des centres de détention mentionnés aux articles D. 71 et D. 72 comporte les particularités énoncées aux articles D. 146 concernant les permissions de sortir, D. 417 relatif aux modalités et moyens de correspondance avec l'extérieur et D. 448 sur les activités collectives et leur organisation.**

Les détenus dont le comportement se révèle incompatible avec l'application de ce régime font l'objet d'une procédure de changement d'affectation.

Art. D. 97-1 *(D. n. 2002-663, 30 avril 2002, art. 6).* **– Le régime des centres pour peines aménagées repose sur des actions d'insertion organisées à l'intérieur et à l'extérieur de ces établissements. Le maintien des liens familiaux s'effectuant selon les modalités prévues par l'article D. 146-1, les détenus ne bénéficient pas de parloir.**

Les détenus dont le comportement se révèle incompatible avec l'application de ce régime font l'objet d'une procédure de changement d'affectation.

SECTION IV. – DU TRAVAIL DES DÉTENUS

§ 1. – Principes (1)

Art. D. 98. *– Abrogé, D. n. 98-1099, 8 déc. 1998, art. 197.*

Art. D. 99 *(D. n. 98-1099, 8 déc. 1998, art. 13).* **– Les détenus, quelle que soit leur catégorie pénale, peuvent demander qu'il leur soit proposé un travail.**

(1) D. n. 72-852, 12 sept. 1972, art. 2-7°.

L'inobservation par les détenus des ordres et instructions donnés pour l'exécution d'une tâche peut entraîner la mise à pied ou le déclassement de l'emploi.

Art. D. 100 *(D. n. 72-852, 12 sept. 1972, art. 1er).* **– Les dispositions nécessaires doivent être prises pour qu'un travail productif et suffisant pour occuper la durée normale d'une journée de travail soit fourni aux détenus.**

Art. D. 101 *(D. n. 72-852, 12 sept. 1972, art. 1er ; D. n. 75-402, 23 mai 1975, art. 1er : D. n. 85-836, 6 août 1985, art. 1er).* **– Le travail est procuré aux détenus compte tenu du régime pénitentiaire auquel ceux-ci sont soumis, des nécessités de bon fonctionnement des établissements ainsi que des possibilités locales d'emploi.**

Dans la mesure du possible, le travail de chaque détenu est choisi en fonction non seulement de ses capacités physiques et intellectuelles, mais encore de l'influence que ce travail peut exercer sur les perspectives de sa réinsertion. Il est aussi tenu compte de sa situation familiale et de l'existence de parties civiles à indemniser.

Les détenus peuvent être autorisés à travailler pour leur propre compte par le chef d'établissement *(D. n. 98-1099, 8 déc. 1998, art. 14-I).* **Ils peuvent également être autorisés à travailler pour le compte d'associations constituées en vue de préparer leur réinsertion sociale et professionnelle.**

Ces associations sont agréées par décision du *(D. n. 98-1099, 8 déc. 1998, art. 14-II)* **directeur régional des services pénitentiaires territorialement compétent.**

§ 2. – Formes et modalités du travail

Art. D. 102 *(D. n. 72-852, 12 sept. 1972, art. 1er).* **– Aucun genre de travail ne peut être adopté à titre définitif s'il n'a été préalablement autorisé par le directeur régional des services pénitentiaires.**

L'organisation, les méthodes et les rémunérations du travail doivent se rapprocher autant que possible de celles des activités professionnelles extérieures afin notamment de préparer les détenus aux conditions normales du travail libre.

Art. D. 103 *(D. n. 98-1099, 8 déc. 1998, art. 15).* **– Outre les modalités prévues à l'article D. 101, alinéa 3, le travail est effectué dans les établissements pénitentiaires sous le régime du service général, de la concession de main-d'œuvre pénale ou dans le cadre d'une convention conclue entre les établissements pénitentiaires et le service de l'emploi pénitentiaire.**

Les relations entre l'organisme employeur et le détenu sont exclusives de tout contrat de travail ; il est dérogé à cette règle pour les détenus admis au régime de la semi-liberté. Cette règle peut en outre être écartée, conformément à l'article 720, pour les détenus exerçant des activités à l'extérieur des établissements pénitentiaires dans les conditions définies au premier alinéa de l'article 723.

Les conditions de rémunération et d'emploi des détenus qui travaillent sous le régime de la concession ou pour le compte d'associations sont fixées par convention, en référence aux conditions d'emploi à l'extérieur, en tenant compte des spécificités de la production en milieu carcéral.

Art. D. 104 *(D. n. 85-836, 6 août 1985, art. 1er).* **– Les concessions de travail à l'intérieur des établissements pénitentiaires font l'objet de clauses et conditions générales arrêtées par le ministre de la justice.**

Le chef d'établissement *(D. n. 98-1099, 8 déc. 1998, art. 16)*, **a qualité pour accorder une concession de travail pour une durée égale ou inférieure à trois mois ou pour un effectif égal ou inférieur à cinq détenus.**

Les concessions envisagées pour une durée supérieure à trois mois ou pour un effectif supérieur à cinq détenus font l'objet d'un contrat qui en fixe les conditions particulières notamment quant à l'effectif des détenus, au montant des rémunérations et à la durée de la concession. Ce contrat est signé par le représentant de l'entreprise concessionnaire et le directeur régional.

Art. D. 105. – Dans chaque établissement, des détenus sont affectés au service général de *(D. n. 98-1099, 8 déc. 1998, art. 188)* **l'établissement pénitentiaire, en vue de maintenir en état de**

propreté les locaux de la détention et d'assurer les différents travaux ou corvées nécessaires au fonctionnement des services.

Ces détenus sont choisis de préférence parmi les condamnés n'ayant pas une longue peine à subir ; des prévenus ne peuvent être désignés qu'avec l'accord préalable du magistrat saisi du dossier de l'information.

Si la continuité des tâches qui leur sont confiées le justifie, ils sont rémunérés suivant un tarif préétabli par l'administration centrale et dans les conditions prévues pour les travaux en régie.

Aucun détenu ne peut être employé aux écritures de la comptabilité générale, au greffe judiciaire ou dans les services médico-sociaux.

Art. D. 106 *(D. n. 72-852, 12 sept. 1972, art. 1er ; D. n. 85-836, 6 août 1985, art. 1er).* – Les rémunérations pour tout travail effectué par un détenu sont versées, sous réserve des dispositions *(D. n. 98-1099, 8 déc. 1998, art. 17)* de l'article D. 121, à l'administration qui opère le reversement des cotisations sociales aux organismes de recouvrement et procède ensuite à l'inscription et à la répartition de la rémunération nette sur le compte nominatif des détenus, conformément aux dispositions des articles D. 111 et suivants.

(D. n. 86-462, 14 mars 1986, art. 1er) Ces rémunérations sont soumises à cotisations patronales et ouvrières selon les modalités fixées, pour les assurances maladie, maternité et vieillesse, par les articles R. 381-97 à R. 381-109 du Code de la sécurité sociale.

Les tarifs de rémunération sont portés à la connaissance des détenus.

Art. D. 107 *(D. n. 72-852, 12 sept. 1972, art. 1er).* – Indépendamment de la garde des détenus, les surveillants assurent le respect des règles de discipline et de sécurité sur les lieux du travail.

(D. n. 85-836, 6 août 1985, art. 1er) L'encadrement technique est assuré soit par un personnel spécialisé relevant de l'administration pénitentiaire, soit par des préposés des entreprises concessionnaires ou des animateurs des associations visées à l'article D. 101. Ces personnes extérieures sont agréées par le directeur régional après consultation du procureur de la République.

Art. D. 108 *(D. n. 72-852, 12 sept. 1972, art. 1er).* – La durée du travail par jour et par semaine, déterminée par le règlement intérieur de l'établissement, doit se rapprocher des horaires pratiqués dans la région ou dans le type d'activité considéré ; en aucun cas elle ne saurait leur être supérieure.

Le respect du repos hebdomadaire et des jours fériés doit être assuré ; les horaires doivent prévoir le temps nécessaire pour le repos, les repas, la promenade et les activités éducatives et de loisirs.

Art. D. 109 *(D. n. 98-1099, 8 déc. 1998, art. 18).* – Sont applicables aux travaux effectués par les détenus dans les établissements pénitentiaires ou à l'extérieur des établissements pénitentiaires dans les conditions définies au premier alinéa de l'article 723, les mesures d'hygiène et de sécurité prévues par le livre II du titre III du Code du travail et les décrets pris pour son application.

Art. D. 109-1 *(D. n. 98-1099, 8 déc. 1998, art. 19).* – Pour l'application des règles d'hygiène et de sécurité aux travaux effectués par les détenus, soit dans les établissements pénitentiaires, soit à l'extérieur de ceux-ci dans les conditions définies au premier alinéa de l'article 723, le chef d'établissement compétent peut solliciter l'intervention des services de l'inspection du travail. Cette intervention donne lieu à un rapport, adressé au chef d'établissement pénitentiaire, qui indique, s'il y a lieu, les manquements en matière d'hygiène et de sécurité et recommande les mesures de nature à remédier à la situation.

Le chef d'établissement pénitentiaire adresse dans les deux mois, au service de l'inspection du travail à l'origine du rapport, une réponse motivée précisant les mesures qui lui ont fait suite ainsi que celles qui seront prises, accompagnées d'un calendrier de réalisation. Lorsque la situation du travail présente un risque grave et imminent pour la santé ou la sécurité des détenus au travail, ce délai est ramené à quinze jours.

En cas de désaccord sur la nature ou le calendrier de ces mesures, l'inspecteur du travail en réfère au directeur régional du travail, de l'emploi et de la formation professionnelle qui saisit le directeur

régional des services pénitentiaires compétent. Ce dernier fait connaître sa réponse dans un délai d'un mois.

Art. D. 110 *(D. n. 85-836, 6 août 1985, art. 9-4°).* **– Le droit à la réparation des accidents du travail et des maladies professionnelles est reconnu aux détenus exécutant un travail selon les modalités du régime spécial établi par le décret n. 49-1585 du 10 décembre 1949 (1), pris pour l'application aux détenus de la loi n. 46-2426 du 30 octobre 1946 sur la prévention et la réparation des accidents du travail et des maladies professionnelles.**

SECTION V. – DE LA RÉPARTITION DU PRODUIT DU TRAVAIL

Art. D. 111 *(D. n. 71-274, 15 avr. 1971, art. 1er ; D. n. 75-128, 7 mars 1975, art. 1er et 3).* **– La rémunération du travail est répartie conformément aux dispositions des articles D. 112 et suivants, après qu'aient été précomptées les cotisations à caractère social mises à la charge des détenus.**

Art. D. 112 *(D. n. 71-274, 15 avr. 1971, art. 1er ; D. n. 75-128, 7 mars 1975, art. 1er et 3).* **– Les détenus participent à leurs frais d'entretien sur le produit de leur travail.**

Le montant de cette participation est fixé chaque année par arrêté du garde des sceaux, ministre de la justice.

Il ne saurait en toute hypothèse dépasser 30 p. 100 de la rémunération après déduction des cotisations à caractère social.

Les rémunérations versées sur crédits budgétaires sont nettes de tout prélèvement au profit du Trésor.

Art. D. 113 *(D. n. 98-1099, 8 déc. 1998, art. 20).* **– Une part égale à 10 % de la rémunération telle qu'elle résulte de l'article D. 111 est affectée à la constitution du pécule de libération, sous réserve des dispositions particulières de l'article D. 121-1.**

Une part égale à 10 % de la rémunération telle qu'elle résulte de l'article D. 111 est affectée à l'indemnisation des parties civiles et aux créanciers d'aliments.

Art. D. 114 *(D. n. 75-128, 7 mars 1975, art. 1er et 3).* **– Après déduction des versements prévus aux articles D. 111, D. 112 et D. 113, le solde de la rémunération est acquis au détenu qui peut en disposer dans les conditions prévues aux articles D. 323, D. 330 et D. 331.**

La portion attribuée aux détenus sur les produits de leur travail peut toutefois être accrue de gratifications, à titre exceptionnel et sous réserve que celles-ci n'excèdent pas le quart de la rémunération principale.

SECTION VI. – DU JUGE DE L'APPLICATION DES PEINES,
DE LA CHAMBRE DES APPELS CORRECTIONNELS
STATUANT EN MATIÈRE D'APPLICATION DES PEINES
ET DE LA COMMISSION DE L'APPLICATION DES PEINES

(intitulé mod., D. n. 2000-1213, 13 déc. 2000, art. 3)

Art. D. 115 *(D. n. 60-898, 24 août 1960 ; D. n. 64-119, 4 févr. 1964 ; D. n. 66-730, 30 sept. 1966 ; D. n. 67-718, 18 août 1967 ; D. n. 69-275, 24 mars 1969, art. 1er et 2 ; D. n. 73-281, 7 mars 1973, art. 1er).* **– Dans chaque tribunal de grande instance un ou plusieurs magistrats du siège sont chargés des fonctions de juge de l'application des peines.**

(D. n. 85-836, 6 août 1985, art. 1er) **La compétence de ce ou de ces magistrats s'exerce à l'égard des établissements pénitentiaires situés dans le ressort du tribunal de grande instance.**

---

(1) V. C. séc. soc., art. D. 412-36 et D. 412-37.

Art. D. 116 *(D. n. 60-898, 24 août 1960, art. 1er ; D. n. 72-852, 12 sept. 1972, art. 1er).* **– Le juge de l'application des peines est chargé auprès des établissements pénitentiaires situés dans le ressort de sa juridiction et dans lesquels sont détenus des condamnés, de suivre l'exécution des peines de ceux-ci,** *(D. n. 2000-1213, 13 déc. 2000, art. 4-1°, entrée en vigueur, 1er janv. 2001)* **sous réserve des dispositions de l'article D. 116-2.**

Il ne peut se substituer au directeur régional ou au chef de l'établissement, en ce qui concerne l'organisation ou le fonctionnement de celui-ci, mais il doit assurer l'individualisation de l'exécution de la sentence judiciaire en orientant et en contrôlant les conditions de son application. À cet effet, il lui appartient de décider les principales modalités *(D. n. 98-1099, 8 déc. 1998, art. 148-I)* **de l'exécution de la peine, et notamment les mesures visées** *(D. n. 98-1099, 8 déc. 1998, art. 148-I)* **aux articles D. 118 et suivants** *(D. n. 2000-1213, 13 déc. 2000, art. 4-2°, entrée en vigueur, 1er janv. 2001)* **suivant les distinctions prévues par l'article 722 selon la nature des mesures concernées.**

(D. n. 79-534, 3 juill. 1979, art. 3 ; D. n. 85-836, 6 août 1985, art. 1er) **Lorsqu'il n'y a pas urgence, il se prononce au sein de la commission de l'application des peines** *(D. n. 2000-1213, 13 déc. 2000, art. 4-3°, entrée en vigueur, 1er janv. 2001)* **en ce qui concerne les réductions de peine, les autorisations de sortie sous escorte et les permissions de sortir.**

Le juge de l'application des peines ordonne l'extraction des condamnés, soit en vue de la comparution de ceux-ci dans son cabinet lorsqu'il l'a estimé utile, soit dans les cas prévus aux articles 723-6, D. 424, *(D. n. 98-1099, 8 déc. 1998, art. 148-II)* **D. 425, D. 455 et D. 459, soit plus généralement pour la mise en application d'une décision relevant de sa compétence. Il requiert l'extraction par les services de police ou de gendarmerie selon la distinction de l'article D. 315.**

Art. D. 116-1 *(D. n. 2000-1213, 13 déc. 2000, art. 5, mise en applic., 1er janv. 2001).* **– Dans l'exercice de ses attributions, le juge de l'application des peines peut procéder ou faire procéder à tous examens, auditions, enquêtes, expertises, réquisitions ou autres mesures utiles. Ces enquêtes peuvent porter, le cas échéant, sur les conséquences des mesures d'individualisation de la peine au regard de la situation de la victime.**

Les dispositions du présent article sont également applicables à l'égard des personnes condamnées à des peines restrictives de liberté.

Art. D. 116-2 *(D. n. 2000-1213, 13 déc. 2000, art. 6, mise en applic., 1er janv. 2001).* **– Les mesures mentionnées au sixième alinéa de l'article 722 relèvent de la compétence du juge de l'application des peines de la juridiction dans le ressort de laquelle est situé soit l'établissement pénitentiaire dans lequel le condamné est écroué, soit, si le condamné est libre, la résidence habituelle de celui-ci.**

Lorsqu'une mesure de placement à l'extérieur ou de semi-liberté doit s'exécuter hors du ressort du juge de l'application des peines qui l'a ordonnée, le condamné est alors inscrit au registre d'écrou de l'établissement pénitentiaire situé à proximité du lieu d'exécution de la mesure : le juge de l'application des peines compétent pour, le cas échéant, préciser ou modifier les modalités d'exécution de la mesure, prononcer ou proposer son retrait, est celui de la juridiction dans le ressort de laquelle est situé cet établissement pénitentiaire.

Lorsque a été accordée une libération conditionnelle, le juge de l'application des peines compétent est celui de la juridiction dans le ressort de laquelle est située la résidence habituelle du condamné fixée par la décision accordant la libération.

Art. D. 116-3 *(D. n. 2000-1213, 13 déc. 2000, art. 6, mise en applic., 1er janv. 2001) ; (D. n. 2000-1388, 30 déc. 2000, art. 2, applic. 16 juin 2001, jusqu'à cette date les références au secrétariat-greffe ou au greffier du JAP figurant aux articles D. 77, D. 78 et D. 116-7 sont remplacées par les références au JAP ou à son secrétariat).* **– Pour le fonctionnement de son cabinet, le juge de l'application des peines est doté d'un secrétariat-greffe.**

Les fonctions de secrétaire et de greffier du juge de l'application des peines sont remplies par un greffier du tribunal de grande instance.

Art. D. 116-4 *(D. n. 2000-1213, 13 déc. 2000, art. 6, mise en applic., 1er janv. 2001).* **– Pour l'application des dispositions du sixième alinéa de l'article 722 ou de celles de l'article 722-1, le**

condamné peut faire connaître au juge de l'application des peines le nom de l'avocat choisi par lui : le choix de l'avocat par le condamné détenu peut aussi résulter du courrier adressé à celui-ci par cette personne et le désignant pour assurer sa défense et dont une copie est remise par l'avocat au juge de l'application des peines. Le condamné peut également demander au juge de l'application des peines qu'il lui en soit désigné un d'office par le bâtonnier de l'ordre des avocats ; le bâtonnier est avisé de cette demande par tous moyens et sans délai. Cet avocat communique librement avec le condamné dans les conditions prévues par les articles D. 68 et D. 69. Le permis prévu par l'article D. 68 est délivré par le juge de l'application des peines ou son greffier *(D. n. 2000-1388, 30 déc. 2000, art. 2, la référence au greffier n'est applic. qu'à compter du 16 juin 2001).*

Art. D. 116-5 *(D. n. 2000-1213, 13 déc. 2000, art. 6, mise en applic., 1er janv. 2001).* – Lorsque le condamné est mineur, il doit être assisté par un avocat pour l'application des dispositions du sixième alinéa de l'article 722 ou de celles de l'article 722-1. À défaut de choix d'un avocat par le mineur ou ses représentants légaux, le juge de l'application des peines ou la juridiction régionale de la libération conditionnelle fait désigner par le bâtonnier un avocat commis d'office.

Le condamné ne peut renoncer à la convocation de son avocat lors des débats prévus par le sixième alinéa de l'article 722 ou l'article 722-1.

Ses représentants légaux sont convoqués pour être entendus par le juge de l'application des peines ou la juridiction régionale de la libération conditionnelle avant de statuer dans les conditions prévues par le sixième alinéa de l'article 722 ou l'article 722-1.

Art. D. 116-6 *(D. n. 2000-1213, 13 déc. 2000, art. 6, mise en applic., 1er janv. 2001).* – Il est tenu au greffe du juge de l'application des peines un dossier individuel concernant chaque condamné suivi par ce magistrat.

Ce dossier comprend des copies des documents issus de la procédure ayant abouti à sa condamnation et qui sont nécessaires à l'exécution de celle-ci.

Il comprend également les rapports établis et les décisions prises au cours de l'exécution de la condamnation.

L'avis du représentant de l'administration pénitentiaire prévu au sixième alinéa de l'article 722 est versé au dossier sous forme d'un rapport de synthèse des avis des différents services pénitentiaires compétents.

Ce dossier peut être consulté par l'avocat du condamné, sous réserve des exigences du bon fonctionnement du cabinet du juge de l'application des peines. L'avocat du condamné petit se faire délivrer, à ses frais, copie de tout ou partie des pièces du dossier.

Le procureur de la République peut consulter ce dossier ou en demander la communication.

Dans les cas prévus aux deuxième et troisième alinéas de l'article D. 116-2, ce dossier est transmis par le juge de l'application des peines initialement saisi au magistrat compétent pour suivre le déroulement de la mesure. Il est également transmis au juge de l'application des peines nouvellement compétent en cas de transfert du condamné détenu dans un autre établissement.

Art. D. 116-7 *(D. n. 2000-1213, 13 déc. 2000, art. 6, mise en applic., 1er janv. 2001).* – Les demandes du condamné tendant au prononcé ou à la modification d'une des mesures mentionnées au sixième alinéa de l'article 722 font l'objet d'une requête écrite adressée au juge de l'application des peines, signée du condamné ou de son avocat.

Cette requête est remise au greffe du juge de l'application des peines contre récépissé ou adressée par lettre recommandée avec demande d'avis de réception. Si le condamné est détenu, elle peut faire l'objet d'une déclaration auprès du chef de l'établissement pénitentiaire dans les conditions prévues aux deux derniers alinéas de l'article 148-7.

Le juge de l'application des peines n'est pas tenu de répondre aux demandes formées sans respecter les conditions prévues par le présent article.

Art. D. 116-8 *(D. n. 2000-1213, 13 déc. 2000, art. 6, mise en applic., 1er janv. 2001).* – Le débat contradictoire prévu au sixième alinéa de l'article 722 se tient dans l'établissement pénitentiaire où le condamné est incarcéré.

Le juge de l'application des peines peut toutefois décider que le débat contradictoire se tiendra au tribunal de grande instance lorsqu'est envisagé le retrait ou la révocation d'une mesure à l'encontre d'une personne incarcérée à la suite de la mise à exécution d'un mandat d'amener ou d'arrêt délivré en application de l'article 722-2, si le débat doit avoir lieu dans les délais prévus aux articles 125 ou 130, et que, pendant ces délais, il n'est pas déjà prévu que le juge de l'application des peines procède au sein de l'établissement pénitentiaire à des débats contradictoires concernant d'autres condamnés. Il en est également ainsi, dans les mêmes conditions, lorsque le débat contradictoire doit se tenir à la suite d'une réintégration immédiate, dans le délai prévu à l'avant-dernier alinéa de l'article D. 124 ou à la suite d'une arrestation provisoire, dans les délais prévus à l'article D. 540. Les dispositions du présent alinéa sont applicables, le cas échéant, aux débats différés prévus au premier alinéa de l'article D. 116-9.

Si le condamné n'est pas incarcéré, le débat contradictoire se tient au tribunal de grande instance.

Si le condamné est hospitalisé et ne peut être déplacé en raison de son état de santé, le débat contradictoire se tient sur les lieux de son hospitalisation, sous réserve des dispositions du dernier alinéa de l'article D. 116-12.

Art. D. 116-9 *(D. n. 2000-1213, 13 déc. 2000, art. 6, mise en applic., 1er janv. 2001)*. – Le condamné est informé quinze jours avant la date du débat contradictoire prévu au sixième alinéa de l'article 722. S'il est assisté d'un avocat, celui-ci est convoqué par lettre recommandée ou par télécopie au plus tard quinze jours avant le débat. Le condamné peut toutefois déclarer expressément renoncer à la convocation de son avocat ou au respect de ces délais. En cas d'urgence, notamment lorsqu'est envisagé le retrait ou la révocation d'une mesure, le délai de convocation prévu au présent alinéa n'est pas applicable, et l'avocat est avisé de la date du débat contradictoire par tout moyen ; le condamné ou son avocat peut toutefois demander à bénéficier d'un délai pour préparer sa défense ; lorsqu'est envisagé le retrait ou la révocation d'une mesure, le juge de l'application des peines ou, lorsque la personne est présentée à la suite d'un mandat d'arrêt ou d'amener, le magistrat désigné en application du troisième alinéa de l'article 125, peut alors ordonner l'incarcération provisoire du condamné jusqu'à la tenue du débat contradictoire différé, qui doit avoir lieu au plus tard le cinquième jour ouvrable suivant.

Le juge de l'application des peines peut demander au représentant de l'administration pénitentiaire de développer oralement son avis lors du débat contradictoire.

Le juge de l'application des peines peut faire appel à un interprète majeur, à l'exclusion de son greffier. S'il n'est pas assermenté, l'interprète prête serment d'apporter son concours à la justice en son honneur et en sa conscience. Si le condamné est atteint de surdité, il peut être fait application des dispositions du dernier alinéa de l'article 109.

Le débat contradictoire fait l'objet d'un procès-verbal, qui est signé par le juge de l'application des peines et par son greffier.

Le juge de l'application des peines statue par un jugement rendu en chambre du conseil.

Si la décision du juge de l'application des peines est rendue immédiatement, une copie du jugement est remise au condamné, ainsi que, le cas échéant, à son avocat, contre émargement au dossier de la procédure. Si le juge de l'application a mis sa décision en délibéré, le jugement est notifié au condamné détenu par le chef de l'établissement pénitentiaire qui lui en remet une copie contre émargement ; si le condamné n'est pas détenu, copie du jugement lui est adressée par lettre recommandée avec demande d'avis de réception ; une copie du jugement est également adressée par lettre recommandée ou par télécopie à l'avocat du condamné.

Dès qu'il est rendu, le jugement est notifié au ministère public. Une copie en est adressée au directeur du service pénitentiaire d'insertion et de probation et, lorsque le condamné est incarcéré, au chef de l'établissement pénitentiaire.

L'appel du jugement est formé soit au greffe du juge de l'application des peines selon les modalités prévues aux deux premiers alinéas de l'article 502, soit selon les modalités prévues à l'article 503.

Lorsque le juge de l'application des peines accorde l'une des mesures mentionnées au sixième alinéa de l'article 722, la mise à exécution de la mesure ne peut intervenir, avant l'expiration du

délai de vingt-quatre heures à compter de la notification de la décision au magistrat du ministère public, en l'absence de visa de ce dernier indiquant qu'il ne fait pas appel ; si le procureur de la République forme appel dans les vingt-quatre heures de la notification, il en informe immédiatement le juge de l'application des peines et le chef de l'établissement pénitentiaire.

Art. D. 116-10 *(D. n. 2000-1213, 13 déc. 2000, art. 6, mise en applic. 1er janv. 2001).* **– Le débat contradictoire prévu au sixième alinéa de l'article 722 doit avoir lieu au plus tard le troisième mois suivant le dépôt de la demande dans les conditions prévues par l'article D. 116-7. À défaut, le condamné peut directement saisir la chambre des appels correctionnels de sa demande, par lettre recommandée ou selon les modalités prévues à l'article 503.**

Le condamné n'est pas recevable à déposer de demande concernant une des mesures mentionnées au sixième alinéa de l'article 722 tant qu'il n'a pas été statué par le juge de l'application des peines sur une précédente demande relative à une même mesure.

En cas de rejet d'une demande formée par le condamné, le juge de l'application des peines peut dans son jugement fixer par décision motivée un délai durant lequel le condamné n'est pas recevable à déposer une demande similaire, sans que ce délai puisse excéder un an.

Art. D. 116-10-1 *(D. n. 2002-619, 26 avril 2002, art. 3-I).* **– En cas d'absence du condamné au débat contradictoire, et sauf s'il décide de renvoyer ce débat à une date ultérieure, le juge de l'application des peines constate, par procès-verbal mentionnant la carence de l'intéressé, qu'il n'y a lieu à statuer. Copie de ce procès-verbal est adressée au condamné selon les modalités prévues par le sixième alinéa de l'article D. 116-9. Lorsque le débat contradictoire était organisé à la suite d'une demande du condamné en application des dispositions de l'article D. 116-10, cette copie est accompagnée de l'information selon laquelle le condamné peut former une nouvelle demande.**

Art. D. 116-11 *(D. n. 2000-1213, 13 déc. 2000, art. 6, mise en applic. 1er janv. 2001).* **– Le juge de l'application des peines peut procéder au débat contradictoire prévu à l'article 116 -9, constater par ordonnance motivée qu'une demande d'aménagement de peine est irrecevable en application des dispositions des deuxième et troisième alinéas de l'article D. 116-10 ou parce qu'elle a été présentée par un condamné qui ne justifie pas des délais d'exécution de sa peine prévus par la loi pour être admissible au bénéfice de la mesure demandée.**

Cette ordonnance est notifiée au condamné dans les conditions prévues par la deuxième phrase du sixième alinéa de l'article 116-9. Elle peut faire l'objet d'un appel dans les conditions prévues au huitième alinéa de ce même article.

Art. D. 116-12 *(D. n. 2000-1213, 13 déc. 2000, art. 6, mise en applic. 1er janv. 2001).* **– Le juge de l'application des peines peut, avec l'accord du ministère public, faire droit à une demande du condamné tendant à la modification des modalités d'exécution d'une mesure déjà accordée, sans procéder au débat contradictoire prévu à l'article 116-9.**

En cas d'urgence, il peut également, avec l'accord du ministère public, ordonner, à la demande du condamné, une des mesures mentionnées au sixième alinéa de l'article 722 sans procéder au débat contradictoire prévu à l'article 116-9. Il en est de même lorsque le condamné est hospitalisé et que son état ne lui permet pas de se déplacer.

Art. D. 116-13 *(D. n. 2000-1213, 13 déc. 2000, art. 6, mise en applic. 1er janv. 2001).* **– Sauf empêchement, le conseiller chargé de l'application des peines fait partie de la composition de la chambre des appels correctionnels lorsque celle-ci est saisie d'un appel formé contre l'une des décisions mentionnées au sixième alinéa de l'article 722.**

Art. D. 116-14 *(D. n. 2000-1213, 13 déc. 2000, art. 6, mise en applic. 1er janv. 2001).* **– En cas d'appel, une copie du dossier individuel du condamné et de la décision du juge de l'application des peines est transmise à la chambre des appels correctionnels.**

À l'appui de son appel, le condamné ou son avocat peut adresser des observations écrites à la chambre des appels correctionnels. Ces observations doivent être adressées un mois au plus tard après la date de l'appel, sauf dérogation accordée par le président de la juridiction.

Pendant l'instance d'appel, les dispositions de l'article D. 116-6 relatives à la communication du dossier individuel du condamné sont applicables.

Art. D. 116-15 *(D. n. 2000-1213, 13 déc. 2000, art. 6, mise en applic. 1er janv. 2001).* **– Préalablement au débat contradictoire tenu devant la chambre des appels correctionnels, le président de la chambre ou l'un des conseillers par lui désigné peut, d'office ou à la demande du condamné, procéder à l'audition de ce dernier en présence de son avocat ou celui-ci convoqué dans les conditions prévues à l'article D. 116-9. Le ministère public est avisé de cette audition et peut y assister. Il est dressé un procès-verbal de l'audition, signé du magistrat, du greffier et de l'intéressé.**

Si le condamné est incarcéré, cette audition a lieu dans l'établissement pénitentiaire.

Art. D. 116-16 *(D. n. 2000-1213, 13 déc. 2000, art. 6, mise en applic. 1er janv. 2001).* **– La chambre des appels correctionnels statue, au vu du dossier, à la suite d'un débat contradictoire tenu en chambre du conseil hors la présence du condamné, au cours duquel, après le rapport oral d'un conseiller, le procureur général puis l'avocat du condamné présentent leurs observations. Le procureur général peut répliquer, l'avocat du condamné ayant toujours la parole en dernier.**

L'avocat du condamné est convoqué par lettre recommandée ou par télécopie au plus tard quinze jours *(D. n. 2000-1388, 30 déc. 2000, art. 8)* **avant le débat contradictoire.**

L'arrêt est rendu en chambre du conseil. *(D. n. 2002-619, 26 avril 2002, art. 4)* **Il est exécutoire par provision.**

Si le président de la chambre des appels correctionnels constate que l'appel n'a manifestement pas été formé dans le délai de dix jours, il déclare celui-ci irrecevable.

Art. D. 116-16-1 *(D. n. 2002-619, 26 avril 2002, art. 5).* **– La chambre des appels correctionnels qui accorde une des mesures visées par le sixième alinéa de l'article 722 en détermine les modalités d'application et fixe la date avant laquelle elle doit être mise à exécution. Cette juridiction désigne l'un de ses membres ou le juge d'application des peines compétent pour fixer la date effective de mise à exécution de la décision et, le cas échéant, notifier au condamné les conditions de la mesure.**

Art. D. 117. – Lorsque le juge de l'application des peines est appelé à se rendre dans un établissement pénitentiaire pour assumer les fonctions qui lui sont dévolues par le présent code et par l'article R. 2 du Code pénal, les indemnités de frais de voyage et de séjour lui sont allouées dans les conditions visées à l'article R. 200 du présent code.

Art. D. 117-1 *(D. n. 79-534, 3 juill. 1979, art. 4 ; D. n. 83-48, 26 janv. 1983, art. 1er).* **– La commission de l'application des peines qui siège dans chaque établissement pénitentiaire comprend, outre les membres de droit mentionnés à l'article 722 (al. 4), les membres du personnel de direction,** *(D. n. 98-1099, 8 déc. 1998, art. 149-I)* **un chef de service pénitentiaire un membre du personnel de surveillance,** *(D. n. 98-1099, 8 déc. 1998, art. 149-I)* **et les travailleurs sociaux.**

Le juge de l'application des peines peut, en accord avec le chef de l'établissement, faire appel soit à titre permanent, soit pour une séance déterminée, à toute personne remplissant une mission dans *(D. n. 98-1099, 8 déc. 1998, art. 149-II)* **l'établissement pénitentiaire, lorsque sa connaissance des cas individuels ou des problèmes à examiner rend sa présence utile.**

(D. n. 85-836, 6 août 1985, art. 1er et 9-3°) **Le juge de l'application des peines peut ordonner la comparution du détenu devant la commission de l'application des peines afin qu'il soit entendu par cette dernière dans les domaines qui relèvent de sa compétence.**

Les membres de la commission ainsi que les personnes appelées à un titre quelconque à assister à ses réunions sont tenus à l'égard des tiers au secret pour tout ce qui concerne ses travaux.

Art. D. 117-2 *(D. n. 2000-1213, 13 déc. 2000, art. 7, applic. 1er janv. 2001).* **– Si le condamné ne satisfait pas aux obligations qui lui sont imposées ou s'il fait preuve de mauvaise conduite, le juge de l'application des peines peut décider soit de rejeter ou d'ajourner une mesure relevant de sa compétence, soit retirer une telle mesure précédemment accordée. Il en est ainsi pour la réduction de peine dont le retrait total ou partiel est prononcé dans les conditions définies à l'article 721.**

Cette décision intervient après avis de la commission de l'application des peines si elle concerne une mesure de réduction de peine, d'autorisation de sortie sous escorte et de permission de sortir, et après le débat contradictoire prévu au sixième alinéa de l'article 722 dans les autres cas.

SECTION VII. – DU PLACEMENT À L'EXTÉRIEUR, DU RÉGIME DE SEMI-LIBERTÉ ET DES PERMISSIONS DE SORTIR

Art. D. 118 *(D. n. 79-534, 3 juill. 1979, art. 5)*. – Indépendamment des cas où il est procédé à leur extraction ou à leur transfèrement et des cas où ils sont chargés d'exécuter des corvées sous la surveillance directe et constante du personnel, des condamnés peuvent se trouver régulièrement en dehors des établissements pénitentiaires dans les hypothèses prévues aux articles 723 et 723-3 qui prévoient soit le placement à l'extérieur et l'admission au régime de semi-liberté, soit les permissions de sortir.

§ 1. – Dispositions communes

Art. D. 119. – *Abrogé à compter du 1er janv. 2001, D. n. 2000-1213, 13 déc. 2000, art. 8-I.*

Art. D. 120. – *Abrogé à compter du 1er janv. 2001, D. n. 2000-1213, 13 déc. 2000, art. 8-I.*

Art. D. 121 *(D. n. 98-1099, 8 déc. 1998, art. 23)*. – Les rémunérations des condamnés bénéficiant d'un contrat de travail dans les conditions définies au deuxième alinéa de l'article D. 103 sont versées directement par l'employeur sur un compte extérieur dont est titulaire le condamné, sauf prescriptions contraires du juge de l'application des peines.

Les rémunérations des détenus exerçant une activité à l'extérieur de l'établissement, dans les conditions prévues par le premier alinéa de l'article D. 103, sont versées, sauf prescriptions contraires du juge de l'application des peines, à l'établissement pénitentiaire qui approvisionne le compte nominatif des détenus, en application des dispositions relatives à la répartition des produits du travail.

Art. D. 121-1 *(D. n. 98-1099, 8 déc. 1998, art. 24)*. – Les condamnés admis au régime de la semi-liberté ou du placement à l'extérieur sans surveillance en application de l'article D. 136 sont dispensés de la constitution du pécule de libération.

Ils demeurent redevables de la part réservée à l'indemnisation des parties civiles et aux créanciers d'aliments, sous réserve de prescriptions particulières déterminées par le juge de l'application des peines.

Art. D. 122. – Par dérogation aux dispositions de l'article D. 318, les détenus *(D. n. 98-1099, 8 déc. 1998, art. 25)* bénéficiant d'une mesure de semi-liberté ou d'un placement à l'extérieur sans surveillance en application de l'article D. 136 ou bénéficiaires d'une permission de sortir sont autorisés à détenir une somme d'argent leur permettant d'effectuer en dehors de l'établissement les dépenses nécessaires et, notamment, de payer les repas pris à l'extérieur *(D. n. 98-1099, 8 déc. 1998, art. 25)* d'utiliser des moyens de transport et de faire face à des frais médicaux éventuels.

(D. n. 85-836, 6 août 1985, art. 1er) Le chef de l'établissement apprécie, au moment de la sortie des intéressés, l'importance de la somme qui doit leur être remise, par prélèvement sur leur part disponible. Lorsqu'ils réintègrent *(D. n. 98-1099, 8 déc. 1998, art. 188)* l'établissement pénitentiaire, et à intervalles réguliers en ce qui concerne les semi-libres, les détenus doivent justifier des dépenses effectuées et le reliquat de la somme qui avait été mise à leur disposition est déposé au service comptable.

Art. D. 123. – Les détenus autorisés à sortir d'un établissement sans faire l'objet d'une surveillance *(D. n. 98-1099, 8 déc. 1998, art. 26)* en application des articles 723 et 723-3 doivent être porteurs d'un document leur permettant de justifier de la régularité de leur situation.

Outre les renseignements d'état civil et d'anthropométrie utiles, ce document doit mentionner les lieux où les intéressés sont autorisés à se rendre ainsi que la date et l'heure auxquelles ils sont dans l'obligation de réintégrer l'établissement pénitentiaire.

Il doit être produit à toute réquisition de l'autorité publique.

Art. D. 124 *(D. n. 72-852, 12 sept. 1972, art. 1er ; D. n. 79-534, 3 juill. 1979, art. 7).* – Les condamnés qui se trouvent en dehors d'un établissement en vertu d'une des autorisations prévues aux articles 723 et 723-3 demeurent soumis à l'ensemble des règles disciplinaires relatives au régime des détenus de leur catégorie, sous la seule réserve des dérogations édictées à la présente section.

Toute inobservation de ces règles, tout manquement à l'obligation de bonne conduite, tout incident, doit être signalé au juge de l'application des peines. En cas d'urgence le chef de l'établissement peut faire procéder à la réintégration immédiate du détenu sauf à en rendre compte sans délai à ce magistrat.

(D. n. 98-1099, 8 déc. 1998, art. 27) Conformément à l'article D. 117-2, le juge de l'application des peines prononce, le cas échéant, le retrait de la mesure lorsque celle-ci a été accordée par lui. *(D. n. 2000-1213, 13 déc. 2000, art. 9, applic. 1er janv. 2001)* Lorsqu'il s'agit d'une mesure mentionnée au sixième alinéa de l'article 722, ce retrait ne peut être prononcé qu'à l'issue du débat contradictoire prévu par cet article, qui doit intervenir dans les huit jours à compter de la réintégration du détenu.

Lorsque le régime de semi-liberté a été décidé par la juridiction de jugement, le tribunal de grande instance du lieu de détention prononce son retrait éventuel, sur rapport du juge de l'application des peines. Ce magistrat peut, si l'urgence l'exige, suspendre l'application de la semi-liberté. Dans ce cas, le tribunal doit statuer dans les cinq jours sur le maintien ou le retrait de ce régime.

Art. D. 125 *(D. n. 79-534, 3 juill. 1979, art. 8).* – Les détenus qui, bénéficiant d'une des autorisations prévues aux articles 723 et 723-3, n'ont pas regagné l'établissement pénitentiaire dans les délais fixés, doivent être considérés comme se trouvant en état d'évasion.

Les diligences prévues aux articles D. 280 et D. 283 doivent en conséquence être effectuées, et les intéressés, de même que ceux qui auraient tenté de se soustraire à l'obligation de réintégrer l'établissement pénitentiaire, encourent des sanctions disciplinaires sans préjudice des poursuites pénales qui pourraient être exercées en application de l'article *(D. n. 98-1099, 8 déc. 1998, art. 28)* 434-29 du Code pénal.

Art. D. 125-1 *(D. n. 93-193, 8 févr. 1993, art. 1er-I).* – Les condamnés bénéficiant d'une mesure prise en application de l'article 723, qui exercent une activité professionnelle dans les mêmes conditions que les travailleurs libres, sont affiliés au régime d'assurance maladie, vieillesse et accidents du travail dont ils relèvent au titre de cette activité.

La déclaration d'emploi est souscrite à la diligence et sous la responsabilité de l'employeur, conformément aux obligations qui lui incombent selon la nature de son entreprise.

§ 2. – Placement à l'extérieur
sous surveillance du personnel pénitentiaire

(D. n. 98-1099, 8 déc. 1998, art. 29)

Art. D. 126. – En application des dispositions du premier alinéa de l'article 723, les condamnés peuvent être employés en dehors d'un établissement pénitentiaire à des travaux contrôlés par l'administration.

(D. n. 85-836, 6 août 1985, art. 1er) Ces travaux, quelle qu'en soit la nature, peuvent être exécutés pour le compte d'une administration, d'une collectivité publique, d'une personne physique ou morale sous les régimes définis *(D. n. 98-1099, 8 déc. 1998, art. 30)* au premier alinéa de l'article D. 103.

Art. D. 127 *(D. n. 85-836, 6 août 1985, art. 1er).* – L'ouverture d'un chantier de travail dans les conditions prévues à l'article D. 126 est subordonnée à l'accord du *(D. n. 98-1099, 8 déc. 1998, art. 194)* préfet si l'effectif des détenus est supérieur à trois. Dans les autres cas, il en est tenu informé.

Art. D. 128 *(D. n. 98-1099, 8 déc. 1998, art. 31).* – Peuvent être désignés pour être employés à des travaux à l'extérieur, s'ils présentent des garanties suffisantes pour la sécurité et l'ordre public,

notamment au regard de leur personnalité, de leurs antécédents, de leur conduite en détention et des gages de réinsertion dont ils ont fait preuve :

1° Les détenus ayant à subir une durée d'incarcération inférieure ou égale à cinq ans et n'ayant pas été condamnés antérieurement à une peine privative de liberté supérieure à six mois ;

2° Les détenus remplissant les conditions de délai requises pour être proposés au bénéfice de la libération conditionnelle, quels que soient leurs antécédents et la durée de l'incarcération à subir ;

3° Les détenus remplissant les conditions de délai requises pour être admis à la semi-liberté.

Art. D. 129. – *Abrogé, D. n. 98-1099, 8 déc. 1998, art. 197.*

Art. D. 130. – **Les détenus placés à l'extérieur demeurent soumis à la surveillance effective du personnel pénitentiaire.**

Celui-ci a la charge d'appliquer les prescriptions et règlements relatifs au régime disciplinaire, notamment en ce qui concerne les communications avec les tiers. L'employeur doit se conformer aux indications qui lui sont données à cet égard.

(D. n. 98-1099, 8 déc. 1998, art. 32) **À la fin de chaque journée de travail, les détenus sont réintégrés à l'établissement pénitentiaire, à moins que, sur proposition de l'administration pénitentiaire, il n'en soit décidé autrement par le juge de l'application des peines.**

Art. D. 131 *(D. n. 98-1099, 8 déc. 1998, art. 33)*. – **Le chef d'établissement pénitentiaire doit s'assurer de la stricte application des consignes données au personnel de surveillance pour l'application des dispositions de l'article D. 130.**

Art. D. 132. – *Abrogé, D. n. 98-1099, 8 déc. 1998, art. 197.*

Art. D. 133 *(D. n. 85-836, 6 août 1985, art. 1er)*. – **Le chef d'établissement** *(D. n. 98-1099, 8 déc. 1998, art. 34-I)* **a qualité pour accorder une concession pour une durée égale ou inférieure à trois mois ou concernant un effectif égal ou inférieur à cinq détenus.**

Les concessions envisagées pour une durée supérieure à trois mois ou pour un effectif supérieur à cinq détenus font l'objet d'un contrat qui en fixe les conditions particulières, notamment en ce qui concerne l'effectif et la rémunération des détenus et la durée de la concession. *(D. n. 98-1099, 8 déc. 1998, art. 34-II)* **Ce contrat est signé par le représentant de l'entreprise concessionnaire et le directeur régional des services pénitentiaires.**

[Ainsi qu'il est dit à l'article D. 119 *(mots abrogés à compter du 1er janv. 2001, D. n. 2000-1213, 13 déc. 2000, art. 8-II)*]. **Il ne peut recevoir effet à l'égard du placement de chaque détenu qu'après autorisation du juge de l'application des peines.**

Art. D. 134 *(D. n. 85-836, 6 août 1985, art. 9-4° et 5°)*. – **Les prix payés pour le travail des détenus doivent être égaux aux salaires et aux accessoires de salaires des travailleurs libres de la même catégorie placés dans les mêmes conditions de tâche et de lieu, déduction faite des frais particuliers pouvant incomber à l'employeur.**

Alinéa abrogé, D. n. 98-1099, 8 déc. 1998, art. 197.

Art. D. 135 *(D. n. 85-836, 6 août 1985, art. 9-5°)*. – **Les détenus placés à l'extérieur sont soumis aux mêmes horaires et conditions de travail que les travailleurs libres de même profession.**

§ 3. – Placement à l'extérieur sans surveillance du personnel pénitentiaire

(D. n. 98-1099, 8 déc. 1998, art. 36)

Art. D. 136. – **Peuvent être autorisés soit à travailler à l'extérieur, soit à y suivre un enseignement, un stage, un emploi temporaire en vue de leur insertion sociale, une formation professionnelle ou faire l'objet d'une prise en charge sanitaire, sans être soumis à la surveillance continue du personnel pénitentiaire :**

1° Les condamnés dont la peine restant à subir n'excède pas un an ;

2° Les condamnés admis au bénéfice de la libération conditionnelle, sous la condition d'avoir été soumis à titre probatoire au régime du placement à l'extérieur ;

3° Les condamnés qui remplissent les conditions de délai requises pour être proposés au bénéfice de la libération conditionnelle et dont la peine restant à subir n'excède pas trois ans.

Le juge de l'application des peines détermine les conditions particulières de l'exécution de la mesure suivant la nature de l'activité ou de la prise en charge sanitaire, et la personnalité du condamné.

Il peut en outre subordonner l'octroi ou le maintien de la mesure à l'une ou plusieurs des conditions énumérées à l'article D. 536.

L'employeur ou le directeur de l'établissement de formation ou de soins doit informer sans délai le représentant qualifié de l'administration pénitentiaire de tout incident concernant le détenu, notamment de toute absence quelle qu'en soit la durée.

§ 4. – Régime de semi-liberté

Art. D. 136. – *D. n. 60-898, 24 août 1960, art. 1er ; D. n. 72-852, 12 sept. 1972, art. 1er ; abrogé, D. n. 86-462, 14 mars 1986, art. 13.*

Art. D. 137 *(D. n. 98-1099, 8 déc. 1998, art. 37).* **– Les condamnés admis au régime de la semi-liberté en application des dispositions des articles 132-25 du Code pénal et 723-1 du Code de procédure pénale s'engagent à respecter les conditions de bonne tenue et d'assiduité au travail, la participation effective à l'activité et le suivi du traitement médical.**

Le juge de l'application des peines détermine les jours et heures de sortie et de retour, les conditions particulières propres à la nature de l'activité ou du traitement et à la personnalité du condamné.

Art. D. 138 *(D. n. 86-462, 14 mars 1986, art. 12-1°).* **– L'octroi ou le maintien de la semi-liberté peut être subordonné à l'une ou plusieurs des conditions énumérées à l'article D. 536.**

Art. D. 139. – *Abrogé, D. n. 98-1099, 8 déc. 1998, art. 197.*

Art. D. 140. – *Abrogé, D. n. 80-227, 27 mars 1980, art. 3.*

Art. D. 141. – *Abrogé, D. n. 93-193, 8 févr. 1993, art. 2.*

§ 5. – Permissions de sortir

Art. D. 142 *(D. n. 75-402, 23 mai 1975, art. 1er ; D. n. 77-1294, 25 nov. 1977 ; D. n. 79-534, 3 juill. 1979, art. 9 ; D. n. 85-836, 6 août 1985, art. 1er).* **– La permission de sortir est accordée pour une ou plusieurs sorties. Elle autorise le condamné à se rendre en un lieu situé sur le territoire national.** *(D. n. 2000-1213, 13 déc. 2000, art. 11-I-1°, applic. 1er janv. 2001)* **Elle peut être assortie d'une ou plusieurs conditions, et notamment des obligations prévues à l'article D. 536.**

Un délai de route peut être accordé au bénéficiaire de la permission de sortir ; il est calculé en fonction de la durée du trajet et des horaires des moyens de transport utilisés.

(D. n. 2000-1213, 13 déc. 2000, art. 11-I-2°, applic. 1er janv. 2001) **Le juge de l'application des peines peut ordonner le retrait d'une permission de sortir en cours d'exécution de celle-ci et ordonner la réincarcération immédiate du condamné en cas de non-respect par celui-ci des conditions auxquelles cette permission était subordonnée. Le juge peut à cette fin décerner un mandat d'amener ou d'arrêt en application des dispositions de l'article 722-2.**

Art. D. 142-1 *(D. n. 79-534, 3 juill. 1979, art. 10).* **– Les conditions de délai prévues aux articles D. 143 à D. 146 ne sont applicables que si le condamné n'est pas en cours d'exécution de la période de sûreté.**

Art. D. 143 *(D. n. 72-852, 12 sept. 1972, art. 1er ; D. n. 75-402, 23 mai 1975, art. 1er).* **– Des permissions de sortir d'une durée n'excédant pas la journée peuvent être accordées dans les cas suivants aux condamnés à une peine privative de liberté inférieure ou égale à cinq ans ainsi qu'aux condamnés à une peine privative de liberté supérieure à cinq ans, lorsque ces derniers ont exécuté la moitié de leur peine :**

1° Présentation à leurs employeurs éventuels des détenus prochainement libérables ou susceptibles d'être admis au bénéfice de la libération conditionnelle ou au régime de semi-liberté *(D. n. 98-1099, 8 déc. 1998, art. 38-I)* **ou de placement à l'extérieur en application de l'article D. 136 ;**

2° Présentation aux épreuves d'un examen dans les conditions prévues aux articles D. 455 et D. 459 ;

3° Présentation dans un centre *(D. n. 98-1099, 8 déc. 1998, art. 38-II)* **de soins ;**

4° Accomplissement de toute formalité requise par l'autorité militaire soit préalablement à un engagement dans les forces armées en vue duquel la libération conditionnelle a été accordée, soit à l'égard des détenus militaires ;

5° *(D. n. 98-1099, 8 déc. 1998, art. 38-IV)* **Sorties pour la pratique d'activités culturelles ou sportives organisées ;**

6° Comparution soit devant une juridiction de l'ordre judiciaire, soit devant une juridiction ou un organisme d'ordre administratif *(D. n. 98-1099, 8 déc. 1998, art. 38-V).*

Le régime des permissions de sortir susceptibles d'être accordées, pour la présentation aux épreuves d'un examen, à un condamné à une peine privative de liberté, obéit aux seules règles fixées par l'article D. 143 du Code de procédure pénale.

Ce texte ne prévoit l'octroi d'une telle permission à une personne condamnée à une peine privative de liberté supérieure à 5 ans que lorsque la 1/2 de la peine a été exécutée.

Dès lors, justifie sa décision, la cour d'appel qui infirme l'ordonnance du juge de l'application des peines accordant une permission de sortir d'une journée en vue de la présentation aux épreuves d'un examen, à un condamné à une peine privative de liberté supérieure à 5 ans qui a exécuté plus du 1/3, mais moins de la 1/2 de sa peine, au motif que les articles D. 145 et D. 146 du Code de procédure pénale permettent aux condamnés incarcérés dans un centre de détention ayant exécuté le 1/3 de leur peine, d'obtenir des permissions de sortir, notamment, en vue de la préparation de leur réinsertion sociale (Cass. crim., 27 févr. 2001 : *Bull.* 51).

Art. D. 143-1 *(D. n. 98-1099, 8 déc. 1998, art. 39).* **– Des permissions de sortir peuvent être accordées les samedis, dimanches et jours fériés ou chômés aux condamnés admis au régime de la semi-liberté ou bénéficiant d'un placement à l'extérieur en application de l'article D. 136.**

Art. D. 144 *(D. n. 60-898, 24 août 1960, art. 1er ; D. n. 72-852, 12 sept. 1972, art. 1er ; D. n. 75-402, 23 mai 1975, art. 1er).* **– À l'occasion des circonstances familiales graves visées à l'article D. 425, une permission de sortir d'une durée maximale de trois jours peut être accordée, d'une part, aux condamnés à une peine privative de liberté inférieure ou égale à cinq ans, et, d'autre part, aux condamnés à une peine privative de liberté supérieure à cinq ans, lorsqu'ils ont exécuté la moitié de leur peine.**

Art. D. 145 *(D. n. 72-852, 12 sept. 1972, art. 1er ; D. n. 75-402, 23 mai 1975, art. 1er).* **– Des permissions de sortir d'une durée maximale de trois jours peuvent être accordées en vue du maintien des liens familiaux ou de la préparation de la réinsertion sociale, aux condamnés qui ont exécuté la moitié de leur peine et qui n'ont plus à subir qu'un temps de détention inférieur à trois ans.**

(D. n. 85-836, 6 août 1985, art. 1er) **Ces permissions sont accordées sans condition de délai aux condamnés exécutant une ou plusieurs peines d'emprisonnement n'excédant pas au total une durée d'un an.**

(D. n. 2000-1213, 13 déc. 2000, art. 11-II, applic. 1er janv. 2001) **Ces permissions de sortir peuvent être également accordées sans condition de délai lorsque le juge de l'application des peines ou la juridiction régionale de la libération conditionnelle ont, en application des dispositions du 1° de l'article D. 535 et selon la procédure prévue au sixième alinéa de l'article 722 ou au troisième alinéa**

de l'article 722-1, décidé de subordonner l'octroi d'une libération conditionnelle à la condition d'avoir bénéficié d'une ou plusieurs permissions de sortir.

Il résulte de l'article D. 146 du Code de procédure pénale que seuls les condamnés, incarcérés dans les centres de détention, peuvent bénéficier des permissions de sortir prévues à l'article D. 145, lorsqu'ils ont exécuté le tiers de leur peine ; encourt, dès lors, la cassation le jugement qui confirme l'ordonnance du juge de l'application des peines accordant une telle permission à un condamné ayant exécuté le tiers de sa peine, mais détenu dans une maison d'arrêt (Cass. crim., 1er avr. 1998 : *Bull.* 126).

Art. D. 146 *(D. n. 72-852, 12 sept. 1972, art. 1er ; D. n. 75-402, 23 mai 1975, art. 1er).* **– Les condamnés incarcérés dans les centres de détention peuvent bénéficier des permissions de sortir prévues à l'article D. 145, lorsqu'ils ont exécuté le tiers de leur peine.**

À leur égard, la durée de ces permissions peut être portée à cinq jours et, une fois par an, à dix jours.

Art. D. 146-1 *(D. n. 2002-663, 30 avril. 2002, art. 7).* **– Les condamnés incarcérés dans les centres pour peines aménagées peuvent bénéficier des permissions de sortir prévues à l'article D. 145 sans condition de délai.**

À leur égard, la durée de ces permissions peut être portée à cinq jours.

Art. D. 147. – Le détenu bénéficiaire d'une permission de sortir doit supporter les frais occasionnés par son séjour hors de l'établissement et notamment le coût des moyens de transport qu'il serait éventuellement obligé d'utiliser.

(D. n. 75-402, 23 mai 1975, art. 1er) **En conséquence, aucune autorisation de sortir ne peut être accordée si une somme suffisante ne figure pas à la part disponible du condamné ou si l'intéressé ne justifie pas de possibilités licites d'hébergement et de transport.**

SECTION VIII. – DE LA SUSPENSION DE PEINE PRÉVUE PAR L'ARTICLE 720-1-1

(D. n. 2002-619, 26 avril 2002, art. 1er)

Art. D. 147-1. – Le condamné dont la peine est suspendue en application de l'article 720-1-1 est placé sous la surveillance du juge de l'application des peines territorialement compétent en application des dispositions de l'article D. 116-2, assisté du service pénitentiaire d'insertion et de probation.

Art. D. 147-2. – La juridiction, qui, en application, selon les cas, du sixième alinéa de l'article 722 ou de l'article 722-1, accorde cette suspension de peine, peut prévoir que le condamné sera soumis à une ou plusieurs des obligations suivantes, destinées notamment à permettre de vérifier que les conditions prévues par le premier alinéa de l'article 720-1-1 demeurent remplies :

1° Établir sa résidence ou être hospitalisé dans un lieu ou un établissement déterminé par la juridiction ;

2° Tenir le juge de l'application des peines informé de son lieu de résidence ou d'hospitalisation et l'informer de toute modification ;

3° Fixer sa résidence ou son lieu d'hospitalisation dans les limites territoriales déterminées par la juridiction ;

4° Ne pas sortir des limites territoriales déterminées par la juridiction et, le cas échéant, remettre son passeport ;

5° Se soumettre à toute expertise médicale ordonnée par le juge de l'application des peines ;

6° Recevoir les visites du travailleur social du service pénitentiaire d'insertion et de probation et lui communiquer les renseignements ou documents de nature à permettre le contrôle de l'exécution de ses obligations ;

7° Répondre aux convocations du juge de l'application des peines ou du travailleur du service pénitentiaire d'insertion et de probation si son état de santé lui permet de se déplacer ;

8° S'abstenir d'entrer en relation de quelque manière que cela soit avec les victimes de l'infraction pour laquelle il est condamné ;

9° Lorsque la condamnation concerne l'une des infractions mentionnées à l'article 706-47, s'abstenir de fréquenter ou d'entrer en relation avec certaines personnes ou certaines catégories de personnes et notamment des mineurs, à l'exception, le cas échéant, de ceux désignés par la décision.

Art. D. 147-3. – Le relèvement ou la modification des obligations peut être ordonné, après avis du service pénitentiaire d'insertion et de probation, par le juge de l'application des peines.

Art. D. 147-4. – En application du cinquième alinéa de l'article 720-1-1, le juge de l'application des peines peut mettre fin à la suspension de peine si les obligations fixées par la décision ne sont pas respectées, après le débat contradictoire prévu au sixième alinéa de l'article 722.

Il peut délivrer à cette fin les mandats prévus par l'article 722-2.

Art. D. 147-5. – À tout moment, le procureur de la République peut saisir le juge de l'application des peines afin qu'il ordonne une expertise médicale pour vérifier si le condamné remplit toujours les critères prévus à l'article 720-1-1.

CHAPITRE III. – DES DISPOSITIONS COMMUNES AUX DIFFÉRENTS ÉTABLISSEMENTS PÉNITENTIAIRES

SECTION I. – DU GREFFE JUDICIAIRE DES ÉTABLISSEMENTS PÉNITENTIAIRES

§ 1. – Registre et formalités d'écrou

Art. D. 148 *(D. n. 72-852, 12 sept. 1972, art. 1er ; D. n. 79-534, 3 juill. 1979, art. 16 ; D. n. 93-193, 8 févr. 1993, art. 1er-II)*. – Tout établissement pénitentiaire est pourvu d'un registre d'écrou.

Le chef de l'établissement, ou sous son autorité le fonctionnaire chargé du greffe, tient ce registre et veille à la légalité de la détention des individus incarcérés ainsi qu'à l'élargissement des libérables.

Le registre d'écrou est constitué de feuilles mobiles sur lesquelles figurent le numéro d'écrou initial ainsi que le numéro d'écrou actuel et classées dans un fichier.

Il doit être présenté aux fins de contrôle et de visa, aux différentes autorités judiciaires à chacune de leurs visites, ainsi qu'aux autorités administratives qui procèdent à l'inspection générale de l'établissement.

Art. D. 149 *(D. n. 72-852, 12 sept. 1972, art. 1er ; D. n. 93-193, 8 févr. 1993, art. 1er-III)*. – Lors de la conduite de toute personne dans un établissement pénitentiaire par l'exécuteur d'un arrêt ou jugement de condamnation, d'une ordonnance de prise de corps, d'un mandat de dépôt ou d'arrêt, d'un mandat d'amener lorsque ce mandat doit être suivi d'incarcération provisoire, ou d'un ordre d'arrestation établi conformément à la loi, un acte d'écrou est dressé sur le registre visé à l'article D. 148. Le chef de l'établissement constate par cet acte la remise de la personne et inscrit la nature et la date du titre de détention, ainsi que l'autorité dont il émane. L'acte d'écrou est signé par le chef de l'établissement et par le chef d'escorte.

En cas d'exécution volontaire de la peine, le chef de l'établissement mentionne sur le registre d'écrou l'arrêt ou le jugement de condamnation dont l'extrait lui a été transmis par le procureur général ou par le procureur de la République.

En toute hypothèse, avis de l'écrou est donné par le chef de l'établissement, selon le cas, au procureur général ou au procureur de la République.

La date de la sortie du détenu, ainsi que, s'il y a lieu, la décision ou le texte de la loi motivant la libération, fait également l'objet d'une mention sur l'acte d'écrou.

Il n'y a pas lieu de lever l'écrou des détenus qui viennent à faire l'objet des mesures prévues à l'article D. 118, mais mention de ces mesures doit être portée au registre d'écrou.

Art. D. 149-1 *(D. n. 93-193, 8 févr. 1993, art. 1er-IV).* **– En cas de sortie consécutive à une décision de suspension ou de fractionnement de peine, si la réintégration du condamné doit avoir lieu dans l'établissement d'origine, il est procédé à une levée d'écrou sous forme simplifiée.**

De même, lors de son retour, un acte d'écrou est dressé sous forme simplifiée et l'intéressé reprend le numéro d'écrou qui lui était attribué avant sa sortie.

Ces formalités d'écrou sous forme simplifiée sont également applicables aux détenus qui font l'objet d'un transfèrement dans les conditions prévues à l'article D. 313-1 du Code de procédure pénale.

Art. D. 149-2 *(D. n. 93-193, 8 févr. 1993, art. 1er-IV).* **– Dans les cas d'application de la procédure d'écrou simplifié, le chef d'établissement est dispensé de l'envoi des avis prévus par les articles D. 149, D. 511, D. 311 et D. 313 du Code de procédure pénale.**

Art. D. 150 *(D. n. 72-852, 12 sept. 1972, art. 1er).* **– Outre les écritures exigées pour l'incarcération ou la libération et la mention des ordonnances prévues aux articles 133, 145, 148 et 179, ainsi que des jugements ou arrêts prévus aux articles 213, 464-1 et 569, des indications doivent être portées pour prévenir les fraudes, fixer l'identité des détenus et faire connaître les modifications subies par la situation pénale ou administrative de ceux-ci pendant leur détention ou au moment de leur mise en liberté.**

Art. D. 151 *(D. n. 72-852, 12 sept. 1972, art. 1er ; D. n. 79-534, 3 juill. 1979, art. 17).* **– Le registre d'écrou ne doit pas quitter l'établissement pénitentiaire.**

Toutefois, à titre exceptionnel, la fiche d'écrou d'un détenu peut être déplacée en dehors de cet établissement afin de permettre soit l'écrou d'un individu hospitalisé immédiatement après son arrestation et momentanément intransportable, soit la levée d'écrou d'un détenu hospitalisé au moment de sa libération.

§ 2. – Autres registres et écritures du greffe

Art. D. 152 *(D. n. 98-1099, 8 déc. 1998, art. 41).* **– Indépendamment du registre d'écrou, des registres ou livres prévus par la réglementation comptable, le chef de l'établissement doit tenir ou faire tenir les registres et les fichiers suivants :**

1° Répertoire alphabétique des détenus écroués ;

2° Registre des demandes de mise en liberté, de saisine de la chambre de l'instruction, de demandes d'actes ou de mesures utiles à l'instruction et de requêtes en annulation ;

3° Registre des déclarations d'opposition ;

4° Registre des déclarations d'appel et de pourvoi ;

5° Registre des libérations par mois ;

6° Fichier des libérations conditionnelles ;

7° Fichier des interdits de séjour ;

8° Registre du contrôle numérique ;

9° Registre des mesures d'individualisation de la peine ;

10° Registre des inspections et carnet d'ordres de service ;

11° Registre des entrées et sorties ;

12° Registre des mesures mentionnées à l'article 723 ;

13° Fichier des réductions de peine.

Art. D. 153 *(D. n. 98-1099, 8 déc. 1998, art. 41).* **– Pour l'application des articles 81, 82-1, 148-7, 148-8, 156, 167, 173, 221-2, 490-1, 503, 547 et 577, le chef de l'établissement, ou, sous son autorité, le fonctionnaire chargé du greffe, tient dans chaque établissement un registre des déclarations d'appel ou de pourvoi, un registre des déclarations d'opposition et un registre des demandes de mise en liberté, de saisine de la chambre de l'instruction, de demandes d'actes ou de mesures utiles**

à l'instruction et de requêtes en annulation, dans lesquels sont conservées les déclarations, demandes et requêtes qu'il est appelé à recevoir et à transmettre.

Ces registres sont composés de la copie des exemplaires numérotés desdites déclarations, demandes et requêtes.

Art. D. 154. – Il appartient aux chefs des établissements pénitentiaires de délivrer aux autorités habilitées par la loi ou les règlements des extraits ou des copies certifiées conformes de toutes pièces qui se trouvent en leur possession.

Il leur appartient pareillement de délivrer des expéditions ou extraits des actes d'écrou.

§ 3. – Dossiers individuels des détenus

Art. D. 155 *(D. n. 64-735, 20 juill. 1964)*. **– Pour tout détenu, il est constitué au greffe de l'établissement pénitentiaire un dossier individuel qui suit l'intéressé dans les différents établissements où il serait éventuellement transféré.**

(D. n. 83-48, 26 janv. 1983, art. 1er) **Indépendamment de ce dossier, des dossiers particuliers doivent être établis en outre à l'égard de certains détenus, notamment pour les condamnés proposables à la libération conditionnelle, pour les interdits de séjour, pour les étrangers passibles** *(D. n. 98-1099, 8 déc. 1998, art. 42)* **d'une mesure d'éloignement du territoire français et pour les libérables qui ont à satisfaire à des obligations militaires.**

A. – Dossier spécial aux condamnés
(D. n. 98-1099, 8 déc. 1998, art. 43)
ayant fait l'objet d'une procédure d'orientation

Art. D. 156 *(D. n. 98-1099, 8 déc. 1998, art. 44)*. **– Un dossier spécial est ouvert pour tout condamné ayant fait l'objet d'une procédure d'orientation suivant les prescriptions des articles D. 75 et suivants.**

Ce dossier comprend les quatre parties visées aux articles D. 157, D. 159, D. 162 et D. 163.

Art. D. 157 *(D. n. 85-836, 6 août 1985, art. 1er)*. **– La partie judiciaire du dossier contient l'extrait ou les extraits de jugement ou d'arrêt de condamnation, la notice individuelle visée à l'article D. 158 et toutes autres pièces ou documents relatifs à l'exécution des peines, notamment ceux qui concernent les victimes.**

Art. D. 158. – La notice individuelle contient les renseignements concernant l'état civil du condamné, sa profession, sa situation de famille, ses moyens d'existence, son degré d'instruction, sa conduite habituelle, sa moralité et ses antécédents.

Ces renseignements sont complétés par l'exposé des faits qui ont motivé la condamnation et des éléments de nature à aggraver ou à atténuer la culpabilité de l'intéressé *(D. n. 98-1099, 8 déc. 1998, art. 45)* **et la liste de ses coauteurs ou complices éventuels.**

La rédaction de la notice, qui incombe au ministère public près la juridiction qui a prononcé la condamnation, est obligatoire à l'égard de tout condamné qui doit subir ou auquel il reste à subir plus de trois mois d'une peine privative de liberté à compter de la date où la décision est devenue définitive.

La notice doit être adressée dans le délai prévu au dernier alinéa de l'article *(D. n. 98-1099, 8 déc. 1998, art. 45)* **D. 77.**

Art. D. 159. – La partie pénitentiaire du dossier est constituée par le chef de l'établissement dans lequel le condamné accomplit sa peine.

(D. n. 85-836, 6 août 1985, art. 9-6°) **Elle contient tous les renseignements tenus à jour sur son comportement en détention** *(D. n. 98-1099, 8 déc. 1998, art. 46-I)* **au travail et pendant les activités, et sur les décisions administratives prises à son égard.**

(D. n. 98-1099, 8 déc. 1998, art. 46-II) **Les renseignements relatifs au compte nominatif sont remis à jour par le service comptable.**

Art. D. 160 *(D. n. 75-402, 23 mai 1975, art. 1er)*. – **Dans la même partie du dossier, sont consignées les sanctions disciplinaires prononcées ainsi que toutes les mesures visant à encourager les efforts des détenus en vue de leur** *(D. n. 98-1099, 8 déc. 1998, art. 187)* **réinsertion sociale.**

Art. D. 161. – *Abrogé, D. n. 98-1099, 8 déc. 1998, art. 197.*

Art. D. 162 *(D. n. 85-836, 6 août 1985, art. 1er)*. – **La** *(D. n. 98-1099, 8 déc. 1998, art. 47)* **troisième partie du dossier visé à l'article D. 156 correspond au dossier destiné** *(D. n. 99-276, 13 avr. 1999, art. 5-I)* **aux membres du service pénitentiaire d'insertion et de probation compétent auprès de l'établissement.**

Contenant des éléments ou documents recueillis par les travailleurs sociaux ou qui leur ont été fournis, ce dossier leur permet de suivre l'évolution du détenu et, ainsi, de mieux individualiser sa situation pénale et la préparation de sa libération. Il a aussi pour objet de leur permettre de renseigner l'autorité judiciaire qui en fait la demande, en application de l'article D. 461.

(D. n. 99-276, 13 avr. 1999, art. 5-III) **Les documents couverts par le secret professionnel ne peuvent être consultés que par un membre d'un service pénitentiaire d'insertion et de probation. En cas de transfèrement, le service pénitentiaire d'insertion et de probation transmet ces documents sous pli fermé au service compétent auprès de l'établissement de destination ou, en cas de libération et s'il y a lieu, au service pénitentiaire d'insertion et de probation du lieu de résidence de l'intéressé.**

Art. D. 163. – **Une partie du dossier individuel constitue une cote d'observation où sont assemblés les pièces et documents contenant le résultat des enquêtes, examens et expertises auxquels il a pu être procédé sur la personnalité, l'état médical, psychiatrique et psychologique, la situation matérielle, familiale ou sociale du condamné, soit au cours de l'information préalable, soit en vue de son orientation (1), soit ultérieurement pendant le cours de l'exécution de sa peine.**

Ce dossier comprend, par conséquent, les pièces visées aux articles *(D. n. 98-1099, 8 déc. 1998, art. 48)* **D. 77, D. 78 et D. 79, et contient les différentes appréciations ou avis émis à l'égard du condamné intéressé, ainsi que les rapports de synthèse de l'observation.**

Art. D. 164 *(D. n. 98-1099, 8 déc. 1998, art. 49)*. – **À la libération ou au décès d'un condamné ou après son évasion, les différentes parties de son dossier sont conservées au greffe de l'établissement pendant la durée nécessaire à leur utilisation courante.**

Passé ce délai, il appartient à l'administration pénitentiaire de procéder au versement de ces documents aux services des archives départementales.

Les modalités de consultation des archives sont fixées par les articles 7 et 8 de la loi n. 79-18 du 3 janvier 1979 sur les archives.

B. – Dossiers des autres détenus

Art. D. 165. – **Pour les condamnés** *(D. n. 98-1099, 8 déc. 1998, art. 50)* **ne répondant pas au critère défini par l'article D. 156, leur dossier est constitué au fur et à mesure de l'arrivée ou de la rédaction des pièces les concernant.**

Toutes dispositions doivent être prises pour assurer la protection du secret de celles d'entre elles qui ont un caractère *(D. n. 98-1099, 8 déc. 1998, art. 50-II)* **social.**

Art. D. 166. – **Le dossier visé à l'article D. 165 est conservé pendant** *(D. n. 98-1099, 8 déc. 1998, art. 51-I)* **la durée nécessaire à son utilisation courante au greffe de l'établissement où son titulaire a été incarcéré en dernier lieu.**

(D. n. 98-1099, 8 déc. 1998, art. 51-II et III) **Passé ce délai, il appartient à l'administration pénitentiaire de procéder au versement de ces documents aux services d'archives départementales.**

(1) D. n. 72-852, 12 sept. 1972, art. 2-4°.

Les modalités de consultation des archives sont fixées par les articles 7 et 8 de la loi n. 79-18 du 3 janvier 1979 sur les archives.

Art. D. 167 *(D. n. 98-1099, 8 déc. 1998, art. 52).* **– Pour les détenus étrangers faisant l'objet d'une mesure d'éloignement du territoire, est constituée en application de l'article D. 155 une cote particulière où sont assemblés tous les documents et pièces comprenant des éléments d'identification et de nationalité fournis par les autorités judiciaires ou recueillis au cours de la détention.**

Cette cote contient également toutes les informations relatives à la situation pénale et administrative des intéressés.

Art. D. 168 et D. 169. – *Abrogés, D. n. 96-287, 2 avr. 1996.*

Art. D. 170 à D. 175. – *V. art. D. 283-3 et s. ; D. n. 96-287, 2 avr. 1996.*

SECTION II. – DES VISITES EFFECTUÉES PAR LES AUTORITÉS JUDICIAIRES

Art. D. 176 *(D. n. 64-735, 20 juill. 1964 ; D. n. 72-852, 12 sept. 1972, art. 1er).* **– Le juge de l'application des peines doit visiter les établissements pénitentiaires au moins une fois par mois pour vérifier les conditions dans lesquelles les condamnés y exécutent leur peine.**

Il lui appartient de faire part de ses observations éventuelles aux autorités compétentes pour y donner suite.

Il adresse chaque année au ministre de la justice, sous le couvert des chefs de cour *(D. n. 98-1099, 8 déc. 1998, art. 150)* **et de tribunaux de grande instance, , un rapport sur l'application des peines.**

Art. D. 177 *(D. n. 72-852, 12 sept. 1972, art. 1er).* **– Conformément aux dispositions de l'article 222, le président de la chambre de l'instruction visite, chaque fois qu'il l'estime nécessaire et au moins une fois par trimestre, les maisons d'arrêt du ressort de la cour d'appel, et y vérifie la situation des** *(D. n. 98-1099, 8 déc. 1998, art. 144)* **personnes mises en examen en état de détention provisoire.**

Il transmet ses observations éventuelles au président de la chambre de l'instruction compétent à l'égard des prévenus qui ne relèvent pas d'une juridiction du ressort de sa cour d'appel.

(D. n. 83-48, 26 janv. 1983, art. 1er) **Le juge d'instruction et, en ce qui concerne les mineurs relevant de sa juridiction, le juge des enfants, peuvent également visiter la maison d'arrêt et y voir les prévenus aussi souvent qu'ils l'estiment utile.**

(D. n. 84-77, 30 janv. 1984, art. 1er) **En outre, le juge des enfants procède à une visite de la maison d'arrêt au moins une fois par an pour y vérifier les conditions de la détention des mineurs. À cette occasion, il fait part de ses observations éventuelles aux autorités compétentes pour y donner suite.**

Art. D. 178. – Le procureur de la République et le procureur général visitent les établissements pénitentiaires.

Le procureur de la République doit se rendre dans chaque prison une fois par trimestre et plus souvent s'il y a lieu, notamment pour entendre les détenus qui auraient des réclamations à présenter.

(D. n. 85-836, 6 août 1985, art. 1er) **Il rend compte de ses observations éventuelles au procureur général.**

(D. n. 98-1099, 8 déc. 1998, art. 151) **Le procureur général visite chaque établissement pénitentiaire du ressort de la cour d'appel, au moins une fois par an.**

Art. D. 179. – Un rapport conjoint du premier président et du procureur général rend compte chaque année au ministre de la justice du fonctionnement des établissements pénitentiaires de leur ressort et du service assuré par le personnel de ces établissements.

SECTION III. – DE LA COMMISSION DE SURVEILLANCE

Art. D. 180 *(D. n. 72-852, 12 sept. 1972, art. 1er ; D. n. 75-402, 23 mai 1975, art. 1er ; D. n. 83-48, 26 janv. 1983, art. 1er ; D. n. 85-836, 6 août 1985, art. 1er et 9-7°).* **– La commission de surveillance comprend, sous la présidence du** *(D. n. 98-1099, 8 déc. 1998, art. 152-I)* **préfet dans les chefs-lieux de**

département et du *(D. n. 98-1099, 8 déc. 1998, art. 152-I)* **sous-préfet dans les chefs-lieux d'arrondissement :**

1° Le président du tribunal de grande instance et le procureur de la République près ledit tribunal, ou les magistrats les représentant ;

2° Le juge de l'application des peines ;

3° Un juge d'instruction désigné par le président du tribunal de grande instance ;

4° Le juge des enfants, si la commission est instituée auprès d'une maison d'arrêt située au siège d'un tribunal pour enfants ;

5° Le bâtonnier de l'ordre des avocats ou son représentant ;

6° Un officier représentant le général commandant la région militaire, si la commission est instituée auprès d'un établissement où sont incarcérés des militaires *(D. n. 98-1099, 8 déc. 1998, art. 152-II)* **;**

7° Un membre du conseil général élu par ses collègues ;

8° Le maire de la commune où est situé l'établissement ou son représentant ;

9° Le directeur départemental du travail et de la main-d'œuvre ou son représentant ;

10° L'inspecteur d'académie ou son représentant ;

11° Le président de la chambre de commerce et d'industrie ou son représentant ;

12° Le président de la chambre des métiers ou son représentant ;

13° Le directeur départemental *(D. n. 98-1099, 8 déc. 1998, art. 152-III)* **des affaires sanitaires et sociales ou son représentant ;**

14° *(D. n. 98-1099, 8 déc. 1998, art. 152-V)* **Le directeur départemental de la protection judiciaire de la jeunesse ou son représentant, si l'établissement pénitentiaire est habilité à recevoir des mineurs ;**

15° *(D. n. 98-1099, 8 déc. 1998, art. 152-V)* **Le directeur départemental de la jeunesse et des sports ou son représentant ;**

16° *(D. n. 98-1099, 8 déc. 1998, art. 152-V)* **Le commandant du groupement de gendarmerie du département ou son représentant ;**

17° *(D. n. 98-1099, 8 déc. 1998, art. 152-V)* **Le directeur départemental de la sécurité publique ou son représentant ;**

18° Un représentant des œuvres d'assistance aux détenus ou aux libérés agréées au titre de l'aide sociale, désigné sur la proposition du juge de l'application des peines ;

19° Trois à six personnes appartenant à des œuvres sociales ou choisies en raison de l'intérêt qu'elles portent aux problèmes pénitentiaires et post-pénaux.

Les membres de la commission visés aux deux numéros précédents sont nommés pour une période de deux ans renouvelable par un arrêté préfectoral dont une ampliation est adressée au ministre de la justice.

Le chef de l'établissement et les membres du personnel, les visiteurs agréés, *(D. n. 98-1099, 8 déc. 1998, art. 152-VI)* **les personnels socio-éducatifs ainsi que les aumôniers attachés à l'établissement, et toutes autres personnes y exerçant habituellement une activité ne peuvent faire partie de la commission de surveillance.**

Le directeur régional des services pénitentiaires, ou son représentant, assiste aux travaux de la commission de surveillance.

Art. D. 181. – Le premier président de la cour d'appel et le procureur général près ladite cour peuvent désigner respectivement un magistrat du siège et un magistrat du parquet afin de les représenter et de prendre part aux travaux de la commission de surveillance, s'ils ne désirent y assister eux-mêmes.

Art. D. 182 *(D. n. 85-836, 6 août 1985, art. 9-7°)*. **– En l'absence du** *(D. n. 98-1099, 8 déc. 1998, art. 194)* **préfet ou du secrétaire général de la préfecture, ou dans les chefs-lieux d'arrondissement en l'absence du sous-préfet, les séances sont présidées par le magistrat du rang le plus élevé.**

Art. D. 183. – La commission de surveillance se réunit sur convocation de son président, au moins une fois par an, dans l'établissement près duquel elle est instituée.

En outre, un ou plusieurs de ses membres peuvent être délégués pour visiter *(D. n. 98-1099, 8 déc. 1998, art. 188)* l'établissement pénitentiaire plus fréquemment si la commission l'estime utile.

(D. n. 85-836, 6 août 1985, art. 1er) La commission entend le chef d'établissement qui présente un rapport sur l'organisation et le fonctionnement de l'établissement. Elle peut également procéder à l'audition de toute personne susceptible de lui apporter des informations utiles à l'exercice de sa mission.

En application de l'article D. 261, le président de la commission de surveillance reçoit les requêtes des détenus portant sur toute matière relevant de la compétence de cette commission, telle qu'elle est définie à l'article D. 184.

Art. D. 184 *(D. n. 83-48, 26 janv. 1983, art. 1er ; D. n. 98-1099, 8 déc. 1998, art. 153).* – La commission est chargée de la surveillance intérieure de l'établissement pénitentiaire en ce qui concerne la salubrité, la sécurité, le régime alimentaire et l'organisation des soins, le travail, la discipline et l'observation des règlements, ainsi que l'enseignement et la réinsertion sociale des détenus.

Il lui appartient de communiquer au ministre de la justice les observations critiques ou suggestions qu'elle croit devoir formuler.

Elle ne peut, en aucun cas, faire acte d'autorité.

Art. D. 185. – Les commissions de surveillance instituées auprès d'établissements pénitentiaires d'un même département peuvent avoir la même composition.

Second alinéa abrogé, D. n. 70-696, 31 juill. 1970, art. 4.

SECTION IV. – DES CONDITIONS DANS LESQUELLES CERTAINES PERSONNES SONT ADMISES À VISITER LES DÉTENUS

Art. D. 186. – Les détenus nommément désignés sont visités en vertu d'autorisations et dans les conditions déterminées aux articles D. 64, D. 68 et D. 403 et suivants.

Art. D. 187. – Le ministre de la justice peut délivrer des autorisations à portée générale qui permettent, à titre permanent, ou pour un nombre limité de visites, la communication avec des détenus non nominativement désignés, sous réserve des droits conférés à l'autorité judiciaire.

(D. n. 98-1099, 8 déc. 1998, art. 154-II) Le directeur régional des services pénitentiaires délivre ces autorisations lorsque la demande est relative à des personnes détenues dans des établissements situés dans le ressort de sa compétence territoriale.

En dehors des cas visés à l'article D. 473 relatif aux visiteurs de prison, ces autorisations sont exceptionnelles.

CHAPITRE IV. – DE L'ADMINISTRATION DES ÉTABLISSEMENTS PÉNITENTIAIRES

SECTION I. – DU RÔLE ET DE L'ORGANISATION GÉNÉRALE DE L'ADMINISTRATION PÉNITENTIAIRE

Art. D. 188 *(D. n. 60-898, 24 août 1960, art. 1er ; D. n. 98-1099, 8 déc. 1998, art. 155).* – Le service public pénitentiaire a pour fonction d'assurer la mise à exécution des décisions judiciaires prononçant une peine privative de liberté ou ordonnant une incarcération provisoire (1), et d'assurer la garde et l'entretien des personnes qui, dans les cas déterminés par la loi, doivent être placées ou maintenues en détention en vertu ou à la suite de décisions de justice.

(1) D. n. 72-852, 12 sept. 1972, art. 2-11°.

Art. D. 189 *(D. n. 98-1099, 8 déc. 1998, art. 156).* – **À l'égard de toutes les personnes qui lui sont confiées par l'autorité judiciaire, à quelque titre que ce soit, le service public pénitentiaire assure le respect de la dignité inhérente à la personne humaine et prend toutes les mesures destinées à faciliter leur réinsertion sociale.**

Art. D. 190. – L'administration pénitentiaire relève de l'autorité du garde des sceaux, ministre de la justice.

Son administration centrale est constituée par la direction de l'administration pénitentiaire au ministère de la justice.

Art. D. 191 *(D. n. 98-1099, 8 déc. 1998, art. 186).* – **Les services déconcentrés de l'administration pénitentiaire sont répartis en directions régionales.**

2e al. abrogé, D. n. 72-852, 12 sept. 1972, art. 1er.

Art. D. 192 *(D. n. 65-758, 26 août 1965 ; D. n. 75-402, 23 mai 1975, art. 1er ; D. n. 98-1099, 8 déc. 1998, art. 157).* – **Conformément aux dispositions du décret du 27 janvier 1965, le territoire métropolitain est divisé en neuf régions pénitentiaires dont les sièges et les circonscriptions sont respectivement désignés ci-après :**

Bordeaux. – Charente, Charente-Maritime, Corrèze, Creuse, Dordogne, Gironde, Landes, Lot-et-Garonne, Pyrénées-Atlantiques, Deux-Sèvres, Vienne, Haute-Vienne.

Dijon. – Ardennes, Aube, Côte-d'Or, Doubs, Jura, Marne, Haute-Marne, Nièvre, Haute-Saône, Saône-et-Loire, Yonne, territoire de Belfort.

Lille. – Aisne, Eure, Nord, Oise, Pas-de-Calais, Seine-Maritime, Somme.

Lyon. – Ain, Allier, Ardèche, Cantal, Drôme, Isère, Loire, Haute-Loire, Puy-de-Dôme, Rhône, Savoie, Haute-Savoie.

Marseille. – Alpes-de-Haute-Provence, Hautes-Alpes, Alpes-Maritimes, Bouches-du-Rhône, Corse, Var, Vaucluse.

Paris. – Cher, Essonne, Eure-et-Loir, Hauts-de-Seine, Indre, Indre-et-Loire, Loir-et-Cher, Loiret, Seine-et-Marne, Seine-Saint-Denis, Val-de-Marne, Val-d'Oise, Yvelines.

Rennes. – Calvados, Côtes-d'Armor, Finistère, Ille-et-Vilaine, Loire-Atlantique, Maine-et-Loire, Manche, Mayenne, Morbihan, Orne, Sarthe, Vendée.

Strasbourg. – Meurthe-et-Moselle, Meuse, Moselle, Bas-Rhin, Haut-Rhin, Vosges.

Toulouse. – Ariège, Aude, Aveyron, Gard, Haute-Garonne, Gers, Hérault, Lot, Lozère, Hautes-Pyrénées, Pyrénées-Orientales, Tarn, Tarn-et-Garonne.

Art. D. 193 *(D. n. 93-193, 8 févr. 1993, art. 1er-V).* – **Une mission des services pénitentiaires de l'outre-mer, confiée à un directeur régional des services pénitentiaires, a compétence sur les établissements et services pénitentiaires des départements d'outre-mer et** *(D. n. 98-1099, 8 déc. 1998, art. 158)* **des territoires de la Polynésie française et de Nouvelle-Calédonie.**

Cette mission est, en outre, chargée, dans le domaine pénitentiaire, des relations avec les collectivités territoriales de Saint-Pierre-et-Miquelon et de Mayotte, liées par convention avec l'État.

Art. D. 194 et D. 195. – *Abrogés, D. n. 72-852, 12 sept. 1972, art. 4.*

SECTION II. – DU PERSONNEL DE L'ADMINISTRATION PÉNITENTIAIRE

Art. D. 196 *(D. n. 98-1099, 8 déc. 1998, art. 104).* – **Pour assurer leur fonctionnement, les services déconcentrés de l'administration pénitentiaire disposent des catégories de personnels suivantes :**

1° Fonctionnaires des services déconcentrés de l'administration pénitentiaire placés par décret en Conseil d'État sous statut spécial ;

a) **Personnel de direction : corps des personnels de direction ;**

b) **Personnel administratif : corps des attachés d'administration et d'intendance, corps des secrétaires administratifs, corps des adjoints administratifs ;**

c) Personnel technique et de formation professionnelle : corps des professeurs techniques d'enseignement professionnel et de travaux, corps des instructeurs techniques, corps des chefs de travaux ;

d) Personnel d'insertion et de probation : corps des chefs des services d'insertion et de probation, corps des conseillers d'insertion et de probation ;

e) Personnel de surveillance : corps des chefs de service pénitentiaire, corps des gradés et surveillants ;

2° Fonctionnaires des services déconcentrés de l'administration pénitentiaire, régis par des statuts interministériels :

Personnel administratif : corps des agents administratifs, corps des agents des services techniques ;

3° Fonctionnaires des corps communs du ministère de la justice affectés dans les services déconcentrés de l'administration pénitentiaire :

Personnel de service social : corps des assistants de service social du ministère de la justice, corps des conseillers techniques de service social du ministère de la justice ;

4° Fonctionnaires des corps interministériels affectés dans les services déconcentrés de l'administration pénitentiaire :

Personnel infirmier : corps interministériel des infirmières et infirmiers de l'État ;

5° Agents non titulaires de l'État affectés dans les services déconcentrés de l'administration pénitentiaire.

Art. D. 196-1 *(D. n. 99-276, 13 avr. 1999, art. 6).* **– Dans le présent livre, les termes «travailleurs sociaux des services pénitentiaires d'insertion et de probation» s'appliquent indifféremment aux personnels d'insertion et de probation, aux assistants sociaux et aux conseillers techniques de service social.**

Art. D. 197. – Dans chaque région et dans chaque établissement pénitentiaire, la composition du personnel est déterminée par le ministre de la justice, conformément aux textes fixant le recrutement et les attributions des fonctionnaires, employés et agents de l'administration pénitentiaire.

§ 1. – Attributions particulières

Art. D. 198 *(D. n. 72-852, 12 sept. 1972, art. 1er).* **– Les agents visés à l'article D. 196, 1°, exercent les fonctions définies par le statut spécial des fonctionnaires des services** *(D. n. 98-1099, 8 déc. 1998, art. 105-I)* **déconcentrés de l'administration pénitentiaire et par les textes relatifs à l'organisation et à la gestion** *(D. n. 99-276, 13 avr. 1999, art. 7)* **des services de l'administration pénitentiaire.**

(D. n. 98-1099, 8 déc. 1998, art. 105-II) **Les agents visés à l'article D. 196, 2°, 3°, 4° et 5° exercent leurs fonctions dans les conditions et sous les obligations particulières résultant des dispositions législatives et réglementaires régissant le service public pénitentiaire.**

(D. n. 98-1099, 8 déc. 1998, art. 105-III, al. ab.).

Art. D. 199 à D. 215. *– Abrogés, D. n. 72-852, 12 sept. 1972, art. 4.*

§ 2. – Dispositions générales

Art. D. 216. – Le personnel des services déconcentrés de l'administration pénitentiaire est tenu de parfaire ses connaissances professionnelles dans les conditions qui sont fixées par l'administration centrale.

(D. n. 98-1099, 8 déc. 1998, art. 106) **Il a l'obligation de participer aux enseignements et stages de formation ou de perfectionnement assurés par l'École nationale de l'administration pénitentiaire, dans le cadre du dispositif déconcentré de formation continue, ou par tout autre organisme.**

Art. D. 216-1 *(D. n. 75-402, 23 mai 1975, art. 1er ; D. n. 86-462, 14 mars 1986, art. 6).* **– Le chef d'établissement organise régulièrement des réunions de synthèse afin de coordonner l'action des**

différents personnels et de faciliter l'échange d'informations sur les modalités d'application des régimes de détention.

À l'occasion de ces réunions, il recueille l'avis des personnels sur les projets de règlement intérieur ou de modification de ce document.

Art. D. 217 *(D. n. 72-852, 12 sept. 1972, art. 1er ; D. n. 85-836, 6 août 1985, art. 1er).* – À l'exception des agents exerçant les fonctions de chef d'établissement ou de ceux qui exercent une fonction définie par instruction de service, le personnel de surveillance est tenu au port de l'uniforme pendant le service et, en dehors du service, lorsqu'il se trouve dans les locaux de la détention.

Les surveillants sont tenus de consigner leurs observations concernant les différentes missions qui leur sont confiées.

Art. D. 218. – Dans les locaux de la détention, les agents ne sont porteurs d'aucune arme, hors le cas exceptionnel prévu à l'article D. 267.

Les surveillants assurant un service de garde en dehors des bâtiments de détention sont armés dans les conditions fixées par une instruction de service.

Art. D. 219. – Les membres du personnel doivent, en toute circonstance, se conduire et accomplir leur tâche de telle manière que leur exemple ait une bonne influence sur les détenus et suscite leur respect.

(D. n. 99-276, 13 avr. 1999, art. 8) Ils doivent s'abstenir de tout acte, de tout propos ou de tout écrit qui serait de nature à porter atteinte à la sécurité et au bon ordre des établissements et doivent remplir leurs fonctions dans des conditions telles que celles-ci ne puissent préjudicier à la bonne marche des procédures judiciaires.

Ils sont tenus de se porter mutuellement aide et assistance chaque fois que les circonstances le requièrent.

Art. D. 220. – Indépendamment des défenses résultant de la loi pénale, il est interdit aux agents des services *(D. n. 98-1099, 8 déc. 1998, art. 186)* déconcentrés de l'administration pénitentiaire et aux personnes ayant accès dans la détention :

– de se livrer à des actes de violence sur les détenus ;

– d'user, à leur égard, soit de dénominations injurieuses, soit de tutoiement, soit de langage grossier ou familier ;

– de fumer *(D. n. 93-347, 15 mars 1993, art. 2)* dans les lieux fermés et couverts affectés à un usage collectif, sous réserve de ceux spécialement aménagés à cet effet ou de boire à l'intérieur de la détention ou d'y paraître en état d'ébriété ;

– d'occuper sans autorisation les détenus pour leur service particulier ;

– de recevoir des détenus ou des personnes agissant pour eux aucun don ou avantage quelconque ;

– de se charger pour eux d'aucune commission ou d'acheter ou vendre quoi que ce soit pour le compte de ceux-ci ;

– de faciliter ou de tolérer toute transmission de correspondance, tous moyens de communication irrégulière des détenus entre eux ou avec le dehors, ainsi que toutes attributions d'objets quelconques hors des conditions et cas strictement prévus par le règlement ;

– d'agir de façon directe ou indirecte auprès des détenus pour influer sur leurs moyens de défense et sur le choix de leur défenseur.

Art. D. 221 *(D. n. 72-852, 12 sept. 1972, art. 1er ; D. n. 85-836, 6 août 1985, art. 1er).* – Les membres du personnel *(D. n. 98-1099, 8 déc. 1998, art. 107)* pénitentiaire et les personnes remplissant une mission dans l'établissement pénitentiaire ne peuvent entretenir avec les personnes placées ou ayant été placées par décision de justice sous l'autorité ou le contrôle de l'établissement ou du service dont ils relèvent, ainsi qu'avec leurs parents ou amis, des relations qui ne seraient pas justifiées par les nécessités de leurs fonctions.

Art. D. 222 *(D. n. 83-48, 26 janv. 1983, art. 1er ; D. n. 85-836, 6 août 1985, art. 1er).* – Le personnel masculin n'a accès au quartier des femmes que sur autorisation du chef de l'établissement.

Second al. abrogé, D. n. 85-836, 6 août 1985, art. 1er.

Art. D. 223 *(D. n. 72-852, 12 sept. 1972, art. 1er).* – **Les directeurs régionaux, les chefs d'établissement quel que soit leur grade, et leurs adjoints, les fonctionnaires ayant la responsabilité du greffe judiciaire et de l'économat, les** *(D. n. 98-1099, 8 déc. 1998, art. 108)* **chefs de service pénitentiaire, premiers surveillants et surveillants, les agents chargés de l'entretien sont tenus d'occuper personnellement les logements qui leur sont attribués par nécessité absolue de service.**

Art. D. 224. – Les logements prévus à l'article D. 223 doivent être situés hors de la détention.

À titre exceptionnel toutefois, les agents vivant seuls peuvent être logés dans la détention. Les dispositions de l'article D. 225 leur sont applicables.

Art. D. 225. – Dans aucun cas, et sous aucun prétexte, les membres du personnel logés à l'établissement ne doivent recevoir des détenus dans leur logement.

Aucun membre de leur famille ne doit pénétrer à l'intérieur de la détention.

Art. D. 226. – Indépendamment des récompenses prévues par son statut particulier, le personnel pénitentiaire peut, dans la limite des crédits budgétaires ouverts à cet effet, bénéficier de gratifications exceptionnelles attribuées en raison d'actes de courage ou de dévouement.

Art. D. 227 *(D. n. 98-1099, 8 déc. 1998, art. 109).* **– Auprès de chaque établissement ou service, un médecin lié par convention avec l'administration pénitentiaire dispense les soins au personnel. Ce médecin assure :**

1° L'examen et les soins hors vacation des agents qui en font la demande ;

2° Sur demande, la visite à domicile et hors vacation, des agents malades résidant à moins de deux kilomètres de l'établissement ou du service et se trouvant dans l'impossibilité de se déplacer.

Dans les cas prévus aux 1° et 2°, le personnel titulaire et stagiaire des services déconcentrés de l'administration pénitentiaire a droit au remboursement intégral de ses frais médicaux, pharmaceutiques et d'hospitalisation, sauf s'il se trouve en disponibilité, en détachement, en congé annuel ou exceptionnel. Il possède le même droit lorsqu'il a recours à un médecin spécialisé, après en avoir obtenu l'autorisation de l'administration sur avis conforme du médecin lié par convention avec l'administration pénitentiaire auprès de l'établissement ou du service.

Selon l'importance de l'établissement pénitentiaire, un ou plusieurs médecins sont désignés par le directeur régional des services pénitentiaires pour remplir ces missions.

Les soins au personnel de l'établissement pénitentiaire ne relèvent pas des missions de l'unité de consultations et des soins ambulatoires, en dehors des situations d'urgence.

Art. D. 228. – Le personnel bénéficie par ailleurs d'un service social assuré par l'assistant social ou l'assistante sociale attaché à l'établissement, compte tenu des règles relatives à la liaison et à la coordination des services sociaux.

SECTION III. – DU CONTRÔLE DES ÉTABLISSEMENTS PÉNITENTIAIRES

Art. D. 229 *(D. n. 64-735, 20 juill. 1964 ; D. n. 72-852, 12 sept. 1972, art. 1er ; D. n. 85-836, 6 août 1985, art. 1er).* **– Sans préjudice du contrôle des autorités judiciaires, prévu aux articles D. 176 et suivants, et celui de la commission de surveillance, les établissements pénitentiaires font l'objet du contrôle général de l'inspection des services pénitentiaires et des inspections périodiques des magistrats ou des fonctionnaires de la direction de l'administration pénitentiaire et des directeurs régionaux ou de leurs adjoints ; en outre, ils sont soumis aux inspections** *(D. n. 98-1099, 8 déc. 1998, art. 194)* **du préfet ou du sous-préfet, ainsi que, dans le domaine de leur compétence, de toutes autres autorités administratives investies d'un pouvoir de contrôle à l'égard des différents services de l'administration pénitentiaire.**

Les modalités selon lesquelles les directeurs régionaux et leurs adjoints effectuent leurs inspections et en dressent rapport sont définies par une instruction de service.

Art. D. 230. – Les établissements pénitentiaires sont soumis à la visite et au contrôle des autorités judiciaires dans les conditions précisées aux articles D. 176 et suivants et à la surveillance de la commission instituée près de chacun d'eux.

Art. D. 231. – Les administrations ou corps intéressés par certaines parties du service des établissements pénitentiaires sont habilités à en vérifier l'organisation et le fonctionnement, dans la limite des attributions que leur confèrent les lois et règlements.

Art. D. 232. – Les magistrats et les fonctionnaires ou autres personnes ayant autorité ou mission dans *(D. n. 98-1099, 8 déc. 1998, art. 159)* **l'établissement pénitentiaire ont accès dans la détention après justification de leur qualité ou présentation de leur ordre de mission** *(D. n. 98-1099, 8 déc. 1998, art. 159)* **et après s'être soumis aux mesures de contrôle réglementaires.**

S'ils ont à s'entretenir avec les détenus, ils peuvent le faire en dehors des jours et délais normaux de visite et en l'absence de tout membre du personnel ; l'entretien a lieu éventuellement dans les cellules lorsque cette façon de procéder ne présente pas d'inconvénient.

Art. D. 233. – Il est tenu dans chaque établissement un registre où mention doit être faite de toutes les visites ou inspections effectuées.

Ce registre est présenté obligatoirement aux autorités qui ont procédé à ces visites ou inspections, afin qu'elles puissent y consigner leurs observations.

SECTION IV. – DU CONSEIL SUPÉRIEUR DE L'ADMINISTRATION PÉNITENTIAIRE

Art. D. 234. – Un conseil supérieur de l'administration pénitentiaire siège auprès du ministre de la justice.

Art. D. 235 *(D. n. 64-421, 14 mai 1964, art. 1er)*. **– Le conseil supérieur de l'administration pénitentiaire délibère soit en commission, soit en assemblée générale sur les questions relevant de la compétence de la direction de l'administration pénitentiaire et qui sont soumises à son examen par le ministre de la justice.**

Il formule des avis et établit des rapports soumis à l'agrément du ministre de la justice.

Art. D. 236 *(D. n. 64-421, 14 mai 1964, art. 1er)*. **– Le conseil supérieur est composé :**

Du garde des sceaux, ministre de la justice, président ;
Du directeur de l'administration pénitentiaire, rapporteur général ;
De membres de droit ;
De membres désignés ;
D'un secrétaire choisi parmi les magistrats en fonctions à la direction de l'administration pénitentiaire.

Art. D. 237 *(D. n. 62-672, 13 juin 1962 ; D. n. 64-421, 14 mai 1964, art. 1er ; D. n. 65-129, 19 févr. 1965, art. 1er ; D. n. 72-852, 12 sept. 1972, art. 1er ; D. n. 83-48, 26 janv. 1983, art. 1er ; D. n. 98-1099, 8 déc. 1998, art. 160)*. **– I. – Les membres de droit sont :**

D'une part :
Le premier président de la Cour de cassation ;
Le procureur général près la Cour de cassation ;
Le président de la chambre criminelle de la Cour de cassation ;
Le premier président de la cour d'appel de Paris ;
Le procureur général près la cour d'appel de Paris ;
Le commissaire général du plan d'équipement et de la productivité ;
Le délégué général à la recherche scientifique et technique ;
L'inspecteur général des services judiciaires au ministère de la justice ;
Le directeur des services judiciaires au ministère de la justice ;
Le directeur des affaires criminelles et des grâces au ministère de la justice ;
Le directeur de la protection judiciaire de la jeunesse au ministère de la justice ;
Le chef du service de l'administration générale et de l'équipement au ministère de la justice ;
Le directeur général de la police nationale au ministère de l'intérieur ;
Le directeur général du travail et de l'emploi au ministère d'État chargé des affaires sociales ;

Le directeur général de la santé au ministère chargé de la santé ;

Le directeur de l'action sociale au ministère des affaires sociales ;

Le directeur des hôpitaux au ministère chargé de la santé ;

Le chef du service de l'inspection générale de l'administration au ministère de l'intérieur ;

Le directeur du budget au ministère de l'économie et des finances ;

Le directeur général de la gendarmerie nationale au ministère de la défense ;

Et, d'autre part :

Le bâtonnier de l'ordre des avocats à la cour d'appel de Paris ;

(D. n. 2000-1213, 13 déc. 2000, art. 10-1°, applic. 1er janv. 2001)

(D. n. 2000-1213, 13 déc. 2000, art. 10-2°, applic. 1er janv. 2001) **Le directeur du service pénitentiaire d'insertion et de probation de Paris ;**

Le contrôleur financier au ministère de la justice ;

Le vice-président du conseil d'administration du centre national d'études et recherches pénitentiaires ;

Le directeur du centre national d'études et recherches pénitentiaires ;

Le président de l'union des sociétés de patronages ;

Le président de la société générale des prisons et de législation criminelle ;

Le président de l'association pour le développement de l'action pénitentiaire et post-pénale ;

Les aumôniers généraux des prisons de chacun des cultes ;

Les secrétaires généraux des organisations syndicales représentatives du personnel pénitentiaire.

II. – Sont désignés, par les assemblées qu'ils représentent, pour la durée de leur mandat ou fonctions :

Un membre de la commission des finances, de l'économie générale et du Plan de l'Assemblée nationale ;

Deux membres de la commission des lois constitutionnelles de la législation et de l'administration générale de la République de l'Assemblée nationale ;

Un membre de la commission des finances, du contrôle budgétaire et des comptes économiques de la nation du Sénat ;

Deux membres de la commission des lois constitutionnelles, de législation, du suffrage universel, du règlement et d'administration générale du Sénat ;

Un membre du Conseil économique et social ;

Un membre du Conseil supérieur de la magistrature ;

Sont désignés pour une durée de trois ans dans les conditions visées à l'article D. 238 :

Un conseiller d'État ;

Un premier président ;

Un procureur général ;

Un juge de l'application des peines ;

Un professeur de droit pénal, de criminologie et science pénitentiaire ;

Un professeur de santé publique ;

Un professeur de médecine légale ;

Un directeur régional des services pénitentiaires.

III. – Peuvent en outre être désignées, dans les mêmes conditions, pour prendre part aux séances du conseil supérieur siégeant en assemblée générale ou en commission les personnes que leurs connaissances ou leurs travaux antérieurs mettent en mesure d'apporter une contribution utile aux débats.

IV. – Le conseil supérieur, lorsqu'il siège en commission, est composé d'un président, du rapporteur général, de membres désignés dans les conditions visées à l'article D. 238 et du secrétaire.

Art. D. 238 *(D. n. 64-421, 14 mai 1964, art. 1er).* **– Un arrêté du ministre de la justice désigne le président et les membres du conseil supérieur de l'administration pénitentiaire, siégeant en commission, ainsi que le secrétaire.**

Art. D. 239 *(D. n. 64-421, 14 mai 1964, art. 1er).* – **Le conseil supérieur se réunit en assemblée générale au moins une fois par an au ministère de la justice, sur convocation de son président.**

Il est convoqué en commission au moins une fois par semestre, par le ministre de la justice, sur la proposition soit du président de commission, soit du rapporteur général.

Ses avis et rapports sont adoptés à la majorité des membres présents. En cas de partage, la voix du président est prépondérante.

Art. D. 240 *(D. n. 64-421, 14 mai 1964, art. 1er).* – **Le secrétariat du conseil supérieur de l'administration pénitentiaire est chargé de l'organisation des réunions du conseil supérieur siégeant en assemblée générale ou en commission.**

Il établit les procès-verbaux et en assure la diffusion.

CHAPITRE V. – DE LA DISCIPLINE ET DE LA SÉCURITÉ DES ÉTABLISSEMENTS PÉNITENTIAIRES

(Titre mod. D. 98-1099, 8 déc. 1998, art. 190)

SECTION I. – DE LA POLICE INTÉRIEURE

Art. D. 241. – **Chaque détenu est soumis aux règles qui régissent uniformément les détenus de la catégorie à laquelle il appartient.**

(D. n. 75-402, 23 mai 1975, art. 1er) **Selon leurs mérites et leurs aptitudes, les condamnés ont une égale vocation à bénéficier des divers avantages que comporte éventuellement le régime de l'établissement où ils subissent leur peine.**

Aucune discrimination ne doit être fondée à cet égard sur des considérations tenant à la race, à la langue, à la religion, à l'origine nationale, aux opinions politiques ou à la situation sociale.

Art. D. 242. – **L'ordre et la discipline doivent être maintenus avec fermeté, mais sans apporter plus de contraintes qu'il n'est nécessaire pour le maintien de la sécurité et d'une bonne organisation de la vie en collectivité.**

Art. D. 243. – **Les détenus doivent obéissance aux fonctionnaires ou agents ayant autorité dans** *(D. n. 98-1099, 8 déc. 1998, art. 189)* **l'établissement pénitentiaire en tout ce qu'ils leur prescrivent pour l'exécution des règlements.**

Art. D. 244 *(D. n. 72-852, 12 sept. 1972, art. 1er).* – **Aucun détenu ne peut remplir un emploi comportant un pouvoir d'autorité ou de discipline.**

Toutefois, certaines responsabilités peuvent être confiées à des détenus dans le cadre d'activités dirigées organisées à l'établissement, sous le contrôle effectif du personnel.

Art. D. 245 et D. 246. – *Abrogés, D. n. 96-287, 2 avr. 1996, art. 9.*

Art. D. 247. – **Le règlement intérieur de chaque établissement détermine l'emploi du temps qui y est appliqué, en précisant en particulier les heures du lever et du coucher, des repas, de la promenade, du travail et de l'extinction des lumières.**

Cet horaire doit tenir compte de la nécessité d'accorder aux détenus un temps suffisant pour leur toilette et pour leur détente. Les deux principaux repas doivent être espacés d'au moins six heures et la durée pendant laquelle les détenus sont enfermés la nuit dans leur dortoir ou laissés dans leur cellule ne peut excéder douze heures.

Art. D. 248 *(D. n. 72-852, 12 sept. 1972, art. 1er ; D. n. 75-402, 23 mai 1975, art. 1er ; D. n. 85-836, 6 août 1985, art. 1er).* – **Les hommes et les femmes sont incarcérés dans des établissements distincts. Lorsque néanmoins des quartiers séparés doivent être aménagés dans le même établissement pour recevoir respectivement des hommes et des femmes, toutes dispositions doivent être prises pour qu'il ne puisse y avoir aucune communication entre les uns et les autres.**

Les femmes détenues ne sont surveillées que par des personnes de leur sexe ; les agents masculins du personnel ont seulement accès aux locaux qu'elles occupent dans les conditions déterminées à l'article D. 222.

SECTION II. – DU RÉGIME DISCIPLINAIRE ET DES MESURES VISANT À ENCOURAGER LES EFFORTS DES DÉTENUS EN VUE DE LEUR RÉINSERTION SOCIALE

(D. n. 96-287, 2 avr. 1996, art. 1 et 2 ; D. n. 98-1099, 8 déc. 1998, art. 187)

§ 1. – Du régime disciplinaire

A. – Les fautes disciplinaires

Art. D. 249. – Les fautes disciplinaires sont classées, suivant leur gravité et selon les distinctions prévues aux articles D. 249-1 à D. 249-3, en trois degrés.

V. J.-P. CÉRÉ, M. HERZOG-EVANS, E. PECHILLON : *D. H.* 2001, chron. p. 562.

Art. D. 249-1. – Constitue une faute disciplinaire du premier degré le fait, pour un détenu :

1° D'exercer des violences physiques à l'encontre d'un membre du personnel de l'établissement ou d'une personne en mission ou en visite dans l'établissement pénitentiaire ;

2° De participer à toute action collective de nature à compromettre la sécurité de l'établissement ;

3° De détenir des stupéfiants ou tous objets ou substances dangereux pour la sécurité des personnes et de l'établissement, ou de faire trafic de tels objets ou substances ;

4° D'obtenir ou de tenter d'obtenir par menace de violences ou contrainte un engagement ou une renonciation ou la remise d'un bien quelconque ;

5° D'exercer des violences physiques à l'encontre d'un codétenu ;

6° De participer à une évasion ou à une tentative d'évasion ;

7° De causer délibérément de graves dommages aux locaux ou au matériel affecté à l'établissement ;

8° De commettre intentionnellement des actes de nature à mettre en danger la sécurité d'autrui ;

9° D'inciter un codétenu à commettre l'un des manquements énumérés par le présent article.

Art. D. 249-2. – Constitue une faute disciplinaire du deuxième degré le fait, pour un détenu :

1° De proférer des insultes ou des menaces à l'égard d'un membre du personnel de l'établissement ou d'une personne en mission ou en visite au sein de l'établissement pénitentiaire ;

2° De participer à des actions collectives de nature à perturber l'ordre de l'établissement, hors le cas prévu au 2° de l'article D. 249-1 ;

3° De commettre ou tenter de commettre des vols ou toute autre atteinte frauduleuse à la propriété d'autrui ;

4° De causer délibérément un dommage aux locaux ou au matériel affecté à l'établissement, hors le cas prévu au 7° de l'article D. 249-1 ;

5° D'imposer à la vue d'autrui des actes obscènes ou susceptibles d'offenser la pudeur ;

6° De refuser de se soumettre à une mesure de sécurité définie par les règlements et instructions de service ;

7° De se soustraire à une sanction disciplinaire prononcée à son encontre ;

8° De se livrer à des trafics, des échanges non autorisés par les règlements ou tractations avec des codétenus ou des personnes extérieures ;

9° De détenir des objets ou substances non autorisés par les règlements ou de se livrer à leur trafic, hors le cas prévu au 3° de l'article D. 249-1 ;

10° De se trouver en état d'ébriété ou d'absorber sans autorisation médicale des substances de nature à troubler son comportement ;

11° De provoquer un tapage de nature à troubler l'ordre de l'établissement ;

12° De mettre en danger la sécurité d'autrui par une imprudence ou une négligence ;

13° De tenter d'obtenir d'un membre du personnel de l'établissement ou d'une personne en mission au sein de l'établissement un avantage quelconque par des offres, des promesses, des dons ou des présents ;

14° D'inciter un codétenu à commettre l'un des manquements énumérés au présent article.

Art. D. 249-3. – Constitue une faute disciplinaire du troisième degré le fait, pour un détenu :

1° De formuler des outrages ou des menaces dans les lettres adressées aux autorités administratives et judiciaires ;

2° De formuler dans les lettres adressées à des tiers, des menaces, des injures ou des propos outrageants à l'encontre de toute personne ayant mission dans l'établissement ou à l'encontre des autorités administratives et judiciaires, ou de formuler dans ces lettres des menaces contre la sécurité des personnes ou de l'établissement ;

3° De proférer des insultes ou des menaces à l'encontre d'un codétenu ;

4° De refuser d'obtempérer aux injonctions des membres du personnel de l'établissement ;

5° De ne pas respecter les dispositions du règlement intérieur de l'établissement ou les instructions particulières arrêtées par le chef de l'établissement ;

6° De négliger de préserver ou d'entretenir la propreté de sa cellule ou des locaux communs ;

7° D'entraver ou de tenter d'entraver les activités de travail, de formation, culturelles ou de loisirs ;

8° De jeter des détritus ou tout autre objet par les fenêtres de l'établissement ;

9° De communiquer irrégulièrement avec un codétenu ou avec toute autre personne extérieure à l'établissement ;

10° De faire un usage abusif ou nuisible d'objets autorisés par le règlement intérieur ;

11° De pratiquer des jeux non autorisés par le règlement intérieur ;

12° De multiplier, auprès des autorités administratives et judiciaires, des réclamations injustifiées ayant déjà fait l'objet d'une décision de rejet ;

13° D'inciter un codétenu à commettre l'un des manquements énumérés au présent article.

Art. D. 249-4. – À moins qu'il n'en soit disposé autrement dans les articles D. 249-1 à D. 249-3, les faits énumérés par ces articles constituent des fautes disciplinaires même lorsqu'ils sont commis à l'extérieur de l'établissement pénitentiaire. En ce cas, les violences, dégradations, menaces mentionnées aux 1° et 7° de l'article D. 249-1 et 1° et 4° de l'article D. 249-2 peuvent être retenues comme fautes disciplinaires, quelle que soit la qualité de la personne visée ou du propriétaire des biens en cause.

B. – La procédure disciplinaire

V. Texte complémentaire, D. n. 2002-1023, 25 juill. 2002.

Art. D. 250. – Les sanctions disciplinaires sont, sous réserve des dispositions de l'article D. 250-3, prononcées en commission de discipline par le chef d'établissement ou l'un de ses adjoints ou membres du personnel de direction ayant reçu à cet effet une délégation écrite.

La commission de discipline comprend, outre le chef d'établissement ou son délégué, président, deux membres du personnel de surveillance dont un appartenant au grade de surveillant. Les membres du personnel sont désignés par le chef d'établissement. Ils ont voix consultative.

Art. D. 250-1. – En cas de manquement à la discipline de nature à justifier une sanction disciplinaire et sans préjudice des dispositions de l'article D. 280, un compte rendu est établi dans les plus brefs délais par l'agent présent lors de l'incident ou informé de ce dernier. À la suite de ce compte rendu d'incident, un rapport est établi par un chef de service pénitentiaire ou un premier surveillant et adressé au chef d'établissement. Ce rapport comporte tout élément d'information utile sur les circonstances des faits reprochés au détenu et la personnalité de celui-ci.

Le chef d'établissement apprécie, au vu du rapport et après s'être fait communiquer, le cas échéant, tout élément d'information complémentaire, l'opportunité de poursuivre la procédure.

Art. D. 250-2. – En cas d'engagement des poursuites disciplinaires, le détenu est convoqué par écrit devant la commission de discipline. La convocation doit comporter l'exposé des faits qui lui sont reprochés et indiquer le délai dont il dispose pour préparer sa défense. Ce délai ne peut être inférieur à trois heures.

Art. D. 250-3. – Le chef d'établissement ou un membre du personnel ayant reçu délégation écrite à cet effet peut, à titre préventif et sans attendre la réunion de la commission de discipline, décider le placement du détenu dans une cellule disciplinaire si les faits constituent une faute du premier ou du deuxième degré et si la mesure est l'unique moyen de mettre fin à la faute ou de préserver l'ordre à l'intérieur de l'établissement.

Le placement préventif en cellule disciplinaire n'est pas applicable aux mineurs de seize ans. Il s'exécute dans les conditions prévues aux articles D. 251-3 et D. 251-4. Sa durée est limitée au strict nécessaire et ne peut excéder deux jours à compter de la date à laquelle les faits ont été portés à la connaissance du chef d'établissement. Le calcul de ce délai s'effectue conformément aux dispositions de l'article 801 du présent code.

La durée du placement s'impute sur celle de la sanction à subir lorsqu'est prononcée à l'encontre du détenu l'une des sanctions de cellule prévues aux 4° et 5° de l'article D. 251.

Art. D. 250-4. – Lors de sa comparution devant la commission de discipline, le détenu présente en personne, sous la seule réserve des dispositions du deuxième alinéa ci-dessous, ses explications écrites ou orales. Le président de la commission peut décider de faire entendre par la commission, en qualité de témoin, toute personne dont l'audition lui paraît utile.

Si le détenu ne comprend pas la langue française, n'est pas en mesure de s'exprimer dans cette langue, ou s'il est physiquement incapable de s'exprimer, ses explications sont présentées, dans la mesure du possible, par l'intermédiaire d'un interprète désigné par le chef d'établissement.

La décision sur la sanction disciplinaire est prononcée en présence du détenu. Elle lui est notifiée par écrit sans délai et doit comporter, outre l'indication de ses motifs, le rappel des dispositions de l'article D. 250-5.

Art. D. 250-5. – Le détenu qui entend contester la sanction disciplinaire dont il est l'objet doit, dans le délai de quinze jours à compter du jour de la notification de la décision, la déférer au directeur régional des services pénitentiaires préalablement à tout autre recours. Le directeur régional dispose d'un délai d'un mois à compter de la réception du recours pour répondre par décision motivée. L'absence de réponse dans ce délai vaut décision de rejet.

Art. D. 250-6. – Dans le délai de cinq jours à compter de la décision prononçant une sanction disciplinaire, le chef d'établissement avise de la décision, d'une part, le directeur régional des services pénitentiaires et, d'autre part, le juge de l'application des peines sous le contrôle duquel le détenu est placé, ou, le cas échéant, le magistrat saisi du dossier de l'information.

Le chef de l'établissement fait en outre rapport à la commission de l'application des peines de toute sanction de cellule prévue aux 4° et 5° de l'article D. 251 lorsqu'elle a été prononcé à l'encontre d'un mineur de plus de seize ans ou, si sa durée excède quinze jours, à l'encontre d'un majeur.

Les sanctions disciplinaires prononcées sont inscrites sur un registre tenu sous l'autorité du chef d'établissement. Ce registre est présenté aux autorités administratives et judiciaires lors de leurs visites de contrôle ou d'inspection.

C. – Les sanctions disciplinaires

Art. D. 251. – Peuvent être prononcées, quelle que soit la faute disciplinaire, les sanctions disciplinaires suivantes :

1° L'avertissement ;

2° L'interdiction de recevoir des subsides de l'extérieur pendant une période maximum de deux mois ;

3° La privation pendant une période maximum de deux mois de la faculté d'effectuer en cantine tout achat autre que l'achat de produits d'hygiène, du nécessaire de correspondance et de tabac ;

4° Le confinement en cellule individuelle ordinaire dans les conditions prévues à l'article D. 251-2 ;

5° La mise en cellule disciplinaire dans les conditions prévues aux articles D. 251-3 et D. 251-4.

Art. D. 251-1. – Peuvent être prononcées, en fonction des circonstances de la faute disciplinaire, les sanctions disciplinaires suivantes :

1° La mise à pied d'un emploi pour une durée maximum de huit jours lorsque la faute disciplinaire a été commise au cours ou à l'occasion du travail ;

2° Le déclassement d'un emploi ou d'une formation, lorsque la faute disciplinaire a été commise au cours ou à l'occasion de l'activité considérée ;

3° La privation pendant une durée maximum d'un mois de tout appareil acheté ou loué par l'intermédiaire de l'administration lorsque la faute disciplinaire a été commise à l'occasion de l'utilisation de ce matériel ou lorsque la sanction accompagne une décision de confinement en cellule individuelle ordinaire ;

4° La suppression de l'accès au parloir sans dispositif de séparation pour une période maximum de quatre mois lorsque la faute a été commise au cours ou à l'occasion d'une visite ;

5° L'exécution d'un travail de nettoyage des locaux pour une durée globale n'excédant pas quarante heures lorsque la faute disciplinaire est en relation avec un manquement aux règles de l'hygiène ;

6° La privation d'activités de formation, culturelles, sportives et de loisirs pour une période maximum d'un mois lorsque la faute disciplinaire a été commise au cours de ces activités ;

7° L'exécution de travaux de réparation lorsque la faute disciplinaire est en relation avec la commission de dommages ou de dégradations.

La mise à pied et le déclassement d'un emploi prévus aux 1° et 2° ainsi que la privation d'activités de formation ne sont pas applicables aux mineurs de seize ans.

Les sanctions prévues aux 5° et 7° ne peuvent être prononcées que pour se substituer aux sanctions prévues aux 4° et 5° de l'article D. 251. Le consentement du détenu doit alors être préalablement recueilli.

Art. D. 251-2. – Le confinement en cellule ordinaire prévu par l'article D. 251 (4°) emporte pendant toute sa durée, la privation de cantine prévue au 3° du même article, ainsi que la privation de toutes les activités à l'exception de la promenade et de l'assistance aux offices religieux. Elle n'entraîne aucune restriction au droit de correspondance du détenu ni aux visites.

La durée du confinement ne peut excéder quarante-cinq jours pour une faute du premier degré, trente jours pour une faute du deuxième degré et quinze jours pour une faute du troisième degré.

À l'égard des mineurs de plus de seize ans, cette durée est ramenée respectivement à quinze jours, huit jours et quatre jours.

Le confinement en cellule ordinaire ne peut être prononcé à l'encontre des mineurs de seize ans.

Art. D. 251-3. – La mise en cellule disciplinaire prévue par l'article D. 251 (5°) consiste dans le placement du détenu dans une cellule aménagée à cet effet et qu'il doit occuper seul. La sanction emporte pendant toute sa durée la privation d'achats en cantine prévue à l'article D. 251 (3°) ainsi que la privation des visites et de toutes les activités.

Toutefois, les détenus placés en cellule disciplinaire font une promenade d'une heure par jour dans une cour individuelle. La sanction n'emporte en outre aucune restriction à leur droit de correspondance écrite.

La durée de la mise en cellule disciplinaire ne peut excéder quarante-cinq jours pour une faute disciplinaire du premier degré, trente jours pour une faute disciplinaire du deuxième degré, et quinze jours pour une faute disciplinaire du troisième degré.

À l'égard des mineurs de plus de seize ans, la durée maximum de la mise en cellule disciplinaire est de quinze jours pour une faute disciplinaire du premier degré avec violences contre les personnes, de huit jours pour une faute du même degré sans violences, de cinq jours pour une faute du deuxième degré et de trois jours pour une faute du troisième degré.

La mise en cellule disciplinaire ne peut être prononcée à l'encontre des mineurs de seize ans.

Les sanctions de mise en cellule disciplinaire sont inscrites sur le registre du quartier disciplinaire tenu sous l'autorité du chef d'établissement. Ce registre est présenté aux autorités administratives et judiciaires lors de leurs visites de contrôle et d'inspection.

Art. D. 251-4. – La liste des personnes présentes au quartier disciplinaire est communiquée quotidiennement à l'équipe médicale. Le médecin examine sur place chaque détenu au moins deux fois par semaine, et aussi souvent qu'il l'estime nécessaire. La sanction est suspendue si le médecin constate que son exécution est de nature à compromettre la santé du détenu.

Art. D. 251-5. – Le président de la commission de discipline prononce celles des sanctions prévues aux articles D. 251 et D. 251-1 qui lui paraissent proportionnées à la gravité des faits et adaptées à la personnalité de leur auteur.

Il peut prononcer une ou plusieurs sanctions. Toutefois, les sanctions prévues à l'article D. 251 ne peuvent se cumuler entre elles. En cas de poursuites simultanées pour plusieurs fautes, le président de la commission de discipline ne peut pas prononcer deux sanctions de même nature ; pour l'application de cette disposition, le confinement en cellule individuelle ordinaire et le placement en cellule disciplinaire sont réputés de même nature. La sanction prononcée ne peut excéder le maximum encouru pour la faute la plus grave.

Les sanctions collectives sont prohibées.

Art. D. 251-6. – Le président de la commission de discipline peut accorder le bénéfice du sursis pour tout ou partie de l'exécution de la sanction disciplinaire, soit lors du prononcé de celle-ci, soit au cours de son exécution.

Lorsqu'il octroie le bénéfice du sursis, le président de la commission de discipline fixe un délai de suspension de la sanction sans que celui-ci puisse excéder six mois. Il appelle l'attention du détenu sur les conséquences du sursis telles qu'elles sont réglées par le présent article.

Si, au cours du délai de suspension de la sanction, le détenu commet une nouvelle faute donnant lieu à une sanction, le sursis est, sauf décision contraire du président de la commission, révoqué de plein droit. La première sanction est alors exécutée cumulativement avec celle afférente à la seconde faute.

Toutefois, lorsque les deux sanctions sont de même nature, leur durée cumulée ne peut excéder la limite du maximum prévu, pour la faute la plus grave, par les articles D. 251 à D. 251-3 ; pour l'application de cette disposition, le confinement en cellule individuelle ordinaire et le placement en cellule disciplinaire sont réputés de même nature. En tout état de cause, la sanction de mise en cellule disciplinaire s'exécute préalablement à toute autre sanction.

Si, au cours du délai de suspension de la sanction, le détenu n'a commis aucune faute disciplinaire donnant lieu à une sanction, la sanction assortie du sursis est réputée non avenue. Il en est fait mention sur le registre prévu par l'article D. 250-6.

Art. D. 251-7. – Lorsqu'elle ordonne le sursis à l'exécution de l'une des sanctions de cellule prévues aux 4° et 5° de l'article D. 251, l'autorité disciplinaire peut décider que le détenu devra accomplir, pendant tout ou partie du délai de suspension de la sanction, des travaux de nettoyage pour une durée globale n'excédant pas quarante heures. Le consentement du détenu doit être préalablement recueilli.

Le sursis peut être révoqué en tout ou en partie, en cas d'inexécution totale ou partielle du travail ordonné. L'inexécution doit être constatée par l'autorité disciplinaire sur rapport d'un membre du personnel, le détenu ayant été préalablement entendu.

Les dispositions de l'article D. 251-6 sont, pour le surplus, applicables au sursis ordonné dans les conditions prévues au présent article.

Art. D. 251-8. – Le chef d'établissement peut, après le prononcé de la sanction, dispenser le détenu de tout ou partie de son exécution soit à l'occasion d'une fête légale, soit en raison de la

bonne conduite de l'intéressé ou pour lui permettre de suivre un traitement médical ou une formation professionnelle.

Il peut, pour les mêmes motifs, après le prononcé de la sanction, décider d'en suspendre ou d'en fractionner l'exécution.

§ 2. – Mesures visant à encourager les efforts des détenus en vue de leur réinsertion sociale

(Intitulé mod., D. n. 75-402, 23 mai 1975, art. 2-3° ; D. n. 98-1099, 8 déc. 1998, art. 187)

Art. D. 252 *(D. n. 72-852, 12 sept. 1972, art. 1er ; D. n. 75-402, 23 mai 1975, art. 1er).* **– Les diverses mesures d'individualisation** *(D. n. 98-1099, 8 déc. 1998, art. 161)* **de l'exécution de la peineet relevant du juge de l'application des peines ou du chef d'établissement sont décidées en fonction notamment des efforts manifestés par les détenus en vue de leur réinsertion sociale.**

Art. D. 253 *(D. n. 75-128, 7 mars 1975, art. 1er ; D. n. 75-402, 23 mai 1975, art. 1er).* **– La réduction de peine prévue à l'article 721 est accordée en tenant compte des preuves de bonne conduite données par le détenu.**

Cette appréciation, dont doit dépendre la détermination, non seulement de l'opportunité de la réduction de peine, mais aussi de sa durée, porte à la fois sur le comportement général, sur l'assiduité et l'application au travail et, le cas échéant, aux études ou à la formation professionnelle, ainsi que sur le sens des responsabilités manifesté par le détenu quant au respect des règles organisant la vie collective dans *(D. n. 98-1099, 8 déc. 1998, art. 188)* **l'établissement pénitentiaire.**

Art. D. 254 *(D. n. 72-852, 12 sept. 1972, art. 1er ; D. n. 75-402, 23 mai 1975, art. 1er ; D. n. 85-836, 6 août 1985, art. 1er).* **– Outre l'application des dispositions des articles 721 et D. 253, le comportement d'un détenu peut motiver de la part du juge de l'application des peines ou du chef d'établissement, après avis de la commission de l'application des peines, une proposition en vue d'une modification de régime, d'un transfèrement ou d'une mesure de grâce, soit à la suite d'un acte de courage et de dévouement, soit en fonction de la situation familiale ou professionnelle de l'intéressé ou de l'intérêt susceptible de présenter une telle mesure pour sa réinsertion.**

SECTION III. – DU RÈGLEMENT INTÉRIEUR DE CHAQUE ÉTABLISSEMENT PÉNITENTIAIRE

(Titre mod., D. n. 98-1099, 8 déc. 1998, art. 193)

Art. D. 255 *(D. n. 72-852, 12 sept. 1972, art. 1er ; D. n. 86-462, 14 mars 1986, art. 7).* **– Dans chaque** *(D. n. 98-1099, 8 déc. 1998, art. 193)* **établissement pénitentiaire un règlement intérieur détermine le contenu du régime propre à l'établissement.**

(D. n. 99-276, 13 avr. 1999, art. 9) **Le règlement intérieur est établi par le chef d'établissement, en liaison notamment avec le service pénitentiaire d'insertion et de probation pour les domaines relevant de la compétence de ce service. Le règlement intérieur ainsi que toute modification apportée à ce document sont transmis pour approbation au directeur régional, après avoir été soumis pour avis au juge de l'application des peines.**

Le règlement intérieur, ainsi que les modifications qui lui sont apportées, sont communiqués à la commission de surveillance.

Art. D. 256. – Les dispositions du présent titre et du règlement intérieur de *(D. n. 98-1099, 8 déc. 1998, art. 188)* **l'établissement pénitentiaire doivent être portées à la connaissance des détenus, et éventuellement des tiers, dans la mesure où elles justifient les décisions prises à leur égard et où elles sont relatives à la discipline.**

À cet effet, des extraits en peuvent être affichés à l'intérieur de la détention.

Art. D. 257. – Plus généralement, lors de son entrée dans un établissement pénitentiaire, chaque détenu doit être informé des dispositions essentielles du présent titre et du règlement intérieur de

l'établissement. Son attention est appelée en particulier sur les règles relatives à la discipline, sur les possibilités de communiquer avec sa famille et éventuellement avec son défenseur ou avec les autorités administratives et judiciaires, et sur les points qu'il lui est nécessaire de connaître concernant ses droits et ses obligations.

Le texte de ces dispositions est communiqué aux détenus qui sollicitent d'en prendre connaissance au cours de leur incarcération.

Art. D. 257-1 *(D. n. 75-402, 23 mai 1975, art. 1er)*. **– En dehors de l'application des dispositions de l'article D. 257, le chef d'établissement et le personnel doivent assurer par les moyens les plus appropriés l'information des détenus et recueillir les observations et les suggestions que ceux-ci présenteraient.**

Art. D. 258. – En toute hypothèse, il est loisible à un chef d'établissement de soumettre au directeur régional sous l'autorité duquel il est placé une décision que le présent titre fait relever de sa compétence et il en est pareillement pour le directeur régional à l'égard du ministre de la justice.

D'autre part, l'urgence peut conférer à un chef d'établissement une compétence qui relèverait normalement du directeur régional, à charge de compte rendu immédiat et si besoin téléphonique.

SECTION IV. – DES RÉCLAMATIONS FORMULÉES PAR LES DÉTENUS

Art. D. 259. – Tout détenu peut présenter des requêtes ou des plaintes au chef de l'établissement ; ce dernier lui accorde audience s'il invoque un motif suffisant.

Chaque détenu peut demander à être entendu par les magistrats et fonctionnaires chargés de l'inspection ou de la visite de l'établissement, hors la présence de tout membre du personnel de *(D. n. 98-1099, 8 déc. 1998, art. 188)* **l'établissement pénitentiaire.**

Art. D. 260. – Il est permis au détenu ou aux parties auxquelles une décision administrative a fait grief de demander qu'elle soit déférée au directeur régional si elle émane d'un chef d'établissement ou au ministre de la justice si elle émane d'un directeur régional.

Cependant, toute décision prise dans le cadre des attributions définies par la loi, par le règlement ou par instruction ministérielle, est immédiatement exécutoire nonobstant l'exercice du recours gracieux ci-dessus prévu.

Art. D. 261 *(D. n. 75-402, 23 mai 1975, art. 1er)*. **– Toute demande ou réclamation doit être présentée dans le cadre des dispositions, d'une part, de la présente section, des articles D. 176 à D. 178 concernant les visites effectuées par les autorités judiciaires et des articles D. 183 et D. 184 relatifs à l'activité des commissions de surveillance et, d'autre part, de l'article D. 257-1.**

Art. D. 262. – Les détenus peuvent, à tout moment, adresser des lettres aux autorités administratives et judiciaires françaises dont la liste est fixée par le ministre de la justice.

Ces lettres peuvent être remises sous pli fermé et échappent alors à tout contrôle ; aucun retard ne doit être apporté à leur envoi.

(D. n. 98-1099, 8 déc. 1998, art. 162) **Elles font l'objet d'un enregistrement, tant à l'arrivée qu'au départ, sur le registre prévu à cet effet, tenu sous la responsabilité du chef d'établissement.**

Art. D. 263 *(D. n. 72-852, 12 sept. 1972, art. 1er ; D. n. 98-1099, 8 déc. 1998, art. 163)*. **– Les détenus militaires ont la faculté par ailleurs d'écrire librement aux autorités militaires françaises.**

Au surplus, ils peuvent être visités par les représentants de l'autorité militaire ou maritime désignés par une instruction de service.

Art. D. 264. – À condition que l'État dont ils ressortissent accorde la réciprocité, les détenus étrangers peuvent entrer en rapport avec les représentants diplomatiques et agents consulaires de cet État.

À cette fin, les autorisations nécessaires sont accordées à ces représentants ou agents pour communiquer ou correspondre avec les détenus de leur nationalité, sans qu'il soit toutefois dérogé aux dispositions des articles D. 406 et D. 416.

SECTION V. – DE LA SÉCURITÉ

Art. D. 265. – Tout chef d'établissement doit veiller à une stricte application des instructions relatives au maintien de l'ordre et de la sécurité dans *(D. n. 98-1099, 8 déc. 1998, art. 188)* l'établissement pénitentiaire qu'il dirige.

(D. n. 83-48, 26 janv. 1983, art. 1er) À ce titre, il est disciplinairement responsable des incidents ou des évasions imputables à sa négligence ou à l'inobservation des règlements, indépendamment des procédures disciplinaires susceptibles d'être engagées contre d'autres membres du personnel.

§ 1. – Dispositions générales

Art. D. 266 *(D. n. 72-852, 12 sept. 1972, art. 1er)*. – La sécurité intérieure des *(D. n. 98-1099, 8 déc. 1998, art. 190)* établissements pénitentiaires incombe au personnel de l'administration pénitentiaire.

(D. n. 85-836, 6 août 1985, art. 9-7°) Toutefois, lorsque la gravité ou l'ampleur d'un incident survenu ou redouté à l'intérieur d'un établissement ne permet pas d'assurer le rétablissement ou d'envisager le maintien de l'ordre et de la sécurité par les seuls moyens du personnel de surveillance, le chef de l'établissement doit faire appel au chef du service local de police ou de gendarmerie et en rendre compte sur-le-champ au *(D. n. 98-1099, 8 déc. 1998, art. 194)* préfet. Il en est de même dans l'hypothèse d'une attaque ou d'une menace provenant de l'extérieur.

(D. n. 75-402, 23 mai 1975 ; D. n. 85-836, 6 août 1985, art. 9-7°) Les modalités de l'appel aux forces préposées au maintien de l'ordre et de l'intervention de celles-ci sont déterminées par une instruction de service et précisées, en ce qui concerne chaque établissement pénitentiaire, par un plan de protection et d'intervention dressé et tenu à jour sous l'autorité du *(D. n. 98-1099, 8 déc. 1998, art. 194)* préfet.

Art. D. 267 *(D. n. 72-852, 12 sept. 1972, art. 1er)*. – L'administration pénitentiaire pourvoit à l'armement du personnel dans les conditions qu'elle estime appropriées. Les agents en service dans les locaux de détention ne doivent pas être armés, à moins d'ordre exprès donné, dans des circonstances exceptionnelles et pour une intervention strictement définie, par le chef de l'établissement.

En toute hypothèse, il ne peut être fait usage des armes que dans les cas déterminés à l'article *(D. n. 98-1099, 8 déc. 1998, art. 53)* D. 283-6.

Art. D. 268. – Toutes dispositions doivent être prises en vue de prévenir les évasions, notamment en ce qui concerne la disposition des locaux, la fermeture ou l'obturation des portes ou passages, le dégagement des couloirs et des chemins de ronde et leur éclairage. Tout aménagement ou construction de nature à amoindrir la sécurité des murs d'enceinte est interdit.

Art. D. 269. – Les surveillants procèdent, en l'absence des détenus, à l'inspection fréquente et minutieuse des cellules et locaux divers où les détenus séjournent, travaillent ou ont accès. Les systèmes de fermeture sont périodiquement vérifiés et les barreaux *(D. n. 98-1099, 8 déc. 1998, art. 54)* contrôlés quotidiennement.

Art. D. 270 *(D. n. 72-852, 12 sept. 1972, art. 1er ; D. n. 85-836, 6 août 1985, art. 1er ; D. n. 98-1099, 8 déc. 1998, art. 55-I)*. – Hormis les cas visés aux articles D. 136 à D. 147, les personnels pénitentiaires doivent être constamment en mesure de s'assurer de la présence effective des détenus.

(D. n. 98-1099, 8 déc. 1998, art. 55-II) Pendant la nuit, les cellules doivent pouvoir être éclairées en cas de besoin. Personne ne doit y pénétrer en l'absence de raisons graves ou de péril imminent. En toute hypothèse, l'intervention de deux membres du personnel au moins est nécessaire, ainsi que celle d'un gradé, s'il y en a un en service de nuit.

Art. D. 271. – La présence de chaque détenu doit être contrôlée au moment du lever et du coucher, ainsi que deux fois par jour au moins, à des heures variables.

Art. D. 272. – Des rondes sont faites après le coucher et au cours de la nuit, suivant un horaire fixé et quotidiennement modifié *(D. n. 98-1099, 8 déc. 1998, art. 56)* par le chef de détention, sous l'autorité du chef d'établissement.

Art. D. 273. – Les détenus ne peuvent garder à leur disposition aucun objet ou substance pouvant permettre ou faciliter un suicide, une agression ou une évasion, non plus qu'aucun outil dangereux en dehors du temps de travail.

(D. n. 98-1099, 8 déc. 1998, art. 57-II) **Au surplus, et pendant la nuit, les objets et vêtements laissés habituellement en leur possession peuvent leur être retirés pour des motifs de sécurité.**

(D. n. 98-1099, 8 déc. 1998, art. 57-III) **Sauf décision individuelle du chef d'établissement motivée par des raisons d'ordre et de sécurité, un détenu peut garder à sa disposition, selon les modalités prescrites par les médecins intervenant dans les établissements pénitentiaires, des médicaments, matériels et appareillages médicaux.**

Art. D. 274. – L'entrée ou la sortie des sommes d'argent, correspondances ou objets quelconques n'est régulière que si elle est conforme aux dispositions du présent titre et du règlement intérieur de l'établissement ou si elle a été expressément autorisée par le chef de l'établissement dans le cas où celui-ci est habilité à le faire.

En toute hypothèse, les sommes, correspondances ou objets doivent être soumis au contrôle de l'administration.

Indépendamment des avis prévus à l'article D. 280, il est donné connaissance à l'autorité judiciaire, en vue de l'application éventuelle des pénalités prévues à l'article 434-35 du Code pénal, de la découverte des sommes, correspondances ou objets qui seraient trouvés en possession des détenus ou de leurs visiteurs et qui auraient été envoyés ou remis contrairement aux prescriptions des deux alinéas qui précèdent.

Art. D. 275. – Les détenus doivent être fouillés fréquemment et aussi souvent que le chef de l'établissement l'estime nécessaire.

Ils le sont notamment à leur entrée dans l'établissement et chaque fois qu'ils en sont extraits et y sont reconduits pour quelque cause que ce soit. Ils *(D. n. 98-1099, 8 déc. 1998, art. 59)* **doivent également faire l'objet d'une fouille avant et après tout parloir ou visite quelconque.**

(D. n. 85-836, 6 août 1985, art. 1er) **Les détenus ne peuvent être fouillés que par des agents de leur sexe et dans des conditions qui, tout en garantissant l'efficacité du contrôle, préservent le respect de la dignité inhérente à la personne humaine.**

Art. D. 276 *(D. n. 98-1099, 8 déc. 1998, art. 60)*. **– Le chef d'établissement détermine les modalités d'organisation du service des agents.**

Sous l'autorité du chef d'établissement, le chef de détention ou celui de ses collaborateurs spécialement désigné à cet effet, détermine les activités à assurer. Il arrête chaque jour les divers locaux à contrôler et la programmation des rondes à effectuer. Il consigne sur un registre prévu à cet effet les recommandations spéciales faites aux surveillants, notamment pour signaler un détenu dangereux ou à observer particulièrement.

Art. D. 276-1 *(D. n. 98-1099, 8 déc. 1998, art. 61)*. **– En vue de la mise en œuvre des mesures de sécurité adaptées, le ministre de la justice décide de l'inscription et de la radiation des détenus au répertoire des détenus particulièrement signalés dans des conditions déterminées par instruction ministérielle.**

§ 2. – Conditions d'accès dans les lieux de détention

Art. D. 277. – Sous réserve des dispositions des articles D. 229 à D. 231, aucune personne étrangère au service ne peut être admise à visiter un établissement pénitentiaire qu'en vertu d'une autorisation spéciale délivrée *(D. n. 98-1099, 8 déc. 1998, art. 62)* **par le chef d'établissement. Cette autorisation est délivrée par le directeur régional des services pénitentiaires lorsque la demande est relative à plusieurs établissements situés dans le ressort de sa compétence territoriale et par le ministre de la justice lorsqu'elle est relative à des établissements situés sur tout le territoire national.**

À moins d'une disposition expresse, cette autorisation ne confère pas à son bénéficiaire le droit de communiquer avec les détenus de quelque manière que ce soit, même en présence de membres du personnel.

(D. n. 98-1099, 8 déc. 1998, art. 62-II) **Une autorisation spéciale est nécessaire pour effectuer à l'intérieur d'un établissement pénitentiaire des photographies, croquis, prises de vue et enregistrements sonores se rapportant à la détention. Cette autorisation est délivrée par le directeur régional des services pénitentiaires lorsqu'elle est relative à un ou plusieurs établissements situés dans le ressort de sa compétence territoriale, et par le ministre de la justice lorsque l'autorisation est relative à des établissements situés sur tout le territoire national.**

Art. D. 278. – Les personnes étrangères au service d'un établissement pénitentiaire ne peuvent pénétrer à l'intérieur de celui-ci qu'après avoir justifié de leur identité et de leur qualité *(D. n. 98-1099, 8 déc. 1998, art. 63)* **et après s'être soumises aux mesures de contrôle réglementaires.**

La pièce d'identité produite par les personnes qui n'ont pas autorité dans l'établissement pénitentiaire ou qui n'y sont pas en mission peut être retenue pour leur être restituée seulement au moment de leur sortie.

Art. D. 279. – Un registre est tenu, dans chaque établissement pénitentiaire, sur lequel doivent être obligatoirement inscrits les nom et qualité de toute personne entrant ou sortant ainsi que l'heure et le motif de son entrée ou de sa sortie.

Seuls n'ont pas à figurer sur ce registre les noms des fonctionnaires logés à l'établissement ou des membres de leur famille vivant avec eux.

Art. D. 279-1 *(D. n. 62-1144, 3 oct. 1962)*. **– À titre exceptionnel, et seulement pour d'impérieuses raisons de sécurité, le ministre de la justice peut suspendre pendant une période de temps limitée toute visite à l'intérieur** *(D. n. 98-1099, 8 déc. 1998, art. 192)* **d'un établissement pénitentiaire.**

§ 3. – Incidents

Art. D. 280 *(D. n. 85-836, 6 août 1985, art. 9-7° ; D. n. 98-1099, 8 déc. 1998, art. 64)*. **– Tout incident grave touchant à l'ordre, à la discipline ou à la sécurité de l'établissement pénitentiaire doit être immédiatement porté par le chef de l'établissement à la connaissance du préfet et du procureur de la République, en même temps qu'à celle du directeur régional des services pénitentiaires et du ministre de la justice.**

Si l'incident concerne un prévenu, avis doit en être donné également au magistrat saisi du dossier de l'information et, si l'incident concerne un condamné, au juge de l'application des peines.

Si le détenu appartient aux forces armées, l'autorité militaire doit en outre être avisée.

Art. D. 281. – Le chef de l'établissement dans lequel a été commis un crime ou un délit doit dresser rapport des faits et en aviser directement et sans délai le procureur de la République, conformément aux dispositions de l'article 40.

Art. D. 282. – En cas de décès d'un détenu, le chef de l'établissement donne les avis prévus à l'article D. 280.

S'il y a eu suicide ou mort violente, ou encore si la cause du décès est inconnue ou suspecte, les dispositions de l'article 74 sont applicables.

En toute hypothèse, déclaration du décès est faite à l'officier de l'état civil, conformément aux dispositions de l'article 84 du Code civil.

Le lieu du décès ne doit être indiqué dans l'acte de l'état civil que par la désignation de la rue et du numéro de l'immeuble.

Art. D. 283. – Toute évasion doit être signalée sur-le-champ au chef de l'établissement ou à son représentant le plus proche.

Le chef de l'établissement avise immédiatement les services de police ou de gendarmerie et rend compte de l'évasion aux autorités visées à l'article D. 280.

Toute tentative d'évasion doit également être portée sans délai à la connaissance de ces autorités.

§ 4. – Mise à l'isolement

Art. D. 283-1 *(D. n. 72-852, 12 sept. 1972, art. 1er)*. – **Tout détenu se trouvant dans un établissement ou quartier en commun peut soit sur sa demande, soit par mesure de précaution ou de sécurité, être placé à l'isolement.**

La mise à l'isolement est ordonnée par le chef de l'établissement qui rend compte à bref délai au directeur régional et au juge de l'application des peines. Le chef de l'établissement fait en outre rapport à la commission de l'application des peines dès la première réunion suivant la mise à l'isolement ou le refus opposé à la demande d'isolement du détenu.

(D. n. 83-48, 26 janv. 1983, art. 1er) **Le détenu peut faire parvenir au juge de l'application des peines soit directement, soit par l'intermédiaire de son conseil, toutes observations utiles en ce qui concerne la décision prise à son égard.**

(D. n. 98-1099, 8 déc. 1998, art. 65-I) **La liste des détenus présents au quartier d'isolement est communiquée quotidiennement à l'équipe médicale. Ces détenus font l'objet d'un examen médical dans les conditions prévues à l'article D. 381. Il appartient au médecin, chaque fois qu'il l'estime utile au regard de l'état de santé du détenu, d'émettre un avis sur l'opportunité de mettre fin à la mesure d'isolement.**

La durée de l'isolement ne peut être prolongée au-delà de trois mois sans qu'un nouveau rapport ait été fait devant la commission de l'application des peines et sans une décision du directeur régional, *(D. n. 98-1099, 8 déc. 1998, art. 65-II)*.

(D. n. 98-1099, 8 déc. 1998, art. 65-III) **La mesure d'isolement ne peut être prolongée au-delà d'un an à partir de la décision initiale que par décision du ministre de la justice, prise sur rapport motivé du directeur régional qui recueille préalablement les avis de la commission de l'application des peines et du médecin intervenant à l'établissement.**

Un registre des mesures d'isolement est tenu sous la responsabilité du chef d'établissement. Ce registre est visé par les autorités administratives et judiciaires lors de leurs visites de contrôle et d'inspection.

Art. D. 283-2 *(D. n. 72-852, 12 sept. 1972, art. 1er)*. – **La mise à l'isolement ne constitue pas une mesure disciplinaire.**

Les détenus qui en font l'objet sont soumis au régime ordinaire de détention.

§ 5. – Moyens de contrainte (1)

Art. D. 283-3 *(D. n. 75-402, 23 mai 1975, art. 1er)*. – **Aucun moyen de contrainte ne doit être employé à titre de sanction disciplinaire.**

Les moyens de contrainte visés à l'article 726 ne peuvent être utilisés, en application des dispositions dudit article, que *(D. n. 98-1099, 8 déc. 1998, art. 66-I)* **sur ordre du chef de l'établissement, s'il n'est d'autre possibilité de maîtriser un détenu, de l'empêcher de causer des dommages ou de porter atteinte à lui-même ou à autrui.** *(D. n. 98-1099, 8 déc. 1998, art. 66-II)* **Il appartient au chef d'établissement de demander l'examen du détenu par un médecin. Il est mis fin à la contrainte si ce dernier constate qu'elle est incompatible avec l'état de santé du détenu.**

Il doit en être rendu compte sans délai au directeur régional.

Art. D. 283-4 *(D. n. 98-1099, 8 déc. 1998, art. 67)*. – **Dans les conditions définies par l'article 803, et par mesure de précaution contre les évasions, les détenus peuvent être soumis au port des menottes ou, s'il y a lieu, des entraves pendant leur transfèrement ou leur extraction, ou lorsque les circonstances ne permettent pas d'assurer efficacement leur garde d'une autre manière.**

Toutefois, aucun lien ne doit être laissé à un détenu au moment de sa comparution devant une juridiction.

---

(1) D. n. 72-852, 12 sept. 1972, art. 2-11°.

Art. D. 283-5. – Le personnel de l'administration pénitentiaire ne doit utiliser la force envers les détenus qu'en cas de légitime défense, de tentative d'évasion ou de résistance par la voilence ou par inertie physique aux ordres donnés.

Lorsqu'il y a recours, il ne peut le faire qu'en se limitant à ce qui est strictement nécessaire.

Art. D. 283-6. – Conformément aux dispositions de la loi du 28 décembre 1943 « les membres du personnel des établissements pénitentiaires en uniforme ou en tenue civile doivent, en l'absence de l'autorité judiciaire ou administrative, déployer la force armée dans les cas suivants :

Lorsque des violences ou des voies de fait sont exercées contre eux ou lorsqu'ils sont menacés par des individus armés ;

Lorsqu'ils ne peuvent défendre autrement les établissements pénitentiaires dont ils ont la garde, les postes ou les personnes qui leur sont confiés ou, enfin, si la résistance est telle qu'elle ne puisse être vaincue que par la force des armes ;

Lorsque des personnes cherchant à pénétrer dans un établissement pénitentiaire ou des détenus invités à s'arrêter par des appels répétés de "halte" faits à haute voix cherchent à échapper à leur garde ou à leurs investigations et ne peuvent être contraints de s'arrêter que par l'usage des armes ».

(D. n. 65-86, 4 févr. 1965) **Pour l'application des dispositions qui précèdent, les membres des forces préposées au maintient de l'ordre, intervenant à l'intérieur d'un établissement pénitentiaire ou assurant une mission de protection et de garde dans l'établissement ou aux abords de celui-ci en application des dispositions de l'article D. 266, sont, pendant le temps de cette intervention ou de l'accomplissement de cette mission, assimilés aux membres du personnel des établissements pénitentiaires.**

CHAPITRE VI. – DES MOUVEMENTS DE DÉTENUS

SECTION I. – DES ENTRÉES ET SORTIES DES DÉTENUS

Art. D. 284 *(D. n. 72-852, 12 sept. 1972, art. 1er)*. **– À leur arrivée dans un établissement et jusqu'au moment où ils peuvent être conduits soit dans les cellules, soit dans les quartiers où ils sont affectés, les détenus sont placés isolément dans des cellules d'attente ou dans des locaux en tenant lieu.**

(D. n. 75-402, 23 mai 1975, art. 2-4° ; D. n. 83-48, 26 janv. 1983, art. 1er) **Ils sont fouillés, soumis aux formalités de l'écrou et aux mensurations anthropométriques, ainsi qu'aux soins de propreté nécessaires. Des vêtements leur sont fournis par l'administration s'ils en expriment le désir.**

(D. n. 75-402, 23 mai 1975, art. 1er ; D. n. 85-836, 6 août 1985, art. 1er) **Chaque détenu doit être immédiatement mis en mesure d'informer sa famille de son incarcération. S'il s'agit d'un détenu âgé de moins de dix-huit ans, le chef de l'établissement procède à cette diligence en l'absence d'initiative de l'intéressé. Il informe également les services** *(D. n. 98-1099, 8 déc. 1998, art. 68)* **de la protection judiciaire de la jeunesse.**

Art. D. 285. – Le jour de son arrivée à l'établissement pénitentiaire ou, au plus tard, le lendemain, chaque détenu doit être visité par le chef de l'établissement ou par un de ses subordonnés immédiats.

(D. n. 98-1099, 8 déc. 1998, art. 69) **Dans les délais les plus brefs, le détenu est soumis à un examen médical dans les conditions prévues à l'article D. 381.**

Le détenu est également visité, dès que possible, par un membre du *(D. n. 99-276, 13 avr. 1999, art. 10)* **service pénitentiaire d'insertion et de probation.**

Le détenu qui manifeste son intention de pratiquer sa religion peut être visité par le ministre du culte, conformément aux dispositions de l'article D. 436.

Art. D. 286. – *Abrogé, D. n. 85-836, 6 août 1985, art. 12.*

Art. D. 287 *(D. n. 98-1099, 8 déc. 1998, art. 70)*. – **Des instructions de service déterminent les conditions dans lesquelles :**

1° Les services de l'identité judiciaire du ministère de l'Intérieur informent l'établissement pénitentiaire des opérations anthropométriques ;

2° Le recto de chaque fiche pénale intitulé « fiche d'exécution des peines » est rédigé et transmis en copie au casier judiciaire, conformément aux dispositions des articles R. 69 et R. 72 ;

3° Les officiers de police judiciaire habilités de la police nationale et de la gendarmerie nationale reçoivent les informations relatives à l'identité des personnes incarcérées, dès l'incarcération et à la libération.

Art. D. 288. – **Au moment de la levée d'écrou, il est obligatoirement délivré à chaque libéré un billet de sortie.**

(D. n. 81-40, 16 janv. 1981, art. 1er) **Cette pièce contient, outre les indications relatives à l'état civil de l'intéressé, la mention de son numéro d'immatriculation à la Sécurité sociale et les mentions visées à l'article D. 480.**

L'attention du détenu doit être appelée sur l'importance qui s'attache pour lui à ne pas perdre ni détériorer le billet de sortie qui justifie la régularité de sa libération.

Art. D. 289. – **Lorsque plusieurs détenus sont libérables le même jour, les précautions nécessaires sont prises pour qu'ils ne se rencontrent ni dans les bureaux du greffe, ni à leur sortie de l'établissement.**

L'application de cette règle ne peut cependant avoir pour conséquence de retarder au-delà de midi leur élargissement dans la journée où ils doivent être libérés.

SECTION II. – DES TRANSFÈREMENTS ET DES EXTRACTIONS

Art. D. 290. – **Le transfèrement consiste dans la conduite d'un détenu sous surveillance d'un établissement à un autre établissement pénitentiaire.**

Cette opération comporte la radiation de l'écrou à l'établissement de départ et un nouvel écrou à *(D. n. 98-1099, 8 déc. 1998, art. 188)* **l'établissement pénitentiaire de destination sans que la détention subie soit pour autant considérée comme interrompue.**

Art. D. 291. – **L'extraction est l'opération par laquelle un détenu est conduit sous surveillance en dehors de l'établissement de détention, lorsqu'il doit comparaître en justice, ou lorsqu'il doit recevoir des soins qu'il n'est pas possible de lui donner** *(D. n. 98-1099, 8 déc. 1998, art. 191)* **dans l'établissement pénitentiaire ou plus généralement lorsque l'accomplissement d'un acte ne pouvant être effectué dans un établissement pénitentiaire a été reconnu absolument nécessaire et compatible avec la situation de l'intéressé.**

§ 1. – Dispositions communes

Art. D. 292. – **Toute réquisition ou ordre de transfèrement ou d'extraction régulièrement délivré a un caractère impératif et le chef de l'établissement de détention doit y déférer sans le moindre retard, à moins d'impossibilité matérielle ou de circonstances particulières dont il aurait alors à rendre compte immédiatement à l'autorité requérante.**

(D. n. 98-1099, 8 déc. 1998, art. 71) **Il en est notamment ainsi lorsqu'il est établi par un médecin, habilité ou autorisé à intervenir dans l'établissement pénitentiaire, que l'état de santé du détenu ne permet pas son transfert ou son extraction. Le certificat délivré par ce praticien permet l'application éventuelle des dispositions de l'article 416.**

Art. D. 293 *(D. n. 79-534, 3 juill. 1979, art. 19)*. – **Aucun transfèrement, aucune extraction ne peut être opéré sans un ordre écrit que délivre l'autorité compétente.**

Cet ordre, lorsqu'il n'émane pas de l'administration pénitentiaire elle-même, est adressé par le procureur de la République du lieu de l'autorité requérante au procureur de la République du lieu de détention.

Ce magistrat transmet l'ordre au chef de l'établissement pénitentiaire après y avoir apposé son visa et prend toutes dispositions nécessaires pour que le transfèrement ou l'extraction ait lieu dans les conditions de sécurité prévues aux articles D. 294 à D. 296.

L'ordre ainsi donné est conservé au greffe de l'établissement pénitentiaire, en original ou en copie certifiée conforme.

Le chef de l'établissement de détention doit vérifier avec soin, et au besoin auprès du signataire indiqué, l'authenticité de ce document.

Si les personnes chargées de procéder à l'opération sont inconnues des services de *(D. n. 98-1099, 8 déc. 1998, art. 188)* **l'établissement pénitentiaire elles doivent justifier de leur identité et de leur qualité.**

Art. D. 294. – Des précautions doivent être prises en vue d'éviter les évasions et tous autres incidents lors des transfèrements et extractions de détenus.

Ces derniers sont fouillés minutieusement avant le départ. Ils peuvent être soumis, sous la responsabilité du chef d'escorte, au port des menottes *(D. n. 98-1099, 8 déc. 1998, art. 72)* **ou, s'il y a lieu, des entraves, dans les conditions définies à l'article D. 283-4.**

Au cas où un détenu serait considéré comme dangereux ou devrait être surveillé particulièrement, le chef de l'établissement donne tous les renseignements et avis nécessaires au chef de l'escorte.

Art. D. 295. – Les détenus ne doivent avoir aucune communication avec des tiers à l'occasion de transfèrements ou d'extractions.

Les précautions utiles doivent être prises pour les soustraire à la curiosité ou à l'hostilité publique, ainsi que pour éviter toute espèce de publicité.

Art. D. 296. – Pour l'observation des principes posés à l'article D. 295, comme pour la sécurité des opérations, l'exécution des transfèrements et extractions doit être préparée et poursuivie avec la plus grande discrétion quant à la date et à l'identité des détenus en cause, au mode de transport, à l'itinéraire et au lieu de destination.

(D. n. 83-48, 26 janv. 1983, art. 1er) **Toutefois, dès que le détenu transféré est arrivé à destination, sa famille ou les personnes autorisées de façon permanente à communiquer avec lui en sont informées.**

§ 2. – Transfèrements

A. – Translations judiciaires

Art. D. 297. – Ainsi qu'il est dit à l'article D. 57, les détenus en prévention sont transférés sur la réquisition de l'autorité judiciaire compétente selon les règles édictées par le présent code.

Sous réserve de l'application éventuelle des dispositions du second alinéa de l'article R. 94, les services de gendarmerie ou de police opèrent la translation dans les conditions qui leur sont propres.

(D. n. 83-48, 26 janv. 1983, art. 1er) **Les frais de l'opération sont imputables sur le chapitre budgétaire des frais de justice criminelle ou correctionnelle.**

Art. D. 298. – Lorsqu'un détenu doit comparaître à quelque titre que ce soit devant une juridiction éloignée de son lieu de détention dans une affaire pour laquelle il n'est pas placé en détention provisoire (1), sa translation est exécutée dans les conditions visées à l'article D. 297.

Cette translation est requise, selon le cas, par le magistrat saisi du dossier de l'information, ou par le procureur de la République du lieu où l'intéressé doit comparaître ; si ce dernier est prévenu, il ne peut être procédé à sa translation qu'avec l'accord de l'autorité judiciaire dont il relève.

(1) D. n. 72-852, 12 sept. 1972, art. 2-1°.

Il convient, en toute hypothèse, de ne prescrire une telle opération que si elle apparaît absolument justifiée, et sous réserve de l'application éventuelle de l'article 664 ou de l'article 712.

Art. D. 299. – Si le détenu transféré dans les conditions indiquées à l'article D. 298 est condamné, la charge de procéder éventuellement à sa réintégration incombe à l'administration pénitentiaire.

En conséquence, dès que la présence de l'intéressé a cessé d'être utile, le chef de l'établissement dans lequel il a été transféré en rend compte au directeur régional ou à l'administration centrale, selon que le transfèrement a été effectué ou non à l'intérieur d'une région.

Si le détenu transféré est en prévention, le soin d'assurer sa réintégration appartient au parquet à la diligence duquel la translation a eu lieu. Les frais du voyage de retour sont imputables comme frais de justice, de même que ceux du voyage de l'aller.

B. – Transfèrements administratifs

Art. D. 300 *(D. n. 98-1099, 8 déc. 1998, art. 73).* **– Le ministre de la justice ordonne les transfèrements de caractère administratif, c'est-à-dire les transfèrements autres que ceux visés aux articles D. 297 à D. 299.**

La compétence du ministre de la justice est exclusive en ce qui concerne :

1° Le transfèrement à titre administratif de tout détenu d'une région pénitentiaire à une autre ;

2° Les transfèrements vers ou à partir d'une maison centrale ou d'un centre de détention à vocation nationale.

Art. D. 301 *(D. n. 98-1099, 8 déc. 1998, art. 73).* **– Sous réserve des dispositions de l'article D. 300 et sauf s'il s'agit de détenus ayant fait l'objet d'une décision d'affectation de la part du ministre de la justice autre qu'une mise à disposition du directeur régional, ce dernier peut ordonner, à l'intérieur de sa région, les transfèrements individuels ou collectifs qu'il estime nécessaires.**

S'il s'agit de prévenus, il ne peut être procédé à leur transfert qu'avec l'accord du magistrat saisi du dossier de l'information.

Art. D. 302 *(D. n. 72-852, 12 sept. 1972, art. 1er).* **– Un condamné ne peut être transféré s'il doit être tenu à la disposition de la juridiction dans le ressort de laquelle il se trouve, soit parce qu'il fait l'objet de poursuites – que celles-ci aient ou non donné lieu à la délivrance d'un mandat de justice –, soit parce qu'il est susceptible d'être entendu comme témoin.**

Il appartient au ministère public de faire connaître à l'administration pénitentiaire la date à partir de laquelle le détenu pourra être dirigé sur sa destination pénale, et il en est rendu compte à l'autorité ayant délivré l'ordre de transfèrement.

Art. D. 303. *– Abrogé, D. n. 98-1099, 8 déc. 1998, art. 197.*

C. – Exécution des transfèrements par l'administration pénitentiaire

Art. D. 304. – La direction de l'administration pénitentiaire comprend un service central des transfèrements, dirigé par un sous-directeur d'établissement pénitentiaire.

Ce service assure l'exécution des ordres de transfèrement émanant de l'administration centrale.

Art. D. 305. – Le directeur régional assure l'organisation des transfèrements qu'il ordonne et leur réalisation par les moyens dont il dispose.

La même charge lui incombe en ce qui concerne l'exécution d'un ordre de transfèrement émanant de l'administration centrale, lorsque ce transfèrement est prescrit entre des établissements pénitentiaires situés dans sa région ou lorsque des instructions lui sont données en ce sens.

Art. D. 306. – Les transfèrements s'effectuent par route ou par voie ferrée, maritime ou aérienne.

(D. n. 98-1099, 8 déc. 1998, art. 74) **L'autorité à laquelle incombe l'organisation du transfèrement décide du moyen de transport à utiliser dans chaque cas, compte tenu de l'importance du convoi, du caractère dangereux du détenu, de la distance à parcourir, de l'urgence de l'opération et de l'état de santé du détenu, sous réserve du cas où un transport sanitaire aura été prescrit par un médecin.**

(D. n. 98-1099, 8 déc. 1998, art. 74) Dans ce dernier cas, l'autorité à laquelle incombe l'organisation du transfèrement décide des moyens de surveillance à mettre en œuvre.

Toutes précautions doivent être prises pour assurer aux détenus transportés des conditions suffisantes de confort et d'hygiène.

Art. D. 307. – Les dépenses auxquelles donne lieu l'exécution des transfèrements administratifs sont prises en charge par l'administration pénitentiaire.

Aucun détenu n'est recevable à solliciter d'être transféré à ses propres frais.

Art. D. 308. – L'escorte des détenus transférés par les soins de l'administration pénitentiaire est assurée par des membres du personnel de surveillance inscrits sur une liste dressée par le service central des transfèrements sur proposition des chefs d'établissement.

L'importance de l'escorte est déterminée par l'autorité chargée de l'organisation du transfèrement, en fonction du nombre des détenus transférés, des moyens de transport utilisés et de la distance à parcourir.

Le chef de l'établissement à qui incombe la constitution de l'escorte désigne nommément ceux des agents figurant sur la liste précitée qui seront chargés d'exécuter la mission prescrite.

Art. D. 309. – *D. n. 75-402, 23 mai 1975, art. 2-4° ; Abrogé, D. n. 83-48, 26 janv. 1983, art. 2.*

Art. D. 310. – Le chef de l'établissement remet au chef de l'escorte des détenus à transférer les extraits de jugement ou d'arrêt et les autres pièces figurant au dossier individuel des intéressés, ainsi que les effets ou objets leur appartenant, à l'exclusion de l'argent qui est transmis par virement postal.

Indépendamment de l'application éventuelle des dispositions de l'article R. 101, le poids et le volume des objets ainsi transportés sont toutefois limités dans les conditions précisées par l'instruction de service.

D. – Cas particuliers

Art. D. 311. – La translation des extradés est assimilée au transfèrement.

Les individus livrés à la France par un État étranger, dès qu'ils sont écroués dans l'établissement pénitentiaire d'une ville frontière ou d'un port maritime ou aérien doivent être signalés d'urgence par le chef de cet établissement au service central des transfèrements.

Ce service fait alors procéder, dans les moindres délais, au transfèrement des intéressés au lieu de l'exécution de leur peine ou, par dérogation aux dispositions de l'article D. 297, à celui de leur jugement.

Il appartient de même au service central des transfèrements de donner les instructions utiles pour assurer la conduite à la frontière ou au port d'embarquement maritime ou aérien et la remise aux autorités étrangères requérantes de tout individu dont l'extradition a été accordée par le gouvernement français.

Le service central des transfèrements assure également d'un point à l'autre de la frontière le transfèrement des extradés dont le transit par la France a été autorisé.

Il lui appartient de même de faire conduire, soit à l'aller d'un établissement pénitentiaire français jusqu'à la frontière ou jusqu'au port français d'embarquement maritime ou aérien, soit au retour de la frontière ou du port français de débarquement maritime ou aérien jusqu'à un établissement pénitentiaire français, les détenus dont l'envoi est demandé conformément aux dispositions de l'article 34 de la loi du 10 mars 1927, ou aux dispositions analogues contenues dans des conventions internationales.

Art. D. 312. – Les mesures qui ont pour objet de refouler à la frontière certains étrangers condamnés par décision de justice ou d'assurer l'exécution des arrêtés d'expulsion n'incombent pas à l'administration pénitentiaire, même lorsque les intéressés y sont soumis *(D. n. 98-1099, 8 déc. 1998, art. 75)* à leur libération.

Art. D. 313. – Les mineurs qui ont été placés provisoirement dans une maison d'arrêt, et qui doivent faire l'objet d'une des mesures prévues par les articles 15, 16 et 28 de l'ordonnance n. 45-174 du 2 février 1945 relative à l'enfance délinquante sont dirigés sans retard sur l'institution ou auprès de la personne chargée de les recevoir.

À cette fin, le chef de l'établissement pénitentiaire qui en a la garde les signale au procureur de la République du siège du tribunal pour enfants, et à la direction *(D. n. 98-1099, 8 déc. 1998, art. 76)* de la protection judiciaire de la jeunesse au ministère de la justice.

Leur prise en charge et leur conduite à destination incombent aux services *(D. n. 98-1099, 8 déc. 1998, art. 76)* de la protection judiciaire de la jeunesse et ne comportent aucune intervention de l'administration pénitentiaire.

Art. D. 313-1 *(D. n. 93-193, 8 févr. 1993, art. 1er-VI)*. – Lorsque l'autorité compétente pour ordonner un transfèrement judiciaire ou administratif précise que l'absence du détenu de son lieu habituel de détention n'excédera pas 72 heures, la levée d'écrou de l'intéressé est opérée sous la forme simplifiée.

Lors de son arrivée dans l'établissement de destination, le détenu est écroué selon les mêmes modalités.

Si à la date de retour initialement prévue, la réintégration du détenu ne peut être assurée, son transfert définitif est effectué en régularisation.

§ 3. – Extractions

Art. D. 314. – L'extraction s'effectue sans radiation de l'écrou car elle comporte obligatoirement la reconduite de l'intéressé à l'établissement pénitentiaire.

L'autorité compétente pour ordonner ou pour autoriser l'extraction est tenue en conséquence de donner toutes instructions utiles pour que soit assurée la réintégration.

Celle-ci doit avoir lieu dans le délai le plus bref et, en toute hypothèse autre que celle d'une hospitalisation, le jour même de l'extraction. Lorsqu'il est nécessaire que la mesure motivant l'extraction se prolonge pendant plusieurs jours, le détenu est réintégré chaque soir à *(D. n. 98-1099, 8 déc. 1998, art. 188)* l'établissement pénitentiaire.

Art. D. 314-1 *(D. n. 93-193, 8 févr. 1993, art. 1er-VII)*. – Dans l'hypothèse où la réintégration du détenu ne peut s'effectuer dans les délais de l'article D. 314 sans toutefois que son absence de son établissement d'origine n'excède 72 heures, la sortie de l'intéressé s'accompagne d'une levée d'écrou réalisée sous la forme simplifiée selon les modalités de l'article D. 149-1.

À cette fin, l'autorité compétente précise la date exacte du retour prévu à l'établissement d'origine et donne toutes instructions utiles pour que la réintégration du détenu soit assurée à la date initialement arrêtée.

Durant son absence de son lieu habituel de détention, le détenu, écroué dès son arrivée sous la forme simplifiée dans l'établissement de destination, est réintégré chaque soir dans cet établissement.

Art. D. 314-2 *(D. n. 98-1099, 8 déc. 1998, art. 77)*. – Dans l'hypothèse où, en application des dispositions prévues aux articles D. 391 et suivants, un détenu doit être hospitalisé dans un établissement de santé éloigné de l'établissement pénitentiaire dans lequel il est écroué, il peut faire l'objet d'une levée d'écrou sous la forme simplifiée, nonobstant le fait que l'absence de son établissement d'origine excède soixante-douze heures.

Le détenu est écroué dans l'établissement pénitentiaire situé à proximité de l'établissement de santé selon les mêmes modalités.

À l'issue de l'hospitalisation, le détenu doit être réintégré dans son établissement d'origine dans les délais les plus brefs. Si cette réintégration n'est pas possible, le transfert définitif du détenu est effectué en régularisation.

Art. D. 315. – Lorsqu'un détenu doit comparaître à quelque titre et pour quelque cause que ce soit, devant une juridiction de l'ordre judiciaire, les réquisitions nécessaires sont délivrées par le

procureur de la République dans toutes les hypothèses où elles ne relèvent pas de la compétence d'un autre magistrat en vertu des règles édictées par le présent code.

La charge de procéder aux extractions de détenus qui sont requises par l'autorité judiciaire incombe normalement aux services de police quand celles-ci n'entraînent aucun déplacement en dehors de leur circonscription et aux services de gendarmerie dans les autres cas.

Art. D. 316 *(D. n. 85-836, 6 août 1985, art. 9-7°).* **– Le** *(D. n. 98-1099, 8 déc. 1998, art. 194)* **préfet apprécie si l'extraction des détenus appelés à comparaître devant des juridictions ou des organismes d'ordre administratif est indispensable. Dans l'affirmative, il requiert l'extraction par les services de police ou de gendarmerie selon la distinction de l'article D. 315.**

Art. D. 317. – Dans les hypothèses où, en raison des nécessités de l'enquête à laquelle ils procèdent, il n'est pas suffisant pour les officiers ou agents de police judiciaire d'user de la faculté qu'ils ont d'entendre les détenus à l'intérieur des établissements pénitentiaires, les services auxquels ces fonctionnaires appartiennent peuvent être autorisés à procéder à l'extraction des intéressés, sous la réserve que ces derniers demeurent sous leur responsabilité et soient réintégrés dans la journée.

(D. n. 83-48, 26 janv. 1983, art. 1er) **Lorsque des officiers de police judiciaire n'agissent pas en exécution d'une commission rogatoire ordonnant l'extraction, une autorisation spéciale doit être accordée à cet effet par le magistrat saisi du dossier de l'information, et s'il n'y a pas d'information judiciaire, par le procureur de la République du lieu de détention.**

CHAPITRE VII. – DE LA GESTION DES BIENS ET DE L'ENTRETIEN DES DÉTENUS

SECTION I. – DE LA GESTION DES BIENS DES DÉTENUS

Art. D. 318 *(D. n. 75-402, 23 mai 1975, art. 1er ; D. n. 85-836, 6 août 1985, art. 1er).* **– Sous réserve des dispositions prévues** *(D. n. 98-1099, 8 déc. 1998, art. 78)* **aux articles D. 122 et D. 395, il n'est laissé aux détenus ni argent, ni valeurs, ni bijoux autres que leur alliance et leur montre.**

§ 1. – Valeurs pécuniaires

(Intitulé mod., D. n. 75-128, 7 mars 1975, art. 2 et 3)

Art. D. 319 *(D. n. 75-128, 7 mars 1975, art. 1er et 3).* **– L'établissement pénitentiaire où le détenu est écroué tient un compte nominatif où sont inscrites les valeurs pécuniaires lui appartenant.**

Sous réserve que les détenus n'en aient pas demandé l'envoi à un tiers ou la consignation, les sommes dont ils sont porteurs à leur entrée dans *(D. n. 98-1099, 8 déc. 1998, art. 188)* **l'établissement pénitentiaire sont immédiatement inscrites à leur compte nominatif au moment de leur écrou. L'importance de ces sommes ne saurait en aucun cas justifier le refus de la prise en charge.**

Le compte nominatif est par la suite crédité ou débité de toutes les sommes qui viennent à être dues au détenu, ou par lui, au cours de sa détention, dans les conditions réglementaires.

Art. D. 320. *– Abrogé, D. n. 98-1099, 8 déc. 1998, art. 197.*

Art. D. 321. – Le détenu conserve la gestion de ses biens patrimoniaux extérieurs, dans la limite de sa capacité civile. *(D. n. 98-1099, 8 déc. 1998, art. 79)* **Le cas échéant, cette gestion peut s'effectuer par l'intermédiaire d'un mandataire, celui-ci devant être étranger à l'administration pénitentiaire.**

(D. n. 85-836, 6 août 1985, art. 1er) **Les procurations éventuelles sont envoyées dans les conditions fixées aux articles D. 414 et suivants et, lorsqu'elles émanent de prévenus, sont notamment soumises au contrôle du magistrat saisi du dossier de l'information dans les conditions que celui-ci détermine ; l'apposition d'un visa en vue de l'acheminement de ces documents ne saurait faire préjuger de la capacité du signataire.**

En toute hypothèse, un acte requérant le ministère d'un notaire peut être dressé *(D. n. 98-1099, 8 déc. 1998, art. 79)* **dans l'établissement pénitentiaire lorsque cet officier ministériel a obtenu l'autorisation visée à l'article D. 411.**

Art. D. 322 *(D. n. 64-735, 20 juill. 1964 ; D. n. 72-852, 12 sept. 1972, art. 1er ; D. n. 75-128, 7 mars 1975, art. 1er et 3).* **– Les comptables des établissements pénitentiaires ou leurs préposés bénéficient d'une remise de 2,5 p. 100 sur les sommes qui sont acquittées pour le compte des détenus au titre des condamnations pécuniaires prononcées au profit de l'État ou des collectivités publiques.**

Art. D. 323 *(D. n. 71-274, 15 avr. 1971, art. 2 ; D. n. 75-128, 7 mars 1975, art. 1er et 3 ; D. n. 78-460, 28 mars 1978, art. 2).* **– La part disponible du compte nominatif peut être utilisée par le détenu, conformément aux règlements, pour effectuer des achats à l'intérieur de l'établissement pénitentiaire, ou même, sur autorisation spéciale, pour procéder à des versements au dehors.**

En cas d'évasion du titulaire du compte, cette part est appliquée d'office à l'indemnisation des parties civiles. Le reliquat est acquis à l'État, sauf décision du *(D. n. 98-1099, 8 déc. 1998, art. 80)* **directeur régional des services pénitentiaires du lieu où s'est produite l'évasion ordonnant qu'il soit rétabli en tout ou partie au profit du détenu lorsque ce dernier a été repris.**

Art. D. 324 *(D. n. 64-735, 20 juill. 1964 ; D. n. 75-128, 7 mars 1975, art. 1er et 3 ; D. n. 78-460, 28 mars 1978, art. 4).* **– Les sommes constituant le pécule de libération sont inscrites à un compte spécial ; lorsqu'elles dépassent une somme fixée par arrêté du garde des sceaux, ministre de la justice, elles sont versées à un livret de caisse d'épargne.**

Une instruction de service détermine les modalités d'application de ces dispositions.

Le capital représentatif des rentes d'accidents du travail dont la conversion a été rendue obligatoire par le décret n. 59-734 du 15 juin 1959 est intégralement versé au pécule de libération.

Pendant l'incarcération, le pécule de libération ne peut faire l'objet d'aucune voie d'exécution.

Cinquième al. supprimé, D. n. 75-128, 7 mars 1975, art. 1er et 3.

Art. D. 325 *(D. n. 75-128, 7 mars 1975, art. 1er ; D. n. 78-460, 28 mars 1978, art. 3 ; D. n. 82-287, 26 mars 1982).* **– L'indemnisation des parties civiles est assurée sur la part prévue à l'article D. 113. À cette fin, le ministère public près la juridiction ayant prononcé la condamnation, dès que cette dernière a acquis un caractère définitif, informe sans délai l'établissement où se trouve incarcéré le ou les détenus de l'existence de parties civiles et du montant de leurs créances.**

Cette part ne saurait faire l'objet d'aucun acte de disposition émanant du détenu.

Art. D. 326 *(D. n. 60-898, 24 août 1960 ; D. n. 64-735, 20 juill. 1964 ; D. n. 75-128, 7 mars 1975, art. 1er et 3).* **– Les sommes représentatives des frais d'entretien prélevées sur la rémunération versée aux prévenus sont restituées aux intéressés lorsque les faits qui ont été à l'origine de la détention donnent lieu à un non-lieu, une relaxe ou un acquittement.**

Les demandes de restitution doivent être formulées dans les trois mois qui suivent la date où la décision de non-lieu, de relaxe ou d'acquittement a été portée à la connaissance de l'intéressé.

Aucune demande ne peut être formulée plus d'un an après la date de libération sauf si l'intéressé fait connaître au greffe de l'établissement pénitentiaire, avant l'expiration de ce délai, que la décision définitive n'a pas été rendue.

Une instruction de service précise les conditions dans lesquelles les demandes de restitution doivent être formulées et instruites.

Art. D. 327 *(D. n. 64-735, 20 juill. 1964 ; D. n. 75-128, 7 mars 1975, art. 1er et 3).* **– La répartition prévue aux articles D. 111 à D. 114 est applicable aux détenus soumis à la contrainte par corps.**

Art. D. 328 *(D. n. 64-735, 20 juill. 1964 ; D. n. 75-128, 7 mars 1975, art. 1er et 3 ; D. n. 78-460, 28 mars 1978, art. 3).* **– L'avoir des détenus subit le prélèvement prévu à l'article D. 113 après déduction de la provision alimentaire définie à l'article D. 329.**

Art. D. 329 *(D. n. 60-898, 24 août 1960, art. 1er ; D. n. 64-735, 20 juill. 1964).* **– Les sommes qui échoient aux détenus sont considérées comme ayant un caractère alimentaire, dans la mesure où elles n'excèdent pas chaque mois la somme fixée par arrêté du ministre de la justice.**

*(D. n. 75-128, 7 mars 1975, art. 1er et 3)*Elles sont dès lors entièrement versées à la part disponible jusqu'à concurrence de cette somme et pour le surplus elles sont soumises au prélèvement prévu à l'article D. 113 sous réserve des dispositions particulières concernant les rentes, les pensions et les indemnités.

Les gratifications exceptionnelles visées au dernier alinéa de l'article D. 114 sont entièrement versées à la part disponible.

Art. D. 330 *(D. n. 75-128, 7 mars 1975, art. 1er et 3)*. – Tout versement effectué à l'extérieur sur la part disponible d'un détenu doit non seulement avoir été demandé ou consenti par ce détenu, mais aussi avoir été autorisé expressément par le magistrat saisi du dossier de l'information s'il s'agit d'un prévenu ou, sinon, par le chef d'établissement.

Art. D. 331 *(D. n. 71-274, 15 avr. 1971, art. 2 ; D. n. 75-128, 7 mars 1975, art. 1er à 3)*. – Les détenus peuvent verser sur leur livret de caisse d'épargne des sommes prélevées sur leur part disponible.

Les opérations éventuelles de retrait sont subordonnées, pendant la détention, à l'accord du chef d'établissement.

Art. D. 332 *(D. n. 72-852, 12 sept. 1972, art. 1er ; D. n. 75-128, 7 mars 1975, art. 2)*. – L'administration pénitentiaire a la faculté d'opérer d'office sur la part disponible des détenus des retenues en réparation de dommages matériels causés, sans préjudice de poursuites disciplinaires et pénales, s'il y a lieu.

(D. n. 96-287, 2 avr. 1996, art. 7) Ces retenues sont prononcées par le chef d'établissement, qui en informe préalablement l'intéressé. Les fonds correspondants sont versés au Trésor.

Sont de même versées au Trésor les sommes trouvées en possession irrégulière des détenus, à moins qu'elles ne soient saisies par ordre de l'autorité judiciaire.

Art. D. 333 *(D. n. 98-1099, 8 déc. 1998, art. 82)*. – Une saisie-attribution peut, dans les conditions du droit commun, être valablement formée concernant le compte nominatif d'un détenu, entre les mains du comptable ou de son préposé.

La saisie-attribution porte exclusivement sur les sommes composant la part disponible, sous réserve du cantonnement éventuellement ordonné par l'autorité judiciaire et des insaisissabilités reconnues par la loi.

La saisie des rémunérations des détenus peut être opérée dans les conditions du droit commun.

Art. D. 334 *(D. n. 75-128, 7 mars 1975, art. 1er et 3 ; D. n. 78-460, 28 mars 1978, art. 4 ; D. n. 98-1099, 8 déc. 1998, art. 83)*. – Au moment de sa libération, chaque détenu reçoit les sommes qui résultent de la liquidation de son compte nominatif ; le cas échéant lui sont également remis :

1° Les pièces justificatives du paiement des sommes versées pour l'exécution de ses condamnations pécuniaires ;

2° Les pièces justificatives du paiement des sommes versées pour l'indemnisation des parties civiles ;

3° Un état des sommes prélevées au titre de la participation aux frais d'entretien ;

4° Un état des sommes épargnées au titre du pécule de libération ;

5° Un état des sommes prélevées au titre des cotisations à caractère social.

Si l'intéressé doit, après son élargissement, être remis à une escorte, les fonds et les pièces justificatives sont remis contre décharge au chef de cette escorte, par dérogation aux dispositions du premier alinéa de l'article D. 310.

Il en sera de même en cas de transfert uniquement en ce qui concerne les pièces justificatives.

§ 2. – Valeurs non pécuniaires

(Intitulé mod., D. n. 75-128, 7 mars 1975, art. 2 et 3)

Art. D. 335 *(D. n. 72-852, 12 sept. 1972, art. 1er)*. – Les objets dont les détenus sont porteurs à leur entrée dans un établissement pénitentiaire sont pris en charge par le comptable ou son préposé, sous réserve de ceux qui peuvent être laissés en la possession des intéressés.

Ils sont alors, après inventaire, inscrits sur un registre spécial, au compte de l'intéressé pour lui être restitués à sa sortie.

(D. n. 98-1099, 8 déc. 1998, art. 84) Si le détenu entrant est porteur de médicaments, le médecin doit en être immédiatement avisé afin de décider de l'usage qui doit en être fait.

Art. D. 336 *(D. n. 85-836, 6 août 1985, art. 9-8°).* – Les bijoux, après estimation, et les valeurs sont inventoriés, inscrits au registre visé à l'article D. 335, et déposés au service comptable de *(D. n. 98-1099, 8 déc. 1998, art. 188)* l'établissement pénitentiaire. À la demande du détenu, ils peuvent toutefois être rendus à sa famille, avec l'accord du magistrat saisi du dossier de l'information, lorsque l'intéressé est prévenu.

En cas de perte à l'établissement, il est remis au détenu ou à ses ayants droit la valeur d'estimation de l'objet perdu.

Art. D. 337. – Les objets et les bijoux dont sont porteurs les détenus à leur entrée peuvent donner lieu au refus de leur prise en charge en raison de leur prix, de leur importance ou de leur volume.

(D. n. 85-836, 6 août 1985, art. 1er) Dans ce cas, ils n'en sont pas moins inscrits provisoirement au registre visé à l'article D. 335, mais les détenus sont invités à s'en défaire, soit en les renvoyant à leur famille, soit en les faisant déposer entre les mains d'un notaire ou de toute personne agréée par l'administration, soit en les vendant, les frais d'expédition, de garde ou de vente étant à la charge du détenu ; s'il s'agit d'un prévenu, le chef d'établissement en réfère préalablement au magistrat saisi du dossier de l'information.

Art. D. 338 *(D. n. 83-48, 26 janv. 1983, art. 1er).* – Les effets personnels retirés aux détenus qui ont manifesté le désir de porter les vêtements fournis par l'administration sont inventoriés, nettoyés et désinfectés.

Ils sont ensuite mis au magasin de *(D. n. 98-1099, 8 déc. 1998, art. 188)* l'établissement pénitentiaire, en vue d'être restitués à leur propriétaire à la sortie de celui-ci.

Art. D. 339. – Le chef d'établissement donne connaissance à l'autorité judiciaire des sommes d'argent ou objets trouvés sur les détenus, apportés par eux ou qui leur sont envoyés lorsque, en raison de leur nature, de leur importance ou de leur origine, ces sommes ou objets paraissent susceptibles d'être retenus ou saisis.

Art. D. 340. – Au moment de la libération, les bijoux, valeurs, vêtements et effets personnels sont remis au détenu qui en donne décharge. Si l'intéressé refuse de les recevoir, il en est fait remise à l'administration des domaines.

(D. n. 98-1099, 8 déc. 1998, art. 85) Lorsque le détenu est transféré, les objets lui appartenant sont déposés contre reçu entre les mains de l'agent de transfèrement s'ils ne sont pas trop lourds ou volumineux ; sinon, ils sont expédiés à la nouvelle destination du détenu aux frais de ce dernier ou sont remis à un tiers désigné par lui, après accord du chef d'établissement.

Art. D. 341. – Après un délai de trois ans depuis le décès d'un détenu, si les bijoux, valeurs, vêtements et effets personnels n'ont pas été réclamés par ses ayants droit, il en est fait remise à l'administration des domaines et cette remise vaut décharge pour l'administration *(D. n. 98-1099, 8 déc. 1998, art. 189)* pénitentiaire ; l'argent est de même versé au Trésor.

Après un délai de trois ans à compter de l'évasion d'un détenu, les objets et l'argent laissés reçoivent la même destination que ci-dessus, si la capture de l'intéressé n'a pas été signalée.

SECTION II. – DE L'ENTRETIEN DES DÉTENUS

Art. D. 342. – La composition du régime alimentaire des détenus est fixée par l'administration.

Ce régime comporte trois distributions journalières.

Art. D. 343 *(D. n. 98-1099, 8 déc. 1998, art. 86).* – À moins d'en être privés par mesure disciplinaire, les détenus ont la possibilité d'acquérir avec les sommes figurant à leur part disponible divers objets, denrées ou prestations de service en supplément de ceux qui leur sont octroyés.

Cette faculté s'exerce *(D. n. 98-1099, 8 déc. 1998, art. 86)* sous le contrôle du chef de l'établissement et dans les conditions prévues au règlement intérieur ; elle peut être limitée en cas d'abus.

Art. D. 344. – Les prix pratiqués à la cantine doivent être portés à la connaissance des détenus.

(D. n. 98-1099, 8 déc. 1998, art. 87) Ces prix sont fixés périodiquement par le chef d'établissement. Sauf en ce qui concerne le tabac, ils doivent tenir compte des frais exposés par l'administration pour la manutention et la préparation.

Art. D. 345 *(D. n. 64-735, 20 juill. 1964)*. – Les vivres vendus en cantine comprennent seulement les denrées d'usage courant qui peuvent être consommées sans faire l'objet d'aucune préparation, à moins que le règlement intérieur de l'établissement ait prévu l'installation de cuisine spéciale.

Art. D. 346. – *(D. n. 98-1099, 8 déc. 1998, art. 88)*.

La vente en cantine de toute boisson alcoolisée est interdite.

Art. D. 347 *(D. n. 93-347, 15 mars 1993, art. 1er)*. – Il est interdit de fumer dans les lieux affectés à un usage collectif, notamment dans les couloirs, les salles de spectacle ou de culte, les salles de sport, les locaux médicaux, les ateliers et les cuisines.

« Le chef d'établissement détermine, en fonction de la configuration des lieux, les locaux dans lesquels les détenus sont autorisés à fumer, en tenant compte notamment de leur aération et de leur destination ».

Art. D. 348 *(D. n. 75-402, 23 mai 1975, art. 1er ; D. n. 83-48, 26 janv. 1983, art. 1er)*. – Dans tous les établissements les condamnés portent les vêtements personnels qu'ils possèdent ou qu'ils acquièrent par l'intermédiaire de l'administration, à moins qu'il n'en soit autrement ordonné par l'autorité administrative pour d'impérieuses raisons d'ordre ou de propreté.

Toutefois, ils peuvent demander à l'administration de leur fournir les effets nécessaires s'ils craignent la détérioration de leurs vêtements personnels soit par un usage trop fréquent, soit à l'occasion du travail *(D. n. 98-1099, 8 déc. 1998, art. 89)*.

Le modèle des vêtements ainsi fournis peut varier selon l'activité exercée et les conditions climatiques.

(D. n. 98-1099, 8 déc. 1998, art. 89) Une tenue de sport peut être fournie, sur leur demande, aux détenus dépourvus de ressources suffisantes qui participent régulièrement aux séances d'activités physiques et sportives.

CHAPITRE VIII. – DE L'HYGIÈNE ET DE L'ORGANISATION SANITAIRE

SECTION I. – DISPOSITIONS GÉNÉRALES

(D. n. 98-1099, 8 déc. 1998, art. 92)

Art. D. 348-1. – L'inspection générale des affaires sociales et les services déconcentrés du ministère chargé de la santé veillent à l'observation des mesures nécessaires au maintien de la santé des détenus et de l'hygiène dans les établissements pénitentiaires.

Ces services contrôlent à l'intérieur des établissements pénitentiaires l'exécution des lois et règlements se rapportant à la santé publique et effectuent toutes vérifications utiles à leurs missions.

Art. D. 348-2. – Le comité interministériel de coordination de la santé en milieu pénitentiaire est présidé conjointement par le garde des Sceaux, ministre de la justice, ou son représentant et par le ministre chargé de la santé ou son représentant. Il comprend en outre :

1. Le directeur général de la santé ou son représentant ;
2. Le directeur des hôpitaux ou son représentant ;

3. Le directeur de l'administration pénitentiaire ou son représentant ;
4. Le directeur des affaires criminelles et des grâces ou son représentant ;
5. Le directeur de la sécurité sociale ou son représentant ;
6. Un directeur régional des services pénitentiaires désigné par le directeur de l'administration pénitentiaire ;
7. Un juge de l'application des peines désigné par le ministre de la justice ;
8. Un médecin inspecteur de santé publique désigné par le directeur général de la santé ;
9. Un chef d'établissement pénitentiaire désigné par le directeur de l'administration pénitentiaire ;
10. Un travailleur social désigné par le directeur de l'administration pénitentiaire ;
11. Un médecin exerçant dans un établissement pénitentiaire désigné par le directeur des hôpitaux ;
12. Un directeur d'hôpital désigné par le directeur des hôpitaux.

Art. D. 348-3. – Le comité interministériel est chargé d'examiner toute question d'ordre général se rapportant à la protection, à l'amélioration de la santé des détenus et à l'hygiène dans les établissements pénitentiaires.

Il veille à la mise en œuvre des orientations fixées dans les domaines de la prévention, de l'organisation des soins et de l'hygiène dans les établissements pénitentiaires.

Il assure la concertation, à l'échelon national, entre les services des ministères compétents chargés de promouvoir l'amélioration des soins dispensés aux personnes incarcérées et concourt à l'évaluation du dispositif de soins en milieu pénitentiaire.

Art. D. 348-4. – Le comité interministériel se réunit au moins une fois par an. Les présidents peuvent convoquer aux séances du comité interministériel toute personne qualifiée par sa compétence ou en raison de ses fonctions. Le comité interministériel peut constituer des groupes de travail afin d'examiner les questions relevant de sa compétence.

Le secrétariat de ce comité est assuré alternativement chaque année soit par un magistrat ou un fonctionnaire de la direction de l'administration pénitentiaire, soit par un fonctionnaire de la direction générale de la santé.

SECTION II. – DE L'HYGIÈNE

Art. D. 349. – L'incarcération doit être subie dans des conditions satisfaisantes d'hygiène et de salubrité, tant en ce qui concerne l'aménagement et l'entretien des bâtiments, le fonctionnement des services économiques et l'organisation du travail, que l'application des règles de propreté individuelle et la pratique des exercices physiques.

§ 1. – Salubrité et propreté des locaux

Art. D. 350 *(D. n. 72-852, 12 sept. 1972, art. 1er)*. – Les locaux de détention et, en particulier, ceux qui sont destinés au logement, doivent répondre aux exigences de l'hygiène, compte tenu du climat, notamment en ce qui concerne le cubage d'air, l'éclairage, le chauffage et l'aération.

Art. D. 351. – Dans tout local où les détenus séjournent, les fenêtres doivent être suffisamment grandes pour que ceux-ci puissent lire et travailler à la lumière naturelle. L'agencement de ces fenêtres doit permettre l'entrée d'air frais. La lumière artificielle doit être suffisante pour permettre aux détenus de lire ou de travailler sans altérer leur vue.

Les installations sanitaires doivent être propres et décentes. Elles doivent être réparties d'une façon convenable et leur nombre proportionné à l'effectif des détenus.

Art. D. 352 *(D. n. 98-1099, 8 déc. 1998, art. 93)*. – Chaque détenu valide fait son lit et entretient sa cellule ou la place qui lui est réservée dans un état constant de propreté. À cet effet, l'administration pénitentiaire lui fournit les produits et objets de nettoyage nécessaires.

Les ateliers, réfectoires, dortoirs, couloirs et préaux ainsi que les lieux à usage collectif sont nettoyés chaque jour par les détenus du service général en tant que de besoin.

§ 2. – Hygiène du travail et des services économiques

Art. D. 353. – Indépendamment des dispositions relatives à la prévention et à la réparation des accidents du travail et des maladies professionnelles, les prescriptions destinées à protéger la sécurité et la santé des travailleurs libres doivent être observées dans les établissements pénitentiaires.

Art. D. 354 *(D. n. 72-852, 12 sept. 1972, art. 1er)*. – Les détenus doivent recevoir une alimentation variée, bien préparée et présentée, répondant tant en ce qui concerne la qualité et la quantité aux règles de la diététique et de l'hygiène, compte tenu de leur âge, de leur état de santé, de la nature de leur travail et, dans toute la mesure du possible, de leurs convictions philosophiques ou religieuses.

Art. D. 355. – Les vêtements et sous-vêtements laissés ou fournis aux détenus doivent être appropriés au climat et à la saison.

Ils doivent être propres et maintenus en bon état ; les sous-vêtements doivent être lavés avec une fréquence suffisante pour assurer leur propreté.

Aucun vêtement ayant servi à un détenu ne peut être remis en service, sans avoir été préalablement lavé, nettoyé, ou désinfecté suivant le cas.

Art. D. 356. – Chaque détenu doit disposer d'un lit individuel et d'une literie appropriée, entretenue convenablement et renouvelée de façon à en assurer la propreté.

Les effets de literie ayant servi à un détenu doivent être changés avant d'être utilisés à nouveau.

§ 3. – Hygiène personnelle

Art. D. 357 *(D. n. 98-1099, 8 déc. 1998, art. 94)*. – La propreté est exigée de tous les détenus.

Les facilités et le temps convenables leur sont accordés pour qu'ils procèdent quotidiennement à leurs soins de propreté.

Une trousse de toilette comprenant des produits d'hygiène corporelle est fournie à tout entrant provenant de l'état de liberté. Le renouvellement en est assuré pour les détenus dont les ressources sont insuffisantes.

Art. D. 358 *(D. n. 98-1099, 8 déc. 1998, art. 95)*. – Les détenus prennent une douche à leur arrivée dans l'établissement. Dans toute la mesure du possible, ils doivent pouvoir se doucher au moins trois fois par semaine ainsi qu'après les séances de sport et au retour du travail.

Les conditions de l'utilisation des douches sont fixées par le règlement intérieur de l'établissement.

Art. D. 359 *(D. n. 98-1099, 8 déc. 1998, art. 95)*. – Le règlement intérieur de chaque établissement pénitentiaire doit réserver une partie de l'emploi du temps des détenus à la pratique d'exercices physiques.

Tout détenu doit pouvoir effectuer chaque jour une promenade d'au moins une heure à l'air libre.

SECTION III. – DE L'ORGANISATION SANITAIRE

(D. n. 98-1099, 8 déc. 1998, art. 96)

§ 1. – Dispositions générales

Art. D. 360. – Le transfèrement dans un établissement pénitentiaire mieux approprié peut être sollicité dans les conditions prévues au quatrième alinéa de l'article D. 382, pour les détenus qui ne bénéficient pas, dans l'établissement où ils sont écroués, de conditions matérielles de détention adaptées à leur état de santé et pour ceux qui nécessitent une prise en charge particulière.

Le directeur régional fait procéder, à l'intérieur de sa région et dans les conditions prévues à l'article D. 301, à tout transfèrement ayant pour objet de permettre à un détenu malade d'être pris en charge dans de meilleures conditions.

S'il s'agit de prévenus, le magistrat saisi du dossier de l'information doit avoir donné préalablement son accord au transfèrement, après avoir été informé de la durée probable du traitement envisagé.

Art. D. 361. – Les détenus malades bénéficient du régime alimentaire qui leur est médicalement prescrit.

Art. D. 362. – Hors le cas où l'état de santé du détenu rend nécessaire un acte de diagnostic ou de soins auquel il n'est pas à même de consentir, celui-ci doit, conformément aux dispositions de l'article 36 du Code de déontologie médicale, exprimer son consentement préalablement à tout acte médical et, en cas de refus, être informé par le médecin des conséquences de ce refus.

Lorsque le détenu est mineur, il appartient au détenteur de l'autorité parentale d'exprimer son consentement. Toutefois lorsque la santé ou l'intégrité corporelle du mineur risque d'être compromise par le refus du représentant légal, ou l'impossibilité de recueillir son consentement, le médecin responsable peut saisir le ministère public afin de provoquer les mesures d'assistance éducative lui permettant de donner les soins qui s'imposent.

Art. D. 363. – Conformément à l'article L. 209-5 du Code de la santé publique, les détenus ne peuvent être sollicités pour se prêter à des recherches biomédicales que s'il en est attendu un bénéfice direct et majeur pour leur santé. Leur consentement est recueilli selon les modalités prévues par les articles L. 209-9 et 209-10 du même code.

Art. D. 364. – Si un détenu se livre à une grève de la faim prolongée, il ne peut être traité sans son consentement, sauf lorsque son état de santé s'altère gravement et seulement sur décision et sous surveillance médicales.

Il en est rendu compte aux autorités à prévenir en cas d'incident dans les conditions visées à l'article D. 280.

Art. D. 365. – Hormis les cas où ils se trouvent en dehors d'un établissement pénitentiaire en application des articles 723 et 723-3, les détenus ne peuvent être examinés ou soignés par un médecin de leur choix, à moins d'une décision du directeur régional des services pénitentiaires territorialement compétent. Ils doivent alors assumer les frais qui leur incombent du fait de cette prise en charge.

§ 2. – Protection sociale des détenus

Art. D. 366. – Les détenus sont affiliés, dès leur incarcération, au régime général de la sécurité sociale. À ce titre, ils bénéficient, ainsi que leurs ayants droit, des prestations en nature de l'assurance maladie et maternité servies par le régime général dans les conditions fixées par les articles L. 381-30 à L. 381-30-6 du Code de la sécurité sociale.

Les détenus bénéficiant d'une mesure de semi-liberté ou de placement à l'extérieur en application de l'article 723 et qui exercent une activité professionnelle dans les conditions de droit commun sont affiliés au régime de sécurité sociale dont ils relèvent au titre de cette activité, dès lors que la durée de celle-ci permet l'ouverture des droits. Dans le cas contraire, ils continuent à bénéficier des prestations en nature de l'assurance maladie et maternité servies par le régime général dans les conditions fixées par les articles L. 381-30 à L. 381-30-6 du Code de la sécurité sociale, jusqu'à ce qu'ils remplissent les conditions d'ouverture du droit aux prestations du régime d'assurance maladie dont ils relèvent au titre de leur activité.

Art. D. 367. – La part qui reste éventuellement à la charge du détenu, après remboursement d'un appareillage ou d'une prothèse par l'assurance maladie, et déduction faite du versement par

l'administration pénitentiaire de la part des dépenses prévue par l'article L. 381-30-5 du Code de la sécurité sociale, est prise sur son compte nominatif. Cependant, l'administration pénitentiaire peut se substituer aux détenus dont les ressources sont insuffisantes.

Le financement des appareillages, prothèses, actes, traitements ou interventions chirurgicales qui ne sont pas pris en charge par l'assurance maladie est à l'entière charge des intéressés, après autorisation du chef d'établissement, sous réserve des dispositions relatives aux prestations servies aux détenus en application de la législation sur les accidents du travail et les maladies professionnelles.

§ 3. – L'organisation des soins en milieu pénitentiaire

Art. D. 368. – Les missions de diagnostic et de soins en milieu pénitentiaire et la coordination des actions de prévention et d'éducation pour la santé sont assurées par une équipe hospitalière placée sous l'autorité médicale d'un praticien hospitalier, dans le cadre d'une unité de consultations et de soins ambulatoires, conformément aux dispositions des articles R. 711-7 à R. 711-18 du Code de la santé publique.

En application de l'article R. 711-7 du Code de la santé publique, le directeur de l'agence régionale de l'hospitalisation désigne, pour chaque établissement pénitentiaire de la région, l'établissement public de santé situé à proximité de l'établissement pénitentiaire, qui est chargé de mettre en œuvre les missions décrites au premier alinéa du présent article.

En application de l'article R. 711-9 du Code de la santé publique, lorsque l'établissement public de santé désigné par le directeur de l'agence régionale de l'hospitalisation ne comporte pas de service de psychiatrie et que l'établissement pénitentiaire n'est pas desservi par un service médico-psychologique régional mentionné à l'article D. 372, le directeur de l'agence régionale de l'hospitalisation désigne en outre, dans les mêmes conditions, l'établissement public de santé ou l'établissement de santé privé admis à participer à l'exécution du service public hospitalier, situé à proximité, qui est chargé de dispenser aux détenus les soins en psychiatrie.

Art. D. 369. – En application des dispositions de l'article R. 711-10 du Code de la santé publique, les modalités d'intervention de l'établissement public de santé mentionné à l'article R. 711-7 du même code sont fixées par un protocole signé par le directeur de l'agence régionale de l'hospitalisation, le directeur régional des services pénitentiaires, le chef de l'établissement pénitentiaire et le directeur de l'établissement de santé concerné, après avis du conseil d'administration.

Il en est de même en ce qui concerne les modalités d'intervention de l'établissement de santé éventuellement désigné en application de l'article R. 711-9 du Code de la santé publique. Dans ce cas, le directeur de l'établissement public de santé mentionné à l'article R. 711-7 est également signataire de ce protocole complémentaire.

Art. D. 370. – En application de l'article R. 711-15 (2°) du Code de la santé publique, l'administration pénitentiaire met à disposition de l'unité de consultations et de soins ambulatoires des locaux spécialisés destinés aux consultations, aux examens et, le cas échéant, à une implantation de la pharmacie à usage intérieur.

Des cellules situées à proximité de l'unité de consultations et de soins ambulatoires peuvent être réservées à l'hébergement momentané des détenus malades dont l'état de santé exige des soins fréquents ou un suivi médical particulier, sans toutefois nécessiter une hospitalisation. L'affectation des détenus dans ces cellules est décidée par le chef de l'établissement pénitentiaire, sur proposition du praticien responsable de l'unité de consultation et de soins ambulatoires.

Art. D. 371. – Dans les établissements pénitentiaires dont le fonctionnement est régi par une convention passée en application de la loi n. 87-432 du 22 juin 1987 relative au service public pénitentiaire, les missions décrites au premier alinéa de l'article D. 368 et les attributions afférentes relèvent de l'équipe médicale placée sous l'autorité d'un médecin, responsable du service mis en place en application de cette convention, dans le cadre du cahier des clauses administratives et techniques particulières précisant son fonctionnement.

Art. D. 372. – Les secteurs de psychiatrie en milieu pénitentiaire répondent, conformément aux dispositions du décret n. 86-602 du 14 mars 1986 modifié, aux besoins de santé mentale de la population incarcérée dans les établissements pénitentiaires relevant de chacun de ces secteurs, sans préjudice des actions de prévention, de diagnostic et de soins courants mises en œuvre par les secteurs de psychiatrie générale ou infantojuvénile, au titre des articles R. 711-7 et R. 711-9 du Code de la santé publique, ou par l'équipe médicale mise en place en application de la convention visée à l'article D. 371.

Chaque secteur de psychiatrie en milieu pénitentiaire est rattaché à un établissement public de santé ou à un établissement de santé privé admis à participer à l'exécution du service public hospitalier et placé sous l'autorité d'un psychiatre, praticien hospitalier, assisté d'une équipe pluridisciplinaire. Il comporte notamment un service médico-psychologique régional aménagé dans un établissement pénitentiaire.

Les modalités d'intervention du service médico-psychologique régional et de sa coordination avec l'unité de consultations et de soins ambulatoires sont fixées dans le cadre d'un protocole établi en application du décret n. 86-602 du 14 mars 1986 modifié susvisé.

L'administration pénitentiaire prend à sa charge la construction, l'aménagement et l'entretien des locaux individualisés et adaptés, nécessaires au bon fonctionnement du service médico-psychologique régional, en application du décret visé au précédent alinéa.

Art. D. 373. – L'administration pénitentiaire assure la sécurité des personnes concourant aux missions de santé dans l'enceinte de l'établissement pénitentiaire.

Des personnels de surveillance sont affectés par le chef d'établissement pénitentiaire dans les structures médicales visées au premier alinéa de l'article D. 368, à l'article D. 371 et au deuxième alinéa de l'article D. 372, après avis des médecins responsables de celles-ci.

Art. D. 374. – Si une intervention médicale paraît nécessaire en dehors des heures d'ouverture de l'unité de consultations et de soins ambulatoires, les personnels pénitentiaires appliquent les directives prévues par le protocole mentionné au premier alinéa de l'article D. 369.

Dans les établissements où les soins sont assurés par la structure visée à l'article D. 371, les personnels pénitentiaires appliquent les prescriptions définies dans le cadre du cahier des clauses administratives et techniques particulières.

Art. D. 375. – Le dossier médical du détenu est conservé sous la responsabilité de l'établissement de santé visé au deuxième alinéa de l'article D. 368 et à l'article D. 372 ou du service médical pour les établissements pénitentiaires dont le fonctionnement est régi par une convention passée en application de la loi n. 87-432 du 22 juin 1987 relative au service public pénitentiaire.

Quand le dossier est établi par l'établissement de santé, il est soumis aux dispositions des articles R. 710-2-1 et suivants du Code de la santé publique.

Seul le personnel soignant peut avoir accès au dossier médical.

En cas de transfèrement ou d'extraction vers un établissement hospitalier, les informations médicales contenues dans le dossier sont transmises au médecin destinataire dans des conditions matérielles garantissant leur inviolabilité.

Art. D. 376. – Les établissements de santé visés aux articles D. 368 et D. 372 établissent un rapport annuel d'activité incluant la présentation des actions de prévention et d'éducation pour la santé.

Ce rapport est transmis aux signataires des protocoles. Il est présenté devant l'instance de concertation constituée en application de l'article R. 711-16 (10°) du Code de la santé publique ainsi qu'à la commission de surveillance.

Art. D. 377. – Conformément au cahier des clauses administratives et techniques particulières auquel ils sont soumis, les services médicaux des établissements pénitentiaires dont le fonctionnement est régi par une convention passée en application de la loi n. 87-432 du 22 juin 1987 relative au service public pénitentiaire adressent leurs statistiques mensuelles d'activité médicale au directeur régional des services pénitentiaires, qui les transmet au ministère de la justice.

Ils établissent également un rapport annuel d'activité comprenant des éléments quantitatifs et qualitatifs qu'ils adressent au directeur de l'établissement pénitentiaire et à la commission de surveillance.

Art. D. 378. – Les rapports annuels d'activité présentés en application des articles D. 376 et D. 377 sont adressés au directeur régional des services pénitentiaires, qui en assure la transmission au ministère de la justice en y joignant ses éventuelles observations.

§ 4. – Attributions des personnels de santé

Art. D. 379. – Le praticien responsable de l'unité de consultations et de soins ambulatoires organise le suivi médical des détenus et coordonne les actions de prévention et d'éducation pour la santé mises en œuvre à leur égard, conformément aux dispositions des articles R. 711-13 et R. 711-14 du Code de la santé publique.

Art. D. 380. – Le médecin responsable des structures visées aux articles D. 368 et D. 371 veille à l'observation des règles d'hygiène collective et individuelle dans l'établissement pénitentiaire.

À ce titre, il est habilité à visiter l'ensemble des locaux de l'établissement et à signaler aux services compétents les insuffisances en matière d'hygiène et, de manière générale, toute situation susceptible d'affecter la santé des détenus ; il donne son avis sur les moyens d'y remédier.

Art. D. 381. – Les médecins chargés des prestations de médecine générale dans les structures visées aux articles D. 368 et D. 371 assurent des consultations médicales, suite à des demandes formulées par le détenu ou, le cas échéant, par le personnel pénitentiaire ou par toute autre personne agissant dans l'intérêt du détenu.

Ces médecins réalisent en outre :

a) Un examen médical systématique pour les détenus venant de l'état de liberté ;

b) Les visites aux détenus placés au quartier disciplinaire dans les conditions prévues à l'article D. 251-4, chaque fois que ces médecins l'estiment nécessaire et en tout cas deux fois par semaine au moins ;

c) Les visites au quartier d'isolement, dans les conditions prévues à l'article D. 283-1, chaque fois que ces médecins l'estiment nécessaire et en tout cas deux fois par semaine au moins ;

d) L'examen des détenus sollicitant des attestations relatives à une inaptitude au travail pour raison médicale ;

e) L'examen médical des détenus sollicitant une attestation relative à la pratique d'une activité sportive ;

f) L'examen des détenus sollicitant pour raison médicale un changement d'affectation ou une modification ou un aménagement quelconque de leur régime de détention.

Ces médecins veillent à ce que la continuité des soins soit assurée à l'occasion des transfèrements des détenus.

Art. D. 382. – Les médecins intervenant dans les structures visées aux articles D. 368, D. 371 et D. 372 délivrent au détenu, à sa demande, des certificats ou attestations relatifs à son état de santé et, sous réserve de son accord exprès, à sa famille ou à son conseil.

Ils lui fournissent les attestations ou documents indispensables pour bénéficier des avantages qui lui sont reconnus par la sécurité sociale, et notamment de ceux prévus par la législation sur les accidents du travail et les maladies professionnelles.

Ils délivrent aux autorités pénitentiaires des attestations écrites contenant les renseignements strictement nécessaires à l'orientation du détenu ainsi qu'aux modifications ou aux aménagements du régime pénitentiaire que pourrait justifier son état de santé.

En tout état de cause, si ces médecins estiment que l'état de santé d'un détenu n'est pas compatible avec un maintien en détention ou avec le régime pénitentiaire qui lui est appliqué, ils en avisent par écrit le chef de l'établissement pénitentiaire. Ce dernier en informe aussitôt, s'il y a lieu, l'autorité judiciaire compétente.

Un double des attestations et avis délivrés en application des alinéas 3 et 4 du présent article est remis au détenu, à sa demande.

Art. D. 383. – Le personnel infirmier répond aux demandes de soins dans le cadre de son rôle propre, dispense les soins et administre les médicaments sur prescription médicale, en application du décret n. 93-345 du 15 mars 1993 relatif aux actes professionnels et à l'exercice de la profession d'infirmier.

§ 5. – Mesures spécifiques de santé

Art. D. 384. – Des moyens de prévention et d'information sur les maladies transmissibles sont mis à la disposition des personnes incarcérées.

Le médecin responsable des structures visées aux articles D. 368 et D. 371 prescrit, en liaison avec le médecin de prévention du personnel pénitentiaire, toutes les mesures nécessaires à la prophylaxie individuelle et collective des maladies transmissibles. Ces mesures sont mises en œuvre en collaboration avec l'administration pénitentiaire.

Art. D. 384-1. – La prophylaxie de la tuberculose prévue par le Code de la santé publique est assurée dans les établissements pénitentiaires par les services compétents prévus à cet effet.

Le dépistage de la tuberculose est réalisé chez tous les entrants provenant de l'état de liberté par un examen radiologique pulmonaire effectué et interprété dans les délais les plus brefs à compter de la date d'incarcération. Cette mesure s'applique également aux détenus présents qui n'auraient jamais bénéficié, ni lors de leur entrée en détention, ni au cours de leur incarcération, d'un dépistage radiologique de la tuberculose. Cet examen systématique est pratiqué sur place, sauf impossibilité matérielle.

Les détenus dont l'état de santé le nécessite sont isolés sur avis médical. Le médecin prescrit les mesures appropriées pour éviter toute contamination du personnel et des détenus.

En liaison avec le médecin responsable des structures visées aux articles D. 368 et D 371 et le médecin de prévention du personnel pénitentiaire, le médecin du service de lutte antituberculeuse effectue le dépistage de la tuberculose auprès des personnes ayant été en contact avec un détenu présentant une maladie tuberculeuse.

En application de l'article L. 11 du Code de la santé publique, la déclaration obligatoire des cas de tuberculose est faite par le médecin ayant effectué le diagnostic et est transmise par le médecin responsable des structures visées aux articles D. 368 et D. 371 au médecin inspecteur de santé publique de la direction départementale des affaires sanitaires et sociales.

Art. D. 384-2. – La prophylaxie des maladies vénériennes prévue par le Code de la santé publique est assurée dans les établissements pénitentiaires par les services compétents prévus à cet effet.

Art. D. 384-3. – Toute personne incarcérée doit pouvoir bénéficier, avec son accord, d'une information et d'un conseil personnalisé sur l'infection par le virus de l'immunodéficience humaine (VIH) et, le cas échéant, au cours de consultations médicales, de la prescription d'un test de dépistage et de la remise du résultat.

Art. D. 385. – Dans le cadre de la prise en charge globale des personnes présentant une dépendance à un produit licite ou illicite, les secteurs de psychiatrie générale et les secteurs de psychiatrie en milieu pénitentiaire favorisent et coordonnent, en collaboration avec les unités de consultations et de soins ambulatoires, les interventions, au sein de l'établissement pénitentiaire, des équipes des structures spécialisées de soins, notamment des centres spécialisés de soins aux toxicomanes et des centres d'hygiène alimentaire et d'alcoologie.

Dans les établissements visés à l'article D. 371, cette coordination est assurée par les médecins psychiatres du service médical.

§ 6. – L'habilitation des personnels hospitaliers

Art. D. 386. – **Les praticiens hospitaliers exerçant à temps plein dans les structures de soins visées aux articles D. 368 et D. 372 sont, préalablement à leur nomination, habilités par le ministre de la justice.**

Les praticiens hospitaliers exerçant à temps partiel dans ces structures sont, préalablement à leur nomination ou à leur affectation, habilités par le directeur régional des services pénitentiaires territorialement compétent.

Les autres personnels médicaux et hospitaliers exerçant dans ces structures sont, préalablement à leur nomination ou à leur affectation, habilités par le directeur régional des services pénitentiaires territorialement compétent.

Art. D. 386-1. – **L'habilitation est accordée, après avis du préfet de département et, à Paris, du préfet de police, pour une période de cinq ans, renouvelable par tacite reconduction.**

L'habilitation ne peut être accordée aux personnes qui ont fait l'objet d'une condamnation justifiant l'inscription au bulletin n. 2 du casier judiciaire, pour des agissements contraires à l'honneur, à la probité ou aux bonnes mœurs.

L'habilitation est retirée de plein droit lorsque cette exigence cesse d'être remplie.

Art. D. 387. – **Les personnels hospitaliers sont informés par le directeur régional des services pénitentiaires ou son représentant des conditions d'exercice en milieu carcéral et des obligations résultant des dispositions du présent code.**

Le règlement intérieur de l'établissement pénitentiaire dans lequel ils sont amenés à exercer leur mission doit leur être remis par le chef de l'établissement pénitentiaire.

Art. D. 388. – **L'habilitation peut être suspendue par le directeur régional des services pénitentiaires pour les praticiens hospitaliers à temps plein, ou par le chef de l'établissement pénitentiaire pour les autres personnels hospitaliers, en cas de manquements graves aux dispositions du Code de procédure pénale ou du règlement intérieur. Le directeur de l'établissement de santé doit en être préalablement informé.**

L'autorité qui a délivré l'habilitation rend, dans le mois suivant la suspension, une décision motivée de maintien ou de retrait de l'habilitation, après avoir recueilli les observations de la personne habilitée et l'avis de l'autorité investie du pouvoir de nomination.

Art. D. 389. – **En cas d'absence ou d'empêchement de l'une des personnes habilitées, ou en cas de nécessité de service, d'autres personnels hospitaliers relevant de l'établissement de santé signataire du protocole passé en application de l'article R. 711-10 du Code de la santé publique peuvent être autorisés, sur proposition du directeur de cet établissement, à pénétrer dans l'établissement pénitentiaire par le chef de l'établissement pénitentiaire.**

Art. D. 390. – **Dans le cadre des actions de prévention et d'éducation pour la santé, l'autorisation d'accès à l'établissement pénitentiaire est accordée par le chef de l'établissement aux personnes intervenant au titre des collectivités territoriales et aux membres du réseau associatif spécialisé auquel peut faire appel l'établissement de santé.**

Art. D. 390-1. – **Dans le cadre de la prise en charge globale des personnes présentant une dépendance à un produit licite ou illicite, l'autorisation d'accès à l'établissement pénitentiaire est accordée, par le chef d'établissement, aux personnels des structures spécialisées de soins, notamment des centres spécialisés de soins aux toxicomanes et des centres d'hygiène alimentaire et d'alcoologie.**

§ 7. – Les hospitalisations

Art. D. 391. – **L'hospitalisation des détenus pour des pathologies autres que des troubles mentaux est assurée conformément au 2° de l'article R. 711-19 du Code de la santé publique :**

a) Par l'établissement de santé mentionné à l'article R. 711-7 du Code de la santé publique lorsque cette hospitalisation présente un caractère d'urgence ou de très courte durée ;

b) Par un établissement de santé figurant sur une liste fixée par arrêté conjoint des ministres de la justice, de l'intérieur, de la défense et des ministres chargés de la santé, de la sécurité sociale et du budget.

Si le malade appartient aux forces armées, le transfèrement doit être effectué sur un hôpital militaire déterminé en accord entre l'administration pénitentiaire et l'autorité militaire, l'hospitalisation étant toujours décidée par le médecin intervenant dans l'établissement pénitentiaire. Les frais de transfèrement et de séjour des militaires sont à la charge du ministre de la défense lorsque les intéressés sont dirigés sur un hôpital militaire.

Les détenus ne peuvent être hospitalisés, même à leurs frais, dans un établissement privé, à moins d'une décision du directeur régional des services pénitentiaires territorialement compétent.

Art. D. 392. – Pour les détenus qui sont incarcérés dans un établissement pénitentiaire dont le fonctionnement est régi par une convention passée en application de l'article 2 de la loi n. 87-432 du 22 juin 1987, les hospitalisations présentant un caractère d'urgence et de très courte durée sont réalisées dans l'établissement public de santé le plus proche dispensant les soins définis au *a* du 1° de l'article L. 711-2 du Code de la santé publique et participant à l'accueil et au traitement des urgences.

En dehors des hospitalisations présentant un caractère d'urgence ou de très courte durée, les dispositions du *b* de l'article D. 391 s'appliquent conformément aux dispositions de l'article 15 du décret n. 94-929 du 27 octobre 1994 relatif aux soins dispensés aux détenus par le service public hospitalier.

Art. D. 393. – L'admission dans un établissement de santé à vocation nationale ou dans un établissement de santé situé dans une autre direction régionale des services pénitentiaires que celle où le détenu est écroué doit être autorisée par le ministre de la justice. Le directeur régional des services pénitentiaires autorise cette hospitalisation dans les autres cas. Ces autorisations sont données après avis d'un médecin intervenant à l'établissement.

En ce qui concerne les prévenus, l'autorisation d'hospitalisation suppose l'accord préalable du magistrat saisi du dossier de l'information.

En cas d'urgence, il peut toutefois être procédé à l'hospitalisation avant réception de l'accord des autorités judiciaires et administratives compétentes, auxquelles il en est rendu compte immédiatement.

Art. D. 394. – Lorsque l'hospitalisation d'un détenu s'impose dans les conditions visées aux articles D. 391 et D. 392, le chef de l'établissement pénitentiaire avise dans les meilleurs délais le directeur de l'établissement de santé afin qu'il prenne toutes dispositions pour que l'intéressé soit accueilli dans des locaux adaptés, de manière à ce que la garde de celui-ci puisse être assurée dans les conditions prévues ci-dessous sans entraîner de gêne pour l'exécution du service hospitalier ou pour les autres malades.

Le chef de l'établissement pénitentiaire doit donner également tous renseignements utiles à l'autorité préfectorale pour la mettre en mesure de prescrire l'escorte et la garde du détenu hospitalisé par les services de police ou de gendarmerie et, d'une façon générale, pour arrêter les mesures propres à éviter tout incident compte tenu de la personnalité du sujet.

Art. D. 395. – Les détenus admis à l'hôpital sont considérés comme continuant à subir leur peine ou, s'il s'agit de prévenus, comme placés en détention provisoire.

Les règlements pénitentiaires demeurent applicables à leur égard dans toute la mesure du possible ; il en est ainsi notamment en ce qui concerne leurs relations avec l'extérieur.

Par dérogation aux dispositions de l'article D. 318, le détenu admis à l'hôpital peut être autorisé par le chef d'établissement à détenir une somme d'argent provenant de la part disponible de son compte nominatif pour effectuer, à l'intérieur de l'établissement de santé, des dépenses courantes.

Art. D. 396. – En application de l'article R. 711-16 du Code de la santé publique, les détenus ont accès, pour des consultations ou des examens médico-techniques, aux équipements médicaux situés dans l'établissement de santé.

Art. D. 397. – Lors des hospitalisations et des consultations ou examens prévus à l'article D. 396, les mesures de sécurité adéquates doivent être prises dans le respect de la confidentialité des soins.

Art. D. 398. – Les détenus atteints des troubles mentaux visés à l'article L. 342 du Code de la santé publique ne peuvent être maintenus dans un établissement pénitentiaire.

Au vu d'un certificat médical circonstancié et conformément à la législation en vigueur, il appartient à l'autorité préfectorale de faire procéder, dans les meilleurs délais, à leur hospitalisation d'office dans un établissement de santé habilité au titre de l'article L. 331 du Code de la santé publique.

Il n'est pas fait application, à leur égard, de la règle posée au second alinéa de l'article D. 394 concernant leur grade par un personnel de police ou de gendarmerie pendant leur hospitalisation.

Art. D. 399. – Les médecins intervenant en milieu pénitentiaire se tiennent informés de l'évolution de l'état de santé des détenus hospitalisés.

SECTION IV. – PROTECTION DE LA MÈRE ET DE L'ENFANT

(D. n. 98-1099, 8 déc. 1998, art. 97)

Art. D. 400. – Toutes dispositions doivent être prises par les médecins des structures visées aux articles D. 368 et D. 371, pour que les détenues enceintes bénéficient d'un suivi médical adapté et que leur accouchement soit réalisé dans le service hospitalier approprié à leur état de santé.

Si la naissance a lieu dans un établissement pénitentiaire, l'acte de l'état civil mentionne seulement la rue et le numéro de l'immeuble.

Art. D. 400-1. – Les détenues enceintes et celles qui ont gardé leur enfant auprès d'elles, bénéficient de conditions de détention appropriées.

Art. D. 401. – Les enfants peuvent être laissés auprès de leur mère en détention jusqu'à l'âge de dix-huit mois. Des locaux spécialement aménagés sont réservés à l'accueil des mères ayant gardé leur enfant auprès d'elles. S'il s'agit de prévenues, elles ne peuvent être transférées dans un établissement doté de tels locaux qu'après accord du magistrat saisi du dossier de l'information.

Il appartient *(D. n. 99-276, 13 avr. 1999, art. 11)* au service pénitentiaire d'insertion et de probation compétent auprès de l'établissement pénitentiaire, en liaison avec les services compétents en matière d'enfance et de famille et avec les titulaires de l'autorité parentale, d'organiser le séjour de l'enfant auprès de sa mère détenue et les sorties de celui-ci à l'extérieur de l'établissement pénitentiaire, et de préparer, le cas échéant, la séparation de l'enfant d'avec sa mère, au mieux de son intérêt. Durant les six mois suivant son départ, l'enfant peut être admis à séjourner pour de courtes périodes auprès de sa mère.

Art. D. 401-1. – À la demande de la mère, la limite d'âge de dix-huit mois peut être reculée, sur décision du directeur régional des services pénitentiaires territorialement compétent, après avis d'une commission consultative.

Avant d'émettre son avis, la commission entend le défenseur de la mère et, si possible, le père de l'enfant.

Art. D. 401-2. – La commission consultative prévue à l'article D. 401-1 comprend :

1° Le directeur régional des services pénitentiaires ou son représentant, président ;
2° Un médecin psychiatre ;
3° Un médecin pédiatre appartenant à un service de protection maternelle et infantile ;
4° Un psychologue ;
5° Un chef d'établissement pénitentiaire spécialement affecté à la détention des femmes ;
6° Un travailleur social.

Les membres de la commission sont nommés par le directeur régional pour une période de deux ans renouvelable.

CHAPITRE IX. – DES RELATIONS DES DÉTENUS AVEC L'EXTÉRIEUR

Art. D. 402. – **En vue de faciliter le reclassement familial des détenus à leur libération, il doit être particulièrement veillé au maintien et à l'amélioration de leurs relations avec leurs proches, pour autant que celles-ci paraissent souhaitables dans l'intérêt des uns et des autres.**

SECTION I. – DES VISITES

Art. D. 403 *(D. n. 64-735, 20 juill. 1964 ; D. n. 72-852, 12 sept. 1972, art. 1er).* – **Les permis de visite sont délivrés pour les prévenus par les autorités visées à l'article D. 64.**

(D. n. 83-48, 26 janv. 1983, art. 1er) **Pour les condamnés, ils sont délivrés par le chef de l'établissement. À l'égard des condamnés hospitalisés dans les conditions prévues aux articles** *(D. n. 98-1099, 8 déc. 1998, art. 99)* **D. 391 et suivants, les permis de visite sont délivrés par le préfet de police à Paris, les préfets délégués pour la police auprès des préfets des départements des Bouches-du-Rhône, du Rhône, du Nord, de la Corse-du-Sud et de la Haute-Corse, les préfets et sous-préfets dans les départements.**

Ces permis sont, soit permanents, soit valables seulement pour un nombre limité de visites.

Art. D. 404 *(D. n. 98-1099, 8 déc. 1998, art. 100).* – **Sous réserve des motifs liés au maintien de la sécurité ou au bon ordre de l'établissement, le chef d'établissement ne peut refuser de délivrer un permis de visite aux membres de la famille d'un condamné ou à son tuteur. Toute autre personne peut être autorisée à rencontrer un condamné, s'il apparaît que ces visites contribuent à l'insertion sociale ou professionnelle de ce dernier.**

Art. D. 405 *(D. n. 98-1099, 8 déc. 1998, art. 101).* – **Les visites se déroulent dans un parloir sans dispositif de séparation. Toutefois, le chef d'établissement peut décider que les visites auront lieu dans un parloir avec dispositif de séparation :**

a) **S'il existe des raisons sérieuses de redouter un incident ;**

b) **En cas d'incident au cours de la visite ;**

c) **À la demande du visiteur ou du visité.**

Le chef de l'établissement informe de sa décision la commission de l'application des peines lors de sa prochaine réunion.

Art. D. 405-1. – *Abrogé, D. n. 98-1099, 8 déc. 1998, art. 197.*

Art. D. 406. – **En toute hypothèse, un surveillant est présent au parloir ou au lieu de l'entretien. Il doit avoir la possibilité d'entendre les conversations.**

(D. n. 75-402, 23 mai 1976, art. 1er ; D. n. 80-238, 1er avr. 1980) **L'accès au parloir implique, outre la fouille des détenus avant et après l'entretien, les mesures de contrôle jugées nécessaires à l'égard des visiteurs, pour des motifs de sécurité.**

Art. D. 407. – **Les détenus et leurs visiteurs doivent s'exprimer en français. Lorsque les uns ou les autres ne savent parler cette langue, la surveillance doit être assurée par un agent en mesure de les comprendre. En l'absence d'un tel agent, la visite n'est autorisée que si le permis qui a été délivré prévoit expressément que la conversation peut avoir lieu en langue étrangère.**

Art. D. 408. – **Le surveillant peut mettre un terme à l'entretien s'il y a lieu. Il empêche toute remise d'argent, de lettres ou d'objets quelconques.**

Les visiteurs dont l'attitude donne lieu à observation sont signalés à l'autorité ayant délivré le permis ; celle-ci apprécie si l'autorisation accordée doit être supprimée ou suspendue.

Art. D. 409. – **Tout permis de visite présenté au chef d'un établissement pénitentiaire a le caractère d'un ordre auquel celui-ci doit déférer, sauf à surseoir si les détenus sont matériellement empêchés ou** *(D. n. 98-1099, 8 déc. 1998, art. 102)* **placés en cellule disciplinaire ou si quelque circonstance exceptionnelle l'oblige à en référer à l'autorité qui a délivré le permis.**

Art. D. 410 *(D. n. 72-852, 12 sept. 1972, art. 1er)*. – Les jours et heures de visites, ainsi que leur durée et leur fréquence, sont déterminés par le règlement intérieur de l'établissement.

Les prévenus doivent pouvoir être visités au moins trois fois par semaine, et les condamnés au moins une fois par semaine.

Art. D. 411 *(D. n. 2000-1213, 13 déc. 2000, art. 12, applic. 1er janv. 2001)*. – Les avocats communiquent, dans les conditions prévues à l'article D. 68, avec les prévenus et les condamnés. Dans les maisons centrales et les centres de détention, la visite a lieu à l'heure et au jour convenus préalablement avec le chef de l'établissement.

Les officiers ministériels et autres auxiliaires de justice peuvent être autorisés à communiquer avec les détenus dans les conditions fixées aux articles D. 403, D. 406 et D. 410.

Pour le cas où ils désirent bénéficier en vue de leur entretien des dispositions particulières prévues à l'article D. 68, ils doivent joindre à leur demande une attestation délivrée par le parquet de leur résidence selon laquelle le secret de la communication paraît justifié par la nature des intérêts en cause.

Art. D. 412. – Les autres personnes qui justifient d'un intérêt autre que familial pour s'entretenir avec un détenu, notamment les officiers ou agents de police judiciaire, peuvent obtenir un permis de visite dans les conditions indiquées aux articles D. 64 et D. 403.

Ce permis précise, le cas échéant, les modalités particulières qui seraient prévues pour son application, notamment en ce qui concerne le lieu et l'heure de la visite.

SECTION II. – DE LA CORRESPONDANCE

Art. D. 413. – Les prévenus peuvent écrire et recevoir des lettres dans les conditions fixées à l'article D. 65.

Art. D. 414 *(D. n. 72-852, 12 sept. 1972, art. 1er ; D. n. 83-48, 26 janv. 1983, art. 1er)*. – Les détenus condamnés peuvent écrire à toute personne de leur choix et recevoir des lettres de toute personne.

Le chef d'établissement peut toutefois interdire la correspondance occasionnelle ou périodique avec des personnes autres que le conjoint ou les membres de la famille d'un condamné lorsque cette correspondance paraît compromettre gravement la *(D. n. 98-1099, 8 déc. 1998, art. 187)* réinsertion du détenu ou la sécurité et le bon ordre de l'établissement. Il informe de sa décision la commission de l'application des peines.

Art. D. 414-1. – *D. n. 75-402, 23 mai 1975, art. 1er ; Abrogé, D. n. 83-48, 26 janv. 1983, art. 2.*

Art. D. 415 *(D. n. 64-735, 20 juill. 1964 ; D. n. 72-852, 12 sept. 1972, art. 1er ; D. n. 75-402, 23 mai 1975, art. 1er)*. – Les lettres adressées aux détenus ou envoyées par eux doivent être écrites en clair et ne comporter aucun signe ou caractère conventionnel.

Elles sont retenues lorsqu'elles contiennent des menaces précises contre la sécurité des personnes ou celle des établissements pénitentiaires.

Art. D. 416 *(D. n. 85-836, 6 août 1985, art. 1er)*. – Sous réserve des dispositions *(D. n. 98-1099, 8 déc. 1998, art. 102)* des articles D. 69, D. 262, D. 438 et D. 469 les lettres de tous les détenus, tant à l'arrivée qu'au départ, peuvent être lues aux fins de contrôle.

Celles qui sont écrites par les prévenus, ou à eux adressées, sont au surplus communiquées au magistrat saisi du dossier de l'information dans les conditions que celui-ci détermine.

Les lettres qui ne satisfont pas aux prescriptions réglementaires peuvent être retenues.

Art. D. 417 *(D. n. 72-852, 12 sept. 1972, art. 1er ; D. n. 75-402, 23 mai 1975, art. 1er ; D. n. 83-48, 26 janv. 1983, art. 1er)*. – Les détenus peuvent écrire tous les jours et sans limitation.

Les condamnés incarcérés dans les établissements pour peines peuvent être autorisés, dans des circonstances familiales ou personnelles importantes, par le chef de l'établissement, à téléphoner à leurs frais ou aux frais de leur correspondant. L'identité du correspondant et le contenu de la conversation sont contrôlés.

(D. n. 2002-663, 30 avril 2002, art. 8) Dans les centres pour peines aménagées, les condamnés peuvent téléphoner, à leurs frais ou aux frais de leur correspondant, aux personnes de leur choix.

En outre, dans les centres de détention, les condamnés sont autorisés à téléphoner une fois par mois, selon les modalités énoncées ci-dessus, aux membres de leur famille ou aux titulaires de permis de visite.

Art. D. 418 *(D. n. 60-898, 24 août 1960, art. 1er ; D. n. 75-402, 23 mai 1975, art. 1er).* – Les lettres écrites en langue étrangère peuvent être traduites aux fins du contrôle prévu au premier alinéa de l'article D. 416.

(Second al. ab., D. n. 75-402, 23 mai 1975, art. 1er).

Art. D. 419 *(D. n. 2000-1213, 13 déc. 2000, art. 13, applic. 1er janv. 2001).* – Les avocats correspondent, dans les conditions prévues à l'article D. 69, avec les prévenus et les condamnés.

Les officiers ministériels et autres auxiliaires de justice peuvent être autorisés à communiquer avec les détenus dans les conditions fixées aux articles D. 414 et D. 416.

Pour le cas où ils désirent bénéficier en vue de leur entretien des dispositions particulières prévues à l'article D. 69, ils doivent joindre à leur demande une attestation délivrée par le parquet de leur résidence selon laquelle le secret de la communication paraît justifié par la nature des intérêts en cause.

SECTION III. – DU MAINTIEN DES LIENS FAMILIAUX

Art. D. 420. – Les détenus sont autorisés à conserver leur bague d'alliance et des photographies de famille.

Art. D. 421 *(D. n. 60-898, 24 août 1960, art. 1er ; D. n. 75-128, 7 mars 1975, art. 2 et 3 ; D. n. 85-836, 6 août 1985, art. 1er).* – Sur autorisation du chef de l'établissement, les détenus peuvent faire envoyer aux membres de leur famille des sommes figurant à leur part disponible. En ce qui concerne les prévenus, le chef de l'établissement en réfère préalablement au magistrat saisi du dossier de l'information dans les conditions fixées par celui-ci.

Art. D. 422 *(D. n. 72-852, 12 sept. 1972, art. 1er ; D. n. 98-1099, 8 déc. 1998, art. 164).* – À moins d'en être privés par mesure disciplinaire, les détenus peuvent recevoir des subsides en argent des personnes titulaires d'un permis permanent de visite ou autorisées par le chef de l'établissement.

Pour les condamnés, cette faculté s'exerce dans les conditions déterminées par une instruction de service.

La destination à donner à ces subsides est réglée conformément aux dispositions des articles D. 328 et D. 329.

Art. D. 423. – L'envoi ou la remise de colis est interdit dans tous les établissements à l'égard de tous les détenus.

(D. n. 83-48, 26 janv. 1983, art. 1er) Les seules exceptions qui peuvent être apportées à ce principe, par décision du chef d'établissement, concernent la remise de linge et de livres brochés n'ayant pas fait l'objet d'une saisie dans les trois derniers mois et ne contenant aucune menace précise contre la sécurité des personnes et celle des établissements.

SECTION IV. – DES ÉVÉNEMENTS FAMILIAUX ET DES SORTIES EXCEPTIONNELLES QU'ILS PEUVENT MOTIVER (1)

Art. D. 424 *(D. n. 75-402, 23 mai 1975, art. 1er)*. **– Le mariage des détenus, sauf application éventuelle des dispositions des articles D. 145 et D. 146, est célébré à l'établissement sur réquisitions du procureur de la République, telles que prévues au deuxième alinéa de l'article 75 du Code civil.**

Art. D. 424-1 *(D. n. 72-852, 12 sept. 1972, art. 1er)*. **– Lorsque parvient à l'établissement la nouvelle du décès ou de la maladie grave d'un membre de la proche famille d'un détenu, celui-ci doit en être immédiatement informé.**

Art. D. 425 *(D. n. 75-402, 23 mai 1975, art. 1er ; D. n. 79-534, 3 juill. 1979, art. 11)*. **– En application des dispositions de l'article 723-3 relatives aux permissions de sortir, et dans les conditions fixées à l'article D. 144, les condamnés peuvent être autorisés à se rendre auprès d'un membre de leur proche famille gravement malade ou décédé.**

Art. D. 426 *(D. n. 72-852, 12 sept. 1972, art. 1er ; D. n. 79-534, 3 juill. 1979, art. 12 ; D. n. 83-48, 26 janv. 1983, art. 1er)*. **– Les agents de la force publique ou les membres de l'administration pénitentiaire chargés de l'escorte, qui accompagnent le détenu auquel a été accordée une autorisation de sortie en application des articles 148-5 et 723-6, peuvent être dispensés du port de l'uniforme.**

SECTION V. – DES RENSEIGNEMENTS CONCERNANT LES DÉTENUS ET DE LEURS RELATIONS AVEC LE MONDE EXTÉRIEUR

Art. D. 427. – Au cas où un détenu vient à décéder, à être frappé d'une maladie mettant ses jours en danger, ou victime d'un accident grave, ou à être placé dans un établissement psychiatrique, sa proche famille doit en être immédiatement informée.

À cet effet, chaque détenu est invité, lors de son écrou, à indiquer la ou les personnes qui seraient à prévenir.

(D. n. 86-462, 14 mars 1986, art. 12-3°) **L'aumônier,** *(D. n. 98-1099, 8 déc. 1998, art. 165)* **et le visiteur de prison qui suivent ce détenu sont également avisés, s'il y a lieu.**

Art. D. 428. – Les renseignements relatifs au lieu d'incarcération, *(D. n. 98-1099, 8 déc. 1998, art. 166)* **à la situation pénale ou à la date de libération d'un détenu, doivent être fournis par les services pénitentiaires exclusivement aux autorités administratives et judiciaires qui sont qualifiées pour en connaître.**

Leur communication à des tiers est subordonnée, d'une part, à l'appréciation de l'administration pénitentiaire ou, s'il y a lieu, du magistrat saisi du dossier de l'information et, d'autre part, au consentement exprès du détenu.

(D. n. 83-48, 26 janv. 1983, art. 1er) **Toutefois, à défaut de ce consentement, les personnes qui auraient un intérêt légitime à obtenir de tels renseignements ont la faculté d'en solliciter la communication par une requête adressée au procureur de la République du lieu de détention ou, si ce lieu n'est pas connu des requérants, au procureur de la République de leur résidence ; ce magistrat apprécie si les renseignements demandés peuvent être donnés sans inconvénient et, dans l'affirmative, les fait transmettre aux intéressés. Les renseignements peuvent de la même façon être sollicités auprès du général commandant la région militaire.**

Art. D. 429. – Il est délivré aux détenus qui en font la demande, soit au cours de leur incarcération, soit au moment de leur libération, soit même après, un certificat attestant leur présence ou la

(1) D. n. 72-852, 12 sept. 1972, art. 2-12°.

durée de leur présence en établissement pénitentiaire sans en préciser le motif, et mentionnant s'il y a lieu leur affiliation à la Sécurité sociale. *(D. n. 85-836, 6 août 1985, art. 9-9°)* **Ce certificat peut également être délivré à un membre du** *(D. n. 99-276, 13 avr. 1999, art. 12)* **service pénitentiaire d'insertion et de probation compétent auprès de l'établissement pénitentiaire en vue de permettre le paiement des prestations dues par les organismes sociaux.**

Il ne doit comporter en aucun cas d'appréciation sur l'intéressé.

Art. D. 430. – *Abrogé, D. n. 98-1099, 8 déc. 1998, art. 197.*

Art. D. 430-1. – *Abrogé, D. n. 98-1099, 8 déc. 1998, art. 197.*

Art. D. 431. – *Abrogé, D. n. 98-1099, 8 déc. 1998, art. 197.*

CHAPITRE X. – DES ACTIONS DE PRÉPARATION À LA RÉINSERTION DES DÉTENUS

(Intitulé mod., D. n. 85-836, 6 août 1985, art. 10)

SECTION I. – DE L'ASSISTANCE SPIRITUELLE

Art. D. 432 *(D. n. 72-852, 12 sept. 1972, art. 1er ; D. n. 85-836, 6 août 1985, art. 1er)*. – **Chaque détenu doit pouvoir satisfaire aux exigences de sa vie religieuse, morale ou spirituelle.**

Il peut à ce titre participer aux offices ou réunions organisés par les personnes agréées à cet effet.

Art. D. 433. – **Le service religieux est assuré, pour les différents cultes, par des aumôniers désignés par le** *(D. n. 98-1099, 8 déc. 1998, art. 110)* **directeur régional qui consulte à cet effet l'autorité religieuse compétente, et après avis du préfet.**

Ces aumôniers consacrent tout ou partie de leur temps à cette fonction selon le nombre des détenus de leur confession qui se trouvent dans l'établissement auprès duquel ils sont nommés.

Art. D. 434. – **Les aumôniers ont pour mission de célébrer les offices religieux, d'administrer les sacrements et** *(D. n. 98-1099, 8 déc. 1998, art. 111)* **d'apporter aux détenus une assistance pastorale.**

Ils ne doivent exercer auprès des détenus qu'un rôle spirituel et moral en se conformant aux dispositions du présent titre et au règlement intérieur de l'établissement.

Art. D. 434-1 *(D. n. 98-1099, 8 déc. 1998, art. 112)*. – **Les aumôniers peuvent être assistés dans leur mission par des auxiliaires bénévoles d'aumônerie, agréés par le directeur régional des services pénitentiaires après avis du préfet et de l'autorité religieuse compétente, pour une période de deux ans renouvelable. Ces derniers peuvent animer des groupes de détenus en vue de la réflexion, de la prière et de l'étude. Ils ne peuvent pas avoir d'entretiens individuels avec les détenus.**

Art. D. 435 *(D. n. 98-1099, 8 déc. 1998, art. 113-I)*. – **Les aumôniers fixent en accord avec le chef d'établissement les jours et heures des offices en respectant les calendriers religieux.**

Les membres du personnel et les détenus ont seuls le droit d'assister aux offices. À la demande de l'aumônier, ceux-ci peuvent être célébrés ou des prêches peuvent être faits par d'autres ministres du culte sur autorisation délivrée par le chef de l'établissement *(D. n. 98-1099, 8 déc. 1998, art. 113-II)*.

Art. D. 436. – **À son arrivée dans l'établissement, chaque détenu est avisé qu'il lui est loisible de recevoir la visite du ministre d'un culte et d'assister aux offices religieux.**

Le nom des détenus arrivants qui ont déclaré leur intention de pratiquer leur religion est communiqué à l'aumônier dès sa première visite à l'établissement. Il en est de même pour les détenus qui, au cours de la détention, auraient manifesté semblable intention.

Art. D. 437 *(D. n. 72-852, 12 sept. 1972, art. 1er).* **– Les aumôniers nommés auprès de l'établissement peuvent s'entretenir aussi souvent qu'ils l'estiment utile avec les détenus de leur culte ; aucune sanction disciplinaire (1) ne peut entraîner suppression de cette faculté.**

L'entretien a lieu, en dehors de la présence d'un surveillant, soit dans un parloir ou bureau, soit dans la cellule du détenu et, s'il se trouve au quartier disciplinaire, dans un local spécial.

Les aumôniers ne peuvent demander à s'entretenir avec un détenu travaillant en commun que si l'interruption du travail n'affecte pas l'activité des autres détenus.

Art. D. 438 *(D. n. 98-1099, 8 déc. 1998, art. 114).* **– Les détenus peuvent toujours correspondre librement et sous pli fermé avec les aumôniers agréés auprès de l'établissement.**

Art. D. 439 *(D. n. 72-852, 12 sept. 1972, art. 1er).* **– Les détenus sont autorisés à recevoir ou à conserver en leur possession les objets de pratique religieuse et les livres nécessaires à leur vie spirituelle.**

Alinéa abrogé, D. n. 98-1099, 8 déc. 1998, art. 197.

SECTION II. – DE L'ACTION SOCIOCULTURELLE

(Intitulé mod., D. n. 83-48, 26 janv. 1983, art. 5) (2)

§ 1. – Les activités socioculturelles

(D. n. 98-1099, 8 déc. 1998, art. 116)

Art. D. 440. – Des activités socioculturelles sont organisées dans chaque établissement pénitentiaire. Elles ont notamment pour objet de développer les moyens d'expression, les connaissances et les aptitudes des détenus.

Le *(D. n. 99-276, 13 avr. 1999, art. 13)* **service pénitentiaire d'insertion et de probation recherche à cet effet le concours d'intervenants extérieurs auxquels peut être confiée l'animation de certaines activités.**

L'emploi du temps hebdomadaire doit permettre à tout détenu qui le souhaite de participer à ces activités.

§ 2. – L'action culturelle

(D. n. 98-1099, 8 déc. 1998, art. 117)

Art. D. 441. – Une programmation culturelle, résultant de la représentation la plus étendue des secteurs de la culture, est mise en œuvre dans chaque établissement pénitentiaire.

Ce programme a pour objectif de développer les moyens d'expression et les connaissances des détenus.

Art. D. 441-1 *(D. n. 99-276, 13 avr. 1999, art. 14).* **– Le service pénitentiaire d'insertion et de probation, en liaison avec le chef d'établissement, est chargé de définir et d'organiser la programmation culturelle de l'établissement.**

À cet effet, il sélectionne et met en œuvre, avec l'appui des services compétents de l'État et des collectivités territoriales, des projets proposés par des organismes ou des opérateurs culturels.

Art. D. 441-2. – Chaque établissement possède une bibliothèque dont les ouvrages sont mis gratuitement à la disposition des détenus.

(1) D. n. 75-402, 23 mai 1975, art. 2-2°.
(2) V. D. n. 85-836, 6 août 1985, art. 11.

Sa localisation doit permettre un accès direct et régulier des détenus à l'ensemble des documents.

Un bibliothécaire ou, à défaut, le *(D. n. 99-276, 13 avr. 1999, art. 15)* **service pénitentiaire d'insertion et de probation assure les achats, organise la formation et encadre les détenus qui en assurent la gestion quotidienne.**

§ 3. – L'association socioculturelle et sportive
(D. n. 98-1099, 8 déc. 1998, art. 118)

Art. D. 442 *(D. n. 85-836, 6 août 1985, art. 1er).* **– Une association fonctionnant sous le régime de la loi du 1er juillet 1901 est constituée auprès de chaque établissement pénitentiaire en vue de soutenir et de développer l'action socio-culturelle et sportive au profit des détenus.**

Pour obtenir l'agrément du garde des sceaux, ministre de la justice, les statuts de ces associations doivent remplir les conditions fixées par une instruction de service.

§ 4. – L'accès des détenus
aux activités culturelles et socioculturelles
(D. n. 98-1099, 8 déc. 1998, art. 120)

Art. D. 443. – Le règlement intérieur détermine les conditions d'accès des détenus aux activités culturelles et socioculturelles.

Il précise également les conditions dans lesquelles les détenus empruntent les ouvrages ou documents de la bibliothèque. Il doit notamment prévoir et favoriser les conditions d'accès direct des détenus à la bibliothèque.

Art. D. 444. – Les détenus peuvent se procurer par l'intermédiaire de l'administration les journaux, les périodiques et les livres français et étrangers de leur choix n'ayant pas fait l'objet d'une saisie dans les trois derniers mois.

Toutefois, les publications contenant des menaces précises contre la sécurité des personnes ou celle des établissements pénitentiaires peuvent être, à la demande des chefs d'établissement, retenues sur décision du ministre de la justice.

Les détenus peuvent se procurer par l'intermédiaire de l'administration et selon les modalités qu'elle détermine un récepteur radiophonique et un téléviseur individuels.

Le règlement intérieur détermine les caractéristiques auxquelles doivent répondre ces appareils, ainsi que les conditions de leur utilisation.

Les échanges et les prêts de livres personnels entre détenus sont autorisés.

Art. D. 444-1. – La sortie des écrits faits par un détenu en vue de leur publication ou de leur divulgation, sous quelque forme que ce soit, est autorisée par décision du directeur régional des services pénitentiaires territorialement compétent.

Sans préjudice d'une éventuelle saisie par l'autorité judiciaire et sous réserve de l'exercice des droits de la défense, tout manuscrit rédigé en détention peut au surplus être retenu pour des raisons d'ordre, pour n'être restitué à son auteur qu'au moment de sa libération.

Les dispositions du présent article ne font cependant pas obstacle à la diffusion, à l'intérieur et à l'extérieur de l'établissement pénitentiaire, de bulletins ou journaux rédigés par des détenus avec l'accord et sous le contrôle de l'administration.

Art. D. 445. – La diffusion, hors des locaux d'un établissement pénitentiaire, d'un audiovidéogramme réalisé dans le cadre des actions d'insertion est soumise à l'autorisation du ministre de la justice ou du directeur régional selon qu'elle revêt une dimension nationale ou locale.

Art. D. 446 *(D. n. 75-402, 23 mai 1975, art. 1er ; D. n. 85-836, 6 août 1985, art. 1er).* **– Pour l'animation d'activités par des personnes extérieures, l'autorisation est donnée par le chef d'établissement** *(D. n. 98-1099, 8 déc. 1998, art. 121).*

Sous le contrôle du *(D. n. 99-276, 13 avr. 1999, art. 16)* **service pénitentiaire d'insertion et de probation, des détenus peuvent être associés à l'organisation de ces activités et certains d'entre eux chargés de les préparer et de les animer.**

La liste des détenus autorisés à participer à ces activités est établie par le chef d'établissement après concertation avec le *(D. n. 99-276, 13 avr. 1999, art. 16)* **service pénitentiaire d'insertion et de probation, et éventuellement, avec l'animateur extérieur.**

Art. D. 447 *(D. n. 98-1099, 8 déc. 1998, art. 122)*. **– Le règlement intérieur détermine l'organisation de l'usage collectif de la télévision et de la radiophonie et prévoit, dans les établissements qui disposent d'un centre de ressources audiovisuelles et multimédia, les conditions d'accès des détenus à ces équipements, ainsi qu'au choix des programmes diffusés par les organismes privés ou publics.**

Art. D. 448 *(D. n. 75-402, 23 mai 1975, art. 1er et 2-1°)*. **– Dans les établissements affectés à l'exécution des peines, les condamnés peuvent être autorisés par le chef de l'établissement et sous le contrôle constant d'un membre du personnel à participer en groupes d'importance limitée à des activités ou à des jeux excluant toute idée de gain.**

Dans les centres de détention, les condamnés bénéficient des dispositions ci-dessus, sauf décision contraire du chef de l'établissement, pour des motifs tenant à leur comportement, à la sécurité ou à la disposition des locaux.

Art. D. 449. – Dans tous les établissements, les détenus peuvent être autorisés lorsqu'ils se trouvent dans leur cellule, à se livrer individuellement à des activités de leur choix qui ne préjudicient pas à l'ordre et à la sécurité.

(D. n. 75-402, 23 mai 1975, art. 1er ; D. n. 83-48, 26 janv. 1983, art. 1er) **Dans les établissements pour peines, chaque condamné est autorisé à aménager sa cellule d'une façon personnelle. Ces aménagements ne doivent pas entraîner la dégradation des installations immobilières ou mobilières existantes. Le chef d'établissement détermine la destination à donner à ces aménagements en cas de changement de cellule, de transfèrement ou de mise en liberté.**

Art. D. 449-1. *– D. n. 72-852, 12 sept. 1972, art. 1er ; D. n. 83-48, 26 janv. 1983, art. 1er ; Abrogé, D. n. 85-836, 6 août 1985, art. 12.*

SECTION III. – DE L'ENSEIGNEMENT
ET DE LA FORMATION PROFESSIONNELLE
(D. n. 98-1099, 8 déc. 1998, art. 123)

Art. D. 450 *(D. n. 93-193, 8 févr. 1993, art. 1er-XIII)*. **– Les détenus doivent acquérir ou développer les connaissances qui leur seront nécessaires après leur libération en vue d'une meilleure adaptation sociale.**

Toutes facilités compatibles avec les exigences de la discipline et de la sécurité doivent être données à cet effet aux détenus aptes à profiter d'un enseignement scolaire et professionnel et, en particulier, aux plus jeunes et aux moins instruits.

Art. D. 451 *(D. n. 93-193, 8 févr. 1993, art. 1er-XIV)*. **– Le règlement intérieur de l'établissement pénitentiaire détermine les conditions dans lesquelles sont assurés l'enseignement, y compris l'éducation civique, la formation professionnelle et les activités physiques et sportives.**

§ 1. – Enseignement

(D. n. 98-1099, 8 déc. 1998, art. 124)

Art. D. 452 *(D. n. 75-402, 23 mai 1975, art. 1er)*. **– L'enseignement primaire est assuré dans tous les établissements pénitentiaires.**

(D. n. 85-836, 6 août 1985, art. 1er) **Les condamnés qui ne savent pas lire, écrire ou calculer couramment doivent bénéficier de cet enseignement. Les autres détenus peuvent y être admis sur leur demande.**

Des cours spéciaux sont organisés pour les illettrés ainsi que pour ceux qui ne parlent ni n'écrivent la langue française.

Le règlement intérieur détermine les horaires et les modalités dudit enseignement.

Art. D. 453 *(D. n. 72-852, 12 sept. 1972, art. 1er ; D. n. 85-836, 6 août 1985, art. 1er).* **– Les détenus peuvent se livrer à toutes études compatibles avec leur situation pénale et les conditions de leur détention.**

Il leur est permis de disposer du matériel et des fournitures scolaires ainsi que des documents pédagogiques nécessaires.

Art. D. 454 *(D. n. 60-898, 24 août 1960, art. 1er ; D. n. 72-852, 12 sept. 1972, art. 1er).* **– Dans tout établissement, les détenus peuvent recevoir et suivre les cours par correspondance organisés par les services du ministère de l'éducation nationale.**

Ils peuvent également recevoir d'autres cours par correspondance avec l'autorisation du chef de l'établissement qui, en cas de difficulté, en réfère au ministère de la justice. *(D. n. 98-1099, 8 déc. 1998, art. 125-I).*

(D. n. 85-836, 6 août 1985, art. 1er ; D. n. 98-1099, 8 déc. 1998, art. 125-II) **Les détenus doivent effectuer les exercices que comporte cette forme d'enseignement et ils en supportent les frais** *(D. n. 93-193, 8 févr. 1993, art. 1er-XV)* **sauf convention particulière entre l'administration pénitentiaire et un organisme d'enseignement à distance.**

(D. n. 98-1099, 8 déc. 1998, art. 125-III) **Une mesure de placement à l'extérieur ou de semi-liberté peut être accordée dans les conditions prévues aux articles D. 136 et D. 137 afin que soit suivi un enseignement qui ne pourrait être dispensé en détention ou reçu par correspondance.**

Art. D. 455 *(D. n. 98-1099, 8 déc. 1998, art. 126-I).* **– Les détenus qui suivent un enseignement sont admis à subir les épreuves des examens qui le sanctionnent lorsque le service de l'enseignement estime leur préparation suffisante.**

(D. n. 85-836, 6 août 1985, art. 1er) **Les détenus peuvent après avis des services compétents du ministère de l'éducation nationale, se présenter aux épreuves écrites ou orales de tous autres examens organisés à l'établissement sauf opposition du chef d'établissement** *(D. n. 98-1099, 8 déc. 1998, art. 126-II).*

(D. n. 75-402, 23 mai 1975, art. 1er) **Si les épreuves ne peuvent se dérouler à l'établissement, les candidats sont extraits de** *(D. n. 98-1099, 8 déc. 1998, art. 126-III)* **l'établissement pénitentiaire ou, si leur situation le permet, bénéficient d'une permission de sortir dans les conditions prévues à l'article D. 143.**

Les examens donnent lieu à la délivrance de certificats, brevets ou diplômes qui ne font pas apparaître l'état de détention des intéressés.

Art. D. 456 *(D. n. 98-1099, 8 déc. 1998, art. 127).* **– Le service de l'enseignement, comme la charge d'aider ou de conseiller les détenus qui ont été admis à poursuivre des études personnelles, doit être assuré par des personnes qualifiées et plus particulièrement par des membres du corps enseignant affectés selon les procédures en vigueur à l'éducation nationale et ayant reçu un agrément du directeur régional des services pénitentiaires.**

Par ailleurs, le directeur régional peut accepter le concours bénévole que, notamment, des visiteurs de prison et des associations sont susceptibles de lui offrir.

§ 2. – Formation professionnelle

Art. D. 457 *(D. n. 98-1099, 8 déc. 1998, art. 128).* **– Au sein des établissements pénitentiaires, toutes dispositions sont prises pour assurer la formation professionnelle des personnes incarcérées qui le souhaitent.**

(D. n. 99-276, 13 avr. 1999, art. 17) **Le service pénitentiaire d'insertion et de probation détermine, en liaison avec les chefs des établissements auprès desquels il intervient, les actions de formation professionnelle au bénéfice des personnes placées sous main de justice dans les conditions fixées par l'article D. 573.**

Le détenu susceptible de profiter d'une formation professionnelle peut être transféré dans l'établissement pénitentiaire où elle est assurée, à condition que sa situation pénale le permette.

Art. D. 458. – Dans la mesure où les nécessités du service, de l'ordre et de la sécurité le permettent, et où les conditions matérielles d'incarcération s'y prêtent, les détenus peuvent être autorisés à entreprendre ou à poursuivre individuellement des études techniques, notamment à l'aide des cours par correspondance ainsi qu'il est précisé à l'article D. 454.

(D. n. 98-1099, 8 déc. 1998, art. 129) **Par ailleurs, le régime du placement à l'extérieur sans surveillance tel que défini à l'article D. 136 et le régime de la semi-liberté tel que prévu par l'article D. 137 peuvent être accordés afin que soit suivie une formation professionnelle ou une action de préparation à l'emploi qui apparaîtrait indispensable à la réinsertion sociale du condamné.**

Art. D. 459 *(D. n. 98-1099, 8 déc. 1998, art. 130)*. **– Les détenus qui reçoivent une formation professionnelle subissent les épreuves qui la sanctionnent, dans les conditions fixées par les textes les réglementant.**

Si les épreuves ne peuvent se dérouler à l'établissement, les candidats sont extraits de l'établissement pénitentiaire ou, si leur situation pénale le permet, bénéficient d'une permission de sortir dans les conditions prévues à l'article D. 143.

Les examens donnent lieu à la délivrance de certificats, brevets ou diplômes qui ne font pas apparaître l'état de détention des intéressés.

SECTION IV. – DES ACTIVITÉS PHYSIQUES ET SPORTIVES

(D. n. 98-1099, 8 déc. 1998, art. 132)

Art. D. 459-1. – Une programmation d'activités sportives est mise en œuvre dans chaque établissement pénitentiaire afin de favoriser l'accès de chacun à une pratique physique. Ce programme tend au développement des capacités physiques, motrices et relationnelles des détenus.

La pratique des activités physiques et sportives s'effectue en liaison avec les services compétents des ministères chargés de l'éducation nationale et de la jeunesse et des sports.

(D. n. 99-276, 13 avr. 1999, art. 18) **Le service pénitentiaire d'insertion et de probation contribue, en liaison avec le chef d'établissement et les services compétents, à l'élaboration de la programmation des activités sportives de l'établissement.**

Art. D. 459-2. – Sous réserve des contraintes architecturales, l'établissement doit être doté d'équipements sportifs de plein air et couverts, réglementaires et polyvalents, permettant l'organisation de séances et de rencontres sportives. Dans toute la mesure du possible, la localisation des terrains de sport est différente de celle des cours de promenade.

Art. D. 459-3. – Tout détenu est admis, sauf contre-indication médicale, à pratiquer les activités physiques et sportives.

Le temps réservé à cette pratique peut s'imputer sur la durée de la promenade.

En dehors des cas où un détenu peut être privé temporairement des activités physiques et sportives pour des raisons disciplinaires, le chef d'établissement peut en écarter tout autre détenu pour des raisons d'ordre et de sécurité.

SECTION V. – DE L'INTERVENTION SOCIO-ÉDUCATIVE

(D. n. 99-276, 13 avr. 1999, art. 19)

Art. D. 460. – Auprès de chaque établissement pénitentiaire, le service pénitentiaire d'insertion et de probation a pour mission de participer à la prévention des effets désocialisants de l'emprison-

nement sur les détenus, de favoriser le maintien des liens sociaux et familiaux et de les aider à préparer leur réinsertion sociale.

Il assure les liaisons avec les divers services sociaux, éducatifs, médico-sociaux et prend tous contacts qu'il juge nécessaires pour la réinsertion des détenus.

Art. D. 461. – Le service pénitentiaire d'insertion et de probation est chargé de rechercher les moyens propres à favoriser l'individualisation de la situation pénale des détenus, notamment dans le cadre des orientations données par le juge de l'application des peines.

Chaque fois que la demande leur en est faite ou à leur initiative, les travailleurs sociaux du service pénitentiaire d'insertion et de probation fournissent à l'autorité judiciaire et aux services de l'administration pénitentiaire les éléments permettant de mieux individualiser l'exécution de la mesure privative de liberté de chaque détenu ; ils élaborent notamment des avis ou rapports sur les détenus provisoires ou ceux dont la situation pénale est examinée en commission de l'application des peines.

Art. D. 462. – Le service pénitentiaire d'insertion et de probation est systématiquement avisé de l'identité et de la situation pénale de tout détenu venant d'être écroué. Il a accès au dossier individuel de tout détenu.

Art. D. 463. – Les travailleurs sociaux du service pénitentiaire d'insertion et de probation ont libre accès, aux heures de service de jour, aux locaux de détention pour les besoins de leur service.

Les entretiens avec les détenus ont lieu, dans des conditions garantissant la confidentialité, soit dans un parloir ou bureau, soit dans la cellule du détenu et, s'il se trouve au quartier disciplinaire, dans un local spécial.

Art. D. 464. – Pendant toute la durée de leur incarcération, les détenus peuvent être reçus par un travailleur social du service pénitentiaire d'insertion et de probation soit à la suite de leur demande, soit sur convocation.

Le travailleur social apprécie l'opportunité de recevoir un détenu ou d'effectuer les démarches qu'il sollicite.

Art. D. 465. – La correspondance échangée entre les détenus et les travailleurs sociaux appartenant à l'un des services du ministère de la Justice se fait librement et sous pli fermé.

Les lettres adressées par les détenus à d'autres services sociaux peuvent être transmises sous pli fermé, sous le contrôle du service pénitentiaire d'insertion et de probation.

Art. D. 466 à D. 471. – *Abrogés, D. n. 99-276, 13 avr. 1999, art. 36.*

SECTION VI. – DES VISITEURS DE PRISON
(D. n. 99-276, 13 avr. 1999, art. 21)

Art. D. 472 *(D. n. 98-1099, 8 déc. 1998, art. 35)*. **– Les visiteurs de prison contribuent, bénévolement et en fonction de leurs aptitudes particulières, à la prise en charge des détenus signalés par le** *(D. n. 99-276, 13 avr. 1999, art. 22)* **service pénitentiaire d'insertion et de probation, en vue de préparer leur réinsertion en leur apportant notamment aide et soutien pendant leur incarcération. Ils peuvent participer à des actions d'animation collective.**

Art. D. 473 *(D. n. 98-1099, 8 déc. 1998, art. 136)*. **– Les visiteurs de prison sont agréés, pour une période de deux ans renouvelable, aux fins d'accès auprès des détenus d'un ou de plusieurs établissements déterminés.**

L'agrément est accordé par le directeur régional, après avis du préfet *(D. n. 99-276, 13 avr. 1999, art. 23-I)*.

L'agrément est retiré par le directeur régional soit d'office *(D. n. 99-276, 13 avr. 1999, art. 23-II)* **soit à la demande du juge de l'application des peines ou du procureur de la République.**

En cas d'urgence, et pour des motifs graves, l'agrément peut être suspendu par le chef d'établissement, qui en avise sans délai le directeur régional, pour décision.

Art. D. 474 *(D. n. 98-1099, 8 déc. 1998, art. 137).* **– Les visiteurs de prison interviennent en collaboration avec le** *(D. n. 99-276, 13 avr. 1999, art. 24)* **service pénitentiaire d'insertion et de probation qui a pour tâche de coordonner leurs actions. Ils sont réunis chaque trimestre en présence du chef d'établissement.**

Les visiteurs de prison s'engagent au respect des dispositions du présent titre et du règlement intérieur de l'établissement relatives à la discipline et à la sécurité, ainsi qu'aux obligations particulières résultant de leur qualité et de leur rôle, portées à leur connaissance lors de leur prise de fonction.

Art. D. 475 *(D. n. 85-836, 6 août 1985, art. 9-14°).* **– Les visiteurs de prison peuvent exercer leur action auprès de tous les détenus écroués dans l'établissement pour lequel ils** *(D. n. 98-1099, 8 déc. 1998, art. 138-I)* **sont habilités, quelle que soit la situation pénale de ces détenus.**

Toutefois, le droit de visite est suspendu à l'égard des détenus placés au quartier disciplinaire et à l'égard des prévenus dans le cas où ces derniers font l'objet de l'interdiction de communiquer prévue *(D. n. 98-1099, 8 déc. 1998, art. 138-II)* **au premier alinéa de l'article 145-4.**

Art. D. 476 *(D. n. 85-836, 6 août 1985, art. 9-14°).* **– Les visiteurs de prison ont accès à un local aménagé à l'intérieur de la détention afin d'y recevoir les détenus dont ils s'occupent.**

(D. n. 98-1099, 8 déc. 1998, art. 139) **L'entretien a lieu en dehors de la présence d'un surveillant.**

Les visites ont lieu aux jours et heures fixés par le chef de l'établissement en accord avec les visiteurs.

Art. D. 477. – Les visiteurs peuvent correspondre avec les détenus dont ils s'occupent sous pli ouvert et sans autorisation préalable.

2° al., D. n. 60-898, 24 août 1960, art. 1er ; Abrogé, D. n. 75-402, 23 mai 1975, art. 1er.

SECTION VII. – DE L'AIDE À LA LIBÉRATION

(Intitulé mod., D. n. 83-48, 26 janv. 1983, art. 8 ; D. n. 99-276, 13 avr. 1999, art. 25)

Art. D. 478 *(D. n. 98-1099, 8 déc. 1998, art. 140).* **– Le service public pénitentiaire doit permettre au détenu de préparer sa libération dans les meilleures conditions.**

Le *(D. n. 99-276, 13 avr. 1999, art. 26-1)* **service pénitentiaire d'insertion et de probation, en liaison avec les services de l'État, des collectivités territoriales et de tous organismes publics ou privés, favorise l'accès de chaque personne libérée aux droits sociaux et aux dispositifs d'insertion et de santé. Il s'assure que la personne libérée bénéficie d'un hébergement dans les premiers temps de sa libération.**

§ 1. – Avis donnés aux détenus au moment de leur libération

Art. D. 479 *(D. n. 73-281, 7 mars 1983, art. 2 ; D. n. 85-836, 6 août 1985, art. 1er).* **– Le billet de sortie remis à chaque libéré dans les conditions visées à l'article D. 288 mentionne les ressources financières dont le détenu dispose à sa sortie et les secours, sous leurs diverses formes, dont il a pu éventuellement bénéficier à sa libération.**

(D. n. 99-276, 13 avr. 1999, art. 27) **Il comporte l'adresse du service pénitentiaire d'insertion et de probation ou de l'antenne locale du lieu de résidence de la personne libérée.**

Art. D. 480 *(D. n. 72-852, 12 sept. 1972, art. 1er ; D. n. 73-281, 7 mars 1973, art. 2 ; D. n. 81-40, 16 janv. 1981, art. 2 ; D. n. 85-836, 6 août 1985, art. 1er).* **– Un certificat de présence destiné à l'association pour l'emploi dans l'industrie et le commerce est joint au billet de sortie.**

§ 2. – Aide aux détenus dépourvus
de ressources à leur libération

(D. n. 98-1099, 8 déc. 1998, art. 141)

Art. D. 481 *(D. n. 85-836, 6 août 1985, art. 1er).* – **Une aide matérielle peut être attribuée aux détenus dépourvus de ressources au moment de leur libération afin de leur permettre de subvenir à leurs besoins pendant le temps nécessaire pour rejoindre le lieu où ils ont déclaré se rendre.**

Art. D. 482 *(D. n. 99-276, 13 avr. 1999, art. 28).* – **L'établissement pénitentiaire pourvoit, dans toute la mesure du possible, de vêtements les détenus libérables qui n'en posséderaient pas et seraient dépourvus de ressources suffisantes pour s'en procurer.**

Art. D. 483 *(D. n. 99-276, 13 avr. 1999, art. 29).* – **L'établissement pénitentiaire peut procéder ou participer à l'acquisition d'un titre de transport pour les détenus qui, à leur libération, n'auraient pas un compte nominatif suffisant** *(D. n. 98-1099, 8 déc. 1998, art. 142)* **pour rejoindre le lieu où ils ont déclaré se rendre.**

Second alinéa abrogé, D. n. 85-836, 6 août 1985, art. 1er.

Art. D. 484. – Le détenu dont la levée d'écrou a été régulièrement opérée peut, à sa demande expresse et formulée par écrit, obtenir que son élargissement effectif soit reporté du soir au lendemain matin, s'il n'est pas assuré d'un gîte ou d'un moyen de transport immédiat.

Art. D. 485. – *Abrogé, D. n. 98-1099, 8 déc. 1998, art. 197.*

Art. D. 486. – *Abrogé, D. n. 98-1099, 8 déc. 1998, art. 197.*

CHAPITRE XI. – DE DIFFÉRENTES CATÉGORIES DE DÉTENUS

Art. D. 487. – Indépendamment des mesures qui ont pour objet l'individualisation du traitement pénitentiaire des condamnés, et de celles visées aux articles D. 58 et suivants, et D. 569 et suivants, concernant respectivement les prévenus et les détenus pour dettes, certaines règles particulières doivent être appliquées à des détenus appartenant à une catégorie déterminée en raison de leur situation pénale ou administrative.

SECTION I

(Abrogée, D. n. 98-1099, 8 déc. 1998, art. 195)

Art. D. 488. – *Abrogé, D. n. 98-1099, 8 déc. 1998.*

Art. D. 489. – *Abrogé, D. n. 98-1099, 8 déc. 1998.*

SECTION II. – DES DÉTENUS BÉNÉFICIANT D'UN RÉGIME SPÉCIAL (1)

Art. D. 490 *(D. n. 60-898, 24 août 1960, art. 1er ; D. n. 71-769, 16 sept. 1971, art. 1er ; D. n. 75-972, 23 oct. 1975, art. 1er).* – **Bénéficient, pour l'exécution d'une détention provisoire ou d'une peine privative de liberté, d'un régime spécial dont les particularités sont prévues aux articles D. 493 et D. 494 :**

(1) Ancienne Section II *(D. n. 98-1099, 8 déc. 1998, art. 196).*

Les personnes poursuivies ou condamnées pour infractions de presse, sauf si ces infractions constituent des outrages aux bonnes mœurs, ou des actes de chantage ou des provocations au meurtre ;

(D. n. 83-48, 26 janv. 1983, art. 1er) **Les personnes poursuivies ou condamnées** *(D. n. 98-1099, 8 déc. 1998, art. 167)* **pour atteintes aux intérêts fondamentaux de la Nation.**

Art. D. 491 *(D. n. 60-898, 24 août 1960, art. 1er ; D. n. 71-769, 16 sept. 1971, art. 1er ; D. n. 75-972, 23 oct. 1975, art. 1er).* **– L'admission au régime spécial des personnes qui satisfont à l'une des conditions visées à l'article D. 490 a lieu d'office sur l'indication que le ministère public près la juridiction saisie ou la juridiction de condamnation donne au chef de l'établissement d'incarcération.**

Art. D. 492 *(D. n. 60-898, 24 août 1960, art. 1er ; D. n. 75-972, 23 oct. 1975, art. 1er).* **– Le bénéfice du régime spécial cesse d'être applicable aux détenus qui ne remplissent plus les conditions prévues à l'article D. 490.**

Art. D. 493 *(D. n. 60-898, 24 août 1960, art. 1er ; D. n. 75-972, 23 oct. 1975, art. 1er ; D. n. 83-48, 26 janv. 1983, art. 1er ; D. n. 98-1099, 8 déc. 1998, art. 168-I).* **– Les détenus bénéficiaires du régime spécial sont séparés des détenus appartenant aux autres catégories dans toute la mesure du possible.**

Alinéa supprimé, D. n. 98-1099, 8 déc. 1998, art. 168-II.

Les détenus qui subissent leur prévention ou leur peine au régime spécial peuvent recevoir des visites tous les jours, dans les seules limites imposées par les nécessités du service et aux heures fixées par le chef d'établissement.

Art. D. 494 *(D. n. 60-898, 24 août 1960, art. 1er ; D. n. 75-972, 23 oct. 1975, art. 1er ; D. n. 98-1099, 8 déc. 1998, art. 169).* **– Les détenus bénéficiaires du régime spécial, même dans les établissements pénitentiaires dont le régime ne comporte pas de telles particularités, et sauf instructions contraires du juge d'instruction en application des articles 145-4 et D. 56, ont la faculté d'être réunis aux heures de la journée fixées par le chef d'établissement.**

Art. D. 495 *(D. n. 60-898, 24 août 1960, art. 1er ; D. n. 75-972, 23 oct. 1975, art. 1er).* **– Tout détenu bénéficiaire du régime spécial est soumis aux mesures réglementaires prévues pour assurer l'ordre et la sécurité dans les établissements pénitentiaires. Il peut notamment faire l'objet des sanctions disciplinaires prévues au présent titre.**

2e et 3e alinéas, abrogés, D. n. 98-1099, 8 déc. 1998, art. 197.

Art. D. 496. *– D. n. 60-898, 24 août 1960, art. 1er ; D. n. 71-769, 16 sept. 1971, art. 1er ; Abrogé, D. n. 75-972, 23 oct. 1975, art. 2.*

Art. D. 497 à D. 504. *– Abrogés, D. n. 83-48, 26 janv. 1983, art. 2.*

SECTION III. – DES DÉTENUS DE NATIONALITÉ ÉTRANGÈRE (1)

Art. D. 505. – Sous réserve des particularités relatives à la libération conditionnelle, les détenus de nationalité étrangère sont soumis au même régime que les détenus nationaux appartenant à leur catégorie pénale.

(1) Ancienne Section III *(D. n. 98-1099, 8 déc. 1998, art. 196).*

Des précautions particulières s'imposent néanmoins à leur égard en ce qui concerne l'application éventuelle des mesures visées à la section VII du chapitre II du présent titre (1).

Art. D. 506 *(D. n. 98-1099, 8 déc. 1998, art. 170).* **– Sous réserve de l'application des dispositions du deuxième alinéa de l'article D. 250-4, le recours à un interprète n'a d'objet qu'en cas de nécessité absolue, si le détenu ne parle ou ne comprend la langue française et s'il ne se trouve sur place aucune personne capable d'assurer la traduction.**

Les visites et la correspondance des étrangers peuvent s'effectuer dans leur langue, sous réserve des dispositions des articles D. 407 et D. 418.

Art. D. 507. – Les détenus écroués à la suite d'une demande d'extradition émanant d'un gouvernement étranger sont soumis au régime des prévenus.

La délivrance des permis de visite et le contrôle de la correspondance les concernant relèvent du procureur général *(D. n. 98-1099, 8 déc. 1998, art. 171).*

SECTION IV. – DES DÉTENUS APPARTENANT AUX FORCES ARMÉES (2)

Art. D. 508. – Les détenus militaires *(D. n. 98-1099, 8 déc. 1998, art. 172)* **en état de prévention devant un tribunal des forces armées ne doivent pas être placés en commun avec des détenus non militaires.**

(D. n. 60-898, 24 août 1960, art. 1er ; D. n. 79-534, 3 juill. 1979, art. 13) **Après condamnation, ils sont soumis au même régime que les autres condamnés de leur catégorie, compte tenu des dispositions de l'article 718. Toutefois, les mesures prévues aux articles 723 et 723-3 ne peuvent être accordées aux condamnés militaires** *(D. n. 98-1099, 8 déc. 1998, art. 172)* **qu'avec l'accord préalable de l'autorité militaire** *(D. n. 98-1099, 8 déc. 1998, art. 172)* **dont relèvent les intéressés.**

Art. D. 509. – Les officiers en prévention et ceux qui ont conservé leur grade malgré leur condamnation, sont placés en cellule individuelle, dans toute la mesure du possible, et effectuent leur promenade séparément.

Alinéa abrogé, D. n. 98-1099, 8 déc. 1998, art. 197.

Art. D. 510 *(D. n. 83-48, 26 janv. 1983, art. 1er).* **– Les dispositions des articles D. 61 et D. 348 sont applicables aux détenus militaires** *(D. n. 98-1099, 8 déc. 1998, art. 172).*

Art. D. 511. – Pour tous les militaires *(D. n. 98-1099, 8 déc. 1998, art. 172)*, **des avis d'incarcération, de prévision de levée d'écrou et de libération sont adressés à l'autorité militaire** *(D. n. 98-1099, 8 déc. 1998, art. 172).*

Il en est de même en ce qui concerne les détenus civils soumis à obligations militaires, et pour les jeunes Français âgés de dix-huit à vingt ans.

Art. D. 512. – Les militaires sont remis, dès leur libération et pour quelque cause que celle-ci intervienne, au représentant du bureau de la place ou, à défaut, à la gendarmerie, qui sont respectivement chargés de les faire mettre en route sur leur corps d'affectation.

Il en est de même pour les jeunes libérés titulaires d'un ordre d'appel ou d'un ordre de route et pour ceux qui appartiennent à un contingent d'âge présent sous les drapeaux.

Art. D. 513. – Le médecin militaire désigné par le directeur régional du service de santé ou, à défaut, le médecin militaire de la place, l'assistante sociale de l'armée et les aumôniers militaires ont

(1) Ancienne Section V *(D. n. 83-48, 26 janv. 1983, art. 9).*
(2) Ancienne Section IV *(D. n. 98-1099, 8 déc. 1998, art. 196).*

accès, dans l'exercice de leurs fonctions et pour les besoins de leur service, auprès des détenus militaires.

SECTION V. – DES DÉTENUS ÂGÉS DE MOINS DE VINGT ET UN ANS (1) (2)

Art. D. 514 *(D. n. 98-1099, 8 déc. 1998, art. 173).* **– Les mineurs relevant des juridictions pour enfants, lorsque exceptionnellement ils sont incarcérés, peuvent être détenus en vertu de l'un des titres suivants :**

1° Un mandat d'arrêt ou un mandat de dépôt du juge des enfants ou du juge d'instruction conformément aux dispositions des articles 8, 9 et 11 de l'ordonnance n. 45-174 du 2 février 1945 modifiée relative à l'enfance délinquante ;

2° Une ordonnance de prise de corps pour le mineur âgé de seize à dix-huit ans accusé de crime ;

3° Un jugement ou arrêt prononçant une condamnation à une peine privative de liberté en application des articles 2 et 20-2 de l'ordonnance du 2 février 1945 précitée ;

4° Une ordonnance d'incarcération provisoire en application des articles 741-2 et 744-2.

Art. D. 515 *(D. n. 64-735, 20 juill. 1964 ; D. n. 72-852, 12 sept. 1972, art. 1er).* **– Les détenus âgés de moins de vingt et un ans sont soumis à un régime particulier et individualisé qui fait une large place à l'éducation et à la formation professionnelle.**

Le régime défini aux articles D. 516 et D. 519 est applicable aux mineurs pénaux écroués dans les conditions spécifiées à l'article D. 514, aux condamnés et aux prévenus âgés de moins de vingt et un ans, sous la seule réserve des droits nécessaires à l'exercice de leur défense.

Art. D. 516 *(D. n. 72-852, 12 sept. 1972, art. 1er ; D. n. 84-77, 30 janv. 1984, art. 1er).* **– Les détenus âgés de moins de vingt et un ans sont soumis, en principe, à l'isolement de nuit.**

Toutefois, ils peuvent être placés en cellule avec d'autres détenus de leur âge, soit pour motif médical, soit en raison de leur personnalité.

(D. n. 85-836, 6 août 1985, art. 9-4°) **Sauf si, pour les prévenus, le magistrat saisi du dossier de l'affaire en dispose autrement, ils participent à des activités telles que la formation professionnelle, l'enseignement général, le travail et les séances éducatives et sportives ou de loisirs.**

Des dispositions doivent être prises pour que l'emploi du temps réserve une place aussi importante que possible aux activités de plein air, compte tenu des conditions atmosphériques et des nécessités du service.

Les détenus âgés de moins de vingt et un ans doivent être séparés des adultes. Cependant, ils peuvent participer en même temps que les adultes aux offices religieux et, à titre exceptionnel, aux autres activités organisées dans *(D. n. 98-1099, 8 déc. 1998, art. 188)* **l'établissement pénitentiaire.**

Art. D. 517 *(D. n. 72-852, 12 sept. 1972, art. 1er ; D. n. 75-402, 23 mai 1975, art. 2-4 ° ; D. n. 83-48, 26 janv. 1983, art. 1er).* **– Les dispositions des articles D. 61 et D. 348 sont applicables aux détenus âgés de moins de vingt et un ans.**

Une tenue de sport peut, en outre, leur être fournie par l'administration.

Leur régime alimentaire est amélioré par rapport à celui des adultes, conformément aux principes de la diététique.

Art. D. 518 *(D. n. 72-852, 12 sept. 1972, art. 1er).* **– Les agents des services** *(D. n. 98-1099, 8 déc. 1998, art. 174)* **déconcentrés de la protection judiciaire de la jeunesse et les assistants de service social relevant des juridictions pour enfants sont habilités à visiter les mineurs détenus dans les mêmes conditions que les visiteurs des prisons.**

---

(1) D. n. 72-852, 12 sept. 1972, art. 2-9°.
(2) Ancienne Section VII *(D. n. 83-48, 26 janv. 1983, art. 9).*

Art. D. 519 *(D. n. 72-852, 12 sept. 1972, art. 1er)*. **– Un quartier particulier est aménagé pour les détenus âgés de moins de vingt et un ans dans les maisons d'arrêt desservant les juridictions les plus importantes.**

Le juge de l'application des peines recueille l'avis du juge des enfants chaque fois qu'il exerce, à l'égard d'un mineur pénal, l'une des attributions qui lui sont conférées par l'article 722 du Code de procédure pénale.

TITRE III. – DE LA LIBÉRATION CONDITIONNELLE (1)

CHAPITRE I. – DE LA COMPOSITION DES JURIDICTIONS RÉGIONALES ET DE LA JURIDICTION NATIONALE DE LA LIBÉRATION CONDITIONNELLE

(D. n. 2000-1213, 13 déc. 2000, art. 14, applic. 1er janv. 2001)

Art. D. 520. – Le premier président de la cour d'appel désigne par ordonnance, après avis de l'assemblée générale des magistrats du siège, le président ou le conseiller de la cour d'appel chargé de présider la juridiction régionale de la libération conditionnelle. Dans la mesure du possible, ce magistrat est choisi parmi les conseillers chargés de l'application des peines.

Le premier président de la cour d'appel désigne chaque année, par ordonnance, les juges de l'application des peines chargés des fonctions d'assesseur de la juridiction régionale de la libération conditionnelle. Ceux-ci, sous réserve des dispositions du deuxième alinéa de l'article 722-1, sont appelés dans l'ordre de leur désignation. Cette ordonnance peut être modifiée en cours d'année, en cas d'absence ou d'empêchement du juge.

La juridiction régionale est dotée d'un secrétariat-greffe. Les fonctions de secrétaire et de greffier de la juridiction sont remplies par un greffier de la cour d'appel. Sauf dérogation prévue par décret, le siège de la juridiction régionale est celui de la cour d'appel.

Art. D. 521. – S'il l'estime utile, le premier président de la Cour de cassation désigne pour une durée de trois ans le conseiller de la cour le représentant pour présider la juridiction nationale de la libération conditionnelle ; si cette désignation est intervenue, il peut à tout moment décider de présider lui-même la juridiction.

Les deux magistrats du siège de la Cour de cassation membres de la juridiction nationale sont désignés, pour une durée de trois ans, par le bureau de la Cour de cassation. Deux suppléants sont désignés dans les mêmes formes pour une même durée.

Le responsable des associations nationales de réinsertion des condamnés et le responsable des associations nationales d'aide aux victimes membres de la juridiction nationale de la libération conditionnelle sont nommés par arrêté du garde des sceaux, ministre de la justice, pour une durée de trois ans. Deux suppléants sont nommés dans les mêmes formes pour une même durée.

La juridiction nationale est dotée d'un secrétariat-greffe. Les fonctions de secrétaire et de greffier de la juridiction sont remplies par un greffier de la Cour de cassation.

CHAPITRE II. – DE LA PROCÉDURE RELATIVE AUX DEMANDES DE LIBÉRATION CONDITIONNELLE

(D. n. 2000-1213, 13 déc. 2000, art. 14, applic. 1er janv. 2001)

Art. D. 522. – Pour faciliter le contrôle de la situation des condamnés au regard de la libération conditionnelle, un fichier est tenu dans tous les établissements pénitentiaires qui fait apparaître la

(1) Dispositions prises pour l'application du titre III du livre V du Code de procédure pénale (1re partie, Législative).

date prévisible de leur libération et la date de l'expiration du temps d'épreuve ou de la période de sûreté.

Le greffe de l'établissement pénitentiaire avise en temps utile les condamnés qu'ils sont admissibles à la libération conditionnelle.

Ce fichier est présenté au juge de l'application des peines ainsi qu'aux autorités judiciaires et administratives inspectant ces établissements. Il peut être également présenté, sur leur demande, aux parlementaires visitant des établissements en application de l'article 720-1-A.

Art. D. 523. – Au moins une fois par an, et même en l'absence de demande de la part des intéressés, le juge de l'application des peines examine en temps utile la situation des condamnés ayant vocation à la libération conditionnelle pour que ces derniers puissent être éventuellement admis au bénéfice de la mesure dès qu'ils remplissent les conditions prévues par la loi. Dans le cas prévu au deuxième alinéa de l'article 730, le juge de l'application des peines peut saisir la juridiction régionale de la libération conditionnelle s'il estime que la mesure peut être accordée.

Sauf s'il est envisagé d'assortir le bénéfice de la mesure de l'une des conditions prévues aux 3° et 4° de l'article D. 535, l'examen prévu à l'alinéa précédent porte essentiellement sur les efforts de réadaptation sociale du condamné en fonction de sa situation personnelle, familiale ou sociale.

Des éléments d'information complémentaires sont, en tant que de besoin, recueillis par l'intermédiaire du service pénitentiaire d'insertion et de probation du lieu où le condamné souhaite établir sa résidence.

Art. D. 524. – Les demandes de libération conditionnelle relevant de la compétence du juge de l'application des peines doivent être examinées dans les trois mois de leur dépôt, conformément aux dispositions de l'article D. 116-10.

Celles relevant de la compétence de la juridiction régionale de la libération conditionnelle doivent être examinées dans les six mois de leur dépôt.

À défaut, le condamné peut directement saisir de sa demande, selon les cas, la chambre des appels correctionnels ou la juridiction nationale de la libération conditionnelle, par lettre recommandée ou selon les modalités prévues à l'article 503.

Les dispositions de l'article D. 116-7, des deuxième et troisième alinéas de l'article D. 116-10 ainsi que celles des articles D. 116-11 et D. 116-12 sont applicables aux demandes de libération conditionnelle.

(D. n. 2002-619, 26 avril 2002, art. 6) La demande de libération conditionnelle est remise au greffe du juge de l'application des peines dans les conditions prévues par le deuxième alinéa de l'article D. 116-7.

(D. n. 2002-619, 26 avril 2002, art. 6) Lorsque la demande relève de la compétence de la juridiction régionale de la libération conditionnelle, le greffier du juge de l'application des peines la transmet sans délai en copie à cette juridiction.

Art. D. 525. – Dès lors qu'il remplit les conditions prévues par l'article 729 ou par l'article 729-3, tout condamné peut, même s'il n'est pas sous écrou, être admis au bénéfice de la libération conditionnelle.

Art. D. 526. – Sans préjudice des dispositions de l'article D. 523, le juge de l'application des peines recueille les éléments d'information nécessaires à l'examen des demandes de libération conditionnelle. À cette fin, il peut procéder ou faire procéder à tous examens, auditions, enquêtes, expertises, réquisitions ou autres mesures utiles. Ces enquêtes peuvent porter, le cas échéant, sur les conséquences d'une libération conditionnelle au regard de la situation de la victime.

Lorsqu'il s'agit d'une demande de libération conditionnelle relevant de la juridiction régionale de la libération conditionnelle, le juge de l'application des peines recueille l'avis de la commission de l'application des peines.

Dans tous les cas, le juge de l'application des peines peut également recueillir l'avis du procureur de la République du tribunal de grande instance dans le ressort duquel le condamné souhaite établir sa résidence. Le procureur de la République peut alors procéder aux investigations prévues au premier alinéa du présent article afin de donner son avis.

Pour les affaires concernant les militaires condamnés par une des juridictions mentionnées à l'article 697 ou une juridiction des forces armées, le juge de l'application des peines recueille également l'avis du ministre de la défense.

Ces différents documents ou avis sont versés au dossier individuel du condamné, qui est transmis à la juridiction régionale.

Le juge de l'application des peines présente oralement la synthèse de ces documents et avis lors du débat contradictoire devant la juridiction régionale.

Art. D. 527. – Lorsqu'elles sont saisies, la juridiction régionale ou la juridiction nationale de la libération conditionnelle peuvent également procéder ou faire procéder à des mesures d'instruction complémentaires. La juridiction qui envisage d'accorder une libération conditionnelle est tenue de demander l'avis du procureur de la République du tribunal de grande instance dans le ressort duquel le condamné souhaite établir sa résidence si cet avis ne figure pas déjà dans le dossier.

Est nulle la décision de la juridiction régionale de la libération conditionnelle qui accorde une telle mesure sans avoir recueilli au préalable, conformément aux dispositions de l'article D. 527 du Code de procédure pénale, l'avis du procureur de la République du tribunal de grande instance dans le ressort duquel le condamné souhaite établir sa résidence (Cass. crim., 26 déc. 2001 : *Bull.* 276).

Art. D. 528. – Le débat contradictoire tenu devant la juridiction régionale de la libération conditionnelle fait l'objet d'un procès-verbal, qui est signé par le président de la juridiction et par son greffier.

La juridiction régionale de la libération conditionnelle statue par jugement rendu en chambre du conseil.

L'appel du jugement est formé soit au greffe de la juridiction régionale de la libération conditionnelle selon les modalités prévues aux deux premiers alinéas de l'article 502, soit selon les modalités prévues à l'article 503.

Les dispositions des premier, troisième, sixième, septième et neuvième alinéas de l'article D. 116-9, et des articles D. 116-11 et D. 116-12 sont applicables devant la juridiction régionale. Les débats contradictoires de la juridiction régionale ont lieu au sein de l'établissement pénitentiaire ou au siège de la cour d'appel, selon les distinctions prévues aux trois premiers alinéas de l'article D. 116-8, et les dispositions du dernier alinéa de cet article sont applicables.

Art. D. 528-1 *(D. n. 2002-619, 26 avril 2002, art. 3-II)*. **– En cas d'absence du condamné au débat contradictoire, et sauf si la juridiction régionale de la libération conditionnelle décide de renvoyer ce débat à une date ultérieure, le président de cette juridiction constate, par procès-verbal mentionnant la carence de l'intéressé, qu'il n'y a lieu à statuer. Copie de ce procès-verbal est adressée au condamné selon les modalités prévues par le sixième alinéa de l'article D. 116-9. Lorsque le débat contradictoire était organisé à la suite d'une demande du condamné en application des dispositions de l'article D. 524, cette copie est accompagnée de l'information selon laquelle le condamné peut former une nouvelle demande.**

Art. D. 529. – En cas d'appel, une copie du dossier individuel du condamné et de la décision de la juridiction régionale est transmise à la juridiction nationale de la libération conditionnelle.

À l'appui de son appel, le condamné ou son avocat peuvent adresser des observations écrites à la juridiction nationale. Ces observations doivent être adressées un mois au plus tard après la date de l'appel, sauf dérogation accordée par le président de la juridiction.

Pendant l'instance d'appel, les dispositions de l'article D. 116-6 relatives à la communication du dossier individuel du condamné sont applicables.

Art. D. 529-1. – Préalablement au débat contradictoire tenu devant la juridiction nationale de la libération conditionnelle, le président de la juridiction ou l'un des conseillers par lui désigné peut, d'office ou à la demande du condamné, procéder à l'audition de ce dernier en présence de son avocat ou celui-ci convoqué dans les conditions prévues à l'article D. 116-9. Le ministère public est

avisé de cette audition et peut y assister. Il est dressé un procès-verbal de l'audition, signé du magistrat, du greffier et de l'intéressé.

Si le condamné est incarcéré, cette audition a lieu dans l'établissement pénitentiaire.

Art. D. 529-2. – En application des dispositions du sixième alinéa de l'article 722-1, la juridiction nationale de la libération conditionnelle statue, au vu des éléments du dossier, par arrêt rendu à la suite d'un débat contradictoire tenu en chambre du conseil hors la présence du condamné, au cours duquel, après le rapport oral d'un conseiller, le procureur général puis l'avocat du condamné présentent leurs observations. Le procureur général peut répliquer, l'avocat du condamné ayant toujours la parole en dernier.

L'avocat du condamné est convoqué par lettre recommandée ou par télécopie au plus tard quinze jours *(D. n. 2000-1388, 30 déc. 2000, art. 8)* avant le débat contradictoire.

Si le président de la juridiction nationale de la libération conditionnelle constate que l'appel n'a manifestement pas été formé dans le délai de dix jours, il déclare que celui-ci est irrecevable. Cette décision n'est pas susceptible de recours.

CHAPITRE III. – DES MESURES ET DES OBLIGATIONS AUXQUELLES PEUVENT ÊTRE SOUMIS LES LIBÉRÉS CONDITIONNELS

Art. D. 530 *(D. n. 73-281, 7 mars 1973, art. 1er ; D. n. 85-836, 6 août 1985, art. 13)*. – Les condamnés admis au bénéfice de la libération conditionnelle peuvent être soumis, en vertu de la décision dont ils font l'objet, aux mesures d'aide et de contrôle prévues à la section I du présent chapitre, destinées à faciliter et à vérifier leur *(D. n. 98-1099, 8 déc. 1998, art. 175)* réinsertion.

L'octroi ou le maintien de la liberté conditionnelle peut être subordonné, en outre, à l'observation des conditions particulières prévues à la section II.

Art. D. 531 *(D. n. 98-1099, 8 déc. 1998, art. 176)*. – Tout condamné, sous réserve de l'application des dispositions de l'article 729-2, a la faculté de refuser son admission à la libération conditionnelle, en sorte que les mesures et les conditions particulières qu'elle comporte à son égard ne peuvent s'appliquer sans son consentement.

Ces mesures et conditions doivent en conséquence être portées à la connaissance de l'intéressé avant l'exécution de la décision qui les prescrit.

SECTION I. – DES MESURES D'AIDE ET DE CONTRÔLE

(Intitulé mod., D. n. 85-836, 6 août 1985, art. 13)

Art. D. 532 *(D. n. 85-836, 6 août 1985, art. 13)*. – Les mesures d'aide ont pour objet de susciter et de seconder les efforts du condamné en vue de *(D. n. 98-1099, 8 déc. 1998, art. 177)* sa réinsertion sociale, familiale et professionnelle.

(D. n. 99-276, 13 avr. 1999, art. 30) Elles sont mises en œuvre par le service pénitentiaire d'insertion et de probation en liaison et avec la participation, le cas échéant, des autres services de l'État, des collectivités territoriales et de tous organismes publics ou privés.

Art. D. 533 *(D. n. 73-281, 7 mars 1973, art. 1er ; D. n. 85-836, 6 août 1985, art. 1er)*. – Les mesures de contrôle auxquelles le condamné doit se soumettre sont les suivantes :

1° Résider au lieu fixé par la décision de libération ;

2° Répondre aux convocations du juge de l'application des peines ou du *(D. n. 99-276, 13 avr. 1999, art. 31)* travailleur social du service pénitentiaire d'insertion et de probation ;

3° Recevoir les visites du *(D. n. 99-276, 13 avr. 1999, art. 31)* travailleur social du service pénitentiaire d'insertion et de probation ;

4° *(D. n. 86-462, 14 mars 1986, art. 9)* Prévenir le *(D. n. 99-276, 13 avr. 1999, art. 31)* travailleur social du service pénitentiaire d'insertion et de probation de ses changements d'emploi et, lorsqu'ils

sont de nature à mettre obstacle à l'exécution de ses obligations, obtenir une autorisation préalable du juge de l'application des peines.

Art. D. 534 *(D. n. 72-852, 12 sept. 1972, art. 1er ; D. n. 73-281, 7 mars 1973, art. 1er ; D. n. 85-836, 6 août 1985, art. 1er)*. **– Le juge de l'application des peines peut autoriser le libéré conditionnel à changer de résidence, après avoir consulté le juge de l'application des peines du ressort dans lequel le condamné envisage de s'établir et, dans l'hypothèse prévue au troisième alinéa de l'article 730** *(D. n. 2002-619, 26 avril 2002, art. 7)* **le procureur de la République de ce ressort.**

(D. n. 86-462, 14 mars 1986, art. 12-5°) **Le libéré doit obtenir l'autorisation du juge de l'application des peines préalablement à tout déplacement dont la durée excéderait quinze jours, ainsi que pour tout déplacement à l'étranger.**

L'établissement à l'étranger, s'il n'est pas prévu dans la décision de libération conditionnelle, ne peut être autorisé que par une modification de ladite décision dans les conditions fixées au 4e alinéa de l'article 732.

SECTION II. – DES CONDITIONS PARTICULIÈRES

Art. D. 535 *(D. n. 73-281, 7 mars 1973, art. 1er ; D. n. 98-1099, 8 déc. 1998, art. 178)*. **– La décision accordant à un condamné le bénéfice de la libération conditionnelle peut subordonner l'octroi de cette mesure à l'une des conditions suivantes :**

1° Avoir satisfait à une épreuve de semi-liberté ou de placement à l'extérieur sans surveillance dont les modalités sont déterminées par ladite décision *(D. n. 2000-1213, 13 déc. 2000, art. 15, applic. 1er janv. 2001)* **ou avoir bénéficié d'une ou plusieurs permissions de sortir ;**

2° Remettre tout ou partie de son compte nominatif au *(D. n. 99-276, 13 avr. 1999, art. 32)* **service pénitentiaire d'insertion et de probation, à charge pour ledit service de restitution par fractions ;**

3° S'engager dans les armées de terre, de mer ou de l'air dans les cas où la loi l'autorise, ou rejoindre une formation des forces armées s'il s'agit d'un détenu appartenant à un contingent d'âge présent ou appelé sous les drapeaux, ou s'il s'agit d'un militaire en activité de service ;

4° *(D. n. 84-809, 28 août 1984, art. 2)* **S'il s'agit d'un étranger, être expulsé du territoire national, reconduit à la frontière ou être extradé, ou quitter le territoire national et n'y plus paraître.**

Art. D. 536 *(D. n. 64-735, 20 juill. 1964 ; D. n. 72-852, 12 sept. 1972, art. 1er ; D. n. 73-281, 7 mars 1973, art. 1er ; D. n. 85-836, 6 août 1985, art. 1er ; D. n. 86-462, 14 mars 1986, art. 10)*. **– La décision peut, par ailleurs, subordonner l'octroi et le maintien de la liberté conditionnelle à l'observation par le condamné de l'une ou de plusieurs des conditions suivantes :**

1° S'abstenir de paraître en tous lieux spécialement désignés ;

2° Suivre un enseignement ou une formation professionnelle ;

3° Se soumettre à des mesures d'examen, de contrôle, de traitement ou de soins médicaux, même sous le régime de l'hospitalisation ;

4° Justifier qu'il contribue aux charges familiales ou acquitte régulièrement les aliments qu'il a été condamné à payer conformément aux décisions judiciaires et aux conventions judiciairement homologuées portant obligation de verser des prestations, subsides ou contributions aux charges du mariage ;

5° Payer les sommes dues à la victime de l'infraction, ses représentants légaux ou ses ayants droit ou justifier qu'il les acquitte en fonction de ses facultés contributives ;

6° Payer les sommes dues au Trésor public à la suite de la condamnation ou justifier qu'il les acquitte en fonction de ses facultés contributives ;

7° Ne pas conduire certains véhicules déterminés par les catégories de permis mentionnées au Code de la route et remettre tout permis concerné au greffe du tribunal ;

8° Ne pas fréquenter les casinos, maisons de jeux et champs de courses, et ne pas engager de paris, notamment dans les organismes de pari mutuel ;

9° Ne pas fréquenter les débits de boissons et s'abstenir de tout excès de boissons alcoolisées ;

10° Ne pas fréquenter certains condamnés, notamment les auteurs ou complices de l'infraction ;

11° S'abstenir d'entrer en relation avec certaines personnes, notamment la victime de l'infraction, de les recevoir ou de les héberger à son domicile ;
12° Ne pas détenir ou porter une arme.

Art. D. 537. – *D. n. 64-735, 20 juill. 1964 ; D. n. 73-281, 7 mars 1973, art. 1er ; Abrogé, D. n. 85-836, 6 août 1985, art. 12.*

CHAPITRE IV. – DES COMITÉS CHARGÉS DE LA MISE EN ŒUVRE DES MESURES CONCERNANT LES LIBÉRÉS CONDITIONNELS

Art. D. 538 et D. 539. – *D. n. 73-281, 7 mars 1973, art. 1er et 2 ; Abrogés, D. n. 86-462, 14 mars 1986, art. 13.*

CHAPITRE V. – DISPOSITIONS DIVERSES

Art. D. 540. – *(D. n. 2000-1213, 13 déc. 2000, art. 16, applic. 1er janv. 2001)* **Lorsqu'un libéré conditionnel a fait l'objet d'une arrestation provisoire en application des dispositions du deuxième alinéa de l'article 733, le débat contradictoire relatif à l'éventuelle révocation de la mesure doit intervenir, à compter de la date de l'arrestation de la personne, dans un délai d'un mois si la décision relève de la compétence du juge de l'application des peines et dans un délai de deux mois si elle relève de la compétence de la juridiction régionale de la libération conditionnelle, faute de quoi la personne est mise en liberté si elle n'est pas détenue pour autre cause.**

Art. D. 541. – *(D. n. 2000-1213, 13 déc. 2000, art. 16, applic. 1er janv. 2001)* **Lorsque l'arrestation provisoire prévue au deuxième alinéa de l'article 733 intervient à la suite de la mise à exécution d'un mandat d'arrêt ou d'amener délivré en application de l'article 722-2, elle doit être ordonnée avant l'expiration des délais de détention prévus par les articles 125, 127, 130 et 133, faut de quoi la personne est mise en liberté si elle n'est pas détenue pour autre cause.**

La personne est aussitôt informée par, selon les cas, le juge de l'application des peines, le magistrat désigné en application du troisième alinéa de l'article 125, le chef de l'établissement pénitentiaire ou l'officier de police judiciaire, qu'elle fait l'objet d'une arrestation provisoire et qu'elle comparaîtra, dans un délai d'un ou deux mois, selon les distinctions prévues à l'article précédent, devant la juridiction chargée de statuer sur l'éventuelle révocation de la libération conditionnelle.

(D. n. 2002-619, 26 avril 2002, art. 8) **Lorsqu'un mandat d'arrêt est délivré dans les conditions prévues par le deuxième alinéa de l'article 722-2 à l'encontre d'un condamné bénéficiant d'une libération conditionnelle, le délai prévu par l'article 732 est suspendu jusqu'à l'exécution du mandat.**

(D. n. 2002-619, 26 avril 2002, art. 8) **Il en est de même pendant la durée de l'arrestation provisoire ordonnée en application du deuxième alinéa de l'article 733.**

Art. D. 542. – *(D. n. 85-836, 6 août 1985, art. 1er ; D. n. 96-651, 22 juill. 1996, art. 2 ; D. n. 99-276, 13 avr. 1999, art. 33)* **Les services pénitentiaires d'insertion et de probation sont chargés d'assurer la prise en charge des interdits de séjour faisant l'objet des mesures d'assistance visées à l'article 131-31 du Code pénal.**

2e et 3e alinéas abrogés, D. n. 85-836, 6 août 1985, art. 1er.

Art. D. 543. – *Abrogé, D. n. 85-836, 6 août 1985, art. 1er.*

Art. D. 544 *(D. n. 99-276, 13 avr. 1999, art. 34)*. – **Pendant les six mois suivant sa date de libération, toute personne peut bénéficier, à sa demande, de l'aide du service pénitentiaire d'insertion et de probation du lieu de sa résidence.**

Cette aide s'exerce en liaison et avec la participation, le cas échéant, des autres services de l'État, des collectivités territoriales et de tous organismes publics ou privés.

CHAPITRE VI. – DES RECOURS CONTRE LES MESURES D'ADMINISTRATION JUDICIAIRE

(D. n. 93-193, 8 févr. 1993, art. 1er-XVII)

Art. D. 544-1 *(D. n. 79-534, 3 juill. 1979, art. 15).* **– La notification des mesures d'administration judiciaire mentionnées à l'article 733-1 est faite à la diligence du juge de l'application des peines qui adresse au procureur de la République une copie de la décision dès que celle-ci a été prise.**

Art. D. 544-2 *(D. n. 79-534, 3 juill. 1979, art. 15 ; D. n. 93-193, 8 févr. 1993, art. 1er-XVIII).* **– Lorsque le procureur de la République a, dans les vingt-quatre heures de la notification, formé le recours prévu à l'article 733-1, il en informe immédiatement le juge de l'application des peines et le chef de l'établissement pénitentiaire ainsi que le condamné. Ce recours est suspensif.**

Art. D. 544-3 *(D. n. 79-534, 3 juill. 1979, art. 15 ; D. n. 93-193, 8 févr. 1993, art. 1er-XIX).* **– En cas de recours, le procureur de la République transmet aussitôt le dossier, au tribunal correctionnel ou au tribunal pour enfants qui doit statuer à la première audience ou au plus tard dans la huitaine du jour de la requête. Passé ce délai, la requête est considérée comme non avenue. Il appartient au procureur de la République d'en informer le juge de l'application des peines et le chef de l'établissement pénitentiaire.**

Art. D. 544-4 *(D. n. 79-534, 3 juill. 1979, art. 15 ; D. n. 93-193, 8 févr. 1993, art. 1er-XX).* **– La décision de la juridiction est notifiée immédiatement au procureur de la République qui en informe le juge de l'application des peines et le chef de l'établissement pénitentiaire ainsi que les parties à l'instance.**

Art. D. 544-5 *(D. n. 93-193, 8 févr. 1993, art. 1er-XXI).* **– Le procureur de la République, le condamné, son conseil et le conseil de la partie civile peuvent se pourvoir en cassation dans les cinq jours de la décision rendue par le tribunal correctionnel ou le tribunal pour enfants. Ce pourvoi n'est pas suspensif.**

TITRE IV. – DU SURSIS (1)

CHAPITRE I

Néant.

CHAPITRE II. – DU SURSIS AVEC MISE À L'ÉPREUVE

SECTION I

Néant.

SECTION II. – DES AUTORITÉS CHARGÉES DE CONTRÔLER LE RÉGIME DE LA MISE À L'ÉPREUVE

Art. D. 545 à D. 565. *– Abrogés, D. n. 86-462, 14 mars 1986, art. 13.*

Art. D. 566. *– Transféré à l'article D. 598, D. n. 86-462, 14 mars 1986, art. 14.*

(1) Dispositions prises pour l'application du titre IV du livre V du Code de procédure pénale (1re partie, Législative).

Art. D. 567 et D. 568. – *Abrogés, D. n. 86-462, 14 mars 1986, art. 13.*

SECTIONS III à V

Néant.

TITRE V

Néant.

TITRE VI. – DE LA CONTRAINTE PAR CORPS (1)

Art. D. 569. – La contrainte par corps est subie en maison d'arrêt, dans le quartier à ce destiné.

À défaut d'un tel quartier dans les établissements où la distribution des locaux ne se prête pas à son organisation, les dispositions utiles doivent être prises pour que les détenus pour dettes demeurent séparés dans toute la mesure du possible des autres détenus.

Art. D. 570 *(D. n. 72-852, 12 sept. 1972, art. 1er ; D. n. 98-1099, 8 déc. 1998, art. 179).* **– Les personnes détenues en vertu d'une décision de contrainte par corps sont soumises au même régime que les condamnés.**

(D. n. 85-836, 6 août 1985, art. 1er) **Pour l'admission au bénéfice des mesures prévues aux articles 723 et 723-3, les conditions de délai fixées aux articles** *(D. n. 2000-1213, 13 déc. 2000, art. 8-III, à compter du 1er janv. 2001)* **D. 128 à D. 145 ne sont pas applicables.**

TITRE VII. – DE L'INTERDICTION DE SÉJOUR

(D. n. 96-651, 22 juill. 1996)

Art. D. 571. – Lorsqu'elle est libre, la personne condamnée à l'interdiction de séjour est tenue d'aviser le ministère public près la juridiction qui a prononcé la condamnation, du lieu où elle fixe sa résidence. Lorsqu'elle est détenue, elle doit en aviser, lors de sa libération, le greffe de l'établissement pénitentiaire. Le chef de l'établissement pénitentiaire en informe alors immédiatement le ministère public près la juridiction qui a prononcé la condamnation.

Art. D. 571-1. – Lorsque la condamnation à l'interdiction de séjour est exécutoire, le ministère public près la juridiction qui a prononcé la condamnation en avise le juge de l'application des peines compétent auquel il transmet une copie de la décision ainsi que toutes informations utiles concernant la résidence de la personne condamnée.

Art. D. 571-2. – Le ministère public près la juridiction qui a prononcé la condamnation à l'interdiction de séjour devenue exécutoire remet ou fait remettre au condamné un document lui permettant de justifier de sa situation au regard de l'interdiction de séjour. Ce document est remis

(1) Dispositions prises pour l'application du titre IV du livre V du Code de procédure pénale (1re partie, Législative).

au condamné incarcéré lors de sa libération. Si le condamné est convoqué par le juge d'application des peines alors que ce document n'a pu lui être remis auparavant, ce magistrat en assure la remise.

Le document remis au condamné mentionne l'état civil de celui-ci, la date de la décision de condamnation et la juridiction dont elle émane, la durée de l'interdiction de séjour ainsi que la liste des lieux interdits et, s'il y a lieu, la ou les mesures de surveillance fixées par le tribunal en application de l'article 762-1.

Toute décision modifiant les modalités d'exécution de l'interdiction de séjour en application des articles 762-4 et 762-5 est mentionnée sur le document. Cette mention est portée par le magistrat qui prend la décision ou, si celle-ci est prise par le tribunal correctionnel, par le procureur de la République près ce tribunal.

Si l'interdiction de séjour accompagne une peine privative de liberté sans sursis, le document porte également mention de cette peine et du jour où la privation de liberté a pris fin.

Le document reproduit les termes des articles 131-31 et 131-32 du Code pénal et des articles 762-2, 762-4 et 762-5 du Code de procédure pénale. Il précise en outre que le fait pour le condamné de se soustraire aux obligations et interdictions découlant de l'interdiction de séjour est puni des peines prévues par l'article 434-38 du Code pénal.

Le modèle du document prévu au présent article est établi par les soins du ministre de la justice.

Art. D. 571-3. – Le ministère public près la juridiction qui a prononcé la condamnation est avisé, soit par le magistrat qui prend la décision, soit, lorsque celle-ci est prise par le tribunal correctionnel, par le procureur de la République près ce tribunal :

1° De toute transmission de dossier au juge de l'application des peines compétent à la suite d'un changement de résidence du condamné à l'interdiction de séjour ;

2° De toute modification de la liste des lieux interdits et des mesures de surveillance décidée en application de l'article 762-4 ;

3° De toute suspension provisoire de l'exécution de la mesure d'interdiction de séjour décidée en application de l'article 762-5, alinéa 1er ;

4° De toute autorisation provisoire de séjourner dans une localité interdite décidée en application de l'article 762-5, alinéa 2 ;

5° De tout ordre de recherche délivré à l'encontre du condamné en application des dispositions combinées des articles 762-2, alinéa 2, et 741, alinéa 2.

6° De toute condamnation pour infraction à l'interdiction de séjour.

En cas de condamnation pour infraction à l'interdiction de séjour, le ministère public près la juridiction qui a prononcé la condamnation en avise en outre le juge de l'application des peines sous le contrôle duquel le condamné à l'interdiction de séjour est placé.

Le ministère public près la juridiction qui a prononcé la condamnation assure la transmission des informations visées aux 2°, 3° et 4° au fichier des personnes recherchées en vue de leur diffusion.

TITRES VIII À X

Néant.

TITRE XI. – LE SERVICE PÉNITENTIAIRE D'INSERTION ET DE PROBATION

(D. n. 99-276, 13 avr. 1999, art. 35)

CHAPITRE I. – LES MISSIONS DU SERVICE PÉNITENTIAIRE D'INSERTION ET DE PROBATION

Art. D. 572. – Dans chaque département, est créé un service pénitentiaire d'insertion et de probation, service déconcentré de l'administration pénitentiaire, chargé d'exécuter les missions prévues par les articles D. 573 à D. 574.

Le directeur du service pénitentiaire d'insertion et de probation est placé sous l'autorité du directeur régional des services pénitentiaires.

Le siège du service pénitentiaire d'insertion et de probation et la liste des antennes locales d'insertion et de probation sont fixés par arrêté du ministre de la justice.

Art. D. 573. – Le service pénitentiaire d'insertion et de probation, avec la participation, le cas échéant, des autres services de l'État, des collectivités territoriales et de tous organismes publics ou privés, favorise l'accès aux droits et aux dispositifs d'insertion de droit commun des détenus et personnes qui lui sont confiées par les autorités judiciaires.

Il s'assure en particulier pour les personnes libérées de la continuité des actions d'insertion engagées en vertu des dispositions des articles D. 441-1, D. 457 et D. 459.

Il peut également apporter une aide matérielle aux personnes qui lui sont confiées par les autorités judiciaires.

Art. D. 574. – Le service pénitentiaire d'insertion et de probation concourt, sur saisine des autorités judiciaires, à la préparation des décisions de justice à caractère pénal ; il peut être chargé de l'exécution des enquêtes et des mesures préalables au jugement. À cet effet, il effectue les vérifications sur la situation matérielle, familiale et sociale des personnes faisant l'objet d'enquêtes ou de poursuites judiciaires afin de permettre une meilleure individualisation des mesures ou peines et de favoriser l'insertion des intéressés.

Il assure le suivi et le contrôle des personnes placées sous contrôle judiciaire. Il effectue les investigations qui lui sont demandées préalablement à l'exécution des peines privatives de liberté.

Le service pénitentiaire d'insertion et de probation met en œuvre les mesures de contrôle et veille au respect des obligations imposées aux condamnés à l'emprisonnement avec sursis avec mise à l'épreuve ou à un travail d'intérêt général, aux personnes faisant l'objet d'une mesure d'ajournement de peine avec mise à l'épreuve, aux libérés conditionnels, aux interdits de séjour et aux personnes visées à l'article L. 51 du Code du service national.

Art. D. 575. – Sous l'autorité du directeur du service pénitentiaire d'insertion et de probation, les travailleurs sociaux s'assurent que la personne confiée au service se soumet aux mesures de contrôle et respecte les obligations qui lui sont imposées.

Ils mettent en œuvre les mesures propres à favoriser sa réinsertion sociale. Ils fournissent au magistrat mandant, à sa demande ou de leur propre initiative, tous éléments d'information lui permettant de prendre en compte les mesures adaptées à la situation de la personne.

Ils proposent les aménagements ou modifications des mesures de contrôle, obligations ou conditions, et rendent compte de leurs violations. Ils lui adressent chaque semestre à compter de la saisine du service et à l'issue de la mesure de suivi un rapport d'évaluation.

CHAPITRE II. – LES ATTRIBUTIONS DU JUGE DE L'APPLICATION DES PEINES ET DES AUTRES MAGISTRATS MANDANTS

Art. D. 576. – Le juge de l'application des peines :

1° Détermine les orientations générales relatives à l'exécution des mesures confiées au service pénitentiaire d'insertion et de probation ;

2° Évalue leur mise en œuvre par le service.

Le juge de l'application des peines exerce ces attributions en concertation avec les autres magistrats mandants. Les chefs de juridiction organisent cette concertation.

Art. D. 577. – Le juge de l'application des peines et les autres magistrats concernés communiquent, le cas échéant, pour chaque dossier dont ils saisissent le service, des instructions particulières pour le suivi de la mesure.

Le magistrat mandant peut demander par un écrit motivé au directeur du service pénitentiaire d'insertion et de probation de désigner un autre travailleur social, s'il constate que celui qui a été chargé de la mesure ne remplit pas les diligences prévues.

Art. D. 578. – Le juge de l'application des peines et le directeur du service pénitentiaire d'insertion et de probation visitent chaque année les divers foyers ou organismes d'hébergement accueillant les personnes visées aux articles D. 544 et D. 574.

CHAPITRE III. – L'ORGANISATION ET LE FONCTIONNEMENT DU SERVICE PÉNITENTIAIRE D'INSERTION ET DE PROBATION

Art. D. 579. – Le directeur du service pénitentiaire d'insertion et de probation s'assure du suivi de chaque mesure dont le service est saisi et de l'exécution des instructions données par les magistrats mandants.

Il vérifie que les rapports sont régulièrement adressés aux magistrats.

Art. D. 580. – Au sein du service, il est tenu un dossier pour chaque personne faisant l'objet d'une mesure visée à l'article D. 574. Ce dossier comprend les pièces d'ordre judiciaire nécessaires au suivi de la mesure, les éléments relatifs au contrôle des obligations ou conditions imposées ainsi que la copie des rapports adressés au magistrat mandant.

Les documents couverts par le secret professionnel ne peuvent être consultés que par un membre du service pénitentiaire d'insertion et de probation.

En cas de changement de résidence de la personne suivie, le service transmet sous pli fermé ces documents au service compétent du lieu de la nouvelle résidence.

Le dossier est communiqué à sa demande au magistrat qui a saisi le service, sauf pour les renseignements recueillis par voie de confidences auprès des personnes prises en charge.

Art. D. 581. – Les membres du service pénitentiaire d'insertion et de probation sont tenus au secret professionnel dans les conditions prévues par les articles 226-13 et 226-14 du Code pénal.

Chaque fois que la demande leur en est faite ou à leur initiative, ils fournissent à l'autorité judiciaire ou aux services de l'administration pénitentiaire les éléments permettant de mieux individualiser la situation des personnes placées sous main de justice.

Dans le cadre de l'exécution des mesures visées à l'article D. 574, les membres du service pénitentiaire d'insertion et de probation ne peuvent opposer le secret professionnel aux autorités judiciaires, sauf pour les renseignements recueillis par voie de confidences auprès des personnes prises en charge.

Art. D. 582. – Le service pénitentiaire d'insertion et de probation assure une permanence pour répondre aux demandes de la juridiction et à toutes mesures d'urgence nécessitées par la situation des personnes visées aux articles D. 544 et D. 574.

Art. D. 583. – À titre exceptionnel, il peut être fait appel à des personnes bénévoles, agréées par le directeur du service après avis du juge de l'application des peines, dans des conditions fixées par arrêté du ministre de la justice.

Le directeur du service peut retirer ou suspendre son agrément soit d'office, soit à la demande du juge de l'application des peines ou du procureur de la République.

Art. D. 584. – Chaque année, le directeur du service pénitentiaire d'insertion et de probation transmet un rapport d'activité au directeur régional des services pénitentiaires, au président du tribunal de grande instance et au procureur de la République près ledit tribunal ainsi qu'au juge de l'application des peines.

Art. D. 585. – Le directeur du service pénitentiaire d'insertion et de probation est consulté sur les demandes d'agrément formulées, conformément à la législation relative à l'aide sociale, par les organismes hébergeant les libérés.

Ses avis sont transmis par le ministre de la justice au ministre chargé de la santé.

Art. D. 586. – Les modalités du fonctionnement financier et comptable du service pénitentiaire d'insertion et de probation sont fixées par arrêté conjoint du ministre de la justice et du ministre chargé du budget.

Art. D. 587. – En l'absence du chef de service, le directeur du service pénitentiaire d'insertion et de probation délègue sa signature à un travailleur social du service pénitentiaire d'insertion et de probation pour ordonner les dépenses courantes nécessaires au fonctionnement du service.

Art. D. 587 à D. 598. – *Abrogés, D. n. 99-276, 13 avr. 1999, art. 36.*

ANNEXE

DISPOSITIONS GÉNÉRALES

Art. D. 599 *(Ancien art. D. 572) (D. n. 64-119, 4 févr. 1964, art. 4 ; D. n. 79-37, 10 janv. 1979, art. 5 ; D. n. 86-462, 14 mars 1986, art. 14)* (1). – **Le présent code, ainsi que les décrets qui le modifient est applicable aux départements de la Guadeloupe, de la Guyane, de la Martinique, de la Réunion et de Saint-Pierre-et-Miquelon.**

(1) V. D. n. 84-577, 6 juill. 1984 (*JO* 10 juill.) rendant applicable dans les territoires d'outre-mer, la 3e partie du Code de procédure pénale, modifié D. n. 84-801, 27 août 1984, art. 9 (*JO* 29 août).

LIVRE SIXIÈME

(Ord. n. 96-268, 28 mars 1996)
portant actualisation des dispositions législatives de procédure pénale applicables dans les territoires de la Nouvelle-Calédonie, de la Polynésie française et des Iles Wallis et Futuna, ainsi que dans la collectivité territoriale de Mayotte

Art. D. 600 *(Ancien art. D. 573) (D. n. 64-119, 4 févr. 1964, art. 4 ; D. n. 79-37, 10 janv. 1979, art. 5 ; D. n. 86-462, 14 mars 1986, art. 14)*. – **Des arrêtés du ministre de la justice déterminent, en tant que de besoin, les adaptations jugées nécessaires à l'application des titres II, III, IV et VI du livre V du Code de procédure pénale (3e partie : Décrets) dans les départements de la Guadeloupe, de la Guyane, de la Martinique, de la Réunion et de Saint-Pierre-et-Miquelon.**

ARRÊTÉS

TITRE PRÉLIMINAIRE

Néant.

LIVRE PREMIER

DE L'EXERCICE DE L'ACTION PUBLIQUE ET DE L'INSTRUCTION

TITRE PREMIER. – DES AUTORITÉS CHARGÉES DE L'ACTION PUBLIQUE ET DE L'INSTRUCTION

CHAPITRE I. – DE LA POLICE JUDICIAIRE

SECTION I

Néant.

SECTION II. – DES OFFICIERS DE POLICE JUDICIAIRE

§ 1. – Désignation des gendarmes officiers de police judiciaire (1)

Art. A. 1er *(A. 24 août 1960, art. 1er).* – **« Peuvent être admis à subir l'examen technique destiné à l'attribution de la qualité d'officier de police judiciaire prévu à l'article R. 3 les gendarmes comptant au moins trois ans de service dans la gendarmerie au 1er janvier de l'année de l'examen ».**

Cette période, qui part de l'admission de l'intéressé dans la gendarmerie, ne comprend que le temps passé en activité de service dans cette arme.

(1) Dispositions de l'arrêté prises pour l'application des articles R. 1 à R. 5 du Code de procédure pénale (2e partie. – Décrets en Conseil d'État).

Art. A. 2. – Les listes des candidats admis à se présenter à l'examen technique sont établies par les commandants de légion de gendarmerie départementale (ou autorités assimilées) et arrêtées par le ministre chargé des armées.

Art. A. 3 *(A. 1er févr. 1977, art. 1er).* – L'examen technique d'officier de police judiciaire a lieu chaque année, au cours du dernier trimestre, et comporte deux épreuves écrites, à savoir :

1° Une composition sur des notions de droit pénal ou de procédure pénale (durée : trois heures) ;

2° Une épreuve pratique de procédure sur un cas de crime ou de délit (durée : quatre heures).

La valeur de chaque épreuve est constatée par une note de 0 à 20. Toute note égale ou inférieure à 5 dans l'une ou l'autre épreuve est éliminatoire.

Art. A. 4. – Le programme des épreuves de l'examen technique est ainsi fixé :

Procédure pénale

Action publique ; action civile ;

Le ministère public ; le procureur général ; le procureur de la République ;

Le juge d'instruction ;

La police judiciaire ; officiers de police judiciaire ; agents de police judiciaire ;

La procédure des crimes et délits flagrants ;

L'enquête préliminaire ;

Les pouvoirs des préfets en matière de police judiciaire ;

Les perquisitions et saisies ;

L'instruction du premier et du second degré ;

Les mandats de justice ;

Les commissions rogatoires ;

L'enquête sur la personnalité des inculpés, ainsi que sur leur situation matérielle, familiale ou sociale ;

Le contrôle de la chambre de l'instruction sur l'activité des officiers de police judiciaire ;

Les juridictions répressives : cour d'assises, tribunal correctionnel, tribunal de police ;

Les voies de recours : appel, défaut et opposition ;

L'enfance délinquante ; protection des mineurs en danger physique ou moral ; enquête sur le mineur, sa famille et son milieu.

Droit pénal

L'infraction en général ; éléments constitutifs ; classification des infractions : crimes, délits, contraventions ; intérêts de la distinction ;

La tentative punissable ; le commencement d'exécution ; le désistement volontaire ;

La responsabilité pénale ; non-culpabilité ; faits justificatifs ; excuses ; circonstances atténuantes ; circonstances aggravantes ;

La complicité ; le concours d'infractions ;

La récidive ; le casier judiciaire ;

Le sursis ; la libération conditionnelle ;

Définition et classification des peines ; exécution, extinction des peines ; la réhabilitation ;

Divers genres d'établissements pénitentiaires ;

Infractions prévues aux livres III et IV du Code pénal ;

Infractions à la police de la circulation routière ;

Infractions aux lois sur la presse.

Art. A. 5. – Les règles de sélection et de préparation des candidats à l'examen technique sont fixées par instruction ministérielle.

Art. A. 6. – La date de l'examen technique et les sujets des épreuves sont fixés, d'un commun accord, par le directeur des affaires criminelles et des grâces et par le directeur général de la gendarmerie nationale.

Art. A. 7. – Les épreuves de l'examen technique se déroulent dans un ou plusieurs centres organisés par les commandants de légion de gendarmerie départementale (ou autorités assimilées) concernés.

Il est interdit aux candidats, sous peine d'exclusion, d'avoir par-devers eux des documents imprimés ou manuscrits ou des codes annotés et commentés article par article par des praticiens du droit. Toutefois, ils peuvent consulter des codes ou recueils de lois et décrets ; ces derniers peuvent comporter des références à des textes législatifs ou réglementaires ainsi qu'à des articles de doctrine ou des décisions de jurisprudence.

Toute fraude ou tentative de fraude dans l'une quelconque des épreuves entraîne l'exclusion immédiate de l'examen, prononcée sans délai et sans appel, par l'officier surveillant ; le candidat, en dehors d'une sanction disciplinaire, peut ne pas être autorisé à se présenter à l'examen les années suivantes.

L'enveloppe renfermant chaque sujet de composition est décachetée, en présence des candidats, à l'ouverture de la séance affectée à l'épreuve, par l'officier surveillant.

Toutes les compositions sont faites sur des feuilles fournies par la direction générale de la gendarmerie nationale.

L'organisation matérielle des épreuves de l'examen technique est assurée par le commandant de légion de gendarmerie départementale assurée par le commandant de légion de gendarmerie départementale (ou autorité assimilée) conformément aux directives données par circulaire.

Art. A. 8. – Les membres du jury d'examen, constitué comme il est dit à l'article R. 4, peuvent être répartis, pour la correction des épreuves, en plusieurs sous-commissions.

Art. A. 9 *(A. 4 oct. 1991)*. **– Dans le mois qui suit l'examen, le président réunit le jury pour l'établissement des normes de correction et pour la répartition des copies entre les correcteurs. L'anonymat des copies est assuré par un coin gommé.**

Le président fixe la date à laquelle les copies doivent parvenir corrigées au secrétariat de la commission.

Art. A. 10. – Le secrétaire de la commission :

1° Soumet au président les copies pour lesquelles est proposée une note égale ou inférieure à 5.

Ces copies font l'objet d'une seconde correction par un membre désigné par le président et appartenant à une autre formation (magistrature, gendarmerie) que celle dont fait partie le premier correcteur.

Le résultat de ces doubles corrections est soumis à la commission, qui en délibère spécialement lors de la réunion prévue à l'article A. 11 et fixe la note définitive.

2° Opère un relevé des notes attribuées pour chaque épreuve par les correcteurs ;

3° Dresse la liste de tous les candidats, avec les notes et le total des points obtenus par chacun d'eux.

Art. A. 11 *(A. 4 oct. 1991)*. **– Dans un délai maximum de quatre mois après la date de l'examen, le président réunit la commission aux fins d'arrêter :**

1° La liste par ordre de mérite des gendarmes pour lesquels la commission émet un avis favorable à l'attribution de la qualité d'officier de police judiciaire.

Seuls peuvent être retenus les candidats qui totalisent 24 points au moins pour l'ensemble des deux épreuves.

2° La liste des gendarmes éliminés ou n'ayant pas obtenu le nombre de points exigé.

Ces listes mentionnent les notes attribuées aux candidats dans chacune des épreuves et le total des points obtenus.

Elles sont adressées à la direction générale de la gendarmerie nationale, accompagnées des copies des candidats, et du procès-verbal de séance, où figurent l'avis de la commission sur le nombre des candidats déclarés aptes à recevoir la qualité d'officier de police judiciaire et, éventuellement, toutes propositions et suggestions jugées utiles.

Art. A. 12 *(A. 24 août 1960, art. 1er)*. – **Les candidats ayant échoué à quatre sessions ne peuvent plus être autorisés à se présenter à l'examen technique d'officier de police judiciaire.**

§ 2. – Désignation des officiers de police judiciaire de la police nationale

(A. 16 oct. 1995, art. 1)

V. Textes complémentaires, A. 16 oct. 1995, art. 2 et s., mesures transitoires.

Art. A. 13. – **Pour l'application de l'article R. 10 du Code de procédure pénale et aux fins de constater l'aptitude à la fonction d'officier de police judiciaire des élèves lieutenants de police, il est inclus dans la scolarité de l'École nationale supérieure des officiers de police un examen, sous forme d'un contrôle continu des connaissances, comportant le groupe d'épreuves suivant :**

1° Deux épreuves écrites de caractère pratique, en droit pénal général et droit pénal spécial ;

2° Deux épreuves écrites de caractère pratique, en procédure pénale et police judiciaire ;

3° Une épreuve orale en libertés publiques et procédure pénale.

Ces épreuves sont notées de 0 à 20. Toute moyenne des notes obtenues aux épreuves visées au 1° ou aux épreuves visées au 2° égale ou inférieure à 5 est éliminatoire.

Ces épreuves sont affectées d'un cœfficient 4 pour chacune des épreuves écrites prévues aux 1° et 2°, 8 pour l'épreuve orale prévue au 3°.

Nul ne pourra être considéré comme ayant satisfait à ce groupe d'épreuves s'il n'a obtenu au moins 240 points.

Dans l'hypothèse où l'élève lieutenant de police a été éliminé ou n'a pas obtenu 240 points, il est admis à se présenter à une session spéciale de rattrapage comportant une épreuve orale. Cette épreuve, notée de 0 à 20, porte sur les matières visées aux 1°, 2° et 3° pour la ou lesquelles l'élève n'a pas obtenu une note moyenne égale ou supérieure à 10.

Nul ne pourra être considéré comme ayant satisfait à l'examen s'il n'a obtenu à cette session une note égale ou supérieure à 10 sur 20.

Art. A. 14. – **Le programme des épreuves de l'examen prévu par l'article qui précède est le suivant :**

Procédure pénale

L'action publique et l'action civile.

Les autorités investies par la loi de fonctions de police judiciaire (en particulier ministère public, juges d'instruction, officiers et agents de police judiciaire).

Les cadres juridiques et les actes de la mission de police judiciaire.

Le contrôle de la mission de police judiciaire.

L'instruction préparatoire.

Les mandats de justice.

La détention provisoire et le contrôle judiciaire.

La nullité des actes de procédure.

La procédure pénale applicable aux mineurs.

Les juridictions judiciaires pénales.

L'exécution des décisions de justice pénale.

Droit pénal général

A. – Généralités sur la législation pénale.

B. – L'infraction pénale :

Les principes généraux de la responsabilité pénale ;

La classification des infractions et l'organisation judiciaire en matière pénale ;

Les éléments constitutifs de l'infraction ;

La tentative ;

La complicité ;

La responsabilité pénale des personnes morales ;

Les faits justificatifs légaux.

C. – La sanction :

Notions générales (classification des sanctions et des mesures de sûreté) ;

Modalités de mise en œuvre des sanctions (période de sûreté ; causes d'atténuation, d'exemption, d'aggravation, de suspension et d'extinction de la sanction).

Droit pénal spécial

A. – Infractions contre les personnes :

Les atteintes volontaires à la vie (meurtre, assassinat, empoisonnement, circonstances aggravantes) ;

Les atteintes involontaires à la vie (homicide involontaire) ;

Les atteintes volontaires à l'intégrité de la personne (tortures et actes de barbarie, violences, menaces) ;

Les atteintes involontaires à l'intégrité de la personne ;

Les agressions sexuelles (viol, autres agressions sexuelles, harcèlement sexuel) ;

L'usage et le trafic de stupéfiants ;

La mise en danger de la personne (risques causés à autrui, délaissement de la personne hors d'état de se protéger, entraves aux mesures d'assistance, omission de porter secours, expérimentation sur la personne, interruption illégale de la grossesse, provocation au suicide) ;

Les atteintes à la liberté de la personne (enlèvement et séquestration) ;

Les atteintes à la dignité de la personne (proxénétisme, conditions de travail et d'hébergement contraires à la dignité de la personne, le respect dû aux morts) ;

Les atteintes aux mineurs et à la famille (délaissement du mineur, abandon de famille, atteintes à l'exercice de l'autorité parentale, atteintes à la filiation, les délits de mise en péril des mineurs).

B. – Infractions contre les biens :

Le vol ;

L'escroquerie ;

L'abus frauduleux de l'état d'ignorance ;

Les détournements (abus de confiance, détournement de gage, organisation de l'insolvabilité) ;

Les abus de biens sociaux ;

La filouterie ;

L'extorsion ;

Le chantage ;

Le recel ;

L'immunité familiale ;

Les menaces ;

Les destructions, dégradations et détériorations ;

Les atteintes aux systèmes de traitement automatisé de données.

C. – Infractions contre la nation, l'État et la paix publique :

L'association de malfaiteurs ;

Les faux ;

Les crimes et délits commis par ou contre un fonctionnaire (rébellion, outrages, corruption, trafic d'influence, concussion).

D. – Les infractions à la police de la circulation routière.

E. – Les problèmes internationaux et européens de la législation pénale.

Libertés publiques

Introduction générale aux libertés publiques (sources, régime juridique, garanties et protection des libertés publiques).

Les libertés individuelles et la vie privée :

La sûreté ou liberté individuelle ;

La liberté d'aller et venir ;

Le respect de la vie privée, du domicile et des correspondances ;

Le respect de la personne et les lois antidiscriminatoires.

Les libertés d'expression collective :

La liberté d'association ;

La liberté de réunion ;

Le régime des manifestations ;
Le régime des attroupements ;
La liberté de la presse.
Les libertés à contenu économique et social :
La liberté syndicale ;
Le droit de grève.
Les libertés contemporaines :
La motivation des décisions administratives ;
L'accès aux documents administratifs ;
L'informatique et les libertés.

Art. A. 15. – Les sujets des épreuves écrites sont choisis par le président du jury prévu par l'article R. 11 du Code de procédure pénale, sur proposition du directeur de l'administration de la police nationale.

Art. A. 16. – Le secrétariat du jury et l'organisation matérielle des épreuves qui se déroulent à l'École nationale supérieure des officiers de police sont assurés par la direction de l'administration de la police nationale.

Art. A. 17. – Il est interdit aux candidats, sous peine d'exclusion, d'avoir par-devers eux des documents imprimés ou manuscrits ou des codes annotés et commentés article par article par des praticiens du droit ; toutefois, ils peuvent consulter des codes ou recueils de lois, décrets et circulaires : ces derniers peuvent comporter des références à des textes législatifs ou réglementaires ainsi qu'à des articles de doctrine ou des décisions de jurisprudence.

Toute fraude ou tentative de fraude dans l'une quelconque des épreuves écrites entraîne l'exclusion immédiate de l'examen, prononcée sans délai et sans appel.

L'enveloppe renfermant chaque sujet d'épreuve écrite est décachetée en présence des candidats à l'ouverture de la séance affectée à l'épreuve.

Art. A. 18. – Le président réunit le jury pour l'établissement des normes de correction et pour la répartition des copies entre les correcteurs. Il fixe la date à laquelle les copies corrigées doivent être remises au secrétariat de la commission.

L'anonymat des copies est assuré par un coin gommé.

Art. A. 19. – Les modalités pratiques de déroulement de l'épreuve orale sont fixées, sur proposition du secrétariat de la commission, par le président. Les membres du jury peuvent être répartis en plusieurs sous-commissions.

Art. A. 20. – Le secrétariat de la commission :

1° Soumet au président les copies des épreuves visées au 1° ou 2° de l'article A. 13 pour lesquelles est proposée une note moyenne égale ou inférieure à 5 sur 20. Ces copies font l'objet d'une seconde correction par un membre désigné par le président et appartenant à une autre formation (magistrature, police nationale) que celle dont fait partie le premier correcteur. Le résultat de ces doubles corrections est soumis à la commission qui en délibère spécialement et fixe la note définitive ;

2° Opère un relevé des notes attribuées pour chaque épreuve par les examinateurs ;

3° Dresse la liste des candidats ayant obtenu le nombre de points exigé pour le groupe d'épreuves.

Art. A. 21. – À l'issue des épreuves, le jury établit la liste des candidats reconnus aptes à la qualité d'officier de police judiciaire. Cette liste mentionne les notes attribuées aux candidats dans chacune des épreuves et le total des points obtenus. Elle est remise au secrétariat du jury en vue de la prise en compte des points dans le classement des élèves à l'examen de fin de scolarité de l'école.

Art. A. 22 *(A. 11 juin 1999, art. 1er)*. – **Pour l'application de l'article 16 (4°) du Code de procédure pénale, et aux fins de constater l'aptitude à la fonction d'officier de police judiciaire de la police nationale, il est organisé un examen comportant :**

1° Une épreuve écrite sur des notions de droit pénal, de procédure pénale ou de libertés publiques (durée : trois heures).

2° Une épreuve écrite pratique de procédure sur un cas de crime ou de délit (durée : quatre heures).

3° Une épreuve orale en libertés publiques et en procédure pénale.

La valeur de chaque épreuve est constatée par une note de 0 à 20.

Toute note égale ou inférieure à 5 dans l'une des épreuves est éliminatoire.

Nul ne pourra être considéré comme ayant satisfait à l'examen s'il ne totalise 30 points au moins pour l'ensemble des trois épreuves.

Art. A. 23 *(A. 11 juin 1999, art. 1er)*. – **Le programme des épreuves de l'examen prévu par l'article qui précède est le suivant :**

Procédure pénale

L'action publique et l'action civile.

Les autorités investies par la loi de fonctions de police judiciaire.

Les cadres juridiques et les actes de la mission de police judiciaire.

Le contrôle de la mission de police judiciaire.

L'instruction préparatoire.

Les mandats de justice.

La détention provisoire et le contrôle judiciaire.

La nullité des actes de procédure.

La procédure applicable aux mineurs.

Les juridictions judiciaires pénales.

L'exécution des décisions de justice pénale.

Droit pénal général

A. – Généralités sur la législation pénale.

B. – L'infraction pénale :

– les principes généraux de la responsabilité pénale ;
– la classification des infractions et l'organisation judiciaire en matière pénale ;
– les éléments constitutifs de l'infraction ;
– la tentative ;
– la complicité ;
– la responsabilité pénale des personnes morales ;
– les faits justificatifs légaux.

C. – La sanction.

Notions générales (classification des sanctions et des mesures de sûreté, modalités de mise en œuvre des sanctions, période de sûreté, cause d'atténuation, d'exemption, d'aggravation, de suspension, d'extinction de la peine).

Droit pénal spécial

A. – Infractions contre les personnes :

– les atteintes volontaires à la vie/meurtres, assassinat, empoisonnement ;
– les atteintes involontaires à la vie/homicide involontaire ;
– les atteintes volontaires à l'intégrité de la personne/torture et actes de barbarie, violences, menaces ;
– les atteintes involontaires à l'intégrité de la personne ;
– les agressions sexuelles/viol, autres agressions sexuelles, harcèlement sexuel ;
– l'usage et le trafic de stupéfiants ;
– la mise en danger de la personne/risques causés à autrui, délaissement de la personne hors d'état de se protéger, entraves aux mesures d'assistance, omission de porter secours, expérimentation sur la personne, interruption illégale de la grossesse, provocation au suicide ;
– les atteintes à la liberté de la personne/enlèvement et séquestration ;

– les atteintes à la dignité de la personne/proxénétisme, conditions de travail et d'hébergement contraires à la dignité de la personne, le respect dû aux morts ;

– les atteintes aux mineurs et à la famille/délaissement du mineur, abandon de famille, atteintes à l'exercice de l'autorité parentale, atteintes à la filiation, les délits de mise en péril des mineurs.

B. – Infractions contre les biens :

– le vol ;
– l'escroquerie ;
– l'abus frauduleux de l'état d'ignorance ;
– les détournements ;
– les abus de bien sociaux ;
– la filouterie ;
– l'extorsion ;
– le chantage ;
– le recel ;
– l'immunité familiale ;
– les menaces ;
– les destructions, dégradations, détériorations ;
– les atteintes aux systèmes de traitement automatisé de données.

C. – Infractions contre la nation, l'État et la paix publique :

– l'association de malfaiteurs ;
– les faux ;
– les crimes et délits commis par ou contre un fonctionnaire.

D. – Les infractions à la police de la circulation routière.

E. – Les problèmes internationaux et européens de la législation pénale :

– libertés publiques ;
– introductions générales aux libertés publiques ;
– les libertés individuelles et la vie privée ;
– la sûreté ou liberté individuelle ;
– la liberté d'aller et venir ;
– le respect de la vie privée, du domicile et des correspondances ;
– le respect de la personne et les lois antidiscriminatoires ;
– les libertés d'expression collective ;
– la liberté d'association ;
– la liberté de réunion ;
– le régime des manifestations ;
– le régime des attroupements ;
– la liberté de la presse ;
– les libertés à contenu économique et social ;
– la liberté syndicale ;
– le droit de grève ;
– les libertés contemporaines ;
– la motivation des décisions administratives ;
– l'accès aux documents administratifs ;
– l'informatique et les libertés.

Art. A. 24 *(A. 11 juin 1999, art. 1er).* **– Peuvent être admis à subir l'examen technique destiné à l'attribution de la qualité d'officier de police judiciaire les fonctionnaires du corps de maîtrise et d'application de la police nationale comptant au moins deux ans de services dans le corps au 1er janvier de l'année de l'examen.**

Art. A. 25 *(A. 11 juin 1999, art. 1er).* **– La liste des candidats admis à se présenter à l'examen technique est établie par le directeur de la formation de la police nationale et arrêtée par le directeur général de la police nationale.**

Les candidats retenus devront avoir suivi une formation adaptée, organisée par leur administration d'origine.

Art. A. 26 *(A. 11 juin 1999, art. 1er).* **– Les règles de sélection et de préparation des candidats à l'examen technique sont fixées par circulaire du ministre de l'intérieur.**

Art. A. 27 *(A. 11 juin 1999, art. 1er).* **– La date de l'examen technique est fixée par le directeur des affaires criminelles et des grâces et le directeur général de la police nationale, sur proposition du directeur de la formation de la police nationale.**

Art. A. 28 *(A. 11 juin 1999, art. 1er).* **– Les sujets des épreuves sont choisis par le président du jury, sur proposition du directeur de la formation de la police nationale.**

Art. A. 29 *(A. 11 juin 1999, art. 1er).* **– L'organisation matérielle des épreuves de l'examen technique qui se déroulent dans un ou plusieurs centres est assurée par le directeur de la formation de la police nationale conformément aux directives données par circulaire.**

Il est interdit aux candidats, sous peine d'exclusion, d'avoir par-devers eux des documents imprimés ou manuscrits ou des codes annotés et commentés, article par article, par des praticiens du droit. Toutefois, ils peuvent consulter des codes ou recueils de lois et décrets ; ces derniers peuvent comporter des références à des textes législatifs ou réglementaires ainsi qu'à des articles de doctrine ou des décisions de jurisprudence.

Toute fraude ou tentative de fraude dans l'une quelconque des épreuves entraîne l'exclusion immédiate de l'examen, prononcée sans délai et sans appel ; le candidat, en dehors d'une sanction disciplinaire, peut ne pas être autorisé à se présenter à l'examen les années suivantes.

L'enveloppe renfermant chaque sujet de composition est décachetée, en présence des candidats, à l'ouverture de la séance affectée à l'épreuve.

Toutes les compositions sont faites sur des feuilles fournies par la direction de la formation de la police nationale.

Les membres du jury d'examen peuvent être répartis en plusieurs sous-commissions.

Art. A. 30 *(A. 11 juin 1999, art. 1er).* **– Dans le mois qui suit l'examen, le président réunit le jury pour l'établissement des normes de correction et pour la répartition des copies entre les correcteurs. L'anonymat des copies est assuré par un coin gommé.**

Le président fixe la date à laquelle les copies doivent parvenir corrigées au secrétariat de la commission.

Art. A. 31 *(A. 11 juin 1999, art. 1er).* **– Le secrétaire de la commission :**

1° Soumet au président de la commission les copies pour lesquelles est proposée une note égale ou inférieure à 5. Ces copies font l'objet d'une seconde correction par un membre désigné par le président et appartenant à une autre formation (magistrature, police) que celle dont fait partie le premier correcteur ; le résultat de ces doubles corrections est soumis à la commission, qui en délibère spécialement lors de la réunion prévue à l'article A. 32 et fixe la note définitive ;

2° Opère un relevé des notes attribuées pour chaque épreuve par les correcteurs ;

3° Dresse la liste de tous les candidats, avec les notes et le total des points obtenus pour chacun d'eux.

Art. A. 32 *(A. 11 juin 1999, art. 1er).* **– Dans un délai maximum de quatre mois après la date de l'examen, le président réunit la commission aux fins d'arrêter :**

1° La liste par ordre de mérite des fonctionnaires du corps de maîtrise et d'application de la police nationale pour lesquels la commission émet un avis favorable à l'attribution de la qualité d'officier de police judiciaire.

Seuls peuvent être retenus les candidats qui totalisent 30 points au moins pour l'ensemble des trois épreuves ;

2° La liste des fonctionnaires du corps de maîtrise et d'application de la police nationale éliminés ou n'ayant pas obtenu le nombre de points exigés.

Ces listes mentionnent les notes attribuées aux candidats dans chacune des épreuves et le total des points obtenus.

Elles sont adressées à la direction générale de la police nationale, accompagnées des copies des candidats et du procès-verbal de séance.

Art. A. 33 *(A. 11 juin 1999, art. 1er).* **– Les candidats ayant échoué à quatre sessions ne peuvent plus être autorisés à se présenter à l'examen technique d'officier de police judiciaire.**

§ 3. – Affectation de fonctionnaires du corps de maîtrise
et d'application de la police nationale ayant la qualité
d'officier de police judiciaire dans les services visés à l'article 16 (4°)
(A. 11 juin 1999, art. 1er)

Art. A. 34. – Les fonctionnaires du corps de maîtrise et d'application de la police nationale visés à l'article 16 (4°) du Code de procédure pénale et ayant la qualité d'officier de police judiciaire peuvent recevoir l'habilitation à exercer les attributions attachées à cette qualité s'ils sont affectés à un service ou à l'une des catégories de services définies aux articles R. 15-18 à R. 15-20 et énumérées ci-après :

1° Services dont la compétence territoriale s'étend sur l'ensemble du territoire national :

– la direction centrale de la police judiciaire ;

– la direction de la surveillance du territoire ;

– la sous-direction chargée des courses et jeux de la direction centrale des renseignements généraux ;

– le détachement de la police nationale auprès de la direction nationale des enquêtes douanières.

2° Services dont la compétence territoriale s'étend sur le ressort d'une ou plusieurs cours d'appel ou parties de celles-ci :

– les services régionaux de la police judiciaire et la direction régionale de police judiciaire de Paris ainsi que leurs détachements, antennes et services départementaux ;

– la direction des renseignements généraux de la préfecture de police.

– *(A. 10 avril 2002, art. 1er)* **Le département des missions de police administrative et judiciaire de la direction de la logistique de la préfecture de police.**

3° Services dont la compétence territoriale s'étend sur le ressort d'un ou plusieurs tribunaux de grande instance ou parties de ceux-ci :

– les sûretés départementales ;

– les circonscriptions de sécurité publique.

Art. A. 35. – Les fonctionnaires du corps de maîtrise et d'application de la police nationale visés à l'article 16 (4°) du Code de procédure pénale et ayant la qualité d'officier de police judiciaire peuvent recevoir l'habilitation à exercer les attributions attachées à cette qualité prévue à l'article 16 précité s'ils sont affectés à titre exclusif dans l'une des formations de services suivantes :

1° Pour la direction centrale de la police aux frontières :

– l'Office central pour la répression de l'immigration irrégulière et de l'emploi d'étrangers sans titre ;

– les groupes d'investigations et de procédures de la brigade des chemins de fer ;

– l'unité de contrôle des trains internationaux de la brigade des chemins de fer ;

– l'unité nationale d'escorte, de soutien et d'intervention.

2° Pour les directions interrégionales et les directions interdépartementales de la police aux frontières :

– les brigades mobiles de recherche ;

– les brigades de police aéronautique.

3° Pour les directions départementales, les services départementaux, les directions, les services et les directions territoriales de la police aux frontières :

– les unités d'investigations ;

– les services de quart et du contrôle de l'immigration ;
– les brigades mobiles de recherches.

4° Pour les unités autoroutières des compagnies républicaines de sécurité pour les voies de circulation auxquelles elles sont affectées : les bureaux de circulation routière.

SECTION III. – DÉSIGNATION DES AGENTS DES DOUANES CHARGÉS DE L'EXERCICE DE CERTAINES MISSIONS DE POLICE JUDICIAIRE

(A. 2 nov. 2000, art. 1er)

Art. A. 36. – Pour l'application de l'article R. 15-33-3, la liste des candidats admis à se présenter à l'examen technique d'aptitude aux fonctions d'agent des douanes chargé de l'exercice de certaines missions de police judiciaire est arrêtée par le directeur général des douanes et droits indirects.

Les candidats retenus doivent avoir reçu une formation adaptée, organisée par leur administration d'appartenance.

Art. A. 36-1. – L'examen technique d'aptitude à l'exercice de certaines missions de police judiciaire comporte les trois épreuves suivantes :

1° Épreuve écrite n° 1 : composition portant sur des connaissances générales en matière de droit pénal ou de procédure pénale (durée : trois heures) ;

2° Épreuve écrite n° 2 : traitement d'un cas pratique de procédure pénale (durée : quatre heures) ;

3° Épreuve orale n° 3 : exposé sur un sujet de procédure pénale suivi d'un entretien avec le jury (temps de préparation : vingt minutes, durée de l'épreuve : vingt à trente minutes).

La valeur de chaque épreuve est constatée par une note de 0 à 20. Toute note égale ou inférieure à 5 dans l'une ou l'autre des épreuves est éliminatoire.

Art. A. 36-2. – Le programme des épreuves de l'examen technique est ainsi fixé :

Procédure pénale

Introduction :

La liberté de la preuve ; la séparation des autorités de poursuite, d'instruction et de jugement ;

L'action publique ; l'action civile.

A. – Les autorités investies par la loi de fonctions de police judiciaire :

Le ministère public ;

Le juge d'instruction ;

Les officiers et agents de police judiciaire ;

Les agents des douanes chargés de l'exercice de certaines missions de police judiciaire.

B. – Les activités de police judiciaire :

La distinction entre police administrative et police judiciaire ;

La procédure de flagrance ;

L'enquête préliminaire ;

Les perquisitions et saisies, la garde à vue ;

Le contrôle de la mission de police judiciaire ;

L'instruction préparatoire, les commissions rogatoires, la mise en examen, les mandats de justice, le règlement de l'instruction, le contrôle de la chambre de l'instruction sur l'activité des officiers de police judiciaire et des agents des douanes ;

Les juridictions répressives ;

La procédure pénale applicable aux mineurs ;

La nullité des actes de procédure.

Droit pénal général

A. – Généralités sur la législation pénale.

B. – L'infraction pénale :

Les éléments constitutifs de l'infraction : l'élément légal, l'élément matériel, l'élément moral ;

La classification des infractions et l'organisation judiciaire en matière pénale ;

Les principes généraux de la responsabilité pénale, la complicité, la responsabilité pénale des personnes morales.

C. – La peine :

Définition et classification des peines ;

L'exécution des peines.

Droit pénal spécial

A. – Les infractions au Code des douanes.

B. – Les infractions en matière de contributions indirectes.

C. – Les infractions à la législation sur les contrefaçons de marque.

D. – Les infractions au Code pénal :

– les atteintes à la personne humaine : trafic de stupéfiants ;

– les atteintes aux biens : vol, escroquerie, abus de confiance, recel, blanchiment ;

– les atteintes à l'autorité de l'État : concussion, corruption active et passive, prise illégale d'intérêts, soustraction et détournement de biens, trafic d'influence, actes d'intimidation commis contre des personnes exerçant une fonction publique, soustraction et détournement de biens contenus dans un dépôt public, outrage, rébellion ;

– les atteintes à la confiance publique : faux, falsification des marques de l'autorité.

Art. A. 36-3. – Les règles de préparation des candidats à l'examen technique sont fixées par instruction de la direction générale des douanes et droits indirects.

Art. A. 36-4. – La date de l'examen technique et les sujets des épreuves sont choisis, d'un commun accord, par le directeur des affaires criminelles et des grâces et par le directeur général des douanes et droits indirects.

Art. A. 36-5. – L'organisation matérielle de l'examen technique relatif à l'exercice de certaines missions de police judiciaire par les agents des douanes, et notamment la fourniture des copies et formulaires de composition ainsi que la mise sous anonymat des copies, est assurée par la direction générale des douanes et droits indirects.

Art. A. 36-6. – Il est interdit aux candidats, sous peine d'exclusion, d'avoir par-devers eux des documents imprimés ou manuscrits. Toutefois, ils peuvent consulter des codes ou recueils de lois, décrets et circulaires ; ces derniers peuvent comporter des références à des textes législatifs ou réglementaires ainsi qu'à des articles de doctrine ou des décisions de jurisprudence.

Toute fraude ou tentative de fraude dans l'une quelconque des épreuves écrites entraîne l'exclusion immédiate de l'examen, prononcée sans délai et sans appel. Sans préjudice de sanctions disciplinaires, le candidat peut ne pas être autorisé à se présenter à l'examen les années suivantes.

Art. A. 36-7. – Dans le mois qui suit l'examen, le président réunit le jury pour la répartition des copies entre les correcteurs. Il fixe la date à laquelle les copies corrigées doivent être remises au secrétariat de la commission.

Art. A. 36-8. – Le secrétaire de la commission :

1° S'assure que les copies ont fait l'objet d'une double correction par une équipe composée d'un magistrat et d'un fonctionnaire des douanes. Le résultat de ces doubles corrections est soumis à la commission, qui en délibère spécialement lors de la réunion prévue à l'article A. 36-9 et fixe la note définitive ;

2° Opère un relevé des notes attribuées pour chaque épreuve par les correcteurs ;

3° Dresse la liste de tous les candidats, avec les notes et le total des points obtenus par chacun d'eux.

Art. A. 36-9. – Dans un délai maximum de quatre mois après la date de l'examen, le président réunit la commission aux fins d'arrêter la liste des agents pour lesquels la commission émet un avis favorable à l'octroi de la qualité d'agent des douanes chargé de l'exercice de certaines missions de police judiciaire.

Seuls peuvent être retenus les candidats qui totalisent trente points au moins pour l'ensemble des trois épreuves.

Art. A. 36-10. – Les candidats ayant échoué à quatre sessions ne peuvent plus être autorisés à se présenter à l'examen technique d'aptitude à l'exercice de certaines missions de police judiciaire.

Art. A. 36-11 *(A. 2 nov. 2000, art. 1er)*. **– La liste des agents qui, en raison de leurs responsabilités et de leurs compétences, sont dispensés de l'examen technique mentionné à l'article R. 15-33-3 est fixée comme suit, conformément à l'article R. 15-33-6 :**
– le chef de la direction nationale du renseignement et des enquêtes douanières (DNRED) ;
– le directeur des enquêtes douanières ;
– le directeur du renseignement et de la documentation ;
– l'adjoint opérationnel du chef de la DNRED ;
– les responsables des divisions d'enquête et de recherche de la DNRED ;
– les responsables des échelons de la DNRED.

SECTIONS IV et V

Néant.

CHAPITRES II ET III

Néant.

TITRES II ET III

Néant.

LIVRES DEUXIÈME ET TROISIÈME

Néant.

LIVRE QUATRIÈME

TITRE XIX. – DE LA PROCÉDURE APPLICABLE AUX INFRACTIONS DE NATURE SEXUELLE ET AUX MINEURS VICTIMES

CHAPITRE I. – DU FICHIER NATIONAL AUTOMATISÉ DES EMPREINTES GÉNÉTIQUES

Art. A. 38. – La liste des segments d'ADN sur lesquels portent les analyses destinées à l'identification génétique figure dans le tableau ci-après :

SEGMENTS D'ADN OU « loci » selon la nomenclature internationale	LOCALISATION
D 21S11	Chromosome n° 21
VWA	Chromosome n° 12
TH01	Chromosome n° 11
FGA	Chromosome n° 4
D 8S1179	Chromosome n° 8
D 3S1358	Chromosome n° 3
D 18S51	Chromosome n° 18

Les analyses portent également sur le gène de l'amélogénine.

LIVRE CINQUIÈME

DES PROCÉDURES D'EXÉCUTION

TITRE PREMIER

Néant.

TITRE II. – DE LA DÉTENTION

CHAPITRE I

Néant.

CHAPITRE II. – DE L'EXÉCUTION DES PEINES PRIVATIVES DE LIBERTÉ

SECTION I. – (A. 31 JANVIER 2000, ART. 1) (1)

Art. A. 39. – La liste des établissements pénitentiaires classés dans la catégorie des maisons centrales prévue à l'article D. 71 est fixée comme suit :

Maison centrale d'Arles (Bouches-du-Rhône) ;
Quartier maison centrale du centre pénitentiaire de Château-Thierry (Aisne) ;
Quartier maison centrale du centre pénitentiaire de Clairvaux (Aube) ;
Quartier maison centrale du centre pénitentiaire de Ducos (Martinique) ;
Maison centrale d'Ensisheim (Haut-Rhin) ;
Quartier maison centrale du centre pénitentiaire de Lannemezan (Hautes-Pyrénées) ;
Quartier maison centrale du centre pénitentiaire de Moulins-Yzeure (Allier) ;
Maison centrale de Poissy (Yvelines) ;
Quartier maison centrale du centre pénitentiaire du Port (Réunion) ;
Quartier maison centrale du centre pénitentiaire de Remire-Montjoly (Guyane) ;
Maison centrale de Riom (Puy-de-Dôme) ;
Maison centrale de Saint-Martin-de-Ré (Charente-Maritime) ;
Maison centrale de Saint-Maur (Indre).

Art. A. 39-1. – La liste des établissements pénitentiaires classés dans la catégorie des centres de détention à vocation nationale prévue à l'article D. 71 est fixée comme suit :

Quartier centre de détention national du centre pénitentiaire de Baie-Mahaut (Guadeloupe) ;

(1) Des divers établissements affectés à l'exécution des peines

Centre de détention national de Bapaume (quartier hommes, quartier femmes) (Pas-de-Calais) ;
Quartier centre de détention national du centre pénitentiaire de Caen (Calvados) ;
Centre de décision national de Casabianda (Haute-Corse) ;
Quartier centre de détention national du centre pénitentiaire de Ducos (Martinique) ;
Centre de détention national d'Ecrouves (Meurthe-et-Moselle) ;
Centre de détention national d'Eysses (Lot-et-Garonne) ;
Quartier centre de détention national du centre pénitentiaire de Joux-la-Ville (femmes) (Yonne) ;
Centre de détention national de Liancourt (Oise) ;
Centre de détention national de Mauzac (Dordogne) ;
Centre de détention national de Melun (Seine-et-Marne) ;
Centre de détention national de Montmédy (Meuse) ;
Centre de détention national de Muret (Haute-Garonne) ;
Quartier centre de détention national du centre pénitentiaire de Nantes (Loire-Atlantique) ;
Quartier centre de détention national du centre pénitentiaire du Port (Réunion) ;
Quartier centre de détention national du centre pénitentiaire de Remire-Montjoly (Guyane) ;
Quartier centre de détention national du centre pénitentiaire de Rennes (femmes) (Ille-et-Vilaine) ;
Centre de détention national de Toul (Meurthe-et-Moselle) ;
Centre de détention national de Val-de-Reuil (Eure).

Art. A. 39-2. – La liste des établissements pénitentiaires classés dans la catégorie des centres de détention à vocation régionale prévue à l'article D. 72 est fixée comme suit :
Quartier centre de détention régional du centre pénitentiaire d'Aiton (Savoie) ;
Centre de détention régional d'Argentan (Orne) ;
Quartier centre de détention régional du centre pénitentiaire de Baie-Mahaut (Guadeloupe) ;
Centre de détention régional de Bédenac (Charente-Maritime) ;
Centre de détention régional de Châteaudun (Eure-et-Loir) ;
Quartier centre de détention régional du centre pénitentiaire de Châteauroux (Indre) ;
Quartier centre de détention régional du centre pénitentiaire de Château-Thierry (Aisne) ;
Quartier centre de détention régional du centre pénitentiaire de Clairvaux (Aube) ;
Quartier centre de détention régional du centre pénitentiaire de Draguignan (Var) ;
Quartier centre de détention régional du centre pénitentiaire de Ducos (Martinique) ;
Quartier centre de détention régional du centre pénitentiaire de Joux-la-Ville (Yonne) ;
Quartier centre de détention régional du centre pénitentiaire de Lannemezan (Hautes-Pyrénées) ;
Quartier centre de détention régional du centre pénitentiaire de Laon (Aisne) ;
Quartier centre de détention régional du centre pénitentiaire de Longuenesse (Pas-de-Calais) ;
Centre de détention régional de Loos (Nord) ;
Quartier centre de détention régional du centre pénitentiaire de Lorient-Ploëmeur (Morbihan) ;
Quartier centre de détention régional du centre pénitentiaire de Marseille (femmes) (Bouches-du-Rhône) ;
Quartier centre de détention régional du centre pénitentiaire de Maubeuge (Nord) ;
Quartier centre de détention régional du centre pénitentiaire de Nantes (Loire-Atlantique) ;
Centre de détention régional de Neuvic (Dordogne) ;
Centre de détention régional d'Œrmingen (Bas-Rhin) ;
Quartier centre de détention régional du centre pénitentiaire de Perpignan (Pyrénées-Orientales) ;
Quartier centre de détention régional du centre pénitentiaire du Port (Réunion) ;
Quartier centre de détention régional du centre pénitentiaire de Remire-Montjoly (Guyane) ;
Centre de détention régional de Saint-Mihiel (Meuse) ;
Quartier centre de détention régional du centre pénitentiaire de Saint-Pierre (collectivitié territoriale de Saint-Pierre-et-Miquelon) ;
Quartier centre de détention régional du centre pénitentiaire de Saint-Quentin-Fallavier (Isère) ;
Centre de détention régional de Saint-Sulpice-la-Pointe (Tarn) ;

Centre de détention régional de Salon-de-Provence (Bouches-du-Rhône) ;
Centre de détention régional de Tarascon (Bouches-du-Rhône) ;
Centre de détention régional d'Uzerche (Corrèze) ;
Quartier centre de détention régional du centre pénitentiaire de Varennes-le-Grand (Saône-et-Loire) ;
Centre de détention régional de Villenauxe-la-Grande (Aube).

SECTIONS II à VII

Néant.

CHAPITRE III

Néant.

CHAPITRE IV. – DE L'ADMINISTRATION DES ÉTABLISSEMENTS PÉNITENTIAIRES

Néant.

SECTIONS I à IV

Néant.

CHAPITRE V. – DE LA DISCIPLINE ET DE LA SÉCURITÉ DES PRISONS

SECTION IV. – DES RÉCLAMATIONS FORMULÉES PAR LES DÉTENUS

(A. 12 mai 1997, art. 1)

Art. A. 40. – La liste des autorités administratives et judiciaires avec lesquelles les détenus peuvent correspondre sous pli fermé, en application de l'article D. 262, est fixée comme suit :

I. – Les autorités administratives et judiciaires françaises :

Le président de la République ;

Les membres du Gouvernement (Premier ministre, ministres et secrétaires d'État), en particulier le garde des sceaux, ministre de la justice ;

(A. 15 mars 2000, art. 1-I) **Le médiateur de la République et ses délégués départementaux ;**

Le directeur du cabinet du ministre de la justice, l'inspecteur général des services judiciaires, le chef de l'inspection des services pénitentiaires, les directeurs du ministère de la Justice et les magistrats et fonctionnaires de ces directions ;

Les préfets et les sous-préfets ;

Les maires du domicile du détenu et du lieu de détention ;

Le président de la commission de surveillance de l'établissement où est incarcéré le détenu ;

Les présidents des assemblées parlementaires (Sénat, Assemblée nationale) ;

Les députés et sénateurs ;

Les députés français au Parlement européen ;

Le premier président et le procureur général de la Cour de cassation ;

Le président de la Cour de justice de la République ;

Les premiers présidents des cours d'appel et les procureurs généraux près les cours d'appel ;

Les présidents de chambre de l'instruction ;

Les présidents des tribunaux de grande instance et les procureurs de la République près les tribunaux de grande instance ;

Les présidents des tribunaux d'instance ;

Les juges d'instruction ;

Les juges des tutelles ;

Les juges des enfants ;

Les juges de l'application des peines ;

Les juges aux affaires familiales ;

Le vice-président du Conseil d'État ;

Les présidents des cours administratives d'appel ;

Les présidents des tribunaux administratifs ;

Le président de la commission d'accès aux documents administratifs ;

Les directeurs régionaux des services pénitentiaires ;

Le chef de l'inspection générale des affaires sociales ;

Les médecins inspecteurs des directions départementales des affaires sanitaires et sociales (DDASS) ;

Les médecins inspecteurs des directions régionales des affaires sanitaires et sociales (DRASS) ;

Les directeurs d'établissement de santé.

(Arr. 29 juin 2001, art. 1er) **Le président de la Commission nationale de l'informatique et des libertés ;**

(Arr. 29 juin 2001, art. 1er) **Le Défenseur des enfants.**

II. – En ce qui concerne les détenus militaires ou relevant d'une autorité militaire :

Le directeur général de la gendarmerie nationale ;

Les généraux commandant les régions militaires ;

Les commandants de l'unité dont relève le détenu.

III. – Doit être assimilée à ces autorités :

L'épouse du président de la République.

IV. – Doivent être assimilés aux autorités françaises :

Les députés au Parlement européen ;

Le président du Comité européen pour la prévention de la torture et des peines ou traitements inhumains ou dégradants au Conseil de l'Europe, Strasbourg ;

Tous membres du Comité européen pour la prévention de la torture et des peines ou traitements inhumains ou dégradants au Conseil de l'Europe, Strasbourg ;

Le président du Tribunal communautaire de première instance, Luxembourg ;

Le président de la Cour de justice des Communautés européennes, Luxembourg.

(A. 15 mars 2000, art 1-III) **Le président du Comité des Nations unies contre la torture, Genève ;**

Tous membres du Comité des Nations unies contre la torture, Genève ;

Le président du Comité des droits de l'homme, Genève ;

Tous membres du Comité des droits de l'homme, Genève.

Art. A. 40-1. – Les courriers doivent être adressés, par les détenus, à l'adresse professionnelle ou fonctionnelle des autorités administratives et judiciaires.

Les courriers adressés par les autorités administratives et judiciaires françaises ou assimilées doivent clairement indiquer la qualité de leur expéditeur.

CHAPITRE VI

Néant.

CHAPITRE VII. – DE LA GESTION DES BIENS ET DE L'ENTRETIEN DES DÉTENUS

SECTION I. – DE LA GESTION DES BIENS DES DÉTENUS

§ 1. – Pécule (1)

Art. A. 41 *(A. 17 déc. 1980, art. 1er).* **– Le montant de la participation des détenus aux frais de leur entretien sur le produit de leur travail, prévue à l'article D. 112 du Code de procédure pénale, est porté à** *(A. 20 juill. 2001, art. 1er)* **45 € par mois, soit** *(A. 20 juill. 2001, art. 1er)* **1,5 € par jour.**

Art. A. 41-1 *(Rempl. à compter du 1er janv. 1990, A. 7 nov. 1989, art. 1er).* **– La somme prévue à l'article D. 324 du Code de procédure pénale à partir de laquelle les dépôts sur livrets de caisse d'épargne doivent être effectués est fixée à** *(A. 20 juill. 2001, art. 1er)* **229 €.**

Art. A. 41-2. *– Abrogé, A. 13 juill. 2000, art. 1er.*

Art. A. 42 *(Rempl., A. 29 nov. 1989, art. 2).* **– La somme mensuelle prévue au premier alinéa de l'article D. 329 du Code de procédure pénale est fixée à** *(A. 20 juill. 2001, art. 1er)* **183 €. Cette somme est doublée à l'occasion des fêtes de fin d'année.**

Art. A. 42-1 *(A. 7 mars 1973, art. 1er).* **– L'association régulièrement constituée auprès d'un établissement pénitentiaire aux fins visées à l'article D. 449-1** *[abrogé]* **(2) est agréée par le ministre de la justice si son statut est conforme à un type commun établi par une instruction de service.**

Le trésorier de l'association est un fonctionnaire.

Art. A. 42-2 *(A. 7 mars 1973, art. 1er).* **– Le contrôle du fonctionnement de l'association et de sa gestion financière est assuré, soit sur pièces par le ministre de la justice, soit sur place par ses représentants dûment habilités à cet effet.**

Ce contrôle doit comporter notamment la vérification de la comptabilité de l'association et de l'utilisation de ses ressources.

Les fonctionnaires habilités par le ministre de la justice peuvent procéder à toutes vérifications de caisse et de comptabilité. Tous registres et dossiers, ainsi que tous documents relatifs au fonctionnement de l'association doivent leur être communiqués.

Art. A. 42-3 *(A. 7 mars 1973, art. 1er).* **– Chaque année, le président de l'association adresse au ministre de la justice un compte rendu administratif, technique et financier comprenant notamment un état de la situation financière et des comptes de l'exercice budgétaire écoulé.**

§ 2

Néant.

SECTION II

Néant.

CHAPITRES VIII À X

Néant.

---

(1) Dispositions prises pour l'application des articles D. 324 et D. 329 du Code de procédure pénale (3e partie. – Décrets).

(2) L'article D. 449-1 a été abrogé par le décret n. 85-836 du 6 août 1985.

CHAPITRE XI. – DES DIFFÉRENTES CATÉGORIES DE DÉTENUS

SECTION I

Néant.

SECTION II

Art. A. 43 *(A. 16 sept. 1971, art. 1er).* – La commission consultative du régime spécial instituée à l'article D. 490 est composée ainsi qu'il suit :

1° Un conseiller à la Cour de cassation, président ;

Un conseiller à ladite cour, président suppléant ;

2° Un membre de l'Institut ;

3° Un membre du Conseil d'État ; un membre dudit Conseil d'État, suppléant ;

4° Le bâtonnier de l'ordre des avocats près la cour d'appel de Paris ou son représentant ;

5° Le directeur des affaires criminelles et des grâces au ministère de la justice ou son représentant ;

6° Le directeur de l'administration pénitentiaire au ministère de la justice ou son représentant ;

7° Un conseiller référendaire à la Cour de cassation ;

Un conseiller référendaire à ladite cour, suppléant.

Les président et membres visés aux 1°, 2°, 3° et 7° sont désignés par arrêté du ministre de la justice.

Art. A. 43-1 *(A. 16 sept. 1971, art. 1er).* – La commission établit son règlement intérieur.

Elle peut faire appel, à titre de rapporteurs, à des magistrats du ministère de la justice non-membres de la commission, lesquels n'ont pas voix délibérative.

SECTIONS III à VI

Néant.

SECTION VII. – DES MINEURS DÉTENUS

Néant.

TITRES III

Néant.

TITRE IV. – DU SURSIS

CHAPITRE I

Néant.

CHAPITRE II. – DU SURSIS AVEC MISE À L'ÉPREUVE

SECTION I

Néant.

SECTION II. – DES AUTORITÉS CHARGÉES DE CONTRÔLER LE RÉGIME DE LA MISE À L'ÉPREUVE

§ 1. – De la répartition et de la composition des comités de probation et d'assistance aux libérés

(Paragraphe mod., Arr. 7 mars 1973, art. 2 ; ab., Arr. 18 avr. 2001, art. 3)

Art. A. 44 ancien. – *Abrogé, Arr. 18 avr. 2001, art. 3.*

Art. A. 45 ancien. – *Arr. 7 mars 1973, art. 1er ; abrogé, Arr. 18 avr. 2001, art. 3.*

Art. A. 46 ancien. – *Arr. 7 mars 1973, art. 1er ; abrogé, Arr. 18 avr. 2001, art. 3.*

Art. A. 47 ancien. – *Arr. 7 mars 1973, art. 1er ; abrogé, Arr. 18 avr. 2001, art. 3.*

§ 2

Néant.

§ 3. – Des associations placées auprès des comités

(Paragraphe ab., Arr. 18 avr. 2001, art. 3)

Art. A. 48 ancien. – *Arr. 7 mars 1973, art. 2 ; abrogé, Arr. 18 avr. 2001, art. 3.*

Art. A. 49 ancien. – *Arr. 7 mars 1973, art. 1er ; abrogé, Arr. 18 avr. 2001, art. 3.*

Art. A. 50 ancien. – *Abrogé, Arr. 18 avr. 2001, art. 3.*

Art. A. 51 ancien. – *Abrogé, Arr. 18 avr. 2001, art. 3.*

Art. A. 52 ancien. – *Arr. 7 mars 1973, art. 2 ; abrogé, Arr. 18 avr. 2001, art. 3.*

SECTIONS III à V

Néant.

TITRES V À X

Néant.

TITRE XI. – LE SERVICE PÉNITENTIAIRE D'INSERTION ET DE PROBATION

(Titre créé, Arr. 18 avr. 2001, art. 2)

CHAPITRE I. – LES MISSIONS DU SERVICE PÉNITENTIAIRE D'INSERTION ET DE PROBATION

(Chapitre créé, Arr. 18 avr. 2001, art. 2)

Art. A. 44 *(Créé, Arr. 18 avr. 2001, art. 2).* – **Le siège des services pénitentiaires d'insertion et de probation et la liste des antennes locales d'insertion et de probation prévus à l'article D. 572 sont fixés conformément au tableau ci-dessous :**

SERVICE PÉNITENTIAIRE D'INSERTION ET DE PROBATION	SIÈGE	ANTENNES	RESSORT DE COMPÉTENCE
Service pénitentiaire d'insertion et de probation de l'Ain.	Bourg-en-Bresse.	Antenne de Bourg-en-Bresse.	Circonscription judiciaire de Bourg-en-Bresse. Maison d'arrêt de Bourg-en-Bresse.
		Antenne de Belley.	Circonscription judiciaire de Belley.
Service pénitentiaire d'insertion et de probation de l'Aisne.	Laon.	Antenne de Laon.	Circonscription judiciaire de Laon. Centre pénitentiaire de Laon.
		Antenne de Saint-Quentin.	Circonscription judiciaire de Saint-Quentin
		Antenne de Soissons.	Circonscription judiciaire de Soissons.
		Antenne de Château-Thierry.	Centre pénitentiaire de Château-Thierry.
Service pénitentiaire d'insertion et de probation de l'Allier.	Moulins.	Antenne de Moulins-Yzeure.	Circonscription judiciaire de Moulins. Centre pénitentiaire de Moulins-Yzeure.
		Antenne de Montluçon.	Circonscription judiciaire de Montluçon. Maison d'arrêt de Montluçon.
		Antenne de Cusset.	Circonscription judiciaire de Cusset.
Service pénitentiaire d'insertion et de probation des Alpes-de-Haute-Provence.	Digne.	*Néant.*	Circonscription judiciaire de Digne. Maison d'arrêt de Digne.
Service pénitentiaire d'insertion et de probation des Hautes-Alpes.	Gap.	*Néant.*	Circonscription judiciaire de Gap. Maison d'arrêt de Gap.
Service pénitentiaire d'insertion et de probation des Alpes-Maritimes.	Nice.	Antenne de Nice.	Circonscription judiciaire de Nice. Maison d'arrêt de Nice.
		Antenne de Grasse.	Circonscription judiciaire de Grasse. Maison d'arrêt de Grasse.

SERVICE PÉNITENTIAIRE D'INSERTION ET DE PROBATION	SIÈGE	ANTENNES	RESSORT DE COMPÉTENCE
Service pénitentiaire d'insertion et de probation de l'Ardèche.	Privas.	*Néant.*	Circonscription judiciaire de Privas. Maison d'arrêt de Privas.
Service pénitentiaire d'insertion et de probation des Ardennes.	Charleville-Mézières.	*Néant.*	Circonscription judiciaire de Charleville-Mézières. Maison d'arrêt de Charleville-Mézières.
Service pénitentiaire d'insertion et de probation de l'Ariège.	Foix.	*Néant.*	Circonscription judiciaire de Foix. Maison d'arrêt de Foix.
Service pénitentiaire d'insertion et de probation de l'Aube.	Troyes.	Antenne de Troyes.	Circonscription judiciaire de Troyes. Maison d'arrêt de Troyes.
		Antenne de Villenauxe-la-Grande.	Centre de détention régional de Villenauxe-la-Grande.
		Antenne de Clairvaux.	Centre pénitentiaire de Clairvaux.
Service pénitentiaire d'insertion et de probation de l'Aude.	Carcassonne.	Antenne de Carcassonne.	Circonscription judiciaire de Carcassonne. Maison d'arrêt de Carcassonne.
		Antenne de Narbonne.	Circonscription judiciaire de Narbonne.
Service pénitentiaire d'insertion et de probation de l'Aveyron.	Rodez.	Antenne de Rodez.	Circonscription judiciaire de Rodez. Maison d'arrêt de Rodez.
		Antenne de Millau.	Circonscription judiciaire de Millau.

SERVICE PÉNITENTIAIRE D'INSERTION ET DE PROBATION	SIÈGE	ANTENNES	RESSORT DE COMPÉTENCE
Service pénitentiaire d'insertion et de probation des Bouches-du-Rhône.	Marseille.	Antenne de Marseille.	Circonscription judiciaire de Marseille. Centre pénitentiaire de Marseille.
		Antenne d'Aix-Salon-de-Provence.	Circonscription judiciaire d'Aix-en-Provence. Maison d'arrêt d'Aix-Luynes. Centre de détention régional de Salon-de-Provence.
		Antenne d'Arles-Tarascon.	Maison centrale d'Arles. Circonscription judiciaire de Tarascon. Centre de détention régional de Tarascon.
Service pénitentiaire d'insertion et de probation du Calvados.	Caen.	Antenne de Caen.	Circonscription judiciaire de Caen. Maison d'arrêt de Caen. Centre pénitentiaire de Caen.
		Antenne de Lisieux.	Circonscription judiciaire de Lisieux.
Service pénitentiaire d'insertion et de probation du Cantal.	Aurillac.	*Néant.*	Circonscription judiciaire d'Aurillac. Maison d'arrêt d'Aurillac.
Service pénitentiaire d'insertion et de probation de la Charente.	Angoulême.	*Néant.*	Circonscription judiciaire d'Angoulême. Maison d'arrêt d'Angoulême.
Service pénitentiaire d'insertion et de probation de la Charente-Maritime.	La Rochelle.	Antenne de La Rochelle-Saint-Martin-de-Ré.	Circonscription judiciaire de La Rochelle. Maison centrale de Saint-Martin-de-Rè.
		Antenne de Saintes-Bédenac.	Circonscription judiciaire de Saintes. Maison d'arrêt de Saintes. Centre de détention regional de Bédenac.
		Antenne de Rochefort.	Circonscription judiciaire de Rochefort. Maison d'arrêt de Rochefort.

SERVICE PÉNITENTIAIRE D'INSERTION ET DE PROBATION	SIÈGE	ANTENNES	RESSORT DE COMPÉTENCE
Service pénitentiaire d'insertion et de probation du Cher.	Bourges.	*Néant.*	Circonscription judiciaire de Bourges. Maison d'arrêt de Bourges.
Service pénitentiaire d'insertion et de probation de la Corrèze.	Tulle.	Antenne de Tulle.	Circonscription judiciaire de Tulle Maison d'arrêt de Tulle.
		Antenne de Brive.	Circonscription judiciaire de Brive.
		Antenne d'Uzerche.	Centre de détention régional d'Uzerche.
Service pénitentiaire d'insertion et de probation de la Corse du Sud.	Ajaccio.	*Néant.*	Circonscription judiciaire d'Ajaccio, Maison d'arrêt d'Ajaccio.
Service pénitentiaire d'insertion et de probation de la Haute-Corse.	Bastia.	Antenne de Bastia.	Circonscription judiciaire de Bastia. Maison d'arrêt de Borgo.
		Antenne de Casabianda.	Centre de détention national de Casabianda.
Service pénitentiaire d'insertion et de probation de la Côte-d'Or.	Dijon.	*Néant.*	Circonscription judiciaire de Dijon. Maison d'arrêt de Dijon.
Service pénitentiaire d'insertion et de probation des Côtes-d'Armor.	Saint-Brieuc.	Antenne de Saint Brieuc.	Circonscription judiciaire de Saint-Brieuc. Maison d'arrêt de Saint-Brieuc.
		Antenne de Dinan.	Circonscription judiciaire de Dinan.
		Antenne de Guingamp.	Circonscription judiciaire de Guingamp.
Service pénitentiaire d'insertion et de probation de la Creuse.	Guéret.	*Néant.*	Circonscription judiciaire de Guéret. Maison d'arrêt de Guéret.

SERVICE PÉNITENTIAIRE D'INSERTION ET DE PROBATION	SIÈGE.	ANTENNES.	RESSORT DE COMPÉTENCE
Service pénitentiaire d'insertion et de probation de la Dordogne.	Périgueux.	Antenne de Périgueux-Neuvic.	Maison d'arrêt de Périgueux. Centre de détention régional de Neuvic-sur-l'Isle.
		Antenne de Bergerac-Mauzac.	Circonscription judiciaire de Bergerac. Centre de détention national de Mauzac.
Service pénitentiaire d'insertion et de probation du Doubs.	Besançon.	Antenne de Besançon.	Circonscription judiciaire de Besançon. Maison d'arrêt de Besançon. Centre de semi-liberté de Besançon.
		Antenne de Montbéliard.	Circonscription judiciaire de Montbéliard. Maison d'arrêt de Montbéliard.
Service pénitentiaire d'insertion et de probation de la Drôme.	Valence.	*Néant.*	Circonscription judiciaire de Valence. Maison d'arrêt de Valence.
Service pénitentiaire d'insertion et de probation de l'Eure.	Évreux.	Antenne d'Évreux.	Circonscription judiciaire d'Évreux. Maison d'arrêt d'Évreux.
		Antenne de Bernay.	Circonscription judiciaire de Bernay.
		Antenne de Val-de-Reuil.	Centre de détention national de Val-de-Reuil.
Service pénitentiaire d'insertion et de probation d'Eure-et-Loir.	Chartres.	*Néant.*	Circonscription judiciaire de Chartres. Maison d'arrêt de Chartres. Centre de détention régional de Châteaudun.
Service pénitentiaire d'insertion et de probation du Finistère.	Brest.	Antenne de Brest.	Circonscription judiciaire de Brest. Maison d'arrêt de Brest.
		Antenne de Quimper.	Circonscription judiciaire de Quimper.
		Antenne de Morlaix.	Circonscription judiciaire de Morlaix.

SERVICE PÉNITENTIAIRE D'INSERTION ET DE PROBATION	SIÈGE.	ANTENNES.	RESSORT DE COMPÉTENCE
Service pénitentiaire d'insertion et de probation du Gard.	Nîmes.	Antennes de Nîmes.	Circonscription judiciaire de Nîmes. Maison d'arrêt de Nîmes.
		Antenne d'Alès.	Circonscription judiciaire d'Alès.
Service pénitentiaire d'insertion et de probation de la Haute-Garonne.	Toulouse.	Antenne de Toulouse. R. A. : Toulouse ou Seysses.	Circonscription judiciaire de Toulouse. Maison d'arrêt de Seysses.
		Antenne de Muret. R. A. : Muret.	Centre de détention de Muret.
		Antenne de Saint-Gaudens.	Circonscription judiciaire de Saint-Gaudens.
Service pénitentiaire d'insertion et de probation du Gers.	Auch.	*Néant.*	Circonscription judiciaire d'Auch.
Service pénitentiaire d'insertion et de probation de la Gironde.	Bordeaux.	Antenne de Bordeaux-Gradignan.	Circonscription judiciaire de Bordeaux. Maison d'arrêt de Bordeaux-Gradignan.
		Antenne de Libourne.	Circonscription judiciaire de Libourne.
Service pénitentiaire d'insertion et de probation de l'Hérault.	Montpellier.	Antenne de Montpellier-Villeneuve-lès-Maguelone.	Circonscription judiciaire de Montpellier. Maison d'arrêt de Villeneuve-lès-Maguelone. Centre de semi-liberté de Montpellier.
		Antenne de Béziers.	Circonscription judiciaire de Béziers. Maison d'arrêt de Béziers.
Service pénitentiaire d'insertion et de probation d'Ille-et-Vilaine.	Rennes.	Antenne de Rennes.	Circonscription judiciaire de Rennes. Maison d'arrêt de Rennes. Centre pénitentiaire de Rennes.
		Antenne de Saint-Malo.	Circonscription judiciaire de Saint-Malo. Maison d'arrêt de Saint-Malo.

SERVICE PÉNINTIAIRE D'INSERTION ET DE PROBATION	SIÈGE.	ANTENNES	RESSORT DE COMPÉTENCE.
Service pénitentiaire d'insertion et de probation de l'Indre.	Châteauroux.	Antenne de Châteauroux.	Circonscription judiciaire de Châteauroux. Centre pénitentiaire de Châteauroux.
		Antenne de Saint-Maur.	Maison centrale de Saint-Maur.
Service pénitentiaire d'insertion et de probation d'Indre-et-Loire.	Tours.	*Néant.*	Circonscription judiciaire de Tours. Maison d'arrêt de Tours.
Service pénitentiaire d'insertion et de probation de l'Isère.	Grenoble.	Antenne de Grenoble.	Circonscription judiciaire de Grenoble. Maison d'arrêt de Grenoble. Centre de semi-liberté de Grenoble.
		Antenne de Vienne-Saint-Quentin-Fallavier.	Circonscription judiciaire de Vienne. Centre pénitentiaire de Saint-Quentin-Fallavier.
		Antenne de Bourgoin-Jallieu.	Circonscription judiciaire de Bourgoin-Jallieu.
Service pénitentiaire d'insertion et de probation du Jura.	Lons-le-Saunier.	Antenne de Lons-le-Saunier.	Circonscription judiciaire de Lons-le-Saunier. Maison d'arrêt de Lons-le-Saunier.
		Antenne de Dole.	Circonscription judiciaire de Dole.
Service pénitentiaire d'insertion et de probation des Landes.	Mont-de-Marsan.	Antenne de Mont-de-Marsan.	Circonscription judiciaire de Mont-de-Marsan. Maison d'arrêt de Mont-de-Marsan.
		Antenne de Dax.	Circonscription judiciaire de Dax.
Service pénitentiaire d'insertion et de probation de Loir-et-Cher.	Blois.	*Néant.*	Circonscription judiciaire de Blois. Maison d'arrêt de Blois.

SERVICE PÉNITENTIAIRE D'INSERTION ET DE PROBATION	SIÈGE	ANTENNES	RESSORT DE COMPÉTENCE
Service pénitentiaire d'insertion et de probation de la Loire.	Saint-Étienne.	Antenne de Saint-Étienne.	Circonscription judiciaire de Saint-Étienne. Maison d'arrêt de Saint-Étienne.
		Antenne de Montbrison.	Circonscription judiciaire de Montbrison.
		Antenne de Roanne.	Circonscription judiciaire de Roanne.
Service pénitentiaire d'insertion et de probation de la Haute-Loire.	Le Puy-en-Velay.	*Néant.*	Circonscription judiciaire du Puy-en-Velay. Maison d'arrêt du Puy-en-Velay.
Service pénitentiaire d'insertion et de probation de la Loire-Atlantique.	Nantes.	Antenne de Nantes.	Circonscription judiciaire de Nantes. Centre pénitentiaire de Nantes (quartier de semi-liberté et maison d'arrêt de Nantes inclus).
		Antenne de Saint-Nazaire.	Circonscription judiciaire de Saint-Nazaire.
Service pénitentiaire d'insertion et de probation du Loiret.	Orléans.	Antenne d'Orléans.	Circonscription judiciaire d'Orléans. Maison d'arrêt d'Orléans.
		Antenne de Montargis.	Circonscription judiciaire de Montargis. Centre de semi-liberté de Montargis.
Service pénitentiaire d'insertion et de probation du Lot.	Cahors.	*Néant.*	Circonscription judiciaire de Cahors. Maison d'arrêt de Cahors.
Service pénitentiaire d'insertion et de probation de Lot-et-Garonne.	Agen.	Antenne d'Agen.	Circonscription judiciaire d'Agen. Maison d'arrêt d'Agen.
		Antenne de Marmande.	Circonscription judiciaire de Marmande.
		Antenne d'Eysses.	Circonscription judiciaire d'Eysses.

SERVICE PÉNITENTIAIRE D'INSERTION ET DE PROBATION	SIÈGE	ANTENNES	RESSORT DE COMPÉTENCE
Service pénitentiaire d'insertion et de probation de la Lozère.	Mende.	*Néant.*	Circonscription judiciaire de Mende. Maison d'arrêt de Mende.
Service pénitentiaire d'insertion et de probation de Maine-et-Loire.	Angers.	Antenne d'Angers.	Circonscription judiciaire d'Angers. Maison d'arrêt d'Angers.
		Antenne de Saumur.	Circonscription judiciaire de Saumur.
Service pénitentiaire d'insertion et de probation de la Manche.	Coutances.	Antenne de Coutances.	Circonscription judiciaire de Coutances. Maison d'arrêt de Coutances.
		Antenne de Cherbourg.	Circonscription judiciaire de Cherbourg. Maison d'arrêt de Cherbourg.
		Antenne d'Avranches.	Circonscription judiciaire d'Avranches.
Service pénitentiaire et d'insertion et de probation de la Marne.	Châlons-en-Champagne.	Antenne de Châlons-en-Champagne.	Circonscription judiciaire de Châlons-en-Champagne. Maison d'arrêt de Châlons-en-Champagne.
		Antenne de Reims.	Circonscription judiciaire de Reims. Maison d'arrêt de Reims.
Service pénitentiaire d'insertion et de probation de la Haute-Marne.	Chaumont.	*Néant.*	Circonscription judiciaire de Chaumont. Maison d'arrêt de Chaumont.
Service pénitentiaire d'insertion et de probation de la Mayenne.	Laval.	*Néant.*	Circonscription judiciaire de Laval. Maison d'arrêt de Laval.

SERVICE PÉNITENTIAIRE D'INSERTION ET DE PROBATION	SIÈGE	ANTENNES	RESSORT DE COMPÉTENCE
Service pénitentiaire d'insertion et de probation de Meurthe-et-Moselle.	Nancy.	Antenne de Nancy.	Circonscription judiciaire de Nancy. Maison d'arrêt de Nancy. Centre de semi-liberté de Maxéville.
		Antenne de Briey.	Circonscription judiciaire de Briey. Centre de semi-liberté de Briey.
		Antenne de Toul-Écrouves.	Circonscription judiciaire de Toul. Centre de détention national d'Écrouves.
Service pénitentiaire d'insertion et de probation de la Meuse.	Verdun.	Antenne de Verdun.	Circonscription judiciaire de Verdun.
		Antenne de Bar-le-Duc.	Circonscription judiciaire de Bar-le-Duc. Maison d'arrêt de Bar-le-Duc.
		Antenne de Montmédy.	Centre de détention national de Montmédy.
		Antenne de Saint-Mihiel.	Centre de détention national de Saint-Mihiel.
Service pénitentiaire d'insertion et de probation du Morbihan.	Lorient.	Antenne de Lorient.	Circonscription judiciaire de Loiret. Centre pénitentiaire de Lorient-Ploëmeur.
		Antenne de Vannes.	Circonscription judiciaire de Vannes. Maison d'arrêt de Vannes.
Service pénitentiaire d'insertion et de probation de la Moselle.	Metz.	Antenne de Metz.	Circonscription judiciaire de Metz. Maison d'arrêt de Metz. Centre de semi-liberté de Metz.
		Antenne de Sarreguemines.	Circonscription judiciaire de Sarreguemines. Maison d'arrêt de Sarreguemines.
		Antenne de Thionville.	Circonscription judiciaire de Thionville.

SERVICE PÉNITENTIAIRE D'INSERTION ET DE PROBATION	SIÈGE	ANTENNES	RESSORT DE COMPÉTENCE
Service pénitentiaire d'insertion et de probation de la Nièvre.	Nevers.	*Néant.*	Circonscription judiciaire de Nevers. Maison d'arrêt de Nevers.
Service pénitentiaire d'insertion et de probation du Nord.	Lille.	Antenne de Lille-Loos.	Circonscription judiciaire de Lille. Maison d'arrêt de Loos. Centre de détention régional de Loos. Centre de semi-liberté d'Haubourdin.
		Antenne d'Avesnes-sur-Helpe-Maubeuge.	Circonscription judiciaire d'Avesnes-sur-Helpe. Centre pénitentiaire de Maubeuge.
		Antenne de Cambrai.	Circonscription judiciaire de Cambrai.
		Antenne de Douai.	Circonscription judiciaire de Douai. Maison d'arrêt de Douai.
		Antenne de Dunkerque.	Circonscription judiciaire de Dunkerque. Maison d'arrêt de Dunkerque.
		Antenne d'Hazebrouck.	Circonscription judiciaire d'Hazebrouck.
		Antenne de Valenciennes.	Circonscription judiciaire de Valenciennes. Maison d'arrêt de Valenciennes.
Service pénitentiaire d'insertion et de probation de l'Oise.	Beauvais.	Antenne de Beauvais.	Circonscription judiciaire de Beauvais. Maison d'arrêt de Beauvais.
		Antenne de Compiègne.	Circonscription judiciaire de Compiègne. Maison d'arrêt de Compiègne.
		Antenne de Liancourt.	Centre de détention national de Liancourt.
		Antenne de Senlis.	Circonscription judiciaire de Senlis.

SERVICE PÉNITENTIAIRE D'INSERTION ET DE PROBATION	SIÈGE	ANTENNES	RESSORT DE COMPÉTENCE
Service pénitentiaire d'insertion et de probation de l'Orne.	Argentan.	Antenne d'Argentan.	Circonscription judiciaire d'Argentan. Centre de détention régional d'Argentan.
		Antenne d'Alençon.	Circonscription judiciaire d'Alençon. Maison d'arrêt d'Alençon.
Service pénitentiaire d'insertion et de probation du Pas-de-Calais.	Arras.	Antenne d'Arras.	Circonscription judiciaire d'Arras. Maison d'arrêt d'Arras.
		Antenne de Bapaume.	Centre de détention national de Bapaume.
		Antenne de Béthune.	Circonscription judiciaire de Béthune. Maison d'arrêt de Béthune.
		Antenne de Boulogne-sur-Mer.	Circonscription judiciaire de Boulogne-sur-Mer.
		Antenne de Saint-Omer-Longuenesse.	Circonscription judiciaire de Saint-Omer. Centre pénitentiaire de Longuenesse.
Service pénitentiaire d'insertion et de probation du Puy-de-Dôme.	Clermont-Ferrand.	Antenne de Clermont-Ferrand.	Circonscription judiciaire de Clermont-Ferrand. Maison d'arrêt de Clermont-Ferrand.
		Antenne de Riom.	Circonscription judiciaire de Riom. Maison d'arrêt de Riom. Maison centrale de Riom.
Service pénitentiaire d'insertion et de probation des Pyrénées-Atlantiques.	Pau.	Antenne de Pau.	Circonscription judiciaire de Pau. Maison d'arrêt de Pau.
		Antenne de Bayonne.	Circonscription judiciaire de Bayonne. Maison d'arrêt de Bayonne.

SERVICE PÉNITENTIAIRE D'INSERTION ET DE PROBATION	SIÈGE	ANTENNES	RESSORT DE COMPÉTENCE
Service pénitentiaire d'insertion et de probation des Hautes Pyrénées.	Tarbes.	Antenne de Tarbes.	Circonscription judiciaire de Tarbes. Maison d'arrêt de Tarbes.
		Antenne de Lannemezan.	Circonscription pénitentiaire de Lannemezan.
Service pénitentiaire d'insertion et de probation de Pyrénées-Orientales.	Perpignan.	*Néant.*	Circonscription judiciaire de Perpignan. Centre pénitentiaire de Perpignan (quartier de semi-liberté inclus).
Service pénitentiaire d'insertion et de probation de Bas-Rhin.	Schiltigheim.	Antenne de Strasbourg.	Circonscription judiciaire de Strasbourg. Maison d'arrêt de Strasbourg. Centre de semi-liberté de Souffelweyersheim.
		Antenne de Saverne-Oermingen.	Circonscription judiciaire de Saverne. Centre de détention régional d'Oermingen.
Service pénitentiaire d'insertion et de probation de Haut-Rhin.	Colmar.	Antenne de Colmar.	Circonscription judiciaire de Colmar. Maison d'arrêt de Colmar.
		Antenne de Mulhouse.	Circonscription judiciaire de Mulhouse. Maison d'arrêt de Mulhouse (quartier de semi-liberté inclus).
		Antenne d'Ensisheim.	Maison centrale d'Ensisheim.
Service pénitentiaire d'insertion et de probation du Rhône.	Lyon.	Antenne de Lyon.	Circonscription judiciaire de Lyon. Maison d'arrêt de Lyon-Saint-Paul (quartier maison d'arrêt Saint-Joseph inclus). Maison d'arrêt de Lyon-Montluc. Centre de semi-liberté de Lyon.
		Antenne de Villefranche-sur-Saône.	Circonscription judiciaire de Villefranche-sur-Saône. Maison d'arrêt de Villefranche-sur-Saone.

SERVICE PÉNITENTIAIRE D'INSERTION ET DE PROBATION	SIÈGE	ANTENNES	RESSORT DE COMPÉTENCE
Service pénitentiaire et d'insertion et de probation de la Haute-Saône.	Vesoul.	Antenne de Vesoul.	Circonscription judiciaire de Vesoul. Maison d'arrêt de Vesoul.
		Antenne de Lure.	Circonscription judiciaire de Lure. Maison d'arrêt de Lure.
Service pénitentiaire d'insertion et de probation de Saône-et-Loire.	Mâcon.	Antenne de Mâcon.	Circonscription judiciaire de Mâcon.
		Antenne de Chalon-sur-Saône-Varennes-le-Grand.	Circonscription judiciaire de Chalon-sur-Saône. Centre pénitentiaire de Varennes-le-Grand.
Service pénitentiaire d'insertion et de probation de la Sarthe.	Le Mans.	*Néant.*	Circonscription judiciaire du Mans. Maison d'arrêt du Mans.
Service pénitentiaire d'insertion et de probation de la Savoie.	Chambéry.	Antenne de Chambéry.	Circonscription judiciaire de Chambéry. Maison d'arrêt de Chambéry.
		Antenne d'Albertville-Aiton.	Circonscription judiciaire d'Alberville. Centre pénitentiaire d'Aiton.
Service pénitentiaire d'insertion et de probation de la Haute-Savoie.	Annecy.	Antenne d'Annecy.	Circonscription judiciaire d'Annecy.
		Antenne de Bonneville.	Circonscription judiciaire de Bonneville. Maison d'arrêt de Bonneville.
		Antenne de Thonon-les-Bains.	Circonscription judiciaire de Thonon-les-Bains.
Service pénitentiaire d'insertion et de probation de Paris.	Paris.	*Néant.*	Circonscription judiciaire de Paris. Maison d'arrêt de Paris-La Santé.

SERVICE PÉNITENTIAIRE D'INSERTION ET DE PROBATION	SIÈGE	ANTENNES	RESSORT DE COMPÉTENCE
Service pénitentiaire d'insertion et de probation de la Seine-Maritime.	Rouen.	Antenne de Rouen.	Circonscription judiciaire de Rouen. Maison d'arrêt de Rouen.
		Antenne de Dieppe.	Circonscription judiciaire de Dieppe.
		Antenne du Havre.	Circonscription judiciaire du Havre. Maison d'arrêt du Havre.
Service pénitentiaire d'insertion et de probation de Seine-et-Marne.	Melun.	Antenne de Melun.	Circonscription judiciaire de Melun. Maison d'arrêt de Melun. Centre de détention national de Melun.
		Antenne de Fontainebleau.	Circonscription judiciaire de Fontainebleau.
		Antenne de Meaux.	Circonscription judiciaire de Meaux. Maison d'arrêt de Meaux.
Service pénitentiaire d'insertion et de probation des Yvelines.	Versailles.	Antenne de Versailles-Bois-d'Arcy.	Circonscription judiciaire de Versailles. Maison d'arrêt de Versailles (quartier des semi-liberté inclus). Maison d'arrêt de Bois-d'Arcy.
		Antenne de Poissy.	Maison centrale de Poissy.
Service pénitentiaire d'insertion et de probation des Deux-Sèvres.	Niort.	Antenne de Niort.	Circonscription judiciaire de Niort. Maison d'arrêt de Niort.
		Antenne de Bressuire.	Circonscription judiciaire de Bressuire.

SERVICE PÉNITENTIAIRE D'INSERTION ET DE PROBATION	SIÈGE	ANTENNES	RESSORT DE COMPÉTENCE
Service pénitentiaire d'insertion et de probation de là Somme.	Amiens.	Antenne d'Amiens.	Circonscription judiciaire d'Amiens. Maison d'arrêt d'Amiens.
		Antenne d'Abbeville.	Circonscription judiciaire d'Abbeville.
		Antenne de Péronne.	Circonscription judiciaire de Péronne.
Service pénitentiaire d'insertion et de probation du Tarn.	Albi.	Antenne d'Albi.	Circonscription judiciaire d'Albi. Maison d'arrêt d'Albi.
		Antenne de Castres.	Circonscription judiciaire de Castres.
		Antenne de Saint-Sulpice-la-Pointe.	Centre de détention régional de Saint-Sulpice-la-Pointe.
Service pénitentiaire d'insertion et de probation de Tarn-et-Garonne.	Montauban.	*Néant.*	Circonscription judiciaire de Montauban. Maison d'arrêt de Montauban.
Service pénitentiaire d'insertion et de probation du Var.	Toulon.	Antenne de Toulon.	Circonscription judiciaire de Toulon. Maison d'arrêt de Toulon.
		Antenne de Draguignan.	Circonscription judiciaire de Draguignan. Centre pénitentiaire de Draguignan.
Service pénitentiaire d'insertion et de probation de Vaucluse.	Avignon.	Antenne d'Avignon. RA : Avignon ou le Pontet (A. 19 avril 2002).	Circonscription judiciaire d'Avignon. Centre pénitentiaire du Pontet (A. 19 avril 2002).
		Antenne de Carpentras. RA : Carpentras (A. 19 avril 2002).	Circonscription judiciaire de Carpentras.

SERVICE PÉNITENCIAIRE D'INSERTION ET DE PROBATION	SIÈGE	ANTENNES	RESSORT DE COMPÉTENCE
Service pénitentiaire d'insertion et de probation de la Vendée.	La Roche-sur-Yon.	Antenne de La Roche-sur-Yon Fontenay-le-Comte.	Circonscription judiciaire de La Roche-sur-Yon. Maison d'arrêt de La Roche-sur-Yon. Maison d'arrêt de Fontenay-le-Comte.
		Antenne des Sables-d'Olonne.	Circonscription judiciaire des Sables-d'Olonne.
Service pénitentiaire d'insertion et de probation de la Vienne.	Poitiers.	*Néant.*	Circonscription judiciaire de Poitiers. Maison d'arrêt de Poitiers.
Service pénitentiaire d'insertion et de probation de la Haute-Vienne.	Limoges.	*Néant.*	Circonscription judiciaire de Limoges. Maison d'arrêt de Limoges.
Service pénitentiaire d'insertion et de probation des Vosges.	Épinal.	Antenne d'Épinal.	Circonscription judiciaire d'Épinal. Maison d'arrêt d'Épinal.
		Antenne de Saint-Dié.	Circonscription judiciaire de Saint-Dié.
Service pénitentiaire d'insertion et de probation de l'Yonne.	Auxerre.	Antenne d'Auxerre.	Circonscription judiciaire d'Auxerre. Maison d'arrêt d'Auxerre.
		Antenne de Sens.	Circonscription judiciaire de Sens.
		Antenne de Joux-la-Ville.	Centre pénitentiaire de Joux-la-Ville.
Service pénitentiaire d'insertion et de probation du territoire de Belfort.	Belfort.	*Néant.*	Circonscription judiciaire de Belfort. Maison d'arrêt de Belfort.
Service pénitentiaire d'insertion et de probation de l'Essonne.	Corbeil-Essonne.	Antenne de Corbeil-Essonne.	Circonscription judiciaire d'Évry.
		Antenne de Fleury-Mérogis.	Maison d'arrêt de Fleury-Mérogis.

SERVICE PÉNITENTIAIRE D'INSERTION ET DE PROBATION	SIÈGE	ANTENNES	RESSORT DE COMPÉTENCE
Service pénitentiaire d'insertion et de probation des Hauts-de-Seine.	Nanterre.	*Néant.*	Circonscription judiciaire de Nanterre Maison d'arrêt de Nanterre.
Service pénitentiaire d'insertion et de probation de la Seine-Saint-Denis.	Drancy.	*Néant.*	Circonscription judiciaire de Bobigny. Maison d'arrêt de Villepinte. Centre de semi-liberté de Gagny.
Service pénitentiaire d'insertion et de probation du Val-de-Marne.	Créteil.	*Néant.*	Circonscription judiciaire de Créteil. Maison d'arrêt de Fresnes. Etablissement public de santé national de Fresnes. Centre national d'observation. Centre de semi-liberté de Villejuif.
Service pénitentiaire d'insertion et de probation du Val-d'Oise.	Pontoise.	*Néant.*	Circonscription judiciaire de Pontoise. Maison d'arrêt d'Osnay-Pontoise.
Service pénitentiaire d'insertion et de probation de la Guadeloupe.	Pointe-à-Pitre.	Antenne de Pointe-à-Pitre-Baie-Mahault.	Circonscription judiciaire de Pointe-à-Pitre. Centre pénitentiaire de Baie-Mahault.
		Antenne de Basse-Terre.	Circonscription judiciaire de Basse-Terre. Maison d'arrêt de Basse-Terre.
Service pénitentiaire d'insertion et de probation de la Martinique.	Fort-de-France.	*Néant.*	Circonscription judiciaire de Fort-de-France. Centre pénitentiaire de Ducos.
Service pénitentiaire d'insertion et de probation de la Guyane.	Cayenne.	*Néant.*	Circonscription judiciaire de Cayenne. Centre pénitentiaire de Remire-Montjoly.
Service pénitentiaire d'insertion et de probation de la Réunion.	Saint-Denis.	Antenne de Saint-Denis.	Circonscription judiciaire de Saint-Denis. Maison d'arrêt de Saint-Denis.
		Antenne de Saint-Pierre.	Circonscription judiciaire de Saint-Pierre. Maison d'arrêt de Saint-Pierre.
		Antenne du Port.	Centre pénitentiaire du Port.

LIVRE SIXIÈME

MODALITÉS D'APPLICATION EN CE QUI CONCERNE LES DÉPARTEMENTS DE LA GUADELOUPE, DE LA GUYANE, DE LA MARTINIQUE ET DE LA RÉUNION

Art. A. 54 *(A. 27 févr. 1964, art. 5)*. – **Par dérogation aux dispositions du second alinéa de l'article D. 77** *(A. 7 mars 1973, art. 2)* **l'« orientation » des condamnés à une longue peine relève, dans les départements où est établie une maison centrale de la** *(A. 7 mars 1973)* **« commission de l'application des peines » instituée à l'article D. 95.**

Dans les autres départements visés au présent titre *(A. 7 mars 1973, art. 2)* **l'« orientation » est effectuée, après avis du juge de l'application des peines, par le fonctionnaire de l'administration pénitentiaire exerçant pour ces déplacements les attributions dévolues aux directeurs régionaux.**

Art. A. 55 *(A. 27 févr. 1964, art. 5)*. – **Le bulletin concernant chaque condamné ayant à subir une longue peine et visé à l'article D. 80 est adressé par le chef de l'établissement de détention au fonctionnaire de l'administration pénitentiaire exerçant les attributions dévolues au directeur régional.**

L'examen du bulletin est effectué, selon les distinctions visées à l'article A. 54, par ce fonctionnaire ou par la *(A. 7 mars 1973, art. 2)* **« commission de l'application des peines » à laquelle le bulletin est alors transmis. Cet examen donne lieu :**

Soit à une décision d'affectation dans un établissement pénitentiaire du département où est situé l'établissement de détention.

Soit à une proposition d'affectation dans un des autres départements visés au présent titre. Cette proposition est soumise pour décision, au ministre de la justice.

Art. A. 56 *(A. 27 févr. 1964, art. 5)*. – **L'enquête prévue à l'article D. 81 sur la situation du condamné avant son incarcération est demandée au service social de l'administration pénitentiaire ou, à défaut aux services sociaux locaux, par le fonctionnaire visé à l'article A. 54.**

Art. A. 57 *(A. 27 févr. 1964, art. 5)*. – **Les attributions dévolues au directeur régional des services pénitentiaires par le présent code sont exercées, dans le département de la Réunion par le fonctionnaire assurant les fonctions de directeur des prisons de ce département.**

Loi n. 2000-516 du 15 juin 2000

(JO du 16 juin 2000)

Une commission de suivi de la détention provisoire est instituée. Elle est placée auprès du ministre de la justice.

Elle est composée de deux représentants du Parlement, d'un magistrat de la Cour de cassation, d'un membre du Conseil d'État, d'un professeur de droit, d'un avocat et d'un représentant d'un organisme de recherche judiciaire.

Elle est chargée de réunir les données juridiques, statistiques et pénitentiaires concernant la détention provisoire, en France et à l'étranger.

Elle se fait communiquer tout document utile à sa mission et peut procéder à des visites ou à des auditions. Elle publie dans un rapport annuel les données statistiques locales, nationales et internationales concernant l'évolution de la détention provisoire ainsi que la présentation des différentes politiques mise en œuvre.

Elle établit une synthèse des décisions en matière d'indemnisation de la détention provisoire prises en application des articles 149-1 à 149-4 du Code de procédure pénale.

Un décret en Conseil d'État fixe les modalités d'application du présent article.

....

Art. 140. – Les dispositions des sections 1,4, 5, 6, et 7 du chapitre 1er, des sections 2 et 3 du chapitre II et des chapitres III et V du titre Ier et celles du II de l'article 96 et des articles 104, 109, 116, 117, 125, 127, 128, 131, 132, 134, 135, 136 et 137 entreront en vigueur le 1er janvier 2001 ; les personnes ayant été condamnées par une cour d'assises postérieurement à la publication de la loi, mais dont la condamnation ne serait pas définitive le 1er janvier 2001, pourront cependant, dans les dix jours suivant cette date, former appel de leur condamnation conformément aux dispositions des articles 380-1 à 380-15 du Code de procédure pénale, dans leur rédaction résultant de l'article 81 ; cet appel entraîne le désistement du pourvoi et permet les appels incidents prévus par l'article 380-2, les affaires renvoyées devant une cour d'assises après cassation et audiencées après le 1er janvier 2001 seront jugées par une cour d'assises composée de neuf jurés et statuant en premier ressort.

Jusqu'au 1er janvier 2001, le président du tribunal de grande instance exerce les compétences que l'article 44 confie au juge des libertés et de la détention.

Toutefois, les dispositions des articles 14 et 77 entreront en vigueur un an après la publication de la présente loi au *Journal officiel* ; jusqu'à la date, à compter du 1er janvier 2001, le deuxième alinéa de l'article 367 du Code de procédure pénale, dans sa rédaction résultant de l'article 85 de la présente loi, est ainsi rédigé : « Dans les autres cas, tant que l'arrêt n'est pas définitif, et, le cas échéant pendant l'instance d'appel, l'ordonnance de prise de corps est mise à exécution ou continue de produire ses effets jusqu'à ce que la durée de détention ait atteint celle de la peine prononcée. »

Les dispositions de l'article 49 entreront en vigueur deux ans après la publication de la présente loi au *Journal officiel* : jusqu'à cette date, le président du tribunal peut confier au juge des libertés et de la détention désigné en application du second alinéa de l'article 137-1, les fonctions visées par l'article 49.

Loi n. 2000-1354 du 30 décembre 2000

tendant à faciliter l'indemnisation des condamnés reconnus innocents et portant diverses dispositions de coordination en matière de procédure pénale *(JO du 31 déc. 2000)*

Art. 36. – Après le premier alinéa de l'article 140 de la loi n. 2000-516 du 15 juin 2000 renforçant la protection de la présomption d'innocence et les droits des victimes, sont insérés deux alinéas ainsi rédigés :

« Du 1er janvier 2001 jusqu'au 16 juin 2001, la deuxième phrase du sixième alinéa de l'article 722 du Code de procédure pénale, dans sa rédaction résultant du IV de l'article 125, est remplacée par deux phrases ainsi rédigées :

« Cette décision est rendue, au vu des observations écrites du condamné ou de son avocat, après avis de la commission de l'application des peines ; à sa demande, le condamné, assisté le cas échéant de son avocat, peut également présenter oralement des observations devant le juge de l'application des peines ; ce magistrat procède à cette audition et statue sans être assisté d'un greffier ; le condamné peut demander à bénéficier de l'aide juridictionnelle. La décision du juge de l'application des peines peut être attaquée par la voie de l'appel par le condamné ou le procureur de la République dans le délai de dix jours à compter de sa notification. »

ANNEXES

ANNEXE I. – DROITS DE L'HOMME

CONSEIL DE L'EUROPE

Convention

de sauvegarde des droits de l'homme et des libertés fondamentales
Signé à Rome le 4 novembre 1950. Ratification par la France le 3 mai 1974
(*L. n. 73-1227, 30 déc. 1973 : JO* 3 janv. 1974)
Publication : D. n. 74-360, 3 mai 1974 : *JO* 4 mai
(Mod. par le Protocole n. 8, 19 mars 1985 approuvé par la France L. n. 88-1250, 30 déc. 1988, publié D. n. 90-245, 14 mars 1990 : *JO* 21 mars ; entré en vigueur, 1er janv. 1990)

V. L. GOFFIN, *Convention européenne des droits de l'homme : J.-Cl. Proc. pén.*, app. art. 567 à 621, *Compétence de la cour*, Fasc. 10 ; *Organisation et procédure*, Fasc. 20. – P. URBANSKY, *Application des dispositions de droit interne et des dispositions conventionnelles*, Fasc. 3.

Les gouvernements signataires, Membres du Conseil de l'Europe,

Considérant la Déclaration universelle des droits de l'homme, proclamée par l'Assemblée Générale des Nations unies le 10 décembre 1948 ;

Considérant que cette Déclaration tend à assurer la reconnaissance et l'application universelles et effectives des droits qui y sont énoncés ;

Considérant que le but du Conseil de l'Europe est de réaliser une union plus étroite entre ses Membres, et que l'un des moyens d'atteindre ce but est la sauvegarde et le développement des droits de l'homme et des libertés fondamentales ;

Réaffirmant leur profond attachement à ces libertés fondamentales qui constituent les assises mêmes de la justice et de la paix dans le monde et dont le maintien repose essentiellement sur un régime politique véritablement démocratique, d'une part, et, d'autre part, sur une conception commune et un commun respect des droits de l'homme dont ils se réclament ;

Résolus, en tant que gouvernements d'États européens animés d'un même esprit et possédant un patrimoine commun d'idéal et de traditions politiques, de respect de la liberté et de prééminence du droit, à prendre les premières mesures propres à assurer la garantie collective de certains droits énoncés dans la Déclaration universelle,

Sont convenus de ce qui suit :

Art. 1er. – *Obligation de respecter les droits de l'homme.* – Les Hautes Parties contractantes reconnaissent à toute personne relevant de leur juridiction les droits et libertés définis au Titre I de la présente Convention.

TITRE PREMIER. – DROITS ET LIBERTÉS

Art. 2. – *Droit à la vie.* – Le droit de toute personne à la vie est protégé par la loi. La mort ne peut être infligée à quiconque intentionnellement, sauf en exécution d'une sentence capitale prononcée par un tribunal au cas où le délit est puni de cette peine par la loi.

2. La mort n'est pas considérée comme infligée en violation de cet article dans le cas où elle résulterait d'un recours à la force rendu absolument nécessaire :

a) pour assurer la défense de toute personne contre la violence illégale ;

b) pour effectuer une arrestation régulière ou pour empêcher l'évasion d'une personne régulièrement détenue ;

c) pour réprimer, conformément à la loi, une émeute ou une insurrection.

I. Jurisprudence de la Cour européenne des droits de l'homme

1) La Cour rappelle que l'article 2 de la Convention implique et exige de mener une forme d'enquête officielle efficace lorsque le recours à la force, par des agents de l'État, a entraîné mort d'homme. L'interdiction légale, de nature générale, que cet article fait aux agents de l'État de procéder à des homicides arbitraires serait en pratique inefficace s'il n'existait pas de procédure permettant de contrôler la légalité du recours à la force meurtrière par les autorités et les obligeant à rendre compte de leurs actions. La Cour relève en l'occurrence que la mort du frère du requérant ne saurait passer pour un cas très net d'homicide légal par les forces de sécurité, vu les versions totalement contradictoires des faits survenus le jour fatidique. Elle rejette l'argument du Gouvernement selon lequel il suffisait d'accomplir des formalités minimales afin de traiter cette affaire. La Cour estime que l'enquête menée par les autorités était à bien des égards insuffisante, même pour un cas très simple d'homicide légal. Le procureur n'a pas procédé à un examen médico-légal sérieux du cadavre et des lieux de l'incident. L'autopsie menée sur place était superficielle et a laissé trop de questions cruciales sans réponse. Le rapport ne mentionnait ni le nombre exact de balles ayant touché le corps ni la distance de tir. La décision de remettre le corps à des villageois a empêché tout examen ultérieur des blessures et des vêtements du défunt, etc. La Cour conclut, en conséquence à la violation de l'article 2 (*Kaya*, 19 févr. 1998 – Turquie).

2) Le défaut d'enquête dans une série d'affaires sur des allégations de méfaits de la part des forces de l'ordre, et l'imputation de la responsabilité des incidents au PKK, les cours de sûreté de l'État étant alors compétentes pour connaître de l'affaire ... ont permis ou favorisé l'impunité des agents des forces de l'ordre pour leurs actes, ce qui n'est pas compatible avec la prééminence du droit dans une société démocratique. En outre, aucune mesure concrète de protection n'a été prise ; les autorités auraient pu recourir à un vaste éventail de mesures qui auraient permis de minimiser le risque pour la vie de Kemal Kilic, sans entraîner un détournement irréaliste de ressources, mais rien n'indique qu'elles aient réagi à la demande de l'intéressé. Les autorités n'ont pas pris les mesures auxquelles elles pouvaient raisonnablement avoir recours pour prévenir la matérialisation d'un risque certain et imminent pour la vie de Kemal Kilic.

Conclusion : violation (six voix contre une).

Quant à l'enquête, elle n'a comporté aucune mesure tendant à déterminer si Kemal Kiliç avait peut-être été visé en raison de sa profession et rien n'indique que des mesures aient été prises pour enquêter sur une complicité éventuelle des forces de l'ordre. Eu égard à la faible ampleur et à la courte durée des investigations, les autorités n'ont pas conduit une enquête efficace.

Conclusion : violation (unanimité) (*Kemal Kilic*, 28 mars 2000, Section II, Turquie).

Il ne prête pas à controverse qu'au moment de son arrestation, T. pouvait marcher, qu'il a échangé quelques paroles avec les policiers et d'autres personnes, et qu'il ne s'est plaint d'aucun trouble à ce moment précis ou pendant les deux heures qui ont suivi et que personne n'a signalé de traces visibles de blessures graves comme celles constatées ultérieurement lors de l'autopsie. L'idée émise par le gouvernement que ces blessures mortelles pouvaient avoir été infligées à T. avant son arrestation ou résulter d'une chute sur le sol, partant qu'il aurait titubé, ne sont pas plausibles. Le rapport d'autopsie mentionne une chute sur le sol comme l'une des causes possibles des blessures au visage uniquement, qui ne figurent pas parmi celles à l'origine de l'importante hémorragie qui s'est produite. Selon le rapport du procureur, les blessures mortelles ont résulté de « coups assenés délibérément ». Il existe suffisamment de preuves permettant de conclure, au-delà de tout doute raisonnable, que T. est décédé des suites des blessures infligées alors qu'il se trouvait entre les mains des policiers et la responsabilité de l'État se trouve dès lors engagée. En outre, aucune preuve ne permet d'établir que T. ait reçu d'un médecin à un moment ou un autre lors de sa garde à vue les soins que nécessitait son état. Partant, il y a eu violation quant à son décès.

Conclusion : violation (unanimité) (*Velikova*, 16 mai 2000, Section IV, Bulgarie).

3) Il pesait sur l'État défendeur une obligation procédurale de mener une enquête au sujet des circonstances de la mort de C. Ce dernier était un détenu placé sous la garde et la responsabilité des autorités lorsqu'il décéda d'actes de

violence commis par un autre détenu. Dans ces conditions, il importe peu de savoir si des agents de l'État ont joué un rôle dans les actes ou omissions constatés dans la séquence des événements ayant conduit à son décès. Une action au civil, à supposer qu'elle eût pu être introduite, n'aurait pu l'être qu'à l'initiative des parents de la victime, et de toute manière pareille action n'est pas de nature à valoir observation par l'État de son obligation à cet égard. Dès lors qu'une information judiciaire ne fut pas menée et que les poursuites pénales entamées ne débouchèrent pas sur un procès, la question est de savoir si l'enquête effectuée peut passer pour effective. Elle comporta l'audition d'un grand nombre de témoins et l'examen détaillé des circonstances de la mort de C., et le rapport établi à son issue était un document très élaboré pouvant servir de fondement à l'appréciation des faits. De surcroît, l'indépendance de la commission d'enquête était garantie, et, dans ces conditions, les autorités peuvent passer pour avoir agi dans des délais relativement brefs et avec une célérité raisonnable. Toutefois, le fait que la commission d'enquête n'avait pas le pouvoir de contraindre les témoins à comparaître devant elle a entraîné comme conséquence que des preuves potentiellement importantes n'ont pas été rendues disponibles, élément qui doit être considéré comme ayant diminué l'effectivité de l'enquête. De surcroît, l'intérêt public s'attachant aux questions soulevées par l'espèce était tel qu'il y avait lieu d'en assurer une diffusion maximale, et aucun motif n'a été avancé qui soit de nature à justifier le fait que la commission d'enquête ait siégé à huis clos. Par ailleurs, les requérants n'ont pu assister aux auditions de la commission d'enquête que lorsqu'ils ont eux-mêmes témoigné devant elle, ils n'étaient pas représentés, et ils n'ont pu poser aucune question aux témoins et ont dû attendre la publication du rapport pour découvrir la teneur des témoignages livrés. Compte tenu du fait qu'ils étaient étroitement et personnellement concernés par l'objet de l'enquête, ils n'ont pas été associés à la procédure dans une mesure propre à sauvegarder leurs intérêts. En conséquence, il y a eu violation de l'obligation procédurale découlant de l'article 2.

Conclusion : violation (unanimité) (*P. et A. Edwards*, 14 mars 2002, Section II, Royaume-Uni).

Art. 3. – *Interdiction de la torture.* – Nul ne peut être soumis à la torture ni à des peines ou traitements inhumains ou dégradants.

I. Jurisprudence de la Cour européenne des droits de l'homme

1) ... L'article 3 ne souffre aucune dérogation, même en cas de danger public menaçant la vie de la nation et s'applique aux personnes détenues, quelle que soit la nature de l'infraction qui leur est reprochée (*Dikme*, 11 juill. 2000, Section I, Turquie).

2) Un ressortissant allemand, installé aux États-Unis se trouve détenu au Royaume-Uni depuis avril 1986. Accusé d'un double assassinat commis dans l'État de Virginie aux États-Unis, le gouvernement de ce pays a requis du Royaume-Uni son extradition. Celle-ci a été accordée par les autorités judiciaires britanniques, mais pas encore exécutée.

Saisie par l'intéressé, la Cour européenne constate l'existence de raisons sérieuses de penser que s'il retournait en Virginie le requérant risquerait de se voir condamner à la peine capitale et donc, exposer au « syndrome du couloir de la mort » (période à passer, de 6 à 8 ans en moyenne). Elle estime en conséquence, que la décision de livrer le requérant aux États-Unis, si elle recevait exécution, violerait l'article 3 qui interdit l'emploi de peines ou traitements inhumains ou dégradants. (*Soering* 7 juill. 1989 – Royaume-Uni).

Un mandat d'arrêt international fut délivré par un tribunal d'instance américain à l'encontre du requérant, de nationalité américaine, soupçonné du meurtre de sa compagne. Il fut arrêté en France et placé sous écrou extraditionnel. Les autorités américaines firent une demande d'extradition auprès du ministère des Affaires étrangères français. Les juridictions françaises donnèrent un avis favorable sous réserve que les autorités américaines s'engagent à ce que la peine de mort ne soit ni requise ni appliquée à son encontre. Les juridictions se référèrent à une déclaration du procureur américain chargé de l'affaire dans laquelle celui-ci assurait qu'il ne demanderait pas la peine de mort. Le pourvoi en cassation du requérant fut rejeté. Le Conseil d'État rejeta le recours formé devant lui contre le décret d'extradition, estimant que le gouvernement avait obtenu suffisamment d'assurances de la part des autorités américaines. Le requérant prétend en tout état de cause encourir une peine d'emprisonnement à vie incompressible pour les faits qui lui sont reprochés.

Irrecevable sous l'angle des articles 3 et 1 du protocole n° 6 : Exposer un détenu au « syndrome du couloir de la mort » peut, dans certains cas et eu égard notamment au temps passé dans des conditions extrêmes, à l'angoisse omniprésente et croissante de l'exécution et à la situation personnelle de l'intéressé, être considéré comme un traitement dépassant le seuil fixé par l'article 3. Par ailleurs, il n'est pas exclu que la responsabilité d'un État soit engagée sur le terrain de l'article 1 du protocole n° 6 lorsqu'une personne est extradée vers un État où elle risque sérieusement d'être condamnée à mort et exécutée. En l'espèce, selon l'article 190.2 du Code pénal de Californie, la peine capitale ne peut être prononcée si une circonstance particulière n'est pas invoquée par le procureur. Or, ce dernier s'est engagé formellement, à deux reprises, à ne pas le faire. Les assurances obtenues de l'État français sont, en définitive, de nature à écarter le danger d'une condamnation à mort du requérant. Son extradition n'est donc pas susceptible de l'exposer à un risque sérieux de traitement ou peine prohibés par les présents articles : manifestement mal fondée.

Communiquée sous l'angle de l'article 3 en ce que le requérant prétend encourir l'emprisonnement à vie sans possibilité de remise gracieuse de peine. La Cour a par ailleurs décidé l'application de l'article 39 de son règlement (*Nivette*, 14 déc. 2000, Section II, France).

3) Le militant d'un mouvement indépendantiste en Corse, a été soupçonné d'avoir participé à un attentat perpétré contre un centre de repos de la Légion Étrangère et au cours duquel deux militaires ont été blessés par des coups de feu, l'un mortellement, l'autre très grièvement.

Inculpé d'assassinat, de tentative d'assassinat, de transport d'armes et de munitions, le requérant a été placé en détention préventive à l'issue de sa première comparution. Le juge d'instruction de Bastia a été dessaisi de l'affaire qui a été renvoyée devant le juge d'instruction de Bordeaux, dans l'intérêt d'une bonne administration de la justice. Finalement l'inculpé a été acquitté par la Cour d'assises de la Gironde le 22 octobre 1988.

Il a ultérieurement saisi la Commission d'indemnisation instituée par la Cour de cassation qui, par décision du 8 novembre 1991, lui a octroyé une indemnité de 300 000 francs.

Parmi les griefs, qu'il a allégués devant la Commission Européenne il s'est plaint d'avoir subi pendant sa garde à vue des sévices incompatibles avec l'article 3 de la Convention.

Il avait été interpellé le 23 mars 1983 à 9 h et était demeuré en garde à vue jusqu'au 25 à 9 h soit pendant 48 heures, le juge d'instruction ayant accordé à la police une prolongation de 24 heures.

Or, il résulte des constatations faites par le juge d'instruction et de rapports médicaux établis par plusieurs médecins, qu'il présentait effectivement à l'issue de la garde à vue plusieurs traces de lésions. Il a prétendu que diverses violences avaient été exercées sur lui par des policiers : gifles, coups de pied, coups de poing et manchettes, station debout prolongée et sans appui, menottes dans le dos ainsi que crachats, déshabillage total devant une fenêtre ouverte, absence de nourriture, menaces avec une arme.

La Cour, ayant noté que les certificats et rapports médicaux établis en toute indépendance par des praticiens, attestant de l'intensité et de la multiplicité des coups portés au requérant, estime qu'il y avait là des éléments sérieux pour conférer à ce traitement un caractère inhumain et dégradant. Il y a donc eu violation de l'article 3 de la Convention (*Tomasi,* 27 août 1992 – France).

« ... La Cour constate l'existence de plusieurs certificats médicaux contenant des informations précises et concordantes, ainsi que l'absence d'explication plausible pour l'origine des blessures. En outre, elle est d'avis que, dans le cadre du grief soumis à son examen, les faits contenus dans les déclarations de M. Selmouni et qui ne ressortent pas des expertises médicales peuvent être considérés comme établis, à l'exception du viol et de la perte d'acuité visuelle allégués. La Cour constate que l'ensemble des lésions relevées dans les différents certificats médicaux, ainsi que les déclarations du requérant sur les mauvais traitements dont il a fait l'objet durant sa garde à vue établissent l'existence de douleurs ou de souffrances physiques et, à n'en pas douter, nonobstant l'absence regrettable d'expertise psychologique de M. Selmouni à la suite de ces faits, mentales. Le déroulement des faits atteste également que les douleurs ou souffrances ont été infligées intentionnellement au requérant, aux fins notamment d'obtenir des aveux sur les faits qui lui étaient reprochés. Enfin, il ressort clairement des certificats médicaux joints au dossier de la procédure que les multiples violences ont été directement exercées par des policiers dans l'exercice de leur fonction. Les actes dénoncés étaient assurément de nature à créer des sentiments de peur, d'angoisse et d'infériorité propres à humilier, avilir et briser éventuellement la résistance physique et morale du requérant. La Cour relève donc des éléments assez sérieux pour conférer à ce traitement un caractère inhumain et dégradant. Autrement dit, en l'espèce, reste à savoir si les « douleurs ou souffrances » infligées à M. Selmouni peuvent être qualifiées d'« aiguës » au sens de l'article 1er de la Convention des Nations unies contre la torture entrée en vigueur le 26 juin 1987. La Cour estime que ce caractère « aigu » est, à l'instar du « minimum de gravité » requis pour l'application de l'article 3, relatif par essence ; il dépend de l'ensemble des données de la cause, notamment de la durée du traitement et de ses effets physiques ou mentaux ainsi que, parfois, du sexe, de l'âge, de l'état de santé de la victime, etc. La Cour a pu se convaincre de la multitude des coups portés à M. Selmouni. Quel que soit l'état de santé d'une personne, on peut supposer qu'une telle intensité de coups provoque des douleurs importantes. La Cour note d'ailleurs qu'un coup porté ne provoque pas automatiquement une marque visible sur le corps. Or, au vu du rapport d'expertise médical réalisé le 7 décembre 1991, la quasi totalité du corps de M. Selmouni portait des traces des violences subies. La Cour relève également que le requérant a été victime d'un certain nombre d'actes dont elle ne peut que constater le caractère odieux et humiliant pour toute personne, quel que soit son état. La Cour note enfin que ces faits ne peuvent se résumer à une période donnée de la garde à vue au cours de laquelle, sans que cela puisse aucunement le justifier, la tension et les passions exacerbées auraient conduit à de tels excès : il est en effet clairement établi que M. Selmouni a subi des violences répétées et prolongées, réparties sur plusieurs jours d'interrogatoires. Dans ces conditions, la Cour est convaincue que les actes de violence physique et mentale commis sur la personne du requérant, pris dans leur ensemble, ont provoqué des douleurs et des souffrances « aiguës » et revêtent un caractère particulièrement grave et cruel. De tels agissements doivent être regardés comme des actes de torture au sens de l'article 3 de la Convention.

Conclusion : Violation (unanimité). (*Selmouni,* 28 juill. 1999, Grande Chambre, France ; *JCP* 99, II, 10193, note Frédéric Sudre). – Voir également sur la torture : *Cakici,* 8 juill. 1999, Grande Chambre, Turquie.

Les mauvais traitements allégués s'étant produits au cour de l'arrestation du requérant, la cause doit se distinguer de l'affaire *Ribitsch* c. *Autriche* (série A n. 336), qui se rapportait à des blessures infligées au cours de la détention, mais aussi de l'affaire *Klaas* c. *Allemagne* (série A n. 269), dans laquelle les juridictions nationales avaient établi les faits après avoir elles-mêmes entendu les témoins. En l'occurrence, la police avait planifié l'opération à l'avance et avait eu le temps d'évaluer les risques et de prendre les mesures nécessaires. Les policiers étaient plus nombreux que les suspects et le requérant ne les menaça pas. Compte tenu de la gravité des blessures subies par l'intéressé et comme aucune juridiction nationale n'a déterminé les faits, il appartient au gouvernement de démontrer que l'usage de la force n'était pas excessif. Le rapport produit par lui fut demandé plusieurs mois après l'incident et c'est la police elle-même qui a mené l'enquête ; le requérant ou les autres suspects ne semblent pas avoir été entendus et aucune explication n'a été fournie au retard apporté à communiquer le rapport à la Cour. Nonobstant les conclusions de celui-ci, le gouvernement n'a pas avancé d'arguments convaincants ou crédibles permettant d'expliquer ou de justifier le degré de force employé, qui fut donc excessif et injustifié. Les blessures ont à n'en pas douter causé de graves souffrances s'analysant en un traitement inhumain (violation) (*Rehbock*, 28 nov. 2000, Section II, Slovénie).

4) La Cour estime que le port des menottes ne pose normalement pas problème au regard de l'article 3 de la Convention lorsqu'il est lié à une arrestation ou une détention légales et n'entraîne pas l'usage de la force, ni d'exposition publique, au-delà de ce qui est raisonnablement considéré comme nécessaire dans les circonstances de l'espèce. À cet égard, il importe par exemple de savoir s'il y a lieu de penser que l'intéressé opposera une résistance à l'arrestation, ou tentera de fuir, de provoquer blessure ou dommage, ou de supprimer des preuves (*Raninen,* 16 déc. 1997 – Finlande).

La Cour réitère sa jurisprudence selon laquelle pour tomber sous le coup de l'article 3, un mauvais traitement doit atteindre un minimum de gravité. Elle souligne que la souffrance et l'humiliation infligées doivent aller au-delà que celles que comporte inévitablement une forme donnée de traitement ou de peine légitimes. Les mesures privatives de liberté s'accompagnent ordinairement de pareilles souffrance et humiliation. L'article 3 de la Convention impose à l'État de s'assurer que tout prisonnier est détenu dans des conditions qui sont compatibles avec le respect de sa dignité humaine, que les modalités d'exécution de la mesure ne soumettent pas l'intéressé à une détresse ou à une épreuve d'une intensité qui excède le niveau inévitable de souffrance inhérent à la détention et que, eu égard aux exigences pratiques de l'emprisonnement, la santé et le bien-être du prisonnier sont assurés de manière adéquate.

La Cour estime que les conditions générales de détention à la prison de Pravieniškės n'étaient pas contraires à l'article 3 de la Convention.

Quant à la fouille à corps subie par le requérant le 7 mai 1998, la Cour estime que si les fouilles pour lesquelles un individu doit se déshabiller peuvent parfois être nécessaires à la sécurité de l'établissement pénitentiaire ou à la défense de l'ordre et à la prévention des infractions pénales, elles doivent être conduites de manière convenable. Pour la Cour, la façon dont la fouille a été effectuée en l'espèce démontre un manque de respect manifeste pour le requérant et a amoindri la dignité humaine de celuici. Elle conclut que cette mesure a constitué un traitement dégradant, en violation de l'article 3 de la Convention.

Quant aux persécutions alléguées, la Cour constate que le requérant n'en a pas été victime pour avoir exprimé ses vues ou exercé ses droits et libertés légitimes. Elle estime que les sanctions disciplinaires qui ont été infligées à l'intéressé n'ont pas été arbitraires, qu'elles ont fait l'objet d'un contrôle adéquat par l'administration pénitentiaire et le médiateur, et qu'elles ne s'analysent pas en un traitement contraire à l'article 3 de la Convention (*Valasinas*, 24 juillet 2001, Section III, Lituanie).

5) Il est impossible d'établir si les lésions de la requérante lui ont été infligées par la police ou si elle a subi des tortures de la gravité alléguée, et la Cour n'est pas persuadée que l'audition de témoins permettrait de conclure au-delà de tout doute raisonnable que les allégations de l'intéressée sont fondées. Toutefois, la difficulté provient du fait que les autorités n'ont pas enquêté sur ses griefs. Son insistance à déclarer qu'elle avait été torturée ainsi que les éléments médicaux du dossier auraient dû être suffisants pour attirer l'attention du procureur sur la nécessité d'enquêter sur le bien-fondé de la plainte, mais rien n'a été fait pour obtenir plus de renseignements de l'intéressée ou pour interroger les policiers. Dans ces conditions, la requérante a fourni les éléments d'un grief défendable quant aux tortures qu'elle aurait subies et l'inertie dont les autorités ont fait preuve est incompatible avec leurs obligations procédurales de mener une enquête.

Conclusion : violation (unanimité) (*Veznedaroglu*, 11 avr. 2000, Section II, Turquie).

6) Irrecevable sous l'angle de l'article 3 : l'âge élevé ne constitue en tant que tel, dans aucun des pays membres du Conseil de l'Europe, un obstacle à la détention provisoire ou à la détention après condamnation. Néanmoins, l'âge pris en conjonction avec d'autres facteurs, tels que l'état de santé, peut être pris en compte soit au moment du prononcé de la peine, soit lors de son exécution. Aucune disposition de la Convention n'interdit en tant que telle la détention au-delà d'un certain âge, toutefois dans deux décisions récentes (*Priebke* c. *Italie*, n. 48799/99, 5 avril 2001 et *Sawoniuk* c. *Royaume-Uni*, n. 63716/00, 29 mai 2001), la Cour précise que le maintien en détention pour une période prolongée d'une personne d'un âge avancé pourrait poser problème sous l'angle de l'article 3. En l'espèce, le requérant, bien que restreint du fait de son état de santé dans sa capacité de mouvement, présente un état général de santé qualifié de bon par le médecin qu'il a récemment consulté et ne montre pas de signe de dépendance ; il bénéficie d'une surveillance et de soins médicaux réguliers. Dans l'aménagement de ses conditions de détention, les autorités nationales ont tenu compte, autant que possible, de son état de santé et de son âge ; elles ont notamment trouvé des solutions sur certains points qu'il avait soulevés ; enfin, le requérant maintient une vie sociale et reçoit la visite régulière de sa famille et de ses avocats. Dès lors, en l'état, sa situation n'atteint pas le seuil minimum de gravité requis pour tomber sous le coup de l'article 3. Si la situation venait à s'aggraver, le droit français offre aux autorités nationales des

moyens d'intervenir : les condamnés peuvent bénéficier d'une libération conditionnelle lorsqu'ils justifient de la nécessité de subir un traitement et en cas de situation particulièrement grave appelant des mesures humanitaires, le président de la République peut à tout moment exercer le droit de grâce (*Papon*, 7 juin 2001, Section III – France).

7) La Cour européenne des droits de l'homme rejette l'exception préliminaire de non-épuisement des voies de recours internes soulevée par le Gouvernement sur le terrain de l'article 26 de la Convention européenne des droits de l'homme motif pris notamment de ce que le requérant a été soumis à la torture, qu'il a été détenu trop longtemps sans être traduit devant un juge, au mépris de l'article 5 § 1 de la Convention que dès lors ne s'impose pas d'examiner la question de savoir s'il s'est vu refuser l'accès à un tribunal civil, au sens de l'article 6 § 1, qu'il n'a bénéficié d'aucun recours effectif pour son allégation de torture, en infraction à l'article 13 (*Aksoy*, 11 déc. 1996 – Turquie).

Art. 4. – *Interdiction de l'esclavage et du travail forcé.* – 1. Nul ne peut être tenu en esclavage ni en servitude.

2. Nul ne peut être astreint à accomplir un travail forcé ou obligatoire.

3. N'est pas considéré comme « travail forcé ou obligatoire » au sens du présent article :

a) tout travail requis normalement d'une personne soumise à la détention dans les conditions prévues par l'article 5 de la présente Convention, ou durant sa mise en liberté conditionnelle ;

b) tout service de caractère militaire ou, dans le cas d'objecteurs de conscience dans les pays où l'objection de conscience est reconnue comme légitime, un autre service à la place du service militaire obligatoire ;

c) tout service requis dans le cas de crises ou de calamités qui menacent la vie ou le bien-être de la communauté ;

d) tout travail ou service formant partie des obligations civiques normales.

Art. 5. – *Droit à la liberté et à la sûreté.* – 1. Toute personne a droit à la liberté et à la sûreté. Nul ne peut être privé de liberté, sauf dans les cas suivants et selon les voies légales :

a) s'il est détenu régulièrement après condamnation par un tribunal compétent ;

b) s'il a fait l'objet d'une arrestation ou d'une détention régulières pour insoumission à une ordonnance rendue, conformément à la loi, par un tribunal ou en vue de garantir l'exécution d'une obligation prescrite par la loi ;

c) s'il a été arrêté et détenu en vue d'être conduit devant l'autorité judiciaire compétente, lorsqu'il y a des raisons plausibles de soupçonner qu'il a commis une infraction ou qu'il y a des motifs raisonnables de croire à la nécessité de l'empêcher de commettre une infraction ou de s'enfuir après l'accomplissement de celle-ci ;

d) s'il s'agit de la détention régulière d'un mineur, décidée pour son éducation surveillée ou de la détention régulière, afin de le traduire devant l'autorité compétente ;

e) s'il s'agit de la détention régulière d'une personne susceptible de propager une maladie contagieuse, d'un aliéné, d'un alcoolique, d'un toxicomane ou d'un vagabond ;

f) s'il s'agit de l'arrestation ou de la détention régulières d'une personne pour l'empêcher de pénétrer irrégulièrement dans le territoire, ou contre laquelle une procédure d'expulsion ou d'extradition est en cours.

2. Toute personne arrêtée doit être informée, dans le plus court délai et dans une langue qu'elle comprend, des raisons de son arrestation et de toute accusation portée contre elle.

3. Toute personne arrêtée ou détenue, dans les conditions prévues au paragraphe 1. c du présent article, doit être aussitôt traduite devant un juge ou un autre magistrat habilité par la loi à exercer des fonctions judiciaires et a le droit d'être jugée dans un délai raisonnable, ou libérée pendant la procédure. La mise en liberté peut être subordonnée à une garantie assurant la comparution de l'intéressé à l'audience.

4. Toute personne privée de sa liberté par arrestation ou détention a le droit d'introduire un recours devant un tribunal, afin qu'il statue à bref délai sur la légalité de sa détention et ordonne sa libération si la détention est illégale.

5. Toute personne victime d'une arrestation ou d'une détention dans les conditions contraires aux dispositions de cet article a droit à réparation.

I. Jurisprudence de la Cour européenne des droits de l'homme

§ 1

1) Le fait pour la police d'interpeller dans la rue un étranger qui avait bénéficié d'un refus d'extradition, pour lui notifier un arrêté d'expulsion, puis dans la nuit même, de le conduire de force en voiture jusqu'à la frontière d'un pays voisin qui acceptera ultérieurement de l'extrader vers son pays d'origine, a constitué pour l'intéressé une privation de liberté ni régulière, ni compatible avec le « droit à la sûreté ». Eu égard à un faisceau d'éléments concordants (attente de plus d'un mois pour notifier l'arrêté d'expulsion, sentiment qu'on voulait laisser l'intéressé dans l'ignorance de ce qui se préparait contre lui, soudaineté de l'interpellation et plus encore modalités d'exécution de l'expulsion) il ne s'agissait pas, aux yeux de la Cour européenne d'une « détention » nécessaire dans le cadre normal d'une « procédure d'expulsion » mais d'une mesure d'extradition déguisée. Il y a donc eu violation de l'article 5, § 1 (*Bozano,* 18 déc. 1986 – France).

2) Neuf placements par le juge de la jeunesse d'un mineur en maison d'arrêt, au cours d'une même année, chacun d'une durée maximale de quinze jours, se sont traduits par une « navette » entre l'établissement pénitentiaire et la famille de ce mineur, sans que cela ait débouché sur l'application effective d'un régime d'éducation surveillée dans un milieu spécialisé. Cette vaine accumulation de mesures de placement ne poursuivant aucun but éducatif ne saurait se concillier avec l'alinéa *d*), de l'article 5, § 1 (*Bouamar,* 29 févr. 1988 – Belgique).

3) Un citoyen irlandais et son épouse, soupçonnés de terrorisme, ont été arrêtés au mois de février 1986 en vertu de l'article 11 de la loi de 1978 sur l'état d'urgence en Irlande du Nord. Ils ont été détenus dans des locaux de police et ont dû s'expliquer sur leur appartenance présumée à l'« Armée républicaine irlandaise pro-visoire » (IRA). Ainsi gardés à vue pendant 44 heures, ils ont été relâchés sans être inculpés d'une infraction quelconque. Quelques années auparavant ils avaient été condamnés pour infractions à la législation sur les explosifs et appartenance à l'IRA. Au mois d'août de la même année un troisième citoyen irlandais, soupçonné d'avoir été mêlé à un rapt commis par des hommes présumés appartenir à l'IRA, a été arrêté et détenu dans des locaux de police pendant 30 heures et 15 minutes. Il n'a fait, lui non plus, l'objet d'aucune inculpation. Les requêtes de ces trois personnes fondées sur diverses violations de l'article 5 ont été jointes.

La Cour admet que l'arrestation et la détention de chacun des requérants se fondaient sur des soupçons véritables leur attribuant la qualité de terroristes et qu'ils ont été interrogés pendant leur garde à vue au sujet d'actes précis dont on les soupçonnait. Les condamnations infligées antérieurement à deux d'entre eux pouvaient renforcer, mais non constituer la base exclusive de soupçons justifiant leur arrestation sept ans plus tard. La Cour estime qu'à eux seuls ces éléments « n'autorisaient pas à conclure à l'existence de soupçons plausibles. Le gouvernement (mis en cause) n'ayant pas fourni d'autres indices sur lesquels reposaient les soupçons dirigés contre les intéressés, ses explications ne remplissent pas les conditions minimales de l'article 5, § 1 c en matière de plausibilité des soupçons motivant l'arrestation d'un individu ». Il y a donc eu violation de ce texte et comme elle ne pouvait donner lieu à aucune demande d'indemnité devant les juridictions d'Irlande du Nord, la Cour conclut qu'il y a eu également manquement aux exigences du paragraphe 5 du même article (*Fox. Campbell et Hartley,* 30 août 1990 – Royaume-Uni).

Pour maintenir M. Kemmache en détention, la cour d'assises des Alpes-Maritimes (13 juin 1990) a considéré notamment « que compte tenu de la peine encourue [il] n'offr[ait] pas de garanties suffisantes de représentation » ; la chambre d'accusation d'Aix-en-Provence (4 et 30 juill. 1990), elle, a estimé « qu'il import[ait], compte tenu des nombreuses vicissitudes connues par cette procédure, en raison de l'utilisation, par les inculpés, de tous les moyens pour en retarder le jugement, de s'assurer de la représentation de l'inculpé Kemmache ». La première a en outre pris en compte le risque de pression sur les témoins. Quant à la seconde, elle a déterminé et aménagé avec une motivation circonstanciée le cautionnement à verser par l'accusé. D'après la cour, pareilles décisions ne révèlent ni abus d'autorité, ni mauvaise foi, ni arbitraire. Elles ne peuvent donc passer pour irrégulières, alors surtout qu'à partir de la décision de renvoi de la cour d'assises, la chambre d'accusation peut à tout moment être saisie d'une demande de mise en liberté (*Kemmache,* 24 nov. 1994 – France).

4) Il y a violation des dispositions de l'article 5, § 1, le requérant étant resté détenu pendant 11 heures après l'arrêt de la chambre d'accusation ordonnant son élargissement « sur-le-champ », sans que cette décision lui ait été notifiée ni qu'elle ait reçu un commencement d'exécution (*Quinn,* 22 mars 1995 – France).

Article 5(l)(c) : Si un certain délai dans l'exécution d'une décision de remise en liberté est normal et souvent inévitable, les autorités doivent cependant essayer de le réduire au minimum. Le retard de plus de trois jours dans le transfert des requérants de la prison où ils étaient détenus à leur domicile n'était compatible avec le présent article (*Mancini,* 2 août 2001 - Italie).

5) La Cour constate que la « détention » du requérant fut la conséquence de la condamnation de celui-ci en tant que trafiquant de stupéfiants : la cour d'appel d'Athènes, siégeant en première instance, le qualifia de « particulièrement dangereux » et le condamna, en vertu de la loi n. 1729/1987, à huit ans de réclusion criminelle pour avoir « acheté », « transporté », « importé » et « possédé » 3,5 kg de haschisch ; la cour d'appel d'Athènes composée de cinq juges – même si elle réduisit la peine à six ans – entérina les conclusions du jugement rendu en première instance. Il y a bien eu, en l'espèce, prononcé d'une peine à des fins répressives. Le constat par cette même juridiction de la qualité de toxicomane de l'intéressé et la décision de le faire placer dans un établissement pénitentiaire à caractère thérapeutique n'enlèvent rien au motif principal de la « détention » de celui-ci, de sorte que seul l'alinéa a) de l'article 5, § 1 trouve à s'appliquer en l'espèce.

La Cour reconnaît certes le caractère humanitaire de celles des dispositions de la loi n. 1729/1987 qui poursuivent un but curatif et dont le requérant invoque la méconnaissance par les autorités grecques : l'article 14 qui prévoit la création d'établissements pénitentiaires hospitaliers et l'article 23 qui accorde, dans certaines conditions, la possibilité à l'auteur d'une infraction – qui serait en même temps toxicomane – de bénéficier d'une libération conditionnelle anticipée. Elle souligne cependant qu'à l'époque des faits, c'est-à-dire cinq ans après l'adoption de ladite loi, ces dispositions restaient inopérantes, comme le Gouvernement l'a admis.

Néanmoins, dans le contexte de la présente affaire les articles susmentionnés énoncent de simples modalités d'application de la peine ; or de telles modalités, si elles peuvent parfois tomber sous le coup de la Convention – notamment lorsqu'elles sont incompatibles avec l'article 3 de celle-ci –, ne sauraient, en principe, influer sur la « régularité » d'une privation de liberté.

Par conséquent, la Cour estime que la détention de l'intéressé dans la prison de droit commun de Patras n'a pas enfreint l'article 5, § 1 (*Bizzotto,* 15 nov. 1996 – Grèce).

6) Le dépassement du délai légal de la garde à vue du requérant enfreint les dispositions de l'article 5, § 1 (*K.-F.,* 27 nov. 1997 – Allemagne).

§ 3

7) « ... L'article 5, paragraphe 3, implique... que la persistance des soupçons ne suffit pas à justifier, au bout d'un certain temps, une prolongation de la détention. Il exige que celle-ci ne dépasse pas un délai raisonnable. Or, chacun reconnaît l'impossibilité de traduire cette notion en un nombre fixe de jours, de semaines, de mois ou d'années ou en des durées variant suivant la gravité de l'infraction. Aussi la Cour est-elle nécessairement amenée, en examinant l'observation de l'article 5, paragraphe 3, à rechercher et apprécier le caractère raisonnable des motifs qui ont déterminé les autorités judiciaires à décider dans le cas qui lui est soumis, cette grave dérogation aux principes de la liberté individuelle et de la présomption d'innocence que constitue toute détention sans condamnation. Elle prend en considération, à cet effet, les faits établis ressortant des décisions desdites autorités et ceux non réfutés allégués par l'intéressé... ».

Dans une poursuite pour crime d'usure, l'inculpé a été placé en détention préventive du 10 mars au 21 avril 1958, puis du 29 août 1961 au 26 août 1963.

Estimant qu'à partir d'un certain moment le danger de fuite ne suffisait pas à justifier le maintien en détention, et qu'il n'y avait plus danger de répétition des infractions, l'intéressé ayant abandonné sa profession de prêteur, la Cour dit qu'il y a eu violation de l'article 5, § 3 (*Stögmüller,* 10 nov. 1969 – Autriche).

Le 8 novembre 1994, le requérant a été interpellé puis placé en détention provisoire dans le cadre d'une opération de police judiciaire visant les réseaux de soutien aux groupes terroristes islamistes. Son procès, devant le tribunal correctionnel, a débuté le 1er septembre 1998 et s'est terminé le 22 janvier 1999 par sa condamnation à six ans d'emprisonnement. Le requérant est donc demeuré en détention provisoire quatre ans, deux mois et dix jours. Cette détention a été prolongée à neuf reprises. Les demandes de mise en liberté qu'il a formulées à la suite de chacune de ces prolongations ont été systématiquement rejetées.

Les considérations pertinentes qui fondaient les premières décisions de maintien en détention, à savoir notamment le risque de fuite de l'accusé, le risque de collusion avec les autres prévenus ainsi que la menace représentée par le requérant pour l'ordre public, deviennent de moins en moins convaincantes avec le temps et ne suffisent pas à justifier une détention provisoire aussi longue. Au demeurant, le risque de collusion entre les coaccusés n'est pas démontré mais seulement affirmé dans les dernières décisions. Nonobstant la complexité de l'affaire, il apparaît que les juridictions n'ont pas déployé toute la célérité voulue, le requérant n'ayant, par exemple, été interrogé que deux fois par an en moyenne lors de l'instruction (Violation – *Djebboub alias Husseini Ali,* 9 nov. 1999, Section III, France).

8) Dans une procédure portant sur des escroqueries de grande envergure, un inculpé a subi deux périodes de détention préventive, la première de deux mois et dix-sept jours, la seconde de deux ans, deux mois et quatre jours.

Observant d'une part, que l'intéressé n'a pas été interrogé pendant les quinze mois qui se sont écoulés entre sa seconde arrestation et la clôture de l'instruction, d'autre part, que le danger de fuite s'était amenuisé nécessairement avec le temps passé en détention, la Cour estime que le maintien en détention provisoire a violé l'article 5, § 3 (*Neumeister,* 27 juin 1968 – Autriche).

9) Dans une première procédure suivie pour escroquerie, l'inculpé a subi une détention provisoire du 5 août au 23 décembre 1963 puis du 12 mai 1965 au 15 mars 1967. Dans une seconde procédure suivie pour banqueroute frauduleuse, il a été détenu du 15 mars 1965 au 20 mars 1967.

La Cour européenne estime que dans cette dernière affaire, les motifs de détention invoqués – dangers de collusion, répétition des infractions – ne résistent pas à l'examen et que cette détention a dépassé la limite raisonnable, au moins à partir du 14 mai 1965, date à laquelle l'intéressé a été mis en faillite.

Dans l'affaire d'escroquerie la Cour note qu'aucune indication précise n'est donnée quant à des circonstances postérieures au 12 mai 1965 et d'où résulterait la naissance ou la renaissance des dangers de fuite et de répétition des infractions qui ont motivé la seconde incarcération.

Il y a donc eu dans les deux affaires, violation de l'article 5, § 3 (*Ringeisen,* 16 juill. 1971 – Autriche).

10) Quatre citoyens britanniques résidant en Irlande du Nord ont été appréhendés parce qu'il existait des motifs plausibles de les soupçonner d'avoir commis des actes de terrorisme. Dans chaque cas, la période initiale de 48 heures autorisée par la législation fut prolongée par décision du ministre pour l'Irlande du Nord, et les intéressés ont été gardés à vue respectivement cinq jours et onze heures, six jours et seize heures et demie, quatre jours et six heures, quatre jours et onze heures. Aucun d'eux n'a été inculpé ou traduit devant une autorité judiciaire avant son élargissement.

La Cour estime que même la plus brève des quatre périodes litigieuses, va au-delà des strictes limites de temps permises par la notion de « promptitude », et conclut que pas un seul des requérants ne fut traduit « aussitôt » devant une autorité judiciaire, ni élargi « aussitôt » après son arrestation. Le fait incontesté que les privations de liberté incriminées s'inspirent d'un but légitime, prémunir la collectivité dans son ensemble contre le terrorisme, ne suffit pas pour assurer le respect des exigences spécifiques de l'article 5, § 3 (*Brogan et autres,* 29 nov. 1988 – Royaume-Uni).

11) Dans une procédure suivie pour complicité d'abus de confiance, une détention préventive qui a duré du 9 novembre 1961 au 7 avril 1965 n'a pas violé l'article 5, § 3, dès lors qu'aucune critique ne peut être élevée quant à la manière dont l'affaire a été conduite par les autorités judiciaires, que l'exceptionnelle durée de l'instruction et celle du procès trouvent leur justification dans l'exceptionnelle complexité de l'affaire et dans les causes additionnelles de retard qu'il n'était pas possible d'éviter (*Wemhoff,* 27 juin 1968 – RFA).

12) Condamnée par une cour d'assises à 3 ans d'emprisonnement pour avoir été com-

plice de l'assassinat de son mari, la requérante s'est plainte d'avoir subi une détention provisoire de deux ans et neuf mois, durée qui dépassait le délai raisonnable. Sa mise en liberté, bien qu'ayant été ordonnée au bout de cinq mois et demi par le juge d'instruction, a été refusée à huit reprises par des chambres d'accusation qui n'ont retenu comme seul motif pendant les dix-huit derniers mois que la nécessité de préserver l'ordre public. Or, la Cour estime, d'une part, qu'un tel motif n'est pertinent et suffisant que s'il repose sur des faits de nature à montrer que l'élargissement du détenu troublerait réellement l'ordre public, d'autre part, que le maintien en détention ne saurait servir à anticiper sur une peine privative de liberté. Elle considère en conséquence, qu'il y a eu violation de l'article 5, § 3, car la décision d'élargissement émanait du magistrat le mieux à même d'apprécier la situation et la personnalité de l'inculpée, et donc, que « les chambres d'accusation auraient dû dans leurs arrêts ultérieurs, indiquer de manière plus précise et individualisée, pour ne pas dire stéréotypée, pourquoi elles jugeaient nécessaire la poursuite de la détention provisoire » (*Letellier,* 26 juin 1991 – France).

13) Dans une affaire d'escroquerie, la Cour estime que la détention préventive de deux ans, un mois et vingt-trois jours, subie par l'inculpé n'a pas dépassé un délai raisonnable. Un premier refus de mise en liberté se justifiait en effet par un sérieux danger de fuite, et si lors d'un second refus, ce risque avait disparu, subsistait cependant le danger de répétition des infractions.

La durée de l'instruction se justifiant en outre, par l'exceptionnelle complexité de l'affaire, il n'y a pas eu méconnaissance de l'article 5, § 3 (*Matznetter,* 10 nov. 1969 – Autriche).

14) Le « magistrat habilité par la loi à exercer des fonctions judiciaires » ne se confond pas avec le « juge », mais encore faut-il qu'il en possède certaines des qualités, c'est-à-dire remplisse des conditions constituant autant de garanties pour la personne arrêtée :

– indépendance à l'égard de l'exécutif, ce qui n'exclut pas toute subordination à d'autres juges ou magistrats pourvu qu'ils jouissent eux-mêmes d'une indépendance analogue ;

– indépendance à l'égard des parties, ce qui signifie qu'il doit agir comme organe d'instruction et non en cumulant ce rôle avec celui de partie poursuivante ;

– exigence de procédure, celle d'entendre personnellement l'individu traduit devant lui ;

– exigence de fond, celle d'examiner les circonstances qui militent pour ou contre la détention, de se prononcer selon des critères juridiques sur l'existence de raisons la justifiant, et en leur absence, d'ordonner l'élargissement.

Dans la procédure pénale helvétique, le procureur de district remplit ces conditions et peut ordonner un placement en détention sans violation de l'article 5, § 3 (*Schiesser,* 4 déc. 1979 – Suisse).

La Cour considère que la comparution du requérant devant le juge de police judiciaire deux jours après son arrestation n'était pas apte à assurer le respect de l'article 5, § 3, puisque ledit magistrat n'avait pas le pouvoir d'ordonner la libération de l'intéressé. Elle juge donc qu'il y a eu violation de ladite clause (*Aquilina,* 29 avr. 1999, Grande Chambre-Malte).

15) Dans une poursuite exercée contre un officier par la justice militaire belge, le premier substitut de l'auditeur militaire avait présidé la commission judiciaire, puis le conseil de guerre qui avait ordonné l'arrestation de l'intéressé et ultérieurement son maintien en détention. Dans une autre phase de la procédure le même magistrat avait occupé le siège du ministère public au conseil de guerre.

Du fait de ce cumul, en vertu du Code de procédure pénale militaire, des fonctions d'instruction et de poursuite, l'impartialité dudit magistrat pouvait paraître sujette à caution, et il y a eu violation de l'article 5, § 3 (*Pauwels,* 26 mai 1988 – Belgique).

16) Aux Pays-Bas, l'auditeur militaire constitue l'autorité de poursuite devant le conseil de guerre.

Dans des poursuites pour insubordination exercées contre des militaires objecteurs de conscience, l'auditeur militaire ne jouissait pas du type d'indépendance à l'égard des parties que postule l'article 5, § 3. Ayant eu en effet, à exprimer un avis sur la détention des intéressés, il pouvait être amené à jouer dans la même affaire le rôle d'organe de poursuite après le renvoi en jugement devant le conseil de guerre.

La comparution devant le conseil de guerre n'a pas eu lieu « aussitôt » après l'arrestation des militaires, mais au bout de quelques jours, ce qui les a privés des garanties de l'article 5, § 3 (*Van der Sluijs, Zuiderveld et Klappe,* 22 mai

1984 – *Duinhof et Duijf,* 22 mai 1984 – *De Jong, Baljet et Van den Brink,* 22 mai 1984 – Pays-Bas).

17) L'officier commissaire, chargé d'instruire la cause de militaires objecteurs de conscience et devant lequel ils ont été conduits après leur renvoi en jugement, n'est pas « habilité par la loi à exercer des fonctions judiciaires » et spécialement celle qui permet de prescrire la mise en liberté. À la procédure menée devant lui manque donc l'une des garanties implicites fondamentales de l'article 5, § 3 (Affaires précitées : *Van der Sluijs et autres – Duinhof et Duijf* – V. 7°).

18) Le requérant s'est plaint de la durée de sa détention préventive qui a débuté le 23 mars 1983 et s'est achevée par son acquittement le 22 octobre 1988. Les deux juges d'instruction qui se sont succédé dans cette affaire ont rejeté dix-huit demandes de mise en liberté et plusieurs de ces décisions ont été confirmées par la chambre d'accusation.

Pour rejeter ces demandes les juridictions d'instruction ont avancé séparément ou simultanément quatre motifs principaux : la gravité des faits, la préservation de l'ordre public, la nécessité d'empêcher des pressions sur les témoins, ou une collusion entre les coaccusés, le besoin de parer au danger de fuite.

Or, la Cour estime que certains de ces motifs de rejet étaient à la fois pertinents et suffisants, mais qu'ils ont perdu une grande partie de ces caractères au fil du temps, de sorte qu'il échet d'examiner la conduite de la procédure. Du dossier il ressort que les juridictions françaises n'ont pas agi en l'espèce, avec la promptitude nécessaire ; que la longueur de la détention incriminée n'apparaît imputable, pour l'essentiel, ni à la complexité de l'affaire ni au comportement du requérant.

La Cour déclare en conclusion qu'il y a eu violation de l'article 5, § 3 (*Tomasi,* 27 août 1992 – France – V. n° 2).

C'est essentiellement sur la base des motifs figurant dans les décisions relatives aux demandes d'élargissement, ainsi que des faits non contestés indiqués par l'intéressé dans ses moyens, que la Cour doit déterminer s'il y a eu ou non violation de l'article 5, § 3.

La persistance de raisons plausibles de soupçonner la personne arrêtée d'avoir accompli une infraction est une condition *sine qua non*de la régularité du maintien en détention, mais au bout d'un certain temps elle ne suffit plus ; la Cour doit alors établir si les autres motifs adoptés par les autorités judiciaires continuent à légitimer la privation de liberté. Quand ils se révèlent « pertinents » et « suffisants », elle recherche de surcroît si les autorités nationales compétentes ont apporté une « diligence particulière » à la poursuite de la procédure.

Les autorités compétentes examinèrent à quatre reprises la question du maintien en détention. Pour décider de prolonger la détention provisoire, elles invoquèrent à la fois la gravité des faits, le risque de fuite et le danger de renouvellement de l'infraction. Pour refuser de libérer M. Muller, elles s'appuyèrent simultanément sur la complexité de l'affaire et les nécessités de l'instruction, le risque de concertation avec les coïnculpés, celui de fuite et celui de renouvellement des infractions.

L'instruction de l'affaire fut complexe dans la mesure où il fallut regrouper des procédures qui au début avaient été menées simultanément dans le ressort de trois juridictions différentes. Cependant, dès son arrestation, M. Muller avoua être l'auteur des infractions qui lui étaient reprochées.

Le juge clôtura son instruction criminelle le 7 novembre 1991 et la chambre d'accusation renvoya M. Muller et ses complices devant la cour d'assises du Haut-Rhin le 12 décembre suivant. Le risque de collusion entre les personnes impliquées devait alors avoir disparu à cette date.

Les décisions rejetant la demande de mise en liberté du requérant n'établissent pas la réalité du risque de fuite. Or, si un tel risque peut exister lorsque la peine encourue est la réclusion criminelle, la Cour rappelle que le danger de fuite ne peut s'apprécier sur la seule base de la gravité de la peine.

En ce qui concerne la crainte de la récidive, la référence aux antécédents ne peut suffire à justifier le refus de mise en liberté.

À tout le moins à partir du 7 novembre 1991, date de l'ordonnance de clôture de l'instruction en vue du renvoi devant la cour d'assises, la détention litigieuse a cessé de se fonder sur des motifs pertinents et suffisants.

Les autorités judiciaires n'ont pas agi avec toute la promptitude nécessaire, alors que le requérant avait définitivement reconnu les faits dès l'ouverture de l'information, et qu'il n'a déposé aucun recours qui pût ensuite freiner le développement de l'instruction. La durée de la détention provisoire de M. Muller a donc dépassé le délai raisonnable prévu à l'article 5, § 3 (violation de l'article 5, § 3. – *Muller,* 17 mars 1997 – France).

§ 4

19) Trois militaires ont passé respectivement 7, 11 et 6 jours en détention avant la saisine du conseil de guerre, donc sans pouvoir exercer un recours. Il y a eu ainsi violation de l'article 5, § 4 (Affaire précitée : *De Jong et autres* – V. 7°).

20) La procédure pénale autrichienne prévoit que les décisions concernant les demandes de mise en liberté sont rendues après audition du ministère public mais en l'absence du prévenu et de son avocat.

Le caractère non contradictoire de cette procédure ne constitue cependant pas une violation de l'article 5, § 4, le terme « tribunal » qui figure audit article impliquant seulement que l'autorité appelée à statuer doit avoir un caractère judiciaire, et ne se rapportant nullement à la nature de la procédure suivie (*Neumeister,* 27 juin 1968 – Autriche – *Matznetter,* 10 nov. 1969 – Autriche).

21) Selon la législation belge, le vagabondage ne constitue plus en lui-même une infraction pénale, mais tout individu trouvé dans cet état est arrêté et traduit devant le tribunal de police, composé d'un juge unique, qui peut ordonner son enfermement dans un dépôt de mendicité pendant deux ans au moins et sept ans au plus. Cette décision est considérée comme un acte administratif qui n'est susceptible d'aucun recours.

La Cour européenne relève qu'une telle privation de liberté, par sa longueur et certaines de ses conséquences déshonorantes, ressemble à celle infligée par une juridiction pénale, alors que les garanties de celle-ci ne sont pas assurées. La publicité de l'interrogatoire et du prononcé de la décision ne suffisent pas en effet, à donner au juge de paix le caractère d'un tribunal, et en l'absence, au surplus, de toute voie de recours, cette procédure très sommaire constitue une violation de l'article 5, § 4 (*De Wilde, Ooms et Versyp,* 18 juin 1971 – Belgique).

22) En vertu de la loi belge « de défense sociale » un délinquant d'habitude a été condamné à dix années de « mise à la disposition du gouvernement », peine, d'après la jurisprudence belge, et non mesure de sûreté, qui, infligée en même temps qu'une peine principale privative de liberté, commence à recevoir exécution à l'expiration de celle-ci.

Interné à de multiples reprises entre 1970 et 1980, l'intéressé a été remis périodiquement en liberté à la faveur de décisions prises par le ministre de la Justice, sur avis de la « Commission pour récidivistes » (organisme consultatif placé auprès de lui et composé d'un magistrat, d'un médecin et d'un fonctionnaire) mais chaque fois il a été réincarcéré à l'occasion d'une nouvelle récidive.

La Cour européenne estime qu'au cours d'un tel internement l'intéressé doit pouvoir saisir un tribunal compétent pour statuer sur l'existence ou l'absence de son caractère « illégal » ou « irrégulier » et qu'il doit en avoir la faculté un certain temps après le début de sa « détention », puis à des intervalles raisonnables, ainsi qu'au moment d'un réinternement éventuel s'il a, entre-temps, été remis en liberté.

Or, la « Commission pour récidivistes » n'est pas un tribunal au sens de la Convention, ne fournit pas les garanties d'une procédure judiciaire, et dotée « d'attributions purement consultatives » n'a compétence ni pour se prononcer sur la « légalité » de la détention, ni *a fortiori* pour « ordonner » de relâcher celui dont elle estimerait illégale la privation de liberté.

En l'espèce, l'intéressé n'a donc pas pu disposer d'une procédure appropriée permettant à une juridiction de déterminer, « à bref délai » et à sa demande, si le ministre de la Justice était en droit de décider que l'internement continuait à répondre au but et à l'objet de la loi « de défense sociale ». Au regard de l'article 5, § 4 il ne s'agissait pas d'une simple question d'opportunité mais de la « légalité » même de la privation de liberté, et en l'absence d'un recours susceptible d'aboutir à un résultat conforme aux prescriptions dudit article, il y a eu violation de ce texte (*Van Droogenbroeck,* 24 juin 1982 – Belgique).

23) Un mineur de dix-sept ans condamné pour vol à main armée à une peine perpétuelle « indéterminée », a été relâché après un peu plus de neuf ans d'incarcération, sur recommandation de la Commission de libération conditionnelle, organisme qui, au Royaume-Uni, joue un rôle purement consultatif auprès du ministre de

l'Intérieur. À la suite de révocations de la libération conditionnelle l'intéressé a été ultérieurement réincarcéré à deux reprises, de 1977 à 1982 et de 1985 à 1986.

La Cour européenne considère que la Commission de libération conditionnelle, lorsqu'elle examine périodiquement la question de l'élargissement sous condition d'un détenu subissant une peine de prison perpétuelle, ne jouit pas du pouvoir de décision qu'exige l'article 5, § 4.

Il y a également violation du même article dans la mesure où le contrôle judiciaire devant la High Court auquel peut recourir l'intéressé n'est pas assez large pour s'étendre aux éléments indispensables à la « légalité » de la détention, au sens de la Convention, c'est-à-dire à la compatibilité de celle-ci avec les objectifs de la peine indéterminée. Ce contrôle ne correspond pas au recours exigé par l'article 5, § 4 et ne comble pas les lacunes de la procédure devant la Commission de libération conditionnelle (*Weeks,* 2 mars 1987 – Royaume-Uni).

24) Un citoyen argentin arrêté en Suisse en vue de son extradition n'a jamais obtenu sa comparution personnelle devant le Tribunal fédéral, ce qui l'a privé des garanties de procédure de l'article 5, § 4.

Son dossier d'extradition est resté environ un an à l'instruction et il y a donc eu dépassement du « bref délai » exigé par le même article (*Sanchez-Reisse,* 21 oct. 1986 – Suisse).

25) Il n'est pas établi que lors des audiences précédant les neuf placements en maison d'arrêt d'un mineur par le juge de la jeunesse, les conseils de l'intéressé aient été présents, ni qu'ils aient eu accès au dossier.

Quant aux appels ils ont tous été déclarés irrecevables par la Cour de cassation, de sorte que les recours exercés n'ont pas permis aux juridictions compétentes de statuer à « bref délai » sur la légalité des privations de liberté de ce mineur. En conséquence, il y a eu violation de l'article 5, § 4 (Affaire précitée : *Bouamar* – V. 2°).

26) Une demande de mise en liberté formulée le 6 juillet 1983 n'a été rejetée par le juge d'instruction qu'au mois de décembre 1983. La durée de l'examen de cette demande a excédé le « bref délai » et il y a eu violation de l'article 5, § 4 (*Bezicheri,* 25 oct. 1989 – Italie).

Les requérants furent placés en détention provisoire en septembre 1994. Le vendredi 21 octobre, ils formèrent l'un et l'autre une demande d'élargissement auprès du procureur fédéral, qui reçut les demandes le lundi suivant et les écarta le lendemain. Les décisions furent notifiées aux requérants les 27 et 26 octobre respectivement. Ils les attaquèrent le 31 octobre devant la chambre d'accusation du Tribunal fédéral, qui invita le procureur fédéral à présenter ses conclusions pour le 7 novembre et les requérants à y répondre pour le 11 novembre. Le Tribunal reçut les observations des requérants le 14 novembre et écarta leurs demandes d'élargissement respectivement le 21 et le 23 novembre. Ces décisions furent toutes deux notifiées le lendemain du jour où elles furent prises.

Article 5(4) – Le dépôt des demandes d'élargissement des requérants auprès du procureur fédéral ouvrit la procédure administrative et constituait la condition préalable à l'exercice par le Tribunal fédéral de son contrôle juridictionnel. La période à considérer a donc débuté le 21 octobre 1994 pour finir respectivement le 22 et le 24 novembre, dates de notification des décisions, et a donc duré au total trente-deux et trente-quatre jours. Les questions soulevées par ces demandes étaient simples et les parties n'ont pas prétendu que l'affaire fût compliquée. Le procureur fédéral ayant pu rendre sa décision le lendemain du jour où il avait reçu les demandes des requérants, et ceux-ci connaissant bien leur affaire, le délai de dix jours que le Tribunal fédéral consentit pour le dépôt des observations semble inutilement long. En outre, lorsque les requérants eurent déposé leurs observations, le Tribunal prit encore dix et douze jours – six et huit jours ouvrés – pour rendre sa décision. Comme à la date du 11 novembre la procédure se trouvait déjà pendante depuis dix jours devant lui et que vint et un jours s'étaient écoulés depuis la demande initiale, ces périodes furent excessives. En conséquence, la procédure n'a pas été conduite à bref délai.

Conclusion : violation (unanimité) (G. B. n. 29462/95 ; M. B. n. 28256/95, 30 nov. 2000, Suisse).

27) Inculpé de banqueroute simple et frauduleuse, le gérant d'une société commerciale a été placé en détention par un juge d'instruction. La chambre du conseil du tribunal de première instance a confirmé le mandat décerné par ce magistrat, puis la chambre des mises en accusation a également maintenu ce mandat. Or, ni l'intéressé ni son avocat n'ont eu accès au dos-

sier avant les décisions rendues par ces deux juridictions.

La Cour européenne constate que le procureur du Roi avait connaissance de l'ensemble du dossier, tandis que la procédure suivie n'a pas offert à l'inculpé la possibilité de combattre de manière appropriée les motifs invoqués pour justifier la détention préventive. Faute d'avoir garanti l'égalité des armes, elle n'a pas été réellement contradictoire, et il y a donc eu violation de l'article 5, § 4 (*Lamy,* 30 mars 1989, Belgique).

28) Selon la jurisprudence de la Cour, la possibilité pour un détenu « d'être entendu lui-même ou, au besoin, moyennant une certaine forme de représentation » figure dans certains cas parmi les « garanties fondamentales de procédure appliquées en matière de privation de liberté » (arrêt *Sanchez-Reisse* c. *Suisse,* 21 oct. 1986, série A n. 107, p. 19, § 51). Tel est le cas notamment lorsque la comparution du détenu peut être considérée comme le moyen d'assurer le respect de l'égalité des armes, l'une des principales sauvegardes inhérentes à une instance de caractère judiciaire au regard de la Convention. K. ayant demandé à comparaître, alors que le procureur avait déjà été entendu, a méconnu les dispositions de la législation nationale et ne peut, dès lors, se prévaloir d'une atteinte au principe de l'égalité des armes (*Kampanis,* 13 juill. 1995 – Grèce).

§ 5

29) Quatre citoyens britanniques, soupçonnés d'actes de terrorisme, ont été gardés à vue pendant des périodes jugées excessives par la Cour européenne. Celle-ci constate également que la législation n'ouvrait pas aux requérants d'action en réparation pour la violation de l'article 5, § 3. Il y a donc aussi méconnaissance de l'article 5, § 5 (Affaire précitée : *Brogan et autres*. V. 4°).

II. Jurisprudence de la Cour de cassation

30) Une personne qui fait l'objet d'un contrôle routier suivi d'une audition par un officier de police judiciaire et n'a été à aucun moment privée de sa liberté ne peut se prévaloir de la garantie prévue par l'article 5.2 de la Convention européenne de sauvegarde des droits de l'homme et des libertés fondamentales, aux termes duquel toute personne arrêtée doit être informée dans le plus court délai et dans une langue qu'elle comprend des raisons de son arrestation et de toute accusation portée contre elle (Cass. crim. 27 nov. 2001 : *Bull.* 245).

Les prescriptions du Code de procédure pénale notamment en ce qui concerne la détention provisoire ne sont pas incompatibles avec les dispositions de la Convention européenne de sauvegarde des droits de l'homme et des libertés fondamentales qui doivent être appliquées par les juridictions françaises (Cass. crim., 3 juin 1975 : *Bull.* 141 ; *Rev. sc. crim.* 1976, p. 140, obs. Robert).

31) Les dispositions du Code de procédure pénale qui définissent limitativement les cas de détention provisoire ne sont pas incompatibles avec celles de la Convention européenne de sauvegarde des droits de l'homme et des libertés fondamentales, mais instituent au contraire des garanties supplémentaires.

Encourt la cassation l'arrêt de la chambre d'accusation qui, pour rejeter une demande de mise en liberté, énonce seulement que les faits « ont apporté un trouble sérieux à l'ordre public d'autant plus grave qu'ils ont été commis par un officier ministériel », en omettant de préciser si, d'après les éléments de l'espèce, la détention était nécessaire pour préserver l'ordre public du trouble actuellement causé par l'infraction (Cass. crim., 6 mars 1986 : *Bull.* 94 ; *D.* 1986, 315, note Danièle Mayer ; *D.* 1986, inf. rap. 305, obs. Pradel ; *Rev. sc. crim.* 1986, 643, obs. Braunschweig). Mais ne méconnaissent pas les dispositions susvisées les juges qui, pour justifier le maintien en détention d'un inculpé, apprécient notamment les risques de renouvellement de l'infraction, en tenant compte de la situation personnelle de l'intéressé et des circonstances de la cause (Cass. crim., 20 oct. 1987 : *Bull.* 357).

32) La chambre d'accusation qui décerne un mandat de dépôt en matière criminelle n'est pas tenue de motiver sa décision par référence aux dispositions de l'article 144 du Code de procédure pénale.

La Convention européenne de sauvegarde des droits de l'homme et des libertés fondamentales n'impose pas davantage une motivation particulière (Cass. crim., 6 déc. 1983 : *Bull.* 330).

33) Toute personne arrêtée ou détenue en vue de son extradition peut saisir la chambre d'accusation d'un recours par le biais d'une demande de mise en liberté s'il estime sa détention illégale. Par suite de l'existence de ce recours qui aboutit à une décision contre laquelle l'intéressé peut se pourvoir en cassation, l'article 16 de la loi du 10 mars 1927 qui énonce que la chambre d'accusation statue sans recours ne se trouve pas en opposition avec l'article 5 de la Convention européenne de sauvegarde des droits de l'homme et des libertés fondamentales (Cass. crim., 26 avr. 1983 : *Bull.* 115).

34) Si l'article 148 du Code de procédure pénale fixe à cinq jours, à compter de la communication du dossier au procureur de la République, le délai maximum dans lequel doit statuer le juge d'instruction sur la demande de mise en liberté formée par l'inculpé, faute de quoi ce dernier est autorisé à saisir directement la chambre d'accusation, aucune sanction n'est prévue lorsque la communication du dossier au ministère public n'est pas immédiate, la loi ayant confié à la conscience du juge d'instruction le soin d'ordonner cette communication dans le plus bref délai, au sens de l'article 5, paragraphe 4°, de la Convention européenne de sauvegarde des droits de l'homme et des libertés fondamentales (Cass. crim., 25 mars 1985 : *Bull.* 122).

Si, après cassation de l'arrêt d'une chambre d'accusation ayant rejeté une demande de mise en liberté formée en vertu de l'article 148-4 du Code de procédure pénale, la juridiction de renvoi n'est pas tenue de se prononcer dans le délai prévu au dernier alinéa de l'article 148 du même code applicable à un autre état de la procédure, il n'en demeure pas moins qu'elle doit le faire dans les meilleurs délais pour satisfaire aux dispositions de l'article 5, § 4 de la Convention européenne de sauvegarde des droits de l'homme et des libertés fondamentales qui imposent qu'il soit statué à bref délai sur la légalité de la détention (Cass. crim., 21 juin 1988 : *Bull.* 282).

Doit être cassé l'arrêt de la chambre d'accusation qui saisie d'une demande de mise en liberté ne répond pas au mémoire de l'inculpé qui soutenait que faute d'avoir été jugé dans un délai raisonnable il devait être remis en liberté en application de l'article 5 paragraphe 3 de la Convention européenne de sauvegarde des droits de l'homme et des libertés fondamentales (Cass. crim., 19 févr. 1986 : *Bull.* 66).

Il appartient à la chambre d'accusation régulièrement saisie par conclusions d'apprécier souverainement si la durée de la détention provisoire n'excède pas un délai raisonnable (Cass. crim., 6 mars 1986 : *Bull.* 94 ; *D.* 1986, 315, note Danièle Mayer ; *Rev. sc. crim.* 1986, 645, obs. Braunschweig. – Cass. crim., 12 déc. 1988 : *Bull.* 419). Est irrecevable comme nouveau le moyen selon lequel la détention excéderait le délai raisonnable prévu par la Convention européenne de sauvegarde des droits de l'homme et des libertés fondamentales, dès lors que devant la chambre d'accusation l'inculpée, demanderesse au pourvoi, n'a élevé aucune contestation à ce sujet (Cass. crim., 12 déc. 1988 : *Bull.* 418).

35) Les conseils des parties qui en ont fait la demande ne pouvant, selon l'article 199 du Code de procédure pénale, se voir refuser le droit de présenter des observations à l'audience de la chambre d'accusation, ce texte n'est pas incompatible avec l'article 5 de la Convention européenne de sauvegarde des droits de l'homme et des libertés fondamentales selon lequel toute personne privée de sa liberté par arrestation ou détention a le droit d'introduire un recours devant un tribunal afin qu'il soit statué sans délai sur la légalité de sa détention (Cass. crim., 3 juill. 1985 : *Bull.* 255).

36) Il résulte des dispositions de l'article 5, § 3, de la Convention européenne de sauvegarde des droits de l'homme et des libertés fondamentales, aux termes duquel toute personne arrêtée ou détenue a le droit d'être jugée dans un délai raisonnable ou libérée pendant la procédure, que ledit délai court non à compter de la date à laquelle une juridiction est saisie d'une demande de mise en liberté, mais à compter de celle à laquelle la personne s'est trouvée être arrêtée ou détenue (Cass. crim., 23 déc. 1986 : *Bull.* 386).

37) Dès lors que l'inculpé réclamait sa mise en liberté en faisant valoir que celle-ci devait intervenir en raison du non-respect du délai raisonnable prévu par l'article 5, paragraphe 3, de la Convention européenne de sauvegarde des droits de l'homme, la chambre d'accusation qui rejette cette demande par des motifs contradictoires sur la durée de la procédure ne donne pas de base légale à sa décision (Cass. crim., 20 oct. 1987 : *Bull.* 356).

Doit être cassé l'arrêt de la cour d'assises qui, saisie conformément à l'article 148-1 du Code de procédure pénale d'une demande de mise en liberté, ne répond pas aux conclusions de l'accusé qui soutenait que faute d'avoir été jugé dans un délai raisonnable, il devait être remis en liberté en application de l'article 5, paragraphe 3, de la Convention européenne de sauvegarde des droits de l'homme et des libertés fondamentales (Cass. crim., 5 nov. 1987 : *Bull.* 391. – Cass. crim., 26 juill. 1989 : *Bull.* 299).

Satisfait aux exigences de l'article 5-3 de la Convention européenne de sauvegarde des droits de l'homme et des libertés fondamentales l'arrêt qui, pour fixer le montant du cautionnement auquel peut être subordonnée la mise en liberté d'une personne mise en examen, prend en considération, outre l'importance du préjudice imputé à cette personne, les ressources de celle-ci (Cass. crim., 19 avr. 1995 : *Bull.* 158).

38) Un délai de 4 mois et 10 jours qui s'est écoulé entre un arrêt de cassation et l'examen par une chambre d'accusation d'une demande de mise en liberté fondée sur les dispositions de l'article 148-4 du Code de procédure pénale, puis un délai de 2 mois et 24 jours qui a, ultérieurement, dans des conditions semblables, retardé encore la décision définitive donnée à cette demande, sont excessifs.

Ils constituent une inobservation du bref délai imposé par l'article 5, § 4 de la Convention européenne et il y a lieu, en conséquence, d'ordonner la mise en liberté de l'intéressé (Ch. accus. Paris, 29 sept. 1988, aff. Tavera : *Rev. sc. crim.* 1989, p. 143, obs. Braunschweig ; *D.* 1989, 43, note J.-P. Henne ; *D.* 1989, somm. 172, obs. Pradel) (1).

39) Ne sont pas incompatibles avec les dispositions de l'article 5-1 c et 5-3 de la Convention européenne de sauvegarde des droits de l'homme et des libertés fondamentales celles de l'article 154, alinéas 1 et 2, du Code de procédure pénale concernant les gardes à vue auxquelles il est procédé lors de l'exécution de commissions rogatoires (Cass. crim., 20 févr. 1990 : *Bull.* 84).

40) Ne viole pas l'article 5-3 de la Convention européenne des droits de l'homme l'écoulement d'un délai de 12 heures entre l'issue de la garde à vue et le déferement des intéressés au juge d'instruction, dès lors que, d'une part, la garde à vue n'a pas été prolongée au-delà de sa durée légale et que, d'autre part, à l'issue de cette mesure, la présentation au magistrat a été immédiate (Cass. crim., 25 oct. 2000 : *Bull.* 316).

41) Les dispositions des articles 63 et 64 du Code de procédure pénale relatives à la garde à vue en matière de crimes et délits flagrants ne sont pas incompatibles avec celles de l'article 5-3 de la Convention européenne de sauvegarde des droits de l'homme et des libertés fondamentales qui prescrivent de traduire aussitôt la personne arrêtée ou détenue devant un juge ou un magistrat habilité par la loi à exercer des fonctions judiciaires (Cass. crim., 10 mars 1992 : *Bull.* 105).

42) La loi du 6 juillet 1989 qui prévoit, en matière criminelle, la possibilité d'incarcération des mineurs âgés de 13 à 16 ans, n'est pas contraire à la Convention européenne des droits de l'homme, laquelle n'interdit pas la détention régulière de mineurs de 16 ans (Cass. crim., 22 mai 1990 : *Bull.* 207).

Possède la qualité de magistrat habilité par la loi à exercer des fonctions judiciaires le procureur de la République, magistrat de l'ordre judiciaire dont la mission est de veiller à l'application de la loi.

L'article 5 n'interdit pas à ce magistrat d'ordonner, dans les limites que la loi autorise, la prolongation du maintien de la personne entendue à la disposition des enquêteurs (Cass. crim., 10 mars 1992 : *Bull.* 105).

Art. 6. – *Droit à un procès équitable.* – 1. Toute personne a droit à ce que sa cause soit entendue équitablement, publiquement et dans un délai raisonnable, par un tribunal indépendant et impartial, établi par la loi, qui décidera, soit des contestations sur ses droits et obligations de caractère civil, soit du bien-fondé de toute accusation en matière pénale dirigée contre elle. Le jugement doit être rendu publiquement, mais l'accès de la salle d'audience peut être interdit à la presse et au public pendant la totalité ou une partie du procès dans l'intérêt de la moralité, de l'ordre public ou de la sécurité nationale dans une société démocrati-

(1) En raison de son particulier intérêt, cet arrêt rendu par une chambre d'accusation mais non frappé de pourvoi, a sa place à la suite des décisions de la Chambre criminelle.

que, lorsque les intérêts des mineurs ou la protection de la vie privée des parties au procès l'exigent, ou dans la mesure jugée strictement nécessaire par le tribunal, lorsque dans des circonstances spéciales la publicité serait de nature à porter atteinte aux intérêts de la justice.

2. Toute personne accusée d'une infraction est présumée innocente jusqu'à ce que sa culpabilité ait été légalement établie.

3. Tout accusé a droit notamment à :

a) être informé, dans le plus court délai, dans une langue qu'il comprend et d'une manière détaillée, de la nature et de la cause de l'accusation portée contre lui ;

b) disposer du temps et des facilités nécessaires à la préparation de sa défense ;

c) se défendre lui-même ou avoir l'assistance d'un défenseur de son choix et, s'il n'a pas les moyens de rémunérer un défenseur, pouvoir être assisté gratuitement par un avocat d'office, lorsque les intérêts de la justice l'exigent ;

d) interroger ou faire interroger les témoins à charge et obtenir la convocation et l'interrogation des témoins à décharge dans les mêmes conditions que les témoins à charge ;

e) se faire assister gratuitement d'un interprète, s'il ne comprend pas ou ne parle pas la langue employée à l'audience.

I. Jurisprudence de la Cour européenne des droits de l'homme

§ 1

1) Il appartient à la Cour de rechercher si l'irrecevabilité d'office des pourvois, faute pour les intéressés d'avoir déféré aux mandats d'arrêt décernés à leur encontre, a porté atteinte à leur droit d'accès à un tribunal. La Cour constate que l'irrecevabilité d'un pourvoi en cassation, fondée uniquement, comme dans les cas d'espèce, sur le fait que le demandeur ne s'est pas constitué prisonnier en exécution de la décision de justice faisant l'objet du pourvoi, contraint l'intéressé à s'infliger d'ores et déjà à lui-même la privation de liberté résultant de la décision attaquée, alors que cette décision ne peut être considérée comme définitive aussi longtemps qu'il n'a pas été statué sur le pourvoi ou que le délai de recours ne s'est pas écoulé. On porte ainsi atteinte à la substance même du droit de recours, en imposant au demandeur une charge disproportionnée, rompant le juste équilibre qui doit exister entre, d'une part, le souci légitime d'assurer l'exécution des décisions de justice et, d'autre part, le droit d'accès au juge de cassation et l'exercice des droits de la défense.

À cet égard, la Cour insiste sur le rôle crucial de l'instance en cassation, qui « constitue une phase particulière de la procédure pénale dont l'importance peut se révéler capitale pour l'accusé » (Violation art. 6, § 1 – *Omar,* 29 juill. 1998 – France – *Guérin,* 29 juill. 1998 – France).

(V. pour mémoire : sur l'obligation de mise en état en procédure pénale *Khalfaoui,* 14 déc. 1999 – France).

S'agissant du grief du requérant tiré de l'insuffisance de motivation de l'arrêt d'assises, il faut noter que l'exigence de motivation d'une décision au sens de l'article 6 doit s'accommoder des particularités de la procédure, notamment devant les cours d'assises où les jurés ne doivent pas motiver leur intime conviction. En droit français, le ministère public et l'accusé peuvent contester les questions libellées et posées aux jurés par le président de la cour d'assises et demander d'en poser d'autres sachant qu'en cas de contestation, la cour d'assises statue par un arrêt motivé, ce qu'elle a fait en l'espèce. Dans son arrêt de condamnation, la cour d'assises s'est référée aux réponses que le jury avait faites à chacune des 768 questions de son président, ainsi qu'à la description des faits déclarés établis et aux articles du Code pénal dont il avait été fait application. Si le jury n'a pu répondre que par « oui » ou par « non » à chacune des questions posées par le président, ces questions formaient une trame sur laquelle s'est fondée sa décision. La précision de ces questions permet de compenser adéquatement l'absence de motivation des réponses du jury : manifestement mal fondé (*Papon,* 15 nov. 2001, Section III - France).

Le motif de rejet de la demande d'aide juridictionnelle, à savoir le défaut d'un moyen sérieux de cassation, est expressément prévu par la loi n. 91-647 du 10 juillet 1991 et s'inspire du légitime souci de n'allouer des deniers publics au titre de l'aide juridictionnelle qu'aux demandeurs dont le pourvoi a une chance raisonnable de succès. En outre, le système mis en place par le législateur français offre des garanties substantielles aux individus, de nature à les préserver de l'arbitraire et tenant, d'une part, à la composition du bureau d'aide juridictionnelle et, d'autre part, à la possibilité d'un recours contre ses décisions de rejet, devant le premier président de la Cour de cassation.

Conclusion : non-violation (cinq voix contre deux) (*Gnahore,* 19 sept. 2000, Section III, France).

a) Procès équitable

2) Des décisions concernant la détention préventive, rendues après que le ministère public eut été entendu mais en l'absence de l'inculpé et de son avocat, peuvent être considérées comme contraires au principe de l'égalité des armes, toutefois, l'exigence du procès équitable se limite au procès portant sur le bien-fondé de l'accusation. Il n'y a donc pas méconnaissance de l'article 6, § 1 (Affaires précitées : *Neumeister-Matznetter* – V. 7°).

3) Comme le permettait la législation belge alors en vigueur, dans une affaire soumise à la Cour de cassation, l'avocat général près cette juridiction a participé au délibéré des magistrats du siège avec voix consultative.

Après avoir examiné le rôle du ministère public près la Cour de cassation et noté d'une part qu'il est entièrement indépendant à l'égard du ministre de la Justice, que d'autre part il n'est pas partie au procès, mais qu'il joue un rôle d'auxiliaire et de conseiller de la juridiction, la Cour européenne aboutit à la conclusion que le système tel qu'il était appliqué dans la pratique, n'était pas incompatible avec l'article 6, § 1. Aussi déclare-t-elle qu'en l'espèce, il n'est pas établi que la cause du requérant n'ait pas été entendue équitablement devant la Cour de cassation et qu'il n'y a donc pas eu violation dudit article (*Delcourt,* 17 janv. 1970 – Belgique).

La Cour a recherché si, considérée dans sa globalité, la procédure devant la chambre criminelle de la Cour de cassation a revêtu un caractère « équitable » au sens de l'article 6 § 1. Elle relève que bien avant l'audience, l'avocat général avait reçu communication du projet d'arrêt et du rapport du conseiller rapporteur - ledit rapport se compose de deux volets : le premier contient un exposé des faits, de la procédure et des moyens de cassation, et le second, une analyse juridique de l'affaire et un avis sur le mérite du pourvoi - et que ces documents ne furent pas transmis aux requérants ou à leurs conseils. Elle note que les avocats de Mme Reinhardt et de M. Slimane-Kaïd auraient pu plaider l'affaire s'ils en avaient manifesté la volonté et qu'à l'audience, ils auraient alors eu la parole après le conseiller rapporteur, ce qui leur eût permis d'entendre le premier volet du rapport litigieux et de le commenter. Toutefois, le deuxième volet de celui-ci ainsi que le projet d'arrêt – légitimement couverts par le secret du délibéré – restaient en tout état de cause confidentiels à leur égard ; dans le meilleur des cas, ils ne purent donc que connaître le sens de l'avis du conseiller rapporteur quelques jours avant l'audience. En revanche, c'est l'intégralité dudit rapport ainsi que le projet d'arrêt qui furent communiqués à l'avocat général. Or celui-ci n'est pas membre de la formation de jugement. Il a pour mission de veiller à ce que la loi soit correctement appliquée lorsqu'elle est claire, et correctement interprétée lorsqu'elle est ambiguë. Il «conseille» les juges quant à la solution à adopter dans chaque espèce et, avec l'autorité que lui confèrent ses fonctions, peut influencer leur décision. Étant donné l'importance du rapport du conseiller rapporteur, le rôle de l'avocat général et les conséquences de l'issue de la procédure pour Mme Reinhardt et M. Slimane-Kaïd, la Cour estime que le déséquilibre créé entre ceux-ci et l'avocat général ne s'accorde pas avec les exigences du procès équitable. Jugeant en outre que l'absence de communication des conclusions de l'avocat général aux requérants est pareillement sujette à caution, la Cour conclut à la violation de l'article 6, § 1 (*Reinhardt et Slimane-Kaïd,* 31 mars 1998 – France : *JCP* 99, II, 10074, note Stéphanie Soler).

Le requérant n'a pas bénéficié de la pratique selon laquelle l'avocat général près la Cour de cassation informe, avant le jour de l'audience, les conseils des parties du sens de ses conclusions, leur permettant ainsi de répliquer. Cette pratique est en effet réservée aux seuls avocats à la Cour de cassation. Or le requérant a choisi, comme il en avait le droit, de se défendre sans être représenté par un avocat à la Cour de cassation. Ainsi, il n'a pas eu accès aux conclusions de l'avocat général et, dès lors, il était dans l'impossibilité d'y répondre avant que la Cour de cassation ne rejette son pourvoi. Partant, le droit du requérant à une procédure contradictoire a été méconnu. Violation des dispositions de l'article 6, § 1. (*Voisine,* 8 févr. 2000, Section III, France).

(Présence du commissaire du gouvernement au délibéré du Conseil d'État)

Depuis l'arrêt *Delcourt*, la Cour a relevé à de nombreuses reprises que, si l'indépendance et l'impartialité de l'avocat général ou du procureur général auprès de certaines cours suprêmes n'encouraient aucune critique, la sensibilité accrue du public aux garanties d'une bonne justice justifiait l'importance croissante attribuée aux apparences (v. l'arrêt *Borgers*).

C'est pourquoi la Cour a considéré que, indépendamment de l'objectivité reconnue de l'avocat général ou du procureur général, celui-ci, en recommandant l'admission ou le rejet d'un pourvoi, devenait l'allié ou l'adversaire objectif de l'une des parties et que sa présence au délibéré lui offrait, fût-ce en apparence, une occasion supplémentaire d'appuyer ses conclusions en chambre du conseil, à l'abri de la contradiction (v. les arrêts *Borgers*, *Vermeulen* et *Lobo Machado*).

La Cour ne voit aucune raison de s'écarter de la jurisprudence constante rappelée ci-dessus, même s'agissant du commissaire du gouvernement, dont l'opinion n'emprunte cependant pas son autorité à celle d'un ministère public (v., *mutatis mutandis*, arrêts *J. J. et K. D. B.* c. *Pays-Bas*, 27 mars 1998 : *Recueil* 1998-II).

La Cour observe en outre qu'il n'a pas été soutenu, comme dans les affaires *Vermeulen* et *Lobo Machado*, que la présence du commissaire du gouvernement s'imposait pour contribuer à l'unité de la jurisprudence ou pour aider à la rédaction finale de l'arrêt (v., *mutatis mutandis*, arrêt *Borgers*). Il ressort des explications du gouvernement que la présence du commissaire du gouvernement se justifie par le fait qu'ayant été le dernier à avoir vu et étudié le dossier, il serait à même pendant les délibérations de répondre à toute question qui lui serait éventuellement posée sur l'affaire.

De l'avis de la Cour, l'avantage pour la formation de jugement de cette assistance purement technique est à mettre en balance avec l'intérêt supérieur du justiciable, qui doit avoir la garantie que le commissaire du Gouvernement ne puisse pas, par sa présence, exercer une certaine influence sur l'issue du délibéré. Tel n'est pas le cas dans le système français actuel.

La Cour se trouve confortée dans cette approche par le fait qu'à la Cour de justice qu'à la Cour de justice des Communautés européennes, l'avocat général, dont l'institution s'est étroitement inspirée de celle du commissaire du gouvernement, n'assiste pas aux délibérés, en vertu de l'article 27 du règlement de la CJCE.

En conclusion, il y a eu violation de l'article 6 § 1 de la Convention, du fait de la participation du commissaire du gouvernement au délibéré de la formation de jugement (*Kress*, 7 juin 2001, France).

4) La fermeture provisoire d'une boucherie ordonnée par le procureur du roi pour infraction à la législation sur les prix, alors qu'il a été précisé au commerçant que cette mesure prendrait fin soit immédiatement après le règlement d'une amende transactionnelle, soit au plus tard le jour du jugement pénal, a offert à l'intéressé une alternative qui a pris la forme d'une pression.

La renonciation à un procès équitable s'est trouvée entachée de contrainte, et il y a eu violation de l'article 6, § 1 (*Deweer*, 27 févr. 1980 – Belgique).

5) Poursuivi pour avoir infligé des coups et blessures à sa belle-fille et à sa femme, un citoyen autrichien a été condamné par le tribunal régional puis par la cour d'appel alors que les deux victimes avaient déclaré à l'audience du tribunal ne pas vouloir déposer, et que, selon les dispositions du Code de procédure pénale, elles ne pouvaient plus, dès lors, être interrogées. Toutefois, conformément à la pratique des juridictions autrichiennes, pendant les débats, lecture fut donnée de leurs déclarations à la gendarmerie, et ce sont ces déclarations qui ont servi de fondement à la condamnation, la cour d'appel les considérant « non comme de simples renseignements mais comme preuve de l'exactitude des accusations que les intéressées avaient portées à l'époque ».

La Cour européenne estime que le condamné « a été ainsi reconnu coupable sur la base de témoignages en face desquels ses droits de défense se trouvaient sensiblement réduits... » et qu'il y a eu violation du paragraphe 1 de l'article 6, lequel exige un procès équitable (*Unterpertinger*, 24 nov. 1986 – Autriche).

6) Des propos tenus au cours d'une conversation téléphonique par un homme qui cherchait à faire assassiner son épouse ont été enregistrés par celui qui avait prétendu accepter une telle mission, et qui s'est empressé d'aller remettre la cassette compromettante à la police. Cet enregistrement transmis ensuite aux autorités judiciaires helvétiques, a été soumis à une expertise, puis admis à titre de preuve, tant au stade de l'instruction que lors du procès criminel.

La Cour européenne considère qu'il n'est pas possible d'exclure par principe et *in abstracto,* l'admissibilité d'une preuve recueillie, comme celle-là, de manière illégale, et constatant la non-méconnaissance des droits de la défense, retient la circonstance que l'enregistrement n'a pas constitué le seul moyen de preuve retenu pour motiver la condamnation. Elle estime, en conséquence, que l'utilisation de cet enregistrement comme pièce à conviction n'a pas privé le requérant d'un procès équitable et n'a donc pas enfreint l'article 6, § 1 (*Schenk,* 12 juill. 1988 – Suisse).

7) Pour juger fondées trois préventions dont un sujet belge faisait l'objet, la cour d'appel s'est appuyée sur les accusations de la partie civile sans que le condamné ait jamais eu, à la faveur d'une audition ou confrontation, l'occasion de faire entendre, en sa présence, le plaignant sur l'ensemble des charges. Il n'a donc pas bénéficié du procès équitable que garantit l'article 6, § 1 (*Bricmont,* 7 juill. 1989 – Belgique).

8) Un homme a accosté deux jeunes filles dans une station de métro à Paris et a pris à l'une d'elles une chaîne avec un crucifix en or qu'elle portait au cou, avant de s'enfuir. Il a été interpellé quelques minutes plus tard dans un immeuble voisin par un gardien de la paix requis par les jeunes filles et il a été reconnu par celles-ci. Le lendemain elles ont confirmé leurs déclarations au commissariat de police, sans toutefois être confrontées avec l'homme. Ce dernier a comparu devant le tribunal correctionnel selon la procédure de saisine directe, a été placé sous mandat de dépôt et soumis à une expertise psychiatrique. Jugé un mois plus tard, il a été condamné à trois ans d'emprisonnement, sanction confirmée ensuite par la cour d'appel. Les deux jeunes filles convoquées devant le tribunal ne se sont pas présentées à la barre, et la cour d'appel a rejeté la demande du prévenu qui sollicitait la convocation à l'audience de la victime, de son amie et de deux autres témoins à décharge. La Cour relève que les jeunes filles n'ont été interrogées ni par un magistrat instructeur, vu le recours à la procédure de la saisine directe, ni par les juridictions de jugement, alors que le dossier ne contenait aucun autre indice. Elle estime que les droits de la défense ont subi de telles limitations que le requérant n'a pas bénéficié d'un procès équitable et qu'il y a eu ainsi violation du paragraphe 3 d) de l'article 6, combiné avec le paragraphe 1 (*Delta,* 19 déc. 1990 – France).

9) Le requérant prétendant avoir subi des violences pendant sa garde à vue a, le 29 mars 1983, porté plainte contre x... avec constitution de partie civile, pour violences et voies de fait commises par des fonctionnaires dans l'exercice de leurs fonctions et abus d'autorité.

Dans sa requête adressée à la Cour européenne, il s'est plaint de la durée de l'examen de sa plainte, soit 5 ans et 10 mois.

La Cour rappelle que le caractère raisonnable de la durée d'une procédure s'apprécie à l'aide des critères qui se dégagent de la jurisprudence de la Cour et suivant les circonstances de la cause, lesquelles commandaient en l'occurrence une évaluation globale.

Or il ressort de la lecture des décisions rendues à son propos, que l'affaire ne présentait aucune complexité particulière, que le requérant n'a guère contribué à retarder l'issue de la procédure et que la responsabilité des lenteurs observées pèse, pour l'essentiel, sur les autorités judiciaires. En conséquence, la Cour estime qu'il y a eu violation de l'article 6, § 1 (*Tomasi,* 27 août 1932 – France – V. n. 2 et n. 15).

10) Refus de la Cour d'assises du Rhône de donner acte à un accusé français d'origine algériennede propos racistes qu'aurait tenus l'un des jurés en dehors de la salle d'audience et qui se trouvaient relatés dans un témoignage écrit.

Avec la Commission, la Cour considère que l'article 6, § 1 de la Convention implique pour toute juridiction nationale l'obligation de vérifier si, par sa composition, elle constitue « un tribunal impartial » au sens de cette disposition lorsque, comme en l'espèce, surgit sur ce point une contestation qui n'apparaît pas d'emblée manifestement dépourvue de sérieux.

Or, dans la présente affaire, la Cour d'assises du Rhône n'a pas procédé à une telle vérification, privant ainsi M. Remli de la possibilité de remédier, le cas échéant, à une situation contraire aux exigences de la Convention. Cette constatation, eu égard à la confiance que les tribunaux d'une société démocratique se doivent d'inspirer au justiciable, suffit à la Cour pour conclure à la violation de l'article 6, § 1 (*Remli,* 23 avr. 1996 – France).

11) La Cour relève que le droit français opère une distinction entre la constitution de partie civile proprement dite et l'action civile en réparation du préjudice subi du fait de l'infraction. Aussi la recevabilité d'une constitution de

partie civile ne dispense-t-elle pas l'auteur de cette dernière, s'il souhaite faire valoir son droit à l'obtention d'une réparation pécuniaire, d'avoir à formuler une demande en ce sens devant une juridiction qui examinera le bien-fondé de son action civile (*Hamer*, 7 août 1996 – France).

12) En l'occurrence, la Cour n'a pas à apprécier le système français d'instruction des pourvois en matière pénale. Elle se bornera à examiner le problème soulevé par le cas concret dont on l'a saisie. Plus particulièrement, elle doit rechercher si les droits invoqués par M. Vacher, droits inhérents à la notion de procès équitable, ont été violés au motif que, conformément aux dispositions légales en vigueur à l'époque, aucun délai ne lui a été imparti pour produire un mémoire ampliatif et, qu'en conséquence, faute d'avoir été avisé de la date d'audience, il a présenté ses observations huit jours après le rejet du pourvoi. La Cour souligne que l'État doit veiller à ce qu'un accusé bénéficie des garanties prévues à l'article 6 § 3 ; le fait de mettre à charge de la personne condamnée pénalement l'obligation de se renseigner sur le point de départ d'un délai ou sur son échéance n'est pas compatible avec la diligence que les États contractants doivent déployer pour assurer la jouissance effective des droits garantis par l'article 6 (*Vacher*, 17 déc. 1996 – France).

13) Il y a violation de l'article 6 § 1 en raison de l'absence de communication des observations du parquet général (*Werner*, 24 nov. 1997 – Autriche).

b) Procès public

14) Une procédure disciplinaire devant le Conseil de l'Ordre des médecins de Belgique a méconnu l'article 6 § 1 en ce que la cause des médecins poursuivis n'a pas été entendue publiquement par un tribunal jouissant de la plénitude de juridiction (*Le Compte, Van Leuven et De Meyre*, 23 juin 1981 – Belgique).

La Cour note que l'enjeu du contentieux disciplinaire étant le droit à exercer la médecine vétérinaire à titre libéral, l'applicabilité de l'article 6 (1) à ce contentieux disciplinaire ne fait pas de doute. Elle rappelle ensuite le caractère fondamental de l'exigence de publicité des débats pour conclure à l'existence d'une violation (*Serre*, 14 sept. 1999, Section III, France).

Il y a eu violation de l'article 6, § 1 en raison de l'absence de débats publics et de prononcé public de jugements dans une procédure portant sur une demande d'indemnité pour la détention subie (*Werner*, 24 nov. 1997 – Autriche).

15) Un détenu d'une prison du Royaume-Uni a fait l'objet devant le Comité des visiteurs de poursuites disciplinaires qui, au regard de la Convention, doivent être considérées comme pénales.

Il y a eu violation de l'article 6, § 1 en ce que ce comité n'a pas rendu sa décision publiquement (*Campbell*, 28 juin 1984 – Royaume-Uni).

16) Un journaliste ayant tenu une conférence de presse pour informer le public de poursuites en diffamation qu'il avait engagées, a été condamné pour violation du secret de l'instruction par le président de la Cour de cassation pénale du canton de Vaud. Son appel devant ladite cour a été rejeté. Or, le président de cette juridiction et la juridiction elle-même ont statué sans audiences publiques préalables.

La Cour européenne estimant qu'il s'agissait d'une accusation en matière pénale, et non disciplinaire, décide qu'il y a eu violation de l'article 6, § 1, (droit à un procès public) (*Weber*, 22 mai 1990 – Suisse).

17) Il y a eu violation de l'article 6, § 1 en raison de l'absence de prononcé public des arrêts d'une cour d'appel dans deux procédures portant sur une demande d'indemnité pour la détention subie (*Szücs*, 24 nov. 1997 – Autriche).

c) Délai raisonnable

18) Bien que des poursuites pour escroquerie aient duré du 21 février 1963 au 24 avril 1968, la Cour estime que la longueur de cette procédure résultait à la fois de la complexité de l'affaire et des innombrables demandes et recours de l'inculpé. Elle n'a donc pas excédé les limites du délai raisonnable prévu à l'article 6, § 1 (Affaire précitée : *Ringeisen* – V. 3°).

Le caractère raisonnable de la durée d'une procédure s'apprécie suivant les circonstances de la cause et eu égard aux critères consacrés par la jurisprudence de la Cour, en particulier la complexité de l'affaire, le comportement du requérant et celui des autorités compétentes. Bien que consciente des difficultés qu'ont pu rencontrer les enquêteurs, la Cour estime que la longueur de la procédure résulte pour l'essentiel d'un manque de célérité dans la conduite de l'information. Elle note en effet qu'une commission rogatoire délivrée le 7 février 1985 par le juge d'instruction au directeur du SRPJ de Versailles aux fins de continuer l'enquête ne fut retournée que le 31 mai 1985 et que ledit juge resta passif jusqu'au 4 décembre 1985 ; que le procureur de la République ne donna suite à une ordonnance de soit-communiqué du 25 mars 1986 que le 21 juillet suivant et que, à l'exception de l'audition le 5 février 1987 du représentant de la société VPL, aucune mesure d'instruction ne fut prise entre le 29 septembre 1986 (date du réquisitoire contre X consécutif à la plainte déposée quatre jours plus tôt par la société VPL) et le 11 juin 1987 (date d'un interrogatoire de M. Slimane-Kaïd) ; qu'une commission rogatoire délivrée le 7 octobre 1987 au SRPJ de Versailles ne fut retournée que le 25 avril 1988 et que, sauf la désignation d'un expert le 28 octobre 1987, le juge d'instruction resta inactif durant cette période et jusqu'au 25 mai 1988 ; que, par ailleurs, le rapport d'expertise déposé le 31 décembre 1987 ne fut notifié à la partie civile que le 29 avril 1988 ; enfin, qu'à l'exception de la confrontation de M. Slimane-Kaïd au représentant de la société VPL, le 5 décembre 1988, aucune mesure d'instruction ne fut prise entre le 29 juin 1988 (date d'un interrogatoire de M. Slimane-Kaïd) et le 16 mars 1989 (date d'une commission rogatoire délivrée au commissaire de police de Chartres). Elle conclut ainsi, sans trancher la question de savoir s'il peut être reproché aux autorités de ne pas avoir disjoint la cause de Mme Reinhardt de celle de M. Slimane-Kaïd, qu'il y a eu, à l'égard des deux requérants, dépassement du « délai raisonnable » et donc violation de l'article 6, § 1 (*Reinhardt et Slimane-Kaïd,* 31 mars 1998 – France).

Une procédure commencée en 1994 et toujours perdante devant une cour d'appel a donc duré environ cinq ans et demi, dont cinq ans et presque deux mois devant le premier degré de juridiction. Violation (*Donsimoni,* 5 oct. 1999, Section III, France).

En septembre 1991, le requérant porta plainte avec constitution de partie civile. En mars 1996, le juge d'instruction rendit une ordonnance de non-lieu. En juin 1996, la chambre d'accusation de la cour d'appel, statuant sur l'appel interjeté par le requérant, confirma l'ordonnance de non-lieu. Par arrêt du 1er octobre 1997, la chambre criminelle de la Cour de cassation rejeta le pourvoi du requérant. La période à considérer (septembre 1991 jusqu'en octobre 1997) a duré six ans et un mois. L'affaire n'était pas complexe et le Gouvernement ne fait pas grief au requérant d'avoir retardé la procédure par son comportement. S'agissant du comportement des autorités compétentes, la Cour a relevé deux délais dans le déroulement de l'instruction, délais qui ont contribué à ralentir la marche de l'instruction de deux ans et onze mois sur une durée globale de quatre ans et six mois. Le Gouvernement n'a fourni aucune explication convaincante de ceux-ci (*Maini,* 26 oct. 1999, Section III, France).

19) Après avoir relevé que les difficultés de l'instruction et le comportement des inculpés n'expliquaient pas à eux seuls la longueur de deux procédures pénales pour escroqueries dont l'une s'est prolongée pendant dix-sept ans et trois semaines, l'autre, pendant dix ans, quatre mois et dix jours, la Cour européenne estime que l'une des causes principales de cette durée réside dans la manière dont les autorités judiciaires ont conduit l'affaire, et conclut à la violation de l'article 6, § 1 (*Eckle,* 15 juill. 1982 – RFA).

Concernant la durée d'une procédure pénale engagée contre le requérant, pour avoir exporté, sans autorisation, un tableau à l'authenticité débattue, en infraction à la législation douanière et fiscale.

En droit : Article 6(1) – Le point de départ de la période à prendre en considération se situe, au plus tard, lorsque le procureur a demandé l'ouverture d'une information contre le requérant, qu'il a donc « accusé » d'une infraction pénale au sens de la Convention, et non sept ans plus tard comme le soutient le gouvernement, car le fait que le requérant se trouvait hors de France pendant cette période ne signifiait pas, en l'espèce, l'absence de « répercussions importantes sur sa situation ». La procédure a donc duré quatorze ans, six mois et deux jours. Si l'affaire présentait une certaine complexité liée à ses enjeux financiers et culturels, toutefois, eu égard à la durée globale de la procédure, et nonobstant le comportement du requérant qui ne peut expliquer de manière décisive un tel délai, la Cour estime que l'exigence du « délai raisonnable » n'a pas été satisfaite.

Conclusion : Violation (unanimité) (*Bertin-Mourot,* 2 août 2000, Section III, France).

20) Des citoyens italiens ayant fait l'objet de poursuites pénales pour divers délits commis

lors de manifestations survenues à la suite d'une agitation populaire ont comparu devant les juridictions compétentes dans des délais qui ont atteint au moins trois ans et cinq mois et, pour le plus long, cinq ans et dix mois.

La Cour estime que les procédures ont subi des retards incompatibles avec l'article 6, § 1 (*Foti,* 10 déc. 1982 – Italie).

21) Après avoir été condamné pour dénonciation calomnieuse aggravée par le tribunal de première instance, un avocat italien a été relaxé par la cour d'appel.

Ayant à apprécier s'il y a eu dans la procédure suivie contre lui dépassement du « délai raisonnable » la Cour européenne considère comme injustifiées, au cours d'une instruction qui a duré quatre ans et sept mois, deux périodes, l'une de treize mois, l'autre de quatorze mois, pendant lesquelles il y a eu absence de toute activité. Ces retards sont incompatibles avec l'article 6, § 1.

En revanche, la durée de la procédure devant le tribunal, puis devant la cour d'appel, n'a pas été démesurée (Corigliano, 10 déc. 1982 – Italie).

22) Arrêté en novembre 1971 et libéré trois mois plus tard, un citoyen italien a été condamné le 22 novembre 1982 à vingt mois de réclusion et à une amende.

La Cour estime que ce délai de plus de neuf ans avant le jugement n'était pas justifié et qu'il y a eu violation de l'article 6, § 1 (*Baggetta,* 25 juin 1987 – Italie).

23) Un employé de banque italien poursuivi pour escroquerie, faux et usage de faux, association de malfaiteurs, a été placé en détention provisoire le 18 août 1975, mis en liberté le 18 février 1976 et renvoyé en jugement le 12 mai 1978. Le procès qui concernait douze accusés, a été renvoyé à de nombreuses reprises, d'abord devant le Tribunal, puis devant la cour d'appel. C'est seulement par arrêt du 28 octobre 1987 que l'accusé a été déclaré non coupable, mais entre-temps il avait perdu définitivement son emploi. La Cour, après avoir rappelé que selon la jurisprudence en la matière, le caractère raisonnable de la durée d'une procédure s'apprécie en fonction des circonstances particulières de la cause, admet qu'en l'occurrence la procédure offrait une certaine complexité due à la nature des faits à élucider, mais note que le requérant n'a point contribué à en ralentir la marche, et qu'aucune explication adéquate n'a été fournie sur de très longues périodes qui se sont écoulées pendant l'instruction, puis en première instance et en appel. Dès lors la Cour ne saurait estimer « raisonnable » un laps de temps supérieur à douze ans et deux mois, et conclut qu'il y a eu violation de l'article 6, § 1 (*Triggiani,* 19 févr. 1991 – Italie).

C'est à partir du 19 mai 1988, date de la notification de l'arrêt du 19 août 1987 par lequel ils furent mis en accusation et renvoyés devant la cour d'assises, que les requérants ont eu officiellement connaissance de l'enquête et en ont ressenti les effets. Dès lors, la période à considérer a débuté le 19 mai 1988 et s'est achevée avec la condamnation définitive des requérants par l'arrêt de la cour d'assises du 31 mars 2000 ; elle a donc duré 11 ans, 10 mois et 12 jours. Sur la base de l'ensemble des éléments considérés, et eu égard à la durée globale de la procédure, à savoir presque douze ans pour un degré de juridiction, la procédure litigieuse n'a pas répondu aux exigences de délai raisonnable.

Conclusion : violation (unanimité) (*Etcheveste et Bidart,* 21 mars 2002 – France).

d) Tribunal impartial

24) L'impartialité peut s'apprécier selon une démarche subjective qui tente d'établir ce que le juge pensait en son for intérieur en la circonstance, ou selon une démarche objective qui amène à rechercher si le juge offrait des garanties suffisantes pour écarter tout doute légitime sur son attitude.

Lorsque le président d'une cour d'assises a, dans une affaire soumise à cette juridiction, antérieurement rempli les fonctions de magistrat du ministère public, même s'il n'existe aucun motif de mettre en cause son impartialité personnelle, il convient de tenir compte de considérations de caractère organique. Les justiciables, en effet, sont en droit de craindre que ce magistrat n'offre pas assez de garanties, et l'impartialité du tribunal auquel il incombe de décider « du bien-fondé de l'accusation » peut leur paraître sujette à caution.

La Cour, en conséquence, conclut à la violation de l'article 6, § 1 (*Piersack,* 1er oct. 1982 – Belgique).

En la matière même les apparences peuvent revêtir de l'importance. Il y va de la confiance que les tribunaux d'une société démocratique se doivent d'inspirer au justiciable. Il en résulte que pour se prononcer sur l'existence, dans une affaire donnée, d'une raison légitime de redouter d'un juge un défaut d'impartialité, l'optique de l'accusé entre en ligne de compte mais ne joue pas un rôle décisif. L'élément déterminant consiste à savoir si l'on peut considérer les appréhensions de l'intéressé comme objectivement justifiées (voir l'arrêt *Ferrantelli et Santangelo* c. *Italie*, 7 août 1996 : *Recueil* 1996-III, pp. 951-952, § 58).

La Cour note qu'en l'occurrence la crainte d'un manque d'impartialité tient du fait que le jugement du tribunal de Milan du 6 juillet 1993, prononcé à l'encontre de M. A., contenait de nombreuses références au requérant et à son rôle au sein de l'organisation criminelle de laquelle il était soupçonné faire partie. En particulier, plusieurs passages se réfèrent au requérant comme étant l'organisateur ou le promoteur d'un trafic de stupéfiants entre l'Italie et l'Amérique latine. Deux des juges ayant prononcé le jugement du 6 juillet 1993 – notamment Mmes M. et B. – ont ensuite été appelées à décider sur le bien-fondé des accusations portées à l'encontre du requérant, qui concernaient, au moins en partie, les mêmes faits qui étaient à la base de la condamnation de M. A.

La Cour considère que ces éléments suffisent pour considérer comme objectivement justifiées les craintes du requérant à l'égard de l'impartialité du tribunal de Milan – Violation. – (*Rojas Morales*, 16 nov. 2000, Section II, Italie).

25) Un magistrat ne peut exercer successivement dans une même affaire correctionnelle, les fonctions de juge d'instruction et celles de juge de première instance.

En l'absence de la moindre preuve de partialité personnelle chez ce magistrat, il est cependant nécessaire de prendre en compte des considérations de caractère fonctionnel et organique, et la présence au sein de la juridiction du fond de l'ancien magistrat instructeur a de quoi inspirer au prévenu des appréhensions légitimes (démarche objective combinée avec la « théorie des apparences »).

Il y a donc violation de l'article 6, § 1 (*De Cubber*, 26 oct. 1984 – Belgique).

Cependant, en ce qui concerne l'impartialité du juge, les inquiétudes subjectives du suspect, pour compréhensibles qu'elles puissent être, ne constituent pas l'élément déterminant : il échet avant tout d'établir si elles peuvent passer pour objectivement justifiées en l'occurrence – que le juge des enfants ait aussi pris des décisions avant le procès, notamment sur la détention provisoire, ne saurait en soi justifier des craintes quant à son impartialité – ce qui compte est la portée et la nature des mesures en question – (Non violation à l'unanimité – *Nortier*, 24 août 1993 – Pays-Bas).

26) Un citoyen danois, inculpé d'infractions fiscales a été placé en détention provisoire le 31 janvier 1980. Il a été détenu sans interruption avant et pendant son procès qui a commencé devant le tribunal municipal le 27 avril 1981 et s'est terminé devant la cour d'appel par sa condamnation le 2 mars 1984 à 5 ans de prison. Or, la plupart des ordonnances qui ont prolongé sa détention provisoire ont été prises par le juge du tribunal qui a examiné l'affaire par la suite. De même, certains juges de la cour d'appel ont pris plusieurs décisions relatives à son maintien en détention provisoire, avant de statuer sur son recours.

La Cour européenne constate que ces décisions ont été fondées sur un article de la loi concernant l'administration de la justice, et qu'un juge avant d'appliquer ce texte doit s'assurer de l'existence de « soupçons particulièrement renforcés » selon lesquels l'intéressé a commis les infractions dont il est accusé. L'écart entre la question à trancher pour recourir audit article et le problème à résoudre à l'issue du procès devient alors infime.

La Cour estime en conséquence, que dans les circonstances de la cause, l'impartialité des juridictions compétentes pouvait paraître sujette à caution et que l'on peut considérer comme objectivement justifiées les craintes du requérant à cet égard. Il y a donc eu violation de l'article 6, § 1 (*Hauschildt*, 24 mai 1989 – Danemark).

27) Un citoyen italien a été condamné par défaut à six ans d'emprisonnement pour escroquerie et le jugement a acquis force de chose jugée. Après son arrestation il a exercé aussitôt un recours que le tribunal a rejeté, et c'est également en vain qu'il a saisi ensuite la cour d'appel et la Cour de cassation. Mort en prison, sa veuve a repris la procédure devant la Cour européenne.

Celle-ci constate que l'intéressé n'a jamais bénéficié d'un examen de sa cause par un « tribunal » doté de la plénitude de juridiction et siégeant en sa présence, de sorte qu'il y a eu violation de l'article 6, § 1 (*Colozza,* 12 févr. 1985 – Italie).

28) La commission de police d'une municipalité suisse qui a infligé une amende pour participation à une manifestation non autorisée est une autorité administrative ayant un rôle juridictionnel et appliquant une procédure qui permet des moyens de défense. Le membre unique est nommé par la municipalité, siège à titre individuel, ne se trouve pas dans un état de subordination, prête un serment distinct de celui des policiers et demeure, en principe, à l'abri d'une révocation.

Toutefois, lorsqu'il s'agit, comme en l'espèce, d'un fonctionnaire supérieur issu de la direction de la police et susceptible d'être appelé à y accomplir à nouveau d'autres tâches, la Cour européenne estime que le justiciable peut légitimement éprouver des doutes quant à l'indépendance et à l'impartialité structurelle de la commission de police. Celle-ci ne répond donc pas aux exigences de l'article 6, § 1, lequel, par ailleurs, est également méconnu dans la mesure où le recours devant la Cour de cassation pénale du tribunal cantonal s'accompagne d'une procédure dépourvue de débats oraux et d'administration de preuves, qui ne permet pas un libre réexamen des faits, et où le recours devant le Tribunal fédéral, se limitant au contrôle de l'absence d'arbitraire, ne porte pas sur les questions de fait et de droit (*Belilos,* 29 avr. 1988 – Suisse).

e) Droit de ne pas s'incriminer soi-même

29) Les trois requérants furent arrêtés parce qu'ils étaient soupçonnés de graves infractions terroristes. Après les avoir avertis qu'ils avaient le droit de garder le silence, des officiers de police leur demandèrent, en application de l'article 52 de la loi de 1939 sur les infractions contre l'État, de fournir des détails sur leurs déplacements au moment des infractions en cause. Les intéressés refusèrent toutefois de répondre à quelque question que ce fût et, faute de rendre compte de leurs déplacements, furent condamnés à six mois d'emprisonnement ; les requérants de la première affaire furent aussi accusés d'appartenance à une organisation paramilitaire illégale, mais furent relaxés sur ce chef. La Cour suprême écarta un recours en inconstitutionnalité de l'article 52, mais l'examen de leur appel contre leur condamnation fut suspendu dans l'attente de l'issue des requêtes devant la Cour européenne des droits de l'homme.

En droit : Article 6(1) et (2) – Les requérants faisaient l'objet d'une « accusation » au sens de l'article 6 bien qu'ils n'eussent pas été formellement accusés lorsque les policiers formulèrent les demandes en vertu de l'article 52. MM. Heaney et McGuinness furent acquittés de l'infraction matérielle et aucune procédure ne fut engagée contre M. Quinn relativement à l'infraction pour laquelle il avait été arrêté à l'origine. En général, l'acquittement ou l'absence de procédure sur le fond empêche un requérant de se prétendre victime d'une violation des garanties procédurales énoncées à l'article 6. La Cour a toutefois constaté précédemment des violations de l'article 6(2) en l'absence de condamnation et si, en l'espèce, les requérants n'ont pu se prévaloir de l'article 6, il faut en déduire que l'acquittement ou l'absence d'une procédure sur le bien-fondé empêcherait tout examen sur le terrain de l'article 6 des griefs des intéressés selon lesquels ils auraient été punis, avant leur acquittement, pour avoir gardé le silence. Dans ces conditions, ils peuvent invoquer les paragraphes 1 et 2 de l'article 6 pour avoir été condamnés et incarcérés en application de l'article 52. Les garanties dont le gouvernement fait état ne peuvent réduire efficacement et de manière suffisante la coercition imposée par l'article 52 au point de ne pas porter atteinte à la substance des droits en litige, puisque les intéressés avaient à choisir entre fournir les informations demandées ou s'exposer à une peine d'emprisonnement. En outre, la position juridique quant à la recevabilité comme preuves des réponses qui auraient été fournies était particulièrement incertaine à l'époque et les requérants reçurent d'abord l'avertissement habituel. Le degré de coercition que faisait peser l'application de l'article 52 a en réalité porté atteinte à la substance même du droit de ne pas s'auto-incriminer et du droit de garder le silence. Les préoccupations de sécurité et d'ordre public qu'invoque le gouvernement ne sauraient justifier une disposition ayant cet effet et il y a donc eu violation du droit des requérants à garder le silence et de leur droit de ne pas s'incriminer garantis par l'article 6(1). En outre, compte tenu du lien étroit entre ces droits et la présomption d'innocence garantie par l'article 6(2), il y a eu aussi violation de cette disposition (*Heaney, McGuinness, Quinn,* 21 déc. 2000, Section IV, Irlande).

§ 2

30) Viole l'article 6, paragraphe 2, de la Convention européenne des droits de l'homme prévoyant que « toute personne accusée d'une infraction est présumée innocente jusqu'à ce que sa culpabilité ait été légalement établie », la cour d'appel qui, après acquittement devenu définitif de l'accusé, lui refuse une indemnité pour la détention provisoire subie en énonçant qu'on « ne saurait parler d'une dissipation des soupçons » (*Sekanina,* 25 août 1993 – Autriche).

31) Dans l'affaire criminelle où a été admis l'enregistrement d'une conversation téléphonique, le compte rendu des audiences et le texte du jugement ne donnent aucunement à penser que le tribunal criminel ait traité l'accusé en présumé coupable avant de le condamner. La simple présence de la cassette dans le dossier ne saurait suffire à étayer une thèse contraire. Il n'y a donc pas eu violation de l'article 6, § 2 (Affaire précitée : *Schenk* – V. 5°).

La cour constate que certains des plus hauts responsables de la police française désignèrent M. Allenet de Ribemont, sans nuance ni réserve, comme l'un des instigateurs, et donc le complice, d'un assassinat. Il s'agit là à l'évidence d'une déclaration de culpabilité qui, d'une part, incitait le public à croire en celle-ci et, de l'autre, préjugeait de l'appréciation des faits par les juges compétents. Partant, il y a eu violation de l'article 6, § 2 (*de Ribemont,* 10 févr. 1995 – France).

32) Dans des poursuites pénales contre un journaliste pour une infraction commise par voie de presse, la chambre d'une cour d'assises a déclaré l'action irrecevable pour cause de prescription mais a mis à la charge du prévenu les deux tiers des frais de justice ainsi qu'une indemnité aux plaignants.

Aux yeux de la Cour européenne, la présomption d'innocence se trouve méconnue si, sans établissement légal de la culpabilité d'un prévenu et, notamment, sans que ce dernier ait eu l'occasion d'exercer les droits de la défense, une décision judiciaire le concernant reflète le sentiment qu'il est coupable.

Or, en l'espèce, pour statuer sur les frais de justice, la chambre de la cour d'assises a retenu des éléments concernant le fond de l'affaire et a conclu que, sans la prescription, l'article incriminé aurait « très probablement » conduit à la condamnation du journaliste poursuivi. Elle s'est montré ainsi convaincue de la culpabilité du prévenu alors que celui-ci n'avait pas bénéficié des garanties des paragraphes 1 et 3 de l'article 6, et il y a donc eu violation du paragraphe 2 du même article (*Minelli,* 25 mars 1983 – Suisse).

§ 3

33) Même si le législateur doit pouvoir décourager les abstentions injustifiées, il ne peut les sanctionner en dérogeant au droit à l'assistance d'un défenseur. Les exigences légitimes de la présence des accusés aux débats peuvent être assurées par d'autres moyens que la perte du droit à la défense. Le principe dégagé dans les affaires Lala et Pelladoah s'applique en l'espèce. Même si Mme Van Geyseghem a eu plusieurs possibilités de se défendre, il appartenait à la cour d'appel de Bruxelles de donner l'occasion à son avocat, Me Verstraeten, qui s'est présenté à l'audience, de la défendre, même en son absence. Il en était d'autant plus ainsi qu'en l'espèce, le moyen de défense qu'entendait développer Me Verstraeten concernait un point de droit. Ce dernier entendait plaider sur la prescription de l'action publique, question déjà qualifiée de cruciale par la Cour. Même si, comme le prétend le Gouvernement, la cour d'appel a dû examiner d'office le problème de la prescription, il n'en reste pas moins que l'avocat apporte un concours indispensable à la solution des conflits et que son rôle se justifie là où le droit de défense doit s'exercer. Au surplus, il ne ressort pas de l'arrêt du 4 octobre 1993 qu'il ait été statué sur la question. En conclusion, il y a eu violation de l'article 6, § 1 combiné avec l'article 6, § 3 *c)* de la Convention (*Van Geyseghem,* 21 janv. 1999 – Belgique).

Le Comité des visiteurs, statuant sur des poursuites disciplinaires contre un détenu, n'a pas rendu sa décision publiquement. L'intéressé au surplus, n'a pu ni consulter un avocat, ni se faire représenter par un conseil.

Il y a eu ainsi violation de l'article 6, § 3, alinéas *b)* et *c)* (Affaire précitée : *Campbell* – V. 1°).

34) Le fait d'avoir reconnu coupable le prévenu seulement sur la base de déclarations lues à l'audience, après avoir, par ailleurs, refusé de recevoir les témoignages de plusieurs personnes dont l'intéressé souhaitait l'audition, a constitué de la part de la cour d'appel une violation non seulement du paragraphe 1 de l'article 6,

mais aussi des principes inhérents au paragraphe 3, alinéa *a)* du même article, qui concernent l'audition des témoins à décharge (Affaire précitée : *Unterpertinger* – V. 4°).

35) L'emploi de déclarations anonymes comme des preuves suffisantes pour justifier une condamnation, conduit à une restriction des droits de la défense.

Il y a donc privation d'un procès équitable et violation du paragraphe 3 *d)* combiné avec le paragraphe 1, de l'article 6 (*Kostovski,* 20 nov. 1989 – Pays-Bas).

... L'utilisation de dépositions anonymes pour asseoir une condamnation n'est pas en toutes circonstances incompatible avec la Convention. Si l'on préserve l'anonymat des témoins, les obstacles auxquels se heurte la défense doivent être compensés par la procédure suivie devant les autorités judiciaires. De plus, une condamnation ne peut se fonder uniquement, ni dans une mesure déterminante, sur des déclarations anonymes. En l'espèce, bien que les motifs précis des craintes du témoin anonyme n'aient pas été révélés, la juge d'instruction a enquêté sur leur bien-fondé, en s'appuyant sur des informations fournies à la fois par le témoin et par la police. Sa décision de maintenir l'anonymat de l'informateur a été examinée et confirmée en appel. Compte tenu du fait que le requérant pouvait raisonnablement être soupçonné d'appartenance à une association de malfaiteurs et qu'il était armé d'un pistolet au moment de son arrestation, il pouvait être perçu comme une menace par des personnes qui connaissaient ses agissements, telles que l'informateur. Il existait donc des motifs suffisants de garder l'identité de ce dernier secrète. Par ailleurs, des éléments de preuve autres que les dépositions du témoin anonyme ont été pris en compte, comme par exemple des rapports de police officiels relatifs à l'arrestation et aux perquisitions effectuées dans le véhicule et la maison. La condamnation du requérant n'était donc pas exclusivement, ni dans une mesure déterminante, fondée sur les déclarations du témoin anonyme. Quant à savoir si la procédure spécifique d'interrogatoire du témoin était suffisante pour compenser les difficultés rencontrées par la défense, la juge d'instruction a apprécié la fiabilité du témoin et donné un avis motivé, que la défense a eu la possibilité de contester en audience publique. L'interrogatoire du témoin a été organisé conformément à la loi. Non seulement la défense, mais également les autorités de poursuite étaient absentes de la pièce dans laquelle il se déroulait (*Kor,* 4 juill. 2000, Section I, Pays-Bas).

36) Le droit d'être assisté gratuitement d'un interprète, sans se voir ensuite réclamer le paiement des frais résultant de cette assistance, ne se limite pas à l'interprétation à l'audience, mais s'étend à la traduction ou à l'interprétation de tous les actes de la procédure engagée contre l'accusé qu'il lui faut comprendre pour bénéficier d'un procès équitable.

Le fait pour une juridiction d'inclure les honoraires d'interprète dans les dépens du procès est donc une violation de l'article 6, paragraphe 3, alinéa *c)* (*Luedicke, Belkacem et Koc,* 28 nov. 1978 – RFA).

Il y a violation des dispositions de l'article 6, § 3 *c)* lorsque, condamné à une lourde peine d'emprisonnement, l'appelant se voit opposer un refus de l'aide judiciaire pour sa représentation à l'audience d'appel et se trouve ainsi réduit à présenter lui-même sa défense devant la plus haute juridiction d'appel (*Maxwell,* 28 oct. 1994 – Royaume-Uni).

37) Il y a violation des dispositions de l'article 6, § 3 *d)* lorsque les témoignages constituent la seule base de la condamnation, après avoir représenté l'unique cause du renvoi en jugement ; que ni au stade de l'instruction ni pendant les débats le requérant n'a pu en interroger ou faire interroger les auteurs, l'absence de toute confrontation le privant en partie, d'un procès équitable.

« La Cour ne méconnaît pas les indéniables difficultés de la lutte contre le trafic des stupéfiants – notamment en matière de recherche et d'administration des preuves –, non plus que les ravages provoqués par celui-ci dans la société, mais ils ne sauraient conduire à limiter à un tel point les droits de la défense de "tout accusé" » (*Saïdi,* 20 sept. 1993 – France : *JCP* 94, II, 22215, note Chambon).

La tâche de la Cour consiste à rechercher si la procédure examinée dans son ensemble, y compris le mode de présentation des moyens de preuve, a revêtu un caractère équitable. En outre, il n'est pas reconnu à l'accusé un droit illimité d'obtenir la convocation de témoins en justice ; il revient en principe au juge national de décider de la nécessité de citer un témoin. En l'espèce, étant donné que les juridictions espagnoles se sont fondées sur un faisceau de preuves pour condamner le requérant, le refus de l'*Audiencia Nacional* de procéder à l'audition de témoins, dont les déclarations avaient été au préalable recueillies dans le cadre d'une commission rogatoire, n'a pas été de nature à rendre la procédure inéquitable : manifestement mal fondée (*AEDLG*, 15 déc. 1998, Espagne).

Impossibilité pour un accusé d'interroger la victime qui aurait subi des abus sexuels de sa part - violation - (*P. S.*, 20 déc. 2001, Section III - Allemagne).

38) La Cour ne saurait admettre l'argument du gouvernement selon lequel le requérant ne peut se prétendre victime d'une atteinte à ses droits, au motif que son conseil a omis de demander à la cour d'appel, conformément à la règle pertinente de procédure pénale néerlandaise, l'autorisation de défendre son client. Tout accusé a droit à l'assistance d'un défenseur (art. 6, § 3 *c*). Pour que ce droit revête un caractère pratique et effectif, et non purement théorique, son exercice ne doit pas être rendu tributaire de l'accomplissement de conditions excessivement formalistes : il appartient aux juridictions d'assurer le caractère équitable d'un procès et de veiller par conséquent à ce qu'un avocat qui, à l'évidence, y assiste pour défendre son client en l'absence de celui-ci, se voie donner l'occasion de le faire (*Pelladoah*, 22 sept. 1994 – Pays-Bas).

Selon la jurisprudence de la Chambre criminelle de la Cour de cassation, suivie en l'espèce, le condamné qui n'a pas déféré à un mandat de justice décerné contre lui ne saurait se faire représenter pour se pourvoir en cassation. Le requérant ne pouvait introduire valablement son recours sans se constituer prisonnier dans une maison d'arrêt (C. proc. pén., art. 583). La Cour estime que l'irrecevabilité du pourvoi, pour des raisons liées à la fuite du requérant, s'analysait elle aussi en une sanction disproportionnée, eu égard à la place primordiale que les droits de la défense et le principe de la prééminence du droit occupent dans une société démocratique. Assurément, il s'agissait d'une voie de recours extraordinaire portant sur l'application du droit et non sur le fond du litige. Néanmoins, dans le système français de procédure pénale, la possibilité, pour l'accusé non comparant, de faire plaider en seconde instance sur le bien-fondé de l'accusation en fait comme en droit, dépend dans une large mesure du point de savoir s'il a fourni des excuses valables pour justifier son absence. Dès lors, un contrôle juridique des motifs par lesquels une cour d'appel a rejeté de telles excuses se révèle indispensable.

Sur la base de l'ensemble de ces considérations, la Cour constate un manquement aux exigences de l'article 6 tant au stade de la cour d'appel que devant la Cour de cassation (*Poitrimol*, 23 nov. 1993 – France. – V. également : *Lala*, 22 sept. 1994 – Pays-Bas. – *Van Pelt*, 23 mai 2000, section III, France).

Il ressort du libellé de l'article 630 du Code de procédure pénale que l'interdiction faite aux avocats de se présenter pour le contumax est absolue et que la cour d'assises n'a pas la possibilité d'y déroger. La Cour estime pourtant qu'il eût appartenu à la cour d'assises, qui siégeait sans le jury, de donner l'occasion aux avocats du requérant, présents à l'audience, de le défendre, même en son absence car, en l'espèce, le moyen de défense qu'ils entendaient développer concernait un point de droit, à savoir une exception tirée de l'autorité de la chose jugée et du principe *ne bis in idem*. À ce titre, le Gouvernement n'a pas soutenu que même si la cour d'assises avait autorisé les avocats du requérant à plaider, elle n'aurait pas eu compétence pour examiner la question. Enfin, il faut observer que les avocats du requérant n'ont pas davantage été autorisés à assurer la défense de leur client lors de l'audience de la cour d'assises sur les intérêts civils. Sanctionner la non-comparution du requérant par une interdiction aussi absolue de toute défense apparaît manifestement disproportionné (violation - unanimité), (*Krombach*, 13 févr. 2001, Section III – France).

II. Jurisprudence de la Cour de cassation

39) – *a)* Ne méconnaît pas les dispositions des articles 6 et 8 de la Convention européenne des droits de l'homme, la cour d'appel qui statue en chambre du conseil, en application de l'article 703 du Code de procédure pénale, sur une requête en relèvement d'une interdiction du territoire français, dès lors que le droit pour un étranger à demeurer sur le territoire de son choix, quand bien même il affecterait indirectement le respect de sa vie privée et familiale, n'est pas un droit de caractère civil au sens de l'article 6-1

de la Convention précitée (Cass. crim., 4 mai 2000 : *Bull.* 179).

L'exigence de publicité édictée par l'article 6 de la Convention européenne de sauvegarde des droits de l'homme et des libertés fondamentales ne concerne que les procédures portant sur le « bien-fondé de toute accusation en matière pénale » et ne peut donc être invoquée à l'occasion d'une instance en révocation d'un sursis avec mise à l'épreuve, constitutive d'un incident contentieux relatif à l'exécution d'une sentence pénale sur lequel il convient, en application de l'article 711 du Code de procédure pénale, de statuer en chambre du conseil (Cass. crim., 20 juin 2000 : *Bull.* 235).

b) Le principe de « l'égalité des armes » tel qu'il résulte de l'exigence d'un procès équitable, au sens de l'article 6 de la Convention européenne des droits de l'homme, impose que les parties au procès pénal disposent des mêmes droits ; qu'il doit en être ainsi, spécialement, du droit à l'exercice des voies de recours ; dès lors le droit de saisir la juridiction supérieure n'étant reconnu par la loi interne qu'au seul procureur général, dans des hypothèses où ce même droit est refusé, par le premier alinéa de l'article 546 précité, tant à la personne poursuivie qu'à l'officier du ministère public et au procureur de la République, il s'ensuit que les dispositions du dernier alinéa de ce texte ne sont pas compatibles avec le principe conventionnel susénoncé (Annulation ; Cass. crim., 6 mai 1997 : *Bull.* 170 ; *JCP* 98, II, 10056, note J. Y. Lassalle. – Cass. crim., 21 mai 1997 : *Bull.* 191).

Lorsque le procureur général a déposé des réquisitions écrites le jour même de l'audience en méconnaissance des dispositions des articles 6-1 de la Convention européenne des droits de l'homme, 194, 197 et 198 du Code de procédure pénale, qui lui font obligation de les déposer au plus tard la veille de celle-ci, il appartient à la chambre de l'instruction de statuer après les avoir écartées des débats (Cass. crim., 9 mai 2001, n. Y01-81. 192 F).

Un arrêt de la Cour européenne des droits de l'homme constatant le non-respect du délai raisonnable au sens de l'article 6.1 de la Convention européenne de sauvegarde des droits de l'homme et des libertés fondamentales est sans incidence sur la validité des procédures relevant du droit interne (Cass. crim., 3 févr. 1993 : *Bull.* 57).

La nécessité d'assurer la continuité du cours de la justice et celle de permettre le jugement dans un délai raisonnable justifient que, malgré l'absence du défenseur choisi par l'accusé, le renvoi de l'affaire ne soit pas ordonné (Cass. crim., 20 oct. 1993 : *Bull.* 301).

L'exigence d'un procès équitable en faveur de la personne poursuivie, au sens de l'article 6-1 de la Convention européenne des droits de l'homme et des libertés fondamentales, n'impose pas que l'accusation soit étendue à tout autre personne dont la responsabilité pourrait être engagée (Cass. crim., 18 oct. 1995 : *Bull.* 314).

L'article 6-1 de la Convention européenne des droits de l'homme ne concerne pas la procédure administrative de retrait des points affectant le permis de conduire, ledit retrait ne présentant pas le caractère d'une sanction pénale accessoire à une condamnation (Cass. crim., 18 mai 1994 : *Bull.* 191).

Lorsqu'elle statue dans les conditions prévues par les articles 224 à 230 du Code de procédure pénale, la chambre d'accusation ne se prononçant ni sur des contestations relatives à des droits ou des obligations de caractère civil ni sur le bien-fondé d'une accusation en matière pénale, ses décisions n'entrent pas dans le champ d'application des dispositions de l'article 6-1 de la Convention européenne de sauvegarde des droits de l'homme et des libertés fondamentales relatives à l'exigence d'un tribunal impartial (Cass. crim., 26 févr. 1997 : *Bull.* 78).

La garantie du procès équitable, prévue à l'article 6, paragraphe 1 de la Convention européenne de sauvegarde des droits de l'homme, se limite aux contestations sur des droits et obligations de caractère civil ou aux procès sur le bien-fondé de l'accusation en matière pénale et ne concerne pas, dès lors, la procédure de placement sous contrôle judiciaire d'une personne mise en examen (Cass. crim., 22 oct. 1997 : *Bull.* 346).

Viole les dispositions légales relatives au mode d'administration des preuves et compromet l'exercice des droits de la défense le procédé consistant à faire entendre sur commission rogatoire, délivrée à des officiers de police judiciaire, une personne suspectée, placée en garde à vue, et à la faire, dans ces conditions, interroger par un psychologue-conseil, sous couvert d'une mission d'expertise (Cass. crim., 28 nov. 2001 : *Bull.* 248).

c) La garantie du droit à un tribunal indépendant et impartial, énoncée à l'article 6-1 de la

Convention européenne de sauvegarde des droits de l'homme et des libertés fondamentales, ne vise que les juges et non pas le représentant de l'accusation (Cass. crim., 6 janv. 1998 : *Bull.* 1).

Si, en application de l'article 6 de la Convention européenne de sauvegarde des droits de l'homme et des libertés fondamentales, toute personne a droit à ce que sa cause soit entendue dans un délai raisonnable, la durée excessive d'une procédure pénale n'en entraîne pas la nullité. Elle permet seulement à celui qui en aurait souffert de saisir éventuellement la juridiction nationale compétente d'une demande de réparation ou, s'il y a lieu, de saisir la Commission européenne des droits de l'homme. (Cass. crim., 7 mars 1989 : *Bull.* 109). Les dispositions de l'article 6 de la Convention européenne de sauvegarde des droits de l'homme et des libertés fondamentales, aux termes duquel « toute personne a droit à ce que sa cause soit entendue équitablement, publiquement et dans un délai raisonnable par un tribunal indépendant et impartial... qui décidera du bien-fondé de toute accusation en matière pénale dirigée contre elle », ne concernent que les juridictions appelées à se prononcer sur le fond de l'affaire.

Elles ne sauraient être invoquées à propos de la chambre d'accusation qui est une juridiction d'instruction dont les décisions ne préjugent en rien de la culpabilité.

Le magistrat qui avait présidé une chambre d'accusation à l'occasion d'arrêts rendus sur la détention provisoire d'un inculpé est habilité à en assurer la présidence lors de la décision de renvoi du même inculpé devant la juridiction de jugement (Cass. crim., 14 juin 1984 : *Bull.* 219).

Peut siéger à la cour d'assises un magistrat qui, en qualité de juge civil, a fait partie de la formation qui a prononcé le divorce de l'accusé à ses torts exclusifs, dès lors que le jugement de divorce est fondé sur des faits différents de ceux qui ont motivé le renvoi devant la cour d'assises (Cass. crim., 24 nov. 1993 : *Bull.* 354). La participation à la cour d'assises d'un magistrat qui, au cours d'une procédure de divorce, a eu connaissance des faits reprochés à l'accusé, n'est pas contraire à l'exigence d'impartialité énoncée par l'article 6, paragraphe 1, de la Convention européenne des droits de l'homme dès lors que, le divorce ayant été prononcé postérieurement à la condamnation, ce magistrat n'a eu à porter aucune appréciation sur le caractère pénal de ces faits, avant la comparution de l'intéressé devant la cour d'assises (Cass. crim., 19 mars 1997 : *Bull.* 114).

La participation à la chambre correctionnelle de la cour d'appel, qui statue dans des poursuites du chef d'abandon de famille, d'un magistrat, qui a préalablement concouru à la décision fixant les obligations du débiteur n'est pas contraire à l'exigence d'impartialité énoncée par l'article 6, paragraphe 1, de la Convention européenne des droits de l'homme, ce magistrat n'ayant eu à porter aucune appréciation sur le caractère pénal du défaut de paiement ou sur la culpabilité du prévenu (Cass. crim., 9 juin 1999 : *Bull.* 130).

La circonstance que des magistrats composant la juridiction correctionnelle aient eu à se prononcer sur une autre poursuite concernant le même prévenu n'est pas contraire à l'exigence d'impartialité contenue dans l'article 6-3 *d*) de la Convention européenne de sauvegarde des droits de l'homme et des libertés fondamentales (Cass. crim., 15 mars 1994 : *Bull.* 97).

La circonstance qu'un conseiller à la cour d'appel, président de la chambre de discipline d'un conseil régional de l'Ordre des vétérinaires, ayant statué dans des poursuites disciplinaires exercées contre un vétérinaire, ait, par la suite, siégé dans la formation de jugement qui a prononcé sur les poursuites pénales exercées contre le même vétérinaire n'est pas contraire à l'exigence d'impartialité énoncée à l'article 6-1 de la Convention européenne de sauvegarde des droits de l'homme dès lors que la juridiction correctionnelle a statué sur des faits distincts, par leur date, quoique de même nature (Cass. crim., 1er févr. 2000 : *Bull.* 48).

Selon l'article 6 de la Convention européenne de sauvegarde des droits de l'homme, un même magistrat ne peut, dans la même affaire, statuer en première instance et en appel ; encourt, dès lors, la cassation l'arrêt de la cour d'appel où siégeait un conseiller ayant appartenu à la formation du tribunal correctionnel qui avait prononcé le jugement entrepris. Le moyen de cassation doit être relevé d'office en ce qui concerne ceux des demandeurs qui ne l'ont pas soulevé (Cass. crim., 26 sept. 1996 : *Bull.* 333).

Un conseiller qui a participé à l'arrêt de la chambre d'accusation qui a confirmé une ordonnance de refus d'informer ne peut faire partie de la même juridiction saisie, dans la même procédure, de l'appel d'une ordonnance de non-lieu ; encourt dès lors la censure la décision de la chambre d'accusation ainsi irrégulièrement composée (Cass. crim., 6 janv. 2000 : *Bull.* 5).

Ne constituent pas une manifestation de parti pris à l'encontre des prévenus, contraire à l'exigence d'impartialité contenue dans l'article 6-1 de la Convention européenne de sauvegarde des droits de l'homme et des libertés fondamentales, les appréciations liminaires de l'arrêt attaqué par lesquelles les juges relèvent le comportement déloyal des prévenus au cours de l'information et des débats et leur exceptionnelle mauvaise foi, très proche du défi lancé à l'institution judiciaire, dès lors qu'elles ne sont pas détachables des motifs relatifs à la déclaration de culpabilité et au prononcé de la peine (Cass. crim., 11 juin 1998 : *Bull.* 190).

d) Le droit au procès équitable et le droit de tout accusé à l'assistance d'un défenseur s'oppose à ce que la juridiction juge un prévenu non comparant et non excusé sans entendre l'avocat présent à l'audience pour assurer sa défense (Ass. Plén. 2 mars 2001 : *Bull.* 56 ; *Juris-Data* n. 008384 et 008385).

Un prévenu, ni comparant ni excusé, ne saurait reprocher au juge pénal de ne pas avoir accordé à son avocat la possibilité de plaider, en méconnaissance du droit au procès équitable et du droit à l'assistance d'un défenseur, prévus par l'articles 6-1 et 6-3 de la Convention européenne des droits de l'homme, dès lors que le juge a entendu son avocat, présent uniquement à la première audience, sur ses demandes d'incidents et y a répondu, et que cet avocat, absent lors des audiences ultérieures, n'avait reçu aucun mandat de son client pour déposer des conclusions ou plaider au fond (Cass. crim. 11 juill. 2001 : *Bull.* 167).

e) La suspension provisoire du permis de conduire décidée par le préfet est, dans les limites posées par la loi, une mesure de sécurité pour les autres usagers à laquelle sont inapplicables les dispositions de l'article 6-1 de la Convention européenne de sauvegarde des droits de l'homme et des libertés fondamentales sur l'exigence d'un procès impartial (Cass. crim., 9 mars 1995 : *Bull.* 98).

40) L'article 49 du Code de procédure pénale et l'article 6-1 de la Convention européenne de sauvegarde des droits de l'homme et des libertés fondamentales ne prévoient d'incompatibilité qu'entre les fonctions d'instruction et de jugement et n'interdisent pas, à un même magistrat, du premier ou du second degré, de participer à l'ensemble des actes d'instruction intéressant la même procédure avant qu'elle ne soit, éventuellement, soumise aux juridictions de jugement (Cass. crim., 14 mars 1988 : *Bull.* 122).

Le prévenu ne peut se pourvoir en cassation contre l'arrêt d'une chambre d'accusation le renvoyant devant le tribunal correctionnel, sauf si l'arrêt attaqué a statué sur la compétence ou s'il présente des dispositions définitives que le tribunal saisi de la prévention n'aurait pas le pouvoir de modifier.

Il n'en est pas ainsi d'un arrêt de cette juridiction qui a cru devoir, dans ses motifs, répondre pour les rejeter aux arguments du mémoire de l'inculpé faisant valoir que compte tenu de la durée du supplément d'information ordonné avaient été violées les dispositions de l'article 6-1 de la Convention de sauvegarde des droits de l'homme et des libertés fondamentales qui dispose que toute personne a droit à ce que sa cause soit entendue équitablement, publiquement et dans un délai raisonnable.

Ce texte concerne exclusivement les juridictions appelées à se prononcer sur le fond d'une affaire et ne saurait être invoqué contre des décisions de la chambre d'accusation, juridiction d'instruction dont les arrêts ne préjugent en rien de la culpabilité (Cass. crim., 26 mai 1986 : *Bull.* 173 ; *D.* 1986, inf. rap. 305, obs. Pradel. – Cass. crim., 26 oct. 1993 : *Bull.* 312). L'article 6-3 *d)* de la Convention européenne des droits de l'homme a pour objet d'assurer les droits de la défense non pas devant les juridictions d'instruction mais devant la juridiction de jugement (Cass. crim., 4 janv. 1990 : *Bull.* 4).

En appréciant souverainement que l'information est complète et qu'il n'y a lieu à supplément d'information, la chambre d'accusation ne méconnaît pas les dispositions de l'article 6-3 d de la Convention européenne de sauvegarde des droits de l'homme et des libertés fondamentales dont l'objet est d'assurer les droits de la défense non devant les juridictions d'instruction mais devant les juridictions de jugement (Cass. crim., 10 mars 1992 : *Bull.* 105).

Les dispositions du dernier alinéa de l'article 164 du Code de procédure pénale, autorisant les médecins experts à questionner l'inculpé en l'absence de son conseil, ne sont pas incompatibles avec celles de l'article 6-3 c de la Convention européenne de sauvegarde des droits de l'homme, dont l'objet est d'assurer la défense devant les juridictions de jugement (Cass. crim., 9 avr. 1991 : *Bull.* 169).

Si l'article 6 de la Convention européenne de sauvegarde de l'homme et des libertés fondamentales reconnaît à toute personne le droit à ce que sa cause soit entendue par un tribunal indépendant et impartial établi par la loi, il n'y est aucunement affirmé que le tribunal doive conserver une composition intangible (Cass. crim., 7 mai 1987 : *Bull.* 186).

41) Le juge qui a participé à un arrêt de la chambre d'accusation confirmant une ordonnance de non-lieu partiel n'en a pas pour autant connu des faits dont la juridiction correctionnelle a été saisie et il demeure libre de se former, en toute objectivité, une opinion sur la culpabilité du prévenu ; dans cette hypothèse, la participation de ce même magistrat au jugement de l'affaire sur le fond n'est contraire ni aux dispositions de l'article 49, 2e alinéa, du Code de procédure pénale, qui sont d'interprétation stricte, ni à l'exigence d'impartialité qu'énonce l'article 6 de la Convention européenne de sauvegarde des droits de l'homme et des libertés fondamentales (Cass. crim., 20 déc. 1984 : *Bull.* 412 ; *Rev. sc. crim.* 1986, 131, obs. Braunschweig).

Mais le magistrat qui a participé à un arrêt de la chambre d'accusation infirmant une ordonnance de non-lieu et renvoyant les prévenus devant le tribunal ne peut ensuite siéger à la chambre correctionnelle saisie du fond de l'affaire (Cass. crim., 6 nov. 1986 : *Bull.* 328).

Ne peut siéger à la cour d'assises un magistrat qui, en qualité de juge civil, a déjà porté une appréciation sur la culpabilité de l'accusé (Cass. crim., 16 oct. 1991 : *Bull.* 351).

Le magistrat qui a présidé le tribunal correctionnel ayant prononcé une peine d'emprisonnement avec sursis ne peut ensuite siéger à la chambre des appels correctionnels saisie d'une requête en dispense de révocation dudit sursis (Cass. crim., 27 févr. 1991 : *Bull.* 99).

Selon l'article 6 de la Convention européenne de sauvegarde des droits de l'homme, deux magistrats conjoints ne peuvent connaître d'une même cause. Encourt, dès lors, la cassation l'arrêt rendu par la chambre d'accusation, où siégeait un conseiller, conjoint du magistrat du parquet qui avait pris des réquisitions ayant conduit au prononcé, par le juge d'instruction, de l'ordonnance entreprise (Cass. crim., 29 févr. 1996 : *Bull.* 99).

42) Aucune disposition légale n'interdit aux membres de la chambre d'accusation s'étant prononcé sur la détention provisoire d'un prévenu de faire ensuite partie de la chambre des appels correctionnels saisie de l'affaire. Cette prescription n'est contraire ni à l'article 49 du Code de procédure pénale ni à l'article 6 de la Convention européenne de sauvegarde des droits de l'homme et des libertés fondamentales (Cass. crim., 24 janv. 1985 : *Bull.* 41 ; *Rev. sc. crim.* 1986, 131, obs. Braunschweig. – Cass. crim., 6 nov. 1986 : *Bull.* 328).

Les incompatibilités instituées par les articles 49 et 253 du Code de procédure pénale entre les fonctions d'instruction et celles de jugement ne s'étendent pas aux membres de la chambre correctionnelle qui ont été précédemment appelés à statuer au sein de la chambre d'accusation sur la détention provisoire. Une telle participation à des juridictions établies par la loi n'est en rien contraire aux exigences d'impartialité énoncées par l'article 6 de la Convention européenne de sauvegarde des droits de l'homme et des libertés fondamentales (Cass. crim., 11 juin 1985 : *Bull.* 226).

Les incompatibilités prévues par l'article 253 du Code de procédure pénale sont de droit étroit et ne peuvent être étendues par analogie.

L'opposition, voie de rétractation, nécessairement portée devant la juridiction ayant rendu la décision de défaut, éventuellement composée des mêmes magistrats, n'est pas en contradiction avec l'obligation d'impartialité édictée par l'article 6-1 de la Convention européenne de sauvegarde des droits de l'homme et des libertés fondamentales (Cass. crim., 25 juill. 1989 : *Bull.* 296).

Le magistrat qui a présidé le tribunal correctionnel ayant prononcé une peine d'emprisonnement avec sursis ne peut ensuite siéger à la chambre des appels correctionnels saisie d'une requête en dispense de révocation dudit sursis (Cass. crim., 27 févr. 1991 : *Bull.* 99 ; *Rev. sc. crim.* 1991, 604, obs. Braunschweig).

Aucune disposition légale ou conventionnelle n'interdit à des magistrats, ayant antérieurement eu à connaître de procédures concernant un prévenu, de faire partie de la juridiction appelée à juger cette personne pour des faits nouveaux, seraient-ils connexes, ces magistrats demeurant libres de se former, en toute objectivité, une opinion sur l'affaire soumise à leur examen (Cass. crim., 10 juill. 1997 : *Bull.* 271).

43) La circonstance que les magistrats composant la juridiction correctionnelle aient eu à se prononcer dans un litige civil opposant le prévenu à la partie civile, n'est pas contraire à l'exigence d'impartialité énoncée par l'article 6, alinéa 1er, de la Convention européenne de sauvegarde des droits de l'homme et des libertés fondamentales (Cass. crim., 6 févr. 1989 : *Bull.* 46. – 24 nov. 1993 : *Bull.* 354).

Un même magistrat pouvant se prononcer sur les diverses demandes de mise en liberté présentées par un même accusé dans une même affaire, rien ne s'oppose à ce que deux magistrats conjoints puissent siéger séparément à la cour d'assises puis à la chambre d'accusation à l'occasion de demandes de mise en liberté déposées successivement par un accusé devant ces deux juridictions (Cass. crim., 28 mars 2001 : *Bull.* 86).

44) La présence du juge de l'application des peines dans la composition du tribunal correctionnel qui statue sur la révocation d'un sursis avec mise à l'épreuve est prévue par l'article 744 du Code de procédure pénale et n'est pas incompatible avec l'article 6 de la Convention européenne de sauvegarde des droits de l'homme dès lors que la juridiction n'est pas appelée à statuer sur le fond de l'affaire (Cass. crim., 19 oct. 1988 : *Bull.* 357) ; en effet, l'avis que ce juge est appelé à donner, en application de l'article 132-48 du Code pénal, ne porte pas sur la valeur des charges pesant sur le prévenu mais sur les modalités d'exécution d'une peine déjà prononcée (Cass. crim., 18 oct. 2000 : *Bull.* 302).

Il n'importe qu'un assesseur de la cour d'assises ait participé au jugement de l'accusé dans de précédentes affaires et ait pris, en sa qualité de juge de l'application des peines, une décision le concernant de révocation d'une mesure de libération conditionnelle. La composition de la cour d'assises est régulière tant au regard de l'article 253 du Code de procédure pénale que de l'article 6-1 de la Convention européenne des droits de l'homme, dès lors que ce magistrat n'a porté aucune appréciation sur la culpabilité du demandeur pour les faits reprochés (Cass. crim., 11 oct. 2000 : *Bull.* 294).

La circonstance qu'un magistrat composant la cour d'assises ait eu à se prononcer sur une autre poursuite exercée contre le même accusé n'est contraire ni aux dispositions de l'article 253 du Code de procédure pénale, ni à l'exigence d'impartialité contenue dans l'article 6, § 3 d de la Convention européenne des droits de l'homme (Cass. crim., 13 juin 1991 : *Bull.* 252, arrêt n. 1).

45) La garantie du droit à un juge impartial au sens de l'article 6-1 de la Convention européenne de sauvegarde des droits de l'homme et des libertés fondamentales ne fait pas obstacle à ce qu'un même magistrat spécialisé dans les affaires de mineurs, prenant en compte l'âge du prévenu et l'intérêt de sa rééducation, puisse intervenir à différents stades de la procédure ; dès lors, est régulière la composition d'un tribunal pour enfants siégeant sous la présidence du juge des enfants qui a procédé à l'instruction du dossier, s'il n'est pas contesté que le magistrat concerné a conservé une parfaite impartialité personnelle (Cass. crim., 7 avr. 1993 : *Bull.* 152 ; *JCP* 93, II, 22151, note M. Allaix).

Selon l'article 55-1 du Code pénal, dont les dispositions sont reprises par l'article 702-1 du Code de procédure pénale, les demandes en relèvement des interdictions, déchéances ou incapacités doivent être présentées à la juridiction qui a prononcé la condamnation, cette juridiction étant éventuellement composée des mêmes magistrats. De telles dispositions ne sont pas incompatibles avec l'exigence d'impartialité prévue par l'article 6 de la Convention européenne des droits de l'homme (Cass. crim., 15 juin 1994 : *Bull.* 242).

La circonstance qu'un magistrat ait à instruire sur les faits dénoncés par une partie civile, après avoir opposé à celle-ci un refus d'informer injustifié, constitue au sens de l'article 6 de la Convention européenne un élément objectif de nature à faire naître dans l'esprit de la partie civile un doute sur son impartialité (Cass. crim., 4 mars 1998 : *Bull.* 86 ; *Juris-Data* n. 001684).

46) Le magistrat qui a occupé les fonctions du ministère public auprès d'une cour d'assises dont l'arrêt a été cassé, peut, sans que puisse être invoquée une violation de l'article 6 de la Convention européenne de sauvegarde des droits de l'homme et des libertés fondamentales, exercer les mêmes fonctions devant la cour d'assises de renvoi (Cass. crim., 10 déc. 1986 : *Bull.* 370).

Mais selon l'article 6 de la Convention européenne de sauvegarde des droits de l'homme et des libertés fondamentales, toute personne a droit à ce que sa cause soit entendue par un tribunal indépendant et impartial. Il en résulte que ne peut participer au jugement d'une affaire un magistrat qui en a connu en qualité de représentant du ministère public (Cass. crim., 26 avr. 1990 : *Bull.* 162).

Dès lors qu'un témoin n'avait pas la qualité de partie civile au moment où il a été entendu comme témoin, serment préalablement prêté, il n'a été commis aucune violation de l'article 335 du Code de procédure pénale non plus que de l'article 6 de la Convention européenne de sauvegarde des droits de l'homme et des libertés fondamentales, rien ne permettant d'induire du fait allégué que la cause de l'accusé n'a pas été entendue équitablement par un tribunal indépendant et impartial (Cass. crim., 12 mars 1986 : *Bull.* 106).

Aucun texte de loi n'interdit au président d'interrompre l'interrogatoire d'un accusé pour procéder à un autre acte ; une telle pratique ne saurait constituer une méconnaissance du procès équitable au sens de l'article 6 de la Convention européenne de sauvegarde des droits de l'homme et des libertés fondamentales (Cass. crim., 15 mai 1991 : *Bull.* 206).

En matière de diffamation, est assuré par les dispositions de l'article 55 de la loi du 29 juillet 1881 permettant au prévenu cité à la requête d'un plaignant de signifier au domicile nécessairement élu par ce dernier son offre de preuve de la vérité des faits diffamatoires, le caractère équitable du procès prescrit par l'article 6 de la Convention européenne de sauvegarde des droits de l'homme et des libertés fondamentales (Cass. crim., 22 mai 1990 : *Bull.* 212).

47) Le caractère volontaire du défaut de paiement résultant de l'article 357-2, alinéa 3, du Code pénal est déduit de l'existence préalable d'une décision civile qui a apprécié les capacités financières du débiteur, lequel conserve la faculté d'apporter la preuve contraire devant le juge pénal ; par suite, cette disposition ne se trouve pas en opposition avec l'article 6, paragraphe 2, de la Convention européenne de sauvegarde des droits de l'homme et des libertés fondamentales (Cass. crim., 27 avr. 1984 : *Bull.* 149).

L'obligation de verser la consignation prévue par l'article L. 26 du Code de la route, qui présente le caractère d'une mesure de sûreté, n'est pas contraire aux prescriptions des articles 6.2 et 14 de la Convention européenne des droits de l'homme et des libertés fondamentales (Cass. crim., 22 mai 1990 : *Bull.* 206).

La cour d'assises, en décidant, d'une part, de passer outre à l'absence d'un témoin défaillant en raison d'une hospitalisation et, d'autre part, en rejetant une demande de transport sur les lieux, n'a pas méconnu les dispositions de l'article 6, § 2, de la Convention européenne des droits de l'homme et des libertés fondamentales, dès lors que les motifs des deux arrêts incidents n'impliquent nullement que la culpabilité de l'accusé soit établie (Cass. crim., 23 janv. 1985 : *Bull.* 37).

La juridiction correctionnelle, en décidant de passer outre à l'absence d'un témoin excusé, n'a pas méconnu les dispositions de l'article 6-3, paragraphe d, de la Convention européenne de sauvegarde des droits de l'homme et des libertés fondamentales dès lors qu'il n'est pas établi, ni même allégué, qu'il ait été refusé au prévenu de poser des questions à un témoin entendu au cours des débats ou de convoquer et d'interroger des témoins à décharge dans les mêmes conditions que les témoins à charge (Cass. crim., 9 févr. 1987 : *Bull.* 61).

Il résulte de l'article 6-3 d de la Convention européenne de sauvegarde des droits de l'homme et des libertés fondamentales que les juges d'appel sont tenus, lorsqu'ils en sont légalement requis, d'ordonner l'audition contradictoire des témoins à décharge dans les mêmes conditions que les témoins à charge (Cass. crim., 4 juin 1998 : *Bull.* 184).

Le refus des juges de faire droit à une telle demande doit être motivé (Cass. crim. 27 juin 2001 : *Bull.* 164).

Justifie sa décision, sans méconnaître l'article 6, paragraphe 3 *d*, de la Convention européenne de sauvegarde des droits de l'homme, la cour d'appel qui, saisie d'une demande d'audition de témoin présentée pour la première fois en cause d'appel, énonce que le nom de ce témoin n'apparaît dans aucune pièce du dossier et qu'aucun élément de fait précis n'est avancé pour justifier de l'intérêt de cette demande d'audition et de son éventuelle contribution à la manifestation de la vérité (Cass. crim., 21 nov. 1996 : *Bull.* 420).

Aux termes de l'article 6, paragraphe 3 *d*, de la Convention européenne des droits de l'homme, tout accusé a droit à interroger ou faire interroger les témoins à charge et obtenir la convocation et l'interrogation des témoins à décharge dans les mêmes conditions que les témoins à charge ; il en résulte que, sauf impossibilité dont il leur appartient de préciser les causes, les juges d'appel sont tenus, lorsqu'ils en sont légalement requis, d'ordonner l'audition contradictoire desdits témoins ; encourt, dès lors, la cassation l'arrêt qui, pour rejeter la demande d'audition de témoins cités tant devant le tribunal correctionnel que devant la cour d'appel, par le prévenu, oppose l'article 175 du Code de procédure pénale, inapplicable devant les juridictions de jugement, sans s'expliquer autrement sur les raisons de son refus (Cass. crim., 26 mars 1998 : *Bull.* 115).

Doit être cassé le jugement d'un tribunal de police, intitulé « collectif », qui regroupe des procédures n'ayant aucun lien de connexité et qui contient des motifs insuffisants et hypothétiques, communs à tous les prévenus.

Ce jugement méconnaît en outre le principe de présomption d'innocence tel que prévu par l'article 6, § 2 de la Convention européenne des droits de l'homme, dès lors que la culpabilité du prévenu n'a pas été légalement établie (Cass. crim., 19 mars 1986 : *Bull.* 113).

48) Tout prévenu a droit d'être informé d'une manière détaillée de la nature et de la cause de la prévention dont il est l'objet et doit par suite, être mis en mesure de se défendre tant sur les divers chefs d'infraction qui lui sont imputés que sur chacun des éléments constitutifs et des circonstances aggravantes susceptibles d'être retenues à sa charge (Cass. crim., 5 déc. 1978 : *Bull.* 346 ; *D.* 1979, p. 5, note Kehrig. – Cass. crim., 7 juin 1979 : *Bull.* 197. – Cass. crim., 28 oct. 1981 : *Bull.* 285. – Cass. crim., 22 juin 1983 : *Bull.* 193).

Toute personne contre laquelle un juge a le pouvoir de prononcer une condamnation a le droit d'être informée, d'une manière détaillée, de la nature et de la cause de l'accusation portée contre elle, de disposer du temps et des facilités nécessaires à la préparation de sa défense, et de se défendre elle-même ou avec l'assistance d'un défenseur de son choix, à l'occasion d'un procès public (Cass. crim., 28 janv. 1992 : *Bull.* 31).

Les textes du Code de procédure pénale relatifs à la signification et à l'appel des décisions en matière pénale qui mettent le justiciable, grâce à la copie qui lui est remise de ladite décision, en mesure d'en connaître la nature et la voie de recours dont elle est susceptible, satisfont aux exigences de l'article 6 de la Convention européenne de sauvegarde des droits de l'homme et des libertés fondamentales (Cass. crim., 16 déc. 1992 : *Bull.* 425).

La qualité d'étranger ne constitue ni un élément constitutif ni une circonstance aggravante de l'une quelconque des infractions à la législation sur les stupéfiants.

Il s'ensuit que cette qualité n'a pas à être spécialement visée dans l'acte saisissant les juges, l'article 6 de la Convention européenne de sauvegarde des droits de l'homme et des libertés fondamentales exigeant seulement que le prévenu soit informé de la nature et de la cause de l'accusation portée contre lui.

N'encourt pas la cassation l'arrêt qui prononce l'interdiction du territoire français à un étranger, dès lors que le prévenu a pu s'expliquer devant les juges du second degré tant sur sa nationalité que sur la peine (Cass. crim., 5 sept. 1989 : *Bull.* 315).

49) En application notamment de l'article 6 de la Convention européenne de sauvegarde des droits de l'homme et des libertés fondamentales, tout prévenu a droit à être informé d'une manière détaillée de la nature et de la cause de la prévention ; échappe néanmoins au grief de méconnaissance de ce principe l'arrêt qui a relevé d'office, bien qu'elle n'ait pas été mentionnée dans la citation, contre un prévenu de la contravention de coups et blessures volontaires réprimés par l'article R. 40-1° du Code pénal, la circonstance aggravante de récidive prévue par l'article 475 du même code, dès lors que le conseil dudit prévenu, qui représentait celui-ci, préalablement informé de cet élément modificatif de la prévention, a pu s'expliquer spécialement à ce sujet devant les juges du fond (Cass. crim., 13 nov. 1980 : *Bull.* 299).

Le devoir qu'ont les juges de restituer à la poursuite sa qualification véritable, dès lors qu'ils puisent les éléments de leur décision dans les faits mêmes visés à la prévention, n'est pas contraire à l'article 6-3 a de la Convention européenne de sauvegarde des droits de l'homme et des libertés fondamentales.

Ainsi, n'encourt pas la cassation l'arrêt qui requalifie la prévention de détournement de fonds reçus à titre de dépôt de garantie par le vendeur d'un immeuble à construire, en recel desdits fonds (Cass. crim., 14 févr. 1991 : *Bull.* 74), ou celui qui requalifie la prévention de délivrance indue de documents administratifs en établissement d'attestations faisant état de faits matériellement inexacts (Cass. crim., 29 oct. 1996 : *Bull.* 378).

50) Le versement au dossier des réquisitions du procureur général la veille de l'audience de la chambre d'accusation ne porte pas atteinte aux dispositions de l'article 6, paragraphe 3, *a* et *b*, de la Convention européenne de sauvegarde des droits de l'homme et des libertés fondamentales, dès lors que les personnes poursuivies ont été informées, lors de leurs mises en examen, de la nature et de la cause des accusations portées contre elles, au sens de l'article précité, et que les réquisitions du ministère public, fondées sur la seule analyse du dossier de l'information, auquel ces personnes ont eu constamment accès, n'avaient d'autre objet que de demander à la chambre d'accusation d'écarter les demandes d'actes d'instruction présentées par elles et d'ordonner leur renvoi devant le tribunal correctionnel pour certains des chefs d'accusation qui leur avaient été notifiés (Cass. crim., 1er juill. 1997 : *Bull.* 260).

Les dispositions de l'article 6 de la Convention européenne des droits de l'homme ne s'opposent pas à ce que la juridiction du second degré examine des pièces, produites devant le tribunal correctionnel, qui ont été écartées en première instance à la demande des prévenus, dès lors que ceux-ci, après avoir pris connaissance de ces pièces, ont déposé des conclusions devant les juges d'appel aux fins d'en discuter la régularité et le contenu (Cass. crim., 16 févr. 1999 : *Bull. inf. C. cass.* 1999, n. 514).

Ne méconnaît pas les dispositions de l'article 6 de la Convention européenne des droits de l'homme et ne porte pas atteinte aux droits de la défense, le président de la cour d'assises qui, après en avoir averti les parties avant le réquisitoire et les plaidoiries, pose, comme résultant des débats, à l'égard d'un individu accusé de meurtre avec préméditation et guet-apens la question subsidiaire de complicité de ce crime, dont il a régulièrement donné lecture ; l'accusé a, en effet, été ainsi mis en mesure de se défendre spécialement au regard de la nouvelle qualification donnée aux faits de l'accusation, ce que lui permettait en outre l'article 352 du Code de procédure pénale en application duquel il pouvait, en élevant un incident contentieux, obtenir la réouverture des débats (Cass. crim., 5 déc. 1984 : *Bull.* 386).

Ne méconnaît pas les dispositions de l'article 6 de la Convention européenne des droits de l'homme et ne porte pas atteinte aux droits de la défense, le président de la cour d'assises qui, après avoir prononcé la clôture des débats, fait savoir qu'il va poser, comme résultant de ceux-ci, en application de l'article 350 du Code de procédure pénale, une question spéciale sur une circonstance aggravante non mentionnée dans l'arrêt de renvoi ; l'article 352 du même code permet, en effet, à l'accusé d'obtenir la réouverture des débats et ainsi de se défendre spécialement sur les faits constitutifs de ladite circonstance aggravante (Cass. crim., 23 févr. 1983 : *Bull.* 66. – Cass. crim., 22 mai 1985 : *Bull.* 198).

51) Si l'article 6, paragraphe 3, de la Convention européenne de sauvegarde des droits de l'homme et des libertés fondamentales prescrit que tout accusé a droit à être informé dans le plus court délai, dans une langue qu'il comprend, de la nature et de la cause de l'accusation portée contre lui, il n'exige pas que la citation en justice elle-même soit accompagnée d'une traduction toutes les fois que la personne poursuivie est de nationalité étrangère (Cass. crim., 10 oct. 1985 : *Bull.* 308).

Ne méconnaît pas les dispositions des articles 6-3 a et 14 de la Convention européenne de sauvegarde des droits de l'homme l'arrêt qui constate que les débats se sont déroulés en langue française et que les prévenus, bien que possédant cette nationalité, mais se disant incapables de mesurer et d'apprécier les nuances de leur langue nationale, étaient assistés d'un interprète (Cass. crim., 13 mars 1989 : *Bull.* 118).

Selon l'article 6, paragraphe 3 e, de la Convention européenne des droits de l'homme, tout prévenu ou accusé ne comprenant pas ou ne parlant pas la langue employée à l'audience, doit bénéficier de l'assistance gratuite d'un interprète et ne peut, bien qu'ayant été condamné pénalement, se voir réclamer le règlement des frais résultant de cette assistance (Cass. crim., 24 févr. 1988 : *Bull.* 94).

52) Ne commet aucune violation des droits de la défense, l'arrêt qui, pour écarter les conclusions d'un prévenu sollicitant la communication du dossier afin d'assurer lui-même sa défense, énonce qu'aucun texte ne prévoit une

telle communication. En reconnaissant à tout prévenu le droit d'avoir connaissance, dans l'intégralité, des pièces de la procédure par l'entremise d'un avocat, au besoin commis d'office, et à l'assistance duquel il peut d'ailleurs renoncer devant les juges, la loi garantit en effet audit prévenu la possibilité d'assurer sa défense de façon adéquate et satisfait dès lors aux exigences de l'article 6 de la Convention européenne de sauvegarde des droits de l'homme et des libertés fondamentales (Cass. crim., 9 févr. 1978 : *Bull.* 52).

La nécessité d'assurer la continuité du cours de la justice et celle de permettre le jugement des procès dans un délai raisonnable s'opposent à ce que l'absence du défenseur choisi par l'accusé entraîne nécessairement le renvoi de l'affaire (Cass. crim., 5 déc. 1990 : *Bull.* 419. – 20 oct. 1993 : *Bull.* 301).

Les dispositions des articles 198 et 199 du Code de procédure pénale prévoyant la possibilité pour les parties et leurs conseils de produire des mémoires devant la chambre d'accusation ne sont pas incompatibles avec l'article 6-3° c de la Convention européenne des droits de l'homme selon lequel toute personne accusée d'une infraction a droit à se défendre elle-même ou avec l'assistance d'un défenseur. (Cass. crim., 29 mars 1989 : *Bull.* 149).

53) La cour d'assises, en décidant de passer outre à l'absence d'un témoin défaillant en raison d'une hospitalisation, n'a pas méconnu les dispositions de l'article 6, paragraphe 3, de la Convention européenne des droits de l'homme et des libertés fondamentales dès lors qu'il n'est pas établi ni même allégué qu'il ait été refusé à l'accusé de poser des questions à un témoin entendu au cours des débats ou de convoquer et d'interroger des témoins à décharge dans les mêmes conditions que les témoins à charge (Cass. crim., 14 juin 1984 : *Bull.* 221. – Cass. crim., 23 janv. 1985 : *Bull.* 37).

54) L'accusé n'est pas fondé à invoquer une violation de l'article 6 de la Convention européenne des droits de l'homme et des libertés fondamentales tenant à l'audition sous serment d'un témoin acquis aux débats qui s'était constitué partie civile avant son audition, dès lors qu'il n'a pas usé de la faculté que lui donnait l'article 336 du Code de procédure pénale de s'opposer à la prestation de serment de ce témoin (Cass. crim., 13 mars 1985 : *Bull.* 112).

La procédure de comparution immédiate n'interdit pas au prévenu, au besoin en sollicitant le renvoi de la cause, de faire citer les témoins de son choix en application des dispositions des articles 397-5 et 435 du Code de procédure pénale et le tribunal a la faculté de surcroît, en vertu de l'article 444, alinéa 3, du même code, d'autoriser, sur la proposition des parties, l'audition de témoins, non régulièrement cités, mais présents à l'audience ; dès lors, faute d'avoir usé de la faculté qu'il tient des textes précités, un prévenu ne saurait faire grief à une cour d'appel d'avoir, en refusant la demande qu'il lui présentait, tendant à une nouvelle audition d'un témoin, méconnu le principe du procès équitable et le droit de sa défense (Cass. crim., 18 avr. 1988 : *Bull.* 161).

55) L'article 6, paragraphe 1 de la Convention européenne des droits de l'homme formule l'exigence de débats publics mais prévoit des restrictions à leur publicité, notamment lorsque la protection de la vie privée l'exige ; dès lors, aucune violation dudit article ne peut être invoquée dans le cas d'une action engagée pour plainte abusive au sens de l'article 91 du Code de procédure pénale (Cass. crim., 12 nov. 1986 : *Bull.* 332).

La chambre d'accusation qui, saisie d'une demande de mise en liberté, statue en chambre du conseil conformément à l'article 199 du Code de procédure pénale ne méconnaît pas l'exigence de publicité édictée par l'article 6-1 de la Convention européenne des droits de l'homme, qui ne concerne que les procédures portant sur « le bien-fondé de toute accusation en matière pénale » (Cass. crim., 2 mars 1988 : *Bull.* 112).

56) L'appréciation du temps et des facilités nécessaires à la préparation de sa défense, dont tout accusé doit disposer aux termes de l'article 6-3 b de la Convention européenne de sauvegarde des droits de l'homme et des libertés fondamentales est une question de fait qui échappe au contrôle de la Cour de cassation (Cass. crim., 1er févr. 1988 : *Bull.* 47).

Les dispositions de l'alinéa 2 de l'article 197 du Code de procédure pénale relatives au délai de convocation du conseil de l'inculpé ne sont pas contraires à l'article 6-3 b de la Convention européenne de sauvegarde des droits de l'homme et des libertés fondamentales laquelle impose en son article 5-4 qu'il soit statué à bref délai sur la détention d'un inculpé (Cass. crim., 22 déc. 1987 : *Bull.* 477).

57) Est irrecevable, comme mélangé de fait et de droit, le moyen proposé par un deman-

deur qui allègue, pour la première fois devant la Cour de cassation, une violation de l'article 6 de la Convention européenne de sauvegarde des droits de l'homme et des libertés fondamentales, prise de ce qu'il n'aurait pas été jugé dans un délai raisonnable (Cass. crim., 19 nov. 1987 : *Bull.* 420).

58) Ne saurait porter atteinte au droit défini à l'article 6 de la Convention européenne que toute personne a à ce que sa cause soit entendue équitablement, le refus d'admettre la preuve de la vérité des faits diffamatoires remontant à plus de dix ans en application de l'article 35 de la loi du 29 juillet 1881 sur la liberté de la presse ; cette loi soumet l'exercice de cette liberté à des restrictions constituant des mesures nécessaires à la protection de la réputation et des droits d'autrui au sens de l'article 10 de ladite convention (Cass. crim., 10 févr. 1987 : *Bull.* 68).

59) Les textes du Code de procédure pénale régissant les règles de la signification et de l'appel des décisions rendues par les juridictions répressives mettent le justiciable en mesure d'exercer utilement le droit d'appel et sont, dès lors, conformes au principe énoncé à l'article 6 de la Convention européenne de sauvegarde des droits de l'homme et des libertés fondamentales sur le droit de toute personne à ce que sa cause soit entendue équitablement. (Cass. crim., 7 févr. 1989 : *Bull.* 51).

60) Il résulte de l'article 6, paragraphe 3 *d,* de la Convention européenne de sauvegarde des droits de l'homme et des libertés fondamentales, aux termes duquel tout accusé a droit notamment à interroger ou faire interroger les témoins à charge que, sauf impossibilité dont il leur appartient de préciser les causes, les juges d'appel sont tenus, lorsqu'ils en sont légalement requis, d'ordonner l'audition contradictoire des témoins à charge qui n'ont, à aucun stade de la procédure, été confrontés avec le prévenu (Cass. crim., 12 janv. 1989 : *Bull.* 13 ; *D.* 1989, somm. 174, obs. Pradel ; *Rev. sc. crim.* 1989, p. 350, obs. Braunschweig. – Cass. crim., 22 mars 1989 : *Bull.* 144. – Cass. crim., 8 févr. 1990 : *Bull.* 70. – Cass. crim., 26 mars 1998 : *Bull.* 115).

Justifient la décision de refus d'audition de témoins à charge les juges qui relèvent, d'une part, que ceux-ci ont été déjà entendus par les enquêteurs ou le juge d'instruction, voire par les deux et que le prévenu, qui a eu, par ses conseils, la possibilité de prendre connaissance du dossier, a eu tout le loisir de s'expliquer sur leurs déclarations et exposent, d'autre part, que, compte tenu de la date des faits et du temps écoulé, il est à craindre qu'une nouvelle audition de ceux-ci, sur lesquels, compte tenu de leur état, des pressions de nature à les faire revenir sur leurs déclarations antérieures ont pu être exercées, ne soit d'aucun intérêt pour la manifestation de la vérité *(même arrêt).*

L'audition d'un témoin qui n'est pas accompagnée de sa confrontation avec la personne mise en examen lors de l'instruction préparatoire n'est de nature à entraîner la nullité de la procédure ni sur le fondement du droit international ni sur celui de la Convention européenne des droits de l'homme (Cass. crim., 26 janv. 1994 : *Bull.* 35).

61) Si aux termes de l'article 6.3 d de la Convention européenne de sauvegarde des droits de l'homme et des libertés fondamentales tout accusé a droit notamment à interroger ou faire interroger les témoins à charge ou à décharge, le refus par les juges du second degré d'entendre un témoin n'enfreint pas, en tant que tel, les dispositions de ce texte, dès lors qu'ils justifient leur décision, en exposant les circonstances particulières qui font obstacle à la confrontation ou sont de nature à la priver de toute force probante (Cass. crim., 21 janv. 1991 : *Bull.* 32).

Dès lors que les conclusions dont elle était saisie n'articulaient aucun fait ou circonstance de nature à caractériser l'importance du témoignage, justifie sa décision au regard de l'article 6.3 d de la Convention européenne de sauvegarde des droits de l'homme, la cour d'assises qui énonce, pour rejeter la demande d'audition du Premier ministre dans les formes prévues par les articles 654 et 655 du Code de procédure pénale, qu'au vu de l'instruction orale à laquelle il a été procédé, l'audition de ce témoin n'apparaît pas indispensable à la manifestation de la vérité (Cass. crim., 1er juin 1995 : *Bull.* 202).

Le principe posé par l'article 6.3 d de la Convention européenne de sauvegarde des droits de l'homme et des libertés fondamentales, aux termes duquel tout accusé a droit notamment à interroger ou faire interroger les témoins à charge trouve, devant la cour d'assises, sa limite dans l'impossibilité, dès lors que celle-ci est constatée, de faire comparaître un témoin défaillant (Cass. crim., 27 juin 1990 : *Bull.* 264).

L'article 6 de la Convention qui reconnaît à l'accusé le droit d'interroger ou de faire interroger les témoins à charge n'exige pas qu'ils soient entendus sous serment (Cass. crim., 7 sept. 1993 : *Bull.* 262).

Lorsque la défense s'est opposée à ce qu'il soit passé outre à l'absence d'un témoin, le président ayant ordonné pour le faire comparaître des recherches demeurées infructueuses, la Cour, qui n'était pas saisie de conclusions motivées tendant au renvoi de l'affaire, apprécie souverainement, au vu des résultats de l'instruction à l'audience, l'opportunité de passer outre à l'absence de ce témoin (Cass. crim., 23 janv. 1991 : *Bull.* 40).

Les dispositions de l'article 6-3 d aux termes desquelles tout accusé a droit notamment à interroger ou faire interroger les témoins à charge, s'appliquent à la victime constituée partie civile (Cass. crim., 26 oct. 1994 : *Bull.* 343).

En ordonnant que la victime, partie civile, soit entendue hors la présence de l'accusé, le président n'a pas méconnu les dispositions de l'article 6.3 d de la Convention européenne des droits de l'homme, dès lors que l'avocat de l'accusé est demeuré dans la salle et a eu la faculté d'interroger la partie civile et qu'au surplus, ayant été instruit des déclarations faites en son absence, l'accusé n'a sollicité aucune confrontation (Cass. crim., 17 déc. 1997 : *Bull.* 431).

62) La cour d'assises, lorsqu'elle énonce, pour rejeter des conclusions tendant au renvoi d'une affaire en raison de l'absence d'un témoin, qu'au vu des résultats de l'instruction à l'audience, l'audition de celui-ci n'apparaît pas nécessaire à la manifestation de la vérité, justifie sa décision au regard des dispositions de l'article 6, § 3 d de la Convention européenne des droits de l'homme, dès lors que les conclusions dont elle était saisie n'articulaient aucun fait ou circonstance de nature à caractériser l'importance du témoignage réclamé et n'alléguaient pas que le témoin défaillant n'avait, à aucun stade de la procédure, été confronté avec l'accusé (Cass. crim., 13 juin 1991 : *Bull.* 252, arrêts n. 1, 2 et 3).

La cour d'assises, lorsqu'elle énonce pour décider de passer outre à l'audition d'un témoin absent qu'au vu des résultats de l'instruction orale à l'audience, l'audition de celui-ci n'est pas utile à la manifestation de la vérité, justifie sa décision au regard des dispositions de l'article 6.3 d de la Convention européenne des droits de l'homme, dès lors qu'elle n'était saisie d'aucune conclusion articulant des faits ou circonstances de nature à caractériser l'importance du témoignage réclamé et alléguant que le témoin défaillant n'avait, à aucun stade de la procédure, été confronté avec l'accusé (Cass. crim., 9 oct. 1991 : *Bull.* 336).

Justifie sa décision au regard de l'article 6, § 3 d de la Convention européenne des droits de l'homme l'arrêt de la cour d'assises qui, pour rejeter des conclusions tendant au renvoi de l'affaire en raison de l'absence de témoins, énonce qu'il résulte des recherches effectuées en exécution des mandats d'amener décernés par la cour que les témoins dont l'audition est réclamée sont sans domicile connu et qu'il est en conséquence impossible d'assurer leur comparution, laquelle, au vu des résultats de l'instruction à l'audience, n'apparaît pas nécessaire à la manifestation de la vérité (Cass. crim., 13 juin 1991 : *Bull.* 252, arrêt n. 4).

63) Faute d'avoir usé devant les premiers juges de la prérogative qu'il tient des articles 435 ou 444, alinéa 3, du Code de procédure pénale, un prévenu ne saurait faire grief à une cour d'appel d'avoir, en refusant, par des motifs exempts d'insuffisance, la demande qu'il lui présentait, tendant à l'audition d'un témoin, méconnu le principe du procès équitable et les droits de sa défense ; ses coprévenus, ne s'étant pas associés à la demande précitée et n'ayant formulé par eux-mêmes aucune requête aux mêmes fins, ne sont pas recevables à critiquer ladite décision (Cass. crim., 19 sept. 1989 : *Bull.* 321).

64) S'agissant de poursuites exercées pour infraction à la loi du 29 juillet 1881, à raison de la publication d'un article de presse, les juges peuvent s'estimer suffisamment éclairés par les écrits des prévenus et leurs explications orales et refuser d'entendre des témoins, présents à l'audience, mais non cités, sans méconnaître non plus les dispositions de l'article 6-3 de la Convention européenne de sauvegarde des droits de l'homme (Cass. crim., 13 mars 1989 : *Bull.* 118).

65) Il résulte de la combinaison des articles 679 et 661 du Code de procédure pénale que l'arrêt de la chambre criminelle de la Cour de cassation qui, pris sur le fondement du premier de ces textes, porte désignation de juridiction, n'a pas à être signifié à la personne dont les

fonctions ont motivé cette désignation de juridiction dès lors que, n'étant qu'éventuellement susceptible d'une inculpation, elle n'est pas partie à la procédure et ne peut être considérée comme accusée, au sens de l'article 6, paragraphe 3 a, de la Convention européenne de sauvegarde des droits de l'homme et des libertés fondamentales (Cass. crim., 27 juin 1989 : *Bull.* 275).

66) Justifie sa décision, au regard de l'article 6-3 d de la Convention européenne de sauvegarde des droits de l'homme et des libertés fondamentales, la cour d'assises qui écarte une demande de renvoi fondée sur l'absence de plusieurs témoins, après avoir constaté qu'ils avaient été confrontés avec l'accusé au cours de l'instruction, qu'ils n'ont pas été découverts malgré les mandats d'amener décernés à leur encontre et qu'il est dès lors impossible d'assurer leur comparution (Cass. crim., 3 févr. 1993 : *Bull.* 57).

67) L'exécution provisoire appliquée à la peine complémentaire de suspension de permis de conduire n'est pas incompatible avec le principe de la présomption d'innocence fixé par l'article 6, paragraphe 2, de la Convention européenne de sauvegarde des droits de l'homme et des libertés fondamentales dès lors que cette mesure s'attache à une peine prononcée par la juridiction répressive après que celle-ci a décidé que la culpabilité du prévenu est légalement établie (Cass. crim., 10 juill. 1996 : *Bull.* 289).

Art. 7. – *Pas de peine sans loi.* – 1. Nul ne peut être condamné pour une action ou une omission qui, au moment où elle a été commise, ne constituait pas une infraction d'après le droit national ou international. De même il n'est infligé aucune peine plus forte que celle qui était applicable au moment où l'infraction a été commise.

2. Le présent article ne portera pas atteinte au jugement et à la punition d'une personne coupable d'une action ou d'une omission qui, au moment où elle a été commise, était criminelle d'après les principes généraux de droits reconnus par les nations civilisées.

I. Jurisprudence de la Cour européenne des droits de l'homme

§ 1

1) Portée autonome de la qualification de « peine » contenue dans l'article 7, § 1. Éléments d'appréciation ; nécessité de savoir si la mesure est imposée à la suite d'une condamnation pour une « infraction », qualification de la mesure en droit interne, sa nature et son but, procédures associées à son adoption et à son exécution, sa gravité.

Prononcée par la juridiction répressive et destinée à exercer un effet dissuasif, la sanction infligée au requérant (contrainte par corps) pouvait aboutir à une privation de liberté de caractère punitif – elle constituait donc une peine.

La dispense en l'espèce de l'obligation d'acquitter une partie importante de l'amende douanière sans pour autant avoir eu à subir de contrainte par corps, ne suffit pas à écarter l'analyse qui précède.

Loi relative à la lutte contre le trafic de stupéfiants a porté la durée maximale de la contrainte par corps de quatre à vingt-quatre mois – aucune contestation sur le caractère rétroactif de l'application de ladite loi au requérant.

Conclusion : violation (unanimité). (Jamil, 8 juin 1995 – France).

II. Jurisprudence de la Cour de cassation

2) Encourt la cassation l'arrêt qui, statuant sur un fait antérieur de plus de dix ans à la promulgation de la loi du 26 décembre 1964 et susceptible de recevoir la qualification de crime contre l'humanité, déclare l'action publique éteinte par la prescription en se bornant à relever, à juste raison d'ailleurs, que ladite loi, qui tend à constater l'imprescriptibilité des crimes contre l'humanité ne contient, en elle-même, aucune disposition faisant expressément échec au principe de la non-rétroactivité des lois de répression.

La cour d'appel ne pouvait, en effet, prononcer sur la poursuite dont elle était saisie sans tenir compte de conventions internationales dont l'autorité s'impose, à savoir l'accord interallié du 8 août 1945 et la Convention européenne de sauvegarde des droits de l'homme et des libertés fondamentales.

Mais ces accords internationaux contenant des ambiguïtés sur divers points en relation avec la question que la cour d'appel avait à trancher, cette juridiction était tenue de surseoir à statuer jusqu'à ce que le ministre des Affaires étrangères, qu'il lui appartenait de consulter ait officiellement interprété, sur ces points, lesdits accords (Cass. crim., 30 juin 1976 : *Bull.* 236).

Constituent des crimes imprescriptibles contre l'humanité, au sens de l'article 6 (c) du statut du Tribunal militaire international de Nuremberg annexé à l'accord de Londres du 8 août 1945 – alors même qu'ils seraient également qualifiables de crimes de guerre selon l'article 6 (b) de ce texte – les actes inhumains et les persécutions qui, au nom d'un État pratiquant une politique d'hégémonie idéologique, ont été commis de façon systématique, non seulement contre les personnes en raison de leur appartenance à une collectivité raciale ou religieuse, mais aussi contre les adversaires de cette politique, quelle que soit la forme de leur opposition (Cass. crim., 25 nov. 1986 : *Bull.* 353).

3) C'est à bon droit qu'une cour d'appel, saisie de poursuites exercées du chef d'ententes prohibées, délit prévu par l'ancien article 59 *bis* de l'ordonnance n. 45-1483 du 30 juin 1945 (art. 50 nouveau) pour des faits antérieurs à la loi n. 77-806 du 19 juillet 1977, a rejeté les conclusions des prévenus et des personnes morales citées comme solidairement responsables en vertu de l'article 56 de l'ordonnance n. 45-1484 du 30 juin 1945, tendant au renvoi de la cause devant le ministre de l'Économie, pour qu'il soit statué sur l'opportunité d'une décision administrative en application de ladite loi ou au renvoi de la cause devant la commission de la concurrence en vertu de l'article 18 de cette loi.

En effet, les sanctions pécuniaires prévues par les dispositions nouvelles des articles 53, 54 et 55 de l'ordonnance n. 45-1483 précitée et résultant de ladite loi, à l'encontre des entreprises ou des personnes morales, ne pourraient en l'espèce être infligées par le ministre de l'Économie, sans violation de l'article 7, 1er alinéa de la Convention européenne de sauvegarde des droits de l'homme et des libertés fondamentales, aux termes duquel nul ne peut être condamné pour une action ou une omission qui, au moment où elle a été commise, ne constituait pas une infraction d'après le droit national ou international (Cass. crim., 5 juin 1980 : *Bull.* 178).

Art. 8. – *Droit au respect de la vie privée et familiale.* – 1. Toute personne a droit au respect de sa vie privée et familiale, de son domicile et de sa correspondance.

2. Il ne peut y avoir ingérence d'une autorité publique dans l'exercice de ce droit que pour autant que cette ingérence est prévue par la loi et qu'elle constitue une mesure qui, dans une société démocratique, est nécessaire à la sécurité nationale, à la sûreté publique, au bien-être économique du pays, à la défense de l'ordre et à la prévention des infractions pénales, à la protection de la santé ou de la morale, ou à la protection des droits et libertés d'autrui.

I. Jurisprudence de la Cour européenne des droits de l'homme

1) Inculpé de recel, un citoyen britannique a été finalement acquitté, mais lors de son procès il est apparu que le Post Office avait intercepté une de ses conversations téléphoniques pour le compte de la police en vertu d'un mandat décerné par le ministre de l'Intérieur. En outre, sa ligne téléphonique aurait été reliée à un instrument de « comptage » enregistrant automatiquement tous les numéros formés sur le cadran.

La Cour européenne relève que le droit anglais et gallois n'indique pas avec assez de clarté l'étendue et les modalités d'exercice du pouvoir d'appréciation des autorités dans le domaine considéré. Dans cette mesure, fait défaut le degré minimal de protection juridique voulu par la prééminence du droit dans une société démocratique.

Aussi la Cour conclut-elle que les ingérences relevées n'étaient pas « prévues par la loi » au sens de l'article 8, paragraphe 2, et qu'il y a donc eu violation de ce texte en ce qui concerne tant l'interception de communications, que la livraison à la police de relevés de comptage (*Malone*, 2 août 1984 – Royaume-Uni).

Les appels téléphoniques émanant de locaux professionnels, tout comme ceux provenant du domicile, peuvent se trouver compris dans les notions de « vie privée » et de « correspondance » visées à l'article 8, § 1.

La loi de 1985 sur l'interception de communications ne s'applique pas aux réseaux de communications internes exploités par les autorités publiques tels que celui de la police de Merseyside, et aucune autre disposition du droit interne ne réglemente les écoutes pratiquées sur de tels systèmes. Puisque le droit anglais n'a offert à Mme Halford aucune protection, l'ingérence ne saurait donc passer pour « prévue par la loi » aux fins de l'article 8. Il y a donc eu violation de cet article (Halford, 25 juin 1997 – Royaume-Uni).

2) Des écoutes téléphoniques opérées par un officier de police judiciaire agissant sur commission rogatoire d'un juge d'instruction ont été un élément déterminant dans les poursuites intentées contre un citoyen français, et qui ont abouti à sa condamnation pour des faits criminels par une cour d'assises.

La Cour européenne constate que les écoutes litigieuses constituent des ingérences de l'autorité publique dans l'exercice du droit des intéressés au respect de leur correspondance et de leur vie privée, et elle recherche si, en l'espèce, pareilles ingérences se justifient au regard du paragraphe 2 de l'article 8.

À la question de savoir si l'ingérence est « prévue par la loi », la Cour répond que le terme « loi » doit être entendu dans son acception non pas « formelle » mais « matérielle », et qu'il englobe à la fois des textes de rang infra-législatif et le droit non écrit. Aussi la jurisprudence établie depuis de longues années, en particulier par la Cour de cassation, et qui fonde la légalité de telles écoutes sur les articles 81, 151 et 152 du Code de procédure pénale, doit être considérée comme constituant une base légale en droit français.

La deuxième exigence, celle de l'accessibilité de la loi, ne soulève aucun problème, mais il n'en va pas de même de la troisième, la « prévisibilité » de la loi quant au sens et à la nature des mesures applicables. Les écoutes, en effet, doivent se fonder sur une loi d'une précision particulière et l'existence de règles claires et détaillées en la matière apparaît indispensable, d'autant que les procédés techniques utilisables ne cessent de se perfectionner. Or, si le droit français offre certaines garanties qui ne sont pas dénuées de valeur, il ne procure cependant pas une sécurité juridique suffisante, dès lors qu'il ne fournit pas toutes les sauvegardes adéquates contre divers abus à redouter. Il y a ainsi : défaut de définition des catégories de personnes susceptibles d'être mises sur écoute, ainsi que de la nature des infractions pouvant y donner lieu ; absence de règles obligeant le juge à fixer une limite de durée, ou spécifiant les conditions d'établissement de procès verbaux relatifs aux conversations interceptées, les précautions à prendre pour communiquer intacts et complets les enregistrements réalisés, les circonstances dans lesquelles peut ou doit s'opérer l'effacement ou la destruction de ceux-ci.

La Cour européenne estime en conséquence que le requérant n'a pas joui du degré minimal de protection voulu par la prééminence du droit dans une société démocratique et qu'il y a eu violation de l'article 8 (*Kruslin,* 24 avr. 1990 – *époux Huvig,* affaire identique, même date – France : *JCP* 90, II, 21541, note W. Jeandidier ; *D.* 1990, 353, note J. Pradel ; *Gaz. Pal.* 29 avr. 1990, note J. Zarojewski et L. Pettiti ; Renée Koering-Joulin, *De l'art de faire l'économie d'une loi : D.* 1990, chron. XXXII – *Dr. pénal,* juin 1990, n. 208). Gérard Cohen-Jonathan, *La Cour européenne des droits de l'homme et les écoutes téléphoniques, les arrêts Kruslin et Huvig du 24 avril 1990 : Rev. universelle des Droits de l'homme,* 1990, n° 5.

La Cour rappelle que les conditions portant sur la qualité de la loi dérivent de la Convention elle-même. De l'exigence de prévisibilité de la « loi » il découle que, dans le contexte de l'interception des communications téléphoniques, les garanties qui précisent l'étendue et les modalités du pouvoir d'appréciation des autorités doivent figurer en détail dans le droit interne, ayant de cette sorte une force contraignante qui circonscrit le pouvoir discrétionnaire du juge dans l'application desdites mesures. Par conséquent, la « loi » espagnole que le juge d'instruction devait appliquer aurait dû prévoir, avec suffisamment de précision, ces garanties. La Cour note qu'au moment où la surveillance de la ligne téléphonique du requérant a été ordonnée, elle avait déjà précisé, dans un arrêt constatant une violation de l'article 8, que « la loi doit user de termes assez clairs pour indiquer à tous de manière suffisante en quelles circonstances et sous quelles conditions elle habilite la puissance publique à opérer pareille atteinte secrète, et virtuellement dangereuse, au droit au respect de la vie privée et de la correspondance ». En résumé, le droit espagnol, écrit et non écrit, n'indiquant pas avec assez de clarté au moment des faits l'étendue et les modalités d'exercice du pouvoir d'appréciation des autorités dans le domaine considéré. M. Valenzuela Contreras n'a donc pas joui du degré minimal de protection voulu par la prééminence du droit dans une société démocratique. Il y a donc eu violation de l'article 8 (*Valenzuela Contreras,* 30 juill. 1998 – Espagne).

3) (Censure de la correspondance d'un détenu) Il y a eu « ingérence d'une autorité publique » dans l'exercice du droit du requérant au respect de sa correspondance – en l'espèce avec son avocat –, garanti par le paragraphe 1 de l'article 8. Du reste, nul ne le conteste. Pareille ingérence méconnaît ce texte sauf si, « prévue par la loi », elle poursuit un ou des buts légitimes au regard du paragraphe 2 et, de plus, est « nécessaire dans une société démocratique », pour les atteindre.

La Cour rappelle que si une loi conférant un pouvoir d'appréciation doit en principe en fixer la portée, il est impossible d'arriver à une certitude absolue dans sa rédaction, une rigidité excessive du texte étant le probable résultat d'un tel souci de certitude. En l'occurrence, toutefois, la loi n. 354 laisse aux autorités une trop grande latitude : elle se borne notamment à identifier la catégorie des personnes dont la correspondance « peut être soumise à contrôle » et la juridiction compétente, sans s'intéresser à la durée de la mesure ni aux raisons pouvant la justifier. Les lacunes de l'article 18 de ladite loi militent pour le rejet de l'argument du Gouvernement.

En résumé, la loi italienne n'indique pas avec assez de clarté l'étendue et les modalités d'exercice du pouvoir d'appréciation des autorités dans le domaine considéré, de sorte que M. Diana n'a pas joui du degré minimal de protection voulu par la prééminence du droit dans une société démocratique. Il y a donc eu violation de l'article 8 (*Calogero Diana,* 15 nov. 1996 – Italie).

4) Si, dans certaines circonstances, les activités sexuelles peuvent justifier une ingérence de l'État, tel n'est pas le cas en l'espèce : le requérant se livrait à des actes avec un nombre restreint d'amis (adultes) dans des conditions où il était peu probable que d'autres personnes en aient connaissance, et bien que les activités aient été enregistrées, le requérant n'a pas été poursuivi en raison des enregistrements ou du risque que les vidéos entrent dans le domaine public, mais pour les actes eux-mêmes. Il s'agissait donc d'actes véritablement privés. Eu égard à la marge d'appréciation étroite en la matière, à l'absence de considération de santé publique et au caractère purement privé du comportement, les raisons invoquées à l'appui du maintien en vigueur de la législation qui érige en infraction les activités sexuelles menées en privé entre hommes et, à fortiori, des poursuites et de la condamnation du requérant ne sont pas suffisantes.

Conclusion : violation (unanimité) (*A. D. T.*, 31 juill. 2000, Section III, Royaume-Uni).

II. Jurisprudence de la Cour de cassation

5) La mise sur écoutes de la ligne téléphonique attribuée à une personne soupçonnée d'être impliquée dans un crime à laquelle il a été procédé sur commission rogatoire régulière d'un juge d'instruction ne saurait constituer une cause de nullité des actes de la procédure ni une violation de l'article 8 de la Convention européenne de sauvegarde des droits de l'homme et des libertés fondamentales dès lors que cette mesure d'investigation a été accomplie sans artifice ni stratagème et que rien ne permet d'établir que ce procédé ait eu pour résultat de compromettre les conditions d'exercice des droits de la défense (Cass. crim., 9 oct. 1980 : *Bull.* 255 ; *JCP* 81, II, 19578, note G. di Marino ; *D.* 1981, 332, note J. Pradel ; *D.* 1986, 125, note J. Cosson. – Cass. crim., 23 juill. 1985 : *Bull.* 275 ; *D.* 1986, J. 61, note P. Chambon ; *D.* 1986, inf. rap. 120, obs. J. Pradel).

6) L'inculpé qui n'a personnellement souffert d'aucune atteinte dans les droits reconnus par l'article 8 de la Convention européenne de sauvegarde des droits de l'homme et des libertés fondamentales, ne saurait se prévaloir de cette disposition pour contester la validité d'écoutes téléphoniques régulièrement ordonnées au domicile de tiers (Cass. crim., 15 mars 1988 : *Bull.* 128 ; *D.* 1988, somm. 195, obs. J. Pradel).

7) Selon l'article 8 de la Convention européenne de sauvegarde des droits de l'homme et des libertés fondamentales, toute personne a

droit au respect de sa vie privée, de son domicile et de sa correspondance et il ne peut y avoir ingérence de l'autorité publique dans l'exercice de ce droit que pour autant que cette ingérence est prévue par la loi : si les articles 81 et 151 du Code de procédure pénale permettent au juge d'instruction d'ordonner, sous certaines conditions, des écoutes ou enregistrements d'entretiens téléphoniques, aucune disposition légale n'autorise les officiers de police judiciaire à y procéder dans le cadre d'une enquête préliminaire (Cass. crim., 13 juin 1989 : *Bull.* 254).

Selon l'article 8 de la Convention européenne de sauvegarde des droits de l'homme et des libertés fondamentales, il ne peut y avoir ingérence des autorités publiques dans les conversations téléphoniques que pour autant que cette ingérence est prévue par la loi.

Ainsi, les articles 81 et 151 du Code de procédure pénale ne permettent qu'au juge d'instruction d'ordonner, dans certaines conditions, des écoutes et des enregistrements téléphoniques.

Viole ces textes la cour d'appel qui, pour refuser de prononcer la nullité d'un procès-verbal relatant l'écoute et l'enregistrement d'une conversation téléphonique suscitée par des services de police agissant d'initiative, énonce que ceux-ci n'ont pas employé un procédé de captation de toutes les conversations téléphoniques échangées à partir du poste d'un abonné, alors qu'ils ont, sans avoir reçu d'un juge commission rogatoire à cette fin, procédé, à l'insu de cet abonné, à l'écoute de propos tenus par celui-ci sur sa ligne téléphonique (Ass. plén., 24 nov. 1989 : *Bull.* 440 ; *JCP* 90, II, 21418, concl. Émile Robert ; *Gaz. Pal.* 1990, 1, 92, note J.-P. Doucet. – J. Pradel, *Écoutes téléphoniques et Convention européenne des Droits de l'homme* (à propos de Cass. Ass. plén. 24 nov. 1989, affaire *Baribeau : D.* 1990, chron. IV, 15).

8) Si, selon les dispositions combinées des articles 342 et 451 du Code des douanes, tous délits en matière douanière ou cambiaire peuvent être prouvés par toutes les voies de droit, c'est à la condition que les moyens de preuve produits devant le juge pénal ne procèdent pas d'une méconnaissance des règles de procédure et n'aient pas eu pour effet de porter atteinte aux droits de la défense, ni au principe énoncé à l'article 8 de la Convention européenne de sauvegarde des droits de l'homme et des libertés fondamentales.

Ne met pas la Cour de cassation en mesure d'exercer son contrôle sur la régularité de la procédure, la chambre d'accusation qui, pour déclarer n'y avoir lieu à annulation d'un procès-verbal de douanes faisant état de la remise anonyme d'un enregistrement de conversations téléphoniques, se borne à relever que celui-ci aurait été réalisé par l'un des contrevenants à la suite de son audition par les agents des Douanes qui lui auraient demandé une preuve des transferts de fonds effectués pour le compte d'un tiers (Cass. crim., 19 juin 1989 : *Bull.* 261).

9) Pour qu'il n'y ait pas méconnaissance de l'article 8 alinéa 2 de la Convention européenne des droits de l'homme, la mise sur écoutes et les enregistrements téléphoniques ne peuvent être ordonnés à l'insu des personnes intéressées que sur l'ordre d'un juge et sous son contôle en vue d'établir la preuve d'un crime ou de toute autre infraction portant gravement atteinte à l'ordre public et d'en identifier les auteurs. Il faut que l'écoute soit obtenue sans artifice ni stratagème et que sa transcription puisse être discutée par les parties concernées. (Cass. crim., 15 mai 1990 : *Bull.* 193 ; *Dr. pénal* 1990, n. 238. – Ch. acc. C. appel de Paris, 18 oct. 1990, réquisitions S. Kehrig : *D.* 1990, J. 536).

Il faut que le juge non seulement ordonne et contrôle les écoutes et enregistrements téléphoniques, mais également qu'il en détermine la durée (Cass. crim., 17 juill. 1990 : *Bull.* 286 ; *Dr. pénal* 1990, n. 281).

Justifie sa décision et écarte à bon droit l'exception de nullité de la procédure tirée d'une prétendue violation de l'article 8 de la Convention européenne des droits de l'homme, la cour d'appel qui relève que les opérations critiquées, effectuées en enquête préliminaire, et que les juges décrivent, ne constituent ni l'interception ni l'enregistrement de communications téléphoniques sur la ligne attribuée à l'intéressé (Cass. crim., 4 sept. 1990 : *Bull.* 312).

10) À supposer que des écoutes téléphoniques ordonnées au cours d'une procédure d'information n'aient pas satisfait à toutes les conditions découlant de l'article 8.2 de la Convention européenne des droits de l'homme et des libertés fondamentales cette inobservation ne saurait, dès lors que ces écoutes n'ont révélé aucun fait susceptible d'être retenu à la charge de l'inculpé, au regard de la procédure, constituer une atteinte aux droits de ce dernier devant entraîner l'annulation des actes de l'information (Cass. crim., 2 oct. 1990 : *Bull.* 327).

11) Ne méconnaît pas l'article 8 de la Convention européenne de sauvegarde des

droits de l'homme et des libertés fondamentales le refus d'une permission de sortir, opposé à un étranger, condamné pour trafic de stupéfiants à l'interdiction du territoire français. En effet, un tel refus constitue une mesure nécessaire à la sûreté publique, à la protection de la santé et à la prévention des infractions pénales, conformément au point 2 dudit article (Cass. crim., 21 nov. 1991 : *Bull.* 424).

Méconnaît les dispositions de l'article 8 de la Convention européenne de sauvegarde des droits de l'homme et des libertés fondamentales une cour d'appel qui, saisie d'une demande de relèvement d'une peine d'interdiction définitive du territoire français, par un requérant invoquant le droit au respect de sa vie privée et familiale, ne recherche pas si le maintien de la mesure en cause respecte un juste équilibre entre le droit précité et les impératifs visés à l'article 8-2 de ladite Convention (Cass. crim., 13 mars 2001 : *Bull.* 63).

12) La Convention européenne de sauvegarde des droits de l'homme et des libertés fondamentales n'impose à aucun des États signataires de recevoir ou de maintenir sur son territoire un étranger au motif que son conjoint y serait domicilié (Cass. crim., 23 oct. 1991 : *Bull.* 371).

13) L'aide au séjour irrégulier d'un étranger sur le territoire français, lorsqu'elle est le fait des frères et sœurs de celui-ci, ne bénéficie pas de l'immunité pénale, instituée par la loi du 22 juillet 1996 modifiant l'article 21 de l'ordonnance du 2 novembre 1945, réservée aux seuls ascendants, descendants et conjoint de cet étranger. Ces dispositions nouvelles, qui tendent à concilier la lutte contre l'immigration clandestine et le droit au respect de la vie familiale, ne sont pas incompatibles avec celles de l'article 8 de la Convention européenne de sauvegarde des droits de l'homme et des libertés fondamentales, lesquelles, à les supposer applicables aux rapports entre collatéraux majeurs, autorisent l'ingérence de l'autorité publique dans l'exercice de ce droit, notamment lorsque, prévue par la loi, elle est nécessaire à la sécurité nationale, à la sûreté publique ou à la défense de l'ordre (Cass. crim., 16 oct. 1996 : *Bull.* 366).

Art. 9. – *Liberté de penser, de conscience et de religion.* – 1. Toute personne a droit à la liberté de pensée, de conscience et de religion : ce droit implique la liberté de changer de religion ou de conviction, ainsi que la liberté de manifester sa religion ou sa conviction individuellement ou collectivement, en public ou en privé, par le culte, l'enseignement, les pratiques et l'accomplissement des rites.

2. La liberté de manifester sa religion ou ses convictions ne peut faire l'objet d'autres restrictions que celles qui, prévues par la loi, constituent des mesures nécessaires, dans une société démocratique, à la sécurité publique, à la protection de l'ordre, de la santé ou de la morale publiques, ou à la protection des droits et libertés d'autrui.

I. Jurisprudence de la Cour européenne des droits de l'homme

1) Ne donnent pas de base légale à leur décision au regard de l'article 9, paragraphe 2, de la Convention européenne des droits de l'homme prévoyant que « la liberté de manifester sa religion ou ses convictions ne peut faire l'objet d'autres restrictions que celles qui, prévues par la loi, constituent des mesures nécessaires, dans une société démocratique » les juridictions qui condamnent un témoin de Jéhovah pour infraction à l'article 4 de la loi n. 1363/1938 réprimant le prosélytisme sans préciser suffisamment en quoi le prévenu aurait essayé de convaincre son prochain par des moyens abusifs (*Kokkinakis,* 25 mai 1993 – Grèce).

II. Jurisprudence de la Cour de cassation

2) C'est à bon droit que, pour rejeter les conclusions par lesquelles « M » excipe de l'atteinte à la liberté de manifester ses convictions prévue à l'article 9.1 de la Convention européenne de sauvegarde des droits de l'homme, résultant selon lui de la privation du droit de consommer le cannabis entraînée par la réglementation qui lui est opposée que la cour d'appel énonce que l'interdiction de l'usage du cannabis et de ses dérivés se justifie au regard de l'alinéa 2 de l'article 9 de la Convention précitée, en raison des graves dangers pour la santé et la sécurité publiques auxquels expose la consommation de ce produit (Cass. crim., 5 févr. 1998 : *Bull.* 49 ; *Juris-Data* n. 001326).

Art. 10. – *Liberté d'expression*. – 1. Toute personne a droit à la liberté d'expression. Ce droit comprend la liberté d'opinion et la liberté de recevoir ou de communiquer des informations ou des idées sans qu'il puisse y avoir ingérence d'autorités publiques et sans considération de frontière. Le présent article n'empêche pas les États de soumettre les entreprises de radiodiffusion, de cinéma ou de télévision à un régime d'autorisations.

2. L'exercice de ces libertés comportant des devoirs et des responsabilités peut être soumis à certaines formalités, conditions, restrictions ou sanctions, prévues par la loi, qui constituent des mesures nécessaires, dans une société démocratique, à la sécurité nationale, à l'intégrité territoriale ou à la sûreté publique, à la défense de l'ordre et à la prévention du crime, à la protection de la santé ou de la morale, à la protection de la réputation ou des droits d'autrui, pour empêcher la divulgation d'informations confidentielles ou pour garantir l'autorité et l'impartialité du pouvoir judiciaire.

I. Jurisprudence de la Cour européenne des droits de l'homme

1) Le journaliste qui a été condamné à une amende pour avoir tenu une conférence de presse concernant les poursuites en diffamation qu'il avait engagées, a subi dans l'exercice de son droit à la liberté d'expression, une ingérence qui, dans une société démocratique, n'était pas nécessaire à la réalisation du but légitime poursuivi. Il y a eu violation de l'article 10 (Arrêt précité : *Weber* – V. 3°).

La condamnation pénale de deux journalistes qui avaient publié la photocopie d'un document (avis d'imposition) provenant d'un recel de violation du secret professionnel, constitue une violation de l'article 10 (*Frenoz et Roire*, 21 janv. 1999, Grande Chambre, France ; *JCP* 99, II, 10120, note Emmanuel Derieux). La Cour n'a pas à se prononcer sur les éléments constitutifs du délit d'apologie des crimes ou délits de collaboration en droit français. D'ailleurs, il incombe au premier chef aux autorités nationales, notamment aux tribunaux, d'interpréter et d'appliquer le droit national. Le rôle de la Cour se limite à vérifier si l'ingérence qui a résulté de la condamnation des requérants du chef de ce délit peut passer pour « nécessaire dans une société démocratique ».

L'adjectif « nécessaire », au sens de l'article 10, § 2, de la Convention EDH, implique « un besoin social impérieux ». Les États contractants jouissent d'une certaine marge d'appréciation pour juger de l'existence d'un tel besoin, mais elle se double d'un contrôle européen portant à la fois sur la loi et sur les décisions qui l'appliquent, même quand elles émanent d'une juridiction indépendante. Dans l'exercice de son pouvoir de contrôle, la Cour doit considérer l'ingérence litigieuse à la lumière de l'ensemble de l'affaire, y compris la teneur des propos reprochés aux requérants et le contexte dans lequel ceux-ci les ont tenus.

La Cour estime disproportionnée et, dès lors, non nécessaire dans une société démocratique, la condamnation pénale subie par les requérants. Partant, il y a eu violation de l'article 10 de la Convention EDH (*Ljorni et Lehideux*, 23 sept. 1998 – France ; *JCP* 99, II, 10119, note Hugues Moutouh).

La loi du 2 juillet 1931 prononce une interdiction de publication absolue et générale, indépendamment de la nature de l'information publiée. La nécessité de protéger la réputation d'autrui et l'autorité du pouvoir judiciaire ne suffisent pas à justifier une telle prohibition. Au demeurant, celle-ci ne s'applique qu'aux seules procédures pénales ouvertes sur plaintes avec constitution de partie civile et non aux actions pénales mises en mouvement à l'initiative du ministère public ou sur plainte simple. Une telle différence de traitement n'apparaît pas fondée sur des justifications objectives et a pour effet de priver le public de toute information sur des sujets qui peuvent être d'intérêt général. Tel était le cas en espèce, puisque les agissements mis en cause étaient ceux de personnalités politiques impliquées dans la gestion d'une société publique. Enfin, l'existence d'autres mécanismes de protection des droits d'autrui rend superfétatoire l'interdiction absolue prévue par la loi de 1901.

Conclusion : violation (six voix contre une) (*Du Roy et Malaurie*, 3 oct. 2000, Section III, France).

2) Refus par l'autorité militaire de distribuer un périodique militaire privé. La Cour relève que pour l'essentiel, l'*Igel* consacre son n° 3/87 à des articles sur la condition des appelés. Écrits dans un style critique voire satirique, prompts à lancer des revendications ou des propositions de réforme, ils ne mettent pas pour autant en cause le devoir d'obéissance ni le sens du service armé. Dès lors, on ne saurait guère y voir

une menace sérieuse pour la discipline militaire. Partant, la mesure litigieuse se révèle disproportionnée au but poursuivi et a enfreint l'article 10 (*Vereinigung Demokratischer soldaten österreichs,* 19 déc. 1994 – Autriche).

3) Bien que contenant des remarques outrancières et virulentes, la Cour juge insignifiant l'impact objectif des écrits incriminés sur la discipline militaire et, en conséquence, constate une violation de l'article 10 (*Grigoriades,* 25 nov. 1997 – Grèce).

II. Jurisprudence de la Cour de cassation

4) Si l'article 10 de la Convention européenne de sauvegarde des droits de l'homme et des libertés fondamentales, en son paragraphe 1er, reconnaît à toute personne le droit à la liberté d'expression, ce texte prévoit, en son paragraphe 2, que l'exercice de cette liberté, comportant des devoirs et des responsabilités, peut être soumis à certaines formalités, conditions, restrictions ou sanctions prévues par la loi, qui constituent dans une société démocratique des mesures nécessaires, notamment, pour garantir l'autorité et l'impartialité du pouvoir judiciaire ; que tel est précisément l'objet de l'article 434-25 du Code pénal (Cass. crim., 11 mars 1997 : *Bull.* 96).

Saisie d'une demande tendant à l'annulation de pièces d'une information et fondée sur une violation de l'article 10 de la Convention européenne des droits de l'homme, la juridiction d'instruction est tenue de rechercher si l'acte en cause constitue une mesure nécessaire et proportionnée à l'un ou plusieurs des objectifs définis à l'article 10-2 de ladite Convention (Cass. crim., 5 déc. 2000 : *Bull.* 362).

Si l'article 10 de la Convention européenne de sauvegarde des droits de l'homme et des libertés fondamentales reconnaît, en son premier paragraphe, à toute personne le droit à la liberté d'expression, ce texte prévoit, en son second paragraphe, que l'exercice de cette liberté comportant des devoirs et des responsabilités peut être soumis à certaines formalités, conditions, restrictions ou sanctions, prévues par la loi, qui constituent, dans une société démocratique, des mesures nécessaires notamment à la protection des droits d'autrui, au nombre desquels figure la présomption d'innocence, ainsi qu'à la préservation d'informations confidentielles, et à la garantie de l'autorité et l'impartialité du pouvoir judiciaire ; tel est l'objet des poursuites engagées contre les prévenus du chef de recel de violation de secret de l'instruction ou de secret professionnel, pour avoir divulgué le contenu demeuré confidentiel de pièces d'une information judiciaire en cours (Cass. crim. 19 juin. 2001 : *Bull.* 149).

5) Est justifiée, au regard de l'article 10 de la Convention européenne de sauvegarde des droits de l'homme, la condamnation prononcée sur le fondement de l'article 38, alinéa 1er, de la loi du 29 juillet 1881 pour publication d'actes d'une procédure criminelle avant leur lecture en audience publique, dès lors que les juges ont caractérisé l'atteinte portée à la protection des droits d'autrui, susceptible de sanction selon le paragraphe 2, du texte conventionnel précité, en relevant que les extraits reproduits viennent accréditer un article tendant à l'évidence à soutenir la version des faits de l'une des personnes mises en examen, opposée à celle défendue par une autre (Cass. crim., 22 juin 1999 : *Bull.* 146).

6) Le délit de publication, avant décision judiciaire, d'information relative à des constitutions de partie civile, prévue à l'article 2 de la loi du 2 juillet 1931, par l'interdiction générale et absolue qu'il prévoit, instaure une restriction à la liberté d'expression qui n'est pas nécessaire à la protection des intérêts légitimes énumérés à l'article 10-2 de la Convention européenne de sauvegarde des droits de l'homme et des libertés fondamentales ; étant dès lors incompatible avec l'article 10 de la Convention précitée, l'article 2 de la loi du 2 juillet 1931 ne saurait servir de fondement à une condamnation pénale (Cass. crim., 16 janv. 2001 : *Bull.* 10).

Art. 11. – *Liberté de réunion et d'association.* – 1. Toute personne a droit à la liberté de réunion pacifique et à la liberté d'association, y compris le droit de fonder avec d'autres des syndicats et de s'affilier à des syndicats pour la défense de ses intérêts.

2. L'exercice de ces droits ne peut faire l'objet d'autres restrictions que celles qui, prévues par la loi, constituent des mesures nécessaires, dans une société démocratique, à la sécurité nationale, à la sûreté

publique, à la défense de l'ordre et à la prévention du crime, à la protection de la santé ou de la morale, ou à la protection des droits et libertés d'autrui. Le présent article n'interdit pas que des restrictions légitimes soient imposées à l'exercice de ces droits par les membres des forces armées, de la police ou de l'administration de l'État.

Art. 12. – *Droit au mariage*. – À partir de l'âge nubile, l'homme et la femme ont le droit de se marier et de fonder une famille selon les lois nationales régissant l'exercice de ce droit.

Art. 13. – *Droit à un recours effectif*. – Toute personne dont les droits et libertés reconnus dans la présente Convention ont été violés, a droit à l'octroi d'un recours effectif devant une instance nationale, alors même que la violation aurait été commise par des personnes agissant dans l'exercice de leurs fonctions officielles.

Art. 14. – *Interdiction de discrimination*. – La jouissance des droits et libertés reconnus dans la présente Convention doit être assurée, sans distinction aucune, fondée notamment sur le sexe, la race, la couleur, la langue, la religion, les opinions politiques ou toutes autres opinions, l'origine nationale ou sociale, l'appartenance à une minorité nationale, la fortune, la naissance ou toute autre situation.

I. JURISPRUDENCE DE LA COUR DE CASSATION

1) La prohibition de toute discrimination fondée notamment sur la race ou la religion, telle qu'elle résulte de l'article 14 de la Convention européenne de sauvegarde des droits de l'homme et des libertés fondamentales, ne concerne que la jouissance des droits et libertés reconnus dans ladite convention, parmi lesquels ne figure évidemment pas le trafic de stupéfiants, et ne fait pas obstacle à ce que soit prononcée, contre un étranger déclaré coupable d'un tel trafic, la peine de l'interdiction définitive du territoire français, telle que la prévoit l'article L. 630-1 du Code de la santé publique. Au demeurant, cette peine est spécialement envisagée à l'égard des étrangers, par l'article 2 du protocole n. 4 annexé à cette même convention, sous les conditions prévues par le texte et réunies dans l'espèce soumise à la cour d'appel (Cass. crim., 18 févr. 1985 : *Bull.* 76).

2) Aucune règle de droit international ne fait obstacle à ce qu'un État applique à ses nationaux des règles plus sévères que celles qui s'imposent, sur son territoire, à des ressortissants étrangers.

Ainsi, ni l'article 14 de la Convention européenne des droits de l'homme, ni l'article 2-1 du Protocole additionnel n. 4 à ladite Convention, n'interdisent d'appliquer aux titulaires d'un permis de conduire français la loi du 10 juillet 1989 instituant la procédure de retrait de points et d'invalidation du permis de conduire par la perte totale de points (Cass. crim., 11 mars 1998 : *Bull.* 97).

L'interdiction de toute discrimination fondée sur l'origine nationale, telle qu'elle est prévue par l'article 14 de la Convention européenne des droits de l'homme ne concerne que la jouissance des droits et libertés reconnus dans ladite Convention et ne fait pas obstacle à ce que soit prononcée contre un étranger reconnu coupable de séjour irrégulier en application de l'article 19 de l'ordonnance du 2 novembre 1945, une peine différente de celle encourue, pour une infraction semblable, par les ressortissants des États membres de la Communauté économique européenne sur le fondement de l'article 19 du décret n. 81-405 du 28 avril 1981 (Cass. crim., 24 févr. 1988 : *Bull.* 94).

3) En se déterminant exclusivement sur le comportement personnel du prévenu au jour où ils décident des sanctions, les juges répressifs disposent à cet égard, dans les limites de la loi réprimant le trafic de stupéfiants et en conformité avec les dispositions de l'article 2 paragraphe 3 du protocole numéro 4 annexé à la Convention européenne de sauvegarde des droits de l'homme et des libertés fondamentales, d'un pouvoir discrétionnaire dont ils ne doivent aucun compte (Cass. crim., 21 avr. 1986 : *Bull.* 130).

4) Il n'est pas porté atteinte au principe de l'égalité, reconnu par l'article 14 de la Convention européenne de sauvegarde des droits de l'homme et des libertés fondamentales, lorsque l'attribution de compétence à une juridiction embrasse toutes les infractions entrant dans le champ d'application de la loi et tous les accusés tombant sous le coup des dispositions de cette loi, sans aucune distinction, et que les droits de

la défense peuvent s'exercer sans discrimination (Cass. crim., 7 mai 1987 : *Bull.* 186).

5) Aux termes de l'article L. 116-6 du Code du service national, la durée du service actif des objecteurs de conscience est de vingt-quatre mois. Cette disposition ne méconnaît pas les articles 9 et 14 de la Convention européenne des droits de l'homme... Notamment, de la combinaison des articles 4-3 b et 14 de ladite convention, ce dernier article faisant référence aux libertés visées par les articles 9 et 10, ne se déduit aucune interdiction d'imposer aux objecteurs de conscience un service de substitution dont la durée excède celle du service militaire obligatoire. (Cass. crim., 3 mai 1989 : *Bull.* 181).

6) L'article 14 de la Convention européenne de sauvegarde des droits de l'homme et des libertés fondamentales n'interdit pas de prononcer, à l'encontre d'un étranger résidant sur le territoire national, l'interdiction du territoire français en application de l'article L. 630-1 du Code de la santé publique (Cass. crim., 6 nov. 1991 : *Bull.* 398).

7) L'article 14 de la Convention européenne des droits de l'homme ne fait pas obstacle à l'existence en droit interne d'une circonstance aggravante personnelle tirée de la profession de l'auteur d'une infraction commise dans l'exercice de ses fonctions ; ne méconnaît pas les dispositions de l'article 14 l'arrêt qui, pour confirmer l'ordonnance du juge d'instruction plaçant en détention provisoire une personne mise en examen pour abus de confiance, se fonde, notamment, sur la qualité d'huissier de justice de l'intéressé (Cass. crim., 26 juill. 1994 : *Bull.* 285).

Art. 15. – *Dérogation en cas d'urgence.* – 1. En cas de guerre ou en cas d'autre danger public menaçant la vie de la nation, toute Haute Partie contractante peut prendre des mesures dérogeant aux obligations prévues par la présente Convention, dans la stricte mesure où la situation l'exige et à la condition que ces mesures ne soient pas en contradiction avec les autres obligations découlant du droit international.

2. La disposition précédente n'autorise aucune dérogation à l'article 2, sauf pour le cas de décès résultant d'actes licites de guerre, et aux articles 3, 4 (paragraphe 1) et 7.

3. Toute Haute Partie contractante qui exerce ce droit de dérogation tient le Secrétaire général du Conseil de l'Europe pleinement informé des mesures prises et des motifs qui les ont inspirées. Elle doit également informer le Secrétaire général du Conseil de l'Europe de la date à laquelle ces mesures ont cessé d'être en vigueur et les dispositions de la Convention reçoivent de nouveau pleine application.

I. Jurisprudence de la Cour européenne des droits de l'homme

Il incombe à chaque État contractant, responsable de « la vie de [sa] nation », de déterminer si un « danger public » la menace et, dans l'affirmative, jusqu'où il faut aller pour essayer de le dissiper. En contact direct et constant avec les réalités pressantes du moment, les autorités nationales se trouvent en principe mieux placées que le juge international pour se prononcer sur la présence de pareil danger comme sur la nature et l'étendue des dérogations nécessaires pour le conjurer. Partant, on doit leur laisser en la matière une large marge d'appréciation (arrêt *Irlande* c. *Royaume-Uni,* 18 janv. 1978, série A n° 25, p. 78-79, § 207).

Les États ne jouissent pas pour autant d'un pouvoir illimité en ce domaine. La Cour a compétence pour décider, notamment, s'ils ont excédé la « stricte mesure » des exigences de la crise. La marge nationale d'appréciation s'accompagne donc d'un contrôle européen. Quand elle exerce celui-ci, la Cour doit en même temps attacher le poids qui convient à des facteurs pertinents tels que la nature des droits touchés par la dérogation, la durée de l'état d'urgence et les circonstances qui l'ont créé (*Brannigan et Mc Bride,* 26 mai 1993 – Royaume-Uni).

Art. 16. – *Restrictions à l'activité politique des étrangers.* – Aucune des dispositions des articles 10, 11 et 14 ne peut être considérée comme interdisant aux Hautes Parties contractantes d'imposer des restrictions à l'activité politique des étrangers.

Art. 17. – *Interdiction de l'abus de droit.* – Aucune des dispositions de la présente Convention ne peut être interprétée comme impliquant pour un État, un groupement ou un individu, un droit quelconque de se livrer à une activité ou d'accomplir un acte visant à la destruction des droits ou libertés reconnus dans la présente Convention ou à des limitations plus amples de ces droits et libertés que celles prévues à ladite Convention.

Art. 18. – *Limitation de l'usage des restrictions aux droits.* – Les restrictions qui, aux termes de la présente Convention, sont apportées auxdits droits et libertés ne peuvent être appliquées que dans le but pour lequel elles ont été prévues.

TITRE II. – COUR EUROPÉENNE
DES DROITS DE L'HOMME

Art. 19. – *Institution de la Cour.* – Afin d'assurer le respect des engagements résultant pour les Hautes Parties contractantes de la présente Convention et de ses protocoles, il est institué une Cour européenne des Droits de l'Homme, ci-dessous nommée « la Cour ». Elle fonctionne de façon permanente.

Art. 20. – *Nombre de juges.* – La Cour se compose d'un nombre de juges égal à celui des Hautes Parties contractantes.

Art. 21. – *Conditions d'exercice des fonctions.* – 1. Les juges doivent jouir de la plus haute considération morale et réunir les conditions requises pour l'exercice de hautes fonctions judiciaires ou être des jurisconsultes possédant une compétence notoire.

2. Les juges siègent à la Cour à titre individuel.

3. Pendant la durée de leur mandat, les juges ne peuvent exercer aucune activité incompatible avec les exigences d'indépendance, d'impartialité ou de disponibilité requise par une activité exercée à plein temps ; toute question soulevée en application de ce paragraphe est tranchée par la Cour.

Art. 22. – *Élection des juges.* – 1. Les juges sont élus par l'Assemblée parlementaire au titre de chaque Haute Partie contractante, à la majorité des voix exprimées, sur une liste de trois candidats présentés par la Haute Partie contractante.

2. La même procédure est suivie pour compléter la Cour en cas d'adhésion de nouvelles Hautes Parties contractantes et pourvoir des sièges devenus vacants.

Art. 23. – *Durée du mandat.* – 1. Les juges sont élus pour une durée de six ans. Ils sont rééligibles. Toutefois, les mandats d'une moitié des juges désignés lors de la première élection prendront fin au bout de trois ans.

2. Les juges dont le mandat prendra fin au terme de la période initiale de trois ans sont désignés par tirage au sort effectué par le secrétaire général du Conseil de l'Europe, immédiatement après leur élection.

3. Afin d'assurer, dans la mesure du possible, le renouvellement des mandats d'une moitié des juges tous les trois ans, l'Assemblée parlementaire peut, avant de procéder à toute élection ultérieure, décider qu'un ou plusieurs mandats des juges à élire auront une durée autre que celle de six ans, sans qu'elle puisse toutefois excéder neuf ans ou être inférieure à trois ans.

4. Dans le cas où il y a lieu de conférer plusieurs mandats et où l'Assemblée parlementaire fait application du paragraphe précédent, la répartition des mandats s'opère suivant un tirage au sort effectué par le secrétaire général du Conseil de l'Europe immédiatement après l'élection.

5. Le juge élu en remplacement d'un juge dont le mandat n'est pas expiré achève le mandat de son prédécesseur.

6. Le mandat des juges s'achève dès qu'ils atteignent l'âge de soixante-dix ans.

7. Les juges restent en fonctions jusqu'à leur remplacement. Ils continuent toutefois de connaître des affaires dont ils sont déjà saisis.

Art. 24. – *Révocation.* – Un juge ne peut être relevé de ses fonctions que si les autres juges décident, à la majorité des deux tiers, qu'il a cessé de répondre aux conditions requises.

Art. 25. – *Greffe et référendaires.* – La Cour dispose d'un greffe dont les tâches et l'organisation sont fixées par le règlement de la Cour. Elle est assistée de référendaires.

Art. 26. – *Assemblée plénière de la Cour.* – La Cour réunie en Assemblée plénière :
a) Élit, pour une durée de trois ans, son président et un ou deux vice-présidents ; ils sont rééligibles ;
b) Constitue des Chambres pour une période déterminée ;
c) Élit les présidents des Chambres de la Cour, qui sont rééligibles ;
d) Adopte le règlement de la Cour ; et
e) Élit le greffier et un ou plusieurs greffiers adjoints.

Art. 27. – *Comités, Chambres et Grande Chambre.* – 1. Pour l'examen des affaires portées devant elle, la Cour siège en comités de trois juges, en Chambres de sept juges et en une Grande Chambre de dix-sept juges. Les Chambres de la Cour constituent les comités pour une période déterminée.

2. Le juge élu au titre d'un État partie au litige est membre de droit de la Chambre et de la Grande Chambre ; en cas d'absence de ce juge, ou lorsqu'il n'est pas en mesure de siéger, cet État partie désigne une personne qui siège en qualité de juge.

3. Font aussi partie de la Grande Chambre le président de la Cour, les vice-présidents, les présidents des Chambres et d'autres juges désignés conformément au règlement de la Cour. Quand l'affaire est déférée à la Grande Chambre en vertu de l'article 43, aucun juge de la Chambre qui a rendu l'arrêt ne peut y siéger, à l'exception du président de la Chambre et du juge ayant siégé au titre de l'État partie intéressé.

Art. 28. – *Déclarations d'irrecevabilité par les comités.* – Un comité peut, par vote unanime, déclarer irrecevable ou rayer du rôle une requête individuelle introduite en vertu de l'article 34 lorsqu'une telle décision peut être prise sans examen complémentaire. La décision est définitive.

Art. 29. – *Décisions des Chambres sur la recevabilité et le fond.* – 1. Si aucune décision n'a été prise en vertu de l'article 28, une Chambre se prononce sur la recevabilité et le fond des requêtes individuelles introduites en vertu de l'article 34.

2. Une Chambre se prononce sur la recevabilité et le fond des requêtes étatiques introduites en vertu de l'article 33.

3. Sauf décision contraire de la Cour dans des cas exceptionnels, la décision sur la recevabilité est prise séparément.

Art. 30. – *Dessaisissement en faveur de la Grande Chambre.* – Si l'affaire pendante devant une Chambre soulève une question grave relative à l'interprétation de la Convention ou de ses protocoles, ou si la solution d'une question peut conduire à une contradiction avec un arrêt rendu antérieurement par la Cour, la Chambre peut, tant qu'elle n'a pas rendu son arrêt, se dessaisir au profit de la Grande Chambre, à moins que l'une des parties ne s'y oppose.

Art. 31. – *Attributions de la Grande Chambre.* – La Grande Chambre :
a) Se prononce sur les requêtes introduites en vertu de l'article 33 ou de l'article 34 lorsque l'affaire lui a été déférée par la Chambre en vertu de l'article 30 ou lorsque l'affaire lui a été déférée en vertu de l'article 43 ; et
b) Examine les demandes d'avis consultatifs introduites en vertu de l'article 47.

Art. 32. – *Compétence de la Cour.* – 1. La compétence de la Cour s'étend à toutes les questions concernant l'interprétation et l'application de la Convention et de ses protocoles qui lui seront soumises dans les conditions prévues par les articles 33, 34 et 47.

2. En cas de contestation sur le point de savoir si la Cour est compétente, la Cour décide.

Art. 33. – *Affaires interétatiques.* – Toute Haute Partie contractante peut saisir la Cour de tout manquement aux dispositions de la Convention et de ses protocoles qu'elle croira pouvoir être imputé à une autre Haute Partie contractante.

Art. 34. – *Requêtes individuelles.* – La Cour peut être saisie d'une requête par toute personne physique, toute organisation non gouvernementale ou tout groupe de particuliers qui se prétend victime d'une violation par l'une des Hautes Parties contractantes des droits reconnus dans la Convention ou ses protocoles. Les Hautes Parties contractantes s'engagent à n'entraver par aucune mesure l'exercice efficace de ce droit.

Art. 35. – *Conditions de recevabilité.* – 1. La Cour ne peut être saisie qu'après l'épuisement des voies de recours internes, tel qu'il est entendu selon les principes de droit international généralement reconnus, et dans un délai de six mois à partir de la date de la décision interne définitive.

2. La Cour ne retient aucune requête individuelle introduite en application de l'article 34, lorsque :

a) Elle est anonyme ; ou

b) Elle est essentiellement la même qu'une requête précédemment examinée par la Cour ou déjà soumise à une autre instance internationale d'enquête ou de règlement, et si elle ne contient pas de faits nouveaux.

3. La Cour déclare irrecevable toute requête individuelle introduite en application de l'article 34, lorsqu'elle estime la requête incompatible avec les dispositions de la Convention ou de ses protocoles, manifestement mal fondée ou abusive.

4. La Cour rejette toute requête qu'elle considère comme irrecevable en application du présent article. Elle peut procéder ainsi à tout stade de la procédure.

Art. 36. – *Tierce intervention.* – 1. Dans toute affaire devant une Chambre ou la Grande Chambre, une Haute Partie contractante dont un ressortissant est requérant a le droit de présenter des observations écrites et de prendre part aux audiences.

2. Dans l'intérêt d'une bonne administration de la justice, le président de la Cour peut inviter toute Haute Partie contractante qui n'est pas Partie à l'instance ou toute personne intéressée autre que le requérant à présenter des observations écrites ou à prendre part aux audiences.

Art. 37. – *Radiation.* – 1. À tout moment de la procédure, la Cour peut décider de rayer une enquête du rôle lorsque les circonstances permettent de conclure :

a) Que le requérant n'entend plus la maintenir ; ou

b) Que le litige a été résolu ; ou

c) Que, pour tout autre motif dont la Cour constate l'existence, il ne se justifie plus de poursuivre l'examen de la requête.

Toutefois, la Cour poursuit l'examen de la requête si le respect des droits de l'homme garantis par la Convention et ses protocoles l'exige.

2. La Cour peut décider la réinscription au rôle d'une requête lorsqu'elle estime que les circonstances le justifient.

Art. 38. – *Examen contradictoire de l'affaire et procédure de règlement amiable.* – 1. Si la Cour déclare une requête recevable, elle :

a) Poursuit l'examen contradictoire de l'affaire avec les représentants des Parties et, s'il y a lieu, procède à une enquête pour la conduite efficace de laquelle les États intéressés fourniront toutes facilités nécessaires ;

b) Se met à la disposition des intéressés en vue de parvenir à un règlement amiable de l'affaire s'inspirant du respect des droits de l'homme tels que les reconnaissent la Convention et ses protocoles.

2. La procédure décrite au paragraphe 1 *(b)* est confidentielle.

Art. 39. – *Conclusion d'un règlement amiable.* – En cas de règlement amiable, la Cour raye l'affaire du rôle par une décision qui se limite à un bref exposé des faits et de la solution adoptée.

Art. 40. – *Audience publique et accès aux documents.* – 1. L'audience est publique à moins que la Cour n'en décide autrement en raison de circonstances exceptionnelles.

2. Les documents déposés au greffe sont accessibles au public à moins que le président de la Cour n'en décide autrement.

Art. 41. – *Satisfaction équitable.* – Si la Cour déclare qu'il y a eu violation de la Convention ou de ses protocoles, et si le droit interne de la Haute Partie contractante ne permet d'effacer qu'imparfaitement les conséquences de cette violation, la Cour accorde à la partie lésée, s'il y a lieu, une satisfaction équitable.

Art. 42. – *Arrêts des Chambres.* – Les arrêts des Chambres deviennent définitifs conformément aux dispositions de l'article 44, paragraphe 2.

Art. 43. – *Renvoi devant la Grande Chambre.* – 1. Dans un délai de trois mois à compter de la date de l'arrêt d'une Chambre, toute Partie à l'affaire peut, dans des cas exceptionnels, demander le renvoi de l'affaire devant la Grande Chambre.

2. Un collège de cinq juges de la Grande Chambre accepte la demande si l'affaire soulève une question grave relative à l'interprétation ou à l'application de la Convention ou de ses protocoles, ou encore une question grave de caractère général.

3. Si le collège accepte la demande, la Grande Chambre se prononce sur l'affaire par un arrêt.

Art. 44. – *Arrêts définitifs.* – 1. L'arrêt de la Grande Chambre est définitif.

2. L'arrêt d'une Chambre devient définitif :

a) Lorsque les Parties déclarent qu'elles ne demanderont pas le renvoi de l'affaire devant la Grande Chambre ; ou

b) Trois mois après la date de l'arrêt, si le renvoi de l'affaire devant la Grande Chambre n'a pas été demandé ; ou

c) Lorsque le collège de la Grande Chambre rejette la demande de renvoi formulée en application de l'article 43.

3. L'arrêt définitif est publié.

Art. 45. – *Motivation des arrêts et décisions.* – 1. Les arrêts, ainsi que les décisions déclarant des requêtes recevables ou irrecevables, sont motivés.

2. Si l'arrêt n'exprime pas en tout ou en partie l'opinion unanime des juges, tout juge a le droit d'y joindre l'exposé de son opinion séparée.

Art. 46. – *Force obligatoire et exécution des arrêts.* – 1. Les Hautes Parties contractantes s'engagent à se conformer aux arrêts définitifs de la Cour dans les litiges auxquels elles sont parties.

2. L'arrêt définitif de la Cour est transmis au Comité des Ministres qui en surveille l'exécution.

Art. 47. – *Avis consultatifs.* – 1. La Cour peut, à la demande du Comité des Ministres, donner des avis consultatifs sur des questions juridiques concernant l'interprétation de la Convention et de ses protocoles.

2. Ces avis ne peuvent porter ni sur les questions ayant trait au contenu ou à l'étendue des droits et libertés définis au titre Ier de la Convention et dans les protocoles ni sur les autres questions dont la Cour ou le Comité des Ministres pourraient avoir à connaître par suite de l'introduction d'un recours prévu par la Convention.

3. La décision du Comité des Ministres de demander un avis à la Cour est prise par un vote à la majorité des représentants ayant le droit de siéger au Comité.

Art. 48. – *Compétence consultative de la Cour.* – La Cour décide si la demande d'avis consultatif présentée par le Comité des Ministres relève de sa compétence telle que définie par l'article 47.

Art. 49. – *Motivation des avis consultatifs.* – 1. L'avis de la Cour est motivé.

2. Si l'avis n'exprime pas en tout ou en partie l'opinion unanime des juges, tout juge a le droit d'y joindre l'exposé de son opinion séparée.

3. L'avis de la Cour est transmis au Comité des Ministres.

Art. 50. – *Frais de fonctionnement de la Cour.* – Les frais de fonctionnement de la Cour sont à la charge du Conseil de l'Europe.

Art. 51. – *Privilèges et immunités des juges.* – Les juges jouissent, pendant l'exercice de leurs fonctions, des privilèges et immunités prévus à l'article 40 du Statut du Conseil de l'Europe et dans les accords conclus au titre de cet article.

TITRE III. – DISPOSITIONS DIVERSES

Art. 52. – *Enquêtes du secrétaire général.* – Toute Haute Partie contractante fournira sur demande du Secrétaire général du Conseil de l'Europe les explications requises sur la manière dont son droit interne assure l'application effective de toutes les dispositions de cette Convention.

Art. 53. – *Sauvegarde des droits de l'homme reconnus.* – Aucune des dispositions de la présente Convention ne sera interprétée comme limitant ou portant atteinte aux droits de l'homme et aux libertés fondamentales qui pourraient être reconnus conformément aux lois de toute Partie contractante ou à toute autre Convention à laquelle cette Partie contractante est partie.

Art. 54. – *Pouvoirs du Comité des Ministres.* – Aucune disposition de la présente Convention ne porte atteinte aux pouvoirs conférés au Comité des Ministres par le Statut du Conseil de l'Europe.

Art. 55. – *Renonciation à d'autres modes de règlement des différends.* – Les Hautes Parties contractantes renoncent réciproquement, sauf compromis spécial, à se prévaloir des traités, conventions ou déclarations existant entre elles, en vue de soumettre, par voie de requête, un différend né de l'interprétation ou de l'application de la présente Convention à un mode de règlement autre que ceux prévus par ladite Convention.

Art. 56. – *Application territoriale.* – 1. Tout État peut, au moment de la ratification ou à tout autre moment par la suite, déclarer, par notification adressée au Secrétaire général du Conseil de l'Europe, que la présente Convention s'appliquera, sous réserve du paragraphe 4 du présent article, à tous les territoires ou à l'un quelconque des territoires dont il assure les relations internationales.

2. La Convention s'appliquera au territoire ou aux territoires désignés dans la notification à partir du trentième jour qui suivra la date à laquelle le Secrétaire général du Conseil de l'Europe aura reçu cette notification.

3. Dans lesdits territoires les dispositions de la présente Convention seront appliquées en tenant compte des nécessités locales.

4. Tout État qui a fait une déclaration conformément au premier paragraphe de cet article, peut, à tout moment par la suite, déclarer relativement à un ou plusieurs des territoires visés dans cette déclaration qu'il accepte la compétence de la Cour pour connaître des requêtes de personnes physiques, d'organisations non gouvernementales ou de groupes de particuliers, comme le prévoit l'article 34 de la Convention.

Art. 57. – *Réserves.* – 1. Tout État peut, au moment de la signature de la présente Convention ou du dépôt de son instrument de ratification, formuler une réserve au sujet d'une disposition particulière de la Convention, dans la mesure où une loi alors en vigueur sur son territoire n'est pas conforme à cette disposition. Les réserves de caractère général ne sont pas autorisées aux termes du présent article.

2. Toute réserve émise conformément au présent article comporte un bref exposé de la loi en cause.

Art. 58. – *Dénonciation.* – 1. Une Haute Partie contractante ne peut dénoncer la présente Convention qu'après l'expiration d'un délai de cinq ans à partir de la date d'entrée en vigueur de la Convention à son égard et moyennant un préavis de six mois, donné par une notification adressée au Secrétaire général du Conseil de l'Europe, qui en informe les autres Parties contractantes.

2. Cette dénonciation ne peut avoir pour effet de délier la Haute Partie contractante intéressée des obligations contenues dans la présente Convention en ce qui concerne tout fait qui, pouvant constituer une violation de ces obligations, aurait été accompli par elle antérieurement à la date à laquelle la dénonciation produit effet.

3. Sous la même réserve cesserait d'être Partie à la présente Convention toute Partie contractante qui cesserait d'être membre du Conseil de l'Europe.

4. La Convention peut être dénoncée conformément aux dispositions des paragraphes précédents en ce qui concerne tout territoire auquel elle a été déclarée applicable aux termes de l'article 56.

Art. 59. – *Signature et ratification.* – 1. La présente Convention est ouverte à la signature des membres du Conseil de l'Europe. Elle sera ratifiée. Les ratifications seront déposées près le Secrétaire général du Conseil de l'Europe.

2. La présente Convention entrera en vigueur après le dépôt de dix instruments de ratification.

3. Pour tout signataire qui la ratifiera ultérieurement, la Convention entrera en vigueur dès le dépôt de l'instrument de ratification.

4. Le Secrétaire général du Conseil de l'Europe notifiera à tous les membres du Conseil de l'Europe l'entrée en vigueur de la Convention, les noms des Hautes Parties contractantes qui l'auront ratifiée, ainsi que le dépôt de tout instrument de ratification intervenu ultérieurement.

Fait à Rome, le 4 novembre 1950, en français et en anglais, les deux textes faisant également foi, en un seul exemplaire qui sera déposé dans les archives du Conseil de l'Europe. Le Secrétaire général en communiquera des copies certifiées conformes à tous les signataires.

V. L. GOFFIN, *Convention européenne des droits de l'homme : Recours individuel. Compétence de la Commission et de la Cour européenne. Organisation et procédure de la Commission et de la Cour européenne : J.-Cl. proc. pén.* (App. art. 567 à 621), Fasc. 1. *Juridictions : organisation et procédure,* Fasc. 2. – P. URBANSKY, *Application des dispositions de droit interne et des dispositions conventionnelles,* Fasc. 3. – G. COHEN JONATHAN, M.-A. EISSEN, J.-L. GALLET, R. KŒRING-JOULIN, N. PACAUD, G. WIEDERKEHR, *Droits de l'Homme en France. Dix ans d'application de la Convention européenne des droits de l'homme devant les juridictions judiciaires françaises :* Éditions N. P. Engel, Strasbourg, 1985. – Vincent BERGER, *Jurisprudence de la Cour européenne des droits de l'homme,* Sirey, 2e éd. 1989. – G. COHEN JONATHAN, *La Convention européenne des droits de l'homme :* Économica, 1989. – M. DELMAS-MARTY, *Vers une autre logique juridique : à propos de la jurisprudence de la Cour européenne des droits de l'homme : D.* 1988, chron. XXXV. – MERLE, *La Convention européenne des droits de l'homme et la justice pénale française : D.* 1981, chron. 227. – PETTITI, *Une révolution dans l'application de la procédure pénale : Gaz. Pal.* 1976, I, Doc. 397. – ROUJOU DE BOUBÉE, *La protection des droits de l'homme en droit pénal français : RIDP* 1976, p. 93. – CHEVALLIER, *Au sujet de l'application par la juridiction française de la Convention européenne des droits de l'homme : JCP* 77, I, 2832. – G. COHEN -JONATHAN, *Sur quelques aspects récents de l'activité de la Cour européenne des Droits de l'homme : Rev. trim. dr. europ.* avril-juin 1989. – F. SUDRE, *Droit de la Convention européenne des droits de l'homme : JCP* 96, 1, 3910 ; *JCP* 97, 1, 4000. – Claire MARSAT, *Témoignage devant la juridiction de jugement : Dr. pénal* 1999, chron. 6. – Jean-Pierre MARGUENAUD, *La dérive de la procédure pénale française au regard des exigences européennes : D.* 2000, chron. p. 249. – Régis de GOUTTES, *Le juge judiciaire français et la Convention européenne des droits de l'homme :* Communication C. cass., Colloque 16 mars 2000. – Frédéric SUDRE, *Droit de la Convention européenne des droits de l'homme : JCP* 2000, I, 203.

Protocole n. 4

à la Convention européenne de sauvegarde des droits de l'homme et des libertés fondamentales
reconnaissant certains droits et libertés autres que ceux figurant
déjà dans la Convention et dans le premier protocole additionnel à la Convention
(Signé à Strasbourg le 16 sept. 1963)
Ratification par la France le 3 mai 1974 (L. n. 73-1227, 30 déc. 1973 : JO 3 janv. 1974)
Publication : D. n. 74-360, 3 mai 1974 : *JO* 4 mai

Les gouvernements signataires, Membres du Conseil de l'Europe.

Résolus à prendre des mesures propres à assurer la garantie collective de droits et libertés autres que ceux qui figurent déjà dans le Titre I de la Convention de sauvegarde des droits de l'homme et des libertés fondamentales, signée à Rome le 4 novembre 1950 (ci-après dénommée « la Convention ») et dans les articles 1er à 3 du premier Protocole additionnel à la Convention, signé à Paris le 20 mars 1952, sont convenus de ce qui suit :

Art. 1er. – *Interdiction de l'emprisonnement pour dette.* – Nul ne peut être privé de sa liberté pour la seule raison qu'il n'est pas en mesure d'exécuter une obligation contractuelle.

Art. 2. – *Liberté de circulation.* – 1. Quiconque se trouve régulièrement sur le territoire d'un État a le droit d'y circuler librement et d'y choisir librement sa résidence.

2. Toute personne est libre de quitter n'importe quel pays, y compris le sien.

3. L'exercice de ces droits ne peut faire l'objet d'autres restrictions que celles qui, prévues par la loi, constituent des mesures nécessaires, dans une société démocratique, à la sécurité nationale, à la sûreté publique, au maintien de l'ordre public, à la prévention des infractions pénales, à la protection de la santé ou de la morale, ou à la protection des droits et libertés d'autrui.

4. Les droits reconnus au paragraphe 1 peuvent également, dans certaines zones déterminées, faire l'objet de restrictions qui, prévues par la loi, sont justifiées par l'intérêt public dans une société démocratique.

1) L'interdiction faite à un inculpé placé sous contrôle judiciaire de quitter le territoire national n'est pas incompatible avec la Convention européenne de sauvegarde des droits de l'homme, dont le protocole additionnel n° 4 dispose que la liberté de quitter un pays peut faire l'objet de restrictions nécessaires à la sûreté publique (Cass. crim., 11 avr. 1991 : *Bull.* 176).

2) La nécessité de la prévention des infractions pénales figure parmi les conditions auxquelles le protocole n° 4, annexé à la Convention européenne des droits de l'homme et des libertés fondamentales, soumet en son article 2, alinéa 3, les restrictions dont peut faire l'objet de la part du législateur d'un État démocratique l'accès de son territoire pour un étranger (Cass. crim., 1er oct. 1987 : *Bull.* 322).

Art. 3. – *Interdiction de l'expulsion des nationaux.* – 1. Nul ne peut être expulsé, par voie de mesure individuelle ou collective, du territoire de l'État dont il est le ressortissant.

2. Nul ne peut être privé du droit d'entrer sur le territoire de l'État dont il est le ressortissant.

Art. 4. – *Interdiction des expulsions collectives d'étrangers.* – Les expulsions collectives d'étrangers sont interdites.

Art. 5. – *Application territoriale.* – 1. Toute Haute Partie contractante peut, au moment de la signature ou de la ratification du présent protocole ou à tout moment par la suite, communiquer au Secrétaire général du Conseil de l'Europe une déclaration indiquant la mesure dans laquelle elle s'engage à ce que les dispositions du présent protocole s'appliquent à tels territoires qui sont désignés dans ladite déclaration et dont elle assure les relations internationales.

2. Toute Haute Partie contractante qui a communiqué une déclaration en vertu du paragraphe précédent peut, de temps à autre, communiquer une nouvelle déclaration modifiant les termes de toute déclaration antérieure ou mettant fin à l'application des dispositions du présent protocole sur un territoire quelconque.

3. Une déclaration faite conformément au présent article sera considérée comme ayant été faite conformément au paragraphe 1 de l'article 56 de la Convention.

4. Le territoire de tout État auquel le présent protocole s'applique en vertu de sa ratification ou de son acceptation par ledit État, et chacun des territoires auxquels le protocole s'applique en vertu d'une déclaration souscrite par ledit État conformément au présent article, seront considérés comme des territoires distincts aux fins des références au territoire d'un État faites par les articles 2 et 3.

5. Tout État qui a fait une déclaration conformément au paragraphe 1 ou 2 du présent article peut, à tout moment par la suite, déclarer relativement à un ou plusieurs des territoires visés dans cette déclaration qu'il accepte la compétence de la Cour pour connaître des requêtes de personnes physiques, d'organisations non gouvernementales ou de groupes de particuliers, comme le prévoit l'article 34 de la Convention, au titre des articles 1er à 4 du présent Protocole ou de certains d'entre eux.

Art. 6. – *Relations avec la Convention.* – 1. Les Hautes Parties contractantes considéreront les articles 1 à 5 de ce protocole comme des articles additionnels à la Convention et toutes les dispositions de la Convention s'appliqueront en conséquence.

Art. 7. – *Signature et ratification.* – 1. Le présent protocole est ouvert à la signature des membres du Conseil de l'Europe, signataires de la Convention ; il sera ratifié en même temps que la Convention ou après la ratification de celle-ci. Il entrera en vigueur après le dépôt de cinq instruments de ratification. Pour tout signataire qui le ratifiera ultérieurement, le protocole entrera en vigueur dès le dépôt de l'instrument de ratification.

2. Les instruments de ratification seront déposés près le Secrétaire général du Conseil de l'Europe qui notifiera à tous les Membres les noms de ceux qui l'auront ratifié.

En foi de quoi, les soussignés, dûment autorisés à cet effet, ont signé le présent protocole.

Fait à Strasbourg, le 16 septembre 1963, en français et en anglais, les deux textes faisant également foi, en un seul exemplaire qui sera déposé dans les archives du Conseil de l'Europe. Le Secrétaire général en communiquera copie certifiée conforme à chacun des États signataires.

Protocole n. 6

à la Convention européenne de sauvegarde des droits de l'homme et des libertés fondamentales
concernant l'abolition de la peine de mort
Signé à Strasbourg le 28 avril 1983. Ratification par la France le 17 février 1986
(L. n. 85-1485, 31 déc. 1985 : JO 1er janv. 1986)
Publication : D. n. 86-282, 28 févr. 1986 : *JO* 1er mars

Les États membres du Conseil de l'Europe, signataires du présent protocole à la Convention de sauvegarde des droits de l'homme et des libertés fondamentales, signée à Rome le 4 novembre 1950 (ci-après dénommée « la Convention »),

considérant que les développements intervenus dans plusieurs États membres du Conseil de l'Europe expriment une tendance générale en faveur de l'abolition de la peine de mort ;

sont convenus de ce qui suit :

Art. 1er. – *Abolition de la peine de mort.* – La peine de mort est abolie. Nul ne peut être condamné à une telle peine ni exécuté.

Art. 2. – *Peine de mort en temps de guerre.* – Un État peut prévoir dans sa législation la peine de mort pour des actes commis en temps de guerre ou de danger imminent de guerre ; une telle peine ne sera appliquée que dans les cas prévus par cette législation et conformément à ses dispositions. Cet État communiquera au Secrétaire général du Conseil de l'Europe les dispositions afférentes de la législation en cause.

Art. 3. – *Interdiction de dérogations.* – Aucune dérogation n'est autorisée aux dispositions du présent protocole au titre de l'article 15 de la Convention.

Art. 4. – *Interdiction de réserves.* – Aucune réserve n'est admise aux dispositions du présent protocole au titre de l'article 64 de la Convention.

Art. 5. – *Application territoriale.* – 1. Tout État peut, au moment de la signature ou au moment du dépôt de son instrument de ratification, d'acceptation ou d'approbation, désigner le ou les territoires auxquels s'appliquera le présent protocole.

2. Tout État peut, à tout autre moment par la suite, par une déclaration adressée au Secrétaire général du Conseil de l'Europe, étendre l'application du présent protocole à tout autre territoire désigné dans la déclaration. Le protocole entrera en vigueur à l'égard de ce territoire le premier jour du mois qui suit la date de réception de la déclaration par le Secrétaire général.

3. Toute déclaration faite en vertu des deux paragraphes précédents pourra être retirée, en ce qui concerne tout territoire désigné dans cette déclaration par notification adressée au Secrétaire général. Le retrait prendra effet le premier jour du mois qui suit la date de réception de la notification par le Secrétaire général.

Art. 6. – *Relations avec la Convention.* – Les États Parties considèrent les articles 1 à 5 du présent protocole comme des articles additionnels à la Convention et toutes les dispositions de la Convention s'appliquent en conséquence.

Art. 7. – *Signature et ratification.* – Le présent protocole est ouvert à la signature des États membres du Conseil de l'Europe, signataires de la Convention. Il sera soumis à ratification, acceptation ou approbation. Un État membre du Conseil de l'Europe ne pourra ratifier, accepter ou approuver le présent protocole sans avoir simultanément ou antérieurement ratifié la Convention. Les instruments de ratification, d'acceptation ou d'approbation seront déposés près le Secrétaire général du Conseil de l'Europe.

Art. 8. – *Entrée en vigueur.* – 1. Le présent protocole entrera en vigueur le premier jour du mois qui suit la date à laquelle cinq États membres du Conseil de l'Europe auront exprimé leur consentement à être liés par le Protocole conformément aux dispositions de l'article 7.

2. Pour tout État membre qui exprimera ultérieurement son consentement à être lié par le protocole, celui-ci entrera en vigueur le premier jour du mois qui suit la date du dépôt de l'instrument de ratification, d'acceptation ou d'approbation.

Art. 9. – *Fonctions du dépositaire.* – Le Secrétaire général du Conseil de l'Europe notifiera aux États membres du Conseil :

a) toute signature ;

b) le dépôt de tout instrument de ratification, d'acceptation ou d'approbation ;

c) toute date d'entrée en vigueur du présent protocole conformément à ses articles 5 et 8 ;

d) tout autre acte, notification ou communication ayant trait au présent Protocole.

En foi de quoi, les soussignés, dûment autorisés à cet effet, ont signé le présent protocole.

Fait à Strasbourg, le vingt-huit avril mil neuf cent quatre-vingt-trois, en français et en anglais, les deux textes faisant également foi, en un seul exemplaire qui sera déposé dans les archives du Conseil de l'Europe. Le Secrétaire général du Conseil de l'Europe en communiquera copie certifiée conforme à chacun des États membres du Conseil de l'Europe.

Accord européen du 5 mars 1996

concernant les personnes participant aux procédures devant
la Cour européenne des droits de l'homme,
fait à Strasbourg. Ratifié par la France.
(L. n. 98-993, 5 nov. 1998 : JO 6 nov.)
Publié D. n. 99-60, 25 janv. 1999 : *JO* 30 janv.
Entré en vigueur à l'égard de la France le 1er janvier 1999
Ratifié par la France (L. n. 83-1024, 2 déc. 1983 : JO 3 déc.)
Publié, D. n. 84-315, 19 avr. 1984 : *JO* 29 avr.
Entré en vigueur à l'égard de la France le 28 mars 1984

Art. 1er. – 1. Les personnes auxquelles le présent Accord s'applique sont :

a) Toutes les personnes qui participent à la procédure engagée devant la Cour, soit en tant que partie, soit comme représentant ou conseil d'une partie ;

b) Les témoins, les experts appelés par la Cour, ainsi que les autres personnes invitées par le Président de la Cour à participer à la procédure.

2. Aux fins d'application du présent Accord, le terme «Cour » désigne les comités, les chambres, le collège de la Grande Chambre, la Grande Chambre et les juges. L'expression « participer à la procédure » vise aussi toute communication tendant à l'introduction d'une requête dirigée contre un État partie à la Convention.

3. Dans le cas où, au cours de l'exercice par le Comité des ministres des fonctions qui lui sont dévolues par application de l'article 46, paragraphe 2, de la Convention, une personne visée au premier paragraphe ci-dessus est appelée à comparaître devant lui ou à lui soumettre des déclarations écrites, les dispositions du présent Accord s'appliquent également à cette personne.

Art. 2. – 1. Les personnes visées au premier paragraphe de l'article 1er du présent Accord jouissent de l'immunité de juridiction à l'égard de leurs déclarations faites oralement ou par écrit à la Cour, ainsi qu'à l'égard des pièces qu'elles lui soumettent.

2. Cette immunité ne s'applique pas à la communication en dehors de la Cour des déclarations faites ou de pièces produites devant la Cour.

Art. 3. – 1. Les Parties contractantes respectent le droit des personnes visées au premier paragraphe de l'article 1er du présent Accord de correspondre librement avec la Cour.

2. En ce qui concerne les personnes détenues, l'exercice de ce droit implique notamment que :

a) Leur correspondance doit être transmise et leur être remise sans délai excessif et sans altération ;

b) Ces personnes ne peuvent faire l'objet d'aucune mesure disciplinaire du fait d'une communication transmise à la Cour par les voies appropriées ;

c) Ces personnes ont le droit, au sujet d'une requête à la Cour et de toute procédure qui en résulte, de correspondre avec un conseil admis à plaider devant les tribunaux du pays où elles sont détenues et de s'entretenir avec lui sans pouvoir être entendues par quiconque d'autre.

3. Dans l'application des paragraphes précédents, il ne peut y avoir d'ingérence d'une autorité publique que pour autant que cette ingérence est prévue par la loi et qu'elle constitue une mesure nécessaire, dans une

société démocratique, à la sécurité nationale, à la recherche et à la poursuite d'une infraction pénale ou à la protection de la santé.

Art. 4. – 1. *a)* Les Parties contractantes s'engagent à ne pas empêcher les personnes visées au premier paragraphe de l'article 1er du présent Accord de circuler et de voyager librement pour assister à la procédure devant la Cour et en revenir.

b) Aucune autre restriction ne peut être imposée à ces mouvements et déplacements que celles qui, prévues par la loi, constituent des mesures nécessaires, dans une société démocratique, à la sécurité nationale, à la sûreté publique, au maintien de l'ordre public, à la prévention des infractions pénales, à la protection de la santé ou de la morale, ou à la protection des droits et libertés d'autrui.

2. *a)* Dans les pays de transit et dans le pays où se déroule la procédure, ces personnes ne peuvent être ni poursuivies, ni détenues, ni soumises à aucune autre restriction de leur liberté individuelle en raison de faits ou condamnations antérieurs au commencement du voyage.

b) Toute Partie contractante peut, au moment de la signature, de la ratification, de l'acceptation ou de l'approbation de cet Accord, déclarer que les dispositions de ce paragraphe ne s'appliqueront pas à ses propres ressortissants. Une telle déclaration peut être retirée à tout moment par notification adressée au Secrétaire général du Conseil de l'Europe.

3. Les Parties contractantes s'engagent à laisser rentrer ces personnes sur leur territoire lorsqu'elles y ont commencé leur voyage.

4. Les dispositions des paragraphes 1 et 2 du présent article cessent de s'appliquer lorsque la personne intéressée a eu la possibilité, pendant quinze jours consécutifs après que sa présence a cessé d'être requise par la Cour, de rentrer dans le pays où son voyage a commencé.

5. En cas de conflit entre les obligations résultant pour une Partie contractante du paragraphe 2 du présent article et celles résultant d'une convention du Conseil de l'Europe ou d'un traité d'extradition ou d'un autre traité relatif à l'entraide judiciaire en matière pénale conclu avec d'autres Parties contractantes, les dispositions du paragraphe 2 du présent article l'emportent.

Art. 5. – 1. Les immunités et facilités sont accordées aux personnes visées au premier paragraphe de l'article 1er du présent Accord uniquement en vue de leur assurer la liberté de parole et l'indépendance nécessaires à l'accomplissement de leurs fonctions, tâches ou devoirs, ou à l'exercice de leurs droits devant la Cour.

2. *a)* La Cour a seule qualité pour prononcer la levée totale ou partielle de l'immunité prévue au premier paragraphe de l'article 2 du présent Accord ; elle a non seulement le droit mais le devoir de lever l'immunité dans tous les cas où, à son avis, celle-ci entraverait le cours de la justice et où sa levée totale ou partielle ne nuirait pas au but défini au premier paragraphe du présent article.

b) L'immunité peut être levée par la Cour soit d'office, soit à la demande de toute Partie contractante ou de toute personne intéressée.

c) Les décisions prononçant la levée d'immunité ou la refusant sont motivées.

3. Si une Partie contractante atteste que la levée de l'immunité prévue au premier paragraphe de l'article 2 du présent Accord est nécessaire aux fins de poursuites pour atteinte à la sécurité nationale, la Cour doit lever l'immunité dans la mesure spécifiée dans l'attestation.

4. En cas de découverte d'un fait de nature à exercer une influence décisive et qui, à l'époque de la décision refusant la levée d'immunité, était inconnu de l'auteur de la demande, ce dernier peut saisir la Cour d'une nouvelle demande.

Art. 6. – Aucune des dispositions du présent Accord ne sera interprétée comme limitant ou dérogeant aux obligations assumées par les Parties contractantes en vertu de la Convention ou de ses protocoles.

Art. 7. – 1. Le présent Accord est ouvert à la signature des États membres du Conseil de l'Europe, qui peuvent exprimer leur consentement à être liés par :

a) Signature sans réserve de ratification, d'acceptation ou d'approbation ; ou

b) Signature sous réserve de ratification, d'acceptation ou d'approbation, suivie de ratification, d'acceptation ou d'approbation.

2. Les instruments de ratification, d'acceptation ou d'approbation seront déposés près le Secrétaire général du Conseil de l'Europe.

Art. 8. – 1. Le présent Accord entrera en vigueur le premier jour du mois qui suit l'expiration d'une période d'un mois après la date à laquelle dix États membres du Conseil de l'Europe auront exprimé leur consentement à être liés par l'Accord, conformément aux dispositions de l'article 7, si à cette date le Protocole n. 11 à la Convention est entrée en vigueur, ou à la date d'entrée en vigueur du Protocole n. 11 à la Convention, dans le cas contraire.

2. Pour tout État membre qui exprimera ultérieurement son consentement à être lié par l'Accord, celui-ci entrera en vigueur le premier jour du mois qui suit l'expiration d'une période d'un mois après la date de la signature ou du dépôt de l'instrument de ratification, d'acceptation ou d'approbation.

Art. 9. – 1. Tout État contractant peut, au moment du dépôt de son instrument de ratification, d'acceptation ou d'approbation, ou à tout autre moment par la suite, étendre l'application du présent Accord, par déclaration adressée au Secrétaire général du Conseil de l'Europe, à tout territoire désigné dans la déclaration et dont il assure les relations internationales ou pour lequel il est habilité à stipuler.

2. Le présent Accord entrera en vigueur à l'égard de tout territoire désigné en vertu du paragraphe 1 le premier jour du mois qui suit l'expiration d'une période d'un mois après la date de réception de la déclaration par le Secrétaire général.

3. Toute déclaration faite en vertu du paragraphe 1 pourra être retirée, en ce qui concerne tout territoire désigné dans cette déclaration, aux conditions prévues selon la procédure prévue pour la dénonciation par l'article 10 du présent Accord.

Art. 10. – 1. Le présent Accord demeurera en vigueur sans limitation de durée.

2. Toute Partie contractante pourra, en ce qui la concerne, dénoncer le présent Accord en adressant une notification au Secrétaire général du Conseil de l'Europe.

3. La dénonciation prendre effet six mois après la date de la réception de la notification par le Secrétaire général. Toutefois, une telle dénonciation ne peut avoir pour effet de délier la Partie contractante intéressée de toute obligation qui aurait pu naître en vertu du présent Accord à l'égard de toute personne visée au premier paragraphe de l'article 1er.

Art. 11. – Le Secrétaire général du Conseil de l'Europe notifiera aux États membres du Conseil :

a) Toute signature ;

b) Le dépôt de tout instrument de ratification, d'acceptation ou d'approbation ;

c) Toute date d'entrée en vigueur du présent Accord, conformément à ses articles 8 et 9 ;

d) Tout autre acte, notification ou communication ayant trait au présent Accord.

En foi de quoi, les soussignés, dûment autorisés à cet effet, ont signé le présent Accord.

Fait à Strasbourg, le 5 mars 1996, en français et en anglais, les deux textes faisant également foi, en un seul exemplaire qui sera déposé dans les archives du Conseil de l'Europe. Le Secrétaire général du Conseil de l'Europe en communiquera copie certifiée conforme à chacun des États membres du Conseil de l'Europe.

Déclaration de la République française

au moment de ratifier l'Accord européen
concernant les personnes participant aux procédures
devant la Cour européenne des droits de l'homme
(Publiée, D. n. 81-917, 9 oct. 1981 : JO 14 oct.)
Lettre du ministre français des Relations extérieures
au Secrétaire général du Conseil de l'Europe

1. La République française déclare qu'elle interprète le paragraphe 1 a de l'article 4 comme ne s'appliquant pas aux personnes détenues.

2. Pour l'application du paragraphe 1 de l'article 4, les ressortissants étrangers visés au paragraphe 1 de l'article 1er de l'Accord devront être munis des documents de circulation requis pour l'entrée en France et obtenir, s'il y a lieu, le visa nécessaire. Un visa dit « visa spécial » devra en outre être obtenu par les étrangers expulsés du territoire français.

Ces visas seront délivrés dans les délais les plus brefs par les représentants consulaires français compétents, sous réserve des dispositions du paragraphe 1 b de l'article 4 de l'Accord.

3. La République française déclare que, compte tenu des termes du paragraphe 4 de l'article 4, il interprète le paragraphe 2 a de cet article comme ne s'appliquant pas sur le territoire français aux personnes résidant habituellement en France.

Déclaration du 2 octobre 1981

d'acceptation du recours individuel en application de l'article 25
de la Convention européenne des droits de l'homme
en date du 4 novembre 1950 et de l'article 6 du protocole n. 4
à ladite Convention en date du 16 septembre 1963
(Publiée, D. n. 81-917, 9 oct. 1981 : *JO* 14 oct.)
Lettre du ministre français des Relations extérieures
au Secrétaire général du Conseil de l'Europe

Monsieur le Secrétaire général,

Au nom du Gouvernement de la République française, je déclare, conformément à l'article 25 de la Convention de sauvegarde des droits de l'homme et des libertés fondamentales, signée à Rome le 4 novembre 1950, et conformément au paragraphe 2 de l'article 6 du Protocole n. 4 à ladite Convention, signé à Strasbourg le 16 septembre 1963, reconnaître pour une période de cinq ans à compter de la présente déclaration, la compétence de la Commission européenne des droits de l'homme pour être saisie d'une requête adressée au Secrétaire général du Conseil de l'Europe par toute personne physique, toute organisation non gouvernementale ou tout groupe de particuliers, qui se prétend victime d'une violation par l'une des Hautes Parties contractantes, des droits reconnus dans la Convention et dans les articles 1er à 4 au protocole susmentionné.

Je vous prie d'agréer, Monsieur le Secrétaire général, l'assurance de ma haute considération.

Fait à Paris, le 2 octobre 1981.

Protocole n. 7

à la Convention européenne de sauvegarde des droits de l'homme et des libertés fondamentales
[Signé à Strasbourg] (Loi autorisant la ratification,
L. n. 85-1475, 31 déc. 1985 : JO 1er janv. 1986.
– Ratification par la France le 1er novembre 1988.
– Publication par D. n. 89-37, 24 janv. 1989 : *JO* 27 janv.)
Entrée en vigueur à l'égard de la France : le 1er novembre 1988

Les États membres du Conseil de l'Europe, signataires du présent protocole,

Résolus à prendre de nouvelles mesures propres à assurer la garantie collective de certains droits et libertés par la Convention de sauvegarde des droits de l'homme et des libertés fondamentales, signée à Rome le 4 novembre 1950 (ci-après dénommée « la Convention »),

sont convenus de ce qui suit :

Art. 1er. – *Garanties procédurales en cas d'expulsion d'étrangers.* – 1. Un étranger résidant régulièrement sur le territoire d'un État ne peut en être expulsé qu'en exécution d'une décision prise conformément à la loi et doit pouvoir :

a) Faire valoir les raisons qui militent contre son expulsion ;

b) Faire examiner son cas, et

c) Se faire représenter à ces fins devant l'autorité compétente ou une ou plusieurs personnes désignées par cette autorité.

2. Un étranger peut être expulsé avant l'exercice des droits énumérés au paragraphe 1. *a*, *b* et *c* de cet article lorsque cette expulsion est nécessaire dans l'intérêt de l'ordre public ou est basée sur des motifs de sécurité nationale.

Art. 2. – *Droit à un double degré de juridiction en matière pénale.* – 1. Toute personne déclarée coupable d'une infraction pénale par un tribunal a le droit de faire examiner par une juridiction supérieure la déclaration de culpabilité ou la condamnation. L'exercice de ce droit, y compris les motifs pour lesquels il peut être exercé, sont régis par la loi.

2. Ce droit peut faire l'objet d'exceptions pour des infractions mineures telles qu'elles sont définies par la loi ou lorsque l'intéressé a été jugé en première instance par la plus haute juridiction ou a été déclaré coupable et condamné à la suite d'un recours contre son acquittement.

1) Aux termes de l'article 2-1 du protocole n. 7 à la Convention européenne de sauvegarde des droits de l'homme et des libertés fondamentales, toute personne déclarée coupable d'une infraction pénale par un Tribunal a le droit de faire examiner par une juridiction supérieure la déclaration de culpabilité ou de condamnation. Mais, selon les réserves formulées par la France lors de la ratification de ce protocole entré en vigueur le 1er novembre 1968, l'examen par une juridiction supérieure peut se limiter à un contrôle de l'application de la loi, tel que le recours en cassation (Cass. crim., 19 déc. 1990 : *Bull.* 443).

2) Les dispositions de l'article 14-5 du Pacte international relatif aux droits civils et politiques et de l'article 2-1 du protocole, annexe n. 7 à la Convention européenne des droits de l'homme n'excluent pas que le ministère public, partie au procès pénal, puisse relever appel des décisions, y compris de relaxe, rendues par les juridictions répressives (Cass. crim., 29 juin 1999 : *Bull.* 158).

Art. 3. – *Droit d'indemnisation en cas d'erreur judiciaire.* – Lorsqu'une condamnation pénale définitive est ultérieurement annulée, ou lorsque la grâce est accordée, parce qu'un fait nouveau ou nouvellement révélé prouve qu'il s'est produit une erreur judiciaire, la personne qui a subi une peine en raison de cette condamnation est indemnisée, conformément à la loi ou à l'usage en vigueur dans l'État concerné, à moins qu'il ne soit prouvé que la non-révélation en temps utile du fait inconnu lui est imputable en tout ou en partie.

Art. 4. – *Droit à ne pas être jugé ou puni deux fois.* – 1. Nul ne peut être poursuivi ou puni pénalement par les juridictions du même État en raison d'une infraction pour laquelle il a déjà été acquitté ou condamné par un jugement définitif conformément à la loi et à la procédure pénale de cet État.

2. Les dispositions du paragraphe précédent n'empêchent pas la réouverture du procès, conformément à la loi et à la procédure pénale de l'État concerné, si des faits nouveaux ou nouvellement révélés ou un vice fondamental dans la procédure précédente sont de nature à affecter le jugement intervenu.

3. Aucune dérogation n'est autorisée au présent article au titre de l'article 15 de la Convention.

La règle *non bis in idem* consacrée par l'article 4 du protocole n. 7 additionnel à la Convention européenne des droits de l'homme ne trouve à s'appliquer, selon les réserves faites par la France en marge de ce protocole, que pour les infractions relevant en droit français de la compétence des tribunaux statuant en matière pénale et n'interdit pas le prononcé de sanctions disciplinaires parallèlement aux sanctions infligées par le juge répressif (Cass. crim., 27 mars 1997 : *Bull.* 128) ni celui de sanctions fiscales parallèlement aux peines infligés par le juge répressif (Cass. crim., 4 juin 1998 : *Bull.* 186).

Art. 5. – *Égalité entre époux.* – Les époux jouissent de l'égalité de droits et de responsabilités de caractère civil entre eux et dans leurs relations avec leurs enfants au regard du mariage, durant le mariage et lors de sa dissolution. Le présent article n'empêche pas les États de prendre les mesures nécessaires dans l'intérêt des enfants.

Art. 6. – *Application territoriale.* – 1. Tout État peut, au moment de la signature ou au moment du dépôt de son instrument de rati-fication, d'acceptation ou d'approbation, désigner le ou les territoires auxquels s'appliquera le présent protocole, en indiquant la mesure dans laquelle il s'engage à ce que les dispositions du présent protocole s'appliquent à ce ou ces territoires.

2. Tout État peut, à tout autre moment par la suite, par une déclaration adressée au secrétaire général du Conseil de l'Europe, étendre l'application du présent Protocole à tout autre territoire désigné dans la

déclaration. Le Protocole entrera en vigueur à l'égard de ce territoire le premier jour du mois qui suit l'expiration d'une période de deux mois après la date de réception de la déclaration par le secrétaire général.

3. Toute déclaration faite en vertu des deux paragraphes précédents pourra être retirée ou modifiée en ce qui concerne tout territoire désigné dans cette déclaration, par notification adressée au secrétaire général. Le retrait ou la modification prendra effet le premier jour du mois qui suit l'expiration d'une période de deux mois après la date de réception de la notification par le Secrétaire général.

4. Une déclaration faite conformément au présent article sera considérée comme ayant été faite conformément au paragraphe 1 de l'article 56 de la Convention.

5. Le territoire de tout État auquel le présent protocole s'applique en vertu de sa ratification, de son acceptation ou de son approbation par ledit État, et chacun des territoires auxquels le Protocole s'applique en vertu d'une déclaration souscrite par ledit État conformément au présent article, peuvent être considérés comme des territoires distincts aux fins de la référence au territoire d'un État faite par l'article 1er.

6. Tout État ayant fait une déclaration conformément au paragraphe 1 ou 2 du présent article peut, à tout moment par la suite, déclarer relativement à un ou plusieurs des territoires visés dans cette déclaration qu'il accepte la compétence de la Cour pour connaître des requêtes de personnes physiques, d'organisations non gouvernementales ou de groupes de particuliers, comme le prévoit l'article 34 de la Convention, au titre des articles 1er à 5 du présent Protocole.

Art. 7. – *Relations avec la Convention.* – 1. Les États Parties considèrent les articles 1 à 6 du présent protocole comme des articles additionnels à la Convention et toutes les dispositions de la Convention s'appliquent en conséquence.

Art. 8. – *Signature et ratification.* – Le présent protocole est ouvert à la signature des États membres du Conseil de l'Europe qui ont signé la Convention. Il sera soumis à ratification, acceptation ou approbation. Un État membre du Conseil de l'Europe ne peut ratifier, accepter ou approuver le présent protocole sans avoir simultanément ou antérieurement ratifié la Convention. Les instruments de ratification, d'acceptation ou d'approbation seront déposés près le Secrétaire général du Conseil de l'Europe.

Art. 9. – *Entrée en vigueur.* – 1. Le présent protocole entrera en vigueur le premier jour du mois qui suit l'expiration d'une période de deux mois après la date à laquelle sept États membres du Conseil de l'Europe auront exprimé leur consentement à être liés par le Protocole, conformément aux dispositions de l'article 8.

2. Pour tout État membre qui exprimera ultérieurement son consentement à être lié par le Protocole, celui-ci entrera en vigueur le premier jour du mois qui suit l'expiration d'une période de deux mois après la date du dépôt de l'instrument de ratification, d'acceptation ou d'approbation.

Art. 10. – *Fonctions du dépositaire.* – Le Secrétaire général du Conseil de l'Europe notifiera à tous les États membres du Conseil de l'Europe :

a) Toute signature ;

b) Le dépôt de tout instrument de ratification, d'acceptation ou d'approbation ;

c) Toute date d'entrée en vigueur du présent protocole, conformément à ses articles 6 et 9 ;

d) Tout autre acte, notification ou déclaration ayant trait au présent protocole.

En foi de quoi, les soussignés, dûment autorisés à cet effet, ont signé le présent protocole.

Fait à Strasbourg, le 22 novembre 1984, en français et en anglais, les deux textes faisant également foi, en un seul exemplaire qui sera déposé dans les archives du Conseil de l'Europe. Le Secrétaire général du Conseil de l'Europe en communiquera copie certifiée conforme à chacun des États membres du Conseil de l'Europe.

Déclarations et réserves
accompagnant l'instrument de ratification

Le Gouvernement de la République française déclare qu'au sens de l'article 2, paragraphe 1, l'examen par une juridiction supérieure peut se limiter à un contrôle de l'application de la loi, tel que le recours en cassation.

Le Gouvernement de la République française déclare que seules les infractions relevant en droit français de la compétence des tribunaux statuant en matière pénale doivent être regardées comme des infractions au sens des articles 2 à 4 du présent protocole.

Le Gouvernement de la République française déclare que l'article 5 ne doit pas faire obstacle à l'application des règles de l'ordre juridique français concernant la transmission du nom « patronymique ».

L'article 5 ne doit pas faire obstacle à l'application de dispositions du droit local dans la collectivité territoriale de Mayotte et les territoires de Nouvelle-Calédonie et des îles Wallis-et-Futuna.

Le Protocole n. 7 à la Convention de sauvegarde des droits de l'homme et des libertés fondamentales s'appliquera à l'ensemble du territoire de la République, compte tenu, en ce qui concerne les territoires d'outre-mer et la collectivité territoriale de Mayotte, des nécessités locales auxquelles l'article 63 de la Convention européenne des droits de l'homme et des libertés fondamentales fait référence.

Déclaration d'acceptation du droit de recours individuel
et de reconnaissance de la juridiction obligatoire de la Cour,
faite en application de l'article 7 du protocole n. 7
à la Convention de sauvegarde des droits de l'homme et des libertés fondamentales

(publiée D. n. 89-37, 24 janv. 1989 : JO 27 janv.)
(Lettre du ministre des Affaires étrangères au Secrétaire général du Conseil de l'Europe)

Monsieur le Secrétaire général,

Au nom du Gouvernement de la République française,

Et conformément à l'article 7 du Protocole n. 7 à la Convention de sauvegarde des droits de l'homme et des libertés fondamentales, signé à Strasbourg le 22 novembre 1984, qui entre en vigueur le 1er novembre 1988,

me référant aux déclarations faites par le Gouvernement français, l'une le 2 octobre 1981, l'autre le 20 octobre 1983, conformément aux articles 25 et 46 de la Convention de sauvegarde des droits de l'homme et des libertés fondamentales, déclarations renouvelées le 1er octobre 1986,

Je déclare :

– reconnaître à compter de la présente Déclaration et jusqu'à l'expiration de la période fixée dans la Déclaration précitée du 1er octobre 1986, la compétence de la Commission européenne des droits de l'homme pour être saisie d'une requête adressée au secrétaire général du Conseil de l'Europe par toute personne physique, toute organisation non gouvernementale ou tout groupe de particuliers, qui se prétend victime d'une violation, par la France, des droits reconnus dans les articles 1 à 5 du Protocole n. 7 susmentionné ;

– reconnaître également à compter de la présente Déclaration et jusqu'à l'expiration de la période fixée dans la Déclaration précitée du 1er octobre 1986 comme obligatoire de plein droit et sans convention spéciale à l'égard de toute autre Partie contractante acceptant la même obligation la juridiction de la Cour européenne des droits de l'homme sur toutes les affaires concernant l'interprétation et l'application du Protocole n. 7 susmentionné.

Je vous prie d'agréer, Monsieur le secrétaire général, l'assurance de ma haute considération.

Fait à Paris, le 1er novembre 1988.

Déclarations de renouvellement de l'acceptation du droit de recours individuel
et de la reconnaissance de la juridiction obligatoire de la Cour européenne des droits de l'homme,
en application des articles 25 et 46 de la Convention européenne de sauvegarde des droits de l'homme
et des libertés fondamentales du 4 novembre 1950, de l'article 6 du protocole n. 4
à ladite Convention en date du 16 septembre 1963 et de l'article 7 du protocole n. 7
à ladite Convention en date du 22 novembre 1984

(publiées D. n. 90-415, 14 mai 1990 : JO 19 mai)
(Lettres de Madame le ministre délégué aux Affaires étrangères
à Madame le Secrétaire général du Conseil de l'Europe)

Déclaration de renouvellement
de l'acceptation du droit de recours individuel

(prise d'effet : 25 sept. 1989)

Madame le Secrétaire général,

Au nom du Gouvernement de la République française, je déclare, conformément à l'article 25 de la Convention de sauvegarde des droits de l'homme et des libertés fondamentales, signée à Rome le 4 novembre 1950, conformément au paragraphe 2 de l'article 6 du protocole n. 4 à ladite Convention, signé à Strasbourg le 16 septembre 1963 et conformément à l'article 7 du Protocole n. 7 à ladite Convention, signé à Strasbourg le 22 novembre 1984, reconnaître, pour une nouvelle période de cinq ans à compter de la présente Déclaration, la compétence de la Commission européenne des droits de l'homme pour être saisie d'une requête adressée au Secrétaire général du Conseil de l'Europe par toute personne physique, toute organisation non gouvernementale ou tout groupe de particuliers, qui se prétend victime d'une violation, par l'une des Hautes Parties Contractantes, des droits reconnus dans la Convention, dans les articles 1er à 4 du Protocole n. 4 et dans les articles 1er à 5 du Protocole n. 7 susmentionnés.

Je vous prie d'agréer, Madame le Secrétaire général, l'assurance de ma haute considération.

Déclaration de renouvellement
de la reconnaissance de la juridiction obligatoire
de la Cour européenne des droits de l'homme

(prise d'effet : 25 sept. 1989)

Madame le Secrétaire général,

Au nom du Gouvernement de la République française, je déclare, conformément à l'article 46 de la Convention de sauvegarde des droits de l'homme et des libertés fondamentales, signée à Rome le 4 novembre 1950, conformément au paragraphe 2 de l'article 6 du Protocole n. 4 à ladite Convention, signé à Strasbourg le 16 septembre 1963 et conformément à l'article 7 du Protocole n. 7 à ladite Convention, signé à Strasbourg le 22 novembre 1984, reconnaître pour une nouvelle période de cinq ans à compter de la présente Déclaration, comme obligatoire de plein droit et sans convention spéciale à l'égard de toute autre Partie contractante acceptant la même obligation, la juridiction de la Cour européenne des droits de l'homme sur toutes les affaires concernant l'interprétation et l'application de ladite convention, des articles 1er à 4 du Protocole n. 4 et 1er à 5 du Protocole n. 7.

Je vous prie d'agréer, Madame le Secrétaire général, l'assurance de ma haute considération.

Protocole n. 11

à la Convention de sauvegarde des droits de l'homme
et des libertés fondamentales portant restructuration du mécanisme de contrôle
établi par la Convention (ensemble avec annexe)
fait à Strasbourg le 11 mai 1994
Publication par D. n. 98-1055, 18 nov. 1998 : *JO* 25 nov. 1998

(Les dispositions du protocole 11 et de l'annexe sont intégrées dans le texte de la Convention européenne)

....

Art. 4. – Le présent Protocole entrera en vigueur le premier jour du mois qui suit l'expiration d'une période d'un an après la date à laquelle toutes les parties à la Convention auront exprimé leur consentement à être liées par le Protocole conformément aux dispositions de l'article 3. L'élection des nouveaux juges pourra se faire, et toutes autres mesures nécessaires à l'établissement de la nouvelle Cour pourront être prises, conformément aux dispositions du présent Protocole, à partir de la date à laquelle toutes les Parties à la Convention auront exprimé leur consentement à être liées par le Protocole.

Art. 5. – 1. Sans préjudice des dispositions des paragraphes 3 et 4 ci-dessous, le mandat des juges, membres de la Commission, greffier et greffier adjoint expire à la date d'entrée en vigueur du présent Protocole.

2. Les requêtes pendantes devant la Commission qui n'ont pas encore été déclarées recevables à la date d'entrée en vigueur du présent Protocole sont examinées par la Cour conformément aux dispositions du présent Protocole.

3. Les requêtes déclarées recevables à la date d'entrée en vigueur du présent Protocole continuent d'être traitées par les membres de la Commission dans l'année qui suit. Toutes les affaires dont l'examen n'est pas

terminé durant cette période sont transmises à la Cour qui les examine, en tant que requêtes recevables, conformément aux dispositions du présent Protocole.

4. Pour les requêtes pour lesquelles la Commission, après l'entrée en vigueur du présent Protocole, a adopté un rapport conformément à l'ancien article 31 de la Convention, le rapport est transmis aux parties qui n'ont pas la faculté de le publier. Conformément aux dispositions applicables avant l'entrée en vigueur du présent Protocole, une affaire peut être déférée à la Cour. Le collège de la Grande Chambre détermine si l'une des Chambres ou la Grande Chambre doit se prononcer sur l'affaire. Si une Chambre se prononce sur l'affaire, sa décision est définitive. Les affaires non déférées à la Cour sont examinées par le Comité des ministres agissant conformément aux dispositions de l'ancien article 32 de la Convention.

5. Les affaires pendantes devant la Cour dont l'examen n'est pas encore achevé à la date d'entrée en vigueur du présent Protocole sont transmises à la Grande Chambre de la Cour, qui se prononce sur l'affaire conformément aux dispositions de ce Protocole.

6. Les affaires pendantes devant le Comité des ministres dont l'examen en vertu de l'ancien article 32 n'est pas encore achevé à la date d'entrée en vigueur du présent Protocole sont réglées par le Comité des ministres agissant conformément à cet article.

Art. 6. – Dès lors qu'une Haute Partie contractante a reconnu la compétence de la Commission ou la juridiction de la Cour par la déclaration prévue à l'ancien article 25 ou à l'ancien article 46 de la Convention, uniquement pour les affaires postérieures, ou fondées sur des faits postérieurs, à ladite déclaration, cette restriction continuera à s'appliquer à la juridiction de la Cour aux termes du présent Protocole.

Convention européenne

pour la prévention de la torture
et des peines ou traitements inhumains ou dégradants (ensemble une annexe)

Décret n. 89-283 du 2 mai 1989
portant publication de la Convention européenne
pour la prévention de la torture et des peines
ou traitements inhumains ou dégradants (ensemble une annexe),
faite à Strasbourg le 26 novembre 1987 (*JO*6 mai 1989)

Vu le décret n. 74-360 du 3 mai 1974 portant publication de la Convention européenne de sauvegarde des droits de l'homme et des libertés fondamentales, signée le 4 novembre 1950, de ses protocoles additionnels n. 1, 3, 4, et 5, signés les 20 mars 1952, 6 mai 1963, 16 septembre 1963 et 20 janvier 1966, ainsi que des déclarations et réserves qui ont été formulées par le Gouvernement de la République française lors de la ratification ;

Vu la loi n. 88-1243 du 30 décembre 1988 autorisant l'approbation d'une convention européenne pour la prévention de la torture et des peines ou traitements inhumains ou dégradants.

....

Les États membres du Conseil de l'Europe, signataires de la présente Convention,

Vu les dispositions de la Convention de sauvegarde des droits de l'homme et des libertés fondamentales ;

Rappelant qu'aux termes de l'article 3 de la même Convention, « nul ne peut être soumis à la torture ni à des peines ou traitements inhumains ou dégradants » ;

Constatant que les personnes qui se prétendent victimes de violations de l'article 3 peuvent se prévaloir du mécanisme prévu par cette Convention ;

Convaincus que la protection des personnes privées de liberté contre la torture et les peines ou traitements inhumains ou dégradants pourrait être renforcée par un mécanisme non judiciaire, à caractère préventif, fondé sur des visites,

sont convenus de ce qui suit :

CHAPITRE I

Art. 1er. – Il est institué un Comité européen pour la prévention de la torture et des peines ou traitements inhumains ou dégradants (ci-après dénommé : « le Comité »). Par le moyen de visites, le Comité examine le traitement des personnes privées de liberté en vue de renforcer, le cas échéant, leur protection contre la torture et les peines ou traitements inhumains ou dégradants.

Art. 2. – Chaque Partie autorise la visite, conformément à la présente Convention, de tout lieu relevant de sa juridiction où des personnes sont privées de liberté par une autorité publique.

Art. 3. – Le Comité et les autorités nationales compétentes de la Partie concernée coopèrent en vue de l'application de la présente Convention.

CHAPITRE II

Art. 4. – 1. Le Comité se compose d'un nombre de membres égal à celui des Parties.

2. Les membres du Comité sont choisis parmi des personnalités de haute moralité, connues pour leur compétence en matière de droits de l'homme ou ayant une expérience professionnelle dans les domaines dont traite la présente Convention.

3. Le Comité ne peut comprendre plus d'un national du même État.

4. Les membres siègent à titre individuel, sont indépendants et impartiaux dans l'exercice de leurs mandats et se rendent disponibles pour remplir leurs fonctions de manière effective.

Art. 5. – 1. Les membres du Comité sont élus par le Comité des ministres du Conseil de l'Europe à la majorité absolue des voix, sur une liste de noms dressée par le bureau de l'assemblée consultative du Conseil de l'Europe ; la délégation nationale à l'assemblée consultative de chaque Partie présente trois candidats dont deux au moins sont de sa nationalité.

2. La même procédure est suivie pour pourvoir les sièges devenus vacants.

3. Les membres du Comité sont élus pour une durée de quatre ans. Ils ne sont rééligibles qu'une fois. Toutefois, en ce qui concerne les membres désignés à la première élection, les fonctions de trois membres prendront fin à l'issue d'une période de deux ans. Les membres dont les fonctions prendront fin au terme de la période initiale de deux ans sont désignés par tirage au sort effectué par le secrétaire général du Conseil de l'Europe immédiatement après qu'il aura été procédé à la première élection.

Art. 6. – 1. Le Comité siège à huis clos. Le quorum est constitué par la majorité de ses membres. Les décisions du Comité sont prises à la majorité des membres présents, sous réserve des dispositions de l'article 10, paragraphe 2.

2. Le Comité établit son règlement intérieur.

3. Le secrétariat du Comité est assuré par le secrétaire général du Conseil de l'Europe.

CHAPITRE III

Art. 7. – 1. Le Comité organise la visite des lieux visés à l'article 2. Outre des visites périodiques, le Comité peut organiser tout autre visite lui paraissant exigée par les circonstances.

2. Les visites sont effectuées en règle générale par au moins deux membres du Comité. Ce dernier peut, s'il l'estime nécessaire, être assisté par des experts et des interprètes.

Art. 8. – 1. Le Comité notifie au gouvernement de la Partie concernée son intention d'effectuer une visite. À la suite d'une telle notification, le Comité est habilité à visiter, à tout moment, les lieux visés à l'article 2.

2. Une partie doit fournir au Comité les facilités suivantes pour l'accomplissement de sa tâche :

a) L'accès à son territoire et le droit de s'y déplacer sans restrictions ;

b) Tous renseignements sur les lieux où se trouvent des personnes privées de liberté ;

c) La possibilité de se rendre à son gré dans tout lieu où se trouvent des personnes privées de liberté, y compris le droit de se déplacer sans entrave à l'intérieur de ces lieux ;

d) Toute autre information dont dispose la Partie et qui est nécessaire au Comité pour l'accomplissement de sa tâche. En recherchant cette information, le Comité tient compte des règles de droit et de déontologie applicables au niveau national.

3. Le Comité peut s'entretenir sans témoin avec les personnes privées de liberté.

4. Le Comité peut entrer en contact librement avec toute personne dont il pense qu'elle peut lui fournir des informations utiles.

5. S'il y a lieu, le Comité communique sur-le-champ des observations aux autorités compétentes de la Partie concernée.

Art. 9. – 1. Dans des circonstances exceptionnelles, les autorités compétentes de la Partie concernée peuvent faire connaître au Comité leurs objections à la visite au moment envisagé par le Comité ou au lieu déterminé que ce Comité a l'intention de visiter. De telles objections ne peuvent être faites que pour des motifs de défense nationale ou de sûreté publique ou en raison de troubles graves dans les lieux où des personnes sont privées de liberté, de l'état de santé d'une personne ou d'un interrogatoire urgent, dans une enquête en cours, en relation avec une infraction pénale grave.

2. Suite à de telles objections, le Comité et la Partie se consultent immédiatement afin de clarifier la situation et pour parvenir à un accord sur des dispositions permettant au Comité d'exercer ses fonctions aussi rapidement que possible. Ces dispositions peuvent comprendre le transfert dans un autre endroit de toute personne que le Comité a l'intention de visiter. En attendant que la visite puisse avoir lieu, la Partie fournit au Comité des informations sur toute personne concernée.

Art. 10. – 1. Après chaque visite, le Comité établit un rapport sur les faits constatés à l'occasion de celle-ci en tenant compte de toutes observations éventuellement présentées par la Partie concernée. Il transmet à cette dernière son rapport qui contient les recommandations qu'il juge nécessaires. Le Comité peut entrer en consultation avec la Partie en vue de suggérer, s'il y a lieu, des améliorations dans la protection des personnes privées de liberté.

2. Si la Partie ne coopère pas ou refuse d'améliorer la situation à la lumière des recommandations du Comité, celui-ci peut décider, à la majorité des deux tiers de ses membres, après que la Partie aura eu la possibilité de s'expliquer, de faire une déclaration publique à ce sujet.

Art. 11. – 1. Les informations recueillies par le Comité à l'occasion d'une visite, son rapport et ses consultations avec la Partie concernée sont confidentiels.

2. Le Comité publie son rapport ainsi que tout commentaire de la Partie concernée, lorsque celle-ci le demande.

3. Toutefois, aucune donnée à caractère personnel ne doit être rendue publique sans le consentement explicite de la personne concernée.

Art. 12. – Chaque année, le Comité soumet au Comité des ministres, en tenant compte des règles de confidentialité prévues à l'article 11, un rapport général sur ses activités, qui est transmis à l'assemblée consultative et rendu public.

Art. 13. – Les membres du Comité, les experts et les autres personnes qui l'assistent sont soumis, durant leur mandat et après son expiration, à l'obligation de garder secrets les faits ou informations dont ils ont connaissance dans l'accomplissement de leurs fonctions.

Art. 14. – 1. Les noms des personnes qui assistent le Comité sont indiqués dans la notification faite en vertu de l'article 8, paragraphe 1.

2. Les experts agissent sur les instructions et sous la responsabilité du Comité. Ils doivent posséder une compétence et une expérience propres aux matières relevant de la présente Convention et sont liés par les mêmes obligations d'indépendance, d'impartialité et de disponibilité que les membres du Comité.

3. Exceptionnellement, une Partie peut déclarer qu'un expert ou une autre personne qui assiste le Comité ne peut pas être admis à participer à la visite d'un lieu relevant de sa juridiction.

CHAPITRE IV

Art. 15. – Chaque Partie communique au Comité le nom et l'adresse de l'autorité compétente pour recevoir les notifications adressées à son Gouvernement et ceux de tout agent de liaison qu'elle peut avoir désigné.

Art. 16. – Le Comité, ses membres et les experts mentionnés à l'article 7, paragraphe 2, jouissent des privilèges et immunités prévus par l'annexe à la présente Convention.

Art. 17. – 1. La présente Convention ne porte pas atteinte aux dispositions de droit interne ou des accords internationaux qui assurent une plus grande protection aux personnes privées de liberté.

2. Aucune disposition de la présente Convention ne peut être interprétée comme une limite ou une dérogation aux compétences des organes de la Convention européenne des droits de l'homme ou aux obligations assumées par les Parties en vertu de cette Convention.

3. Le Comité ne visitera pas les lieux que des représentants ou délégués de puissances protectrices ou du Comité international de la Croix-Rouge visitent effectivement et régulièrement en vertu des Conventions de Genève du 12 août 1949 et de leurs Protocoles additionnels du 8 juin 1977.

CHAPITRE V

Art. 18. – La présente Convention est ouverte à la signature des États membres du Conseil de l'Europe. Elle sera soumise à ratification, acceptation ou approbation. Les instruments de ratification, d'acceptation ou d'approbation seront déposés près le secrétaire général du Conseil de l'Europe.

Art. 19. – 1. La présente Convention entrera en vigueur le premier jour du mois qui suit l'expiration d'une période de trois mois après la date à laquelle sept États membres du Conseil de l'Europe auront exprimé leur consentement à être liés par la Convention conformément aux dispositions de l'article 18.

2. Pour tout État membre qui exprimera ultérieurement son consentement à être lié par la Convention, celle-ci entrera en vigueur le premier jour du mois qui suit l'expiration d'une période de trois mois après la date du dépôt de l'instrument de ratification, d'acceptation ou d'approbation.

Art. 20. – 1. Tout État peut, au moment de la signature ou au moment du dépôt de son instrument de ratification, d'acceptation ou d'approbation, désigner le ou les territoires auxquels s'appliquera la présente Convention.

2. Tout État peut, à tout autre moment par la suite, par une déclaration adressée au secrétaire général du Conseil de l'Europe, étendre l'application de la présente Convention à tout autre territoire désigné dans la déclaration. La Convention entrera en vigueur à l'égard de ce territoire le premier jour du mois qui suit l'expiration d'une période de trois mois après la date de réception de la déclaration par le secrétaire général.

3. Toute déclaration faite en vertu des deux paragraphes précédents pourra être retirée, en ce qui concerne tout territoire désigné dans cette déclaration, par notification adressée au secrétaire général. Le retrait prendra effet le premier jour du mois qui suit l'expiration d'une période de trois mois après la date de réception de la notification par le secrétaire général.

Art. 21. – Aucune réserve n'est admise aux dispositions de la présente Convention.

Art. 22. – 1. Toute Partie peut, à tout moment, dénoncer la présente Convention en adressant une notification au secrétaire général du Conseil de l'Europe.

2. La dénonciation prendra effet le premier jour du mois qui suit l'expiration d'une période de douze mois après la date de réception de la notification par le secrétaire général.

Art. 23. – Le secrétaire général du Conseil de l'Europe notifiera aux États membres du Conseil de l'Europe :

a) Toute signature ;

b) Le dépôt de tout instrument de ratification, d'acceptation ou d'approbation ;

c) Toute date d'entrée en vigueur de la présente Convention conformément à ses articles 19 et 20 ;

d) Tout autre acte, notification ou communication ayant trait à la présente Convention, à l'exception des mesures prévues aux articles 8 et 10.

Fait à Strasbourg, le 26 novembre 1987.

ANNEXE

PRIVILÈGES ET IMMUNITÉS

Art. 16. – 1. Aux fins de la présente annexe, les références aux membres du Comité incluent les experts mentionnés à l'article 7, paragraphe 2.

2. Les membres du Comité jouissent, pendant l'exercice de leurs fonctions ainsi qu'au cours des voyages accomplis dans l'exercice de leurs fonctions, des privilèges et immunités suivants :

a) Immunités d'arrestation ou de détention et de saisie de leurs bagages personnels et, en ce qui concerne les actes accomplis par eux en leur qualité officielle, y compris leurs paroles et écrits, immunités de toute juridiction ;

b) Exemption à l'égard de toutes mesures restrictives à leur liberté de mouvement : sortie de et rentrée dans leur pays de résidence et entrée dans le et sortie du pays dans lequel ils exercent leurs fonctions, ainsi qu'à l'égard de toute formalités d'enregistrement des étrangers, dans les pays visités ou traversés par eux dans l'exercice de leurs fonctions.

3. Au cours des voyages accomplis dans l'exercice de leurs fonctions, les membres du Comité se voient accorder, en matière de douane et de contrôle des changes :

a) Par leur propre Gouvernement, les mêmes facilités que celles reconnues aux hauts fonctionnaires se rendant à l'étranger en mission officielle temporaire ;

b) Par les gouvernements des autres Parties, les mêmes facilités que celles reconnues aux représentants de gouvernements étrangers en mission officielle temporaire.

4. Les documents et papiers du Comité sont inviolables, pour autant qu'ils concernent l'activité du Comité. La correspondance officielle et autres communications officielles du Comité ne peuvent être retenues ou censurées.

5. En vue d'assurer aux membres du Comité une complète liberté de parole et une complète indépendance dans l'accomplissement de leurs fonctions, l'immunité de juridiction en ce qui concerne les paroles ou les écrits ou les actes émanant d'eux dans l'accomplissement de leurs fonctions continuera à leur être accordée même après que le mandat de ces personnes aura pris fin.

6. Les privilèges et immunités sont accordés aux membres du Comité, non pour leur bénéfice personnel, mais dans le but d'assurer en toute indépendance l'exercice de leurs fonctions. Le Comité a seul qualité pour prononcer la levée des immunités ; il a non seulement le droit, mais le devoir de lever l'immunité d'un des membres dans tous les cas où, à son avis, l'immunité empêcherait que justice ne soit faite et où l'immunité peut être levée sans nuire au but pour lequel elle est accordée.

Convention européenne

relative au dédommagement des victimes d'infractions violentes
Faite à Strasbourg le 24 nov. 1983. Entrée en vigueur le 1er juin 1990

Décret n. 90-447 du 29 mai 1990 *(JO 1er juin 1990)*

Les États membres du Conseil de l'Europe, signataires de la présente Convention,

Considérant que le but du Conseil de l'Europe est de réaliser une union plus étroite entre ses membres ;

Considérant que, pour des raisons d'équité et de solidarité sociale, il est nécessaire de se préoccuper de la situation des personnes victimes d'infractions intentionnelles de violence qui ont subi des atteintes au corps ou à la santé ou des personnes qui étaient à la charge de victimes décédées à la suite de telles infractions ;

Considérant qu'il est nécessaire d'introduire ou de développer des régimes de dédommagement de ces victimes par l'État sur le territoire duquel de telles infractions ont été commises, notamment pour les cas où l'auteur de l'infraction est inconnu ou sans ressources ;

Considérant qu'il est nécessaire d'établir des dispositions minimales dans le domaine considéré ;

Vu la résolution (77) 27 du Comité des ministres du Conseil de l'Europe sur le dédommagement des victimes d'infractions pénales, sont convenus de ce qui suit :

TITRE PREMIER. – PRINCIPES FONDAMENTAUX

Art. 1er. – Les Parties s'engagent à prendre les dispositions nécessaires pour donner effet aux principes énoncés au titre Ier de la présente Convention.

Art. 2. – 1. Lorsque la réparation ne peut être entièrement assurée par d'autres sources, l'État doit contribuer au dédommagement :

a) De ceux qui ont subi de graves atteintes au corps ou à la santé résultant directement d'une infraction intentionnelle de violence ;

b) De ceux qui étaient à la charge de la personne décédée à la suite d'une telle infraction.

2. Le dédommagement prévu à l'alinéa précédent sera accordé même si l'auteur ne peut pas être poursuivi ou puni.

Art. 3. – L'indemnité sera accordée par l'État sur le territoire duquel l'infraction a été commise :

a) Aux ressortissants des États Parties à la présente Convention ;

b) Aux ressortissants de tous les États membres du Conseil de l'Europe qui résident en permanence dans l'État sur le territoire duquel l'infraction a été commise.

Art. 4. – Le dédommagement couvrira au moins, selon le cas, les éléments suivants du préjudice : perte de revenus, frais médicaux et d'hospitalisation, frais funéraires et, en ce qui concerne les personnes à charge, perte d'aliments.

Art. 5. – Le régime de dédommagements peut fixer au besoin, pour l'ensemble ou pour les éléments de l'indemnité, une limite supérieure au-dessus de laquelle et un seuil minimum au-dessous duquel aucun dédommagement ne sera versé.

Art. 6. – Le régime de dédommagement peut fixer un délai dans lequel les requêtes en dédommagement doivent être introduites.

Art. 7. – Le dédommagement peut être réduit ou supprimé compte tenu de la situation financière du requérant.

Art. 8. – 1. Le dédommagement peut être réduit ou supprimé en raison du comportement de la victime ou du requérant avant, pendant ou après l'infraction, ou en relation avec le dommage causé.

2. Le dédommagement peut aussi être réduit ou supprimé si la victime ou le requérant est impliqué(e) dans la criminalité organisée ou appartient à une organisation qui se livre à des infractions de violence.

3. Le dédommagement peut également être réduit ou supprimé dans le cas où une réparation, totale ou partielle, serait contraire au sens de la justice ou à l'ordre public.

Art. 9. – Afin d'éviter un double dédommagement, l'État ou l'autorité compétente peut imputer sur le dédommagement accordé ou réclamer à la personne indemnisée toute somme, relative au préjudice, reçue du délinquant, de la sécurité sociale, d'une assurance ou provenant de toute autre source.

Art. 10. – L'État ou l'autorité compétente peut être subrogé(e) dans les droits de la personne indemnisée à concurrence du montant versé.

Art. 11. – Les Parties s'engagent à prendre les mesures appropriées afin que des informations concernant le régime de dédommagement soient à la disposition des requérants potentiels.

TITRE II. – COOPÉRATION INTERNATIONALE

Art. 12. – Sous réserve de l'application des accords bilatéraux ou multilatéraux d'assistance mutuelle conclus entre États contractants, les autorités compétentes des Parties doivent s'accorder mutuellement, sur demande, la plus large assistance possible dans le domaine couvert par la présente Convention. Dans ce but, chaque État contractant désignera une autorité centrale chargée de recevoir les demandes d'assistance et d'y donner suite et en informera le secrétaire général du Conseil de l'Europe lors du dépôt de son instrument de ratification, d'acceptation, d'approbation ou d'adhésion.

Art. 13. – 1. Le Comité européen pour les problèmes criminels (CDPC) du Conseil de l'Europe sera tenu informé de l'application de la présente Convention.

2. À cette fin, chaque Partie transmettra au secrétaire général du Conseil de l'Europe toute information utile concernant ses dispositions législatives ou réglementaires relatives aux questions couvertes par la Convention.

TITRE III. – CLAUSES FINALES

....

Déclarations

« Pour l'application de l'article 3, le Gouvernement de la République française déclare :

« – en ce qui concerne les ressortissants des États membres des Communautés européennes, qu'ils sont assimilés aux ressortissants français ;

« – en ce qui concerne les ressortissants des États non membres des Communautés européennes, qu'ils sont considérés comme résidant en permanence en France, aux termes du paragraphe *b,* lorsqu'ils sont titulaires d'une carte de résident.

« Conformément à l'article 12, le Gouvernement de la République française désigne le bureau de la protection des victimes et de la prévention du ministère de la Justice, 13, place Vendôme, 75042 Paris Cedex 01, en tant qu'autorité centrale chargé de recevoir et de traiter les demandes d'assistance.

« Les demandes d'indemnité présentées en application de la présente Convention seront examinées par la commission prévue à l'article 706-4 du code français de procédure pénale, conformément aux dispositions des articles 706-3 à 706-12 dudit code ».

NATIONS UNIES

Déclaration universelle des droits de l'homme

Adoptée et proclamée par l'Assemblée générale des Nations unies, le 10 déc. 1948

Préambule

Considérant que la reconnaissance de la dignité inhérente à tous les membres de la famille humaine et de leurs droits égaux et inaliénables constitue le fondement de la liberté, de la justice et de la paix dans le monde,

Considérant que la méconnaissance et le mépris des droits de l'homme ont conduit à des actes de barbarie qui révoltent la conscience de l'humanité et que l'avènement d'un monde où les êtres humains seront libres de parler et de croire, libérés de la terreur et de la misère, a été proclamé comme la plus haute aspiration de l'homme,

Considérant qu'il est essentiel que les droits de l'homme soient protégés par un régime de droit pour que l'homme ne soit pas contraint, en suprême recours, à la révolte contre la tyrannie et l'oppression,

Considérant qu'il est essentiel d'encourager le développement de relations amicales entre nations,

Considérant que dans la Charte les peuples des Nations unies ont proclamé à nouveau leur foi dans les droits fondamentaux de l'homme, dans la dignité et la valeur de la personne humaine, dans l'égalité des droits des hommes et des femmes, et qu'ils se sont déclarés résolus à favoriser le progrès social et à instaurer de meilleures conditions de vie dans une liberté plus grande,

Considérant que les États membres se sont engagés à assurer, en coopération avec l'Organisation des Nations unies, le respect universel et effectif des droits de l'homme et des libertés fondamentales,

Considérant qu'une conception commune de ces droits et libertés est de la plus haute importance pour remplir pleinement cet engagement,

L'Assemblée générale proclame

La présente Déclaration universelle des droits de l'homme comme l'idéal commun à atteindre par tous les peuples et toutes les nations afin que tous les individus et tous les organes de la société, ayant cette Déclaration constamment à l'esprit, s'efforcent, par l'enseignement et l'éducation, de développer le respect de ces droits et libertés et d'en assurer, par des mesures progressives d'ordre national et international, la reconnaissance et l'application universelles et effectives, tant parmi les populations des États membres eux-mêmes que parmi celles des territoires placés sous leur juridiction.

Art. 1er. – Tous les êtres humains naissent libres et égaux en dignité et en droits. Ils sont doués de raison et de conscience et doivent agir les uns envers les autres dans un esprit de fraternité.

Art. 2. – Chacun peut se prévaloir de tous les droits et de toutes les libertés proclamés dans la présente Déclaration, sans distinction aucune, notamment de race, de couleur, de sexe, de langue, de religion, d'opinion politique ou de toute autre opinion, d'origine nationale ou sociale, de fortune, de naissance ou de toute autre situation.

De plus, il ne sera fait aucune distinction fondée sur le statut politique, juridique ou international du pays ou du territoire dont une personne est ressortissante, que ce pays ou territoire soit indépendant, sous tutelle, non autonome ou soumis à une limitation quelconque de souveraineté.

Art. 3. – Tout individu a droit à la vie, à la liberté et à la sûreté de sa personne.

Art. 4. – Nul ne sera tenu en esclavage ni en servitude : l'esclavage et la traite des esclaves sont interdits sous toutes leurs formes.

Art. 5. – Nul ne sera soumis à la torture ni à des peines ou traitements cruels, inhumains ou dégradants.

Art. 6. – Chacun a le droit à la reconnaissance en tous lieux de sa personnalité juridique.

Art. 7. – Tous sont égaux devant la loi et ont droit sans distinction à une égale protection de la loi. Tous ont droit à une protection égale contre toute discrimination qui violerait la présente Déclaration et contre toute provocation à une telle discrimination.

Art. 8. – Toute personne a droit à un recours effectif devant les juridictions nationales compétentes contre les actes violant les droits fondamentaux qui lui sont reconnus par la constitution ou par la loi.

Art. 9. – Nul ne peut être arbitrairement arrêté, détenu ou exilé.

Art. 10. – Toute personne a droit, en pleine égalité, à ce que sa cause soit entendue équitablement et publiquement par un tribunal indépendant et impartial, qui décidera soit de ses droits et obligations, soit du bien-fondé de toute accusation en matière pénale dirigée contre elle.

Art. 11. – 1. Toute personne accusée d'un acte délictueux est présumée innocente jusqu'à ce que sa culpabilité ait été légalement établie au cours d'un procès public où toutes les garanties nécessaires à sa défense lui auront été assurées.

2. Nul ne sera condamné pour des actions ou omissions qui, au moment où elles ont été commises, ne constituaient pas un acte délictueux d'après le droit national ou international. De même, il ne sera infligé aucune peine plus forte que celle qui était applicable au moment où l'acte délictueux a été commis.

Art. 12. – Nul ne sera l'objet d'immixtions arbitraires dans sa vie privée, sa famille, son domicile ou sa correspondance, ni d'atteintes à son honneur et à sa réputation. Toute personne a droit à la protection de la loi contre de telles immixtions ou de telles atteintes.

Art. 13. – 1. Toute personne a le droit de circuler librement et de choisir sa résidence à l'intérieur d'un État.

2. Toute personne a le droit de quitter tout pays, y compris le sien, et de revenir dans son pays.

Art. 14. – 1. Devant la persécution, toute personne a le droit de chercher asile et de bénéficier de l'asile en d'autres pays.

2. Ce droit ne peut être invoqué dans le cas de poursuites réellement fondées sur un crime de droit commun ou sur des agissements contraires aux buts et aux principes des Nations unies.

Art. 15. – 1. Tout individu a droit à une nationalité.

2. Nul ne peut être arbitrairement privé de sa nationalité ni du droit de changer de nationalité.

Art. 16. – 1. À partir de l'âge nubile, l'homme et la femme, sans aucune restriction quant à la race, la nationalité ou la religion, ont le droit de se marier et de fonder une famille. Ils ont des droits égaux au regard du mariage, durant le mariage et lors de sa dissolution.

2. Le mariage ne peut être conclu qu'avec le libre et plein consentement des futurs époux.

3. La famille est l'élément naturel et fondamental de la société et a droit à la protection de la société et de l'État.

Art. 17. – 1. Toute personne, aussi bien seule qu'en collectivité, a droit à la propriété.

2. Nul ne peut être arbitrairement privé de sa propriété.

Art. 18. – Toute personne a droit à la liberté de pensée, de conscience et de religion ; ce droit implique la liberté de changer de religion ou de conviction ainsi que la liberté de manifester sa religion ou sa conviction seule ou en commun, tant en public qu'en privé, par l'enseignement, les pratiques, le culte et l'accomplissement des rites.

Art. 19. – Tout individu a droit à la liberté d'opinion et d'expression, ce qui implique le droit de ne pas être inquiété pour ses opinions et celui de chercher, de recevoir et de répandre, sans considérations de frontières, les informations et les idées par quelque moyen d'expression que ce soit.

Art. 20. – 1. Toute personne a droit à la liberté de réunion et d'association pacifiques.

2. Nul ne peut être obligé de faire partie d'une association.

Art. 21. – 1. Toute personne a le droit de prendre part à la direction des affaires publiques de son pays, soit directement, soit par l'intermédiaire de représentants librement choisis.

2. Toute personne a droit à accéder, dans des conditions d'égalité, aux fonctions publiques de son pays.

3. La volonté du peuple est le fondement de l'autorité des pouvoirs publics ; cette volonté doit s'exprimer par des élections honnêtes qui doivent avoir lieu périodiquement, au suffrage universel égal et au vote secret ou suivant une procédure équivalente assurant la liberté du vote.

Art. 22. – Toute personne, en tant que membre de la société, a droit à la sécurité sociale ; elle est fondée à obtenir la satisfaction des droits économiques, sociaux et culturels indispensables à sa dignité et au libre développement de sa personnalité, grâce à l'effort national et à la coopération internationale, compte tenu de l'organisation et des ressources de chaque pays.

Art. 23. – 1. Toute personne a droit au travail, au libre choix de son travail, à des conditions équitables et satisfaisantes de travail et à la protection contre le chômage.

2. Tous ont droit, sans aucune discrimination, à un salaire égal pour un travail égal.

3. Quiconque travaille a droit à une rémunération équitable et satisfaisante lui assurant ainsi qu'à sa famille une existence conforme à la dignité humaine et complétée, s'il y a lieu, par tous autres moyens de protection sociale.

4. Toute personne a le droit de fonder avec d'autres des syndicats et de s'affilier à des syndicats pour la défense de ses intérêts.

Art. 24. – Toute personne a droit au repos et aux loisirs et notamment à une limitation raisonnable de la durée du travail et à des congés payés périodiques.

Art. 25. – 1. Toute personne a droit à un niveau de vie suffisant pour assurer sa santé, son bien-être et ceux de sa famille, notamment pour l'alimentation, l'habillement, le logement, les soins médicaux ainsi que pour les services sociaux nécessaires ; elle a droit à la sécurité en cas de chômage, de maladie, d'invalidité, de veuvage, de vieillesse ou dans les autres cas de perte de ses moyens de subsistance par suite de circonstances indépendantes de sa volonté.

2. La maternité et l'enfance ont droit à une aide et à une assistance spéciales. Tous les enfants, qu'ils soient nés dans le mariage ou hors mariage, jouissent de la même protection sociale.

Art. 26. – 1. Toute personne a droit à l'éducation. L'éducation doit être gratuite, au moins en ce qui concerne l'enseignement élémentaire et fondamental. L'enseignement élémentaire est obligatoire. L'enseignement technique et professionnel doit être généralisé ; l'accès aux études supérieures doit être ouvert en pleine égalité à tous en fonction de leur mérite.

2. L'éducation doit viser au plein épanouissement de la personnalité humaine et au renforcement du respect des droits de l'homme et des libertés fondamentales. Elle doit favoriser la compréhension, la tolérance et l'amitié entre toutes les nations et tous les groupes raciaux ou religieux, ainsi que le développement des activités des Nations unies pour le maintien de la paix.

3. Les parents ont, par priorité, le droit de choisir le genre d'éducation à donner à leurs enfants.

Art. 27. – 1. Toute personne a le droit de prendre part librement à la vie culturelle de la communauté, de jouir des arts et de participer au progrès scientifique et aux bienfaits qui en résultent.

2. Chacun a droit à la protection des intérêts moraux et matériels découlant de toute production scientifique, littéraire ou artistique dont il est l'auteur.

Art. 28. – Toute personne a droit à ce que règne, sur le plan social et sur le plan international, un ordre tel que les droits et libertés énoncés dans la présente Déclaration puissent y trouver plein effet.

Art. 29. – 1. L'individu a des devoirs envers la communauté dans laquelle seul le libre et plein développement de sa personnalité est possible.

2. Dans l'exercice de ses droits et dans la jouissance de ses libertés, chacun n'est soumis qu'aux limitations établies par la loi exclusivement en vue d'assurer la reconnaissance et le respect des droits et libertés d'autrui et afin de satisfaire aux justes exigences de la morale, de l'ordre public et du bien-être général dans une société démocratique.

3. Ces droits et libertés ne pourront, en aucun cas, s'exercer contrairement aux buts et aux principes des Nations unies.

Art. 30. – Aucune disposition de la présente Déclaration ne peut être interprétée comme impliquant pour un État, un groupement ou un individu un droit quelconque de se livrer à une activité ou d'accomplir un acte visant à la destruction des droits et libertés qui y sont énoncés.

Pacte international

relatif aux droits civils et politiques

Adopté et ouvert à la signature, à la ratification et à l'adhésion
par l'Assemblée générale des Nations unies
dans sa résolution 2200 A (XXI) du 16 décembre 1966
(D. n. 81-76, 29 janv. 1981 : JO 1er févr.)

Préambule

Les États parties au présent Pacte,

Considérant que, conformément aux principes énoncés dans la Charte des Nations unies, la reconnaissance de la dignité inhérente à tous les membres de la famille humaine et de leurs droit égaux et inaliénables constitue le fondement de la liberté, de la justice et de la paix dans le monde,

reconnaissant que ces droits découlent de la dignité inhérente à la personne humaine,

reconnaissant que, conformément à la Déclaration universelle des droits de l'homme, l'idéal de l'être humain libre, jouissant des libertés civiles et politiques et libéré de la crainte et de la misère, ne peut être réalisé que si des conditions permettant à chacun de jouir de ses droits civils et politiques, aussi bien que de ses droits économiques, sociaux et culturels, sont créées.

Considérant que la Charte des Nations unies impose aux États l'obligation de promouvoir le respect universel et effectif des droits et des libertés de l'homme,

prenant en considération le fait que l'individu a des devoirs envers autrui et envers la collectivité à laquelle il appartient et est tenu de s'efforcer de promouvoir et de respecter les droits reconnus dans le présent Pacte,

sont convenus des articles suivants :

PREMIÈRE PARTIE

Art. 1er. – 1. Tous les peuples ont le droit de disposer d'eux-mêmes. En vertu de ce droit, ils déterminent librement leur statut politique et assurent librement leur développement économique, social et culturel.

2. Pour atteindre leurs fins, tous les peuples peuvent disposer librement de leurs richesses et de leurs ressources naturelles, sans préjudice des obligations qui découlent de la coopération économique internationale, fondée sur le principe de l'intérêt mutuel, et du droit international. En aucun cas, un peuple ne pourra être privé de ses propres moyens de subsistance.

3. Les États parties au présent Pacte, y compris ceux qui ont la responsabilité d'administrer des territoires non autonomes et des territoires sous tutelle, sont tenus de faciliter la réalisation du droit des peuples à disposer d'eux-mêmes, et de respecter ce droit, conformément aux dispositions de la Charte des Nations unies.

DEUXIÈME PARTIE

Art. 2. – 1. Les États parties au présent Pacte s'engagent à respecter et à garantir à tous les individus se trouvant sur leur territoire et relevant de leur compétence les droits reconnus dans le présent Pacte, sans distinction aucune, notamment de race, de couleur, de sexe, de langue, de religion, d'opinion politique ou de toute autre opinion, d'origine nationale ou sociale, de fortune, de naissance ou de toute autre situation.

2. Les États parties au présent Pacte s'engagent à prendre, en accord avec leurs procédures constitutionnelles et avec les dispositions du présent Pacte, les arrangements devant permettre l'adoption de telles mesures d'ordre législatif ou autre, propres à donner effet aux droits reconnus dans le présent Pacte qui ne seraient pas déjà en vigueur.

3. Les États parties au présent Pacte s'engagent à :

a) Garantir que toute personne dont les droits et libertés reconnus dans le présent Pacte auront été violés disposera d'un recours utile, alors même que la violation aurait été commise par des personnes agissant dans l'exercice de leurs fonctions officielles ;

b) Garantir que l'autorité compétente, judiciaire, administrative ou législative, ou toute autre autorité compétente selon la législation de l'État, statuera sur les droits de la personne qui forme le recours et développer les possibilités de recours juridictionnel ;

c) Garantir la bonne suite donnée par les autorités compétentes à tout recours qui aura été reconnu justifié.

Art. 3. – Les États parties au présent Pacte s'engagent à assurer le droit égal des hommes et des femmes de jouir de tous les droits civils et politiques énoncés dans le présent Pacte.

Art. 4. – 1. Dans le cas où un danger public exceptionnel menace l'existence de la nation et est proclamé par un acte officiel, les États parties au présent Pacte peuvent prendre, dans la stricte mesure où la situation l'exige, des mesures dérogeant aux obligations prévues dans le présent Pacte, sous réserve que ces mesures ne soient pas incompatibles avec les autres obligations que leur impose le droit international et qu'elles n'entraînent pas une discrimination fondée uniquement sur la race, la couleur, le sexe, la langue, la religion ou l'origine sociale.

2. La disposition précédente n'autorise aucune dérogation aux articles 6, 7, 8 (par. 1 et 2), 11, 15, 16 et 18.

3. Les États parties au présent Pacte qui usent du droit de dérogation doivent, par l'entremise du Secrétaire général de l'Organisation des Nations unies, signaler aussitôt aux autres États parties les dispositions auxquelles ils ont dérogé ainsi que les motifs qui ont provoqué cette dérogation. Une nouvelle communication sera faite par la même entremise, à la date à laquelle ils ont mis fin à ces dérogations.

Art. 5. – 1. Aucune disposition du présent Pacte ne peut être interprétée comme impliquant pour un État, un groupement ou un individu un droit quelconque de se livrer à une activité ou d'accomplir un acte visant à la destruction des droits et des libertés reconnus dans le présent Pacte ou à des limitations plus amples que celles prévues audit pacte.

2. Il ne peut être admis aucune restriction ou dérogation aux droits fondamentaux de l'homme reconnus ou en vigueur dans tout État partie au présent Pacte en application de lois, de conventions, de règlements ou de coutumes, sous prétexte que le présent Pacte ne les reconnaît pas ou les reconnaît à un moindre degré.

TROISIÈME PARTIE

Art. 6. – 1. Le droit à la vie est inhérent à la personne humaine. Ce droit doit être protégé par la loi. Nul ne peut être arbitrairement privé de la vie.

2. Dans les pays où la peine de mort n'a pas été abolie, une sentence de mort ne peut être prononcée que pour les crimes les plus graves, conformément à la législation en vigueur au moment où le crime a été commis et qui ne doit pas être en contradiction avec les dispositions du présent Pacte ni avec la convention pour la prévention et la répression du crime de génocide. Cette peine ne peut être appliquée qu'en vertu d'un jugement définitif rendu par un tribunal compétent.

3. Lorsque la privation de la vie constitue le crime de génocide, il est entendu qu'aucune disposition du présent article n'autorise un État partie au présent Pacte à déroger d'aucune manière à une obligation quelconque assumée en vertu des dispositions de la Convention pour la prévention et la répression du crime de génocide.

4. Tout condamné à mort a le droit de solliciter la grâce ou la commutation de la peine. L'amnistie, la grâce ou la commutation de la peine de mort peuvent dans tous les cas être accordées.

5. Une sentence de mort ne peut être imposée pour des crimes commis par des personnes âgées de moins de dix-huit ans et ne peut être exécutée contre des femmes enceintes.

6. Aucune disposition du présent article ne peut être invoquée pour retarder ou empêcher l'abolition de la peine capitale par un État partie au présent Pacte.

Art. 7. – Nul ne sera soumis à la torture ni à des peines ou traitements cruels, inhumains ou dégradants. En particulier, il est interdit de soumettre une personne sans son libre consentement à une expérience médicale ou scientifique.

Art. 8. – 1. Nul ne sera tenu en esclavage ; l'esclavage et la traite des esclaves, sous toutes leurs formes, sont interdits.

2. Nul ne sera tenu en servitude.

3. *a)* Nul ne sera astreint à accomplir un travail forcé ou obligatoire ;

b) L'alinéa *a* du présent paragraphe ne saurait être interprété comme interdisant, dans les pays où certains crimes peuvent être punis de détention accompagnée de travaux forcés, l'accomplissement d'une peine de travaux forcés, infligée par un tribunal compétent ;

c) N'est pas considéré comme « travail forcé ou obligatoire » au sens du présent paragraphe :

i) Tout travail ou service, non visé à l'alinéa *b,* normalement requis d'un individu qui est détenu en vertu d'une décision de justice régulière ou qui, ayant fait l'objet d'une telle décision, est libéré conditionnellement ;

ii) Tout service de caractère militaire et, dans les pays où l'objection de conscience est admise, tout service national exigé des objecteurs de conscience en vertu de la loi ;

iii) Tout service exigé dans les cas de force majeure ou de sinistres qui menacent la vie ou le bien-être de la communauté ;

iv) Tout travail ou tout service formant partie des obligations civiques normales.

Art. 9. – 1. Tout individu a droit à la liberté et à la sécurité de sa personne. Nul ne peut faire l'objet d'une arrestation ou d'une détention arbitraires. Nul ne peut être privé de sa liberté, si ce n'est pour des motifs et conformément à la procédure prévus par la loi.

2. Tout individu arrêté sera informé, au moment de son arrestation, des raisons de cette arrestation et recevra notification, dans le plus court délai, de toute accusation portée contre lui.

3. Tout individu arrêté ou détenu du chef d'une infraction pénale sera traduit dans le plus court délai devant un juge ou une autre autorité habilitée par la loi à exercer des fonctions judiciaires, et devra être jugé dans un délai raisonnable ou libéré. La détention de personnes qui attendent de passer en jugement ne doit pas être de règle, mais la mise en liberté peut être subordonnée à des garanties assurant la comparution de l'intéressé à l'audience, à tous les autres actes de la procédure et, le cas échéant, pour l'exécution du jugement.

4. Quiconque se trouve privé de sa liberté par arrestation ou détention a le droit d'introduire un recours devant un tribunal afin que celui-ci statue sans délai sur la légalité de sa détention et ordonne sa libération si la détention est illégale.

5. Tout individu victime d'arrestation ou de détention illégales a droit à réparation.

Art. 10. – 1. Toute personne privée de sa liberté est traitée avec humanité et avec le respect de la dignité inhérente à la personne humaine.

2. *a)* Les prévenus sont, sauf dans des circonstances exceptionnelles, séparés des condamnés et sont soumis à un régime distinct, approprié à leur condition de personnes non condamnées ;

b) Les jeunes prévenus sont séparés des adultes et il est décidé de leur cas aussi rapidement que possible.

3. Le régime pénitentiaire comporte un traitement des condamnés dont le but essentiel est leur amendement et leur reclassement social. Les jeunes délinquants sont séparés des adultes et soumis à un régime approprié à leur âge et à leur statut légal.

Art. 11. – Nul ne peut être emprisonné pour la seule raison qu'il n'est pas en mesure d'exécuter une obligation contractuelle.

Art. 12. – 1. Quiconque se trouve légalement sur le territoire d'un État a le droit d'y circuler librement et d'y choisir librement sa résidence.

2. Toute personne est libre de quitter n'importe quel pays, y compris le sien.

3. Les droits mentionnés ci-dessus ne peuvent être l'objet de restrictions que si celles-ci sont prévues par la loi, nécessaires pour protéger la sécurité nationale, l'ordre public, la santé ou la moralité publiques, ou les droits et libertés d'autrui, et compatibles avec les autres droits reconnus par le présent Pacte.

4. Nul ne peut être arbitrairement privé du droit d'entrer dans son propre pays.

Art. 13. – Un étranger qui se trouve légalement sur le territoire d'un État partie au présent Pacte ne peut en être expulsé qu'en exécution d'une décision prise conformément à la loi et, à moins que des raisons impérieuses de sécurité nationale ne s'y opposent, il doit avoir la possibilité de faire valoir les raisons qui militent contre son expulsion et de faire examiner son cas par l'autorité compétente, ou par une ou plusieurs personnes spécialement désignées par ladite autorité, en se faisant représenter à cette fin.

Art. 14. – 1. Tous sont égaux devant les tribunaux et les cours de justice. Toute personne a droit à ce que sa cause soit entendue équitablement et publiquement par un tribunal compétent, indépendant et impartial, établi par la loi, qui décidera soit du bien-fondé de toute accusation en matière pénale dirigée contre elle, soit des contestations sur ses droits et obligations de caractère civil. Le huis clos peut être prononcé pendant la totalité ou une partie du procès soit dans l'intérêt des bonnes mœurs, de l'ordre public ou de la sécurité nationale dans une société démocratique, soit lorsque l'intérêt de la vie privée des parties en cause l'exige, soit encore dans la mesure où le tribunal l'estimera absolument nécessaire, lorsqu'en raison des circonstances particulières de l'affaire la publicité nuirait aux intérêts de la justice ; cependant, tout jugement rendu en matière pénale ou civile sera public, sauf si l'intérêt de mineurs exige qu'il en soit autrement ou si le procès porte sur des différends matrimoniaux ou sur la tutelle des enfants.

2. Toute personne accusée d'une infraction pénale est présumée innocente jusqu'à ce que sa culpabilité ait été légalement établie.

3. Toute personne accusée d'une infraction pénale a droit, en pleine égalité, au moins aux garanties suivantes :

a) À être informée, dans le plus court délai, dans une langue qu'elle comprend et de façon détaillée, de la nature et des motifs de l'accusation portée contre elle ;

b) À disposer du temps et des facilités nécessaires à la préparation de sa défense et à communiquer avec le conseil de son choix ;

c) À être jugée sans retard excessif ;

d) À être présente au procès et à se défendre elle-même ou à avoir l'assistance d'un défenseur de son choix ; si elle n'a pas de défenseur, à être informée de son droit d'en avoir un, et, chaque fois que l'intérêt de la justice l'exige, à se voir attribuer d'office un défenseur, sans frais, si elle n'a pas les moyens de le rémunérer ;

e) À interroger ou faire interroger les témoins à charge et à obtenir la comparution et l'interrogatoire des témoins à décharge dans les mêmes conditions que les témoins à charge ;

f) À se faire assister gratuitement d'un interprète si elle ne comprend pas ou ne parle pas la langue employée à l'audience ;

g) À ne pas être forcée de témoigner contre elle-même ou de s'avouer coupable.

4. La procédure applicable aux jeunes gens qui ne sont pas encore majeurs au regard de la loi pénale tiendra compte de leur âge et de l'intérêt que présente leur rééducation.

5. Toute personne déclarée coupable d'une infraction a le droit de faire examiner par une juridiction supérieure la déclaration de culpabilité et la condamnation, conformément à la loi.

6. Lorsqu'une condamnation pénale définitive est ultérieurement annulée ou lorsque la grâce est accordée parce qu'un fait nouveau ou nouvellement révélé prouve qu'il s'est produit une erreur judiciaire, la personne

qui a subi une peine à raison de cette condamnation sera indemnisée, conformément à la loi, à moins qu'il ne soit prouvé que la non-révélation en temps utile du fait inconnu lui est imputable en tout ou partie.

7. Nul ne peut être poursuivi ou puni en raison d'une infraction pour laquelle il a déjà été acquitté ou condamné par un jugement définitif conformément à la loi et à la procédure pénale de chaque pays.

Art. 15. – 1. Nul ne sera condamné pour des actions ou omissions qui ne constituaient pas un acte délictueux d'après le droit national ou international au moment où elles ont été commises. De même, il ne sera infligé aucune peine plus forte que celle qui était applicable au moment où l'infraction a été commise. Si, postérieurement à cette infraction, la loi prévoit l'application d'une peine plus légère, le délinquant doit en bénéficier.

2. Rien dans le présent article ne s'oppose au jugement ou à la condamnation de tout individu en raison d'actes ou omissions qui, au moment où ils ont été commis, étaient tenus pour criminels, d'après les principes généraux de droit reconnus par l'ensemble des nations.

Art. 16. – Chacun a droit à la reconnaissance en tous lieux de sa personnalité juridique.

Art. 17. – 1. Nul ne sera l'objet d'immixtions arbitraires ou illégales dans sa vie privée, sa famille, son domicile ou sa correspondance, ni d'atteintes illégales à son honneur et à sa réputation.

2. Toute personne a droit à la protection de la loi contre de telles immixtions ou de telles atteintes.

Art. 18. – 1. Toute personne a droit à la liberté de pensée, de conscience et de religion ; ce droit implique la liberté d'avoir ou d'adopter une religion ou une conviction de son choix, ainsi que la liberté de manifester sa religion ou sa conviction, individuellement ou en commun, tant en public qu'en privé, par le culte et l'accomplissement des rites, les pratiques et l'enseignement.

2. Nul ne subira de contrainte pouvant porter atteinte à sa liberté d'avoir ou d'adopter une religion ou une conviction de son choix.

3. La liberté de manifester sa religion ou ses convictions ne peut faire l'objet que des seules restrictions prévues par la loi et qui sont nécessaires à la protection de la sécurité, de l'ordre et de la santé publique, ou de la morale ou des libertés et droits fondamentaux d'autrui.

4. Les États parties au présent Pacte s'engagent à respecter la liberté des parents et, le cas échéant, des tuteurs légaux de faire assurer l'éducation religieuse et morale de leurs enfants conformément à leurs propres convictions.

Art. 19. – 1. Nul ne peut être inquiété pour ses opinions.

2. Toute personne a droit à la liberté d'expression ; ce droit comprend la liberté de rechercher, de recevoir et de répandre des informations et des idées de toute espèce, sans considération de frontières, sous une forme orale, écrite, imprimée ou artistique, ou par tout autre moyen de son choix.

3. L'exercice des libertés prévues au paragraphe 2 du présent article comporte des devoirs spéciaux et des responsabilités spéciales. Il peut en conséquence être soumis à certaines restrictions qui doivent toutefois être expressément fixées par la loi et qui sont nécessaires :

a) Au respect des droits ou de la réputation d'autrui ;

b) À la sauvegarde de la sécurité nationale, de l'ordre public, de la santé ou de la moralité publiques.

Art. 20. – 1. Toute propagande en faveur de la guerre est interdite par la loi.

2. Tout appel à la haine nationale, raciale ou religieuse qui constitue une incitation à la discrimination, à l'hostilité ou à la violence est interdit par la loi.

Art. 21. – Le droit de réunion pacifique est reconnu. L'exercice de ce droit ne peut faire l'objet que des seules restrictions imposées conformément à la loi et qui sont nécessaires dans une société démocratique, dans l'intérêt de la sécurité nationale, de la sûreté publique, de l'ordre public ou pour protéger la santé ou la moralité publiques, ou les droits et les libertés d'autrui.

Art. 22. – 1. Toute personne a le droit de s'associer librement avec d'autres, y compris le droit de constituer des syndicats et d'y adhérer pour la protection de ses intérêts.

2. L'exercice de ce droit ne peut faire l'objet que des seules restrictions prévues par la loi et qui sont nécessaires dans une société démocratique, dans l'intérêt de la sécurité nationale, de la sûreté publique, de l'ordre public, ou pour protéger la santé ou la moralité publiques ou les droits et les libertés d'autrui. Le présent article n'empêche pas de soumettre à des restrictions légales l'exercice de ce droit par les membres des forces armées et de la police.

3. Aucune disposition du présent article ne permet aux États parties à la Convention de 1948 de l'Organisation internationale du travail concernant la liberté syndicale et la protection du droit syndical de prendre des mesures législatives portant atteinte – ou d'appliquer la loi de façon à porter atteinte – aux garanties prévues dans ladite convention.

Art. 23. – 1. La famille est l'élément naturel et fondamental de la société et a droit à la protection de la société et de l'État.

2. Le droit de se marier et de fonder une famille est reconnu à l'homme et à la femme à partir de l'âge nubile.

3. Nul mariage ne peut être conclu sans le libre et plein consentement des futurs époux.

4. Les États parties au présent Pacte prendront les mesures appropriées pour assurer l'égalité de droits et de responsabilités des époux au regard du mariage, durant le mariage et lors de sa dissolution. En cas de dissolution, des dispositions seront prises afin d'assurer aux enfants la protection nécessaire.

Art. 24. – 1. Tout enfant, sans discrimination aucune fondée sur la race, la couleur, le sexe, la langue, la religion, l'origine nationale ou sociale, la fortune ou la naissance, a droit, de la part de sa famille, de la société et de l'État, aux mesures de protection qu'exige sa condition de mineur.

2. Tout enfant doit être enregistré immédiatement après sa naissance et avoir un nom.

3. Tout enfant a le droit d'acquérir une nationalité.

Art. 25. – Tout citoyen a le droit et la possibilité, sans aucune des discriminations visées à l'article 2 et sans restrictions déraisonnables :

a) De prendre part à la direction des affaires publiques, soit directement, soit par l'intermédiaire de représentants librement choisis ;

b) De voter et d'être élu, au cours d'élections périodiques, honnêtes, au suffrage universel et égal et au scrutin secret, assurant l'expression libre de la volonté des électeurs ;

c) D'accéder, dans des conditions générales d'égalité, aux fonctions publiques de son pays.

Art. 26. – Toutes les personnes sont égales devant la loi et ont droit sans discrimination à une égale protection de la loi. À cet égard, la loi doit interdire toute discrimination et garantir à toutes les personnes une protection égale et efficace contre toute discrimination, notamment de race, de couleur, de sexe, de langue, de religion, d'opinion politique et de toute autre opinion, d'origine nationale ou sociale, de fortune, de naissance ou de toute autre situation.

Art. 27. – Dans les États où il existe des minorités ethniques, religieuses ou linguistiques, les personnes appartenant à ces minorités ne peuvent être privées du droit d'avoir, en commun avec les autres membres de leur groupe, leur propre vie culturelle, de professer et de pratiquer leur propre religion, ou d'employer leur propre langue.

QUATRIÈME PARTIE

Art. 28. – 1. Il est institué un Comité des droits de l'homme (ci-après dénommé le Comité dans le présent Pacte). Ce Comité est composé de dix-huit membres et a les fonctions définies ci-après.

2. Le Comité est composé de ressortissants des États parties au présent Pacte, qui doivent être des personnalités de haute moralité et possédant une compétence reconnue dans le domaine des droits de l'homme. Il sera tenu compte de l'intérêt que présente la participation aux travaux du Comité de quelques personnes ayant une expérience juridique.

3. Les membres du Comité sont élus et siègent à titre individuel.

....

(Le pacte est entré en vigueur à l'égard de la France le 4 février 1981)

Convention

contre la torture et autres peines ou traitements cruels, inhumains ou dégradants

Décret n. 87-916 du 9 novembre 1987
portant publication de la Convention contre la torture
et autres peines ou traitements cruels, inhumains ou dégardants,
adoptée à New York le 10 décembre 1984
(*JO* 14 nov., p. 13267)

Vu les articles 52 à 55 de la Constitution ; Vu le décret n. 81-76 du 29 janvier 1981 portant publication du pacte international relatif aux droits civils et politiques ouvert à la signature à New York le 19 décembre 1966 ; Vu la loi n. 85-1173 du 12 novembre 1985 autorisant la ratification d'une convention contre la torture et autres peines ou traitements cruels, inhumains ou dégradants ; Vu le décret n. 53-192 du 14 mars 1953 modifié relatif à la ratification et à la publication des engagements internationaux souscrits par la France.

Art. 1er. – La convention contre la torture et autres peines ou traitements cruels, inhumains ou dégradants, adoptée à New York le 10 décembre 1984, sera publiée au *Journal officiel* de la République française.

Art. 2. – Le Premier ministre et le ministre des Affaires étrangères sont chargés, etc.

....

Les États Parties à la présente Convention.

Considérant que, conformément aux principes proclamés dans la Charte des Nations unies, la reconnaissance des droits égaux et inaliénables de tous les membres de la famille humaine est le fondement de la liberté, de la justice et de la paix dans le monde.

Reconnaissant que ces droits procèdent de la dignité inhérente à la personne humaine.

Considérant que les États sont tenus, en vertu de la Charte, en particulier de l'article 55, d'encourager le respect universel et effectif des droits de l'homme et des libertés fondamentales.

Tenant compte de l'article 5 de la Déclaration universelle des droits de l'homme et de l'article 7 du Pacte international relatif aux droits civils et politiques qui prescrivent tous deux que nul ne sera soumis à la torture ni à des peines ou traitements cruels, inhumains ou dégradants.

Tenant compte également de la Déclaration sur la protection de toutes les personnes contre la torture et autres peines ou traitements cruels, inhumains ou dégradants, adoptée par l'assemblée générale le 9 décembre 1975.

Désireux d'accroître l'efficacité de la lutte contre la torture et les autres peines ou traitements cruels, inhumains ou dégradants dans le monde entier,

sont convenus de ce qui suit :

PREMIÈRE PARTIE

Art. 1er. – 1. Aux fins de la présente Convention, le terme « torture » désigne tout acte par lequel une douleur ou des souffrances aiguës, physiques ou mentales, sont intentionnellement infligées à une personne aux fins notamment d'obtenir d'elle ou d'une tierce personne des renseignements ou des aveux, de la punir d'un acte qu'elle ou une tierce personne a commis ou est soupçonnée d'avoir commis, de l'intimider ou de faire pression sur elle ou d'intimider ou de faire pression sur une tierce personne, ou pour tout autre motif fondé sur une forme de discrimination quelle qu'elle soit, lorsqu'une telle douleur ou de telles souffrances sont infligées par un agent de la fonction publique ou toute autre personne agissant à titre officiel ou à son instigation ou avec son consentement exprès ou tacite. Ce terme ne s'étend pas à la douleur ou aux souffrances résultant uniquement de sanctions légitimes, inhérentes à ces sanctions ou occasionnées par elles.

2. Cet article est sans préjudice de tout instrument international ou de toute loi nationale qui contient ou peut contenir des dispositions de portée plus large.

Art. 2. – 1. Tout État Partie prend des mesures législatives, administratives, judiciaires et autres mesures efficaces pour empêcher que des actes de torture soient commis dans tout territoire sous sa juridiction.

2. Aucune circonstance exceptionnelle, quelle qu'elle soit, qu'il s'agisse de l'état de guerre ou de menace de guerre, d'instabilité politique intérieure ou de tout autre état d'exception, ne peut être invoquée pour justifier la torture.

3. L'ordre d'un supérieur ou d'une autorité publique ne peut être invoqué pour justifier la torture.

Art. 3. – 1. Aucun État Partie n'expulsera, ne refoulera ni n'extradera une personne vers un autre État où il y a des motifs sérieux de croire qu'elle risque d'être soumise à la torture.

2. Pour déterminer s'il y a de tels motifs, les autorités compétentes tiendront compte de toutes les considérations pertinentes, y compris, le cas échéant, de l'existence, dans l'État intéressé, d'un ensemble de violations systématiques des droits de l'homme, graves, flagrantes ou massives.

Art. 4. – 1. Tout État Partie veille à ce que tous les actes de torture constituent des infractions au regard de son droit pénal. Il en est de même de la tentative de pratiquer la torture ou de tout acte commis par n'importe quelle personne qui constitue une complicité ou une participation à l'acte de torture.

2. Tout État Partie rend ces infractions passibles de peines appropriées qui prennent en considération leur gravité.

Art. 5. – 1. Tout État Partie prend les mesures nécessaires pour établir sa compétence aux fins de connaître des infractions visées à l'article 4 dans les cas suivants :

a) Quand l'infraction a été commise sur tout territoire sous la juridiction dudit État ou à bord d'aéronefs ou de navires immatriculés dans cet État ;

b) Quand l'auteur présumé de l'infraction est un ressortissant dudit État ;

c) Quand la victime est un ressortissant dudit État et que ce dernier le juge approprié.

2. Tout État Partie prend également les mesures nécessaires pour établir sa compétence aux fins de connaître desdites infractions dans le cas ou l'auteur présumé de celles-ci se trouve sur tout territoire sous sa juridiction et où ledit État ne l'extrade pas, conformément à l'article 8, vers l'un des États visés au paragraphe 1 du présent article.

3. La présente Convention n'écarte aucune compétence pénale exercée conformément aux lois nationales.

Art. 6. – 1. S'il estime que les circonstances le justifient, après avoir examiné les renseignements dont il dispose, tout État Partie sur le territoire duquel se trouve une personne soupçonnée d'avoir commis un infraction visée à l'article 4 assure la détention de cette personne ou prend toutes autres mesures juridiques nécessaires pour assurer sa présence. Cette détention et ces mesures doivent être conformes à la législation dudit État ; elles ne peuvent être maintenues que pendant le délai nécessaire à l'engagement de poursuites pénales ou d'une procédure d'extradition.

2. Ledit État procède immédiatement à une enquête préliminaire en vue d'établir les faits.

3. Toute personne détenue en application du paragraphe 1 du présent article peut communiquer immédiatement avec le plus proche représentant qualifié de l'État dont elle a la nationalité ou, s'il s'agit d'une personne apatride, avec le représentant de l'État où elle réside habituellement.

4. Lorsqu'un État a mis une personne en détention, conformément aux dispositions du présent article, il avise immédiatement de cette détention et des circonstances qui la justifient les États visés au paragraphe 1 de l'article 5. L'État qui procède à l'enquête préliminaire visée au paragraphe 2 du présent article en communique rapidement les conclusions auxdits États et leur indique s'il entend exercer sa compétence.

Art. 7. – 1. L'État Partie sur le territoire sous la juridiction duquel l'auteur présumé d'une infraction visée à l'article 4 est découvert, s'il n'extrade pas ce dernier, soumet l'affaire, dans les cas visés à l'article 5, à ses autorités compétentes pour l'exercice de l'action pénale.

2. Ces autorités prennent leur décision dans les mêmes conditions que pour toute infraction de droit commun de caractère grave en vertu du droit de cet État. Dans les cas visés au paragraphe 2 de l'article 5, les règles de preuve qui s'appliquent aux poursuites et à la condamnation ne sont en aucune façon moins rigoureuses que celles qui s'appliquent dans les cas visés au paragraphe 1 de l'article 5.

3. Toute personne poursuivie pour l'une quelconque des infractions visées à l'article 4 bénéficie de la garantie d'un traitement équitable à tous les stades de la procédure.

Art. 8. – 1. Les infractions visées à l'article 4 sont de plein droit comprises dans tout traité d'extradition conclu entre États Parties. Les États Parties s'engagent à comprendre lesdites infractions dans tout traité d'extradition à conclure entre eux.

2. Si un État Partie qui subordonne l'extradition à l'existence d'un traité est saisi d'une demande d'extradition par un autre État partie avec lequel il n'est pas lié par un traité d'extradition, il peut considérer la présente Convention comme constituant la base juridique de l'extradition en ce qui concerne lesdites infractions. L'extradition est subordonnée aux autres conditions prévues par le droit de l'État requis.

3. Les États Parties qui ne subordonnent pas l'extradition à l'existence d'un traité reconnaissant lesdites infractions comme cas d'extradition entre eux dans les conditions prévues par le droit de l'État requis.

4. Entre États Parties, lesdites infractions sont considérées aux fins d'extradition comme ayant été commises tant au lieu de leur perpétration que sur le territoire sous la juridiction des États tenus d'établir leur compétence en vertu du paragraphe 1 de l'article 5.

Art. 9. – 1. Les États Parties s'accordent l'entraide judiciaire la plus large possible dans toute procédure pénale relative aux infractions visées à l'article 4, y compris en ce qui concerne la communication de tous les éléments de preuve dont ils disposent et qui sont nécessaires aux fins de la procédure.

2. Les États Parties s'acquittent de leurs obligations en vertu du paragraphe 1 du présent article en conformité avec tout traité d'entraide judiciaire qui peut exister entre eux.

Art. 10. – 1. Tout État Partie veille à ce que l'enseignement et l'information concernant l'interdiction de la torture fassent partie intégrante de la formation du personnel civil ou militaire chargé de l'application des lois, du personnel médical, des agents de la fonction publique et d'autres personnes qui peuvent intervenir dans la garde, l'interrogatoire ou le traitement de tout individu arrêté, détenu ou emprisonné de quelque façon que ce soit.

2. Tout État Partie incorpore ladite interdiction aux règles ou instructions édictées en ce qui concerne les obligations et les attributions de telles personnes.

Art. 11. – Tout État Partie exerce une surveillance systématique sur les règles, instructions, méthodes et pratiques d'interrogatoire et sur les dispositions concernant la garde et le traitement des personnes arrêtées, détenues ou emprisonnées de quelque façon que ce soit sur tout territoire sous sa juridiction, en vue d'éviter tout cas de torture.

Art. 12. – Tout État Partie veille à ce que les autorités compétentes procèdent immédiatement à une enquête impartiale chaque fois qu'il y a des motifs raisonnables de croire qu'un acte de torture a été commis sur tout territoire sous sa juridiction.

Art. 13. – Tout État Partie assure à toute personne qui prétend avoir été soumise à la torture sur tout territoire sous sa juridiction le droit de porter plainte devant les autorités compétentes dudit État qui procéderont immédaitement et impartialement à l'examen de sa cause. Des mesures seront prises pour assurer la protection du plaignant et des témoins contre tout mauvais traitement ou toute intimidation en raison de la plainte déposée ou de toute déposition faite.

Art. 14. – 1. Tout État Partie garantit, dans son système juridique, à la victime d'un acte de torture, le droit d'obtenir réparation et d'être indemnisée équitablement et de manière adéquate, y compris les moyens nécessaires à sa réadaptation la plus complète possible. En cas de mort de la victime résultant d'un acte de torture, les ayants cause de celle-ci ont droit à l'indemnisation.

2. Le présent article n'exclut aucun droit à indemnisation qu'aurait la victime ou toute autre personne en vertu des lois nationales.

Art. 15. – Tout État Partie veille à ce que toute déclaration dont il est établi qu'elle a été obtenue par la torture ne puisse être invoquée comme un élément de preuve dans une procédure, si ce n'est contre la personne accusée de torture pour établir qu'une déclaration accusée de torture pour établir qu'une déclaration a été faite.

Art. 16. – 1. Tout État Partie s'engage à interdire dans tout territoire sous sa juridiction d'autres actes constitutifs de peines ou traitements cruels, inhumains ou dégradants qui ne sont pas des actes de torture telle qu'elle est définie à l'article premier lorsque de tels actes sont commis par un agent de la fonction publique ou toute autre personne agissant à titre officiel, ou à son instigation ou avec son consentement exprès ou tacite. En particulier, les obligations énoncées aux articles 10, 11, 12 et 13 sont applicables moyennant le remplacement de la mention de la torture par la mention d'autres formes de peines ou traitements cruels, inhumains ou dégradants.

2. Les dispositions de la présente Convention sont sans préjudice des dispositions de tout autre instrument international ou de la loi nationale qui interdisent les peines ou traitements cruels, inhumains ou dégradants, ou qui ont trait à l'extradition ou à l'expulsion.

DEUXIÈME PARTIE

Art. 17. – 1. Il est institué un Comité contre la torture (ci-après dénommé le Comité) qui a les fonctions définies ci-après. Le Comité est composé de dix experts de haute moralité et possédant une compétence reconnue dans le domaine des droits de l'homme, qui siègent à titre personnel. Les experts sont élus par les États Parties, compte tenu d'une répartition géographique équitable et de l'intérêt que représente la participation aux travaux du Comité de quelques personnes ayant une expérience juridique.

2. Les membres du Comité sont élus au scrutin secret sur une liste de candidats désignés par les États Parties. Chaque État Partie peut désigner un candidat choisi parmi ses ressortissants. Les États Parties tiennent compte de l'intérêt qu'il y a à désigner des candidats qui soient également membres du Comité des droits de l'homme institué en vertu du Pacte international relatif aux droits civils et politiques et qui soient disposés à siéger au Comité contre la torture.

3. Les membres du Comité sont élus au cours des réunions biennales des États Parties convoquées par le Secrétaire général de l'Organisation des Nations unies. À ces réunions, où le quorum est constitué par les deux tiers des États Parties, sont élus membres du Comité les candidats qui obtiennent le plus grand nombre de voix et la majorité absolue des votes des représentants des États Parties présents et votants.

4. La première élection aura lieu au plus tard six mois après la date d'entrée en vigueur de la présente Convention. Quatre mois au moins avant la date de chaque élection, le Secrétaire général de l'Organisation des Nations unies envoie une lettre aux États Parties pour les inviter à présenter leurs candidatures dans un délai de trois mois. Le Secrétaire général dresse une liste par ordre alphabétique de tous les candidats ainsi désignés, avec indication des États Parties qui les ont désignés, et la communique aux États Parties.

5. Les membres du Comité sont élus pour quatre ans. Ils sont rééligibles s'ils sont présentés à nouveau. Toutefois, le mandat de cinq des membres élus lors de la première élection prendra fin au bout de deux ans ; immédiatement après la première élection, le nom de ces cinq membres sera tiré au sort par le président de réunion mentionnée au paragraphe 3 du présent article.

6. Si un membre du Comité décède, se démet de ses fonctions ou n'est plus en mesure pour quelque autre raison de s'acquitter de ses attributions au Comité, l'État Partie qui l'a désigné nomme parmi ses ressortissants un autre expert qui siège au Comité pour la partie du mandat restant à courir, sous réserve de l'approbation de la majorité des États Parties. Cette approbation est considérée comme acquise à moins que la moitié des États Parties ou davantage n'émettent une opinion défavorable dans un délai de six semaines à compter du moment où ils ont été informés par le Secrétaire général de l'Organisation des Nations unies de la nomination proposée.

7. Les États Parties prennent à leur charge les dépenses des membres du Comité pour la période où ceux-ci s'acquittent de fonctions au Comité.

Art. 18. – 1. Le Comité élit son bureau pour une période de deux ans. Les membres du bureau sont rééligibles.

2. Le Comité établit lui-même son règlement intérieur ; celui-ci doit, toutefois, contenir notamment les dispositions suivantes :

a) Le quorum est de six membres ;

b) Les décisions du Comité sont prises à la majorité des membres présents.

3. Le Secrétaire général de l'Organisation des Nations unies met à la disposition du Comité le personnel et les installations matérielles qui lui sont nécessaires pour s'acquitter efficacement des fonctions qui lui sont confiées en vertu de la présente Convention.

4. Le Secrétaire général de l'organisation des Nations unies convoque les membres du Comité pour la première réunion. Après sa première réunion, le Comité se réunit à toute occasion prévue par son règlement intérieur.

5. Les États Parties prennent à leur charge les dépenses occasionnées par la tenue de réunions des États Parties et du Comité, y compris le remboursement à l'Organisation des Nations unies de tous frais, tels que dépenses de personnel et coût d'installations matérielles, que l'Organisation aura engagés conformément au paragraphe 3 du présent article.

Art. 19. – 1. Les États Parties présentent au comité, par l'entremise du Secrétaire général de l'Organisation des Nations unies, des rapports sur les mesures qu'ils ont prises pour donner effet à leurs engagements en vertu de la présente Convention, dans un délai d'un an à compter de l'entrée en vigueur de la Convention pour l'État Partie intéressé. Les États Parties présentent ensuite des rapports complémentaires tous les quatre ans sur toutes nouvelles mesures prises, et tous autres rapports demandés par le Comité.

2. Le Secrétaire général de l'Organisation des Nations unies transmet les rapports à tous les États Parties.

3. Chaque rapport est étudié par le Comité, qui peut faire les commentaires d'ordre général sur le rapport qu'il estime appropriés et qui transmet lesdits commentaires à l'État Partie intéressé. Cet État Partie peut communiquer en réponse au Comité toutes observations qu'il juge utiles.

4. Le Comité peut, à sa discrétion, décider de reproduire dans le rapport annuel qu'il établit conformément à l'article 24 tous commentaires formulés par lui en vertu du paragraphe 3 du présent article, accompagnés des observations reçues à ce sujet de l'État Partie intéressé. Si l'État Partie intéressé le demande, le Comité peut aussi reproduire le rapport présenté au titre du paragraphe 1 du présent article.

Art. 20. – 1. Si le Comité reçoit des renseignements crédibles qui lui semblent contenir des indications bien fondées que la torture est pratiquée systématiquement sur le territoire d'un État Partie, il invite ledit État à coopérer dans l'examen des renseignements et, à cette fin, à lui faire part de ses observations à ce sujet.

2. En tenant compte de toutes observations éventuellement présentées par l'État Partie intéressé et de tous autres renseignements pertinents dont il dispose, le Comité peut, s'il juge que cela se justifie, charger un ou plusieurs de ses membres de procéder à une enquête confidentielle et de lui faire rapport d'urgence.

3. Si une enquête est faite en vertu du paragraphe 2 du présent article, le Comité recherche la coopération de l'État Partie intéressé. En accord avec cet État Partie, l'enquête peut comporter une visite sur son territoire.

4. Après avoir examiné les conclusions du membre ou des membres qui lui sont soumises conformément au paragraphe 2 du présent article, le Comité transmet ces conclusions à l'État Partie intéressé, avec tous commentaires ou suggestions qu'il juge appropriés compte tenu de la situation.

5. Tous les travaux du Comité dont il est fait mention aux paragraphes 1 à 4 du présent article sont confidentiels et, à toutes les étapes des travaux, on s'efforce d'obtenir la coopération de l'État Partie. Une fois achevés ces travaux relatifs à une enquête menée en vertu du paragraphe 2, le Comité peut, après consultations avec l'État Partie intéressé, décider de faire figurer un compte rendu succinct des résultats des travaux dans le rapport annuel qu'il établit conformément à l'article 24.

Art. 21. – 1. Tout État Partie à la présente Convention peut, en vertu du présent article, déclarer à tout moment qu'il reconnaît la compétence du Comité pour recevoir et examiner des communications dans lesquelles un État Partie prétend qu'un autre État Partie ne s'acquitte pas de ses obligations au titre de la présente Convention. Ces communications ne peuvent être reçues et examinées conformément au présent article que si elles émanent d'un État Partie qui a fait une déclaration reconnaissant, en ce qui le concerne, la compétence du Comité. Le Comité ne reçoit aucune communication intéressant un État Partie qui n'a pas fait une telle déclaration. La procédure ci-après s'applique à l'égard des communications reçues en vertu du présent article.

a) Si un État Partie à la présente Convention estime qu'un autre État également Partie à la Convention n'en applique pas les dispositions, il peut appeler, par communication écrite, l'attention de cet État sur la question. Dans un délai de trois mois à compter de la date de réception de la communication, l'État destinataire fera tenir à l'État qui a adressé la communication des explications ou toutes autres déclarations écrites élucidant la question, qui devront comprendre, dans toute la mesure possible et utile, des indications sur ses règles de procédure et sur les moyens de recours, soit déjà utilisés, soit en instance, soit encore ouverts ;

b) Si, dans un délai de six mois à compter de la date de réception de la communication originale par l'État destinataire, la question n'est pas réglée à la satisfaction des deux États Parties intéressés, l'un comme l'autre auront le droit de la soumettre au Comité, en adressant une notification au Comité, ainsi qu'à l'autre État intéressé ;

c) Le Comité ne peut connaître d'une affaire qui lui est soumise en vertu du présent article qu'après s'être assuré que tous les recours internes disponibles ont été utilisés et épuisés, conformément aux principes de droit international généralement reconnus. Cette règle ne s'applique pas dans les cas où les procédures de recours excèdent des délais raisonnables ni dans les cas où il est peu probable que les procédures de recours donneraient satisfaction à la personne qui est la victime de la violation de la présente Convention ;

d) Le Comité tient ses séances à huis clos lorsqu'il examine les communications prévues au présent article ;

e) Sous réserve des dispositions de l'alinéa *c*, le Comité met ses bons offices à la disposition des États Parties intéressés, afin de parvenir à une solution amiable de la question, fondée sur le respect des obligations prévues par la présente Convention. À cette fin, le Comité peut, s'il l'estime opportun, établir une commission de conciliation *ad hoc* ;

f) Dans toute affaire qui lui est soumise en vertu du présent article, le Comité peut demander aux États Parties intéressés, visés à l'alinéa b, de lui fournir tout renseignement pertinent ;

g) Les États Parties intéressés, visés à l'alinéa *b*, ont le droit de se faire représenter lors de l'examen de l'affaire par le Comité et de présenter des observations oralement ou par écrit, ou sous l'une et l'autre forme ;

h) Le Comité doit présenter un rapport dans un délai de douze mois à compter du jour où il a reçu la notification visée à l'alinéa *b* ;

i) Si une solution a pu être trouvée conformément aux dispositions de l'alinéa *e*, le Comité se borne dans son rapport à un bref exposé des faits et de la solution intervenue ;

j) Si une solution n'a pu être trouvée conformément aux dispositions de l'alinéa e, le Comité se borne, dans son rapport, à un bref exposé des faits ; le texte des observations écrites et le procès-verbal des observations orales présentées par les États Parties intéressés sont joints au rapport.

Pour chaque affaire, le rapport est communiqué aux États Parties intéressés.

2. Les dispositions du présent article entreront en vigueur lorsque cinq États Parties à la présente Convention auront fait la déclaration prévue au paragraphe 1 du présent article. Ladite déclaration est déposée par l'État Partie auprès du Secrétaire général de l'Organisation des Nations unies, qui en communique copie aux autres États Parties. Une déclaration peut être retirée à tout moment au moyen d'une notification adressée au Secrétaire général. Ce retrait est sans préjudice de l'examen de toute question qui fait l'objet d'une communication déjà transmise en vertu du présent article ; aucune autre communication d'un État Partie ne sera reçue en vertu du présent article après que le Secrétaire général aura reçu notification du retrait de la déclaration, à moins que l'État Partie intéressé ait fait une nouvelle déclaration.

Art. 22. – 1. Tout État Partie à la présente Convention peut, en vertu du présent article, déclarer à tout moment qu'il reconnaît la compétence du Comité pour recevoir et examiner des communications présentées par ou pour le compte de particuliers relevant de sa juridiction qui prétendent être victimes d'une violation, par un État Partie, des dispositions de la Convention. Le Comité ne reçoit aucune communication intéressant un État Partie qui n'a pas fait une telle déclaration.

2. Le Comité déclare irrecevable toute communication soumise en vertu du présent article qui est anonyme ou qu'il considère être un abus du droit de soumettre de telles communications, ou être incompatible avec les dispositions de la présente Convention.

3. Sous réserve des dispositions du paragraphe 2, le Comité porte toute communication qui lui est soumise en vertu du présent article à l'attention de l'État Partie à la présente Convention qui a fait une déclaration en vertu du paragraphe 1 et a prétendument violé l'une quelconque des dispositions de la Convention. Dans les six mois qui suivent, ledit État soumet par écrit au Comité des explications ou déclarations éclaircissant la question et indiquant, le cas échéant, les mesures qu'il pourrait avoir prises pour remédier à la situation.

4. Le Comité examine les communications reçues en vertu du présent article en tenant compte de toutes les informations qui lui sont soumises par ou pour le compte du particulier et par l'État Partie intéressé.

5. Le Comité n'examinera aucune communication d'un particulier conformément au présent article sans s'être assuré que :

a) La même question n'a pas été et n'est pas en cours d'examen devant une autre instance internationale d'enquête ou de règlement ;

b) Le particulier a épuisé tous les recours internes disponibles ; cette règle ne s'applique pas si les procédures de recours excèdent des délais raisonnables ou s'il est peu probable qu'elles donneraient satisfaction au particulier qui est la victime d'une violation de la présente Convention.

6. Le Comité tient ses séances à huis clos lorsqu'il examine les communications prévues dans le présent article.

7. Le Comité fait part de ses constatations à l'État Partie intéressé et au particulier.

8. Les dispositions du présent article entreront en vigueur lorsque cinq États Parties à la présente Convention auront fait la déclaration prévue au paragraphe 1 du présent article. Ladite déclaration est déposée par l'État Partie auprès du secrétaire général de l'Organisation des Nations unies, qui en communique copie aux autres États Parties. Une déclaration peut être retirée à tout moment au moyen d'une notification adressée au Secrétaire général. Ce retrait est sans préjudice de l'examen de toute question qui fait l'objet d'une communication déjà transmise en vertu du présent article ; aucune autre communication soumise par ou pour le compte d'un particulier ne sera reçue en vertu du présent article après que le Secrétaire général aura reçu notification du retrait de la déclaration, à moins que l'État Partie intéressé ait fait une nouvelle déclaration.

Art. 23. – Les membres du Comité et les membres des commissions de conciliation *ad hoc* qui pourraient être nommés conformément à l'alinéa *e* du paragraphe 1 de l'article 21 ont droit aux facilités, privilèges et immunités reconnus aux experts en mission pour l'Organisation des Nations Unies, tels qu'ils sont énoncés dans les sections pertinentes de la Convention sur les privilèges et les immunités des Nations unies.

Art. 24. – Le Comité présente aux États Parties et à l'Assemblée générale de l'Organisation des Nations unies un rapport annuel sur les activités qu'il aura entreprises en application de la présente Convention.

TROISIÈME PARTIE

Art. 25. – 1. La présente Convention est ouverte à la signature de tous les États.

2. La présente Convention est sujette à ratification. Les instruments de ratification seront déposés auprès du Secrétaire général de l'Organisation des Nations unies.

Art. 26. – Tous les États peuvent adhérer à la présente Convention. L'adhésion se fera par le dépôt d'un instrument d'adhésion auprès du Secrétaire général de l'Organisation des Nations unies.

Art. 27. – 1. La présente Convention entrera en vigueur le trentième jour après la date du dépôt auprès du Secrétaire général de l'Organisation des Nations unies du vingtième instrument de ratification ou d'adhésion.

2. Pour tout État qui ratifiera la présente Convention ou y adhérera après le dépôt du vingtième instrument de ratification ou d'adhésion, la Convention entrera en vigueur le trentième jour après la date du dépôt par cet État de son instrument de ratification ou d'adhésion.

Art. 28. – 1. Chaque État pourra, au moment où il signera ou ratifiera la présente Convention ou y adhérera, déclarer qu'il ne reconnaît pas la compétence accordée au Comité aux termes de l'article 20.

2. Tout État Partie qui aura formulé une réserve conformément aux dispositions du paragraphe 1 du présent article pourra à tout moment lever cette réserve par une notification adressée au Secrétaire général de l'Organisation des Nations unies.

Art. 29. – 1. Tout État Partie à la présente Convention pourra proposer un amendement et déposer sa proposition auprès du Secrétaire général de l'Organisation des Nations unies. Le Secrétaire général communiquera la proposition d'amendement aux États Parties en leur demandant de lui faire savoir s'ils sont favorables à l'organisation d'une conférence d'États Parties en vue de l'examen de la proposition et de sa mise aux voix. Si, dans les quatre mois qui suivent la date d'une telle communication, le tiers au moins des États Parties se prononcent en faveur de la tenue de ladite conférence, le Secrétaire général organisera la conférence sous les auspices de l'Organisation des Nations unies. Tout amendement adopté par la majorité des États Parties présents et votants à la conférence sera soumis par le Secrétaire général à l'acceptation de tous les États Parties.

2. Un amendement adopté selon les dispositions du paragraphe 1 du présent article entrera en vigueur lorsque les deux tiers des États Parties à la présente Convention auront informé le Secrétaire général de l'Organisation des Nations unies qu'ils l'ont accepté conformément à la procédure prévue par leurs constitutions respectives.

3. Lorsque les amendements entreront en vigueur, ils auront force obligatoire pour les États Parties qui les auront acceptés, les autres États Parties demeurant liés par les dispositions de la présente Convention et par tous les amendements antérieurs qu'ils auront acceptés.

Art. 30. – 1. Tout différend entre deux ou plus des États Parties concernant l'interprétation ou l'application de la présente Convention qui ne peut pas être réglé par voie de négociation est soumis à l'arbitrage à la demande de l'un d'entre eux. Si, dans les six mois qui suivent la date de la demande d'arbitrage, les parties ne parviennent pas à se mettre d'accord sur l'organisation de l'arbitrage, l'une quelconque d'entre elles peut soumettre le différend à la Cour internationale de justice en déposant une requête conformément au statut de la Cour.

2. Chaque État pourra, au moment où il signera ou ratifiera la présente Convention ou y adhérera, déclarer qu'il ne se considère pas lié par les dispositions du paragraphe 1 du présent article. Les autres États Parties ne seront pas liés par lesdites dispositions envers tout État Partie qui aura formulé une telle réserve.

3. Tout État Partie qui aura formulé une réserve conformément aux dispositions du paragraphe 2 du présent article pourra à tout moment lever cette réserve par une notification adressée au Secrétaire général de l'Organisation des Nations unies.

Art. 31. – 1. Un État Partie pourra dénoncer la présente Convention par notification écrite adressée au Secrétaire général de l'Organisation des Nations unies. La dénonciation prend effet un an après la date à laquelle la notification aura été reçue par le Secrétaire général.

2. Une telle dénonciation ne libérera pas l'État Partie des obligations qui lui incombent en vertu de la présente Convention en ce qui concerne tout acte ou toute omission commis avant la date à laquelle la dénonciation prendra effet ; elle ne fera nullement obstacle à la poursuite de l'examen de toute question dont le Comité était déjà saisi à la date à laquelle la dénonciation a pris effet.

3. Après la date à laquelle la dénonciation par un État Partie prend effet, le Comité n'entreprend l'examen d'aucune question nouvelle concernant cet État.

Art. 32. – Le Secrétaire général de l'Organisation des Nations unies notifiera à tous les États membres de l'Organisation des Nations unies et à tous les États qui auront signé la présente Convention ou y auront adhéré :

a) Les signatures, les ratifications et les adhésions reçues en application des articles 25 et 26 ;

b) La date d'entrée en vigueur de la Convention en application de l'article 27 et la date d'entrée en vigueur de tout amendement en application de l'article 29 ;

c) Les dénonciations reçues en application de l'article 31.

Art. 33. – 1. La présente Convention, dont les textes anglais, arabe, chinois, espagnol, français et russe font également foi, sera déposée auprès du Secrétaire général de l'Organisation des Nations unies.

2. Le Secrétaire général de l'Organisation des Nations unies fera tenir copie certifiée conforme de la présente Convention à tous les États.

ANNEXE

DÉCLARATIONS ET RÉSERVES

Art. 1er à 20. – ...

Art. 21. – Le Gouvernement de la République française déclare, conformément au paragraphe 1er de l'article 21 de la Convention, qu'il reconnaît la compétence du Comité contre la torture pour recevoir et examiner les communications dans lesquelles un État Partie prétend qu'un autre État Partie ne s'acquitte pas de ses obligations au titre de la présente Convention.

Art. 22. – Le Gouvernement de la République française déclare, conformément au paragraphe 1er de l'article 22 de la Convention, qu'il reconnaît la compétence du Comité contre la torture pour recevoir et examiner des communications présentées par ou pour le compte de particuliers relevant de sa juridiction qui prétendent être victimes d'une violation, par un État Partie, des dispositions de la Convention.

....

Art. 30. – Le Gouvernement de la République française déclare, conformément au paragraphe 2 de l'article 30 de la Convention, qu'il ne sera pas lié par les dispositions du paragraphe 1er de cet article.

Convention internationale

contre la prise d'otages

Décret n. 2000-724 du 25 juillet 2000
portant publication de la Convention internationale contre la prise d'otages, faite à New York le 17 décembre 1979 (*JO* 2 août 2000, p. 11954)

Vu les articles 52 à 55 de la Constitution ;

Vu la loi n. 2000-331 du 14 avril 2000 autorisant l'adhésion de la République française à la convention internationale contre la prise d'otages, faite à New York le 17 décembre 1979 ;

Vu le décret n. 53-192 du 14 mars 1953 modifié relatif à la ratification et à la publication des engagements internationaux souscrits par la France,

Art. 1er. – La convention internationale contre la prise d'otages, faite à New York le 17 décembre 1979, sera publiée au *Journal officiel* de la République française.

Art. 2. – Le Premier ministre et le ministre des Affaires étrangères sont chargés, chacun en ce qui le concerne, de l'exécution du présent décret, qui sera publié au *Journal officiel de la République française.*

....

Les États parties à la présente Convention,

Ayant présents à l'esprit les buts et principes de la Charte des Nations unies concernant le maintien de la paix et de la sécurité internationales et le développement des relations amicales et de la coopération entre les États ;

Reconnaissant en particulier que chacun a droit à la vie, à la liberté et à la sécurité de sa personne ainsi qu'il est prévu dans la Déclaration universelle des droits de l'homme et dans le Pacte international relatif aux droits civils et politiques ;

Réaffirmant le principe de l'égalité des droits des peuples et de leur droit à disposer d'eux-mêmes consacré dans la Charte des Nations unies et dans la Déclaration relative aux principes du droit international touchant les relations amicales et la coopération entre les États conformément à la Charte des Nations unies, ainsi que dans les autres résolutions pertinentes de l'assemblée générale ;

Considérant que la prise d'otages est un délit qui préoccupe gravement la communauté internationale et que, conformément aux dispositions de la présente Convention, quiconque commet un acte de prise d'otages doit être poursuivi ou extradé ;

Convaincus de la nécessité urgente de développer une coopération internationale entre les États en ce qui concerne l'élaboration et l'adoption de mesures efficaces destinées à prévenir, réprimer et punir tous les actes de prise d'otages en tant que manifestations du terrorisme international,

sont convenus de ce qui suit :

Art. 1er. – 1. Commet l'infraction de prise d'otages au sens de la présente Convention, quiconque s'empare d'une personne (ci-après dénommée « otage »), ou la détient et menace de la tuer, de la blesser ou de continuer à la détenir afin de contraindre une tierce partie, à savoir un État, une organisation internationale intergouvernementale, une personne physique ou morale ou un groupe de personnes, à accomplir un acte quelconque ou à s'en abstenir en tant que condition explicite ou implicite de la libération de l'otage.

2. Commet également une infraction aux fins de la présente Convention, quiconque :

a) Tente de commettre un acte de prise d'otages ou

b) Se rend complice d'une personne qui commet ou tente de commettre un acte de prise d'otages.

Art. 2. – Tout État partie réprime les infractions prévues à l'article 1er de peines appropriées qui prennent en considération la nature grave de ces infractions.

Art. 3. – 1. L'État partie sur le territoire duquel l'otage est détenu par l'auteur de l'infraction prend toutes mesures qu'il juge appropriées pour améliorer le sort de l'otage, notamment pour assurer sa libération et, au besoin, faciliter son départ après sa libération.

2. Si un objet obtenu par l'auteur de l'infraction du fait de la prise d'otages vient à être détenu par un État partie, ce dernier le restitue dès que possible à l'otage ou à la tierce partie visée à l'article premier, selon le cas, ou à leurs autorités appropriées.

Art. 4. – Les États parties collaborent à la prévention des infractions prévues à l'article 1er, notamment :

a) En prenant toutes les mesures possibles afin de prévenir la préparation, sur leurs territoires respectifs, de ces infractions destinées à être commises à l'intérieur ou en dehors de leur territoire, y compris des mesures tendant à interdire sur leur territoire les activités illégales des individus, des groupes et des organisations qui encouragent, fomentent, organisent ou commettent des actes de prise d'otages ;

b) En échangeant des renseignements et en coordonnant les mesures administratives et autres à prendre, le cas échéant, afin de prévenir la perpétration de ces infractions.

Art. 5. – 1. Tout État partie prend les mesures nécessaires pour établir sa compétence aux fins de connaître des infractions prévues à l'article 1er, qui sont commises :

a) Sur son territoire ou à bord d'un navire ou d'un aéronef immatriculé dans ledit État ;

b) Par l'un quelconque de ses ressortissants, ou, si cet État le juge approprié, par les apatrides qui ont leur résidence habituelle sur son territoire ;

c) Pour le contraindre à accomplir un acte quelconque ou à s'en abstenir ; ou

d) À l'encontre d'un otage qui est ressortissant de cet État lorsque ce dernier le juge approprié.

2. De même, tout État partie prend les mesures nécessaires pour établir sa compétence aux fins de connaître des infractions prévues à l'article 1er dans le cas où l'auteur présumé de l'infraction se trouve sur son territoire et où l'État ne l'extrade pas vers l'un quelconque des États visés au paragraphe 1 du présent article.

3. La présente Convention n'exclut pas une compétence pénale exercée en vertu de la législation interne.

Art. 6. – 1. S'il estime que les circonstances le justifient, tout État partie sur le territoire duquel se trouve l'auteur présumé de l'infraction assure, conformément à sa législation, la détention de cette personne ou prend toutes autres mesures nécessaires pour s'assurer de sa personne, pendant le délai nécessaire à l'engagement de poursuites pénales ou d'une procédure d'extradition. Cet État partie devra procéder immédiatement à une enquête préliminaire en vue d'établir les faits.

2. La détention ou les autres mesures visées au paragraphe 1 du présent article sont notifiées sans retard directement ou par l'entremise du Secrétaire général de l'Organisation des Nations unies :

a) À l'État où l'infraction a été commise ;

b) À l'État qui a fait l'objet de la contrainte ou de la tentative de contrainte ;

c) À l'État dont la personne physique ou morale qui a fait l'objet de la contrainte ou de la tentative de contrainte a la nationalité ;

d) À l'État dont l'otage a la nationalité ou sur le territoire duquel il a sa résidence habituelle ;

e) À l'État dont l'auteur présumé de l'infraction a la nationalité ou, si celui-ci est apatride, à l'État sur le territoire duquel il a sa résidence habituelle ;

f) À l'organisation internationale intergouvernementale qui a fait l'objet de la contrainte ou de la tentative de contrainte ;

g) À tous les autres États intéressés.

3. Toute personne à l'égard de laquelle sont prises les mesures visées au paragraphe 1 du présent article est en droit :

a) De communiquer sans retard avec le représentant compétent le plus proche de l'État dont elle a la nationalité ou qui est autrement habilité à établir cette communication ou, s'il s 'agit d'une personne apatride, de l'État sur le territoire duquel elle a sa résidence habituelle ;

b) De recevoir la visite d'un représentant de cet État.

4. Les droits visés au paragraphe 3 du présent article doivent s'exercer dans le cadre des lois et règlements de l'État sur le territoire duquel se trouve l'auteur présumé de l'infraction, étant entendu, toutefois, que ces lois et règlements doivent permettre la pleine réalisation des fins pour lesquelles les droits sont accordés en vertu du paragraphe 3 du présent article.

5. Les dispositions des paragraphes 3 et 4 du présent article sont sans préjudice du droit de tout État partie, ayant établi sa compétence conformément à l'alinéa b du paragraphe 1 de l'article 5, d'inviter le Comité international de la Croix-Rouge à communiquer avec l'auteur présumé de l'infraction et à lui rendre visite.

6. L'État qui procède à l'enquête préliminaire visée au paragraphe 1 du présent article en communique rapidement les conclusions aux États ou à l'organisation mentionnée au paragraphe 2 du présent article et leur indique s'il entend exercer sa compétence.

Art. 7. – L'État partie dans lequel une action pénale a été engagée contre l'auteur présumé de l'infraction en communique conformément à ses lois le résultat définitif au Secrétaire général de l'Organisation des Nations unies, qui en informe les autres États intéressés et les organisations internationales intergouvernementales intéressées.

Art. 8. – 1. L'État partie sur le territoire duquel l'auteur présumé de l'infraction est découvert, s'il n'extrade pas ce dernier, soumet l'affaire, sans aucune exception, et que l'infraction ait été ou non commise sur son territoire, à ses autorités compétentes pour l'exercice de l'action pénale selon une procédure conforme à la législation de cet État. Ces autorités prennent leur décision dans les mêmes conditions que pour toute infraction de droit commun de nature grave conformément aux lois de cet État.

2. Toute personne contre laquelle une procédure est engagée en raison d'une des infractions prévues à l'article 1er jouit de la garantie d'un traitement équitable à tous les stades de la procédure, y compris la jouissance de tous les droits et garanties prévus par la loi de l'État sur le territoire duquel elle se trouve.

Art. 9. – 1. Il ne sera pas fait droit à une demande d'extradition soumise en vertu de la présente Convention au sujet d'un auteur présumé de l'infraction si l'État partie requis a des raisons substantielles de croire :

a) Que la demande d'extradition relative à une infraction prévue à l'article 1er a été présentée aux fins de poursuivre ou de punir une personne en considération de sa race, de sa religion, de sa nationalité, de son origine ethnique ou de ses opinions politiques ; ou

b) Que la position de cette personne risque de subir un préjudice :

i) Pour l'une quelconque des raisons visées à l'alinéa a du présent paragraphe, ou

ii) Pour la raison que les autorités compétentes de l'État ayant qualité pour exercer les droits de protection ne peuvent communiquer avec elle.

2. Relativement aux infractions définies dans la présente Convention, les dispositions de tous les traités et arrangements d'extradition applicables entre États parties sont modifiées entre ces États parties dans la mesure où elles sont incompatibles avec la présente Convention.

Art. 10. – 1. Les infractions prévues à l'article 1er sont de plein droit comprises comme cas d'extradition dans tout traité d'extradition conclu entre États parties. Les États parties s'engagent à comprendre ces infractions comme cas d'extradition dans tout traité d'extradition à conclure entre eux.

2. Si un État partie qui subordonne l'extradition à l'existence d'un traité est saisi d'une demande d'extradition par un autre État partie avec lequel il n'est pas lié par un traité d'extradition, l'État requis a la latitude de considérer la présente Convention comme constituant la base juridique de l'extradition en ce qui concerne les infractions prévues à l'article 1er. L'extradition est subordonnée aux autres conditions prévues par le droit de l'État requis.

3. Les États parties qui ne subordonnent pas l'extradition à l'existence d'un traité reconnaissent les infractions prévues à l'article 1er comme cas d'extradition entre eux dans les conditions prévues par le droit de l'État requis.

4. Entre États parties, les infractions prévues à l'article 1er, sont considérées aux fins d'extradition comme ayant été commises tant au lieu de leur perpétration que sur le territoire des États tenus d'établir leur compétence en vertu du paragraphe 1 de l'article 5.

Art. 11. – 1. Les États parties s'accordent l'entraide judiciaire la plus large possible dans toute procédure pénale relative aux infractions prévues à l'article 1er, y compris en ce qui concerne la communication de tous les éléments de preuve dont ils disposent et qui sont nécessaires aux fins de la procédure.

2. Les dispositions du paragraphe 1 du présent article n'affectent pas les obligations relatives à l'entraide judiciaire stipulées dans tout autre traité.

Art. 12. – Dans la mesure où les Conventions de Genève de 1949 pour la protection des victimes de la guerre ou les Protocoles additionnels à ces conventions sont applicables à un acte de prise d'otages particulier, et dans la mesure où les États parties à la présente Convention sont tenus, en vertu desdites conventions, de poursuivre ou de livrer l'auteur de la prise d'otages, la présente Convention ne s'applique pas à un acte de prise d'otages commis au cours de conflits armés au sens des Conventions de Genève de 1949 et des Protocoles y relatifs, y compris les conflits armés visés au paragraphe 4 de l'article 1er du Protocole additionnel I de 1977, dans lesquels les peuples luttent contre la domination coloniale et l'occupation étrangère et contre les régimes racistes, dans l'exercice du droit des peuples à disposer d'eux-mêmes, consacré dans la Charte des Nations unies et dans la Déclaration relative aux principes du droit international touchant les relations amicales et la coopération entre les États conformément à la Charte des Nations unies.

Art. 13. – La présente Convention n'est pas applicable lorsque l'infraction est commise sur le territoire d'un seul État, que l'otage et l'auteur présumé de l'infraction ont la nationalité de cet État et que l'auteur présumé de l'infraction est découvert sur le territoire de cet État.

Art. 14. – Rien dans la présente Convention ne peut être interprété comme justifiant la violation de l'intégrité territoriale ou de l'indépendance politique d'un État en contravention de la Charte des Nations unies.

Art. 15. – Les dispositions de la présente Convention n'affecteront pas l'application des traités sur l'asile, en vigueur à la date d'adoption de ladite Convention, en ce qui concerne les États qui sont parties à ces traités ; mais un État partie à la présente Convention ne pourra invoquer ces traités à l'égard d'un autre État partie à la présente Convention qui n'est pas partie à ces traités.

Art. 16. – 1. Tout différend entre deux ou plusieurs États parties concernant l'interprétation ou l'application de la présente Convention qui n'est pas réglé par voie de négociation est soumis à l'arbitrage, à la demande de l'un d'entre eux. Si, dans les six mois qui suivent la date de la demande d'arbitrage, les Parties ne parviennent pas à se mettre d'accord sur l'organisation de l'arbitrage, l'une quelconque d'entre elles peut soumettre le différend à la Cour internationale de justice, en déposant une requête conformément au statut de la cour.

2. Tout État pourra, au moment où il signera la présente Convention, la ratifiera ou y adhérera, déclarer qu'il ne se considère pas lié par les dispositions du paragraphe 1 du présent article. Les autres États parties ne seront pas liés par lesdites dispositions envers un État partie qui aura formulé une telle réserve.

3. Tout État partie qui aura formulé une réserve conformément aux dispositions du paragraphe 2 du présent article pourra à tout moment lever cette réserve par une notification adressée au secrétaire général de l'Organisation des Nations unies.

Art. 17. – 1. La présente Convention est ouverte à la signature de tous les États, jusqu'au 31 décembre 1980, au siège de l'Organisation des Nations unies, à New York.

2. La présente Convention sera ratifiée. Les instruments de ratification seront déposés auprès du Secrétaire général de l'Organisation des Nations unies.

3. La présente Convention est ouverte à l'adhésion de tout État. Les instruments d'adhésion seront déposés auprès du Secrétaire général de l'Organisation des Nations unies.

Art. 18. – 1. La présente Convention entrera en vigueur le trentième jour qui suivra la date de dépôt auprès du Secrétaire général de l'Organisation des Nations unies du vingt-deuxième instrument de ratification ou d'adhésion.

2. Pour chacun des États qui ratifieront la Convention ou y adhéreront après le dépôt du vingt-deuxième instrument de ratification ou d'adhésion, la Convention entrera en vigueur le trentième jour après le dépôt par cet État de son instrument de ratification ou d'adhésion.

Art. 19. – 1. Tout État partie peut dénoncer la présente Convention par voie de notification écrite adressée au Secrétaire général de l'Organisation des Nations unies.

2. La dénonciation prendra effet un an après la date à laquelle la notification aura été reçue par le Secrétaire général de l'Organisation des Nations unies.

Art. 20. – L'original de la présente Convention, dont les textes anglais, arabe, chinois, espagnol, français et russe font également foi, sera déposé auprès du Secrétaire général de l'Organisation des Nations unies, qui en fera tenir copie certifiée conforme à tous les États.

En foi de quoi les soussignés, dûment autorisés à cet effet par leurs gouvernements respectifs, ont signé la présente Convention, qui a été ouverte à la signature à New York le 18 décembre 1979.

DÉCLARATIONS DE LA FRANCE

1. La France considère que l'acte de prise d'otages est interdit en toute circonstance.
2. S'agissant de l'application de l'article 6, la France, conformément aux principes de sa procédure pénale, n'entend pas procéder à la détention d'un auteur présumé ou à toutes autres mesures coercitives, préalablement à l'engagement de poursuites pénales, hors les cas de demande d'arrestation provisoire.
3. S'agissant de l'application de l'article 9, l'extradition ne sera pas accordée si la personne réclamée avait la nationalité française au moment des faits ou, s'il s'agit d'une personne de nationalité étrangère, si l'infraction est punie de la peine capitale par la législation de l'État requérant, à moins que ledit État ne donne des assurances jugées suffisantes que la peine capitale ne sera pas infligée ou, si elle est prononcée, qu'elle se sera pas exécutée.

ANNEXE II. – DROIT INTERNATIONAL HUMANITAIRE

COUR PÉNALE INTERNATIONALE

Décret n. 2002-925 du 6 juin 2002

portant publication de la convention portant statut de la Cour pénale internationale, adoptée à Rome le 17 juillet 1998
(la présente convention entre en vigueur le 1er juillet 2002)

Art. 1er. – La convention portant statut de la Cour pénale internationale, adoptée à Rome le 17 juillet 1998, sera publiée au *Journal officiel de la République française*.

Art. 2. – Le Premier ministre et le ministre des affaires étrangères, de la coopération et de la francophonie sont chargés, chacun en ce qui le concerne, de l'exécution du présent décret, qui sera publié au *Journal officiel de la République française*.

CONVENTION PORTANT STATUT DE LA COUR PÉNALE INTERNATIONALE

Préambule

Les États Parties au présent Statut,

Conscients que tous les peuples sont unis par des liens étroits et que leurs cultures forment un patrimoine commun, et soucieux du fait que cette mosaïque délicate puisse être brisée à tout moment ;

Ayant à l'esprit qu'au cours de ce siècle, des millions d'enfants, de femmes et d'hommes ont été victimes d'atrocités qui défient l'imagination et heurtent profondément la conscience humaine ;

Reconnaissant que des crimes d'une telle gravité menacent la paix, la sécurité et le bien-être du monde ;

Affirmant que les crimes les plus graves qui touchent l'ensemble de la communauté internationale ne sauraient rester impunis et que leur répression doit être effectivement assurée par des mesures prises dans le cadre national et par le renforcement de la coopération internationale ;

Déterminés à mettre un terme à l'impunité des auteurs de ces crimes et à concourir ainsi à la prévention de nouveaux crimes ;

Rappelant qu'il est du devoir de chaque État de soumettre à sa juridiction criminelle les responsables de crimes internationaux ;

Réaffirmant les buts et principes de la Charte des Nations unies et, en particulier, que tous les États doivent s'abstenir de recourir à la menace ou à l'emploi de la force, soit contre l'intégrité territoriale ou l'indépendance politique de tout État, soit de toute autre manière incompatible avec les buts des Nations unies ;

Soulignant à cet égard que rien dans le présent Statut ne peut être interprété comme autorisant un État Partie à intervenir dans un conflit armé ou dans les affaires intérieures d'un autre État ;

Déterminés, à ces fins et dans l'intérêt des générations présentes et futures, à créer un Cour pénale internationale permanente et indépendante reliée au système des Nations unies, ayant compétence à l'égard des crimes les plus graves qui touchent l'ensemble de la communauté internationale ;

Soulignant que la Cour pénale internationale dont le présent Statut porte création est complémentaire des juridictions pénales nationales ;

Résolus à garantir durablement le respect de la justice internationale, et sa mise en oeuvre, sont convenus de ce qui suit :

CHAPITRE I. – INSTITUTION DE LA COUR

Art. 1er. – *La Cour*. – Il est créé une Cour pénale internationale (« la Cour ») en tant qu'institution permanente, qui peut exercer sa compétence à l'égard des personnes pour les crimes les plus graves ayant une portée internationale, au sens du présent Statut. Elle est complémentaire des juridictions pénales nationales. Sa compétence et son fonctionnement sont régis par les dispositions du présent Statut.

Art. 2. – *Lien de la Cour avec les Nations unies*. – La Cour est liée aux Nations unies par un accord qui doit être approuvé par l'assemblée des États Parties au présent Statut, puis conclu par le président de la Cour au nom de celle-ci.

Art. 3. – *Siège de la Cour*. – 1. La Cour a son siège à La Haye, aux Pays-Bas (« l'État hôte »).

2. La Cour et l'État hôte conviennent d'un accord de siège qui doit être approuvé par l'Assemblée des États Parties, puis conclu par le président de la Cour au nom de celle-ci.

3. Si elle le juge souhaitable, la Cour peut siéger ailleurs selon les dispositions du présent Statut.

Art. 4. – *Régime et pouvoirs juridiques de la Cour*. – 1. La Cour a la personnalité juridique internationale. Elle a aussi la capacité juridique qui lui est nécessaire pour exercer ses fonctions et accomplir sa mission.

2. La Cour peut exercer ses fonctions et ses pouvoirs, comme prévu dans le présent Statut, sur le territoire de tout État Partie et, par une convention à cet effet, sur le territoire de tout autre État.

CHAPITRE II. – COMPÉTENCE, RECEVABILITÉ ET DROIT APPLICABLE

Art. 5. – *Crimes relevant de la compétence de la Cour*. – 1. La compétence de la Cour est limitée aux crimes les plus graves qui touchent l'ensemble de la communauté internationale. En vertu du présent Statut, la Cour a compétence à l'égard des crimes suivants :

a) Le crime de génocide ;

b) Les crimes contre l'humanité ;

c) Les crimes de guerre ;

d) Le crime d'agression.

2. La Cour exercera sa compétence à l'égard du crime d'agression quand une disposition aura été adoptée conformément aux articles 121 et 123, qui définira ce crime et fixera les conditions de l'exercice de la compétence de la Cour à son égard. Cette disposition devra être compatible avec les dispositions pertinentes de la Charte des Nations unies.

Art. 6. – *Crime de génocide*. – Aux fins du présent Statut, on entend par crime de génocide l'un quelconque des actes ci-après commis dans l'intention de détruire, en tout ou en partie, un groupe national, ethnique, racial ou religieux, comme tel :

a) Meurtre de membres du groupe ;

b) Atteinte grave à l'intégrité physique ou mentale de membres du groupe ;

c) Soumission intentionnelle du groupe à des conditions d'existence devant entraîner sa destruction physique totale ou partielle ;

d) Mesures visant à entraver les naissances au sein du groupe ;

e) Transfert forcé d'enfants du groupe à un autre groupe.

Art. 7. – *Crimes contre l'humanité*. – 1. Aux fins du présent Statut, on entend par crime contre l'humanité l'un quelconque des actes ci-après lorsqu'il est commis dans le cadre d'une attaque généralisée ou systématique lancée contre toute population civile et en connaissance de cette attaque :

a) Meurtre ;

b) Extermination ;

c) Réduction en esclavage ;

d) Déportation ou transfert forcé de population ;

e) Emprisonnement ou autre forme de privation grave de liberté physique en violation des dispositions fondamentales du droit international ;

f) Torture ;

g) Viol, esclavage sexuel, prostitution forcée, grossesse forcée, stérilisation forcée ou toute autre forme de violence sexuelle de gravité comparable ;

h) Persécution de tout groupe ou de toute collectivité identifiable pour des motifs d'ordre politique, racial, national, ethnique, culturel, religieux ou sexiste au sens du paragraphe 3, ou en fonction d'autres critères universellement reconnus comme inadmissibles en droit international, en corrélation avec tout acte visé dans le présent paragraphe ou tout crime relevant de la compétence de la Cour ;

i) Disparitions forcées de personnes ;

j) Crime d'apartheid ;

k) Autres actes inhumains de caractère analogue causant intentionnellement de grandes souffrances ou des atteintes graves à l'intégrité physique ou à la santé physique ou mentale.

2. Aux fins du paragraphe 1 :

a) Par « attaque lancée contre une population civile », on entend le comportement qui consiste en la commission multiple d'actes visés au paragraphe 1 à l'encontre d'une population civile quelconque, en application ou dans la poursuite de la politique d'un État ou d'une organisation ayant pour but une telle attaque ;

b) Par « extermination », on entend notamment le fait d'imposer intentionnellement des conditions de vie, telles que la privation d'accès à la nourriture et aux médicaments, calculées pour entraîner la destruction d'une partie de la population ;

c) Par « réduction en esclavage », on entend le fait d'exercer sur une personne l'un quelconque ou l'ensemble des pouvoirs liés au droit de propriété, y compris dans le cadre de la traite des êtres humains, en particulier des femmes et des enfants

d) Par « déportation ou transfert forcé de population », on entend le fait de déplacer de force des personnes, en les expulsant ou par d'autres moyens coercitifs, de la région où elles se trouvent légalement, sans motifs admis en droit international ;

e) Par « torture », on entend le fait d'infliger intentionnellement une douleur ou des souffrances aiguës, physiques ou mentales, à une personne se trouvant sous sa garde ou sous son contrôle ; l'acception de ce terme ne s'étend pas à la douleur ou aux souffrances résultant uniquement de sanctions légales, inhérentes à ces sanctions ou occasionnées par elles ;

f) Par « grossesse forcée », on entend la détention illégale d'une femme mise enceinte de force, dans l'intention de modifier la composition ethnique d'une population ou de commettre d'autres violations graves du droit international. Cette définition ne peut en aucune manière s'interpréter comme ayant une incidence sur les lois nationales relatives à la grossesse

g) Par « persécution », on entend le déni intentionnel et grave de droits fondamentaux en violation du droit international, pour des motifs liés à l'identité du groupe ou de la collectivité qui en fait l'objet

h) Par « crime d'apartheid », on entend des actes inhumains analogues à ceux que vise le paragraphe 1, commis dans le cadre d'un régime institutionnalisé d'oppression systématique et de domination d'un groupe racial sur tout autre groupe racial ou tous autres groupes raciaux et dans l'intention de maintenir ce régime ;

i) Par « disparitions forcées de personnes », on entend les cas où des personnes sont arrêtées, détenues ou enlevées par un État ou une organisation politique ou avec l'autorisation, l'appui ou l'assentiment de cet État ou de cette organisation, qui refuse ensuite d'admettre que ces personnes sont privées de liberté ou de révéler le sort qui leur est réservé ou l'endroit où elles se trouvent, dans l'intention de les soustraire à la protection de la loi pendant une période prolongée.

3. Aux fins du présent Statut, le terme « sexe » s'entend de l'un et l'autre sexes, masculin et féminin, suivant le contexte de la société. Il n'implique aucun autre sens.

Art. 8. – *Crimes de guerre*. – 1. La Cour a compétence à l'égard des crimes de guerre, en particulier lorsque ces crimes s'inscrivent dans le cadre d'un plan ou une politique ou lorsqu'ils font partie d'une série de crimes analogues commis sur une grande échelle.

2. Aux fins du Statut, on entend par « crimes de guerre » :

a) Les infractions graves aux conventions de Genève du 12 août 1949, à savoir l'un quelconque des actes ci-après lorsqu'ils visent des personnes ou des biens protégés par les dispositions des conventions de Genève :

i) L'homicide intentionnel ;

ii) La torture ou les traitements inhumains, y compris les expériences biologiques ;

iii) Le fait de causer intentionnellement de grandes souffrances ou de porter gravement atteinte à l'intégrité physique ou à la santé ;

iv) La destruction et l'appropriation de biens, non justifiées par des nécessités militaires et exécutées sur une grande échelle de façon illicite et arbitraire ;

v) Le fait de contraindre un prisonnier de guerre ou une personne protégée à servir dans les forces d'une puissance ennemie ;

vi) Le fait de priver intentionnellement un prisonnier de guerre ou toute autre personne protégée de son droit d'être jugé régulièrement et impartialement ;

vii) La déportation ou le transfert illégal ou la détention illégale ;

viii) La prise d'otages ;

b) Les autres violations graves des lois et coutumes applicables aux conflits armés internationaux dans le cadre établi du droit international, à savoir l'un quelconque des actes ci-après :

i) Le fait de diriger intentionnellement des attaques contre la population civile en tant que telle ou contre des civils qui ne participent pas directement aux hostilités ;

ii) Le fait de diriger intentionnellement des attaques contre des biens de caractère civil, c'est-à-dire des biens qui ne sont pas des objectifs militaires ;

iii) Le fait de diriger intentionnellement des attaques contre le personnel, les installations, le matériel, les unités ou les véhicules employés dans le cadre d'une mission d'aide humanitaire ou de maintien de la paix conformément à la Charte des Nations unies, pour autant qu'ils aient droit à la protection que le droit international des conflits armés garantit aux civils et aux biens de caractère civil ;

iv) Le fait de lancer intentionnellement une attaque en sachant qu'elle causera incidemment des pertes en vies humaines dans la population civile, des blessures aux personnes civiles, des dommages aux biens de caractère civil ou des dommages étendus, durables et graves à l'environnement naturel qui seraient manifestement excessifs par rapport à l'ensemble de l'avantage militaire concret et direct attendu ;

v) Le fait d'attaquer ou de bombarder, par quelque moyen que ce soit, des villes, villages, habitations ou bâtiments qui ne sont pas défendus et qui ne sont pas des objectifs militaires ;

vi) Le fait de tuer ou de blesser un combattant qui, ayant déposé les armes ou n'ayant plus de moyens de se défendre, s'est rendu à discrétion ;

vii) Le fait d'utiliser indûment le pavillon parlementaire, le drapeau ou les insignes militaires et l'uniforme de l'ennemi ou de l'Organisation des Nations unies, ainsi que les signes distinctifs prévus par les conventions de Genève, et, ce faisant, de causer la perte de vies humaines ou des blessures graves ;

viii) Le transfert, direct ou indirect, par une puissance occupante d'une partie de sa population civile, dans le territoire qu'elle occupe, ou la déportation ou le transfert à l'intérieur ou hors du territoire occupé de la totalité ou d'une partie de la population de ce territoire ;

ix) Le fait de diriger intentionnellement des attaques contre des bâtiments consacrés à la religion, à l'enseignement, à l'art, à la science ou à l'action caritative, des monuments historiques, des hôpitaux et des lieux où des malades ou des blessés sont rassemblés, à condition qu'ils ne soient pas des objectifs militaires ;

x) Le fait de soumettre des personnes d'une partie adverse tombées en son pouvoir à des mutilations ou à des expériences médicales ou scientifiques quelles qu'elles soient qui ne sont ni motivées par un traitement médical, dentaire ou hospitalier, ni effectuées dans l'intérêt de ces personnes, et qui entraînent la mort de celles-ci ou mettent sérieusement en danger leur santé ;

xi) Le fait de tuer ou de blesser par traîtrise des individus appartenant à la nation ou à l'armée ennemie ;

xii) Le fait de déclarer qu'il ne sera pas fait de quartier ;

xiii) Le fait de détruire ou de saisir les biens de l'ennemi, sauf dans les cas où ces destructions ou saisies seraient impérieusement commandées par les nécessités de la guerre ;

xiv) Le fait de déclarer éteints, suspendus ou non recevables en justice les droits et actions des nationaux de la partie adverse ;

xv) Le fait pour un belligérant de contraindre les nationaux de la partie adverse à prendre part aux opérations de guerre dirigées contre leur pays, même s'ils étaient au service de ce belligérant avant le commencement de la guerre ;

xvi) Le pillage d'une ville ou d'une localité, même prise d'assaut ;

xvii) Le fait d'employer du poison ou des armes empoisonnées ;

xviii) Le fait d'utiliser des gaz asphyxiants, toxiques ou similaires, ainsi que tous liquides, matières ou procédés analogues ;

xix) Le fait d'utiliser des balles qui s'épanouissent ou s'aplatissent facilement dans le corps humain, telles que des balles dont l'enveloppe dure ne recouvre pas entièrement le centre ou est percée d'entailles ;

xx) Le fait d'employer les armes, projectiles, matières et méthodes de guerre de nature à causer des maux superflus ou des souffrances inutiles ou à frapper sans discrimination en violation du droit international des conflits armés, à condition que ces armes, projectiles, matières et méthodes de guerre fassent l'objet d'une interdiction générale et qu'ils soient inscrits dans une annexe au présent Statut, par voie d'amendement adopté selon les dispositions des articles 121 et 123 ;

xxi) Les atteintes à la dignité de la personne, notamment les traitements humiliants et dégradants ;

xxii) Le viol, l'esclavage sexuel, la prostitution forcée, la grossesse forcée telle que définie à l'article 7, paragraphe 2, alinéa f, la stérilisation forcée ou toute autre forme de violence sexuelle constituant une infraction grave aux conventions de Genève ;

xxiii) Le fait d'utiliser la présence d'un civil ou d'une autre personne protégée pour éviter que certains points, zones ou forces militaires ne soient la cible d'opérations militaires ;

xxiv) Le fait de diriger intentionnellement des attaques contre les bâtiments, le matériel, les unités et les moyens de transport sanitaires, et le personnel utilisant, conformément au droit international, les signes distinctifs prévus par les conventions de Genève ;

xxv) Le fait d'affamer délibérément des civils comme méthode de guerre, en les privant de biens indispensables à leur survie, y compris en empêchant intentionnellement l'envoi des secours prévus par les conventions de Genève ;

xxvi) Le fait de procéder à la conscription ou à l'enrôlement d'enfants de moins de quinze ans dans les forces armées nationales ou de les faire participer activement à des hostilités ;

c) En cas de conflit armé ne présentant pas un caractère international, les violations graves de l'article 3 commun aux quatre conventions de Genève du 12 août 1949, à savoir l'un quelconque des actes ci-après commis à l'encontre de personnes qui ne participent pas directement aux hostilités, y compris les membres de forces armées qui ont déposé les armes et les personnes qui ont été mises hors de combat par maladie, blessure, détention ou par toute autre cause :

i) Les atteintes à la vie et à l'intégrité corporelle, notamment le meurtre sous toutes ses formes, les mutilations, les traitements cruels et la torture ;

ii) Les atteintes à la dignité de la personne, notamment les traitements humiliants et dégradants ;

iii) Les prises d'otages ;

iv) Les condamnations prononcées et les exécutions effectuées sans un jugement préalable, rendu par un tribunal régulièrement constitué, assorti des garanties judiciaires généralement reconnues comme indispensables ;

d) L'alinéa c du paragraphe 2 s'applique aux conflits armés ne présentant pas un caractère international et ne s'applique donc pas aux situations de troubles et tensions internes telles que les émeutes, les actes isolés et sporadiques de violence ou les actes de nature similaire ;

e) Les autres violations graves des lois et coutumes applicables aux conflits armés ne présentant pas un caractère international, dans le cadre établi du droit international, à savoir l'un quelconque des actes ci-après :

i) Le fait de diriger intentionnellement des attaques contre la population civile en tant que telle ou contre des personnes civiles qui ne participent pas directement aux hostilités ;

ii) Le fait de diriger intentionnellement des attaques contre les bâtiments, le matériel, les unités et les moyens de transport sanitaires, et le personnel utilisant, conformément au droit international, les signes distinctifs des conventions de Genève ;

iii) Le fait de diriger intentionnellement des attaques contre le personnel, les installations, le matériel, les unités ou les véhicules employés dans le cadre d'une mission d'aide humanitaire ou de maintien de la paix conformément à la Charte des Nations unies, pour autant qu'ils aient droit à la protection que le droit international des conflits armés garantit aux civils et aux biens de caractère civil ;

iv) Le fait de diriger intentionnellement des attaques contre des bâtiments consacrés à la religion, à l'enseignement, à l'art, à la science ou à l'action caritative, des monuments historiques, des hôpitaux et des lieux où des malades et des blessés sont rassemblés, pour autant que ces bâtiments ne soient pas des objectifs militaires ;

v) Le pillage d'une ville ou d'une localité, même prise d'assaut ;

vi) Le viol, l'esclavage sexuel, la prostitution forcée, la grossesse forcée, telle que définie à l'article 7, paragraphe 2, alinéa *f*, la stérilisation forcée, ou toute autre forme de violence sexuelle constituant une violation grave à l'article 3 commun aux quatre conventions de Genève ;

vii) Le fait de procéder à la conscription ou à l'enrôlement d'enfants de moins de quinze ans dans les forces armées ou dans des groupes armés ou de les faire participer activement à des hostilités ;

viii) Le fait d'ordonner le déplacement de la population civile pour des raisons ayant trait au conflit, sauf dans les cas où la sécurité des civils ou des impératifs militaires l'exigent ;

ix) Le fait de tuer ou de blesser par traîtrise un adversaire combattant ;

x) Le fait de déclarer qu'il ne sera pas fait de quartier ;

xi) Le fait de soumettre des personnes d'une autre partie au conflit tombées en son pouvoir à des mutilations ou à des expériences médicales ou scientifiques quelles qu'elles soient, qui ne sont ni motivées par un traitement médical, dentaire ou hospitalier, ni effectuées dans l'intérêt de ces personnes, et qui entraînent la mort de celles-ci ou mettent sérieusement en danger leur santé ;

xii) Le fait de détruire ou de saisir les biens d'un adversaire, sauf si ces destructions ou saisies sont impérieusement commandées par les nécessités du conflit ;

f) L'alinéa e du paragraphe 2 s'applique aux conflits armés ne présentant pas un caractère international et ne s'applique donc pas aux situations de troubles et tensions internes telles que les émeutes, les actes isolés et sporadiques de violence ou les actes de nature similaire. Il s'applique aux conflits armés qui opposent de manière prolongée sur le territoire d'un État les autorités du gouvernement de cet État et des groupes armés organisés ou des groupes armés organisés entre eux.

3. Rien dans le paragraphe 2, alinéas c et e n'affecte la responsabilité d'un gouvernement de maintenir ou rétablir l'ordre public dans l'État ou de défendre l'unité et l'intégrité territoriale de l'État par tous les moyens légitimes.

Art. 9. – *Éléments des crimes*. – Les éléments des crimes aident la Cour à interpréter et appliquer les articles 6, 7 et 8. Ils doivent être adoptés à la majorité des deux tiers des membres de l'Assemblée des États Parties.

2. Des amendements aux éléments des crimes peuvent être proposés par :

a) Tout État Partie ;

b) Les juges, statuant à la majorité absolue ;

c) Le procureur.

Les amendements doivent être adoptés à la majorité des deux tiers des membres de l'Assemblée des États Parties.

3. Les éléments des crimes et les amendements s'y rapportant sont conformes au présent Statut.

Art. 10. – Aucune disposition du présent chapitre ne doit être interprétée comme limitant ou affectant de quelque manière que ce soit les règles du droit international existantes ou en formation qui visent d'autres fins que le présent Statut.

Art. 11. – *Compétence* ratione temporis. – 1. La Cour n'a compétence qu'à l'égard des crimes relevant de sa compétence commis après l'entrée en vigueur du présent Statut.

2. Si un État devient Partie au présent Statut après l'entrée en vigueur de celui-ci, la Cour ne peut exercer sa compétence qu'à l'égard des crimes commis après l'entrée en vigueur du Statut pour cet État, sauf si ledit État fait la déclaration prévue à l'article 12, paragraphe 3.

Art. 12. – *Conditions préalables à l'exercice de la compétence*. – 1. Un État qui devient Partie au Statut accepte par là même la compétence de la Cour à l'égard des crimes visés à l'article 5.

2. Dans les cas visés à l'article 13, paragraphes *a* ou *c* la Cour peut exercer sa compétence si l'un des États suivants ou les deux sont Parties au présent Statut ou ont accepté la compétence de la Cour conformément au paragraphe 3 :

a) L'État sur le territoire duquel le comportement en cause a eu lieu ou, si le crime a été commis à bord d'un navire ou d'un aéronef, l'État du pavillon ou l'État d'immatriculation ;

b) L'État dont la personne accusée du crime est un ressortissant.

3. Si l'acceptation de la compétence de la Cour par un État qui n'est pas Partie au présent Statut est nécessaire aux fins du paragraphe 2, cet État peut, par déclaration déposée auprès du greffier, consentir à ce

que la Cour exerce sa compétence à l'égard du crime dont il s'agit. L'État ayant accepté la compétence de la Cour coopère avec celle-ci sans retard et sans exception conformément au chapitre IX.

Art. 13. – *Exercice de la compétence*. – La Cour peut exercer sa compétence à l'égard d'un crime visé à l'article 5, conformément aux dispositions du présent Statut :

a) Si une situation dans laquelle un ou plusieurs de ces crimes paraissent avoir été commis est déférée au procureur par un État Partie, comme prévu à l'article 14 ;

b) Si une situation dans laquelle un ou plusieurs de ces crimes paraissent avoir été commis est déférée au procureur par le Conseil de sécurité agissant en vertu du chapitre VII de la Charte des Nations unies ; ou

c) Si le procureur a ouvert une enquête sur le crime en question en vertu de l'article 15.

Art. 14. – *Renvoi d'une situation par un État Partie*. – 1. Tout État Partie peut déférer au procureur une situation dans laquelle un ou plusieurs des crimes relevant de la compétence de la Cour paraissent avoir été commis, et prier le procureur d'enquêter sur cette situation en vue de déterminer si une ou plusieurs personnes identifiées devraient être accusées de ces crimes.

2. L'État qui procède au renvoi indique autant que possible les circonstances pertinentes de l'affaire et produit les pièces à l'appui dont il dispose.

Art. 15. – *Le procureur*. – 1. Le procureur peut ouvrir une enquête de sa propre initiative au vu de renseignements concernant des crimes relevant de la compétence de la Cour.

2. Le procureur vérifie le sérieux des renseignements reçus. À cette fin, il peut rechercher des renseignements supplémentaires auprès d'États, d'organes de l'Organisation des Nations unies, d'organisations intergouvernementales et non gouvernementales, ou d'autres sources dignes de foi qu'il juge appropriées, et recueillir des dépositions écrites ou orales au siège de la Cour.

3. S'il conclut qu'il y a une base raisonnable pour ouvrir une enquête, le procureur présente à la Chambre préliminaire une demande d'autorisation en ce sens, accompagnée de tout élément justificatif recueilli. Les victimes peuvent adresser des représentations à la Chambre préliminaire, conformément au règlement de procédure et de preuve.

4. Si elle estime, après examen de la demande et des éléments justificatifs qui l'accompagnent, qu'il existe une base raisonnable pour ouvrir une enquête et que l'affaire semble relever de la compétence de la Cour, la Chambre préliminaire donne son autorisation, sans préjudice des décisions que la Cour prendra ultérieurement en matière de compétence et de recevabilité.

5. Une réponse négative de la Chambre préliminaire n'empêche pas le procureur de présenter par la suite une nouvelle demande en se fondant sur des faits ou des éléments de preuve nouveaux ayant trait à la même situation.

6. Si, après l'examen préliminaire visé aux paragraphes 1 et 2, le procureur conclut que les renseignements qui lui ont été soumis ne constituent pas une base raisonnable pour l'ouverture d'une enquête, il en avise ceux qui les lui ont fournis. Il ne lui est pas pour autant interdit d'examiner, à la lumière de faits ou d'éléments de preuve nouveaux, les autres renseignements qui pourraient lui être communiqués au sujet de la même affaire.

Art. 16. – *Sursis à enquêter ou à poursuivre*. – Aucune enquête ni aucune poursuite ne peuvent être engagées ni menées en vertu du présent Statut pendant les douze mois qui suivent la date à laquelle le Conseil de sécurité a fait une demande en ce sens à la Cour dans une résolution adoptée en vertu du chapitre VII de la Charte des Nations unies ; la demande peut être renouvelée par le Conseil dans les mêmes conditions.

Art. 17. – *Questions relatives à la recevabilité*. – 1. Eu égard au dixième alinéa du préambule et à l'article 1er, une affaire est jugée irrecevable par la Cour lorsque

a) L'affaire fait l'objet d'une enquête ou de poursuites de la part d'un État ayant compétence en l'espèce, à moins que cet État n'ait pas la volonté ou soit dans l'incapacité de mener véritablement à bien l'enquête ou les poursuites ;

b) L'affaire a fait l'objet d'une enquête de la part d'un État ayant compétence en l'espèce et que cet État a décidé de ne pas poursuivre la personne concernée, à moins que cette décision ne soit l'effet du manque de volonté ou de l'incapacité de l'État de mener véritablement à bien des poursuites ;

c) La personne concernée a déjà été jugée par la Cour en vertu de l'article 20, paragraphe 3 ;

d) L'affaire n'est pas suffisamment grave pour que la Cour y donne suite.

2. Pour déterminer s'il y a manque de volonté de l'État dans un cas d'espèce, la Cour considère l'existence, eu égard aux garanties d'un procès équitable reconnues par le droit international, de l'une ou de plusieurs des circonstances suivantes :

a) La procédure a été ou est engagée ou la décision de l'État a été prise dans le dessein de soustraire la personne concernée à sa responsabilité pénale pour les crimes relevant de la compétence de la Cour visés à l'article 5 ;

b) La procédure a subi un retard injustifié qui, dans les circonstances, est incompatible avec l'intention de traduire en justice la personne concernée ;

c) La procédure n'a pas été ou n'est pas menée de manière indépendante ou impartiale mais d'une manière qui, dans les circonstances, est incompatible avec l'intention de traduire en justice la personne concernée.

3. Pour déterminer s'il y a incapacité de l'État dans un cas d'espèce, la Cour considère si l'État est incapable, en raison de l'effondrement de la totalité ou d'une partie substantielle de son propre appareil judiciaire ou de l'indisponibilité de celui-ci, de se saisir de l'accusé, de réunir les éléments de preuve et les témoignages nécessaires ou de mener autrement à bien la procédure.

Art. 18. – *Décision préliminaire sur la recevabilité*. – 1. Lorsqu'une situation a été déférée à la Cour comme le prévoit l'article 13, alinéa a, et que le procureur a déterminé qu'il y aurait une base raisonnable pour ouvrir une enquête, ou lorsque le procureur a ouvert une enquête au titre des articles 13, paragraphe c, et 15, le procureur le notifie à tous les États Parties et aux États qui, selon les renseignements disponibles, auraient normalement compétence à l'égard des crimes dont il s'agit. Il peut le faire à titre confidentiel et, quand il juge que cela est nécessaire pour protéger des personnes, prévenir la destruction d'éléments de preuve ou empêcher la fuite de personnes, il peut restreindre l'étendue des renseignements qu'il communique aux États.

2. Dans le mois qui suit la réception de cette notification, un État peut informer la Cour qu'il ouvre ou a ouvert une enquête sur ses ressortissants ou d'autres personnes placées sous sa juridiction pour des actes criminels qui pourraient être constitutifs des crimes visés à l'article 5 et qui ont un rapport avec les renseignements notifiés aux États. Si l'État le lui demande, le procureur lui défère le soin de l'enquête sur ces personnes, à moins que la Chambre préliminaire ne l'autorise, sur sa demande, à faire enquête lui-même.

3. Ce sursis à enquêter peut être réexaminé par le procureur six mois après avoir été décidé, ou à tout moment où il se sera produit un changement notable de circonstances découlant du manque de volonté ou de l'incapacité de l'État de mener véritablement à bien l'enquête.

4. L'État intéressé ou le procureur peut relever appel devant la Chambre d'appel de la décision de la Chambre préliminaire, comme le prévoit l'article 82. Cet appel peut être examiné selon une procédure accélérée.

5. Lorsqu'il sursoit à enquêter comme prévu au paragraphe 2, le procureur peut demander à l'État concerné de lui rendre régulièrement compte des progrès de son enquête et, le cas échéant, des poursuites engagées par la suite. Les États Parties répondent à ces demandes sans retard injustifié.

6. En attendant la décision de la Chambre préliminaire, ou à tout moment après avoir décidé de surseoir à son enquête comme le prévoit le présent article, le procureur peut, à titre exceptionnel, demander à la Chambre préliminaire l'autorisation de prendre les mesures d'enquête nécessaires pour préserver des éléments de preuve dans le cas où l'occasion de recueillir des éléments de preuve importants ne se représentera pas ou s'il y a un risque appréciable que ces éléments de preuve ne soient plus disponibles par la suite.

7. L'État qui a contesté une décision de la Chambre préliminaire en vertu du présent article peut contester la recevabilité d'une affaire au regard de l'article 19 en invoquant des faits nouveaux ou un changement de circonstances notables.

Art. 19. – *Contestation de la compétence de la Cour ou de la recevabilité d'une affaire*. – 1. La Cour s'assure qu'elle est compétente pour connaître de toute affaire portée devant elle. Elle peut d'office se prononcer sur la recevabilité de l'affaire conformément à l'article 17.

2. Peuvent contester la recevabilité de l'affaire pour les motifs indiqués à l'article 17 ou contester la compétence de la Cour :

a) L'accusé ou la personne à l'encontre de laquelle a été délivré un mandat d'arrêt ou une citation à comparaître en vertu de l'article 58 ;

b) L'État qui est compétent à l'égard du crime considéré du fait qu'il mène ou a mené une enquête, ou qu'il exerce ou a exercé des poursuites en l'espèce ; ou

c) L'État qui doit avoir accepté la compétence de la Cour selon l'article 12.

3. Le procureur peut demander à la Cour de se prononcer sur une question de compétence ou de recevabilité. Dans les procédures portant sur la compétence ou la recevabilité, ceux qui ont déféré une situation en application de l'article 13, ainsi que les victimes, peuvent également soumettre des observations à la Cour.

4. La recevabilité d'une affaire ou la compétence de la Cour ne peut être contestée qu'une fois par les personnes ou les États visés au paragraphe 2. L'exception doit être soulevée avant l'ouverture ou à l'ouverture du procès. Dans des circonstances exceptionnelles, la Cour peut autoriser qu'une exception soit soulevée plus d'une fois ou à une phase ultérieure du procès. Les exceptions d'irrecevabilité soulevées à l'ouverture du procès, ou par la suite avec l'autorisation de la Cour, ne peuvent être fondées que sur les dispositions de l'article 17, paragraphe 1, alinéa c.

5. Les États visés au paragraphe 2, alinéas b et c, soulèvent leur exception le plus tôt possible.

6. Avant la confirmation des charges, les exceptions d'irrecevabilité ou d'incompétence sont renvoyées à la Chambre préliminaire. Après la confirmation des charges, elles sont renvoyées à la Chambre de première instance. Il peut être fait appel des décisions portant sur la compétence ou la recevabilité devant la Chambre d'appel conformément à l'article 82.

7. Si l'exception est soulevée par l'État visé au paragraphe 2, alinéas b ou c le procureur sursoit à enquêter jusqu'à ce que la Cour ait pris la décision prévue à l'article 17.

8. En attendant qu'elle statue, le procureur peut demander à la Cour l'autorisation :

a) De prendre les mesures d'enquête visées à l'article 18, paragraphe 6 ;

b) De recueillir la déposition ou le témoignage d'un témoin ou de mener à bien les opérations de rassemblement et d'examen des éléments de preuve commencées avant que l'exception ait été soulevée ;

c) D'empêcher, en coopération avec les États concernés, la fuite des personnes contre lesquelles le procureur a déjà requis un mandat d'arrêt conformément à l'article 58.

9. Une exception n'entache en rien la validité de toute action du procureur ou de toute ordonnance rendue ou de tout mandat délivré par la Cour avant que l'exception ait été soulevée.

10. Quand la Cour a jugé une affaire irrecevable au regard de l'article 17, le procureur peut lui demander de reconsidérer sa décision s'il est certain que des faits nouvellement apparus infirment les raisons pour lesquelles l'affaire avait été jugée irrecevable en vertu de l'article 17.

11. Si, eu égard aux questions visées à l'article 17, le procureur sursoit à enquêter, il peut demander à l'État intéressé de lui communiquer des renseignements sur le déroulement de la procédure. Ces renseignements sont tenus confidentiels si l'État le demande. Si le procureur décide par la suite d'ouvrir une enquête, il notifie sa décision à l'État dont la procédure était à l'origine du sursis.

Art. 20. – Ne bis in idem. – 1. Sauf disposition contraire du présent Statut, nul ne peut être jugé par la Cour pour des actes constitutifs de crimes pour lesquels il a déjà été condamné ou acquitté par elle.

2. Nul ne peut être jugé par une autre juridiction pour un crime visé à l'article 5 pour lequel il a déjà été condamné ou acquitté par la Cour.

3. Quiconque a été jugé par une autre juridiction pour un comportement tombant aussi sous le coup des articles 6, 7 ou 8 ne peut être jugé par la Cour que si la procédre devant l'autre juridiction :

a) Avait pour but de soustraire la personne concernée à sa responsabilité pénale pour des crimes relevant de la compétence de la Cour ; ou

b) N'a pas été au demeurant menée de manière indépendante ou impartiale, dans le respect des garanties d'un procès équitable prévues par le droit international, mais d'une manière qui, dans les circonstances, était incompatible avec l'intention de traduire l'intéressé en justice.

Art. 21. – *Droit applicable*. – 1. La Cour applique :

a) En premier lieu, le présent Statut, les éléments des crimes et le règlement de procédure et de preuve ;

b) En second lieu, selon qu'il convient, les traités applicables et les principes et règles du droit international, y compris les principes établis du droit international des conflits armés ;

c) A défaut, les principes généraux du droit dégagés par la Cour à partir des lois nationales représentant les différents systèmes juridiques du monde, y compris, selon qu'il convient, les lois nationales des États sous la juridiction desquels tomberait normalement le crime, si ces principes ne sont pas incompatibles avec le présent Statut ni avec le droit international et les règles et normes internationales reconnues.

2. La Cour peut appliquer les principes et règles de droit tels qu'elle les a interprétés dans ses décisions antérieures.

3. L'application et l'interprétation du droit prévues au présent article doivent être compatibles avec les droits de l'homme internationalement reconnus et exemptes de toute discrimination fondée sur des considérations telles que l'appartenance à l'un ou l'autre sexe tel que défini à l'article 7, paragraphe 3, l'âge, la race, la couleur, la langue, la religion ou la conviction, les opinions politiques ou autres, l'origine nationale, ethnique ou sociale, la fortune, la naissance ou toute autre qualité.

CHAPITRE III. – PRINCIPES GÉNÉRAUX DU DROIT PÉNAL

Art. 22. – Nullum crimen sine lege. – 1. Une personne n'est responsable pénalement en vertu du présent Statut que si son comportement constitue, au moment où il se produit, un crime relevant de la compétence de la Cour.

2. La définition d'un crime est d'interprétation stricte et ne peut être étendue par analogie. En cas d'ambiguïté, elle est interprétée en faveur de la personne qui fait l'objet d'une enquête, de poursuites ou d'une condamnation.

3. Le présent article n'empêche pas qu'un comportement soit qualifié de crime au regard du droit international, indépendamment du présent Statut.

Art. 23. – Nulla poena sine lege. – Une personne qui a été condamnée par la Cour ne peut être punie que conformément aux dispositions du présent Statut.

Art. 24. – *Non-rétroactivité* ratione personae. – 1. Nul n'est pénalement responsable, en vertu du présent Statut, pour un comportement antérieur à l'entrée en vigueur du Statut.

2. Si le droit applicable à une affaire est modifié avant le jugement définitif, c'est le droit le plus favorable à la personne faisant l'objet d'un enquête, de poursuites ou d'une condamnation qui s'applique.

Art. 25. – *Responsabilité pénale individuelle*. – 1. La Cour est compétente à l'égard des personnes physiques en vertu du présent Statut.

2. Quiconque commet un crime relevant de la compétence de la Cour est individuellement responsable et peut être puni conformément au présent Statut.

3. Aux termes du présent Statut, une personne est pénalement responsable et peut être punie pour un crime relevant de la compétence de la Cour si :

a) Elle commet un tel crime, que ce soit individuellement, conjointement avec une autre personne ou par l'intermédiaire d'une autre personne, que cette autre personne soit ou non pénalement responsable ;

b) Elle ordonne, sollicite ou encourage la commission d'un tel crime, dès lors qu'il y a commission ou tentative de commission de ce crime ;

c) En vue de faciliter la commission d'un tel crime, elle apporte son aide, son concours ou toute autre forme d'assistance à la commission ou à la tentative de commission de ce crime, y compris en fournissant les moyens de cette commission ;

d) Elle contribue de toute autre manière à la commission ou à la tentative de commission d'un tel crime par un groupe de personnes agissant de concert. Cette contribution doit être intentionnelle et, selon le cas :

i) Viser à faciliter l'activité criminelle ou le dessein criminel du groupe, si cette activité ou ce dessein comporte l'exécution d'un crime relevant de la compétence de la Cour ; ou

ii) Être faite en pleine connaissance de l'intention du groupe de commettre ce crime ;

e) S'agissant du crime de génocide, elle incite directement et publiquement autrui à le commettre ;

f) Elle tente de commettre un tel crime par des actes qui, par leur caractère substantiel, constituent un commencement d'exécution mais sans que le crime soit accompli en raison de circonstances indépendantes de sa volonté. Toutefois, la personne qui abandonne l'effort tendant à commettre le crime ou en empêche de quelque autre façon l'achèvement ne peut être punie en vertu du présent Statut pour sa tentative si elle a complètement et volontairement renoncé au dessein criminel.

4. Aucune disposition du présent Statut relative à la responsabilité pénale des individus n'affecte la responsabilité des États en droit international.

Art. 26. – *Incompétence à l'égard des personnes de moins de dix-huit ans*. – La Cour n'a pas compétence à l'égard d'une personne qui était âgée de moins de dix-huit ans au moment de la commission prétendue d'un crime.

Art. 27. – *Défaut de pertinence de la qualité officielle*. – 1. Le présent Statut s'applique à tous de manière égale, sans aucune distinction fondée sur la qualité officielle. En particulier, la qualité officielle de chef d'État ou de gouvernement, de membre d'un gouvernement ou d'un parlement, de représentant élu ou d'agent d'un État, n'exonère en aucun cas de la responsabilité pénale au regard du présent Statut, pas plus qu'elle ne constitue en tant que telle un motif de réduction de la peine.

2. Les immunités ou règles de procédure spéciales qui peuvent s'attacher à la qualité officielle d'une personne, en vertu du droit interne ou du droit international, n'empêchent pas la Cour d'exercer sa compétence à l'égard de cette personne.

Art. 28. – *Responsabilité des chefs militaires et autres supérieurs hiérarchiques*. – Outre les autres motifs de responsabilité pénale au regard du présent Statut pour des crimes relevant de la compétence de la Cour :

a) Un chef militaire ou une personne faisant effectivement fonction de chef militaire est pénalement responsable des crimes relevant de la compétence de la Cour commis par des forces placées sous son commandement et son contrôle effectifs, ou sous son autorité et son contrôle effectifs, selon le cas, lorsqu'il ou elle n'a pas exercé le contrôle qui convenait sur ces forces dans les cas où :

i) Ce chef militaire ou cette personne savait, ou, en raison des circonstances, aurait dû savoir, que ces forces commettaient ou allaient commettre ces crimes ; et

ii) Ce chef militaire ou cette personne n'a pas pris toutes les mesures nécessaires et raisonnables qui étaient en son pouvoir pour en empêcher ou en réprimer l'exécution ou pour en référer aux autorités compétentes aux fins d'enquête et de poursuites ;

b) En ce qui concerne les relations entre supérieur hiérarchique et subordonnés non décrites au paragraphe a, le supérieur hiérarchique est pénalement responsable des crimes relevant de la compétence de la Cour commis par des subordonnés placés sous son autorité et son contrôle effectifs, lorsqu'il ou elle n'a pas exercé le contrôle qui convenait sur ces subordonnés dans les cas où :

i) Le supérieur hiérarchique savait que ces subordonnés commettaient ou allaient commettre ces crimes ou a délibérément négligé de tenir compte d'informations qui l'indiquaient clairement ;

ii) Ces crimes étaient liés à des activités relevant de sa responsabilité et de son contrôle effectifs ; et

iii) Le supérieur hiérarchique n'a pas pris toutes les mesures nécessaires et raisonnables qui étaient en son pouvoir pour en empêcher ou en réprimer l'exécution ou pour en référer aux autorités compétentes aux fins d'enquête et de poursuites.

Art. 29. – *Imprescriptibilité*. – Les crimes relevant de la compétence de la Cour ne se prescrivent pas.

Art. 30. – *Élément psychologique*. – 1. Sauf disposition contraire, nul n'est pénalement responsable et ne peut être puni à raison d'un crime relevant de la compétence de la Cour que si l'élément matériel du crime est commis avec intention et connaissance.

2. Il y a intention au sens du présent article lorsque :

a) Relativement à un comportement, une personne entend adopter ce comportement ;

b) Relativement à une conséquence, une personne entend causer cette conséquence ou est consciente que celle-ci adviendra dans le cours normal des événements.

3. Il y a connaissance, au sens du présent article, lorsqu'une personne est consciente qu'une circonstance existe ou qu'une conséquence adviendra dans le cours normal des événements. « Connaître » et « en connaissance de cause » s'interprètent en conséquence.

Art. 31. – *Motifs d'exonération de la responsabilité pénale*. – 1. Outre les autres motifs d'exonération de la responsabilité pénale prévus par le présent Statut, une personne n'est pas responsable pénalement si, au moment du comportement en cause :

a) Elle souffrait d'une maladie ou d'une déficience mentale qui la privait de la faculté de comprendre le caractère délictueux ou la nature de son comportement, ou de maîtriser celui-ci pour le conformer aux exigences de loi ;

b) Elle était dans un état d'intoxication qui la privait de la faculté de comprendre le caractère délictueux ou la nature de son comportement, ou de maîtriser celui-ci pour le conformer aux exigences de la loi, à moins qu'elle ne se soit volontairement intoxiquée dans des circonstances telles qu'elle savait que, du fait de son intoxication, elle risquait d'adopter un comportement constituant un crime relevant de la compétence de la Cour, ou qu'elle n'ait tenu aucun compte de ce risque ;

c) Elle a agi raisonnablement pour se défendre, pour défendre autrui ou, dans le cas des crimes de guerre, pour défendre des biens essentiels à sa survie ou à celle d'autrui ou essentiels à l'accomplissement d'une mission militaire, contre un recours imminent et illicite à la force, d'une manière proportionnée à l'ampleur du danger qu'elle courait ou que couraient l'autre personne ou les biens protégés. Le fait qu'une personne ait participé à une opération défensive menée par des forces armées ne constitue pas en soi un motif d'exonération de la responsabilité pénale au titre du présent alinéa ;

d) Le comportement dont il est allégué qu'il constitue un crime relevant de la compétence de la Cour a été adopté sous la contrainte résultant d'une menace de mort imminente ou d'une atteinte grave, continue ou imminente à sa propre intégrité physique ou à celle d'autrui, et si elle a agi par nécessité et de façon raisonnable pour écarter cette menace, à condition qu'elle n'ait pas eu l'intention de causer un dommage plus grand que celui qu'elle cherchait à éviter. Cette menace peut être :

i) Soit exercée par d'autres personnes ;

ii) Soit constituée par d'autres circonstances indépendantes de sa volonté.

2. La Cour se prononce sur la question de savoir si les motifs d'exonération de la responsabilité pénale prévus dans le présent Statut sont applicables au cas dont elle est saisie.

3. Lors du procès, la Cour peut prendre en considération un motif d'exonération autre que ceux qui sont prévus au paragraphe 1, si ce motif découle du droit applicable indiqué à l'article 21. La procédure d'examen de ce motif d'exonération est fixée dans le Règlement de procédure et de preuve.

Art. 32. – *Erreur de fait ou erreur de droit*. – 1. Une erreur de fait n'est un motif d'exonération de la responsabilité pénale que si elle fait disparaître l'élément psychologique du crime.

2. Une erreur de droit portant sur la question de savoir si un comportement donné constitue un crime relevant de la compétence de la Cour n'est pas un motif d'exonération de la responsabilité pénale. Toutefois, une erreur de droit peut être un motif d'exonération de la responsabilité pénale si elle fait disparaître l'élément psychologique du crime ou si elle relève de l'article 33.

Art. 33. – *Ordre hiérarchique et ordre de la loi*. – 1. Le fait qu'un crime relevant de la compétence de la Cour a été commis sur ordre d'un gouvernement ou d'un supérieur, militaire ou civil, n'exonère pas la personne qui l'a commis de sa responsabilité pénale, à moins que :

a) Cette personne n'ait eu l'obligation légale d'obéir aux ordres du gouvernement ou du supérieur en question ;

b) Cette personne n'ait pas su que l'ordre était illégal ; et

c) L'ordre n'ait pas été manifestement illégal.

2. Aux fins du présent article, l'ordre de commettre un génocide ou un crime contre l'humanité est manifestement illégal.

CHAPITRE IV. – COMPOSITION ET ADMINISTRATION DE LA COUR

Art. 34. – *Organes de la Cour*. – Les organes de la Cour sont les suivants :

a) La présidence ;

b) Une Section des appels, une Section de première instance et une Section préliminaire ;

c) Le Bureau du procureur ;

d) Le Greffe.

Art. 35. – *Exercice des fonctions des juges*. – 1. Tous les juges sont élus en tant que membres à plein temps de la Cour et sont disponibles pour exercer leurs fonctions à plein temps dès que commence leur mandat.

2. Les juges qui composent la présidence exercent leurs fonctions à plein temps dès leur élection.

3. La présidence peut, en fonction de la charge de travail de la Cour et en consultation avec les autres juges, décider périodiquement de la mesure dans laquelle ceux-ci sont tenus d'exercer leurs fonctions à plein temps. Les décisions prises à cet égard le sont sans préjudice des dispositions de l'article 40.

4. Les arrangements financiers concernant les juges qui ne sont pas tenus d'exercer leurs fonctions à plein temps sont établis conformément à l'article 49.

Art. 36. – *Qualifications, candidature et élection des juges*. – 1. Sous réserve du paragraphe 2, la Cour se compose de dix-huit juges.

2. *a)* La présidence peut au nom de la Cour proposer d'augmenter le nombre des juges fixé au paragraphe 1, en motivant dûment sa proposition. Celle-ci est communiquée sans délai à tous les États Parties par le greffier ;

b) La proposition est ensuite examinée lors d'une réunion de l'Assemblée des États Parties convoquée conformément à l'article 112. Elle est considérée comme adoptée si elle est approuvée à cette réunion à la majorité des deux tiers des membres de l'Assemblée des États Parties. Elle devient effective à la date que fixe l'Assemblée des États Parties ;

c) i) Quand la proposition d'augmenter le nombre des juges a été adoptée conformément à l'alinéa b, l'élection des juges supplémentaires a lieu à la réunion suivante de l'Assemblée des États Parties, conformément aux paragraphes 3 à 8, et à l'article 37, paragraphe 2 ;

ii) Quand la proposition d'augmenter le nombre des juges a été adoptée et est devenue effective conformément aux alinéas *b* et *c*, sous-alinéa i, la Présidence peut proposer à tout moment par la suite, si le travail de la Cour le justifie, de réduire le nombre des juges, mais pas en deçà du nombre fixé au paragraphe 1. La proposition est examinée selon la procédure établie aux alinéas *a* et *b*. Si elle adoptée, le nombre des juges diminue progressivement à mesure que le mandat des juges en exercice vient à expiration, et ainsi jusqu'à ce que le nombre prévu soit atteint.

3. *a)* Les juges sont choisis parmi des personnes jouissant d'une haute considération morale, connues pour leur impartialité et leur intégrité et réunissant les conditions requises dans leurs États respectifs pour l'exercice des plus hautes fonctions judiciaires ;

b) Tout candidat à un siège à la Cour doit :

i) Avoir une compétence reconnue dans les domaines du droit pénal et de la procédure pénale ainsi que l'expérience nécessaire du procès pénal, que ce soit en qualité de juge, de procureur ou d'avocat, ou en toute autre qualité similaire ; ou

ii) Avoir une compétence reconnue dans des domaines pertinents du droit international, tels que le droit international humanitaire et les droits de l'homme, ainsi qu'une grande expérience dans une profession juridique qui présente un intérêt pour le travail judiciaire de la Cour ;

c) Tout candidat à un siège à la Cour doit avoir une excellente connaissance et une pratique courante d'au moins une des langues de travail de la Cour.

4. *a)* Les candidats à un siège de la Cour peuvent être présentés par tout État Partie au présent Statut :

i) Selon la procédure de présentation de candidatures aux plus hautes fonctions judiciaires dans l'État en question ; ou

ii) Selon la procédure de présentation de candidatures à la Cour internationale de justice prévue dans le Statut de celle-ci.

Les candidatures sont accompagnées d'un document détaillé montrant que le candidat présente les qualités prévues au paragraphe 3.

b) Chaque État Partie peut présenter la candidature d'une personne à une élection donnée. Cette personne n'a pas nécessairement sa nationalité mais doit avoir celle d'un État Partie.

c) L'Assemblée des États Parties peut décider de constituer, selon qu'il convient, une commission consultative pour l'examen des candidatures. Dans ce cas, la composition et le mandat de cette commission sont définis par l'Assemblée des États Parties.

5. Aux fins de l'élection, il est établi deux listes de candidats :

La liste A, qui contient les noms des candidats possédant les compétences visées au paragraphe 3, alinéa b, sous-alinéa i ;

La liste B, qui contient les noms des candidats possédant les compétences visées au paragraphe 3, alinéa b, sous-alinéa ii).

Tout candidat possédant les compétences requises pour figurer sur les deux listes peut choisir celle sur laquelle il se présente. À la première élection, neuf juges au moins sont élus parmi les candidats de la liste A et cinq juges au moins parmi ceux de la liste B. Les élections suivantes sont organisées de manière à maintenir la même proportion entre les juges élus sur l'une et l'autre listes.

6. *a)* Les juges sont élus au scrutin secret lors d'une réunion de l'Assemblée des États Parties convoquée à cet effet en vertu de l'article 112. Sous réserve du paragraphe 7, sont élus les dix-huit candidats ayant obtenu le nombre de voix le plus élevé et la majorité des deux tiers des États Parties présents et votants.

b) S'il reste des sièges à pourvoir à l'issue du premier tour de scrutin, il est procédé à des scrutins successifs conformément à la procédure établie à l'alinéa a jusqu'à ce que les sièges restants aient été pourvus.

7. La Cour ne peut comprendre plus d'un ressortissant du même État. À cet égard, celui qui peut être considéré comme le ressortissant de plus d'un État est censé être ressortissant de l'État où il exerce habituellement ses droits civils et politiques.

8. *a)* Dans le choix des juges, les États Parties tiennent compte de la nécessité d'assurer, dans la composition de la Cour :

i) La représentation des principaux systèmes juridiques du monde ;

ii) Une représentation géographique équitable ; et

iii) Une représentation équitable des hommes et des femmes ;

b) Les États Parties tiennent également compte de la nécessité d'assurer la présence de juges spécialisés dans certaines matières, y compris, mais sans s'y limiter, les questions liées à la violence contre les femmes ou les enfants.

9. *a)* Sous réserve de l'alinéa b, les juges sont élus pour un mandat de neuf ans et, sous réserve de l'alinéa c et de l'article 37, paragraphe 2, ils ne sont pas rééligibles ;

b) À la première élection, un tiers des juges élus, désignés par tirage au sort, sont nommés pour un mandat de trois ans ; un tiers des juges élus, désignés par tirage au sort, sont nommés pour un mandat de six ans ; les autres juges sont nommés pour un mandat de neuf ans ;

c) Un juge nommé pour un mandat de trois ans en application de l'alinéa b est rééligible pour un mandat complet.

10. Nonobstant les dispositions du paragraphe 9, un juge affecté à une Chambre de première instance ou d'appel conformément à l'article 39, qui a commencé à connaître devant cette chambre d'une affaire en première instance ou en appel, reste en fonctions jusqu'à la conclusion de cette affaire.

Art. 37. – *Sièges vacants*. – 1. Il est pourvu par élection aux sièges devenus vacants, selon les dispositions de l'article 36.

2. Un juge élu à un siège devenu vacant achève le mandat de son prédécesseur ; si la durée du mandat à achever est inférieure ou égale à trois ans, il est rééligible pour un mandat entier conformément à l'article 36.

Art. 38. – *La présidence*. – 1. Le président et les premier et second vice-présidents sont élus à la majorité absolue des juges. Ils sont élus pour trois ans ou jusqu'à l'expiration de leur mandat de juge si celui-ci prend fin avant trois ans. Ils sont rééligibles une fois.

2. Le premier vice-président remplace le président lorsque celui-ci est empêché ou récusé. Le second vice-président remplace le président lorsque celui-ci et le premier vice-président sont tous deux empêchés ou récusés.

3. Le président, le premier vice-président et le second vice-président composent la présidence, laquelle est chargée :

a) De la bonne administration de la Cour, à l'exception du Bureau du procureur, et

b) Des autres fonctions qui lui sont conférées conformément au présent Statut.

4. Dans l'exercice des attributions visées au paragraphe 3, alinéa a, la présidence agit en coordination avec le procureur, dont elle recherche l'accord pour toutes les questions d'intérêt commun.

Art. 39. – *Les Chambres*. – 1. Dès que possible, après l'élection des juges, la Cour s'organise en sections comme le prévoit l'article 34, paragraphe b. La Section des appels est composée du président et de quatre autres juges ; la Section de première instance et la Section préliminaire sont composées chacune de six juges au moins. L'affectation des juges aux sections est fondée sur la nature des fonctions assignées à chacune d'elles et sur les compétences et l'expérience des juges élus à la Cour, de telle sorte que chaque section comporte la proportion voulue de spécialistes du droit pénal et de la procédure pénale et de spécialistes du droit international. La Section préliminaire et la Section de première instance sont principalement composées de juges ayant l'expérience des procès pénaux.

2. *a)* Les fonctions judiciaires de la Cour sont exercées dans chaque section par des Chambres ;

b) i) La Chambre d'appel est composée de tous les juges de la Section des appels ;

ii) Les fonctions de la Chambre de première instance sont exercées par trois juges de la Section de première instance ;

iii) Les fonctions de la Chambre préliminaire sont exercées soit par trois juges de la Section préliminaire, soit par un seul juge de cette Section conformément au présent Statut et au règlement de procédure et de preuve ;

c) Aucune disposition du présent paragraphe n'interdit la constitution simultanée de plus d'une chambre de première instance ou chambre préliminaire lorsque le travail de la Cour l'exige.

3. *a)* Les juges affectés à la Section préliminaire et à la Section de première instance y siègent pendant trois ans ; ils continuent d'y siéger au-delà de ce terme, jusqu'au règlement de toute affaire dont ils ont eu à connaître dans ces sections.

b) Les juges affectés à la Section des appels y siègent pendant toute la durée de leur mandat.

4. Les juges affectés à la Section des appels siègent exclusivement dans cette Section. Aucune disposition du présent article n'interdit toutefois l'affectation provisoire de juges de la Section de première instance à la Section préliminaire, ou inversement, si la présidence estime que le travail de la Cour l'exige, étant entendu qu'un juge qui a participé à la phase préliminaire d'une affaire n'est en aucun cas autorisé à siéger à la Chambre de première instance saisie de cette affaire.

Art. 40. – *Indépendance des juges*. – 1. Les juges exercent leurs fonctions en toute indépendance.

2. Les juges n'exercent aucune activité qui pourrait être incompatible avec leurs fonctions judiciaires ou faire douter de leur indépendance.

3. Les juges tenus d'exercer leurs fonctions à plein temps au siège de la Cour ne doivent se livrer à aucune autre activité de caractère professionnel.

4. Toute question qui soulève l'application des paragraphes 2 et 3 est tranchée à la majorité absolue des juges. Un juge ne participe pas à la décision portant sur une question qui le concerne.

Art. 41. – *Décharge et récusation des juges*. – 1. La Présidence peut décharger un juge, à sa demande, des fonctions qui lui sont attribuées en vertu du présent Statut, conformément au règlement de procédure et de preuve.

2. *a)* Un juge ne peut participer au règlement d'aucune affaire dans laquelle son impartialité pourrait raisonnablement être mise en doute pour un motif quelconque. Un juge est récusé pour une affaire conformément au présent paragraphe notamment s'il est intervenu auparavant, à quelque titre que ce soit, dans cette affaire devant la Cour ou dans une affaire pénale connexe au niveau national dans laquelle la personne faisant l'objet de l'enquête ou des poursuites était impliquée. Un juge peut aussi être récusé pour les autres motifs prévus par le Règlement de procédure et de preuve ;

b) Le procureur ou la personne faisant l'objet de l'enquête ou des poursuites peut demander la récusation d'un juge en vertu du présent paragraphe ;

c) Toute question relative à la récusation d'un juge est tranchée à la majorité absolue des juges. Le juge dont la récusation est demandée peut présenter ses observations sur la question mais ne participe pas à la décision.

Art. 42. – *Le Bureau du procureur*. – 1. Le Bureau du procureur agit indépendamment en tant qu'organe distinct au sein de la Cour. Il est chargé de recevoir les communications et tout renseignement dûment étayé concernant les crimes relevant de la compétence de la Cour, de les examiner, de conduire les enquêtes et de soutenir l'accusation devant la Cour. Ses membres ne sollicitent ni n'acceptent d'instructions d'aucune source extérieure.

2. Le Bureau est dirigé par le procureur. Celui-ci a toute autorité sur la gestion et l'administration du Bureau, y compris le personnel, les installations et les autres ressources. Le procureur est secondé par un ou plusieurs procureurs adjoints, habilités à procéder à tous les actes que le présent Statut requiert du procureur. Le procureur et les procureurs adjoints sont de nationalités différentes. Ils exercent leurs fonctions à plein temps.

3. Le procureur et les procureurs adjoints doivent jouir d'une haute considération morale et avoir de solides compétences et une grande expérience pratique en matière de poursuites ou de procès dans des affaires

pénales. Ils doivent avoir une excellente connaissance et une pratique courante d'au moins une des langues de travail de la Cour.

4. Le procureur est élu au scrutin secret par l'Assemblée des États Parties, à la majorité absolue des membres de celle-ci. Les procureurs adjoints sont élus de la même façon sur une liste de candidats présentée par le procureur. Le procureur présente trois candidats pour chaque poste de procureur adjoint à pourvoir. À moins qu'il ne soit décidé d'un mandat plus court au moment de leur élection, le procureur et les procureurs adjoints exercent leurs fonctions pendant neuf ans et ne sont pas rééligibles.

5. Ni le procureur ni les procureurs adjoints n'exercent d'activité risquant d'être incompatible avec leurs fonctions en matière de poursuites ou de faire doute de leur indépendance. Ils ne se livrent à aucune autre activité de caractère professionnel.

6. La présidence peut décharger, à sa demande, le procureur ou un procureur adjoint de ses fonctions dans une affaire déterminée.

7. Ni le procureur ni les procureurs adjoints ne peuvent participer au règlement d'une affaire dans laquelle leur impartialité pourrait être raisonnablement mise en doute pour un motif quelconque. Ils sont récusés pour une affaire conformément au présent paragraphe si, entre autres, ils sont antérieurement intervenus, à quelque titre que ce soit, dans cette affaire devant la Cour ou dans une affaire pénale connexe au niveau national dans laquelle la personne faisant l'objet de l'enquête ou des poursuites était impliquée.

8. Toute question relative à la récusation du procureur ou d'un procureur adjoint est tranchée par la Chambre d'appel :

a) La personne faisant l'objet d'une enquête ou de poursuites peut à tout moment demander la récusation du procureur ou d'un procureur adjoint pour les motifs énoncés dans le présent article ;

b) Le procureur ou le procureur adjoint intéressé, selon le cas, peut présenter ses observations sur la question.

9. Le procureur nomme des conseillers qui sont des spécialistes du droit relatif à certaines questions, y compris, mais sans s'y limiter, celles des violences sexuelles, des violences à motivation sexiste et des violences contre les enfants.

Art. 43. – *Le greffe*. – 1. Le greffe est responsable des aspects non judiciaires de l'administration et du service de la Cour, sans préjudice des fonctions et attributions du procureur définies à l'article 42.

2. Le greffe est dirigé par le greffier, qui est le responsable principal de l'administration de la Cour. Le greffier exerce ses fonctions sous l'autorité du président de la Cour.

3. Le greffier et le greffier adjoint doivent être des personnes d'une haute moralité et d'une grande compétence, ayant une excellente connaissance et une pratique courante d'au moins une des langues de travail de la Cour.

4. Les juges élisent le greffier à la majorité absolue et au scrutin secret, en tenant compte des recommandations éventuelles de l'Assemblée des États Parties. Si le besoin s'en fait sentir, ils élisent de la même manière un greffier adjoint sur recommandation du greffier.

5. Le greffier est élu pour cinq ans, est rééligible une fois et exerce ses fonctions à plein temps. Le greffier adjoint est élu pour cinq ans ou pour un mandat plus court, selon ce qui peut être décidé à la majorité absolue des juges ; il est appelé à exercer ses fonctions selon les exigences du service.

6. Le greffier crée, au sein du greffe, une division d'aide aux victimes et aux témoins. Cette division est chargée, en consultation avec le Bureau du procureur, de conseiller et d'aider de toute manière appropriée les témoins, les victimes qui comparaissent devant la Cour et les autres personnes auxquelles les dépositions de ces témoins peuvent faire courir un risque, ainsi que de prévoir les mesures et les dispositions à prendre pour assurer leur protection et leur sécurité. Le personnel de la Division comprend des spécialistes de l'aide aux victimes de traumatismes, y compris de traumatismes consécutifs à des violences sexuelles.

Art. 44. – *Le personnel*. – 1. Le procureur et le greffier nomment le personnel qualifié nécessaire dans leurs services respectifs, y compris, dans le cas du procureur, des enquêteurs.

2. Lorsqu'ils recrutent le personnel, le procureur et le greffier veillent à s'assurer les services de personnes possédant les plus hautes qualités d'efficacité, de compétence et d'intégrité, en tenant compte, mutatis mutandis, des critères énoncés à l'article 36, paragraphe 8.

3. Le greffier, en accord avec la Présidence et le procureur, propose le Statut du personnel qui comprend les conditions de nomination, de rémunération et de cessation de fonctions. Le Statut du personnel est approuvé par l'assemblée des États Parties.

4. La Cour peut, dans des circonstances exceptionnelles, avoir recours à l'expertise de personnel mis à sa disposition à titre gracieux par des États Parties, des organisations intergouvernementales ou des organisations non gouvernementales pour aider tout organe de la Cour dans ses travaux. Le procureur peut accepter un tel personnel pour le Bureau du procureur. Les personnes mises à disposition à titre gracieux sont employées conformément aux directives qui seront établies par l'Assemblée des États Parties.

Art. 45. – *Engagement solennel*. – Avant de prendre les fonctions que prévoit le présent Statut, les juges, le procureur, les procureurs adjoints, le greffier et le greffier adjoint prennent en séance publique l'engagement solennel d'exercer leurs attributions en toute impartialité et en toute conscience.

Art. 46. – *Perte de fonctions*. – 1. Un juge, le procureur, un procureur adjoint, le greffier ou le greffier adjoint est relevé de ses fonctions sur décision prise conformément au paragraphe 2, dans les cas où :

a) Il est établi qu'il a commis une faute lourde ou un manquement grave aux devoirs que lui impose le présent Statut, selon ce qui est prévu dans le règlement de procédure et de preuve ; ou

b) Il se trouve dans l'incapacité d'exercer ses fonctions, telles que les définit le présent Statut.

2. La décision concernant la perte de fonctions d'un juge, du procureur ou d'un procureur adjoint en application du paragraphe 1 est prise par l'Assemblée des États Parties au scrutin secret :

a) Dans le cas d'un juge, à la majorité des deux tiers des États Parties sur recommandation adoptée à la majorité des deux tiers des autres juges ;

b) Dans le cas du procureur, à la majorité absolue des États Parties ;

c) Dans le cas d'un procureur adjoint, à la majorité absolue des États Parties sur recommandation du procureur.

3. La décision concernant la perte de fonctions du greffier ou du greffier adjoint est prise à la majorité absolue des juges.

4. Un juge, un procureur, un procureur adjoint, un greffier ou un greffier adjoint dont le comportement ou l'aptitude à exercer les fonctions prévues par le présent Statut sont contestés en vertu du présent article a toute latitude pour produire et recevoir des éléments de preuve et pour faire valoir ses arguments conformément au règlement de procédure et de preuve. Il ne participe pas autrement à l'examen de la question.

Art. 47. – *Sanctions disciplinaires*. – Un juge, un procureur, un procureur adjoint, un greffier ou un greffier adjoint qui a commis une faute d'une gravité moindre que celle visée à l'article 46, paragraphe 1, encourt les sanctions disciplinaires prévues par le règlement de procédure et de preuve.

Art. 48. – *Privilèges et immunités*. – 1. La Cour jouit sur le territoire des États Parties des privilèges et immunités nécessaires à l'accomplissement de sa mission.

2. Les juges, le procureur, les procureurs adjoints et le greffier jouissent, dans l'exercice de leurs fonctions ou relativement à ces fonctions, des privilèges et immunités accordés aux chefs de missions diplomatiques. Après l'expiration de leur mandat, ils continuent à jouir de l'immunité contre toute procédure légale pour les paroles, les écrits et les actes qui relèvent de l'exercice de leurs fonctions officielles.

3. Le greffier adjoint, le personnel du Bureau du procureur et le personnel du Greffe jouissent des privilèges, immunités et facilités nécessaires à l'exercice de leurs fonctions, conformément à l'accord sur les privilèges et immunités de la Cour.

4. Les avocats, experts, témoins ou autres personnes dont la présence est requise au siège de la Cour bénéficient du traitement nécessaire au bon fonctionnement de la Cour, conformément à l'accord sur les privilèges et immunités de la Cour.

5. Les privilèges et immunités peuvent être levés :

a) Dans le cas d'un juge ou du procureur, par décision prise à la majorité absolue des juges ;

b) Dans le cas du greffier, par la Présidence ;

c) Dans le cas des procureurs adjoints et du personnel du Bureau du procureur, par le procureur ;

d) Dans le cas du greffier adjoint et du personnel du Greffe, par le greffier.

Art. 49. – *Traitements, indemnités et remboursement de frais*. – Les juges, le procureur, les procureurs adjoints, le greffier et le greffier adjoint perçoivent les traitements, indemnités et remboursements arrêtés par l'Assemblée des États Parties. Ces traitements et indemnités ne sont pas réduits en cours de mandat.

Art. 50. – *Langues officielles et langues de travail*. – 1. Les langues officielles de la Cour sont l'anglais, l'arabe, le chinois, l'espagnol, le français et le russe. Les arrêts de la Cour ainsi que les autres décisions réglant des questions fondamentales qui lui sont soumises sont publiés dans les langues officielles. La Présidence détermine, au regard des critères fixés par le règlement de procédure et de preuve, quelles décisions peuvent être considérées aux fins du présent paragraphe comme réglant des questions fondamentales.

2. Les langues de travail de la Cour sont l'anglais et le français. Le règlement de procédure et de preuve définit les cas dans lesquels d'autres langues officielles peuvent être employées comme langues de travail.

3. A la demande d'une partie à une procédure ou d'un État autorisé à intervenir dans une procédure, la Cour autorise l'emploi par cette partie ou cet État d'une langue autre que l'anglais ou le français si elle l'estime justifié.

Art. 51. – *Règlement de procédure et de preuve*. – 1. Le Règlement de procédure et de preuve entre en vigueur dès son adoption par l'Assemblée des États Parties à la majorité des deux tiers de ses membres.

2. Des amendements au Règlement de procédure et de preuve peuvent être proposés par :

a) Tout État Partie ;

b) Les juges agissant à la majorité absolue ;

c) Le procureur.

Ces amendements entrent en vigueur dès leur adoption à la majorité des deux tiers des membres de l'Assemblée des États Parties.

3. Après l'adoption du Règlement de procédure et de preuve, dans les cas urgents où la situation particulière portée devant la Cour n'est pas prévue par le Règlement, les juges peuvent, à la majorité des deux tiers, établir des règles provisoires qui s'appliquent jusqu'à ce que l'Assemblée des États Parties, à sa réunion ordinaire ou extraordinaire suivante, les adopte, les modifie ou les rejette.

4. Le Règlement de procédure et de preuve, les amendements s'y rapportant et les règles provisoires sont conformes aux dispositions du présent Statut. Les amendements au Règlement de procédure et de preuve ainsi que les règles provisoires ne s'appliquent pas rétroactivement au préjudice de la personne qui fait l'objet d'une enquête, de poursuites ou d'une condamnation.

5. En cas de conflit entre le Statut et le Règlement de procédure et de preuve, le Statut prévaut.

Art. 52. – *Règlement de la Cour*. – 1. Les juges adoptent à la majorité absolue, conformément au présent Statut et au Règlement de procédure et de preuve, le règlement nécessaire au fonctionnement quotidien de la Cour.

2. Le procureur et le greffier sont consultés pour l'élaboration du règlement de la Cour et de tout amendement s'y rapportant.

3. Le Règlement de la Cour et tout amendement s'y rapportant prennent effet dès leur adoption, à moins que les juges n'en décident autrement. Ils sont communiqués immédiatement après leur adoption aux États Parties, pour observation. Ils restent en vigueur si la majorité des États Parties n'y fait pas objection dans les six mois.

CHAPITRE V. – ENQUÊTE ET POURSUITES

Art. 53. – *Ouverture d'une enquête*. – 1. Le procureur, après avoir évalué les renseignements portés à sa connaissance, ouvre une enquête, à moins qu'il ne conclue qu'il n'y a pas de base raisonnable pour poursuivre en vertu du présent Statut. Pour prendre sa décision, le procureur examine :

a) Si les renseignements en sa possession fournissent une base raisonnable pour croire qu'un crime relevant de la compétence de la Cour a été ou est en voie d'être commis ;

b) Si l'affaire est ou serait recevable au regard de l'article 17 ; et

c) S'il y a des raisons sérieuses de penser, compte tenu de la gravité du crime et des intérêts des victimes, qu'une enquête ne servirait pas les intérêts de la justice.

S'il ou elle conclut qu'il n'y a pas de base raisonnable pour poursuivre et si cette conclusion est fondée exclusivement sur les considérations visées à l'alinéa c, le procureur en informe la Chambre préliminaire.

2. Si, après enquête, le procureur conclut qu'il n'y a pas de base suffisante pour engager des poursuites :

a) Parce qu'il n'y a pas de base suffisante, en droit ou en fait, pour demander un mandat d'arrêt ou une citation à comparaître en application de l'article 58 ;

b) Parce que l'affaire est irrecevable au regard de l'article 17 ; ou

c) Parce que poursuivre ne servirait pas les intérêts de la justice, compte tenu de toutes les circonstances, y compris la gravité du crime, les intérêts des victimes, l'âge ou le handicap de l'auteur présumé et son rôle dans le crime allégué,

il ou elle informe de sa conclusion et des raisons qui l'ont motivée la Chambre préliminaire et l'État qui lui a déféré la situation conformément à l'article 14, ou le Conseil de sécurité s'il s'agit d'une situation visée à l'article 13, paragraphe b.

3. *a)* A la demande de l'État qui a déféré la situation conformément à l'article 14, ou du Conseil de sécurité s'il s'agit d'une situation visée à l'article 13, paragraphe b, la Chambre préliminaire peut examiner la décision de ne pas poursuivre prise par le procureur en vertu des paragraphes 1 ou 2 et demander au procureur de la reconsidérer.

b) De plus, la Chambre préliminaire peut, de sa propre initiative, examiner la décision du procureur de ne pas poursuivre si cette décision est fondée exclusivement sur les considérations visées au paragraphe 1, alinéa c, et au paragraphe 2, alinéa c. En tel cas, la décision du procureur n'a d'effet que si elle est confirmée par la Chambre préliminaire.

4. Le procureur peut à tout moment reconsidérer sa décision d'ouvrir ou non une enquête ou d'engager ou non des poursuites à la lumière de faits ou de renseignements nouveaux.

Art. 54. – *Devoirs et pouvoirs du procureur en matière d'enquêtes.* – 1. Le procureur :

a) Pour établir la vérité, étend l'enquête à tous les faits et éléments de preuve qui peuvent être utiles pour déterminer s'il y a responsabilité pénale au regard du présent Statut et, ce faisant, enquête tant à charge qu'à décharge ;

b) Prend les mesures propres à assurer l'efficacité des enquêtes et des poursuites visant des crimes relevant de la compétence de la Cour. Ce faisant, il a égard aux intérêts et à la situation personnelle des victimes et des témoins, y compris leur âge, leur sexe, tel que défini à l'article 7, paragraphe 3, et leur état de santé ; il tient également compte de la nature du crime, en particulier lorsque celui-ci comporte des violences sexuelles, des violences à caractère sexiste ou des violences contre des enfants ; et

c) Respecte pleinement les droits des personnes énoncés dans le présent Statut.

2. Le procureur peut enquêter sur le territoire d'un État :

a) Conformément aux dispositions du chapitre IX ; ou

b) Avec l'autorisation de la Chambre préliminaire en vertu de l'article 57, paragraphe 3, alinéa d.

3. Le procureur peut :

a) Recueillir et examiner des éléments de preuve ;

b) Convoquer et interroger des personnes faisant l'objet d'une enquête, des victimes et des témoins ;

c) Rechercher la coopération de tout État ou organisation intergouvernementale ou accord intergouvernemental conformément à leurs compétences ou à leur mandat respectif ;

d) Conclure tous arrangements ou accords qui ne sont pas contraires aux dispositions du présent Statut et qui peuvent être nécessaires pour faciliter la coopération d'un État, d'une organisation intergouvernementale ou d'une personne ;

e) S'engager à ne divulguer à aucun stade de la procédure les documents ou renseignements qu'il a obtenus sous la condition qu'ils demeurent confidentiels et ne servent qu'à obtenir de nouveaux éléments de preuve, à moins que celui qui a fourni l'information ne consente à leur divulgation ; et

f) Prendre, ou demander que soient prises, des mesures nécessaires pour assurer la confidentialité des renseignements recueillis, la protection des personnes ou la préservation des éléments de preuve.

Art. 55. – *Droits des personnes dans le cadre d'une enquête.* – 1. Dans une enquête ouverte en vertu du présent Statut, une personne :

a) N'est pas obligée de témoigner contre elle-même ni de s'avouer coupable ;

b) N'est soumise à aucune forme de coercition, de contrainte ou de menace, ni à la torture ni à aucune autre forme de peine ou traitement cruel, inhumain ou dégradant ;

c) Bénéficie gratuitement, si elle n'est pas interrogée dans une langue qu'elle comprend et parle parfaitement, de l'aide d'un interprète compétent et de toutes traductions que rendent nécessaires les exigences de l'équité ; et *d)* Ne peut être arrêtée ou détenue arbitrairement ; elle ne peut être privée de sa liberté si ce n'est pour les motifs et selon les procédures prévus dans le Statut.

2. Lorsqu'il y a des motifs de croire qu'une personne a commis un crime relevant de la compétence de la Cour et que cette personne doit être interrogée, soit par le procureur soit par les autorités nationales en vertu d'une demande faite au titre du chapitre IX, cette personne a de plus les droits suivants, dont elle est informée avant d'être interrogée :

a) Être informée avant d'être interrogée qu'il y a des raisons de croire qu'elle a commis un crime relevant de la compétence de la Cour ;

b) Garder le silence, sans que ce silence soit pris en considération pour la détermination de sa culpabilité ou de son innocence ;

c) Être assistée par le défenseur de son choix ou, si elle n'en a pas, par un défenseur commis d'office chaque fois que les intérêts de la justice l'exigent, sans avoir dans ce cas à verser de rémunération si elle n'en a pas les moyens ; et

d) Être interrogée en présence de son conseil, à moins qu'elle n'ait renoncé volontairement à son droit d'être assistée d'un conseil.

Art. 56. – *Rôle de la Chambre préliminaire dans le cas où l'occasion d'obtenir des renseignements ne se présentera plus*. – 1. *a)* Lorsque le procureur considère qu'une enquête offre l'occasion unique, qui ne se présentera plus par la suite, de recueillir un témoignage ou une déposition, ou d'examiner, recueillir ou vérifier des éléments de preuve aux fins d'un procès, il en avise la Chambre préliminaire ;

b) La Chambre préliminaire peut alors, à la demande du procureur, prendre toutes mesures propres à assurer l'efficacité et l'intégrité de la procédure et, en particulier, à protéger les droits de la défense ;

c) Sauf ordonnance contraire de la Chambre préliminaire, le procureur informe également de la circonstance visée à l'alinéa a la personne qui a été arrêtée ou a comparu sur citation délivrée dans le cadre de l'enquête, afin que cette personne puisse être entendue.

2. Les mesures visées au paragraphe 1, alinéa b, peuvent consister :

a) À faire des recommandations ou rendre des ordonnances concernant la marche à suivre ;

b) À ordonner qu'il soit dressé procès-verbal de la procédure ;

c) À nommer un expert ;

d) À autoriser l'avocat d'une personne qui a été arrêtée, ou a comparu devant la Cour sur citation, à participer à la procédure ou, lorsque l'arrestation ou la comparution n'a pas encore eu lieu ou que l'avocat n'a pas encore été choisi, à désigner un avocat qui se chargera des intérêts de la défense et les représentera ;

e) À charger un de ses membres ou, au besoin, un des juges disponibles de la Section préliminaire ou de la Section de première instance de faire des recommandations ou de rendre des ordonnances concernant le rassemblement et la préservation des éléments de preuve et les auditions de personnes ;

f) À prendre toute autre mesure nécessaire pour recueillir ou préserver les éléments de preuve.

3. *a)* Lorsque le procureur n'a pas demandé les mesures visées au présent article mais que la Chambre préliminaire est d'avis que ces mesures sont nécessaires pour préserver des éléments de preuve qu'elle juge essentiels pour la défense au cours du procès, elle consulte le procureur pour savoir si celui-ci avait de bonnes raisons de ne pas demander les mesures en question. Si, après consultation, elle conclut que le fait de ne pas avoir demandé ces mesures n'est pas justifié, elle peut prendre des mesures de sa propre initiative.

b) Le procureur peut faire appel de la décision de la Chambre préliminaire d'agir de sa propre initiative en vertu du présent paragraphe. Cet appel est examiné selon une procédure accélérée.

4. L'admissibilité des éléments de preuve préservés ou recueillis aux fins du procès en application du présent article, ou de l'enregistrement de ces éléments de preuve, est régie par l'article 69, leur valeur étant celle que leur donne la Chambre de première instance.

Art. 57. – *Fonctions et pouvoirs de la Chambre préliminaire*. – 1. À moins que le présent Statut n'en dispose autrement, la Chambre préliminaire exerce ses fonctions conformément aux dispositions du présent article.

2. *a)* Les décisions rendues par la Chambre préliminaire en vertu des articles 15, 18, 19, 54, paragraphe 2, 61, paragraphe 7, et 72 sont prises à la majorité des juges qui la composent ;

b) Dans tous les autres cas, un seul juge de la Chambre préliminaire peut exercer les fonctions prévues dans le présent Statut, sauf disposition contraire du Règlement de procédure et de preuve ou décision contraire de la Chambre préliminaire prise à la majorité.

3. Indépendamment des autres fonctions qui lui sont conférées en vertu du présent Statut, la Chambre préliminaire peut :

a) Sur requête du procureur, rendre les ordonnances et délivrer les mandats qui peuvent être nécessaires aux fins d'une enquête ;

b) À la demande d'une personne qui a été arrêtée ou a comparu sur citation conformément à l'article 58, rendre toute ordonnance, y compris des mesures telles que visées à l'article 56, ou solliciter tout concours au titre du chapitre IX qui peuvent être nécessaires pour aider la personne à préparer sa défense ;

c) En cas de besoin, assurer la protection et le respect de la vie privée des victimes et des témoins, la préservation des preuves, la protection des personnes qui ont été arrêtées ou ont comparu sur citation, ainsi que la protection des renseignements touchant la sécurité nationale ;

d) Autoriser le procureur à prendre certaines mesures d'enquête sur le territoire d'un État Partie sans s'être assuré de la coopération de cet État au titre du chapitre IX si, ayant tenu compte dans la mesure du possible des vues de cet État, elle a déterminé qu'en l'espèce celui-ci est manifestement incapable de donner suite à une demande de coopération parce qu'aucune autorité ou composante compétente de son appareil judiciaire national n'est disponible pour donner suite à une demande de coopération au titre du chapitre IX ;

e) Lorsqu'un mandat d'arrêt ou une citation à comparaître a été délivré en vertu de l'article 58, solliciter la coopération des États en vertu de l'article 93, paragraphe 1, alinéa k, en tenant dûment compte de la force des éléments de preuve et des droits des parties concernées, comme prévu dans le présent Statut et dans le Règlement de procédure et de preuve, pour qu'ils prennent des mesures conservatoires aux fins de confiscation, en particulier dans l'intérêt supérieur des victimes.

Art. 58. – *Délivrance par la Chambre préliminaire d'un mandat d'arrêt ou d'une citation à comparaître*. – 1. A tout moment après l'ouverture d'une enquête, la Chambre préliminaire délivre, sur requête du procureur, un mandat d'arrêt contre une personne si, après examen de la requête et des éléments de preuve ou autres renseignements fournis par le procureur, elle est convaincue :

a) Qu'il y a des motifs raisonnables de croire que cette personne a commis un crime relevant de la compétence de la Cour ; et

b) Que l'arrestation de cette personne est nécessaire pour garantir :

i) Que la personne comparaîtra ;

ii) Qu'elle ne fera pas obstacle à l'enquête ou à la procédure devant la Cour, ni n'en compromettra le déroulement ; ou

iii) Le cas échéant, qu'elle ne poursuivra pas l'exécution du crime dont il s'agit ou d'un crime connexe relevant de la compétence de la Cour et se produisant dans les mêmes circonstances.

2. La requête du procureur contient les éléments suivants :

a) Le nom de la personne visée et tous autres éléments utiles d'identification ;

b) Une référence précise au crime relevant de la compétence de la Cour que la personne est censée avoir commis ;

c) L'exposé succinct des faits dont il est allégué qu'ils constituent ce crime ;

d) Un résumé des éléments de preuve qui donnent des motifs raisonnables de croire que la personne a commis ce crime ; et

e) Les raisons pour lesquelles le procureur estime qu'il est nécessaire de procéder à l'arrestation de cette personne.

3. Le mandat d'arrêt contient les éléments suivants :

a) Le nom de la personne visée et tous autres éléments utiles d'identification ;

b) Une référence précise au crime relevant de la compétence de la Cour qui justifie l'arrestation ; et

c) L'exposé succinct des faits dont il est allégué qu'ils constituent ce crime.

4. Le mandat d'arrêt reste en vigueur tant que la Cour n'en a pas décidé autrement.

5. Sur la base du mandat d'arrêt, la Cour peut demander l'arrestation provisoire ou l'arrestation et la remise de la personne conformément au chapitre IX.

6. Le procureur peut demander à la Chambre préliminaire de modifier le mandat d'arrêt en requalifiant les crimes qui y sont visés ou en y ajoutant de nouveaux crimes. La Chambre préliminaire modifie le mandat d'arrêt si elle a des motifs raisonnable de croire que la personne a commis les crimes requalifiés ou les nouveaux crimes.

7. Le procureur peut demander à la Chambre préliminaire de délivrer une citation à comparaître au lieu d'un mandat d'arrêt. Si la Chambre préliminaire est convaincue qu'il y a des motifs raisonnables de croire que la personne a commis le crime qui lui est imputé et qu'une citation à comparaître suffit à garantir qu'elle se présentera devant la Cour, elle délivre la citation, avec ou sans conditions restrictives de liberté (autres que la détention) si la législation nationale le prévoit. La citation contient les éléments suivants :

a) Le nom de la personne visée et tous autres éléments utiles d'identification ;

b) La date de comparution ;

c) Une référence précise au crime relevant de la compétence de la Cour que la personne est censée avoir commis ; et

d) L'exposé succinct des faits dont il est allégué qu'ils constituent le crime.

La citation est notifiée à la personne qu'elle vise.

Art. 59. – *Procédure d'arrestation dans l'État de détention*. – 1. L'État Partie qui a reçu une demande d'arrestation provisoire ou d'arrestation et de remise prend immédiatement des mesures pour faire arrêter la personne dont il s'agit conformément à sa législation et aux dispositions du chapitre IX.

2. Toute personne arrêtée est déférée sans délai à l'autorité judiciaire compétente de l'État de détention qui vérifie, conformément à la législation de cet État :

a) Que le mandat vise bien cette personne ;

b) Que celle-ci a été arrêtée selon la procédure régulière ; et

c) Que ses droits ont été respectés.

3. La personne arrêtée a le droit de demander à l'autorité compétente de l'État de détention sa mise en liberté provisoire en attendant sa remise.

4. Lorsqu'elle se prononce sur cette demande, l'autorité compétente de l'État de détention examine si, eu égard à la gravité des crimes allégués, l'urgence et des circonstances exceptionnelles justifient la mise en liberté provisoire et si les garanties voulues assurent que l'État de détention peut s'acquitter de son obligation de remettre la personne à la Cour. L'autorité compétente de l'État de détention ne peut pas examiner si le mandat d'arrêt a été régulièrement délivré au regard de l'article 58, paragraphe 1, alinéas a et b.

5. La Chambre préliminaire est avisée de toute demande de mise en liberté provisoire et fait des recommandations à l'autorité compétente de l'État de détention. Avant de rendre sa décision, celle-ci prend pleinement en considération ces recommandations, y compris éventuellement celles qui portent sur les mesures propres à empêcher l'évasion de la personne.

6. Si la mise en liberté provisoire est accordée, la Chambre préliminaire peut demander des rapports périodiques sur le régime de la liberté provisoire.

7. Une fois ordonnée la remise par l'État de détention, la personne est livrée à la Cour aussitôt que possible.

Art. 60. – *Procédure initiale devant la Cour*. – 1. Dès que la personne est remise à la Cour ou dès qu'elle comparaît devant celle-ci, volontairement ou sur citation, la Chambre préliminaire vérifie qu'elle a été informée des crimes qui lui sont imputés et des droits que lui reconnaît le présent Statut, y compris le droit de demander sa mise en liberté provisoire en attendant d'être jugée.

2. La personne visée par un mandat d'arrêt peut demander sa mise en liberté provisoire en attendant d'être jugée. Si la Chambre préliminaire est convaincue que les conditions énoncées à l'article 58, paragraphe 1, sont réalisées, la personne est maintenue en détention. Sinon, la Chambre préliminaire la met en liberté, avec ou sans conditions.

3. La Chambre préliminaire réexamine périodiquement sa décision de mise en liberté ou de maintien en détention. Elle peut le faire à tout moment à la demande du procureur ou de l'intéressé. Elle peut alors modifier sa décision concernant la détention, la mise en liberté ou les conditions de celle-ci si elle est convaincue que l'évolution des circonstances le justifie.

4. La Chambre préliminaire s'assure que la détention avant le procès ne se prolonge pas de manière excessive à cause d'un retard injustifiable imputable au procureur. Si un tel retard se produit, la Cour examine la possibilité de mettre l'intéressé en liberté, avec ou sans conditions.

5. Si besoin est, la Chambre préliminaire peut délivrer un mandat d'arrêt pour garantir la comparution d'une personne qui a été mise en liberté.

Art. 61. – *Confirmation des charges avant le procès*. – 1. Sous réserve du paragraphe 2, dans un délai raisonnable après la remise de la personne à la Cour ou sa comparution volontaire devant celle-ci, la Chambre préliminaire tient une audience pour confirmer les charges sur lesquelles le procureur entend se fonder pour requérir le renvoi en jugement. L'audience se déroule en présence du procureur et de la personne faisant l'objet de l'enquête ou des poursuites, ainsi que du conseil de celle-ci.

2. La Chambre préliminaire peut, à la demande du procureur ou de sa propre initiative, tenir une audience en l'absence de l'intéressé pour confirmer les charges sur lesquelles le procureur entend se fonder pour requérir le renvoi en jugement lorsque la personne :

a) A renoncé à son droit d'être présente ; ou

b) A pris la fuite ou est introuvable, et que tout ce qui était raisonnablement possible a été fait pour garantir sa comparution et l'informer des charges qui pèsent contre elle et de la tenue prochaine d'une audience pour confirmer ces charges.

Dans ces cas, la personne est représentée par un conseil lorsque la Chambre préliminaire juge que cela sert les intérêts de la justice.

3. Dans un délai raisonnable avant l'audience, la personne :

a) Reçoit notification écrite des charges sur lesquelles le procureur entend se fonder pour requérir le renvoi en jugement ; et

b) Est informée des éléments de preuve sur lesquels le procureur entend se fonder à l'audience.

La Chambre préliminaire peut rendre des ordonnances concernant la divulgation de renseignements aux fins de l'audience.

4. Avant l'audience, le procureur peut poursuivre l'enquête et peut modifier ou retirer des charges. La personne visée reçoit notification de tout amendement ou retrait de charges dans un délai raisonnable avant l'audience.

En cas de retrait de charges, le procureur informe la Chambre préliminaire des motifs de ce retrait.

5. À l'audience, le procureur étaye chacune des charges avec des éléments de preuves suffisants pour établir l'existence de motifs substantiels de croire que la personne a commis le crime qui lui est imputé. Il peut se fonder sur des éléments de preuve sous forme de documents ou de résumés et n'est pas tenu de faire comparaître les témoins qui doivent déposer au procès.

6. À l'audience, la personne peut :

a) Contester les charges ;

b) Contester les éléments de preuve produits par le procureur ; et

c) Présenter des éléments de preuve.

7. À l'issue de l'audience, la Chambre préliminaire détermine s'il existe des preuves suffisantes donnant des motifs substantiels de croire que la personne a commis chacun des crimes qui lui sont imputés. Selon ce qu'elle a déterminé, la Chambre préliminaire :

a) Confirme les charges pour lesquelles elle a conclu qu'il y avait des preuves suffisantes ; et renvoie la personne devant une chambre de première instance pour y être jugée sur la base des charges confirmées ;

b) Ne confirme pas les charges pour lesquelles elle a conclu qu'il n'y avait pas de preuves sufisantes ;

c) Ajourne l'audience et demande au procureur d'envisager :

i) D'apporter des éléments de preuve supplémentaires ou de procéder à de nouvelles enquêtes relativement à une charge particulière ; ou

ii) De modifier une charge si les éléments de preuve produits semblent établir qu'un crime différent, relevant de la compétence de la Cour, a été commis.

8. Lorsque la Chambre préliminaire ne confirme pas une charge, il n'est pas interdit au procureur de demander ultérieurement la confirmation de cette charge s'il étaye sa demande d'éléments de preuve supplémentaires.

9. Après confirmation des charges et avant que le procès ne commence, le procureur peut modifier les charges avec l'autorisation de la Chambre préliminaire et après que l'accusé en a été avisé. Si le procureur entend ajouter des charges supplémentaires ou substituer aux charges des charges plus graves, une audience doit se tenir conformément au présent article pour confirmer les charges nouvelles. Après l'ouverture du procès, le procureur peut retirer les charges avec l'autorisation de la Chambre de première instance.

10. Tout mandat déjà délivré cesse d'avoir effet à l'égard de toute charge non confirmée par la Chambre préliminaire ou retirée par le procureur.

11. Dès que les charges ont été confirmées conformément au présent article, la présidence constitue une chambre de première instance qui, sous réserve du paragraphe 9 et de l'article 64, paragraphe 4, conduit la

phase suivante de la procédure et peut remplir à cette fin toute fonction de la Chambre préliminaire utile en l'espèce.

CHAPITRE VI. – LE PROCÈS

Art. 62. – *Lieu du procès*. – Sauf s'il en est décidé autrement, le procès se tient au siège de la Cour.

Art. 63. – *Procès en présence de l'accusé*. – 1. L'accusé est présent à son procès.

2. Si l'accusé, présent devant la Cour, trouble de manière persistante le déroulement du procès, la Chambre de première instance peut ordonner son expulsion de la salle d'audience et fait alors en sorte qu'il suive le procès et donne des instructions à son conseil de l'extérieur de la salle, au besoin à l'aide des moyens techniques de communication. De telles mesures ne sont prises que dans des circonstances exceptionnelles quand d'autres solutions raisonnables se sont révélées vaines et seulement pour la durée strictement nécessaire.

Art. 64. – *Fonctions et pouvoirs de la Chambre de première instance*. – 1. Les fonctions et pouvoirs de la Chambre de première instance énoncés dans le présent article sont exercés conformément au Statut et au Règlement de procédure et de preuve.

2. La Chambre de première instance veille à ce que le procès soit conduit de façon équitable et avec diligence, dans le plein respect des droits de l'accusé et en ayant pleinement égard à la nécessité d'assurer la protection des victimes et des témoins.

3. Lorsqu'une affaire est renvoyée en jugement conformément au présent Statut, la Chambre de première instance à laquelle elle est attribuée :

a) Consulte les parties et adopte toutes procédures utiles à la conduite équitable et diligente de l'instance ;

b) Détermine la langue ou les langues du procès ; et

c) Sous réserve de toutes autres dispositions applicables du présent Statut, assure la divulgation de documents ou de renseignements encore non divulgués, suffisamment tôt avant l'ouverture du procès pour permettre une préparation suffisante de celui-ci.

4. La Chambre de première instance peut, si cela est nécessaire pour assurer son fonctionnement efficace et équitable, soumettre des questions préliminaires à la Chambre préliminaire ou, au besoin, à un autre juge disponible de la section préliminaire.

5. La Chambre de première instance peut, en le notifiant aux parties, ordonner la jonction ou la disjonction, selon le cas, des charges portées contre plusieurs accusés.

6. Dans l'exercice de ses fonctions avant ou pendant un procès, la Chambre de première instance peut, si besoin est :

a) Assumer toutes les fonctions de la Chambre préliminaire visées à l'article 61, paragraphe 11 ;

b) Ordonner la comparution des témoins et leur audition ainsi que la production de documents et d'autres éléments de preuve, en obtenant au besoin l'aide des États selon les dispositions du présent Statut ;

c) Assurer la protection des renseignements confidentiels ;

d) Ordonner la production d'éléments de preuve en complément de ceux qui ont été recueillis avant le procès ou présentés au procès par les parties ;

e) Assurer la protection de l'accusé, des témoins et des victimes ; et

f) Statuer sur toute autre question pertinente.

7. Le procès est public. Toutefois, la Chambre de première instance peut, en raison de circonstances particulières, prononcer le huis clos pour certaines audiences aux fins énoncées à l'article 68 ou en vue de protéger des renseignements confidentiels ou sensibles donnés dans les dépositions.

8. *a)* À l'ouverture du procès, la Chambre de première instance fait donner lecture à l'accusé des charges préalablement confirmées par la Chambre préliminaire. La Chambre de première instance s'assure que l'accusé comprend la nature des charges. Elle donne à l'accusé la possibilité de plaider coupable selon ce qui est prévu à l'article 65, ou de plaider non coupable ;

b) Lors du procès, le président peut donner des instructions pour la conduite de la procédure, notamment pour qu'elle soit conduite d'une manière équitable et impartiale. Sous réserve de toute instruction du président, les parties peuvent produire des éléments de preuve conformément aux dispositions du présent Statut.

9. La Chambre de première instance peut notamment, à la requête d'une Partie ou d'office :
a) Statuer sur la recevabilité ou la pertinence des preuves ; et
b) Prendre toute mesure nécessaire pour assurer l'ordre à l'audience.
10. La Chambre de première instance veille à ce que le greffier établisse et conserve un procès-verbal intégral du procès relatant fidèlement les débats.

Art. 65. – *Procédure en cas d'aveu de culpabilité*. – 1. Lorsque l'accusé reconnaît sa culpabilité comme le prévoit l'article 64, paragraphe 8, alinéa a, la Chambre de première instance détermine :
a) Si l'accusé comprend la nature et les conséquences de son aveu de culpabilité ;
b) Si l'aveu de culpabilité a été fait volontairement après consultation suffisante avec le défenseur de l'accusé ; et
c) Si l'aveu de culpabilité est étayé par les faits de la cause tels qu'ils ressortent :
i) Des charges présentées par le procureur et admises par l'accusé ;
ii) De toutes pièces présentées par le procureur qui accompagnent les charges et que l'accusé accepte ; et
iii) De tous autres éléments de preuve, tels que les témoignages, présentés par le procureur ou l'accusé.
2. Si la Chambre de première instance est convaincue que les conditions visées au paragraphe 1 sont réunies, elle considère que l'aveu de culpabilité, accompagné de toutes les preuves complémentaires présentées, établit tous les éléments constitutifs du crime sur lequel il porte, et elle peut reconnaître l'accusé coupable de ce crime.
3. Si la Chambre de première instance n'est pas convaincue que les conditions visées au paragraphe 1 sont réunies, elle considère qu'il n'y a pas eu aveu de culpabilité, auquel cas elle ordonne que le procès se poursuive selon les procédures normales prévues par le présent Statut et peut renvoyer l'affaire à une autre chambre de première instance.
4. Si la Chambre de première instance est convaincue qu'une présentation plus complète des faits de la cause serait dans l'intérêt de la justice, en particulier dans l'intérêt des victimes, elle peut :
a) Demander au procureur de présenter des éléments de preuve supplémentaires, y compris des dépositions de témoins ; ou
b) Ordonner que le procès se poursuive selon les procédures normales prévues par le présent Statut, auquel cas elle considère qu'il n'y a pas eu aveu de culpabilité et peut renvoyer l'affaire à une autre chambre de première instance.
5. Toute discussion entre le procureur et la défense relative à la modification des chefs d'accusation, à l'aveu de culpabilité ou à la peine à prononcer n'engage pas la Cour.

Art. 66. – *Présomption d'innocence*. – 1. Toute personne est présumée innocente jusqu'à ce que sa culpabilité ait été établie devant la Cour conformément au droit applicable.
2. Il incombe au procureur de prouver la culpabilité de l'accusé.
3. Pour condamner l'accusé, la Cour doit être convaincue de sa culpabilité au-delà de tout doute raisonnable.

Art. 67. – *Droits de l'accusé*. – 1. Lors de l'examen des charges portées contre lui, l'accusé a droit à ce que sa cause soit entendue publiquement, compte tenu des dispositions du présent Statut, équitablement et de façon impartiale. Il a droit, en pleine égalité, au moins aux garanties suivantes :
a) Etre informé dans le plus court délai et de façon détaillée de la nature, de la cause et de la teneur des charges dans une langue qu'il comprend et parle parfaitement ;
b) Disposer du temps et des facilités nécessaires à la préparation de sa défense et communiquer librement et confidentiellement avec le conseil de son choix ;
c) Etre jugé sans retard excessif ;
d) Sous réserve des dispositions du paragraphe 2 de l'article 63, être présent à son procès, se défendre lui-même ou se faire assister par le défenseur de son choix ; s'il n'a pas de défenseur, être informé de son droit d'en avoir un et, chaque fois que l'intérêt de la justice l'exige, se voir attribuer d'office un défenseur par la Cour, sans frais s'il n'a pas les moyens de le rémunérer ;
e) Interroger ou faire interroger les témoins à charge et obtenir la comparution et l'interrogatoire des témoins à décharge dans les mêmes conditions que les témoins à charge. L'accusé a également le droit de faire valoir des moyens de défense et de présenter d'autres éléments de preuve admissibles en vertu du présent Statut ;

f) Se faire assister gratuitement d'un interprète compétent et bénéficier des traductions nécessaires pour satisfaire aux exigences de l'équité, si la langue employée dans toute procédure suivie devant la Cour ou dans tout document présenté n'est pas une langue qu'il comprend et parle parfaitement ;

g) Ne pas être forcé de témoigner contre lui-même ou de s'avouer coupable, et garder le silence sans que ce silence soit pris en considération pour déterminer sa culpabilité ou son innocence ;

h) Faire, sans prêter serment, une déclaration écrite ou orale pour sa défense ; et

i) Ne pas se voir imposer le renversement du fardeau de la preuve ni la charge de la réfutation.

2. Outre toute autre communication prévue par le présent Statut, le procureur communique à la défense, dès que cela est possible, les éléments de preuve en sa possession ou à sa disposition dont il estime qu'ils disculpent l'accusé ou tendent à le disculper ou à atténuer sa culpabilité, ou sont de nature à entamer la crédibilité des éléments de preuve à charge. En cas de doute quant à l'application du présent paragraphe, la Cour tranche.

Art. 68. – *Protection et participation au procès des victimes et des témoins*. – 1. La Cour prend les mesures propres à protéger la sécurité, le bien-être physique et psychologique, la dignité et le respect de la vie privée des victimes et des témoins. Ce faisant, elle tient compte de tous les facteurs pertinents, notamment l'âge, le sexe tel que défini à l'article 7, paragraphe 3, et l'état de santé, ainsi que la nature du crime, en particulier, mais sans s'y limiter lorsque celui-ci s'accompagne de violences à caractère sexuel, de violences à caractère sexiste ou de violences contre des enfants. Le procureur prend ces mesures en particulier au stade de l'enquête et des poursuites. Ces mesures ne doivent être ni préjudiciables ni contraires aux droits de la défense et aux exigences d'un procès équitable et impartial.

2. Par exception au principe de la publicité des débats énoncé à l'article 67, les chambres de la Cour peuvent, pour protéger les victimes et les témoins ou un accusé, ordonner le huis clos pour une partie quelconque de la procédure ou permettre que les dépositions soient recueillies par des moyens électroniques ou autres moyens spéciaux. Ces mesures sont appliquées en particulier à l'égard d'une victime de violences sexuelles ou d'un enfant qui est victime ou témoin, à moins que la Cour n'en décide autrement compte tenu de toutes les circonstances, en particulier des vues de la victime ou du témoin.

3. Lorsque les intérêts des victimes sont concernés, la Cour permet que leurs vues et préoccupations soient exposées et examinées, à des stades de la procédure qu'elle estime appropriés et d'une manière qui n'est ni préjudiciable ni contraire aux droits de la défense et aux exigences d'un procès équitable et impartial. Ces vues et préoccupations peuvent être exposées par les représentants légaux des victimes lorsque la Cour l'estime approprié, conformément au Règlement de procédure et de preuve.

4. La Division d'aide aux victimes et aux témoins peut conseiller le procureur et la Cour sur les mesures de protection, les dispositions de sécurité et les activités de conseil et d'aide visées à l'article 43, paragraphe 6.

5. Lorsque la divulgation d'éléments de preuve et de renseignements en vertu du présent Statut risque de mettre gravement en danger un témoin ou les membres de sa famille, le procureur peut, dans toute procédure engagée avant l'ouverture du procès, s'abstenir de divulguer ces éléments de preuve ou renseignements et en présenter un résumé. De telles mesures doivent être appliquées d'une manière qui n'est ni préjudiciable ni contraire aux droits de la défense et aux exigences d'un procès équitable et impartial.

6. Un État peut demander que soient prises les mesures nécessaires pour assurer la protection de ses fonctionnaires ou agents et la protection d'informations confidentielles ou sensibles.

Art. 69. – *Preuve*. – 1. Avant de déposer, chaque témoin, conformément au Règlement de procédure et de preuve, prend l'engagement de dire la vérité.

2. Les témoins sont entendus en personne lors d'une audience, sous réserve des mesures prévues à l'article 68 ou dans le Règlement de procédure et de preuve. La Cour peut également autoriser un témoin à présenter une déposition orale ou un enregistrement vidéo ou audio et à présenter des documents ou des transcriptions écrites, sous réserve des dispositions du présent Statut et conformément au Règlement de procédure de preuve. Ces mesures ne doivent être ni préjudiciables ni contraires aux droits de la défense.

3. Les Parties peuvent présenter des éléments de preuve pertinents pour l'affaire, conformément à l'article 64. La Cour a le pouvoir de demander la présentation de tous les éléments de preuve qu'elle juge nécessaires à la manifestation de la vérité.

4. La Cour peut se prononcer sur la pertinence et l'admissibilité de tout élément de preuve conformément au Règlement de procédure et de preuve, en tenant compte notamment de la valeur probante de cet élément

de preuve et de la possibilité qu'il nuise à l'équité du procès ou à une évaluation équitable de la déposition d'un témoin.

5. La Cour respecte les règles de confidentialité telles qu'elles sont énoncées dans le Règlement de procédure et de preuve.

6. La Cour n'exige pas la preuve des faits qui sont notoires, mais en dresse le constat judiciaire.

7. Les éléments de preuve obtenus par un moyen violant le présent Statut ou les droits de l'homme internationalement reconnus ne sont pas admissibles :

a) Si la violation met sérieusement en question la crédibilité des éléments de preuve ; ou

b) Si l'admission de ces éléments de preuve serait de nature à compromettre la procédure et à porter gravement atteinte à son intégrité.

8. Lorsqu'elle se prononce sur la pertinence ou l'admissibilité d'éléments de preuve réunis par un État, la Cour ne se prononce pas sur l'application de la législation nationale de cet État.

Art. 70. – *Atteintes à l'administration de la justice*. – 1. La Cour a compétence pour connaître des atteintes suivantes à son administration de la justice lorsqu'elles sont commises intentionnellement :

a) Faux témoignage d'une personne qui a pris l'engagement de dire la vérité en application de l'article 69, paragraphe 1 ;

b) Production d'élements de preuve faux ou falsifiés en connaissance de cause ;

c) Subornation de témoin, manoeuvres visant à empêcher un témoin de comparaître ou de déposer librement, représailles exercées contre un témoin en raison de sa déposition, destruction ou falsification d'éléments de preuve ou entrave au rassemblement de tels éléments ;

d) Intimidation d'un membre ou agent de la Cour, entrave à son action ou trafic d'influence afin de l'amener, par la contrainte ou la persuasion, à ne pas exercer ses fonctions ou à ne pas les exercer comme il convient ;

e) Représailles contre un membre ou un agent de la Cour en raison des fonctions exercées par celui-ci ou par un autre membre ou agent ;

f) Sollicitation ou acceptation d'une rétribution illégalement par un membre ou un agent de la Cour dans le cadre de ses fonctions officielles.

2. Les principes et les procédures régissant l'exercice par la Cour de sa compétence à l'égard des atteintes à l'administration de la justice en vertu du présent article sont énoncés dans le Règlement de procédure et de preuve. Les modalités de la coopération internationale avec la Cour dans la mise en oeuvre des dispositions du présent article sont régies par la législation nationale de l'État requis.

3. En cas de condamnation, la Cour peut imposer une peine d'emprisonnement ne pouvant excéder cinq années, ou une amende prévue dans le Règlement de procédure et de preuve, ou les deux.

4. *a)* Les États Parties étendent les dispositions de leur droit pénal qui répriment les atteintes à l'intégrité de leurs procédures d'enquête ou de leur système judiciaire aux atteintes à l'administration de la justice en vertu du présent article commises sur le territoire, ou par l'un de leurs ressortissants ;

b) À la demande de la Cour, un État Partie saisit ses autorités compétentes aux fins de poursuites chaque fois qu'il le juge approprié. Ces autorités traitent les dossiers dont il s'agit avec diligence, en y consacrant les moyens nécessaires à une fonction efficace.

Art. 71. – *Sanctions en cas d'inconduite à l'audience*. – 1. La Cour peut sanctionner l'inconduite à l'audience, y compris la perturbation de l'audience ou le refus délibéré de suivre ses instructions, par des mesures administratives autres qu'une peine d'emprisonnement, par exemple l'expulsion temporaire ou permanente de la salle, une amende ou d'autres mesures analogues prévues dans le Règlement de procédure et de preuve.

2. Le régime des sanctions indiquées au paragraphe 1 est fixé dans le Règlement de procédure et de preuve.

Art. 72. – *Protection de renseignements touchant à la sécurité nationale*. – 1. Le présent article s'applique dans tous les cas où la divulgation de renseignements ou de documents d'un État porterait atteinte, de l'avis de cet État, aux intérêts de sa sécurité nationale. Ces cas sont, en particulier, ceux qui relèvent de l'article 56, paragraphes 2 et 3, de l'article 61, paragraphe 3, de l'article 64, paragraphe 3, de l'article 67, paragraphe 2, de l'article 68, paragraphe 6, de l'article 87, paragraphe 6, et de l'article 93, ainsi que les cas, à tout autre stade de la procédure, où une telle divulgation peut être en cause.

2. Le présent article s'applique également lorsqu'une personne qui a été invitée à fournir des renseignements ou des éléments de preuve a refusé de le faire ou en a référé à l'État au motif que leur divulgation porterait atteinte aux intérêts d'un État en matière de sécurité nationale et lorsque cet État confirme qu'à son avis la divulgation de ces renseignements porterait atteinte aux intérêts de sa sécurité nationale.

3. Aucune disposition du présent article ne porte atteinte aux normes de confidentialité applicables en vertu de l'article 54, paragraphe 3, alinéas e et f, ni à l'application de l'article 73.

4. Si un État apprend que des renseignements ou des documents de l'État sont ou seront probablement divulgués à un stade quelconque de la procédure, et s'il estime qu'une telle divulgation porterait atteinte aux intérêts de sa sécurité nationale, cet État a le droit d'intervenir en vue d'obtenir le règlement de la question selon les dispositions du présent article.

5. Lorsqu'un État estime que la divulgation de renseignements porterait atteinte aux intérêts de sa sécurité nationale, il prend, en liaison avec le procureur, la défense, la Chambre préliminaire ou la Chambre de première instance, selon le cas, toutes les mesures raisonnablement possibles pour trouver une solution par la concertation. Ces mesures peuvent notamment consister à :

a) Modifier ou préciser la demande ;

b) Faire trancher par la Cour la question de la pertinence des renseignements ou éléments de preuve demandés, ou la question de savoir si les éléments de preuve, quoique pertinents, pourraient être ou ont été obtenus d'une source autre que l'État requis ;

c) Obtenir les renseignements ou éléments de preuve d'une autre source ou sous une forme différente ; ou

d) Trouver un accord sur les conditions auxquelles l'assistance pourrait être fournie, notamment par la communication de résumés ou de versions corrigées, l'imposition de restrictions à la divulgation, le recours à une procédure à huis clos ou ex parte, ou l'application d'autres mesures de protection autorisées par le Statut ou le règlement de procédure et de preuve.

6. Lorsque toutes les mesures raisonnablement possibles ont été prises pour régler la question par la concertation et que l'État estime qu'il n'existe ni moyens ni conditions qui lui permettraient de communiquer ou de divulguer les renseignements ou les documents sans porter atteinte aux intérêts de sa sécurité nationale, il en avise le procureur ou la Cour en indiquant les raisons précises qui l'ont conduit à cette conclusion, à moins qu'un énoncé précis de ces raisons ne porte nécessairement en soi atteinte aux intérêts de l'État en matière de sécurité nationale.

7. Par la suite, si la Cour détermine que les éléments de preuve sont pertinents et nécessaires pour l'établissement de la culpabilité ou de l'innocence de l'accusé, elle peut prendre les mesures ci-après :

a) Lorsque la divulgation des renseignements ou du document est sollicitée dans le cadre d'une demande de coopération au titre du chapitre IX ou dans les circonstances décrites au paragraphe 2, et que l'État a invoqué le motif de refus visé à l'article 93, paragraphe 4 :

i) La Cour peut, avant de tirer la conclusion visée au paragraphe 7, alinéa *a* ii), demander la tenue de consultations supplémentaires aux fins d'examiner les observations de l'État, y compris, le cas échéant, la tenue d'audiences à huis clos et *ex parte* ;

ii) Si la Cour conclut qu'en invoquant le motif de refus énoncé à l'article 93, paragraphe 4, dans les circonstances de l'espèce, l'État requis n'agit pas conformément aux obligations qui lui incombent en vertu du Statut, elle peut renvoyer l'affaire conformément à l'article 87, paragraphe 7, en précisant les raisons qui motivent sa conclusion ; et

iii) La Cour peut tirer toute conclusion qu'elle estime appropriée en l'espèce, lorsqu'elle juge l'accusé, quant à l'existence ou la non-existence d'un fait ; ou

b) Dans toutes les autres circonstances :

i) Ordonner la divulgation ; ou

ii) Dans la mesure ou elle n'ordonne pas la divulgation, tirer toute conclusion qu'elle estime appropriée en l'espèce, lorsqu'elle juge l'accusé, quant à l'existence ou la non-existence d'un fait.

Art. 73. – *Renseignements ou documents émanant de tiers*. – Si un État Partie est requis par la Cour de fournir un document ou un renseignement en sa possession, sous sa garde ou sous son contrôle qui lui a été communiqué à titre confidentiel par un État, une organisation intergouvernementale ou une organisation internationale, il demande à celui dont il tient le renseignement ou le document l'autorisation de le divulguer. Si celui qui a communiqué le renseignement ou le document est un État Partie, il consent à la divulgation du renseignement ou du document, ou s'efforce de régler la question avec la Cour, sous réserve des dispositions de l'article 72. Si celui qui a communiqué le renseignement ou le document n'est pas un État Partie et refuse de consentir à la divulgation, l'État requis informe la Cour qu'il n'est pas en mesure de fournir le document ou le renseignement en raison d'une obligation préexistante de confidentialité à l'égard de celui dont il le tient.

Art. 74. – *Conditions requises pour la décision*. – 1. Tous les juges de la Chambre de première instance assistent à chaque phase du procès et à l'intégralité des débats. La présidence peut désigner au cas par cas un ou plusieurs juges suppléants, en fonction des disponibilités, pour assister également à toutes les phases du procès et remplacer un membre de la Chambre de première instance qui ne pourrait continuer de siéger.

2. La Chambre de première instance fonde sa décision sur son appréciation des preuves et sur l'ensemble des procédures. Sa décision ne peut aller au-delà des faits et des circonstances décrits dans les charges et les modifications apportées à celles-ci. Elle est fondée exclusivement sur les preuves produites et examinées au procès.

3. Les juges s'efforcent de prendre leur décision à l'unanimité, faute de quoi, ils la prennent à la majorité.

4. Les délibérations de la Chambre de première instance sont et demeurent secrètes.

5. La décision est présentée par écrit. Elle contient l'exposé complet et motivé des constatations de la Chambre de première instance sur les preuves et les conclusions. Il n'est prononcé qu'une seule décision. S'il n'y a pas unanimité, la décision contient les vues de la majorité et de la minorité. Il est donné lecture de la décision ou de son résumé en audience publique.

Art. 75. – *Réparation en faveur des victimes*. – 1. La Cour établit des principes applicables aux formes de réparation, telles que la restitution, l'indemnisation ou la réhabilitation, à accorder aux victimes ou à leurs ayants droit. Sur cette base, la Cour peut, sur demande, ou de son propre chef dans des circonstances exceptionnelles, déterminer dans sa décision l'ampleur du dommage, de la perte ou du préjudice causé aux victimes ou à leurs ayants droit, en indiquant les principes sur lesquels elle fonde sa décision.

2. La Cour peut rendre contre une personnne condamnée une ordonnance indiquant la réparation qu'il convient d'accorder aux victimes ou à leurs ayants droit. Cette réparation peut prendre notamment la forme de la restitution, de l'indemnisation ou de la réhabilitation.

Le cas échéant, la Cour peut décider que l'indemnité accordée à titre de réparation est versée par l'intermédiaire du Fonds visé à l'article 79.

3. Avant de rendre une ordonnance en vertu du présent article, la Cour peut solliciter, et prend en considération, les observations de la personne condamnée, des victimes, des autres personnes intéressées ou des États intéressés, et les observations formulées au nom de ces personnes ou de ces États.

4. Lorsqu'elle exerce le pouvoir que lui confère le présent article et après qu'une personne a été reconnue coupable d'un crime relevant de sa compétence, la Cour peut déterminer s'il est nécessaire, pour donner effet aux ordonnances qu'elle rend en vertu du présent article, de demander des mesures au titre de l'article 93, paragraphe 1.

5. Les États Parties font appliquer les décisions prises en vertu du présent article comme si les dispositions de l'article 109 étaient applicables au présent article.

6. Les dispositions du présent article s'entendent sans préjudice des droits que le droit interne ou le droit international reconnaissent aux victimes.

Art. 76. – *Prononcé de la peine*. – 1. En cas de verdict de culpabilité, la Chambre de première instance fixe la peine à appliquer en tenant compte des conclusions et éléments de preuve pertinents présentés au procès.

2. Sauf dans les cas où l'article 65 s'applique et avant la fin du procès, la Chambre de première instance peut d'office, et doit à la demande du procureur ou de l'accusé, tenir une audience supplémentaire pour prendre connaissance de toutes nouvelles conclusions et de tous nouveaux éléments de preuve pertinents pour la fixation de la peine conformément au Règlement de procédure et de preuve.

3. Lorsque le paragraphe 2 s'applique, la Chambre de première instance entend les observations prévues à l'article 75 au cours de l'audience supplémentaire visée au paragraphe 2 et, au besoin, au cours de toute nouvelle audience.

4. La sentence est prononcée en audience publique et, lorsque cela est possible, en présence de l'accusé.

CHAPITRE VII. – LES PEINES

Art. 77. – *Peines applicables*. – 1. Sous réserve de l'article 110, la Cour peut prononcer contre une personne déclarée coupable d'un crime visé à l'article 5 du présent Statut l'une des peines suivantes :

a) Une peine d'emprisonnement à temps de trente ans au plus ; ou

b) Une peine d'emprisonnement à perpétuité, si l'extrême gravité du crime et la situation personnelle du condamné le justifient.

2. À la peine d'emprisonnement, la Cour peut ajouter :

a) Une amende fixée selon les critères prévus par le Règlement de procédure et de preuve ;

b) La confiscation des profits, biens et avoirs tirés directement ou indirectement du crime, sans préjudice des droits des tiers de bonne foi.

Art. 78. – *Fixation de la peine*. – 1. Lorsqu'elle fixe la peine, la Cour tient compte, conformément au Règlement de procédure et de preuve, de considérations telles que la gravité du crime et la situation personnelle du condamné.

2. Lorsqu'elle prononce une peine d'emprisonnement, la Cour en déduit le temps que le condamné a passé, sur son ordre, en détention. Elle peut également en déduire toute autre période passée en détention à raison d'un comportement lié au crime.

3. Lorsqu'une personne est reconnue coupable de plusieurs crimes, la Cour prononce une peine pour chaque crime et une peine unique indiquant la durée totale d'emprisonnement. Cette durée ne peut être inférieure à celle de la peine individuelle la plus lourde et ne peut être supérieure à trente ans ou à celle de la peine d'emprisonnement à perpétuité prévue à l'article 77, paragraphe 1, alinéa b.

Art. 79. – *Fonds au profit des victimes*. – 1. Un fonds est créé, sur décision de l'assemblée des États Parties, au profit des victimes de crimes relevant de la compétence de la Cour et de leurs familles.

2. La Cour peut ordonner que le produit des amendes et tout autre bien confisqué soient versés au fonds.

3. Le fonds est géré selon les principes fixés par l'assemblée des États Parties.

Art. 80. – *Le statut, l'application des peines par les États et le droit national*. – Rien dans le présent chapitre du Statut n'affecte l'application par les États des peines que prévoit leur droit interne, ni l'application du droit des États qui ne prévoient pas les peines prévues dans le présent chapitre.

CHAPITRE VIII. – APPEL ET RÉVISION

Art. 81. – *Appel d'une décision sur la culpabilité ou la peine*. – 1. Il peut être fait appel, conformément au Règlement de procédure et de preuve, d'une décision rendue en vertu de l'article 74 selon les modalités suivantes :

a) Le procureur peut interjeter appel pour l'un des motifs suivants :

i) Vice de procédure ;

ii) Erreur de fait ;

iii) Erreur de droit ;

b) La personne déclarée coupable, ou le procureur au nom de cette personne, peut interjeter appel pour l'un des motifs suivants :

i) Vice de procédure ;

ii) Erreur de fait ;

iii) Erreur de droit ;

iv) Tout autre motif de nature à compromettre l'équité ou la régularité de la procédure ou de la décision.

2. *a)* Le procureur ou le condamné peut, conformément au Règlement de procédure et de preuve, interjeter appel de la peine prononcée au motif d'une disproportion entre celle-ci et le crime ;

b) Si, à l'occasion d'un appel contre la peine prononcée, la Cour estime qu'il existe des motifs qui pourraient justifier l'annulation de tout ou partie de la décision sur la culpabilité, elle peut inviter le procureur et le condamné à invoquer les motifs énoncés à l'article 81, paragraphe 1, alinéas *a* ou *b*, et se prononcer sur la décision sur la culpabilité conformément à l'article 83 ;

c) La même procédure s'applique si, à l'occasion d'un appel concernant uniquement la décision sur la culpabilité, la Cour estime qu'il existe des motifs justifiant une réduction de la peine en vertu du paragraphe 2, alinéa *a* ;

3. *a)* A moins que la Chambre de première instance n'en décide autrement, la personne reconnue coupable reste détenue pendant la procédure d'appel ;

b) Lorsque la durée de la détention dépasse la durée de la peine prononcée, la personne reconnue coupable est mise en liberté ; toutefois, si le procureur fait également appel, la libération peut être subordonnée aux conditions énoncées à l'alinéa c ci-après ;

c) En cas d'acquittement, l'accusé est immédiatement mis en liberté, sous réserve des conditions suivantes :

i) Dans des circonstances exceptionnelles, et en fonction, notamment du risque d'évasion, de la gravité de l'infraction et des chances de voir l'appel aboutir, la Chambre de première instance peut, à la demande du procureur, ordonner le maintien en détention de l'accusé pendant la procédure d'appel ;

ii) La décision rendue par la Chambre de première instance en vertu du sous-alinéa i) est susceptible d'appel conformément au Règlement de procédure et de preuve.

4. Sous réserve des dispositions du paragraphe 3, alinéas *a* et *b*, il est sursis à l'exécution de la décision sur la culpabilité ou la peine durant le délai consenti pour le recours en appel et durant la procédure d'appel.

Art. 82. – *Appel d'autres décisions*. – 1. L'une ou l'autre partie peut faire appel, conformément au Règlement de procédure et de preuve, de l'une des décisions ci-après :

a) Décision sur la compétence ou la recevabilité ;

b) Décision accordant ou refusant la mise en liberté de la personne faisant l'objet d'une enquête ou de poursuites ;

c) Décision de la Chambre préliminaire d'agir de sa propre initiative en vertu de l'article 56, paragraphe 3 ;

d) Décision soulevant une question de nature à affecter de manière appréciable le déroulement équitable et rapide de la procédure ou l'issue du procès, et dont le règlement immédiat par la Chambre d'appel pourrait, de l'avis de la Chambre préliminaire ou de la Chambre de première instance, faire sensiblement progresser la procédure.

2. La décision de la Chambre préliminaire visée à l'article 57, paragraphe 3, alinéa d, est susceptible d'appel de la part de l'État concerné ou du procureur, avec l'autorisation de la Chambre préliminaire. Cet appel est examiné selon une procédure accélérée.

3. L'appel n'a d'effet suspensif que si la Chambre d'appel l'ordonne sur requête présentée conformément au Règlement de procédure et de preuve.

4. Le représentant légal des victimes, la personne condamnée ou le propriétaire de bonne foi d'un bien affecté par une ordonnance rendue en vertu de l'article 75 peut relever appel de cette ordonnance conformément au Règlement de procédure et de preuve.

Art. 83. – *Procédure d'appel*. – 1. Aux fins des procédures visées à l'article 81 et au présent article, la Chambre d'appel a tous les pouvoirs de la Chambre de première instance.

2. Si la Chambre d'appel conclut que la procédure faisant l'objet de l'appel est viciée au point de porter atteinte à la régularité de la décision ou de la condamnation, ou que la condamnation faisant l'objet de l'appel est sérieusement entachée d'une erreur, de fait ou de droit, elle peut :

a) Annuler ou modifier la décision ou la condamnation ; ou

b) Ordonner un nouveau procès devant une chambre de première instance différente.

A ces fins, la Chambre d'appel peut renvoyer une question de fait devant la Chambre de première instance initialement saisie afin que celle-ci tranche la question et lui fasse rapport, ou elle peut elle-même demander des éléments de preuve afin de trancher. Lorsque seule la personne condamnée, ou le procureur en son nom, a interjeté appel de la décision ou de la condamnation, celle-ci ne peut être modifiée à son détriment.

3. Si, dans le cadre de l'appel d'une condamnation, la Chambre d'appel constate que la peine est disproportionnée par rapport au crime, elle peut la modifier conformément au chapitre VII.

4. L'arrêt de la Chambre d'appel est adopté à la majorité des juges et rendu en audience publique. Il est motivé. Lorsqu'il n'y a pas unanimité, il contient les vues de la majorité et de la minorité, mais un juge peut présenter une opinion individuelle ou une opinion dissidente sur une question de droit.

5. La Chambre d'appel peut prononcer son arrêté en l'absence de la personne acquittée ou condamnée.

Art. 84. – *Révision d'une décision sur la culpabilité ou la peine*. – 1. La personne déclarée coupable ou, si elle est décédée, son conjoint, ses enfants, ses parents ou toute personne vivant au moment de son décès qu'elle a mandatée par écrit expressément à cette fin, ou le procureur agissant au nom de cette personne, peuvent saisir la Chambre d'appel d'une requête en révision de la décision définitive sur la culpabilité ou la peine pour les motifs suivants :

a) Il a été découvert un fait nouveau qui :

i) N'était pas connu au moment du procès sans que cette circonstance puisse être imputée, en totalité ou en partie, au requérant ; et

ii) S'il avait été établi lors du procès, aurait vraisemblablement entraîné un verdict différent ;

b) Il a été découvert qu'un élément de preuve décisif, retenu lors du procès et sur la base duquel la culpabilité a été établie, était faux, contrefait ou falsifié ;

c) Un ou plusieurs des juges qui ont participé à la décision sur la culpabilité ou qui ont confirmé les charges ont commis dans cette affaire un acte constituant une faute lourde ou un manquement à leurs devoirs d'une gravité suffisante pour justifier qu'ils soient relevés de leurs fonctions en application de l'article 46.

2. La Chambre d'appel rejette la requête si elle la juge infondée. Si elle estime que la requête est fondée sur des motifs valables, elle peut, selon ce qui convient :

a) Réunir à nouveau la Chambre de première instance qui a rendu le jugement initial ;

b) Constituer une nouvelle chambre de première instance ;

c) Rester saisie de l'affaire,

afin de déterminer, après avoir entendu les parties selon les modalités prévues dans le Règlement de procédure et de preuve, si le jugement doit être révisé.

Art. 85. – *Indemnisation des personnes arrêtées ou condamnées*. – 1. Quiconque a été victime d'une arrestation ou mise en détention illégales a droit à réparation.

2. Lorsqu'une condamnation définitive est ultérieurement annulée parce qu'un fait nouveau ou nouvellement révélé prouve qu'il s'est produit une erreur judiciaire, la personne qui a subi une peine en raison de cette condamnation est indemnisée conformément à la loi, à moins qu'il ne soit prouvé que la non-révélation en temps utile du fait inconnu lui est imputable en tout ou partie.

3. Dans des circonstances exceptionnelles, si la Cour constate, au vu de faits probants, qu'une erreur judiciaire grave et manifeste a été commise, elle peut, à sa discrétion, accorder une indemnité conforme aux critères énoncés dans le Règlement de procédure et de preuve à une personne qui avait été placée en détention et a été libérée à la suite d'un acquittement définitif ou parce qu'il a été mis fin aux poursuites pour ce motif.

CHAPITRE IX. – COOPÉRATION INTERNATIONALE ET ASSISTANCE JUDICIAIRE

Art. 86. – *Obligation générale de coopérer*. – Conformément aux dispositions du présent Statut, les États Parties coopèrent pleinement avec la Cour dans les enquêtes et poursuites qu'elle mène pour les crimes relevant de sa compétence.

Art. 87. – *Demandes de coopération : dispositions générales*. – 1. *a)* La Cour est habilitée à adresser des demandes de coopération aux États Parties. Ces demandes sont transmises par la voir diplomatique ou toute autre voie appropriée que chaque État Partie choisit au moment de la ratification, de l'acceptation ou de l'approbation du présent Statut ou de l'adhésion à celui-ci.

Toute modification ultérieure du choix de la voie de transmission est faite par chaque État Partie conformément au Règlement de procédure et de preuve.

b) S'il y a lieu, et sans préjudice des dispositions de l'alinéa a, les demandes peuvent être également transmises par l'Organisation internationale de police criminelle Interpol ou par toute organisation régionale compétente.

2. Les demandes de coopération et les pièces justificatives y afférentes sont soit rédigées dans une langue officielle de l'État requis ou accompagnées d'une traduction dans cette langue, soit rédigées dans l'une des langues de travail de la Cour ou accompagnées d'une traduction dans l'une de ces langues, selon le choix fait par l'État requis au moment de la ratification, de l'acceptation ou de l'approbation du présent Statut ou de l'adhésion à celui-ci.

Toute modification ultérieure de ce choix est faite conformément au Règlement de procédure et de preuve.

3. L'État requis respecte le caractère confidentiel des demandes de coopération et des pièces justificatives y afférentes, sauf dans la mesure où leur divulgation est nécessaire pour donner suite à la demande.

4. En ce qui concerne les demandes d'assistance présentées au titre du présent chapitre, la Cour peut rendre, notamment en matière de protection des renseignements, les mesures qui peuvent être nécessaires

pour garantir la sécurité et le bien-être physique ou psychologique des victimes, des témoins potentiels et des membres de leur famille. La Cour peut demander que tout renseignement fourni au titre du présent chapitre soit communiqué et traité de telle sorte que soient préservés la sécurité et le bien-être physique ou psychologique des victimes, des témoins potentiels et des membres de leur famille.

5. *a)* La Cour peut inviter tout État non Partie au présent Statut à prêter son assistance au titre du présent chapitre sur la base d'un arrangement ad hoc ou d'un accord conclu avec cet État ou sur toute autre base appropriée.

b) Si, ayant conclu avec la Cour un arrangement ad hoc ou un accord, un État non Partie au présent Statut n'apporte pas l'assistance qui lui est demandée en vertu de cet arrangement ou de cet accord, la Cour peut en informer l'Assemblée des États Parties, ou le Conseil de sécurité lorsque c'est celui-ci qui l'a saisie.

6. La Cour peut demander des renseignements ou des documents à toute organisation intergouvernementale. Elle peut également solliciter d'autres formes de coopération et d'assistance dont elle est convenue avec une organisation intergouvernementale et qui sont conformes aux compétences ou au mandat de celle-ci.

7. Si un État Partie n'accède pas à une demande de coopération de la Cour contrairement à ce que prévoit le présent Statut, et l'empêche ainsi d'exercer les fonctions et les pouvoirs que lui confère le présent Statut, la Cour peut en prendre acte et en référer à l'Assemblée des États Parties ou au Conseil de sécurité lorsque c'est celui-ci qui l'a saisie.

Art. 88. – *Procédures disponibles selon la législation nationale*. – Les États Parties veillent à prévoir dans leur législation nationale les procédures qui permettent la réalisation de toutes les formes de coopération visées dans le présent chapitre.

Art. 89. – *Remise de certaines personnes à la Cour*. – 1. La Cour peut présenter à tout État sur le territoire duquel une personne est susceptible de se trouver une demande accompagnée des pièces justificatives indiquées à l'article 91, tendant à ce que cette personne soit arrêtée et lui soit remise, et sollicite la coopération de cet État pour l'arrestation et la remise de la personne. Les États Parties répondent à toute demande d'arrestation et de remise conformément aux dispositions du présent chapitre et aux procédures prévues par leur législation nationale.

2. Lorsque la personne dont la remise est sollicitée saisit une juridiction nationale d'une contestation fondée sur le principe non bis in idem, comme prévu à l'article 20, l'État requis consulte immédiatement la Cour pour savoir s'il y a eu en l'espèce une décision sur la recevabilité. S'il a été décidé que l'affaire est recevable, l'État requis donne suite à la demande. Si la décision sur la recevabilité est pendante, l'État requis peut différer l'exécution de la demande jusqu'à ce que la Cour ait statué.

3. *a)* Les États Parties autorisent le transport à travers leur territoire, conformément aux procédures prévues par leur législation nationale, de toute personne transférée à la Cour par un autre État, sauf dans le cas où le transit par leur territoire gênerait ou retarderait la remise ;

b) Une demande de transit est transmise par la Cour conformément à l'article 87. Elle contient :

i) Le signalement de la personne transportée ;

ii) Un bref exposé des faits et de leur qualification juridique ; et

iii) Le mandat d'arrêt et de l'ordonnance de remise ;

c) La personne transportée reste détenue pendant le transit ;

d) Aucune autorisation n'est nécessaire si la personne est transportée par voie aérienne et si aucun atterrissage n'est prévu sur le territoire de l'État de transit ;

e) Si un atterrissage imprévu a lieu sur le territoire de l'État de transit, celui-ci peut exiger de la Cour la présentation d'une demande de transit dans les formes prescrites à l'alinéa b. L'État de transit place la personne transportée en détention jusqu'à la réception de la demande de transit et l'accomplissement effectif du transit. Toutefois, la détention au titre du présent alinéa ne peut se prolonger au-delà de 96 heures après l'atterrissage imprévu si la demande n'est pas reçue dans ce délai.

4. Si la personne réclamée fait l'objet de poursuites ou exécute une peine dans l'État requis pour un crime différent de celui pour lequel sa remise à la Cour est demandée, cet État, après avoir décidé d'accéder à la demande de la Cour, consulte celle-ci.

Art. 90. – *Demandes concurrentes*. – 1. Si un État Partie reçoit de la Cour, conformément à l'article 89, une demande de remise et reçoit par ailleurs de tout autre État une demande d'extradition de la même personne pour le même comportement, qui constitue la base du crime pour lequel la Cour demande la remise de cette personne, il en avise la Cour et l'État requérant.

2. Lorsque l'État requérant est un État Partie, l'État requis donne la priorité à la demande de la Cour :

a) Si la Cour a décidé, en application des articles 18 ou 19, que l'affaire que concerne la demande de remise est recevable en tenant compte de l'enquête menée ou des poursuites engagées par l'État requérant en relation avec la demande d'extradition de celui-ci ; ou

b) Si la Cour prend la décision visée à l'alinéa a à la suite de la notification faite par l'État requis en application du paragraphe 1.

3. Lorsque la Cour n'a pas pris la décision visée au paragraphe 2, alinéa a, l'État requis peut, s'il le souhaite, commencer à instruire la demande d'extradition de l'État requérant en attendant que la Cour se prononce comme prévu à l'alinéa *b*. Il n'extrade pas la personne tant que la Cour n'a pas jugé l'affaire irrecevable. La Cour se prononce selon une procédure accélérée.

4. Si l'État requérant est un État non partie au présent Statut, l'État requis, s'il n'est pas tenu par une obligation internationale d'extrader l'intéressé vers l'État requérant, donne la priorité à la demande de remise de la Cour, si celle-ci a jugé que l'affaire était recevable

5. Quand une affaire relevant du paragraphe 4 n'a pas été jugée recevable par la Cour, l'État requis peut, s'il le souhaite, commencer à instruire la demande d'extradition de l'État requérant.

6. Dans les cas où le paragraphe 4 s'applique mais que l'État requis est tenu par une obligation internationale d'extrader la personne vers l'État non partie requérant, l'État requis détermine s'il y a lieu de remettre la personne à la Cour ou de l'extrader vers l'État requérant. Dans sa décision, il tient compte de toutes les considérations pertinentes, notamment :

a) L'ordre chronologique des demandes ;

b) Les intérêts de l'État requérant, en particulier, le cas échéant, le fait que le crime a été commis sur son territoire et la nationalité des victimes et de la personne réclamée ; et

c) La possibilité d'une remise ultérieure de cette personne entre la Cour et l'État requérant.

7. Si un État Partie reçoit de la Cour une demande de remise et reçoit par ailleurs d'un autre État une demande d'extradition de la même personne pour un comportement différent de celui qui constitue le crime pour lequel la Cour demande la remise :

a) L'État requis donne la priorité à la demande de la Cour s'il n'est pas tenu par une obligation internationale d'extrader la personne vers l'État requérant ;

b) S'il est tenu par une obligation internationale d'extrader la personne vers l'État requérant, l'État requis soit remet cette personne à la Cour soit l'extrade vers l'État requérant. Dans son choix, il tient compte de toutes les considérations pertinentes, notamment celles qui sont énoncées au paragraphe 6, mais accorde une importance particulière à la nature et à la gravité relative du comportement en cause.

8. Lorsqu'à la suite d'une notification reçue en application du présent article, la Cour a jugé une affaire irrecevable et que l'extradition vers l'État requérant est ultérieurement refusée, l'État requis avise la Cour de cette décision.

Art. 91. – *Contenu de la demande d'arrestation et de remise*. – 1. Une demande d'arrestation et de remise est faite par écrit. En cas d'urgence, elle peut être faite par tout moyenn laissant une trace écrite, à condition d'être confirmée selon les modalités prévues à l'article 87, paragraphe 1, alinéa *a*.

2. Si la demande concerne l'arrestation et la remise d'une personne faisant l'objet d'un mandat d'arrêt délivré par la Chambre préliminaire en vertu de l'article 58, elle contient ou est accompagnée d'un dossier contenant les pièces justificatives suivantes :

a) Le signalement de la personne recherchée, suffisant pour l'identifier, et des renseignements sur le lieu où elle se trouve probablement ;

b) Une copie du mandat d'arrêt ; et

c) Les documents, déclarations et renseignements qui peuvent être exigés dans l'État requis pour procéder à la remise ; toutefois, les exigences de l'État requis ne doivent pas être plus lourdes dans ce cas que dans celui des demandes d'extradition présentées en application de traités ou arrangements conclus entre l'État requis et d'autres États et devraient même, si possible, l'être moins, eu égard au caractère particulier de la Cour.

3. Si la demande concerne l'arrestation et la remise d'une personne qui a déjà été reconnue coupable, elle contient ou est accompagnée d'un dossier contenant les pièces justificatives suivantes :

a) Une copie de tout mandat d'arrêt visant cette personne ;

b) Une copie du jugement ;

c) Des renseignements attestant que la personne recherchée est bien celle visée par le jugement ; et

d) Si la personne recherchée a été condamnée à une peine, une copie de la condamnation, avec, dans le cas d'une peine d'emprisonnement, indication du temps déjà accompli et du temps restant à accomplir.

4. Àla demande de la Cour, un État Partie tient avec celle-ci, soit d'une manière générale, soit à propos d'une question particulière, des consultations sur les conditions prévues par sa législation interne qui pourraient s'appliquer selon le paragraphe 2, alinéa c. Lors de ces consultations, l'État Partie informe la Cour des exigences particulières de sa législation.

Art. 92. – *Arrestation provisoire*. – 1. En cas d'urgence, la Cour peut demander l'arrestation provisoire de la personne recherchée en attendant que soient présentées la demande de remise et les pièces justificatives visées à l'article 91.

2. La demande d'arrestation provisoire est faite par tout moyen laissant une trace écrite et contient :

a) Le signalement de la personne recherchée, suffisant pour l'identifier, et des renseignements sur le lieu où elle se trouve probablement ;

b) L'exposé succinct des crimes pour lesquels la personne est recherchée et des faits qui seraient constitutifs de ces crimes, y compris, si possible, la date et le lieu où ils se seraient produits.

c) Une déclaration affirmant l'existence à l'encontre de la personne recherchée d'un mandat d'arrêt ou d'un jugement établissant sa culpabilité ; et

d) Une déclaration indiquant qu'une demande de remise de la personne recherchée suivra.

3. Une personne provisoirement arrêtée peut être remise en liberté si l'État requis n'a pas reçu la demande de remise et les pièces justificatives visées à l'article 91 dans le délai prescrit par le Règlement de procédure et de preuve. Toutefois, cette personne peut consentir à être remise avant l'expiration de ce délai si la législation de l'État requis le permet. Dans ce cas, l'État requis procède aussitôt que possible à sa remise à la Cour.

4. La mise en liberté de la personne recherchée prévu au paragraphe 3, est sans préjudice de son arrestation ultérieure et de sa remise si la demande de remise accompagnée des pièces justificatives est présentée par la suite.

Art. 93. – *Autres formes de coopération*. – 1. Les États Parties font droit, conformément aux dispositions du présent chapitre et aux procédures prévues par leur législation nationale, aux demandes d'assistance de la Cour liées à une enquête ou à des poursuites et concernant :

a) L'indentification d'une personne, le lieu où elle se trouve ou la localisation de biens ;

b) Le rassemblement d'éléments de preuve, y compris les dépositions faites sous serment, et la production d'éléments de preuve, y compris les expertises et les rapports dont la Cour a besoin ;

c) L'interrogatoire des personnes faisant l'objet d'une enquête ou de poursuite ;

d) La signification de documents, y compris les pièces de procédure ;

e) Les mesures propres à faciliter la comparution volontaire devant la Cour de personnes déposant comme témoins ou experts ;

f) Le transfèrement temporaire de personnes en vertu du paragraphe 7 ;

g) L'examen de localités ou de sites, notamment l'exhumation et l'examen de cadavres enterrés dans des fosses communes ;

h) L'exécution de perquisitions et de saisies ;

i) La transmission de dossiers et de documents, y compris les dossiers et les documents officiels ;

j) La protection des victimes et des témoins et la préservation des éléments de preuve ;

k) L'identification, la localisation, le gel ou la saisie du produit des crimes, des biens, des avoirs et des instruments qui sont liés aux crimes, aux fins de leur confiscation éventuelle, sans préjudice des droits des tiers de bonne foi ; et

l) Toute autre forme d'assistance non interdite par la législation de l'État requis propre à faciliter l'enquête et les poursuites relatives aux crimes relevant de la compétence de la Cour.

2. La Cour est habilitée à fournir à un témoin ou à un expert comparaissant devant elle l'assurance qu'il ne sera ni poursuivi, ni détenu, ni soumis par elle à une restriction quelconque de sa liberté personnelle pour un acte ou une omission antérieurs à son départ de l'État requis.

3. Si l'exécution d'une mesure particulière d'assistance décrite dans une demande présentée en vertu du paragraphe 1 est interdite dans l'État requis en vertu d'un principe juridique fondamental d'application

générale, ledit État engage sans tarder des consultations avec la Cour pour tenter de régler la question. Au cours de ces consultations, il est envisagé d'apporter l'assistance demandée sous une autre forme ou sous certaines conditions. Si la question n'est pas réglée à l'issue des consultations, la Cour modifie la demande.

4. Conformément à l'article 72, un État Partie ne peut rejeter, totalement ou partiellement, une demande d'assistance de la Cour que si cette demande a pour objet la production de documents ou la divulgation d'éléments de preuve qui touchent à sa sécurité nationale ;

5. Avant de rejeter une demande d'assistance visée au paragraphe 1, alinéa l, l'État requis détermine si l'assistance peut être fournie sous certaines conditions, ou pourrait l'être ultérieurement ou sous une autre forme, étant entendu que si la Cour ou le procureur acceptent ces conditions, ils sont tenus de les observer.

6. L'État requis qui rejette une demande d'assistance fait connaître sans retard ses raisons à la Cour ou au procureur.

7. *a)* La Cour peut demander le transfèrement temporaire d'une personne détenue aux fins d'identification ou pour obtenir un témoignage ou d'autres formes d'assistance. Cette personne peut être transférée si les conditions suivantes sont remplies :

i) La personne donne librement et en connaissance de cause son consentement au transfèrement ; et

ii) L'État requis donne son accord au transfèrement, sous réserve des conditions dont cet État et la Cour peuvent convenir.

b) La personne transférée reste détenue. Une fois l'objectif du transfèrement atteint, la Cour renvoie sans délai cette personne dans l'État requis.

8. *a)* La Cour préserve le caractère confidentiel des pièces et renseignements recueillis, sauf dans la mesure nécessaire à l'enquête et aux procédures décrites dans la demande ;

b) L'État requis peut au besoin communiquer des documents ou des renseignements au procureur à titre confidentiel. Le procureur ne peut alors les utiliser que pour recueillir des éléments de preuve nouveaux ;

c) L'État requis peut, soit d'office, soit à la demande du procureur, autoriser par la suite la divulgation de ces documents ou renseignements. Ceux-ci peuvent alors être utilisés comme moyen de preuve conformément aux dispositions des chapitres V et VI et au Règlement de procédure et de preuve.

9. *a)* i) Si un État Partie reçoit, d'une part, de la Cour et, d'autre part, d'un autre État dans le cadre d'une obligation internationale, des demandes concurrentes ayant un autre objet que la remise ou l'extradition, il s'efforce, en consultation avec la Cour et cet autre État, de faire droit aux deux demandes, au besoin en différant l'une ou l'autre ou en la subordonnant à certaines conditions,

ii) A défaut, la concurrence des demandes est résolue conformément aux principes établis à l'article 90.

b) Toutefois, lorsque la demande de la Cour concerne des renseignements, des biens ou des personnes qui se trouvent sous l'autorité d'un État tiers ou d'une organisation internationale en vertu d'un accord international, l'État requis en informe la Cour et celle-ci adresse sa demande à l'État tiers ou à l'organisation internationale.

10. *a)* Si elle reçoit une demande en ce sens, la Cour peut coopérer avec l'État Partie qui mène une enquête ou un procès concernant un comportement qui constitue un crime relevant de la compétence de la Cour ou un crime grave au regard du droit interne de cet État, et prêter assistance à cet État.

b) i) Cette assistance comprend notamment :

1° La transmission de dépositions, documents et autres éléments de preuve recueillis au cours d'une enquête ou d'un procès menés par la Cour ; et

2° L'interrogatoire de toute personne détenue par ordre de la Cour ;

ii) Dans le cas visé au point a du sous-alinéa b, i, a :

a) La transmission des documents et autres éléments de preuve obtenus avec l'assistance d'un État requiert le consentement de cet État ;

b) La transmission des dépositions, documents et autres éléments de preuve fournis par un témoin ou par un expert se fait conformément aux dispositions de l'article 68.

c) La Cour peut, dans les conditions énoncées au présent paragraphe, faire droit à une demande d'assistance émanant d'un État qui n'est pas partie au présent Statut.

Art. 94. – *Sursis à exécution d'une demande à raison d'une enquête ou de poursuites en cours.* – 1. Si l'exécution immédiate d'une demande devait nuire au bon déroulement de l'enquête ou des poursuites en cours dans une affaire différente de celle à laquelle se rapporte la demande, l'État requis peut surseoir à l'exécution de celle-ci pendant un temps fixé d'un commun accord avec la Cour. Toutefois, ce sursis ne dure pas plus qu'il n'est nécessaire pour mener à bien l'enquête ou les poursuites en question dans l'État requis. Avant de décider de surseoir à l'exécution de la demande, l'État requis examine si l'assistance peut être fournie immédiatement sous certaines conditions.

2. Si la décision est prise de surseoir à l'exécution de la demande en application du paragraphe 1, le procureur peut toutefois demander l'adoption de mesures pour préserver les éléments de preuve, en vertu de l'article 93, paragraphe 1, alinéa *j*.

Art. 95. – *Sursis à exécution d'une demande en raison d'une exception d'irrecevabilité*. – Lorsque la Cour examine une exception d'irrecevabilité conformément aux articles 18 ou 19, l'État requis peut surseoir à l'exécution d'une demande faite au titre du présent chapitre en attendant que la Cour ait statué, à moins que la Cour n'ait expressément décidé que le procureur pouvait continuer de rassembler des éléments de preuve en application des articles 18 ou 19.

Art. 96. – *Contenu d'une demande portant sur d'autres formes de coopération visées à l'article 93*. – 1. Une demande portant sur d'autres formes de coopération visées à l'article 93 est faite par écrit. En cas d'urgence, elle peut être faite par tout moyen laissant une trace écrite, à condition d'être confirmée selon les modalités indiquées à l'article 87, paragraphe 1, alinéa *a*.

2. La demande contient ou est accompagnée d'un dossier contenant les éléments suivants :

a) L'exposé succinct de l'objet de la demande et de la nature de l'assistance demandée, y compris les fondements juridiques et les motifs de la demande ;

b) Des renseignements aussi détaillés que possible sur la personne ou le lieu qui doivent être identifiés ou localisés, de manière que l'assistance demandée puisse être fournie ;

c) L'exposé succinct des faits essentiels qui justifient la demande ;

d) L'exposé des motifs et l'explication détaillée des procédures ou des conditions à respecter ;

e) Tout renseignement que peut exiger la législation de l'État requis pour qu'il soit donné suite à la demande ; et

f) Tout autre renseignement utile pour que l'assistance demandée puisse être fournie.

3. À la demande de la Cour, un État Partie tient avec celle-ci, soit d'une manière générale, soit à propos d'une question particulière, des consultations sur les conditions prévues par sa législation qui pourraient s'appliquer comme prévu au paragraphe 2, alinéa e. Lors de ces consultations, l'État Partie informe la Cour des exigences particulières de sa législation.

4. Les dispositions du présent article s'appliquent aussi, le cas échéant, à une demande d'assistance adressée à la Cour.

Art. 97. – *Consultations*. – Lorsqu'un État Partie est saisi d'une demande au titre du présent chapitre et constate qu'elle soulève des difficultés qui pourraient en gêner ou en empêcher l'exécution, il consulte la Cour sans tarder en vue de régler la question. Ces difficultés peuvent prendre notamment les formes suivantes :

a) Les informations ne sont pas suffisantes pour donner suite à la demande ;

b) Dans le cas d'une demande de remise, la personne réclamée reste introuvable en dépit de tous les efforts, ou les recherches ont permis d'établir que la personne se trouvant dans l'État requis n'est manifestement pas celle que vise le mandat ; ou

c) L'État requis serait contraint, pour donner suite à la demande sous sa forme actuelle, de violer une obligation conventionnelle qu'il a déjà à l'égard d'un autre État.

Art. 98. – *Coopération en relation avec la renonciation à l'immunité et le consentement à la remise*. – 1. La Cour ne peut présenter une demande de remise ou d'assistance qui contraindrait l'État requis à agir de façon incompatible avec les obligations qui lui incombent en droit international en matière d'immunité des États ou d'immunité diplomatique d'une personne ou de biens d'un État tiers, à moins d'obtenir au préalable la coopération de cet État tiers en vue de la levée de l'immunité.

2. La Cour ne peut poursuivre l'exécution d'une demande de remise qui contraindrait l'État requis à agir de façon incompatible avec les obligations qui lui incombent en vertu d'accords internationaux selon lesquels le consentement de l'État d'envoi est nécessaire pour que soit remise à la Cour une personne relevant de cet État, à moins que la Cour ne puisse au préalable obtenir la coopération de l'État d'envoi pour qu'il consente à la remise.

Art. 99. – *Exécution des demandes présentées au titre des articles 93 et 96*. – 1. L'État requis donne suite aux demandes d'assistance conformément à la procédure prévue par sa législation et, à moins que cette législation ne l'interdise, de la manière précisée dans la demande, y compris en appliquant toute procédure indiquée dans celle-ci ou autorisant les personnes qu'elle précise à être présentes et à participer à l'exécution de la demande.

2. En cas de demande urgente, les documents ou éléments de preuve produits pour y répondre sont, à la requête de la Cour, envoyés d'urgence.

3. Les réponses de l'État requis sont communiquées dans leur langue et sous leur forme originales.

4. Sans préjudice des autres articles du présent chapitre, lorsque cela est nécessaire pour exécuter efficacement une demande à laquelle il peut être donné suite sans recourir à des mesures de contrainte, notamment lorsqu'il s'agit d'entendre ou de faire déposer une personne agissant de son plein gré, y compris hors de la présence des autorités de l'État Partie requis quand cela est déterminant pour la bonne exécution de la demande, ou lorsqu'il s'agit d'inspecter un site public ou un autre lieu public sans le modifier, le procureur peut réaliser l'objet de la demande directement sur le territoire de l'État, selon les modalités suivantes :

a) Lorsque l'État requis est l'État sur le territoire duquel il est allégué que le crime a été commis et qu'il y a eu une décision sur la recevabilité comme prévu aux articles 18 ou 19, le procureur peut exécuter directement la demande, après avoir mené avec l'État requis des consultations aussi étendues que possible ;

b) Dans les autres cas, le procureur peut exécuter la demande après consultations avec l'État Partie requis et eu égard aux conditions ou préoccupations raisonnables que cet État a éventuellement fait valoir. Lorsque l'État requis constate que l'exécution d'une demande relevant du présent alinéa soulève des difficultés, il consulte aussitôt la Cour en vue d'y remédier.

5. Les dispositions autorisant la personne entendue ou interrogée par la Cour au titre de l'article 72 à invoquer les restrictions prévues pour empêcher la divulgation d'informations confidentielles touchant à la sécurité nationale s'appliquent également à l'exécution des demandes d'assistance relevant du présent article.

Art. 100. – *Dépenses*. – 1. Les dépenses ordinaires afférentes à l'exécution des demandes sur le territoire de l'État requis sont à la charge de cet État, à l'exception des frais suivants, qui sont à la charge de la Cour :

a) Frais liés aux voyages et à la protection des témoins et des experts ou au transfèrement des détenus en vertu de l'article 93 ;

b) Frais de traduction, d'interprétation et de transcription ;

c) Frais de déplacement et de séjour des juges, du procureur, des procureurs adjoints, du greffier, du greffier adjoint et des membres du personnel de tous les organes de la Cour ;

d) Coût des expertises ou rapports demandés par la Cour ;

e) Frais liés au transport des personnes remises à la Cour par l'État de détention ; et

f) Après consultation, tous frais extraordinaires que peut entraîner l'exécution d'une demande.

2. Les dispositions du paragraphe 1 s'appliquent, selon qu'il convient, aux demandes adressées à la Cour par les États Parties. Dans ce cas, la Cour prend à sa charge les frais ordinaires de l'exécution.

Art. 101. – *Règle de la spécialité*. – 1. Une personne remise à la Cour en application du présent Statut ne peut être poursuivie, punie ou détenue à raison de comportements antérieurs à sa remise, à moins que ceux-ci ne soient constitutifs des crimes pour lesquels elle a été remise.

2. La Cour peut solliciter de l'État qui lui a remis une personne une dérogation aux conditions posées au paragraphe 1. Elle fournit au besoin des renseignements supplémentaires conformément à l'article 91. Les États Parties sont habilités à accorder une dérogation à la Cour et doivent s'efforcer de le faire.

Art. 102. – *Emploi des termes*. – Aux fins du présent Statut :

a) On entend par « remise » le fait pour un État de livrer une personne à la Cour en application du présent Statut.

b) On entend par « extradition » le fait pour un État de livrer une personne à un autre État en application d'un traité, d'une convention ou de la législation nationale.

CHAPITRE X. – EXÉCUTION

Art. 103. – *Rôle des États dans l'exécution des peines d'emprisonnement*. – 1. *a)* Les peines d'emprisonnement sont accomplies dans un État désigné par la Cour sur la liste des États qui lui ont fait savoir qu'ils étaient disposés à recevoir des condamnés.

b) Lorsqu'il déclare qu'il est disposé à recevoir des condamnés, un État peut assortir son acceptation de conditions qui doivent être agréées par la Cour et être conformes aux dispositions du présent chapitre ;

c) L'État désigné dans une affaire donnée fait savoir promptement à la Cour s'il accepte ou non sa désignation.

2. *a)* L'État chargé de l'exécution avise la Cour de toute circonstance, y compris la réalisation de toute condition convenue en application du paragraphe 1, qui serait de nature à modifier sensiblement les conditions ou la durée de la détention. La Cour est avisée au moins quarante-cinq jours à l'avance de toute circonstance de ce type connue ou prévisible. Pendant ce délai, l'État chargé de l'exécution ne prend aucune mesure qui pourrait être contraire à ses obligations en vertu de l'article 110 ;

b) Si la Cour ne peut accepter le changement de circonstances visées à l'alinéa *a*, elle en avise l'État chargé de l'exécution et procède conformément à l'article 104, paragraphe 1.

3. Quand elle exerce son pouvoir de désignation conformément au paragraphe 1, la Cour prend en considération :

a) Le principe selon lequel les États Parties doivent partager la responsabilité de l'exécution des peines d'emprisonnement conformément aux principes de répartition équitable énoncés dans le Règlement de procédure et de preuve ;

b) Les règles conventionnelles du droit international généralement acceptées qui régissent le traitement des détenus ;

c) Les vues de la personne condamnée ;

d) La nationalité de la personne condamnée ;

e) Toute autre circonstance relative au crime, à la situation de la personne condamnée ou à l'exécution effective de la peine, susceptible de guider le choix de l'État chargé de l'exécution.

4. Si aucun État n'est désigné comme prévu au paragraphe 1, la peine d'emprisonnement est accomplie dans un établissement pénitentiaire fourni par l'État hôte, dans les conditions définies par l'accord de siège visé à l'article 3, paragraphe 2. Dans ce cas, les dépenses afférentes à l'exécution de la peine sont à la charge de la Cour.

Art. 104. – *Modification de la désignation de l'État chargé de l'exécution*. – 1. La Cour peut décider à tout moment de transférer un condamné dans une prison d'un autre État.

2. La personne condamnée par la Cour peut à tout moment demander à celle-ci son transfert hors de l'État chargé de l'exécution.

Art. 105. – *Exécution de la peine*. – 1. Sous réserve des conditions qu'un État a éventuellement formulées comme le prévoit l'article 103, paragraphe 1, alinéa *b*, la peine d'emprisonnement est exécutoire pour les États Parties, qui ne peuvent en aucun cas la modifier.

2. La Cour a seule le droit de se prononcer sur une demande de révision de sa décision sur la culpabilité ou la peine. L'État chargé de l'exécution n'empêche pas le condamné de présenter une telle demande.

Art. 106. – *Contrôle de l'exécution de la peine et conditions de détention*. – 1. L'exécution d'une peine d'emprisonnement est soumise au contrôle de la Cour. Elle est conforme aux règles conventionnelles internationales largement acceptées en matière de traitement des détenus.

2. Les conditions de détention sont régies par la législation de l'État chargé de l'exécution. Elles sont conformes aux règles conventionnelles internationales largement acceptées en matière de traitement des détenus. Elles ne peuvent en aucun cas être ni plus ni moins favorables que celles que l'État chargé de l'exécution réserve aux détenus condamnés pour des infractions similaires.

3. Les communications entre le condamné et la Cour sont libres et confidentielles.

Art. 107. – *Transfèrement du condamné qui a accompli sa peine*. – 1. Une fois sa peine purgée, une personne qui n'est pas un ressortissant de l'État chargé de l'exécution peut être transférée, conformément à la législation de l'État chargé de l'exécution, dans un autre État qui accepte ou est tenu de l'accueillir ou dans un autre État qui accepte de l'accueillir en réponse au souhait qu'elle a formulé d'être transférée dans cet État, à moins que l'État chargé de l'exécution n'autorise cette personne à demeurer sur son territoire.

2. Les dépenses afférentes au transfèrement du condamné dans un autre État en application du paragraphe 1 sont supportées par la Cour si aucun État ne les prend en charge.

3. Sous réserve des dispositions de l'article 108, l'État de détention peut également, en application de sa législation, extrader ou remettre de quelque autre manière la personne à un État qui a demandé son extradition ou sa remise aux fins de jugement ou d'exécution d'une peine.

Art. 108. – *Limites en matière de poursuites ou de condamnations pour d'autres infractions*. – 1. Le condamné détenu par l'État chargé de l'exécution ne peut être poursuivi, condamné ou extradé vers un État tiers pour un comportement antérieur à son transfèrement dans l'État chargé de l'exécution, à moins que la Cour n'ait approuvé ces poursuites, cette condamnation ou cette extradition à la demande de l'État chargé de l'exécution.

2. La Cour statue sur la question après avoir entendu le condamné.

3. Le paragraphe 1 cesse de s'appliquer si le condamné demeure volontairement plus de trente jours sur le territoire de l'État chargé de l'exécution après avoir accompli la totalité de la peine prononcée par la Cour, ou s'il retourne sur le territoire de cet État après l'avoir quitté.

Art. 109. – *Paiement des peines d'amendes et des mesures de confiscation*. – 1. Les États Parties font exécuter les peines d'amende et les mesures de confiscation ordonnées par la Cour en vertu du chapitre VII, sans préjudice des droits des tiers de bonne foi et conformément à la procédure prévue par leur législation interne.

2. Lorsqu'un État Partie n'est pas en mesure de donner effet à l'ordonnance de confiscation, il prend des mesures pour récupérer la valeur du produit, des biens ou des avoirs dont la Cour a ordonné la confiscation, sans préjudice des droits des tiers de bonne foi.

3. Les biens, ou le produit de la vente de biens immobiliers ou, le cas échéant, d'autres biens, obtenus par un État Partie en exécution d'un arrêt de la Cour sont transférés à la Cour.

Art. 110. – *Examen par la Cour de la question d'une réduction de peine*. – 1. L'État chargé de l'exécution ne peut libérer la personne détenue avant la fin de la peine prononcée par la Cour.

2. La Cour a seule le droit de décider d'une réduction de peine. Elle se prononce après avoir entendu le condamné.

3. Lorsque la personne a purgé les deux tiers de sa peine ou accompli vingt-cinq années d'emprisonnement dans le cas d'une condamnation à perpétuité, la Cour réexamine la peine pour déterminer s'il y a lieu de la réduire. Elle ne procède pas à ce réexamen avant ce terme.

4. Lors du réexamen prévu au paragraphe 3, la Cour peut réduire la peine si elle constate qu'une ou plusieurs des conditions suivantes sont réalisées :

a) La personne a, dès le début et de façon continue, manifesté sa volonté de coopérer avec la Cour dans les enquêtes et poursuites de celle-ci ;

b) La personne a facilité spontanément l'exécution des décisions et ordonnances de la Cour dans d'autres cas, en particulier en l'aidant à localiser des avoirs faisant l'objet de décisions ordonnant leur confiscation, le versement d'une amende ou une réparation et pouvant être employés au profit des victimes ; ou

c) D'autres facteurs prévus dans le Règlement de procédure et de preuve attestent un changement de circonstances manifeste aux conséquences appréciables de nature à justifier la réduction de la peine.

5. Si, lors du réexamen prévu au paragraphe 3, la Cour détermine qu'il n'y a pas lieu de réduire la peine, elle réexamine par la suite la question de la réduction de peine aux intervalles prévus dans le Règlement de procédure et de preuve et en appliquant les critères qui y sont énoncés.

Art. 111. – *Évasion*. – Si un condamné s'évade de son lieu de détention et fuit l'État chargé de l'exécution de la peine, cet État peut, après avoir consulté la Cour, demander à l'État dans lequel se trouve le condamné de le lui remettre en application des accords bilatéraux ou multilatéraux en vigueur, ou demander à la Cour de solliciter la remise de cette personne au titre du chapitre IX. Lorsque la Cour sollicite la remise d'une personne, elle peut demander que cette personne soit livrée à l'État dans lequel elle accomplissait sa peine ou à un autre État qu'elle désigne.

CHAPITRE XI. – ASSEMBLÉE DES ÉTATS PARTIES

Art. 112. – *Assemblée des États Parties*. – 1. Il est constitué une Assemblée des États Parties au présent Statut. Chaque État Partie y dispose d'un représentant, qui peut être secondé par des suppléants et de conseillers. Les autres États qui ont signé le Statut ou l'Acte final peuvent y siéger à titre d'observateurs.

2. L'Assemblée :

a) Examine et adopte, s'il y a lieu, les recommandations de la commission préparatoire ;

b) Donne à la Présidence, au procureur et au greffier des orientations générales pour l'administration de la Cour ;

c) Examine les rapports et les activités du Bureau établi en vertu du paragraphe 3 et prend les mesures qu'ils appellent ;

d) Examine et arrête le budget de la Cour ;

e) Décide s'il y a lieu, conformément à l'article 36, de modifier le nombre des juges ;

f) Examine, conformément à l'article 87, paragraphes 5 et 7, toute question relative à la non-coopération des États ;

g) S'acquitte de toute autre fonction compatible avec les dispositions du présent Statut et du Règlement de procédure et de preuve.

3. *a)* L'Assemblée est dotée d'un bureau, composé d'un président, de deux vice-présidents et de dix-huit membres élus par elle pour trois ans ;

b) Le Bureau a un caractère représentatif, eu égard, en particulier, au principe de la répartition géographique équitable et à la nécessité d'assurer une représentation adéquate des principaux systèmes juridiques du monde ;

c) Le Bureau se réunit aussi souvent que nécessaire, mais au moins une fois par an. Il aide l'Assemblée à s'acquitter de ses responsabilités.

4. L'Assemblée crée les autres organes subsidiaires qu'elle juge nécessaires, notamment un mécanisme de contrôle indépendant qui procède à des inspections, évaluations et enquêtes afin que la Cour soit administrée de la manière la plus efficace et la plus économique possible.

5. Le président de la Cour, le procureur et le greffier ou leurs représentants participent, selon qu'il convient, aux réunions de l'Assemblée et du Bureau.

6. L'Assemblée se réunit une fois par an et, lorsque les circonstances l'y engagent, elle tient des sessions extraordinaires, au siège de la Cour ou au siège de l'Organisation des Nations unies. A moins que le présent Statut n'en dispose autrement, les sessions extraordinaires sont convoquées par le Bureau soit d'office, soit à la demande du tiers des États Parties.

7. Chaque État Partie dispose d'une voix. L'Assemblée et le Bureau s'efforcent dans toute la mesure possible d'adopter leurs décisions par consensus. Si le consensus n'est pas possible, et à moins que le Statut n'en dispose autrement :

a) Les décisions sur les questions de fond sont prises à la majorité des deux tiers des présents et votants, la majorité absolue des États Parties constituant le quorum pour le scrutin ;

b) Les décisions sur les questions de procédure sont prises à la majorité simple des États Parties présents et votants.

8. Un État Partie en retard dans le paiement de sa contribution aux dépenses de la Cour ne peut participer au vote ni à l'Assemblée ni au Bureau si le montant de ses arriérés est égal ou supérieur à la contribution dont il est redevable pour les deux années complètes écoulées. L'Assemblée peut néanmoins autoriser cet État à participer au vote à l'Assemblée et au bureau si elle constate que son manquement est dû à des circonstances indépendantes de sa volonté.

9. L'Assemblée adopte son propre règlement intérieur.

10. Les langues officielles et les langues de travail de l'Assemblée des États Parties sont celles de l'Assemblée générale des Nations unies.

CHAPITRE XII. – FINANCEMENT

Art. 113. – *Règlement financier et règles de gestion financière*. – Sauf disposition contraire expresse, toutes les questions financières qui se rapportent à la Cour et aux réunions de l'Assemblée des États Parties, y compris le Bureau et les organes subsidiaires de celle-ci, sont régis par le présent Statut, le Règlement financier et les règles de gestion financière adoptés par l'Assemblée des États Parties.

Art. 114. – *Règlement des dépenses*. – Les dépenses de la Cour et de l'Assemblée des États Parties, y compris le Bureau et les organes subsidiaires de celle-ci, sont réglées par prélèvement sur les ressources financières de la Cour.

Art. 115. – *Ressources financières de la Cour et de l'Assemblée des États Parties*. – Les dépenses de la Cour et de l'Assemblée des États Parties, y compris le Bureau et les organes subsidiaires de celle-ci, inscrites au budget arrêté par l'Assemblée des États Parties, sont financées par les sources suivantes :

a) Les contributions des États Parties ;

b) Les ressources financières fournies par l'Organisation des Nations unies, sous réserve de l'approbation de l'Assemblée générale, en particulier dans le cas des dépenses liées à la saisine de la Cour par le Conseil de sécurité.

Art. 116. – *Contributions volontaires*. – Sans préjudice de l'article 115, la Cour peut recevoir et utiliser à titre de ressources financières supplémentaires les contributions volontaires des gouvernements, des organisations internationales, des particuliers, des entreprises et d'autres entités, selon les critères fixés en la matière par l'Assemblée des États Parties.

Art. 117. – *Calcul des contributions*. – Les contributions des États Parties sont calculées selon un barème des quotes-parts convenu, fondé sur le barème adopté par l'Organisation des Nations unies pour son budget ordinaire, et adapté conformément aux principes sur lesquels ce barème est fondé.

Art. 118. – *Vérification annuelle des comptes*. – Les rapports, livres et comptes de la Cour, y compris ses états financiers annuels, sont vérifiés chaque année par un contrôleur indépendant.

CHAPITRE XIII. – CLAUSES FINALES

Art. 119. – *Règlement des différends*. – 1. Tout différend relatif aux fonctions judiciaires de la Cour est réglé par décision de la Cour.

2. Tout autre différend entre deux ou plusieurs États Parties concernant l'interprétation ou l'application du présent Statut qui n'est pas résolu par la voie de négociations dans les trois mois après le début de celle-ci est renvoyé à l'Assemblée des États Parties. L'Assemblée peut chercher à résoudre elle-même le différend ou faire des recommandations sur d'autres moyens de le régler, y compris le renvoi à la Cour internationale de Justice en conformité avec le Statut de celle-ci.

Art. 120. – *Réserves*. – Le présent Statut n'admet aucune réserve.

Art. 121. – *Amendements*. – 1. À l'expiration d'une période de sept ans commençant à la date d'entrée en vigueur du présent Statut, tout État Partie peut proposer des amendements à celui-ci. Le texte des propositions d'amendement est soumis au Secrétaire général de l'Organisation des Nations unies, qui le communique sans retard à tous les États Parties.

2. Trois mois au plus tôt après la date de cette communication, l'Assemblée des États Parties, à la réunion suivante, décide, à la majorité de ses membres présents et votants, de se saisir ou non de la proposition. L'Assemblée peut traiter cette proposition elle-même ou convoquer une conférence de révision si la question soulevée le justifie.

3. L'adoption d'un amendement lors d'une réunion de l'Assemblée des États Parties ou d'une conférence de révision requiert, s'il n'est pas possible de parvenir à un consensus, la majorité des deux tiers des États Parties.

4. Sous réserve des dispositions du paragraphe 5, un amendement entre en vigueur à l'égard de tous les États Parties un an après que les sept huitièmes d'entre eux ont déposé leurs instruments de ratification ou d'acceptation auprès du Secrétaire général de l'Organisation des Nations unies.

5. Un amendement aux articles 5, 6, 7 et 8 du présent Statut entre en vigueur à l'égard des États Parties qui l'ont accepté un an après le dépôt de leurs instruments de ratification ou d'acceptation. La Cour n'exerce pas sa compétence à l'égard d'un crime faisant l'objet de cet amendement lorsque ce crime a été commis par un ressortissant d'un État Partie qui n'a pas accepté l'amendement ou sur le territoire de cet État.

6. Si un amendement a été accepté par les sept huitièmes des États Parties conformément au paragraphe 4, tout État Partie qui ne l'a pas accepté peut se retirer du présent Statut avec effet immédiat, nonobstant l'article 127, paragraphe 1, mais sous réserve de l'article 127, paragraphe 2, en donnant notification de son retrait au plus tard un an après l'entrée en vigueur de cet amendement.

7. Le Secrétaire général de l'Organisation des Nations unies communique à tous les États Parties les amendements adoptés lors d'une réunion de l'Assemblée des États Parties ou d'une conférence de révision.

Art. 122. – *Amendements aux dispositions de caractère institutionnel*. – 1. Tout État Partie peut proposer, nonosbstant l'article 121, paragraphe 1, des amendements aux dispositions du présent Statut de caractère exclusivement institutionnel, à savoir les articles 35, 36, paragraphes 8 et 9, 37, 38, 39, paragraphes 1 (deux premières phrases), 2 et 4, 42, paragraphes 4 à 9, 43, paragraphes 2 et 3, 44, 46, 47 et 49. Le texte de tout amendement proposé est soumis au Secrétaire général de l'Organisation des Nations unies ou à toute autre personne désignée par l'Assemblée des États Parties, qui le communique sans retard à tous les États Parties et aux autres participants à l'Assemblée.

2. Les amendements relevant du présent article pour lesquels il n'est pas possible de parvenir à un consensus sont adoptés par l'Assemblée des États Parties ou par une conférence de révision à la majorité des deux tiers des États Parties. Ils entrent en vigueur à l'égard de tous les États Parties six mois après leur adoption par l'Assemblée ou, selon le cas, par la conférence de révision.

Art. 123. – *Révision du statut*. – 1. Sept ans après l'entrée en vigueur du présent Statut, le Secrétaire général de l'Organisation des Nations unies convoquera une conférence de révision pour examiner tout amendement au présent Statut. L'examen pourra porter notamment, mais pas exclusivement, sur la liste des crimes figurant à l'article 5. La conférence sera ouverte aux participants à l'Assemblée des États Parties, selon les mêmes conditions.

2. A tout moment par la suite, à la demande d'un État Partie et aux fins énoncées au paragraphe 1, le Secrétaire général de l'Organisation des Nations unies, avec l'approbation de la majorité des États Parties, convoque une conférence de révision.

3. L'adoption et l'entrée en vigueur de tout amendement au Statut examiné lors d'une conférence de révision sont régies par les dispositions de l'article 121, paragraphes 3 à 7.

Art. 124. – *Disposition transitoire*. – Nonobstant les dispositions de l'article 12, paragraphes 1 et 2, un État qui devient Partie au présent Statut peut déclarer que, pour une période de sept ans à partir de l'entrée en vigueur du Statut à son égard, il n'accepte pas la compétence de la Cour en ce qui concerne la catégorie de crimes visée à l'article 8 lorsqu'il est allégué qu'un crime a été commis sur son territoire ou par ses ressortissants. Il peut à tout moment retirer cette déclaration. Les dispositions du présent article seront réexaminées à la conférence de révision convoquée conformément à l'article 123, paragraphe 1.

Art. 125. – *Signature, ratification, acceptation, approbation ou adhésion*. – 1. Le présent Statut est ouvert à la signature de tous les États le 17 juillet 1998, au siège de l'Organisation des Nations unies pour l'alimentation et l'agriculture, à Rome. Il reste ouvert à la signature jusqu'au 17 octobre 1998, au Ministère des affaires étrangères de l'Italie, à Rome, et, après cette date, jusqu'au 31 décembre 2000, au siège de l'Organisation des Nations unies, à New York.

2. Le présent Statut est soumis à ratification, acceptation ou approbation par les États signataires. Les instruments de ratification, d'acceptation ou d'approbation seront déposés auprès du Secrétaire général de l'Organisation des Nations unies.

3. Le présent Statut est ouvert à l'adhésion de tous les États. Les instruments d'adhésion seront déposés auprès du Secrétaire général de l'Organisation des Nations unies.

Art. 126. – *Entrée en vigueur*. – 1. Le présent Statut entrera en vigueur le premier jour du mois suivant le soixantième jour après la date de dépôt du soixantième instrument de ratification, d'acceptation, d'approbation ou d'adhésion auprès du Secrétaire général de l'Organisation des Nations unies.

2. À l'égard de chaque État qui ratifie, accepte ou approuve le présent Statut ou y adhère après le dépôt du soixantième instrument de ratification, d'acceptation, d'approbation ou d'adhésion, le statut entre en vigueur le premier jour du mois suivant le soixantième jour après le dépôt par cet État de son instrument de ratification, d'acceptation, d'approbation ou d'adhésion.

Art. 127. – *Retrait*. – 1. Tout État Partie peut, par voie de notification écrite adressée au Secrétaire général de l'Organisation des Nations unies, se retirer du présent Statut. Le retrait prend effet un an après la date à laquelle la notification a été reçue, à moins que celle-ci ne prévoie une date postérieure.

2. Son retrait ne dégage pas l'État des obligations mises à sa charge par le présent Statut alors qu'il y était Partie, y compris les obligations financières encourues, et n'affecte pas non plus la coopération établie avec la Cour à l'occasion des enquêtes et procédures pénales à l'égard desquelles l'État avait le devoir de coopérer et qui ont été commencées avant la date à laquelle le retrait a pris effet ; le retrait n'affecte en rien la poursuite de l'examen des affaires que la Cour avait déjà commencé à examiner avant la date à laquelle il a pris effet.

Art. 128. – *Textes faisant foi.* – L'original du présent Statut, dont les textes anglais, arabe, chinois, espagnol, français et russe font également foi, sera déposé auprès du Secrétaire général de l'Organisation des Nations unies, qui en fera tenir copie certifiée conforme à tous les États.

En foi de quoi les soussignés, à ce dûment autorisés par leur gouvernement respectif, ont signé le présent Statut.

Fait à Rome, le 17 juillet 1998.

DÉCLARATIONS DE LA RÉPUBLIQUE FRANÇAISE

I. – Déclaration interprétative de la France

« (1) Les dispositions du Statut de la Cour pénale internationale ne font pas obstacle à l'exercice par la France de son droit naturel de légitime défense, et ce conformément à l'article 51 de la Charte.

(2) Les dispositions de l'article 8 du Statut, en particulier celles du paragraphe 2 *b)*, concernent exclusivement les armements classiques et ne sauraient ni réglementer ni interdire l'emploi éventuel de l'arme nucléaire, ni porter préjudice aux autres règles du droit international applicables à d'autres armes, nécessaires à l'exercice par la France de son droit naturel de légitime défense, à moins que l'arme nucléaire ou ces autres armes ne fassent l'objet dans l'avenir d'une interdiction générale et ne soient inscrites dans une annexe au Statut, par voie d'amendement adopté selon les dispositions des articles 121 et 123.

(3) Le Gouvernement de la République française considère que l'expression « conflit armé » dans l'article 8, paragraphe 2 *b)* et *c)*, d'elle-même et dans son contexte, indique une situation d'un genre qui ne comprend pas la commission de crimes ordinaires, y compris les actes de terrorisme, qu'ils soient collectifs ou isolés.

(4) La situation à laquelle les dispositions de l'article 8, paragraphe 2 b) (xxiii), du Statut font référence ne fait pas obstacle au lancement par la France d'attaques contre des objectifs considérés comme des objectifs militaires en vertu du droit international humanitaire.

(5) Le Gouvernement de la République française déclare que l'expression « avantage militaire » à l'article 8, paragraphe 2 *b)* (iv), désigne l'avantage attendu de l'ensemble de l'attaque et non de parties isolées ou particulières de l'attaque.

(6) Le Gouvernement de la République française déclare qu'une zone spécifique peut être considérée comme un « objectif militaire », tel qu'évoqué dans l'ensemble du paragraphe 2 *b)* de l'article 8, si, à cause de sa situation ou de sa nature, de son utilisation ou de son emplacement, sa destruction totale ou partielle, sa capture ou sa neutralisation, compte tenu des circonstances du moment, offre un avantage militaire décisif.

Le Gouvernement de la République française considère que les dispositions de l'article 8, paragraphe 2 *b)* (ii) et (v), ne visent pas les éventuels dommages collatéraux résultant des attaques dirigées contre des objectifs militaires.

(7) Le Gouvernement de la République française considère que le risque de dommages à l'environnement naturel résultant de l'utilisation des méthodes et moyens de guerre, tel qu'il découle des dispositions de l'article 8, paragraphe 2 *b)* (iv), doit être analysé objectivement sur la base de l'information disponible au moment où il est apprécié. »

II. – Déclaration de la France en application de l'article 87, paragraphe 2

« En application de l'article 87, paragraphe 2, du Statut, la République française déclare que les demandes de coopération et les pièces justificatives y afférentes qui lui seront adressées par la Cour devront être rédigées en langue française. »

III. – Déclaration de la France en application de l'article 124

« En application de l'article 124 du Statut de la Cour pénale internationale, la République française déclare qu'elle n'accepte pas la compétence de la Cour en ce qui concerne la catégorie de crimes visée à l'article 8 lorsqu'il est allégué qu'un crime a été commis sur son territoire ou par ses ressortissants. »

TRIBUNAL INTERNATIONAL (violations graves du droit humanitaire ex-Yougoslavie)

Résolution 827

du Conseil de sécurité créant le tribunal international annoncé dans la résolution 808 (New York, 25 mai 1993)

Le Conseil de sécurité,

Réaffirmant sa résolution 713 (1991) du 25 septembre 1991 et toutes les résolutions pertinentes qui ont suivi ;

Ayant examiné le rapport établi par le secrétaire général (S/25704 et Add. 1) en application du paragraphe 2 de la résolution 808 (1993) ;

Se déclarant une nouvelle fois gravement alarmé par les informations qui continuent de faire état de violations flagrantes et généralisées du droit humanitaire international sur le territoire de l'ex-Yougoslavie et spécialement dans la République de Bosnie-Herzégovine, particulièrement celles qui font état de tueries massives, de la détention et du viol massifs, organisés et systématiques des femmes et de la poursuite de la pratique du « nettoyage ethnique », notamment pour acquérir et conserver un territoire ;

Constatant que cette situation continue de constituer une menace à la paix et à la sécurité internationales ;

Résolu à mettre fin à de tels crimes et à prendre des mesures efficaces pour que les personnes qui en portent la responsabilité soient poursuivies en justice ;

Convaincu que, dans les circonstances particulières qui prévalent dans l'ex-Yougoslavie, la création d'un tribunal international, en tant que mesure spéciale prise par lui, et l'engagement de poursuites contre les personnes présumées responsables de violations graves du droit humanitaire international permettraient d'atteindre cet objectif et contribueraient à la restauration et au maintien de la paix ;

Estimant que la création d'un tribunal international et l'engagement de poursuites contre les personnes présumées responsables de telles violations du droit humanitaire international contribueront à faire cesser ces violations et à en réparer effectivement les effets ;

Prenant note à cet égard de la recommandation des coprésidents du comité directeur de la conférence internationale sur l'ex-Yougoslavie en faveur de la création d'un tel tribunal (S/25221) ;

Réaffirmant à cet égard qu'il a décidé, par la résolution 808 (1993), la création d'un tribunal international pour juger les personnes présumées responsables de violations graves du droit humanitaire international commises sur le territoire de l'ex-Yougoslavie depuis 1991 ;

Considérant que, jusqu'à la nomination du procureur du tribunal international, la commission d'experts établie par la résolution 780 (1992) devrait continuer à rassembler de manière urgente l'information sur les violations graves dont on aurait la preuve des conventions de Genève et d'autres violations du droit humanitaire international, comme cela est proposé dans son rapport intérimaire (S/25274).

Agissant en vertu du chapitre VII de la Charte des Nations unies :

1. Approuve le rapport du secrétaire général.

2. Décide par la présente résolution de créer un tribunal international dans le seul but de juger les personnes présumées responsables de violations graves du droit humanitaire international commises sur le territoire de l'ex-Yougoslavie entre le 1er janvier 1991 et une date que déterminera le conseil après la restauration de la paix, et d'adopter à cette fin le statut du tribunal international annexé au rapport ci-dessus mentionné.

3. Prie le secrétaire général de soumettre aux juges du tribunal international, dès qu'ils seront élus, toutes suggestions présentées par des États en ce qui concerne le règlement prévu à l'article 15 du statut du tribunal international.

4. Décide que tous les États apporteront leur pleine coopération au tribunal international et à ses organes, conformément à la présente résolution et au statut du tribunal international et que tous les États prendront toutes mesures nécessaires en vertu de leur droit interne pour mettre en application les dispositions de la présente résolution et du statut, y compris l'obligation des États de se conformer aux demandes d'assistance ou aux ordonnances émanant d'une chambre de première instance en application de l'article 29 du statut.

5. Prie instamment les États et les organisations gouvernementales et non gouvernementales d'apporter au tribunal international des contributions sous forme de ressources financières, d'équipements et de services, y compris l'offre de personnels spécialisés.

6. Décide que la décision relative au siège du tribunal international est subordonnée à la conclusion entre l'Organisation des Nations unies et les Pays-Bas d'arrangements appropriés qui soient acceptables par le Conseil de sécurité et que le tribunal international peut siéger ailleurs quand il le juge nécessaire pour l'exercice efficace de ses fonctions.

7. Décide également que la tâche du tribunal sera accomplie sans préjudice du droit des victimes de demander réparation par les voies appropriées pour les dommages résultant de violations du droit humanitaire international.

8. Prie le secrétaire général de mettre rapidement en œuvre la présente résolution et de prendre en particulier des dispositions pratiques pour que le tribunal international puisse fonctionner de manière effective le plus tôt possible et de lui faire rapport de temps à autre.

9. Décide de demeurer activement saisi de la question.

Statut du Tribunal international

Créé par le Conseil de sécurité agissant en vertu du chapitre VII de la Charte des Nations unies, le tribunal international pour juger les personnes présumées responsables de violations graves du droit international humanitaire commises sur le territoire de l'ex-Yougoslavie depuis 1991 (ci-après dénommé le Tribunal international) fonctionnera conformément aux dispositions du présent statut.

Art. 1er. – *Compétence du Tribunal international.* – Le Tribunal international est habilité à juger les personnes présumées responsables de violations graves du droit international humanitaire commises sur le territoire de l'ex-Yougoslavie depuis 1991, conformément aux dispositions du présent statut.

Art. 2. – *Infractions graves aux conventions de Genève de 1949.* – Le Tribunal international est habilité à poursuivre les personnes qui commettent ou donnent l'ordre de commettre des infractions graves aux conventions de Genève du 12 août 1949, à savoir les actes suivants dirigés contre des personnes ou des biens protégés aux termes des dispositions de la convention de Genève pertinente :

a) L'homicide intentionnel ;

b) La torture ou les traitements inhumains, y compris les expériences biologiques ;

c) Le fait de causer intentionnellement de grandes souffrances ou de porter des atteintes graves à l'intégrité physique ou à la santé ;

d) La destruction et l'appropriation de biens non justifiées par des nécessités militaires et exécutées sur une grande échelle de façon illicite et arbitraire ;

e) Le fait de contraindre un prisonnier de guerre ou un civil à servir dans les forces armées de la puissance ennemie ;

f) Le fait de priver un prisonnier de guerre ou un civil de son droit d'être jugé régulièrement et impartialement ;

g) L'expulsion ou le transfert illégal d'un civil ou sa détention illégale ;

h) La prise de civils en otages.

Art. 3. – *Violations des lois ou coutumes de la guerre.* – Le Tribunal international est compétent pour poursuivre les personnes qui commettent des violations des lois ou coutumes de la guerre. Ces violations comprennent, sans y être limitées :

a) L'emploi d'armes toxiques ou d'autres armes conçues pour causer des souffrances inutiles ;

b) La destruction sans motif des villes et des villages ou la dévastation que ne justifient pas les exigences militaires ;

c) L'attaque ou le bombardement, par quelque moyen que ce soit, de villes, villages, habitations ou bâtiments non défendus ;

d) La saisie, la destruction ou l'endommagement délibéré d'édifices consacrés à la religion, à la bienfaisance et à l'enseignement, aux arts et aux sciences, à des monuments historiques, à des œuvres d'art et à des œuvres de caractère scientifique ;

e) Le pillage de biens publics ou privés.

Art. 4. – *Génocide*. – 1. Le Tribunal international est compétent pour poursuivre les personnes ayant commis le génocide tel qu'il est défini au paragraphe 2 du présent article, ou l'un quelconque des actes énumérés au paragraphe 3 du présent article.

2. Le génocide s'entend de l'un quelconque des actes ci-après, commis dans l'intention de détruire, en tout ou en partie, un groupe national, ethnique, racial ou religieux, comme tel :

a) Meurtre de membres du groupe ;

b) Atteinte grave à l'intégrité physique ou mentale de membres du groupe ;

c) Soumission intentionnelle du groupe à des conditions d'existence devant entraîner sa destruction physique totale ou partielle ;

d) Mesures visant à entraver les naissances au sein du groupe ;

e) Transfert forcé d'enfants du groupe à un autre groupe.

3. Seront punis les actes suivants :

a) Le génocide ;

b) L'entente en vue de commettre le génocide ;

c) L'incitation directe et publique à commettre le génocide ;

d) La tentative de génocide ;

e) La complicité dans le génocide.

Art. 5. – *Crimes contre l'humanité*. – Le Tribunal international est habilité à juger les personnes présumées responsables des crimes suivants lorsqu'ils ont été commis au cours d'un conflit armé, de caractère international ou interne, et dirigés contre une population civile quelle qu'elle soit :

a) Assassinat ;

b) Extermination ;

c) Réduction en esclavage ;

d) Expulsion ;

e) Emprisonnement ;

f) Torture ;

g) Viol ;

h) Persécutions pour des raisons politiques, raciales et religieuses ;

i) Autres actes inhumains.

Art. 6. – *Compétence* ratione personae. – Le Tribunal international a compétence à l'égard des personnes physiques conformément aux dispositions du présent statut.

Art. 7. – *Responsabilité pénale individuelle*. – 1. Quiconque a planifié, incité à commettre, ordonné, commis ou de toute autre manière aidé et encouragé à planifier, préparer ou exécuter un crime visé aux articles 2 à 5 du présent statut est individuellement responsable dudit crime.

2. La qualité officielle d'un accusé, soit comme chef d'État ou de Gouvernement, soit comme haut fonctionnaire, ne l'exonère pas de sa responsabilité pénale et n'est pas un motif de diminution de la peine.

3. Le fait que l'un quelconque des actes visés aux articles 2 à 5 du présent statut a été commis par un subordonné ne dégage pas son supérieur de sa responsabilité pénale s'il savait ou avait des raisons de savoir que le subordonné s'apprêtait à commettre cet acte ou l'avait fait et que le supérieur n'a pas pris les mesures nécessaires et raisonnables pour empêcher que ledit acte ne soit commis ou en punir les auteurs.

4. Le fait qu'un accusé a agi en exécution d'un ordre d'un gouvernement ou d'un supérieur ne l'exonère pas de sa responsabilité pénale mais peut être considéré comme un motif de diminution de peine si le Tribunal international l'estime conforme à la justice.

Art. 8. – *Compétence* ratione loci *et compétence* ratione temporis. – La compétence *ratione loci* du Tribunal international s'étend au territoire de l'ancienne République fédérative socialiste de Yougoslavie, y compris son espace terrestre, son espace aérien et ses eaux territoriales. La compétence *ratione temporis* du Tribunal international s'étend à la période commençant le 1er janvier 1991.

Art. 9. – *Compétences concurrentes*. – 1. Le Tribunal international et les juridictions nationales sont concurremment compétents pour juger les personnes présumées responsables de violations graves du droit international humanitaire commises sur le territoire de l'ex-Yougoslavie depuis le 1er janvier 1991.

2. Le Tribunal international a la primauté sur les juridictions nationales. À tout stade de la procédure, il peut demander officiellement aux juridictions nationales de se dessaisir en sa faveur conformément au présent statut et à son règlement.

Art. 10. – *Non bis in idem*. – 1. Nul ne peut être traduit devant une juridiction nationale pour des faits constituant de graves violations du droit international humanitaire au sens du présent statut s'il a déjà été jugé par le Tribunal international pour ces mêmes faits.

2. Quiconque a été traduit devant une juridiction nationale pour des faits constituant de graves violations du droit international humanitaire ne peut subséquemment être traduit devant le Tribunal international que si :

a) Le fait pour lequel il a été jugé était qualifié crime de droit commun ; ou

b) La juridiction nationale n'a pas statué de façon impartiale ou indépendante, la procédure engagée devant elle visait à soustraire l'accusé à sa responsabilité pénale internationale, ou la poursuite n'a pas été exercée avec diligence.

3. Pour décider de la peine à infliger à une personne condamnée pour un crime visé par le présent statut, le Tribunal international tient compte de la mesure dans laquelle cette personne a déjà purgé toute peine qui pourrait lui avoir été infligée par une juridiction nationale pour le même fait.

Art. 11. – *Organisation du Tribunal international*. – Le Tribunal international comprend les organes suivants :

a) Les chambres, soit deux chambres de première instance et une chambre d'appel ;

b) Le procureur ; et

c) Un greffe commun aux chambres et au procureur.

Art. 12. – *Composition des chambres*. – Les chambres sont composées de 11 juges indépendants, ressortissants d'États différents et dont :

a) Trois siègent dans chacune des chambres de première instance ; et

b) Cinq siègent à la chambre d'appel.

Art. 13. – *Qualification et élection des juges*. – 1. Les juges doivent être des personnes de haute moralité, impartialité et intégrité possédant les qualifications requises, dans leurs pays respectifs, pour être nommés aux plus hautes fonctions judiciaires. Il est dûment tenu compte dans la composition globale des chambres de l'expérience des juges en matière de droit pénal et de droit international, notamment de droit international humanitaire et des droits de l'homme.

2. Les juges du Tribunal international sont élus par l'assemblée générale sur une liste présentée par le Conseil de sécurité, selon les modalités ci-après :

a) Le secrétaire général invite les États membres de l'Organisation des Nations unies et les États non membres ayant une mission d'observation permanente au siège de l'organisation à présenter des candidatures ;

b) Dans un délai de soixante jours à compter de la date de l'invitation du secrétaire général, chaque État peut présenter la candidature d'au maximum deux personnes réunissant les conditions indiquées au paragraphe 1 ci-dessus et n'ayant pas la même nationalité ;

c) Le secrétaire général transmet les candidatures au Conseil de sécurité. Sur la base de ces candidatures, le conseil dresse une liste de 22 candidats au minimum et 33 candidats au maximum en tenant dûment compte de la nécessité d'assurer une représentation adéquate des principaux systèmes juridiques au monde ;

d) Le président du Conseil de sécurité transmet la liste de candidats au président de l'assemblée générale. L'assemblée élit sur cette liste les 11 juges du Tribunal international. Sont élus les candidats qui ont obtenu la majorité absolue des voix des États membres de l'Organisation des Nations unies et des États non membres ayant une mission d'observation permanente au siège de l'organisation. Si deux candidats de la même nationalité obtiennent la majorité requise, est élu celui sur lequel s'est porté le plus grand nombre de voix.

3. Si un siège à l'une des chambres devient vacant, le secrétaire général, après avoir consulté les présidents du Conseil de sécurité et de l'assemblée générale, nomme une personne réunissant les conditions indiquées au paragraphe 1 ci-dessus pour siéger jusqu'à l'expiration du mandat de son prédécesseur.

4. Les juges sont élus pour un mandat de quatre ans. Leurs conditions d'emploi sont celles des juges de la Cour internationale de justice. Ils sont rééligibles.

Art. 14. – *Constitution du bureau et des chambres.* – 1. Les juges du Tribunal international élisent un président.

2. Le président du Tribunal international doit être membre de la chambre d'appel qu'il préside.

3. Après les avoir consultés, le président nomme les juges du Tribunal international soit à la chambre d'appel soit à l'une des chambres de première instance. Les juges ne siègent qu'à la chambre à laquelle ils ont été nommés.

4. Les juges de chaque chambre de première instance choisissent un président qui conduit toutes les procédures devant cette chambre.

Art. 15. – *Règlement du tribunal.* – Les juges du Tribunal international adopteront un règlement qui régira la phase préalable à l'audience, l'audience et les recours, la recevabilité des preuves, la protection des victimes et des témoins et d'autres questions appropriées.

Art. 16. – *Le procureur.* – 1. Le procureur est responsable de l'instruction des dossiers et de l'exercice de la poursuite contre les auteurs de violations graves du droit international humanitaire commises sur le territoire de l'ex-Yougoslavie depuis le 1er janvier 1991.

2. Le procureur, qui est un organe distinct au sein du Tribunal international, agit en toute indépendance. Il ne sollicite ni ne reçoit d'instructions d'aucun gouvernement ni d'aucune autre source.

3. Le bureau du procureur se compose du procureur et du personnel qualifié qui peut être nécessaire.

4. Le procureur est nommé par le Conseil de sécurité sur proposition du secrétaire général. Il doit être de haute moralité, d'une compétence notoire et avoir une solide expérience de l'instruction des affaires criminelles et de la poursuite. Son mandat est de quatre ans, il est rééligible. Ses conditions d'emploi sont celles d'un secrétaire général adjoint de l'Organisation des Nations unies.

5. Le personnel du bureau du procureur est nommé par le secrétaire général sur recommandation du procureur.

Art. 17. – *Le greffe.* – 1. Le greffe est chargé d'assurer l'administration et les services du Tribunal international.

2. Le greffe se compose d'un greffier et des autres personnels nécessaires.

3. Le greffier est désigné par le secrétaire général après consultation du président du Tribunal international pour un mandat de quatre ans renouvelable. Les conditions d'emploi sont celles d'un sous-secrétaire général de l'Organisation des Nations unies.

4. Le personnel du greffe est nommé par le secrétaire général sur recommandation du greffier.

Art. 18. – *Information et établissement de l'acte d'accusation.* – 1. Le procureur ouvre une information d'office ou sur la foi des renseignements obtenus de toutes sources, notamment des gouvernements, des organes de l'Organisation des Nations unies, des organisations intergouvernementales et non gouvernementales. Il évalue les renseignements reçus ou obtenus et se prononce sur l'opportunité ou non d'engager les poursuites.

2. Le procureur est habilité à interroger les suspects, les victimes et les témoins, à réunir des preuves et à procéder sur place à des mesures d'instruction. Dans l'exécution de ces tâches, le procureur peut, selon que de besoin, solliciter le concours des autorités de l'État concerné.

3. Tout suspect interrogé a le droit d'être assisté d'un conseil de son choix, y compris celui de se voir attribuer d'office un défenseur, sans frais, s'il n'a pas les moyens de le rémunérer et de bénéficier, si nécessaire, de services de traduction dans une langue qu'il parle et comprend et à partir de cette langue.

4. S'il décide qu'au vu des présomptions, il y a lieu d'engager des poursuites, le procureur établit un acte d'accusation dans lequel il expose succinctement les faits et le crime ou les crimes qui sont reprochés à l'accusé en vertu du statut. L'acte d'accusation est transmis à un juge de la chambre de première instance.

Art. 19. – *Examen de l'acte d'accusation.* – 1. Le juge de la chambre de première instance saisi de l'acte d'accusation examine celui-ci. S'il estime que le procureur a établi qu'au vu des présomptions, il y a lieu d'engager des poursuites, il confirme l'acte d'accusation. À défaut, il le rejette.

2. S'il confirme l'acte d'accusation, le juge saisi, sur réquisition du procureur, décerne les ordonnances et mandats d'arrêt, de détention, d'amener ou de remise de personnes et toutes autres ordonnances nécessaires pour la conduite du procès.

Art. 20. – *Ouverture et conduite du procès.* – 1. La chambre de première instance veille à ce que le procès soit équitable et rapide et à ce que l'instance se déroule conformément aux règles de procédure et de preuve, les droits de l'accusé étant pleinement respectés et la protection des victimes dûment assurée.

2. Toute personne contre laquelle un acte d'accusation a été confirmé est, conformément à une ordonnance ou un mandat d'arrêt décerné par le Tribunal international, placée en état d'arrestation, immédiatement informée des chefs d'accusation portés contre elle et déférée au Tribunal international.

3. La chambre de première instance donne lecture de l'acte d'accusation, s'assure que les droits de l'accusé sont respectés, confirme que l'accusé a compris le contenu de l'acte d'accusation et lui ordonne de plaider coupable ou non coupable. La chambre de première instance fixe alors la date du procès.

4. Les audiences sont publiques à moins que la chambre de première instance décide de les tenir à huis clos conformément à ses règles de procédure et de preuve.

Art. 21. – *Les droits de l'accusé.* – 1. Tous sont égaux devant le Tribunal international.

2. Toute personne contre laquelle des accusations sont portées a droit à ce que sa cause soit entendue équitablement et publiquement, sous réserve des dispositions de l'article 22 du statut.

3. Toute personne accusée est présumée innocente jusqu'à ce que sa culpabilité ait été établie conformément aux dispositions du présent statut.

4. Toute personne contre laquelle une accusation est portée en vertu du présent statut a droit, en pleine égalité, au moins aux garanties suivantes :

a) À être informée, dans le plus court délai, dans une langue qu'elle comprend et de façon détaillée, de la nature et des motifs de l'accusation portée contre elle ;

b) À disposer du temps et des facilités nécessaires à la préparation de sa défense et à communiquer avec le conseil de son choix ;

c) À être jugée sans retard excessif ;

d) À être présente au procès et à se défendre elle-même ou à avoir l'assistance d'un défenseur de son choix ; si elle n'a pas de défenseur, à être informée de son droit d'en avoir un, et, chaque fois que l'intérêt de la justice l'exige, à se voir attribuer d'office un défenseur, sans frais, si elle n'a pas les moyens de le rémunérer ;

e) À interroger ou faire interroger les témoins à charge et à obtenir la comparution et l'interrogatoire des témoins à décharge dans les mêmes conditions que les témoins à charge ;

f) À se faire assister gratuitement d'un interprète si elle ne comprend pas ou ne parle pas la langue employée à l'audience ;

g) À ne pas être forcée de témoigner contre elle-même ou de s'avouer coupable.

Art. 22. – *Protection des victimes et des témoins.* – Le Tribunal international prévoit dans ses règles de procédure et de preuve des mesures de protection des victimes et des témoins. Les mesures de protection comprennent, sans y être limitées, la tenue d'audience à huis clos et la protection de l'identité des victimes.

Art. 23. – *Sentence.* – 1. La chambre de première instance prononce des sentences et impose des peines et sanctions à l'encontre des personnes convaincues de violations graves du droit international humanitaire.

2. La sentence est rendue en audience publique à la majorité des juges de la chambre de première instance. Elle est établie par écrit et motivée, des opinions individuelles ou dissidentes pouvant y être jointes.

Art. 24. – *Peines.* – 1. La chambre de première instance n'impose que des peines d'emprisonnement. Pour fixer les conditions de l'emprisonnement, la chambre de première instance a recours à la grille générale des peines d'emprisonnement appliquée par les tribunaux de l'ex-Yougoslavie.

2. En imposant toute peine, la chambre de première instance tient compte de facteurs tels que la gravité de l'infraction et la situation personnelle du condamné.

3. Outre l'emprisonnement du condamné, la chambre de première instance peut ordonner la restitution à leurs propriétaires légitimes de tous biens et ressources acquis par des moyens illicites, y compris par la contrainte.

Art. 25. – *Appel.* – 1. La chambre d'appel connaît des recours introduits soit par les personnes condamnées par les chambres de première instance, soit par le procureur, pour les motifs suivants :

a) Erreur sur un point de droit qui invalide la décision ; ou

b) Erreur de fait qui a entraîné un déni de justice.
2. La chambre d'appel peut confirmer, annuler ou réviser les décisions des chambres de première instance.

Art. 26. – *Révision.* – S'il est découvert un fait nouveau qui n'était pas connu au moment du procès en première instance ou en appel et qui aurait pu être un élément décisif de la décision, le condamné ou le procureur peut saisir le tribunal d'une demande en révision de la sentence.

Art. 27. – *Exécution des peines.* – La peine d'emprisonnement est subie dans un État désigné par le tribunal sur la liste des États qui ont fait savoir au Conseil de sécurité qu'ils étaient disposés à recevoir des condamnés. La réclusion est soumise aux règles nationales de l'État concerné, sous le contrôle du Tribunal international.

Art. 28. – *Grâce et commutation de peine.* – Si le condamné peut bénéficier d'une grâce ou d'une commutation de peine en vertu des lois de l'État dans lequel il est emprisonné, cet État en avise le tribunal. Le président du tribunal, en consultation avec les juges, tranche selon les intérêts de la justice et les principes généraux du droit.

Art. 29. – *Coopération et entraide judiciaire.* – 1. Les États collaborent avec le tribunal à la recherche et au jugement des personnes accusées d'avoir commis des violations graves du droit international humanitaire.
2. Les États répondent sans retard à toute demande d'assistance ou à toute ordonnance émanant d'une chambre de première instance et concernant, sans s'y limiter :
a) L'identification et la recherche des personnes ;
b) La réunion des témoignages et la production des preuves ;
c) L'expédition des documents ;
d) L'arrestation ou la détention des personnes ;
e) Le transfert ou la traduction de l'accusé devant le tribunal.

Art. 30. – *Statut, privilèges et immunités du Tribunal international.* – 1. La Convention sur les privilèges et immunités des Nations unies en date du 13 février 1946 s'applique au Tribunal international, aux juges, au procureur et à son personnel ainsi qu'au greffier et à son personnel.
2. Les juges, le procureur et le greffier jouissent des privilèges et immunités, des exemptions et des facilités accordés aux agents diplomatiques, conformément au droit international.
3. Le personnel du procureur et du greffier jouit des privilèges et immunités accordés aux fonctionnaires des Nations unies en vertu des articles V et VII de la Convention visée au paragraphe 1 du présent article.
4. Les autres personnes, y compris les accusés, dont la présence est requise au siège du Tribunal international bénéficient du traitement nécessaire pour assurer le bon fonctionnement du Tribunal international.

Art. 31. – *Siège du Tribunal international.* – Le Tribunal international a son siège à La Haye.

Art. 32. – *Dépenses du Tribunal international.* – Les dépenses du Tribunal international sont imputées sur le budget ordinaire de l'Organisation des Nations unies conformément à l'article 17 de la Charte des Nations unies.

Art. 33. – *Langues de travail.* – Les langues de travail du Tribunal international sont l'anglais et le français.

Art. 34. – *Rapport annuel.* – Le président du Tribunal international présente chaque année un rapport du Tribunal international au Conseil de sécurité et à l'assemblée générale.

Règlement

de procédure et de preuve du Tribunal international

CHAPITRE I. – DISPOSITIONS GÉNÉRALES

Art. 1er. – *Entrée en vigueur.* – Le présent règlement de procédure et de preuve, adopté conformément aux dispositions de l'article 15 du statut du tribunal, entre en vigueur le 14 mars 1994.

Art. 2. – *Définitions.* – (A) Sauf incompatibilité tenant au contexte, les expressions suivantes signifient :

Règlement : le règlement visé à l'article 1er ci-dessus ;

Statut : le statut du tribunal adopté par le Conseil de sécurité dans sa résolution 827 du 25 mai 1993 ;

Tribunal : le Tribunal international chargé de poursuivre les personnes présumées responsables de violations graves du droit international humanitaire commises sur le territoire de l'ex-Yougoslavie depuis 1991, créé par le Conseil de sécurité dans sa résolution 827 (1993) ;

Accusé : toute personne physique faisant l'objet d'un acte d'accusation conformément à l'article 47 ci-après ;

Arrestation : l'acte par lequel une autorité nationale appréhende et place en garde à vue un suspect ou un accusé ;

Enquête : tous les actes accomplis par le procureur conformément au statut et au règlement afin de rassembler des informations et des éléments de preuve ;

Partie : le procureur ou l'accusé ;

Président : le président du tribunal ;

Procureur : le procureur nommé conformément à l'article 16 du statut ;

Suspect : toute personne physique au sujet de laquelle le procureur possède des informations qui tendent à montrer qu'elle aurait commis une infraction relevant de la compétence du tribunal ;

Victime : toute personne physique à l'égard de laquelle aurait été commise une infraction relevant de la compétence du tribunal.

(B) Aux fins du présent règlement, l'emploi du masculin et du singulier comprend le féminin et le pluriel et inversement.

Art. 3. – *Emploi des langues.* – (A) Les langues de travail du tribunal sont le français et l'anglais.

(B) L'accusé a le droit de parler sa propre langue.

(C) Toute autre personne comparaissant devant le tribunal peut, sous réserve du paragraphe (D) du présent article, employer sa propre langue si elle n'a pas une connaissance suffisante de l'une ou l'autre des deux langues de travail.

(D) Le conseil de l'accusé peut demander au président d'une chambre l'autorisation d'employer une langue autre que les deux langues de travail ou celle de l'accusé. Si une telle autorisation est accordée, les frais d'interprétation et de traduction sont pris en charge par le tribunal dans les limites éventuellement fixées par le président compte tenu des droits de la défense et de l'intérêt de la justice.

(E) Le greffier prend les dispositions voulues pour assurer la traduction des pièces et l'interprétation des débats dans les langues de travail.

Art. 4. – *Réunions hors le siège du tribunal.* – Une chambre peut, avec l'autorisation du président, exercer ses fonctions hors le siège du tribunal si l'intérêt de la justice le commande.

Art. 5. – *Effet d'une violation du règlement.* – Toute exception soulevée par une partie à l'égard d'un acte d'une autre partie et fondée sur une violation du règlement doit l'être dès que possible ; elle n'est accueillie et l'acte déclaré nul que si ce dernier est incompatible avec les principes fondamentaux de l'équité et a entraîné effectivement un mauvais fonctionnement de la justice.

Art. 6. – *Modification du règlement.* – (A) Tout article du règlement peut être modifié à la demande d'un juge, du procureur ou du greffier. Une réunion plénière est convoquée à cet effet. Chaque juge reçoit communication de la proposition de modification. Celle-ci est adoptée par un vote favorable de sept juges au moins.

(B) S'il n'est pas procédé comme prévu au paragraphe (A) ci-dessus, les modifications du règlement ne peuvent être adoptées qu'à l'unanimité.

(C) Les modifications entrent en vigueur immédiatement, sans préjudice du respect des droits de l'accusé dans les affaires en instance.

Art. 7. – *Textes authentiques.* – Les textes en français et en anglais du règlement font également foi. En cas de divergence, le texte qui reflète le plus fidèlement l'esprit du statut et du règlement prévaut.

CHAPITRE II. – PRIMAUTÉ DU TRIBUNAL

Art. 8. – *Demande d'information.* – Lorsqu'il apparaît au procureur qu'une infraction relevant de la compétence du tribunal fait ou a fait l'objet d'enquêtes ou de poursuites pénales devant une institution judiciaire nationale, il peut demander à l'État dont relève cette institution de lui transmettre toutes les informations pertinentes. L'État transmet sans délai au procureur ces informations, en application du paragraphe 1 de l'article 29 du statut.

Art. 9. – *Requête du procureur aux fins de dessaisissement.* – S'il apparaît au procureur, au vu des enquêtes ou poursuites pénales engagées devant une institution judiciaire nationale comme cela est prévu à l'article 8 ci-dessus, que :

i) L'infraction a reçu une qualification de droit commun ; ou

ii) La procédure engagée ne serait ni impartiale ni indépendante, viserait à soustraire l'accusé à sa responsabilité pénale internationale ou n'aurait pas été exercée avec diligence ; ou

iii) L'objet de la procédure porte sur des faits ou des points de droit qui ont une incidence sur des enquêtes ou des poursuites en cours devant le tribunal, le procureur peut saisir la chambre de première instance désignée à cet effet par le président d'une requête aux fins de demander officiellement le dessaisissement de l'institution judiciaire nationale en faveur du tribunal.

Art. 10. – *Demande officielle de dessaisissement.* – (A) S'il apparaît à la chambre de première instance saisie d'une telle requête de la part du procureur qu'elle est fondée conformément à l'article 9 ci-dessus, la chambre de première instance peut demander officiellement à l'État dont relève l'institution judiciaire nationale que celle-ci se dessaisisse en faveur du tribunal.

(B) La demande de dessaisissement porte également sur la transmission des éléments d'enquête, des copies du dossier d'audience et, le cas échéant, d'une expédition du jugement.

(C) Lorsque le dessaisissement a été demandé par une chambre de première instance, toute procédure ultérieure est portée devant l'autre chambre de première instance.

Art. 11. – *Non-respect d'une demande officielle de dessaisissement.* – Si, dans un délai de soixante jours à compter de la date à laquelle le greffier a notifié la demande de dessaisissement à l'État dont relève l'institution judiciaire ayant connu de l'affaire dont il s'agit, l'État ne fournit pas à la chambre de première instance l'assurance qu'il a pris ou entend prendre les mesures voulues pour se conformer à cette demande, la chambre peut prier le président de soumettre la question au Conseil de sécurité.

Art. 12. – *Décisions des juridictions nationales.* – Sous réserve du paragraphe 2 de l'article 10 du statut, les décisions des juridictions nationales ne lient pas le tribunal.

Art. 13. – Non bis in idem. – Si le président est valablement informé de poursuites pénales engagées contre une personne devant une institution judiciaire nationale pour une infraction pour laquelle l'intéressé a déjà été jugé par le tribunal, une chambre de première instance rend conformément à la procédure visée à l'article 10, *mutatis mutandis,* une ordonnance motivée, invitant l'institution judiciaire nationale à mettre fin définitivement aux poursuites. Si l'institution judiciaire nationale s'y refuse, le président peut soumettre la question au Conseil de sécurité.

CHAPITRE III. – ORGANISATION DU TRIBUNAL

Section I. – Les juges

Art. 14. – *Déclaration solennelle.* – (A) Avant de prendre ses fonctions, chaque juge fait la déclaration solennelle suivante :

« Je déclare solennellement que je remplirai mes devoirs et exercerai mes attributions de juge du Tribunal international chargé de poursuivre les personnes présumées responsables de violations graves du droit international humanitaire commises sur le territoire de l'ex-Yougoslavie depuis 1991 en tout honneur et dévouement, en pleine et parfaite impartialité et en toute conscience ».

(B) Le texte de cette déclaration, signé par le juge en présence du secrétaire général de l'Organisation des Nations unies ou de son représentant, est versé aux archives du tribunal.

Art. 15. – *Récusation et empêchement de juges.* – (A) Un juge ne peut connaître en première instance ou en appel d'une affaire dans laquelle il a un intérêt personnel ou avec laquelle il a ou il a eu un lien quelconque de nature à porter atteinte à son impartialité. En ce cas, il doit se récuser dans cette affaire et le président désigne un autre juge pour siéger à sa place.

(B) Toute partie peut solliciter du président de la chambre qu'un juge de cette chambre soit dessaisi d'une affaire pour les raisons ci-dessus énoncées. Après que le président de la chambre en a conféré avec le juge concerné, le bureau statue si nécessaire. Si le bureau donne suite à la demande, le président désigne un autre juge pour remplacer le juge dessaisi.

(C) Le juge d'une chambre de première instance qui examine un acte d'accusation conformément à l'article 19 du statut et à l'article 47 du règlement ne peut siéger à la chambre appelée à juger ultérieurement l'accusé.

(D) Aucun membre de la chambre d'appel ne peut connaître en cette qualité d'une affaire dont il a eu à connaître en première instance.

(E) Si, pour une raison quelconque, un membre d'une chambre est empêché de siéger à l'instance, le président de la chambre peut, si l'empêchement semble devoir être de courte durée, surseoir à la procédure ; dans le cas contraire, il en rend compte au président, lequel peut désigner un autre juge et ordonner soit la réouverture des débats, soit, si l'accusé y consent, la poursuite des débats.

Art. 16. – *Démission.* – La démission d'un juge est adressée par écrit au président pour être transmise au secrétaire général de l'Organisation des Nations unies.

Art. 17. – *Préséance.* – (A) Tous les juges sont égaux dans l'exercice de leurs fonctions judiciaires, quels que soient la date de leur élection ou de leur nomination, leur âge ou la durée des fonctions déjà exercées.

(B) Après le président et le vice-président, les présidents des chambres de première instance prennent rang entre eux selon l'ancienneté d'âge.

(C) Les juges élus ou nommés à des dates différentes prennent rang selon la date de leur élection ou de leur nomination ; les juges élus ou nommés à la même date prennent rang entre eux selon l'ancienneté d'âge.

(D) En cas de réélection, il est tenu compte de la durée totale des fonctions déjà exercées par le juge intéressé.

Section II. – Présidence du tribunal

Art. 18. – *Élection du président.* – (A) Le président est élu pour une période de deux ans, dès lors que cette période ne dépasse pas sa durée de fonctions en tant que juge. Le président est rééligible une fois.

(B) Si le président cesse d'être membre du tribunal ou démissionne avant l'expiration normale de son mandat, les juges du tribunal élisent parmi eux son successeur pour le reste de son mandat.

(C) Le président est élu à la majorité des juges du tribunal. Si aucun juge ne recueille la majorité, il est procédé à un nouveau tour de scrutin entre les deux juges qui ont obtenu le plus de voix. En cas de partage des voix au second tour, est élu le juge qui a préséance conformément à l'article 17 ci-dessus.

Art. 19. – *Fonctions du président.* – Le président préside toutes les réunions plénières du tribunal, coordonne les travaux des chambres, contrôle les activités du greffe et s'acquitte de toutes les autres fonctions qui lui sont confiées par le statut et par le règlement.

Art. 20. – *Le vice-président.* – (A) Le vice-président est élu pour une période de deux ans, dès lors que cette période ne dépasse pas sa durée de fonctions en tant que juge. Le vice-président est rééligible une fois.

(B) Le vice-président peut être membre d'une chambre de première instance ou de la chambre d'appel.

(C) Les dispositions prévues aux paragraphes (B) et (C) de l'article 18 s'appliquent *mutatis mutandis* au vice-président.

Art. 21. – *Fonctions du vice-président.* – Sous réserve du paragraphe (B) de l'article 22 ci-après, le vice-président exerce les fonctions du président si celui-ci est absent ou empêché.

Art. 22. – *Remplacement du président et du vice-président.* – (A) Si le président et le vice-président sont l'un et l'autre empêchés d'exercer la présidence, celle-ci est assurée par le juge doyen conformément à l'article 17 ci-dessus.

(B) Si le président est empêché d'assurer la présidence de la chambre d'appel, celle-ci élit son président parmi ses membres.

Section III. – Fonctionnement interne du tribunal

Art. 23. – *Le bureau.* – (A) Le bureau est constitué du président, du vice-président et des présidents des chambres de première instance.

(B) Le président consulte les autres membres du bureau au sujet de toutes les questions importantes liées au fonctionnement du tribunal.

(C) Tout juge peut appeler l'attention d'un membre du bureau sur les questions qui méritent à son avis d'être examinées par le bureau ou d'être soumises à une réunion plénière du tribunal.

Art. 24. – *Réunions plénières du tribunal.* – Les juges se réunissent en plénière pour :

(i) L'élection du président et du vice-président ;

(ii) L'adoption et la modification du règlement ;

(iii) L'adoption du rapport annuel prévu à l'article 34 du statut ;

(iv) L'adoption de décisions sur les questions liées au fonctionnement interne des chambres et du tribunal ;

(v) La détermination ou le contrôle des conditions de détention ;

(vi) L'accomplissement de toute autre tâche prévue dans le statut ou le règlement.

Art. 25. – *Sessions plénières.* – (A) En principe, le tribunal arrête au mois de juillet les dates et la durée de ses sessions plénières ordinaires pour l'année civile suivante.

(B) Si au moins six juges le demandent, le président doit convoquer d'autres sessions plénières ; il peut aussi en convoquer dans tous les cas où l'exigent les fonctions que lui confèrent le statut ou le règlement.

Art. 26. – *Quorum et vote.* – (A) Un quorum de sept juges est requis pour chaque réunion plénière du tribunal.

(B) Sous réserve des dispositions des paragraphes (A) et (B) de l'article 6 ci-dessus et des paragraphes (B) et (C) de l'article 18 ci-dessus, les décisions adoptées par le tribunal en plénière sont prises à la majorité des juges présents. En cas de partage égal des voix, celle du président ou du juge faisant fonction est prépondérante.

Section IV. – Les chambres

Art. 27. – *Roulement des juges.* – (A) L'affectation des juges aux chambres de première instance et à la chambre d'appel se fait par roulement périodique, compte tenu de la nécessité d'assurer la bonne expédition des affaires.

(B) Les juges prennent leurs fonctions à la chambre à laquelle ils sont affectés dès que le président le juge opportun, compte tenu de la nécessité d'expédier des affaires en instance.

(C) Le président peut à tout moment affecter temporairement un membre d'une chambre de première instance ou de la chambre d'appel à une autre chambre.

Art. 28. – *Affectation aux fins de l'examen des actes d'accusation.* – Au mois de juillet de chaque année et après avoir consulté les juges, le président désigne pour chaque mois de l'année civile à venir le juge d'une chambre de première instance auquel les actes d'accusation seront transmis pour examen conformément à l'article 47 ci-après et en publie la liste.

Art. 29. – *Délibéré.* – Les délibérations des chambres sont et demeurent secrètes.

Section V. – Le greffe

Art. 30. – *Nomination du greffier.* – Avant de donner son avis au secrétaire général de l'Organisation des Nations unies conformément au paragraphe 3 de l'article 17 du statut, le président recueille l'opinion des juges au sujet des candidats à la fonction de greffier.

Art. 31. – *Nomination du greffier adjoint et du personnel du greffe.* – Après avoir consulté le bureau, le greffier recommande au secrétaire général de l'Organisation des Nations unies la personne à nommer aux fonctions de greffier adjoint ainsi que les autres membres du personnel du greffe.

Art. 32. – *Déclaration solennelle.* – (A) Avant son entrée en fonctions, le greffier fait devant le président la déclaration suivante :

« Je déclare solennellement que je remplirai en toute loyauté, discrétion et conscience les devoirs qui m'incombent en ma qualité de greffier du Tribunal international chargé de poursuivre les personnes présumées responsables de violations graves du droit international humanitaire commises sur le territoire de l'ex-Yougoslavie depuis 1991 et que j'observerai fidèlement toutes les prescriptions du statut et du règlement du tribunal ».

(B) Le greffier adjoint fait devant le président une déclaration semblable avant son entrée en fonctions.

(C) Tout membre du personnel du greffe fait une déclaration semblable devant le greffier.

Art. 33. – *Fonctions du greffier.* – Le greffier apporte son concours aux chambres et lors des réunions plénières du tribunal ainsi qu'aux juges et au procureur dans l'exercice de leurs fonctions. Sous l'autorité du président, il est responsable de l'administration et du service du tribunal et est chargé de toute communication émanant du tribunal ou adressée à celui-ci.

Art. 34. – *Division d'aide aux victimes et aux témoins.* – (A) Il est créé auprès du greffier une division d'aide aux victimes et aux témoins, composée d'un personnel qualifié et chargée de :

(i) Recommander l'adoption de mesures de protection des victimes et des témoins conformément à l'article 22 du statut ;

(ii) Fournir conseils et assistance aux victimes et aux témoins, particulièrement en cas de viols et violences sexuelles.

(B) Il est dûment tenu compte, lors de la nomination du personnel de la division, de la nécessité d'y employer des femmes ayant une formation spécialisée.

Art. 35. – *Procès-verbaux.* – Hormis les cas de compte rendu intégral prévu à l'article 81 ci-après, le greffier ou les fonctionnaires du greffe désignés par lui établissent les procès-verbaux des réunions plénières du tribunal et des audiences des chambres, à l'exception des délibérations à huis clos.

Art. 36. – *Répertoire général.* – Le greffier tient un répertoire général indiquant, pour chaque affaire portée devant le tribunal, tous les renseignements pertinents. Le répertoire général est ouvert au public.

Section VI. – Le procureur

Art. 37. – *Fonctions du procureur.* – (A) Le procureur remplit toutes les fonctions prévues par le statut conformément au règlement et au règlement intérieur du bureau du procureur.

(B) Les pouvoirs du procureur tels que définis aux chapitres IV à VIII du règlement peuvent être exercés par le personnel du bureau du procureur qu'il autorise à cette fin ou par toute personne mandatée par lui à cet effet.

Art. 38. – *Procureur adjoint.* – (A) Le procureur recommande au secrétaire général de l'Organisation des Nations unies la personne à nommer aux fonctions de procureur adjoint.

(B) Le procureur adjoint remplit les fonctions du procureur en cas d'absence ou d'incapacité ou sur instructions formelles du procureur.

CHAPITRE IV. – ENQUÊTES ET DROITS DES SUSPECTS

Section I. – Enquêtes

Art. 39. – *Déroulement des enquêtes.* – Aux fins de ses enquêtes, le procureur est habilité à :

(i) Convoquer et interroger les suspects, entendre les victimes et les témoins, enregistrer leurs déclarations, recueillir tous éléments de preuve et enquêter sur les lieux ;

(ii) Prendre toutes autres mesures jugées nécessaires aux fins de l'enquête et aux fins de soutenir l'accusation au procès ;

(iii) Obtenir à ces fins l'aide de toute autorité nationale compétente, ainsi que tout organisme international, y compris l'Organisation internationale de police criminelle (Interpol) ;

(iv) Solliciter d'une chambre de première instance ou d'un juge le prononcé de toute ordonnance nécessaire.

Art. 40. – *Mesures conservatoires.* – En cas d'urgence le procureur peut demander à tout État :
(i) De procéder à l'arrestation et au placement en garde à vue d'un suspect ;
(ii) De saisir tous éléments de preuves matériels ;
(iii) De prendre toute mesure nécessaire pour empêcher l'évasion du suspect ou de l'accusé, l'intimidation ou les atteintes à l'intégrité physique des victimes ou des témoins, ou la destruction d'éléments de preuve.

Art. 41. – *Conservation des informations.* – Le procureur est responsable de la conservation, la garde et la sécurité des informations et des éléments de preuve matériels recueillis au cours des enquêtes.

Art. 42. – *Droits du suspect pendant l'enquête.* – (A) Avant d'être interrogé par le procureur, le suspect est informé de ses droits dans une langue qu'il parle et comprend, à savoir :
(i) Son droit à l'assistance d'un conseil de son choix ou s'il est indigent à la commission d'office d'un conseil à titre gratuit ; et
(ii) Son droit à l'assistance gratuite d'un interprète s'il ne comprend pas ou ne parle pas la langue utilisée lors de l'interrogatoire.
(B) L'interrogatoire d'un suspect ne peut avoir lieu qu'en présence de son conseil, à moins que le suspect n'ait renoncé à son droit à l'assistance d'un conseil. L'interrogatoire doit néanmoins cesser si un suspect, qui a initialement renoncé à son droit à l'assistance d'un conseil, s'en prévaut ultérieurement ; l'interrogatoire ne doit reprendre que lorsque le suspect a obtenu de son chef ou d'office l'assistance d'un conseil.

Art. 43. – *Enregistrement des interrogatoires des suspects.* – Le procureur ne peut interroger un suspect que si l'interrogatoire est enregistré sur bande magnétique ou sur vidéocassette selon les modalités suivantes :
(i) Le suspect est informé, dans une langue qu'il parle et comprend, de ce que l'interrogatoire est enregistré sur bande magnétique ou sur vidéocassette ;
(ii) Si l'interrogatoire est suspendu, l'heure de la suspension et celle de la reprise de l'interrogatoire sont respectivement mentionnées dans l'enregistrement avant qu'il n'y soit procédé ;
(iii) À la fin de l'interrogatoire, il est donné au suspect la possibilité de préciser ou de compléter toutes ses déclarations ; l'heure de la fin de l'interrogatoire est alors mentionnée dans l'enregistrement ; et
(iv) La teneur de l'enregistrement est transcrite et copie du texte de la transcription est remise au suspect ; copie de l'enregistrement ou, s'il a été utilisé un appareil d'enregistrements multiples, l'une des bandes originales, est également remise au suspect ;
(v) La bande originale de l'enregistrement ou l'une d'entre elles est placée en présence du suspect, après copie faite si nécessaire de l'enregistrement aux fins de transcription, sous scellés contresignés par lui-même et par le procureur.

Section II. – Du conseil

Art. 44. – *Mandat et qualification.* – Le conseil choisi par un suspect ou un accusé dépose dès que possible son mandat auprès du greffier. Sous réserve de vérification par le greffier, tout conseil est considéré comme qualifié pour représenter un suspect ou un accusé dès lors qu'il est habilité à exercer la profession d'avocat dans un État ou est professeur de droit dans une université.

Art. 45. – *Commission d'office d'un conseil.* – (A) Le greffier tient une liste des conseils parlant au moins une des deux langues de travail du tribunal et remplissant les conditions visées à l'article 44 ci-dessus, qui en outre ont fait savoir qu'ils accepteraient d'être commis d'office par le tribunal pour représenter un suspect ou un accusé indigent.
(B) Les critères de l'indigence sont déterminés par le greffier et approuvés par les juges du tribunal.
(C) Un conseil est commis d'office pour représenter un suspect ou un accusé indigent conformément à la procédure suivante :
(i) Une demande aux fins de commission d'un conseil doit être présentée au greffier ;
(ii) Le greffier doit s'enquérir des moyens financiers du suspect ou de l'accusé et apprécier si les critères d'indigence sont réunis ;

(iii) Dans l'affirmative, il commet un conseil choisi sur la liste ; dans le cas contraire, il en informe l'intéressé.

(D) En cas de rejet de la demande, le suspect ou l'accusé peut soumettre au greffier une nouvelle demande motivée par un changement de circonstances.

(E) Le greffier commet d'office un conseil pour représenter un suspect ou un accusé qui n'en a pas ou qui n'a pas sollicité la commission d'un conseil, sauf si le suspect ou l'accusé indique par écrit qu'il a décidé d'assurer lui-même sa défense.

(F) Le greffier en consultation avec les juges détermine le tarif des honoraires à verser au conseil commis d'office.

Art. 46. – *Discipline.* – (A) Une chambre peut, après un rappel à l'ordre resté sans effet, refuser d'entendre un conseil si elle considère que son comportement est offensant ou entrave le bon déroulement de l'audience.

(B) Un juge ou une chambre de première instance peut, avec l'accord du président, signaler tout manquement du conseil à l'ordre des avocats dans le pays où il est admis à l'exercice de sa profession ou, si l'intéressé est professeur et n'est pas avocat, à l'université dont il relève.

CHAPITRE V. – MISE EN ACCUSATION

Section I. – L'acte d'accusation

Art. 47. – *Présentation de l'acte d'accusation par le procureur.* – (A) Lorsque l'enquête permet au procureur d'établir qu'il existe des éléments de preuve suffisants pour soutenir raisonnablement qu'un suspect a commis une infraction relevant de la compétence du tribunal, le procureur établit et transmet au greffier pour confirmation par un juge un acte d'accusation auquel il joint tous les éléments justificatifs.

(B) L'acte d'accusation indique le nom du suspect et les renseignements personnels le concernant ainsi qu'une relation concise des faits de l'affaire et la qualification qu'ils revêtent.

(C) Le greffier transmet l'acte d'accusation et les pièces jointes au juge désigné conformément à l'article 28 ci-dessus, lequel informe le procureur de la date fixée pour l'examen de l'acte d'accusation.

(D) Au cours de son examen, le juge entend le procureur. Ce dernier peut présenter tout élément supplémentaire à l'appui d'un chef d'accusation. Le juge peut confirmer ou rejeter chaque chef d'accusation. Il peut également surseoir à sa décision.

(E) Le rejet d'un chef d'accusation n'interdit pas au procureur d'établir ultérieurement un nouvel acte d'accusation sur la base des faits ayant fondé le chef d'accusation rejeté, pour autant que soient produits à l'appui des éléments de preuve supplémentaires.

Art. 48. – *Modifications de l'acte d'accusation.* – Le procureur peut, sans autorisation préalable, apporter des modifications à l'acte d'accusation à tout moment avant sa confirmation. Postérieurement, il ne peut le faire qu'avec l'autorisation du juge ayant confirmé ou, au cours du procès, avec l'autorisation de la chambre de première instance. Si une telle autorisation est accordée, l'acte d'accusation modifié est communiqué à l'accusé et à son conseil et, si nécessaire, la date du procès est repoussée pour donner à la défense le temps de se préparer.

Art. 49. – *Jonction d'instances.* – Des personnes accusées d'une même infraction ou d'infractions différentes commises à l'occasion de mêmes faits peuvent être mises en accusation et jugées ensemble.

Art. 50. – *Jonction de chefs d'accusation.* – Plusieurs infractions peuvent faire l'objet d'un seul et même acte d'accusation si les actes incriminés ont été commis à l'occasion de mêmes faits et par le même accusé.

Art. 51. – *Retrait d'un acte d'accusation.* – (A) Le procureur peut, sans autorisation préalable, retirer un acte d'accusation à tout moment avant sa confirmation. Postérieurement il ne peut le faire qu'avec l'autorisation du juge l'ayant confirmé ou, au cours du procès, avec l'autorisation de la chambre de première instance.

(B) Le retrait de l'acte d'accusation est notifié sans délai au suspect ou à l'accusé et à son conseil.

Art. 52. – *Publicité de l'acte d'accusation.* – Après la confirmation par le juge de première instance, et sous réserve de l'article 53 ci-après, l'acte d'accusation est rendu public.

Art. 53. – *Ordonnance de non-divulgation.* – (A) Lorsqu'il confirme un acte d'accusation, le juge peut, après avis du procureur, ordonner sa non-divulgation au public jusqu'à sa signification à l'accusé ou, en cas de jonction d'instances, à tous les accusés.

(B) Un juge ou une chambre de première instance, après avis du procureur, peut également ordonner la non-divulgation au public de tout ou partie de l'acte d'accusation, de toute information et de tout document particulier si l'intérêt de la justice le commande.

Section II. – Ordonnances et mandats

Art. 54. – *Disposition générale.* – À la demande d'une des parties ou de sa propre initiative un juge ou une chambre de première instance peut délivrer les ordonnances, citations à comparaître et mandats nécessaires aux fins de l'enquête, de la préparation ou de la conduite du procès.

Art. 55. – *Exécution des mandats d'arrêt.* – (A) Tout mandat d'arrêt doit être signé par un juge et revêtu du sceau du tribunal. Il est accompagné d'une copie de l'acte d'accusation et d'un document rappelant les droits de l'accusé. Au titre de ces droits figurent ceux qui sont énoncés à l'article 21 du statut et, *mutatis mutandis,* aux articles 42 et 43 ci-dessus, ainsi que le droit de conserver le silence et la mise en garde selon laquelle toute déclaration faite par l'accusé est enregistrée et peut être retenue contre lui.

(B) Le greffier transmet le mandat aux fins d'arrestation et de déférement de l'accusé aux autorités nationales de l'État sur le territoire ou sous la juridiction ou le contrôle duquel l'accusé réside ou a eu sa dernière résidence connue. Ce mandat est accompagné d'instructions selon lesquelles, au moment de son arrestation, l'acte d'accusation, le document rappelant les droits de l'accusé et la mise en garde prévus au paragraphe (A) ci-dessus doivent lui être lus dans une langue qu'il comprend.

(C) Lorsqu'un mandat d'arrêt émis par le tribunal est exécuté, un membre du bureau du procureur peut être présent à compter du moment de l'arrestation.

Art. 56. – *Coopération des États.* – L'État auquel est transmis un mandat d'arrêt agit sans tarder et avec toute la diligence voulue pour assurer sa bonne exécution, conformément à l'article 29 du statut.

Art. 57. – *Procédure après l'arrestation.* – Après l'arrestation de l'accusé, l'État concerné détient l'intéressé et en informe sans délai le greffier. Le transfert de l'accusé au siège du tribunal est organisé par les autorités nationales intéressées en liaison avec le greffier.

Art. 58. – *Dispositions de droit interne relatives à l'extradition.* – Les obligations énoncées à l'article 29 du statut prévalent sur tous obstacles juridiques que la législation nationale ou les traités d'extradition auxquels l'État intéressé est partie pourraient opposer à la remise ou au transfert de l'accusé au tribunal.

Art. 59. – *Défaut d'exécution d'un mandat d'arrêt.* – (A) Lorsque l'État auquel un mandat d'arrêt a été transmis n'a pu l'exécuter, il en informe sans délai le greffier et en indique les raisons.

(B) Si, dans un délai raisonnable, il n'est pas rendu compte des mesures prises, l'État est réputé ne pas avoir exécuté le mandat d'arrêt et le tribunal, par l'intermédiaire du président, en informe le Conseil de sécurité.

Art. 60. – *Publication de l'acte d'accusation.* – À la demande du procureur, le greffier transmet le texte d'une annonce aux autorités nationales de l'État ou des États sur les territoires desquels le procureur a des raisons de croire que l'accusé peut se trouver, aux fins de publication dans des journaux à grande diffusion. L'annonce porte à la connaissance de l'accusé que l'on cherche à lui notifier un acte d'accusation le concernant.

Art. 61. – *Procédure en cas d'inexécution d'un mandat d'arrêt.* – (A) Si le mandat d'arrêt n'a pas été exécuté, si dès lors l'acte d'accusation n'a pas été signifié à l'accusé et si le procureur établit devant un juge de première instance que :

(i) Le procureur a pris toutes les mesures raisonnables pour effectuer la signification à personne, notamment en ayant recours aux autorités compétentes de l'État sur le territoire ou sous la juridiction ou le contrôle duquel l'accusé réside ou avait sa dernière résidence connue, et

(ii) Le procureur a essayé selon d'autres modalités d'informer l'accusé de l'existence de l'acte d'accusation en cherchant à publier des annonces appropriées dans les journaux dudit État, conformément à l'article 60 ci-dessus, le juge ordonne que le procureur saisisse une chambre de première instance de l'acte d'accusation.

(B) Dès le prononcé d'une telle ordonnance, le procureur soumet l'acte d'accusation à la chambre de première instance en audience publique, en y joignant tous les éléments de preuve présentés au juge qui a initialement confirmé l'acte d'accusation.

(C) Si la chambre de première instance considère, sur la base de ces éléments de preuve ainsi que de tous autres que le procureur pourra produire, qu'il existe des raisons suffisantes de croire que l'accusé a commis une ou toutes les infractions mises à sa charge dans l'acte d'accusation, elle statue en conséquence. La chambre prie le procureur de donner lecture des parties pertinentes de l'acte d'accusation et de rendre compte des efforts déployés pour effectuer la signification tels que prévus au paragraphe (A) ci-dessus.

(D) En outre, la chambre de première instance délivre contre l'accusé un mandat d'arrêt international qui est transmis à tous les États.

(E) Si le procureur établit à l'audience devant la chambre de première instance que le défaut de signification de l'acte d'accusation est imputable en tout ou en partie au défaut ou au refus de coopération d'un État avec le tribunal contrairement à l'article 29 du statut, la chambre de première instance en dresse constat et le président en informe le Conseil de sécurité.

Art. 62. – *Comparution initiale de l'accusé.* – Après son transfert au siège du tribunal, l'accusé comparaît sans délai devant une chambre de première instance et est officiellement mis en accusation. La chambre de première instance :

(i) S'assure que le droit de l'accusé à l'assistance d'un conseil est respecté ;

(ii) Donne lecture ou fait donner lecture de l'acte d'accusation à l'accusé dans une langue qu'il parle et comprend, et s'assure que l'intéressé comprend l'acte d'accusation ;

(iii) Invite l'accusé à plaider coupable ou non coupable et, à défaut pour l'accusé de plaider, inscrit en son nom au dossier qu'il a plaidé non coupable ;

(iv) Donne instructions au greffier de fixer la date du procès.

Art. 63. – *Interrogatoire de l'accusé.* – Après la comparution initiale de l'accusé, le procureur ne peut l'interroger qu'en présence de son conseil et pour autant que l'interrogatoire soit enregistré sur bande magnétique ou sur vidéocassette conformément à la procédure prévue à l'article 43. Le procureur informe en outre l'accusé préalablement à l'interrogatoire de ce qu'il n'est pas obligé de parler et que, s'il choisit de parler, ce qu'il dira pourra être retenu contre lui.

Art. 64. – *Détention préventive.* – Après son transfert au siège du tribunal, l'accusé est détenu dans les locaux mis à disposition par le pays hôte ou par un autre pays. Le président peut à la demande d'une des parties faire modifier les conditions de la détention de l'accusé.

Art. 65. – *Mise en liberté provisoire.* – (A) Une fois détenu, l'accusé ne peut être mis en liberté provisoire que sur ordonnance d'une chambre de première instance.

(B) La mise en liberté provisoire ne peut être ordonnée par la chambre de première instance que dans des circonstances exceptionnelles, et pour autant qu'elle ait la certitude que l'accusé comparaîtra et, s'il est libéré, ne mettra pas en danger une victime, un témoin ou toute autre personne.

(C) La chambre de première instance peut subordonner la mise en liberté provisoire aux conditions qu'elle juge appropriées, y compris la mise en place d'un cautionnement et le cas échéant l'observation des conditions nécessaires pour garantir la présence de l'accusé au procès et la protection d'autrui.

(D) Si besoin est, la chambre de première instance peut délivrer un mandat d'arrêt pour garantir la comparution d'un accusé précédemment mis en liberté provisoire ou en liberté pour toute autre raison.

Section III. – Production de moyens de preuve

Art. 66. – *Communication de pièces par le procureur.* – (A) Dès que possible après la comparution initiale de l'accusé, le procureur communique à la défense copie de toutes les pièces jointes à l'acte d'accusation lors de la demande de confirmation.

(B) À la demande de la défense, le procureur doit permettre à celle-ci de prendre connaissance des livres, photographies, pièces à conviction et tous documents se trouvant en sa possession ou sous son contrôle qui soit sont nécessaires à la défense de l'accusé, soit seront utilisés par le procureur comme moyens de preuve au procès, soit ont été obtenus de l'accusé ou lui appartiennent.

Art. 67. – *Échange des moyens de preuves.* – (A) Dès que possible et en toute hypothèse avant le début du procès :

(i) Le procureur informe la défense du nom des témoins à charge qu'il a l'intention d'appeler pour établir la culpabilité de l'accusé et pour réfuter tout moyen de défense dont le procureur a été informé conformément au paragraphe (ii) ci-dessous ;

(ii) La défense informe le procureur de son intention d'invoquer :

a) Une défense d'alibi, avec indication du lieu ou des lieux spécifiques où l'accusé prétend s'être trouvé au moment des faits incriminés, des nom et adresse des témoins ainsi que tous autres éléments de preuve sur lesquels l'accusé a l'intention de se fonder pour établir sa défense d'alibi ;

b) Un moyen de défense spécial, y compris le défaut total ou partiel de responsabilité mentale, avec indication des nom et adresse des témoins ainsi que tous autres éléments de preuve sur lesquels l'accusé a l'intention de se fonder pour établir ce moyen de défense.

(B) Le défaut d'une telle notification par la défense ne limite pas le droit de l'accusé de témoigner sur ces moyens de défense.

(C) Si la défense introduit la requête prévue au paragraphe (B) de l'article 66 ci-dessus, le procureur peut à son tour prendre connaissance des livres, photographies, pièces à conviction et tous documents en la possession ou sous le contrôle de la défense et qu'elle entend produire.

(D) Si l'une ou l'autre des parties découvre des éléments de preuve ou informations supplémentaires qui auraient dû être produits conformément au règlement, elle en informe sans tarder l'autre partie et la chambre de première instance.

Art. 68. – *Communication des moyens de preuve à décharge.* – Le procureur informe la défense aussitôt que possible de l'existence d'éléments de preuves dont il a connaissance et de nature à disculper en tout ou en partie l'accusé du ou des chefs d'accusation dont il est incriminé.

Art. 69. – *Protection des victimes et des témoins.* – (A) Dans des cas exceptionnels, le procureur peut demander à la chambre de première instance d'ordonner la non-divulgation de l'identité d'une victime ou d'un témoin pour empêcher qu'ils ne courent un danger ou des risques, et ce jusqu'au moment où ils seront placés sous la protection du tribunal.

(B) Sans préjudice des dispositions de l'article 75 ci-dessous, l'identité de cette victime ou de ce témoin devra être divulguée avant le commencement du procès et dans des délais permettant à la défense de se préparer.

Art. 70. – *Exception à l'obligation de communication.* – Nonobstant les dispositions des articles 66 et 67 ci-dessus, les rapports, mémoires ou autres documents internes établis par une partie, ses assistants ou ses représentants dans le cadre de l'enquête ou de la préparation du dossier n'ont pas à être communiqués ou échangés.

Section IV. – Dépositions

Art. 71. – *Dépositions.* – (A) En raison de circonstances exceptionnelles, et dans l'intérêt de la justice, la chambre de première instance peut ordonner à la demande de l'une des parties qu'une déposition soit recueillie en vue du procès. La chambre mandate à cet effet un officier instrumentaire.

(B) La requête visant à faire recueillir une déposition est présentée par écrit. Elle mentionne les nom et adresse du témoin, les conditions de date et de lieu de la déposition, l'objet de cette déposition ainsi que les circonstances exceptionnelles qui la justifient.

(C) S'il est fait droit à la requête, la partie ayant demandé la déposition en donne préavis raisonnable à l'autre partie, qui aura le droit d'assister à la déposition et de contre-interroger le témoin.

(D) La déposition peut aussi être recueillie par voie de vidéo-conférence.

(E) L'officier instrumentaire s'assure que la déposition et, le cas échéant, le contre-interrogatoire sont recueillis et enregistrés selon les formes prévues au règlement, il reçoit et réserve à la décision de la chambre les objections soulevées par l'une ou l'autre des parties. Il transmet tout le dossier à la chambre de première instance.

Section V. – Exceptions préjudicielles

Art. 72. – *Dispositions générales.* – (A) Après la comparution initiale de l'accusé, l'une ou l'autre des parties peut soulever devant la chambre de première instance une ou plusieurs exceptions préjudicielles. La chambre décide si l'exception est présentée sous forme écrite ou orale.

(B) La chambre se prononce sur les exceptions préjudicielles *in limine litis.*

Art. 73. – *Exceptions préjudicielles soulevées par l'accusé.* – (A) Les exceptions préjudicielles soulevées par l'accusé sont :

(i) L'exception d'incompétence ;

(ii) L'exception fondée sur des vices de forme de l'acte d'accusation ;

(iii) L'exception aux fins d'irrecevabilité d'éléments de preuve obtenus de l'accusé ou lui appartenant ;

(iv) L'exception aux fins de disjonction des chefs d'accusation joints conformément à l'article 50 ci-dessus, ou de disjonction d'instances conformément au paragraphe (B) de l'article 82 ci-après ;

(v) L'exception fondée sur le rejet d'une demande de commission d'office d'un conseil.

(B) Les exceptions ci-dessus doivent être soulevées par l'accusé dans les soixante jours suivant sa comparution initiale et en toute hypothèse avant l'audience au fond.

(C) Le défaut par l'accusé de soulever les exceptions préjudicielles ci-dessus dans les délais prescrits vaut renonciation de sa part. La chambre de première instance peut néanmoins déroger à ces délais pour des raisons jugées valables.

CHAPITRE VI. – LE PROCÈS EN PREMIÈRE INSTANCE

Section I. – Dispositions générales

Art. 74. – *Amicus curiae.* – Une chambre peut, si elle le juge souhaitable dans l'intérêt d'une bonne administration de la justice, inviter ou autoriser tout État, toute organisation ou toute personne à faire un exposé sur toute question qu'elle juge utile.

Art. 75. – *Protection des victimes et des témoins.* – (A) Un juge ou une chambre peut, de sa propre initiative ou à la demande d'une des parties ou de la victime ou du témoin intéressé, ordonner des mesures appropriées pour protéger la vie privée et la sécurité de victimes ou de témoins, à condition toutefois que lesdites mesures ne portent pas atteinte aux droits de l'accusé.

(B) Une chambre peut tenir une audience non contradictoire *(ex parte)* pour déterminer s'il y a lieu d'ordonner notamment :

(i) Des mesures de nature à empêcher la divulgation au public ou aux médias de l'identité d'une victime ou d'un témoin, d'une personne qui leur est apparentée ou associée ou du lieu où ils se trouvent, telles que :

a) La suppression, dans les dossiers du tribunal, du nom de l'intéressé et des indications permettant de l'identifier ;

b) L'interdiction de l'accès du public à toute pièce du dossier identifiant la victime ;

c) Lors des témoignages, l'utilisation de moyens techniques permettant l'altération de l'image ou de la voix ou l'usage d'un circuit de télévision fermé, et

d) L'emploi d'un pseudonyme ;

(ii) La tenue d'audiences à huis clos conformément à l'article 79 ci-après ;

(iii) Les mesures appropriées en vue de faciliter le témoignage d'une victime ou d'un témoin vulnérable, par exemple au moyen d'un circuit de télévision unidirectionnel.

(C) La chambre assure le cas échéant le contrôle du déroulement des interrogatoires aux fins d'éviter toute forme de harcèlement ou d'intimidation.

Art. 76. – *Déclaration solennelle des interprètes et des traducteurs.* – Avant de prendre ses fonctions, tout interprète ou traducteur prononce une déclaration solennelle aux termes de laquelle il s'engage à accomplir sa tâche avec dévouement, indépendance et impartialité et dans le plein respect de son devoir de confidentialité.

Art. 77. – *Outrage au tribunal.* – (A) Sous réserve des dispositions du paragraphe (D) de l'article 91, un témoin qui refuse de répondre à une question en rapport avec l'affaire dont la chambre est saisie, ou qui persiste dans son attitude, peut être déclaré coupable d'outrage au tribunal et condamné à une amende ne dépassant pas 10 000 US dollars ou à une peine de prison de six mois au maximum.

(B) Toutefois, si elle le juge approprié, la chambre peut relever le témoin de son obligation de répondre.

(C) L'amende est payée au greffier, qui la verse à un compte distinct.

Art. 78. – *Audience publique.* – Sauf disposition contraire, la procédure devant une chambre de première instance est publique, à l'exception du délibéré.

Art. 79. – *Audience à huis clos.* – (A) La chambre de première instance peut ordonner que la presse et le public soient exclus de la salle pendant tout ou partie de l'audience :

(i) Pour des raisons d'ordre public ou de bonnes mœurs ;

(ii) Pour assurer la sécurité et la protection d'une victime ou d'un témoin ou pour éviter la divulgation de son identité en conformité à l'article 75 ci-dessus ; ou

(iii) En considération de l'intérêt de la justice.

(B) La chambre de première instance rend publiques les raisons de sa décision.

Art. 80. – *Maintien de l'ordre.* – (A) La chambre de première instance peut ordonner que toute personne soit exclue de la salle afin de sauvegarder le droit de l'accusé à un procès équitable et public ou afin de maintenir l'ordre.

(B) La chambre de première instance peut ordonner l'exclusion de l'accusé de la salle d'audience et poursuivre les débats en son absence si l'accusé, après avoir été averti que son comportement risque de justifier son exclusion de la salle d'audience, persiste dans ce comportement.

Art. 81. – *Enregistrement des débats et conservation des preuves.* – (A) Le greffier établit et conserve un compte rendu intégral de tous les débats, y compris un enregistrement sonore, sa transcription et, lorsque la chambre de première instance le juge nécessaire, un enregistrement vidéo.

(B) La chambre de première instance peut ordonner la divulgation de tout ou partie du compte rendu des débats à huis clos lorsque les raisons qui ont motivé le huis clos ont disparu.

(C) Le greffier assure la conservation et la garde de tous les éléments de preuve matériels produits au cours des procédures.

(D) La chambre de première instance détermine si des photographies, des enregistrements vidéo ou des enregistrements sonores peuvent être pris lors de l'audience autrement que par le greffe.

Section II. – Déroulement du procès

Art. 82. – *Jonction et disjonction d'instances.* – (A) En cas d'instances jointes, chaque accusé a les mêmes droits que s'il était jugé séparément.

(B) La chambre de première instance peut ordonner un procès séparé pour des accusés dont les instances avaient été jointes en application de l'article 49, pour éviter tout conflit d'intérêt de nature à causer un préjudice grave à un accusé ou pour sauvegarder l'intérêt de la justice.

Art. 83. – *Instruments de contrainte.* – Les instruments de contrainte tels que les menottes ne sont pas utilisés si ce n'est pour éviter un risque d'évasion au cours du transfert ou pour des raisons de sécurité ; ils sont retirés lorsque l'accusé comparaît devant la chambre.

Art. 84. – *Déclarations liminaires.* – Avant la présentation par le procureur de ses moyens de preuve, chacune des parties peut faire une déclaration liminaire. Toutefois la défense peut décider de faire sa déclaration après que le procureur ait présenté ses moyens de preuve et avant de présenter elle-même ses propres moyens de défense.

Art. 85. – *Présentation des moyens de preuve.* – (A) Chacune des parties peut appeler des témoins à la barre et présenter des moyens de preuve. À moins que la chambre n'en décide autrement dans l'intérêt de la justice, les moyens de preuve sont présentés dans l'ordre suivant :

(i) Preuves du procureur ;

(ii) Preuves de la défense ;

(iii) Réplique du procureur ;

(iv) Duplique de la défense ;

(v) Moyens de preuve ordonnés par la chambre de première instance conformément à l'article 98 ci-après.

(B) Chaque témoin peut, après son interrogatoire principal, faire l'objet d'un contre-interrogatoire et d'un interrogatoire supplémentaire. Toutefois le juge peut également poser toute question au témoin à quelque stade que ce soit. Le témoin est d'abord interrogé par la partie qui le présente.

(C) L'accusé peut, s'il le souhaite, comparaître en qualité de témoin pour sa propre défense.

Art. 86. – *Plaidoiries.* – Après présentation de tous les moyens de preuve, le procureur peut présenter son réquisitoire, et la défense y répondre. S'il le souhaite, le procureur peut répliquer et la défense présenter une duplique.

Art. 87. – *Délibéré.* – (A) Après les plaidoiries des parties, le président de la chambre déclare clos les débats et la chambre se retire pour délibérer à huis clos. L'accusé n'est déclaré coupable que lorsque la majorité de la chambre de première instance considère que la culpabilité de l'accusé a été prouvée au-delà de tout doute raisonnable.

(B) La chambre de première instance vote séparément sur chaque chef visé dans l'acte d'accusation. Si deux ou plusieurs accusés sont jugés ensemble, en application de l'article 49 ci-dessus, la chambre statue séparément sur le cas de chacun d'eux.

Art. 88. – *Jugement.* – (A) Le jugement est prononcé, en audience publique et en présence de l'accusé, à une date qui a été notifiée aux parties et aux conseils.

(B) Si elle juge l'accusé coupable de l'infraction et si à l'examen des preuves il est établi que l'infraction a donné lieu à l'acquisition illicite d'un bien, la chambre de première instance le constate spécifiquement dans son jugement et peut ordonner la restitution de ce bien conformément à l'article 105 ci-après.

(C) Des opinions individuelles ou dissidentes peuvent être jointes au jugement.

Section III. – De la preuve

Art. 89. – *Dispositions générales.* – (A) En matière de preuve, les règles énoncées dans la présente section s'appliquent à toute procédure devant les chambres. La chambre saisie n'est pas liée par les règles de droit interne régissant l'administration de la preuve.

(B) Dans les cas où le règlement est muet, la chambre applique les règles d'administration de la preuve propres à parvenir, dans l'esprit du statut et des principes généraux du droit, à un règlement équitable de la cause.

(C) La chambre peut recevoir tout élément de preuve pertinent qu'elle estime avoir valeur probante.

(D) La chambre peut exclure tout élément de preuve dont la valeur probante est largement inférieure à l'exigence d'un procès équitable.

(E) La chambre peut demander à vérifier l'authenticité de tout élément de preuve obtenu hors audience.

Art. 90. – *Témoignages.* – (A) En principe, les chambres entendent les témoins directement. Cependant, s'il n'est pas possible d'assurer la présence d'un témoin, les chambres peuvent ordonner que celui-ci dépose selon les modalités prévues à l'article 71.

(B) Avant de témoigner, tout témoin fait la déclaration solennelle suivante : « Je déclare solennellement que je dirai la vérité, toute la vérité et rien que la vérité ».

(C) Un témoin, autre qu'un expert, qui n'a pas encore témoigné ne doit pas être présent lors de la déposition d'un autre témoin. Toutefois, s'il a entendu cet autre témoignage, le sien n'est pas pour autant irrecevable.

(D) Un témoin peut refuser de faire toute déclaration qui risquerait de l'incriminer.

Art. 91. – *Faux témoignage sous déclaration solennelle.* – (A) De sa propre initiative ou à la demande d'une partie, la chambre avertit le témoin de son obligation de dire la vérité et des conséquences pouvant résulter d'un faux témoignage.

(B) Si la chambre a de bonnes raisons de croire qu'un témoin a sciemment et volontairement fait un faux témoignage, elle peut demander au procureur d'examiner l'affaire en vue de préparer et de soumettre un acte d'accusation pour faux témoignage.

(C) Les dispositions de procédure et de preuve prévues aux chapitres IV à VIII du règlement s'appliquent, *mutatis mutandis,* aux procédures visées au présent article.

(D) Un juge ayant siégé à la chambre de première instance devant laquelle le témoin a comparu ne peut connaître des procédures pour faux témoignages dont le témoin est l'objet.

(E) Le faux témoignage sous déclaration solennelle est passible d'une amende ne pouvant excéder 10 000 US dollars ou d'une peine d'emprisonnement de douze mois maximum, ou des deux. L'amende est payée au greffier, qui la verse au compte distinct visé au paragraphe (C) de l'article 77 ci-dessus.

Art. 92. – *Aveux.* – Sous réserve du respect rigoureux des conditions visées à l'article 63 ci-dessus, l'aveu de l'accusé donné lors d'un interrogatoire par le procureur est présumé libre et volontaire jusqu'à preuve du contraire.

Art. 93. – *Ligne de conduite délibérée.* – Les éléments de preuve permettant d'établir une ligne de conduite délibérée sont recevables dans l'intérêt de la justice.

Art. 94. – *Faits de notoriété publique.* – La chambre de première instance n'exige pas la preuve de ce qui est de notoriété publique, mais en dresse le constat judiciaire.

Art. 95. – *Éléments de preuve obtenus par des moyens contraires aux droits de la personne internationalement protégée.* – Les éléments de preuve obtenus directement ou indirectement par des moyens constituant une grave violation des droits de la personne internationalement protégée ne sont pas recevables.

Art. 96. – *Administration des preuves en matière de violences sexuelles.* – (A) En matière de violences sexuelles :

(i) La corroboration du témoignage de la victime par des témoins n'est pas requise ;

(ii) Le consentement de la victime ne peut être invoqué comme moyen de défense ;

(iii) Le comportement sexuel antérieur de la victime ne peut être invoqué comme moyen de défense.

Art. 97. – *Secret des communications entre avocat et client.* – Toutes les communications échangées entre un avocat et son client sont considérées comme couvertes par le secret professionnel, et leur divulgation ne peut pas être ordonnée à moins que :

(i) Le client ne consente à leur divulgation ; ou

(ii) Le client n'en ait volontairement divulgué le contenu à un tiers et que ce tiers n'en fasse état au procès.

Art. 98. – *Pouvoir des chambres d'ordonner de leur propre initiative la production de moyens de preuve supplémentaires.* – La chambre de première instance peut ordonner la production de moyens de preuve supplémentaires par l'une ou l'autre des parties. Elle peut de sa propre initiative citer des témoins à comparaître.

Art. 99. – *Statut de la personne acquittée.* – (A) En cas d'acquittement, l'accusé est remis en liberté.

(B) Toutefois, en cas d'appel interjeté à l'audience par le procureur dès le prononcé du jugement d'acquittement, sur ses réquisitions, la chambre peut émettre un mandat d'arrêt contre l'accusé qui prend effet immédiatement sans préjudice des dispositions de l'article 108 ci-après.

Section IV. – Sentence

Art. 100. – *Procédure préalable au prononcé de la sentence.* – Après jugement de culpabilité, le procureur et la défense peuvent présenter toutes informations pertinentes permettant à la chambre de première instance de décider de la sentence appropriée.

Art. 101. – *Peines*. – (A) Toute personne reconnue coupable par le tribunal est passible de l'emprisonnement pouvant aller jusqu'à l'emprisonnement à vie.

(B) Lorsqu'elle prononce une peine la chambre de première instance tient compte des dispositions prévues au paragraphe 2 de l'article 24 du statut, ainsi que :

(i) De l'existence de circonstances aggravantes ;

(ii) De l'existence de circonstances atténuantes, y compris le sérieux et l'étendue de la coopération que l'accusé a fournie au procureur avant ou après la déclaration de culpabilité ;

(iii) De la grille générale des peines d'emprisonnement telles qu'appliquées par les tribunaux en ex-Yougoslavie ;

(iv) De la durée de la période, le cas échéant, pendant laquelle la personne reconnue coupable avait été gardée à vue en attendant d'être remise au tribunal ou en attendant d'être jugée par une chambre de première instance ;

(v) De la durée de la période, le cas échéant, pendant laquelle la personne reconnue coupable avait déjà purgé une peine imposée à raison du même acte par un tribunal national, en application du paragraphe 3 de l'article 10 du statut.

(C) En cas de multiplicité des peines, la chambre de première instance détermine si celles-ci doivent être purgées de façon consécutive ou si elles doivent être confondues.

(D) La sentence est prononcée en audience publique et en présence de la personne reconnue coupable sous réserve du paragraphe (B) de l'article 102 ci-après.

Art. 102. – *Statut du condamné*. – (A) La sentence emporte immédiatement exécution dès son prononcé conformément au paragraphe (D) de l'article 101 ci-dessus. Toutefois, dès notification d'appel, il est sursis à l'exécution de la sentence jusqu'au prononcé de la décision d'appel, le condamné restant néanmoins détenu comme prévu à l'article 64 ci-dessus.

(B) Si, conformément à une décision antérieure de la chambre, le condamné est en liberté provisoire ou est en liberté pour toute autre raison, et n'est pas présent au moment du prononcé du jugement, la chambre émet un mandat d'arrêt à son encontre. Lors de son arrestation, notification lui est alors donnée de la déclaration de culpabilité et de la sentence, après quoi il est procédé conformément à l'article 105 ci-après.

Art. 103. – *Lieu d'emprisonnement*. – (A) La peine de prison est exécutée dans un État choisi par le tribunal sur une liste d'États ayant indiqué leur volonté d'accueillir des personnes condamnées pour l'exécution de leur peine.

(B) Le transfert du condamné vers cet État est effectué aussitôt que possible après expiration du délai d'appel.

Art. 104. – *Contrôle de l'emprisonnement*. – L'exécution de toutes les peines de prison est soumise au contrôle du tribunal ou d'un organe désigné par lui.

Art. 105. – *Restitution de biens*. – (A) Après jugement de culpabilité contenant le constat spécifique prévu au paragraphe (B) de l'article 88, la chambre de première instance doit, sur requête du procureur, ou peut, de sa propre initiative, tenir une audience spéciale pour déterminer les conditions spécifiques dans lesquelles devra être restitué le bien en question ou le produit de son aliénation. La chambre peut ordonner dans l'intervalle les mesures conservatoires qu'elle juge appropriées pour la préservation et la protection du bien et du produit de son aliénation.

(B) La décision de restitution s'étend au bien et au produit de l'aliénation du bien même s'il se trouve entre les mains de tiers n'ayant aucun rapport avec les infractions dont l'accusé a été reconnu coupable.

(C) Les tiers sont cités à comparaître devant la chambre de première instance et ont la possibilité de justifier leur possession du bien ou du produit de son aliénation.

(D) Si la chambre de première instance peut, à l'examen des preuves et de leur force probante, déterminer qui est le propriétaire légitime du bien, elle en ordonne la restitution à ce dernier.

(E) Si la chambre de première instance ne peut pas déterminer qui est le propriétaire légitime du bien, elle en informe les autorités nationales compétentes et leur demande de le déterminer.

(F) Le greffier transmet aux autorités nationales compétentes les ordonnances rendues par une chambre de première instance conformément au paragraphe (D) du présent article.

Art. 106. – *Indemnisation des victimes.* – (A) Le greffier transmet aux autorités compétentes des États concernés le jugement par lequel l'accusé a été reconnu coupable d'une infraction qui a causé des dommages à une victime.

(B) La victime ou ses ayants droit peuvent, conformément à la législation nationale applicable, intenter une action devant une juridiction ou toute autre institution compétente, pour obtenir réparation du préjudice.

(C) Aux fins d'obtenir réparation du préjudice conformément au paragraphe (B) ci-dessus, le jugement du tribunal est définitif et déterminant quant à la responsabilité pénale de la personne condamnée.

CHAPITRE VII. – L'APPEL

Art. 107. – *Disposition générale.* – Les dispositions du règlement en matière de procédure et de preuve devant les chambres de première instance s'appliquent, *mutatis mutandis,* à la procédure devant la chambre d'appel.

Art. 108. – *Acte d'appel.* – Toute partie qui souhaite interjeter appel d'un jugement doit, dans les trente jours suivant son prononcé, déposer auprès du greffier et signifier à l'autre partie l'acte d'appel, écrit et motivé.

Art. 109. – *Dossier d'appel.* – (A) Le dossier d'appel est constitué des éléments du dossier de première instance certifié par le greffier, qui sont désignés par les parties.

(B) Dans les trente jours de la certification du dossier de première instance par le greffier, les parties se mettent d'accord sur les éléments du dossier qui selon elles sont nécessaires à la décision d'appel.

(C) En cas de désaccord au terme de ce délai, l'appelant et l'intimé disposent d'un délai de soixante jours à compter de la certification par le greffier pour désigner les éléments du dossier que chacun considère nécessaires à la décision d'appel.

(D) La chambre d'appel reste libre de demander la transmission du dossier complet de première instance.

Art. 110. – *Copie du dossier d'appel.* – Le greffier fait autant de copies du dossier d'appel qu'il y a de parties et de juges en chambre d'appel.

Art. 111. – *Mémoire de l'appelant.* – Le mémoire de l'appelant comporte tous les éléments de droit et de fait. Il est déposé auprès du greffier et est signifié à l'autre partie dans un délai de quatre-vingt-dix jours à compter de la certification du dossier.

Art. 112. – *Mémoire de l'intimé.* – Le mémoire de l'intimé comporte tous les éléments de droit et de fait. Il est déposé auprès du greffier et est signifié à l'autre partie dans un délai de trente jours à compter du dépôt du mémoire de l'appelant.

Art. 113. – *Mémoire en réplique.* – L'appelant peut déposer un mémoire en réplique dans un délai de quinze jours à compter du dépôt du mémoire de l'intimé.

Art. 114. – *Date d'audience.* – Après l'expiration des délais de dépôt des mémoires prévus aux articles 111, 112 et 113 ci-dessus, la chambre d'appel fixe la date d'audience et le greffier en informe les parties.

Art. 115. – *Moyens de preuve supplémentaires.* – Une partie peut demander à pouvoir présenter devant la chambre d'appel des moyens de preuve supplémentaires dont elle ne disposait pas au moment du procès en première instance. Une telle demande doit être déposée auprès du greffier et signifiée à l'autre partie au moins quinze jours avant la date fixée pour l'audience.

La chambre d'appel autorise la présentation de ces moyens de preuves si elle considère que l'intérêt de la justice le commande.

Art. 116. – *Report des délais.* – La chambre d'appel peut faire droit à une demande de report de délais si elle le considère justifié.

Art. 117. – *Arrêt.* – (A) La chambre d'appel rend son arrêt en se fondant sur le dossier d'appel et, le cas échéant, sur les nouveaux éléments de preuve qui lui ont été présentés.

(B) L'arrêt est rendu en audience publique et en présence de l'accusé à une date qui a été notifiée aux parties et aux conseils.

Art. 118. – *Statut de l'accusé après l'arrêt d'appel.* – (A) En cas de condamnation, l'arrêt est exécutoire immédiatement.

(B) Si l'accusé n'est pas présent au jour du prononcé de l'arrêt, soit en raison de son acquittement en première instance, soit en raison d'une ordonnance prise conformément à l'article 65 ci-dessus ou pour toute autre cause, la chambre d'appel rend son arrêt en son absence et ordonne son arrestation et sa mise à disposition du tribunal, hormis le cas de l'acquittement.

CHAPITRE VIII. – RÉVISION

Art. 119. – *Demande en révision.* – S'il est découvert un fait nouveau qui n'était pas connu de la partie intéressée lors de la procédure devant une chambre de première instance ou la chambre d'appel ou dont la découverte n'avait pu intervenir malgré toutes les diligences effectuées, la défense ou, dans l'année suivant le prononcé du jugement définitif, le procureur peut soumettre à la même chambre une demande en révision du jugement.

Art. 120. – *Examen préliminaire.* – Si la majorité des juges de la chambre qui a statué sur l'affaire conviennent que le fait nouveau, s'il avait été établi, aurait pu être un élément décisif de la décision, la chambre révise le jugement et prononce un nouveau jugement après audition des parties.

Art. 121. – *Appel.* – Après révision, le jugement prononcé par la chambre de première instance peut faire l'objet d'un appel conformément au chapitre VIII ci-dessus.

Art. 122. – *Renvoi de l'affaire devant la chambre de première instance.* – Si le jugement à réviser est frappé d'appel lors du dépôt de la demande en révision, la chambre d'appel peut renvoyer l'affaire à la chambre de première instance pour qu'elle statue sur la demande.

CHAPITRE IX. – GRÂCE ET COMMUTATION DE PEINE

Art. 123. – *Notification par les États.* – Si, selon la législation de l'État sur le territoire duquel est incarcéré le condamné, ce dernier peut faire l'objet d'une grâce ou d'une commutation de peine, l'État en informe le tribunal conformément à l'article 28 du statut.

Art. 124. – *Appréciation du président.* – Le président, au vu de cette notification, apprécie après consultation des juges s'il y a lieu d'accorder une grâce ou une commutation de peine.

Art. 125. – *Critères généraux d'octroi.* – Aux fins d'apprécier de l'opportunité d'une grâce ou d'une commutation de peine, le président du tribunal tient compte, entre autres, de la gravité de l'infraction commise, du traitement réservé aux condamnés se trouvant dans la même situation, de la volonté de réinsertion sociale dont fait preuve le condamné ainsi que du sérieux et de l'étendue de la coopération fournie au procureur.

Loi n. 95-1 du 2 janvier 1995

portant adaptation de la législation française aux dispositions de la résolution 827
du Conseil de sécurité des Nations unies instituant un tribunal international
en vue de juger les personnes présumées responsables de violations graves
du droit international humanitaire commises sur le territoire de l'ex-Yougoslavie depuis 1991
(Mod. L. n. 96-432, 22 mai 1996)

(Rwanda – voir Texte intégral ci-après F)

Art. 1er. – Pour l'application de la résolution 827 du Conseil de sécurité des Nations unies du 25 mai 1993 instituant un tribunal international en vue de juger les personnes présumées responsables de violations graves du droit international humanitaire commises sur le territoire de l'ex-Yougoslavie depuis le 1er janvier 1991, la France participe à la répression des infractions et coopère avec cette juridiction dans les conditions fixées par la présente loi.

Les dispositions qui suivent sont applicables à toute personne poursuivie à raison des actes qui constituent, au sens des articles 2 à 5 du statut du tribunal international, des infractions graves aux conventions de Genève du 12 août 1949, des violations des lois ou coutumes de la guerre, un génocide ou des crimes contre l'humanité.

La loi du 2 janvier 1995, portant adaptation de la législation française aux dispositions de la résolution 827 du Conseil de sécurité des Nations unies, instituant un Tribunal international en vue de juger les personnes présumées responsables de violations graves du droit international humanitaire, commises sur le territoire de l'ex-Yougoslavie depuis le 1er janvier 1991, est applicable aux instances en cours. Il résulte des dispositions des articles 1er et 2 de ladite loi que les juridictions françaises ne peuvent poursuivre et juger que s'ils sont trouvés en France, les auteurs ou complices de crimes ou délits définis par la loi française qui constituent, au sens des articles 2 à 5 du statut du Tribunal international, des infractions graves aux conventions de Genève du 12 août 1949, des violations des lois ou coutumes de la guerre, un génocide ou des crimes contre l'humanité. La présence en France de victimes de telles infractions ne saurait à elle seule justifier la mise en mouvement de l'action publique, dès lors que les auteurs ou complices soupçonnés de ces infractions n'ont pas été découverts sur le territoire français (Cass. crim., 26 mars 1996 : *Bull.* 132).

TITRE PREMIER. – DE LA COMPÉTENCE ET DU DESSAISISSEMENT DES JURIDICTIONS FRANÇAISES

CHAPITRE I. – DE LA COMPÉTENCE DES JURIDICTIONS FRANÇAISES

Art. 2. – Les auteurs ou complices des infractions mentionnées à l'article 1er peuvent être poursuivis et jugés par les juridictions françaises, en application de la loi française, s'ils sont trouvés en France. Ces dispositions sont applicables à la tentative de ces infractions, chaque fois que celle-ci est punissable.

Toute personne qui se prétend lésée par l'une de ces infractions peut, en portant plainte, se constituer partie civile dans les conditions prévues par les articles 85 et suivants du Code de procédure pénale dès lors que les juridictions françaises sont compétentes en application des dispositions de l'alinéa précédent.

Le tribunal international est informé de toute procédure en cours portant sur des faits qui pourraient relever de sa compétence.

CHAPITRE II. – DU DESSAISISSEMENT DES JURIDICTIONS FRANÇAISES

Art. 3. – Les demandes du tribunal international aux fins de dessaisissement des juridictions françaises d'instruction ou de jugement sont adressées, en original et accompagnées de toutes pièces justificatives, au ministre de la Justice, qui, après s'être assuré de leur régularité formelle, les transmet au procureur général près la Cour de cassation.

Ces demandes sont signifiées aux parties qui ont un délai de quinze jours pour déposer un mémoire au greffe de la Cour de cassation.

Le dossier de la procédure est transmis sans délai au parquet général de la Cour de cassation..

Art. 4. – Lorsque la Chambre criminelle de la Cour de cassation, saisie par requête du procureur général près cette cour, constate que les faits, objet de la demande de dessaisissement de la juridiction française d'instruction ou de jugement, entrent dans le champ d'application de l'article 1er de la présente loi et qu'il n'y a pas d'erreur évidente, elle ordonne le dessaisissement et renvoie la connaissance de l'affaire au tribunal international.

La Chambre criminelle statue dans le mois de la requête.

Art. 5. – Lorsque le dessaisissement est ordonné, le dossier de la procédure est adressé par le ministre de la Justice au tribunal international.

Lorsque la demande de dessaisissement est accompagnée d'une demande de remise, le dessaisissement vaut décision de remise de l'intéressé si celui-ci est détenu en raison de faits entrant dans le champ d'application de l'article 1er de la présente loi.

Dans ce cas, les mandats délivrés par les juridictions d'instruction ou de jugement conservent leur force exécutoire jusqu'à la remise effective de l'intéressé.

La remise s'effectue dans les délais et conditions prévus au second alinéa de l'article 15.

Art. 6. – Le dessaisissement de la juridiction ne fait pas obstacle au droit de la partie civile de faire application des dispositions des articles 4 et 5-1 du Code de procédure pénale.

Lorsque la juridiction dessaisie est une juridiction de jugement, celle-ci demeure compétente, sur la demande de la victime qui s'est constituée partie civile avant le dessaisissement, pour statuer sur l'action civile, après que le tribunal international s'est définitivement prononcé sur l'action publique.

TITRE II. – DE LA COOPÉRATION JUDICIAIRE

CHAPITRE I. – DE L'ENTRAIDE JUDICIAIRE

Art. 7. – Les demandes d'entraide émanant du tribunal international ou de son procureur sont adressées au ministre de la Justice en original ou en copie certifiée conforme accompagnées de toutes pièces justificatives.

Ces documents sont transmis au procureur de la République de Paris qui leur donne toutes suites utiles.

En cas d'urgence, ces documents peuvent être adressés directement et par tout moyen à ce magistrat. Ils sont ensuite transmis dans les formes prévues aux alinéas précédents.

Art. 8. – Les demandes d'entraide sont exécutées, selon les cas, par le procureur de la République ou par le juge d'instruction de Paris qui agissent sur l'ensemble du territoire national en présence, le cas échéant, du procureur près le tribunal international.

Les procès-verbaux établis en exécution de ces demandes sont adressés au tribunal international par le ministre de la Justice.

En cas d'urgence, les copies certifiées conformes des procès-verbaux peuvent être adressées directement et par tout moyen au tribunal international.

CHAPITRE II. – DE L'ARRESTATION ET DE LA REMISE

Art. 9. – Les demandes d'arrestation aux fins de remise délivrées par le tribunal international ou par son procureur sont adressées, en original et accompagnées de toutes pièces justificatives, au ministre de la Justice qui, après s'être assuré de leur régularité formelle, les transmet au procureur général près la cour d'appel de Paris et, dans le même temps, les met à exécution dans toute l'étendue du territoire de la République.

En cas d'urgence, ces demandes peuvent aussi être adressées directement et par tout moyen au procureur de la République territorialement compétent.

Art. 10. – Toute personne appréhendée en vertu d'une demande d'arrestation aux fins de remise doit être déférée dans les vingt-quatre heures au procureur de la République territorialement compétent. Dans ce délai, les dispositions des articles 63-1 à 63-4 du Code de procédure pénale lui sont applicables.

Après avoir vérifié l'identité de cette personne, ce magistrat l'informe, dans une langue qu'elle comprend, qu'elle fait l'objet d'une demande d'arrestation aux fins de remise et qu'elle comparaîtra, dans un délai maximum de cinq jours, devant le procureur général près la cour d'appel de Paris. Le procureur de la République l'informe également qu'elle sera assistée par un avocat de son choix ou, à défaut, par un avocat commis d'office par le bâtonnier de l'ordre des avocats, informé sans délai et par tout moyen. Il l'avise de même qu'elle pourra s'entretenir immédiatement avec l'avocat désigné.

Mention de ces informations est faite au procès-verbal, qui est aussitôt transmis au procureur général près la cour d'appel de Paris.

Le procureur de la République ordonne l'incarcération de la personne réclamée à la maison d'arrêt.

Art. 11. – La personne réclamée est transférée, s'il y a lieu, et écrouée à la maison d'arrêt du ressort de la cour d'appel de Paris. Le transfèrement doit avoir lieu dans un délai maximum de cinq jours à compter de sa présentation au procureur de la République, faute de quoi la personne réclamée est immédiatement libérée sur décision du président de la chambre de l'instruction de la cour d'appel de Paris, à moins que le transfèrement ait été retardé par des circonstances insurmontables.

Le procureur général près cette même cour lui notifie, dans une langue qu'elle comprend, la demande d'arrestation aux fins de remise ainsi que les chefs d'accusation portés contre elle.

Lorsque la personne réclamée a déjà demandé l'assistance d'un avocat et que celui-ci a été dûment convoqué, le procureur général reçoit ses déclarations.

Dans les autres cas, ce magistrat lui rappelle son droit de choisir un avocat ou de demander qu'il lui en soit désigné un d'office. L'avocat choisi ou, dans le cas d'une demande de commission d'office, le bâtonnier de l'ordre des avocats en est informé par tout moyen et sans délai. L'avocat peut consulter sur-le-champ le dossier et communiquer librement avec la personne réclamée. Le procureur général reçoit les déclarations de cette dernière après l'avoir avertie qu'elle est libre de ne pas en faire. Mention de cet avertissement est faite au procès-verbal.

Art. 12. – La chambre de l'instruction est immédiatement saisie de la procédure. La personne réclamée comparaît devant elle dans un délai de huit jours à compter de sa présentation au procureur général. Sur la demande de ce dernier ou de la personne réclamée, un délai supplémentaire de huit jours peut être accordé avant les débats. Il est ensuite procédé à un interrogatoire dont il est dressé procès-verbal.

Les débats se déroulent et l'arrêt est rendu en audience publique, sauf si la publicité est de nature à nuire au bon déroulement de la procédure en cours, aux intérêts d'un tiers, à l'ordre public ou aux bonnes mœurs. Dans ce cas, la chambre de l'instruction, à la demande du ministère public, de la personne réclamée ou d'office, décide par un arrêt rendu en chambre du conseil qui n'est susceptible de pourvoi en cassation qu'en même temps que l'arrêt portant sur la remise prévue à l'article 13.

Le ministère public et la personne réclamée sont entendus, cette dernière assistée, le cas échéant, de son avocat et, s'il y a lieu, en présence d'un interprète.

Art. 13. – Lorsque la chambre de l'instruction constate que les faits, objet de la demande d'arrestation aux fins de remise, entrent dans le champ d'application de l'article 1er et qu'il n'y a pas erreur évidente, elle ordonne la remise de la personne réclamée et, si celle-ci est libre, son incarcération à cette fin.

La chambre de l'instruction statue dans les quinze jours de la comparution devant elle de la personne réclamée.

En cas de pourvoi, la Chambre criminelle de la Cour de cassation statue dans un délai de deux mois suivant la réception du dossier à la Cour de cassation.

Le grief invoqué par la personne réclamé par le tribunal international pour le Rwanda, qui allègue avoir été irrégulièrement interrogée, au moment de son arrestation en France, par des enquêteurs de ce tribunal, est étranger tant au pouvoir de contrôle attribué à la chambre de l'instruction par l'article 13 de la loi du 2 janvier 1995 qu'à l'exécution des actes accomplis par les autorités françaises, au titre de l'entraide judiciaire dans les formes prévues par le titre II de ladite loi (Cass. crim., 9 févr. 2000 : *Bull.* 61).

Art. 14. – La mise en liberté peut être demandée à tout moment à la chambre de l'instruction de la cour d'appel de Paris qui procède conformément aux articles 148-1 et suivants du Code de procédure pénale.

La chambre de l'instruction statue par un arrêt rendu en audience publique qui doit comporter l'énoncé des considérations de droit et de fait qui constituent le fondement de cette décision par référence aux dispositions de l'article 144 du Code de procédure pénale.

Art. 15. – L'arrêt rendu par la chambre de l'instruction et, le cas échéant, le lieu et la date de la remise de la personne réclamée, ainsi que la durée de la détention subie en vue de cette remise, sont portés à la connaissance du tribunal international, par tout moyen, par le ministre de la Justice.

La personne réclamée est remise dans un délai d'un mois à compter du jour où cette décision est devenue définitive, faute de quoi elle est immédiatement libérée sur décision du président de la chambre de l'instruction à moins que sa remise ait été retardée par des circonstances insurmontables.

Art. 16. – Les dispositions des articles 9 à 15 sont également applicables si la personne réclamée est poursuivie ou condamnée en France pour d'autres chefs que ceux visés par la demande du tribunal international. Toutefois, la personne détenue dans ces conditions ne peut bénéficier d'une mise en liberté au titre des articles 11, 14 et 15, second alinéa.

La procédure suivie devant le tribunal international suspend, à l'égard de cette personne, la prescription de l'action publique et de la peine.

CHAPITRE III. – *(L. n. 2002–268, 26 février 2002, art. 3)*
De l'exécution des peines d'emprisonnement

Art. 16-1. – Lorsqu'en application de l'accord entre le Gouvernement de la République française et l'Organisation des Nations unies concernant l'exécution des peines prononcées par le Tribunal pénal international pour l'ex-Yougoslavie, fait à La Haye le 25 février 2000, la France a donné son accord pour recevoir une personne condamnée par le Tribunal pénal international afin que celle-ci y purge sa peine d'emprisonnement, les dispositions des articles 627-18 à 627-20 du code de procédure pénale sont applicables.

Les références à la Cour pénale internationale sont alors remplacées par des références au Tribunal pénal international pour l'ex-Yougoslavie. De même, les références aux articles du statut de la Cour pénale internationale sont remplacées par des références aux articles correspondants des instruments internationaux régissant ledit tribunal.

Art. 17. – La présente loi est applicable dans les territoires d'outre-mer et dans la collectivité territoriale de Mayotte en tenant compte des dispositions du Code de procédure pénale applicables localement.

Circulaire du 10 février 1995

commentant la loi n. 95-1 du 2 janvier 1995
portant adaptation de la législation française aux dispositions de la résolution 827
du Conseil de sécurité des Nations unies instituant un tribunal international
en vue de juger les personnes présumées responsables de violations graves
du droit humanitaire commises sur le territoire de l'ex-Yougoslavie depuis 1991

Paris, le 10 février 1995.

Le ministre d'État, garde des sceaux, ministre de la Justice, à Madame et Messieurs les procureurs généraux, Mesdames et Messieurs les procureurs de la République (pour attribution), Mesdames et Messieurs les premiers présidents de cour d'appel, les présidents des tribunaux de grande instance (pour information).

Par sa résolution 827 en date du 25 mai 1993 (ci-jointe en annexe), le Conseil de sécurité, agissant en vertu du chapitre VII de la Charte des Nations unies, a institué un tribunal international chargé de juger les personnes présumées responsables de violations graves du droit humanitaire international commises sur le territoire de l'ex-Yougoslavie.

La résolution 827 faisant obligation aux États d'apporter « leur pleine coopération » au tribunal international, la loi du 2 janvier 1995 est venue procéder aux adaptations de notre droit interne que supposait cette coopération.

Après avoir brièvement rappelé la compétence, la composition et le fonctionnement du tribunal international, la présente circulaire commente, article par article, les différentes dispositions de cette loi.

1. – Présentation du tribunal international

La compétence, la composition et le fonctionnement de ce tribunal sont prévus par son statut (ci-joint en annexe), auquel renvoie expressément la résolution 827, et par le règlement de procédure et d'administration des preuves (également ci-joint en annexe), adopté par les juges du tribunal international en application de l'article 15 du statut.

Le tribunal, qui a son siège à La Haye, comporte deux chambres de première instance et une chambre d'appel (art. 11 du statut). Il est composé de onze juges, dont un juge français, élus par l'Assemblée générale de l'ONU pour un mandat de quatre ans renouvelable.

Son procureur, nommé pour quatre ans, est un organe distinct au sein du tribunal, qui agit en toute indépendance, sans pouvoir recevoir d'instructions de quiconque. C'est à lui qu'il appartient de saisir le tribunal en transmettant l'acte d'accusation à un juge siégeant dans une chambre de première instance. Il dispose également de pouvoirs d'investigation étendus, similaires à ceux que détient en France un juge d'instruction.

Le tribunal international est gouverné par deux règles essentielles :

– sa compétence est limitée dans le temps et dans l'espace aux violations graves du droit international humanitaire commises sur le territoire de l'ex-Yougoslavie depuis 1991, soit le début des hostilités, et qui constituent, selon le statut du tribunal, des infractions graves aux conventions de Genève de 1949, des violations des lois aux coutumes de la guerre, un génocide ou des crimes contre l'humanité (art. 2 à 5 du statut) ;

– sa compétence est prioritaire sur celle des juridictions nationales pour les crimes considérés (art. 9 et 10 du règlement).

Le tribunal ne peut prononcer que des peines d'emprisonnement, dont les conditions sont fixées par référence aux peines appliquées par les tribunaux de l'ex-Yougoslavie (art. 24 du statut).

2. – **Présentation des dispositions d'adaptation**

La loi du 2 janvier 1995 distingue, dans ses deux titres, après un article introductif qui fixe son champ d'application, d'une part, la compétence et le dessaisissement des juridictions françaises et, d'autre part, la coopération judiciaire avec le tribunal international.

2.1. – *Champ d'application de la loi*

Le champ d'application de la présente loi est fixé par son article 1er, qui rappelle que sont visées les violations graves du droit humanitaire commises sur le territoire de l'ex-Yougoslavie à partir du 1er janvier 1991, telles que définies par le statut, à savoir les infractions graves aux conventions de Genève de 1949, les violations des lois ou coutumes de la guerre, le génocide ou les crimes contre l'humanité, dès lors que ces infractions constituent des crimes ou délits en droit français.

Est ainsi rappelé le principe de la double incrimination, qui, compte tenu de la nature et de la gravité des agissements visés par le statut, ne soulève aucune difficulté d'application, ces agissements constituant évidemment des infractions en droit français.

En particulier, le fait que le génocide et les autres crimes contre l'humanité ne constituent dans notre droit des incriminations spécifiques que depuis l'entrée en vigueur du nouveau Code pénal est sans incidence, ces comportements ayant toujours été pénalement sanctionnés par les textes antérieurs, tels que ceux relatifs aux homicides volontaires, aux violences, aux enlèvements ou aux séquestrations.

En réalité, le respect du principe de double incrimination s'impose principalement pour permettre aux juridictions françaises, si elles étaient saisies de ces faits, de prononcer des peines, les textes internationaux précités n'édictant en effet aucune pénalité. Il en résulte en pratique que, pour les faits commis entre le 1er janvier 1991 et le 1er mars 1994, seules les peines prévues par l'ancien Code pénal, du moins lorsqu'elles sont plus douces, pourront être prononcées.

2.2. – *Compétence et dessaisissement des juridictions françaises* (art. 2 à 6)

2.2.1. – Compétence des juridictions françaises (art. 2)

L'article 2 du chapitre Ier du titre Ier de la loi pose le principe de la compétence universelle des juridictions françaises pour les infractions mentionnées à l'article 1er dès lors que l'auteur ou le complice de ces faits est trouvé sur le territoire français.

La reconnaissance de cette compétence universelle, qui n'était pas exigée par la résolution du Conseil de sécurité, constitue une importante innovation : elle marque la volonté de la France de collaborer aussi efficacement que possible à la répression de ces crimes.

Elle permet ainsi l'application de la loi française à l'encontre de tout criminel de guerre qui tenterait de se réfugier sur notre territoire, même dans l'hypothèse où celui-ci ne serait pas encore recherché par le tribunal international.

Le deuxième alinéa de l'article 2 précise que les victimes pourront se constituer partie civile, le cas échéant, pour mettre en mouvement l'action publique. Cette précision, qui pourrait paraître juridiquement superfétatoire, a été jugée nécessaire par le Parlement afin d'éviter toute ambiguïté, dans la mesure où la constitution de partie civile est exclue devant le tribunal international.

Conformément à la règle traditionnellement édictée en matière de compétence universelle et dans un souci d'efficacité, le Parlement n'a pas souhaité étendre la compétence des juridictions nationales aux infractions mentionnées à l'article 1er dont les auteurs ne sont pas trouvés en France.

Toutefois, comme cela a été indiqué au cours des débats devant l'Assemblée nationale (*JO AN* CR 20 décembre 1994, p. 9446), l'impossibilité de mettre en mouvement l'action publique contre des personnes ne se trouvant pas sur le territoire français n'empêche nullement les parquets de faire procéder, à titre conservatoire et au cours d'une enquête préliminaire, à l'audition des personnes victimes de ces crimes et qui se seraient réfugiées en France.

Les parquets dans le ressort desquels ces victimes ont élu domicile devront ainsi veiller, à la demande de ces dernières, à ce que leurs déclarations puissent être recueillies par procès-verbal, en faisant procéder si nécessaire à leur examen médical en application de l'article 77-1 du Code de procédure pénale, afin de conserver leur témoignage au cas de poursuites ultérieures.

En tout état de cause, le tribunal international bénéficiant d'une compétence prioritaire, le dernier alinéa de l'article 2 précise que les procédures en cours portant sur des faits pouvant relever de ses attributions doivent être portées à la connaissance de ce dernier. Cette information devra être faite par l'intermédiaire des parquets et du ministère de la Justice, qui adressera copie de ces procédures, y compris celles concernant le recueil du témoignage des victimes, au tribunal international.

2.2.2. – Dessaisissement des juridictions françaises (art. 3 à 6)

Les dispositions du chapitre II de la loi organisent le régime du dessaisissement des juridictions nationales dans le respect du principe de primauté du tribunal international, celui-ci pouvant à tout stade de la procédure demander aux juridictions nationales de se dessaisir en sa faveur.

L'économie générale de ces dispositions repose sur la compétence exclusive conférée à la chambre criminelle de la Cour de cassation pour ordonner le dessaisissement, étant précisé que les demandes de la juridiction internationale transitent par le ministère de la Justice.

L'article 3 énumère les pièces à produire et les délais de procédure à respecter en cas de demande de dessaisissement.

L'article 4 indique l'étendue des pouvoirs de la chambre criminelle de la Cour de cassation lors de l'examen de la demande. Cette juridiction, saisie par requête de son procureur général, doit vérifier si les faits objets de la demande de dessaisissement de la juridiction française d'instruction ou de jugement entrent dans le champ d'application de la loi et s'il n'y a pas d'erreur évidente.

Sa décision doit intervenir dans le délai d'un mois à compter de la requête.

L'article 5 précise qu'en cas de dessaisissement, la transmission du dossier de la procédure au tribunal international est effectuée par l'intermédiaire du ministère de la Justice. Il règle par ailleurs la situation dans laquelle la demande de dessaisissement est accompagnée d'une demande de remise, lorsque la personne faisant l'objet de la procédure suivie devant la juridiction nationale est détenue dans le cadre de cette procédure.

Dans une telle hypothèse, la décision de dessaisissement prise par la Cour de cassation vaudra également décision de remise de l'intéressé au tribunal international, sans qu'il soit nécessaire d'engager la procédure prévue par les articles 10 à 13 de la loi (cf. *infra,* point 2.3.2). Jusqu'à la remise effective de l'intéressé, qui doit intervenir dans le délai d'un mois prévu par le second alinéa de l'article 15 de la loi, les mandats délivrés par les juridictions françaises dessaisies conservent leur force exécutoire.

Enfin, l'article 6 rappelle, dans son premier alinéa, que le dessaisissement des juridictions pénales françaises n'interdit pas aux victimes d'exercer les droits reconnus aux parties civiles devant les juridictions civiles par les articles 4 et 5-1 du Code de procédure pénale.

Par ailleurs, le deuxième alinéa de l'article 6 dispose que, dans l'hypothèse où le dessaisissement interviendrait après la constitution de partie civile devant la juridiction de jugement, celle-ci demeurera compétente pour statuer sur l'action civile. Le législateur précise toutefois que cette décision ne pourra évidemment pas intervenir tant que le tribunal international n'aura pas définitivement statué sur l'action publique, conformément à la règle selon laquelle le criminel tient le civil en état.

2.3. – *Coopération judiciaire* (art. 7 à 14)

Le titre II de la loi, qui concerne la coopération judiciaire avec le tribunal international, traite dans ses deux chapitres de l'entraide judiciaire et des demandes d'arrestation et de remise.

2.3.1. – Entraide judiciaire (art. 7 et 8)

Les articles 7 et 8 énoncent les règles relatives à l'entraide judiciaire, qui, dans un souci de simplification et de rapidité, est centralisée devant le procureur de la République de Paris.

L'article 7 dispose que les demandes d'entraide sont adressées au ministère de la Justice qui les transmet pour exécution au procureur de la République de Paris. Le troisième alinéa de l'article 7 prévoit toutefois une transmission directe à ce magistrat en cas d'urgence.

En application de l'article 8, les demandes d'entraide sont exécutées, selon leur nature, par le procureur de la République de Paris ou par le juge d'instruction de Paris qui voient leur compétence étendue à l'ensemble du territoire national. Le procureur du tribunal international peut, le cas échéant, assister à l'exécution de ces demandes.

2.3.2. – Arrestation et remise (art. 9 à 14)

Les dispositions qui traitent de l'arrestation et de la remise sont largement inspirées de la procédure de la loi du 10 mars 1927 relative à l'extradition des étrangers. La nature du tribunal international, autorité juridictionnelle internationale, et non pas autorité étatique étrangère, entraîne cependant plusieurs conséquences.

Tout d'abord, l'autorité judiciaire française décide souverainement, sans intervention du pouvoir exécutif, de la remise des personnes réclamées par le tribunal international.

Ensuite, la procédure a été confiée, du fait de sa spécificité et dans un souci de centralisation, à la chambre de l'instruction de Paris.

Le contrôle effectué par cette juridiction est moins approfondi qu'en matière d'extradition puisqu'il a pour seul objet de constater que les faits objets de la demande d'arrestation entrent bien dans le champ d'application de l'article 1er de la loi et qu'il n'y a pas d'erreur évidente (art. 13). Ce contrôle est ainsi de même nature que celui exercé par la chambre criminelle de la Cour de cassation, en matière de dessaisissement des juridictions nationales.

L'article 9 dispose que la demande d'arrestation aux fins de remise au tribunal international est adressée au ministère de la Justice, sauf en cas d'urgence, où elle peut être adressée directement et par tout moyen au procureur de la République territorialement compétent, qui, après s'être assuré de sa régularité formelle, la transmet au procureur général près la cour d'appel de Paris, et, dans le même temps, la met à exécution dans toute l'étendue du territoire de la République.

Les articles 10, 11 et 12 déterminent la procédure à suivre en cas de demande d'arrestation aux fins de remise.

Ainsi, l'article 10 prévoit que la personne appréhendée en vertu d'une telle demande doit être déférée dans un délai de vingt-quatre heures au procureur de la République territorialement compétent. Celui-ci ordonne son incarcération, après l'avoir informée, dans une langue qu'elle comprend, qu'elle fait l'objet d'une demande d'arrestation et qu'elle comparaîtra, assistée, si elle le souhaite, d'un avocat, dans un délai de cinq jours devant le procureur général près la cour d'appel de Paris.

L'article 10 précise que la personne appréhendée bénéficie des dispositions du Code de procédure pénale relatives à la garde à vue, soit le droit de faire prévenir un tiers, d'être examinée par un médecin et de s'entretenir avec un avocat à l'expiration d'un délai de vingt heures si, avant l'expiration de ce délai, elle n'a pas déjà été présentée devant le procureur de la République.

En application de l'article 11, la personne réclamée est transférée dans une maison d'arrêt du ressort de la cour d'appel de Paris, dans un délai maximum de cinq jours à compter de sa présentation devant le procureur de la République, faute de quoi elle est remise en liberté, sauf si le transfèrement a été retardé par des circonstances insurmontables. Cette mise en liberté doit être ordonnée par le président de la chambre d'accusation de Paris, qui est donc seul compétent pour apprécier l'existence ou non des circonstances insurmontables.

C'est ensuite au procureur général près la cour d'appel de Paris qu'il revient de notifier à la personne arrêtée la demande d'arrestation ainsi que les chefs d'accusation portés contre elle. Si l'intéressé n'a pas déjà réclamé un avocat, le procureur général lui rappelle ce droit, afin que cette notification puisse avoir lieu en présence, le cas échéant, d'un avocat désigné ou commis d'office par le bâtonnier.

L'article 12 précise les conditions du déroulement de l'audience devant la chambre de l'instruction de Paris. Cette audience doit avoir lieu dans un délai de huit jours à compter de la présentation de l'intéressé au procureur général. Lors de sa comparution, l'intéressé peut demander à ce qu'un délai supplémentaire de huit jours lui soit accordé avant les débats. L'audience est normalement publique, sauf décision contraire de la chambre de l'instruction.

En application des dispositions de l'article 13, la décision de la chambre de l'instruction ordonnant ou refusant la remise doit intervenir dans les quinze jours de la comparution de la personne devant la juridiction (c'est-à-dire de sa comparution lors des débats portant sur l'examen de la demande de remise, et non de l'éventuelle comparution au cours de laquelle l'intéressé a demandé le report à huitaine des débats). Cet arrêt peut faire l'objet d'un pourvoi, la chambre criminelle de la Cour de cassation devant statuer dans un délai d'un mois à compter de la réception du dossier.

L'article 14 précise que l'intéressé peut demander à tout moment sa mise en liberté à la chambre de l'instruction de Paris qui procède conformément aux articles 148-1 et suivants du Code de procédure pénale.

L'article 15 règle les modalités pratiques de l'exécution de la décision de remise au tribunal international et fixe pour l'effectuer un délai maximal d'un mois, dont le non-respect est sanctionné par la mise en liberté de l'intéressé, sauf si sa remise a été retardée par des circonstances insurmontables. Comme dans l'hypothèse prévue par l'article 11, cette mise en liberté doit être ordonnée par le président de la chambre de l'instruction de Paris, qui est donc seul compétent pour apprécier l'existence ou non des circonstances insurmontables.

L'article 16 rappelle enfin que les dispositions relatives à la remise des personnes au tribunal international doivent être appliquées même si l'intéressé est poursuivi ou condamné en France pour d'autres faits.

Dans cette hypothèse, l'article 16 précise que ne sont pas applicables les dispositions prévoyant la mise en liberté de la personne faisant l'objet d'une procédure de remise en cas de non-respect des délais édictés par la loi. Cette précision doit s'entendre comme indiquant que les libérations prévues par ces dispositions ne peuvent évidemment intervenir si l'intéressé est détenu pour une autre cause.

L'article 16 précise également que la procédure suivie devant le tribunal international en cas de remise suspend la prescription de l'action publique ou de la peine concernant les procédures suivies en France.

Je vous serais obligé de veiller à la diffusion de la présente circulaire et de m'informer, sous le double timbre de la direction des Affaires criminelles et des grâces et du service des Affaires européennes et internationales, des procédures engagées en application des dispositions de la présente loi, y compris celles consistant dans l'audition de personnes réfugiées sur notre territoire. Une copie de ces procédures devra être adressée au service des Affaires européennes et internationales afin d'être transmise pour information au procureur du tribunal international.

Loi n. 96-432 du 22 mai 1996

portant adaptation de la législation française aux dispositions de la résolution 955
du Conseil de sécurité des Nations unies instituant un tribunal international
en vue de juger les personnes présumées responsables d'actes de génocide
ou d'autres violations graves du droit international humanitaire commis en 1994
sur le territoire du Rwanda et, s'agissant des citoyens rwandais, sur le territoire d'États voisins

Art. 1er. – Pour l'application de la résolution 955 du Conseil de sécurité des Nations unies du 8 novembre 1994 instituant un tribunal international en vue de juger les personnes présumées responsables d'actes de génocide ou d'autres violations graves du droit international humanitaire commis sur le territoire du Rwanda, ainsi que les citoyens rwandais présumés responsables de tels actes ou violations commis sur le territoire d'États voisins, entre le 1er janvier et le 31 décembre 1994, la France participe à la répression des infractions et coopère avec cette juridiction dans les conditions fixées par la présente loi.

Les dispositions qui suivent sont applicables à toute personne poursuivie à raison des actes qui constituent, au sens des articles 2 à 4 du statut du tribunal international, des infractions graves à l'article 3 commun aux conventions de Genève du 12 août 1949 et au protocole additionnel II auxdites conventions en date du 8 juin 1977, un génocide ou des crimes contre l'humanité.

Art. 2. – Les articles 2 à 16 de la loi n. 95-1 du 2 janvier 1995 portant adaptation de la législation française aux dispositions de la résolution 827 du Conseil de sécurité des Nations unies instituant un tribunal international en vue de juger les personnes présumées responsables de violations graves du droit international humanitaire commises sur le territoire de l'ex-Yougoslavie depuis 1991 sont applicables aux personnes visées à l'article 1er.

Toutefois, dans le texte des articles 2, 4, 5 et 13 de cette même loi, les références à l'article 1er doivent s'entendre comme visant les faits qui entrent dans le champ d'application de l'article 1er de la présente loi.

Art. 3. – La présente loi est applicable dans les territoires d'outre-mer et dans la collectivité territoriale de Mayotte en tenant compte des dispositions du Code de procédure pénale applicables localement.

Circulaire du 22 juillet 1996

prise pour l'application de la loi n. 96-432 du 22 mai 1996
portant adaptation de la législation française aux dispositions de la résolution 955
du Conseil de sécurité des Nations unies instituant un tribunal international
en vue de juger les personnes présumées responsables d'actes de génocide
ou d'autres violations graves du droit humanitaire commis en 1994
sur le territoire du Rwanda et, s'agissant des citoyens rwandais, sur le territoire d'États voisins

Par sa résolution 955 en date du 8 novembre 1994 (ci-jointe en annexe), le Conseil de sécurité, agissant en vertu du chapitre VII de la Charte des Nations unies, a institué un tribunal international pour juger les personnes présumées responsables d'actes de génocide ou d'autres violations graves du droit international humanitaire commis sur le territoire du Rwanda ou d'États voisins. La composition et le fonctionnement de ce tribunal, qui sont fixés par son statut et son règlement de procédure (ci-joints également en annexes), sont calqués sur ceux du tribunal pénal international institué par la résolution 827 à la suite du conflit en ex-Yougoslavie.

La résolution 955 faisant obligation aux États d'apporter « leur pleine coopération » au tribunal international, la loi du 22 mai 1995 est venue procéder aux adaptations de notre droit interne que supposait cette coopération, comme l'avait fait la loi du 2 janvier 1995 en ce qui concerne le tribunal pénal international pour l'ex-Yougoslavie.

De manière générale, la loi du 22 mai 1995, ainsi que le précise son article 2, renvoie aux dispositions de la loi du 2 janvier 1995. Il convient de se reporter, pour le commentaire de cette loi, à la circulaire du 10 février 1995 publiée aux pages 2757 et suivantes du *Journal officiel* du 21 février 1995.

Toutefois, les deux lois n'ont évidemment pas le même champ d'application. Par ailleurs, la loi du 22 mai 1996 a modifié certaines dispositions de la loi du 2 janvier 1995. Ces deux questions sont examinées par la présente circulaire.

I. – Le champ d'application de la loi du 22 mai 1996

Le champ d'application de la loi du 22 mai 1996 est fixé par son article 1er, qui reprend en réalité le domaine de compétence du tribunal international pour le Rwanda.

La compétence *rationae materiae* du tribunal international pour le Rwanda est déterminée par les articles 2 à 4 de son statut.

Le domaine de compétence du tribunal international pour le Rwanda diffère de celui du tribunal international pour l'ex-Yougoslavie, dans la mesure où les actes commis sur le territoire du Rwanda n'ont pas été accomplis à l'occasion d'une guerre entre deux États mais dans le cadre d'un conflit armé interne.

Comme le tribunal pour l'ex-Yougoslavie, le tribunal international pour le Rwanda a compétence pour connaître du génocide et des crimes contre l'humanité.

En revanche, le tribunal international pour le Rwanda n'est pas compétent pour connaître des violations des lois ou coutumes de la guerre, et il n'est compétent que pour connaître des « violations graves » prévues par l'article 3 commun aux conventions de Genève du 12 août 1949 pour la protection des victimes en temps de guerre, alors que le tribunal pour l'ex-Yougoslavie est compétent pour connaître de l'ensemble des violations aux conventions de Genève, et pas seulement des violations de l'article 3.

Par ailleurs, le tribunal international pour le Rwanda, contrairement au tribunal international pour l'ex-Yougoslavie, a compétence pour connaître des violations du protocole additionnel II aux conventions de Genève, lequel ne concerne que les conflits armés internes.

La compétence *rationae temporis* du tribunal international pour le Rwanda se limite à l'année 1994.

Enfin, sa compétence *rationae loci* s'entend naturellement de tous les crimes perpétrés sur le territoire du Rwanda, mais également sur le territoire d'États voisins à condition, dans cette dernière hypothèse, qu'ils soient le fait de citoyens rwandais.

Comme cela avait été fait dans la loi du 2 janvier 1995, le législateur a donné compétence aux juridictions françaises pour connaître des faits relevant de la compétence du tribunal international pour le Rwanda (article 2 de la loi du 22 mai 1996), dès lors que l'auteur des faits est trouvé sur le territoire français.

Cependant, comme cela a été indiqué dans la circulaire du 10 février 1995, le caractère limitatif de cette compétence n'empêche pas les parquets de faire procéder, au cours d'une enquête préliminaire, à l'audition des personnes victimes de ces crimes qui se seraient réfugiées en France. Aussi, les parquets dans le ressort desquels ces victimes ont élu domicile devront veiller à la demande de ces dernières, à procéder à leur audition et à ordonner, le cas échéant, leur examen médical afin de conserver leur témoignage en cas de poursuite ultérieure.

II. – **Les modifications apportées par la loi du 22 mai 1996 à la loi du 2 janvier 1995**

La loi du 22 mai 1996 a apporté trois modifications à la loi du 2 janvier 1995.

Elle a tout d'abord supprimé la référence au principe de la double incrimination pour les crimes et délits susceptibles d'être jugés par les tribunaux internationaux.

L'article 1er de la loi du 22 mai 1996 ne fait plus référence comme le faisait la loi du 2 janvier 1995 aux « crimes ou délits définis par la loi française », mais aux « actes » qui constituent, au sens du statut du tribunal, des violations graves du droit international humanitaire. L'article 4 de la loi du 22 mai 1996 supprime par coordination cette référence dans la loi du 2 janvier 1995.

Cette suppression répond à l'inquiétude de certains qui s'étaient demandé si l'exigence de la double incrimination, bien qu'elle soit traditionnelle en droit international, n'était pas de nature à paralyser la coopération des juridictions françaises pour les faits commis avant l'entrée en vigueur du nouveau Code pénal intervenue le 1er mars 1994, dans la mesure où ce n'est qu'à partir de cette date que notre droit a incriminé de façon spécifique le génocide et les autres crimes contre l'humanité.

En réalité, cette exigence, ainsi que le précisait d'ailleurs la circulaire du 10 février 1995, ne soulevait aucune difficulté d'application, les agissements visés par le statut, compte tenu de leur nature et de leur gravité, ayant toujours constitué des infractions en droit français.

Le principe de la double incrimination n'entraînait donc aucun affaiblissement de la répression, pas plus qu'il ne limitait l'efficacité de la coopération des juridictions françaises. Sa suppression a donc pour seul objet, eu égard au caractère expressif et symbolique de la loi pénale, surtout lorsque celle-ci a trait à des crimes de cette nature, de répondre aux inquiétudes suscitées par la loi du 2 janvier 1995.

Si les lois du 2 janvier 1995 et 22 mai 1996 font désormais apparaître que le principe de la double incrimination n'est pas retenu en ce qui concerne la coopération internationale de nos juridictions avec les tribunaux internationaux pour l'ex-Yougoslavie et le Rwanda, il convenait toutefois d'éviter que cette modification ait pour conséquence d'empêcher les juridictions françaises, au profit desquelles a été instituée une compétence universelle, de condamner les auteurs de violations graves du droit international humanitaire commises sur le territoire de l'ex-Yougoslavie et du Rwanda.

En effet, les conventions internationales définissant ces comportements ne prévoyant pas de peine, seules les peines prévues par la loi française pourront être appliquées par les juridictions de notre pays pour réprimer les auteurs de ces actes. C'est donc pour permettre aux juridictions françaises d'exercer pleinement leur compétence que l'article 5 de la loi du 22 mai 1996 a complété l'article 2 de la loi du 2 janvier 1995 qui dispose que les auteurs et complices susceptibles d'être jugés par le tribunal international pour l'ex-Yougoslavie peuvent être poursuivis et jugés par les juridictions françaises s'ils sont trouvés en France, en précisant que ces poursuites et ces jugements devaient être faits « en application de la loi française ». Le mécanisme de renvoi général à la loi de 1995 auquel procède la loi de 1996 rend cette disposition applicable aux personnes susceptibles d'être jugées par le tribunal international pour le Rwanda.

L'article 6 de la loi du 22 mai 1996 a par ailleurs modifié l'article 13 de la loi du 2 janvier 1995 afin de porter à deux mois le délai dont dispose la chambre criminelle de la Cour de cassation pour examiner les pourvois formés contre les décisions de la chambre de l'instruction de Paris ayant ordonné la remise d'un accusé au tribunal international pour l'ex-Yougoslavie où, par voie de conséquence, au tribunal international pour le Rwanda.

Enfin, les articles 3 et 7 de la présente loi étendent son applicabilité aux territoires d'outre-mer, et prévoient la même extension pour la loi du 2 janvier 1995.

Je vous serais obligé de veiller à la diffusion de la présente circulaire et de m'informer, sous le timbre de la direction des affaires criminelles et des grâces, des procédures engagées en application des dispositions de la présente loi, y compris celles consistant dans l'audition de personnes réfugiées sur notre territoire. Une copie de ces procédures devra être adressée à la direction des affaires criminelles et des grâces afin d'être transmise au procureur du tribunal international pour le Rwanda.

Résolution 955

du Conseil de sécurité de l'Organisation des Nations unies

Le Conseil de sécurité,

Réaffirmant toutes ses résolutions antérieures sur la situation au Rwanda ;

Ayant examiné les rapports que le secrétaire général lui a présentés conformément au paragraphe 3 de sa résolution 935 (1994) du 1er juillet 1994 (S/1994/879 et S/1994/906) et ayant pris acte des rapports du rapporteur spécial pour le Rwanda de la Commission des droits de l'homme des Nations unies (S/1994/1157, annexe I et annexe II) ;

Saluant le travail accompli par la commission d'experts créée en vertu de sa résolution 935 (1994), en particulier son rapport préliminaire sur les violations du droit international humanitaire au Rwanda que le secrétaire général lui a transmis dans sa lettre du 1er octobre 1994 (S/1994/1125) ;

Se déclarant de nouveau gravement alarmé par les informations selon lesquelles des actes de génocide et d'autres violations flagrantes, généralisées et systématiques du droit international humanitaire ont été commis au Rwanda ;

Constatant que cette situation continue de faire peser une menace sur la paix et la sécurité internationales ;

Résolu à mettre fin à de tels crimes et à prendre des mesures efficaces pour que les personnes qui en sont responsables soient traduites en justice ;

Convaincu que, dans les circonstances particulières qui règnent au Rwanda, des poursuites contre les personnes présumées responsables d'actes de génocide ou d'autres violations graves du droit international humanitaire permettraient d'atteindre cet objectif et contribueraient au processus de réconciliation nationale ainsi qu'au rétablissement et au maintien de la paix ;

Estimant que la création d'un tribunal international pour juger les personnes présumées responsables de tels actes ou violations contribuera à les faire cesser et à en réparer dûment les effets ;

Soulignant qu'une coopération internationale est nécessaire pour renforcer les tribunaux et l'appareil judiciaire rwandais, notamment en raison du grand nombre de suspects qui seront déférés devant ces tribunaux ;

Considérant que la Commission d'experts créée en vertu de la résolution 935 (1994) devrait continuer à rassembler de toute urgence des informations tendant à prouver que des violations graves du droit international humanitaire ont été commises sur le territoire du Rwanda, et qu'elle devrait présenter son rapport final au secrétaire général le 30 novembre 1994 au plus tard ;

Agissant en vertu du chapitre VII de la Charte des Nations unies :

1. Décide par la présente résolution, comme suite à la demande qu'il a reçue du Gouvernement rwandais (S/1994/1115), de créer un tribunal international chargé uniquement de juger les personnes présumées responsables d'actes de génocide ou d'autres violations graves du droit international humanitaire commis sur le territoire du Rwanda et les citoyens rwandais présumés responsables de tels actes ou violations commis sur le territoire d'États voisins, entre le 1er janvier et le 31 décembre 1994, et d'adopter à cette fin le statut du tribunal criminel international pour le Rwanda annexé à la présente résolution ;

2. Décide que tous les États apporteront leur pleine coopération au tribunal international et à ses organes, conformément à la présente résolution et au statut du tribunal international, et qu'ils prendront toutes

mesures nécessaires en vertu de leur droit interne pour mettre en application les dispositions de la présente résolution et du statut, y compris l'obligation faite aux États de donner suite aux demandes d'assistance ou aux ordonnances émanant d'une chambre de première instance, conformément à l'article 28 du statut, et prie les États de tenir le secrétaire général informé des mesures qu'ils prendront ;

3. Considère qu'une notification devrait être adressée au Gouvernement rwandais avant que des décisions ne soient prises en vertu des articles 26 et 27 du statut ;

4. Prie instamment les États ainsi que les organisations intergouvernementales et non gouvernementales d'apporter au tribunal international des contributions sous forme de ressources financières, d'équipements et de services, y compris des services d'experts ;

5. Prie le secrétaire général de mettre en œuvre d'urgence la présente résolution et de prendre en particulier des dispositions pratiques pour que le tribunal international puisse fonctionner effectivement le plus tôt possible, notamment de lui soumettre des recommandations quant aux lieux où le siège du tribunal international pourrait être établi, et de lui présenter des rapports périodiques ;

6. Décide qu'il choisira le siège du tribunal international en fonction de critères de justice et d'équité ainsi que d'économie et d'efficacité administrative, notamment des possibilités d'accès aux témoins, sous réserve que l'Organisation des Nations unies et l'État où le tribunal aura son siège concluent des arrangements appropriés qui soient acceptables pour le Conseil de sécurité, étant entendu que le tribunal international pourra se réunir ailleurs quand il le jugera nécessaire pour l'exercice efficace de ses fonctions, et décide d'établir un bureau au Rwanda et d'y conduire des procédures, si cela est possible et approprié, sous réserve de la conclusion d'arrangements adéquats analogues ;

7. Décide d'envisager d'augmenter le nombre de juges et de chambres de première instance du tribunal international si cela s'avère nécessaire ;

8. Décide de rester activement saisi de la question.

Résolution 1165 (1998)

adoptée par le Conseil de sécurité le 30 avril 1998

Le Conseil de sécurité,

Réaffirmant sa résolution 955 (1994) du 8 novembre 1994 ;

Rappelant la décision qu'il a prise dans cette résolution d'envisager d'augmenter le nombre de juges et de chambres de première instance du tribunal pénal international pour le Rwanda, si cela s'avérait nécessaire ;

Demeurant convaincu que, dans les circonstances particulières qui règnent au Rwanda, des poursuites contre les personnes présumées responsables de violations graves du Droit international humanitaire contribueraient au processus de réconciliation nationale ainsi qu'au rétablissement et au maintien de la paix au Rwanda et dans la région ;

Soulignant qu'une coopération internationale est nécessaire pour renforcer les tribunaux et l'appareil judiciaire rwandais, notamment en raison du grand nombre de prévenus qui sont déférés devant ces tribunaux ;

Ayant examiné la lettre du président du tribunal pénal international pour le Rwanda, transmise aux présidents du Conseil de sécurité et de l'Assemblée générale par des lettres identiques du secrétaire général en date du 15 octobre 1997 (S/1997/812) ;

Convaincu qu'il est nécessaire d'augmenter le nombre de juges et de chambres de première instance pour permettre au tribunal international pour le Rwanda de juger sans retard le grand nombre de prévenus ;

Prenant note des progrès accomplis dans l'amélioration de l'efficacité du tribunal international pour le Rwanda, et convaincu qu'il importe que ses organes continuent leurs efforts afin de poursuivre ces progrès ;

Agissant en vertu du chapitre VII de la Charte des Nations Unies ;

1. Décide de créer une troisième chambre de première instance du tribunal international pour le Rwanda et, à cette fin, décide de modifier les articles 10, 11 et 12 du statut du tribunal international et comme indiqué en annexe à la présente résolution ;

2. Décide que les élections pour les juges des trois chambres de première instance se tiendront conjointement, pour un mandat expirant le 24 mai 2003 ;

3. Décide que, à titre exceptionnel, pour permettre à la troisième chambre de première instance de commencer ses travaux le plus tôt possible et sans préjudice du paragraphe 5 de l'article 12 du statut du

tribunal pénal international pour le Rwanda, trois juges nouvellement élus, nommés par le secrétaire général en consultation avec le président du tribunal international, prendront leurs fonctions aussitôt que possible après leur élection ;

4. Demande instamment à tous les États de coopérer pleinement avec le tribunal pénal international pour le Rwanda et avec ses organes, conformément à la résolution 955 (1994), et se félicite de la coopération dont le tribunal international bénéficie déjà dans l'exercice de son mandat ;

5. Demande aussi instamment aux organes du tribunal pénal international pour le Rwanda de poursuivre activement leurs efforts afin d'accroître encore l'efficacité des travaux du tribunal international dans leurs domaines de compétence respectifs et, à cet égard, leur demande en outre d'examiner la manière dont leurs procédures et méthodes de travail pourraient être améliorées, compte tenu des recommandations pertinentes à ce sujet ;

6. Prie le secrétaire général de prendre des dispositions concrètes pour organiser les élections mentionnées au paragraphe 2 ci-dessus et pour améliorer encore le bon fonctionnement du tribunal pénal international pour le Rwanda, notamment en fournissant en temps utile le personnel et les moyens nécessaires, en particulier à la troisième chambre de première instance et aux bureaux correspondants du procureur, et le prie en outre de le tenir régulièrement informé des progrès accomplis à ce sujet ;

7. Décide de demeurer activement saisi de la question.

Statut

du Tribunal international pour le Rwanda

Créé par le Conseil de sécurité agissant en vertu du chapitre VII de la Charte des Nations unies, le tribunal criminel international chargé de juger les personnes présumées responsables d'actes de génocide ou d'autres violations graves du droit international humanitaire commis sur le territoire du Rwanda et les citoyens rwandais présumés responsables de tels actes ou violations commis sur le territoire d'États voisins entre le 1er janvier et le 31 décembre 1994 (ci-après dénommé « tribunal international pour le Rwanda ») exercera ses fonctions conformément aux dispositions du présent statut.

Art. 1er. – *Compétence du tribunal international pour le Rwanda.* – Le tribunal international pour le Rwanda est habilité à juger les personnes présumées responsables de violations graves du droit international humanitaire commises sur le territoire du Rwanda et les citoyens rwandais présumés responsables de telles violations commises sur le territoire d'États voisins entre le 1er janvier et le 31 décembre 1994, conformément aux dispositions du présent statut.

Art. 2. – *Génocide.* – 1. Le tribunal international pour le Rwanda est compétent pour poursuivre les personnes ayant commis un génocide, tel que ce crime est défini au paragraphe 2 du présent article, ou l'un quelconque des actes énumérés au paragraphe 3 du présent article.

2. Le génocide s'entend de l'un quelconque des actes ci-après, commis dans l'intention de détruire, en tout ou en partie, un groupe national, ethnique, racial ou religieux, comme tel :

a) – meurtre de membres du groupe ;

b) – atteinte grave à l'intégrité physique ou mentale de membres du groupe ;

c) – soumission intentionnelle du groupe à des conditions d'existence devant entraîner sa destruction physique totale ou partielle ;

d) – mesures visant à entraver les naissances au sein du groupe ;

e) – transfert forcé d'enfants du groupe à un autre groupe.

3. Seront punis les actes suivants :

a) – le génocide ;

b) – l'entente en vue de commettre le génocide ;

c) – l'incitation directe et publique à commettre le génocide ;

d) – la tentative de génocide ;

e) – la complicité dans le génocide.

Art. 3. – *Crimes contre l'humanité.* – Le tribunal international pour le Rwanda est habilité à juger les personnes présumées responsables des crimes suivants lorsqu'ils ont été commis dans le cadre d'une attaque généralisée et systématique dirigée contre une population civile quelle qu'elle soit, en raison de son appartenance nationale, politique, ethnique, raciale ou religieuse :

a) – assassinat ;
b) – extermination ;
c) – réduction en esclavage ;
d) – expulsion ;
e) – emprisonnement ;
f) – torture ;
g) – viol ;
h) – persécutions pour des raisons politiques, raciales et religieuses ;
i) – autres actes inhumains.

Art. 4. – *Violations de l'article 3 commun aux conventions de Genève et du protocole additionnel II.* – Le tribunal international pour le Rwanda est habilité à poursuivre les personnes qui commettent ou donnent l'ordre de commettre des violations graves de l'article 3 commun aux conventions de Genève du 12 août 1949 pour la protection des victimes en temps de guerre et du protocole additionnel II auxdites conventions du 8 juin 1977. Ces violations comprennent, sans s'y limiter :

a) – les atteintes portées à la vie, à la santé et au bien-être physique ou mental des personnes, en particulier le meurtre, de même que les traitements cruels tels que la torture, les mutilations ou toutes formes de peines corporelles ;
b) – les punitions collectives ;
c) – la prise d'otages ;
d) – les actes de terrorisme ;
e) – les atteintes à la dignité de la personne, notamment les traitements humiliants et dégradants, le viol, la contrainte à la prostitution et tout attentat à la pudeur ;
f) – le pillage ;
g) – les condamnations prononcées et les exécutions effectuées sans un jugement préalable rendu par un tribunal régulièrement constitué, assorti des garanties judiciaires reconnues comme indispensables par les peuples civilisés ;
h) – la menace de commettre les actes précités.

Art. 5. – *Compétence* ratione personae. – Le tribunal international pour le Rwanda a compétence à l'égard des personnes physiques conformément aux dispositions du présent statut.

Art. 6. – *Responsabilité pénale individuelle.* – 1. Quiconque a planifié, incité à commettre, ordonné, commis ou de toute autre manière aidé et encouragé à planifier, préparer ou exécuter un crime visé aux articles 2 à 4 du présent statut est individuellement responsable dudit crime.

2. La qualité officielle d'un accusé, soit comme chef d'État ou de gouvernement, soit comme haut fonctionnaire, ne l'exonère pas de sa responsabilité pénale et n'est pas un motif de diminution de la peine.

3. Le fait que l'un quelconque des actes visés aux articles 2 à 4 du présent statut a été commis par un subordonné ne dégage pas son supérieur de sa responsabilité pénale s'il savait ou avait des raisons de savoir que le subordonné s'apprêtait à commettre cet acte ou l'avait fait et que le supérieur n'a pas pris les mesures nécessaires et raisonnables pour empêcher que ledit acte ne soit commis ou en punir les auteurs.

4. Le fait qu'un accusé a agi en exécution d'un ordre d'un gouvernement ou d'un supérieur ne l'exonère pas de sa responsabilité pénale mais peut être considéré comme un motif de diminution de la peine si le tribunal international pour le Rwanda l'estime conforme à la justice.

Art. 7. – *Compétence* ratione loci *et compétence* ratione temporis. – La compétence *ratione loci* du tribunal international pour le Rwanda s'étend au territoire du Rwanda, y compris son espace terrestre et son espace aérien, et au territoire d'États voisins en cas de violations graves du droit international humanitaire commises par des citoyens rwandais. La compétence *ratione temporis* du tribunal international s'étend à la période commençant le 1er janvier 1994 et se terminant le 31 décembre 1994.

Art. 8. – *Compétences concurrentes.* – 1. Le tribunal international pour le Rwanda et les juridictions nationales sont concurremment compétents pour juger les personnes présumées responsables de violations graves du droit international humanitaire commises sur le territoire du Rwanda et les citoyens rwandais présumés responsables de telles violations commises sur le territoire d'États voisins entre le 1er janvier et le 31 décembre 1994.

2. Le tribunal international pour le Rwanda a la primauté sur les juridictions nationales de tous les États. À tout stade de la procédure, il peut demander officiellement aux juridictions nationales de se dessaisir en sa faveur conformément au présent statut et à son règlement de procédure et de preuve.

Art. 9. – Non bis in idem. – 1. Nul ne peut être traduit devant une juridiction nationale pour des faits constituant de graves violations du droit international humanitaire au sens du présent statut s'il a déjà été jugé pour les mêmes faits par le tribunal international pour le Rwanda.

2. Quiconque a été traduit devant une juridiction nationale pour des faits constituant de graves violations du droit international humanitaire ne peut subséquemment être traduit devant le tribunal international pour le Rwanda que si :

a) – le fait pour lequel il a été jugé était qualifié crime de droit commun ; ou

b) – la juridiction nationale n'a pas statué de façon impartiale ou indépendante, la procédure engagée devant elle visait à soustraire l'accusé à sa responsabilité pénale internationale, ou la poursuite n'a pas été exercée avec diligence.

3. Pour décider de la peine à infliger à une personne condamnée pour un crime visé par le présent statut, le tribunal international pour le Rwanda tient compte de la mesure dans laquelle cette personne a déjà purgé toute peine qui pourrait lui avoir été infligée par une juridiction nationale pour le même fait.

Art. 10. – *Organisation du tribunal international pour le Rwanda.* – Le tribunal international comprend les organes suivants :

a) – les chambres, soit deux chambres de première instance et une chambre d'appel ;

b) – le procureur ; et

c) – un greffe.

Art. 11. – *Composition des chambres.* – Les chambres sont composées de quatorze juges indépendants, ressortissants d'États différents et dont :

a) – trois siègent dans chacune des chambres de première instance ;

et

b) – cinq siègent à la chambre d'appel.

Art. 12. – *Qualifications et élection des juges.* – 1. Les juges doivent être des personnes de haute moralité, impartialité et intégrité, possédant les qualifications requises, dans leurs pays respectifs, pour être nommés aux plus hautes fonctions judiciaires. Il est dûment tenu compte, dans la composition globale des chambres, de l'expérience des juges en matière de droit pénal et de droit international, notamment de droit international humanitaire et des droits de l'homme.

2. Les juges siégeant à la chambre d'appel du tribunal international chargé de poursuivre les personnes présumées responsables de violations graves du droit international humanitaire commises sur le territoire de l'ex-Yougoslavie depuis 1991 (ci-après dénommé « le tribunal international pour l'ex-Yougoslavie ») siègent également à la chambre d'appel du tribunal international pour le Rwanda.

3. Les juges des chambres de première instance du tribunal international pour le Rwanda sont élus par l'assemblée générale sur une liste présentée par le Conseil de sécurité, selon les modalités ci-après :

a) – le secrétaire général invite les États membres de l'Organisation des Nations unies et les États non membres ayant une mission d'observation permanente au siège de l'organisation à présenter des candidatures ;

b) – dans un délai de trente jours à compter de la date de l'invitation du secrétaire général, chaque État peut présenter la candidature d'au maximum deux personnes réunissant les conditions indiquées au paragraphe 1 ci-dessus et n'ayant pas la même nationalité et dont aucune n'a la même nationalité que l'un quelconque des juges de la chambre d'appel ;

c) – le secrétaire général transmet la candidature au Conseil de sécurité. Sur la base de ces candidatures, le conseil dresse une liste de dix-huit candidats au minimum et vingt-sept candidats au maximum en tenant dûment compte de la nécessité d'assurer au tribunal international pour le Rwanda une représentation adéquate des principaux systèmes juridiques du monde ;

d) – le président du Conseil de sécurité transmet la liste de candidats au président de l'assemblée générale. L'assemblée élit sur cette liste les neuf juges des chambres de première instance. Sont élus les candidats qui ont obtenu la majorité absolue des voix des États membres de l'Organisation des Nations unies et des États non membres ayant une mission d'observation permanente au siège de l'organisation. Si deux candidats de la même nationalité obtiennent la majorité requise, est élu celui sur lequel se sont portées le plus grand nombre de voix.

4. Si un siège à l'une des chambres de première instance devient vacant, le secrétaire général, après avoir consulté les présidents du Conseil de sécurité et l'assemblée générale, nomme une personne réunissant les conditions indiquées au paragraphe 1 ci-dessus pour siéger jusqu'à l'expiration du mandat de son prédécesseur.

5. Les juges des chambres de première instance sont élus pour un mandat de quatre ans. Leurs conditions d'emploi sont celles des juges du tribunal international pour l'ex-Yougoslavie. Ils sont rééligibles.

Art. 13. – *Constitution du bureau et des chambres.* – 1. Les juges du tribunal international pour le Rwanda élisent un président.

2. Après les avoir consultés, le président nomme les juges du tribunal international pour le Rwanda à l'une des chambres de première instance. Les juges ne siègent qu'à la chambre à laquelle ils ont été nommés.

3. Les juges de chaque chambre de première instance choisissent un président qui conduit toutes les procédures devant cette chambre.

Art. 14. – *Règlement du tribunal.* – Les juges du tribunal international pour le Rwanda adopteront, aux fins de la procédure du tribunal international pour le Rwanda, le règlement du tribunal international pour l'ex-Yougoslavie régissant la mise en accusation, les procès en première instance et les recours, la recevabilité des preuves, la protection des victimes et des témoins et d'autres questions appropriées, en y apportant les modifications qu'ils jugeront nécessaires.

Art. 15. – *Le procureur.* – 1. Le procureur est responsable de l'instruction des dossiers et de l'exercice de la poursuite contre les personnes présumées responsables de violations graves du droit international humanitaire commises sur le territoire du Rwanda et les citoyens rwandais présumés responsables de telles violations commises sur le territoire d'États voisins entre le 1er janvier et le 31 décembre 1994.

2. Le procureur, qui est un organe distinct au sein du tribunal international pour le Rwanda, agit en toute indépendance. Il ne sollicite ni ne reçoit d'instructions d'aucun gouvernement ni d'aucune autre source.

3. Le procureur du tribunal international pour l'ex-Yougoslavie exerce également les fonctions de procureur du tribunal international pour le Rwanda. Il dispose, pour le seconder devant le tribunal international pour le Rwanda, de personnel supplémentaire, dont un procureur adjoint supplémentaire. Ce personnel est nommé par le secrétaire général sur recommandation du procureur.

Art. 16. – *Le greffe.* – 1. Le greffe est chargé d'assurer l'administration et les services du tribunal international pour le Rwanda.

2. Le greffe se compose d'un greffier et des autres fonctionnaires nécessaires.

3. Le greffier est désigné par le secrétaire général après consultation du président du tribunal international pour le Rwanda pour un mandat de quatre ans renouvelable. Les conditions d'emploi du greffier sont celles d'un sous-secrétaire général de l'Organisation des Nations unies.

4. Le personnel du greffe est nommé par le secrétaire général sur recommandation du greffier.

Art. 17. – *Information et établissement de l'acte d'accusation.* – 1. Le procureur ouvre une information d'office ou sur la foi des renseignements obtenus de toutes sources, notamment des gouvernements, des organes de l'Organisation des Nations unies, des organisations intergouvernementales et non gouvernementales. Il évalue les renseignements reçus ou obtenus et décide s'il y a lieu de poursuivre.

2. Le procureur est habilité à interroger les suspects, les victimes et les témoins, à réunir des preuves et à procéder sur place à des mesures d'instruction. Dans l'exécution de ces tâches, le procureur peut, selon que de besoin, solliciter le concours des autorités de l'État concerné.

3. Tout suspect interrogé a le droit d'être assisté d'un conseil de son choix, y compris celui de se voir attribuer d'office un défenseur, sans frais, s'il n'a pas les moyens de rémunérer et de bénéficier, si nécessaire, de services de traduction dans une langue qu'il parle et comprend et à partir de cette langue.

4. S'il décide qu'au vu des présomptions, il y a lieu d'engager des poursuites, le procureur établit un acte d'accusation dans lequel il expose succinctement les faits et le crime ou les crimes qui sont reprochés à l'accusé en vertu du statut. L'acte d'accusation est transmis à un juge de la chambre de première instance.

Art. 18. – *Examen de l'acte d'accusation.* – 1. Le juge de la chambre de première instance saisi de l'acte d'accusation examine celui-ci. S'il estime que le procureur a établi qu'au vu des présomptions il y a lieu d'engager des poursuites, il confirme l'acte d'accusation. À défaut, il le rejette.

2. S'il confirme l'acte d'accusation, le juge saisi décerne, sur réquisition du procureur, les ordonnances et mandats d'arrêt, de dépôt, d'amener ou de remise et toutes autres ordonnances nécessaires pour la conduite du procès.

Art. 19. – *Ouverture et conduite du procès.* – 1. La chambre de première instance veille à ce que le procès soit équitable et rapide et à ce que l'instance se déroule conformément au règlement de procédure et de preuve, les droits de l'accusé étant pleinement respectés et la protection des victimes et des témoins dûment assurée.

2. Toute personne contre laquelle un acte d'accusation a été confirmé est, conformément à une ordonnance ou un mandat d'arrêt décerné par le tribunal international pour le Rwanda, placée en état d'arrestation, immédiatement informée des chefs d'accusation portés contre elle et déférée au tribunal international pour le Rwanda.

3. La chambre de première instance donne lecture de l'acte d'accusation, s'assure que les droits de l'accusé sont respectés, confirme que l'accusé a compris le contenu de l'acte d'accusation et l'invite à faire valoir ses moyens de défense. La chambre de première instance fixe alors la date du procès.

4. Les audiences sont publiques à moins que la chambre de première instance décide de les tenir à huis clos conformément à son règlement de procédure et de preuve.

Art. 20. – *Les droits de l'accusé.* – 1. Tous sont égaux devant le tribunal international pour le Rwanda.

2. Toute personne contre laquelle des accusations sont portées a droit à ce que sa cause soit entendue équitablement et publiquement, sous réserve des dispositions de l'article 21 du statut.

3. Toute personne accusée est présumée innocente jusqu'à ce que sa culpabilité ait été établie conformément aux dispositions du présent statut.

4. Toute personne contre laquelle une accusation est portée en vertu du présent statut a droit, en pleine égalité, au moins aux garanties suivantes :

a) – être informée, dans le plus court délai, dans une langue qu'elle comprend et de façon détaillée, de la nature et des motifs de l'accusation portée contre elle ;

b) – disposer du temps et des facilités nécessaires à la préparation de sa défense et à communiquer avec le conseil de son choix ;

c) – être jugée sans retard excessif ;

d) – être présente au procès et à se défendre elle-même ou à avoir l'assistance d'un défenseur de son choix ; si elle n'a pas de défenseur, à être informée de son droit d'en avoir un et, chaque fois que l'intérêt de la justice l'exige, à se voir attribuer d'office un défenseur, sans frais, si elle n'a pas les moyens de le rémunérer ;

e) – interroger ou faire interroger les témoins à charge et à obtenir la comparution et l'interrogatoire des témoins à décharge dans les mêmes conditions que les témoins à charge ;

f) – se faire assister gratuitement d'un interprète si elle ne comprend pas ou ne parle pas la langue employée à l'audience ;

g) – ne pas être forcée de témoigner contre elle-même ou de s'avouer coupable.

Art. 21. – *Protection des victimes et des témoins.* – Le tribunal international pour le Rwanda prévoit dans son règlement de procédure et de preuve des mesures de protection des victimes et des témoins. Les mesures de protection comprennent, sans y être limitées, la tenue d'audiences à huis clos et la protection de l'identité des victimes.

Art. 22. – *Sentence.* – 1. La chambre de première instance prononce des sentences et impose des peines et sanctions à l'encontre des personnes convaincues de violations graves du droit international humanitaire.

2. La sentence est rendue en audience publique à la majorité des juges de la chambre de première instance. Elle est établie par écrit et motivée ; des opinions individuelles ou dissidentes pouvant y être jointes.

Art. 23. – *Peines.* – 1. La chambre de première instance n'impose que des peines d'emprisonnement. Pour fixer les conditions de l'emprisonnement, la chambre de première instance a recours à la grille générale des peines d'emprisonnement appliquée par les tribunaux du Rwanda.

2. En imposant toute peine, la chambre de première instance tient compte de facteurs tels que la gravité de l'infraction et la situation personnelle du condamné.

3. Outre l'emprisonnement du condamné, la chambre de première instance peut ordonner la restitution à leurs propriétaires légitimes de tous biens et ressources acquis par des moyens illicites, y compris par la contrainte.

Art. 24. – *Appel.* – 1. La chambre d'appel connaît des recours introduits soit par les personnes condamnées par les chambres de première instance, soit par le procureur, pour les motifs suivants :

a) Erreur sur un point de droit qui invalide la décision : ou

b) Erreur de fait qui a entraîné un déni de justice.

2. La chambre d'appel peut confirmer, annuler ou réviser les décisions des chambres de première instance.

Art. 25. – *Révision.* – S'il est découvert un fait nouveau qui n'était pas connu au moment du procès en première instance ou en appel et qui aurait pu être un élément décisif de la décision, le condamné ou le procureur peut saisir le tribunal international pour le Rwanda d'une demande en révision de la sentence.

Art. 26. – *Exécution des peines.* – Les peines d'emprisonnement sont exécutées au Rwanda ou dans un État désigné par le tribunal international pour le Rwanda sur la liste des États qui ont fait savoir au Conseil de sécurité qu'ils étaient disposés à recevoir des condamnés. Elles sont exécutées conformément aux lois en vigueur de l'État concerné, sous la supervision du tribunal.

Art. 27. – *Grâce et commutation de peine.* – Si le condamné peut bénéficier d'une grâce ou d'une commutation de peine en vertu des lois de l'État dans lequel il est emprisonné, cet État en avise le tribunal international pour le Rwanda. Une grâce ou une commutation de peine n'est accordée que si le président du tribunal international pour le Rwanda, en consultation avec les juges, en décide ainsi dans l'intérêt de la justice et sur la base des principes généraux du droit.

Art. 28. – *Coopération et entraide judiciaire.* – 1. Les États collaborent avec le tribunal international pour le Rwanda à la recherche et au jugement des personnes accusées d'avoir commis des violations graves du droit international humanitaire.

2. Les États répondent sans retard à toute demande d'assistance ou à toute ordonnance émanant d'une chambre de première instance et concernant, sans s'y limiter :

a) – l'identification et la recherche des personnes ;

b) – la réunion des témoignages et la production des preuves ;

c) – l'expédition des documents ;

d) – l'arrestation ou la détention des personnes ;

e) – le transfert ou la traduction de l'accusé devant le tribunal international pour le Rwanda.

Art. 29. – *Statut, privilèges et immunités du tribunal international pour le Rwanda.* – 1. La convention sur les privilèges et immunités des Nations unies en date du 13 février 1946 s'applique au tribunal international pour le Rwanda, aux juges, au procureur et à son personnel ainsi qu'au greffier et à son personnel.

2. Les juges, le procureur et le greffier jouissent des privilèges et immunités, des exemptions et des facilités accordés aux agents diplomatiques, conformément au droit international.

3. Le personnel du procureur et du greffier jouit des privilèges et immunités accordés aux fonctionnaires des Nations unies en vertu des articles V et VII de la convention visée au paragraphe 1 du présent article.

4. Les autres personnes, y compris les accusés, dont la présence est requise au siège ou au lieu de réunion du tribunal international pour le Rwanda bénéficient du traitement nécessaire pour assurer le bon fonctionnement du tribunal.

Art. 30. – *Dépenses du tribunal international pour le Rwanda.* – Les dépenses du tribunal international pour le Rwanda sont imputées sur le budget ordinaire de l'Organisation des Nations unies conformément à l'article 17 de la Charte des Nations unies.

Art. 31. – *Langues de travail.* – Les langues de travail du tribunal international sont l'anglais et le français.

Art. 32. – *Rapport annuel.* – Le président du tribunal international pour le Rwanda présente chaque année un rapport du tribunal international pour le Rwanda au Conseil de sécurité et à l'Assemblée générale.

Règlement de procédure et de preuve

(adopté le 12 janv. 1996 et mod. le 15 mai 1996, 4 juill. 1996, 5 juin 1997, 8 juin 1998 et 1er juill. 1999)

CHAPITRE I. – DISPOSITIONS GÉNÉRALES

Art. 1er. – *Entrée en vigueur.* – Le présent règlement de procédure et de preuve, adopté conformément aux dispositions de l'article 14 du statut du tribunal, entre en vigueur le 5 juillet 1995.

Art. 2. – *Définitions.* – (A) Sauf incompatibilité tenant au contexte, les expressions suivantes signifient :

Règlement : le règlement visé à l'article 1er ;

Statut : le statut du tribunal adopté par le Conseil de sécurité dans sa résolution 955 du 8 novembre 1994 ;

Tribunal : le tribunal criminel international chargé de juger les personnes présumées responsables d'actes de génocide ou d'autres violations graves du droit international humanitaire commis sur le territoire du Rwanda et les citoyens rwandais présumés responsables de tels actes ou violations commis sur le territoire d'États voisins entre le 1er janvier et le 31 décembre 1994, créé par le Conseil de sécurité dans sa résolution 955 du 8 novembre 1994 ;

Accusé : toute personne physique mise en cause pour un ou plusieurs chefs d'accusation dans un acte d'accusation confirmé conformément à l'article 47 ;

Arrestation : l'acte par lequel un suspect ou un accusé est appréhendé et placé en garde à vue en vertu d'un mandat d'arrêt ou conformément aux dispositions de l'article 40 ;

Bureau : organe constitué du président, du vice-président et du doyen des présidents des chambres de première instance ;

Enquête : toutes activités entreprises par le procureur conformément au statut et au règlement afin de rassembler des informations et des éléments de preuve tant avant qu'après la confirmation de l'acte d'accusation ;

Entreprise criminelle : un certain nombre d'actes ou d'omissions survenant à l'occasion d'un seul événement ou de plusieurs événements en un seul endroit ou en plusieurs endroits, et faisant partie d'un plan, d'une stratégie ou d'un dessein communs ;

Partie : le procureur ou l'accusé ;

Président : le président du tribunal ;

Procureur : le procureur désigné conformément à l'article 15 du statut ;

Règlements internes : toute disposition adoptée par le procureur en application du paragraphe (A) de l'article 37 dans le but d'organiser les activités du bureau du procureur ;

Suspect : toute personne physique au sujet de laquelle le procureur possède des informations fiables qui tendent à montrer qu'elle aurait commis une infraction relevant de la compétence du tribunal ;

Victime : toute personne physique à l'égard de laquelle aurait été commise une infraction relevant de la compétence du tribunal.

(B) Aux fins du présent règlement, l'emploi du masculin et du singulier comprend le féminin et le pluriel et inversement.

Art. 3. – *Langues.* – (A) Les langues de travail du tribunal sont le français et l'anglais.

(B) L'accusé a le droit de parler sa propre langue.

(C) Le Conseil de l'accusé peut demander à un juge ou à une chambre l'autorisation d'employer une langue autre que les deux langues de travail ou celle de l'accusé. Si une telle autorisation est accordée, les frais d'interprétation et de traduction sont pris en charge par le tribunal dans les limites éventuellement fixées par le président compte tenu des droits de la défense et de l'intérêt de la justice.

(D) Toute autre personne comparaissant devant le tribunal peut employer sa propre langue, si elle n'a pas une connaissance suffisante de l'une ou l'autre des deux langues de travail.

(E) Le greffier prend les dispositions voulues pour assurer la traduction des pièces et l'interprétation des débats dans les langues de travail.

Art. 4. – *Sessions hors du siège du tribunal.* – Une chambre ou un juge peut, avec l'autorisation du président, exercer ses fonctions hors du siège du tribunal si l'intérêt de la justice le commande.

Art. 5. – *Violation du règlement.* – (A) Toute exception d'une partie à l'égard d'un acte d'une autre partie, fondée sur une violation du règlement ou des règlements internes, doit être soulevée dès que possible ; elle n'est accueillie que si la preuve de la violation présumée est rapportée et si celle-ci a effectivement fait subir un préjudice substantiel à cette partie.

(B) La chambre de première instance peut à sa discrétion accueillir une objection soulevée dans des conditions autres que celles énoncées dans le paragraphe (A) ci-dessus lorsqu'elle constate que la preuve de la violation présumée est rapportée et que ladite violation a causé un préjudice substantiel à la partie requérante.

(C) La chambre de première instance accorde, en vertu de cette disposition, une réparation qu'elle considère conforme aux principes de l'équité.

Art. 6. – *Modifications du règlement.* – (A) Toute proposition de modification du règlement peut être présentée par un juge, le procureur ou le greffier ; elle est adoptée si dix juges au moins y sont favorables lors d'une séance plénière du tribunal réunie après que la proposition de modification a été communiquée à tous les juges.

(B) S'il n'est pas procédé comme prévu au paragraphe (A), les modifications du règlement ne peuvent être adoptées qu'à l'unanimité et par tout moyen approprié constaté ou confirmé par écrit.

(C) Les modifications entrent en vigueur immédiatement, sans préjudice du respect des droits de l'accusé dans les affaires en instance.

Art. 7. – *Textes authentiques.* – Le texte anglais et le texte français du règlement font également foi. En cas de divergence, le texte qui reflète le plus fidèlement l'esprit du statut et du règlement prévaut.

Art. 7 *bis*. – *Inexécution d'obligations.*– (A) Sauf dans les cas visés aux articles 11, 13, 59 et 61, lorsqu'une chambre de première instance ou un juge est convaincu qu'un État ne s'est pas acquitté d'une obligation au titre de l'article 28 du statut en rapport avec une affaire dont ils sont saisis, la chambre ou le juge peut prier le président d'en rendre compte au Conseil de sécurité.

(B) Si le procureur convainc le président qu'un État ne s'est pas acquitté d'une obligation au titre de l'article 28 du statut en réponse à une demande formulée par le procureur au titre des articles 8 ou 40 du règlement, le président en informe le Conseil de sécurité.

CHAPITRE II. – PRIMAUTÉ DU TRIBUNAL

Art. 8. – *Demande d'informations.* – Lorsqu'il apparaît au procureur qu'une infraction relevant de la compétence du tribunal fait ou a fait l'objet d'enquêtes ou de poursuites pénales devant une juridiction interne, il peut demander à l'État dont relève cette juridiction de lui transmettre toutes les informations pertinentes. L'État transmet sans délai au procureur ces informations, en application de l'article 28 du statut.

Art. 9. – *Requête du procureur aux fins de dessaisissement.* – S'il apparaît au procureur que les crimes qui font l'objet d'enquêtes ou de poursuites pénales engagées devant une juridiction interne :

i) Font l'objet d'une enquête du procureur ;

ii) Devraient faire l'objet d'une enquête du procureur tenant compte, entre autres :

a) De la gravité des infractions ;

b) De la qualité de l'accusé au moment des infractions alléguées ;

c) De l'importance générale des points soulevés par l'affaire ;

iii) Font l'objet d'un acte d'accusation devant le tribunal,

le procureur peut prier la chambre de première instance désignée par le président de demander officiellement le dessaisissement de cette juridiction en faveur du tribunal.

Art. 10. – *Demande officielle de dessaisissement.* – (A) S'il apparaît à la chambre de première instance saisie d'une telle requête du procureur, en vertu de l'article 9, que celle-ci satisfait aux dispositions des alinéas i), ii) ou iii) de l'article 9, elle demande officiellement à l'État dont relève la juridiction que celle-ci se dessaisisse en faveur du tribunal.

(B) La demande de dessaisissement porte également sur la transmission des éléments d'enquêtes, des copies du dossier d'audience et, le cas échéant, d'une expédition du jugement.

(C) L'État auquel la demande officielle de dessaisissement est adressée y répond sans retard conformément à l'article 28 du Statut.

Art. 11. – *Non-respect d'une demande officielle de dessaisissement.* – Si, dans un délai de soixante jours à compter de la date à laquelle le greffier a notifié la demande de dessaisissement à l'État dont relève la juridiction ayant connu de l'affaire dont il s'agit, l'État ne fournit pas à la chambre de première instance l'assurance qu'il a pris ou entend prendre les mesures voulues pour se conformer à cette demande, la chambre peut prier le président de soumettre la question au Conseil de sécurité.

Art. 12. – *Décisions des juridictions internes.* – Sous réserve du paragraphe 2 de l'article 9 du statut, les décisions des juridictions internes ne lient pas le tribunal.

Art. 13. – Non bis in idem. – Si le président est valablement informé de poursuites pénales engagées contre une personne devant une juridiction interne pour des faits constituant de graves violations du droit international humanitaire au sens du statut pour lesquels l'intéressé a déjà été jugé par le tribunal, une chambre de première instance rend, conformément à la procédure visée à l'article 10, *mutatis mutandis,* une ordonnance motivée invitant cette juridiction à mettre fin définitivement aux poursuites. Si cette juridiction s'y refuse, le président peut soumettre la question au Conseil de sécurité.

CHAPITRE III. – ORGANISATION DU TRIBUNAL

Section I. – Les juges

Art. 14. – *Déclaration solennelle.* – (A) Avant de prendre ses fonctions, chaque juge fait la déclaration solennelle suivante :

« Je déclare solennellement que je remplirai mes devoirs et exercerai mes attributions de juge du tribunal pénal international chargé de juger les personnes présumées responsables d'actes de génocide ou d'autres violations graves du droit international humanitaire commis sur le territoire du Rwanda et les citoyens rwandais présumés responsables de tels actes ou violations commis sur le territoire d'États voisins entre le 1er janvier et le 31 décembre 1994 en tout honneur et dévouement, en pleine et parfaite impartialité et en toute conscience ».

(B) Le texte de cette déclaration, signé par le juge en présence du secrétaire général de l'Organisation des Nations unies ou de son représentant, est versé aux archives du tribunal.

Art. 14 *bis*. – Les membres du tribunal continuent de s'acquitter de leurs fonctions jusqu'à ce qu'ils soient remplacés. Même après leur remplacement, ils mènent à leur terme toutes affaires qu'ils auront éventuellement commencées.

Art. 15. – *Récusation et empêchement de juges.* – (A) Un juge ne peut connaître en première instance ou en appel d'une affaire dans laquelle il a un intérêt personnel ou avec laquelle il a ou il a eu un lien quelconque de nature à porter atteinte à son impartialité. En ce cas, il doit se dessaisir de cette affaire. Lorsque le juge renonce à siéger au sein d'une chambre de première instance, le président désigne un autre juge de première instance pour siéger à sa place. Lorsqu'un juge renonce à siéger au sein de la chambre d'appel, le président de la chambre d'appel désigne un autre juge pour siéger à sa place.

(B) Toute partie peut solliciter du président de la chambre qu'un juge de cette chambre soit dessaisi d'une affaire en première instance ou en appel pour les raisons ci-dessus énoncées. Après concertation entre le président de la chambre et le juge concerné, le bureau statue si nécessaire. Si le bureau donne suite à la demande, le président désigne un autre juge pour remplacer le juge dessaisi.

(C) Le juge d'une chambre de première instance qui examine un acte d'accusation, conformément à l'article 18 du statut et aux articles 47 ou 61 du règlement, ne peut siéger à la chambre appelée à juger ultérieurement l'accusé.

(D) Aucun membre de la chambre d'appel ne peut connaître, en cette qualité, d'une affaire dont un autre juge de la même nationalité a eu à connaître en première instance.

(E) Si, pour une raison quelconque, un membre d'une chambre est empêché de siéger à l'instance, le président de la chambre peut, si l'empêchement semble devoir être de courte durée, surseoir à la procédure ; dans le cas contraire, il en rend compte au président, lequel peut désigner un autre juge et ordonner soit la réouverture, soit la poursuite des débats.

Toutefois, après les déclarations liminaires prévues par l'article 84, ou le début de présentation des preuves en application de l'article 85, la poursuite des débats ne peut être ordonnée qu'avec le consentement de l'accusé.

(F) En cas de maladie ou de vacance au sein d'une chambre ou dans toute autre situation exceptionnelle, le président peut autoriser une chambre à expédier les affaires courantes en rendant, par exemple, des décisions en l'absence d'un ou de plusieurs de ses membres.

Art. 16. – *Démission.* – La démission d'un juge est adressée par écrit au président pour être transmise au secrétaire général de l'Organisation des Nations unies.

Art. 17. – *Préséance.* – (A) Tous les juges sont égaux dans l'exercice de leurs fonctions judiciaires, quels que soient la date de leur élection ou de leur nomination, leur âge ou la durée des fonctions déjà exercées.

(B) Après le président et le vice-président, les présidents des chambres prennent rang entre eux selon l'ancienneté d'âge.

(C) Les juges élus ou nommés à des dates différentes prennent rang selon la date de leur élection ou de leur nomination ; les juges élus ou nommés à la même date prennent rang entre eux selon l'ancienneté d'âge.

(D) En cas de réélection, il est tenu compte de la durée totale des fonctions déjà exercées par le juge intéressé.

Section II. – Présidence du tribunal

Art. 18. – *Élection du président.* – (A) Le président est élu pour une période de deux ans, dès lors que cette période ne dépasse pas sa durée de fonctions en tant que juge. Le président est rééligible une fois.

(B) Si le président cesse d'être membre du tribunal ou démissionne avant l'expiration normale de son mandat, les juges du tribunal élisent parmi eux son successeur pour le reste de son mandat.

(C) Le président est élu à la majorité des voix des juges du tribunal. Si aucun juge ne recueille la majorité, il est procédé à un nouveau tour de scrutin entre les deux juges qui ont obtenu le plus de voix. En cas de partage des voix au second tour, est élu le juge qui a préséance, conformément à l'article 17.

Art. 19. – *Fonctions du président.* – Le président préside toutes les sessions plénières du tribunal, coordonne les travaux des chambres, contrôle les activités du greffe et s'acquitte de toutes les autres fonctions qui lui sont confiées par le statut et par le règlement.

Art. 20. – *Le vice-président.* – (A) Le vice-président est élu pour une période de deux ans, dès lors que cette période ne dépasse pas sa durée de fonctions en tant que juge. Le vice-président est rééligible une fois.

(B) Les dispositions prévues aux paragraphes (B) et (C) de l'article 18 s'appliquent *mutatis mutandis* au vice-président.

Art. 21. – *Fonctions du vice-président.* – Le vice-président exerce les fonctions du président si celui-ci est absent ou empêché.

Art. 22. – *Remplacement du président et du vice-président.* – (A) Si le président et le vice-président sont l'un et l'autre empêchés d'exercer la présidence, celle-ci est assurée par le juge doyen des chambres de première instance, conformément à l'article 17.

Section III. – Fonctionnement interne du tribunal

Art. 23. – *Le bureau.* – (A) Le bureau est constitué du président, du vice-président et des présidents des chambres de première instance. Lorsque le doyen des présidents des chambres de première instance exerce la fonction de président ou de vice-président, le président de l'autre chambre de première instance devient membre du bureau.

(B) Le président consulte les autres membres du bureau au sujet de toutes les questions importantes liées au fonctionnement du tribunal.

(C) Tout juge peut appeler l'attention d'un membre du bureau sur les questions qui méritent à son avis d'être examinées par le bureau ou d'être soumises à une réunion plénière du tribunal.

Art. 24. – *Sessions plénières du tribunal.* – Les juges se réunissent en plénière pour :
i) L'élection du président et du vice-président ;
ii) L'adoption et la modification du règlement ;
iii) L'adoption du rapport annuel prévu à l'article 32 du statut ;
iv) L'adoption de décisions sur les questions liées au fonctionnement interne des chambres et du tribunal ;
v) La détermination ou le contrôle des conditions de détention ;
vi) L'accomplissement de toute autre tâche prévue dans le statut ou le règlement.

Art. 25. – *Réunions plénières.* – (A) En principe, le tribunal arrête au mois de juillet les dates et la durée de ses réunions plénières ordinaires pour l'année civile suivante.

(B) Si au moins huit juges le demandent, le président doit convoquer d'autres réunions plénières ; il peut aussi en convoquer dans tous les cas où l'exigent les fonctions que lui confèrent le statut ou le règlement.

Art. 26. – *Quorum et vote.* – (A) Un quorum de dix juges est requis pour chaque réunion plénière du tribunal.

(B) Sous réserve des dispositions des paragraphes (A) et (B) de l'article 6 ci-dessus et du paragraphe (C) de l'article 18, les décisions adoptées par le tribunal en plénière sont prises à la majorité des juges présents. En cas de partage des voix, celle du président ou du juge faisant fonction de président est prépondérante.

Section IV. – Les chambres

Art. 27. – *Roulement des juges.* – (A) L'affectation des juges aux chambres de première instance se fait par roulement périodique, compte tenu de la nécessité d'assurer la bonne expédition des affaires.

(B) Les juges prennent leurs fonctions à la chambre à laquelle ils sont affectés dès que le président le juge opportun, compte tenu de la nécessité d'expédier des affaires en instance.

(C) Le président peut à tout moment affecter temporairement un membre d'une chambre de première instance à une autre chambre de première instance.

Art. 28. – *Permanence des juges.* – Tous les six mois et après avoir consulté les juges, le président désigne, pour chaque quinzaine du semestre à venir, un juge dans chaque chambre de première instance auquel les actes d'accusation, mandats et autres requêtes qui ne concernent aucune affaire dont une chambre est saisie, seront transmis pour examen. Le tableau de permanence est publié par le greffier. Toutefois, à titre exceptionnel, un juge de permanence peut demander à un autre juge de la même chambre de le suppléer, à charge pour lui d'en informer le président du tribunal et le greffier.

Art. 29. – *Délibéré.* – Les délibérations des chambres sont et demeurent secrètes.

Section V. – Le greffe

Art. 30. – *Nomination du greffier.* – Avant de consulter le secrétaire général de l'Organisation des Nations unies conformément au paragraphe 3 de l'article 16 du statut, le président recueille l'opinion des juges au sujet des candidats à la fonction de greffier.

Art. 31. – *Nomination du greffier adjoint et du personnel du greffe.* – Après avoir consulté le président, le greffier recommande au secrétaire général de l'Organisation des Nations unies la personne à nommer aux fonctions de greffier adjoint ainsi que les autres membres du personnel du greffe.

Art. 32. – *Déclaration solennelle.* – (A) Avant son entrée en fonctions, le greffier fait devant le président la déclaration suivante :

« Je déclare solennellement que je remplirai en toute loyauté, discrétion et conscience les devoirs qui m'incombent en ma qualité de greffier du tribunal pénal international chargé de juger les personnes présumées responsables d'actes de génocide ou d'autres violations graves du droit international humanitaire commis sur le territoire du Rwanda, et les citoyens rwandais présumés responsables de tels actes ou violations commis sur le territoire d'États voisins entre le 1er janvier et le 31 décembre 1994 et que j'observerai fidèlement toutes les prescriptions du statut et du règlement du tribunal ».

(B) Le greffier adjoint fait devant le président une déclaration semblable avant son entrée en fonctions.

(C) Tout membre du personnel du greffe fait une déclaration semblable devant le greffier.

Art. 33. – *Fonctions du greffier.* – (A) Le greffier apporte son concours aux chambres et lors des réunions plénières du tribunal, ainsi qu'aux juges et au procureur dans l'exercice de leurs fonctions. Sous l'autorité du président, il est responsable de l'administration et du service du tribunal et est chargé de toute communication émanant du tribunal ou adressée à celui-ci.

(B) Le greffier peut, dans l'exécution de ses fonctions, informer les chambres oralement ou par écrit de toute question relative à une affaire particulière qui affecte ou risque d'affecter l'exécution de ses fonctions, y compris l'exécution des décisions judiciaires, en informant les parties lorsque cela est nécessaire.

Art. 34. – *Section d'aide aux victimes et aux témoins.* – (A) Il est créé auprès du greffier une section d'aide aux victimes et aux témoins, composée d'un personnel qualifié et chargée de :

i) Recommander l'adoption de mesures de protection des victimes et des témoins conformément à l'article 21 du statut ;

ii) Fournir aux victimes et aux témoins l'assistance nécessaire à leur réadaptation physique et psychologique, en particulier par le biais de services de conseils dans les cas de viol et de violences sexuelles ; et

iii) Concevoir des plans à court et à long terme pour la protection des témoins qui ont déposé devant le tribunal et craignent pour leur vie, leur famille ou leurs biens.

(B) Aux fins des mesures de protection et d'assistance destinées aux victimes et aux témoins, une politique tenant compte de la dualité homme-femme devrait être adoptée. Il faudra à cet égard dans le cadre du recrutement du personnel de la section examiner comme il se doit la possibilité d'employer des femmes qualifiées.

Art. 35. – *Procès-verbaux.* – Hormis les cas de compte rendu intégral prévus à l'article 81, le greffier ou les fonctionnaires du greffe désignés par lui établissent les procès-verbaux des réunions plénières du tribunal et des audiences des chambres, à l'exception des délibérations à huis clos.

Art. 36. – *Répertoire général.* – Le greffier tient un répertoire général indiquant, pour chaque affaire portée devant le tribunal, sous réserve de l'article 53, tous les renseignements pertinents. Le répertoire général est ouvert au public.

Section VI. – Le procureur

Art. 37. – *Fonctions du procureur.* – (A) Le procureur remplit toutes les fonctions prévues par le statut conformément au règlement et aux règlements internes qu'il adopte, pour autant que ceux-ci soient compatibles avec le statut et le règlement. Toute incompatibilité présumée des règlements internes est portée à la connaissance du bureau, dont l'opinion prévaut.

(B) Les pouvoirs du procureur tels que définis aux chapitres IV à VIII du règlement peuvent être exercés par les membres du bureau du procureur qu'il autorise à cette fin ou par toute personne mandatée par lui à cet effet.

Art. 38. – *Procureur adjoint.* – (A) Le procureur recommande au secrétaire général de l'Organisation des Nations unies la personne à nommer aux fonctions de procureur adjoint.

(B) Le procureur adjoint remplit les fonctions du procureur en cas d'absence ou d'incapacité ou sur instructions formelles du procureur.

CHAPITRE IV. – ENQUÊTES ET DROITS DES SUSPECTS

Section I. – Enquêtes

Art. 39. – *Déroulement des enquêtes.* – Aux fins de ses enquêtes, le procureur est habilité à :

i) Convoquer et interroger les suspects, entendre les victimes et les témoins, enregistrer leurs déclarations, recueillir tous éléments de preuve et enquêter sur les lieux ;

ii) Prendre toutes autres mesures jugées nécessaires aux fins de l'enquête et aux fins de soutenir l'accusation au procès, y compris des mesures spéciales nécessaires à la sécurité d'éventuels témoins et informateurs ;

iii) Obtenir à ces fins l'aide de toute autorité nationale compétente, ainsi que tout organisme international, y compris l'organisation internationale de police criminelle (Interpol) ; et

iv) Solliciter d'une chambre de première instance ou d'un juge le prononcé de toute ordonnance nécessaire.

Art. 40. – *Mesures conservatoires.* – En cas d'urgence le procureur peut demander à tout État :

i) De procéder à l'arrestation et au placement en garde à vue d'un suspect ;

ii) De saisir tous éléments de preuves matériels ;

iii) De prendre toute mesure nécessaire pour empêcher l'évasion du suspect ou de l'accusé, l'intimidation ou les atteintes à l'intégrité physique des victimes ou des témoins, ou la destruction d'éléments de preuve.

L'État concerné s'exécute sans délai, en application de l'article 28 du statut.

(B) Sur démonstration par le procureur d'un cas d'empêchement majeur pour l'État de maintenir le suspect en garde à vue ou de prendre toute mesure nécessaire pour empêcher son évasion, le procureur peut adresser une requête à un juge désigné par le président pour obtenir une ordonnance aux fins du transfert du suspect et de sa garde à vue au siège du tribunal ou dans tout autre lieu que le bureau peut fixer. Après consultation du procureur et du greffier, le transfert est organisé par les autorités du pays hôte du tribunal et le greffier.

(C) Dans les cas visés au paragraphe (B), le suspect, dès son transfert, bénéficie des droits prévus à l'article 42 du règlement et peut introduire un recours devant une chambre de première instance du tribunal. La chambre statue sur le recours, le procureur entendu.

(D) Le suspect est remis en liberté si i) la chambre l'ordonne ; ou si

ii) le procureur ne soumet pas un acte d'accusation dans les vingt jours du transfert.

Art. 40 *bis*. – *Transfert et détention provisoire de suspects.* – (A) Dans le cadre d'une enquête, le procureur peut transmettre au greffier, pour ordonnance par un juge désigné conformément à l'article 28, une requête aux fins de transfert et de placement en détention provisoire d'un suspect dans les locaux du quartier pénitentiaire relevant du tribunal. Cette requête est motivée et, à moins que le procureur souhaite seulement interroger le suspect, mentionne un chef d'accusation provisoire et est accompagnée d'un sommaire des éléments sur lesquels s'est appuyé le procureur.

(B) Le juge ordonne le transfert et la détention provisoire du suspect, si les conditions suivantes sont remplies :

i) Le procureur a demandé à un État de procéder à l'arrestation et au placement en garde à vue du suspect, conformément à l'article 40, ou le suspect est autrement détenu par un État ;

ii) Après avoir entendu le procureur, le juge considère qu'il existe des indices graves et concordants tendant à montrer que le suspect aurait commis une infraction relevant de la compétence du tribunal ; et

iii) Le juge considère la détention provisoire comme une mesure nécessaire pour empêcher l'évasion du suspect, l'intimidation ou les atteintes à l'intégrité physique ou mentale des victimes ou des témoins ou la destruction d'éléments de preuve ou comme autrement nécessaire à la conduite de l'enquête.

(C) La détention provisoire du suspect peut être ordonnée pour une durée qui ne saurait être supérieure à 30 jours à compter du lendemain du transfert du suspect au quartier pénitentiaire du tribunal.

(D) L'ordonnance de transfert et de placement en détention provisoire du suspect doit être signée par le juge et revêtue du sceau du tribunal. L'ordonnance mentionne les éléments sur lesquels le procureur se fonde pour présenter la requête visée au paragraphe (A), y compris le chef d'accusation provisoire, ainsi que les motifs pour lesquels le juge rend l'ordonnance, compte tenu du paragraphe (B). L'ordonnance précise également la durée initiale de la détention provisoire et est accompagnée d'un document rappelant les droits du suspect, tels qu'indiqués par le présent article et les articles 42 et 43.

(E) Dès que possible, des copies de l'ordonnance et de la requête du procureur sont notifiées par le greffier au suspect et à son conseil.

(F) Au terme de la période de détention, à la demande motivée du procureur et si les nécessités de l'enquête le justifient, le juge ayant rendu l'ordonnance initiale ou un autre juge appartenant à la même chambre de première instance peut décider, à la suite d'un débat contradictoire, de prolonger la détention provisoire pour une durée qui ne saurait être supérieure à trente jours.

(G) Au terme de cette prolongation, à la demande motivée du procureur et si des circonstances particulières le justifient, le juge ayant rendu l'ordonnance initiale ou un autre juge appartenant à la même chambre de première instance peut décider, à la suite d'un débat contradictoire, de prolonger à nouveau la détention provisoire pour une durée qui ne saurait être supérieure à 30 jours.

(H) La durée totale de la détention provisoire ne peut en aucun cas excéder 90 jours, délai à l'issue duquel, pour le cas où un acte d'accusation n'a pas été confirmé et un mandat d'arrêt signé, le suspect est remis en liberté ou, le cas échéant, remis aux autorités nationales de l'État initialement requises.

(I) Les dispositions des articles 55 (B) à 59 s'appliquent *mutatis mutandis* à l'exécution de l'ordonnance de transfert et de placement en détention provisoire du suspect.

(J) Après son transfert au siège du tribunal, le suspect assisté de son conseil comparaît sans retard devant le juge ayant rendu l'ordonnance initiale ou un autre juge appartenant à la même chambre de première instance, qui s'assure du respect de ses droits.

(K) Au cours de la détention, le procureur, le suspect ou son conseil peuvent présenter à la chambre de première instance à laquelle appartient le juge ayant rendu l'ordonnance initiale toutes requêtes relatives à la régularité de la détention provisoire ou à la mise en liberté du suspect.

(L) Sans préjudice des paragraphes (C) à (H), les articles relatifs à la détention préventive de personnes mises en accusation s'appliquent *mutatis mutandis* à la détention provisoire de personnes conformément au présent article.

Art. 41. – *Conservation des informations.* – Le procureur est responsable de la conservation, de la garde et de la sécurité des informations et des éléments de preuve matériels recueillis au cours des enquêtes.

Art. 42. – *Droits du suspect pendant l'enquête.* – (A) Avant d'être interrogé par le procureur, le suspect est informé de ses droits dans une langue qu'il parle et comprend, à savoir :

i) Le droit à l'assistance d'un conseil de son choix ou, s'il est indigent, à la commission d'office d'un conseil à titre gratuit ;

ii) Le droit à l'assistance gratuite d'un interprète s'il ne comprend pas ou ne parle pas la langue utilisée lors de l'interrogatoire ;

iii) Le droit de garder le silence et d'être averti que chacune de ses déclarations sera enregistrée et pourra être utilisée comme moyen de preuve.

(B) L'interrogatoire d'un suspect ne peut avoir lieu qu'en présence de son conseil, à moins que le suspect n'ait renoncé à son droit à l'assistance d'un conseil. L'interrogatoire doit néanmoins cesser si un suspect qui a initialement renoncé à son droit à l'assistance d'un conseil, s'en prévaut ultérieurement ; l'interrogatoire ne doit reprendre que lorsque le suspect a obtenu de son chef ou d'office l'assistance d'un conseil.

Art. 43. – *Enregistrement des interrogatoires des suspects.* – Le procureur ne peut interroger un suspect que si l'interrogatoire est consigné sous forme d'enregistrement sonore ou vidéo selon les modalités suivantes :

i) Le suspect est informé, dans une langue qu'il parle et comprend, de ce que l'interrogatoire est consigné sous forme d'enregistrement sonore ou vidéo ;

ii) Si l'interrogatoire est suspendu, la suspension, son heure et celle de la reprise de l'interrogatoire sont respectivement mentionnées dans l'enregistrement sonore ou vidéo ;

iii) À la fin de l'interrogatoire, il est donné au suspect la possibilité de préciser ou de compléter toutes ses déclarations ; l'heure de la fin de l'interrogatoire est alors mentionnée dans l'enregistrement ;

iv) La teneur de l'enregistrement est transcrite dès que possible après la fin de l'interrogatoire et copie du texte de la transcription est remise au suspect ; une copie de l'enregistrement ou, s'il a été utilisé un appareil d'enregistrements multiples, l'une des bandes originales, est également remise au suspect ;

v) Après qu'une copie de l'enregistrement a été faite, si nécessaire, aux fins de transcription, la bande originale de l'enregistrement ou l'une d'entre elles est placée, en présence du suspect, sous scellés contresignés par lui-même et par le procureur.

Section II. – Le conseil

Art. 44. – *Mandat et qualification du conseil.* – (A) Le conseil choisi par un suspect ou un accusé dépose dès que possible son mandat auprès du greffier. Sous réserve de vérification par le greffier, tout conseil est considéré comme qualifié pour représenter un suspect ou un accusé dès lors qu'il est habilité à exercer la profession d'avocat dans un État ou est professeur de droit dans une université.

(B) Dans l'accomplissement de leur tâche, les conseils sont assujettis au respect des dispositions pertinentes du statut, du règlement et du règlement de détention ainsi qu'à celles de tout autre règlement adopté par le tribunal, sans préjudice de l'accord de siège, du code de conduite et des codes de pratique et de déontologie régissant leur profession et, le cas échéant, de la directive relative à la commission d'office de conseils de la défense.

Art. 44 *bis*. – *Conseils de permanence.* – (A) Le greffier tient une liste des conseils de permanence qui parlent aux moins une des deux langues de travail du tribunal et ont fait savoir qu'ils accepteraient d'être commis d'office conformément au présent article.

(B) Le conseil de permanence doit remplir les conditions visées à l'article 44 et résider dans une zone raisonnablement proche du quartier pénitentiaire et du siège du tribunal.

(C) Le greffier veille, en tout temps, à ce que les conseils de permanence soient prêts à se rendre au quartier pénitentiaire au cas où ils y seraient convoqués.

(D) En cas de non-représentation d'un accusé ou d'un suspect à tout moment après son transfert au tribunal en application de l'article 40 *bis*, le greffier convoque, le plus tôt possible, un conseil de permanence pour le représenter, et ce, jusqu'au choix d'un conseil par l'accusé ou le suspect, ou jusqu'à la commission d'office d'un conseil.

(E) Dans le cadre de l'assistance juridique initiale qu'il fournit un suspect transféré en vertu de l'article 40 *bis*, le conseil de permanence l'informe de ses droits, y compris ceux énoncés au paragraphe (A) de l'article 55.

Art. 45. – *Commission d'office d'un conseil.* – (A) Le greffier tient une liste des conseils qui parlent au moins une des deux langues de travail du tribunal remplissent les conditions visées à l'article 44, justifient d'au moins 10 ans d'expérience pertinente, et ont fait savoir qu'ils accepteraient d'être commis d'office par le tribunal pour représenter un suspect ou un accusé indigent.

(B) Les critères d'indigence sont déterminés par le greffier et approuvés par les juges.

(C) Un conseil est commis d'office pour représenter un suspect ou un accusé indigent conformément à la procédure suivante :

i) Une demande de commission d'un conseil doit être présentée au greffier ;

ii) Le greffier doit s'enquérir des moyens financiers du suspect ou de l'accusé et apprécier si les critères d'indigence sont réunis ;

iii) Dans l'affirmative, il commet un conseil choisi sur la liste ; dans le cas contraire, il en informe l'intéressé.

(D) En cas de rejet de la demande, le suspect ou l'accusé peut soumettre au greffier une nouvelle demande motivée par un changement de circonstances.

(E) Le greffier en consultation avec les juges détermine le tarif des honoraires à verser au conseil commis d'office.

(F) Si un suspect ou un accusé décide d'assurer lui-même sa défense, il en avertit par écrit le greffier dès que possible.

(G) S'il s'avère qu'une personne présumée indigente ne l'est pas, la chambre peut rendre une ordonnance aux fins de récupérer les frais entraînés par la commission d'un conseil.

(H) Dans les circonstances exceptionnelles, à la demande du suspect ou de l'accusé, ou de son conseil, la chambre peut donner instruction au greffier de remplacer un conseil commis d'office, pour des raisons jugées fondées et après s'être assurée que la demande ne vise pas à ralentir la procédure.

(I) Il est admis que le conseil commis représentera l'accusé et ce jusqu'à la fin de l'affaire. Á défaut et en l'absence de justifications approuvées par la chambre, ses honoraires peuvent ne pas lui être payés en totalité ou en partie. Dans de telles circonstances, la chambre peut rendre une décision à cet effet. Le conseil n'est autorisé à se retirer de l'affaire qui lui a été assignée que dans les circonstances les plus exceptionnelles.

Art. 45 *bis*. – *Personnes détenues.* – Les articles 44 et 45 s'appliquent à toute personne détenue sous l'autorité du tribunal.

Art. 45 *ter*. – *Disponibilité du conseil.* – (A) Qu'ils soient désignés par le greffe ou choisis par leur client afin de le représenter devant le tribunal, le conseil et le co-conseil doivent fournir au greffier à la date de cette désignation ou nomination, un engagement écrit selon lequel ils apparaîtront devant le tribunal dans un délai raisonnable spécifié par le greffier.

(B) Le défaut pour le conseil ou le co-conseil de se présenter devant le tribunal, tel qu'ils s'y sont engagés, sera un motif de retrait de leur désignation par le greffier ou une interdiction de se présenter devant le tribunal ou toute autre sanction décidée par la chambre concernée.

Art. 46. – *Discipline.* – (A) Une chambre peut, après un avertissement, prendre des sanctions contre un conseil, si elle considère que son comportement reste offensant ou injurieux, entrave la procédure ou va autrement à l'encontre des intérêts de la justice. Cette disposition s'applique *mutatis mutandis* aux membres du bureau du procureur.

(B) Un juge ou une chambre de première instance peut, avec l'accord du président, signaler tout manquement du conseil à l'ordre des avocats dans le pays où il est admis à l'exercice de sa profession ou, si l'intéressé est professeur et n'est pas avocat, au Conseil d'administration de l'Université dont il relève.

(C) Si, en application de l'alinéa (A), elle a sanctionné, en refusant de l'entendre, un conseil commis d'office conformément à l'article 45, la chambre donne instruction au greffier de remplacer le conseil.

(D) Le greffier peut élaborer un code de conduite énonçant les principes déontologiques à observer par les conseils appelés à comparaître devant le tribunal, sous réserve de son approbation par la réunion plénière. Les modifications du code de conduite sont faites en consultation avec les représentants du procureur et du conseil de la défense, sous réserve de leur adoption par la réunion plénière. S'il a de bonnes raisons de croire qu'un conseil a commis une violation grave du code de conduite ainsi adopté, le greffier peut saisir le président ou le bureau de la question aux fins de mesures appropriées, conformément aux dispositions du présent article.

CHAPITRE V. – MISE EN ACCUSATION

Section I. – Les actes d'accusation

Art. 47. – *Présentation de l'acte d'accusation par le procureur.* – (A) Un acte d'accusation, soumis conformément à la procédure ci-après, est examiné par un juge désigné à cet effet conformément à l'article 28.

(B) Si l'enquête permet au procureur d'établir qu'il existe des éléments de preuve suffisants pour soutenir raisonnablement qu'un suspect a commis une infraction relevant de la compétence du tribunal, le procureur établit et transmet au greffier, pour confirmation par un juge, un acte d'accusation auquel il joint tous les éléments justificatifs.

(C) L'acte d'accusation indique le nom du suspect et les renseignements personnels le concernant, ainsi qu'une relation concise des faits de l'affaire et la qualification qu'ils revêtent.

(D) Le greffier transmet l'acte d'accusation et les pièces jointes au juge désigné, lequel informe le procureur de la date fixée pour l'examen de l'acte d'accusation.

(E) Le juge désigné examine chacun des chefs d'accusation et tout élément que le procureur présenterait à l'appui de ceux-ci, afin de décider, en application de la norme énoncée à l'article 18 1) du statut, si un dossier peut être établi contre le suspect.

(F) Le juge désigné peut :

i) Demander au procureur de présenter des éléments supplémentaires à l'appui de l'un ou de la totalité des chefs d'accusation, ou de prendre toute autre mesure appropriée ;

ii) Confirmer chacun des chefs d'accusation ;

iii) Rejeter chacun des chefs d'accusation ;

iv) Surseoir à sa décision afin de permettre au procureur de modifier l'acte d'accusation ;

(G) L'acte d'accusation tel que confirmé par le juge est conservé par le greffier qui en fait des copies certifiées conformes portant le sceau du tribunal. Si l'accusé ne comprend aucune des deux langues officielles du tribunal et si le greffier sait quelle langue l'accusé comprend, l'acte d'accusation est traduit dans cette langue et cette traduction est jointe à toute copie certifiée conforme de l'acte d'accusation.

(H) Une fois confirmé l'un quelconque ou l'ensemble des chefs de l'acte d'accusation :

i) Le juge peut délivrer un mandat d'arrêt, conformément au paragraphe (A) de l'article 55, et toute ordonnance prévue à l'article 18 du statut :

ii) Le suspect acquiert le statut d'un accusé.

(I) Le rejet d'un chef d'accusation n'interdit pas au procureur d'établir ultérieurement un nouvel acte d'accusation modifié sur la base des faits ayant fondé le chef d'accusation rejeté, pour autant que soient produits à l'appui des éléments de preuve supplémentaires.

Art. 48. – *Jonction d'instances.* – Des personnes accusées d'une même infraction ou d'infractions différentes commises à l'occasion de la même entreprise criminelle peuvent être mises en accusation et jugées ensemble.

Art. 48 *bis*. – *Jonction d'actes d'accusation.* – Sur autorisation d'une chambre de première instance, en application de l'article 73, le procureur peut joindre, pour les besoins d'un procès conjoint, les actes d'accusation confirmés à l'encontre de personnes accusées des mêmes infractions ou d'infractions différentes commises à l'occasion de la même entreprise criminelle.

Art. 49. – *Jonction de chefs d'accusation.* – Plusieurs infractions peuvent faire l'objet d'un seul et même acte d'accusation si les actes incriminés ont été commis à l'occasion de la même entreprise criminelle et par le même accusé.

Art. 50. – *Modifications de l'acte d'accusation.* – (A) Le procureur peut, sans autorisation préalable, modifier l'acte d'accusation, et ce, à tout moment avant sa confirmation. Ultérieurement, et jusqu'à la comparution initiale de l'accusé devant une chambre de première instance conformément à l'article 62, il ne peut le faire qu'avec l'autorisation du juge l'ayant confirmé ou, dans des circonstances exceptionnelles, avec l'autorisation d'un juge désigné par le président. Lors de cette comparution initiale ou par la suite, l'acte d'accusation ne peut être modifié que sur autorisation d'une chambre de première instance donnée conformément à l'article 73. Les dispositions de l'article 47 (G) et de l'article 53 *bis* s'appliquent *mutatis mutandis* à l'acte d'accusation modifié, dès lors que l'autorisation de modifier est donnée.

(B) Lorsque l'acte d'accusation modifié comporte de nouveaux chefs d'accusation et que l'accusé a déjà comparu devant une chambre de première instance conformément à l'article 62, une nouvelle comparution se tient dès que possible pour permettre à l'accusé de plaider coupable ou non coupable des nouveaux chefs qui lui sont imputés.

(C) Un délai supplémentaire de soixante jours est accordé à l'accusé pour lui permettre de soulever les exceptions prévues à l'article 72 relativement aux nouveaux chefs qui lui sont imputés.

Art. 51. – *Retrait d'un acte d'accusation.* – (A) Le procureur peut, sans autorisation préalable, retirer un acte d'accusation à tout moment avant sa confirmation. Ultérieurement, et jusqu'à la comparution initiale de l'accusé devant une chambre de première instance conformément à l'article 62, il ne peut le faire qu'avec l'autorisation du juge l'ayant confirmé ou, dans des circonstances exceptionnelles, avec l'autorisation d'un juge désigné par le président. Lors de cette comparution initiale ou par la suite, l'acte d'accusation ne peut être retiré que sur autorisation d'une chambre de première instance conformément à l'article 73.

(B) Le retrait de l'acte d'accusation est notifié sans délai au suspect ou à l'accusé et à son conseil.

Art. 52. – *Caractère public de l'acte d'accusation.* – Après la confirmation par le juge de première instance, et sous réserve de l'article 53, l'acte d'accusation est rendu public.

Art. 53. – *Non-divulgation au public.* – (A) Lorsque des circonstances exceptionnelles le requièrent, un juge ou une chambre de première instance peut ordonner dans l'intérêt de la justice la non-divulgation au public de tous documents ou informations, et ce, jusqu'à décision contraire.

(B) Lorsqu'il confirme un acte d'accusation, le juge peut, après avis du procureur, ordonner sa non-divulgation au public jusqu'à sa signification à l'accusé, ou en cas de jonction d'instances, à tous les accusés.

(C) Un juge ou une chambre de première instance peut également, après avis du procureur, ordonner la non-divulgation au public de tout ou partie de l'acte d'accusation, de toute information et de tout document particuliers, si l'un ou l'autre est convaincu qu'une telle ordonnance est nécessaire pour donner effet à une disposition du règlement ou pour préserver des informations confidentielles obtenues par le procureur ou encore que l'intérêt de la justice le commande.

Art. 53 *bis*. – *Signification de l'acte d'accusation.* – (A) L'acte d'accusation est signifié à l'accusé en personne lorsqu'il est placé sous la garde du tribunal ou le plus tôt possible ultérieurement.

(B) L'acte d'accusation est signifié à l'accusé lorsque copie certifiée, conformément aux dispositions de l'article 47 (G), lui est donnée.

Section II. – Les ordonnances et les mandats

Art. 54. – *Disposition générale.* – À la demande d'une des parties ou de sa propre initiative un juge ou une chambre de première instance peut délivrer les ordonnances, citations à comparaître, assignations et mandats et ordres de transfert nécessaires aux fins de l'enquête, de la préparation ou de la conduite du procès.

Art. 55. – *Exécution des mandats d'arrêt.* – (A) Un mandat d'arrêt doit être signé par un juge et revêtu du sceau du tribunal. Il est accompagné d'une copie de l'acte d'accusation et d'un document rappelant les droits de l'accusé. Au titre de ces droits figurent ceux qui sont énoncés à l'article 20 du statut et, *mutatis mutandis,* aux articles 42 et 43 du règlement, ainsi que le droit de conserver le silence et la mise en garde selon laquelle toute déclaration faite par l'accusé est enregistrée et peut être retenue contre lui.

(B) Le greffier transmet aux autorités nationales de l'État sur le territoire ou sous la juridiction ou le contrôle duquel l'accusé réside ou avait sa dernière résidence connue trois jeux de copies certifiées conformes des documents ci-après :

i) Le mandat d'arrêt et l'ordonnance de transfèrement au tribunal ;

ii) L'acte d'accusation confirmé ;

iii) Le document rappelant les droits de l'accusé auquel est jointe, s'il y a lieu une traduction dans une langue que celui-ci comprend.

(C) Le greffier donne instructions auxdites autorités :

i) D'arrêter l'accusé et de le transférer au tribunal ;

ii) De notifier à l'accusé les documents susmentionnés ;

iii) De donner lecture à l'accusé des documents dans une langue qu'il comprend et de l'informer de ses droits dans cette langue ; et

iv) De renvoyer au tribunal un jeu desdits documents en y joignant la preuve qu'ils ont été notifiés à l'accusé.

(D) Lorsqu'un mandat d'arrêt émis par le tribunal est exécuté, un membre du bureau du procureur peut être présent à compter du moment de l'arrestation.

Art. 56. – *Coopération des États.* – L'État auquel est transmis un mandat d'arrêt ou un ordre du transfert d'un témoin, agit sans tarder et avec toute la diligence voulue pour assurer sa bonne exécution, conformément à l'article 28 du statut.

Art. 57. – *Procédure après l'arrestation.* – Après l'arrestation de l'accusé, l'État concerné détient l'intéressé et en informe sans délai le greffier. Le transfert de l'accusé au siège du tribunal ou vers tout autre lieu que le bureau peut fixer, après consultation du procureur et du greffier, est organisé par les autorités nationales intéressées en liaison avec les autorités du pays hôte et le greffier.

Art. 58. – *Dispositions de droit interne relatives à l'extradition.* – Les obligations énoncées à l'article 28 du statut prévalent sur tous obstacles juridiques que la législation nationale ou les traités d'extradition auxquels l'État intéressé est partie pourraient opposer à la remise ou au transfert de l'accusé ou d'un témoin au tribunal.

Art. 59. – *Défaut d'exécution d'un mandat d'arrêt ou d'un ordre de transfert.* – (A) Lorsque l'État auquel un mandat d'arrêt ou un ordre de transfert a été transmis n'a pu l'exécuter, il en informe sans délai le greffier et en indique les raisons.

(B) Si, dans un délai raisonnable après que le mandat d'arrêt ou l'ordre de transfert a été transmis à l'État, il n'est pas rendu compte des mesures prises, l'État est réputé ne pas avoir exécuté le mandat d'arrêt ou l'ordre de transfert et le tribunal, par l'intermédiaire du président peut, en informer le conseil de sécurité.

Art. 60. – *Publication de l'acte d'accusation.* – Á la demande du procureur, le greffier transmet aux autorités nationales de l'État ou des États, aux fins de publication dans les journaux, ou de diffusion par la radio, l'Internet ou la télévision, le texte d'une annonce portant publiquement à la connaissance de l'accusé l'existence d'un acte d'accusation établi contre lui, le sommant de se livrer au tribunal et invitant toute personne qui saurait où l'accusé se trouve à communiquer cette information au tribunal.

Art. 61. – *Procédure en cas d'inexécution d'un mandat d'arrêt.* – (A) Si au terme d'un délai raisonnable, le mandat d'arrêt n'a pas été exécuté et que l'acte d'accusation n'a pas été signifié à personne, le juge qui a confirmé l'acte d'accusation invite le procureur à rendre compte des mesures qu'il a prises. Dès lors que le juge est convaincu que :

i) Le greffier et le procureur ont pris toutes les mesures raisonnables pour faire arrêter l'accusé, notamment en s'adressant aux autorités compétentes de l'État sur le territoire ou sous la juridiction ou le contrôle duquel l'accusé visé par la signification réside ou avait sa dernière résidence connue ; et

ii) Le procureur et le greffier ont pris toutes les mesures raisonnables pour établir le lieu de résidence inconnu de l'accusé ; y compris par l'insertion d'annonces dans les journaux, conformément à l'article 60,

le juge ordonne que le procureur saisisse la chambre de première instance à laquelle il est affecté de l'acte d'accusation.

(B) Dès le prononcé d'une telle ordonnance, le procureur soumet l'acte d'accusation à la chambre de première instance en audience publique, en y joignant tous les éléments de preuve présentés au juge qui a initialement confirmé l'acte d'accusation et tout autre élément de preuve présenté au juge après la confirmation de l'acte d'accusation. Le procureur peut également citer à comparaître et interroger, devant la chambre de première instance, tout témoin dont la déclaration a été soumise au juge ayant confirmé l'acte d'accusation.

(C) Si la chambre de première instance considère, sur la base de ces éléments de preuve ainsi que de tous autres que le procureur peut produire, qu'il existe des raisons suffisantes de croire que l'accusé a commis une ou toutes les infractions mises à sa charge dans l'acte d'accusation, elle statue en conséquence. La chambre fait lire par le procureur les passages pertinents de l'acte d'accusation et lui demande de rendre compte des efforts déployés pour signifier l'acte d'accusation conformément au paragraphe (A).

(D) En outre, la chambre de première instance délivre contre l'accusé un mandat d'arrêt international qui est transmis à tous les États. Á la demande du procureur ou de sa propre initiative, le procureur entendu, la chambre de première instance peut ordonner à un ou plusieurs États d'adopter des mesures conservatoires à l'effet de geler les avoirs de l'accusé, sans préjudice des droits des tiers.

(E) Si le procureur établit à l'audience devant la chambre de première instance que le défaut de signification à personne de l'acte d'accusation est imputable en tout ou en partie à l'absence ou au refus de coopération d'un État avec le tribunal contrairement à l'article 28 du statut, la chambre de première instance en dresse le constat. Le président en informe le conseil de sécurité selon les modalités les plus opportunes, après consultation des deux présidents de chambre.

Art. 62. – *Comparution initiale de l'accusé.* – Après son transfert au tribunal, l'accusé comparaît sans délai devant une chambre de première instance et est officiellement mis en accusation. La chambre de première instance :

i) S'assure que le droit de l'accusé à l'assistance d'un conseil est respecté ;

ii) Donne lecture ou fait donner lecture à l'accusé de l'acte d'accusation dans une langue qu'il parle et comprend, et s'assure que l'intéressé comprend l'acte d'accusation ;

iii) Invite l'accusé à plaider coupable ou non coupable sur chaque chef d'accusation et, à défaut pour l'accusé de plaider, inscrit en son nom au dossier qu'il a plaidé non coupable ;

iv) Au cas où l'accusé plaide non coupable, donne instruction au greffier de fixer la date du procès ;

v) Lorsque l'accusé plaide coupable, et qu'elle estime que le plaidoyer de culpabilité :

a) Est fait librement et volontairement ;

b) Est fait en connaissance de cause ;

c) Est sans équivoque, et

d) Repose sur des faits propres à établir le crime et la participation de l'accusé à sa commission, compte tenu soit d'indices indépendants, soit de l'absence de tout désaccord fondamental entre les parties sur les faits de la cause.

La chambre de première instance peut inscrire au dossier que l'accusé a plaidé coupable et donner instruction au greffier de fixer la date de l'audience consacrée au prononcé de la sentence.

vi) Donne l'instruction au greffier de fixer toute autre date appropriée.

Art. 63. – *Interrogatoire de l'accusé.* – (A) Après la comparution initiale de l'accusé, le procureur ne peut l'interroger qu'en présence de son conseil et pour autant que l'interrogatoire soit consigné sous forme d'enregistrement sonore ou vidéo conformément à la procédure prévue à l'article 43. Le procureur informe en outre l'accusé préalablement à l'interrogatoire de ce qu'il n'est pas obligé de parler et que, s'il choisit de parler, ce qu'il dira pourra être retenu contre lui.

(B) L'interrogatoire, de même que la renonciation de l'accusé à son droit à un conseil, est consigné sous forme d'enregistrement sonore ou vidéo conformément à la procédure prévue à l'article 43. Au début de son interrogatoire, le procureur fait à l'accusé la mise en garde prévue à l'article 42 (A) iii).

Art. 64. – *Détention provisoire.* – Après son transfert au tribunal, l'accusé est détenu dans les locaux mis à disposition par le pays hôte ou par un autre pays. Le président peut à la requête d'une des parties demander de modifier les conditions de la détention de l'accusé.

Art. 65. – *Mise en liberté provisoire.* – (A) Une fois détenu, l'accusé ne peut être mis en liberté provisoire que sur ordonnance d'une chambre de première instance.

(B) La mise en liberté provisoire ne peut être ordonnée par la chambre de première instance que dans des circonstances exceptionnelles, après qu'elle a entendu le pays hôte, et pour autant qu'elle ait la certitude que l'accusé comparaîtra et, s'il est mis en liberté ne constituera pas un danger pour une victime, un témoin ou toute autre personne.

(C) La chambre de première instance peut subordonner la mise en liberté provisoire aux conditions qu'elle juge appropriées, y compris le versement d'une caution et, le cas échéant, l'observation des conditions nécessaires pour garantir la présence de l'accusé au procès et la protection d'autrui.

(D) Toute décision rendue en vertu des présentes dispositions est susceptible d'appel sous réserve de l'autorisation d'un collège de trois juges de la chambre d'appel et sur présentation de raisons valables. Les demandes aux fins d'autorisation de déposer un pourvoi en appel doivent être introduites dans les sept jours suivant le prononcé de la décision contestée.

(E) Si elle l'estime nécessaire, la chambre de première instance peut délivrer un mandat d'arrêt aux fins de garantir la comparution d'un accusé mis en liberté provisoire ou laissé en liberté pour toute autre raison. Les dispositions de la section II du chapitre V s'appliquent dans ce cas *mutatis mutandis*.

Art. 65 *bis*. – *Conférence de mise en état.* – Une conférence de mise en état peut être convoquée par une chambre de première instance ou par un juge à l'effet d'organiser, entre les parties, des échanges de vues propres à assurer un déroulement rapide de l'instance.

Section III. – Production de moyens de preuve

Art. 66. – *Communication des pièces par le procureur.*

Sous réserve des dispositions des articles 53 et 69 :

(A) Le procureur communique à la défense :

i) Dans les trente jours suivant la comparution initiale de l'accusé, copie de toutes les pièces justificatives jointes à l'acte d'accusation lors de la demande de confirmation ainsi que de toutes les déclarations antérieures de l'accusé recueillies par le procureur ;

ii) Au plus tard soixante jours avant la date fixée pour le début du procès, copie des dépositions de tous les témoins que le procureur entend appeler à la barre. Une chambre de première instance peut, à condition que le bien-fondé d'une telle mesure lui soit démontré, ordonner que des copies de déclarations de témoins à charge supplémentaires soient remises à la défense dans un délai fixé par la chambre.

(B) À la demande de la défense, le procureur doit, sous réserve du paragraphe (C), permettre à celle-ci d'examiner tous livres, documents, photographies et autres objets se trouvant en sa possession ou sous son contrôle qui sont nécessaires à la défense de l'accusé, ou seront utilisés par le procureur comme moyens de preuve au procès, ou ont été obtenus de l'accusé ou lui appartiennent.

(C) Dans le cas où la communication d'informations ou de pièces se trouvant en la possession du procureur pourrait nuire à de nouvelles enquêtes ou à des enquêtes en cours, ou pour toute autre raison pourrait être contraire à l'intérêt public ou porter atteinte à la sécurité d'un État, le procureur peut demander à la chambre de première instance siégeant à huis clos d'être dispensé de l'obligation de communication visée aux paragraphes (A) et (B). En formulant sa demande le procureur fournit à la chambre de première instance, et à elle seule, les informations ou les pièces dont la confidentialité est recherchée.

Art. 67. – *Échange des moyens de preuve.*

Sous réserve des dispositions des articles 53 à 69 :

(A) Dès que possible et en toute hypothèse avant le début du procès :

i) Le procureur informe la défense du nom des témoins à charge qu'il a l'intention d'appeler pour établir la culpabilité de l'accusé et pour réfuter tout moyen de défense dont le procureur a été informé conformément au paragraphe (ii) ci-dessous ;

ii) La défense informe le procureur de son intention d'invoquer :

a) Un alibi, avec indication du lieu ou des lieux où l'accusé prétend s'être trouvé au moment des faits incriminés, des nom et adresse des témoins ainsi que tous autres éléments de preuve sur lesquels l'accusé a l'intention de se fonder pour établir son alibi ;

b) Un moyen de défense spécial, notamment la déficience mentale ou la diminution des capacités mentales, avec indication des nom et adresse des témoins ainsi que tous autres éléments de preuve sur lesquels l'accusé a l'intention de se fonder pour établir ce moyen de défense.

(B) Le défaut d'une telle notification par la défense ne limite pas le droit de l'accusé d'invoquer les moyens de défense susvisés.

(C) Si la défense introduit la requête prévue au paragraphe (B) de l'article 66 ci-dessus, le procureur est autorisé à examiner tous livres, documents, photographies et autres objets se trouvant en la possession ou sous le contrôle de la défense et qu'elle entend produire au procès.

(D) Si l'une ou l'autre des parties découvre des éléments de preuve ou informations ou pièces supplémentaires qui auraient dû être produits conformément au règlement, elle en informe sans tarder l'autre partie et la chambre de première instance.

Art. 68. – *Communication des moyens de preuve à décharge.* – Le procureur informe la défense aussitôt que possible de l'existence d'éléments de preuve dont il a connaissance qui sont propres à disculper l'accusé ou qui pourraient porter atteinte à la crédibilité des moyens de preuve à charge.

Art. 69. – *Protection des victimes et des témoins.* – (A) Dans des cas exceptionnels, chacune des deux parties peut demander à la chambre de première instance d'ordonner la non-divulgation de l'identité d'une victime ou d'un témoin pour empêcher qu'ils ne courent un danger ou des risques, et ce jusqu'au moment où la chambre en décidera autrement.

(B) Lorsqu'elle arrête des mesures de protection des victimes ou des témoins, la chambre de première instance peut consulter la section d'aide aux victimes et aux témoins.

(C) Sous réserve des dispositions de l'article 75, l'identité des victimes ou des témoins visés au paragraphe (A) doit être divulguée avant le commencement du procès et dans des délais permettant à la défense et au procureur de se préparer.

Art. 70. – *Exception à l'obligation de communication.* – (A) Nonobstant les dispositions des articles 66 et 67, les rapports, mémoires ou autres documents internes établis par une partie, ses assistants ou ses représentants dans le cadre de l'enquête ou de la préparation du dossier n'ont pas à être communiqués ou échangés en vertu des dispositions susmentionnées.

(B) Si le procureur possède des informations qui ont été communiquées à titre confidentiel et dans la mesure où ces informations n'ont été utilisées que dans le seul but de recueillir des éléments de preuve nouveaux, le procureur ne peut divulguer ces informations initiales et leur source qu'avec le consentement de la personne ou de l'entité les ayant fournies. Ces informations et leur source ne seront en aucun cas utilisées comme moyens de preuve avant d'avoir été communiquées à l'accusé.

(C) Si, après avoir obtenu le consentement de la personne ou de l'organe fournissant des informations au titre du présent article, le procureur décide de présenter comme éléments de preuve tout témoignagne, document ou autres pièces ainsi fournis, la chambre de première instance ne peut pas, nonobstant les dispositons de l'article 98, ordonner aux parties de produire des éléments de preuve additionnels reçus de la personne ou de l'organe fournissant les informations originelles. Elle ne peut pas non plus, aux fins d'obtenir ces éléments de preuve additionnels, citer cette personne ou un représentant de cet organe comme témoin ou ordonner sa comparution.

(D) Si le procureur cite comme témoin la personne ou un représentant de l'organe fournissant les informations au titre du présent article, la chambre de première instance ne peut contraindre ledit témoin à répondre aux questions auxquelles il refuse de répondre en raison du caractère confidentiel de ces informations.

(E) Le droit de l'accusé de contester les éléments de preuve présentés par le ministère public reste inchangé, sous réserve uniquement des limites figurant aux paragraphes (C) et (D).

(F) Les paragraphes (C) et (D) n'empiètent en rien sur le pouvoir qu'a la chambre de première instance en vertu de l'article 89 (D) d'exclure un élément de preuve dont la valeur probante est nettement inférieure à l'exigence d'un procès équitable.

Section IV. – Dépositions

Art. 71. – *Dépositions.* – (A) En raison de circonstances exceptionnelles, et dans l'intérêt de la justice, la chambre de première instance peut ordonner, à la demande de l'une des parties, qu'une déposition soit recueillie en vue du procès, sous la direction de la personne qu'elle mandate à cet effet.

(B) La requête visant à faire recueillir une déposition est présentée par écrit. Elle mentionne le nom et l'adresse du témoin, la date, le lieu et l'objet de la déposition ainsi que les circonstances exceptionnelles qui la justifient.

(C) S'il est fait droit à la requête, la partie ayant demandé la déposition en avise en temps utile l'autre partie, qui a le droit d'assister à la déposition et de contre-interroger le témoin.

(D) La déposition peut aussi être recueillie par voie de vidéoconférence.

(E) La personne mandatée à cet effet s'assure que la déposition et, le cas échéant, le contre-interrogatoire sont recueillis et enregistrés selon les formes prévues au réglement ; il reçoit et réserve à la décision de la chambre les objections soulevées par l'une ou l'autre des parties. Il transmet tout le dossier à la chambre de première instance.

Section V. – Les exceptions préjudicielles

Art. 72. – *Exceptions préjudicielles.* – (A) Les exceptions préjudicielles de l'une ou l'autre des parties doivent être soulevées dans les soixante jours suivant la communication par le procureur à la défense de toutes les pièces prévues à l'article 66 (A) i), et en tout cas avant l'audience au fond.

(B) Les exceptions préjudicielles soulevées par l'accusé sont :

i) L'exception d'incompétence ;

ii) L'exception fondée sur des vices de forme de l'acte d'accusation ;

iii) L'exception aux fins de disjonction des chefs d'accusation joints conformément à l'article 49, ou de disjonction d'instances conformément à l'article 82 (B) ci-après ;

iv) L'exception fondée sur le rejet d'une demande de commision d'office d'un conseil.

(C) La chambre se prononce sur les exceptions préjudicielles *in limite litis.*

(D) Les décisions ainsi rendues ne sont pas susceptibles d'appel en cours de procès, sauf lorsque la chambre a rejeté une exception d'incompétence, auquel cas l'appel est de droit.

(E) L'acte d'appel visé à l'alinéa (D) doit être déposé dans les sept jours à compter de la date de la décision contestée.

(F) Le défaut par l'accusé de soulever les exceptions préjudicielles dans les délais prescrits par le présent article vaut renonciation de sa part. La chambre de première instance peut néanmoins déroger à ces délais pour des raisons jugées valables.

CHAPITRE VI. – LE PROCÈS EN PREMIÈRE INSTANCE

Section I. – Dispositions générales

Art. 73. – *Requêtes.* – (A) Sous réserve de l'article 72, l'une ou l'autre des parties peut présenter à une chambre de première instance une ou plusieurs requêtes après la comparution initiale de l'accusé. La chambre de première instance, ou un juge désigné en son sein par cette dernière, peut rendre une décision sur de telles requêtes sur la seule base des mémoires déposés par les parties, à moins qu'il n'ait été décidé d'entendre la requête en audience publique.

(B) Les décisions concernant de telles requêtes ne sont pas susceptibles d'appel interlocutoire.

Art. 73 *bis*. – *Conférence préalable au procès.* – (A) La chambre de première instance tient une conférence préalable au procès avant l'ouverture des débats.

(B) Durant cette conférence la chambre, ou un juge désigné en son sein, peut inviter le procureur à déposer, dans un délai fixé par elle ou par ledit juge et avant la date prévue pour l'ouverture des débats :

i) Un mémoire préalable au procès traitant des questions de fait et de droit ;

ii) Des accords entre les parties sur des points de fait ou de droit et un exposé sur d'autres points non litigieux ;

iii) Un exposé des points de fait et de droit litigieux ;

iv) Une liste des témoins que le procureur entend citer comportant :

a) Le nom ou le pseudonyme de chacun des témoins ;

b) Un résumé des faits au sujet desquels chaque témoin déposera ;

c) Les points de l'acte d'accusation sur lesquels chaque témoin sera entendu ; et

d) La durée probable de chaque déposition :

v) Une liste des pièces à conviction que le procureur entend présenter, en précisant chaque fois que possible si la défense conteste ou non leur authenticité.

(C) La chambre de première instance, ou le juge désigné, peut inviter le procureur à écourter l'interrogatoire principal de certains témoins.

(D) Si la chambre de première instance, ou le juge désigné, considère qu'un nombre excessif de témoins sont appelés à la barre pour établir les mêmes faits, elle peut inviter le procureur à réduire ce nombre.

(E) Après l'ouverture du procès, le procureur peut, s'il estime que l'intérêt de la justice le commande, déposer une requête aux fins d'être autorisé à revenir à sa liste de témoins initiale ou à revoir la composition de sa liste.

(F) Durant la conférence préalable au procès, la chambre de première instance, ou le juge désigné, peut ordonner à la défense de déposer, sept jours au moins avant la date d'ouverture du procès, une liste des points de fait et de droit reconnus ainsi qu'un mémoire préalable au procès traitant des questions de fait et de droit.

Art. 73 *ter*. – *Conférence préalable à la présentation des moyens à décharge.* – (A) Avant que la défense ne présente ses moyens, la chambre de première instance peut tenir une conférence.

(B) Durant cette conférence, la chambre, ou un juge désigné en son sein, peut inviter la défense à déposer, avant de présenter ses moyens, mais après que l'accusation a fini de présenter les siens :

i) Des accords entre les parties sur des points de fait ou de droit et un exposé sur d'autres points non litigieux ;

ii) Un exposé des points de fait et de droit litigieux ;

iii) Une liste des témoins que la défense entend citer, où sont consignés :

a) Le nom ou le pseudonyme de chaque témoin ;

b) Un résumé des faits au sujet desquels chaque témoin déposera ;

c) Les points de l'acte d'accusation sur lesquels chaque témoin sera entendu ; et

d) La durée probable de chaque déposition ;

iv) Une liste des pièces à conviction que la défense entend présenter à l'appui des moyens qu'elle invoque, en précisant chaque fois que possible si l'accusation conteste ou non leur authenticité.

(C) La chambre de première instance, ou le juge désigné, peut inviter la défense à écourter la durée prévue de l'interrogatoire principal de certains témoins.

(D) La chambre de première instance, ou le juge désigné, peut inviter la défense à réduire le nombre de témoins, si elle considère qu'un nombre excessif de témoins sont appelés à la barre pour établir les mêmes faits.

(E) Après le début de la présentation des moyens à décharge, la défense peut, si elle estime que l'intérêt de la justice le commande, déposer une requête aux fins d'être autorisée à revenir à sa liste de témoins initiale ou à revoir la composition de sa liste.

Art. 74. – *Amicus curiae.* – Une chambre peut, si elle le juge souhaitable dans l'intérêt d'une bonne administration de la justice, inviter ou autoriser tout État, toute organisation ou toute personne à comparaître devant elle et lui présenter toute question spécifiée par la chambre.

Art. 74 *bis*. – *Examen médical de l'accusé.* – Une chambre de première instance peut, d'office ou à la demande d'une partie, ordonner un examen médical, y compris psychiatrique, ou un examen psychologique de l'accusé. Dans ce cas, le greffier confie cette tâche à un ou plusieurs des experts dont le nom figure sur une liste préalablement établie par le greffe et approuvée par le bureau.

Art. 75. – *Mesures destinées à assurer la protection des victimes et des témoins.* – (A) Un juge ou une chambre peut, de sa propre initiative ou à la demande d'une des parties ou de la victime ou du témoin intéressé, ou de la section d'aide aux victimes et aux témoins, ordonner des mesures appropriées pour protéger la vie privée et la sécurité des victimes ou des témoins, à condition toutefois que lesdites mesures ne portent pas atteinte aux droits de l'accusé.

(B) Une chambre peut tenir une audience à huis clos pour déterminer s'il y a lieu d'ordonner notamment :

i) Des mesures visant à empêcher la divulgation au public ou aux médias de l'identité d'une victime ou d'un témoin, ou de personnes qui lui sont apparentées ou associées ou du lieu où ils se trouvent, telles que :

a) La suppression, dans les dossiers du tribunal, du nom de l'intéressé et des indications permettant de l'identifier ;

b) L'interdiction de donner au public accès à toute pièce du dossier identifiant la victime ;

c) L'utilisation lors des témoignages de moyens techniques permettant d'altérer l'image ou la voix, ou d'un circuit de télévision fermé ;

d) L'emploi d'un pseudonyme ;

ii) La tenue d'audiences à huis clos conformément à l'article 79 ;

iii) Des mesures appropriées visant à faciliter le témoignage d'une victime ou d'un témoin vulnérable, par exemple au moyen d'un circuit de télévision fermé unidirectionnel.

(C) La chambre supervise le déroulement des interrogatoires afin d'éviter toute forme de harcèlement ou d'intimidation.

Art. 76. – *Déclaration solennelle des interprètes et des traducteurs.* – Avant de prendre ses fonctions, tout interprète ou traducteur prononce une déclaration solennelle aux termes de laquelle il s'engage à accomplir sa tâche en toute loyauté, indépendance et impartialité et dans le plein respect de son devoir de confidentialité.

Art. 77. – *Outrage au tribunal.* – (A) Sous réserve des dispositions du paragraphe (E) de l'article 90, un témoin qui refuse de répondre à une question en rapport avec l'affaire dont la chambre est saisie, ou qui persiste dans son refus, peut être déclaré coupable d'outrage au tribunal et condamné à une amende ne dépassant pas 10 000 US dollars au plus ou à une peine de prison de six mois au maximum.

(B) Toutefois, si elle le juge approprié, la chambre peut relever le témoin de son obligation de répondre.

(C) Toute personne cherchant à intervenir auprès d'un témoin ou à l'intimider peut être déclarée coupable d'outrage et condamnée en application du paragraphe (A).

(D) Tout jugement prononcé en vertu du présent article est susceptible d'appel.

(E) L'amende est payée au greffier, qui la verse à un compte distinct.

Art. 78. – *Audiences publiques.* – Sauf disposition contraire, la procédure devant une chambre de première instance est publique, à l'exception du délibéré.

Art. 79. – *Audiences à huis clos.* – (A) La chambre de première instance peut ordonner que la presse et le public soient exclus de la salle pendant tout ou partie de l'audience :

i) Pour des raisons d'ordre public ou de bonnes mœurs ;

ii) Pour assurer la sécurité et la protection d'une victime ou d'un témoin ou pour éviter la divulgation de son identité en conformité à l'article 75 ; ou

iii) En considération de l'intérêt de la justice.

(B) La chambre de première instance rend publiques les motifs de sa décision.

Art. 80. – *Police de l'audience.* – La chambre de première instance peut faire expulser une personne de la salle afin de sauvegarder le droit de l'accusé à un procès équitable et public ou afin de conserver la dignité qui sied aux débats. (A) La chambre de première instance peut ordonner que toute personne soit exclue de la salle afin de sauvegarder le droit de l'accusé à un procès équitable et public ou afin de maintenir l'ordre.

(B) La chambre de première instance peut ordonner l'expulsion de l'accusé de la salle d'audience et poursuivre les débats en son absence si l'accusé, après avoir été averti que son comportement risque de justifier son expulsion de la salle d'audience, persiste dans ce comportement.

Art. 81. – *Enregistrement des débats et conservation des preuves.* – (A) Le greffier établit et conserve un compte rendu intégral de tous les débats, y compris un enregistrement sonore, sa transcription et, lorsque la chambre de première instance le juge nécessaire, un enregistrement vidéo.

(B) La chambre de première instance peut ordonner la divulgation de tout ou partie du compte rendu des débats à huis clos lorsque les raisons qui ont motivé le huis clos ont disparu.

(C) Le greffier assure la conservation et la garde de tous les éléments de preuve matériels produits au cours de l'instance.

(D) La chambre de première instance décide si des photographies, ou des enregistrements vidéo ou sonores peuvent être pris lors de l'audience autrement que par les soins du greffe.

Section II. – Déroulement du procès

Art. 82. – *Jonction et disjonction d'instances.* – (A) En cas d'instances jointes, chaque accusé a les mêmes droits que s'il était jugé séparément.

(B) La chambre de première instance peut ordonner un procès séparé pour des accusés dont les instances avaient été jointes en application de l'article 48, pour éviter tout conflit d'intérêts de nature à causer un préjudice grave à un accusé ou pour sauvegarder l'intérêt de la justice.

Art. 83. – *Instruments de contrainte.* – Les instruments de contrainte, tels que les menottes, ne sont utilisés que pour éviter un risque d'évasion au cours du transfert ou pour des raisons de sécurité ; elles sont retirées lorsque l'accusé comparaît devant la chambre.

Art. 84. – *Déclarations liminaires.* – Avant la présentation par le procureur de ses moyens de preuve, chacune des parties peut faire une déclaration liminaire. Toutefois la défense peut décider de faire sa déclaration après que le procureur a présenté ses moyens de preuve et avant de présenter elle-même ses propres moyens de preuve.

Art. 85. – *Présentation des moyens de preuve.* – (A) Chacune des parties peut appeler des témoins à la barre et présenter des moyens de preuve. À moins que la chambre n'en décide autrement dans l'intérêt de la justice, les moyens de preuve sont présentés dans l'ordre suivant :

i) Preuves du procureur ;

ii) Preuves de la défense ;

iii) Réplique du procureur ;

iv) Duplique de la défense ;

v) Moyens de preuve ordonnés par la chambre de première instance conformément à l'article 98.

vi) Toute information pertinente permettant à la chambre de première instance de décider de la sentence appropriée, si l'accusé est reconnu coupable d'un ou de plusieurs des chefs figurant dans l'acte d'accusation.

(B) Chaque témoin peut, après son interrogatoire principal, faire l'objet d'un contre-interrogatoire et d'un interrogatoire supplémentaire. Le témoin est d'abord interrogé par la partie qui le présente, mais un juge peut également poser toute question au témoin à quelque stade que ce soit.

(C) L'accusé peut s'il le souhaite comparaître en qualité de témoin pour sa propre défense.

Art. 86. – *Réquisitions et plaidoiries.* – (A) Après présentation de tous les moyens de preuve, le procureur peut prendre ses réquisitions et, qu'il le fasse ou non, la défense peut plaider. S'il le souhaite, le procureur peut répliquer et la défense présenter une duplique.

(B) Les dernières conclusions des parties sont déposées auprès de la chambre de première instance au plus tard cinq jours avant l'audience consacrée aux réquisitions et aux plaidoiries.

(C) Dans leurs réquisitions et plaidoiries, les parties abordent également les questions relatives à la sentence.

Art. 87. – *Délibéré.* – (A) Après les réquisitions et les plaidoiries, le président de la chambre de première instance déclare clos les débats et la chambre se retire pour délibérer à huis clos. L'accusé n'est déclaré coupable que lorsque la majorité de la chambre considère que la culpabilité a été prouvée au-delà de tout doute raisonnable.

(B) La chambre de première instance vote séparément sur chaque chef visé dans l'acte d'accusation. Si deux ou plusieurs accusés sont jugés ensemble, en application de l'article 48 ci-dessus, la chambre statue séparément sur le cas de chacun d'eux.

(C) Si la chambre de première instance déclare l'accusé coupable d'un ou de plusieurs des chefs visés dans l'acte d'accusation, elle fixe la peine à infliger pour chaque déclaration de culpabilité.

Art. 88. – *Jugement.* – (A) Le jugement est prononcé en audience publique à une date qui a été notifiée aux parties et aux conseils, qui ont le droit d'être présents.

(B) Si elle juge l'accusé coupable d'un crime et si à l'examen des preuves il est établi que l'infraction a donné lieu à l'acquisition illicite d'un bien, la chambre de première instance le constate spécifiquement dans son jugement et peut ordonner la restitution de ce bien conformément à l'article 105.

(C) Le jugement est adopté à la majorité des juges. Une motivation écrite y est jointe ou bien le suit dans les meilleurs délais. Des opinions individuelles ou dissidentes peuvent être jointes.

Section III. – De la preuve

Art. 89. – *Dispositions générales.* – (A) En matière de preuve, les règles énoncées dans la présente section s'appliquent à toute procédure devant les chambres. Celles-ci ne sont pas liées par les règles de droit interne régissant l'administration de la preuve.

(B) Dans les cas où le règlement est muet, la chambre saisie applique les règles d'administration de la preuve propres à parvenir, dans l'esprit du statut et des principes généraux du droit, à un règlement équitable de la cause.

(C) La chambre peut recevoir tout élément de preuve pertinent dont elle estime qu'il a valeur probante.

(D) La chambre peut demander à vérifier l'authenticité de tout élément de preuve obtenu hors audience.

Art. 90. – *Témoignages.* – (A) En principe, les chambres entendent les témoins en personne à moins qu'une chambre n'ordonne qu'un témoin dépose selon les modalités prévues à l'article 71.

(B) Avant de témoigner, tout témoin fait la déclaration solennelle suivante : « Je déclare solennellement que je dirai la vérité, toute la vérité et rien que la vérité ».

(C) Un enfant qui, de l'avis de la chambre, ne comprend pas la nature d'une déclaration solennelle peut être autorisé à témoigner sans cette formalité, si la chambre estime qu'il est suffisamment mûr pour être en mesure de relater les faits dont il a eu connaissance et qu'il comprend ce que signifie le devoir de dire la vérité. Un jugement ne peut cependant être fondé sur un seul témoignage de ce type.

(D) Un témoin, autre qu'un expert, qui n'a pas encore témoigné ne doit pas être présent lors de la déposition d'un autre témoin. Toutefois, s'il a entendu cet autre témoignage, le sien n'est pas pour autant irrecevable.

(E) Un témoin peut refuser de faire toute déclaration qui risquerait de l'incriminer. La chambre peut, toutefois, obliger le témoin à répondre. Aucun témoignage obtenu de la sorte ne pourra être utilisé par la suite comme élément de preuve dans une poursuite contre le témoin, hormis le cas de poursuite pour faux témoignage.

(F) La chambre exerce un contrôle sur les modalités de l'interrogatoire des témoins et de la présentation des éléments de preuve, ainsi que sur l'ordre dans lequel ils interviennent, de manière à :

i) Faire servir l'interrogatoire et la présentation à la manifestation de la vérité ; et

ii) Éviter toute perte de temps injustifiée.

(G) Le contre-interrogatoire se limite aux points évoqués dans l'interrogatoire principal ou ayant trait à la crédibilité du témoin. La chambre peut, si elle le juge bon, autoriser des questions sur d'autres sujets, comme s'il s'agissait d'un interrogatoire principal.

Art. 90 *bis*. – *Transfert d'un témoin détenu.* – (A) Toute personne détenue dont la comparution personnelle en qualité de témoin est ordonnée par le tribunal sera transférée temporairement au quartier pénitentiaire relevant du tribunal, sous condition de son retour au terme du délai fixé par le tribunal.

(B) L'ordre de transfert ne peut être délivré par un juge ou une chambre qu'après vérification préalable de la réunion des conditions suivantes :

i) La présence du témoin détenu n'est pas nécessaire dans une procédure pénale en cours sur le territoire de l'État requis pour la période durant laquelle elle est sollicitée par le tribunal ;

ii) Son transfert n'est pas susceptible de prolonger la durée de sa détention telle que prévue par l'État requis ;

(C) Le greffe transmet l'ordre de transfert aux autorités nationales de l'État sur le territoire ou sous la juridiction ou le contrôle duquel le témoin est détenu. Le transfert est organisé par les autorités nationales intéressées en liaison avec les autorités du pays hôte et le greffier.

(D) Il incombe au greffe de s'assurer du bon déroulement dudit transfert, y compris le suivi de la détention du témoin au quartier pénitentiaire relevant du tribunal, de s'informer de toutes modifications pouvant intervenir dans les modalités de la détention telles que prévues par l'État requis et pouvant affecter la durée de détention du témoin audit quartier pénitentiaire, et d'en faire part, dans les plus brefs délais, au juge ou à la chambre concerné.

(E) Á l'expiration du délai fixé par le tribunal pour le transfert temporaire, le témoin détenu sera remis aux autorités de l'État requis, à moins que l'État n'ait transmis, pendant cette même période, un ordre de mise en liberté du témoin auquel il devra être immédiatement fait suite.

(F) Si, au cours du délai fixé par le tribunal, la présence du témoin détenu demeure nécessaire, un juge ou une chambre peut proroger le délai, dans le respect des conditions fixées au paragraphe (B).

Art. 91. – *Faux témoignage sous déclaration solennelle.* – (A) De sa propre initiative ou à la demande d'une partie, la chambre peut avertir le témoin de son obligation de dire la vérité et des conséquences pouvant résulter d'un faux témoignage.

(B) Si elle a de bonnes raisons de croire qu'un témoin a sciemment et délibèrement fait un faux témoignage, elle peut donner instruction au procureur d'examiner l'affaire en vue d'établir et de présenter un acte d'accusation pour faux témoignage.

(C) Les règles de procédure et d'administration de la preuve prévues aux chapitres IV à VIII du règlement s'appliquent, *mutatis mutandis,* aux procédures visées au présent article.

(D) Le faux témoignage sous déclaration solennelle est passible d'une amende ne pouvant excéder 10 000 dollars E.-U. ou d'une peine d'emprisonnement de douze mois au plus, ou des deux. L'amende est payée au greffier, qui la verse au compte distinct visé au paragraphe (E) de l'article 77.

Art. 92. – *Aveux.* – Sous réserve du respect rigoureux des conditions visées à l'article 63, l'aveu de l'accusé donné lors d'un interrogatoire par le procureur est présumé libre et volontaire jusqu'à preuve du contraire.

Art. 93. – *Existence d'une ligne de conduite délibérée.* – (A) Les éléments de preuve permettant d'établir l'existence d'une ligne de conduite délibérée dans laquelle s'inscrivent des violations graves du droit international humanitaire au sens du statut sont recevables dans l'intérêt de la justice.

(B) Les actes qui tendent à démontrer l'existence d'une telle ligne de conduite font l'objet d'une communication à la défense par le procureur, conformément à l'article 66.

Art. 94. – *Constat judiciaire.* – La chambre de première instance n'exige pas la preuve de ce qui est de notoriété publique, mais en dresse le constat judiciaire.

Art. 94 *bis*. – *Déposition de témoins experts.* – (A) Nonobstant les dispositions des articles 66 (A) ii), 73 *bis* (B) iv) b) et 73 *ter* (B) ii) b) du présent règlement, la déclaration de tout témoin expert cité par une partie est communiquée dans son intégralité à la partie adverse dès que possible et est, en tout état de cause, déposée auprès de la chambre de première instance au plus tard vingt et un jours avant la date prévue pour le témoignage de cet expert.

(B) Dans les quatorze jours suivant le dépôt de la déclaration du témoin expert, la partie adverse fait savoir à la chambre de première instance si :

i) Elle accepte la déclaration du témoin expert ;

ii) Elle souhaite procéder à un contre-interrogatoire du témoin expert.

(C) Si la partie adverse fait savoir qu'elle accepte la déclaration du témoin expert, celle-ci peut être admise comme élément de preuve par la chambre de première instance sans que le témoin soit appelé à déposer en personne.

Art. 95. – *Irrecevabilité des éléments de preuve en raison des procédés par lesquels ils sont obtenus.* – N'est recevable aucun moyen de preuve obtenu par des procédés qui entament fortement sa fiabilité ou dont l'admission irait à l'encontre de l'intégrité de la procédure et lui porterait gravement atteinte.

Art. 96. – *Administration des preuves en matière de violences sexuelles.* – En cas de violences sexuelles :

i) Nonobstant les dispositions prévues au paragraphe (C) de l'article 90, la corroboration du témoignage de la victime par des témoins n'est pas requise ;

ii) Le consentement ne pourra être utilisé comme moyen de défense si la victime :

a) A subi, a été menacée de subir ou a eu des raisons de craindre de subir des violences, la contrainte, la détention ou des pressions psychologiques ; ou

b) A estimé raisonnablement que, si elle ne se soumettait pas, une autre personne pourrait subir, être menacée de subir ou avoir des raisons de craindre de subir un tel traitement ;

iii) Avant d'être admis à établir le consentement de la victime, l'accusé doit démontrer à la chambre de première instance siégeant à huit clos que les moyens de preuve qu'il entend produire sont pertinents et crédibles ;

iv) Le comportement sexuel antérieur de la victime ne peut être invoqué comme moyen de défense.

Art. 97. – *Secret des communications entre avocat et client.* – Toutes les communications échangées entre un avocat et son client sont considérées comme couvertes par le secret professionnel, et conséquemment leur divulgation ne peut pas être ordonnée à moins que :

i) Le client ne consente à leur divulgation ;

ii) Le client n'en ait volontairement divulgué le contenu à un tiers et que ce tiers n'en fasse état au procès.

Art. 98. – *Pouvoir des chambres d'ordonner la production de moyens de preuve supplémentaires.* – La chambre de première instance peut, de sa propre initiative, ordonner la production de moyens de preuve supplémentaires par l'une ou l'autre des parties. Elle peut de sa propre initiative citer des témoins à comparaître.

Art. 98 *bis*. – *Demande d'acquittement.* – Si, à l'issue de la présentation par le procureur de ses moyens de preuve, la chambre de première instance conclut que ceux-ci ne suffisent pas à justifier une condamnation pour un ou plusieurs des chefs visés dans l'acte d'accusation, elle prononce, à la demande de l'accusé ou d'office, l'acquittement en ce qui concerne lesdits chefs.

Section IV. – Sentence

Art. 99. – *Statut de la personne acquittée.* – (A) En cas d'acquittement, l'accusé est immédiatement mis en liberté.

(B) Si, lors du prononcé du jugement, le procureur informe la chambre de première instance en audience publique de son intention d'interjeter appel conformément à l'article 108, la chambre peut, sur la demande du procureur, émettre contre l'accusé un mandat d'arrêt et de maintien en détention avec effet immédiat.

Art. 100. – *Prononcé de la sentence lorsque l'accusé a plaidé coupable.* – (A) Si le plaidoyer de culpabilité d'un accusé est retenu par la chambre de première instance, le procureur et la défense peuvent présenter toutes informations pertinentes permettant à la chambre de première instance de décider de la sentence appropriée.

(B) La sentence est prononcée en audience publique et en présence de la personne reconnue coupable, sous réserve du paragraphe (B) de l'article 102.

Art. 101. – *Peines.* – (A) Toute personne reconnue coupable par le tribunal est passible de l'emprisonnement pouvant aller jusqu'à l'emprisonnement à vie.

(B) Lorsqu'elle prononce une peine, la chambre de première instance tient compte des facteurs prévus au paragraphe (2) de l'article 23 du statut, ainsi que d'autres facteurs comme :

i) L'existence de circonstances aggravantes ;

ii) L'existence de circonstances atténuantes, y compris l'importance de la coopération que l'accusé a fournie au procureur avant ou après sa déclaration de culpabilité ;

iii) La grille générale des peines d'emprisonnement appliquée par les tribunaux du Rwanda ;

iv) La mesure dans laquelle la personne reconnue coupable a déjà purgé toute peine qui pourrait lui avoir été infligée par une juridiction nationale pour le même fait, conformément au paragraphe 3) de l'article 9 du statut.

(C) En cas de multiplicité des peines, la chambre de première instance décide si celles-ci doivent être purgées de façon consécutive ou si elles doivent être confondues.

(D) La durée de la période pendant laquelle la personne reconnue coupable a été placée en détention provisoire à vue en attendant d'être remise au tribunal ou en attendant d'être jugée par une chambre de première instance ou par la chambre d'appel est, le cas échéant, déduite de la durée totale de sa peine.

Art. 102. – *Statut du condamné.* – (A) Sous réserve des décisions arrêtées par la chambre de première instance conformément à l'article 101, la sentence est exécutoire dès son prononcé conformément au paragraphe (B) de l'article 100. Toutefois, dès le dépôt d'un acte d'appel, il est sursis à l'exécution de la sentence jusqu'au prononcé de la décision rendue sur l'appel, le condamné restant néanmoins détenu comme prévu à l'article 64.

(B) Si, conformément à une décision antérieure de la chambre de première instance, le condamné a été mis en liberté provisoire ou est laissé en liberté pour toute autre raison, et s'il n'est pas présent lors du prononcé du jugement, la chambre émet un mandat d'arrêt à son encontre. Lors de son arrestation, notification lui est donnée de la déclaration de culpabilité et de la sentence, après quoi il est procédé conformément à l'article 103.

Art. 103. – *Lieu d'emprisonnement.* – (A) La peine de prison est exécutée au Rwanda ou dans un État désigné par le tribunal sur une liste d'États ayant indiqué leur volonté d'accueillir des personnes condamnées pour l'exécution de leur peine. Avant qu'une décision ne soit prise concernant le lieu de l'emprisonnement, la chambre informe officiellement le Gouvernement rwandais.

(B) Le transfert du condamné vers cet État est effectué aussitôt que possible après expiration du délai d'appel.

Art. 104. – *Contrôle de l'emprisonnement.* – L'exécution de toute peine d'emprisonnement est soumise au contrôle du tribunal ou d'un organe désigné par lui.

Art. 105. – *Restitution de biens.* – (A) Après jugement de culpabilité contenant le constat spécifique prévu au paragraphe (B) de l'article 88, la chambre de première instance doit, sur requête du procureur, ou peut, de sa propre initiative, tenir une audience spéciale pour déterminer les conditions spécifiques dans lesquelles devra être restitué le bien en question ou le produit de son aliénation. La chambre peut ordonner dans l'intervalle les mesures conservatoires qu'elle juge appropriées pour la préservation et la protection du bien ou du produit de son aliénation.

(B) La décision de restitution s'étend au bien et au produit de l'aliénation du bien, lors même qu'il se trouve entre les mains de tiers n'ayant aucun rapport avec le crime dont l'accusé a été reconnu coupable.

(C) Les tiers sont cités à comparaître devant la chambre de première instance et ont la possibilité de justifier leur possession du bien ou du produit de son aliénation.

(D) Si la chambre de première instance peut, à l'examen des preuves et de leur force probante, déterminer qui est le propriétaire légitime, elle ordonne la restitution à ce dernier du bien ou du produit de son aliénation, ou prend toute autre mesure qu'elle juge appropriée.

(E) Si la chambre de première instance ne peut pas déterminer qui est le propriétaire légitime du bien, elle en informe les autorités nationales compétentes et leur demande de le déterminer.

(F) Après notification par les autorités nationales qu'elles ont procédé à cette détermination, la chambre de première instance ordonne la restitution du bien ou du produit de son aliénation, selon le cas, ou prend toute autre mesure qu'elle juge appropriée.

(G) Le greffier transmet aux autorités nationales compétentes les citations, ordonnances et demandes émanant d'une chambre de première instance conformément aux paragraphes (C), (D), (E) et (F) du présent article.

Art. 106. – *Indemnisation des victimes.* – (A) Le greffier transmet aux autorités compétentes des États concernés le jugement par lequel l'accusé a été reconnu coupable d'une infraction qui a causé un préjudice à une victime.

(B) La victime ou ses ayants droit peuvent, conformément à la législation nationale applicable, intenter une action devant une juridiction nationale ou toute autre institution compétente pour obtenir réparation du préjudice.

(C) Aux fins d'obtenir réparation du préjudice conformément au paragraphe (B), le jugement du tribunal est définitif et déterminant quant à la responsabilité pénale de la personne condamnée, du fait de ce préjudice.

CHAPITRE VII. – PROCÉDURES D'APPEL

Art. 107. – *Disposition générale.* – Les dispositions du règlement en matière de procédure et de preuve devant les chambres de première instance s'appliquent, *mutatis mutandis,* à la procédure devant la chambre d'appel.

Art. 108. – *Acte d'appel.* – (A) Sous réserve des dispositions du paragraphe (B), toute partie qui souhaite interjeter appel d'un jugement ou d'une sentence doit, dans les trente jours suivant la réception du jugement complet et du prononcé de la peine, dans ses deux versions française et anglaise, déposer auprès du greffier et signifier aux autres parties l'acte d'appel, écrit et motivé.

(B) Ce délai est ramené à sept jours à compter de la réception du jugement ou de la décision en français et en anglais pour les appels de jugements ayant rejeté une exception d'incompétence ou de décisions prises en application des articles 77 ou 91.

Art. 109. – *Dossier d'appel.* – (A) Le dossier d'appel est constitué des éléments du dossier de première instance certifié par le greffier.

(B) Dans les trente jours de la certification du dossier de première instance par le greffier, les parties se mettent d'accord sur les éléments du dossier qui, selon elles, sont nécessaires à la décision d'appel.

(C) En cas de désaccord au terme de ce délai, l'appelant et l'intimé disposent d'un délai de soixante jours à compter de la certification par le greffier pour désigner les éléments du dossier que chacun considère nécessaires à la décision d'appel.

(D) La chambre d'appel reste libre de demander la transmission du dossier complet de première instance.

Art. 110. – *Copies du dossier d'appel.* – Le greffier fait un nombre suffisant de copies du dossier d'appel destinées à l'usage des parties et des juges de la chambre d'appel.

Art. 111. – *Mémoire de l'appelant.* – Le mémoire de l'appelant comporte tous les éléments de droit et de fait. Il est déposé auprès du greffier et est signifié à l'autre partie dans un délai de quatre-vingt-dix jours à compter de la certification du dossier.

Art. 112. – *Mémoire de l'intimé.* – Le mémoire de l'intimé comporte tous les éléments de droit et de fait. Il est déposé auprès du greffier et est signifié à l'autre partie dans un délai de trente jours à compter du dépôt du mémoire de l'appelant.

Art. 113. – *Mémoire en réplique.* – L'appelant peut déposer un mémoire en réplique dans un délai de quinze jours à compter du dépôt du mémoire de l'intimé.

Art. 114. – *Date d'audience.* – Après l'expiration des délais prévus aux articles 111, 112 et 113 pour le dépôt des mémoires, la chambre d'appel peut rendre une décision d'appel sur la seule base des mémoires déposés par les parties, à moins qu'il ne soit décidé de tenir une audience publique. Le greffier en informe les parties.

Art. 115. – *Moyens de preuve supplémentaires.* – (A) Une partie peut demander à pouvoir présenter devant la chambre d'appel des moyens de preuve supplémentaires, dont elle ne disposait pas au moment du procès en première instance. Une telle demande doit être déposée auprès du greffier et signifiée à l'autre partie au moins quinze jours avant la date fixée pour l'audience.

(B) La chambre d'appel autorise la présentation de ces moyens de preuve, si elle considère que l'intérêt de la justice le commande.

Art. 116. – *Report des délais.* – La chambre d'appel peut faire droit à une demande de report de délais si elle le considère justifié.

Art. 117. – *Procédure d'appel simplifiée.* – (A) Tout appel interjeté en vertu du paragraphe (B) de l'article 108 fait l'objet d'une procédure simplifiée sur la base du dossier d'audience de la chambre de première instance, sans qu'il soit nécessaire de déposer un mémoire. Dans un tel cas, le dossier d'appel est composé du dossier des audiences menées jusqu'alors devant la chambre de première instance.

(B) Les délais et autres formalités nécessaires sont fixés par le président dans une ordonnance rendue soit à la demande de l'une des parties, soit de sa propre initiative si une telle demande n'est pas introduite dans les quinze jours suivant le dépôt de l'acte d'appel.

(C) Les articles 109 à 114 ne trouvent pas application dans le cas de cette procédure.

Art. 118. – *Arrêt d'appel.* – (A) La chambre d'appel rend son arrêt en se fondant sur le dossier d'appel et, le cas échéant, sur les nouveaux éléments de preuve qui lui ont été présentés.

(B) L'arrêt est adopté à la majorité et est motivé par écrit dans les meilleurs délais possibles. Des opinions individuelles ou dissidentes peuvent être jointes.

(C) Lorsque les circonstances le requièrent, la chambre d'appel peut renvoyer l'affaire devant la chambre de première instance pour un nouveau procès.

(D) L'arrêt est prononcé en audience publique à une date qui a été notifiée aux parties et aux conseils. Ces derniers sont en droit d'être présents.

Art. 119. – *Statut de l'accusé après l'arrêt d'appel.* – (A) En cas de condamnation, l'arrêt est exécutoire immédiatement.

(B) Si l'accusé n'est pas présent au jour du prononcé de l'arrêt, soit en raison de son acquittement en première instance, soit en raison d'une ordonnance prise conformément à l'article 65 ci-dessus ou pour toute autre cause, la chambre d'appel rend son arrêt en son absence et ordonne son arrestation et sa mise à disposition du tribunal, hormis le cas de l'acquittement.

CHAPITRE VIII. – RÉVISION

Art. 120. – *Demande en révision.* – S'il est découvert un fait nouveau qui n'était pas connu de la partie intéressée lors de la procédure devant une chambre ou dont la découverte n'avait pu intervenir malgré toutes les diligences effectuées, la défense ou, dans l'année suivant le prononcé du jugement définitif, le procureur peut soumettre à la même chambre, dès lors qu'elle peut être reconstituée ou, à défaut, à la chambre appropriée du tribunal, une demande en révision du jugement.

Art. 121. – *Examen préliminaire.* – Si la chambre qui a statué sur l'affaire convient que le fait nouveau, s'il avait été établi, aurait pu être un élément décisif de la décision, la chambre révise le jugement et prononce un nouveau jugement après audition des parties.

Art. 122. – *Appel.* – Après révision, le jugement prononcé par la chambre de première instance peut faire l'objet d'un appel conformément au chapitre VII.

Art. 123. – *Renvoi de l'affaire devant la chambre de première instance.* – Si le jugement à réviser est frappé d'appel lors du dépôt de la demande en révision, la chambre d'appel peut renvoyer l'affaire à la chambre de première instance pour qu'elle statue sur la demande.

CHAPITRE IX. – GRÂCE ET COMMUTATION DE PEINE

Art. 124. – *Notification par les États.* – Si, selon la législation de l'État sur le territoire duquel est incarcéré le condamné, ce dernier peut faire l'objet d'une grâce ou d'une commutation de peine, l'État en informe le tribunal conformément à l'article 27 du statut.

Art. 125. – *Appréciation du président.* – Le président, au vu de cette notification, apprécie, en consultation avec les juges, et après notification adressée au Gouvernement rwandais, s'il y a lieu d'accorder une grâce ou une commutation de peine.

Art. 126. – *Critères d'octroi de la grâce ou de la commutation de peine.* – Aux fins d'apprécier de l'opportunité d'une grâce ou d'une commutation de peine, le président tient compte, entre autres, de la gravité de l'infraction commise, du traitement réservé aux condamnés se trouvant dans la même situation, de la volonté de réinsertion sociale dont fait preuve le condamné ainsi que du sérieux et de l'étendue de la coopération qu'il a fournie au procureur.

ANNEXE III. – OFFICE EUROPÉEN DE POLICE (EUROPOL)

UNION EUROPÉENNE

Convention

Sur la base de l'article K3 du Traité sur l'Union européenne
portant création d'un office européen de police (Convention Europol)

Fait à Bruxelles, le 26 juillet 1995
Publication : D. n. 99-218, 15 mars 1999 : *JO* 23 mars 1999
Entrée en vigueur à l'égard de la France le 1er octobre 1998

TITRE PREMIER. – CRÉATION ET FONCTIONS

Art. 1er. – *Création.* – 1. Les États membres de l'Union européenne, ci-après dénommés « États membres », créent par la présente convention un Office européen de police, ci-après dénommé « Europol ».

2. Europol est lié dans chaque État membre à une seule unité nationale créée ou désignée conformément à l'article 4.

Art. 2. – *Objectif.* – 1. Europol a pour objectif d'améliorer, par les mesures prévues dans la présente convention, dans le cadre de la coopération entre les États membres, conformément à l'article K. 1, point 9, du traité sur l'Union européenne, l'efficacité des services compétents des États membres et leur coopération en ce qui concerne la prévention et la lutte contre le terrorisme, le trafic illicite de stupéfiants et d'autres formes graves de la criminalité internationale, pour autant que des indices concrets révèlent l'existence d'une structure ou d'une organisation criminelle et que deux États membres ou plus sont affectés par ces formes de criminalité d'une manière telle qu'au vu de l'ampleur, de la gravité et des conséquences des infractions, une action commune des États membres s'impose.

2. En vue de réaliser progressivement les objectifs visés au paragraphe 1, Europol a, dans un premier temps pour tâche, la prévention et la lutte contre le trafic illicite de stupéfiants, de matières nucléaires et radioactives, les filières d'immigration clandestine, la traite des êtres humains et le trafic de véhicules volés.

Europol traitera également, deux ans au plus tard après l'entrée en vigueur de la présente convention, des infractions commises ou susceptibles d'être commises dans le cadre d'activités de terrorisme portant atteinte à la vie, à l'intégrité physique, à la liberté des personnes ainsi qu'aux biens. Le Conseil, statuant à l'unanimité, selon la procédure prévue au titre VI du traité sur l'Union européenne, peut décider de charger Europol de ces activités de terrorisme avant l'expiration du délai.

Le Conseil, statuant à l'unanimité, selon la procédure prévue au titre VI du traité sur l'Union européenne, peut décider de charger Europol de s'occuper d'autres formes de criminalité parmi celles qui sont énumérées à l'annexe de la présente convention ou des aspects spécifiques de ces formes de criminalité. Avant de statuer, le Conseil charge le conseil d'administration de préparer sa décision et d'en exposer notamment les incidences sur le budget et les effectifs d'Europol.

3. La compétence d'Europol pour une forme de criminalité ou pour des aspects spécifiques d'une forme de criminalité comprend en même temps :

1° Le blanchiment de l'argent lié à ces formes de criminalité ou à leurs aspects spécifiques ;

2° Les infractions qui leur sont connexes.

Sont considérées comme connexes et prises en compte selon les modalités précisées aux articles 8 et 10 :

– les infractions commises pour se procurer les moyens de perpétrer les actes se trouvant dans le champ de compétence d'Europol ;

– les infractions commises pour faciliter ou consommer l'exécution des actes se trouvant dans le champ de compétence d'Europol ;

– les infractions commises pour assurer l'impunité des actes se trouvant dans le champ de compétence d'Europol.

4. Les services compétents au sens de la présente convention sont tous les organismes publics existant dans les États membres, dans la mesure où ils sont compétents conformément à la législation nationale pour la prévention et la lutte contre la criminalité.

5. Le trafic illicite de stupéfiants visé aux paragraphes 1 et 2 est constitué par les infractions qui sont énumérées à l'article 3, paragraphe 1, de la convention des Nations unies du 20 décembre 1988 sur le trafic illicite de stupéfiants et de substances psychotropes ainsi que dans les dispositions modifiant ou remplaçant cette convention.

Art. 3. – *Fonctions.* – 1. Dans le cadre des objectifs définis à l'article 2, paragraphe 1, Europol remplit en priorité les fonctions suivantes :

1° Faciliter l'échange d'informations entre les États membres ;

2° Collecter, rassembler et analyser des informations et des renseignements ;

3° Par l'intermédiaire des unités nationales définies à l'article 4, communiquer sans délai aux services compétents des États membres les informations qui les concernent et les informer immédiatement des liens constatés entre des faits délictueux ;

4° Faciliter les enquêtes dans les États membres en transmettant aux unités nationales toutes les informations pertinentes à cet égard ;

5° Gérer des recueils d'informations informatisés contenant des données, conformément aux articles 8, 10 et 11.

2. En vue d'améliorer, par le biais des unités nationales, la coopération et l'efficacité des services compétents des États membres dans la perspective des objectifs définis à l'article 2, paragraphe 1, Europol remplit en outre les autres fonctions suivantes :

1° Approfondir les connaissances spécialisées qui sont utilisées dans le cadre des enquêtes par les services compétents des États membres et dispenser des conseils pour les enquêtes ;

2° Fournir des renseignements stratégiques pour faciliter et promouvoir une utilisation efficace et rationnelle des ressources disponibles au niveau national pour les activités opérationnelles ;

3° Élaborer des rapports généraux sur l'état des travaux.

3. Dans le cadre des objectifs que lui fixe l'article 2, paragraphe 1, Europol peut, en outre, en fonction des effectifs et des ressources budgétaires dont il dispose, et dans les limites fixées par le conseil d'administration, assister les États membres par des conseils et des recherches dans les domaines suivants :

1° Formation des membres des services compétents ;

2° Organisation et équipement de ces services ;

3° Méthodes de prévention de la criminalité ;

4° Méthodes de police techniques et scientifiques et méthodes d'enquête.

Art. 4. – *Unités nationales.* – 1. Chaque État membre crée ou désigne une unité nationale chargée d'exécuter les fonctions énumérées au présent article.

2. L'unité nationale est le seul organe de liaison entre Europol et les services nationaux compétents. Les relations entre l'unité nationale et les services compétents sont régies par le droit national, notamment par ses règles constitutionnelles.

3. Les États membres prennent toutes les mesures nécessaires pour assurer l'exécution des fonctions de l'unité nationale, et notamment l'accès de cette unité aux données nationales appropriées.

4. Les unités nationales ont pour mission :

1° De fournir à Europol, de leur propre initiative, les informations et les renseignements qui sont nécessaires pour l'accomplissement de ses fonctions ;

2° De répondre aux demandes d'informations, de renseignements et de conseils formulées par Europol ;

3° De tenir à jour les informations et les renseignements ;

4° D'exploiter et de diffuser dans le respect du droit national les informations et les renseignements au profit des services compétents ;

5° D'adresser à Europol des demandes de conseils, d'informations, de renseignements et d'analyse ;

6° De transmettre à Europol des informations à stocker dans les recueils informatisés ;

7° De veiller au respect du droit lors de chaque échange d'information entre Europol et elles.

5. Sans préjudice de l'exercice des responsabilités des États membres telles qu'énoncées dans l'article K. 2, paragraphe 2, du traité sur l'Union européenne, une unité nationale n'est pas tenue, dans un cas concret, de transmettre les informations et les renseignements visés au paragraphe 4, points 1, 2 et 6, ainsi qu'aux articles 8 et 10, si la transmission :

1° Porte atteinte à des intérêts nationaux essentiels en matière de sécurité ;

2° Compromet le succès d'enquêtes en cours ou la sécurité d'une personne, ou

3° Concerne des informations relevant de services ou d'activités spécifiques de renseignements en matière de sûreté de l'État.

6. Les frais exposés par les unités nationales pour la communication avec Europol sont à la charge des États membres et, à l'exception des frais de connexion, ne sont pas imputés à Europol.

7. Les chefs d'unités nationales se réunissent en tant que de besoin pour assister Europol de leurs conseils.

Art. 5. – *Officiers de liaison.* – 1. Chaque unité nationale envoie auprès d'Europol au moins un officier de liaison. Le nombre d'officiers de liaison que les États membres peuvent envoyer auprès d'Europol est fixé par une décision adoptée à l'unanimité par le conseil d'administration ; cette décision peut être modifiée à tout moment par le conseil d'administration à l'unanimité. Sous réserve des dispositions particulières de la présente convention, ces officiers sont soumis au droit national de l'État membre d'origine.

2. Les officiers de liaison sont chargés par leur unité nationale de représenter les intérêts de celle-ci au sein d'Europol conformément au droit national de l'État membre d'origine et dans le respect des dispositions applicables au fonctionnement d'Europol.

3. Sous réserve de l'article 4, paragraphes 4 et 5, les officiers de liaison contribuent, dans le cadre des objectifs prévus à l'article 2, paragraphe 1, à l'échange d'informations entre les unités nationales d'origine et Europol, notamment :

1° En transmettant à Europol des informations provenant des unités nationales d'origine ;

2° En communiquant aux unités nationales d'origine les informations provenant d'Europol, et

3° En coopérant avec les agents d'Europol en leur transmettant des informations et en les conseillant pour l'analyse des informations concernant l'État membre d'origine.

4. Dans le même temps, les officiers de liaison contribuent, conformément au droit national et dans le cadre des objectifs prévus à l'article 2, paragraphe 1, à l'échange des informations provenant des unités nationales et à la coordination des mesures qui en découlent.

5. Dans la mesure où cela est nécessaire pour l'accomplissement des tâches visées au paragraphe 3, les officiers de liaison ont le droit de consulter les différents fichiers selon les dispositions appropriées et précisées dans les articles pertinents.

6. L'article 25 s'applique par analogie à l'activité des officiers de liaison.

7. Sans préjudice des autres dispositions de la présente convention, les droits et obligations des officiers de liaison à l'égard d'Europol sont arrêtés à l'unanimité par le conseil d'administration.

8. Les officiers de liaison jouissent des privilèges et immunités nécessaires à l'accomplissement de leurs tâches conformément à l'article 41, paragraphe 2.

9. Les locaux nécessaires aux activités des officiers de liaison sont gratuitement mis à la disposition des États membres par Europol dans l'immeuble d'Europol. Tous les autres frais liés à l'envoi des officiers de liaison sont supportés par les États membres d'origine ; il en va de même pour les frais liés à leur dotation en équipement, dans la mesure où, dans le cadre de l'établissement du budget d'Europol, le conseil d'administration ne recommande pas à l'unanimité une dérogation dans un cas particulier.

Art. 6. – *Système informatisé de recueils d'informations.* – 1. Europol gère un système informatisé de recueils d'informations, qui se compose des éléments suivants :

1° Le système d'informations visé à l'article 7 dont le contenu est limité et défini avec précision et qui permet de repérer rapidement les informations existant dans les États membres et auprès d'Europol ;

2° Les fichiers de travail visés à l'article 10 qui sont créés pour des durées variables aux fins de l'analyse et contiennent des informations circonstanciées, et

3° Le système d'index qui contient des éléments provenant des fichiers d'analyse visés au point 2, selon les modalités prévues à l'article 11.

2. Le système informatisé de recueils d'informations mis en œuvre par Europol ne doit, en aucun cas, être connecté à d'autres systèmes de traitement automatisé, à l'exception du système de traitement automatisé des unités nationales.

TITRE II. – SYSTÈME D'INFORMATIONS

Art. 7. – *Création du système d'informations.* – 1. En vue de remplir ses fonctions, Europol crée et gère un système d'informations informatisé. Alimenté directement par les États membres représentés par les unités nationales et les officiers de liaison, dans le respect de leurs procédures nationales, et par Europol pour les données fournies par des États et instances tiers et les données résultant d'analyses, le système d'informations est directement accessible, en consultation, aux unités nationales, aux officiers de liaison, aux directeur et directeurs adjoints ainsi qu'aux agents d'Europol dûment habilités.

L'accès direct des unités nationales au système d'informations pour les personnes mentionnées à l'article 8, paragraphe 1, point 2, est limité aux seuls éléments d'identité prévus à l'article 8, paragraphe 2. L'ensemble des données leur est accessible, sur demande, par l'intermédiaire des officiers de liaison pour les besoins d'une enquête déterminée.

2. Europol :

1° Est compétent pour assurer le respect des dispositions relatives à la coopération et à la gestion du système d'informations, et

2° Est responsable du bon fonctionnement du système d'informations du point de vue technique et du point de vue de l'exploitation. Europol prend en particulier toutes les dispositions nécessaires pour garantir la bonne exécution des mesures prévues aux articles 21 et 25 en ce qui concerne le système d'informations.

3. Dans les États membres, c'est l'unité nationale qui est responsable de la communication avec le système d'informations. Elle est compétente, en particulier, pour les mesures de sécurité visées à l'article 25 applicables aux installations de traitement de données utilisées sur le territoire de l'État membre concerné, pour le contrôle visé à l'article 21 et, pour autant que les dispositions législatives, réglementaires et administratives ainsi que les procédures dudit État membre l'exigent, pour la bonne exécution de la présente convention dans tout autre domaine.

Art. 8. – *Contenu du système d'informations.* – 1. Dans le système d'informations peuvent être stockées, modifiées et utilisées uniquement les données nécessaires à l'accomplissement des fonctions d'Europol, à l'exception des données concernant les infractions connexes selon l'article 2, paragraphe 3, deuxième alinéa. Les données introduites sont relatives :

1° Aux personnes qui, au regard du droit national de l'État membre concerné, sont soupçonnées d'avoir commis une infraction ou participé à une infraction relevant de la compétence d'Europol conformément à l'article 2 ou qui ont été condamnées pour une telle infraction ;

2° Aux personnes pour lesquelles certains faits graves justifient au regard du droit national la présomption qu'elles commettront des infractions relevant de la compétence d'Europol conformément à l'article 2.

2. Les données relatives aux personnes visées au paragraphe 1 ne peuvent comprendre que les indications suivantes :

1° Les nom, nom de naissance, prénoms et, le cas échéant, alias ou nom d'emprunt ;

2° La date et le lieu de naissance ;

3° La nationalité ;

4° Le sexe ;

5° Au besoin, d'autres éléments permettant d'établir l'identité et, notamment les signes physiques particuliers, objectifs et inaltérables.

3. Outre les données visées au paragraphe 2 et la mention d'Europol ou de l'unité nationale qui a introduit les données, les indications ci-après relatives aux personnes visées au paragraphe 1 peuvent être stockées, modifiées et utilisées dans le système d'informations :

1° Les infractions, les faits reprochés avec les dates et lieux ;

2° Les moyens utilisés ou susceptibles de l'être ;

3° Les services traitants et leurs numéros de dossiers ;

4° La suspicion d'appartenance à une organisation criminelle ;

5° Les condamnations, dans la mesure où elles concernent des infractions relevant de la compétence d'Europol selon l'article 2.

Ces données peuvent également être introduites dans la mesure où elles ne comportent pas encore de références aux personnes. Dans la mesure où Europol introduit lui-même des données, il indique, outre son numéro de dossier, si les données ont été transmises par des tiers ou résultent de ses propres analyses.

4. Les informations complémentaires relatives aux catégories de personnes visées au paragraphe 1 et détenues par Europol et par les unités nationales peuvent être communiquées sur demande à toute unité nationale et à Europol. Pour les unités nationales, cette communication s'effectue dans le respect de leur droit national.

Dans le cas où ces informations complémentaires sont relatives à une ou plusieurs infractions connexes, telles que définies à l'article 2, paragraphe 3, deuxième alinéa, la donnée stockée dans le système d'informations est assortie d'une indication visant à signaler l'existence d'infractions connexes afin de permettre aux unités nationales et à Europol d'échanger les informations concernant les infractions connexes.

5. Si la procédure ouverte à l'égard de l'intéressé est définitivement classée ou si celui-ci est acquitté, les données concernées par cette décision doivent être effacées.

Art. 9. – *Droit d'accès au système d'informations.* – 1. Le droit d'introduire directement et de rechercher des données dans le système d'informations est réservé aux unités nationales, aux officiers de liaison, aux directeur et directeurs adjoints ainsi qu'aux agents d'Europol dûment habilités. La recherche de données est autorisée dans la mesure où elle est nécessaire à l'exécution d'une tâche précise et se fait dans le respect des dispositions législatives, réglementaires et administratives ainsi que des procédures de l'unité qui l'effectue, sauf dispositions complémentaires de la présente convention.

2. Seule l'unité qui a introduit les données est autorisée à les modifier, les rectifier ou les effacer. Si une unité a des raisons de penser que des données visées à l'article 8, paragraphe 2, sont incorrectes, ou si elle veut les compléter, elle le fait immédiatement savoir à l'unité qui les a introduites, laquelle est tenue d'examiner immédiatement cette communication et, s'il y a lieu, de modifier, compléter, rectifier ou effacer immédiatement les données. Si le système contient des données visées à l'article 8, paragraphe 3, concernant une personne, chaque unité peut introduire pour les compléter d'autres données visées à l'article 8, paragraphe 3. Si ces données sont en contradiction manifeste les unes avec les autres, les unités concernées se mettent d'accord entre elles. Si une unité a l'intention d'effacer entièrement les données visées à l'article 8, paragraphe 2, qu'elle a introduites concernant une personne et que des données visées à l'article 8, paragraphe 3, relatives à cette personne ont été introduites par d'autres unités, la responsabilité en matière de protection des données visée à l'article 15, paragraphe 1, et le droit de modifier, de compléter, de rectifier et d'effacer ces données visé à l'article 8, paragraphe 2, sont transférés à l'unité qui a, la première, introduit après elle des données visées à l'article 8, paragraphe 3, sur cette personne. L'unité qui se propose d'effacer les données en informe l'unité à laquelle est transférée la responsabilité en matière de protection des données.

3. L'unité qui recherche, introduit ou modifie des données dans le système d'informations est responsable du caractère licite de la recherche, de l'introduction ou de la modification ; cette unité doit pouvoir être identifiée. La transmission d'informations entre les unités nationales et les autorités compétentes des États membres est régie par le droit national.

TITRE III. – FICHIERS DE TRAVAIL À DES FINS D'ANALYSE

Art. 10. – *Collecte, traitement et utilisation de données à caractère personnel.* – 1. Dans la mesure où cela est nécessaire pour réaliser les objectifs visés à l'article 2, paragraphe 1, Europol peut, outre des données à caractère non personnel, stocker, modifier et utiliser dans d'autres fichiers des données relatives aux infractions relevant de sa compétence conformément à l'article 2, paragraphe 2, y compris les données relatives aux infractions connexes prévues à l'article 2, paragraphe 3, deuxième alinéa, destinées à des travaux spécifiques d'analyse, et qui concernent :

1° Les personnes visées à l'article 8, paragraphe 1 ;

2° Des personnes qui pourront être appelées à témoigner à l'occasion d'enquêtes portant sur les infractions considérées ou à l'occasion des poursuites pénales subséquentes ;

3° Des personnes qui ont été victimes d'une des infractions considérées ou pour lesquelles il existe certains faits qui permettent de penser qu'elles pourront être les victimes d'une telle infraction ;

4° Des personnes servant de contacts ou d'accompagnateurs, ainsi que

5° Des personnes pouvant fournir des informations sur les infractions considérées.

La collecte, le stockage et le traitement des données qui sont énumérées à l'article 6, première phrase, de la convention du Conseil de l'Europe du 28 janvier 1981 sur la protection des personnes à l'égard du traitement automatisé des données à caractère personnel ne sont autorisés que s'ils sont strictement nécessaires eu égard à la finalité du fichier concerné et que si ces données complètent d'autres données personnelles enregistrées dans ce même fichier. Il est interdit de sélectionner une catégorie particulière de personnes à partir des seules données de l'article 6, première phrase, de la convention du Conseil de l'Europe du 28 janvier 1981, en violation des règles de finalité précitées.

Le Conseil arrête à l'unanimité, conformément à la procédure prévue au titre VI du traité sur l'Union européenne, les règles d'application sur les fichiers préparées par le conseil d'administration, qui précisent notamment les indications relatives aux catégories de données personnelles prévues au présent article et les dispositions relatives à la sécurité de ces données et au contrôle interne de leur utilisation.

2. Ces fichiers sont créés aux fins de l'analyse définie comme l'assemblage, le traitement ou l'utilisation de données dans le but d'appuyer l'enquête criminelle. Chaque projet d'analyse entraîne la constitution d'un groupe d'analyse associant étroitement les participants ci-après, conformément aux fonctions et missions définies à l'article 3, paragraphes 1 et 2, et à l'article 5, paragraphe 3 :

1° Les analystes et autres agents d'Europol, désignés par la direction d'Europol. Seuls les analystes sont habilités à introduire et à rechercher les données dans le fichier considéré ;

2° Les officiers de liaison et/ou les experts des États membres à l'origine des informations ou concernés par l'analyse au sens du paragraphe 6.

3. À la demande d'Europol ou de leur propre initiative, les unités nationales transmettent à Europol, sous réserve de l'article 4, paragraphe 5, toutes les informations qui lui sont nécessaires pour remplir les fonctions décrites à l'article 3, paragraphe 1, point 2. Les États membres ne transmettent les données que si leur traitement aux fins de la prévention, de l'analyse ou de la lutte contre des infractions est également autorisé par leur droit national.

En fonction de leur sensibilité, les données en provenance des unités nationales peuvent parvenir directement par tous moyens appropriés dans les groupes d'analyse, via ou non les officiers de liaison concernés.

4. Si, outre les informations visées au paragraphe 3, il apparaît justifié que d'autres renseignements sont nécessaires à Europol pour remplir les fonctions visées à l'article 3, paragraphe 1, point 2, Europol peut demander :

1° Aux Communautés européennes et aux organismes de droit public constitués au titre des traités instituant ces Communautés ;

2° À d'autres organismes de droit public constitués dans le cadre de l'Union européenne ;

3° À des organismes qui existent en vertu d'un accord entre deux ou plusieurs États membres de l'Union européenne ;

4° À des États tiers ;

5° À des organisations internationales et aux organismes de droit public qui en relèvent ;

6° À d'autres organismes de droit public qui existent en vertu d'un accord entre deux ou plusieurs États, et

7° À l'organisation internationale de police criminelle,

de lui transmettre les informations correspondantes par tous moyens appropriés. Il peut également, aux mêmes conditions et par les mêmes voies, en accepter de la part de ces différentes instances, à leur initiative. Le Conseil statuant à l'unanimité selon la procédure prévue au titre VI du traité sur l'Union européenne, après avoir consulté le conseil d'administration, arrête les règles à observer en la matière par Europol.

5. Si Europol a obtenu dans le cadre d'autres conventions le droit d'interroger par voie automatisée d'autres systèmes d'informations, il peut rechercher de cette façon des données à caractère personnel si cela est nécessaire pour lui permettre de remplir les fonctions visées à l'article 3, paragraphe 1, point 2.

6. Si l'analyse est de caractère général et de type stratégique, l'ensemble des États membres, par l'intermédiaire d'officiers de liaison et/ou d'experts, est pleinement associé aux résultats des travaux, notamment par la communication des rapports établis par Europol.

Si l'analyse porte sur des cas particuliers ne concernant pas tous les États membres et a une visée directement opérationnelle, y participent les représentants des États membres suivants :

1° Ceux qui sont à l'origine des informations ayant suscité la décision de création du fichier d'analyse ou qui sont immédiatement concernés par elles et ceux que le groupe d'analyse invite ultérieurement à s'associer parce qu'ils sont entre-temps également concernés ;

2° Ceux auxquels la consultation du système d'index révèle qu'ils ont besoin d'en connaître et qui le font valoir dans les conditions définies au paragraphe 7.

7. Les officiers de liaison habilités font valoir ce besoin d'en connaître. Chaque État membre désigne et habilite à cet effet un nombre limité d'officiers de liaison. Il en transmet la liste au conseil d'administration.

Pour faire valoir ce besoin d'en connaître au sens du paragraphe 6, l'officier de liaison le motive dans un écrit visé par l'autorité hiérarchique dont il relève dans son État et communiqué à l'ensemble des participants à l'analyse. Il est alors associé de plein droit à l'analyse en cours.

En cas d'objection au sein du groupe d'analyse, cette association de plein droit est différée le temps d'une procédure de conciliation qui peut connaître trois phases successives :

1° Les participants à l'analyse s'efforcent de se mettre d'accord avec l'officier de liaison qui a fait valoir son besoin d'en connaître ; ils disposent au maximum de huit jours ;

2° Si le désaccord persiste, les chefs des unités nationales concernées ainsi que la direction d'Europol se réunissent dans les trois jours ;

3° Si le désaccord persiste toujours, les représentants au conseil d'administration d'Europol des parties concernées se réunissent dans un délai de huit jours. Si l'État membre considéré ne renonce pas à faire valoir son besoin d'en connaître, son association de plein droit devient effective par décision consensuelle.

8. L'État membre qui transmet une donnée à Europol est seul juge de son degré et de sa variation de sensibilité. Toute diffusion ou exploitation opérationnelle d'une donnée d'analyse est soumise à une concertation des participants à l'analyse. Un État membre qui accède à une analyse en cours ne peut notamment diffuser ou exploiter les données sans accord préalable des États membres d'abord concernés.

Art. 11. – *Système d'index*. – 1. Europol constitue un système d'index des données stockées dans les fichiers visés à l'article 10, paragraphe 1.

2. Le directeur, les directeurs adjoints, les agents d'Europol dûment habilités et les officiers de liaison ont le droit de consulter le système d'index. Le système d'index doit être tel qu'il révèle clairement à l'officier de liaison consultant, sur la base des données consultées, que les fichiers visés à l'article 6, paragraphe 1, point 2, et à l'article 10, paragraphe 1, contiennent des informations concernant son État membre d'origine.

L'accès par les officiers de liaison est défini de telle sorte qu'il permette de déterminer si une information est stockée ou non, mais de manière à exclure tout recoupement ou déduction quant au contenu des fichiers.

3. Les modalités relatives à l'aménagement du système d'index sont définies par le conseil d'administration statuant à l'unanimité.

Art. 12. – *Instruction de création de fichiers*. –1. Tout fichier automatisé de données à caractère personnel qu'il gère conformément à l'article 10 dans le cadre de ses fonctions doit faire l'objet, de la part d'Europol, d'une instruction de création soumise à l'approbation du conseil d'administration et indiquant :

1° La dénomination du fichier ;

2° L'objet du fichier ;

3° Les catégories de personnes concernées par les données qu'il contiendra ;

4° Le type de données à stocker et, éventuellement, les données strictement nécessaires parmi celles énumérées à l'article 6, première phrase, de la convention du Conseil de l'Europe du 28 janvier 1981 ;

5° Les différents types de données à caractère personnel permettant d'accéder à l'ensemble du fichier ;

6° Le transfert ou l'introduction des données à stocker ;

7° Les conditions dans lesquelles des données à caractère personnel stockées dans le fichier peuvent être transmises, et à quels destinataires et selon quelle procédure ;

8° Les délais de vérification des données et la durée pendant laquelle elles sont stockées ;

9° Le mode d'établissement des procès-verbaux.

L'autorité de contrôle commune prévue à l'article 24 est immédiatement avisée par le directeur d'Europol du projet d'instruction de création d'un tel fichier et reçoit communication du dossier afin de formuler, à l'attention du conseil d'administration, toutes observations qu'elle estime nécessaires.

2. Si, compte tenu de l'urgence, il n'est pas possible d'obtenir l'approbation du conseil d'administration comme prévu au paragraphe 1, le directeur, à son initiative ou à la demande des États membres concernés peut, par décision motivée, décider de créer un fichier. Il en informe simultanément les membres du conseil d'administration. La procédure visée au paragraphe 1 doit alors être engagée immédiatement et menée à son terme dans les meilleurs délais.

TITRE IV. – DISPOSITIONS COMMUNES
RELATIVES AU TRAITEMENT DE L'INFORMATION

Art. 13. – *Obligation d'informer.* – Europol communique sans délai aux unités nationales et, à la demande de celles-ci, à leurs officiers de liaison, les informations concernant leur État membre, ainsi que les liens qui ont pu être établis entre des infractions qui relèvent de la compétence d'Europol en vertu de l'article 2. Des informations et renseignements sur d'autres infractions graves, dont Europol prend connaissance dans l'accomplissement de ses tâches, peuvent également être transmises.

Art. 14. – *Niveau de protection des données.* – 1. Dans le cadre de l'application de la présente convention, chaque État membre prend, au plus tard pour la date d'entrée en vigueur de ladite convention, en ce qui concerne le traitement des données à caractère personnel dans des fichiers, les mesures de droit interne nécessaires pour garantir un niveau de protection des données correspondant au moins à celui qui résulte de l'application des principes de la convention du Conseil de l'Europe du 28 janvier 1981, et tient compte à cet égard de la recommandation R (87) 15 du Comité des ministres du Conseil de l'Europe, du 17 septembre 1987, sur l'utilisation des données à caractère personnel par la police.

2. La transmission de données à caractère personnel prévue dans la présente convention ne pourra commencer que lorsque, sur le territoire de chacun des États membres participant à cette transmission, les règles prescrites par le paragraphe 1 en matière de protection des données seront entrées en vigueur.

3. Lors de la collecte, du traitement et de l'utilisation de données à caractère personnel, Europol respecte les principes de la convention du Conseil de l'Europe du 28 janvier 1981 et de la recommandation R (87) 15 du Comité des ministres du Conseil de l'Europe du 17 septembre 1987.

Europol respecte ces principes également pour les données non automatisées qu'il détient sous forme de fichiers, à savoir tout ensemble structuré de données personnelles accessible selon des critères déterminés.

Art. 15. – *Responsabilité en matière de protection des données.* – 1. Sous réserve d'autres dispositions de la présente convention, la responsabilité relative aux données conservées dans les services d'Europol, en particulier en ce qui concerne le caractère licite de la collecte, de la transmission à Europol et de l'introduction ainsi que l'exactitude, l'actualité des données et le contrôle des délais de conservation, incombe :

1° À l'État membre qui a introduit ou qui a transmis les données ;

2° À Europol en ce qui concerne les données qui lui ont été transmises par des tiers ou qui résultent des travaux d'analyse d'Europol.

2. En outre, sous réserve d'autres dispositions de la présente convention, Europol est responsable de toutes les données parvenues à Europol et traitées par lui, qu'elles soient dans le système d'informations visé à l'article 8, dans les fichiers créés aux fins de l'analyse visés à l'article 10, dans le système d'index visé à l'article 11 ou dans ceux de l'article 14, paragraphe 3.

3. Europol stocke les données de telle manière qu'on puisse identifier les États membres ou les tiers qui les ont transmises ou reconnaître qu'elles résultent de travaux d'analyse d'Europol.

Art. 16. – *Dispositions relatives à l'établissement des rapports.* – En moyenne, Europol établit des rapports pour au moins une demande sur dix - et pour chaque demande faite dans le cadre du système d'informations prévu à l'article 7 - concernant des données à caractère personnel aux fins d'en contrôler le caractère licite. Les données contenues dans les rapports ne peuvent être utilisées qu'à cette fin par Europol et par les autorités de contrôle visées aux articles 23 et 24 et sont effacées au bout de six mois à moins qu'elles ne soient nécessaires pour un contrôle en cours. Le conseil d'administration règle les détails après avoir entendu l'autorité de contrôle commune.

Art. 17. – *Règles d'utilisation.* –1. Les données à caractère personnel extraites du système d'informations, du système d'index ou des fichiers créés aux fins de l'analyse et les données communiquées par tout autre moyen approprié ne doivent être transmises ou utilisées que par les services compétents des États membres pour prévenir et lutter contre la criminalité relevant de la compétence d'Europol et contre les autres formes graves de criminalité.

L'utilisation des données visées au premier alinéa se fait dans le respect du droit de l'État membre dont relèvent les services utilisateurs.

Europol ne peut utiliser les données visées au paragraphe 1 que pour remplir les fonctions prévues à l'article 3.

2. Si, pour certaines données, l'État membre émetteur ou bien l'État ou l'instance tiers visé à l'article 10, paragraphe 4, indique qu'elles sont soumises dans cet État membre ou auprès du tiers à des restrictions d'utilisation particulières, ces restrictions doivent être respectées également par l'utilisateur, hormis dans le cas particulier où le droit national oblige à déroger aux restrictions d'utilisation au profit des autorités judiciaires, des institutions législatives ou de toute autre instance indépendante créée par la loi et chargée du contrôle des services nationaux compétents au sens de l'article 2, paragraphe 4. Dans ce cas, les données ne peuvent être utilisées qu'après consultation préalable de l'État émetteur dont les intérêts et points de vue doivent être pris en compte autant que possible.

3. L'utilisation des données à d'autres fins ou par d'autres autorités que celles visées à l'article 2 n'est possible qu'après autorisation préalable de l'État membre qui a transmis les données pour autant que le droit national de cet État membre le permet.

Art. 18. – *Transmission de données à des États et instances tiers.* – 1. Europol peut transmettre des données à caractère personnel conservées par ses services à des États et instances tiers au sens de l'article 10, paragraphe 4, et aux conditions posées au paragraphe 4 du présent article, lorsque :

1° Cette mesure est nécessaire, dans des cas individuels, pour la prévention ou la lutte contre les infractions relevant de la compétence d'Europol conformément à l'article 2 ;

2° Un niveau adéquat de protection des données est garanti dans cet État ou cette instance, et que

3° Cette mesure est admissible selon les règles générales au sens du paragraphe 2.

2. Le Conseil, statuant selon la procédure prévue au titre VI du traité sur l'Union européenne et compte tenu des circonstances visées au paragraphe 3, arrête à l'unanimité des règles générales pour la transmission par Europol de données à caractère personnel aux États et instances tiers au sens de l'article 10, paragraphe 4. Le conseil d'administration prépare la décision du Conseil et consulte l'autorité de contrôle commune visée à l'article 24.

3. Le caractère adéquat du niveau de protection des données offert par les États et instances tiers au sens de l'article 10, paragraphe 4, est apprécié en tenant compte de toutes les circonstances qui interviennent lors de la transmission de données à caractère personnel, notamment :

1° Du type de données ;

2° De leur finalité ;

3° De la durée du traitement prévu, ainsi que

4° Des dispositions générales ou particulières s'appliquant aux États et instances tiers au sens de l'article 10, paragraphe 4.

4. Si les données visées ont été transmises à Europol par un État membre, Europol ne peut les transmettre aux États et instances tiers qu'avec l'accord de l'État membre. L'État membre peut donner, à cet effet, un accord préalable, général ou non, révocable à tout moment.

Si les données n'ont pas été transmises par un État membre, Europol s'assure que leur transmission n'est pas de nature à :

1° Empêcher un État membre de s'acquitter dûment des fonctions relevant de sa compétence ;

2° Menacer la sécurité et l'ordre publics d'un État membre ou risquer de lui nuire d'une quelconque façon.

5. Europol est responsable du caractère licite de la transmission. Il doit prendre note de la transmission et de son motif. La transmission n'est autorisée que si le destinataire s'engage à ce que les données ne soient utilisées qu'aux fins auxquelles elles ont été transmises. Cela ne concerne pas la transmission de données à caractère personnel que rend nécessaire une demande d'Europol.

6. Lorsque la transmission visée au paragraphe 1 concerne des informations qui doivent être tenues secrètes, elle n'est autorisée que s'il existe un accord de protection du secret entre Europol et le destinataire.

Art. 19. – *Droit d'accès.* – 1. Toute personne désirant exercer son droit d'accéder aux données la concernant, stockées à Europol, ou de les faire vérifier peut, à cet effet, formuler gratuitement une demandedans tout État membre de son choix à l'autorité nationale compétente, qui saisit alors sans délai Europol et avise le requérant qu'Europol lui répondra directement.

2. La demande doit faire l'objet d'un traitement complet par Europol dans les trois mois qui suivent sa réception par l'autorité nationale compétente de l'État membre.

3. Le droit de toute personne d'accéder aux données la concernant ou de les faire vérifier s'exerce dans le respect du droit de l'État membre auprès duquel elle le fait valoir, en tenant compte des dispositions suivantes.

Lorsque le droit de l'État membre saisi prévoit la communication relative aux données, celle-ci est refusée dans la mesure où cela est nécessaire :

1° Pour qu'Europol puisse s'acquitter dûment de ses fonctions ;

2° Pour protéger la sécurité des États membres et l'ordre public ou pour lutter contre les infractions criminelles ;

3° Pour protéger les droits et libertés des tiers,

et, par conséquent, l'intérêt de la personne concernée par la communication des informations ne peut prévaloir.

4. Le droit à la communication s'exerce dans le respect du paragraphe 3 selon les procédures suivantes :

1° Pour les données intégrées dans le système d'informations défini à l'article 8, leur communication ne peut être décidée que si l'État membre qui a introduit les données et les États membres directement concernés par cette communication ont eu, au préalable, l'occasion de faire connaître leur position, qui peut aller jusqu'au refus de communication. Les données communicables ainsi que les modalités de communication sont indiquées par l'État membre qui a introduit les données ;

2° Pour les données intégrées par Europol dans le système d'informations, les États membres directement concernés par cette communication doivent avoir eu, au préalable, l'occasion de faire connaître leur position, qui peut aller jusqu'au refus de communication ;

3° Pour les données intégrées dans les fichiers de travail à des fins d'analyse définis à l'article 10, leur communication est subordonnée à un consensus d'Europol et des États membres participant à l'analyse, au sens de l'article 10, paragraphe 2, et du ou des États membres directement concernés par cette communication.

Lorsqu'un ou plusieurs États membres ou Europol ont manifesté leur opposition à la communication relative aux données, Europol notifie au requérant qu'il a procédé aux vérifications sans donner d'indications qui puissent lui révéler s'il est ou non connu.

5. Le droit à la vérification s'exerce selon les procédures suivantes :

Lorsque le droit national applicable ne prévoit pas la communication relative aux données ou s'il s'agit d'une simple demande de vérification, Europol, en étroite coordination avec les autorités nationales concernées, procède aux vérifications et notifie au requérant qu'il a procédé aux vérifications, sans donner d'indications qui puissent révéler s'il est ou non connu.

6. Dans sa réponse à une demande de vérification ou d'accès aux données, Europol informe le requérant qu'il peut former un recours devant l'autorité de contrôle commune s'il n'est pas satisfait de la décision. Ce dernier peut également saisir l'autorité de contrôle commune s'il n'a pas été répondu à sa demande dans les délais impartis par le présent article.

7. Si le requérant dépose un recours devant l'autorité de contrôle commune prévue à l'article 24, celui-ci est instruit par cette autorité.

Lorsque le recours concerne la communication relative aux données introduites par un État membre dans le système d'informations, l'autorité de contrôle commune prend sa décision conformément au droit national de l'État membre auprès duquel la demande a été introduite. L'autorité de contrôle commune consulte préalablement l'autorité de contrôle nationale ou la juridiction compétente de l'État membre qui est à l'origine de la donnée. Celle-ci procède aux vérifications nécessaires afin, notamment, d'établir si la décision de refus est intervenue conformément aux dispositions du paragraphe 3 et du paragraphe 4, premier alinéa, du présent article. Dans ce cas, la décision, pouvant aller jusqu'au refus de communication, est prise par l'autorité de contrôle commune en étroite coordination avec l'autorité de contrôle nationale ou la juridiction compétente.

Lorsque le recours concerne la communication relative aux données introduites par Europol dans le système d'informations ou des données stockées dans les fichiers de travail aux fins d'analyse, l'autorité de contrôle commune, en cas d'opposition persistante d'Europol ou d'un État membre, ne peut, après avoir entendu Europol ou l'État membre, passer outre à cette opposition qu'à la majorité des deux tiers de ses membres. Si cette majorité n'est pas réunie, l'autorité de contrôle commune notifie au requérant qu'il a été procédé aux vérifications, sans donner d'indications qui puissent révéler à ce dernier s'il est ou non connu.

Lorsque le recours concerne la vérification des données introduites par un État membre dans le système d'informations, l'autorité de contrôle commune s'assure que les vérifications nécessaires ont été correctement effectuées, en étroite coordination avec l'autorité de contrôle nationale de l'État membre qui a introduit les données. L'autorité de contrôle commune notifie au requérant qu'il a été procédé aux vérifications, sans donner d'indications qui puissent révéler à ce dernier s'il est ou non connu.

Lorsque le recours concerne la vérification des données introduites par Europol dans le système d'informations ou des données stockées dans les fichiers de travail aux fins d'analyse, l'autorité de contrôle commune s'assure que les vérifications nécessaires ont été correctement effectuées par Europol. L'autorité de contrôle commune notifie au requérant qu'il a été procédé aux vérifications, sans donner d'indications qui puissent révéler à ce dernier s'il est ou non connu.

8. Les dispositions susvisées s'appliquent par analogie aux données non automatisées détenues par Europol sous forme de fichiers, à savoir tout ensemble structuré de données personnelles accessibles selon des critères déterminés.

Art. 20. – *Rectification et effacement des données.* – 1. S'il s'avère que des données stockées par Europol, qui lui ont été transmises par des États ou des instances tiers ou qui résultent de son activité d'analyse, sont entachées d'erreurs ou que leur introduction ou leur stockage sont contraires aux dispositions de la présente convention, Europol est tenu de rectifier ces données ou de les effacer.

2. Si des données entachées d'erreurs ou contraires aux dispositions de la présente convention sont introduites directement par les États membres à Europol, ceux-ci sont tenus de les rectifier ou de les effacer en liaison avec Europol. Si des données entachées d'erreurs sont transmises par un autre moyen approprié ou si les erreurs affectant les données fournies par les États membres sont dues à une transmission fautive ou contraire aux dispositions de la présente convention ou si elles proviennent de leur introduction, de leur prise en compte ou de leur stockage fautifs ou contraires aux dispositions de la présente convention par Europol, celui-ci est tenu de les rectifier ou de les effacer en liaison avec les États membres concernés.

3. Dans les cas visés aux paragraphes 1 et 2, tous les destinataires de ces données sont informés sans délai. Ces derniers sont tenus de procéder également à la rectification ou à l'effacement de ces données.

4. Toute personne est en droit de demander à Europol qu'il soit procédé à la rectification ou à l'effacement des données erronées la concernant.

Europol informe le requérant qu'il a été procédé à la rectification ou à l'effacement des données le concernant. Si le requérant n'est pas satisfait de la réponse d'Europol ou s'il n'a pas obtenu de réponse dans un délai de trois mois, il peut saisir l'autorité de contrôle commune.

Art. 21. – *Délais pour la conservation et l'effacement des fichiers.* – 1. Les données contenues dans des fichiers ne doivent être conservées à Europol que le temps nécessaire pour lui permettre de remplir ses fonctions. La nécessité de continuer à conserver les données doit être examinée au plus tard trois ans après leur introduction. La vérification des données conservées dans le système d'informations et de leur effacement est effectuée par l'unité qui les a introduites. La vérification des données conservées dans les autres fichiers des services d'Europol et de leur effacement est effectuée par Europol. Europol signale automatiquement aux États membres, avec un préavis de trois mois, l'expiration des délais d'examen concernant la conservation des données qu'ils ont introduites.

2. Lorsqu'elles effectuent la vérification, les unités mentionnées au paragraphe 1, troisième et quatrième phrases, peuvent décider de conserver les données jusqu'à la vérification suivante, si leur conservation reste nécessaire pour permettre à Europol de remplir ses fonctions. Si elles décident de ne pas conserver davantage les données, celles-ci sont effacées automatiquement.

3. Les données à caractère personnel des personnes visées à l'article 10, paragraphe 1, premier alinéa, point 1, ne doivent pas être conservées plus de trois ans au total. Le délai recommence chaque fois à courir le jour où se produit un événement qui entraîne le stockage de données sur la personne concernée. La nécessité de leur conservation est réexaminée chaque année et le réexamen fait l'objet d'une mention.

4. Si un État membre efface dans ses fichiers nationaux des données transmises à Europol que celui-ci conserve dans les autres fichiers, il en informe Europol. Ce dernier efface alors les données, à moins qu'elles ne présentent pour lui un intérêt autre, compte tenu des renseignements dont il dispose par ailleurs et que ne

possède pas l'État membre qui les a transmises. Europol informe l'État membre concerné du maintien de ces données dans les fichiers.

5. L'effacement n'a pas lieu s'il risque de nuire à des intérêts dignes de protection de l'intéressé. Dans ce cas, les données ne peuvent plus être utilisées qu'avec le consentement de l'intéressé.

Art. 22. – *Conservation et rectification de données figurant dans des dossiers.* – 1. S'il s'avère que l'ensemble d'un dossier ou que des données figurant dans ce dossier détenu par Europol ne sont plus nécessaires pour l'accomplissement des fonctions d'Europol, ou si ces informations sont dans leur ensemble contraires aux dispositions de la présente convention, le dossier ou les données concernées doivent être détruits. Tant que le dossier ou les données concernées ne sont pas effectivement détruits, une mention interdisant toute utilisation doit y être apposée.

Un dossier peut ne pas être détruit lorsqu'il y a lieu de supposer que cela porterait atteinte aux intérêts légitimes de la personne concernée par ces données. Dans ce cas, la même mention interdisant toute utilisation de ce dossier doit y être alors portée.

2. S'il s'avère que les données figurant dans les dossiers d'Europol sont entachées d'erreurs, Europol est tenu de les rectifier.

3. Toute personne concernée par un dossier d'Europol peut exercer vis-à-vis d'Europol un droit à rectification, destruction du dossier ou inscription d'une mention. L'article 20, paragraphe 4, et l'article 24, paragraphes 2 et 7, sont applicables.

Art. 23. – *Autorité de contrôle nationale.* – 1. Chaque État membre désigne une autorité de contrôle nationale chargée de contrôler en toute indépendance et dans le respect du droit national que l'introduction, la consultation ainsi que la transmission, sous quelque forme que ce soit, à Europol, de données à caractère personnel par cet État membre sont licites et de s'assurer que les droits des personnes n'en sont pas lésés. À cette fin, l'autorité de contrôle a accès, auprès des unités nationales ou des officiers de liaison, aux données introduites par l'État membre contenues dans le système d'informations et dans le système d'index selon les procédures nationales applicables.

Pour exercer leur contrôle, les autorités de contrôle nationales ont accès aux bureaux et aux dossiers des officiers de liaison respectifs au sein d'Europol.

En outre, conformément aux procédures nationales applicables, les autorités de contrôle nationales contrôlent les activités que mènent les unités nationales conformément à l'article 4, paragraphe 4, et celles des officiers de liaison conformément à l'article 5, paragraphe 3, points 1, 2 et 3, et paragraphes 4 et 5, dans la mesure où ces activités concernent la protection des données personnelles.

2. Tout personne a le droit de demander à l'autorité de contrôle nationale de s'assurer que l'introduction et la transmission à Europol, sous quelque forme que ce soit, des données qui la concernent ainsi que la consultation des données par l'État membre concerné sont licites.

Ce droit est régi par le droit national de l'État membre auquel appartient l'autorité de contrôle sollicitée.

Art. 24. – *Autorité de contrôle commune.* – 1. Il est institué une autorité de contrôle commune indépendante chargée de surveiller, dans le respect de la présente convention, l'activité d'Europol afin de s'assurer que le stockage, le traitement et l'utilisation des données dont disposent les services d'Europol ne portent pas atteinte aux droits des personnes. L'autorité de contrôle commune contrôle en outre la licéité de la transmission des données qui ont pour origine Europol. L'autorité de contrôle commune se compose au maximum de deux membres ou représentants, éventuellement assistés de suppléants, de chacune des autorités de contrôle nationales, offrant donc toutes les garanties d'indépendance et possédant les capacités requises, et nommés pour cinq ans par chaque État membre. Chaque délégation dispose d'une voix délibérative.

L'autorité de contrôle commune désigne en son sein un président.

Dans l'exercice de leurs attributions, les membres de l'autorité de contrôle commune ne reçoivent d'instructions d'aucune autorité.

2. Europol est tenu d'assister l'autorité de contrôle commune dans l'exécution de ses fonctions. Il doit en particulier :

1° Lui fournir les renseignements qu'elle demande, lui donner accès à tous les documents et dossiers ainsi qu'un accès aux données stockées ;

2° La laisser à tout moment accéder librement à tous ses locaux ;

3° Exécuter les décisions de l'autorité de contrôle commune en matière de recours conformément aux dispositions prévues à l'article 19, paragraphe 7, et à l'article 20, paragraphe 4.

3. L'autorité de contrôle commune est également compétente pour analyser les difficultés d'application et d'interprétation liées à l'activité d'Europol en matière de traitement et d'utilisation de données à caractère personnel, pour étudier les problèmes qui peuvent se poser, lors du contrôle indépendant effectué par les autorités de contrôle des États membres ou à l'occasion de l'exercice du droit d'information ainsi que pour élaborer des propositions harmonisées en vue de trouver des solutions communes aux problèmes existants.

4. Toute personne a le droit de demander à l'autorité de contrôle commune de s'assurer que les éventuels stockage, collecte, traitement et utilisation de données à caractère personnel la concernant ont été effectués au sein d'Europol de façon licite et correcte.

5. Si l'autorité de contrôle commune constate que des dispositions de la présente convention n'ont pas été respectées lors du stockage, du traitement ou de l'utilisation de données à caractère personnel, elle adresse toutes observations qu'elle estime nécessaires au directeur d'Europol et demande que la réponse à ses observations lui soit apportée dans un délai qu'elle fixe. Le directeur tient informé le conseil d'administration de toute la procédure. En cas de difficultés, l'autorité de contrôle commune saisit le conseil d'administration.

6. L'autorité de contrôle commune établit à intervalles réguliers un rapport d'activité. Celui-ci est transmis, selon la procédure prévue au titre VI du traité sur l'Union européenne, au Conseil ; auparavant, l'occasion est donnée au conseil d'administration d'émettre un avis qui sera joint au rapport.

L'autorité de contrôle commune décide de rendre public ou non son rapport d'activité et, le cas échéant, décide des modalités de cette publication.

7. L'autorité de contrôle commune, par une décision prise à l'unanimité, établit son règlement intérieur. Celui-ci est soumis à l'approbation unanime du Conseil. Elle constitue en son sein un comité composé d'un membre de chaque délégation, disposant chacun d'une voix délibérative. Ce comité est chargé d'examiner par tous les moyens appropriés les recours prévus à l'article 19, paragraphe 7, et à l'article 20, paragraphe 4. Si elles le demandent, les parties, assistées de leur conseil si elles le souhaitent, sont entendues par ce comité. Les décisions prises dans ce cadre sont définitives à l'égard de toutes les parties concernées.

8. Elle peut créer, en outre, une ou plusieurs commissions.

9. Elle est consultée sur la partie du projet de budget qui la concerne. Son avis est annexé au projet de budget en question.

10. Elle est assistée par un secrétariat dont les tâches sont déterminées par le règlement intérieur.

Art. 25. – *Sécurité des données.* – 1. Il appartient à Europol de prendre les mesures techniques et les dispositions d'organisation nécessaires à l'exécution de la présente convention. Les mesures ne sont nécessaires que si leur coût est en rapport avec l'objectif de protection visé.

2. Chaque État membre et Europol prennent, en ce qui concerne le traitement automatisé des données dans les services d'Europol, les mesures qui sont propres à :

1° Interdire à toute personne non autorisée d'accéder aux installations utilisées pour le traitement de données à caractère personnel (contrôle à l'entrée des installations) ;

2° Empêcher que des supports de données ne puissent être lus, copiés, modifiés ou enlevés par une personne non autorisée (contrôle des supports de données) ;

3° Empêcher l'introduction non autorisée dans le fichier ainsi que toute prise de connaissance, modification ou effacement non autorisés de données à caractère personnel intégrées (contrôle de l'intégration) ;

4° Empêcher que des systèmes de traitement automatisé de données ne puissent être utilisés par des personnes non autorisées à l'aide d'installations de transmission de données (contrôle de l'utilisation) ;

5° Garantir que, pour l'utilisation d'un système de traitement automatisé de données, les personnes autorisées ne puissent accéder qu'aux données relevant de leur compétence (contrôle de l'accès) ;

6° Garantir qu'il puisse être vérifié et constaté à quelles instances des données à caractère personnel peuvent être transmises par des installations de transmission de données (contrôle de la transmission) ;

7° Garantir qu'il puisse être vérifié et constaté a posteriori quelles données à caractère personnel ont été introduites dans les systèmes de traitement automatisé de données, à quel moment et par quelle personne elles y ont été introduites (contrôle de l'introduction) ;

8° Empêcher que, lors de la transmission de données à caractère personnel ainsi que lors du transport de supports de données, les données ne puissent être lues, copiées, modifiées ou effacées de façon non autorisée (contrôle du transport) ;

9° Assurer que les systèmes employés puissent être réparés immédiatement en cas de dérangement (remise en état) ;

10° Assurer que les fonctions du système ne soient pas défectueuses, que les erreurs de fonctionnement soient immédiatement signalées (fiabilité) et que les données stockées ne puissent pas être faussées par une erreur de fonctionnement du système (authenticité).

TITRE V. – STATUT JURIDIQUE, ORGANISATION
ET DISPOSITIONS FINANCIÈRES

Art. 26. – *Capacité juridique*. –1. Europol a la personnalité juridique.

2. Dans chaque État membre, Europol possède la capacité juridique la plus large reconnue aux personnes morales par la législation nationale. Europol peut notamment acquérir ou aliéner des biens immobiliers ou mobiliers et ester en justice.

3. Europol est habilité à conclure un accord de siège avec le Royaume des Pays-Bas, à conclure les accords de protection du secret exigés en vertu de l'article 18, paragraphe 6, ainsi que d'autres arrangements avec les États et instances tiers au sens de l'article 10, paragraphe 4, dans le cadre des règles arrêtées à l'unanimité par le Conseil sur la base de la présente convention ainsi que du titre VI du traité sur l'Union européenne.

Art. 27. – *Organes d'Europol*. – Les organes d'Europol sont :

1° Le conseil d'administration ;

2° Le directeur ;

3° Le contrôleur financier ;

4° Le comité budgétaire.

Art. 28. – *Conseil d'administration*. –1. Europol a un conseil d'administration. Le conseil d'administration :

1° Participe à l'élargissement de l'objectif d'Europol (art. 2, paragraphe 2) ;

2° Définit à l'unanimité les droits et obligations des officiers de liaison à l'égard d'Europol (art. 5) ;

3° Décide à l'unanimité du nombre d'officiers de liaison que les États membres peuvent envoyer auprès d'Europol (art. 5) ;

4° Assure la préparation des règles d'application sur les fichiers (art. 10) ;

5° Participe à l'adoption des règles relatives aux relations entre Europol et les États et instances tiers au sens de l'article 10, paragraphe 4 (art. 10, 18 et 42) ;

6° Définit, à l'unanimité, les modalités relatives à l'aménagement du système d'index (art. 11) ;

7° Approuve à la majorité des deux tiers les instructions de création des fichiers (art. 12) ;

8° Peut prendre position sur les observations et sur les rapports de l'autorité de contrôle commune (art. 24) ;

9° Examine les problèmes sur lesquels l'autorité commune de contrôle appelle son attention (art. 24, paragraphe 5) ;

10° Règle les détails de la procédure de contrôle du caractère de licéité des demandes dans le cadre du système d'information (art. 16) ;

11° Participe à la nomination et à la révocation du directeur et des directeurs adjoints (art. 29) ;

12° Contrôle que le directeur s'acquitte régulièrement de sa charge (art. 7, 29) ;

13° Participe à l'adoption du statut du personnel (art. 30) ;

14° Participe à l'élaboration d'accords de protection du secret et à l'adoption de dispositifs en matière de protection du secret (art. 18, 31) ;

15° Participe à l'établissement du budget, y compris le tableau des effectifs, à la vérification des comptes et à la décharge du directeur (art. 35, 36) ;

16° Adopte à l'unanimité le plan financier quinquennal (art. 35) ;

17° Nomme à l'unanimité le contrôleur financier et surveille sa gestion (art. 35) ;

18° Participe à l'adoption du règlement financier (art. 35) ;

19° Approuve à l'unanimité la conclusion de l'accord de siège (art. 37) ;

20° Adopte à l'unanimité les règles d'habilitation des agents d'Europol ;

21° Statue à la majorité des deux tiers sur les litiges entre un État membre et Europol ou entre États membres concernant les indemnisations effectuées au titre de la responsabilité du fait d'un traitement illicite ou incorrect (art. 38) ;

22° Participe à la modification éventuelle de la convention (art. 43) ;

23° Est responsable d'autres tâches qui lui sont confiées par le Conseil, notamment dans le cadre des dispositions d'application de la présente convention.

2. Le conseil d'administration se compose d'un représentant de chaque État membre. Chaque membre du conseil d'administration dispose d'une voix.

3. Chaque membre du conseil d'administration peut se faire remplacer par un membre suppléant : en cas d'absence du membre titulaire, le membre suppléant peut exercer le droit de vote de celui-ci.

4. La commission des Communautés européennes est invitée à assister aux réunions du conseil d'administration mais ne prend pas part au vote. Le conseil d'administration peut toutefois décider de délibérer en l'absence du représentant de la Commission.

5. Les membres titulaires ou suppléants sont habilités à se faire accompagner ou conseiller, lors des délibérations du conseil d'administration, par des experts des différents États membres.

6. La présidence du conseil d'administration est assurée par le représentant de l'État membre qui exerce la présidence du Conseil.

7. Le conseil d'administration arrête son règlement intérieur à l'unanimité.

8. Les abstentions ne font pas obstacle à l'adoption des décisions du conseil d'administration qui requièrent l'unanimité.

9. Le conseil d'administration se réunit au moins deux fois par an.

10. Le conseil d'administration adopte chaque année à l'unanimité :

1° Un rapport général sur les activités d'Europol durant l'année écoulée ;

2° Un rapport prévisionnel sur les activités d'Europol qui tient compte des besoins opérationnels des États membres et des incidences sur le budget et les effectifs d'Europol.

Ces rapports sont soumis au Conseil selon la procédure prévue au titre VI du traité sur l'union européenne.

Art. 29. – *Directeur.* – 1. Europol est placé sous l'autorité d'un directeur nommé par le Conseil statuant à l'unanimité sur avis du conseil d'administration selon la procédure prévue au titre VI du traité sur l'Union européenne, pour une période de quatre ans, renouvelable une fois.

2. Le directeur est assisté par des directeurs adjoints dont le nombre est déterminé par le Conseil et qui sont nommés selon la procédure prévue au paragraphe 1 pour une période de quatre ans, renouvelable une fois. Leurs tâches sont précisées par le directeur.

3. Le directeur est responsable :

1° De l'exécution des tâches confiées à Europol ;

2° De l'administration courante ;

3° De la gestion du personnel ;

4° De l'élaboration et de l'exécution adéquates des décisions du conseil d'administration ;

5° De la préparation des projets de budget, du tableau des effectifs et du plan financier quinquennal ainsi que de l'exécution du budget d'Europol ;

6° De toutes les autres tâches qui lui sont confiées par la convention ou par le conseil d'administration.

4. Le directeur est responsable de sa gestion devant le conseil d'administration. Il participe aux réunions du conseil d'administration.

5. Le directeur est le représentant légal d'Europol.

6. Par décision du Conseil statuant à la majorité des deux tiers des voix des États membres, selon la procédure prévue au titre VI du traité sur l'Union européenne, le directeur et les directeurs adjoints peuvent être révoqués après avis du conseil d'administration.

7. Par dérogation aux paragraphes 1 et 2, le premier mandat du directeur est de cinq ans après l'entrée en vigueur de la convention, celui de son premier directeur adjoint de quatre ans et celui de son deuxième directeur adjoint de trois ans.

Art. 30. – *Personnel.* – 1. Le directeur, les directeurs adjoints et les agents d'Europol doivent s'acquitter de leurs fonctions en ayant en vue les objectifs et les fonctions d'Europol, sans solliciter ni accepter d'instructions d'aucun gouvernement, autorité, organisation ou personne extérieure à Europol, pour autant que la présente convention n'en dispose pas autrement, et sans préjudice des dispositions du titre VI du traité sur l'Union européenne.

2. Le directeur est le supérieur hiérarchique des directeurs adjoints et des agents d'Europol. Il nomme les agents et les révoque. Dans le choix des agents, il tient compte, outre de l'aptitude personnelle et de la compétence professionnelle, également de la nécessité de garantir une prise en considération adéquate des ressortissants de tous les États membres et des langues officielles de l'Union européenne.

3. Les modalités sont fixées dans le statut du personnel qui est arrêté par le Conseil à l'unanimité sur avis du conseil d'administration et selon la procédure prévue au titre VI du traité sur l'Union européenne.

Art. 31. – *Confidentialité*. – 1. Europol et les États membres prennent les mesures appropriées pour garantir la protection des informations qui doivent être tenues secrètes, qui sont collectées en application de la présente convention ou échangées dans le cadre d'Europol. À cet effet, le Conseil adopte à l'unanimité une réglementation pertinente en matière de protection du secret, qui a été préparée par le conseil d'administration et soumise au Conseil selon la procédure prévue au titre VI du traité sur l'Union européenne.

2. Lorsque des personnes se voient confier par Europol des activités sensibles du point de vue de la sécurité, les États membres s'engagent à faire effectuer, à la demande du directeur d'Europol, les enquêtes de sécurité concernant leurs propres ressortissants concernés, conformément à leurs dispositions nationales, et à s'entraider dans cette tâche. L'autorité compétente en vertu des dispositions nationales se borne à transmettre à Europol les conclusions de l'enquête de sécurité et ces dernières sont contraignantes à l'égard d'Europol.

3. Chaque État membre et Europol ne peuvent désigner pour le traitement de données dans les services d'Europol que des personnes spécialement qualifiées et soumises à un contrôle de sécurité.

Art. 32. – *Obligation de réserve et de confidentialité*. – 1. Les organes, leurs membres, les directeurs adjoints, les agents d'Europol et les officiers de liaison sont tenus de s'abstenir de tout acte et de toute expression d'opinion qui puisse porter atteinte à la dignité d'Europol ou nuire à son activité.

2. Les organes, leurs membres, les directeurs adjoints, les agents d'Europol, les officiers de liaison ainsi que toutes les autres personnes auxquelles a été expressément imposée une obligation de réserve ou de confidentialité sont tenus de ne divulguer aucun des faits et informations qui viendraient à leur connaissance dans l'exercice de leurs fonctions ou dans le cadre de leur activité à l'égard de toute personne non autorisée et du public. Cela ne vaut pas pour des faits et informations dont le contenu ne doit pas être tenu secret. L'obligation de réserve et de confidentialité demeure également après cessation de leurs fonctions, de leur contrat de travail ou de leur activité. L'obligation visée à la première phrase est notifiée par Europol et les conséquences pénales d'une violation sont signalées ; la notification est constatée par écrit.

3. Les organes, leurs membres, les directeurs adjoints, les agents d'Europol, les officiers de liaison ainsi que les personnes soumises à l'obligation prévue au paragraphe 2 ne peuvent, sans en référer au directeur ou, s'il s'agit du directeur, au conseil d'administration, faire ni déposition ni déclaration à l'occasion d'une procédure judiciaire ou extrajudiciaire sur des faits et informations qui seraient venus à leur connaissance dans l'exercice de leurs fonctions ou de leurs activités.

Le directeur ou le conseil d'administration, selon les cas, s'adresse à l'autorité judiciaire ou à toute autre instance compétente pour que soient prises les mesures nécessaires conformément au droit national qui s'applique à l'instance saisie, soit pour que soient aménagées les modalités du témoignage afin de garantir la confidentialité des informations, soit, pour autant que le droit national le permet, pour refuser la communication relative aux informations dans la mesure où la protection d'intérêts primordiaux d'Europol ou d'un État membre l'exige.

Dans la mesure où le droit de l'État membre prévoit le droit de refuser de témoigner, les personnes appelées à témoigner doivent être dûment autorisées à témoigner. L'autorisation est donnée par le directeur et, dans le cas où il est lui-même appelé à témoigner, par le conseil d'administration. Lorsqu'un officier de liaison est appelé à témoigner à propos d'informations qui lui viennent d'Europol, cette autorisation est délivrée après accord de l'État membre dont relève l'officier de liaison concerné.

En outre, lorsqu'il apparaît que le témoignage peut comprendre des informations et renseignements qui ont été transmis par un État membre ou qui concernent apparemment un État membre, l'avis de cet État membre doit être obtenu avant la délivrance de l'autorisation.

L'autorisation de témoigner ne peut être refusée que dans la mesure où cela est nécessaire pour garantir des intérêts supérieurs dignes de la protection d'Europol ou de celle du ou des États membres concernés.

Cette obligation demeure également après cessation de leurs fonctions, de leur contrat de travail ou de leur activité.

4. Chaque État membre traite toute violation des obligations de réserve ou de confidentialité visées aux paragraphes 2 et 3 comme une violation de ses règles de droit relatives au respect du secret professionnel ou ses dispositions relatives à la protection de matériel confidentiel.

Le cas échéant, chaque État membre instaure au plus tard à la date d'entrée en vigueur de la présente convention les règles de droit national ou les dispositions qui sont requises aux fins de la poursuite d'une violation des obligations de réserve ou de protection du secret visées aux paragraphes 2 et 3. Il fait en sorte que ces règles et dispositions s'appliquent également à ses propres agents qui, dans le cadre de leurs activités, sont en relation avec Europol.

Art. 33. – *Langues.* – 1. Les rapports et tous les autres documents et pièces qui sont portés à la connaissance du conseil d'administration doivent lui être présentés dans toutes les langues officielles de l'Union européenne ; les langues de travail du conseil d'administration sont les langues officielles de l'Union européenne.

2. Les travaux de traduction nécessaires au travail d'Europol sont assurés par le centre de traduction des institutions de l'Union européenne.

Art. 34. – *Information du Parlement européen.* – 1. La présidence du Conseil adresse annuellement au Parlement européen un rapport spécial sur les travaux menés par Europol. Le Parlement européen est consulté lors de la modification éventuelle de la présente convention.

2. Vis-à-vis du Parlement européen, la Présidence du Conseil ou le représentant désigné par la Présidence tient compte des obligations de réserve et de protection du secret.

3. Les obligations prévues au présent article s'entendent sans préjudice des droits des parlements nationaux, de l'article K 6 du traité sur l'Union européenne et des principes généraux applicables aux relations avec le Parlement européen en vertu du titre VI du traité sur l'Union européenne.

Art. 35. – *Budget.* – 1. Toutes les recettes et les dépenses d'Europol, y compris tous les frais de l'autorité de contrôle commune et de son secrétariat, créé selon l'article 24, doivent faire l'objet de prévisions pour chaque exercice budgétaire et être inscrites au budget : un tableau des effectifs est joint au budget. L'exercice budgétaire commence le 1er janvier et s'achève le 31 décembre.

Le budget doit être équilibré en recettes et dépenses.

Un plan financier quinquennal est établi en même temps que le budget.

2. Le budget est financé par les contributions des États membres et par d'autres recettes occasionnelles. La contribution financière à verser par les différents États membres est fonction de la part de leur produit national brut dans la somme des produits nationaux bruts des États membres au cours de l'année qui précède celle de l'établissement du budget. Le produit national brut au sens du présent paragraphe est le produit national brut défini par la directive 89/130/CEE, Euratom du Conseil, du 13 février 1989, relative à l'harmonisation de l'établissement du produit national brut aux prix du marché.

3. Le directeur établit le projet de budget et celui du tableau des effectifs pour l'exercice suivant au plus tard le 31 mars de chaque année et, après examen par le comité budgétaire, il les présente au conseil d'administration accompagnés du projet de plan financier quinquennal.

4. Le conseil d'administration arrête le plan financier quinquennal. La décision du conseil d'administration est prise à l'unanimité.

5. Le conseil, statuant selon la procédure prévue au titre VI du traité sur l'Union européenne et sur avis du conseil d'administration, arrête le budget d'Europol au plus tard le 30 juin de l'année qui précède l'exercice budgétaire. Le Conseil prend sa décision à l'unanimité. Il est procédé par analogie dans le cas de budgets supplémentaires ou rectificatifs. L'adoption du budget par le Conseil implique l'obligation pour chaque État membre de verser en temps voulu la contribution financière qui lui incombe.

6. Le directeur exécute le budget conformément aux dispositions du règlement financier prévu au paragraphe 9.

7. Le contrôle de l'engagement et du paiement des dépenses et le contrôle de la constatation et du recouvrement des recettes sont exercés par un contrôleur financier, nommé à l'unanimité par le conseil d'administration et responsable devant lui. Le règlement financier peut prévoir que, pour certaines recettes ou dépenses, le contrôle par le contrôleur financier s'effectue a posteriori.

8. Le comité budgétaire se compose d'un représentant de chaque État membre, expert en matière budgétaire. Il est chargé de préparer les délibérations en matière budgétaire et financière.

9. Le Conseil, statuant selon la procédure prévue au titre VI du traité sur l'Union européenne, arrête à l'unanimité le règlement financier spécifiant notamment les modalités relatives à l'établissement, à la modification et à l'exécution du budget ainsi qu'au contrôle de ladite exécution, ainsi que les modalités de versement des contributions financières des États membres.

Art. 36. – *Contrôles des comptes.* –1. Les comptes concernant toutes les recettes et dépenses inscrites au budget ainsi que le bilan des éléments actifs et passifs d'Europol sont soumis à un contrôle annuel conformément au règlement financier. À cet effet, le directeur soumet au plus tard avant le 31 mai de l'année suivante un rapport sur la clôture de l'exercice.

2. Le contrôle des comptes est effectué par un comité de contrôle commun composé de trois membres désignés par la Cour des comptes des Communautés européennes sur proposition de son président. La durée du mandat de ces membres est de trois ans : ceux-ci se succèdent de telle manière que chaque année soit remplacé le membre qui était au comité de contrôle depuis trois ans. Par dérogation aux dispositions de la deuxième phrase, le mandat du membre qui, par tirage au sort, arrive :

– à la première place, est fixé à deux ans ;
– à la deuxième place, à trois ans, et
– à la troisième place, à quatre ans,

lors de la première composition du comité de contrôle commun après l'entrée en fonction d'Europol.

Les frais éventuels du contrôle des comptes sont imputés sur le budget prévu par l'article 35.

3. Le comité de contrôle commun présente au Conseil, selon la procédure prévue au titre VI du traité sur l'Union européenne, un rapport de contrôle sur l'exercice écoulé : au préalable, le directeur et le contrôleur financier ont la possibilité de donner leur avis sur le rapport de contrôle et ce rapport est discuté au conseil d'administration.

4. Le directeur d'Europol fournit aux membres du comité de contrôle commun tous les renseignements et leur prête toute l'assistance dont ils ont besoin pour accomplir leur tâche.

5. Le Conseil donne décharge au directeur pour l'exécution du budget de l'exercice concerné, après examen du rapport de clôture de l'exercice.

6. Le règlement financier précise les modalités du contrôle des comptes.

Art. 37. – *Accord de siège.* – Les dispositions relatives à l'implantation d'Europol dans l'État du siège et aux prestations à fournir par l'État du siège ainsi que les règles particulières applicables dans l'État du siège d'Europol, aux membres de ses organes, ses directeurs adjoints, ses agents et aux membres de la famille sont fixées dans un accord de siège conclu, après approbation à l'unanimité par le conseil d'administration, entre Europol et le Royaume des Pays-Bas.

TITRE VI. – RESPONSABILITÉ ET PROTECTION JURIDIQUE

Art. 38. – *Responsabilité du fait d'un traitement illicite ou incorrect de données.* – 1. Tout État membre est responsable, conformément à son droit national, de tout dommage causé à une personne, dans lequel interviennent des données entachées d'erreurs de droit ou de fait, stockées ou traitées à Europol. Seul l'État membre où le fait dommageable s'est produit peut faire l'objet d'une action en indemnisation de la part de la victime, qui s'adresse aux juridictions compétentes en vertu du droit national de l'État membre ainsi concerné. Un État membre ne peut invoquer le fait qu'un autre État membre ou Europol ait transmis des données incorrectes pour se décharger de la responsabilité qui lui incombe, conformément à son droit national, à l'égard d'une personne lésée.

2. Si ces données entachées d'erreurs de droit ou de fait résultent d'une transmission fautive ou d'un manquement aux obligations prévues par la présente convention de la part d'un ou de plusieurs États membres ou d'un stockage ou traitement illicite ou incorrect de la part d'Europol, Europol ou cet (ces) État(s) membre(s) est (sont) tenu(s) au remboursement, sur requête, des sommes versées au titre d'indemnisation, à moins que les données n'aient été utilisées par l'État membre sur le territoire duquel le fait dommageable a été commis, en violation de la présente convention.

3. Tout désaccord entre cet État membre et Europol ou un autre État membre sur le principe ou le montant de ce remboursement doit être soumis au conseil d'administration qui statue à la majorité des deux tiers.

Art. 39. – *Autres types de responsabilité.* – 1. La responsabilité contractuelle d'Europol est régie par la loi applicable au contrat en question.

2. En matière de responsabilité non contractuelle, Europol doit, indépendamment d'une responsabilité selon l'article 38, réparer les dommages causés du fait de ses organes, directeurs adjoints ou agents dans l'exercice de leurs fonctions, dans la mesure où les dommages leur sont imputables. La disposition qui précède n'est pas exclusive du droit à d'autres réparations fondé sur la législation nationale des États membres.

3. La personne lésée a le droit d'exiger qu'Europol s'abstienne d'une action ou l'annule.

4. Les juridictions nationales des États membres compétentes pour connaître des litiges impliquant la responsabilité d'Europol visée au présent article sont déterminées par référence aux dispositions pertinentes de la convention de Bruxelles du 27 septembre 1968 relative à la compétence judiciaire et à l'exécution des décisions en matière civile et commerciale, comme adaptée ultérieurement par des conventions d'adhésion.

Art. 40. – *Règlement des différends et des contentieux.* – 1. Tout différend entre les États membres relatif à l'interprétation ou à l'application de la présente convention doit, dans une première étape, être examiné au sein du Conseil selon la procédure prévue au titre VI du traité sur l'Union européenne en vue de parvenir à une solution.

2. À l'expiration d'un délai de six mois, si une solution n'a pu être trouvée, les États membres parties au différend s'engagent, par voie d'accord, sur les modalités selon lesquelles le différend en question sera réglé.

3. Les dispositions sur les voies de recours visées à la réglementation relative au régime applicable aux agents temporaires et auxiliaires des Communautés européennes sont applicables, par analogie, au personnel d'Europol.

Art. 41. – *Privilèges et immunités.* – 1. Europol, les membres des organes, ses directeurs adjoints et ses agents jouissent des privilèges et immunités nécessaires à l'accomplissement de leurs tâches conformément à un protocole qui définit les règles applicables dans tous les États membres.

2. Le Royaume des Pays-Bas et les autres États membres conviennent, en termes identiques pour les officiers de liaison envoyés par les autres États membres ainsi que les membres de leur famille, des privilèges et immunités nécessaires à l'accomplissement en bonne et due forme des tâches des officiers de liaison au sein d'Europol.

3. Le protocole prévu au paragraphe 1 est adopté par le Conseil, statuant à l'unanimité selon la procédure prévue au titre VI du traité sur l'Union européenne et adopté par les États membres selon leurs règles constitutionnelles respectives.

TITRE VII. – DISPOSITIONS FINALES

Art. 42. – *Relations avec les États et instances tiers.* – 1. Dans la mesure où cela est utile pour accomplir les fonctions définies à l'article 3, Europol établit et maintient des relations de coopération avec les instances tierces au sens de l'article 10, paragraphe 4, points 1 à 3. Le conseil d'administration établit à l'unanimité les règles régissant ces relations. La présente disposition est sans préjudice de l'article 10, paragraphes 4 et 5, et de l'article 18, paragraphe 2 ; l'échange de données personnelles ne peut se faire que dans le respect des dispositions des titres II à IV de la présente convention.

2. Dans la mesure où cela est nécessaire pour accomplir les fonctions définies à l'article 3, Europol peut en outre établir et maintenir des relations avec les États tiers et autres instances tierces au sens de l'article 10, paragraphe 4, points 4, 5, 6 et 7. Le Conseil, statuant à l'unanimité selon la procédure prévue au titre VI du traité sur l'Union européenne et sur avis du conseil d'administration, établit des règles régissant les relations visées à la première phrase. Le paragraphe 1, troisième phrase, s'applique *mutatis mutandis*.

Art. 43. – *Modification de la convention.* – 1. Le Conseil, statuant selon la procédure prévue au titre VI du traité sur l'Union européenne, à l'initiative d'un État membre et sur avis du conseil d'administration, adopte à l'unanimité, dans le cadre de l'article K. 1, point 9, du traité sur l'Union européenne, les modifications à la présente convention, qu'il recommande aux États membres d'adopter selon leurs règles constitutionnelles respectives.

2. Les modifications entrent en vigueur conformément à l'article 45, paragraphe 2, de la présente convention.

3. Toutefois, le Conseil, statuant à l'unanimité, selon la procédure prévue au titre VI du traité sur l'Union européenne, peut décider, à l'initiative d'un État membre et après examen par le conseil d'administration, d'enrichir, de modifier ou de compléter les définitions des formes de criminalité visées à l'annexe. Il peut également décider d'introduire de nouvelles définitions concernant ces formes de criminalité.

4. Le secrétaire général du Conseil de l'Union européenne notifie à tous les États membres la date d'entrée en vigueur des modifications.

Art. 44. – *Réserves.* – La présente convention ne peut faire l'objet d'aucune réserve.

Art. 45. – *Entrée en vigueur.* –1. La présente convention est soumise à l'adoption par les États membres selon leurs règles constitutionnelles respectives.

2. Les États membres notifient au dépositaire l'accomplissement des procédures requises par leurs règles constitutionnelles respectives pour l'adoption de la présente convention.

3. La présente convention entre en vigueur le premier jour du mois qui suit l'expiration d'une période de trois mois après la notification visée au paragraphe 2 par l'État, membre de l'Union européenne à la date de l'adoption par le Conseil de l'acte établissant la présente convention, qui procède le dernier à cette formalité.

4. Sans préjudice du paragraphe 2, l'activité d'Europol ne débutera, en application de la présente convention, qu'à la date où le dernier des actes prévus à l'article 5, paragraphe 7, à l'article 10, paragraphe 1, à l'article 24, paragraphe 7, à l'article 30, paragraphe 3, à l'article 31, paragraphe 1, à l'article 35, paragraphe 9, à l'article 37 et à l'article 41, paragraphes 1 et 2, sera entré en vigueur.

5. Lorsque l'activité d'Europol débutera, celle de l'unité « Drogues » Europol prendra fin conformément à l'action commune du Conseil du 10 mars 1995 concernant l'unité « Drogues » Europol. Europol deviendra alors propriétaire de tous les équipements qui ont été financés sur le budget commun de l'unité « Drogues » Europol, qui ont été développés ou produits par l'unité « Drogues » Europol ou qui ont été mis à sa disposition par l'État du siège en vue d'une utilisation permanente à titre gratuit ainsi que de toutes les archives et des systèmes de données qu'elle gérait de manière autonome.

6. À dater de l'adoption par le Conseil de l'acte établissant la présente convention, les États membres prennent, dans le cadre de leur droit interne, individuellement ou en commun, toutes les mesures préparatoires nécessaires pour que l'activité d'Europol puisse débuter.

Art. 46. – *Adhésion de nouveaux États membres.* – 1. La présente convention est ouverte à l'adhésion de tout État qui devient membre de l'Union européenne.

2. Le texte de la convention dans la langue de l'État membre adhérent, établi par le Conseil de l'Union européenne, fait foi.

3. Les instruments d'adhésion sont déposés auprès du dépositaire.

4. La présente convention entre en vigueur à l'égard de l'État membre adhérent le premier jour du mois qui suit l'expiration d'une période de trois mois après la date du dépôt de son instrument d'adhésion ou à la date de l'entrée en vigueur de la convention si elle n'est pas encore entrée en vigueur au moment de l'expiration de la période susmentionnée.

Art. 47. – *Dépositaire.* – 1. Le secrétaire général du Conseil de l'Union européenne est dépositaire de la présente convention.

2. Le dépositaire publie au *Journal officiel des Communautés européennes* les notifications, instruments ou communications relatifs à la présente convention.

En foi de quoi, les plénipotentiaires soussignés ont apposé leurs signatures au bas de la présente convention.

Fait à Bruxelles, le vingt-six juillet mil neuf cent quatre-vingt-quinze, en un exemplaire unique, en langues allemande, anglaise, danoise, espagnole, finnoise, française, grecque, irlandaise, italienne, néerlandaise, portugaise et suédoise, tous ces textes faisant également foi, exemplaire qui est déposé dans les archives du Secrétariat général du Conseil de l'Union européenne.

ANNEXE

Visée à l'article 2

Liste d'autres formes graves de criminalité internationale dont pourrait traiter Europol en complément de celles prévues d'ores et déjà à l'article 2, paragraphe 2, et dans le respect des objectifs d'Europol tels qu'énoncés à l'article 2, paragraphe 1 :

Atteinte à la vie, à l'intégrité physique et à la liberté :
- homicide volontaire, coups et blessures graves ;
- trafic illicite d'organes et de tissus humains ;
- enlèvement, séquestration et prise d'otage ;
- racisme et xénophobie.

Atteintes au patrimoine, aux biens publics et fraude :
- vols organisés ;
- trafic illicite de biens culturels y compris antiquités et œuvres d'art ;
- escroqueries et fraudes ;
- racket et extorsion de fonds ;
- contrefaçon et piratage de produits ;
- falsification de documents administratifs et trafic de faux ;
- faux monnayage, falsification de moyens de paiement ;
- criminalité informatique ;
- corruption.

Commerce illégal et atteinte à l'environnement :
- trafic illicite d'armes, de munitions et d'explosifs ;
- trafic illicite d'espèces animales menacées ;
- trafic illicite d'espèces et d'essences végétales menacées ;
- criminalité au détriment de l'environnement ;
- trafic illicite de substances hormonales et autres facteurs de croissance.

En outre, conformément à l'article 2, paragraphe 2, le fait de charger Europol de s'occuper de l'une des formes de criminalité énumérées ci-dessus implique qu'il soit également compétent pour traiter du blanchiment d'argent qui s'y rapporte ainsi que des infractions qui leur sont connexes.

En ce qui concerne les formes de criminalité énumérées à l'article 2, paragraphe 2, au sens de la présente convention, on entend par :

– criminalité liée aux matières nucléaires et radioactives : les infractions telles qu'énumérées à l'article 7, paragraphe 1, de la convention sur la protection physique des matières nucléaires, signée à Vienne et à New York le 3 mars 1980, et concernant les matières nucléaires et/ou radioactives définies respectivement dans l'article 197 du traité Euratom et dans la directive 80/836 Euratom du 15 juillet 1980 ;

– filière d'immigration clandestine : les actions visant à faciliter délibérément, dans un but lucratif, l'entrée, le séjour ou la mise au travail sur le territoire des États membres de l'Union européenne, contrairement aux réglementations et aux conditions applicables dans les États membres ;

– traite des êtres humains : le fait de soumettre une personne au pouvoir réel et illégal d'autres personnes en usant de violences ou de menaces ou en abusant d'un rapport d'autorité ou de manœuvres en vue notamment de se livrer à l'exploitation de la prostitution d'autrui, à des formes d'exploitation et de violences sexuelles à l'égard des mineurs ou au commerce lié à l'abandon d'enfant ;

– criminalité liée au trafic de véhicules volés : le vol ou le détournement d'automobiles, camions, semi-remorques, cargaisons des camions ou semi-remorques, autobus, motocyclettes, caravanes, véhicules agricoles, véhicules de chantier et pièces détachées de véhicules ainsi que le recel de ces objets ;

– activités illicites de blanchiment d'argent : les infractions telles qu'énumérées à l'article 6, paragraphes 1 à 3, de la convention du Conseil de l'Europe relative au blanchiment, au dépistage, à la saisie et à la confiscation des produits de crime, signée à Strasbourg le 8 novembre 1990.

Les formes de criminalité mentionnées à l'article 2 et dans la présente annexe sont appréciées par les services nationaux compétents selon la législation nationale des États auxquels ils appartiennent.

Déclarations

Ad article 10, paragraphe 1

Lors de l'élaboration des dispositions d'exécution concernant l'article 10, paragraphe 1, la République fédérale d'Allemagne et la République d'Autriche continueront de veiller à ce que soit affirmé le principe suivant :

Les données concernant les personnes visées au point 1 de la première phrase de l'article 10, paragraphe 1, et autres que celles énumérées à l'article 8, paragraphes 2 et 3 sont uniquement stockées si par la nature des faits, par les circonstances des faits ou pour toute autre considération, on a des raisons de soupçonner que des procédures pénales doivent être engagées à l'encontre de ces personnes pour des infractions relevant de la compétence d'Europol en vertu de l'article 2.

Ad article 14, paragraphes 1 et 3,
article 15, paragraphe 2, et article 19, paragraphe 8

1. La République fédérale d'Allemagne et la République d'Autriche procéderont à la transmission des données au titre de la présente convention étant entendu que, pour le traitement et l'exploitation non automatisés de ces données, elles s'attendent à ce qu'Europol et les États membres respectent l'esprit des dispositions de la présente convention relatives à la protection juridique des données.

2. Le Conseil, vu l'article 14, paragraphes 1 et 3, l'article 15, paragraphe 2 et l'article 19, paragraphe 8 de la convention, déclare que s'agissant du respect du niveau de protection des données échangées entre les États membres et Europol pour ce qui est de leur traitement non automatisé, Europol élaborera - trois ans après le lancement de ses activités et avec la participation de l'autorité de contrôle commune et des autorités de contrôle nationales, chacune pour les domaines ressortant de leur compétence - un rapport qui, après étude par le conseil d'administration, sera soumis au Conseil pour examen.

Ad article 40, paragraphe 2

Les États membres suivants conviennent que, dans un tel cas, ils soumettront systématiquement le différend en cause à la Cour de justice des Communautés européennes :

Royaume de Belgique ;
Royaume de Danemark ;
République fédérale d'Allemagne ;
République hellénique ;
Royaume d'Espagne ;
République française ;
Irlande ;
République italienne ;
Grand-Duché de Luxembourg ;
Royaume des Pays-Bas ;
République d'Autriche ;
République portugaise ;
République de Finlande ;
Royaume de Suède.

Ad article 42

Le Conseil déclare qu'Europol devrait établir en priorité des relations avec les services compétents des États avec lesquels les Communautés européennes et leurs États membres ont établi un dialogue structuré.

Protocole

Établi sur la base
de l'article K. 3 du Traité sur l'Union européenne

Concernant l'interprétation à titre préjudiciel, par la Cour de justice des Communautés européennes de la Convention portant création d'un office européen de police,

Fait à Bruxelles le 24 juillet 1996
Publication : D. n. 99-219, 15 mars 1999 : *JO* 23 mars 1999
Entré en vigueur à l'égard de la France le 29 déc. 1998

Les Hautes Parties contractantes sont convenues des dispositions ci-après, qui sont annexées à la Convention :

Art. 1er. – La Cour de justice des Communautés européennes est compétente, dans les conditions établies par le présent Protocole, pour statuer à titre préjudiciel sur l'interprétation de la Convention portant création d'un office européen de police, ci-après dénommée « Convention Europol ».

Art. 2. – 1. Tout État membre peut, par une déclaration faite au moment de la signature du présent Protocole ou à tout autre moment postérieurement à ladite signature, accepter la compétence de la Cour de justice des Communautés européennes pour statuer, à titre préjudiciel, sur l'interprétation de la Convention Europol dans les conditions définies au paragraphe 2, soit point a, soit point b.

2. Tout État membre qui fait une déclaration au titre du paragraphe 1 peut indiquer :

a) Soit que toute juridiction de cet État membre dont les décisions ne sont pas susceptibles d'un recours juridictionnel de droit interne a la faculté de demander à la Cour de justice des Communautés européennes de statuer, à titre préjudiciel, sur une question soulevée dans une affaire pendante devant elle et portant sur l'interprétation de la Convention Europol lorsqu'elle estime qu'une décision sur ce point est nécessaire pour rendre son jugement ;

b) Soit que toute juridiction de cet État membre a la faculté de demander à la Cour de justice des Communautés européennes de statuer, à titre préjudiciel, sur une question soulevée dans une affaire pendante devant elle et portant sur l'interprétation de la Convention Europol lorsqu'elle estime qu'une décision sur ce point est nécessaire pour rendre son jugement.

Art. 3. – 1. Le protocole sur le statut de la Cour de justice des Communautés européennes et le règlement de procédure de celle-ci sont applicables.

2. Conformément au statut de la Cour de justice des Communautés européennes, tout État membre a le droit, qu'il ait ou non fait une déclaration au titre de l'article 2, de déposer devant la Cour de justice des Communautés européennes un mémoire ou des observations écrites dans les affaires dont elle est saisie en vertu de l'article 1er.

Art. 4. – 1. Le présent protocole est soumis à l'adoption par les États membres selon leurs règles constitutionnelles respectives.

2. Les États membres notifient au dépositaire l'accomplissement des procédures requises par leurs règles constitutionnelles respectives pour l'adoption du présent Protocole, ainsi que toute déclaration effectuée en application de l'article 2.

3. Le présent Protocole entre en vigueur quatre-vingt-dix jours après la notification, visée au paragraphe 2, par l'État, membre de l'Union européenne à la date de l'adoption par le Conseil de l'acte établissant le présent Protocole, qui procède le dernier à cette formalité. Toutefois, son entrée en vigueur intervient au plus tôt en même temps que celle de la Convention Europol.

Art. 5. – 1. Le présent Protocole est ouvert à l'adhésion de tout État qui devient membre de l'Union européenne.

2. Les instruments d'adhésion sont déposés auprès du dépositaire.

3. Le texte du présent Protocole dans la langue de l'État membre adhérant, établi par le Conseil de l'Union européenne, fait foi.

4. Le présent Protocole entre en vigueur à l'égard de l'État membre adhérant quatre-vingt-dix jours après la date du dépôt de son instrument d'adhésion, ou à la date de l'entrée en vigueur du présent Protocole, si celui-ci n'est pas encore entré en vigueur à l'expiration de ladite période de quatre-vingt-dix jours.

Art. 6. – Tout État qui devient membre de l'Union européenne et qui adhère à la Convention Europol conformément à l'article 46 de cette Convention doit accepter les dispositions du présent Protocole.

Art. 7. – 1. Des amendements au présent Protocole peuvent être proposés par chaque État membre, Haute Partie contractante. Toute proposition d'amendement est transmise au dépositaire, qui la communique au Conseil.

2. Les amendements sont arrêtés par le Conseil, qui en recommande l'adoption par les États membres selon leurs règles constitutionnelles respectives.

3. Les amendements ainsi arrêtés entrent en vigueur conformément aux dispositions de l'article 4.

Art. 8. – 1. Le Secrétaire général du Conseil de l'Union européenne est dépositaire du présent Protocole.

2. Le dépositaire publie au *Journal officiel des Communautés européennes* les notifications, instruments ou communications relatifs au présent Protocole.

En foi de quoi, les plénipotentiaires soussignés ont apposé leur signature au bas du présent Protocole.

Fait à Bruxelles, le 24 juillet 1996, en un exemplaire unique, en langues allemande, anglaise, danoise, espagnole, finnoise, française, grecque, irlandaise, italienne, néerlandaise, portugaise et suédoise, chaque texte faisant également foi.

DÉCLARATION CONCERNANT L'ADOPTION SIMULTANÉE DE LA CONVENTION PORTANT CRÉATION D'UN OFFICE EUROPÉEN DE POLICE ET DU PROTOCOLE CONCERNANT L'INTERPRÉTATION, À TITRE PRÉJUDICIEL, PAR LA COUR DE JUSTICE DES COMMUNAUTÉS EUROPÉENNES DE CETTE CONVENTION

Les représentants des gouvernements des États membres de l'Union européenne réunis au sein du Conseil.

Au moment de la signature de l'acte établissant le Protocole concernant l'interprétation, à titre préjudiciel, par la Cour de justice des Communautés européennes de la Convention portant création d'un office européen de police ;

Désirant assurer une interprétation aussi efficace et uniforme que possible de ladite Convention dès son entrée en vigueur, se déclarent prêts à prendre des mesures appropriées pour que les procédures nationales d'adoption de la Convention portant création d'un office européen de police et du Protocole concernant son interprétation soient achevées simultanément et dans les meilleurs délais.

En foi de quoi les plénipotentiaires soussignés ont apposé leur signature au bas de la présente déclaration.

DÉCLARATIONS FAITES EN APPLICATION DE L'ARTICLE 2

Lors de la signature du présent Protocole, ont déclaré accepter la compétence de la Cour de justice des Communautés européennes selon les modalités prévues à l'article 2 :

La République française et l'Irlande selon les modalités prévues à l'article 2, paragraphe 2, point a ;

Le Royaume de Belgique, la République fédérale d'Allemagne, la République hellénique, la République italienne, le Grand-Duché de Luxembourg, le Royaume des Pays-Bas, la République d'Autriche, la République portugaise et la République de Finlande selon les modalités prévues à l'article 2, paragraphe 2, point b.

DÉCLARATIONS

Le Royaume de Belgique, la République fédérale d'Allemagne, la République hellénique, la République italienne, le Grand-Duché de Luxembourg, le Royaume des Pays-Bas, la République d'Autriche et la République portugaise se réservent le droit de prévoir dans leur législation interne que, lorsqu'une question relative à l'interprétation de la Convention Europol sera soulevée dans une affaire pendante devant une juridiction nationale dont les décisions ne sont pas susceptibles d'un recours juridictionnel de droit interne, cette juridiction sera tenue de saisir la Cour de justice des Communautés européennes.

Pour le Royaume de Suède, la/les déclaration(s) sera/seront faite(s) à l'automne 1996 ; pour le Royaume de Danemark et le Royaume d'Espagne, la/les déclaration(s) sera/seront faite(s) au moment de l'adoption.

Les gouvernements de la Belgique, des Pays-Bas et du Luxembourg attirent de nouveau l'attention sur la nécessité d'arriver dès que possible à une solution, analogue à celle que prévoit le présent Protocole au sujet de la compétence à attribuer à la Cour de justice des Communautés européennes pour l'interprétation de la Convention sur l'emploi de l'informatique dans le domaine des douanes et de la Convention relative à la protection des intérêts financiers.

Le gouvernement italien, conformément à la position qui est la sienne sur l'attribution de compétences à la Cour de justice des Communautés européennes dans les actes conclus dans le cadre du titre VI du Traité sur l'Union européenne, considère qu'une solution analogue à celle prévue dans le présent Protocole doit être adoptée quant à la Convention sur l'emploi de l'informatique dans le domaine des douanes et à la Convention relative à la protection des intérêts financiers.

Décret n. 2000-925 du 18 septembre 2000

portant publication du Protocole établissant, sur la base de l'article K.3 du traité sur l'Union européenne et de l'article 41, paragraphe 3, de la convention Europol, les privilèges et immunités d'Europol, des membres de ses organes, de ses directeurs adjoints et de ses agents, fait à Bruxelles le 19 juin 1997

Protocole : entrée en vigueur le 1er juillet 1999 (*JO* 23 sept. 2000)

PROTOCOLE

Établissant, sur la base de l'article K.3 du traité sur l'Union européenne et de l'article 41, paragraphe 3, de la convention Europol, les privilèges et immunités d'Europol, des membres de ses organes, de ses directeurs adjoints et de ses agents

Les Hautes Parties contractantes au présent protocole, États membres de l'Union européenne,
Se référant à l'acte du Conseil du 19 juin 1997,
Considérant que, aux termes de l'article 41, paragraphe 1, de la convention fondée sur l'article K. 3 du traité sur l'Union européenne portant création d'un Office européen de police (convention Europol), Europol, les membres de ses organes, ses directeurs adjoints et ses agents doivent jouir des privilèges et immunités nécessaires à l'accomplissement de leurs tâches conformément à un protocole qui définit les règles applicables dans tous les États membres,
Sont convenues des dispositions suivantes :

Art. 1er. – *Définitions*. – Aux fins du présent protocole, on entend par :
a) « convention », la convention fondée sur l'article K. 3 du traité sur l'Union européenne portant création d'un Office européen de police (convention Europol) ;
b) « Europol », l'Office européen de police ;
c) « organes d'Europol », le conseil d'administration visé à l'article 28 de la convention, le contrôleur financier visé à l'article 35, paragraphe 7, de la convention, et le comité budgétaire visé à l'article 35, paragraphe 8, de la convention ;
d) « conseil », le conseil d'administration visé à l'article 28 de la convention ;
e) « directeur », le directeur d'Europol visé à l'article 29 de la convention ;
f) « personnel », le directeur, les directeurs adjoints et les agents d'Europol visés à l'article 30 de la convention, à l'exception des agents locaux visés à l'article 3 du statut du personnel ;
g) « archives d'Europol », l'ensemble des dossiers, correspondances, documents, manuscrits, données sur supports informatiques ou autres, photographies, films, enregistrements vidéo et sonores appartenant à Europol ou à un membre de son personnel, ou détenus par eux, et tout autre matériel similaire qui, de l'avis unanime du conseil d'administration et du directeur, fait partie des archives d'Europol.

Art. 2. – *Immunité de juridiction et exemption de perquisition, saisie, réquisition, confiscation et toute autre forme de contrainte*. – 1. Europol jouit de l'immunité de juridiction en ce qui concerne la responsabilité du fait d'un traitement illicite ou incorrect de données, visée à l'article 38, paragraphe 1, de la convention.
2. Les biens, fonds et avoirs d'Europol, en quelque endroit qu'ils se trouvent sur le territoire des États membres et quel qu'en soit le détenteur, sont exempts de perquisition, saisie, réquisition, confiscation et de toute autre forme de contrainte.

Art. 3. – *Inviolabilité des archives*. – Les archives d'Europol sont inviolables, quel que soit leur lieu de conservation sur le territoire des États membres et quel qu'en soit le détenteur.

Art. 4. – *Exonération d'impôts et de droits*. – 1. Dans le cadre de ses fonctions officielles, Europol, ainsi que ses avoirs, revenus et autres biens sont exonérés de tout impôt direct.

2. Europol est exonéré des impôts et droits indirects entrant dans les prix des biens immobiliers et mobiliers et des services acquis pour son usage officiel et représentant des dépenses importantes. L'exonération peut prendre la forme d'un remboursement.

3. Les biens acquis conformément au présent article avec exonération de la taxe sur la valeur ajoutée ou des droits d'accise ne peuvent être cédés à titre onéreux ou gratuit que dans les conditions convenues avec l'État membre qui a accordé l'exonération.

4. Aucune exonération ne sera accordée en ce qui concerne les impôts, taxes et droits qui constituent la rémunération de services spécifiques.

Art. 5. – *Non-assujettissement des avoirs financiers aux restrictions*. – Europol n'est soumis, sur le plan financier, à aucun contrôle, aucune réglementation, aucune obligation de notification en ce qui concerne ses opérations financières, ni à aucun moratoire, et peut librement : a) acheter des devises par les voies autorisées, les détenir et les céder ; b) avoir des comptes dans n'importe quelle monnaie.

Art. 6. – *Facilités et immunités concernant les communications*. – 1. Les États membres autorisent Europol à communiquer librement et sans avoir à solliciter de permission spéciale, dans le cadre de toutes ses fonctions officielles, et protègent ce droit conféré à Europol. Europol est autorisé à utiliser des codes et à envoyer et recevoir de la correspondance officielle et d'autres communications officielles par courrier ou par valise scellée en bénéficiant des mêmes privilèges et immunités que ceux qui sont accordés aux courriers et valises diplomatiques.

2. Dans les limites de la convention internationale des télécommunications du 6 novembre 1982, Europol bénéficie pour ses communications officielles d'un traitement qui n'est pas moins favorable que celui que les États membres accordent à toute organisation internationale ou gouvernementale, y compris les missions diplomatiques de ces gouvernements, en ce qui concerne les priorités en matière de communication par courrier, câbles, télégrammes, télex, radio, télévision, téléphone, télécopie, satellite ou autres moyens de communication.

Art. 7. – *Entrée, séjour et départ*. – Les États membres facilitent, au besoin, l'entrée, le séjour et le départ à des fins officielles des personnes énumérées à l'article 8. Cependant, il pourra être exigé des personnes qui revendiquent le traitement prévu par le présent article qu'elles fournissent la preuve qu'elles relèvent bien des catégories décrites à l'article 8.

Art. 8. – *Privilèges et immunités des membres des organes et des membres du personnel d'Europol*. – 1. Les membres des organes et les membres du personnel d'Europol jouissent des immunités suivantes :

a) sans préjudice de l'article 32 et, dans la mesure où il est applicable, de l'article 40, paragraphe 3, de la convention, l'immunité de juridiction pour toutes les paroles prononcées ou écrites et pour les actes accomplis dans l'exercice de leurs fonctions officielles ; ils continuent à bénéficier de cette immunité même lorsqu'ils ont cessé d'être membres d'un organe d'Europol ou membres du personnel d'Europol ;

b) l'inviolabilité de tous leurs papiers, documents et autre matériel officiels.

2. Les membres du personnel d'Europol dont les traitements et émoluments sont soumis à un impôt au profit d'Europol dans les conditions indiquées à l'article 10 bénéficient de l'exonération de l'impôt sur le revenu en ce qui concerne les traitements et émoluments versés par Europol. Toutefois, ces traitements et émoluments peuvent être pris en compte pour évaluer le montant de l'impôt à acquitter au titre des revenus provenant d'autres sources. Le présent paragraphe ne s'applique pas aux pensions et retraites versées aux anciens membres du personnel d'Europol et à leurs avants droit.

3. Les dispositions de l'article 14 du protocole sur les privilèges et immunités des Communautés européennes s'appliquent aux membres du personnel d'Europol.

Art. 9. – *Exceptions aux immunités*. – L'immunité accordée aux personnes visées à l'article 8 ne s'étend pas aux actions civiles engagées par un tiers en cas de dommages corporels ou autres, ou d'homicide, survenus lors d'un accident de la circulation causé par ces personnes.

Art. 10. – *Impôts*. – 1. Sous réserve des conditions et suivant les procédures fixées par Europol et approuvées par le Conseil, les membres du personnel d'Europol engagés pour une durée minimale d'un an sont soumis à un impôt au profit d'Europol sur les traitements et émoluments versés par celui-ci.

2. Chaque année, les noms et adresses des membres du personnel d'Europol visés au présent article ainsi que toute autre personne ayant conclu un contrat de travail avec Europol sont communiqués aux États membres. Europol délivre à chacun d'eux une attestation annuelle indiquant le montant total, brut et net, des rémunérations de toute nature versées par Europol pour l'année concernée, y compris les modalités et la nature des paiements et les montants des retenues à la source.

3. Le présent article ne s'applique pas aux pensions et retraites versées aux anciens membres du personnel d'Europol et à leurs ayants droit.

Art. 11. – *Protection du personnel*. – Les États membres prennent, si le directeur le leur demande, toutes les mesures raisonnables compatibles avec leur législation nationale pour assurer la sécurité et la protection nécessaires des personnes visées dans le présent protocole, dont la sécurité est menacée en raison de leur service auprès d'Europol.

Art. 12. – *Levée des immunités*. – 1. Les privilèges et immunités accordés en vertu du présent protocole sont conférés dans l'intérêt d'Europol et non dans l'intérêt des personnes concernées. Europol et toutes les personnes qui jouissent de ces privilèges et immunités ont le devoir d'observer par ailleurs les dispositions législatives et réglementaires des États membres.

2. Le directeur est tenu de lever l'immunité dont bénéficient Europol et les membres du personnel d'Europol au cas où cette immunité entraverait l'action de la justice et où il peut la lever sans nuire aux intérêts d'Europol. Le conseil a la même obligation à l'égard du directeur, du contrôleur financier et des membres du comité budgétaire. En ce qui concerne les membres du conseil, il appartient aux États membres dont ces membres sont ressortissants de lever les immunités.

3. Lorsque l'immunité d'Europol visée à l'article 2, paragraphe 2, a été levée, les perquisitions et saisies ordonnées par les autorités judiciaires des États membres s'effectuent en présence du directeur ou d'une personne déléguée par lui, dans le respect des règles de confidentialité établies par la convention ou en vertu de celle-ci.

4. Europol coopère à tout moment avec les autorités compétentes des États membres pour faciliter la bonne administration de la justice et veille à empêcher tout abus des privilèges et immunités accordés au titre du présent protocole.

5. Si une autorité compétente ou une entité judiciaire d'un État membre estime qu'il y a eu abus d'un privilège ou d'une indemnité accordés en vertu du présent protocole, l'organe auquel incombe la levée de l'immunité aux termes du paragraphe 2 consulte, sur demande, les autorités compétentes pour déterminer si cet abus a bien eu lieu. Si les consultations n'aboutissent pas à un résultat satisfaisant pour les deux parties, la question est réglée selon la procédure fixée à l'article 13.

Art. 13. – *Règlements des différends*. – 1. Les différends concernant un refus de lever une immunité d'Europol ou d'une personne qui, en raison de ses fonctions officielles, jouit de l'immunité au sens de l'article 8, paragraphe 1, sont examinés par le Conseil, conformément à la procédure établie au titre VI du traité sur l'Union européenne en vue de parvenir à un règlement.

2. Lorsqu'un tel différend n'a pu être réglé, les modalités de son règlement sont arrêtées par le Conseil statuant à l'unanimité.

Art. 14. – *Réserves*. – Le présent protocole ne peut faire l'objet de réserves.

Art. 15. – *Entrée en vigueur*. – 1. Le présent protocole est soumis à l'adoption par les États membres selon leurs règles constitutionnelles respectives.

2. Les États membres notifient au dépositaire l'accomplissement des procédures requises par leurs règles constitutionnelles respectives pour l'adoption du présent protocole.

3. Le présent protocole entre en vigueur le premier jour du deuxième mois qui suit la notification, visée au paragraphe 2, par l'État, membre de l'Union européenne à la date de l'adoption par le Conseil de l'acte établissant le présent protocole, qui procède le dernier à cette formalité.

Art. 16. – *Adhésion*. – 1. Le présent protocole est ouvert à l'adhésion de tout État qui devient membre de l'Union européenne.

2. Les instruments d'adhésion sont déposés auprès du dépositaire.

3. Le texte du présent protocole dans la langue de l'État adhérent, établi par le Conseil de l'Union européenne, fait foi.

4. Le présent protocole entre en vigueur à l'égard de l'État adhérent quatre-vingt-dix jours après la date du dépôt de son instrument d'adhésion ou à la date d'entrée en vigueur du présent protocole, s'il n'est pas encore entré en vigueur au moment de l'expiration de cette période de quatre-vingt-dix jours.

Art. 17. – *Évaluation*. – 1. Dans les deux années qui suivent l'entrée en vigueur du présent protocole, celui-ci fait l'objet d'une évaluation sous la supervision du conseil d'administration.

2. Conformément à l'article 8, paragraphe 1, point a, l'immunité ne sera accordée que pour les actes officiels accomplis dans le cadre des fonctions exercées au titre de l'article 3 de la convention dans la version signée le 26 juillet 1995. Avant toute modification et extension des fonctions au titre de l'article 3 de la convention, une évaluation aura lieu conformément au premier alinéa, notamment en ce qui concerne l'article 8, paragraphe 1, point *a*, et l'article 13.

Art. 18. – *Modifications*. – Tout État membre, en tant que Haute Partie contractante, peut proposer des modifications au présent protocole. Toute proposition de modification est envoyée au dépositaire, qui la transmet au Conseil.

2. Les modifications sont établies par le Conseil statuant à l'unanimité, qui recommande aux États membres de les adopter selon leurs règles constitutionnelles respectives.

3. Les modifications ainsi établies entrent en vigueur selon les dispositions de l'article 15.

4. Le Secrétaire général du Conseil de l'Union européenne notifie à tous les États membres la date d'entrée en vigueur des modifications.

Art. 19. – *Dépositaire*. – 1. Le Secrétaire général du Conseil de l'Union européenne est dépositaire du présent protocole.

2. Le dépositaire publie au Journal officiel des Communautés européennes les notifications, instruments ou communications relatifs au présent protocole.

En foi de quoi, les plénipotentiaires soussignés ont apposé leurs signatures au bas du présent protocole.

Fait à Bruxelles, le 19 juin 1997 en un exemplaire unique, en langues allemande, anglaise, danoise, espagnole, finnoise, française, grecque, irlandaise, italienne, néerlandaise, portugaise et suédoise, chacun de ces textes faisant également foi, exemplaire qui est déposé dans les archives du Secrétaire général du Conseil de l'Union européenne.

ANNEXE IV. – PROTOCOLE DE SANGATTE

entre le Gouvernement de la République française
et le Gouvernement du Royaume-Uni de Grande-Bretagne et d'Irlande du Nord
relatif aux contrôles frontaliers et à la police,
à la coopération judiciaire en matière pénale, à la sécurité civile
et à l'assistance mutuelle, concernant la Liaison fixe trans-Manche,
signé à Sangatte le 25 novembre 1991

Le Gouvernement de la République française et le Gouvernement du Royaume-Uni de Grande-Bretagne et d'Irlande du Nord,

Considérant le Traité entre la République française et le Royaume-Uni de Grande-Bretagne et d'Irlande du Nord concernant la construction et l'exploitation par des sociétés privées concessionnaires d'une Liaison fixe trans-Manche, signé à Cantorbery le 12 février 1986 (ci-après dénommé « le Traité »), et notamment ses articles 3, 4, et 8,

sont convenus des dispositions suivantes :

Art. 1er. – *Définitions.* – 1. Tous les termes définis dans le Traité ont la même signification dans le présent Protocole.

2. En outre, aux termes du présent Procotole, l'expression :

a) « contrôles frontaliers » désigne les contrôles de police, d'immigration, de douane, sanitaires, vétérinaires, phytosanitaires, relatifs à la protection des consommateurs, de transport et de circulation routière ainsi que tous autres contrôles prévus par les lois et règlements nationaux ou communautaires ;

b) « État de séjour » désigne l'État sur le territoire duquel s'effectuent les contrôles de l'autre État ;

c) « État limitrophe » désigne l'autre État ;

d) « agents » désigne les personnes chargées de la police et des contrôles frontaliers placées sous la responsabilité des personnes ou autorités désignées conformément à l'article 2.1 ;

e) « services de secours » désigne les administrations et organismes dont les missions sont prévues dans le plan d'urgence mentionné au titre VII du présent Protocole et qui sont placés sous la responsabilité des personnes ou autorités désignées conformément à l'article 2.1 ;

f) « commissionnaires en douane » désigne les personnes qui effectuent pour le compte des importateurs et des exportateurs toutes formalités de nature à leur permettre de sastisfaire à leurs obligations ;

g) « zone de contrôles » désigne la partie du territoire de l'État de séjour, déterminée d'un commun accord entre les deux Gouvernements, à l'intérieur de laquelle les agents de l'État limitrophe sont habilités à effectuer les contrôles ;

h) « zone réservée » désigne la partie de la liaison fixe située dans chacun des deux États faisant l'objet de mesures de protection spéciale pour des motifs de sûreté ;

i) « trains directs » désigne les trains circulant sur la Liaison fixe mais ayant leurs points de départ et d'arrivée à l'extérieur de celle-ci, par opposition aux « trains navettes » qui circulent uniquement dans la Liaison fixe.

TITRE PREMIER. – AUTORITÉS ET PRINCIPES GÉNÉRAUX DE COOPÉRATION

Art. 2. – 1. Chacun des Gouvernements désigne les autorités ou les personnes responsables des services qui, sur son territoire, ont pour mission d'exercer les contrôles frontaliers et les fonctions de maintien de l'ordre, de lutte contre l'incendie et de secours dans la Liaison fixe.

2. Chacun des Gouvernements notifie à l'autre Gouvernement ces désignations ainsi que toutes modifications s'y rapportant, et en informe la commission intergouvernementale.

Art. 3. – 1. Sans préjudice de l'application des autres accords internationaux, et conformément aux droits nationaux applicables, les autorités des deux États coopèrent, se prêtent mutuellement assistance et agissent de manière concertée, dans toute la mesure du possible, dans l'exercice de leurs fonctions relatives à la Liaison fixe, notamment en ce qui concerne :

a) Le déroulement de leurs contrôles frontaliers respectifs ;

b) La prévention et la recherche des infractions aux lois et règlements relatifs aux contrôles frontaliers de l'un ou l'autre des deux États ;

c) La prévention et la recherche des autres infractions aux lois et règlements de l'un ou l'autre des deux États ;

d) La sécurité civile et les services de secours ;

e) L'échange de renseignements utiles à l'exercice de leurs fonctions.

2. Les dispositions du présent Protocole sont sans préjudice de l'application des accords qui peuvent être conclus par les deux Gouvernements au titre de l'article 5 du Traité.

Art. 4. – Pour la mise en œuvre de l'article 3, des liaisons permanentes sont établies entre les autorités compétentes des deux États qui comprennent :

a) La tenue régulière de réunions de coordination entre les autorités chargées de la police et des contrôles frontaliers, de la lutte contre l'incendie et des services de secours dans la Liaison fixe ;

b) L'installation de moyens de télécommunications permettant en toutes circonstances des liaisons entre les autorités nationales respectives ;

c) L'affectation permanente par chaque État d'officiers de liaison auprès des autorités de l'autre État.

TITRE II. – DISPOSITIONS GÉNÉRALES
SUR LES CONTRÔLES FRONTALIERS ET LA POLICE

Art. 5. – 1. En vue de simplifier et d'accélérer les formalités relatives à l'entrée dans l'État d'arrivée et à la sortie de l'État de départ, les deux Gouvernements décident de créer des bureaux à contrôles nationaux juxtaposés dans les installations terminales situées à Frethun en territoire français et à Folkestone en territoire britannique. Ces bureaux sont établis de telle sorte que, dans chaque sens, les contrôles frontaliers soient effectués sur le terminal situé sur le territoire de l'État de départ.

2. Des contrôles frontaliers supplémentaires à caractère exceptionnel peuvent être effectués dans la Liaison fixe par les agents de l'État d'arrivée sur son propre territoire.

Art. 6. – La compétence de ces bureaux à contrôles nationaux juxtaposés s'étend à l'ensemble de la circulation transfrontalière, à l'exclusion du dédouanement commercial.

Art. 7. – 1. En ce qui concerne les trains directs, chaque État peut exercer des contrôles frontaliers en cours de route et autoriser les agents de l'autre État à effectuer leurs contrôles frontaliers sur son propre territoire.

2. Les deux États peuvent convenir d'une extension des zones de contrôles pour les trains directs respectivement jusqu'à Paris et Londres.

Art. 8. – Dans la Liaison fixe, chaque Gouvernement autorise les agents de l'autre État à exercer sur son propre territoire leurs fonctions pour l'application des pouvoirs relatifs aux contrôles frontaliers.

Art. 9. – Les lois et règlements de l'État limitrophe relatifs aux contrôles frontaliers sont applicables dans la zone de contrôles située dans l'État de séjour et sont mis en œuvre par les agents de l'État limitrophe dans les mêmes conditions que sur leur propre territoire.

Art. 10. – 1. Les agents de l'État limitrophe peuvent, dans l'exercice de leurs pouvoirs nationaux, procéder à des interpellations ou à des arrestations dans la zone de contrôles située dans l'État de séjour de personnes en application des lois et règlements de l'État limitrophe relatifs aux contrôles frontaliers ou de personnes recherchées par les autorités de l'État limitrophe. Ces agents sont également autorisés à conduire ces personnes sur le territoire de l'État limitrophe.

2. Toutefois, sauf circonstances exceptionnelles, nul ne peut être retenu plus de vingt-quatre heures dans les locaux réservés, dans l'État de séjour, aux contrôles frontaliers de l'État limitrophe. Cette rétention doit avoir lieu dans les conditions et selon les modalités prévues par la législation de l'État limitrophe.

3. Dans des circonstances exceptionnelles, le délai de rétention de vingt-quatre heures pourra être prolongé d'une nouvelle durée de vingt-quatre heures dans les conditions prévues par la législation de l'État limitrophe. Cette extension de la durée de rétention sera notifiée aux autorités de l'État de séjour.

Art. 11. – Les infractions aux lois et règlements de l'État limitrophe relatifs aux contrôles frontaliers constatées dans la zone de contrôles située dans l'État de séjour sont soumises aux lois et règlements de l'État limitrophe, comme si ces infractions avaient été commises sur le territoire de ce dernier.

Art. 12. – 1. Les contrôles frontaliers de l'État de départ sont en principe effectués avant les contrôles frontaliers de l'État d'arrivée.

2. Les agents de l'État d'arrivée ne sont pas autorisés à commencer à procéder à de tels contrôles avant la fin des contrôles de l'État de départ. Toute forme de renonciation à de tels contrôles est assimilée à un contrôle.

3. Les agents de l'État de départ ne peuvent plus effectuer leurs contrôles lorsque les agents de l'État d'arrivée ont commencé leurs propres opérations, sauf si le consentement des agents compétents de l'État d'arrivée est accordé.

4. Si, exceptionnellement, au cours des contrôles frontaliers, l'ordre des opérations prévu au paragraphe 1er du présent article se trouve modifié, les agents de l'État d'arrivée ne peuvent procéder à des interpellations, à des arrestations ou à des saisies qu'une fois les contrôles frontaliers de l'État de départ achevés. Dans ce cas, ces agents conduisent les personnes, les véhicules, les marchandises, les animaux ou autres biens, pour lesquels les contrôles frontaliers de l'État de départ ne sont pas encore achevés, auprès des agents de cet État. Si ceux-ci veulent procéder à des interpellations, à des arrestations ou à des saisies, ils ont la priorité.

Art. 13. – 1. L'emprise de la Liaison fixe et de ses voies d'accès est délimitée géographiquement de manière précise et signalée à l'attention du public.

2. Une partie de cette emprise est définie par les autorités nationales compétentes prévues à l'article 2 et constitue la zone réservée. Celle-ci est protégée de façon à interdire son accès aux personnes non autorisées.

Art. 14. – Les plans détaillés de la Liaison fixe et de ses voies d'accès doivent, conformément aux dispositions pertinentes de la Concession, délimiter notamment :

a) Les zones de contrôles ;

b) Les zones réservées et leurs subdivisions ;

c) Les voies ferrées et leurs voies d'accès comprises dans les zones de contrôles ;

d) Les emprises des installations de contrôles frontaliers et leurs voies d'accès.

Art. 15. – Les deux États déterminent conjointement, après consultation des Concessionnaires, les procédures détaillées pour s'assurer que les accès aux zones réservées, déterminées conformément à l'article 14 *b*, sont limités aux personnes dûment autorisées.

Art. 16. – Lorsque les enquêtes et les procédures concernent des infractions commises dans la Liaison fixe ou ayant un rapport avec elle, les autorités de l'État de séjour procèdent, à la demande des autorités de l'État limitrophe, à des recherches officielles, à l'audition de témoins et d'experts et à la notification à la personne poursuivie des actes de procédures et des décisions administratives.

Art. 17. – L'assistance prévue à l'article 16 est accordée conformément aux lois, règlements et procédures en vigueur dans l'État apportant l'assistance et aux accords internationaux auxquels cet État est partie.

Art. 18. – Si l'État d'arrivée refuse l'admission de personnes, de véhicules, d'animaux ou de biens, ou si des personnes renoncent à franchir les contrôles frontaliers de l'État d'arrivée, renvoient ou reprennent les véhicules, les animaux ou les biens qui les accompagnent, les autorités de l'État de départ ne peuvent refuser de les recevoir. Toutefois, les autorités de l'État de départ peuvent prendre toutes les mesures à leur égard, conformément au droit national et d'une manière n'imposant pas d'obligations à l'autre État.

Art. 19. – 1. Les dispositions du présent Protocole concernant les modalités de la juxtaposition des contrôles frontaliers, notamment l'extension ou la diminution de leur champ d'application, peuvent être modifiées d'un commun accord par les deux gouvernements sous la forme d'arrangements confirmés par échange de notes diplomatiques.

2. En cas d'urgence, les représentants locaux des autorités intéressées peuvent d'un commun accord apporter, à titre provisoire, les modifications qui se révéleraient nécessaires à la délimitation des zones de contrôles. L'arrangement ainsi intervenu entre immédiatement en vigueur.

TITRE III. – CONTRÔLES SANITAIRES, VÉTÉRINAIRES ET PHYTOSANITAIRES

Art. 20. – Les contrôles de santé publique sur les personnes sont effectués dans la zone de contrôles située dans l'État de séjour par les autorités compétentes de l'État limitrophe, en conformité avec la réglementation applicable dans cet État.

Art. 21. – L'introduction dans chacun des deux États d'animaux vivants, de produits d'origine animale, de végétaux, de produits d'origine végétale et de denrées alimentaires pour la consommation humaine ou animale est soumise à des contrôles exercés par les autorités compétentes de l'État importateur, en conformité avec la réglementation applicable dans cet État.

Art. 22. – Les contrôles frontaliers mentionnés à l'article 21 sont effectués par les autorités compétentes des deux États préalablement ou lors des opérations de dédouanement.

Art. 23. – 1. Les contrôles frontaliers mentionnés à l'article 21 comprennent :

a) L'examen des certificats ou des documents d'accompagnement, appelé contrôle documentaire ;

b) Le contrôle physique, y compris, le cas échéant, le prélèvement d'échantillons ;

c) Le contrôle des moyens de transport ;

2. Ces contrôles peuvent être limités au seul contrôle documentaire, les contrôles physiques pouvant alors être entrepris en fonction des nécessités.

Art. 24. – L'inspection vétérinaire des animaux vivants n'empêche pas d'éventuelles mesures de quarantaine ultérieurement imposées par l'État importateur.

Art. 25. – Toutes dispositions sont prises par les autorités compétentes des deux États pour interdire l'accès de la Liaison fixe aux animaux errants. Les deux États conviennent d'exiger des Concessionnaires qu'ils prennent toutes les mesures appropriées à cet égard.

TITRE IV. – AGENTS

Art. 26. – Les agents des deux États sont autorisés à circuler librement dans l'ensemble de la Liaison fixe pour les besoins du service. Dans l'exercice de leurs fonctions, ils sont autorisés à franchir les contrôles frontaliers sur simple justification de leur identité et de leur qualité.

Art. 27. – Les autorités de l'État de séjour se réservent le droit de demander aux autorités de l'État limitrophe le rappel de l'un quelconque de leurs agents.

Art. 28. – 1. Les agents de l'État limitrophe peuvent porter dans l'État de séjour leurs uniformes nationaux ou des signes distinctifs apparents.

2. Conformément aux lois, règlements et procédures de l'État de séjour relatifs au port et à l'usage des armes à feu, les autorités compétentes de cet État délivreront un permis permanent de port d'armes :

a) Aux agents de l'État limitrophe exerçant leurs fonctions officielles à bord des trains à l'intérieur de la Liaison fixe ;

b) À un nombre déterminé d'agents habilités de l'État limitrophe exerçant leurs fonctions dans la zone de contrôle de l'État de séjour.

Art. 29. – 1. Les autorités de l'État de séjour accordent aux agents de l'État limitrophe, dans l'exercice de leurs fonctions, la même protection et assistance qu'à leurs propres agents.

2. Les dispositions pénales en vigueur dans l'État de séjour pour la protection des agents dans l'exercice de leurs fonctions sont également applicables pour réprimer les infractions commises contre les agents de l'État limitrophe dans l'exercice de leurs fonctions.

Art. 30. – 1. Sans préjudice de l'application des dispositions de l'article 46, les demandes de réparation pour tous dommages causés ou subis par les agents de l'État limitrophe dans l'exercice de leurs fonctions dans l'État de séjour sont soumises au droit et à la juridiction de l'État limitrophe comme si l'origine du dommage avait eu lieu dans cet État.

2. Les agents de l'État limitrophe ne peuvent pas être poursuivis par les autorités de l'État de séjour à raison d'actes accomplis dans la zone de contrôles ou dans la Liaison fixe dans l'exercice de leurs fonctions. Ils relèvent, dans ce cas, de la juridiction de l'État limitrophe, comme si ces actes avaient eu lieu dans cet État.

3. Les autorités judiciaires ou de police de l'État de séjour ayant procédé à l'enregistrement des plaintes et à la constatation des faits relatifs à celles-ci doivent communiquer tous les éléments d'information et de preuve aux autorités compétentes de l'autre État aux fins de poursuite éventuelle selon la législation en vigueur dans ce dernier.

Art. 31. – 1. Les agents de l'État limitrophe sont autorisés à transférer librement dans cet État les sommes perçues pour le compte de leur Gouvernement dans la zone de contrôles située dans l'État de séjour, ainsi que les marchandises et les autres biens saisis sur place.

2. Ils peuvent également vendre ces marchandises ou ces autres biens dans l'État de séjour, conformément aux dispositions en vigueur dans l'État de séjour, et transférer leurs produits dans l'État limitrophe.

Art. 32. – 1. Les commissionnaires en douane venant de l'État limitrophe peuvent effectuer leurs opérations auprès du bureau de douane de cet État installé dans la zone de contrôles située dans l'État de séjour dans les mêmes conditions que dans l'État limitrophe, sous réserve du respect des conditions et restrictions qui pourraient être fixées par les autorités de l'État limitrophe.

2. Les opérations effectuées et les services rendus dans ces conditions sont considérés comme exclusivement effectués et rendus dans l'État limitrophe, avec toutes les conséquences qui en découlent.

3. Les prescriptions générales de l'État de séjour relatives à l'entrée et au séjour dans ledit État sont applicables aux commissionnaires en douane.

TITRE V. – MOYENS

Art. 33. – Les autorités compétentes des deux États déterminent, après consultations mutuelles, leurs besoins respectifs en locaux, installations et équipements. Lorsque ces besoins doivent être satisfaits par les Concessionnaires conformément aux dispositions de la Concession, ils leur sont notifiés, le cas échéant, par l'intermédiaire de la commission intergouvernementale.

Art. 34. – Les autorités de l'État limitrophe disposent dans l'État de séjour des locaux, des installations et des équipements nécessaires à l'accomplissement de leurs missions.

Art. 35. – 1. Les agents de l'État limitrophe sont habilités à assurer le bon ordre dans les locaux affectés à leur usage exclusif dans l'État de séjour.

2. Les agents de l'État de séjour n'ont pas accès à ces locaux, sauf à la requête des agents de l'État limitrophe ou conformément à la réglementation de l'État de séjour régissant l'entrée et les investigations dans les lieux privés.

Art. 36. – Les biens nécessaires à l'accomplissement des missions des agents de l'État limitrophe dans l'État de séjour sont exemptés de toutes redevances ou droits d'entrée et de sortie.

Art. 37. – 1. Les agents de l'État limitrophe exerçant leurs fonctions dans l'État de séjour sont autorisés à communiquer avec leurs autorités nationales.

2. À cette fin, les autorités de l'État de séjour s'attachent à répondre aux demandes des autorités de l'État limitrophe relatives aux moyens de communication nécessaires à l'accomplissement de leurs fonctions et en définissent les conditions d'usage.

TITRE VI. – COOPÉRATION JUDICIAIRE EN MATIÈRE PÉNALE

Art. 38. – 1. Sans préjudice de l'application des dispositions des articles 11 et 30 (2), lorsqu'une infraction est commise sur le territoire de l'un des deux États, y compris à l'intérieur de la Liaison fixe jusqu'à sa frontière, cet État est compétent.

2. *a)* À l'intérieur de la Liaison fixe, chaque État est compétent et applique sa propre législation :

(i) soit lorsque le lieu de l'infraction ne peut pas être déterminé avec certitude ;

(ii) soit lorsque l'infraction commise sur le territoire d'un État est liée à une infraction commise sur le territoire de l'autre État ;

(iii) soit lorsqu'une infraction a commencé ou s'est poursuivie sur son territoire ;

b) Toutefois, l'État qui reçoit en premier la personne soupçonnée d'avoir commis une telle infraction (désigné dans cet article « l'État de réception ») a la priorité quant à l'exercice de sa compétence.

3. Lorsque l'État de réception décide de ne pas exercer sa compétence prioritaire en vertu du paragraphe 2 du présent article, il en avise l'autre État sans délai. Si ce dernier décide de ne pas exercer sa compétence, l'État de réception est tenu d'exercer la sienne conformément à sa loi nationale.

Art. 39. – Lorsqu'il est procédé à une arrestation à l'occasion d'une infraction pour laquelle un État a compétence en vertu de l'article 38, cette arrestation n'est pas affectée par le fait qu'elle se poursuit sur le territoire de l'autre État.

Art. 40. – Sans préjudice de l'application de l'article 3 du Traité et au titre II du présent Protocole, les agents chargés de la police et de la douane d'un État peuvent, conformément à leur droit national, effectuer une arrestation sur le territoire de l'autre État lorsqu'une personne commet un crime ou un délit flagrant :

a) À bord d'un train qui a commencé son parcours dans un État pour aller dans l'autre et se trouve à l'intérieur de la Liaison fixe ;

b) Dans tout tunnel décrit à l'article 1er (2) du Traité.

Art. 41. – Dans les cas d'arrestation prévus aux articles 39 et 40 :

a) La personne arrêtée sera présentée sans délai aux autorités compétentes de l'État d'arrivée, à charge pour cet État de déterminer l'exercice de sa compétence en application de l'article 38 ; et

b) Lorsque la compétence est exercée par l'autre État en application de l'article 38, la personne arrêtée peut être transférée sur le territoire de cet État. Toutefois un tel transfert doit intervenir dans les quarante-huit heures, suivant la présentation prévue à l'alinéa *a* du présent article. En outre, chaque État se réserve le droit de ne pas transférer ses nationaux.

TITRE VII. – SÉCURITÉ CIVILE ET SECOURS

Art. 42. – 1. En cas de nécessité, les services de secours des deux pays peuvent être engagés dans des interventions communes dans la Liaison fixe ; les services de secours du pays limitrophe sont alors mis à la disposition des autorités compétentes de l'État de séjour.

2. Les services de secours ainsi engagés conservent toutefois leur commandement organique.

Art. 43. – 1. En cas d'intervention conjointe, les autorités compétentes de chaque État prennent en charge les dépenses occasionnées par leurs propres services de secours. Les sommes éventuellement recouvrées auprès de toutes personnes physiques ou morales sont partagées à proportion des frais réels engagés par les services de secours des deux pays.

2. Les conditions d'intervention des services de secours des deux pays sont déterminées par le plan d'urgence établi conjointement par les autorités compétentes des deux États.

Art. 44. – 1. Sans préjudice de l'application des dispositions de l'article 46, si, lors d'une opération de secours sur le territoire de l'État de séjour, un dommage est causé à un tiers par un membre des services de secours de l'État limitrophe, les autorités compétentes de l'État de séjour prennent en charge la réparation du dommage selon les dispositions qui s'appliqueraient si ce dommage avait été causé par ses propres services de secours.

2. En cas de décès ou de préjudices corporels subis par le personnel des services de secours de l'État limitrophe, cet État renonce à formuler toute réclamation à l'encontre de l'État de séjour.

3. Dans l'exercice de leurs fonctions officielles, les membres des services de secours :

a) Bénéficient au même titre que les agents des dispositions des articles 28 (1), 29 et 30 (2) ;

b) Sont autorisés, en cas d'intervention conjointe, à circuler librement dans l'ensemble de la Liaison fixe ;

c) Sont autorisés, en dehors des circonstances prévues à l'alinéa *b*, après accord des autorités compétentes des deux États, à avoir accès en tant que de besoin à la partie de la Liaison fixe située sur le territoire de l'État limitrophe.

Art. 45. – 1. Les autorités des deux États se concertent afin de réaliser une standardisation des équipements de sécurité de sorte que ceux-ci soient compatibles et utilisables par les services de secours de l'un ou l'autre pays.

2. La commission intergouvernementale s'assure que les mesures nécessaires ont été prises par les Concessionnaires pour que les équipements et les matériels fournis en application de la Concession soient compatibles avec ceux utilisés par les services de secours des deux pays.

TITRE VIII. – DISPOSITIONS FINALES

Art. 46. – 1. Sous réserve de l'application des articles 15 et 16 du Traité dans tous les cas couverts par ces deux articles, et en cas de demandes d'indemnisation résultant de l'application du présent Protocole, les dispositions suivantes s'appliquent :

a) Chaque État renonce à toute action envers l'autre État pour la réparation des dommages causés à ses agents ou à ses biens ;

b) Toute réclamation présentée par les Concessionnaires est réglée selon les dispositions de la Concession.

2. Les dispositions du présent article n'affectent en aucune manière les droits des tiers au regard du droit de chaque État.

Art. 47. – Les modalités d'application du présent Protocole pourront faire l'objet, en tant que de besoin, d'arrangements administratifs ou techniques entre les autorités compétentes des deux États.

Art. 48. – Chaque Gouvernement peut à tout moment demander des consultations en vue de réviser les dispositions du présent Protocole pour l'adapter à des circonstances ou à des besoins nouveaux.

Art. 49. – 1. Tous les différends concernant l'interprétation ou l'application du présent Protocole sont réglés par négociation entre les deux Gouvernements.

2. Toutefois, les différends relatifs aux questions d'indemnisation survenant entre les deux États sont réglés par le tribunal arbitral constitué, conformément à l'article 19 du Traité après les consultations prévues à l'article 18 du Traité.

Art. 50. – Les dispositions du présent Protocole entreront en vigueur à la date de la dernière notification par les deux États de l'accomplissement par ceux-ci des procédures internes requises.

En foi de quoi, les plénipotentiaires respectifs, dûment autorisés par leurs Gouvernements, ont signé ce Protocole.

Fait à Sangatte, le 25 novembre 1991, en deux exemplaires, en langues française et anglaise, les deux textes faisant également foi.

Circulaire du 8 novembre 1994

application des dispositions relatives à la coopération judiciaire
en matière pénale prévues par le protocole bilatéral franco-britannique de Sangatte
concernant la Liaison fixe trans-Manche

Le Traité entre la République française et le Royaume-Uni de Grande-Bretagne et d'Irlande du Nord concernant la construction et l'exploitation par des sociétés privées concessionnaires d'une Liaison fixe trans-Manche, signé à Cantorbery le 12 février 1986 et dont la ratification a été autorisée par la loi n. 87-383 du 15 juin 1987, prévoit la négociation d'un ou plusieurs protocoles destinés à préciser le régime et les modalités des contrôles frontaliers, de l'exercice de la juridiction de chacun des deux États, de la sécurité civile et de la coopération judiciaire entre les deux États (1).

En application de ce traité, a été signé à Sangatte le 25 novembre 1991, un Protocole relatif aux contrôles frontaliers et à la police, à la coopération judiciaire en matière pénale, à la sécurité civile et à l'assistance mutuelle. Ratifié par la loi n. 93-803 du 3 avril 1993, ce protocole est entré en vigueur le 2 août 1993 (2).

La présente circulaire commente les dispositions de ce protocole, et principalement celles de son titre VI (articles 38 à 41) qui réglementent la coopération judiciaire en matière pénale entre la France et la Grande-Bretagne, et qui concernent principalement les juridictions de Paris et de Boulogne-sur-Mer. Elle commente également celles de son titre II (article 10), qui sont susceptibles d'intéresser l'ensemble des juridictions (3).

1. – *Présentation des dispositions du protocole bilatéral de Sangatte*

1.1. – Dispositions du titre VI (articles 38 à 41)

L'article 38 du protocole bilatéral pose le principe de la compétence respective de chaque État pour les infractions commises sur son territoire, y compris à l'intérieur de la « Liaison fixe ». En application de l'article 1er du Traité de Cantorbery, cette Liaison est constituée par le double tunnel ferroviaire, assorti d'une galerie de service, ainsi que par les aires terminales réservées au contrôle de l'accès aux tunnels et de la sortie de ceux-ci. La ligne de frontière au sein de la Liaison est définie par l'article 3 du Traité.

L'application de ces principes est susceptible de se heurter à certaines difficultés, compte tenu de l'impossibilité de procéder à l'arrêt du train à l'intérieur de la Liaison fixe et de l'incertitude pouvant exister au sein de cette Liaison quant au lieu exact de commission des infractions ou d'arrestation des personnes mises en cause.

C'est pourquoi, pour les infractions commises à l'intérieur de la Liaison fixe, ont été instituées des règles spécifiques concernant la compétence des deux États et les pouvoirs d'arrestation de leurs agents.

1.1.1. – Compétence des deux États

L'article 38 donne une compétence concurrente aux deux États, qui appliquent leur législation propre, dès lors que le lieu de l'infraction ne peut être déterminé avec certitude ou qu'une infraction commise sur le territoire d'un État est liée à une infraction commise sur le territoire de l'autre État, ou encore qu'une infraction a commencé ou s'est poursuivie sur son territoire.

Dans ces hypothèses, l'article 38 établit un régime spécifique de compétence. L'État qui reçoit en premier la personne soupçonnée d'avoir commis une infraction exerce prioritairement sa compétence. Si cet État décide de ne pas exercer sa compétence prioritaire, il en avise sans délai l'autre État. Lorsque ce dernier ne retient pas sa compétence, il revient alors à l'État de réception d'exercer sa compétence « conformément à sa loi nationale », ce qui ne fait donc pas obstacle, s'agissant des autorités judiciaires françaises, au pouvoir du parquet d'apprécier l'opportunité des poursuites.

---

(1) Ce traité a été publié par décret au *Journal officiel* du 9 septembre 1987.

(2) Ce protocole – ci-joint en annexe – a été publié par décret au *Journal officiel* du 2 octobre 1993.

(3) Il doit être également signalé qu'ont été signés le 15 décembre 1993 à Bruxelles, un accord concernant la circulation des trains entre la Belgique et le Royaume-Uni empruntant la Liaison fixe trans-Manche et le protocole qui lui est rattaché. Ces textes, qui ont pour objet de préciser le cadre juridique de la circulation des trains directs entre la Belgique et le Royaume-Uni, notamment le régime et les modalités des contrôles ainsi que la coopération judiciaire entre la Belgique, la France et le Royaume-Uni, ne sont pas encore entrés en vigueur, faute de ratification de la part de la Belgique. Ils feront l'objet d'une circulaire ultérieure.

1.1.2. – Pouvoirs d'interpellation

L'article 39 du protocole donne leur pleine valeur juridique aux arrestations effectuées sur le territoire d'un État et dont les effets se poursuivent sur le territoire de l'autre État, c'est-à-dire, en pratique, des arrestations effectuées, avant le passage de la frontière, par les autorités d'un État, dans un train se dirigeant vers l'autre État.

Par ailleurs, l'article 40 confère aux agents de police ou de la douane d'un État la faculté d'interpeller conformément à leur droit national, sur le territoire de l'autre État, toute personne qui commet un crime ou un délit flagrant à bord d'un train ayant commencé son parcours dans un État pour aller dans l'autre et se trouve à l'intérieur de la Liaison fixe.

L'article 41 précise le sort des personnes interpellées, selon que l'État d'arrivée décline ou retient sa compétence.

Il est ainsi prévu que la personne arrêtée est présentée sans délai aux autorités compétentes de l'État d'arrivée, à charge pour elles, de décider si elles retiennent ou non leur compétence en application de l'article 38.

Dans le cas où l'État de départ exerce sa compétence, la personne arrêtée peut être transférée vers cet État. Le transfert doit intervenir dans un délai de 48 heures suivant la présentation aux autorités compétentes de l'État d'arrivée. Chaque État se réserve, en outre, le droit de ne pas transférer ses nationaux.

1.2. – Dispositions de l'article 10

L'article 10 du protocole, qui figure dans le titre II consacré aux dispositions générales sur les contrôles frontaliers et la police, autorise les agents de chaque État à procéder à des interpellations et des arrestations de personnes dans « la zone de contrôle » en application de leur législation nationale relative aux contrôles frontaliers ou de personnes recherchées, et à les ramener sur leur propre territoire.

Définie par l'article 1er *g* du protocole comme la partie du territoire de l'État de séjour déterminée d'un commun accord entre les deux gouvernements à l'intérieur de laquelle les agents de l'État limitrophe sont habilités à effectuer des contrôles, la zone de contrôle comprend non seulement des locaux destinés aux contrôles frontaliers et situés dans les gares de départ et d'arrivée des trains, mais également les trains eux-mêmes.

Les deux derniers alinéas de l'article 10 prévoient que les contrôles effectués en application du premier alinéa de cet article permettent la rétention des intéressés dans les locaux précités, dans les conditions et selon les modalités prévues par la législation de l'État limitrophe, pour une durée maximum de 24 heures, qui peut, dans des circonstances exceptionnelles, être portée à 48 heures.

Il convient de remarquer que le domaine d'application de l'article 10 est différent de celui des dispositions du titre VI, et qu'il ne concerne pas les arrestations des auteurs de crimes ou de délits flagrants, qui relèvent du seul titre VI. Sont en réalité visés les contrôles douaniers, les contrôles en matière d'immigration, les contrôles d'identité, y compris ceux pouvant intervenir dans le cas de recherches judiciaires.

Le partage des domaines d'application de ces deux dispositions présente un intérêt pratique important, dans la mesure où la mise en œuvre des dispositions de l'article 10 n'implique pas, contrairement à celle des dispositions du titre VI, la remise de la personne arrêtée aux autorités de l'État de séjour, ni même l'information de ces autorités, sauf dans l'hypothèse d'une prolongation exceptionnelle de la rétention, qui doit alors leur être notifiée.

2. – *Mise en œuvre des dispositions de l'accord bilatéral*

Trois questions doivent être successivement examinées, celle de la détermination des juridictions françaises compétentes, celle du régime juridique applicable aux personnes arrêtées et celle concernant les différents cas d'application de l'article 10.

2.1. – La détermination des juridictions françaises compétentes

En ce qui concerne les infractions commises dans le train circulant de Grande-Bretagne en direction de la France, l'action publique doit être mise en mouvement par le procureur de la République territorialement compétent dans le ressort de la première gare d'arrêt commercial du train après la découverte de l'infraction. Il s'agira en pratique soit du tribunal de grande instance de Boulogne-sur-Mer, soit de celui de Paris.

Il en est de même pour les infractions commises dans un train circulant vers la Grande-Bretagne, par des personnes qui seraient ensuite ramenées en France, soit que les autorités britanniques n'aient pas voulu exercer leur compétence prioritaire et que la France ait accepté de se saisir de ces infractions, soit que l'infraction ait été commise sur le territoire national. Sera alors compétent le tribunal de la gare d'arrivée du train de retour.

Enfin, le tribunal de grande instance de Boulogne-sur-Mer sera compétent s'agissant du cas particulier des infractions commises par les agents français dans la zone de contrôle et dans l'exercice de leurs fonctions, qui est prévu par l'article 30 (2°) du protocole.

2.2. – Le régime juridique applicable aux personnes arrêtées

Deux cas doivent être envisagés : celui de l'auteur d'une infraction interpellé dans un train à destination de l'Angleterre et celui de l'auteur d'une infraction interpellé dans un train à destination de la France.

Dans les deux hypothèses, pourront être compétents soit des officiers de police judiciaire en cas de crime ou de délit de droit commun, soit des agents des douanes en cas de délit douanier. Au cas ou ces derniers découvriraient un crime ou un délit de droit commun, ils devront remettre la personne à la disposition d'un officier de police judiciaire en application de l'article 73 du Code de procédure pénale.

Pour éviter toute erreur dans la computation des délais concernant la rétention des personnes interpellées, computation dont les règles sont exposées dans les deux paragraphes suivants, il serait souhaitable que puisse être tenu par les parquets compétents de Boulogne-sur-Mer et Paris un registre spécial, mentionnant notamment l'heure d'arrestation, et les formalités subséquentes.

2.2.1. – Interpellation dans un train à destination de l'Angleterre

Si le protocole de Sangatte réglemente les procédures d'arrestation et de retour en France des personnes soupçonnées d'avoir commis une infraction, aucune disposition ne régit la période qui s'écoule entre l'arrestation elle-même et le transfert en France.

Compte tenu du principe de la territorialité de la loi pénale française, celle-ci ne peut recevoir application en territoire étranger.

Le régime de la garde à vue (droit à un examen médical, droit de faire prévenir un tiers, droit de s'entretenir avec un avocat), de même que celui de la retenue douanière, ne sauraient donc s'appliquer avant l'arrivée de la personne concernée sur le territoire français.

D'autre part, l'audition de la personne ou sa confrontation avec d'éventuels témoins, n'est pas susceptible d'intervenir au cours de cette période, qui tend uniquement à maintenir l'intéressé à la disposition des services de police, de douane ou de justice de l'État compétent pour connaître de l'infraction commise.

En revanche, dès son arrivée sur le territoire national, la personne devra être placée en garde à vue ou en retenue douanière. Le régime de ces mesures obéira aux règles suivantes.

La durée de la période de « rétention », qui peut être de 48 heures, devra être imputée sur celle de la garde à vue ou de la retenue douanière ultérieurement effectuée en territoire français. Pour calculer la durée de la garde à vue ou de la retenue douanière, le début de la mesure doit être fixé rétroactivement au moment de l'interpellation. Deux situations seront dès lors susceptibles de se présenter.

Si la rétention a duré moins de 24 heures, la garde à vue ou la retenue douanière pourront être décidées respectivement par un officier de police judiciaire ou un agent des douanes. Leur éventuelle prolongation par le parquet devra intervenir avant l'expiration de la 24e heure suivant le début de la rétention.

Si la rétention a duré plus de 24 heures, la garde à vue ou la retenue douanière devront être décidées par un magistrat du parquet, comme s'il s'agissait d'une prolongation. En pratique, ce magistrat pourra prendre sa décision par téléphone, au vu du compte rendu qui lui sera fait par l'officier de police judiciaire ou l'agent des douanes.

La notification de ses droits à la personne devra intervenir au moment de la notification de son placement en garde à vue. En ce qui concerne son droit à s'entretenir avec un avocat à partir de la vingtième, de la trente-sixième ou de la soixante-douzième heure de garde à vue, il convient de rappeler l'arrêt de la chambre criminelle de la Cour de cassation rendu le 1er mars 1994 en matière de retenue douanière, selon lequel si la durée de la retenue douanière doit être imputée sur celle de la garde à vue, les régimes respectifs de ces mesures n'en sont pas pour autant modifiés. Il en résulte que le point de départ du délai à l'issue duquel elle a la faculté de s'entretenir avec un avocat doit être fixé au moment de la notification par l'officier de police judiciaire du placement en garde à vue. Cette jurisprudence est sans aucun doute transposable aux gardes à vue faisant suite à une rétention opérée en application du Protocole bilatéral de Sangatte.

S'il devait advenir que la durée de la rétention avant l'arrivée de l'intéressé sur le territoire français atteint quarante-huit heures, hypothèse que les enquêteurs devront évidemment, dans toute la mesure du possible, tenter d'éviter, l'ouverture immédiate d'une information se révèlera inéluctable.

Les règles ci-dessus exposées devant être transposées s'agissant des mineurs, un effort particulier devra être fait pour permettre leur retour en France dans les délais les plus brefs. S'il résulte en effet des dispositions de l'article 41 *b* du protocole que ce délai peut dépasser celui de la durée maximum soit de la retenue des mineurs de dix à treize ans (dix heures), soit de la garde à vue des mineurs de treize à seize ans (24 heures pour les délits punis de moins de cinq ans d'emprisonnement), la présentation à un juge des enfants ou un juge d'instruction devra intervenir aussitôt l'arrivée du mineur sur le territoire national. Par ailleurs, même si les dispositions du II de l'article 4 de l'ordonnance de 1945 ne sont pas applicables sur le territoire britannique, l'avis aux parents, tuteur ou service ou personne auquel est confié le mineur pourra, si cela est possible, être fait sans attendre la notification de la mesure de retenue ou de garde à vue sur le territoire national. En revanche, le droit à l'entretien avec un avocat ne pourra être exercé qu'à partir de cette notification.

D'une manière générale, il convient d'observer que la non-applicabilité des règles de la procédure pénale française sur le territoire britannique, n'interdit évidemment pas, si besoin est, de faire procéder à un examen médical de la personne avant son retour en France, spécialement en ce qui concerne des mineurs ou des toxicomanes.

2.2.2. – Interpellation dans un train à destination de la France

Une personne interpellée dans un train à destination de la France, par des agents français ou britanniques, devra être remise à la disposition d'un officier de police judiciaire de la gare d'arrivée. S'il s'agit d'une infraction douanière, la personne restera ou devra être remise à la disposition du service des douanes.

Même si cette remise est faite, en application du protocole, dans l'attente d'une éventuelle attribution de compétence aux autorités britanniques, cette personne devra être immédiatement placée en garde à vue ou en retenue douanière, conformément aux dispositions du Code de procédure pénale ou du Code des douanes. À l'occasion de l'avis du procureur de la République prévu par le premier alinéa de l'article 63 du Code de procédure pénale ou par l'article 323-3 du Code des douanes, l'officier de police judiciaire ou l'agent des douanes solliciteront les instructions de ce magistrat sur la suite à donner à la procédure, plusieurs situations devant être alors distinguées.

S'il est établi que l'infraction a été commise sur le territoire de la Grande-Bretagne (en pratique, avant que le train ne pénètre dans le tunnel), et qu'elle ne s'est pas poursuivie sur le territoire français et n'est pas connexe à des infractions commises sur ce territoire, seules les autorités britanniques sont compétentes. Avec l'accord du procureur de la République, la personne devra être remise à la disposition des policiers britanniques pour prendre le premier train à destination de la Grande-Bretagne. Sa garde à vue ou sa retenue douanière ne seront levées qu'à partir de cette remise. Jusqu'à ce moment, la personne placée en garde à vue aura pu exercer les différents droits prévus par les articles 63-1 et suivants du Code de procédure pénale.

S'il est en revanche établi que l'infraction a été commise sur le territoire français (en pratique après la sortie du tunnel), la procédure devra suivre normalement son cours, les dispositions du protocole n'étant pas applicables en l'absence de tout élément d'extranéité.

Dans les autres cas, le procureur de la République, seul compétent pour prendre cette décision, devra apprécier si la France exerce ou non sa compétence prioritaire, après avoir, sans délai, pris contact avec les autorités britanniques concernées. S'il se reconnaît compétent, la procédure pourra se poursuivre normalement ; dans le cas contraire, la garde à vue ou la retenue douanière de la personne devront être levées pour que celle-ci soit remise aux autorités britanniques. Là encore, il serait souhaitable que soit tenu aux parquets de Boulogne-sur-Mer et de Paris, un registre faisant état des avis adressés à l'autorité britannique.

En tout état de cause, il peut être précisé que les soins apportés aux personnes placées en garde à vue, que les juridictions françaises aient ou non exercé leur compétence, seront pris en compte au titre des frais de justice, comme à l'occasion de toute procédure d'enquête.

2.3. – Application de l'article 10

Il doit être distingué entre l'hypothèse des contrôles effectués par les agents français sur le territoire britannique et celle des contrôles effectués par les agents britanniques sur le territoire français. Toutefois, dans les deux cas, si un délit ou un crime flagrant est commis ou découvert à l'occasion de ces contrôles, il devra être fait application non pas des dispositions de l'article 10, mais de celles, précédemment exposées, du titre VI du protocole.

2.3.1. – Contrôles effectués par les agents français sur le territoire britannique

Lors des contrôles effectués par des agents français dans le cadre des dispositions de l'article 10, dans les trains ou sur le territoire britannique, les dispositions de la loi française sont applicables, de la même façon que si le contrôle était réalisé sur le territoire national.

En particulier, en cas de découverte d'une personne signalée au fichier des personnes recherchées, il devra être fait application des règles habituelles, les agents de contrôle devant donc aviser l'autorité ayant délivré l'ordre de recherche lorsque cet avis est nécessaire (notamment pour s'assurer de la validité de la recherche), et suivre les indications données par cette autorité. Toutes les juridictions de la métropole ou d'outre-mer sont donc susceptibles d'être avisées d'un contrôle effectué dans le cadre de l'article 10 du protocole.

S'agissant en particulier des personnes faisant l'objet d'un mandat d'arrêt ou d'un mandat d'amener, il devra être fait application des articles 126 et suivants du Code de procédure pénale. Selon la gare d'arrivée du train du retour, devront toutefois être systématiquement avisés – outre l'autorité à l'origine de la recherche – le procureur de la République de Boulogne-sur-Mer ou celui de Paris, qui pourront apprécier si la personne peut être conduite devant le juge d'instruction ayant délivré le mandat ou si, compte tenu de la règle « des deux cents kilomètres » – ce qui sera le plus souvent le cas –, cette personne doit leur être présentée.

Notre droit ne permettant pas, hors les hypothèses précédemment évoquées de la garde à vue ou de la retenue douanière, qui ne peuvent recevoir application que sur le territoire national, de retenir une personne plus de vingt-quatre heures (1), il s'ensuit que les dispositions des deux derniers alinéas de l'article 10 du protocole (prolongation exceptionnelle de 24 heures, avec avis aux autorités de l'État de séjour, en l'espèce la Grande-Bretagne), n'auront normalement jamais l'occasion de s'appliquer.

2.3.2. – Contrôles effectués par les agents britanniques sur le territoire français

Le droit anglo-saxon devra recevoir application à l'occasion des contrôles exercés par les agents britanniques en vertu de l'article 10, et notamment dans les locaux désignés comme zone de contrôles sis sur le territoire national. Il appartiendra toutefois aux parquets territorialement compétents de Boulogne-sur-Mer et de Paris de prendre contact avec les autorités britanniques afin de déterminer les modalités selon lesquelles ils pourront procéder, en tant que de besoin, à la visite de ces locaux, qui ne peuvent en effet être considérés comme couverts par un principe d'extra-territorialité.

La possibilité de procéder à de telles visites découle non seulement des dispositions de l'article 66 de la Constitution, instituant l'autorité judiciaire garante des libertés individuelles, mais également des dispositions mêmes de l'article 10 du protocole, qui limitent la durée totale de la rétention à 48 heures et prévoient l'avis obligatoire aux autorités de l'État de séjour en cas de rétention de plus de 24 heures, ce qui implique la possibilité, pour les autorités de cet État, de vérifier le respect de ces prescriptions.

Des visites similaires pourront d'ailleurs être effectuées par les autorités britanniques dans les zones de contrôles françaises sises sur leur territoire, même si, comme cela a été précédemment indiqué, les rétentions qui y seront effectuées ne devront jamais dépasser 24 heures.

Arrêté du 26 juin 1997

relatif à la répartition des missions de paix et de sécurité publiques
entre la police nationale et la gendarmerie nationale
sur la partie française de la liaison fixe trans-manche

Art. 1er. – La police nationale (direction centrale du contrôle de l'immigration et de la lutte contre l'emploi des clandestins) assure seule la responsabilité de l'exécution des missions de paix et de sécurité publiques dans

(1) Ainsi la rétention pour vérification d'identité, qui pourra être réalisée sur le territoire britannique dans les locaux désignés comme « zone de contrôle », ne peut excéder quatre heures en application de l'article 78-3 du Code de procédure pénale.

la zone constituant la partie française de la liaison fixe transmanche dont les limites sont fixées par arrêté préfectoral.

Art. 2. – Le directeur général de la police nationale, le directeur général de la gendarmerie nationale et le préfet du Pas-de-Calais sont chargés, chacun en ce qui le concerne, de l'exécution du présent arrêté, qui sera publié au *Journal officiel* de la République française.

ANNEXE V. – EXTRADITION

Loi du 10 mars 1927

relative à l'extradition des étrangers
(*JO* 11 mars 1927)

TITRE PREMIER. – DES CONDITIONS DE L'EXTRADITION

Art. 1er. – En l'absence de traité, les conditions, la procédure et les effets de l'extradition sont déterminés par les dispositions de la présente loi.

La présente loi s'applique également aux points qui n'auraient pas été réglementés par les traités.

1) Les dispositions de la loi du 10 mars 1927 relatives à l'extradition des étrangers ne sont applicables qu'aux points qui n'auraient pas été réglementés par les traités ou en l'absence de ceux-ci (Cass. crim., 30 juin 1981 : *Bull.* 220).

2) Les conditions de l'extradition sont réglementées par les traités en vigueur au jour où la chambre d'accusation émet son avis sur la demande.

Encourt la cassation l'arrêt qui se réfère à une convention abrogée (Cass. crim., 6 oct. 1986 : *Bull.* 269).

Ne satisfait pas aux conditions essentielles en la forme de son existence légale l'arrêt qui se réfère à une convention bilatérale abrogée par la Convention européenne d'extradition du 13 décembre 1957 (Cass. crim., 5 nov. 1986 : *Bull.* 325).

3) En l'absence de dispositions contraires, une convention d'extradition est, de plein droit, applicable sur l'ensemble du territoire national. Elle s'applique donc sans autres formalités dans les territoires d'outre-mer (Cass. crim., 4 juin 1991 : *Bull.* 236).

Art. 2. – Aucune remise ne pourra être faite à un gouvernement étranger de personnes n'ayant pas été l'objet de poursuites ou d'une condamnation pour une infraction prévue par la présente loi.

Art. 3. – Le gouvernement français peut livrer, sur leur demande, aux gouvernements étrangers, tout individu non-Français ou non-ressortissant français qui, étant l'objet d'une poursuite intentée au nom de l'État requérant ou d'une condamnation prononcée par ses tribunaux, est trouvé sur le territoire de la République ou de ses possessions coloniales.

Néanmoins, l'extradition n'est accordée que si l'infraction, cause de la demande, a été commise :

Soit sur le territoire de l'État requérant par un sujet de cet État ou par un étranger ;

Soit en dehors de son territoire par un sujet de cet État ;

Soit en dehors de son territoire par un individu étranger à cet État, quand l'infraction est au nombre de celles dont la loi française autorise la poursuite en France, alors même qu'elles ont été commises par un étranger à l'étranger.

Art. 4. – Les faits qui peuvent donner lieu à l'extradition, qu'il s'agisse de la demander ou de l'accorder, sont les suivants :

1° Tous les faits punis de peines criminelles par la loi dé l'État requérant ;

2° Les faits punis de peines correctionnelles par la loi de l'État requérant, quand le maximum de la peine encourue, aux termes de cette loi, est de deux ans ou au-dessus, ou, s'il s'agit d'un condamné, quand la peine prononcée par la juridiction de l'État requérant est égale ou supérieure à deux mois d'emprisonnement.

En aucun cas l'extradition n'est accordée par le gouvernement français si le fait n'est pas puni par la loi française d'une peine criminelle ou correctionnelle.

Les faits constitutifs de tentative ou de complicité sont soumis aux règles précédentes à condition qu'ils soient punissables d'après la loi de l'État requérant et d'après celle de l'État requis.

Si la demande a pour objet plusieurs infractions commises par l'individu réclamé et qui n'ont pas encore été jugées, l'extradition n'est accordée que si le maximum de la peine encourue, d'après la loi de l'État requérant, pour l'ensemble de ces infractions est égal ou supérieur à deux ans d'emprisonnement.

Si l'individu réclamé a été antérieurement l'objet en quelque pays que ce soit, d'une condamnation définitive à deux mois d'emprisonnement, ou plus, pour un délit de droit commun, l'extradition est accordée, suivant les règles précédentes, c'est-à-dire seulement pour les crimes ou délits, mais sans égard au taux de la peine encourue ou prononcée pour la dernière infraction.

Les dispositions précédentes s'appliquent aux infractions commises par des militaires, marins ou assimilés lorsqu'elles sont punies par la loi française comme infractions de droit commun.

Il n'est pas innové, quant à la pratique relative à la remise des marins déserteurs.

Art. 5. – L'extradition n'est pas accordée :

1° Lorsque l'individu, objet de la demande, est un citoyen ou un protégé français, la qualité de citoyen ou de protégé étant appréciée à l'époque de l'infraction pour laquelle l'extradition est requise ;

2° Lorsque le crime ou délit a un caractère politique ou lorsqu'il résulte des circonstances que l'extradition est demandée dans un but politique.

En ce qui concerne les actes commis au cours d'une insurrection ou d'une guerre civile, par l'un ou par l'autre des partis engagés dans la lutte et dans l'intérêt de sa cause, ils ne pourront donner lieu à l'extradition que s'ils constituent des actes de barbarie odieuse et de vandalisme défendus suivant les lois de la guerre, et seulement lorsque la guerre civile a pris fin ;

3° Lorsque les crimes ou délits ont été commis en France ou dans les possessions coloniales françaises ;

4° Lorsque les crimes ou délits, quoique commis hors de France ou des possessions coloniales françaises, y ont été poursuivis et jugés définitivement ;

5° Lorsque, d'après les lois de l'État requérant ou celles de l'État requis, la prescription de l'action s'est trouvée acquise antérieurement à la demande d'extradition, ou la prescription de la peine antérieurement à l'arrestation de l'individu réclamé et d'une façon générale toutes les fois que l'action publique de l'État requérant sera éteinte.

1) Il résulte des articles 1er et 9 de la Convention européenne d'extradition du 13 décembre 1957 et des articles 5-4° et 16 de la loi du 10 mars 1927 que la chambre d'accusation n'est autorisée à refuser l'extradition sur le fondement de la règle *non bis in idem* que lorsque, pour les faits à raison desquels cette mesure est demandée, la personne réclamée a été définitivement jugée en France ou lorsque, pour ces faits, les autorités françaises ont décidé de ne pas engager de poursuite ou de mettre fin aux poursuites qu'elles ont exercées ; méconnaît ces dispositions la chambre d'accusation qui refuse l'extradition au seul motif que la personne réclamée a déjà été jugée, pour les mêmes faits, par les juridictions d'un État tiers (Cass. crim., 8 juill. 1997 : *Bull.* 267).

2) Lorsque l'extradition est demandée aux fins d'exécution d'une peine, la chambre d'accusation ne peut donner un avis défavorable, en application des dispositions précitées, que si la prescription de la peine est acquise selon la législation de l'État requérant ou celle de l'État requis (Cass. crim., 27 janv. 1998 : *Bull.* 33 ; *Juris-Data* n. 000811).

Art. 6. – Si, pour une infraction unique, l'extradition est demandée concurremment par plusieurs États, elle est accordée de préférence à l'État contre les intérêts duquel l'infraction était dirigée, ou à celui sur le teritoire duquel elle a été commise.

Si les demandes concurrentes ont pour cause des infractions différentes, il est tenu compte, pour décider de la priorité, de toutes circonstances de fait et, notamment :

De la gravité relative et du lieu des infractions, de la date respective des demandes, de l'engagement qui serait pris par l'un des États requérants de procéder à la réextradition.

Art. 7. – Sous réserve des exceptions prévues ci-après, l'extradition n'est accordée qu'à la condition que l'individu extradé ne sera ni poursuivi ni puni pour une infraction autre que celle ayant motivé l'extradition.

Art. 8. – Dans le cas où un étranger est poursuivi ou a été condamné en France, et où son extradition est demandée au gouvernement français à raison d'une infraction différente, la remise n'est effectuée qu'après que la poursuite est terminée, et, en cas de condamnation, après que la peine a été exécutée.

Toutefois, cette disposition ne fait pas obstacle à ce que l'étranger puisse être envoyé temporairement pour comparaître devant les tribunaux de l'État requérant, sous la condition expresse qu'il sera renvoyé dès que la justice étrangère aura statué.

Est régi par les dispositions du présent article le cas où l'étranger est soumis à la contrainte par corps par application des lois du 22 juillet 1867 et du 19 décembre 1871 (V. *C. proc. pén., art. 749 à 762*).

TITRE II. – DE LA PROCÉDURE DE L'EXTRADITION

Art. 9. – Toute demande d'extradition est adressée au gouvernement français par voie diplomatique et accompagnée, soit d'un jugement ou d'un arrêt de condamnation, même par défaut ou par contumace, soit d'un acte de procédure criminelle décrétant formellement ou opérant de plein droit le renvoi de l'inculpé ou de l'accusé devant la juridiction répressive, soit d'un mandat d'arrêt ou de tout autre acte ayant la même force et décerné par l'autorité judiciaire, pourvu que ces derniers actes renferment l'indication précise du fait pour lequel ils sont délivrés et la date de ce fait.

Les pièces ci-dessus mentionnées doivent être produites en original ou en expédition authentique.

Le gouvernement requérant doit produire en même temps la copie des textes de loi applicables au fait incriminé. Il peut joindre un exposé des faits de la cause.

1) Il résulte de la combinaison des articles 9 et 13 de la loi du 10 mars 1927 que, si les pièces qui accompagnent la demande d'extradition doivent être produites en original ou en expédition authentique, cette obligation ne s'étend pas à la demande présentée par le gouvernement requérant ni à l'échange de lettres susceptible d'intervenir entre les puissances contractantes en application de la convention elle-même, ces documents étant authentifiés par la transmission du ministre des Affaires étrangères et du garde des Sceaux (Cass. crim., 19 janv. 1982 : *Bull.* 16).

2) Aucune disposition de la loi du 10 mars 1927 n'impose la traduction des pièces jointes à une demande d'extradition émanant d'un Gouvernement étranger (Cass. crim., 26 janv. 1988 : *Bull.* 36).

Art. 10. – La demande d'extradition est, après vérification des pièces, transmise, avec le dossier, par le ministre des Affaires étrangères au ministre de la Justice, qui s'assure de la régularité de la requête et lui donne telles suites que de droit.

Art. 11. – Dans les vingt-quatre heures de l'arrestation, il est procédé, par les soins du procureur de la République, ou d'un membre de son parquet, à un interrogatoire d'identité, dont il est dressé procès-verbal.

Lorsqu'un étranger, détenu pour une autre cause, est l'objet d'une demande d'extradition, c'est au lieu de détention, où le procureur de la République procède à l'interrogatoire prévu par l'article 11 de la loi du 10 mars 1927, que son arrestation est réputée opérée. En conséquence, c'est la chambre d'accusation du ressort dans lequel l'étranger est alors détenu qui est compétente pour émettre l'avis sur la demande. (Cass. crim., 12 déc. 1989 : *Bull.* 475).

Art. 12. – L'étranger est transféré dans le plus bref délai et écroué à la maison d'arrêt du chef-lieu de la cour d'appel, dans le ressort de laquelle il a été arrêté.

Art. 13. – Les pièces produites à l'appui de la demande d'extradition sont en même temps transmises par le procureur de la République au procureur général. Dans les vingt-quatre heures de leur réception, le titre, en vertu duquel l'arrestation aura eu lieu, est notifié à l'étranger.

Le procureur général, ou un membre de son parquet, procède, dans le même délai, à un interrogatoire dont il est dressé procès-verbal.

1) Si, aux termes de l'article 13 de la loi du 10 mars 1927, le procureur général doit, dans les vingt-quatre heures de la réception des pièces produites à l'appui de la demande d'extradition, notifier à l'étranger concerné le titre en vertu duquel son arrestation a eu lieu, l'inobservation de ce délai n'est assortie d'aucune sanction (Cass. crim., 11 déc. 1984 : *Bull.* 395).

Le moyen pris d'une prétendue irrégularité de la procédure antérieure à la comparution de l'étranger devant la chambre d'accusation ne peut être invoqué pour la première fois devant la Cour de cassation (Cass. crim., 16 déc. 1992 : *Bull.* 284).

2) Est régulière la notification des pièces d'extradition faite le jour même où l'étranger comparaît devant la chambre d'accusation, dès lors qu'aucun délai n'est prévu entre la notification et l'ouverture des débats, et que, selon l'article 14 de la loi du 10 mars 1927, l'étranger a la possibilité de demander le renvoi de l'affaire pour préparer sa défense (Cass. crim., 7 juin 1988 : *Bull.* 260).

3) Aucune disposition légale n'exige que l'étranger dont l'extradition est requise, soit assisté d'un conseil lorsqu'en exécution de l'article 13 de la loi du 10 mars 1927 le procureur général lui notifie les titres et les pièces produites par les autorités requérantes ainsi que leur traduction (Cass. crim., 2 déc. 1986 : *Bull.* 362).

4) Loin d'être incompatible avec les dispositions de l'article 6-3 (a) de la Convention européenne de sauvegarde des droits de l'homme et des libertés fondamentales, la notification effectuée en vertu de l'article 13 de la loi du 10 mars 1927 permet au contraire à la personne visée par la demande d'extradition d'être informée dans les plus brefs délais, dans une langue qu'elle comprend et d'une manière détaillée de la nature et de la cause de l'accusation portée contre elle *(même arrêt)*.

Une personne placée sous écrou extraditionnel ne peut soutenir qu'en méconnaissance de l'article 5-2 de la Convention européenne de sauvegarde des droits de l'homme, elle n'aurait pas été informée dans le plus court délai des raisons de son arrestation, dès lors que, le jour même de son incarcération, le procureur de la République lui a notifié en application de l'article 13 de la loi du 10 mars 1927 le mandat d'arrêt pour l'exécution duquel son extradition a été demandée (Cass. crim., 16 janv. 2001 : *Bull.* 9).

5) L'article 7-5° de la Convention franco-belge d'extradition, selon lequel l'étranger arrêté provisoirement sera mis en liberté si, dans le délai de 3 semaines après son arrestation, il ne reçoit pas notification de l'un des documents produits à l'appui de la demande d'extradition, peut être invoqué par la personne réclamée (Cass. crim., 1er oct. 1991 : *Bull.* 324).

6) L'article 7 de la Convention franco-belge d'extradition, selon lequel l'étranger, arrêté provisoirement, sera remis en liberté si, dans le délai de 3 semaines après son arrestation, il ne reçoit pas notification de l'un des documents produits à l'appui de la demande d'extradition, impose la mise en liberté d'office de la personne réclamée, alors même que celle-ci n'en aurait pas fait la demande dans les formes de l'article 148-6 du Code de procédure pénale (Cass. crim., 3 déc. 1991 : *Bull.* 453).

7) Il est satisfait aux prescriptions de l'article 199, alinéa 2, du Code de procédure pénale, applicables en matière d'extradition, lorsque, à l'audience où l'étranger a comparu une première fois, il a été procédé à la formalité du rapport et qu'ensuite l'affaire a été renvoyée en continuation à une audience ultérieure, au cours de laquelle les mêmes juges ont statué sur la demande d'extradition (Cass. crim., 11 févr. 1992 : *Bull.* 65).

Art. 14. – La chambre des mises en accusation est saisie sur-le-champ des procès-verbaux susvisés et de tous autres documents. L'étranger comparaît devant elle dans un délai maximum de huit jours, à compter de la notification des pièces. Sur la demande du ministère public ou du comparant, un délai supplémentaire de huit jours peut être accordé, avant les débats. Il est ensuite procédé à un interrogatoire dont le procès-verbal est dressé. L'audience est publique, à moins qu'il n'en soit décidé autrement, sur la demande du parquet ou du comparant.

Le ministère public et l'intéressé sont entendus. Celui-ci peut se faire assister d'un avocat inscrit et d'un interprète. Il peut être mis en liberté provisoire à tout moment de la procédure, et conformément aux règles qui gouvernent la matière.

1) Méconnaît les dispositions des articles 14, 15 et 16 de la loi du 10 mars 1927, l'arrêt de la chambre d'accusation qui donne un avis sur l'extradition sans avoir entendu l'intéressé (Cass. crim., 19 oct. 1971 : *Bull.* 270).

Lorsque la chambre d'accusation est saisie d'une demande d'extradition, elle doit, aux termes de l'article 14 de la loi du 10 mars 1927, statuer en présence de l'étranger réclamé.

Il s'ensuit que le délai de cinq jours prévu par l'article 568 du Code de procédure pénale, pour se pourvoir contre une telle décision, commence à courir, non de la signification de celle-ci mais du lendemain du jour où elle a été prononcée. L'article 801 du même code est applicable en la matière (Cass. crim., 21 mai 1985 : *Bull.* 193).

2) Il résulte de la combinaison des articles 14 et 15 de la loi du 10 mars 1927 que la procédure devant la chambre d'accusation, en matière d'extradition, est essentiellement contradictoire. Si l'intéressé, mis en liberté au cours de la procédure, n'est pas présent lors de l'examen au fond, la chambre d'accusation ne peut émettre son avis sur l'extradition demandée ; il lui appartient soit de renvoyer l'affaire, soit de surseoir à statuer jusqu'à l'arrestation de l'étranger par la remise en vigueur, après révocation de la liberté précédemment accordée, du titre d'arrestation délivré par l'autorité requérante (Cass. crim., 11 juin 1985 : *Bull.* 225. – 20 déc. 1994 : *Bull.* 423).

3) Il résulte de la combinaison des articles 14 et 15 de la loi du 10 mars 1927 que la procédure devant la chambre d'accusation en matière d'extradition est essentiellement contradictoire et doit être suspendue en cas d'absence de l'intéressé, serait-ce au seul prononcé de l'arrêt.

Si l'arrêt ne peut être rendu à l'audience à laquelle ont eu lieu les débats, le président a l'obligation d'informer l'intéressé du jour où l'avis sera prononcé.

L'observation de ces règles, qui sont d'ordre public, doit, à peine de nullité, être constatée par l'arrêt.

Si l'individu est détenu, il doit être extrait pour la lecture de la décision (solution implicite).

Encourt la cassation, l'arrêt qui ne met pas la Cour de cassation en mesure de s'assurer que la personne réclamée, qui a comparu lors des débats, était présente lors de la lecture de l'arrêt (Cass. crim., 7 avr. 1987 : *Bull.* 161).

Si, en matière d'extradition, la procédure devant la chambre de l'instruction est essentiellement contradictoire, la présence de l'étranger n'est requise à peine de nullité qu'à l'audience des débats. Son absence lors du prononcé de l'arrêt a pour seul effet de reporter le point de départ du délai de pourvoi en cassation au jour où ledit arrêt lui est régulièrement signifié (Cass. crim., 11 déc. 2001 : *Bull.* 261).

Lorsque l'arrêt ne peut être rendu à l'audience où ont lieu les débats, le président a l'obligation d'informer la personne réclamée du jour où l'avis sera prononcé ; si cette personne est détenue, elle doit être extraite pour la lecture de la décision.

Cependant son absence, lors de cette lecture, en raison de l'inobservation desdites prescriptions, n'entraîne pas la nullité de la procédure et a pour seule conséquence de rendre le pourvoi en cassation recevable même s'il est formé plus de cinq jours francs après le jour du prononcé de l'arrêt (Cass. crim., 3 mai 1989 : *Bull.* 180).

Les dispositions de l'article 217 du Code de procédure pénale ne s'appliquent pas en matière d'extradition et il n'y a lieu de signifier ni les arrêts prononcés en présence de l'intéressé ni ceux qui, après renvoi à jour fixe de la lecture de la décision, ont été rendus en l'absence de l'étranger laissé en liberté et ayant été informé par le président de la date de ce renvoi. Dans les deux cas le délai de pourvoi court à compter du lendemain du jour où l'avis est donné.

Cependant, lorsque l'arrêt ne peut être rendu à l'audience où ont lieu les débats, il doit être signifié à l'étranger en liberté qui n'est pas présent lors du prononcé de la décision et n'a pas été informé de la date à laquelle celle-ci serait rendue, ainsi qu'à l'étranger détenu qui, par erreur, n'aurait pas été extrait pour la lecture de l'arrêt. Dans ce cas le délai de pourvoi court à compter du lendemain du jour de la signification *(même arrêt)*.

4) Il importe peu qu'au moment où il a été prononcé, l'arrêt ne fasse pas mention de la présence de la personne réclamée, dès lors que celle-ci a comparu à l'audience même à laquelle l'avis a été émis et dès lors que le caractère contradictoire de la procédure imposé par la loi du 10 mars 1927 a été respecté.

Le président n'est tenu d'aviser les parties du jour où la décision sera rendue que lorsque celle-ci ne peut être prononcée à l'audience à laquelle ont eu lieu les débats (Cass. crim., 15 mars 1988 : *Bull.* 129).

Le caractère contradictoire de la procédure d'extradition est respecté, dès lors que la personne réclamée, qui était en liberté, a été présente aux débats, et a été informée par le président du jour où l'arrêt serait prononcé ; il n'importe qu'à cette dernière date elle n'ait pas comparu (Cass. crim., 12 avr. 1988 : *Bull.* 152).

5) Lorsque la chambre d'accusation est saisie d'une demande d'extradition, elle doit, aux termes de l'article 14 de la loi du 10 mars 1927, statuer en présence de l'étranger réclamé ; il s'ensuit que le délai de cinq jours francs prévus à l'article 568 du Code de procédure pénale pour se pourvoir en cassation contre la décision commence à courir du lendemain du jour où elle a été prononcée ; le pourvoi formé alors que le délai est expiré est tardif (Cass. crim., 12 juin 1987 : *Bull.* 245).

6) Lorsque la chambre d'accusation est saisie des pièces produites à l'appui de la demande d'extradition et que l'étranger comparaît devant elle pour l'examen au fond de la demande, il est procédé conformément aux dispositions de l'article 14 de la loi du 10 mars 1927, en audience publique à un interrogatoire dont le procès-verbal est dressé ; cette prescription est d'ordre public (Cass. crim., 20 août 1986 : *Bull.* 246).

L'absence de cette formalité prive l'arrêt d'une condition essentielle de son existence légale et entraîne donc la cassation (Cass. crim., 31 mai 1988 : *Bull.* 237).

7) Lorsque la chambre d'accusation est saisie d'une demande d'extradition en vue d'émettre son avis, elle doit, aux termes de l'article 14 de la loi du 10 mars 1927, statuer en audience publique à moins qu'il n'en soit autrement décidé sur la demande du parquet ou du comparant.

L'arrêt dont les constatations sont contradictoires entre elles à cet égard ne satisfait pas en la forme aux conditions essentielles de son existence légale (Cass. crim., 7 oct. 1986 : *Bull.* 272. – Cass. crim., 12 févr. 1991 : *Bull.* 69).

8) En matière d'extradition, l'audience de la chambre d'accusation est publique à moins qu'il n'en soit disposé autrement sur la demande du ministère public ou du comparant.

Encourt d'office la cassation l'arrêt qui, sans s'en expliquer, déroge aux dispositions de l'article 14, alinéa 1er, de la loi du 10 mars 1927 qui s'appliquent nécessairement aux incidents relatifs à la détention de l'étranger en instance d'extradition (Cass. crim., 12 juin 1987 : *Bull.* 246. – Cass. crim., 6 mars 1990 : *Bull.* 105).

9) Si aux termes de l'article 14 de la loi du 10 mars 1927, l'étranger dont l'extradition est demandée doit comparaître devant la chambre d'accusation dans un délai maximum de huit jours à compter de la notification des pièces, auquel peut s'ajouter, à la demande du ministère public ou du comparant, un délai supplémentaire de huit jours, il ne résulte d'aucune disposition de la loi précitée que l'inobservation de ces délais soit assortie d'une sanction (Cass. crim., 8 janv. 1985 : *Bull.* 16. – Cass. crim., 10 janv. 1986 : *Bull.* 17).

10) En matière d'extradition, il n'importe qu'à l'occasion des différentes comparutions de l'étranger devant la chambre d'accusation la composition de cette juridiction ait été différente dès lors qu'il a été procédé devant les mêmes juges à l'interrogatoire prévu par l'article 14 de la loi du 10 mars 1927, aux débats et au prononcé de l'arrêt (Cass. crim., 26 févr. 1985 : *Bull.* 92).

Mais l'interrogatoire prévu par l'article 14 de la loi du 10 mars 1927 étant indivisible des débats, le procès-verbal qui le constate doit, conformément aux articles 32 et 216 du Code de procédure pénale, mentionner la présence du ministère public ainsi que le nom des juges, ceux-ci devant d'ailleurs être les mêmes que ceux qui participent aux débats et au prononcé de l'arrêt (Cass. crim., 22 mars 1988 : *Bull.* 139).

L'interrogatoire prévu par l'article 14 de la loi du 10 mars 1927 étant indivisible des débats, il doit y être procédé par les mêmes juges qui participent à l'audience sur le fond et au prononcé de la décision ; cette formalité doit être renouvelée en cas de complément d'information, même si la composition de la chambre d'accusation n'a pas été modifiée.

Encourt la cassation l'arrêt qui statue sur la demande d'extradition après complément d'information, sans que l'interrogatoire de l'étranger, effectué antérieurement ait été renouvelé (Cass. crim., 8 nov. 1988 : *Bull.* 382. – Cass. crim., 19 mars 2002 : *Bull.* 66).

L'interrogatoire prévu par l'article 14 de la loi du 10 mars 1927 étant indivisible des débats, il doit être renouvelé après l'exécution d'un complément d'information ordonné par la chambre d'accusation (Cass. crim., 26 juin 1990 : *Bull.* 260), même si la composition de la chambre d'accusation n'a pas été modifiée (Cass. crim., 17 janv. 1995 : *Bull.* 21).

11) Aux termes de l'article 14, alinéa 2, de la loi du 10 mars 1927, la chambre d'accusation peut être saisie à tout moment de la procédure d'une demande de mise en liberté et statue alors conformément aux règles qui gouvernent la matière (Cass. crim., 26 avr. 1983 : *Bull.* 116).

Conformément aux dispositions de l'article 14 de la loi du 10 mars 1927, les décisions de la chambre d'accusation rendues sur une demande de mise en liberté présentée par un étranger placé sous écrou extraditionnel sont soumises aux règles de droit commun qui gouvernent la matière, tant au fond qu'en la forme.

Encourt dès lors la cassation l'arrêt qui, pour rejeter une telle demande, méconnaît les prescriptions des articles 144 et 145 du Code de procédure pénale et qui est rendu sans qu'aient été observées les formalités prévues par les articles 197 et suivants de ce code (Cass. crim., 1er mars 1983 : *Bull.* 69).

12) L'omission de mentionner dans l'arrêt de la chambre d'accusation l'envoi des lettres recommandées à l'étranger dont l'extradition est demandée, et à son conseil pour les aviser de la date de l'audience à laquelle il sera statué sur la demande de mise en liberté, n'a pas pour effet de porter atteinte aux droits de la défense dès lors qu'il résulte des autres énonciations dudit arrêt que l'étranger qui a eu la parole le dernier, a comparu en personne assisté de son avocat qui a été entendu en ses observations et n'a formulé aucune réserve (Cass. crim., 10 mars 1987 : *Bull.* 117).

13) La chambre d'accusation, bien qu'ayant déjà émis un avis favorable à l'extradition d'un étranger, est tenue de statuer sur une demande de mise en liberté dont elle a été antérieurement saisie sur le fondement de l'article 14 de la loi du 10 mars 1927.

Le pourvoi formé contre une telle décision est recevable quoique n'étant pas susceptible de faire obstacle à l'exécution de l'arrêt portant avis sur l'extradition (Cass. crim., 3 févr. 1983 : *Bull.* 45).

Aux termes des dispositions de l'article 14, alinéa 2, de la loi du 10 mars 1927, la chambre d'accusation peut être saisie, à tout moment de la procédure et conformément aux règles qui gouvernent la matière, d'une demande de mise en liberté.

Encourt en conséquence la cassation, l'arrêt qui déclare irrecevable une demande de mise en liberté au motif que l'avis sur l'extradition requise a été antérieurement rendu, méconnaissant ainsi le sens et la portée de l'article 14 précité (Cass. crim., 25 oct. 1983 : *Bull.* 266).

Encourt également la cassation, l'arrêt par lequel une chambre d'accusation se déclare incompétente pour statuer sur une telle demande au motif que celle-ci a été présentée postérieurement au décret accordant l'extradition.

Au demeurant, ni une demande de mise en liberté ni une décision prise sur cette demande ne saurait faire obstacle à l'exécution de l'arrêt portant avis sur l'extradition ni à celle du décret qui l'accorde (Cass. crim., 7 févr. 1984 : *Bull.* 43 ; *Rev. sc. crim.* 1985, 338, obs. J. Robert. – Cass. crim., 22 avr. 1984 : *Bull.* 140).

14) Quand la chambre d'accusation est saisie d'une procédure d'extradition en application des dispositions de l'article 14 de la loi du 10 mars 1927, elle ne tient pas sa compétence de l'article 148-1 du Code de procédure pénale.

D'où il suit qu'elle n'est pas dans l'obligation de statuer sur les demandes de mise en liberté à elle présentées dans l'un des délais prévus par le code précité et notamment par l'article 148-2 dudit code (Cass. crim., 29 mai 1984 : *Bull.* 195 ; *D.* 1984, 536, note Jeandidier ; *Rev. sc. crim.* 1985, 338, obs. J. Robert).

L'article 145-1 du Code de procédure pénale, relatif à la durée de la détention provisoire et à son éventuel renouvellement, ne s'applique pas à l'écrou de l'étranger faisant l'objet d'une demande d'extradition conformément à l'article 12 de la loi du 10 mars 1927 ; les seules limites de la durée de la détention extraditionnelle sont celles prévues par ladite loi ou par la convention internationale applicable (Cass. crim., 7 sept. 1993 : *Bull.* 264).

Les dispositions de l'article 148-2 du Code de procédure pénale ne sont pas applicables en matière de détention extraditionnelle. Lorsque la chambre de l'instruction a donné un avis favorable à l'extradition, la personne réclamée placée sous écrou extraditionnel demeure détenue, sauf s'il en est décidé autrement par cette juridiction en application de l'article 14 de la loi du 10 mars 1927, d'office ou sur la demande de l'intéressé (Cass. crim., 19 mars 2002 : *Bull.* 65).

15) Lorsque la chambre d'accusation est appelée à se prononcer sur une demande de mise en liberté formée dans le cadre d'une procédure d'extradition, elle ne peut statuer qu'en présence de l'étranger (Cass. crim., 31 mai 1988 : *Bull.* 238).

Sont recevables les demandes de mise en liberté présentées par mémoire devant la chambre de l'instruction saisie d'une demande d'extradition (Cass. crim., 5 févr. 2002 : *Bull.* 20).

16) Dès lors que l'étranger, dont l'extradition est sollicitée, était assisté d'un conseil qui a présenté des observations devant la chambre d'accusation l'absence de visa dans l'arrêt des mémoires qui ont été déposés n'entraîne pas la nullité (Cass. crim., 26 févr. 1985 : *Bull.* 92).

Les dispositions de l'article 198 du Code de procédure pénale qui doivent être entendues comme imposant le dépôt des mémoires au greffe de la chambre d'accusation au plus tard la veille de l'audience ne sont pas incompatibles avec l'article 14 de la loi du 10 mars 1927 et s'appliquent en matière d'extradition *(même arrêt)*.

17) En l'absence de disposition du Code de procédure pénale ou de la loi du 10 mars 1927 prévoyant la formule du serment que doit prêter l'interprète qui assiste l'étranger comparaissant devant la chambre d'accusation saisie d'une procédure d'extradition, il suffit que cet interprète prête le serment de remplir fidèlement sa mission (Cass. crim., 24 juill. 1985 : *Bull.* 277).

L'interprète qui apporte son assistance à la personne réclamée devant la chambre d'accusation appelée à émettre son avis sur une demande d'extradition doit prêter serment.

Doit être cassé l'arrêt qui ne mentionne pas l'exécution de cette formalité (Cass. crim., 28 oct. 1986 : *Bull.* 309).

18) La loi du 10 mars 1927 ne comporte aucune restriction au droit qui appartient à la personne dont l'extradition est requise de se pourvoir en cassation contre les arrêts qui, hors le cas visé par son article 20, statuent sur les demandes de mise en liberté que l'article 14 l'autorise à présenter à tout moment de la procédure (Cass. crim., 1er mars 1983 : *Bull.* 69).

Encourt en conséquence la cassation l'arrêt qui déclare irrecevable une demande de mise en liberté présentée par un étranger placé sous écrou extraditionnel au motif que la chambre d'accusation n'a pas encore été saisie du fond, au sens de l'alinéa 1er de l'article 14 de la loi précitée, méconnaissant ainsi les dispositions de l'article 148-1, dernier alinéa, du Code de procédure pénale (Cass. crim., 26 avr. 1983 : *Bull.* 116).

19) Les dispositions de l'article 14 de la loi du 10 mars 1927 n'étant pas compatibles avec celles prescrites par l'article 197 du Code de procédure pénale, plus spécialement dans ses alinéas 1 et 2, il ne saurait être fait grief à une chambre d'accusation, statuant au fond de n'avoir pas déclaré la nullité de la procédure suivie à l'occasion de laquelle les formalités prévues par l'article 197 du code précité n'avaient pas été respectées (Cass. crim., 20 nov. 1984 : *Bull.* 358. – Cass. crim., 24 juin 1986 : *Bull.* 222. – Cass. crim., 2 déc. 1986 : *Bull.* 362).

20) L'article 14 de la loi du 10 mars 1927 aux termes duquel, l'audience de la chambre d'accusation lorsqu'elle statue en matière d'extradition, est publique (Cass. crim., 30 mai 1995 : *Bull.* 196), s'applique nécessairement aux décisions rendues sur les demandes de mise en liberté quel qu'en soit le fondement (Cass. crim., 10 févr. 1987 : *Bull.* 67).

21) Les prescriptions de l'article 14 de la loi du 10 mars 1927 ne s'appliquent que lorsque la chambre d'accusation est saisie d'une demande d'extradition formée par un gouvernement étranger et ne concernent pas les juridictions appelées à se prononcer sur la nullité prétendue d'une extradition accordée à la France. (Cass. crim., 21 nov. 1989 : *Bull.* 430 ; *Rev. sc. crim.* 1990, 807, obs. Braunschweig).

Les prescriptions de l'article 14 de la loi du 10 mars 1927 ne s'appliquent que lorsque la chambre d'accusation est saisie d'une demande d'extradition formée par un gouvernement étranger et ne concernant pas les juridictions appelées à se prononcer sur la nullité prétendue d'une extradition accordée à la France.

C'est donc à tort qu'une chambre d'accusation saisie à cet effet a statué en audience publique alors que les débats auraient dû se dérouler et l'arrêt être rendu en chambre du conseil conformément à l'article 199 du Code de procédure pénale.

Toutefois, la censure n'est pas encourue de ce chef dès lors qu'il n'est pas établi que l'atteinte au secret de l'instruction qui, selon les allégations du demandeur, serait résultée de l'irrégularité, lui ait causé un grief (Cass. crim., 7 nov. 2000 : *Bull.* 328).

22) N'étant pas partie à l'instance suivie devant la chambre d'accusation, l'État requérant n'a pas qualité pour intervenir (Cass. crim., 12 mars 1991 : *Bull.* 123).

23) Les dispositions de l'article 198 du Code de procédure pénale selon lesquelles les mémoires doivent être remis au greffe de la chambre d'accusation au plus tard la veille de l'audience s'appliquent en matière d'extradition *(même arrêt)*.

24) Selon l'article 142-2, alinéa 2, du Code de procédure pénale, la part du cautionnement destinée à la représentation n'est pas restituée et demeure acquise à l'État, si la personne astreinte au contrôle judiciaire n'a pas satisfait aux obligations imposées. Il résulte de l'article 14 de la loi du 10 mars 1927 que ces dispositions sont applicables à la personne placée sous contrôle judiciaire au cours d'une procédure d'extradition (Cass. crim., 22 janv. 2002 : *Bull. inf. C. cass.*, Avr. 2002, no 317).

Art. 15. – Si, lors de sa comparution, l'intéressé déclare renoncer au bénéfice de la présente loi et consent formellement à être livré aux autorités du pays requérant, il est donné acte par la cour de cette déclaration.

Copie de cette décision est transmise sans retard par les soins du procureur général au ministère de la justice, pour toutes fins utiles.

1) Aucun texte de loi, ni aucune disposition de la loi du 10 mars 1927 n'autorise l'étranger qui fait l'objet d'une demande d'extradition à se pourvoir en cassation contre le procès-verbal dans lequel la chambre d'accusation a cru pouvoir donner acte à l'intéressé de la déclaration par laquelle il renonçait au bénéfice de la loi et consentait formellement à être livré aux autorités du pays requérant (Cass. crim., 23 nov. 1972 : *Bull.* 356).

2) Est irrecevable le pourvoi formé par l'étranger contre l'arrêt de la chambre d'accusation lui donnant acte de sa déclaration de renonciation au bénéfice de la loi du 10 mars 1927 et de son consentement formel à être livré aux autorités du pays requérant (Cass. crim., 11 oct. 1988 : *Bull.* 342) ; une telle décision, qui n'est pas susceptible de recours, entre dans les prévisions de l'article 567-1 du Code de procédure pénale, modifié par la loi du 4 janvier 1993, et il appartient au président de la Chambre criminelle de constater, par ordonnance, la non-admission du pourvoi dont elle a été frappée (Cass. crim., 15 déc. 1993 : *Bull.* 388).

3) Après un arrêt donnant acte à l'extradable de son consentement à être livré au gouvernement étranger requérant l'extradition, rien n'interdit, si cette remise n'a pas eu lieu, la reprise de la procédure sur le fondement d'un autre titre exécutoire (Cass. crim., 20 mars 1990 : *Bull.* 122).

Art. 16. – Dans le cas contraire, la chambre des mises en accusation, statuant sans recours, donne son avis motivé sur la demande d'extradition.

Cet avis est défavorable, si la cour estime que les conditions légales ne sont pas remplies, ou qu'il y a erreur évidente.

Le dossier doit être envoyé au ministre de la Justice dans un délai de huit jours à dater de l'expiration des délais prévus à l'article 14.

1) En matière d'extradition, la chambre d'accusation statue sans recours lorsqu'elle donne son avis sur la demande d'extradition (art. 16 de la loi du 10 mars 1927). Le pourvoi en cassation est donc exclu (Cass. crim., 15 nov. 1962 : *Bull.* 327. – Cass. crim., 20 sept. 1975 : *Bull.* 194. – Cass. crim., 23 févr. 1978 : *Bull.* 71).

En matière d'extradition, la chambre d'accusation, composée conformément aux prescriptions de la loi, statue sans recours lorsqu'elle donne son avis sur la demande présentée par le gouvernement d'un État étranger (Cass. crim., 18 déc. 1979 : *Bull.* 363. – Cass. crim., 1er mars 1983 : *Bull.* 69. – Cass. crim., 26 avr. 1983 : *Bull.* 115. – Cass. crim., 24 juin 1986 : *Bull.* 222).

Il n'appartient pas à la Cour de cassation d'examiner le moyen qui revient à critiquer les motifs de l'arrêt se rattachant directement et servant de support à l'avis de la chambre d'accusation sur la suite à donner à la demande d'extradition (Cass. crim., 2 déc. 1986 : *Bull.* 362).

Revient à critiquer la motivation de l'arrêt se rattachant directement et servant de support à l'avis de la chambre d'accusation sur la suite à donner à la demande d'extradition et dès lors est irrecevable le moyen de cassation alléguant le caractère de juridiction d'exception à l'encontre du tribunal étranger devant lequel la personne extradée doit comparaître (Cass. crim., 17 mars 1987 : *Bull.* 127).

Sont irrecevables, en application des dispositions de l'article 16 de la loi du 10 mars 1927, les moyens proposés par le procureur général à l'appui de son pourvoi contre un arrêt de la chambre d'accusation donnant un avis défavorable à une demande d'extradition lorsque ces moyens reviennent à critiquer les motifs de l'arrêt qui se rattachent directement et servent de support à l'avis (Cass. crim., 3 mars 1998 : *Bull.* 80).

2) Si aux termes de l'article 16 de la loi du 10 mars 1927 l'avis motivé de la chambre d'accusation est rendu sans recours, il résulte des principes généraux du droit que cette disposition ne saurait exclure le pourvoi en cassation lorsqu'il est fondé sur une violation de la loi qui, à la supposer établie, serait de nature à priver la décision des conditions essentielles à son existence légale (Cass. crim., 17 mai 1984 : *Bull.* 183 ; *JCP* 85, II, 20332, note Borricand ; *DS* 1984, 536, note Jeandidier ; *Gaz. Pal.* 25 déc. 1984, rapp. Cruvellié. – Cass. crim., 7 oct. 1986 : *Bull.* 272).

3) Sont recevables les moyens produits contre un arrêt de la chambre d'accusation statuant en matière d'extradition et ayant donné son avis sur la demande présentée par un gouvernement étranger quand les griefs allégués sont fondés sur des violations de la loi qui, à les supposer établis, seraient de nature à priver la décision des conditions essentielles, en la forme, à son existence légale (Cass. crim., 17 sept. 1984 : *Bull.* 273).

4) Aucune nullité ne peut résulter du non-respect d'un délai fixé par une convention d'extradition pour saisir le gouvernement français de la demande, les traités ne créant d'obligations qu'entre les puissances entre lesquelles ils interviennent.

Le moyen qui se borne à critiquer le bien-fondé de l'avis émis par la chambre d'accusation et n'allègue aucune violation de la loi, laquelle, à la supposer établie, serait de nature à priver la décision des conditions essentielles en la forme à son existence légale n'est pas recevable en application de l'article 16 de la loi du 10 mars 1927 (Cass. crim., 19 nov. 1985 : *Bull.* 362).

Lorsqu'une convention d'extradition prévoit qu'à l'expiration d'un certain délai, l'étranger arrêté provisoirement pourra ou devra être mis en liberté, ce délai ne commence à courir que le lendemain du jour de l'arrestation (Cass. crim., 28 juin 1994 : *Bull.* 255).

5) Est recevable le moyen dirigé contre les dispositions de l'arrêt d'une chambre d'accusation ayant rendu son avis motivé sur la demande d'extradition qui fait grief audit arrêt de n'avoir pas répondu à une demande de renvoi de l'affaire à une date ultérieure (Cass. crim., 21 sept. 1984 : *Bull.* 274).

De même, est recevable le pourvoi dont le moyen fait grief à l'arrêt attaqué de se référer à une convention d'extradition abrogée (Cass. crim., 6 oct. 1986 : *Bull.* 269).

Est également recevable le moyen qui fait grief à l'arrêt attaqué d'avoir rejeté les conclusions tendant à voir juger que la traduction de pièces de justice émanant du gouvernement étranger requérant, devait obéir aux prescriptions des articles 156 et suivants du Code de procédure pénale.

Au fond, a fait l'exacte application de la loi l'arrêt qui a écarté de telles conclusions (Cass. crim., 21 sept. 1984 : *Bull.* 274).

6) Est également recevable le moyen qui fait grief à l'arrêt attaqué d'avoir refusé de surseoir à statuer jusqu'à ce qu'ait été jugé le recours de la personne réclamée contre la décision de l'Office français de protection des réfugiés et des apatrides (OFPRA) ayant refusé de lui reconnaître la qualité de réfugié.

Au fond, l'article 33 de la convention de Genève concerne seulement l'expulsion et le refoulement, mesures administratives juridiquement différentes de l'extradition d'une part, et d'autre part est considéré comme réfugié celui qui entre dans le champ d'application de l'article 1 A 2 de la convention de Genève et de l'article 1, paragraphe 2, du protocole du 31 janvier 1967 *(même arrêt : JCP* 85, II, 20346, note Jeandidier*)*.

7) Lorsqu'à l'occasion de l'examen par la chambre d'accusation d'une demande d'extradition la personne réclamée qui justifie être en France invoque qu'elle aurait acquis la nationa-

lité française à sa majorité en application de l'article 44 du Code de la nationalité, il s'agit d'une question préjudicielle sur laquelle, en vertu de l'article 124 dudit code, cette chambre d'accusation ne saurait se prononcer elle-même et a l'obligation de surseoir à statuer (Cass. crim., 2 oct. 1987 : *Bull.* 329).

8) Est recevable le moyen dirigé contre les dispositions de l'arrêt de la chambre d'accusation qui, sans se prononcer sur le fond d'une demande d'extradition, sursoit à statuer en invitant le ministère public à solliciter l'interprétation d'une convention diplomatique par le ministre des affaires étrangères (Cass. crim., 10 mai 1988 : *Bull.* 201).

9) Selon l'article 200 du Code de procédure pénale, la chambre d'accusation délibère sans qu'en aucun cas le procureur général, les parties, leurs conseils et le greffier puissent être présents.

La preuve de l'accomplissement de cette formalité doit résulter des énonciations de l'arrêt, fût-ce sous forme du visa de l'article 200 susvisé. Dans la négative, la cassation est encourue (Cass. crim., 26 avr. 1988 : *Bull.* 176).

10) En l'état d'une demande d'extradition présentée par le Gouvernement américain à l'encontre d'un de ses ressortissants fondée sur les faits de crime capital, passible de la peine de mort, et alors que la chambre d'accusation, en vertu de l'article 16 de la loi du 10 mars 1927 a émis un avis favorable à l'extradition de cette personne sous réserve que la peine de mort ne serait pas exécutée si elle était prononcée, le décret d'extradition conforme à cet avis est assorti de garanties suffisantes, dès lors que le Gouvernement des États-Unis a fait connaître au Gouvernement français que si cette personne était condamnée à la peine capitale par son État de résidence, la sentence ne serait pas appliquée (CE 15 oct. 1993 – Aylor).

Art. 17. – Si l'avis motivé de la chambre des mises en accusation repousse la demande d'extradition, cet avis est définitif et l'extradition ne peut être accordée.

1) Ne méconnaît pas les dispositions de l'article 17 de la loi du 10 mars 1927, la chambre d'accusation qui, après avoir donné son avis sur certains chefs d'une demande d'extradition, statue ultérieurement sur les autres chefs de cette demande (Cass. crim., 10 janv. 1986 : *Bull.* 17).

2) La chambre d'accusation qui a émis un avis sur une demande d'extradition est, sauf pour le contentieux de la détention, dessaisie par sa décision et ne saurait, sur requête, être appelée à formuler un nouvel avis sur la même demande d'extradition quels que soient les textes invoqués dans la requête (Cass. crim., 12 mai 1987 : *Bull.* 194).

3) L'article 17 de la loi du 10 mars 1927 ne fait pas obstacle à une nouvelle saisine de la chambre d'accusation à la demande de la Partie requérante pour des mêmes faits contre une même personne fondée sur de nouveaux accords internationaux devenus applicables entre les Parties contractantes (Cass. crim., 9 juill. 1987 : *Bull.* 292).

4) L'article 17 de la loi du 10 mars 1927 ne fait pas obstacle à une nouvelle saisine de la chambre d'accusation pour les mêmes faits contre la même personne, lorsqu'elle résulte d'une nouvelle demande fondée sur un élément nouveau qui modifie les conditions de droit initiales (Cass. crim., 20 déc. 1988 : *Bull.* 439. – 12 mars 1991 : *Bull.* 123 ; *D.* 1971, somm. p. 276, obs. Azibert).

5) La décision rejetant la demande d'extradition est détachable de la conduite des relations diplomatiques de la France avec l'État dont émane cette demande.

Par suite, la juridiction administrative est compétente pour connaître de la requête présentée par un Gouvernement étranger pour contester le refus opposé à sa demande par le garde des Sceaux, les requérantes justifiant d'un intérêt leur donnant qualité pour contester ce refus, et cette requête n'ayant à être précédée d'aucune démarche auprès du Premier ministre, pouvait être présentée par un avocat au Conseil.

Le ministre de la Justice a entaché sa décision d'erreur de droit en refusant l'extradition d'un ressortissant malais ayant fait l'objet d'un mandat d'arrêt par un juge de la commune de Hong-Kong pour de très importantes infractions financières (CE 15 oct. 1993, gouverneur de la colonie royale de Hong-Kong ; décision à paraître au *Lebon ;* même affaire que celle citée ci-dessus au n° 4).

Art. 18. – Dans le cas contraire, le ministre de la Justice propose, s'il y a lieu à la signature du Président de la République, un décret autorisant l'extradition. Si dans le délai d'un mois à compter de la notification de cet acte, l'extradé n'a pas été reçu par les agents de la puissance requérante, il est mis en liberté, et ne peut plus être réclamé pour la même cause.

1) L'article 18 de la loi du 10 mars 1927 relative à l'extradition des étrangers dispose que si, dans le délai d'un mois à compter de la notification du décret autorisant l'extradition, l'extradé n'a pas été reçu par les agents de la puissance requérante, il est mis en liberté.

Le moyen pris d'une violation prétendue de cette disposition, alors qu'il ne résulte pas des pièces de la procédure que le décret ait été notifié aux agents de la puissance requérante sans réserve sur les conditions de la remise de l'intéressé, doit être écarté (Cass. crim., 15 juin 1984 : *Bull.* 225).

2) Lorsque la chambre d'accusation a donné un avis favorable sur une demande d'extradition et que cette décision est devenue définitive, l'extradé qui se trouve en liberté ne peut plus, à l'occasion de la même demande, être remis sous écrou extraditionnel ; il en est ainsi, notamment, lors de la mise en exécution du décret d'extradition ; dans cette hypothèse seules peuvent être prises les mesures administratives nécessaires pour assurer la remise de l'extradé aux autorités de l'État requérant (Cass. crim., 18 janv. 1994 : *Bull.* 23).

Art. 19. – En cas d'urgence et sur la demande directe des autorités judiciaires du pays requérant, les procureurs de la République peuvent, sur un simple avis transmis, soit par la poste, soit par tout autre mode de transmission plus rapide laissant une trace écrite, ou matériellement équipollente, de l'existence d'une des pièces indiquées par l'article 9, ordonner l'arrestation provisoire de l'étranger.

Un avis régulier de la demande devra être transmis, en même temps, par voie diplomatique, par la poste, par le télégraphe ou par tout mode de transmission, laissant une trace écrite, au ministère des affaires étrangères.

Les procureurs de la République doivent donner avis de cette arrestation au ministre de la Justice et au procureur général.

1) Encourt la cassation l'arrêt de la chambre d'accusation qui, saisie d'une demande de mise en liberté fondée sur l'irrégularité prétendue du titre de détention, conformément aux dispositions de l'article 14 de la loi du 10 mars 1927, fait droit à celle-ci alors qu'il appert des pièces de la procédure que le procureur de la République qui a ordonné l'arrestation provisoire de la personne réclamée, a été saisi directement par les autorités judiciaires du pays requérant par un avis ayant laissé une trace écrite et qu'un avis régulier a été transmis en même temps par voie diplomatique au ministère des relations extérieures, de l'existence d'une des pièces indiquées par l'article 9 de la loi précitée, méconnaissant ainsi le sens et la portée de l'article 19 de ladite loi (Cass. crim., 23 juill. 1984 : *Bull.* 264).

2) C'est seulement lors de l'examen de la demande d'extradition que la chambre d'accusation doit apprécier si les conditions de forme requises pour la validité de cette demande sont remplies. Est donc irrecevable l'exception d'illégalité du mandat d'arrêt international, invoquée par l'étranger au soutien d'une demande de mise en liberté (Cass. crim., 7 avr. 1994 : *Bull.* 140).

Il n'appartient pas à la chambre d'accusation saisie d'une demande d'extradition d'apprécier la régularité, au regard de la loi française, du mandat d'arrêt pour l'exécution duquel l'extradition est demandée (Cass. crim., 2 févr. 1999 : *Bull.* 14).

3) Lors de l'examen de la demande d'extradition, l'étranger est irrecevable à critiquer les conditions de son arrestation provisoire, celles-ci étant sans incidence sur la validité de la procédure d'extradition (Cass. crim., 14 nov. 1996 : *Bull.* 411).

Art. 20. – L'individu arrêté provisoirement dans les conditions prévues par l'article 12 peut, s'il n'y a pas lieu de lui faire application des articles 7, 8 et 9 de la loi du 3 décembre 1849, être mis en liberté, si, dans le délai de vingt jours, à dater de son arrestation, lorsqu'elle aura été opérée à la demande du gouvernement d'un pays limitrophe, le gouvernement français ne reçoit l'un des documents mentionnés à l'article 9.

Le délai de vingt jours précité est porté à un mois, si le territoire du pays requérant est non limitrophe, à trois mois si ce territoire est hors d'Europe.

La mise en liberté est prononcée sur requête adressée à la chambre des mises en accusation, qui statue sans recours, dans la huitaine. Si ultérieurement les pièces susvisées parviennent au gouvernement français, la procédure est reprise conformément aux articles 10 et suivants.

1) En matière d'extradition, la chambre d'accusation statue sans recours lorsqu'elle donne son avis sur la requête de mise en liberté formée dans le cas où les pièces ne parviennent pas aux autorités françaises dans les délais légaux (art. 20 de la loi du 10 mars 1927).

Il n'en irait autrement que si la chambre d'accusation avait été irrégulièrement composée ou qu'une violation de la loi eût été de nature à priver la décision rendue des conditions essentielles en la forme de son existence légale (Cass. crim., 26 nov. 1985 : *Bull.* 375).

2) Est recevable le pourvoi en cassation formé contre un arrêt de la chambre d'accusation statuant sur une demande de mise en liberté présentée sur le fondement de l'article 16-4 de la Convention européenne d'extradition du 13 décembre 1957 (Cass. crim., 4 nov. 1986 : *Bull.* 319).

TITRE III. – DES EFFETS DE L'EXTRADITION

Art. 21. – L'extradé ne peut être poursuivi ou puni pour une infraction antérieure à la remise, autre que celle ayant motivé l'extradition.

Il en est autrement en cas d'un consentement spécial donné dans les conditions ci-après par le gouvernement requis.

Ce consentement peut être donné par le gouvernement français, même au cas où le fait, cause de la demande, ne serait pas l'une des infractions déterminées par l'article 4 de la présente loi.

1) La législation et les traités relatifs à l'extradition sont d'interprétation stricte. L'article 21 de la loi du 10 mars 1927 aux termes duquel « l'extradé ne peut être poursuivi ou puni pour une infraction antérieure à la remise, autre que celle ayant motivé l'extradition », ne saurait interdire des poursuites engagées contre l'extradé pour des faits délictueux qu'il aurait commis en France postérieurement à son extradition (Cass. crim., 22 déc. 1969 : *Bull.* 355).

2) En l'absence d'une extension de l'extradition telle que prévue par l'article 21 de la loi du 10 mars 1927, et alors que ne sont pas remplies les conditions de séjour en France que prévoit l'article 26 de cette loi, une cour d'appel ne peut, sans violer le principe de la spécialité, statuer sur l'opposition formée à un arrêt rendu par défaut qui portait sur des faits antérieurs à la remise du prévenu, et autres que ceux ayant motivé son extradition ; dans une telle hypothèse, malgré la cassation prononcée et aucune juridiction n'étant en l'état compétente pour connaître des faits, il n'y a pas lieu à renvoi de la procédure devant d'autres juges, la même cour d'appel pouvant statuer sur l'opposition régulièrement formée par le prévenu si, dans le délai de prescription de la peine, sont remplies les conditions fixées par l'article 21 ou l'article 26 de la loi du 10 mars 1927 pour permettre la poursuite en France (Cass. crim., 15 oct. 1984 : *Bull.* 300).

3) En vertu du principe de spécialité, l'individu livré ne peut être poursuivi ou jugé contradictoirement pour aucune infraction autre que celle ayant motivé l'extradition (Cass. crim., 12 juill. 1994 : *Bull.* 277).

L'extradé ne peut être poursuivi ou puni pour une infraction antérieure à la remise autre que celle ayant motivé l'extradition, sauf dans le cas de disposition particulière édictée par la convention ou dans les hypothèses prévues par les articles 21 et 26 de la loi du 10 mars 1927 (Cass. crim., 14 janv. 1986 : *Bull.* 23).

4) La règle de la spécialité de l'extradition, énoncée à l'article 21 de la loi du 10 mars 1927, ne fait pas obstacle à ce que des poursuites soient exercées du chef des infractions non visées dans l'acte d'extradition et antérieures à cette mesure, à condition que la personne extradée ne fasse l'objet d'aucune contrainte à l'occasion de ces poursuites et que la condamnation éventuellement prononcée du chef de ces infractions, rendue par défaut, ne soit mise à exécution qu'après expiration du délai de 30 jours prévu à l'article 26 de la loi précitée.

Spécialement, lorsque les infractions pour lesquelles l'extradition n'a pas été accordée revêtent un caractère criminel, il appartient à la chambre d'accusation, après disjonction des poursuites et annulation éventuelle des actes d'instruction impliquant la participation personnelle de la personne poursuivie, de renvoyer celle-ci devant la cour d'assises pour y être jugée par contumace, en spécifiant que l'ordonnance de prise de corps ne sera exécutée qu'après expiration du délai prévu par l'article 26 de la loi du 10 mars 1927 (Cass. crim., 10 mars 1987 : *Bull.* 118).

Spécialement encourt la cassation, l'arrêt de la chambre d'accusation qui, statuant sur le cas d'un individu extradé, purgeant sa peine sous le régime de la libération conditionnelle, interpellé et gardé à vue en vertu d'une commission rogatoire, décernée pour d'autres faits, antérieurs à l'extradition, a certes annulé à bon droit les actes du juge d'instruction à dater du jour de la nouvelle inculpation, mais a refusé de rechercher si les actes, accomplis antérieurement par les policiers durant la période de garde à vue, n'avaient pas été accompagnés de contrainte, vis-à-vis de l'extradé, alors qu'il n'avait pas été élargi définitivement (Cass. crim., 8 déc. 1987 : *Bull.* 449).

5) Si l'extradé, également auteur d'une infraction pour laquelle l'extradition n'a pas été accordée, ne peut être jugé contradictoirement à raison de celle-ci il peut néanmoins faire l'objet d'une condamnation par défaut de ce chef.

Le jugement ainsi rendu est susceptible d'actes d'exécution contraignants dès lors que le délai d'un mois prévu par l'article 10 de la Convention franco-belge du 15 août 1874 modifié est écoulé (Cass. crim., 2 juin 1987 : *Bull.* 231).

6) La règle de la spécialité de l'extradition édictée par les articles 21 de la loi du 10 mars 1927 et 14 de la Convention européenne d'extradition du 13 décembre 1957 n'interdit pas aux juridictions de l'État requérant de restituer leur exacte qualification aux faits à raison desquels l'extradition a été consentie par l'État requis, dès lors que cette décision n'a pas pour conséquence d'étendre leur saisine à des faits distincts, antérieurs à la remise de la personne extradée (Cass. crim., 22 sept. 1998 : *Bull.* 233).

Le principe de spécialité de l'extradition n'est pas applicable lorsque la personne réclamée y a renoncé expressément en application de l'article 66 de la Convention signée à Schengen le 19 juin 1990 ; tel est le cas de la personne qui, dans la procédure d'extradition suivie contre lui en Espagne à la demande du gouvernement français, a, selon l'arrêt d'une juridiction espagnole, déclaré renoncer au bénéfice de la spécialité de l'extradition après avoir consenti à l'extradition sans procédure formelle ; justifie dès lors sa décision, la chambre d'accusation qui rejette la demande de l'intéressé, tendant à l'annulation de sa mise en examen supplétive pour des faits postérieurs à ceux qui, visés dans le mandat d'arrêt international, ont motivé la demande d'extradition (Cass. crim., 6 juin 2000 : *Bull.* 212).

Art. 22. – Dans le cas où le gouvernement requérant demande, pour une infraction antérieure à l'extradition, l'autorisation de poursuivre l'individu déjà livré, l'avis de la chambre des mises en accusation devant laquelle l'inculpé avait comparu peut être formulé sur la seule production des pièces transmises à l'appui de la nouvelle demande.

Sont également transmises par le gouvernement étranger et soumises à la chambre des mises en accusation, les pièces contenant les observations de l'individu livré ou la déclaration qu'il entend n'en présenter aucune. Ces explications peuvent être complétées par un avocat choisi par lui, ou qui est désigné ou commis d'office.

1) Selon l'article 22 de la loi du 10 mars 1927, en cas de demande d'extension d'extradition d'un individu déjà livré, la chambre d'accusation statue au vue des observations de l'étranger et des explications d'un avocat au besoin commis d'office. Il en résulte que la procédure est contradictoire et que le délai de pourvoi court à compter du lendemain du jour où l'arrêt a été prononcé (Cass. crim., 19 avr. 1988 : *Bull.* 168. – Cass. crim., 30 nov. 1999 : *Bull.* 280).

2) Les dispositions de l'article 22 de la loi du 10 mars 1927 n'imposent pas que l'extradé, objet d'une demande d'extension de l'extradition précédemment accordée, soit représenté par un avocat lors des débats devant la chambre d'accusation (Cass. crim., 19 juill. 1989 : *Bull.* 292).

Art. 23. – L'extradition obtenue par le gouvernement français est nulle, si elle est intervenue en dehors des cas prévus par la présente loi.

La nullité est prononcée même d'office, par la juridiction d'instruction ou de jugement dont l'extradé relève, après sa remise.

Si l'extradition a été accordée en vertu d'un arrêt ou d'un jugement définitif, la nullité est prononcée par la chambre des mises en accusation dans le ressort de laquelle cette remise a eu lieu.

La demande en nullité formée par l'extradé n'est recevable que si elle est présentée dans un délai de trois jours à compter de la mise en demeure qui lui est adressée, aussitôt après son incarcération, par le procureur de la République. L'extradé est informé, en même temps, du droit qui lui appartient de se choisir ou de se faire désigner un défenseur.

1) Selon l'article 23 de la loi du 10 mars 1927, la nullité de l'extradition est prononcée, même d'office, par la juridiction d'instruction ou de jugement dont l'extradé relève après sa remise ; la juridiction d'instruction dont l'extradé relève au sens de ce texte est exclusivement la juridiction saisie des faits à raison desquels l'extradition a été accordée. Tel n'est pas le cas de la chambre d'accusation lorsqu'elle n'est pas saisie du règlement de la procédure et n'a pas fait usage de son pouvoir d'évocation. Seul le juge d'instruction est alors compétent pour examiner la requête en nullité (Cass. crim., 7 nov. 2000 : *Bull.* 328).

Aux termes de l'article 23 de la loi du 10 mars 1927, ce n'est qu'au cas où l'extradition a été accordée en vertu d'une décision judiciaire définitive que la chambre d'accusation est appelée à statuer sur les nullités prétendues de la mesure ordonnée.

Dans tout autre cas, il appartient à la juridiction d'instruction ou de jugement de statuer en la matière (Cass. crim., 4 juin 1964 : *Bull.* 192).

Aux termes de l'article 23 de la loi du 10 mars 1927, les juridictions d'instruction ou de jugement ont seules qualité pour statuer sur une nullité tirée de la procédure de la loi précitée. Un tel moyen présenté pour la première fois devant la Cour de cassation est irrecevable (Cass. crim., 17 févr. 1970 : *Bull.* 68).

2) En l'absence de dispositions contraires, la personne extradée est recevable à interjeter appel, devant la chambre de l'instruction, de l'ordonnance du juge d'instruction rejetant sa requête en nullité de l'extradition présentée en application de l'article 23 de la loi du 10 mars 1927 (Cass. crim., 22 mai 2001 : *Bull.* 131).

3) Le prévenu extradé à la demande des autorités françaises ne peut être jugé contradictoirement que pour les infractions ayant motivé l'extradition.

Sous réserve que les juridictions d'instruction et de jugement ne retiennent que des faits pris parmi ceux au vu desquels les autorités de l'État requis ont formé leur décision, il appartient à ces juridictions, sous le contrôle de la Cour de cassation, de donner aux faits poursuivis leur exacte qualification (Cass. crim., 22 déc. 1975 : *Bull.* 296).

4) Dans la mesure où aucune procédure d'extradition n'est en cours et où les faits poursuivis ne sont pas exclus du domaine extraditionnel par la loi du 10 mars 1927, les articles 23 et 25 de cette loi ne peuvent trouver application à l'expulsion ordonnée par un État étranger, et il n'existe aucun obstacle à l'exercice de l'action publique en France contre la personne expulsée, dès lors que la plénitude des droits de la défense lui est assurée devant les juridictions d'instruction et de jugement (Cass. crim., 6 oct. 1983 : *Bull.* 239 ; *JCP* 83, II, 20107, rapp. Le Gunehec, concl. Dontenwille, note Ruzié ; Clunet 1983, 779, note Edelman).

5) La remise par un État qui n'est lié par aucune convention d'extradition avec la France d'une personne expulsée qui est recherchée à raison de faits qui ne sont pas exclus du domaine extraditionnel de la loi du 10 mars 1927 ne saurait constituer une extradition déguisée (Cass. crim., 22 déc. 1987 : *Bull.* 477).

6) Aucune sanction ne s'attache au retard apporté par le procureur de la République à adresser la mise en demeure prévue par l'article 23, 4e alinéa, de la loi du 10 mars 1927, qui fait courir un délai de trois jours au-delà duquel l'inculpé n'est plus recevable à former une demande en nullité de la procédure d'extradition dont il a fait l'objet ; une telle demande pouvant être formulée avant même la mise en demeure, ce retard ne porte aucune atteinte aux droits de la défense (Cass. crim., 12 juill. 1982 : *Bull.* 523).

Lorsqu'elle est formée par lettre, la demande en nullité de l'extradition ne peut être tenue pour effectivement présentée au sens de l'article 23, alinéa 4, de la loi du 10 mars 1927, que lors de sa réception par la juridiction d'instruction ; en conséquence, justifie sa décision, la chambre d'accusation qui, statuant sur l'appel d'une ordonnance rendue par le juge d'instruction en application du deuxième alinéa du texte précité, déclare irrecevable une requête en nullité de l'extradition datée du 1er mars 2000, mais parvenue au greffe du juge d'instruction le 3 mars suivant, soit plus de 3 jours après la mise en demeure effectuée par le procureur de la République le 28 février précédent, conformément au quatrième alinéa du même texte (Cass. crim., 7 nov. 2000 : *Bull.* 328).

7) À défaut de mise en demeure ultérieure soit lors de la notification du mandat d'arrêt, soit ultérieurement, l'inculpé est en droit de soulever la nullité de la procédure d'extradition, et en particulier celle du mandat d'arrêt, devant la chambre d'accusation saisie de l'appel d'une ordonnance de rejet de mise en liberté (Cass. crim., 8 févr. 1989 : *Bull.* 56).

8) La requête en nullité présentée par l'extradé sur le fondement de l'article 23, alinéa 4, de la loi du 10 mars 1927 ne peut se borner à invoquer, de façon abstraite, la nullité de l'extradition : elle doit en préciser les motifs (Cass. crim., 27 mai 1997 : *Bull.* 203).

Art. 24. – Les mêmes juridictions sont juges de la qualification donnée aux faits qui ont motivé la demande d'extradition.

Art. 25. – Dans le cas où l'extradition est annulée, l'extradé, s'il n'est pas réclamé par le gouvernement requis, est mis en liberté et ne peut être repris, soit à raison des faits qui ont motivé son extradition, soit à raison des faits antérieurs, que si, dans les trente jours qui suivent la mise en liberté, il est arrêté sur le territoire français.

Art. 26. – Est considéré comme soumis sans réserve à l'application des lois de l'État requérant, à raison d'un fait quelconque antérieur à l'extradition et différent de l'infraction qui a motivé cette mesure, l'individu livré qui a eu pendant trente jours à compter de son élargissement définitif la possibilité de quitter le territoire de cet État.

Est régulière la poursuite exercée à raison de faits antérieurs à une demande d'extradition et non compris dans cette demande dès lors que les juges du fond ont constaté que le prévenu est demeuré volontairement en France après l'expiration du délai de trente jours à compter de son élargissement définitif et qu'en conséquence, en l'absence d'un traité d'extradition, il se trouvait soumis sans réserve, en vertu de l'article 26 de la loi du 10 mars 1927, à l'application de la loi française pour les infractions commises antérieurement à l'extradition et différentes de celles qui avaient motivé cette mesure (Cass. crim., 2 avr. 1979 : *Bull.* 132).

Art. 27. – Dans le cas où, l'extradition d'un étranger ayant été obtenue par le gouvernement français, le gouvernement d'un pays tiers sollicite à son tour du gouvernement français l'extradition du même individu à raison d'un fait antérieur à l'extradition, autre que celui jugé en France, et non connexe à ce fait, le gouvernement ne défère, s'il y a lieu, à cette requête qu'après s'être assuré du consentement du pays par lequel l'extradition a été accordée.

Toutefois, cette réserve n'a pas lieu d'être appliquée, lorsque l'individu extradé a eu, pendant le délai fixé à l'article précédent, la faculté de quitter le territoire français.

TITRE IV. – DE QUELQUES PROCÉDURES ACCESSOIRES

Art. 28. – L'extradition par voie de transit sur le territoire français, ou par les bâtiments des services maritimes français, d'un individu de nationalité quelconque, livré par un autre gouvernement, est autorisée sur simple demande par voie diplomatique, appuyée des pièces nécessaires pour établir qu'il ne s'agit pas d'un délit politique ou purement militaire.

Cette autorisation ne peut être donnée qu'aux puissances qui accordent, sur leur territoire, la même faculté au gouvernement français.

Le transport s'effectue sous la conduite d'agents français et aux frais du gouvernement requérant.

Art. 29. – La chambre des mises en accusation décide s'il y a lieu ou non de transmettre en tout ou en partie les titres, valeurs argent, ou autres objets saisis, au gouvernement requérant.

Cette remise peut avoir lieu, même si l'extradition ne peut s'accomplir, par suite de l'évasion ou de la mort de l'individu réclamé.

La chambre des mises en accusation ordonne la restitution des papiers et autres objets énumérés ci-dessus qui ne se rapportent pas au fait imputé à l'étranger. Elle statue, le cas échéant, sur les réclamations des tiers détenteurs et autres ayants droit.

Les décisions prévues au présent article ne sont susceptibles d'aucun recours.

La chambre d'accusation doit se déclarer incompétente pour statuer sur une demande en restitution d'objets saisis à l'occasion de l'exécution d'une commission rogatoire émanant d'une autorité judiciaire étrangère. Elle n'est compétente en vertu de l'article 29 de la loi du 10 mars 1927 que si l'objet a été saisi dans le cadre de la procédure d'extradition (Cass. crim., 18 déc. 1979 : *Bull.* 363. – Cass. crim., 12 oct. 1993 : *Bull. inf. C. cass.*, déc. 1993, n. 1295 ; *Bull.* 286).

Art. 30. – En cas de poursuites répressives non politiques dans un pays étranger, les commissions rogatoires émanant de l'autorité étrangère sont reçues par la voie diplomatique, et transmises au ministère de la justice, dans les formes prévues à l'article 10. Les commissions rogatoires sont exécutées s'il y a lieu et conformément à la loi française.

Au cas d'urgence, elles peuvent être l'objet de communications directes entre les autorités judiciaires des deux États, dans les formes prévues à l'article 19. En pareil cas, faute d'avis donné par voie diplomatique au ministère français des affaires étrangères par le gouvernement étranger intéressé, les communications directes entre les autorités judiciaires des deux pays n'auront pas de suite utile.

Art. 31. – Au cas de poursuites répressives exercées à l'étranger, lorsqu'un gouvernement étranger juge nécessaire la notification d'un acte de procédure ou d'un jugement à un individu résidant sur le territoire français, la pièce est transmise, suivant les formes prévues aux articles 9 et 10, accompagnée, le cas échéant, d'une traduction française. La signification est faite à personne à la requête du ministère public, par les soins d'un officier compétent. L'original constatant la notification est renvoyé par la même voie au gouvernement requérant.

Art. 32. – Lorsque, dans une cause pénale instruite à l'étranger, le gouvernement étranger juge nécessaire la communication de pièces à conviction, ou de documents se trouvant entre les mains des autorités françaises, la demande est faite par la voie diplomatique. Il y est donné suite, à moins que des considérations particulières ne s'y opposent, et sous l'obligation de renvoyer les pièces et documents dans le plus bref délai.

Art. 33. – Si, dans une cause pénale, la comparution personnelle d'un témoin résidant en France, est jugée nécessaire par un gouvernement étranger, le gouvernement français, saisi de la citation par la voie diplomatique, l'engage à se rendre à l'invitation qui lui est adressée.

Néanmoins, la citation n'est reçue et signée qu'à la condition que le témoin ne pourra être poursuivi ou détenu pour des faits ou condamnations antérieurs à sa comparution.

Art. 34. – L'envoi des individus détenus, en vue d'une confrontation, doit être demandé par la voie diplomatique. Il est donné suite à la demande, à moins que des considérations particulières ne s'y opposent, et sous la condition de renvoyer lesdits détenus dans le plus bref délai.

Art. 35. – *Abrogé, L. n. 83-520, 27 juin 1983.*

Loi du 4 octobre 1958

portant publication de la Constitution de la République française
(*JO* 5 oct. 1958)

....

TITRE VI. – DES TRAITÉS ET ACCORDS INTERNATIONAUX

Art. 52. – Le Président de la République négocie et ratifie les traités.

Il est informé de toute négociation tendant à la conclusion d'un accord international non soumis à ratification.

Art. 53. – Les traités de paix, les traités de commerce, les traités ou accords relatifs à l'organisation internationale, ceux qui engagent les finances de l'État, ceux qui modifient des dispositions de nature législative, ceux qui sont relatifs à l'état des personnes, ceux qui comportent cession, échange ou adjonction de territoire, ne peuvent être ratifiés ou approuvés qu'en vertu d'une loi.

Ils ne prennent effet qu'après avoir été ratifiés ou approuvés.

Nulle cession, nul échange, nulle adjonction de territoire n'est valable sans le consentement des populations intéressées.

Art. 54. – Si le Conseil constitutionnel, saisi par le Président de la République, par le Premier ministre ou par le Président de l'une ou l'autre assemblée, a déclaré qu'un engagement international comporte une clause contraire à la Constitution, l'autorisation de le ratifier ou de l'approuver ne peut intervenir qu'après la révision de la Constitution.

Art. 55. – Les traités ou accords régulièrement ratifiés ou approuvés ont, dès leur publication, une autorité supérieure à celle des lois, sous réserve, pour chaque accord ou traité, de son application par l'autre partie.

....

G. LEVASSEUR et H. BONNARD, *Extradition : J.-Cl. Proc. pén.*, 1er App. Art. 689 à 696. Fasc. 5, 10, 15, 20, 25 et 30. – V. également : AYMOND, *Les problèmes de l'extradition à travers ceux de sa procédure : Rev. dr. pén. et crim.* 1980, p. 7. – BIGAY, *Extrader ou punir : Rev. dr. pén. et crim.* 1980, p. 113. – BORRICAND, *Actualité et perspective du droit extraditionnel français : JCP* 83, I, 3102. – GENEVOIS, *Le Conseil d'État et le droit de l'extradition*, in *Études et documents du Conseil d'État* 1982-1983, n. 34. – JEANDIDIER, *La tutelle du Conseil d'État sur les chambres d'accusation en matière d'extradition : Rev. sc. crim.* 1979, 239. – JEANDIDIER, *Le contentieux de la mise en liberté dans la procédure d'extradition passive : DS* 1981, chron. 181. – R. KOERING-JOULIN, *Infraction politique et violence : JCP* 82, I, 3066. – ROUJOU DE BOUBÉE, *La convention européenne pour la répression du terrorisme et le droit de l'extradition : Rev. dr. pén. et crim.* 1980, p. 63. – G. BITTI, *L'extradition*, mémoire Paris II, 1988. – BOULOC, *Observations sur le principe de spécialité en droit pénal international*, Mélanges Holleaux, 1990. – LEVASSEUR, *Les nouveaux recours juridictionnels en matière d'extradition*, Archives de Politique criminelle, n. 12 (1990). – H. LABAYLE, *Droits de l'homme, traitements inhumains et peine capitale : Réflexions sur l'édification d'un ordre public européen en matière d'extradition par la Cour européenne des droits de l'homme : JCP* 90, I, 3452. – Régis DE GOUTTES, *Variations sur l'espace judiciaire pénal européen : D.* 1990, Chron. XLI. – D. RICHARD, *Tendances actuelles du droit extraditionnel : JCP* 96, I, 3917.

CONVENTION EUROPÉENNE D'EXTRADITION

faite à Paris le 13 décembre 1957

Décret n. 86-736 du 14 mai 1986

(*JO* 15 mai 1986)

Les gouvernements signataires, membres du Conseil de l'Europe,

Considérant que le but du Conseil de l'Europe est de réaliser une union plus étroite entre ses membres ;

Considérant que cet objectif peut être atteint par la conclusion d'accords ou par l'adoption d'une action commune dans le domaine juridique ;

Convaincus que l'acceptation de règles uniformes en matière d'extradition est de nature à faire progresser cette œuvre d'unification.

Sont convenus de ce qui suit :

Art. 1er. – *Obligation d'extrader.* – Les Parties contractantes s'engagent à se livrer réciproquement, selon les règles et sous les conditions déterminées par les articles suivants, les individus qui sont poursuivis pour une infraction ou recherchés aux fins d'exécution d'une peine ou d'une mesure de sûreté par les autorités judiciaires de la Partie requérante.

Art. 2. – *Faits donnant lieu à extradition.* – 1. Donneront lieu à extradition les faits punis par les lois de la Partie requérante et de la Partie requise d'une peine privative de liberté ou d'une mesure de sûreté privative de liberté d'un maximum d'au moins un an ou d'une peine plus sévère. Lorsqu'une condamnation à une peine est intervenue ou qu'une mesure de sûreté a été infligée sur le territoire de la Partie requérante, la sanction prononcée devra être d'une durée d'au moins quatre mois.

2. Si la demande d'extradition vise plusieurs faits distincts punis chacun par la loi de la Partie requérante et de la Partie requise d'une peine privative de liberté ou d'une mesure de sûreté privative de liberté, mais dont certains ne remplissent pas la condition relative au taux de la peine, la Partie requise aura la faculté d'accorder également l'extradition pour ces derniers.

3. Toute Partie contractante dont la législation n'autorise pas l'extradition pour certaines infractions visées au paragraphe 1 du présent article pourra, en ce qui la concerne, exclure ces infractions du champ d'application de la Convention.

4. Toute Partie contractante qui voudra se prévaloir de la faculté prévue au paragraphe 3 du présent article notifiera au Secrétaire général du Conseil de l'Europe, au moment du dépôt de son instrument de ratification ou d'adhésion, soit une liste des infractions pour lesquelles l'extradition est autorisée, soit une liste des infractions pour lesquelles l'extradition est exclue, en indiquant les dispositions légales autorisant ou excluant l'extradition. Le Secrétaire général du Conseil communiquera ces listes aux autres signataires.

5. Si, par la suite, d'autres infractions viennent à être exclues de l'extradition par la législation d'une Partie contractante, celle-ci notifiera cette exclusion au Secrétaire général du Conseil qui en informera les autres signataires. Cette notification ne prendra effet qu'à l'expiration d'un délai de trois mois à compter de la date de sa réception par le Secrétaire général.

6. Toute Partie qui aura fait usage de la faculté prévue aux paragraphes 4 et 5 du présent article pourra à tout moment soumettre à l'application de la présente Convention des infractions qui en ont été exclues. Elle notifiera ces modifications au Secrétaire général du Conseil qui les communiquera aux autres.

7. Toute Partie pourra appliquer la règle de la réciprocité en ce qui concerne les infractions exclues du champ d'application de la Convention en vertu du présent article.

Art. 3. – *Infractions politiques.* – 1. L'extradition ne sera pas accordée si l'infraction pour laquelle elle est demandée est considérée par la Partie requise comme une infraction politique ou comme un fait connexe à une telle infraction.

2. La même règle s'appliquera si la Partie requise a des raisons sérieuses de croire que la demande d'extradition motivée par une infraction de droit commun a été présentée aux fins de poursuivre ou de punir un individu pour des considérations de race, de religion, de nationalité ou d'opinions politiques ou que la situation de cet individu risque d'être aggravée pour l'une ou l'autre de ces raisons.

3. Pour l'application de la présente Convention, l'attentat à la vie d'un chef d'État ou d'un membre de sa famille ne sera pas considéré comme infraction politique.

4. L'application du présent article n'affectera pas les obligations que les Parties auront assumées ou assumeront aux termes de toute autre convention internationale de caractère multilatéral.

Art. 4. – *Infractions militaires.* – L'extradition à raison d'infractions militaires qui ne constituent pas des infractions de droit commun est exclue du champ d'application de la présente Convention.

Art. 5. – *Infractions fiscales.* – En matière de taxes et impôts, de douane, de change, l'extradition sera accordée, dans les conditions prévues par la présente Convention, seulement s'il en a été ainsi décidé entre Parties contractantes pour chaque infraction ou catégorie d'infractions.

Art. 6. – *Extradition des nationaux.* – 1. *a)* Toute Partie contractante aura la faculté de refuser l'extradition de ses ressortissants.

b) Chaque Partie contractante pourra, par une déclaration faite au moment de la signature ou du dépôt de son instrument de ratification ou d'adhésion, définir, en ce qui la concerne, le terme « ressortissants » au sens de la présente Convention.

c) La qualité de ressortissant sera appréciée au moment de la décision sur l'extradition. Toutefois, si cette qualité n'est reconnue qu'entre l'époque de la décision et la date envisagée pour la remise, la Partie requise pourra également se prévaloir de la disposition de l'alinéa *a)* du présent paragraphe.

2. Si la Partie requise n'extrade pas son ressortissant, elle devra, sur la demande de la Partie requérante, soumettre l'affaire aux autorités compétentes afin que des poursuites judiciaires puissent être exercées s'il y a lieu. À cet effet, les dossiers, informations et objets relatifs à l'infraction seront adressés gratuitement par la voie prévue au paragraphe 1 de l'article 12. La Partie requérante sera informée de la suite qui aura été donnée à sa demande.

Art. 7. – *Lieu de perpétration.* – 1. La Partie requise pourra refuser d'extrader l'individu réclamé à raison d'une infraction qui, selon sa législation, a été commise en tout ou en partie sur son territoire ou en un lieu assimilé à son territoire.

2. Lorsque l'infraction motivant la demande d'extradition aura été commise hors du territoire de la Partie requérante, l'extradition ne pourra être refusée que si la législation de la Partie requise n'autorise pas la poursuite d'une infraction du même genre commise hors de son territoire ou n'autorise pas l'extradition pour l'infraction faisant l'objet de la demande.

Art. 8. – *Poursuites en cours pour les mêmes faits.* – Une Partie requise pourra refuser d'extrader un individu réclamé si cet individu fait l'objet de sa part de poursuites pour le ou les faits à raison desquels l'extradition est demandée.

Art. 9. – Non bis in idem. – L'extradition ne sera pas accordée lorsque l'individu réclamé a été définitivement jugé par les autorités compétentes de la Partie requise, pour le ou les faits à raison desquels l'extradition est demandée. L'extradition pourra être refusée si les autorités compétentes de la Partie requise ont décidé de ne pas engager de poursuites ou de mettre fin aux poursuites qu'elles ont exercées pour le ou les mêmes faits.

Il résulte des articles 1er et 9 de la Convention européenne d'extradition du 13 décembre 1957 et des articles 5-4° et 16 de la loi du 10 mars 1927 que la chambre d'accusation n'est autorisée à refuser l'extradition sur le fondement de la règle *non bis in idem* que lorsque, pour les faits à raison desquels cette mesure est demandée, la personne réclamée a été définitivement jugée en France ou lorsque, pour ces faits, les autorités françaises ont décidé de ne pas engager de poursuite ou de mettre fin aux poursuites qu'elles ont exercées ; méconnaît ces dispositions la chambre d'accusation qui refuse l'extradition au seul motif que la personne réclamée a déjà été jugée, pour les mêmes faits, par les juridictions d'un État tiers (Cass. crim., 8 juill. 1997 : *Bull.* 267).

Art. 10. – *Prescription.* – L'extradition ne sera pas accordée si la prescription de l'action ou de la peine est acquise d'après la législation soit de la Partie requérante, soit de la Partie requise.

Lorsque l'extradition est demandée aux fins d'exécution d'une peine, la chambre d'accusation ne peut donner un avis défavorable, en application des dispositions précitées, que si la prescription de la peine est acquise selon la législation de l'État requérant ou celle de l'État requis (Cass. crim., 27 janv. 1998 : *Bull.* 33).

Art. 11. – *Peine capitale.* – Si le fait à raison duquel l'extradition est demandée est puni de la peine capitale par la loi de la Partie requérante et que, dans ce cas, cette peine n'est pas prévue par la législation de la Partie requise, ou n'y est généralement pas exécutée, l'extradition pourra n'être accordée qu'à la condition que la Partie requérante donne des assurances jugées suffisantes par la Partie requise que la peine capitale ne sera pas exécutée.

Art. 12. – *Requête et pièces à l'appui.* – 1. La requête sera formulée par écrit et présentée par la voie diplomatique. Une autre voie pourra être convenue par arrangement direct entre deux ou plusieurs Parties.

2. Il sera produit à l'appui de la requête :

a) L'original ou l'expédition authentique soit d'une décision de condamnation exécutoire, soit d'un mandat d'arrêt ou de tout autre acte ayant la même force, délivré dans les formes prescrites par la loi de la Partie requérante ;

b) Un exposé des faits pour lesquels l'extradition est demandée. Le temps et le lieu de leur perpétration, leur qualification légale et les références aux dispositions légales qui leur sont applicables seront indiqués le plus exactement possible ; et

c) Une copie des dispositions légales applicables ou, si cela n'est pas possible, une déclaration sur le droit applicable, ainsi que le signalement aussi précis que possible de l'individu réclamé et tous autres renseignements de nature à déterminer son identité et sa nationalité.

Il est satisfait aux exigences de l'article 12-2 de la Convention européenne d'extradition dès lors qu'ont été produites les seules pièces qui concernent la personne réclamée, à l'exclusion de celles intéressant des coauteurs demeurés étrangers à la procédure d'extradition (Cass. crim., 1er mars 1988 : *Bull.* 107).

Art. 13. – *Complément d'informations.* – Si les informations communiquées par la Partie requérante se révèlent insuffisantes pour permettre à la Partie requise de prendre une décision en application de la présente Convention, cette dernière Partie demandera le complément d'informations nécessaire et pourra fixer un délai pour l'obtention de ces informations.

Art. 14. – *Règle de la spécialité.* – 1. L'individu qui aura été livré ne sera ni poursuivi, ni jugé, ni détenu en vue de l'exécution d'une peine ou d'une mesure de sûreté, ni soumis à toute autre restriction de sa liberté individuelle, pour un fait quelconque antérieur à la remise, autre que celui ayant motivé l'extradition, sauf dans les cas suivants :

a) Lorsque la Partie qui l'a livré y consent. Une demande sera présentée à cet effet, accompagnée des pièces prévues à l'article 12 et d'un procès-verbal judiciaire consignant les déclarations de l'extradé. Ce consentement sera donné lorsque l'infraction pour laquelle il est demandé entraîne elle-même l'obligation d'extrader aux termes de la présente Convention ;

b) Lorsque, ayant eu la possibilité de le faire, l'individu extradé n'a pas quitté dans les quarante-cinq jours qui suivent son élargissement définitif, le territoire de la Partie à laquelle il a été livré ou s'il y est retourné après l'avoir quitté.

2. Toutefois, la Partie requérante pourra prendre les mesures nécessaires en vue, d'une part, d'un renvoi éventuel du territoire, d'autre part, d'une interruption de la prescription conformément à sa législation, y compris le recours à une procédure par défaut.

3. Lorsque la qualification donnée au fait incriminé sera modifiée au cours de la procédure, l'individu extradé ne sera poursuivi ou jugé que dans la mesure où les éléments constitutifs de l'infraction nouvellement qualifiée permettraient l'extradition.

1) Le procès-verbal d'audition de l'extradé, dressé par les autorités judiciaires étrangères en vertu de l'article 14 de la Convention européenne d'extradition du 13 décembre 1957, doit faire apparaître qu'il est établi en vue d'une demande d'extension de l'extradition précédemment accordée et doit recueillir les observations de l'intéressé à ce sujet (Cass. crim., 19 juill. 1989 : *Bull.* 292).

2) La règle de la spécialité de l'extradition n'interdit pas à la juridiction pénale de l'État requérant de prendre en compte la circonstance aggravante de la récidive, qui n'avait pas été visée lors de la demande d'extradition, cette décision n'ayant pas pour conséquence d'étendre sa saisine à des faits nouveaux antérieurs à la remise de la personne extradée et constitutifs d'une infraction distincte (Cass. crim., 22 juin 1999 : *Bull.* 143).

3) Le principe de la spécialité de l'extradition n'est pas applicable lorsque la personne réclamée y a renoncé expressément en application de l'article 66.2 de la Convention signée à Schengen le 19 juin 1990 (Cass. crim., 22 juin 1999 : *Bull.* 144).

Art. 15. – *Réextradition à un État tiers.* – Sauf dans le cas prévu au paragraphe 1, alinéa *b)* de l'article 14, l'assentiment de la Partie requise sera nécessaire pour permettre à la Partie requérante de livrer à une autre Partie ou à un État tiers l'individu qui lui aura été remis et qui serait recherché par l'autre Partie ou par l'État tiers pour des infractions antérieures à la remise. La Partie requise pourra exiger la production des pièces prévues au paragraphe 2 de l'article 12.

Art. 16. – *Arrestation provisoire.* – 1. En cas d'urgence, les autorités compétentes de la Partie requérante pourront demander l'arrestation provisoire de l'individu recherché ; les autorités compétentes de la Partie requise statueront sur cette demande conformément à la loi de cette Partie.

2. La demande d'arrestation provisoire indiquera l'existence d'une des pièces prévues au paragraphe 2, alinéa *a)* de l'article 12 et fera part de l'intention d'envoyer une demande d'extradition ; elle mentionnera l'infraction pour laquelle l'extradition sera demandée, le temps et le lieu où elle a été commise ainsi que, dans la mesure du possible, le signalement de l'individu recherché.

3. La demande d'arrestation provisoire sera transmise aux autorités compétentes de la Partie requise soit par la voie diplomatique, soit directement par la voie postale ou télégraphique, soit par l'Organisation internationale de Police criminelle (Interpol), soit par tout autre moyen laissant une trace écrite ou admis par la Partie requise. L'autorité requérante sera informée sans délai de la suite donnée à sa demande.

4. L'arrestation provisoire pourra prendre fin si, dans le délai de dix-huit jours après l'arrestation, la Partie requise n'a pas été saisie de la demande d'extradition et des pièces mentionnées à l'article 12 ; elle ne devra, en aucun cas, excéder quarante jours après l'arrestation. Toutefois, la mise en liberté provisoire est possible à tout moment, sauf pour la Partie requise à prendre toute mesure qu'elle estimera nécessaire en vue d'éviter la fuite de l'individu réclamé.

5. La mise en liberté ne s'opposera pas à une nouvelle arrestation et à l'extradition si la demande d'extradition parvient ultérieurement.

1) Aux termes de l'article 16-4 de la Convention européenne d'extradition, l'arrestation provisoire de l'individu recherché ne doit en aucun cas excéder quarante jours.

Le point de départ du délai est la date de l'arrestation provisoire ; son terme est la date à laquelle le ministère français des affaires étrangères a reçu la demande d'extradition par voie diplomatique (Cass. crim., 4 nov. 1986 : *Bull.* 319. – Cass. crim., 10 mars 1987 : *Bull.* 117. – Cass. crim., 3 avr. 2002 : *Bull.* 74).

Encourt la cassation l'arrêt de la chambre d'accusation qui, pour faire droit à une demande de mise en liberté fondée sur l'article 16-4 de la Convention, ne s'assure pas de la date à laquelle la France, Partie requise, a reçu la demande d'extradition transmise par la voie diplomatique (Cass. crim., 24 mars 1987 : *Bull.* 137. – Cass. crim., 28 avr. 1987 : *Bull.* 171).

2) Pour que la demande d'arrestation provisoire soit régulière au regard de l'article 162 de la Convention européenne d'extradition, il suffit qu'elle indique l'existence d'une des pièces prévues par l'article 12-2 de ladite Convention, sans que soit exigée la présence matérielle de cette pièce (Cass. crim., 3 mai 1994 : *Bull.* 162).

3) Les pièces dont la réception marque, selon l'article 16-4 de la Convention européenne d'extradition, le terme de l'arrestation provisoire, doivent s'entendre des seules pièces qui concernent la personne réclamée (Cass. crim., 26 mai 1994 : *Bull.* 205).

Les « pièces » dont la réception marque, selon l'article 16-4 de la Convention européenne d'extradition, le terme de l'arrestation provisoire doivent s'entendre des seules pièces qui concernent la personne réclamée, à l'exclusion de celles intéressant des coauteurs restés étrangers à la procédure d'extradition (Cass. crim., 1er mars 1988 : *Bull.* 107).

L'article 16-4 de la Convention européenne d'extradition du 13 décembre 1957 n'impose la mise en liberté de la personne recherchée que lorsque la Partie requise n'a pas été saisie de la demande d'extradition et des pièces y afférentes dans le délai de quarante jours à compter de l'arrestation provisoire.

La chambre d'accusation n'a pas à se prononcer sur le caractère de l'urgence en vertu de laquelle la Partie requérante a demandé l'arrestation provisoire (Cass. crim., 10 févr. 1987 : *Bull.* 67).

Art. 17. – *Concours de requêtes.* – Si l'extradition est demandée concurremment par plusieurs États, soit pour le même fait, soit pour des faits différents, la Partie requise statuera compte tenu de toutes circonstances et notamment de la gravité relative et du lieu des infractions, des dates respectives des demandes, de la nationalité de l'individu réclamé et de la possibilité d'une extradition ultérieure à un autre État.

Art. 18. – *Remise de l'extradé.* – 1. La Partie requise fera connaître à la Partie requérante par la voie prévue au paragraphe 1 de l'article 12, sa décision sur l'extradition.

2. Tout rejet complet ou partiel sera motivé.

3. En cas d'acceptation, la Partie requérante sera informée du lieu et de la date de remise, ainsi que de la durée de la détention subie en vue de l'extradition par l'individu réclamé.

4. Sous réserve du cas prévu au paragraphe 5 du présent article, si l'individu réclamé n'a pas été reçu à la date fixée, il pourra être mis en liberté à l'expiration d'un délai de quinze jours à compter de cette date et il sera en tout cas mis en liberté à l'expiration d'un délai de trente jours ; la Partie requise pourra refuser de l'extrader pour le même fait.

5. En cas de force majeure empêchant la remise ou la réception de l'individu à extrader, la Partie intéressée en informera l'autre Partie ; les deux Parties se mettront d'accord sur une nouvelle date de remise et les dispositions du paragraphe 4 du présent article seront applicables.

Selon l'article 18-4 de la Convention européenne d'extradition, seul applicable dans les relations entre la France et l'Italie, lorsque l'extradition a été accordée par l'État requis, le délai de 30 jours à l'expiration duquel la personne réclamée doit être mise en liberté faute d'avoir été reçue par l'État requérant court à compter de la date qui avait été prévue pour sa remise en application du paragraphe 3 dudit article. Doit dès lors être annulé l'arrêt de la chambre d'accusation qui, faisant application, de manière au demeurant erronée, de l'article 18 de la loi du 10 mars 1927 relative à l'extradition des étrangers, énonce, pour ordonner la mise en liberté d'une personne placée sous écrou extraditionnel à la demande du gouvernement italien, que le décret d'extradition ayant été notifié à l'intéressé depuis plus de 1 mois, le délai fixé pour sa remise à l'État requérant est expiré (Cass. crim., 12 juill. 2000 : *Bull.* 259).

Art. 19. – *Remise ajournée ou conditionnelle.* – 1. La Partie requise pourra, après avoir statué sur la demande d'extradition, ajourner la remise de l'individu réclamé pour qu'il puisse être poursuivi par elle ou, s'il a déjà été condamné, pour qu'il puisse purger, sur son territoire, une peine encourue à raison d'un fait autre que celui pour lequel l'extradition est demandée.

2. Au lieu d'ajourner la remise, la Partie requise pourra remettre temporairement à la Partie requérante l'individu réclamé dans des conditions à déterminer d'un commun accord entre les Parties.

Art. 20. – *Remise d'objets.* – 1. À la demande de la Partie requérante, la Partie requise saisira et remettra, dans la mesure permise par sa législation, les objets :

a) Qui peuvent servir de pièces à conviction, ou

b) Qui, provenant de l'infraction, auraient été trouvés au moment de l'arrestation en la possession de l'individu réclamé ou seraient découverts ultérieurement.

2. La remise des objets visés au paragraphe 1 du présent article sera effectuée même dans le cas où l'extradition déjà accordée ne pourrait avoir lieu par suite de la mort ou de l'évasion de l'individu réclamé.

3. Lorsque lesdits objets seront susceptibles de saisie ou de confiscation sur le territoire de la Partie requise, cette dernière pourra, aux fins d'une procédure pénale en cours, les garder temporairement ou les remettre sous condition de restitution.

4. Sont toutefois réservés les droits que la Partie requise ou des tiers auraient acquis sur ces objets. Si de tels droits existent, les objets seront, le procès terminé, restitués le plus tôt possible et sans frais à la Partie requise.

Art. 21. – *Transit.* – 1. Le transit à travers le territoire de l'une des Parties contractantes sera accordé sur demande adressée par la voie prévue au paragraphe 1 de l'article 12 à la condition qu'il ne s'agisse pas d'une infraction considérée par la Partie requise du transit comme revêtant un caractère politique ou purement militaire compte tenu des articles 3 et 4 de la présente Convention.

2. Le transit d'un ressortissant, au sens de l'article 6, du pays requis du transit, pourra être refusé.

3. Sous réserve des dispositions du paragraphe 4 du présent article, la production des pièces prévues au paragraphe 2 de l'article 12 sera nécessaire.

4. Dans le cas où la voie aérienne sera utilisée, il sera fait application des dispositions suivantes :

a) Lorsqu'aucun atterrissage ne sera prévu, la Partie requérante avertira la partie dont le territoire sera survolé, et attestera l'existence d'une des pièces prévues au paragraphe 2, alinéa *a)* de l'article 12. Dans le cas d'atterrissage fortuit, cette notification produira les effets de la demande d'arrestation provisoire visée à l'article 16 et la Partie requérante adressera une demande régulière de transit ;

b) Lorsqu'un atterrissage sera prévu, la Partie requérante adressera une demande régulière de transit.

5. Toutefois, une Partie pourra déclarer, au moment de la signature de la présente Convention ou du dépôt de son instrument de ratification ou d'adhésion, qu'elle n'accordera le transit d'un individu qu'aux mêmes conditions que celles de l'extradition ou à certaines d'entre elles. Dans ces cas, la règle de la réciprocité pourra être appliquée.

6. Le transit de l'individu extradé ne sera pas effectué à travers un territoire où il y aurait lieu de croire que sa vie ou sa liberté pourraient être menacées en raison de sa race, de sa religion, de sa nationalité ou de ses opinions politiques.

Art. 22. – *Procédure.* – Sauf disposition contraire de la présente Convention, la loi de la Partie requise est seule applicable à la procédure de l'extradition ainsi qu'à celle de l'arrestation provisoire.

Art. 23. – *Langues à employer.* – Les pièces à produire seront rédigées soit dans la langue de la Partie requérante, soit dans celle de la Partie requise. Cette dernière pourra réclamer une traduction dans la langue officielle du Conseil de l'Europe qu'elle choisira.

Aux termes de l'article 23 de la Convention européenne d'extradition du 13 décembre 1957, seule la Partie requise a la faculté de demander à la Partie requérante la traduction des pièces que cette dernière doit produire en application de l'article 12 dans l'une des deux langues des États intéressés. Dès lors, l'étranger est sans droit pour réclamer une telle traduction (Cass. crim., 26 janv. 1988 : *Bull.* 36).

Art. 24. – *Frais.* – 1. Les frais occasionnés par l'extradition sur le territoire de la Partie requise seront à la charge de cette Partie.

2. Les frais occasionnés par le transit à travers le territoire de la Partie requise du transit seront à la charge de la Partie requérante.

3. Dans le cas d'extradition en provenance d'un territoire non métropolitain de la Partie requise, les frais occasionnés par le transport entre ce territoire et le territoire métropolitain de la Partie requérante seront à la charge de cette dernière. Il en sera de même des frais occasionnés par le transport entre le territoire non métropolitain de la Partie requise et le territoire métropolitain de celle-ci.

Art. 25. – *Définition des « mesures de sûreté ».* – Au sens de la présente Convention, l'expression « mesures de sûreté » désigne toutes mesures privatives de liberté qui ont été ordonnées en complément ou en substitution d'une peine, par sentence d'une juridiction pénale.

Art. 26. – *Réserves.* – 1. Toute Partie contractante pourra, au moment de la signature de la présente Convention ou du dépôt de son instrument de ratification ou d'adhésion, formuler une réserve au sujet d'une ou plusieurs dispositions déterminées de la Convention.

2. Toute Partie contractante qui aura formulé une réserve la retirera aussitôt que les circonstances le permettront. Le retrait des réserves sera fait par notification adressée au Secrétaire général du Conseil de l'Europe.

3. Une Partie contractante qui aura formulé une réserve au sujet d'une disposition de la Convention ne pourra prétendre à l'application de cette disposition par une autre Partie que dans la mesure où elle l'aura elle-même acceptée.

Art. 27. – *Champ d'application territorial.* – 1. La présente Convention s'appliquera aux territoires métropolitains des Parties contractantes.

2. Elle s'appliquera également, en ce qui concerne la France, à l'Algérie et aux départements d'outre-mer, et en ce qui concerne le Royaume-Uni de Grande-Bretagne et d'Irlande du Nord, aux îles Anglo-Normandes et à l'île de Man.

3. La République fédérale d'Allemagne pourra étendre l'application de la présente Convention au *Land* Berlin par une déclaration adressée au Secrétaire général du Conseil de l'Europe. Celui-ci notifiera cette déclaration aux autres Parties.

4. Par arrangement direct entre deux ou plusieurs Parties contractantes, le champ d'application de la présente Convention pourra être étendu aux conditions qui sont stipulées dans cet arrangement à tout territoire d'une de ces Parties autre que ceux visés aux paragraphes 1, 2 et 3 du présent article, et dont une des Parties assure les relations internationales.

Art. 28. – *Relations entre la présente Convention et les accords bilatéraux.* – 1. La présente Convention abroge, en ce qui concerne les territoires auxquels elle s'applique, celles des dispositions des traités, conventions ou accords bilatéraux qui, entre deux Parties contractantes, régissent la matière de l'extradition.

2. Les Parties contractantes ne pourront conclure entre elles des accords bilatéraux ou multilatéraux que pour compléter les dispositions de la présente Convention ou pour faciliter l'application des principes contenus dans celle-ci.

3. Lorsque, entre deux ou plusieurs Parties contractantes, l'extradition se pratique sur la base d'une législation uniforme les parties auront la faculté de régler leurs rapports mutuels en matière d'extradition en se fondant exclusivement sur ce système, nonobstant les dispositions de la présente Convention. Le même principe sera applicable entre deux ou plusieurs Parties contractantes dont chacune a en vigueur une loi prévoyant l'exécution sur son territoire des mandats d'arrêt décernés sur le territoire de l'autre ou des autres. Les Parties contractantes qui excluent ou viendraient à exclure de leurs rapports mutuels l'application de la présente Convention, conformément aux dispositions du présent paragraphe, devront adresser une notification à cet effet au Secrétaire général du Conseil de l'Europe. Celui-ci communiquera aux autres Parties contractantes toute notification reçue en vertu du présent paragraphe.

Art. 29. – *Signature, ratification, entrée en vigueur.* – 1. La présente Convention demeurera ouverte à la signature des Membres du Conseil de l'Europe. Elle sera ratifiée et les instruments de ratification seront déposés auprès du Secrétaire général du Conseil.

2. La Convention entrera en vigueur quatre-vingt-dix jours après la date du dépôt du troisième instrument de ratification.

3. Elle entrera en vigueur à l'égard de tout signataire qui la ratifiera ultérieurement quatre-vingt-dix jours après le dépôt de son instrument de ratification.

Art. 30. – *Adhésion.* – 1. Le Comité des Ministres du Conseil de l'Europe pourra inviter tout État non-Membre du Conseil à adhérer à la présente Convention. La résolution concernant cette invitation devra recevoir l'accord unanime des Membres du Conseil ayant ratifié la Convention.

2. L'adhésion s'effectuera par le dépôt, auprès du Secrétaire général du Conseil, d'un instrument d'adhésion qui prendra effet quatre-vingt-dix jours après son dépôt.

Art. 31. – *Dénonciation.* – Toute Partie contractante pourra, en ce qui la concerne, dénoncer la présente Convention en adressant une notification au Secrétaire général du Conseil de l'Europe. Cette dénonciation prendra effet six mois après la date de la réception de sa notification par le Secrétaire général du Conseil.

Art. 32. – *Notifications.* – Le Secrétaire général du Conseil de l'Europe notifiera aux Membres du Conseil et au gouvernement de tout État ayant adhéré à la présente Convention :

a) Le dépôt de tout instrument de ratification ou d'adhésion ;

b) La date de l'entrée en vigueur ;

c) Toute déclaration faite en application des dispositions du paragraphe 1 de l'article 6 et du paragraphe 5 de l'article 21 ;

d) Toute réserve formulée en application des dispositions du paragraphe 1 de l'article 26 ;

e) Le retrait de toute réserve effectué en application des dispositions du paragraphe 2 de l'article 26 ;

f) Toute notification de dénonciation reçue en application des dispositions de l'article 31 de la présente Convention et la date à laquelle celle-ci prendra effet.

En foi de quoi, les soussignés, dûment autorisés à cet effet, ont signé la présente Convention.

RÉSERVES DE LA FRANCE

(Réserves et déclarations du gouvernement de la République française consignées dans l'instrument de ratification déposé le 10 février 1986)

Art. 1er. – « L'extradition ne sera pas accordée lorsque la personne réclamée serait jugée dans l'État requérant par un tribunal n'assurant pas les garanties fondamentales de procédure et de protection des droits de la défense ou par un tribunal institué pour son cas particulier, ou lorsque l'extradition est demandée pour l'exécution d'une peine ou d'une mesure de sûreté infligée par un tel tribunal ».

« L'extradition pourra être refusée si la remise est susceptible d'avoir des conséquences d'une gravité exceptionnelle pour la personne réclamée, notamment en raison de son âge ou de son état de santé ».

Art. 2 et § 1. – « S'agissant des personnes poursuivies, l'extradition ne sera accordée que pour les faits punis par la loi française et par la loi de l'État requérant d'une peine ou mesure de sûreté privative de liberté d'un maximum d'au moins deux ans ».

« S'agissant des peines plus sévères que les peines ou mesures de sûreté privatives de liberté, l'extradition pourra être refusée si ces peines ou mesures de sûreté ne sont pas prévues dans l'échelle des peines applicables en France ».

Art. 3 et § 3. – « La France se réserve le droit d'apprécier, en fonction des circonstances particulières de chaque affaire, si l'attentat à la vie d'un chef d'État ou d'un membre de sa famille revêt ou non un caractère politique ».

Art. 5. – « La France déclare qu'en matière de taxes, d'impôts, de douane et de change, l'extradition sera accordée à l'État requérant s'il en a été ainsi décidé par simple échange de lettres dans chaque cas particulier ».

Art. 6. – « L'extradition sera refusée lorsque la personne réclamée avait la nationalité française au moment des faits ».

Art. 14 et § 3. – « La France exigera que l'infraction nouvellement qualifiée vise les mêmes faits que ceux en raison desquels l'extradition a été accordée et que cette nouvelle qualification n'emporte pas l'application d'une peine pour laquelle l'extradition pourrait être refusée ».

Art. 16 et § 2. – « En cas de demande d'arrestation provisoire, la France exigera également un bref exposé des faits mis à la charge de la personne réclamée ».

Art. 21. – « La France se réserve la faculté de n'accorder le transit qu'aux mêmes conditions que celles de l'extradition ».

Art. 23. – « La France déclare qu'elle demandera une traduction des requêtes aux fins d'extradition et des pièces annexes dans l'une des langues officielles du Conseil de l'Europe et qu'elle choisit le français ».

Art. 27, § 1 et 2. – « Le Gouvernement de la République française déclare qu'en ce qui concerne la France, la Convention s'applique aux départements européens et d'outre-mer de la République ».

CONVENTION EUROPÉENNE D'ENTRAIDE JUDICIAIRE EN MATIÈRE PÉNALE

faite à Strasbourg, le 20 avril 1959

Décret n. 67-636 du 23 juillet 1967

(*JO* 4 août et rectif. 4 oct. 1967)

PRÉAMBULE

Les Gouvernements signataires, Membres du Conseil de l'Europe,

Considérant que le but du Conseil de l'Europe est de réaliser une union plus étroite entre ses Membres ;

Convaincus que l'adoption de règles communes dans le domaine de l'entraide judiciaire en matière pénale est de nature à atteindre cet objectif ;

Considérant que l'entraide judiciaire est une matière connexe à celle de l'extradition qui a déjà fait l'objet d'une convention en date du 13 décembre 1957,

Sont convenus de ce qui suit :

TITRE PREMIER. – DISPOSITIONS GÉNÉRALES

Art. 1er. – 1. Les Parties Contractantes s'engagent à s'accorder mutuellement, selon les dispositions de la présente Convention, l'aide judiciaire la plus large possible dans toute procédure visant des infractions dont la répression est, au moment où l'entraide est demandée, de la compétence des autorités judiciaires de la Partie requérante.

2. La présente Convention ne s'applique ni à l'exécution des décisions d'arrestation et des condamnations ni aux infractions militaires qui ne constituent pas des infractions de droit commun.

Art. 2. – L'entraide judiciaire pourra être refusée :

a) si la demande se rapporte à des infractions considérées par la Partie requise soit comme des infractions politiques, soit comme des infractions connexes à des infractions politiques, soit comme des infractions fiscales ;

b) si la Partie requise estime que l'exécution de la demande est de nature à porter atteinte à la souveraineté, à la sécurité, à l'ordre public ou à d'autres intérêts essentiels de son pays.

TITRE II. – COMMISSIONS ROGATOIRES

Art. 3. – 1. La Partie requise fera exécuter, dans les formes prévues par sa législation, les commissions rogatoires relatives, à une affaire pénale qui lui seront adressées par les autorités judiciaires de la Partie requérante et qui ont pour objet d'accomplir des actes d'instruction ou de communiquer des pièces à conviction, des dossiers ou des documents.

2. Si la Partie requérante désire que les témoins ou les experts déposent sous serment, elle en fera expressément la demande et la Partie requise y donnera suite si la loi de son pays ne s'y oppose pas.

3. La Partie requise pourra ne transmettre que des copies ou photocopies certifiées conformes des dossiers ou documents demandés. Toutefois, si la Partie requérante demande expressément la communication des originaux, il sera donné suite à cette demande dans toute la mesure du possible.

Art. 4. – Si la Partie requérante le demande expressément, la Partie requise l'informera de la date et du lieu d'exécution de la commission rogatoire. Les autorités et personnes en cause pourront assister à cette exécution si la Partie requise y consent.

Art. 5. – 1. Toute Partie Contractante pourra, au moment de la signature de la présente Convention ou du dépôt de son instrument de ratification ou d'adhésion, par déclaration adressée au Secrétaire général du Conseil de l'Europe, se réserver la faculté de soumettre l'exécution des commissions rogatoires aux fins de perquisition ou saisie d'objets à une ou plusieurs des conditions suivantes :

a) l'infraction motivant la commission rogatoire doit être punissable selon la loi de la Partie requérante et de la Partie requise ;

b) l'infraction motivant la commission rogatoire doit être susceptible de donner lieu à extradition dans le pays requis ;

c) l'exécution de la commission rogatoire doit être compatible avec la loi de la Partie requise.

2. Lorsqu'une Partie Contractante aura fait une déclaration conformément au paragraphe 1er du présent article, toute autre Partie pourra appliquer la règle de la réciprocité.

Art. 6. – 1. La Partie requise pourra surseoir à la remise des objets, dossiers ou documents dont la communication est demandée, s'ils lui sont nécessaires pour une procédure pénale en cours.

2. Les objets, ainsi que les originaux des dossiers et documents, qui auront été communiqués en exécution d'une commission rogatoire, seront renvoyés aussitôt que possible par la Partie requérante à la Partie requise, à moins que celle-ci n'y renonce.

TITRE III. – REMISE D'ACTES DE PROCÉDURE
ET DE DÉCISIONS JUDICIAIRES –
COMPARUTION DE TÉMOINS, EXPERTS
ET PERSONNES POURSUIVIES

Art. 7. – 1. La Partie requise procédera à la remise des actes de procédure et des décisions judiciaires qui lui seront envoyés à cette fin par la Partie requérante.

Cette remise pourra être effectuée par simple transmission de l'acte ou de la décision au destinataire. Si la Partie requérante le demande expressément, la Partie requise effectuera la remise dans une des formes prévues par sa législation pour les significations analogues ou dans une forme spéciale compatible avec cette législation.

2. La preuve de la remise se fera au moyen d'un récépissé daté et signé par le destinataire ou d'une déclaration de la Partie requise constatant le fait, la forme et la date de la remise. L'un ou l'autre de ces documents sera immédiatement transmis à la Partie requérante. Sur demande de cette dernière, la Partie requise précisera si la remise a été faite conformément à sa loi. Si la remise n'a pu se faire, la Partie requise en fera connaître immédiatement le motif à la Partie requérante.

3. Toute Partie Contractante pourra, au moment de la signature de la présente Convention ou du dépôt de son instrument de ratification ou d'adhésion, par déclaration adressée au Secrétaire général du Conseil de l'Europe, demander que la citation à comparaître destinée à une personne poursuivie se trouvant sur son territoire soit transmise à ses autorités dans un certain délai avant la date fixée pour la comparution. Ce délai sera précisé dans ladite déclaration et ne pourra pas excéder 50 jours.

Il sera tenu compte de ce délai en vue de la fixation de la date de comparution et lors de la transmission de la citation.

Art. 8. – Le témoin ou l'expert qui n'aura pas déféré à une citation à comparaître dont la remise a été demandée ne pourra être soumis, alors même que cette citation contiendrait des injonctions, à aucune sanction ou mesure de contrainte, à moins qu'il ne se rende par la suite de son plein gré sur le territoire de la Partie requérante et qu'il n'y soit régulièrement cité à nouveau.

Art. 9. – Les indemnités à verser, ainsi que les frais de voyage et de séjour à rembourser au témoin ou à l'expert par la Partie requérante seront calculés depuis le lieu de leur résidence et lui seront accordés selon des taux au moins égaux à ceux prévus par les tarifs et règlements en vigueur dans le pays où l'audition doit avoir lieu.

Art. 10. – 1. Si la Partie requérante estime que la comparution personnelle d'un témoin ou d'un expert devant ses autorités judiciaires est particulièrement nécessaire, elle en fera mention dans la demande de remise de la citation et la Partie requise invitera ce témoin ou cet expert à comparaître.

La Partie requise fera connaître la réponse du témoin ou de l'expert à la Partie requérante.

2. Dans le cas prévu au paragraphe 1er du présent article, la demande ou la citation devra mentionner le montant approximatif des indemnités à verser, ainsi que des frais de voyage et de séjour à rembourser.

3. Si une demande lui est présentée à cette fin, la Partie requise pourra consentir une avance au témoin ou à l'expert. Celle-ci sera mentionnée sur la citation et remboursée par la Partie requérante.

Art. 11. – 1. Toute personne détenue dont la comparution personnelle en qualité de témoin ou aux fins de confrontation est demandée par la Partie requérante sera transférée temporairement sur le territoire où l'audition doit avoir lieu, sous condition de son renvoi dans le délai indiqué par la Partie requise et sous réserve des dispositions de l'article 12 dans la mesure où celles-ci peuvent s'appliquer.

Le transfèrement pourra être refusé :

a) si la personne détenue n'y consent pas,

b) si sa présence est nécessaire dans une procédure pénale en cours sur le territoire de la Partie requise,

c) si son transfèrement est susceptible de prolonger sa détention ou

d) si d'autres considérations impérieuses s'opposent à son transfèrement sur le territoire de la Partie requérante.

2. Dans le cas prévu au paragraphe précédent et sous réserve des dispositions de l'article 2, le transit de la personne détenue par un territoire d'un État tiers, Partie à la présente Convention, sera accordé sur demande accompagnée de tous documents utiles et adressée par le ministère de la Justice de la Partie requérante au ministère de la Justice de la Partie requise du transit.

Toute Partie Contractante pourra refuser d'accorder le transit de ses ressortissants.

3. La personne transférée devra rester en détention sur le territoire de la Partie requérante et, le cas échéant, sur le territoire de la Partie requise du transit, à moins que la Partie requise du transfèrement ne demande sa mise en liberté.

Art. 12. – 1. Aucun témoin ou expert, de quelque nationalité qu'il soit, qui, à la suite d'une citation, comparaîtra devant les autorités judiciaires de la Partie requérante, ne pourra être ni poursuivi, ni détenu, ni soumis à aucune autre restriction de sa liberté individuelle sur le territoire de cette Partie pour des faits ou condamnations antérieurs à son départ du territoire de la Partie requise.

2. Aucune personne, de quelque nationalité qu'elle soit, citée devant les autorités judiciaires de la Partie requérante afin d'y répondre de faits pour lesquels elle fait l'objet de poursuites, ne pourra y être ni poursuivie, ni détenue, ni soumise à aucune autre restriction de sa liberté individuelle pour des faits ou condamnations antérieurs à son départ du territoire de la Partie requise et non visés par la citation.

3. L'immunité prévue au présent article cessera lorsque le témoin, l'expert ou la personne poursuivie, ayant eu la possibilité de quitter le territoire de la Partie requérante pendant quinze jours consécutifs, après que sa présence n'était plus requise par les autorités judiciaires, sera néanmoins demeurée sur ce territoire ou y sera retournée après l'avoir quitté.

TITRE IV. – CASIER JUDICIAIRE

Art. 13. – 1. La Partie requise communiquera, dans la mesure où ses autorités judiciaires pourraient elles-mêmes les obtenir en pareil cas, les extraits du casier judiciaire et tous renseignements relatifs à ce dernier qui lui seront demandés par les autorités judiciaires d'une Partie contractante pour les besoins d'une affaire pénale.

2. Dans les cas autres que ceux prévus au paragraphe 1er du présent article, il sera donné suite à pareille demande dans les conditions prévues par la législation, les règlements ou la pratique de la Partie requise.

TITRE V. – PROCÉDURE

Art. 14. – 1. Les demandes d'entraide devront contenir les indications suivantes :

a) l'autorité dont émane la demande,

b) l'objet et le motif de la demande,

c) dans la mesure du possible, l'identité et la nationalité de la personne en cause, et

d) le nom et l'adresse du destinataire s'il y a lieu.

2. Les commissions rogatoires prévues aux articles 3, 4 et 5 mentionneront en outre l'inculpation et contiendront un exposé sommaire des faits.

Art. 15. – 1. Les commissions rogatoires prévues aux articles 3, 4 et 5 ainsi que les demandes prévues à l'article 11 seront adressées par le ministère de la Justice de la Partie requérante au ministère de la Justice de la Partie requise et renvoyées par la même voie.

2. En cas d'urgence, lesdites commissions rogatoires pourront être adressées directement par les autorités judiciaires de la Partie requérante aux autorités judiciaires de la Partie requise. Elles seront renvoyées accompagnées des pièces relatives à l'exécution par la voie prévue au paragraphe 1er du présent article.

3. Les demandes prévues au paragraphe 1er de l'article 13 pourront être adressées directement par les autorités judiciaires au service compétent de la Partie requise, et les réponses pourront être renvoyées directement par ce service. Les demandes prévues au paragraphe 2 de l'article 13 seront adressées par le ministère de la Justice de la Partie requérante au ministère de la Justice de la Partie requise.

4. Les demandes d'entraide judiciaire, autres que celles prévues aux paragraphes 1 et 3 du présent article et notamment les demandes d'enquête préliminaire à la poursuite, pourront faire l'objet de communications directes entre autorités judiciaires.

5. Dans les cas où la transmission directe est admise par la présente Convention, elle pourra s'effectuer par l'intermédiaire de l'Organisation internationale de Police criminelle (Interpol).

6. Toute Partie Contractante pourra, au moment de la signature de la présente Convention ou du dépôt de son instrument de ratification ou d'adhésion, par déclaration adressée au Secrétaire général du Conseil de l'Europe, soit faire savoir que toutes ou certaines demandes d'entraide judiciaire doivent lui être adressées par une voie autre que celle prévue au présent article, soit demander que, dans le cas prévu au paragraphe 2 de cet article, une copie de la commission rogatoire soit communiquée en même temps à son ministère de la Justice.

7. Le présent article ne portera pas atteinte aux dispositions des accords ou arrangements bilatéraux en vigueur entre Parties Contractantes, selon lesquelles la transmission directe des demandes d'entraide judiciaire entre les autorités des Parties est prévue.

Art. 16. – 1. Sous réserve des dispositions du paragraphe 2 du présent article, la traduction des demandes et des pièces annexes ne sera pas exigée.

2. Toute Partie Contractante pourra, au moment de la signature ou du dépôt de son instrument de ratification ou d'adhésion, par déclaration adressée au Secrétaire général du Conseil de l'Europe, se réserver la faculté d'exiger que les demandes et pièces annexes lui soient adressées accompagnées, soit d'une traduction dans sa propre langue, soit d'une traduction dans l'une quelconque des langues officielles du Conseil de l'Europe ou dans celle de ces langues qu'elle indiquera. Les autres Parties pourront appliquer la règle de la réciprocité.

3. Le présent article ne portera pas atteinte aux dispositions relatives à la traduction des demandes et pièces annexes contenues dans les accords ou arrangements en vigueur ou à intervenir entre deux ou plusieurs Parties Contractantes.

Art. 17. – Les pièces et documents transmis en application de la présente Convention seront dispensés de toutes formalités de légalisation.

Art. 18. – Si l'autorité saisie d'une demande d'entraide est incompétente pour y donner suite, elle transmettra d'office cette demande à l'autorité compétente de son pays et, dans le cas où la demande a été adressée par la voie directe, elle en informera par la même voie la Partie requérante.

Art. 19. – Tout refus d'entraide judiciaire sera motivé.

Art. 20. – Sous réserve des dispositions de l'article 10, paragraphe 3, l'exécution des demandes d'entraide ne donnera lieu au remboursement d'aucuns frais, à l'exception de ceux occasionnés par l'intervention d'experts sur le territoire de la Partie requise et par le transfèrement de personnes détenues effectué en application de l'article 11.

TITRE VI. – DÉNONCIATION AUX FINS DE POURSUITES

Art. 21. – 1. Toute dénonciation adressée par une Partie Contractante en vue de poursuites devant les tribunaux d'une autre Partie fera l'objet de communications entre ministères de la Justice. Cependant les Parties Contractantes pourront user de la faculté prévue au paragraphe 6 de l'article 15.

2. La Partie requise fera connaître la suite donnée à cette dénonciation et transmettra s'il y a lieu copie de la décision intervenue.

3. Les dispositions de l'article 16 s'appliqueront aux dénonciations prévues au paragraphe 1er du présent article.

TITRE VII. – ÉCHANGE D'AVIS DE CONDAMNATION

Ainsi rédigé à compter du 2 mai 1991, Protocole 17 mars 1978, art. 4 publié par D. n. 91-386, 17 avril 1991

Art. 22. – 1. Chacune des Parties Contractantes donnera à la partie intéressée avis des sentences pénales et des mesures postérieures qui concernent les ressortissants de cette partie et ont fait l'objet d'une inscription au casier judiciaire. Les ministères de la justice se communiqueront ces avis au moins une fois par an. Si la personne en cause est considérée comme ressortissante de deux ou plusieurs parties contractantes, les avis seront communiqués à chacune des parties intéressées à moins que cette personne ne possède la nationalité de la partie sur le territoire de laquelle elle a été condamnée.

2. En outre, toute Partie Contractante qui a donné les avis précités communiquera à la partie intéressée, sur sa demande, dans des cas particuliers, copie des sentences et mesures dont il s'agit, ainsi que tout autre renseignement s'y référant, pour lui permettre d'examiner si elles requièrent des mesures sur le plan interne. Cette communication se fera entre les ministères de la justice intéressés.

TITRE VIII. – DISPOSITIONS FINALES

Art. 23. – 1. Toute Partie Contractante pourra, au moment de la signature de la présente Convention ou du dépôt de son instrument de ratification ou d'adhésion, formuler une réserve au sujet d'une ou de plusieurs dispositions déterminées de la Convention.

2. Toute Partie Contractante qui aura formulé une réserve la retirera aussitôt que les circonstances le permettront. Le retrait des réserves sera fait par notification adressée au Secrétaire général du Conseil de l'Europe.

3. Une Partie Contractante qui aura formulé une réserve au sujet d'une disposition de la Convention ne pourra prétendre à l'application de cette disposition par une autre Partie que dans la mesure où elle l'aura elle-même acceptée.

Art. 24. – Toute Partie Contractante pourra, au moment de la signature de la présente Convention ou du dépôt de son instrument de ratification ou d'adhésion, par déclaration adressée au Secrétaire général du Conseil de l'Europe, indiquer quelles autorités elle considérera comme des autorités judiciaires aux fins de la présente Convention.

Art. 25. – 1. La présente Convention s'appliquera aux territoires métropolitains des Parties Contractantes.

2. Elle s'appliquera également, en ce qui concerne la France, à l'Algérie et aux départements d'outre-mer, et, en ce qui concerne l'Italie, au territoire de la Somalie sous administration italienne.

3. La République Fédérale d'Allemagne pourra étendre l'application de la présente Convention au *Land* Berlin par une déclaration adressée au Secrétaire général du Conseil de l'Europe.

4. En ce qui concerne le Royaume des Pays-Bas, la présente Convention s'appliquera à son territoire européen. Le Royaume pourra étendre l'application de la Convention aux Antilles néerlandaises, au Surinam et à la Nouvelle-Guinée néerlandaise par une déclaration adressée au Secrétaire général du Conseil de l'Europe.

5. Par arrangement direct entre deux ou plusieurs Parties Contractantes, le champ d'application de la présente Convention pourra être étendu, aux conditions qui seront stipulées dans cet arrangement, à tout territoire d'une de ces Parties autre que ceux visés aux paragraphes 1, 2, 3 et 4 du présent article et dont une des Parties assure les relations internationales.

Art. 26. – 1. Sous réserve des dispositions du paragraphe 7 de l'article 15 et du paragraphe 3 de l'article 16, la présente Convention abroge, en ce qui concerne les territoires auxquels elle s'applique, celles des dispositions des traités, conventions ou accords bilatéraux qui, entre deux Parties Contractantes, régissent l'entraide judiciaire en matière pénale.

2. Toutefois la présente Convention n'affectera pas les obligations contenues dans les dispositions de toute autre convention internationale de caractère bilatéral ou multilatéral, dont certaines clauses régissent ou régiront, dans un domaine déterminé, l'entraide judiciaire sur des points particuliers.

3. Les Parties Contractantes ne pourront conclure entre elles des accords bilatéraux ou multilatéraux relatifs à l'entraide judiciaire en matière pénale que pour compléter les dispositions de la présente Convention ou pour faciliter l'application des principes contenus dans celle-ci.

4. Lorsque, entre deux ou plusieurs Parties Contractantes, l'entraide judiciaire en matière pénale se pratique sur la base d'une législation uniforme ou d'un régime particulier prévoyant l'application réciproque de mesures d'entraide judiciaire sur leurs territoires respectifs, ces Parties auront la faculté de régler leurs rapports mutuels en ce domaine en se fondant exclusivement sur ces systèmes nonobstant les dispositions de la présente Convention. Les Parties Contractantes qui excluent ou viendraient à exclure de leurs rapports mutuels l'application de la présente Convention, conformément aux dispositions du présent paragraphe, devront adresser une notification à cet effet au Secrétaire général du Conseil de l'Europe.

Art. 27. – 1. La présente Convention demeurera ouverte à la signature des Membres du Conseil de l'Europe. Elle sera ratifiée et les instruments de ratification seront déposés auprès du Secrétaire général du Conseil.

2. La Convention entrera en vigueur 90 jours après la date du dépôt du troisième instrument de ratification.

3. Elle entrera en vigueur à l'égard de tout signataire qui la ratifiera ultérieurement 90 jours après le dépôt de son instrument de ratification.

....

RÉSERVES DE LA FRANCE

(Réserves et Déclarations faites lors de la signature le 28 avril 1961)

Le Gouvernement français déclare que, en raison de l'organisation interne et du fonctionnement du casier judiciaire en France, les autorités qui en sont chargées se trouvent dans l'impossibilité matérielle de donner automatiquement avis aux Parties Contractantes à la présente Convention, conformément à l'article 22, des mesures intervenues postérieurement à la condamnation de leurs ressortissants – telles que les mesures de grâce, de réhabilitation ou d'amnistie – qui font l'objet d'une inscription au casier judiciaire.

Il donne cependant l'assurance que ces autorités, lorsqu'elles en seront requises à propos de cas particuliers, préciseront dans la mesure du possible auxdites Parties Contractantes la situation pénale de leurs ressortissants.

Le Gouvernement français déclare que, doivent être considérées comme autorités judiciaires françaises aux fins de la présente Convention, les autorités suivantes :

- les Premiers Présidents, Présidents, Conseillers et Juges des juridictions répressives ;
- les Juges d'instruction desdites juridictions ;
- les membres du ministère public près lesdites juridictions, à savoir :

les Procureurs Généraux ;
les Avocats Généraux ;
les Substituts des Procureurs Généraux ;
les Procureurs de la République et leurs Substituts ;
les Représentants du ministère public auprès des tribunaux de police ;
les Commissaires du Gouvernement près les tribunaux des forces armées.

Déclarations figurant dans l'instrument de ratification
déposé le 23 mai 1967

En déposant cet instrument de ratification, le Gouvernement de la République française déclare :

1. Qu'il confirme la réserve et la déclaration faites lors de la signature le 28 avril 1961 de ladite Convention et concernant, la première, l'échange des casiers judiciaires (article 22), la seconde, les autorités judiciaires devant être considérées comme telles aux fins de la Convention (article 24) ;

2. Qu'il fait usage :

a) de la faculté prévue à l'article 7, paragraphe 3, et précise en conséquence que les citations à comparaître destinées à des personnes poursuivies se trouvant sur le territoire français devront être envoyées aux autorités françaises au moins 30 jours avant la date fixée pour la comparution de ces personnes ;

b) de la faculté prévue à l'article 15, paragraphe 6, en vue de l'application de l'article 15, paragraphes 2 et 3, de telle sorte que les dispositions des deux paragraphes susvisés s'appliqueront de la manière suivante :

Article 5, paragraphe 2 : en cas d'urgence, lorsque les commissions rogatoires prévues aux articles 3, 4 et 5 seront adressées directement par les autorités judiciaires de la Partie requérante aux autorités judiciaires de la Partie requise, une copie de ces commissions rogatoires devra être communiquée en même temps au ministère de la Justice de la Partie requise ;

Article 15, paragraphe 4 : les demandes d'entraide judiciaire autres que celles prévues à l'article 15, paragraphes 1 et 3, et notamment les demandes d'enquêtes préliminaires à la poursuite, devront être adressées par le ministère de la Justice de la Partie requérante au ministère de la Justice de la Partie requise et renvoyées par la même voie ;

3. Que la Convention européenne d'entraide judiciaire en matière pénale ne sera pas applicable à l'Algérie, nonobstant les dispositions de l'article 25, paragraphe 2, ce pays ayant accédé à l'indépendance depuis la signature par le Gouvernement français de la Convention susvisée.

Décret n. 91-386 du 17 avril 1991

portant publication du protocole additionnel
à la convention européenne d'entraide judiciaire en matière pénale du 20 avril 1959

PROTOCOLE ADDITIONNEL

à la convention européenne d'entraide judiciaire en matière pénale
(fait à Strasbourg le 17 mars 1978 et signé par la France le 28 mars 1990. Entré en vigueur le 2 mai 1991)

TITRE PREMIER

Art. 1er. – Les Parties contractantes n'exerceront pas le droit prévu à l'article 2 *a* de la Convention de refuser l'entraide judiciaire pour le seul motif que la demande se rapporte à une infraction que la partie requise considère comme une infraction fiscale.

Art. 2. – 1. Dans le cas où une Partie contractante s'est réservé la faculté de soumettre l'exécution des commissions rogatoires aux fins de perquisition ou saisie d'objets à la condition que l'infraction motivant la commission rogatoire soit punissable selon la loi de la partie requérante et de la partie requise, cette condition sera remplie en ce qui concerne les infractions fiscales, si l'infraction est punissable selon la loi de la partie requérante et correspond à une infraction de même nature selon la loi de la partie requise.

2. La demande ne pourra être rejetée pour le motif que la législation de la partie requise n'impose pas le même type de taxes ou impôts, ou ne contient pas le même type de réglementation en matière de taxes et impôts, de douane et de change que la législation de la partie requérante.

TITRE II

Art. 3. – La Convention s'appliquera également :

a) À la notification des actes visant l'exécution d'une peine, le recouvrement d'une amende ou le paiement des frais de procédure ;

b) Aux mesures relatives au sursis au prononcé d'une peine ou à son exécution, à la libération conditionnelle, au renvoi du début d'exécution de la peine ou à l'interruption de son exécution.

TITRE III

Art. 4. – L'article 22 de la Convention est complété par le texte suivant, l'article 22 original de la Convention constituant le paragraphe 1 et les dispositions ci-après le paragraphe 2 (*V. Conv. 20 avr. 1959, art. 22*).

TITRE IV

Art. 5. – 1. Le présent Protocole est ouvert à la signature des États membres du Conseil de l'Europe qui ont signé la Convention. Il sera soumis à ratification, acceptation ou approbation. Les instruments de ratification, d'acceptation ou d'approbation seront déposés près le Secrétaire général du Conseil de l'Europe.

2. Le Protocole entrera en vigueur quatre-vingt-dix jours après la date du dépôt du troisième instrument de ratification, d'acceptation ou d'approbation.

3. Il entrera en vigueur à l'égard de tout État signataire qui le ratifiera, l'acceptera ou l'approuvera ultérieurement quatre-vingt-dix jours après la date du dépôt de son instrument de ratification, d'acceptation ou d'approbation.

4. Un État membre du Conseil de l'Europe ne peut ratifier, accepter ou approuver le présent Protocole sans avoir simultanément ou antérieurement ratifié la Convention.

Art. 6. – 1. Tout État qui a adhéré à la Convention peut adhérer au présent Protocole après l'entrée en vigueur de celui-ci.

2. L'adhésion s'effectuera par le dépôt, près le Secrétaire général du Conseil de l'Europe, d'un instrument d'adhésion qui prendra effet quatre-vingt-dix jours après la date de son dépôt.

Art. 7. – 1. Tout État peut, au moment de la signature ou au moment du dépôt de son instrument de ratification, d'acceptation, d'approbation ou d'adhésion, désigner le ou les territoires auxquels s'appliquera le présent Protocole.

2. Tout État peut, au moment du dépôt de son instrument de ratification, d'acceptation, d'approbation ou d'adhésion, ou tout autre moment, par la suite étendre l'application du présent Protocole, par déclaration adressée au Secrétariat général du Conseil de l'Europe, à tout autre territoire désigné dans la déclaration et dont il assure les relations internationales ou pour lequel il est habilité à stipuler.

3. Toute déclaration faite en vertu du paragraphe précédent pourra être retirée, en ce qui concerne tout territoire désigné dans cette déclaration, par notification adressée au Secrétaire général du Conseil de l'Europe. Le retrait prendra effet six mois après la date de réception de la notification par le Secrétaire général du Conseil de l'Europe.

Art. 8. – 1. Les réserves formulées par une partie contractante concernant une disposition de la Convention s'appliqueront également au présent Protocole, à moins que cette partie n'exprime l'intention contraire au moment de la signature ou au moment du dépôt de son instrument de ratification, d'acceptation, d'approbation ou d'adhésion. Il en sera de même pour les déclarations faites en vertu de l'article 24 de la Convention.

2. Tout État peut, au moment de la signature ou au moment du dépôt de son instrument de ratification, d'acceptation, d'approbation ou d'adhésion, déclarer qu'il se réserve le droit :

a) De ne pas accepter le titre Ier, ou de l'accepter seulement en ce qui concerne certaines infractions ou catégories d'infractions visées par l'article 1er, ou de ne pas exécuter les commissions rogatoires aux fins de perquisition ou saisie d'objets en matière d'infractions fiscales ;

b) De ne pas accepter le titre II ;

c) De ne pas accepter le titre III.

3. Toute Partie contractante qui a formulé une réserve en vertu du paragraphe précédent peut la retirer au moyen d'une déclaration adressée au Secrétaire général du Conseil de l'Europe et qui prendra effet à la date de sa réception.

4. Une Partie contractante qui a appliqué au présent Protocole une réserve formulée au sujet d'une disposition de la Convention ou qui a formulé une réserve au sujet d'une disposition du présent Protocole ne peut prétendre à l'application de cette disposition par une autre Partie contractante : toutefois elle peut, si la réserve est partielle ou conditionnelle, prétendre à l'application de cette disposition dans la mesure où elle l'a acceptée.

5. Aucune autre réserve n'est admise aux dispositions du présent Protocole.

Art. 9. – Les dispositions du présent Protocole ne font pas obstacle aux règles plus détaillées contenues dans les accords bilatéraux ou multilatéraux conclus entre des Parties contractantes en application de l'article 26, paragraphe 3, de la Convention.

Art. 10. – Le Comité européen pour les problèmes criminels du Conseil de l'Europe suivra l'exécution du présent Protocole et facilitera autant que de besoin le règlement amiable de toute difficulté à laquelle l'exécution du Protocole donnerait lieu.

Art. 11. – 1. Toute Partie contractante pourra, en ce qui la concerne, dénoncer le présent Protocole en adressant une notification au Secrétaire général du Conseil de l'Europe.

2. La dénonciation prendra effet six mois après la date de réception de la notification par le Secrétaire général.

3. La dénonciation de la Convention entraîne automatiquement la dénonciation du présent Protocole.

Art. 12. – Le Secrétaire général du Conseil de l'Europe notifiera aux États membres du Conseil et à tout État ayant adhéré à la Convention :

a) Toute signature du présent Protocole ;

b) Le dépôt de tout instrument de ratification, d'acceptation, d'approbation ou d'adhésion ;

c) Toute date d'entrée en vigueur du présent Protocole conformément à ses articles 5 et 6 ;

d) Toute déclaration reçue en application des dispositions des paragraphes 2 et 3 de l'article 7 ;

e) Toute déclaration reçue en application des dispositions du paragraphe 1 de l'article 8 ;

f) Toute réserve formulée en application des dispositions du paragraphe 2 de l'article 8 ;

g) Le retrait de toute réserve effectué en application des dispositions du paragraphe 3 de l'article 8 ;

h) Toute notification reçue en application des dispositions de l'article 11 et la date à laquelle la dénonciation prendra effet.

En foi de quoi, les soussignés, dûment autorisés à cet effet, ont signé le présent Protocole.

Fait à Strasbourg, le 17 mars 1978, en français et en anglais, les deux textes faisant également foi, en un seul exemplaire qui sera déposé dans les archives du Conseil de l'Europe. Le Secrétaire général du Conseil de l'Europe en communiquera copie certifiée conforme à chacun des États signataires et adhérents.

DÉCLARATION FRANÇAISE

Le Gouvernement de la République française déclare que le présent Protocole additionnel à la Convention européenne d'entraide judiciaire en matière pénale est applicable aux départements européens et d'outre-mer de la République française.

CONVENTION EUROPÉENNE

pour la répression du terrorisme, faite à Strasbourg le 27 janvier 1977

Décret n. 87-1024 du 21 décembre 1987

Les États membres du Conseil de l'Europe, signataires de la présente Convention,

Considérant que le but du Conseil de l'Europe est de réaliser une union plus étroite entre ses membres ;

Conscients de l'inquiétude croissante causée par la multiplication des actes de terrorisme ;

Souhaitant que des mesures efficaces soient prises pour que les auteurs de tels actes n'échappent pas à la poursuite et au châtiment ;

Convaincus que l'extradition est un moyen particulièrement efficace de parvenir à ce résultat,

sont convenus de ce qui suit :

Art. 1er. – Pour les besoins de l'extradition entre États contractants, aucune des infractions mentionnées ci-après ne sera considérée comme une infraction politique, comme une infraction connexe à une infraction politique ou comme une infraction inspirée par des mobiles politiques :

a) Les infractions comprises dans le champ d'application de la Convention pour la répression de la capture illicite d'aéronefs, signée à La Haye le 16 décembre 1970 ;

b) Les infractions comprises dans le champ d'application de la Convention pour la répression d'actes illicites dirigés contre la sécurité de l'aviation civile, signée à Montréal le 23 septembre 1971 ;

c) Les infractions graves constituées par une attaque contre la vie, l'intégrité corporelle ou la liberté des personnes ayant droit à une protection internationale, y compris les agents diplomatiques ;

d) Les infractions comportant l'enlèvement, la prise d'otage ou la séquestration arbitraire ;

e) Les infractions comportant l'utilisation de bombes, grenades, fusées, armes à feu automatiques ou de lettres ou colis piégés dans la mesure où cette utilisation présente un danger pour des personnes ;

f) La tentative de commettre une des infractions précitées ou la participation en tant que coauteur ou complice d'une personne qui commet ou tente de commettre une telle infraction.

Art. 2. – 1. Pour les besoins de l'extradition entre États contractants, un État contractant peut ne pas considérer comme infraction politique, comme infraction connexe à une telle infraction ou comme infraction inspirée par des mobiles politiques tout acte grave de violence qui n'est pas visé à l'article 1er et qui est dirigé contre la vie, l'intégrité corporelle ou la liberté des personnes.

2. Il en sera de même en ce qui concerne tout acte grave contre les biens, autres que ceux visés à l'article 1er, lorsqu'il a créé un danger collectif pour des personnes.

3. Il en sera de même en ce qui concerne la tentative de commettre une des infractions précitées ou la participation en tant que coauteur ou complice d'une personne qui commet ou tente de commettre une telle infraction.

Art. 3. – Les dispositions de tous traités et accords d'extradition applicables entre les États contractants, y compris la Convention européenne d'extradition, sont en ce qui concerne les relations entre États contractants modifiées dans la mesure où elles sont incompatibles avec la présente Convention.

Art. 4. – Pour les besoins de la présente Convention et pour autant qu'une des infractions visées aux articles 1er ou 2 ne figure pas sur la liste de cas d'extradition dans un traité ou une convention d'extradition en vigueur entre les États contractants, elle est considérée comme y étant comprise.

Art. 5. – Aucune disposition de la présente Convention ne doit être interprétée comme impliquant une obligation d'extrader si l'État requis a des raisons sérieuses de croire que la demande d'extradition motivée par une infraction visée à l'article 1er ou 2 a été présentée aux fins de poursuivre ou de punir une personne pour des considérations de race, de religion, de nationalité ou d'opinions politiques ou que la situation de cette personne risque d'être aggravée pour l'une ou l'autre de ces raisons.

Art. 6. – 1. Tout État contractant prend les mesures nécessaires pour établir sa compétence aux fins de connaître d'une infraction visée à l'article 1er dans le cas où l'auteur soupçonné de l'infraction se trouve sur son territoire et où l'État ne l'extrade pas après avoir reçu une demande d'extradition d'un État contractant dont la compétence de poursuivre est fondée sur une règle de compétence existant également dans la législation de l'État requis.

2. La présente Convention n'exclut aucune compétence pénale exercée conformément aux lois nationales.

Art. 7. – Un État contractant sur le territoire duquel l'auteur soupçonné d'une infraction visée à l'article 1er est découvert et qui a reçu une demande d'extradition dans les conditions mentionnées au paragraphe 1er de l'article 6 soumet, s'il n'extrade pas l'auteur soupçonné de l'infraction, l'affaire sans aucune exception et sans retard injustifié à ses autorités compétentes pour l'exercice de l'action pénale. Ces autorités prennent leur décision dans les mêmes conditions que pour toute infraction de caractère grave conformément aux lois de cet État.

Art. 8. – 1. Les États contractants s'accordent l'entraide judiciaire la plus large possible en matière pénale dans toute procédure relative aux infractions visées à l'article 1er ou 2. Dans tous les cas, la loi applicable en ce qui concerne l'assistance mutuelle en matière pénale est celle de l'État requis. Toutefois, l'entraide judiciaire ne pourra pas être refusée pour le seul motif qu'elle concerne une infraction politique ou une infraction connexe à une telle infraction ou une infraction inspirée par des mobiles politiques.

2. Aucune disposition de la présente Convention ne doit être interprétée comme impliquant une obligation d'accorder l'entraide judiciaire si l'État requis a des raisons sérieuses de croire que la demande d'entraide motivée par une infraction visée à l'article 1er ou 2 a été présentée aux fins de poursuivre ou de punir une

personne pour des considérations de race, de religion, de nationalité ou d'opinions politiques ou que la situation de cette personne risque d'être aggravée pour l'une ou l'autre de ces raisons.

3. Les dispositions de tous traités et accords d'entraide judiciaire en matière pénale applicables entre les États contractants, y compris la Convention européenne d'entraide judiciaire en matière pénale, sont en ce qui concerne les relations entre États contractants modifiées dans la mesure où elles sont incompatibles avec la présente Convention.

Art. 9. – 1. Le Comité européen pour les problèmes criminels du Conseil de l'Europe suit l'exécution de la présente Convention.

2. Il facilite autant que de besoin le règlement amiable de toute difficulté à laquelle l'exécution de la Convention donnerait lieu.

Art. 10. – 1. Tout différend entre États contractants concernant l'interprétation ou l'application de la présente Convention qui n'a pas été réglé dans le cadre du paragraphe 2 de l'article 9 sera, à la requête de l'une des Parties au différend, soumis à l'arbitrage. Chacune des Parties désignera un arbitre et les deux arbitres désigneront un troisième arbitre. Si dans un délai de trois mois à compter de la requête d'arbitrage, l'une des Parties n'a pas procédé à la désignation d'un arbitre, l'arbitre sera désigné, à la demande de l'autre Partie, par le Président de la Cour européenne des droits de l'homme. Si le Président de la Cour européenne des droits de l'homme est le ressortissant de l'une des Parties au différend, la désignation de l'arbitre incombera au Vice-Président de la Cour ou, si le Vice-Président est le ressortissant de l'une des Parties au différend, au membre le plus ancien de la Cour qui n'est pas le ressortissant de l'une des Parties au différend. La même procédure s'appliquera au cas où les deux arbitres ne pourraient pas se mettre d'accord sur le choix du troisième arbitre.

2. Le tribunal arbitral arrêtera sa procédure. Ses décisions seront prises à la majorité. Sa sentence sera définitive.

Art. 11. – 1. La présente Convention est ouverte à la signature des États membres du Conseil de l'Europe. Elle sera ratifiée, acceptée ou approuvée. Les instruments de ratification, d'acceptation ou d'approbation seront déposés près le secrétaire général du Conseil de l'Europe.

2. La Convention entrera en vigueur trois mois après la date du dépôt du troisième instrument de ratification, d'acceptation ou d'approbation.

3. Elle entrera en vigueur à l'égard de tout État signataire qui la ratifiera, l'acceptera ou l'approuvera ultérieurement, trois mois après la date du dépôt de son instrument de ratification, d'acceptation ou d'approbation.

Art. 12. – 1. Tout État peut, au moment de la signature ou au moment du dépôt de son instrument de ratification, d'acceptation ou d'approbation, désigner le ou les territoires auxquels s'appliquera la présente Convention.

2. Tout État peut, au moment du dépôt de son instrument de ratification, d'acceptation ou d'approbation ou à tout autre moment par la suite étendre l'application de la présente Convention par déclaration adressée au secrétaire général du Conseil de l'Europe, à tout autre territoire désigné dans la déclaration et dont il assure les relations internationales ou pour lequel il est habilité à stipuler.

3. Toute déclaration faite en vertu du paragraphe précédent pourra être retirée, en ce qui concerne tout territoire désigné dans cette déclaration, par notification adressée au secrétaire général du Conseil de l'Europe. Le retrait prendra effet immédiatement ou à une date ultérieure précisée dans la notification.

Art. 13. – 1. Tout État peut, au moment de la signature ou au moment du dépôt de son instrument de ratification, d'acceptation ou d'approbation, déclarer qu'il se réserve le droit de refuser l'extradition en ce qui concerne toute infraction énumérée dans l'article 1er qu'il considère comme une infraction politique, comme une infraction connexe à une infraction politique ou comme une infraction inspirée par des mobiles politiques, à condition qu'il s'engage à prendre dûment en considération, lors de l'évaluation du caractère de l'infraction, son caractère de particulière gravité, y compris :

a) Qu'elle a créé un danger collectif pour la vie, l'intégrité corporelle ou la liberté des personnes ; ou bien

b) Qu'elle a atteint des personnes étrangères aux mobiles qui l'ont inspirée ; ou bien

c) Que des moyens cruels ou perfides ont été utilisés pour sa réalisation.

2. Tout État peut retirer en tout ou en partie une réserve formulée par lui en vertu du paragraphe précédent, au moyen d'une déclaration adressée au secrétaire général du Conseil de l'Europe et qui prendra effet à la date de sa réception.

3. Un État qui a formulé une réserve en vertu du paragraphe 1er de cet article ne peut prétendre à l'application de l'article 1er par un autre État ; toutefois, il peut, si la réserve est partielle ou conditionnelle, prétendre à l'application de cet article dans la mesure où il l'a lui-même accepté.

Art. 14. – Tout État contractant pourra dénoncer la présente Convention en adressant une notification écrite au secrétaire général du Conseil de l'Europe. Une telle dénonciation prendra effet immédiatement ou à une date ultérieure précisée dans la notification.

Art. 15. – La Convention cesse de produire ses effets à l'égard de tout État contractant qui se retire du Conseil de l'Europe ou qui cesse d'y appartenir.

Art. 16. – Le secrétaire général du Conseil de l'Europe notifiera aux États membres du Conseil :

a) Toute signature ;

b) Le dépôt de tout instrument de ratification, d'acceptation ou d'approbation ;

c) Toute date d'entrée en vigueur de la présente Convention conformément à son article 11 ;

d) Toute déclaration ou notification reçue en application des dispositions de l'article 12 ;

e) Toute réserve formulée en application du paragraphe 1er de l'article 13 ;

f) Le retrait de toute réserve effectué en application du paragraphe 2 de l'article 13 ;

g) Toute notification reçue en application de l'article 14, et la date à laquelle la dénonciation prendra effet ;

h) Toute cessation des effets de la Convention en application de l'article 15.

En foi de quoi, les soussignés, dûment autorisés à cet effet, ont signé la présente Convention.

Fait à Strasbourg, le 27 janvier 1977, en français et en anglais, les deux textes faisant également foi, en un seul exemplaire qui sera déposé dans les archives du Conseil de l'Europe. Le secrétaire général du Conseil de l'Europe en communiquera copie certifiée conforme à chacun des États signataires.

RÉSERVE ET DÉCLARATIONS DE LA FRANCE

Réserve

Le Gouvernement de la République française déclare qu'il se réserve le droit de refuser l'extradition en conformité avec les dispositions de l'article 13, paragraphe 1, de la Convention.

Déclarations

1. La France entend rappeler, conformément à la déclaration qu'elle avait faite lors de la signature de la Convention, le 27 janvier 1977, que la lutte à mener contre le terrorisme doit se concilier avec le respect des principes fondamentaux de notre droit pénal et de notre Constitution, laquelle proclame dans son préambule que « tout homme persécuté en raison de son action en faveur de la liberté a droit d'asile sur les territoires de la République » et que l'application de la Convention européenne pour la répression du terrorisme ne saurait avoir pour résultat de porter atteinte au droit d'asile.

2. Le Gouvernement de la République française déclare qu'il n'appliquera la Convention européenne pour la répression du terrorisme qu'aux infractions commises postérieurement à la date de son entrée en vigueur.

3. Conformément à l'article 12-1 de la Convention, le Gouvernement de la République française déclare que la Convention européenne pour la répression du terrorisme s'applique aux départements européens et d'outre-mer de la République française.

H. Labayle et R. Koering-Joulin, *Dix ans après... de la signature (1977) à la ratification (1987) de la Convention européenne pour la répression du terrorisme : JCP* 88, éd. G, I, 3349.

CONVENTION

d'application de l'Accord de Schengen du 14 juin 1985 entre les Gouvernements des États de l'Union Économique Benelux, de la République fédérale d'Allemagne et de la République française, relatif à la suppression graduelle des contrôles aux frontières communes

(19 juin 1990)

Le Royaume de Belgique, la République fédérale d'Allemagne, la République française, le Grand-Duché de Luxembourg et le Royaume des Pays-Bas, ci-après dénommés les Parties Contractantes,

se fondant sur l'Accord de Schengen du 14 juin 1985 relatif à la suppression graduelle des contrôles aux frontières communes,

ayant décidé d'accomplir la volonté exprimée dans cet accord de parvenir à la suppression des contrôles aux frontières communes dans la circulation des personnes et d'y faciliter le transport et la circulation des marchandises,

considérant que le Traité instituant les Communautés européennes, complété par l'Acte Unique européen, prévoit que le marché intérieur comporte un espace sans frontières intérieures,

considérant que le but poursuivi par les Parties Contractantes coïncide avec cet objectif, sans préjuger des mesures qui seront prises en application des dispositions du Traité,

considérant que l'accomplissement de cette volonté appelle une série de mesures appropriées et une étroite coopération entre les Parties Contractantes,

sont convenus de ce qui suit :

....

TITRE III. – POLICE ET SÉCURITÉ

CHAPITRE Ier. – COOPÉRATION POLICIÈRE

Art. 39. – 1. Les Parties Contractantes s'engagent à ce que leurs services de police s'accordent, dans le respect de la législation nationale et dans les limites de leurs compétences, l'assistance aux fins de la prévention et de la recherche de faits punissables, pour autant que le droit national ne réserve pas la demande aux autorités judiciaires et que la demande ou son exécution n'implique pas l'application de mesures de contrainte par la Partie Contractante requise. Lorsque les autorités de police requises ne sont pas compétentes pour exécuter une demande, elles la transmettent aux autorités compétentes.

2. Les informations écrites qui sont fournies par la Partie Contractante requise en vertu de la disposition du paragraphe 1 ne peuvent être utilisées par la Partie Contractante requérante aux fins d'apporter la preuve des faits incriminés qu'avec l'accord des autorités judiciaires compétentes de la Partie Contractante requise.

3. Les demandes d'assistance visées au paragraphe 1 et les réponses à ces demandes peuvent être échangées entre les organes centraux chargés, par chaque Partie Contractante, de la coopération policière internationale. Lorsque la demande ne peut être faite en temps utile par la voie susvisée, elle peut être adressée par les autorités de police de la Partie Contractante requérante directement aux autorités compétentes de la Partie requise et celles-ci peuvent y répondre directement. Dans ces cas, l'autorité de police requérante avise dans les meilleurs délais l'organe central chargé, dans la Partie Contractante requise, de la coopération policière internationale, de sa demande directe.

4. Dans les régions frontalières, la coopération peut être réglée par des arrangements entre les Ministres compétents des Parties Contractantes.

5. Les dispositions du présent article ne font pas obstacle aux accords bilatéraux plus complets présents et futurs entre Parties Contractantes ayant une frontière commune. Les Parties Contractantes s'informent mutuellement de ces accords.

Art. 40. – 1. Les agents d'une des Parties Contractantes qui, dans le cadre d'une enquête judiciaire, observent dans leur pays une personne présumée avoir participé à un fait punissable pouvant donner lieu à extradition, sont autorisés à continuer cette observation sur le territoire d'une autre Partie Contractante lorsque celle-ci a autorisé l'observation transfrontalière sur la base d'une demande d'entraide judiciaire présentée au préalable. L'autorisation peut être assortie de conditions.

Sur demande, l'observation sera confiée aux agents de la Partie Contractante sur le territoire de laquelle elle est effectuée.

La demande d'entraide judiciaire mentionnée à l'alinéa 1 doit être adressée à une autorité désignée par chacune des Parties Contractantes et compétente pour accorder ou transmettre l'autorisation demandée.

2. Lorsque, pour des raisons particulièrement urgentes, l'autorisation préalable de l'autre Partie Contractante ne peut être demandée, les agents observateurs sont autorisés à continuer au-delà de la frontière l'observation d'une personne présumée avoir commis des faits punissables énumérés au paragraphe 7, dans les conditions ci-après :

a) Le franchissement de la frontière sera communiqué immédiatement durant l'observation à l'autorité de la Partie Contractante désignée au paragraphe 5, sur le territoire de laquelle l'observation continue ;

b) Une demande d'entraide judiciaire présentée conformément au paragraphe 1 et exposant les motifs justifiant le franchissement de la frontière, sans autorisation préalable, sera transmise sans délai.

L'observation sera arrêtée dès que la Partie Contractante sur le territoire de laquelle elle a lieu le demande, suite à la communication visée au point *a* ou à la demande visée au point *b*, ou si l'autorisation n'est pas obtenue cinq heures après le franchissement de la frontière.

3. L'observation visée aux paragraphes 1 et 2 ne peut être exercée qu'aux conditions générales suivantes :

a) Les agents observateurs doivent se conformer aux dispositions du présent article et au droit de la Partie Contractante sur le territoire de laquelle ils opèrent ; ils doivent obtempérer aux injonctions des autorités localement compétentes.

b) Sous réserve des situations prévues au paragraphe 2, les agents se munissent durant l'observation d'un document attestant que l'autorisation a été accordée.

c) Les agents observateurs devront être en mesure de justifier à tout moment de leur qualité officielle.

d) Les agents observateurs peuvent emporter leur arme de service pendant l'observation, sauf décision contraire expresse de la Partie requise ; son utilisation est interdite sauf en cas de légitime défense.

e) L'entrée dans les domiciles et les lieux non accessibles au public est interdite.

f) Les agents observateurs ne peuvent ni interpeller ni arrêter la personne observée.

g) Toute opération fera l'objet d'un rapport aux autorités de la Partie Contractante sur le territoire de laquelle elle est intervenue ; la comparution personnelle des agents observateurs peut être requise.

h) Les autorités de la Partie Contractante dont les agents observateurs sont originaires apportent, lorsqu'il est demandé par les autorités de la Partie Contractante sur le territoire de laquelle l'observation a eu lieu, leur concours à l'enquête consécutive à l'opération à laquelle ils ont participé y compris aux procédures judiciaires.

4. Les agents visés aux paragraphes 1 et 2 sont :

– en ce qui concerne le Royaume de Belgique : les membres de la police judiciaire près les Parquets, de la gendarmerie et de la police communale, ainsi que, dans les conditions fixées par accords bilatéraux appropriés visés au paragraphe 6, en ce qui concerne leurs attributions touchant au trafic illicite de stupéfiants et substances psychotropes, au trafic d'armes et d'explosifs, et au transport illicite de déchets toxiques et nuisibles, les agents des douanes ;

– en ce qui concerne la République fédérale d'Allemagne : les agents des Polizeien des Bundes und der Länder ainsi que, pour les seuls domaines du trafic illicite de stupéfiants et substances psychotropes et du trafic d'armes, les agents du Zollfahndungsdienst (service de recherches douanières) en leur qualité d'agents auxiliaires du ministère public ;

– en ce qui concerne la République française : les officiers et agents de police judiciaire de la police nationale et de la gendarmerie nationale, ainsi que, dans les conditions fixées par accords bilatéraux appropriés visés au paragraphe 6, en ce qui concerne leurs attributions touchant au trafic illicite de stupéfiants et substances psychotropes, au trafic d'armes et d'explosifs, et au transport illicite de déchets toxiques et nuisibles, les agents des douanes ;

– en ce qui concerne le Grand-Duché de Luxembourg : les agents de la gendarmerie et de la police, ainsi que, dans les conditions fixées par accords bilatéraux appropriés visés au paragraphe 6, en ce qui concerne leurs attributions touchant au trafic illicite de stupéfiants et substances psychotropes, au trafic d'armes et d'explosifs, et au transport illicite de déchets toxiques et nuisibles, les agents des douanes ;

– en ce qui concerne le Royaume des Pays-Bas : les agents de la Rijkspolitie et de la Gemeentepolitie, ainsi que, dans les conditions fixées par accords bilatéraux appropriés visés au paragraphe 6, en ce qui concerne leurs attributions touchant au trafic illicite de stupéfiants et substances psychotropes, au trafic d'armes et d'explosifs et au transport illicite de déchets toxiques et nuisibles, les agents du service fiscal de renseignements et de recherche compétents en matière de droits d'entrée et accises.

5. L'autorité visée aux paragraphes 1 et 2 est :

– en ce qui concerne le Royaume de Belgique : le Commissariat général de la Police judiciaire ;

– en ce qui concerne la République fédérale d'Allemagne : le Bundeskriminalamt ;

– en ce qui concerne la République française : la Direction centrale de la Police judiciaire ;

– en ce qui concerne le Grand-Duché de Luxembourg : le Procureur général d'État ;

– en ce qui concerne le Royaume des Pays-Bas : le Landelijk Officier van Justitie compétent pour l'observation transfrontalière.

6. Les Parties Contractantes peuvent, sur le plan bilatéral étendre le champ d'application du présent article et adopter des dispositions supplémentaires en exécution de cet article.

7. L'observation telle que visée au paragraphe 2 ne peut avoir lieu que pour l'un des faits punissables suivants :

– assassinat,
– meurtre,
– viol,
– incendie volontaire,
– fausse monnaie,
– vol et recel aggravés,
– extorsion,
– enlèvement et prise d'otage,
– trafic d'êtres humains,
– trafic illicite de stupéfiants et substances psychotropes,
– infractions aux dispositions légales en matière d'armes et explosifs,
– destruction par explosifs,
– transport illicite de déchets toxiques et nuisibles.

Les dispositions de l'article 40, alinéa 1er, de la Convention signée à Schengen le 19 juin 1990 autorisant, notamment, les officiers et agents de police judiciaire de la police nationale et de la gendarmerie nationale qui, dans le cadre d'une enquête judiciaire, observent en France une personne présumée avoir participé à un fait punissable pouvant donner lieu à extradition, à continuer leur observation sur le territoire d'une autre partie contractante, s'appliquent à toutes enquêtes judiciaires, y compris celles effectuées sur commission rogatoire d'un juge d'instruction. Aucune disposition légale ou conventionnelle ne subordonne l'exercice de ce droit, qui découle de ladite Convention, à une autorisation expresse du juge mandant (Cass. crim., 14 juin 2000 : *Bull.* 224).

Art. 41. – 1. Les agents d'une des Parties Contractantes qui, dans leur pays, suivent une personne prise en flagrant délit de commission d'une des infractions visées au paragraphe 4 ou de participation à l'une desdites infractions, sont autorisés à continuer la poursuite sans autorisation préalable sur le territoire d'une autre Partie Contractante lorsque les autorités compétentes de l'autre Partie Contractante n'ont pu être averties préalablement de l'entrée sur ce territoire, en raison de l'urgence particulière, par un des moyens de communication prévus à l'article 44, ou que ces autorités n'ont pu se rendre sur place à temps pour reprendre la poursuite.

Il en est de même lorsque la personne poursuivie, se trouvant en état d'arrestation provisoire ou purgeant une peine privative de liberté, s'est évadée.

Au plus tard au moment du franchissement de la frontière, les agents poursuivants font appel aux autorités compétentes de la Partie Contractante sur le territoire de laquelle la poursuite a lieu. La poursuite sera arrêtée dès que la Partie Contractante sur le territoire de laquelle la poursuite doit avoir lieu, le demande. À la demande des agents poursuivants, les autorités localement compétentes appréhenderont la personne poursuivie pour établir son identité ou procéder à son arrestation.

2. La poursuite est exercée selon l'une des modalités suivantes, qui est définie par la déclaration prévue au paragraphe 9 :

a) Les agents poursuivants ne disposent pas du droit d'interpellation.

b) Si aucune demande d'interrompre la poursuite n'est formulée et que les autorités localement compétentes ne peuvent intervenir assez rapidement, les agents poursuivants pourront interpeller la personne poursuivie, jusqu'à ce que les agents de la Partie Contractante sur le territoire de laquelle la poursuite a lieu, qui devront être informés sans délai, puissent établir son identité ou procéder à son arrestation.

3. La poursuite est exercée conformément aux paragraphes 1 et 2 selon l'une des modalités suivantes, qui est définie par la déclaration prévue au paragraphe 9 :

a) dans une zone ou pendant une durée à compter du franchissement de la frontière qui seront déterminées dans la déclaration ;

b) sans limitation dans l'espace ou dans le temps.

4. Dans une déclaration visée au paragraphe 9, les Parties Contractantes définissent les infractions visées au paragraphe 1 selon l'une des modalités suivantes :

a) Les infractions suivantes :

- assassinat,
- meurtre,
- viol,
- incendie volontaire,
- fausse monnaie,
- vol et recel aggravés,
- extorsion,
- enlèvement et prise d'otage,
- trafic d'êtres humains,
- trafic illicite de stupéfiants et substances psychotropes,
- infractions aux dispositions légales en matière d'armes et explosifs,
- destruction par explosifs,
- transport illicite de déchets toxiques et nuisibles,
- délit de fuite à la suite d'un accident ayant entraîné la mort ou des blessures graves.

b) Les infractions pouvant donner lieu à extradition.

5. La poursuite ne peut s'exercer qu'aux conditions générales suivantes :

a) Les agents poursuivants doivent se conformer aux dispositions du présent article et au droit de la Partie Contractante sur le territoire de laquelle ils opèrent ; ils doivent obtempérer aux injonctions des autorités localement compétentes.

b) La poursuite se fait uniquement par les frontières terrestres.

c) L'entrée dans les domiciles et les lieux non accessibles au public est interdite.

d) Les agents poursuivants sont aisément identifiables, soit par le port d'un uniforme, soit par un brassard ou par des dispositifs accessoires placés sur le véhicule ; l'usage de tenue civile combiné avec l'utilisation de véhicules banalisés sans l'identification précitée est interdit ; les agents poursuivants doivent être en mesure de justifier en tout temps de leur qualité officielle.

e) Les agents poursuivants peuvent emporter leur arme de service ; son utilisation est interdite sauf en cas de légitime défense.

f) Aux fins d'être conduite devant les autorités localement compétentes, la personne poursuivie, une fois appréhendée comme prévu au paragraphe 2 point *b*, ne pourra subir qu'une fouille de sécurité ; des menottes pourront être utilisées au cours de son transfert ; les objets en possession de la personne poursuivie pourront être saisis.

g) Après chaque opération mentionnée aux paragraphes 1, 2 et 3, les agents poursuivants se présentent devant les autorités localement compétentes de la Partie Contractante sur le territoire de laquelle ils ont opéré et rendent compte de leur mission ; à la demande de ces autorités, ils sont tenus de rester à disposition jusqu'à ce que les circonstances de leur action aient été suffisamment éclaircies ; cette condition s'applique même lorsque la poursuite n'a pas conduit à l'arrestation de la personne poursuivie.

h) Les autorités de la Partie Contractante dont les agents poursuivants sont originaires apportent, lorsqu'il est demandé par les autorités de la Partie Contractante sur le territoire de laquelle la poursuite a eu lieu, leur concours à l'enquête consécutive à l'opération à laquelle ils ont participé y compris aux procédures judiciaires.

6. Une personne qui, à la suite de l'action prévue au paragraphe 2, a été arrêtée par les autorités localement compétentes, peut, quelle que soit sa nationalité, être retenue aux fins d'audition. Les règles pertinentes du droit national sont applicables par analogie.

Si cette personne n'a pas la nationalité de la Partie Contractante sur le territoire de laquelle elle a été arrêtée, elle sera mise en liberté au plus tard six heures après l'arrestation, les heures entre minuit et neuf heures non comptées, à moins que les autorités localement compétentes aient reçu au préalable une demande d'arrestation provisoire aux fins d'extradition sous quelque forme que ce soit.

7. Les agents visés aux paragraphes précédents sont :

– en ce qui concerne le Royaume de Belgique : les membres de la police judiciaire près les parquets, de la gendarmerie et de la police communale, ainsi que, dans les conditions fixées par accords bilatéraux appropriés visés au paragraphe 10, en ce qui concerne leurs attributions touchant au trafic illicite de stupéfiants et substances psychotropes, au trafic d'armes et d'explosifs, et au transport illicite de déchets toxiques et nuisibles, les agents des douanes ;

– en ce qui concerne la République fédérale d'Allemagne : les Polizeien des Bundes und der Länder ainsi que, pour les seuls domaines du trafic illicite de stupéfiants et substances psychotropes et du trafic d'armes, les agents du Zollfahndungsdienst (service de recherches douanières) en leur qualité d'agents auxiliaires du ministère public ;

– en ce qui concerne la République française : les officiers et agents de police judiciaire de la police nationale et de la gendarmerie nationale, ainsi que, dans les conditions fixées par accords bilatéraux appropriés visés au paragraphe 10, en ce qui concerne leurs attributions touchant au trafic illicite de stupéfiants et substances psychotropes, au trafic d'armes et d'explosifs, et au transport illicite de déchets toxiques et nuisibles, les agents des douanes ;

– en ce qui concerne le Grand-Duché de Luxembourg : les agents de la gendarmerie et de la police, ainsi que, dans les conditions fixées par accords bilatéraux appropriés visés au paragraphe 10, en ce qui concerne leurs attributions touchant au trafic illicite de stupéfiants et substances psychotropes, au trafic d'armes et d'explosifs, et au transport illicite de déchets toxiques et nuisibles, les agents des douanes ;

– en ce qui concerne le Royaume des Pays-Bas : les fonctionnaires de la Rijkspolitie et de la Gemeentepolitie, ainsi que, dans les conditions fixées par accords bilatéraux appropriés visés au paragraphe 10, en ce qui concerne leurs attributions touchant au trafic illicite de stupéfiants et substances psychotropes, au trafic d'armes et d'explosifs et au transport illicite de déchets toxiques et nuisibles, les fonctionnaires du service fiscal de renseignements et de recherche compétents en matière de droits d'entrée et accises.

8. Le présent article ne porte pas atteinte, pour les Parties Contractantes concernées, à l'article 27 du Traité Benelux d'extradition et d'entraide judiciaire en matière pénale du 27 juin 1962 tel que modifié par le Protocole du 11 mai 1974.

9. Au moment de la signature de la présente Convention, chaque Partie Contractante fait une déclaration dans laquelle elle définit, sur la base des dispositions des paragraphes 2, 3 et 4, les modalités d'exercice de la poursuite sur son territoire pour chacune des Parties Contractantes avec laquelle elle a une frontière commune.

Une Partie Contractante peut à tout moment remplacer sa déclaration par une autre à condition qu'elle ne restreigne pas la portée de la précédente.

Chaque déclaration est faite après concertation avec chacune des Parties Contractantes concernées et dans un esprit d'équivalence des régimes applicables de part et d'autre des frontières intérieures.

10. Les Parties Contractantes peuvent, sur le plan bilatéral étendre le champ d'application du paragraphe 1 et adopter des dispositions supplémentaires en exécution du présent article.

Art. 42. – Au cours des opérations visées aux articles 40 et 41, les agents en mission sur le territoire d'une autre Partie Contractante seront assimilés aux agents de celle-ci en ce qui concerne les infractions dont ils seraient victimes ou qu'ils commettraient.

Art. 43. – 1. Lorsque, conformément aux articles 40 et 41 de la présente Convention, les agents d'une Partie Contractante se trouvent en mission sur le territoire d'une autre Partie Contractante, la première Partie Contractante est responsable des dommages qu'ils causent pendant le déroulement de la mission, conformément au droit de la Partie Contractante sur le territoire de laquelle ils opèrent.

2. La Partie Contractante sur le territoire de laquelle les dommages visés au paragraphe 1 sont causés assume la réparation de ces dommages dans les conditions applicables aux dommages causés par ses propres agents.

3. La Partie Contractante dont les agents ont causé des dommages à quiconque sur le territoire d'une Partie Contractante rembourse intégralement à cette dernière les sommes qu'elle a versées aux victimes ou à leurs ayants droit.

4. Sans préjudice de l'exercice de ses droits à l'égard des tiers et à l'exception de la disposition du paragraphe 3, chacune des Parties Contractantes renoncera, dans le cas prévu au paragraphe 1, à demander le remboursement du montant des dommages qu'elle a subis à une autre Partie Contractante.

Art. 44. – 1. Conformément aux conventions internationales pertinentes et en tenant compte des circonstances locales et des possibilités techniques, les Parties Contractantes créent, notamment dans les régions frontalières, des lignes téléphoniques, radio, télex et autres liaisons directes aux fins de faciliter la coopération policière et douanière, notamment pour la transmission d'informations en temps utile dans le cadre de l'observation et de la poursuite transfrontalières.

2. En plus de ces mesures à prendre à court terme, elles examineront notamment les possibilités ci-après :

a) l'échange de matériels ou l'affectation de fonctionnaires de liaison munis du matériel radio approprié ;

b) l'élargissement des bandes de fréquences utilisées dans les zones frontalières ;

c) la mise en place d'une liaison commune aux services de police et des douanes opérant dans ces mêmes zones ;

d) la coordination de leurs programmes d'achat d'équipements de communication, en vue d'aboutir à la mise en place de systèmes de communication normalisés et compatibles.

Art. 45. – 1. Les Parties Contractantes s'engagent à prendre les mesures nécessaires pour garantir que :

a) le chef d'un établissement d'hébergement ou son préposé veillent à ce que les étrangers hébergés, y inclus les ressortissants des autres Parties Contractantes ainsi que d'autres États membres des Communautés européennes, à l'exclusion des conjoints ou mineurs les accompagnant ou des membres des groupes de voyage, remplissent et signent personnellement les fiches de déclaration et à ce qu'ils justifient de leur identité par la production d'un document d'identité valable ;

b) les fiches de déclaration ainsi remplies seront conservées pour les autorités compétentes ou seront transmises à celles-ci, pour autant que ces autorités le jugent nécessaire pour la prévention de menaces, pour des poursuites pénales ou pour éclaircir le sort de personnes disparues ou victimes d'accidents, sauf si le droit national en dispose autrement.

2. La disposition du paragraphe 1 s'applique par analogie aux personnes qui logent en des lieux quelconques faisant l'objet d'une exploitation par des loueurs professionnels notamment dans des tentes, des caravanes et des bateaux.

Art. 46. – 1. Dans des cas particuliers, chaque Partie Contractante peut, dans le respect de sa législation nationale et sans y être invitée, communiquer à la Partie Contractante concernée des informations qui peuvent être importantes pour celle-ci aux fins de l'assistance pour la répression d'infractions futures, de la prévention d'infractions ou de la prévention de menaces pour l'ordre et la sécurité publics.

2. Les informations sont échangées, sans préjudice du régime de la coopération dans les régions frontalières visé à l'article 39 paragraphe 4, par l'intermédiaire d'une instance centrale à désigner. Dans des cas particulièrement urgents, l'échange d'informations au sens du présent article peut s'effectuer directement entre les autorités de police concernées, sauf dispositions nationales contraires. L'instance centrale en est avisée dans les meilleurs délais.

Art. 47. – 1. Les Parties Contractantes peuvent conclure des accords bilatéraux permettant le détachement, pour une durée déterminée ou indéterminée, de fonctionnaires de liaison d'une Partie Contractante auprès de services de police de l'autre Partie Contractante.

2. Le détachement de fonctionnaires de liaison pour une durée déterminée ou indéterminée a pour but de promouvoir et d'accélérer la coopération entre les Parties Contractantes, notamment en accordant l'assistance :

a) sous la forme d'échange d'informations aux fins de la lutte tant préventive que répressive contre la criminalité ;

b) dans l'exécution de demandes d'entraide policière et judiciaire en matière pénale ;

c) pour les besoins de l'exercice des missions des autorités chargées de la surveillance des frontières extérieures.

3. Les fonctionnaires de liaison ont une mission d'avis et d'assistance. Ils ne sont pas compétents pour l'exécution autonome de mesures de police. Ils fournissent des informations et exécutent leurs missions dans

le cadre des instructions qui leur sont données par la Partie Contractante d'origine et par la Partie Contractante auprès de laquelle ils sont détachés. Ils font régulièrement rapport au chef du service de police auprès duquel ils sont détachés.

4. Les Parties Contractantes peuvent convenir dans un cadre bilatéral ou multilatéral que les fonctionnaires de liaison d'une Partie Contractante détachés auprès d'États tiers représentent également les intérêts d'une ou de plusieurs autres Parties Contractantes. En vertu de tels accords, les fonctionnaires de liaison détachés auprès d'États tiers fournissent des informations à d'autres Parties Contractantes, sur demande ou de leur propre initiative, et accomplissent, dans les limites de leurs compétences, des missions pour le compte de ces Parties. Les Parties Contractantes s'informent mutuellement de leurs intentions relatives au détachement de fonctionnaires de liaison dans des États tiers.

CHAPITRE II. – ENTRAIDE JUDICIAIRE EN MATIÈRE PÉNALE

Art. 48. – 1. Les dispositions du présent chapitre visent à compléter la convention européenne d'entraide judiciaire en matière pénale du 20 avril 1959 ainsi que, dans les relations entre les Parties Contractantes membres de l'Union économique Benelux, le Chapitre II du Traité Benelux d'extradition et d'entraide judiciaire en matière pénale du 27 juin 1962 tel qu'il est modifié par le Protocole du 11 mai 1974 et à faciliter l'application desdits accords.

2. Le paragraphe 1 n'affecte pas l'application des dispositions plus larges des accords bilatéraux en vigueur entre les Parties Contractantes.

Art. 49. – L'entraide judiciaire est également accordée :

a) dans des procédures pour des faits qui sont punissables selon le droit national d'une des deux Parties Contractantes ou des deux Parties Contractantes au titre d'infractions aux règlements poursuivies par des autorités administratives dont la décision peut donner lieu à un recours devant une juridiction compétente notamment en matière pénale ;

b) dans des procédures d'indemnisation pour des mesures de poursuites ou des condamnations injustifiées ;

c) dans les procédures de grâce ;

d) dans les actions civiles jointes aux actions pénales, tant que la juridiction répressive n'a pas encore définitivement statué sur l'action pénale ;

e) pour la notification de communications judiciaires relatives à l'exécution d'une peine ou mesure de sûreté, de la perception d'une amende ou du paiement de frais de procédure ;

f) pour des mesures relatives à la suspension du prononcé ou au sursis à l'exécution d'une peine ou mesure de sûreté, à la mise en liberté conditionnelle, à l'ajournement de l'exécution ou à l'interruption de l'exécution d'une peine ou mesure de sûreté.

Art. 50. – 1. Les Parties Contractantes s'engagent à s'accorder, conformément à la Convention et au traité visés à l'article 48, l'entraide judiciaire pour les infractions aux dispositions légales et réglementaires en matière d'accises, de taxe à la valeur ajoutée et de douanes. Par dispositions en matière de douanes on entend les règles énoncées à l'article 2 de la Convention du 7 septembre 1967 entre la Belgique, la République fédérale d'Allemagne, la France, l'Italie, le Luxembourg et les Pays-Bas concernant l'assistance mutuelle entre administrations douanières, ainsi qu'à l'article 2 du règlement du Conseil 1468/81/CEE du 19 mai 1981.

2. Les demandes basées sur la fraude aux droits d'accises ne peuvent pas être refusées au motif que le pays requis ne prélève pas d'accises sur les marchandises visées dans la demande.

3. La Partie Contractante requérante ne transmettra et n'utilisera les informations ou pièces à conviction obtenues de la Partie Contractante requise pour les instructions, poursuites ou procédures autres que celles mentionnées dans la demande, sans l'assentiment préalable de la Partie Contractante requise.

4. L'entraide judiciaire prévue au présent article peut être refusée lorsque le montant présumé des droits trop peu perçus ou éludés représente une valeur qui n'excède pas 25 000 ECU (25 000 €), ou que la valeur présumée des marchandises exportées ou importées sans autorisation représente une valeur qui n'excède pas 100 000 ECU (100 000 €), à moins que l'affaire, en raison de ses circonstances ou de la personne du prévenu, ne soit considérée comme très grave par la Partie Contractante requérante.

5. Les dispositions du présent article s'appliquent également quand l'entraide judiciaire demandée a trait aux faits passibles uniquement d'une amende pour infraction aux règlements poursuivie par des autorités administratives et lorsque la demande d'entraide judiciaire émane d'une autorité judiciaire.

Art. 51. – Les Parties Contractantes ne subordonnent pas la recevabilité de commissions rogatoires aux fins de perquisition et de saisie à des conditions autres que celles ci-après :

a) Le fait qui a donné lieu à la commission rogatoire est punissable selon le droit des deux Parties Contractantes d'une peine privative de liberté ou d'une mesure de sûreté restreignant la liberté d'un maximum d'au moins 6 mois, ou punissable selon le droit d'une des deux Parties Contractantes d'une sanction équivalente et selon le droit de l'autre Partie Contractante au titre d'infraction aux règlements poursuivie par des autorités administratives dont la décision peut donner lieu à un recours devant une juridiction compétente notamment en matière pénale.

b) L'exécution de la commission rogatoire est compatible avec le droit de la Partie Contractante requise.

Art. 52. – 1. Chacune des Parties Contractantes peut adresser les pièces de procédure directement par la voie postale aux personnes qui se trouvent sur le territoire d'une autre Partie Contractante. Les Parties Contractantes communiquent au Comité Exécutif une liste des pièces pouvant être transmises par cette voie.

2. Lorsqu'il y a des raisons de penser que le destinataire ne comprend pas la langue dans laquelle la pièce est rédigée, cette pièce – ou au moins les passages importants de celle-ci – doit être traduite dans la ou une des langues de la Partie Contractante sur le territoire de laquelle le destinataire se trouve. Si l'autorité qui envoie la pièce sait que le destinataire ne connaît qu'une autre langue, la pièce – ou au moins les passages importants de celle-ci – doit être traduite dans cette autre langue.

3. L'expert ou le témoin qui n'aura pas déféré à une citation à comparaître transmise par voie postale, ne pourra être soumis, alors même que cette citation contiendrait des injonctions, à aucune sanction ou mesure de contrainte à moins qu'il ne se rende par la suite de son plein gré sur le territoire de la Partie requérante et qu'il n'y soit régulièrement cité à nouveau. L'autorité qui envoie les citations à comparaître par voie postale veille à ce que celles-ci ne comportent aucune injonction. Cette disposition ne porte pas préjudice à l'article 34 du Traité Benelux d'extradition et d'entraide judiciaire en matière pénale du 27 juin 1962 tel qu'il est modifié par le Protocole du 11 mai 1974.

4. Si le fait à la base de la demande d'entraide judiciaire est punissable selon le droit des deux Parties Contractantes au titre d'infraction aux règlements poursuivie par des autorités administratives dont la décision peut donner lieu à un recours devant une juridiction compétente notamment en matière pénale, pour l'envoi des pièces de procédure il faut en principe procéder conformément au paragraphe 1.

5. Nonobstant la disposition du paragraphe 1, l'envoi de pièces de procédure peut s'effectuer par l'intermédiaire des autorités judiciaires de la Partie Contractante requise, lorsque l'adresse du destinataire est inconnue ou que la Partie Contractante requérante exige une notification à personne.

Art. 53. – 1. Les demandes d'entraide judiciaire peuvent être faites directement entre les autorités judiciaires et renvoyées par la même voie.

2. Le paragraphe 1 ne porte pas préjudice à la faculté de l'envoi et du renvoi des demandes de Ministère de la Justice à Ministère de la Justice ou par l'intermédiaire des bureaux centraux nationaux de l'Organisation Internationale de Police Criminelle.

3. Les demandes de transfèrement temporaire ou de transit de personnes qui sont en état d'arrestation provisoire ou de détention ou qui sont l'objet d'une mesure privative de liberté, et l'échange périodique ou occasionnel de données relatives au casier judiciaire doivent se faire par l'intermédiaire des Ministères de la Justice.

4. Au sens de la Convention européenne d'entraide judiciaire en matière pénale du 20 avril 1959, on entend par le Ministère de la Justice, pour la République fédérale d'Allemagne, le Ministre fédéral de la Justice et les Ministres ou Sénateurs de la Justice des États fédérés.

5. Les dénonciations aux fins de poursuites pour des infractions à la législation relative au temps de conduite et de repos, effectuées conformément à l'article 21 de la Convention européenne d'entraide judiciaire en matière pénale du 20 avril 1959 ou à l'article 42 du Traité Benelux d'extradition et d'entraide judiciaire en matière pénale du 27 juin 1962 tel qu'il est modifié par le Protocole du 11 mai 1974, peuvent être adressées par les autorités judiciaires de la Partie Contractante requérante directement aux autorités judiciaires de la Partie Contractante requise.

CHAPITRE III. – APPLICATION DU PRINCIPE *NE BIS IN IDEM*

Art. 54. – Une personne qui a été définitivement jugée par une Partie Contractante ne peut, pour les mêmes faits, être poursuivie par une autre Partie Contractante, à condition que, en cas de condamnation, la sanction ait été subie ou soit actuellement en cours d'exécution ou ne puisse plus être exécutée selon les lois de la Partie Contractante de condamnation.

Art. 55. – 1. Une Partie Contractante peut, au moment de la ratification, de l'acceptation ou de l'approbation de la présente Convention, déclarer qu'elle n'est pas liée par l'article 54 dans l'un ou plusieurs des cas suivants :

a) lorsque les faits visés par le jugement étranger ont eu lieu soit en tout, soit en partie sur son territoire ; dans ce dernier cas, cette exception ne s'applique cependant pas si ces faits ont eu lieu en partie sur le territoire de la Partie Contractante où le jugement a été rendu ;

b) lorsque les faits visés par le jugement étranger constituent une infraction contre la sûreté de l'État ou d'autres intérêts également essentiels de cette Partie Contractante ;

c) lorsque les faits visés par le jugement étranger ont été commis par un fonctionnaire de cette Partie Contractante en violation des obligations de sa charge.

2. Une Partie Contractante qui a fait une déclaration concernant l'exception mentionnée au paragraphe 1 point *b*, précisera les catégories d'infractions auxquelles cette exception peut s'appliquer.

3. Une Partie Contractante pourra, à tout moment, retirer une telle déclaration relative à l'une ou plusieurs des exceptions mentionnées au paragraphe 1.

4. Les exceptions qui ont fait l'objet d'une déclaration au titre du paragraphe 3 ne s'appliquent pas lorsque la Partie Contractante concernée *a*, pour les mêmes faits, demandé la poursuite à l'autre Partie Contractante ou accordé l'extradition de la personne concernée.

Art. 56. – Si une nouvelle poursuite est intentée par une Partie Contractante contre une personne qui a été définitivement jugée pour les mêmes faits par une autre Partie Contractante, toute période de privation de liberté subie sur le territoire de cette dernière Partie Contractante en raison de ces faits doit être déduite de la sanction qui sera éventuellement prononcée. Il sera également tenu compte, dans la mesure où les législations nationales le permettent, des sanctions autres que celles privatives de liberté qui ont déjà été subies.

Art. 57. – 1. Lorsqu'une personne est accusée d'une infraction par une Partie Contractante et que les autorités compétentes de cette Partie Contractante ont des raisons de croire que l'accusation concerne les mêmes faits que ceux pour lesquels elle a déjà été définitivement jugée par une autre Partie Contractante, ces autorités demanderont, si elles l'estiment nécessaire, les renseignements pertinents aux autorités compétentes de la Partie Contractante sur le territoire de laquelle une décision a déjà été rendue.

2. Les informations demandées seront données aussitôt que possible et seront prises en considération pour la suite à réserver à la procédure en cours.

3. Chaque Partie Contractante désignera, au moment de la ratification, de l'acceptation ou de l'approbation de la présente Convention, les autorités qui seront habilitées à demander et à recevoir les informations prévues au présent article.

Art. 58. – Les dispositions précédentes ne font pas obstacle à l'application de dispositions nationales plus larges concernant l'effet « ne bis in idem » attaché aux décisions judiciaires prises à l'étranger.

CHAPITRE IV. – EXTRADITION

Art. 59. – 1. Les dispositions du présent chapitre visent à compléter la Convention européenne d'extradition du 13 septembre 1957, ainsi que, dans les relations entre les Parties Contractantes membres de l'Union économique Benelux, le Chapitre I du Traité Benelux d'extradition et d'entraide judiciaire en matière pénale du 27 juin 1962 tel qu'il est modifié par le Protocole du 11 mai 1974 et à faciliter l'application desdits accords.

2. Le paragraphe 1 n'affecte pas l'application des dispositions plus larges des accords bilatéraux en vigueur entre des Parties Contractantes.

Art. 60. – Dans les relations entre deux Parties Contractantes, dont une n'est pas Partie à la Convention européenne d'extradition du 13 septembre 1957, les dispositions de ladite Convention sont applicables, compte tenu des réserves et déclarations déposées soit lors de la ratification de ladite Convention soit, pour les Parties Contractantes qui ne sont pas Parties à la Convention, lors de la ratification, l'approbation ou l'acceptation de la présente Convention.

Art. 61. – La République française s'engage à extrader, à la demande de l'une des Parties Contractantes, les personnes poursuivies pour des faits punis par la législation française d'une peine ou mesure de sûreté privative de liberté d'un maximum d'au moins deux ans et par la loi de la Partie Contractante requérante d'une peine ou mesure de sûreté privative de liberté d'un maximum d'au moins un an.

Art. 62. – 1. En ce qui concerne l'interruption de la prescription, seules sont applicables les dispositions de la Partie Contractante requérante.

2. Une amnistie prononcée par la Partie Contractante requise ne fait pas obstacle à l'extradition sauf si l'infraction relève de la juridiction de cette Partie Contractante.

3. L'absence d'une plainte ou d'un avis officiel autorisant les poursuites, qui ne sont nécessaires qu'en vertu de la législation de la Partie Contractante requise, ne porte pas atteinte à l'obligation d'extrader.

Art. 63. – Les Parties Contractantes s'engagent, conformément à la Convention et au Traité cités à l'article 59, à extrader entre elles les personnes qui sont poursuivies par les autorités judiciaires de la Partie Contractante requérante pour l'une des infractions visées à l'article 50 paragraphe 1 ou recherchées par celles-ci aux fins de l'exécution d'une peine ou d'une mesure de sûreté prononcées pour une telle infraction.

Art. 64. – Un signalement dans le Système d'Information Schengen, effectué conformément à l'article 95, a le même effet qu'une demande d'arrestation provisoire au sens de l'article 16 de la Convention européenne d'extradition du 13 septembre 1957, ou de l'article 15 du Traité Benelux d'extradition et d'entraide judiciaire en matière pénale du 27 juin 1962 tel qu'il est modifié par le Protocole du 11 mai 1974.

Art. 65. – 1. Sans préjudice de la faculté de recourir à la voie diplomatique, les demandes d'extradition et de transit sont adressées par le Ministère compétent de la Partie Contractante requérante au Ministère compétent de la Partie Contractante requise.

2. Les ministères compétents sont :

– en ce qui concerne le Royaume de Belgique : le Ministère de la Justice ;

– en ce qui concerne la République fédérale d'Allemagne : le Ministère fédéral de la Justice et les Ministres ou Sénateurs de la Justice des États fédérés ;

– en ce qui concerne la République française : le Ministère des Affaires étrangères ;

– en ce qui concerne le Grand-Duché de Luxembourg : le Ministère de la Justice ;

– en ce qui concerne le Royaume des Pays-Bas : le Ministère de la Justice.

Art. 66. – 1. Si l'extradition d'une personne réclamée n'est pas manifestement interdite en vertu du droit de la Partie Contractante requise, cette Partie Contractante peut autoriser l'extradition sans procédure formelle d'extradition, à condition que la personne réclamée y consente par procès-verbal établi devant un membre du pouvoir judiciaire et après audition par celui-ci, pour informer de son droit à une procédure formelle d'extradition. La personne réclamée peut se faire assister d'un avocat au cours de son audition.

2. Dans le cas d'une extradition en vertu du paragraphe 1, la personne réclamée qui déclare explicitement renoncer à la protection que lui confère le principe de la spécialité, ne peut révoquer cette déclaration.

CHAPITRE V. – TRANSMISSION DE L'EXÉCUTION DES JUGEMENTS RÉPRESSIFS

Art. 67. – Les dispositions ci-après visent à compléter la Convention du Conseil de l'Europe du 21 mars 1983 sur le transfèrement des personnes condamnées, entre les Parties Contractantes qui sont Parties à ladite Convention.

Art. 68. – 1. La Partie Contractante sur le territoire de laquelle une peine privative de liberté ou une mesure de sûreté restreignant la liberté a été prononcée par jugement passé en force de chose jugée à l'égard d'un ressortissant d'une autre Partie Contractante, qui s'est soustrait, en s'enfuyant vers son pays, à l'exécution de cette peine ou mesure de sûreté, peut demander à cette dernière Partie Contractante, si la personne évadée est trouvée sur son territoire, de reprendre l'exécution de la peine ou de la mesure de sûreté.

2. Dans l'attente des pièces étayant la demande de reprise de l'exécution de la peine ou de la mesure de sûreté ou de la partie de la peine qui reste à purger, et de la décision à prendre sur cette demande, la Partie Contractante requise peut, à la demande de la Partie Contractante requérante, placer la personne condamnée

en garde à vue ou prendre d'autres mesures pour garantir sa présence sur le territoire de la Partie Contractante requise.

Art. 69. – La transmission de l'exécution en vertu de l'article 68 n'est pas subordonnée au consentement de la personne à l'encontre de laquelle la peine ou la mesure de sûreté a été prononcée. Les autres dispositions de la Convention du Conseil de l'Europe sur le transfèrement des personnes condamnées du 21 mars 1983 sont applicables par analogie.

....

TITRE IV. – SYSTÈME D'INFORMATION SCHENGEN

CHAPITRE Ier. – CRÉATION DU SYSTÈME D'INFORMATION SCHENGEN

Art. 92. – 1. Les Parties Contractantes créent et entretiennent un système d'information commun dénommé ci-après Système d'Information Schengen, composé d'une partie nationale auprès de chacune des Parties Contractantes et d'une fonction de support technique. Le Système d'Information Schengen permet aux autorités désignées par les Parties Contractantes, grâce à une procédure d'interrogation automatisée, de disposer de signalements de personnes et d'objets, à l'occasion de contrôles de frontière et vérifications et autres contrôles de police et de douanes exercés à l'intérieur du pays conformément au droit national ainsi que, pour la seule catégorie de signalement visée à l'article 96, aux fins de la procédure de délivrance de visas, de la délivrance des titres de séjour et de l'administration des étrangers dans le cadre de l'application des dispositions sur la circulation des personnes de la présente Convention.

2. Chaque Partie Contractante crée et entretient, pour son compte et à ses risques, sa partie nationale du Système d'Information Schengen, dont le fichier de données est rendu matériellement identique aux fichiers de données de la partie nationale de chacune des autres Parties Contractantes par le recours à la fonction de support technique. Afin de permettre une transmission rapide et efficace des données comme visée au paragraphe 3, chaque Partie Contractante se conforme, lors de la création de sa partie nationale, aux protocoles et procédures établis en commun pour la fonction de support technique par les Parties Contractantes. Le fichier de données de chaque partie nationale servira à l'interrogation automatisée sur le territoire de chacune des Parties Contractantes. L'interrogation de fichiers de données des parties nationales d'autres Parties Contractantes ne sera pas possible.

3. Les Parties Contractantes créent et entretiennent, pour compte commun et en assumant les risques en commun, la fonction de support technique du Système d'Information Schengen, dont la responsabilité est assumée par la République française ; cette fonction de support technique est installée à Strasbourg. La fonction de support technique comprend un fichier de données assurant l'identité des fichiers de données des parties nationales par la transmission en ligne d'informations. Dans le fichier de données de la fonction de support technique figureront les signalements de personnes et d'objets, pour autant que ceux-ci concernent toutes les Parties Contractantes. Le fichier de la fonction de support technique ne contient pas d'autres données, hormis celles mentionnées au présent paragraphe et à l'article 113 paragraphe 2.

CHAPITRE II. – EXPLOITATION ET UTILISATION DU SYSTÈME D'INFORMATION SCHENGEN

Art. 93. – Le Système d'Information Schengen a pour objet, conformément aux dispositions de la présente Convention, de préserver l'ordre et la sécurité publics y compris la sûreté de l'État, et l'application des dispositions sur la circulation des personnes de la présente Convention, sur les territoires des Parties Contractantes à l'aide des informations transmises par ce système.

Art. 94. – 1. Le Système d'Information Schengen comporte exclusivement les catégories de données qui sont fournies par chacune des Parties Contractantes et qui sont nécessaires aux fins prévues aux articles 95 à 100. La Partie Contractante signalante vérifie si l'importance du cas justifie l'intégration du signalement dans le Système d'Information Schengen.

2. Les catégories de données sont les suivantes :
a) les personnes signalées,
b) les objets visés à l'article 100 et les véhicules visés à l'article 99.

3. Pour les personnes, les éléments intégrés sont au maximum les suivants :
a) les nom et prénom, les alias éventuellement enregistrés séparément ;
b) les signes physiques particuliers, objectifs et inaltérables ;
c) la première lettre du deuxième prénom ;
d) la date et le lieu de naissance ;
e) le sexe ;
f) la nationalité ;
g) l'indication que les personnes concernées sont armées ;
h) l'indication que les personnes concernées sont violentes ;
i) le motif du signalement ;
j) la conduite à tenir.

D'autres mentions, notamment les données qui sont énumérées à l'article 6, première phrase de la Convention du Conseil de l'Europe du 28 janvier 1981 pour la protection des personnes à l'égard du traitement automatisé des données à caractère personnel, ne sont pas autorisées.

4. Dans la mesure où une Partie Contractante estime qu'un signalement conformément aux articles 95, 97 ou 99 n'est pas compatible avec son droit national, ses obligations internationales ou des intérêts nationaux essentiels, elle peut faire assortir *a posteriori* ce signalement dans le fichier de la partie nationale du Système d'Information Schengen d'une indication visant à ce que l'exécution de la conduite à tenir n'ait pas lieu sur son territoire au motif du signalement. Des consultations doivent avoir lieu à ce sujet avec les autres Parties Contractantes. Si la Partie Contractante signalante ne retire pas le signalement, le signalement reste de pleine application pour les autres Parties Contractantes.

Art. 95. – 1. Les données relatives aux personnes recherchées pour l'arrestation aux fins d'extradition, sont intégrées à la demande de l'autorité judiciaire de la Partie Contractante requérante.

2. Préalablement au signalement, la Partie Contractante signalante vérifie si l'arrestation est autorisée par le droit national des Parties Contractantes requises. Si la Partie Contractante signalante a des doutes, elle doit consulter les autres Parties Contractantes concernées.

La Partie Contractante signalante envoie aux Parties Contractantes requises en même temps que le signalement par la voie la plus rapide les informations essentielles ci-après concernant l'affaire :
a) l'autorité dont émane la demande d'arrestation ;
b) l'existence d'un mandat d'arrêt ou d'un acte ayant la même force, ou d'un jugement exécutoire ;
c) la nature et la qualification légale de l'infraction ;
d) la description des circonstances de la commission de l'infraction, y compris le moment, le lieu et le degré de participation à l'infraction de la personne signalée ;
e) dans la mesure du possible, les conséquences de l'infraction.

3. Une Partie Contractante requise peut faire assortir le signalement dans le fichier de la partie nationale du Système d'Information Schengen d'une indication visant à interdire, jusqu'à l'effacement de ladite indication, l'arrestation au motif du signalement. L'indication est à effacer au plus tard vingt-quatre heures après l'intégration du signalement, à moins que cette Partie Contractante ne refuse l'arrestation demandée pour des raisons juridiques ou pour des raisons spéciales d'opportunité. Dans la mesure où, dans des cas particulièrement exceptionnels, la complexité des faits à l'origine du signalement le justifie, le délai précité peut être prolongé jusqu'à une semaine. Sans préjudice d'une indication ou d'une décision de refus, les autres Parties Contractantes peuvent exécuter l'arrestation demandée par le signalement.

4. Si, pour des raisons particulièrement urgentes, une Partie Contractante demande une recherche immédiate, la Partie requise examine si elle peut renoncer à l'indication. La Partie Contractante requise prend les dispositions nécessaires afin que la conduite à tenir puisse être exécutée sans délai si le signalement est validé.

5. S'il n'est pas possible de procéder à l'arrestation parce qu'un examen n'est pas encore terminé ou en raison d'une décision de refus d'une Partie Contractante requise, cette dernière doit traiter le signalement comme étant un signalement aux fins de communication du lieu de séjour.

6. Les Parties Contractantes requises exécutent la conduite à tenir demandée par le signalement en conformité avec les Conventions d'extradition en vigueur et le droit national. Elles ne sont pas tenues d'exécuter la conduite à tenir demandée dans la mesure où il s'agit d'un de leurs ressortissants, sans préjudice de la possibilité de procéder à l'arrestation conformément au droit national.

Art. 96. – 1. Les données relatives aux étrangers qui sont signalés aux fins de non-admission sont intégrées sur la base d'un signalement national résultant de décisions prises, dans le respect des règles de procédure prévues par la législation nationale, par les autorités administratives ou les juridictions compétentes.

2. Les décisions peuvent être fondées sur la menace pour l'ordre public ou la sécurité et sûreté nationales que peut constituer la présence d'un étranger sur le territoire national.

Tel peut être notamment le cas :

a) d'un étranger qui a été condamné pour une infraction passible d'une peine privative de liberté d'au moins un an.

b) d'un étranger à l'égard duquel il existe des raisons sérieuses de croire qu'il a commis des faits punissables graves, y inclus ceux visés à l'article 71, ou à l'égard duquel il existe des indices réels qu'il envisage de commettre de tels faits sur le territoire d'une Partie Contractante.

3. Les décisions peuvent être également fondées sur le fait que l'étranger a fait l'objet d'une mesure d'éloignement, de renvoi ou d'expulsion non rapportée ni suspendue comportant ou assortie d'une interdiction d'entrée, ou, le cas échéant, de séjour, fondée sur le non-respect des réglementations nationales relatives à l'entrée ou au séjour des étrangers.

Art. 97. – Les données relatives aux personnes disparues ou aux personnes qui, dans l'intérêt de leur propre protection ou pour la prévention de menaces, doivent être placées provisoirement en sécurité à la demande de l'autorité compétente ou de l'autorité judiciaire compétente de la Partie signalante, sont intégrées afin que les autorités de police communiquent le lieu de séjour à la Partie signalante ou puissent placer la personne en sécurité aux fins de les empêcher de poursuivre leur voyage, si la législation nationale l'autorise. Cela s'applique particulièrement aux mineurs et aux personnes qui doivent être internées sur décision d'une autorité compétente. La communication est subordonnée au consentement de la personne disparue, si celle-ci est majeure.

Art. 98. – 1. Les données relatives aux témoins, aux personnes citées à comparaître devant les autorités judiciaires dans le cadre d'une procédure pénale afin de répondre de faits pour lesquels elles font l'objet de poursuites, ou aux personnes qui doivent faire l'objet d'une notification d'un jugement répressif ou d'une demande de se présenter pour subir une peine privative de liberté, sont intégrées, à la demande des autorités judiciaires compétentes, aux fins de la communication du lieu de séjour ou du domicile.

2. Les renseignements demandés seront communiqués à la Partie requérante en conformité avec la législation nationale et avec les Conventions en vigueur relatives à l'entraide judiciaire en matière pénale.

Art. 99. – 1. Les données relatives aux personnes ou aux véhicules sont intégrées, dans le respect du droit national de la Partie Contractante signalante, aux fins de surveillance discrète ou de contrôle spécifique, conformément au paragraphe 5.

2. Un tel signalement peut être effectué pour la répression d'infractions pénales et pour la prévention de menaces pour la sécurité publique :

a) lorsqu'il existe des indices réels faisant présumer que la personne concernée envisage de commettre ou commet des faits punissables nombreux et extrêmement graves, ou

b) lorsque l'appréciation globale de l'intéressé, en particulier sur la base des faits punissables commis jusqu'alors, permet de supposer qu'il commettra également à l'avenir des faits punissables extrêmement graves.

3. En outre, le signalement peut être effectué conformément au droit national, à la demande des instances compétentes pour la sûreté de l'État, lorsque des indices concrets permettent de supposer que les informations visées au paragraphe 4 sont nécessaires à la prévention d'une menace grave émanant de l'intéressé ou d'autres menaces graves pour la sûreté intérieure et extérieure de l'État. La Partie Contractante signalante est tenue de consulter préalablement les autres Parties Contractantes.

4. Dans le cadre de la surveillance discrète, les informations ci-après peuvent en tout ou en partie, être recueillies et transmises à l'autorité signalante, à l'occasion de contrôles de frontière ou d'autres contrôles de police et des douanes exercés à l'intérieur du pays :

a) le fait que la personne signalée ou le véhicule signalé a été trouvé ;

b) le lieu, le moment ou le motif de la vérification ;

c) l'itinéraire et la destination du voyage ;

d) les personnes qui accompagnent l'intéressé ou les occupants ;
e) le véhicule utilisé ;
f) les objets transportés ;
g) les circonstances dans lesquelles la personne ou le véhicule a été trouvé.

Lors de la collecte de ces informations, il convient de veiller à ne pas mettre en péril le caractère discret de la surveillance.

5. Dans le cadre du contrôle spécifique mentionné au paragraphe 1, les personnes, les véhicules et les objets transportés peuvent être fouillés conformément au droit national, pour réaliser la finalité visée aux paragraphes 2 et 3. Si le contrôle spécifique n'est pas autorisé selon la loi d'une Partie Contractante, il se trouve automatiquement converti, pour cette Partie Contractante, en surveillance discrète.

6. Une Partie Contractante requise peut faire assortir le signalement dans le fichier de la partie nationale du Système d'Information Schengen d'une indication visant à interdire, jusqu'à l'effacement de ladite indication, l'exécution de la conduite à tenir en application du signalement aux fins de surveillance discrète ou de contrôle spécifique. L'indication est à effacer au plus tard vingt-quatre heures après l'intégration du signalement, à moins que cette Partie Contractante ne refuse la conduite demandée pour des raisons juridiques ou pour des raisons spéciales d'opportunité. Sans préjudice d'une indication ou d'une décision de refus, les autres Parties Contractantes peuvent exécuter la conduite demandée par le signalement.

Art. 100. – 1. Les données relatives aux objets recherchés aux fins de saisie ou de preuves dans une procédure pénale sont intégrées dans le Système d'Information Schengen.

2. Si une interrogation fait apparaître l'existence d'un signalement pour un objet trouvé, l'autorité qui l'a constaté se met en rapport avec l'autorité signalante afin de convenir des mesures nécessaires. À cette fin, des données à caractère personnel peuvent aussi être transmises conformément à la présente Convention. Les mesures à prendre par la Partie Contractante qui a trouvé l'objet devront être conformes à son droit national.

3. Les catégories d'objets désignées ci-après sont intégrées :
a) les véhicules à moteur d'une cylindrée supérieure à 50 cc. volés, détournés ou égarés ;
b) les remorques et caravanes d'un poids à vide supérieur à 750 kg volées, détournées ou égarées ;
c) les armes à feu volées, détournées ou égarées ;
d) les documents vierges volés, détournés ou égarés ;
e) les documents d'identité délivrés (passeports, cartes d'identité, permis de conduire) volés, détournés ou égarés ;
f) les billets de banque (billets enregistrés).

Art. 101. – 1. L'accès aux données intégrées dans le Système d'Information Schengen ainsi que le droit de les interroger directement sont réservés exclusivement aux instances qui sont compétentes pour :
a) les contrôles frontaliers ;
b) les autres vérifications de police et de douanes exercées à l'intérieur du pays ainsi que la coordination de celles-ci.

2. En outre, l'accès aux données intégrées conformément à l'article 96 ainsi que le droit de les interroger directement peuvent être exercés par les instances qui sont compétentes pour la délivrance des visas, les instances centrales qui sont compétentes pour l'examen des demandes de visas ainsi que les autorités qui sont compétentes pour la délivrance des titres de séjour et de l'administration des étrangers dans le cadre de l'application des dispositions sur la circulation des personnes de la présente Convention. L'accès aux données est régi par le droit national de chaque Partie Contractante.

3. Les utilisateurs ne peuvent interroger que les données qui sont nécessaires à l'accomplissement de leurs missions.

4. Chacune des Parties Contractantes communique au Comité Exécutif la liste des autorités compétentes, qui sont autorisées à interroger directement les données intégrées dans le Système d'Information Schengen. Cette liste indique pour chaque autorité les données qu'elle peut interroger et pour quelles missions.

CHAPITRE III. – PROTECTION DES DONNÉES À CARACTÈRE PERSONNEL ET SÉCURITÉ DES DONNÉES DANS LE CADRE DU SYSTÈME D'INFORMATION SCHENGEN

Art. 102. – 1. Les Parties Contractantes ne peuvent utiliser les données prévues aux articles 95 à 100 qu'aux fins énoncées pour chacun des signalements visés à ces articles.

2. Les données ne peuvent être dupliquées qu'à des fins techniques, pour autant que cette duplication soit nécessaire pour l'interrogation directe par les autorités visées à l'article 101. Les signalements d'autres Parties Contractantes ne peuvent être copiés de la partie nationale du Système d'Information Schengen dans d'autres fichiers de données nationaux.

3. Dans le cadre des signalements prévus aux articles 95 à 100 de la présente Convention, toute dérogation au paragraphe 1, pour passer d'un type de signalement à un autre, doit être justifiée par la nécessité de la prévention d'une menace grave imminente pour l'ordre et la sécurité publics, pour des raisons graves de sûreté de l'État ou aux fins de la prévention d'un fait punissable grave. À cet effet, l'autorisation préalable de la Partie Contractante signalante doit être obtenue.

4. Les données ne pourront pas être utilisées à des fins administratives. Par dérogation, les données intégrées conformément à l'article 96 ne pourront être utilisées, conformément au droit national de chacune des Parties Contractantes, qu'aux fins découlant de l'article 101 paragraphe 2.

5. Toute utilisation de données non conforme aux paragraphes 1 à 4 sera considérée comme détournement de finalité au regard du droit national de chaque Partie Contractante.

Art. 103. – Chaque Partie Contractante veille à ce qu'en moyenne toute dixième transmission de données à caractère personnel soit enregistrée dans la partie nationale du Système d'Information Schengen par l'instance gestionnaire du fichier, aux fins du contrôle de l'admissibilité de l'interrogation. L'enregistrement ne peut être utilisé qu'à cette fin et est effacé après six mois.

Art. 104. – 1. Le droit national de la Partie Contractante signalante s'applique au signalement, sauf conditions plus exigeantes prévues par la présente Convention.

2. Pour autant que la présente Convention ne prévoit pas de dispositions particulières, le droit de chaque Partie Contractante est applicable aux données intégrées dans la partie nationale du Système d'Information Schengen.

3. Pour autant que la présente Convention ne prévoit pas de dispositions particulières concernant l'exécution de la conduite à tenir demandée par le signalement, le droit national de la Partie Contractante requise qui exécute la conduite à tenir est applicable. Dans la mesure où la présente Convention prévoit des dispositions particulières concernant l'exécution de la conduite à tenir demandée par le signalement, les compétences en matière de conduite à tenir sont régies par le droit national de la Partie Contractante requise. Si la conduite à tenir demandée ne peut pas être exécutée, la Partie Contractante requise en informe la Partie Contractante signalante sans délai.

Art. 105. – La Partie Contractante signalante est responsable de l'exactitude, de l'actualité, ainsi que de la licéité de l'intégration des données dans le Système d'Information Schengen.

Art. 106. – 1. Seule la Partie Contractante signalante est autorisée à modifier, à compléter, à rectifier ou à effacer les données qu'elle a introduites.

2. Si une des Parties Contractantes qui n'a pas fait le signalement dispose d'indices faisant présumer qu'une donnée est entachée d'erreur de droit ou de fait, elle en avise dans les meilleurs délais la Partie Contractante signalante qui doit obligatoirement vérifier la communication et, si nécessaire, corriger ou effacer la donnée sans délai.

3. Si les Parties Contractantes ne peuvent parvenir à un accord, la Partie Contractante qui n'est pas à l'origine du signalement soumet le cas pour avis à l'autorité de contrôle commune visée à l'article 115 paragraphe 1.

Art. 107. – Lorsqu'une personne a déjà fait l'objet d'un signalement dans le Système d'Information Schengen, la Partie Contractante qui introduit un nouveau signalement s'accorde avec la Partie Contractante qui a introduit le premier signalement sur l'intégration des signalements. À cette fin, les Parties Contractantes peuvent également arrêter des dispositions générales.

Art. 108. – 1. Chacune des Parties Contractantes désigne une instance qui a la compétence centrale pour la partie nationale du Système d'Information Schengen.

2. Chacune des Parties Contractantes effectue ses signalements par l'intermédiaire de cette instance.

3. Ladite instance est responsable du bon fonctionnement de la partie nationale du Système d'Information Schengen et prend les mesures propres à assurer le respect des dispositions de la présente Convention.

4. Les Parties Contractantes s'informent mutuellement par l'intermédiaire du dépositaire de l'instance visée au paragraphe 1.

Art. 109. – 1. Le droit de toute personne d'accéder aux données la concernant qui sont intégrées dans le Système d'Information Schengen, s'exerce dans le respect du droit de la Partie Contractante auprès de laquelle elle le fait valoir. Si le droit national le prévoit, l'autorité nationale de contrôle prévue à l'article 114 paragraphe 1 décide si des informations sont communiquées et selon quelles modalités. Une Partie Contractante qui n'a pas effectué le signalement ne peut communiquer des informations concernant ces données que si elle a donné préalablement à la Partie Contractante signalante l'occasion de prendre position.

2. La communication de l'information à la personne concernée est refusée si elle peut nuire à l'exécution de la tâche légale consignée dans le signalement, ou pour la protection des droits et libertés d'autrui. Elle est refusée dans tous les cas durant la période de signalement aux fins de surveillance discrète.

Art. 110. – Toute personne peut faire rectifier des données entachées d'erreur de fait la concernant ou faire effacer des données entachées d'erreur de droit la concernant.

Art. 111. – 1. Toute personne peut saisir, sur le territoire de chaque Partie Contractante, la juridiction ou l'autorité compétentes en vertu du droit national, d'une action notamment en rectification, en effacement, en information ou en indemnisation en raison d'un signalement la concernant.

2. Les Parties Contractantes s'engagent mutuellement à exécuter les décisions définitives prises par les juridictions ou autorités visées au paragraphe 1, sans préjudice des dispositions de l'article 116.

Art. 112. – 1. Les données à caractère personnel intégrées dans le Système d'Information Schengen aux fins de la recherche de personnes, ne sont conservées que pendant la durée nécessaire aux fins auxquelles elles ont été fournies. Au plus tard trois ans après leur intégration, la nécessité de leur conservation doit être examinée par la Partie Contractante signalante. Ce délai est d'un an pour les signalements visés à l'article 99.

2. Chacune des Parties Contractantes fixe le cas échéant des délais d'examen plus courts conformément à son droit national.

3. La fonction de support technique du Système d'Information Schengen signale automatiquement aux Parties Contractantes l'effacement programmé dans le système, moyennant un préavis d'un mois.

4. La Partie Contractante signalante peut, dans le délai d'examen, décider de maintenir le signalement si ce maintien est nécessaire aux fins qui sont à la base du signalement. Le prolongement du signalement doit être communiqué à la fonction de support technique. Les dispositions du paragraphe 1 sont applicables au signalement prolongé.

Art. 113. – 1. Les données autres que celles visées à l'article 112 sont conservées au maximum pendant dix ans, les données relatives aux documents d'identité délivrés et aux billets de banque enregistrés au maximum pendant cinq ans et celles relatives aux véhicules à moteur, remorques et caravanes au maximum pendant trois ans.

2. Les données effacées sont encore conservées durant une année dans la fonction de support technique. Durant cette période, elles ne peuvent être consultées que pour le contrôle *a posteriori* de leur exactitude et de la licéité de leur intégration. Ensuite, elles devront être détruites.

Art. 114. – 1. Chaque Partie Contractante désigne une autorité de contrôle chargée, dans le respect du droit national, d'exercer un contrôle indépendant du fichier de la partie nationale du Système d'Information Schengen et de vérifier que le traitement et l'utilisation des données intégrées dans le Système d'Information Schengen ne sont pas attentatoires aux droits de la personne concernée. À cet effet l'autorité de contrôle a accès au fichier de la partie nationale du Système d'Information Schengen.

2. Toute personne a le droit de demander aux autorités de contrôle de vérifier les données la concernant intégrées dans le Système d'Information Schengen ainsi que l'utilisation qui est faite de ces données. Ce droit est régi par le droit national de la Partie Contractante auprès de laquelle la demande est introduite. Si les données ont été intégrées par une autre Partie Contractante, le contrôle se réalise en étroite coordination avec l'autorité de contrôle de cette Partie Contractante.

Art. 115. – 1. Il est créé une autorité de contrôle commune chargée du contrôle de la fonction de support technique du Système d'Information Schengen. Cette autorité se compose de deux représentants de chaque autorité nationale de contrôle. Chaque Partie Contractante dispose d'une voix délibérative. Le contrôle est exercé conformément aux dispositions de la présente Convention, de la Convention du Conseil de l'Europe du 28 janvier 1981 pour la protection des personnes à l'égard du traitement automatisé des données à caractère personnel en tenant compte de la Recommandation R (87) 15 du 17 septembre 1987 du Comité des ministres du Conseil de l'Europe visant à réglementer l'utilisation des données à caractère personnel dans le secteur de la police et conformément au droit national de la Partie Contractante responsable de la fonction de support technique.

2. À l'égard de la fonction de support technique du Système d'Information Schengen, l'autorité de contrôle commune a pour mission de vérifier la bonne exécution des dispositions de la présente Convention. À cet effet, elle a accès à la fonction de support technique.

3. L'autorité du contrôle commune est également compétente pour analyser les difficultés d'application ou d'interprétation pouvant survenir lors de l'exploitation du Système d'Information Schengen, pour étudier les problèmes pouvant se poser lors de l'exercice du contrôle indépendant effectué par les autorités de contrôle nationales des Parties Contractantes ou à l'occasion de l'exercice du droit d'accès au système, ainsi que pour élaborer des propositions harmonisées en vue de trouver des solutions communes aux problèmes existants.

4. Les rapports établis par l'autorité de contrôle commune sont transmis aux instances auxquelles les autorités de contrôle nationales transmettent leurs rapports.

Art. 116. – 1. Toute Partie Contractante est responsable, conformément à son droit national, de tout dommage causé à une personne du fait de l'exploitation du fichier national du Système d'Information Schengen. Il en est également ainsi lorsque les dommages ont été causés par la Partie Contractante signalante, celle-ci ayant intégré des données entachées d'erreur de droit ou de fait.

2. Si la Partie Contractante contre laquelle une action est intentée n'est pas la Partie Contractante signalante, cette dernière est tenue au remboursement, sur requête, des sommes versées à titre d'indemnisation, à moins que les données n'aient été utilisées par la Partie Contractante requise en violation de la présente Convention.

Art. 117. – 1. En ce qui concerne le traitement automatisé de données à caractère personnel qui sont transmises en application du présent Titre, chaque Partie Contractante prendra au plus tard au moment de l'entrée en vigueur de la présente Convention les dispositions nationales nécessaires aux fins de réaliser un niveau de protection des données à caractère personnel qui soit au moins égal à celui découlant des principes de la Convention du Conseil de l'Europe du 28 janvier 1981 pour la protection des personnes à l'égard du traitement automatisé des données à caractère personnel, et dans le respect de la Recommandation R (87) 15 du 17 septembre 1987 du Comité des Ministres du Conseil de l'Europe visant à réglementer l'utilisation des données à caractère personnel dans le secteur de la police.

2. La transmission de données à caractère personnel prévue par le présent Titre ne pourra avoir lieu que lorsque les dispositions de protection des données à caractère personnel prévues au paragraphe 1 seront entrées en vigueur sur le territoire des Parties Contractantes concernées par la transmission.

Art. 118. – 1. Chacune des Parties Contractantes s'engage à prendre, pour la partie nationale du Système d'Information Schengen, les mesures qui sont propres :

a) à empêcher toute personne non autorisée d'accéder aux installations utilisées pour le traitement de données à caractère personnel (contrôle à l'entrée des installations) ;

b) à empêcher que des supports de données ne puissent être lus, copiés, modifiés ou éloignés par une personne non autorisée (contrôle des supports de données) ;

c) à empêcher l'introduction non autorisée dans le fichier ainsi que toute prise de connaissance, modification ou effacement non autorisés de données à caractère personnel intégrées (contrôle de l'intégration) ;

d) à empêcher que des systèmes de traitement automatisé de données ne puissent être utilisés par des personnes non autorisées à l'aide d'installations de transmission de données (contrôles de l'utilisation) ;

e) à garantir que, pour l'utilisation d'un système de traitement automatisé de données, les personnes autorisées ne puissent accéder qu'aux données relevant de leur compétence (contrôle de l'accès) ;

f) à garantir qu'il puisse être vérifié et constaté à quelles instances des données à caractère personnel peuvent être transmises par des installations de transmission de données (contrôles de la transmission) ;

g) à garantir qu'il puisse être vérifié et constaté *a posteriori* quelles données à caractère personnel ont été introduites dans les systèmes de traitement automatisé de données, à quel moment et par quelle personne elles y ont été introduites (contrôle de l'introduction) ;

h) à empêcher que, lors de la transmission de données à caractère personnel ainsi que lors du transport de supports de données, les données ne puissent être lues, copiées, modifiées ou effacées de façon non autorisée (contrôle du transport).

2. Chaque Partie Contractante doit prendre des mesures particulières en vue d'assurer la sécurité des données lors de la transmission de données à des services situés en dehors des territoires des Parties Contractantes. Ces mesures doivent être communiquées à l'autorité de contrôle commune.

3. Chaque Partie Contractante ne peut désigner pour le traitement de données de sa partie nationale du Système d'Information Schengen que des personnes spécialement qualifiées et soumises à un contrôle de sécurité.

4. La Partie Contractante responsable de la fonction de support technique du Système d'Information Schengen prend pour ce dernier les mesures prévues aux paragraphes 1 à 3.

....

Décret n. 95-315 du 23 mars 1995

portant création et attributions du bureau national chargé de la gestion opérationnelle de la partie nationale du système d'Information Schengen, dénommé Sirène (*JO* 24 mars 1995).

Art. 1er. – La partie nationale du Système d'Information Schengen, créée au titre de l'article 92 de la Convention du 19 juin 1990 susvisée, est instituée au ministère de l'Intérieur et de l'Aménagement du territoire, instance ayant la compétence centrale, désignée en application de l'article 108 de cette Convention.

Cette instance représente la partie nationale auprès des Parties Contractantes ou des pays tiers.

Art. 2. – La partie nationale du Système d'Information Schengen se compose de deux ensembles :

– le système informatique dénommé N-SIS ;

– le bureau national chargé de sa gestion opérationnelle dénommé Sirene (supplément d'information requis à l'entrée nationale).

Art. 3. – Le bureau national Sirene est placé sous l'autorité fonctionnelle du directeur central de la police judiciaire, sans préjudice des responsabilités relevant des autorités judiciaires.

Il est situé dans les locaux de la direction centrale de la police judiciaire, qui en assure le fonctionnement.

Art. 4. – Les ministères de la Justice, de la Défense, du Budget et des Affaires étrangères, compétents pour la mise en œuvre de tout ou partie des interventions prévues pour le fonctionnement du Système d'Information Schengen, fixeront d'un commun accord avec le ministère de l'Intérieur et de l'Aménagement du territoire les conditions d'accomplissement de leur mission depuis les locaux du Sirene.

....

ANNEXE VI. – LA COUR DE JUSTICE DE LA RÉPUBLIQUE

Constitution de la République française

Loi du 4 octobre 1958 ; Loi constitutionnelle n. 93-952 du 27 juillet 1993
portant révision de la Constitution

....

TITRE X. – DE LA RESPONSABILITÉ PÉNALE
DES MEMBRES DU GOUVERNEMENT

Art. 68-1. – Les membres du Gouvernement sont pénalement responsables des actes accomplis dans l'exercice de leurs fonctions et qualifiés crimes ou délits au moment où ils ont été commis.

Ils sont jugés par la Cour de justice de la République.

La Cour de justice de la République est liée par la définition des crimes et délits ainsi que par la détermination des peines telles qu'elles résultent de la loi.

Art. 68-2. – La Cour de justice de la République comprend quinze juges : douze parlementaires élus, en leur sein et en nombre égal, par l'Assemblée nationale et par le Sénat après chaque renouvellement général ou partiel de ces assemblées et trois magistrats du siège à la Cour de cassation, dont l'un préside la Cour de justice de la République.

Toute personne qui se prétend lésée par un crime ou un délit commis par un membre du Gouvernement dans l'exercice de ses fonctions peut porter plainte auprès d'une commission des requêtes.

Cette commission ordonne soit le classement de la procédure, soit sa transmission au procureur général près la Cour de cassation aux fins de saisine de la Cour de justice de la République.

Le procureur général près la Cour de cassation peut aussi saisir d'office la Cour de justice de la République sur avis conforme de la commission des requêtes.

Une loi organique détermine les conditions d'application du présent article.

....

Art. 93. – Les dispositions de l'article 65 et du titre X, dans leur rédaction issue de la loi constitutionnelle n. 93-952 du 27 juillet 1993, entreront en vigueur à la date de publication des lois organiques prises pour leur application.

Les dispositions du titre X, dans leur rédaction issue de la loi constitutionnelle n. 93-952 du 27 juillet 1993, sont applicables aux faits commis avant son entrée en vigueur.

Loi organique n. 93-1252 du 23 novembre 1993

sur la Cour de justice de la République

TITRE PREMIER. – DE L'ORGANISATION DE LA COUR DE JUSTICE
DE LA RÉPUBLIQUE

CHAPITRE I. – DE LA COMPOSITION ET DU FONCTIONNEMENT
DE LA COUR DE JUSTICE DE LA RÉPUBLIQUE

Art. 1er. – Les juges parlementaires à la Cour de justice de la République sont élus au scrutin majoritaire : le scrutin est secret. Nul n'est élu s'il n'a réuni la majorité absolue des suffrages exprimés. Pour chaque titulaire, un suppléant est élu dans les mêmes conditions.

Les juges magistrats sont élus pour trois ans parmi les magistrats du siège hors hiérarchie à la Cour de cassation par l'ensemble de ces magistrats. L'un d'entre eux est désigné dans les mêmes formes en qualité de président de la Cour de justice de la République. Pour chaque titulaire, un suppléant est élu dans les mêmes conditions.

Art. 2. – Dès leur élection, les juges parlementaires prêtent serment devant l'assemblée qui les a désignés.
Ils jurent et promettent de bien et fidèlement remplir leurs fonctions, de garder le secret des délibérations et des votes et de se conduire en tout comme dignes et loyaux magistrats.

Art. 3. – Les membres de la Cour de justice de la République sont tenus d'assister aux audiences et aux délibérations auxquelles ils sont convoqués.
En cas d'absence non justifiée par un motif grave, ils sont déclarés démissionnaires par la Cour de justice de la République statuant soit d'office, soit à la requête du ministère public. Il est pourvu à leur remplacement dans les conditions fixées par la présente loi organique.

Art. 4. – Tout juge de la Cour de justice de la République, tout membre de la commission d'instruction instituée à l'article 11 peut être récusé pour l'une des causes prévues par le Code de procédure pénale en matière correctionnelle.
La Cour de justice de la République statue, dès l'ouverture des débats, sur les causes de récusation des juges.
Le premier président de la Cour de cassation statue sur la récusation des membres de la commission d'instruction, dans les formes prévues en matière correctionnelle.

Art. 5. – Tout juge qui souhaite s'abstenir, même en dehors des cas prévus par le Code de procédure pénale en matière correctionnelle, est tenu de le déclarer à la Cour de justice de la République qui statue sur sa demande.

Art. 6. – En cas de récusation ou d'empêchement temporaire de l'un des juges, il est remplacé par son suppléant.
En cas de cessation définitive des fonctions d'un juge titulaire en cours de mandat, son suppléant devient titulaire.
Le juge suppléant temporairement empêché, devenu titulaire ou ayant cessé définitivement ses fonctions en cours de mandat est remplacé par un juge élu dans les conditions prévues à l'article 1er. S'il s'agit d'un magistrat, il est élu pour la durée du mandat restant à courir.

Art. 7. – Les fonctions des juges parlementaires prennent fin :
– en même temps que les pouvoirs de l'Assemblée nationale ou à chaque renouvellement partiel du Sénat, selon l'assemblée à laquelle ils appartiennent ;
– lorsqu'ils cessent d'appartenir à l'Assemblée nationale ou au Sénat ;
– en cas de démission volontaire.

Art. 8. – Le ministère public près la Cour de justice de la République est exercé par le procureur général près la Cour de cassation, assisté du premier avocat général et de deux avocats généraux désignés par le procureur général.

Art. 9. – Le greffier en chef de la Cour de cassation est, de droit, greffier de la Cour de justice de la République.

Art. 10. – Le personnel nécessaire au fonctionnement de la Cour de justice de la République est mis à la disposition de cette juridiction par le greffier en chef de la Cour de cassation.

Art. 11. – La commission d'instruction se compose de trois membres titulaires et de trois membres suppléants désignés pour trois ans parmi les magistrats du siège hors hiérarchie à la Cour de cassation par l'ensemble de ces magistrats.
Son président est choisi dans la même forme parmi les membres titulaires.

Les dispositions de l'article 6 concernant les magistrats de la Cour de cassation juges à la Cour de justice de la République sont applicables aux membres de la commission d'instruction.

CHAPITRE II. – DE LA COMMISSION DES REQUÊTES PRÈS LA COUR DE JUSTICE DE LA RÉPUBLIQUE

Art. 12. – La commission des requêtes près la Cour de justice de la République se compose de trois magistrats du siège hors hiérarchie à la Cour de cassation, de deux conseillers d'État et de deux conseillers maîtres à la Cour des comptes désignés pour cinq ans.

Les magistrats à la Cour de cassation sont élus par l'ensemble des magistrats du siège hors hiérarchie de la Cour. L'un d'entre eux est désigné dans la même forme comme président de la commission.

Les conseillers d'État sont désignés par l'assemblée générale du Conseil d'État.

Les conseillers maîtres à la Cour des comptes sont désignés par la chambre du conseil.

Dans les mêmes formes, il est procédé à la désignation par chacune de ces juridictions d'un membre suppléant.

TITRE II. – DE LA PROCÉDURE

CHAPITRE Ier. – DE LA MISE EN MOUVEMENT DE L'ACTION PUBLIQUE

Art. 13. – Sous peine d'irrecevabilité, la plainte portée auprès de la commission des requêtes par une personne qui se prétend lésée par un crime ou un délit commis par un membre du Gouvernement dans l'exercice de ses fonctions doit contenir le nom du membre du Gouvernement visé par ladite plainte et l'énoncé des faits allégués à son encontre ; elle doit être signée par le plaignant.

Aucune constitution de partie civile n'est recevable devant la Cour de justice de la République.

Les actions en réparation de dommages ayant résulté de crimes et délits poursuivis devant la Cour de justice de la République ne peuvent être portées que devant les juridictions de droit commun.

1) L'article 13 de la loi organique du 23 novembre 1993, dont les dispositions prévalent sur celles de l'article 46 de la loi du 29 juillet 1881 sur la liberté de la presse, réserve aux victimes la possibilité de porter l'action en réparation de leurs dommages directs devant les juridictions de droit commun et de faire ainsi trancher toute contestation sur leurs droits civils. La décision rendue sur l'action publique par la Cour de justice de la République, dans une instance à laquelle les plaignants n'ont pas été parties, ne leur est pas opposable ; dès lors, l'arrêt de la Cour de justice de la République, déclarant irrecevables leurs constitutions de partie civile, est légalement justifié au regard tant des dispositions de droit interne précitées que de l'article 6-1 de la Convention européenne de sauvegarde des droits de l'homme et des libertés fondamentales (Ass. Plén. 12 juill. 2000 : *Bull.* 258).

2) Aux termes de l'article 13, alinéa 2, de la loi organique du 23 novembre 1993, aucune constitution de partie civile n'est recevable devant la Cour de justice de la République. Cette disposition déroge aux règles qui ont été fixées par le Code de procédure pénale pour les débats en matière correctionnelle et qui sont applicables à la Cour de justice en vertu de l'article 26 de la loi précitée. Si ce même article exclut toute constitution de partie civile, il réserve aux victimes la possibilité de porter l'action en réparation de leurs dommages devant les juridictions de droit commun et de faire ainsi trancher toute contestation sur leurs droits civils (Cass. crim., 21 juin 1999 : *Bull.* 139).

Le moyen tiré de la violation de l'article 6-1 de la Convention européenne de sauvegarde des droits de l'homme et des libertés fondamentales n'est donc pas fondé (même arrêt).

Art. 14. – La commission des requêtes apprécie la suite à donner aux plaintes qu'elle reçoit.

Elle avise le plaignant de la suite réservée à sa plainte.

Les actes de la commission des requêtes ne sont susceptibles d'aucun recours.

Art. 15. – En cas de plainte insuffisamment motivée ou insuffisamment justifiée par les pièces produites, la commission des requêtes peut faire procéder à toutes investigations utiles selon les formes prévues par les articles 75, 76 et 77-1 du Code de procédure pénale.

Les pouvoirs conférés par ces articles au procureur de la République sont exercés par l'un des membres de la commission, magistrat à la Cour de cassation.

Art. 16. – Lorsque la commission des requêtes ordonne la transmission de la procédure au procureur général près la Cour de cassation, elle est tenue dans sa décision de qualifier pénalement les faits à raison desquels il y a lieu de poursuivre.

Art. 17. – Le procureur général près la Cour de cassation peut aussi agir d'office, après avoir recueilli l'avis conforme de la commission des requêtes.

Ses réquisitions doivent contenir les mentions énumérées à l'article 13.

CHAPITRE II. – DE LA PROCÉDURE DEVANT LA COMMISSION D'INSTRUCTION DE LA COUR DE JUSTICE DE LA RÉPUBLIQUE

Art. 18. – Dans la mesure où il n'y est pas dérogé par le présent chapitre, la commission d'instruction procède à tous les actes qu'elle juge utiles à la manifestation de la vérité selon les règles édictées par le Code de procédure pénale et spécialement celles relatives aux droits de la défense.

Ces pouvoirs sont exercés, jusqu'à la réunion de la commission d'instruction, par le président de cette commission.

Art. 19. – La commission d'instruction informe en vertu d'un réquisitoire du procureur général près la Cour de cassation. Le réquisitoire est pris contre personne dénommée.

Le procureur général est tenu, dans son réquisitoire, de viser la décision de la commission des requêtes près la Cour de justice de la République ou, lorsqu'il agit d'office, l'avis conforme de cette commission.

En vertu de l'article 19 de la loi organique du 23 novembre 1993, la commission d'instruction de la Cour de justice de la République n'est saisie que des faits visés dans le réquisitoire introductif du procureur général (Cass. ass. plén. 23 déc. 1999 : *Bull.* 312).

Art. 20. – La commission d'instruction peut requalifier les faits qui sont soumis à son appréciation.

Si l'instruction relève des faits nouveaux distincts de ceux ayant donné lieu à la saisine de la commission d'instruction, celle-ci ordonne communication du dossier au procureur général pour que ce magistrat prenne ses réquisitions. La commission d'instruction ne peut informer sur ces faits nouveaux que si la commission des requêtes donne un avis conforme.

Art. 21. – Les auditions et interrogatoires des membres du Gouvernement sont effectués par la commission d'instruction. Il en va de même des confrontations auxquelles ils participent.

Art. 22. – Les décisions de caractère juridictionnel sont rendues par la commission d'instruction après réquisitions du procureur général.

Art. 23. – Aussitôt que l'information lui paraît terminée, la commission d'instruction communique le dossier au procureur général pour que ce magistrat prenne ses réquisitions. Les membres du Gouvernement mis en examen et leurs avocats en sont avisés. Ils disposent d'un délai de vingt jours à compter de cet avis pour demander à la commission de statuer sur d'éventuelles nullités. La commission d'instruction peut dire qu'il n'y a pas lieu à suivre ou, si elle estime que les faits reprochés aux membres du Gouvernement constituent un crime ou un délit, ordonner le renvoi de l'affaire devant la Cour de justice de la République.

Art. 24. – Dans les conditions et formes déterminées par le titre Ier du livre III du Code de procédure pénale, les arrêts de la commission d'instruction peuvent faire l'objet de pourvois en cassation qui sont portés devant l'Assemblée plénière de la Cour de cassation.

Le pourvoi étant dirigé contre un arrêt rendu par la commission d'instruction de la Cour de justice de la République, les griefs relatifs à la procédure devant la juridiction de jugement sont inopérants (Cass. ass. plén. 23 déc. 1999 : *Bull.* 312).

Art. 25. – Lorsque la Cour de cassation annule un arrêt rendu par la commission d'instruction, elle renvoie l'affaire devant celle-ci, composée de membres titulaires ou suppléants autres que ceux qui ont rendu l'arrêt annulé. Les dispositions du second alinéa de l'article L. 131-4 du Code de l'organisation judiciaire sont applicables.

CHAPITRE III. – DES DÉBATS ET DU JUGEMENT

Art. 26. – Dans la mesure où il n'y est pas dérogé par le présent chapitre, les règles fixées par le Code de procédure pénale concernant les débats et les jugements en matière correctionnelle sont applicables devant la Cour de justice de la République.

Art. 27. – Dès que l'arrêt de renvoi est devenu définitif, le président de la Cour de justice de la République fixe, à la requête du procureur général, la date d'ouverture des débats.

Art. 28. – À la diligence du procureur général, les prévenus sont cités à comparaître dans les délais et formes prévus au titre IV du livre II du Code de procédure pénale.

Art. 29. – En cas de crime, si le prévenu ne se présente pas, il est procédé contre lui par contumace.

Art. 30. – Il est délivré à chaque prévenu une copie de toutes les pièces de la procédure.

Art. 31. – S'il y a lieu de procéder à un supplément d'information, la Cour de justice de la République commet par arrêt un de ses membres magistrats, qui procède à tous les actes d'instruction nécessaires dans les conditions prévues par le chapitre Ier du titre III du livre Ier du Code de procédure pénale.

Art. 32. – La Cour de justice de la République, après clôture des débats, statue sur la culpabilité des accusés. Il est voté séparément pour chaque accusé sur chaque chef d'accusation. Le vote a lieu par bulletins secrets à la majorité absolue.

Si l'accusé est déclaré coupable, il est voté sans désemparer sur l'application de la peine. Toutefois, après deux votes dans lesquels aucune peine n'aura obtenu la majorité des voix, la peine la plus forte proposée dans ce vote sera écartée pour le vote suivant et ainsi de suite en écartant chaque fois la peine la plus forte jusqu'à ce qu'une peine soit prononcée par la majorité absolue des votants.

Art. 33. – Dans les conditions et formes déterminées par le titre Ier du livre III du Code de procédure pénale, les arrêts de la Cour de justice de la République peuvent faire l'objet de pourvois en cassation qui sont portés devant l'Assemblée plénière de la Cour de cassation.

La Cour de cassation doit statuer dans un délai de trois mois.

Art. 34. – Lorsque la Cour de cassation annule un arrêt rendu par la Cour de justice de la République, elle renvoie l'affaire devant celle-ci, composée de juges titulaires ou suppléants autres que ceux qui ont rendu l'arrêt annulé.

Les dispositions du second alinéa de l'article L. 131-4 du Code de l'organisation judiciaire sont applicables.

TITRE III. – DISPOSITIONS DIVERSES

Art. 35. – Les magistrats à la Cour de cassation, les conseillers d'État et les conseillers maîtres à la Cour des comptes admis à l'honorariat en cours de mandat continuent à siéger jusqu'à l'expiration de celui-ci.

Art. 36. – L'article 2 de l'ordonnance n. 59-1 du 2 janvier 1959 portant loi organique sur la Haute Cour de justice est ainsi rédigé :

« *Art. 2*. – Après chaque renouvellement, l'Assemblée nationale élit douze juges titulaires et six juges suppléants.

« Après chaque renouvellement partiel, le Sénat élit douze juges titulaires et six juges suppléants.

« Le scrutin est secret. L'élection est acquise à la majorité absolue des suffrages exprimés.

« Il est procédé dans les mêmes formes au remplacement des juges, titulaires ou suppléants, dont les fonctions ont pris fin avant leur terme normal pour quelque cause que ce soit ».

Art. 37. – L'article 18 de l'ordonnance n. 59-1 du 2 janvier 1959 précitée est ainsi rédigé :

« *Art. 18.* – La résolution des deux assemblées votée dans les conditions prévues à l'article 68 de la Constitution et portant mise en accusation du président de la République devant la Haute Cour contient l'énoncé sommaire des faits qui lui sont reprochés ».

Art. 38. – Au début du premier alinéa de l'article 25 de l'ordonnance n. 59-1 du 2 janvier 1959 précitée, les mots : « l'alinéa 1er de » sont supprimés.

Art. 39. – L'article 26 de l'ordonnance n. 59-1 du 2 janvier 1959 précitée est abrogé.

V. H. ANGEVIN, *Cour de justice de la République : J.-Cl. proc. pén.*, app. art. 1 à 803, Fasc. 2.

V. Décision du 12 octobre 1994 portant création d'un traitement automatisé d'informations nominatives pour la gestion des plaintes devant la Cour de justice de la République (*JO* 29 oct. 1994, p. 15412).

J. PRADEL, *La procédure de jugement applicable devant la Cour de justice de la République. Un mode d'emploi à préciser : D.* 1996, Chr., p. 1.

1) Les crimes et délits commis dans l'exercice de ses fonctions par un membre du gouvernement relèvent de la compétence exclusive de la Cour de justice de la République (Cass. ass. plén. 23 déc. 1999 : *Bull.* 312).

La compétence de la Cour de justice de la République, selon l'article 68-1 de la Constitution telle que modifiée par la loi constitutionnelle du 27 juillet 1993, est limitée aux actes constituant des crimes ou délits commis par des ministres dans l'exercice de leurs fonctions et qui ont un rapport direct avec la conduite des affaires de l'État, relevant de leurs attributions, et ne s'étend pas aux faits dont la commission est concomitante à l'exercice d'une activité ministérielle (Cass. crim., 16 févr. 2000 : *Bull.* 72) ; ni aux faits commis à l'occasion de l'exercice d'une activité ministérielle (Cass. crim., 13 déc. 2000 : *Bull.* 375).

2) La compétence de la Cour de justice de la République limitée selon l'article 68-1 de la Constitution modifiée par la loi constitutionnelle du 27 juillet 1993, aux actes constituant des crimes et délits commis par des ministres dans l'exercice de leurs fonctions et ayant un rapport direct avec la conduite des affaires de l'État relevant de leurs attributions, ne s'étend pas aux actes commis à l'occasion de l'exercice des fonctions ministérielles (Cass. crim., 6 févr. 1997 : *Bull.* 48).

3) Selon le principe *contra non valentem agere non currit praescriptio* la prescription est de droit suspendue à l'égard des parties poursuivantes dès lors que celles-ci ont manifesté expressément leur volonté d'agir et qu'elles se sont heurtées à un obstacle résultant de la loi elle-même (Cass. ass. plén. 23 déc. 1999 : *Bull.* 312).

ANNEXE VII. – JURIDICTIONS POUR MINEURS

Ordonnance n. 45-174 du 2 février 1945

relative à l'enfance délinquante (1) (2)
(*JO* 4 févr. et rectif. 21 mars 1945)

CHAPITRE I. – DISPOSITIONS GÉNÉRALES

Art. 1er *(Compl., L. 24 mai 1951)*. – Les mineurs auxquels est imputée une infraction qualifiée crime ou délit ne seront pas déférés aux juridictions pénales de droit commun, et ne seront justiciables que des tribunaux pour enfants ou des cours d'assises des mineurs.

(Al. ajouté, Ord. n. 58-1300, 23 déc. 1958, art. 1er) Ceux auxquels est imputée une contravention de police de 5e classe sont déférés aux juridictions pour enfants dans les conditions prévues à l'article 20-1.

Art. 2 *(Applic. à compter du 1er mars 1994, L. n. 92-1336, 16 déc. 1992, art. 251 ; L. n. 93-913, 19 juill. 1993)*. – Le tribunal pour enfants et la cour d'assises des mineurs prononceront, suivant les cas, les mesures de protection, d'assistance, de surveillance et d'éducation qui sembleront appropriées.

(Al. remplacé, L. n. 2002-1138, 9 sept. 2002, art. 12) Ils pourront cependant, lorsque les circonstances et la personnalité des mineurs l'exigent, soit prononcer une sanction éducative à l'encontre des mineurs de dix à dix-huit ans, conformément aux dispositions de l'article 15-1, soit prononcer une peine à l'encontre des mineurs de treize à dix-huit ans en tenant compte de l'atténuation de leur responsabilité pénale, conformément aux dispositions des articles 20-2 à 20-9.

Le tribunal pour enfants ne peut prononcer une peine d'emprisonnement, avec ou sans sursis, qu'après avoir spécialement motivé le choix de cette peine.

Art. 3 *(Mod., L. 24 mai 1951)*. – Sont compétents le tribunal pour enfants ou la cour d'assises des mineurs du lieu de l'infraction, de la résidence du mineur ou de ses parents ou tuteur, du lieu où le mineur aura été trouvé ou du lieu où il a été placé soit à titre provisoire, soit à titre définitif.

Art. 4 *(L. n. 93-1013, 24 août 1993, art. 29 ; L. n. 94-89, 1er févr. 1994, art. 20 ; mod., L. n. 2002-1138, 9 sept. 2002, art. 16)*. – I. – Le mineur de treize ans ne peut être placé en garde à vue. Toutefois, à titre exceptionnel, le mineur de dix à treize ans contre lequel il existe des indices graves ou concordants laissant présumer qu'il a commis ou tenté de commettre un crime ou un délit puni d'au moins cinq ans d'emprisonnement peut, pour les nécessités de l'enquête, être retenu à la disposition d'un officier de police judiciaire avec l'accord préalable et sous le contrôle d'un magistrat du ministère public ou d'un juge d'instruction spécialisés dans la protection de l'enfance ou d'un juge des enfants, pour une durée que ce magistrat détermine et qui ne saurait excéder douze heures. Cette retenue peut toutefois être prolongée à titre exceptionnel par décision motivée de ce magistrat pour une durée qui ne saurait non plus excéder douze heures, après présentation devant lui du mineur, sauf si les circonstances rendent cette présentation impossible. Elle doit être strictement

---

(1) Dans toute disposition applicable à la date d'entrée en vigueur de la loi n. 67-555 du 12 juillet 1967, la dénomination « procureur de la République près le tribunal du siège du tribunal pour enfants » est remplacée par celle de « procureur de la République près le tribunal dans le ressort duquel le tribunal pour enfants a son siège » *(L. n. 67-555, 12 juill. 1967, art. 4)*.

(2) Les mots : « majeurs » et « mineurs » sont respectivement substitués aux mots « majeurs de dix-huit ans » et « mineurs de dix-huit ans » *(L. n. 74-631, 5 juill. 1974, art. 14)*.

limitée au temps nécessaire à la déposition du mineur et à sa présentation devant le magistrat compétent ou à sa remise à l'une des personnes visées au II du présent article.

Les dispositions des II, III et IV du présent article sont applicables. Lorsque le mineur ou ses représentants légaux n'ont pas désigné d'avocat, le procureur de la République, le juge chargé de l'instruction ou l'officier de police judiciaire doit, dès le début de la retenue, informer par tout moyen et sans délai le bâtonnier afin qu'il commette un avocat d'office.

II. – Lorsqu'un mineur est placé en garde à vue, l'officier de police judiciaire doit informer de cette mesure les parents, le tuteur, la personne ou le service auquel est confié le mineur.

Il ne peut être dérogé aux dispositions de l'alinéa précédent que sur décision du procureur de la République ou du juge chargé de l'information et pour la durée que le magistrat détermine et qui ne peut excéder vingt-quatre heures ou, lorsque la garde à vue ne peut faire l'objet d'une prolongation, douze heures.

III. – Dès le début de la garde à vue d'un mineur de, le procureur de la République ou le juge chargé de l'information doit désigner un médecin qui examine le mineur dans les conditions prévues par le quatrième alinéa de l'article 63-3 du Code de procédure pénale.

IV. – Dès le début de la garde à vue, le mineur *(mots supprimés à compter du 1er janv. 2001 ; L. n. 2000-516, 15 juin 2000, art. 137-I et 140)* peut demander à s'entretenir avec un avocat. Il doit être immédiatement informé de ce droit. Lorsque le mineur n'a pas sollicité l'assistance d'un avocat, cette demande peut également être faite par ses représentants légaux, qui sont alors avisés de ce droit lorsqu'ils sont informés de la garde à vue en application du II du présent article.

[Dispositions déclarées non conformes à la Constitution par décision du Conseil constitutionnel n. 93-326 DC du 11 août 1993].

V. – En cas de délit puni d'une peine inférieure à cinq ans d'emprisonnement, la garde à vue d'un mineur âgé de treize à seize ans ne peut être prolongée.

Aucune mesure de garde à vue ne peut être prolongée sans présentation préalable du mineur au procureur de la République ou au juge chargé de l'instruction. En cas d'urgence, il peut être fait application des dispositions du deuxième alinéa de l'article 7.

VI. *(L. n. 2000-516, 15 juin 2000, art. 14, applic. 16 juin 2001)* Les interrogatoires des mineurs placés en garde à vue visés à l'article 64 du Code de procédure pénale font l'objet d'un enregistrement audiovisuel.

L'enregistrement original est placé sous scellés et sa copie est versée au dossier.

L'enregistrement ne peut être visionné qu'avant l'audience de jugement, en cas de contestation du contenu du procès-verbal d'interrogatoire, sur décision, selon le cas, du juge d'instruction ou du juge des enfants saisi par l'une des parties. Les huit derniers alinéas de l'article 114 ne sont pas applicables.

Le fait, pour toute personne, de diffuser un enregistrement original ou une copie réalisée en application du présent article est puni d'un an d'emprisonnement et de 100 000 F (15 000 €) d'amende.

À l'expiration d'un délai de cinq ans à compter de la date de l'extinction de l'action publique, l'enregistrement original et sa copie sont détruits dans le délai d'un mois.

Art. 4-1 *(L. n. 93-2, 4 janv. 1993, art. 110).* – Le mineur poursuivi doit être assisté d'un avocat.

À défaut de choix d'un avocat par le mineur ou ses représentants légaux, le procureur de la République, le juge des enfants ou le juge d'instruction fait désigner par le bâtonnier un avocat d'office.

Art. 5 *(Mod. L. n. 96-585, 1er juill. 1996, art. 1er).* – Aucune poursuite ne pourra être exercée en matière de crime contre les mineurs sans information préalable.

(Mod., Ord. n. 58-1300, 23 déc. 1958, art. 1er, puis mod., L. n. 67-555, 12 juill. 1967, art. 3) En cas de délit, le procureur de la République en saisira, soit le juge d'instruction, soit par voie de requête le juge des enfants et, à Paris, le président du tribunal pour enfants. *(Phrase remplacée, L. n. 2002-1138, 9 sept. 2002, art. 19, 1°)* « Il pourra également saisir le tribunal pour enfants conformément à la procédure de jugement à délai rapproché prévue par l'article 14-2. »

Le procureur de la République pourra également donner instruction à un officier ou un agent de police judiciaire de notifier au mineur contre lequel il existe des charges suffisantes d'avoir commis un délit une convocation à comparaître devant le juge des enfants qui en sera immédiatement avisé, aux fins d'application de l'article 8-1. Cette convocation, qui vaudra citation à personne, entraînera l'application des délais prévus à l'article 552 du Code de procédure pénale.

La convocation énoncera les faits reprochés, visera le texte de loi qui les réprime et indiquera le nom du juge saisi ainsi que la date et le lieu de l'audience. Elle mentionnera, en outre, les dispositions de l'article 4-1.

La convocation sera également notifiée dans les meilleurs délais aux parents, au tuteur, à la personne ou au service auquel le mineur est confié.

Elle sera constatée par procès-verbal signé par le mineur et la personne visée à l'alinéa précédent, qui en recevront copie.

En aucun cas, il ne pourra être suivi contre le mineur par les procédures prévues aux articles 393 à 396 du Code de procédure pénale *(L. n. 93-2, 4 janv. 1993)* ou par voie de citation directe.

La victime sera avisée par tout moyen de la date de comparution du mineur devant le juge des enfants.

La convocation mentionnée aux alinéas précédents peut être également délivrée en vue de la mise en examen du mineur.

Art. 6 *(Mod., L. 24 mai 1951)*. – L'action civile pourra être portée devant le juge des enfants, devant le juge d'instruction, devant le tribunal pour enfants et devant la cour d'assises des mineurs.

Lorsqu'un ou plusieurs mineurs sont impliqués dans la même cause qu'un ou plusieurs majeurs, l'action civile contre tous les responsables peut être portée devant le tribunal correctionnel ou devant la cour d'assises compétente à l'égard des majeurs. En ce cas, les mineurs ne comparaissent pas à l'audience, mais seulement leurs représentants légaux. À défaut de choix d'un défenseur par le mineur ou par son représentant légal, il en sera désigné un d'office.

(Mod., Ord. n. 58-1300, 23 déc. 1958, art. 1er) Dans le cas prévu à l'alinéa qui précède, s'il n'a pas encore été statué sur la culpabilité des mineurs, le tribunal correctionnel ou la cour d'assises peut surseoir à statuer sur l'action civile.

CHAPITRE II. – PROCÉDURE

Art. 7 *(Mod., L. 24 juin 1951 ; L. n. 93-2, 4 janv. 1993 ; L. n. 93-1013, 24 août 1993, art. 30-I)*. – Le procureur de la République près le tribunal dans le ressort duquel le tribunal pour enfants a son siège est chargé de la poursuite des crimes et délits commis par des mineurs.

(Mod., Ord. n. 58-1300, 23 déc. 1958, art. 1er) Toutefois, le procureur de la République, compétent en vertu des articles 43 et 696 du Code de procédure pénale, et le juge d'instruction par lui requis ou agissant d'office conformément aux dispositions de l'article 72 du même code, procéderont à tous actes urgents de poursuite et d'information, à charge par eux d'en donner immédiatement avis au procureur de la République près le tribunal dans le ressort duquel le tribunal pour enfants a son siège et de se dessaisir de la poursuite dans le plus bref délai.

Lorsque le mineur est impliqué dans la même cause qu'un ou plusieurs majeurs, il sera procédé conformément aux dispositions de l'alinéa qui précède aux actes urgents de poursuite et d'information. Si le procureur de la République poursuit des majeurs selon les procédures prévues aux articles 393 à 396 du Code de procédure pénale ou par voie de citation directe, il constituera un dossier spécial concernant le mineur et le transmettra au procureur de la République près le tribunal dans le ressort duquel le tribunal pour enfants a son siège. Si une information a été ouverte, le juge d'instruction se dessaisira dans le plus bref délai à l'égard tant du mineur que des majeurs au profit du juge d'instruction du siège du tribunal pour enfants.

Toute personne qui se prétend lésée par un crime ou un délit commis par un mineur peut se constituer partie civile devant le juge d'instruction compétent qui procédera conformément à l'article 86 du Code de procédure pénale et aux dispositions de l'ordonnance du 2 février 1945 relative à l'enfance délinquante ; encourt la cassation l'arrêt d'une chambre d'accusation qui énonce que l'article 7, alinéa 1, de ladite ordonnance réserve au seul procureur de la République le pouvoir d'engager des poursuites pénales à l'encontre d'un mineur, alors que cet article, qui édicte une règle relative à la compétence territoriale du ministère public, ne déroge pas aux dispositions générales de l'article 85 du Code de procédure pénale (Cass. crim., 19 oct. 1999 : *Bull.* 221).

Art. 7-1. – *Abrogé, L. n. 93-1013, 24 août 1993, art. 30-I.*

Art. 8 *(Mod., L. 24 mai 1951 ; L. n. 93-2, 4 janv. 1993, art. 114 ; L. n. 95-125, 8 févr. 1995, art. 48).* – Le juge des enfants effectuera toutes diligences et investigations utiles pour parvenir à la manifestation de la vérité et à la connaissance de la personnalité du mineur ainsi que des moyens appropriés à sa rééducation.

(Mod., Ord. n. 58-1300, 23 déc. 1958, art. 1er) À cet effet, il procédera à une enquête, soit par voie officieuse, soit dans les formes prévues par le chapitre 1er du titre III du livre Ier du Code de procédure pénale. Dans ce dernier cas, et si l'urgence l'exige, le juge des enfants pourra entendre le mineur sur sa situation familiale ou personnelle sans être tenu d'observer les dispositions du deuxième alinéa de l'article 114 du Code de procédure pénale.

(3e al. mod. à compter du 1er janv. 1971 ; L. n. 70-643, 17 juill. 1970, art. 19-I) Il pourra décerner tous mandats utiles ou prescrire le contrôle judiciaire en se conformant aux règles du droit commun, sous réserve des dispositions *(Mots remplacés, L. n. 2000-1138, 9 sept. 2002, art. 17, 1°)* « des articles 10-2 et 11 ».

Il recueillera, par une enquête sociale, des renseignements sur la situation matérielle et morale de la famille, sur le caractère et les antécédents du mineur, sur sa fréquentation scolaire, son attitude à l'école, sur les conditions dans lesquelles il a vécu ou a été élevé.

Le juge des enfants ordonnera un examen médical et, s'il y a lieu, un examen médico-psychologique. Il décidera, le cas échéant, le placement du mineur dans un centre d'accueil ou dans un centre d'observation.

Toutefois, il pourra, dans l'intérêt du mineur, n'ordonner aucune de ces mesures ou ne prescrire que l'une d'entre elles. Dans ce cas, il rendra une ordonnance motivée.

Ces diligences faites, le juge des enfants pourra, soit d'office, soit à la requête du ministère public, communiquer le dossier à ce dernier.

Il pourra, avant de se prononcer au fond, ordonner à l'égard du mineur mis en examen une mesure de liberté surveillée à titre provisoire en vue de statuer après une ou plusieurs périodes d'épreuve dont il fixera la durée.

Il pourra ensuite, par ordonnance, soit déclarer n'y avoir lieu à suivre et procéder comme il est dit à l'article 177 du Code de procédure pénale, soit renvoyer le mineur devant le tribunal pour enfants ou, s'il y a lieu, devant le juge d'instruction.

Il pourra également, par jugement rendu en chambre du conseil :

1° Soit relaxer le mineur s'il estime que l'infraction n'est pas établie ;

2° Soit, après avoir déclaré le mineur coupable, le dispenser de toute autre mesure s'il apparaît que son reclassement est acquis, que le dommage causé est réparé et que le trouble résultant de l'infraction a cessé, et en prescrivant, le cas échéant, que cette décision ne sera pas mentionnée au casier judiciaire ;

3° Soit l'admonester ;

4° Soit le remettre à ses parents, à son tuteur, à la personne qui en avait la garde ou à une personne digne de confiance ;

5° Soit prononcer, à titre principal, sa mise sous protection judiciaire pour une durée n'excédant pas cinq années dans les conditions définies à l'article 16 *bis* ;

6° Soit le placer dans l'un des établissements visés aux articles 15 et 16, et selon la distinction établie par ces articles.

Dans tous les cas, il pourra, le cas échéant, prescrire que le mineur sera placé jusqu'à un âge qui n'excédera pas celui de sa majorité sous le régime de la liberté surveillée.

(Alinéa créé, L. n. 2002-1138, 9 sept. 2002, art. 31, I) Lorsque la peine encourue est supérieure ou égale à sept ans et que le mineur est âgé de seize ans révolus, il ne pourra rendre de jugement en chambre du conseil.

Art. 8-1 *(L. n. 96-585, 1er juill. 1996, art. 2 et 5).* – Lorsqu'il sera saisi dans les conditions définies aux troisième à sixième alinéas de l'article 5, le juge des enfants constatera l'identité du mineur et s'assurera qu'il est assisté d'un avocat.

I. – Si les faits ne nécessitent aucune investigation supplémentaire, le juge des enfants statuera sur la prévention par jugement en chambre du conseil et, s'il y a lieu, sur l'action civile.

Lorsqu'il estime que l'infraction est établie, le juge des enfants pourra :

– s'il constate que des investigations suffisantes sur la personnalité du mineur et sur les moyens appropriés à sa rééducation ont déjà été effectuées, prononcer immédiatement l'une des mesures prévues aux 2°, 3° et 4° de l'article 8 ou, encore, ordonner une mesure ou une activité d'aide ou de réparation dans les conditions prévues par l'article 12-1 ;

– s'il constate que des investigations suffisantes sur la personnalité du mineur et sur les moyens appropriés à sa rééducation ont déjà été effectuées mais envisage de prononcer l'une des mesures prévues aux 5° et 6° de l'article 8, renvoyer l'affaire à une prochaine audience de la chambre du conseil, qui devra avoir lieu au plus tard dans les six mois ;

– s'il constate que les investigations sur la personnalité du mineur et sur les moyens appropriés à sa rééducation ne sont pas suffisantes, renvoyer l'affaire à une prochaine audience de la chambre du conseil, qui devra avoir lieu au plus tard dans les six mois. Il recueillera des renseignements sur la personnalité du mineur et sur la situation matérielle et morale de la famille dans les conditions prévues aux quatrième et cinquième alinéas de l'article 8.

Dans le cas où le juge des enfants fait application des dispositions de l'un ou l'autre des deux alinéas qui précèdent, il pourra ordonner à l'égard du mineur, à titre provisoire, son placement dans un établissement public ou habilité à cet effet, une mesure de liberté surveillée préjudicielle ou une mesure ou activité d'aide ou de réparation à l'égard de la victime, avec son accord, ou dans l'intérêt de la collectivité.

II. – Si les faits nécessitent des investigations supplémentaires, le juge des enfants procédera comme il est dit aux articles 8 et 10.

Art. 8-2 *(L. n. 96-585, 1er juill. 1996, art. 2 et 5 ; remplacé, L. n. 2002-1138, 9 sept. 2002, art. 19, 4°).* – En matière correctionnelle, le procureur de la République pourra, à tout moment de la procédure, s'il estime que des investigations suffisantes sur la personnalité du mineur ont été effectuées, le cas échéant à l'occasion d'une précédente procédure, et que des investigations sur les faits ne sont pas ou ne sont plus nécessaires, requérir du juge des enfants qu'il ordonne la comparution de mineurs soit devant le tribunal pour enfants, soit devant la chambre du conseil, dans un délai compris entre un et trois mois. Les dispositions des deux derniers alinéas de l'article 82 et des deux premiers alinéas de l'article 185 du Code de procédure pénale sont alors applicables, l'appel ou le recours du parquet étant porté devant le président de la chambre spéciale des mineurs de la cour d'appel ou son remplaçant, qui statuera dans les quinze jours de sa saisine. L'appel ou le recours du procureur de la République sera porté à la connaissance du mineur, de ses représentants légaux et de son avocat, qui pourront présenter par écrit toutes observations utiles.

Art. 8-3 *(L. n. 96-585, 1er juill. 1996, art. 2 et 5). – Abrogé, L. n. 2002-1138, 9 sept. 2002, art. 19, 5°.*

Art. 9 *(Applic. 1er janv. 2001 ; L. n. 2000-516, 15 juin 2000, art. 86 et 140) (Mod. L. 24 mai 1951 et Ord. n. 58-1300, 23 déc. 1989, art. 1er).* – Le juge d'instruction procédera à l'égard du mineur dans les formes du chapitre 1er du titre III du livre 1er du Code de procédure pénale et ordonnera les mesures prévues aux alinéas 4, 5 et 6 de l'article 8 de la présente ordonnance.

(Mod., Ord. n. 58-1300, 23 déc. 1958, art. 1er) Lorsque l'instruction sera achevée, le juge d'instruction, sur réquisition du procureur de la République, rendra l'une des ordonnances du règlement suivantes :

1° Soit une ordonnance de non-lieu ;

2° Soit, s'il estime que le fait constitue une contravention, une ordonnance de renvoi devant le tribunal de police, ou s'il s'agit d'une contravention de 5e classe, devant le juge des enfants ou devant le tribunal pour enfants ;

3° Soit, s'il estime que les faits constituent un délit, une ordonnance de renvoi devant le juge des enfants ou devant le tribunal pour enfants ; *(Mots ajoutés, L. n. 2002-1138, 9 sept. 2002, art. 31, II)* « toutefois, lorsque la peine encourue est supérieure ou égale à sept ans et que le mineur est âgé de seize ans révolus, le renvoi devant le tribunal pour enfants est obligatoire » ;

4° En cas de crime, soit une ordonnance de renvoi devant le tribunal pour enfants s'il s'agit d'un mineur de seize ans, soit, dans le cas visé à l'article 20 *(L. n. 2000-516, 15 juin 2000, art. 86-1°-a)* une ordonnance de mise en accusation devant la cour d'assises des mineurs.

(Mod., Ord. n. 58-1300, 23 déc. 1958, art. 1er et L. n. 74-631, 5 juill. 1974, art. 14) Si le mineur a des coauteurs ou complices majeurs, ces derniers seront en cas de poursuites correctionnelles, renvoyés devant la juridiction compétente suivant le droit commun ; la cause concernant le mineur sera disjointe pour être jugée conformément aux dispositions de la présente ordonnance. En cas de poursuites pour infraction qualifiée crime, il sera procédé à l'égard de toutes les personnes mises en examen conformément aux dispositions de l'article 181 du Code de procédure pénale ; *(L. n. 2000-516, 15 juin 2000, art. 86-11°-b)* le juge d'instruction pourra, soit renvoyer tous les accusés âgés de seize ans au moins devant la cour d'assises des mineurs, soit

disjoindre les poursuites concernant les majeurss et renvoyer ceux-ci devant la cour d'assises de droit commun ; les mineurs âgés de moins de seize ans seront renvoyés devant le tribunal pour enfants.

(L. n. 2000-1354, 30 déc. 2000, art. 30, applic. 1er janv. 2001) L'ordonnance sera rédigéedans les formes du droit commun.

(Mod., Ord. n. 58-1300, 23 déc. 1958, art. 1er) Au cas de renvoi devant la cour d'assises des mineurs *(L. n. 2000-516, 15 juin 2000, art. 86-1er-c)* le juge d'instruction pourra décerner une ordonnance de prise de corps contre les accusés mineurs.

Art. 10 *(L. n. 93-2, 4 janv. 1993, art. 116 ; L. n. 93-1013, 24 août 1993, art. 30-II ; L. n. 95-125, 8 févr. 1995, art. 49 ; L. n. 96-585, 1er juill. 1996, art. 3).* – Le juge d'instruction ou le juge des enfants avise les parents du mineur, son tuteur, ou la personne ou le service auquel il est confié des poursuites dont le mineur fait l'objet. Cet avis est fait verbalement avec émargement au dossier ou par lettre recommandée. Il mentionne les faits reprochés au mineur et leur qualification juridique. Il précise également qu'à défaut de choix d'un défenseur par le mineur ou ses représentants légaux, le juge d'instruction ou le juge des enfants fera désigner par le bâtonnier un avocat d'office.

Quelles que soient les procédures de comparution, le mineur et les parents, le tuteur, la personne qui en a la garde ou son représentant, sont simultanément convoqués pour être entendus par le juge. Ils sont tenus informés de l'évolution de la procédure.

Lors de la première comparution, lorsque le mineur ou ses représentants légaux n'ont pas fait le choix d'un avocat ni demandé qu'il en soit désigné un d'office, le juge des enfants ou le juge d'instruction saisi fait désigner sur-le-champ par le bâtonnier un avocat d'office.

Le juge des enfants et le juge d'instruction pourront charger de l'enquête sociale les services sociaux ou les personnes titulaires d'un diplôme de service social, habilités à cet effet.

Ils pourront confier provisoirement le mineur mis en examen :

1° À ses parents, à son tuteur ou à la personne qui en avait la garde, ainsi qu'à une personne digne de confiance ;

2° À un centre d'accueil ;

3° À une section d'accueil d'une institution publique ou privée habilitée à cet effet ;

4° Au service de l'assistance à l'enfance ou à un établissement hospitalier ;

5° À un établissement ou à une institution d'éducation, de formation professionnelle ou de soins, de l'État ou d'une administration publique, habilité.

S'ils estiment que l'état physique ou psychique du mineur justifie une observation approfondie, ils pourront ordonner son placement provisoire dans un centre d'observation institué ou agréé par le ministre de la Justice.

La garde provisoire pourra, le cas échéant, être exercée sous le régime de la liberté surveillée.

Le juge des enfants saisi de la procédure est compétent pour modifier ou révoquer la mesure de garde jusqu'à la comparution du mineur devant le tribunal pour enfants.

Art. 10-1 *(Créé, L. n. 2002-1138, 9 sept. 2002, art. 29).* – Lorsqu'ils sont convoqués devant le juge des enfants, le juge d'instruction, le tribunal pour enfants ou la cour d'assises des mineurs, les représentants légaux du mineur poursuivi qui ne déferent pas à cette convocation peuvent, sur réquisitions du ministère public, être condamnés par le magistrat ou la juridiction saisie à une amende civile dont le montant ne peut excéder 3 750 €.

Cette amende peut être rapportée par le magistrat ou la juridiction qui l'a prononcée s'ils déférent ultérieurement à cette convocation.

Les personnes condamnées à l'amende en application du premier alinéa peuvent former opposition de la condamnation devant le tribunal correctionnel dans les dix jours à compter de sa notification.

Art. 10-2 *(Créé, L. n. 2002-1138, 9 sept. 2002, art. 17, 2°).* – I. – Les mineurs âgés de treize à dix-huit ans peuvent être placés sous contrôle judiciaire dans les conditions prévues par le Code de procédure pénale, sous réserve des dispositions du présent article.

II. – Le contrôle judiciaire est décidé par ordonnance motivée, prise, selon les cas, par le juge des enfants, le juge d'instruction ou le juge des libertés et de la détention. Ce magistrat doit notifier oralement au mineur les obligations qui lui sont imposées, en présence de son avocat et de ses représentants légaux ou ceux-ci dûment convoqués ; ce magistrat informe également le mineur qu'en cas de non-respect de ces obligations, il pourra être placé en détention provisoire ; ces formalités sont mentionnées par procès-verbal, qui est signé par le magistrat et le mineur. Lorsque cette décision accompagne une mise en liberté, l'avocat du mineur est convoqué par tout moyen et sans délai et les dispositions du deuxième alinéa de l'article 114 du Code de procédure pénale ne sont pas applicables.

Le contrôle judiciaire dont fait l'objet un mineur peut également comprendre une ou plusieurs des obligations suivantes :

1° Se soumettre aux mesures de protection, d'assistance, de surveillance et d'éducation confiées à un service de la protection judiciaire de la jeunesse ou à un service habilité, mandaté à cette fin par le magistrat ;

2° Respecter les conditions d'un placement dans un centre éducatif de la protection judiciaire de la jeunesse ou relevant d'un service habilité auquel le mineur a été confié par le magistrat en application des dispositions de l'article 10 et notamment dans un centre éducatif fermé prévu à l'article 33.

Toutefois, les obligations prévues au 2° ne peuvent être ordonnées que pour une durée de six mois et ne peuvent être renouvelées par ordonnance motivée qu'une seule fois pour une durée au plus égale à six mois.

Le responsable du service ou centre désigné en application des 1° et 2° doit faire rapport au juge des enfants ou au juge d'instruction en cas de non-respect par le mineur des obligations qui lui ont été imposées ; copie de ce rapport est adressée au procureur de la République par ce magistrat.

III. – En matière correctionnelle, les mineurs âgés de moins de seize ans ne peuvent être placés sous contrôle judiciaire que lorsque la peine d'emprisonnement encourue est supérieure ou égale à cinq ans et lorsque le mineur a déjà fait l'objet d'une ou plusieurs mesures éducatives prononcées en application des dispositions des articles 8, 10, 15, 16 et 16 *bis* ou d'une condamnation à une sanction éducative ou à une peine.

Le contrôle judiciaire auquel peuvent être astreints en matière correctionnelle les mineurs âgés de seize ans ne peut comporter que l'obligation de respecter les conditions d'un placement, conformément aux dispositions du 2° du II. Le mineur est alors placé dans un centre éducatif fermé prévu à l'article 33.

Le juge des enfants, le juge d'instruction ou le juge des libertés et de la détention statue sur le placement sous contrôle judiciaire en audience de cabinet, après un débat contradictoire au cours duquel ce magistrat entend le ministère public qui développe ses réquisitions prises conformément aux dispositions de l'article 137-2 du Code de procédure pénale, puis les observations du mineur ainsi que celles de son avocat. Le magistrat peut, le cas échéant, recueillir au cours de ce débat les déclarations du représentant du service qui suit le mineur.

Art. 11 *(L. n. 93-2, 4 janv. 1993, art. 244 ; L. n. 93-1013, 24 août 1993, art. 31).* – *(Al. mod., L. n. 2000-516, 15 juin 2000, art. 137-II et 140 puis remplacé par dix al., L. n. 2002-1138, 9 sept. 2002, art. 18, 1°)* Les mineurs de treize à dix-huit ans mis en examen par le juge d'instruction ou le juge des enfants ne peuvent être placés en détention provisoire par le juge des libertés et de la détention saisi soit par le juge d'instruction, soit par le juge des enfants, conformément aux dispositions des articles 137 à 137-4, 144 et 145 du Code de procédure pénale, que dans les cas prévus par le présent article, à la condition que cette mesure soit indispensable ou qu'il soit impossible de prendre toute autre disposition et à la condition que les obligations du contrôle judiciaire prévues par l'article 10-2 soient insuffisantes.

(Al. issu, L. n. 2002-1138, 9 sept. 2002, art. 18, 1°) Les mineurs âgés de seize ans révolus ne peuvent être placés en détention provisoire que dans l'un des cas suivants :

1° *(1° issu, L. n. 2002-1138, 9 sept. 2002, art. 18, 1°)* S'ils encourent une peine criminelle ;

2° *(2° issu, L. n. 2002-1138, 9 sept. 2002, art. 18, 1°)* S'ils encourent une peine correctionnelle d'une durée égale ou supérieure à trois ans ;

3° *(3° issu, L. n. 2002-1138, 9 sept. 2002, art. 18, 1°)* S'ils se sont volontairement soustraits aux obligations d'un contrôle judiciaire prononcé conformément aux dispositions de l'article 10-2.

(Al. issu, L. n. 2002-1138, 9 sept. 2002, art. 18, 1°) Les mineurs âgés de treize ans révolus et de moins de seize ans ne peuvent être placés en détention provisoire que dans l'un des cas suivants :

1° *(1° issu, L. n. 2002-1138, 9 sept. 2002, art. 18, 1°)* S'ils encourent une peine criminelle ;

2° *(2° issu, L. n. 2002-1138, 9 sept. 2002, art. 18, 1°)* S'ils se sont volontairement soustraits aux obligations d'un contrôle judiciaire prononcé conformément aux dispositions du III de l'article 10-2.

(Al. issu, L. n. 2002-1138, 9 sept. 2002, art. 18, 1°) La détention provisoire est effectuée soit dans un quartier spécial de la maison d'arrêt, soit dans un établissement pénitentiaire spécialisé pour mineurs ; les mineurs détenus sont, autant qu'il est possible, soumis à l'isolement de nuit. Les mineurs âgés de treize à seize ans ne peuvent être placés en détention que dans les seuls établissements garantissant un isolement complet

d'avec les détenusmajeurs ainsi que la présence en détention d'éducateurs dans des conditions définies par décret en Conseil d'État.

(Al. issu, L. n. 2002-1138, 9 sept. 2002, art. 18, 1°) Lorsque les mineurs ayant fait l'objet d'un placement en détention provisoire sont remis en liberté au cours de la procédure, ils font l'objet, dès leur libération, des mesures éducatives ou de liberté surveillée justifiées par leur situation et déterminées par le juge des enfants, le juge d'instruction ou le juge des libertés et de la détention. Lorsque le magistrat estime qu'aucune de ces mesures n'est nécessaire, il statue par décision motivée.

(Inséré, L. n. 89-461, 6 juill. 1989, art. 17) En matière correctionnelle, lorsque la peine encourue n'est pas supérieure à sept ans d'emprisonnement, la détention provisoire des mineurs âgés d'au moins seize ans ne peut excéder un mois. Toutefois, à l'expiration de ce délai, la détention peut être prolongée, à titre exceptionnel, *(à compter du 1er janv. 2001 ; L. n. 2000-516, 15 juin 2000, art. 137-III et 140, remplacés par :)* par une ordonnance motivée conformément aux dispositions de l'article 137-3 du Code de procédure pénale et rendue après un débat contradictoire organisé conformément aux dispositions du sixième alinéa de l'article 145 du même code, pour une durée n'excédant pas un mois ; la prolongation ne peut être ordonnée qu'une seule fois.

Dans les autres cas, les dispositions du premier alinéa de l'article 145-1 du Code de procédure pénale sont applicables en matière correctionnelle, aux mineurs âgés d'au moins seize ans ; toutefois, la prolongation doit être ordonnée conformément aux dispositions du *(à compter du 1er janv. 2001 ; L. n. 2000-516, 15 juin 2000, art. 137-IV et 140)* sixième alinéa de l'article 145 du Code de procédure pénale, et elle ne peut être prolongée au-delà d'un an.

En matière criminelle, la détention provisoire des mineurs âgés de plus de treize ans et de moins de seize ans ne peut excéder six mois. Toutefois, à l'expiration de ce délai, la détention peut être prolongée, à titre exceptionnel, pour une durée n'excédant pas six mois, par une ordonnance rendue conformément aux dispositions du *(à compter du 1er janv. 2001 ; L. n. 2000-516, art. 137-V et 140, remplacé par :)* sixième alinéa de l'article 145 du Code de procédure pénale et comportant, par référence aux 1° et 2° de l'article 144 du même code, l'énoncé des considérations de droit et de fait qui constituent le fondement de la décision ; la prolongation ne peut être ordonnée qu'une seule fois.

Les dispositions de l'article 145-2 du Code de procédure pénale sont applicables aux mineurs âgés d'au moins seize ans ; toutefois, la détention provisoire ne peut être prolongée au-delà de deux ans.

Les dispositions *(Mots remplacés, L. n. 2002-1138, 9 sept. 2002, art. 18, 2°)* « des treizième et quatorzième alinéas » du présent article sont applicables jusqu'à l'ordonnance de règlement.

(L. n. 2000-1354, 30 déc. 2000, art. 31, applic. 1er janv. 2001) Lorsque le juge des libertés et de la détention est saisi par le juge d'instruction ou le juge des enfants en application du quatrième alinéa de l'article 137-1 du Code de procédure pénale, il peut prononcer une mesure de liberté surveillée à titre provisoire, prévue par le huitième alinéa de l'article 8, ou une mesure de garde provisoire prévue par l'article 10.

Art. 11-1 *(Applic. 1er janv. 2001 ; L. n. 2000-516, 15 juin 2000, art. 63).* – Lorsque la détention provisoire est ordonnée à la suite d'une révocation du contrôle judiciaire à l'encontre d'un mineur antérieurement placé en détention provisoire pour les mêmes faits, la durée cumulée des détentions ne peut excéder de plus d'un mois la durée maximale de la détention prévue à l'article 11.

Art. 11-2 *(Créé, L. n. 2002-1138, 9 sept. 2002, art. 18, 3°).* – Lorsqu'à l'égard d'un mineur de treize à seize ans, la détention provisoire est ordonnée à la suite de la révocation d'un contrôle judiciaire prononcé conformément aux dispositions du III de l'article 10-2, la durée de la détention provisoire ne peut excéder quinze jours, renouvelable une fois.

S'il s'agit d'un délit puni de dix ans d'emprisonnement, la durée de la détention provisoire ne peut excéder un mois, renouvelable une fois.

Lorsque interviennent plusieurs révocations du contrôle judiciaire, la durée cumulée de la détention ne peut excéder une durée totale d'un mois dans le cas visé au premier alinéa et de deux mois dans le cas visé au deuxième alinéa.

Art. 12 *(L. n. 85-1407, 30 déc. 1985, art. 93 ; L. n. 93-1013, 24 août 1993, art. 32 ; L. n. 96-585, 1er juill. 1996, art. 4).* – Le service de la protection judiciaire de la jeunesse compétent établit, à la demande du procureur de la République, du juge des enfants ou de la juridiction d'instruction, un rapport écrit contenant tous renseignements utiles sur la situation du mineur ainsi qu'une proposition éducative.

Lorsqu'il est fait application de l'article 5, ce service est obligatoirement consulté avant toute réquisition ou décision de placement en détention provisoire du mineur ou de prolongation de la détention provisoire.

Ce service doit également être consulté avant toute décision du juge des enfants au titre de l'article 8-1 et toute réquisition du procureur de la République au titre des *(Mots remplacés, L. n. 2002-1138, 9 sept. 2002, art. 19, 2°)* « articles 8-2 et 14-2 ».

Le rapport prévu au premier alinéa est joint à la procédure.

L'article 12 de l'ordonnance du 2 février 1945 exige la consultation préalable du service de l'éducation surveillée compétente avant toute décision de placement en détention provisoire d'un mineur ; toutefois, lorsque ce service a été consulté préalablement à la présentation du mineur au juge d'instruction et que la chambre d'accusation infirme l'ordonnance aux fins de liberté surveillée préjudicielle rendue par ce magistrat et ordonne le placement en détention provisoire d'un mineur, l'article 12 de l'ordonnance du 2 février 1945 n'impose pas une nouvelle consultation de ce service (Cass. crim., 13 avr. 1999 : *Bull.* 76).

Art. 12-1 *(Applic. dès l'entrée en vigueur de la L. n. 93-2, 4 janv. 1993, art. 118).* – Le procureur de la République, la juridiction chargée de l'instruction de l'affaire ou la juridiction de jugement ont la faculté de proposer au mineur une mesure ou une activité d'aide ou de réparation à l'égard de la victime ou dans l'intérêt de la collectivité. Toute mesure ou activité d'aide ou de réparation à l'égard de la victime ne peut être ordonnée qu'avec l'accord de celle-ci.

Lorsque cette mesure ou cette activité est proposée avant l'engagement des poursuites, le procureur de la République recueille l'accord préalable du mineur et des titulaires de l'exercice de l'autorité parentale. Le procès-verbal constatant cet accord est joint à la procédure.

La juridiction chargée de l'instruction procède selon les mêmes modalités.

Lorsque la mesure ou l'activité d'aide ou de réparation est prononcée par jugement, la juridiction recueille les observations préalables du mineur et des titulaires de l'exercice de l'autorité parentale.

La mise en œuvre de la mesure ou de l'activité peut être confiée au secteur public de la protection judiciaire de la jeunesse ou à une personne physique, à un établissement ou service dépendant d'une personne morale habilités à cet effet dans des conditions fixées par décret. À l'issue du délai fixé par la décision, le service ou la personne chargé de cette mise en œuvre adresse un rapport au magistrat qui a ordonné la mesure ou l'activité d'aide ou de réparation.

CHAPITRE III. – LE TRIBUNAL POUR ENFANTS

Art. 13 *(Mod., L. 24 mai 1951).* – Le tribunal pour enfants statuera après avoir entendu l'enfant, les témoins, les parents, le tuteur ou le gardien, le ministère public et le défenseur. Il pourra entendre, à titre de simple renseignement, les coauteurs ou complices majeurs.

(Mod., Ord. n. 58-1300, 23 déc. 1958, art. 1er) Le président du tribunal pour enfants pourra, si l'intérêt du mineur l'exige, dispenser ce dernier de comparaître à l'audience. Dans ce cas, le mineur sera représenté par un avocat ou par son père, sa mère ou son tuteur. La décision sera réputée contradictoire.

Le tribunal pour enfants restera ainsi à l'égard du mineur âgé de moins de seize ans lorsqu'il décidera d'appliquer une qualification criminelle aux faits dont il avait été saisi sous une qualification correctionnelle. Il ordonnera, en ce cas, un supplément d'information et déléguera le juge d'instruction à cette fin, si l'ordonnance de renvoi émane du juge des enfants.

Art. 13-1. – *Abrogé, L. n. 93-1013, 24 août 1993, art. 33.*

Art. 14 *(Mod., L. n. 51-687, 24 mai 1951).* – Chaque affaire sera jugée séparément en l'absence de tous autres prévenus.

Seuls seront admis à assister aux débats *(Mots ajoutés, L. n. 2002-1138, 9 sept. 2002, art. 30)* « la victime, qu'elle soit ou non constituée partie civile, » les témoins de l'affaire, les proches parents, le tuteur ou le représentant légal du mineur, les membres du barreau, les représentants des sociétés de patronage et des services ou institutions s'occupant des enfants, les délégués à la liberté surveillée.

Le président pourra, à tout moment, ordonner que le mineur se retire pendant tout ou partie de la suite des débats *(compl., Ord. n. 58-1300, 23 déc. 1958, art. 1er)* ; il pourra de même ordonner aux témoins de se retirer après leur audition.

La publication du compte rendu des débats des tribunaux pour enfants dans le livre, la presse, la radiophonie, le cinématographe ou de quelque manière que ce soit est interdite. La publication, par les mêmes procédés, de tout texte ou de toute illustration concernant l'identité et la personnalité des mineurs délinquants est également interdite. Les infractions à ces dispositions seront punies d'une amende de 40 000 F (6 000 €) ; en cas de récidive, un emprisonnement de deux ans pourra être prononcé.

Le jugement sera rendu en audience publique, en la présence du mineur. Il pourra être publié, mais sans que le nom du mineur puisse être indiqué, même par une initiale, à peine d'une amende de 25 000 F (3 750 €).

Art. 14-1 *(Aj., L. n. 65-511, 1er juill. 1965).* – Quand les infractions aux dispositions des alinéas 4 et 5 de l'article précédent seront commises par la voie de la presse, les directeurs des publications ou éditeurs seront, pour le fait seul de la publication, passibles comme auteurs principaux des peines prévues à ces alinéas.

À leur défaut l'auteur et, à défaut de l'auteur, les imprimeurs, distributeurs et afficheurs seront poursuivis comme auteurs principaux.

Lorsque l'auteur n'est pas poursuivi comme auteur principal, il sera poursuivi comme complice.

Pourront être poursuivies comme complices, et dans tous les cas, toutes personnes auxquelles l'article 60 du Code pénal pourrait s'appliquer.

Art. 14-2 *(Créé, L. n. 2002-1138, 9 sept. 2002, art. 19, 3°).* – I. – Les mineurs de seize à dix-huit ans qui ont été déférés devant le procureur de la République peuvent être poursuivis devant le tribunal pour enfants selon la procédure de jugement à délai rapproché dans les cas et selon les modalités prévues par le présent article.

II. – La procédure de jugement à délai rapproché est applicable aux mineurs qui encourent une peine d'emprisonnement supérieure ou égale à trois ans en cas de flagrance, ou supérieure ou égale à cinq ans dans les autres cas. Elle ne peut être engagée que si des investigations sur les faits ne sont pas nécessaires et que si des investigations sur la personnalité du mineur ont été accomplies, le cas échéant, à l'occasion d'une procédure antérieure de moins d'un an.

III. – Après avoir versé au dossier de la procédure les éléments de personnalité résultant des investigations mentionnées au II, le procureur de la République vérifie l'identité du mineur qui lui est déféré et lui notifie les faits qui lui sont reprochés en présence de l'avocat de son choix ou d'un avocat désigné par le bâtonnier à la demande du procureur de la République si le mineur ou ses représentants légaux n'ont pas fait le choix d'un avocat. Dès sa désignation, l'avocat peut consulter le dossier et communiquer librement avec le mineur.

Après avoir recueilli ses observations éventuelles et celles de son avocat, le procureur de la République informe le mineur qu'il est traduit devant le tribunal pour enfants pour y être jugé, à une audience dont il notifie la date et l'heure et qui doit avoir lieu dans un délai qui ne peut être inférieur à dix jours ni supérieur à un mois.

À peine de nullité de la procédure, les formalités mentionnées aux deux alinéas précédents font l'objet d'un procès-verbal dont copie est remise au mineur et qui saisit le tribunal pour enfants.

IV. – Aussitôt après avoir procédé aux formalités prévues au III, le procureur de la République fait comparaître le mineur devant le juge des enfants afin qu'il soit statué sur ses réquisitions tendant soit au placement sous contrôle judiciaire, soit au placement en détention provisoire du mineur jusqu'à l'audience de jugement.

Le juge des enfants statue par ordonnance motivée qui doit comporter l'énoncé des considérations de droit et de fait qui constituent le fondement de la décision, par référence, selon les cas, aux dispositions des articles 137 ou 144 du Code de procédure pénale. Il statue en audience de cabinet, après un débat contradictoire au cours duquel il entend le procureur de la République, qui développe ses réquisitions, puis les observations du mineur et celles de son avocat. Le juge des enfants peut, le cas échéant, entendre au cours de ce débat les déclarations du représentant du service auquel le mineur a été confié.

Les représentants légaux du mineur sont avisés de la décision du juge des enfants par tout moyen. L'ordonnance peut faire l'objet d'un appel devant la chambre de l'instruction ; les dispositions des articles 187-1 et 187-2 du Code de procédure pénale sont alors applicables.

Dans tous les cas, lorsque le juge des enfants ne fait pas droit aux réquisitions du procureur de la République, il peut ordonner les mesures prévues aux articles 8 et 10, le cas échéant, jusqu'à la comparution du mineur.

V. – Le tribunal pour enfants saisi en application du présent article statue conformément aux dispositions de l'article 13, premier alinéa, et de l'article 14.

Il peut toutefois, d'office ou à la demande des parties, s'il estime que l'affaire n'est pas en état d'être jugée, renvoyer à une prochaine audience dans un délai qui ne peut être supérieur à un mois, en décidant, le cas échéant, de commettre le juge des enfants pour procéder à un supplément d'information ou d'ordonner une des mesures prévues aux articles 8 et 10. Si le mineur est en détention provisoire ou sous contrôle judiciaire, le tribunal statue alors par décision spécialement motivée sur le maintien de la mesure. Lorsque le mineur est en détention provisoire, le jugement au fond doit être rendu dans un délai d'un mois suivant le jour de sa première comparution devant le tribunal. Faute de décision au fond à l'expiration de ce délai, il est mis fin à la détention provisoire.

Le tribunal pour enfants peut également, s'il estime que des investigations supplémentaires sont nécessaires compte tenu de la gravité ou de la complexité de l'affaire, renvoyer le dossier au procureur de la République. Lorsque le mineur est en détention provisoire, le tribunal pour enfants statue au préalable sur le maintien du mineur en détention provisoire jusqu'à sa comparution devant le juge des enfants ou le juge d'instruction. Cette comparution doit avoir lieu le jour même, à défaut de quoi le prévenu est remis en liberté d'office.

VI. – Les dispositions du présent article sont également applicables aux mineurs de treize à seize ans, à condition que la peine encourue soit d'au moins cinq ans d'emprisonnement, sans qu'elle puisse excéder sept ans. Le procureur de la République ne peut alors requérir que le placement sous contrôle judiciaire du mineur jusqu'à sa comparution devant le tribunal pour enfants, conformément aux dispositions du III de l'article 10-2, à une audience qui doit se tenir dans un délai de dix jours à deux mois.

Art. 15 *(Mod., L. n. 51-687, 24 mai 1951).* – Si la prévention est établie à l'égard du mineur de treize ans, le tribunal pour enfants prononcera, par décision motivée, l'une des mesures suivantes :

1° Remise à ses parents, à son tuteur, à la personne qui en avait la garde ou à une personne digne de confiance ;

2° Placement dans une institution ou un établissement public ou privé, d'éducation ou de formation professionnelle, habilité ;

3° Placement dans un établissement médical ou médicopédagogique habilité ;

4° Remise au service de l'assistance à l'enfance ;

5° Placement dans un internat approprié aux mineurs délinquants d'âge scolaire.

Art. 15-1 *(Créé, L. n. 2002-1138, 9 sept. 2002, art. 13).* – Si la prévention est établie à l'égard d'un mineur âgé d'au moins dix ans, le tribunal pour enfants pourra prononcer par décision motivée une ou plusieurs des sanctions éducatives suivantes :

1° Confiscation d'un objet détenu ou appartenant au mineur et ayant servi à la commission de l'infraction ou qui en est le produit ;

2° Interdiction de paraître, pour une durée qui ne saurait excéder un an, dans le ou les lieux dans lesquels l'infraction a été commise et qui sont désignés par la juridiction, à l'exception des lieux dans lesquels le mineur réside habituellement ;

3° Interdiction, pour une durée qui ne saurait excéder un an, de rencontrer ou de recevoir la ou les victimes de l'infraction désignées par la juridiction ou d'entrer en relation avec elles ;

4° Interdiction, pour une durée qui ne saurait excéder un an, de rencontrer ou de recevoir le ou les coauteurs ou complices éventuels désignés par la juridiction ou d'entrer en relation avec eux ;

5° Mesure d'aide ou de réparation mentionnée à l'article 12-1 ;

6° Obligation de suivre un stage de formation civique, d'une durée qui ne peut excéder un mois, ayant pour objet de rappeler au mineur les obligations résultant de la loi et dont les modalités d'application sont fixées par décret en Conseil d'État.

Le tribunal pour enfants désignera le service de la protection judiciaire de la jeunesse ou le service habilité chargé de veiller à la bonne exécution de la sanction. Ce service fera rapport au juge des enfants de l'exécution de la sanction éducative.

En cas de non-respect par le mineur des sanctions éducatives prévues au présent article, le tribunal pour enfants pourra prononcer à son égard une mesure de placement dans l'un des établissements visés à l'article 15.

Art. 16 *(Mod., L. n. 51-687, 24 mai 1951).* – Si la prévention est établie à l'égard d'un mineur âgé de plus de treize ans, le tribunal pour enfants prononcera par décision motivée l'une des mesures suivantes :

1° Remise à ses parents, à son tuteur, à la personne qui en avait la garde ou à une personne digne de confiance ;
2° Placement dans une institution ou un établissement public ou privé, d'éducation ou de formation professionnelle, habilité ;
3° Placement dans un établissement médical ou médicopédagogique habilité ;
4° Placement dans une institution publique d'éducation surveillée ou d'éducation corrective.

Art. 16 *bis* *(L. n. 75-624, 11 juill. 1975, art. 60 ; L. n. 96-585, 1er juill. 1996, art. 6).* – Si la prévention est établie à l'égard d'un mineur, le tribunal pour enfants et la cour d'assises des mineurs pourront aussi prononcer, à titre principal et par décision motivée, la mise sous protection judiciaire pour une durée n'excédant pas cinq années.

Les diverses mesures de protection, d'assistance, de surveillance et d'éducation auxquelles le mineur sera soumis seront déterminées par un décret en Conseil d'État.

Le juge des enfants pourra, à tout moment jusqu'à l'expiration du délai de mise sous protection judiciaire, prescrire une ou plusieurs mesures mentionnées à l'alinéa précédent. Il pourra en outre, dans les mêmes conditions, soit supprimer une ou plusieurs des mesures auxquelles le mineur aura été soumis, soit mettre fin à la mise sous protection judiciaire.

Lorsque, pour l'accomplissement de la mise sous protection judiciaire, le placement d'un mineur de plus de seize ans dans un des établissements désignés à l'article précédent aura été décidé, ce placement ne se poursuivra après la majorité de l'intéressé que si celui-ci en fait la demande.

Art. 17 *(Mod., L. n. 51-687, 24 mai 1951 et L. n. 74-631, 5 juill. 1974, art. 14).* – Dans tous les cas prévus par les articles 15 et 16 ci-dessus, les mesures seront prononcées pour le nombre d'années que la décision déterminera et qui ne pourra excéder l'époque où le mineur aura atteint sa majorité.

La remise d'un mineur à l'Assistance ne sera possible, si l'enfant est âgé de plus de treize ans, qu'en vue d'un traitement médical ou encore dans le cas d'un orphelin ou d'un enfant dont les parents ont été déchus de l'autorité parentale.

Art. 18. – Si la prévention est établie à l'égard d'un mineur âgé de plus de treize ans, celui-ci pourra faire l'objet d'une condamnation pénale conformément à l'article 2.

Art. 19 *(Mod., L. n. 51-687, 24 mai 1951 et L. n. 74-631, 5 juill. 1974, art. 14).* – Lorsqu'une des mesures prévues aux articles 15, 16 et 28 ou une condamnation pénale sera décidée, le mineur pourra, en outre, être placé jusqu'à un âge qui ne pourra excéder celui de la majorité sous le régime de la liberté surveillée.

Le tribunal pour enfants pourra, avant de prononcer au fond, ordonner la mise en liberté surveillée à titre provisoire en vue de statuer après une ou plusieurs périodes d'épreuve dont il fixera la durée.

Art. 20 *(Mod., L. n. 51-687, 24 mai 1951).* – Le mineur âgé de seize ans au moins, accusé de crime, sera jugé par la cour d'assises des mineurs, composée d'un président, de deux assesseurs, et complétée par le jury criminel.

(Mod., Ord. n. 58-1300, 23 déc. 1958, art. 1er) La cour d'assises des mineurs se réunira au siège de la cour d'assises et au cours de la session de celle-ci. Son président sera désigné et remplacé, s'il y a lieu, dans les conditions prévues pour le président de la cour d'assises par les articles 244 à 247 du Code de procédure pénale. Les deux assesseurs seront pris, sauf impossibilité, parmi les juges des enfants du ressort de la cour d'appel et désignés dans les formes des articles 248 à 252 du Code de procédure pénale.

Les fonctions du ministère public auprès de la cour d'assises des mineurs seront remplies par le procureur général ou un magistrat du ministère public spécialement chargé des affaires de mineurs.

Le greffier de la cour d'assises exercera les fonctions de greffier à la cour d'assises des mineurs.

(Mod., Ord. n. 58-1300, 23 déc. 1958, art. 1er) Dans le cas où tous les accusés de la session auront été renvoyés devant la cour d'assises des mineurs, il sera procédé par cette juridiction conformément aux dispositions des articles 288 à 292 du Code de procédure pénale.

Dans le cas contraire, le jury de la cour d'assises des mineurs sera formé de jurés pris sur la liste arrêtée par la cour d'assises.

(Mod., Ord. n. 58-1300, 23 déc. 1958, art. 1er) Sous réserve des dispositions de l'alinéa qui précède, le président de la cour d'assises des mineurs et la cour d'assises des mineurs exerceront respectivement les attributions dévolues par les dispositions du Code de procédure pénale au président de la cour d'assises et à la cour.

Les dispositions des alinéas 1er, 2, 4 et 5 de l'article 14 s'appliqueront à la cour d'assises des mineurs.

Après l'interrogatoire des accusés, le président de la cour d'assises des mineurs pourra, à tout moment, ordonner que l'accusé mineur se retire pendant tout ou partie de la suite des débats.

(Mod., Ord. n. 58-1300, 23 déc. 1958, art. 1er) Sous réserve des dispositions de la présente ordonnance, il sera procédé, en ce qui concerne les mineurs âgés de seize ans au moins, accusés de crime, conformément aux dispositions des articles 191 à 218 et 231 à 380 du Code de procédure pénale.

(Al. ajouté, Ord. n. 58-1300, 23 déc. 1958, art. 1er) Si l'accusé a moins de dix-huit ans, le président posera, à peine de nullité, les deux questions suivantes :

1° Y a-t-il lieu d'appliquer à l'accusé une condamnation pénale ?

2° Y a-t-il lieu d'exclure l'accusé du bénéfice de la diminution de la peine prévue à l'article 20-2 ?

(Al. remplacé, L. n. 2002-1138, 9 sept. 2002, art. 14) S'il est décidé que l'accusé mineur déclaré coupable ne doit pas faire l'objet d'une condamnation pénale, les mesures relatives à son placement ou à sa garde ou les sanctions éducatives sur lesquelles la cour et le jury sont appelés à statuer seront celles des articles 15-1, 16 et du premier alinéa de l'article 19.

Art. 20-1 *(Applic. à compter du 1er mars 1994, L. n. 92-1336, 16 déc. 1992, art. 253 ; L. n. 93-913, 19 juill. 1993).* – Les contraventions de la 5e classe commises par des mineurs, sont instruites et jugées dans les conditions prévues aux articles 8 à 10 de la présente ordonnance.

Art. 20-2 *(Applic. à compter du 1er mars 1994, L. n. 92-1336, 16 déc. 1992, art. 254 ; L. n. 93-913, 19 juill. 1993).* – Le tribunal pour enfants et la cour d'assises des mineurs ne peuvent prononcer à l'encontre des mineurs âgés de plus de treize ans une peine privative de liberté supérieure à la moitié de la peine encourue. Si la peine encourue est la réclusion criminelle à perpétuité, ils ne peuvent prononcer une peine supérieure à vingt ans de réclusion criminelle.

Toutefois, si le mineur est âgé de plus de seize ans, le tribunal pour enfants et la cour d'assises des mineurs peuvent, à titre exceptionnel, et compte tenu des circonstances de l'espèce et de la personnalité du mineur, décider qu'il n'y a pas lieu de faire application des dispositions du premier alinéa. Cette décision ne peut être prise par le tribunal pour enfants que par une disposition spécialement motivée.

Les dispositions de l'article 132-23 du Code pénal relatives à la période de sûreté ne sont pas applicables aux mineurs.

L'emprisonnement est subi par les mineurs *(Mots ajoutés, L. n. 2002-1138, 9 sept. 2002, art. 21, I, 1°)* « soit dans un quartier spécial d'un établissement pénitentiaire, soit dans un établissement pénitentiaire pour mineurs » dans les conditions définies par décret en Conseil d'État.

Lorsqu'un mineur est reconnu coupable d'un crime passible de la réclusion criminelle à perpétuité, commis postérieurement au 1er mars 1994, et que la cour d'assises décide qu'il n'y a pas lieu de l'exclure du bénéfice de la diminution de peine prévue à l'article 20-2 de l'ordonnance du 2 février 1945, l'accusé encourt une peine maximale de 20 ans de réclusion criminelle ; si la cour d'assises peut donc infliger à cet accusé une peine de réclusion criminelle comprise entre 10 et 20 ans, elle ne peut prononcer à son encontre, par application de l'article 131-4 du Code pénal, une peine d'emprisonnement supérieure à 10 ans (Cass. crim., 6 oct. 1999 : *Bull.* 212).

Art. 20-3 *(Applic. à compter du 1er mars 1994, L. n. 92-1336, 16 déc. 1992, art. 254 ; L. n. 93-913, 19 juill. 1993).* – Sous réserve de l'application des dispositions du deuxième alinéa de l'article 20-2, le tribunal pour enfants et la cour d'assises des mineurs ne peuvent prononcer à l'encontre d'un mineur âgé de plus de treize ans une peine d'amende d'un montant supérieur à la moitié de l'amende encourue ou excédant 50 000 F (7 500 €) .

Art. 20-4 *(Applic. à compter du 1er mars 1994, L. n. 92-1336, 16 déc. 1992, art. 254 ; L. n. 93-913, 19 juill. 1993).* – La peine d'interdiction du territoire français *(L. n. 98-468, 17 juin 1998, art. 45)* et les peines de jour-amende, d'interdiction des droits civiques, civils et de famille, d'interdiction d'exercer une fonction publique ou une activité professionnelle ou sociale, d'interdiction de séjour, de fermeture d'établissement, d'exclusion des marchés publics et d'affichage ou de diffusion de la condamnation ne peuvent être prononcées à l'encontre d'un mineur.

Art. 20-5 *(Applic. à compter du 1er mars 1994, L. n. 92-1336, 16 déc. 1992, art. 254 ; L. n. 93-913, 19 juill. 1993).* – Les dispositions des articles 131-8 et 131-22 à 131-24 du Code pénal relatives au travail d'intérêt général sont applicables aux mineurs de seize à dix-huit ans. De même, leur sont applicables les dispositions des articles 132-54 à 132-57 du Code pénal relatives au sursis assorti de l'obligation d'accomplir un travail d'intérêt général.

Les attributions du juge de l'application des peines prévues par les articles 131-22 et 132-57 du Code pénal sont dévolues au juge des enfants. Pour l'application des articles 131-8 et 132-54 du Code pénal, les travaux d'intérêt général doivent être adaptés aux mineurs et présenter un caractère formateur ou de nature à favoriser l'insertion sociale des jeunes condamnés.

Art. 20-6 *(Applic. à compter du 1er mars 1994, L. n. 92-1336, 16 déc. 1992, art. 254 ; L. n. 93-913, 19 juill. 1993).* – Aucune interdiction, déchéance ou incapacité ne peut résulter de plein droit d'une condamnation pénale prononcée à l'encontre d'un mineur.

Art. 20-7 *(L. n. 96-585, 1er juill. 1996, art. 7).* – Les dispositions des articles 132-58 à 132-62 du Code pénal relatifs à la dispense de peine et à l'ajournement sont applicables aux mineurs de treize à dix-huit ans.

Toutefois, l'ajournement du prononcé de la mesure éducative ou de la peine pourra être également ordonné lorsque le tribunal pour enfants considérera que les perspectives d'évolution de la personnalité du mineur le justifient. L'affaire sera alors renvoyée à une audience qui devra avoir lieu au plus tard dans les six mois.

Le tribunal pour enfants qui ajourne le prononcé de la mesure éducative ou de la peine peut ordonner à l'égard du mineur, à titre provisoire, son placement dans un établissement public ou habilité à cet effet, une mesure de liberté surveillée préjudicielle ou une mesure ou une activité d'aide ou de réparation dans les conditions prévues à l'article 12-1.

Les dispositions des articles 132-63 à 132-70-1 du Code pénal ne sont pas applicables aux mineurs.

Art. 20-8 *(L. n. 97-1159, 19 déc. 1997, art. 13).* – Les dispositions des articles 723-7 à 723-13 du Code de procédure pénale relatives au placement sous surveillance électronique sont applicables aux mineurs.

Art. 20-9 *(Créé, L. n. 2002-1138, 9 sept. 2002, art. 21, I, 2°).* – En cas de condamnation d'un mineur de treize à dix-huit ans à une peine d'emprisonnement assortie d'un sursis avec mise à l'épreuve, le juge des enfants dans le ressort duquel le mineur a sa résidence habituelle exerce les attributions dévolues au juge de l'application des peines par les articles 739 à 741-2 du Code de procédure pénale jusqu'à l'expiration du délai d'épreuve. Le juge des enfants, saisi d'office ou sur requête du procureur de la République, exerce également les attributions confiées au tribunal correctionnel par les articles 741-3 à 744-1 du même code, notamment pour ordonner la révocation du sursis avec mise à l'épreuve en cas de violation de mesures de contrôle ou des obligations imposées au condamné.

La juridiction de jugement peut, si la personnalité du mineur le justifie, assortir cette peine de l'une des mesures définies aux articles 16 et 19 de la présente ordonnance, ces mesures pouvant être modifiées pendant toute la durée de l'exécution de la peine par le juge des enfants. Elle peut notamment décider de placer le mineur dans un centre éducatif fermé prévu par l'article 33.

La juridiction de jugement peut alors astreindre le condamné, dans les conditions prévues à l'article 132-43 du Code pénal, à l'obligation de respecter les conditions d'exécution des mesures visées à l'alinéa précédent ; le non-respect de cette obligation peut entraîner la révocation du sursis avec mise à l'épreuve et la mise à exécution de la peine d'emprisonnement.

Le responsable du service qui veille à la bonne exécution de la peine doit faire rapport au procureur de la République ainsi qu'au juge des enfants en cas de non-respect par le mineur des obligations qui lui ont été imposées.

Art. 21 *(Mod., Ord. n. 58-1300, 23 déc. 1958, art. 1er, L. n. 72-5, 3 janv. 1972, art. 6 ; L. n. 92-1336, 16 déc. 1992, art. 255).* – Sous réserve de l'application des articles 524 à 530-1 du Code de procédure pénale, les contraventions de police des quatre premières classes, commises par les mineurs, sont déférées au tribunal de police siégeant dans les conditions de publicité prescrites à l'article 14 pour le tribunal pour enfants.

Si la contravention est établie, le tribunal pourra, soit simplement admonester le mineur, soit prononcer la peine d'amende prévue par la loi. Toutefois, les mineurs de treize ans ne pourront faire l'objet que d'une admonestation.

(Mod., Ord. n. 58-1300, 23 déc. 1958, art. 1er) En outre, si le tribunal de police estime utile, dans l'intérêt du mineur, l'adoption d'une mesure de surveillance, il pourra, après le prononcé du jugement, transmettre le dossier au juge des enfants, qui aura la faculté de placer le mineur sous le régime de la liberté surveillée.

(Mod., Ord. n. 58-1300, 23 déc. 1958, art. 1er) L'appel des décisions des tribunaux de police est porté devant la cour d'appel dans les conditions prévues à l'article 7 de l'ordonnance n. 58-1274 du 22 décembre 1958 relative à l'organisation des juridictions pour enfants.

(Al. créé, L. n. 2002-1138, 9 sept. 2002, art. 20) Pour les contraventions de police des quatre premières classes relevant de l'article 706-72 du Code de procédure pénale, le juge de proximité exerce les attributions du tribunal de police dans les conditions prévues au présent article.

Art. 22 *(Mod., L. n. 51-687, 24 mai 1951).* – Le juge des enfants et le tribunal pour enfants pourront, dans tous les cas, ordonner l'exécution provisoire de leur décision, nonobstant opposition ou appel.

(Mod., Ord. n. 58-1300, 23 déc. 1958, art. 1er) Les décisions prévues à l'article 15 ci-dessus et prononcées par défaut à l'égard d'un mineur de treize ans, lorsque l'exécution provisoire en aura été ordonnée, seront ramenées à exécution à la diligence du procureur de la République, conformément aux dispositions de l'article 707 du Code de procédure pénale. Le mineur sera conduit et retenu dans un centre d'accueil ou dans une section d'accueil d'une institution visée à l'article 10 ou dans un dépôt de l'assistance ou dans un centre d'observation.

Art. 23. – *Alinéas 1er et 2 abrogés, Ord. n. 58-1274, 22 déc. 1958, art. 8.*

(Mod., Ord. n. 58-1300, 23 déc. 1958, art. 1er) Le délégué à la protection de l'enfance exercera à la chambre spéciale de la cour d'appel les fonctions visées à l'article 6 de l'ordonnance susvisée n. 58-1274 du 22 décembre 1958. Il siégera comme membre de la chambre d'accusation lorsque celle-ci connaîtra d'une affaire dans laquelle un mineur sera impliqué, soit seul, soit avec des coauteurs ou complices majeurs. Il disposera en cause d'appel des pouvoirs attribués au juge des enfants par l'article 29 (alinéa 1er).

Alinéa 4, abrogé, Ord. n. 58-1274, 22 déc. 1958, art. 8.

Si, conformément aux dispositions de l'article 23 de l'ordonnance du 2 février 1945, le magistrat délégué a été régulièrement appelé à composer la chambre d'accusation lorsque le mis en examen est mineur, aucune disposition n'impose que ce magistrat préside cette juridiction ou fasse rapport (Cass. crim., 10 mai 2000 : *Bull.* 182).

Art. 24 *(Applic. 1er janv. 2001 ; L. n. 2000-516, 15 juin 2000, art. 86 et 140) (Mod., Ord. n. 58-1300, 23 déc. 1958, art. 1er).* – Les règles sur le défaut et l'opposition résultant des articles 487 et suivants du Code de procédure pénale seront applicables aux jugements du juge des enfants et du tribunal pour enfants.

(Mod., Ord. n. 58-1300, 23 déc. 1958, art. 1er) Les dispositions des articles 185 à 187 du Code de procédure pénale seront applicables aux ordonnances du juge des enfants et du juge d'instruction spécialement chargé des affaires des mineurs. Toutefois, par dérogation à l'article 186 dudit code, les ordonnances du juge des enfants et du juge d'instruction concernant les mesures provisoires prévues à l'article 10 seront susceptibles d'appel. Cet appel sera formé dans les délais de l'article 498 du Code de procédure pénale et porté devant la chambre spéciale de la cour d'appel.

(L. n. 2000-516, 15 juin 2000, art. 86-2°) Les règles sur l'appel résultant des dispositions du Code de procédure pénale sont applicables aux jugements du juge des enfants et du tribunal pour enfants et aux arrêts de la cour d'assises des mineurs rendus en premier ressort.

Alinéas 4 et 5 abrogés, Ord. n. 58-1274, 22 déc. 1958, art. 8.

Le droit d'opposition, d'appel ou de recours en cassation pourra être exercé soit par le mineur, soit par son représentant légal.

Le recours en cassation n'a pas d'effet suspensif, sauf si une condamnation pénale est intervenue.

Les jugements du juge des enfants seront exempts des formalités de timbre et d'enregistrement.

CHAPITRE IV. – LA LIBERTÉ SURVEILLÉE

Art. 25 *(Mod., Ord. n. 58-1300, 23 déc. 1958, art. 1er).* – La rééducation des mineurs en liberté surveillée est assurée, sous l'autorité du juge des enfants, par des délégués permanents et par des délégués bénévoles à la liberté surveillée.

Les délégués permanents, agents de l'État nommés par le ministère de la justice, ont pour mission de diriger et de coordonner l'action des délégués ; ils assument en outre la rééducation des mineurs que le juge leur a confiée personnellement.

Les délégués bénévoles sont choisis parmi les personnes de l'un ou de l'autre sexe, majeures ; ils sont nommés par le juge des enfants.

Dans chaque affaire, le délégué est désigné soit immédiatement par le jugement, soit ultérieurement par ordonnance du juge des enfants, notamment dans le cas de délégation de compétence prévu à l'article 31.

(Mod., Ord. 24 sept. 1958, art. 2 : JO 27 sept. 1958) Les frais de transport exposés par les délégués permanents et les délégués à la liberté surveillée pour la surveillance des mineurs, ainsi que les frais de déplacements engagés par les délégués permanents dans le cadre de leur mission de direction et coordination de l'action des délégués sont remboursés dans les conditions prévues par la réglementation générale concernant le remboursement des frais engagés par les personnels civils de l'État à l'occasion de leurs déplacements.

Un arrêté du garde de sceaux, ministre de la Justice, et du ministre des Finances et des Affaires économiques déterminera les modalités selon lesquelles il sera dérogé à cette réglementation pour tenir compte des conditions particulières dans lesquelles des délégués permanents et les délégués à la liberté surveillée sont appelés à réaliser certains de leurs déplacements.

Art. 26 *(Mod., L. n. 51-687, 24 mai 1951).* – Dans tous les cas où le régime de la liberté surveillée sera décidé, le mineur, ses parents, son tuteur, la personne qui en a la garde seront avertis du caractère et de l'objet de cette mesure et des obligations qu'elle comporte.

(Mod., Ord. n. 68-1300, 23 déc. 1958, art. 1er) Le délégué à la liberté surveillée fera rapport au juge des enfants en cas de mauvaise conduite, de péril moral du mineur, d'entraves systématiques à l'exercice de la surveillance, ainsi que dans le cas où une modification de placement ou de garde lui paraîtra utile.

En cas de décès, de maladie grave, de changement de résidence ou d'absence non autorisée du mineur, les parents, tuteur, gardien ou patron devront sans retard en informer le délégué.

Si un incident à la liberté surveillée révèle un défaut de surveillance caractérisé de la part des parents ou du tuteur ou gardien, ou des entraves systématiques à l'exercice de la mission du délégué, le juge des enfants ou le tribunal pour enfants, quelle que soit la décision prise à l'égard du mineur, pourra condamner les parents ou le tuteur ou gardien à une amende civile 10 F (1,5 €) à 500 F (75 €).

Art. 27. – Les mesures de protection, d'assistance, de surveillance, d'éducation ou de réformes ordonnées à l'égard d'un mineur peuvent être révisées à tout moment, sous réserve des dispositions ci-après :

Lorsqu'une année au moins se sera écoulée depuis l'exécution d'une décision plaçant le mineur hors de sa famille, les parents ou le tuteur ou le mineur lui-même pourront former une demande de remise ou de restitution de garde en justifiant de leur aptitude à élever l'enfant et d'un amendement suffisant de ce dernier. En cas de rejet, la même demande ne pourra être renouvelée qu'après l'expiration du délai d'un an.

Art. 28 *(Mod., L. n. 51-687, 24 mai 1951 et Ord. n. 58-1300, 23 déc. 1958, art. 1er).* – Le juge des enfants pourra, soit d'office, soit à la requête du ministère public, du mineur, de ses parents, de son tuteur ou de la personne qui en a la garde, soit sur le rapport du délégué à la liberté surveillée, statuer sur tous les incidents, instances en modification de placement ou de garde, demandes de remise de garde. Il pourra ordonner toutes mesures de protection ou modifer les mesures prises. Le tribunal pour enfants est, le cas échéant, investi du même droit.

Toutefois, le tribunal pour enfants sera seul compétent lorsqu'il y aura lieu de prendre à l'égard d'un mineur qui avait été laissé à la garde de ses parents, de son tuteur ou laissé ou remis à la personne digne de confiance, une des autres mesures prévues aux articles 15 et 16.

3e alinéa abrogé, L. n. 89-461, 6 juill. 1989, art. 18.

Art. 29. – *Abrogé, L. n. 89-461, 6 juill. 1989, art. 18.*

Art. 30. – *Abrogé, L. n. 89-461, 6 juill. 1989, art. 18.*

Art. 31 *(Mod., L. n. 51-687, 24 mai 1951, art. 9).* – Sont compétents pour statuer sur tous incidents, instances modificatives de placement ou de garde, demandes de remise de garde :

1° Le juge des enfants ou le tribunal pour enfants ayant primitivement statué. Dans le cas où il s'agit d'une juridiction n'ayant pas un caractère permanent ou lorsque la décision initiale émane d'une cour d'appel, la compétence appartiendra au juge des enfants ou au tribunal pour enfants du domicile des parents ou de la résidence actuelle du mineur.

2° Sur délégation de compétence accordée par le juge des enfants ou par le tribunal pour enfants ayant primitivement statué, le juge des enfants ou le tribunal pour enfants du domicile des parents, de la personne, de l'œuvre, de l'établissement ou de l'institution à qui le mineur a été confié par décision de justice, ainsi que le juge des enfants ou le tribunal pour enfants du lieu où le mineur se trouvera, en fait, placé ou arrêté.

Si l'affaire requiert célérité, toutes mesures provisoires pourront être ordonnées par le juge des enfants du lieu où le mineur se trouvera, en fait, placé ou arrêté.

Art. 32. – Les dispositions des articles 22, 23 et 24 sont applicables aux décisions rendues sur incident à la liberté surveillée, instances modificatives de placement ou de garde, demandes de remise de garde.

CHAPITRE V. – DISPOSITIONS DIVERSES

Art. 33 *(Remplacé, L. n. 2002-1138, 9 sept. 2002, art. 22)*. – Les centres éducatifs fermés sont des établissements publics ou des établissements privés habilités dans des conditions prévues par décret en Conseil d'État, dans lesquels les mineurs sont placés en application d'un contrôle judiciaire ou d'un sursis avec mise à l'épreuve. Au sein de ces centres, les mineurs font l'objet des mesures de surveillance et de contrôle permettant d'assurer un suivi éducatif et pédagogique renforcé et adapté à leur personnalité. La violation des obligations auxquelles le mineur est astreint en vertu des mesures qui ont entraîné son placement dans le centre peut entraîner, selon le cas, le placement en détention provisoire ou l'emprisonnement du mineur.

L'habilitation prévue à l'alinéa précédent ne peut être délivrée qu'aux établissements offrant une éducation et une sécurité adaptées à la mission des centres ainsi que la continuité du service.

À l'issue du placement en centre éducatif fermé ou, en cas de révocation du contrôle judiciaire ou du sursis avec mise à l'épreuve, à la fin de la mise en détention, le juge des enfants prend toute mesure permettant d'assurer la continuité de la prise en charge éducative du mineur en vue de sa réinsertion durable dans la société.

Art. 34 *(Ab., Ord. n. 58-1296, 23 déc. 1958, art. 9 ; rétabli dans la version suivante, L. n. 2002-1138, 9 sept. 2002, art. 23)*. – Lorsque le mineur est placé dans l'un des centres prévus à l'article 33, les allocations familiales sont suspendues. Toutefois, le juge des enfants peut les maintenir lorsque la famille participe à la prise en charge morale ou matérielle de l'enfant ou en vue de faciliter le retour de l'enfant dans son foyer.

Les allocations familiales suspendues concernent la seule part représentée par l'enfant délinquant dans le calcul des attributions d'allocations familiales.

Art. 35 *(Ab., Ord. n. 58-1296, 23 déc. 1958, art. 9 ; rétabli dans la version suivante, L. n. 2002-1138, 9 sept. 2002, art. 32)*. – Les députés et les sénateurs sont autorisés à visiter à tout moment les établissements publics ou privés accueillant des mineurs délinquants de leur département.

Art. 36. – *Abrogé, Ord. n. 58-1296, 23 déc. 1958, art. 9.*

Art. 37. – Dans le cas d'infraction dont la poursuite est réservée d'après les lois en vigueur aux administrations publiques, le procureur de la République aura seul qualité pour exercer la poursuite sur la plainte préalable de l'administration intéressée.

Art. 38. – Dans chaque tribunal, le greffier tiendra un registre spécial, non public, dont le modèle sera fixé par arrêté ministériel et sur lequel seront mentionnées toutes les décisions concernant les mineurs, y compris celles intervenues sur incident à la liberté surveillée, instances modificatives de placement ou de garde et remises de garde.

(Compl., Ord. n. 58-889, 24 sept. 1958, art. 3) Lorsque le pourvoi entraîne des frais de notification, le demandeur doit acquitter, en introduisant le recours, au greffe de la juridiction ayant rendu la décision attaquée une somme forfaitaire dont le montant est fixé par arrêté conjoint du garde des sceaux, ministre de la Justice et du ministre des Finances et des Affaires économiques.

Art. 39. – Toute personne, toute œuvre ou toute institution, même reconnue d'utilité publique, s'offrant à recueillir d'une façon habituelle des mineurs en application de la présente ordonnance, devra obtenir du préfet une habilitation spéciale dans des conditions qui seront fixées par décret. Cette disposition est également applicable aux personnes, aux œuvres et aux institutions exerçant actuellement leur activité au titre de la loi du 22 juillet 1912.

Art. 40 *(Complété, L. n. 51-687, 24 mai 1951).* – Dans tous les cas où le mineur est remis à titre provisoire ou à titre définitif à une personne autre que son père, mère, tuteur ou à une personne autre que celle qui en avait la garde, la décision devra déterminer la part des frais d'entretien et de placement qui est mise à la charge de la famille.

Ces frais sont recouvrés comme frais de justice criminelle au profit du Trésor public.

Les allocations familiales, majorations et allocations d'assistance auxquelles le mineur ouvre droit seront, en tout état de cause, versées directement par l'organisme débiteur à la personne ou à l'institution qui a la charge du mineur pendant la durée du placement.

Lorsque le mineur est remis à l'assistance à l'enfance, la part des frais d'entretien et de placement qui n'incombe pas à la famille est mise à la charge du Trésor.

Art. 41 *(Mod., L. n. 51-687, 24 mai 1951).* – Des décrets détermineront les mesures d'application de la présente ordonnance, et notamment les conditions de remboursement des frais d'entretien, de rééducation et de surveillance des mineurs confiés à des personnes, institutions ou services, par application de la présente ordonnance.

Art. 42 *(Mod., L. n. 51-687, 24 mai 1951).* – Sont abrogés la loi du 22 juillet 1912 et les textes qui l'ont complétée et modifiée, ainsi que la loi du 5 août 1850 sur l'éducation et le patronage des jeunes détenus.

La présente ordonnance sera applicable aux départements d'outre-mer.

V. J.-F. RENUCCI, *Mineur délinquant : J.-Cl. pén.*, art. 122-8, Fasc. 20, 30 et 40. – H. ANGEVIN, *Cour d'assises des mineurs : J.-Cl. proc. pén.*, app. art. 231 à 380. – CHAZAL, *L'ordonnance du 2 février 1945 : Rev. sc. crim.* 1975, p. 891. – Ph. ROBERT, *La Chambre criminelle et le droit des mineurs ; vingt années d'application de l'ordonnance du 2 février 1945 : Rééducation,* août-oct. 1967. – BROUCHOT, *La loi n. 51-687 du 24 mai 1951 : JCP* 51, I, 445. – CHAZAL et DELACROIX, *La loi du 24 mai 1951 : Gaz. Pal.* 1951, 2, doctr. 21. – DONNEDIEU DE VABRES, *La révision de l'ordonnance du 2 février 1945 : D.* 1951, Chr. 115. – CHAZAL, *Trente ans après, l'ordonnance du 2 février 1945 et son avenir : Rev. sc. crim.* 1975, 882. – Ph. ROBERT, *Traité du droit des mineurs :* Thèse droit Bordeaux, Cujas 1969. – Christine LAZERGUES-ROTHE, *La cour d'assises des mineurs,* Thèse droit Paris, LGDJ 1973. – CHAPAR, *La cour d'assises,* Dalloz 1987, 4e éd., p. 232. – ANGEVIN, *La pratique de la cour d'assises,* Litec 1989.

V. Code de l'organisation judiciaire. Juridictions des mineurs. Annexe VI.

JURISPRUDENCE DE LA COUR DE CASSATION

Compétence

1) L'âge d'une personne est déterminé par le temps écoulé depuis sa naissance, calculé d'heure à heure (Cass. crim., 3 sept. 1985 : *Bull.* 283 ; *Rev. sc. crim.* 1986, 355, obs. Vitu ; *Rev. sc. crim.* 1986, 647, obs. Braunschweig).

La preuve de l'âge réel d'un inculpé, d'un prévenu ou d'un accusé de nationalité étrangère peut être rapportée par tous moyens, notamment par expertises médicales. Justifie en conséquence sa décision la chambre d'accusation qui, après avoir estimé que charges suffisantes de faits criminels imputés à un étranger avaient été recueillies, décerne contre lui ordonnance de prise de corps et le renvoie devant la cour d'assises des mineurs, en motivant la compétence de la juridiction de renvoi par le résultat d'expertises et de contre-expertises judiciaires fixant à dix-sept ans et demi environ l'âge de l'auteur apparent des actes criminels, au jour de leur perpétration, alors que l'inculpé faisait état d'un acte de naissance délivré dans son pays d'origine lui attribuant moins de seize ans lors desdits crimes. En effet, aucun texte légal français ne donne force probante irréfragable aux actes de l'état civil des pays étrangers sur le contrôle de l'autorité desquels la France n'a aucune compétence, tandis qu'en droit pénal français la preuve peut se faire par tout moyen (Cass. crim., 13 oct. 1986 : *Bull.* 282).

2) Aux termes de l'article 1er de l'ordonnance du 2 février 1945, le mineur de dix-huit ans auquel est imputé un délit ne peut être déféré à la juridiction de droit commun et n'est justiciable que des tribunaux pour enfants (Cass. crim., 22 janv. 1974 : *Bull.* 33).

Aux termes de l'article 1er de l'ordonnance du 2 février 1945, le mineur de dix-huit ans auquel est imputée une infraction qualifiée délit, ne peut être déféré aux juridictions pénales de droit commun et n'est justiciable que du tribunal pour enfants.

Encourt la cassation le jugement du tribunal correctionnel qui statue sur les poursuites exercées par voie de citation directe contre un mineur de dix-huit ans en violation du texte susvisé.

La Cour de cassation ordonne alors le renvoi des pièces de la procédure au procureur de la République compétent aux fins qu'il appartiendra (Cass. crim., 11 juin 1969 : *Bull.* 195. – Cass. crim., 25 avr. 1978 : *Bull.* 129).

Le jugement du tribunal correctionnel qui a jugé un mineur doit être annulé tant dans l'intérêt de la loi que dans celui du condamné (Cass. crim., 3 nov. 1972 : *Bull.* 319).

3) Quand un mineur de dix-huit ans a été renvoyé par le juge d'instruction devant le tribunal correctionnel et que ce tribunal s'est déclaré incompétent, il y a lieu à règlement de juges. Préalablement à la mise en jugement éventuelle du prévenu, il appartient au juge d'instruction chargé spécialement des affaires de mineurs désigné par l'arrêt réglant de juges, de reprendre l'instruction et de la purger s'il y a lieu des nullités dont elle pourrait être entachée, et s'il échet, de faire application de l'article 171 du Code de procédure pénale (Cass. crim., 15 févr. 1978 : *Bull.* 60).

4) Aux termes de l'article 6 de l'ordonnance du 2 février 1945 modifiée par la loi du 24 mai 1951, lorsqu'un ou plusieurs mineurs sont impliqués dans la même cause qu'un ou plusieurs majeurs, l'action civile contre les responsables peut être portée devant le tribunal correctionnel compétent à l'égard des majeurs (Cass. crim., 10 mai 1966 : *Bull.* 141).

5) Selon l'article 8, alinéa 3, de l'ordonnance du 2 février 1945 relative à l'enfance délinquante, le juge des enfants peut décerner tous mandats utiles en se conformant aux règles du droit commun, notamment celles prévues par les articles 144 et suivants du Code de procédure pénale, et sous réserve de l'article 11 de l'ordonnance susvisée qui dispose que le mineur âgé de moins de 16 ans ne peut être détenu provisoirement, en matière correctionnelle, que pour une durée n'excédant pas 10 jours, aux fins de recherche d'un placement éducatif.

Les excuses et notamment l'excuse de minorité ne doivent être prises en compte que lors du prononcé de la peine par la juridiction de jugement (Cass. crim., 17 juin 1987 : *Bull.* 256).

Instruction

6) Par application de l'article 10 de l'ordonnance du 2 février 1945, un conseil doit, à peine de nullité, être désigné au mineur poursuivi qui n'a pas choisi un défenseur (Cass. crim., 12 févr. 1970 : *Bull.* 65).

L'article 10 de l'ordonnance du 2 février 1945 n'apporte pas de dérogation à l'article 114 du Code de procédure pénale (applicable dans les affaires de mineurs en vertu de l'article 9, alinéa 1er, de la même ordonnance) aux termes duquel le juge d'instruction peut lors de la première comparution de l'inculpé recevoir les déclarations de celui-ci après l'avoir averti qu'il était libre de ne pas en faire et doit l'aviser ensuite de son droit de choisir un conseil (Cass. crim., 12 févr. 1970 : *Bull.* 65. – Cass. crim., 24 avr. 1975 : *Bull.* 107).

Si l'article 10 de l'ordonnance du 2 février 1945 qui oblige le juge des enfants et le juge d'instruction à désigner ou à faire désigner un défenseur d'office au mineur, à défaut de choix, déroge à l'article 114, alinéa 3, du Code de procédure pénale qui laisse aux inculpés la faculté de renoncer à l'assistance d'un conseil pour le cours de l'information, il ne porte toutefois pas atteinte aux autres prescriptions du chapitre 1er du titre III du livre 1er du Code de procédure pénale qui restent applicables aux termes de l'article 9 de l'ordonnance susvisée. Il s'ensuit que l'inculpé même mineur de dix-huit ans, peut valablement renoncer lors d'un interrogatoire à la présence de son conseil (Cass. crim., 14 avr. 1970 : *Bull.* 126).

L'enquête par voie officieuse prévue par l'article 8, alinéa 2, de l'ordonnance du 2 février 1945 modifiée par l'ordonnance du 23 décembre 1958, à laquelle peut procéder le juge des enfants, n'impose pas le respect des formes prescrites par les articles 79 à 190 du Code de procédure pénale ; il en résulte que le médecin commis pour examiner la victime n'a pas à prêter le serment des experts prévu par l'article 160 dudit code (Cass. crim., 22 nov. 1994 : *Bull.* 371).

L'article 12 de l'ordonnance du 2 février 1945 exige la consultation préalable du service de l'Éducation surveillée compétent avant toute décision de placement en détention provisoire d'un mineur ; encourt la cassation l'arrêt d'une chambre d'accusation qui, infirmant l'ordonnance aux fins de liberté surveillée préjudicielle rendue par le juge d'instruction pour ordonner le placement en détention provisoire d'un mineur, omet de consulter au préalable ce service (Cass. crim., 11 juin 1996 : *Bull.* 246). Toutefois, lorsque ce service a été consulté préalablement à la présentation du mineur au juge d'instruction et que la chambre d'accusation infirme l'ordonnance aux fins de liberté surveillée préjudicielle rendue par ce magistrat et ordonne le placement en détention provisoire d'un mineur, l'article 12 de l'ordonnance du 2 février 1945 n'impose pas une nouvelle consultation de ce service (Cass. crim., 13 avr. 1999 : *Bull. inf. C. cass.* 1er juill. 1999, n. 831).

Tribunal pour enfants

7) La garantie du droit à un juge impartial au sens de l'article 6-1 de la Convention européenne de sauvegarde des droits de l'homme et des libertés fondamentales ne fait pas obstacle à ce qu'un même magistrat spécialisé dans les affaires de mineurs, prenant en compte l'âge du prévenu et l'intérêt de sa rééducation, puisse intervenir à différents stades de la procédure. Dès lors, est régulière la composition d'un tribunal pour enfants siégeant sous la présidence du juge des enfants qui a procédé à l'instruction du dossier, s'il n'est pas contesté que le magistrat concerné a conservé une parfaite impartialité personnelle (Cass. crim., 7 avr. 1993 : *Bull.* 152).

8) Aux termes des articles 7 et 13 de l'ordonnance du 2 février 1945, la dispense de comparaître relève, dans le seul intérêt du mineur, du pouvoir du président, dont la décision n'a pas à être motivée (Cass. crim., 12 juill. 1972 : *Bull.* 237. – Cass. crim., 18 juin 1980 : *Bull.* 197).

9) Si l'alinéa 1er de l'article 14 de l'ordonnance du 2 février 1945 dispose que chaque affaire doit être jugée séparément en l'absence de tous autres prévenus, ce texte interdit seulement que l'affaire dans laquelle un mineur est impliqué soit jugée en présence des prévenus d'une autre affaire (Cass. crim., 15 nov. 1978 : *Bull.* 317).

Ce n'est qu'au cas où le président, usant du pouvoir que lui confère l'article 14 de l'ordonnance du 2 février 1945, aurait ordonné que le mineur se retire de l'audience au cours des débats, qu'il y a lieu avant la lecture de l'arrêt, d'ordonner au mineur de rester à l'audience (Cass. crim., 15 nov. 1978 : *Bull.* 317).

La disposition de l'article 14 de l'ordonnance du 2 février 1945 a seulement pour but de mettre fin à la publicité restreinte des débats. Il est satisfait aux règles de la publicité lorsque la décision a été rendue à l'audience publique ; il n'est pas exigé que la présence du mineur lors de l'arrêt soit expressément constatée (Cass. crim., 22 mars 1966 : *Bull.* 106).

Les dispositions de l'article 14, alinéa 2, de l'ordonnance du 2 février 1945, relatives à la publicité restreinte, ne sont pas méconnues lorsque le tuteur ou le curateur de la partie civile, majeure protégée, assiste aux débats (Cass. crim., 8 mars 2000 : *Bull.* 110).

10) Aux termes de l'article 13, alinéa 1er, de l'ordonnance du 2 février 1945, dont les dispositions sont d'ordre public, le tribunal pour enfants statuera après avoir notamment entendu les parents, le tuteur ou le gardien du mineur... (Cass. crim., 23 janv. 1974 : *Bull.* 37. – Cass. crim., 16 juin 1976 : *Bull.* 218).

... Encourt dès lors la cassation l'arrêt qui prononce une condamnation contre des mineurs, bien qu'ayant constaté que la mère des prévenus, administrateur légal de leurs biens, n'a pas été mise en cause et alors qu'il ne résulte pas de la procédure qu'elle ait été ni entendue ni appelée à s'expliquer devant le tribunal pour enfants et la chambre spéciale de la cour d'appel (Cass. crim., 23 janv. 1974 : *Bull.* 37).

... Et de même, encourt la cassation l'arrêt qui prononce une condamnation contre un mineur alors qu'il ne résulte pas de la procédure que la mère, le tuteur ou le gardien dudit mineur ait été entendu ni appelé à s'expliquer devant le tribunal pour enfants et la chambre spéciale de la cour d'appel (Cass. crim., 16 juin 1976 : *Bull.* 218).

11) Il résulte de la combinaison des articles 66 et 67 du Code pénal et de l'article 2, alinéa 3, de l'ordonnance du 2 février 1945, que les juridictions pour enfants, lorsqu'elles décident

d'appliquer une condamnation pénale à un mineur de seize à dix-huit ans ne peuvent prononcer une peine supérieure à la moitié de celle à laquelle ce mineur aurait été condamné s'il avait eu dix-huit ans qu'à la condition d'écarter l'excuse atténuante de minorité par une disposition spécialement motivée.

Doit être cassé l'arrêt d'une cour d'appel qui, sans avoir écarté l'excuse de minorité, condamne le mineur du chef d'homicide involontaire avec concomitance du délit de fuite à une peine de plus de deux ans d'emprisonnement (Cass. crim., 2 juin 1976 : *Bull.* 195).

Il résulte de l'article 20-4 de l'ordonnance du 2 février 1945 que la peine complémentaire d'interdiction des droits civiques, civils et de famille, édictée par l'article 131-26 du Code pénal, ne peut être prononcée contre un mineur, même devenu majeur lors de sa comparution devant la juridiction de jugement (Cass. crim., 13 déc. 1995 : *Bull.* 381).

12) Aux termes de l'article 22, alinéa 1er, de l'ordonnance du 2 février 1945, le juge des enfants et le tribunal pour enfants peuvent, dans tous les cas, ordonner l'exécution provisoire de leur décision, nonobstant opposition ou appel (Cass. crim., 9 janv. 1986 : *Bull.* 16. – Cass. crim., 7 mars 2000 : *Bull.* 105).

Cour d'appel

13) Il ne suffit pas que le conseiller délégué à la protection de l'enfance soit au nombre des magistrats composant la chambre spéciale de la cour d'appel. S'il ne préside pas cette chambre, il doit y exercer les fonctions de rapporteur (Cass. crim., 17 juin 1975 : *Bull.* 156).

Le magistrat, délégué à la protection de l'enfance à la chambre spéciale de la cour d'appel, préside cette chambre ou y exerce les fonctions de rapporteur. L'arrêt doit constater que les dispositions de l'article 23 de l'ordonnance du 2 février 1945, modifié par les ordonnances des 22 et 23 décembre 1958, ont été observées (Cass. crim., 9 mai 1961 : *Bull.* 244. – Cass. crim., 12 juin 1981 : *Bull.* 201).

Aux termes de l'article L. 223-2 du Code de l'organisation judiciaire, le magistrat, délégué à la protection de l'enfance à la chambre spéciale de la cour d'appel, préside cette chambre ou y exerce les fonctions de rapporteur. L'arrêt qui méconnaît cette disposition d'ordre public encourt la cassation (Cass. crim., 18 mars 1980 : *Bull.* 93. – Cass. crim., 27 nov. 1985 : *Bull.* 383).

14) Selon les dispositions de l'article 7 de l'ordonnance du 22 décembre 1958, dans les cours d'appel où il existe plusieurs chambres, l'appel des décisions du tribunal pour enfants doit être jugé par une chambre spéciale dans les conditions de publicité restreinte fixées par l'ordonnance du 2 février 1945 modifiée par la loi du 24 mai 1951 et l'ordonnance du 23 décembre 1958 (Cass. crim., 25 oct. 1977 : *Bull.* 319).

Le juge des enfants, lorsqu'il statue lui-même sur les poursuites exercées contre un mineur de dix-huit ans, doit rendre sa décision en chambre du conseil, ainsi que le prescrit l'article 8 de l'ordonnance du 2 février 1945, modifié par la loi du 24 mai 1951.

Saisie de l'appel d'un jugement rendu par le juge des enfants sans que la règle ci-dessus ait été observée, la cour doit, à peine de nullité de son propre arrêt, annuler le jugement, évoquer et statuer à nouveau sur le fond (Cass. crim., 9 févr. 1960 : *Bull.* 76).

Il résulte des dispositions combinées des articles 186, alinéa 4, et 502 du Code de procédure pénale et de l'article 24 de l'ordonnance du 2 février 1945 relative à l'enfance délinquante, que la déclaration d'appel d'une ordonnance d'un juge des enfants doit être faite au greffier de la juridiction qui a rendu la décision attaquée.

Est, par suite, régulier l'appel formé dans le délai légal et qui a été reçu et transcrit sur le registre public à ce destiné par un greffier du tribunal auquel appartient le juge des enfants. Une prétendue irrégularité de l'acte ainsi établi ne peut, d'ailleurs, être opposée à la partie appelante dès lors qu'elle ne lui est pas imputable (Cass. crim., 15 févr. 1989 : *Bull.* 79).

15) Aux termes de l'article 7 de l'ordonnance du 22 décembre 1958, l'appel des décisions du juge des enfants est jugé par la cour d'appel dans une audience spéciale, dans les mêmes conditions qu'en première instance : il en résulte que lorsque le juge des enfants a rendu son jugement en chambre du conseil, par application de l'article 8 de l'ordonnance du 2 février 1945, l'arrêt de la cour d'appel statuant sur appel dudit jugement ne peut être rendu qu'en chambre du conseil, après des débats qui doivent également avoir eu lieu en chambre du conseil (Cass. crim., 26 janv. 1965 : *Bull.* 28. – Cass. crim., 28 juin 1966 : *Bull.* 181).

En application des dispositions de l'article L. 223-1 du Code de l'organisation judiciaire, l'appel des décisions du juge des enfants et du tribunal pour enfants est jugé par la cour d'appel dans les mêmes conditions qu'en première instance.

Cette disposition constitue une condition essentielle à la validité des débats. Il s'en déduit que sa violation peut être soulevée par la partie civile et exclut tout recours à l'article 802 du Code de procédure pénale (Cass. crim., 6 févr. 1973 : *Bull.* 64. – Cass. crim., 28 nov. 1973 : *Bull.* 443. – Cass. crim., 6 mars 1984 : *Bull.* 92).

16) La publicité restreinte imposée à la cour d'appel par les articles 14 et 24 de l'ordonnance du 2 février 1945, modifiée par celle du 24 mai 1951, constitue une condition essentielle à la validité des débats (Cass. crim., 23 mars 1960 : *Bull.* 165).

Il résulte des dispositions combinées des articles L. 223-1 du Code de l'organisation judiciaire, 8 et 14 de l'ordonnance du 2 février 1945, que, si l'arrêt rendu par la chambre chargée des affaires de mineurs sur appel d'une décision du juge des enfants doit être prononcée en chambre du conseil, l'arrêt rendu par la même juridiction sur appel d'un jugement du tribunal pour enfants doit être prononcée en audience publique (Cass. crim., 21 juin 1990 : *Bull.* 256).

Chambre d'accusation

17) L'article 9, dernier alinéa, de l'ordonnance du 2 février 1945 dispose qu'au cas de renvoi devant la cour d'assises des mineurs, la chambre d'accusation pourra décerner une ordonnance de prise de corps contre les accusés mineurs, sans qu'il subordonne ce pouvoir au dépôt préalable de conclusions conformes du ministère public (Cass. crim., 26 mars 1968 : *Bull.* 104).

18) Si, conformément aux dispositions de l'article 23 de l'ordonnance du 2 février 1945, le magistrat délégué a été régulièrement appelé à composer la chambre d'accusation lorsque l'inculpé est mineur, aucune disposition n'impose que ce magistrat préside cette juridiction ou fasse rapport (Cass. crim., 29 janv. 1985 : *Bull.* 47).

Aucune disposition n'exige que le magistrat spécialement chargé, au Parquet de la cour d'appel, des affaires de mineurs soit nécessairement le représentant du ministère public aux audiences de la chambre d'accusation appelée à connaître de telles affaires (Cass. crim., 26 sept. 1989 : *Bull.* 329 ; *Rev. sc. crim.* 1990, 596, obs. Braunschweig).

L'article 12 de l'ordonnance du 2 février 1945, dans sa rédaction issue de la loi du 30 décembre 1985, exige la consultation préalable du service de l'Éducation surveillée compétent avant toute réquisition ou décision de placement en détention provisoire d'un mineur.

Tel n'est pas le cas lorsque le juge est appelé à se prononcer, au cours de cette détention, sur la validité ou l'opportunité du maintien de la mesure.

N'encourt pas la cassation, pour non-consultation préalable du service de l'Éducation surveillée, la chambre d'accusation qui, infirmant l'ordonnance de mise en liberté rendue par le juge d'instruction, rend son plein effet au titre de détention initial *(même arrêt).*

Cour d'assises des mineurs – Compétence – Composition

19) En se déclarant incompétente pour juger un mineur de seize à dix-huit ans accusé d'un crime, une cour d'assises ne fait que se conformer aux dispositions de l'article 20, alinéa 1er, de l'ordonnance du 2 février 1945, lesquelles réservent aux cours d'assises des mineurs la connaissance des crimes commis entre seize et dix-huit ans ; ladite ordonnance détermine, en effet, dans l'intérêt des mineurs, des règles impératives qui ne comportent aucune dérogation (Cass. crim., 14 mars 1973 : *Bull.* 128).

Aux termes de l'article 20, alinéa 1er, de l'ordonnance du 2 février 1945 modifié par la loi du 24 mai 1951, la cour d'assises des mineurs connaît seule les crimes commis par les mineurs âgés de plus de seize ans. Cette compétence exceptionnelle, et édictée dans le seul intérêt des mineurs, ne saurait être étendue.

Dès lors, se déclare à bon droit incompétente la cour d'assises des mineurs devant laquelle a été renvoyé, en même temps que des majeurs de dix-huit ans, un mineur de seize à dix-huit ans, lorsque celui-ci est décédé depuis l'arrêt de renvoi de la chambre d'accusation (Cass. crim., 18 déc. 1973 : *Bull.* 470).

Mais la cour d'assises des mineurs demeure compétente à l'égard d'un accusé majeur en cas de disjonction des poursuites ordonnée en raison de l'absence des accusés mineurs (Cass. crim., 4 juill. 1989 : *Bull.* 285).

Le mineur de 16 ans n'est justiciable que du tribunal pour enfants et ne peut donc être renvoyé devant la cour d'assises des mineurs (Cass. crim., 23 janv. 1989 ; *Bull.* 26).

20) La composition des juridictions appelées à juger les mineurs étant d'ordre public, doit être annulé l'arrêt rendu par une cour d'assises des mineurs lorsqu'il n'est pas constaté qu'ainsi que le prescrit l'article 20, alinéa 2, de l'ordonnance du 2 février 1945 modifié par celle du 23 décembre 1958, les assesseurs avaient la qualité de juges des enfants ou qu'ils avaient été désignés en raison de l'impossibilité de les prendre parmi les magistrats du ressort de la cour d'appel ayant cette qualité (Cass. crim., 8 déc. 1971 : *Bull.* 344).

La garantie du droit à un juge impartial, au sens de l'article 6-1 de la Convention européenne de sauvegarde des droits de l'homme et des libertés fondamentales, fait obstacle à ce qu'un juge des enfants, qui a connu des faits, objet de l'accusation, en recueillant la plainte d'une victime mineure et en procédant à diverses vérifications sur son objet, avant de la transmettre au procureur de la République, siège comme assesseur à la cour d'assises, pour le jugement de l'auteur des faits (Cass. crim., 10 janv. 1996 : *Bull.* 9).

21) Devant la cour d'assises des mineurs, le ministère public est présumé avoir été appelé à siéger conformément aux prescriptions de l'article 20, alinéa 3, de l'ordonnance du 2 février 1945, en l'absence de preuve contraire (Cass. crim., 22 avr. 1977 : *Bull.* 128).

Dès lors qu'en application du troisième alinéa de l'article 20 de l'ordonnance du 2 février 1945, il lui appartient de désigner le magistrat du ministère public auprès de la cour d'assises des mineurs, un procureur général satisfait aux prescriptions de ce texte en chargeant son substitut de remplacer ledit magistrat empêché (Cass. crim., 4 août 1984 : *Bull.* 269).

Est régulière, et par voie de conséquence sans incidence sur la validité de la composition de la cour d'assises et sur les règles de la publicité restreinte, en cas de jugement d'un mineur, l'assistance concomitante de deux greffiers (Cass. crim., 15 déc. 1993 : *Bull.* 393).

22) Aux termes des articles 288 et 289 du Code de procédure pénale, la cour d'assises statue sur les absences des jurés, se prononce sur les excuses et accorde s'il y a lieu des dispenses. Lorsque, au cours de la session ordinaire, elle siège dans la formation spéciale prévue pour la cour d'assises des mineurs, elle a les mêmes pouvoirs.

L'arrêt rendu en ces matières est un acte d'administration que l'accusé est inhabile à critiquer dès lors que le tirage au sort a eu lieu sur un contingent de vingt-trois jurés idoines (Cass. crim., 13 mars 1974 : *Bull.* 108).

Aucun texte n'interdit à la cour d'assises des mineurs siégeant au cours de la session de la cour d'assises ordinaire de statuer sur les absences des jurés constatées à son audience, de se prononcer sur les excuses et d'accorder des dispenses aux jurés excusés pour le reste de la durée de la session (Cass. crim., 19 juin 1974 : *Bull.* 229).

En application de l'article 20 de l'ordonnance du 2 février 1945, modifiée, et des articles 288 à 292 du Code de procédure pénale, la cour d'assises siégeant dans la formation prévue pour le jugement des mineurs, a qualité pour ouvrir la session et réviser la liste des jurés qui seront appelés, au cours de cette session, à juger tant les accusés majeurs que les mineurs (Cass. crim., 13 févr. 1980 : *Bull.* 58).

L'article 20 de l'ordonnance du 2 février 1945 qui renvoie à la procédure prévue par les articles 288 à 292 du Code de procédure pénale, donne compétence à la cour d'assises des mineurs siégeant au cours de la session ordinaire pour procéder à la révision de la liste de session (Cass. crim., 23 mai 1986 : *Bull.* 172).

Cour d'assises des mineurs –
Débats – Publicité restreinte

23) La limitation de la publicité des débats telle qu'elle résulte des dispositions des articles 14 et 20 de l'ordonnance du 2 février 1945 ne concerne pas les magistrats (Cass. crim., 22 juin 1994 : *Bull.* 252).

La victime d'un crime ou d'un délit, qu'elle soit ou non constituée partie civile, est nécessairement témoin au sens des articles 14 et 20 de l'ordonnance du 2 février 1945. Son assistance aux débats ne saurait, dès lors, constituer une infraction aux règles de la publicité restreinte (Cass. crim., 15 déc. 1993 : *Bull.* 393).

Les divers accusés renvoyés devant la cour d'assises des mineurs pour des faits connexes et constituant une affaire unique peuvent être jugés ensemble après un débat commun ; l'alinéa 1er de l'article 14 de l'ordonnance du 2 février 1945 interdit seulement que l'affaire dans laquelle un mineur est impliqué soit jugée en présence des prévenus ou accusés d'une autre affaire (Cass. crim., 28 févr. 1973 : *Bull.* 103).

Selon les dispositions de l'article 20, alinéa 9, de l'ordonnance du 2 février 1945, le président de la cour d'assises des mineurs ne peut ordonner que l'accusé mineur se retire pendant tout ou partie des débats qu'après avoir procédé à l'interrogatoire des accusés ; la cassation est, dès lors, encourue lorsque le procès-verbal des débats constate qu'après la lecture de l'arrêt de renvoi et l'audition d'un témoin, le président a ordonné le retrait de l'accusé mineur pendant l'audition de la victime et de plusieurs autres témoins et n'a interrogé l'intéressé qu'à l'issue de ces dépositions (Cass. crim., 13 mai 1998 : *Bull.* 162).

24) L'article 20 de l'ordonnance du 2 février 1945 prescrivant que, sous réserve des dispositions de la précédente ordonnance, il sera procédé en ce qui concerne les mineurs âgés de seize ans au moins, accusés de crime, conformément aux dispositions des articles 191 à 218 et 231 à 380 du Code de procédure pénale, c'est à bon droit que le président de la cour d'assises des mineurs a fait prêter serment à un mineur qui, coïnculpé de l'accusé, avait été renvoyé devant le tribunal pour enfants, dès lors que ce témoin, qui n'était pas soumis au même débat, ne se trouvait pas dans un des cas d'incapacité prévus par l'article 335 dudit code (Cass. crim., 18 janv. 1984 : *Bull.* 25).

25) La publicité restreinte imposée à la cour d'assises des mineurs par les articles 14 et 20, alinéa 8, de l'ordonnance du 2 février 1945 est une condition essentielle de la validité des débats devant cette juridiction. Aucune dérogation ne peut être apportée à cette règle d'ordre public (Cass. crim., 24 juin 1998 : *Bull.* 205). Les règles de la publicité restreinte sont différentes de celles relatives au huis clos édictées par l'article 306 du Code de procédure pénale. Les dispositions des articles 14 et 20 de l'ordonnance du 2 février 1945 modifiée sont donc exactement observées si, les portes de l'auditoire étant ouvertes afin de permettre le libre passage des personnes énumérées à l'article 14 précité, les gardes chargés du service d'ordre empêchent toute autre personne de pénétrer dans la salle d'audience (Cass. crim., 31 mai 1978 : *Bull.* 178).

La partie civile déjà constituée et les experts peuvent demeurer dans la salle d'audience, malgré la publicité restreinte instituée devant la cour d'assises des mineurs, dès lors qu'ils participent régulièrement aux débats (Cass. crim., 22 juin 1976 : *Bull.* 230).

26) La publicité restreinte prévue par les articles 14, § 2 et 20 de l'ordonnance du 2 février 1945, pour les audiences de la cour d'assises des mineurs ne s'applique qu'aux débats de l'affaire. Les réquisitions du ministère public réclamant le huis clos et les observations éventuelles de l'accusé et de son conseil présentées avant l'ouverture des débats le sont en audience publique (Cass. crim., 24 juin 1970 : *Bull.* 214).

Mais lorsque le huis clos a été requis après l'ouverture des débats, la discussion de cet incident doit avoir lieu en audience à publicité restreinte (Cass. crim., 28 févr. 1973 : *Bull.* 103).

27) La constatation par la cour de l'absence d'un juré supplémentaire qui n'a pas été appelé à siéger est étrangère aux débats et ne constitue pas un incident dont la discussion doive avoir lieu avec une publicité restreinte à la cour d'assises des mineurs (Cass. crim., 2 oct. 1974 : *Bull.* 272).

28) La publicité restreinte imposée à la cour d'assises des mineurs par les articles 14 et 20, alinéa 8, de l'ordonnance du 2 février 1945 est une condition essentielle à la validité des débats. Les débats commencent dès que le président, en application de l'article 305 du Code de procédure pénale, a déclaré le jury définitivement constitué (Cass. crim., 12 mai 1965 : *Bull.* 137. – Cass. crim., 11 mai 1988 : *Bull.* 210. – Cass. crim., 1er févr. 1989 : *Bull.* 44).

La publicité restreinte prévue pour la cour d'assises des mineurs par les articles 14 et 20 de l'ordonnance du 2 février 1945, ne concerne que les débats qui commencent lorsque par application de l'article 305 du Code de procédure pénale le président a déclaré le jury définitivement constitué. Les formalités de la formation du jury de jugement et du serment des jurés doivent avoir lieu en audience publique (Cass. crim., 22 nov. 1972 : *Bull.* 354. – Cass. crim., 8 août 1981 : *Bull.* 242).

La lecture de la liste des témoins doit être faite en audience à publicité restreinte (Cass. crim., 19 mars 1969 : *Bull.* 125 ; *JCP* 70, II, 16327, note Ph. Robert).

29) Les règles spéciales de publicité prescrites pour la cour d'assises des mineurs par les articles 14 et 20 de l'ordonnance du 2 février

1945, ne concernent que les débats et ne s'appliquent pas aux arrêts sur les incidents qui doivent être rendus en audience publique sauf si le huis clos a été ordonné en vertu de l'article 306 du Code de procédure pénale (Cass. crim., 22 nov. 1972 : *Bull.* 354. – Cass. crim., 5 janv. 1984 : *Bull.* 8. – Cass. crim., 12 févr. 1986 : *Bull.* 58. – Cass. crim., 11 mai 1988 : *Bull.* 210).

En effet, lorsque le huis clos a été ordonné par la cour d'assises des mineurs, les arrêts incidents rendus au cours des débats sont prononcés sans que la publicité de l'audience soit rétablie, l'article 306, alinéa 3, du Code de procédure pénale étant applicable à la cour d'assises des mineurs comme à la cour d'assises ordinaire (Cass. crim., 28 févr. 1973 : *Bull.* 103).

Mais les débats relatifs à un incident résultant d'un dépôt de conclusions et la discussion de ces conclusions doivent avoir lieu en audience à publicité restreinte. L'audience ne peut être rendue publique que pour la lecture des arrêts incidents (Cass. crim., 3 déc. 1970 : *Bull.* 324. – Cass. crim., 3 juill. 1974 : *Bull.* 248).

30) L'arrêt par lequel la cour donne acte d'un fait non contesté n'a pas le caractère d'une décision sur un incident contentieux. Il n'entre pas dans les prévisions des articles 14, alinéa 5, et 20 de l'ordonnance du 2 février 1945 et il peut être valablement prononcé au cours de l'audience à publicité restreinte (Cass. crim., 4 mars 1970 : *Bull.* 91).

L'arrêt par lequel la cour donne acte à une partie civile de sa constitution sans opposition ni conclusions contraires n'a pas le caractère d'une décision sur un incident contentieux. Un tel donné acte n'entre pas dans les prévisions de l'article 14, alinéa 5, de l'ordonnance du 2 février 1945 et la cour peut valablement le prononcer sans que la publicité complète de l'audience ait été rétablie (Cass. crim., 12 mars 1969 : *Bull.* 119. – Cass. crim., 3 juill. 1974 : *Bull.* 248).

31) Les dispositions de l'ordonnance du 2 février 1945 relatives à la publicité restreinte de la cour d'assises des mineurs ne s'appliquent qu'aux débats eux-mêmes qui prennent fin au moment où le président les déclare terminés. La lecture des questions qui est postérieure à la clôture des débats doit avoir lieu en audience publique (Cass. crim., 23 déc. 1968 : *Bull.* 354 ; *JCP* 70, II, 16327, note Ph. Robert ; *DS* 1969, 367, rapp. Chapar. – Cass. crim., 22 avr. 1977 : *Bull.* 128).

32) Les règles de la publicité restreinte contenues dans l'article 14 de l'ordonnance du 2 février 1945 s'appliquent aux débats sur l'action civile aussi bien qu'à ceux sur l'action publique (Cass. crim., 15 déc. 1965 : *Bull.* 277 ; *DS* 1966, 413, note Chapar. – Cass. crim., 23 juin 1982 : *Bull.* 172 ; *Rev. sc. crim.* 1983, 490, obs. J. Robert).

Le régime de publicité restreinte prévu par les articles 14 et 20 de l'ordonnance du 2 février 1945 doit être observé à l'égard de tous les accusés, même majeurs (Cass. crim., 4 juill. 1989 : *Bull.* 285).

33) Le dépôt, après le prononcé de l'arrêt portant condamnation de l'accusé, de conclusions aux fins de donner acte n'entraîne pas la réouverture des débats. Il s'ensuit que le fait que la discussion qui en résulte ait lieu en audience publique n'est pas une cause de nullité (Cass. crim., 13 févr. 1991 : *Bull.* 71).

Cour d'assises des mineurs – Questions – Peines

34) Aux termes de l'article 359 du Code de procédure pénale, toute décision défavorable à l'accusé, y compris celle qui refuse les circonstances atténuantes, se forme à la majorité de huit voix au moins.

En outre, l'article 360 du même code dispose que la déclaration de la cour et du jury, lorsqu'elle est affirmative, constate que la majorité de huit voix au moins a été acquise, sans que le nombre de voix puisse être autrement exprimé.

Les dispositions susvisées sont substantielles et applicables à la cour d'assises des mineurs (Cass. crim., 8 janv. 1960 : *Bull.* 3).

35) La cour et le jury sont régulièrement interrogés sur l'excuse de minorité, dans les termes ci-après « Y a-t-il lieu d'exclure l'accusé du bénéfice de l'excuse atténuante de minorité » ?

La forme de cette question est strictement celle prescrite par l'article 20 de l'ordonnance du 2 février 1945 modifiée par celle du 23 décembre 1958 (Cass. crim., 2 mai 1961 : *Bull.* 228).

36) Aux termes de l'article 359 du Code de procédure pénale, toute décision défavorable à l'accusé se forme à la majorité de huit voix au moins. Il en est notamment ainsi, en ce qui concerne un accusé mineur, des réponses affir-

matives aux questions relatives à l'application au mineur d'une condamnation pénale et à l'exclusion de l'excuse atténuante de minorité (Cass. crim., 22 oct. 1980 : *Bull.* 268. – Cass. crim., 13 févr. 1991 : *Bull.* 71).

37) La réponse négative à la question sur les circonstances atténuantes n'implique pas nécessairement une réponse positive à la question de l'application aux mineurs d'une condamnation pénale. Dès lors, est sans incidence l'ordre des questions qu'au surplus le principe du secret du délibéré interdit de rechercher (Cass. crim., 21 mars 1984 : *Bull.* 123).

38) L'atténuation de peine dérivant de la minorité de l'accusé a pour base la détermination préalable de la peine par lui encourue, compte tenu éventuellement des circonstances atténuantes, indépendamment de sa qualité de mineur (Cass. crim., 29 janv. 1970 : *Bull.* 45 ; *Rev. sc. crim.* 1970, 798, obs. Legal. – Cass. crim., 8 févr. 1978 : *Bull.* 51. – Cass. crim., 7 sept. 1981 : *Bull.* 253).

La peine doit donc être calculée en appliquant d'abord les circonstances atténuantes, et en second lieu l'excuse de minorité (Cass. crim., 8 févr. 1978 : *Bull.* 51).

39) En application des dispositions des alinéas 1 et 2 de l'article 66 du Code pénal, lorsque la peine encourue est celle de la réclusion criminelle à perpétuité, le mineur âgé de plus de seize ans à qui il a été décidé de faire application d'une condamnation pénale, mais qui n'a pas été exclu du bénéfice de l'excuse atténuante de minorité, ne peut être condamné à une peine de réclusion criminelle (Cass. crim., 4 mai 1983 : *Bull.* 128. – Cass. crim., 13 févr. 1991 : *Bull.* 71).

40) Les seules questions dont la lecture est obligatoire, sous réserve des exceptions prévues par l'article 348 du Code de procédure pénale, sont celles qui portent sur les faits de l'accusation, ce qui n'est pas le cas des questions concernant l'application à un mineur d'une sanction pénale, son exclusion éventuelle de l'excuse atténuante de minorité ou les circonstances atténuantes (Cass. crim., 11 oct. 1989 : *Bull.* 358 ; *Rev. sc. crim.*, 1990, 596, obs. Braunschweig).

Détention provisoire

41) Lorsque la chambre d'accusation statue, conformément aux dispositions de l'article 214, alinéa 3, du Code de procédure pénale, dans les deux mois de l'ordonnance de transmission des pièces du juge d'instruction, fût-ce pour ordonner un supplément d'information, le mandat de dépôt initial conserve sa force exécutoire jusqu'au prononcé de la mise en accusation, par application de l'article 181, alinéa 2, du même code ; la détention provisoire d'un mineur de 16 ans, mis en examen pour crime, peut alors s'étendre au-delà de la durée maximale prescrite par l'article 11, alinéa 5, de l'ordonnance du 2 février 1945 relative à l'enfance délinquante lequel ne s'applique que jusqu'à l'ordonnance de transmission de pièces (Cass. crim., 18 juin 1997 : *Bull.* 244).

42) L'article 37 de la Convention relative aux droits de l'enfant, signée à New York le 26 janvier 1990, qui dispose, notamment, que la détention d'un enfant doit être d'une durée aussi brève que possible, ne crée d'obligations qu'à la charge des États signataires et ne saurait, dès lors, être invoqué directement par un justiciable devant les juridictions nationales (Cass. crim., 18 juin 1997 : *Bull.* 244).

Garde à vue

43) Il résulte des articles 4-IV de l'ordonnance du 2 février 1945, relative à l'enfance délinquante, et de l'article 64 du Code de procédure pénale que doivent être mentionnées par procès-verbal les diligences accomplies par l'officier de police judiciaire, dès la demande à s'entretenir avec un avocat, formulée par un mineur de 16 ans, gardé à vue (Cass. crim., 8 mars 2000 : *Bull.* 109).

Justifie des diligences accomplies par l'officier de police judiciaire en application de l'article 4-IV de l'ordonnance du 2 février 1945, en vue de satisfaire la demande du mineur de 16 ans d'entretien avec un avocat pendant sa garde à vue, le procès-verbal qui mentionne que le bâtonnier de l'Ordre a été immédiatement informé par télécopie de la demande du mineur d'entretien avec un avocat commis d'office (Cass. crim., 17 mai 2000 : *Bull.* 196).

Il résulte de la combinaison des articles 77 et 78 du Code de procédure pénale, 4 de l'ordonnance du 2 février 1945, que le mineur de 16 ans qui se présente sans contrainte au service de police où il est convoqué, peut, au cours d'une enquête préliminaire, être entendu sur les faits qui lui sont imputés, avant d'être placé en garde à vue ; aucune irrégularité n'affecte son audition, dès lors que la notification des droitsprévus aux articles 63-2, 63-3 et 63-4 du Code de procédure pénale et 4 de l'ordonnance du 2 février 1945 est faite dès le placement en garde à vue et que la durée de cette mesure est calculée à compter de l'heure de l'arrivée dans le service de police (Cass. crim., 25 oct. 2000 : *Bull.* 315).

44) Il résulte de l'article 4, dernier alinéa, de l'ordonnance du 2 février 1945 modifiée que la garde à vue d'un mineur ne peut être prolongée sans qu'il ait été, au préalable, présenté au magistrat chargé du contrôle de la mesure ; l'omission de cette formalité porte nécessairement atteinte aux intérêts du mineur concerné (Cass. crim., 13 oct. 1998 : *Bull.* 259).

ANNEXE VIII. – LÉGISLATION MILITAIRE

Loi n. 99-929 du 10 novembre 1999

.....

Art. 64. – Les procédures en cours devant le tribunal des forces armées de Paris à la date de promulgation de la présente loi sont déférées de plein droit au tribunal aux armées de Paris. Les actes, formalités et décisions intervenus antérieurement demeurent valables.

Art. 65. – Le tribunal aux armées des forces françaises stationnées en Allemagne est provisoirement maintenu. Son ressort s'étend sur l'aire de stationnement des forces françaises en Allemagne et à tous lieux de ce territoire où ces forces sont appelées à se déplacer. Les infractions relevant de sa compétence sont instruites et jugées selon les dispositions du premier alinéa de l'article 2 du Code de justice militaire.

Un décret pris sur le rapport conjoint du garde des Sceaux, ministre de la Justice, et du ministre de la Défense détermine la cour d'appel compétente.

Le tribunal aux armées des forces françaises stationnées en Allemagne peut être supprimé par décret pris sur rapport conjoint du garde des Sceaux, ministre de la Justice, et du ministre de la Défense. Les affaires de sa compétence sont alors renvoyées devant le tribunal aux armées de Paris.

Art. 66. – Le Code de justice militaire fera l'objet d'une refonte avant le 31 décembre 2002.

En conséquence et jusqu'à l'entrée en vigueur du nouveau code, les dispositions du Code de justice militaire valables en temps de guerre résultent des articles du Code de justice militaire dans leur rédaction antérieure à la présente loi.

(Art. 229, L. n. 93-2, 4 janv. 1993 : ab., L. n. 99-929, 10 nov. 1999, art. 62).

Art. 229. – Les dispositions de la présente loi seront applicables aux procédures de la compétence des tribunaux énumérés aux livres Ier et IV du Code de justice militaire le 1er janvier 1999 *(L. n. 97-1019, 28 oct. 1997, art. 7)*. En conséquence, et jusqu'à l'entrée en vigueur de cette loi, les dispositions du Code de procédure pénale auxquelles il est fait référence par le Code de justice militaire seront applicables dans leur rédaction antérieure à l'entrée en vigueur de la présente loi.

Avertissement
Afin de permettre aux utilisateurs un usage facile du Code de justice militaire, les articles du CPP applicables nonobstant la loi du 4 janvier 1993 sont énumérés ci-dessous au regard des articles du CJM dans lequel ils sont cités.

TABLEAU DE CONCORDANCE

CODE DE JUSTICE MILITAIRE	CODE DE PROCÉDURE PÉNALE
LIVRE PREMIER	
Art. 5, al. 2	Art. 662
Art. 7	Formes et conditions prévues pour la nomination des magistrats du siège.
Art. 14, al. 2	L. n. 66-1037, 29 déc. 1966 qui modifie ou complète la L. n. 65-542, 8 juill. 1965 du CPP et CP.
Art. 27	Art. 662
Art. 31, al. 2	Prérogatives des présidents des cours d'assises.
Art. 45	Dispositions art. 14 et 23 applicables.
Art. 51, al. 2	Art. 662
Art. 57	Dispositions art. 45
Art. 76	Art. 662
LIVRE II	
Art. 78	Art. 11
Art. 80	Art. 41 et 42 + art. 40, al. 2
Art. 82	1°, art. 16, 2°, art. 17
Art. 83	Art. 20
Art. 84, al. 3 et 4	renvoie Art. 82, al. 2 ci-dessus
Art. 86	Art. 74
Art. 87	Art. 63 à 65, 77 à 78 et 154
Art. 93	Art. 6 à 9
Art. 95, al. 2	Art. 579 et 681
Art. 103	... « mêmes obligations que le Juge d'Instruction de droit commun ». ... « commissions rogatoires règles édictées par le CPP ».
Art. 105, al. 2	Art. 87 et 89
Art. 108, al. 2	Art. 109
Art. 110	CPP, cf. expertises
Art. 111	Mandats de comparution d'amener et d'arrêt : notification + exécution selon prescriptions CPP.
Art. 112	Art. 133, al. 2 et 3
Art. 113	Art. 99 et 100
Art. 116	Art. 114 et 118
Art. 119	Art. 173
Art. 134	Art. 144
Art. 137, al. 2	Art. 138 et suiv.
Art. 137, al. 3 et 4	Art. 139, 140 et 141-2, al. 1
Art. 150	Art. 149 et 150
Art. 155	Art. 199 et 200
Art. 160, al. 3	Art. 662

CODE DE JUSTICE MILITAIRE	CODE DE PROCÉDURE PÉNALE
Art. 161, al. 1	Art. 189
Art. 161, al. 5	Voir Attributions Procureur Général devant la chambre de l'instruction.
Art. 169, al. 4	Art. 20 et 21
Art. 170, al. 5 et 6	Règles du CPP (opérations et PV).
Art. 177	Art. 64 et 65 ne sont pas applicables.
Art. 194	Art. 184
Art. 207, al. 2	Art. 485 et 486
Art. 208	Art. 469-1 à 469-3
Art. 216	Art. 418 et suiv.
Art. 217, al. 2	Art. 306 et 308
Art. 222, al. 1	Art. 323
Art. 229, al. 1	Art. 311 à 315
Art. 230, al. 3	Art. 326, al. 1 et 2
Art. 230, al. 4	Art. 109
Art. 231	Art. 331 à 342, 344 et 345, art. 168 à 169-1 sur expertises.
Art. 232, al. 1	Art. 309
Art. 247, al. 1	Art. 469-1 à 469-3
Art. 250	Art. 475
Art. 252, al. 1	Art. 336, art. 749 à 762
al. 2	Art. 366, al. 5
al. 3	Art. 373, art. 478 et suiv.
Art. 257-13°	Art. 333
Art. 263	Art. 567 et suiv.
Art. 272	Art. 620 et 621
Art. 273	Art. 622 et suiv.
Art. 274, al. 1	Art. 625
Art. 274, al. 2	Art. 626
Art. 291, al. 2	Art. 630 et 631
al. 3	Art. 637
Art. 301	Art. 640 et 641
Art. 311	Art. 38 et 39 du Code pénal.
Art. 313	Art. 630
Art. 320	Art. 659 et suiv.
Art. 321	Art. 662 et suiv.
Art. 346	Art. 583
Art. 376	Cf. casier judiciaire : application CPP.
Art. 378	Art. 778
Art. 381	Art. 749 à 762
Art. 382	Art. 703

CODE DE JUSTICE MILITAIRE	CODE DE PROCÉDURE PÉNALE
LIVRE III	
Art. 384, al. 2	Art. 723-1
Art. 389, al. 2	Art. 177 à 179, Art. 379 à 408 et 460 du Code pénal. Art. 25, loi du 25/7/81 cf. liberté presse Art. 2, loi du 28/7/84.
Art. 417	en temps de paix
Art. 420	Juridictions droit commun.
LIVRE IV	
Art. 483	Art. 524 et 526

Table analytique

CODE DE JUSTICE MILITAIRE

	ARTICLES
TITRE PRÉLIMINAIRE	1er et 2
LIVRE PREMIER. – ORGANISATION ET COMPÉTENCE DE LA JUSTICE MILITAIRE	
TITRE PREMIER. – ORGANISATION	
Chapitre I – Des tribunaux aux armées en temps de paix	
Section I. – Établissement	3 et 4
Section II. – Composition	6 à 10
Section III. – De la chambre de l'instruction	11 et 12
Section IV. – Personnels	14 à 19
Section V. – Incompatibilités	20 et 21
Section VI. – Serment	22
Section VII. – Défenseurs	23
Chapitre II. – Des juridictions des forces armées en temps de guerre :	
Section I. – Des tribunaux territoriaux des forces armées :	
§ 1. – Établissement	24 à 27
§ 2. – Composition	28 à 42
§ 3. – Contrôle de l'instruction	43 et 44
§ 4. – Fonctionnement et service	45 à 48
Section II. – Des tribunaux militaires aux armées :	
§ 1. – Établissement	49 à 51
§ 2. – Composition	52 à 54
§ 3. – Contrôle de l'instruction	55 et 56
§ 4. – Fonctionnement et service	57 et 58
TITRE II. – COMPÉTENCE	
Chapitre I. – En temps de paix	59 à 66
Chapitre II. – En temps de guerre	68 à 72

	ARTICLES
Chapitre III. – Règles communes	73 à 77
LIVRE DEUXIÈME. – PROCÉDURE PÉNALE MILITAIRE	
TITRE PREMIER. – DE L'EXERCICE DE L'ACTION PUBLIQUE ET DE L'INSTRUCTION	
Dispositions préliminaires	78 et 79
Chapitre I. – En temps de paix et hors le territoire de la République :	
Section I. – De la police judiciaire et des enquêtes	80 à 86
Section II. – De la garde à vue	87 à 90
Section III. – De l'action civile et de l'action publique	91 à 99
Section IV. – Des juridictions d'instruction :	
§ 1. – De l'instruction préparatoire	101 à 112
§ 2. – De la détention provisoire et de la liberté	131 à 150
§ 3. – De la chambre de contrôle de l'instruction	151 et 152
Chapitre II. – En temps de guerre :	
Section I. – Des autorités investies des pouvoirs judiciaires	165
Section II. – De la police judiciaire et des enquêtes :	
§ 1. – De la police judiciaire militaire	166 à 168
§ 2. – Des officiers de police judiciaire civile	169 et 170
§ 3. – De la suite à donner aux procédures d'enquêtes	171
Section III. – De l'arrestation, de la garde, de la mise à la disposition et de la garde à vue :	
§ 1. – De l'arrestation, de la garde et de la mise à la disposition à l'égard des militaires	172 à 177
§ 2. – De la garde à vue à l'égard des personnes étrangères aux armées	178
Section IV. – De l'action civile et de l'action publique	179 à 186
Section V. – Des juridictions d'instruction :	
§ 1. – De l'instruction préparatoire	187 à 194
§ 2. – De la détention provisoire et de la liberté	195
§ 3. – De la chambre de contrôle de l'instruction	196 à 201
TITRE II. – PROCÉDURE DEVANT LES JURIDICTIONS DE JUGEMENT	
Chapitre I. – En temps de paix et hors du territoire de la République	202 à 205
Chapitre II. – En temps de guerre	211 à 262
TITRE III. – DES VOIES DE RECOURS EXTRAORDINAIRES	
Chapitre I. – Du pourvoi en cassation	263
Chapitre II. – Du pourvoi dans l'intérêt de la loi	272
Chapitre III. – Des demandes en révision	273
TITRE IV. – DES CITATIONS, ASSIGNATIONS ET NOTIFICATIONS	276 à 283
TITRE V. – DES PROCÉDURES PARTICULIÈRES ET DES PROCÉDURES D'EXÉCUTION :	
Chapitre I. – Des jugements par défaut ou d'itératif défaut.	
Section I. – Du jugement par défaut des crimes et des délits	286 à 302
Section II. – Du jugement par défaut des contraventions	303 à 305
Section III. – De l'itératif défaut	306
Chapitre II. – Du séquestre et de la confiscation des biens	307 à 318
Chapitre III. – De la reconnaissance d'identité d'un condamné	319
Chapitre IV. – Des règlements de juges et des renvois d'un tribunal à un autre tribunal	320 et 321

Code de justice militaire

(L. n. 82-621, 21 juill. 1982 ; D. n. 82-984, 19 nov. 1982 ; L. n. 99-929, 10 nov. 1999)

TITRE PRÉLIMINAIRE

Art. 1er *(L. n. 99-929, 10 nov. 1999, art. 1er).* – La justice militaire est rendue sous le contrôle de la Cour de cassation :

– en temps de paix et pour les infractions commises hors du territoire de la République, par le tribunal aux armées de Paris et, en cas d'appel, par la cour d'appel de Paris ;

– en temps de guerre, par des tribunaux territoriaux des forces armées et par des tribunaux militaires aux armées.

Des tribunaux prévôtaux peuvent être établis dans les conditions prévues par le présent code.

Art. 2 *(L. n. 99-929, 10 nov. 1999, art. 2).* – En temps de paix, les infractions de la compétence du tribunal aux armées sont poursuivies, instruites et jugées selon les dispositions du Code de procédure pénale, sous réserve des dispositions particulières édictées par les articles 698-1 à 698-9 de ce code et de celles édictées par le présent code.

Les attributions conférées par le Code de procédure pénale au juge d'instruction, au procureur de la République, au président du tribunal et au président de la cour d'assises sont exercées respectivement par le juge d'instruction du tribunal aux armées, le procureur de la République près le tribunal aux armées et le président du tribunal aux armées.

Le procureur général exerce vis-à-vis du tribunal aux armées les attributions qui lui sont dévolues par le Code de procédure pénale à l'égard des juridictions de droit commun.

En temps de guerre, les infractions de la compétence des tribunaux territoriaux des forces armées et des tribunaux militaires aux armées sont instruites et jugées selon :

– les dispositions du Code de procédure pénale avant l'entrée en application de la loi n. 93-2 du 4 janvier 1993 portant réforme de la procédure pénale ;

– et celles du Code de justice militaire dans sa rédaction résultant de la loi n. 82-621 du 21 juillet 1982 relative à l'instruction et au jugement des infractions en matière militaire et de sûreté de l'État et modifiant les Codes de procédure pénale et de justice militaire.

LIVRE PREMIER. – ORGANISATION ET COMPÉTENCE DE LA JUSTICE MILITAIRE

TITRE PREMIER. – ORGANISATION

CHAPITRE I. – DU TRIBUNAL AUX ARMÉES EN TEMPS DE PAIX

Section I. – établissement

....

Art. 3 *(L. n. 99-929, 10 nov. 1999, art. 4)*. – Il est établi un tribunal aux armées ayant son siège à Paris, dénommé tribunal aux armées de Paris.

Art. 4 *(L. n. 99-929, 10 nov. 1999, art. 5-I)*. – Un décret pris sur le rapport conjoint du garde des Sceaux, ministre de la Justice, et du ministre de la Défense fixe le nombre des chambres de jugement du tribunal aux armées de Paris. Un arrêté du ministre chargé de la Défense désigne les autorités militaires habilitées, sous son autorité, à dénoncer les infractions ou à donner un avis sur les poursuites éventuelles.

(L. n. 99-929, 10 nov. 1999, art. 5-II) Pour le jugement des contraventions et des délits, des chambres détachées du tribunal aux armées de Paris peuvent, en cas de besoin, être instituées à titre temporaire hors du territoire de la République, par décret pris sur le rapport conjoint du garde des Sceaux, ministre de la Justice, et du ministre de la Défense.

Art. 5. – *Abrogé, L. n. 99-929, 10 nov. 1999, art. 6.*

Section II. – Composition

Art. 6 *(L. n. 99-929, 10 nov. 1999, art. 7)*. – Pour le jugement des contraventions, le tribunal aux armées est composé de son président ou d'un magistrat qu'il délègue.

Pour le jugement des délits, il est composé d'un président et de deux assesseurs ou, dans les cas prévus par l'article 398-1 du Code de procédure pénale, d'un seul de ces magistrats exerçant les pouvoirs conférés au président.

Pour le jugement des crimes, la formation de jugement est composée selon les dispositions des articles 698-6 et 698-7 du Code de procédure pénale sous réserve des dispositions de la présente section et de l'article 205 du présent code.

Art. 7. – Les fonctions de président, de président de chambre, d'assesseur et de suppléant sont exercées par des magistrats du siège appartenant au corps judiciaire et désignés pour chaque année civile dans les formes et conditions prévues pour la nomination des magistrats du siège.

Art. 8. – Les fonctions de président du tribunal aux armées sont exercées par un président de chambre ou par un conseiller de cour d'appel.

Art. 9. – Les assesseurs sont des magistrats du siège appartenant au premier ou au second grade de la hiérarchie judiciaire.

Art. 10. – Il y a auprès du tribunal *(L. n. 99-929, 10 nov. 1999, art. 8)* aux armées un procureur de la République, un greffier et un huissier-appariteur.

Section III. – De la chambre de l'instruction
(L. n. 99-929, 10 nov. 1999, art. 9)

Art. 11 *(L. n. 99-929, 10 nov. 1999, art. 10)*. – Le tribunal aux armées comporte une chambre de l'instruction composée d'un président et de deux assesseurs, tous trois magistrats du siège appartenant au corps judiciaire et désignés comme il est dit à l'article 7.

Art. 12. – La présidence de la chambre *(L. n. 99-929, 10 nov. 1999, art. 11-I)* d'accusation est assurée par un conseiller de cour d'appel.

Les fonctions du ministère public sont assurées par le *(L. n. 99-929, 10 nov. 1999, art. 12)* procureur de la République près le tribunal aux armées, celles du greffe par un greffier du même tribunal.

Art. 13. – *Abrogé, L. n. 99-929, 10 nov. 1999, art. 13.*

Section IV. – Personnels

Art. 14. – Le service du parquet, de l'instruction et du greffe du tribunal aux armées est assuré par des magistrats, des officiers greffiers, des sous-officiers commis-greffiers et des sous-officiers huissiers-appariteurs, qui doivent être de nationalité française et âgés de vingt-cinq ans accomplis.

Dans le présent chapitre et les textes pris pour son application, le terme « magistrats » désigne les magistrats du corps judiciaire détachés auprès du ministre chargé de la Défense dans les conditions prévues par la loi n. 66-1037 du 29 décembre 1966 et les magistrats du corps des magistrats militaires.

Art. 15. – L'affectation des magistrats de l'instruction ou du parquet ainsi que celle des personnels chargés du service du tribunal aux armées est réservée au ministre chargé de la Défense.

Il peut être affecté un ou plusieurs magistrats pour assurer, soit le service du parquet, soit le service de l'instruction, ainsi qu'un ou plusieurs officiers greffiers adjoints et un ou plusieurs commis-greffiers.

Un magistrat affecté au service de l'instruction ne peut être déchargé de ses fonctions qu'après avis du président du tribunal aux armées et du *(L. n. 99-929, 10 nov. 1999, art. 15)* procureur de la République près cette juridiction.

Art. 16 *(L. n. 99-929, 10 nov. 1999, art. 16-I)*. – Le procureur de la République près le tribunal aux armées assure auprès du tribunal aux armées, par lui-même ou par ses substituts, les fonctions du ministère public.

En qualité de chef de parquet, le procureur de la République près le tribunal aux armées est chargé de l'administration et de la discipline.

Art. 17. – Le juge d'instruction procède à l'instruction préparatoire.

Un magistrat ne peut, à peine de nullité, remplir les fonctions de *(L. n. 99-929, 10 nov. 1999, art. 16-II)* procureur de la République près le tribunal aux armées ou participer au jugement dans les affaires qu'il a instruites.

Art. 18. – Les officiers greffiers, les sous-officiers commis-greffiers assistent le juge d'instruction et tiennent la plume aux audiences.

L'officier greffier le plus ancien dans la classe la plus élevée est chef de service du greffe.

Des militaires non-officiers, de nationalité française et majeurs, peuvent être détachés des corps de troupe ou des services pour exercer, à titre d'auxiliaires, les fonctions de commis-greffiers ou d'huissiers-appariteurs.

Art. 19. – Le sous-officier huissier-appariteur assure le service des audiences, l'exécution des notifications et l'acheminement des convocations.

Section V. – Incompatibilités

Art. 20. – Nul ne peut, à peine de nullité, siéger comme président ou juge ou remplir les fonctions de juge d'instruction dans une affaire soumise à un tribunal aux armées :

1° S'il est parent ou allié du prévenu jusqu'au degré de cousin issu de germain inclusivement ;

2° S'il a porté plainte ou mis en mouvement l'action publique ou a été entendu comme témoin ou, en ce qui concerne seulement les présidents et juges, s'il a participé officiellement à l'enquête ;

3° Si, dans les cinq ans qui ont précédé le jugement, il a été engagé dans un procès contre le prévenu ;

4° S'il a précédemment connu de l'affaire comme administrateur ou comme président ou juge de la chambre *(L. n. 99-929, 10 nov. 1999, art. 11-II)* d'accusation.

Les parents et alliés, jusqu'au degré d'oncle et de neveu inclusivement, ne peuvent, à peine de nullité, être membres d'un même tribunal aux armées.

Art. 21. – Tout président ou juge qui estime se trouver dans l'un des cas prévus à l'article 20 est tenu de le déclarer à la juridiction dans laquelle il est appelé à siéger : celle-ci décide, par décision motivée, s'il relève de l'un des cas précités et s'il doit en conséquence s'abstenir.

Dans la même situation, le juge d'instruction est tenu de saisir le président de la chambre *(L. n. 99-929, 10 nov. 1999, art. 11-II)* d'accusation ; cette juridiction décide s'il doit s'abstenir. Dans ce cas, l'affaire est renvoyée au *(L. n. 99-929, 10 nov. 1999, art. 16-II)* procureur de la République près le tribunal aux armées.

Section VI. – Serment

Art. 22. – Les officiers et sous-officiers greffiers et les sous-officiers huissiers-appariteurs, lors de leur nomination dans le corps et avant d'entrer en fonctions, prêtent, à la première audience *(L. n. 99-929, 10 nov. 1999, art. 17)* du tribunal aux armées auquel ils sont affectés, le serment suivant : « Je jure de bien et loyalement remplir mes fonctions et d'observer tous les devoirs qu'elles m'imposent ».

Section VII. – Défenseurs

Art. 23 *(L. n. 99-929, 10 nov. 1999, art. 18)*. – Les personnes mentionnées aux articles 59 à 66 peuvent faire assurer leur défense par un avocat ou, si l'éloignement le justifie, par un militaire qu'elles choisissent sur une liste établie par le président du tribunal aux armées.

CHAPITRE II. – DES JURIDICTIONS DES FORCES ARMÉES EN TEMPS DE GUERRE

Section I. – Des tribunaux territoriaux des forces armées

§ 1. – Établissement

Art. 24. – En temps de guerre, il est établi, sur les territoires de la République, des tribunaux territoriaux des forces armées. Leur ressort s'étend soit sur tout ou partie d'une ou plusieurs régions militaires, soit sur une ou plusieurs circonscriptions militaires d'outre-mer, soit sur une ou plusieurs de ces régions et circonscriptions.

Ces tribunaux comportent une ou plusieurs chambres de jugement et une chambre de contrôle de l'instruction.

Ils sont désignés par le nom de la localité où leur siège a été fixé. Ils peuvent se réunir en tous lieux de leur ressort.

Art. 25. – Un décret en Conseil d'État, pris sur le rapport du ministre chargé de la défense, fixe le siège des tribunaux et leur ressort ainsi que le nombre de chambres qui les constituent. Il détermine les autorités militaires qui exercent les pouvoirs judiciaires sous l'autorité du ministre chargé de la défense.

Art. 26. – Pour le jugement des maréchaux et amiraux de France, des officiers généraux ou assimilés et des membres du contrôle général des armées, il est établi, en temps de guerre, un Haut Tribunal des forces armées ayant son siège à Paris ; ce tribunal peut se réunir en tous lieux du territoire de la République.

Dans le cas de circonstances exceptionnelles, le siège de cette juridiction peut être fixé en un autre lieu par décret en conseil des ministres pris sur le rapport du ministre chargé de la défense et du garde des sceaux, ministre de la Justice.

Art. 27. – Lorsqu'un tribunal territorial des forces armées n'a pas encore été établi, les affaires relevant de la justice militaire sont portées devant la juridiction de droit commun compétente et sont instruites et jugées selon les règles applicables devant elle. Cette juridiction se dessaisit au profit du tribunal territorial des forces armées dès que celui-ci revendique sa compétence.

Lorsqu'un tribunal territorial des forces armées a cessé de fonctionner, les affaires de la compétence de ce tribunal sont renvoyées à une autre juridiction, suivant les règles prévues à l'article 662 du Code de procédure pénale.

§ 2. – Composition

Art. 28. – Le tribunal est composé de cinq membres, de nationalité française et âgés de vingt-cinq ans accomplis : un président, un magistrat assesseur, appartenant tous deux au corps judiciaire, et trois juges militaires. Lorsqu'une affaire est de nature à entraîner de longs débats, des membres supplémentaires peuvent être appelés à assister aux audiences en vue de remplacer, le cas échéant, les membres empêchés pour une cause régulièrement constatée.

Il y a, auprès du tribunal, un commissaire du Gouvernement, un greffier et un huissier-appariteur.

Art. 29. – La présidence est assurée par un magistrat du siège appartenant à l'une des cours d'appel ou à l'un des tribunaux supérieurs d'appel dont le ressort coïncide en totalité ou en partie avec celui du tribunal territorial des forces armées.

Art. 30. – Les fonctions de président du Haut Tribunal des forces armées, prévues à l'article 26 sont assumées par un magistrat du siège hors hiérarchie.

Art. 31. – Le président titulaire, les présidents de chambre et leurs suppléants sont désignés, pour chaque année civile, dans les formes et conditions prévues pour la nomination des magistrats du siège.

Les présidents ont droit aux prérogatives des présidents des cours d'assises.

Art. 32. – Pour le jugement des militaires jusqu'au grade de colonel, capitaine de vaisseau ou assimilés, inclusivement, l'assesseur est choisi parmi les magistrats du siège de l'un des tribunaux de grande ou de première instance dont le ressort coïncide, en totalité ou en partie, avec celui du tribunal territorial des forces armées.

Art. 33. – L'assesseur du Haut Tribunal des forces armées prévu à l'article 26 est choisi parmi les magistrats du siège appartenant à l'une des cours d'appel dont le ressort coïncide en totalité ou en partie avec celui du tribunal territorial des forces armées de Paris ou, en cas d'application des dispositions du deuxième alinéa dudit article, de la cour d'appel ou du tribunal supérieur d'appel dans le ressort duquel est établi le nouveau siège du tribunal.

Art. 34. – Les magistrats assesseurs et leurs suppléants sont désignés, pour chaque année civile, par ordonnance du premier président de la cour d'appel ou du président du tribunal supérieur d'appel compétent.

Art. 35. – La désignation des juges militaires est subordonnée au respect du principe hiérarchique.

Le juge du même grade que celui du prévenu doit être d'une ancienneté supérieure. Si cette condition ne peut être remplie, le juge est du grade immédiatement supérieur.

Pour la composition du tribunal, il est tenu compte du grade ou du rang détenu par le prévenu à l'époque des faits reprochés ou, en cas de promotion ultérieure, lors de la comparution à la première audience.

Art. 36. – Pour le jugement des militaires jusqu'au grade de colonel, capitaine de vaisseau ou assimilé, inclusivement, le tribunal comprend au moins deux officiers dont un officier supérieur.

Un des juges doit être du même grade que le prévenu sans qu'il puisse être toutefois d'un grade inférieur à celui de sous-officier.

En cas de pluralité de prévenus de grade ou de rang différent, il est tenu compte du grade et de l'ancienneté les plus élevés.

Art. 37. – Lorsque les faits de la poursuite mettent en cause des prévenus appartenant à une même armée, les juges militaires sont pris parmi les officiers ou assimiliés et les sous-officiers ou assimilés de cette armée.

Lorsque les faits de la poursuite mettent en cause des prévenus appartenant à des armées différentes, à des formations rattachées ou n'ayant pas la qualité de militaire ou lorsqu'il n'est pas possible de composer le tribunal ainsi qu'il est prévu à l'alinéa précédent, les juges militaires appartiennent à chacune des trois armées.

Toutefois, dans tous les cas où l'un des justiciables est un magistrat militaire ou assimilé, le juge militaire le plus élevé en grade est un magistrat militaire ou assimilé désigné par le ministre chargé de la défense. Les deux autres juges militaires sont choisis sans distinction d'appartenance à une armée.

Lorsqu'un ou plusieurs inculpés sont des assujettis au service de défense, les dispositions de l'article 144 du Code du service national sont appliquées.

Art. 38. – En cas d'impossibilité de constituer le tribunal dans les conditions prévues à l'article 37, les juges militaires sont pris sans distinction d'appartenance à une armée.

La justification de l'impossibilité est indiquée par l'autorité militaire chargée de la désignation des juges.

Art. 39. – Chaque autorité militaire exerçant les pouvoirs judiciaires dresse la liste, par grade et dans l'ordre d'ancienneté, des officiers et des sous-officiers ou assimilés qui appartiennent aux corps ou services placés sous son commandement ou stationnés dans la circonscription territoriale sur laquelle s'exerce son commandement.

Ces listes sont adressées à celle des autorités exerçant les pouvoirs judiciaires qui est établie au siège du tribunal territorial des forces armées.

La désignation des juges militaires, titulaires et suppléants, est faite par cette autorité pour une période de six mois.

Art. 40. – Pour le jugement des aumôniers militaires, le tribunal est composé comme pour le jugement d'un capitaine.

Pour le jugement d'un élève gendarme ou d'un élève garde, il est tenu compte du grade que détenait le prévenu avant sa nomination à l'emploi d'élève gendarme ou d'élève garde.

Pour le jugement des personnes n'ayant pas la qualité de militaire, le juge militaire le moins élevé en grade est un sous-officier.

Il en est de même pour le jugement des justiciables visés aux articles 70 et 71. Toutefois, dans ce cas, à moins d'impossibilité constatée, les juges militaires sont pris parmi les militaires des troupes combattantes ou blessés au feu.

Pour le jugement des pilotes de navires et du personnel de la marine marchande ayant rang d'officier, le tribunal comprend trois officiers, dont au moins un officier supérieur.

Pour le jugement des prisonniers de guerre, le tribunal est composé comme pour le jugement des militaires français d'après les assimilations de grade.

Art. 41. – Pour le jugement des justiciables énumérés à l'article 26, les juges militaires sont appelés, suivant l'ordre d'ancienneté, à siéger au Haut Tribunal, à moins d'empêchement admis par le ministre chargé de la défense.

Lorsqu'il n'est pas possible de trouver un nombre suffisant de juges militaires des grades et rangs requis, il est suppléé à cette insuffisance en puisant dans la hiérarchie des grades et rangs suivant le rang d'ancienneté jusqu'à ce que le Haut Tribunal puisse être constitué, mais sans jamais descendre en dessous du grade du prévenu, les juges de ce grade pouvant être, à défaut de plus anciens, d'une ancienneté inférieure.

Art. 42. – Dans tous les cas, les membres du tribunal exercent leurs fonctions jusqu'à l'achèvement des débats.

§ 3. – Contrôle de l'instruction

Art. 43. – La chambre de contrôle de l'instruction, dont l'établissement est prévu à l'article 24, est composée de trois membres : un président, un magistrat assesseur et un juge militaire ayant grade ou rang d'officier supérieur au moins.

La présidence est assurée par un magistrat du siège de la cour d'appel ou du tribunal supérieur d'appel dans le ressort duquel le tribunal territorial des forces armées a son siège ; les fonctions d'assesseur sont remplies par un conseiller de la même cour ou par un juge du même tribunal supérieur d'appel ou par un magistrat du siège d'un tribunal de grande ou de première instance ; le juge militaire est choisi parmi les officiers ayant vocation pour siéger.

Les fonctions de commissaire du Gouvernement sont assurées par le commissaire du Gouvernement près le tribunal territorial des forces armées, celles du greffe par un greffier du même tribunal.

Art. 44. – La désignation du président, du magistrat assesseur de la chambre de contrôle de l'instruction ainsi que de leurs suppléants est faite par ordonnance du premier président de la cour d'appel ou du président du tribunal supérieur d'appel.

Le juge militaire ainsi que le juge militaire suppléant appartiennent indifféremment à l'une des trois armées et sont désignés dans les conditions prévues à l'article 39.

§ 4. – Fonctionnement et service

Art. 45. – Les dispositions des articles 14 à 23 prévues pour le fonctionnement et le service des tribunaux aux armées en temps de paix sont applicables aux tribunaux territoriaux des forces armées en temps de guerre.

Art. 46. – Les fonctions du ministère public et du greffe du Haut Tribunal des forces armées sont exercées par le ministère public et le greffe du tribunal territorial des forces armées ayant son siège à Paris.

Dans le cas prévu à l'alinéa 2 de l'article 26, ces fonctions sont exercées par le ministère public et le greffe du tribunal territorial des forces armées dans le ressort duquel le haut tribunal a son siège.

Art. 47. – En outre, des magistrats du corps des magistrats militaires versés dans les réserves et mobilisés, des officiers et des sous-officiers greffiers des réserves mobilisés ainsi que des assimilés spéciaux du service de la justice militaire dont le statut est fixé par décret pris sur le rapport conjoint du ministre de la Justice, garde des sceaux, et du ministre chargé de la défense, peuvent être appelés à compléter les personnels de ces tribunaux.

Art. 48. – Au début de la première audience du tribunal où ils sont appelés à siéger, les juges militaires prêtent, sur l'invitation du président, le serment prévu par la loi organique relative au statut de la magistrature.

Section II. – Des tribunaux militaires aux armées

§ 1. – Établissement

Art. 49. – En temps de guerre, des tribunaux militaires peuvent être établis aux armées, lorsque ces dernières stationnent ou opèrent hors du territoire de la République ou sur le territoire de celle-ci.

Ces tribunaux comportent une ou plusieurs chambres de jugement et une chambre de contrôle de l'instruction.

Art. 50. – Un décret, pris sur le rapport du ministre chargé de la défense, fixe le nombre des tribunaux militaires aux armées, les quartiers généraux près desquels ils sont établis, les limites territoriales ou maritimes dans lesquelles s'exerce leur juridiction et les autorités militaires qui exercent les pouvoirs judiciaires sous l'autorité du ministre chargé de la défense.

Art. 51. – Lorsqu'un tribunal militaire aux armées n'a pas été établi, les affaires relevant de la justice militaire sont portées devant un tribunal territorial des forces armées. Un décret pris dans les conditions prévues à l'article 50 détermine les juridictions compétentes et les autorités militaires qui exercent les pouvoirs judiciaires.

Lorsqu'un tribunal militaire aux armées a cessé de fonctionner, les affaires de la compétence de ce tribunal sont renvoyées à une autre juridiction suivant les règles prévues à l'article 662 du Code de procédure pénale.

§ 2. – Composition

Art. 52. – Le tribunal est composé de cinq membres de nationalité française et âgés de vingt-cinq ans accomplis : un président et quatre juges militaires.

Il y a, auprès du tribunal, un commissaire du Gouvernement, un greffier et un huissier-appariteur.

Art. 53. – La présidence est assurée par un magistrat militaire ou un magistrat du corps judiciaire mobilisé en qualité d'assimilé spécial du service de la justice militaire ou par un magistrat du corps des magistrats militaires versé dans les réserves et mobilisé.

Le président, les présidents de chambre et leurs suppléants sont désignés par arrêté du ministre chargé de la défense.

Art. 54. – Les juges militaires sont pris parmi les militaires blessés au feu ou appartenant aux troupes combattantes. Les listes des juges militaires sont dressées conformément aux dispositions de l'article 39.

Les juges militaires appelés à siéger sont désignés, conformément aux règles prévues par les articles 35 à 40, par l'autorité militaire près laquelle le tribunal a été établi.

Dans les cas prévus à l'article 37, alinéa 2, le juge le plus élevé en grade appartient à l'armée de terre et les autres juges à chacune des trois armées, sous réserve du cas prévu par l'article 38.

§ 3. – Contrôle de l'instruction

Art. 55. – La chambre de contrôle de l'instruction, dont l'établissement est prévu à l'article 49, est composée de trois membres : un président et deux juges militaires ayant grade ou rang d'officier supérieur.

La présidence est assurée par un magistrat militaire ou un magistrat du corps judiciaire mobilisé en qualité d'assimilé spécial du service de la justice militaire ou un magistrat du corps des magistrats militaires versés dans les réserves et mobilisé. Le président et ses suppléants sont désignés par arrêté du ministre chargé de la défense.

Les juges militaires et leurs suppléants appartiennent indifféremment à l'une des trois armées et sont désignés dans les conditions prévues à l'article 54.

Les fonctions de commissaire du Gouvernement sont assurées par le commissaire du Gouvernement près le tribunal militaire aux armées, celles de greffier par un greffier du même tribunal.

Art. 56. – Un décret peut prévoir que les attributions de la chambre de contrôle de l'instruction seront exercées par la chambre de contrôle de l'instruction d'une autre juridiction des forces armées.

§ 4. – Fonctionnement et service

Art. 57. – Les dispositions des articles 45, 47, 48 prévues pour le fonctionnement et le service des tribunaux des forces armées en temps de guerre sont applicables aux tribunaux militaires aux armées.

Art. 58. – La défense des justiciables des tribunaux militaires aux armées est assurée soit conformément aux dispositions de l'article 23, soit par un officier défenseur appartenant au cadre des officiers défenseurs assimilés spéciaux du service de la justice militaire. Les officiers défenseurs sont nommés par le ministre chargé de la défense dans les conditions prévues par décret.

TITRE II. – COMPÉTENCE

CHAPITRE I. – EN TEMPS DE PAIX

Art. 59 *(L. n. 99-929, 10 nov. 1999, art. 19)*. – Sous réserve des engagements internationaux, le tribunal aux armées connaît des infractions de toute nature commises hors du territoire de la République par les membres des forces armées ou les personnes à la suite de l'armée en vertu d'une autorisation.

Art. 60. – Sont considérées comme membres des forces armées pour l'application des dispositions du présent chapitre, les personnes visées aux articles 61 à 63 présentes, à quelque titre que ce soit, sur le territoire étranger, les personnels civils employés à titre statutaire ou contractuel par les forces armées, ainsi que les personnes à leur charge, lorsqu'elles accompagnent le chef de famille hors du territoire de la République.

Art. 61. – Les militaires visés par le présent code sont :

1° Les militaires qui possèdent le statut de militaire de carrière ;
2° Les militaires qui servent en vertu d'un contrat ;
3° Les militaires qui accomplissent le service militaire dans les conditions prévues par le Code du service national ;
4° *(L. n. 99-894, 22 oct. 1999, art. 50)* Les militaires de la réserve accomplissant un engagement à servir dans la réserve opérationnelle, ou qui font partie des personnes soumises à l'obligation de disponibilité appelées ou rappelées au service,

à l'exception des militaires en position hors cadre ou de retraite, ainsi que des déserteurs.

Art. 62. – Les personnes qui effectuent le service militaire dans les conditions prévues par le Code du service national ainsi que les engagés sont soumis aux dispositions du présent code à partir de leur réunion en détachement pour rejoindre leur destination ou, s'ils rejoignent isolément, à partir de leur arrivée à destination, jusqu'au jour inclus où ils sont renvoyés dans leurs foyers. Il en est de même quand, avant d'être incorporés, ils sont placés à titre militaire dans un hôpital, un établissement pénitentiaire ou sous la garde de la force publique ou sont mis en subsistance dans une unité.

Art. 63. – Sont également soumis aux dispositions du présent code :
1° Ceux qui sont portés présents, à quelque titre que ce soit, sur le rôle d'équipage d'un bâtiment de la marine ou le manifeste d'un aéronef militaire ;
2° Ceux qui, sans être liés légalement ou contractuellement aux forces armées, sont portés sur les contrôles et accomplissent du service ;
3° Les membres d'un équipage de prise ;
4° Les prisonniers de guerre.

Art. 64 *(L. n. 99-929, 10 nov. 1999, art. 20)*. – Le tribunal aux armées est incompétent à l'égard des mineurs de dix-huit ans, sauf s'ils sont membres des forces armées ou lorsque aucune juridiction française des mineurs n'a compétence à leur égard. Ce même tribunal est compétent à l'égard des mineurs de dix-huit ans lorsque ceux-ci sont ressortissants d'un État occupé ou d'un État ennemi à l'époque des faits reprochés.

Art. 65. – Sont justiciables *(L. n. 99-929, 10 nov. 1999, art. 14)* du tribunal aux armées tous auteurs ou complices d'une infraction contre les forces armées françaises ou contre leurs établissements ou matériels, si elle est reprimée par la loi pénale française.

Art. 66. – Sous réserve des dispositions de l'article 64, la compétence *(L. n. 99-929, 10 nov. 1999, art. 14)* du tribunal aux armées s'étend à tous auteurs ou complices lorsque l'un d'eux est justiciable de ces juridictions.

Art. 67. – *Abrogé, L. n. 99-929, 10 nov. 1999, art. 21.*

CHAPITRE II. – EN TEMPS DE GUERRE

Art. 68. – En temps de guerre et sous réserve des articles 322 et suivants, les juridictions des forces armées sont, en tous lieux, régies par les règles de compétence définies par les articles 59, 60, 65 et 66.

Art. 69. – Sur le territoire de la République, les juridictions des forces armées sont incompétentes à l'égard des mineurs de dix-huit ans, sauf si les intéressés sont militaires ou ressortissants d'un État occupé ou d'un État ennemi à l'époque des faits reprochés ou coauteurs ou complices des personnes déférées aux juridictions des forces armées.

Hors du territoire de la République, les juridictions des forces armées sont également incompétentes à l'égard des mineurs de dix-huit ans sous réserve des exceptions mentionnées à l'alinéa 1er ou sauf si les intéressés sont membres des forces armées ou lorsque aucune juridiction française des mineurs n'a compétence à leur égard.

Art. 70. – Sont de la compétence des juridictions des forces armées les crimes et délits commis depuis l'ouverture des hostilités par les nationaux ennemis ou par tous agents au service de l'administration ou des intérêts ennemis, sur le territoire de la République ou sur un territoire soumis à l'autorité de la France ou dans toute zone d'opérations de guerre,

Soit à l'encontre d'un national ou d'un protégé français, d'un militaire servant ou ayant servi sous le drapeau français, d'un apatride ou réfugié résidant sur un des territoires visés ci-dessus,

Soit au préjudice des biens de toutes les personnes physiques visées ci-dessus et de toutes les personnes morales françaises, lorsque ces infractions, même accomplies à l'occasion ou sous le prétexte du temps de guerre, ne sont pas justifiées par les lois et coutumes de la guerre.

Est réputée commise sur le territoire de la République toute infraction dont un acte caractérisant un de ses éléments constitutifs a été accompli en France.

Art. 71. – Lorsqu'un subordonné est poursuivi comme auteur principal d'une des infractions prévues à l'article 70 et que ses supérieurs hiérarchiques ne peuvent être recherchés comme coauteurs, ils sont considérés comme complices dans la mesure où ils ont organisé ou toléré les agissements criminels de leur subordonné.

Art. 72. – Sont compétents les tribunaux territoriaux des forces armées :

1° Du lieu de l'infraction ;

2° Du lieu de l'affectation ou du débarquement ou de l'arrestation, même lorsqu'elle a été opérée pour autre cause, de tout auteur ou complice.

Le tribunal territorial des forces armées compétent territorialement à l'égard des personnels des navires convoyés est celui auquel seraient déférés les personnels du navire convoyeur.

Les dispositions de l'alinéa premier ci-dessus sont applicables aux tribunaux militaires aux armées.

En outre, est compétent le tribunal militaire aux armées du lieu le plus proche de la résidence.

CHAPITRE III. – RÈGLES COMMUNES

Art. 73. – Lorsque le présent code définit ou réprime des infractions imputables à des justiciables étrangers aux armées, les juridictions des forces armées sont compétentes à l'égard de l'auteur ou du complice, sauf dérogation particulière.

Art. 74. – Indépendamment des règles prévues aux articles 67 et 72, la juridiction du lieu de résidence est également compétente territorialement pour connaître des infractions reprochées à un justiciable étranger aux armées ou libéré de ses obligations militaires avant l'ouverture des poursuites.

Art. 75. – De même, est territorialement compétente la juridiction dans le ressort de laquelle le justiciable d'une juridiction des forces armées se trouve détenu pour quelque cause que ce soit.

Art. 76. – Lorsqu'un justiciable, postérieurement à l'ouverture des poursuites devant une juridiction des forces armées, a établi sa résidence hors du ressort de la juridiction saisie, il peut être fait application des règles prévues *(L. n. 99-929, 10 nov. 1999, art. 22)* par les deuxième, troisième et quatrième alinéas de l'article 665 du Code de procédure pénale. Il en est de même lorsque ce justiciable a formé opposition à la condamnation prononcée contre lui.

Art. 77. – La juridiction devant laquelle est traduit ou renvoyé le justiciable, en application des dispositions des articles 74, 75 ou 76, applique ou continue la procédure suivant les règles qui régissent son organisation. Les formalités, les actes d'instruction ou de poursuite précédemment effectués demeurent valables.

En temps de guerre, les pouvoirs, droits et prérogatives attribués à l'autorité militaire qui a délivré l'ordre de poursuite sont dévolus à l'autorité militaire compétente exerçant les pouvoirs judiciaires à l'égard du tribunal nouvellement saisi.

LIVRE DEUXIÈME. – PROCÉDURE PÉNALE MILITAIRE

DISPOSITIONS PRÉLIMINAIRES

Art. 78. – Les dispositions de l'article 11 du Code de procédure pénale s'appliquent aux personnes qui apportent leur concours aux procédures ressortissant aux juridictions des forces armées.

Art. 79. – Tout militaire de la gendarmerie a qualité pour appréhender les militaires se trouvant en position irrégulière. Il est dressé procès-verbal de cette opération et l'autorité militaire compétente en est aussitôt avisée.

Les militaires ainsi appréhendés peuvent être déposés, selon le cas, dans la chambre de sûreté d'une caserne de gendarmerie ou dans une prison prévôtale. Au plus tard à l'expiration d'un délai de quarante-huit heures, ils doivent être mis en route aux fins de présentation à l'autorité militaire compétente pour régulariser leur situation.

TITRE PREMIER. – DE L'EXERCICE DE L'ACTION PUBLIQUE ET DE L'INSTRUCTION

CHAPITRE I. – EN TEMPS DE PAIX ET HORS DU TERRITOIRE DE LA RÉPUBLIQUE

Section I. – De la police judiciaire et des enquêtes

Art. 80. – Le *(L. n. 99-929, 10 nov. 1999, art. 23)* procureur de la République près le tribunal aux armées reçoit les plaintes et les dénonciations.

Il a les attributions et prérogatives reconnues au procureur de la République par les articles 41 à 42 du Code de procédure pénale.

Il est assisté par les officiers de police judiciaire des forces armées.

Les dispositions de l'article 40, alinéa 2, du Code de procédure pénale sont applicables.

Art. 81. – Les officiers de police judiciaire des forces armées sont chargés de constater les infractions, d'en rassembler les preuves et d'en rechercher les auteurs tant qu'une instruction préparatoire n'est pas ouverte.

Lorsqu'une instruction préparatoire est ouverte, ils exécutent les délégations des juridictions d'instruction et défèrent à leurs réquisitions.

Art. 82. – Ont la qualité d'officiers de police judiciaire des forces armées :

1° Les officiers et gradés de la gendarmerie, les gendarmes qui ont été désignés comme officiers de police judiciaire en application de l'article 16 du Code de procédure pénale, les gendarmes qui servent dans les prévôtés ;

2° Les officiers, sous-officiers et agents assermentés des différents services des armées, pour l'exercice des missions particulières qui leur sont dévolues par les lois ou règlements, si la loi leur reconnaît des attributions attachées à ladite qualité.

Ils exercent les pouvoirs qui sont attribués aux officiers de police judiciaire par l'article 17 du Code de procédure pénale et par les autres dispositions de ce code auxquelles se réfère cet article.

Les prescriptions des articles 55 et 61 du même code sont également applicables.

Ils sont tenus, à l'égard du *(L. n. 99-929, 10 nov. 1999, art. 16-II)* procureur de la République près le tribunal aux armées, des obligations prévues par l'article 19 du même code.

Ils ont compétence dans les limites territoriales où ils exercent leurs fonctions habituelles *(L. n. 99-929, 10 nov. 1999, art. 24-I)*.

(L. n. 99-929, 10 nov. 1999, art. 24-II) En cas d'urgence, soit sur instructions du *(L. n. 99-929, 10 nov. 1999, art. 16-II)* procureur de la République près le tribunal aux armées au cours *(L. n. 99-929, 10 nov. 1999, art. 24-III)* d'une enquête préliminaire ou d'une enquête de flagrance, soit sur commission rogatoire expresse du juge d'instruction, ils peuvent procéder aux opérations prescrites par ces autorités en tous lieux qui leur sont désignés.

Les officiers de police judiciaire des forces armées énumérés à l'alinéa 1 2° ci-dessus, ont compétence dans les limites territoriales où ils exercent les missions particulières qui leur sont dévolues par les lois ou les règlements.

Art. 83. – Les gendarmes qui ne sont pas officiers de police judiciaire des forces armées disposent des pouvoirs attribués aux agents de police judiciaire par l'article 20 du Code de procédure pénale et peuvent notamment procéder à des enquêtes préliminaires soit d'office, soit sur instructions du *(L. n. 99-929, 10 nov. 1999, art. 16-II)* procureur de la République près le tribunal aux armées.

Les militaires non assermentés qui sont appelés à servir dans les prévôtés secondent les officiers de police judiciaire des forces armées sous les ordres desquels ils sont placés et leur rendent compte des infractions dont ils ont connaissance.

Art. 84. – Les commandants d'armes et majors de garnison, les majors généraux des ports, les commandants de base et les commandants de bâtiments de la marine, les chefs de corps, de dépôts et de détachements, les chefs des différents services des forces armées ont qualité pour faire personnellement, à l'intérieur des établissements militaires, tous les actes nécessaires à l'effet de constater les infractions relevant des juridictions des forces armées, d'en rassembler les preuves et d'en rechercher les auteurs.

Ces autorités peuvent déléguer à un officier placé sous leurs ordres les pouvoirs qui leur sont attribués par l'alinéa précédent.

Elles peuvent également requérir tous officiers de police judiciaire des forces armées, territorialement compétents, aux fins prévues par l'article 82, alinéa 2.

Les obligations et pouvoirs de ces autorités et des officiers par elles délégués sont ceux prévus aux articles 81, 82 alinéas 2 et 3, 87 et 88.

Art. 85. – Une expédition de la procédure d'enquête est adressée à l'autorité militaire prévue par l'article 4.

Art. 86. – Dans le cas prévu par l'article 74 du Code de procédure pénale, l'officier de police judiciaire des forces armées et le *(L. n. 99-929, 10 nov. 1999, art. 16-II)* procureur de la République près le tribunal aux armées appliquent, chacun en ce qui le concerne, les dispositions dudit article.

Section II. – De la garde à vue

Art. 87. – Les formes et conditions de la garde à vue fixées par les articles 63 à 65, 77 à 78 et 154 du Code de procédure pénale sont applicables. Les attributions du procureur de la République et du juge d'instruction sont respectivement remplies par le *(L. n. 99-929, 10 nov. 1999, art. 16-II)* procureur de la République près le tribunal aux arméeset le juge d'instruction du tribunal aux armées.

Ces magistrats peuvent, le cas échéant, déléguer leurs pouvoirs respectivement au procureur de la République ou au juge d'instruction du tribunal de grande instance dans le ressort duquel la garde à vue est exercée.

Art. 88. – Les personnes appréhendées en raison d'un crime ou délit flagrant ou contre lesquelles existent les indices graves et concordants de nature à motiver leur *(L. n. 99-929, 10 nov. 1999, art. 25)* mise en examen doivent être mises en route au plus tard à l'expiration des délais de garde à vue pour être présentées à l'autorité judiciaire, militaire ou civile, qui se trouve compétente. S'il s'agit d'un militaire, les supérieurs hiérarchiques de l'intéressé sont avisés du transfèrement.

Art. 89. – *Abrogé, L. n. 99-929, 10 nov. 1999, art. 26.*

Art. 90. – S'il apparaît au *(L. n. 99-929, 10 nov. 1999, art. 16-II)* procureur de la République près le tribunal aux armées que la procédure d'enquête de police judiciaire dont il est saisi a trait à une affaire ne relevant pas de la juridiction à laquelle il est attaché, il envoie les pièces au ministère public près la juridiction compétente et met, s'il y a lieu, la personne appréhendée à sa disposition.

Section III. – De l'action civile et de l'action publique

Art. 91 *(L. n. 99-929, 10 nov. 1999, art. 27)*. – Les règles relatives à la mise en mouvement de l'action publique et à l'exercice de l'action civile en réparation du dommage causé par l'une des infractions de la compétence du tribunal aux armées sont celles prévues par le Code de procédure pénale, sous réserve des dispositions particulières édictées par les articles 698-1 à 698-9 du même code et de celles édictées par la présente section.

Art. 92. – *Abrogé, L. n. 99-929, 10 nov. 1999, art. 28.*

Art. 93. – Les modes d'extinction de l'action publique prévus par les articles 6 à 9 du Code de procédure pénale sont applicables devant les juridictions des forces armées, sous les réserves ci-après relatives à la prescription.

Art. 94. – La prescription de l'action publique résultant de l'insoumission ou de la désertion ne commencera à courir qu'à partir du jour où l'insoumis ou le déserteur aura atteint l'âge de cinquante ans.

L'action publique ne se prescrit pas dans les cas visés aux articles 408, 409 et 410 ou lorsqu'un déserteur ou un insoumis s'est réfugié ou est resté à l'étranger en temps de guerre pour se soustraire à ses obligations militaires.

Art. 95. – *Abrogé, L. n. 99-929, 10 nov. 1999, art. 29.*

Art. 96. – *Abrogé, L. n. 99-929, 10 nov. 1999, art. 30.*

Art. 97. – *Abrogé, L. n. 99-929, 10 nov. 1999, art. 30.*

Art. 98. – *Abrogé, L. n. 99-929, 10 nov. 1999, art. 30.*

Art. 99. – Lorsqu'une infraction de la compétence du tribunal aux armées a été commise et que les auteurs en sont restés inconnus, ou que, sans que l'identification résulte expressément des pièces produites, il y a présomption que la qualité des auteurs les rend justiciables de cette juridiction, la dénonciation peut être déposée contre personnes non dénommées.

Art. 100. – *Abrogé, L. n. 99-929, 10 nov. 1999, art. 30.*

Section IV. – Des juridictions d'instruction

§ 1. – De l'instruction préparatoire

Art. 101 *(L. n. 99-929, 10 nov. 1999, art. 31)*. – Les infractions de la compétence du tribunal aux armées sont instruites selon les dispositions du Code de procédure pénale, sous réserve des dispositions particulières édictées par les articles 698-1 à 698-9 du même code et de celles édictées par la présente section.

Art. 102 à 108. – *Abrogés, L. n. 99-929, 10 nov. 1999, art. 32.*

Art. 109. – Sous réserve des dispositions particulières prévues par des conventions internationales, les citations de témoins, lorsqu'il s'agit d'individus résidant en pays étrangers, sont remises aux autorités locales compétentes par l'intermédiaire du consul, s'il en existe un, ou directement dans le cas contraire.

Art. 110. – Les dispositions du Code de procédure pénale concernant les expertises sont applicables devant les juridictions militaires d'instruction et de jugement, les magistrats appelés à faire procéder à des expertises pouvant aussi choisir librement les experts parmi tous les personnels spécialisés dépendant du ministère de la défense.

Art. 111. – Les mandats de comparution, d'amener et d'arrêt sont notifiés en toutes circonstances par les agents de la force publique, qui se conforment à cet égard aux prescriptions du Code de procédure pénale.

En outre, les mandats d'arrêt et de dépôt sont portés à la connaissance des autorités militaires par la juridiction dont ils émanent.

Les mandats d'amener, d'arrêt et de dépôt sont mis à exécution dans les conditions fixées par le Code de procédure pénale, sauf dispositions particulières du présent code.

Les mandats de comparution et d'amener, lorsqu'il s'agit d'individus résidant en pays étrangers, sont remis, dans les mêmes conditions que les citations à témoins, ainsi qu'il est prévu à l'article 109.

Art. 112 *(L. n. 99-929, 10 nov. 1999, art. 33)*. – Si la personne mise en examen recherchée en vertu d'un mandat d'amener est trouvée à plus de 200 kilomètres du siège du juge d'instruction qui a délivré le mandat, elle est conduite dans les vingt-quatre heures soit avec son accord, devant le juge d'instruction qui a délivré le mandat, soit devant le procureur de la République du lieu de l'arrestation ; le procureur de la République procède comme il est dit aux deuxième et troisième alinéas de l'article 133 du Code de procédure pénale.

Toute personne mise en examen arrêtée en vertu d'un mandat d'arrêt à plus de 200 kilomètres du siège du juge d'instruction qui a délivré le mandat est conduite devant le procureur de la République du lieu de l'arrestation ; ce magistrat procède comme il est dit aux deuxième et troisième alinéas de l'article 133 du Code de procédure pénale.

Art. 113 à 130. – *Abrogés, L. n. 99-929, 10 nov. 1999, art. 34.*

§ 2. – De la détention provisoire et de la liberté

Art. 131 *(L. n. 99-929, 10 nov. 1999, art. 35).* – Les règles relatives à la détention provisoire sont, sous réserve des dispositions particulières des articles 135 et 137 du présent code, celles prévues par le Code de procédure pénale.

Art. 132 à 134. – *Abrogés, L. n. 99-929, 10 nov. 1999, art. 36.*

Art. 135. – Qu'il s'agisse *(L. n. 99-929, 10 nov. 1999, art. 37)* d'une ordonnance prescrivant la détention provisoire, d'un mandat de justice ou d'un jugement, la personne mise en examen, le prévenu ou le condamné est conduit soit dans une maison d'arrêt et détenu alors dans un quartier spécial aux militaires, soit dans une prison prévôtale, soit, en cas d'impossibilité, dans un établissement désigné par l'autorité militaire dans les conditions prévues par un décret pris sur le rapport du ministre chargé de la Défense.

Art. 136. – *Abrogé, L. n. 99-929, 10 nov. 1999, art. 38-I.*

Art. 137. – Le contrôle judiciaire prévu aux articles 138 et suivants du Code de procédure pénale n'est pas applicable aux militaires et assimilés visés aux articles 61 et 63 du présent code.

Il peut être appliqué auxdits militaires et assimilés qui ont été rendus à la vie civile depuis la date de l'infraction ainsi qu'aux personnes étrangères aux armées et justiciables *(L. n. 99-929, 10 nov. 1999, art. 38-II)* du tribunal aux armées.

(Al. 3 à 5 ab., L. n. 99-929, 10 nov. 1999, art. 38-III).

Art. 138 à 150. – *Abrogés, L. 99-929, 10 nov. 1999, art. 38-III.*

§ 3. – De la chambre de l'instruction

(L. n. 99-929, 10 nov. 1999, art. 39-I)

Art. 151 *(L. n. 99-929, 10 nov. 1999, art. 39-II).* – Les règles relatives à la chambre de l'instruction sont celles prévues par le Code de procédure pénale.

§ 4. – De la réouverture de l'information sur charges nouvelles

(L. n. 99-929, 10 nov. 1999, art. 40-I)

Art. 152 à 164. – *Rempl., L. n. 99-929, 10 nov. 1999, art. 40-II.* – Lorsque le juge d'instruction ou la chambre de l'instruction a rendu une décision de non-lieu, il appartient au ministre chargé de la défense ou à l'autorité mentionnée à l'article 4 de dénoncer au procureur de la République près le tribunal aux armées les charges nouvelles telles qu'elles sont définies par l'article 189 du code de procédure pénale. Si le procureur de la République près le tribunal aux armées envisage, à défaut de dénonciation, de requérir la réouverture de l'information sur ces charges, il lui appartient de recueillir l'avis de l'autorité mentionnée ci-dessus. La dénonciation ou l'avis est classé au dossier de la procédure.

CHAPITRE II. – EN TEMPS DE GUERRE

Section I. – Des autorités investies des pouvoirs judiciaires

Art. 165. – Le ministre chargé de la défense est investi des pouvoirs judiciaires prévus par le présent code pour le temps de guerre.

Ces pouvoirs peuvent également être exercés sous son autorité par les autorités militaires désignées comme il est dit aux articles 25, 50 et 51.

Section II. – De la police judiciaire et des enquêtes

§ 1. – De la police judiciaire militaire

Art. 166. – Les autorités qualifiées pour engager les poursuites et, lorsqu'ils en ont reçu délégation, les commissaires du Gouvernement, procèdent ou font procéder à tous les actes nécessaires à la recherche et à la poursuite des infractions relevant de la compétence des juridictions des forces armées.

À cette fin, ils reçoivent les plaintes ou dénonciations et sont assistés par les officiers de police judiciaire des forces armées dont la désignation et la compétence sont fixées à l'article 82 et par les personnels militaires auxquels les articles 83 et 84 attribuent des fonctions de police judiciaire militaire.

Ces fonctions sont exercées sous la direction et le contrôle des autorités qualifiées pour engager les poursuites.

Art. 167. – Les officiers de police judiciaire des forces armées sont tenus d'informer sans délai l'autorité militaire qui exerce les pouvoirs judiciaires et le commissaire du Gouvernement territorialement compétents des crimes et délits relevant des juridictions des forces armées dont ils ont connaissance.

Tant qu'un ordre de poursuite n'a pas été délivré, ils remplissent la mission définie à l'article 81, alinéa 1er.

Le cas échéant, il est fait application de l'article 86.

Les procès-verbaux d'enquête préliminaire ou de flagrant délit sont transmis, sans délai, avec les actes et documents annexés, à l'autorité militaire qui exerce les pouvoirs judiciaires et qui est territorialement compétente ; les objets saisis sont mis à sa disposition. Une expédition de la procédure est adressée au commissaire du Gouvernement.

Si le ministre chargé de la défense a seul qualité pour saisir la juridiction des forces armées, le dossier d'enquête de police judiciaire lui est transmis en double exemplaire par l'intermédiaire de l'autorité militaire visée à l'alinéa précédent, qui émet un avis.

Lorsque les procès-verbaux ont été établis en vertu d'une réquisition du commissaire du Gouvernement, ils sont adressés à ce magistrat accompagnés d'une copie certifiée conforme.

Lorsqu'une instruction préparatoire est ouverte, les officiers de police judiciaire des forces armées exécutent les délégations des juridictions d'instruction et défèrent à leurs réquisitions.

Art. 168. – Le ministre chargé de la défense ou les autorités militaires qui exercent les pouvoirs judiciaires peuvent prescrire, par instructions écrites aux officiers de police judiciaire des forces armées, de procéder, même de nuit, à des perquisitions et saisies dans les établissements militaires.

§ 2. – Des officiers de police judiciaire civile

Art. 169. – Dans les circonstances où ils exercent leurs fonctions habituelles, les officiers de police judiciaire civile ont compétence pour constater les infractions relevant des juridictions des forces armées, en rassembler les preuves et en rechercher les auteurs. Ils peuvent être, à cet effet, requis par les autorités qualifiées pour engager les poursuites et par les commissaires du Gouvernement, ou commis par les juridictions militaires d'instruction et de jugement.

À défaut d'officier de police judiciaire des forces armées présent sur les lieux, les officiers de police judiciaire civile constatent d'office les infractions prévues à l'alinéa précédent, prennent toutes mesures conservatoires utiles et informent l'officier de police judiciaire des forces armées territorialement compétent.

Si ce dernier se transporte sur les lieux, les officiers de police judiciaire civile lui communiquent les résultats de leurs premières constatations et, éventuellement, lui remettent les individus appréhendés. Dans le cas contraire, ils procèdent à toutes opérations nécessitées par l'enquête préliminaire ou de flagrant délit.

Les officiers de police judiciaire civile peuvent se faire seconder par les agents de police judiciaire qui leur sont subordonnés, et dont les attributions sont définiees aux articles 20 et 21 du Code de procédure pénale.

Art. 170. – Lorsque les officiers de police judiciaire civile sont amenés :

– soit à constater, dans les établissements militaires, des infractions relevant ou non de la compétence des juridictions des forces armées ;

– soit à rechercher, en ces mêmes lieux, des personnes ou des objets relatifs à des infractions, ils doivent adresser préalablement à l'autorité militaire des réquisitions tendant à obtenir l'entrée des établissements ; ces réquisitions doivent préciser la nature et les motifs des investigations jugées nécessaires.

L'autorité militaire défère à ces réquisitions, se fait représenter aux opérations, et, s'il est besoin, met à la disposition des officiers de police judiciaire civile les individus que ceux-ci estiment devoir retenir soit pour les nécessités d'une enquête, soit pour l'exécution d'une commission rogatoire ou d'un mandat de justice.

Le représentant de l'autorité militaire veille au respect des prescriptions relatives au secret militaire ; il est lui-même tenu d'observer le secret de l'enquête ou de l'instruction.

Sous réserve des dispositions particulières du présent article ainsi que des articles 169 et 173 à 178, les officiers de police judiciaire civile effectuent leurs opérations et établissent leurs procès-verbaux suivant les règles édictées par le Code de procédure pénale.

Ils se conforment pour l'envoi de leurs procédures, aux prescriptions de l'article 167 du présent code.

§ 3. – De la suite à donner aux procédures d'enquête

Art. 171. – S'il apparaît à l'autorité qualifiée pour engager les poursuites que la procédure d'enquête préliminaire ou de flagrant délit dont elle est saisie concerne une infraction ne relevant pas des tribunaux des forces armées, elle envoie les pièces au ministère public près la juridiction compétente et met, s'il y a lieu, la personne appréhendée à sa disposition.

Si l'infraction relève de la juridiction des forces armées, cette autorité apprécie s'il y a lieu ou non de délivrer un ordre de poursuite.

Section III. – De l'arrestation, de la garde,
de la mise à disposition et de la garde à vue

§ 1. – De l'arrestation, de la garde et de la mise à disposition
à l'égard des militaires

Art. 172. – Dans les cas de crime flagrant ou de délit flagrant puni d'emprisonnement, et sans préjudice des pouvoirs disciplinaires dont disposent les supérieurs hiérarchiques, tout officier de police judiciaire des forces armées a qualité pour procéder d'office à l'arrestation des militaires qui sont auteurs ou complices du crime ou délit.

Les militaires qui sont ainsi arrêtés en flagrant délit peuvent être déposés dans la chambre de sûreté d'une caserne de gendarmerie ou dans une prison prévôtale. La durée de cette garde ne doit pas dépasser quarante-huit heures.

Art. 173. – Les supérieurs hiérarchiques doivent satisfaire à la demande des officiers de police judiciaire des forces armées, ou à la réquisition des officiers de police judiciaire civile, tendant à mettre à leur disposition un militaire en activité de service, lorsque les nécessités d'une enquête préliminaire ou de flagrant délit ou l'exécution d'une commission rogatoire exigent cette mesure.

Ces officiers de police judiciaire ne peuvent retenir plus de quarante-huit heures les militaires mis à leur disposition.

Art. 174. – Les délais prévus aux articles 172 et 173 peuvent être prolongés de vingt-quatre heures par autorisation écrite de l'autorité à laquelle les militaires arrêtés en flagrant délit ou contre lesquels existent des indices graves et concordants de culpabilité doivent être présentés conformément aux prescriptions de l'article 175. Cette autorisation appartient au commissaire du Gouvernement lorsque celui-ci a reçu délégation.

À l'égard des militaires autres que ceux désignés à l'alinéa 1er le délai prévu à l'article 173 peut être prolongé de vingt-quatre heures par autorisation écrite du supérieur hiérarchique qui a satisfait à la demande ou à la réquisition de mise à disposition.

Art. 175. – Au plus tard à l'expiration des délais fixés, selon le cas, par les articles 172 à 174, les militaires arrêtés en flagrant délit ou contre lesquels existent des indices graves et concordants de culpabilité doivent être mis en route pour être présentés à l'autorité qualifiée pour engager les poursuites ou à l'autorité judiciaire ou civile, qui se trouve compétente. Les supérieurs hiérarchiques doivent être avisés du transfèrement.

En attendant leur mise en route, les militaires visés à l'alinéa précèdent peuvent être déposés dans un des locaux désignés à l'article 172, alinéa 2, ou dans un local de police.

Art. 176. – Sauf lorsque les faits sont passibles d'une peine criminelle, l'autorité qualifiée pour engager les poursuites peut dispenser les officiers de police judiciaire de lui présenter les militaires visés à l'article 175.

Dans ce cas, les intéressés sont reconduits à l'autorité militaire dont ils dépendent, au plus tard à l'expiration des délais fixés par les articles 172 à 174, et les supérieurs hiérarchiques peuvent ordonner, dans les limites de leurs pouvoirs respectifs, qu'ils soient déposés dans un local disciplinaire, en attendant la décision à intervenir conformément aux articles 184 et suivants.

Art. 177. – Les formalités prescrites par les articles 64 et 65 du Code de procédure pénale ne sont pas applicables à la garde et à la mise à disposition prévues aux articles 172 à 174. Toutefois, les officiers de police judiciaire doivent mentionner dans leurs procès-verbaux les dates et heures marquant le début et la fin de l'exécution de ces mesures.

§ 2. – De la garde à vue à l'égard des personnes étrangères aux armées

Art. 178. – Sous réserve des prescriptions de l'article 328, les officiers de police judiciaire des forces armées se conforment aux règles fixées, selon le cas, par les articles 172, 173, alinéa 2, 174, alinéa 1er, 175 et 177, lorsqu'ils estiment devoir retenir à leur disposition, pour les nécessités d'une enquête ou l'exécution d'une commission rogatoire, des individus non militaires justiciables des juridictions des forces armées.

Section IV. – De l'action civile et de l'action publique

Art. 179. – L'action civile en réparation du dommage causé par l'une des infractions qui sont de la compétence des juridictions des forces armées en temps de guerre appartient à ceux qui ont personnellement souffert du dommage directement causé par l'infraction. La partie lésée ne peut toutefois mettre en mouvement l'action publique.

Art. 180. – Le droit de mettre en mouvement l'action publique appartient dans tous les cas au ministre chargé de la défense :

Ce droit peut être exercé également sous l'autorité du ministre chargé de la défense :

Devant les tribunaux territoriaux des forces armées, par la plus diligente de celles des autorités militaires prévues à l'article 25 ;

Devant les tribunaux militaires aux armées, et pour tous les justiciables de ces tribunaux, par les autorités militaires prévues à l'article 50.

Art. 181. – Les dispositions des articles 93 et 94 relatives à l'extinction et à la prescription de l'action publique sont applicables.

Art. 182. – L'ouverture des poursuites à l'encontre des justiciables énumérés à l'article 26, des magistrats militaires ou assimilés et des officiers défenseurs ne peut être ordonnée que par le ministre chargé de la défense qui saisit le tribunal compétent ou désigne celui qui sera appelé à en connaître.

Art. 183. – Le commissaire du Gouvernement près la juridiction des forces armées, conseiller des autorités militaires qui exercent les pouvoirs judiciaires, donne son avis sur toutes les questions concernant la mise en mouvement de l'action publique, les qualifications légales, les conséquences des poursuites, ainsi que les mesures gracieuses.

Art. 184. – Lorsqu'au vu du procès-verbal ou du rapport d'un officier de police judiciaire, ou de l'une des autorités énumérées à l'article 84, ou sur réception d'une plainte ou d'une dénonciation, ou même d'office, l'autorité militaire qui exerce les pouvoirs judiciaires estime qu'il y a lieu d'engager les poursuites, cette autorité délivre un ordre de poursuite qu'elle adresse au commissaire du Gouvernement près le tribunal compétent, avec les rapports, procès-verbaux, pièces, objets saisis et autres documents à l'appui.

Lorsqu'il émane d'une autre autorité ou du ministre chargé de la défense, l'ordre de poursuite est transmis, suivant les cas, par l'intermédiaire de l'autorité militaire commandant la circonscription territoriale où siège le tribunal des forces armées ou de celle auprès de laquelle le tribunal est établi.

Art. 185. – L'ordre de poursuite est sans recours ; il doit mentionner les faits sur lesquels porteront les poursuites, les qualifier et indiquer les textes de lois applicables.

Art. 186. – Dès qu'un ordre de poursuite a été délivré contre une personne dénommée, celle-ci est mise à la disposition du commissaire du Gouvernement compétent.

Si les faits sont passibles d'une peine criminelle, correctionnelle ou de police et si, au vu du dossier, le commissaire du Gouvernement estime que l'affaire est en état d'être jugée, il ordonne la traduction directe de l'auteur présumé de l'infraction devant le tribunal.

Si l'affaire n'est pas en état d'être jugée, il requiert l'ouverture d'une information. Dans tous les cas, le juge d'instruction est obligatoirement saisi quand l'auteur présumé des faits est un mineur de dix-huit ans.

Lorsque l'ordre de poursuite a été délivré sur charges nouvelles à la suite d'une ordonnance ou d'une décision de non-lieu, le commissaire du Gouvernement saisit la juridiction d'instruction qui avait rendu l'ordonnance ou la décision de non-lieu.

Section V. – Des juridictions d'instruction

§ 1. – De l'instruction préparatoire

Art. 187. – En temps de guerre, les dispositions des articles 101 à 130 sont applicables, sous réserve de celles des articles 188 à 194.

Art. 188. – Le choix par l'inculpé d'un défenseur est fait compte tenu des dispositions des articles 23 et 58.

Lorsqu'un défenseur a été choisi, le juge d'instruction militaire adresse à celui-ci, par lettre missive ou par tout autre moyen, avis de la date du nouvel interrogatoire ou de la confrontation de l'inculpé. Mention de cette formalité est faite au procès-verbal d'interrogatoire ou de confrontation.

Art. 189. – Hors du territoire métropolitain, tout juge appartenant à une juridiction dont le siège se situe dans le ressort d'une juridiction militaire, commis rogatoirement par un juge d'instruction appartenant à ladite juridiction militaire pour procéder à un interrogatoire dans les conditions prévues à l'article 103, peut délivrer contre l'inculpé un mandat de dépôt provisoire dont la validité est de quinze jours.

Ce mandat ne peut être décerné qu'en vertu de l'ordonnance prévue par l'article 134. Il peut être confirmé par ordonnance du juge d'instruction militaire ; les dispositions des articles 136 et suivants sont alors applicables.

Art. 190. – S'il résulte de l'instruction que l'inculpé ou tout autre justiciable de la juridiction des forces armées peut être poursuivi pour des faits autres que ceux visés dans l'ordre de poursuite, le juge d'instruction militaire les dénonce par l'intermédiaire du commissaire du Gouvernement à l'autorité militaire qui exerce les pouvoirs judiciaires ; celle-ci apprécie s'il y a lieu de donner, à raison de ces faits, un nouvel ordre de poursuite.

Art. 191. – Si le juge d'instruction militaire, la procédure étant terminée, estime que la juridiction des forces armées est incompétente, il rend une ordonnance par laquelle il renvoie la procédure à l'autorité qui a donné l'ordre de poursuite, afin que la juridiction compétente soit saisie.

Le mandat d'arrêt ou de dépôt décerné contre l'inculpé conserve sa force exécutoire jusqu'à la saisine de la juridiction compétente. Toutefois, si à l'expiration d'un délai d'un mois, à compter de la date à laquelle l'ordonnance a été rendue, aucune juridiction n'a été saisie, l'inculpé est mis en liberté.

Les actes de poursuites et d'instruction ainsi que les formalités intervenues antérieurement demeurent valables et n'ont pas à être renouvelés.

Art. 192. – Si le juge d'instruction militaire estime que le fait visé ne constitue ni crime, ni délit, ni contravention, si l'inculpé n'a pu être identifié ou s'il n'existe pas contre l'inculpé de charges suffisantes, le juge d'instruction militaire rend une ordonnance déclarant qu'il n'y a lieu à suivre ; si l'inculpé est détenu, il est mis en liberté.

Des ordonnances comportant non-lieu partiel peuvent intervenir dans le cours de l'information.

L'ordonnance est immédiatement notifiée par le juge d'instruction militaire au commissaire du Gouvernement qui en assure aussitôt l'exécution en même temps qu'il la porte à la connaissance de l'autorité qui a donné l'ordre de poursuite.

Il appartient au ministre chargé de la défense ou à l'autorité qui a donné l'ordre de poursuite ou revendiqué la procédure d'ordonner éventuellement la réouverture des poursuites sur charges nouvelles définies conformément à l'article 189 du Code de procédure pénale.

L'inculpé à l'égard duquel le juge d'instruction militaire a dit n'y avoir lieu à suivre ne peut être recherché à l'occasion du même fait, à moins qu'il ne survienne des charges nouvelles.

Art. 193. – Si le juge d'instruction militaire estime que le fait visé constitue une infraction de la compétence de la juridiction des forces armées, et si l'inculpation est suffisamment établie, il prononce, en toute matière, le renvoi de l'inculpé devant cette juridiction.

Si le fait constitue une contravention, le prévenu est mis en liberté.

Art. 194. – Les ordonnances rendues par le juge d'instruction militaire sont soumises aux prescriptions de l'article 184 du Code de procédure pénale.

Il est donné avis dans les vingt-quatre heures, par lettre missive ou par tout autre moyen, au conseil de l'inculpé de toute ordonnance juridictionnelle.

Dans le même délai les ordonnances dont l'inculpé peut interjeter appel aux termes de l'article 126 lui sont notifiées, à la requête du commissaire du Gouvernement, selon les formes prévues aux articles 276 et suivants.

§ 2. – De la détention provisoire et de la liberté

Art. 195. – En temps de guerre, les dispositions des articles 131 à 150 sont applicables, sous les réserves suivantes :

Les pouvoirs conférés au commissaire du Gouvernement et au président du tribunal en matière d'incarcération provisoire par les articles 131, 132 et 133, alinéa 1er, sont exercés respectivement par l'autorité qualifiée pour engager les poursuites et par le commissaire du Gouvernement ;

L'ordonnance de mise en liberté dont l'exécution est prévue par l'article 143 est portée à la connaissance de l'autorité militaire qui exerce les pouvoirs judiciaires.

§ 3. – De la chambre de contrôle de l'instruction

Art. 196. – En temps de guerre, les dispositions des articles 151 à 164 sont applicables, sous les réserves prévues par les articles 197 à 201.

Art. 197. – L'alinéa 3 de l'article 151 n'est pas applicable.

Art. 198. – Lorsque la chambre de contrôle de l'instruction intervient dans les cas prévus par les articles 115, 130, 140 et 157, les délais sont réduits de deux tiers sans pouvoir être inférieurs à cinq jours, sauf si la chambre de contrôle de l'instruction ordonne un supplément d'information ou des vérifications.

Art. 199. – Dans le cas, visé à l'article 160, de suppression de la juridiction compétente pour statuer sur la restitution, la juridiction appelée à statuer est désignée par le ministre chargé de la défense.

Art. 200. – Lorsque la chambre de contrôle de l'instruction a rendu, dans le cas visé à l'article 161, une décision de non-lieu, il appartient, le cas échéant, au ministre chargé de la défense ou à l'autorité qui a donné l'ordre de poursuite ou revendiqué la procédure, d'ordonner la réouverture des poursuites sur charges nouvelles dans les conditions prévues par les articles 184 et suivants.

Dès que la chambre de contrôle de l'instruction est saisie en application de l'article 100, alinéa 6, son président peut, jusqu'à réunion de cette chambre et sur les réquisitions du commissaire du Gouvernement, décerner mandat de dépôt ou d'arrêt, ou placer l'inculpé sous contrôle judiciaire dans les conditions prévues par l'article 137.

La chambre de contrôle de l'instruction procède à l'instruction préparatoire et statue sur toute demande de mise en liberté ainsi qu'il est dit au présent chapitre, et conformément aux dispositions relatives à l'instruction préparatoire.

Elle peut prendre toute décision sur les poursuites et ordonner le renvoi en toutes matières devant la juridiction des forces armées.

Dans la procédure suivie en vertu du présent article, les pouvoirs du commissaire du Gouvernement restent ceux prévus par l'article 105.

Art. 201. – Dans les cas prévus par les articles 156 à 161, s'il apparaît que l'inculpé ou tout autre justiciable de la juridiction des forces armées peut être poursuivi pour des faits autres que ceux visés dans l'ordre de poursuite, la dénonciation en est faite par la chambre de contrôle de l'instruction ainsi qu'il est dit à l'article 190.

TITRE II. – PROCÉDURE DEVANT LES JURIDICTIONS DE JUGEMENT

CHAPITRE I. – EN TEMPS DE PAIX ET HORS DU TERRITOIRE DE LA RÉPUBLIQUE

Art. 202 *(L. n. 99-929, 10 nov. 1999, art. 41).* – En temps de paix et hors du territoire de la République, les infractions mentionnées à l'article 59 sont jugées par le tribunal aux armées selon les règles de procédure prévues par le Code de procédure pénale, sous réserve des dispositions particulières édictées par les articles 698-1 à 698-9 du même code et de celles édictées par le présent chapitre.

Art. 203 *(L. n. 99-929, 10 nov. 1999, art. 41).* – Les jugements rendus par le tribunal aux armées peuvent être attaqués par la voie de l'appel dans les conditions prévues par le Code de procédure pénale.

Art. 204 *(L. n. 99-929, 10 nov. 1999, art. 41).* – Lorsque, postérieurement à une condamnation non définitive prononcée par défaut contre un insoumis ou un déserteur, le ministère public près la juridiction qui a statué ou, en cas de suppression de cette juridiction, le ministère public près la juridiction compétente acquiert la preuve que le condamné défaillant ne se trouvait pas en état d'insoumission ou de désertion, il saisit le tribunal aux fins d'annulation du jugement rendu par défaut. Le tribunal statue sur requête du ministère public.

Art. 205 *(L. n. 99-929, 10 nov. 1999, art. 42).* – Pour le jugement des crimes, le tribunal aux armées est composé d'un président et de six assesseurs. Les dispositions des deuxième à cinquième alinéas de l'article 698-6 du Code de procédure pénale sont applicables au tribunal ainsi composé. Toutefois, ces dispositions ne sont applicables, pour le jugement des crimes de droit commun commis dans l'exécution du service par les militaires, que s'il existe un risque de divulgation d'un secret de la défense nationale. L'arrêt de mise en accusation prononcé par la chambre de l'instruction du tribunal aux armées constate, s'il y a lieu, qu'il existe un risque de divulgation d'un secret de la défense et ordonne que le tribunal aux armées soit composé conformément aux dispositions du présent alinéa.

Pour le jugement des crimes de droit commun commis par des militaires dans l'exécution du service, lorsqu'il n'a pas été fait application des dispositions de l'alinéa précédent, le tribunal aux armées comprend le tribunal proprement dit et le jury. Le tribunal proprement dit est composé d'un président et de deux assesseurs. Le jury est composé conformément aux articles 254 à 258-1, 293 à 305-1 du Code de procédure pénale, sous réserve des dispositions prévues aux troisième à cinquième alinéas.

Trente jours au moins avant l'audience, le président du tribunal aux armées ou son délégué établit la liste du jury de la juridiction et la liste des jurés suppléants, en procédant comme il est dit à l'article 266 du Code de procédure pénale. Pour l'application de ces dispositions, il est fait usage de la liste annuelle établie pour la cour d'assises de Paris. Si, parmi les noms tirés au sort, figurent ceux d'une ou plusieurs personnes déjà inscrites sur les listes de session ou les listes des jurés suppléants établies précédemment pour la cour d'assises de Paris par tirage au sort sur la même liste annuelle, il procède comme il est dit au deuxième alinéa de l'article 266 du Code de procédure pénale.

Le préfet notifie à chacun des jurés et jurés suppléants, l'extrait de la liste le concernant dans les formes et délais prévus par l'article 267 du Code de procédure pénale.

À l'ouverture de l'audience, le tribunal procède à la révision de la liste du jury conformément aux dispositions des articles 288 à 292 du Code de procédure pénale.

Art. 206 à 210. – *Abrogés, L. n. 99-929, 10 nov. 1999, art. 43.*

CHAPITRE II. – EN TEMPS DE GUERRE

Art. 211. – Le commissaire du Gouvernement est chargé de poursuivre les prévenus traduits directement ou renvoyés devant la juridiction des forces armées.

Il notifie au prévenu et à la partie civile la décision de renvoi ou de traduction directe.

Compte tenu de la décision prise par le président du tribunal en application de l'article 217, il avise les juges composant le tribunal et, s'il y a lieu, les juges supplémentaires.

Il informe de la réunion du tribunal l'autorité militaire auprès de laquelle la juridiction des forces armées a été établie.

Art. 212. – Le président, si l'instruction lui semble incomplète ou si des éléments nouveaux ont été révélés depuis la clôture de l'instruction ou la traduction directe, peut ordonner tous actes d'instruction qu'il estime utiles.

Il est procédé conformément aux dispositions relatives à l'instruction préparatoire, soit par le président, soit par un magistrat assesseur ou le juge d'instruction militaire près le tribunal, qu'il délègue à cette fin.

Les procès-verbaux et les autres pièces ou documents réunis au cours du supplément d'instruction sont déposés au greffe et joints au dossier de la procédure.

Ils sont mis à la disposition du ministère public et du conseil du prévenu, qui sont avisés de leur dépôt par les soins du greffier.

Le commissaire du Gouvernement peut, à tout moment, requérir communication de la procédure, à charge de rendre les pièces dans les vingt-quatre heures.

Art. 213. – Lorsqu'à raison d'une même infraction plusieurs décisions de renvoi ou traductions directes ont été rendues contre différents prévenus, le président peut, soit d'office, soit sur réquisitions du ministère public ou requête de la défense, ordonner la jonction des procédures.

Cette jonction peut être également ordonnée quand plusieurs décisions de renvoi ou traductions directes ont été rendues contre un même prévenu pour des infractions différentes.

Art. 214. – La citation à comparaître est délivrée au prévenu dans les délais et formes prévus aux articles 276 à 285.

Les témoins et experts que le commissaire du Gouvernement se propose de faire entendre sont assignés conformément aux mêmes dispositions.

Hors du territoire de la République ou en temps de guerre, le prévenu a le droit, sans formalité ni citation préalable, de faire entendre à sa décharge tout témoin, en le désignant au commissaire du Gouvernement avant l'ouverture de l'audience, sous réserve de l'exercice du pouvoir discrétionnaire du président.

Art. 215. – Le prévenu peut communiquer librement avec son conseil. Celui-ci peut prendre communication sans déplacement ou obtenir copie à ses frais de tout ou partie de la procédure, sans que néanmoins la réunion du tribunal puisse en être retardée. Toutefois, il ne pourra être délivré copie des pièces présentant un caractère secret.

Art. 216. – Si elle ne l'a déjà fait pendant l'instruction préparatoire, la partie civile peut se constituer à l'audience dans les conditions prévues par les articles 418 et suivants du Code de procédure pénale. Dans ce cas, la partie civile est réputée avoir renoncé à se prévaloir d'une violation de ses droits tirée du défaut de communication de la procédure antérieure.

Art. 217. – Le tribunal se réunit au lieu, au jour et à l'heure fixés par l'ordonnance de convocation rendue par le président.

Les dispositions des articles 306 et 308 du Code de procédure pénale sont applicables.

Art. 218. – Lorsque le prévenu fait l'objet d'une traduction directe, la juridiction des forces armées peut lui accorder un délai de vingt-quatre heures pour lui permettre de préparer sa défense.

Art. 219 *(Applic. à compter du 1er mars 1994, L. n. 92-1336, 16 déc. 1992, art. 322 ; L. n. 93-913, 19 juill. 1993)*. – La juridiction des forces armées peut interdire en tout ou partie le compte rendu des débats de l'affaire. Cette interdiction est de droit si le huis clos a été ordonné. Elle ne peut s'appliquer au jugement sur le fond. Toute infraction à ces interdictions est punie d'un emprisonnement de trois mois et d'une amende de 60 000 F (9 000 €). La poursuite a lieu, conformément aux prescriptions des articles 42 à 44 et 49 de la loi du 29 juillet 1881, devant la juridiction des forces armées.

Art. 220. – Le président a la police de l'audience. Les assistants sont sans armes. Ils se tiennent découverts dans le respect et le silence. Lorsqu'ils donnent des signes d'approbation ou d'improbation, le président les fait expulser. S'ils résistent à ses ordres, quelle que soit leur qualité, le président ordonne leur arrestation et leur détention dans un des lieux énumérés à l'article 135 pendant un temps qui ne peut excéder vingt-quatre heures. Le procès-verbal fait mention de l'ordre du président. Sur la production de cet ordre, les perturbateurs sont incarcérés.

Si le trouble ou le tumulte à l'audience met obstacle au cours de la justice, les perturbateurs, quels qu'ils soient, sont sur-le-champ déclarés coupables de rébellion et punis de ce chef des peines prévues à l'article 445.

Toute personne qui, à l'audience, se rend coupable envers le tribunal ou envers l'un de ses membres de voies de fait, d'outrages ou de menaces par propos ou gestes est condamnée sur-le-champ aux peines prévues respectivement par les articles 450 et 453.

Art. 221. – Lorsque des crimes ou délits autres que ceux prévus aux alinéas 2 et 3 de l'article 220 sont commis dans le lieu des séances, le président dresse procès-verbal des faits et des dépositions des témoins et renvoie le ou les auteurs devant l'autorité judiciaire compétente.

Art. 222. – Le président fait amener le prévenu, lequel comparaît libre et seulement accompagné de gardes. Il est assisté de son défenseur. Si le défenseur choisi ou désigné ne se présente pas, le président en commet un d'office qui prend connaissance du dossier. Il est éventuellement fait application de l'article 323 du Code de procédure pénale.

Le président demande au prévenu ses nom, prénoms, profession, demeure, date et lieu de naissance. Si le prévenu refuse de répondre, il est passé outre.

Art. 223. – En matière de contravention, le prévenu régulièrement cité à personne doit comparaître. S'il ne comparaît pas et s'il ne fournit pas une excuse reconnue valable par la juridiction des forces armées devant laquelle il est appelé, il est procédé au jugement ; son défenseur, choisi ou désigné d'office, est entendu et le jugement est réputé contradictoire.

Art. 224. – Si le prévenu détenu refuse de comparaître, sommation d'obéir lui est faite par un agent de la force publique commis à cet effet par le président. L'agent dresse procès-verbal de la sommation, de la lecture du présent article et de la réponse du prévenu. Si celui-ci n'obtempère pas à la sommation, le président, après lecture faite à l'audience du procès-verbal constatant son refus, décide que, nonobstant son absence, il sera passé outre aux débats.

Art. 225. – Sans préjudice de l'application des dispositions de l'article 220, le président peut faire expulser de la salle d'audience et reconduire dans un des établissements prévus à l'article 135, ou garder par la force publique jusqu'à la fin des débats, à la disposition du tribunal, le prévenu qui, par ses clameurs ou par tout autre moyen propre à causer tumulte, met obstacle au cours de la justice. Il est ensuite procédé aux débats et au jugement comme si le prévenu était présent.

Art. 226. – Dans les cas prévus par les articles 224 et 225, il est dressé un procès-verbal des débats qui se sont déroulés hors la présence du prévenu. Après chaque audience, il est donné lecture par le greffier au prévenu du procès-verbal de ces débats et le prévenu reçoit notification des jugements qui sont réputés contradictoires. En lui notifiant le jugement sur le fond, le greffier avertit le prévenu du droit qu'il a de se pourvoir en cassation et en dresse procès-verbal, le tout à peine de nullité de la notification.

Art. 227. – Le président fait lire par le greffier l'ordonnance de convocation et la liste des témoins qui seront entendus à la requête, soit du commissaire du Gouvernement, soit du prévenu.

Cette liste ne peut contenir que les nom et prénoms des témoins notifiés par le commissaire du Gouvernement aux parties et par celles-ci entre elles et au commissaire du Gouvernement conformément aux articles 277 et 278, sans préjudice de la faculté accordée au président par l'article 232.

Le commissaire du Gouvernement et les parties peuvent s'opposer à l'audition d'un témoin dont les nom et prénoms ne leur auraient pas été notifiés ou qui n'auraient pas été clairement désignés dans la notification. Le tribunal statue sans désemparer sur cette opposition.

Le président ordonne aux témoins de se retirer dans le local qui leur est destiné. Les témoins n'en sortent que pour déposer. Le président prend, s'il en est besoin, toutes mesures utiles pour empêcher les témoins de conférer entre eux avant leur déposition.

Art. 228. – Le président ordonne au greffier de lire la décision ayant prononcé le renvoi du prévenu ou sa traduction directe devant le tribunal et les pièces dont il lui paraît nécessaire de donner connaissance au tribunal.

Il rappelle au prévenu l'infraction pour laquelle il est poursuivi et l'avertit que la loi lui donne le droit de dire tout ce qui est utile à sa défense. Le président ne doit pas manifester son opinion sur la culpabilité.

Art. 229. – Le président procède à l'interrogatoire du prévenu et reçoit les dépositions des témoins.

Les dispositions des articles 311 à 315 du Code de procédure pénale sont applicables.

Art. 230. – Dans le cas où un témoin ne comparaît pas, refuse de prêter serment ou de faire sa déposition, le tribunal peut :

Soit passer outre aux débats. Néanmoins, si ce témoin a déposé à l'instruction, lecture de sa déposition sera donnée par le greffier, si le commissaire du Gouvernement ou l'une des parties le demande ou si le président le décide en application de l'article 232 ;

Soit faire application des dispositions des alinéas 1 et 2 de l'article 326 du Code de procédure pénale.

Dans tous les cas, le témoin qui ne comparaît pas ou qui refuse de prêter serment ou de faire sa déposition peut, sur réquisitions du commissaire du Gouvernement, être condamné par le tribunal à la peine portée à l'article 109 du Code de procédure pénale.

En cas de condamnation pour non-comparution, le témoin peut faire opposition dans les deux jours de la notification de la décision à sa personne ou à son corps en cas d'absence irrégulière ou au parquet après recherches infructueuses. La juridiction compétente pour connaître de cette opposition est la juridiction des forces armées qui a rendu le jugement ou, en cas de suppression de celle-ci, celle visée aux articles 27 ou 51. La décision statuant sur l'opposition ou prononçant une condamnation pour refus de prêter serment ou de déposer ne peut faire l'objet que d'un pourvoi en cassation.

Art. 231. – Quelle que soit la nature de l'infraction déférée devant la juridiction des forces armées, il est fait application des dispositions des articles 331 à 342, 344 et 345 du Code de procédure pénale. Sont également applicables les dispositions des articles 168 à 169-1 du Code de procédure pénale sur l'expertise.

Art. 232. – Le président est investi d'un pouvoir discrétionnaire pour la direction des débats et la découverte de la vérité, conformément à l'article 309 du Code de procédure pénale.

Il peut, au cours des débats, faire apporter toute pièce ou prendre toute mesure qui lui paraît utile à la manifestation de la vérité et appeler, au besoin par mandats de comparution ou d'amener, toute personne dont l'audition lui paraît nécessaire.

Si le commissaire du Gouvernement ou les parties demandent au cours des débats l'audition de nouveaux témoins, le président décide si ces témoins peuvent être entendus. Les témoins ainsi appelés ne prêtent pas serment et leurs déclarations ne sont considérées que comme renseignements.

Art. 233. – Si les débats ne peuvent être terminés au cours de la même audience, le président en ordonne la reprise au jour et à l'heure qu'il fixe. Il en est de même pour les affaires inscrites au rôle et qui n'ont pu être appelées au jour prévu.

Il invite les membres du tribunal, éventuellement les assesseurs et juges militaires supplémentaires, le commissaire du Gouvernement, le greffier, l'interprète éventuel et les conseils des parties à se réunir.

Il requiert le prévenu, la partie civile, les témoins non entendus ou ceux qui ont été invités à rester à la disposition du tribunal, de comparaître aux jour et heure fixés sans autre citation.

Au cas où un témoin ne comparaît pas aux jour et heure fixés, le tribunal fait application des dispositions de l'article 230.

Art. 234. – L'examen de la cause et les débats ne peuvent être interrompus. Le président ne peut les suspendre que pendant les intervalles indispensables au repos des membres du tribunal, des témoins, des prévenus et des conseils des parties et pour permettre au commissaire du Gouvernement et aux conseils des parties de procéder à toutes mises au point que la durée des débats et le nombre des témoins rendent nécessaires.

En tout état de cause, le tribunal peut ordonner, d'office ou à la requête du commissaire du Gouvernement, le renvoi de l'affaire à une audience ultérieure.

Le tribunal peut également, dans les mêmes conditions ou sur requête du prévenu ou des conseils des parties, ordonner, lorsqu'un fait important reste à éclaircir, un supplément d'information, auquel il est procédé conformément aux dispositions de l'article 212.

Art. 235. – Quel que soit le mode de sa saisine, il appartient à la juridiction de renvoi ou à celle devant laquelle le prévenu est traduit directement d'apprécier sa compétence, d'office ou sur déclinatoire, sous les réserves du troisième alinéa de l'article 270.

Si le commissaire du Gouvernement ou les parties entendent faire valoir des exceptions concernant la régularité de la saisine du tribunal ou des nullités de la procédure antérieure à la comparution, ils doivent, chacun, à peine d'irrecevabilité et avant les débats sur le fond, déposer un mémoire unique. Le tribunal statue par un seul jugement motivé.

Art. 236. – Les exceptions et incidents concernant la procédure au cours des débats font l'objet, sauf décision contraire du président, d'un seul jugement motivé, rendu avant la clôture des débats.

Dans tous les cas où la solution d'une exception ou d'un incident relève de la compétence du président, celui-ci peut, s'il le juge opportun, en saisir le tribunal, qui statue par jugement motivé.

Art. 237. – Les jugements prévus aux articles 235 et 236 ne peuvent être attaqués par la voie du recours en cassation qu'en même temps que le jugement sur le fond.

Toute déclaration faite au greffe, relative à une voie de recours dirigée contre ces jugements, est jointe à la procédure, sans examen par le tribunal.

Art. 238. – Une fois l'instruction à l'audience terminée, le conseil de la partie civile, s'il en existe, présente ses conclusions, le commissaire du Gouvernement prend ses réquisitions, le conseil du prévenu et le prévenu lui-même sont entendus dans leur défense. Le conseil de la partie civile et le commissaire du Gouvernement répliquent, s'ils le jugent convenable, mais le prévenu et son défenseur ont toujours la parole les derniers. Le président demande au prévenu s'il n'a rien à ajouter à sa défense et, sans résumer les moyens de l'accusation, de la partie civile et de la défense, déclare les débats clos.

Art. 239. – Après avoir déclaré les débats clos, le président donne lecture des questions auxquelles le tribunal doit répondre.

Cette lecture n'est pas obligatoire quand les questions sont posées dans les termes de la décision de renvoi ou de la traduction directe ou si le prévenu ou son défenseur y renonce.

Art. 240. – Chaque question est posée ainsi qu'il suit : « Le prévenu est-il coupable d'avoir commis tel fait ? »

Une question est posée sur chaque fait spécifié dans le dispositif de la décision de renvoi ou de traduction directe.

Chaque circonstance aggravante fait l'objet d'une question distincte.

Il en est de même, s'il y a lieu, de chaque excuse invoquée.

Si le prévenu avait moins de dix-huit ans au temps de l'action, le président pose la question suivante : « Y a-t-il lieu d'appliquer au prévenu une condamnation pénale ? » En outre, si le prévenu est âgé de plus de seize ans et de moins de dix-huit ans, le président pose la question suivante : « Y a-t-il lieu d'exclure le prévenu du bénéfice de l'excuse atténuante de minorité ? »

Art. 241. – Le président peut aussi poser d'office des questions subsidiaires, s'il résulte des débats que le fait principal peut être considéré comme un fait puni d'une autre peine.

De même, s'il résulte des débats une ou plusieurs circonstances aggravantes, non mentionnées dans la décision de renvoi ou de traduction directe, le président peut poser plusieurs questions spéciales.

Dans ces différents cas, le président doit faire connaître ses intentions en séance publique avant la clôture des débats, afin de mettre le commissaire du Gouvernement, les parties et leurs conseils à même de présenter, en temps utile, leurs observations.

Art. 242. – S'il s'élève un incident contentieux portant sur l'application des articles 239 à 241, le tribunal statue par un jugement motivé, qui ne peut être attaqué que dans les conditions prévues à l'article 237.

Art. 243. – Après avoir déclaré l'audience suspendue, le président fait retirer le prévenu de la salle d'audience. Les membres du tribunal se rendent dans la salle des délibérations ou si la disposition des locaux ne le permet pas, le président fait sortir l'auditoire.

Les membres du tribunal ne peuvent plus communiquer avec personne ni se séparer avant que le jugement n'ait été rendu.

Ils délibèrent et votent hors la présence du commissaire du Gouvernement, des parties et de leur conseil et du greffier.

Ils ne peuvent prendre connaissance d'aucune pièce qui, au cours de la procédure antérieure à l'audience ou devant la juridiction du jugement, n'aurait été mise à la disposition des conseils des parties ou communiquée au commissaire du Gouvernement.

Art. 244. – Le tribunal délibère, puis vote pour chaque prévenu sur le fait principal et, s'il y a lieu, sur chacune des circonstances aggravantes, sur les questions subsidiaires, sur chacun des faits d'excuse légale, et, dans tous les cas où la culpabilité a été reconnue, sur les circonstances atténuantes. Il délibère et vote ensuite sur l'application de la peine séparément pour chaque prévenu.

Art. 245. – Le tribunal vote par scrutins secrets, distincts et successifs au moyen de bulletins écrits. Chaque membre du tribunal exprime son opinion en déposant dans l'urne un bulletin fermé, marqué du timbre de la juridiction des forces armées, sur lequel il porte l'un des mots « oui » ou « non ».

Art. 246. – En cas de réponse affirmative sur la culpabilité et après avoir voté sur l'existence de circonstances atténuantes, le tribunal vote, sans désemparer, au scrutin secret et séparément pour chaque prévenu, sur l'application de la peine.

Si, après deux tours de scrutin, aucune peine n'a réuni la majorité des suffrages, il est procédé à un troisième tour au cours duquel la peine la plus forte proposée au tour précédent est écartée. Si, à ce troisième tour, aucune peine n'a encore obtenu la majorité des votes, il est procédé à un quatrième tour, au cours duquel la peine la plus forte proposée au tour précédent est écartée et ainsi de suite, en continuant à écarter la peine la plus forte, jusqu'à ce qu'une peine soit prononcée à la majorité des votants.

Art. 247 *(Applic. à compter du 1er mars 1994, L. n. 92-1336, 16 déc. 1992, art. 176 ; L. n. 93-913, 19 juill. 1993)*. – Lorsque le tribunal prononce une peine correctionnelle, il peut ordonner qu'il soit sursis à l'exécution de la peine avec ou sans mise à l'épreuve. Il peut faire application des dispositions des articles 132-58 à 132-70 du Code pénal. Le tribunal statue également sur les peines accessoires et complémentaires.

Art. 248. – Toutes les décisions sont prises à la majorité des voix.

Le jugement constate cette majorité sans que le nombre de voix puisse être exprimé, le tout à peine de nullité.

Art. 249. – En cas de conviction de plusieurs crimes ou délits, la peine la plus forte est seule prononcée.

Lorsqu'une peine principale fait l'objet d'une remise gracieuse, il a lieu de tenir compte, pour l'application de la confusion des peines, de la peine résultant de la commutation et non de la peine initialement prononcée.

Art. 250. – Le tribunal statue, s'il y a lieu, sur l'action civile et peut ordonner le versement, en tout ou partie, des dommages-intérêts alloués. Il a aussi la faculté, s'il ne peut se prononcer en l'état sur la demande, d'accorder à la partie civile une provision nonobstant opposition ou pourvoi. La partie civile qui succombe est tenue des frais comme il est dit à l'article 475 du Code de procédure pénale.

Art. 251. – À l'issue de son délibéré, le tribunal rentre dans la salle d'audience. S'il a été procédé à l'évacuation de l'auditoire, les portes sont à nouveau ouvertes.

Le président fait comparaître le prévenu et, devant la garde rassemblée sous les armes, donne lecture des réponses faites aux questions, prononce le jugement portant condamnation, absolution ou acquittement et précise les articles des codes et lois pénales dont il est fait application.

En cas de condamnation, le jugement énonce la peine principale et, s'il y a lieu, les peines accessoires et complémentaires.

En cas d'acquittement ou d'absolution, et sous les réserves de l'article 256, le prévenu est remis en liberté immédiatement s'il n'est pas retenu pour autre cause.

Art. 252. – En cas de condamnation ou d'absolution du prévenu, le jugement condamne ce dernier aux frais envers l'État, conformément aux dispositions de l'article 336 du Code de procédure pénale, et se prononce sur la contrainte par corps dans les conditions prévues aux articles 749 à 762 du Code de procédure pénale.

Il est fait application à la partie civile, le cas échéant, des dispositions de l'article 366, alinéa 5, du Code de procédure pénale.

Le jugement ordonne, en outre, dans les cas prévus par la loi et dans les conditions prévues par l'article 373 du Code de procédure pénale, ou par les articles 478 et suivants du même code, selon le cas, la confiscation des objets saisis et la restitution soit au profit de l'État, soit au profit des propriétaires de tous objets saisis ou produits au procès comme pièces à conviction.

Si la restitution des objets placés sous main de justice n'a pas été ordonnée dans le jugement, elle pourra être demandée par requête à la juridiction qui a statué sur les poursuites. En cas de suppression de celle-ci, la juridiction compétente est celle visée aux articles 27 ou 51.

Art. 253. – Si le prévenu en liberté est condamné à l'emprisonnement sans sursis ou à une peine plus grave, le tribunal peut décerner un mandat de dépôt ou d'arrêt contre le prévenu.

Art. 254. – Après avoir prononcé le jugement de condamnation, le président avertit le condamné qu'il a le droit de se pourvoir en cassation et précise le délai du pourvoi.

Lorsque le bénéfice du sursis a été accordé, le président avertit le condamné que, s'il commet une nouvelle infraction, il pourra faire l'objet, sous réserve des dispositions de l'article 370, d'une condamnation qui sera susceptible d'entraîner l'exécution de la première peine sans confusion avec la seconde et, sous réserve des dispositions de l'article 371 du présent code et des articles 474 et 475 du Code pénal, des peines de la récidive susceptibles d'être encourues dans les termes des articles 57 et 58 du Code pénal.

Art. 255. – Aucune personne acquittée légalement ne peut plus être reprise ou inculpée à raison des mêmes faits, même sous une qualification différente.

Art. 256. – Lorsqu'il résulte des pièces produites ou des déclarations et dépositions faites au cours des débats, que le prévenu peut être poursuivi pour d'autres faits, le président en fait dresser procès-verbal. Le tribunal peut soit renvoyer l'affaire à une audience ultérieure, soit, après le prononcé du jugement, renvoyer d'office le justiciable et les pièces à l'autorité compétente, pour qu'il soit procédé, s'il y a lieu, à la délivrance d'un nouvel ordre de poursuite ou à la saisine de la juridiction compétente.

S'il y a acquittement ou absolution, le tribunal ordonne que le justiciable acquitté ou absous soit conduit par la force publique devant l'autorité militaire.

Art. 257. – Le jugement sur le fond n'est pas motivé.

Il contient les décisions motivées rendues sur les moyens d'incompétence et les incidents, ainsi que sur les conclusions de la partie civile relatives à sa demande d'indemnité.

Il énonce à peine de nullité :

1° Les nom et qualité des magistrats, les nom et grade ou rang des juges militaires et, s'il y a lieu, ceux des membres supplémentaires ;

2° Les nom, prénoms, âge, profession et domicile du prévenu et de la partie civile ;

3° Les crimes, délits ou contraventions pour lesquels le prévenu a été traduit ou renvoyé devant la juridiction des forces armées ;

4° Les noms des conseils des parties ;

5° Les prestations de serment des témoins et experts et, éventuellement, les raisons qui ont motivé la non-prestation de serment de l'un d'entre eux ;

6° La référence aux conclusions des parties et aux réquisitions du commissaire du Gouvernement ;

7° Les questions posées et les décisions rendues conformément aux articles 244 à 248 ;

8° La déclaration qu'il y a ou qu'il n'y a pas, à la majorité des voix, des circonstances atténuantes ;

9° Les peines prononcées avec indications qu'elles l'ont été à la majorité des voix et, le cas échéant, les autres mesures décidées par le tribunal ;

10° Les articles de loi appliqués, mais sans qu'il soit nécessaire de reproduire les textes eux-mêmes ;

11° Lorsque le sursis à l'exécution de la peine est accordé, la déclaration qu'il a été ordonné, à la majorité des voix, que le condamné bénéficiera des dispositions des articles 369 et suivants ;

12° La publicité des séances ou la décision qui a ordonné le huis clos ;

13° La publicité de la lecture du jugement faite par le président.

Il ne reproduit ni les réponses du prévenu, ni les dépositions des témoins, sans préjudice toutefois de l'application des dispositions de l'article 333 du Code de procédure pénale.

Art. 258. – La minute du jugement est signée du président et du greffier. Ceux-ci approuvent, le cas échéant, les ratures et renvois. Tous les jugements doivent porter mention de la présence constante aux débats du commissaire du Gouvernement et du greffier.

Art. 259. – Les minutes des jugements rendus par les juridictions des forces armées ne peuvent faire l'objet d'aucune communication. Toutefois, l'apport de ces minutes au greffe de la Cour de cassation peut être ordonné par le président de la chambre criminelle.

Il peut être délivré des expéditions ou extraits de jugement dans les conditions prévues par décret.

Art. 260. – Les jugements prononcés par les juridictions des forces armées, sauf ceux rendus dans les conditions prévues aux articles 286 et suivants, sont réputés contradictoires et ne peuvent être attaqués par la voie de l'opposition.

Art. 261. – Le prévenu qui comparaît ne peut plus déclarer faire défaut. Si, après avoir comparu, il refuse de comparaître ou ne comparaît plus, il est procédé aux débats ainsi qu'au jugement comme s'il était présent, sauf à observer, le cas échéant, les formalités prévues à l'article 226. Dans tous les cas, les débats et le jugement sont considérés comme contradictoires.

Art. 262. – Lorsque le tribunal n'a pas statué sur les frais de justice et les dépens, il peut être ultérieurement saisi par requête du commissaire du Gouvernement. En cas de suppression de la juridiction, la juridiction compétente est celle qui résulte de l'application des articles 27 ou 51.

TITRE III. – DES VOIES DE RECOURS EXTRAORDINAIRES

CHAPITRE I. – DU POURVOI EN CASSATION

Art. 263 *(L. n. 99-929, 10 nov. 1999, art. 44)*. – Les dispositions du Code de procédure pénale relatives au pourvoi en cassation sont applicables aux jugements rendus en dernier ressort par le tribunal aux armées.

Art. 264 à 271. – *Abrogés, L. n. 99-929, 10 nov. 1999, art. 45.*

CHAPITRE II. – DU POURVOI DANS L'INTÉRÊT DE LA LOI

Art. 272. – Les dispositions des articles 620 et 621 du Code de procédure pénale, relatives au pourvoi dans l'intérêt de la loi, sont applicables aux jugements des juridictions des forces armées.

CHAPITRE III. – DES DEMANDES EN RÉVISION

Art. 273 *(L. n. 99-929, 10 nov. 1999, art. 46)*. – Les dispositions du Code de procédure pénale relatives aux demandes en révision sont applicables aux jugements rendus par le tribunal aux armées.

Art. 274. – *Abrogé, L. n. 99-929, 10 nov. 1999, art. 47.*

Art. 275. – *Abrogé, L. n. 99-929, 10 nov. 1999, art. 47.*

TITRE IV. – DES CITATIONS ET NOTIFICATIONS

(L. n. 99-929, 10 nov. 1999, art. 48-I)

Art. 276 *(L. n. 99-929, 10 nov. 1999, art. 48-II)*. – Devant le tribunal aux armées, les citations aux prévenus, à la partie civile, et aux témoins et experts que le ministère public se propose de faire entendre, ainsi que les notifications des décisions des juridictions d'instruction ou de jugement et des arrêts de la Cour de cassation, sont faites, sans frais, soit par les greffiers et les huissiers appariteurs, soit par tous les agents de la force publique.

Art. 277 *(L. n. 99-929, 10 nov. 1999, art. 49)*. – Les dispositions du code de procédure pénale relatives aux citations et significations sont applicables, sous réserve des dispositions du présent titre.

Art. 278 à 282. – *Abrogés, L. n. 99-929, 10 nov. 1999, art. 50-I.*

Art. 283 *(L. n. 99-929, 10 nov. 1999, art. 50-III)*. – Si les citations et notifications ne peuvent être faites à personne, les règles ci-après sont appliquées.

S'il s'agit d'un militaire en état d'absence irrégulière, la citation ou notification est faite au corps ; la copie de l'acte est remise sous enveloppe fermée, ne portant d'autres indications que les nom, prénoms, grade et corps du destinataire de l'acte.

Quel que soit le destinataire d'un acte, s'il n'a pas de domicile connu, ou s'il a été recherché infructueusement, ou s'il réside à l'étranger, les citations et notifications sont faites au parquet près la juridiction des forces armées saisie.

Le procureur de la République près le tribunal aux armées vise l'original de l'acte et envoie, le cas échéant, la copie à toutes autorités qualifiées.

Art. 284 et 285. – *Abrogés, L. n. 99-929, 10 nov. 1999, art. 50-I.*

TITRE V. – DES PROCÉDURES PARTICULIÈRES ET DES PROCÉDURES D'EXÉCUTION

CHAPITRES I à IV

(Abrogés, L. n. 99-929, 10 nov. 1999, art. 51)

CHAPITRE V. – DES CRIMES ET DÉLITS CONTRE LES INTÉRÊTS FONDAMENTAUX DE LA NATION EN TEMPS DE GUERRE

Section I. – De la compétence

Art. 322 *(Applic. à compter du 1er mars 1994, L. n. 92-1336, 16 déc. 1992, art. 178 ; L. n. 93-913, 19 juill. 1993)*. – En temps de guerre, les crimes et délits contre les intérêts fondamentaux de la nation sont instruits et jugés par les juridictions des forces armées.

Toutefois, la juridiction normalement compétente reste saisie des procédures ouvertes antérieurement devant elle, tant qu'une revendication n'est pas formulée, par le ministre des Armées ou par le commissaire du Gouvernement conformément aux dispositions des articles 324 et 326.

Art. 323. – Les juridictions des forces armées peuvent également connaître, par la voie d'une revendication de compétence, des crimes et délits connexes à ceux prévus par l'article 322.

Art. 324. – Lorsqu'une revendication de compétence est exercée, la juridiction normalement compétente est dessaisie de plein droit, dès la notification faite par le commissaire du Gouvernement au ministère public près cette juridiction.

Les actes de poursuite et d'instruction ainsi que les formalités et décisions intervenus antérieurement demeurent valables et n'ont pas à être renouvelés ; les mandats d'arrêt ou de dépôt décernés conservent leur force exécutoire.

Art. 325. – Lorsque des procédures concernent des mineurs de dix-huit ans au temps de l'action, les articles 322 et 323 sont applicables :

– Sur le territoire de la République, si ces mineurs sont militaires ;

– Hors de ce territoire, s'ils sont membres des forces armées ou s'il n'existe aucune juridiction française des mineurs compétente ;

– Dans tous les cas : s'ils sont ressortissants d'un État ennemi ou occupé, ou s'ils sont coauteurs ou complices de personnes déférées aux juridictions des forces armées.

Art. 326. – Le ministre chargé de la défense et, sous son autorité, les commissaires du Gouvernement exercent l'action publique.

Toutefois, l'ouverture des poursuites ne peut être ordonneée que par le ministre chargé de la défense à l'encontre des justiciables énumérés à l'article 26 et des magistrats militaires et assimilés.

Le ministre chargé de la défense, et, sous son autorité, les commissaires du Gouvernement dirigent l'activité des officiers de police judiciaire des forces armées ainsi que des officiers et agents de la police judiciaire civile.

Pour l'accomplissement de leur mission, les commissaires du Gouvernement ont le droit de requérir directement la force publique.

Art. 327. – Les officiers de police judiciaire civile et les officiers de police judiciaire des forces armées informent le commissaire du Gouvernement des crimes et délits visés aux articles 322 et 323 dont ils ont connaissance.

Ils sont chargés de constater ces infractions, d'en rassembler les preuves et d'en rechercher les auteurs tant que des poursuites judiciaires n'ont pas été ordonnées. Ensuite, ils défèrent aux réquisitions du parquet militaire ou exécutent les délégations du juge d'instruction militaire.

Les procédures d'enquêtes préliminaires ou de flagrant délit sont adressées, en double exemplaire, au commissaire du Gouvernement ; les objets saisis sont mis à sa disposition.

Art. 328. – Les officiers de police judiciaire des forces armées et les officiers de police judiciaire civile se conforment, pour la garde à vue, aux règles et formalités suivantes.

Ils peuvent retenir à leur disposition pendant quarante-huit heures toute personne, militaire ou étrangère aux armées, si les nécessités de l'enquête l'exigent.

En outre, le commissaire du Gouvernement, dans le cadre d'une enquête préliminaire ou de flagrant délit, et le juge d'instruction militaire, pour l'exécution d'une commission rogatoire, peuvent, par une autorisation écrite, prolonger de cinq jours le premier délai. Deux prolongations successives de quatre jours, accordées dans les mêmes conditions, peuvent porter à quinze jours la durée de la garde à vue.

Il appartient, s'ils l'estiment utile, au commissaire du Gouvernement ou au juge d'instruction militaire de se faire présenter, à tout moment, sur les lieux de la garde à vue, la personne qui s'y trouve retenue.

Toutefois, ils peuvent déléguer leurs pouvoirs de contrôle et de prolongation, respectivement, soit au procureur de la République ou au commissaire au Gouvernement, soit au juge d'instruction, civil ou militaire, dans le ressort duquel la garde à vue est exercée.

Les prolongations visées à l'alinéa 3 ne peuvent intervenir qu'après comparution de la personne gardée à vue devant le magistrat compétent ou le magistrat par lui délégué.

Au plus tard à l'expiration des délais accordés, les personnes contre lesquelles existent des indices graves et concordants de culpabilité doivent être mises en route pour être présentées, selon le cas, au commissaire du Gouvernement ou au juge d'instruction militaire compétent.

Il est fait mention dans la procédure, du jour et de l'heure à partir desquels la personne a été gardée à vue ainsi que du jour et de l'heure à partir desquels elle a été soit libérée, soit amenée devant le magistrat.

Art. 329. – Lorsque, après examen des résultats de l'enquête de police judiciaire, le commissaire du Gouvernement estime que la juridiction des forces armées est compétente, il apprécie s'il doit ouvrir les poursuites ou classer l'affaire.

Le cas échéant, il décerne un ordre d'incarcération provisoire en vertu duquel le prévenu peut être détenu pendant une durée de cinq jours.

Art. 330. – Lorsqu'il décide d'engager les poursuites, le commissaire du Gouvernement peut :

Soit saisir le juge d'instruction militaire par un réquisitoire introductif ;

Soit ordonner la traduction directe du prévenu devant le tribunal, sauf si l'infraction est passible d'une peine supérieure à vingt ans de réclusion ou de détention criminelle.

Lorsque la procédure concerne un mineur de dix-huit ans, le commissaire du Gouvernement est tenu de requérir l'ouverture d'une instruction préparatoire.

Lorsqu'une revendication a été exercée conformément aux articles 322 alinéa 2, et 323, si une décision de renvoi a déjà été prise, les prévenus sont, dans tous les cas, déférés de plein droit à la juridiction de jugement des forces armées.

Art. 331. – L'instruction préparatoire est conduite selon les règles fixées pour le temps de guerre par les articles 187 à 201 relatifs aux juridictions d'instruction.

Art. 332. – Le juge d'instruction militaire ne peut ouvrir l'instruction préparatoire qu'après avoir été saisi par réquisitoire introductif du commissaire du Gouvernement.

Art. 333. – Lors de la première comparution, le juge d'instruction militaire invite l'inculpé à lui faire connaître dans un délai de quatre jours le nom de son conseil. Mention de cette formalité est faite au procès-verbal.

En l'absence d'un choix, il lui est désigné un conseil ou défenseur d'office par le bâtonnier ou, à défaut, par le président de la juridiction des forces armées ou le juge d'instruction militaire.

Les dispositions du présent article sont prescrites à peine de nullité.

Art. 334. – Le juge d'instruction militaire peut, à l'effet de procéder à tous actes d'instruction, se transporter avec son greffier, sur tout le territoire de la République, et hors de ce territoire, dans la zone de stationnement ou d'opérations des forces armées.

Le juge d'instruction militaire peut donner commission rogatoire à tous magistrats et officiers de police judiciaire, afin de leur faire exécuter tous les actes d'instruction nécessaires sur tout le territoire de la République ou, hors de ce territoire, dans la zone de stationnement ou d'opérations des forces armées.

Il peut procéder ou faire procéder, même de nuit et en tous lieux, à des perquisitions ou saisies.

Art. 335. – Une personne déjà inculpée peut être entendue par le juge d'instruction militaire, dans une procédure distincte concernant les mêmes faits ou des faits connexes.

L'audition a lieu sans serment, le conseil de cet inculpé, ayant été régulièrement convoqué.

Art. 336. – L'enquête sur la personnalité de l'inculpé, ainsi que sur sa situation matérielle, familiale et sociale, est facultative.

Art. 337. – La dénonciation des faits non compris dans le réquisitoire introductif, mais constituant des infractions visées aux articles 322 et 323, est faite par le juge d'instruction militaire au commissaire du Gouvernement, qui apprécie s'il y a lieu à poursuites ou à transmission de la procédure à l'autorité judiciaire compétente.

Art. 338. – Les irrégularités pouvant entraîner nullité, commises au cours, soit de la procédure d'instruction de droit commun, soit de la procédure d'instruction militaire, sont réglées conformément aux articles 116 à 119.

Art. 339. – Toutes les ordonnances du juge d'instruction militaire peuvent faire l'objet de la part du commissaire du Gouvernement d'un appel devant la chambre de contrôle de l'instruction.

Le même droit appartient à l'inculpé, mais uniquement en ce qui concerne les ordonnances rejetant une demande de mise en liberté.

Les décisions de la chambre de contrôle de l'instruction ne peuvent faire l'objet d'un pourvoi en cassation, mais pourront être examinées à l'occasion du pourvoi sur le fond ; toutefois, les décisions de non-lieu ou d'incompétence peuvent faire l'objet d'un pourvoi du commissaire du Gouvernement.

Art. 340. – Si le commissaire du Gouvernement décide de traduire directement devant le tribunal l'auteur d'une infraction dans les conditions prévues à l'article 330, il peut délivrer un ordre d'incarcération provisoire. La durée de la détention, en vertu de cet ordre d'incarcération provisoire, ne peut excéder cinq jours. Toutefois, si le commissaire du Gouvernement décide que la détention provisoire doit être maintenue au-delà, il prend une décision confirmant l'ordre d'incarcération ; dans ce cas, la détention ne peut excéder un délai de soixante jours à compter de la confirmation de l'ordre d'incarcération provisoire.

Art. 341. – Il est statué sur la détention provisoire du détenu dans les formes et délais prévus aux articles 131 et suivants.

Art. 342. – La juridiction de jugement procède et statue conformément aux dispositions des articles 211 à 262.

Art. 343. – Lorsqu'une revendication a été exercée postérieurement à une décision de renvoi, une copie de l'acte de revendication est jointe à la citation à comparaître. Mention de la remise de cet acte est faite dans le procès-verbal de notification.

Dans le cas de traduction directe, le président ou, sur sa délégation, le magistrat assesseur ou l'un des juges militaires, procède à l'interrogatoire du prévenu sur son identité et, si celui-ci n'a pas fait choix d'un défenseur, il lui en désigne un d'office.

Art. 344. – Les dispositions des articles 263 à 275 relatifs au pourvoi en cassation et aux demandes en révision, sont applicables.

Toutefois, les décisions du commissaire du Gouvernement concernant les poursuites et la détention préventive *(provisoire)* ne sont pas susceptibles de voie de recours.

CHAPITRE VI. – DE L'EXÉCUTION DES JUGEMENTS

Art. 345 *(L. n. 99-929, 10 nov. 1999, art. 52)*. – Les jugements rendus par le tribunal aux armées sont exécutés selon les règles du Code de procédure pénale, sous réserve des dispositions du présent chapitre.

Art. 346 à 348. – *Abrogés, L. n. 99-929, 10 nov. 1999, art. 53-I.*

Art. 349. – Lorsque le jugement concerne un militaire, dans les trois jours de la mise à exécution, le *(L. n. 99-929, 10 nov. 1999, art. 53-II)* procureur de la République est tenu d'adresser un extrait du jugement au chef de corps, de la formation ou du service auquel appartenait le condamné.

Si le condamné est membre de l'ordre de la légion d'honneur ou de celui du mérite ou est décoré de la Médaille militaire ou de toute autre décoration relevant de la grande chancellerie de la légion d'honneur, il est également adressé une expédition du jugement à celle-ci.

Art. 350 à 355. – *Abrogés, L. n. 99-929, 10 nov. 1999, art. 53-I.*

CHAPITRE VII. – DE L'EXÉCUTION DES PEINES

Art. 356. – Les peines privatives de liberté prononcées contre les justiciables des juridictions des forces armées sont subies conformément aux dispositions du droit commun, sous réserve des dispositions des articles 135 et 357.

Art. 357. – Pour l'exécution des peines prononcées contre les militaires ou assimilés tant par *(L. n. 99-929, 10 nov. 1999, art. 53-III)* le tribunal aux armées que par les tribunaux de droit commun, est réputé détention provisoire le temps pendant lequel l'individu a été privé de sa liberté même par mesure disciplinaire, si celle-ci a été prise pour le même motif.

CHAPITRE VIII. – DE LA SUSPENSION DE L'EXÉCUTION DES JUGEMENTS

Art. 358. – En temps de guerre, à charge d'en aviser le ministre chargé de la défense, l'autorité militaire qui a donné l'ordre de poursuite ou revendiqué la procédure peut suspendre l'exécution de tout jugement portant condamnation ; elle possède ce droit pendant les trois mois qui suivent le jour où le jugement est devenu définitif.

Le ministre chargé de la défense dispose sans limitation de délai, du même pouvoir, qu'il peut exercer dès que le jugement devient définitif. En outre, il a seul qualité pour suspendre l'exécution des jugements de condamnation prononcés en vertu des articles 322 et suivants.

Art. 359. – Le jugement conserve son caractère définitif bien que la suspension ait été ordonnée. Sauf les exceptions prévues à l'article 377, la condamnation est inscrite au casier judiciaire, mais avec mention de la suspension accordée. La décision de suspension de l'exécution du jugement est inscrite en marge de la minute du jugement et doit figurer sur toute expédition ou extrait de jugement.

La suspension, qui peut s'étendre à tout ou partie des dispositions du jugement, prend effet à la date à laquelle elle intervient.

Seuls les déchéances et les frais de justice ne peuvent faire l'objet d'une mesure de suspension.

Art. 360. – Tout bénéficiaire d'une décision de suspension de l'exécution du jugement est réputé subir sa peine pendant tout le temps où il reste présent sous les drapeaux postérieurement à sa condamnation pour satisfaire à ses obligations militaires légales ou contractuelles dans l'armée active ou celles que lui impose son rappel par suite de la mobilisation.

Art. 361. – Seront considérées comme non avenues les condamnations pour infractions prévues par le présent code seul, pour lesquelles la suspension, même partielle, de l'exécution du jugement aura été accordée, si, pendant un délai qui courra de la date de la suspension et qui sera de cinq ans pour une condamnation à une peine correctionnelle et de dix ans pour une condamnation à une peine criminelle, le condamné n'a encouru aucune poursuite suivie de condamnation à l'emprisonnement ou à une peine plus grave.

Art. 362. – Les peines portées par les jugements dont l'exécution a été suspendue se prescrivent dans les délais prévus par les articles 763 et 764 du Code de procédure pénale à partir de la date de la suspension.

Art. 363. – Le droit de révoquer la décision qui a suspendu l'exécution de tout ou partie des dispositions d'un jugement appartient à l'autorité de qui elle émane ou, si cette autorité n'est plus représentée, au ministre chargé de la défense.

La peine prononcée contre le condamné est réputée définitivement exécutée et la suspension de l'exécution du jugement non susceptible de révocation si, après cette suspension, compte tenu éventuellement de la détention subie, ledit condamné a accompli une durée de service militaire au moins égale au temps de détention qui lui restait à accomplir.

En cas de révocation, le condamné doit subir intégralement la peine encourue.

La décision de révocation de la suspension de l'exécution du jugement est portée en marge de la minute du jugement et doit être mentionnée au casier judiciaire. Elle doit figurer sur tout extrait ou toute expédition de jugement.

CHAPITRE IX. – DE LA LIBÉRATION CONDITIONNELLE

Art. 364. – Quelle que soit la juridiction qui a prononcé la condamnation, les dispositions du Code de procédure pénale relatives à la libération conditionnelle sont applicables sous les réserves ci-après.

Art. 365. – *Abrogé, L. n. 99-929, 10 nov. 1999, art. 53-IV.*

Art. 366. – Dès que la libération conditionnelle est accordée à un condamné ayant conservé la qualité de militaire ou que cette mesure est accordée à un condamné sous réserve de son incorporation dans l'armée, l'intéressé est mis à la disposition effective de l'autorité militaire pour l'exécution de ses obligations militaires.

Tant que le bénéficiaire de la libération conditionnelle est lié au service, il est exclusivement soumis à la surveillance de l'autorité militaire.

Art. 367. – *Abrogé, L. n. 99-929, 10 nov. 1999, art. 53-IV.*

Art. 368. – Pour les condamnés qui atteignent la date de la libération de leur service militaire dans l'armée active, sans avoir été frappés de la révocation de leur libération conditionnelle, le temps passé par eux au service compte dans la durée de la peine encourue.

CHAPITRE X. – DU SURSIS ET DE LA RÉCIDIVE

Art. 369 *(Applic. à compter du 1er mars 1994, L. n. 92-1336, 16 déc. 1992, art. 179 ; L. n. 93-913, 19 juill. 1993).* – En cas de condamnation à l'emprisonnement ou à l'amende, la juridiction des forces armées peut décider qu'il sera sursis à l'exécution dans les conditions prévues aux articles 132-29 à 132-57 du Code pénal.

Il peut être fait application de ces dispositions à toute condamnation à l'emprisonnement pour crime ou délit de droit commun ou pour crime ou délit militaire, sous réserve, en ce qui concerne le sursis avec mise à l'épreuve, des dispositions suivantes :

– Le tribunal se prononce seulement sur le délai d'épreuve ;

– Le juge de l'application des peines sous le contrôle duquel le condamné est placé dans les conditions prévues par l'article 739 du Code de procédure pénale détermine les obligations particulières qui sont imposées au condamné.

Sont soumis à ces obligations particulières ainsi qu'aux mesures de contrôle prévues à l'article 132-44 du Code pénal, dès leur condamnation, les personnes étrangères aux armées et justiciables des juridictions militaires et, dès leur retour dans la vie civile, les militaires et assimilés visés aux articles 61 à 63 du présent code, lorsque le délai d'épreuve qui leur a été imparti par le tribunal n'est pas expiré.

Art. 370. – La condamnation pour un crime ou un délit militaire :

Ne fait pas perdre au condamné le bénéfice du sursis ou du sursis avec mise à l'épreuve qui lui a été antérieurement accordé pour une infraction de droit commun ;

Ne met pas obstacle à l'octroi ultérieur de sursis ou de sursis avec mise à l'épreuve pour une infraction de droit commun.

Art. 371 *(Applic. à compter du 1er mars 1994, L. n. 92-1336, 16 déc. 1992, art. 180 ; L. n. 93-913, 19 juill. 1993).* – Les condamnations prononcées pour crime ou délit militaire ne peuvent constituer le condamné en état de récidive.

Les juridictions des forces armées appliquent les dispositions des articles 132-8 à 132-15 du Code pénal pour le jugement des infractions de droit commun.

CHAPITRE XI. – DE LA RÉHABILITATION

Art. 372 *(Applic. à compter du 1er mars 1994, L. n. 92-1336, 16 déc. 1992, art. 181 ; L. n. 93-913, 19 juill. 1993).* – Les dispositions du Code pénal et du Code de procédure pénale relatives à la réhabilitation légale ou judiciaire sont applicables à ceux qui ont été condamnés par les juridictions des forces armées.

Mention de l'arrêt de la cour prononçant la réhabilitation est portée par le greffier de la juridiction des forces armées en marge du jugement de condamnation.

Art. 373. – En cas de réhabilitation, la perte de grade, des décorations françaises et des droits à pension pour services antérieurs, qui résultait de la condamnation, subsiste pour les militaires ou assimilés de tout grade, mais ceux-ci, s'ils sont réintégrés dans l'armée, peuvent acquérir de nouveaux grades, de nouvelles décorations et de nouveaux droits à pension.

CHAPITRE XII. – DE LA PRESCRIPTION DES PEINES

Art. 374 *(Applic. à compter du 1er mars 1994, L. n. 92-1336, 16 déc. 1992, art. 182 ; L. n. 93-913, 19 juill. 1993).* – Les peines prononcées par les juridictions des forces armées se prescrivent selon les distinctions prévues aux articles 133-2 à 133-6 du Code pénal, sous les réserves ci-après.

Art. 375. – La prescription des peines prononcées pour insoumission ou désertion ne commencera à courir qu'à partir du jour où l'insoumis ou le déserteur aura atteint l'âge de cinquante ans.

Toutefois, les peines ne se prescrivent pas lorsque la condamnation par défaut est prononcée pour les infractions visées aux articles 408, 409 et 410 ou lorsqu'un déserteur ou un insoumis s'est réfugié ou est resté à l'étranger en temps de guerre, pour se soustraire à ses obligations militaires.

CHAPITRE XIII. – DU CASIER JUDICIAIRE

Art. 376. – Les dispositions du Code de procédure pénale relatives au casier judiciaire et celles des lois instituant un casier spécial sont applicables aux condamnations prononcées par les juridictions des forces armées, sous les réserves ci-après.

Art. 377. – Les condamnations prononcées par application des articles 465, alinéa 1er, 468 alinéa 1er et 469 alinéas 1er et 2 ne sont pas inscrites au bulletin n. 3 du casier judiciaire.

Art. 378. – *Abrogé, L. n. 99-929, 10 nov. 1999, art. 53–IV.*

CHAPITRE XIV. – DES FRAIS DE JUSTICE ET DE LA CONTRAINTE PAR CORPS

Art. 379. – *Abrogé, L. n. 99-929, 10 nov. 1999, art. 53-IV.*

Art. 380. – Un décret pris sur le rapport du garde des sceaux, ministre de la Justice, du ministre chargé de la défense et du ministre des Finances détermine les frais qui doivent être compris sous la dénomination des frais de justice devant toutes les juridictions des forces armées, y compris les tribunaux prévôtaux. Il règle d'une manière générale tout ce qui touche aux frais de justice, notamment les tarifs, les modalités de paiement et de recouvrement et les voies de recours.

Art. 381. – La contrainte par corps est exercée et exécutée dans les conditions prévues aux articles 749 à 762 du Code de procédure pénale.

CHAPITRE XV. – DES DEMANDES PRÉSENTÉES EN VUE D'ÊTRE RELEVÉ DES INTERDICTIONS, DÉCHÉANCES OU INCAPACITÉS

Art. 382. – *Abrogé, L. n. 99-929, 10 nov. 1999, art. 53-IV.*

LIVRE TROISIÈME. – DES PEINES APPLICABLES PAR LES JURIDICTIONS DES FORCES ARMÉES ET DES INFRACTIONS D'ORDRE MILITAIRE

TITRE PREMIER. – DES PEINES APPLICABLES PAR LES JURIDICTIONS DES FORCES ARMÉES

Art. 383. – Sans préjudice de la répression pénale des faits qui constituent des crimes ou délits de droit commun, et notamment de ceux qui sont contraires aux lois et coutumes de la guerre et aux conventions internationales, sont punies conformément aux dispositions du présent livre les infractions d'ordre militaire ci-après.

Art. 384 *(Applic. à compter du 1er mars 1994, L. n. 92-1336, 16 déc. 1992, art. 183 ; L. n. 93-913, 19 juill. 1993).* – Sous réserve des dispositions du présent code ou des lois spéciales, les juridictions des forces armées prononcent les mêmes peines que les juridictions de droit commun.

Ces peines sont appliquées selon les principes généraux et les règles de droit commun. Toutefois, par dérogation aux dispositions de l'article 132-25 du Code pénal, l'application aux militaires ou assimilés en activité de services visés aux articles 61 à 63 du présent code du régime de semi-liberté ne pourra être décidée par les juridictions des forces armées.
(Al. ab., L. n. 99-929, 10 nov. 1999, art. 53-IV).

Art. 385. – Les juridictions des forces armées peuvent également prononcer les peines militaires de la destitution et de la perte du grade.

Art. 386. – La destitution entraîne la perte du grade et du droit d'en porter les insignes et l'uniforme.
Elle a, en ce qui concerne le droit à l'obtention et à la jouissance d'une pension, les effets prévus par la législation des pensions.
Elle est applicable aux officiers ainsi qu'aux sous-officiers de carrière dans tous les cas où elle est prévue pour les officiers.

Art. 387. – *Abrogé, L. n. 99-929, 10 nov. 1999, art. 53-IV.*

Art. 388. – La peine de la perte du grade entraîne les mêmes effets que la destitution, mais sans modifier les droits à pension et à récompense pour services antérieurs.
Elle est applicable aux officiers et, dans tous les cas où elle est prévue pour ceux-ci, aux sous-officiers de carrière et aux sous-officiers servant sous contrat.

Art. 389 *(Applic. à compter du 1er mars 1994, L. n. 92-1336, 16 déc. 1992, art. 184 ; L. n. 93-913, 19 juill. 1993).* – Toute condamnation, même si elle n'a pas entraîné la dégradation civique ou la destitution prononcée par quelque juridiction que ce soit, contre un officier, un sous-officier de carrière ou un sous-officier servant sous contrat, entraîne de plein droit la perte du grade, si elle est prononcée pour crime.
Toute condamnation à une peine égale ou supérieure à trois mois d'emprisonnement, avec ou sans sursis, prononcée contre un officier, un sous-officier de carrière ou un sous-officier servant sous contrat emporte la perte du grade, si elle est prononcée pour l'un des délits suivants :
1° Délits de vol, extorsion, escroquerie, abus de confiance et recel réprimés par le livre troisième du Code pénal ;
2° Délits prévus par les articles 413-3, 432-11, 433-1 et 433-2 du Code pénal ;
3° Délits de banqueroute et délits assimilés à la banqueroute.
Il en est de même si la peine prononcée, même inférieure à trois mois d'emprisonnement, s'accompagne, soit d'une interdiction de séjour, soit d'une interdiction de tout ou partie des droits civiques, civils et de famille, ou si le jugement déclare que le condamné est incapable d'exercer aucune fonction publique.

Art. 390. – Toute condamnation de même nature ou degré prononcée dans les conditions spécifiées à l'article 389 entraîne de plein droit la perte du grade pour tous les militaires autres que ceux désignés audit article et la révocation, s'ils sont commissionnés.

Art. 391. – Quand la peine prévue est la destitution, et si les circonstances atténuantes ont été déclarées, le tribunal applique la peine de la perte du grade.

Art. 392 *(Applic. à compter du 1er mars 1994, L. n. 92-1336, 16 déc. 1992, art. 322 ; L. n. 93-913, 19 juill. 1993).* – Pour les prisonniers de guerre et les personnes étrangères aux armées, la destitution et la perte du grade, prévues à titre principal, sont remplacées par un emprisonnement de cinq ans.

Art. 393 *(Applic. à compter du 1er mars 1994, L. n. 92-1336, 16 déc. 1992, art. 322 ; L. n. 93-913, 19 juill. 1993).* – Lorsque la peine d'amende est prononcée pour une infraction de droit commun contre des militaires ou assimilés n'ayant pas rang d'officier, le tribunal peut décider, par une disposition spéciale, de substituer à cette peine un emprisonnement de six mois pour un délit et de quinze jours pour une contravention, le condamné conservant la faculté de payer l'amende au lieu de subir l'emprisonnement.
La peine ainsi infligée conserve le caractère d'une amende, mais elle ne se confond pas avec les autres peines prononcées. Elle est subie indépendamment de celles-ci.

Art. 394. – *Abrogé, L. n. 99-929, 10 nov. 1999, art. 53-IV.*

Art. 395. – Les infractions aux règlements relatifs à la discipline sont laissées à la répression de l'autorité militaire et punies de peines disciplinaires qui, lorsqu'elles sont privatives de liberté, ne peuvent excéder soixante jours.

L'échelle des peines disciplinaires est fixée par décret.

Art. 396 *(Applic. à compter du 1er mars 1994, L. n. 92-1336, 16 déc. 1992, art. 185 ; L. n. 93-913, 19 juill. 1993).* – Les lois, décrets ou règlements émanant de l'autorité ennemie, les ordres ou autorisations donnés par cette autorité ou par les autorités qui en dépendent ou en ont dépendu ne peuvent être invoqués comme cause d'irresponsabilité au sens de l'article 122-4 du Code pénal, mais seulement, s'il y a lieu, comme circonstances atténuantes ou comme excuses absolutoires.

TITRE II. – DES INFRACTIONS D'ORDRE MILITAIRE

CHAPITRE I. – DES INFRACTIONS TENDANT À SOUSTRAIRE LEUR AUTEUR À SES OBLIGATIONS MILITAIRES

Section I. – De l'insoumission

Art. 397 *(Applic. à compter du 1er mars 1994, L. n. 92-1336, 16 déc. 1992, art. 186 et 322 ; L. n. 93-913, 19 juill. 1993).* – Tout individu coupable d'insoumission aux termes des lois sur le recrutement des armées de terre, de mer et de l'air est puni, en temps de paix, d'un emprisonnement de un an.

En temps de guerre, la peine est de dix ans d'emprisonnement. Le coupable peut, en outre, être frappé, pour cinq ans au moins et pour vingt ans au plus, de l'interdiction totale ou partielle de l'exercice des droits mentionnés à l'article 131-26 du Code pénal.

En temps de guerre, si le coupable est officier, la destitution peut, en outre, être prononcée.

Le tout sans préjudice des dispositions édictées par les lois sur le recrutement des armées.

Section II. – De la désertion

§ 1. – De la désertion à l'intérieur

Art. 398. – Est considéré comme déserteur à l'intérieur en temps de paix :

1° Six jours après celui de l'absence constatée, tout militaire qui s'absente sans autorisation de son corps ou détachement, de sa base ou formation, de son bâtiment ou d'un hôpital militaire ou civil, où il était en traitement, ou qui s'évade d'un établissement pénitentiaire, où il était détenu provisoirement ;

2° Tout militaire voyageant isolément, dont la mission, le congé ou la permission est expiré et qui, dans les quinze jours suivant celui fixé pour son arrivée ou son retour, ne s'est pas présenté à un corps ou détachement, à sa base ou formation ou à son bâtiment ;

3° Tout militaire qui, sur le territoire de la République, se trouve absent sans permission au moment du départ pour une destination hors de ce territoire, du bâtiment ou de l'aéronef militaire auquel il appartient ou à bord duquel il est embarqué, encore qu'il se soit présenté à l'autorité avant l'expiration des délais ci-dessus fixés.

Toutefois, dans les cas prévus aux 1° et 2°, le militaire qui n'a pas trois mois de service ne peut être considéré comme déserteur qu'après un mois d'absence.

En temps de guerre, tous les délais impartis par le présent article sont réduits des deux tiers.

Art. 399 *(Applic. à compter du 1er mars 1994, L. n. 92-1336, 16 déc. 1992, art. 322 ; L. n. 93-913, 19 juill. 1993).* – Tout militaire coupable de désertion à l'intérieur en temps de paix est puni de trois ans d'emprisonnement.

Si la désertion a eu lieu en temps de guerre ou sur un territoire sur lequel l'état de siège ou l'état d'urgence aura été proclamé, la peine peut être portée à dix ans d'emprisonnement.

Dans tous les cas, si le coupable est officier, la destitution peut, en outre, être prononcée.

Art. 400 *(Applic. à compter du 1er mars 1994, L. n. 92-1336, 16 déc. 1992, art. 322 ; L. n. 93-913, 19 juill. 1993).* – Est réputée désertion avec complot toute désertion effectuée de concert par plus de deux individus.

La désertion avec complot à l'intérieur est punie :

a) En temps de paix, d'un emprisonnement de cinq ans. Si le coupable est officier, la destitution peut, en outre, être prononcée ;

b) En temps de guerre, de dix ans d'emprisonnement.

§ 2. – De la désertion à l'étranger

Art. 401. – Est déclaré déserteur à l'étranger en temps de paix, trois jours après celui de l'absence constatée, tout militaire qui franchit sans autorisation les limites du territoire de la République ou qui, hors de ce territoire, abandonne le corps ou détachement, la base ou formation à laquelle il appartient, ou le bâtiment ou l'aéronef à bord duquel il est embarqué.

Art. 402. – Est déclaré déserteur à l'étranger en temps de paix, tout militaire qui, hors du territoire de la République, à l'expiration du délai de six jours après celui fixé pour son retour de permission, de congé, de mission ou de déplacement, ne se présente pas au corps ou détachement, à la base ou formation à laquelle il appartient, ou au bâtiment ou à l'aéronef à bord duquel il est embarqué.

Art. 403. – Est déclaré déserteur à l'étranger, tout militaire qui, hors du territoire de la République, se trouve absent sans permission, au moment du départ du bâtiment ou de l'aéronef militaire à bord duquel il est embarqué, encore qu'il se soit présenté à l'autorité avant l'expiration du délai fixé à l'article 401.

Art. 404. – En temps de paix, dans les cas visés aux articles 401 et 402, le militaire qui n'a pas trois mois de service ne peut être considéré comme déserteur qu'après quinze jours d'absence.

En temps de guerre, les délais prévus aux articles 401 et 402 ainsi qu'à l'alinéa précédent sont réduits respectivement à un jour, deux jours et cinq jours.

Art. 405 *(Applic. à compter du 1er mars 1994, L. n. 92-1336, 16 déc. 1992, art. 322 ; L. n. 93-913, 19 juill. 1993).* – Tout militaire coupable de désertion à l'étranger en temps de paix est puni de cinq ans d'emprisonnement.

Si le coupable est officier, il est puni de la peine d'emprisonnement de dix ans.

Art. 406. – La peine d'emprisonnement encourue peut être portée à dix ans contre tout militaire qui a déserté à l'étranger dans l'une des circonstances suivantes :

1° Si le coupable a emporté une arme ou du matériel de l'État ;

2° S'il a déserté étant de service ;

3° S'il a déserté avec complot.

Si le coupable est officier, il est puni de dix ans d'emprisonnement.

Art. 407 *(Applic. à compter du 1er mars 1994, L. n. 92-1336, 16 déc. 1992, art. 322 ; L. n. 93-913, 19 juill. 1993).* – Si la désertion à l'étranger a lieu en temps de guerre ou sur un territoire sur lequel l'état de siège ou l'état d'urgence a été proclamé, la peine est celle d'emprisonnement de dix ans.

La peine est celle de la réclusion criminelle à temps de vingt ans si la désertion à l'étranger a lieu avec complot en temps de guerre.

Dans les cas prévus aux alinéas 1 et 2 ci-dessus, si le coupable est un officier, le maximum de la peine est prononcé.

§ 3. – De la désertion à bande armée

Art. 408 *(Applic. à compter du 1er mars 1994, L. n. 92-1336, 16 déc. 1992, art. 322 ; L. n. 93-913, 19 juill. 1993).* – Est puni de la réclusion criminelle à temps de vingt ans, tout militaire qui déserte à bande armée.

Si le coupable est officier, il est puni du maximum de cette peine.

Si la désertion a été commise avec complot, les coupables sont punis de la réclusion criminelle à perpétuité.
Les coupables sont punis de la réclusion criminelle à perpétuité s'ils ont emporté une arme ou des munitions.

§ 4. – De la désertion à l'ennemi ou en présence de l'ennemi

Art. 409. – Est puni de la réclusion criminelle à perpétuité tout militaire ou tout individu non militaire faisant partie de l'équipage d'un bâtiment de la marine ou d'un aéronef militaire ou d'un navire de commerce convoyé coupable de désertion à l'ennemi.

Art. 410 *(Applic. à compter du 1er mars 1994, L. n. 92-1336, 16 déc. 1992, art. 322 ; L. n. 93-913, 19 juill. 1993)*. – Est puni de la réclusion criminelle à temps de vingt ans tout déserteur en présence de l'ennemi.
S'il est officier, la peine encourue est la réclusion criminelle à perpétuité.
Si la désertion en présence de l'ennemi a lieu avec complot, la peine est la réclusion criminelle à perpétuité.

Art. 411. – Doit être considéré comme se trouvant en présence de l'ennemi tout militaire ou tout individu non militaire faisant partie d'une unité ou d'une formation de l'équipage d'un bâtiment de la marine ou d'un aéronef militaire ou d'un navire de commerce convoyé pouvant être rapidement aux prises avec l'ennemi ou déjà engagé avec lui ou soumis à ses attaques.

Art. 412. – Les personnes définies à l'article 63, 2°, peuvent être poursuivies pour désertion, lorsqu'elles se trouvent dans l'un des cas prévus aux articles 409, 410 et 411.

§ 5. – Dispositions communes aux diverses désertions

Art. 413. – En temps de guerre, toute personne condamnée à une peine d'emprisonnement pour désertion peut être frappée pour cinq ans au moins et pour vingt ans au plus de l'interdiction totale ou partielle de l'exercice des droits mentionnés à l'article 42 du Code pénal *(Art. 131-26 à compter du 1er mars 1994, L. n. 92-1336, 16 déc. 1992, art. 330)*.

Section III. – De la provocation à la désertion
et du recel de déserteur

§ 1. – De la provocation à la désertion

Art. 414 *(Applic. à compter du 1er mars 1994, L. n. 92-1336, 16 déc. 1992, art. 322 et 329 ; L. n. 93-913, 19 juill. 1993)*. – Tout individu qui, par quelques moyens que ce soit, qu'ils aient été ou non suivis d'effet, provoque ou favorise la désertion est puni par la juridiction compétente : en temps de paix, de trois ans d'emprisonnement et, en temps de guerre, de dix ans d'emprisonnement.
À l'égard des individus non militaires ou non assimilés aux militaires, une peine d'amende de 25 000 F (3 750 €) peut, en outre, être prononcée.

§ 2. – Du recel de déserteur

Art. 415 *(Applic. à compter du 1er mars 1994, L. n. 92-1336, 16 déc. 1992, art. 322 et 329 ; L. n. 93-913, 19 juill. 1993)*. – Tout individu convaincu d'avoir sciemment soit recelé un déserteur, soit soustrait ou tenté de soustraire d'une manière quelconque un déserteur aux poursuites ordonnées par la loi, est puni par la juridiction compétente d'un emprisonnement de deux ans et peut, en outre, s'il n'est ni militaire ni assimilé, être puni d'une amende de 25 000 F (3 750 €).

§ 3. – Dispositions communes

Art. 416. – Les peines édictées par les articles 414 et 415 sont applicables lorsque le déserteur appartient à une armée alliée.

Art. 417. – En temps de paix, les juridictions de droit commun sont compétentes à l'égard des personnes non énumérées par les articles 61 à 63 et qui se rendent coupables des infractions prévues à la présente section.

Section IV. – De la mutilation volontaire

Art. 418 *(Applic. à compter du 1er mars 1994, L. n. 92-1336, 16 déc. 1992, art. 185 et 322 ; L. n. 93-913, 19 juill. 1993)*. – Tout militaire convaincu de s'être rendu volontairement impropre au service, soit d'une manière temporaire, soit d'une manière permanente, dans le but de se soustraire à ses obligations militaires, est puni :

1° En temps de paix, d'un emprisonnement de cinq ans et de l'interdiction pour une durée de cinq à dix ans de l'exercice des droits prévus à l'article 131-26 du Code pénal. Si le coupable est officier, il pourra être puni en outre de la destitution ;

2° En temps de guerre, de dix ans d'emprisonnement ;

3° De la même peine, s'il se trouve sur un territoire en état de siège ou en état d'urgence ou en présence de bande armée.

Il est puni de la réclusion criminelle à perpétuité s'il était en présence de l'ennemi.

La tentative est punie comme l'infraction elle-même.

Art. 419 *(Applic. à compter du 1er mars 1994, L. n. 92-1336, 16 déc. 1992, art. 322 ; L. n. 93-913, 19 juill. 1993)*. – Si les complices sont des docteurs en médecine ou des pharmaciens, les peines d'emprisonnement ou de réclusion criminelle à temps encourues peuvent être portées au double, indépendamment d'une amende de 30 000 F (4 500 €) pour les délinquants non militaires ou non assimilés aux militaires.

Art. 420. – En temps de paix, les juridictions de droit commun sont compétentes à l'égard des personnes non énumérées par les articles 61 à 63.

CHAPITRE II. – DES INFRACTIONS CONTRE L'HONNEUR OU LE DEVOIR

Section I. – De la capitulation

Art. 421. – Est puni de la réclusion criminelle à perpétuité tout commandant d'une formation, d'une force navale ou aérienne, d'un bâtiment de la marine ou d'un aéronef militaire, qui, mis en jugement après avis d'un conseil d'enquête, est reconnu coupable d'avoir capitulé devant l'ennemi, ou ordonné de cesser le combat ou amené le pavillon sans avoir épuisé tous les moyens de défense dont il disposait et sans avoir fait tout ce que lui prescrivaient le devoir et l'honneur.

Art. 422. – Est puni de la destitution tout commandant d'une formation, d'un bâtiment de la marine ou d'un aéronef militaire qui, pouvant attaquer et combattre un ennemi égal ou inférieur en force, secourir une troupe, un bâtiment ou un aéronef français ou allié poursuivi par l'ennemi ou engagé dans un combat, ne l'a pas fait lorsqu'il n'en aura pas été empêché par des instructions générales ou des motifs graves.

À compter du 1er mars 1994, l'intitulé de la présente section devient :

Section II. – Du complot militaire

(L. n. 92-1336, 16 déc. 1992, art. 187 ; L. n. 93-913, 19 juill. 1993)

Art. 423. – *Abrogé, à compter du 1er mars 1994, L. n. 92-1336, 16 déc. 1992, art. 188 ; L. n. 93-913, 19 juill. 1993.*

Art. 424 *(Applic. à compter du 1er mars 1994, L. n. 92-1336, 16 déc. 1992, art. 322 ; L. n. 93-913, 19 juill. 1993)*. – Tout individu coupable de complot ayant pour but de porter atteinte à l'autorité du commandant d'une formation militaire, d'un bâtiment ou d'un aéronef militaire, ou à la discipline ou à la sécurité de la formation, du bâtiment ou de l'aéronef, est puni de dix ans d'emprisonnement.

Il y a complot dès que la résolution d'agir est concertée et arrêtée entre deux ou plusieurs individus.

Le maximum de la peine est appliqué aux militaires les plus élevés en grade et aux instigateurs dudit complot.

Si le complot a lieu en temps de guerre, ou sur un territoire en état de siège ou d'urgence, ou dans toutes circonstances pouvant mettre en péril la sécurité de la formation, du bâtiment ou de l'aéronef, ou a pour but de peser sur la décision du chef militaire responsable, le coupable est puni de la réclusion criminelle à perpétuité.

Art. 425. – *Abrogé, à compter du 1er mars 1994, L. n. 92-1336, 16 déc. 1992, art. 188 ; L. n. 93-913, 19 juill. 1993.*

Art. 426. – *Abrogé, à compter du 1er mars 1994, L. n. 92-1336, 16 déc. 1992, art. 188 ; L. n. 93-913, 19 juill. 1993.*

Section III. – Des pillages

Art. 427 *(Applic. à compter du 1er mars 1994, L. n. 92-1336, 16 déc. 1992, art. 322 ; L. n. 93-913, 19 juill. 1993).* – Sont punis de la réclusion criminelle à perpétuité tous pillages ou dégâts de denrées, marchandises ou effets commis en bande par des militaires ou par des individus embarqués, soit avec des armes ou à force ouverte, soit avec bris de portes et clôtures extérieures, soit avec violences envers les personnes.

Le pillage et les dégâts commis en bande sont punis de dix ans d'emprisonnement dans tous les autres cas.

Néanmoins, si dans les cas prévus par l'alinéa 1er du présent article, il existe parmi les coupables un ou plusieurs militaires pourvus de grades, la peine de la réclusion criminelle à perpétuité n'est infligée qu'aux instigateurs et aux militaires les plus élevés en grade. Les autres coupables sont punis de la réclusion criminelle à temps de vingt ans.

Art. 428 *(Applic. à compter du 1er mars 1994, L. n. 92-1336, 16 déc. 1992, art. 322 ; L. n. 93-913, 19 juill. 1993).* – Tout individu, militaire ou non, qui, dans la zone d'opérations d'une force ou formation :

a) Dépouille un blessé, malade, naufragé ou mort est puni d'emprisonnement de dix ans.

b) En vue de le dépouiller, exerce sur un blessé, malade ou naufragé des violences aggravant son état, est puni de la réclusion criminelle à perpétuité.

Section IV. – Des destructions

Art. 429 *(Applic. à compter du 1er mars 1994, L. n. 92-1336, 16 déc. 1992, art. 322 ; L. n. 93-913, 19 juill. 1993).* – Est puni de trois ans d'emprisonnement tout militaire, tout pilote d'un bâtiment de la marine militaire ou d'un navire de commerce convoyé, ou tout individu embarqué coupable d'avoir, par négligence, occasionné la destruction, la perte ou la mise hors de service définitive ou temporaire d'un édifice, d'un ouvrage, d'un bâtiment de la marine, d'un aéronef, d'approvisionnement, d'armement, de matériel ou d'une installation quelconque à l'usage des forces armées ou concourant à la défense nationale. Si le coupable est officier, il est puni du maximum de cette peine.

Est puni de cinq ans d'emprisonnement ou, s'il est officier, de la destitution, tout commandant d'un bâtiment de la marine ou d'un aéronef militaire, coupable d'avoir par négligence occasionné la destruction, la perte ou la mise hors de service définitive ou temporaire d'un bâtiment de la marine ou d'un aéronef militaire.

Art. 430 *(Applic. à compter du 1er mars 1994, L. n. 92-1336, 16 déc. 1992, art. 322 ; L. n. 93-913, 19 juill. 1993).* – Est puni de cinq ans d'emprisonnement tout militaire ou tout individu embarqué coupable d'avoir volontairement occasionné la destruction, la perte ou la mise hors service définitive ou temporaire d'une arme ou de tout autre objet affecté au service des armées, même s'il est la propriété de l'auteur, que cet objet ait été en sa possession pour le service ou aux mêmes fins à l'usage d'autres militaires.

La peine est celle de la réclusion criminelle à temps de vingt ans si l'objet rendu impropre au service intéresse la mise en œuvre d'un bâtiment de la marine ou d'un aéronef militaire si le fait a eu lieu soit en temps de guerre, soit dans un incendie, échouage, abordage ou manœuvre intéressant la sûreté du bâtiment ou de l'aéronef.

Art. 431 *(Applic. à compter du 1er mars 1994, L. n. 92-1336, 16 déc. 1992, art. 322 ; L. n. 93-913, 19 juill. 1993).* – Est puni de la réclusion criminelle à temps de vingt ans tout militaire, tout individu embarqué, tout pilote d'un bâtiment de la marine militaire ou d'un navire de commerce convoyé, coupable d'avoir volontairement occasionné la destruction, la perte ou la mise hors service définitive ou temporaire d'un édifice, d'un ouvrage, d'un bâtiment de la marine, d'un aéronef, d'approvisionnement, d'armement, de matériel ou d'une installation quelconque à l'usage des forces armées ou concourant à la défense nationale.

Si la destruction est de nature à entraîner mort d'homme ou à nuire à la défense nationale, la peine est celle de la réclusion criminelle à perpétuité.

S'il y a eu mort d'homme ou si, par son étendue ou ses effets, la destruction a nui gravement à la défense nationale, la peine de la réclusion criminelle à perpétuité est encourue.

Art. 432 *(Applic. à compter du 1er mars 1994, L. n. 92-1336, 16 déc. 1992, art. 322 ; L. n. 93-913, 19 juill. 1993).* – Est puni de la réclusion criminelle à perpétuité tout commandant de force navale ou aérienne, tout commandant ou suppléant du commandant, tout chef de quart, tout membre de l'équipage d'un bâtiment de la marine ou d'un aéronef militaire, tout pilote d'un bâtiment ou de la marine militaire ou d'un navire de commerce convoyé qui, volontairement, a occasionné la perte d'un bâtiment ou d'un aéronef placé sous ses ordres ou sur lequel il est embarqué.

Si les faits ont été commis en temps de guerre ou au cours d'opérations de guerre par le commandant d'un navire de commerce convoyé, la peine de la réclusion criminelle à perpétuité est également encourue.

Art. 433 *(Applic. à compter du 1er mars 1994, L. n. 92-1336, 16 déc. 1992, art. 322 ; L. n. 93-913, 19 juill. 1993).* – Est puni de dix ans d'emprisonnement tout militaire qui, volontairement, détruit, lacère des registres, minutes ou actes originaux de l'autorité militaire.

Section V. – Du faux, de la falsification, des détournements

Art. 434 *(Applic. à compter du 1er mars 1994, L. n. 92-1336, 16 déc. 1992, art. 322 ; L. n. 93-913, 19 juill. 1993).* – Tout militaire chargé de la tenue d'une comptabilité deniers ou matières qui a commis un faux dans ses comptes ou qui a fait usage des actes faux est puni de la réclusion criminelle à temps de vingt ans.

Art. 435 *(Applic. à compter du 1er mars 1994, L. n. 92-1336, 16 déc. 1992, art. 322 ; L. n. 93-913, 19 juill. 1993).* – Est puni d'un emprisonnement de cinq ans :

1° Tout militaire qui a falsifié ou fait falsifier des substances, matières, denrées ou liquides confiés à sa garde ou placés sous sa surveillance, ou qui, sciemment, a distribué ou fait distribuer lesdites substances, matières, denrées ou liquides falsifiés ;

2° Tout militaire qui, sciemment, a distribué ou fait distribuer des viandes provenant d'animaux atteints de maladies contagieuses, ou des matières, substances, denrées ou liquides corrompus ou gâtés.

S'il en est résulté pour l'auteur des faits qualifiés ci-dessus des gains ou profits, le tribunal prononce en outre leur confiscation.

Si le coupable est officier ou a rang d'officier, il subira, en outre, la destitution ou la perte du grade.

Pour la constatation de ces infractions, la procédure suivie est celle qui est prévue dans chaque cas par la législation sur les fraudes.

Art. 436 *(Applic. à compter du 1er mars 1994, L. n. 92-1336, 16 déc. 1992, art. 322 ; L. n. 93-913, 19 juill. 1993).* – Est puni de cinq ans d'emprisonnement tout militaire, tout individu embarqué qui dissipe ou détourne les armes, munitions, véhicules, deniers, effets et autres objets à lui remis pour le service ou à l'occasion du service.

Art. 437 *(Applic. à compter du 1er mars 1994, L. n. 92-1336, 16 déc. 1992, art. 322 ; L. n. 93-913, 19 juill. 1993).* – Est puni de dix ans d'emprisonnement tout militaire ou assimilé coupable, même en temps de paix, de vol au préjudice de l'habitant chez lequel il est logé ou cantonné.

Section VI. – De l'usurpation d'uniformes, de décorations, de signes distinctifs et emblèmes

Art. 438 *(Applic. à compter du 1er mars 1994, L. n. 92-1336, 16 déc. 1992, art. 322 ; L. n. 93-913, 19 juill. 1993).* – Est puni d'un emprisonnement de deux ans tout militaire, tout individu embarqué qui porte publiquement des décorations, médailles, insignes, uniformes ou costumes français, sans en avoir le droit.

La même peine est prononcée contre tout militaire ou individu embarqué qui porte des décorations, médailles ou insignes étrangers sans y avoir été préalablement autorisé.

Art. 439 *(Applic. à compter du 1er mars 1994, L. n. 92-1336, 16 déc. 1992, art. 322 ; L. n. 93-913, 19 juill. 1993)*. – Est puni d'un emprisonnement de cinq ans tout individu, militaire ou non, qui, en temps de guerre, dans la zone d'opérations d'une force ou formation, en violation des lois et coutumes de la guerre, emploie indûment des signes distinctifs et emblèmes définis par les conventions internationales pour assurer le respect des personnes, des biens ainsi que des lieux protégés par ces conventions.

Section VII. – De l'outrage au drapeau ou à l'armée

Art. 440 *(Applic. à compter du 1er mars 1994, L. n. 92-1336, 16 déc. 1992, art. 322 ; L. n. 93-913, 19 juill. 1993)*. – Est puni de cinq ans d'emprisonnement tout militaire ou tout individu embarqué qui commet un outrage au drapeau ou à l'armée.

Si le coupable est officier il est puni, en outre, de la destitution ou de la perte de son grade.

Section VIII. – De l'incitation à commettre des actes contraires au devoir ou à la discipline

Art. 441 *(Applic. à compter du 1er mars 1994, L. n. 92-1336, 16 déc. 1992, art. 322 ; L. n. 93-913, 19 juill. 1993)*. – Est puni, en temps de paix, d'un emprisonnement de deux ans, tout militaire ou tout individu embarqué qui, par quelque moyen que ce soit, incite un ou plusieurs militaires à commettre des actes contraires au devoir ou à la discipline.

Si le coupable est d'un grade supérieur à celui des militaires qui ont été incités à commettre lesdits actes, il est puni d'un emprisonnement de cinq ans.

Lorsque les faits sont commis en temps de guerre ou sur un territoire en état de siège ou d'urgence, la peine est de cinq ans d'emprisonnement dans les cas prévus à l'alinéa 1er du présent article et de dix ans d'emprisonnement dans celui prévu à l'alinéa 2.

CHAPITRE III. – DES INFRACTIONS CONTRE LA DISCIPLINE

Section I. – De l'insubordination

§ 1. – De la révolte militaire

Art. 442. – Sont en état de révolte :

1° Les militaires sous les armes, les individus embarqués qui, réunis au nombre de quatre au moins, agissant de concert, refusent à la première sommation d'obéir aux ordres de leurs chefs ;

2° Les militaires, les individus embarqués qui, au nombre de quatre au moins et dans les mêmes conditions, prennent les armes sans autorisation et agissent contre les ordres de leurs chefs ;

3° Les militaires, les individus embarqués qui, réunis au nombre de huit au moins et dans les mêmes conditions, se livrent à des violences en faisant usage d'armes, et refusent, à la voix de l'autorité qualifiée, de se disperser et de rentrer dans l'ordre.

Art. 443 *(Applic. à compter du 1er mars 1994, L. n. 92-1336, 16 déc. 1992, art. 322 ; L. n. 93-913, 19 juill. 1993)*. – La révolte est punie :

1° Dans les circonstances prévues au 1° de l'article 442, de cinq ans d'emprisonnement ;

2° Dans les circonstances prévues au 2° du même article, de dix ans d'emprisonnement ;

3° Dans les circonstances prévues au 3° dudit article, de la réclusion criminelle à temps de vingt ans.

La réclusion criminelle à perpétuité peut être appliquée aux militaires les plus élevés en grade et aux instigateurs de la révolte.

Art. 444. – Si la révolte a lieu en temps de guerre ou sur un territoire déclaré en état de siège ou d'urgence, ou à bord d'un bâtiment de la marine militaire dans un incendie, abordage, échouage ou une manœuvre intéressant la sûreté du bâtiment ou à bord d'un aéronef militaire, la réclusion criminelle à perpétuité peut être prononcée.

Les instigateurs sont punis de la réclusion criminelle à perpétuité.

Dans les cas prévus au 3° de l'article 442 la peine encourue est la réclusion criminelle à perpétuité si la révolte a lieu en présence de l'ennemi ou de bande armée.

§ 2. – De la rébellion

Art. 445 *(Applic. à compter du 1er mars 1994, L. n. 92-1336, 16 déc. 1992, art. 322 ; L. n. 93-913, 19 juill. 1993).* – Toute attaque, toute résistance avec violences et voies de fait commise par un militaire ou un individu embarqué envers la force armée ou les agents de l'autorité est punie de un an d'emprisonnement si la rébellion a lieu sans armes ; si la rébellion a lieu avec armes, elle est punie de trois ans de la même peine.

Art. 446 *(Applic. à compter du 1er mars 1994, L. n. 92-1336, 16 déc. 1992, art. 322 ; L. n. 93-913, 19 juill. 1993).* – Toute rébellion commise par des militaires ou par des individus désignés à l'article 445, armés et agissant au nombre de huit au moins, est punie de la réclusion criminelle à temps de vingt ans.

La même peine est applicable quel que soit le nombre des auteurs de la rébellion si deux au moins de ceux-ci portent ostensiblement des armes.

Sont passibles de la réclusion criminelle à perpétuité les instigateurs ou chefs de rébellion et le militaire le plus élevé en grade.

§ 3. – Du refus d'obéissance

Art. 447 *(Applic. à compter du 1er mars 1994, L. n. 92-1336, 16 déc. 1992, art. 322 ; L. n. 93-913, 19 juill. 1993).* – Est puni d'un emprisonnement de deux ans tout militaire ou tout individu embarqué qui refuse d'obéir, ou qui, hors le cas de force majeure, n'exécute pas l'ordre reçu.

L'emprisonnement peut être porté à cinq ans si le fait a lieu en temps de guerre ou sur un territoire déclaré en état de siège ou d'urgence, ou à bord d'un bâtiment de la marine militaire dans un incendie, abordage, échouage ou une manœuvre intéressant la sûreté du bâtiment ou à bord d'un aéronef militaire.

Art. 448. – Est puni de la réclusion criminelle à perpétuité tout militaire ou tout individu embarqué qui refuse d'obéir lorsqu'il est commandé pour marcher contre l'ennemi, ou pour tout autre service ordonné par son chef en présence de l'ennemi ou d'une bande armée.

Art. 449 *(Applic. à compter du 1er mars 1994, L. n. 92-1336, 16 déc. 1992, art. 322 ; L. n. 93-913, 19 juill. 1993).* – Tout individu au service des forces armées autre que ceux visés ci-dessus, employé dans un établissement des forces armées, qui refuse d'obéir lorsqu'il est commandé pour un service, soit en présence de l'ennemi ou d'une bande armée, soit dans un incendie ou un danger menaçant la sûreté de l'établissement, est puni d'un emprisonnement de cinq ans.

§ 4. – Des voies de fait et outrages envers des supérieurs

Art. 450 *(Applic. à compter du 1er mars 1994, L. n. 92-1336, 16 déc. 1992, art. 322 ; L. n. 93-913, 19 juill. 1993).* – Les voies de fait envers un supérieur ou une autorité qualifiée par un militaire ou un individu embarqué, pendant le service ou à l'occasion du service, même hors du bord, sont punies de dix ans d'emprisonnement.

Si le coupable est un officier ou si les voies de fait ont été commises par un militaire sous les armes, la peine peut être portée à vingt ans [*de réclusion criminelle*].

Les voies de fait exercées à bord envers un supérieur par un militaire ou un individu embarqué sont considérées comme étant commises pendant le service.

Art. 451 *(Applic. à compter du 1er mars 1994, L. n. 92-1336, 16 déc. 1992, art. 322 ; L. n. 93-913, 19 juill. 1993).* – Si les voies de fait n'ont pas été exercées pendant le service ou à l'occasion du service, elles sont punies d'un emprisonnement de trois ans.

Si le coupable est officier il est puni d'un emprisonnement de cinq ans. Il peut en outre être puni de la perte du grade.

Art. 452. – Si, par les circonstances dans lesquelles elles ont été commises ou par leurs conséquences, les violences prévues aux articles 450 et 451 constituent une infraction plus sévèrement réprimée par le Code pénal, elles sont punies des peines que ce code prévoit.

Art. 453 *(Applic. à compter du 1er mars 1994, L. n. 92-1336, 16 déc. 1992, art. 322 ; L. n. 93-913, 19 juill. 1993)*. – Tout militaire ou tout individu embarqué qui, pendant le service ou à l'occasion du service, outrage son supérieur par paroles, écrits, gestes ou menaces, est puni de cinq ans d'emprisonnement.

Si le coupable est officier il est puni de cinq ans d'emprisonnement et de la destitution ou de l'une de ces deux peines.

Les outrages commis à bord par un militaire ou un individu embarqué sont considérés comme étant commis pendant le service.

Dans les autres cas, la peine est de deux ans d'emprisonnement.

Art. 454. – Si, dans les cas prévus aux articles 450 à 453, il résulte des débats que les voies de fait ou outrages ont été commis sans que le subordonné connût la qualité de son supérieur, les pénalités applicables sont celles du Code pénal et des lois ordinaires.

Art. 455. – Sous réserve des dispositions prévues à l'article 457, l'injure entre militaires, entre militaires et assimilés ou entre assimilés, s'ils sont tous du même grade, n'est réprimée pénalement que s'il existe entre eux un lien de subordination résultant de la fonction ou de l'emploi.

§ 5. – Des violences ou insultes à sentinelle ou vedette

Art. 456 *(Applic. à compter du 1er mars 1994, L. n. 92-1336, 16 déc. 1992, art. 322 ; L. n. 93-913, 19 juill. 1993)*. – Tout militaire ou tout individu embarqué, coupable de violences à main armée contre une sentinelle ou une vedette, est puni de la peine de la réclusion criminelle à temps de vingt ans.

Si les violences n'ont pas été commises à main armée, mais simplement par un militaire ou un individu embarqué accompagné d'une ou plusieurs autres personnes, le coupable est puni d'un emprisonnement de cinq ans.

Si les violences ont été commises par un militaire ou un individu seul et sans arme, la peine est de trois ans d'emprisonnement.

Si les violences ont été commises en présence de l'ennemi, d'une bande armée ou en temps de guerre, ou sur un territoire en état de siège ou d'urgence, à l'intérieur ou aux abords d'un arsenal, d'une forteresse, d'une poudrière ou d'une base, la peine peut être portée à la réclusion criminelle à perpétuité dans le cas prévu à l'alinéa 1er du présent article, et doublée dans les cas prévus aux alinéas 2 et 3.

Art. 457 *(Applic. à compter du 1er mars 1994, L. n. 92-1336, 16 déc. 1992, art. 322 ; L. n. 93-913, 19 juill. 1993)*. – Tout militaire ou tout individu embarqué qui insulte une sentinelle ou une vedette par paroles, gestes ou menaces est puni d'un emprisonnement de six mois.

§ 6. – Du refus d'un service dû légalement

Art. 458 *(Applic. à compter du 1er mars 1994, L. n. 92-1336, 16 déc. 1992, art. 322 ; L. n. 93-913, 19 juill. 1993)*. – Tout commandant militaire, régulièrement saisi d'une réquisition légale de l'autorité civile, qui a refusé ou s'est abstenu de faire agir les forces sous ses ordres est puni de la destitution et d'un emprisonnement de deux ans ou seulement de l'une de ces deux peines.

Art. 459 *(Applic. à compter du 1er mars 1994, L. n. 92-1336, 16 déc. 1992, art. 322 ; L. n. 93-913, 19 juill. 1993)*. – Tout militaire qui refuse ou qui, sans excuse légitime, omet de se rendre aux audiences des juridictions des forces armées où il est appelé à siéger est puni d'un emprisonnement de six mois.

En cas de refus, si le coupable est officier, il peut, en outre, être puni de la destitution ou de la perte du grade.

Section II. – Des abus de l'autorité

§ 1. – Des voies de fait et outrages à subordonné

Art. 460 *(Applic. à compter du 1er mars 1994, L. n. 92-1336, 16 déc. 1992, art. 322 ; L. n. 93-913, 19 juill. 1993).* – Est puni de cinq ans d'emprisonnement tout militaire qui, hors le cas de légitime défense de soi-même ou d'autrui, exerce des violences sur un subordonné. Toutefois, il n'y a ni crime ni délit si les violences ont été commises à l'effet de rallier des fuyards en présence de l'ennemi ou de bande armée ou d'arrêter soit le pillage ou la dévastation, soit le désordre grave de nature à compromettre la sécurité d'un bâtiment de la marine ou d'un aéronef militaire.

Si par les circonstances dans lesquelles elles ont été commises où par leurs conséquences les violences constituent une infraction plus sévèrement réprimée par le Code pénal, elles sont punies des peines que ce code prévoit.

Art. 461 *(Applic. à compter du 1er mars 1994, L. n. 92-1336, 16 déc. 1992, art. 322 ; L. n. 93-913, 19 juill. 1993).* – Tout militaire qui, pendant le service ou à l'occasion du service, par paroles, gestes, menaces ou écrits, outrage un subordonné gravement et sans y avoir été provoqué est puni de un an d'emprisonnement.

Les outrages commis par un militaire à bord d'un bâtiment de la marine ou d'un aéronef militaire sont considérés comme étant commis pendant le service.

Si le délit n'a pas été commis pendant le service ou à l'occasion du service, la peine est de six mois d'emprisonnement.

Art. 462. – Si les faits visés aux articles 460 et 461 ont eu lieu en dehors du service et sans que le supérieur connût la qualité subalterne de la victime, les pénalités applicables sont celles du Code pénal et des lois ordinaires.

§ 2. – Des abus du droit de réquisition

Art. 463 *(Applic. à compter du 1er mars 1994, L. n. 92-1336, 16 déc. 1992, art. 322 ; L. n. 93-913, 19 juill. 1993).* – Tout militaire qui abuse des pouvoirs qui lui sont conférés en matière de réquisitions militaires, ou qui refuse de donner reçu des quantités fournies, est puni de deux ans d'emprisonnement.

Tout militaire qui exerce une réquisition sans avoir qualité pour le faire est puni, si cette réquisition est faite sans violence, d'un emprisonnement de cinq ans.

Si cette réquisition est exercée avec violence, il est puni de dix ans d'emprisonnement.

Ces peines sont prononcées sans préjudice des restitutions auxquelles le coupable peut être condamné.

L'officier coupable peut, en outre, être condamné à la destitution ou à la perte du grade.

§ 3. – De la constitution illégale d'une juridiction répressive

Art. 464 *(Applic. à compter du 1er mars 1994, L. n. 92-1336, 16 déc. 1992, art. 322 ; L. n. 93-913, 19 juill. 1993).* – Tout militaire qui établit ou maintient une juridiction répressive est puni de la réclusion criminelle à temps de vingt ans, sans préjudice des peines plus fortes pouvant être encourues du fait de l'exécution des sentences prononcées.

CHAPITRE IV. – DES INFRACTIONS AUX CONSIGNES

Art. 465 *(Applic. à compter du 1er mars 1994, L. n. 92-1336, 16 déc. 1992, art. 322 ; L. n. 93-913, 19 juill. 1993).* – Tout militaire qui viole une consigne générale donnée à la troupe ou une consigne qu'il a personnellement reçu mission de faire exécuter ou qui force une consigne donnée à un autre militaire est puni d'un emprisonnement de deux ans.

La peine d'emprisonnement peut être portée à cinq ans si le fait a été commis en temps de guerre ou sur un territoire en état de siège ou d'urgence ou lorsque la sécurité d'un établissement militaire, d'une formation militaire, d'un bâtiment de la marine ou d'un aéronef militaire est menacée.

La peine d'emprisonnement peut également être portée à cinq ans lorsque le fait a été commis en présence de bande armée.

Art. 466. – En temps de guerre, est puni de la réclusion criminelle à perpétuité tout commandant d'une formation, d'un bâtiment de la marine ou d'un aéronef militaire, tout militaire ou tout individu embarqué qui, volontairement, n'a pas rempli la mission dont il est chargé, si cette mission était relative à des opérations de guerre.

Art. 467 *(Applic. à compter du 1er mars 1994, L. n. 92-1336, 16 déc. 1992, art. 322 ; L. n. 93-913, 19 juill. 1993)*. – Si la mission a été manquée par négligence ou si le coupable s'est laissé surprendre par l'ennemi, ou, du fait de sa négligence, s'est séparé de son chef en présence de l'ennemi ou a été la cause de la prise par l'ennemi du bâtiment de la marine ou de l'aéronef militaire placé sous ses ordres ou à bord duquel il se trouvait, il est puni d'un emprisonnement de trois ans ou, s'il est officier, de la destitution.

Art. 468 *(Applic. à compter du 1er mars 1994, L. n. 92-1336, 16 déc. 1992, art. 322 ; L. n. 93-913, 19 juill. 1993)*. – Tout militaire qui abandonne son poste en temps de paix est puni de six mois d'emprisonnement.

Par poste, il faut entendre l'endroit où le militaire doit se trouver à un moment donné pour l'accomplissement de la mission reçue de ses chefs.

La peine est de cinq ans d'emprisonnement si l'auteur de l'infraction était dans l'une des situations prévues à l'article 465, alinéa 2.

Les peines peuvent être doublées si le coupable est commandant d'une formation, d'un bâtiment de la marine militaire ou chef de bord d'un aéronef militaire.

Art. 469 *(Applic. à compter du 1er mars 1994, L. n. 92-1336, 16 déc. 1992, art. 322 ; L. n. 93-913, 19 juill. 1993)*. – Tout militaire qui, étant en faction, en vedette, de veille ou de quart, en temps de paix, abandonne son poste ou ne remplit pas sa consigne est puni d'un emprisonnement de un an.

Si le militaire, bien qu'à son poste, est trouvé endormi, il est puni de six mois d'emprisonnement.

La peine est dans tous les cas de dix ans d'emprisonnement si l'auteur de l'infraction était dans l'une des situations prévues à l'article 465, alinéa 2.

Art. 470 *(Applic. à compter du 1er mars 1994, L. n. 92-1336, 16 déc. 1992, art. 322 ; L. n. 93-913, 19 juill. 1993)*. – Tout individu embarqué, qui, lorsque le bâtiment de la marine ou l'aéronef militaire est en danger, l'abandonne sans ordre et en violation des consignes reçues, est puni d'un emprisonnement de deux ans.

S'il est membre de l'équipage du bâtiment ou de l'aéronef, la peine est de cinq ans d'emprisonnement. L'officier est puni de l'emprisonnement et de la destitution ou de l'une de ces deux peines seulement.

Art. 471 *(Applic. à compter du 1er mars 1994, L. n. 92-1336, 16 déc. 1992, art. 322 ; L. n. 93-913, 19 juill. 1993)*. – Tout pilote d'un bâtiment de la marine militaire ou d'un navire de commerce convoyé coupable d'avoir abandonné le bâtiment qu'il était chargé de conduire est puni d'un emprisonnement de deux ans.

Si l'abandon a lieu en présence de l'ennemi, ou en cas de danger imminent, la peine est celle de dix ans d'emprisonnement.

Art. 472. – Est puni de la réclusion criminelle à perpétuité tout commandant d'un bâtiment de la marine militaire, tout pilote d'un aéronef militaire en vol qui, volontairement et en violation des consignes reçues, en cas de perte de son bâtiment ou de son aéronef, ne l'abandonne pas le dernier.

Est puni de la même peine le commandant non pilote d'un aéronef militaire qui, dans les mêmes conditions, abandonne son aéronef avant l'évacuation des autres personnes embarquées, hormis le pilote.

Art. 473. – Tout militaire qui abandonne son poste en présence de l'ennemi ou de bande armée est puni de la réclusion criminelle à perpétuité.

Est également considéré comme ayant abandonné son poste en présence de l'ennemi ou de bande armée tout commandant d'une formation, d'un bâtiment de la marine ou d'un aéronef militaire, qui, volontairement, en temps de guerre ou au cours d'opérations de guerre, ne maintient pas au combat sa formation, son bâtiment ou son aéronef ou se sépare volontairement de son chef en présence de l'ennemi ou de bande armée.

Est puni de la même peine tout militaire ou tout individu embarqué qui, volontairement, a provoqué l'un des manquements prévus à l'alinéa précédent.

Art. 474 *(Applic. à compter du 1er mars 1994, L. n. 92-1336, 16 déc. 1992, art. 322 ; L. n. 93-913, 19 juill. 1993).* – Tout commandant d'un navire de commerce ou d'un aéronef convoyé ou réquisitionné et qui, en temps de guerre ou au cours d'opérations de guerre, abandonne volontairement le convoi dont il fait partie ou désobéit aux ordres est puni d'un emprisonnement de trois ans.

Art. 475 *(Applic. à compter du 1er mars 1994, L. n. 92-1336, 16 déc. 1992, art. 322 ; L. n. 93-913, 19 juill. 1993).* – Est puni d'un emprisonnement de deux ans tout commandant de force navale ou de bâtiment, qui, sans motifs légitimes, refuse de porter assistance à un autre bâtiment dans la détresse.

Art. 476 *(Applic. à compter du 1er mars 1994, L. n. 92-1336, 16 déc. 1992, art. 322 ; L. n. 93-913, 19 juill. 1993).* – Tout capitaine d'un navire de commerce français qui refuse de porter assistance à un bâtiment de la marine militaire dans la détresse est puni d'un emprisonnement de deux ans.

TITRE III. – DES ATTEINTES AUX INTÉRÊTS FONDAMENTAUX DE LA NATION EN TEMPS DE GUERRE

(Applic. à compter du 1er mars 1994, L. n. 92-1336, 16 déc. 1992, art. 189 ; L. n. 93-913, 19 juill. 1993)

CHAPITRE I. – DE LA TRAHISON ET DE L'ESPIONNAGE EN TEMPS DE GUERRE

Art. 476-1. – Lorsqu'ils sont commis en temps de guerre, les faits de trahison ou d'espionnage incriminés aux articles 411-2 à 411-11 du Code pénal sont punis de la réclusion criminelle à perpétuité et de 5 000 000 F (750 000 €) d'amende.

Art. 476-2. – Le fait, en temps de guerre, par tout Français ou tout militaire au service de la France, de porter les armes contre la France constitue un acte de trahison puni de la réclusion criminelle à perpétuité et de 5 000 000 F (750 000 €) d'amende.

Art. 476-3. – Constitue également un acte de trahison puni de la réclusion criminelle à perpétuité et de 5 000 000 F (750 000 €) d'amende le fait, en temps de guerre, par toute personne embarquée sur un bâtiment de la marine ou un aéronef militaire, ou sur un navire de commerce convoyé :

1° De provoquer à la fuite ou d'empêcher le ralliement en présence de l'ennemi ou de bande armée ;

2° De provoquer, sans ordre du commandant, la cessation du combat ou d'amener, sans ordre du commandant, le pavillon ;

3° D'occasionner la prise par l'ennemi de la formation, du bâtiment ou de l'aéronef placé sous ses ordres ou à bord duquel elle se trouve.

Art. 476-4. – Le fait, pour tout militaire français ou au service de la France tombé au pouvoir de l'ennemi de s'engager personnellement pour obtenir sa liberté sous condition, à ne plus porter les armes contre celui-ci, est puni d'une peine de cinq ans d'emprisonnement.

CHAPITRE II. – DES AUTRES ATTEINTES À LA DÉFENSE NATIONALE EN TEMPS DE GUERRE

Art. 476-5. – Est puni de la réclusion criminelle à perpétuité et de 5 000 000 F (750 000 €) d'amende le fait, en temps de guerre :

1° De provoquer des militaires appartenant aux forces armées françaises à passer au service d'une puissance étrangère ;

2° De participer à une entreprise de démoralisation de l'armée ;

3° D'entraver le fonctionnement normal du matériel militaire ou le mouvement normal de personnel ou de matériel militaire.

Le fait, en temps de guerre, de provoquer à la désobéissance, par quelque moyen que ce soit, des militaires ou des assujettis affectés à toute forme de service national est puni de quinze ans de réclusion criminelle et de 1 500 000 F (225 000 €) d'amende.

Lorsque les infractions prévues aux 1°, 2° et à l'alinéa précédent sont commises par la voie de la presse écrite ou audiovisuelle, les dispositions particulières des lois qui régissent ces matières sont applicables en ce qui concerne la détermination des personnes responsables.

Art. 476-6. – Lorsqu'elles sont commises en temps de guerre, les atteintes au secret de la défense nationale prévues aux articles 413-10 et 413-11 du Code pénal sont punies de vingt ans de réclusion criminelle et de 3 000 000 F (450 000 €) d'amende.

Est punie des mêmes peines, lorsqu'elle est commise en temps de guerre, l'infraction prévue à l'article 413-6 du Code pénal.

Art. 476-7. – Le fait d'entretenir, directement ou par intermédiaire, des relations commerciales ou financières avec les ressortissants ou les agents d'une puissance en guerre avec la France est puni de quinze ans de réclusion criminelle et de 50 000 000 F (7 500 000 €) d'amende.

Art. 476-8. – Le fait, en temps de guerre, dans une zone d'interdiction fixée par l'autorité militaire, d'effectuer, sans l'autorisation de celle-ci, des dessins, levés ou des enregistrements d'images, de sons ou de signaux de toute nature est puni de quinze ans de réclusion criminelle et de 1 500 000 F (225 000 €) d'amende.

Art. 476-9. – Sont punies de dix ans d'emprisonnement et de 1 000 000 F (150 000 €) d'amende, lorsqu'elles sont commises en temps de guerre, les infractions prévues aux articles 413-5 et 413-7 du Code pénal.

Est punie des mêmes peines la tentative de ces délits.

CHAPITRE III. – DISPOSITIONS GÉNÉRALES

Art. 476-10. – Les peines complémentaires prévues par les articles 414-5 et 414-6 du Code pénal sont applicables aux infractions prévues par le présent titre.

Art. 476-11. – Les dispositions des articles 476-1 à 476-7 du présent code réprimant certaines atteintes aux intérêts fondamentaux de la nation sont applicables aux actes visés par ces dispositions qui seraient commis au préjudice des puissances signataires du traité de l'Atlantique Nord.

Art. 476-12. – Les dispositions des articles 476-1 et 476-6 du présent code, en tant qu'elles font référence aux articles 411-6 à 411-8 et 413-10 à 413-12 du Code pénal, sont applicables aux informations faisant l'objet de l'accord de sécurité relatif à certains échanges d'informations à caractère secret entre le gouvernement de la République française et le gouvernement du royaume de Suède, signé à Stockholm le 22 octobre 1973.

Art. 476-13. – Les personnes morales peuvent être déclarées responsables pénalement dans les conditions prévues par l'article 121-2 du Code pénal des infractions définies au présent titre.

Les peines encourues par les personnes morales sont :

1° L'amende, suivant les modalités prévues par l'article 131-38 du Code pénal ;

2° Les peines mentionnées à l'article 131-39 du Code pénal.

L'interdiction mentionnée au 2° de l'article 131-39 du Code pénal porte sur l'activité dans l'exercice ou à l'occasion de l'exercice de laquelle l'infraction a été commise.

Art. 476-14. – Toute personne qui a tenté de commettre en temps de guerre l'une des infractions prévues par les articles 411-2, 411-3, 411-6, 411-9 et 411-10 du Code pénal et visées par l'article 476-1 du présent code sera exempte de peine si, ayant averti l'autorité administrative ou judiciaire, elle a permis d'éviter que l'infraction ne se réalise et d'identifier, le cas échéant, les autres coupables.

Art. 476-15. – La peine privative de liberté encourue par l'auteur ou le complice des infractions prévues par les articles 411-4, 411-5, 411-7 et 411-8 du Code pénal et visées par l'article 476-1 du présent code estréduite de moitié si, ayant averti les autorités administratives ou judiciaires, il a permis de faire cesser les agissements incriminés ou d'éviter que l'infraction n'entraîne mort d'homme ou infirmité permanente et d'identifier, le cas échéant, les autres coupables.

Lorsque la peine encourue est la réclusion criminelle à perpétuité, celle-ci est ramenée à vingt ans de réclusion criminelle.

Art. 476-16. – L'interdiction du territoire français peut être prononcée soit à titre définitif, soit pour une durée de dix ans au plus, à l'encontre de tout étranger coupable de l'un des crimes prévus au présent titre.

L'interdiction du territoire français est assortie de plein droit de la reconduite du condamné à la frontière à l'expiration de sa peine.

LIVRE QUATRIÈME. – DES PRÉVÔTÉS ET DES TRIBUNAUX PRÉVÔTAUX

TITRE PREMIER. – DES PRÉVÔTÉS

CHAPITRE UNIQUE. – ORGANISATION ET ATTRIBUTIONS

Art. 477. – Des prévôtés constituées par la gendarmerie sont établies aux armées :

En temps de guerre, sur le territoire de la République ;

En tous temps, lorsque de grandes unités, formations ou détachements des armées stationnent ou opèrent hors du territoire de la République.

Le ministre chargé de la défense fixe l'organisation des prévôtés et leurs conditions d'établissement.

Art. 478. – Outre les missions de police générale qui leur sont dévolues par les règlements militaires, les prévôts ainsi que les officiers, gradés et gendarmes, placés sous leurs ordres, exercent la police judiciaire militaire, conformément aux dispositions des articles 81 à 88 et 166 à 168.

TITRE II. – DES TRIBUNAUX PRÉVÔTAUX

CHAPITRE I. – ORGANISATION ET COMPÉTENCE

Art. 479. – Hors du territoire de la République, si *(L. n. 99-929, 10 nov. 1999, art. 54)* des tribunaux militaires aux armées sont établis, les prévôts peuvent exercer par eux-mêmes ou par les prévôts qui leur sont subordonnés dans la zone de stationnement ou d'opérations des troupes auxquelles ils sont respectivement attachés, une juridiction dont les règles de compétence et de procédure sont définies aux articles suivants.

Le ministre chargé de la défense décide de l'établissement des tribunaux prévôtaux.

Art. 480 *(Applic. à compter du 1er mars 1994, L. n. 92-1336, 16 déc. 1992, art. 190 ; L. n. 93-913, 19 juill. 1993)*. – Les tribunaux prévôtaux connaissent des infractions de police autres que les contraventions de la 5e classe, qui sont commises par toute personne justiciable des tribunaux aux armées ou des tribunaux militaires aux armées.

Toutefois, les juridictions des forces armées restent saisies des procédures qui leur ont été déférées antérieurement à l'établissement des tribunaux prévôtaux.

Les tribunaux prévôtaux sont, en outre, compétents pour les infractions aux règlements relatifs à la discipline commises par les justiciables non militaires et par les prisonniers de guerre qui ne sont pas officiers.

Art. 481. – L'action civile en réparation du dommage causé par l'une des infractions mentionnées au premier alinéa de l'article 480 appartient à ceux qui ont personnellement souffert du dommage directement causé par l'infraction. La partie lésée ne peut toutefois mettre en mouvement l'action publique.

Art. 482 *(L. n. 99-929, 10 nov. 1999, art. 55)*. – Les tribunaux prévôtaux sont saisis par le renvoi qui leur est fait, en temps de guerre, par l'autorité militaire qui exerce les pouvoirs judiciaires dont ils dépendent.

Ils peuvent également procéder d'office, dans les conditions fixées par cette autorité, en ce qui concerne les infractions visées à l'article 480, alinéa 3.

CHAPITRE II. – DE LA PROCÉDURE AVANT L'AUDIENCE

Art. 483. – Lorsque les conditions d'application de la procédure simplifiée prévue à l'article 524 du Code de procédure pénale sont remplies, le prévôt peut rendre une ordonnance pénale conformément aux dispositions de l'article 526 dudit code.

Art. 484. – Le prévôt adresse ou fait notifier au contrevenant l'ordonnance pénale, complétée, en cas de condamnation, par l'indication des délais et modalités de paiement.

Art. 485. – Faute de paiement à l'agent du Trésor qui lui a été désigné, dans les trente jours de l'envoi ou de la notification de l'ordonnance, le contrevenant est cité devant la juridiction prévôtale.

Art. 486. – Les prévenus, témoins et victimes comparaissent sur citations ou convocations, qui sont établies par le prévôt et doivent être remises aux destinataires vingt-quatre heures au moins avant le jour fixé pour l'audience.

Art. 487. – Si des témoins ou des victimes ne se présentent pas, le prévôt peut passer outre ou renvoyer l'affaire à une audience ultérieure.

Art. 488. – Lorsque le prévenu ne comparaît pas, le prévôt renvoie l'affaire à une audience ultérieure et peut décerner mandat d'amener contre le prévenu.

Toutefois, si celui-ci a demandé à être jugé en son absence, il est statué sans renvoi et le jugement est contradictoire.

CHAPITRE III. – DE LA PROCÉDURE À L'AUDIENCE

Art. 489. – Le prévôt juge seul, publiquement, assisté d'un militaire assermenté de la gendarmerie, qui remplit les fonctions de greffier.

Le prévôt assure la police de l'audience et fait procéder à l'expulsion ou à l'arrestation de tout perturbateur, lequel ne peut être détenu plus de vingt-quatre heures.

Lorsqu'un individu se rend coupable à l'audience d'une infraction ne relevant pas de la compétence du tribunal prévôtal, il est mis à la disposition de l'autorité judiciaire ou militaire qui met en mouvement l'action publique et procès-verbal des faits est dressé par le prévôt.

En cas de nécessité, le prévôt nomme d'office un interprète majeur auquel il fait prêter serment.

Art. 490. – Le prévôt constate l'identité du prévenu, lui donne connaissance succinctement des faits motivant sa comparution et recueille ses explications.

Les témoins sont entendus séparément après avoir prêté serment.

Le prévôt reçoit, s'il les juge utiles à la manifestation de la vérité mais sans prestation de serment, les dépositions des ascendants du prévenu, de ses descendants, frères et sœurs ou alliés au même degré, ou de son conjoint, ainsi que des mineurs au-dessous de l'âge de seize ans.

Il reçoit, en outre, les déclarations de la partie civile.

Le prévenu est ensuite entendu dans ses moyens de défense ; il peut être assisté par un militaire ou un avocat.

Si le prévenu refuse de répondre aux questions qui lui sont posées, il est passé outre.

Le prévôt déclare les débats clos et donne lecture de son jugement.

CHAPITRE IV. – DU JUGEMENT

Art. 491. – Si le prévôt estime que le fait relève de sa compétence, il prononce la peine en indiquant l'infraction dont le prévenu est déclaré coupable, ainsi que les textes appliqués ; il condamne le prévenu aux frais envers l'État et fixe la durée de la contrainte par corps.

Dans le cas contraire, il transmet sans délai la procédure, et, éventuellement, fait conduire le prévenu devant l'autorité judiciaire ou militaire qui a mis en mouvement l'action publique.

Si le prévôt estime que le fait ne constitue aucune infraction ou que le fait n'est pas établi ou qu'il n'est pas imputable au prévenu, il renvoie celui-ci des fins de la poursuite.

Il statue sur la demande de dommages-intérêts de la partie civile et sur la restitution des objets saisis.

Art. 492. – La minute du jugement est signée séance tenante par le prévôt et le greffier et immédiatement adressée au greffe du tribunal aux armées du lieu de stationnement ou d'opérations de la grande unité, formation ou détachement dont dépend le prévôt.

Le commissaire du Gouvernement près ce tribunal se conforme aux dispositions de l'article 355 pour le recouvrement des frais et amendes.

Art. 493. – Les jugements des juridictions prévôtales ne peuvent faire l'objet que d'un pourvoi en cassation dans les conditions prévues par les articles 263 et suivants.

DISPOSITIONS GÉNÉRALES

Art. 494. – Le présent code est applicable sur tout le territoire de la République et hors de ce territoire dans les cas et situations qu'il prévoit.

Voir J.-M. GONNARD, Justice militaire : *J.-Cl. Proc. pén.*, 1er appendice au Code de procédure pénale.

JURISPRUDENCE DE LA COUR DE CASSATION

1) Si en application des articles 265 et 266 du Code de justice militaire le pourvoi formé par le commissaire du Gouvernement contre un jugement d'acquittement ne peut préjudicier au prévenu, il en va différemment lorsque la juridiction militaire ne s'est pas prononcée sur la prévention dont elle était saisie (Cass. crim., 1er mars 1988 : *Bull.* 109).

Aux termes de l'article 271, lorsque la cassation s'est prononcée pour fausse application de la peine aux faits dont le prévenu a été déclaré coupable, la déclaration de culpabilité est maintenue et la nouvelle juridiction saisie ne statue que sur l'application de la peine (Cass. crim., 22 févr. 1995 : *Bull.* 81).

2) L'article 397-7 du Code de procédure pénale, dans sa rédaction résultant de la loi du 2 février 1981, interdit l'emploi de la saisine directe pour les infractions dont la procédure de poursuite est prévue par une loi spéciale. Tel n'est pas le cas des infractions en matière militaire en temps de paix mentionnées à l'article 697-1 du Code de procédure pénale (Cass. crim., 4 déc. 1985 : *Bull.* 391).

3) Caractérise tous les éléments constitutifs des délits distincts d'incitation de militaires à commettre des actes contraires au devoir ou à la discipline et de violation de consigne respectivement prévus et réprimés par les articles 441, alinéa 1er, et 465, alinéa 1er du Code de justice militaire, le jugement qui relève que les prévenus ont introduit dans les casernements des écrits réclamant notamment le retrait d'Allemagne des troupes françaises et engageant les militaires à abandonner leur corps.

En conséquence, c'est à bon droit qu'a été prononcée une double déclaration de culpabilité dès lors que la règle du non-cumul des peines a été respectée (Cass. crim., 23 janv. 1985 : *Bull.* 36).

4) Telle que définie par l'article 31 du décret du 28 juillet 1975 portant règlement de discipline générale dans les armées, la punition disciplinaire des arrêts, assortie ou non de période d'isolement, doit être pour l'application de l'article 357 du Code de justice militaire, réputée détention provisoire ; dès lors, doit être censuré l'arrêt d'une cour d'appel qui, saisie d'une requête relative à l'exécution de peines d'emprisonnement prononcées contre un militaire, s'est bornée à prendre en compte, au titre de l'imputation sur la durée de la peine à subir, la seule fraction de la sanction disciplinaire comportant isolement (Cass. crim., 28 oct. 1985 : *Bull.* 328).

5) Les jeunes gens dont la demande en vue de bénéficier des dispositions relatives aux objecteurs de conscience a été agréée sont, en application des dispositions de l'article L. 116-4 du Code du service national, assimilés aux assujettis du service de défense ; ils relèvent donc, en temps de paix, pour l'application du livre III du Code de justice militaire de la compétence des tribunaux de droit commun dans les conditions prévues par les articles 697 à 698-8 du Code de procédure pénale (Cass. crim., 3 oct. 1986 : *Bull.* 267 ; *D.* 1987-82 note Azibert. – Cass. crim., 18 févr. 1987 : *Bull.* 82 ; *Rev. sc. crim.* 1987, 464, obs. Braunschweig).

Il résulte de la combinaison des articles L. 116-4, L. 139 et L. 141 du Code du service national que les objecteurs de conscience sont, en temps de paix, assimilés aux assujettis du service de défense, pour l'application, notamment, des dispositions relatives à la poursuite de l'infraction d'insoumission prévue par les articles L. 124 et suivants dudit code (Cass. crim., 16 déc. 1987 : *Bull.* 471).

6) Les juges qui constatent que leur saisine est irrégulière n'ont pas le pouvoir de statuer sur la culpabilité et doivent renvoyer le ministère public à se pourvoir (Cass. crim., 1er mars 1988 : *Bull.* 109).

7) La compétence du tribunal aux armées des forces françaises en Allemagne, dans le cadre d'un accident survenu à Berlin entre membres des forces alliées (français et britanniques), implique, en l'absence de toute législation particulière, l'application des dispositions du Code de justice militaire ; dès lors, la recevabilité de la constitution de partie civile, en application de l'article 91 du Code de justice militaire, fait obligation aux juges de réparer le dommage découlant directement de l'infraction (Cass. crim., 17 déc. 1987 : *Bull.* 472).

8) Les autorités militaires de l'État d'origine ne peuvent, en l'absence d'arrangements administratifs le leur permettant, se dispenser de notifier aux autorités allemandes compétentes chaque affaire tombant sous le coup de la renonciation prévue par l'article 19 de l'Accord complémentaire du 3 août 1951 ; à défaut d'une telle notification par les autorités militaires françaises aux autorités allemandes, le tribunal militaire aux armées est irrégulièrement saisi (Cass. crim., 1er mars 1988 : *Bull.* 109).

9) L'article 465 du Code de procédure pénale, qui donne au tribunal la faculté de décerner mandat de dépôt ou d'arrêt lors d'une condamnation à au moins une année d'emprisonnement, spécifie qu'il doit s'agir d'un délit de droit commun, et n'est donc pas applicable à une infraction militaire comme le délit d'insoumission (Cass. crim., 25 avr. 1990 : *Bull.* 156).

10) Aux termes de l'article 394 du Code de justice militaire, lorsqu'il s'agit d'une infraction prévue par ledit code et quand les circonstances atténuantes ont été déclarées, en aucun cas une peine d'amende ne peut être substituée à une peine d'emprisonnement.

Ainsi la peine de jour-amende telle que prévue par l'article 43-8 du Code pénal étant une modalité de l'amende et, dès lors, étant de même nature que celle-ci, elle ne peut, sans violation de l'article 394 précité, être prononcée par une juridiction des forces armées saisie d'une infraction militaire et ayant accordé les circonstances atténuantes (Cass. crim., 26 sept. 1990 : *Bull.* 323).

11) Lorsqu'il accorde le bénéfice des circonstances atténuantes, un tribunal aux armées peut prononcer contre une personne prévenue d'infraction à l'article 418.1° du Code de justice militaire la peine complémentaire de privation des droits spécifiés à l'article 42 du Code pénal (Cass. crim., 19 déc. 1990 : *Bull.* 443).

12) Le juge répressif, auquel une personne demeurée étrangère aux poursuites demande, sur le fondement de l'article 479 du Code de procédure pénale, la restitution d'un objet saisi, ne peut, motif pris du caractère équivoque de la possession, refuser de faire droit à cette demande, dès lors que cet objet n'est pas revendiqué par un tiers, que sa détention n'est pas illicite et que sa confiscation n'a pas été ordonnée par la juridiction de jugement. Ce principe doit être également respecté par les juridictions spécialisées en matière militaire, lorsqu'elles statuent sur une demande de restitution formée en application de l'article 252, dernier alinéa, du Code de justice militaire (Cass. crim., 30 oct. 1996 : *Bull.* 388).

13) Selon les articles 5 et 321-4° du Code de justice militaire, lorsqu'un tribunal aux armées a cessé de fonctionner, les affaires de la compétence de ce tribunal sont renvoyées, suivant les règles prévues à l'article 665-1 du Code de procédure pénale, à une juridiction de même degré. C'est ainsi qu'une demande en rectification d'une erreur matérielle, présentée par une personne résidant à l'étranger, concernant une décision rendue par une juridiction militaire supprimée ayant siégé en Algérie, est renvoyée devant le tribunal des forces armées de Paris (Cass. crim., 1er déc. 1993 : *Bull.* 369).

14) L'article 25-28° de la loi du 3 août 1995 qui exclut du bénéfice de l'amnistie l'homicide et les blessures involontaires résultant de manquements par les employeurs aux dispositions de la législation et de la réglementation du travail en matière de sécurité des travailleurs n'exige pas que ces manquements aient consisté en une violation des prescriptions contenues dans le Code du travail, ni qu'ils aient été eux-mêmes pénalement sanctionnés ; en conséquence, est exclu de l'amnistie l'homicide

involontaire causé par la violation, par le commandant d'une base militaire devant être considéré comme un employeur au regard des dispositions précitées, d'une consigne relative à la sécurité des travailleurs, alors même que cette violation, incriminée par l'article 465 du Code de justice militaire, serait elle-même amnistiée de droit (Cass. crim., 9 déc. 1997 : *Bull.* 419).

Code du service national

PREMIÈRE PARTIE – LÉGISLATIVE

LIVRE PREMIER

(L. n. 97-1019, 28 oct. 1997, art. 1er) (1)

TITRE PREMIER. – DISPOSITIONS GÉNÉRALES RELATIVES AU SERVICE NATIONAL

CHAPITRE I. – PRINCIPES

Art. L. 111-1. – Les citoyens concourent à la défense de la Nation. Ce devoir s'exerce notamment par l'accomplissement du service national universel.

Art. L. 111-2. – Le service national universel comprend des obligations : le recensement, l'appel de préparation à la défense et l'appel sous les drapeaux.

Il comporte aussi des volontariats.

L'appel de préparation à la défense à pour objet de conforter l'esprit de défense et de concourir à l'affirmation du sentiment d'appartenance à la communauté nationale, ainsi qu'au maintien du lien entre l'armée et la jeunesse.

L'appel sous les drapeaux permet d'atteindre, avec les militaires professionnels, les volontaires et les réservistes, les effectifs déterminés par le législateur pour assurer la défense de la Nation.

Art. L. 111-3. – Le volontariat vise à apporter un concours personnel et temporaire à la communauté nationale dans le cadre d'une mission d'intérêt général et à développer la solidarité et le sentiment d'appartenance à la Nation.

Les volontariats s'effectuent dans l'un des trois domaines suivants :

– défense, sécurité et prévention ;
– cohésion sociale et solidarité ;
– coopération internationale et aide humanitaire.

Dans les départements, territoires et collectivités territoriales d'outre-mer, le volontariat de l'aide technique constitue une forme particulière du volontariat de cohésion sociale et solidarité.

CHAPITRE II. – CHAMP D'APPLICATION

Art. L. 112-1. – Le livre Ier du Code du service national s'applique aux jeunes hommes nés après le 31 décembre 1978, à ceux qui sont rattachés aux mêmes années de recensement ainsi qu'aux jeunes femmes nées après le 31 décembre 1982 et à celles qui sont rattachées aux mêmes années de recensement. Les jeunes femmes sont recensées à partir du 1er janvier 1999.

Art. L. 112-2. – L'appel sous les drapeaux est suspendu pour tous les Français qui sont nés après le 31 décembre 1978 et ceux qui sont rattachés aux mêmes classes de recensement.

(1) L. n. 97-1019, 28 oct. 1997, art. 10 ; les dispositions de cette loi, à l'exception de son art. 4 sont applicables aux TOM et à la collectivité territoriale de Mayotte.

Il est rétabli à tout moment par la loi dès lors que les conditions de la défense de la Nation l'exigent ou que les objectifs assignés aux armées le nécessitent.

Art. L. 112-3. – Les jeunes hommes nés en 1980 et 1981 sont recensés à l'âge de dix-sept ans.

Art. L. 112-4. – Les jeunes hommes nés en 1979 sont exemptés de l'appel de préparation à la défense. Ils peuvent néanmoins demander à y participer et se porter alors candidats à une préparation militaire.

Jusqu'au 31 décembre 2001, les jeunes hommes nés en 1980, 1981 et 1982 sont convoqués pour participer à l'appel de préparation à la défense entre la date de leur recensement et leur dix-neuvième anniversaire.

Art. L. 112-5. – Lorsqu'ils ont été incorporés, les jeunes hommes nés après le 31 décembre 1978 ainsi que ceux rattachés aux mêmes classes de recensement demeurent soumis aux articles L. 1er à L. 159 du présent code.

Art. L. 112-6. – Les jeunes femmes nées après le 31 décembre 1981 peuvent se porter candidates à une préparation militaire.

CHAPITRE III. – LE RECENSEMENT

Art. L. 113-1. – Tout Français âgé de seize ans est tenu de se faire recenser.

Art. L. 113-2. – À l'occasion du recensement, les Français déclarent leur état civil, leur situation familiale et scolaire, universitaire ou professionnelle à la mairie de leur domicile ou au consulat dont ils dépendent. L'administration leur remet une attestation de recensement.

Art. L. 113-3. – Les personnes devenues françaises entre leur seizième et leur vingt-cinquième anniversaire et celles dont la nationalité française a été établie entre ces deux âges à la suite d'une décision de justice sont soumises à l'obligation de recensement, pour les premières, dès que la nationalité française a été acquise ou que cette acquisition leur a été notifiée et, pour les secondes, dès que la décision de justice a force de chose jugée.

Les jeunes étrangers mentionnés à l'article 21-7 du Code civil peuvent participer volontairement aux opérations du recensement.

Art. L. 113-4. – Avant l'âge de vingt-cinq ans, pour être autorisée à s'inscrire aux examens et concours soumis au contrôle de l'autorité publique, la personne assujettie à l'obligation de recensement doit être en règle avec cette obligation.

Elle peut procéder à la régularisation de sa situation en se faisant recenser.

Art. L. 113-5. – Les Français omis sur les listes de recensement sur lesquelles ils auraient dû être inscrits sont portés, jusqu'à l'âge de vingt-cinq ans, sur les premières listes de recensement établies après la découverte de l'omission.

Art. L. 113-6. – La gestion des dossiers des personnes recensées est assurée par l'administration chargée du service national.

Art. L. 113-7. – Après avoir été recensés, et jusqu'à l'âge de vingt-cinq ans, les Français sont tenus de faire connaître à l'administration chargée du service national tout changement de domicile ou de résidence, de situation familiale et professionnelle.

Art. L. 113-8. – Les modalités d'application du présent chapitre sont fixées par décret en Conseil d'État.

CHAPITRE IV. – L'ENSEIGNEMENT DE LA DÉFENSE
ET L'APPEL DE PRÉPARATION À LA DÉFENSE

Art. L. 114-1. – À partir de la rentrée 1998, les principes et l'organisation de la défense nationale et de la défense européenne font l'objet d'un enseignement obligatoire dans le cadre des programmes des établissements d'enseignement du second degré des premier et second cycles.

Cet enseignement a pour objet de renforcer le lien armée-Nation tout en sensibilisant la jeunesse à son devoir de défense.

Art. L. 114-2. – En complément de cet enseignement, est organisé pour tous les Français l'appel de préparation à la défense auquel ils sont tenus de participer.

L'appel de préparation à la défense a lieu entre la date du recensement des Français et leur dix-huitième anniversaire. Il dure une journée.

À l'issue de l'appel de préparation à la défense, il est délivré un certificat individuel de participation.

Art. L. 114-3. – Lors de l'appel de préparation à la défense, les Français reçoivent un enseignement adapté à leur niveau de formation *(L. n. 2000-242, 14 mars 2000, art. 22)* et respectueux de l'égalité entre les sexes, qui permet de présenter les enjeux et les objectifs généraux de la défense nationale, les moyens civils et militaires de la défense et leur organisation, les formes de volontariats ainsi que les préparations militaires et les possibilités d'engagement dans les forces armées et les forces de réserve.

À cette occasion sont organisés des tests d'évaluation des apprentissages fondamentaux de la langue française.

Art. L. 114-4. – Les Français choisissent parmi trois dates au moins proposées par l'administration chargée du service national celle à laquelle ils participent à l'appel de préparation à la défense.

Art. L. 114-5. – Les Français qui n'ont pas pu participer à l'appel de préparation à la défense avant la date de leur dix-huitième anniversaire peuvent demander à régulariser leur situation jusqu'à l'âge de vingt-cinq ans. Ils sont alors convoqués par l'administration chargée du service national dans un délai de trois mois pour accomplir cette obligation.

Art. L. 114-6. – Avant l'âge de vingt-cinq ans, pour être autorisée à s'inscrire aux examens et concours soumis au contrôle de l'autorité publique, la personne assujettie à l'obligation de participer à l'appel de préparation à la défense doit, sauf cas de force majeure, être en règle avec cette obligation.

Art. L. 114-7. – Ne sont pas soumises à l'obligation de participer à l'appel de préparation à la défense les personnes atteintes d'une maladie invalidante, d'une infirmité ou d'un handicap les rendant définitivement inaptes à y participer.

Art. L. 114-8. – Les Français âgés de moins de vingt-cinq ans qui résident à l'étranger participent, sous la responsabilité du chef du poste diplomatique ou consulaire accrédité, à l'appel de préparation à la défense aménagé en fonction des contraintes de leur pays de résidence.

Art. L. 114-9. – Les Français majeurs âgés de moins de vingt-cinq ans, non inscrits sur les listes de recensement sur lesquelles ils auraient dû figurer, sont convoqués à l'appel de préparation à la défense dans un délai de six mois suivant la découverte de l'omission et dans les conditions fixées à l'article L. 114-4.

Art. L. 114-10. – Les Français répondant à l'appel de préparation à la défense ont la qualité d'appelés du service national.

Ils sont placés sous la responsabilité de l'État.

Les personnes victimes de dommages corporels subis à l'occasion de l'appel de préparation à la défense peuvent, ainsi que leurs ayants droit, obtenir de l'État une réparation destinée à assurer l'indemnisation intégrale du préjudice subi, calculée suivant les règles de droit commun.

Aucune action récursoire ne peut être engagée contre les personnes morales propriétaires des locaux d'accueil.

Art. L. 114-11. – Les responsables d'établissements d'accueil de l'appel de préparation à la défense passent, avec l'administration chargée du service national, des conventions fixant les modalités de mise à disposition de leurs locaux.

Art. L. 114-12. – Les Français peuvent, sur leur demande, prolonger l'appel de préparation à la défense par une préparation militaire.

(Al. 2 et 3 ab., L. n. 99-894, 22 oct. 1999, art. 52-3°).

Art. L. 114-13. – Les modalités d'application du présent chapitre sont fixées par décret en Conseil d'État. En ce qui concerne les Français établis hors de France, ces modalités sont prises après avis du Conseil supérieur des Français à l'étranger ou de son bureau permanent dans l'intervalle des sessions du conseil.

CHAPITRE V. – LA PRÉPARATION MILITAIRE

(L. n. 99-894, 22 oct. 1999, art. 52-4°)

Art. L. 115-1. – La préparation militaire et la préparation militaire supérieure sont accessibles aux Français libérés des obligations du service national âgés de moins de trente ans et ayant l'aptitude reconnue par le service de santé des armées pour suivre le cycle de formation correspondant.

Cette préparation militaire consiste en une formation militaire dont la durée est fixée par l'autorité militaire en fonction des besoins de chaque force armée, arme et spécialité.

Art. L. 115-2. – Tout Français victime de dommages subis pendant une période d'instruction ou à l'occasion d'une période d'instruction accomplie au titre d'un cycle de formation de la préparation militaire, et, en cas de décès, ses ayants droit, obtiennent de l'État, lorsque la responsabilité de ce dernier est engagée, la réparation intégrale du dommage subi, suivant les règles du droit commun.

TITRE II. – DISPOSITIONS RELATIVES AUX VOLONTARIATS

CHAPITRE I. – LE VOLONTARIAT DANS LES ARMÉES

Art. L. 121-1. – Les Français peuvent, sous réserve de leur aptitude et dans la limite des emplois budgétaires prévus à cet effet, servir avec la qualité de militaire, comme volontaires dans les armées.

À la date du dépôt de leur demande, ils doivent être âgés de plus de dix-huit ans et de moins de vingt-six ans.

Le volontariat est conclu pour une durée de douze mois *(L. n. 99-894, 22 oct. 1999, art. 52)* qui peut être fractionnée si la nature de l'activité concernée le permet. Il est renouvelable chaque année. La durée totale du volontariat ne peut excéder soixante mois.

Il est souscrit au titre d'une armée ou d'une formation rattachée.

Les volontaires peuvent servir dans les départements, territoires et collectivités territoriales d'outre-mer au titre du service militaire adapté. Ceux qui sont nés ou ont leur résidence habituelle dans les départements, territoires et collectivités territoriales d'outre-mer peuvent demander à recevoir une formation professionnelle. Ils servent alors en tant que stagiaires du service militaire adapté.

Art. L. 121-2. – Les jeunes hommes nés avant le 1er janvier 1979 et ayant accompli les obligations du service national peuvent également déposer une demande pour servir comme volontaires.

Art. L. 121-2-1 *(L. n. 99-894, 22 oct. 1999, art. 52-2°)*. – Les Français qui ont accompli un volontariat dans les armées restent disponibles dans la réserve militaire, dans la limite de cinq ans à compter de la fin de leur volontariat.

Art. L. 121-3. – Les modalités d'application du présent chapitre sont fixées par décret en Conseil d'État.

CHAPITRE II. – LES VOLONTARIATS CIVILS

(L. n. 2000-242, 14 mars 2000)

Section I. – Principes de volontariats civils

Art. L. 122-1. – Dans les conditions prévues par le présent chapitre, les Français et les Françaises âgés de plus de dix-huit ans et de moins de vingt-huit ans à la date du dépôt de leur candidature peuvent demander à accomplir comme volontaires le service civil prévu aux articles L. 111-2 et L. 111-3 du présent code.

Sous réserve de respecter ces dispositions, les Français nés avant le 1er janvier 1979 et les Françaises nées avant le 1er janvier 1983 peuvent également se porter candidats à un volontariat civil.

Ce service volontaire est également ouvert dans les mêmes conditions d'âge aux ressortissantes et ressortissants des États membres de l'Union européenne ou d'un autre État partie à l'accord sur l'Espace économique européen. Ces candidats doivent se trouver en position régulière au regard des obligations de service national de l'État dont ils sont ressortissants. Ils peuvent être écartés des fonctions qui sont soit inséparables de l'exercice de la souveraineté, soit comportent une participation directe ou indirecte à l'exercice de prérogatives de puissance publique de l'État ou des autres collectivités publiques.

Art. L. 122-2. – Les candidats à un volontariat civil doivent satisfaire à des critères d'aptitude et à des conditions qui, définis pour chaque forme de volontariat par décret en Conseil d'État, doivent permettre un égal accès des femmes et des hommes.

Ils doivent en outre, sauf cas de force majeure, être en règle avec les obligations résultant du présent code.

Enfin, l'accomplissement du volontariat civil est subordonné à l'acceptation de la candidature par le ministre compétent qui statue dans la limite des crédits budgétaires prévus à cet effet, en respectant, chaque fois que cela est possible, le principe de la parité entre les femmes et les hommes.

Art. L. 122-3. – L'engagement de volontariat civil est conclu pour une durée de six à vingt-quatre mois et doit être accompli auprès d'un seul organisme ou collectivité, sous réserve, des dispositions de l'article L. 122-8. Il peut être prorogé une fois sans que sa durée totale excède vingt-quatre mois. Son accomplissement ne peut être fractionné.

Art. L. 122-4. – Les volontaires civils participent dans le domaine de la prévention, de la sécurité et de la défense civiles aux missions de protection des personnes, des biens et de l'environnement. Dans le domaine de la cohésion sociale et de la solidarité, ils participent à des missions d'intérêt général.

Dans les départements, territoires et collectivités d'outre-mer et en Nouvelle-Calédonie, le volontariat de l'aide technique contribue également au développement scientifique, économique, administratif, sanitaire et social, éducatif et culturel.

Au titre de la coopération internationale, les volontaires civils participent à l'action de la France dans le monde en matière d'action culturelle et d'environnement, de développement technique, scientifique et économique et d'action humanitaire. Ils contribuent également à l'action de la France en faveur du développement de la démocratie et des droits de l'homme, éléments indissociables d'une politique de paix, et au bon fonctionnement des institutions démocratiques.

Art. L. 122-5. – Le volontariat civil est accompli auprès d'une personne morale autre que l'État pour des activités agréées par le ministre compétent. Sur le territoire national, le volontariat civil ne peut être effectué qu'auprès d'une personne morale à but non lucratif ; à l'étranger, il peut être effectué auprès de toute personne morale. Toutefois, à l'étranger ou dans les départements, territoires et collectivités d'outre-mer et en Nouvelle-Calédonie, le volontariat civil peut également être accompli dans un service de l'État.

Art. L. 122-6. – Les volontaires civils sont placés sous l'autorité d'un ministre. Ils relèvent à cet égard des règles de droit public résultant du présent chapitre, des textes réglementaires et des décisions pris pour son application.

Art. L. 122-7. – Lorsque le volontariat civil est accompli auprès d'une personne morale autre que l'État, le ministre compétent ou un organisme gestionnaire qu'il désigne conclut une convention avec la personne morale concernée. Lorsque le volontariat civil est accompli en partenariat avec le service volontaire européen pour les jeunes mis en place par la Commission européenne, la convention est en outre signée par cette dernière. Cette convention détermine les conditions d'accomplissement du volontariat. Elle prévoit notamment :

– la nature des activités confiées au volontaire civil ;

– les conditions de prise en charge des dépenses liées à l'accomplissement du volontariat, notamment les indemnités mensuelles et les prestations éventuelles prévues à l'article L. 122-12, ainsi que le régime de protection sociale mentionné à l'article L. 122-14 ;

– la formation du volontaire et les règles d'encadrement ;

– les modalités d'affectation et celles relatives au contrôle des conditions de vie et de travail du volontaire.

Sous réserve des dispositions de l'article L. 122-18, les conventions conclues avec les personnes privées prévoient l'obligation pour cette personne de souscrire une assurance au titre de la responsabilité civile du volontaire.

Art. L. 122-8. – Le ministre compétent peut mettre fin au volontariat civil en cours d'accomplissement :
– en cas de force majeure ;
– en cas de faute grave ;
– dans l'intérêt du service ou de l'activité agréée ;
– en cas de violation par la personne morale des clauses de la convention prévue à l'article L. 122-7 ;
– à la demande conjointe du volontaire civil et de la personne morale.

Enfin, sur demande du volontaire et avec un préavis d'au moins un mois, le ministre compétent peut mettre fin au volontariat pour permettre au demandeur d'occuper une activité professionnelle.

Par dérogation aux dispositions de l'article L. 122-3, lorsqu'il a été mis fin au volontariat civil en cas de force majeure ou en cas de violation par la personne morale des clauses de la convention prévue à l'article L. 122-7, l'intéressé peut demander à conclure un nouvel engagement de volontariat sans que la durée totale des périodes de volontariat civil n'excède vingt-quatre mois.

Le volontaire civil dont la mission est suspendue pour cause de maladie, de maternité, d'adoption ou d'incapacité temporaire liée à un accident imputable au service peut demander une prolongation de son volontariat d'une durée égale à celle de son indisponibilité, sans que la durée totale de son engagement ne puisse excéder vingt-quatre mois.

Art. L. 122-9. – Un certificat d'accomplissement du volontariat civil est délivré au volontaire par le ministre compétent à l'issue de sa période de volontariat.

Section II. – Droits et obligations du volontariat civil

Art. L. 122-10. – Le volontariat civil est une activité à temps plein. Le volontaire consacre l'intégralité de son activité aux tâches qui lui sont confiées.

Le volontariat civil est incompatible avec une activité rémunérée publique ou privée. Seules sont autorisées les productions d'œuvres scientifiques, littéraires ou artistiques ainsi que, sous réserve de l'accord de l'organisme auprès duquel est accompli le volontariat civil, les activités d'enseignement.

Art. L. 122-11. – Outre les obligations résultant de l'article L. 122-6, le volontaire civil est soumis aux règles des services de la collectivité ou de l'organisme auprès duquel il accomplit son volontariat. Il est tenu à la discrétion pour les faits et informations dont il a connaissance dans l'exercice et à l'occasion de l'exercice de ses activités.

Il est tenu également aux obligations de convenance et de réserve inhérentes à ses occupations, notamment, lorsqu'il est affecté à l'étranger, à l'égard de l'État de séjour. Il est tenu aux obligations professionnelles imposées aux Français exerçant une activité de même nature dans l'État de séjour.

Art. L. 122-12. – L'accomplissement du volontariat civil ouvre droit, à l'exclusion de toute rémunération, à une indemnité mensuelle, exonérée de l'impôt sur le revenu et exclue de l'assiette de la contribution sociale généralisée et de la contribution au remboursement de la dette sociale, prise en charge, selon le cas, par l'État, l'organisme gestionnaire ou la personne morale mentionnée à l'article L. 122-7. Le montant de cette indemnité mensuelle, identique pour toutes les formes de volontariat civil, est fixé par décret. Il ne peut être supérieur à 50 % de la rémunération afférente à l'indice brut 244.

Le volontaire civil peut également recevoir les prestations nécessaires à sa subsistance, à son équipement et à son logement. Lorsqu'il est affecté hors du territoire métropolitain, le volontaire reçoit ces prestations qui peuvent être servies sous forme d'une indemnité supplémentaire, exonérée de l'impôt sur le revenu et exclue de l'assiette de la contribution sociale généralisée et de la contribution au remboursement de la dette sociale. Le montant de cette indemnité supplémentaire est fixé à un taux uniforme, quelles que soient les activités exercées, pour chacune des collectivités et chacun des pays ou régions de ces pays.

Art. L. 122-13. – Le régime des congés annuels est fixé par décret.

Art. L. 122-14. – I. – Le volontaire civil affecté en métropole ou dans un département d'outre-mer bénéficie en cette qualité, pour lui-même et ses ayants droit, des prestations en nature de l'assurance maladie, maternité et invalidité du régime général. Il relève, en cas de maladie ou d'accident survenu par le fait ou à l'occasion du volontariat civil, des dispositions du livre IV du Code de la sécurité sociale. La couverture de ces risques est assurée moyennant le versement de cotisations forfaitaires à la charge de l'organisme d'accueil et dont le montant est fixé par décret.

L'organisme d'accueil assure au volontaire affecté dans un département d'outre-mer une couverture complémentaire, notamment en cas d'hospitalisation ainsi que pour les risques d'évacuation sanitaire, de rapatriement sanitaire et de rapatriement de corps. Le ministre chargé de l'outre-mer fixe par arrêté les modalités de cette couverture.

II. – L'organisme d'accueil assure au volontaire civil affecté à l'étranger, pour lui-même et ses ayants droit et sous réserve des engagements européens et internationaux de la France et des dispositions de l'article L. 122-7, le bénéfice des prestations en nature de l'assurance maladie, maternité, invalidité et des prestations accidents du travail et maladies professionnelles, d'un niveau au moins égal à celui prévu au I.

Il assure, en outre, le bénéfice d'une couverture complémentaire pour les risques précités, notamment en cas d'hospitalisation ainsi que pour les risques d'évacuation sanitaire, de rapatriement sanitaire et de rapatriement de corps. Le ministre compétent arrête les conditions dans lesquelles cette couverture complémentaire est mise en place.

En cas de maladie, d'accident, y compris de trajet, ou de décès survenant par le fait ou à l'occasion du volontariat, l'organisme d'accueil assure également des conditions d'indemnisation au moins équivalentes à celles prévues par la législation française sur les accidents du travail.

III. – L'État assure lui-même la couverture des risques mentionnés au présent article pour les volontaires civils affectés dans ses services et pour leurs ayants droit.

IV. – Le bénéfice des dispositions de l'article L. 122-12 est maintenu durant la période de volontariat au profit du volontaire en cas de congé de maladie, de maternité ou d'adoption, ou d'incapacité temporaire liée à un accident imputable au service.

V. – Un décret fixe les conditions et les domaines dans lesquels l'État contribue, dans le cadre de conventions établies avec les associations, à la protection sociale des volontaires lorsque le volontariat civil est accompli auprès d'associations.

Art. L. 122-15. – Le temps du service accompli au titre du volontariat civil, d'une durée au moins égale à six mois, est assimilé à une période d'assurance pour l'ouverture et le calcul des droits à retraite dans le premier régime d'assurance vieillesse de base auquel le volontaire est affilié à titre obligatoire postérieurement à son volontariat.

Par dérogation aux dispositions de l'alinéa ci-dessus, le temps du service, d'une durée au moins égale à six mois, accompli au titre du volontariat est pris en compte par le régime spécial de retraite auquel l'assuré est ultérieurement affilié.

Les sommes représentatives de la prise en compte par les régimes d'assurance vieillesse de base obligatoires sont prises en charge par le fonds de solidarité vieillesse mentionné à l'article L. 135-1 du Code de la sécurité sociale.

Art. L. 122-16. – Pour l'accès à un emploi de l'État, des collectivités territoriales, des établissements publics et des entreprises publiques dont le personnel est soumis à un statut réglementaire, la limite d'âge est reculée d'un temps égal au temps effectif du volontariat civil.

Ce temps effectif de volontariat est compté dans le calcul de l'ancienneté de service exigée dans les fonctions publiques de l'État, des collectivités territoriales et des établissements publics hospitaliers.

Art. L. 122-17. – Le temps effectif de volontariat civil est compté dans la durée d'expérience professionnelle requise pour le bénéfice de la validation des acquis professionnels en vue de la délivrance d'un diplôme de l'enseignement supérieur ou technologique ou d'un titre professionnel.

Section III. – Dispositions diverses

Art. L. 122-18. – En cas de faute exclusive de toute faute personnelle, la responsabilité pécuniaire de l'État, sans préjudice d'une action récursoire à l'encontre de la personne morale mentionnée à l'article L. 122-5, est substituée à celle du volontaire civil affecté à l'étranger.

Le volontaire civil affecté à l'étranger bénéficie, dans l'exercice ou à l'occasion de l'exercice de son volontariat, d'une protection de l'État dans les conditions prévues à l'article 11 de la loi n. 83-634 du 13 juillet 1983 portant droits et obligations des fonctionnaires.

Art. L. 122-19. – Les dispositions des articles L. 122-1 à L. 122-18 du présent code ne font pas obstacle à des dispositions spécifiques définies pour des volontaires non visés par l'article L. 111-3 dudit code. Ces dispositions spécifiques peuvent organiser des formes contractuelles d'engagement volontaire pour l'accomplissement de missions d'intérêt général.

Art. L. 122-20. – Les modalités d'application des articles L. 122-1 à L. 122-19 sont fixées par décret en Conseil d'État. Les dispositions réglementaires relatives à l'accomplissement du volontariat civil à l'étranger sont prises après consultation du Conseil supérieur des Français de l'étranger.

Section IV. – Dispositions relatives à l'outre-mer

Art. L. 122-21. – Sous réserve des adaptations prévues ci-après, le présent chapitre, à l'exception du dernier alinéa de l'article L. 122-1, du III de l'article L. 122-14 et du dernier alinéa de l'article L. 122-15, est applicable dans les territoires d'outre-mer, en Nouvelle-Calédonie et dans la collectivité territoriale de Mayotte.

1° Par dérogation aux dispositions des articles L. 122-12, L. 122-14, L. 122-15, L. 122-17 et L. 122-20 du présent chapitre, une convention entre l'État, d'une part, la Nouvelle-Calédonie et la Polynésie française, d'autre part, fixe les conditions d'application du présent chapitre dans ces deux collectivités. Elle précise obligatoirement :

a) Les conditions d'exonération d'imposition et de versement des taxes fiscales et sociales attachées à la perception de l'indemnité mensuelle et de l'indemnité supplémentaire prévues à l'article L. 122-12 ;

b) Les conditions dans lesquelles les volontaires civils affectés en Nouvelle-Calédonie ou en Polynésie française et leurs ayants droit bénéficient des prestations du régime local de sécurité sociale et de couverture complémentaire, notamment en cas d'hospitalisation ainsi que pour les risques d'évacuation sanitaire et de rapatriement de corps lorsque le volontariat civil est accompli auprès d'un service de l'État ou d'un organisme d'accueil public ou privé, y compris lorsqu'il s'agit d'une association ;

c) La prise en compte du temps du service accompli au titre du volontariat civil par le régime de retraite de base ou spécial de la Nouvelle-Calédonie ou de la Polynésie française auquel le volontaire civil est affilié à titre obligatoire ou volontaire postérieurement à son volontariat ;

d) Les modalités d'adaptation du II de l'article L. 122-14 au regard des dispositions prévues par les *b* et *c*ci-dessus lorsqu'un volontaire civil engagé en Nouvelle-Calédonie ou en Polynésie française est affecté à l'étranger ;

e) Les conditions d'ancienneté et d'accès à un emploi relevant de la compétence de la Polynésie française, de la Nouvelle-Calédonie ou de ses provinces ainsi que de leurs établissements publics dont le personnel est soumis au statut réglementaire ;

f) La prise en compte de l'expérience professionnelle acquise lors du volontariat civil pour la délivrance d'un diplôme ou d'un titre professionnel par la Nouvelle-Calédonie ou la Polynésie française ;

g) Le cas échéant, les modalités de coordination lorsqu'un volontaire civil est affecté successivement en Nouvelle-Calédonie ou en Polynésie française et dans une autre collectivité territoriale de la République.

2° Dans les collectivités territoriales de Mayotte et de Saint-Pierre-et-Miquelon ainsi que dans les territoires d'outre-mer des îles Wallis-et-Futuna et des Terres australes et antarctiques françaises :

a) L'indemnité mensuelle et l'indemnité supplémentaire prévues à l'article L. 122-12 sont exonérées de toute imposition et taxes fiscales, parafiscales et sociales applicables localement ;

b) La protection sociale prévue par l'article L. 122-14 est assurée dans les conditions prévues par la réglementation applicable localement lorsque le volontariat civil est accomplli auprès d'un service de l'État ou d'un organisme d'accueil public ou privé, y compris lorsqu'il s'agit d'une association. Lorsque l'organisme d'accueil assure au volontaire une couverture complémentaire, notamment en cas d'hospitalisation ainsi que pour les risques d'évacuation sanitaire, de rapatriement sanitaire et de rapatriement de corps, le ministre chargé de l'outre-mer fixe par arrêté les modalités de cette couverture ainsi que les règles particulières lorsque le volontaire civil est affecté à l'étranger. La législation sur les accidents du travail est celle applicable localement.

LIVRE DEUXIÈME

(L. n. 97-1019, 28 oct. 1997, art. 2 et 3)

L. n. 97-1019, 28 oct. 1997, art. 2 : Les articles L. 1er à L. 159 du Code du service national constituent le livre II du Code du service national. Ses dispositions sont suspendues pour les jeunes gens nés après le 31 décembre 1978.

Jusqu'au 1er janvier 2003, le livre II du Code du service national s'applique aux Français, aux étrangers sans nationalité et aux bénéficiaires du droit d'asile, nés avant le 1er janvier 1979, ainsi qu'aux personnes rattachées aux mêmes classes de recensement.

TITRE PREMIER. – DÉFINITION ET PRINCIPES DU SERVICE NATIONAL

CHAPITRE I. – DISPOSITIONS GÉNÉRALES

Art. L. 1er *(L. n. 83-605, 8 juill. 1983 ; L. n. 92-9, 4 janv. 1992)*. – Le service national est universel.

Il revêt :

– une forme militaire destinée à répondre aux besoins des armées :

le service militaire ;

– des formes civiles destinées à répondre aux autres besoins de la défense ainsi qu'aux impératifs de solidarité :

– le service de défense ;
– le service dans la police nationale ;
– le service de sécurité civile ;
– le service de l'aide technique ;
– le service de la coopération ;
– le service des objecteurs de conscience.

Art. L. 2 *(L. n. 92-9, 4 janv. 1992, art. 3-I ; L. n. 93-4, 4 janv. 1993, art. 1er)*. – Le service national comprend des obligations d'activité et des obligations de réserve.

Les obligations d'activité du service national comportent :

a) Un service actif légal dont la durée est :

– de dix mois pour le service militaire, le service dans la police nationale et le service de sécurité civile ;
– de seize mois pour les services de l'aide technique et de la coopération ;
– de vingt mois pour le service des objecteurs de conscience.

(Al. supprimé, L. n. 97-1019, 28 oct. 1997, art. 3).

b) Des périodes qui peuvent être effectuées au titre d'une forme de service national autre que celle dans laquelle a été accompli le service actif ; la durée totale de ces périodes ne peut excéder six mois et chacune d'elles ne peut dépasser un mois. Ces dispositions sont applicables sous réserve des dispositions du chapitre Ier du titre III.

Art. L. 3 *(L. n. 83-605, 8 juill. 1983 ; L. n. 92-9, 4 janv. 1992, art. 4)*. – Tous les citoyens français de sexe masculin doivent le service national de dix-huit à cinquante ans. Ils en accomplissent les obligations d'activité s'ils possèdent l'aptitude nécessaire et médicalement constatée. Des dispenses des obligations du service national actif peuvent être accordées dans les cas prévus aux articles L. 31 à L. 40.

Les Françaises volontaires ont accès aux différentes formes du service national dans les limites et conditions fixées par décret en Conseil d'État.

Les étrangers sans nationalité et ceux qui bénéficient du droit d'asile sont assujettis au service national.

Les étrangères sans nationalité et celles qui bénéficient du droit d'asile peuvent se porter volontaires pour accéder aux différentes formes du service national dans les limites et conditions fixées par décret en Conseil d'État.

Toutefois, dans les organismes soumis à l'affectation collective de défense, le service de défense s'étend aux Français et aux étrangers mentionnés au troisième alinéa ci-dessus, âgés de plus de cinquante ans, ainsi qu'aux Françaises et aux étrangères sans nationalité ou bénéficiant du droit d'asile, âgées de plus de dix-huit ans.

Les obligations qui découlent de l'alinéa précédent s'appliquent nonobstant toutes dispositions conventionnelles ou statutaires relatives à la cessation de l'activité professionnelle ; elles cessent à l'âge de soixante-cinq ans.

Art. L. 3 *bis* *(L. n. 93-933, 22 juill. 1993).* – Lorsqu'un Français assujetti aux obligations du service national a simultanément la nationalité d'un autre État et qu'il réside habituellement sur le territoire français, il accomplit ces obligations *(L. n. 97-1019, 28 oct. 1997, art. 3-II)* sous le régime du Code du service national français.

Art. L. 4. – Nul ne peut être investi de fonctions publiques, même électives, s'il ne justifie avoir satisfait aux obligations imposées par le présent code.

Art. L. 5 *(L. n. 73-625, 10 juill. 1973, art. 1er ; L. n. 74-631, 5 juill. 1974, art. 18-I ; L. n. 78-753, 17 juill. 1978, art. 14 ; L. n. 83-605, 8 juill. 1983 ; L. n. 92-9, 4 janv. 1992, art. 5).* – Les jeunes gens peuvent être appelés, dans les conditions prévues à l'article L. 7, à accomplir leurs obligations du service national actif à partir de l'âge de dix-huit ans.

Ils ont le droit :

1° Soit de demander à être appelés au service actif dès le 1er octobre de l'année au cours de laquelle ils atteignent l'âge de dix-huit ans, sauf, tant qu'ils ne sont pas majeurs, opposition de leur représentant légal manifestée dans les conditions de délai fixées par décret ;

2° Soit de reporter la date de leur incorporation jusqu'à l'âge de vingt-deux ans ou, sur leur demande, au plus tard, jusqu'au 31 décembre de l'année civile au cours de laquelle ils atteignent cet âge. Ils peuvent renoncer avant terme au bénéfice de ce report. La demande qu'ils présentent à cet effet peut être limitée à une des formes du service national prévue à l'article L. 1.

Ils présentent leur demande sous leur seule signature. Toutefois, la satisfaction des demandes de jeunes gens désireux de devancer l'appel, et qui ne possèdent pas à la date de leur demande l'aptitude physique requise, peut être différée.

Art. L. 5 *bis* *(L. n. 89-18, 13 janv. 1989, art. 77 ; L. n. 92-9, 4 janv. 1992 ; art. 6).* – Un report supplémentaire d'incorporation de *(L. n. 97-1019, 28 oct. 1997, art. 3-III)* quatre années scolaires ou universitaires est accordé, sur leur demande, aux jeunes gens visés au 2° de l'article L. 5 qui justifient *(L. n. 97-1019, 28 oct. 1997, art. 3-III)* annuellement de la poursuite d'études ou de formation professionnelle dans des conditions fixées par décret *(L. n. 97-1019, 28 oct. 1997, art. 3-III)* en Conseil d'État.

Ces demandes de report doivent être déposées par les intéressés au bureau du service national dont ils relèvent, avant le 1er octobre de l'année civile au cours de laquelle ils atteignent l'âge de vingt-deux ans.

(Al. supprimé, L. n. 97-1019, 28 oct. 1997, art. 3-III).

Art. L. 5 *bis* A *(L. n. 97-1019, 28 oct. 1997, art. 3-IV).* – Les jeunes gens titulaires d'un contrat de travail de droit privé à durée indéterminée, obtenu au moins trois mois avant la date d'expiration du report d'incorporation qu'ils détiennent et prévu aux articles L. 5 (2°) ou L. 5 *bis*, peuvent demander à bénéficier d'un report d'incorporation d'une durée de deux ans pouvant être prolongée. Ce report cesse dès qu'il est mis fin au contrat de travail en cours.

Les jeunes gens titulaires d'un contrat de travail à durée déterminée de droit privé d'une durée au moins égale à six mois, conclu au moins trois mois avant la date d'expiration du report d'incorporation qu'ils détiennent et prévu aux articles L. 5 (2°) ou L. 5 *bis*, peuvent demander à bénéficier d'un report d'incorporation jusqu'au terme du contrat de travail en cours, dans la limite de deux ans.

Les reports mentionnés au présent article sont accordés si l'incorporation immédiate du demandeur a pour conséquence de compromettre son insertion professionnelle ou la réalisation d'une première expérience professionnelle.

Le report est accordé par la commission régionale définie à l'article L. 32.

Les modalités d'application de cet article sont fixées par décrets en Conseil d'État. Ces dispositions entreront en vigueur au plus tard le 1er janvier 1999.

Art. L. 5 *ter* *(L. n. 73-625, 10 juill. 1973, art. 3).* – Peuvent également bénéficier du report supplémentaire d'un an les jeunes gens se trouvant momentanément dans une situation familiale ou sociale grave qui, toutefois, ne justifie pas une dispense du service national.

L'appréciation du bien-fondé de l'octroi de ce report relève de la commission régionale définie à l'article L. 32.

Art. L. 5 *quater* *(L. n. 73-625, 10 juill. 1973, art. 4)*. – Les jeunes gens qui demandent à être incorporés avant l'âge de vingt ans bénéficient d'une priorité. Leur demande doit être satisfaite dans le délai de quatre mois au plus.

Art. L. 6 *(L. n. 92-9, 4 janv. 1992, art. 7)*. – Dans la répartition des assujettis entre les différentes formes de service national, les besoins des armées sont satisfaits en priorité.

Les modalités d'affectation des jeunes gens aux différentes formes de service national sont fixées par décret en Conseil d'État.

Compte tenu des besoins des armées, le Gouvernement arrête chaque année le nombre, la qualification ou le niveau d'aptitude des jeunes gens incorporables au cours de l'année dans le service dans la police nationale, le service de sécurité civile, le service de l'aide technique et le service de la coopération. *(L. n. 97-1019, 28 oct. 1997, art. 3-VII)*.

Les jeunes gens qui le demandent sont affectés au service militaire.

L'affectation individuelle des jeunes gens qui doivent être appelés au service militaire est déterminée en fonction des besoins et en tenant compte des aptitudes, de la qualification et de la situation de famille des intéressés.

Les jeunes gens mariés avec enfants ou veufs avec enfants ou classés soutiens de famille sont affectés par priorité dans les formations les plus rapprochées de leur domicile.

(V. D. n. 92-702, 20 juill. 1992 : *JO* 25 juill. 1992, p. 10024).

Art. L. 7. – Les règles concernant la composition, le fractionnement et les conditions d'appel du contingent au service national actif sont fixées par décret.

Le ministre chargé de la défense nationale détermine, par arrêté portant appel au service national, la composition de la fraction du contingent à incorporer, en tenant compte notamment des échéances d'études.

Les jeunes gens sont tenus de rejoindre leur affectation à la date qui est indiquée sur leur convocation individuelle.

Nul ne peut être appelé au service actif s'il a atteint ou dépassé l'âge de vingt-neuf ans. Toutefois, en cas d'insoumission ou d'omission sur les listes de recensement, l'appel peut intervenir jusqu'à ce que les intéressés aient atteint l'âge de trente-quatre ans.

Art. L. 8. – Sont considérés comme ayant satisfait à leurs obligations de service actif, les jeunes gens qui ont accompli, en vertu d'un engagement, une durée de service au moins égale à la durée légale de ce service actif.

CHAPITRE II. – DISPOSITIONS PARTICULIÈRES À CERTAINS EMPLOIS DU SERVICE NATIONAL

Art. L. 9 *(L. n. 73-625, 10 juill. 1973, art. 6 ; L. n. 83-605, 8 juill. 1983 ; L. n. 92-9, 4 janv. 1992, art. 8)*. – Les jeunes gens qui en font la demande peuvent être appelés soit pour occuper pendant le temps de leur service militaire actif un emploi dans les organismes d'études, de recherche ou d'enseignement dépendant du ministre de la Défense, soit pour tenir un emploi au titre du service de l'aide technique ou du service de la coopération.

La définition desdits emplois ainsi que les qualifications professionnelles requises des candidats sont fixées par décret en Conseil d'État.

Les candidatures sont agréées par les ministres intéressés dans la limite des emplois à pourvoir.

(L. n. 97-1019, 28 oct. 1997, art. 3-V) Les jeunes gens qui justifient de la poursuite d'études en vue de l'obtention de diplômes correspondant aux emplois prévus ci-dessus bénéficient du report supplémentaire prévu à l'article L. 5 *bis*, même s'ils n'ont pas déposé leur demande avant le 1er octobre de l'année civile au cours de laquelle ils ont atteint l'âge de vingt-deux ans.

Art. L. 10 *(L. n. 92-9, 4 janv. 1992, art. 9)*. – Les jeunes gens qui justifient de la poursuite d'un cycle d'études en vue de l'obtention de l'un des titres requis pour l'exercice de la profession de médecin, de pharmacien, de vétérinaire ou de chirurgien-dentiste peuvent, sur leur demande, bénéficier d'un report spécial d'incorporation.

(L. n. 97-1019, 28 oct. 1997, art. 3-VI) Ce report d'incorporation vient à échéance au plus tard le 31 décembre de l'année civile au cours de laquelle ils atteignent l'âge de vingt-huit ans.

Art. L. 11 *(L. n. 73-625, 10 juill. 1973, art. 6 ; L. n. 83-605, 8 juill. 1983).* – Les jeunes gens qui sollicitent le bénéfice d'un report d'incorporation au titre *(L. n. 97-1019, 28 oct. 1997, art. 3-VII)* de l'article L. 10 doivent déposer leur demande avant le 1er janvier de l'année civile au cours de laquelle ils atteignent l'âge de vingt-deux ans.

Art. L. 12. – *Abrogé, L. n. 97-1019, 28 oct. 1997, art. 3-VII.*

Art. L. 13. – *Abrogé, L. n. 97-1019, 28 oct. 1997, art. 3-VII.*

Art. L. 14 *(L. n. 83-605, 8 juill. 1983).* – Les décrets en conseil des ministres prévus par les articles 2 et 6 de l'ordonnance n. 59-147 du 7 janvier 1959 portant organisation générale de la défense peuvent suspendre totalement ou partiellement l'application des dispositions du 2° de l'article L. 5 et des articles L. 5 *bis*, L. 9, L. 10 et L. 116-2.

TITRE II. – DISPOSITIONS COMMUNES AUX DIFFÉRENTES FORMES DE SERVICE NATIONAL

CHAPITRE I. – RECENSEMENT, SÉLECTION

Section I. – Recensement

Art. L. 15 *(L. n. 83-605, 8 juill. 1983 ; L. n. 95-116, 4 févr. 1995, art. 104-1°).* – En vue de l'accomplissement du service national, les jeunes Français du sexe masculin âgés de dix-sept ans sont soumis, dans les conditions fixées par décret en Conseil d'État, à des obligations de recensement et de déclaration concernant leur état civil et leur situation familiale et professionnelle.

Les jeunes étrangers mentionnés à l'article 21-7 du Code civil peuvent participer volontairement aux opérations de recensement.

Art. L. 16 *(L. n. 95-116, 4 févr. 1995, art. 104-2°).* – Les jeunes Français du sexe masculin qui avaient la faculté de répudier la nationalité française et qui n'y ont pas renoncé sont soumis, à l'expiration du délai dont ils disposent pour exercer cette faculté, aux obligations prévues à l'article précédent.

Toutefois, ils peuvent, sur leur demande, être inscrits sur les listes de recensement avant cet âge ; ils perdent alors de ce fait la faculté de répudier la nationalité française.

Art. L. 17 *(L. n. 95-116, 4 févr. 1995, art. 104-3°).* – Les hommes devenus français entre dix-sept et cinquante ans par voie de naturalisation, de réintégration, de déclaration, de manifestation de volonté ou d'option et ceux dont la nationalité française a été établie entre ces deux âges à la suite d'un jugement ou d'une décision récognitive sont soumis aux obligations de recensement dès qu'ils ont acquis la nationalité française ou dès que celle-ci a été reconnue.

Art. L. 18 *(L. n. 83-605, 8 juill. 1983).* – Les jeunes gens qui sont inscrits au cours d'une même année civile sur les listes de recensement constituent une classe de recrutement.

Les jeunes gens reçoivent du ministre chargé des armées une carte du service national et, à partir du moment où ils sont libérés du service actif, un titre de mobilisation. Ils sont tenus de présenter ces pièces à toute réquisition des autorités militaires, judiciaires ou civiles.

Art. L. 19. – Lorsque les jeunes gens portés sur les listes de recensement ont fait des déclarations dont l'admission ou le rejet dépend d'une décision judiciaire à intervenir sur les questions relatives à leur état ou à leurs droits civils, l'inscription des intéressés est ajournée ou il est procédé à leur inscription conditionnelle.

Le délai d'appel est de quinze jours francs à partir de la signification de la décision attaquée.
Les actes faits en exécution du présent article sont enregistrés gratis.

Art. L. 20. – Les jeunes gens qui, sauf cas de force majeure, n'ont pas satisfait aux obligations de recensement et de déclaration prévues à l'article L. 15 sont exclus du bénéfice des dispositions *(L. n. 97-1019, 28 oct. 1997, art. 3-VII)* de l'article L. 10.
S'ils ont été omis sur les listes de recensement sur lesquelles ils auraient dû être inscrits, ils sont portés sur les premières listes de recensement établies après la découverte de l'omission, à moins d'avoir alors atteint l'âge de cinquante ans.

Art. L. 21. – Les hommes soumis aux obligations du service national sont tenus, à partir du moment où ils ont été recensés, de faire connaître tout changement de domicile et de résidence à la brigade de gendarmerie ou au consulat de leur nouveau domicile ou de leur nouvelle résidence. Doit être également déclarée toute absence de plus de quatre mois de la résidence habituelle.
Ces hommes sont également tenus de fournir à l'autorité publique les renseignements qui pourraient leur être demandés concernant leur situation familiale ou professionnelle. La correspondance relative à cet objet a lieu en franchise ; à l'étranger elle est transmise par le consul de France.

Art. L. 22. – Les employeurs des assujettis au service national sont tenus, dans les conditions fixées par décret, de certifier l'exactitude de la déclaration concernant la situation professionnelle. Ils sont également tenus de notifier à leur personnel la décision plaçant leur établissement sous le régime de l'affectation collective de défense en vue de l'application de l'article L. 94.

Section II. – Sélection

Art. L. 23 *(L. n. 92-9, 4 janv. 1992, art. 12)*. – Les jeunes gens assujettis au service national sont soumis à un examen médical et, en vue de leur affectation, à des épreuves psychotechniques. La participation à ces opérations, dont la durée ne dépasse pas trois jours, sauf nécessité d'hospitalisation pour mise en observation, constitue une obligation du service national. Les intéressés sont considérés, pour la durée de ces opérations, comme militaires en activité de service, dans les conditions et limites fixées par décret en Conseil d'État.

Art. L. 24. – À la suite des opérations prévues à l'article précédent, les jeunes gens font l'objet, selon leur aptitude physique, d'une proposition de répartition en trois catégories : aptes, ajournés, exemptés. Ils reçoivent communication de la proposition d'aptitude établie à leur sujet.

Art. L. 25 *(L. n. 92-9, 4 janv. 1992, art. 13)*. – La répartition des jeunes gens, selon leur aptitude, dans les catégories prévues par l'article L. 24 est faite par une commission locale d'aptitude composée de deux médecins des armées, dont l'un assure les fonctions de président, et du commandant du bureau de recrutement ou de son représentant.
Les jeunes gens soumis aux opérations visées à l'article L. 23 sont informés par le commandant du bureau de recrutement ou par son représentant des conditions dans lesquelles ils peuvent contester les décisions de la commission locale d'aptitude.
En cas de contestation sur les propositions de répartition prévues à l'article L. 24, la commission entend les jeunes gens intéressés. Après avoir entendu, le cas échéant, leur représentant légal et le maire de leur commune ou son délégué, elle peut renvoyer les intéressés devant la commission de réforme, prévue à l'article L. 61, qui statue.
Les jeunes gens qui n'auraient pas répondu à la convocation qui leur a été adressée en vue des opérations visées à l'article L. 23 sont considérés d'office comme aptes au service. Ils sont, lors de leur appel au service actif, convoqués devant une commission de réforme.

Art. L. 26. – L'ajournement n'est prononcé qu'une seule fois et pour une durée maximale de six mois. Le second examen des ajournés est effectué par la commission locale d'aptitude qui reçoit alors une composition différente de celle qui a décidé l'ajournement.

Art. L. 27. – Les décisions des commissions locales d'aptitudes et celles des commissions de réforme peuvent être déférées aux tribunaux administratifs dans un délai de deux mois à dater de la notification de ces décisions.

Art. L. 28. – Les modalités d'application du présent chapitre pourront comporter des dispositions particulières pour les jeunes Français résidant à l'étranger. Ces dispositions sont fixées par décret en Conseil d'État.

CHAPITRE II. – EXEMPTIONS, DISPENSES ET MODALITÉS PARTICULIÈRES D'ACCOMPLISSEMENT DES OBLIGATIONS D'ACTIVITÉ DU SERVICE NATIONAL

Section I. – Exemptions

Art. L. 29. – Les jeunes gens qui n'ont pas été classés aptes au service sont exemptés des obligations du service national actif et des obligations de réserve du service militaire.

En vue de leur emploi dans les circonstances prévues aux articles 2 et 6 de l'ordonnance n. 59-147 du 7 janvier 1959, ils peuvent être affectés à un emploi de défense s'ils présentent l'aptitude, médicalement constatée, exigée pour cet emploi.

Art. L. 30. – *Abrogé, L. n. 97-1019, 28 oct. 1997, art. 3-VIII.*

Section II. – Dispenses

Art. L. 31 *(L. n. 78-753, 17 juill. 1978, art. 15 ; L. n. 92-9, 4 janv. 1992, art. 15)*. – Sont dispensés des obligations du service national actif :

1° Les pupilles de la nation ;

2° Les jeunes gens dont le père, la mère, un frère ou une sœur :

a) A été déclaré « Mort pour la France », ou, s'il était de nationalité étrangère ou apatride, a fait l'objet d'une attestation du ministre des Anciens combattants et Victimes de guerre, selon laquelle il est décédé dans des circonstances telles que cette mention lui aurait été accordée s'il avait été de nationalité française ;

b) Est décédé, étant militaire en activité, ou mobilisé, ou requis, ou servant au titre de l'une des formes du service national, des suites d'un accident survenu, d'une blessure reçue, ou d'une maladie contractée dans l'exécution, sur ordre, de missions, services ou tâches comportant des risques particuliers ou au cours de manœuvres ou d'exercices préparant au combat ;

c) Est décédé, alors qu'il servait au titre de l'une des formes du service national ou qu'il était mobilisé ou requis, des suites d'un accident survenu, d'une blessure reçue ou d'une maladie contractée, dans l'accomplissement d'un service effectif ;

d) Est décédé des suites d'un accident survenu, d'une blessure reçue ou d'une maladie contractée au cours d'une action dont l'accomplissement, sur ordre de l'autorité publique ou dans l'intérêt de la sécurité ou de l'ordre publics, comportait en lui-même des risques particuliers.

Il est statué sur les demandes de dispenses par une décision du préfet du département du lieu de recensement.

Art. L. 32. – Peuvent être dispensés des obligations du service national actif, les jeunes gens qui sont classés soutiens de famille, notamment parce qu'ils ont la charge effective d'une ou plusieurs personnes qui ne disposeraient plus de ressources suffisantes si les jeunes gens étaient incorporés.

(L. n. 97-1019, 28 oct. 1997, art. 3-IX) Sont également dispensés des obligations du service national actif, sur leur demande, les jeunes gens mariés dont l'épouse ne dispose pas de ressources suffisantes, ainsi que les jeunes gens qui ont la charge effective d'au moins un enfant.

Peuvent aussi être dispensés des obligations du service actif les jeunes gens dont l'incorporation entraînerait une situation économique et sociale grave.

Les diverses catégories auxquelles s'applique la qualité de soutien de famille et la procédure permettant de l'établir sont définies par décret en Conseil d'État.

Un décret détermine, en fonction des nécessités du service, les conditions d'application de ces dispenses.

(L. n. 76-617, 9 juill. 1976, art. 23) Peuvent également être dispensés des obligations du service national actif les jeunes gens dont l'incorporation aurait, par suite du décès d'un de leurs *(L. n. 97-1019, 28 oct. 1997, art. 3-IX)* ascendants ou beaux-parents ou de l'incapacité de l'un de ceux-ci, pour effet l'arrêt de l'exploitation familiale à caractère agricole, commercial ou artisanal, notamment lorsque les ressources de l'exploitation ne permettraient pas d'en assurer le fonctionnement en l'absence de l'intéressé.

(L. n. 83-605, 8 juill. 1983) Peuvent, en outre, demander à être dispensés des obligations du service national actif les jeunes gens, chefs d'une entreprise depuis deux ans au moins, dont l'incorporation aurait des conséquences inévitables sur l'emploi de salariés par cessation de l'activité de cette entreprise.

(L. n. 97-1019, 28 oct. 1997, art. 3-IX) Peuvent aussi être dispensés des obligations du service national actif les jeunes gens dont l'incorporation aurait pour conséquence l'arrêt d'une exploitation à caractère agricole, commercial ou artisanal dont ils sont titulaires.

Un décret en Conseil d'État détermine les conditions d'application de ces dispositions.

Dans le cadre de ces dispositions, il est statué sur les demandes de dispense par une décision d'une commission régionale comprenant, sous la présidence du préfet de région ou, à défaut, d'un préfet ou d'un sous-préfet en exercice dans la région, le représentant, le général commandant la *(L. n. 97-1019, 28 oct. 1997, art. 3-IX)* circonscription militaire de défense ou son représentant, un conseiller général, un magistrat et le chef du service régional de l'action sanitaire et sociale ou son représentant. La commission entend, à leur demande, les jeunes gens intéressés ainsi que, le cas échéant, leur représentant légal et le maire de leur commune ou son délégué.

Art. L. 32 *bis* *(L. n. 76-617, 9 juill. 1976, art. 22 ; L. n. 83-605, 8 juill. 1983 ; L. n. 97-1019, 28 oct. 1997, art. 3-X)*. – Les jeunes gens mariés incorporables dont l'épouse, lors de leur appel, se trouve en état de grossesse médicalement certifié, font l'objet, sur leur demande, d'une décision différant leur appel jusqu'à la naissance de l'enfant. Ils pourront à ce moment demander à être reconnus comme soutiens de famille.

Art. L. 33. – Les demandes de dispense au titre des articles L. 31 et L. 32 doivent être présentées au plus tard trente jours après la déclaration de recensement prévue à l'article L. 15.

En cas de force majeure ou de fait nouveau intervenant après la décision visée aux articles L. 31 et L. 32 ou après l'expiration du délai prévu par l'alinéa précédent, les demandes doivent être présentées au plus tard dans les trente jours qui suivent la publication au *Journal officiel* de l'arrêté visé à l'article L. 7. Pour des faits postérieurs à cette publication, les demandes doivent être présentées dans les trente jours qui suivent la survenance des faits.

Les situations individuelles sont appréciées à la date à laquelle est prise la décision.

Art. L. 34. – Les recours formés contre les décisions prises en application des articles L. 31 et L. 32 doivent être déférés aux tribunaux administratifs dans un délai de deux mois à dater de la notification.

Art. L. 35. – Peuvent bénéficier d'une libération anticipée, sur décision du ministre chargé de la défense nationale, les jeunes gens réunissant, en raison d'un fait nouveau intervenant après leur incorporation, les conditions ouvrant droit à dispense au titre de l'article L. 31 ou les conditions nécessaires, à la date considérée, pour bénéficier d'une dispense au titre de l'article L. 32.

(L. n. 76-617, 9 juill. 1976, art. 24) Il peut en être de même lorsque leur incorporation a pour conséquence l'arrêt de l'exploitation familiale à caractère agricole, commercial ou artisanal pour quelque raison que ce soit.

Art. L. 36 *(L. n. 83-605, 8 juill. 1983)*. – Exceptionnellement, une dispense des obligations du service national actif ou une libération anticipée de ce service peut être accordée, dans la mesure compatible avec les besoins accordée, dans la mesure compatible avec les besoins de ce service, à des jeunes gens exerçant une activité essentielle pour la collectivité et dont la situation est considérée comme critique. Ces jeunes gens doivent s'engager à poursuivre cette activité pendant une durée déterminée et sous le contrôle de l'administration.

La durée, le champ d'application et les conditions d'attribution de ces mesures ainsi que la nature et la durée des obligations de leurs bénéficiaires sont fixés par décret en Conseil d'État.

Art. L. 37. – Les jeunes Français résidant effectivement à l'âge de dix-huit ans dans certains pays étrangers dont la liste est fixée par décret en Conseil d'État, font l'objet, en raison de l'éloignement, d'une décision différant leur appel, tant qu'ils résident dans l'un de ces pays. S'ils n'ont pas cessé, à l'âge de vingt-neuf ans, d'avoir leur résidence habituelle dans ces pays, ils sont dispensés d'office des obligations du service national actif.

Sont également dispensés de ces obligations les jeunes Français qui sont établis avant l'âge de dix-huit ans sur le territoire d'un État étranger lié à la France par un traité d'alliance ou un accord de défense, s'ils prouvent qu'ils ont été appelés au service actif dans cet État.

Art. L. 38. – Sauf dispositions plus favorables prévues par une convention internationale, les jeunes gens qui sont à la fois Français et ressortissants d'un État étranger sont dispensés des obligations du service actif en temps de paix :

a) À l'âge de vingt et un ans, s'ils prouvent qu'ils ont eu leur résidence habituelle sans interruption de dix-huit à vingt et un ans sur le territoire de l'État étranger dont ils sont ressortissants et qu'ils sont en règle avec la loi de recrutement de cet État ou que le service militaire obligatoire n'y est pas institué ;

b) À toute époque, dans le cas où l'État étranger dont ils sont ressortissants est lié à la France par un traité d'alliance ou un accord de défense, s'ils prouvent qu'ils ont dû se soumettre à la loi de recrutement de cet État ou qu'ils ont contracté un engagement dans l'armée dudit État ;

c) (L. n. 73-625, 10 juill. 1973, art. 10-1 ; L. n. 83-605, 8 juill. 1983) À toute époque, s'ils quittent provisoirement leur pays de résidence pour venir accomplir en France des études supérieures alors qu'ils ont déjà accompli leur service obligatoire dans leur pays de résidence ou qu'ils y ont obtenu un sursis d'incorporation au titre de ces études.

Art. L. 39 *(L. n. 83-605, 8 juill. 1983)*. – Les jeunes gens dispensés au titre des articles L. 31 et L. 32 peuvent, s'ils sont reconnus aptes au service national actif, faire acte de volontariat pour être soumis aux obligations de la forme de service national actif de leur choix.
(2e al. ab., L. n. 83-605, 8 juill. 1983, art. 1er).

Art. L. 40. – En vue de leur emploi dans les circonstances prévues aux articles 2 et 6 de l'ordonnance n. 59-147 du 7 janvier 1959, les jeunes gens dispensés des obligations du service national actif peuvent recevoir une affectation soit dans la réserve du service militaire, soit dans le service de défense.

Art. L. 40-1 *(L. n. 97-1019, 28 oct. 1997, art. 3-XI)*. – Les jeunes gens visés à l'article L. 17 qui, au moment de la naturalisation, de leur intégration ou de leur déclaration, ont satisfait à leurs obligations du service national à l'égard de leur État d'origine, dans les conditions prévues par la législation de cet État, sont considérés comme ayant satisfait aux obligations imposées par le présent code.

Section III

Art. L. 41 à L. 50 *(Abrogés, L. n. 83-605, 8 juill. 1983, art. 1er-XVII).*

Section IV. – Condamnés

Art. L. 51 *(L. n. 83-605, 8 juill. 1983 ; L. n. 92-9, 4 janv. 1992, art. 16)*. – La situation des jeunes gens âgés de moins de vingt-neuf ans ou de moins de trente-quatre ans s'ils relèvent des dispositions du quatrième alinéa de l'article L. 7 qui n'ayant pas accompli la totalité des obligations du service national actif et n'en ayant été ni exemptés ni dispensés, ont été condamnés définitivement pour crime et délit à une ou plusieurs peines d'emprisonnement sans sursis ou de réclusion, dont la durée totale est égale ou supérieure à un an est soumise à une commission juridictionnelle. Celle-ci décide que les intéressés seront tenus d'accomplir le service national actif :

Soit au titre de l'une des formes du titre III ;

Soit suivant des modalités particulières comportant des obligations destinées à assurer leur reclassement social.

Art. L. 52. – La commission juridictionnelle visée à l'article précédent est composée comme suit :

Un magistrat de l'ordre judiciaire, président, désigné par le garde des sceaux, ministre de la Justice ;

Deux officiers désignés par le ministre chargé de la défense nationale ;

Deux magistrats de l'ordre judiciaire désignés par le garde des sceaux, ministre de la Justice.

Le président et les membres de la commission sont nommés par arrêté interministériel. Ils peuvent, en cas d'empêchement, être remplacés par des suppléants. Le président et les membres suppléants sont désignés suivant les mêmes règles que les titulaires.

Art. L. 53. – Les règles de fonctionnement de la commission sont fixées par décret en Conseil d'État.

Les séances ne sont pas publiques.

Les décisions de la commission sont notifiées aux ministres chargés de leur exécution et aux intéressés. Elles ne sont susceptibles d'aucun recours autre que le recours en cassation devant le Conseil d'État.

Art. L. 54. – Les modalités particulières prévues à l'article L. 51 sont mises en œuvre par le comité d'assistance, prévu par l'article 731 du Code de procédure pénale, compétent au lieu de la résidence des intéressés.

Art. L. 55. – La commission astreint les jeunes gens mentionnés au dernier alinéa de l'article L. 51 à l'obligation d'exercer une activité déterminée ou de suivre un enseignement ou des cours de formation professionnelle.

La commission peut décider que les intéressés doivent :

Fixer leur résidence en un lieu déterminé ;

Répondre aux convocations du président du comité d'assistance et se soumettre au contrôle de toute personne qualifiée désignée par lui, notamment en ce qui concerne leurs conditions d'existence.

Ces obligations peuvent à tout moment être modifiées, aménagées ou supprimées par la commission.

Art. L. 56. – Les modalités particulières prévues à l'article L. 51 sont applicables pendant une période double de celle du service militaire actif.

Le temps du service actif éventuellement accompli dans l'une des formes du titre III vient en déduction de cette période.

Art. L. 57. – Les jeunes gens soumis à ces modalités particulières sont justiciables des tribunaux judiciaires de droit commun pour les infractions définies ci-après.

Art. L. 58. – Est passible d'une peine de trois ans d'emprisonnement celui qui, soumis aux modalités particulières prévues à l'article L. 51 :

a) N'a pas rejoint le lieu de l'activité ou de la résidence qui lui ont été imposées dans les quinze jours suivant celui fixé pour son arrivée ;

b) Depuis plus de six jours est absent au lieu de sa résidence ou de son activité sans l'autorisation du président du comité d'assistance ;

c) N'est pas présent au lieu de sa résidence ou de son activité dans les quinze jours suivant la date d'expiration d'une autorisation d'absence accordée.

Art. L. 59. – Les dispositions relatives à la prescription de l'article L. 127 du code sont applicables aux délits prévus à l'article précédent.

Celles des articles 394, 395 et 397 du Code de justice militaire sont applicables aux personnes qui ont provoqué ou favorisé ce délit et à celles qui ont soit recelé son auteur, soit soustrait ou tenté de soustraire son auteur aux poursuites ordonnées par la loi.

Art. L. 60. – Est passible d'une peine de deux ans d'emprisonnement celui qui, hors le cas de force majeure, ne se soumet pas aux obligations qui lui sont imposées en application des articles L. 51, L. 54 et L. 55.

CHAPITRE III. – RÉFORME POUR INAPTITUDE PHYSIQUE

Art. L. 61. – Tout homme accomplissant les obligations d'activité du service national ou soumis à ces obligations qui cesse d'être apte au service peut être mis en réforme définitive ou temporaire pour inaptitude physique par la commission de réforme dont la composition et les attributions sont fixées par décret. La décision qu'elle prend alors ne préjuge pas l'imputabilité de l'affection ou de l'infirmité et les droits éventuels à pension de l'intéressé.

La mise en réforme temporaire est prononcée pour une durée maximale d'une année ; elle n'est pas renouvelable. Lorsqu'elle concerne un homme accomplissant le service actif légal, elle entraîne dispense du temps de service actif restant à accomplir.

Le ministre chargé de la défense nationale peut, soit d'office dans un délai de deux mois à compter de la décision de la commission de réforme, soit à tout moment à la requête de l'intéressé demander à une autre commission de réforme de procéder à un nouvel examen.

CHAPITRE IV. – DROITS RÉSULTANT DE L'ACCOMPLISSEMENT
DU SERVICE NATIONAL ACTIF

Art. L. 62 *(L. n. 76-617, 9 juill. 1976, art. 25 ; L. n. 83-605, 8 juill. 1983 ; L. n. 92-9, 4 janv. 1992, art. 17)*. – L'aide sociale aux familles des jeunes gens qui accomplissent le service national actif fait l'objet des dispositions de l'article 156 du Code de la famille et de l'aide sociale.

Nonobstant les dispositions régissant les régimes de couverture sociale qui leur sont propres, les jeunes gens accomplissant les obligations du service national, victimes de dommages corporels subis dans le service ou à l'occasion du service, peuvent, ainsi que leurs ayants droit, obtenir de l'État, lorsque sa responsabilité est engagée, une réparation complémentaire destinée à assurer l'indemnisation intégrale du dommage subi, calculée selon les règles du droit commun.

L'alinéa précédent est applicable aux jeunes gens convoqués aux opérations de sélection et à ceux qui participent aux activités de préparation militaire ; lorsque la préparation militaire est organisée par une société agréée, la réparation complémentaire n'est due par l'État que si la responsabilité de cette société est engagée.

Art. L. 62 *bis* *(L. n. 73-625, 10 juill. 1973, art. 11 ; L. n. 83-605, 8 juill. 1983)*. – La réglementation des conditions d'admission ou de poursuite des études dans les établissements d'enseignement et, en particulier, dans ceux qui recrutent par voie de concours, sera établie ou aménagée, notamment en matière de limites d'âge, de manière que les jeunes gens qui, après avoir interrompu leurs études ou leur formation professionnelle pour accomplir leur service national, reprennent ces études ou cette formation à l'issue de leur service actif, ne puissent être privés des dispositions dont ils auraient pu bénéficier s'ils n'avaient pas accompli le service national actif.

Art. L. 63. – Les hommes ayant satisfait aux obligations du service national actif ainsi que ceux qui sont en position régulière au regard du présent code sont réputés avoir satisfait aux obligations exigées par l'article 16 de l'ordonnance n. 59-244 du 4 février 1959 relative au statut général des fonctionnaires et par l'article 16 de l'ordonnance n. 58-1270 du 22 décembre 1958 portant loi organique relative au statut de la magistrature.

Le temps de service national actif, accompli dans l'une des formes du titre III, est compté, dans la fonction publique, pour sa durée effective dans le calcul de l'ancienneté de service exigée pour l'avancement et pour la retraite.

Le temps obligatoirement passé dans le service militaire ou le service de défense en sus du service national actif est pris en compte intégralement pour l'avancement et pour la retraite.

Art. L. 64. – Pour l'accès à un emploi de l'État, des collectivités locales, des établissements publics et des entreprises publiques dont le personnel est soumis à un statut réglementaire, la limite d'âge est reculée d'un temps égal à celui passé effectivement dans le service national actif accompli dans l'une des formes du titre III.

Art. L. 65. – Les hommes ayant satisfait aux obligations du service national actif ou qui en ont été dispensés peuvent, s'ils remplissent les conditions requises, être admis dans la gendarmerie. Toutefois, seuls les candidats ayant accompli leurs obligations sous la forme du service militaire bénéficient, le cas échéant, de bonifications de classement pour l'admission et la titularisation.

Art. L. 66. – *Abrogé, L. n. 97-1019, 28 oct. 1997, art. 3-XII.*

TITRE III. – DISPOSITIONS PARTICULIÈRES
AUX DIFFÉRENTES FORMES DU SERVICE NATIONAL

CHAPITRE I. – SERVICE MILITAIRE

Section I. – Définition

Art. L. 67 *(L. n. 72-662, 13 juill. 1972, art. 110)*. – Le service militaire comporte le service actif, la disponibilité et la réserve. Il s'étend jusqu'à l'âge de trente-cinq ans dont cinq ans dans le service actif et la disponibilité et le reliquat dans la réserve.

Le temps de service supplémentaire accompli dans le service actif par un engagé vient en déduction du temps de service à passer dans la disponibilité.

Art. L. 68. – Le temps passé par les hommes visés à l'article L. 17, soit dans la légion étrangère ou toute autre formation des armées françaises, soit dans l'armée de leur pays d'origine, soit sur un théâtre d'opérations militaires actives dans une armée alliée ou associée, vient en déduction des obligations de service actif auxquelles ils sont tenus.

Art. L. 69 *(L. n. 93-4, 4 janv. 1993, art. 3-I et II)*. – Par dérogation aux dispositions de l'article L. 67 :

1° Tout officier ou sous-officier de réserve peut, par décision du ministre chargé de la défense nationale, être maintenu dans les cadres à l'expiration des obligations légales, en considération des besoins des armées. Cette décision, révocable en fonction de ces besoins, ne peut avoir pour effet de maintenir dans les cadres les officiers et les sous-officiers de réserve au-delà de la limite d'âge, augmentée de cinq ans, des cadres d'active correspondants.

2° Les anciens officiers et sous-officiers d'active conservent, dans le cadre de réserve où ils peuvent être versés à la cessation de leurs services actifs, les limites d'âge définies à l'alinéa ci-dessus.

3° Les membres des corps spéciaux et des cadres d'assimilés spéciaux sont régis, en ce qui concerne les limites d'âge, par leurs statuts particuliers.

Section II. – Service militaire actif

Art. L. 70. – Les jeunes gens appelés à effectuer le service militaire actif sont répartis entre les armées suivant les modalités fixées par le ministre chargé de la défense nationale.

Les marins de la marine marchande accomplissent les obligations d'activité du service militaire dans l'armée de mer jusqu'à concurrence des besoins de celle-ci.

Les militaires peuvent être appelés à servir en tout temps et en tout lieu. Toutefois, en temps de paix, seuls les appelés qui sont volontaires pour une telle affectation peuvent être affectés à des unités ou formations stationnées hors d'Europe et hors des départements et des territoires d'outre-mer.

Art. L. 71. – Les jeunes gens accomplissant le service militaire actif doivent être affectés à des emplois militaires. Ils reçoivent l'instruction militaire et participent aux missions des armées ainsi qu'à celles définies aux articles L. 73 à L. 75. Ils peuvent recevoir un complément d'instruction générale et de formation professionnelle.

(L. n. 97-1019, 28 oct. 1997, art. 3-XIII) Toutefois, à titre temporaire et sous réserve des dispositions de l'article L. 6, le ministre chargé des armées peut mettre des appelés volontaires à disposition d'autres ministères par voie de protocole pour des missions d'utilité publique.

Art. L. 72 *(L. n. 83-605, 8 juill. 1983 ; L. n. 92-9, 4 janv. 1992, art. 19)*. – Les jeunes gens peuvent demander à prolonger leur service militaire actif au-delà de la durée légale pour une période de deux à quatorze mois.

Cette demande, formulée dès avant l'appel sous les drapeaux ou, au plus tard, avant la fin du service actif, est soumise à l'agrément de l'autorité militaire. Elle est renouvelable une fois sans que la durée totale des services puisse excéder vingt-quatre mois.

La demande peut être retirée tant qu'elle n'a pas été acceptée par l'autorité militaire ainsi que dans le mois qui suit cette acceptation, ce délai ne courant qu'à partir de l'incorporation. En cas de modification de sa situation personnelle ou familiale, l'intéressé peut demander au ministre chargé des armées la résiliation de son acte de volontariat.

Nonobstant toute disposition contraire, les volontaires gardent la qualité d'appelé pendant le temps où ils se trouvent sous les drapeaux. Ils bénéficient notamment de la présomption d'imputabilité prévue à l'article L. 3 du Code des pensions militaires d'invalidité et des victimes de guerre.

La période de volontariat entre dans le calcul des pensions de vieillesse. Elle donne droit aux avantages prévus au deuxième alinéa de l'article L. 63 et à l'article L. 64, ainsi qu'à une priorité dans l'application *(L. n. 97-1019, 28 oct. 1997, art. 3-XII)* de l'article L. 65.

Un décret fixe la rémunération des appelés dont la demande de volontariat est acceptée ainsi que les conditions dans lesquelles un pécule leur est attribué en fin de service.

Art. L. 73. – Des unités militaires peuvent être chargées, à titre de mission secondaire et temporaire, de tâches de protection civile ou d'intérêt général dans les conditions fixées par décrets pris sur la proposition du ministre chargé de la défense nationale.

Les crédits correspondant à l'exécution de ces tâches ainsi qu'à l'instruction complémentaire appropriée sont inscrits au budget des ministères intéressés.

Art. L. 74 *(L. n. 83-605, 8 juill. 1983)*. – Les jeunes gens peuvent demander à accomplir leur service en qualité de gendarme auxiliaire. Ils reçoivent une instruction leur permettant d'être admis, à l'issue de leurs obligations légales, dans la gendarmerie ou dans ses réserves. Le nombre de jeunes gens appelés dans la gendarmerie ne peut dépasser 15 % des effectifs de cette arme.

Art. L. 75. – Une formation professionnelle peut être donnée aux jeunes gens accomplissant leur service militaire actif :

1° Dans des unités particulières ;

2° *(L. n. 97-1019, 28 oct. 1997, art. 3-XIV)* Par l'intermédiaire d'organismes publics ou privés fonctionnant dans les conditions prévues par le livre IX du Code du travail et avec lesquels des conventions seraient conclues conformément au titre II de ce livre.

Les jeunes gens qui reçoivent une formation professionnelle dans les conditions fixées ci-dessus peuvent être tenus de participer à des activités d'intérêt public, dans des départements ou régions déterminés par décrets.

(V. D. n. 91-1000, 30 sept. 1991 : *JO* 1er oct. 1991, p. 12795).

Art. L. 76. – Le Gouvernement peut libérer par anticipation une fraction du contingent au cours des quatre derniers mois du service militaire actif. Dans ce cas, les intéressés passent dans la disponibilité à la date de leur libération anticipée.

Lorsque les circonstances l'exigent, le Gouvernement peut conserver temporairement sous les drapeaux, dans la limite des obligations légales d'activité, les hommes ayant accompli la durée du service actif. La période de maintien sous les drapeaux est considérée comme une prolongation du service actif.

Art. L. 77. – Dans les cas prévus aux articles 2 et 6 de l'ordonnance n. 59-147 du 7 janvier 1959, le Gouvernement peut rappeler sous les drapeaux tout ou partie des personnels soumis aux obligations du service militaire.

Section III. – Recrutement des cadres de réserve du service militaire

Art. L. 78. – L'accès aux cadres d'officiers de réserve et de sous-officiers de réserve est ouvert à tous les jeunes gens appelés à l'exécution du service militaire actif.

Les conditions dans lesquelles les demandes sont reçues, les modalités de sélection, d'instruction, de prise en compte éventuelle des titres de préparation militaire ainsi que les grades auxquels ils peuvent être nommés sont définis par décret.

Art. L. 79. – Une préparation facultative au service militaire est organisée à l'initiative du ministre chargé de la défense nationale qui définit les titres sanctionnant cette préparation.

Les jeunes gens détenteurs de titres de préparation militaire reçoivent, pendant le service actif, une affectation correspondant aux spécialités résultant de ces titres.

Section IV. – Disponibilité et réserve du service militaire

Art. L. 80 *(L. n. 93-4, 4 janv. 1993, art. 4)*. – Tout homme ou toute femme de la réserve, père ou mère d'au moins quatre enfants vivants, ou ayant à sa charge, du fait de son mariage, quatre enfants ou plus, est libéré de toute obligation du service militaire, sauf à accepter de poursuivre des activités de disponibilité et de réserve.

(2e al. ab., L. n. 93-4, 4 janv. 1993, art. 5).

Art. L. 81. – Pendant la disponibilité, les hommes restent rattachés au contingent avec lequel ils ont été appelés au service actif. Dans la réserve, ils sont classés en fonction de la date de leur naissance, les hommes nés au cours d'une même année constituant une classe d'âge.

Art. L. 82. – Les hommes et les femmes de la disponibilité ou de la réserve peuvent recevoir une affectation dans les diverses formations des armées ou aux emplois prévus à l'article L. 83.

Ils sont tenus de rejoindre leur formation ou leur poste en cas de mobilisation générale ou partielle, ordonnée par décret, en cas de rappel par ordre individuel et en cas de convocation pour les périodes.

Il peut être procédé au rappel des disponibles et réservistes d'une manière distincte et indépendante par armée, arme, service, unité ou partie du territoire. Le rappel peut intervenir par contingent ou classe d'âge ou par catégories ou sous-catégories de forces ou par spécialité.

Art. L. 83. – Des affectations particulières sont données, dans la disponibilité et la réserve, à certains personnels désignés, éventuellement sur leur demande, en raison de leur situation civile et de leurs capacités professionnelles, pour faire partie de corps spéciaux ou de cadres d'assimilés spéciaux.

Ces corps spéciaux ou cadres d'assimilés spéciaux, dont les membres ont la qualité de militaires, font partie des armées. Ils comportent des emplois définis par décret. Ils sont régis par les décrets portant statuts particuliers qui définissent notamment les grades d'assimilation attribués en fonction des emplois. Le grade d'assimilation ne peut être inférieur à celui éventuellement détenu dans la réserve.

Les affectations aux corps spéciaux et aux cadres d'assimilés spéciaux sont prononcées par le ministre de la Défense nationale ou par l'autorité militaire déléguée, en accord avec le ministre de tutelle ou avec l'autorité administrative déléguée. Ces personnels peuvent en toute circonstance être relevés de leur emploi dans les corps spéciaux et les cadres d'assimilés spéciaux par le ministre chargé de la défense nationale et affectés, s'ils sont encore soumis aux obligations du service militaire, dans une formation des armées.

Les corps spéciaux et les cadres d'assimilés spéciaux peuvent, en dehors des cas prévus à l'article L. 82, être appelés à l'activité par décret pris en conseil des ministres lorsque les circonstances l'exigent.

Art. L. 84. – Les hommes et les femmes appartenant à la disponibilité et à la réserve sont assujettis à prendre part à des périodes d'exercice dont le nombre et la durée sont fixés dans le cadre de l'article L. 2 par le ministre chargé de la défense nationale. Ils peuvent également souscrire un engagement spécial d'entraînement volontaire dans la réserve et effectuer des périodes volontaires.

Les convocations pour les périodes d'exercice seront fixées en tenant compte, dans toute la mesure du possible, des intérêts régionaux et locaux, notamment des époques de travaux agricoles.

Les militaires de la disponibilité et de la réserve convoqués à une période d'exercice ne peuvent obtenir aucun ajournement, sauf cas de force majeure dûment justifié.

Dans le cas où les circonstances l'exigeraient, le Gouvernement est autorisé à conserver provisoirement sous les drapeaux, au-delà de la période réglementaire, les hommes appelés à un titre quelconque pour accomplir une période d'exercice. Il en rend compte immédiatement au Parlement s'il est en session, et, dès sa réunion, s'il est hors session.

Lorsqu'un salarié convoqué pour une période obligatoire fait connaître à son employeur son désir de bénéficier, durant cette période, des congés payés, il ne pourra être fait obstacle à ce désir.

Indépendamment des périodes d'exercice obligatoires et volontaires, les officiers et les sous-officiers de réserve ou assimilés peuvent être appelés à fréquenter des écoles de perfectionnement les préparant à leurs fonctions de mobilisation.

Art. L. 85 *(L. n. 92-9, 4 janv. 1992, art. 22)*. – Les hommes et les femmes de la disponibilité et les hommes et les femmes de la réserve appelés en cas de mobilisation, rappelés ou convoqués par application des articles L. 82 et L. 84, sont considérés sous tous les rapports comme des militaires du service actif et soumis, dès lors, à toutes les obligations imposées par les lois et règlements.

Les dispositions du second alinéa de l'article L. 62 leur sont applicables.

CHAPITRE II. – SERVICE DE DÉFENSE

Art. L. 86 à L. 94. – *Abrogés, L. n. 92-894, 22 oct. 1999, art. 54.*

CHAPITRE II *BIS*. – SERVICE DANS LA POLICE

(L. n. 85-835, 7 août 1985, art. 5-II ; L. n. 87-512, 10 juill. 1987, art. 2)

Section I. – Dispositions générales

Art. L. 94-1 *(Aj., L. n. 87-512, 10 juill. 1987, art. 2)*. – Le service dans la police nationale comporte le service actif, la disponibilité et la réserve. Il s'étend jusqu'à l'âge de cinquante ans dont cinq ans dans le service actif et la disponibilité et le reliquat dans la réserve.

Art. L. 94-2 *(Aj., L. n. 87-512, 10 juill. 1987, art. 2)*. – Les jeunes gens peuvent, sur leur demande, être admis à accomplir leur service national dans la police nationale, en qualité de policier auxiliaire. Leur nombre ne peut dépasser 10 % de l'effectif du personnel actif de la police nationale.

Section II. – Droits et obligations

Art. L. 94-3 *(Aj., L. n. 87-512, 10 juill. 1987, art. 2)*. – Les policiers auxiliaires sont tenus aux obligations qui découlent de l'accomplissement du service national ainsi qu'à celles qui sont inhérentes à leur emploi.

Ils sont tenus à la discrétion professionnelle pour les faits et informations dont ils ont connaissance dans l'exercice ou à l'occasion de l'exercice de leurs fonctions.

Ils peuvent être appelés à servir en tout temps et en tout lieu.

Art. L. 94-4 *(Aj., L. n. 87-512, 10 juill. 1987, art. 2)*. – Les policiers auxiliaires doivent s'abstenir de toute activité syndicale ou politique.

Toute incitation ou participation à une cessation concertée de service est considérée comme un acte d'indiscipline et sanctionnée comme tel.

Art. L. 94-5 *(Aj., L. n. 87-512, 10 juill. 1987, art. 2)*. – Le régime des permissions dont peuvent bénéficier les policiers auxiliaires est fixé par décret.

Art. L. 94-6 *(Aj., L. n. 87-512, 10 juill. 1987, art. 2)*. – Les policiers auxiliaires ont droit à la gratuité ou au remboursement des soins médicaux, des fournitures de médicaments et des frais d'hospitalisation dans les conditions qui sont fixées par décret.

Art. L. 94-7 *(L. n. 87-512, 10 juill. 1987, art. 2 ; L. n. 92-9, 4 janv. 1992, art. 29)*. – En cas d'infirmités contractées ou aggravées, par le fait ou à l'occasion du service qu'ils accomplissent au titre du présent chapitre, les policiers auxiliaires bénéficient, ainsi que leurs ayants droit en cas de décès, des dispositions du livre Ier du Code des pensions militaires d'invalidité et des victimes de guerre, à l'exclusion de tout autre régime législatif ou statutaire de pensions d'invalidité ou de rentes d'incapacité permanente. La pension est liquidée sur la base du taux prévu pour le soldat.

Art. L. 94-8 *(Aj., L. n. 87-512, 10 juill. 1987, art. 2)*. – L'aide sociale ainsi que les prestations de sécurité sociale qui peuvent être accordées aux familles dont les soutiens effectuent le service dans la police nationale sont les mêmes que celles qui sont accordées aux familles des jeunes gens accomplissant le service militaire.

Les prestations et indemnités reçues par les policiers auxiliaires n'entrent pas en ligne de compte dans l'évaluation des ressources des familles dont ils sont les soutiens, en vue de l'examen d'une demande d'aide sociale.

Art. L. 94-9 *(L. n. 87-512, 10 juill. 1987, art. 2 ; L. n. 92-9, 4 janv. 1992, art. 30)*. – Les policiers auxiliaires peuvent demander à prolonger leur service actif dans la police nationale au-delà de la durée légale pour une période de deux à quatorze mois.

Cette demande, formulée dès avant l'appel au service actif ou, au plus tard, avant la fin de ce service, est soumise à l'agrément du ministre de l'Intérieur. Elle est renouvelable une fois sans que la durée totale des services puisse excéder vingt-quatre mois.

La demande peut être retirée tant qu'elle n'a pas été acceptée par le ministre de l'Intérieur ainsi que dans le mois qui suit cette acceptation, ce délai ne courant qu'à partir de l'incorporation. En cas de modification de sa situation personnelle ou familiale, l'intéressé peut demander au ministre de l'Intérieur la résiliation de son acte de volontariat.

Nonobstant toute disposition contraire, les volontaires gardent la qualité d'appelé pendant le temps où ils servent au-delà de la durée légale. Ils bénéficient de la présomption d'imputabilité prévue à l'article L. 3 du Code des pensions militaires d'invalidité et des victimes de guerre.

La période de volontariat entre dans le calcul des pensions de vieillesse. Elle donne droit aux avantages prévus au deuxième alinéa de l'article L. 63 et à l'article L. 64 ainsi qu'à une priorité dans l'application *(L. n. 97-1019, 28 oct. 1997, art. 3-XII)* de l'article L. 65.

La rémunération des appelés dont la demande de volontariat est acceptée et les conditions dans lesquelles un pécule leur est attribué en fin de service sont fixées par le décret prévu au dernier alinéa de l'article L. 72.

Art. L. 94-10 *(Aj., L. n. 87-512, 10 juill. 1987, art. 2).* – Les dispositions des articles L. 76 et L. 77 sont applicables aux appelés servant dans la police nationale.

Section III. – Disponibilité et réserve dans la police nationale

Art. L. 94-11 *(Aj., L. n. 87-512, 10 juill. 1987, art. 2).* – Tout policier auxiliaire de la réserve, père d'au moins quatre enfants vivants ou ayant à sa charge, du fait de son mariage, quatre enfants ou plus, est libéré de toute obligation du service dans la police nationale.

Art. L. 94-12 *(Aj., L. n. 87-512, 10 juill. 1987, art. 2).* – Pendant la disponibilité, les policiers auxiliaires restent attachés au contingent avec lequel ils ont été appelés au service actif. Dans la réserve, ils sont classés en fonction de la date de leur naissance, les hommes nés au cours d'une même année constituant une classe d'âge.

Art. L. 94-13 *(Aj., L. n. 87-512, 10 juill. 1987, art. 2).* – Les policiers auxiliaires de la disponibilité ou de la réserve peuvent recevoir une affectation dans les divers services de la police nationale.

Ils sont tenus de rejoindre leur service en cas de mobilisation générale ou partielle, ordonnée par décret, en cas de rappel par ordre individuel et en cas de convocation pour les périodes d'exercice.

Il peut être procédé au rappel des disponibles et réservistes d'une manière distincte et indépendante par service, unité ou partie du territoire. Le rappel peut intervenir par contingent ou classe d'âge.

Art. L. 94-14 *(Aj., L. n. 87-512, 10 juill. 1987, art. 2).* – Les policiers auxiliaires appartenant à la disponibilité et à la réserve sont assujettis à prendre part à des périodes d'exercice dont le nombre et la durée sont fixés dans le cadre de l'article L. 2 par le ministre de l'Intérieur.

Ils peuvent également souscrire un engagement spécial d'entraînement volontaire dans la réserve et effectuer des périodes volontaires.

Les convocations pour les périodes d'exercice sont fixées en tenant compte, dans toute la mesure du possible, des intérêts régionaux ou locaux, notamment des époques de travaux agricoles.

Les policiers auxiliaires de la disponibilité et de la réserve convoqués à une période d'exercice ne peuvent obtenir aucun ajournement, sauf en cas de force majeure dûment justifié.

Dans le cas où les circonstances l'exigeraient, le Gouvernement est autorisé à conserver provisoirement sous les drapeaux, au-delà de la période réglementaire, les policiers auxiliaires appelés à un titre quelconque pour accomplir une période d'exercice. Il en rend compte immédiatement au Parlement, s'il est en session, et dès sa réunion, s'il est hors session.

Lorsqu'un salarié, convoqué pour une période obligatoire, fait connaître à son employeur son désir de bénéficier, durant cette période, des congés payés, il ne pourra être fait obstacle à ce désir.

Art. L. 94-15 *(Aj., L. n. 87-512, 10 juill. 1987, art. 2).* – Les policiers auxiliaires de la disponibilité et ceux de la réserve, appelés en cas de mobilisation, rappelés ou convoqués par application des articles L. 94-13 et L. 94-14, sont considérés sous tous les rapports comme des policiers auxiliaires du service actif et soumis, dès lors, à toutes les obligations imposées par les lois et règlements.

Les dispositions du second alinéa de l'article L. 62 leur sont applicables.

CHAPITRE II *TER.* – SERVICE DE SÉCURITÉ CIVILE

(L. n. 92-9, 4 janv. 1992, art. 32)

Art. L. 94-16. – Le service de sécurité civile est placé sous l'autorité du ministre de l'Intérieur. Il s'accomplit principalement dans les services d'incendie et de secours.

Art. L. 94-17. – Les jeunes gens peuvent, sur leur demande, être admis à accomplir le service de sécurité civile en qualité de sapeurs-pompiers auxiliaires. Leur nombre ne peut dépasser 10 p. 100 de l'effectif des sapeurs-pompiers professionnels.

Art. L. 94-18. – Les dispositions des articles L. 94-3 à L. 94-10 sont applicables aux jeunes gens qui effectuent le service de sécurité civile.

Art. L. 94-19. – Le service de sécurité civile ne comprend ni disponibilité ni réserve. À l'issue du service actif, les jeunes gens qui ont accompli un service de sécurité civile sont versés dans la réserve du service de défense.

Art. L. 94-20. – Nonobstant les dispositions de l'article L. 94-16, le service de sécurité civile peut être accompli, selon les modalités fixées par décret en Conseil d'État, par des jeunes gens n'ayant pas la qualité de sapeur-pompier auxiliaire, dans des organismes concourant directement à la protection des populations et relevant d'un ministre autre que le ministre de l'Intérieur.

CHAPITRE III. – SERVICE DE L'AIDE TECHNIQUE
ET SERVICE DE LA COOPÉRATION

Section I. – Définitions

Art. L. 95. – Le service de l'aide technique contribue, par la mise à leur disposition de jeunes gens du contingent, au développement des départements et territoires d'outre-mer.

Art. L. 96 *(L. n. 83-605, 8 juill. 1983 ; L. n. 92-9, 4 janv. 1992, art. 33)*. – Le service de la coopération fait participer les jeunes Français au développement de pays étrangers. Ceux-ci peuvent être affectés dans des entreprises françaises concourant au développement de ces pays.

Section II. – Dispositions communes

§ 1. – Dispositions générales

Art. L. 97. – Les jeunes gens possédant une qualification professionnelle peuvent, sur demande agréée, être admis au service de l'aide technique ou au service de la coopération pour accomplir le service actif.

Dès leur agrément, ils sont mis pour l'emploi à la disposition du ministre responsable, suivant le cas, de l'aide technique ou de la coopération.

Ils reçoivent du ministre intéressé une affectation dans les conditions fixées aux articles ci-après.

Pendant l'accomplissement de leur service, ils sont soumis à l'autorité du ministre susvisé et régis par les dispositions du présent chapitre.

Art. L. 98 *(L. n. 92-9, 4 janv. 1992, art. 34)*. – Les jeunes gens qui, ayant été admis à accomplir le service de l'aide technique ou le service de la coopération, n'ont pas répondu à la convocation du ministre responsable sont soumis aux obligations du service militaire actif pour une durée égale à la durée du service dans l'aide technique ou la coopération.

Art. L. 99. – Les jeunes gens affectés au service de l'aide technique ou au service de la coopération sont réputés incorporés le jour où, répondant à la convocation du ministre responsable, ils sont enregistrés sur les contrôles de l'Administration.

Ils n'accomplissent au titre de l'aide technique ou au titre de la coopération que le service actif.

À l'expiration d'une durée de service actif qui leur est applicable, les intéressés sont radiés des contrôles et libérés du service, ils peuvent alors recevoir une affectation militaire ou une affectation de défense.

Art. L. 100. – Les conditions d'application des dispositions du présent chapitre sont fixées par décret.

Art. L. 101. – Sous réserve de l'application éventuelle des articles L. 150 à L. 159, les jeunes gens affectés au service de l'aide technique ou au service de la coopération sont soumis aux seules dispositions résultant du présent chapitre. Ils sont tenus aux obligations professionnelles imposées aux membres des personnels français exerçant des emplois de même nature dans le département, le territoire ou l'État de séjour, en dehors du service national.

Art. L. 101-1 *(L. n. 97-1019, 28 oct. 1997, art. 3-XV)*. – Les dispositions du premier alinéa de l'article L. 76 sont applicables aux jeunes gens affectés au service de l'aide technique ou au service de la coopération.

§ 2. – Droits et obligations

Art. L. 102. – Les jeunes gens affectés au service de l'aide technique ou au service de la coopération sont tenus aux obligations de convenance inhérentes à leur emploi, notamment à l'égard de l'État de séjour.

Ils sont tenus à la discrétion professionnelle pour les faits et informations dont ils ont connaissance dans l'exercice ou à l'occasion de l'exercice de leurs fonctions.

Art. L. 103. – Les jeunes gens affectés au service de l'aide technique ou au service de la coopération doivent s'abstenir de toute activité syndicale ou politique.

Toute incitation ou participation à une cessation concertée de service est considérée comme un acte d'indiscipline et sanctionnée comme tel.

Art. L. 104. – Les jeunes gens affectés au service de l'aide technique ou au service de la coopération reçoivent, à l'exclusion de toute rémunération, les prestations nécessaires à leur subsistance, à leur équipement et à leur logement au lieu d'emploi.

Ces prestations sont, le cas échéant, arrêtées entre la France et l'État de séjour.

Lorsque les prestations sont fournies sous la forme d'une indemnité forfaitaire d'entretien, celle-ci est fixée à un taux uniforme pour chacun des départements, territoires, pays ou régions, quelles que soient les fonctions occupées.

Les prestations et indemnités prévues au présent article ne sont pas passibles d'impôts.

Art. L. 105. – Le régime des permissions dont peuvent bénéficier les jeunes gens affectés au service de l'aide technique ou au service de la coopération est fixé par décret.

Art. L. 106. – Les jeunes gens affectés au service de l'aide technique ou au service de la coopération ont droit à la gratuité ou au remboursement des soins médicaux, des fournitures de médicaments et des frais d'hospitalisation dans les conditions qui sont fixées par décret.

Art. L. 107. – En cas d'infirmités contractées ou aggravées par le fait ou à l'occasion du service qu'ils accomplissent au titre du présent chapitre, les jeunes gens bénéficient, ainsi que leurs ayants cause en cas de décès, des dispositions du livre Ier du Code des pensions militaires d'invalidité et des victimes de guerre, à l'exclusion de tout autre régime législatif ou statutaire de pensions d'invalidité ou de rentes d'incapacité permanente. La pension est liquidée sur la base du taux prévu pour le soldat.

Art. L. 108. – L'aide sociale ainsi que les prestations de sécurité sociale qui peuvent être accordées aux familles dont les soutiens effectuent le service de l'aide technique ou le service de la coopération sont les mêmes que celles qui sont accordées aux familles des jeunes gens accomplissant le service militaire.

Les prestations et indemnités reçues par les jeunes gens affectés au service de l'aide technique ou au service de la coopération n'entrent pas en ligne de compte dans l'évaluation des ressources des familles dont ils sont les soutiens, en vue de l'examen d'une demande d'aide sociale.

§ 3. – Dispositions diverses

Art. L. 109. – En cas de faute exclusive de toute faute personnelle, la responsabilité pécuniaire de l'État français, ou le cas échéant, celle de l'État de séjour, est substituée à celle des jeunes gens affectés au service de l'aide technique ou au service de la coopération.

Art. L. 110 *(L. n. 92-9, 4 janv. 1992, art. 36)*. – En cas d'inaptitude physique médicalement constatée pendant leur service, les jeunes gens affectés au service de l'aide technique ou au service de la coopération sont présentés devant la commission de réforme compétente prévue à l'article L. 61 qui statue sur leur aptitude au service national.

Le jeune homme est mis à la disposition du ministre chargé des armées en vue de terminer, le cas échéant, la durée du service militaire s'il est reconnu apte à ce service, cette durée étant, selon le cas, celle fixée au quatrième ou au septième alinéa de l'article L. 2.

La jeune femme est libérée de son volontariat sauf si, ayant l'aptitude requise, elle demande à achever son volontariat au service militaire.

Art. L. 111 *(L. n. 92-9, 4 janv. 1992, art. 37)*. – En cas de suppression d'emploi ou si des circonstances autres que celles qui sont prévues à l'article L. 150 conduisent le ministre responsable à mettre fin, dans l'intérêt du service, à l'affectation de certains jeunes gens, ceux-ci, s'ils ne peuvent recevoir de nouvelle affectation au service de l'aide technique ou au service de la coopération, sont mis à la disposition du ministre chargé des armées en vue de terminer, le cas échéant, la durée du service militaire, cette durée étant, selon le cas, celle fixée au quatrième ou au septième alinéa de l'article L. 2. Toutefois, les jeunes femmes sont libérées de leur volontariat, sauf si, ayant l'aptitude requise, elles demandent à achever leur volontariat au service militaire.

Section III. – Dispositions particulières
au service de l'aide technique

Art. L. 112. – En prononçant l'affectation, le ministre des départements et territoires d'outre-mer indique, en cas de besoin, les autorités locales dont le jeune homme ou la jeune femme relèvera dans l'accomplissement de sa mission.

Section IV. – Dispositions particulières
au service de la coopération

Art. L. 113. – Les cas et conditions dans lesquels les jeunes gens affectés au service de la coopération relèvent, pour leur emploi, des autorités de l'État étranger dans lequel ils ont reçu une affectation sont arrêtés en accord entre la France et cet État (1).

Art. L. 114. – Il est interdit aux jeunes gens affectés au service de la coopération de se livrer à toute manifestation susceptible de nuire à l'État français ou aux rapports que ce dernier entretient avec les organisations internationales ou les États au service desquels ou auprès desquels ils se trouvent placés.

Art. L. 115. – Les jeunes gens affectés au service de la coopération sont, le cas échéant, soumis aux dispositions des accords passés entre la France et l'État de séjour.

CHAPITRE IV. – SERVICE DES OBJECTEURS DE CONSCIENCE
(L. n. 83-605, 8 juill. 1983)

Art. L. 116-1 *(L. n. 83-605, 8 juill. 1983)*. – Les jeunes gens soumis aux obligations du service national qui, pour des motifs de conscience, se déclarent opposés à l'usage personnel des armes sont, dans les conditions

---

(1) L. n. 97-1019, 28 oct. 1997, art. 8 : une loi ultérieure définira les conditions d'exécution des volontariats civils mentionnés à l'article L. 113 du Code du service national.

prévues par le présent chapitre, admis à satisfaire à leurs obligations, soit dans un service civil relevant d'une administration de l'État ou des collectivités locales, soit dans un organisme à vocation sociale ou humanitaire assurant une mission d'intérêt général, agréé dans des conditions fixées par décret en Conseil d'État.

Art. L. 116-2 *(L. n. 83-605, 8 juill. 1983).* – Les demandes d'admission au bénéfice des dispositions du présent chapitre doivent être motivées conformément aux dispositions de l'article L. 116-1.

Avant l'accomplissement du service national actif, les demandes doivent, pour être recevables, être présentées avant le 15 du mois qui précède l'incorporation de l'intéressé.

Après l'accomplissement des obligations du service national actif et de la disponibilité, ou lorsque les intéressés ont été exemptés ou dispensés, elles sont recevables à tout moment et valent renonciation au grade militaire éventuellement détenu.

Art. L. 116-3 *(L. n. 83-605, 8 juill. 1983).* – Les demandes sont agréées par le ministre chargé des armées.

Le recours devant le tribunal administratif contre le refus d'agrément suspend l'incorporation et l'application du dernier alinéa de l'article L. 7. Le tribunal administratif statue en premier et dernier ressort suivant la procédure d'urgence.

Art. L. 116-4 *(L. n. 83-605, 8 juill. 1983).* – Les jeunes gens, dont la demande en vue de bénéficier des dispositions du présent chapitre est agréée, sont assimilés aux assujettis du service de défense pour l'application des dispositions des articles L. 89, L. 141 et L. 145 à L. 149.

Sous réserve des règles relatives aux conditions de travail et à la discipline, fixées par décret en Conseil d'État, ils sont soumis à la réglementation interne propre à l'organisme qui les emploie.

En cas de condamnation, pour insoumission ou désertion, le tribunal peut prononcer, outre la peine d'emprisonnement applicable, le retrait de la décision d'admission de l'intéressé.

Art. L. 116-5 *(L. n. 83-605, 8 juill. 1983).* – Le service effectué par ces jeunes gens consiste, au cours des périodes d'activité, en travaux ou missions d'utilité publique pouvant revêtir un caractère périlleux.

En temps de guerre, les intéressés sont chargés de missions de service ou de secours d'intérêt national d'une nature telle que soit réalisée l'égalité de tous devant le danger commun. Un décret en Conseil d'État fixera, dès le temps de paix, les missions ci-dessus.

Art. L. 116-6. – *Abrogé, L. n. 92-9, 4 janv. 1992, art. 3-II.*

Art. L. 116-7 *(L. n. 83-605, 8 juill. 1983).* – Les intéressés peuvent à tout moment, par une déclaration expresse adressée au ministre chargé des armées, demander à être incorporés dans une formation militaire.

La durée du service accompli au titre du service des objecteurs de conscience sera imputée pour la moitié sur le temps de service national actif imposé au contingent avec lequel ils ont été incorporés.

Art. L. 116-8 *(L. n. 83-605, 8 juill. 1983).* – Les bénéficiaires des dispositions du présent chapitre ne peuvent exercer une activité politique ou syndicale qu'en dehors des heures de service et hors des lieux où ils sont employés ainsi qu'en dehors des enceintes et locaux relevant de l'organisme qui les emploie.

L'exercice du droit de grève est incompatible avec l'accomplissement de leurs obligations.

Art. L. 116-9 *(L. n. 97-1019, 28 oct. 1997, art. 3-XVI).* – En cas d'application du premier alinéa de l'article L. 76, le Gouvernement peut libérer par anticipation une fraction de contingent au cours des huit derniers mois du service actif.

TITRE IV. – DISPOSITIONS PÉNALES ET DISCIPLINAIRES

(L. n. 83-605, 8 juill. 1983)

CHAPITRE I. – DISPOSITIONS GÉNÉRALES

Section I. – Dispositions pénales

§ 1. – Fraudes

Art. L. 117 *(Applic. à compter du 1er mars 1994, L. n. 92-1336, 16 déc. 1992, art. 322 ; L. n. 93-913, 19 juill. 1993)*. – Sont punies d'un emprisonnement de un an toutes fraudes ou manœuvres par suite desquelles un jeune homme a été omis sur les listes de recensement.

Sont punis de la même peine :

1° Les jeunes gens qui se rendent coupables d'un refus concerté de participer aux opérations prévues à l'article L. 23 ;

2° Les jeunes gens qui, par fraudes ou manœuvres, se font dispenser, exempter ou réformer d'une manière définitive ou obtiennent ou tentent d'obtenir l'application des articles L. 5 *bis (L. n. 97-1019, 28 oct. 1997, art. 3-XVII)* et L. 10, sans préjudice de peines plus graves en cas de faux.

Les jeunes gens exemptés sont considérés d'office comme aptes au service national, dès qu'il est reconnu que leur exemption a été frauduleusement obtenue.

Art. L. 118. – Les dispositions des articles 398, 399 et 400 du Code de justice militaire sont applicables à l'égard de tout assujetti au service national convaincu de s'être rendu impropre au service, soit temporairement, soit d'une manière permanente, dans le but de se soustraire aux obligations imposées par le présent code.

Art. L. 119 *(Applic. à compter du 1er mars 1994, L. n. 92-1336, 16 déc. 1992, art. 230 ; L. n. 93-913, 19 juill. 1993)*. – Toute personne qui, appelée à participer aux opérations prévues aux articles L. 23, L. 25 et L. 26 à l'effet de donner des avis ou de statuer, a reçu des dons ou agréé des promesses en vue de prendre des mesures irrégulières à l'égard des personnes examinées, est punie d'un emprisonnement de deux ans sans préjudice de l'application des articles 432-11 et 433-1 du Code pénal et 369 du Code de justice militaire quand il s'agit de militaires.

Cette peine est appliquée, soit qu'au moment des dons ou promesses le bénéficiaire ait déjà été désigné pour participer à ces opérations, soit que les dons ou promesses aient été agréés en prévision des fonctions qu'il aurait à remplir.

Il est défendu, sous la même peine, de rien recevoir, même pour une exemption ou une réforme, définitive ou temporaire justement prononcées.

Ceux qui ont fait les dons ou promesses sont punis de la même peine.

Art. L. 120 *(Applic. à compter du 1er mars 1994, L. n. 92-1336, 16 déc. 1992, art. 231 ; L. n. 93-913, 19 juill. 1993)*. – Tout fonctionnaire ou officier public, civil ou militaire qui, sous quelque prétexte que ce soit, a autorisé ou admis des dispenses, exclusions, exemptions, réformes définitives autres que celles déterminées par le présent code, ou qui a arbitrairement donné une extension ou consenti une réduction, soit à la durée, soit aux règles ou conditions des appels et rappels à l'activité et des engagements est coupable d'abus d'autorité et puni de six mois d'emprisonnement ou de 50 000 F (7 500 €) d'amende, sans préjudice des peines plus graves prévues, notamment dans l'article 432-11 du Code pénal et 369 du Code de justice militaire quand il s'agit de militaires.

Art. L. 121. – Les peines édictées par les articles L. 119 et L. 120 sont applicables aux tentatives de délits prévus par ces articles.

§ 2. – Insoumission

Art. L. 122. – Un ordre de route est émis à l'encontre de tout assujetti aux obligations du service national, appelé ou rappelé à l'activité, en vertu de la loi, par voie d'affiches ou par ordres d'appels individuels, qui n'a pas répondu à la convocation.

Art. L. 123. – La notification des ordres de route est faite : en territoire français, par un agent de la force publique ; à l'étranger, par l'intermédiaire du consul de France de la résidence de l'intéressé. Dans tous les cas, il est dressé procès-verbal de la notification.

En métropole, dans un département ou un territoire d'outre-mer, la notification de l'ordre de route est faite à l'intéressé à son domicile. En cas d'absence, la notification est faite au maire du domicile et au maire ou au consul du lieu de recensement.

À l'étranger, si la notification n'a pu être faite à l'intéressé, l'ordre de route est notifié au maire ou au consul du lieu de recensement.

Lorsque l'enquête de l'autorité administrative n'a pas permis de déterminer le domicile de l'intéressé, la notification est faite directement au maire ou au consul du lieu de recensement et, le cas échéant, au maire de la commune où l'intéressé a eu son dernier domicile connu ou au consul de sa dernière résidence connue.

En ce qui concerne les marins de la marine marchande embarqués sur un navire français, la notification est faite au capitaine.

Art. L. 124. – Tout assujetti au service national appelé ou rappelé au service à qui un ordre de route a été notifié et qui, hors le cas de force majeure, n'est pas arrivé à destination au jour fixé par cet ordre est, après les délais fixés aux articles L. 125 et L. 126, considéré comme insoumis et passible des peines prévues par l'article 377 du Code de justice militaire.

Art. L. 125. – En temps de paix, le délai d'insoumission est fixé à huit jours.

Ce délai est porté à quinze jours lorsque la notification est faite au maire ou au consul et lorsque l'intéressé demeure dans un pays dans lequel la résidence permanente ouvre droit à la dispense prévue au premier alinéa de l'article L. 37. Il est porté à trente jours à l'égard des marins de la marine marchande embarqués sur un navire français.

Art. L. 126 *(L. n. 83-605, 8 juill. 1983)*. – En temps de guerre et dans les circonstances visées aux articles 2 et 6 de l'ordonnance n. 59-147 du 7 janvier 1959, le délai fixé au premier alinéa de l'article L. 125 est réduit à deux jours.

En cas de mobilisation, les assujettis qui, hors le cas de force majeure, ne se sont pas conformés aux heures prescrites par l'ordre de route contenu dans leur titre de mobilisation pour assurer leur arrivée à destination, sont déclarés insoumis à l'expiration du même délai.

Art. L. 127. – La prescription de l'action publique et des peines en matière d'insoumission s'applique dans les conditions fixées par les articles 115 et 357 du Code de justice militaire. Sauf en temps de guerre et dans les circonstances visées aux articles 2 et 6 de l'ordonnance n. 59-147 du 7 janvier 1959, les insoumis qui sont découverts ou qui font leur soumission cessent d'être astreints à l'accomplissement du service national actif dès qu'ils ont atteint l'âge de trente-cinq ans.

Art. L. 128 *(Applic. à compter du 1er mars 1994, L. n. 92-1336, 16 déc. 1992, art. 232 ; L. n. 93-913, 19 juill. 1993)*. – Quiconque est reconnu coupable d'avoir sciemment recelé ou pris à son service un assujetti recherché pour insoumission ou de l'avoir soustrait ou tenté de le soustraire aux poursuites ordonnées par la loi est puni d'un emprisonnement de cinq ans et d'une amende de 120 000 F (18 000 €).

Sont exemptés des dispositions qui précèdent :

1° Les parents en ligne directe et leurs conjoints, ainsi que les frères et sœurs et leurs conjoints, de l'assujetti recherché pour insoumission ;

2° Le conjoint de l'assujetti recherché pour insoumission, ou la personne qui vit notoirement en situation maritale avec lui.

Art. L. 129 *(Applic. à compter du 1er mars 1994, L. n. 92-1336, 16 déc. 1992, art. 233 ; L. n. 93-913, 19 juill. 1993)*. – Quiconque, par quelque moyen que ce soit, provoque à l'insoumission, que cette provocation ait été ou non suivie d'effet, est puni par la juridiction compétente d'une amende de 120 000 F (18 000 €).

Est puni de la même peine quiconque, par des manœuvres coupables, empêche ou retarde le départ des assujettis appelés ou rappelés.

Art. L. 130. – Si l'un des délits prévus aux articles L. 128 et L. 129 a été commis à l'aide d'un attroupement ou si le délinquant est un fonctionnaire public, employé ou agent de l'État, des départements ou des communes, les peines peuvent être portées au double. Le coupable est de plus interdit de toute fonction ou emploi public pendant cinq ans au moins et dix ans au plus.

Art. L. 131. – Les peines édictées par les articles L. 128, L. 129 et L. 130 sont applicables aux tentatives de délits prévus par ces articles.

§ 3. – Provocation

Art. L. 132. – *Abrogé, à compter du 1er mars 1994, L. n. 92-1336, 16 déc. 1992, art. 233 ; L. n. 93-913, 19 juill. 1993.*

§ 4. – Infractions aux obligations dans la réserve

Art. L. 133 *(Applic. à compter du 1er mars 1994, L. n. 92-1336, 16 déc. 1992, art. 233 ; L. n. 93-913, 19 juill. 1993).* – Tout assujetti au service national qui a refusé ou s'est mis dans l'impossibilité de recevoir sa carte du service national, son livret individuel, son titre ou tout autre document d'appel ou qui a détruit volontairement ces pièces après les avoir reçues ou qui a renvoyé ou s'est mis volontairement dans l'impossibilité de présenter ces pièces est puni d'un emprisonnement de un an et d'une amende de 25 000 F (3 750 €) ou de l'une de ces deux peines seulement et peut, en outre, être interdit pendant cinq ans au plus des droits énumérés à l'article 131-26 du Code pénal.

Art. L. 134 *(Applic. à compter du 1er mars 1994, L. n. 92-1336, 16 déc. 1992, art. 233 ; L. n. 93-913, 19 juill. 1993).* – Quiconque incite au renvoi ou à la destruction des pièces visées à l'article L. 133, que cette incitation ait été ou non suivie d'effet, est puni d'un emprisonnement de cinq ans et d'une amende de 120 000 F (18 000 €) ou de l'une de ces deux peines seulement.

Section II. – Dispositions disciplinaires et administratives

Art. L. 135. – Le temps pendant lequel les personnels du service actif, de la disponibilité ou de la réserve ont subi, en vertu d'un jugement, une peine ayant eu pour effet de les empêcher d'accomplir, au moment fixé, tout ou partie des obligations d'activité qui leur sont imposées par le présent code ou par les engagements qu'ils ont souscrits ne compte pas pour les années de service exigées par le présent code dans le service actif, la disponibilité et la réserve.

Le temps passé en détention préventive n'interrompt l'accomplissement de ces obligations, dans la limite de la peine infligée, que si elle a été suivie d'une condamnation sans sursis à une peine privative de liberté. Il n'interrompt pas l'accomplissement desdites obligations lorsque la détention préventive a été suivie d'une condamnation à une peine principale ou accessoire d'amende à laquelle un emprisonnement a été substitué conformément aux dispositions de l'article 373 du Code de justice militaire. Dans ce cas, si une punition disciplinaire a été réputée s'accomplir pendant la détention préventive, cette punition peut donner lieu à une décision de maintien en service en application de l'article L. 137.

Tout assujetti dont les services ont ainsi été interrompus est tenu de remplir ses obligations d'activité à l'expiration de la peine. Toutefois, quelles que soient les déductions de service ainsi opérées, l'assujetti qui en est l'objet est dégagé des obligations du service national en même temps que la classe à laquelle il appartient.

Art. L. 136. – Tout assujetti au service national, appelé ou rappelé, qui ne s'est pas présenté à sa destination à la date ou dans les délais fixés peut être contraint de rejoindre son poste par la force publique.

Si, hors le cas de force majeure, il rejoint tardivement son affectation, sans toutefois excéder les délais prévus aux articles L. 125 et L. 126, il est passible d'une punition disciplinaire. Quand le retard se produit lors d'une convocation à des manœuvres ou exercices, l'assujetti peut être astreint à accomplir ou achever le temps de service pour lequel il a été convoqué.

En aucun cas, le retard imputable aux intéressés ne compte dans le temps de service national exigé d'eux. Il en est de même du temps pendant lequel ils ont été insoumis.

CHAPITRE II. – DISPOSITIONS PARTICULIÈRES AU SERVICE MILITAIRE

Art. L. 137 *(L. n. 72-662, 13 juill. 1972, art. 110, L. n. 83-605, 8 juill. 1983).* – Les militaires qui sont tenus d'achever une punition ou qui ont subi certaines punitions d'arrêts ou d'arrêts de rigueur peuvent, dans les conditions fixées par le décret portant règlement de discipline générale dans les armées, être maintenus sous les drapeaux après la libération de leur fraction de contingent ou à l'expiration de leur engagement.

La période de maintien sous les drapeaux est considérée comme une prolongation du service actif mais n'est pas prise en compte au titre des articles L. 63 et L. 64.

Les militaires qui accomplissent leurs obligations d'activité du service national, absents irrégulièrement de leur unité d'affectation, peuvent être contraints de rejoindre leur poste par les officiers et sous-officiers de gendarmerie.

À cet effet, ils sont mis en route dans les plus brefs délais et au maximum dans les quarante-huit heures aux fins de présentation à l'autorité militaire compétente pour régulariser leur situation.

CHAPITRE III. – DISPOSITIONS PARTICULIÈRES AU SERVICE DE DÉFENSE

Art. L. 138 à L. 149. – *Abrogés, L. n. 99-894, 22 oct. 1999, art. 54.*

CHAPITRE III *BIS*. – DISPOSITIONS PARTICULIÈRES AU SERVICE DANS LA POLICE NATIONALE

(Inséré, L. n. 87-512, 10 juill. 1987, art. 3)

Art. L. 149-1 *(Inséré, L. n. 87-512, 10 juill. 1987, art. 3).* – Sans préjudice de poursuites pénales éventuelles, tout manquement aux obligations définies dans le chapitre II *bis* du titre III du présent code et dans les règlements intérieurs des services de police expose les contrevenants à des sanctions disciplinaires.

Ces sanctions sont l'avertissement, le blâme, la consigne à la résidence administrative, la réduction d'un ou de deux grades. Elles peuvent être assorties d'une réduction ou d'une suppression de jours de permission, d'une majoration du temps de service ne pouvant excéder deux mois ou de plusieurs de ces mesures. Elles sont prononcées par le ministre de l'Intérieur ou l'autorité ayant reçu délégation, après que l'intéressé eut été mis à même de présenter ses observations.

La majoration du temps de service est considérée comme une prolongation du service actif mais n'est pas prise en compte au titre des articles L. 63 et L. 64.

Art. L. 149-2 *(Inséré, L. n. 87-512, 10 juill. 1987, art. 3).* – En temps de paix les policiers auxiliaires relèvent, pour les infractions définies par le livre III du Code de justice militaire ainsi que pour les crimes et délits de droit commun commis dans l'exécution du service, de la compétence des tribunaux de droit commun, dans les conditions prévues par les articles 697 à 698-8 du Code de procédure pénale.

Les attributions dévolues au ministre chargé des armées et à l'autorité militaire par l'article 698-1 du même code sont exercées respectivement par le ministre de l'Intérieur et les autorités de la police nationale habilitées par lui à cette fin par arrêté ministériel.

En temps de guerre et dans les cas prévus aux articles 699-1 et 700 du Code de procédure pénale, les policiers auxiliaires sont assimilés aux militaires. L'ordre de poursuite est délivré par l'autorité militaire de l'armée de terre exerçant les pouvoirs judiciaires sur le lieu de l'affectation. Le ministre de l'Intérieur transmet à l'autorité militaire les rapports, procès-verbaux, pièces, documents et objets concernant les faits reprochés ainsi que son avis sur l'opportunité des poursuites.

Art. L. 149-3 *(Inséré, L. n. 87-512, 10 juill. 1987, art. 3).* – Toute infraction définie aux articles 397 à 476 du Code de justice militaire, complétés par les articles L. 124 à L. 128 du présent code, et commise par les policiers auxiliaires donne lieu à procès-verbal d'un officier ou d'un agent de police judiciaire.

L'infraction doit être immédiatement signalée par l'autorité d'emploi à l'officier de police judiciaire territorialement compétent.

Le ministre chargé des armées est tenu informé par le ministre de l'Intérieur des infractions commises par ces jeunes gens ainsi que de la suite donnée aux poursuites engagées contre ces personnes.

Art. L. 149-4 *(Inséré, L. n. 87-512, 10 juill. 1987, art. 3).* – Lorsqu'un policier auxiliaire, poursuivi pour un crime ou un délit de la compétence des juridictions militaires, a des coauteurs ou complices non justiciables de ces juridictions, la compétence est déterminée selon les règles établies par le Code de justice militaire, l'intéressé étant considéré comme militaire pour leur application.

Art. L. 149-5 *(Inséré, L. n. 87-512, 10 juill. 1987, art. 3).* – Lorsque les juridictions militaires sont appelées à juger des policiers auxiliaires, un des juges est choisi parmi les jeunes gens effectuant leur service dans la police nationale.

Le ministre de l'Intérieur établit, pour chaque tribunal, la liste des jeunes gens appelés à siéger comme juges.

Le juge choisi par l'autorité militaire exerçant les pouvoirs judiciaires siège à la place du juge militaire le moins élevé en grade. Il doit détenir le grade de sous-brigadier auxiliaire de 1re classe de la police nationale. À égalité de grade avec le prévenu, il doit être d'une ancienneté supérieure.

Art. L. 149-6 *(Inséré, L. n. 87-512, 10 juill. 1987, art. 3).* – Les dispositions du Code de justice militaire qui répriment les faits de désertion, d'abandon de poste et de refus d'obéissance, tels qu'ils sont définis aux articles L. 149-7 à L. 149-10 ci-après, sont applicables aux policiers auxiliaires.

Art. L. 149-7 *(Inséré, L. n. 87-512, 10 juill. 1987, art. 3).* – Est déserteur et passible des peines prévues aux articles 398 à 413 du Code de justice militaire :

a) Six jours après celui de l'absence constatée, tout policier auxiliaire qui s'absente sans autorisation de son poste ou de la formation où il est affecté ou d'un hôpital militaire ou civil où il était en traitement, ou qui s'évade d'un établissement pénitentiaire où il était détenu provisoirement ;

b) Tout policier auxiliaire dont la mission ou la permission est terminée et qui, dans les quinze jours suivant celui fixé pour son arrivée ou son retour, ne s'est pas présenté à son poste ou à sa formation ;

c) Tout policier auxiliaire qui, recevant un ordre de mutation dans le service, ne rejoint pas son nouveau poste dans les quinze jours suivant celui fixé pour son arrivée.

Toutefois, le policier auxiliaire qui n'a pas trois mois de service ne peut être considéré comme déserteur qu'après un mois d'absence.

Art. L. 149-8 *(Inséré, L. n. 87-512, 10 juill. 1987, art. 3).* – Est coupable d'abandon de poste et passible des peines prévues à l'article 468 du Code de justice militaire tout policier auxiliaire qui s'absente de son poste sans autorisation.

Art. L. 149-9 *(Inséré, L. n. 87-512, 10 juill. 1987, art. 3).* – Est passible des peines prévues aux articles 447 et 448 du Code de justice militaire le policier auxiliaire qui refuse d'obéir ou qui n'exécute pas l'ordre reçu de ceux qui ont qualité pour le donner, sauf dans le cas où l'ordre est manifestement illégal et de nature à compromettre gravement un intérêt public.

Art. L. 149-10 *(Inséré, L. n. 87-512, 10 juill. 1987, art. 3).* – Les dispositions des articles 94, 181 et 375 du Code de justice militaire relatives aux modes d'extinction de l'action publique et à la prescription des peines sont applicables aux policiers auxiliaires.

CHAPITRE III *TER*. – DISPOSITIONS PARTICULIÈRES AU SERVICE DE SÉCURITÉ CIVILE

(L. n. 92-9, 4 janv. 1992, art. 42)

Art. L. 149-11. – Les dispositions des articles L. 149-1 à L. 149-10 s'appliquent aux jeunes gens qui effectuent le service de sécurité civile.

CHAPITRE IV. – DISPOSITIONS PARTICULIÈRES AU SERVICE DE L'AIDE TECHNIQUE ET AU SERVICE DE LA COOPÉRATION

Art. L. 150 *(L. n. 83-605, 8 juill. 1983 ; L. n. 92-9, 4 janv. 1992, art. 43).* – Les jeunes gens affectés au service de l'aide technique ou au service de la coopération peuvent faire l'objet d'une mesure de rappel en métropole avant l'expiration de la durée de leur service actif.

Ce rappel est motivé soit par l'inadaptation des jeunes gens à l'emploi qu'ils occupent, soit par la demande de rapatriement présentée par écrit par les intéressés, soit par l'impossibilité de les maintenir sur place quand ils font l'objet d'une sanction prévue par l'article L. 151 ci-dessous.

Les jeunes hommes ainsi rappelés en métropole sont tenus d'achever, dans le service militaire, la durée du service actif prévue pour le service de l'aide technique ou le service de la coopération. Les jeunes femmes sont libérées de leur volontariat sauf si, ayant l'aptitude requise, elles demandent à achever leur volontariat au service militaire pour la durée prévue à l'article L. 2.

Art. L. 151 *(L. n. 83-605, 8 juill. 1983)*. – Sans préjudice de poursuites pénales éventuelles, tout manquement aux obligations définies aux articles L. 95 à L. 115 expose les contrevenants à des sanctions disciplinaires. Ces sanctions sont l'avertissement, le blâme et la radiation d'office.

Dans tous les cas, la radiation d'office s'accompagne du rappel en métropole et d'une majoration de la durée du service actif pouvant aller jusqu'à trois mois ; elle est prononcée par le ministre responsable du service après que l'intéressé a été mis à même de présenter ses observations.

Art. L. 152. – Les jeunes gens affectés au service de l'aide technique ou au service de la coopération sont justiciables des juridictions des forces armées, selon la procédure prévue au Code de justice militaire, pour les faits de désertion et de non-exécution de mission définis par les articles L. 156 à L. 159.

En outre, et sous réserve des engagements internationaux, les jeunes gens affectés au service de la coopération sont justiciables des mêmes juridictions et selon la même procédure pour les infractions de toute nature, prévues et réprimées par la loi pénale française, commises, hors du territoire de la République, soit à l'intérieur d'un établissement militaire français, soit dans l'exécution de leur service.

Art. L. 153. – *Abrogé, L. n. 83-605, 8 juill. 1983, art. 1er, XXVII.*

Art. L. 154 *(L. n. 83-605, 8 juill. 1983)*. – Les infractions visées à l'article L. 152 sont portées par le ministre responsable à la connaissance de l'autorité judiciaire, dans les conditions prévues par les articles 697 à 698-8 du Code de procédure pénale.

Le ministre responsable transmet à cette autorité les rapports, procès-verbaux, pièces, documents et objets concernant les faits reprochés ainsi que son avis sur l'opportunité des poursuites.

Le ministre chargé des armées est tenu informé par les ministres responsables des infractions commises par les jeunes gens affectés au service de l'aide technique ou au service de la coopération ainsi que de la suite donnée aux poursuites engagées contre ces jeunes gens.

Art. L. 155. – Les tribunaux des forces armées appelés à juger des jeunes gens affectés au service de l'aide technique ou au service de la coopération ont la composition prévue au Code de justice militaire pour le jugement des hommes du rang.

Art. L. 156. – Est déserteur et passible en temps de paix de la peine prévue au premier alinéa de l'article 379 du Code de justice militaire :

a) Six jours après celui de l'absence constatée, tout individu affecté au service de l'aide technique ou au service de la coopération qui s'absente sans autorisation du poste où il doit accomplir sa mission ;

b) Tout individu affecté au service de l'aide technique ou au service de la coopération, dont la mission, le congé ou la permission est expiré et qui, dans les quinze jours suivant celui fixé pour son arrivée ou son retour, ne s'est pas présenté à son poste ;

c) Tout individu affecté au service de l'aide technique ou au service de la coopération qui, recevant un ordre de mutation dans le service, ne rejoint pas son nouveau poste dans les quinze jours suivant celui fixé pour son arrivée.

En temps de guerre, l'individu affecté au service de l'aide technique ou au service de la coopération, en activité de service, coupable de désertion, est passible des peines prévues au deuxième alinéa de l'article 379 et à l'article 393 du Code de justice militaire.

Art. L. 157. – Les dispositions des articles 115, 287 à 298 et 357 du Code de justice militaire sont applicables en matière de désertion à l'encontre des jeunes gens affectés au service de l'aide technique ou au service de la coopération.

Art. L. 158. – Les dispositions des articles 394 et 395 du Code de justice militaire sont applicables lorsque sont en cause des jeunes gens affectés au service de l'aide technique ou au service de la coopération.

Art. L. 159. – Est coupable de non-exécution de mission du service de l'aide technique ou du service de la coopération et passible des peines du premier alinéa de l'article 445 du Code de justice militaire tout jeune homme affecté à l'un de ces services qui, hors le cas de force majeure, n'obtempère pas à une injonction, faite par l'autorité française qualifiée, d'accomplir la mission générale ou particulière qui lui est confiée dans le service.

DEUXIÈME PARTIE – RÉGLEMENTAIRE

....

(Cf. texte complet : *J.-Cl. Proc. pén.)*

....

LIVRE PREMIER

(D. n. 98-180, 17 mars 1998, art. 1er et 4)(1)

LIVRE DEUXIÈME

(D. n. 98-180, 17 mars 1998, art. 2, 3 et 5)

Art. 5. – *Jusqu'au 31 décembre 2002, les dispositions de la partie réglementaire du livre II du Code du service national s'appliquent aux Français, aux étrangers sans nationalité et à ceux qui bénéficient du droit d'asile, nés avant le 1er janvier 1979.*

....

OBLIGATIONS DU SERVICE NATIONAL

CHAPITRE I. – LE RECENSEMENT

Art. R.*111-1. – Tous les Français sont tenus, entre la date à laquelle ils atteignent l'âge de seize ans et la fin du mois suivant, de souscrire à la mairie de leur domicile une déclaration mentionnant leur état civil, leurs domicile et résidence, leur situation familiale, scolaire, universitaire ou professionnelle, notamment en vue de leur participation à l'appel de préparation à la défense et, le cas échéant, de leur appel sous les drapeaux. Lorsqu'ils ne peuvent effectuer personnellement cette démarche, elle peut l'être par leur représentant légal.

Alinéa abrogé, D. n. 98-1066, 26 nov. 1998, art. 1er.

Art. R.*111-2. – Les personnes devenues françaises entre la date de leur seizième anniversaire et celle de leur vingt-cinquième anniversaire doivent se faire recenser entre la date à laquelle elles ont acquis la nationalité française ou celle à laquelle cette nationalité leur a été notifiée et celle marquant la fin du premier mois qui suit l'une ou l'autre de ces dates. Celles dont la nationalité a été établie entre ces deux âges à la suite d'une décision de justice accomplissent cette obligation dès que la décision a force de chose jugée.

Art. R.*111-3. – Les personnes qui, en vertu des lois sur la nationalité, bénéficient de la faculté *(D. n. 98-1066, 26 nov. 1998, art. 1-II)* de décliner ou de répudier la nationalité française, sont inscrites sur les listes de recensement à partir de l'âge de seize ans, dès lors qu'elles se présentent à la mairie de leur domicile ou à leur consulat de rattachement.

Celles qui, ayant la faculté *(D. n. 98-1066, 26 nov. 1998, art. 1-II)* de décliner ou de répudier la nationalité française, n'ont pas exercé leur droit dans les délais prévus par la loi, sont tenues de se faire recenser dans le mois qui suit la date d'expiration du délai ouvert pour l'exercer.

---

(1) Le livre Ier de la partie Réglementaire du Code du service national s'applique aux jeunes gens de sexe masculin nés après le 31 décembre 1978 et à ceux qui sont rattachés aux mêmes classes de recensement, sous réserve des dispositions du premier alinéa de l'article L. 112-4.

Art. R.*111-4. – Les Français titulaires de l'un des titres de circulation visés aux articles 2, 4 et 5 de la loi n. 69-3 du 3 janvier 1969 relative à l'exercice des activités ambulantes et au régime applicable aux personnes circulant en France sans domicile ni résidence fixes sont tenus d'effectuer à la mairie de leur commune de rattachement la déclaration prévue à l'article R.*111-1 et de faire connaître tout changement de situation personnelle à cette commune de rattachement ou au bureau du service national dont ils relèvent, jusqu'à l'âge de vingt-cinq ans.

Art. R.*111-5. – Les renseignements fournis par les personnes mentionnées aux articles R.*111-1 à R.*111-4 sont portés par le maire à la réception de chaque déclaration, sur une notice individuelle dont le modèle est fixé par l'administration chargée du service national.

Toute déclaration émanant de personnes nées hors de la commune de recensement donne lieu, de la part du maire de celle-ci ou de l'autorité consulaire, à l'envoi d'un avis d'inscription au maire ou à l'autorité consulaire du lieu de naissance de l'intéressé.

Art. R.*111-6. – À l'occasion de la réception de la déclaration prévue à l'article R.*111-1, le maire appelle l'attention des recensés sur l'obligation qu'ils ont, jusqu'à l'âge de vingt-cinq ans, de faire connaître au bureau du service national dont ils relèvent, tout changement de domicile ou de résidence d'une durée supérieure à quatre mois d'une part, et de situation familiale et professionnelle d'autre part.

En outre, le maire leur rappelle qu'ils devront répondre dans les délais mentionnés à l'article R.*112-2 au préavis d'appel, se présenter à l'appel de préparation à la défense après réception de leur convocation. Il les informe des conséquences d'une absence ou d'un retard à cet appel.

Art. R.*111-7. – Dès réception de la déclaration, le maire délivre aux recensés une attestation de recensement. Ce document est conforme au modèle fixé par l'administration chargée du service national et comporte les informations suivantes :

– nom et prénoms ;
– date et lieu de naissance ;
– domicile et résidence ;
– commune ou consulat de recensement ;
– date d'établissement de l'attestation. Ce document précise en outre que le recensé a été informé des conditions de participation à l'appel de préparation à la défense.

Art. R.*111-8. – Les personnes recensées la même année civile constituent une classe de recensement. Elles sont réparties en quatre tranches trimestrielles, selon la date de dépôt de leur déclaration.

Art. R.*111-9. – Au début des mois d'avril, juillet, octobre et janvier, les maires dressent les trois listes suivantes conformes au modèle fixé par l'administration chargée du service national :

– la liste communale de recensement comprenant les personnes recensées au cours du trimestre précédent en souscrivant la déclaration prévue par l'article R.*111-1 ;

– la liste des inscrits d'office comprenant les personnes nées dans la commune et qui, bien qu'appartenant aux catégories mentionnées aux articles R.*111-1 à R.*111-4, n'ont pas souscrit cette déclaration dans les délais prévus par ces articles et pour lesquels un avis d'inscription n'a pas été envoyé à la commune par un autre maire ou une autorité consulaire. Pour chacune d'elles, les maires établissent une notice individuelle sur laquelle sont portés les renseignements en leur possession ;

– la liste de régularisation comprenant les personnes qui, pendant le trimestre précédent, ont souscrit une déclaration après que les listes de recensement, sur lesquelles elles auraient dû être inscrites en se présentant dans les délais prévus aux articles R.*111-1 à R.*111-4, aient été closes.

Art. R.*111-10. – La liste de recensement, la liste des inscrits d'office et la liste de régularisation, accompagnées de notices individuelles, sont adressées au préfet du département à la fin des mois d'avril, juillet, octobre et janvier.

Art. R.*111-11. – Les préfets vérifient les trois listes définies à l'article R.*111-9. Ils les rectifient en tant que de besoin, notamment en radiant les noms des recensés qui ne possèdent pas la nationalité française.

Ils arrêtent définitivement ces listes les 30 juin, 30 septembre, 31 décembre et 31 mars. Ils les transmettent alors en y joignant les notices individuelles correspondantes, au bureau du service national territorialement compétent.

Art. R.*111-12. – Lorsqu'ils atteignent l'âge de seize ans, les Français établis à l'étranger ou leur représentant légal sont tenus de souscrire auprès des autorités consulaires françaises la déclaration prévue à l'article R.*111-1. À cette occasion, ils sont informés des conditions dans lesquelles ils auront à accomplir l'appel de préparation à la défense. Il leur est délivré l'attestation de recensement prévue à l'article R.*111-7.

Les autorités consulaires dressent à des dates définies par arrêté conjoint du ministre des affaires étrangères et du ministre de la défense, et au moins une fois par an, la liste de recensement et, le cas échéant, la liste de régularisation. Ces deux listes comprennent les personnes ayant souscrit la déclaration prévue par l'article R.*111-1.

Elles dressent également la liste des inscrits d'office, pour les Français nés ou résidant à leur connaissance dans leur circonscription qui, en âge d'être recensés, n'ont pas souscrit cette déclaration et pour lesquels elles n'ont pas reçu d'avis d'inscription d'un maire ou d'une autre autorité consulaire.

Elles adressent les trois listes et les notices individuelles correspondantes au préfet des Pyrénées Orientales, qui, pour les Français de l'étranger, est chargé des opérations prévues à l'article R.*111-11.

Art. R.*111-13. – Les personnes qui auraient été omises sur la liste de recensement sont inscrites, dès la découverte de l'omission, par le maire, l'autorité consulaire ou, le cas échéant, le préfet, sur la liste de régularisation.

Art. R.*111-14. – Le bureau du service national territorialement compétent diligente les recherches pour déterminer l'adresse des Français figurant sur la liste des inscrits d'office.

Dès qu'il a connaissance de cette adresse, il enjoint aux intéressés de régulariser leur situation à la mairie de leur domicile dans les trente jours.

Art. R.*111-15. – Jusqu'à l'âge de vingt-cinq ans, les Français qui n'ont pas souscrit la déclaration de recensement dans les conditions fixées par les articles R.*111-1 à R.*111-4 peuvent régulariser leur situation, en effectuant la démarche auprès de la mairie de leur domicile ou de la commune de rattachement, ou de l'autorité consulaire territorialement compétente. Ils sont immédiatement inscrits sur les listes de régularisation de la commune ou du consulat.

L'attestation de recensement définie à l'article R.*111-7 leur est alors remise.

Art. R.*111-16. – Les officiers de l'état civil adressent au bureau du service national territorialement compétent copie de l'acte de décès de toute personne dont l'âge est compris entre seize et vingt-cinq ans.

Art. R.*111-17. – Les dispositions du présent chapitre sont applicables aux départements et territoires d'outre-mer ainsi qu'aux collectivités territoriales de Mayotte et de Saint-Pierre-et-Miquelon sous les réserves suivantes :

1° Dans les territoires d'outre-mer et dans les collectivités territoriales de Mayotte et de Saint-Pierre-et-Miquelon, les fonctions dévolues en métropole aux préfets et aux maires sont exercées respectivement par les représentants de l'État et par les maires ou les chefs de circonscription administrative ;

2° Le recensement de chaque classe d'âge peut, dans le département de la Guyane et dans les territoires d'outre-mer, notamment en raison du nombre des jeunes gens à recenser ou de la dispersion des populations, être effectué en une seule fois, la période de recensement étant alors fixée par le préfet ou les représentants de l'État.

Art. R.*111-18. – Dans les circonscriptions consulaires où la dispersion des résidents français le justifie, le recensement est effectué, chaque année, en une seule fois. Ces circonscriptions sont déterminées par arrêté du ministre des affaires étrangères et du ministre de la défense.

La période de recensement est alors fixée par l'ambassadeur compétent.

CHAPITRE II. – L'APPEL DE PRÉPARATION À LA DÉFENSE

Section I. – Dispositions générales

Art. R.*112-1. – L'appel de préparation à la défense défini aux articles L. 114-2 et L. 114-3 s'effectue au cours de sessions dont la date et le lieu sont précisés sur les convocations individuelles envoyées par le ministre de la défense aux Français recensés.

Art. R.*112-2. – Un préavis d'appel proposant au moins trois dates possibles de participation à l'appel de préparation à la défense avant leur dix-huitième anniversaire, est adressé aux personnes recensées.

Les intéressés sont tenus de répondre dans les trente jours qui suivent la date de l'envoi du préavis d'appel, en indiquant parmi les dates proposées celle qu'ils ont choisie.

À défaut de réponse au préavis d'appel, l'administration peut fixer la date de convocation, dans un délai de deux à six mois à compter de la date d'expiration du délai de réponse mentionné à l'alinéa ci-dessus.

(D. n. 98-1066, 26 nov. 1998, art. 1-III) Les personnes qui, en vertu des lois sur la nationalité, n'ont pas exercé leur droit de décliner ou de répudier la nationalité française reçoivent leur préavis d'appel dans les conditions fixées par l'article L. 114-4, pour participer à l'appel de préparation à la défense avant leur vingtième anniversaire.

Art. R.*112-3. – Une convocation écrite pour la session choisie est adressée aux intéressés dix jours au moins avant la date de celle-ci.

En cas de force majeure, interdisant aux intéressés de participer à cette session, ils doivent sans délai en informer l'administration chargée du service national et formuler une demande motivée de report.

Après examen de la demande, l'administration fixe la date de la session à laquelle les intéressés sont convoqués.

Art. R.*112-4. – Les appelés du service national justifient de leur identité en se présentant à l'appel de préparation à la défense.

Art. R.*112-5. – Au cours de l'appel de préparation à la défense, lorsqu'un médecin constate, à l'initiative du responsable de la session, que l'état de santé d'un appelé du service national est incompatible avec sa participation à la session, l'intéressé est invité à regagner son domicile ou, le cas échéant, hospitalisé.

Dans ce cas l'administration procède comme indiqué au troisième alinéa de l'article R.*112-3.

Art. R.*112-6. – Sur leur demande, ou celle de leur représentant légal, les grands infirmes au sens de l'article 169 du Code de la famille et de l'aide sociale ne sont pas soumis à l'obligation de l'appel de préparation à la défense. Ils présentent à cet effet la carte d'invalidité prévue à l'article 173 du même code au moment du recensement. Si cette qualité leur est reconnue après le recensement, ils présentent ce document au bureau du service national dont ils dépendent.

Sont également exemptés de l'obligation de l'appel de préparation à la défense les Français qui présentent à leur bureau du service national un certificat médical délivré par un médecin agréé auprès du ministre de la défense, indiquant qu'ils sont atteints d'une maladie invalidante ou d'un handicap les rendant définitivement inaptes à participer à cette obligation.

Art. R.*112-7. – L'administration chargée du service national fait parvenir aux Français mentionnés à l'article R.*112-6 l'information correspondant à l'appel de préparation à la défense sous forme d'un dossier individuel et l'attestation leur signifiant qu'ils sont en règle au regard des obligations du Code du service national.

Art. R.*112-8. – Les Français qui, pour un motif reconnu valable, ne peuvent pas accomplir l'appel de préparation à la défense avant leur dix-huitième anniversaire et dont la convocation interviendra à une date ultérieure, reçoivent une attestation précisant qu'il sont en règle et en instance de convocation.

Cette attestation mentionne sa durée de validité.

Art. R.*112-9. – Le certificat individuel de participation à l'appel de préparation à la défense défini par l'article L. 114-2 est remis à chaque appelé, au moment de la clôture officielle de la session après constatation de la participation de l'intéressé à l'ensemble des activités de la session.

Le ministre de la défense arrête le modèle de ce certificat.

Art. R.*112-10. – Tout appelé qui, ayant répondu à la convocation prévue par l'article R.*112-3, refuse de participer à une partie des activités de la session, ou qui adopte une attitude de nature à perturber son bon déroulement, est immédiatement invité à regagner son domicile. Il ne lui est pas délivré de certificat de participation à l'appel de préparation à la défense.

Sur sa demande, il est convoqué dans les conditions fixées par l'article L. 114-5.

Art. R.*112-11. – Tout Français qui, dans les conditions prévues à l'article L. 114-5 du présent code, entend régulariser sa situation au regard de l'appel de préparation à la défense adresse au bureau du service national dont il relève une demande écrite de participation.

L'administration convoque l'intéressé à la date qu'elle fixe dans les trois mois à compter du jour de réception de la demande.

Section II. – Règles applicables
aux appelés du service national

Art. R.*112-12. – La convocation pour l'appel de préparation à la défense ouvre droit à un bon de transport ou à une indemnité de déplacement fixée par arrêté du ministre de la défense.

Art. R.*112-13. – Pendant la durée de la session les appelés bénéficient de l'alimentation fournie par les services du ministre de la défense.

Art. R.*112-14. – L'appel de préparation à la défense ne compte ni pour constitution du droit à pension de retraite, ni pour la détermination du montant des pensions allouées au titre de l'ancienneté des services éventuels. Il ne vient pas en déduction de la durée des services effectués dans les fonctions publiques.

Art. R.*112-15. – Les appelés du service national doivent respecter les obligations générales suivantes :

– se conformer aux instructions du personnel d'encadrement ;

– prendre soin du matériel et des installations mis à leur disposition ;

– respecter les règles d'hygiène et de sécurité propres à toute vie en collectivité ;

– s'abstenir d'organiser toute manifestation ou action de propagande philosophique, religieuse, politique ou syndicale et de participer à celles-ci ;

– ne pas arborer de signes politiques ou religieux qui, par leur nature, leur caractère ostentatoire, ou les conditions dans lesquelles ils sont portés, constitueraient une manifestation extérieure de provocation, de prosélytisme ou de propagande.

Section III. – Dispositions particulières
applicables aux français de l'étranger

Art. R.*112-16. – L'appel de préparation à la défense des Français qui résident en permanence à l'étranger entre seize et vingt-cinq ans est accompli, selon les contraintes de l'État ou du pays de résidence, soit sous forme de sessions soit par envoi d'un dossier individuel d'information. En cas d'impossibilité, les Français de l'étranger sont provisoirement dispensés de l'appel de préparation à la défense. Selon les cas il leur est délivré le certificat prévu à l'article L. 114-2 du présent code, ou une attestation établie dans les conditions prévues à l'article R.*112-8.

Un arrêté conjoint du ministre des affaires étrangères et du ministre de la défense précise les conditions d'application du présent article.

Art. R.*112-17. – Les Français de l'étranger qui, compte tenu de leur résidence à l'étranger, n'ont pu participer à une session de l'appel de préparation à la défense, sont tenus, dès lors qu'ils viennent résider habituellement sur le territoire national avant l'âge de vingt-cinq ans, de participer à une session de l'appel de préparation à la défense.

Ceux qui ont participé à une session adaptée en raison des contraintes du pays de résidence peuvent demander, à l'occasion d'un séjour sur le territoire national, à participer à une session de l'appel de préparation à la défense.

La date de participation à cette session est fixée par accord avec le bureau du service national dont ils relèvent.

Section IV. – Dispositions particulières
à la préparation militaire

Art. R.*112-18. – Les Français désireux d'accomplir une préparation militaire en font la demande par écrit auprès du bureau du service national dont ils relèvent en précisant la force armée ou le service commun qu'ils choisissent. Leur admission est prononcée par l'autorité militaire après reconnaissance de l'aptitude des intéressés.

Art. R.*112-19. – Les cycles de formation de la préparation militaire sont organisés dans chaque armée, dans la gendarmerie nationale et dans les services communs, sous forme d'une ou plusieurs périodes d'instruction, selon les modalités fixées par arrêté du ministre de la défense.

Art. R.*112-20. – Pendant la période d'instruction, les intéressés sont bénéficiaires obligés du service de santé des armées.

TITRE II. – DISPOSITIONS COMMUNES
AUX DIFFÉRENTES FORMES DU SERVICE NATIONAL

....

CHAPITRE II. – DISPENSES ET MODALITÉS PARTICULIÈRES
D'ACCOMPLISSEMENT DES OBLIGATIONS D'ACTIVITÉ DU SERVICE NATIONAL

....

Section III. – Condamnés

Art. R.*98. – La commission juridictionnelle prévue à l'article L. 51 se réunit au moins une fois tous les deux mois sur convocation de son président.

La commission délibère en nombre impair ; ses décisions sont prises à la majorité des voix.

Ses membres sont tenus au secret des délibérations.

Le ministre chargé des armées désigne le secrétaire de la commission.

Art. R.*99. – La commission juridictionnelle est saisie par le ministre chargé des armées.

L'instruction est dirigée par le président de la Commission et la procédure est contradictoire.

La commission peut convoquer toute personne dont l'audition lui paraît utile.

Ses décisions sont notifiées aux ministres par la voie administrative et aux intéressés par lettre recommandée avec demande d'avis de réception.

Art. R.*100. – Pour l'application des dispositions du dernier alinéa de l'article L. 55, la commission juridictionnelle est saisie des propositions du président du comité d'assistance visé à l'article L. 54.

Art. R. 100-1 *(Aj., D. n. 78-823, 2 août 1978)*. – Pour l'application dans les territoires d'outre-mer des dispositions des articles L. 54 et L. 55 du Code du service national, le comité d'assistance est présidé par un magistrat du siège désigné annuellement :

Par le président de la cour d'appel, pour la Nouvelle-Calédonie et les îles Wallis et Futuna ;

Par le président du tribunal supérieur d'appel, pour la Polynésie française.

Le comité d'assistance comprend des délégués à l'assistance nommés à raison de leur compétence par le président de la cour d'appel ou du tribunal supérieur d'appel sur proposition du président du comité d'assistance.

CHAPITRE III. – RÉFORME POUR INAPTITUDE PHYSIQUE

Art. R. 101 *(D. n. 92-1250, 1er déc. 1992, art. 6)*. – Pour l'application des dispositions des articles L. 25 et L. 61, une ou plusieurs commissions de réforme du service national sont instituées, en fonction des besoins, sur décision du ministre chargé des armées auprès du commandement militaire de l'Île-de-France, auprès de chaque circonscription militaire de défense, auprès de chaque arrondissement maritime, auprès des centres de sélection ou centres du service national et, en ce qui concerne les départements et territoires d'outre-mer, auprès des bureaux ou centres du service national.

En outre, des commissions de réforme du service national peuvent être instituées, sur décision du ministre chargé des armées, auprès des troupes en opérations ou stationnées en dehors de la métropole ou des départements et territoires d'outre-mer.

Les séances de la commission de réforme du service national ne sont pas publiques. La commission peut entendre toute personne dont elle estime l'audition utile.

Art. R. 102 *(D. n. 74-760, 30 août 1974, art. 3 ; D. n. 77-1122, 27 sept. 1977, art. 2)*. – La composition des commissions de réforme du service national est fixée comme suit :

Un médecin chef des services ou un médecin en chef, président désigné par le ministre de la Défense ;

Un médecin principal ou un médecin désigné par le directeur régional du service de santé des armées ;

Un représentant de la direction du service national.

Toutefois, s'il s'agit d'une commission instituée auprès de troupes en opérations ou stationnées en dehors de la métropole ou des départements et territoires d'outre-mer, le représentant de la direction du service national est remplacé par un officier des corps de troupe désigné par le commandant des troupes.

Art. R. 103. – La commission de réforme du service national décide de l'aptitude au service national :

1° Des jeunes gens non encore appelés au service actif qui lui sont renvoyés par la commission locale d'aptitude ;

2° Des jeunes gens qui, ayant été considérés comme aptes d'office au service par la commission locale d'aptitude, ont été appelés au service actif ;

3° Des hommes et des femmes accomplissant les obligations d'activité du service national ou servant au titre de l'article L. 85 du Code du service national.

4° Des hommes et des femmes de la disponibilité ou de la réserve dans leurs foyers.

Art. R. 104 *(D. n. 92-1250, 1er déc. 1992, art. 8)*. – La commission de réforme du service national prononce à l'égard des hommes et des femmes qui lui sont présentés l'une des décisions suivantes :

– apte ;

– réformé temporairement ;

– réformé définitivement ;

– en outre, à l'égard des volontaires féminines, elle peut prononcer la suspension temporaire des obligations résultant du volontariat.

Toutefois, lorsqu'il s'agit de jeunes gens renvoyés devant elle par la commission locale d'aptitude, la commission de réforme du service national prononce les décisions prévues à l'article L. 24.

Les décisions de la commission de réforme du service national prises en présence des intéressés leur sont notifiées séance tenante. Dans le cas contraire, elles sont notifiées dans les huit jours qui suivent la séance, ce délai pouvant être porté à trente jours pour les hommes résidant à l'étranger. La notification faite séance tenante fait courir les délais de recours.

(Al. aj., in fine, D. n. 81-213, 5 mars 1981) La radiation des cadres des hommes accomplissant les obligations d'activité du service national ou servant au titre de l'article L. 85 du Code du service national peut, sur demande des intéressés, être repoussée d'un délai au plus égal à un mois à compter de la date de notification de la mise en réforme, sans que ce délai puisse permettre de maintenir les demandeurs sous les drapeaux au-delà de la limite de la durée du service actif qui leur est applicable.

CHAPITRE IV. – DROITS RÉSULTANT DE L'ACCOMPLISSEMENT DU SERVICE NATIONAL ACTIF

(Abrogé, D. n. 98-180, 17 mars 1998, art. 3-XIV)

TITRE III. – DISPOSITIONS PARTICULIÈRES AUX DIFFÉRENTES FORMES DU SERVICE NATIONAL

CHAPITRE I. – SERVICE MILITAIRE

Section I. – Service militaire actif

§ 1. – Allocation aux militaires ne bénéficiant d'aucune protection sociale et à leur famille

Art. R. 110. – Les militaires servant en qualité d'appelés, de rappelés ou maintenus sous les drapeaux et leurs ayants droit ainsi que les personnels volontaires féminins peuvent bénéficier des allocations prévues par le présent paragraphe 1° lorsqu'ils réunissent les conditions suivantes :

1° Ne pas remplir les conditions d'ouverture de droit aux prestations de la sécurité sociale et ne pas relever de la législation sur les pensions militaires d'invalidité ;

2° Se trouver dans une situation personnelle ou de famille justifiant l'aide sollicitée.

Ces dispositions s'appliquent dans les mêmes conditions aux anciens militaires ayant servi en qualité d'appelés, de rappelés ou de maintenus sous les drapeaux ainsi qu'à leurs ayants droit, pour les affections ou accidents survenus pendant leur service.

Art. R. 111 *(1er al. mod., D. n. 77-1217, 28 oct. 1977, art. 1er)*. – Les ayants droit des militaires servant en qualité d'appelés, de rappelés ou de maintenus sous les drapeaux, lorsqu'ils ne bénéficient pas des prestations d'un régime de sécurité sociale et qu'ils se trouvent, par ailleurs, dans une situation justifiant l'aide sollicitée, peuvent obtenir :

1° Des allocations en remboursement de frais de soins ;

2° Des allocations en remboursement de frais d'accouchement et de surveillance médicale de la maternité.

Art. R. 112. – Les militaires et les anciens militaires visés à l'article R. 110, qui se trouvent dans l'incapacité physique médicalement reconnue d'exercer une activité professionnelle rémunérée, peuvent bénéficier :

1° *(ab. et rempl., D. n. 81-213, 5 mars 1981)* D'une allocation journalière à partir de leur radiation des cadres ;

2° D'une allocation d'invalidité au cas où après leur radiation des cadres ces militaires demeureraient atteints d'une invalidité réduisant des deux tiers leur capacité de travail ;

3° D'allocations en remboursement de frais de soins exposés par eux et par leurs ayants droit.

Art. R. 113 *(D. n. 92-1250, 1er déc. 1992, art. 9)*. – Les allocations en remboursement de frais de soins ne sont versées que lorsque ces frais ont été exposés en métropole, dans les départements, les territoires et collectivités territoriales d'outre-mer et sur le territoire de la République fédérale d'Allemagne.

Art. R. 114 *(Mod., D. n. 77-1217, 28 oct. 1977, art. 2)*. – Les ayants droit des militaires visés à l'article R. 110 dont le décès est consécutif à une affection ou à un accident survenu pendant leur présence sous les drapeaux peuvent obtenir une allocation en capital, s'ils ne peuvent bénéficier ni d'un capital décès ni d'une allocation sur le fonds de prévoyance militaire ou le fonds de prévoyance aéronautique.

Art. R. 115 *(Mod., D. n. 79-47, 10 janv. 1979, art. 1er)*. – Les allocations prévues aux articles R. 111 à R. 114 sont attribuées sur proposition d'une commission par le ministre chargé des armées ou par l'autorité régionale qu'il habilite à cet effet par arrêté.

Elles sont versées par la caisse nationale militaire de sécurité sociale dans les écritures de laquelle est créé, à cet effet, un compte particulier alimenté par une subvention de l'État.

Art. R. 116 *(D. n. 89-926, 19 déc. 1989, art. 1er).* – L'allocation journalière visée au 1° de l'article R. 112 est égale au montant minimum de l'indemnité journalière prévue au 5° de l'article L. 321-1 du Code de la sécurité sociale.

Art. R. 117 *(D. n. 89-926, 19 déc. 1989, art. 1er).* – L'allocation d'invalidité visée au 2° de l'article R. 112 est égale au montant minimum de la pension d'invalidité prévue aux articles L. 341-1 et L. 341-5 du Code de la sécurité sociale.

Pour des invalides qui, étant incapables d'exercer une activité, sont en outre dans l'obligation d'avoir recours à l'assistance d'une tierce personne pour effectuer les actes de la vie ordinaire, cette allocation est augmentée du montant minimum fixé pour la majoration pour aide d'une tierce personne du régime général de sécurité sociale.

Art. R. 118 *(D. n. 89-926, 19 déc. 1989, art. 1er).* – L'allocation en capital visée à l'article R. 114 est égale à quatre-vingt-dix fois la solde journalière du caporal engagé, échelle de solde n. 2, percevant une solde forfaitaire, augmentée du montant forfaitaire des avantages en nature.

Art. R. 119. – *Abrogé, D. n. 89-926, 19 déc. 1989, art. 1er.*

Art. R. 120. – Les allocations visées aux articles R. 111 à R. 114 sont réglées dans les conditions prévues par le Code de la sécurité sociale pour les prestations de même nature.

(Al. aj., D. n. 85-856, 7 août 1985) Le versement des allocations prévues aux 2° et 3° de l'article R. 112 prend fin à compter du jour où le bénéficiaire remplit les conditions d'ouverture du droit aux prestations prévues par un régime de protection sociale.

Art. R. 121 *(Mod., D. n. 79-47, 10 janv. 1979, art. 2).* – La commission prévue à l'article R. 115 est composée ainsi qu'il suit :

– un représentant du ministre chargé des armées ;
– un médecin des armées en fonction à la caisse nationale militaire de la sécurité sociale ;
– un médecin des armées ;
– un intendant militaire ou un commissaire de la marine ou un commissaire de l'air ;
– un représentant du service de l'action sociale des armées ;
– l'officier le plus ancien en grade préside la commission ; sa voix est prépondérante en cas de partage des voix.

Les membres de la commission et leurs suppléants sont désignés par le ministre chargé des armées.

Le contrôleur financier ou son représentant peut participer aux séances avec voix consultative.

Art. R. 122. – Un arrêté du ministre chargé des armées et du ministre de l'Économie et des Finances précise les modalités d'application du présent paragraphe 1.

§ 2. – Service militaire actif fractionné

Art. R. 123. – *Abrogé, D. n. 92-1250, 1er déc. 1992, art. 28.*

Art. R. 124. – *Abrogé, D. n. 92-1250, 1er déc. 1992, art. 28.*

Art. R. 125. – *Abrogé, D. n. 92-1250, 1er déc. 1992, art. 28.*

Art. R. 126. – *Abrogé, D. n. 92-1250, 1er déc. 1992, art. 28.*

§ 3. – Gendarmes auxiliaires

Art. R.*127 *(Mod., D. n. 91-736, 24 juill. 1991, art. 1er).* – Les jeunes gens volontaires pour accomplir le service militaire actif dans la gendarmerie doivent satisfaire aux conditions de moralité exigées des candidats à la gendarmerie ainsi qu'aux aptitudes physiques requises.

Art. R.*128 *(Mod., D. n. 83-821, 12 sept. 1983, art. 3).* – Les appelés, dont la candidature a été retenue par le ministre chargé de la défense nationale, servent en qualité de gendarmes auxiliaires. Ils reçoivent une instruction militaire de base avant d'effectuer un stage de formation spécialisée permettant leur emploi dans la gendarmerie.

Art. R.*129. – Les gendarmes auxiliaires sont soumis aux règles et au régime administratif applicables aux autres jeunes gens qui effectuent le service militaire actif sous réserve des dispositions du présent paragraphe.

Art. R.*130 *(D. n. 83-821, 12 sept. 1983, art. 3 ; D. n. 92-1249, 1er déc. 1992, art. 28)*. – Les gendarmes auxiliaires participent à l'exécution des missions de la gendarmerie. Ils assistent les militaires de la gendarmerie sous les ordres desquels ils sont placés. Ils peuvent être affectés à des tâches leur permettant de participer au maintien de la sécurité publique ou à des tâches à caractère technique auxquelles les a préparés leur formation professionnelle.

Dans l'exercice de leurs fonctions, ils ont compétence pour établir des actes relevant de l'exercice de la police judiciaire ou de la police administrative dans les conditions et les limites fixées par les lois et règlements les y habilitant. Ils ne peuvent participer à des opérations de maintien de l'ordre autrement que dans les cas où il peut être fait appel à la troupe.

Art. R.*131 *(Mod., D. n. 91-736, 24 juill. 1991, art. 2)*. – La hiérarchie des gendarmes auxiliaires avec sa correspondance dans la hiérarchie générale est fixée comme suit :
- aspirant de gendarmerie : aspirant ;
- gendarme auxiliaire maréchal des logis : sergent ;
- gendarme auxiliaire brigadier-chef : caporal-chef ;
- gendarme auxiliaire brigadier : caporal ;
- gendarme auxiliaire de 1re ou de 2e classe : soldat de 1re ou de 2e classe.

Art. R.*132 *(D. n. 92-1249, 1er déc. 1992, art. 29)*. – Les gendarmes auxiliaires qui veulent faire carrière dans la gendarmerie et dont la candidature a été agréée, sont maintenus, sur leur demande, en activité de service jusqu'au moment de leur admission dans la gendarmerie en souscrivant un volontariat dans les conditions fixées à l'article L. 72.

Section III. – Recrutement des cadres de réserve du service militaire

§ 1. – Préparation au service militaire

Art. R. 133 *(Mod., D. n. 75-829, 2 sept. 1975)*. – Les jeunes gens peuvent recevoir avant leur appel sous les drapeaux une préparation au service militaire sous l'une des formes suivantes :
- préparation militaire ;
- préparation militaire parachutiste ;
- préparation militaire supérieure.

Art. R. 134 *(Mod., D. n. 75-829, 2 sept. 1975)*. – La préparation militaire a pour but de donner aux jeunes gens une formation physique et technique, qui les prépare à tenir des emplois d'encadrement ou de spécialités.

L'instruction est donnée par des sociétés de préparation militaire et des cadres de réserve volontaires agréés par l'autorité militaire.

Un examen de fin de préparation est organisé pour la délivrance d'un brevet de préparation militaire.

Art. R. 135. – La préparation militaire parachutiste a pour but d'assurer le recrutement de jeunes gens aptes à servir dans les troupes aéroportées et de leur donner une formation spécialisée.

L'instruction est donnée par les cadres d'active. Peuvent y participer des sociétés de préparation militaire et des cadres de réserve avec l'agrément de l'autorité militaire.

Un examen de fin de préparation est organisé pour la délivrance d'un brevet de parachutiste préliminaire. Ses titulaires sont incorporés dans les troupes aéroportées.

Art. R. 136 *(D. n. 92-1250, 1er déc. 1992, art. 10)*. – Chaque année, un ou plusieurs cycles de préparation militaire supérieure sont organisés dans les armées et la direction générale de la gendarmerie nationale sous forme d'une ou plusieurs périodes d'instruction dont les modalités sont fixées par le ministre chargé des armées.

L'instruction est donnée par les cadres d'active. Des cadres de réserve volontaires peuvent être admis à y participer.

Un examen de fin de préparation est organisé dans chaque armée pour la délivrance du brevet de préparation militaire supérieure.

Ce brevet, qui donne droit au report d'incorporation à vingt-six ans dans les conditions de l'article L. 5 *bis* permet l'accès direct aux cours ou pelotons de formation des élèves officiers de réserve dans les conditions fixées à l'article R. 140, ou une affectation dans des emplois d'encadrement ou de responsabilité en fonction des besoins de chaque armée.

Art. R. 137. – L'admission des jeunes candidats à l'une des formes de préparation militaire est prononcée par l'autorité militaire, après un examen dans un centre de sélection qui doit avoir reconnu l'aptitude des intéressés à servir dans les emplois choisis.

Art. R. 138. – Lorsque les séances de préparation auxquelles les jeunes gens prennent part sont organisées et dirigées par l'autorité militaire, ils ont droit, ainsi que les cadres instructeurs de réserve aux soins gratuits dans les établissements du service de santé des armées.

Art. R. 139. – Les modalités d'application des dispositions des articles R. 133 à R. 138, et notamment les programmes des préparations militaires, sont fixées par arrêté du ministre chargé de la défense nationale.

§ 2. – Recrutement et formation des cadres de réserve

Art. R. 140 *(D. n. 92-1250, 1er déc. 1992, art. 11)*. – Sont admis aux cours et pelotons de formation des élèves officiers de réserve, dans la limite des places offertes par les armées et la gendarmerie :

1° Les jeunes gens titulaires du brevet de préparation militaire supérieure qui ont obtenu à l'examen prévu à l'article R. 136 une note suffisante ; leur incorporation peut être décalée dans les conditions fixées à l'article R.*11 ;

2° Les jeunes gens reçus à un examen à l'issue d'un cycle préparatoire, d'une durée maximum de deux mois, organisé au début du service militaire actif ;

3° Les jeunes gens, détenant soit un diplôme de fin d'études du second cycle de l'enseignement supérieur, soit un titre d'ingénieur délivré dans les conditions fixées par la loi du 10 juillet 1934.

Art. R. 141 *(Mod., D. n. 75-829, 2 sept. 1975)*. – Les jeunes gens titulaires du brevet de préparation militaire ou du brevet de préparation militaire parachutiste qui, ont été jugés aptes à recevoir la formation d'élève officier de réserve peuvent être admis soit à la préparation militaire supérieure, soit au cycle préparatoire visés à l'article R. 140 (2°).

Art. R. 142 *(Mod., D. n. 75-829, 2 sept. 1975 et rempl., D. n. 83-342, 19 avr. 1983, art. 5)*. – Sont admis au cycle de formation des élèves sous-officiers de réserve, sur décision du chef de corps ou de formation maritime ou aérienne :

1° En priorité, les jeunes gens titulaires du brevet de préparation militaire supérieure non admis au cycle de formation des officiers de réserve soit sur leur demande, soit en raison de la date d'appel demandée ;

2° Les jeunes gens titulaires du brevet de préparation militaire ;

3° Les jeunes gens dont l'aptitude a été reconnue au cours de l'incorporation.

Art. R. 143 *(D. n. 92-1250, 1er déc. 1992, art. 13)*. – Les jeunes gens accomplissant le service militaire actif qui, avant leur appel sous les drapeaux, ont soit acquis l'un des titres requis pour exercer en qualité de médecin, de vétérinaire, de pharmacien ou de chirurgien-dentiste, soit acquis les compétences exigées par la loi pour effectuer des remplacements de praticiens titulaires, sont, s'ils remplissent les conditions d'aptitude au service national, admis d'office au cycle de formation des élèves officiers de réserve du service de santé.

Ce cycle comprend une période de formation initiale et une période d'application dont les modalités sont fixées par un arrêté du ministre chargé des armées.

Art. R. 144. – Les modalités d'application des dispositions des articles R. 140 à R. 143, et notamment les programmes des cycles de formation des élèves officiers de réserve et des élèves sous-officiers de réserve sont fixés par arrêté du ministre chargé des armées.

§ 3. – Nomination dans les cadres

Art. R. 145 *(D. n. 92-1250, 1er déc. 1992, art. 14)*. – Sont nommés au grade d'aspirant les élèves officiers de réserve qui ont suivi avec succès l'un des cycles de formation prévus aux articles R. 140 et R. 143.

Ces élèves choisissent leur affectation compte tenu des emplois disponibles dans les corps, armes ou services et en fonction de leur rang de classement à l'examen sanctionnant le cycle de formation prévu à l'article R. 140 ou à la fin de la période de formation initiale prévue à l'article R. 143.

Art. R. 146 *(Mod., D. n. 84-355, 10 mai 1984)*. – Les aspirants sont nommés sous-lieutenants de réserve, ou à un grade correspondant, après dix mois de service militaire s'ils réunissent les conditions d'ancienneté dans le grade d'aspirant fixées par le statut des officiers de réserve. Dans le cas contraire, ils sont nommés sous-lieutenants de réserve, ou à un grade correspondant, lorsqu'ils réunissent ces conditions d'ancienneté.

Toutefois, le ministre chargé des armées peut, sur proposition du chef de corps ou de service, surseoir à cette nomination compte tenu de la manière de servir de l'intéressé.

Art. R. 147. – Les militaires ayant suivi un peloton d'élèves sous-officiers peuvent, après confirmation de leur aptitude et dans les conditions fixées par le décret relatif à l'avancement des militaires du rang, être nommés au grade de sergent ou à un grade correspondant. À l'issue de leur service actif, ils sont versés dans les cadres de sous-officiers de réserve.

Art. R. 148. – Les militaires du contingent nommés aspirants ou sergent ou au grade correspondant ne peuvent, pendant la durée du service militaire actif, être affectés qu'à l'un des emplois militaires correspondant à leur grade.

CHAPITRE II. – SERVICE DE DÉFENSE

Section I. – Affectation de défense

§ 1. – Dispositions générales

Art. R.*149. – Les personnels visés à l'article L. 87 qui reçoivent une affectation au service de défense en vue de leur utilisation dans les cas prévus par les articles 2 et 6 de l'ordonnance n. 59-147 du 7 janvier 1959 sont appelés « affectés de défense ».

Art. R.*150 *(D. n. 92-1249, 1er déc. 1992, art. 31)*. – L'affectation de défense est individuelle ou collective.

Art. R.*151 *(D. n. 92-1249, 1er déc. 1992, art. 32)*. – I. – L'affectation de défense est individuelle dans les corps de défense prévus à l'article L. 89.

II. *(D. n. 95-425, 19 avr. 1995, art. 1er)*. – L'affectation de défense est collective :

1° Dans les corps de l'État, les services des assemblées parlementaires, les directions et services de l'État et des collectivités territoriales ainsi que dans les organismes qui leur sont rattachés. Tous leurs fonctionnaires et agents contractuels ou auxiliaires qui sont soumis aux obligations du service de défense sont affectés collectifs de défense, y compris les titulaires d'une affectation individuelle tant qu'ils n'ont pas reçu l'ordre de rejoindre cette affectation ;

2° Dans les entreprises et établissements appartenant aux catégories énumérées aux tableaux I, II, III et IV de l'annexe II au présent code et dont la liste est arrêtée par le Premier ministre ou par les autorités ayant reçu, à cet effet, sa délégation. Leurs personnels qui sont soumis aux obligations du service de défense sont affectés collectifs de défense, y compris les titulaires d'une affectation individuelle tant qu'ils n'ont pas reçu l'ordre de rejoindre cette affectation.

Art. R.*152. – Les personnels assujettis au service national appartenant aux organismes visés à l'article R.*151 sont tenus de faire connaître leur situation vis-à-vis du service national ainsi que tout changement intervenant dans cette situation aux autorités administratives ou aux chefs d'entreprise ou d'établissement dont ils dépendent.

Art. R.*153. – Les autorités responsables des organismes visés à l'article R.*151 tiennent à jour les renseignements relatifs à l'état civil et à la qualification professionnelle de leur personnel titulaire d'une affectation de défense individuelle ou collective.

Ces renseignements doivent être tenus en permanence à la disposition des agents chargés du contrôle des affectations.

§ 2. – Affectation individuelle de défense

Art. R.*154 *(D. n. 92-1249, 1er déc. 1992, art. 33)*. – Les personnels soumis aux obligations du service national ne peuvent recevoir d'affectation individuelle de défense qu'au titre soit des corps de défense, soit d'emplois distincts de leur emploi habituel. Leur affectation est décidée par les autorités et suivant les modalités prévues aux articles R.*156 et R.*157.

Art. R.*155. – *Abrogé, D. n. 92-1249, 1er déc. 1992, art. 66.*

Art. R.*156. – Sauf pour les catégories de personnels définies à l'article R.*157, l'affectation individuelle de défense est décidée :

– par les généraux commandant les *(D. n. 91-683, 14 juill. 1991, art. 1er)* circonscriptions militaires de défense ou les autorités désignées par le ministre chargé des armées en ce qui concerne les personnels soumis aux obligations du service militaire ;

– par les préfets en ce qui concerne les personnels non soumis aux obligations du service militaire.

Dans le cas où l'emploi habituel des intéressés relève d'un ministre autre que celui au titre duquel l'affectation de défense est demandée, l'avis du représentant du premier doit être recueilli préalablement à la décision d'affectation.

Les autorités ayant pouvoir de décision consultent les représentants des administrations ou services pour les professions relevant de leur compétence.

Art. R.*157. – L'affectation individuelle de défense des magistrats du corps judiciaire et des personnels indispensables au fonctionnement des juridictions et qui sont désignés par des instructions du Premier ministre est décidée :

– en ce qui concerne les personnels soumis aux obligations du service militaire, par le ministre chargé des armées sur demande du ministre responsable de l'emploi de défense auquel ces personnels doivent être affectés ;

– en ce qui concerne les personnels non soumis aux obligations du service militaire par le ministre responsable de l'emploi de défense auquel ces personnels doivent être affectés.

Dans le cas où l'emploi habituel des intéressés relève d'un autre ministre, l'avis conforme de ce dernier doit au préalable être recueilli. Pour les magistrats du siège, l'avis conforme du conseil supérieur de la magistrature est, en outre, obligatoire.

Art. R.*158 *(D. n. 92-1249, 1er déc. 1992, art. 35)*. – Les demandes d'affectation individuelle de défense sont nominatives ou numériques ; dans ce dernier cas, elles doivent mentionner expressément les caractéristiques de l'emploi, les qualifications professionnelles et les aptitudes requises.

Art. R.*159. – Les demandes d'affectation individuelle à un corps de défense sont établies par l'autorité responsable de la mise sur pied de ce corps.

Les demandes d'affectation individuelle à l'un des organismes visés à l'article R.*151 sont établies, suivant le cas, par l'autorité administrative responsable ou par le chef d'entreprise ou d'établissement.

Les demandes d'affectation individuelle de défense sont instruites à la diligence du service du recrutement. Cette dernière enregistre et notifie les décisions d'affectation individuelle.

Art. R.*160. – La radiation de l'affectation individuelle de défense est prononcée par les autorités ayant prononcé l'affectation. Elle est notifiée par le service du recrutement.

Art. R.*161. – Le Premier ministre dispose d'un organisme consultatif, dit commission centrale du service de défense, qui peut être saisie de toute question concernant l'application du présent chapitre. Cette commission est ainsi composée :

– le secrétaire général de la défense nationale ou son représentant, président ;

– les représentants du ministre chargé des armées, du ministre de l'Intérieur et du ministre chargé des affaires économiques ;

– les représentants des ministres dont les responsabilités de défense ont été fixées par décrets ;

– le représentant du ministre du Travail ;

– les représentants des autres ministres pour des questions relevant de leur compétence.

La commission peut entendre toute personne ou autorité qualifiée.

Le secrétariat de la commission est assuré par le secrétariat général de la défense nationale.

Art. R.*162 *(D. n. 92-1249, 1er déc. 1992).* – En tout temps, les affectations individuelles de défense peuvent être rapportées par l'autorité qui les a prononcées, soit de sa propre initiative, soit à la demande de l'autorité dont relève l'emploi habituel des intéressés ; les changements d'affectation interviennent selon la procédure définie aux articles R.*154, R.*157 et R.*160.

Dans les circonstances prévues aux articles 2 et 6 de l'ordonnance n. 59-147 du 7 janvier 1959, un délai de dix jours maximum est consenti à l'organisme employeur pour l'exécution des décisions prévues à l'alinéa précédent.

Alinéa abrogé, L. n. 92-1249, 1er déc. 1992, art. 36.

En cas de rappel à l'activité dans les circonstances prévues aux articles 2 et 6 de l'ordonnance n. 59-147 du 7 janvier 1959, les personnels pour qui une demande d'affectation de défense serait en cours d'examen sont tenus de se conformer aux prescriptions des ordres d'affectation en leur possession.

§ 3. – Affectation collective de défense

Art. R.*163. – *(D. n. 95-425, 19 avr. 1995, art. 2).*

(D. n. 92-1249, 1er déc. 1992, art. 38) Dans les circonstances prévues aux articles 2 et 6 de l'ordonnance n. 59-147 du 7 janvier 1959, le Gouvernement peut, par décret pris en conseil des ministres, limiter l'application de l'affectation collective de défense à une partie du territoire, à certaines catégories d'activité ou à certains postes.

Art. R.*164 *(D. n. 95-425, 19 avr. 1995, art. 3).* – En dehors des organismes mentionnés à l'article R.*151, le Gouvernement peut, par décret pris en conseil des ministres, dans les circonstances prévues aux articles 2 et 6 de l'ordonnance n. 59-147 du 7 janvier 1959, décider le maintien dans leur emploi, quel qu'il soit, des personnels auxquels s'appliquent les obligations du service de défense, s'ils n'ont pas reçu l'ordre de rejoindre une affectation individuelle. Cette mesure entraîne l'affectation collective de défense desdits personnels pour toute la durée de son application.

L'application des dispositions de l'alinéa précédent peut être limitée à une partie du territoire à certaines catégories d'activité ou à certains postes ; elle peut être étendue à des catégories d'activité autres que celles énumérées aux tableaux I, II, III et IV de l'annexe II du présent code.

Art. R.*165. – Les personnels compris dans une affectation collective de défense sont incorporés dans le service de défense au moment où ils se présentent à l'emploi de défense qui leur est assigné en application de l'article L. 994.

Art. R.*166 *(D. n. 95-425, 19 avr. 1995, art. 4).* – L'affectation collective de défense cesse de plein droit et sans préavis lorsque les intéressés reçoivent l'ordre de rejoindre une affectation individuelle soit militaire, soit de défense, soit dans la réserve de la police nationale, soit au titre de l'article L. 116-5.

Section II. – Statut de défense

Art. R.*167 *(Mod., D. n. 75-828, 2 sept. 1975, art. 3).* – Lorsqu'ils sont appelés à leur emploi de défense en exécution de l'article L. 994, les affectés sont régis par le statut de défense défini par les articles L. 88, 138 et 139 et par la présente section.

§ 1. – Régime administratif et social

Art. R.*168. – *Abrogé, D. n. 92-1249, 1er déc. 1992, art. 66.*

Art. R.*169. – Sous réserve des mesures qui pourront être prises dans les circonstances prévues aux articles 2 et 6 de l'ordonnance n. 59-147 du 7 janvier 1959 en ce qui concerne les rémunérations de toute nature, les affectés de défense perçoivent :

a) Dans les emplois publics existants, les rémunérations prévues dans les textes en vigueur, afférents au grade dont ils sont titulaires ou à l'emploi auquel ils sont affectés. Dans les emplois publics créés pour les nécessités de la défense, les rémunérations sont fixées par décret en conseil des ministres pris sur rapport du ministre intéressé et du ministre de l'Économie et des Finances ;

b) Dans les autres emplois, et suivant les dispositions qui leur sont applicables, les rémunérations en vigueur dans les établissements, exploitations ou organismes dont dépendent ces emplois.

Art. R.*170 *(D. n. 92-1249, 1er déc. 1992, art. 41)*. – La législation du travail propre à l'emploi d'affectation est applicable aux personnels servant sous statut de défense, sous réserve des dispositions de l'article L. 94.

Les dispositions du présent article sont adaptées aux corps de défense par les décrets en Conseil d'État constitutifs de ces corps.

Art. R.*171. – Si l'affectation de défense entraîne changement d'emploi, l'affecté de défense bénéficie, à l'égard de sa réintégration dans son emploi antérieur, du même régime que s'il avait été appelé ou rappelé sous les drapeaux.

Art. R.*172. – Dans les circonstances prévues aux articles 2 et 6 de l'ordonnance n. 59-147 du 7 janvier 1959, il est interdit à tout chef d'entreprise d'engager un travailleur déjà placé, à titre individuel ou collectif, dans la position d'affecté de défense.

Art. R.*173 *(D. n. 92-1249, 1er déc. 1992, art. 42)*. – Dans les circonstances prévues aux articles 2 et 6 de l'ordonnance n. 59-147 du 7 janvier 1959, toute personne qui, soumise aux obligations du service de défense, est embauchée par un organisme dont le personnel est soumis au régime de l'affectation collective de défense, en application de l'article R.*163 ou de l'article R.*164, est incorporée dans le service de défense au moment où elle rejoint son emploi.

Art. R.*174. – Dans les circonstances prévues aux articles 2 et 6 de l'ordonnance n. 59-147 du 7 janvier 1959, si le chef d'un des organismes soumis au régime de l'affectation de défense en application de l'article R.*151 ou de l'article R.*164 estime nécessaire de licencier du personnel en affectation collective de défense, il en fait la demande à l'autorité compétente, qui peut décider soit le transfert de tout ou partie de ce personnel dans un autre organisme, soit sa radiation de l'affectation de défense.

L'autorité compétente est le ministre responsable de l'organisme où sont opérés les licenciements. Le pouvoir de décision de ce ministre peut être délégué au préfet de zone et sous-délégué au préfet du département, dans des conditions qui sont fixées par instruction du Premier ministre.

La décision intervient dans le mois qui suit la demande. Les décisions sont enregistrées et notifiées à la diligence du service du recrutement.

§ 2. – Régime disciplinaire

Art. R.*175 *(D. n. 92-1249, 1er déc. 1992, art. 43)*. – Les personnels servant sous statut de défense sont soumis :

– dans les administrations et services de l'État, des départements et des communes ainsi que dans les établissements publics ou entreprises qui en dépendent : aux règles de discipline applicables à leur personnel ;

– dans les autres établissements : aux prescriptions du règlement intérieur, établi en conformité des dispositions de l'article 22-*a* du livre Ier du Code du travail. Dans les entreprises ou établissements visés à l'article R.*151, ce règlement fixe l'échelle des sanctions applicables en cas d'infraction à la discipline générale de l'établissement. Les marins de la marine marchande demeurent soumis, lorsqu'ils sont embarqués, au Code disciplinaire et pénal de la marine marchande.

Art. R.*176 *(D. n. 92-1249, 1er déc. 1992, art. 44)*. – En cas de manquement aux obligations définies au chapitre II du titre III du présent code, les personnels servant dans les corps de défense sont passibles, sans préjudice des poursuites pénales éventuelles, des sanctions disciplinaires suivantes : l'avertissement, le blâme, la consigne à la résidence administrative, la réduction d'un ou deux grades. Le décret en Conseil d'État constitutif de chaque corps de défense peut déterminer dans quelles conditions les dispositions de l'article précédent et celles du présent article sont applicables au cas particulier de ce corps.

Art. R.*177. – *Abrogé, D. n. 92-1249, 1er déc. 1992, art. 66.*

Art. R.*178. – Les sanctions prévues, d'une part à l'article R.*175, d'autre part, à l'article R.*176 peuvent se cumuler.

§ 3. – Dispositions particulières aux corps de défense

Art. R.*179. – Les corps de défense prévus à l'article L. 89 sont composés de personnels soumis aux obligations du service national, désignés soit en raison de leur aptitude, soit du fait qu'ils appartiennent à un service ou à une entreprise qui constitue ou contribue à constituer un tel corps. Ces personnels reçoivent, à ce titre, une affectation individuelle de défense.

Chaque corps de défense répond à une mission particulière à laquelle est adaptée son organisation propre.

Art. R.*180. – Chaque corps de défense a sa hiérarchie propre.

Son encadrement est assuré par des personnels qualifiés soit par leur profession ou leur emploi, soit par l'instruction qu'ils ont reçue spécialement à cet effet, soit par le grade dont ils sont titulaires dans la réserve des armées.

Art. R.*181 *(D. n. 92-1249, 1er déc. 1992, art. 47)*. – Les cadres des corps de défense sont pourvus d'un grade d'emploi en rapport avec leur affectation de défense.

Dans chaque corps de défense, une échelle de correspondance est établie entre les grades d'emploi et les grades de la hiérarchie militaire. Cette correspondance n'entraîne pas assimilation.

Les grades d'emploi doivent être conformes aux hiérarchies fonctionnelles des administrations et des organismes qui font partie du corps de défense selon un tableau d'équivalence fixé par arrêté du ministre responsable de la mise sur pied du corps de défense, contresigné par le ministre chargé des armées.

L'affectation individuelle dans le corps de défense confère aux intéressés le grade d'emploi correspondant à leur hiérarchie fonctionnelle dans leur organisme d'appartenance. Il est porté sur la décision d'affectation individuelle de défense. Tout changement de grade d'emploi doit faire l'objet d'une nouvelle décision. Les actes d'engagement prévus à l'article R.*186 doivent également comporter, en cas d'engagement au titre d'un corps de défense, le grade d'emploi de l'intéressé.

Le grade d'emploi n'est donné que pour la durée de l'emploi. Il peut être retiré à tout moment par décision de l'autorité habilitée à le conférer, pour les motifs qui entraînent la perte ou le retrait des grades militaires dans la réserve des armées.

Les grades correspondant aux grades d'officiers sont conférés par arrêté du ministre responsable de la mise sur pied de chaque corps de défense, contresigné par le ministre chargé des armées s'il s'agit d'un officier de réserve. Le décret en Conseil d'État constitutif de chaque corps de défense fixe les conditions dans lesquelles les autres grades sont conférés.

Le grade d'emploi donne droit au commandement à l'intérieur du corps de défense.

La position dans les cadres est la seule position des cadres des corps de défense.

Les décrets en Conseil d'État constitutifs des différents corps de défense déterminent les appellations des différents grades d'emploi, leur correspondance avec les grades de la hiérarchie militaire, les conditions d'avancement au sein des corps de défense. Ces décrets sont contresignés par le ministre chargé des armées.

Art. R.*182 *(D. n. 92-1249, 1er déc. 1992, art. 48)*. – Le décret en Conseil d'État constitutif de chaque corps de défense détermine, le cas échéant, les règles du port d'un uniforme et les insignes des grades d'emploi. Ces derniers doivent comporter des marques distinctives par rapport aux insignes de grade des armées.

Art. R.*183. – Les corps de défense peuvent bénéficier du soutien logistique des armées, à charge pour les ministres intéressés de supporter les dépenses correspondantes. Des accords passés entre le ministre chargé des armées et les ministres intéressés fixent les modalités de ce soutien.

Art. R.*184 *(D. n. 92-1249, 1er déc. 1992, art. 49)*. – En ce qui concerne les infirmités par origine ou par aggravation de l'exécution d'un service de défense accompli dans un corps de défense, les intéressés bénéficient, conformément à l'article 89 (partie législative), des dispositions du livre Ier du Code des pensions militaires d'invalidité et des victimes de la guerre, à l'exclusion de tout autre régime légal ou statutaire de pensions d'invalidité ou de rentes d'incapacité permanente. Ils bénéficient également des dispositions du deuxième alinéa de l'article L. 62.

Ils conservent dans ce cas, pendant la période qui précède la date d'ouverture du droit à pension militaire d'invalidité, le bénéfice des prestations résultant des législations et statuts de sécurité ou de prévoyance sociales dont ils relèvent, à l'exclusion des pensions d'invalidité et d'incapacité permanente.

La présomption d'imputabilité est applicable dans les corps de défense, le personnel étant soumis à une visite médicale d'incorporation et se trouvant placé sous surveillance médicale. Les modalités de cette surveillance médicale sont définies dans les décrets en Conseil d'État constitutifs de chaque corps de défense.

Les pensions servies aux intéressés sont liquidées sur la base des grades d'emploi prévus à l'article R.*181 selon les tableaux d'équivalence fixés dans les décrets en Conseil d'État constitutifs des corps de défense.

Art. R.*185. – Tout ministre ayant la charge d'un corps de défense constitue, au sein de son administration et aux différents niveaux de l'organisation territoriale de la défense, un organisme permanent ayant mission de préparer la mise sur pied du corps de défense considéré.

Cet organisme peut comprendre des cadres militaires détachés par les armées. Dans les circonstances prévues aux articles 2 et 6 de l'ordonnance n. 59-147 du 7 janvier 1959, il peut être renforcé par des cadres militaires de réserve.

Parmi les cadres militaires d'active et de réserve visés à l'alinéa précédent, seront choisis ceux à qui incombera d'assurer la liaison avec les armées, en particulier pour l'application de l'article R.*183 et l'organisation de la sécurité des éléments du corps de défense.

Section III. – Dispositions particulières

Art. R.*186 *(D. n. 92-1249, 1er déc. 1992, art. 50)*. – Les personnels assujettis ou non au service national, sans affectation militaire ou de défense, peuvent s'engager au titre du service de défense, devant le préfet du département de leur domicile ou de leur résidence, à servir dans les corps de défense ou dans les organismes définis à l'article R.*151. Ils peuvent être appelés à remplir les obligations qui résultent de cet engagement dans les circonstances prévues aux articles 2 et 6 de l'ordonnance n. 59-147 du 7 janvier 1959. L'engagement est toujours résiliable à la volonté de l'administration compétente, soit à son initiative, soit à la demande de l'intéressé. L'affectation militaire en suspend les effets.

Art. R.*187. – Les Français assujettis au service national et résidant à l'étranger peuvent être l'objet d'une décision de maintien sur place prise suivant la procédure prévue aux articles R.*156 et R.*157 lorsque, en considération de leur profession ou de leur emploi, cette mesure est reconnue nécessaire par le ministre des Affaires étrangères.

Art. R.*188 *(Mod., D. n. 74-759, 30 août 1974, art. 7)*. – Le fait de mettre obstacle à l'accomplissement des obligations imposées par le titre V de l'ordonnance n. 59-147 du 7 janvier 1959 et par le présent chapitre ou de ne pas se conformer à ces obligations est puni d'une amende prévue pour les contraventions de la 4e classe sans préjudice, le cas échéant, de l'application de toute autre peine prévue notamment aux articles 377 à 456 du Code de justice militaire, complétés par les articles L. 145 à L. 149 du présent code.

Est puni de la même amende le fait de mettre obstacle à l'accomplissement, par un agent de l'autorité publique, des fonctions tendant à assurer l'exécution ou le contrôle des obligations visées à l'alinéa précédent.

En cas de récidive, les peines prévues par le présent article sont portées au double et il peut s'y ajouter un emprisonnement de deux mois.

Art. R.*189. – Chaque ministre inclut, dans la communication annuelle au Premier ministre des plans concernant son action dans le domaine de la défense, un compte rendu de préparation de la mobilisation des personnels relevant de son autorité susceptibles de recevoir une affectation de défense ; à titre individuel ou collectif, y compris ceux devant entrer dans les « corps de défense » qu'il lui incombe de mettre sur pied.

Section IV. – Modalités d'adaptation
aux départements d'outre-mer

Art. R.*190. – Pour l'application dans les départements d'outre-mer du premier alinéa de l'article R.*151, les organismes au titre desquels sont prononcées les affectations de défense, en dehors des corps de défense sont :

D'une part :

– les administrations des départements d'outre-mer et les organismes rattachés ainsi que les services dépendant des administrations et organismes métropolitains visés au premier alinéa de l'article R.*151 ;

– les services départementaux et les services administratifs communaux ainsi que les organismes rattachés.

D'autre part, dans chacune des catégories d'activité énumérées aux tableaux I, II, III et IV de l'annexe II du présent code, les entreprises et établissements dont la liste est arrêtée par le préfet, qui reçoit à cet effet la délégation du Premier ministre.

Art. R.*191. – Pour l'application dans les départements d'outre-mer des trois premiers alinéas de l'article R.*156, l'affectation individuelle de défense est décidée :

– en ce qui concerne les personnels soumis aux obligations du service militaire, par le commandant supérieur qui a le département dans sa zone de responsabilité ;

– en ce qui concerne les personnels non soumis aux obligations du service militaire, par le préfet.

Art. R.*192. – Les préfets des départements d'outre-mer reçoivent une affectation individuelle de défense prononcée par le ministre chargé des départements et territoires d'outre-mer. S'ils sont soumis aux obligations du service militaire, l'avis conforme du ministre chargé de la défense nationale doit être recueilli.

Art. R.*193. – Pour préparer les décisions d'affectation, les autorités ayant pouvoir de décision consultent les représentants des administrations ou services pour les professions relevant de leur compétence.

Art. R.*194. – Pour l'application dans les départements d'outre-mer de l'article R.*174, le pouvoir de décider le transfert de tout ou partie du personnel dans un autre organisme ou sa radiation de l'affectation de défense est exercé par le préfet du département, par délégation du ministre chargé des départements et territoires d'outre-mer.

Section V. – Modalités d'adaptation
aux territoires d'outre-mer

Art. R.*195. – Pour l'application dans les territoires d'outre-mer du premier alinéa de l'article R.*151, les organismes au titre desquels sont prononcées, les affectations de défense, en dehors de corps de défense, sont :

D'une part :

– les administrations des territoires d'outre-mer et les services d'État déterminés par le décret n. 56-1227 du 3 décembre 1956 modifié ainsi que les organismes rattachés ;

– les services territoriaux et les services administratifs communaux ainsi que les organismes rattachés.

D'autre part, dans chacune des catégories d'activité énumérées aux tableaux I, II, III et IV de l'annexe II du présent code, les entreprises et établissements dont la liste est arrêtée par le représentant de l'État, qui reçoit à cet effet la délégation du Premier ministre.

Art. R.*196. – Pour l'application dans les territoires d'outre-mer des trois premiers alinéas de l'article R.*156, l'affectation individuelle de défense est décidée :

– en ce qui concerne les personnels soumis aux obligations du service militaire, par le commandant supérieur des forces armées qui a le territoire dans sa zone de responsabilité ;

– en ce qui concerne les personnels non soumis aux obligations du service militaire, par le représentant de l'État.

Art. R. 197. – Les représentants de l'État dans les territoires d'outre-mer reçoivent une affectation individuelle de défense prononcée par le ministre chargé des départements et territoires d'outre-mer. S'ils sont soumis aux obligations du service militaire, l'avis du ministre chargé de la défense nationale doit être recueilli.

Art. R.*198. – Pour préparer les décisions d'affectation, les autorités ayant pouvoir de décision consultent les représentants des administrations ou services pour les professions relevant de leur compétence.

Art. R.*199 *(D. n. 92-1249, 1er déc. 1992, art. 52)*. – Dans la collectivité territoriale de Mayotte, lorsque les décisions d'affectation concernent des services ou organismes territoriaux relevant de la compétence du président du conseil général, elles sont prises sur sa proposition.

Pour les services ou organismes d'État, elles sont préparées dans les conditions prévues à l'article R.*198.

Art. R.*200. – Pour l'application dans les territoires d'outre-mer de l'article R.*174, le pouvoir de décider le transfert de tout ou partie du personnel dans un autre organisme ou sa radiation de l'affectation de défense est exercé par le représentant de l'État, par délégation du ministre chargé des départements et territoires d'outre-mer.

Art. R.*201. – Pour l'application de l'article R.*186, le représentant de l'État est l'autorité habilitée à recevoir les engagements au titre du service de défense dans les organismes définis à l'article R.*195.

CHAPITRE II *BIS*. – SERVICE DANS LA POLICE NATIONALE

(D. n. 92-1249, 1er déc. 1992, art. 54)

§ 1. – Affectation

Art. R.*201-1. – Les jeunes gens qui satisfont aux conditions de moralité et d'aptitude physique exigées des candidats à un emploi dans la police nationale peuvent, sur leur demande, être admis à accomplir leur service national dans la police nationale en qualité de policiers auxiliaires.

Art. R.*201-2. – Les candidatures sont déposées par les intéressés auprès du bureau ou du centre du service national dont ils relèvent. Le ministre chargé des armées, sous réserve des dispositions de l'article L. 6, transmet les candidatures au ministre de l'Intérieur.

Lorsque leur demande est agréée par ce ministre, les jeunes gens sont mis pour emploi à sa disposition. Ils reçoivent une affectation dans les services et directions du ministère de l'Intérieur selon les modalités qui sont déterminées par le ministre.

Pendant l'accomplissement de leur service actif, ils sont soumis à l'autorité de ce ministre et des supérieurs hiérarchiques des services dans lesquels ils sont affectés.

Ils sont réputés incorporés le jour où, répondant à l'ordre d'appel du ministre de l'intérieur, ils sont enregistrés sur les contrôles de l'administration.

Art. R.*201-3. – Les appelés dont la candidature a été retenue par le ministre de l'intérieur effectuent un stage de formation spécialisé permettant leur emploi. Les modalités de cette formation sont définies par le ministre. Elle comporte notamment une information sur le sens du service national qu'ils effectuent et l'acquisition des notions indispensables sur la défense, la sécurité et les devoirs civiques de tout citoyen.

§ 2. – Missions

Art. R.*201-4. – Les policiers auxiliaires participent à l'exécution des missions de la police nationale dans les conditions prévues au présent article.

Il assistent les fonctionnaires de police sous les ordres desquels ils sont placés. Ils peuvent être affectés à des tâches leur permettant de participer au maintien de la sécurité publique ou des tâches auxquelles leur formation professionnelle les a préparés.

Dans l'exercice de leurs fonctions, ils ont compétence pour établir des actes relevant de l'exercice de la police judiciaire ou de la police administrative dans les conditions et les limites fixées par les lois et règlements les y habilitant.

Ils ne peuvent participer à des opérations de maintien de l'ordre autrement que dans le cas où il peut être fait appel à la troupe.

§ 3. – Hiérarchie. – Avancement

Art. R.*201-5. – La hiérarchie des policiers auxiliaires et sa correspondance avec la hiérarchie militaire sont fixées comme suit :

1° Gardien de la paix auxiliaire de 2e classe de la police nationale : soldat de 2e classe ;

2° Gardien de la paix auxiliaire de 1re classe de la police nationale : caporal ;

3° *(D. n. 98-180, 17 mars 1998, art. 3-XV)* gardien de la paix auxiliaire de classe exceptionnelle de la police nationale : caporal-chef ;

4° *(D. n. 98-180, 17 mars 1998, art. 3-XV)* gardien de la paix auxiliaire hors classe de la police nationale : sergent.

L'avancement des policiers auxiliaires en service actif, et de ceux de la disponibilité et de la réserve, est subordonné au respect des règles suivantes :

1° Le gardien de la paix auxiliaire de 2e classe de la police nationale ne peut être nommé gardien de la paix auxiliaire de 1re classe de la police nationale s'il n'a obtenu une qualification définie par le ministre de l'intérieur et accompli quatre mois de service effectif à compter de son incorporation.

2° Le gardien de la paix auxiliaire de 1re classe de la police nationale ne peut être nommé sous-brigadier auxiliaire de 2e classe de la police nationale s'il n'a obtenu une qualification définie par le ministre de l'intérieur et accompli deux mois de service actif dans son grade.

3° Le *(D. n. 98-180, 17 mars 1998, art. 3-XV)* gardien de la paix auxiliaire de classe exceptionnelle de la police nationale ne peut être nommé *(D. n. 98-180, 17 mars 1998, art. 3-XV)* gardien de la paix auxiliaire hors classe de la police nationale s'il n'a obtenu une qualification définie par le ministre de l'intérieur et accompli deux mois de service actif dans son grade.

§ 4. – Permissions

Art. R.*201-6. – Les permissions normales dont peuvent bénéficier les policiers auxiliaires sont fixées à treize jours pour la durée du service légal. Elles peuvent être prises soit par fractions, soit en une fois avant la libération du service actif.

En outre, les jeunes gens volontaires pour prolonger leur service actif au-delà de la durée légale, dans les conditions fixées à l'article L. 94-9, bénéficient, au-delà de la durée légale, de quatre jours de permission par mois de service dans la limite de quarante-cinq jours par an ainsi que d'une majoration de deux jours de permission par mois supplémentaire dans la limite de dix jours.

Art. R.*201-7. – Des permissions de convalescence peuvent être accordées aux policiers auxiliaires dont l'état de santé le nécessite. Elles ont une durée au plus égale à trente jours et sont renouvelables. Elles ne viennent pas en déduction des autres permissions.

Art. R.*201-8. – Des permissions exceptionnelles d'une durée au plus égale à quatre jours peuvent être accordées pour la naissance d'un enfant, le mariage de l'intéressé, le décès du conjoint, d'un enfant ou d'un parent (grands-parents, parents, beaux-parents, frère, sœur). Un supplément de huit jours de permission peut être également accordé aux appelés qui exerçaient la profession d'agriculteur lors de leur incorporation ou qui, fils d'agriculteur et n'exerçant aucune profession, étaient employés chez leurs parents en qualité d'aide familial agricole.

§ 5. – Récompenses

Art. R.*201-9. – Les récompenses qui peuvent être accordées aux policiers auxiliaires sont : les décorations, les citations, les témoignages de satisfaction et les félicitations.

Les décorations sont attribuées pour reconnaître des actions d'éclat, des mérites éminents ou distingués et pour récompenser des actes méritoires ou des services rendus. Certaines d'entre elles accompagnent une citation. Leur attribution fait l'objet d'une publication officielle.

Les citations sont décernées pour des actions d'éclat, des actes de courage ou de dévouement.

Les témoignages de satisfaction et les félicitations sanctionnent des actes ou travaux exceptionnels.

Un arrêté du ministre de l'intérieur détermine les autorités qualifiées pour décerner les récompenses ainsi que les modalités de leur attribution.

§ 6. – Indemnités. – Hébergement et alimentation

Art. R.*201-10. – Les policiers auxiliaires perçoivent une indemnité journalière dont le montant est identique à celui de la solde spéciale perçue par les appelés au service militaire selon les équivalences fixées à l'article R.*201-5.

Cette indemnité peut être augmentée d'un complément destiné à compenser certaines prestations en nature lorsqu'elles ne sont pas fournies par les organismes d'emploi des appelés et dont bénéficient les militaires appelés. Son montant est fixé par arrêté conjoint du ministre de l'Intérieur et du ministre chargé du budget.

Art. R.*201-11. – Les policiers auxiliaires ont droit à la gratuité de leur logement ainsi que de son entretien, de leur alimentation et des transports liés au service.

§ 7. – Tenue

Art. R.*201-12. – Les policiers auxiliaires doivent porter la tenue réglementaire lorsqu'ils sont en service.

La description de cette tenue réglementaire est précisée par le ministre de l'Intérieur.

Cette tenue réglementaire est fournie et entretenue à titre gratuit.

§ 8. – Transports

Art. R.*201-13. – Les policiers auxiliaires supportent les frais de voyage à l'occasion des permissions dans des conditions identiques à celles des appelés au service militaire.

§ 9. – Soins

Art. R.*201-14. – Les policiers auxiliaires sont surveillés médicalement et soignés soit par les médecins civils agréés par le ministre de l'intérieur, soit par des médecins en fonctions dans les organismes d'emploi, soit dans un établissement de santé civil, soit dans un établissement du service de santé des armées. Dans ce dernier cas, les frais sont remboursés à l'administration militaire par le ministre de l'Intérieur.

Lorsque les soins sont dispensés par des médecins civils agréés ou dans un établissement de santé civil, la gratuité ou le remboursement des soins médicaux, des fournitures de médicaments et des frais d'hospitalisation auxquels ont droit les appelés sont assurés dans les conditions prévues par la nomenclature du régime général de la sécurité sociale. Les dépenses en résultant sont à la charge du ministre de l'Intérieur.

§ 10. – Inaptitude physique

Art. R.*201-15. – Les conditions dans lesquelles les policiers auxiliaires sont présentés devant la commission de réforme du service national prévue à l'article L. 61 sont fixées par une instruction du ministre chargé des armées.

§ 11. – Libération du service actif

Art. R.*201-16. – Avant leur libération du service actif, les policiers auxiliaires sont soumis à un examen médical constatant leur état de santé. À l'expiration de leur service, les intéressés sont rayés des contrôles de l'administration et libérés du service actif par le ministre de l'Intérieur.

Art. R.*201-17. – Le décompte des services accomplis par les policiers auxiliaires est arrêté par le ministre de l'Intérieur et enregistré sur les pièces matricules. Ces pièces sont adressées au bureau ou centre du service national dont il relèvent.

Art. R.*201-18. – À la fin de leur service national actif, les policiers auxiliaires ayant accompli au moins trois mois de service national et dont la conduite a été satisfaisante reçoivent un certificat de bonne conduite témoignant de la valeur des services rendus.

Ils peuvent recevoir un certificat de pratique professionnelle sur lequel figurent les dates de début et de fin de service, les emplois tenus, leur durée et les qualifications professionnelles acquises.

§ 12. – Dispositions diverses

Art. R.*201-19. – Les jeunes gens retenus par le ministre de l'Intérieur pour accomplir le service national dans la police nationale qui ne répondent ni à leur ordre d'appel au service actif ni à leur ordre de route émis dans les conditions fixées aux articles L. 122 et L. 123 sont poursuivis pour insoumission par le ministre de l'Intérieur dans les délais fixés aux articles L. 125 et L. 126 et selon les modalités précisées à l'article L. 149-3.

Art. R.*201-20. – Les conditions d'emploi, la nature et l'exécution des missions confiées à ces jeunes gens font l'objet d'un contrôle par les inspections compétentes du ministère de l'Intérieur.

CHAPITRE II *TER*. – SERVICE DE SÉCURITÉ CIVILE

(D. n. 92-1249, 1er déc. 1992, art. 55)

Section I. – Service de sécurité civile en qualité de sapeur-pompier auxiliaire

§ 1. – Affectation

Art. R.*201-21. – Les jeunes gens qui satisfont aux conditions de moralité et d'aptitude physique exigées des candidats à un emploi de sapeur-pompier professionnel peuvent, sur leur demande, être admis à accomplir leur service national dans la sécurité civile en qualité de sapeurs-pompiers auxiliaires.

Art. R.*201-22. – Les candidatures sont déposées par les intéressés auprès du bureau ou du centre du service national dont ils relèvent. Le ministre chargé des armées, sous réserve des dispositions de l'article L. 6, transmet les candidatures au ministre chargé de la sécurité civile.

Lorsque leur demande est agréée par ce ministre, les jeunes gens sont mis pour emploi à sa disposition. Ils reçoivent une affectation, selon les modalités qui sont déterminées par le ministre :

– soit à la direction de la sécurité civile ;

– soit dans les états-majors de zone de la sécurité civile ;

– soit dans un service départemental d'incendie et de secours qui peut les mettre à disposition d'un centre de secours principal ou d'un centre de secours, qui en font la demande et qui disposent d'un encadrement de sapeurs-pompiers professionnels conforme aux prescriptions fixées par un arrêté du ministre.

Pendant l'accomplissement de leur service actif, ils sont soumis à l'autorité du ministre, du préfet du département dans lequel ils servent et des supérieurs hiérarchiques des services dans lesquels ils sont affectés. Ils doivent se conformer aux instructions du ministre, au règlement du service d'emploi et, pour ceux affectés dans un service d'incendie et de secours, au règlement du service départemental d'incendie et de secours.

Ils sont réputés incorporés le jour où, répondant à l'ordre d'appel du ministre chargé de la sécurité civile, ils sont enregistrés sur les contrôles de l'administration.

Art. R.*201-23. – Les appelés dont la candidature a été retenue par le ministre chargé de la sécurité civile font, dès leur incorporation, un stage de formation permettant leur emploi dans les services de la sécurité civile et dans les services d'incendie et de secours. Les modalités de cette formation sont définies par arrêté du ministre. Elle comporte notamment une information sur le sens du service national qu'ils effectuent et l'acquisition des notions indispensables sur la défense, la sécurité et les devoirs civiques de tout citoyen.

Art. R.*201-24. – Une convention établie entre le préfet et le président de la commission administrative prévue à l'article 56 de la loi du 2 mars 1982 prévoit l'affectation de sapeurs-pompiers auxiliaires au service départemental d'incendie et de secours. Cette convention prévoit notamment que l'hébergement, l'entretien, l'alimentation et la formation des sapeurs-pompiers auxiliaires affectés dans les services d'incendie et de secours sont pris en charge par le service départemental d'incendie et de secours.

Art. R.*201-25. – Dans chaque département, le nombre des sapeurs-pompiers auxiliaires ne peut excéder 10 % de l'effectif total des sapeurs-pompiers professionnels du département.

Dans les départements où le nombre des sapeurs-pompiers professionnels est inférieur à cinquante, le nombre maximum des sapeurs-pompiers auxiliaires est fixé à cinq.

§ 2. – Missions. – Obligations

Art. R. 201-26. – Les sapeurs-pompiers auxiliaires, après la formation prévue à l'article R.*201-23, participent aux missions de sécurité civile définies à l'article 1er de la loi n. 87-565 du 22 juillet 1987 modifiée et à celles des services d'incendie et de secours prévues à l'article 1er du décret n. 88-623 du 6 mai 1988 modifié ainsi qu'aux tâches auxquelles leur formation professionnelle les a préparés.

Art. R.*201-27. – Les modalités d'accomplissement de ces missions et notamment les conditions d'encadrement lors des opérations et interventions des sapeurs-pompiers auxiliaires sont définies par arrêté du ministre chargé de la sécurité civile.

§ 3. – Hiérarchie. – Avancement

Art. R.*201-28. – La hiérarchie des grades de sapeurs-pompiers auxiliaires en correspondance avec la hiérarchie militaire est fixée comme suit :

- sapeur-pompier auxiliaire de 2e classe : soldat de 2e classe ;
- sapeur-pompier auxiliaire de 1re classe : soldat de 1re classe ;
- caporal auxiliaire : caporal ;
- lieutenant auxiliaire : aspirant.

Lors de leur affectation, les jeunes gens sont incorporés au grade de sapeur-pompier auxiliaire de 2e classe.

Art. R.*201-29. – Les sapeurs-pompiers auxiliaires de 2e classe peuvent être nommés sapeurs-pompiers auxiliaires de 1re classe, après quatre mois de service à compter de la date d'incorporation. Ne peut en bénéficier le sapeur-pompier auxiliaire ayant subi une sanction prévue à l'article L. 149-1.

Art. R.*201-30. – Les sapeurs-pompiers auxiliaires peuvent être nommés caporaux auxiliaires, après avoir réussi un examen et servi pendant quatre mois à compter de la date d'incorporation. Ne peut en bénéficier le sapeur-pompier auxiliaire ayant subi une sanction prévue à l'article L. 149-1.

Art. R.*201-31. – Les sapeurs-pompiers auxiliaires qui possèdent des diplômes requis pour l'exercice des professions de médecin, de pharmacien ou de vétérinaire peuvent être nommés lieutenants auxiliaires après avoir réussi un examen et servi pendant trois mois à compter de la date d'incorporation. Ne peut en bénéficier le sapeur-pompier auxiliaire ayant subi une sanction prévue à l'article L. 149-1.

Art. R.*201-32. – Les modalités d'organisation des examens prévus aux articles R.*201-30 et R.*201-31, la nature et le programme des épreuves ainsi que les qualifications requises pour présenter ces examens sont définis par arrêté du ministre chargé de la sécurité civile.

Les nominations mentionnées aux articles R.*201-29 à R.*201-31 sont prononcées par le ministre, après avis du chef du service d'affectation.

§ 4

Art. R.*201-34. – Les dispositions des articles R.*201-6 à R.*201-20 sont applicables aux jeunes gens qui effectuent le service de sécurité civile en qualité de sapeurs-pompiers auxiliaires.

Art. R.*201-35. – Les sanctions disciplinaires prévues à l'article L. 149-1 peuvent être infligées aux sapeurs-pompiers auxiliaires.

Elles sont prononcées par le ministre chargé de la sécurité civile. Toutefois, lorsque l'intéressé est affecté dans un service départemental d'incendie et de secours, l'avertissement, le blâme et la consigne à la résidence administrative peuvent être prononcés par le préfet.

Section II. – Service de sécurité civile
en qualité de forestier auxiliaire

§ 1. – Affectation

Art. R.*201-36. – Les jeunes gens qui satisfont aux conditions de moralité et d'aptitude physique exigées des candidats à un emploi d'agent technique forestier peuvent, sur leur demande, être admis à accomplir le service de sécurité civile en qualité de forestiers auxiliaires.

Art. R.*201-37. – Les candidatures sont déposées par les intéressés auprès du bureau ou du centre du service national dont ils relèvent. Le ministre chargé des armées, sous réserve des dispositions de l'article L. 6 du Code du service national, transmet les candidatures au ministre chargé des forêts.

Lorsque leur demande est agréée par ce ministre, les jeunes gens retenus sont mis pour emploi à sa disposition. Ils reçoivent une affectation dans une direction départementale de l'agriculture et de la forêt qui peut, dans les conditions fixées par arrêté du ministre, les mettre à disposition de l'Office national des forêts ou des collectivités territoriales qui en font la demande et qui justifient d'une stucture d'encadrement adaptée.

Pendant l'accomplissement de leur service actif, les forestiers auxiliaires sont soumis à l'autorité du ministre chargé des forêts exercée, par délégation, par le préfet du département dans lequel ils servent et par leurs supérieurs hiérarchiques directs dans les services ou organismes dans lesquels ils sont affectés.

Les appelés sont réputés incorporés le jour où répondant à l'ordre d'appel du ministre chargé des forêts ils sont enregistrés sur les contrôles de l'administration.

Art. R.*201-38. – Les appelés font, dès leur incorporation, un stage de formation à leur emploi dans les services du ministère chargé des forêts ou dans les organismes placés sous sa tutelle. Les modalités de ce stage sont définies par arrêté du ministre chargé des forêts. La formation dispensée comporte notamment une information sur le sens du service national qu'ils effectuent et doit permettre l'acquisition des notions indispensables sur la défense, la sécurité et les devoirs civiques de tout citoyen.

Art. R.*201-39. – Une convention établie entre le préfet du département et le responsable de l'organisme d'accueil des forestiers auxiliaires fixe les obligations et les contributions financières des parties relatives notamment à l'hébergement, l'entretien, l'alimentation, l'équipement et la formation des forestiers auxiliaires.

Art. R.*201-40. – Le nombre de forestiers auxiliaires ne peut excéder 10 % des effectifs en activité dans les corps techniques forestiers.

§ 2. – Missions. – Obligations

Art. R.*201-41. – Après la formation prévue à l'article R.*201-38, les forestiers auxiliaires participent, dans les zones à risque, à la surveillance et à la protection des massifs forestiers, à la prévention contre les feux de forêt, et à la restauration des terrains instables et dangereux dans les zones de montagne ou sur le littoral.

Art. R.*201-42. – Les modalités d'accomplissement de ces missions et les conditions d'encadrement des forestiers auxiliaires, assuré prioritairement par l'Office national des forêts, sont définies par l'arrêté du ministre chargé des forêts prévu à l'article R.*201-37.

§ 3. – Hiérarchie. – Avancement

Art. R.*201-43. – La hiérarchie des grades des forestiers auxiliaires, en correspondance avec la hiérarchie militaire, est fixée comme suit :

1° Forestier auxiliaire de 2e classe : soldat de 2e classe ;
2° Forestier auxiliaire de 1re classe : soldat de 1re classe ;
3° Caporal forestier auxiliaire : caporal ;
4° Caporal-chef forestier auxiliaire : caporal-chef.

Lors de leur affectation, les jeunes gens sont incorporés au grade de forestier auxiliaire de 2e classe.

Art. R.*201-44. – Les forestiers auxiliaires de 2e classe peuvent être nommés forestiers auxiliaires de 1re classe après avoir accompli quatre mois de service à compter de leur date d'incorporation.

Art. R.*201-45. – Les forestiers auxiliaires peuvent être nommés caporaux forestiers auxiliaires après avoir accompli au moins quatre mois de service à compter de la date de leur incorporation et avoir subi avec succès l'examen visé à l'article R.*201-47 ci-après.

Art. R.*201-46. – Les caporaux forestiers auxiliaires peuvent être nommés caporaux-chefs forestiers auxiliaires après avoir accompli deux mois de service actif dans leur grade.

Art. R.*201-47. – Les modalités d'organisation de l'examen prévu à l'article R.*201-45, la nature et le programme des épreuves ainsi que les qualifications requises pour présenter cet examen sont définis par arrêté du ministre chargé des forêts.

Les nominations visées aux articles R.*201-44 à R.*201-46 sont prononcées par le ministre chargé des forêts après avis du chef du service d'affectation.

§ 4

Art. R.*201-48. – Les dispositions des articles R. 201-6 à R. 201-20 sont applicables aux jeunes gens qui effectuent le service de sécurité civile en qualité de forestier auxiliaire, le ministre chargé des forêts exerçant les attributions prévues auxdits articles au ministre de l'Intérieur.

Art. R.*201-49. – Les sanctions disciplinaires qui peuvent être infligées aux forestiers auxiliaires sont fixées à l'article L. 149-1.

Ces sanctions sont prononcées par le ministre chargé des forêts ou, par délégation, par le préfet du département dans lequel est affecté le forestier auxiliaire sanctionné.

CHAPITRE III. – SERVICE DE L'AIDE TECHNIQUE ET SERVICE DE LA COOPÉRATION

Section I. – Dispositions communes

§ 1. – Opérations préliminaires et appel au service

Art. R.*202. – Les jeunes gens candidats au service de l'aide technique ou au service de la coopération subissent dans un centre de sélection et avant la décision d'agrément prévue à l'article R.*27 un examen de contrôle de leur aptitude au service national actif et, le cas échéant, un examen d'aptitude médicale à servir dans les régions ou pays où ils sont susceptibles d'être affectés.

Art. R.*203. – Les jeunes gens retenus au titre du service de l'aide technique ou du service de la coopération dans les conditions fixées à l'article R.*17 doivent, avant leur appel au service, recevoir, outre les vaccinations prévues pour le service national actif, les vaccinations spéciales à la région ou au pays où ils sont appelés à servir.

Art. R.*204. – Les jeunes gens qui ne se présenteraient pas dans un délai de quinze jours à partir de la date à laquelle ils ont été convoqués sont appelés au service dans les conditions fixées à l'article L. 98.

Art. R.*205 *(D. n. 92-1250, 1er déc. 1992, art. 16)*. – En vue de leur préparation à leur mission d'aide technique ou de coopération, les intéressés doivent, avant leur mise en route sur le lieu ou l'État d'affectation, suivre un stage organisé par le ministre responsable. La durée de ce stage n'excède pas deux semaines sauf exceptions décidées par arrêté du ministre responsable.

Il comporte notamment une information sur le sens du service national qu'ils effectuent et l'acquisition des notions indispensables sur la défense, la sécurité et les devoirs civiques de tout citoyen.

Le ministre responsable du service de l'aide technique ou du service de la coopération fixe les conditions particulières de mise à disposition et d'emploi des jeunes gens accomplissant leur mission d'aide technique ou de coopération.

§ 2. – Indemnités

Art. R. 206 *(D. n. 92-1250, 1er déc. 1992, art. 17).* – I. – Pour la détermination de l'indemnité forfaitaire d'entretien qui, par application de l'article L. 104, est allouée aux jeunes gens servant au titre de l'aide technique pendant toute la période de ce service, les départements, les territoires et les collectivités territoriales d'outre-mer sont classés en groupe répondant à des sujétions comparables d'éloignement, de climat et de servitudes diverses.

À chaque groupe correspond un taux de base.

L'indemnité forfaitaire est ajustée aux variations du coût de la vie par l'application aux taux de base des majorations applicables aux rémunérations de la fonction publique.

II. – L'indemnité d'entretien qui, par application de l'article L. 104, est allouée aux jeunes gens servant au titre de la coopération pendant toute la période de ce service comprend les deux éléments ci-après :

Un élément commun attribué à l'ensemble des jeunes gens servant au titre de la coopération, quel que soit le lieu de leur affectation, et qui est ajusté par l'application des majorations générales applicables aux rémunérations de la fonction publique ;

Un élément lié à l'affectation dans un pays étranger et qui évolue en fonction des conditions de vie propres au pays considéré.

Leur montant est fixe par arrêté conjoint :

Du ministre du budget et du ministre de la coopération et du développement pour les États étrangers qui relèvent des attributions de ce dernier pour la coopération ;

Du ministre du budget et du ministre des affaires étrangères pour les États étrangers qui relèvent des attributions de ce dernier pour la coopération.

Art. R. 207. – Les jeunes gens affectés hors d'Europe reçoivent une indemnité d'équipement à leur entrée au service.

Art. R. 208. – Le classement des départements et territoires, d'une part, des États et régions, d'autre part, dans les groupes visés à l'article R. 206, le taux de base afférent à chaque groupe, les coefficients de correction et le taux de l'indemnité d'équipement sont fixés par arrêté du Premier ministre, du ministre responsable et du ministre de l'Économie et des Finances.

Art. R. 209 *(D. n. 92-1250, 1er déc. 1992, art. 18).* – I. – Les jeunes gens affectés au service de l'aide technique ont droit à la gratuité du voyage aller et retour entre leur domicile et leur lieu d'emploi ainsi qu'à la gratuité des déplacements occasionnés par le service. Leur transport est assuré dans les conditions réglementaires applicables aux agents de l'État du dernier groupe et celui de leurs bagages dans les conditions prévues pour les militaires du rang accomplissant le service militaire, à l'exclusion de l'indemnité journalière de déplacement et de l'indemnité de déménagement.

Les jeunes gens qui, ayant été incorporés en métropole et affectés au service de l'aide technique sont libérés outre-mer, conservent le droit à la gratuité du voyage de retour pendant un maximum de trois ans à compter de la date de leur libération du service actif.

II. – Les jeunes gens affectés au service de la coopération ont droit à la gratuité du voyage aller et retour entre leur domicile et leur lieu d'emploi.

Leur transport est assuré dans les conditions réglementaires applicables aux agents de l'État du dernier groupe et celui de leurs bagages dans les conditions prévues pour les militaires du rang accomplissant le service militaire, à l'exclusion de l'indemnité journalière de déplacement et de l'indemnité de déménagement.

Les jeunes gens qui, ayant été incorporés sur le territoire de la République et affectés au service de la coopération, demandent à être libérés dans l'État de séjour conservent le droit à la gratuité du voyage de retour pendant un maximum de trois ans à compter de la date de leur libération du service actif.

Les jeunes gens affectés au service de la coopération ont droit à la gratuité des déplacements occasionnés par le service. Lorsque ces déplacements sont organisés à la demande des autorités françaises, ils perçoivent l'indemnité journalière de mission du dernier groupe prévue pour les déplacements effectués sur le territoire de l'État où ils exercent leurs fonctions.

§ 3. – Discipline

Art. R. 210 *(D. n. 86-337, 5 mars 1986, art. 1er).* – Les sanctions disciplinaires qui peuvent être infligées aux jeunes gens accomplissant le service national actif dans le service de l'aide technique ou dans le service de la coopération sont :

L'avertissement qui peut être complété par la suppression de dix jours de permission normale ;

Le blâme qui peut être complété par la suppression de quinze jours de permission normale ;

La radiation d'office assortie du rappel en métropole, d'une majoration de la durée du service actif pouvant aller jusqu'à trois mois et de l'annulation des droits à permission normale acquis par le fautif pendant la durée de son service dans l'aide technique ou dans la coopération.

La radiation d'office est prononcée par le ministre responsable. L'avertissement et le blâme le sont par l'autorité ayant reçu délégation.

§ 4. – Permission

Art. R. 211 *(D. n. 86-337, 5 mars 1986, art. 2 ; D. n. 92-1250, 1er déc. 1992, art. 19).* – La durée des permissions normales dont peuvent bénéficier les jeunes gens affectés au service de l'aide technique ou au service de la coopération est fixée en fonction du lieu d'emploi.

Dans le service de l'aide technique, cette durée est fixée à trois jours par mois de service effectif accompli outre-mer.

Dans le service de la coopération, cette durée est de :

- deux jours par mois de service effectif accompli en Europe ou en Afrique du Nord ;
- trois jours par mois de service effectif accompli dans les autres États étrangers.

Toute fraction de mois de service effectif supérieure à quinze jours est comptée comme un mois entier.

Art. R. 212 *(D. n. 92-1250, 1er déc. 1992, art. 20).* – Dans le service de l'aide technique, les permissions normales peuvent être prises soit par fraction à concurrence des droits acquis, soit en une fois avant la libération du service actif.

Dans le service de la coopération, les jeunes gens en service dans les États étrangers d'Europe ou d'Afrique du Nord peuvent prendre les permissions normales soit par fraction, à concurrence des droits acquis, soit en une fois, avant la libération du service actif. Pour ceux qui servent dans les autres États, les permissions normales peuvent être prises par fraction, à concurrence de quinze jours pendant le séjour à titre de détente, et le reliquat pris en principe en une fois avant la libération du service actif.

Art. R. 213 *(D. n. 92-1250, 1er déc. 1992, art. 21).* – Par dérogation aux dispositions de l'article précédent et en raison des nécessités inhérentes à l'emploi, les jeunes gens affectés au service de l'aide technique ou au service de la coopération ou assimilé et qui, de ce fait, effectuent un contrat complémentaire, peuvent bénéficier par anticipation, pendant la période séparant deux années scolaires, de leurs permissions normales calculées sur la durée totale du séjour qu'ils doivent effectuer au titre du service actif.

Art. R. 214. – Des permissions de convalescence peuvent être accordées aux jeunes gens dont l'état de santé le nécessite. Elles ont une durée au plus égale à trente jours et sont renouvelables. Elles ne viennent pas en déduction des permissions normales.

Art. R. 215. – Des permissions exceptionnelles d'une durée au plus égale à dix jours peuvent être accordées pour la naissance d'un enfant, le mariage de l'intéressé, le décès du conjoint, d'un enfant ou d'un parent (grands-parents, parents, beaux-parents, frère, sœur).

Art. R. 216. – Pour les permissions visées aux articles R. 211, R. 214 et R. 215, les frais de voyage sont à la charge des intéressés.

Art. R. 217. – Les modalités d'application du présent paragraphe 4° sont fixées par arrêté des ministres responsables.

§ 5. – Soins médicaux

Art. R. 218. – La gratuité ou le remboursement des soins médicaux, des fournitures de médicaments et des frais d'hospitalisation auxquels ont droit les jeunes gens affectés au service de l'aide technique ou au service de la coopération, par application de l'article L. 160, sont assurés dans les conditions prévues par le régime général de la sécurité sociale.

Les dépenses résultant de l'application dudit article sont à la charge du ministre responsable.

Art. R. 219. – Les jeunes gens affectés au service de l'aide technique ou au service de la coopération sont, le cas échéant, soignés et hospitalisés par le service de santé des armées. Les frais sont remboursés à l'administration militaire par le ministre responsable.

Art. R. 220 *(D. n. 92-1250, 1er déc. 1992, art. 22)*. – I. – En cas d'hospitalisation hors de métropole, l'indemnité forfaitaire des jeunes gens servant au titre de l'aide technique est ramenée à 25 % de son montant dans le département, le territoire ou la collectivité territoriale de séjour.

En cas d'hospitalisation en métropole, leur indemnité est égale à 15 % du taux de base minimum.

II. – En cas d'hospitalisation hors de France, l'indemnité d'entretien des jeunes gens servant au titre du service de la coopération est ramenée à 25 % de son montant dans l'État de séjour, au-delà du quinzième jour d'hospitalisation.

En cas d'hospitalisation en métropole, leur indemnité est égale à 25 % de l'élément commun.

§ 6. – Inaptitude physique

Art. R. 221. – Les conditions dans lesquelles, pour l'application de l'article L. 110, les intéressés sont rapatriés et présentés devant la commission de réforme compétente sont fixées par instruction des ministres responsables.

§ 7. – Libération du service actif

Art. R. 222. – Avant leur libération du service actif, les jeunes gens affectés au service de l'aide technique ou au service de la coopération sont soumis par les soins du ministre responsable à un examen médical de contrôle constatant leur état de santé.

À l'expiration d'une durée de service égale à celle fixée à l'article L. 2, les intéressés sont rayés des contrôles du service de l'aide technique ou du service de la coopération et libérés du service actif par le ministre responsable.

Art. R. 223. – Le décompte des services accomplis dans le service de l'aide technique ou le service de la coopération est arrêté par le ministre responsable lors de la libération des jeunes gens et enregistré sur les pièces matricules. Celles-ci, à l'exception de la carte du service national qui est remise à l'intéressé, sont adressées au bureau de recrutement d'origine.

Section II. – Dispositions particulières
au service de l'aide technique

Art. R. 224. – L'indemnité forfaitaire d'entretien mentionnée à l'article R. 206 est versée aux intéressés lorsqu'ils sont en service outre-mer ou en permission outre-mer. Si le logement n'est pas fourni en nature, il leur est alloué une indemnité supplémentaire fixée par arrêté du ministre responsable sur proposition du représentant local du gouvernement de la République.

Art. R. 225 *(D. n. 92-1250, 1er déc. 1992, art. 24)*. – Lorsqu'ils sont en France en instance de départ, les intéressés reçoivent une indemnité forfaitaire égale à 50 % du taux de base minimum. Lorsqu'ils sont en permission normale, en congé de maternité ou en permission de convalescence, soit dans un État étranger, soit en métropole, ils reçoivent une indemnité forfaitaire égale à 15 % du taux de base minimum.

Section III. – Dispositions particulières
au service de la coopération

Art. R. 226 *(D. n. 92-1250, 1er déc. 1992, art. 25)*. – L'indemnité forfaitaire d'entretien mentionnée à l'article R. 206 est versée aux intéressés lorsqu'ils sont en service dans l'État de séjour, en permission ou en congé de maternité dans cet État.

Lorsque les intéressés reçoivent une allocation ou des prestations de l'État ou de l'organisme employeur, l'indemnité forfaitaire est réduite à due concurrence. Lorsque le logement est fourni en nature, cette indemnité subit un abattement de 10 %.

Art. R. 227 *(D. n. 92-1250, 1er déc. 1992, art. 26).* – Lorsqu'ils sont en France en instance de départ, les intéressés reçoivent une indemnité égale à 75 % du montant de l'élément commun.

Lorsqu'ils sont en permission libérable en France, les intéressés reçoivent une indemnité égale à 25 % du montant de l'élément commun. Toutefois, les ministres responsables définissent par arrêté conjoint les conditions applicables à ceux qui bénéficient des dispositions prévues à l'article R. 213.

Lorsque, hors de l'État de séjour, ils sont en permission de convalescence ou en congé de maternité, les intéressés reçoivent une indemnité égale au montant de l'élément commun.

Lorsque les intéressés sont hospitalisés, ils reçoivent application de l'article R. 220.

Dans tous les autres cas, les intéressés perçoivent l'indemnité forfaitaire d'entretien, au taux du pays d'affectation.

CHAPITRE IV. – SERVICE DES OBJECTEURS DE CONSCIENCE

(Chapitre IV ajouté après l'article R. 227, D. n. 84-234, 29 mars 1984, art. 1er).

Art. R. 227-1 *(D. n. 84-234, 29 mars 1984).* – Le présent chapitre fixe les conditions dans lesquelles les jeunes gens admis au bénéfice de l'article L. 161-1 accomplissent leurs obligations de service national.

§ 1. – Rattachement et affectation

Art. R. 227-2 *(D. n. 84-234, 29 mars 1984).* – Les jeunes gens visés à l'article R. 227-1 relèvent du ministre chargé des affaires sociales qui les répartit pour y être employés dans des administrations de l'État ou des collectivités locales ou les met à la disposition d'organismes à vocation sociale ou humanitaire assurant une mission d'intérêt général habilités dans les conditions fixées aux articles R. 227-15 et R. 227-16 :

Le *(D. n. 98-180, 17 mars 1998, art. 3-XVI)* préfet de région arrête la liste des administrations et organismes visés à l'alinéa précédent, la communique aux jeunes gens admis au bénéfice du service des objecteurs de conscience, et recueille leurs candidatures. Il les communique, pour avis, aux ministres dont dépendent les administrations ou organismes concernés. Il affecte les jeunes gens compte tenu des besoins des administrations ou organismes et des candidatures exprimées.

§ 2. – Devoirs et obligations

Art. R. 227-3 *(D. n. 84-234, 29 mars 1984).* – Assujettis au service national, les jeunes gens visés à l'article R. 227-1 sont tenus de se conformer aux règles concernant l'appel au service, l'affectation et les examens médicaux.

Affectés à une formation civile, ils sont soumis au règlement intérieur propre à l'organisme qui les emploie. Ils doivent accomplir, à l'exclusion de tout autre, le travail défini en accord avec le ministre dont dépend cette formation et qui leur est confié.

Pour l'accomplissement de leur travail, ils peuvent être tenus de résider dans des locaux mis à leur disposition par l'administration ou l'organisme d'affectation.

Il leur est interdit de s'absenter du lieu de travail sans autorisation.

§ 3. – Discipline

Art. R. 227-4 *(D. n. 84-234, 29 mars 1984).* – Tout manquement aux devoirs et obligations visés à l'article précédent expose son auteur à des sanctions disciplinaires prononcées par le *(D. n. 98-180, 17 mars 1998, art. 3-XVI)* préfet de région mentionné à l'article R. 227-2. Les jeunes gens susceptibles d'être sanctionnés doivent être mis en mesure de s'expliquer sur les faits qui leur sont reprochés.

Les sanctions disciplinaires sont l'avertissement et le déplacement d'office.

Art. R. 227-5 *(D. n. 84-234, 29 mars 1984).* – L'avertissement entraîne la suppression de deux jours de permission. Il est notifié par écrit à l'intéressé, avec insertion à son dossier.

Art. R. 227-6 *(D. n. 84-234, 29 mars 1984).* – Le déplacement d'office sanctionne une faute grave. Il est assorti de la suppression de cinq jours de permission.

Art. R. 227-7 *(D. n. 84-234, 29 mars 1984).* – Le sursis peut être accordé en ce qui concerne la suppression des jours de permission pour la première sanction.

Art. R. 227-8 *(D. n. 84-234, 29 mars 1984).* – Toute infraction mentionnée aux articles L. 146 à L. 149 doit être signalée par le responsable de la formation d'affectation dans les conditions prévues à l'article L. 141. Un exemplaire du procès-verbal est adressé directement au *(D. n. 98-180, 17 mars 1998, art. 3-XVI)* préfet de région.

Art. R. 227-9 *(D. n. 84-234, 29 mars 1984).* – Dans les conditions fixées par l'article L. 135, le temps pendant lequel les jeunes gens visés à l'article R. 227-1 ont subi, en vertu d'un jugement, une peine ayant eu pour effet de les empêcher d'accomplir tout ou partie des obligations du service dans l'administration ou l'organisme d'affectation, ne compte pas pour la durée de service exigée.

§ 4. – Permissions

Art. R. 227-10 *(D. n. 84-234, 29 mars 1984 ; D. n. 92-1249, 1er déc. 1992, art. 56).* – Les permissions normales dont peuvent bénéficier les objecteurs de conscience sont fixées à treize jours par période de dix mois de service. Les samedis, les dimanches et les jours de fêtes légales ne viennent pas en déduction de ces droits à permission. Elles peuvent être prises soit par fraction, soit en une fois avant la fin du service actif.

Vient en déduction de la durée de ces permissions un nombre de jours égal à celui :

Des jours supprimés dans les conditions prévues aux articles R. 227-5 et R. 227-6 ;

Des jours d'absence sans autorisation.

Art. R. 227-11 *(D. n. 92-1249, 1er déc. 1992, art. 57).* – Des permissions exceptionnelles d'une durée au plus égale à quatre jours peuvent être accordées pour la naissance d'un enfant, le mariage de l'intéressé, le décès du conjoint, d'un enfant ou d'un parent (grands-parents, parents, beaux-parents, frère, sœur). Un supplément de huit jours de permission peut être également accordé aux appelés qui excerçaient la profession d'agriculteur lors de leur incorporation ou qui, fils d'agriculteur et n'exerçant aucune profession, étaient employés chez leurs parents en qualité d'aide familial agricole.

Art. R. 227-12 *(D. n. 92-1249, 1er déc. 1992, art. 58).* – Des permissions de convalescence peuvent être accordées aux objecteurs de conscience dont l'état de santé le nécessite. Leur durée, fixée par le médecin agréé par le *(D. n. 98-180, 17 mars 1998, art. 3-XVI)* préfet de région, au plus égale à trente jours, est renouvelable. Elle ne viennent pas en déduction des autres permissions.

Art. R. 227-13 *(D. n. 84-234, 29 mars 1984).* – Le *(D. n. 98-180, 17 mars 1998, art. 3-XVI)*préfet de région peut accorder, à titre de récompense, des permissions individuelles de caractère exceptionnel, dans la limite de cinq jours par an, pour acte exceptionnel de courage et de dévouement.

Un ou plusieurs congés de formation, dont la durée totale ne peut pas excéder dix jours ouvrables, peuvent être accordés par le *(D. n. 98-180, 17 mars 1998, art. 3-XVI)* préfet de région dont dépend l'organisme auprès duquel le demandeur est affecté.

Art. R. 227-14 *(D. n. 84-234, 29 mars 1984).* – Indépendamment des permissions visées dans les articles précédents, le ministre peut accorder, en raison de la bonne conduite des intéressés pendant toute la durée du service, un congé sans solde exceptionnel précédant la libération du service et ne pouvant excéder quatre-vingt-dix jours.

§ 5. – Habilitation des organismes

Art. R. 227-15 *(D. n. 84-234, 29 mars 1984).* – Les organismes qui sollicitent l'habilitation pour recevoir des objecteurs de conscience pour l'accomplissement de leur service national adressent une demande au ministre dont ils relèvent.

La demande mentionne :

1. Les nom, prénoms, date et lieu de naissance, nationalité, profession et domicile des dirigeants de l'organisme ainsi que ceux des personnes chargées de l'encadrement ;

2. La liste des activités de l'organisme.
Un exemplaire des statuts et du règlement intérieur de l'organisme est annexé à la demande.

Art. R. 227-16 *(D. n. 84-234, 29 mars 1984).* – Le ministre chargé des affaires sociales sur proposition des ministres dont relèvent les organismes demandeurs, procède à l'habilitation qui est subordonnée à la signature de la convention mentionnée à l'article R. 227-17.

Les propositions d'habilitation des ministres dont relèvent les organismes demandeurs devront prendre en compte notamment la mission d'intérêt général poursuivie, l'absence de but lucratif, la capacité financière de l'organisme ainsi que les possibilités d'encadrement des objecteurs de conscience.

L'habilitation peut être retirée si l'organisme ne remplit plus les conditions ayant présidé à son agrément où s'il ne respecte pas ses obligations.

Art. R. 227-17 *(D. n. 84-234, 29 mars 1984).* – Une convention type concernant la mise à disposition d'appelés objecteurs de conscience est proposée aux organismes désirant accueillir des objecteurs de conscience. Elle précise les obligations auxquelles les objecteurs de conscience sont tenus et les contrôles dont ils sont susceptibles de faire l'objet.

Art. R. 227-18 *(D. n. 84-234, 29 mars 1984).* – Une commission est instituée afin de connaître de la gestion du régime des objecteurs de conscience, des difficultés éventuelles et d'étudier les propositions d'adaptations jugées nécessaires. Elle peut entendre des représentants des organismes habilités et des associations concernées par l'objection de conscience. Sa composition est définie par arrêté.

§ 6. – Missions en temps de guerre

(Aj., D. n. 85-929, 28 août 1985)

Art. R. 227-19 *(D. n. 85-929, 28 août 1985).* – En temps de guerre, les objecteurs de conscience participent notamment à l'exécution des missions suivantes :

1° L'information, l'évacuation, l'hébergement et la mise à l'abri de la population civile ;
2° L'aide à la circulation ;
3° Le sauvetage des victimes, les premiers secours et le transport des blessés ;
4° La lutte contre les incendies et les tempêtes de feux ;
5° La désinfection et la décontamination ;
6° Le déblaiement des décombres ;
7° Le rétablissement des moyens de communication et de transmission ;
8° La protection de l'environnement et du patrimoine artistique, culturel et scientifique de la nation.

Art. R. 227-20 *(D. n. 85-929, 28 août 1985).* – En temps de guerre, les objecteurs de conscience peuvent demander au ministre chargé des armées leur incorporation dans une formation militaire.

Cette demande vaut renonciation au bénéfice des dispositions du chapitre IV du titre III *(D. n. 98-180, 17 mars 1998, art. 3-XVI)* du livre II de la partie législative du Code du service national.

TITRE IV. – SERVICE FÉMININ

Art. R.*228 *(D. n. 92-1249, 1er déc. 1992, art. 60).* – Les Françaises, les étrangères sans nationalité et celles qui bénéficient du droit d'asile qui font acte de volontariat pour servir au titre de l'une des formes du service national doivent jouir de leurs droits civils et satisfaire aux conditions d'âge et d'aptitude exigées pour l'accomplissement du service actif. Elles n'ont pas accès au service des objecteurs de conscience.

Les modalités de constatation et de vérification de l'aptitude au service national sont fixées par le ministre chargé des armées.

Art. R.*229 *(D. n. 84-698, 17 juill. 1984).* – Les emplois ouverts aux volontaires féminines au titre de chacune des formes du service national sont fixés par le ministre responsable. Les volontaires féminines dont la candidature est retenue font l'objet de décisions nominatives d'affectation.

Art. R.*230 *(D. n. 84-698, 17 juill. 1984).* – Les candidatures aux emplois visés à l'article R.*229 sont présentées au bureau du service national dans le ressort territorial duquel réside la candidate.

Les ministres responsables statuent sur les candidatures dans la limite des emplois offerts et des qualifications recherchées.

Les candidates dont le volontariat a été accepté rejoignent leur affectation dans les conditions fixées au moment de l'appel.

Art. R.*231 *(D. n. 84-698, 17 juill. 1984 ; D. n. 92-1249, 1er déc. 1992, art. 61).* – Les candidates volontaires pour servir dans les armées ne peuvent accéder qu'aux emplois ouverts aux femmes et en fonction des recrutements annuels fixés par le ministre chargé des armées.

Les obligations militaires des volontaires féminines comprennent le service actif, la disponibilité et la réserve dans les conditions fixées par les articles L. 67, L. 69 et L. 71 à L. 85.

....

Art. R.*232 *(D. n. 84-698, 17 juill. 1984).* – Le ministre chargé des armées peut mettre fin, par anticipation, à l'accomplissement du service national d'une volontaire dans les cas suivants :

a) Si l'intéressée fait l'objet d'une condamnation comportant une peine d'emprisonnement sans sursis ;

b) Après l'avis du conseil de discipline si, accomplissant son service militaire, l'intéressée a commis une faute grave contre la discipline ou contre l'honneur ;

c) Si la commission de réforme prévue à l'article L. 61 propose une suspension temporaire des obligations résultant du volontariat ;

d) Si l'intéressée ne satisfait plus aux dispositions prévues par l'article R.*228 ou, sur sa demande, pour un motif grave fondé sur des événements personnels ou familiaux survenus depuis son entrée au service ;

e) Si les circonstances prévues aux articles L. 111, L. 150 et L. 151 du Code du service national conduisent le ministre responsable à en faire la proposition au ministre de la Défense.

....

Art. R. 233-1 *(D. n. 92-1249, 1er déc. 1992, art. 62).* – Nonobstant les régimes de protection sociale qui leur sont propres, les volontaires féminines en état de grossesse sont soumises aux examens prévus par l'article L. 154 du Code de la santé publique. Dans les armées, le carnet de maternité leur est délivré par le service de santé des armées.

Elles bénéficient des dispositions de l'article L. 122-26 du Code du travail en matière de congé lié à l'accouchement et ont droit à la prise en charge des frais de soins liés à la maternité dans les conditions prévues à l'article L. 331-2 du Code de la sécurité sociale.

Elles peuvent prétendre à l'allocation pour jeune enfant définie aux articles L. 531-1 et R. 531-1 du Code de la sécurité sociale dans les conditions prévues par ces articles et par l'article 534-1 dudit code. Le versement de cette prestation est assuré par la caisse d'allocations familiales du lieu de résidence.

TITRE V. – DISPOSITIONS COMMUNES AUX FORMES CIVILES DU SERVICE NATIONAL

Art. R. 234 *(Aj., D. n. 89-926, 19 déc. 1989, art. 2).* – Les dispositions des articles R. 110 à R. 114, R. 116 à R. 118 et R. 120 sont applicables aux personnes effectuant une forme civile du service national ainsi qu'à leurs ayants droit. Les allocations prévues auxdits articles sont attribuées et versées selon les modalités fixées par instruction du ministre responsable.

Loi n. 66-1037 du 29 décembre 1966

relative à l'exercice des fonctions judiciaires militaires

(*JO* 31 déc. 1966)

Art. 1er *(1er al. rempl., L. n. 82-621, 21 juill. 1982, art. 13).* – Les fonctions de magistrat du parquet et de l'instruction auprès des juridictions des forces armées sont exercées, sous réserve des dispositions des articles 47 et 57 du Code de justice militaire, par des magistrats du corps judiciaire placés sur leur demande en position de détachement auprès du ministre chargé de la défense.

Des magistrats du corps judiciaire peuvent, dans les mêmes conditions, être placés, en position de détachement pour exercer des fonctions à l'administration centrale de la justice militaire.

Art. 2. – Le détachement des magistrats visés à l'article 1er est prononcé dans les formes prévues à l'article 72 de l'ordonnance n. 58-1270 du 22 décembre 1958 pour une durée qui ne peut excéder cinq années. Il est renouvelable.

Au cours de la période de détachement, le magistrat détaché peut être remis par le ministre des armées à la disposition du garde des sceaux, ministre de la Justice, après accord de celui-ci.

Art. 3. – Le régime disciplinaire de leur statut d'origine demeure seul applicable aux magistrats détachés. Les faits de nature à entraîner des poursuites disciplinaires sont portés à la connaissance du garde des sceaux, ministre de la Justice, par le ministre chargé des armées.

Art. 4. – Sous les réserves résultant de la nature de leurs fonctions et sans qu'il puisse être notamment porté atteinte à l'indépendance des présidents et des juges d'instruction, les magistrats détachés sont soumis aux obligations de la discipline générale des armées.

En dehors de toute action disciplinaire, le ministre chargé des armées peut leur adresser, sous les mêmes réserves, un avertissement sans inscription au dossier.

Art. 5. – Les magistrats détachés ne peuvent être traduits devant une juridiction militaire en temps de paix que sur l'ordre du ministre chargé des armées, après avis du garde des sceaux.

Art. 6. – En temps de guerre ou dans le cas de mobilisation, les magistrats détachés qui se trouvent en fonction dans les services de la justice militaire sont, pour les besoins de ces services, mobilisés en qualité d'assimilés spéciaux du service de la justice militaire.

Ils conservent le grade qui leur a été attribué en application du règlement d'administration publique prévu à l'article 8 ci-après.

Art. 7. – À titre provisoire, les magistrats militaires appartenant au corps institué par la loi n. 56-1115 du 9 novembre 1956 exerceront jusqu'à extinction du corps les fonctions prévues à l'article 1er ci-dessus.

Art. 8. – Un règlement d'administration publique fixera les modalités d'application et, notamment, les correspondances de grade entre les magistrats détachés et les autres personnels militaires ou assimilés ainsi que la date de mise en vigueur de la présente loi.

Décret n. 71-680 du 11 août 1971

relatif à l'administration des juridictions des forces armées
(*JO* 20 août 1971)

TITRE PREMIER. – ADMINISTRATION, GESTION ET DÉPENSES DES JURIDICTIONS DES FORCES ARMÉES

CHAPITRE I. – ADMINISTRATION ET GESTION

Art. 1er *(Mod., D. n. 83-284, 7 avr. 1983, art. 1er)*. – Le commissaire du Gouvernement est le chef de l'administration de la juridiction des forces armées à laquelle il est affecté. Il autorise l'engagement et le paiement des dépenses dans les conditions fixées par le présent décret et contrôle l'exécution des ordres et instructions qu'il donne. Dans le cadre de ces attributions, il vise les pièces administratives, les expéditions et les extraits délivrés aux requérants, procède ou fait procéder à toutes vérifications d'écriture et au recensement du matériel.

En cas d'absence, ses attributions sont dévolues au magistrat affecté au service du parquet ou de l'instruction le plus ancien dans le grade le plus élevé.

Art. 2. – L'officier greffier, chef du service du greffe, est chargé de la gestion administrative de la juridiction des forces armées.

Il tient la comptabilité des opérations de recettes et de dépenses dont il est chargé par le Code de procédure pénale, le Code de justice militaire, les lois et règlements dans la forme prévue pour les régies d'avance et les régies de recettes de l'État.

En qualité de régisseur d'avances et de recettes, il dispose d'une caisse, d'un compte courant postal et d'un compte de dépôts de fonds au Trésor. Pour toutes les opérations qu'il effectue en cette qualité, il est tenu aux garanties et encourt les responsabilités prévues par les décrets susvisés des 28 mai 1964 et 15 novembre 1966.

Il gère le matériel appartenant à l'État, mis à la disposition de la juridiction.

Il fait tenir les registres, catalogues, pièces administratives servant à la justification des recettes et des dépenses, à l'inventaire des matériels et des ouvrages, au classement des archives, à l'enregistrement des appels, référés, requêtes et pourvois en cassation, à la transcription des jugements et ordonnances de non-lieu, incompétence et dessaisissement, ainsi qu'à la constatation des entrées et sorties des pièces à conviction.

Les surcharges, interlignes et grattages sont interdits. Les ratures et les renvois sont approuvés par le greffier.

Il fait établir et certifie conformes aux originaux les expéditions et extraits de pièces. Il les délivre, après visa du commissaire du Gouvernement, lorsque leur remise a été autorisée. Les copies ne sont ni visées ni certifiées conformes.

En cas d'absence ou empêchement de l'officier greffier, ses attributions, en matière de gestion de la régie d'avances et de la régie des recettes, peuvent être confiées à l'officier greffier adjoint ou à l'un des commis greffiers placés sous ses ordres, désigné par le commissaire du Gouvernement avec l'agrément de l'officier greffier.

CHAPITRE II. – DÉPENSES

Art. 3 *(Rempl., D. n. 83-284, 7 avr. 1983, art. 1er, al. 2)*. – Les dépenses des juridictions militaires imputables sur les crédits du budget du ministère de la Défense comprennent :

1° Les frais de justice ;

2° Les indemnités de déplacement dues aux magistrats civils présidents et assesseurs des juridictions des forces armées et des chambres de contrôle de l'instruction de ces juridictions autres que celles prévues à l'article 12 (1er alinéa) ;

3° Les indemnités de déplacement dues aux autres magistrats et greffiers différentes de celles prévues à l'article 12 (2e alinéa) ;

4° Les frais de publication d'un jugement de révision prononcé par une juridiction des forces armées d'où résulte l'innocence d'un condamné ;

5° Les frais d'apposition de scellés au domicile d'un officier décédé ;

6° Les frais de fonctionnement des greffes des juridictions des forces armées.

Art. 4 *(Rempl., D. n. 83-284, 7 avr. 1983, art. 1er)*. – Les magistrats civils visés au 2° de l'article 3 reçoivent, en cas de déplacement hors de leur résidence administrative, les indemnités prévues pour les présidents de cour d'assises et leurs assesseurs par l'article R. 201 du Code de procédure pénale.

Toutefois, le montant des indemnités allouées aux magistrats intéressés ne peut en aucun cas être inférieur à celui des indemnités susceptibles d'être accordées, en application du règlement sur les frais de déplacement des militaires voyageant isolément, aux magistrats visés au 3° de l'article 3 et bénéficiant du même indice de traitement.

Art. 5 *(Mod., D. n. 83-284, 7 avr. 1983, art. 1er)*. – Un arrêté conjoint du ministre chargé des armées et du ministre de l'Économie et des Finances fixe la liste des dépenses, autres que les frais de justice, payables par régie d'avances.

TITRE II. – FRAIS DE JUSTICE

Art. 6. – Les frais de justice sont :

1° Les frais d'extradition et autres frais de procédure en matière internationale ;

2° Le coût du transport des pièces et objets pouvant servir à conviction ou à décharge ;

3° Les frais urgents de procédure engagés par les officiers de police judiciaire ainsi que les frais de commission rogatoire ;

4° Les honoraires ou indemnités accordés aux experts, interprètes et autres idoines appelés en justice ;

5° Les indemnités accordées aux témoins civils et militaires ;

6° Les frais de garde des scellés et de mise en fourrière ;

7° Les indemnités allouées aux magistrats, juges militaires et greffiers qui effectuent un transport sur les lieux au cours de l'instruction ou du jugement des affaires ainsi que toute autre dépense effectuée à ce titre ;

8° Les frais de poste dans les conditions précisées à l'article 13 ci-dessous ;

9° Les frais de publicité des arrêts et jugements portant confiscation des biens ;

10° Les primes d'arrestation ;

11° *(Mod., D. n. 79-1054, 28 nov. 1979, art. 1er)* Les frais fixes de procédure ;

12° *(Supprimé, D. n. 79-1054, 28 nov. 1979, art. 1er. Aj., D. n. 83-284, 7 avr. 1983, art. 1er)* Les frais relatifs au contrôle judiciaire.

CHAPITRE I. – TARIF DES FRAIS DE JUSTICE

Art. 7. – Les frais engagés conformément aux dispositions de l'article 6 (1° et 2°) sont décomptés soit suivant les tarifs fixés par les règlements militaires relatifs aux transports de personnel par voie ferrée, soit selon les tarifs fixés par les règlements militaires relatifs aux transports de matériel par voie ferrée, ou au besoin, à concurrence de leur montant réel.

Art. 8 *(Rempl., D. n. 83-284, 7 avr. 1983, art. 1er)*. – Les frais urgents de procédure engagés, avant l'ouverture des poursuites, par tout officier de police judiciaire et les frais de commission rogatoire sont décomptés comme il est prévu à l'article 7. Les mémoires de ces frais sont obligatoirement taxés.

Art. 9 *(Mod., D. n. 83-284, 7 avr. 1983, art. 1er)*. – Sauf s'ils sont militaires, les interprètes et les experts sont rétribués suivant les tarifs et les modalités fixés par les articles R. 106, R. 107 et R. 110 à R. 122 du Code de procédure pénale.

Si le montant prévu des frais et honoraires d'expertise excède le maximum prévu à l'article R. 107 du Code de procédure pénale et sauf le cas d'urgence, il est communiqué au commissaire du Gouvernement, qui peut, dans le délai de trois jours, présenter ses observations. L'avis du commissaire du Gouvernement est obligatoire en matière d'expertise comptable. En cas de désaccord, le juge d'instruction peut saisir la chambre de contrôle de l'instruction, qui statue dans les huit jours. Sa décision n'est susceptible d'aucun recours.

S'il y a lieu d'appliquer les articles R. 113 et R. 115 du Code de procédure pénale, le juge d'instruction demande, selon le cas, l'agrément ou l'avis conforme du président de la chambre de contrôle de l'instruction.

Art. 10. – Les dispositions des articles R. 123 à R. 133 et R. 135 à R. 138 du Code de procédure pénale sont applicables aux témoins cités devant les juridictions des forces armées.

Lorsqu'un témoin civil touché par une citation se trouve dans l'impossibilité de faire l'avance de ses frais de voyage pour se rendre au lieu de convocation, il se présente au commandant d'armes de la place la plus proche qui, sur le vu de l'assignation et après vérification de son identité, détermine l'avance qui lui est indispensable pour déférer à sa convocation.

Le montant de l'avance accordée ne doit excéder en aucun cas la moitié du montant des indemnités auxquelles il peut prétendre.

Le commandant d'armes adresse ensuite à l'un des corps de la place une réquisition pour l'inviter à payer cette somme au témoin.

Si le témoin qui a bénéficié d'une avance de taxes ne se présente pas à la convocation, le commissaire du Gouvernement adresse au ministre un rapport auquel sont jointes les pièces justificatives établies par le corps qui a été requis.

Le ministre décide s'il y a lieu d'imputer le débet à la charge du budget de la justice militaire ou de déclarer le témoin non comparant débiteur envers l'État, sans préjudice des poursuites à exercer contre lui, le cas échéant.

Les militaires visés à l'article R. 127 du Code de procédure pénale qui, lors de leur comparution, ne se trouvent pas en cours de congé ou de permission perçoivent les indemnités prévues par le règlement sur les frais de déplacement des militaires voyageant isolément.

Art. 11 *(Mod., D. n. 83-284, 7 avr. 1983, art. 1er).* – Les dispositions des articles R. 147, R. 148 et R. 149 du Code de procédure pénale sont applicables devant les juridictions des forces armées. Les mesures prévues par ces derniers articles sont ordonnées, selon les cas, par le président de la juridiction des forces armées, le président de la chambre de contrôle de l'instruction, le juge d'instruction ou le prévôt.

Art. 12 *(Rempl., D. n. 83-284, 7 avr. 1983, art. 1er).* – Les magistrats civils présidents et assesseurs des juridictions des forces armées et des chambres de contrôle de l'instruction de ces juridictions qui effectuent un transport sur les lieux au cours de l'instruction ou du jugement des affaires reçoivent les indemnités prévues par les articles R. 201 et R. 202 du Code de procédure pénale ;

Les autres magistrats, les prévôts, les juges militaires et les greffiers perçoivent, dans les mêmes circonstances, les indemnités prévues par le règlement sur les frais de déplacement des militaires voyageant isolément.

Art. 13. – Les frais de poste sont décomptés forfaitairement dans les conditions prévues par l'article R. 208 du Code de procédure pénale.

Les frais de correspondance postale et télégraphique qui doivent être préalablement acquittés sont soumis aux tarifs de l'administration des postes et télécommunications.

Art. 14. – Les frais d'insertion des arrêts et des jugements portant confiscation des biens sont les frais réels engagés et payés à l'imprimeur.

Art. 15. – Les dispositions des articles R. 189 à R. 191 du Code de procédure pénale sont applicables devant les juridictions des forces armées.

L'arrestation d'un déserteur ou d'un insoumis, d'un détenu militaire évadé d'un établissement pénitentiaire ou hospitalier ou celle d'un militaire en état d'absence irrégulière depuis plus de quarante-huit heures donne droit à la prime d'arrestation prévue par l'article R. 191 susvisé pour l'exécution d'un mandat d'arrêt.

Art. 16. – *Abrogé, D. n. 79-1054, 28 nov. 1979, art. 4.*

Art. 17 *(Mod., D. n. 79-1054, 28 nov. 1979, art. 2).* – Les frais fixes de procédure sont perçus au bénéfice du Trésor et sont dus par chaque individu compris dans un jugement portant condamnation ou absolution ; ils sont fixés à 60 F (9,15 €).

CHAPITRE II. – PAIEMENT ET RECOUVREMENT DES FRAIS DE JUSTICE

Section A. – Paiement

Art. 18. – À l'exception des frais visés aux articles 13 (1er alinéa), 14 et 17, le mandatement des frais de justice est assuré par les ordonnateurs compétents sur le budget du ministère chargé de la défense nationale.

Art. 19. – Les frais visés aux articles 8, 9, 10 (1er alinéa), 11, 12 (1er alinéa), 13 (2e alinéa) peuvent être payés sur les fonds des régies d'avances instituées près les juridictions des forces armées.

Art. 20. – Les frais visés à l'article 14 sont réglés par l'administration des domaines.

Section B. – Recouvrement

Art. 21. – Les frais de justice énumérés à l'article 6 sont à la charge des condamnés, tous les autres frais sont à la charge de l'État.

Art. 22. – Il est dressé pour chaque affaire un état de liquidation des frais à recouvrer à l'encontre des condamnés ou des absous.

Cette liquidation est insérée dans la décision qui prononce la condamnation aux frais.

Selon le cas, l'exécutoire est décerné par le président de la juridiction des forces armées ou par le prévôt.

Art. 23 *(Mod., D. n. 83-284, 7 avr. 1983, art. 1er).* – Le recouvrement des frais de justice à l'égard des individus condamnés pour une même infraction est effectué, conformément aux dispositions des articles 379 et 380 du Code de justice militaire, dans les conditions fixées par l'article 55 du Code pénal.

Art. 24 *(Mod., D. n. 83-284, 7 avr. 1983, art. 1er).* – Sauf devant les tribunaux prévôtaux, la taxe, l'exécutoire et la disposition du jugement relative à la liquidation des dépens, sont susceptibles de recours dans les conditions prévues par les articles 352 à 354 du Code de justice militaire.

Art. 25 *(Mod., D. n. 83-284, 7 avr. 1983, art. 1er).* – Conformément aux dispositions de l'article 355 du Code de justice militaire, le recouvrement des frais de justice avancés par l'État et qui ne restent pas définitivement à sa charge est poursuivi par toute voie de droit, et par celle de la contrainte par corps dans les cas où la loi permet de l'exercer, à la diligence des agents du Trésor en vertu des exécutoires mentionnés ci-dessus.

Art. 26 *(Mod., D. n. 83-284, 7 avr. 1983, art. 1er).* – Le recouvrement est opéré au nom de la République française selon les dispositions de l'article 355 du Code de justice militaire.

Il est effectué dans les conditions prévues par les articles 76, 77 et 78 du décret n. 62-1587 du 29 décembre 1962 portant règlement général sur la comptabilité publique et par l'article 2 (2°, alinéas 1er et 2) et les articles 3 à 11, 17 et 19 du décret n. 64-1333 du 22 décembre 1964 relatif au recouvrement des amendes et condamnations pécuniaires par les comptables directs du Trésor et compte tenu des dispositions mentionnées à l'article 27.

Art. 27 *(Mod., D. n. 83-284, 7 avr. 1983, art. 1er).* – Les extraits de jugement délivrés à l'administration des finances, en exécution de l'article 355 du Code de justice militaire et de l'article 25 ci-dessus, sont établis sur des formules dont le modèle est arrêté par le ministre de la Défense et par le ministre de l'Économie et des Finances.

Ces extraits sont vérifiés et visés par le commissaire du Gouvernement qui les adresse au trésorier-payeur général du département du siège de la juridiction des forces armées.

Le délai d'envoi des extraits de jugement est fixé à trente-cinq jours à compter de la date à laquelle la sentence est devenue définitive.

TITRE III. – DÉLIVRANCE DES EXPÉDITIONS, EXTRAITS ET COPIES DE PIÈCES DE PROCÉDURE NE PRÉSENTANT PAS UN CARACTÈRE SECRET

Art. 28 *(Mod., D. n. 83-284, 7 avr. 1983, art. 1er).* – Sous réserve des dispositions des articles 202 et 215 du Code de justice militaire, l'officier greffier, chef du service du greffe, peut délivrer :

1° Aux parties et à leurs frais :

a) Sur leur demande, des extraits ou expéditions de la plainte ou de la dénonciation, des ordonnances définitives et des jugements ;

b) Avec l'autorisation du commissaire du Gouvernement, des extraits ou expéditions de toutes les autres pièces de la procédure.

Toutefois, l'autorisation est donnée par le ministre chargé de la défense nationale lorsque ces pièces font partie d'une enquête terminée par une décision de classement sans suite ou d'une procédure close par une décision de non-lieu ou d'une affaire dans laquelle le huis clos a été ordonné.

2° Aux tiers et à leurs frais :

a) Sur leur demande, des extraits ou expéditions des jugements définitifs ;

b) Avec autorisation du commissaire du Gouvernement ou du ministre de la Défense selon les distinctions précisées au 1° *b* ci-dessus, des extraits ou expéditions de toutes les autres pièces de la procédure.

Art. 29 *(Ab. et rempl., D. n. 79-1054, 28 nov. 1979, art. 3, mod. D. n. 83-284, 7 avr. 1983, art. 1er).* – I. – Une copie certifiée conforme est délivrée gratuitement au prévenu pour toute décision de non-lieu ou d'acquittement le concernant.

II. – Les dispositions de l'article R. 165 du Code de procédure pénale relatives à la délivrance de reproduction de pièces de procédure autres que les décisions sont applicables devant les juridictions des forces armées.

III. – Sous réserve des dispositions du I ci-dessus, il est perçu un droit forfaitaire de 20 F (3,05 €) pour la délivrance de toute ampliation d'une décision. Ce droit est perçu par voie d'apposition d'un timbre de la série unique.

Les autorités judiciaires et administratives ainsi que les établissements publics dotés d'un comptable public sont dispensés du paiement du droit forfaitaire.

Art. 30. – Lorsque l'autorisation prévue à l'article 28 n'est pas accordée, le motif du refus doit être porté à la connaissance de l'intéressé.

Art. 31. – *Abrogé, D. n. 79-1054, 28 nov. 1979, art. 4.*

Art. 32. – Les droits perçus à la diligence de l'officier greffier, à l'occasion de la délivrance des documents visés ci-dessus, sont versés périodiquement au Trésor et imputés au compte « Recettes accidentelles à différents titres » du budget de l'exercice courant.

Art. 33. – Les extraits, expéditions ou copies demandés par les parquets et les administrations pour le compte de l'État sont délivrés à titre gratuit.

Art. 34. – Le présent décret dont les dispositions sont applicables devant toutes les juridictions des forces armées entrera en vigueur le 1er janvier 1972, date à laquelle seront abrogées toutes dispositions contraires et notamment :

Le décret n. 51-524 du 5 mai 1951 portant fixation des dépenses des tribunaux militaires ;

Et le décret n. 58-459 du 22 avril 1958 portant relèvement des taux des frais de justice et de procédure, devant les tribunaux permanents des forces armées siégeant dans les départements d'outre-mer et les territoires relevant du ministère de la France d'outre-mer.

Loi n. 81-908 du 9 octobre 1981

portant abolition de la peine de mort
(*JO* 10 oct. 1981)

Art. 1er. – La peine de mort est abolie.

Art. 2. – La loi portant réforme du Code pénal déterminera en outre l'application des règles d'exécution des peines rendue nécessaire pour l'application de la présente loi.

Art. 3. – Dans tous les textes en vigueur prévoyant que la peine de mort est encourue, la référence à cette peine est remplacée par la référence à la réclusion criminelle à perpétuité ou à la détention criminelle à perpétuité suivant la nature du crime concerné.

....

Art. 6. – Les articles 336 et 337 du Code de justice militaire sont abrogés.

Art. 7. – L'alinéa 1er de l'article 340 du Code de justice militaire est remplacé par l'alinéa suivant *(V. C. Just. mil., art. 340).*

Art. 8. – La présente loi est applicable aux territoires d'outre-mer ainsi qu'à la collectivité territoriale de Mayotte.

Art. 9. – Les condamnations à la peine de mort prononcées après le 1er novembre 1980 seront converties de plein droit suivant la nature du crime concerné en condamnations à la réclusion criminelle à perpétuité ou en condamnations à la détention criminelle à perpétuité.

Lorsqu'une condamnation a fait l'objet d'un pourvoi en cassation, les dispositions de l'alinéa précédent ne sont applicables qu'en cas de désistement ou de rejet du pourvoi.

Loi n. 81-737 du 4 août 1981

portant suppression de la Cour de sûreté de l'État
(*JO* 5 août 1981)

Art. 1er. – L'article 698 du Code de procédure pénale est remplacé par les dispositions suivantes :
Dispositions remplacées par la loi n. 82-621 du 21 juillet 1982, art. 3.

Art. 2. – Les articles 699 à 702 du Code de procédure pénale sont abrogés.
Voir dispositions nouvelles introduites par la loi n. 82-621 du 21 juillet 1982, art. 3.

Art. 3. – La loi n. 63-23 du 15 janvier 1963 fixant la composition, les règles de fonctionnement et la procédure de la Cour de sûreté de l'État instituée par l'article 698 du Code de procédure pénale est abrogée.

Art. 4. – Toute référence faite, dans les textes en vigueur, à la Cour de sûreté de l'État est supprimée ou, le cas échéant, remplacée par la mention : « la juridiction compétente ».

Art. 5. – Sous réserve des règles statutaires qui leur sont applicables, les magistrats détachés à la Cour de sûreté de l'État sont réintégrés, le cas échéant en surnombre, et affectés à un poste de leur niveau hiérarchique.

Art. 6. – Les dispositions de la présente loi entreront en vigueur à l'expiration d'un délai de dix jours à compter de sa publication.

Les affaires dont la Cour de sûreté de l'État est saisie seront, à la date d'entrée en vigueur de la présente loi, déférées aux juridictions de droit commun compétentes ; lorsque plusieurs juridictions seront compétentes pour la même infraction, il sera réglé de juges conformément aux articles 658 à 661 du Code de procédure pénale.

Les actes, formalités et décisions intervenus antérieurement à la date d'entrée en vigueur de la présente loi demeureront valables.

La présente loi sera exécutée comme loi de l'État.

Loi n. 82-621 du 21 juillet 1982

relative à l'instruction et au jugement des infractions en matière militaire
et de sûreté de l'État et modifiant les Codes de procédure pénale
et de justice militaire
(*JO* 22 juill. et rectif. 3 août 1982)

PREMIERE PARTIE. – DES JURIDICTIONS COMPÉTENTES EN MATIÈRE MILITAIRE ET EN MATIÈRE DE SÛRETÉ DE L'ÉTAT

Art. 1er. – En temps de paix, les tribunaux permanents des forces armées et le haut tribunal permanent des forces armées sont supprimés. Les infractions de la compétence de ces tribunaux relèvent des juridictions de droit commun selon les règles du Code de procédure pénale et les dispositions de la présente loi.

En temps de guerre, les juridictions militaires sont maintenues dans les conditions prévues par la présente loi et par le Code de justice militaire.

Des juridictions militaires peuvent également être établies dans les circonstances définies par les articles 699 et 699-1 du Code de procédure pénale et en temps de paix lorsque les armées stationnent ou opèrent hors du territoire de la République. Elles sont régies par les dispositions de la présente loi et du Code de justice militaire.

Art. 2. – L'article 696 du Code de procédure pénale est complété par un troisième alinéa ainsi rédigé :

V. *J.-Cl. proc. pén.*, art. 689 à 696.

Art. 3. – Le titre XI du livre IV du Code de procédure pénale est rédigé ainsi qu'il suit :

V. *J.-Cl. proc. pén.*, art. 697 à 702.

Art. 4. – Les tribunaux permanents des forces armées et le haut tribunal permanent des forces armées sont remplacés, en temps de guerre, par les tribunaux territoriaux des forces armées et un haut tribunal des forces armées.

Le tribunal territorial des forces armées et le haut tribunal des forces armées sont composés d'un président, d'un magistrat assesseur et de trois juges militaires.

Le tribunal territorial peut comporter plusieurs chambres de jugement. La chambre de contrôle de l'instruction est composée d'un président, d'un magistrat assesseur et d'un juge militaire.

Le président titulaire, les présidents de chambre, le président de la chambre de contrôle de l'instruction, les magistrats assesseurs, leurs suppléants sont des magistrats du siège appartenant au corps judiciaire.

Le président titulaire, les présidents de chambre, leurs suppléants sont désignés pour chaque année civile dans les formes et conditions prévues pour la nomination des magistrats du siège.

Art. 5. – Les tribunaux militaires aux armées établis en temps de guerre sont composés conformément aux dispositions du Code de justice militaire.

Art. 6. – Les tribunaux militaires aux armées établis en temps de paix hors du territoire de la République sont remplacés par les tribunaux aux armées.

Le tribunal aux armées est composé d'un président et de deux assesseurs. Toutefois, pour le jugement des crimes, le nombre des assesseurs est porté à six. Il peut comporter plusieurs chambres de jugement. La chambre de contrôle de l'instruction est composée d'un président et de deux assesseurs.

Le président titulaire, les présidents de chambre, le président de la chambre de contrôle de l'instruction, les assesseurs, leurs suppléants sont des magistrats du siège appartenant au corps judiciaire. Ils sont désignés pour chaque année civile dans les formes et conditions prévues pour la nomination des magistrats du siège.

Sous l'autorité du garde des sceaux, ministre de la Justice, un commissaire du Gouvernement assure les fonctions du ministère public près le tribunal aux armées. Il exerce les attributions et prérogatives reconnues au procureur de la République par le Code de procédure pénale. Toutefois, lorsque le ministre chargé de la défense ou l'autorité militaire habilitée lui a dénoncé une infraction, il est tenu de mettre en mouvement l'action publique.

La garde à vue est soumise aux dispositions du Code de procédure pénale. La détention provisoire au-delà d'une incarcération de cinq jours est ordonnée par un magistrat du siège.

En matière correctionnelle ou contraventionnelle, le jugement du tribunal aux armées est motivé. En cas de crime, le renvoi du prévenu devant le tribunal aux armées est prononcé par la chambre de contrôle de l'instruction.

Art. 7. – La réparation du dommage causé par une infraction relevant de la compétence des juridictions des forces armées ou des tribunaux prévôtaux peut être demandée par ceux qui ont personnellement souffert du dommage directement causé par l'infraction. La partie lésée ne peut toutefois mettre en mouvement l'action publique.

Art. 8. – *Abrogé, L. n. 99-929, 10 nov. 1999, art. 64.*

Art. 9. – I. – Les modifications du Code de justice militaire relatives à l'organisation et à la compétence des juridictions des forces armées ainsi qu'à la procédure pénale militaire figurent en annexe.

II. – Le livre III du Code de justice militaire tel qu'il figure en annexe est supprimé.

En conséquence, la mention du livre III (y compris les titres, chapitres, sections, paragraphes et articles) est supprimée dans la table analytique générale du Code de justice militaire figurant en annexe.

Les dispositions du livre III du Code de justice militaire en vigueur, après changement de référence et de numérotation des articles opéré par voie réglementaire, forment le livre III du Code de justice militaire.

III. – Le texte du Code de justice militaire, tel qu'il résulte de la présente loi, fera l'objet d'une publication par décret en Conseil d'État.

DEUXIEME PARTIE. – DISPOSITIONS DIVERSES ET ENTRÉE EN VIGUEUR

Section I. – Dispositions diverses

Art. 10. – *Abrogé, L. n. 99-929, 10 nov. 1999, art. 64.*

Art. 11. – Par dérogation à l'article 32, premier et avant-dernier alinéas, de la loi du 13 juillet 1972 portant statut général des militaires, les dispositions édictant des restrictions à l'admission dans les corps militaires ne sont pas opposables aux magistrats militaires, aux officiers greffiers et aux sous-officiers commis-greffiers et huissiers-appariteurs du service de la justice militaire qui demanderaient à être versés dans une armée ou un autre service commun.

Un décret en Conseil d'État fixe les modalités d'application du présent article.

Art. 12. – Sous réserve des besoins de la justice militaire, les officiers et sous-officiers appartenant respectivement aux cadres des officiers greffiers, des commis-greffiers ou des huissiers-appariteurs du service de la justice militaire sont, sur leur demande, intégrés dans les corps de fonctionnaires des services judiciaires.

Un décret en Conseil d'État fixe les modalités d'application du présent article.

Art. 13. – Le premier alinéa de l'article 1er de la loi n. 66-1037 du 29 décembre 1966 relative à l'exercice des fonctions judiciaires militaires est ainsi rédigé :

V. L. n. 66-1037, 29 déc. 1966, art. 1er.

Section II. – Entrée en vigueur

Art. 14. – La présente loi entrera en vigueur à une date qui sera fixée par décret en Conseil d'État et ne pourra être postérieure au premier jour du sixième mois suivant sa publication.

Les procédures en cours à cette date devant les tribunaux permanents des forces armées seront déférées de plein droit aux juridictions devenues compétentes en vertu de la présente loi. Les actes, formalités et décisions intervenus antérieurement demeureront valables. Les délais prévus par le Code de procédure pénale, notamment en matière de détention provisoire, commenceront à courir à compter de la date d'entrée en vigueur de la présente loi.

Il en sera de même lorsque la compétence reconnue par l'article 10 au tribunal des forces armées ayant son siège à Paris sera dévolue aux juridictions mentionnées à l'article 697 du Code de procédure pénale.

(Al. ab., L. n. 99-929, 10 nov. 1999, art. 64).

Art. 15. – La présente loi sera applicable à la collectivité territoriale de Mayotte, au territoire des Terres australes et antarctiques françaises, aux îles Tromelin, Glorieuses, Europa, Juan de Nova, Bassas da India et Clipperton. Son application dans les autres territoires d'outre-mer fera l'objet de dispositions législatives particulières.

Décret n. 82-1120 du 23 décembre 1982

fixant la liste et le ressort des juridictions compétentes pour connaître
des infractions en matière militaire et de sûreté de l'État
(*JO* 29 déc. 1982)

Art. 1er. – Les tribunaux de grande instance et les cours d'assises désignés dans le tableau annexé au présent décret sont compétents pour connaître, dans les circonscriptions définies à ce tableau, des infractions rentrant dans les catégories mentionnées aux articles 697-1 (alinéa 1er) et 702 (alinéa 2) du Code de procédure pénale.

Art. 2. – Le présent décret entrera en vigueur le 1er janvier 1983.

Décret n. 83-1202 du 28 décembre 1983

complétant le décret n. 82-1120 du 23 décembre 1982
fixant la liste et le ressort des juridictions compétentes pour connaître
des infractions en matière militaire et de sûreté de l'État
(*JO* 31 déc. 1983)

Art. 1er. – Le tableau annexé au décret du 23 décembre 1982 susvisé fixant la liste et le ressort des juridictions compétentes pour connaître des infractions entrant dans les catégories mentionnées aux articles

697-1 (alinéa 1er) et 702 (alinéa 2) du Code de procédure pénale est complété conformément au tableau ci-annexé.

Art. 2. – Le présent décret entrera en vigueur à la date à laquelle la loi n. 82-621 du 21 juillet 1982 relative à l'instruction et au jugement des infractions en matière militaire et de sûreté de l'État et modifiant les Codes de procédure pénale et de justice militaire est rendue applicable dans les territoires de la Nouvelle-Calédonie et dépendances, de la Polynésie française et des îles Wallis et Futuna.

ANNEXE

Tableau annexe

(Complété, 1er janv. 1984, D. n. 83-1202, 28 déc. 1983)

Liste et ressort des juridictions compétentes pour connaître des infractions entrant dans les catégories mentionnées aux articles 697-1 et 702 (alinéa 2) du Code de procédure pénale.

Cours d'appel	Tribunaux de grande instance	Cours d'assises ayant leur siège à	Compétences territoriales s'étendant au
Agen	Agen	Agen	Ressort de la cour d'appel d'Agen.
Aix-en-Provence	Marseille	Aix-en-Provence	Ressort de la cour d'appel d'Aix-en-Provence.
Amiens	Amiens	Amiens	Ressort de la cour d'appel d'Amiens.
Angers	Le Mans	Angers	Ressort de la cour d'appel d'Angers.
Bastia	Bastia	Bastia	Ressort de la cour d'appel de Bastia.
Besançon	Besançon	Besançon	Ressort de la cour d'appel de Besançon.
Bordeaux	Bordeaux	Bordeaux	Ressort de la cour d'appel de Bordeaux.
Bourges	Bourges	Bourges	Ressort de la cour d'appel de Bourges.
Caen	Caen	Caen	Ressort de la cour d'appel de Caen.
Chambéry	Chambéry	Chambéry	Ressort de la cour d'appel de Chambéry.
Colmar	Strasbourg	Strasbourg	Ressort de la cour d'appel de Colmar.
Dijon	Dijon	Dijon	Ressort de la cour d'appel de Dijon.
Douai	Lille	Douai	Ressort de la cour d'appel de Douai.
Grenoble	Grenoble	Grenoble	Ressort de la cour d'appel de Grenoble.
Limoges	Limoges	Limoges	Ressort de la cour d'appel de Limoges.
Lyon	Lyon	Lyon	Ressort de la cour d'appel de Lyon.
Metz	Metz	Metz	Ressort de la cour d'appel de Metz.
Montpellier	Montpellier	Montpellier	Ressort de la cour d'appel de Montpellier.
Nancy	Nancy	Nancy	Ressort de la cour d'appel de Nancy.
Nîmes	Nîmes	Nîmes	Ressort de la cour d'appel de Nîmes.
Orléans	Orléans	Orléans	Ressort de la cour d'appel d'Orléans.
Paris	Paris	Paris	Ressort de la cour d'appel de Paris.
Pau	Pau	Pau	Ressort de la cour d'appel de Pau.
Poitiers	Poitiers	Poitiers	Ressort de la cour d'appel de Poitiers.
Reims	Reims	Reims	Ressort de la cour d'appel de Reims.

Cours d'appel	Tribunaux de grande instance	Cours d'assises ayant leur siège à	Compétences territoriales s'étendant au
Rennes.............	Rennes	Rennes.............	Ressort de la cour d'appel de Rennes.
Riom	Clermont-Ferrand	Riom	Ressort de la cour d'appel de Riom.
Rouen	Rouen	Rouen	Ressort de la cour d'appel de Rouen.
Toulouse	Toulouse.........	Toulouse...........	Ressort de la cour d'appel de Toulouse.
Versailles...........	Versailles	Versailles	Ressort de la cour d'appel de Versailles.
Basse-Terre........	Basse-Terre	Basse-Terre	Ressort de la cour d'appel de Basse-Terre.
Fort-de-France...	Fort-de-France .	Fort-de-France...	Ressort de la cour d'appel de Fort-de-France.
Saint-Denis	Saint-Denis	Saint-Denis........	Ressort de la cour d'appel de Saint-Denis.
Saint-Pierre (tribunal supérieur d'appel).	Saint-Pierre (TPI)................	Saint-Pierre (cour criminelle).	Ressort du tribunal supérieur d'appel de Saint-Pierre (Saint-Pierre-et-Miquelon).
Mamoutzou (tribunal supérieur d'appel).	Mamoutzou (TPI)................	Mamoutzou (cour criminelle).	Ressort du tribunal supérieur d'appel de Mamoutzou (Mayotte).
Nouméa...........	Nouméa (TPI)................	Nouméa	Ressort de la cour d'appel de Nouméa.
Papeete	Papeete (TPI)................	Papeete............	Ressort de la cour d'appel de Papeete.

Décret n. 82-1122 du 23 décembre 1982

relatif au tribunal aux armées des forces françaises en Allemagne
(*JO* 29 déc. 1982)
mod. D. n. 95-662, 9 mai 1995

Art. 1er *(D. n. 99-1131, 21 déc. 1999, art. 1er).* – Le tribunal aux armées des forces fançaises en Allemagne prend l'appellation de tribunal aux armées des forces françaises stationnées en Allemagne.

Le siège de la juridiction est transféré de Baden-Baden à Villingen à compter du 1er janvier 2000.

Art. 2. – Le ressort du tribunal aux armées mentionné à l'article 1er, s'étend sur l'aire de stationnement des forces françaises en Allemagne et à tous lieux de ce territoire où ces forces sont appelées à se déplacer.

Art. 3 *(Mod., D. n. 85-1193, 12 nov. 1985 ; mod. D. n. 95-662, 9 mai 1995, art. 2).* – Le tribunal aux armées des forces françaises stationnées en Allemagne comprend trois chambres.

Art. 4 *(D. n. 99-1179, 28 déc. 1999, art. 1er).* – L'appel des jugements est porté devant la cour d'appel de Colmar.

Les attributions de la chambre de l'instruction du tribunal aux armées des forces françaises stationnées en Allemagne sont exercées par la chambre de l'instruction de la cour d'appel de Colmar.

Décret n. 2000-567 du 23 juin 2000

portant suppression du tribunal aux armées des forces françaises stationnées en Allemagne

Art. 1er. – Le tribunal aux armées des forces françaises stationnées en Allemagne est supprimé.
Cette suppression prendra effet à compter du 1er juillet 2000.

Art. 2. – Toutes les procédures en cours devant ce tribunal le 1er juillet 2000 seront transférées en l'état au tribunal aux armées de Paris sans qu'il y ait lieu de renouveler les actes, formalités et jugements intervenus antérieurement, à l'exception des citations aux prévenus et à la partie civile et des assignations aux témoins et experts.

Décret n. 99-1178 du 28 décembre 1999

relatif au tribunal aux armées de Paris

Art. 1er. – Le tribunal aux armées de Paris comprend deux chambres.

Art. 2. – Les attributions de la chambre de l'instruction du tribunal aux armées de Paris sont exercées par la chambre de l'instruction de la cour d'appel de Paris.

Art. 3. – Le décret n. 82-1121 du 23 décembre 1982 relatif au tribunal des forces armées de Paris est abrogé.

....

Arrêté du 15 février 1984

relatif à la désignation des autorités militaires habilitées à dénoncer des infractions
ou à donner un avis préalable en matière de poursuites pénales
(*JO* NC 15 mars 1984)

Art. 1er. – Sous l'autorité du ministre de la Défense, sont habilitées soit à dénoncer les infractions prévues, selon le cas, par les articles 697-1 du Code de procédure pénale ou 59 du Code de justice militaire, soit à donner un avis sur les poursuites éventuelles des autorités militaires désignées ci-après :

I. Sur le territoire de la République, pour les militaires affectés à une formation ou à un établissement relevant de leur commandement territorial :

Les officiers généraux commandant les régions militaires, maritimes, aériennes et de gendarmerie ;

Les officiers généraux commandants supérieurs des forces armées aux Antilles-Guyane, en Nouvelle-Calédonie, en Polynésie française, et dans la zone sud de l'océan Indien ;

II. Hors du territoire de la République :

Le général commandant en chef les forces françaises en Allemagne, pour les militaires ou les personnes à la suite de l'armée en vertu d'une autorisation placés sous son autorité ;

Les commandants des forces françaises stationnées à Djibouti et des forces françaises du Cap-Vert, pour les militaires placés sous leur autorité.

Art. 2. – Une instruction ministérielle précise les conditions d'application dans les armées du présent arrêté.

Art. 3. – Les dispositions de l'arrêté du 29 novembre 1982 modifié relatif à la désignation des autorités militaires habilitées à dénoncer les infractions ou à donner un avis préalable en matière de poursuites pénales est abrogé.

Arrêté du 18 mars 1991

relatif à la mise en œuvre d'un système de gestion automatisé des procédures pénales
dans les juridictions des forces armées
(*JO* 31 mars 1991)

Art. 1er. – Est autorisée la mise en œuvre dans les juridictions des forces armées d'un système de gestion automatisée des procédures pénales.

Art. 2. – Le traitement a pour finalité :

– le suivi des plaintes, dénonciations, procès-verbaux et procédures pénales, ainsi que des courriers et requêtes relevant des attributions du commissaire du Gouvernement ;

– la recherche des précédents ;

– l'édition de l'ensemble des documents nécessaires au traitement des pièces et procédures précitées, notamment des jugements et des pièces d'exécution ;

– le contrôle du déroulement des procédures, notamment en ce qui concerne les délais ;

– la production de statistiques.

Art. 3. – Les informations enregistrées dans le fichier sont :

– les noms, prénoms, l'état civil, l'adresse et le statut juridique des personnes concernées par les plaintes, dénonciations, procès-verbaux ou procédures pénales ainsi que par les courriers, déclarations et requêtes ;

– la nationalité, la situation familiale, socio-professionnelle et militaire des auteurs présumés et des auteurs d'infractions pénales ;

– les références, l'origine et la date des pièces et procédures précitées ;

– la nature, la date, le lieu et les circonstances des infractions dénoncées ou constatées ainsi que, lorsqu'ils sont utiles au traitement, les numéros de véhicule, de compte bancaire, d'identification des biens concernés par une procédure et tous les autres éléments d'enquête utiles ;

– les numéros de parquet, d'instruction et de greffe ;

– la nature, la date, l'origine et le motif des diligences accomplies, des actes de procédure effectués et des décisions prises ;

– les condamnations et les décisions de non-lieu ou d'acquittement ;

– la nature et la date des décisions relatives à l'exécution ou à l'application des peines ainsi que toutes mentions utiles à la gestion des grâces, réhabilitations et amnisties.

Art. 4. – Les destinataires des informations enregistrées sont les magistrats et les greffiers habilités de la juridiction concernée.

Art. 5. – Les personnes désirant, en application des articles 34 et suivants de la loi n. 78-17 du 6 juin 1978, obtenir l'accès aux informations les concernant présentent leur demande au commissaire du Gouvernement et de la juridiction concernée.

Loi n. 99-894 du 22 octobre 1999

portant organisation de la réserve militaire et du service de défense

TITRE PREMIER. – LA RÉSERVE MILITAIRE

CHAPITRE I. – DISPOSITIONS GÉNÉRALES

Section I. – Dispositions communes

Art. 1er. – Les citoyens concourent à la défense de la nation. Ce devoir peut s'exercer par une participation à des activités militaires dans la réserve.

La réserve s'inscrit dans un parcours citoyen qui débute avec l'enseignement de défense et qui se poursuit avec la participation au recensement, l'appel de préparation à la défense, la préparation militaire et le volontariat. Ce parcours continu doit permettre à tout Français et à toute Française d'exercer son droit à contribuer à la défense de la nation.

La réserve a pour objet de renforcer les capacités des forces armées dont elle est une des composantes, d'entretenir l'esprit de défense et de contribuer au maintien du lien entre la nation et ses forces armées. Elle est constituée :

1° D'une réserve opérationnelle comprenant des volontaires et, en fonction des besoins des armées, d'anci ens militaires soumis à l'obligation de disponibilité à l'issue de leur lien au service ; lorsqu'ils appartiennent à la réserve opérationnelle :

– les volontaires doivent avoir souscrit un engagement agréé par l'autorité militaire et avoir reçu une affectation ;

– les anciens militaires doivent avoir reçu une affectation ;

2° D'une réserve citoyenne comprenant les autres réservistes.

Les réservistes et leurs associations, relais essentiels du renforcement du lien entre la nation et ses forces armées, ont droit à sa reconnaissance pour leur engagement à son service.

L'entreprise ou l'organisme qui a favorisé la mise en œuvre de la présente loi, notamment en signant une convention avec le ministre chargé des armées, peut se voir attribuer par arrêté ministériel la qualité de « partenaire de la défense nationale ».

Art. 2. – Pour être admis dans la réserve, il faut :

– être de nationalité française ;

– être âgé de dix-huit ans au moins ;

– être en règle au regard des obligations du service national ;

– ne pas avoir été condamné soit à une peine criminelle, soit dans les conditions prévues aux articles 384, 385 et 388 à 390 du Code de justice militaire ;

– posséder l'aptitude pour exercer une activité dans la réserve.

Art. 3. – Conformément à l'article L. 114-1 du livre Ier du Code du service national, l'organisation générale de la réserve fait l'objet d'un enseignement obligatoire dans le cadre de l'enseignement de l'esprit de défense et des programmes des établissements d'enseignement du second degré des premier et second cycles.

Un rappel de cet enseignement est effectué à l'occasion de l'appel de préparation à la défense.

Art. 4. – Les volontaires sont admis dans la réserve, directement ou à l'issue d'une préparation militaire, en qualité de militaire du rang, de sous-officier ou officier marinier, d'officier ou de personnel assimilé. Les militaires rendus à la vie civile conservent le grade qu'ils détenaient en activité.

L'un des objets de la préparation militaire est de pourvoir au recrutement de la réserve et, pour ce faire, elle est ouverte à tout citoyen volontaire pour servir dans ce cadre dans les conditions prévues par la présente loi.

Art. 5. – Les limites d'âge des réservistes sont celles des cadres d'active définies par le statut général des militaires augmentées de cinq ans. Pour les militaires du rang, la limite d'âge est de quarante ans.

Art. 6. – Ont la qualité de militaires, les réservistes quand ils exercent une activité pour laquelle ils sont convoqués en vertu de leur engagement à servir dans la réserve opérationnelle ou au titre de la disponibilité.

Art. 7. – En dehors des activités de service mentionnées à l'article précédent, tout réserviste ou ancien réserviste qui a obtenu l'honorariat peut être admis à participer bénévolement à des activités définies ou agréées par l'autorité militaire, parmi lesquelles figurent des actions destinées à renforcer le lien entre la nation et son armée. Il est alors collaborateur bénévole du service public. Il est soumis à l'obligation d'obéissance hiérarchique et de discrétion pour tout ce qui concerne les faits et informations dont il a connaissance au titre de ces activités.

Section II. – Dispositions relatives aux volontaires pour servir dans la réserve opérationnelle

Art. 8. – L'engagement à servir dans la réserve opérationnelle est souscrit pour une durée de un à cinq ans renouvelable en vue :

– de recevoir une formation ou de suivre un entraînement ;

– d'apporter un renfort temporaire aux forces armées ;

– de dispenser un enseignement de défense.

L'engagement à servir dans la réserve opérationnelle est concrétisé par un contrat liant le réserviste, notamment au regard des activités de défense.

Ces missions peuvent s'exercer en dehors du territoire national.

Art. 9. – Les forces armées peuvent avoir recours à des spécialistes volontaires pour exercer des fonctions déterminées correspondant à leur qualification professionnelle civile, sans formation militaire spécifique.

Le grade attaché à l'exercice de cette fonction de spécialiste dans la réserve opérationnelle est conféré par arrêté du ministre chargé des armées. Il ne donne pas droit à l'exercice du commandement hors le cadre de la fonction exercée.

Art. 10. – La durée des activités à accomplir au titre de l'engagement à servir dans la réserve opérationnelle est arrêtée conjointement par l'autorité militaire d'emploi et le réserviste sans pouvoir excéder trente jours par année civile sauf application des dispositions relatives à la disponibilité.

Le réserviste peut s'absenter de son poste de travail ou de l'organisme au sein duquel il poursuit une formation, dans la limite de cinq jours ouvrés par année civile, au titre de ses activités militaires, sous réserve de prévenir l'employeur de son absence un mois au moins avant son départ.

Art. 11. – Lorsque le réserviste accomplit son engagement à servir dans la réserve opérationnelle pendant son temps de travail et que les activités prévues à l'article 10 dépassent cinq jours ouvrés par année civile, il doit obtenir l'accord de son employeur, sous réserve de dispositions plus favorables, résultant du contrat de travail, de conventions ou accords collectifs de travail, de conventions conclues entre l'employeur et le ministre chargé des armées.

La demande d'accord doit être formulée avec un préavis de deux mois. Si l'employeur oppose un refus, cette décision doit être motivée et notifiée à l'intéressé ainsi qu'à l'autorité militaire dans les quinze jours qui suivent la réception de la demande.

Art. 12. – En cas de nécessité liée à l'emploi opérationnel des forces, les activités dans la réserve opérationnelle peuvent être prolongées par décision de l'autorité administrative, pour une durée qui ne peut excéder quatre-vingt-dix jours par année civile, après accord du réserviste et de son employeur.

Pour l'encadrement de la préparation militaire et de la journée d'appel de préparation à la défense, les activités dans la réserve opérationnelle peuvent être prolongées dans les mêmes conditions qu'à l'alinéa précédent pour une durée maximale de trente jours.

En tout état de cause, la durée des activités dans la réserve opérationnelle ne peut excéder cent vingt jours sous réserve des dispositions relatives à la disponibilité.

Art. 13. – Les conditions de souscription, d'exécution et de résiliation des engagements à servir dans la réserve opérationnelle, les modalités d'accès et d'avancement aux différents grades et les règles relatives à l'honorariat sont précisées par décret en Conseil d'État.

Section III. – Dispositions relatives à la disponibilité

Art. 14. – Sont soumis à l'obligation de disponibilité :

– les volontaires pendant la durée de validité de leur engagement dans la réserve opérationnelle ;

– les anciens militaires de carrière ou sous contrat et les personnes qui ont accompli un volontariat dans les armées, dans la limite de cinq ans à compter de la fin de leur lien au service.

Art. 15. – Les anciens militaires mentionnés à l'article précédent peuvent être convoqués, afin de contrôler leur aptitude, pour une durée qui ne peut excéder cinq jours sur cinq ans.

Art. 16. – Les personnes soumises à l'obligation de disponibilité sont tenues de répondre, dans les circonstances définies par les articles 17 et 18, aux ordres d'appel individuels ou collectifs et de rejoindre leur affectation pour servir au lieu et dans les conditions qui leur sont assignés.

Art. 17. – En cas d'application des articles 2 et 6 de l'ordonnance n. 59-147 du 7 janvier 1959 portant organisation générale de la défense, l'appel ou le maintien en activité de tout ou partie des réservistes soumis à l'obligation de disponibilité peut être décidé par décret en conseil des ministres.

Art. 18. – En cas de troubles graves ou de menaces de troubles graves à l'ordre public, le ministre chargé des armées peut être autorisé par décret à faire appel, pour une durée déterminée, à tout ou partie des réservistes de la gendarmerie nationale soumis à l'obligation de disponibilité.

Section IV. – Dispositions relatives à la réserve citoyenne

Art. 19. – La réserve citoyenne a pour objet d'entretenir l'esprit de défense, de renforcer le lien entre la Nation et ses forces armées et de fournir, dans les conditions prévues à l'article 21, les renforts nécessaires à la réserve opérationnelle.

Art. 20. – La réserve citoyenne est composée de volontaires agréés par l'autorité militaire qui n'ont pas reçu d'affectation dans la réserve opérationnelle, ainsi que des anciens militaires soumis à l'obligation de disponibilité et non affectés dans la réserve opérationnelle. Peuvent également être versés, sur leur demande, dans la réserve citoyenne les volontaires ayant servi dans la réserve opérationnelle au terme de leur engagement ainsi que les anciens militaires au terme de la période d'obligation de disponibilité suivant la fin de leur lien avec le service.

Art. 21. – Sous réserve des dispositions de la section 3 et en fonction des besoins des forces armées, l'autorité militaire peut faire appel aux volontaires de la réserve citoyenne pour, avec leur accord, les affecter dans la réserve opérationnelle. Les intéressés souscrivent alors un engagement à servir dans la réserve opérationnelle.

CHAPITRE II. – DISPOSITIONS SOCIALES ET FINANCIÈRES

Art. 22. – Les réservistes, quand ils exercent une activité au titre de leur engagement dans la réserve opérationnelle ou au titre de la disponibilité, bénéficient de la solde et des accessoires qui s'y attachent dans les mêmes conditions que les militaires professionnels.

Les réservistes exerçant une activité au titre de leur engagement dans la réserve opérationnelle peuvent, en outre, bénéficier d'une prime de fidélité ainsi que d'autres mesures d'encouragement dans des conditions fixées par décret. Le montant de la prime de fidélité est le même quel que soit le grade.

Art. 23. – Pendant la période d'activité dans la réserve opérationnelle, l'intéressé bénéficie, pour lui et pour ses ayants droit, des prestations des assurances maladie, maternité, invalidité et décès, dans les conditions visées à l'article L. 161-8 du Code de la sécurité sociale, du régime de sécurité sociale dont il relève en dehors de son service dans la réserve.

Dans les situations prévues à l'article 24, le délai mentionné à l'article L. 161-8 précité n'est opposable ni à l'intéressé ni à ses ayants droit.

Art. 24. – Par dérogation aux dispositions de l'article 12, en cas de disparition, d'enlèvement ou s'ils sont faits prisonniers pendant qu'ils exercent une activité dans la réserve opérationnelle, les réservistes conservent leur qualité de militaire jusqu'à leur réapparition ou leur libération, jusqu'au jugement déclaratif d'absence ou l'établissement officiel de leur décès.

Art. 25. – Aucun licenciement ou déclassement professionnel, aucune sanction disciplinaire ne peuvent être prononcés à l'encontre d'un réserviste en raison des absences résultant de l'application des dispositions de la présente loi.

Art. 26. – Le contrat de travail du salarié exerçant une activité dans la réserve opérationnelle pendant son temps de travail est suspendu pendant la période en cause.

Toutefois, cette période est considérée comme une période de travail effectif pour les avantages légaux et conventionnels en matière d'ancienneté, d'avancement, de congés payés et de droits aux prestations sociales.

Art. 27. – Les fonctionnaires, quand ils exercent une activité dans la réserve opérationnelle, sont placés en position d'accomplissement du service national et des activités dans la réserve opérationnelle lorsque la durée de leur service est inférieure ou égale à trente jours par année civile, et en position de détachement pour la période excédant cette durée.

La situation des agents publics non titulaires est définie par décret en Conseil d'État.

Art. 28. – Le réserviste victime de dommages subis dans le service ou à l'occasion du service et, en cas de décès, ses ayants droit obtiennent de l'État, lorsque la responsabilité de ce dernier est engagée, la réparation intégrale du dommage subi, suivant les règles du droit commun.

TITRE II. – DU CONSEIL SUPÉRIEUR DE LA RÉSERVE MILITAIRE

Art. 29. – Il est institué un Conseil supérieur de la réserve militaire, chargé d'émettre des avis et des recommandations dans le domaine de la politique des réserves.

Il a pour missions :

– de participer à la réflexion sur le rôle des réserves dans le cadre de la réforme de la défense et de la professionnalisation des armées ;

– de participer, dans le cadre d'un plan d'action soumis par le ministre de la défense, à la promotion de l'esprit de défense et au développement du lien entre la nation et ses forces armées ;

– de favoriser le développement d'un partenariat durable entre les forces armées, les réservistes et leurs employeurs ;

– d'examiner toute question d'ordre général relative à la mise en œuvre de la présente loi ;

– d'établir un rapport annuel, transmis au Parlement, évaluant l'état de la réserve militaire.

Art. 30. – Le Conseil supérieur de la réserve militaire est présidé par le ministre de la Défense ou, en cas d'empêchement, par le représentant qu'il désigne.

Il comprend des représentants :

– de l'Assemblée nationale et du Sénat, désignés par le président de leur assemblée ;

– des forces armées ;

– des associations de réservistes agréées par arrêté du ministre de la défense ;

– des organisations professionnelles représentatives des salariés, des entreprises agricoles, industrielles et commerciales, des professions artisanales et libérales et des fonctions publiques.

Il comprend en outre des personnalités désignées par le ministre de la Défense en raison de leurs compétences.

Art. 31. – La durée du mandat des membres ainsi que l'organisation et le fonctionnement du Conseil supérieur de la réserve militaire sont définis par décret.

TITRE III. – LE SERVICE DE DÉFENSE

Art. 32. – Le service de défense est destiné à assurer la continuité de l'action du Gouvernement, des directions et services de l'État, des collectivités territoriales, et des organismes qui leur sont rattachés, ainsi que des entreprises et établissements dont les activités contribuent à la défense, à la sécurité et à l'intégrité du territoire, de même qu'à la sécurité et la vie de la population.

Les catégories d'activités mentionnées au précédent alinéa sont précisées par décret.

Dans les circonstances prévues aux articles 2 et 6 de l'ordonnance n. 59-147 du 7 janvier 1959 précitée, le recours au service de défense est décidé par décret en conseil des ministres.

Art. 33. – Les obligations du service de défense s'appliquent aux personnes âgées de dix-huit ans au moins, de nationalité française, sans nationalité ou bénéficiant du droit d'asile, ainsi qu'éventuellement aux ressortissants de l'Union européenne exerçant une des activités figurant au décret prévu au deuxième alinéa de l'article 32, à l'exception de celles qui ont reçu l'ordre de rejoindre leur affectation militaire ou civile.

Art. 34. – Les employeurs des personnes mentionnées à l'article 33 sont tenus de notifier à leur personnel, au moment du recrutement, qu'il est placé sous le régime du service de défense.

Art. 35. – Lors de la mise en œuvre du service de défense, les affectés collectifs de défense sont maintenus dans leur emploi habituel ou tenus de le rejoindre, s'ils ne sont pas appelés au titre de la réserve pour les besoins des forces armées.

Art. 36. – Lors de la mise en œuvre du service de défense, les affectés collectifs de défense continuent d'être soumis aux règles de discipline et aux sanctions fixées par les statuts ou les règlements intérieurs de leur organisme d'emploi.

Art. 37. – Les modalités d'application des dispositions du présent titre sont déterminées par décret en Conseil d'État.

TITRE IV. – DISPOSITIONS PARTICULIÈRES

CHAPITRE I. – DISPOSITIONS PÉNALES

Art. 38. – Est insoumis, et passible des peines prévues à l'article 397 du Code de justice militaire, quiconque a été appelé ou maintenu à l'activité en application des articles 17, 18 et 35 de la présente loi par ordre d'appel individuel ou collectif et ne s'est pas présenté, hors le cas de force majeure, à la destination et dans les délais fixés.

Art. 39. – Est déserteur, à l'expiration des délais de grâce prévus aux articles 398 à 413 du Code de justice militaire, et passible des peines que ces articles édictent quiconque a été appelé ou maintenu à l'activité en application des articles 17, 18 et 35 de la présente loi et s'est absenté sans autorisation ou n'a pas rejoint le poste auquel il a été affecté à l'issue d'une absence régulièrement autorisée.

Art. 40. – Est passible des peines prévues aux articles 447 et 448 du Code de justice militaire quiconque a été appelé ou maintenu à l'activité en application des articles 17, 18 et 35 de la présente loi et a refusé d'obéir ou, hors le cas de force majeure, n'a pas exécuté l'ordre reçu de ceux qui avaient qualité pour le donner.

Art. 41. – Est coupable d'abandon de poste et passible des peines prévues à l'article 468 du Code de justice militaire quiconque a été appelé ou maintenu à l'activité en application des articles 17, 18 et 35 de la présente loi et s'est irrégulièrement absenté du poste auquel il a été appelé à servir.

Art. 42. – Les dispositions des articles 94, 181 et 375 du Code de justice militaire relatives au mode d'extinction de l'action publique et au régime de la prescription des peines sont applicables aux personnes appelées ou maintenues à l'activité en application des articles 17, 18 et 35 de la présente loi.

CHAPITRE II. – DISPOSITIONS FINALES

Art. 43. – Sans préjudice des dispositions du second alinéa de l'article 2 de la loi n. 97-1019 du 28 octobre 1997 portant réforme du service national, les Français qui sont soumis aux obligations du livre II du Code du service national peuvent souscrire un engagement à servir dans la réserve opérationnelle au titre de la présente loi dès sa promulgation.

La souscription de cet engagement les dispense des obligations définies à la section 4 du chapire Ier du titre III du livre II du Code du service national.

Art. 44. – Aucun établissement ou organisme de formation public ou privé ne peut prendre de mesure préjudiciable à l'accomplissement normal du cursus de formation entrepris par un étudiant ou un stagiaire qui exerce une activité au titre d'un engagement à servir dans la réserve opérationnelle, à la suite d'un appel ou d'un rappel des personnes soumises à l'obligation de disponibilité en raison des absences qui résultent de cet engagement ou de cette obligation.

....

ANNEXE IX. – CODE DE L'ORGANISATION JUDICIAIRE

Code de l'organisation judiciaire

(D. n. 78-329 et n. 78-330, 16 mars 1978)
(extraits)

PARTIE LÉGISLATIVE

LIVRE PREMIER. – LA COUR DE CASSATION

....

TITRE PREMIER. – INSTITUTION ET COMPÉTENCE

Art. L. 111-1. – Il y a, pour toute la République, une Cour de cassation.

Art. L. 111-2. – La Cour de cassation statue sur les pourvois en cassation formés contre les jugements en dernier ressort rendus par les juridictions de l'ordre judiciaire.

La Cour de cassation ne connaît pas du fond des affaires, sauf disposition législative contraire.

Art. L. 111-3. – La compétence de la chambre criminelle est déterminée par les articles 567 et suivants du Code de procédure pénale et par les lois spéciales qui la prévoient ou l'impliquent.

Art. L. 111-4. – Ainsi qu'il est dit à l'article 2 de la loi n. 71-498 du 29 juin 1971, « le bureau de la Cour de cassation dresse la liste nationale des experts ».

TITRE II. – ORGANISATION

Art. L. 121-1. – La Cour de cassation se compose :

Du premier président ;
Des présidents de chambre ;
Des conseillers ;
Des conseillers référendaires ;
Du procureur général ;
Du premier avocat général ;
Des avocats généraux ;
Du greffier en chef ;
Des greffiers de chambre.

Art. L. 121-2. – Un ou plusieurs avocats généraux à la cour d'appel de Paris peuvent, par décret, être délégués à la Cour de cassation pour exercer les fonctions du ministère public près cette juridiction. Un décret en Conseil d'État fixe le nombre des avocats généraux à la cour d'appel de Paris qui peuvent être ainsi délégués.

Art. L. 121-3. – La Cour de cassation comprend des chambres civiles et au moins une chambre criminelle.

Art. L. 121-4. – Les arrêts de la Cour de cassation sont rendus soit par l'une des chambres, soit par une chambre mixte, soit par l'assemblée plénière.

En outre, les chambres de la cour se réunissent en audience solennelle ou en assemblée générale dans les cas prévus par les lois et règlements.

Art. L. 121-5 *(L. n. 79-9, 3 janv. 1979, art. 1er).* – Lorsqu'une chambre mixte doit être constituée par application des articles L. 131-2 et L. 131-3, elle est composée de magistrats appartenant à trois chambres au moins de la cour.

La chambre mixte est présidée par le premier président ou, en cas d'empêchement de celui-ci, par le plus ancien des présidents de chambre de la cour.

Elle comprend, en outre, les présidents et doyens des chambres qui la composent ainsi que deux conseillers de chacune de ces chambres.

Art. L. 121-6. – L'assemblée plénière est présidée par le premier président, ou, en cas d'empêchement de celui-ci, par le plus ancien des présidents de chambre.

Elle comprend, en outre, les présidents et les doyens des chambres ainsi *(L. n. 97-395, 23 avr. 1997, art. 1er)* qu'un conseiller pris au sein de chaque chambre.

TITRE III. – FONCTIONNEMENT

CHAPITRE I. – LE SERVICE DES CHAMBRES DE LA COUR

Art. L. 131-1. – Le premier président préside une des chambres de la cour quand il l'estime convenable.

Chaque chambre, à défaut de son président et du premier président, est présidée par le plus ancien de ses conseillers ; l'ancienneté se règle par la date et l'ordre de nomination.

Art. L. 131-2 *(L. n. 79-9, 3 janv. 1979, art. 2).* – Le renvoi devant une chambre mixte peut être ordonné lorsqu'une affaire pose une question relevant normalement des attributions de plusieurs chambres ou si la question a reçu ou est susceptible de recevoir devant les chambres des solutions divergentes ; il doit l'être en cas de partage égal des voix.

Le renvoi devant l'assemblée plénière peut être ordonné lorsque l'affaire pose une question de principe, notamment s'il existe des solutions divergentes soit entre les juges du fond, soit entre les juges du fond et la Cour de cassation ; il doit l'être lorsque, après cassation d'un premier arrêt ou jugement, la décision rendue par la juridiction de renvoi est attaquée par les mêmes moyens.

La Chambre mixte et l'assemblée plénière doivent se prononcer sur le pourvoi même si les conditions de leur saisine n'étaient pas réunies.

Art. L. 131-3 *(L. n. 79-9, 3 janv. 1979, art. 2).* – Le renvoi devant une chambre mixte ou devant l'assemblée plénière est décidé :

Soit avant l'ouverture des débats, par ordonnance non motivée du premier président ;

Soit par arrêt non motivé de la chambre saisie.

Le renvoi est de droit lorsque le procureur général le requiert avant l'ouverture des débats.

Un membre de la chambre mixte ou de l'assemblée plénière, selon le cas, est chargé du rapport par le premier président.

Art. L. 131-4 *(L. n. 79-9, 3 janv. 1979, art. 2).* – En cas de cassation, l'affaire est renvoyée, sauf disposition contraire, devant une autre juridiction de même nature que celle dont émane l'arrêt ou le jugement cassé ou devant la même juridiction composée d'autres magistrats.

Lorsque le renvoi est ordonné par l'assemblée plénière, la juridiction de renvoi doit se conformer à la décision de cette assemblée sur les points de droit jugés par celle-ci.

Art. L. 131-5 *(L. n. 79-9, 3 janv. 1979, art. 2).* – La Cour de cassation peut casser sans renvoi lorsque la cassation n'implique pas qu'il soit à nouveau statué sur le fond.

Elle peut, aussi, en cassant sans renvoi, mettre fin au litige lorsque les faits, tels qu'ils ont été souverainement constatés et appréciés par les juges du fond, lui permettent d'appliquer la règle de droit appropriée.

En ces cas, elle se prononce sur la charge des dépens afférents aux instances devant les juges du fond.

L'arrêt emporte exécution forcée.

Art. L. 131-6 *(L. n. 97-395, 23 avr. 1997, art. 2).* – Après le dépôt des mémoires, les affaires soumises à une chambre civile sont examinées par une formation de trois magistrats appartenant à la chambre à laquelle elles ont été distribuées.

(L. org. 2001-539, 25 juin 2001, art. 27-1) Cette formation déclare non admis les pourvois irrecevables ou non fondés sur un moyen sérieux de cassation. Elle statue lorsque la solution du pourvoi s'impose. Dans le cas contraire, elle renvoie l'examen du pourvoi à l'audience de la chambre.

Toutefois, le premier président ou le président de la chambre concernée, ou leurs délégués, d'office ou à la demande du procureur général ou de l'une des parties, peuvent renvoyer directement une affaire à l'audience de la chambre par décision non motivée.

Lorsque la solution d'une affaire soumise à la chambre criminelle lui paraît s'imposer, le premier président ou le président de la chambre criminelle peut décider de faire juger l'affaire par une formation de trois magistrats. Cette formation peut renvoyer l'examen de l'affaire à l'audience de la chambre à la demande de l'une des parties ; le renvoi est de droit si l'un des magistrats composant la formation restreinte le demande. *(L. org. 2001-539, 25 juin 2001, art. 27-11).* La formation déclare non admis les pourvois irrecevables ou non fondés sur un moyen sérieux de cassation.

Art. L. 131-6-1 *(L. n. 97-395, 23 avr. 1997, art. 3).* – À l'audience de la chambre, au moins cinq de ses membres ayant voix délibérative sont présents.

Art. L. 131-6-2 *(L. n. 97-395, 23 avr. 1997, art. 4).* – Les chambres mixtes et l'assemblée plénière ne peuvent siéger que si tous les membres qui doivent les composer sont présents. En cas d'empêchement de l'un de ces membres, il est remplacé par un conseiller désigné par le premier président ou, à défaut de celui-ci, par le président de chambre qui le remplace.

Art. L. 131-7 *(L. n. 78-735, 12 juill. 1978).* – Les conseillers référendaires siègent, avec voix consultative, dans la chambre à laquelle ils sont affectés. Ils ont voix délibérative dans le jugement des affaires qu'ils sont chargés de rapporter.

En outre, un ou deux conseillers référendaires pris par ordre d'ancienneté dans leurs fonctions, dans le premier et à défaut dans le second grade, peuvent avec voix délibérative, être appelés à compléter la chambre à laquelle ils appartiennent lorsque le nombre minimum de membres, prévu au troisième alinéa de l'article L. 131-6 et à l'article L. 131-6-1 du présent code, n'est pas atteint.

CHAPITRE II. – LE MINISTÈRE PUBLIC

Art. L. 132-1. – Le procureur général porte la parole aux audiences des chambres mixtes et de l'assemblée plénière ainsi que dans les assemblées générales de la cour.

Il la porte aux audiences des chambres et devant la formation prévue à l'article L. 151-2, quand il le juge convenable.

Art. L. 132-2. – En cas d'empêchement du procureur général, celui-ci est remplacé pour les actes de ses fonctions par le premier avocat général ou, à défaut, par un avocat général désigné par le procureur général.

Art. L. 132-3. – Les avocats généraux portent la parole, au nom du procureur général, devant les chambres auxquelles ils sont affectés.

Ils peuvent être désignés par le procureur général pour la porter également devant les autres formations de la cour.

Art. L. 132-4. – Lorsque l'empêchement d'un avocat général est de longue durée, le premier président et le procureur général peuvent, par une décision conjointe, déléguer un conseiller dans les fonctions d'avocat général.

Art. L. 132-5. – Les modalités d'application du présent titre et du titre II ci-dessus sont fixées par des décrets en Conseil d'État.

TITRE IV. – COMMISSIONS JURIDICTIONNELLES FONCTIONNANT AUPRÈS DE LA COUR DE CASSATION

CHAPITRE I. – LA COMMISSION NATIONALE D'INDEMNISATION EN MATIÈRE DE DÉTENTION PROVISOIRE

Art. L. 141-1. – Il y a auprès de la Cour de cassation une commission juridictionnelle chargée de statuer sur les demandes d'indemnité présentées par certaines personnes ayant fait l'objet, dans les conditions prévues à l'article 149 du Code de procédure pénale, d'une détention provisoire.

Art. L. 141-2. – Les règles concernant la compétence et la composition de la commission mentionnée à l'article précédent, ainsi que celles qui sont relatives au ministère public près cette commission, sont fixées par les articles 149-1 et 149-2 du Code de procédure pénale.

CHAPITRE II. – LA COMMISSION PRÉVUE PAR L'ARTICLE 16-2 DU CODE DE PROCÉDURE PÉNALE

Art. L. 142-1. – Il y a auprès de la Cour de cassation une commission juridictionnelle chargée de statuer sur les recours formés par les officiers de police judiciaire ayant fait l'objet d'une décision de suspension ou de retrait d'habilitation.

Art. L. 142-2. – Les règles concernant la composition de la commission prévue à l'article précédent ainsi que celles qui sont relatives au ministère public près cette commission sont fixées par l'article 16-2 du Code de procédure pénale.

CHAPITRE III. – LA JURIDICTION NATIONALE DE LA LIBÉRATION CONDITIONNELLE

(Applic. à compter du 1er janv. 2001 ; L. n. 2000-516, 15 juin 2000, art. 127 et 140)

Art. 143-1. – Il y a auprès de la Cour de cassation une juridiction chargée de statuer sur les recours formés contre les décisions de la juridiction régionale de la libération conditionnelle.

Art. 143-2. – Les règles concernant la composition de la juridiction prévue à l'article précédent ainsi que celles qui sont relatives au ministère public près cette juridiction sont fixées par l'article 722-1 du Code de procédure pénale.

LIVRE DEUXIÈME. – LA COUR D'APPEL

TITRE PREMIER. – DISPOSITIONS GÉNÉRALES

CHAPITRE I. – INSTITUTION ET COMPÉTENCE

Art. L. 211-1. – Les cours d'appel statuent souverainement sur le fond des affaires.

CHAPITRE II. – ORGANISATION

Art. L. 212-1. – La cour d'appel comprend, outre le premier président, des présidents de chambre et des conseillers.

Le siège, le ressort des cours d'appel sont fixés par décret en Conseil d'État.

Art. L. 212-2. – En toutes matières, les arrêts sont rendus par trois magistrats au moins, président compris. Pour le jugement des affaires qui doivent être portées en audience solennelle, les arrêts sont rendus par cinq magistrats au moins, président compris.

Le tout à peine de nullité.

CHAPITRE III. – FONCTIONNEMENT

Art. L. 213-1. – Les arrêts des cours d'appel sont rendus par des magistrats délibérant en nombre impair. Lorsque les membres d'une cour siégeant dans une affaire sont en nombre pair, le dernier dans l'ordre du tableau doit s'abstenir.

Art. L. 213-2. – Les avocats dans l'ordre du tableau et, après eux, les avoués selon la date de leur réception peuvent être appelés à suppléer les conseillers pour compléter la cour d'appel.

Art. L. 213-3. – Si les besoins du service l'exigent, il pourra être formé par règlement d'administration publique une chambre temporaire composée de conseillers pris dans d'autres chambres.

Art. L. 213-4. – Le procureur général représente en personne ou par ses substituts le ministère public auprès de la cour d'appel.

TITRE II. – DISPOSITIONS PARTICULIÈRES À CERTAINES MATIÈRES

....

(L. n. 2000-1354, 30 déc. 2000, art. 34) Il est inséré, dans le chapitre II du titre II du livre II, un article L. 221-3 ainsi rédigé :

Art. L. 221-3. – Pour l'organisation du service de fin de semaine ou du service allégé pendant la période au cours de laquelle les magistrats bénéficient de leurs congés annuels, le procureur général peut désigner, après avis des procureurs de la République concernés, un magistrat du parquet d'un tribunal de grande instance de son ressort pour exercer également les compétences du ministère public près d'au plus deux autres tribunaux de grande instance du ressort de la cour d'appel.

La décision portant désignation en précise le motif et la durée ainsi que les tribunaux pour lesquels elle s'applique.

....

CHAPITRE III. – DISPOSITIONS PARTICULIÈRES
À LA PROTECTION DE L'ENFANCE

Art. L. 223-1. – L'appel des décisions du juge des enfants et du tribunal pour enfants est jugé par la cour d'appel dans une audience spéciale dans les mêmes conditions qu'en première instance.

Une chambre spéciale est formée à cette fin dans les cours d'appel où il existe plusieurs chambres.

(Concordance : Ord. n. 58-1274, 22 déc. 1958, art. 7).

Art. L. 223-2 *(L. n. 87-1062, 30 déc. 1987, art. 24-I)*. – Un magistrat qui prend le nom de délégué à la protection de l'enfance est désigné au sein de chaque cour d'appel. Ce magistrat préside la chambre spéciale de la cour d'appel mentionnée à l'article précédent ou y exerce les fonctions de rapporteur.

En cas d'empêchement momentané du titulaire, le premier président désigne un remplaçant.

Un magistrat désigné par le procureur général est spécialement chargé, au parquet de la cour d'appel, des affaires de mineurs.

(Concordance : Ord. n. 58-1274, 22 déc. 1958, art. 6).

Art. L. 223-3. – Le délégué à la protection de l'enfance siège comme membre de la chambre de l'instruction dans les cas mentionnés à l'article 23 de l'ordonnance n. 45-174 du 2 février 1945.

(Concordance : Ord. n. 45-174, 2 févr. 1945, art. 23).

CHAPITRE IV. – DISPOSITIONS PARTICULIÈRES
EN MATIÈRE PÉNALE

Art. L. 224-1. – Les règles concernant la compétence, l'organisation et le fonctionnement de la ou des chambres des appels correctionnels ainsi que celles qui sont relatives au ministère public sont fixées par les articles 34 à 38, 496, 510, 511 et 547 du Code de procédure pénale et par les dispositions spéciales à certaines matières.

....

Art. L. 226-1 *(L. n. 2002-305, 4 mars 2002, art. 20).* – Le magistrat visé au premier alinéa de l'article L. 223-2 ou son remplaçant désigné conformément au deuxième alinéa du même article siège dans la formation de la cour d'appel qui statue sur les recours formés contre les décisions rendues en première instance sur le fondement des dispositions des instruments internationaux et communautaires relatives au déplacement illicite international d'enfants.

Le magistrat du parquet général visé au troisième alinéa de l'article L. 223-2 est également chargé du traitement des affaires de déplacements internationaux d'enfants.

....

LIVRE TROISIÈME. – LE TRIBUNAL DE GRANDE INSTANCE, LE TRIBUNAL D'INSTANCE ET LA JURIDICTION DE PROXIMITÉ

(Intitulé remplacé L. n. 2002-1138, 9 sept. 2002, art. 7, I)

TITRE PREMIER. – LE TRIBUNAL DE GRANDE INSTANCE

CHAPITRE I. – DISPOSITIONS GÉNÉRALES

Section I. – Institution et compétence

Art. L. 311-1. – Il y a dans le ressort de chaque cour d'appel des juridictions de première instance dénommées tribunaux de grande instance.

Art. L. 311-2. – Le tribunal de grande instance a compétence exclusive dans les matières déterminées par les lois et règlements.

Art. L. 311-3. – Dans les circonscriptions où il n'est pas établi de tribunal de commerce, le tribunal de grande instance et les membres de ce tribunal connaissent des matières et exercent les fonctions attribuées aux tribunaux de commerce et à leurs membres par le présent code et par les textes particuliers à chaque matière.

Art. L. 311-4. – Ainsi qu'il est dit à l'alinéa 1er de l'article 1er de la loi n. 57-1424 du 31 décembre 1957,

« Par dérogation à l'article 13 de la loi des 16 et 24 août 1790 sur l'organisation judiciaire, les tribunaux de l'ordre judiciaire sont seuls compétents pour statuer sur toute action en responsabilité, tendant à la réparation des dommages de toute nature causés par un véhicule quelconque ».

Section II. – Organisation

Art. L. 311-5. – Le siège, le ressort des tribunaux de grande instance sont fixés par décret en Conseil d'État.

Art. L. 311-6. – Le tribunal de grande instance statue en formation collégiale.

Toutefois, sous réserve des règles fixées par le Code de procédure pénale, il statue à juge unique dans les cas et conditions définis aux articles L. 311-10 à L. 311-12 ci-dessous.

Section III. – Fonctionnement

Sous-section 1. – Dispositions relatives au service des chambres du tribunal

Art. L. 311-7. – Les jugements sont rendus par des magistrats délibérant en nombre impair.

Art. L. 311-8. – Sauf disposition contraire, les jugements sont rendus par trois juges au moins. Lorsque les membres d'un tribunal siégeant dans une affaire sont en nombre pair, le dernier des juges dans l'ordre du tableau doit s'abstenir.

Art. L. 311-9. – Les avocats peuvent être appelés, dans l'ordre du tableau, à suppléer les juges pour compléter le tribunal de grande instance.

....

Sous-section 3. – Dispositions relatives aux assemblées générales

Néant.

Sous-section 4. – Le ministère public

Art. L. 311-14. – Le procureur de la République représente en personne ou par ses substituts le ministère public près le tribunal de grande instance.

Art. L. 311-15. – Le procureur de la République peut, en toutes matières, exercer le ministère public devant toutes les juridictions du premier degré établies dans son ressort.

Sous-section 4 bis. *– Composition des audiences pénales*

(L. n. 2000-516, 15 juin 2000, art. 78)

Art. L. 311-15-1. – La composition prévisionnelle des audiences pénales est déterminée par le président du tribunal et le procureur.

Art. L. 311-16. – Un tribunal de grande instance peut comprendre des chambres détachées, dont le siège et le ressort sont fixés par décret en Conseil d'État, pour juger dans leur ressort les affaires civiles et pénales.

Les articles L. 311-6 à L. 311-9 sont applicables aux chambres détachées.

Art. L. 311-17. – La présidence et le service des chambres détachées sont assurés, pour ce qui concerne les attributions dévolues aux magistrats du siège, par les magistrats du tribunal de grande instance désignés à cet effet dans les formes prévues pour la nomination des magistrats du siège.

Art. L. 311-18. – En cas de création d'une chambre détachée, les procédures en cours devant le tribunal de grande instance à la date fixée pour l'entrée en activité de la nouvelle chambre sont transférées en l'état à cette dernière, dans la mesure où elles relèvent désormais de sa compétence, sans qu'il y ait lieu de renouveler les actes, formalités et jugements intervenus antérieurement à cette date, à l'exception des convocations, citations et assignations données aux parties et aux témoins.

Les citations et assignations produisent cependant leurs effets ordinaires interruptifs de prescription.

....

CHAPITRE III. – COMMISSION JURIDICTIONNELLE FONCTIONNANT AUPRÈS DU TRIBUNAL DE GRANDE INSTANCE : LA COMMISSION D'INDEMNISATION DE CERTAINS DOMMAGES CORPORELS

Chapitre ajouté à compter du 1er sept. 1983, L. n. 83-608, 8 juill. 1983, art. 22-I

Art. L. 313-1 *(L. n. 83-608, 8 juill. 1983, art. 22-I)*. – Il y a dans le ressort de chaque tribunal de grande instance une commission juridictionnelle chargée de statuer sur les demandes d'indemnité présentées par les victimes de dommages corporels résultant d'une infraction.

Cette commission a le caractère d'une juridiction civile.

Art. L. 313-2 *(L. n. 83-608, 8 juill. 1983, art. 22-I).* – Les règles concernant la compétence et la composition de la commission prévue à l'article précédent, ainsi que celles qui sont relatives au ministère public près cette commission, sont fixées par l'article 706-4 du Code de procédure pénale.

....

TITRE II. – LE TRIBUNAL D'INSTANCE

CHAPITRE I. – DISPOSITIONS GÉNÉRALES

Section I. – Institution et compétence

Art. L. 321-1. – Il y a dans le ressort de chaque cour d'appel des juridictions de première instance dénommées tribunaux d'instance.

Art. L. 321-2. – Conformément à l'article L. 323-39 du Code du travail, toutes les contestations relatives à l'application de la section III du chapitre III du titre II du livre III dudit code concernant l'emploi obligatoire des pères de famille sont de la compétence du tribunal d'instance.

Section II. – Organisation

Art. L. 321-3. – Le siège, le ressort des tribunaux d'instance sont fixés par décret en Conseil d'État.

Art. L. 321-4. – Le tribunal d'instance statue à juge unique.

Section III. – Fonctionnement

Art. L. 321-5 *(L. n. 87-1062, 30 déc. 1987, art. 24).* – Sauf dérogation prévue par décret en Conseil d'État, le service des tribunaux d'instance est assuré, en ce qui concerne les attributions dévolues aux magistrats du siège, par les magistrats des tribunaux de grande instance désignés à cet effet dans les formes prévues pour la nomination des magistrats du siège.

....

CHAPITRE III. – ATTRIBUTIONS NON JURIDICTIONNELLES

Art. L. 323-1. – Les juges des tribunaux d'instance peuvent recevoir le serment de tous experts non assermentés, commis par les juridictions de l'ordre judiciaire et résidant dans le ressort du tribunal d'instance, lorsque la loi l'exige.

TITRE III. – LA JURIDICTION DE PROXIMITÉ

(Titre créé, L. n. 2002-1138, 9 sept. 2002, art. 7, II)

CHAPITRE UNIQUE. – DISPOSITIONS GÉNÉRALES

(Chapitre créé, L. n. 2002-1138, 9 sept. 2002, art. 7, II)

Section I. – Institution, compétence et fonctionnement

(Section créée, L. n. 2002-1138, 9 sept. 2002, art. 7, II)

Art. L. 331-1 *(Créé, L. n. 2002-1138, 9 sept. 2002, art. 7, II).* – Il est institué, dans le ressort de chaque cour d'appel, des juridictions de première instance dénommées juridictions de proximité.

Art. L. 331-2 *(Créé, L. n. 2002-1138, 9 sept. 2002, art. 7, II).* – En matière civile, la juridiction de proximité connaît en dernier ressort des actions personnelles mobilières dont elle est saisie par une personne physique pour les besoins de sa vie non professionnelle, jusqu'à la valeur de 1 500 € ou d'une valeur indéterminée mais qui ont pour origine l'exécution d'une obligation dont le montant n'excède pas 1 500 €.

Elle connaît des procédures d'injonction de payer ou de faire, dans les conditions prévues au premier alinéa.

Elle connaît aussi, dans les mêmes conditions, en vue de lui donner force exécutoire, de la demande d'homologation du constat d'accord formée par les parties, à l'issue d'une tentative préalable de conciliation menée en application de l'article 21 de la loi n. 95-125 du 8 février 1995 relative à l'organisation des juridictions et à la procédure civile, pénale et administrative.

Art. L. 331-3 *(Créé, L. n. 2002-1138, 9 sept. 2002, art. 7, II)*. – En matière civile, la juridiction de proximité statue selon les règles de procédure applicables devant le tribunal d'instance. Elle se prononce après avoir cherché à concilier les parties par elle-même ou, le cas échéant et avec l'accord de celles-ci, en désignant une personne remplissant les conditions fixées par décret en Conseil d'État.

Les parties peuvent se faire assister et représenter devant elle dans les mêmes conditions que devant le tribunal d'instance.

Art. L. 331-4 *(Créé, L. n. 2002-1138, 9 sept. 2002, art. 7, II)*. – Lorsque, en matière civile, le juge de proximité se heurte à une difficulté juridique sérieuse portant sur l'application d'une règle de droit ou sur l'interprétation du contrat liant les parties, il peut, à la demande d'une partie ou d'office, après avoir recueilli l'avis, selon le cas, de l'autre ou des deux parties, renvoyer l'affaire au tribunal d'instance qui statue en tant que juridiction de proximité.

Art. L. 331-5 *(Créé, L. n. 2002-1138, 9 sept. 2002, art. 7, II)*. – En matière pénale, les règles concernant la compétence et le fonctionnement de la juridiction de proximité ainsi que celles relatives au ministère public près cette juridiction sont fixées par l'article 706-72 du Code de procédure pénale et, en ce qui concerne les mineurs, par l'article 21 de l'ordonnance n. 45-174 du 2 février 1945 relative à l'enfance délinquante.

Section II. – Organisation

(Section créée, L. n. 2002-1138, 9 sept. 2002, art. 7, II)

Art. L. 331-6 *(Créé, L. n. 2002-1138, 9 sept. 2002, art. 7, II)*. – Le siège et le ressort des juridictions de proximité sont fixés par décret en Conseil d'État.

Art. L. 331-7 *(Créé, L. n. 2002-1138, 9 sept. 2002, art. 7, II)*. – La juridiction de proximité statue à juge unique.

Art. L. 331-8 *(Créé, L. n. 2002-1138, 9 sept. 2002, art. 7, II)*. – La juridiction de proximité peut tenir des audiences foraines en tout lieu public approprié dans des conditions fixées par décret en Conseil d'État.

Art. L. 331-9 *(Créé, L. n. 2002-1138, 9 sept. 2002, art. 7, II)*. – En cas d'absence ou d'empêchement du juge de proximité ou lorsque le nombre de juges de proximité se révèle insuffisant, les fonctions de ce juge sont exercées par un juge du tribunal d'instance, désigné à cet effet par ordonnance prise par le président du tribunal de grande instance.

LIVRE CINQUIÈME. – LES JURIDICTIONS DES MINEURS

TITRE PREMIER. – LA COUR D'ASSISES DES MINEURS

CHAPITRE I. – INSTITUTION ET COMPÉTENCE

Art. L. 511-1. – Conformément à l'article 1er de l'ordonnance n. 45-174 du 2 février 1945, il y a des cours d'assises des mineurs.

Art. L. 511-2. – Ainsi qu'il est dit à l'alinéa 1 de l'article 20 de l'ordonnance n. 45-174 du 2 février 1945, « le mineur âgé de seize ans au moins accusé de crime est jugé par la cour d'assises des mineurs ».

CHAPITRE II. – ORGANISATION ET FONCTIONNEMENT

Art. L. 512-1. – La cour d'assises des mineurs est composée d'un président, de deux assesseurs et complétée par le jury criminel, dans les conditions définies par l'ordonnance n. 45-174 du 2 février 1945.

Art. L. 512-2. – Ainsi qu'il est dit à l'article 20, alinéa 2, de l'ordonnance n. 45-174 du 2 février 1945, « la cour d'assises des mineurs se réunit au siège de la cour d'assises et au cours de la session de celle-ci ».

Art. L. 512-3. – Ainsi qu'il est dit à l'alinéa 3 de l'article 20 de l'ordonnance n. 45-174 du 2 février 1945, « les fonctions du ministère public auprès de la cour d'assises des mineurs sont remplies par le procureur général ou un magistrat du ministère public spécialement chargé des affaires de mineurs ».

TITRE II. – LE TRIBUNAL POUR ENFANTS

CHAPITRE I. – INSTITUTION ET COMPÉTENCE

Art. L. 521-1. – Conformément à l'article 1er de l'ordonnance n. 45-174 du 2 février 1945, il y a dans le ressort de chaque cour d'appel une ou plusieurs juridictions de première instance dénommées tribunaux pour enfants.

Art. L. 521-2. – Le tribunal pour enfants connaît des crimes commis par les mineurs de seize ans.

Il connaît des délits et des contraventions de police de 5e classe commis par les mineurs qui lui sont renvoyés par le juge des enfants ou le juge d'instruction, conformément aux dispositions des articles 8 et 9 de l'ordonnance n. 45-174 du 2 février 1945.

CHAPITRE II. – ORGANISATION ET FONCTIONNEMENT

Art. L. 522-1. – Le siège et le ressort des tribunaux pour enfants sont fixés par voie réglementaire.

(Concordance : Ord. n. 58-1274, 22 déc. 1958, art. 1er).

Art. L. 522-2. – Le tribunal pour enfants est composé d'un juge des enfants, président, et de deux assesseurs.

(Concordance : Ord. n. 58-1274, 22 déc. 1958, art. 5, 1er al.).

Art. L. 522-3. – Les assesseurs titulaires et suppléants sont choisis parmi les personnes âgées de plus de trente ans, de nationalité française et qui se sont signalées par l'intérêt qu'elles portent aux questions de l'enfance et par leurs compétences.

Les assesseurs sont nommés pour quatre ans par arrêté du ministre de la Justice ; leur renouvellement s'opère par moitié ; toutefois, en cas de création d'un tribunal pour enfants, d'augmentation ou de réduction du nombre des assesseurs dans ces juridictions, ou de remplacement d'un ou de plusieurs de ces assesseurs à une date autre que celle qui est prévue pour leur renouvellement, la désignation des intéressés peut intervenir pour une période inférieure à quatre années dans la limite de la durée requise pour permettre leur renouvellement par moitié.

(Concordance : Ord. n. 58-1274, 22 déc. 1958, art. 5, 2e et 3e al.).

Art. L. 522-4. – Avant d'entrer en fonctions, les assesseurs titulaires et suppléants prêtent serment devant le tribunal de grande instance, de bien et fidèlement remplir leurs fonctions et de garder religieusement le secret des délibérations.

(Concordance : Ord. n. 58-1274, 22 déc. 1958, art. 5, 4e al.).

Art. L. 522-5. – Les assesseurs titulaires ou suppléants qui, sans motif légitime, se sont abstenus de déférer à plusieurs convocations successives peuvent, à la demande du juge des enfants ou du ministère public, être déclarés démissionnaires, par délibération de la première chambre de la cour d'appel.

En cas de faute grave entachant l'honneur ou la probité, leur déchéance est prononcée dans les mêmes formes.

(Concordance : Ord. n. 58-1274, 22 déc. 1958, art. 5-1).

Art. L. 522-6. – Au sein de chaque tribunal de grande instance dans le ressort duquel un tribunal pour enfants a son siège, un ou plusieurs juges d'instruction désignés par le premier président sur la proposition du procureur général et un ou plusieurs magistrats du parquet désignés par le procureur général sont chargés spécialement des affaires concernant les mineurs.
(Concordance : Ord. n. 58-1274, 22 déc. 1958, art. 4).

TITRE III. – LE JUGE DES ENFANTS

CHAPITRE I. – INSTITUTION ET COMPÉTENCE

Art. L. 531-1. – Au siège de chaque tribunal pour enfants, il existe un ou plusieurs juges des enfants.
(Concordance : Ord. n. 58-1274, 22 déc. 1958, art. 2, 1er al.).

Art. L. 531-2. – Le juge des enfants connaît, dans les conditions définies aux articles 8 et 9 de l'ordonnance n. 45-174 du 2 février 1945 des délits et des contraventions de police de 5e classe commis par les mineurs.

Art. L. 531-3. – Le juge des enfants est en outre compétent pour tout ce qui concerne l'assistance éducative dans les conditions prévues aux articles 375 et suivants du Code civil.

CHAPITRE II. – ORGANISATION ET FONCTIONNEMENT

Art. L. 532-1 *(L. n. 87-1062, 30 déc. 1987, art. 24-I)*. – Le juge des enfants est choisi compte tenu de l'intérêt qu'il porte aux questions de l'enfance et de ses aptitudes, parmi les juges du tribunal de grande instance dans le ressort duquel le tribunal pour enfants a son siège ; il est nommé dans la forme exigée pour la nomination des magistrats du siège.

En cas d'empêchement momentané du titulaire, le tribunal de grande instance désigne l'un de ses juges pour le remplacer.
(Concordance : Ord. n. 58-1274, 22 déc. 1958, art. 3, al. 1er et 2).

LIVRE SIXIÈME. – LES JURIDICTIONS PÉNALES

TITRE PREMIER. – LES JURIDICTIONS D'INSTRUCTION DE DROIT COMMUN

CHAPITRE I. – LE JUGE D'INSTRUCTION

Art. L. 611-1 *(al. supprimé, L. n. 2000-516, 15 juin 2000, art. 47)*. – Les règles concernant les conditions de nomination et les attributions du juge d'instruction sont fixées par les articles 49 à 51 et 79 et suivants du Code de procédure pénale.

(L. n. 98-546, 2 juill. 1998, art. 91-III) Les juges d'instruction exercent leur activité au siège du tribunal de grande instance auquel ils appartiennent. Toutefois, un décret en Conseil d'État peut les autoriser à exercer leur activité dans une commune du ressort de leur tribunal autre que celle du siège de la juridiction.

CHAPITRE II. – LA CHAMBRE DE L'INSTRUCTION

Art. L. 612-1. – Chaque cour d'appel comprend au moins une chambre de l'instruction.

Les règles concernant la compétence, l'organisation et le fonctionnement de la chambre de l'instruction ainsi que celles qui sont relatives au ministère public près cette juridiction sont fixées par les articles 191 à 193 du Code de procédure pénale, par les dispositions du livre II du présent code dans la mesure où elles ne sont pas incompatibles avec les dispositions du Code de procédure pénale et par les textes particuliers à certaines matières.

TITRE II. – LES JURIDICTIONS DE JUGEMENT DE DROIT COMMUN

CHAPITRE I. – LA COUR D'ASSISES

Art. L. 621-1. – Il est tenu des assises à Paris et dans chaque département.

Les règles concernant la compétence, l'organisation et le fonctionnement de la cour d'assises, ainsi que celles qui sont relatives au ministère public près cette juridiction sont fixées par les articles 231 à 267, 288, 289, 295 à 305 et 371 du Code de procédure pénale.

CHAPITRE II. – LE TRIBUNAL CORRECTIONNEL

Art. L. 622-1. – Le tribunal de grande instance, lorsqu'il statue en matière pénale, est dénommé tribunal correctionnel.

Les règles concernant la compétence, l'organisation et le fonctionnement du tribunal, correctionnel, ainsi que celles qui sont relatives au ministère public près cette juridiction sont fixées par les articles 39 à 44, 381 à 384, 398 à 399, 418, 704 et 705 du Code de procédure pénale, par les dispositions du titre Ier du livre III de la partie législative du présent code dans la mesure où elles ne sont pas incompatibles avec les dispositions du Code de procédure pénale et par les textes particuliers à certaines matières.

CHAPITRE III. – LE TRIBUNAL DE POLICE

Art. L. 623-1. – Le tribunal d'instance, lorsqu'il statue en matière contraventionnelle, est dénommé tribunal de police.

Les règles concernant la compétence, l'organisation et le fonctionnement du tribunal de police, ainsi que celles qui sont relatives au ministère public près cette juridiction sont fixées par les articles 39, 45, 521 à 523 et 536 du Code de procédure pénale, par les dispositions du titre II du livre III de la partie législative du présent code, dans la mesure où elles ne sont pas incompatibles avec les dispositions du Code de procédure pénale et par les textes particuliers à certaines matières.

Art. L. 623-2. – Des tribunaux d'instance ayant compétence exclusive en matière pénale peuvent être institués par décret en Conseil d'État.

Le siège, le ressort et la composition de ces tribunaux sont fixés dans les mêmes conditions.

(Concordance : Ord. n. 58-1273, 22 déc. 1958, art. 5).

CHAPITRE IV. – LA JURIDICTION D'APPEL

Art. L. 624-1. – Conformément aux articles 496 et 547 du Code de procédure pénale, les appels des décisions rendues par le tribunal correctionnel et le tribunal de police sont portés devant la cour d'appel, chambre des appels correctionnels.

TITRE III. – LES JURIDICTIONS PÉNALES SPÉCIALISÉES

Art. L. 630-1. – Les règles concernant la compétence, l'organisation et le fonctionnement des juridictions des forces armées sont fixées par le Code de justice militaire et le Code de procédure pénale.

Art. L. 630-2. – Les règles concernant la compétence, l'organisation et le fonctionnement du tribunal maritime commercial sont fixées par le Code disciplinaire et pénal de la marine marchande.

Art. L. 630-3 *(Applic. 1er janv. 2001 ; L. n. 2000-516, 15 juin 2000, art. 128 et 140)*. – Il y a, dans le ressort de chaque cour d'appel, une juridiction de première instance dénommée juridiction régionale de la libération conditionnelle. Les règles concernant la composition, la compétence et le fonctionnement de la juridiction régionale de la libération conditionnelle sont fixées par l'article 722-1 du Code de procédure pénale. Le siège des juridictions régionales de la libération conditionnelle est fixé par voie réglementaire.

CHAPITRE I. – LA COUR DE SÛRETÉ DE L'ÉTAT

Art. L. 631-1. – *Abrogé, L. n. 81-737, 4 août 1981.*

CHAPITRE II. – LES JURIDICTIONS DES FORCES ARMÉES

Section I. – Le tribunal permanent des forces armées

Art. L. 632-1. – Les règles concernant la compétence, l'organisation et le fonctionnement du tribunal permanent des forces armées sont fixées par les articles 4 à 26, 28 à 39, 50, 51, 55 à 65, 72 à 82 et 302 à 305 du Code de justice militaire, l'article 697 du Code de procédure pénale et les articles L. 139, L. 144, L. 152, L. 153 et L. 155 du Code du service national.

Section II. – Le tribunal militaire aux armées

Art. L. 632-2. – Les règles concernant la compétence, l'organisation et le fonctionnement du tribunal militaire aux armées sont fixées par les articles 40 à 49, 52 à 55, 66 à 82 et 302 à 305 du Code de justice militaire et par l'article 697 du Code de procédure pénale.

Section III. – Le tribunal prévôtal

Art. L. 632-3. – Les règles concernant la compétence, l'organisation et le fonctionnement du tribunal prévôtal sont fixées par les articles 459 à 462 et 469 du Code de justice militaire.

CHAPITRE III. – LE TRIBUNAL MARITIME COMMERCIAL

Art. L. 633-1. – Les règles concernant la compétence, l'organisation et le fonctionnement du tribunal maritime commercial sont fixées par les articles 36 *bis* et 88 à 92 de la loi du 17 décembre 1926 portant code disciplinaire et pénale de la marine marchande.

TITRE IV. – LE JUGE DES LIBERTÉS ET DE LA DÉTENTION

(L. n. 2000-1354, 30 déc. 2000, art. 33, applic. 1er janv. 2001)

Art. L. 640-1. – Les règles concernant les conditions de désignation et les attributions du juge des libertés et de la détention sont fixées par le Code de procédure pénale et par les lois particulières.

Art. L. 640-2. – Pour l'organisation du service de fin de semaine ou du service allégé pendant la période au cours de laquelle les magistrats bénéficient de leurs congés annuels, et nonobstant les dispositions des articles 137-1 du Code de procédure pénale et L. 710-1 du présent code, un magistrat ayant rang de président, de premier vice-président ou de vice-président exerçant les fonctions de juge des libertés et de la détention dans un tribunal de grande instance peut être désigné afin d'exercer concurremment ces fonctions dans, au plus, deux autres tribunaux de grande instance du ressort de la cour d'appel ; cette désignation est décidée par ordonnance du premier président prise à la demande des présidents de ces juridictions et après avis du président du tribunal de grande instance concerné ; elle en précise le motif et la durée, ainsi que les tribunaux pour lesquels elle s'applique ; la durée totale d'exercice concurrent des fonctions de juge des libertés dans plusieurs tribunaux de grande instance ne peut excéder quarante jours au cours de l'année judiciaire.

La désignation prévue à l'alinéa précédent peut également être ordonnée, selon les mêmes modalités et pour une durée totale, intermittente ou continue, qui ne peut excéder quarante jours, lorsque, pour cause de vacance d'emploi ou d'empêchement, aucun magistrat n'est susceptible, au sein d'une juridiction, d'exercer les fonctions de juge des libertés et de la détention.

LIVRE SEPTIÈME. – DISPOSITIONS COMMUNES
À PLUSIEURS JURIDICTIONS

....

TITRE III. – RÉCUSATION ET RENVOI

CHAPITRE I. – DISPOSITIONS GÉNÉRALES

Art. L. 731-1. – Sauf dispositions particulières à certaines juridictions (1) la récusation d'un juge peut être demandée :

1° Si lui-même ou son conjoint a un intérêt personnel à la contestation ;

2° Si lui-même ou son conjoint est créancier débiteur, héritier présomptif ou donataire de l'une des parties ;

3° Si lui-même ou son conjoint est parent ou allié de l'une des parties ou de son conjoint jusqu'au quatrième degré inclusivement ;

4° S'il y a eu ou s'il y a procès entre lui ou son conjoint et l'une des parties ou son conjoint ;

5° S'il a précédemment connu de l'affaire comme juge ou comme arbitre ou s'il a conseillé l'une des parties ;

6° Si le juge ou son conjoint est chargé d'administrer les biens de l'une des parties ;

7° S'il existe un lien de subordination entre le juge ou son conjoint et l'une des parties ou son conjoint ;

8° S'il y a amitié ou inimitié notoire entre le juge et l'une des parties.

Le ministère public, partie jointe, peut être récusé dans les mêmes cas.

(Concordance : Ord. n. 58-1273, 22 déc. 1958, art. 8-1°).

Art. L. 731-2. – Comme il est dit à l'article 8-2 de l'ordonnance n. 58-1273 du 22 décembre 1958.

« Le renvoi à une autre juridiction de même nature et de même degré peut être ordonné pour cause de suspicion légitime, de sûreté publique, ou s'il existe des causes de récusation contre plusieurs juges ».

Art. L. 731-3. – Comme il est dit à l'alinéa 1er de l'article 662 du Code de procédure pénale « en matière criminelle, correctionnelle ou de police, la chambre criminelle de la Cour de cassation peut dessaisir toute juridiction d'instruction ou de jugement et renvoyer la connaissance de l'affaire à une autre juridiction du même ordre, soit si la juridiction normalement compétente ne peut être légalement composée, ou si le cours de la justice se trouve autrement interrompu, soit pour cause de suspicion légitime ».

Art. L. 731-4. – Comme il est dit à l'article 321 du Code de justice militaire « sont applicables aux juridictions d'instruction ou de jugement des forces armées les dispositions des articles 662 et suivants du Code de procédure pénale, relatives au renvoi de la connaissance de l'affaire d'un tribunal à l'autre :

« 1° Pour cause de sûreté publique ou de suspicion légitime ;

« 2° Dans l'intérêt d'une bonne administration de la justice ;

« 3° Exceptionnellement, et sur requête du ministre des Armées, lorsqu'il ne sera pas possible de trouver pour la constitution d'une juridiction des forces armées le nombre de juges militaires du grade requis ».

....

TITRE V. – DISPOSITIONS GÉNÉRALES RELATIVES AU MINISTÈRE PUBLIC

Art. L. 751-1. – Comme il est dit aux articles 31 et 32 du Code de procédure pénale « le ministère public, en matière pénale, exerce l'action publique et requiert l'application de la loi. Il assure l'exécution des décisions de justice ».

....

(1) L'article 668 du Code de procédure pénale énumère les cas de récusation en matière pénale. En ce qui concerne les juridictions des forces armées et le tribunal maritime commercial, ces cas sont prévus respectivement par le premier alinéa de l'article 29 du Code de justice militaire et par l'article 9 du décret du 26 novembre 1956.

TITRE XII. – MAISONS DE JUSTICE
ET DU DROIT

Art. L. 7-12-1-1. – Il peut être institué des maisons de justice et du droit, placées sous l'autorité des chefs du tribunal de grande instance dans le ressort duquel elles sont situées.

Elles assurent une présence judiciaire de proximité et concourent à la prévention de la délinquance, à l'aide aux victimes et à l'accès au droit.

Les mesures alternatives de traitement pénal et les actions tendant à la résolution amiable des litiges peuvent y prendre place.

V. textes complémentaires (D. 27 oct. 1999 relatif aux agents de justice).

Art. L. 7-12-1-2. – Les modalités de création et de fonctionnement des maisons de justice et du droit sont déterminées par décret en Conseil d'État.

Art. L. 7-12-1-3. – Le présent titre est applicable dans les territoires d'outre-mer et dans la collectivité territoriale de Mayotte.

Dans les territoires d'outre-mer et dans les collectivités territoriales de Mayotte et de Saint-Pierre-et-Miquelon, les maisons de justice et du droit sont placées sous l'autorité des chefs du tribunal de première instance dans le ressort duquel elles sont situées.

LIVRE HUITIÈME. – LES SECRÉTARIATS-GREFFES,
GREFFES ET SECRÉTARIATS

TITRE PREMIER. – DISPOSITIONS APPLICABLES
AUX JURIDICTIONS CIVILES, AUX JURIDICTIONS DES MINEURS,
AUX JURIDICTIONS PÉNALES DE DROIT COMMUN

Art. L. 811-1 *(Remplacé, L. n. 95-125, 8 févr. 1995, art. 7)*. – Le service des secrétariats-greffes de la Cour de cassation, des cours d'appel, des tribunaux de grande instance, des tribunaux d'instance et des tribunaux d'instance ayant seuls compétence en matière pénale *(Mots ajoutés, L. n. 2002-1138, 9 sept. 2002, art. 9)* « ainsi que des juridictions de proximité », est assuré par des fonctionnaires de l'État.

....

TITRE VII. – DISPOSITIONS PARTICULIÈRES AU GREFFE
DES JURIDICTIONS DES MINEURS

Art. L. 871-1. – Ainsi qu'il est dit à l'alinéa 4 de l'article 20 de l'ordonnance n. 45-174 du 2 février 1945, « le greffier de la cour d'assises exerce les fonctions de greffier de la cour d'assises des mineurs ».

Art. L. 871-2. – Les fonctions de greffier du tribunal pour enfants sont exercées par le greffier en chef ou par un secrétaire-greffier du tribunal de grande instance dans le ressort duquel le tribunal pour enfants a son siège.

(Concordance : Ord. n. 58-1274, 22 déc. 1958, art. 5-2).

TITRE VIII. – DISPOSITIONS PARTICULIÈRES AUX GREFFES
DES JURIDICTIONS PÉNALES

CHAPITRE I. – LES GREFFES DES JURIDICTIONS PÉNALES
DE DROIT COMMUN

Art. L. 881-1. – Conformément à l'article 92 du Code de procédure pénale, le juge d'instruction est assisté d'un greffier.

Art. L. 881-2. – Conformément à l'article 192 du Code de procédure pénale, les fonctions du greffe auprès de la chambre de l'instruction sont exercées par un greffier de la cour d'appel.

Art. L. 881-3. – Ainsi qu'il est dit à l'article 242 du Code de procédure pénale, « la cour d'assises est, à l'audience, assistée d'un greffier.

« À Paris, et dans les départements où siège une cour d'appel, les fonctions du greffe sont exercées par le greffier en chef ou un greffier de la cour d'appel.

« Dans les autres départements, elles le sont par le greffier en chef ou un greffier du tribunal de grande instance ».

Art. L. 881-4. – Conformément à l'article 398-2 du Code de procédure pénale, les fonctions du greffe près le tribunal correctionnel sont exercées par un greffier du tribunal de grande instance.

Art. L. 881-5. – Conformément à l'article 523 du Code de procédure pénale, le tribunal de police est assisté d'un greffier.

CHAPITRE II. – LES GREFFES DES JURIDICTIONS PÉNALES SPÉCIALISÉES

Art. L. 882-1. – Conformément à l'article 7 de la loi n. 63-23 du 15 janvier 1963, un décret fixe l'organisation du secrétariat-greffe de la Cour de sûreté de l'État (1).

Art. L. 882-2. – Les règles relatives au greffe des juridictions des forces armées sont fixées par les articles 7, 23, 27, 37, 44, 48, 50, 52 et 469 du Code de justice militaire.

Art. L. 882-3. – Les règles relatives au greffe du tribunal maritime commercial sont fixées par l'article 90 de la loi du 17 décembre 1926 portant code disciplinaire et pénal de la marine marchande.

....

LIVRE NEUVIÈME. – DISPOSITIONS PARTICULIÈRES

TITRE II. – DISPOSITIONS PARTICULIÈRES
AUX DÉPARTEMENTS D'OUTRE-MER

CHAPITRE I. – DISPOSITIONS APPLICABLES
DANS LES DÉPARTEMENTS DE LA GUADELOUPE,
DE LA GUYANE, DE LA MARTINIQUE ET DE LA RÉUNION

....

Section IV. – Les juridictions pénales

Art. L. 921-11. – Conformément à l'article 36 *bis* de la loi du 17 décembre 1926 portant code disciplinaire et pénal de la marine marchande, les contraventions ou délits prévus par les articles 39 à 43, 45, 54 à 57, 59, 62, 80 à 85, 87 et 87 *bis* de cette loi, qui en France métropolitaine sont de la connaissance des tribunaux maritimes commerciaux, relèvent dans les départements de la Guadeloupe, de la Guyane, de la Martinique et de la Réunion de la compétence du tribunal correctionnel.

Les dispositions des alinéas 2 et 4 de l'article 36 de ladite loi leur sont alors applicables.

Toutefois, les mineurs de dix-huit ans sont déférés aux juridictions pour enfants.

....

(1) Abrogé, V. D. n. 82-1146, 29 déc. 1982.

CHAPITRE IV. – DISPOSITIONS APPLICABLES À LA COLLECTIVITÉ TERRITORIALE DE SAINT-PIERRE-ET-MIQUELON

(Intitulé mod., L. n. 85-595, 11 juin 1985, art. 50)

Section I. – Dispositions relatives aux fonctions judiciaires

Art. L. 924-1. – Les fonctions judiciaires à Saint-Pierre-et-Miquelon sont exercées :
1° Par les magistrats de l'ordre judiciaire ;
2° Par des assesseurs au tribunal supérieur d'appel et au tribunal criminel ;
3° Par un suppléant du procureur de la République ;
4° Par des intérimaires nommés dans les conditions prévues par l'article 56 du décret du 22 août 1928.
Les personnes appelées à exercer des fonctions judiciaires et désignées aux 2°, 3° et 4° de l'alinéa précédent sont choisies parmi les personnes de nationalité française, âgées de plus de vingt-cinq ans, présentant des garanties de compétence et d'impartialité.

Art. L. 924-2. – Les assesseurs et les intérimaires des juridictions de Saint-Pierre-et-Miquelon sont désignés par ordonnance du président du tribunal supérieur d'appel après avis du procureur de la République.
Le suppléant du procureur de la République est désigné par le procureur de la République ou, en cas d'absence ou d'empêchement de celui-ci, par le président du tribunal supérieur d'appel.

Art. L. 924-3. – Avant d'entrer en fonctions, les assesseurs, les intérimaires et le suppléant du procureur de la République prêtent devant le tribunal supérieur d'appel le serment prévu à l'article 6 de l'ordonnance n. 58-1270 du 22 décembre 1958.

Section II. – Le tribunal supérieur d'appel et le tribunal de première instance

Art. L. 924-4. – Il y a un tribunal supérieur d'appel et un tribunal de première instance.

Art. L. 924-5. – Le siège, la composition et la classe du tribunal supérieur d'appel et du tribunal de première instance sont fixés par décret en Conseil d'État.

Sous-section 1. – Le tribunal supérieur d'appel

Art. L. 924-6. – Le tribunal supérieur d'appel connaît des appels interjetés contre les décisions rendues par le tribunal de première instance.
Il statue, en outre, sur les appels interjetés contre les décisions d'autres juridictions dans les cas prévus par les lois et règlements.

Art. L. 924-7 *(Mod., D. n. 79-391, 14 mai 1979, art. 13, puis rempl., L. n. 85-595, 11 juin 1985, art. 50)*. – Pour l'application du premier alinéa de l'article L. 223-2 du présent code, le président du tribunal supérieur d'appel exerce les fonctions de délégué à la protection de l'enfance.

Art. L. 924-8. – Le tribunal supérieur d'appel comprend un président et deux assesseurs titulaires.

Art. L. 924-9. – Les assesseurs titulaires et suppléants sont désignés dans les conditions prévues aux articles L. 924-1 et L. 924-2 ci-dessus.
Les assesseurs du tribunal supérieur d'appel et le procureur suppléant peuvent, en cours d'année, être relevés de leurs fonctions, dans les mêmes formes que celles qui ont été suivies pour leur désignation :
1° Pour les nécessités du service ;
2° Par mesure disciplinaire.
Dans les deux cas, l'avis motivé du tribunal supérieur d'appel est nécessaire.

Art. L. 924-10. – En cas d'empêchement, le président du tribunal supérieur d'appel est remplacé par un juge du tribunal de première instance et à défaut par un assesseur désigné dans les conditions prévues à l'alinéa 1er de l'article L. 924-2 ci-dessus.

Art. L. 924-11. – Les assesseurs suppléants remplacent dans l'ordre de leur désignation, les assesseurs titulaires empêchés.

Sous-section 2. – Le tribunal de première instance

Art. L. 924-12. – Le tribunal de première instance statue à juge unique en matière civile, commerciale et pénale.

Art. L. 924-12-1 *(Aj., L. n. 85-595, 11 juin 1985, art. 50-II)*. – Pour l'application des deuxième et troisième alinéas de l'article 706-4 du Code de procédure pénale et de l'article L. 313-1 du présent code, le président du tribunal de première instance exerce les attributions dévolues à la commission d'indemnisation de certains dommages corporels.

Art. L. 924-12-2 *(Aj., L. n. 85-595, 11 juin 1985, art. 50-II)*. – Par dérogation aux dispositions de l'article L. 532-1, le président du tribunal de première instance exerce les fonctions de juge des enfants.

Art. L. 924-12-3 *(Aj., L. n. 85-595, 11 juin 1985, art. 50)*. – Par dérogation aux deuxième et troisième alinéas de l'article 709-1 du Code de procédure pénale, le président du tribunal de première instance exerce les fonctions de juge de l'application des peines.

Art. L. 924-13. – Conformément à l'article 8 de l'ordonnance n. 77-1102 du 26 septembre 1977, les différends auxquels donne lieu l'application du régime de prévoyance sociale de Saint-Pierre-et-Miquelon sont portés devant le tribunal de première instance.

Art. L. 924-14. – En toutes matières, les dispositions non abrogées concernant la compétence et les attributions du juge de paix à compétence étendue sont applicables au tribunal de première instance et à ses membres.

Section III. – Dispositions relatives aux juridictions pénales

Art. L. 924-15. – Comme il est dit à l'article 20 de l'ordonnance n. 77-1100 du 26 septembre 1977, et sous réserve des dispositions figurant aux articles 21 et suivants de cette ordonnance, « dans le département de Saint-Pierre-et-Miquelon :

« 1° Le tribunal supérieur d'appel exerce les compétences attribuées par le Code de procédure pénale à la cour d'appel et à la chambre de l'instruction ;

« 2° Les compétences attribuées par le Code de procédure pénale au tribunal de grande instance, à la cour d'assises, au premier président de la cour d'appel, au procureur général près la cour d'appel, et au juge du tribunal d'instance, sont exercées respectivement par le tribunal de première instance, le tribunal criminel, le président du tribunal supérieur d'appel, le procureur de la République près le tribunal supérieur d'appel et par un juge du tribunal de première instance ».

Art. L. 924-16. – Les règles relatives à la compétence, à l'organisation et au fonctionnement du tribunal criminel sont définies aux articles 19, 20 et 22 de l'ordonnance n. 77-1100 du 26 septembre 1977.

Art. L. 924-17. – *Abrogé, D. n. 79-391, 14 mai 1979, art. 13.*

Section IV. – Le ministère public

Art. L. 924-18. – Les fonctions du ministère public près le tribunal supérieur d'appel sont exercées par le procureur de la République.

Ses attributions sont alors celles des procureurs généraux près les cours d'appel de la métropole, dans la mesure où ces attributions sont compatibles avec les dispositions du présent chapitre.

Art. L. 924-19. – Le procureur de la République près le tribunal supérieur d'appel peut, en toutes matières, exercer le ministère public devant toutes juridictions du premier degré établies dans son ressort.

Section V. – Les greffes des juridictions

Art. L. 924-20. – Le tribunal supérieur d'appel est assisté d'un greffier.

Art. L. 924-21. – Les fonctions du greffe du tribunal de première instance sont exercées par un greffier.

Section VI. – Dispositions générales applicables à saint-pierre-et-miquelon

Art. L. 924-22. – Sont applicables au département de Saint-Pierre-et-Miquelon :

L'article L. 731-1 sur la récusation et l'article L. 731-2 sur le renvoi ;

L'article L. 921-11 concernant les contraventions et délits réprimés par le Code disciplinaire et pénal de la marine marchande ;

Les articles L. 632-1 à L. 632-3 relatifs aux juridictions des forces armées ;

L'article L. 781-1 sur la responsabilité du fait du fonctionnement défectueux du service de la justice.

Art. L. 924-23 *(Mod., L. n. 85-595, 11 juin 1985, art. 50-III)*. – Sont en outre applicables à Saint-Pierre-et-Miquelon à compter du 1er octobre 1978 :

Le titre II du livre IV sur les conseils de prud'hommes ;

Les articles L. 871-1, L. 871-2 et le livre V sur les juridictions des mineurs, sous réserve des dispositions de l'article 26 de l'ordonnance n. 77-1100 du 26 septembre 1977.

PARTIE RÉGLEMENTAIRE

LIVRE PREMIER. – LA COUR DE CASSATION

TITRE PREMIER. – INSTITUTION ET COMPÉTENCE

Néant.

TITRE II. – ORGANISATION

Art. R.*121-1. – La Cour de cassation a son siège à Paris.

Art. R.*121-2. – Le bureau de la Cour de cassation est constitué par le premier président, les présidents de chambre, le procureur général et le premier avocat général siégeant avec l'assistance du greffier en chef.

Art. R.*121-3. – La Cour de cassation se divise en six chambres :

Cinq chambres civiles,

Une chambre criminelle.

Art. R.*121-4. – Chacune des chambres de la Cour de cassation comprend :

Un président de chambre,

Des conseillers,

Des conseillers référendaires,

Un ou plusieurs avocats généraux,

Un greffier de chambre.

Art. R.*121-5. – Les attributions de chacune des chambres civiles sont déterminées par ordonnance du premier président après avis du procureur général.

Art. R.*121-6. – En cas de modification des attributions des chambres civiles, les affaires distribuées antérieurement à cette modification sont transférées aux chambres désormais compétentes. Il est procédé, s'il y a lieu, à la désignation de nouveaux rapporteurs.

Art. R.*121-7. – La Cour de cassation connaît des recours formés contre les décisions prises par les organismes chargés de l'établissement des listes d'experts, dans les conditions définies aux articles 34 à 36 du décret n. 74-1184 du 31 décembre 1974.

TITRE III. – FONCTIONNEMENT

CHAPITRE I. – LE SERVICE DES CHAMBRES DE LA COUR

Art. R.*131-1. – Le bureau de la Cour de cassation règle par délibération les matières dans lesquelles compétence lui est donnée par les lois et décrets.

Il fixe notamment le nombre et la durée des audiences, compte tenu des nécessités d'une bonne administration de la justice.

Art. R.*131-2. – L'ordonnance prise par le premier président en application de l'article L. 710-1 intervient dans la première quinzaine du mois de décembre.

Dans le même délai, le premier président procède chaque année, par ordonnance, pour l'année judiciaire suivante, à l'affectation des greffiers dans les chambres de la cour.

Art. R.*131-3 *(D. n. 99-131, 26 févr. 1999, art. 1er).* – Le conseiller de chaque chambre siégeant à l'assemblée plénière est désigné par ordonnance du premier président sur proposition du président de cette chambre.

Art. R.*131-4. – Chaque année, dans la première quinzaine du mois de décembre, le premier président, par ordonnance prise sur proposition de chacun des présidents de chambre, désigne pour la durée de l'année judiciaire suivante, parmi les conseillers de chaque chambre, celui qui sera appelé à siéger aux chambres mixtes au titre de cette chambre.

Dans l'ordonnance portant constitution d'une chambre mixte, le premier président indique les chambres qui doivent la composer et, dans chacune de celles-ci, désigne, sur proposition du président de chambre, pour siéger à la chambre mixte, un conseiller en sus de celui qui est désigné pour l'année judiciaire en cours.

Lorsque la présidence de la chambre mixte est assurée par le président de l'une des chambres qui la composent, un autre conseiller de cette chambre en est outre appelé à siéger par le premier président.

Art. R.*131-5. – Les ordonnances concernant les magistrats prises en application des articles R. 131-2, R. 131-3 et R. 131-4 peuvent être modifiées dans les mêmes formes en cours d'année judiciaire dans les cas prévus au deuxième alinéa de l'article L. 710-1.

L'ordonnance procédant à l'affectation des greffiers peut être modifiée en cours d'année judiciaire en cas d'urgence, en cas de cessation ou d'interruption des fonctions ou pour prévoir un service allégé pendant la période des congés annuels.

Art. R.*131-6 *(D. n. 79-941, 7 nov. 1979, art. 14).* – Le conseiller appelé à compléter une chambre mixte dans le cas prévu au dernier alinéa de l'article R. 131-4 et le conseiller appelé à remplacer un membre empêché d'une chambre mixte ou de l'assemblée plénière dans le cas prévu *(D. n. 99-131, 26 févr. 1999, art. 2)* à l'article L. 131-6-2 sont désignés par ordonnance prise par le premier président ou, à défaut de celui-ci, par le président de chambre qui le remplace.

Les conseillers doivent appartenir à la même chambre que les magistrats qu'ils remplacent.

Art. R.*131-7. – À l'audience d'une chambre, si par l'effet des absences ou des empêchements, le nombre des membres ayant voix délibérative est inférieur à celui prévu *(D. n. 99-131, 26 févr. 1999, art. 3)* à l'article L. 131-6-1, il peut être fait appel en suivant l'ordre d'ancienneté à des conseillers appartenant à d'autres chambres.

Art. R.*131-8. – Le premier président préside les assemblées générales de la cour.

En l'absence du premier président, ces assemblées sont présidées par le plus ancien des présidents de chambre.

L'ancienneté se règle par la date et l'ordre de la nomination.

Art. R.*131-9. – Il est dressé procès-verbal des assemblées générales de la Cour de cassation.

Art. R.*131-10. – Les conseillers prennent rang dans les différentes formations de la cour et dans les cérémonies publiques suivant l'ancienneté. Les présidents de chambre prennent rang entre eux suivant le même ordre.

Toutefois, les avocats généraux nommés conseillers à la cour prennent rang à ce titre du jour de leur nomination comme avocats généraux près la cour.

De même, les magistrats qui, après avoir exercé les fonctions de conseiller à la Cour de cassation ou d'avocat général près la Cour de cassation et avoir été appelés ensuite à d'autres fonctions dans l'ordre judiciaire, sont nommés de nouveau à la Cour de cassation, en qualité de conseillers, prennent rang du jour de leur première nomination à la cour.

Art. R.*131-11. – Dans chaque chambre, le doyen est le plus ancien des conseillers.

Le plus ancien des doyens de chambre porte le titre de doyen de la Cour de cassation.

Art. R.*131-12. – Il est fait rapport annuellement au garde des Sceaux, ministre de la Justice, de la marche des procédures et de leurs délais d'exécution.

Un état complet des affaires non jugées, avec l'indication pour chacune de la date du pourvoi et de la chambre saisie, est joint à chaque rapport annuel.

Art. R.*131-13. – Le premier président et le procureur général peuvent appeler l'attention du garde des sceaux, ministre de la justice, sur les constatations faites par la cour à l'occasion de l'examen des pourvois et lui faire part des améliorations qui leur paraissent de nature à remédier aux difficultés constatées.

Art. R.*131-14 *(D. n. 84-134, 20 févr. 1984, art. 2)*. – Les auditeurs à la Cour de cassation excercent des attributions administratives auprès de la Cour de cassation.

Ils participent aux travaux d'aide à la décision tels que définis par le premier président ainsi qu'à ceux du service de documentation et d'études, notamment en ce qui concerne l'informatique.

Ils peuvent assister aux audiences des chambres.

Sur la demande du procureur général et avec leur accord, le premier président peut déléguer des auditeurs à la Cour de cassation au parquet général, pour y exercer des fonctions autres que celles du ministère public. Cette délégation est effectuée pour une durée d'un an renouvelable.

Art. R.*131-15 *(D. n. 84-134, 20 févr. 1984, art. 1er et 3)*. – Les service de documentation et d'études de la Cour de cassation est placé sous l'autorité du premier président.

Son fonctionnement est assuré, sous la direction d'un conseiller à la Cour de cassation désigné par le premier président après avis du procureur général, par les auditeurs à la Cour de cassation dont l'effectif est fixé par décret.

Les conseillers référendaires affectés à une chambre peuvent également, sur décision du premier président, participer aux travaux de ce service.

Art. R.*131-16 *(D. n. 84-134, 20 févr. 1984, art. 1er et 4)*. – Le service de documentation et d'études de la Cour de cassation rassemble les éléments d'information utiles aux travaux de la cour et procède aux recherches nécessaires. Il assure le classement méthodique de tous les pourvois dès le dépôt du mémoire ampliatif. Il analyse et met en mémoire informatique les moyens de cassation aux fins, notamment, de faciliter les rapprochements entre les affaires en cours.

Le service participe à la conception des applications informatiques à la Cour de cassation et administre les moyens mis en œuvre à cet effet.

Le service tient un fichier central, contenant sous une série unique de rubriques, d'une part, les sommaires de toutes les décisions rendues par la Cour de cassation, d'autre part, les sommaires des décisions les plus importantes rendues par les autres juridictions. À cet effet, les décisions judiciaires présentant un intérêt particulier sont communiquées au service, dans les conditions fixées par un arrêté du garde des sceaux, ministre de la justice, par les premiers présidents des cours d'appel, ou directement, par les présidents ou juges assurant la direction des diverses juridictions du premier degré.

Un arrêté du garde des sceaux, ministre de la justice, fixe les conditions dans lesquelles la documentation du service est mise à la disposition des juridictions de l'ordre judiciaire et de l'ordre administratif, ainsi que des services relevant du garde des Sceaux, ministre de la Justice.

Art. R.*131-17 *(D. n. 84-134, 20 févr.1984, art. 1er ; D. n. 92-228, 12 mars 1992, art. 3).* – Le service de documentation et d'études établit deux bulletins mensuels, l'un pour les chambres civiles, l'autre pour la chambre criminelle dans lesquels sont insérés les arrêts de la Cour de cassation dont la publication est proposée par le président de chaque chambre. Sont également insérés dans le bulletin mensuel établi pour les chambres civiles les avis de la Cour de cassation dont la publication est décidée par le premier président. Le service établit des tables périodiques.

Un arrêté du garde des Sceaux, ministre de la Justice, règle les modalités de diffusion des bulletins.

Art. R.*131-18 *(D. n. 84-134, 20 févr. 1984, art. 1er).* – Le service peut, moyennant le paiement de participations versées au titre d'offres de concours communiquer des fiches analytiques des décisions classées par ses soins ainsi que le texte de ces décisions.

Les sommes ainsi versées donnent lieu à un rattachement au budget de la justice par la procédure du fonds de concours et sont affectées aux dépenses de fonctionnement de ce service.

Un arrêté du garde des sceaux, ministre de la justice, et du ministre de l'économie et des finances détermine les conditions d'application du présent article.

Art. R.*131-19 *(D. n. 84-134, 20 févr. 1984, art. 5).* – La direction de la bibliothèque est assurée, sous le contrôle du premier président, par un conservateur, nommé dans les conditions prévues par le décret n. 69-1265 du 31 décembre 1969 modifié portant statut du personnel scientifique des bibliothèques.

Art. R.*131-20 *(D. n. 86-74, 15 janv. 1986, art. 5).* – Le premier président peut, s'il y a lieu, désigner par ordonnance l'un des présidents de chambre pour le suppléer dans les fonctions qui lui sont attribuées par l'article 2 de la loi n. 85-699 du 11 juillet 1985 tendant à la constitution d'archives audiovisuelles de la justice.

CHAPITRE II. – LE MINISTÈRE PUBLIC

Art. R.*132-1. – Les fonctions du ministère sont personnellement confiées au procureur général.

Les avocats généraux participent à l'exercice de ces fonctions sous la direction du procureur général.

Art. R.*132-2. – Le procureur général affecte le premier avocat général et les avocats généraux à celle des chambres où il juge que leur service sera le plus utile.

Il les désigne, s'il y a lieu, pour porter la parole devant les autres formations de la cour.

Art. R.*132-3. – Dans les causes importantes, les conclusions de l'avocat général sont communiquées au procureur général.

Si le procureur général n'approuve pas les conclusions et que l'avocat général persiste, le procureur général délègue un autre avocat général ou porte lui-même la parole à l'audience.

Art. R.*132-4. – Les avocats généraux prennent rang dans les différentes formations de la cour et dans les cérémonies publiques suivant l'ancienneté.

Toutefois, les conseillers à la Cour de cassation nommés avocats généraux prennent rang à ce titre du jour de leur nomination comme conseiller.

De même, les magistrats qui, après avoir exercé les fonctions de conseiller à la Cour de cassation ou d'avocat général près cette cour et avoir été appelés ensuite à d'autres fonctions sont nommés de nouveau à la Cour de cassation, en qualité d'avocat général, prennent rang du jour de leur première nomination à la cour.

TITRE IV. – COMMISSIONS JURIDICTIONNELLES FONCTIONNANT AUPRÈS DE LA COUR DE CASSATION

....

CHAPITRE I. – LA COMMISSION NATIONALE D'INDEMNISATION
EN MATIÈRE DE DÉTENTION PROVISOIRE

Art. R.*141-1. – Les dispositions réglementaires relatives à l'organisation, au fonctionnement et au secrétariat de la commission nationale d'indemnisation en matière de détention provisoire prévue à l'article 149-1 du Code de procédure pénale sont fixées par les articles R. 40-3 et R. 40-4 du Code de procédure pénale.

CHAPITRE II. – LA COMMISSION PRÉVUE PAR L'ARTICLE 16-2
DU CODE DE PROCÉDURE PÉNALE

Art. R.142-1**. – Les règles relatives à l'organisation, au fonctionnement et au secrétariat de la commission prévue par l'article 16-2 du Code de procédure pénale en matière de suspension ou de retrait d'habilitation des officiers de police judiciaire sont fixées par les articles R. 15-7 à R. 15-16 du Code de procédure pénale.

TITRE V. – SAISINE POUR AVIS DE LA COUR DE CASSATION

Ajouté, D. n. 92-228, 12 mars 1992, art. 2

Art. R.*151-1 *(Aj., D. n. 92-228, 12 mars 1992, art. 2)*. – Les dispositions réglementant la saisine pour avis de la Cour de cassation, prises en application des articles L. 151-1 à L. 151-3, sont celles prévues au Nouveau Code de procédure civile, livre II, titre VII, chapitre VI.

LIVRE DEUXIÈME. – LA COUR D'APPEL

....

TITRE II. – DISPOSITIONS PARTICULIÈRES
À CERTAINES MATIÈRES

....

CHAPITRE III. – DISPOSITIONS PARTICULIÈRES
À LA PROTECTION DE L'ENFANCE

Néant.

....

CHAPITRE IV. – DISPOSITIONS PARTICULIÈRES
EN MATIÈRE PÉNALE

Néant.

....

CHAPITRE VI. – DISPOSITIONS PARTICULIÈRES RELATIVES
À L'APPLICATION DES PEINES

Ajouté, D. n. 86-461, 14 mars 1986, art. 9

Art. R.*226-1. – Le premier président désigne, après avis de l'assemblée générale des magistrats du siège, un ou plusieurs conseillers chargés de suivre l'application des peines et de coordonner l'action des juges de l'application des peines dans le ressort de la cour d'appel.

Il est mis fin à leurs fonctions et pourvu à leur remplacement dans les mêmes formes.

TITRE III. – COMMISSION JURIDICTIONNELLE FONCTIONNANT
AUPRÈS DE LA COUR D'APPEL : LA COMMISSION D'INDEMNISATION
DE CERTAINS DOMMAGES CORPORELS

Art. R.*231-1. – Le siège, le ressort et les règles de fonctionnement de la commission chargée de statuer sur les recours en indemnité présentés par les personnes victimes de certains dommages corporels, ainsi que les dispositions réglementaires relatives à l'organisation de cette commission et à son secrétariat sont fixés par les articles R. 50-1 à R. 50-28 du Code de procédure pénale.

....

LIVRE TROISIÈME. – LE TRIBUNAL DE GRANDE INSTANCE ET LE TRIBUNAL D'INSTANCE

TITRE PREMIER. – LE TRIBUNAL DE GRANDE INSTANCE

CHAPITRE II

....

Section X. – Dispositions particulières en matière de pollution des eaux de mer par les rejets des navires

(D. 2002-196, 11 févr. 2002)

Art. R. 312-11. – Le siège et le ressort des tribunaux de grande instance compétents pour connaître de la poursuite, de l'instruction et du jugement des infractions visées à l'article L. 218-29 du Code de l'environnement sont fixés conformément au tableau IV *quater* annexé au présent code.

....

ANNEXE

TABLEAU IV *QUATER*

Siège et ressort des tribunaux compétents pour connaître de la poursuite, de l'instruction et du jugement des infractions visées à l'article L. 218-29 du Code de l'environnement :

TRIBUNAUX de grande instance compétents	COMPÉTENCE TERRITORIALE s'étendant aux ressorts des cours d'appel de
Le Havre	Douai, Amiens, Rouen, Caen.
Brest	Rennes, Poitiers, Bordeaux, Pau.
Marseille	Aix-en-Provence, Nîmes, Montpellier, Bastia.
Fort-de-France	Fort-de-France, Basse-Terre.
Saint-Denis-de-la-Réunion	Saint-Denis-de-la-Réunion.
TRIBUNAL de première instance	COMPÉTENCE TERRITORIALE s'étendant au ressort du tribunal supérieur d'appel de
Saint-Pierre-et-Miquelon	Saint-Pierre-et-Miquelon.

LIVRE CINQUIÈME. – LES JURIDICTIONS DES MINEURS

TITRE PREMIER. – LA COUR D'ASSISES DES MINEURS

Néant.

TITRE II. – LE TRIBUNAL POUR ENFANTS

CHAPITRE I. – INSTITUTION ET COMPÉTENCE

Néant.

CHAPITRE II. – ORGANISATION ET FONCTIONNEMENT

Art. R. 522-1. – Le siège et le ressort des tribunaux pour enfants sont fixés conformément au tableau III annexé au présent code.

(Concordance : Ord. n. 58-1274, 22 déc. 1958, art. 1er et D. n. 58-1287, 22 déc. 1958, art. 1er).

Art. R.*522-2. – Les tribunaux pour enfants dans lesquels les fonctions de président du tribunal et, le cas échéant, celles de vice-président peuvent être confiées à un vice-président du tribunal de grande instance exerçant les fonctions de juge des enfants, sont déterminés par décret en Conseil d'État.

(Nouveau).

Art. R.*522-3. – L'effectif des assesseurs des tribunaux pour enfants est fixé, dans chaque juridiction, à raison de deux assesseurs titulaires et quatre assesseurs suppléants par juge des enfants.

Toutefois, cet effectif est fixé à deux assesseurs titulaires et à deux assesseurs suppléants par juge des enfants, dans les juridictions pour enfants comprenant au moins cinq magistrats, qui seront désignés par arrêté du ministre de la Justice.

(Concordance : D. n. 65-658, 4 août 1965, art. 1er).

Art. R.*522-4. – Les assesseurs titulaires et les assesseurs suppléants, nommés par arrêté du ministre de la Justice conformément à l'article L. 522-3, sont choisis sur une liste de candidats présentée par le premier président de la cour d'appel.

Figurent sur cette liste, classées par ordre de présentation, les personnes qui ont fait acte de candidature auprès du président du tribunal de grande instance ou qui sont proposées par ce magistrat.

Les assesseurs du tribunal pour enfants doivent remplir les conditions prévues par l'article L. 522-3 et résider dans le ressort dudit tribunal.

Sous réserve des dispositions des articles R. 522-5 à R. 522-8, les assesseurs sont désignés pour une durée de quatre années. Leur renouvellement s'opère par moitié. À cet effet, les intéressés sont répartis en deux listes d'égale importance pour chaque tribunal pour enfants.

(Concordance : D. n. 65-658, 4 août 1965, art. 2).

Art. R.*522-5. – En cas de cessation des fonctions d'un assesseur titulaire ou suppléant, par suite de décès, démission, déchéance ou pour toute autre cause, il peut être procédé à son remplacement dans les conditions prévues aux deux premiers alinéas de l'article R. 522-4.

Dans ce cas, les fonctions du nouvel assesseur désigné expirent à l'époque où auraient cessé celles de l'assesseur qu'il remplace.

(Concordance : D. n. 65-658, 4 août 1965, art. 3).

Art. R.*522-6. – Lorsque, pour quelque cause que ce soit, le remplacement d'assesseurs titulaires ou suppléants n'a pas été assuré à l'époque prévue pour un renouvellement, il peut y être procédé ultérieurement dans les conditions et suivant les modalités fixées à l'article R. 522-5.

Les fonctions des assesseurs ainsi désignés expirent comme s'ils avaient été nommés lors du renouvellement prévu à l'alinéa précédent.

(Concordance : D. n. 65-658, 4 août 1965, art. 4).

Art. R.*522-7. – En cas de création d'un tribunal pour enfants, il est procédé sans délais à la désignation des assesseurs titulaires et suppléants qui entrent en fonctions à compter de la date de leur désignation après avoir prêté serment.

Ces assesseurs sont répartis dans les conditions prévues par le quatrième alinéa de l'article R. 522-4 en deux listes dont le renouvellement intervient à la date du renouvellement général des listes correspondantes dressées dans les autres juridictions pour enfants.
(Concordance : D. n. 65-658, 4 août 1965, art. 5).

Art. R. 522-8. – Les dispositions de l'article précédent sont applicables en cas d'augmentation du nombre des assesseurs d'un tribunal pour enfants.
(Concordance : D. n. 65-658, 4 août 1965, art. 6).

Art. R.*522-9. – En cas de diminution de l'effectif des assesseurs d'un tribunal pour enfants, les assesseurs restent en fonctions jusqu'à l'expiration de leur mandat respectif. La réduction correspondante du nombre de ces assesseurs intervient par moitié dans l'ordre inverse de leur inscription sur chacune des deux listes prévues au quatrième alinéa de l'article R. 522-4.
(Concordance : D. n. 65-658, 4 août 1965, art. 7).

Art. R.*522-10. – Dans la limite des crédits ouverts à cet effet au budget du ministère de la Justice, il est attribué aux assesseurs titulaires et suppléants, les jours où ils assurent le service de l'audience, une indemnité calculée sur le traitement budgétaire moyen, net de tout prélèvement, des juges du tribunal de grande instance dans le ressort duquel le tribunal pour enfants a son siège.
Les assesseurs titulaires et suppléants perçoivent en outre, s'il y a lieu, les frais et indemnités prévus par les articles R. 141 et R. 142 du Code de procédure pénale.
(Concordance : D. n. 65-658, 4 août 1965, art. 8).

TITRE III. – LE JUGE DES ENFANTS

CHAPITRE I. – INSTITUTION ET COMPÉTENCE

Art. R. 531-1. – La compétence territoriale du juge des enfants est la même que celle du tribunal des enfants auprès duquel il exerce ses fonctions.
(Concordance : Ord. n. 58-1274, 22 déc. 1958, art. 2, 2e al.).

CHAPITRE II. – ORGANISATION ET FONCTIONNEMENT

Néant.

LIVRE SIXIÈME. – LES JURIDICTIONS PÉNALES

TITRE PREMIER. – LES JURIDICTIONS D'INSTRUCTION DE DROIT COMMUN

CHAPITRE I. – LE JUGE D'INSTRUCTION

Art. R. 611-1. – Les conditions de désignation du juge d'instruction sont prévues par les articles D. 27 à D. 31 du Code de procédure pénale.

CHAPITRE II. – LA CHAMBRE DE L'INSTRUCTION

Art. R. 612-1. – Les conditions dans lesquelles le président de la chambre de l'instruction peut présider une autre chambre de la cour d'appel sont fixées par l'article D. 43 du Code de procédure pénale.

TITRE II. – LES JURIDICTIONS DE JUGEMENT DE DROIT COMMUN

CHAPITRE I. – LA COUR D'ASSISES

Art. R.*621-1. – Le ressort de la cour d'assises est le département.

Comme il est dit à l'article 234 du Code de procédure pénale, « dans les départements où siège une cour d'appel, les assises se tiennent ordinairement au chef-lieu de cette cour. Dans les autres départements, les assises se tiennent ordinairement au chef-lieu de ces circonscriptions ».

La liste des cours d'assises dont le siège est exceptionnellement fixé dans une ville autre que le chef-lieu de la cour d'appel ou le chef-lieu du département est déterminée par l'article R. 41 du Code de procédure pénale.

CHAPITRE II. – LE TRIBUNAL CORRECTIONNEL

Néant.

CHAPITRE III. – LE TRIBUNAL DE POLICE

Art. R.*623-1 *(Mod., D. n. 80-659, 18 août 1980, art. 5).* – Le siège et le ressort des tribunaux d'instance ayant compétence exclusive en matière pénale sont fixés par le tableau II annexé au présent code.

(Concordance : D. n. 58-1286, 22 déc. 1958, art. 1er, partie).

CHAPITRE IV. – LA JURIDICTION D'APPEL

Néant.

TITRE III. – LES JURIDICTIONS PÉNALES SPÉCIALISÉES

CHAPITRE I

Livre VI, Titre III, chapitre I : la Cour de sûreté de l'État, abrogé, D. n. 82-1146, 29 déc. 1982, art. 2-I.
Même livre, même Titre III, chapitre II, remplacé, D. n. 82-1146, 29 déc. 1982, art. 2-II.

CHAPITRE II. – LES JURIDICTIONS DES FORCES ARMÉES

Section I. – Des tribunaux territoriaux des forces armées

Art. R. 632-1 *(D. n. 82-1146, 29 déc. 1982, art. 2-II).* – Les règles relatives à l'établissement en temps de guerre des tribunaux territoriaux des forces armées sont fixées par un décret pris en application des articles 25 et 26 du Code de justice militaire.

Section II. – Des tribunaux aux armées
et des tribunaux militaires aux armées

Art. R. 632-2 *(D. n. 82-1146, 29 déc. 1982, art. 2-II).* – Les règles relatives à l'établissement en temps de paix des tribunaux aux armées sont fixées par un décret pris en application de l'article 4 du Code de justice militaire.

Les règles relatives à l'établissement en temps de guerre des tribunaux militaires aux armées sont fixées par un décret pris en application de l'article 50 du Code de justice militaire.

Section III. – Des tribunaux prévôtaux

Art. R. 632-3 *(D. n. 82-1146, 29 déc. 1982, art. 2-II).* – Les tribunaux prévôtaux sont établis par décision du ministre chargé de la défense.

CHAPITRE III. – LE TRIBUNAL MARITIME COMMERCIAL

Art. R. 633-1. – Les dispositions réglementaires concernant l'établissement, l'organisation et le fonctionnement de ce tribunal sont fixées par le décret n. 56-1219 du 26 novembre 1956 sur les tribunaux maritimes commerciaux et la forme de procéder devant ces tribunaux.

LIVRE SEPTIÈME. – DISPOSITIONS COMMUNES
À PLUSIEURS JURIDICTIONS

TITRE PREMIER. – L'ANNÉE JUDICIAIRE

Art. R.*711-1. – L'année judiciaire commence le 1er janvier et se termine le 31 décembre.

La permanence et la continuité des services demeurent toujours assurées.

(Concordance : D. n. 74-163, 27 févr. 1974, art. 1er).

....

LIVRE HUITIÈME. – LES SECRÉTARIATS-GREFFES,
GREFFES ET SECRÉTARIATS

TITRE PREMIER. – DISPOSITIONS APPLICABLES
AUX JURIDICTIONS CIVILES, AUX JURIDICTIONS DES MINEURS,
AUX JURIDICTIONS PÉNALES DE DROIT COMMUN

CHAPITRE I. – ORGANISATION

Art. R.*811-1 *(Rempl., D. n. 83-847, 23 sept. 1983, art. 2).* – La Cour de cassation, chaque cour d'appel, chaque tribunal de grande instance, comportent un secrétariat-greffe.

Art. R.*811-2. – Le secrétariat-greffe des juridictions mentionnées à l'article précédent comprend l'ensemble des services administratifs du siège et du parquet.

Toutefois, certaines juridictions, dont le garde des sceaux fixe par arrêté la liste, sont dotées d'un secrétariat de parquet autonome.

(Concordance : D. n. 67-1044, 30 nov. 1967, art. 2).

Art. R.*811-3. – Les tribunaux d'instance et les tribunaux d'instance ayant compétence exclusive en matière pénale comportent chacun un secrétariat-greffe.

À titre exceptionnel et pour des raisons d'ordre géographique, économique ou social, des annexes de secrétariat-greffe peuvent être créées dans le ressort du tribunal par arrêté du garde des sceaux, ministre de la Justice, pris après avis des chefs de cour.

L'organisation et les conditions de fonctionnement de ces annexes sont fixées par arrêté conjoint du garde des sceaux, ministre de la Justice, et du ministre de l'Économie et des Finances.

(Concordance : D. n. 67-1044, 30 nov. 1967, art. 3).

Art. R.*811-4. – Les secrétariats-greffes et leurs annexes font partie de la juridiction dont ils dépendent.

Les dépenses relatives au logement et au fonctionnement des secrétariats-greffes ainsi qu'au mobilier, au matériel et à l'entretien sont supportées dans les conditions prévues pour les autres services de la juridiction.

(Concordance : D. n. 67-1044, 30 nov. 1967, art. 4).

Art. R.*811-5. – L'État verse aux communes et aux départements une subvention pour tenir compte des frais de fonctionnement des secrétariats-greffes incombant à ces collectivités.

Les modalités d'application du présent article sont fixées par arrêté du garde des sceaux, ministre de la Justice, du ministre de l'Intérieur et du ministre de l'Économie et des Finances.

(Concordance : D. n. 67-1044, 30 nov. 1967, art. 5).

....

TITRE VII. – DISPOSITIONS PARTICULIÈRES
AU GREFFE DES JURIDICTIONS DES MINEURS

Néant.

TITRE VIII. – DISPOSITIONS PARTICULIÈRES AUX GREFFES DES JURIDICTIONS PÉNALES

CHAPITRE I. – LES GREFFES DES JURIDICTIONS PÉNALES DE DROIT COMMUN

Néant.

CHAPITRE II. – LES GREFFES DES JURIDICTIONS PÉNALES SPÉCIALISÉES

Art. R. 882-1. – *Abrogé, D. n. 82-1146, 29 déc. 1982, art. 2-I.*

Art. R. 882-2. – Les dispositions réglementaires instituant des règles particulières pour le greffe du tribunal maritime commercial sont fixées par l'article 10 du décret n. 56-1219 du 26 novembre 1956 sur les tribunaux maritimes commerciaux et la forme de procéder devant ces tribunaux.

....

LIVRE NEUVIÈME. – DISPOSITIONS PARTICULIÈRES

TITRE PREMIER. – DISPOSITIONS PARTICULIÈRES AUX DÉPARTEMENTS DU BAS-RHIN, DU HAUT-RHIN ET DE LA MOSELLE

....

CHAPITRE V. – LES SECRÉTARIATS-GREFFES

Art. R.*915-1. – Les dispositions des articles R. 814-1 à R. 814-5 relatifs au régime financier des secrétariats-greffes des juridictions civiles et pénales sont applicables dans les secrétariats-greffes des juridictions des départements du Bas-Rhin, du Haut-Rhin et de la Moselle, pour les opérations de recettes qui y sont effectuées et sous réserve du maintien en vigueur des règles du droit local concernant l'enrôlement, la liquidation et le mode de recouvrement des frais de justice.

(Concordance : D. n. 67-901, 12 oct. 1967, art. 4).

TITRE II. – DISPOSITIONS PARTICULIÈRES AUX DÉPARTEMENTS D'OUTRE-MER

CHAPITRE I. – DISPOSITIONS APPLICABLES DANS LES DÉPARTEMENTS DE LA GUADELOUPE, DE LA GUYANE, DE LA MARTINIQUE ET DE LA RÉUNION

Section IV. – Les juridictions pénales

Néant.

....

ANNEXE

TABLEAU II. – SIÈGE ET RESSORT DES TRIBUNAUX D'INSTANCE AYANT COMPÉTENCE EXCLUSIVE EN MATIÈRE PÉNALE

SIEGE	RESSORT
Paris	Les vingt arrondissements de Paris.
Lyon	La circonscription du tribunal d'instance de Lyon.
Marseille	La circonscription du tribunal d'instance de Marseille.

Décret n. 2002-576 du 23 avril 2002

portant création de tribunaux pour enfants

Art. 1er. – Il est créé un tribunal pour enfants à Bourgoin-Jallieu (Isère), Cambrai (Nord), Carpentras (Vaucluse), Castres (Tarn), Châlons-en-Champagne (Marne), Compiègne (Oise), Dax (Landes), Guingamp (Côtes-d'Armor), La Rochelle (Charente-Maritime), Libourne (Gironde), Montargis (Loiret), Narbonne (Aude), Saint-Malo (Ille-et-Vilaine), Saint-Quentin (Aisne) et Thonon-les-Bains (Haute-Savoie).

Les ressorts des tribunaux pour enfants de Vienne (Isère), Douai (Nord), Avignon (Vaucluse), Albi (Tarn), Reims (Marne), Beauvais (Oise), Mont-de-Marsan (Landes), Saint-Brieuc (Côtes-d'Armor), Rochefort (Charente-Maritime), Bordeaux (Gironde), Orléans (Loiret), Carcassonne (Aude), Rennes (Ille-et-Vilaine), Laon (Aisne) et Annecy (Haute-Savoie) sont modifiés conformément au tableau annexé au présent décret.

Art. 2. – Le tableau III annexé au Code de l'organisation judiciaire est modifié conformément aux indications du tableau annexé au présent décret.

Art. 3. – Les procédures en cours à la date d'entrée en vigueur du présent décret devant le tribunal pour enfants ou les juges des enfants des tribunaux pour enfants dont le ressort est modifié conformément au tableau annexé au présent décret sont transférées en l'état, respectivement au tribunal pour enfants ou au juge des enfants désormais compétents, sans qu'il y ait lieu de renouveler les actes, formalités et jugements régulièrement intervenus antérieurement à cette date, à l'exception des convocations, citations et assignations données aux parties et aux témoins à fin de comparution personnelle.

Les informations en cours pour les infractions commises par des mineurs avec ou sans coauteurs ou complices âgés de plus de dix-huit ans, ouvertes par les juges d'instruction des tribunaux de grande instance dans le ressort desquels les tribunaux pour enfants dont le ressort est modifié conformément au tableau annexé au présent décret ont leur siège, sont transférées en l'état aux juges d'instruction des tribunaux de grande instance dans le ressort desquels les tribunaux pour enfants désormais compétents ont leur siège, sans qu'il y ait lieu de renouveler les actes et formalités régulièrement intervenus antérieurement à cette date, à l'exception des convocations données aux parties et aux témoins à fin de comparution personnelle.

Les citations et assignations régulièrement intervenues avant la date d'entrée en vigueur du présent décret produisent leurs effets ordinaires interruptifs de prescription, même si elles n'ont pas été renouvelées.

Art. 4. – Les archives et minutes des tribunaux pour enfants dont le ressort est modifié conformément au tableau annexé au présent décret sont transférées aux tribunaux pour enfants désormais compétents.

Les frais de transfert de ces archives et minutes sont pris sur les crédits ouverts à cet effet au budget du ministère de la justice.

Art. 5. – Le présent décret entrera en vigueur le 1er janvier 2002.

TABLEAU III. – SIÈGE ET RESSORT
DES TRIBUNAUX POUR ENFANTS

(D. n. 82-1123, 27 déc. 1982, art. 2 ; D. n. 84-296 et n. 84-297, 17 avr. 1984, art. 2 ; D. n. 85-161, 22 janv. 1985, art. 2 et 5 ; D. n. 87-955, 26 nov. 1987, art. 2 ; D. n. 90-502, 22 juin 1990, art. 2 et 5 ; D. n. 95-582, 5 mai 1995, art. 2 ; D. n. 97-123, 6 févr. 1997, art. 1 et 2)

DÉPARTEMENTS	SIÈGE	RESSORT s'étendant aux limites territoriales des tribunaux de grande instance de :
	Cour d'appel d'Agen	
Gers	Auch	Auch.
Lot	Cahors	Cahors.
Lot-et-Garonne	Agen	Agen, Marmande.
	Cour d'appel d'Aix-en-Provence	
Alpes-Maritimes	Grasse	Grasse.
	Nice.	Nice.
Alpes-de-Haute-Provence	Digne	Digne.
Bouches-du-Rhône	Aix-en-Provence	Aix-en-Provence, Tarascon.
	Marseille	Marseille.
Var	Draguignan	Draguignan.
	Toulon	Toulon.
	Cour d'appel d'Amiens	
Aisne	Laon	Laon, Soissons
	Saint-Quentin (1-1-2003)	Saint-Quentin (1-1-2003).
Oise	Beauvais	Beauvais.
	Compiègne (1-1-2003)	Compiègne (1-1-2003).
	Senlis	Senlis.
Somme	Amiens	Abbeville, Amiens, Péronne.
	Cour d'appel d'Angers	
Maine-et-Loire	Angers	Angers, Saumur.
Mayenne	Laval	Laval.
Sarthe	Le Mans	Le Mans.
	Cour d'appel de Bastia	
Corse-du-Sud	Ajaccio	Ajaccio.
Haute-Corse	Bastia	Bastia.
	Cour d'appel de Besançon	
Territoire de Belfort	Belfort	Belfort.
Doubs	Besançon	Besançon.
	Montbéliard	Montbéliard.
Haute-Saône	Vesoul	Lure, Vesoul.

DÉPARTEMENTS	SIÈGE	RESSORT s'étendant aux limites territoriales des tribunaux de grande instance de :
Jura	Lons-le-Saunier	Dole, Lons-le-Saunier.
	Cour d'appel de Bordeaux	
Charente	Angoulême	Angoulême.
Dordogne	Bergerac	Bergerac.
	Périgueux	Périgueux.
Gironde	Bordeaux.	Bordeaux.
	Libourne (1-1-2003)	Libourne (1-1-2003).
	Cour d'appel de Bourges	
Cher	Bourges	Bourges.
Indre	Châteauroux	Châteauroux.
Nièvre	Nevers	Nevers.
	Cour d'appel de Caen	
Calvados	Caen	Caen, Lisieux.
Manche	Cherbourg	Cherbourg.
	Coutances	Avranches, Coutances.
Orne	Alençon	Alençon, Argentan.
	Cour d'appel de Chambéry	
Haute-Savoie	Annecy.	Annecy, Bonneville.
	Thonon-les-Bains (1-1-2003)	Thonon-les-Bains (1-1-2003).
Savoie	Chambéry	Albertville, Chambéry.
	Cour d'appel de Colmar	
Bas-Rhin	Strasbourg, Saverne	Strasbourg, Saverne.
Haut-Rhin	Colmar	Colmar.
	Mulhouse	Mulhouse.
	Cour d'appel de Dijon	
Côte-d'Or	Dijon	Dijon.
Haute-Marne	Chaumont	Chaumont.
Saône-et-Loire	Mâcon	Mâcon.
	Chalon-sur-Saône	Chalon-sur-Saône.
	Cour d'appel de Douai	
Nord	Lille	Lille.
	Valenciennes	Valenciennes.
	Avesnes	Avesnes.
	Douai	Douai.
	Dunkerque.	Dunkerque, Hazebrouck
	Cambrai (1-1-2003)	Cambrai (1-1-2003).
Pas-de-Calais	Arras	Arras.
	Béthune	Béthune.
	Boulogne-sur-Mer	Boulogne-sur-Mer.
	Saint-Omer	Saint-Omer.

DÉPARTEMENTS	SIÈGE	RESSORT s'étendant aux limites territoriales des tribunaux de grande instance de :
	Cour d'appel de Grenoble	
Drôme	Valence	Valence.
Hautes-Alpes	Gap	Gap.
Isère	Grenoble	Grenoble.
	Bourgoin-Jallieu (1-1-2003).	Bourgoin-Jallieu (1-1-2003).
	Vienne	Vienne.
	Cour d'appel de Limoges	
Corrèze	Brive	Brive, Tulle.
Creuse	Guéret	Guéret.
Haute-Vienne	Limoges	Limoges.
	Cour d'appel de Lyon	
Ain	Bourg-en-Bresse	Belley, Bourg-en-Bresse.
Loire	Roanne	Roanne.
	Saint-Étienne	Montbrison, Saint-Étienne.
Rhône	Lyon	Lyon.
	Villefranche-sur-Saône	Villefranche-sur-Saône.
	Cour d'appel de Metz	
Moselle	Metz	Metz.
	Thionville	Thionville.
	Sarreguemines	Sarreguemines.
	Cour d'appel de Montpellier	
Aude	Carcassonne	Carcassonne.
	Narbonne (1-1-2003)	Narbonne (1-1-2003).
Aveyron	Rodez	Millau, Rodez.
Hérault	Montpellier	Montpellier.
	Béziers	Béziers.
Pyrénées-Orientales	Perpignan	Perpignan.
	Cour d'appel de Nancy	
Meurthe-et-Moselle	Nancy	Nancy.
	Briey	Briey.
Meuse	Verdun	Bar-le-Duc, Verdun.
Vosges	Épinal	Épinal, Saint-Dié.
	Cour d'appel de Nîmes	
Ardèche	Privas	Privas
Gard	Nîmes	Alès, Nîmes.
Lozère	Mende	Mende.
Vaucluse	Avignon	Avignon.
	Carpentras (1-1-2003)	Carpentras (1-1-2003).
	Cour d'appel d'Orléans	
Indre-et-Loire	Tours	Tours.
Loir-et-Cher	Blois	Blois.

DÉPARTEMENTS	SIÈGE	RESSORT s'étendant aux limites territoriales des tribunaux de grande instance de :
Loiret	Orléans	Orléans.
	Montargis (1-1-2003)	Montargis (1-1-2003).
	Cour d'appel de Paris	
Essonne	Évry	Évry.
Paris	Paris	Paris.
Seine-et-Marne	Meaux	Meaux.
	Melun	Fontainebleau, Melun.
Seine-Saint-Denis	Bobigny	Bobigny.
Val-de-Marne	Créteil	Créteil.
Yonne	Auxerre	Auxerre, Sens.
	Cour d'appel de Pau	
Pyrénées-Atlantiques	Pau	Pau.
	Bayonne	Bayonne.
Hautes-Pyrénées	Tarbes	Tarbes.
Landes	Mont-de-Marsan.	Mont-de-Marsan.
	Dax (1-1-2003)	Dax (1-1-2003).
	Cour d'appel de Poitiers	
Charente-Maritime	La Rochelle (1-1-2003)	La Rochelle (1-1-2003).
	Rochefort	Rochefort, Saintes.
Deux-Sèvres	Niort	Bressuire, Niort.
Vendée	La Roche-sur-Yon	La Roche-sur-Yon. Les Sables-d'Olonne.
Vienne	Poitiers	Poitiers.
	Cour d'appel de Reims	
Ardennes	Charleville-Mézières	Charleville-Mézières.
Aube	Troyes	Troyes.
	Châlons-en-champagne (1-1-2003)	Châlons-en-champagne (1-1-2003).
Marne	Reims	Reims.
	Cour d'appel de Rennes	
	Guingamp (1-1-2003)	Guingamp (1-1-2003).
Côtes d'Armor	Saint-Brieuc	Dinan, Saint-Brieuc.
Finistère	Quimper	Quimper.
	Brest	Brest, Morlaix.
Ille-et-Vilaine	Rennes	Rennes.
	Saint-Malo (1-1-2003)	Saint-Malo (1-1-2003).
Loire-Atlantique	Nantes	Nantes.
	Saint-Nazaire	Saint-Nazaire.
Morbihan	Lorient	Lorient.
	Vannes	Vannes.

DÉPARTEMENTS	SIÈGE	RESSORT s'étendant aux limites territoriales des tribunaux de grande instance de :
	Cour d'appel de Riom	
Allier	Moulins	Cusset, Montluçon, Moulins.
Cantal	Aurillac	Aurillac.
Haute-Loire	Le Puy	Le Puy.
Puy-de-Dôme	Clermont-Ferrand	Clermont-Ferrand, Riom.
	Cour d'appel de Rouen	
Eure	Évreux	Bernay, Évreux.
Seine-Maritime	Rouen	Rouen.
	Dieppe	Dieppe.
	Le Havre	Le Havre.
	Cour d'appel de Toulouse	
Ariège	Foix	Foix.
Haute-Garonne	Toulouse	Saint-Gaudens, Toulouse.
Tarn	Albi	Albi.
	Castres (1-1-2003)	Castres (1-1-2003).
Tarn-et-Garonne	Montauban	Montauban.
	Cour d'appel de Versailles	
Eure-et-Loir	Chartres	Chartres.
Hauts-de-Seine	Nanterre	Nanterre.
Val-d'Oise	Pontoise	Pontoise.
Yvelines	Versailles	Versailles.

Départements d'Outre-Mer

(D. n. 79-1134, 19 déc. 1979, art. 2 ; D. n. 81-360, 14 avr. 1981, art. 2)

1° Départements de la Guadeloupe,
de la Martinique, de la Guyane et de la Réunion

DÉPARTEMENTS	SIÈGE	RESSORT s'étendant aux limites territoriales des tribunaux de grande instance de :
	Cour d'appel de Basse-Terre	
Guadeloupe	Basse-Terre	Basse-Terre.
	Pointe-à-Pitre	Pointe-à-Pitre.
	Cour d'appel de Fort-de-France	
Martinique	Fort-de-France	Fort-de-France.
Guyanne	Cayenne	Cayenne.

DÉPARTEMENTS	SIÈGE	RESSORT s'étendant aux limites territoriales des tribunaux de grande instance de :
	Cour d'appel de Saint-Denis	
Réunion	Saint-Denis-de-la-Réunion. .... Saint-Pierre................................	Saint-Denis-de-la-Réunion. Saint-Pierre.

2° Département de Saint-Pierre-et-Miquelon

DÉPARTEMENT	SIÈGE	RESSORT s'étendant aux limites territoriales du tribunal de grande instance de :
	Tribunal supérieur d'appel de Saint-Pierre	
Saint-Pierre-et-Miquelon	Saint-Pierre................................	Saint-Pierre.

....

TITRE V. – DISPOSITIONS PARTICULIÈRES À LA COLLECTIVITÉ TERRITORIALE DE SAINT-PIERRE-ET-MIQUELON

(D. n. 2001-431, 18 mai 2001, art. 1er)

CHAPITRE I. – DES FONCTIONS JUDICIAIRES

Art. R. 951-1. – Les candidatures aux fonctions d'assesseur au tribunal supérieur d'appel et aux fonctions de suppléant du procureur de la République près ledit tribunal sont déclarées, selon le cas, au président du tribunal supérieur d'appel ou au procureur de la République près ledit tribunal.

Les déclarations de candidature sont déposées au plus tard deux mois avant l'expiration des fonctions des assesseurs ou suppléants en exercice. Ces déclarations doivent être individuelles, formulées par écrit et signées des candidats.

Chaque candidat fournit les renseignements et les pièces, déterminés par arrêté du garde des sceaux, destinés à établir qu'il remplit les conditions prévues à l'article L. 951-2.

Il est délivré récépissé par le président du tribunal supérieur d'appel ou par le procureur de la République près ledit tribunal des déclarations de candidature qu'ils ont reçues et qui sont immédiatement affichées au secrétariat-greffe du tribunal supérieur d'appel.

Art. R. 951-2. – Au plus tard un mois avant l'expiration des fonctions des assesseurs ou suppléants en exercice, le président du tribunal supérieur d'appel et le procureur de la République transmettent au garde des sceaux, ministre de la Justice, leurs propositions et avis conformément à l'article L. 951-3. Les listes prévues au même article et établies dans l'ordre de réception des candidatures sont jointes à cette transmission.

Art. R. 951-3. – Dès sa publication au *Journal officiel* de la République française, l'arrêté du garde des sceaux, ministre de la Justice, portant désignation des assesseurs et suppléants est affiché au secrétariat-greffe du tribunal supérieur d'appel et publié au Recueil des actes administratifs de la collectivité territoriale. Il est, en outre, notifié à chacun des assesseurs et suppléants désignés.

Art. R. 951-4. – Le procureur de la République près le tribunal supérieur d'appel invite les assesseurs et suppléants nouvellement désignés à se présenter devant cette juridiction pour prêter serment et être installés dans leurs fonctions judiciaires.

Le président du tribunal supérieur d'appel, siégeant en audience publique et en présence du procureur de la République, reçoit la prestation de serment de ces assesseurs et suppléants, puis procède à leur installation.

Il est dressé procès-verbal de la réception du serment et de l'installation.

Art. R. 951-5. – Les articles R. 721-1 et R. 721-3 sont applicables aux assesseurs au tribunal supérieur d'appel et aux suppléants du procureur de la République près ledit tribunal.

Art. R. 951-6. – Il est attribué, pour l'exercice de leurs fonctions judiciaires, une indemnité de vacation aux assesseurs au tribunal supérieur d'appel et aux suppléants du procureur de la République près ledit tribunal. Cette indemnité, calculée par demi-journée, est fixée par arrêté conjoint du garde des sceaux, ministre de la Justice, et du ministre chargé du budget.

La réalité du service fait par les assesseurs et par les suppléants est attestée, selon le cas, par le président du tribunal supérieur d'appel ou par le procureur de la République près ledit tribunal.

Les frais de déplacement que les assesseurs et les suppléants engagent pour se rendre à l'audience de prestation de serment et d'installation ainsi qu'aux audiences où ils siègent sont remboursés. Il en est de même des frais que pourraient supporter les suppléants pour les déplacements qui leur seraient imposés par les besoins du service autres que la représentation du ministère public à l'audience.

CHAPITRE II. – DES JURIDICTIONS

Section I. – Dispositions communes

Sous-section 1. – Dispositions générales

Art. R. 952-1. – Pour l'application dans la collectivité territoriale de Saint-Pierre-et-Miquelon des dispositions du présent code (partie Réglementaire), il y a lieu de lire :

– « tribunal supérieur d'appel » à la place de : « cour d'appel » ;

– « tribunal de première instance » à la place de : « tribunal de grande instance » et de « tribunal d'instance » ;

– « président du tribunal supérieur d'appel » à la place de : « premier président de la cour d'appel » ;

– « procureur de la République près le tribunal supérieur d'appel » à la place de : « procureur général près la cour d'appel ».

Sous-section 2. – Utilisation de moyens de communication audiovisuelle pour la tenue des audiences

Art. R. 952-2. – Dans les cas où, en application des dispositions du II de l'article L. 952-7 et du II de l'article L. 952-11, sont mis en œuvre des moyens de communication audiovisuelle pour la tenue d'une audience, le service du secrétariat-greffe de la juridiction est assuré par le greffe de la cour d'appel de Paris.

Art. R. 952-3. – La disposition, à l'intérieur de la salle d'audience et à l'intérieur de l'enceinte accueillant la formation de jugement, du matériel nécessaire à la retransmission audiovisuelle est fixée par décision conjointe du premier président de la cour d'appel de Paris et du président du tribunal supérieur d'appel.

Les prises de vue et de son sont assurées par des agents des services du ministère de la Justice ou, à défaut, par tous autres agents publics.

Lorsque l'audience se tient à huis clos ou en chambre du conseil, ces agents sont nécessairement des fonctionnaires des secrétariats-greffes.

Art. R. 952-4. – Les caractéristiques techniques des moyens de communication audiovisuelle utilisés doivent assurer une retransmission fidèle, loyale et confidentielle à l'égard des tiers. Ces caractéristiques sont définies par arrêté conjoint du garde des sceaux, ministre de la Justice, du ministre de l'Intérieur et du ministre de la Défense.

Les prises de vue et les prises de son ne peuvent faire l'objet, conformément aux dispositions de l'article 38 ter de la loi du 29 juillet 1881 modifiée sur la liberté de la presse, d'aucun enregistrement ni d'aucune fixation.

Section II. – Le tribunal de première instance

Sous-section 1. – Compétence

Art. R. 952-5. – Le tribunal de première instance statue à charge d'appel lorsque le montant de la demande excède le taux de la compétence en dernier ressort des tribunaux d'instance prévu à l'article R. 321-2.

Art. R. 952-6. – Pour l'application de l'article L. 621-5 du Code de commerce, le siège et le ressort de la juridiction compétente dans la collectivité territoriale de Saint-Pierre-et-Miquelon sont fixés conformément aux tableaux X et XI annexés au présent code.

Sous-section 2. – Organisation et fonctionnement

Art. R. 952-7. – La liste arrêtée par le premier président de la cour d'appel de Paris conformément aux dispositions du I de l'article L. 952-7 ne peut comprendre que des magistrats du siège ayant donné leur accord pour y figurer.

Art. R. 952-8. – Le service du secrétariat-greffe du tribunal de première instance est assuré par le secrétariat-greffe du tribunal supérieur d'appel. Les fonctions de greffier en chef sont assurées par un greffier. Le second alinéa de l'article R. 814-1 et les articles R. 814-2 à R. 814-7 ne sont pas applicables.

Section III. – Le tribunal supérieur d'appel

Art. R. 952-9. – La liste arrêtée par le premier président de la cour d'appel de Paris conformément aux dispositions du I de l'article L. 952-11 ne peut comprendre que des magistrats du siège ayant donné leur accord pour y figurer.

Art. R. 952-10. – En cas d'absence, d'empêchement ou d'incompatibilité légale, les fonctions d'assesseur sont exercées par un assesseur suppléant désigné par ordonnance du président du tribunal supérieur d'appel parmi les assesseurs suppléants mentionnés au 1° de l'article L. 951-3.

....

Décret n. 2001-431, du 18 mai 2001

Art. 1er. –

....

III. – Le tableau I annexé au Code de l'organisation judiciaire est modifié ainsi qu'il suit :

1° Dans la partie du tableau intitulée : « Département d'outremer », les mots : « 1° Départements de la Guadeloupe, de la Martinique, de la Guyane et de la Réunion » et le 2° sont supprimés ;
2° À la fin du tableau, il est ajouté la partie du tableau annexée au présent décret.

Art. 2. – Le décret du 16 décembre 1983 susvisé est modifié ainsi qu'il suit :
I. – L'article 3 est remplacé par les dispositions suivantes :
« *Art. 3.* – L'article 62 du nouveau Code de procédure civile n'est pas applicable dans la collectivité territoriale de Saint-Pierre-et-Miquelon. »
II. – L'article 4 est remplacé par les dispositions suivantes :
« *Art. 4.* – 1° L'article 47 du nouveau Code de procédure civile est applicable aux assesseurs au tribunal supérieur d'appel. Pour l'application dudit article, la juridiction que le demandeur peut saisir doit avoir son siège à Paris.
« 2° Pour l'application de l'article 51 du même code, le tribunal de première instance connaît de toutes les demandes incidentes ne relevant pas de la compétence exclusive d'une autre juridiction.
« 3° Pour l'application de l'article 339 du même code, le remplaçant du juge du tribunal de première instance est désigné par le président du tribunal supérieur d'appel, lequel peut se désigner lui-même. »

III. – Il est ajouté à l'article 31 un second alinéa ainsi rédigé :
« La demande peut également être formée et le tribunal saisi par déclaration verbale enregistrée audit greffe. »

Art. 3. – Sont abrogés :
Le décret du 22 août 1928 portant statut de la magistrature coloniale et fixation dans les colonies, les pays de protectorat et territoires relevant du ministère des Colonies, à l'exception des Nouvelles-Hébrides, de la nomenclature et de la composition des cours, tribunaux et justices de paix, ainsi que l'assimilation de ces juridictions aux juridictions de la métropole ;
Le décret n. 46-2699 du 26 novembre 1946 portant attribution d'indemnités de fonctions aux colonies aux chefs des services judiciaires et aux fonctionnaires appelés à remplir par intérim des fonctions judiciaires.

……………………………………………………………………………………………

ANNEXE

Collectivité territoriale de Saint-Pierre-et-Miquelon

SIÈGE DU TRIBUNAL SUPÉRIEUR D'APPEL	RESSORT DU TRIBUNAL SUPÉRIEUR D'APPEL	SIÈGE DU TRIBUNAL DE PREMIÈRE INSTANCE	RESSORT DU TRIBUNAL DE PREMIÈRE INSTANCE
Saint-Pierre	Saint-Pierre-et-Miquelon	Saint-Pierre	Saint-Pierre-et-Miquelon

……………………………………………………………………………………………

TEXTES COMPLÉMENTAIRES

(Ces textes sont classés par référence aux articles du Code qu'ils éclairent ou complètent)

V. Art. 2-14.

Loi n. 94-665 du 4 août 1994

relative à l'emploi de la langue française

Art. 20. – La présente loi est d'ordre public. Elle s'applique aux contrats conclus postérieurement à son entrée en vigueur.

Art. 21. – Les dispositions de la présente loi s'appliquent sans préjudice de la législation et de la réglementation relatives aux langues régionales de France et ne s'opposent pas à leur usage.

Art. 22. – Chaque année, le Gouvernement communique aux assemblées, avant le 15 septembre, un rapport sur l'application de la présente loi et des dispositions des conventions ou traités internationaux relatives au statut de la langue française dans les institutions internationales.

Art. 23. – Les dispositions de l'article 2 entreront en vigueur à la date de publication du décret en Conseil d'État définissant les infractions aux dispositions de cet article, et au plus tard douze mois après la publication de la présente loi au *Journal officiel*.

Les dispositions des articles 3 et 4 de la présente loi entreront en vigueur six mois après l'entrée en vigueur de l'article 2.

Art. 24. – La loi n. 75-1349 du 31 décembre 1975 relative à l'emploi de la langue française est abrogée, à l'exception de ses articles 1er à 3 qui seront abrogés à compter de l'entrée en vigueur de l'article 2 de la présente loi et de son article 6 qui sera abrogé à la date d'entrée en vigueur de l'article 3 de la présente loi.

....

Art. 2. – Dans la désignation, l'offre, la présentation, le mode d'emploi ou d'utilisation, la description de l'étendue et des conditions de garantie d'un bien, d'un produit ou d'un service, ainsi que dans les factures et quittances, l'emploi de la langue française est obligatoire.

[Dispositions déclarées non conformes à la Constitution par décision du Conseil constitutionnel n. 94-345 DC du 29 juillet 1994].

Les mêmes dispositions s'appliquent à toute publicité écrite, parlée ou audiovisuelle.

Les dispositions du présent article ne sont pas applicables à la dénomination des produits typiques et spécialités d'appellation étrangère connus du plus large public.

La législation sur les marques ne fait pas obstacle à l'application des premier et troisième alinéas du présent article aux mentions et messages enregistrés avec la marque.

Art. 3. – Toute inscription ou annonce apposée ou faite sur la voie publique, dans un lieu ouvert au public ou dans un moyen de transport en commun et destinée à l'information du public doit être formulée en langue française *[Dispositions déclarées non conformes à la Constitution par décision du Conseil constitutionnel n. 94-345 DC du 29 juillet 1994].*

Si l'inscription rédigée en violation des dispositions qui précèdent est apposée par un tiers utilisateur sur un bien appartenant à une personne morale de droit public, celle-ci doit mettre l'utilisateur en demeure de faire cesser, à ses frais et dans le délai fixé par elle, l'irrégularité constatée. Si la mise en demeure n'est pas suivie d'effet, l'usage du bien peut, en tenant compte de la gravité du manquement, être retiré au contrevenant, quels que soient les stipulations du contrat ou les termes de l'autorisation qui lui avait été accordée.

Art. 4. – Lorsque des inscriptions ou annonces visées à l'article précédent, apposées ou faites par des personnes morales de droit public ou des personnes privées exerçant une mission de service public font l'objet de traductions, celles-ci sont au moins au nombre de deux.

Dans tous les cas où les mentions, annonces et inscriptions prévues aux articles 2 et 3 de la présente loi sont complétées d'une ou plusieurs traductions, la présentation en français doit être aussi lisible, audible ou intelligible que la présentation en langues étrangères.

Un décret en Conseil d'État précise les cas et les conditions dans lesquels il peut être dérogé aux dispositions du présent article dans le domaine des transports internationaux.

....

Art. 6. – Tout participant à une manifestation, un colloque ou un congrès organisé en France par des personnes physiques ou morales de nationalité française a le droit de s'exprimer en français. Les documents distribués aux participants avant et pendant la réunion pour en présenter le programme doivent être rédigés en français et peuvent comporter des traductions en une ou plusieurs langues étrangères.

Lorsqu'une manifestation, un colloque ou un congrès donne lieu à la distribution aux participants de documents préparatoires ou de documents de travail, ou à la publication d'actes ou de comptes rendus de travaux, les textes ou interventions présentés en langue étrangère doivent être accompagnés au moins d'un résumé en français.

Ces dispositions ne sont pas applicables aux manifestations, colloques ou congrès qui ne concernent que des étrangers, ni aux manifestations de promotion du commerce extérieur de la France.

Lorsqu'une personne morale de droit public ou une personne morale de droit privé chargée d'une mission de service public a l'initiative des manifestations visées au présent article, un dispositif de traduction doit être mis en place.

Art. 7. – Les publications, revues et communications diffusées en France et qui émanent d'une personne morale de droit public, d'une personne privée exerçant une mission de service public ou d'une personne privée bénéficiant d'une subvention publique doivent, lorsqu'elles sont rédigées en langue étrangère, comporter au moins un résumé en français.

[Dispositions déclarées non conformes à la Constitution par décision du Conseil constitutionnel n. 94-345 DC du 29 juillet 1994].

....

Art. 10. – Le 3° de l'article L. 311-4 du Code du travail est ainsi rédigé :

3° Un texte rédigé en langue étrangère *[Dispositions déclarées non conformes à la Constitution par décision du Conseil constitutionnel n. 94-345 DC du 29 juillet 1994].*

Lorsque l'emploi ou le travail offert ne peut être désigné que par un terme étranger sans correspondant en français, le texte français doit en comporter une description suffisamment détaillée pour ne pas induire en erreur au sens du 2° ci-dessus.

Les prescriptions des deux alinéas précédents s'appliquent aux services à exécuter sur le territoire français quelle que soit la nationalité de l'auteur de l'offre ou de l'employeur, et aux services à exécuter hors du territoire français lorsque l'auteur de l'offre ou l'employeur est français, alors même que la parfaite connaissance d'une langue étrangère serait une des conditions requises pour tenir l'emploi proposé. Toutefois, les directeurs de publications rédigées, en tout ou partie, en langue étrangère peuvent, en France, recevoir des offres d'emploi rédigées dans cette langue.

V. Art. 3.

Décret n. 95-240 du 3 mars 1995

pris pour l'application de la loi n. 94-665 du 4 août 1994
relative à l'emploi de la langue française
(*JO* 5 mars 1995)

TITRE PREMIER. – SANCTIONS PÉNALES

Art. 1er. – I. – Le fait de ne pas employer la langue française dans les conditions prévues par la loi du 4 août 1994 susvisée relative à l'emploi de la langue française :

1° Dans la désignation, l'offre, la présentation, le mode d'emploi ou d'utilisation, la description de l'étendue et des conditions de garantie d'un bien, d'un produit ou d'un service ainsi que dans les factures et quittances ;

2° Dans toute publicité écrite, parlée ou audiovisuelle, est puni de la peine d'amende prévue pour les contraventions de la 4e classe.

II. – Le fait de ne pas employer la langue française pour toute inscription ou annonce destinée à l'information du public, apposée ou faite sur la voie publique, dans un lieu ouvert au public ou dans un moyen de transport en commun, est puni de la même peine.

III. – Le fait de présenter la version française d'une manière qui n'est pas aussi lisible, audible ou intelligible que la présentation en langue étrangère des mentions, publicités, inscriptions ou annonces visées aux I et II du présent article est puni de la même peine.

IV. – En cas de condamnation prononcée pour l'une des contraventions prévues au présent article, le tribunal peut faire application des articles 132-66 à 132-70 du Code pénal.

Art. 2. – Sous réserve des exceptions prévues par l'article 6 de la loi du 4 août 1994 précitée, est puni de la peine d'amende prévue pour les contraventions de la 4e classe le fait, pour toute personne de nationalité française organisant une manifestation, un colloque ou un congrès :

1° D'interdire aux participants de s'exprimer en français ;

2° De distribuer aux participants des documents avant et pendant la réunion pour en présenter le programme, sans les accompagner d'une version française ;

3° De ne pas établir au moins un résumé en français des documents préparatoires ou de travail distribués aux participants et ne pas inclure, dans les actes ou comptes rendus de travaux publiés, au moins un résumé en français des textes ou interventions présentés en langue étrangère ;

4° De ne pas prévoir un dispositif de traduction dans le cas fixé au quatrième alinéa de l'article 6 de la loi précitée.

Art. 3. – Le fait de ne pas mettre à la disposition d'un salarié une version en langue française d'un document comportant des obligations à l'égard de ce salarié ou des dispositions dont la connaissance est nécessaire à celui-ci pour l'exécution de son travail est puni de la peine d'amende prévue pour les contraventions de la 4e classe.

Art. 4. – Les personnes morales peuvent être déclarées responsables pénalement, dans les conditions prévues par l'article 121-2 du Code pénal, des infractions définies aux articles 1er à 3.

Les personnes morales encourent la peine de l'amende suivant les modalités prévues par l'article 131-41 du Code pénal.

Les dispositions des articles 132-66 à132-70 du Code pénal sont applicables en cas de condamnation d'une personne morale.

TITRE II. – PRÉLÈVEMENTS

Art. 5. – Les agents désignés à l'article 16 de la loi du 4 août 1994 précitée, lorsqu'ils ont identifié les biens ou produits mis en cause et présumé l'infraction prévue à l'article 1er-I du présent décret, prélèvent un exemplaire représentatif d'un lot ou d'un ensemble de ces biens ou produits.

Art. 6. – Tout exemplaire prélevé est mis sous scellés. Ces scellés comportent une étiquette d'identification portant notamment les indications suivantes :

1° La nature du bien ou du produit mis en cause dont un exemplaire a été prélevé ;

2° La date, l'heure et le lieu où le prélèvement a été effectué ;

3° Les nom, raison sociale et adresse de la personne chez laquelle le prélèvement a été opéré ; si le prélèvement est effectué en cours de route, les nom et adresse des expéditeurs et destinataires ;

4° Le numéro d'ordre du prélèvement ;

5° La signature du ou des agents qui ont procédé au prélèvement de l'exemplaire.

Art. 7. – Aussitôt après avoir mis sous scellés l'exemplaire, le ou les agents désignés par l'article 16 de la loi du 4 août 1994 précitée, s'ils sont en présence du propriétaire ou du détenteur du bien ou du produit mis en cause, doivent le mettre en demeure de déclarer la valeur de l'exemplaire prélevé. Le propriétaire ou le détenteur peut justifier cette valeur par tout moyen, et notamment à l'aide de ses documents comptables.

Les agents compétents peuvent considérer comme excessive la valeur déclarée par le propriétaire ou le détenteur du bien ou du produit mis en cause et réaliser eux-mêmes une estimation de l'exemplaire prélevé.

Un récépissé est remis au propriétaire ou au détenteur du bien ou du produit mis en cause ; il y est fait mention de la nature de l'exemplaire prélevé, de la valeur déclarée ou, le cas échéant, estimée par le ou les agents.

En cas de prélèvement en cours de route, le représentant de l'entreprise de transport reçoit pour sa décharge un récépissé indiquant la nature du bien ou du produit prélevé, ainsi que la valeur déclarée ou, le cas échéant, la valeur estimée par le ou les agents.

Art. 8. – L'exemplaire mis sous scellés est joint au procès-verbal, rédigé séance tenante.

Ce procès-verbal comporte les mentions suivantes :

1° Les nom, prénoms, qualité du ou des agents qui ont procédé au prélèvement de l'exemplaire ;

2° La date, l'heure et le lieu où le prélèvement a été effectué ;

3° Les nom, prénoms et profession, adresse de la personne chez laquelle le prélèvement a été opéré ; les nom et adresse de l'expéditeur et du destinataire, si le prélèvement a été effectué en cours de route ;

4° Le numéro d'ordre du prélèvement ;

5° La nature du bien ou du produit mis en cause dont un exemplaire a été prélevé ;

6° Les circonstances dans lesquelles le prélèvement a été effectué, l'importance du lot ou de l'ensemble des produits ou des biens mis en cause ;

7° Toutes observations jugées utiles par le ou les agents qui ont procédé au prélèvement de l'exemplaire ;

8° Les déclarations, le cas échéant, du propriétaire ou du détenteur des biens ou produits mis en cause, du représentant de l'entreprise de transport ;

9° L'indication de la transmission du procès-verbal et de l'exemplaire sous scellés au procureur de la République et à l'intéressé dans un délai de cinq jours ;

10° La signature du ou des agents qui ont procédé au prélèvement de l'exemplaire.

TITRE III. – AGRÉMENT DES ASSOCIATIONS

Art. 9. – Toute association régulièrement déclarée ayant pour objet statutaire la défense de la langue française peut demander l'agrément prévu à l'article 2-14 du Code de procédure pénale dès lors qu'elle remplit les conditions suivantes :

1° Deux années d'existence à compter de sa déclaration ;

2° Un nombre suffisant de membres cotisant soit individuellement, soit par l'intermédiaire d'associations fédérées ;

3° Une activité effective en vue de la défense de la langue française dans le respect des autres langues et cultures. Cette activité est attestée notamment par la nature et l'importance des manifestations ou des publications ;

4° Le caractère désintéressé des activités.

Art. 10. – La demande d'agrément ou de renouvellement est adressée à la délégation générale à la langue française. Le dossier doit comprendre :

1° Un exemplaire des statuts de l'association ;

2° Le nombre de cotisants ;

3° La liste des membres de ses organes dirigeants ;
4° Le dernier rapport moral et financier ;
5° Les comptes du dernier exercice.

Lorsque le dossier remis est complet, il en est délivré récépissé. La décision d'agrément ou de refus est notifiée dans un délai de quatre mois à compter de la date de délivrance du récépissé. Les décisions de refus doivent être motivées.

Art. 11. – L'agrément est accordé par arrêté conjoint du ministre de la justice et du ministre chargé de la francophonie. Il est publié au *Journal officiel* de la République française.

L'agrément est accordé pour trois années. Il peut être renouvelé.

Art. 12. – Lorsque plusieurs associations, dont l'une au moins est agréée, se fédèrent, la condition d'ancienneté lors de la demande d'agrément, prévue à l'article 9 (1°) ci-dessus, n'est pas exigée.

Art. 13. – L'agrément peut être suspendu ou retiré par arrêté conjoint du ministe de la justice et du ministre chargé de la francophonie lorsque l'association ne remplit plus l'une des conditions ayant justifié l'agrément. L'association doit être au préalable mise en demeure de présenter ses observations.

Art. 14. – Les associations agréées adressent chaque année à la délégation générale à la langue française, en deux exemplaires, leur rapport moral et leur rapport financier.

TITRE IV. – DISPOSITIONS APPLICABLES DANS LES TRANSPORTS INTERNATIONAUX

(Intitulé mod., D. n. 98-563, 1er juill. 1998, art. 1er)

Art. 15 *(Rempl., D. n. 98-563, 1er juill. 1998, art. 2)*. – Lorsque les personnes morales de droit public ou les personnes privées exerçant une mission de service public, transporteurs ou gestionnaires d'infrastructures de transport, qui accomplissent tout ou partie de leur activité dans le domaine des transports internationaux, accompagnent de traductions les inscriptions qu'elles apposent ou les annonces qu'elles font, l'obligation, prévue au premier alinéa de l'article 4 de la loi du 4 août 1994 susvisée, que ces traductions soient au moins au nombre de deux n'est pas applicable dans les cas suivants :

1. Pour les inscriptions ou annonces impromptues concernant la sécurité ou l'urgence ;
2. Pour les inscriptions ou annonces apposées ou faites dans les infrastructures de transport situées dans un département frontalier, si l'unique langue de traduction est celle du pays limitrophe de ce département ;
3. Pour les inscriptions ou annonces apposées ou faites dans les moyens de transport, si l'unique langue de traduction est celle du pays de départ ou de destination de ceux-ci ;
4. Pour les inscriptions ou annonces apposées ou faites dans les moyens de transport traversant le territoire national sans s'arrêter ou n'effectuant sur le territoire national que des arrêts techniques, sans embarquement ou débarquement de passagers ;
5. Pour les inscriptions intégrées à la structure du moyen de transport utilisé ;
6. Pour les avis écrits et oraux à la batellerie dans les zones frontalières ;
7. Jusqu'au 31 décembre 2001 pour les annonces non enregistrées effectuées directement par les agents ;
8. Jusqu'au 31 décembre 2003 pour les inscriptions destinées à l'information du public et apposées sur un support permanent dans les infrastructures de transport.

Art. 15-1 *(Créé, D. n. 98-563, 1er juill. 1998, art. 2)*. – Jusqu'au 31 décembre 2003, le rapport mentionné à l'article 22 de la loi du 4 août 1994 précitée comporte des indications sur l'application des dispositions de l'article 15 du présent décret.

TITRE V. – DISPOSITIONS DIVERSES

(Titre créé, D. n. 98-563, 1er juill. 1998, art. 3)

Art. 16. – Les dispositions des II et III de l'article 1er entrent en vigueur dans un délai de six mois à compter de la date de publication du présent décret.

....

Loi n. 57-1424 du 31 décembre 1957

attribuant aux tribunaux judiciaires compétence pour statuer
sur les actions en responsabilité des dommages causés par tout véhicule
et dirigées contre une personne morale de droit public

Art. 1er. – Par dérogation à l'article 13 de la loi des 16-24 août 1790 sur l'organisation judiciaire, les tribunaux de l'ordre judiciaire sont seuls compétents pour statuer sur toute action en responsabilité tendant à la réparation des dommages de toute nature causés par un véhicule quelconque.

Cette action sera jugée conformément aux règles du droit civil, la responsabilité de la personne morale de droit public étant, à l'égard des tiers, substituée à celle de son agent, auteur des dommages causés dans l'exercice de ses fonctions.

La présente disposition ne s'applique pas aux dommages occasionnés au domaine public.

Art. 2. – La juridiction administrative reste compétente pour statuer sur les actions dont elle a été saisie, antérieurement à la publication de la présente loi, à l'occasion des dommages visés à l'article premier ci-dessus.

V. Art. 3.

Décret n. 58-1285 du 22 décembre 1958

relatif à la compétence exclusive des tribunaux de grande instance et d'instance
pour connaître des actions en responsabilité délictuelle
ou quasi délictuelle portées devant les tribunaux judiciaires
et résultant de dommages causés par les véhicules

Art. 1er à et 2. – *Abrogés et codifiés, D. n. 78-330, 16 mars 1978, art. 4. – V. désormais C. org. jud., art. R. 311-4 et R. 311-5.*

Art. 3. – *Abrogé, D. n. 78-330, 16 mars 1978, art. 4.*

V. Art. 7.

CRIMES DE GUERRE ET CRIMES CONTRE L'HUMANITÉ

Ordonnance du 28 août 1944

relative à la répression des crimes de guerre

Art. 1er. – Sont poursuivis devant les tribunaux militaires français et jugés conformément aux lois françaises en vigueur et aux dispositions de la présente ordonnance, les nationaux ennemis ou agents non français au service de l'administration ou des intérêts ennemis, coupables de crimes ou de délits commis depuis l'ouverture des hostilités soit en France ou dans un territoire relevant de l'autorité de la France, soit à l'encontre d'un national ou d'un protégé français, d'un militaire servant ou ayant servi sous le drapeau français, d'un apatride résidant sur le territoire français avant le 17 juin 1940 ou d'un réfugié sur un territoire français, soit au préjudice des biens de toutes les personnes physiques visées ci-dessus et de toutes les personnes morales françaises, lorsque ces infractions, même accomplies à l'occasion ou sous le prétexte de l'état de guerre, ne sont pas justifiées par les lois et coutumes de la guerre.

Sont notamment poursuivies conformément aux dispositions ci-dessus, lorsqu'elles ont été commises dans les circonstances prévues par l'alinéa 1er du présent article, les infractions prévues et punies par les articles 92, 132, 265 et suivants, 295, 296, 301, 302, 303, 304, 309 à 317, 332, 334, 341, 342, 343, 344, 379, 400, 434 à 459 du Code pénal et les articles 214, 216, 221 et suivants du Code de justice militaire.

Art. 2. – Par interprétation des dispositions du Code pénal et du Code de justice militaire, sont considérés comme :

1° Le recrutement illégal de la force armée prévue par l'article 92 du Code pénal : tout enrôlement par l'ennemi ou ses agents ;

2° L'association de malfaiteurs prévue par les articles 265 et suivants du Code pénal : les organisations ou entreprises de terrorisme systématique ;

3° L'empoisonnement prévu par l'article 301 du Code pénal : toute exposition dans les chambres à gaz, tout empoisonnement des eaux ou denrées consommables, ainsi que tout dépôt, aspersion ou utilisation de substances nocives destinées à donner la mort ;

4° L'assassinat prévu par l'article 296 du Code pénal : la mise à mort par représailles ;

5° La séquestration prévue par les articles 341, 342 et 343 du Code pénal : le travail obligatoire des civils et la déportation sous quelque motif que ce soit, d'un individu détenu ou interné sans qu'une condamnation régulière au regard des lois et coutumes de la guerre ait été définitivement prononcée à son encontre ;

6° La séquestration prévue par les alinéas 1er et 2 de l'article 344 du Code pénal : l'emploi à des œuvres de guerre de prisonniers de guerre ou de civils requis ;

7° La séquestration prévue par le dernier alinéa de l'article 344 du Code pénal : l'emploi de prisonniers de guerre ou de civils à des fins de protection de l'ennemi ;

8° Le pillage prévu par les articles 221 et suivants du Code de justice militaire : l'imposition d'amendes collectives, les réquisitions abusives ou illégales, les confiscations ou spoliations, l'emport ou l'exportation, hors du territoire français par tous moyens des biens de toute nature, y compris les valeurs mobilières et la monnaie.

Art. 3. – Les lois, décrets ou règlements émanant de l'autorité ennemie, les ordres ou autorisations donnés par cette autorité ou par les autorités qui en dépendent ou qui en ont dépendu, ne peuvent être invoqués comme faits justificatifs au sens de l'article 327 du Code pénal, mais seulement, s'il y a lieu, comme circonstances atténuantes ou comme excuses absolutoires.

Art. 4. – Lorsqu'un subordonné est poursuivi comme auteur principal d'un crime de guerre et que ses supérieurs hiérarchiques ne peuvent être recherchés comme coauteurs, ils sont considérés comme complices dans la mesure où ils ont organisé ou toléré les agissements criminels de leurs subordonnés.

Art. 5 *(L. 15 sept. 1948)*. – Pour le jugement des crimes de guerre le tribunal militaire est composé comme il est dit au Code de justice militaire. Sauf impossibilité dûment constatée par l'autorité militaire compétente, les juges militaires doivent être en majorité choisis parmi les militaires appartenant ou ayant appartenu aux forces françaises de l'intérieur ou à une organisation de résistance.

Art. 6. – La présente ordonnance est applicable à l'Algérie et aux colonies. Elle sera publiée au *Journal officiel* de la République française et exécutée comme loi.

Loi n. 64-1326 du 26 décembre 1964

tendant à constater l'imprescriptibilité des crimes contre l'humanité

Art. unique. – Les crimes contre l'humanité, tels qu'ils sont définis par la résolution des Nations unies du 13 février 1946, prenant acte de la définition des crimes contre l'humanité, telle qu'elle figure dans la charte du tribunal international du 8 août 1945, sont imprescriptibles par leur nature.

V. Art. 16.

Code de la route

Art. L. 130-1. – Les fonctionnaires du corps de commandement et d'encadrement de la police nationale, autres que ceux visés au 3° de l'article 16 du Code de procédure pénale affectés à une circonscription territoriale ne dépassant pas le ressort de la cour d'appel, nominativement désignés par arrêté des ministres de la Justice et de l'Intérieur après avis conforme de la commission prévue à l'article 16 (3°) du Code de procédure pénale, ont la qualité d'officier de police judiciaire, uniquement dans les limites de cette circonscription, pour rechercher et constater les infractions au présent code et les infractions d'atteintes involontaires à la vie ou à l'intégrité d'une personne commises à l'occasion d'accidents de la circulation, à l'exclusion de celles commises en relation avec des manifestations sur la voie publique, et de toutes autres infractions.

Art. L. 130-2. – Les fonctionnaires mentionnés à l'article L. 130-1 ne peuvent en aucun cas décider des mesures de garde à vue ni procéder à la visite des véhicules.

Ils ne peuvent exercer effectivement les attributions attachées à leur qualité d'officier de police judiciaire que dans les conditions prévues à l'article 16 du Code de procédure pénale.

Art. L. 130-3. – Les fonctionnaires du corps de commandement et d'encadrement de la police nationale mentionnés à l'article L. 130-1 qui n'ont pas obtenu la qualité d'officier de police judiciaire peuvent, dans les conditions fixées par l'article 20 du Code de procédure pénale, exercer les attributions attachées à leur qualité d'agent de police judiciaire pour la recherche et la constatation des infractions prévues à l'article L. 130-1.

Les fonctionnaires du corps de maîtrise et d'application de la police nationale affectés à une circonscription territoriale ne dépassant pas le ressort de la cour d'appel peuvent, dans les limites de cette circonscription et dans les conditions fixées par l'article 20 du Code de procédure pénale, exercer les attributions attachées à leur qualité d'agent de police judiciaire pour la recherche et la constatation des mêmes catégories d'infractions.

Les fonctionnaires mentionnés au présent article sont placés sous la surveillance du procureur général et sous le contrôle de la chambre de l'instruction, conformément aux articles 224 à 229 du Code de procédure pénale.

Art. L. 130-4. – Un décret en Conseil d'État détermine les catégories d'agents spécialement habilités à constater par procès-verbaux les contraventions en matière de police de la circulation routière.

Ce décret détermine la formule du serment qui est prêté par ces agents lors de leur commission.

Art. L. 130-5. – Les règles relatives à la constatation des contraventions au présent code par les agents de police municipale sont fixées par l'article L. 2212-5 du Code général des collectivités territoriales ci-après reproduit :

« *Art. L. 2212-5. – Sans préjudice de la compétence générale de la police nationale et de la gendarmerie nationale, les agents de police municipale exécutent, dans la limite de leurs attributions et sous son autorité, les tâches relevant de la compétence du maire que celui-ci leur confie en matière de prévention et de surveillance du bon ordre, de la tranquillité, de la sécurité et de la salubrité publiques.*

Ils sont chargés d'assurer l'exécution des arrêtés de police du maire et de constater par procès-verbaux les contraventions auxdits arrêtés. Sans préjudice des compétences qui leur sont dévolues par les lois spéciales, ils constatent également par procès verbaux les contraventions aux dispositions du Code de la route dont la liste est fixée par décret en Conseil d'État.

Ils exercent leurs fonctions sur le territoire communal, dans les conditions prévues aux quatrième à septième alinéas de l'article 21 du Code de procédure pénale. »

Art. L. 130-6. – Les infractions prévues à l'article L. 317-1 peuvent être constatées par les fonctionnaires chargés du contrôle des transports terrestres lorsqu'elles sont commises au moyen d'un véhicule à moteur ou d'un ensemble de véhicules soumis à l'obligation d'être équipés d'un appareil de contrôle dit chronotachygraphe.

Ces fonctionnaires ont accès à l'appareil de contrôle et à toutes ses composantes afin d'en vérifier l'intégrité.

V. Art. 16.

Décret du 20 mai 1903

portant règlement sur le service de gendarmerie

(*Bull. des Lois*, 12e s., B. 2468, n. 43414)

....

TITRE II. – DES DEVOIRS DE LA GENDARMERIE ENVERS LES MINISTRES ET DE SES RAPPORTS AVEC LES AUTORITÉS CONSTITUÉES

CHAPITRE II. – RAPPORTS DE LA GENDARMERIE AVEC LES AUTORITÉS LOCALES

Section III. – Rapports de la gendarmerie avec les autorités judiciaires civiles

Art. 81 *(D. n. 58-761, 22 août 1958)*. – Sous réserve des dispositions des alinéas 3 et 4, les procureurs de la République et les juges d'instruction traitent les questions de service avec les commandants de compagnie.

Les commandants de compagnie reçoivent des procureurs de la République et des juges d'instruction les réquisitions, demandes de renseignements ou de recherches, commissions rogatoires, mandats et autres pièces que ces magistrats jugent utile d'adresser aux brigades de gendarmerie pour enquête ou exécution ; les commandants de compagnie les transmettent aux unités intéressées en y joignant, s'il y a lieu, les instructions nécessaires.

En cas d'urgence seulement, les procureurs de la République et les juges d'instruction correspondent directement avec les brigades.

S'ils l'estiment nécessaire, ces magistrats peuvent s'adresser aux autorités supérieures de gendarmerie, notamment aux commandants de groupement, lorsqu'ils ont des communications à leur faire personnellement sur le fonctionnement du service ou croient devoir les saisir en tant qu'officiers de police judiciaire.

Art. 82 *(D. n. 58-761, 22 août 1958)*. – Les commandants de compagnie envoient aux procureurs de la République une expédition des rapports concernant les événements graves survenus sur le territoire de leur ressort. Il appartient à ces magistrats d'aviser, le cas échéant, le procureur général et le ministre de la justice.

Art. 83 *(D. n. 58-761, 22 août 1958)*. – Lorsque les procureurs généraux décident de confier à des officiers ou agents de police judiciaire de la gendarmerie la mission de recueillir des renseignements utiles à l'administration de la justice, ils s'adressent normalement aux chefs de corps ou, si besoin est, aux commandants régionaux de gendarmerie. Pour les affaires courantes, ils peuvent correspondre directement avec les commandants de groupement ou de compagnie compétents.

Art. 84 *(D. n. 58-761, 22 août 1958)*. – La gendarmerie ne peut être qu'exceptionnellement employée à porter des citations aux parties ou témoins appelés devant les juridictions de droit commun, en matière criminelle ou correctionnelle.

Les militaires de cette arme ne doivent être chargés de l'exécution de ce service que lorsque celui-ci ne peut être assuré normalement par les huissiers et autres agents, c'est-à-dire en cas de nécessité urgente.

La gendarmerie participe aux extractions de détenus lorsqu'elle en est requise par l'autorité judiciaire.

Art. 85 *(D. n. 58-761, 22 août 1958)*. – Les militaires de la gendarmerie notifient, sur la réquisition du préfet, les citations adressées aux jurés appelés à siéger dans les cours d'assises.

Ils peuvent être chargés de la remise des convocations et notifications en matière d'expropriations.

Art. 86 *(D. n. 58-761, 22 août 1958)*. – Les militaires de la gendarmerie peuvent éventuellement être requis par le procureur général ou par le procureur de la République lors des exécutions capitales, auquel cas ils sont uniquement préposés au maintien de l'ordre.

TITRE III. – POLICE JUDICIAIRE

CHAPITRE I. – DES MILITAIRES DE LA GENDARMERIE CONSIDÉRÉS COMME OFFICIERS OU AGENTS DE POLICE JUDICIAIRE

Section I. – Définitions

Art. 112 *(Mod., D. 22 août 1958).* – Un crime ou délit est qualifié flagrant :

Lorsqu'il se commet actuellement ;

Lorsqu'il vient de se commettre ;

Lorsque, dans un temps très voisin de l'action délictueuse, la personne soupçonnée est :

Soit poursuivie par la clameur publique ;

Soit trouvée en possession d'objets ou présentant des traces ou indices qui laissent penser qu'elle a participé au crime ou au délit.

Est assimilé au crime ou au délit flagrant tout crime ou délit commis, même depuis un certain laps de temps, dans une maison dont le chef requiert le procureur de la République ou un officier de police judiciaire de le constater.

La procédure commencée en temps de flagrance, dans les formes prévues aux articles 118 à 125, peut être poursuivie pendant la durée nécessaire à l'enquête, à la condition formelle que les opérations de l'officier de police judiciaire soient continuées sans aucune interruption.

Section II. – Des officiers et agents de police judiciaire.
désignation ; compétence ; attributions ; discipline

Art. 113 *(Mod., D. 22 août 1958).* – La police judiciaire constitue une mission essentielle de la gendarmerie.

Les militaires de cette arme y participent en qualité soit d'officiers, soit d'agents.

Ont la qualité d'officiers de police judiciaire en métropole (dans les départements algériens) et dans les départements d'outre-mer les militaires ci-après de l'arme de la gendarmerie :

1° Officiers et gradés ;

2° Gendarmes désignés par arrêté du ministre de la justice et du ministre des armées, dans les conditions prévues par l'article R. 5 du Code de procédure pénale.

Sont agents de police judiciaire tous les autres militaires assermentés de la gendarmerie.

Art. 114 *(Mod., D. 22 août 1958, D. n. 70-1163, 8 déc. 1970, art. 1er-I).* – Les militaires de la gendarmerie officiers de police judiciaire sont habilités à exercer les fonctions attachées à cette qualité lorsqu'ils assurent, à un poste actif de commandement ou d'exécution, le service spécial à leur arme, dans le cadre d'une circonscription déterminée.

En dehors des conditions ainsi définies et nonobstant la qualité d'officier de police judiciaire qu'ils détiennent de par leur grade ou qui a leur a été conférée par arrêté interministériel, les militaires de la gendarmerie ne peuvent valablement exercer, dans les lieux où ils sont en service, d'autres attributions de police judiciaire que celles énumérées à l'article 128.

La compétence territoriale des officiers, gradés et gendarmes officiers de police judiciaire s'étend à toute la circonscription de l'unité de gendarmerie à laquelle ils sont affectés ou détachés.

Toutefois, ces personnels peuvent, en cas d'urgence, opérer dans toute l'étendue du ressort du tribunal ou des tribunaux de grande instance auxquels ils sont rattachés.

Les cas d'urgence sont notamment caractérisés par la nécessité :

Soit d'ouvrir une enquête sur-le-champ ou de la poursuivre sans désemparer ;

Soit d'accomplir en vertu d'une commission rogatoire un acte d'information qui ne souffre aucun délai ou dont l'exécution ne peut être disjointe sans compromettre le résultat visé par la délégation de pouvoir ;

Soit de suppléer ou de renforcer momentanément, sur l'ordre des chefs hiérarchiques, les officiers de police judiciaire d'une circonscription de gendarmerie voisine.

Par ailleurs, ils peuvent, au cas de crime ou délit flagrant constaté dans leur circonscription, se transporter dans tout le ressort du tribunal ou des tribunaux de grande instance où ils exercent leurs fonctions, ainsi que dans le ressort des tribunaux limitrophes, à l'effet d'y poursuivre leurs investigations et de procéder à des auditions, perquisitions et saisies. Ils doivent dans ce cas aviser préalablement le procureur de la République et l'officier de police judiciaire territorialement compétents sur les lieux où ils se transportent et les informer, à l'issue de leurs opérations, des résultats obtenus.

En cas d'urgence, les officiers de police judiciaire de la gendarmerie peuvent, sur commission rogatoire expresse du juge d'instruction ou sur réquisitions du procureur de la République prises au cours d'une enquête de flagrant délit, procéder aux opérations prescrites par ces magistrats sur toute l'étendue du territoire national. Ils doivent être assistés d'un officier de police judiciaire exerçant ses fonctions dans la circonscription intéressée. Le procureur de la République de cette circonscription est immédiatement informé par le magistrat ayant prescrit ces opérations.

La réquisition du procureur ou la commission rogatoire mentionne expressément, outre l'urgence, la nature et le lieu des opérations à effectuer.

Les officiers de police judiciaire qui agissent en dehors de leur circonscription dans les conditions prévues aux alinéas précédents indiquent dans leurs procédures les avis donnés ainsi que les concours ou assistances reçus.

La compétence territoriale des militaires des unités départementales, aériennes et maritimes de gendarmerie, en tant qu'agents de police judiciaire, est limitée à la circonscription qu'ils sont normalement chargés de surveiller, sans préjudice toutefois des dispositions prévues à l'article 309.

Art. 115 *(Mod., D. 22 août 1958).* – Les militaires de la gendarmerie habilités à exercer les fonctions de police judiciaire :

Dressent des procès-verbaux des plaintes ou dénonciations qui leur sont faites en matière de crimes, délits ou contraventions ;

Procèdent à des enquêtes préliminaires dans les conditions fixées à l'article 127 ;

Disposent, lorsqu'ils opèrent dans les cas de crimes et délits flagrants et cas assimilés, des pouvoirs définis aux articles 118 à 125 ;

Accomplissent, dans les conditions fixées à l'article 129, les actes prescrits par réquisition préfectorale en vertu de l'article 30 du Code de procédure pénale ;

Défèrent aux réquisitions et exécutent les commissions rogatoires des juridictions d'instruction, dans les conditions fixées aux articles 131 à 135.

Ils ont le droit de requérir directement le concours de la force publique pour l'exécution de leur mission.

De même, ils peuvent requérir les chefs de district et agents techniques des eaux et forêts, ainsi que les gardes champêtres, de leur prêter assistance.

À la demande de ces fonctionnaires ou agents, ils sont tenus de les accompagner pour pénétrer dans les maisons, ateliers, bâtiments, cours adjacentes et enclos où ont été transportées des choses enlevées et qui y sont suivies pour être mises sous séquestre. Ils signent le procès-verbal de l'opération à laquelle ils ont ainsi assisté.

Les chefs de district et agents techniques des eaux et forêts ainsi que les gardes champêtres, qui surprennent un individu en flagrant délit d'infraction aux propriétés forestières ou rurales, punie d'une peine d'emprisonnement, doivent amener le délinquant devant l'officier de police judiciaire le plus proche, après avoir dressé le procès-verbal destiné aux autorités prévues par les articles 26 et 27 du Code de procédure pénale. En pareil cas, l'officier de police judiciaire de gendarmerie se borne à recevoir, par procès-verbal, les déclarations des fonctionnaires ou agents ayant constaté le flagrant délit et à faire conduire le délinquant au parquet, avant l'expiration d'un délai de vingt-quatre heures.

Si un individu surpris en flagrant délit est conduit devant eux par toute autre personne, ou s'il s'agit d'un délit ne portant pas atteinte aux propriétés forestières ou rurales, les officiers de police judiciaire de gendarmerie procèdent sans délai, conformément aux dispositions et selon les distinctions prévues par les articles 118 à 125 et 127.

En aucun cas, les officiers de police judiciaire n'ont qualité pour décerner des mandats de justice ou ordonner une expertise au sens des articles 156 à 169 du Code de procédure pénale.

Les militaires de la gendarmerie agents de police judiciaire exercent les attributions qui sont définies à l'article 128.

Art. 116 *(D. n. 58-761, 22 août 1958).* – Dans l'exercice de leurs fonctions d'officiers ou agents de police judiciaire, les militaires de la gendarmerie sont placés, dans le ressort de chaque tribunal, sous la direction du procureur de la République et, dans le ressort de chaque cour d'appel, sous la surveillance du procureur général.

Les officiers de police judiciaire sont, en outre, soumis au contrôle de la chambre de l'instruction.

La direction du procureur de la République s'exerce par voie de réquisitions, d'instructions ou de demandes de renseignements adressées dans les conditions fixées à l'article 81.

Elle a pour principal objet d'assigner les missions, de répartir les tâches et d'en coordonner l'exécution, notamment lorsque plusieurs officiers ou agents de police judiciaire relevant d'administrations distinctes concourent à une enquête dans le ressort du tribunal.

Le procureur de la République ne s'immisce pas dans les attributions de commandement des chefs hiérarchiques définies par les règlements.

Dans le cadre de la surveillance des officiers et agents de police judiciaire, le procureur général peut adresser aux militaires de la gendarmerie des observations écrites qu'il communique au chef de corps.

Art. 117 *(D. n. 58-761, 22 août 1958)*. – Sans préjudice des sanctions susceptibles de leur être infligées en vertu du Code pénal ou des règlements militaires, les officiers de police judiciaire de la gendarmerie peuvent se voir adresser des observations par la chambre de l'instruction ou interdire, temporairement ou définitivement, l'exercice des fonctions attachées à cette qualité, dans le ressort de la cour d'appel.

Dès qu'un commandant d'unité a connaissance de l'ouverture d'une enquête par la chambre de l'instruction à l'encontre d'un de ses subordonnés, officier de police judiciaire, il en rend compte par la voie hiérarchique au ministre des armées.

Le dossier d'enquête constitué par la chambre de l'instruction peut être consulté, dès clôture de l'instance, par un délégué du ministre des armées, sur demande adressée au procureur général.

Les décisions de toute nature prononcées par la chambre de l'instruction à l'égard d'un militaire de la gendarmerie officier de police judiciaire, en application des articles 227 et 228 du Code de procédure pénale, sont notifiées directement, à la diligence du procureur général, au chef de corps dont relève le militaire intéressé, ainsi qu'au ministre des armées (direction de la gendarmerie et de la justice militaire).

L'officier de police judiciaire qui enfreindrait l'interdiction, temporaire ou définitive, dont il aurait été frappé serait passible des peines prévues à l'article 197 du Code pénal.

Section III. – Des enquêtes

1°. – *De la procédure en matière de crime et délit flagrants*

Art. 118 *(Mod., D. 22 août 1958)*. – Dans les cas de délit flagrant et cas assimilé, les militaires de la gendarmerie officiers de police judiciaire ne peuvent exercer les pouvoirs qui découlent des articles 54 à 67 du Code de procédure pénale si le délit est punissable seulement d'une peine d'amende. Ils n'y sont autorisés que s'il s'agit d'un crime ou d'un délit passible d'une peine d'emprisonnement, assortie ou non d'une peine d'amende, cumulative ou alternative.

La procédure définie aux articles 118 à 125 n'est pas obligatoire dans tous les cas de crimes ou délits flagrants ; l'officier de police judiciaire peut également opérer suivant les règles de l'enquête préliminaire (art. 127).

Art. 119 *(Mod., D. 22 août 1958)*. – Dès qu'il est avisé d'un crime ou délit flagrant, ou requis par le chef d'une maison, l'officier de police judiciaire de gendarmerie territorialement compétent se transporte sans délai sur les lieux, après avoir informé le procureur de la République suivant les modalités fixées dans chaque ressort par ce magistrat. Il rend compte, en outre, à ses chefs immédiats. Si ces derniers ne décident d'instrumenter personnellement et ne lui donnent des ordres en conséquence, il procède à l'enquête.

Dans ses opérations, l'officier de police judiciaire peut être secondé par des subordonnés, officiers ou agents de police judiciaire, ainsi que par des militaires de l'arme, ou fonctionnaires habilités, spécialisés dans l'emploi des méthodes et moyens techniques adaptés aux nécessités de l'enquête judiciaire.

Il peut charger un militaire de l'arme de l'assister comme secrétaire.

S'il l'estime nécessaire, il défend à toute personne de s'éloigner du lieu de l'infraction jusqu'à la clôture de ses opérations.

(D. n. 70-1163, 8 déc. 1970, art. 1er-II) Toute personne dont il apparaît nécessaire, au cours des recherches, d'établir ou de vérifier l'identité doit, à la demande de l'officier de police judiciaire ou de l'agent de police judiciaire qui le seconde, se prêter aux opérations qu'exige cette mesure.

L'officier de police judiciaire dresse procès-verbal, en application de l'article 61 du Code de procédure pénale, des contraventions aux deux précédents alinéas.

Art. 120 *(Mod., D. 22 août 1958)*. – L'officier de police judiciaire constate le corps du délit et l'état des lieux, veille à la conservation des indices et traces susceptibles de disparaître et de tout ce qui peut servir à la manifestation de la vérité.

Il saisit les armes et instruments qui ont servi à commettre le crime ou le délit, ou qui étaient destinés à le commettre, ainsi que tout ce qui paraît en avoir été le produit ou être en rapport avec le fait incriminé. Il représente les objets saisis, pour reconnaissance ou explications, aux personnes qui paraissent avoir participé au crime ou délit, si elles sont présentes.

Le cas échéant, il relève infraction contre les personnes non habilitées qui, sauf les nécessités prévues par l'article 55 du Code de procédure pénale, ont modifié l'état des lieux avant ses premières opérations, détruit des traces ou effectué des prélèvements quelconques ; il s'efforce d'établir si elles ont agi ou non dans le but d'entraver le fonctionnement de la justice.

Lorsqu'une assistance lui est nécessaire pour procéder à des constatations qui ne puissent être différées sans nuire au déroulement de l'enquête (examen de la victime, d'une arme, d'un véhicule, d'une trace d'infraction, etc.), l'officier de police judiciaire peut requérir à cet effet des personnes qualifiées par leur art, leur profession ou leurs connaissances particulières ; il leur fait prêter serment par écrit de donner leur avis en leur honneur et conscience et joint leur rapport à sa procédure ainsi que les mémoires de frais. Si les personnes ainsi appelées refusent leur concours, l'officier de police judiciaire en dresse procès-verbal.

Lorsqu'une autopsie se révèle indispensable, l'officier de police judiciaire doit en référer au procureur de la République.

Art. 121 *(Rempl., D. n. 70-1163, 8 déc. 1970, art. 1er-III)*. – Si la nature du crime ou du délit est telle que la preuve en puisse être acquise par la saisie de papiers, documents ou autres objets, l'officier de police judiciaire de gendarmerie se transporte sans désemparer au domicile des personnes qui paraissent :

Soit avoir participé au crime ou au délit ;

Soit détenir, même de bonne foi, des pièces ou objets relatifs aux faits incriminés.

Il y procède à des perquisitions et à des saisies, en se conformant aux dispositions des articles 169 et 170 (dernier alinéa).

Il lui est expressément interdit de pénétrer dans la maison d'autres personnes, sauf consentement préalable de leur part ou s'il s'agit d'établissements ouverts au public, auquel cas il est autorisé à s'y transporter pendant tout le temps, même de nuit, où le public y est effectivement admis.

Les perquisitions sont effectuées en présence des personnes chez lesquelles elles ont lieu ou, en cas d'impossibilité, d'un représentant de leur choix, qu'elles auront désigné sur l'invitation, expresse et obligatoire, de l'officier de police judiciaire. C'est seulement à défaut dudit représentant que l'officier de police judiciaire devra requérir, pour assister à ses opérations, deux témoins, autres que des militaires de la gendarmerie.

L'officier de police judiciaire a seul le droit avec les personnes précitées et éventuellement, avec celles dont il a requis l'assistance, de prendre connaissance des papiers et documents avant de les saisir.

Tous objets et documents se rapportant au crime ou délit qui fait l'objet de l'enquête s'ils peuvent servir soit à la conviction, soit à la décharge, sont saisis, immédiatement inventoriés et placés sous scellés, après avoir été présentés pour reconnaissance ou explications aux personnes visées au quatrième alinéa. La mainlevée de la saisie ne peut avoir lieu qu'après accord du procureur de la République.

L'officier de police judiciaire dresse un procès-verbal de toute perquisition, suivie ou non de saisie, qu'il effectue, et le fait signer aux personnes précitées ; si elles s'y refusent, mention en est portée au procès-verbal.

Les formalités énoncées au présent article sont prescrites à peine de nullité.

Art. 122 *(Mod., D. 22 août 1958)*. – L'officier de police judiciaire de gendarmerie peut convoquer pour les entendre toutes personnes susceptibles de fournir des renseignements sur les faits.

Ces personnes sont tenues de comparaître et de déposer, mais ne prêtent pas serment ; si elles s'abstiennent, sans motif légitime, de répondre à une convocation écrite de l'officier de police judiciaire, ce dernier en avise le procureur de la République qui peut contraindre par la force publique les défaillants à comparaître.

L'officier de police judiciaire dresse procès-verbal de ces auditions ; il mentionne l'heure à laquelle elles débutent ; à la fin de leur audition, les personnes entendues lisent elles-mêmes leurs déclarations.

L'officier de police judiciaire les interpelle alors aux fins de savoir si elles ont des observations à formuler. Dans la négative, la mention ci-après est portée :

Le ... (date) ... à ... (heure de la fin de l'audition).

Lecture faite par moi de la déclaration ci-dessus, j'y persiste et n'ai rien à y changer, à y ajouter ou à y retrancher.

Si elles croient devoir apporter des rectifications, précisions ou compléments à l'effet de traduire plus fidèlement leur pensée, l'officier de police judiciaire enregistre ces observations, qui sont lues, puis complétées par la mention énoncée à l'alinéa précédent.

L'officier de police judiciaire et l'intéressé apposent leurs signatures à la suite de cette mention.

Les ratures et renvois sont approuvés par l'officier de police judiciaire et par la personne entendue.

Au cas où celle-ci déclare ne pas savoir lire, il est spécifié au procès-verbal que lecture de sa déclaration lui a été faite par l'officier de police judiciaire. Elle est ensuite invitée à apposer sa signature comme indiqué précédemment et, si elle ne peut ou ne veut signer, mention en est portée au procès-verbal.

(Compl., D. n. 70-1163, 8 déc. 1970, art. 1er-IV) L'officier de police judiciaire peut faire entendre les personnes qu'il a convoquées par un agent de police judiciaire le secondant dans son enquête. L'agent de police judiciaire dresse à cet effet, dans les formes prescrites au présent article, des procès-verbaux qu'il transmet à l'officier de police judiciaire.

Art. 123 *(Mod., D. 22 août 1958)*. – Lorsque pour les nécessités de l'enquête, l'officier de police judiciaire de gendarmerie est amené à garder à sa disposition une ou plusieurs des personnes visées aux articles 119 (alinéas 4 et 5) et 122, il ne peut les retenir plus de vingt-quatre heures.

S'il existe contre une personne des indices graves et concordants de nature à motiver son inculpation et si l'officier de police judiciaire estime nécessaire de la garder à sa disposition plus de vingt-quatre heures, il doit solliciter une autorisation écrite du procureur de la République ou du juge d'instruction.

À défaut de cette demande ou en cas de refus d'autorisation, la personne visée à l'alinéa précédent est obligatoirement mise en route dès l'expiration du délai de vingt-quatre heures pour être conduite au parquet.

Si l'autorisation est accordée, l'officier de police judiciaire avertit aussitôt la personne retenue qu'elle a le droit de se faire examiner par un médecin désigné par le procureur de la République. Cet avis et la réponse faite doivent figurer dans la procédure, à laquelle sont annexés l'autorisation écrite du magistrat et, éventuellement, le certificat médical.

Lorsque le médecin émet l'avis que la personne examinée n'est pas en état de supporter plus longtemps la garde à vue, l'officier de police judiciaire informe le procureur de la République et se conforme à ses instructions. Dans les autres cas, la personne retenue doit être obligatoirement mise en route dès l'expiration du nouveau délai de vingt-quatre heures, pour être conduite au parquet.

S'il l'estime nécessaire, le procureur de la République peut, notamment sur la demande et pour la propre garantie de l'officier de police judiciaire, ou à la requête d'un membre de la famille de la personne gardée à vue, désigner un médecin qui examinera cette personne à n'importe quel moment des délais prévus au présent article.

L'officier de police judiciaire prend les mesures utiles pour assurer la surveillance de la personne gardée à vue, au cours de la visite médicale ; sauf décision contraire du magistrat, l'officier de police judiciaire peut assister à ces visites, qui sont éventuellement effectuées dans un local de la brigade. La dépense est imputée sur les frais de justice.

Lorsque la personne est retenue dans une brigade qui ne se trouve pas au siège du parquet, l'autorisation de prolongation de garde à vue peut être notifiée par voie télégraphique ou téléphonique à condition que le message fasse mention de la remise immédiate du texte écrit au commandant de compagnie ou au commandant de brigade résidant au chef-lieu de tribunal, qui le fait suivre sans délai au destinataire.

Art. 124 *(Mod., D. 22 août 1958)*. – Dans le cadre de la procédure définie aux articles 118 à 125, la garde à vue peut être décidée par l'officier de police judiciaire :

Soit, pour les nécessités de l'enquête, à l'égard des personnes susceptibles de fournir des renseignements sur les faits, ou présentes sur le lieu de l'infraction, ou dont l'identité est à établir ou à vérifier ;

Soit, notamment pour interrogatoire, à l'égard des personnes contre lesquelles existent des indices graves et concordants de nature à motiver leur inculpation.

Doit être considérée en état de garde à vue toute personne qui n'est pas laissée libre de se retirer, notamment à la fin de son audition.

Le point de départ du délai de la garde à vue varie selon les circonstances dans lesquelles elle intervient.

Lorsqu'un individu est surpris alors qu'il commet ou vient de commettre un crime ou un délit, la garde à vue débute au moment où il est appréhendé.

Pour les personnes auxquelles l'officier de police judiciaire interdit de s'éloigner du lieu de l'infraction ou pour celles dont il estime nécessaire d'établir ou vérifier l'identité, le délai de garde à vue part du moment où cette décision est notifiée aux intéressés.

Lorsqu'un témoin a été contraint à comparaître par la force publique, la garde à vue débute au moment où il est présenté à l'officier de police judiciaire devant lequel il a été convoqué.

Lorsque l'officier de police judiciaire décide de retenir, immédiatement à l'issue de son audition, un témoin qui a comparu librement, le délai de garde à vue part, rétroactivement, du début de cette audition.

Lorsqu'un témoin ayant comparu volontairement a été laissé libre de se retirer dès la fin de son audition, la garde à vue peut être exercée ultérieurement, contre lui ; elle ne court alors qu'à compter de la notification qui lui en est faite.

Si un témoin est successivement gardé à vue puis laissé libre par l'officier de police judiciaire, la durée totale des délais fractionnés de garde à vue ne doit pas dépasser vingt-quatre ou quarante-huit heures, compte tenu de la prolongation de délai éventuellement accordée par le magistrat.

Les délais de vingt-quatre heures prévus aux alinéas 1er et 2 de l'article 63 du Code de procédure pénale ne peuvent se cumuler ; la garde à vue ne saurait être prolongée au-delà de vingt-quatre heures sans autorisation et, en aucun cas, au-delà de quarante-huit heures.

Les personnes gardées à vue peuvent être retenues sur les lieux de l'enquête ou à la caserne de gendarmerie.

Les mentions suivantes doivent figurer aux procès-verbaux d'audition ou d'interrogation de toute personne gardée à vue :

1° Lieux et motifs de la garde à vue (nécessités de l'enquête ou indices graves et concordants) ;

2° Jour et heure à partir desquels la personne a été gardée à vue ;

3° Durée de chaque audition ou interrogatoire (heures du début et de la fin) ;

4° Durée de chaque intervalle de repos entre auditions ou interrogatoires (heures du début et de la fin) ;

5° Jour et heure auxquels la personne a été libérée ou mise en route pour être conduite devant le magistrat compétent.

Chacune de ces indications est portée au fur et à mesure et émargée séance tenante par les personnes intéressées soit sur le procès-verbal destiné à l'autorité judiciaire, soit au carnet de déclarations, lorsqu'il en est fait usage ; dans ce dernier cas, les mentions seules sont reproduites sur l'expédition de procès-verbal transmise à l'autorité judiciaire.

Si la personne intéressée refuse d'émarger, il en est fait mention.

Les mentions relatives à la garde à vue doivent, en outre, figurer sur un registre spécial tenu dans chaque brigade de gendarmerie.

Les déclarations des personnes interrogées sont reçues conformément à l'article 122.

Art. 125 *(Mod., D. 22 août 1958)*. – L'officier de police judiciaire de gendarmerie qui a commencé l'enquête ne peut être dessaisi que par le procureur de la République ou le juge d'instruction.

Ce dessaisissement s'accomplit de plein droit dès l'arrivée sur les lieux du magistrat, qui décide alors soit d'accomplir tous les actes de la procédure, soit de prescrire à l'officier de police judiciaire de gendarmerie premier saisi, ou à tous autres officiers de police judiciaire territorialement compétents, de poursuivre tout ou partie des opérations.

L'officier de police judiciaire délégué agit alors en vertu d'une réquisition du procureur de la République ou du juge d'instruction et procède conformément aux dispositions des articles 118 à 124 ; il reçoit éventuellement commission rogatoire du juge d'instruction si ce magistrat est requis d'ouvrir immédiatement une information par le procureur de la République présent sur les lieux.

Art. 126 *(D. 22 mai 1958)*. – Lorsqu'un cadavre est découvert, qu'il s'agisse ou non d'une mort violente, mais si la cause en est inconnue ou suspecte, l'officier de police judiciaire de gendarmerie territorialement compétent, après avoir informé le procureur de la République, se transporte aussitôt sur les lieux, où le commandant de compagnie de gendarmerie, également avisé, est normalement tenu de le rejoindre.

Si le procureur de la République décide de se rendre sur place, l'officier de police judiciaire de gendarmerie procède aux premières constatations en attendant l'arrivée du magistrat.

Il indique avec soin dans son procès-verbal l'état et la position du cadavre, des armes, instruments, objets ou papiers, traces et indices découverts à proximité ou dans les lieux voisins ; il interdit d'y toucher aux personnes non habilitées.

Si le procureur de la République lui prescrit, ou prescrit à tout autre officier de police judiciaire de gendarmerie, de poursuivre l'enquête, le militaire de l'arme délégué par le magistrat se fait assister, comme il est indiqué à l'article 120, par des personnes capables d'apprécier la nature des circonstances ayant entraîné la mort et leur fait prêter serment, par écrit, de donner leur avis en leur honneur et conscience.

Si, d'après leurs conclusions données sur-le-champ, la mort paraît résulter d'un crime ou délit flagrant, l'officier de police judiciaire peut opérer conformément aux dispositions des articles 118 à 125.

Les prescriptions ci-dessus ne visent que les découvertes de cadavres laissant, au départ de l'enquête, l'officier de police judiciaire dans l'ignorance ou le doute quant à la cause réelle du décès (maladie, accident, suicide, homicide involontaire ou crime).

Lorsque le premier examen du cadavre ou l'état des lieux (aspect des blessures, traces de lutte, d'effraction, de choc, etc.) font apparaître qu'il s'agit d'un crime ou d'un délit, l'officier de police judiciaire se conforme sans plus attendre aux dispositions des articles 118 à 125 ou à celles de l'article 127.

2°. – *De l'enquête préliminaire de gendarmerie*

Art. 127 *(Mod., D. 22 août 1958)*. – Les militaires de la gendarmerie officiers de police judiciaire peuvent effectuer des enquêtes préliminaires :

Soit sur instructions de procureur de la République ;

Soit d'office, lorsqu'ils ont connaissance d'un crime ou délit flagrant ou non flagrant, notamment sur plainte ou dénonciation.

En cas d'intervention d'office, les dispositions de l'article 119, alinéa 1er, sont applicables.

Ils dressent, dans les formes ordinaires, procès-verbal des constatations, auditions et perquisitions auxquelles ils procèdent.

Les déclarations sont reçues conformément à l'article 122.

Aucune perquisition, visite ou saisie de pièce à conviction ne doit être faite sans l'assentiment exprès, donné librement et en connaissance de cause, de la personne chez laquelle elle est prévue. Cet assentiment est formulé comme suit :

« Sachant que je puis m'opposer à la visite de mon domicile, je consens expressément à ce que vous y opériez les perquisitions et saisies que vous jugerez utiles à l'enquête en cours ».

Cette déclaration doit être signée et écrite de la main de l'intéressé, soit au carnet de déclarations, soit sur une feuille séparée. S'il ne sait pas écrire, mention en est faite au procès-verbal, ainsi que de son consentement, dont il lui est donné lecture en présence, sauf impossibilité immédiate, de deux voisins qui attestent par écrit l'acquiescement verbal de l'intéressé.

Ce dernier assiste à la perquisition, qui doit être commencée après six heures et avant vingt et une heures.

L'officier de police judiciaire saisit les papiers, documents et autres objets relatifs aux faits incriminés. Il a seul, avec la personne chez laquelle a lieu la perquisition, le droit de prendre connaissance, au préalable, des papiers et documents. Tous objets saisis sont représentés pour reconnaissance ou explications, inventoriés et placés sous scellés.

Les mentions relatives aux résultats de ces opérations, qu'elles soient ou non suivies de saisies, doivent être signées par la personne visée à l'alinéa précédent. Si elle ne peut ou ne veut signer, il en est fait état au procès-verbal.

Les dispositions des articles 169 (dernier alinéa) et 170 (dernier alinéa) sont applicables.

Dans le cadre de l'enquête préliminaire, les personnes susceptibles de fournir des renseignements sur les faits ne peuvent être contraintes par la force publique à comparaître.

Lorsque l'officier de police judiciaire est amené à garder à vue une personne pour les nécessités de l'enquête, il doit obligatoirement, avant l'expiration d'un délai de vingt-quatre heures soit la mettre en route pour être conduite au parquet, s'il existe contre elle des indices graves et concordants, soit, dans le cas contraire, la laisser libre de se retirer.

Après audition des personnes amenées devant lui, le procureur de la République peut, pour les nécessités de l'enquête, prolonger la garde à vue d'un nouveau délai de vingt-quatre heures. Il délivre à cet effet une autorisation écrite qui est jointe à la procédure.

Toutefois, exceptionnellement, la prolongation de la garde à vue peut être autorisée par décision motivée du procureur de la République, sans que la personne soit conduite au parquet.

Dès qu'une prolongation de garde à vue a été décidée dans les conditions ci-dessus, l'officier de police judiciaire doit avertir la personne retenue qu'elle a le droit de se faire examiner par un médecin désigné par le procureur de la République. Cet avis et la réponse faite doivent figurer au procès-verbal, auquel est annexé, éventuellement, le certificat médical.

Lorsque le médecin émet l'avis que la personne examinée n'est pas en état de supporter plus longtemps la garde à vue, l'officier de police judiciaire informe immédiatement le procureur de la République, et se conforme à ses instructions. Dans les autres cas, la personne retenue doit être obligatoirement mise en route avant l'expiration du nouveau délai de vingt-quatre heures, pour être conduite au parquet.

Les dispositions de l'article 123 (deux derniers alinéas) sont applicables, ainsi que celles de l'article 124 concernant les délais, lieux et mentions relatifs à la garde à vue.

Art. 128 *(Mod., D. 22 août 1958)*. – En tant qu'agents de police judiciaire, les militaires de gendarmerie :

Secondent les officiers de police judiciaire dans l'exercice de leurs fonctions, en se limitant strictement aux opérations qui leur sont confiées ;

Rendent compte à leurs supérieurs hiérarchiques de tous crimes et délits dont ils ont connaissance ;

Constatent les crimes, délits et contraventions prévus et punis par le Code pénal et les autres textes répressifs ;

Ils procèdent à des enquêtes préliminaires, seuls ou conjointement avec les officiers de police judiciaire, à l'effet de recueillir les déclarations de toutes personnes qui sont en état de leur fournir des indices, preuves et renseignements de nature à amener la découverte des auteurs de ces infractions.

Les militaires de la gendarmerie agents de police judiciaire ne peuvent effectuer de perquisitions et saisies, au cours de leurs enquêtes, qu'avec l'assentiment exprès des personnes intéressées et suivant les règles prévues à l'article 127.

Ils dressent, dans les formes ordinaires, procès-verbal des constatations, auditions et perquisitions auxquelles ils procèdent. Les déclarations sont reçues conformément à l'article 122.

Ils n'ont pas qualité pour décider une mesure de garde à vue.

Dans les cas de crime flagrant ou de délit flagrant puni d'une peine d'emprisonnement, et en l'absence de tout officier de police judiciaire, ils doivent conduire devant le procureur de la République toute personne contre laquelle existent des indices graves et concordants de nature à motiver son inculpation.

Cette conduite n'est différée que si la personne ne peut être entendue immédiatement par le magistrat, mais la mise en route doit toujours avoir lieu avant l'expiration d'un délai de vingt-quatre heures.

Hors les cas de crime ou délit flagrant, les dispositions de l'article 304 sont applicables.

3°. – *Des réquisitions préfectorales*

Art. 129 *(Rempl., D. n. 70-1163, 8 déc. 1970, art. 1er-V)*. – En matière de crimes et délits contre la sûreté de l'État, lorsqu'il y a urgence et sous les réserves énoncées à l'article 30 du Code de procédure pénale, les préfets des départements et le préfet de police dans sa circonscription d'action peuvent requérir par écrit les militaires de la gendarmerie qui sont officiers de police judiciaire, et territorialement compétents, d'accomplir tous actes nécessaires aux fins de constater lesdits crimes et délits qu'ils soient flagrants ou non.

Tout officier de police judiciaire de la gendarmerie ayant reçu une réquisition à cet effet doit immédiatement aviser le ministère public près *la Cour de sûreté de l'État* (la juridiction compétente) ainsi que le procureur de la République et commencer les opérations.

Il peut faire assurer l'exécution de la réquisition par un officier de police judiciaire placé sous son autorité à condition que ce dernier agisse dans les limites de sa compétence territoriale.

Exceptionnellement, la réquisition peut être adressée ou diffusée par voie téléphonique, télégraphique ou radio-électrique, sous réserve que le message contienne les mentions essentielles de l'original et annonce l'envoi immédiat de la réquisition écrite.

Les personnes gardées à vue sont, sur instructions du préfet, conduites devant le ministère public près *la Cour de sûreté de l'État* (la juridiction compétente) ou devant un magistrat délégué avant l'expiration du délai de quarante-huit heures qui suit l'ouverture des opérations prescrites par la réquisition.

Les formalités imposées par l'article 30 du Code de procédure pénale étant prévues à peine de nullité, l'officier de police judiciaire de gendarmerie est tenu de faire diligence et de transmettre la procédure au préfet de telle sorte que cette autorité puisse la faire parvenir au ministère public près *la Cour de sûreté de l'État* (la juridiction compétente) avant l'expiration de ce même délai de quarante-huit heures.

Les dispositions qui précèdent ne font pas obstacle à ce que les personnes soient ensuite gardées à vue dans les conditions prévues par les articles du Code de procédure pénale et les lois particulières déterminant les règles de procédure à appliquer au cours des enquêtes relatives aux atteintes à la sûreté de l'État.

Section IV. – Des commissions rogatoires

Art. 130 *(Mod., D. 22 août 1958).* – Lorsqu'une information judiciaire est ouverte, les militaires de la gendarmerie déférent aux réquisitions des juridictions d'instruction. S'ils sont habilités à exercer les fonctions d'officiers de police judiciaire, ils exécutent, en outre, les délégations de ces juridictions.

À défaut de ces réquisitions ou délégations, les militaires de la gendarmerie se bornent à dresser procès-verbal des renseignements qu'ils recueillent et à les transmettre immédiatement à l'autorité judiciaire.

En pareil cas, ils ne peuvent se livrer d'office à une enquête, mais ils sont tenus, s'il y a urgence, de communiquer au magistrat, par les moyens les plus rapides, tous éléments d'information de nature à permettre, sans le moindre retard, la délivrance des commissions rogatoires, réquisitions ou mandats s'avérant nécessaires.

Art. 131 *(Mod., D. 22 août 1958).* – Les juges d'instruction peuvent adresser des commissions rogatoires à tous officiers, gradés et gendarmes habilités à exercer les fonctions d'officiers de police judiciaire, dont la circonscription s'étend, en tout ou partie, sur le territoire de leur ressort.

Ces personnels ont qualité pour exécuter les commissions rogatoires dans le cadre de leur compétence territoriale, telle qu'elle résulte des dispositions de l'article 114, et sans qu'ils aient besoin de recevoir de subdélégation s'ils opèrent régulièrement dans un autre ressort que celui du juge mandant.

Les officiers et gradés de gendarmerie peuvent transmettre, pour exécution, les commissions rogatoires dont ils sont saisis à des officiers de police judiciaire placés sous leurs ordres.

Lorsque la commission rogatoire prescrit des opérations simultanées sur divers points du territoire, elle peut, s'il y a urgence, être diffusée par tous moyens ; chaque diffusion doit alors préciser les mentions essentielles de l'original et spécialement la nature de l'inculpation, le nom et la qualité du magistrat mandant, ainsi que, le cas échéant, les autorités ayant assuré la transmission et un numéro d'enregistrement.

Art. 132 *(Mod., D. 22 août 1958).* – Les commissions rogatoires prescrivent les actes d'instruction se rattachant directement à la répression de l'infraction qu'elles visent comme objet des poursuites.

Les officiers de police judiciaire de la gendarmerie exercent les pouvoirs du juge d'instruction lorsqu'ils sont commis par ce magistrat pour l'exécution de certains actes d'information ; ils participent aux enquêtes sur la personnalité et la situation matérielle, familiale ou sociale des inculpés.

Ils doivent se limiter strictement aux opérations spécifiées dans la commission rogatoire et ne peuvent, en aucun cas, procéder aux interrogatoires et confrontations de l'inculpé.

Ils ne peuvent entendre la partie civile que sur demande de celle-ci, dont il doit être fait alors mention expresse dans le procès-verbal d'audition.

Ils peuvent charger un militaire de l'arme de les assister comme secrétaire.

Art. 133 *(Mod., D. 22 août 1958).* – Tout témoin cité par l'officier de police judiciaire de gendarmerie pour être entendu en vertu d'une commission rogatoire est tenu de comparaître, de prêter serment et de déposer.

S'il s'abstient, sans motif légitime, de satisfaire à cette obligation, procès-verbal en est dressé et avis en est donné par l'officier de police judiciaire au magistrat mandant, qui peut contraindre le défaillant à comparaître par la force publique.

L'officier de police judiciaire fait prêter serment aux témoins, sauf s'ils sont âgés de moins de seize ans, et reçoit leurs dépositions, dans les conditions prescrites par les articles 102 et 103 du Code de procédure pénale.

S'il existe contre un témoin des indices sérieux de culpabilité, ou s'il s'en révèle en cours d'audition, l'officier de police judiciaire l'avertit qu'il doit surseoir à son audition ou la suspendre en application de l'article 105 du Code de procédure pénale ; si le témoin manifeste le désir de faire des déclarations, l'officier de police judiciaire les reçoit. Mention de cet avertissement, et de la réponse, doit figurer au procès-verbal.

Les témoins sont invités à relire leur déposition, puis à la signer, s'ils déclarent y persister. S'ils ne savent pas lire, lecture leur en est faite par l'officier de police judiciaire. S'ils ne veulent ou ne peuvent signer, mention en est portée au procès-verbal.

Art. 134 *(Mod., D. 22 août 1958).* – Lorsque, pour les nécessités de l'exécution de la commission rogatoire, l'officier de police judiciaire de gendarmerie est amené à retenir une personne à sa disposition, celle-ci doit obligatoirement être mise en route avant l'expiration d'un délai de vingt-quatre heures, pour être conduite devant le juge d'instruction dans le ressort duquel se poursuit l'exécution de la commission rogatoire.

Après audition de cette personne, le juge d'instruction peut accorder l'autorisation écrite de prolonger la garde à vue d'un nouveau délai de vingt-quatre heures.

À titre exceptionnel, cette autorisation peut être accordée, par décision motivée, sans que la personne soit conduite devant le juge d'instruction.

Les dispositions de l'article 124 concernant les délais, lieux et mentions relatifs à la garde à vue sont applicables, ainsi que, éventuellement, celles de l'article 123, dernier alinéa.

Art. 135 *(Mod., D. 22 août 1958).* – Lorsqu'il est commis pour opérer des perquisitions, l'officier de police judiciaire de gendarmerie se conforme aux dispositions générales des articles 169 et 170.

Si la perquisition a lieu au domicile de l'inculpé, elle est faite en sa présence ou, en cas d'impossibilité, en la présence d'un représentant de son choix qu'il aura été expressément invité à désigner, ou, à défaut, de deux témoins requis par l'officier de police judiciaire, autres que des militaires de la gendarmerie.

Si la perquisition a lieu dans un domicile autre que celui de l'inculpé, la personne chez laquelle elle doit s'effectuer est invitée à y assister. Si elle est absente ou si elle refuse d'y assister, la perquisition est faite en présence de deux de ses parents ou alliés qui se trouvent sur les lieux ou, à défaut, en présence de deux témoins, autres que des militaires de la gendarmerie.

Les procès-verbaux de perquisition sont signés par les personnes visées aux deux alinéas précédents ; en cas de refus, mention en est portée au procès-verbal.

En cas de découverte d'objets et documents dont la recherche a été prescrite, il est procédé à leur saisie ; ils sont immédiatement inventoriés et placés sous scellés.

Lors des perquisitions effectuées sur commission rogatoire, l'officier de police judiciaire a seul le droit de prendre préalablement connaissance des documents saisis.

Les commissions rogatoires prescrivant des perquisitions ne portent pas obligatoirement l'indication des personnes au domicile desquelles les perquisitions doivent être opérées. Toutefois, les lieux à visiter sont désignés aussi exactement que les circonstances le permettent.

Section V. – Des règles et formes à observer

Art. 136 *(D. n. 58-761, 22 août 1958).* – Les militaires de la gendarmerie tiennent un carnet de déclarations réglementairement coté et paraphé.

(Deuxième al. rempl., D. n. 70-1163, 8 déc. 1970, art. 1er-VI) Ce carnet peut être employé pour les enquêtes dont il est traité aux articles 127 et 128 ainsi que pour celles qui sont diligentées conformément aux articles 118 à 125 et 129 ; il est interdit, s'agissant d'actes d'information, pour les procès-verbaux rédigés en vertu de commissions rogatoires.

Lorsqu'il est fait usage du carnet de déclarations, les mentions relatives aux gardes à vue doivent être inscrites et émargées audit carnet ; y sont également enregistrées les déclarations reçues, les constatations et opérations effectuées, ainsi que les mentions diverses prévues par le présent décret. Les enquêteurs et les personnes entendues y apposent leurs signatures et approuvent, s'il y a lieu, les ratures et renvois.

Les expéditions de procès-verbaux qui sont transmises à l'autorité judiciaire doivent reproduire textuellement les déclarations et mentions figurant sur le carnet.

Les carnets de déclaration doivent être présentés aux magistrats de l'ordre judiciaire, sur réquisition ou sur simple demande.

Art. 137 *(D. n. 58-761, 22 août 1958).* – Les officiers et les agents de police judiciaire de la gendarmerie informent sans délai le procureur de la République des crimes, délits et contraventions dont ils ont connaissance. Ils doivent lui faire parvenir directement, dès la clôture de leurs opérations, leurs procès-verbaux, y compris ceux relatifs aux contraventions ; tous actes et documents annexes lui sont en même temps adressés ; les objets saisis sont mis à sa disposition.

Les procès-verbaux dressés en vertu d'une commission rogatoire doivent être transmis au juge d'instruction dans les délais fixés par ce magistrat. À défaut d'une telle indication, ils doivent lui parvenir dans les huit jours qui suivent la fin des opérations exécutées par l'officier de police judiciaire.

Si des empêchements ou des difficultés s'opposent à la transmission de ces procès-verbaux dans le temps imparti par le magistrat ou par la loi, l'officier de police judiciaire de gendarmerie les signale au magistrat mandant et se conforme à ses instructions.

Les expéditions de procès-verbaux destinées à l'autorité judiciaire doivent être accompagnées d'une copie certifiée conforme par le rédacteur, à l'exception des procès-verbaux de contraventions ayant fait l'objet d'amendes forfaitaires.

Art. 138 *(Rempl., D. n. 70-1163, 8 déc. 1970, art. 1er-VII).* – Les militaires de la gendarmerie énoncent leur qualité d'officiers ou d'agents de police judiciaire en tête de tous les procès-verbaux qu'ils établissent en matière de police judiciaire.

Lorsqu'ils exercent les pouvoirs qui leur sont conférés par les articles 30 et 54 à 67 du Code de procédure pénale ou qu'ils exécutent une commission rogatoire, les officiers de police judiciaire de gendarmerie doivent établir des procès-verbaux séparés pour les différents actes qu'ils sont appelés à faire. Chaque procès-verbal doit mentionner le nom et la qualité de l'officier de police judiciaire qui a opéré personnellement, à l'exclusion de tout autre.

Les actes de procédure dressés en application des prescriptions des articles 30 et 54 à 67 du Code de procédure pénale sont rédigés sur-le-champ soit directement, soit par transcription des éléments recueillis dans le carnet de déclarations.

Lorsque la complexité de l'enquête le justifie, il est établi un procès-verbal particulier qui fait la synthèse des opérations effectuées et des renseignements recueillis.

Ces procès-verbaux sont signés par l'officier de police judiciaire sur chaque feuillet du carnet de déclarations, lorsqu'il en est fait usage, et, en tout cas, sur chaque feuillet de l'expédition transmise à l'autorité judiciaire.

Les procès-verbaux d'audition de témoins dressés en vertu d'une commission rogatoire ne peuvent comporter aucun interligne. Ils sont signés à chaque page par l'officier de police judiciaire, le témoin, même s'il s'agit d'un mineur de seize ans, et, éventuellement, l'interprète, lesquels doivent, en outre, approuver les ratures et renvois. Les procès-verbaux qui ne sont pas régulièrement signés ou dont les ratures ou renvois ne sont pas régulièrement approuvés sont non avenus.

Les procès-verbaux de perquisition dressés en vertu d'une commission rogatoire sont signés sur chaque feuillet par l'officier de police judiciaire.

Lorsqu'ils agissent dans le cadre de l'enquête préliminaire, les officiers et agents de police judiciaire de gendarmerie peuvent relater les opérations effectuées au cours d'une même enquête soit dans un seul procès-verbal, soit dans plusieurs procès-verbaux séparés. Dans ce dernier cas, un procès-verbal de synthèse est éventuellement établi.

Si plusieurs officiers ou agents de police judiciaire de gendarmerie concourent à une enquête préliminaire, la procédure doit faire apparaître, pour chacune des opérations, le nom de l'officier ou de l'agent de police judiciaire qui l'a personnellement accomplie.

Art. 139 *(D. n. 58-761, 22 août 1958).* – Sauf dans le cas où la loi en dispose autrement et sans préjudice des droits de la défense, la procédure est secrète au cours de l'enquête de police judiciaire et de l'instruction.

Les militaires de la gendarmerie qui concourent à une procédure sont tenus au secret professionnel, dans les conditions et sous les peines prévues par l'article 378 du Code pénal.

Constitue notamment un délit toute communication ou toute divulgation, sans l'autorisation de l'inculpé ou de ses ayants droit ou du signataire ou du destinataire, d'un document provenant d'une perquisition quelconque à une personne non qualifiée par la loi pour en prendre connaissance.

Section VI. – Des mandats, extraits de jugements et contraintes par corps

Art. 140 *(Mod., D. 22 août 1958).* – Le juge d'instruction peut décerner des mandats de comparution, d'amener, de dépôt ou d'arrêt.

Le procureur de la République peut décerner mandat d'amener en cas de crime flagrant et mandat de dépôt en cas de délit flagrant.

Le mandat de comparution a pour objet de mettre une personne en demeure de se présenter devant le juge à la date et à l'heure indiquées par ce mandat.

Le mandat d'amener est l'ordre donné par le magistrat à la force publique de conduire immédiatement devant lui la personne désignée.

Le mandat de dépôt est l'ordre donné par le magistrat au surveillant-chef de la maison d'arrêt de recevoir et de détenir la personne qui en est l'objet.

Le mandat d'arrêt est l'ordre donné à la force publique de rechercher l'inculpé et de le conduire sans délai à la maison d'arrêt indiquée sur le mandat, où il sera reçu et détenu.

Art. 141 *(Mod., D. 22 août 1958).* – Les mandats sont exécutoires dans toute l'étendue du territoire de la République.

Les mandats d'amener et d'arrêt peuvent, s'il y a urgence, être diffusés par tous moyens. L'agent chargé d'assurer l'exécution du mandat en réclame l'original, qui doit lui être transmis par les voies les plus rapides.

Les militaires de la gendarmerie mettent à exécution les mandats de dépôt, notifient et mettent à exécution les mandats d'amener et d'arrêt. Ils ne notifient les mandats de comparution qu'exceptionnellement et en cas d'urgence.

Lorsqu'ils sont chargés de notifier un mandat, les militaires de la gendarmerie en délivrent toujours copie à l'intéressé.

Art. 142 *(Mod., D. 22 août 1958).* – Si la personne recherchée en vertu d'un mandat d'amener est trouvée à plus de deux cents kilomètres du siège du juge d'instruction qui a délivré le mandat, elle est conduite devant le procureur de la République du lieu de l'arrestation.

Si elle ne peut être découverte, le mandat d'amener est présenté au maire ou à l'un de ses adjoints, ou au commissaire de police ou, en l'absence de ce dernier, à l'officier de police chef des services de sécurité publique de la commune de résidence, qui appose son visa sur le mandat. Celui-ci est renvoyé obligatoirement au magistrat mandant, accompagné du procès-verbal de recherches infructueuses dressé par la gendarmerie, lequel contient tous renseignements utiles à la poursuite des recherches.

Aucune perquisition ne peut être effectuée pour la mise à exécution des mandats d'amener.

Pour celle d'un mandat d'arrêt, les militaires de l'arme, lorsque l'inculpé n'a pu être trouvé, peuvent s'introduire à son domicile après six heures et avant vingt et une heures. Si l'intéressé est réfugié chez un tiers, ils agissent conformément aux dispositions de l'article 171.

Lorsque l'inculpé ne peut être saisi, le mandat d'arrêt est notifié à la dernière habitation du recherché et il est fait perquisition par le porteur du mandat, officier ou agent de police judiciaire, qui en dresse procès-verbal dans les formes ordinaires.

La perquisition est effectuée et le procès-verbal rédigé en présence des deux plus proches voisins que l'officier ou l'agent de police judiciaire de gendarmerie pourra trouver.

Ces personnes signent le procès-verbal ou, si elles ne savent ou ne veulent pas signer, il en est porté mention ainsi que de l'interpellation qui leur a été faite.

Le procès-verbal est ensuite visé par le maire ou l'un de ses adjoints, ou par le commissaire de police ou, en l'absence de ce dernier, par l'officier de police chef des services de sécurité publique du lieu, qui en reçoit copie.

Le mandat d'arrêt, ainsi que le procès-verbal, est ensuite transmis au juge mandant ou, s'il a été décerné par une autre juridiction, au greffe de celle-ci.

Si l'inculpé est saisi hors du ressort du juge d'instruction qui a délivré le mandat, il est conduit immédiatement devant le procureur de la République du lieu de l'arrestation.

Les militaires de l'arme chargés de l'exécution d'un mandat de dépôt conduisent l'inculpé à la maison d'arrêt ; le surveillant-chef délivre une reconnaissance de la remise, inscrite sur le carnet de transfèrements.

....

TITRE IV. – DU SERVICE SPÉCIAL DE LA GENDARMERIE

CHAPITRE I. – SERVICE ORDINAIRE DES BRIGADES

Section I. – Police judiciaire et administrative

....

Art. 169 *(Mod., D. 22 août 1958).* – Les militaires de la gendarmerie ne peuvent, sous les peines prévues à l'article 184, alinéa 1, du Code pénal, pénétrer au domicile des citoyens que dans les cas déterminés ci-après :

1° Avec le consentement de l'intéressé :

2° Pour l'exécution d'une perquisition, dans les conditions fixées à l'article 170 ;

3° Pour un motif formellement exprimé par la loi.

Sauf réclamation faite de l'intérieur de la maison ou nécessité urgente de porter secours (incendie, inondation, etc.) et sauf exceptions prévues par la loi, ils ne doivent commencer aucune visite domiciliaire et perquisition avant six heures ou après vingt et une heures.

Toute perquisition régulièrement commencée dans le temps légal ainsi défini peut être poursuivie sans discontinuité, même après vingt et une heures.

Art. 170 *(Mod., D. 22 août 1958).* – Hors l'état de siège ou l'état d'urgence, et indépendamment des droits de suite, de visite ou de saisie qui leur sont conférés par des lois spéciales, les militaires de la gendarmerie ne peuvent procéder à des perquisitions ou visites domiciliaires que s'ils opèrent :

1° En qualité d'officiers de police judiciaire :

a) Dans les cas qualifiés flagrants de crime ou de délit punissable d'une peine d'emprisonnement et dans le cas assimilé de la réquisition du chef d'une maison, au domicile des personnes visées à l'article 121, alinéa 1 ;

b) En vertu d'une commission rogatoire, ou d'une réquisition préfectorale se référant à l'article 30 du Code de procédure pénale. Les perquisitions ainsi prescrites sont effectuées :

Soit dans les lieux limitativement désignés par la commission rogatoire ou la réquisition préfectorale ;

Soit, s'il est ainsi spécifié, dans les lieux où peuvent se trouver des objets dont la découverte serait utile à la manifestation de la vérité.

Dans les deux cas, le but des investigations doit être en rapport direct avec l'infraction déterminée, déjà commise ou en cours d'accomplissement, que vise obligatoirement la délégation de pouvoirs du juge ou la réquisition du préfet.

2° Comme officiers ou agents de police judiciaire, et dans le cadre des enquêtes prévues aux articles 127 et 128 : au domicile de toute personne qui donne, librement et en connaissance de cause, son assentiment exprès.

3° Même comme simples agents de la force publique, pour la mise à exécution d'un mandat d'arrêt ou d'un extrait de jugement revêtu du réquisitoire du procureur de la République : au domicile du recherché qui n'a pu être saisi.

Les formalités à observer pour les perquisitions et visites domiciliaires sont indiquées suivant l'hypothèse considérée par les articles 121, 127, 128, 135, 138 et 142.

En aucun cas, les officiers de police judiciaire de la gendarmerie ne peuvent choisir des militaires de cette arme pour tenir lieu des témoins dont la présence est requise par la loi pour l'exécution de la perquisition ou visite domiciliaire.

Lorsqu'une perquisition risque de porter atteinte au secret professionnel et aux droits de la défense, notamment si elle doit avoir lieu chez un avocat inscrit à un barreau ou chez un avoué, l'officier de police judiciaire de gendarmerie doit, préalablement à toute opération, en référer, selon le cas, au procureur de la République ou au juge d'instruction, et se conformer aux instructions du magistrat.

....

TITRE V. – DEVOIRS GÉNÉRAUX ET DROITS DE LA GENDARMERIE DANS L'EXÉCUTION DU SERVICE

CHAPITRE UNIQUE

....

Art. 306 *(Mod., D. 22 août 1958).* – Dans les cas de crime flagrant ou de délit flagrant, si ce délit est puni d'une peine d'emprisonnement, tout militaire de la gendarmerie a qualité pour en appréhender l'auteur.

Art. 307 *(Mod., D. 22 août 1958).* – Les individus arrêtés dans les conditions prévues à l'article 306 doivent être fouillés, en vue d'assurer tant leur propre sécurité que celle des militaires de l'arme, ou pour la découverte d'objets utiles à la manifestation de la vérité. Ils peuvent être retenus dans la chambre de sûreté de la caserne de gendarmerie en attendant d'être amenés devant le procureur de la République, dans les délais fixés, selon le cas, par les articles 115, 123, 127, 128 et 129.

Les mêmes mesures sont prises à l'égard des individus arrêtés en vertu d'un mandat d'amener, d'un mandat d'arrêt ou d'un extrait de jugement portant condamnation à une peine d'emprisonnement ou à une peine plus grave, mais en aucun cas leur conduite à destination ne peut être différée au-delà de vingt-quatre heures.

Les personnes gardées à vue sont obligatoirement fouillées avant d'être conduites devant un magistrat. Elles ne peuvent être retenues dans les conditions prévues au premier alinéa que s'il existe contre elles des indices graves et concordants de nature à motiver leur inculpation.

L'usage de la force n'est autorisé à l'encontre des personnes gardées à vue pour la mise en exécution des mandats d'amener ou de contraintes à comparaître *(art. 62, 109, 110, 153 du Code de procédure pénale)* que si les intéressés refusent d'obéir à l'invitation qui leur est obligatoirement faite de suivre les gendarmes, ou s'ils tentent de leur échapper.

S'ils réussissent à s'évader après avoir déclaré vouloir obéir à l'ordre de conduite, le défaut d'emploi des objets de sûreté ne saurait constituer un fait de négligence de nature à engager à lui seul la responsabilité pénale et disciplinaire de l'escorte.

Une instruction ministérielle fixe les modalités suivant lesquelles est assurée la nourriture des personnes visées au présent article pendant le temps où elles sont retenues par la gendarmerie.

Art. 308 *(Mod., D. 22 août 1958)*. – Les militaires de la gendarmerie qui trouvent une personne en état d'ivresse dans les rues, chemins, places, cafés ou autres lieux publics doivent la conduire, à ses frais, par mesure de police, dans la chambre de sûreté ou, à défaut, au poste le plus voisin ; elle y est retenue jusqu'à ce qu'elle ait recouvré la raison.

Tous objets susceptibles de lui nuire lui sont provisoirement retirés.

....

V. Art. 16.

Décret du 25 juillet 1929

portant création d'un service de police aérienne

Art. 1er. – Il est créé un service de police aérienne placé sous l'autorité du ministre de l'intérieur. Ce service est chargé de relever les infractions commises par les personnes responsables de la conduite des aéronefs, d'avertir, identifier et poursuivre les délinquants et, en particulier, de les inviter et contraindre à atterrir. Ce service fonctionne sur le territoire métropolitain et les eaux territoriales.

Art. 2. – Des avions concourront au fonctionnement du service de la police aérienne ; ils disposeront d'artifices fumigènes noirs simulant les éclatements d'obus de défense contre aéronefs.

Ces artifices constitueront le moyen d'injonction prévu à l'article 36 de la loi du 31 mai 1924. Tout aéronef apercevant ce signal devra suivre l'avion de police jusqu'à l'aérodrome où il atterrira et y atterrir à son tour, s'il dispose de moyens de direction. Dans le cas contraire, il devra atterrir aussi rapidement que le permettront les circonstances.

V. Art. 16.

Arrêté du 11 septembre 1929

étendant la compétence du bureau central national chargé de réunir
la documentation concernant les criminels internationaux

Art. 1er. – La compétence du bureau central national institué au contrôle général des services de recherches judiciaires à la direction de la sûreté générale, à Paris, par arrêté du 18 décembre 1928, est étendue à la centralisation de tous les renseignements pouvant faciliter les recherches, la prévention et la répression du faux-monnayage.

Art. 2. – Le bureau central national sera seul chargé de notifier aux offices centraux des différents pays les informations prévues par la convention internationale signée à Genève, le 20 avril 1929, pour la répression du faux-monnayage.

V. Art. 16.

Décret du 21 novembre 1933

relatif à la répression du trafic illicite des stupéfiants

Art. 1er *(Mod., D. n. 53-726, 3 août 1953, art. 1er)*. – Il est institué au ministère de l'intérieur (direction générale de la sûreté nationale, direction de la police judiciaire), 11, rue des Saussaies, Paris (8e), un service de police chargé de centraliser tous les renseignements pouvant faciliter la recherche et la prévention du trafic illicite des toxiques stupéfiants et de coordonner toutes les opérations tendant à la répression de ce trafic.

« Fonctionnant sous l'appellation d'Office central pour la répression du trafic illicite des stupéfiants, ce service doit être en contact étroit :

« *a)* Avec le bureau des stupéfiants du ministère de la santé publique et de la population et le bureau compétent du ministère de la France d'outre-mer ;

« *b)* Avec les services des douanes, de la gendarmerie nationale, des contributions indirectes et tous services administratifs et de police appelés à constater les infractions prévues par les articles 115 à 119 du Code de la pharmacie et les règlements d'administration publique subséquents, relatifs aux substances vénéneuses classées au tableau B en exécution des dispositions du décret du 19 novembre 1948, et les services similaires des territoires d'outre-mer relevant de la compétence du ministère de la France d'outre-mer ;

« *c)* Avec les organismes similaires des autres pays et les services spécialisés de la République française, des territoires sous tutelle et des États associés et protégés.

Art. 2 *(Mod., D. n. 53-726, 3 août 1953, art. 1er)*. – Les fonctionnaires des administrations auxquels des cas de trafic illicite auront été signalés, ou qui auront saisi une quantité quelconque de l'un des toxiques stupéfiants classés au tableau B, en exécution des dispositions du décret du 19 novembre 1948, devront en aviser directement et sans délai l'office central institué au ministère de l'intérieur (direction générale de la sûreté nationale, direction de la police judiciaire), 11, rue des Saussaies, Paris (8e), par un rapport mentionnant notamment :

a) Dans le cas où il s'agit simplement d'un trafic illicite signalé :

1° Les indications reçues, avec toutes précisions utiles ;

2° Si le service saisi dispose de moyens suffisants pour constater l'infraction sans autre concours.

b) Dans le cas où il y a arrestation, inculpation ou saisie :

1° L'identité du ou des délinquants ;

2° Leur résidence habituelle ;

3° L'origine, la nature et la quantité des substances saisies ;

4° Les lieux où les drogues ont été expédiées ou réexpédiées ;

5° Les procédés employés et les itinéraires suivis par les contrebandiers, et, s'il y a lieu, les noms des navires ;

6° Toutes marques, indications portées sur les emballages et récipients renfermant ou ayant renfermé les stupéfiants saisis.

(Un échantillon de chaque produit saisi sera également adressé, avec le rapport, à l'office central) ;

7° S'il s'agit :

a) D'un membre de la marine marchande, à quelque titre que ce soit, le nom du navire sur lequel il est en service, ainsi que le relevé de ses précédents embarquements ;

b) D'un membre de l'équipage d'un aéronef civil, le nom de la compagnie ou société qui l'emploie, la ligne sur laquelle il est en service et le relevé des lignes sur lesquelles il a précédemment navigué.

Dernier paragraphe abrogé, D. n. 53-726, 3 août 1953, art. 2.

Art. 3 *(Rempl., D. n. 53-726, 3 août 1953, art. 1er).* – En cas d'arrestation, il sera établi, pour chaque délinquant :

a) Deux fiches dactyloscopiques ;

b) Une fiche anthropométrique ;

c) Une notice individuelle signalétique complète ;

d) Quatre jeux de photographies, non collées, en quatre poses : face et profil droit sans chapeau, trois quarts avec chapeau, en pied, qui seront transmises à l'office central.

Si les fonctionnaires qui ont procédé aux arrestations ne peuvent établir eux-mêmes les fiches et prendre les photographies, ils signaleront d'urgence au service régional de police judiciaire de leur circonscription les arrestations en mentionnant les destinations données aux délinquants.

Le service régional de police judiciaire compétent fera établir les documents prévus et les transmettra directement à l'office central.

Art. 4 *(Rempl., D. n. 53-726, 3 août 1953, art. 1er).* – L'office central précité adressera au ministère de la santé publique et de la population (service central de la pharmacie, bureau des stupéfiants) un rapport sur chaque cas de trafic illicite signalé ou constaté. Le bureau compétent du ministère de la France d'outre-mer sera également destinataire de la partie de ce rapport intéressant les territoires relevant de sa compétence.

En outre, au 15 février de chaque année, il fera parvenir à ce service un rapport général destiné à être transmis à l'Organisation des Nations unies, conformément à l'article 16 de la convention du 26 juin 1936 susvisée. La partie de ce rapport intéressant les territoires relevant de la compétence du ministère de la France d'outre-mer sera établie en liaison avec les services de cette administration. Ce rapport sera établi dans la forme prévue par la commission compétente de l'ONU.

Pour permettre la rédaction du paragraphe de ce rapport concernant les mesures d'ordre judiciaire prises à l'encontre des trafiquants de stupéfiants, les services ayant constaté une infraction à la législation en la matière joindront à la procédure un bulletin que le parquet adressera à l'office central après mention de la suite judiciaire intervenue.

Art. 5 *(Rempl., D. n. 53-726, 3 août 1953, art. 1er).* – L'office central institué au ministère de l'intérieur (direction générale de la sûreté nationale, direction de la police judiciaire) est habilité à prendre contact et à correspondre directement, selon une procédure fixée conjointement par le ministre de l'intérieur, le ministre des affaires étrangères, le ministre de la France d'outre-mer et le ministre de la santé publique et de la population, avec les offices centraux des autres États, la commission internationale de police criminelle et tout autre organisme ayant dans ses attributions la répression du trafic illicite des stupéfiants.

V. Art. 16.

Loi n. 2001-1062 du 15 novembre 2001

Art. 58. – I. – Il est créé un établissement public de l'État à caractère administratif dénommé « Institut national de police scientifique », placé sous la tutelle du ministre de l'intérieur.

Cet établissement comprend les laboratoires de la police scientifique de Lille, Lyon, Marseille, Paris et Toulouse, le laboratoire de toxicologie de la préfecture de police et le service central des laboratoires.

Il a pour mission de réaliser tous les examens, recherches et analyses d'ordre scientifique et technique qui lui sont demandés par les autorités judiciaires ou les services de police et de gendarmerie aux fins de constatation des infractions pénales et d'identification de leurs auteurs. Il développe et promeut, au plan national et international, les techniques et les procédés mis en œuvre à cette fin.

II. – Le conseil d'administration de l'Institut national de police scientifique comprend, pour la moitié au moins de ses membres, des représentants de l'État ainsi que des personnalités qualifiées et des représentants élus des personnels.

Un conseil scientifique assiste le président du conseil d'administration et le directeur de l'établissement sur les aspects scientifiques et techniques de l'activité de l'institut.

Les services de l'établissement sont dirigés par un directeur nommé par décret.

III. – Les ressources de l'établissement sont constituées par des subventions de l'État ou des autres personnes publiques, par les honoraires d'expertise et autres redevances pour services rendus, par les produits des emprunts, par les dons et legs et par le produit des ventes qu'il effectue dans le cadre de ses missions.

IV. – À compter de l'entrée en vigueur de la présente loi, les fonctionnaires et agents non titulaires de la ville de Paris qui exercent leurs fonctions dans le laboratoire de toxicologie mentionné au deuxième alinéa du I sont mis de plein droit à disposition de l'État, à titre individuel, dans les conditions fixées par l'article 125 de la loi n° 84-53 du 26 janvier 1984 portant dispositions statutaires relatives à la fonction publique territoriale.

Les fonctionnaires de la ville de Paris mentionnés ci-dessus peuvent, dans un délai d'un an et dans les conditions fixées aux II et III de l'article 123 de la loi n° 84-53 du 26 janvier 1984 précitée, opter pour le statut de fonctionnaire de l'État. À l'issue de ce délai, les dispositions du IV de cet article s'appliquent aux fonctionnaires qui n'ont pas fait usage de leur droit d'option. Toutefois, le délai de deux ans mentionné au cinquième alinéa de ce IV est, pour l'application du présent article, ramené à un an.

Les agents non titulaires de la ville de Paris mentionnés au premier alinéa peuvent, sur leur demande présentée dans un délai d'un an, se voir reconnaître la qualité d'agent non titulaire de l'État dans les conditions prévues aux quatre premiers alinéas du II de l'article 123-1 de la loi n° 84-53 du 26 janvier 1984 précitée. Le délai de deux ans prévu pour faire droit à leur demande est ramené à un an.

V. – La loi du 27 novembre 1943 portant création d'un service de police technique est abrogée.

VI. – Un décret en Conseil d'État fixe les modalités d'application du présent article.

V. Art. 16.

Décret n. 58-1309 du 31 octobre 1958

portant création de l'office central pour la répression de la traite des Êtres humains

Art. 1er. – Il est institué au ministère de l'intérieur (direction générale de la sûreté nationale, direction des services de police judiciaire, 11, rue des Saussaies, Paris (8e) un service de police chargé de centraliser tous les renseignements pouvant faciliter la recherche du trafic dit des « Êtres humains » et de coordonner toutes les opérations tendant à la répression de ce trafic.

Fonctionnant sous l'appellation d'office central pour la répression de la traite des « Êtres humains », ce service doit être en contact étroit :

a) Avec tous les services de la gendarmerie nationale et tous services de police appelés à constater les infractions aux articles 334, 334 *bis* et 335 du Code pénal ou à exercer un contrôle administratif aux gares, aéroports et ports maritimes ;

b) Avec tous les services de gendarmerie et de police implantés dans les territoires d'outre-mer de la République française et dans les territoires et États dont la France assure la responsabilité de la conduite des relations internationales ;

c) Avec les organismes similaires des autres pays.

Art. 2. – Les militaires de la gendarmerie et tous les fonctionnaires de police qui auraient connaissance, sous quelque forme que ce soit, de faits de proxénétisme devront en aviser directement et sans délai l'office central institué à l'article précédent par un rapport mentionnant la relation des faits constatés ou les indications reçues avec toutes précisions, preuves ou présomptions de preuves utiles.

Art. 3. – Afin d'obtenir une documentation complète sur les personnes se livrant au proxénétisme qui opèrent sur l'ensemble du territoire de la République française et des territoires et États dont la France assure la conduite des relations internationales, il sera établi, en cas d'inculpation ou d'arrestation :

a) Deux fiches dactyloscopiques ;

b) Deux fiches anthropométriques ;

c) Une notice individuelle signalétique complète ;

d) Deux jeux de photographies en trois poses : face, profil, en pied.

Si les fonctionnaires qui ont procédé aux arrestations ne peuvent établir eux-mêmes les fiches ou prendre les photographies, ils signaleront d'urgence au service régional de police judiciaire de leur circonscription ou au service d'identification le plus proche les arrestations, en mentionnant les destinations données aux délinquants. Ces services feront établir les documents prévus et les transmettront directement à l'office central.

Art. 4. – L'office central précité doit tous les deux ans adresser au ministère des affaires étrangères un rapport général sur la répression de la traite des « Êtres humains » et l'exploitation de la prostitution d'autrui en vue de sa transmission à l'Organisation des Nations unies, conformément à la décision prise par l'assemblée générale de cette organisation en date du 2 décembre 1949.

Pour permettre la rédaction du paragraphe de ce rapport concernant les mesures d'ordre judiciaire prises à l'encontre de tout individu ayant contrevenu aux dispositions des articles 334, 334 *bis* et 335 du Code pénal, les services ayant constaté une infraction à la législation en la matière joindront à la procédure un bulletin que le parquet adressera à l'office central après mention de la suite judiciaire intervenue.

Art. 5. – L'office central institué au ministère de l'intérieur (direction générale de la sûreté nationale, direction des services de police judiciaire) est habilité à prendre contact et à correspondre directement avec les offices centraux des autres États, l'office international de police criminelle et tout autre organisme ayant dans ses attributions la répression de la traite des « êtres humains ».

V. Art. 16.

Décret n. 59-1562 du 28 décembre 1959

relatif au sommier de police technique

Art. 1er. – Le ministre de l'Intérieur fait tenir un fichier destiné à faciliter l'identification des délinquants et appelé « sommier de police technique », dont la consultation est exclusivement réservée aux autorités judiciaires ainsi qu'aux services de police et de gendarmerie.

Art. 2. – Le sommier de police technique reçoit des greffiers des cours d'appel, des tribunaux de grande instance, des juridictions militaires, et d'une manière générale de toute juridiction compétente, le relevé des condamnations à une peine privative de liberté pour crime ou délit.

V. Art. 16.

Loi n. 66-492 du 9 juillet 1966

portant organisation de la police nationale

Art. 1er. – La police nationale relève de l'autorité du ministre de l'intérieur, sous réserve des dispositions du Code de procédure pénale relatives à l'exercice de la police judiciaire.

Elle comporte des emplois de direction des services actifs, parmi lesquels sont compris les emplois de direction de la préfecture de police, des services de contrôle et des corps de fonctionnaires soumis aux dispositions de la loi n. 48-1504 du 28 septembre 1948 modifiée.

Dernier alinéa abrogé avec effet à compter du 1er octobre 1971, D. n. 71-606, 20 juill. 1971, art. 1er et 4.

Art. 2. – Pour la constitution initiale des corps de la police nationale, il est procédé par intégration des fonctionnaires appartenant aux services actifs de la sûreté nationale et de la préfecture de police.

Les conditions et les modalités de recrutement, de nomination, d'avancement et de congé de maladie des corps nouveaux seront définies en fonction de l'intérêt du service et en tenant compte du régime statutaire le plus favorable.

Les fonctionnaires des services actifs de la Sûreté nationale et de la préfecture de police demeurent régis par les dispositions statutaires en vigueur jusqu'à ce qu'ils aient été soumis, en application de l'alinéa 2 de l'article

1er de la présente loi, aux statuts particuliers prévus aux alinéas 2 et 3 de l'article 1er de la loi n. 48-1504 du 28 septembre 1948 modifiée.

Art. 3. – Les décrets d'application pourront constituer un corps d'extinction de fonctionnaires d'État, les corps de services actifs de la préfecture de police n'ayant pas d'équivalent dans la sûreté nationale.

Les fonctionnaires des services actifs de la préfecture de police, en fonction à la date d'application de la présente loi et intégrés dans les nouveaux corps, ne peuvent être mutés en dehors des limites territoriales définies par l'article 10 de la loi n. 64-707 du 10 juillet 1964 que sur leur demande ou par mesure disciplinaire.

Ces fonctionnaires conservent sur leur demande le bénéfice des limites d'âge applicables à leurs anciens corps.

V. Art. 16.

Décret n. 86-592 du 18 mars 1986

portant code de déontologie de la police nationale
(*JO* 19 mars)

TITRE PRÉLIMINAIRE

Art. 1er. – La police nationale concourt, sur l'ensemble du territoire, à la garantie des libertés et à la défense des institutions de la République, au maintien de la paix et de l'ordre publics et à la protection des personnes et des biens.

Art. 2. – La police nationale s'acquitte de ses missions dans le respect de la Déclaration des droits de l'homme et du citoyen, de la Constitution, des conventions internationales et des lois.

Art. 3. – La police nationale est ouverte à tout citoyen français satisfaisant aux conditions fixées par les lois et règlements.

Art. 4. – La police nationale est organisée hiérarchiquement. Sous réserve des règles posées par le Code de procédure pénale en ce qui concerne les missions de police judiciaire, elle est placée sous l'autorité du ministre de l'intérieur.

Art. 5. – Le présent code de déontologie s'applique aux fonctionnaires de la police nationale et aux personnes légalement appelées à participer à ses missions.

Art. 6. – Tout manquement aux devoirs définis par le présent code expose son auteur à une sanction disciplinaire, sans préjudice, le cas échéant, des peines prévues par la loi pénale.

TITRE PREMIER. – DEVOIRS GÉNÉRAUX DES FONCTIONNAIRES DE LA POLICE NATIONALE

Art. 7. – Le fonctionnaire de la police nationale est loyal envers les institutions républicaines. Il est intègre et impartial ; il ne se départit de sa dignité en aucune circonstance.

Placé au service du public, le fonctionnaire de police se comporte envers celui-ci d'une manière exemplaire.

Il a le respect absolu des personnes, quelles que soient leur nationalité ou leur origine, leur condition sociale ou leurs convictions politiques, religieuses ou philosophiques.

Art. 8. – Le fonctionnaire de la police nationale est tenu, même lorsqu'il n'est pas en service, d'intervenir de sa propre initiative pour porter assistance à toute personne en danger, pour prévenir ou réprimer tout acte de nature à troubler l'ordre public et protéger l'individu et la collectivité contre les atteintes aux personnes et aux biens.

Art. 9. – Lorsqu'il est autorisé par la loi à utiliser la force et, en particulier, à se servir de ses armes, le fonctionnaire de police ne peut en faire qu'un usage strictement nécessaire et proportionné au but à atteindre.

Art. 10. – Toute personne appréhendée est placée sous la responsabilité et la protection de la police ; elle ne doit subir, de la part des fonctionnaires de police ou de tiers, aucune violence ni aucun traitement inhumain ou dégradant.

Le fonctionnaire de police qui serait témoin d'agissements prohibés par le présent article engage sa responsabilité disciplinaire s'il n'entreprend rien pour les faire cesser ou néglige de les porter à la connaissance de l'autorité compétente.

Le fonctionnaire de police ayant la garde d'une personne dont l'état nécessite des soins spéciaux doit faire appel au personnel médical et, le cas échéant, prendre des mesures pour protéger la vie et la santé de cette personne.

Art. 11. – Les fonctionnaires de police peuvent s'exprimer librement dans les limites résultant de l'obligation de réserve à laquelle ils sont tenus et des règles relatives à la discrétion et au secret professionnels.

Art. 12. – Le ministre de l'Intérieur défend les fonctionnaires de la police nationale contre les menaces, les violences, les voies de fait, les injures, diffamations ou outrages dont ils sont victimes dans l'exercice ou à l'occasion de leurs fonctions.

TITRE II. – DROITS ET DEVOIRS RESPECTIFS DES FONCTIONNAIRES DE POLICE ET DES AUTORITÉS DE COMMANDEMENT

Art. 13. – L'autorité investie du pouvoir hiérarchique exerce les fonctions de commandement. À ce titre, elle prend les décisions et les fait appliquer ; elle les traduit par des ordres qui doivent être précis et assortis des explications nécessaires à leur bonne exécution.

Art. 14. – L'autorité de commandement est responsable des ordres qu'elle donne, de leur exécution et de leurs conséquences. Lorsqu'elle charge un de ses subordonnés d'agir en ses lieu et place, sa responsabilité demeure entière et s'étend aux actes que le subordonné accomplit régulièrement dans le cadre de ses fonctions et des ordres reçus.

Le fonctionnaire de police doit exécuter loyalement les ordres qui lui sont donnés par l'autorité de commandement. Il est responsable de leur exécution ou des conséquences de leur inexécution.

Art. 15. – L'autorité de commandement transmet ses ordres par la voie hiérarchique. Si l'urgence ne permet pas de suivre cette voie, les échelons intermédiaires en sont informés sans délai.

Art. 16. – Hors le cas de réquisition, aucun ordre ne peut être donné à un fonctionnaire de police qui ne relève pas de l'autorité fonctionnelle de son auteur, si ce n'est pour faire appliquer les règles générales de la discipline.

Art. 17. – Le subordonné est tenu de se conformer aux instructions de l'autorité, sauf dans le cas où l'ordre donné est manifestement illégal et de nature à compromettre gravement un intérêt public. Si le subordonné croit se trouver en présence d'un tel ordre, il a le devoir de faire part de ses objections à l'autorité qui l'a donné, en indiquant expressément la signification illégale qu'il attache à l'ordre litigieux.

Si l'ordre est maintenu et si, malgré les explications ou l'interprétation qui lui en ont été données, le subordonné persiste dans sa contestation, il en réfère à la première autorité supérieure qu'il a la possibilité de joindre. Il doit être pris acte de son opposition.

Tout refus d'exécuter un ordre qui ne répondrait pas aux conditions ci-dessus engage la responsabilité de l'intéressé.

Art. 18. – Tout fonctionnaire de police a le devoir de rendre compte à l'autorité de commandement de l'exécution des missions qu'il en a reçues, ou, le cas échéant, des raisons qui ont rendu leur exécution impossible.

TITRE III. – DU CONTRÔLE DE LA POLICE

Art. 19. – Outre le contrôle de la chambre de l'instruction, qui s'impose à eux lorsqu'ils accomplissent des actes de police judiciaire, les personnels de police nationale et les autorités administratives qui les commandent sont soumis au contrôle hiérarchique et au contrôle de l'inspection générale de l'administration et, s'agissant des seuls personnels de la police nationale, également à celui de l'inspection générale de la police nationale.

Art. 20. – Le ministre de l'Intérieur et de la décentralisation est chargé, etc.

V. Art. 16.

Décret n. 73-952 du 11 octobre 1973

instituant au ministère de l'intérieur un office central pour la répression du banditisme

Art. 1er. – Il est institué au ministère de l'intérieur (direction générale de la police nationale, direction centrale de la police judiciaire) un office central pour la répression du banditisme.

Art. 2. – Cet office est chargé : sur le territoire national, d'animer et coordonner la lutte contre le banditisme ;

À l'étranger, de rechercher, en liaison avec l'OIPC-Interpol, les auteurs et les complices d'actes de banditisme.

Art. 3. – Pour accomplir la mission définie à l'article 2, l'office rassemble et exploite toute documentation relative aux infractions suivantes :

1° Associations de malfaiteurs ;

2° Vols qualifiés commis avec port d'armes, usage d'explosifs ou violences contre les personnes ;

3° Extorsions de fonds, de signature ou de titres ;

4° Homicides volontaires commis par des malfaiteurs à l'égard d'autres malfaiteurs.

Art. 4. – Les services de la police nationale et les formations de la gendarmerie adressent sans délai à l'office toutes informations relatives aux infractions définies ci-dessus, à leurs auteurs et à leurs complices.

Art. 5. – Pour les infractions qui relèvent de sa compétence, l'office adresse toutes indications utiles à l'identification ou à la recherche des malfaiteurs aux services de gendarmerie et à la police nationale et, sur leur demande, les renseignements utiles aux enquêtes dont ils sont saisis.

Art. 6. – En cas d'infractions multiples, ou lorsque celles-ci nécessitent des recherches interrégionales ou internationales, les autorités judiciaires ou les services concernés peuvent demander à l'office d'envoyer sur place des agents qui apporteront leur concours et assureront la coordination des recherches. Cette coopération n'implique pas dessaisissement des services régionaux ou locaux régulièrement saisis.

En application de l'article D. 4 du Code de procédure pénale, les fonctionnaires de l'office peuvent être chargés directement par les autorités judiciaires des enquêtes présentant une importance particulière.

Art. 7. – L'office central pour la répression du banditisme procède aux études destinées à assurer la prévention contre le banditisme et la protection des personnes et des biens.

V. Art. 16.

Décret n. 75-431 du 26 mai 1975

fixant les attributions du bureau central national
de l'Organisation internationale de police criminelle (Interpol)

Art. 1er. – Le bureau central national institué au ministère de l'intérieur (direction centrale de la police judiciaire) est le correspondant de l'Organisation internationale de police criminelle (Interpol) pour l'ensemble des services qui participent à la constatation, à la recherche et à la répression des crimes et délits entrant dans la compétence de l'Organisation internationale en application de ses statuts.

Art. 2. – Le bureau central national de l'Organisation internationale de police criminelle (Interpol) a mission :

1° De centraliser, établir et transmettre, soit à l'Organisation internationale de police criminelle pour les États étrangers, soit aux services français compétents, la documentation relative aux crimes et délits visés à l'article 1er, à leurs auteurs et complices, quand ils font ou peuvent faire l'objet de demandes de recherches à l'étranger par les autorités judiciaires ou de police française ou, en France, par les autorités judiciaires ou de police étrangères, en vue de poursuites judiciaires ;

2° De coordonner et d'assurer à l'étranger la continuité de l'action des services chargés, d'une part, de constater les crimes et délits susvisés et, d'autre part, de rechercher leurs auteurs et complices pour les déférer à la justice ;

3° De diffuser en France et à l'étranger les mandats des autorités judiciaires, à la requête de celles-ci, et les demandes de recherches des services compétents, concernant les auteurs et complices de crimes et délits ci-dessus spécifiés ;

4° De faciliter l'exécution des commissions rogatoires, mandats et enquêtes concernant ces auteurs et complices ;

5° De fournir les moyens en sa possession et de procurer ceux de l'Organisation internationale de police criminelle (Interpol) pour assurer la coopération judiciaire et policière internationale contre les crimes et délits susvisés, leurs auteurs et complices.

Art. 3. – Les services français de la police nationale et de la gendarmerie nationale doivent solliciter les recherches et les renseignements à l'étranger par l'intermédiaire du bureau central national de l'Organisation internationale de police criminelle. Les autorités judiciaires peuvent avoir recours au bureau central national.

Art. 4. – Lorsqu'il y a urgence, les services français entrent en rapport direct avec leurs homologues des pays frontaliers. Ils en avisent immédiatement les autorités judiciaires compétentes et le service régional de police judiciaire, qui en informe sans délai le bureau central national.

Art. 5. – Les missions à l'étranger des fonctionnaires de la direction centrale de la police judiciaire et des militaires de la gendarmerie, ainsi que l'assistance prêtée par ces fonctionnaires et militaires à des missions de policiers étrangers en France, doivent s'accomplir après en avoir avisé le bureau central national, outre l'autorité judiciaire compétente.

Art. 6. – Les enquêtes, renseignements et arrestations concernant des étrangers recherchés en France pour des infractions commises à l'étranger ou des Français ayant commis des crimes et délits à l'étranger sont sans délai portés à la connaissance du bureau central national et du service régional de police judiciaire, outre l'information immédiate donnée au magistrat compétent.

V. Art. 16.

Décret n. 75-432 du 2 juin 1975

instituant au ministère de l'intérieur un office central
de lutte contre le trafic des biens culturels
(D. n. 97-285, 25 mars 1997, art. 1er)

Art. 1er. – Il est institué au ministère de l'intérieur (direction générale de la police nationale, direction centrale de la police judiciaire) un office central *(D. n. 97-285, 25 mars 1997, art. 1er)* de lutte contre le trafic des biens culturels.

Art. 2. – Cet office est chargé :

– d'étudier en collaboration avec le ministère chargé de la culture, la direction centrale de la sécurité publique (ministère de l'intérieur) et la direction de la gendarmerie nationale (ministère de la défense) les mesures propres à assurer la protection des *(D. n. 97-285, 25 mars 1997, art. 2)* biens culturels et la prévention des vols les concernant ;

– d'animer et de coordonner sur le plan national la recherche et la répression des vols *(D. n. 97-285, 25 mars 1997, art. 2)* des biens culturels ;

– de faire effectuer ou poursuivre à l'étranger les recherches *(D. n. 97-285, 25 mars 1997, art. 2)* des biens culturels volés, et celles des auteurs des vols, en liaison avec l'Organisation internationale de police criminelle ;

– *(D. n. 97-285, 25 mars 1997, art. 3)* d'exercer, en sa qualité d'autorité centrale au sens de la directive européenne 93/7 du 15 mars 1993 relative à la restitution des biens culturels ayant quitté illicitement le territoire d'un État membre, les pouvoirs et les compétences dévolues à celle-ci par la loi n. 95-877 du 3 août 1995 et par le décret n. 97-286 du 25 mars 1997, pris pour l'application de ladite directive.

Art. 3. – Les dispositions de l'article 2 ci-dessus s'appliquent aux *(D. n. 97-285, 25 mars 1997, art. 2)* biens culturels de toute nature et de toutes époques présentant à un titre quelconque une valeur artistique ou historique qui les rattache au patrimoine culturel national, que ces *(D. n. 97-285, 25 mars 1997, art. 2)* biens culturels appartiennent à l'État, à une collectivité publique ou à une personne de droit public ou privé et qu'ils aient ou non été classés en application de la loi modifiée du 31 décembre 1913 ou inscrits à l'inventaire supplémentaire prévu par ce texte.

Art. 4 *(D. n. 97-285, 25 mars 1997, art. 4)*. – Les services de la police nationale et les formations de la gendarmerie nationale adressent à l'office toutes les informations relatives aux vols ou à la circulation illicite de biens culturels, ainsi qu'aux auteurs et aux complices de ces faits.

De même, la direction générale des douanes et droits indirects adresse à l'office les renseignements, recueillis à l'occasion de l'exercice de ses missions, relatifs aux vols ou à la circulation illicite de biens culturels.

Art. 5 *(D. n. 97-285, 25 mars 1997, art. 5)*. – L'office adresse toutes indications utiles à l'identification ou à la recherche des malfaiteurs aux services de la police nationale et de la gendarmerie et, sur leur demande, les renseignements nécessaires aux enquêtes dont ils sont saisis.

Il adresse à la direction générale des douanes et droits indirects les informations et diffusions de recherches concernant les biens culturels volés ou circulant illicitement.

Art. 6. – Lorsque des circonstances particulières l'exigent, notamment lorsque les vols *(D. n. 97-285, 25 mars 1997, art. 2)* de biens culturels nécessitent des recherches interrégionales ou internationales, les autorités ou les services concernés peuvent demander à l'office d'envoyer sur place des agents qui apporteront leur concours et assureront la coordination des recherches.

Cette coopération n'implique pas dessaisissement des services régionaux ou locaux régulièrement saisis.

En application de l'article D. 4 du Code de procédure pénale, les fonctionnaires de l'office peuvent être chargés directement par les autorités judiciaires des enquêtes présentant une importance particulière.

Art. 6-1 *(D. n. 97-285, 25 mars 1997, art. 6)*. – L'Office central de lutte contre le trafic des biens culturels est habilité, en sa qualité d'autorité centrale au sens de la directive européenne précitée, à introduire auprès des juridictions françaises et des juridictions des autres États membres de la Communauté européenne les actions prévues par la loi du 3 août 1995, et notamment l'action tendant au retour d'un bien culturel sorti illicitement du territoire français.

V. Art. 16.

Décret n. 87-249 du 8 avril 1987

relatif au fichier automatisé des empreintes digitales
géré par le ministère de l'intérieur
(*JO* 9 avril 1987)

Art. 1er. – Est autorisé, dans les conditions prévues au présent décret, le traitement automatisé de traces et empreintes digitales en vue de faciliter la recherche et l'identification, par les services de la police nationale et de la gendarmerie nationale, des auteurs de crimes et de délits et de faciliter la poursuite, l'instruction et le jugement des affaires dont l'autorité judiciaire est saisie.

Art. 2. – Ce traitement est mis en œuvre par la direction centrale de la police judiciaire au ministère de l'intérieur. Il porte la dénomination de fichier automatisé des empreintes digitales.

Art. 3. – Peuvent être enregistrées :

1° Les traces relevées dans le cadre d'une enquête pour crime ou délit flagrant, d'une enquête préliminaire, d'une commission rogatoire ou de l'exécution d'un ordre de recherche délivré par une autorité judiciaire ;

2° Les empreintes relevées dans le cadre d'une enquête pour crime ou délit flagrant, d'une enquête préliminaire, d'une commission rogatoire ou de l'exécution d'un ordre de recherche délivré par une autorité judiciaire, lorsqu'elles concernent des personnes contre lesquelles des indices graves et concordants de nature à motiver leur inculpation auront été réunis ou des personnes, mises en cause dans une procédure pénale, dont l'identification certaine s'avère nécessaire ;

3° Les empreintes relevées dans les établissements pénitentiaires, en application du Code de procédure pénale, en vue de s'assurer de manière certaine de l'identité des détenus qui font l'objet d'une procédure pour crime ou délit et d'établir les cas de récidive.

Art. 4. – Les empreintes digitales enregistrées sont accompagnées des informations suivantes :

1° Les nom, prénoms, date et lieu de naissance, filiation et sexe ;

2° Le service ayant procédé à la signalisation ;

3° La date et le lieu d'établissement de la fiche signalétique ;

4° La nature de l'affaire et la référence de la procédure.

Les traces d'empreintes enregistrées sont accompagnées des informations suivantes :

1° Le lieu sur lequel elles ont été relevées, ainsi que la date du relevé ;

2° Le service ayant procédé à la signalisation ;

3° La date et le lieu d'établissement de la fiche signalétique ;

4° La nature de l'affaire et la référence de la procédure.

Art. 5. – Les informations enregistrées ne pourront être conservées au-delà d'une durée de vingt-cinq ans à compter de l'établissement de la fiche signalétique.

Elles sont effacées dès que le service gestionnaire est informé du décès de la personne qu'elles concernent.

Art. 6. – Le droit d'accès prévu par l'article 34 de la loi n. 78-17 du 6 janvier 1978 s'exerce auprès du directeur central de la police judiciaire au ministère de l'intérieur, place Beauvau, Paris (8e).

Art. 7. – Le présent traitement est placé sous le contrôle du procureur général près la cour d'appel de Paris, qui pourra ordonner la destruction des enregistrements dont la conservation ne paraîtrait manifestement plus utile compte tenu de la finalité du traitement.

Art. 8. – Les fonctionnaires dûment habilités du service d'identité judiciaire du ministère de l'intérieur et des unités de recherches de la gendarmerie nationale pourront seuls avoir accès aux informations enregistrées et procéder aux opérations d'identification à la demande de l'autorité judiciaire ou des officiers de police judiciaire de la police nationale ou de la gendarmerie nationale.

Art. 9. – Le fichier prévu au présent décret ne peut faire l'objet d'aucune interconnexion, rapprochement ou d'aucune autre forme de mise en relation avec un autre traitement automatisé d'informations nominatives.

V. Art. 16.

L. n. 70-1320, 31 déc. 1970 et L. n. 87-1157, 31 déc. 1987 (C. santé publ., art. L. 627) ;
L. n. 88-1149, 23 déc. 1988 (C. douanes, art. 415) ;
D. 9 mai 1990, portant création d'une cellule de coordination chargée du traitement du renseignement et de l'action contre les circuits financiers clandestins (TRACFIN) (*JO* 10 mai 1990) ;

D. n. 90-382, 9 mai 1990, portant création d'un Office Central pour la Répression de la Grande Délinquance Financière (*JO* 10 mai 1990) ;

L. n. 90-614, 12 juill. 1990, relative à la participation des organismes financiers à la lutte contre le blanchiment des capitaux provenant du trafic de stupéfiants (*JO* 14 juill. 1990) ;

D. n. 91-160, 13 fév. 1991, fixant les conditions d'application de la L. n. 90-614, 12 juill. 1990, relative à la participation des organismes financiers à la lutte contre le blanchiment des capitaux provenant du trafic de stupéfiants (*JO* 14 fév. 1991) ;

Circ. Chancellerie CRIM 90 n. 10-F 3/28.09.90, relative à la mise en œuvre de la L. n. 90-614, 12 juill. 1990.

Voir : Pratique des Parquets et de l'Instruction *V° « TRACFIN »*.

V. Art. 16.

Décret n. 96-691 du 6 août 1996

portant création d'un Office central pour la répression de l'immigration irrégulière et de l'emploi d'étrangers sans titre

Art. 1er. – Il est institué au ministère de l'Intérieur (direction générale de la police nationale, direction centrale du contrôle de l'immigration et de la lutte contre l'emploi des clandestins), un Office central pour la répression de l'immigration irrégulière et de l'emploi d'étrangers sans titre.

Sont associés aux activités de cet office le ministère de la Défense (direction générale de la gendarmerie nationale), le ministère du Travail et des affaires sociales (mission de liaison interministérielle pour la lutte contre le travail clandestin, l'emploi non déclaré et les trafics de main-d'œuvre) – MILUTMO – et, en tant que de besoin, le ministère chargé du budget (direction générale des douanes et droits indirects et direction générale des impôts), le ministère des Affaires étrangères (direction des Français à l'étranger et des étrangers en France) et le ministère chargé de l'intégration (direction de la population et des migrations).

Art. 2. – Cet office a pour domaine de compétence les infractions relatives à l'aide à l'entrée, à la circulation et au séjour irréguliers des étrangers en France, à l'emploi des étrangers dépourvus d'autorisation de travail, ainsi qu'aux faux et usage de faux documents destinés à favoriser les infractions sus-mentionnées.

Art. 3. – Cet office est chargé :

1° D'animer et de coordonner sur le plan opérationnel et national la lutte contre les auteurs et complices des infractions prévues à l'article 2 ;

2° D'étudier et de participer à l'étude des moyens à mettre en œuvre pour faire échec à l'immigration clandestine et à l'emploi des étrangers dépourvus d'autorisation de travail en liaison avec les services de la direction générale de la police nationale, de la direction générale de la gendarmerie nationale, de la direction générale des douanes et droits indirects, des services du ministère du travail, de la direction générale des impôts, de la direction des Français à l'étranger et des étrangers en France, de la direction de la population et des migrations, la MILUTMO, les organismes publics et privés et les organismes internationaux concernés ;

3° D'intervenir, sans préjudice des dispositions régissant les offices centraux et les organes de coopération internationale policière placés au sein de la direction centrale de la police judiciaire :

a) À la demande des autorités judiciaires, lorsque la désignation d'un fonctionnaire de l'office apparaît nécessaire ;

b) À la demande des services déconcentrés de police et de gendarmerie, de la direction générale des douanes et droits indirects, des services de l'inspection du travail ou de la direction générale des impôts pour leur prêter assistance lorsque les circonstances l'exigent. L'office dépêche alors, à cette fin, sur place, des fonctionnaires qui prêtent leur concours et contribuent à la coordination des recherches. Cette coopération n'emporte pas dessaisissement des services régulièrement saisis ;

c) De sa propre initiative, chaque fois que les circonstances l'exigent, pour s'informer sur place en cas de faits exigeant des enquêtes d'une importance particulière ;

4° De faire effectuer ou poursuivre à l'étranger les recherches afférentes à ces infractions par le canal des organismes internationaux compétents.

Art. 4. – Pour accomplir sa mission, l'office centralise, traite, exploite et, dans le cadre de leurs compétences respectives, rétrocède aux services déconcentrés de police et de gendarmerie, ainsi qu'aux autres administrations concernées, toutes documentations relatives aux faits et infractions mentionnés à l'article 2.

Il établit toute liaison utile avec les administrations concernées, les services publics et les organismes du secteur privé qui sont confrontés aux manifestations de cette forme de délinquance.

Art. 5. – Les services de la direction générale de la police nationale, de la direction générale de la gendarmerie nationale, de la direction générale des douanes et droits indirects, de l'inspection du travail, de la direction générale des impôts ainsi que des autres administrations et services publics concernés adressent, dans les meilleurs délais, à l'office toutes informations relatives aux faits et infractions mentionnés à l'article 2, ainsi qu'à leurs auteurs et complices.

Art. 6. – Pour les infractions qui sont de sa compétence, l'office adresse toutes indications utiles à l'identification ou à la recherche des délinquants aux services de police et de gendarmerie, des douanes, des impôts et de l'inspection du travail. Il adresse sur demande de ces services tous renseignements utiles aux enquêtes dont ces derniers sont saisis.

Art. 7. – L'office central est habilité à entrer en relation et à correspondre directement, aux fins de coopération et d'échange d'informations, avec les services centraux des autres États exerçant des missions similaires, sans préjudice de l'application des conventions d'assistance administrative.

Art. 8. – Le présent décret est applicable dans les territoires d'outre-mer et dans les collectivités territoriales de Mayotte et de Saint-Pierre-et-Miquelon.

Art. 9. – Le garde des Sceaux, ministre de la Justice, le ministre de la Défense, le ministre de l'Équipement, du Logement, des Transports et du Tourisme, le ministre des Affaires étrangères, le ministre du Travail et des Affaires sociales, le ministre de l'Intérieur, le ministre de l'Économie et des Finances, le ministre de l'Agriculture, de la Pêche et de l'Alimentation, le ministre de l'Aménagement du territoire, de la Ville et de l'Intégration, le ministre de la Fonction publique, de la réforme de l'État et de la Décentralisation, le ministre délégué à l'outre-mer et le ministre délégué au budget, porte-parole du Gouvernement, sont chargés, chacun en ce qui le concerne, de l'exécution du présent décret, qui sera publié au *Journal officiel* de la République française.

V. Art. 16.

Arrêté du 23 juin 1999

relatif à la création d'un modèle type de traitement automatisé du courrier judiciaire dénommé AGORA (application de gestion optimisée des résultats et de l'activité des services) à la direction centrale de la police judiciaire

Art. 1er. – Est autorisée la création au sein de la direction générale de la police nationale du ministère de l'intérieur (direction centrale de la police judiciaire) et dans les services régionaux de police judiciaire d'un modèle type de traitement automatisé d'informations nominatives intitulé « Application de gestion optimisée des résultats et de l'activité des services (AGORA) », dont la finalité est la constitution d'un registre de courrier judiciaire et la production de statistiques.

Art. 2. – Les catégories d'informations nominatives enregistrées sont les suivantes :

1° En ce qui concerne le mis en cause :

– nom, prénom ;
– ou raison sociale ;
– date et lieu de naissance ;
– sexe ;
– nationalité ;

– catégorie socioprofessionnelle ou profession.
2° En ce qui concerne la victime :
– nom, prénom ;
– ou raison sociale.
3° En ce qui concerne le magistrat ou l'enquêteur :
– nom, prénom.

Art. 3. – Les catégories de destinataires des informations visées à l'article 2 sont les personnels des services de police qui exercent des missions de police judiciaire et les autorités judiciaires.

Art. 4. – Conformément aux dispositions de l'article 34 de la loi n. 78-17 du 6 janvier 1978, le droit d'accès s'exerce directement auprès du responsable du service dans lequel l'application AGORA a été mise en œuvre.

Art. 5. – Le droit d'opposition prévu à l'article 26 de la loi du 6 janvier 1978 ne s'applique pas au présent traitement.

Art. 6. – Le directeur général de la police nationale est chargé de l'exécution du présent arrêté, qui sera publié au *Journal officiel* de la République française.

V. Art. 21-2.

Loi n. 99-291 du 15 avril 1999

relative aux polices municipales

Art. 1er. – Le deuxième alinéa de l'article L. 2212-5 du Code général des collectivités territoriales est ainsi rédigé :
Ils sont chargés d'assurer l'exécution des arrêtés de police du maire et de constater par procès-verbaux les contraventions auxdits arrêtés. Sans préjudice des compétences qui leur sont dévolues par des lois spéciales, ils constatent également par procès-verbaux les contraventions aux dispositions du Code de la route dont la liste est fixée par décret en Conseil d'État.

Art. 2. – Il est inséré dans le Code général des collectivités territoriales un article L. 2212-6 ainsi rédigé :
Art. L. 2212-6. – Dès lors qu'un service de police municipale comporte au moins cinq emplois d'agent de police municipale, une convention de coordination est conclue entre le maire de la commune et le représentant de l'État dans le département, après avis du procureur de la République. Un décret en Conseil d'État détermine les clauses d'une convention type.
Cette convention précise la nature et les lieux des interventions des agents de police municipale. Elle détermine les modalités selon lesquelles ces interventions sont coordonnées avec celles de la police et de la gendarmerie nationales.
À défaut de convention, les missions de police municipale ne peuvent s'exercer qu'entre 6 heures et 23 heures, à l'exception des gardes statiques des bâtiments communaux et de la surveillance des cérémonies, fêtes et réjouissances organisées par la commune.
Une convention de coordination peut également être conclue, à la demande du maire, lorsqu'un service de police municipale compte moins de cinq emplois d'agent de police municipale.

....

Art. 5. – Il est inséré, dans le Code général des collectivités territoriales, un article L. 2212-9 ainsi rédigé :
Art. L. 2212-9. – Lors d'une manifestation exceptionnelle, notamment à caractère culturel, récréatif ou sportif, à l'occasion d'un afflux important de population ou en cas de catastrophe naturelle, les maires de communes limitrophes ou appartenant à une même agglomération peuvent être autorisés à utiliser en commun, sur le territoire d'une ou plusieurs communes, pour un délai déterminé, tout ou partie des moyens et des effectifs de leurs services de police municipale. Cette faculté s'exerce exclusivement en matière de police administrative.

Cette utilisation en commun des moyens et effectifs est autorisée par arrêté du représentant de l'État dans le département qui en fixe les conditions et les modalités au vu des propositions des maires des communes concernées.

Art. 6. – L'article L. 2512-16 du Code général des collectivités territoriales est ainsi rédigé :

Art. L. 2512-16. – Les agents de la ville de Paris chargés de l'application du règlement des parcs et promenades et du règlement général sur les cimetières de la ville de Paris sont autorisés à constater les infractions à leurs dispositions. Ils doivent être agréés par le procureur de la République et assermentés. L'article L. 48 du Code de la santé publique est applicable aux inspecteurs de salubrité de la ville de Paris.

Art. 7. – L'article L. 412-49 du Code des communes est ainsi rédigé :

Art. L. 412-49. – Les fonctions d'agent de police municipale ne peuvent être exercées que par des fonctionnaires territoriaux recrutés à cet effet dans les conditions fixées par les décrets en Conseil d'État prévus à l'article 6 de la loi n. 84-53 du 26 janvier 1984 portant dispositions statutaires relatives à la fonction publique territoriale.

Ils sont nommés par le maire, agréés par le représentant de l'État dans le département et le procureur de la République, puis assermentés.

L'agrément peut être retiré ou suspendu par le représentant de l'État ou le procureur de la République après consultation du maire. Le maire peut alors proposer un reclassement dans un autre cadre d'emplois dans les mêmes conditions que celles prévues à la section 3 du chapitre VI de la loi n. 84-53 du 26 janvier 1984 précitée, à l'exception de celles mentionnées au second alinéa de l'article 81.

Art. 8. – La sous-section 1 de la section 5 du chapitre II du titre I du livre IV du Code des communes est complétée par un article L. 412-51 ainsi rédigé :

Art. L. 412-51. – Lorsque la nature de leurs interventions et les circonstances le justifient, les agents de police municipale peuvent être autorisés nominativement par le représentant de l'État dans le département, sur demande motivée du maire, à porter une arme, sous réserve de l'existence d'une convention prévue par l'article L. 2212-6 du Code général des collectivités territoriales.

Un décret en Conseil d'État précise, par type de mission, les circonstances et les conditions dans lesquelles les agents de police municipale peuvent porter une arme. Il détermine, en outre, les catégories et les types d'armes susceptibles d'être autorisés, leurs conditions d'acquisition et de conservation par la commune et les conditions de leur utilisation par les agents. Il précise les modalités de la formation que ces derniers reçoivent à cet effet.

Art. 9. – La sous-section 1 de la section 5 du chapitre II du titre I du livre IV du Code des communes est complétée par un article L. 412-52 ainsi rédigé :

Art. L. 412-52. – La carte professionnelle, la tenue, la signalisation des véhicules de service et les types d'équipement dont sont dotés les agents de police municipale font l'objet d'une identification commune à tous les services de police municipale et de nature à n'entraîner aucune confusion avec ceux utilisés par la police nationale et la gendarmerie nationale. Leurs caractéristiques ainsi que les catégories et les normes techniques des équipements sont fixées par décret en Conseil d'État après avis de la commission consultative des polices municipales prévue à l'article L. 2212-7 du Code général des collectivités territoriales.

Le port de la carte professionnelle et celui de la tenue sont obligatoires pendant le service.

....

Art. 17. – I. – L'article 529-4 du Code de procédure pénale est complété par deux paragraphes ainsi rédigés :

II. – À défaut de paiement immédiat entre leurs mains, les agents de l'exploitant, s'ils ont été agréés par le procureur de la République et assermentés, et uniquement lorsqu'ils procèdent au contrôle de l'existence et de la validité des titres de transport des voyageurs, sont habilités à relever l'identité et l'adresse du contrevenant.

Si le contrevenant refuse ou se trouve dans l'impossibilité de justifier de son identité, l'agent de l'exploitant en rend compte immédiatement à tout officier de police judiciaire de la police nationale ou de la gendarmerie nationale territorialement compétent, qui peut alors lui ordonner sans délai de lui présenter sur-le-champ le contrevenant. À défaut de cet ordre, l'agent de l'exploitant ne peut retenir le contrevenant. Lorsque l'officier de police judiciaire mentionné au présent alinéa décide de procéder à une vérification d'identité, dans les conditions prévues à l'article 78-3, le délai prévu au troisième alinéa de cet article court à compter du relevé d'identité.

Il est mis fin immédiatement à la procédure prévue à l'alinéa précédent, si le contrevenant procède au versement de l'indemnité forfaitaire.

III. – Les conditions d'application du II du présent article sont fixées par décret en Conseil d'État. Ce décret précise notamment les conditions dans lesquelles les agents de l'exploitant doivent, aux frais de ce dernier, suivre une formation spécifique afin de pouvoir obtenir l'agrément délivré par le procureur de la République. Il définit en outre les conditions dans lesquelles le représentant de l'État approuve l'organisation que l'exploitant arrête aux fins d'assurer les contrôles précités et les modalités de coordination et de transmission d'informations entre l'exploitant et la police ou la gendarmerie nationales.

....

Art. 23. – Dans les communes où, à la date d'entrée en vigueur de la présente loi, existe un service de police municipale comptant au moins cinq emplois d'agent de police municipale, la convention prévue à l'article L. 2212-6 du Code général des collectivités territoriales est conclue dans un délai de six mois à compter de la publication du décret en Conseil d'État déterminant les clauses d'une convention type mentionnée au même article.

Dans ces communes, les dispositions de l'avant-dernier alinéa de l'article L. 2212-6 du Code général des collectivités territoriales sont applicables à l'expiration du délai mentionné à l'alinéa précédent.

Les dispositions de l'article L. 412-51 du Code des communes ne sont applicables qu'à compter de la conclusion de la convention prévue à l'article L. 2212-6 du Code général des collectivités territoriales et, au plus tard, à l'expiration du délai mentionné au premier alinéa du présent article.

Les dispositions du présent article s'appliquent également aux communes dont le conseil municipal porte à cinq au moins le nombre d'emplois d'agent de police municipale, avant la date de publication du décret en Conseil d'État déterminant les clauses d'une convention type.

Art. 24. – Les dispositions de l'article L. 412-52 du Code des communes entreront en vigueur dix-huit mois à compter de la publication du décret en Conseil d'État prévu par cet article.

Art. 25. – Les agents de police municipale en fonction à la date d'entrée en vigueur de la présente loi doivent obtenir l'agrément du représentant de l'État dans le département mentionné à l'article L. 412-49 du Code des communes dans un délai de six mois à compter de la publication de la présente loi. Jusqu'à ce qu'il soit statué, ils exercent leurs missions dans les conditions résultant de la législation antérieure.

En cas de refus d'agrément, ils peuvent être reclassés dans un autre cadre d'emplois dans les mêmes conditions que celles qui sont prévues par la section 3 du chapitre VI de la loi n. 84-53 du 26 janvier 1984 portant dispositions statutaires relatives à la fonction publique territoriale, à l'exception de celles mentionnées au second alinéa de l'article 81.

V. Art. 21-2.

Loi n. 2002-276 du 27 février 2002

relative à la démocratie de proximité

....

Art. 42. –

....

IV. – L'article L. 2213-18 du Code général des collectivités territoriales est complété par un alinéa ainsi rédigé :

« Les gardes champêtres sont également autorisés à constater par procès-verbal les contraventions aux dispositions du Code de la route dont la liste est fixée par décret en Conseil d'État. À cette occasion, ils sont habilités à procéder aux épreuves de dépistage mentionnées à l'article L. 234-3 du Code de la route, dans les conditions prévues au deuxième alinéa de l'article L. 234-4 dudit code. »

V. Après l'article L. 2213-19 du même code, il est inséré un article L. 2213-19-1 ainsi rédigé :

« Art. L. 213-19-1. – Les gardes champêtres sont habilités à relever l'identité des contrevenants, dans les conditions prévues à l'article 78-6 du code de procédure pénale, pour dresser les procès-verbaux des infractions qu'ils constatent. »

....

V. Art. 22.

Code forestier

Première partie – législative

Art. L. 122-7. – Les ingénieurs en service à l'Office national des forêts et les agents assermentés de cet établissement sont habilités à constater les infractions aux dispositions législatives et réglementaires en matière forestière, en matière de chasse, de pêche fluviale et de conservation des espaces boisés suburbains. Leurs procès-verbaux font foi jusqu'à preuve contraire.

....

Art. L. 152-5. – Les procès-verbaux rédigés et signés par les ingénieurs et agents assermentés de l'Office national des forêts ne sont pas soumis à l'affirmation.

....

Art. L. 153-1. – L'administration chargée des forêts exerce, tant dans l'intérêt de l'État que dans celui des autres propriétaires de bois et forêts soumis au régime forestier, les poursuites en réparation de tous délits et contraventions commis dans ces bois et forêts.

Les actions et poursuites sont exercées, au nom de cette administration, par les ingénieurs de l'État chargés des forêts, sans préjudice du droit qui appartient au ministère public près les tribunaux de grande instance et les cours d'appel.

....

Art. L. 342-1. – Les ingénieurs, techniciens et agents de l'État chargés des forêts recherchent et constatent par procès-verbaux les délits et contraventions, savoir : les ingénieurs dans toute l'étendue du territoire pour lequel ils sont commissionnés, les techniciens et agents dans la circonscription du ressort des tribunaux pour lesquels ils sont commissionnés.

Ils sont compétents, en vertu des dispositions du Code de procédure pénale et notamment de ses articles 22 à 26, pour constater les infractions commises dans les bois, forêts et terrains soumis au régime forestier faisant l'objet du livre Ier et celles mentionnées aux autres livres du présent code.

Art. L. 342-2. – Les dispositions des articles L. 151-6, L. 152-4 et L. 152-5 sont applicables aux ingénieurs, techniciens et agents de l'État chargés des forêts.

Deuxième partie – réglementaire

Art. R.*341-1. – Par ingénieurs de l'État chargés des forêts, il faut entendre :
– les ingénieurs du génie rural, des eaux et des forêts exerçant des attributions en matière de forêts ;
– les ingénieurs des travaux des eaux et forêts.

Art. R.*341-2 *(Rempl., L. n. 97-1163, 17 déc. 1997, art. 14)*. – Par techniciens et agents de l'État chargés des forêts, il faut entendre :
– les techniciens des services du ministère chargé de l'agriculture, spécialité Travaux forestiers ;

– les agents techniques des services déconcentrés du ministère chargé de la forêt ;

– les adjoints techniques des services déconcentrés du ministère chargé de la forêt ;

– les agents de l'Office national des forêts mentionnés à l'article L. 122-6 et chargés de fonctions dans les services de l'administration des forêts.

V. Art. 27.

Code des communes

Première partie – législative

Art. L. 132-1. – *Abrogé, L. n. 96-142, 21 févr. 1996, art. 12.*

Art. L. 132-2. – *Abrogé, L. n. 96-142, 21 févr. 1996, art. 12.*

Art. L. 132-3. – *Abrogé, L. n. 96-142, 21 févr. 1996, art. 12.*

Art. L. 132-6. – *Abrogé, L. n. 96-142, 21 févr. 1996, art. 12.*

....

Deuxième partie – Réglementaire

Art. R.*132-1. – *Abrogé et codifié, D. n. 2000-318, 7 avr. 2000, art. 4-1°. – V. désormais CGCT, art. R. 2213-58, al. 1.*

Art. R.*132-2. – *Abrogé et codifié, D. n. 2000-318, 7 avr. 2000, art. 4-1°. – V. désormais CGCT, art. R. 2213-58, al. 1.*

V. Art. 27.

Loi n. 71-552 du 9 juillet 1971

relative au corps des lieutenants de louveterie

(Abrogée et codifiée par D. n. 89-804, 27 oct. 1989)

Art. 4. – *Abrogé et codifié par D. n. 89-804, 27 oct. 1989, art. 4 ; devenu art. L. 227-2 du Code rural nouveau.*

L'article L. 227-2 du Code rural : abrogé et recodifié par Ord. n. 2000-914, 18 sept. 2000, art. 5-I-2° devenu art. L. 427-2 du Code de l'environnement.

V. Art. 28.

Loi n. 60-708 du 22 juillet 1960

relative à la création de parcs nationaux

(Abrogée et codifiée, D. n. 89-804, 27 oct. 1989)

Art. 7 à 28-1. – *Abrogé et codifié, D. n. 89-804, 27 oct. 1989, codifié aux art. L. 241-14, L. 241-16 et L. 241-18 du Code rural nouveau.*

Ces articles ont été abrogés et recodifiés par Ord. n. 2000-914, 18 sept. 2000, art. 5-I-2° devenus art. L. 331-18, L. 331-20 et L. 331-22 du Code de l'environnement.

V. Art. 35.

Arrêté du 18 juin 1999

portant création d'un traitement automatisé d'informations à caractère personnel relatif à la gestion du suivi des affaires pénales par le parquet général des cours d'appel

Art. 1er. – Est autorisée la mise en œuvre au parquet général des cours d'appel d'un système automatisé de suivi administratif des affaires pénales générales, financières et commerciales.

Art. 2. – Le traitement a pour finalité :
– le suivi des procédures ;
– le contrôle des délais ;
– l'édition de résumés ;
– la production de statistique.

Art. 3. – Les informations saisies sont :
– s'agissant des témoins assistés, des personnes mises en examen, des prévenus, des accusés ainsi que des personnes mises en cause dans une enquête préliminaire ou de flagrance lorsqu'il en est rendu compte par le procureur de la République au parquet général : le nom, le nom d'alias le cas échéant, les prénoms, la date de naissance, le sexe, la nationalité, la profession, l'adresse ou le lieu de détention, les infractions reprochées, les décisions judiciaires intervenues ;
– s'agissant des parties civiles, civilement responsables, plaignants, victimes, témoins, représentants légaux : le nom ou la raison sociale pour les personnes morales, les prénoms, le sexe, l'adresse ou le domicile élu, la qualité ;
– s'agissant des avoués, avocats, huissiers, notaires, experts judiciaires, mandataires de justice, magistrats consulaires : le nom, les prénoms, le numéro de téléphone professionnel ;
– s'agissant des magistrats en charge du dossier : fonction, nom et prénom.

Art. 4. – Les destinataires des informations sont les magistrats et les fonctionnaires habilités du parquet général ainsi que le directeur des affaires criminelles et des grâces du ministère de la justice, les magistrats et fonctionnaires habilités de la direction.

Art. 5. – Les personnes désirant, en application des articles 34 et suivants de la loi du 6 janvier 1978 susvisée, obtenir l'accès aux informations les concernant présentent leur demande auprès du greffier en chef du parquet général de la cour d'appel ayant mis en œuvre le traitement.

Art. 6. – En application du second alinéa de l'article 26 de la loi du 6 janvier 1978 susvisée, le droit d'opposition prévu au premier alinéa du même article n'est pas applicable au présent traitement informatisé.

Art. 7. – Les informations sont conservées pendant une durée de cinq ans à compter du jour où la dernière décision est devenue définitive avec mise à jour en cas d'amnistie ou de réhabilitation. Lorsque, dans ce délai, un recours est formé devant la Cour européenne des droits de l'homme, les informations sont conservées jusqu'à la date de la décision définitive de la cour.

Art. 8. – Toute mise en œuvre de cette application dans les cours d'appel fera l'objet, auprès de la Commission nationale de l'informatique et des libertés, d'une déclaration conforme au présent modèle type, qui précisera les mesures de sécurité et de confidentialité, tant physique que logiques, adoptées.

....

V. Art. 41.

Circulaire du 18 octobre 1996

relative à la procédure d'habilitation des médiateurs pénaux
et aux conditions d'exercice des fonctions de médiateur

L'article 41, dernier alinéa, du Code de procédure pénale, résultant de la loi du 4 janvier 1993, permet au procureur de la République, préalablement à sa décision sur l'action publique et avec l'accord des parties, de recourir à la médiation pénale s'il lui apparaît qu'une telle mesure est susceptible d'assurer la réparation du dommage causé à la victime, de mettre fin au trouble résultant de l'infraction et de contribuer au reclassement de son auteur.

L'article R. 121-3° du même code précise les sommes qui sont versées aux médiateurs habilités au titre des frais de justice. En l'absence de texte spécifique quant aux modalités de cette habilitation, il était fait application des articles R. 15-18 à R. 15-25 devenus depuis le décret du 9 mai 1995 modifiant le Code de procédure pénale et relatif à la police judiciaire, les articles R. 15-35 à R. 15-40 du même code.

Ces textes, qui confient l'instruction de la demande d'habilitation au doyen des juges d'instruction, étaient inadaptés. En effet, seuls les magistrats du parquet sont compétents en vertu de l'article 41 dernier alinéa du Code de procédure pénale, pour décider d'une mesure de médiation.

Il était donc nécessaire de prévoir des dispositions propres à l'habilitation des médiateurs pénaux.

Le décret n. 96-305 du 10 avril 1996 relatif à la médiation a créé les nouveaux articles D. 15-1 à D. 15-18 du Code de procédure pénale qui réglementent cette procédure et précisent les obligations auxquelles doit satisfaire le médiateur.

La présente circulaire a pour objet d'expliciter ces dispositions.

I. – LA PROCÉDURE D'HABILITATION

Elle est définie par les articles D. 15-2, D. 15-3, D. 15-6 à D. 15-8.

I.1. – Présentation de la demande

I.1.1. – L'article D. 15-2 prévoit que la demande d'habilitation peut être présentée par la personne physique ou morale, selon qu'elle désire être habilitée comme médiateur dans le ressort du tribunal de grande instance ou de celui de la cour d'appel, au procureur de la République ou au procureur général.

Actuellement prévue pour les enquêteurs de personnalité et les contrôleurs judiciaires, cette procédure a été étendue, initialement par la pratique, aux médiateurs pénaux.

Cette disposition est source de simplification. Elle permet d'éviter qu'un même médiateur (association ou personne physique) ne soit obligé de présenter, éventuellement avec des fortunes diverses, des dossiers auprès de plusieurs parquets dès lors qu'il aura été habilité par le parquet général près la cour d'appel dans le ressort de laquelle il souhaite exercer son activité.

En revanche, une habilitation délivrée par l'un des tribunaux de grande instance dans le ressort d'une cour d'appel n'autorise pas le médiateur à exercer ses fonctions dans l'ensemble de ce ressort.

S'agissant des candidats personnes physiques aux fonctions de médiateur, il apparaît hautement souhaitable que le procureur de la République ou le procureur général ait un entretien avec chacun d'eux afin de juger de leurs aptitudes et de leurs motivations.

I.1.2. – L'article D. 15-3 réglemente la constitution du dossier d'habilitation présenté par une association.

La liste des pièces exigées est identique à celle prévue par l'article R. 15-35 régissant les demandes d'habilitation des associations en matière d'enquête de personnalité.

Il s'agit notamment de la copie du *Journal officiel* portant publication de sa déclaration, d'un exemplaire des statuts et des renseignements relatifs aux conditions de fonctionnement, à sa situation financière ainsi qu'à l'identité de ses responsables nationaux et locaux.

I.2. – L'instruction de la demande

Aux termes de l'article D. 15-6 le parquet de la cour d'appel ou du tribunal de grande instance soumet la demande d'habilitation revêtue de son avis, ainsi que les renseignements qu'il a obtenus sur le candidat à l'assemblée générale des magistrats du siège et du parquet de la cour d'appel ou du tribunal de grande instance. Cet avis est émis, notamment au vu du bulletin n° 2 du casier judiciaire de la personne physique, ou des adhérents de la personne morale, qui sollicite l'habilitation.

Le choix de cette instance repose sur la nécessité d'intégrer les médiateurs pénaux à la juridiction prise dans son ensemble.

Il présente en outre l'intérêt pour les juridictions de plus de trois chambres, et dans un souci de célérité, de permettre la réunion d'une commission restreinte comme le prévoit l'article D. 15-6, alinéa 2.

I.3. – Absence de mention au bulletin n° 2 du casier judiciaire
(art. D. 15-2-2°)

Depuis l'entrée en vigueur du nouveau Code pénal, les personnes morales, et notamment les associations à but non lucratif, peuvent faire l'objet d'une condamnation pénale.

En tout état de cause, nul ne peut exercer les fonctions de médiateur de façon indépendante ou au sein d'une association, s'il a fait l'objet d'une condamnation, incapacité ou déchéance mentionnée sur le bulletin n° 2 du casier judiciaire.

Il vous appartient donc, en vertu de l'article D. 15-6 qui prescrit au parquet de procéder à toutes diligences qu'il estime utiles de faire vérifier ce point dès réception d'une demande d'habilitation présentée par une personne physique ou morale.

En outre, l'association devra fournir l'identité complète de l'ensemble de ses membres au parquet chargé d'instruire la demande d'habilitation aux fins de vérifications sur ce point.

Une habilitation provisoire peut être décidée par le procureur de la République ou le procureur général en vertu de l'article D. 15-7.

Les décisions provisoires d'habilitation devront être inscrites à l'ordre du jour de la prochaine assemblée générale ou commission restreinte car elles ne pourront produire d'effet au-delà de la réunion de ces formations.

Cette procédure ne peut être utilisée qu'en cas d'urgence et après que le magistrat se soit entouré de renseignements suffisants sur la personne qui souhaite recevoir cette habilitation.

Dans tous les cas, le magistrat qui aura instruit la demande informera l'intéressé de la suite réservée à celle-ci et portera les décisions d'habilitation à la connaissance des magistrats du ressort.

I.4. – Le retrait de l'habilitation

L'habilitation délivrée par l'assemblée générale ou la commission restreinte peut être retirée selon les mêmes procédures (article D. 15-8).

Dans ce cas, l'urgence peut être motivée par un manquement grave du médiateur à ses obligations ou par l'inscription d'une condamnation au bulletin n° 2 de son casier judiciaire.

I.5. – Les dispositions transitoires

Aux termes de l'article 2 du décret n. 96-305 du 10 avril 1996, les habilitations des médiateurs, personnes physiques ou morales, intervenues avant l'entrée en vigueur du décret, conformément aux dispositions des articles R. 15-35 à R. 15-40, demeurent valables.

II. – LES CONDITIONS D'EXERCICE
DES FONCTIONS DE MÉDIATEUR

Les fonctions de médiateur ne sont soumises ni à une limite d'âge ni à une condition de nationalité.

Il convient en effet de donner la possibilité aux procureurs de la République de désigner des médiateurs susceptibles de dialoguer avec toutes les catégories de population.

Toutefois, il est évident que ces fonctions requièrent une maturité certaine qu'il appartiendra aux membres de l'assemblée générale, de la commission restreinte ou du parquet, en cas d'habilitation provisoire, d'apprécier au moment de l'examen de la demande d'habilitation.

La durée de l'habilitation n'est pas limitée afin de ne pas alourdir inutilement la tâche des juridictions chargées du renouvellement des habilitations.

Un médiateur agit sur mandat judiciaire. Dans ces conditions, s'il ne donne pas ou plus satisfaction, les parquets ont la possibilité de ne plus le désigner, voire de retirer son habilitation.

Les articles D. 15-4 et D. 15-5 précisent les conditions auxquelles tout médiateur, qu'il exerce ses fonctions de façon indépendante ou au sein d'une association, doit satisfaire.

II.1. – Incompatibilité avec l'exercice
d'activités judiciaires à titre professionnel

Le médiateur est appelé, de par ses fonctions, à rencontrer des personnes (auteurs ou victimes), d'origines diverses. De plus, la médiation pénale doit apparaître comme un lieu d'échange neutre à part entière. C'est pourquoi le médiateur ne peut exercer d'activité judiciaire à titre professionnel. Cette incompatibilité présente un caractère absolu. En conséquence, ne pourront notamment pas être habilitées en qualité de médiateurs les personnes occupant les fonctions suivantes : magistrat, avocat, avoué, expert judiciaire, huissier, conseiller prud'homme ou juge consulaire ou greffier des juridictions judiciaires ou administratives.

Il convient de préciser que le texte ne comporte aucune dérogation d'ordre géographique. Cette incompatibilité subsiste même dans le cas où le médiateur exercerait ses fonctions de médiateur dans un ressort géographique différent de celui où il exerce son activité judiciaire à titre professionnel.

II.2. – Le médiateur doit présenter des garanties de compétence,
d'indépendance et d'impartialité
(art. D. 15-4-3°)

La désignation des médiateurs répond à des exigences déontologiques strictes. C'est pourquoi il est hautement souhaitable que ces derniers suivent une formation juridique, psychologique et en matière de conduite d'entretiens, reconnue par la Chancellerie.

À ce jour, les formations dispensées par le CLCJ (Comité de liaison des associations de contrôle judiciaire) ou l'INAVEM (Institut national d'aide aux victimes et de médiation) sont reconnues par la Chancellerie.

L'article D. 15-4-3° reprend les termes de la circulaire du 2 novembre 1992 « Les réponses à la délinquance urbaine » et plus précisément du fascicule annexe « Un mode d'exercice de l'action publique : les classements sous condition et la médiation en matière pénale ».

Ainsi qu'il est mentionné dans ce document « Ni juge ni arbitre, il n'a pas à se prononcer sur la culpabilité, à évaluer le préjudice, à privilégier la réinsertion du délinquant ou la réparation de la victime ou à faire des choix aux lieu et place des parties. Il lui appartient, au contraire, de favoriser le dialogue et d'aider les parties à trouver des solutions concrètes, en tenant compte de l'intéret de tous ».

Dans l'hypothèse où le médiateur désigné a connu ou connaît les parties concernées, il lui appartient d'en informer le parquet afin que celui-ci apprécie la conduite à tenir.

En tout état de cause, il ne doit agir qu'avec l'accord des intéressés après avoir informé ceux-ci du cadre juridique dans lequel il exerce ses fonctions et des limites de son mandat.

II.3. – Le médiateur est tenu à l'obligation du secret
(art. D. 15-5)

Le médiateur ne peut divulguer à des tiers les informations qu'il a obtenues au cours des entretiens ou celles qu'il a recueillies auprès du parquet.

Il ne peut également évoquer au cours d'un entretien, les éléments d'informations obtenus au cours d'une médiation précédente mettant en cause l'une ou l'autre des parties.

Cette obligation du secret n'est pas opposable au parquet auquel les médiateurs sont tenus de rendre compte de l'ensemble de leur mission dans un rapport écrit.

Dès lors qu'une association aura reçu son habilitation, il est important que les modalités de mise en œuvre des missions de médiation pénale soient prévues dans le cadre d'un protocole passé entre le parquet et l'association.

III. – DISPOSITIONS DIVERSES

Il conviendrait, ainsi que cela a été préconisé pour les contrôleurs judiciaires et les enquêteurs de personnalité (circulaire n. CRIM 83-33 – F.1/16.12.93) et pour les conciliateurs (circulaire n. SJ 93.005 – AB1/16.03.93) que les médiateurs pénaux disposent d'une carte leur permettant de justifier de leur qualité auprès des autorités et des justiciables.

Cette carte qui pourrait s'inspirer du modèle joint en annexe pourrait être délivrée sous la signature du procureur de la République ou du procureur général ayant instruit la demande d'habilitation.

Elle précisera la qualité du titulaire et le ressort territorial pour lequel il est habilité.

Elle sera retirée en cas de cessation de fonctions ou de retrait d'habilitation.

Il est nécessaire que le greffe de chaque juridiction tienne de manière rigoureuse et sous l'autorité du procureur de la République ou du procureur général, un fichier complet et réactualisé des personnes habilitées dans le ressort pour exercer les fonctions de médiateur pénal, de contrôleur judiciaire ou d'enquêteur de personnalité.

Vous voudrez bien me faire parvenir annuellement avant la fin du premier semestre, un état récapitulatif, selon le modèle joint en annexe, des personnes physiques et morales habilitées pour ces activités.

....

V. Art. 57.

Code des douanes

Art. 63 *ter*. – Afin de procéder aux investigations nécessaires à la recherche et à la constatation des infractions prévues au présent code, les agents des douanes ayant au moins le grade de contrôleur ont accès aux locaux et lieux à usage professionnel, ainsi qu'aux terrains et aux entrepôts où les marchandises et documents se rapportant à ces infractions sont susceptibles d'être détenus. Aux mêmes fins, ils ont accès aux moyens de transport à usage professionnel et à leur chargement.

Cet accès a lieu entre 8 heures et 20 heures ou, en dehors de ces heures, lorsque l'accès au public est autorisé, ou lorsque sont en cours des activités de production, de fabrication, de conditionnement, de transport, de manutention, d'entreposage ou de commercialisation.

Le procureur de la République est préalablement informé des opérations visées au premier alinéa et peut s'y opposer. Un procès-verbal de constat relatant le déroulement des opérations de contrôle lui est transmis dans les cinq jours suivant son établissement. Une copie en est transmise à l'intéressé dans le même délai.

Au cours de leurs investigations, les agents de douanes mentionnés au premier alinéa peuvent effectuer un prélèvement d'échantillons, dans des conditions fixées par décret en Conseil d'État, et procéder à la retenue de documents pour les besoins de l'enquête ou en prendre copie.

Pour l'application des dispositions relatives à l'assistance mutuelle entre les autorités administratives des États membres de la Communauté européenne en matière de réglementation douanière ou agricole, les agents des douanes sont autorisés à mettre en œuvre les dispositions du présent article pour le contrôle des opérations douanières ou agricoles réalisées dans les autres États membres de la Communauté européenne.

Le présent article ne s'applique pas à la partie des locaux et lieux cités au premier alinéa qui est également affectée au domicile privé.

V. Art. 65.

Décret n. 83-936 du 21 octobre 1983

portant autorisation pour les officiers et agents de police judiciaire de la police nationale d'utiliser un carnet de déclarations

Art. 1er. – Les officiers de police judiciaire et les agents de police judiciaire en fonctions dans la police nationale, désignés par les articles 16 et 20 du Code de procédure pénale et L. 23-1 du Code de la route [L. 130-1 à L. 130-3], peuvent utiliser un carnet de déclarations pour enregistrer les déclarations reçues et les constatations et opérations effectuées dans le cadre d'une enquête pour crime ou délit flagrant ou d'une enquête préliminaire.

Art. 2. – Les fonctionnaires de la police nationale et les personnes entendues apposent leurs signatures sur le carnet de déclarations et approuvent, s'il y a lieu, les ratures et renvois.

En cas de garde à vue, les mentions prévues par la loi doivent être inscrites et émargées au carnet.

Art. 3. – Les expéditions de procès-verbaux qui sont transmises à l'autorité judiciaire doivent reproduire textuellement les déclarations et mentions figurant sur le carnet.

Art. 4. – Les carnets de déclarations doivent être présentés aux magistrats de l'ordre judiciaire, sur simple demande.

Art. 5. – Les carnets de déclarations doivent être cotés et paraphés par le chef de service des fonctionnaires utilisateurs.

V. Art. 75.

Décret n. 71-284 du 29 mars 1971

portant publication de la convention de Vienne sur les relations diplomatiques et du protocole de signature facultative concernant le règlement obligatoire des différends

Art. 1er. – Aux fins de la présente Convention, les expressions suivantes s'entendent comme il est précisé ci-dessous :

a) L'expression « chef de mission » s'entend de la personne chargée par l'État accréditant d'agir en cette qualité ;

b) L'expression « membres de la mission » s'entend du chef de la mission et les membres du personnel de la mission ;

c) L'expression « membres du personnel de la mission » s'entend des membres du personnel diplomatique, du personnel administratif et technique et du personnel de service de la mission ;

d) L'expression « membres du personnel diplomatique » s'entend des membres du personnel de la mission qui ont la qualité de diplomates ;

e) L'expression « agent diplomatique » s'entend du chef de la mission ou d'un membre du personnel diplomatique de la mission ;

f) L'expression « membres du personnel administratif et technique » s'entend des membres du personnel de la mission employés dans le service administratif et technique de la mission ;

g) L'expression « membres du personnel de service » s'entend des membres du personnel de la mission employés au service domestique de la mission ;

....

Art. 22. – 1. Les locaux de la mission sont inviolables. Il n'est pas permis aux agents de l'État accréditaire d'y pénétrer, sauf avec le consentement du chef de la mission.

2. L'État accréditaire a l'obligation spéciale de prendre toutes mesures appropriées afin d'empêcher que les locaux de la mission ne soient envahis ou endommagés, la paix de la mission troublée ou sa dignité amoindrie.

3. Les locaux de la mission, leur ameublement et les autres objets qui s'y trouvent, ainsi que les moyens de transport de la mission, ne peuvent faire l'objet d'aucune perquisition, réquisition, saisie ou mesure d'exécution.

....

Art. 29. – La personne de l'agent diplomatique est inviolable. Il ne peut être soumis à aucune forme d'arrestation ou de détention. L'État accréditaire le traite avec le respect qui lui est dû, et prend toutes mesures appropriées pour empêcher toute atteinte à sa personne, sa liberté et sa dignité.

Art. 30. – 1. La demeure privée de l'agent diplomatique jouit de la même inviolabilité et de la même protection que les locaux de la mission.

2. Ses documents, sa correspondance et, sous réserve du paragraphe 3 de l'article 31, ses biens jouissent également de l'inviolabilité.

Art. 31. – 1. L'agent diplomatique jouit de l'immunité de la juridiction pénale de l'État accréditaire. Il jouit également de l'immunité de sa juridiction civile et administrative, sauf s'il s'agit :

a) D'une action réelle concernant un immeuble privé situé sur le territoire de l'État accréditaire, à moins que l'agent diplomatique ne le possède pour le compte de l'État accréditant aux fins de la mission ;

b) D'une action concernant une succession, dans laquelle l'agent diplomatique figure comme exécuteur testamentaire, administrateur, héritier ou légataire, à titre privé et non pas au nom de l'État accréditant ;

c) D'une action concernant une activité professionnelle ou commerciale, quelle qu'elle soit, exercée par l'agent diplomatique dans l'État accréditaire en dehors de ses fonctions officielles.

2. L'agent diplomatique n'est pas obligé de donner son témoignage.

3. Aucune mesure d'exécution ne peut être prise à l'égard de l'agent diplomatique, sauf dans les cas prévus aux alinéas *a, b* et *c* du paragraphe 1 du présent article, et pourvu que l'exécution puisse se faire sans qu'il soit porté atteinte à l'inviolabilité de sa personne ou de sa demeure.

4. L'immunité de juridiction d'un agent diplomatique dans l'État accréditaire ne saurait exempter cet agent de la juridiction de l'État accréditant (1).

Art. 32. – 1. L'État accréditant peut renoncer à l'immunité de juridiction des agents diplomatiques et des personnes qui bénéficient de l'immunité en vertu de l'article 37.

2. La renonciation doit toujours être expresse.

3. Si un agent diplomatique ou une personne bénéficiant de l'immunité de juridiction en vertu de l'article 37 engage une procédure, il n'est plus recevable à invoquer l'immunité de juridiction à l'égard de toute demande reconventionnelle directement liée à la demande principale.

4. La renonciation à l'immunité de juridiction pour une action civile ou administrative n'est pas censée impliquer la renonciation à l'immunité quant aux mesures d'exécution du jugement, pour lesquelles une renonciation distincte est nécessaire.

....

Art. 37. – 1. Les membres de la famille de l'agent diplomatique qui font partie de son ménage bénéficient des privilèges et immunités mentionnés dans les articles 29 à 36, pourvu qu'ils ne soient pas ressortissants de l'État accréditaire.

2. Les membres du personnel administratif et technique de la mission, ainsi que les membres de leurs familles qui font partie de leurs ménages respectifs, bénéficient, pourvu qu'ils ne soient pas ressortissants de l'État accréditaire ou n'y aient pas leur résidence permanente, des privilèges et immunités mentionnés dans les articles 29 à 35, sauf que l'immunité de la juridiction civile et administrative de l'État accréditaire mentionnée au paragraphe 1 de l'article 31 ne s'applique pas aux actes accomplis en dehors de l'exercice de leurs fonctions. Ils bénéficient aussi des privilèges mentionnés au paragraphe 1 de l'article 36 pour ce qui est des objets importés lors de leur première installation.

3. Les membres du personnel de service de la mission qui ne sont pas ressortissants de l'État accréditaire ou n'y ont pas leur résidence permanente bénéficient de l'immunité pour les actes accomplis dans l'exercice de leurs fonctions et de l'exemption des impôts et taxes sur les salaires qu'ils reçoivent du fait de leurs services ainsi que de l'exemption prévue à l'article 33.

4. Les domestiques privés des membres de la mission qui ne sont pas ressortissants de l'État accréditaire ou n'y ont pas leur résidence permanente sont exemptés des impôts et taxes sur les salaires qu'ils reçoivent du fait de leurs services. À tous autres égards, ils ne bénéficient des privilèges et immunités que dans la mesure admise par l'État accréditaire. Toutefois, l'État accréditaire doit exercer sa juridiction sur ces personnes de façon à ne pas entraver d'une manière excessive l'accomplissement des fonctions de la mission.

(1) Selon l'article 31 de la convention de Vienne du 18 avril 1961, si l'agent diplomatique jouit de l'immunité de la juridiction pénale de l'État auprès duquel il est accrédité, il reste cependant soumis à la juridiction de l'État accréditant (Cass. crim., 19 fév. 1991 : *Bull.* 86).

Art. 38. – 1. À moins que des privilèges et immunités supplémentaires n'aient été accordés par l'État accréditaire, l'agent diplomatique qui a la nationalité de l'État accréditaire ou y a sa résidence permanente ne bénéficie de l'immunité de juridiction et de l'inviolabilité que pour les actes officiels accomplis dans l'exercice de ses fonctions.

2. Les autres membres du personnel de la mission et les domestiques privés qui sont ressortissants de l'État accréditaire ou qui y ont leur résidence permanente ne bénéficient des privilèges et immunités que dans la mesure où cet État les leur reconnaît. Toutefois, l'État accréditaire doit exercer sa juridiction sur ces personnes de façon à ne pas entraver d'une manière excessive l'accomplissement des fonctions de la mission.

Art. 39. – 1. Toute personne ayant droit aux privilèges et immunités en bénéficie dès qu'elle pénètre sur le territoire de l'État accréditaire pour gagner son poste ou, si elle se trouve déjà sur ce territoire, dès que sa nomination a été notifiée au ministère des Affaires étrangères ou à tel autre ministère dont il aura été convenu.

2. Lorsque les fonctions d'une personne bénéficiant des privilèges et immunités prennent fin, ces privilèges et immunités cessent normalement au moment où cette personne quitte le pays, ou à l'expiration d'un délai raisonnable qui lui aura été accordé à cette fin, mais ils subsistent jusqu'à ce moment, même en cas de conflit armé. Toutefois, l'immunité subsiste en ce qui concerne les actes accomplis par cette personne dans l'exercice de ses fonctions comme membre de la mission.

3. En cas de décès d'un membre de la mission, les membres de sa famille continuent de jouir des privilèges et immunités dont ils bénéficient, jusqu'à l'expiration d'un délai raisonnable leur permettant de quitter le territoire de l'État accréditaire.

4. En cas de décès d'un membre de la mission qui n'est pas ressortissant de l'État accréditaire ou n'y a pas sa résidence permanente ou d'un membre de sa famille qui fait partie de son ménage, l'État accréditaire permet le retrait des biens meubles du défunt, à l'exception de ceux qui auront été acquis dans le pays et qui font l'objet d'une prohibition d'exportation au moment de son décès. Il ne sera pas prélevé de droits de succession sur les biens meubles dont la présence dans l'État accréditaire était due uniquement à la présence dans cet État du défunt en tant que membre de la mission ou membre de la famille d'un membre de la mission.

V. Art. 75.

Décret n. 71-288 du 29 mars 1971

portant publication de la convention de Vienne sur les relations consulaires et du protocole de signature facultative concernant le règlement obligatoire des différends

Art. 1er. – *Définitions.*

1. Aux fins de la présente Convention, les expressions suivantes s'entendent comme il est précisé ci-dessous :

a) L'expression « poste consulaire » s'entend de tout consulat général, consulat, vice-consulat ou agence consulaire ;

b) L'expression « circonscription consulaire » s'entend du territoire attribué à un poste consulaire pour l'exercice des fonctions consulaires ;

c) L'expression « chef de poste consulaire » s'entend de la personne chargée d'agir en cette qualité ;

d) L'expression « fonctionnaire consulaire » s'entend de toute personne, y compris le chef de poste consulaire, chargée en cette qualité de l'exercice de fonctions consulaires ;

e) L'expression « employé consulaire » s'entend de toute personne employée dans les services administratifs ou techniques d'un poste consulaire ;

f) L'expression « membre du personnel de service » s'entend de toute personne affectée au service domestique d'un poste consulaire ;

g) L'expression « membres du poste consulaire » s'entend des fonctionnaires consulaires, employés consulaires et membres du personnel de service ;

h) L'expression « membres du personnel consulaire » s'entend des fonctionnaires consulaires autres que le chef de poste consulaire, des employés consulaires et des membres du personnel de service ;

i) L'expression « membre du personnel privé » s'entend d'une personne employée exclusivement au service privé d'un membre du poste consulaire ;

j) L'expression « locaux consulaires » s'entend des bâtiments ou des parties de bâtiments et du terrain attenant qui, quel qu'en soit le propriétaire, sont utilisés exclusivement aux fins du poste consulaire ;

k) L'expression « archives consulaires » comprend tous les papiers, documents, correspondance, livres, films, rubans magnétiques et registres du poste consulaire, ainsi que le matériel du chiffre, les fichiers et les meubles destinés à les protéger et à les conserver.

2. Il existe deux catégories de fonctionnaires consulaires : les fonctionnaires consulaires de carrière et les fonctionnaires consulaires honoraires. Les dispositions du chapitre II de la présente Convention s'appliquent aux postes consulaires dirigés par des fonctionnaires consulaires de carrière ; les dispositions du chapitre III s'appliquent aux postes consulaires dirigés par des fonctionnaires consulaires honoraires.

3. La situation particulière des membres des postes consulaires qui sont ressortissants ou résidents permanents de l'État de résidence est régie par l'article 71 de la présente Convention.

....

Art. 31. – *Inviolabilité des locaux consulaires.*

1. Les locaux consulaires sont inviolables dans la mesure prévue par le présent article.

2. Les autorités de l'État de résidence ne peuvent pénétrer dans la partie des locaux consulaires que le poste consulaire utilise exclusivement pour les besoins de son travail, sauf avec le consentement du chef de poste consulaire, de la personne désignée par lui ou du chef de la mission diplomatique de l'État d'envoi. Toutefois, le consentement du chef de poste consulaire peut être présumé acquis en cas d'incendie ou autre sinistre exigeant des mesures de protection immédiates.

3. Sous réserve des dispositions du paragraphe 2 du présent article, l'État de résidence a l'obligation spéciale de prendre toutes mesures appropriées pour empêcher que les locaux consulaires ne soient envahis ou endommagés et pour empêcher que la paix du poste consulaire ne soit troublée ou sa dignité amoindrie.

4. Les locaux consulaires, leur ameublement et les biens du poste consulaire, ainsi que ses moyens de transport, ne peuvent faire l'objet d'aucune forme de réquisition à des fins de défense nationale ou d'utilité publique. Au cas où une expropriation serait nécessaire à ces mêmes fins, toutes dispositions appropriées seront prises afin d'éviter qu'il soit mis obstacle à l'exercice des fonctions consulaires et une indemnité prompte, adéquate et effective sera versée à l'État d'envoi.

....

Art. 41. – *Inviolabilité personnelle des fonctionnaires consulaires.*

1. Les fonctionnaires consulaires ne peuvent être mis en état d'arrestation ou de détention préventive qu'en cas de crime grave et à la suite d'une décision de l'autorité judiciaire compétente.

2. À l'exception du cas prévu au paragraphe 1 du présent article, les fonctionnaires consulaires ne peuvent pas être incarcérés ni soumis à aucune autre forme de limitation de leur liberté personnelle, sauf en exécution d'une décision judiciaire définitive.

3. Lorsqu'une procédure pénale est engagée contre un fonctionnaire consulaire, celui-ci est tenu de se présenter devant les autorités compétentes. Toutefois, la procédure doit être conduite avec les égards qui sont dus au fonctionnaire consulaire en raison de sa position officielle et, à l'exception du cas prévu au paragraphe 1 du présent article, de manière à gêner le moins possible l'exercice des fonctions consulaires. Lorsque, dans les circonstances mentionnées au paragraphe 1 du présent article, il est devenu nécessaire de mettre un fonctionnaire consulaire en état de détention préventive, la procédure dirigée contre lui doit être ouverte dans le délai le plus bref.

Art. 42. – *Notification des cas d'arrestation, de détention ou de poursuite.*

En cas d'arrestation, de détention préventive d'un membre du personnel consulaire ou de poursuite pénale engagée contre lui, l'État de résidence est tenu d'en prévenir au plus tôt le chef de poste consulaire. Si ce dernier est lui-même visé par l'une de ces mesures, l'État de résidence doit en informer l'État d'envoi par la voie diplomatique.

Art. 43. – *Immunité de juridiction.*

1. Les fonctionnaires consulaires et les employés consulaires ne sont pas justiciables des autorités judiciaires et administratives de l'État de résidence pour les actes accomplis dans l'exercice des fonctions consulaires.

2. Toutefois, les dispositions du paragraphe 1 du présent article ne s'appliquent pas en cas d'action civile :

a) résultant de la conclusion d'un contrat passé par un fonctionnaire consulaire ou un employé consulaire qu'il n'a pas conclu expressément ou implicitement en tant que mandataire de l'État d'envoi, ou

b) intenté par un tiers pour un dommage résultant d'un accident causé dans l'État de résidence par un véhicule, un navire ou un aéronef.

Art. 44. – *Obligation de répondre comme témoin.*

1. Les membres d'un poste consulaire peuvent être appelés à répondre comme témoins au cours de procédures judiciaires et administratives. Les employés consulaires et les membres du personnel de service ne doivent pas refuser de répondre comme témoins, si ce n'est dans les cas mentionnés au paragraphe 3 du présent article. Si un fonctionnaire consulaire refuse de témoigner, aucune mesure coercitive ou autre sanction ne peut lui être appliquée.

2. L'autorité qui requiert le témoignage doit éviter de gêner un fonctionnaire consulaire dans l'accomplissement de ses fonctions. Elle peut recueillir son témoignage à sa résidence ou au poste consulaire, ou accepter une déclaration écrite de sa part, toutes les fois que cela est possible.

3. Les membres d'un poste consulaire ne sont pas tenus de déposer sur des faits ayant trait à l'exercice de leurs fonctions et de produire la correspondance et les documents officiels y relatifs. Ils ont également le droit de refuser de témoigner en tant qu'experts sur le droit national de l'État d'envoi.

Art. 45. – *Renonciation aux privilèges et immunités.*

1. L'État d'envoi peut renoncer à l'égard d'un membre du poste consulaire aux privilèges et immunités prévus aux articles 41, 43 et 44.

2. La renonciation doit toujours être expresse, sous réserve des dispositions du paragraphe 3 du présent article, et doit être communiquée par écrit à l'État de résidence.

3. Si un fonctionnaire consulaire ou un employé consulaire, dans une matière où il bénéficierait de l'immunité de juridiction en vertu de l'article 43, engage une procédure, il n'est pas recevable à invoquer l'immunité de juridiction à l'égard de toute demande reconventionnelle directement liée à la demande principale.

4. La renonciation à l'immunité de juridiction pour une action civile ou administrative n'est pas censée impliquer la renonciation à l'immunité quant aux mesures d'exécution du jugement, pour lesquelles une renonciation distincte est nécessaire.

....

Art. 53. – *Commencement et fin des privilèges et immunités consulaires.*

1. Tout membre du poste consulaire bénéficie des privilèges et immunités prévus par la présente Convention dès son entrée sur le territoire de l'État de résidence pour gagner son poste, ou s'il se trouve déjà sur ce territoire, dès son entrée en fonctions au poste consulaire.

2. Les membres de la famille d'un membre du poste consulaire vivant à son foyer, ainsi que les membres de son personnel privé, bénéficient des privilèges et immunités prévus dans la présente Convention à partir de la dernière des dates suivantes : celle à partir de laquelle ledit membre du poste consulaire jouit des privilèges et immunités conformément au paragraphe 1 du présent article, celle de leur entrée sur le territoire de l'État de résidence ou celle à laquelle ils sont devenus membres de ladite famille ou dudit personnel privé.

3. Lorsque les fonctions d'un membre du poste consulaire prennent fin, ses privilèges et immunités, ainsi que ceux des membres de sa famille vivant à son foyer ou des membres de son personnel privé, cessent normalement à la première des dates suivantes : au moment où la personne en question quitte le territoire de l'État de résidence, ou à l'expiration d'un délai raisonnable qui lui aura été accordé à cette fin, mais ils subsistent jusqu'à ce moment, même en cas de conflit armé. Quant aux personnes visées au paragraphe 2 du présent article, leurs privilèges et immunités cessent dès qu'elles-mêmes cessent d'appartenir au foyer ou d'être au service d'un membre du poste consulaire, étant toutefois entendu que, si ces personnes ont l'intention de quitter le territoire de l'État de résidence dans un délai raisonnable, leurs privilèges et immunités subsistent jusqu'au moment de leur départ.

4. Toutefois, en ce qui concerne les actes accomplis par un fonctionnaire consulaire ou un employé consulaire dans l'exercice de ses fonctions, l'immunité de juridiction subsiste sans limitation de durée.

5. En cas de décès d'un membre du poste consulaire, les membres de sa famille vivant à son foyer continuent de jouir des privilèges et immunités dont ils bénéficient, jusqu'à la première des dates suivantes : celle où ils quittent le territoire de l'État de résidence, ou à l'expiration d'un délai raisonnable qui leur aura été accordé à cette fin.

V. Art. 78.

Code des débits de boissons et des mesures contre l'alcoolisme

(D. n. 55-222, 8 févr. 1955. – Ord. n. 59-107, 7 janv. 1959)

V. désormais, Code de la santé publique.

Première partie
Dispositions législatives

(Abrogée et codifiée, Ord. n. 2000-548, 15 juin 2000, art. 4-II)

....

TITRE V. – DISPOSITIONS CONCERNANT LA LUTTE CONTRE L'ALCOOLISME

CHAPITRE I. – MESURES DE DÉFENSE

Art. L. 88. – *Abrogé et codifié, Ord. n. 2000-548, 15 juin 2000, art. 4-II.*

V. C. santé publ., art. L. 3354-1.

Art. L. 89. – *Abrogé et codifié, Ord. n. 2000-548, 15 juin 2000, art. 4-II.*

V. C. santé publ., art. L. 3354-2.

Art. L. 89-1. – *Abrogé et codifié, Ord. n. 2000-548, 15 juin 2000, art. 4-II.*

V. C. santé publ., art. L. 3354-5.

....

Deuxième partie
Décrets en Conseil d'État

(D. n. 59-132, 7 janv. 1959)

....

TITRE V. – DISPOSITIONS CONCERNANT LA LUTTE CONTRE L'ALCOOLISME

CHAPITRE I. – MESURES DE DÉFENSE

Art. R. 14 *(D. n. 86-70, 15 janv. 1986)*. – Les vérifications médicales, cliniques et biologiques prévues à l'article L. 88 du présent code et à l'article L. 1er du Code de la route sont faites dans les conditions prévues au présent chapitre sans préjudice de l'application de l'article 3 de la loi n. 70-597 du 9 juillet 1970.

Lorsque les vérifications sont faites au moyen d'un appareil permettant de déterminer le taux d'alcool par l'analyse de l'air expiré, ces vérifications sont effectuées dans les conditions prévues à l'article R. 297 du Code de la route.

Art. R. 15 *(D. n. 71-819, 1er oct. 1971).* – Les vérifications sont pratiquées sur la personne de l'auteur présumé de l'infraction ou de l'accident ainsi que, si cela est utile, sur la victime.

S'il n'y est pas procédé d'office, les mêmes vérifications peuvent être faites à la demande de l'auteur présumé ou de la victime, sur sa propre personne.

Art. R. 16 *(D. n. 71-819, 1er oct. 1971).* – Les vérifications comportent les opérations suivantes :

Examen clinique médical avec prise de sang ;

Analyse de sang ;

Interprétation médicale des résultats recueillis.

Elles sont précédées de l'examen de comportement prévu à l'article suivant.

Art. R. 17 *(D. n. 71-819, 1er oct. 1971).* – L'officier ou agent de la police administrative ou judiciaire appelé à constater l'infraction ou l'accident de la circulation procède, dans le plus court délai possible après celui-ci, sur les personnes mentionnées à l'article L. 88 du présent code, à un examen de comportement, dont le résultat est consigné sur une fiche d'examen de comportement (fiche A).

En cas de mort ou en cas de blessures graves empêchant de procéder à l'examen de comportement, la fiche A se borne à indiquer les circonstances de l'infraction ou de l'accident.

Art. R. 18 *(D. n. 71-819, 1er oct. 1971).* – L'examen clinique médical et la prise de sang sont effectués par un médecin ou, à défaut, par un interne ou par un étudiant en médecine autorisé à exercer la médecine à titre de remplaçant, dans les conditions fixées à l'article L. 359 du Code de la santé publique, requis à cet effet par l'officier ou agent de la police administrative ou judiciaire.

Art. R. 19 *(D. n. 71-819, 1er oct. 1971).* – L'examen clinique médical et la prise de sang sont effectués dans le plus court délai possible après l'infraction ou l'accident. Sauf le cas prévu à l'article R. 23, ce délai ne doit pas dépasser six heures.

S'il ne peut y être procédé en temps utile, mention de cette circonstance est portée au procès-verbal.

Art. R. 20 *(D. n. 71-819, 1er oct. 1971).* – Le médecin effectue la prise de sang en se conformant aux méthodes prescrites par arrêté du ministre chargé de la santé publique, à l'aide d'un nécessaire pour prélèvement mis à sa disposition par l'autorité requérante.

L'officier ou agent de la police administrative ou judiciaire assiste au prélèvement sanguin.

Art. R. 21 *(D. n. 71-819, 1er oct. 1971).* – Le sang prélevé est réparti également entre deux flacons étiquetés et scellés par l'officier ou agent de la police administrative ou judiciaire.

Art. R. 22 *(D. n. 71-819, 1er oct. 1971).* – Les résultats de l'examen clinique médical sont consignés sur une fiche d'examen clinique médical (fiche B), que le médecin remet à l'autorité requérante et dont il peut conserver copie.

Art. R. 23 *(D. n. 71-819, 1er oct. 1971).* – En cas de mort, le prélèvement de sang et l'examen du corps sont effectués soit dans les conditions prévues aux articles R. 18, R. 20, alinéa 2, R. 21 et R. 22 du présent code, soit par un médecin légiste, au cours de l'autopsie judiciaire.

Les méthodes particulières de prélèvement et de conservation du sang applicables en cas de mort sont fixées par arrêté du ministre chargé de la santé publique.

Art. R. 24 *(D. n. 86-70, 15 janv. 1986).* – Si les vérifications sont effectuées à la suite de la constatation d'un crime ou d'un délit mentionné à l'article L. 88 du présent code, l'autorité requérante conserve copie de la fiche A et adresse :

1° Le premier échantillon du sang prélevé accompagné de quatre exemplaires des fiches *A, B* et *C* à un biologiste expert inscrit sur la liste d'experts de la cour d'appel prévue à l'article R. 32 du présent code.

2° Le deuxième échantillon accompagné d'un exemplaire des fiches *A, B* et *C* à un autre biologiste expert inscrit sur la même liste et chargé de procéder éventuellement à l'analyse de contrôle.

Le biologiste expert chargé de l'analyse en consigne les résultats sur les fiches *C* et adresse un exemplaire des fiches *A, B* et *C* directement sous pli fermé et timbre confidentiel au procureur de la République compétent et au directeur départemental des affaires sanitaires et sociales du lieu du crime ou du délit.

Art. R. 24-1 *(D. n. 86-70, 15 janv. 1986).* – Si les vérifications sont faites à la suite d'un accident de la circulation survenu dans les conditions prévues à l'article L. 88 du présent code ou en application des articles L. 1er et L. 3 du Code de la route, l'autorité requérante conserve copie de la fiche et adresse :

1° Le premier échantillon de sang prélevé accompagné de quatre exemplaires des fiches *A, B* et *C* à un laboratoire d'un établissement appartenant au service public hospitalier tel qu'il est défini à l'article 3 de la loi n. 70-1318 du 31 décembre 1970 ou à un biologiste expert inscrit sur la liste de la cour d'appel prévue à l'article R. 32 du Code des débits de boissons et des mesures contre l'alcoolisme ;

2° Le deuxième échantillon accompagné d'un exemplaire des fiches *A, B* et *C* à un autre biologiste expert inscrit sur la même liste et chargé de procéder éventuellement à l'analyse de contrôle.

Le laboratoire ou le biologiste expert qui a procédé à l'analyse en consigne les résultats sur les fiches *C* et adresse un exemplaire des fiches *A, B* et *C* directement sous pli fermé et timbre confidentiel au procureur de la République compétent, au commissaire de la République et au directeur départemental des affaires sanitaires et sociales du lieu de l'infraction ou de l'accident. Les résultats figurant sur la fiche sont communiqués immédiatement à l'autorité requérante.

Art. R. 25 *(D. n. 86-70, 15 janv. 1986).* – La recherche et le dosage d'alcool dans le sang sont pratiqués suivant les techniques prescrites par un arrêté du ministre chargé de la santé publique.

Art. R. 26 *(D. n. 71-819, 1er oct. 1971).* – Le procureur de la République, le juge d'instruction et la juridiction de jugement ainsi que, dans les cinq jours qui suivent la notification des résultats de l'analyse de sang, l'intéressé peuvent demander que soit pratiquée une analyse de contrôle.

Cette analyse est confiée au second biologiste expert mentionné à l'article R. 24. Celui-ci pratique l'analyse de contrôle en se conformant aux méthodes prescrites par arrêté du ministre chargé de la santé publique, et en communique les résultats au procureur de la République ainsi qu'à l'autorité sanitaire du département du lieu de l'infraction ou de l'accident. Il conserve l'échantillon de sang pendant neuf mois si l'analyse de contrôle ne lui est pas demandée.

Le procureur de la République transmet le résultat de l'analyse de contrôle, pour nouvel avis, au médecin expert.

Art. R. 27 *(D. n. 71-819, 1er oct. 1971).* – Un médecin expert, inscrit sur la liste d'experts de la cour d'appel dans les conditions prévues à l'article R. 32, est chargé de donner son avis aux autorités judiciaires, près desquelles il exerce ses fonctions, sur l'imprégnation alcoolique des personnes qui ont subi les vérifications précédentes.

Ce praticien, après avoir pris connaissance de la fiche d'examen de comportement (fiche A), de la fiche d'examen clinique médical (fiche B) et de la fiche d'analyse de sang (fiche C), établit pour chaque affaire un rapport d'expertise où il expose son avis circonstancié et ses conclusions.

Art. R. 28 *(D. n. 71-819, 1er oct. 1971).* – Le médecin expert adresse le rapport, ainsi que les trois fiches mentionnées à l'alinéa précédent, au procureur de la République compétent, sous pli fermé et sous timbre confidentiel.

Il adresse également copie dans les mêmes conditions du rapport d'expertise à l'autorité sanitaire du département du lieu de l'infraction ou de l'accident.

L'intéressé peut, sur demande adressée au procureur de la République, obtenir communication du rapport d'expertise et des trois fiches mentionnées à l'article R. 27. Les frais exigés par cette communication sont à la charge de l'intéressé.

Art. R. 29 *(D. n. 71-819, 1er oct. 1971).* – Les honoraires et indemnités de déplacement des médecins requis conformément aux dispositions des articles R. 18 et R. 23 du présent code sont calculés par référence aux articles R. 110, R. 111 et R. 117-1° du Code de procédure pénale.

Les frais afférents aux examens de laboratoire prévus aux articles *(D. n. 86-70, 15 janv. 1986)* R. 24, R. 24-1, R. 25 et R. 26 du présent code sont fixés par référence à l'article R. 118-4° du Code de procédure pénale.

Les honoraires alloués aux médecins experts visés à l'article R. 25 du présent code sont calculés par référence à l'article R. 117-1° du Code de procédure pénale.

Art. R. 30 *(D. n. 71-819, 1er oct. 1971).* – Les dépenses visées à l'article précédent sont des frais de justice criminelle, correctionnelle et de police.

Le paiement et la liquidation de ces frais ont lieu conformément aux dispositions du titre X du livre V du Code de procédure pénale.

Art. R. 31 *(D. n. 71-819, 1er oct. 1971).* – Le ministre chargé de la santé publique fixe, par arrêté, les modèles de la fiche d'examen de comportement (fiche A), de la fiche d'examen clinique médical (fiche B) et de la fiche d'analyse de sang (fiche C).

Art. R. 32 *(D. n. 71-819, 1er oct. 1971).* – Sont inscrits, sous une rubrique spéciale, sur la liste d'experts dressée par chaque cour d'appel en application des dispositions de l'article 157 du Code de procédure pénale, au moins deux biologistes experts chargés d'effectuer les analyses prévues aux articles R. 25 et R. 26 ainsi qu'un ou plusieurs médecins experts dont les attributions sont prévues à l'article 27.

L'inscription des biologistes et médecins experts sur cette liste, ainsi que, le cas échéant, leur non-réinscription ou leur radiation en cours d'année, s'opèrent selon les modalités et dans les conditions prévues aux articles R 26 et suivants du Code de procédure pénale.

Les propositions présentées par le procureur général à l'assemblée générale de la cour d'appel en vue de l'inscription des biologistes et médecins experts sur ladite liste sont établies en accord avec le médecin inspecteur régional de la santé publique.

Lorsque l'une des infractions visées à l'article L. 88 aura été commise par un militaire, dans le service ainsi que dans les casernes, quartiers ou établissements militaires, sans que des personnes civiles puissent être mises en cause, les opérations définies aux articles *(D. n. 86-70, 15 janv. 1986)* R. 24, R. 24-1, R. 25, R. 26, R. 27 et R. 28 ci-dessus peuvent être effectuées par des biologistes et des médecins-experts militaires, désignés par arrêté du ministre chargé de la défense nationale. Il est nommé dans le ressort de chaque région militaire ou de chaque région maritime un biologiste et un médecin expert ainsi qu'un suppléant pour chacun d'eux.

Les dispositions de l'article R. 29 ci-dessus ne sont pas applicables dans ce cas.

Art. R. 33 *(D. n. 71-819, 1er oct. 1971).* – Un arrêté du garde des sceaux, ministre de la justice, du ministre chargé de la défense nationale, du ministre de l'intérieur et du ministre chargé de la santé publique fixe les conditions de répartition et d'entretien du matériel servant aux prélèvements prévus à l'article R. 20 ainsi que des fiches mentionnées à l'article R. 31.

Les dépenses afférentes à ces opérations ont le caractère de dépenses d'hygiène, et sont réparties entre l'État et les départements, conformément à l'article L. 191 du Code de la famille et de l'aide sociale.

....

V. Art. 78.

Code de la route

Art. L. 224-1 et s. du Code de la route, conduite sous influence de l'alcool.

Art. L. 234-1 et s. du Code de la route, conduite sous l'influence de substances ou plantes classées comme stupéfiants, Art. L. 235-1, V. C. pén. Litec.

V. Art. 78.

Loi n. 89-432 du 28 juin 1989

relative à la répression du dopage des animaux participant à des manifestations et compétitions sportives
(intitulé rempl., L. n. 99-223, 23 mars 1999, art. 30-II, 1°)

Art. 1er *(Rempl. L. n. 99-223, 23 mars 1999, art. 30-II, 2°).* – Il est interdit d'administrer ou d'appliquer aux animaux, au cours des compétitions et manifestations sportives organisées ou *(Mot rempl., D. n. 2000-627, 6 juill. 2000, art. 57)* autorisées par les fédérations concernées, ou en vue d'y participer, des substances ou procédés qui, de nature à modifier artificiellement leurs capacités ou à masquer l'emploi de substances ou de procédés ayant cette propriété, figurent sur une liste déterminée par arrêté conjoint des ministres chargés des sports, de la santé et de l'agriculture.

Il est interdit de faciliter l'administration de telles substances ou d'inciter à leur administration, ainsi que de faciliter l'application de tels procédés ou d'inciter à leur application.

....

TITRE III. – DU CONTRÔLE

Art. 4 *(L. n. 92-652, 13 juill. 1992, art. 38-I et II).* – Les ministres compétents agréent des fonctionnaires du ministère chargé des sports *(Mots rempl., L. n. 99-223, 23 mars 1999, art. 30-II, 5°)* et des vétérinaires qui sont assermentés dans des conditions fixées par décret en Conseil d'État pour procéder, sur instruction du ministre chargé des sports, aux enquêtes et contrôles nécessaires à l'application de la présente loi. Ces enquêtes et contrôles peuvent être également demandés par les fédérations sportives. Dans les mêmes conditions, les fonctionnaires du ministère chargé des sports agréés et assermentés en application du présent article peuvent seuls procéder à des perquisitions et saisies selon les modalités prévues à l'article 7.

Art. 5. – Les enquêtes, contrôles, perquisitions et saisies prévus par le présent titre donnent lieu à l'établissement de procès-verbaux.

Les procès-verbaux sont transmis aux ministres compétents, aux fédérations concernées et à la Commission de lutte contre le dopage des animaux. Un double en est laissé aux parties intéressées. Ils font foi jusqu'à preuve contraire.

Art. 6 *(Rempl., L. n. 99-223, 23 mars 1999, art. 30-II, 6°).* – Pour la recherche des infractions mentionnées à l'article 1er, les personnes mentionnées à l'article 4 ont accès, à l'exclusion des domiciles ou parties des locaux servant de domicile, aux lieux, locaux, enceintes, installations ou établissements où se déroulent les compétitions ou manifestations sportives organisées ou *(Mot rempl., L. n. 2000-627, 6 juill. 2000, art. 57)* autorisées par les fédérations sportives et les entraînements y préparant, ainsi qu'aux établissements dans lesquels sont pratiquées des activités physiques et sportives mentionnées à l'article 47 de la loi n. 84-610 du 16 juillet 1984 précitée. Ce droit d'accès s'étend aux annexes de ces locaux, enceintes, installations ou établissements. Elles peuvent se faire présenter les animaux s'y trouvant, entendre les personnes et recueillir tout renseignement nécessaire à l'accomplissement de leur mission.

Art. 7 *(L. n. 92-652, 13 juill. 1992, art. 38-III).* – Sans préjudice des dispositions de l'article 6, les agents de l'inspection mentionnés à l'article 4 ne peuvent effectuer des visites en tous lieux où les pièces, objets et documents se rapportant aux infractions aux dispositions définies par la présente loi sont susceptibles d'être détenus, et procéder à leur saisie, que sur autorisation judiciaire donnée par ordonnance du président du tribunal de grande instance dans le ressort duquel sont situés les lieux à visiter ou d'un juge délégué par lui. Lorsque ces lieux sont situés dans le ressort de plusieurs juridictions et qu'une action simultanée doit être menée dans chacun d'eux, une ordonnance unique peut être délivrée par l'un des présidents compétents.

Le juge doit vérifier que la demande d'autorisation qui lui est soumise est fondée ; cette demande doit comporter tous les éléments d'information de nature à justifier la visite.

La visite et la saisie s'effectuent sous l'autorité et le contrôle du juge qui les a autorisées. Il désigne un ou plusieurs officiers de police judiciaire chargés d'assister à ces opérations et de le tenir informé de leur déroulement. Lorsqu'elles ont lieu en dehors du ressort de son tribunal de grande instance, il délivre une commission rogatoire pour exercer ce contrôle au président du tribunal de grande instance dans le ressort duquel s'effectue la visite.

Le juge peut se rendre dans les locaux pendant l'intervention. À tout moment, il peut décider la suspension ou l'arrêt de la visite.

L'ordonnance mentionnée au premier alinéa du présent article n'est susceptible que d'un pourvoi en cassation selon les règles prévues par le Code de procédure pénale. Ce pourvoi n'est pas suspensif.

La visite, qui ne peut commencer avant six heures ou après vingt et une heures, s'il s'agit de lieux privés, est effectuée en présence de l'occupant des lieux ou de son représentant. Toutefois, elle pourra avoir lieu à toute heure du jour et de la nuit s'il s'agit de lieux ouverts au public ou recevant du public.

L'officier de police judiciaire veille au respect du secret professionnel et des droits de la défense, conformément aux dispositions du troisième alinéa de l'article 56 du Code de procédure pénale ; l'article 58 de ce code est applicable.

Les agents de l'inspection mentionnés à l'article 4, l'occupant des lieux ou son représentant ainsi que l'officier de police judiciaire peuvent seuls prendre connaissance des pièces et documents avant leur saisie.

Les inventaires et mises sous scellés sont réalisés conformément à l'article 56 du Code de procédure pénale.

Les originaux du procès-verbal et de l'inventaire sont transmis au juge qui a ordonné la visite.

Les pièces et documents qui ne sont plus utiles à la manifestation de la vérité sont restitués à l'occupant des lieux.

Art. 8. – *(Al. rempl. L. n. 99-223, 23 mars 1999, art. 30-II-7°, a)* Les vétérinaires agréés à cet effet peuvent procéder à des prélèvements et examens cliniques et biologiques sur tout animal participant aux compétitions, manifestations et entraînements mentionnés à l'article 1er ou organisés par une fédération sportive afin de déceler la présence éventuelle de substances interdites dans l'organisme et de mettre en évidence, le cas échéant, l'utilisation de procédés prohibés. Toute personne s'opposant ou tentant de s'opposer à ces prélèvements ou examens est passible des sanctions prévues à l'article 11.

(Al. suppr., L. n. 99-223, 23 mars 1999, art. 30-II-7°, b).

(Mots suppr., L. n. 99-223, 23 mars 1999, art. 30-II-7°, c)... les vétérinaires mentionnés ci-dessus sont assistés, à leur demande, par un membre délégué de la fédération sportive compétente.

Un décret en Conseil d'État détermine les examens et prélèvements autorisés pour l'application du premier alinéa du présent article.

Art. 9. – Toute personne appelée à intervenir dans les enquêtes, contrôles, perquisitions et saisies est tenue au secret professionnel dans les termes *(références rempl., L. n. 92-1336, 16 déc. 1992, art. 333 et 373)* des articles 226-13, 226-14 du Code pénal et passible des peines prévues audit article [auxdits articles].

....

TITRE IV. – DISPOSITIONS PÉNALES

(Ancien titre V renuméroté, L. n. 99-223, 23 mars 1999, art. 30-II, 3°)

Art. 14 *(Rempl. L. n. 99-223, 23 mars 1999, art. 30-II, 10°)*. – I. – Le fait d'enfreindre une des décisions d'interdiction prises en application des articles 10 et 11 est puni d'un emprisonnement de six mois et de 50 000 F (7 500 €) d'amende.

Est puni des mêmes peines le fait de s'opposer, de quelque manière que ce soit, à l'exercice des fonctions dont sont chargées les personnes mentionnées à l'article 4.

II. – Le fait d'enfreindre les interdictions définies à l'article 1er est puni d'un emprisonnement de deux ans et de 200 000 F (30 000 €) d'amende.

III. – La tentative des délits prévus au présent article est punie des mêmes peines.

Art. 15 *(Rempl. L. n. 99-223, 23 mars 1999, art. 30-II, 11°)*. – Les fédérations sportives agréées en application de l'article 16 de la loi n. 84-610 du 16 juillet 1984 précitée peuvent exercer les droits reconnus à la partie civile, chacune pour ce qui la concerne, sauf lorsque l'auteur de l'infraction relève de son pouvoir disciplinaire.

....

Loi n. 93-1282 du 6 décembre 1993

relative à la sécurité des manifestations sportives

(*JO* 7 déc. 1993)

Art. 1er. – Les articles 42-4, 42-5 et 42-7 de la loi n. 84-610 du 16 juillet 1984 relative à l'organisation et à la promotion des activités physiques et sportives sont remplacés par quatre articles ainsi rédigés :

Art. 42-4. – Lors du déroulement ou de la retransmission en public d'une manifestation sportive, l'accès à une enceinte sportive est interdit à toute personne en état d'ivresse.

Quiconque aura enfreint cette interdiction sera puni d'une amende de 50 000 F (7 500 €).

Si l'auteur de l'infraction définie au deuxième alinéa s'est également rendu coupable de violences ayant entraîné une incapacité totale de travail d'une durée inférieure ou égale à huit jours, il sera puni d'une amende de 100 000 F (15 000 €) et d'un an d'emprisonnement.

Les peines prévues au précédent alinéa sont applicables à quiconque aura, en état d'ivresse, pénétré ou tenté de pénétrer par force ou par fraude dans une enceinte sportive lors du déroulement ou de la retransmission en public d'une manifestation sportive.

Art. 42-5. – Quiconque aura introduit ou tenté d'introduire par force ou par fraude dans une enceinte sportive, lors du déroulement ou de la retransmission en public d'une manifestation sportive, des boissons alcooliques au sens de l'article L. 1er du Code des débits de boissons et des mesures contre l'alcoolisme sera puni d'une amende de 50 000 F (7 500 €) et d'un an d'emprisonnement.

Les dispositions du premier alinéa ne sont pas applicables aux personnes autorisées à vendre ou à distribuer de telles boissons en application du troisième alinéa de l'article 49-1-2 du même code.

Art. 42-7. – Sera punie d'une amende de 100 000 F (15 000 €) et d'un an d'emprisonnement toute personne qui, lors d'une manifestation sportive ou de la retransmission en public d'une telle manifestation dans une enceinte sportive, aura par quelque moyen que ce soit provoqué des spectateurs à la haine ou à la violence à l'égard de l'arbitre, d'un juge sportif, d'un joueur ou de toute autre personne ou groupe de personnes.

Art. 42-7-1. – L'introduction, le port ou l'exhibition dans une enceinte sportive, lors du déroulement ou de la retransmission en public d'une manifestation sportive, d'insignes, signes ou symboles rappelant une idéologie raciste ou xénophobe est puni d'une amende de 100 000 F (15 000 €) et d'un an d'emprisonnement.

La tentative du délit prévu à l'alinéa précédent est punie des mêmes peines.

Art. 2. – I. – À la fin de l'article 42-8 de la loi n. 84-610 du 16 juillet 1984 précitée, les mots : « aux articles 42-4 à 42-6 » sont remplacés par les mots : « aux articles 42-4 à 42-10 ».

II. – L'article 42-8 précité devient l'article 42-13.

Art. 3. – Il est inséré, après l'article 42-7 de la loi n. 84-610 du 16 juillet 1984 précitée, des articles 42-8 à 42-11 ainsi rédigés :

Art. 42-8. – L'introduction de fusées ou artifices de toute nature ainsi que l'introduction sans motif légitime de tous objets susceptibles de constituer une arme au sens de l'article 132-75 du Code pénal sont interdites dans une enceinte sportive lors du déroulement ou de la retransmission en public d'une manifestation sportive.

Quiconque aura enfreint l'une ou l'autre de ces interdictions sera puni d'une amende de 100 000 F (15 000 €) et de trois ans d'emprisonnement.

La tentative du délit prévu au présent article est punie des mêmes peines.

Le tribunal pourra aussi prononcer la confiscation de l'objet qui a servi ou était destiné à commettre l'infraction.

Art. 42-9. – Sera puni des peines prévues au deuxième alinéa de l'article 42-8 quiconque aura jeté un projectile présentant un danger pour la sécurité des personnes dans une enceinte sportive lors du déroulement ou de la retransmission en public d'une manifestation sportive.

Sera puni des mêmes peines quiconque aura utilisé ou tenté d'utiliser les installations mobilières ou immobilières de l'enceinte sportive comme projectile.

Art. 42-10. – Sera puni d'une amende de 100 000 F (15 000 €) et d'un an d'emprisonnement quiconque, en pénétrant sur l'aire de compétition d'une enceinte sportive, aura troublé le déroulement de la compétition ou porté atteinte à la sécurité des personnes ou des biens.

Art. 42-11. – (Al. rempl. par deux al., L. n. 98-146, 6 mars 1998, art. 2) Les personnes coupables de l'une des infractions définies aux articles 42-4, 42-5, 42-7, 42-7-1, 42-8, 42-9 et 42-10 encourent également la peine complémentaire d'interdiction de pénétrer dans une enceinte où se déroule une manifestation sportive, pour une durée qui ne peut excéder cinq ans.

(Al. issu, L. n. 98-146, 6 mars 1998, art. 2) Cette peine complémentaire est également applicable aux personnes coupables de l'une des infractions définies aux articles 222-11, 222-13, 322-1, 322-4, 322-6, 322-11, 433-6 du Code pénal lorsque cette infraction a été commise dans une enceinte où se déroule une manifestation sportive ou, à l'extérieur de l'enceinte, en relation directe avec une manifestation sportive.

La personne condamnée à cette peine peut être astreinte par le tribunal à répondre, au moment des manifestations sportives, aux convocations de toute autorité ou de toute personne qualifiée qu'il désigne. Sera punie d'une amende de 200 000 F (30 000 €) et de deux ans d'emprisonnement toute personne qui, sans motif légitime, se sera soustraite aux obligations qui lui auront été ainsi imposées.

Lorsque la personne condamnée est de nationalité étrangère et a son domicile hors de France, le tribunal peut, si la gravité des faits commis le justifie, prononcer au lieu de la peine complémentaire définie au premier alinéa celle de l'interdiction du territoire français pour une durée au plus égale à deux ans.

....

V. Art. 78.

Loi n. 70-597 du 9 juillet 1970

instituant un taux légal d'alcoolémie et généralisant le dépistage par l'air expiré

....

Art. 3. – Dans tous les cas où la loi prévoit des vérifications médicales, cliniques et biologiques, destinées à établir la preuve de la présence d'alcool dans l'organisme de l'auteur présumé ou de la victime d'un crime, d'un délit ou d'un accident de la circulation, ces vérifications pourront être précédées d'une épreuve de dépistage de l'imprégnation alcoolique, effectuée dans les conditions et selon les modalités prévues par l'article L. 1er du Code de la route.

Lorsque cette épreuve de dépistage ne permettra pas de présumer l'existence d'un état alcoolique, les vérifications médicales, cliniques ou biologiques ne seront pas obligatoires.

....

V. Art. 78-2.

Circulaire du 11 décembre 1995

relative aux contrôles d'identité définis à l'article 78-2, quatrième alinéa,
du Code de procédure pénale
et contrôles de titre définis à l'article 67 quater du Code des douanes

L'entrée en vigueur de la convention prise en application de l'accord de Schengen (1) le 26 mars 1995 a entraîné la suppression des contrôles systématiques des personnes aux frontières intérieures avec certains États parties à la convention (2).

(1) Convention signée le 19 juin 1990 en vertu de l'accord du 14 juin 1985.

(2) La République française, le Royaume de Belgique, le Grand-Duché de Luxembourg, la République fédérale d'Allemagne, le Royaume des Pays-Bas, le Royaume d'Espagne et la République du Portugal.

Toutefois, conformément à l'article 2, paragraphe 3, de la convention d'application, « la suppression du contrôle des personnes aux frontières intérieures ne porte atteinte... ni aux obligations de détention, de port et de présentation de titres et documents prévus » par la législation de chacun des États parties à la convention.

Afin que le libre franchissement des frontières ainsi assuré aux ressortissants communautaires et aux ressortissants des États tiers à l'accord de Schengen ne soit pas détourné de son objectif et ne favorise le développement de réseaux d'aide à l'immigration clandestine ou de trafics illégaux, plusieurs mesures compensatoires ont été adoptées.

Les nouvelles dispositions introduites au quatrième alinéa de l'article 78-2 du Code de procédure pénale par les lois du 10 et du 24 août 1993 et l'adoption de l'article 67 *quater* du Code des douanes par la loi du 4 janvier 1994 en sont l'illustration. Elles étendent la possibilité pour les officiers de police judiciaire d'opérer des contrôles d'identité et elles reconnaissent aux agents des douanes un pouvoir de contrôle des titres et documents présentés par les ressortissants étrangers.

La décision du Gouvernement français d'effectuer des contrôles frontaliers nationaux aux frontières intérieures, conformément à la possibilité ouverte par l'article 2, paragraphe 2, de la convention, est sans incidence sur la mise en œuvre de ces nouvelles dispositions, qui sont applicables sur notre territoire depuis le 26 mars 1995.

Cette circulaire a pour objet de préciser les conditions et les modalités de mise en œuvre de ces pouvoirs de contrôle et de vérification.

I. – *Les conditions de mise en œuvre des dispositions légales précitées*

1. Les conditions de mise en œuvre des contrôles d'identité prévus à l'article 78-2, alinéa 4, du Code de procédure pénale.

1.1. Les autorités administratives et judiciaires sont appelées à veiller au respect des principes suivants :

– les contrôles d'identité doivent être opérés sans rompre l'équilibre entre la sauvegarde de la liberté individuelle et les nécessités de l'ordre public et doivent être conformes aux conditions de forme et de fond auxquelles de telles opérations sont, de manière générale, soumises (1) ;

– l'introduction en droit positif de ce contrôle d'identité étant justifiée par l'abandon des contrôles systématiques aux frontières, le contrôle doit être lié aux mouvements transfrontaliers de population ;

– le contrôle d'identité peut être mis en œuvre sans qu'il soit besoin de conditions particulières ;

1.2. Ces principes emportent les conséquences suivantes :

1.2.1. En raison de son lien avec les flux de population, dans les lieux énumérés par la loi, qui, par définition, présentent des risques particuliers d'infractions et d'atteintes à l'ordre public liés à la circulation internationale des personnes, le contrôle d'identité peut concerner le contrôle ponctuel d'une personne se trouvant dans cette zone ou revêtir la forme d'un contrôle systématique, pendant une période déterminée, en liaison avec des mouvements transfrontaliers de personnes.

1.2.2. Ce contrôle, largement ouvert, ne saurait pour autant se substituer aux trois autres types de contrôles prévus aux alinéas 1 à 3 de l'article 78-2 qui ont vocation à continuer de s'appliquer.

Ainsi, il conviendra de recourir aux contrôles d'identité sur réquisitions écrites du procureur de la République et aux contrôles d'identité préventifs dès lors que les infractions qu'il s'agit de rechercher ou les atteintes à la sécurité des personnes et des biens qu'il s'agit de prévenir ne sont pas spécifiquement liées aux flux transfrontaliers.

Il y aura lieu d'être particulièrement vigilant sur l'emploi approprié de chacun de ces types de contrôle. Il appartiendra, en effet, aux tribunaux judiciaires de veiller au strict respect des conditions de fond et de forme des contrôles d'identité.

1.2.3. Sous réserve des observations qui viennent d'être faites, le contrôle d'identité peut être réalisé sans conditions particulières. Il apparaît notamment que la jurisprudence relative aux critères objectifs, déduits de circonstances extérieures à la personne même de l'intéressé de nature à faire apparaître celle-ci comme étranger, n'a pas lieu de s'appliquer. À cet égard, « les modalités prévues au premier alinéa » renvoie – en

(1) Conseil constitutionnel, décision n. 93-323 DC en date du 5 août 1993.

raison de l'utilisation du terme « modalités » – aux conditions de forme du premier alinéa de l'article 78-2 et en aucune façon aux conditions de fond (1).

La personne contrôlée se définit comme celle, quelle qu'elle soit, qui se trouve dans un des lieux énumérés par la loi.

Si le contrôle de l'identité révèle que pèse sur la personne une obligation de détention, de port ou de présentation d'un titre ou document quelconque, le respect de cette obligation devra être vérifié.

Il s'agira le plus souvent d'obligations liées au franchissement des frontières et au séjour mais il peut aussi s'agir, par exemple, d'obligations liées aux armes, à la chasse ou à la conduite d'un véhicule.

1.2.4. Les contrôles d'identité sont opérés à l'initiative des officiers de police judiciaire des services de police et des unités de gendarmerie compétents, qui peuvent, en conséquence, les mettre en œuvre sans réquisitions du procureur de la République.

Cependant, le procureur de la République, qui n'est pas juge de l'opportunité des contrôles, devra être néanmoins avisé des opérations de contrôles systématiques en raison, notamment, des infractions pénales pouvant être découvertes à l'occasion de ces opérations.

Ce signalement pourra permettre à ce magistrat de présenter éventuellement aux officiers de police judiciaire les observations relatives à l'application des principes de mise en œuvre précités.

2. Les conditions de mise en œuvre du contrôle de titre prévu à l'article 67 *quater* du Code des douanes.

L'article 67 *quater* du Code des douanes ne permet pas aux agents des douanes de procéder à un contrôle d'identité mais de « vérifier le respect des obligations de détention, de port et de présentation des titres et documents prévues à l'article 8 de l'ordonnance n. 45-2658 du 2 novembre 1945 relative aux conditions d'entrée et de séjour des étrangers en France ».

Les conditions d'exercice de cette vérification sont plus strictes que celles relatives aux contrôles d'identité.

Dans sa décision n. 93-325 DC du 13 août 1993 sur la loi relative à la maîtrise de l'immigration et aux conditions d'entrée, d'accueil et de séjour des étrangers en France, le Conseil constitutionnel a admis que le législateur peut exiger des étrangers le port et la production de documents attestant la régularité de leur entrée et de leur séjour en France.

Toutefois, la Cour de cassation a eu l'occasion de préciser que les contrôles de titre requis ne peuvent s'exercer qu'au vu d'éléments objectifs déduits des circonstances extérieures à la personne même de l'intéressé de nature à faire apparaître celle-ci comme étranger.

Avant tout contrôle des documents d'entrée et de séjour des étrangers, il est donc indispensable de relever un signe extérieur d'extranéité. Différents exemples tirés de la jurisprudence illustrent cette exigence :

– l'apposition d'affiches en langue étrangère ;
– le fait d'être présent dans une voiture immatriculée à l'étranger ;
– l'entrée ou la sortie d'une ambassade ou d'un consulat étranger...

En tout état de cause, le contrôle ne doit se fonder que sur des critères objectifs excluant toute discrimination de quelque nature que ce soit. Ainsi la seule apparence physique ou la morphologie ne saurait répondre aux exigences du Conseil constitutionnel.

II. – *Les modalités de mise en œuvre des dispositions prévues aux articles 78-2, alinéa 4, du Code de procédure pénale et 67 quater du Code des douanes*

1. L'application territoriale des dispositions légales précitées.

Les dispositions de l'article 67 *quater* du Code des douanes sont applicables dans les mêmes zones que celles définies à l'article 78-2, alinéa 4, du Code de procédure pénale.

Ces zones sont strictement définies. Il s'agit :

– d'une part, « d'une zone comprise entre la frontière terrestre de la France avec les États parties à la convention de Schengen et une ligne tracée à 20 kilomètres en deçà » ;

(1) Existence d'un indice laissant présumer que l'intéressé va ou vient de commettre une infraction, qu'il est susceptible de fournir des renseignements sur un crime ou délit ou qu'il fait l'objet de recherches ordonnées par une autorité judiciaire.

– d'autre part, « des zones accessibles au public des ports, aéroports et gares ferroviaires ou routières ouverts au trafic international et désignés par arrêté ».

1.1. La zone des 20 kilomètres.

Il s'agit d'une zone de 20 kilomètres calculée à partir des frontières terrestres de la France et des frontières du Royaume de Belgique, du Grand-Duché de Luxembourg, de la République fédérale d'Allemagne et du Royaume d'Espagne.

La Confédération helvétique, le Royaume-Uni de Grande-Bretagne et d'Irlande du Nord ainsi que les principautés de Monaco et d'Andorre n'étant pas parties aux accords de Schengen, nos frontières avec ces pays sont, en conséquence, des frontières extérieures.

L'Italie a signé la convention mais ne peut actuellement assurer les contrôles à ses frontières. La frontière franco-italienne doit être, jusqu'à instructions contraires, considérée comme une frontière extérieure.

La ligne des 20 kilomètres est définie non par simple translation de la frontière mais par rayon, en prenant l'ensemble des points situés à moins de 20 kilomètres de l'un quelconque des points de la frontière.

En raison de la délimitation par ce système de rayon, cette zone de 20 kilomètres s'étend nécessairement :

– aux confins de l'Allemagne, de la France et de la Suisse, jusque devant la frontière suisse ;
– aux confins de l'Espagne, de la France et d'Andorre, jusque devant la frontière andorrane ;
– aux confins de l'Italie, de la France et la Suisse et de la Principauté de Monaco, jusque devant la frontière suisse et la frontière monégasque dès que la frontière italienne aura le statut de frontière intérieure.

En conséquence, dans ces zones situées aux confins de frontières intérieures et de frontières extérieures, une même personne pourra à la fois faire l'objet d'un contrôle à la frontière extérieure et d'un des contrôles d'identité ou de titre faisant l'objet de la présente circulaire.

Il conviendra, afin que les autorités judiciaires puissent avoir une connaissance précise de cette zone de 20 kilomètres, que les cartes, dès qu'elles seront établies, soient transmises à chacun des procureurs de la République compétents.

1.2. Les zones accessibles au public des ports, aéroports et gares ferroviaires et routières ouverts au trafic international et désignés par arrêté.

Un arrêté interministériel en date du 23 mars 1995 (*Journal officiel* du 25 mars 1995, p. 4804 et suivantes) a fixé la liste des lieux définis aux articles 78-2 et 67 *quater* précités.

Pour que les opérations de contrôle puissent s'y dérouler, ces lieux doivent à la fois figurer dans la liste de l'arrêté du 23 mars 1995 qui désigne les lieux ouverts au trafic international et constituer des zones accessibles au public.

1.2.1. L'arrêté en date du 23 mars 1995.

En raison de l'existence de la zone de 20 kilomètres, les aéroports et les gares routières ou ferroviaires qui y sont situés n'ont pas été retenus.

En revanche, l'arrêté vise tous les ports de commerce, l'ensemble des ports de voyageurs ainsi que les ports de plaisance les plus importants de la côte méditerranéenne en raison du risque migratoire spécifique qu'ils représentent.

Les aéroports retenus sont ceux fixés par l'arrêté du 10 décembre 1979, modifié par les arrêtés du 20 novembre 1991, du 17 janvier 1992 et du 4 janvier 1993, fixant la liste des aéroports ouverts au trafic aérien international.

Les articles L. 132-1 et D. 221-5 du Code de l'aviation civile disposant que la liste des aéroports ouverts au trafic aérien international doit être fixée par arrêté, un certain nombre d'aéroports mentionnés dans le manuel commun de contrôle aux frontières extérieures n'ont pu figurer dans l'arrêté du 23 mars 1995, aucun acte réglementaire ne les désignant à ce jour comme internationaux.

Pour certains aéroports, outre les conditions juridiques rappelées ci-dessus, une difficulté peut survenir lorsque l'ouverture au trafic international n'est pas permanente. Ainsi, certains aéroports ne sont ouverts au trafic international qu'à certaines époques de l'année et à certaines heures, d'autres ne le sont que sur demande de l'usager.

Les contrôles fondés sur le quatrième alinéa de l'article 78-2 du Code de procédure pénale et 67 *quater* du Code des douanes ne peuvent s'exercer que durant ces périodes d'ouverture.

À défaut, il ne peut s'agir, si les conditions en sont réunies, que de contrôles fondés sur les autres dispositions de l'article 78-2 du Code de procédure pénale.

Enfin, sont désignées les gares ferroviaires dans lesquelles s'arrêtent pour la première fois des trains en provenance de l'étranger et les gares routières apparaissant comme des arrêts quasi obligés pour des véhicules venant de l'étranger.

1.2.2. Zones accessibles au public.

S'agissant des aéroports, les articles R. 213-2 et R. 213-4 du Code de l'aviation civile prévoient que l'emprise des aérodromes affectée à l'aviation civile comprend une zone publique et une zone réservée définies par arrêté préfectoral.

Les contrôles d'identité et les contrôles de titre peuvent être exercés dans cette zone publique, tant sur les parties librement accessibles au public que sur celles dont l'accès est réglementé au sens de l'article R. 213-3 du code précité. Il conviendra, pour avoir une connaissance précise de cette zone, de se reporter à l'arrêté préfectoral.

Les contrôles ne peuvent avoir lieu dans la zone réservée. Il convient, cependant, d'observer que la pénétration dans ce lieu, sans autorisation, est l'indice d'un comportement suspect qui justifierait un contrôle d'identité opéré sur le fondement de l'article 78-2, alinéa 1, du Code de procédure pénale.

S'agissant des gares ferroviaires, les contrôles d'identité et les contrôles de titre peuvent être effectués sur la totalité de l'emprise ferroviaire, dans les lieux dans lesquels le public est autorisé à pénétrer, circuler ou stationner : cours, parkings, salles des pas perdus, passages, salles d'attente, quais et trains.

L'emprise ferroviaire est définie, pour chaque gare, par arrêté préfectoral selon l'arrêté type en date du 29 juin 1977. Il convient, en conséquence, de s'y reporter pour en connaître précisément à chaque fois l'étendue.

S'agissant des ports, les contrôles d'identité et les contrôles de titre peuvent être effectués sur la totalité de l'emprise portuaire définie par le préfet pour les ports maritimes relevant du domaine de l'État, par le président du conseil général pour les ports relevant de la compétence des départements et par le maire pour les ports relevant de la compétence des communes conformément aux articles R. 151-1, R. 613-1 et R. 614-1 du Code des ports maritimes.

Les contrôles ne peuvent avoir lieu dans les surfaces encloses dont l'accès est réglementé. Il convient, là encore, d'observer que la pénétration dans ce lieu, sans autorisation, est l'indice d'un comportement suspect qui justifierait un contrôle d'identité opéré sur le fondement de l'article 78-2, alinéa 1, du Code de procédure pénale.

S'agissant des gares routières, le contrôle a lieu dans l'ensemble des zones dans lequel le public est autorisé à séjourner : bâtiments, quais, terminaux d'arrivée ou de départ...

Bien évidemment, la présente instruction ne saurait constituer une exception au respect des dispositions du Code de procédure pénale et du Code des douanes relatives aux perquisitions et aux visites domiciliaires.

2. Les autres modalités pratiques

2.1. Concernant la mise en œuvre des contrôles d'identité.

L'exercice du contrôle est réservé aux officiers de police judiciaire et, sur leur ordre et sous leur responsabilité, aux agents de police judiciaire mentionnés aux articles 20 et 21 (1°) du Code de procédure pénale.

Les agents de police municipale, qui ont la qualité d'agents de police judiciaire adjoints en vertu des dispositions de l'article 21 (2°) du Code de procédure pénale, ne sont pas habilités à y procéder.

La personne contrôlée peut rapporter la preuve de son identité par tout moyen : en présentant un document officiel sur lequel figure sa photographie ou toutes autres pièces probantes. Le témoignage est également admissible.

Enfin, la découverte, lors de ce contrôle, d'infractions autres que celles relatives au respect de ces obligations doit conduire à l'établissement de procédures incidentes. Le législateur a estimé utile de réaffirmer expressément le principe selon lequel ces procédures sont régulières dès lors que le contrôle d'identité s'est légalement déroulé.

2.2. Concernant la mise en œuvre des vérifications opérées sur le fondement de l'article 67 *quater* du Code des douanes.

Conformément à l'alinéa 1 de l'article 67 *quater,* les agents des douanes pouvant exercer ces missions sont : « les agents de douanes investis des fonctions de chef de poste ou les fonctionnaires désignés par eux titulaires du grade de contrôleur ou d'un grade supérieur ».

Ces contrôles d'identité constituent un instrument destiné à éviter que la levée des contrôles systématiques aux frontières ne puisse constituer un facteur d'insécurité. Aussi, il est indispensable qu'ils soient régulièrement exercés par l'ensemble des services de police, de gendarmerie et de douanes, en conformité avec l'objectif qui leur a été assigné par le législateur et dans le respect des présentes instructions.

Il appartiendra naturellement aux juridictions de l'ordre judiciaire et notamment à la Cour de cassation de contribuer à préciser les conditions et les modalités de leur mise en œuvre.

Vous voudrez bien rendre compte de l'application des présentes instructions et des difficultés auxquelles elles pourraient donner lieu.

V. Art. 79.

Loi n. 89-461 du 6 juillet 1989

modifiant le Code de procédure pénale et relative à la détention provisoire
(*JO* 8 juill. 1989)

Art. 22 à 24. – *Dispositions insérées dans le Code de procédure pénale.*

Art. 25. – Les articles 1er à 6, 7 (paragraphes I et III), 8, 10, 17 et 19 de la présente loi entreront en vigueur le premier jour du cinquième mois qui suivra celui de sa publication au *Journal officiel*.

Les actes, formalités et décisions intervenus antérieurement demeureront valables.

Dans les cas prévus par le deuxième alinéa de l'article 145-1 du Code de procédure pénale et le troisième alinéa de l'article 11 de l'ordonnance n. 45-174 du 2 février 1945 précitée, les détentions provisoires en cours à la date d'entrée en vigueur des articles 6 et 17 de la présente loi ne pourront excéder, respectivement, six mois et un an jusqu'à l'ordonnance de règlement.

Pour l'application du troisième alinéa de l'article 145-1 du Code de procédure pénale, lorsque l'inculpé n'encourt pas une peine d'emprisonnement supérieure à cinq ans, les détentions provisoires en cours à la date d'entrée en vigueur de l'article 6 de la présente loi ne pourront excéder deux ans jusqu'à l'ordonnance de règlement.

Pour l'application de l'article 145-2 du Code de procédure pénale aux détentions provisoires en cours à la date d'entrée en vigueur de cet article, le délai d'un an à l'expiration duquel la détention doit être prolongée commencera à courir à compter du placement en détention si la durée de détention déjà subie n'excède pas un an : dans le cas contraire, la prolongation doit intervenir à l'expiration de l'année de détention en cours.

Dans les cas prévus par les deuxième, quatrième et cinquième alinéas de l'article 11 de l'ordonnance n. 45-174 du 2 février 1945 précitée, les détentions provisoires en cours à la date d'entrée en vigueur de ces dispositions ne pourront excéder, respectivement, deux mois, un an et deux ans jusqu'à l'ordonnance de règlement. Les délais d'un mois, six mois et un an à l'expiration desquels la détention doit être prolongée commenceront à courir à compter du placement en détention ; il n'y aura pas lieu d'ordonner la prolongation de la détention si la durée de détention déjà subie excède, selon le cas, un mois, six mois ou un an.

V. Art. 80-2.

Loi n. 93-2 du 4 janvier 1993

Art. 226-III. – ... Les personnes qui, nommément visées par un réquisitoire du procureur de la République, n'auront pas, à cette date, été inculpées devront, dans un délai de trois mois, être mises en examen dans les conditions prévues par l'article 80-2...

V. Art. 80-3.

Loi du 4 janvier 1993

Art. 226-III. – Les dispositions des articles 174 et 385 du Code de procédure pénale dans leur rédaction antérieure à la présente loi demeureront applicables aux procédures renvoyées par le juge d'instruction lorsque les parties n'auront pas bénéficié des dispositions des trois premiers alinéas de l'article 80-3 du même code.

V. Art. 99-1.

Code rural

Art. 276-4. – *Abrogé et recodifié, Ord. n. 2000-550, 15 juin 2000, art. 7-II, 1°.*

V. Code rural, art. L. 914-7. Puis dénuméroté à l'article L. 214-7 du même code, Ord. n. 2000-914, 18 sept. 2000, art. 11-II.

Art. 276-5. – *Abrogé et recodifié, Ord. n. 2000-550, 15 juin 2000, art. 7-II, 1°.*

V. Code rural, art. L. 914-8. Puis dénuméroté à l'article L. 214-8 du même code, Ord. n. 2000-914, 18 sept. 2000, art. 11-II.

....

Art. 276-11. – *Abrogé et codifié, Ord. n. 2000-550, 15 juin 2000, art. 7-II, 1°.*

V. Code rural, art. L. 915-4. Puis dénuméroté à l'article L. 215-4, Ord. n. 2000-914, 18 sept. 2000, art. 11-II.

....

Art. 283-5. – *Abrogé et codifié, Ord. n. 2000-550, 15 juin 2000, art. 7-II, 1°.*

V. Code rural, art. L. 914-23. Puis dénuméroté à l'article L. 214-23, Ord. n. 2000-914, 18 sept. 2000, art. 11-II.

V. Art. 100.

Loi n. 91-646 du 10 juillet 1991

relative au secret des correspondances émises par la voie des télécommunications

Art. 1er. – Le secret des correspondances émises par la voie des télécommunications est garanti par la loi. Il ne peut être porté atteinte à ce secret que par l'autorité publique, dans les seuls cas de nécessité d'intérêt public prévus par la loi et dans les limites fixées par celle-ci.

TITRE PREMIER. – DES INTERCEPTIONS ORDONNÉES PAR L'AUTORITÉ JUDICIAIRE

....

TITRE II. – DES INTERCEPTIONS DE SÉCURITÉ

Art. 3. – Peuvent être autorisées, à titre exceptionnel, dans les conditions prévues par l'article 4, les interceptions de correspondances émises par la voie des télécommunications ayant pour objet de rechercher des renseignements intéressant la sécurité nationale, la sauvegarde des éléments essentiels du potentiel scientifique et économique de la France, ou la prévention du terrorisme, de la criminalité et de la délinquance organisées et de la reconstitution ou du maintien de groupements dissous en application de la loi du 10 janvier 1936 sur les groupes de combat et les milices privées.

Art. 4. – L'autorisation est accordée par décision écrite et motivée du Premier ministre ou de l'une des deux personnes spécialement déléguées par lui. Elle est donnée sur proposition écrite et motivée du ministre de la défense, du ministre de l'intérieur ou du ministre chargé des douanes, ou de la personne que chacun d'eux aura spécialement déléguée.

Le Premier ministre organise la centralisation de l'exécution des interceptions autorisées.

Art. 5. – Le nombre maximum des interceptions susceptibles d'être pratiquées simultanément en application de l'article 4 est arrêté par le Premier ministre.

La décision fixant ce contingent et sa répartition entre les ministères mentionnés à l'article 4 est portée sans délai à la connaissance de la Commission nationale de contrôle des interceptions de sécurité.

Art. 6. – L'autorisation mentionnée à l'article 3 est donnée pour une durée maximum de quatre mois. Elle cesse de plein droit de produire effet à l'expiration de ce délai. Elle ne peut être renouvelée que dans les mêmes conditions de forme et de durée.

Art. 7. – Dans les correspondances interceptées, seuls les renseignements en relation avec l'un des objectifs énumérés à l'article 3 peuvent faire l'objet d'une transcription.

Cette transcription est effectuée par les personnels habilités.

Art. 8. – Il est établi, sous l'autorité du Premier ministre, un relevé de chacune des opérations d'interception et d'enregistrement. Ce relevé mentionne la date et l'heure auxquelles elle a commencé et celles auxquelles elle s'est terminée.

Art. 9. – L'enregistrement est détruit sous l'autorité du Premier ministre, à l'expiration d'un délai de dix jours au plus tard à compter de la date à laquelle il a été effectué.

Il est dressé procès-verbal de cette opération.

Art. 10. – Sans préjudice de l'application du deuxième alinéa de l'article 40 du Code de procédure pénale, les renseignements recueillis ne peuvent servir à d'autres fins que celles mentionnées à l'article 3.

Art. 11. – Les opérations matérielles nécessaires à la mise en place des interceptions dans les locaux et installations des services ou organismes placés sous l'autorité ou la tutelle du ministre chargé des télécommunications ou des exploitants de réseaux ou fournisseurs de services de télécommunications autorisés ne peuvent être effectuées que sur ordre du ministre chargé des télécommunications ou sur ordre de la personne spécialement déléguée par lui, par des agents qualifiés de ces services, organismes, exploitants ou fournisseurs dans leurs installations respectives.

Art. 12. – Les transcriptions d'interceptions doivent être détruites dès que leur conservation n'est plus indispensable à la réalisation des fins mentionnées à l'article 3.

Il est dressé procès-verbal de l'opération de destruction.

Les opérations mentionnées aux alinéas précédents sont effectuées sous l'autorité du Premier ministre.

Art. 13. – Il est institué une Commission nationale de contrôle des interceptions de sécurité. Cette commission est une autorité administrative indépendante. Elle est chargée de veiller au respect des dispositions du présent titre. Elle est présidée par une personnalité désignée, pour une durée de six ans, par le Président de la République, sur une liste de quatre noms établie conjointement par le vice-président du Conseil d'État et le premier président de la Cour de cassation.

Elle comprend, en outre :

Un député désigné pour la durée de la législature par le président de l'Assemblée nationale ;

Un sénateur désigné après chaque renouvellement partiel du Sénat par le président du Sénat.

La qualité de membre de la commission est incompatible avec celle de membre du Gouvernement.

Sauf démission, il ne peut être mis fin aux fonctions de membre de la commission qu'en cas d'empêchement constaté par celle-ci.

Le mandat des membres de la commission n'est pas renouvelable.

En cas de partage des voix, la voix du président est prépondérante.

Les agents de la commission sont nommés par le président.

Les membres de la commission désignés en remplacement de ceux dont les fonctions ont pris fin avant leur terme normal achèvent le mandat de ceux qu'ils remplacent. À l'expiration de ce mandat, par dérogation au septième alinéa ci-dessus, ils peuvent être nommés comme membre de la commission s'ils ont occupé ces fonctions de remplacement pendant moins de deux ans.

Les membres de la commission sont astreints au respect des secrets protégés par les articles 413-10, 226-13 et 226-14 du Code pénal pour les faits, actes ou renseignements dont ils ont pu avoir connaissance en raison de leurs fonctions.

La commission établit son règlement intérieur.

Art. 14. – La décision motivée du Premier ministre mentionnée à l'article 4 est communiquée dans un délai de quarante-huit heures au plus tard au président de la Commission nationale de contrôle des interceptions de sécurité.

Si celui-ci estime que la légalité de cette décision au regard des dispositions du présent titre n'est pas certaine, il réunit la commission, qui statue dans les sept jours suivant la réception par son président de la communication mentionnée au premier alinéa.

Au cas où la commission estime qu'une interception de sécurité a été autorisée en méconnaissance des dispositions du présent titre, elle adresse au Premier ministre une recommandation tendant à ce que cette interception soit interrompue.

Elle porte également cette recommandation à la connaissance du ministre ayant proposé l'interception et du ministre chargé des télécommunications.

La commission peut adresser au Premier ministre une recommandation relative au contingent et à sa répartition visés à l'article 5.

Le Premier ministre informe sans délai la commission des suites données à ses recommandations.

Art. 15. – De sa propre initiative ou sur réclamation de toute personne y ayant un intérêt direct et personnel, la commission peut procéder au contrôle de toute interception de sécurité en vue de vérifier si elle est effectuée dans le respect des dispositions du présent titre.

Si la commission estime qu'une interception de sécurité est effectuée en violation des dispositions du présent titre, elle adresse au Premier ministre une recommandation tendant à ce que cette interception soit interrompue.

Il est alors procédé ainsi qu'il est indiqué aux quatrième et sixième alinéas de l'article 14.

Art. 16. – Les ministres, les autorités publiques, les agents publics doivent prendre toutes mesures utiles pour faciliter l'action de la commission.

Art. 17. – Lorsque la commission a exercé son contrôle à la suite d'une réclamation, il est notifié à l'auteur de la réclamation qu'il a été procédé aux vérifications nécessaires.

Conformément au deuxième alinéa de l'article 40 du Code de procédure pénale, la commission donne avis sans délai au procureur de la République de toute infraction aux dispositions de la présente loi dont elle a pu avoir connaissance à l'occasion du contrôle effectué en application de l'article 15.

Art. 18. – Les crédits nécessaires à la Commission nationale de contrôle des interceptions de sécurité pour l'accomplissement de sa mission sont inscrits au budget des services du Premier ministre.

Le président est ordonnateur des dépenses de la commission.

Art. 19. – La commission remet chaque année au Premier ministre un rapport sur les conditions d'exercice et les résultats de son activité, qui précise notamment le nombre de recommandations qu'elle a adressées au Premier ministre en application de l'article 14 et les suites qui leur ont été données. Ce rapport est rendu public.

Elle adresse, à tout moment, au Premier ministre les observations qu'elle juge utiles.

TITRE III. – DISPOSITIONS COMMUNES

Art. 20. – Les mesures prises par les pouvoirs publics pour assurer, aux seules fins de défense des intérêts nationaux, la surveillance et le contrôle des transmissions empruntant la voie hertzienne ne sont pas soumises aux dispositions des titres Ier et II de la présente loi.

Art. 21. – Dans le cadre des attributions qui lui sont conférées par le livre II du Code des postes et télécommunications, le ministre chargé des télécommunications veille notamment à ce que l'exploitant public, les autres exploitants de réseaux publics de télécommunications et les autres fournisseurs de services de télécommunications autorisés prennent les mesures nécessaires pour assurer l'application des dispositions de la présente loi.

Art. 22 *(L. n. 96-659, 26 juill. 1996, art. 18-I).* – Les juridictions compétentes pour ordonner des interceptions en application du Code de procédure pénale ainsi que le Premier ministre ou, en ce qui concerne l'exécution des mesures prévues à l'article 20, le ministre de la défense ou le ministre de l'intérieur, peuvent recueillir, auprès des personnes physiques ou morales exploitant des réseaux de télécommunications ou fournisseurs de services de télécommunications ou l'organisme visé à l'article L. 35-4 du Code des postes et télécommunications les informations ou documents qui leur sont nécessaires, chacun en ce qui le concerne, pour la réalisation et l'exploitation des interceptions autorisées par la loi.

La fourniture des informations ou documents visés à l'alinéa précédent ne constitue pas un détournement de leur finalité *(Mots rempl. à compter du 1er sept. 1993, L. n. 92-1336, 16 déc. 1992, art. 319, 373)* au sens de l'article 226-21 du Code pénal. *(L. n. 96-659, 26 juill. 1996, art. 18-II)* Le fait, en violation du premier alinéa, de refuser de communiquer les informations ou documents, ou de communiquer des renseignements erronés est puni de six mois d'emprisonnement et de 50 000 F (7 500 €) d'amende. Les personnes morales peuvent être déclarées responsables pénalement dans les conditions prévues par l'article 121-2 du Code pénal de l'infraction définie au présent alinéa. Les peines encourues par les personnes morales sont l'amende, suivant les modalités prévues par l'article 131-38 du Code pénal.

Art. 23. – Les exigences essentielles définies au 12° de l'article L. 32 du Code des postes et télécommunications et le secret des correspondances mentionné à l'article L. 32-3 du même code ne sont opposables ni aux juridictions compétentes pour ordonner des interceptions en application de l'article 100 du Code de procédure pénale, ni au ministre chargé des télécommunications dans l'exercice des prérogatives qui leur sont dévolues par la présente loi.

Art. 24. – L'article 371(1) du Code pénal est ainsi rédigé :

« *Art. 371*. – Une liste des appareils conçus pour réaliser les opérations pouvant constituer l'infraction prévue à l'article 186-1 et des appareils qui, conçus pour la détection à distance des conversations, permettent la réalisation de l'infraction prévue à l'article 368, sera établie dans les conditions fixées par décret en Conseil d'État.

Les appareils figurant sur la liste ne pourront être fabriqués, importés, détenus, exposés, offerts, loués ou vendus qu'en vertu d'une autorisation ministérielle dont les conditions d'octroi seront fixées par le même décret.

Est interdite toute publicité en faveur d'un appareil susceptible de permettre la réalisation des infractions prévues, selon le cas, aux articles 186-1 ou 368, lorsqu'elle constitue une incitation à commettre ces infractions.

Sera puni des peines prévues, selon le cas, aux articles 186-1 ou 368 quiconque aura contrevenu aux dispositions des alinéas précédents ».

Art. 25. – Il est ajouté, après l'article 186(2) du Code pénal, un article 186-1(3).

Art. 26. – Sera punie des peines mentionnées à l'article 378(4) du Code pénal toute personne qui, concourant dans les cas prévus par la loi à l'exécution d'une décision d'interception de sécurité, révélera l'existence de l'interception.

Art. 27. – La présente loi entrera en vigueur le 1er octobre 1991.
La présente loi sera exécutée comme loi de l'État.

V. Art. 104.

(1) V. désormais, art. 226-3 du nouveau Code pénal.
(2) V. désormais, art. 222-8, al. 8, 7° du nouveau Code pénal.
(3) V. désormais, art. 432-9 et 226-15 du nouveau Code pénal.
(4) V. désormais, art. 226-13 et 226-14 du nouveau Code pénal.

Loi n. 93-2 du 4 janvier 1993

Art. 226-III. – ... Les personnes inculpées avant le 1er mars 1993 et celles pour lesquelles il a été, avant cette date, fait application des dispositions de l'article 104 du Code de procédure pénale, bénéficieront des droits de la personne mise en examen...

V. Art. 145.

Loi constitutionnelle n. 95-880 du 4 août 1995

modifiant le régime de l'inviolabilité parlementaire

....

CHAPITRE III. – DU RÉGIME DE L'INVIOLABILITÉ PARLEMENTAIRE

Art. 7. – Les trois derniers alinéas de l'article 26 de la Constitution sont ainsi rédigés :

Aucun membre du Parlement ne peut faire l'objet, en matière criminelle ou correctionnelle, d'une arrestation ou de toute autre mesure privative ou restrictive de liberté qu'avec l'autorisation du Bureau de l'assemblée dont il fait partie. Cette autorisation n'est pas requise en cas de crime ou délit flagrant ou de condamnation définitive.

La détention, les mesures privatives ou restrictives de liberté ou la poursuite d'un membre du Parlement sont suspendues pour la durée de la session si l'assemblée dont il fait partie le requiert.

L'assemblée intéressée est réunie de plein droit pour des séances supplémentaires pour permettre, le cas échéant, l'application de l'alinéa ci-dessus.

....

Art. 10. – Après l'article 68-2 de la Constitution, il est inséré un article 68-3 ainsi rédigé :

« *Art. 68-3*. – Les dispositions du présent titre sont applicables aux faits commis avant son entrée en vigueur ».

Loi n. 96-62 du 29 janvier 1996

prise pour l'application des dispositions de la loi constitutionnelle n. 95-880 du 4 août 1995
qui ont institué une session parlementaire ordinaire unique
et modifié le régime de l'inviolabilité parlementaire

....

Art. 2. – I. – Il est inséré, après l'article 9 de l'ordonnance n. 58-1100 du 17 novembre 1958 relative au fonctionnement des assemblées parlementaires, un article 9 *bis* ainsi rédigé :

« *Art. 9* bis. – L'arrestation ou toute autre mesure privative ou restrictive de liberté susceptible d'être décidée à l'encontre d'un membre du Parlement fait, à peine de nullité, l'objet d'une demande d'autorisation formulée par le procureur général près la cour d'appel compétente et transmise par le garde des sceaux, ministre de la justice, au président de l'assemblée intéressée. Cette demande indique précisément les mesures envisagées ainsi que les motifs invoqués.

L'autorisation donnée par le Bureau de l'assemblée intéressée ne vaut que pour les faits mentionnés dans la demande prévue au premier alinéa ».

II. – La loi n. 53-655 du 31 juillet 1953 fixant les conditions dans lesquelles peut être levée l'immunité d'un député ou d'un sénateur est abrogée.

V. Art. 157

Décret n. 74-1184 du 31 décembre 1974

relatif aux experts judiciaires

Art. 1er. – Il est dressé chaque année une liste nationale et une liste par cour d'appel sur lesquelles sont inscrits les experts désignés tant en matière civile qu'en matière pénale.

L'inscription des experts sur ces listes ne vaut que pour une année.

CHAPITRE I. – INSCRIPTION SUR LES LISTES D'EXPERTS

Section I. – CONDITIONS GÉNÉRALES D'INSCRIPTION

Art. 2. – Une personne physique ne peut être inscrite sur une liste d'experts que si elle réunit les conditions suivantes :

1° N'avoir pas été l'auteur de faits ayant donné lieu à condamnation pénale pour agissements contraires à l'honneur, à la probité et aux bonnes mœurs ;

2° N'avoir pas été l'auteur des faits de même nature ayant donné lieu à une sanction disciplinaire ou administrative de destitution, radiation, révocation, de retrait d'agrément ou d'autorisation ;

3° *(D. 85-1389, 27 déc. 1985, art. 103)* N'avoir pas été frappée de la faillite personnelle ou d'une autre sanction en application du titre VI de la loi n. 85-98 du 25 janvier 1985 relative au redressement et à la liquidation judiciaires des entreprises ou, dans le régime antérieur à cette loi, en application du titre II de la loi n. 67-563 du 13 juillet sur le règlement judiciaire, la faillite personnelle et les banqueroutes ;

4° Exercer ou avoir exercé pendant un temps suffisant une profession ou une activité en rapport avec sa spécialité ;

5° Avoir exercé cette profession ou cette activité dans des conditions ayant pu conférer une suffisante qualification ;

6° N'exercer aucune activité incompatible avec l'indépendance nécessaire à l'exercice de missions judiciaires d'expertise ;

7° Sous réserve des dispositions de l'article 11, être âgée de moins de soixante-dix ans ;

8° Pour les candidats à l'inscription sur une liste de cour d'appel, exercer son activité professionnelle principale dans le ressort de cette cour ou, pour ceux qui n'exercent plus d'activité professionnelle, y avoir sa résidence.

Art. 3. – En vue de l'inscription d'une personne morale sur une liste d'experts, il doit être justifié :

1° Que les dirigeants sociaux remplissent les conditions prévues aux 1°, 2°, 3° et 6° de l'article 2 ;

2° Que la personne morale exerce une activité depuis un temps et dans les conditions lui ayant conféré une suffisante qualification par rapport à la spécialité dans laquelle elle sollicite son inscription.

3° Que cette activité n'est pas incompatible avec l'indépendance nécessaire à l'exercice de missions judiciaires d'expertise ;

4° Que la personne morale dispose des moyens techniques et du personnel qualifié approprié ;

5° Pour l'inscription sur une liste de cour d'appel, qu'elle a son siège social, une succursale ou un établissement technique en rapport avec sa spécialité, dans le ressort de la cour d'appel.

En outre, il y a lieu à la production des statuts et à l'indication du nom de chacune des personnes détenant une fraction d'au moins 10 % du capital social.

Une personne morale qui se donnerait pour objet principal ou accessoire l'exécution de mission d'expertise ne peut être admise sur une liste d'experts.

Art. 4. – Tout changement survenant dans la situation des personnes physiques ou morales ayant sollicité ou obtenu leur inscription sur une liste, en ce qui concerne les conditions prévues aux articles 2 et 3, doit être porté sans délai à la connaissance du procureur de la République.

Art. 5. – Aucune personne physique ou morale ne peut être inscrite sur plusieurs listes de cour d'appel.

L'inscription sur une liste de cour d'appel peut être cumulée avec l'inscription sur la liste nationale.

Section II. – Procédure d'inscription

§ 1. – Listes établies par les cours d'appel

Art. 6. – Les demandes d'inscription sur la liste dressée par la cour d'appel sont envoyées avant le 1er mars de chaque année au procureur de la République près le tribunal de grande instance dans le ressort duquel le candidat exerce son activité professionnelle ou possède sa résidence.

La demande est assortie de toutes précisions utiles, et notamment des renseignements suivants :

1° Indication de la ou des spécialités dans lesquelles l'inscription est demandée ;

2° Indication des titres ou diplômes du demandeur, de ses travaux scientifiques, techniques et professionnels, des différentes fonctions qu'il a remplies et de la nature de toutes les activités professionnelles qu'il exerce avec, le cas échéant, l'indication du nom et de l'adresse de ses employeurs ;

3° Justification de la qualification du demandeur dans sa spécialité ;

4° Le cas échéant, indication des moyens et des installations dont le candidat peut disposer.

Art. 7. – Le procureur de la République instruit la demande. Il vérifie que le candidat remplit les conditions requises.

Il recueille tous renseignements sur le mérite de la demande, compte tenu notamment des compétences du candidat.

Art. 8. – Après instruction de la demande, le procureur de la République en transmet le dossier, pour avis de l'assemblée générale de leur juridiction respective, au président du tribunal de grande instance, ainsi qu'aux présidents des tribunaux de commerce et aux présidents des conseils de prud'hommes, si de telles juridictions existent dans son ressort.

L'assemblée générale de chacune de ces juridictions peut se réunir en composition restreinte, comprenant au moins un membre de chaque formation collégiale de jugement.

Parmi les membres de l'assemblée générale du tribunal de grande instance siégeant en formation restreinte, doivent figurer, s'ils n'y sont pas déjà dans une autre qualité, un président de la commission de première instance de la sécurité sociale et un président du tribunal départemental des pensions (si de telles juridictions existent dans le ressort), un président de tribunal paritaire des baux ruraux, ainsi qu'au moins un juge chargé de l'instance, un juge des enfants et un juge d'instruction.

Art. 9. – Au cours de la deuxième quinzaine du mois de septembre, le procureur de la République transmet le dossier avec les avis des assemblées générales au procureur général qui en saisit le premier président de la cour d'appel aux fins d'examen par l'assemblée générale de la cour.

Lorsque la cour comporte plus de cinq chambres, l'assemblée générale peut se réunir en une formation restreinte où sont représentées toutes les chambres de la cour.

Les tribunaux de grande instance, les tribunaux de commerce et les conseils de prud'hommes du ressort de la cour d'appel sont représentés à l'assemblée générale, même si celle-ci siège en formation restreinte, par un de leurs membres qui participe avec voix consultative à l'examen des demandes. Toutefois, le premier président peut dispenser certaines juridictions de se faire représenter, pourvu qu'un membre au moins de chacune des catégories de juridiction siège à l'assemblée générale.

Le premier président désigne un ou plusieurs magistrats du ressort de la cour d'appel appartenant au siège pour exercer les fonctions de rapporteur.

Art. 10. – L'assemblée générale de la cour d'appel dresse la liste des experts au cours de la première quinzaine du mois de novembre.

Elle se prononce après avoir entendu le magistrat chargé du rapport et le ministère public.

§ 2. – Liste nationale

Art. 11. – Nul ne peut figurer sur la liste nationale des experts s'il ne justifie de son inscription depuis au moins trois années consécutives sur une des listes dressées par les cours d'appel.

Toutefois, à titre exceptionnel, le bureau de la Cour de cassation peut inscrire sur la liste nationale un candidat qui ne remplit pas les conditions prévues à l'alinéa précédent, ni la condition d'âge prévue à l'article 2

(7°). Le nombre des experts ainsi inscrits pour chaque spécialité ne peut dépasser le cinquième du nombre total des experts figurant dans cette spécialité sur la liste nationale.

Art. 12. – Toute personne désirant être inscrite sur la liste nationale des experts doit en faire la demande au procureur général près la Cour de cassation.

Art. 13. – Ce magistrat instruit la demande, recueille l'avis des premiers présidents et procureur général de la cour d'appel ayant établi la liste sur laquelle figure l'expert et se fait communiquer le dossier de cet expert.

Si le candidat n'est pas inscrit sur une liste de cour d'appel, sa demande doit satisfaire aux dispositions de l'article 6. L'avis du procureur général près la cour d'appel du lieu d'activité ou de la résidence du candidat est recueilli.

Art. 14. – Le bureau de la Cour de cassation dresse la liste nationale des experts au cours de la première quinzaine du mois de décembre.

Il se prononce sur le rapport d'un de ses membres, le procureur général entendu.

§ 3. – Dispositions communes

Art. 15. – Chaque année, sans que les intéressés aient à renouveler leur demande initiale, l'organisme chargé de l'établissement d'une liste examine la situation de chaque expert précédemment inscrit, pour s'assurer qu'il continue à remplir les conditions requises, respecte les obligations qui lui sont imposées et s'en acquitte avec ponctualité.

Art. 16. – La réinscription sur une liste est décidée sous les mêmes conditions et dans les mêmes formes que l'inscription.

Le magistrat rapporteur donne connaissance de toutes les plaintes formulées, des explications éventuelles des experts concernés ainsi que des observations des autorités judiciaires à l'égard de chacun des experts.

L'expert qui n'a pas été réinscrit peut solliciter à nouveau son inscription l'année suivante.

Art. 17. – Au cas où l'expert demande son retrait de la liste pour des causes exclusives de toute faute disciplinaire, ou si ce retrait est rendu nécessaire par des circonstances de faits telles que l'éloignement prolongé, la maladie ou des infirmités graves et permanentes, le premier président de la cour d'appel ou de la Cour de cassation peut, à titre provisoire et en cours d'année, décider le retrait de la liste.

Art. 18. – Les experts nouvellement inscrits, les personnes dont la candidature n'a pas été retenue, les experts dont l'inscription n'a pas été renouvelée et ceux qui ont fait l'objet d'une décision de retrait provisoire de la liste, reçoivent notification par écrit de la mesure les concernant.

Art. 19. – La liste des experts judiciaires de la cour d'appel est tenue à la disposition du public dans les locaux du secrétariat-greffe de la cour et des tribunaux de grande instance du ressort. Elle peut également être affichée dans ces locaux.

La liste nationale est adressée à toutes les cours d'appel et tous les tribunaux de grande instance. Elle est tenue à la disposition du public dans les locaux du secrétariat-greffe de la Cour de cassation, des cours d'appel et des tribunaux de grande instance.

CHAPITRE II. – OBLIGATIONS DES EXPERTS

Art. 20. – Lors de leuD. 31 déc. 1974, r inscription sur une liste de cour d'appel, ou lors de leur inscription sur la liste nationale s'ils ne sont pas déjà inscrits sur une liste de cour d'appel, les experts prêtent devant la cour d'appel de leur domicile serment d'apporter leur concours à la justice, d'accomplir leur mission, de faire leur rapport et de donner leur avis en leur honneur et en leur conscience.

Pour les personnes morales, le serment est prêté par le représentant de celles-ci, désigné à cet effet.

Art. 21. – La réinscription annuelle prévue à l'article 15 ne donne pas lieu à renouvellement du serment.

Art. 22. – L'expert qui, n'ayant pas été réinscrit sur les listes ou en ayant été radié, est à nouveau inscrit, doit prêter serment lors de cette nouvelle inscription.

Art. 23. – En cas d'empêchement, le premier président de la cour d'appel peut autoriser l'expert à prêter serment par écrit.

Art. 24. – Les experts font connaître tous les ans, avant le 1er septembre au premier président de la cour d'appel ou, pour ceux qui ne sont inscrits que sur la liste nationale, au premier président de la Cour de cassation, le nombre des rapports qu'ils ont déposés au cours de l'année judiciaire ainsi que, pour chacune des expertises en cours, la date de la décision qui a commis l'expert, la désignation de la juridiction qui a rendu cette décision et le délai imparti pour le dépôt du rapport.

CHAPITRE III. – DISCIPLINE

(Intitulé rempl., D. n. 85-1389, 27 déc. 1985, art. 101)

Art. 25. – Le contrôle des experts est exercé à la fois par le premier président et par le procureur général.

Chacun de ces magistrats reçoit les plaintes et fait procéder à tout moment aux enquêtes utiles pour vérifier que l'expert satisfait à ses obligations légales et s'en acquitte avec ponctualité.

S'il apparaît au premier président ou au procureur général qu'il y a des présomptions contre un expert inscrit d'avoir manqué à ses obligations, il fait recueillir ses explications. Le cas échéant, il saisit l'assemblée générale de la cour d'appel ou le bureau de la Cour de cassation en vue de la radiation de l'expert.

Art. 26. – La radiation d'un expert inscrit peut être prononcée à tout moment pour les motifs prévus à l'article 5 de la loi susvisée du 29 juin 1971.

Commet notamment une faute professionnelle grave l'expert qui n'accepte pas, sans motif légitime, de remplir sa mission ou qui ne l'exécute pas dans les délais prescrits, après mise en demeure.

Art. 27. – La radiation d'un expert inscrit est décidée par l'organisme qui a procédé à l'inscription, à l'initiative selon le cas du premier président de la cour d'appel ou du procureur général près cette cour, ou bien à celle du premier président de la Cour de cassation ou du procureur général près cette cour.

Art. 28. – L'assemblée générale de la cour d'appel ou le bureau de la Cour de cassation, après avoir fait recueillir les observations de l'expert, le convoque, si elle le juge utile, et statue après avoir entendu le ministère public. L'assemblée générale de la cour d'appel peut se réunir en formation restreinte conformément aux dispositions du deuxième alinéa de l'article 9, sans qu'il y ait lieu d'appliquer les dispositions du troisième alinéa.

Art. 29. – La radiation d'un expert de la liste nationale emporte de plein droit sa radiation de la liste de cour d'appel.

Dans le cas où un expert inscrit à la fois sur la liste nationale et sur une liste de cour d'appel a été radié de cette dernière liste, une expédition de la décision de radiation est adressée au procureur général près la Cour de cassation.

Ce magistrat transmet avec ses réquisitions cette décision au premier président de la Cour de cassation pour être procédé comme il est dit à l'article 28.

Art. 30. – En cas d'urgence, et après avoir fait recueillir les explications de l'intéressé, le premier président compétent peut prononcer, à titre provisoire, la radiation de l'expert. Cette décision produit effet jusqu'à décision de l'organisme qui a provoqué l'inscription.

Art. 31 *(D. n. 85-1389, 27 déc. 1985, art. 102)*. – L'inscription sur la liste d'un expert judiciaire qui fait l'objet d'une poursuite pénale en raison de faits contraires à l'honneur, à la probité ou aux bonnes mœurs peut être provisoirement suspendue, par décision du premier président de la cour d'appel ou du premier président de la Cour de cassation s'il s'agit d'un expert inscrit sur la liste nationale.

Le premier président prononce la suspension d'office ou à la requête du procureur général, après avoir mis l'intéressé en mesure de fournir ses explications.

L'assemblée générale de la cour d'appel ou le bureau de la Cour de cassation peuvent, à tout moment, à la requête soit du procureur général, soit de l'expert, mettre fin à la suspension provisoire.

La suspension cesse de plein droit dès que l'action publique qui l'a justifiée est éteinte.

Art. 32 *(D. n. 85-1389, 27 déc. 1985, art. 102).* – Les experts qui ont fait l'objet d'une mesure de radiation ou de suspension provisoire reçoivent notification de la décision par lettre recommandée avec demande d'avis de réception.

Les décisions de radiation et de suspension provisoire sont portées à la connaissance des magistrats du ressort de la cour d'appel, ainsi que, s'il s'agit d'experts inscrits sur la liste nationale, de toutes les cours d'appel et de tous les tribunaux de grande instance.

La cessation des effets de la suspension provisoire est portée à la connaissance des juridictions dans les conditions fixées à l'alinéa précédent.

Art. 33. – L'expert radié de la liste ne peut solliciter à nouveau son inscription sur une liste quelconque avant l'expiration d'un délai de trois ans.

CHAPITRE IV. – VOIES DE RECOURS

Art. 34 *(D. n. 85-1389, 27 déc. 1985, art. 102).* – Les décisions prises par les organismes chargés de l'établissement des listes d'experts et les premiers présidents compétents, à l'exception des mesures de retrait, de suspension provisoire et de radiation prévues aux articles 17, 26, 30 et 31, ne peuvent donner lieu qu'à un recours devant la Cour de cassation.

Art. 35 *(D. n. 85-1389, 27 déc. 1985, art. 102).* – Lorsqu'une mesure de retrait, de suspension provisoire ou de radiation est intervenue, l'expert qui a été radié ou a fait l'objet d'une suspension provisoire et, dans tous les cas, le procureur général peuvent faire un recours soit devant la cour d'appel, s'il s'agit d'un retrait, d'une suspension provisoire ou d'une radiation d'une liste de cour d'appel, soit devant la Cour de cassation, s'il s'agit d'un retrait, d'une suspension provisoire ou d'une radiation de la liste nationale.

Art. 36. – Ce recours est examiné selon le cas par la première chambre de la cour d'appel ou la première chambre civile de la Cour de cassation.

Le recours est fait par simple déclaration au secrétariat-greffe, suivant le cas, de la cour d'appel ou de la Cour de cassation, ou par lettre recommandée avec demande d'avis de réception adressée au secrétaire-greffier.

Le recours est formé dans le délai d'un mois. Le délai court à l'égard du procureur général, du jour où la décision a été prise et, à l'égard de l'expert, du jour de la notification de cette décision.

CHAPITRE V. – DISPOSITIONS DIVERSES

Art. 37 *(D. n. 75-770, 14 août 1975, art. 57).* – Les experts judiciaires peuvent être admis à l'honorariat après avoir figuré pendant dix ans sur une liste de cour d'appel ou sur la liste nationale et avoir atteint l'âge de soixante-dix ans.

Art. 38. – Les experts figurant, au jour de l'entrée en vigueur du présent décret, sur l'une des listes prévues en matière pénale doivent faire connaître, dans les conditions fixées suivant le cas à l'alinéa 1er de l'article 6 ou à l'article 12, leur intention d'être inscrit sur les nouvelles listes. Ils n'ont pas à constituer à nouveau leur dossier de candidature.

Art. 39. – Les listes établies antérieurement à la publication du présent décret en vertu de l'article 157 du Code de procédure pénale restent en vigueur jusqu'à la parution des listes prévues par le présent décret.

Art. 40. – Les articles R. 26 à R. 40 et D. 37 à D. 42 du Code de procédure pénale sont abrogés.

Art. 41. – Le huitième alinéa de l'article 9 du décret susvisé du 20 février 1959 est abrogé et remplacé par les dispositions suivantes : « la vérification médicale est faite par un ou trois experts choisis par le tribunal ; elle a lieu là où le tribunal le juge convenable et au besoin au domicile du demandeur ».

V. Art. 308.

Loi n. 85-699 du 11 juillet 1985

tendant à la constitution d'archives audiovisuelles de la justice

Art. 1er. – Les audiences publiques devant les juridictions de l'ordre administratif ou judiciaire peuvent faire l'objet d'un enregistrement audiovisuel ou sonore dans les conditions prévues par la présente loi lorsque cet enregistrement présente un intérêt pour la constitution d'archives historiques de la justice. Sous réserve des dispositions de l'article 6, l'enregistrement est intégral.

Art. 2. – L'autorité compétente pour décider l'enregistrement de l'audience est :

1° Pour le tribunal des conflits, le vice-président ;

2° Pour les juridictions de l'ordre administratif, le vice-président pour le Conseil d'État et, pour toute autre juridiction, le président de celle-ci ;

3° Pour les juridictions de l'ordre judiciaire, le premier président pour la Cour de cassation ; pour la cour d'appel et pour toute autre juridiction de son ressort, le premier président de la cour d'appel.

Art. 3. – La décision prévue par l'article 2 est prise soit d'office, soit à la requête d'une des parties ou de ses représentants, ou du ministère public. Sauf urgence, toute requête est présentée, à peine d'irrecevabilité, au plus tard huit jours avant la date fixée pour l'audience dont l'enregistrement est demandé.

Avant toute décision, l'autorité compétente recueille les observations des parties ou de leurs représentants, du président de l'audience dont l'enregistrement est envisagé et du ministère public, ainsi que l'avis de la commission consultative des archives audiovisuelles de la justice ; elle fixe le délai dans lequel les observations doivent être présentées et l'avis doit être fourni.

Lorsque la commission consultative des archives audiovisuelles de la justice ne peut émettre son avis dans le délai qui lui est imparti, celui-ci est donné par son président ou par le membre de la commission qu'il a délégué.

Art. 4. – La commission consultative des archives audiovisuelles de la justice est présidée par une personnalité compétente en matière d'archives de la justice et composée :

1° D'un député et d'un sénateur ;

2° Du directeur général des Archives de France ou son représentant ;

3° De deux historiens ;

4° De deux membres en activité ou honoraires du Conseil d'État ;

5° De deux magistrats en activité ou honoraires de la Cour de cassation ;

6° De deux magistrats en activité ou honoraires des autres juridictions de l'ordre judiciaire ;

7° De deux membres en activité ou honoraires des autres juridictions de l'ordre administratif ;

8° De deux avocats choisis l'un parmi les avocats au barreau de Paris, l'autre parmi les avocats de tout autre barreau ;

9° De deux journalistes choisis l'un parmi les membres de la presse écrite, l'autre parmi les membres de la presse audiovisuelle.

À l'exclusion du directeur général des Archives de France ou de son représentant, les membres de la commission sont désignés pour une durée de trois ans renouvelable une seule fois.

En cas de vacance, pour quelque cause que ce soit, il est pourvu à la nomination d'un nouveau membre dont le mandat expire à la date à laquelle aurait expiré celui de la personne qu'il remplace.

Art. 5. – Les membres de la commission consultative des archives audioviduelles de la justice sont tenus, même après la cessation de leurs fonctions, de conserver le secret des informations portées à leur connaissance ainsi que des délibérations de la commission.

Art. 6. – Les enregistrements sont réalisés dans des conditions ne portant atteinte ni au bon déroulement des débats ni au libre exercice des droits de la défense. Ils sont effectués à partir de points fixes.

Lorsque les dispositions de l'alinéa qui précède ne sont pas respectées, le président peut, dans l'exercice de son pouvoir de police de l'audience, s'opposer aux enregistrements ou les interrompre momentanément.

Art. 7. – Les enregistrements sont transmis à l'administration des Archives de France, responsable de leur conservation, par le président désigné à l'article 6, qui signale, le cas échéant, tout incident survenu lors de leur réalisation.

Art. 8. – Pendant les vingt ans qui suivent la clôture du procès, la consultation intégrale ou partielle de l'enregistrement audiovisuel ou sonore peut être autorisée conjointement, lorsque la demande est présentée à des fins historiques ou scientifiques, par le garde des sceaux, ministre de la justice, et par le ministre chargé de la culture.

À l'expiration de ce délai, la consultation est libre. La reproduction ou la diffusion, intégrale ou partielle, de l'enregistrement audiovisuel ou sonore est subordonnée à une autorisation accordée, après que toute personne justifiant d'un intérêt pour agir a été mise en mesure de faire valoir ses droits, par le président du tribunal de grande instance de Paris ou par le juge qu'il délègue à cet effet. *(Compl., L. n. 90-615, 13 juill. 1990)* « Toutefois, la reproduction ou la diffusion, intégrale ou partielle, de l'enregistrement des audiences d'un procès pour crime contre l'humanité peut être autorisée dès que ce procès a pris fin par une décision devenue définitive ».

Après cinquante ans, la reproduction et la diffusion sont libres.

Art. 9. – Un décret en Conseil d'État détermine les modalités d'application de la présente loi, notamment en ce qui concerne les voies de recours susceptibles d'être exercées contre les décisions prévues par les articles 2 et 8.

V. Art. 308.

Décret n. 86-74 du 15 janvier 1986

pris pour l'application de la loi n. 85-699 du 11 juillet 1985
tendant à la constitution d'archives audiovisuelles de la justice

Section I. – Dispositions concernant la décision d'enregistrement des audiences

Art. 1er. – La demande tendant à l'enregistrement audiovisuel ou sonore d'une audience est présentée par une requête écrite, adressée à l'autorité compétente pour prendre la décision.

La demande et les pièces qui lui sont jointes sont établies en trois exemplaires.

Art. 2. – Une copie de la demande est communiquée aux autorités et personnes dont les observations doivent être recueillies en application du deuxième alinéa de l'article 3 de la loi n. 85-699 du 11 juillet 1985.

Ces autorités et personnes sont informées qu'elles peuvent prendre connaissance, au greffe ou au secrétariat de la juridiction dont le président est compétent pour statuer sur la demande d'enregistrement, de l'ensemble des pièces jointes à cette demande.

Un exemplaire de la demande et des pièces jointes est transmis à la commission consultative des archives audiovisuelles de la justice.

Les communications prévues par le présent article sont faites soit par la remise des pièces à leur destinataire, soit par lettre recommandée avec demande d'avis de réception.

Art. 3. – Lorsque l'autorité compétente n'est pas saisie d'une demande des parties, de leurs représentants ou du ministère public et qu'elle envisage de prescrire d'office l'enregistrement d'une audience, elle communique un projet de décision motivée aux autorités et personnes mentionnées au premier alinéa de l'article 2 et à la commission consultative des archives audiovisuelles de la justice. Les communications sont faites dans les conditions prévues par le quatrième alinéa de l'article 2.

Art. 4. – L'autorité compétente statue par une décision motivée, qui est notifiée sans délai aux parties ou à leurs représentants, au président de l'audience et au ministère public. Lorsque la décision prescrit l'enregistrement de l'audience, elle est communiquée en outre au garde des sceaux, ministre de la justice, ainsi qu'au ministre de l'intérieur et de la décentralisation s'il s'agit d'une audience d'un tribunal administratif.

Art. 5. – Il est ajouté au chapitre Ier du titre III du livre Ier du Code de l'organisation judiciaire l'article R. 131-20 ci-après :

« *Art. R. 131-20.* – Le premier président peut, s'il y a lieu, désigner par ordonnance l'un des présidents de chambre pour le suppléer dans les fonctions qui lui sont attribuées par l'article 2 de la loi n. 85-699 du 11 juillet 1985 tendant à la constitution d'archives audiovisuelles de la justice ».

Art. 6. – La décision prescrivant ou refusant l'enregistrement d'une audience peut, dans les huit jours de sa notification, faire l'objet d'un recours en annulation.

Ce recours, qui n'a pas d'effet suspensif, est porté :

1° Devant le tribunal des conflits, lorsque la décision a été rendue par le vice-président de cette juridiction ;

2° Devant le Conseil d'État, lorsque la décision a été rendue par le vice-président du Conseil d'État ou par le président d'une juridiction administrative ;

3° Devant la Cour de cassation, lorsque la décision a été rendue par le premier président de la Cour de cassation ou d'une cour d'appel.

Le recours est formé, instruit et jugé selon les règles applicables devant la juridiction appelée à statuer ; devant la Cour de cassation, il est fait par simple déclaration au secrétariat-greffe de cette cour et examiné par la chambre compétente à raison de la nature du procès.

Art. 7. – En cas d'annulation d'une décision prescrivant un enregistrement, le juge peut ordonner la destruction de cet enregistrement.

Section II. – Dispositions concernant
la commission consultative des archives audiovisuelles de la justice

Art. 8. – Le président de la commission consultative des archives audiovisuelles de la justice instituée par la loi n. 85-699 du 11 juillet 1985 est nommé par arrêté du garde des sceaux, ministre de la justice.

Art. 9. – Les membres de la commission consultative des archives audiovisuelles de la justice autres que ceux qui sont mentionnés au 1° et au 2° de l'article 4 de la loi précitée du 11 juillet 1985 sont nommés par le garde des sceaux dans les conditions ci-après.

(Deuxième al. rempl., D. n. 87-197, 25 mars 1987, art. 1er) Les deux historiens sont nommés l'un sur proposition de la section compétente du Conseil national des universités, l'autre sur proposition de l'École pratique des hautes études.

Les deux membres en activité ou honoraires du Conseil d'État et les deux membres en activité ou honoraires des autres juridictions de l'ordre administratif sont nommés sur proposition de l'assemblée générale du Conseil d'État.

Les deux magistrats en activité ou honoraires de la Cour de cassation et les deux magistrats en activité ou honoraires des autres juridictions de l'ordre judiciaire sont nommés sur proposition de l'assemblée générale de la Cour de cassation.

L'avocat au barreau de Paris et l'avocat d'un autre barreau sont nommés, le premier, sur proposition du conseil de l'ordre des avocats au barreau de Paris et, le second, sur proposition de la conférence des bâtonniers.

(Dernier al. rempl., D. n. 87-197, 25 mars 1987, art. 2) Les deux journalistes sont nommés sur proposition des organisations professionnelles de journalistes les plus représentatives.

Art. 10. – Les fonctions des membres de la commission consultative des archives audiovisuelles de la justice sont gratuites. Elles peuvent donner lieu, toutefois, au remboursement des frais engagés par les membres de la commission pour l'exercice de leur mission, dans les conditions prévues par le décret n. 68-724 du 7 août 1968 modifié [*abrogé*].

Art. 11. – Le secrétariat de la commission est assuré par le ministère de la justice.

Section III. – Dispositions concernant
la réalisation des enregistrements

Art. 12. – L'enregistrement des audiences est assuré par les services du ministère de la justice ou du ministère de l'intérieur et de la décentralisation, à défaut, par un ou plusieurs entrepreneurs choisis dans les conditions prévues par le livre II du Code des marchés publics. Lorsque la brièveté du délai qui sépare la date de la communication de la décision à exécuter et la date de l'audience ne permet pas de passer un marché sur appel d'offres, la procédure prévue par les articles 103 [art. 34 et 67 du nouveau Code des marchés publics, à compter du 8 sept. 2001] et suivants du Code des marchés publics est applicable.

Art. 13. – La disposition des appareils d'enregistrement à l'intérieur de la salle d'audience est fixée en accord avec le président chargé de la police de l'audience.

Art. 14. – Les enregistrements sont remis au président dès la fin de l'audience. Ils sont transmis au directeur général des Archives de France avec un procès-verbal signé par le président de l'audience et mentionnant les incidents qui ont pu survenir au cours de la réalisation. Un exemplaire de ce procès-verbal est conservé au greffe ou au secrétariat de la juridiction.

Section IV. – Dispositions concernant
la reproduction et la diffusion des enregistrements

Art. 15. – La demande aux fins de reproduction ou de diffusion intégrale ou partielle de l'enregistrement audiovisuel ou sonore d'une audience est présentée au président du tribunal de grande instance de Paris en la forme prévue par l'article 494 du nouveau Code de procédure civile pour les ordonnances sur requête.

Art. 16. – Après avoir procédé ou fait procéder aux mesures d'instruction qu'il estime utiles, le président du tribunal de grande instance de Paris statue sur la requête par une ordonnance motivée dont la minute est conservée au greffe de ce tribunal. Il peut assortir de conditions particulières la reproduction ou la diffusion de l'enregistrement.

L'ordonnance est portée à la connaissance du public selon les modalités qu'elle fixe, à la diligence du requérant.

Art. 17. – Si l'ordonnance fait droit à la requête, tout intéressé peut en référer au juge qui l'a rendue pour la contester dans le délai qu'elle fixe.

Le délai d'appel est de quinze jours. L'appel est formé, instruit et jugé comme en matière gracieuse.

Art. 18. – Le président du tribunal de grande instance de Paris a la faculté de relever le contestant de la forclusion dans les conditions de l'article 540 du nouveau Code de procédure civile.

Section V. – Dispositions diverses

Art. 19. – Les modalités de la conservation, du classement, de l'inventaire et de la consultation des archives audiovisuelles de la justice sont fixées par un arrêté conjoint du ministre de l'économie, des finances et du budget, du garde des sceaux, ministre de la justice, et du ministre chargé de la culture.

Art. 20. – Le ministre de l'économie, des finances et du budget, le garde des sceaux, ministre de la justice, le ministre de l'intérieur et de la décentralisation, le ministre de l'éducation nationale, le ministre de la culture, le secrétaire d'État auprès du Premier ministre, chargé des techniques de la communication, et le secrétaire d'État auprès du ministre de l'économie, des finances et du budget, chargé du budget et de la consommation, sont chargés, chacun en ce qui le concerne, de l'exécution du présent décret, qui sera publié au *Journal officiel* de la République française.

V. Art. 381.

Loi n. 92-1336 du 16 décembre 1992

relative à l'entrée en vigueur du nouveau Code pénal
et à la modification de certaines dispositions du droit pénal
et de procédure pénale rendue nécessaire par cette entrée en vigueur

Art. 322. – Dans tous les textes prévoyant qu'un crime ou un délit est puni d'une peine d'amende, d'emprisonnement, de détention ou de réclusion, les mentions relatives aux minima des peines d'amende ou des peines privatives de liberté encourues sont supprimées.

Art. 323. – Sont abrogées toutes les dispositions faisant référence à l'article 463 du Code pénal.

Art. 324. – Dans tous les textes prévoyant une peine de réclusion ou de détention criminelle n'excédant pas une durée de dix ans, la peine encourue devient une peine de dix ans d'emprisonnement.

Art. 325. – Nonobstant les dispositions de l'article 131-4 du Code pénal fixant l'échelle des peines d'emprisonnement en matière délictuelle, demeurent des délits les délits actuellement punis d'une peine d'emprisonnement supérieure à deux mois mais inférieure à six mois.

Art. 326. – Les textes de nature législative postérieurs à l'entrée en vigueur de la Constitution et fixant les amendes en matière de contravention de police sont modifiés conformément aux dispositions ci-après :

1° Lorsque le maximum de l'amende prévue est inférieur ou égal à 250 F, la contravention est désormais punie de l'amende prévue par le 1° de l'article 131-13 du Code pénal pour les contraventions de la 1re classe ;

2° Lorsque le maximum de l'amende prévue est supérieur à 250 F et inférieur ou égal à 600 F, la contravention est désormais punie de l'amende prévue par le 2° de l'article 131-13 du Code pénal pour les contraventions de la 2e classe ;

3° Lorsque le maximum de l'amende prévue est supérieur à 600 F et inférieur ou égal à 1 300 F, la contravention est désormais punie de l'amende prévue par le 3° de l'article 131-13 du Code pénal pour les contraventions de la 3e classe ;

4° Lorsque le maximum de l'amende prévue est supérieur à 1 300 F et inférieur ou égal à 3 000 F, la contravention est désormais punie de l'amende prévue par le 4° de l'article 131-13 du Code pénal pour les contraventions de la 4e classe ;

5° Lorsque le maximum de l'amende prévue est supérieur à 3 000 F et inférieur ou égal à 6 000 F, la contravention est désormais punie de l'amende prévue par le 5° de l'article 131-13 du Code pénal pour les contraventions de la 5e classe ; lorsque le maximum de l'amende prévue en récidive est supérieur à 6 000 F et inférieur ou égal à 12 000 F, la contravention commise en récidive est désormais punie de l'amende prévue par le 5° de l'article 131-13 du Code pénal pour les contraventions de la 5e classe commises en récidive.

Art. 327. – Les textes de nature législative postérieurs à l'entrée en vigueur de la Constitution prévoyant la récidive des contraventions des quatre premières classes sont abrogés.

Art. 328. – Sont considérées comme des contraventions de 5e classe les contraventions punies d'une amende dont le taux est fixé proportionnellement au montant ou à la valeur exprimée en numéraire du préjudice, des réparations ou de l'objet de l'infraction. La peine d'amende prononcée pour ces contraventions ne peut excéder les montants fixés par le 5° de l'article 131-13 du Code pénal.

Art. 329. – Dans tous les textes prévoyant qu'un délit est puni d'une peine d'amende dont le maximum est inférieur à 25 000 F, l'amende encourue est désormais de 25 000 F.

Lorsque les textes visés au premier alinéa prévoient une peine d'amende encourue en cas de récidive inférieure à 50 000 F, cette amende est désormais de 50 000 F.

....

Loi n. 93-913 du 19 juillet 1993

reportant l'entrée en vigueur du nouveau Code pénal

Art. unique. – L'article 373 de la loi n. 92-1336 du 16 décembre 1992 relative à l'entrée en vigueur du nouveau Code pénal et à la modification de certaines dispositions de droit pénal et de procédure pénale rendue nécessaire par cette entrée en vigueur est ainsi modifié :

I. – Le premier alinéa est ainsi rédigé :
« Les dispositions des livres Ier à V du Code pénal entreront en vigueur le 1er mars 1994 ».
II. – Dans le deuxième alinéa, la date : « 1er septembre 1994 » est remplacée par la date : « 1er mars 1995 ».
III. – Le troisième alinéa est ainsi rédigé :
« La présente loi entrera en vigueur le 1er mars 1994 ».
IV. – Sont ajoutés quatre alinéas ainsi rédigés :
« Toutefois, dès la date de publication de la loi n. 93-913 du 19 juillet 1993 reportant l'entrée en vigueur du nouveau Code pénal :
1° Les mots : "L'emprisonnement", sont supprimés de l'article 464 du Code pénal ;
2° L'article 465 du même code est abrogé ;
3° Les mots : "d'un emprisonnement supérieur à dix jours ou" sont supprimés du deuxième alinéa de l'article 474 du même code ».

Art. 13 *(L. n. 94-89, 1er févr. 1994).* – Les dispositions suivantes de la loi n. 92-1336 du 16 décembre 1992 précitée sont ainsi modifiées :
I. – Au I de l'article 269, les mots : « deuxième alinéa » sont remplacés par les mots : « premier alinéa ».
II. – Il est inséré, après l'article 335, un article 335-1 ainsi rédigé :
Art. 335-1. – Dans tous les textes qui érigent en délit la récidive d'une contravention, la référence à l'article 474 du Code pénal est remplacée par la référence à l'article 132-11 du Code pénal.
III. – Au premier alinéa de l'article 336, la référence à l'article 261 est remplacée par la référence à l'article 372, et l'article 336 est complété par un troisième alinéa ainsi rédigé :
Les juridictions pourront prononcer à l'encontre des auteurs d'infractions commises avant l'entrée en vigueur de la présente loi les interdictions, déchéances ou incapacités qui sont désormais encourues à titre de peine complémentaire, lorsque ces interdictions, déchéances ou incapacités résultaient auparavant de plein droit de la condamnation.
IV. – À l'article 370, les mots : « devenue définitive » sont remplacés par les mots : « prononcée en dernier ressort ».

V. Art. 382.

Décret-Loi du 30 octobre 1935

unifiant le droit en matière de chèques

Art. 75 *(L. n. 75-4, 3 janv. 1975).* – Sans préjudice de l'application des dispositions des articles 43, 52 et 382 du Code de procédure pénale, est compétent pour la recherche, la poursuite, l'instruction et le jugement des infractions prévues par les articles 66 et 69, le tribunal du lieu où le chèque est payable.

V. Art. 382.

Loi n. 72-1138 du 22 décembre 1972

relative à la compétence territoriale du ministère public
et des juridictions répressives sur certains aérodromes

Art. 1er. – Les aérodromes dont l'emprise s'étend sur le ressort de plusieurs juridictions répressives de même catégorie peuvent être rattachés par décret au ressort de l'une de ces juridictions pour l'application des dispositions concernant la compétence territoriale en matière pénale.
Lorsqu'un aérodrome s'étendant sur plusieurs départements a été rattaché au ressort d'un tribunal correctionnel dans les conditions prévues à l'alinéa précédent, la cour d'assises du département dans lequel le tribunal a son siège est territorialement compétente.

Art. 2. – Les juridictions d'instruction ou de jugement dont la compétence territoriale se trouvera réduite à la date d'entrée en vigueur d'un décret pris en application de l'article précédent demeureront compétentes pour connaître des procédures introduites devant elles antérieurement à cette date.

Lorsque ces procédures auront été soumises à une juridiction d'instruction, elles seront, en cas de renvoi, déférées à la juridiction de jugement qui aurait été compétente antérieurement à la même date.

V. Art. 431.

Livre des procédures fiscales

Art. L. 238. – Les procès-verbaux des agents de l'administration des impôts font foi jusqu'à preuve contraire.

La personne qui fait l'objet des poursuites peut demander à apporter la preuve contraire des faits constatés dans le procès-verbal. Lorsque le tribunal accepte la demande, il reporte l'examen de l'affaire en la renvoyant à au moins quinze jours.

Lorsque la personne concernée veut faire entendre des témoins, elle en dépose la liste au secrétariat-greffe avec leurs nom, prénoms, profession et domicile dans le délai de trois jours francs à compter de l'audience au cours de laquelle le renvoi a été prononcé.

V. Art. 464.

Loi n. 73-1200 du 27 décembre 1973

relative à l'étendue de l'action récursoire des caisses de sécurité sociale
en cas d'accident occasionné à un assuré social par un tiers

Art. 1er. – I. – Le premier alinéa de l'article L. 397 du Code de la sécurité sociale est remplacé par les dispositions suivantes :

« Lorsque, sans entrer dans les cas régis par les dispositions législatives applicables aux accidents du travail, la lésion dont l'assuré social ou son ayant droit est atteint est imputable à un tiers, l'assuré ou ses ayants droit conserve contre l'auteur de l'accident le droit de demander la réparation du préjudice causé, conformément aux règles du droit commun, dans la mesure où ce préjudice n'est pas réparé par application du présent livre.

« Les caisses de sécurité sociale sont tenues de servir à l'assuré ou à ses ayants droit les prestations prévues par le présent livre, sauf recours de leur part contre l'auteur responsable de l'accident dans les conditions ci-après.

« Si la responsabilité du tiers est entière ou si elle est partagée avec la victime, la caisse est admise à poursuivre le remboursement des prestations mises à sa charge a due concurrence de la part d'indemnité mise à la charge du tiers qui répare l'atteinte à l'intégrité physique de la victime, à l'exclusion de la part d'indemnité, de caractère personnel, correspondant aux souffrances physiques ou morales par elle endurées et au préjudice esthétique et d'agrément. De même, en cas d'accident suivi de mort, la part d'indemnité correspondant au préjudice moral des ayants droit leur demeure acquise ».

II. – L'article L. 398 du Code de la sécurité sociale est ainsi rédigé :

« *Art. L. 398.* – La victime ou ses ayants droit est admise à faire valoir les droits résultant pour elle de l'action en indemnité formée conformément à l'article L. 397 par priorité sur ceux des caisses en ce qui concerne son action en remboursement des déboursés ».

Art. 2. – I. – Le début du premier alinéa de l'article L. 470 du Code de la sécurité sociale est modifié comme suit :

« *Art. L. 470.* – Si la lésion dont est atteint l'assuré social est imputable à une personne autre... *(le reste sans changement)* ».

II. – Le troisième alinéa de l'article L. 470 du Code de la sécurité sociale est ainsi rédigé :

« Si la responsabilité du tiers auteur de l'accident est entière ou si elle est partagée avec la victime, la caisse est admise à poursuivre le remboursement des prestations mises à sa charge à due concurrence de la part d'indemnité mise à la charge du tiers qui répare l'atteinte à l'intégrité physique de la victime, à l'exclusion de la part d'indemnité, de caractère personnel, correspondant aux souffrances physiques ou morales par elle endurées et au préjudice esthétique et d'agrément. De même, en cas d'accident suivi de mort, la part d'indemnité correspondant au préjudice moral des ayants droit leur demeure acquise ».

Art. 3. – Les dispositions de la présente loi sont applicables aux accidents survenus avant la date de sa publication, dès lors que le montant de l'indemnité due à la victime n'a pas été définitivement fixé.

V. Art. 470-1.

Loi n. 96-393 du 13 mai 1996

relative à la responsabilité pénale pour des faits d'imprudence ou de négligence

....

Art. 2. – I. – A. – Il est créé, au chapitre III du titre II du livre Ier de la deuxième partie du Code général des collectivités territoriales, une section 6 ainsi rédigée :

Code général des collectivités territoriales

Section VI. – Responsabilité des élus

Art. L. 2123-34. – Le maire ou un élu municipal le suppléant ou ayant reçu une délégation ne peut être condamné sur le fondement du troisième alinéa de l'article 121-3 du Code pénal pour des faits non intentionnels commis dans l'exercice de ses fonctions que s'il est établi qu'il n'a pas accompli les diligences normales compte tenu de ses compétences, du pouvoir et des moyens dont il disposait ainsi que des difficultés propres aux missions que la loi lui confie.

B. – À l'article L. 2511-33 du Code général des collectivités territoriales, après les mots : « à L. 2123-29 », sont insérés les mots : «, L. 2123-34, ».

II. – Il est créé, au chapitre III du titre II du livre Ier de la troisième partie du Code général des collectivités territoriales, une section 6 ainsi rédigée :

Section VI. – Responsabilité des élus

Art. L. 3123-28. – Le président du conseil général ou un vice-président ayant reçu une délégation ne peut être condamné sur le fondement du troisième alinéa de l'article 121-3 du Code pénal pour des faits non intentionnels commis dans l'exercice de ses fonctions que s'il est établi qu'il n'a pas accompli les diligences normales compte tenu de ses compétences, du pouvoir et des moyens dont il disposait ainsi que des difficultés propres aux missions que la loi lui confie.

III. – Il est créé, au chapitre V du titre III du livre Ier de la quatrième partie du Code général des collectivités territoriales, une section 6 ainsi rédigée :

Section VI. – Responsabilité des élus

Art. L. 4135-28. – Le président du conseil régional ou un vice-président ayant reçu une délégation ne peut être condamné sur le fondement du troisième alinéa de l'article 121-3 du Code pénal pour des faits non intentionnels commis dans l'exercice de ses fonctions que s'il est établi qu'il n'a pas accompli les diligences normales compte tenu de ses compétences, du pouvoir et des moyens dont il disposait ainsi que des difficultés propres aux missions que la loi lui confie.

IV. – A. – Il est inséré, après l'article L. 4422-10 du Code général des collectivités territoriales, un article L. 4422-10-1 ainsi rédigé :

Art. L. 4422-10-1. – Les dispositions de l'article L. 4135-28 relatives à la responsabilité des élus sont applicables au président de l'Assemblée de Corse.

B. – Dans l'article L. 4422-18 du Code général des collectivités territoriales, les mots : « à l'article L. 4135-27 » sont remplacés par les mots : « à l'article L. 4135-28 ».

V. – L'article L. 5211-8 du Code général des collectivités territoriales est complété par un alinéa ainsi rédigé :

Les dispositions de l'article L. 2123-34 relatives à la responsabilité des élus sont applicables au président et aux vice-présidents ayant reçu délégation.

Art. 3. – Après l'article 11 de la loi n. 83-634 du 13 juillet 1983 portant droits et obligations des fonctionnaires, il est inséré un article 11 *bis* A ainsi rédigé :

Art. 11 bis *A.* – Les fonctionnaires et les agents non titulaires de droit public ne peuvent être condamnés sur le fondement du troisième alinéa de l'article 121-3 du Code pénal pour des faits non intentionnels commis dans l'exercice de leurs fonctions que s'il est établi qu'ils n'ont pas accompli les diligences normales compte tenu de leurs compétences, du pouvoir et des moyens dont ils disposaient ainsi que des difficultés propres aux missions que la loi leur confie.

V. Art. 496.

Arrêté du 12 octobre 1995

relatif au traitement automatisé de la gestion des affaires soumises aux chambres des appels correctionnels des cours d'appel

Art. 1er. – Est autorisée la mise en œuvre d'un système de gestion automatisée des affaires soumises à la chambre des appels correctionnels des cours d'appel.

Art. 2. – Le traitement a pour finalité le suivi des procédures, le contrôle des délais, l'audiencement, l'édition des pièces de procédure, des décisions judiciaires et de la production de statistiques.

Art. 3. – Les informations saisies sont :

– s'agissant du prévenu : le nom, le nom d'alias le cas échéant, les prénoms, la date et le lieu de naissance, la filiation, le sexe, la nationalité, la profession, l'adresse ou le lieu de détention, les infractions reprochées, les décisions judiciaires intervenues, les saisies d'informations pouvant faire apparaître, dans les conditions prévues par le décret du 2 février 1990 susvisé, des informations relatives aux opinions religieuses, philosophiques ou une appartenance syndicale ;

– s'agissant des parties civiles, civilement responsables, représentants légaux, interprètes, experts, témoins : le nom ou la raison sociale pour les personnes morales, les prénoms, le sexe, l'adresse ou le domicile élu, ainsi que la profession des témoins et les spécialités professionnelles pour les experts et interprètes.

Art. 4. – Les destinataires de ces informations sont les magistrats, les fonctionnaires du greffe ainsi que le ministère de la justice.

Art. 5. – Les personnes désirant, en application des articles 34 et suivants de la loi du 6 janvier 1978 susvisée, obtenir l'accès aux informations les concernant présentent leur demande au greffier en chef de la cour d'appel.

Art. 6. – En application du second alinéa de l'article 26 de la loi du 6 janvier 1978 susvisée, le droit d'opposition prévu au premier alinéa du même article n'est pas applicable au présent traitement informatisé.

Art. 7. – Les informations sont conservées pendant une durée de cinq ans à compter de la date à laquelle la décision est devenue définitive. Les fichiers du greffe devront faire l'objet d'une mise à jour à la suite des mesures d'amnistie, de réhabilitation ou de grâce.

Toutefois, les informations relatives aux personnes relaxées sont effacées des fichiers dans un délai de six mois à compter de la date à partir de laquelle la décision est devenue définitive.

Art. 8. – Toute mise en œuvre de cette application dans les cours d'appel fera l'objet d'une déclaration de conformité au présent modèle type qui précisera les mesures de sécurité adoptées, tant physiques que logiques, auprès de la Commission nationale de l'informatique et des libertés.

V. Art. 521.

Loi n. 92-1336 du 16 décembre 1992

Art. 322 à 329. – *V. texte complémentaire relatif à l'art. 381.*

V. Art. 529.

Code rural

(L. n. 95-101, 2 févr. 1995, art. 87-I)

Art. L. 242-28. – Les contraventions à la réglementation des réserves naturelles mentionnées à l'article 529 du Code de procédure pénale peuvent donner lieu à la procédure de l'amende forfaitaire.

V. Art. 529-1.

Arrêté du 15 mai 1990

relatif à la procédure de l'encaissement immédiat par les agents verbalisateurs

Art. 1er. – Pour constater les contraventions soumises à la procédure de l'amende forfaitaire et en recevoir le paiement, dans le cas où il est effectué immédiatement, les agents verbalisateurs utilisent un carnet de quittances à souches type, de format 100 mm x 217 mm, dont les caractéristiques sont fixées par le présent arrêté.

Ce carnet est également utilisé pour percevoir la consignation prévue par l'article L. 26 du Code de la route.

Art. 2. – Deux volets, placés après la page de garde, permettent de suivre l'utilisation par le service verbalisateur des dix liasses (de cinq feuillets chacune) contenues dans le carnet.

Ils sont signés par le comptable public qui y appose, en outre, le cachet du poste lorsque l'ensemble du carnet a été utilisé.

Art. 3. – Le premier feuillet de la liasse comporte le rappel des textes législatifs et réglementaires applicables aux infractions prévues à l'article 1er.

Art. 4. – Les feuillets 2 à 5 contiennent des informations identiques par effet de duplication.

Sont portées sur ces feuillets les mentions relatives au service verbalisateur, à la nature, au lieu et à la date de l'infraction, au nom et à l'adresse de l'auteur de celle-ci.

Y figurent également les renseignements relatifs à l'encaissement et au mode de règlement ; le montant de l'amende forfaitaire ou de la consignation est écrit en chiffres et en lettres.

Art. 5. – Le deuxième feuillet constitue la quittance proprement dite ; il est remis à l'auteur de l'infraction avec le premier feuillet.

Le troisième feuillet est remis au comptable public au moment du versement des fonds par l'agent verbalisateur.

Le quatrième feuillet est conservé par le service verbalisateur lors de l'encaissement d'une amende forfaitaire ; dans ce cas, il vaut procès-verbal. Lors de l'encaissement d'une consignation, ce quatrième volet est joint au procès-verbal.

Le cinquième feuillet demeure dans le carnet à souches d'encaissement immédiat.

Les feuillets 2 à 5 sont signés par l'agent verbalisateur et par l'auteur de l'infraction dans le cas d'une amende forfaitaire acquittée immédiatement ; s'il s'agit d'une consignation, l'agent verbalisateur est seul à signer.

Art. 6. – L'arrêté du 21 avril 1989 relatif à la procédure de l'amende forfaitaire à encaissement immédiat mise en place à titre expérimental est abrogé.

Arrêté du 14 mai 1990

relatif aux formulaires utilisés pour la constatation
et le paiement des contraventions soumises aux procédures de l'amende forfaitaire
ou de l'amende forfaitaire minorée et abrogeant l'arrêté du 12 décembre 1986

Vu les articles 529 à 529-3, 529-6 à 529-9, R. 49-1 et R. 49-10 du Code de procédure pénale ;

....

Art. 1er. – Pour relever les contraventions soumises à la procédure de l'amende forfaitaire ou de l'amende forfaitaire minorée dans le cas où celles-ci ne sont pas payées immédiatement entre les mains de l'agent verbalisateur, ce dernier utilise des formulaires d'avis de contravention et de carte de paiement dont les caractéristiques sont fixées par le présent arrêté.

Art. 2. – Le premier volet, de format 100 mm x 187 mm, constitue la carte de paiement qui est remise au contrevenant ou qui lui est adressée.

Au recto, figurent les informations relatives au service verbalisateur et à la date de l'infraction, ainsi que le montant de l'amende forfaitaire.

La partie droite comporte l'emplacement où peut être apposé le timbre-amende et l'indication du destinataire de la carte de paiement.

Au verso, sont mentionnées les modalités de paiement ainsi que les possibilités de requête en cas de contestation avec l'indication de l'autorité compétente pour recevoir la réclamation. Il est en outre prévu un emplacement où sont portées des informations relatives au contrevenant ou au conducteur ainsi que, le cas échéant, au titulaire de la carte grise ou au propriétaire.

Sur ce volet sont également indiquées les conséquences du défaut de paiement et de l'absence de requête dans les délais impartis.

Art. 3. – Le second volet, de format 100 mm x 187 mm, constitue l'avis de contravention qui est remis au contrevenant ou lui est adressé.

Au recto, sont portées les mentions relatives au service verbalisateur et à la nature, au lieu et à la date de la contravention.

Un emplacement est réservé au justificatif du paiement par timbre-amende.

Art. 4. – Le troisième volet, de format 100 mm x 187 mm, constitue l'avis de contravention, qui est conservé par le service auquel appartient l'agent verbalisateur ou adressé à l'unité de gendarmerie ou de police compétente quand les agents verbalisateurs sont ceux visés à l'article R. 250-1 du Code de la route et au 4° de l'article R. 251 du même code, des agents de la Société nationale des chemins de fer ou des agents de la Régie autonome des transports parisiens.

Au recto, sont portées les mentions prévues par le deuxième alinéa de l'article 3, qui sont établies par duplication du deuxième volet, ainsi qu'un code informatique attribué à chaque infraction. Il comporte la signature de l'agent verbalisateur.

Au verso, figurent les informations relatives au contrevenant et au conducteur ainsi que, le cas échéant, au titulaire de la carte grise ou au propriétaire.

Art. 5. – Lorsque les contraventions soumises à la procédure de l'amende forfaitaire sont constatées au moyen d'un terminal informatique portable, l'avis de contravention ne comporte que les volets décrits par les articles 2 et 3 ci-dessus.

L'agent verbalisateur est alors tenu de viser un état récapitulatif journalier des infractions qu'il aura constatées. Cette signature se substitue à celle prévue par l'article 4, alinéa 2.

Toutefois, le volet prévu par l'article 4 est édité lorsqu'une contestation est soulevée.

L'édition de ce volet s'effectue par reproduction par le service verbalisateur des informations mises en mémoire informatique lors de la saisie du procès-verbal par l'agent verbalisateur.

Ce volet comporte les mentions prévues par l'article 4.

Art. 6. – Les contraventions non soumises à la procédure de l'amende forfaitaire qui ont donné lieu à l'interpellation du contrevenant peuvent être constatées au moyen du formulaire décrit aux articles 1er à 4 ci-dessus.

Au recto du premier volet remis au contrevenant, figure l'indication que la procédure de l'amende forfaitaire n'est pas applicable et que la contravention sera jugée par le tribunal de police.

Au verso du troisième volet, est établi un rapport d'infraction qui fait mention des déclarations du contrevenant et comporte sa signature ainsi que celle de l'agent verbalisateur.

Art. 7. – L'arrêté du 12 décembre 1986 relatif aux imprimés utilisés pour la constatation et le paiement des contraventions soumises à la procédure de l'amende forfaitaire est abrogé.

....

V. Art. 550.

Livre des procédures fiscales

Art. L. 236. – La personne qui fait l'objet de poursuites devant le tribunal correctionnel en est informée par la citation prévue par l'article 550 du Code de procédure pénale ; celle-ci peut être faite soit par les huissiers de justice, soit par les agents de l'administration des impôts.

La citation doit être délivrée dans le délai de trois ans à compter de la date du procès-verbal constatant l'infraction.

Toutefois, lorsque la personne est en état d'arrestation, la citation doit être faite dans le délai d'un mois à partir de l'arrestation.

L'inobservation de ces délais entraîne la nullité de la procédure.

V. Art. 626.

Loi du 25 septembre 1946

ouvrant un recours en révision contre les condamnations prononcées pour outrages aux bonnes mœurs commis par la voie du livre

Art. unique. – La révision d'une condamnation prononcée pour outrages aux bonnes mœurs commis par la voie du livre pourra être demandée vingt ans après que le jugement sera devenu définitif.

Le droit de demander la révision appartiendra exclusivement à la Société des gens de lettres de France, agissant soit d'office, soit à la requête de la personne condamnée, et, si cette dernière est décédée, à la requête de son conjoint, de l'un de ses descendants ou, à leur défaut, du parent le plus rapproché en ligne collatérale.

La Cour de cassation, chambre criminelle, sera saisie de cette demande par son procureur général, en vertu de l'ordre exprès que le ministre de la justice lui aura donné. Elle statuera définitivement sur le fond, comme juridiction de jugement investie d'un pouvoir souverain d'appréciation.

V. Art. 646.

Code des douanes

(D. n. 48-1985, 8 déc. 1948 ; D. n. 59-625, 12 mai 1959)

Art. 323. – 1. Les infractions aux lois et règlements douaniers peuvent être constatées par un agent des douanes ou de toute autre administration.

2. Ceux qui constatent une infraction douanière ont le droit de saisir tous objets passibles de confiscation, de retenir les expéditions et tous autres documents relatifs aux objets saisis et de procéder à la retenue préventive des objets affectés à la sûreté des pénalités.

3. Ils ne peuvent procéder à la capture des prévenus qu'en cas de flagrant délit.

(L. n. 87-502, 8 juill. 1987) Le procureur de la République en est immédiatement informé.

La durée de la retenue ne peut excéder vingt-quatre heures sauf prolongation d'une même durée autorisée par le procureur de la République.

Pendant la retenue, le procureur de la République peut se transporter sur les lieux pour vérifier les modalités de la retenue et se faire communiquer les procès-verbaux et registres prévus à cet effet. S'il l'estime nécessaire, il peut désigner un médecin.

Les agents mentionnent, par procès-verbal de constat, la durée des interrogatoires et des repos qui ont séparé ces interrogatoires, le jour et l'heure du début et de la fin de la retenue.

Ces mentions figurent également sur un registre spécial tenu dans les locaux de douane.

Lorsque les personnes retenues sont placées en garde à vue au terme de la retenue, la durée de celle-ci s'impute sur la durée de la garde à vue.

Art. 339. – 1. – Celui qui veut s'inscrire en faux contre un procès-verbal est tenu d'en faire déclaration par écrit, en personne ou par un fondé de pouvoir spécial passé devant notaire, au plus tard à l'audience indiquée par la sommation de comparaître devant le tribunal qui doit connaître de l'infraction.

2. Il doit, dans les trois jours suivants, faire au greffe dudit tribunal le dépôt des moyens de faux et des noms et qualités des témoins qu'il veut faire entendre ; le tout sous peine de déchéance de l'inscription de faux.

3. Cette déclaration est reçue et signée par le juge et le greffier, dans le cas où le déclarant ne sait ni écrire ni signer.

Art. 340. – 1. Dans le cas d'une inscription de faux contre un procès-verbal constatant la fraude, si l'inscription est faite dans le délai et suivant la forme prescrits par l'article précédent et en supposant que les moyens de faux, s'ils étaient prouvés, détruisent l'existence de la fraude à l'égard de l'inscrivant, le procureur de la République fait les diligences convenables pour y faire statuer sans délai.

2. Il pourra être sursis, conformément à l'article 646 du Code de procédure pénale, au jugement de l'infraction jusqu'après le jugement de l'inscription de faux ; dans ce cas, le tribunal saisi de l'infraction

ordonne provisoirement la vente des marchandises sujettes à dépérissement et des animaux qui auront servi au transport.

Art. 341. – Lorsqu'une inscription de faux n'a pas été faite dans le délai et suivant les formes déterminées par l'article 339 ci-dessus, il est, sans y avoir aucun égard, procédé à l'instruction et au jugement de l'affaire.

V. Art. 689.

Code de l'aviation civile

(D. n. 67-333, 30 mars 1967)

Art. L. 121-7 *(Mod., L. n. 72-623, 5 juill. 1972)*. – Les tribunaux français sont compétents pour connaître de toute infraction commise à bord d'un aéronef immatriculé en France. Ils sont également compétents pour connaître de tout crime ou délit commis à l'encontre d'un tel aéronef hors du territoire de la République.

Art. L. 121-8 *(Rempl., L. n. 76-450, 24 mai 1976)*. – Les tribunaux français sont compétents :

1° En cas de crime ou de délit commis à bord ou à l'encontre d'un aéronef non immatriculé en France ;

a) Lorsque l'auteur ou la victime est de nationalité française

ou

b) Lorsque l'appareil atterrit en France après le crime ou le délit

ou

c) Lorsque l'aéronef a été donné en location sans équipage à une personne qui a le siège principal de son exploitation ou, à défaut, sa résidence permanente en France ;

2° Dans le cas où l'auteur de l'une ou l'autre des infractions suivantes ou son complice se trouve en France, pour connaître :

a) Du détournement d'un aéronef non immatriculé en France et de tout autre acte de violence dirigé contre les passagers ou l'équipage et commis par l'auteur présumé du détournement, en relation directe avec cette infraction ;

b) De toute infraction ou tentative d'infraction concernant un aéronef non immatriculé en France et figurant parmi celles énumérées aux *a*, *b* et *c* du 1° de l'article 1er de la convention pour la répression d'actes illicites dirigés contre la sécurité de l'aviation civile signée à Montréal le 23 septembre 1971.

Art. L. 121-9 *(Mod., L. n. 72-623, 5 juill. 1972)*. – Pour l'application des articles L. 121-7 et L. 121-8, est compétent le tribunal du lieu de l'infraction, celui de la résidence de l'auteur présumé de l'infraction, celui du lieu de son arrestation ou celui du lieu de l'atterrissage de l'aéronef. À défaut de tout autre tribunal, le tribunal compétent est celui de Paris.

Art. L. 121-7 à L. 121-9. – *Abrogés à compter du 1er sept. 1993, L. n. 92-1336, 16 déc. 1992, art. 137.*

Circulaire du 23 juin 1995

commentant les dispositions des articles 39, 40 et 41
de la Convention signée à Schengen le 19 juin 1990

En application du principe posé par l'article 55 de la Constitution, les dispositions de la Convention signée à Schengen le 19 juin 1990, et notamment celles qui traitent de la coopération policière et figurent aux articles 39, 40 et 41 du chapitre Ier de son titre III, ont été intégrées dans notre droit interne dès l'entrée en vigueur de la Convention, le 26 mars 1995.

Les dispositions de ces articles, respectivement consacrés à l'échange d'informations écrites entre services de police, au droit d'observation et au droit de poursuite, sont directement applicables sur notre territoire.

Il m'apparaît toutefois nécessaire de préciser les conditions et les modalités de leur mise en œuvre, dans la mesure où ces dispositions doivent se combiner avec celles du Code de procédure pénale, et plus spécialement celles relatives aux enquêtes de police judiciaire.

1. – ***Échange d'informations écrites (paragraphe 2 de l'article 39 de la Convention)***

L'article 39-2 de la Convention de Schengen prévoit que, dans le cadre de la coopération policière devant intervenir entre les États parties à la Convention et de l'assistance mutuelle que devront s'accorder les services de police de chaque État, il peut être procédé à des échanges d'informations écrites destinées à apporter la preuve d'infractions.

Aux termes de cet article, ces informations, qui, en pratique, seront uniquement constituées par des procès-verbaux ou rapports émanant d'une procédure judiciaire et délivrés en copie, ne peuvent être utilisées comme mode de preuve qu'avec l'accord des « autorités judiciaires compétentes » du pays dont elles proviennent.

Cette disposition appelle quelques précisions, en distinguant le cas des informations transmises par des agents français à des agents étrangers de celui des informations transmises par des agents étrangers aux agents français.

1.1. – **Informations transmises par les agents français**

1.1.1. – *Autorité habilitée à délivrer ou refuser l'autorisation*

Dans cette hypothèse, l'autorité judiciaire compétente pour autoriser l'utilisation des informations est différente selon l'origine du rapport ou du procès-verbal dont la communication est demandée.

Si cette pièce de procédure provient d'une information en cours, l'autorisation devra évidemment émaner du juge d'instruction saisi du dossier ou, en cas d'urgence, du magistrat le remplaçant dans les conditions prévues par l'article 84 du Code de procédure pénale. Il en sera ainsi qu'il s'agisse de procès-verbaux émanant du juge d'instruction lui-même (interrogatoire, audition, déposition, confrontation, transport sur les lieux...) ou de documents émanant d'auxiliaires de justice mandatés par le magistrat (actes établis dans le cadre d'une commission rogatoire, expertise...).

Dans tous les autres cas, l'autorisation devra être délivrée par le procureur de la République ou, le cas échéant, le procureur général, conformément aux dispositions de l'article R. 156 du Code de procédure pénale.

Le magistrat compétent pour délivrer cette autorisation devra s'assurer, d'une part, de la régularité de la pièce dont la communication est demandée et, d'autre part, que cette communication n'est pas de nature à nuire au bon déroulement de la procédure suivie en France, du moins dans l'hypothèse où il s'agit d'une procédure toujours en cours.

Aucune forme n'est prévue pour cette autorisation, qui pourra notamment faire l'objet d'un procès-verbal de la part du magistrat, remis en original aux agents étrangers, une copie en étant conservée au dossier.

1.1.2. – *Transmission de la demande d'autorisation et de l'autorisation*

Sauf cas d'urgence, la demande d'accord devra être transmise au magistrat compétent par l'intermédiaire du ministère de la Justice, l'accord et la copie des pièces demandées devant être adressés à l'autorité étrangère requérante par la même voie. Ces transmissions seront effectuées par l'intermédiaire de l'organe central prévu par l'article 39 de la Convention, à savoir la direction centrale de la police judiciaire.

En cas d'urgence, la demande pourra être directement adressée au magistrat compétent, l'autorisation et les pièces demandées pouvant de même être directement transmises à l'autorité requérante. Toutefois, une copie de la demande et de l'autorisation devra être adressée, pour information, au ministère de la Justice.

1.2. – **Informations transmises par les agents étrangers**

Dans cette hypothèse, la demande d'accord émanant des officiers de police judiciaire français et adressée aux autorités étrangères devra également, sauf cas d'urgence, être transmise par le ministre de la Justice, au besoin par l'intermédiaire de l'organe central.

Le magistrat saisi de la procédure recevant les documents émanant de l'État étranger devra veiller à ce que soit jointe l'autorisation exigée par l'article 39. Toutefois, rien n'interdit, le cas échéant, que cette autorisation soit donnée postérieurement à la réception effective de ces documents, à condition que cette régularisation intervienne dans les plus courts délais. À défaut d'autorisation, ces documents devront en effet être retirés de la procédure.

Il convient toutefois de souligner que les conditions dans lesquelles, au regard de la législation étrangère, cette autorisation a été délivrée sont évidemment sans incidence sur la validité de la procédure.

2. – *Droit d'observation* *(art. 40 de la Convention)*

L'article 40 de la Convention autorise, dans certaines conditions et selon certaines modalités, les agents d'une des Parties contractantes qui, dans le cadre d'une enquête judiciaire, observent dans leur pays une personne présumée avoir participé à une infraction à continuer cette observation sur le territoire d'une autre Partie contractante. Cette disposition appelle d'importants commentaires qui portent, pour l'essentiel, sur la question du droit d'observation exercé en France par des agents étrangers.

2.1. – **Conditions d'exercice du droit d'observation**

Deux hypothèses sont envisagées par la Convention, selon le degré d'urgence des actes devant être accomplis.

2.1.1. – *Observation transfrontalière en l'absence d'urgence*

L'observation n'est normalement possible qu'avec l'autorisation de l'État sur laquelle elle a lieu. Elle peut alors porter sur les infractions susceptibles de donner lieu à extradition, c'est-à-dire, conformément aux dispositions de l'article 61 de la Convention de Schengen, les infractions punies, selon la loi française, d'une peine d'au moins deux ans d'emprisonnement et, selon la loi de l'État étranger, d'au moins un an d'emprisonnement.

Bien évidemment le droit d'observation est également autorisé lorsque ces infractions ont été seulement tentées, dès lors que leur tentative est punissable, bien que l'article 40 soit muet sur ce point. En effet, notre droit interne assimile celui qui tente de commettre les faits incriminés à celui qui les commet (art. 121-4 du Nouveau Code pénal et 409 du Code des douanes).

L'autorisation doit être délivrée sur la base d'une demande d'entraide judiciaire présentée au préalable.

Cette demande d'entraide judiciaire doit être adressée à une autorité désignée par chacune des Parties contractantes et compétente pour accorder ou transmettre l'autorisation demandée. En ce qui concerne la France, l'autorité désignée par l'article 40, paragraphe 5, est la direction centrale de la police judiciaire. La DCPJ n'est toutefois compétente que pour transmettre l'autorisation, celle-ci devant être délivrée par le ministère de la Justice, c'est-à-dire la mission Justice du service des affaires européennes et internationales.

Bien évidemment, cette autorisation sera donnée en liaison avec le ou les procureurs de la République du ou des tribunaux de grande instance dans le ressort desquels l'observation doit avoir lieu.

Comme l'indique l'article 40, l'autorisation donnée par le ministère de la Justice pourra être assortie de conditions. Le plus fréquemment, ces conditions consisteront dans l'obligation pour les agents étrangers d'être accompagnés par des officiers ou des agents de police judiciaire français, et dans une éventuelle limitation du ressort territorial sur lequel l'observation pourra être effectuée, ce ressort correspondant à celui dans lequel ces accompagnateurs sont eux-mêmes territorialement compétents. Une des conditions posées pourra également être l'interdiction d'emporter une arme de service pendant la durée de l'observation.

Par ailleurs, comme le prévoit également l'article 40, l'observation pourra à tout moment être confiée aux agents de la Partie contractante sur le territoire de laquelle elle est effectuée.

2.1.2. – *Observation transfrontalière en cas de particulière urgence*

Le paragraphe 2 de l'article 40 autorise l'observation transfrontalière sans autorisation préalable lorsque, pour des raisons particulièrement urgentes, cette autorisation n'a pu être demandée. L'observation ne peut toutefois porter que sur certaines infractions limitativement énumérées par l'article 40, et elle doit respecter certaines conditions particulières.

2.1.2.2. – Infractions permettant
l'observation transfrontalière sans autorisation préalable

Le paragraphe 7 de l'article 40 précise que l'observation ne peut avoir lieu que pour des faits d'assassinat, de meurtre, de viol, d'incendie volontaire, de fausse monnaie, de vol et recel aggravés, d'extorsion, d'enlèvement et prise d'otage, de trafic d'êtres humains, de trafic illicite de stupéfiants et substances psychotropes, d'infractions aux dispositions légales en matière d'armes et explosifs, de destruction par explosifs, de transport illicite de déchets toxiques et nuisibles.

Il apparaît nécessaire de préciser, par référence aux dispositions de notre droit pénal interne, les contours exacts de ces infractions, dans la mesure où elles sont souvent désignées en des termes génériques par la Convention.

Sont ainsi concernées les infractions suivantes :

– atteintes volontaires à la vie, viol, trafic de stupéfiants, enlèvement et prise d'otage, proxénétisme, conditions de travail et d'hébergement contraires à la dignité de la personne, corruption de mineur, utilisation de l'image pornographique d'un mineur, vol aggravé, extorsion, recel aggravé, destruction, dégradation ou détérioration d'un bien appartenant à autrui par l'effet d'une substance explosive ou d'un incendie, fabrication et trafic de fausse monnaie, définis aux articles 221-1 à 221-5, 222-23 à 222-26, 222-34 à 222-39, 224-1 à 224-5, 225-5 à 225-10, 225-13, 225-14, 227-22, 227-23 (alinéa 3), 311-4 à 311-10, 312-1 à 312-11, 321-2, 321-4, 322-6 à 322-10 et 442-1 à 442-3 du Code pénal ;

– fabrication ou détention de machines, engins meurtriers ou explosifs, définies à l'article 3 de la loi du 19 juin 1871 qui abroge le décret du 4 septembre 1870 sur la fabrication des armes de guerre ;

– production, vente, importation ou exportation de substances explosives, définies à l'article 6 de la loi n. 70-575 du 3 juillet 1970 portant réformes du régime des poudres et substances explosives ;

– détention, port et transport d'armes et de munitions des première et quatrième catégories et acquisition, détention, transport ou port illégitime de substances explosives ou d'engins fabriqués à l'aide desdites substances, définis aux articles 31, 32 et 38 du décret-loi du 18 avril 1939 fixant le régime des matériels de guerre, armes et munitions ;

– délits définis aux articles 1er et 4 de la loi n. 72-467 du 9 juin 1972 interdisant la mise au point, la fabrication, la détention, le stockage, l'acquisition et la cession d'armes biologiques ou à base de toxines ;

– trafic de main-d'œuvre réprimé par les articles L. 152-3, L. 364-1, L. 364-4 et L. 364-5 du Code du travail ;

– délits définis au 9° de l'article 24 de la loi n. 75-633 du 15 juillet 1975 relative à l'élimination des déchets et à la récupération des matériaux ;

– délits de contrebande définis à l'article 414 du Code des douanes lorsqu'ils portent sur des stupéfiants, des substances psychotropes, des armes, des explosifs et des déchets toxiques ou nuisibles.

Bien évidemment, l'observation est également possible si l'infraction constitue un acte de terrorisme défini par l'article 421-1 du Code pénal, dès lors qu'il porte sur l'une des infractions ci-dessus.

2.1.2.3. – Conditions particulières
à l'observation transfrontalière sans autorisation préalable

Le paragraphe 2 de l'article 40 précise que le franchissement de la frontière sera porté immédiatement à la connaissance de l'autorité de la Partie contractante désignée au paragraphe 5, c'est-à-dire, s'agissant de la France, de la direction centrale de la police judiciaire.

Une demande d'entraide judiciaire exposant les motifs justifiant le franchissement de la frontière, sans autorisation préalable, devra par ailleurs être transmise sans délai au ministère de la Justice (mission justice du SAEI).

Enfin, l'observation devra être arrêtée dès que la Partie contractante sur le territoire de laquelle elle se déroule le demande (après avoir été informé du franchissement de la frontière ou avoir reçu la demande d'entraide), ou si l'autorisation n'est pas obtenue cinq heures après le franchissement de la frontière.

2.2. – **Modalités d'exercice du droit d'observation**

Les paragraphes 3 et 4 de l'article 40 précisent les modalités d'exercice du droit d'observation, qu'il convient de distinguer selon que l'observation a lieu sur le territoire français ou à l'étranger.

2.2.1. – *Observation sur le territoire national*

2.2.1.1. – Agents étrangers autorisés à procéder à l'observation

Le paragraphe 4 de l'article 40 de la Convention de Schengen (1), aux dispositions duquel il convient de se reporter, désigne, pour chacun des États parties avec la France à la Convention (Belgique, République fédérale d'Allemagne, Luxembourg, Pays-Bas, Portugal, Espagne), les agents étrangers qui seront autorisés à procéder à des observations sur notre territoire.

Le paragraphe 3 de l'article 40 (*b* et *c*) précise par ailleurs que ces agents devront être en mesure de justifier à tout moment de leur qualité officielle, et qu'ils devront détenir, sous réserve de la situation de particulière urgence, un document attestant que l'autorisation a été accordée.

2.2.1.2. – Actes susceptibles d'être accomplis pendant l'observation

Le paragraphe 3 de l'article 40 indique tout d'abord que les agents observateurs devront se conformer au droit de la Partie contractante sur le territoire de laquelle ils opèrent, et qu'ils devront obtempérer aux injonctions des autorités localement compétentes.

Il en résulte notamment que les agents étrangers ne pourront effectuer dans le cadre d'une observation transfrontalière que les actes susceptibles d'être accomplis par des enquêteurs nationaux à l'occasion d'une enquête de police judiciaire – à l'exception de ceux expressément interdits par l'article 40 lui-même.

S'ils pourront donc procéder à des filatures, à des constatations diverses, à des prises de photographies, au recueil des déclarations spontanées de témoins susceptibles de donner des renseignements sur le comportement de la personne faisant l'objet de l'observation, ou à la saisie de pièces remises volontairement, ils ne pourront procéder à des interceptions de correspondances émises par la voie des télécommunications.

Par ailleurs, il leur est expressément interdit par le paragraphe 3 de l'article 40 de pénétrer dans des domiciles ou des lieux non accessibles au public ou de procéder à l'interpellation ou à l'arrestation de la personne observée. En revanche, sauf interdiction expresse formulée par les autorités françaises, les agents étrangers pourront emporter leur arme de service, dont l'utilisation est toutefois limitée au seul cas de légitime défense.

2.2.1.3. – Formalités postérieures à l'observation

Les agents étrangers devront établir un rapport récapitulant les opérations d'observation, qui devra être adressé au ministère de la Justice.

Le point *h* du paragraphe 3 de l'article 40 précise par ailleurs que les autorités étrangères dont relèvent les agents observateurs devront apporter leur concours – si celui-ci est demandé – à l'enquête susceptible de résulter de l'opération d'observation à laquelle ces agents ont participé.

2.2.2. – *Observation sur le territoire d'un État étranger*

En vertu du paragraphe 4 de l'article 40, les agents français qui pourront procéder à des observations sur des territoires étrangers sont en premier lieu les officiers et agents de police judiciaire de la police nationale et de la gendarmerie nationale.

Par ailleurs, en vertu d'accords bilatéraux passés par la France en ce qui concerne le trafic illicite de stupéfiants et substances psychotropes, le trafic d'armes et d'explosifs et le transport illicite de déchets toxiques ou nuisibles, les agents des douanes pourront également, pour ces différentes infractions, procéder à des observations à l'étranger.

Toutefois, dans la mesure où l'article 40 dispose que les observations transfrontalières ne pourront intervenir que dans le cadre d'une enquête judiciaire, les agents des douanes ne pourront exercer le droit

(1) Complété par les accords d'adhésion à la Convention passés ultérieurement par la République du Portugal et le Royaume d'Espagne.

d'observation sur le territoire des États étrangers parties à la Convention qu'à condition d'avoir obtenu l'autorisation préalable du procureur de la République.

Les agents des douanes agiront, si le procureur de la République en fait la demande, en liaison avec un ou plusieurs officiers de police judiciaire désignés par ce magistrat.

3. – **Droit de poursuite**
(art. 41 de la Convention)

Le droit de poursuite institué par l'article 41 de la Convention consiste à reconnaître aux agents d'une partie contractante, en raison de l'urgence particulière qui les a empêchés de transmettre l'information par les réseaux habituels, la faculté de poursuivre sur le territoire d'un autre État une personne qui vient de commettre sur leur territoire une infraction flagrante ou qui, se trouvant en détention, s'est évadée.

En application du *b* du paragraphe 5 de cet article, la poursuite se fait uniquement par les frontières terrestres. Ne sont donc concernés, s'agissant des poursuites susceptibles d'être exercées sur notre territoire, que la Belgique, l'Allemagne, le Luxembourg et l'Espagne (la Convention de Schengen n'étant pas encore entrée en vigueur avec l'Italie).

Le droit de poursuite s'apparente au droit d'observation, notamment quant aux agents qui peuvent l'exercer. La Convention a toutefois reconnu aux Parties contractantes, par déclaration, la possibilité de définir le champ d'application de ce droit quant aux infractions, le périmètre géographique d'exercice de celui-ci et les agents chargés de l'interpellation de l'auteur. Comme la plupart de ses partenaires, la France a usé de cette possibilité, ainsi que le montre l'examen des conditions et des modalités d'exercice du droit de poursuite sur le territoire national, seule hypothèse commentée par la présente circulaire.

3.1. – **Conditions d'exercice du droit de poursuite**

3.1.1. – *Infractions flagrantes*

3.1.1.1. – Infractions concernées

Le droit de poursuite n'est possible que pour l'une des infractions visées par le point *a* du paragraphe 4 de l'article 41, la France n'ayant pas souhaité étendre ce droit à l'ensemble des infractions pouvant donner lieu à extradition, comme le permettait le point *b* de ce paragraphe.

Les infractions visées sont les mêmes que celles prévues par la paragraphe 7 de l'article 40 relatif au droit d'observation, et il convient donc de se reporter aux commentaires de cet article pour connaître la transposition de ces infractions en droit français.

Est toutefois également visé par le point *a* du paragraphe 4 de l'article 41 le délit de fuite à la suite d'un accident ayant entraîné la mort ou des blessures, que réprime le deuxième alinéa de l'article 434-10 du Code pénal.

3.1.1.2. – Notion de flagrance

Seuls les crimes ou les délits flagrants pourront donner lieu à poursuite. Il conviendra à cet égard de retenir la définition de la flagrance qui est donnée par l'article 53 du Code de procédure pénale. Les autorités judiciaires françaises devront donc se reporter à cette définition lorsqu'elles auront à vérifier, au vu des informations fournies par les autorités étrangères, si les conditions du droit de poursuite sont réunies.

3.1.2. – *Évasion*

À la différence du droit d'observation, le droit de poursuite peut être exercé en France par des agents étrangers, non seulement lorsque la personne poursuivie a commis ou tenté en flagrance l'une des infractions énumérées au paragraphe 4 de l'article 41 de la Convention, mais également, selon le second alinéa du paragraphe 1 de cet article, « lorsque la personne poursuivie, se trouvant en état d'arrestation provisoire ou purgeant une peine privative de liberté, s'est évadée ».

Pour l'application de cette disposition, il conviendra de se reporter à la définition de l'évasion donnée par les articles 434-27, 434-28 et 434-29 du Code pénal.

3.2. – **Modalités d'exercice du droit de poursuite**

3.2.1. – *Information et contrôle des autorités françaises*

Le troisième alinéa du paragraphe 1 de l'article 41 précise qu'au plus tard au moment du franchissement de la frontière, les agents poursuivants doivent faire appel « aux autorités compétentes » de la Partie contractante sur le territoire de laquelle la poursuite a lieu.

Cette information est indispensable pour permettre à la partie sur le territoire de laquelle la poursuite a lieu d'exercer son droit, prévu par ce même alinéa, d'ordonner la cessation de la poursuite.

Cette information devra être donnée au procureur de la République territorialement compétent, dans la mesure où ce magistrat dirige la police judiciaire en application de l'article 12 du Code de procédure pénale.

En pratique, le procureur de la République devra être informé du franchissement de la frontière par les agents étrangers par l'intermédiaire d'un officier de police judiciaire français territorialement compétent. Le long des frontières communes avec des États parties à la Convention de Schengen ont en effet été désignés divers services « de contact », dont la liste a été communiquée aux autorités étrangères. Ces derniers répercuteront aux magistrats les informations transmises par radio par les agents poursuivants eux-mêmes, ou par les autorités étrangères dont relèvent ces agents. Dans le même temps, ils informeront le service régional de police judiciaire territorialement compétent, afin de permettre la mobilisation immédiate de fonctionnaires disposant d'une compétence territoriale étendue.

Afin de permettre au procureur d'exercer son contrôle, cette information devra préciser l'identité et la qualité des agents étrangers – ou du moins de l'agent responsable de la poursuite – ainsi que les faits ayant motivé l'engagement de la poursuite et, si possible, l'identité de la personne poursuivie.

Le procureur de la République pourra s'opposer à la continuation de la poursuite, en particulier s'il estime que les conditions prévues par l'article 41 ne sont pas remplies, ou s'il lui apparaît que les modalités de la poursuite ne sont pas respectées (par exemple, en cas d'usage illégitime des armes).

S'il estime que la poursuite peut se continuer, il devra décider soit de faire accompagner les agents poursuivants étrangers par un ou plusieurs officiers de police judiciaire, soit de faire continuer la poursuite par un ou plusieurs officiers de police judiciaire à l'exclusion de tout agent étranger.

Les agents étrangers ne disposant pas du droit d'interpellation (cf. *infra*, 3.2.3), l'assistance par des officiers de police judiciaire, ou la reprise de la poursuite par ces derniers, est en effet indispensable.

Toutefois, il est évident que, en pratique, la désignation d'agents accompagnateurs ne signifie pas que ceux-ci devront immédiatement se retrouver en compagnie des agents poursuivants qui, par hypothèse, seront en déplacement. La jonction entre les agents étrangers et les agents français devra simplement s'opérer aussi rapidement que le permettent les circonstances, et au plus tard avant l'interpellation.

3.2.2. – *Déplacement des agents étrangers sur le territoire national*

3.2.2.1. – Durée de la poursuite

La durée de la poursuite n'est pas limitée par la Convention. Toutefois, il appartiendra évidemment au procureur de la République de veiller à ce qu'elle ne dépasse pas, pour d'évidentes raisons de sécurité, un délai raisonnable qui ne devrait normalement pas excéder quelques heures, sauf circonstances exceptionnelles.

En tout état de cause, les agents étrangers devront demeurer en permanence sous le contrôle des autorités judiciaires françaises. Les agents accompagnateurs devront donc tenir régulièrement informé le procureur de la République du déroulement de la poursuite.

3.2.2.2. – Étendue de la poursuite

La France a limité le droit de poursuite des agents luxembourgeois et espagnols à dix kilomètres à partir de la frontière commune. Elle a en revanche reconnu aux agents belges et allemands un droit de poursuites sans limitation dans l'espace.

Il peut dès lors arriver, en l'absence de décision du procureur de la République d'interrompre la poursuite, que celle-ci s'exerce sur une fraction importante du territoire national, et donc, sorte des limites territoriales de la juridiction frontalière. Dans cette hypothèse, si le magistrat initialement saisi demeure compétent pour contrôler la poursuite, il conviendra que les procureurs de la République sur le ressort desquels la poursuite se continue en soient informés dans les meilleurs délais soit par ce magistrat, soit par les officiers de police accompagnateurs.

3.2.2.3. – Obligations des agents poursuivants

Les obligations que doivent respecter les agents étrangers, prévues par le paragraphe 5 de l'article 41, sont similaires à celles prévues pour le droit d'observation.

Les agents poursuivants doivent se conformer aux dispositions de l'article 41 et au droit de la Partie contractante sur le territoire de laquelle ils opèrent. Ils doivent obtempérer aux injonctions des autorités localement compétentes. L'entrée dans les domiciles et les lieux non accessibles au public leur est interdite.

Les agents poursuivants doivent être aisément identifiables soit par le port d'un uniforme, soit par un brassard ou par des dispositifs accessoires placés sur le véhicule. L'usage de tenue civile combiné avec l'utilisation de véhicules banalisés sans l'identification précitée est interdit. Les agents poursuivants doivent être en mesure de justifier en tout temps de leur qualité officielle. Ils peuvent emporter leur arme de service, mais son utilisation est limitée au cas de légitime défense.

3.2.2.4. – Qualité des agents accompagnateurs

Dans la plupart des cas, les agents accompagnateurs désignés par le procureur de la République seront des officiers de police judiciaire, assistés le cas échéant d'agents de police judiciaire, de la police nationale ou de la gendarmerie nationale. Rien n'interdira toutefois, s'il n'est pas possible de procéder différemment en raison de l'urgence, que les poursuivants ne soient accompagnés que par des agents de police judiciaire.

Dans l'hypothèse où la personne poursuivie se verrait reprocher des faits de contrebande, et uniquement dans cette hypothèse particulière, des agents des douanes pourront être désignés comme accompagnateurs.

3.2.3. – *Interpellation de la personne poursuivie*

Conformément aux déclarations faites par la France, qui n'a retenu que la possibilité prévue par le point *a* du paragraphe 2 de l'article 41, et exclu par conséquent celle prévue par le point *b,* les agents poursuivants ne disposent pas du droit d'interpellation.

En revanche, le troisième alinéa du paragraphe 1 de l'article 41 dispose qu'à la demande des agents poursuivants, les autorités localement compétentes appréhenderont la personne poursuivie pour établir son identité ou procéder à son arrestation.

C'est cette disposition, directement intégrée dans notre ordre juridique interne et qui a force supérieure à la loi, qui autorise les agents français à procéder à l'interpellation de la personne poursuivie, alors même qu'elle n'a en principe commis aucune infraction en France et que les dispositions de l'article 73 du Code de procédure pénale ne sont donc pas applicables.

Les autorités localement compétentes visées par l'article 41 s'entendent des officiers et agents de police judiciaire territorialement compétents.

Seuls ces officiers ou agents de police judiciaire, qu'ils aient ou non été désignés comme accompagnateurs, pourront donc procéder à l'interpellation de la personne poursuivie, en usant le cas échéant de la force strictement nécessaire à cette interpellation, de la même manière qu'ils procéderaient à une interpellation en cas de crime ou de délits flagrants ou sur mandat de l'autorité judiciaire.

Il en résulte notamment que dans l'hypothèse où la poursuite se serait continuée hors du ressort de compétence territorial habituel de l'officier ou agent de police judiciaire accompagnateur, ce dernier ne pourra pas procéder à l'interpellation de la personne. Aucune des extensions de compétence prévues par l'article 18 du Code de procédure pénale, qui suppose la commission d'une infraction sur le territoire national, n'est en effet applicable.

Il conviendra donc en pratique soit de procéder à l'interpellation avant de sortir du ressort de compétence habituelle des accompagnateurs, soit de faire procéder à l'interpellation par des officiers ou agents territorialement compétents autres que les accompagnateurs.

Il en ira toutefois différemment si, au cours de la poursuite, la personne qui en fait l'objet commet sur le territoire national des crimes ou délits flagrants (notamment en usant de violence contre ses poursuivants).

Dans cette hypothèse, les dispositions de l'article 73 du Code de procédure pénale pourront recevoir application, tout officier ou agent de police judiciaire – de même d'ailleurs que toute personne – étant alors compétent pour procéder à l'interpellation.

Il convient par ailleurs de noter que les agents des douanes ne peuvent être considérés comme des autorités localement compétentes au sens de l'article 41 pour procéder à l'interpellation de la personne poursuivie, dans la mesure où ils n'exercent pas des activités de police judiciaire. Ils pourront cependant procéder à cette interpellation dans le cas où la personne serait poursuivie pour des faits de contrebande. Dans une telle hypothèse toutefois, l'officier de police judiciaire de liaison devra être préalablement avisé de l'intervention des agents des douanes afin d'éviter toute difficulté lors de l'interpellation.

En pratique, en effet, que l'interpellation soit le fait de militaires de la gendarmerie, de fonctionnaires de la police nationale ou d'agents des douanes, elle pourra résulter de la mise en place d'un dispositif d'interception en aval du parcours prévisible de la ou des personnes poursuivies, et il est indispensable que la mise en place de ce dispositif puisse être effectuée de manière coordonnée entre les différents intervenants.

3.2.4. – *Suite de l'interpellation*

Le paragraphe 6 de l'article 41 précise que la personne interpellée peut « quelle que soit sa nationalité, être retenue aux fins d'audition » et que « les règles pertinentes du droit national sont applicables par analogie ».

Dans la mesure où l'interpellation de la personne a pour but, ainsi que l'indiquent les termes du troisième alinéa de l'article 41, « d'établir son identité » ou de « procéder à son arrestation », selon la « demande des agents poursuivants », deux situations sont susceptibles de se présenter.

Les agents poursuivants peuvent, en premier lieu, demander l'arrestation de la personne, afin de donner le temps à leurs autorités de faire parvenir soit une demande d'arrestation provisoire en vue de l'extradition de l'intéressé si celui-ci est étranger, soit une dénonciation ou une plainte en vue de la poursuite en France de l'intéressé si celui-ci est français. La personne interpellée devra alors faire l'objet d'une rétention obéissant aux règles de la garde à vue prévues par les articles 63 et suivants du Code de procédure pénale, qui devront toutefois, dans certains cas, se combiner avec les dispositions de l'article 41. La rétention prévue par cet article est en effet limitée à six heures lorsque la personne est de nationalité étrangère.

Les agents poursuivants peuvent également ne pas demander l'arrestation de la personne, mais souhaiter simplement que soit vérifiée son identité, parce qu'ils n'envisagent pas d'engager contre elle des poursuites pénales en usant de procédures coercitives. Dans cette hypothèse, qui devrait rester relativement exceptionnelle puisque la France n'a reconnu le droit de poursuite que pour des infractions d'une particulière gravité, la personne interpellée devra faire l'objet d'une procédure de contrôle et, le cas échéant, de vérification d'identité, en application des articles 78-1 et suivants du Code de procédure pénale. Dans la mesure où la vérification d'identité ne peut excéder quatre heures en vertu du troisième alinéa de l'article 78-3, la limitation de durée prévue par le paragraphe 6 de l'article 41 de la Convention est sans objet.

Ces deux situations doivent être présentées successivement.

3.2.4.1. – Garde à vue

La garde à vue d'une personne interpellée à la suite de l'exercice d'un droit de poursuite doit respecter les règles habituelles de la garde à vue, auxquelles se superposent certaines règles spécifiques.

Placement en garde à vue :

Le placement en garde à vue ne peut être ordonné que par un officier de police judiciaire territorialement compétent. Le procureur de la République du lieu de la mesure doit en être informé dans les meilleurs délais. Il conviendra toutefois d'en informer également le procureur initialement saisi de la poursuite, si l'interpellation n'a pas été réalisée dans son ressort. En application de l'article 63-1 du Code de procédure pénale, la personne devra être informée de ses droits prévus par les articles 63-2, 63-3 et 63-4.

Déroulement et durée de la garde à vue :

Le paragraphe 6 de l'article 40 précise que, si la personne n'a pas la nationalité de la Partie contractante sur le territoire de laquelle elle a été arrêtée, elle sera mise en liberté au plus tard six heures après l'arrestation, les heures entre minuit et 9 heures non comptées, à moins que les autorités localement compétentes aient reçu au préalable une demande d'arrestation provisoire aux fins d'extradition sous quelque forme que ce soit.

Cette limitation ne concerne que les personnes qui ne possèdent pas la nationalité française. Elle n'est donc pas applicable aux ressortissants français, y compris s'ils possèdent la double nationalité. En ce qui concerne les ressortissants français, la garde à vue devra se dérouler exactement comme pour une garde à vue ordonnée à la suite de la commission en France d'un crime ou d'un délit flagrant. Sa prolongation pourra être ordonnée dans les conditions prévues par le troisième alinéa de l'article 63. S'il s'agit de trafic de stupéfiants ou d'actes de terrorisme, les prolongations supplémentaires prévues par les articles 706-23 et 706-29 pourront être ordonnées. L'intervention de l'avocat devra normalement avoir lieu à l'issue d'un délai de vingt heures, sous réserve de l'application des dispositions des trois derniers alinéas de l'article 63-4.

Pour les ressortissants étrangers, la garde à vue devra être levée à l'issue du délai prévu par l'article 40. Sa durée maximale sera donc de quinze heures, puisque les heures entre minuit et 9 heures ne sont pas comptées.

Si la personne est mineure, les règles concernant la garde à vue des mineurs (avertissement de la famille, examen systématique par un médecin, intervention immédiate d'un avocat pour les mineurs de seize ans) sont applicables par analogie.

Pendant la durée de la garde à vue, les officiers ou agents de police judiciaire territorialement compétents pourront procéder à l'audition de la personne sur les faits qui sont à l'origine de la poursuite. Ces auditions pourront, le cas échéant, être effectuées en présence des agents étrangers, cette présence étant alors mentionnée au procès-verbal.

Issue de la garde à vue :

S'agissant des ressortissants français, des poursuites pourront être engagées à l'issue de la garde à vue – sous la forme, le plus souvent, d'une ouverture d'information ou d'une comparution immédiate – si dans le temps de la garde à vue est parvenue une dénonciation officielle des autorités étrangères, conformément à l'article 113-8 du Code pénal. À défaut d'une telle dénonciation, la personne devra être remise en liberté – même si, à la suite d'une dénonciation ultérieure, des poursuites pourront être engagées plus tard – sauf s'il est également reproché à cette personne la commission d'une infraction en France.

S'agissant des étrangers, la garde à vue limitée à une durée de six à quinze heures pourra déboucher sur une nouvelle mesure de garde à vue sur le fondement de l'article 11 de la loi du 10 mars 1927, à la suite d'une demande d'arrestation provisoire. Dans une telle hypothèse, la durée de la rétention initiale devra s'imputer sur celle de la nouvelle mesure et il sera tenu compte, pour cette imputation, des heures comprises entre minuit et neuf heures, afin que cette garde à vue ne puisse excéder de neuf heures la durée fixée par le Code de procédure pénale. Le placement sous le régime de la garde à vue en application de la loi de 1927 devra être notifié à l'intéressé dès la réception de la demande d'arrestation, et, au plus tard, avant l'expiration du délai prévu par l'article 41. Il sera en revanche inutile de procéder à une nouvelle notification des droits prévus par l'article 63-1, étant entendu que le délai concernant l'assistance de l'avocat devra être calculé à partir du début de la première garde à vue. La durée totale de la rétention ne pourra en tout état de cause excéder les vingt-quatre heures prévues par l'article 11 de la loi de 1927.

3.2.4.2. – Vérification d'identité

Lorsque l'interpellation de la personne poursuivie aura abouti à une simple vérification d'identité – il pourra par exemple en être ainsi en cas de délit de fuite – la personne devra être remise en liberté au plus tard à l'issue du délai de quatre heures prévu par l'article 78-3. Les renseignements concernant son identité devront être directement communiqués aux agents étrangers. Pendant cette période de quatre heures, la personne pourra être entendue sur les faits qui sont à l'origine de la poursuite, en présence, le cas échéant, des agents étrangers.

Toutefois, avant l'expiration de la période de quatre heures, rien n'interdira aux agents étrangers de demander l'arrestation de la personne – le troisième alinéa du paragraphe 1 de l'article 41 n'obligeant aucunement les agents poursuivants à choisir de façon irrévocable entre les deux options de l'alternative prévue par la Convention (vérification d'identité ou arrestation) – soit que son identité n'ait pu être établie, soit que ses déclarations amènent les agents étrangers à reconsidérer leur demande.

Dans cette hypothèse, il devra être procédé comme indiqué au paragraphe 3.2.4.1, la durée de la vérification d'identité étant évidemment imputée sur celle de la garde à vue.

3.2.5. – *Formalités postérieures à la poursuite*

Le paragraphe 5 de l'article 41 de la Convention prévoit qu'après chaque opération de poursuites les agents étrangers devront se présenter devant les autorités localement compétentes de la Partie contractante sur le territoire de laquelle ils ont opéré et rendre compte de leur mission. À la demande de ces autorités, ils seront tenus de rester à disposition jusqu'à ce que les circonstances de leur action aient été suffisamment éclaircies, même si la poursuite n'a pas conduit à l'arrestation de la personne poursuivie.

Il appartiendra au procureur de la République du lieu de l'interpellation de décider, selon les circonstances, si ce compte rendu doit être fait devant lui, ou s'il peut être effectué devant un officier de police judiciaire. Dans les premiers temps d'application de la Convention, il serait opportun que les agents étrangers puissent se présenter en personne devant le magistrat. Si la poursuite s'est effectuée sur le ressort de plusieurs tribunaux, les différents procureurs de la République territorialement compétents pourront évidemment – et notamment si la poursuite a provoqué des incidents sur leur ressort – demander également un compte rendu aux agents étrangers.

L'article 41 prévoit enfin, comme en matière de droit d'observation, que les autorités étrangères dont relèvent les agents poursuivants devront apporter leur concours – si celui-ci est demandé – à l'enquête susceptible de résulter de l'opération de poursuite à laquelle ces agents ont participé.

Je vous serais obligé de veiller à l'application des dispositions de la présente circulaire. Vous voudrez bien également, sous le double timbre de la direction des affaires criminelles et des grâces et du service des affaires européennes et internationales, m'aviser sans délai des difficultés qui seraient susceptibles d'en résulter et m'informer de toute procédure contentieuse relative à l'interprétation des articles 39 à 41 de la Convention de Schengen.

Loi n. 96-359 du 29 avril 1996

relative au trafic de stupéfiants en haute mer
et portant adaptation de la législation française à l'article 17
de la Convention des Nations unies contre le trafic illicite des stupéfiants
et substances psychotropes faite à Vienne le 20 décembre 1988

Art. 1er. – Avant l'article 1er de la loi n. 94-589 du 15 juillet 1994 relative aux modalités de l'exercice par l'État de ses pouvoirs de contrôle en mer, il est inséré un titre Ier ainsi intitulé : « Titre Ier. – Dispositions générales ».

Art. 2. – Après l'article 11 de la loi n. 94-589 du 15 juillet 1994 précitée, il est inséré un titre II ainsi intitulé : « Titre II. – Dispositions particulières portant adaptation de la législation française à l'article 17 de la convention des Nations unies contre le trafic illicite des stupéfiants et substances psychotropes faite à Vienne le 20 décembre 1988 ».

Art. 3. – Il est inséré, dans la loi n. 94-589 du 15 juillet 1994 précitée, un article 12 ainsi rédigé :

« *Art. 12*. – La recherche, la constatation, la poursuite et le jugement des infractions constitutives de trafic de stupéfiants et commises en mer sont régis par les dispositions du titre Ier de la présente loi et par les dispositions ci-après. Ces dernières s'appliquent, outre aux navires battant pavillon français :

– aux navires battant pavillon d'un État partie à la convention de Vienne contre le trafic illicite des stupéfiants et substances psychotropes autre que la France, ou régulièrement immatriculés dans un de ces États, à la demande ou avec l'accord de l'État du pavillon ;

– aux navires n'arborant aucun pavillon ou sans nationalité ».

Art. 4. – Après l'article 12 de la loi n. 94-589 du 15 juillet 1994 précitée, il est inséré un article 13 ainsi rédigé :

« *Art. 13*. – Lorsqu'il existe des motifs raisonnables de soupçonner qu'un trafic de stupéfiants se commet à bord de l'un des navires visés à l'article 12 et se trouvant en dehors des eaux territoriales, les commandants des bâtiments de l'État et les commandants de bord des aéronefs de l'État, chargés de la surveillance en mer, sont habilités à exécuter ou à faire exécuter, sous l'autorité du préfet maritime, qui en avise le procureur de la République, les mesures de contrôle et de coercition prévues par le droit international et la présente loi ».

TITRE PREMIER. – DES MESURES PRISES À LA DEMANDE
OU AVEC L'ACCORD D'UN ÉTAT PARTIE À LA CONVENTION DE VIENNE

Art. 5. – Après l'article 13 de la loi n. 94-589 du 15 juillet 1994 précitée, il est inséré un chapitre Ier ainsi intitulé : « Chapitre Ier. – Des mesures prises à la demande ou avec l'accord d'un État partie à la convention précitée faite à Vienne le 20 décembre 1988 ».

Art. 6. – Après l'article 13 de la loi n. 94-589 du 15 juillet 1994 précitée, il est inséré un article 14 ainsi rédigé :

« *Art. 14*. – I. – Lorsqu'il décide la visite du navire, à la demande ou avec l'accord d'un État partie à la convention précitée, le commandant peut faire procéder à la saisie des produits stupéfiants découverts et des objets ou documents qui paraissent liés à un trafic de stupéfiants.

Ils sont placés sous scellés en présence du capitaine du navire ou de toute personne se trouvant à bord de celui-ci.

II. – Le commandant peut ordonner le déroutement du navire vers une position ou un port appropriés lorsque des investigations approfondies qui ne peuvent être effectuées en mer doivent être diligentées à bord.

Le déroutement peut également être ordonné vers un point situé dans les eaux internationales lorsque l'État du pavillon en formule expressément la demande, en vue de la prise en charge du navire.

III. – Le compte rendu d'exécution des mesures prises en application de l'article 17 de la convention de Vienne ainsi que les produits, objets ou documents placés sous scellés sont remis aux autorités de l'État du pavillon lorsque aucune suite judiciaire n'est donnée sur le territoire français ».

TITRE II. – DE LA COMPÉTENCE DES JURIDICTIONS FRANÇAISES

Art. 7. – Après l'article 14 de la loi n. 94-589 du 15 juillet 1994 précitée, il est inséré un chapitre II ainsi intitulé : « Chapitre II. – De la compétence des juridictions françaises ».

Art. 8. – Après l'article 14 de la loi n. 94-589 du 15 juillet 1994 précitée, il est inséré un article 15 ainsi rédigé :

« *Art. 15*. – Les auteurs ou complices d'infractions de trafic de stupéfiants commises en haute mer peuvent être poursuivis et jugés par les juridictions françaises lorsque des accords bilatéraux ou multilatéraux ou des arrangements particuliers sont conclus entre les États parties à la convention de Vienne.

Les arrangements particuliers sont transmis par la voie diplomatique aux autorités françaises, accompagnés des éléments permettant de soupçonner qu'un trafic de stupéfiants est commis sur un navire.

Une copie de ces documents est transmise par tout moyen et dans les plus brefs délais au procureur de la République ».

Art. 9. – Après l'article 15 de la loi n. 94-589 du 15 juillet 1994 précitée, il est inséré un article 16 ainsi rédigé :

« *Art. 16*. – Outre les officiers de police judiciaire agissant conformément aux dispositions du Code de procédure pénale, les agents des douanes ainsi que, lorsqu'ils sont spécialement habilités dans des conditions fixées par décret en Conseil d'État, les commandants des bâtiments de l'État, les officiers de la marine nationale embarqués sur ces bâtiments et les commandants de bord des aéronefs de l'État, chargés de la surveillance en mer, peuvent constater les infractions en matière de trafic de stupéfiants et en rechercher les auteurs selon les modalités suivantes :

I. Le procureur de la République compétent est informé préalablement et par tout moyen des opérations envisagées en vue de la recherche et de la constatation des infractions.

Les infractions sont constatées par des procès-verbaux qui font foi jusqu'à preuve du contraire. Ces procès-verbaux sont transmis au procureur de la République dans les plus brefs délais et au plus tard dans les quinze jours qui suivent les opérations. Copie en est remise à la personne intéressée.

II. Il peut être procédé avec l'autorisation, sauf extrême urgence, du procureur de la République à des perquisitions et à la saisie des produits stupéfiants ainsi que des objets ou documents qui paraissent provenir de la commission d'une infraction à la législation sur les stupéfiants, ou qui paraissent servir à la commettre. Cette autorisation est transmise par tout moyen.

Les produits, objets ou documents saisis sont placés immédiatement sous scellés.

Les perquisitions et saisies peuvent être opérées à bord du navire en dehors des heures prévues à l'article 59 du Code de procédure pénale ».

Art. 10. – Après l'article 16 de la loi n. 94-589 du 15 juillet 1994 précitée, il est inséré un article 17 ainsi rédigé :

« *Art. 17.* – En France métropolitaine, le tribunal compétent est soit le tribunal de grande instance situé au siège de la préfecture maritime, soit le tribunal de grande instance du port vers lequel le navire a été dérouté.

Dans les départements et territoires d'outre-mer et dans les collectivités territoriales de Mayotte et de Saint-Pierre-et-Miquelon, le tribunal compétent est la juridiction de première instance en matière correctionnelle située au siège du délégué du Gouvernement.

En matière criminelle, les dispositions de l'article 706-27 du Code de procédure pénale sont applicables ».

Art. 11. – Après l'article 17 de la loi n. 94-589 du 15 juillet 1994 précitée, il est inséré un titre III ainsi intitulé : « Titre III. – Dispositions diverses ».

Art. 12. – Après l'article 17 de la loi n. 94-589 du 15 juillet 1994 précitée, il est inséré un article 18 ainsi rédigé :

« *Art. 18.* – La présente loi est applicable dans les territoires d'outre-mer et à la collectivité territoriale de Mayotte ».

Art. 13. – L'article 11 de la loi n. 94-589 du 15 juillet 1994 précitée est abrogé.

V. Art. 698-1.

Arrêté du 14 février 2001

relatif à la désignation des autorités militaires habilitées
à dénoncer les infractions ou à donner un avis préalable
en matière de poursuites pénales

Art. 1er. – Les autorités militaires ci-après désignées sont habilitées soit à dénoncer les infractions ressortissant, selon le cas, aux juridictions de droit commun spécialisées en matière militaire ou au tribunal aux armées de Paris, soit à donner un avis sur les suites que ces infractions pourraient comporter :

I. – Sur le territoire de la République :

Les commandants de région terre ;

Les commandants d'arrondissements maritimes ;

Le commandant de la marine à Paris ;

Les commandants de région aérienne ;

Les commandants de région de gendarmerie ;

Les commandants supérieurs dans les départements et territoires d'outre-mer ;

Les commandants territoriaux de la gendarmerie outre-mer.

II. – Hors du territoire de la République : Le commandant des forces françaises et de l'élément civil stationnés en Allemagne ;

Le commandant des forces françaises stationnées à Djibouti ;

Le commandant des forces françaises du Cap-Vert.

Art. 2. – Une instruction ministérielle précise les conditions d'application du présent arrêté dans chaque armée et la gendarmerie.

Art. 3. – L'arrêté du 28 août 1991 relatif à la désignation des autorités militaires habilitées à dénoncer les infractions ou à donner un avis préalable en matière de poursuites pénales est abrogé.

V. Art. 704.

Décret n. 94-259 du 25 mars 1994

fixant la liste des ressorts des tribunaux spécialisés en matière économique et financière

Art. 1er. – Par application des dispositions de l'article 704 du Code de procédure pénale, les tribunaux de grande instance désignés dans le tableau annexé au présent décret sont compétents pour connaître, dans les circonscriptions définies à ce tableau, des infractions rentrant dans les catégories mentionnées à l'article susvisé.

Art. 2. – Sont abrogés le décret n. 75-1168 du 17 décembre 1975 fixant la liste et le ressort des tribunaux spécialisés en matière économique et financière et le décret n. 77-518 du 17 mai 1977 le modifiant.

....

ANNEXE

TABLEAU ANNEXE

Liste et ressort des tribunaux de grande instance compétents pour connaître des affaires entrant dans les catégories mentionnées à l'article 704 du Code de procédure pénale (infractions en matière économique et financière)

Cour d'appel	Tribunaux de grande instance compétents	Compétence territoriale s'étendant au
Agen	Agen	Ressort de la cour d'appel d'Agen.
Aix	Marseille	Ressort de la cour d'appel d'Aix-en-Provence.
	Nice	Ressort des tribunaux de grande instance de Digne, Draguignan, Grasse, Nice et Toulon.
Amiens	Amiens	Ressort de la cour d'appel d'Amiens.
Angers	Le Mans	Ressort de la cour d'appel d'Angers.
Bastia	Bastia	Ressort de la cour d'appel de Bastia.
Besançon	Besançon	Ressort de la cour d'appel de Besançon.
Bordeaux	Bordeaux	Ressort de la cour d'appel de Bordeaux.
Bourges	Bourges	Ressort de la cour d'appel de Bourges.
Caen	Caen	Ressort de la cour d'appel de Caen.
Chambéry	Annecy	Ressort de la cour d'appel de Chambéry.
Colmar	Strasbourg	Ressort de la cour d'appel de Colmar.
Dijon	Dijon	Ressort de la cour d'appel de Dijon.
Douai	Lille	Ressort de la cour d'appel de Douai.
Grenoble	Grenoble	Ressort de la cour d'appel de Grenoble.
Limoges	Limoges	Ressort de la cour d'appel de Limoges.
Lyon	Lyon	Ressort de la cour d'appel de Lyon.
Metz	Metz	Ressort de la cour d'appel de Metz.
Montpellier	Montpellier	Ressort de la cour d'appel de Montpellier.
Nancy	Nancy	Ressort de la cour d'appel de Nancy.
Nîmes	Nîmes	Ressort de la cour d'appel de Nîmes.

Cour d'appel	Tribunaux de grande instance compétents	Compétence territoriale s'étendant au
Orléans	Orléans	Ressort de la cour d'appel d'Orléans.
Paris..............................	Paris	Ressort de la cour d'appel de Paris.
Pau	Pau	Ressort de la cour d'appel de Pau.
Poitiers...........................	Poitiers	Ressort de la cour d'appel de Poitiers.
Reims.............................	Reims	Ressort de la cour d'appel de Reims.
Rennes...........................	Nantes	Ressort des tribunaux de grande instance de Lorient, Nantes, Saint-Nazaire et Vannes.
	Rennes.......................	Ressort des tribunaux de grande instance de Brest, Dinan, Guingamp, Morlaix, Quimper, Rennes, Saint-Brieuc et Saint-Malo.
Riom	Clermont-Ferrand......	Ressort de la cour d'appel de Riom.
Rouen	Rouen	Ressort de la cour d'appel de Rouen.
Toulouse	Toulouse....................	Ressort de la cour d'appel de Toulouse.
Versailles	Nanterre....................	Ressort de la cour d'appel de Versailles.
Basse-Terre	Pointe-à-Pitre............	Ressort de la cour d'appel de Basse-Terre.
Fort-de-France...............	Fort-de-France	Ressort de la cour d'appel de Fort-de-France.
Saint-Denis (Réunion).....	Saint-Denis (Réunion)	Ressort de la cour d'appel de Saint-Denis (Réunion).

V. Art. 706-2

Décret n. 2002-599 du 22 avril 2002

Fixant la liste et le ressort des tribunaux spécialisés en matière sanitaire

Art. 1er. – Par application des dispositions de l'article 706-2 du code de procédure pénale, les tribunaux de grande instance désignés dans le tableau annexé au présent décret sont compétents pour connaître, dans les circonscriptions définies à ce tableau, des infractions mentionnées à l'article susvisé.

....

ANNEXE

TABLEAU ANNEXE

LISTE ET RESSORT DES TRIBUNAUX DE GRANDE INSTANCE COMPÉTENTS POUR CONNAÎTRE DES PROCÉDURES ENTRANT DANS LES CATÉGORIES MENTIONNÉES À L'ARTICLE 706-2 DU CODE DE PROCÉDURE PÉNALE (POURSUITE, INSTRUCTION ET JUGEMENT DES INFRACTIONS EN MATIÈRE SANITAIRE)

COURS D'APPEL	TRIBUNAUX DE GRANDE INSTANCE compétents	COMPÉTENCE TERRITORIALE S'ÉTENDANT AU
Aix-en-Provence, Bastia, Chambéry, Grenoble, Lyon, Nîmes, Montpellier.	Marseille.	Ressort des cours d'appel d'Aix-en-Provence, Bastia, Chambéry, Grenoble, Lyon, Nîmes et Montpellier.
Agen, Amiens, Angers, Besançon, Bordeaux, Bourges, Caen, Colmar, Dijon, Douai, Limoges, Metz, Orléans, Paris, Pau, Poitiers, Reims, Rennes, Riom, Rouen, Toulouse, Versailles, Basse-Terre, Fort-de-France, Saint-Denis (Réunion).	Paris.	Ressort des cours d'appel d'Agen, Amiens, Angers, Besançon, Bordeaux, Bourges, Caen, Colmar, Dijon, Douai, Limoges, Metz, Orléans, Paris, Pau, Poitiers, Reims, Rennes, Riom, Rouen, Toulouse, Versailles, Basse-Terre, Fort-de-France, Saint-Denis (Réunion).

V. Art. 706-3.

Loi n. 2000-1257 du 23 décembre 2000

de financement de la sécurité sociale pour 2001
(*JO* 24 déc. 2000)

....

Art. 53-VIII. – (alinéa 2) Les dispositions du (premier alinéa de l'article 706-3 du Code de procédure pénale) ne remettent pas en cause la compétence juridictionnelle pour connaître, en appel ou en cassation, des décisions rendues avant la date de publication du décret mentionné au X du présent article par les commissions instituées par l'article 706-4 du Code de procédure pénale.

....

Art. 53-X. – Les modalités d'application du présent article sont fixées par décret en Conseil d'État.

....

V. Art. 706-3.

Décret n. 86-1111 du 15 octobre 1986

relatif à l'indemnisation des victimes d'actes de terrorisme

Art. 1er. – Le fonds de garantie institué par l'article 9-II de la loi n. 86-1020 du 9 septembre 1986 est géré par un conseil d'administration qui comprend :

1° Un président nommé par arrêté conjoint du ministre chargé de l'économie et des finances et du garde des sceaux, ministre de la justice, parmi les membres en activité ou honoraires du Conseil d'État ayant au moins atteint le grade de conseiller d'État ou parmi les membres en activité ou honoraires de la Cour de cassation ayant au moins atteint le grade de conseiller ou d'avocat général ;

2° Six membres représentant les entreprises d'assurances de dommages, nommés par arrêté du ministre chargé de l'économie et des finances ;

3° Trois membres choisis parmi les personnes ayant manifesté leur intérêt pour les victimes d'actes de terrorisme en France et à l'étranger, nommés par arrêté conjoint du garde des sceaux, ministre de la justice, du ministre de l'intérieur et du ministre des affaires étrangères ;

4° Trois membres choisis parmi les membres du conseil national des assurances représentant les assurés, nommés par arrêté du ministre de l'économie et des finances.

Le président et les membres du conseil d'administration sont nommés pour une période de trois ans renouvelable.

En cas de vacance, un remplaçant est nommé dans les mêmes conditions que son prédécesseur pour la durée du mandat restant à courir.

Art. 2. – Les statuts du fonds de garantie sont approuvés par arrêté conjoint du garde des sceaux, ministre de la justice, et du ministre chargé de l'économie et des finances.

Art. 3. – Le fonds de garantie est soumis au contrôle du ministre chargé de l'économie et des finances qui nomme un commissaire du Gouvernement pour exercer en son nom un contrôle sur l'ensemble de la gestion du fonds. Le commissaire du Gouvernement peut assister à toutes les réunions du conseil d'administration. Il peut se faire présenter tous les livres et documents comptables.

Les décisions prises par le conseil d'administration ou par les autorités auxquelles il accorde délégation sont exécutoires dans un délai de quinze jours à dater de la décision si le commissaire du Gouvernement ne signifie pas soit qu'il approuve immédiatement, soit qu'il s'oppose à la décision. Toutefois, le délai ci-dessus est ramené à cinq jours en ce qui concerne les décisions ne comportant pas un engagement financier pour le fonds.

Art. 4. – Le fonds de garantie est alimenté par une contribution assise sur les primes ou cotisation des contrats d'assurance de biens souscrits auprès d'une entreprise ayant obtenu l'agrément prévu par l'article L. 321-1 du Code des assurances.

Cette contribution est recouvrée par les entreprises d'assurances suivant les mêmes règles, sous les mêmes garanties et sanctions que la taxe sur les conventions d'assurances. Elle est versée à la recette des impôts suivant les modalités prévues pour ladite taxe et reversée au fonds de garantie, déduction faite de 2 % pour frais d'assiette et de perception.

Le taux de la contribution est fixé, chaque année, par arrêté du ministre chargé de l'économie et des finances.

Art. 5. – Les opérations effectuées par le fonds de garantie comprennent, en recettes, le produit de la contribution prévue à l'article 4, les indemnités obtenues des responsables, les revenus des fonds placés et les bénéfices sur remboursements et réalisation d'actifs. Elles comprennent, en dépenses, les indemnités et frais versés au titre des sinistres pris en charge, les frais de fonctionnement, de recours et de placement exposés et les pertes sur réalisation d'actifs.

Les avoirs disponibles du fonds de garantie font l'objet des placements mentionnés à l'article R. 332-2 du Code des assurances suivant les limitations prévues aux articles R. 332-3 et R. 332-3-1 du même code. Toutefois, pour le calcul de ces limitations, le montant de chacune des catégories de placements est rapporté au montant des avoirs disponibles du fonds.

Art. 6. – Les victimes ou leurs ayants droit doivent adresser au fonds de garantie leurs demandes d'indemnité par lettre recommandée avec demande d'avis de réception. À l'appui de leur demande, ils sont tenus d'apporter la preuve par tous moyens :

1. Que les dommages occasionnés par une atteinte à leur personne résultent d'un acte de terrorisme ;
2. Qu'ils remplissent les conditions fixées au I de l'article 9 de la loi du 9 septembre 1986 précitée.

Le demandeur apporte au fonds toutes justifications du préjudice qu'il subit. Il lui fait connaître, s'il y a lieu, le montant des prestations de la nature de celles qui sont énumérées à l'article 29 de la loi du 5 juillet 1985 susvisée auxquelles il peut prétendre du chef du même préjudice, le montant des sommes reçues ou à recevoir d'un assureur au titre de l'avance sur indemnité mentionnée au troisième alinéa de l'article 33 de la même loi, le montant des indemnités de toute nature reçues ou à recevoir du chef du même préjudice.

Art. 7. – En cas d'examen médical pratiqué à la demande du fonds de garantie, celui-ci informe la victime quinze jours au moins avant la date de l'examen de l'identité et des titres du médecin chargé d'y procéder, de l'objet, de la date et du lieu de l'examen. Il lui fait savoir également qu'elle peut se faire assister d'un médecin de son choix.

Le rapport du médecin doit être adressé dans les vingt jours au fonds de garantie, à la victime et, le cas échéant, au médecin qui l'a assistée.

Art. 8. – L'offre d'indemnisation indique l'évaluation retenue par le fonds pour chaque chef de préjudice et le montant des indemnités qui reviennent à la victime compte tenu des prestations et sommes énumérées au deuxième alinéa de l'article 6 ci-dessus. Elle est accompagnée, le cas échéant, de la copie des décomptes produits par les personnes ou organismes débiteurs de ces prestations ou sommes. Elle comporte les mentions prévues par l'article 19 de la loi du 5 juillet 1985.

Art. 9 *(Mod., D. n. 87-198, 25 mars 1987)*. – Les dispositions du présent décret s'appliquent aux cotisations d'assurance émises à compter du 1er janvier 1987.

V. Art. 706-4 et 706-6.

Loi n. 2000-1257 du 23 décembre 2000

de financement de la sécurité sociale pour 2001
(*JO* 24 déc. 2000)

....

Art. 53-IX. – Les demandes d'indemnisation des préjudices causés par l'exposition à l'amiante en cours d'instruction devant les commissions instituées par l'article 706-4 du Code de procédure pénale à la date de publication du décret mentionné au X sont transmises au fonds d'indemnisation des victimes de l'amiante. Les provisions allouées en application du dernier alinéa de l'article 706-6 du Code de procédure pénale sont remboursées par le fonds d'indemnisation des victimes de l'amiante au fonds de garantie des victimes des actes de terrorisme et d'autres infractions.

Art. 53-X. – Les modalités d'application du présent article sont fixées par décret en Conseil d'État.

....

V. Art. 706-16.

Loi n. 86-1020 du 9 septembre 1986

relative à la lutte contre le terrorisme et aux atteintes à la sûreté de l'État
(*JO* 10 sept. 1986)

....

Art. 9. – I. – Les victimes d'actes de terrorisme commis sur le territoire national et les personnes de nationalité française ayant leur résidence habituelle en France, ou résidant habituellement hors de France et régulièrement immatriculées auprès des autorités consulaires, victimes à l'étranger d'un acte de terrorisme, sont indemnisées dans les conditions définies au présent article.

II. – (1) La réparation intégrale des dommages corporels résultant des actes visés au I du présent article est assurée par l'intermédiaire d'un fonds de garantie.

Ce fonds, doté de la personnalité civile, est alimenté par un prélèvement sur les contrats d'assurance de biens dans des conditions définies par décret en Conseil d'État.

Il est subrogé dans les droits que possède la victime contre la personne responsable du dommage *(3e al. compl., L. fin. n. 87-1060, 30 déc. 1987 pour 1988, art. 111)* ainsi que contre les personnes tenues à un titre quelconque d'en assurer la réparation totale ou partielle, dans la limite du montant des prestations à la charge desdites personnes.

Un décret en Conseil d'État fixe ses conditions de constitution et ses règles de fonctionnement.

III. – Le fonds de garantie est tenu, dans un délai d'un mois à compter de la demande qui lui est faite, de verser une ou plusieurs provisions à la victime qui a subi une atteinte à sa personne ou, en cas de décès de la victime, à ses ayants droit, sans préjudice du droit pour ces victimes de saisir le juge des référés.

Le fonds de garantie est tenu de présenter à toute victime une offre d'indemnisation dans un délai de trois mois à compter du jour où il reçoit de celle-ci la justification de ses préjudices. Cette disposition est également applicable en cas d'aggravation du dommage.

Les articles 18 à 21 de la loi n. 85-677 du 5 juillet 1985 tendant à l'amélioration de la situation des victimes d'accidents de la circulation et à l'accélération des procédures d'indemnisation sont applicables à ces offres d'indemnisation. Les offres tardives ou manifestement insuffisantes peuvent ouvrir droit à des dommages-intérêts au profit de la victime.

IV. – En cas de litige, le juge civil, si les faits générateurs du dommage ont donné lieu à des poursuites pénales, n'est pas tenu de surseoir à statuer jusqu'à décision définitive de la juridiction répressive.

Les victimes des dommages disposent, dans le délai prévu à l'article 2270-1 du Code civil, du droit d'action en justice contre le fonds institué au paragraphe II ci-dessus.

V. – Les contrats d'assurance de biens ne peuvent exclure la garantie de l'assureur pour les dommages résultant d'actes de terrorisme ou d'attentats commis sur le territoire national. Toute clause contraire est réputée non écrite.

Un décret en Conseil d'État définira les modalités d'application du présent paragraphe.

VI *(Aj., L. n. 87-588, 30 juill. 1987, art. 103)*. – Le fonds de garantie peut intervenir devant les juridictions de jugement en matière répressive même pour la première fois en cause d'appel, en cas de constitution de partie civile de la victime ou de ses ayants droit contre le ou les responsables des faits. Il intervient alors à titre principal et peut user de toutes les voies de recours ouvertes par la loi.

Art. 10. – La présente loi sera applicable aux faits commis postérieurement à son entrée en vigueur.

(Compl., L. n. 86-1322, 30 déc. 1986, art. 2) I. – Toutefois, l'article 706-25 du Code de procédure pénale est applicable aux procédures en cours.

Lorsqu'un accusé majeur est renvoyé devant la cour d'assises par un arrêt devenu définitif au moment de l'entrée en vigueur de la présente loi, la chambre de l'instruction peut être à nouveau saisie afin de constater, s'il y a lieu, que les faits entrent dans le champ d'application de l'article 706-16 et que le premier alinéa de l'article 706-25 doit recevoir application.

La chambre de l'instruction est saisie :

1° Avant l'ouverture des débats devant la cour d'assises ou en cas de renvoi de l'affaire à une autre session, à la requête du ministère public, de l'accusé ou de la partie civile ;

2° Au cours des débats, par la cour agissant, soit d'office après avoir recueilli les observations du ministère public et des parties, soit sur les réquisitions du ministère public ou à la demande de l'accusé ou de la partie civile.

Avant de statuer, la chambre de l'instruction peut ordonner tout acte d'information qu'elle juge utile. Elle statue au plus tard dans les deux mois de sa saisine. Son arrêt produit les effets d'un arrêt de mise en accusation.

(1) Voir D. n. 86-1111, 15 oct. 1986.

Lorsqu'elle est saisie en application du présent article, la chambre de l'instruction est compétente pour statuer en matière de détention provisoire et de contrôle judiciaire tant que son arrêt n'est pas devenu définitif.

II. – En outre, les dispositions des paragraphes I à IV de l'article 9 de la présente loi sont applicables aux faits commis postérieurement au 31 décembre 1984.

V. Art. 706-26.

Loi n. 96-392 du 13 mai 1996

relative à la lutte contre le blanchiment et le trafic des stupéfiants
et à la coopération internationale en matière de saisie
et de confiscation des produits du crime

....

CHAPITRE III. – DISPOSITIONS RELATIVES
À LA COOPÉRATION INTERNATIONALE

Art. 9. – Les dispositions des articles 10 à 16 de la présente loi s'appliquent à toute demande présentée en application du chapitre III de la convention du Conseil de l'Europe relative au blanchiment, au dépistage, à la saisie et à la confiscation des produits du crime, faite à Strasbourg le 8 novembre 1990, par un État partie à cette convention, tendant à une ou plusieurs des mesures suivantes :

1° La recherche et l'identification du produit d'une infraction, de la chose qui a servi ou était destinée à commettre cette infraction ou de tout bien dont la valeur correspond au produit de cette infraction ;

2° La confiscation de ces choses, produits ou biens ;

3° La prise de mesures conservatoires sur ces choses, produits ou biens.

Art. 10. – La demande est rejetée si :

1° Son exécution risque de porter atteinte à l'ordre public ;

2° Les faits sur lesquels elle porte font l'objet de poursuites pénales ou ont déjà fait l'objet d'une décision définitive sur le territoire français ;

3° Elle porte sur une infraction politique ;

4° La décision étrangère a été prononcée dans des conditions n'offrant pas de garanties suffisantes au regard des droits de la défense ;

5° Les faits à l'origine de la demande ne sont pas constitutifs d'une infraction selon la loi française.

Toutefois, ce dernier motif de rejet ne s'applique pas aux demandes présentées en application du 1° de l'article 9 qui n'impliquent pas de mesures coercitives.

La demande peut également être rejetée si l'importance de l'affaire ne justifie pas que soit prise la mesure sollicitée ou si son exécution risque de porter atteinte à la souveraineté, à la sécurité ou à d'autres intérêts essentiels de la France.

Art. 11. – Pour l'exécution de la demande présentée par une autorité judiciaire étrangère, en application du 1° de l'article 9, les commissions rogatoires sont exécutées conformément à la loi française.

Art. 12. – L'exécution sur le territoire français d'une décision de confiscation prononcée par une juridiction étrangère et faisant l'objet d'une demande présentée en application du 2° de l'article 9 est autorisée par le tribunal correctionnel lorsqu'il est saisi, à cette fin, par le procureur de la République.

La décision de confiscation doit viser un bien, déterminé ou non, constituant le produit ou l'instrument d'une infraction et se trouvant sur le territoire français ou consister en l'obligation de payer une somme d'argent correspondant à la valeur de ce bien.

L'exécution est autorisée à la double condition suivante :

1° La décision étrangère est définitive et demeure exécutoire selon la loi de l'État requérant ;

2° Les biens confisqués par cette décision sont susceptibles d'être confisqués dans des circonstances analogues selon la loi française.

Art. 13. – La procédure devant le tribunal correctionnel saisi en application du premier alinéa de l'article 12 obéit aux règles du Code de procédure pénale.

S'il l'estime utile, le tribunal entend, le cas échéant par commission rogatoire, le condamné ainsi que toute personne ayant des droits sur les biens qui ont fait l'objet de la décision étrangère de confiscation.

Les personnes mentionnées à l'alinéa qui précède peuvent se faire représenter par un avocat.

Le tribunal est lié par les constatations de fait de la décision étrangère. Si ces constatations sont insuffisantes, il peut ordonner un supplément d'information.

Art. 14. – L'autorisation d'exécution prévue à l'article 12 ne peut avoir pour effet de porter atteinte aux droits licitement constitués au profit des tiers, en application de la loi française, sur les biens dont la confiscation a été prononcée par la décision étrangère. Toutefois, si cette décision contient des dispositions relatives aux droits des tiers, elle s'impose aux juridictions françaises à moins que les tiers n'aient pas été mis à même de faire valoir leurs droits devant la juridiction étrangère dans des conditions analogues à celles prévues par la loi française.

L'autorisation d'exécution entraîne transfert à l'État français de la propriété des biens confisqués, sauf s'il en est convenu autrement avec l'État demandeur.

Si la décision étrangère prévoit la confiscation en valeur, la décision autorisant son exécution rend l'État français créancier de l'obligation de payer la somme d'argent correspondante. À défaut de paiement, l'État fait recouvrer sa créance sur tout bien disponible à cette fin.

Art. 15. – L'exécution sur le territoire français de mesures conservatoires faisant l'objet d'une demande présentée par une autorité judiciaire étrangère, en application du 3° de l'article 9, est ordonnée, aux frais avancés du Trésor et selon les modalités prévues par le Code de procédure civile et par la loi n. 91-650 du 9 juillet 1991 portant réforme des procédures civiles d'exécution, par le président du tribunal de grande instance lorsqu'il est saisi, à cette fin, par le procureur de la République, dès lors que le propriétaire des biens ne pouvait en ignorer l'origine ou l'utilisation frauduleuse.

Toutefois, la demande est refusée s'il apparaît d'ores et déjà que les biens ne sont pas susceptibles d'être confisqués dans des circonstances analogues selon la loi française.

La durée maximale de ces mesures est limitée à deux ans. Elles peuvent être renouvelées dans les mêmes conditions avant l'expiration de ce délai.

La mainlevée totale ou partielle des mesures conservatoires peut être demandée par tout intéressé. La partie requérante en est préalablement avisée.

L'autorisation d'exécuter la décision de confiscation prononcée par la juridiction étrangère vaut validation des mesures conservatoires et permet l'inscription définitive des sûretés.

Le refus d'autoriser l'exécution de la décision de confiscation prononcée par la juridiction étrangère emporte de plein droit aux frais du Trésor mainlevée des mesures ordonnées. Il en est de même lorsque les poursuites engagées à l'étranger ont pris fin.

Art. 16. – Pour l'application des dispositions des articles 10 à 15, le tribunal compétent est celui du lieu de l'un des biens qui sont l'objet de la demande ou, à défaut, le tribunal de grande instance de Paris.

V. Art. 706-37.

Décret n. 99-1050 du 14 décembre 1999

relatif aux diligences du ministère public en cas de poursuite des infractions sanctionnées de la peine complémentaire de confiscation du fonds de commerce

....

Art. 2. – Il est inséré dans le titre V du livre VI (deuxième partie : réglementaire) du Code de la construction et de l'habitation, dans le chapitre unique et après l'article R. 651-1, un article R. 651-2 ainsi rédigé :

« *Art. R. 651-2.* – I. – L'information relative à l'engagement des poursuites et la communication de la décision de confiscation au propriétaire de l'immeuble et au propriétaire du fonds de commerce auxquelles procède le ministère public, ainsi que l'apposition des mentions au registre du commerce et des sociétés et aux registres sur lesquels sont inscrites les sûretés, prévues au II de l'article L. 651-10, sont effectuées selon les modalités définies aux articles R. 51 et R. 51-1 du Code de procédure pénale.

« II. – Lorsque l'autorité administrative saisit le président du tribunal de grande instance ou le magistrat du siège délégué par lui aux fins de désignation d'un administrateur provisoire, sa requête est dispensée de ministère d'avocat.

« Une copie de l'ordonnance qui désigne un administrateur provisoire est adressée par le ministère public au propriétaire de l'immeuble et au propriétaire du fonds de commerce dans les conditions prévues au I.

« Une copie est également jointe à la réquisition que le ministère public adresse au greffe du tribunal de commerce afin que soit portée au registre du commerce et des sociétés et aux registres sur lesquels sont inscrites les sûretés la mention de cette ordonnance, avec indication de sa date, de la juridiction qui a statué ainsi que de l'identité et de l'adresse de l'administrateur désigné, selon les formes prévues à l'article R. 51-1 du Code de procédure pénale.»

....

V. Art. 706-47.

Code de la santé publique

(D. n. 2000-412, 18 mai 2000, n. 2000-412 du 18 mai 2000

pris pour l'application du titre IX du livre III du Code de la santé publique et relatif à l'injonction de soins concernant les auteurs d'infractions sexuelles et modifiant le Code de la santé publique 2e partie : Décrets en Conseil d'Etat : *JO* 19 mai 2000)

TITRE IX. – DE L'INJONCTION DE SOINS CONCERNANT LES AUTEURS D'INFRACTIONS SEXUELLES

CHAPITRE I. – LES MÉDECINS COORDONNATEURS

Section I. – Liste des médecins coordonnateurs

Art. R. 355-33. – La liste des médecins coordonnateurs prévue par l'article L. 355-3 est établie tous les trois ans par le procureur de la République après avis du représentant de l'État dans le département et après avis du conseil départemental de l'ordre des médecins. Elle peut faire l'objet, en tant que de besoin, de mises à jour régulières.

Art. R. 355-34. – Un médecin coordonnateur peut être inscrit sur les listes de plusieurs tribunaux de grande instance.

Lorsqu'il existe plusieurs tribunaux de grande instance dans le département, il est établi une liste pour chaque tribunal. Une liste commune au département peut être établie conjointement par les différents procureurs de la République compétents.

Art. R. 355-35. – Peuvent être inscrits sur la liste mentionnée à l'article L. 355-33, sur leur demande, les psychiatres :

1° Inscrits à un tableau de l'ordre des médecins ;

2° Exerçant en qualité de spécialiste depuis au moins trois ans ;

3° N'ayant pas de condamnation justifiant une inscription au bulletin n. 2 du casier judiciaire pour des agissements contraires à l'honneur, à la probité ou aux bonnes mœurs ;

4° N'ayant pas fait l'objet ni de sanctions mentionnées à l'article L. 423 du présent code et à l'article L. 145-2 du Code de la sécurité sociale, pour des agissements contraires à l'honneur, à la probité ou aux bonnes mœurs, ni de suspension au titre de l'article L. 460 du présent code.

Peuvent également être inscrits sur cette liste et sous les mêmes réserves les médecins ayant suivi une formation, délivrée par une université ou par un organisme agréé de formation médicale continue, répondant aux caractéristiques fixées par arrêté du ministre chargé de la santé.

Art. R. 355-36. – Lorsqu'un praticien hospitalier exerce les fonctions de médecin coordonnateur, celles-ci sont exercées dans le cadre des missions définies au e de l'article 28 du décret n. 84-131 du 24 février 1984 modifié portant statut des praticiens hospitaliers.

Art. R. 355-37. – Le praticien qui souhaite exercer les fonctions de médecin coordonnateur adresse une demande au procureur de la République. Cette demande est assortie des renseignements et documents suivants :

1° Nature des activités professionnelles, lieux et dates d'exercice ;

2° Copies des titres et diplômes ;

3° Attestation justifiant d'au moins trois ans d'inscription au tableau de l'ordre des médecins, et de l'absence de sanctions disciplinaires mentionnées à l'article R. 355-35 ainsi que de suspension au titre de l'article L. 460 ;

4° Le cas échéant, attestation de formation.

Art. R. 355-38. – La radiation d'un médecin coordonnateur de la liste intervient dès lors que l'une des conditions prévues à l'article R. 355-35 cesse d'être remplie.

Elle peut en outre faire l'objet d'une demande motivée par le juge de l'application des peines, le juge des enfants et par le représentant de l'État dans le département si le médecin coordonnateur ne satisfait pas à ses obligations ou ne s'en acquitte pas avec ponctualité.

La radiation est décidée par le procureur de la République.

Le procureur de la République informe de cette radiation les juges de l'application des peines. Ces derniers en avertissent les médecins traitants et les personnes condamnées en relation avec ce médecin coordonnateur.

Le médecin coordonnateur qui fait l'objet d'une radiation en application des dispositions du présent article peut exercer un recours devant la première chambre civile de la cour d'appel. Ce recours n'est pas suspensif. Il est formé par simple déclaration au secrétariat-greffe, ou par lettre recommandée avec demande d'avis de réception adressée au secrétaire-greffier, dans le délai d'un mois, qui court à compter du jour où le médecin a eu notification de la décision de radiation.

Art. R. 355-39. – Un médecin coordonnateur peut se retirer de la liste. Il saisit, à cet effet, le procureur de la République, par lettre recommandée avec accusé de réception. Il en informe les juges de l'application des peines l'ayant désigné, ainsi que les médecins traitants et les personnes condamnées qui sont en relation avec lui.

Le retrait prend effet au terme d'un délai de trois mois à compter de la date de la saisine.

Section II. – Désignation des médecins coordonnateurs

Art. R. 355-40. – Le médecin coordonnateur est désigné par une ordonnance du juge de l'application des peines. Cette désignation peut intervenir avant la libération d'un condamné détenu.

Ne peut être désigné comme médecin coordonnateur par le juge de l'application des peines un médecin qui :

1° Présente avec la personne condamnée un lien familial, d'alliance, d'intérêt professionnel ;

2° Est le médecin traitant de la personne condamnée ;

3° A été désigné pour procéder, au cours de la procédure judiciaire, à l'expertise de la personne condamnée.

Le médecin coordonnateur ne peut lui-même :

1° Devenir médecin traitant de la personne condamnée ;

2° Être désigné pour procéder, au cours du suivi socio-judiciaire, à l'expertise de la personne condamnée.

Ce même médecin coordonnateur ne peut suivre un nombre de personnes condamnées supérieur à celui fixé par arrêté du ministre chargé de la santé publique.

Art. R. 355-41. – Lorsque la liste des médecins coordonnateurs prévue par l'article L. 355-33 n'a pu être établie, ou qu'aucun des médecins figurant sur cette liste ne peut être désigné, le juge de l'application des peines désigne comme médecin coordonnateur, à titre provisoire, et pour une durée qui ne peut excéder un an, un médecin remplissant les conditions définies aux articles R. 355-35 et R. 355-40 après avoir préalablement recueilli son accord.

Dans les cas mentionnés aux articles R. 355-38, R. 355-39 et R. 355-40, ainsi qu'en cas de force majeure, le juge de l'application des peines désigne, en remplacement du médecin initialement saisi, dans les conditions mentionnées à l'alinéa précédent, un autre médecin coordonnateur.

Art. R. 355-42. – Le juge de l'application des peines adresse au médecin coordonnateur la copie des pièces de la procédure utiles à l'exercice de sa mission. Le médecin coordonnateur restitue ces documents au juge de l'application des peines lorsqu'il cesse de suivre la personne condamnée.

Art. R. 355-43. – Les médecins coordonnateurs perçoivent, pour chaque personne condamnée suivie par eux, une indemnité forfaitaire annuelle, dans des conditions prévues par arrêté conjoint du ministre chargé de la santé, du ministre de la Justice et du ministre chargé du budget.

CHAPITRE II. – DU CHOIX DE MÉDECIN TRAITANT

Art. R. 355-44. – Le médecin coordonnateur désigné par le juge de l'application des peines convoque la personne condamnée à un suivi socio-judiciaire comprenant une injonction de soins pour un entretien au cours duquel il lui fait part des modalités d'exécution de cette injonction de soins et l'invite à choisir un médecin traitant.

Lorsque la personne condamnée est mineure, le choix du médecin traitant est effectué par les titulaires de l'exercice de l'autorité parentale ou, à défaut, par le juge des tutelles. L'accord du mineur sur ce choix doit être recherché.

Lorsque la personne condamnée est un majeur protégé, ce choix est effectué, dans les mêmes conditions, par l'administrateur légal ou le tuteur, avec l'autorisation du juge des tutelles ou du conseil de famille.

Le médecin coordonnateur ne peut refuser d'avaliser le choix d'un médecin traitant par la personne condamnée que si ce médecin n'est manifestement pas en mesure de conduire la prise en charge d'auteurs d'infractions sexuelles.

Art. R. 355-45. – Lorsqu'il existe un désaccord entre les père et mère sur le choix du médecin traitant d'un mineur, le choix de celui-ci est effectué par le juge aux affaires familiales conformément à l'article 372-1-1 du Code civil.

Art. R. 355-46. – Le médecin coordonnateur informe le médecin traitant pressenti du cadre juridique dans lequel s'inscrit l'injonction de soins et s'assure de son accord pour prendre en charge la personne condamnée.

Après que le médecin traitant pressenti a reçu celle-ci, il confirme son accord par écrit, dans un délai de quinze jours, au médecin coordonnateur. À défaut de confirmation dans ce délai, ou en cas de réponse négative, le médecin coordonnateur invite la personne condamnée à choisir un autre médecin traitant.

Art. R. 355-47. – Lorsque aucun médecin traitant ne peut être choisi, le médecin coordonnateur en informe le juge de l'application des peines.

Dans le cas mentionné au quatrième alinéa de l'article R. 355-44, le juge de l'application des peines convoque, en présence du médecin coordonnateur, la personne condamnée, ainsi que, lorsque ce dernier est un mineur, les titulaires de l'exercice de l'autorité parentale à son égard, pour tenter de parvenir à un accord sur le choix du médecin traitant.

Lorsque aucun accord n'a pu être obtenu, le juge de l'application des peines ne peut désigner comme médecin traitant qu'un médecin pressenti ou accepté par la personne condamnée, après s'être assuré auparavant de l'accord de ce médecin pour prendre en charge cette personne et de l'avis du médecin coordonnateur.

Si le juge de l'application des peines estime impossible, au vu notamment des observations écrites du médecin coordonnateur, de procéder à la désignation d'un médecin traitant, il peut ordonner, en application des dispositions de l'article 763-5 du Code de procédure pénale, la mise à exécution de l'emprisonnement encouru.

À l'égard d'un condamné mineur, en cas de carence des titulaires de l'exercice de l'autorité parentale, le juge des enfants, agissant en qualité de juge de l'application des peines, procède à la désignation du médecin traitant, l'avis du mineur ayant été recueilli.

Art. R. 355-48. – Les dispositions du présent chapitre peuvent être mises en œuvre avant la libération d'un condamné détenu.

CHAPITRE III. – DU DÉROULEMENT DE L'INJONCTION DE SOINS

Art. R. 355-49. – Les relations entre la personne condamnée et le médecin traitant s'établissent, sous réserve des dispositions du présent titre, conformément aux dispositions du Code de déontologie médicale.

Le juge de l'application des peines ne peut intervenir dans le déroulement des soins décidés par le médecin traitant.

Art. R. 355-50. – Au cours de l'exécution du suivi socio-judiciaire comprenant une injonction de soins, la personne condamnée peut demander au médecin coordonnateur à choisir un autre médecin traitant. Le médecin coordonnateur en informe le médecin traitant initialement désigné.

Les dispositions des articles R. 355-44 à R. 355-48 sont alors applicables.

Art. R. 355-51. – Au cours de l'exécution du suivi socio-judiciaire comprenant une injonction de soins, le médecin traitant peut décider d'interrompre le suivi d'une personne condamnée. Il en informe alors immédiatement le médecin coordonnateur par lettre recommandée. Il en avertit la personne condamnée.

Les dispositions des articles R. 355-44 à R. 355-48 sont alors applicables.

Art. R. 355-52. – Au cours de l'exécution du suivi socio-judiciaire comprenant une injonction de soins, le médecin coordonnateur convoque périodiquement, et au moins une fois par an, la personne condamnée, pour réaliser un bilan de sa situation, afin d'être en mesure de transmettre au juge de l'application des peines les éléments nécessaires au contrôle de l'injonction de soins.

Art. R. 355-53. – Les copies des pièces de procédure adressées au médecin traitant en application des dispositions de l'article L. 355-34 lui sont remises par le médecin coordonnateur.

Quand il cesse de suivre la personne condamnée, le médecin traitant retourne ces documents au médecin coordonnateur, qui les transmet au juge de l'application des peines.

Art. R. 355-54. – Les expertises médicales ordonnées, le cas échéant, par le juge de l'application des peines, soit sur proposition du médecin traitant, soit sur celle du médecin coordonnateur, sont celles prévues par les dispositions du Code de procédure pénale.

Une copie de ces expertises est communiquée au médecin coordonnateur ainsi que, dans les conditions prévues par l'article précédent, au médecin traitant.

CHAPITRE IV. – DISPOSITIONS PARTICULIÈRES

Art. R. 355-55. – Ainsi qu'il est dit à l'article R. 61-5 du Code de procédure pénale, lorsque le suivi socio-judiciaire accompagne une peine privative de liberté, la période pendant laquelle le condamné se trouve en permission de sortir, ou est placé sous le régime de semi-liberté ou fait l'objet d'un placement extérieur ou d'un placement sous surveillance électronique ne s'impute pas sur la durée du suivi socio-judiciaire.

Art. R. 355-56. – Le présent titre, à l'exception de son article R. 355-34, est applicable en Nouvelle-Calédonie, dans les territoires d'outre-mer et dans la collectivité territoriale de Mayotte, sous réserve des adaptations suivantes :

1° Aux articles R. 355-33 et R. 355-38, les mots : « dans le département » sont remplacés par les mots : « en Nouvelle-Calédonie » pour la Nouvelle-Calédonie, par les mots : « dans le territoire » pour les territoires d'outre-mer et par les mots : « dans la collectivité territoriale » pour Mayotte ;

2° À l'article R. 355-33, les mots : « du conseil départemental de l'ordre des médecins » sont remplacés par les mots : « de l'organe de l'ordre » en Nouvelle-Calédonie, dans les territoires d'outre-mer et à Mayotte ;

3° À l'article R. 355-35, les mots : « et à l'article L. 145-2 du Code de la sécurité sociale » ne s'appliquent pas ; les mots : « n'ayant pas fait l'objet d'une suspension au titre de l'article L. 460 du présent code » sont remplacés par les mots : « n'ayant pas, au titre de la réglementation applicable localement, été suspendu temporairement du droit d'exercer en considération d'une infirmité ou d'un état pathologique rendant dangereux l'exercice de la profession » en Nouvelle-Calédonie et en Polynésie française, et par les mots : « n'ayant pas fait l'objet d'une suspension au titre de l'article 65 de l'ordonnance n. 45-2184 du 24 septembre 1945 relative à l'exercice et à l'organisation des professions de médecin, de chirurgien-dentiste et de sage-femme » dans les territoires d'outre-mer de Wallis-et-Futuna et des Terres australes et antarctiques françaises ;

4° Aux articles R. 355-35 et R. 355-37, il est ajouté, en Nouvelle-Calédonie et en Polynésie française, après les mots : « tableau de l'ordre des médecins », les mots : « lorsque celui-ci existe» ;

5° À l'article R. 355-49, il est ajouté, après les mots : « du Code de déontologie médicale », les mots : « applicable localement » ;

6° L'article R. 355-36 ne s'applique pas aux médecins qui sont régis par un statut territorial en Nouvelle-Calédonie et en Polynésie française. »

CHAPITRE V. – DISPOSITIONS TRANSITOIRES

Art. 2. – Pour l'application du premier alinéa de l'article R. 355-35, et pendant une période transitoire de cinq ans suivant la publication du présent décret, peuvent être également inscrits sur la liste prévue à l'article L. 355-33 les psychiatres n'exerçant plus d'activité clinique, s'il est établi qu'ils ont auparavant, pendant au moins cinq ans, exercé une telle activité.

Pour l'application du dernier alinéa de l'article R. 355-35, et pendant une période transitoire de cinq ans suivant la publication du présent décret, peuvent être également inscrits sur la liste prévue à l'article L. 355-33 les médecins pouvant justifier d'une activité antérieure ou de leur intérêt pour la prise en charge des personnes poursuivies ou condamnées pour infractions sexuelles.

Les dispositions du présent article sont applicables en Nouvelle-Calédonie, dans les territoires d'outre-mer et dans la collectivité territoriale de Mayotte.

V. Art. 707.

Décret n. 64-1333 du 22 décembre 1964

relatif au recouvrement des amendes
et condamnations pécuniaires par les comptables directs du Trésor

Art. 1er. – Les condamnations pécuniaires énumérées à l'article 76 du décret susvisé du 29 décembre 1962, ainsi que les pénalités transactionnelles, les pénalités forfaitaires et les amendes de substitution sont recouvrées par les comptables directs du Trésor sauf lorsqu'un texte particulier en a confié le recouvrement ou l'encaissement à d'autres comptables.

Le recouvrement est opéré au nom du procureur de la République selon les dispositions de l'article 707 du Code de procédure pénale.

Section I. – Recouvrements sur décisions exécutoires

Art. 2 *(D. n. 72-629, 4 juill. 1972, art. 1er)*. – 1° Sont recouvrées par les comptables directs du Trésor les condamnations prononcées par des décisions judiciaires devenues définitives.

Toutefois, en application de l'article 708 (alinéa 2) du Code de procédure pénale, le délai d'appel accordé au procureur général par les articles 505 et 548 dudit Code ne fait pas obstacle à l'exécution de la peine.

(Rempl. au 1er oct. 1986, D. n. 86-1044, 18 sept. 1986, art. 3-I) Les comptables désignés au premier alinéa recouvrent également les amendes forfaitaires majorées prévues par le deuxième alinéa de l'article 529-2 et le deuxième alinéa de l'article 529-5 du Code de procédure pénale.

2° Le recouvrement est effectué au vu d'un extrait de la décision de justice.

Les extraits sont établis par le greffier de la juridiction qui a prononcé les condamnations ou par l'agent qui assure les fonctions de greffier.

Les extraits de jugements ou d'arrêts sont établis sur des formules dont le modèle est arrêté par le garde des sceaux, ministre de la justice, et par le ministre de l'économie et des finances.

Les magistrats ou officiers du ministère public vérifient les extraits. Ils vérifient et visent les bordereaux d'envoi à l'appui desquels ces documents sont adressés, par le secrétaire-greffier, au receveur des finances de l'arrondissement du siège du tribunal ou de la cour.

Le délai d'envoi des extraits de jugements ou d'arrêts est fixé à trente-cinq jours à compter soit de la date de la décision, soit de la date de la signification s'il s'agit d'un jugement ou arrêt contradictoire mais devant être signifié pour faire courir les délais de recours, ou d'un jugement ou arrêt par défaut.

Toutefois, dans certains cas particuliers, un délai plus court peut être fixé par le garde des sceaux, ministre de la justice, et par le ministre de l'économie et des finances.

Pour les décisions devenues définitives à la suite du rejet d'un pourvoi en cassation, le délai est porté à quarante-cinq jours à partir de l'arrêt de rejet.

3° La mise en recouvrement des condamnations prononcées par ordonnances pénales est effectuée dans les conditions et selon les modalités fixées par les articles R. 48, R. 48-1 et R. 48-2 du Code de procédure pénale *(D. n. 86-1044, 18 sept. 1986, art. 3-II)*.

(4° rempl., D. n. 86-1044, 18 sept. 1986, art. 3-III au 1er oct. 1986) 4° La mise en recouvrement des amendes forfaitaires majorées est effectuée dans les conditions et selon les modalités prévues par les articles R. 49-5 et R. 49-6 du Code de procédure pénale.

Art. 3 *(1er al. rempl., D. n. 83-1153, 23 déc. 1983, art. 1er)*. – Sous réserve des dispositions relatives au fractionnement du paiement des amendes, les condamnations pécuniaires sont exigibles dès que la décision les prononçant est devenue exécutoire. Toutefois, le montant global des amendes prononcées sous la forme de jours-amende n'est exigible qu'à l'expiration du délai correspondant au nombre de jours-amende prononcé.

(D. n. 72-629, 4 juill. 1972, art. 1er-4°) Dès réception du titre de recouvrement de l'amende pénale fixe, de l'extrait d'ordonnance pénale, de jugement ou d'arrêt, le comptable direct du Trésor, chargé du recouvrement par le receveur des finances, doit adresser au condamné et éventuellement aux autres débiteurs énumérés à l'article 77 du décret du 29 décembre 1962 des avertissements les invitant à se libérer.

Art. 3-1 *(Aj., D. n. 83-1153, 23 déc. 1983, art. 2)*. – Un mois au plus tard après la date d'exigibilité du montant des jours-amende ou après l'envoi de l'avertissement lorsque celui-ci est postérieur, le comptable du Trésor met le débiteur qui ne s'est pas intégralement acquitté de sa dette en demeure de se libérer.

Cette mise en demeure est faite dans les formes prévues pour les commandements.

Si le paiement total de la dette n'est pas intervenu dans les cinq jours de la mise en demeure, le comptable du Trésor informe de ses diligences le ministère public du lieu de condamnation en lui adressant toutes pièces justificatives utiles et en précisant, le cas échéant, le montant des paiements partiels.

Art. 4. – Le recouvrement des amendes pénales et des frais de justice est garanti, d'une part, par le privilège général sur les meubles institué par l'article 2 de la loi du 5 septembre 1807 et l'article 3 du décret du 17 juin 1938 tendant à améliorer le recouvrement des impôts directs, d'autre part, par l'hypothèque légale instituée par l'article 1er de la loi du 5 septembre 1807 et l'article 3 du décret du 17 juin 1938, modifiés par les articles 12 et 18 de l'ordonnance n. 59-71 du 7 janvier 1959.

Le recouvrement des condamnations pécuniaires autres que les amendes pénales et les frais de justice est garanti par l'hypothèque judiciaire résultant du jugement ou de l'arrêt de condamnation instituée par l'article 2123 (alinéa 1er) du Code civil.

L'inscription de l'hypothèque légale ou de l'hypothèque judiciaire doit être requise, dès réception de l'extrait, pour toutes les condamnations pécuniaires égales ou supérieures à une somme fixée par décision du ministre de l'économie et des finances.

L'inscription est prise à la diligence du comptable direct du Trésor consignataire de l'extrait sur les immeubles du débiteur qui sont situés dans le ressort de ce comptable. Sur les immeubles qui sont situés en dehors de ce ressort, l'inscription est prise à la requête du comptable consignataire de l'extrait par le comptable du lieu de situation ; dans ce cas, il appartient au comptable consignataire de l'extrait de surveiller éventuellement le renouvellement de l'inscription.

Le débiteur qui s'est libéré supporte les frais de radiation de l'inscription, s'il la demande.

Art. 5 *(D. n. 72-629, 4 juill. 1972, art. 1er).* – Le débiteur qui n'a pas acquitté dès la réception de l'avertissement les condamnations pécuniaires dont il est redevable peut être poursuivi.

Les poursuites sont exercées, soit sur les biens, soit sur la personne, lorsque la loi a prévu l'application de la contrainte par corps.

Elles procèdent de la force exécutoire de la sentence de justice ou, en ce qui concerne l'amende pénale fixe, du titre de recouvrement.

Elles sont exercées à l'initiative du comptable direct du Trésor, consignataire du titre de recouvrement ou de l'extrait, sous la direction du receveur des finances.

Elles ont lieu par ministère d'huissier de justice ou sont effectuées par les agents de poursuites du Trésor faisant fonction d'huissier de justice.

Art. 6. – Les poursuites sur les biens sont effectuées par voie de commandement, de saisie et de vente.

*(D. n. 65-1006, 26 nov. 1965, art. 41-2°)*Les actes sont soumis au point de vue de la forme aux règles du droit commun. Cependant, en cas de signification d'un commandement, l'envoi de la lettre recommandée avec demande d'avis de réception prévu à l'article 58-3° (2e alinéa) du Code de procédure civile (1) n'est obligatoire que lorsqu'il y a dépôt de l'acte en mairie ; lorsque la copie de l'acte est remise à un voisin, il est laissé au domicile un avis de passage mentionnant la nature de l'acte et précisant le voisin à qui la copie a été remise.

Toutefois, les commandements peuvent être notifiés par l'administration des postes conformément à l'article 49 de la loi du 25 février 1901 et au décret modifié du 24 avril 1902 ; ces actes de poursuites échappent alors aux conditions générales de validité des exploits, telles qu'elles sont tracées par le Code de procédure civile.

La vente mobilière doit être autorisée par le receveur des finances.

La saisie immobilière ne peut être effectuée que sur l'autorisation du ministre de l'économie et des finances.

Art. 6-1 *(D. n. 74-41, 18 janv. 1974).* – 1° Lorsque le débiteur d'amendes ou de condamnations pécuniaires prononcées en matière de contravention *(D. n. 86-1044, 18 sept. 1986, art. 4-1)* ne s'est pas acquitté spontanément de sa dette dans le délai fixé par l'avertissement mentionné à l'article 5 ci-dessous, lesdites amendes et condamnations peuvent également être recouvrées dans les conditions fixées à l'article 7 de la loi susvisée du 11 juillet 1972 et au présent décret, par voie d'opposition administrative adressée aux personnes physiques ou morales qui détiennent des fonds pour le compte du débiteur ou qui ont une dette envers lui.

(2° rempl. au 1er oct. 1986, D. n. 86-1044, 18 sept. 1986, art. 4-II) 2° Le comptable du Trésor notifie au redevable qu'une opposition administrative rend indisponibles à concurrence du montant de la créance du Trésor les fonds sur lesquels elle est exercée ; il l'avise que ces fonds seront versés au Trésor s'il ne s'acquitte pas de sa dette dans un délai de quinze jours à compter de la notification à moins qu'il n'exerce une voie de recours contre la condamnation ou ne présente la réclamation prévue par le deuxième alinéa de l'article 530 du Code de procédure pénale.

(3°, 1er al. rempl. au 1er oct. 1986, D. n. 86-1044, 18 sept. 1986, art. 4-III) L'opposition est notifiée au tiers détenteur en même temps qu'au redevable.

À l'expiration d'un délai de quinze jours à compter de la notification au tiers détenteur, ce dernier est, dans les conditions prévues par la loi, tenu envers le Trésor au paiement de l'amende ou de la condamnation pécuniaire.

Au cas où le redevable détient une créance conditionnelle ou à terme, l'obligation du tiers détenteur n'est pas exécutoire avant que la créance soit devenue exigible.

4° L'obligation mentionnée au 3° (alinéa 2) ci-dessus n'existe pas si, avant l'expiration du délai précité de quinze jours à compter de la notification faite au tiers détenteur, ce dernier fait connaître au comptable du

(1) V. Nouveau C. proc. civ., art. 658 et s.

Trésor que les fonds qu'il détient ou qu'il doit sont indisponibles ou qu'il conteste l'existence, à son égard, du droit du débiteur du Trésor.

5° Les notifications de l'opposition administrative doivent reproduire, à peine de nullité, le texte de l'article 7 de la loi susvisée du 11 juillet 1972 et celui du présent décret.

Les délais mentionnés ci-dessus courent du jour qui suit la notification.

Art. 7. – À l'égard des débiteurs solvables, la réquisition aux fins de contrainte par corps est adressée au ministère public par le comptable direct du Trésor chargé du recouvrement.

À l'égard des débiteurs insolvables, l'initiative de la contrainte appartient au ministère public.

Dans les deux cas, le ministère public compétent est le procureur de la République établi près le tribunal de grande instance dans le ressort duquel les poursuites ont été engagées, ou celui du domicile du débiteur lorsque ce dernier ne réside pas dans le ressort de cette juridiction.

Art. 8. – Les frais des poursuites exercées sont calculés proportionnellement au montant des sommes exigibles, déduction faite des acomptes payés, et conformément aux tarifs en vigueur en matière de contributions directes et de taxes assimilées.

Les frais accessoires aux poursuites sont à la charge des redevables et déterminés comme en matière de contributions directes et de taxes assimilées.

Le salaire du conservateur des hypothèques ne lui est acquis qu'autant qu'il a été recouvré sur le débiteur par le comptable direct du Trésor consignataire de l'extrait de jugement ou d'arrêt.

Le coût des bordereaux d'inscription est à la charge du débiteur.

Le taux de la prime accordée pour la capture d'un débiteur qui doit être contraint par corps est égal à celui fixé par l'article R. 191 (1° et 2°) du Code de procédure pénale pour la capture ou saisie d'une personne en exécution d'un jugement de police ou d'un jugement ou arrêt correctionnel.

La prime de capture et, le cas échéant, les frais de transport des débiteurs contraints par corps constituent des frais accessoires aux poursuites.

Art. 9 *(Mod., D. n. 83-1153, 23 déc. 1983, art. 3)*. – Sans qu'il soit dérogé à l'article 756 du Code de procédure pénale, les oppositions aux actes de poursuites et les revendications d'objets saisis ne peuvent, à peine de nullité, être portées devant la juridiction civile qu'après avoir été soumises, appuyées de toutes justifications utiles, au trésorier-payeur général du département dans lequel les poursuites ont été exercées.

L'opposition à l'acte de poursuites ne peut viser que la validité en la forme de l'acte : elle doit, à peine de nullité, être formée dans les deux mois de la notification de l'acte.

La demande en revendication d'objets saisis doit, à peine de nullité, être formée dans les deux mois de la date à laquelle le revendiquant a eu connaissance de la saisie.

Le trésorier-payeur général délivre à l'auteur de l'opposition ou de la revendication récépissé de son mémoire. Il statue dans les deux mois du dépôt du mémoire. À défaut de décision dans le délai de deux mois, comme dans le cas où la décision rendue ne lui donne pas satisfaction, l'opposant ou le revendiquant peut assigner le comptable chargé du recouvrement devant le tribunal ; cette assignation doit être formée dans les deux mois de l'expiration du délai imparti au trésorier-payeur général pour statuer ou dans les deux mois de la notification de la décision du trésorier. L'assignation lancée avant l'expiration du délai imparti au trésorier-payeur général pour statuer, ou avant la notification de la décision du trésorier, est irrecevable.

Art. 9-1 *(Aj., D. n. 83-1153, 23 déc. 1983, art. 4)*. – Les dispositions des articles 4 à 9 ne sont pas applicables au recouvrement des amendes prononcées sous la forme de jours-amende.

Art. 10. – Lorsqu'un condamné a formé un recours en grâce, le recouvrement de l'amende est suspendu lorsque l'autorité compétente pour instruire le recours le demande par un avis notifié au comptable direct du Trésor.

Art. 10-1 *(D. n. 67-293, 29 mars 1967 ; D. n. 76-1030, 10 nov. 1976, art. 1er)*. – Les condamnations à réparations, restitutions, dommages-intérêts, frais ayant le caractère de réparations et intérêts moratoires prononcées au profit de l'État par les tribunaux judiciaires répressifs peuvent donner lieu à remises gracieuses. Celles-ci sont accordées, conformément aux dispositions de l'article 91 du décret susvisé du 29 décembre

1962, suivant la procédure et les limites de compétence prévues par les articles 15, 16 et 17 du décret susvisé *(D. n. 86-622, 14 mars 1986, art. 1er).*

Art. 10-2 *(D. n. 72-1037, 17 nov. 1972 ; D. n. 76-1030, 10 nov. 1976, art. 2).* – Les frais de justice en matière criminelle, correctionnelle et de police, à l'exclusion des frais afférents aux ordonnances pénales rendues en matière de police, les dépens relatifs aux amendes civiles ainsi que certains frais assimilés aux frais de justice criminelle, correctionnelle et de police par l'article R. 93 du Code de procédure pénale peuvent donner lieu à remises gracieuses. Le ministère public auprès de la juridiction qui a prononcé la condamnation est obligatoirement consulté.

Ces remises sont accordées, conformément aux dispositions de l'article 91 du décret susvisé du 29 décembre 1962, suivant la procédure et les limites de compétence prévues par les articles 15, 16 et 17 du décret susvisé *(D. n. 86-622, 14 mars 1986, art. 1er).*

Le ministère public doit faire connaître son avis dans un délai d'un mois à compter de la date de réception de la demande qui lui est adressée par l'administration des finances. Ce délai est prorogé exceptionnellement de quinze jours à compter de son expiration si le ministère public en informe préalablement l'administration des finances en indiquant les motifs de prorogation.

Si le ministère public n'a pas répondu dans le délai prévu ci-dessus ou, en cas de prorogation, à l'expiration de celle-ci, il est réputé avoir donné son avis. La décision ou l'arrêté portant remise de frais de justice doit viser expressément l'avis du parquet.

Art. 11. – Le montant des condamnations pécuniaires qui n'a pu être recouvré par les comptables directs du Trésor est, sous le contrôle de la Cour des comptes, admis en non-valeurs dans les conditions fixées par le ministre de l'économie et des finances.

Section II. – Recouvrements exclusifs de mesures d'exécution

Art. 12. – Lorsque l'autorité chargée de la répression décide d'accorder une transaction avant jugement, sa décision est notifiée au comptable direct du Trésor compétent ; elle indique le délai dans lequel la transaction doit être exécutée pour éviter une instance judiciaire.

Dans les trois jours qui suivent l'expiration de ce délai, le comptable fait connaître à l'autorité intéressée si le délinquant a ou non payé le montant de la transaction.

Art. 13. – Lorsque l'autorité chargée de la répression est saisie par le délinquant d'une requête en vue d'une transaction après jugement, elle en avise le comptable direct du Trésor, consignataire de l'extrait de la décision de justice. Elle lui prescrit, si elle le juge opportun, de suspendre l'exécution des condamnations prononcées, sous réserve pour le comptable de prendre les mesures conservatoires nécessaires à la sauvegarde des droits du Trésor.

Le comptable direct du Trésor fait connaître immédiatement à l'autorité intéressée l'état du recouvrement.

Lorsqu'une décision est intervenue sur la demande de transaction, l'administration compétente notifie cette décision pour application au comptable direct du Trésor.

Si le montant de la transaction est acquitté par le délinquant dans le délai fixé par l'autorité compétente, le recouvrement des condamnations pécuniaires prononcées par la décision de justice est abandonné, à l'exception des frais de justice s'ils n'ont pas été compris dans la transaction.

Art. 14 *(D. n. 72-629, 4 juill. 1972, art. 1er).* – Les comptables directs du Trésor sont seuls compétents pour encaisser les condamnations pécuniaires prononcées par la voie de l'ordonnance pénale en vertu des articles 524 et suivants et R. 42 et suivants du Code de procédure pénale, lorsque ces condamnations font l'objet d'un paiement dans les délais et suivant les modalités prévues aux articles 527 et R. 43 de ce code.

Art. 15. – Les sommes encaissées par les agents verbalisateurs au titre des amendes forfaitaires de police de la circulation sont reversées aux comptables directs du trésor dans les conditions et selon les modalités fixées par le ministre de l'économie et des finances, après avis des autres ministres intéressés.

Art. 16. – Les amendes substituées par décision gracieuse à une peine privative de liberté sont recouvrées par les comptables directs du Trésor. Elles ne sont pas susceptibles d'exécution forcée.

ANNEXE

DISPOSITIONS COMMUNES

Art. 17. – Le produit des condamnations pécuniaires prononcées par les cours et tribunaux est, ainsi qu'il est dit à l'article 1er du décret susvisé du 30 octobre 1935, encaissé au profit exclusif de l'État, sauf pour celui-ci à verser aux ayants droit le montant des frais de réparation ou de restitution, le montant des dommages-intérêts et à assurer le règlement des frais de perception ainsi que le paiement des gratifications dues aux agents verbalisateurs.

Art. 18. – Les dispositions du présent décret sont applicables au recouvrement des sommes restant dues au titre de condamnations pécuniaires prononcées par des décisions administratives intervenues en vertu des dispositions légales ou réglementaires actuellement abrogées.

Art. 19. – Toutes dispositions contraires au présent décret sont abrogées.

V. Art. 707.

Loi n. 72-650 du 11 juillet 1972

portant diverses dispositions d'ordre économique et financier

....

Art. 7 *(L. n. 85-1407, 30 déc. 1985, art. 81)*. – I. – « Le recouvrement des amendes et condamnations pécuniaires prononcées pour une contravention de police et dont le produit revient à l'État, à une personne publique ou au fonds de garantie peut être assuré par voie d'opposition administrative adressée aux personnes physiques ou morales qui détiennent des fonds pour le compte du débiteur de l'amende ou de la condamnation pécuniaire ou qui ont une dette envers lui. Cette opposition est notifiée au redevable en même temps qu'elle est adressée au tiers détenteur ».

La procédure de l'opposition administrative ne s'applique que dans le cas où le débiteur ne s'est pas acquitté spontanément de sa dette dans le délai fixé par l'avertissement qui lui est adressé par le comptable du Trésor, conformément à l'article 3, alinéa 2, du décret n. 64-1333 du 22 décembre 1964 relatif au recouvrement des amendes et condamnations pécuniaires.

II. – « La personne qui reçoit l'opposition administrative est tenue de rendre les fonds qu'elle détient indisponibles à concurrence du montant de la créance du Trésor et, lorsqu'il n'aura pas été fait application du second alinéa de l'article 530 du Code de procédure pénale, de verser ces fonds au comptable du Trésor. L'opposition administrative produit à l'égard de cette personne les mêmes effets qu'un jugement de validité de saisie-arrêt passé en force de chose jugée ».

L'effet de l'opposition administrative s'étend aux créances conditionnelles ou à terme : dans ce cas, les fonds sont versés au Trésor lorsque ces créances deviennent exigibles.

Le paiement consécutif à une opposition administrative libère à due concurrence la personne qui l'a effectué à l'égard du débiteur de l'amende ou de la condamnation pécuniaire.

III. – Si les fonds détenus ou dus par le destinataire de l'opposition administrative sont indisponibles entre ses mains, il doit en aviser le comptable du Trésor.

En ce cas, le comptable doit recourir aux voies d'exécution de droit commun pour assurer le recouvrement de la créance du Trésor. Il en est de même lorsque l'existence du droit du débiteur du Trésor sur le destinataire est contestée.

IV. – Les dispositions de l'article 61 modifié du livre Ier du Code du travail (devenu *Nouv. C. trav., art. L. 145-1 et R. 145-1*) sont applicables aux recouvrements effectués conformément au paragraphe 1 du présent article.

V. – Un décret en Conseil d'État déterminera les modalités d'application du présent article.

....

V. Art. 717.

Loi n. 87-432 du 22 juin 1987

relative au service public pénitentiaire

Art. 1er. – Le service public pénitentiaire participe à l'exécution des décisions et sentences pénales et au maintien de la sécurité publique. Il favorise la réinsertion sociale des personnes qui lui sont confiées par l'autorité judiciaire.

Il est organisé de manière à assurer l'individualisation des peines.

Art. 2. – L'État peut confier à une personne de droit public ou privé ou à un groupement de personnes de droit public ou privé une mission portant à la fois sur la conception, la construction et l'aménagement d'établissements pénitentiaires.

L'exécution de cette mission résulte d'une convention passée entre l'État et la personne ou le groupement de personnes selon un cahier des charges approuvé par décret en Conseil d'État. Cette personne ou ce groupement de personnes sont désignés à l'issue d'un appel d'offres avec concours.

Dans les établissements pénitentiaires, les fonctions autres que celles de direction, du greffe et de surveillance peuvent être confiées à des personnes de droit public ou privé selon une habilitation définie par décret en Conseil d'État. Ces personnes peuvent être choisies dans le cadre de l'appel d'offres avec concours prévu à l'alinéa précédent.

Art. 3. – Les établissements pénitentiaires peuvent être érigés en établissements publics administratifs nationaux dénommés établissements publics pénitentiaires, placés sous la tutelle de l'État.

Dotés de la personnalité morale et de l'autonomie financière, les établissements publics pénitentiaires sont administrés par un conseil d'administration comprenant des représentants de l'État, majoritaires, des assemblées parlementaires et des assemblées locales, du personnel, ainsi que des personnes morales, des associations et des personnalités choisies en raison de leur compétence dans le domaine de l'exécution des peines et de la réinsertion sociale. Le garde des Sceaux, ministre de la Justice, désigne le président du conseil d'administration parmi les représentants de l'État.

Le garde des Sceaux, ministre de la Justice, affecte aux établissements publics pénitentiaires les personnels de direction, du greffe et de surveillance. Ces personnels qui relèvent de l'administration pénitentiaire demeurent soumis à leur statut spécial.

À la demande du conseil d'administration de l'établissement ou non, le garde des sceaux peut également y affecter des personnels administratifs, socio-éducatifs et techniques relevant de l'administration pénitentiaire et demeurant soumis à leur statut spécial.

Les établissements publics pénitentiaires disposent des équipements et crédits qui leur sont attribués par l'État. Ils bénéficient des prélèvements effectués sur le pécule des détenus au titre de leur entretien et de la réparation des dommages matériels qu'ils ont causés dans l'établissement. Ils peuvent également recevoir, notamment, des dons et legs et le produit des emprunts.

Le conseil d'administration délibère sur les questions relatives à la gestion et à l'équipement de l'établissement pénitentiaire. Ces délibérations ne peuvent pas porter sur les questions relatives au personnel affecté par l'État, au régime disciplinaire et à l'ordre public, qui sont de la seule responsabilité du chef d'établissement, sous l'autorité du garde des Sceaux. Le conseil d'administration vote le budget et approuve le compte financier.

Les établissements publics pénitentiaires sont soumis à l'ensemble des dispositions du Code de procédure pénale relatives aux établissements pénitentiaires.

Les conditions d'application du présent article sont fixées par un décret en Conseil d'État.

Art. 4. – (V. C. pénal).

Art. 5. – I. – Dans les articles 122, 123 et 135 du Code de procédure pénale, les mots : « surveillant-chef de la maison d'arrêt » sont remplacés par les mots : « chef de l'établissement pénitentiaire ».

II. – Dans les articles 125, 132 et 713-2 du même code, les mots : « surveillant-chef » sont remplacés par les mots : « chef d'établissement ».

III. – L'article 717 du même code est ainsi rédigé :

Art. 717. – Les condamnés purgent leur peine dans un établissement pour peines ; toutefois, les condamnés à l'emprisonnement d'une durée inférieure ou égale à trois ans l'exécutent dans un établissement qui leur est spécialement réservé.

Les condamnés à des peines inférieures à cinq ans peuvent exécuter leur peine dans les établissements prévus à l'alinéa précédent si le reliquat de peine leur restant à purger après leur condamnation est inférieur à trois ans.

Les condamnés à l'emprisonnement d'une durée inférieure ou égale à un an peuvent, cependant, à titre exceptionnel, être maintenus en maison d'arrêt et incarcérés, dans ce cas, dans un quartier distinct, lorsque des conditions tenant à la préparation de leur délibération, leur situation familiale ou leur personnalité le justifient. Peuvent également, dans les mêmes conditions, être affectés, à titre exceptionnel, en maison d'arrêt, les condamnés auxquels il reste à subir une peine d'une durée inférieure à un an.

IV. – Dans l'article 719 du même code, les mots : « maisons de correction » et « maisons centrales » sont remplacés respectivement par les mots : « maisons d'arrêt » et « établissements pour peines ».

V. – Le premier alinéa de l'article 720 du même code est remplacé par les alinéas suivants :

Les activités de travail et de formation professionnelle sont prises en compte pour l'appréciation des gages de réinsertion et de bonne conduite des condamnés.

Au sein des établissements pénitentiaires, toutes dispositions sont prises pour assurer une activité professionnelle aux personnes incarcérées qui le souhaitent.

Les relations de travail des personnes incarcérées ne font pas l'objet d'un contrat de travail.

VI. – Le second alinéa de l'article 728 du même code est abrogé.

Art. 6. – Des groupements d'intérêt public peuvent être constitués, dans les conditions prévues à l'article 21 de la loi n. 82-610 du 15 juillet 1982 d'orientation et de programmation pour la recherche et le développement technologique de la France, entre établissements pénitentiaires, entre l'un ou plusieurs d'entre eux et une ou plusieurs personnes morales de droit public ou de droit privé, pour aider les établissements pénitentiaires concernés à organiser le travail et la formation des détenus.

Art. 7 *(Créé, L. n. 99-210, 19 mars 1999, art. 30)*. – La présente loi est applicable en Nouvelle-Calédonie, à l'exception des III et IV de l'article 5.

Arrêté du 10 avril 1997

portant détermination des missions de sécurité des biens
et des personnes incompatibles avec l'exercice
du droit de retrait individuel du personnel pénitentiaire

Art. 1er. – En application de l'alinéa 5 de l'article 5-6 du décret du 28 mai 1982 modifié susvisé, les agents des services déconcentrés de l'administration pénitentiaire ne peuvent se prévaloir du droit de retrait lorsqu'ils exercent leurs fonctions dans le cadre d'une des missions de sécurité des biens et des personnes précisées à l'article 2 du présent arrêté.

Art. 2. – Les missions de sécurité publique relevant du service public pénitentiaire incompatibles avec l'exercice du droit de retrait sont les suivantes :

– les missions de garde et de surveillance des détenus ;
– les missions de protection des détenus ;
– les missions de maintien de l'ordre intérieur des établissements pénitentiaires ;
– les missions de transfèrement et d'extraction des détenus ;
– les missions relevant des formalités d'écrou.

Art. 3. – Lorsque les agents de l'administration pénitentiaire ne peuvent se prévaloir du droit de retrait, ils exercent leurs missions dans le cadre des dispositions des règlements et instructions qui ont pour objet d'assurer leur protection et leur sécurité.

....

Arrêté du 4 février 1991

portant création d'un système de gestion automatisée de la prise en charge des détenus dans les établissements pénitentiaires

Art. 1er. – La mise en œuvre dans les établissements pénitentiaires d'un système de gestion automatisée des greffes pénitentiaires, des comptes nominatifs des détenus, de la détention et des visites est autorisée dans les conditions définies par le présent arrêté.

Art. 2. – Les catégories d'informations saisies sont relatives :

a) À l'identité du détenu : nom, nom marital, prénoms, alias, surnom, sexe, date et lieu de naissance, nationalité, titres d'identité, adresse et à son signalement ;

b) À la filiation du détenu : noms et prénoms du père et de la mère ;

c) À la catégorie pénale du détenu : prévenu ou condamné ;

d) Au type de procédure : criminelle, correctionnelle ou contraventionnelle ;

e) À l'identification du détenu : numéro d'écrou initial ou actuel ;

f) À la situation du détenu : situation de famille, nombre d'enfants, personnes à prévenir, niveau d'études, langue parlée, profession exercée, situation au regard de l'emploi au moment de l'écrou, qualification professionnelle, numéro de sécurité sociale, situation militaire, statut pénitentiaire, situations particulières ; mineur, étranger interdit de séjour, extradé, interdit du territoire, faisant l'objet d'un arrêté d'expulsion, faisant l'objet d'un arrêté d'assignation à résidence ;

g) À la décision ayant ordonné l'incarcération : désignation de la juridiction, nature de la décision et contenu de la décision, infraction commise, numéro d'affaire pénale et numéro d'affaire pénitentiaire ;

h) Aux événements modifiant l'exécution de la peine et à leurs dates : mesures d'individualisation de la peine, voies de recours, dates de libération prévue et définitive, amnistie, grâce, réduction du maximum légal, extraction, transfert, translation judiciaire, évasion, décès ;

i) Aux personnes prenant en charge le détenu lors de ses sorties provisoires ou lorsqu'il fait l'objet d'une mesure de libération conditionnelle et aux autorités administratives informées de ces sorties ou mesures ;

j) Au nom et adresse de la personne chez qui le prévenu mis en liberté fait élection de domicile ;

k) Aux comptes nominatifs des détenus : montant du dépôt, répartition, gestion de la cantine, gestion comptable du travail, gestion des livrets d'épargne, des permissions et des condamnations pécuniaires, numéro national d'identification ;

l) À la gestion de la détention : désignation des locaux de l'établissement, des activités proposées et des horaires, description des mouvements des détenus, désignation des personnes qui décident de l'affectation des détenus, mentions particulières relatives à certains détenus : ne pas mettre seul en cellule, ne pas mettre dans la même cellule que certains détenus, mettre seul en cellule, risque d'évasion ;

m) À la gestion des visites : désignation des personnes sollicitant un droit de visite et des personnes l'ayant obtenu, désignation de l'autorité qui accorde le droit de visite, jours et heures auxquels se sont effectuées les visites, désignation des locaux de visite et des personnes chargées de la surveillance de ces locaux.

Art. 3. – Les informations saisies sont conservées sur support magnétique jusqu'à la fin du premier trimestre de l'année suivant la date de levée d'écrou.

Art. 4. – Les personnels habilités de l'administration centrale et des services extérieurs de la direction de l'administration pénitentiaire sont destinataires de l'ensemble des informations énumérées à l'article 2.

Les autorités judiciaires sont destinataires des informations relatives à l'identité, à la situation du détenu, à la décision ayant ordonné l'incarcération et aux événements modifiant l'exécution de la peine.

Les services départementaux et régionaux de la protection judiciaire de la jeunesse sont destinataires des informations relatives à l'identité, à l'avis d'incarcération et à la durée de détention des détenus mineurs.

L'autorité militaire est destinataire des informations relatives à l'identité, la filiation, la catégorie pénale, le lieu d'incarcération et la date de libération de tout militaire, de tout détenu civil soumis à obligation militaire et de tout détenu français âgé de dix-sept ans à vingt ans.

Le préfet du département dans lequel se situe l'établissement pénitentiaire où est détenue une personne faisant l'objet d'une interdiction de séjour ou une personne de nationalité étrangère est destinataire des informations relatives à l'identité, la filiation, la catégorie pénale, le nombre de titres d'identité, le type de procédure, la situation de famille, l'adresse en France et à l'étranger et la date de libération de cette personne.

L'information selon laquelle un individu est à l'extérieur d'un établissement pénitentiaire pour effectuer une permission de sortir est transmise à l'autorité de police ou de gendarmerie du lieu de détention et du lieu où doit se dérouler la permission de sortir, au préfet du département dans lequel elle se déroule et aux autorités judiciaires concernées.

Lorsqu'un détenu est placé dans un hôpital psychiatrique, la direction de l'hôpital est destinataire des informations suivantes : nom, prénom, catégorie pénale, risque d'évasion et désignation du juge d'instruction lorsque le détenu est prévenu.

La caisse d'allocations familiales compétente est destinataire du certificat de présence du détenu contenant les informations suivantes : nom, prénom, date de naissance, lieu de détention et dates de présence à l'établissement.

L'ensemble des informations délivrées au titre du présent article sont transmises à leurs destinataires sur support papier.

Art. 5. – Le droit d'accès direct prévu à l'article 34 de la loi du 6 janvier 1978 susvisée s'exerce auprès du directeur de l'établissement pénitentiaire.

Seules les mentions particulières relatives à la gestion de la détention de certains détenus, définies à l'article 2 ci-dessus, sont soumises à l'application des dispositions de l'article 39 de la loi du 6 janvier 1978 susvisée.

Art. 6. – Toute mise en place des applications mentionnées à l'article 1er ci-dessus dans un établissement pénitentiaire fera l'objet d'une déclaration auprès de la Commission nationale de l'informatique et des libertés.

Cette déclaration précisera les mesures de sécurité et de confidentialité mises en œuvre ainsi que le dispositif technique retenu.

Arrêté du 28 octobre 1996

portant création d'un fichier national automatisé des personnes incarcérées

Art. 1er. – Est autorisée la mise en œuvre d'un fichier national automatisé d'informations nominatives des personnes incarcérées ayant pour objet la gestion des affectations pénitentiaires des détenus ainsi que la production de statistiques sur la population pénale.

Art. 2. – Le droit d'accès aux informations, prévu aux articles 34 et suivants de la loi du 6 janvier 1978 susvisée, s'exerce, en ce qui concerne les personnes incarcérées, soit auprès du directeur régional des services pénitentiaires, soit auprès du directeur de l'établissement concerné.

Le droit d'accès aux informations des personnes non détenues s'exerce auprès du procureur de la République près le tribunal de grande instance de leur lieu de résidence.

Art. 3. – Les informations enregistrées concernent :

– l'identité des personnes incarcérées : nom, prénoms, nom marital, alias, sexe, date de naissance, pays ou département de naissance, département de résidence, nationalité ;

– la situation familiale : célibataire, marié, veuf, concubin, divorcé, séparé, nombre d'enfants ;

– la situation professionnelle : qualification professionnelle, emploi occupé avant l'incarcération, niveau d'instruction, possession de la langue française ;

– l'incarcération : établissement d'incarcération actuel, numéro d'écrou, date d'écrou, catégorie pénale, juridiction à l'origine du titre de détention, numéro de dossier, établissements successifs, date et mode de sortie de l'établissement ;

– la capacité de l'établissement.

Art. 4. – Les personnes habilitées à recevoir communication des informations mentionnées à l'article 3 sont :

– le directeur de l'administration pénitentiaire, les directeurs régionaux des services pénitentiaires et le personnel habilité des services déconcentrés régionaux pénitentiaires, les chefs des établissements pénitentiaires, les magistrats et personnels habilités de la direction de l'administration pénitentiaire ;

– le directeur, les magistrats et fonctionnaires habilités de direction des affaires criminelles et des grâces ;

– le chef du service, les magistrats et les fonctionnaires habilités du service des affaires européennes et internationales ;

– les magistrats et greffiers habilités des cours et tribunaux.

Art. 5. – Les officiers de police judiciaire habilités de la police nationale et de la gendarmerie nationale sont autorisés à consulter, à des fins de police judiciaire, les informations mentionnées à l'article 3 relatives à l'identité des personnes incarcérées et à l'incarcération. Ces informations sont communiquées périodiquement sur support papier à la direction centrale de la police judiciaire au ministère de l'Intérieur.

Le directeur général du Fonds de garantie des victimes des actes du terrorisme et d'autres infractions et les agents habilités de cet organisme sont autorisés, dans le cadre de l'exercice de leur action récursoire, à consulter les informations mentionnées à l'article 3 relatives à l'identité des personnes incarcérées et à l'incarcération.

Art. 6. – L'arrêté du 7 juillet 1986 portant création d'un fichier national automatisé des personnes incarcérées, et suivants, l'arrêté du 19 octobre 1989 et l'arrêté du 9 mars 1995 pris pour l'extension du droit de consultation des informations contenues dans le fichier national des détenus sont abrogés.

....

Arrêté du 31 août 1998

modifiant l'arrêté du 3 février 1997
portant création d'un traitement automatisé d'informations
nominatives ayant pour objet la gestion des visites en établissement pénitentiaire de familles des détenus

....

Art. 3. – Les catégories d'informations nominatives enregistrées sont les suivantes :

– en ce qui concerne l'identité des détenus : nom, prénom, date de naissance ;

– en ce qui concerne l'identité des visiteurs : nom, prénom, parenté, date et lieu de naissance, numéro de carte d'identité ou de passeport, adresse et photographie numérisée ;

– en ce qui concerne la gestion des permis de visite :

– pour les détenus : numéro d'écrou, catégorie pénale, nom de l'autorité qui instruit le dossier, quartier d'affectation et numéro de cellule, numéro de permis ;

– pour les visiteurs : numéro du permis, type de permis, nombre de visites, nombre d'autorisations de visites, autorité qui délivre le permis, conditions de visite, jours autorisés, horaires, type de parloir (avec ou sans séparation).

La durée de conservation des informations relatives à l'identité des visiteurs est identique à la durée de validité du permis de visite dont ils sont titulaires. Si ce permis est permanent, ces informations sont automatiquement effacées à la libération du détenu.

Toutefois, l'inutilisation par son titulaire d'un permis de visite pendant une période de deux ans à compter de la date de sa délivrance ou la dernière visite entraîne l'effacement automatique des informations relatives à l'identité de ce titulaire.

Lorsque la durée de validité du permis est inférieure à deux années, les informations nominatives sont effacées du traitement dès la libération du détenu.

Les informations se rapportant aux visites sont automatiquement effacées dès qu'elles ont eu lieu ou dès que le créneau de temps qui leur était alloué est expiré.

Les photographies numérisées sont soumises aux règles de conservation identiques à celles relatives aux informations sur l'identité des visiteurs.

Arrêté du 22 avril 1999

relatif au traitement automatisé d'informations nominatives
de gestion centralisée de la population pénale mis en œuvre
par la direction de l'administration pénitentiaire au ministère de la justice

Art. 1er. – La direction de l'administration pénitentiaire du ministère de la justice est autorisée, dans le cadre de sa mission d'exécution des décisions pénales, de maintien de la sécurité publique et de réinsertion des détenus, à mettre en œuvre un fichier informatisé de gestion centralisée de la population pénale incarcérée ayant pour finalité :

– d'améliorer les conditions de prise en charge des détenus ;

– d'assurer une meilleure gestion des établissements pénitentiaires par la centralisation des informations permettant une affectation mieux adaptée des détenus au sein de ces établissements et facilitant les transferts entre établissements ;

– de centraliser les informations relatives à l'appartenance des détenus à des organisations criminelles.

Art. 2. – Les catégories d'informations nominatives saisies sont relatives :

– à l'état civil et à la nationalité du détenu, ses noms d'emprunt éventuels, sa situation matrimoniale ;

– à la situation pénale du détenu, notamment sa catégorie pénale (condamné ou prévenu), la nature de la procédure judiciaire (criminelle ou correctionnelle), la condamnation définitive la plus importante prononcée à son encontre ;

– à la situation du détenu au regard de l'individualisation de la peine (période de sûreté, libération conditionnelle....) ;

– à l'affectation du détenu au sein des établissements pénitentiaires, en particulier la date d'écrou initial, les mesures d'isolement, la mention des détenus particulièrement signalés ou celle des détenus posant un problème d'affectation, les complices, les réaffectations éventuelles et leurs motifs, les hospitalisations dans un établissement de santé ;

– aux événements affectant la vie du détenu, qualifiés d'incidents individuels et collectifs, notamment les agressions, grèves de la faim, suicides, tentatives de suicide, évasions et tentatives d'évasion ;

– à l'appartenance du détenu à un réseau de délinquance organisée.

Art. 3. – La direction de l'administration pénitentiaire est chargée de la modification et de la mise à jour des informations enregistrées dans le traitement automatisé.

La durée de conservation des informations saisies sur support magnétique est de cinq années après la fin de l'incarcération, à l'exception des seules mentions de l'identité et du numéro de dossier, qui sont conservées dix ans après la libération.

L'administration pénitentiaire rend compte chaque année à la Commission nationale de l'informatique et des libertés de ses activités de vérification, de mise à jour et d'apurement de son fichier, selon des modalités définies en accord avec la commission.

Art. 4. – Le garde des Sceaux, ministre de la Justice, est destinataire à sa demande d'informations relatives à la situation de certains détenus.

Seules les personnes de la direction de l'administration pénitentiaire désignées ci-après sont nominativement autorisées en fonction de leur degré d'habilitation à accéder et à traiter les informations contenues dans l'application de gestion centrale de la population pénale :

– le directeur de l'administration pénitentiaire et son adjoint ;

– le sous-directeur de l'organisation et du fonctionnement des services déconcentrés ;

– les magistrats, fonctionnaires et agents du bureau de la gestion de la détention.

Les agents du bureau de l'informatique de la direction de l'administration pénitentiaire sont autorisés à accéder à l'application pour en assurer la maintenance.

Les services concernés de la gendarmerie et de la police sont destinataires des informations facilitant la mise en place des escortes de détenus lors des transfèrements.

Art. 5. – Le droit d'accès aux informations figurant dans ce traitement s'exerce par l'intermédiaire de la Commission nationale de l'informatique et des libertés, conformément aux dispositions de l'article 39 de la loi du 6 janvier 1978 susvisée.

Art. 6. – En application du second alinéa de l'article 26 de la loi du 6 janvier 1978 susvisée, le droit d'opposition prévu au premier alinéa du même article n'est pas applicable au présent traitement automatisé.

Art. 7. – Il est interdit de connecter ce traitement automatisé d'informations nominatives avec aucun autre traitement.

....

V. Art. 717.

Décret n. 87-604 du 31 juillet 1987

relatif à l'habilitation des personnes auxquelles peuvent être confiées certaines fonctions dans les établissements pénitentiaires et complétant l'article R. 79 du Code de procédure pénale

(mod.) Décret n. 94-965 du 2 novembre 1994

TITRE PREMIER

Art. 1er. – L'habilitation des personnes auxquelles peuvent être confiées par contrat des fonctions autres que celles de direction, du greffe et de surveillance dans les établissements pénitentiaires est accordée par arrêté du garde des Sceaux, ministre de la Justice.

Art. 2. – Peuvent seules être habilitées :

1° Les personnes physiques possédant la nationalité française ou celle de l'un des États membres de la Communauté économique européenne ;

2° Les personnes morales de droit français dont les dirigeants, de droit ou de fait, possèdent la nationalité française ou celle de l'un des États membres de la Communauté économique européenne.

Art. 3. – L'habilitation est accordée pour une durée de cinq ans renouvelable en fonction des compétences techniques, des garanties financières et des références qu'offrent ces personnes appréciées au regard de la nature, de l'étendue et du coût des prestations faisant l'objet du contrat prévu à l'article 1er.

Art. 4. – L'habilitation ne peut être accordée aux personnes physiques qui ont fait l'objet d'une condamnation justifiant l'inscription au bulletin n. 2 du casier judiciaire pour des agissements contraires à l'honneur, à la probité ou aux bonnes mœurs, ou d'une mesure de révocation de la fonction publique, civile ou militaire, ou qui ont été frappées de l'interdiction prévue par l'article 131-27 du Code pénal.

L'habilitation ne peut être accordée aux personnes morales dont un ou plusieurs dirigeants de fait ou de droit se trouvent dans la même situation.

Art. 5. – L'habilitation ne peut être retirée par arrêté du garde des sceaux, ministre de la justice, en cas de modification substantielle de la situation des personnes au regard des dispositions des articles 2, 3 et 4 du présent titre.

TITRE II

Art. 6. – Les agents recrutés par les personnes mentionnées au titre Ier ou par leurs sous-traitants pour remplir les fonctions qui leur sont confiées par contrat bénéficient d'une habilitation individuelle préalable en vue de leur permettre d'accéder de manière régulière à un ou plusieurs établissements pénitentiaires.

Cette habilitation individuelle préalable est accordée par le directeur régional des services pénitentiaires territorialement compétent.

Dans les cas où la possibilité d'accès concerne des établissements pénitentiaires situés dans le ressort de services régionaux différents, l'habilitation est accordée par le garde des Sceaux, ministre de la Justice.

Art. 7. – Pour l'obtention de l'habilitation prévue à l'article 6, l'agent doit :

1° Posséder la nationalité française ou être ressortissant d'un État membre de la Communauté économique européenne ;

2° Ne pas avoir fait l'objet d'une mesure de révocation de la fonction publique, civile ou militaire ni d'une condamnation justifiant l'inscription au bulletin n. 2 du casier judiciaire, pour des agissements contraires à l'honneur, à la probité ou aux bonnes mœurs ;

3° Être titulaire des diplômes ou attester des qualifications correspondant à la nature des fonctions que l'intéressé est appelé à exercer ;

4° Avoir été jugé apte, après examen médical et psychologique renouvelé tous les cinq ans, pratiqué par un médecin et par un psychologue agréés par l'administration pénitentiaire, à exercer en milieu pénitentiaire les fonctions qui doivent lui être confiées ;

5° Avoir donné son accord écrit au projet de contrat de travail proposé par son employeur et comprenant l'énumération des obligations et sujétions qui lui seraient imposées pour l'exercice de ses fonctions en milieu pénitentiaire.

Art. 8. – L'habilitation mentionnée à l'article 6 est, dans tous les cas, accordée pour une durée de cinq ans renouvelable. Elle est retirée par l'autorité qui l'a accordée lorsque l'une des conditions prévues à l'article 7 cesse d'être remplie.

Cette habilitation peut être suspendue par le chef d'établissement en cas de manquements aux dispositions du Code de procédure pénale ou de celles du règlement intérieur.

Le directeur régional des services pénitentiaires territorialement compétent ou, dans les cas prévus à l'alinéa 3 de l'article 6, le garde des Sceaux, ministre de la Justice, décide, dans le mois suivant la suspension, le maintien ou le retrait de l'habilitation, après avoir recueilli les observations de la personne habilitée.

En cas de suspension ou de retrait de l'habilitation accordée à l'un de ses agents ou en cas de vacance de son service, la personne mentionnée au titre Ier pourvoit à son remplacement dans les conditions prévues au présent titre, de façon à assurer la continuité du service public pénitentiaire.

Art. 9. – L'article R. 79 du Code de procédure pénale est complété par un 22° ainsi rédigé : « À l'administration pénitentiaire au titre des autorisations, agréments ou habilitations qu'elle est susceptible de délivrer aux personnes appelées à intervenir dans les établissements pénitentiaires ou pour le recrutement de ses personnels ».

Art. 10. – Le garde des Sceaux, ministre de la Justice, est chargé de l'exécution du présent décret, qui sera publié au *Journal officiel* de la République française.

Arrêté du 4 septembre 1998

déterminant les missions et compétences du service de l'emploi pénitentiaire

Art. 1er. – Le service de l'emploi pénitentiaire, précédemment dénommé service national pour le travail en milieu pénitentiaire, est un service à compétence nationale placé sous l'autorité du directeur de l'administration pénitentiaire.

Art. 2. – Le service de l'emploi pénitentiaire est chargé :

1. D'organiser la production de biens et de services par des détenus et d'en assurer la commercialisation ;
2. D'assurer, dans le cadre des orientations générales définies en matière de réinsertion et de travail pénitentiaire et de manière complémentaire au travail en concession et au service général, la gestion ou l'aide au développement d'activités de travail et de formation dans les établissements pénitentiaires, particulièrement dans les établissements pour peines ;
3. De gérer la régie industrielle des établissements pénitentiaires.

Art. 3. – Le directeur de l'administration pénitentiaire est chargé de l'exécution du présent arrêté, qui sera publié au *Journal officiel* de la République française.

V. Art. 723-8.

Arrêté du 1er juillet 2002

portant homologation du procédé de surveillance électronique
pris pour l'application du décret n. 2002-479 du 3 avril 2002
portant modification du Code de procédure pénale
(deuxième partie : Décrets en Conseil d'État)
et relatif au placement sous surveillance électronique

Art. 1er. – Le procédé de surveillance électronique décrit à l'article R. 57-11 du Code de procédure pénale comporte un bracelet-émetteur et un récepteur placé au lieu d'assignation, relié téléphoniquement à un centre de surveillance.

Art. 2. – Le bracelet-émetteur est porté par la personne placée sous surveillance électronique, de façon permanente pendant toute la durée de la mesure de placement, au niveau de la cheville ou du poignet. Il a pour fonction d'émettre automatiquement des signaux radio permettant d'attester de la présence, dans le lieu désigné, de la personne qui fait l'objet de la mesure. Il est étanche et anallergique.

Art. 3. – Le récepteur est placé au lieu désigné par le magistrat. Il comporte une batterie de secours garantissant une autonomie de fonctionnement d'au moins douze heures, en cas de défaillance du secteur électrique ou de débranchement intempestif. La portée du récepteur est réglée en fonction de la configuration des lieux de l'assignation. Il capte les signaux émis par le bracelet électronique porté par la personne placée sous surveillance électronique, les décode et les transmet au centre de surveillance.

Art. 4. – Le centre de surveillance reçoit les messages en provenance des récepteurs situés dans une zone géographique déterminée. L'agent affecté dans ce centre identifie les types d'alarme et les personnes assignées qui en sont à l'origine. Il détermine si l'absence est licite ou non, en fonction des plages horaires d'assignation qui ont été préalablement fixées par le juge.

Art. 5. – Afin de vérifier le bon fonctionnement du système, il peut être procédé, via le réseau téléphonique, à des opérations de contrôle automatique des récepteurs. Il est également possible de recourir à l'utilisation d'une unité de contrôle mobile, qui permet de capter et décoder les signaux émis par le bracelet-émetteur, à proximité du lieu d'assignation.

Art. 6. – Le directeur de l'administration pénitentiaire est chargé de l'exécution du présent arrêté, qui sera publié au *Journal officiel* de la République française.

V. Art. 747-1.

Décret n. 84-65 du 25 janvier 1984

portant application de la législation sur les accidents du travail
aux personnes condamnées à un travail d'intérêt général

Abrogé et codifié, D. n. 85-1354, 17 déc. 1985. – V. Code de la sécurité sociale, art. D. 412-72 et s.

V. Art. 768.

Arrêté du 17 février 1966

portant transfert du siège du casier judiciaire central

Art. 1er. – À compter du 1er mars 1966, le siège du casier judiciaire central est fixé à Nantes (Loire-Atlantique).

V. Art. 768.

Loi n. 70-539 du 24 juin 1970

concernant la centralisation de la documentation relative à la circulation routière

Abrogée, L. n. 80-2, 4 janv. 1980, art. 12. Puis abrogée et codifiée à l'article L. 30 de l'ancien Code de la route, L. n. 90-1131, 19 déc. 1990, art. 2. – V. désormais nouveau Code de la route, art. L. 225-1 et L. 330-1.

V. Art. 768.

Loi n. 80-2 du 4 janvier 1980

relative à l'automatisation du casier judiciaire

Art. 1er à 9. – (*V. C. proc. pén., art. 768, 771, 773, 773-1, 777-2, 777-3, 779 et 781*).

....

Art. 10. – Des décrets fixeront les dates auxquelles le casier judiciaire national automatisé entrera progressivement en fonctionnement, d'une part, par ressort de tribunal de grande instance, d'autre part, pour les personnes relevant du casier judiciaire central. Jusqu'à ces dates, les dispositions actuelles des articles 768, 771 et 773 du Code de procédure pénale resteront en vigueur dans la mesure où la présente loi ne sera pas entrée en application.

Art. 11. – Les modalités d'application de la présente loi seront déterminées après avis de la commission nationale de l'informatique et des libertés.

Art. 12. – Les dispositions de la loi n. 70-539 du 24 juin 1970 relatives au fichier des conducteurs sont abrogées.

V. Art. 800.

Loi n. 91-647 du 10 juillet 1991

relative à l'aide juridique

(Mod., L. n. 93-1013, 24 août 1993, art. 47 ; Mod., L. n. 98-1163, 18 déc. 1998)

Art. 1er. – L'accès à la justice et au droit est assuré dans les conditions prévues par la présente loi.

L'aide juridique comprend l'aide juridictionnelle, l'aide à l'accès au droit et l'aide à l'intervention de l'avocat au cours de la garde à vue et en matière de médiation pénale *(L. n. 99-515, 23 juin 1999, art. 5)* et de la composition pénale.

PREMIERE PARTIE. – L'AIDE JURIDICTIONNELLE

TITRE PREMIER. – L'ACCÈS À L'AIDE JURIDICTIONNELLE

Art. 2. – Les personnes physiques dont les ressources sont insuffisantes pour faire valoir leurs droits en justice peuvent bénéficier d'une aide juridictionnelle. Cette aide est totale ou partielle.

Son bénéfice peut être exceptionnellement accordé aux personnes morales à but non lucratif ayant leur siège en France et ne disposant pas de ressources suffisantes.

Art. 3. – Sont admises au bénéfice de l'aide juridictionnelle les personnes physiques de nationalité française et les ressortissants des États membres de la Communauté européenne.

Les personnes de nationalité étrangère résidant habituellement et régulièrement en France sont également admises au bénéfice de l'aide juridictionnelle.

Toutefois, l'aide juridictionnelle peut être accordée à titre exceptionnel aux personnes ne remplissant pas les conditions fixées à l'alinéa précédent, lorsque leur situation apparaît particulièrement digne d'intérêt au regard de l'objet du litige ou des charges prévisibles du procès.

L'aide juridictionnelle est accordée sans condition de résidence aux étrangers lorsqu'ils sont mineurs, témoins assistés, inculpés, prévenus, accusés, condamnés ou parties civiles, ainsi qu'aux personnes faisant l'objet de l'une des procédures prévues aux articles 18 *bis,* 22 *bis,* 24 et 35 *bis* de l'ordonnance n. 45-2658 du 2 novembre 1945 relative aux conditions d'entrée et de séjour des étrangers en France.

Devant la commission des recours des réfugiés, elle est accordée aux étrangers qui résident habituellement et sont entrés régulièrement en France ou qui détiennent un titre de séjour d'une durée de validité au moins égale à un an.

Art. 4. – *(L. n. 2000-1352, 30 déc. 2000, art. 128)* Le demandeur à l'aide juridictionnelle doit justifier, pour l'année 2001, que ses ressources mensuelles sont inférieures à 5 175 F (788,92 €) pour l'aide juridictionnelle totale et à 7 764 F (1 183,61 €) pour l'aide juridictionnelle partielle.

(L. n. 2000-1352, 30 déc. 2000, art. 128) Ces plafonds sont affectés de correctifs pour charges de famille.

(L. n. 2000-1352, 30 déc. 2000, art. 128) Ils sont revalorisés au 1er janvier de chaque année, comme la tranche la plus basse du barème de l'impôt sur le revenu.

Les personnes bénéficiaires de l'allocation supplémentaire du Fonds national de solidarité ou du revenu minimum d'insertion sont dispensées de justifier de l'insuffisance de leurs ressources.

Pour les Français établis hors de France, les plafonds prévus par le premier alinéa sont établis par décret en Conseil d'État après avis de la commission permanente pour la protection sociale des Français de l'étranger.

Art. 5. – Pour l'application de l'article 4, sont prises en considération les ressources de toute nature dont le demandeur a directement ou indirectement la jouissance ou la libre disposition. Il est tenu compte des éléments extérieurs du train de vie. Sont exclues de l'appréciation des ressources les prestations familiales ainsi que certaines prestations sociales à objet spécialisé selon des modalités prévues par décret en Conseil d'État.

Il est tenu compte de l'existence de biens, meubles ou immeubles, même non productifs de revenus à l'exclusion de ceux qui ne pourraient être vendus ou donnés en gage sans entraîner un trouble grave pour l'intéressé.

Il est encore tenu compte, dans l'appréciation des ressources, de celles du conjoint du demandeur à l'aide juridictionnelle, ainsi que de celles des personnes vivant habituellement à son foyer, sauf si la procédure oppose entre eux les conjoints ou les personnes vivant habituellement au même foyer, ou s'il existe entre eux, eu égard à l'objet du litige, une divergence d'intérêt rendant nécessaire une appréciation distincte des ressources.

Art. 6. – L'aide juridictionnelle peut, à titre exceptionnel, être accordée aux personnes ne remplissant pas les conditions fixées à l'article 4 lorsque leur situation apparaît particulièrement digne d'intérêt au regard de l'objet du litige ou des charges prévisibles du procès.

Art. 7. – L'aide juridictionnelle est accordée à la personne dont l'action n'apparaît pas, manifestement, irrecevable ou dénuée de fondement.

Cette condition n'est pas applicable au défendeur à l'action, à la personne civilement responsable, au témoin assisté, à l'inculpé, au prévenu, à l'accusé, au condamné.

En outre, en matière de cassation, l'aide juridictionnelle est refusée au demandeur si aucun moyen de cassation sérieux ne peut être relevé.

Lorsqu'en vertu des alinéas qui précèdent, l'aide juridictionnelle n'a pas été accordée et que cependant le juge a fait droit à l'action intentée par le demandeur, il est accordé à ce dernier le remboursement des frais, dépens et honoraires par lui exposés ou versés, à concurrence de l'aide juridictionnelle dont il aurait bénéficié compte tenu de ses ressources.

Art. 8. – Toute personne admise à l'aide juridictionnelle en conserve de plein droit le bénéfice pour se défendre en cas d'exercice d'une voie de recours.

Art. 9. – Si la juridiction saisie d'un litige pour lequel le bénéfice de l'aide juridictionnelle a été accordé est incompétente, ce bénéfice subsiste devant la nouvelle juridiction appelée à connaître du litige, sans qu'il soit besoin d'une nouvelle admission.

Art. 9-1 *(Créé, L. n. 93-22, 8 janv. 1993, art. 54).* – Dans toute procédure le concernant, le mineur entendu dans les conditions mentionnées à l'article 388-1 du Code civil, s'il choisit d'être entendu avec un avocat ou si le juge procède à la désignation d'un avocat, bénéficie de droit de l'aide juridictionnelle.

TITRE II. – LE DOMAINE DE L'AIDE JURIDICTIONNELLE

Art. 10. – L'aide juridictionnelle est accordée en matière gracieuse ou contentieuse, en demande ou en défense devant toute juridiction.

Elle peut être accordée pour tout ou partie de l'instance ainsi qu'en vue de parvenir à une transaction avant l'introduction de l'instance.

Elle peut également être accordée à l'occasion de l'exécution d'une décision de justice ou de tout autre titre exécutoire.

Art. 11. – L'aide juridictionnelle s'applique de plein droit aux procédures, actes ou mesures d'exécution des décisions de justice obtenues avec son bénéfice, à moins que l'exécution ne soit suspendue plus d'une année pour une cause autre que l'exercice d'une voie de recours ou d'une décision de sursis à exécution.

Ces procédures, actes ou mesures s'entendent de ceux qui sont la conséquence de la décision de justice, ou qui ont été déterminés par le bureau ayant prononcé l'admission.

TITRE III. – LES BUREAUX D'AIDE JURIDICTIONNELLE

Art. 12. – L'admission à l'aide juridictionnelle est prononcée par un bureau d'aide juridictionnelle.

Art. 13. – Il est institué un bureau d'aide juridictionnelle chargé de se prononcer sur les demandes d'admission à l'aide juridictionnelle relatives aux instances portées devant les juridictions du premier et du second degré, à l'exécution de leurs décisions et aux transactions avant l'introduction de l'instance.

Ce bureau est établi au siège de chaque tribunal de grande instance.

S'il y a lieu, le bureau comporte, outre la section statuant sur les demandes portées devant les juridictions de première instance de l'ordre judiciaire ou la cour d'assises :

– une section chargée d'examiner les demandes relatives aux affaires portées devant le tribunal administratif et les autres juridictions administratives statuant en premier ressort ;

– une section chargée d'examiner les demandes relatives aux affaires portées devant la cour d'appel ;

– une section chargée d'examiner les demandes relatives aux affaires portées devant la cour administrative d'appel et les autres juridictions administratives statuant à charge de recours devant le Conseil d'État.

Le demandeur peut adresser sa demande au bureau du lieu de son domicile. *(Phrase aj., L. n. 98-657, 29 juill. 1998, art. 82)* S'il n'a pas de domicile, le demandeur peut adresser sa demande au bureau d'aide juridictionnelle établi au siège de la juridiction dans le ressort de laquelle se trouve l'organisme d'accueil choisi par lui. Pour les besoins de la procédure d'aide juridictionnelle, le demandeur est réputé domicilié audit organisme d'accueil.

Art. 14. – Des bureaux d'aide juridictionnelle sont institués, en outre, auprès des juridictions suivantes :

Cour de cassation ;

Conseil d'État ;

Commissions des recours des réfugiés.

Ces bureaux se prononcent sur les demandes relatives aux affaires portées devant chacune de ces juridictions, ainsi que, s'il y a lieu, aux actes et procédures d'exécution.

Le bureau près le Conseil d'État est également compétent pour les demandes relevant du tribunal des conflits et de la Cour supérieure d'arbitrage.

Art. 15. – Lorsque deux sections ou bureaux d'aide juridictionnelle compétents, l'un pour statuer sur les demandes portées devant les juridictions de l'ordre judiciaire, l'autre sur les demandes portées devant les juridictions de l'ordre administratif, se sont déclarés successivement incompétents pour connaître d'une demande d'aide juridictionnelle, il est statué sur cette demande par le bureau établi près le Conseil d'État, complété par le président du bureau établi près la Cour de cassation.

Art. 16. – Chaque bureau ou section de bureau d'aide juridictionnelle prévus à l'article 13 est présidé, selon le cas, par un magistrat du siège du tribunal de grande instance ou de la cour d'appel ou un membre du tribunal administratif ou de la cour administrative d'appel. Ils peuvent également être présidés par un magistrat ou un membre honoraire de ces juridictions. En cas d'empêchement ou d'absence du président, il préside le bureau ou la section.

Le bureau établi près la Cour de cassation est présidé par un magistrat du siège de cette cour en activité ou honoraire. Il comporte en plus deux membres choisis par la Cour de cassation.

Le bureau établi près le Conseil d'État est présidé par un membre du Conseil d'État en activité ou honoraire. Il comporte en plus deux membres choisis par le Conseil d'État ou, lorsque la demande concerne le tribunal des conflits, un membre choisi par le Conseil d'État et un membre choisi par la Cour de cassation.

Le bureau établi près la commission des recours des réfugiés est présidé par un des présidents de section mentionnés au dernier alinéa de l'article 5 de la loi n. 52-893 du 25 juillet 1952 portant création d'un office français de protection des réfugiés et apatrides.

Le bureau ou chaque section de bureau comprend, en outre, deux fonctionnaires ainsi que deux auxiliaires de justice dont au moins un avocat ou un avocat au Conseil d'État et à la Cour de cassation, choisis parmi les avocats, avocats honoraires, les huissiers de justice, huissiers de justice honoraires, les avoués, avoués honoraires et les avocats au Conseil d'État et à la Cour de cassation, avocats au Conseil d'État et à la Cour de cassation honoraires et une personne désignée au titre des usagers par le conseil départemental de l'aide juridique et qui ne soit ni agent public, ni membre d'une profession juridique et judiciaire.

Les auxiliaires de justice sont désignés par leurs organismes professionnels.

Art. 17. – Les membres des bureaux d'aide juridictionnelle et le personnel de leurs services sont soumis au secret professionnel défini par l'article 378 [C. pén., art. 226-13 et 226-14] du Code pénal.

TITRE IV. – LA PROCÉDURE D'ADMISSION
À L'AIDE JURIDICTIONNELLE

Art. 18. – L'aide juridictionnelle peut être demandée avant ou pendant l'instance.

Art. 19. – L'avocat commis ou désigné d'office dans les cas prévus par la loi peut saisir le bureau d'aide juridictionnelle compétent aux lieu et place de la personne qu'il assiste ou qu'il a assistée.

Art. 20. – Dans les cas d'urgence, sous réserve de l'application des règles relatives aux commissions ou désignations d'office, l'admission provisoire à l'aide juridictionnelle peut être prononcée soit par le président du bureau ou de la section compétente du bureau d'aide juridictionnelle, soit par la juridiction compétente ou son président.

L'admission provisoire à l'aide juridictionnelle peut également être accordée lorsque la procédure met en péril les conditions essentielles de vie de l'intéressé, notamment en cas d'exécution forcée emportant saisie de biens ou expulsion.

Art. 21. – Le bureau d'aide juridictionnelle peut recueillir tous renseignements sur la situation financière de l'intéressé.

Les services de l'État et des collectivités publiques, les organismes de sécurité sociale et les organismes qui assurent la gestion des prestations sociales sont tenus de communiquer au bureau, sur sa demande, sans pouvoir opposer le secret professionnel, tous renseignements permettant de vérifier que l'intéressé satisfait aux conditions exigées pour bénéficier de l'aide juridictionnelle.

En matière pénale, le bureau d'aide juridictionnelle peut, en outre, demander au procureur de la République ou au procureur général, selon les cas, communication des pièces du dossier pénal pouvant permettre d'apprécier les ressources de l'intéressé.

Art. 22. – Le président du bureau ou de la section compétente ou, en cas d'absence ou d'empêchement du président, le vice-président peut statuer seul sur les demandes ne présentant manifestement pas de difficulté sérieuse.

Le président ou, le cas échéant, le vice-président peut, en outre, procéder aux mesures d'investigation nécessaires et rejeter la demande si le demandeur, sans motif légitime, ne communique pas dans le délai imparti les documents ou les renseignements demandés.

Art. 23. – Les décisions du bureau d'aide juridictionnelle, de la section du bureau ou de leur président peuvent être déférées, selon le cas, au président du tribunal de grande instance, au premier président de la cour d'appel ou de la Cour de cassation, au président du tribunal administratif ou de la cour administrative d'appel, au président de la section du contentieux du Conseil d'État, au vice-président du tribunal des conflits, au président de la commission des recours des réfugiés, ou à leur délégué.

Ces autorités statuent sans recours.

Les recours peuvent être exercés par l'intéressé lui-même lorsque le bénéfice de l'aide juridictionnelle lui a été refusé pour un motif prévu à l'article 7 ou lorsque ce bénéfice lui a été retiré.

Dans tous les cas, ces recours peuvent être exercés par les autorités suivantes :

– le garde des sceaux, ministre de la justice, pour ceux qui sont intentés contre les décisions du bureau institué près le Conseil d'État ;

– le ministère public pour ceux qui sont intentés contre les décisions des autres bureaux ;

– le président de l'ordre des avocats au Conseil d'État et à la Cour de cassation pour ceux qui sont intentés contre les décisions des bureaux institués près ces juridictions et le bâtonnier pour ceux qui sont intentés contre les décisions des autres bureaux.

L'intéressé peut demander une nouvelle délibération du bureau, de la section du bureau ou de leur président lorsque le bénéfice de l'aide juridictionnelle lui a été refusé en application des articles 4, 5 et 6.

TITRE V. – LES EFFETS DE L'AIDE JURIDICTIONNELLE

Art. 24. – Les dépenses qui incomberaient au bénéficiaire de l'aide juridictionnelle s'il n'avait pas cette aide sont à la charge de l'État.

Toutefois, l'aide juridictionnelle partielle laisse à son bénéficiaire la charge d'un honoraire fixé par convention avec l'avocat conformément à l'article 35 ou d'un émolument au profit des officiers publics et ministériels qui prêtent leur concours.

CHAPITRE I. – LE CONCOURS DES AUXILIAIRES DE JUSTICE

Art. 25. – Le bénéficiaire de l'aide juridictionnelle a droit à l'assistance d'un avocat et à celle de tous officiers publics ou ministériels dont la procédure requiert le concours.

Les avocats et les officiers publics ou ministériels sont choisis par le bénéficiaire de l'aide juridictionnelle. Ils peuvent l'être également par l'auxiliaire de justice premier choisi ou désigné.

À défaut de choix ou en cas de refus de l'auxiliaire de justice choisi, un avocat ou un officier public ou ministériel est désigné, sans préjudice de l'application des règles relatives aux commissions ou désignations d'office, par le bâtonnier ou par le président de l'organisme professionnel dont il dépend.

L'auxiliaire de justice qui prêtait son concours au bénéficiaire de l'aide juridictionnelle avant que celle-ci ait été accordée doit continuer de le lui prêter. Il ne pourra en être déchargé qu'exceptionnellement et dans les conditions fixées par le bâtonnier ou par le président de l'organisme dont il dépend.

Art. 26. – En cas d'appel, le bénéficiaire de l'aide juridictionnelle est assisté ou représenté par l'avocat qui lui avait prêté son concours en première instance au titre de cette aide, sauf choix contraire de la partie ou refus de l'avocat.

Art. 27. – L'avocat qui prête son concours au bénéficiaire de l'aide juridictionnelle perçoit une rétribution.

L'État affecte annuellement à chaque barreau une dotation représentant sa part contributive aux missions d'aide juridictionnelle accomplies par les avocats du barreau.

Le montant de cette dotation résulte, d'une part, du nombre de missions d'aide juridictionnelle accomplies par les avocats du barreau et, d'autre part, du produit d'un coefficient par type de procédure et d'une unité de valeur de référence.

Pour les aides juridictionnelles totales, l'unité de valeur de référence est majorée en fonction du volume des missions effectuées au titre de l'aide juridictionnelle au cours de l'année précédente au regard du nombre d'avocats inscrits au barreau.

La loi de finances détermine annuellement l'unité de valeur mentionnée au troisième alinéa du présent article.

Art. 28. – La dotation due au titre de chaque année donne lieu au versement d'une provision initiale versée en début d'année et ajustée en fonction de l'évolution du nombre des admissions à l'aide juridictionnelle. Elle est liquidée en fin d'année sur la base du nombre des missions achevées.

Art. 29. – La dotation est versée sur un compte spécial de la caisse des règlements pécuniaires prévue au 9° de l'article 53 de la loi n. 71-1130 du 31 décembre 1971 portant réforme de certaines professions judiciaires et juridiques. Elle est intégralement affectée au paiement des avocats effectuant des missions d'aide juridictionnelle.

Les modalités et le montant de ce paiement et, le cas échéant, le versement de provisions sont déterminés dans chaque barreau par le règlement intérieur.

Toutefois, pour l'aide juridictionnelle partielle, la part contributive de l'État revenant à l'avocat est calculée selon les modalités qui servent à déterminer la dotation du barreau.

Le règlement intérieur peut prévoir que les avocats prêtent, à temps partiel, leur concours à l'aide juridictionnelle selon des modalités fixées par convention avec l'ordre.

En ce qui concerne les règles de gestion financière et comptable des fonds, le règlement intérieur doit être conforme à un règlement type établi par décret en Conseil d'État.

Les dispositions du règlement intérieur relatives à l'aide juridictionnelle sont communiquées pour information au conseil départemental de l'accès au droit prévu à l'article 54.

Art. 30. – La caisse des règlements pécuniaires désigne un commissaire aux comptes et un suppléant choisis sur la liste mentionnée à l'article 219 de la loi n. 66-537 du 24 juillet 1966 sur les sociétés commerciales pour une durée de six exercices. Les dispositions concernant les fonctions de commissaire aux comptes suppléant prévues à l'article 223 de cette loi sont applicables.

Ne peuvent être choisis comme commissaires aux comptes :

1° Les conjoints, ascendants ou descendants et collatéraux au quatrième degré inclusivement du président et des administrateurs de la caisse, du bâtonnier et des membres du conseil de l'ordre ;

2° Les personnes qui, directement ou indirectement ou par personne interposée, reçoivent de la caisse ou de son président une rémunération quelconque à raison d'une autre activité que celle de commissaire aux comptes ;

3° Les sociétés de commissaires aux comptes dont l'un des associés, actionnaires ou dirigeants, se trouve dans l'une des situations prévues aux alinéas précédents ;

4° Les conjoints des personnes qui, en raison d'une activité autre que celle de commissaire aux comptes, reçoivent de la caisse ou de son président une rémunération en raison de l'exercice d'une activité permanente ;

5° Les sociétés de commissaires aux comptes dont soit l'un des dirigeants, soit l'associé ou actionnaire exerçant les fonctions de commissaire aux comptes au nom de la société, a son conjoint qui se trouve dans l'une des situations prévues au 4° ;

6° Les avocats anciens conseils juridiques qui sont autorisés par le XI de l'article 50 de la loi n. 71-1130 du 31 décembre 1971 précitée à poursuivre les activités de commissaire aux comptes.

Le commissaire aux comptes vérifie que la dotation de l'État a été versée sur un compte spécial établi chaque année à cet effet dans des conditions fixées par décret en Conseil d'État et qu'elle a été utilisée conformément à la présente loi.

Les dispositions des articles 229, 233, 234, 235, 456 et 457 de la loi n. 66-537 du 24 juillet 1966 précitée sont applicables.

Les dispositions de l'article 455 de ladite loi sont applicables au président de la caisse et celles de l'article 458 de la même loi au président de la caisse et à toute personne au service de celle-ci.

Art. 31. – L'avocat au Conseil d'État et à la Cour de cassation, l'avoué près la cour d'appel, le notaire, l'huissier de justice, le greffier titulaire de charge, le commissaire-priseur qui prêtent leur concours au bénéficiaire de l'aide juridictionnelle perçoivent une rétribution de l'État fixée selon les barèmes établis par décret en Conseil d'État.

Art. 32. – La contribution due au titre de l'aide juridictionnelle totale à l'auxiliaire de justice est exclusive de toute autre rémunération, sous réserve des dispositions de l'article 36. Toute stipulation contraire est réputée non écrite.

Art. 33. – Les honoraires ou émoluments, ainsi que les provisions versées à ce titre avant l'admission à l'aide juridictionnelle totale par son bénéficiaire viennent en déduction de la contribution de l'État.

Lorsqu'une rémunération a déjà été versée à un auxiliaire de justice avant une demande d'aide juridictionnelle, aucune contribution n'est due par l'État au titre de l'aide juridictionnelle totale si les sommes déjà reçues à titre d'émoluments ou d'honoraires sont au moins égales à celles qu'il aurait perçues à ce titre.

Lorsque la rémunération déjà versée par le bénéficiaire de l'aide juridictionnelle totale est inférieure à la contribution de l'État prévue à ce titre, l'auxiliaire de justice ne peut prétendre à un complément qui aurait pour effet de dépasser le montant de cette contribution.

Dans le cas prévu à l'article 9, il sera tenu compte de l'ensemble des diligences effectivement exercées par l'avocat.

Art. 34. – En cas d'aide juridictionnelle partielle, la part contributive de l'État au profit du bénéficiaire est, dans des conditions déterminées par un barème fixé par décret en Conseil d'État, inversement proportionnelle aux ressources du bénéficiaire.

Art. 35. – En cas d'aide juridictionnelle partielle, l'avocat a droit, de la part du bénéficiaire, à un honoraire complémentaire librement négocié.

Une convention écrite préalable fixe, en tenant compte de la complexité du dossier, des diligences et des frais imposés par la nature de l'affaire, le montant et les modalités de paiement de ce complément d'honoraires, dans des conditions compatibles avec les ressources et le patrimoine du bénéficiaire.

La convention rappelle le montant de la part contributive de l'État. Elle indique les voies de recours ouvertes en cas de contestation. À peine de nullité, elle est communiquée dans les quinze jours de sa signature au bâtonnier qui contrôle sa régularité ainsi que le montant du complément d'honoraires.

Lorsque le barreau dont relève l'avocat établit une méthode d'évaluation des honoraires tenant compte des critères fixés ci-dessus, le montant du complément est calculé sur la base de cette méthode d'évaluation.

Les dispositions qui précèdent sont applicables à l'avocat au Conseil d'État et à la Cour de cassation ; les pouvoirs qu'elles confèrent au barreau sont exercés par l'ordre, et ceux qu'elles confèrent au bâtonnier par le président de l'ordre.

Dans le même cas, les autres officiers publics ou ministériels ont droit, de la part du bénéficiaire, à un émolument complémentaire calculé sur la base de leurs tarifs dans des limites fixées par décret en Conseil d'État.

Art. 36. – Lorsque la décision passée en force de chose jugée rendue au profit du bénéficiaire de l'aide juridictionnelle a procuré à celui-ci des ressources telles que, si elles avaient existé au jour de la demande d'aide juridictionnelle, celle-ci ne lui aurait pas été accordée, l'avocat désigné peut demander des honoraires à son client après que le bureau d'aide juridictionnelle a prononcé le retrait de l'aide juridictionnelle.

Art. 37. – Les auxiliaires de justice rémunérés selon un tarif peuvent renoncer à percevoir la somme correspondant à la part contributive de l'État et poursuivre contre la partie condamnée aux dépens et non bénéficiaire de l'aide juridictionnelle le recouvrement des émoluments auxquels ils peuvent prétendre.

L'avocat du bénéficiaire de l'aide juridictionnelle peut demander au juge de condamner, dans les conditions prévues à l'article 75, la partie tenue aux dépens ou qui perd son procès et non bénéficiaire de l'aide juridictionnelle, à une somme au titre des frais que le bénéficiaire de l'aide aurait exposés s'il n'avait pas eu cette aide. Il peut, en cas de condamnation, renoncer à percevoir la somme correspondant à la part contributive de l'État et poursuivre le recouvrement à son profit de la somme allouée par le juge.

L'avocat du bénéficiaire de l'aide qui ne demande pas le versement de la part contributive de l'État dans les six mois à compter du jour où la décision est passée en force de chose jugée est réputé avoir renoncé à la perception de cette contribution.

Art. 38. – La contribution versée par l'État est réduite, selon des modalités fixées par décret en Conseil d'État, lorsqu'un avocat, un avoué ou un avocat au Conseil d'État et à la Cour de cassation est chargé d'une série d'affaires présentant à juger des questions semblables.

Art. 39. – Pour toute affaire terminée par une transaction conclue avec le concours de l'avocat, avant ou pendant l'instance, il est alloué à l'auxiliaire de justice, une rétribution égale à celle due par l'État au titre de l'aide juridictionnelle lorsque l'instance s'éteint par l'effet d'un jugement.

Dans le cas où le bénéficiaire de l'aide juridictionnelle renonce à poursuivre l'instance engagée, il est tenu compte de l'état d'avancement de la procédure.

Lorsque l'aide a été accordée en vue de parvenir à une transaction avant l'introduction de l'instance et qu'une transaction n'a pu être conclue, le versement de la rétribution due à l'avocat, dont le montant est fixé par décret en Conseil d'État, est subordonné à la justification, avant l'expiration du délai de six mois qui suit la décision d'admission, de l'importance et du sérieux des diligences accomplies par ce professionnel.

Lorsqu'une instance est engagée après l'échec de pourparlers transactionnels, la rétribution versée à l'avocat à raison des diligences accomplies durant ces pourparlers s'impute, dans des conditions fixées par décret en Conseil d'État, sur celle qui lui est due pour l'instance.

CHAPITRE II. – LES FRAIS COUVERTS PAR L'AIDE JURIDICTIONNELLE

Art. 40. – L'aide juridictionnelle concerne tous les frais afférents aux instances, procédures ou actes pour lesquels elle a été accordée.

Le bénéficiaire de l'aide est dispensé du paiement, de l'avance ou de la consignation de ces frais.

Les frais occasionnés par les mesures d'instruction sont avancés par l'État.

Art. 41. – Les dépositaires publics délivrent gratuitement au bénéficiaire de l'aide juridictionnelle les actes et expéditions nécessaires à la procédure ou à la mesure d'exécution.

Les droits et taxes dus par le bénéficiaire de l'aide juridictionnelle sont recouvrés par l'État après le jugement dans les conditions prévues aux articles 42 et suivants.

Art. 42. – Lorsque le bénéficiaire de l'aide juridictionnelle est condamné aux dépens ou perd son procès, il supporte exclusivement la charge des dépens effectivement exposés par son adversaire, sans préjudice de l'application éventuelle des dispositions de l'article 75.

Le juge peut toutefois, même d'office, laisser une partie des dépens à la charge de l'État.

Dans le même cas, le juge peut mettre à la charge du bénéficiaire de l'aide juridictionnelle partielle, demandeur au procès, le remboursement d'une fraction des sommes exposées par l'État autres que la part contributive de l'État à la mission d'aide juridictionnelle des avocats et des officiers publics et ministériels.

Art. 43. – Lorsque la partie condamnée aux dépens ou la partie perdante ne bénéficie pas de l'aide juridictionnelle, elle est tenue de rembourser au Trésor public les sommes exposées par l'État. Toutefois, pour des considérations tirées de l'équité ou de la situation économique de cette partie, le juge peut la dispenser totalement ou partiellement de ce remboursement.

Le bénéficiaire de l'aide juridictionnelle peut demander au juge de condamner dans les conditions prévues à l'article 75, la partie mentionnée à l'alinéa précédent au paiement d'une somme au titre des frais qu'il a exposés.

Art. 44. – Le recouvrement des sommes dues à l'État a lieu comme en matière d'amendes ou de condamnations pécuniaires, sous réserve de dispositions particulières définies par décret.

L'action en recouvrement de toutes les sommes dues au titre de la présente loi se prescrit par cinq ans à compter de la décision de justice ou de l'acte mettant fin à la mission d'aide juridictionnelle.

Art. 45. – *Abrogé.*

Art. 46. – *Abrogé.*

Art. 47. – Les dispositions du présent chapitre ne sont pas applicables en matière pénale lorsque le bénéficiaire de l'aide juridictionnelle est témoin assisté, inculpé, prévenu, accusé ou condamné.

Art. 48. – Lorsque le bénéficiaire de l'aide juridictionnelle est partie civile au procès pénal, le condamné peut, même d'office, être dispensé partiellement ou totalement par la juridiction de jugement, pour des motifs tirés de l'équité ou de sa situation économique, de la part des dépens qui résulte de la contribution versée par l'État à l'avocat de la partie civile au titre de l'aide juridictionnelle.

Art. 49. – *Abrogé.*

TITRE VI. – LE RETRAIT DE L'AIDE JURIDICTIONNELLE

Art. 50. – Sans préjudice des sanctions pénales éventuellement encourues, le bénéfice de l'aide juridictionnelle est retiré, même après l'instance ou l'accomplissement des actes pour lesquels il a été accordé, si ce bénéfice a été obtenu à la suite de déclarations ou au vu de pièces inexactes.

Il peut être retiré, en tout ou partie, dans les cas suivants :

1° S'il survient au bénéficiaire, pendant cette instance ou l'accomplissement de ces actes, des ressources telles que si elles avaient existé au jour de la demande d'aide juridictionnelle, celle-ci n'aurait pas été accordée ;

2° Lorsque la décision passée en force de chose jugée a procuré au bénéficiaire des ressources telles que si elles avaient existé au jour de la demande d'aide juridictionnelle, celle-ci ne lui aurait pas été accordée ;

3° Lorsque la procédure engagée par le demandeur bénéficiant de l'aide juridictionnelle a été jugée dilatoire ou abusive.

Art. 51. – Le retrait de l'aide juridictionnelle peut être demandé par tout intéressé. Il peut également intervenir d'office.

Il est prononcé par le bureau qui a accordé l'aide juridictionnelle.

Art. 52. – Le retrait de l'aide juridictionnelle rend immédiatement exigibles, dans les limites fixées par la décision de retrait, les droits, redevances, honoraires, émoluments, consignations et avances de toute nature dont le bénéficiaire avait été dispensé. Il emporte obligation pour le bénéficiaire de restituer les sommes versées par l'État.

Art. 52-1. – Les dispositions des articles 42 et 50 à 52 sont portées à la connaissance du bénéficiaire de l'aide juridictionnelle lors de la notification de son admission au bénéfice de celle-ci.

DEUXIEME PARTIE. – L'AIDE À L'ACCÈS AU DROIT

TITRE PREMIER. – DÉFINITION DE L'AIDE
À L'ACCÈS AU DROIT

Art. 53. – L'aide à l'accès au droit comporte :

1° L'information générale des personnes sur leurs droits et obligations ainsi que leur orientation vers les organismes chargés de la mise en œuvre de ces droits ;

2° L'aide dans l'accomplissement de toute démarche en vue de l'exercice d'un droit ou de l'exécution d'une obligation de nature juridique et l'assistance au cours des procédures non juridictionnelles ;

3° La consultation en matière juridique ;

4° L'assistance à la rédaction et à la conclusion des actes juridiques.

Les conditions dans lesquelles s'exerce l'aide à la consultation en matière juridique sont déterminées par le conseil départemental de l'accès au droit en conformité avec les règles de déontologie des personnes chargées de la consultation et dans le respect des dispositions du titre II de la loi n. 71-1130 du 31 décembre 1971 portant réforme de certaines professions judiciaires et juridiques.

TITRE II. – MISE EN ŒUVRE DE L'AIDE
À L'ACCÈS AU DROIT

Art. 54. – Dans chaque département, il est institué un conseil départemental de l'accès au droit, chargé de recenser les besoins, de définir une politique locale, de dresser et diffuser l'inventaire de l'ensemble des actions menées. Le conseil est saisi, pour information, de tout projet d'action préalablement à sa mise en œuvre et, pour avis, de toute demande de concours financier de l'État préalablement à son attribution. Il procède à l'évaluation de la qualité et de l'efficacité des dispositifs auxquels il apporte son concours.

Il peut participer au financement des actions poursuivies.

Il établit chaque année un rapport sur son activité.

Art. 55. – Le conseil départemental de l'accès au droit est un groupement d'intérêt public auquel sont applicables les dispositions de l'article 21 de la loi n. 82-610 du 15 juillet 1982 d'orientation et de programmation pour la recherche et le développement technologique de la France.

Il est constitué :

1° De l'État ;

2° Du département ;

3° De l'association départementale des maires ;

4° De l'ordre ou, si le département compte plus d'un barreau, de l'un des ordres des avocats établis dans le département choisi par leurs bâtonniers respectifs ;

5° De la caisse des règlements pécuniaires de ce barreau ;

6° De la chambre départementale des huissiers de justice ;

7° De la chambre départementale des notaires ;

8° Dans les départements sièges d'une cour d'appel, de la chambre de discipline des avoués près cette cour ;

9° À Paris, de l'ordre des avocats au Conseil d'État et à la Cour de cassation ;

10° D'une association œuvrant dans le domaine de l'accès au droit, désignée conjointement par le président du tribunal de grande instance du chef-lieu du département et les membres mentionnés aux 2° à 9°, sur la proposition du préfet.

Le conseil départemental est présidé par le président du tribunal de grande instance du chef-lieu du département, qui a voix prépondérante en cas de partage égal des voix.

Le procureur de la République près le tribunal de grande instance du chef-lieu du département exerce la fonction de commissaire du Gouvernement.

La convention constitutive détermine les modalités de participation des membres au financement des activités ou celles de l'association des moyens de toute nature mis par chacun à la disposition du groupement, ainsi que les conditions dans lesquelles ce dernier peut accueillir en son sein d'autres membres que ceux mentionnés aux 1° à 10°.

Art. 56. – Peuvent être appelés par le président à siéger au conseil départemental de l'accès au droit, avec voix consultative, des représentants :

1° Des communes ou groupements de communes du département ;

2° Si le département compte plus d'un barreau, des ordres des avocats et de leurs caisses des règlements pécuniaires n'ayant pas la qualité de membres en application de l'article 55.

Le président peut également appeler à siéger, avec voix consultative, toute personne physique ou morale qualifiée.

Art. 57. – Le conseil départemental de l'accès au droit reçoit et répartit les ressources définies à l'article 68. Il peut conclure des conventions :

1° Avec des membres des professions juridiques ou judiciaires réglementées ou leurs organismes professionnels ou avec des personnes répondant aux exigences du titre II de la loi n. 71-1130 du 31 décembre 1971 précitée, en vue de définir les modalités de leur participation aux actions d'aide à l'accès au droit ;

2° Avec les centres communaux d'action sociale ou tout autre organisme public ou privé, en vue d'obtenir leur concours pour la mise en œuvre de l'aide à l'accès au droit.

Art. 58. – Le conseil départemental de l'accès au droit décide du montant des frais de consultation qui peuvent rester à la charge du bénéficiaire selon un barème qu'il établit en fonction des ressources de l'intéressé et de la nature de la consultation.

Art. 59. – Le bénéfice des mesures prises par les conseils départementaux de l'accès au droit ne peut être refusé aux Français établis hors de France en raison de leur résidence à l'étranger.

Les questions relatives à l'aide à l'accès au droit intéressant les Français établis hors de France relèvent, en l'absence de lien avec un autre département, du conseil départemental de l'accès au droit de Paris.

Art. 60. – Le ministre des affaires étrangères et les chefs des postes diplomatiques ou consulaires exercent leurs attributions en matière d'aide à l'accès au droit pour les Français établis hors de France, concurremment, le cas échéant, avec les autres aides ou mesures d'assistance prévues par les conseils départementaux de l'accès au droit.

Art. 61. – *Abrogé.*

Art. 62. – *Abrogé.*

Art. 63. – *Abrogé.*

Art. 64. – *Abrogé.*

TROISIEME PARTIE. – AIDE À L'INTERVENTION DE L'AVOCAT
AU COURS DE LA GARDE À VUE,
EN MATIÈRE DE MÉDIATION PÉNALE
ET DE COMPOSITION PÉNALE
AINSI QUE POUR L'ASSISTANCE AUX DÉTENUS
AU COURS DE PROCÉDURES DISCIPLINAIRES

Art. 64-1. – L'avocat désigné d'office qui intervient dans les conditions prévues à l'article 63-4 du Code de procédure pénale a droit à une rétribution.

L'État affecte annuellement à chaque barreau une dotation représentant sa part contributive aux missions ainsi assurées par les avocats.

Cette dotation est versée sur le compte spécial prévu par l'article 29.

Le montant de la dotation est calculé selon des modalités fixées par décret en Conseil d'État, en fonction du nombre des missions effectuées par les avocats désignés d'office.

Art. 64-2. – L'avocat assistant, au cours des mesures prévues au 5° de l'article 41-1 et aux articles 41-2 et 41-3 du Code de procédure pénale ou à l'article 12-1 de l'ordonnance n. 45-174 du 2 février 1945 relative à l'enfance délinquante et ordonnées par le procureur de la République, la personne mise en cause ou la victime qui remplissent les conditions pour bénéficier de l'aide juridictionnelle a droit à une rétribution fixée par décret en Conseil d'État.

Un décret en Conseil d'État détermine les modalités selon lesquelles l'aide est accordée par le président ou le vice-président du bureau d'aide juridictionnelle.

Art. 64-3. – L'avocat assistant une personne détenue faisant l'objet d'une procédure disciplinaire en relation avec la détention de celle-ci a droit à une rétribution. L'État affecte annuellement à chaque barreau une dotation représentant sa part contributive aux missions ainsi assurées par les avocats.

Cette dotation est versée sur le compte spécial prévu par l'article 29.

Le montant de la dotation est calculé selon des modalités fixées par décret en Conseil d'État, en fonction du nombre de missions effectuées par les avocats.

QUATRIEME PARTIE. – DISPOSITIONS COMMUNES

TITRE PREMIER. – LE CONSEIL NATIONAL DE L'AIDE JURIDIQUE

Art. 65. – Il est créé un Conseil national de l'aide juridique chargé de recueillir toutes informations quantitatives et qualitatives sur le fonctionnement de l'aide juridictionnelle et de l'aide à l'accès au droit et de proposer aux pouvoirs publics toutes mesures propres à l'améliorer, de faire aux conseils départementaux de l'accès au droit des suggestions en vue de développer et d'harmoniser les actions menées localement, d'établir chaque année un rapport sur l'activité d'aide juridique, au vu des rapports des conseils départementaux sur l'aide juridictionnelle et sur l'aide à l'accès au droit dans leur ressort. Ce rapport est publié.

Les études, rapports et délibérations du Conseil national de l'aide juridique doivent tenir compte de la situation particulière des Français établis hors de France en matière d'aide juridictionnelle et d'accès au droit.

Art. 66. – Un décret en Conseil d'État détermine les règles de composition et de fonctionnement du Conseil national de l'aide juridique.

Le nombre des représentants des professions judiciaires et juridiques doit être égal à la moitié au moins du nombre des membres.

TITRE II. – LE FINANCEMENT DE L'AIDE JURIDIQUE

Art. 67. – Le financement de l'aide juridictionnelle et de l'aide à l'intervention de l'avocat au cours de la garde à vue est assuré par l'État.

Art. 68. – Le financement de l'aide à l'accès au droit est notamment assuré par :

– les participations de l'État, du département et des autres membres du groupement d'intérêt public prévues par la convention constitutive dans les conditions de l'article 55 ;

– les contributions des caisses des règlements pécuniaires des barreaux du ressort ;

– les participations des organismes professionnels des professions judiciaires et juridiques ;

– les subventions accordées par les collectivités territoriales, les établissements publics, les organismes de sécurité sociale et toute autre participation.

Les fonds destinés à l'aide à l'accès au droit sont versés au conseil départemental de l'accès au droit territorialement compétent.

Art. 69. – Pour compenser les disparités entre les départements et soutenir des initiatives d'intérêt général, l'État peut, en outre, participer par voie de convention à la prise en charge d'actions mises en œuvre par le conseil départemental de l'accès au droit.

Art. 69-1. – La rétribution des personnes assurant des consultations juridiques organisées dans le cadre de la deuxième partie de la présente loi fait l'objet d'une tarification dans des conditions prévues par décret.

CINQUIEME PARTIE. – DISPOSITIONS TRANSITOIRES ET DIVERSES

Art. 70. – Un décret en Conseil d'État fixe les conditions d'application de la présente loi, et notamment :

1° Les modalités d'estimation des ressources des personnes morales, les correctifs pour charges de famille prévus à l'article 4, les prestations sociales à objet spécialisé exclues de l'appréciation des ressources et la période durant laquelle les ressources sont prises en considération ;

2° L'organisation et le fonctionnement des bureaux d'aide juridictionnelle, les règles de procédure ainsi que les modalités de nomination du président, des membres et de leurs suppléants ;

3° Les modalités de désignation des avocats et officiers publics ou ministériels chargés de prêter leur concours au bénéficiaire de l'aide juridictionnelle ;

4° Le règlement des conflits de compétence entre les bureaux d'aide juridictionnelle ;

5° Les barèmes mentionnés aux articles 31, 34 et 35 ;

6° Le règlement type fixant les règles de gestion financière et comptable des fonds versés au compte spécial des caisses chargées de cette gestion en application de l'article 29 ;

7° Les modalités d'exercice du contrôle des commissaires aux compte prévus à l'article 30 ;

8° Les modalités suivant lesquelles est réduite la part contributive de l'État en cas de pluralité de parties au cas prévu par l'article 38 ;

9° Les dispositions particulières applicables au recouvrement des sommes exposées par l'État au titre de l'aide juridictionnelle, prévues par les articles 43 et 44 ;

10° *Les règles de composition* et de fonctionnement du conseil national de l'aide juridique et des conseils départementaux de l'accès au droit ;

11° Les vacations versées aux personnes bénéficiant de l'honorariat et exerçant les fonctions de président ou de membre d'une section ou d'un bureau d'aide juridictionnelle.

Ce décret fixe également les modalités particulières d'application de la présente loi :

1° Dans les départements du Bas-Rhin, du Haut-Rhin et de la Moselle ;

2° Dans les départements de la Guadeloupe, de la Guyane, de la Martinique et de la Réunion ainsi que dans la collectivité territoriale de Saint-Pierre-et-Miquelon, notamment les plafonds de ressources.

Ce décret fixe également, en tant que de besoin, les modalités d'application de la présente loi aux Français établis hors de France, notamment en ce qui concerne les délais de distance.

Art. 71. – Dans le dernier alinéa de l'article 7 de la loi n. 71-1130 du 31 décembre 1971 précitée, les mots : « de l'exécution » sont supprimés.

Art. 72. – L'article 10 de la loi n. 71-1130 du 31 décembre 1971 précitée est ainsi rédigé :

« *Art. 10.* – La tarification de la postulation et des actes de procédure est régie par les dispositions sur la procédure civile. Les honoraires de consultation, d'assistance, de conseil, de rédaction d'actes juridiques sous seing privé et de plaidoirie sont fixés en accord avec le client.

À défaut de convention entre l'avocat et son client, l'honoraire est fixé selon les usages, en fonction de la situation de fortune du client, de la difficulté de l'affaire, des frais exposés par l'avocat, de sa notoriété et des diligences de celui-ci.

Toute fixation d'honoraires, qui ne le serait qu'en fonction du résultat judiciaire, est interdite. Est licite la convention qui, outre la rémunération des prestations effectuées, prévoit la fixation d'un honoraire complémentaire en fonction du résultat obtenu ou du service rendu ».

Art. 73. – Le onzième alinéa de l'article 18 *bis* et le neuvième alinéa de l'article 24 de l'ordonnance n. 45-2658 du 2 novembre 1945 relative aux conditions d'entrée et de séjour des étrangers en France sont remplacés par un alinéa ainsi rédigé :

« L'étranger peut demander le bénéfice de l'aide juridictionnelle dans les conditions prévues par la loi n. 91-647 du 10 juillet 1991 relative à l'aide juridique. Cette faculté est indiquée dans la convocation. L'admission provisoire à l'aide juridictionnelle peut être prononcée par le président de la commission ».

Art. 74. – Dans les textes législatifs se référant à l'aide judiciaire ou à l'indemnisation des commissions et désignations d'office, les mots « aide judiciaire ou indemnisation des commissions et désignations d'office » sont remplacés par ceux de : « aide juridictionnelle ».

De même, les références à la loi n. 72-11 du 3 janvier 1972 relative à l'aide judiciaire et à l'indemnisation des commissions et désignations d'office sont remplacées par une référence à la présente loi.

Dans le premier alinéa de l'article 706-14 du Code de procédure pénale, les mots : « au plafond prévu par les troisième et quatrième alinéas de l'article 2 de la loi n. 72-11 du 3 janvier 1972 relative à l'aide judiciaire et à l'indemnisation des commissions et désignations d'office pour bénéficier de l'aide judiciaire partielle » sont remplacés par les mots : « au plafond prévu par l'article 4 de la loi n. 91-647 du 10 juillet 1991 relative à l'aide juridique pour bénéficier de l'aide juridictionnelle partielle ».

Art. 75. – I. – Dans toutes les instances, le juge condamne la partie tenue aux dépens ou, à défaut, la partie perdante, à payer à l'autre partie la somme qu'il détermine, au titre des frais exposés et non compris dans les dépens. Le juge tient compte de l'équité ou de la situation économique de la partie condamnée. Il peut, même d'office, pour des raisons tirées des mêmes considérations, dire qu'il n'y a pas lieu à cette condamnation.

II. – Il est inséré dans le Code des tribunaux administratifs et des cours administratives d'appel, au chapitre VII du titre II du livre II, un article L. 8-1 ainsi rédigé :

« *Art. L. 8-1.* – Dans toutes les instances devant les tribunaux administratifs et les cours administratives d'appel, le juge condamne la partie tenue aux dépens ou, à défaut, la partie perdante, à payer à l'autre partie la somme qu'il détermine, au titre des frais exposés et non compris dans les dépens. Le juge tient compte de l'équité ou de la situation économique de la partie condamnée. Il peut, même d'office, pour des raisons tirées des mêmes considérations, dire qu'il n'y a pas lieu à cette condamnation ».

Art. 76. – La présente loi entrera en vigueur le 1er janvier 1992. Toutefois, les dispositions relatives à la majoration en matière d'aide juridictionnelle totale prévue au quatrième alinéa de l'article 27 n'entreront en vigueur que le 1er janvier 1993.

Les demandes d'aide judiciaire ainsi que les demandes de dispense d'honoraires d'avocat formées devant la commission prévue par le Code de la sécurité sociale en cours d'examen au 1er janvier 1992 seront transférées en l'état aux bureaux d'aide juridictionnelle désormais compétents.

Les bureaux d'aide juridictionnelle se prononceront dans les conditions prévues par les textes en vigueur à la date à laquelle les demandes ont été présentées et les admissions produiront les effets attachés à ces textes. Toutefois, les dispositions de la présente loi relatives au recouvrement des sommes exposées par l'État au titre de l'aide juridictionnelle seront applicables lorsque les missions seront achevées après le 31 décembre 1991.

Jusqu'à l'installation du conseil départemental de l'aide juridique, le représentant des usagers au sein du bureau d'aide juridictionnelle, prévu à l'article 16, est désigné par le président de ce bureau.

Art. 77. – La loi n. 72-11 du 3 janvier 1972 relative à l'aide judiciaire et à l'indemnisation des commissions et désignations d'office est abrogée.

Art. 78. – Avant le 1er juillet 1995, le Gouvernement fera un rapport au Parlement sur le bilan des trois premières années d'application de la présente loi. Il adressera au Parlement un rapport intermédiaire avant le 1er juillet 1993.

La présente loi sera exécutée comme loi de l'État.

(V. D. n. 91-1266, 19 déc. 1991. – D. n. 94-117, 4 fév. 1994 ; D. n. 97-1221, 26 déc. 1997. – D. n. 2001-52, 17 janv. 2001).

V. Art. 800.

Loi n. 77-1468 du 30 décembre 1977

instaurant la gratuité des actes de justice devant les juridictions civiles et administratives

TITRE PREMIER. – DISPOSITIONS RELATIVES À LA GRATUITÉ DES ACTES DE JUSTICE DEVANT LES JURIDICTIONS JUDICIAIRES ET ADMINISTRATIVES

CHAPITRE I. – DISPOSITIONS GÉNÉRALES

Art. 1er. – La gratuité des actes de justice est instaurée dans les conditions prévues par la présente loi.

Art. 2. – Une copie certifiée conforme, un extrait ou un certificat ainsi que, s'il y a lieu, une copie certifiée conforme revêtue de la formule exécutoire sont délivrés gratuitement :

1° À chacune des parties concernées pour toute décision rendue par les juridictions civiles et administratives et pour tout acte établi par leur secrétariat ;

2° À la partie civile et à la personne civilement responsable pour toute décision d'une juridiction répressive statuant à la fois sur l'action publique et sur les intérêts civils ;

3° À chacune des parties concernées pour toute décision d'une juridiction répressive ne statuant que sur les intérêts civils ;

4° Au prévenu pour toute décision de non-lieu, de relaxe ou d'acquittement le concernant.

Art. 3. – Les frais de transport et de séjour des magistrats et des secrétaires des juridictions ainsi que les frais postaux des secrétariats-greffes nécessités par les actes et procédures sont, sans préjudice de dispositions particulières à la matière répressive, à la charge de l'État.

Les frais postaux des secrétariats des conseils de prud'hommes nécessités par les actes et procédures ne sont plus à la charge des parties.

CHAPITRE II. – REDEVANCES

Art. 4. – Les redevances actuellement perçues au profit du Trésor par les secrétariats-greffes des juridictions de l'ordre judiciaire ainsi que les émoluments perçus par les secrétaires des conseils de prud'hommes sont supprimés. Le troisième alinéa de l'article L. 512-7 du Code du travail est abrogé.

Toutefois, si le tribunal de grande instance statue en l'absence de tribunal de commerce, il est perçu des redevances égales au coût des procédures portées devant cette juridiction, à laquelle les dispositions des articles 2 et 11, alinéas 1 et 2, ne sont pas applicables.

Art. 5. – Les indemnités accordées aux greffiers titulaires de charge, par application de l'article 2 de la loi n. 65-1002 du 30 novembre 1965, seront versées dès que le montant en aura été fixé par les commissions régionales prévues audit article nonobstant appel à la commission centrale, sans qu'ait à intervenir préalablement le décret prévu à l'alinéa 7 dudit article 2.

CHAPITRE III. – FRAIS FISCAUX

Art. 6. – Sauf lorsqu'elles donnent ouverture à un droit proportionnel ou progressif, les décisions des juridictions de l'ordre judiciaire ne sont soumises ni au droit d'enregistrement ni au droit de timbre.

Art. 7. – Le droit de frais de justice prévu devant le Conseil d'État et les tribunaux administratifs par les articles 1012 à 1018 du Code général des impôts est supprimé.

Art. 8. – (1) Les décisions des juridictions répressives, à l'exception de celles qui ne statuent que sur les intérêts civils, sont soumises à un droit fixe de procédure.

Ce droit est de :

1° 25 F pour les décisions des tribunaux de police et celles qui ne statuent pas sur le fond ;

2° 125 F pour les autres décisions.

Ce droit est perçu et recouvré selon les règles applicables en matière d'enregistrement. Il n'est en aucun cas à la charge de la partie civile.

Art. 9. – En matière judiciaire et administrative, les actes de procédure, y compris les actes des techniciens nommés en justice, ne sont pas soumis au droit de timbre de dimension.

Art. 10. – (2) Les actes des secrétariats des juridictions judiciaires et administratives ne sont pas soumis au droit d'enregistrement ni au droit de timbre ni à toute autre taxe prévue par le Code général des impôts *(Mots aj., L. fin. n. 93-1352, 30 déc. 1993, art. 44-I)* à l'exception d'un droit de timbre de 100 F par requête enregistrée auprès des tribunaux administratifs, des cours administratives d'appel et du Conseil d'État.

Art. 11. – Sous réserve des dispositions de l'article 2, il est perçu un droit forfaitaire de 20 F pour la délivrance par le secrétariat de la juridiction de toute ampliation d'un acte ou d'une décision en matière civile ou administrative ou d'une décision rendue par une juridiction répressive.

Ce droit forfaitaire n'est pas perçu pour la première ampliation lorsque, en raison de la nature de l'acte ou de la qualité du demandeur, celui-ci bénéficiait avant l'entrée en vigueur de la présente loi d'une exonération totale ou partielle du droit d'enregistrement ou de timbre.

Les autorités judiciaires et administratives ainsi que les établissements publics dotés d'un comptable public sont dispensés du paiement du droit forfaitaire.

Un décret en Conseil d'État fixera les modalités de perception du droit forfaitaire qui est assimilé à un droit de timbre.

Art. 12. – I. – Les actes d'huissier de justice accomplis en application des règles de procédure se rattachant directement à une instance ou à l'exécution d'une décision de justice sont dispensés de droits d'enregistrement.

Pour l'application des dispositions de l'alinéa précédent, la signification du protêt prévue à l'article 57-1 du décret-loi du 30 octobre 1935 modifié ainsi que celle du certificat de non-paiement prévue à l'article L. 103-1 du Code des postes et télécommunications sont assimilées à une décision de justice.

---

(1) V. désormais CGI, art. 1018 A.
(2) V. désormais CGI, art. 1089 B.

II. – Les autres actes des huissiers de justice sont, en matière mobilière, dispensés de droits d'enregistrement lorsqu'ils portent sur une somme n'excédant pas 3 500 F.

CHAPITRE IV. – TAXE PARAFISCALE

Art. 13. – Le 1° de l'article 28 de la loi n. 71-1130 du 31 décembre 1971 portant réforme de certaines professions judiciaires et juridiques est remplacé par les dispositions suivantes :

1° Une dotation annuelle de l'État égale au produit moyen de la taxe parafiscale perçue pour les exercices 1975, 1976 et 1977, en application des dispositions antérieurement en vigueur.

CHAPITRE V. – DROITS DE PLAIDOIRIE

Art. 14. – Les articles 1er, 2 et le premier alinéa de l'article 3 de la loi n. 48-50 du 12 janvier 1948 relative aux droits de plaidoirie sont remplacés par les dispositions suivantes :

*Art. 1er*. – Les droits alloués aux avocats par les tarifs pour la plaidoirie et perçus par eux sont affectés au financement du régime vieillesse spécial de la profession.

Un décret en Conseil d'État fixera les modalités selon lesquelles les avocats dont l'activité principale n'est pas la plaidoirie verseront une contribution équivalente aux droits de plaidoirie. Sont réputés ne pas avoir pour activité principale la plaidoirie, les avocats dont l'activité donne lieu à un nombre de droits de plaidoirie inférieur à un minimum fixé par la caisse nationale des barreaux français compte tenu de leurs revenus professionnels d'avocats.

Art. 2 . – Lorsque l'avocat est désigné au titre de l'aide judiciaire ou commis d'office, les droits de plaidoirie sont à la charge de l'État.

Art. 3 (1er al.). – Le montant des droits de plaidoirie, recouvrés par l'ordre des avocats au Conseil d'État et à la Cour de cassation et par chaque barreau, est versé directement à une caisse privée, dite caisse nationale des barreaux français, dotée de la personnalité civile, à laquelle sont affiliés de plein droit tous les avocats et avocats stagiaires en activité.

CHAPITRE VI. – DISPOSITIONS PARTICULIÈRES
AUX DÉPARTEMENTS DU BAS-RHIN,
DU HAUT-RHIN ET DE LA MOSELLE

Art. 15. – Dans les départements du Bas-Rhin, du Haut-Rhin et de la Moselle, les droits et débours perçus au profit des collectivités publiques dans le domaine d'application de la présente loi sont supprimés.

Un décret en Conseil d'État détermine les modalités d'adaptation, par voie de modification ou d'abrogation, de la loi locale du 18 juin 1878 modifiée relative aux frais de justice, de la loi d'Alsace-Lorraine sur les frais de justice du 6 décembre 1899 modifiée, de la loi du 6 janvier 1932 portant modification de la législation des frais de justice en vigueur dans les départements du Bas-Rhin, du Haut-Rhin et de la Moselle et de la loi n. 62-736 du 3 juillet 1962 relative aux frais de justice dans les départements du Bas-Rhin, du Haut-Rhin et de la Moselle.

TITRE II. – RELÈVEMENT DE CERTAINES
AMENDES PÉNALES

....

DISPOSITIONS FINALES

Art. 20. – Les dispositions du titre Ier de la présente loi sont applicables dans les territoires d'outre-mer de la Nouvelle-Calédonie, de la Polynésie française, des îles Wallis et Futuna et des Terres australes et antarctiques françaises sous réserve d'une délibération conforme des assemblées territoriales en ce qui concerne les matières relevant de leur compétence.

Les dispositions du titre II sont également applicables dans ces territoires aux amendes pénales prévues pour les mêmes délits par les textes législatifs qui y sont en vigueur.

Art. 21. – Il est mis fin, à compter du 1er janvier 1978, au régime de gestion provisoire prévu par la loi du 30 novembre 1965 au profit des anciens greffiers titulaires de charge.

Art. 22. – La présente loi entrera en vigueur le 1e janvier 1978.

Le statut des secrétaires et secrétaires adjoints des conseils de prud'hommes entrera en vigueur au plus tard le 1er janvier 1979 ; il prendra en considération la suppression des émoluments résultant de l'application de la présente loi.

Décret n. 78-62 du 20 janvier 1978

portant application de la loi n. 77-1468 du 30 décembre 1977
instituant la gratuité des actes de justice devant les juridictions civiles et administratives

CHAPITRE I. – DISPOSITIONS GÉNÉRALES

Art. 1er. – Il est ajouté à l'article R. 93 du Code de procédure pénale les 14° et 15° suivants (*V. C. proc. pén., art. R. 93, 14° et 15°*).

Art. 2. – Lorsqu'un membre du secrétariat-greffe d'une juridiction judiciaire accompagne un magistrat comme assistant ou se déplace comme délégué d'un magistrat, il a droit aux indemnités de transport et de séjour allouées par les articles R. 200 à R. 207 du Code de procédure pénale.

Art. 3. – Le droit forfaitaire prévu par l'article 11 de la loi n. 77-1468 du 30 décembre 1977 est perçu par voie d'apposition d'un timbre de la série unique.

Art. 4. – L'établissement et la délivrance des reproductions de toute pièce conservée dans les services d'une juridiction ne peuvent être assurés que par le greffier en chef.

....

Art. 6. – Les articles 1er à 5 du présent décret sont applicables dans les mêmes conditions aux avocats au Conseil d'État et à la Cour de cassation et au président du conseil de l'ordre des avocats au Conseil d'État et à la Cour de cassation.

....

V. Art. 800.

Décret n. 86-1096 du 9 octobre 1986

relatif à l'utilisation des sommes perçues à l'occasion
de la délivrance de certaines pièces de procédures pénales

Art. 1er. – Le dixième des sommes perçues par les régies de recettes à compter du 1er janvier 1986 lors de la délivrance par les greffiers en chef de reproductions des pièces de procédures dans les affaires pénales qui n'ont pas encore fait l'objet de poursuites ou de jugement ou arrêt sur le fond est rattaché par voie de fonds de concours au budget du ministère de la justice pour être utilisé à la couverture des dépenses de matériel effectuées pour l'établissement des reproductions.

Art. 2. – Les sommes de l'espèce perçues par les régies de recettes jusqu'au 31 décembre 1985 et non encore rattachées au budget du ministère de la justice restent soumises aux dispositions de l'article 1er du décret du 28 janvier 1969 susvisé.

Art. 3. – Un arrêté conjoint du garde des sceaux, ministre de la justice, et du ministre délégué auprès du ministre de l'économie, des finances et de la privatisation, chargé du budget, fixera les modalités de rattachement des sommes mentionnées à l'article 1er du présent décret aux chapitres intéressés du budget du ministère de la justice.

Art. 4. – Sous réserve des dispositions de l'article 2 du présent décret, le décret du 28 janvier 1969 susvisé est abrogé.

V. troisième partie du Code de procédure pénale (décrets).

V. Art. R. 53-9 à R. 53-21.

Décret n. 2000-413 du 18 mai 2000

relatif au fichier national automatisé des empreintes génétiques et au service central de préservation des prélèvements biologiques

Art. 2. – Les résultats des analyses d'identification par empreintes génétiques décrites aux 1° et 2° de l'article R. 53-10 du Code de procédure pénale dans la rédaction qui résulte du présent décret, obtenus avant l'entrée en vigueur de celui-ci dans le cadre de procédures judiciaires suivies pour des infractions énumérées par l'article 706-47 du Code de procédure pénale, ou pour des infractions prévues par les articles 330 à 334-2 du Code pénal dans leur rédaction applicable avant le 1er mars 1994, peuvent être enregistrés au fichier national des empreintes génétiques.

Les scellés contenant les échantillons de matériel biologique saisis dans le cadre de ces procédures sont conservés par le service central de préservation des prélèvements biologiques dans les conditions prévues à l'article R. 53-20 du Code de procédure pénale dans la rédaction qui résulte du présent décret.

Art. 3. – Le présent décret est applicable en Nouvelle-Calédonie, dans les territoires de la Polynésie française et des îles Wallis-et-Futuna et dans la collectivité territoriale de Mayotte.

V. Art. D. 8-1.

Décret n. 2002-732 du 3 mai 2002

portant création d'un office central chargé des disparitions inquiétantes de personnes

Art. 1er. – Il est institué au ministère de l'intérieur (direction générale de la police nationale, direction centrale de la police judiciaire) un office central chargé des disparitions inquiétantes de personnes.

Sont associés aux activités de cet office le ministère de la défense (direction générale de la gendarmerie nationale) et, plus spécifiquement au sein du ministère de l'intérieur, la direction centrale de la sécurité publique.

Art. 2. – L'office a pour domaine de compétence la recherche des personnes majeures et mineures disparues dans des conditions inquiétantes, quelle que soit la cause de la disparition. Ces recherches sont fondées sur la procédure administrative de l'article 26 de la loi du 21 janvier 1995 susvisé ou réalisées dans le cadre d'une enquête pénale.

Art. 3. – Cet office est chargé :

1° D'animer et de coordonner sur le plan national les recherches des personnes disparues visées à l'article 2, notamment par la réalisation de diffusions nationales urgentes et de circulaires nationales ;

2° D'étendre, éventuellement, les recherches des personnes disparues visées à l'article 2 aux pays étrangers dans le cadre de la coopération internationale et de centraliser les demandes de recherches sur le territoire national émanant des pays étrangers ;

3° D'apporter une assistance aux services de la police nationale et aux unités de la gendarmerie nationale, soit d'initiative chaque fois que les circonstances l'exigent, soit à la demande de ces services. Cette assistance ne dessaisit pas les services investis des recherches. Il peut intervenir également à la demande de l'autorité judiciaire en cas d'enquête pénale ;

4° De participer au dispositif de formation et de sensibilisation au phénomène des disparitions inquiétantes, destiné aux personnels des administrations concernées ainsi qu'aux particuliers, le cas échéant, par l'intermédiaire d'associations reconnues d'utilité publique.

Art. 4. – Pour accomplir sa mission, l'office centralise, analyse, exploite et communique aux services de la police nationale, aux unités de la gendarmerie nationale, ainsi qu'aux administrations et services publics de l'État éventuellement concernés, toutes documentations relatives à son domaine de compétence défini à l'article 2. Il établit également les liaisons utiles avec les associations reconnues d'utilité publique œuvrant dans ce domaine.

Art. 5. – Dans le cadre de la législation applicable, notamment en matière de secret professionnel, les services de la police nationale, les unités de la gendarmerie nationale, ainsi que les autres administrations et services publics de l'État susceptibles d'apporter leur concours, adressent à l'office, dans les meilleurs délais, les informations dont ils ont connaissance ou qu'ils détiennent, relatives au domaine de compétence défini à l'article 2.

Art. 6. – L'office adresse toutes indications utiles à l'identification ou à la recherche des personnes disparues faisant l'objet de l'une des procédures visées à l'article 2 aux services de la police nationale, aux unités de la gendarmerie nationale, ainsi qu'aux administrations et services publics de l'État susceptibles d'apporter leur concours. Il adresse, sur demande de ces services, tous renseignements utiles aux enquêtes dont ils sont saisis.

Art. 7. – Dans le domaine de compétence défini à l'article 2, l'office constitue, pour la France, le point de contact central dans les échanges internationaux. Il contribue au niveau national à l'animation et à la coordination des travaux préparatoires nécessaires et participe aux activités des organismes et enceintes internationaux. Sans préjudice de l'application des conventions internationales, il entretient les liaisons opérationnelles avec les services spécialisés des autres pays et avec les organismes internationaux en vue d'obtenir toutes informations relatives aux recherches.

....

V. Art. D. 250 et s.

Décret n. 2002-1023 du 25 juillet 2002

pris pour l'application de l'article 24 de la loi n. 2000-321 du 12 avril 2000 à l'administration pénitentiaire et relatif aux mandataires susceptibles d'être choisis par les personnes détenues (*JO* 1er août 2002)

Art. 1er. – Une personne détenue peut se faire assister ou représenter, en application de l'article 24 de la loi du 12 avril 2000 susvisée, par le mandataire de son choix, dans les conditions prévues par le présent décret.

Art. 2. – Le mandataire prévu par l'article 24 de la loi du 12 avril 2000 susvisée peut être :

1° Soit le titulaire d'un permis de visite prévu par le décret pris pour l'application de l'article 728 du Code de procédure pénale ;

2° Soit le titulaire d'un agrément préalable.

Art. 3. – Pour l'exécution du mandat qui lui a été donné par la personne détenue, le mandataire peut demander la délivrance de la copie des pièces qui ont été communiquées à la personne détenue.

Art. 4. – Toute personne peut solliciter la délivrance de l'agrément mentionné au 2° de l'article 2 si elle remplit les conditions suivantes :

1° Ne pas être incarcérée ;

2° Jouir de ses droits civils et politiques ;

3° Ne pas avoir fait l'objet d'une condamnation, incapacité ou déchéance mentionnée sur le bulletin n. 2 du casier judiciaire ;

4° Ne pas exercer une activité professionnelle, à quelque titre que ce soit, au sein d'un service relevant du ministère de la justice ;

5° S'il s'agit d'une personne de nationalité étrangère, être en situation régulière sur le territoire français.

Art. 5. – Sans préjudice des dispositions du premier alinéa de l'article 5 de la loi du 31 décembre 1971 susvisée, la personne détenue ne peut se faire assister ou représenter devant la commission de discipline que par un mandataire agréé.

L'agrément du mandataire emporte le bénéfice de la confidentialité des entretiens et de la correspondance entre le mandataire agréé et la personne détenue qui l'a désigné ainsi que l'attribution au mandataire d'un titre d'accès à la détention pour l'exercice de sa mission.

Art. 6. – Le directeur régional des services pénitentiaires est l'autorité compétente pour se prononcer sur la demande d'agrément, sur proposition du chef d'établissement pénitentiaire qui procède à son instruction et veille notamment à ce que celle-ci n'ait pas pour but de contourner les règles régissant l'exercice des droits de visite. Le directeur régional des services pénitentiaires peut, préalablement à la délivrance de l'agrément, faire diligenter une enquête administrative dans les conditions prévues par le décret du 28 mars 2002 susvisé.

Le mandataire agréé lorsqu'il aura été choisi par une personne placée en détention provisoire doit solliciter également la délivrance de l'autorisation prévue à l'article 145-4 du Code de procédure pénale.

Art. 7. – L'agrément est valable pour une période de deux ans, renouvelable, et confère à son titulaire la possibilité d'exécuter dans les conditions prévues au deuxième alinéa de l'article 5 des missions d'assistance ou de représentation qui lui sont confiées par des personnes détenues dans un ou plusieurs établissements pénitentiaires relevant d'une même direction régionale.

Un mandataire, préalablement bénéficiaire d'un agrément en cours de validité, peut, à sa demande, être autorisé par le directeur régional des services pénitentiaires d'une autre région pénitentiaire à accomplir des missions d'assistance ou de représentation, dans les conditions prévues au deuxième alinéa de l'article 5, dans un ou plusieurs établissements pénitentiaires situés dans son ressort. Cette autorisation est valable dans le ou les établissements désignés, jusqu'à la date d'expiration de l'agrément en cours.

Art. 8. – Le directeur régional des services pénitentiaires est tenu de retirer l'agrément lorsque le procureur de la République en fait la demande écrite.

Il peut en outre retirer l'agrément par décision motivée prise au vu d'un rapport du chef d'établissement, notamment en cas de manquement par un mandataire aux règles relatives à la sécurité et au bon ordre de l'établissement.

En cas d'urgence et pour des motifs graves, le chef d'établissement peut suspendre l'agrément du mandataire, pour une durée qui ne peut excéder deux mois, sous réserve d'en informer sans délai le directeur régional qui prend la décision définitive avant l'expiration de ce délai.

V. Art. A. 13 et s. ; D. 364 et s.

Décret n. 97-1187 du 19 décembre 1997

pris pour l'application au ministre de la justice du 1° de l'article 2
du décret n. 97-34 du 15 janvier 1997
relatif à la déconcentration des décisions administratives individuelles

Art. 1er. – Les décisions administratives individuelles dont la liste figure en annexe sont prises soit par le garde des Sceaux, ministre de la Justice, seul ou conjointement avec d'autres ministres, soit par décret selon que les dispositions en vigueur donnent compétence aux uns ou à l'autre.

Toutefois, restent applicables les dispositions en vigueur à la date de publication du présent décret, qui attribuent compétence pour prendre de telles décisions au préfet, aux chefs des services à compétence nationale, au préfet de zone, au préfet de région, au préfet de police, au préfet maritime, aux autres autorités déconcentrées de l'État, aux magistrats de l'ordre administratif ou judiciaire et aux maires. Lorsque ces dispositions attribuent compétence par référence à un seuil, les règles de détermination de ce seuil demeurent en vigueur.

Art. 2. – Le présent décret entre en vigueur le 1er janvier 1998.

....

TITRE II. – LISTE DES DÉCISIONS ADMINISTRATIVES INDIVIDUELLES
PRISES PAR LE GARDE DES SCEAUX, MINISTRE DE LA JUSTICE

1. *Décisions administratives individuelles relatives à l'administration pénitentiaire*

Code de procédure pénale
(troisième partie : décrets simples)

1	Affectation ou changement d'affectation des condamnés dans les établissements pour peine nationaux et des condamnés dont le reliquat de peine est supérieur à deux ans.	3e al. de 69-1 et D. 71.
2	Décision d'admission au centre national d'observation des condamnés et transfèrement à ce centre.	2e al. de D. 82.
3	Décision de transfèrement de caractère administratif d'une région pénitentaire à une autre, ou vers ou à partir d'un établissement pour peine national.	D. 300.
4	Autorisation d'hospitalisation d'un détenu dans un établissement de santé à vocation nationale ou dans un établissement de santé situé dans le ressort d'une autre direction régionale que celle où est écroué le détenu.	D. 384.
5	Décision de retenue des publications contenant des menaces précises contre la sécurité des personnes ou des établissements.	2e al. de D. 444.
6	Autorisation de diffusion au niveau national d'un audiovidéogramme réalisé par des détenus dans le cadre des actions d'insertion.	D. 430-1.
7	Autorisation de portée générale de visiter ou de communiquer avec des détenus non nominativement désignés.	D. 187.
8	Autorisation spéciale de portée nationale donnée à une personne étrangère au service de visiter des établissements pénitentiaires.	1er al. de D. 277.
9	Autorisation spéciale de portée nationale d'effectuer des photographies, croquis, prises de vue, enregistrements sonores se rapportant à la détention.	3e al. de D. 277.

Loi n. 94-43 du 18 janvier 1994

relative à la santé publique et à la protection sociale

....

CHAPITRE II. – SOINS EN MILIEU PÉNITENTIAIRE
ET PROTECTION SOCIALE DES DÉTENUS

Art. 2. – L'article L. 711-3 du Code de la santé publique est complété par un alinéa ainsi rédigé :

« Le service public hospitalier assure, dans des conditions fixées par voie réglementaire, les examens de diagnostic et les soins dispensés aux détenus en milieu pénitentiaire et, si nécessaire, en milieu hospitalier. Il concourt, dans les mêmes conditions, aux actions de prévention et d'éducation pour la santé organisées dans les établissements pénitentiaires ».

Art. 3. – La sous-section 1 de la section 9 du chapitre Ier du titre VIII du livre III du Code de la sécurité sociale est ainsi rédigée :

Code de la sécurité sociale

Sous-section 1. – Assurances maladie et maternité

Art. L. 381-30. – Les détenus sont affiliés obligatoirement aux assurances maladie et maternité du régime général à compter de la date de leur incarcération.

Les condamnés bénéficiant d'une mesure de semi-liberté ou de placement à l'extérieur en application de l'article 723 du Code de procédure pénale qui exercent une activité professionnelle dans les mêmes conditions que les travailleurs libres sont affiliés au régime d'assurance maladie et maternité dont ils relèvent au titre de cette activité. Toutefois, les intéressés sont affiliés au régime général lorsqu'ils ne remplissent pas les conditions leur permettant de bénéficier des prestations des assurances maladie et maternité du régime dont ils relèvent au titre de leur activité.

Les dispositions de l'article L. 115-6 ne sont pas applicables aux détenus.

Une participation peut être demandée, lorsqu'ils disposent de ressources suffisantes, aux détenus assurés en vertu du premier alinéa ou à leurs ayants droit.

Les conditions d'application du présent article sont déterminées par décret en Conseil d'État.

Art. L. 381-30-1. – Durant leur incarcération, les détenus affiliés en application de l'article L. 381-30 bénéficient pour eux-mêmes et, sous réserve de l'article L. 161-25-2, pour leurs ayants droit des prestations en nature des assurances maladie et maternité.

Toutefois, les détenus de nationalité étrangère qui ne remplissent pas les conditions prévues à l'article L. 115-6 ne bénéficient que pour eux-mêmes des prestations en nature des assurances maladie et maternité.

Les dispositions de l'article L. 161-13 ne sont pas applicables aux détenus de nationalité étrangère et à leurs ayants droit qui ne satisfont pas aux conditions prévues par les articles L. 161-25-1 et L. 161-25-2.

Art. L. 381-30-2. – L'État est redevable d'une cotisation pour chaque détenu affilié en application de l'article L. 381-30. Cette cotisation est calculée sur la base d'une assiette forfaitaire et d'un taux déterminés par décret en tenant compte de l'évolution des dépenses de santé de la population carcérale.

Art. L. 381-30-3. – Les cotisations dues par l'État en application de l'article L. 381-30-2 font l'objet d'un versement global à l'Agence centrale des organismes de sécurité sociale, dont le montant est calculé et acquitté selon des modalités déterminées par décret en Conseil d'État.

Art. L. 381-30-4. – La rémunération versée aux détenus qui exécutent un travail pénal est soumise à cotisations patronale et salariale d'assurance maladie et maternité dans des conditions et selon des modalités fixées par décret en Conseil d'État. Les obligations de l'employeur sont assumées par l'administration pénitentiaire.

Art. L. 381-30-5. – I. – La part des dépenses prises en charge par les régimes d'assurance maladie afférente aux soins dispensés aux détenus, soit en milieu hospitalier, soit en milieu pénitentiaire, par un établissement de santé en application du dernier alinéa de l'article L. 711-3 du Code de la santé publique est financée par la dotation globale versée à cet établissement en application de l'article L. 174-1.

Cette part est financée hors taux directeur, en fonction des dépenses de fonctionnement et d'investissement constatées et de leur évolution prévisible, selon des modalités déterminées par décret.

II. – L'État verse à l'établissement de santé le montant du forfait journalier institué par l'article L. 174-4 ainsi que la part des dépenses de soins non prises en charge par l'assurance maladie dans la limite des tarifs servant de base au calcul des prestations.

Art. L. 381-30-6. – L'État prend en charge :

1° Les dépenses afférentes aux actions de prévention et d'éducation pour la santé engagées par l'établissement de santé, sous réserve de celles qui sont prises en charge par d'autres personnes morales de droit public ou privé, et notamment par le département, en application de l'article 37 de la loi n. 83-663 du 22 juillet 1983 complétant la loi n. 83-8 du 7 janvier 1983 relative à la répartition de compétences entre les communes, les départements, les régions et l'État ;

2° Les frais de transport du personnel hospitalier, des produits et petits matériels à usage médical et des produits pharmaceutiques ;

3° Les frais d'aménagement des locaux spécialement prévus pour l'admission des détenus dans les établissements de santé et dans les établissements pénitentiaires.

Art. 4. – Par dérogation aux dispositions de l'article L. 381-30-1 du Code de la sécurité sociale, les détenus incarcérés dans les établissements pénitentiaires à l'intérieur desquels le service public hospitalier, à titre transitoire, n'assure pas encore les soins, et notamment les établissements pénitentiaires, dont le fonctionnement est régi par une convention mentionnée à l'article 2 de la loi n. 87-432 du 22 juin 1987 relative au service public pénitentiaire, ne bénéficient des prestations en nature d'assurance maladie et maternité qu'en cas d'admission dans les établissements de santé.

Dans ce cas, la cotisation due par l'État en application de l'article L. 381-30-2 du Code de la sécurité sociale est minorée d'un pourcentage fixé par le décret mentionné au même article.

Art. 5. – L'article L. 161-12 du Code de la sécurité sociale est abrogé.

Art. 6. – I. – Les personnels infirmiers fonctionnaires régis par le décret n. 90-230 du 14 mars 1990, en fonctions dans les services extérieurs de l'administration pénitentiaire à la date de la prise en charge effective par les établissements publics de santé associés au dispositif de soins en milieu pénitentiaire des obligations de service public mentionnées au dernier alinéa de l'article L. 711-3 du Code de la santé publique, sont détachés auprès desdits établissements dans l'un des corps des personnels infirmiers de la fonction publique hospitalière s'ils remplissent les conditions d'accès audit corps.

II. – Dans un délai d'un an à compter de la date mentionnée au I ci-dessus, les personnels pourront opter pour leur intégration dans l'un des corps précités, dans des conditions fixées par décret en Conseil d'État. Les services accomplis dans le corps des infirmiers des services extérieurs de l'administration pénitentiaire sont considérés comme services effectifs accomplis dans les établissements publics de santé. Les agents qui n'auront pas fait valoir leur droit à cette intégration pourront la demander dans l'un des autres corps d'infirmiers relevant de la fonction publique d'État.

III. – Les personnels infirmiers régis par la convention collective de la Croix-Rouge en fonctions à la date de la prise en charge mentionnée au I ci-dessus dans les services extérieurs de l'administration pénitentiaire sont mis à la disposition des établissements publics de santé associés au dispositif de soins en milieu pénitentiaire pour une période ne pouvant excéder la date d'expiration de la convention passée entre le ministère de la justice et la Croix-Rouge.

Les établissements publics de santé associés au dispositif de soins en milieu pénitentiaire peuvent maintenir et prendre à leur charge après son expiration les obligations résultant de la convention passée entre le ministère de la justice et la Croix-Rouge.

Art. 7. – Les dispositions des articles 2 à 6 entrent en vigueur le 1er janvier 1994.

V. Art. COS : art. L. 7-12-1-1.

Décret n. 99-916 du 27 octobre 1999

relatif aux agents de justice recrutés en application de l'article 29 de la loi n. 99-515 du 23 juin 1999 renforçant l'efficacité de la procédure pénale

Art. 1er. – Les agents de justice, recrutés en qualité d'agents contractuels de droit public, en application de l'article 29 de la loi du 23 juin 1999 susvisée, concourent aux missions du service public de la justice assurées par les magistrats et les fonctionnaires sous l'autorité desquels ils sont placés.

Dans les juridictions et les maisons de justice et du droit, ils assurent, à l'exclusion de toute autre fonction, des activités répondant à des besoins non satisfaits en matière d'accueil et d'assistance auprès des justiciables et du public.

Dans les établissements, centres et services de l'administration pénitentiaire et de la protection judiciaire de la jeunesse, ils exercent des fonctions d'assistance pour la prise en charge et le suivi éducatif de mineurs et jeunes majeurs, délinquants ou en danger. À ce titre, ils ne peuvent ni participer à des missions de surveillance, ni avoir la responsabilité directe de la prise en charge ou du suivi éducatif de mineurs ou jeunes majeurs.

Art. 2. – Les activités des agents de justice font l'objet d'une évaluation portant sur leur adéquation aux besoins locaux et leur conformité aux conditions d'emploi fixées par le présent décret. Cette évaluation est assurée par l'inspection générale des services judiciaires. Elle donne lieu à l'élaboration d'un rapport annuel adressé au garde des Sceaux, ministre de la Justice.

Art. 3. – Les agents de justice sont régis par les dispositions du présent décret ainsi que par les dispositions du décret du 17 janvier 1986 susvisé, à l'exception de l'article 1er du titre Ier, des articles 4 à 8 du titre II, des titres IX et IX *bis* et de l'article 45 du titre XI.

Art. 4. – Les agents de justice sont recrutés au terme d'une procédure comportant une première sélection sur dossier permettant d'apprécier leur motivation suivie, le cas échéant, d'un entretien de sélection définitive. Les modalités de cette procédure sont fixées par arrêté conjoint du ministre de la Justice et du ministre chargé de la Fonction publique.

Art. 5. – Les agents de justice sont recrutés par contrat écrit, pour une durée maximale de cinq ans non renouvelable, conclu au nom de l'État, par le ministre de la Justice.

Le contrat précise les fonctions confiées à l'agent de justice. Il comporte une période d'essai, d'une durée de trois mois, au cours de laquelle l'État peut mettre fin au contrat sans indemnité ni préavis et les agents de justice peuvent mettre fin à leurs fonctions sans préavis.

Le contrat est conclu pour un temps complet correspondant à la durée de travail dans la fonction publique de l'État. Toutefois, lors du recrutement ou en cours de contrat, une activité à mi-temps peut être autorisée.

Art. 6. – Les agents de justice bénéficient dès leur recrutement d'une formation professionnelle adaptée aux missions qui leur sont confiées.

Ils peuvent en outre, pendant la durée de leur contrat, être autorisés à suivre des formations en vue d'acquérir une expérience professionnelle dans les activités relevant du service public de la justice et d'accéder aux emplois publics, ainsi que des formations destinées à favoriser leur insertion dans d'autres secteurs de la vie active.

Art. 7. – Les agents de justice sont tenus au secret professionnel dans les conditions prévues aux articles 226-13 et 226-14 du Code pénal. Ils doivent faire preuve de discrétion professionnelle pour tous les faits, informations ou documents dont ils ont connaissance dans l'exercice ou à l'occasion de l'exercice de leurs fonctions.

....

TABLE DES TEXTES MODIFICATIFS

Les textes cités dans cette table sont les lois et décrets qui ont modifié le Code de procédure pénale depuis sa promulgation.

Lois	Articles du Code
Loi n. 57-1426 du 31 décembre 1957	portant institution d'un Code de procédure pénale (titre préliminaire et livre I).
Ordonnance n. 58-1296 du 23 décembre 1958	modifiant le Code de procédure pénale. Art. 2, 6, 29, 39, 41, 44, 45, 50, 83, 84, 97, 109, 116, 151, 153, 159, 160, 164, 167, 174, 175, 178, 180, 186, 191, 194, 195, 198, 202, 208, 213, 216, 219, 227.
Ordonnance n. 60-121 du 13 février 1960	modifiant certains articles du Code de procédure pénale et du Code de justice militaire pour l'armée de terre et pour l'armée de mer, en vue, notamment, de faciliter la poursuite des infractions à la sûreté intérieure ou à la sûreté extérieur de l'État. Art. 30, 58, 62, 63, 77, 97, 105.
Ordonnance n. 60-529 du 4 juin 1960	modifiant certaines dispositions du Code pénal, du Code de procédure pénale et des Codes de justice militaire pour l'armée de terre et pour l'armée de mer, en vue de faciliter le maintien de l'ordre, la sauvegarde de l'État et la pacification de l'Algérie. Art. 20, 21, 39, 45, 56, 57, 62, 75, 81, 87, 97, 98, 104, 109, 123, 156, 157, 159, 164, 167, 174, 183, 185, 186, 194, 197, 207, 209, 217, 218, 220, 268, 273, 281, 282, 283, 324, 329, 330, 333, 379, 410, 434, 490, 492, 498, 505, 548 à 550, 554 à 559, 568, 570, 571, 575, 579, 589, 590, 595, 627, 632, 659 à 662, 664, 681, 682, 686, 697, 698, 699, 700, 701, 702, 754, 755.
Ordonnance n. 60-1067 du 6 octobre 1960	modifiant le Code de procédure pénale et le Code de justice militaire pour l'armée de terre et relative à certaines règles de procédure. Art. 444.

Lois	Articles du Code
Ordonnance n. 63-22 du 15 janvier 1963	modifiant et complétant le Code de procédure pénale en vue de la répression des crimes et délits contre la sûrete de l'État. Art. 698, 699, 700, 701, 702, 703.
Loi n. 66-493 du 9 juillet 1966	modifiant les articles 16, 21 du Code de procédure pénale.
Loi n. 67-523 du 3 juillet 1967	relative à la Cour de cassation. Art. 603-1, 619, 647 à 647-4, 674-1, 674-2.
Loi n. 67-557 du 12 juillet 1967	relative à l'organisation des cours d'assises dans la région parisienne. Art. 242.
Loi n. 67-563 du 13 juillet 1967	sur le règlement judiciaire, la liquidation des biens, la faillite personnelle et les banqueroutes. Art. 768.
Loi n. 70-643 du 17 juillet 1970	tendant à renforcer la garantie des droits individuels des citoyens. Art. 133, 138, 139, 140, 141-1, 142, 142-1, 142-2, 142-3, 143, 147, 148, 148-1, 148-3, 149, 149-1, 149-2, 150, 181, 186, 213, 215-1, 272, 463, 464-1, 465, 471, 485, 501, 506, 569, 721, 723, 723-2, 724, 725, 728-1 à 728-4, 729, 732, 739 à 742-1, 743 à 744-2, 770, 774, 775, 777, 782, 786.
Loi n. 72-5 du 3 janvier 1972	tendant à simplifier la procédure applicable en matière de contraventions. Art. 525, 528 à 528-2.
Loi n. 72-625 du 5 juillet 1972	modifiant la Loi n. 67-557 du 12 juillet 1967 relative à l'organisation des cours d'assises dans la région parisienne et de l'article 232 du Code de procédure pénale. Art. 232.
Loi n. 72-1226 du 29 décembre 1972	simplifiant et complétant certaines dispositions relatives à la procédure pénale, aux peines et à leur exécution. Art. 45, 46, 48, 74, 102, 127, 134, 160, 168, 169-1, 186, 186-1, 255, 310, 312, 344, 357, 407, 494, 558, 592, 703, 709-1, 721, 722, 723-2, 727, 729, 730 à 733, 777-1.
Loi n. 74-631 du 5 juillet 1974	fixant à 18 ans l'âge de la majorité. Art. 102, 699, 744-2, 751.
Loi n. 75-285 du 24 avril 1975	abrogeant les articles 68 et 155 du Code pénal et modifiant l'article 18 du Code de procédure pénale.

Lois	Articles du Code
Loi n. 75-624 du 11 juillet 1975	modifiant et complétant certaines dispositions de droit pénal. Art. 421, 469-1, 471, 720, 729, 742, 768, 769, 774, 775, 775-1, 777, 777-1, 785, 786, 788, 790.
Loi n. 75-701 du 6 août 1975	modifiant et complétant certaines dispositions de procédure pénale. Art. 16, 16-1, 16-2, 16-3, 93, 138, 148-4, 157, 157-1, 219, 382, 388, 396, 398, 552, 567-1, 664, 801.
Loi n. 75-1257 du 27 décembre 1975	modifiant l'article 552 du Code de procédure pénale relatif au délai de citation devant le tribunal correctionnel ou de police. Art. 552.
Loi n. 77-5 du 3 janvier 1977	garantissant l'indemnisation de certaines victimes de dommages corporels résultant d'une infraction. Art. 706-4, 706-5, 706-6, 706-7, 706-8, 706-10, 706-11, 706-12.
Loi n. 78-788 du 28 juillet 1978	portant réforme de la procédure pénale sur la police judiciaire et le jury d'assises. Art. 15, 16, 20, 21, 224, 226 à 229, 256, 257, 258, 258-1, 260 à 267, 289, 289-1, 291, 292, 295, 537, 722.
Loi n. 78-1097 du 22 novembre 1978	modifiant certaines dispositions du Code de procédure pénale en matière d'exécution des peines privatives de liberté. Art. 148-5, 722, 723-3, 723-4, 723-5, 723-6.
Loi n. 79-9 du 3 janvier 1979	modifiant certaines dispositions relatives à la Cour de cassation. Art. 619.
Loi n. 79-1131 du 28 décembre 1979	modifiant le taux des amendes pénales en matière de contravention de police. Art. 45, 381.
Loi n. 80-2 du 4 janvier 1980	relative à l'automatisation du casier judiciaire. Art. 768, 771, 773, 773-1, 777-2, 777-3, 781.
Loi n. 80-514 du 7 juillet 1980	portant suppression du renvoi au règlement d'administration publique dans les lois. Art. 779, 800.
Loi n. 80-1041 du 23 décembre 1980	relative à la répression du viol et de certains attentats aux mœurs. Art. 2-2, 306.
Loi n. 80-1042 du 23 décembre 1980	portant réforme de la procédure pénale relative à la prescription et au jury d'assises. Art. 10, 258-1, 260, 261-1, 263.

Lois	Articles du Code
Loi n. 81-82 du 2 février 1981	renforçant la sécurité et protégeant la liberté des personnes. Art. 2-3, 10, 71 à 71-3, 77-1, 182, 186, 191, 196-1 à 196-6, 197, 214, 220, 221, 258, 260, 261, 308, 375-1, 388, 396, 403, 420-1, 420-2, 422, 425, 460-1, 511, 515-1, 567-2, 574-1, 706-5, 722, 723-4, 728-1 à 728-4, 742.
Loi n. 81-737 du 4 août 1981	portant suppression de la Cour de sûreté de l'État. Art. 698, 699, 700, 701, 702.
Loi n. 81-759 du 6 août 1981	relative à la Cour de cassation. Art. 580 à 582, 608, 616.
Loi n. 81-908 du 9 octobre 1981	portant abolition de la peine de mort. Art. 604, 713.
Loi n. 82-506 du 15 juin 1982	relative à la procédure applicable en cas de faute professionnelle commise à l'audience par un avocat. Art. 675.
Loi n. 82-621 du 21 juillet 1982	relative à l'instruction et au jugement des infractions en matière militaire et de sûreté de l'État et modifiant les Codes de procédure pénale et de justice militaire. Art. 697 à 702.
Loi n. 83-466 du 10 juin 1983	portant abrogation ou révision de certaines dispositions de la loi n. 81-82 du 2 février 1981 et complétant certaines dispositions du Code pénal et du Code de procédure pénale. Art. 2-4, 2-5, 61, 64-1, 77-1, 78-1, 78-2, 78-3, 78-4, 138, 148-2, 186, 196-1 à 196-6, 220, 221, 282, 296, 388, 393 à 397, 397-2 à 397-6, 399, 511, 522, 567-2 à 722, 723-4, 747-1 à 747-7.
Loi n. 83-608 du 8 juillet 1983	renforçant la protection des victimes d'infractions. Art. 5-1, 142-1, 385-1, 385-2, 388-1, 388-2, 388-3, 420-1, 470-1, 497, 509, 515, 533, 541, 706-4, 706-5, 706-6, 706-10, 706-11.
Loi n. 84-576 du 9 juillet 1984	tendant à renforcer les droits des personnes en matière de placement en détention provisoire et d'exécution d'un mandat de justice. Art. 123, 128, 130, 130-1, 133, 135-1, 137, 146, 186, 396, 501.
Loi n. 84-1150 du 21 décembre 1984	relative au transfèrement en France des personnes condamnées et détenues à l'étranger. Art. 713-1 à 713-8, 768, 769.

Lois	Articles du Code
Loi n. 85-10 du 3 janvier 1985	portant diverses dispositions d'ordre social. Art. 2-1.
Loi n. 85-98 du 25 janvier 1985	relative au redressement et à la liquidation judiciaires des entreprises. Art. 768, 775, 776.
Loi n. 85-699 du 11 juillet 1985	tendant à la constitution d'archives audiovisuelles de la justice. Art. 773.
Loi n. 85-772 du 25 juillet 1985	portant diverses dispositions d'ordre social. Art. 2-6.
Loi n. 85-1196 du 18 novembre 1985	modifiant diverses dispositions du Code de procédure pénale et du Code de la route et relative à la police judiciaire. Art. 16, 18, 20, 21, 21-1, 75.
Loi n. 85-1407 du 30 décembre 1985	portant diverses dispositions de procédure pénale et de droit pénal. Art. 40, 41-1, 56-1, 77-1, 82, 84, 89, 97, 99, 100, 114, 138, 139, 140, 141, 148, 148-3, 148-6, 148-7, 148-8, 151, 155, 159, 163, 166, 167, 174, 175, 177, 183, 185, 186, 186-1, 197, 212, 217, 241, 257, 264, 305-1, 324, 373, 390-1, 465, 483, 484, 485, 490, 490-1, 494, 494-1, 498, 501, 502, 503, 529 à 530-3, 560, 567-2, 571-1, 574-1, 577, 599, 657, 663, 664, 689-2, 706-3, 706-15, 721, 723, 723-1, 749 à 752, 754, 756, 758, 775.
Loi n. 86-1004 du 3 septembre 1986	relative aux contrôles et vérifications d'identité. Art. 78-1, 78-2, 78-3, 78-5.
Loi n. 86-1019 du 9 septembre 1986	relative à la lutte contre la criminalité et la délinquance. Art. 148-2, 390-1, 395, 396, 397-1, 397-2, 481.
Loi n. 86-1020 du 9 septembre 1986	relative à la lutte contre le terrorisme et aux atteintes à la sûreté de l'État. Art. 706-16 à 706-25.
Loi n. 86-1021 du 9 septembre 1986	relative à l'application des peines. Art. 721-1, 729-1, 733-1.
Loi n. 87-565 du 22 juillet 1987	relative à l'organisation de la sécurité civile, à la protection de la forêt contre l'incendie et à la prévention des risques majeurs. Art. 2-7 ; cf. Art. L. 351-9 du Code forestier.
Loi n. 87-588 du 30 juillet 1987	portant diverses mesures d'ordre social. Art. 2-1.

Lois	Articles du Code
Loi n. 87-1062 du 30 décembre 1987	relative aux garanties individuelles en matière de placement en détention provisoire ou sous contrôle judiciaire et portant modification du Code de procédure pénale. Entrée en vigueur immédiate : Art. 12, voir CPP, art. 191 ; Art. 14, voir CPP, art. 197 ; Art. 15, voir CPP, art. 221-1 ; Art. 19, voir CPP, art. 399 ; Art. 20, voir CPP, art. 511 ; Art. 21, voir Ord. 81-295, 1er avril 1981, art. 20, relative à la promulgation et à la publication des lois et décrets et à l'organisation de la justice de Mayotte ; Art. 23, L. 85-1303, 10 déc. 1985, L. 85-1407, 30 déc. 1985 ; Art. 24, voir CPP, art. 50, 709-1 ; Art. 25 : Art. 13, entrée en vigueur le 1er octobre 88, voir CPP, art. 194.
Loi n. 87-1130 du 31 décembre 1987	modifiant le Code de procédure pénale et relative à l'attribution de la qualité d'agent de police judiciaire aux enquêteurs et aux personnels en tenue de la police nationale. Art. 20.
Loi n. 88-828 du 20 juillet 1988	portant amnistie. Art. 775-2.
Loi n. 89-431 du 23 juin 1989	relative à la révision des condamnations pénales. CPP, art. 622, 623 à 626.
Loi n. 89-461 du 6 juillet 1989	modifiant le Code de procédure pénale et relatif à la détention provisoire. Entrée en vigueur immédiate : Art. 7 II, voir CPP, art. 148-8 ; Art. 7 IV, voir CPP, art. 567-1 ; Art. 11, voir CPP, art. 217 ; Art. 13, voir CPP, art. 775 ; Art. 14, voir CPP, art. 142-3, 471, 569 ; Art. 18, voir Annexe IV, mineurs, Ord. 2 fév. 1945, art. 28, 29 et 30 ; Art. 20, voir CPP, art. 109 ; Art. 21, voir L. 87-1062 du 30 déc. 1987, mod. L. 89-18 du 13 janv. 1989, art. 1 à 11 et art. 18 abrogés, art. 25 ; Art. 22, voir CPP, art. 48 ; Art. 23, voir CPP, art. 801 ; Art. 24, voir CPP, art. 486. Entrée en vigueur le 1er décembre 1989 : Art. 1er I, voir CPP, art. 41 ;Art. 1er II, voir CPP, art. 81 ; Art. 6 I et II, voir CPP, art. 145-1 ; Art. 6 III, voir CPP, art. 145- 2 ; Art. 6 IV, voir CPP, art. 148 ; Art. 6 V, voir CPP, art. 186 ;

Lois	Articles du Code
Loi n. 89-461 du 6 juillet 1989	Art. 7 I, voir CPP, art. 148-4 ; Art. 7 III, voir CPP, art. 199 ; Art. 10, voir CPP, art. 183 ; Art. 17, voir Annexe IV, mineurs, Ord. 2 fév. 1945, art. 11 ; Art. 19, voir CPP, art. 738, 742-1, 743 ; Art. 25, sur l'entrée en vigueur des articles et sur les modalités d'application.
Loi n. 89-469 du 10 juillet 1989	relative à diverses dispositions en matière de sécurité routière et en matière de contraventions. Art. 1er I, voir CPP, titre de la section 1 du chap. II bis du Titre III du Livre IV ; Art. 2, voir CPP, art. 530-3 ; Art. 8, voir CPP, art. 45.
Loi n. 90-9 du 2 janvier 1990	portant diverses dispositions relatives au temps de travail. Art. 19, voir CPP, art. 720.
Loi n. 90-589 du 6 juillet 1990	modifiant le Code de procédure pénale et le Code des assurances et relative aux victimes d'infractions. Art. 1, voir CPP, art. 2-9 ; art 2, voir CPP, art. 706-3 ; art. 3, voir CPP, art. 706-5 ; art. 4, voir CPP, art. 706-6 ; art. 5, voir CPP, art. 706-7 ; art. 6 et 18, voir CPP, art. 706-8 ; art. 7 et 18, voir CPP, art. 706-9 ; art. 8 et 18, voir CPP, art. 706-10 ; art. 9 I et 18, voir CPP, art. 706-11 ; art. 9 II et 18, voir CPP, art. 706-10 ; art. 9 III et 18, voir CPP, art. 706-11 ; art. 10 et 18, voir CPP, art. 706-14 ; art. 16, voir CPP, art. 279 ; art. 17 et 18 abrogent les art. 706-13 et 706-15 du CPP.
Loi n. 90-602 du 12 juillet 1990	relative à la protection des personnes contre les discriminations en raison de leur état de santé ou de leur handicap. Art. 7, voir CPP, art. 2-8 ; art. 8, voir CPP, art. 2-10.
Loi n. 91-646 du 10 juillet 1991	relative au secret des correspondances émises par la voie des télécommunications. Art. 2-I, voir CPP, Livre Ier, Titre III, chap. I, section III, intitulée : « Des transports, des perquisitions, des saisies et des interceptions de correspondances émises par la voie des télécommunications » ; art. 2-II, voir CPP, Livre Ier, Titre III, chap. I, section III, sous-section I,

Lois	Articles du Code
Loi n. 91-646 du 10 juillet 1991	intitulée : « Des transports, des perquisitions et des saisies », CPP, art. 92 à 99 ; Art. 2-III voir CPP, Livre I, Titre III, chap. I, section III, sous-section II, intitulée : « Des interceptions de correspondances émises par la voie des télécommunications », CPP, art. 100 à 100-7.
Loi n. 91-647 du 10 juillet 1991	relative à l'aide juridique. Art. 74, voir CPP, art. 706-14.
Loi n. 91-663 du 13 juillet 1991	portant diverses mesures destinées à favoriser l'accessibilité aux personnes handicapées des locaux d'habitation, des lieux de travail et des installations recevant du public. Art. 7, voir CPP, art. 2-8, 2e alinéa.
Loi n. 91-1257 du 17 décembre 1991	permettant aux associations d'anciens combattants et victimes de guerre d'ester en justice. Art. unique I, voir CPP, art. 2-11.
Loi n. 92-1179 du 2 novembre 1992	relative à l'abus d'autorité en matière sexuelle dans les relations de travail et modifiant le Code du travail et le Code de procédure pénale. Art. 4, voir CPP, art. 2-6.
Loi n. 93-992 du 10 août 1993	relative aux contrôles et vérifications d'identité. Art. 3, voir CPP, art. 78-2.
Loi n. 93-1027 du 24 août 1993	Art. 34-III, voir CPP, art 78-2.
Loi n. 93-1417 du 30 décembre 1993	Art. 10-A et 10-C, voir CPP, art. 469-5.
Loi n. 94-89 du 1er février 1994	instituant une peine incompressible et relative au nouveau Code pénal et à certaines dispositions de procédure pénale. Art. 1, voir CPP, art. 15-1 ; Art. 2, voir CPP, art. 16 ; Art. 3, voir CPP, art. 18 ; Art. 5, voir CPP, art. 704, 705 ; Art. 6, voir CPP, art. 720-4 ; Art. 7, voir CPP, art. 718 ; Art. 8, voir CPP, art 722 ; Art. 10, voir CPP, art. 63-4, 375-2, 480-1, 546, 632, 677, 706-30 ; Art. 14, voir CPP, art. 111 ; Art. 16, voir CPP, art. 2-13 ; Art. 17, voir CPP, art. 83, 142-1, 202, 212, 397-3, 533 ; Art. 18, voir CPP, art. 63-4 ; Art. 19, voir CPP, art. 154 ; Art. 21, voir CPP, art. 281 ; Art. 22, voir CPP, art. 282.

Lois	Articles du Code
Loi n. 94-475 du 10 juin 1994	relative aux difficultés des entreprises. Art. 90, voir CPP, art. 702-1 ; Art. 91, voir CPP, art. 769 ; Art. 93-1, voir CPP, art. 768.
Loi n. 94-665 du 4 août 1994	relative à l'emploi de la langue française. Art. 19, voir CPP, art. 2-14.
Loi n. 95-73 du 21 janvier 1995	d'orientation et de programmation relative à la sécurité. Art. 27, voir CPP, art. 62-1, 78, 153.
Loi n. 95-101 du 2 février 1995	relative au renforcement de la protection de l'environnement. Art. 87-11, voir CPP, art. 529.
Loi n. 95-116 du 4 février 1995	portant diverses dispositions d'ordre social. Art. 121-II, voir CPP, art. 8.
Loi n. 95-125 du 8 février 1995	relative à l'organisation des juridictions et à la procédure civile, pénale et administrative. Art. 36, voir CPP, art. 398 ; Art. 37, voir CPP, art. 398-1 ; Art. 38-1, voir CPP, art. 398-2, 398-3 ; Art. 38-11, voir CPP, art. 464 ; Art. 38-111, voir CPP, art. 469 ; Art. 39, voir CPP, art. 406 ; Art. 41, voir CPP, art. 410-1 ; Art. 42, voir CPP, art. 557 ; Art. 43, voir CPP, art. 558 ; Art. 44, voir CPP, art. 560 ; Art. 46, voir CPP, art. 729-2 ; Art. 50, voir CPP, art. 100-7 ; Art. 51, voir CPP, art. 2-15 ; Art. 52-1, voir CPP, art. 706-25-1 ; Art. 52-11, voir CPP, art. 706-31 ; Art. 53-1, voir CPP, art. 16 ; Art. 54, voir CPP, art. 18 ; Art. 55, voir CPP, art. 6-1 ; Art. 56-1, voir CPP, art. 167-1 ; Art. 56-11, voir CPP, art. 199-1 ; Art. 57, voir CPP, art. 187 ; Art. 58, voir CPP, art. 395 ; Art. 59, voir CPP, art. 513 ; Art. 60, voir CPP, art. 717.
Loi n. 96-392 du 13 mai 1996	relative à la lutte contre le blanchiment et le trafic de stupéfiants et à la coopération internationale en matière de saisie et de confiscation des produits du crime. Art. 3, voir CPP, art. 704 ; Art. 19, voir CPP, art. 2-16.
Loi n. 96-393 du 13 mai 1996	relative à la responsabilité pénale pour des faits d'imprudence ou de négligence. Art. 4, voir CPP, art. 470-1.

Lois	Articles du Code
Loi n. 96-647 du 22 juillet 1996	tendant à renforcer la répression du terrorisme et des atteintes aux personnes dépositaires de l'autorité publique ou chargées d'une mission de service public et comportant des dispositions relatives à la police judiciaire. Art. 8 et 9, voir CPP, art. 706-16 ; Art. 10, voir CPP, art. 706-24 ; Art. 11, voir CPP, art. 706-28 ; Art. 18, voir CPP, art. 398-1 ; Art. 20, voir CPP, art. 16 ; Art. 21, voir CPP, art. 20 ; Art. 22-I, voir CPP, art. 46 ; Art. 22-II, voir CPP, art. 48.
Loi n. 96-1235 du 30 décembre 1996	relative à la détention provisoire et aux perquisitions de nuit en matière de terrorisme. Art. 1, voir CPP, art. 82 ; Art. 2-I, voir CPP, art. 114 ; Art. 2-II, voir CPP, art. 114-1 ; Art. 3-I, voir CPP, art. 144 ; Art. 3-II, voir CPP, art. 144 ; Art. 4, voir CPP, art. 144-1 ; Art. 5, voir CPP, art. 145 ; Art. 6, voir CPP, art. 145-1 ; Art. 7, voir CPP, art. 145-2 ; Art. 8, voir CPP, art. 145-3 et 145-4 ; Art. 9, voir CPP, art. 149 ; Art. 10, voir CPP, art. 179 ; Art. 11, voir CPP, art. 187-1 ; Art. 12, voir CPP, art. 396 ; Art. 13, voir CPP, art. 220 ; Art. 14, voir CPP, art. 221-2 ; Art. 16-I, voir CPP, art. 706-24-1 ; Art. 16-II, voir CPP, art. 706-24.
Loi n. 97-396 du 24 avril 1997	portant diverses dispositions relatives à l'immigration. Art. 18, voir CPP, art. 78-2 ; Art. 19, voir CPP, art. 78-2-1.
Loi n. 97-1019 du 28 octobre 1997	portant réforme du service national : Art. 6, voir CPP, art. 21.
Loi n. 97-1159 du 19 décembre 1997	consacrant le placement sous surveillance électronique comme modalité et exécution des peines privatives de liberté. Art. 1. I, voir CPP, art. 716-1 ; Art. 1. II, voir CPP, art. 720-1 ; Art. 1. III, voir CPP, art. 720-2 ; Art. 1. IV, voir CPP, art. 721 ; Art. 1. V, voir CPP, art. 722 ; Art. 1. VI, voir CPP, art. 723 ; Art. 1. VII, voir CPP, art. 723-7 ; les art. 1 à 1. VII créent des titres de sections ; Art. 2, voir CPP, art. 723-7 ; Art. 3, voir CPP, art. 723-8 ; Art. 4, voir CPP, art. 723-9 ; Art. 5, voir

Lois	Articles du Code
Loi n. 97-1159 du 19 décembre 1997	CPP, art. 723-10 ; Art. 6, voir CPP, art. 723-11 ; Art. 7, voir CPP, art. 723-12 ; Art. 8, voir CPP, art. 723-13 ; Art. 9, voir CPP, art. 723-14 ; Art. 10, voir CPP, art. 722 ; Art. 11, voir CPP, art. 733-1.
Loi n. 97-1273 du 29 décembre 1997	tendant à faciliter le jugement des actes de terrorisme : Art. unique, voir CPP, art. 706-17-1.
Loi n. 98-349 du 11 mai 1998	relative à l'entrée et au séjour des étrangers en France et au droit d'asile : Art. 38, voir CPP, art. 724-1.
Loi n. 98-468 du 17 juin 1998	relative à la prévention et à la répression des infraction sexuelles ainsi qu'à la protection des mineurs : Art. 6, voir CPP, art. 721-1 ; Art. 7, voir CPP, art. 721-1 ; Art. 8, voir CPP, Titre VII bis du Livre V, art. 763-1 à 763-9 ; Art. 23, voir CPP, art. 2-2 ; Art. 24, voir CPP, art. 2-3 ; Art. 25, voir CPP, art. 7 ; Art. 26, voir CPP, art. 8 ; Art. 27, voir CPP, art. 40 ; Art. 28, voir CPP, Titre XIX du Livre IV, art. 706-47 à 706-54 ; Art. 29, voir CPP, art. 722 ; Art. 30, voir CPP, art. 722 ; Art. 48, voir CPP, art. 706-52 ; Art. 49, voir CPP, art. 87-1 ; Art. 50, voir CPP, art. 7 et 8.
Loi n. 98-546 du 2 juillet 1998	portant diverses dispositions d'ordre économique et financier : Art. 91, voir CPP, art. 706.
Loi n. 98-1035 du 18 novembre 1998	portant extension de la qualification d'officier de police judiciaire au corps de maîtrise et d'application de la police nationale : Art. unique, voir CPP, art. 16.
Loi n. 99-5 du 6 janvier 1999	relative aux animaux dangereux et errants et à la protection des animaux : Art. 9, voir CPP, art. 99-1.
Loi n. 99-291 du 15 avril 1999	relative aux polices municipales : Art. 13, voir CPP, art. 21-2 ; Art. 14, voir CPP, art. 62-1 ; Art. 16, voir CPP, art. 78-6 ; Art. 17, voir CPP, art. 529-4.
Loi n. 99-515 du 23 juin 1999	renforçant l'efficacité de la procédure pénale : Art. 1er, voir CPP, art. 41-1 à 41-4 ; Art. 2, voir CPP, art. 41 ; Art. 4, voir CPP, art. 6 ; Art. 7-I, voir CPP, art. 398 ;

Lois	Articles du Code
Loi n. 99-515 du 23 juin 1999	Art. 7-II, voir CPP, art. 398-2 ; Art. 8, voir CPP, art. 525 ; Art. 9, voir CPP, art. 529, 529-6 et 529-7 ; Art. 10, voir CPP, art. 546 ; Art. 11, voir CPP, art. 53 ; Art. 12, voir CPP, art. 60 et 77-1, 167 ; Art. 13, voir CPP, art. 72 ; Art. 14, voir CPP, art. 80 ; Art. 15, voir CPP, art. 182 ; Art. 16, voir CPP, art. 199 ; Art. 17, voir CPP, art. 385 ; Art. 18, voir CPP, art. 411 ; Art. 19, voir CPP, art. 583 ; Art. 20, voir CPP, art. 583-1 ; Art. 21, voir CPP, art. 41-1 ; Art. 22, voir CPP, art. 56 ; Art. 23, voir CPP, art. 92-2 ; Art. 24, voir CPP, art. 706-30-1 ; Art. 25, voir CPP, art. 626 ; Art. 26, voir CPP, art. 667-1 ; Art. 27, voir CPP, art. 803-1 ; Art. 28, voir CPP, art. 28-1 ; Art. 30, voir CPP, art. 694 à 696-2.
Loi n. 99-929 du 10 novembre 1999	portant réforme du Code de justice militaire et du Code de procédure pénale : Art. 56, voir CPP, art. 465 ; Art. 57, voir CPP, art. 697-2 ; Art. 58, voir CPP, art. 698 ; Art. 59, voir CPP, art. 698-2 ; Art. 60, voir CPP, art. 698-5 ; Art. 61, voir CPP, art. 698-9.
Loi n. 2000-516 du 15 juin 2000	renforçant la protection de la présomption d'innocence et les droits des victimes : Art. 1er, voir CPP, art. préliminaire ; Art. 2, voir CPP, art. 81 ; Art. 3, voir CPP, art. 41 ; Art. 4-I, voir CPP, art. 62 ; Art. 4-II, voir CPP, art. 153 ; Art. 5-I, voir CPP, art. 63 ; Art. 5-II et III, voir CPP, art. 154 ; Art. 6, voir CPP, art. 63-5 ; Art. 7, voir CPP, art. 63-1 ; Art. 8, voir CPP, art. 63-1 ; Art. 9, voir CPP, art. 63-1 ; Art. 10, voir CPP, art. 63-2 ; Art. 11, voir CPP, art. 63-463 ; Art. 12, voir CPP, art. 64 ; Art. 13, voir CPP, art. 77 ; Art. 15, voir CPP, art. 75-1 et 75-2 ; Art. 16, voir CPP, art. 227 ; Art. 17, voir CPP, art. 15-2 ; Art. 18, voir CPP, art. 115 ; Art. 19, voir CPP, art. 80-1 ; Art. 20, voir CPP, art. 80-2 ; Art. 21, voir CPP, art. 82-1 et 82-2 ; Art. 22, voir CPP, art. 80-3 ; Art. 23, voir CPP, art. 116 ; Art. 24, voir CPP, art. 134 ; Art. 25, voir CPP, art. 120 ;

Lois	Articles du Code
Loi n. 2000-516 du 15 juin 2000	Art. 26, voir CPP, art. 121 ; Art. 27-I, voir CPP, art. 156 ; Art. 27-II, voir CPP, art. 164 ; Art. 27-III, voir CPP, art. 167 ; Art. 28, voir CPP, art. 217 ; Art. 29-I, voir CPP, art. 173-1 ; Art. 29-II, voir CPP, art. 89-1 ; Art. 29-III, voir CPP, art. 173 ; Art. 30, voir CPP, art. 174-1 ; Art. 31, voir CPP, art. 101 à 113 et 153, Art. 32, voir CPP, art. 109 ; Art. 33, voir CPP, art. 113-1 à 113-8 ; Art. 34, voir CPP, art. 197-1 ; Art. 35, voir CPP, art. 652 ; Art. 36, voir CPP, art. 312 ; Art. 37, voir CPP, art. 345 ; Art. 38, voir CPP, art. 408 ; Art. 39, voir CPP, art. 442, 442-1 et 454 ; Art. 40, voir CPP, art. 304 ; Art. 41, voir CPP, art. 429 ; Art. 42, voir CPP, art. 500-1 ; Art. 43, voir CPP, art. 513 ; Art. 44, voir CPP, art. 56-1, 56-3 et 96 ; Art. 45, voir CPP, art. 138 ; Art. 46, voir CPP, art. 137 ; Art. 48, voir CPP, art. 137-1 à 137-5 ; Art. 49-I, voir CPP, art. 396 ; Art. 49-II, voir CPP, art. 706-23 ; Art. 49-III, voir CPP, art. 706-24 ; Art. 49-IV, voir CPP, art. 706-28 ; Art. 49-V, voir CPP, art. 706-29 ; Art. 50, voir CPP, art. 138 et 81 ; Art. 51-I, voir CPP, art. 138 ; Art. 51-II, voir CPP, art. 138 ; Art. 51-III et IV, voir CPP, art. 142 ; Art. 51-V, voir CPP, art. 142-2 ; Art. 51-VI, voir CPP, art. 142-2 ; Art. 51-VII, voir CPP, art. 142-3 ; Art. 52, voir CPP, art. 145 ; Art. 53, voir CPP, art. 145-3 ; Art. 54, voir CPP, art. 146 ; Art. 55, voir CPP, art. 147 ; Art. 56, voir CPP, art. 148 ; Art. 57, voir CPP, art. 143-1 et 144 ; Art. 58, voir CPP, art. 145-1 ; Art. 59, voir CPP, art. 145-2 ; Art. 60, voir CPP, art. 145-5 ; Art. 61, voir CPP, art. 141-3 ; Art. 62, voir CPP, art. 144-2 ; Art. 64, voir CPP, art. 187-2 et 194 ; Art. 65, voir CPP, art. 219 ; Art. 66, voir CPP, art. 397-3 ; Art. 67, voir CPP, art. 397-4 ; Art. 68, voir CPP, art. 716 ; Art. 69, voir CPP, art. 716-4 ; Art. 70, voir CPP, art. 149 et 149-2 ; Art. 71, voir CPP, art. 149-1 à 149-4 ; Art. 73, voir CPP,

Lois	Articles du Code
Loi n. 2000-516 du 15 juin 2000	art. 77-2 et 77-3 ; Art. 74, voir CPP, art. 89-1, 175-1, 175-2 et 207-1 ; Art. 75, voir CPP, art. 175-3 ; Art. 76, voir CPP, art. 179 ; Art. 77, voir CPP, art. 215-2 ; Art. 79, voir CPP, art. 231, 296, 297, 298, 359, 360 et 362 ; Art. 80, voir CPP, art. 349-1, 356, 361-1 ; Art. 81, voir CPP, art. 380-1 à 380-15 ; Art. 82, voir CPP, art. 181, 186, 186-2, 215, 215-1, 272, 272-1 ; Art. 84, voir CPP, art. 183 ; Art. 85, voir CPP, art. 367 et 374 ; Art. 87, voir CPP, art. 177-2, 88-1, 91, 392-1 ; Art. 88, voir CPP, art. 800-2 ; Art. 89, voir CPP, art. 626-1 à 626-7 ; Art. 93, voir CPP, art. 803 ; Art. 96, voir CPP, art. 11, 145, 177-1, 199, 212-1 ; Art. 101, voir CPP, art. 81-1 ; Art. 102, voir CPP, art. 41 ; Art. 104, voir CPP, art. 53-1 et 75 ; Art. 105, voir CPP, art. 2-17 ; Art. 106, voir CPP, art. 2-6 ; Art. 107, voir CPP, art. 2-18 ; Art. 108, voir CPP, art. 2-19 ; Art. 109, voir CPP, art. 80-3 ; Art. 110, voir CPP, art. 344 et 407 ; Art. 111, voir CPP, art. 420-1 ; Art. 112, voir CPP, art. 464 ; Art. 113, voir CPP, art. 618-1 ; Art. 114, voir CPP, art. 15-3 ; Art. 115, voir CPP, art. 393-1 ; Art. 116, voir CPP, art. 706-15 ; Art. 117, voir CPP, art. 706-5 ; Art. 118, voir CPP, art. 706-14 ; Art. 119, voir CPP, art. 721-1 ; Art. 121, voir CPP, art. 583 et 583-1 ; Art. 122, voir CPP, art. 729-3 ; Art. 123, voir CPP, art. 709-1, 731, 732, 733, 41, 763-1 et 763-8 ; Art. 125, voir CPP, art. 720-1, 722, 722-1, 722-2, 732, 733, 733-1 ; Art. 126, voir CPP, art. 729 ; Art. 129, voir CPP, art. 720-1-A ; Art. 130, voir CPP, art. 723-7 ; Art. 131, voir CPP, art. 104, 105, 152, 175 et 183 ; Art. 132, voir CPP, art. 83, 122, 135, 136,138, 141-2, 144-1, 145-2, 185, 186, 207 ; Art. 133, voir CPP, art. 420-2 et 460-1 ; Art. 134, voir CPP, art. 154 ; Art. 135, voir CPP, art. 82 ; Art. 136, voir CPP, art. 141-2, 148-1, 256, 260, 266, 267, 289-1, 268, 269, 273, 316, 327, 348, 351, 354, 370, 594, 599, 698-6, 706-25 ; Art. 138, voir CPP, art. 689-9.

Lois	Articles du Code
Loi n. 2000-595 du 30 juin 2000	modifiant le code pénal et le code de procédure pénale relative à la lutte contre la corruption : Art. 4, voir CPP, art. 689-8, Art. 5, voir CPP, art. 693 et 706-1 ; Art. 6, voir CPP, art. 704.
Loi n. 2000-647 du 10 juillet 2000	tendant à préciser la définition des délits non intentionnels : Art. 2, voir CPP, art. 4-1 ; Art. 3, voir CPP, art. 470-1 ; Art. 9, voir CPP, art. 706-43.
Loi n. 2000-1257 du 23 décembre 2000	de financement de la sécurité sociale pour 2001 : Art. 53-VIII, al. 1er ; voir CPP, art. 706-3.
Loi n. 2000-1354 du 30 décembre 2000	tendant à faciliter l'indemnisation des condamnés reconnus innocents et portant diverses dispositions de coordination en matière de procédure pénale : Art. 1, voir CPP, art. 149 ; Art. 2, voir CPP, art. 149 ; Art. 3, voir CPP, art. 149 ; Art. 4, voir CPP, art. 149-1 ; Art. 5, voir CPP, art. 150 ; Art. 6, voir CPP, art. 626 ; Art. 7-I, voir CPP, sous-section 3 de la section 7 du chapitre I du titre III du livre I ; Art. 7-II, voir CPP, art. 149-3 ; Art. 8, voir CPP, art. 109 ; Art. 9, voir CPP, art. 326 ; Art. 10, voir CPP, art. 438 ; Art. 12, voir CPP, art. 116 ; Art. 13, voir CPP, art. 137-1 ; Art. 14, voir CPP, art. 152 ; Art. 15, voir CPP, art. 179 ; Art. 16, voir CPP, art. 187-1 ; Art. 17, voir CPP, art. 207-1 ; Art. 18, voir CPP, art. 609-1 ; Art. 19, voir CPP, art. 610 ; Art. 20, voir CPP, art. 698-6 ; Art. 21, voir CPP, art. 720-5 ; Art. 22-I, voir CPP, art. 722 ; Art. 22-II, voir art. 722-I ; Art. 23, voir CPP, art. 77-2 ; Art. 24, voir CPP, art. 82-1 ; Art. 25, voir CPP, art. 175-1 ; Art. 26, voir CPP, art. 185 ; Art. 27, voir CPP, art. 374 ; Art. 28, voir CPP, art. 627 ; Art. 29, voir CPP, art. 632 ; Art. 32-1, voir CPP, art. 722-1-1 ; Art. 32-II, voir CPP, art. 823 ; Art. 32-III, voir CPP, art. 868-1 ; Art. 32-IV, voir CPP, art. 901-1 ; Art. 36, voir CPP, art. 722.
Loi n. 2001-397 du 9 mai 2001	relative à l'égalité professionnelle entre les femmes et les hommes : Art. 22-I, voir CPP, art. 2-6.

Lois	Articles du Code
Loi n. 2001-420 du 15 mai 2001	relative aux nouvelles régulations économiques : Art. 47-II, voir CPP, art. 706-30.
Loi n. 2001-504 du 12 juin 2001	tendant à renforcer la prévention et la répression des mouvements sectaires portant atteinte aux droits de l'homme et aux libertés fondamentales : Art. 22, voir CPP, art. 2-17 ; Art. 23, voir CPP, art. 706-45.
Loi org. n. 2001-539 du 25 juin 2001	relative au statut des magistrats et au Conseil supérieur de la magistrature : Art. 26, voir CPP, art. 706-55 à 706-61.
Loi n. 2001-1062 du 15 novembre 2001	relative à la sécurité quotidienne : Art. 13-I, voir CPP, art. 20 ; Art. 13-II, voir CPP, art. 21 ; Art. 13-III, voir CPP, art. 78-6 ; Art. 23, voir CPP, art. 78-2-2 ; Art. 24-I, voir CPP, art. 76-1 ; Art. 24-II, voir CPP, art. 706-24 ; Art. 30, voir CPP, art. 230-1 à 230-5 ; Art. 32, voir CPP, art. 706-71 ; Art. 33-V, voir CPP, art. 706-17 ; Art. 33-VI, voir CPP, art. 706-24-2 ; Art. 33-VI, voir CPP, art. 689-10 ; Art. 54, voir CPP, art. 222-13 ; Art. 55, voir CPP, art. 706-64 à 706-70 ; Art. 56-II, voir CPP, art. 706-54 ; Art. 56-III, voir CPP, art. 706-54 ; Art. 56-IV, voir CPP, art. 706-56 et 706-57 ; Art. 57-I, voir CPP, art. 706-57 à 706-63 ; Art. 57-II, voir CPP, art. 62-1 et 153.
Loi n. 2001-1168 du 11 décembre 2001	portant mesures urgentes de réformes à caractère économique et financier : Art. 18-I, voir CPP, art. 56 ; Art. 18-II, voir CPP, art. 97.
Loi n. 2002-268 du 26 févier 2002	relative à la coopération avec la Cour pénale internationale : Art. 1er, voir CPP, art. 627 à 627-20 ; Art. 2, voir CPP, art. 630 et 632 ; Art. 4, voir CPP, art. 859-1, 897-1, 907-1.
Loi n. 2002-303 du 4 mars 2002	relative aux droits des malades et à la qualité du système de santé : Art. 10, voir CPP, art. 720-1-1 ; Art. 33, voir CPP, art. 706-2.
Loi n. 2002-305 du 4 mars 2002	relative à l'autorité parentale : Art. 13-VIII, voir CPP, art. 706-34.

Lois	Articles du Code
Loi n. 2002-307 du 4 mars 2002	complétant la loi n. 2000-516 du 15 juin 2000 renforçant la protection de la présomption d'innocence et les droits des victimes : Art. 1er, voir CPP, art. 41 ; Art. 2-I, voir CPP, art. 63, 77 et 154 ; Art. 2-II, voir CPP, art. 62, 153, 706-57, 78 ; Art. 3-I, voir CPP, art. 63-1 ; Art. 3-II, voir CPP, art. 63-1 ; Art. 3-III, voir CPP, art. 63-1 ; Art. 3-IV, voir CPP, art. 63-2 ; Art. 4, voir CPP, art. 153 ; Art. 5, voir CPP, art. 143-1 ; Art. 6, voir CPP, art. 145-5 ; Art. 7, voir CPP, art. 173-1 ; Art. 8-I, voir CPP, art. 380-2 ; Art. 8-II, voir CPP, art. 380-12 ; Art. 8-III, voir CPP, art. 380-13 ; Art. 9, voir CPP, art. 306 ; Art. 10, voir CPP, art. 400 ; Art. 11, voir CPP, art. 626-3.
Loi n. 2002-1138 du 9 septembre 2002..................	d'orientation et de programmation pour la justice : Art. 10, voir CPP, art. 706-72 ; Art. 15, voir CPP, art. 768, 769-2, 775 ; Art. 21-II, voir CPP, art. 744-2 ; Art. 33, voir CPP, art. 2-15 ; Art. 34, voir CPP, art. 77-2, 77-3 ; Art. 35-I, voir CPP, art. 706-71 ; Art. 36, voir CPP, art. 41-2, 41-3, 768, 769, 775 ; Art. 37, voir CPP, art. 137-4, 137-5, 143-1, 144, 145-1, 145-2, 207 ; Art. 38, voir CPP, art. 148-1-1, 148-2, 183, 187-2, 199 ; Art. 39-I, voir CPP, art. 80-2, 86, 177-3, 186, 706-58 ; Art. 40, voir CPP, art. 395, 396, 397-1, 397-3, 397-4 ; Art. 41, voir CPP, art. 398-1 ; Art. 42, voir CPP, art. 495, 495-1, 495-2, 495-3, 495-4, 495-5, 495-6 ; Art. 43, voir CPP, art. 215, 215-2, 268, 367 ; Art. 44, voir CPP, art. 722 ; Art. 46-II, voir CPP, art. 706-24-3 ; Art. 49, voir CPP, art. 138, 144-2, 723-7, 723-9, 723-13 ; Art. 50, voir CPP, art. 717 ; Art. 51, voir CPP, art. 720 ; Art. 52, voir CPP, art. 720-1 AA ; Art. 63, voir CPP, art. 53-1, 75 ; Art. 64, voir CPP, art. 40-1 ; Art. 66-I, voir CPP, art. 74-1, 80-4 ;

Décrets en Conseil d'État	Articles du Code
Décret n. 58-358 du 2 avril 1958	portant règlement d'administration publique pour l'application du Code de procédure pénale (titre préliminaire et livre Ier) institué par la Loi n. 57-1426 du 31 décembre 1957.
Décret n. 58-761 du 22 août 1958	modifiant le Décret du 20 mai 1903 portant règlement sur l'organisation et le service de la gendarmerie.
Décret n. 60-897 du 24 août 1960	portant règlement d'administration publique modifiant le Code de procédure pénale, 2e partie (règlement d'administration publique). Art. R. 76, R. 106.
Décret n. 64-118 du 4 février 1964	portant règlement d'administration publique modifiant le Code pénal (2e partie : règlement d'administration publique et décrets en Conseil d'État) et le Code de procédure pénale (2e partie : règlement d'administration publique). Art. R. 250.
Décret n. 66-269 du 2 mai 1966	portant règlement d'administration publique modifiant l'article R. 93 du Code de procédure pénale et instituant un article R. 218-1 du même code.
Décret n. 66-716 du 28 septembre 1966	portant règlement d'administration publique modifiant et complétant le Code de procédure pénale (2e partie) en ce qui concerne la police judiciaire. Art. R. 1, R. 2, R. 4 à R. 7, R. 13 à R. 15-1, R. 15-3 à R. 15-5.
Décret n. 67-62 du 14 janvier 1967	portant règlement d'administration publique modifiant le Code de procédure pénale (2e partie : règlement d'administration publique) en ce qui concerne les frais de justice. Art. R. 97, R. 116, R. 147, R. 166, R. 180, R. 190 à R. 195.
Décret n. 67-195 du 10 mars 1967	portant règlement d'administration publique modifiant et complétant l'article R. 69 du Code de procédure pénale. Art. R. 69.
Décret n. 67-737 du 23 août 1967	portant règlement d'administration publique modifiant l'article R. 79 du Code de procédure pénale. Art. R. 79.

Décrets en Conseil d'État	Articles du Code
Décret n. 67-903 du 12 octobre 1967	portant règlement d'administration publique modifiant le Code de procédure pénale (2e partie : règlement d'administration publique). Art. R. 151, R. 161 à R. 164, R. 167, R. 171 à R. 174, R. 176, R. 177.
Décret n. 68-1116 du 5 décembre 1968	portant règlement d'administration publique modifiant les articles R. 93 et R. 218 du Code de procédure pénale. Art. R. 218-1.
Décret n. 69-810 du 12 août 1969	portant règlement d'administration publique et relatif à l'organisation de la profession et au statut professionnel des commissaires aux comptes de sociétés. Art. R. 79.
Décret n. 70-147 du 19 février 1970	portant règlement d'administration publique et relatif à l'ordre des experts comptables et comptables agréés. Art. R. 79.
Décret n. 70-520 du 19 juin 1970	portant règlement d'administration publique modifiant l'article R. 86 du Code de procédure pénale. Art. R. 86.
Décret n. 70-1223 du 23 décembre 1970	portant règlement d'administration publique complétant le Code de procédure pénale (2e partie) et relatif au contrôle judiciaire. Art. R. 16-1 à R. 18, R. 20 à R. 23, R. 24, R. 25.
Décret n. 72-436 du 29 mai 1972	portant règlement d'administration publique modifiant le Code de procédure pénale (2e partie) et relatif aux frais de justice. Art. R. 110 à R. 112, R. 126, R. 129, R. 133, R. 135 à R. 137, R. 140 à R. 144.
Décret n. 72-630 du 4 juillet 1972	modifiant et complétant le titre X du Code de procédure pénale (2e partie : règlements d'administration publique. Frais de justice). Art. R. 155, R. 156, R. 159, R. 231, R. 242, R. 245.
Décret n. 74-88 du 4 février 1974	modifiant le Code de procédure pénale (2e partie) et relatif aux frais de justice. Art. R. 108, R. 115, R. 120-1, R. 122, R. 123, R. 134, R. 139, R. 166, R. 185, R. 186, R. 194, R. 199, R. 220, R. 249.
Décret n. 74-560 du 24 mai 1974	modifiant le Code de procédure pénale. Art. R. 90.

Décrets en Conseil d'État	Articles du Code
Décret n. 75-1338 du 31 décembre 1975	fixant la date d'entrée en vigueur de la loi n. 75-701 du 6 août 1975 et portant application des articles 20 et 21 de cette loi concernant l'habilitation des officiers de police judiciaire. Art. R. 15-1, R. 15-2, R. 15-5 à R. 15-16, R. 241.
Décret n. 76-99 du 28 janvier 1976	complétant l'article R. 79 du Code de procédure pénale relatif à la délivrance des bulletins n° 2 du casier judiciaire.
Décret n. 77-193 du 3 mars 1977	modifiant le Code pénal (2e partie : règlement d'administration publique et décrets en Conseil d'État) et le Code de procédure pénale (2e partie : règlement d'administration publique). Art. R. 18-1, R. 60, R. 66, R. 69, R. 245.
Décret n. 77-194 du 3 mars 1977	modifiant le Code de procédure pénale et relatif à l'indemnisation de certaines victimes de dommages corporels résultant d'une infraction. Art. R. 50-2 à R. 50-9, R. 50-11 à R. 50-14, R. 50-16 à R. 50-18, R. 50-20, R. 50-21, R. 50-25 à R. 50-28.
Décret n. 78-50 du 9 janvier 1978	insérant, dans le Code de procédure pénale (2e partie : règlement d'administration publique et décrets en Conseil d'État), les articles 1er à 19 du décret n. 71-5 du 4 janvier 1971 relatif au fonctionnement de la commission prévue par l'article 149-1 du Code de procédure pénale. Art. R. 26 à R. 38, R. 40 à R. 40-4.
Décret n. 78-62 du 20 janvier 1978	portant application de la Loi n. 77-1468 du 30 décembre 1977 instituant la gratuité des actes de justice devant les juridictions civiles et administratives. Art. R. 87, R. 92, R. 93, R. 150, R. 152, R. 153, R. 165, R. 168 à R. 170, R. 175, R. 213-1, R. 213-2.
Décret n. 78-263 du 9 mars 1978	modifiant le Code de procédure pénale (2e partie : règlement d'adminitration publique et décrets en Conseil d'État) et relatif aux frais de justice. Art. R. 141, R. 142.

Décrets en Conseil d'État	Articles du Code
Décret n. 79-115 du 5 février 1979	pris pour l'application de la Loi n. 78-788 du 28 juillet 1978 et portant règlement d'administration publique modifiant le Code de procédure pénale (2e partie) en ce qui concerne la désignation des officiers et agents de police judiciaire de la police nationale. Art. R. 8 à R. 12, R. 15-17.
Décret n. 79-235 du 19 mars 1979	modifiant le Code de procédure pénale (2e partie : règlement d'administration publique et décrets en Conseil d'État) et concernant le tarif des honoraires et indemnités de certains experts en matière pénale. Art. R. 110, R. 116-1 à R. 120.
Décret n. 79-299 du 2 avril 1979	portant extension au département de Saint-Pierre-et-Miquelon de certaines dispositions réglementaires (règlement d'administration publique et décrets en Conseil d'État) pénales et de procédure pénale. Art. R. 250.
Décret n. 79-697 du 8 août 1979	portant règlement d'administration publique modifiant l'article R. 79 du Code de procédure pénale. Art. R. 79.
Décret n. 80-237 du 27 mars 1980	portant règlement d'administration publique complétant l'article R. 79 du Code de procédure pénale. Art. R. 79.
Décret n. 80-629 du 4 août 1980	modifiant l'article R. 165 du Code de procédure pénale relatif aux droits de copie des pièces de procédure. Art. R. 165.
Décret n. 81-70 du 28 janvier 1981	modifiant le Code de procédure pénale (2e partie) et relatif aux frais de justice. Art. R. 147, R. 216, R. 217, R. 226.
Décret n. 81-384 du 22 avril 1981	modifiant le Code de procédure pénale (2e partie : règlement d'administration publique et décrets en Conseil d'État) et relatif aux frais de justice. Art. R. 182.
Décret n. 81-512 du 12 mai 1981	relatif à la protection et au contrôle des matières nucléaires. Art. R. 79.

Décrets en Conseil d'État	Articles du Code
Décret n. 81-1003 du 6 novembre 1981	pris pour l'application de la Loi n. 80-2 du 4 janvier 1980 relative à l'automatisation du casier judiciaire et modifiant certaines dispositions du Code de procédure pénale. Art. R. 62 à R. 65, R. 66-1 à R. 71, R. 75-1, R. 76, R. 78-1, R. 79, R. 81, R. 84, R. 88.
Décret n. 82-953 du 10 novembre 1981	modifiant l'article R. 97 du Code de procédure pénale relatif aux frais de translation des personnes. Art. R. 97.
Décret n. 83-455 du 2 juin 1983	relatif au régime financier des secrétariats-greffes des cours et tribunaux et modifiant certaines dispositions du Code de procédure pénale. Art. R. 19, R. 20, R. 23-1, R. 24, R. 39, R. 91, R. 93, R. 105, R. 134, R. 146, R. 149, R. 209, R. 214, R. 216, R. 218, R. 219, R. 227, R. 232 à R. 235, R. 237 à R. 240, R. 248, R. 249.
Décret n. 83-1154 du 23 décembre 1983	fixant les modalités d'application de l'article 43-3-3° bis du Code pénal. Art. R. 147-1.
Décret n. 83-1155 du 23 décembre 1983	pris pour l'application de l'article 470-1 du Code de procédure pénale et modifiant ce code (2e partie : décrets en Conseil d'État) et le nouveau Code de procédure civile. Art. R. 50.
Décret n. 83-1156 du 23 décembre 1983	modifiant le Titre XIV du Livre IV du Code de procédure pénale (2e partie : décrets en Conseil d'État) relatif au recours en indemnité ouvert à certaines victimes de dommages résultant d'une infraction. Art. R. 50-1, R. 50-1-1, R. 50-7, R. 50-10, R. 50-12, R. 50-13, R. 50-15, R. 50-18, R. 50-19, R. 50-22 à R. 50-24.
Décret n. 84-255 du 9 avril 1984	modifiant le Décret n. 72-809 du 1er septembre 1982 portant application de la Loi n. 72-11 du 3 janvier 1972 relative à l'aide judiciaire et à l'indemnisation des commissions et désignations d'office et l'article R. 40-2 du Code de procédure pénale. Art. R. 40-2.
Décret n. 84-289 du 19 avril 1984	modifiant le Code de procédure pénale (2e partie) et relatif aux frais de justice. Art. R. 181.

Décrets en Conseil d'État	Articles du Code
Décret n. 85-913 du 29 août 1985	modifiant certaines dispositions du Code de procédure pénale (2ᵉ partie : décrets en Conseil d'État) et relatif au casier judiciaire. Art. R. 77, R. 79, R. 80, R. 80-1, R. 82, R. 83, R. 89.
Décret n. 86-750 du 26 mai 1986	modifiant le Code de procédure pénale (2ᵉ partie : décrets en Conseil d'État) et relatif au casier judiciaire. Art. R. 69, R. 73.
Décret n. 86-773 du 17 juin 1986	modifiant le Code de procédure pénale (2ᵉ partie : décrets en Conseil d'État) et relatif aux listes spéciales des jurés suppléants. Art. R. 41-1.
Décret n. 87-604 du 31 juillet 1987	relatif à l'habilitation des personnes auxquelles peuvent être confiées certaines fonctions dans les établissements pénitentiaires et complétant l'article R. 79 du Code de procédure pénale. Art. R. 79.
Décret n. 88-600 du 6 mai 1988	modifiant le Code de procédure pénale (deuxième partie : Décrets en Conseil d'Etat) et le Code de l'organisation judiciaire et relatif aux frais de justice. Art. R. 92, R. 93, R. 121, R. 121-1, R. 128, R. 145, R. 147, R. 179, R. 182, R. 201, R. 208, R. 214, R. 218, R. 221, R. 222, R. 223, R. 224-1, R. 224-2, R. 225 à R. 235, R. 236, R. 241, R. 249. (Les articles R. 176, R. 178, R. 180 et R. 196, le 3° et du 6° au 10° de l'article R. 200, l'article R. 213, le 8° de l'article R. 241 du Code de procédure pénale et l'article 4 du Décret n. 76-998 du 4 novembre 1976 sont abrogés).
Décret n. 88-949 du 6 octobre 1988	relatif à l'habilitation des personnes physiques, établissements, services ou organismes publics ou privés auxquels l'autorité judiciaire confie habituellement des mineurs. Art. R. 79-23°.
Décret n. 88-986 du 17 octobre 1988	modifiant le Code de procédure pénale (deuxième partie : Décrets en Conseil d'État) et relatif à l'attribution de la qualité d'agent de police judiciaire aux enquêteurs et aux personnels en tenue de la police nationale mentionnés à l'article 20 (5ᵉ) dudit code : Art. R. 15-17.

Décrets en Conseil d'État	Articles du Code
Décret n. 89-989 du 29 décembre 1989	relatif aux amendes applicables à certaines contraventions de police : Art. 4, voir CPP, art. R. 49-7.
Décret n. 90-21 du 4 janvier 1990	modifiant l'article R. 121-1.
Décret n. 90-226 du 13 mars 1990	relatif à la rémunération des interprètes prêtant leur concours en application de l'article 35 bis de l'Ord. n. 45-2658 du 2 nov. 1945 : Art. 1er I, voir CPP, art. R. 93 ; Art. 1er II, voir CPP, art. R. 122.
Décret n. 90-388 du 10 mai 1990	relatif à la procédure d'amende forfaitaire minorée, voir CPP, art. R. 49-9 à R. 49-13.
Décret n. 90-485 du 13 juin 1990	relatif aux listes spéciales des jurés suppléants : Art. 1er, voir CPP, art. 41-1.
Décret n. 90-1121 du 21 décembre 1990	relatif à l'indemnisation des victimes et actes de terrorisme et d'autres infractions, modifiant le Titre XIV du Livre IV du Code de procédure pénale. Art. 1er, voir CPP, art. R. 50-9 ; Art. 2, voir CPP, art. R. 50-10 ; Art. 3, voir CPP, art. R. 50-12 ; Art. 4, voir CPP, art. R. 50-14 ; Art. 5, voir CPP, art. R. 50-15 ; Art. 6, voir CPP, art. R. 50-22 ; Art. 7, voir CPP, art. R. 50-24 ; Art. 8, voir CPP, art. R. 50-25 ; Art. 9, voir CPP, art. R. 50-28 ; Art. 10, voir CPP, art. R. 50-14, R. 50-17, R. 50-19, R. 50-26, R. 50-27 ; Art. 11, voir CPP, art. R. 92-15.
Décret n. 91-1266 du 19 décembre 1991	portant application de la Loi n. 91-647 du 10 juillet 1991, relative à l'aide juridique. Art. 162-I, voir CPP, art. R. 93 ; Art. 162-II, voir CPP, art. R. 216 ; Art. 162-III, voir CPP, art. R. 224-2 ; Art. 162-IV, voir CPP, art. R. 241-8e.
Décret n. 92-1181 du 4 novembre 1992	modifiant les articles R. 92, R. 121 et R. 121-1 du Code de procédure pénale.
Décret n. 93-114 du 25 janvier 1993	voir art. R. 41-1.
Décret n. 93-867 du 28 juin 1993	relatif aux frais de justice. Voir CPP, art. R. 85, R. 91, R. 92, R. 93, R. 105, R. 124, R. 212, R. 217, R. 218, R. 221, R. 241, R. 249-1. – Art. 20, voir CPP, art. abrogés : R. 208, R. 209, R. 227-2, R. 232, R. 235, R. 236, R. 239, R. 240, R. 243, R. 245, R. 246, R. 247.
Décret n. 93-983 du 2 août 1993	voir art. R. 41-1.

Décrets en Conseil d'État	Articles du Code
Décret n. 94-167 du 25 février 1994	modifiant certaines dispositions de droit pénal et de procédure pénale. Voir CPP, art. R. 64, R. 65, R. 66, R. 66-1, R. 69, R. 70, R. 75, R. 76, R. 77, R. 77-1, R. 80, R. 81, R. 85, R. 90, R. 147-1.
Décret n. 94-983 du 15 novembre 1994	modifiant les articles R. 3, R. 5 et R. 7 du Code de procédure pénale relatifs à la désignation des gendarmes officiers de police judiciaire.
Décret n. 95-457 du 26 avril 1995	pris en application du titre XIII de la Loi n. 93-2 du 4 janvier 1993 portant réforme de la procédure pénale. Art. R. 42 à R. 48-2.
Décret n. 95-660 du 9 mai 1995	relatif à la procédure de traitement des situations de surendettement des particuliers pris en application du titre III du livre III du Code de la consommation. Art. R. 93.
Décret n. 95-661 du 9 mai 1995	modifiant le Code de procédure pénale (deuxième partie : Décrets en Conseil d'État) et relatif à la police judiciaire. Art. R. 15-18 à R. 15-25.
Décret n. 96-767 du 3 septembre 1996	relatif aux auditions des témoins. Art. 1, voir CPP, art. R. 15-33-1.
Décret n. 97-180 du 28 février 1997	relatif à la remise de la reproduction des pièces d'une procédure d'instruction à une personne détenue. Art. R. 15-42 à R. 15-45.
Décret n. 97-525 du 26 mai 1997	modifiant le Code de procédure pénale et relatif aux frais de justice. Art. 1, voir CPP, art. R. 117 ; Art. 2, voir CPP, art. R. 118.
Décret n. 97-1188 du 24 décembre 1997	pris pour l'application au ministère de la justice du deuxième alinéa de l'article 2 du décret n. 97-34 du 15 janvier 1997 relatif à la déconcentration des décisions administratives individuelles : Art. 18. I, voir CPP, art. R. 121 ; Art. 18. II, voir CPP, art. R. 121-1.
Décret n. 98-632 du 23 juillet 1998	modifiant les articles R. 82 et R. 84 du Code de procédure pénale et relatif aux modalités de délivrance du bulletin n. 3 du casier judiciaire. Art. 1, voir CPP, art. R. 82 ; Art. 2, voir CPP, art. R. 84.

Décrets en Conseil d'État	Articles du Code
Décret n. 99-75 du 5 février 1999	pris pour l'application de l'article 706 du Code de procédure pénale et relatif à l'exercice des fonctions d'assistant spécialisé : Art. R. 50 *bis* à R. 50 *sexies*.
Décret n. 99-203 du 18 mars 1999	modifiant le Code de procédure pénale et relatif aux frais de justice : Art. 2, voir CPP, art. R. 92 ; Art. 3, voir CPP, art. R. 93 ; Art. 4, voir CPP, art. R. 107 ; Art. 5, voir CPP, art. R. 112 et R. 129 ; Art. 6, voir CPP, art. R. 117 ; Art. 7, voir CPP, art. R. 120-2 ; Art. 8, voir CPP, art. R. 122 ; Art. 9, voir CPP, art. R. 124 ; Art. 10, voir CPP, art. R. 147 ; Art. 11, voir CPP, art. R. 147-1 ; Art. 12, voir CPP, art. R. 166 ; Art. 13, voir CPP, art. R. 200 ; Art. 14, voir CPP, art. R. 202 ; Art. 15, voir CPP, art. R. 208 ; Art. 16, voir CPP, art. R. 210 ; Art. 17, voir CPP, art. R. 213 ; Art. 18, voir CPP, art. R. 229 ; Art. 19, voir CPP, art. R. 234.
Décret n. 99-571 du 7 juillet 1999	portant modification du Code de procédure pénale et relatif au suivi socio-judiciaire : Art. 1, voir CPP, art. R. 60 à R. 61-6.
Décret n. 99-728 du 26 août 1999	modifiant le Code de procédure pénale et relatif aux listes spéciales des jurés suppléants : Art. 1, voir CPP, art. R. 41-1.
Décret n. 99-737 du 27 août 1999	modifiant l'article R. 15-30 du Code de procédure pénale.
Décret n. 99-818 du 16 septembre 1999	modifiant le Code de procédure pénale et le nouveau Code de procédure civile et relatif aux modalités de désignation et d'indemnisation des administrateurs ad hoc : Art. 15, voir CPP, art. R. 58 et R. 59 ; Art. 1-11, voir CPP, art. R. 57-1 à R. 57-9, art. R. 57-6 et R. 57-7 ; Art. 2, voir CCP, art. R. 53 à R. 53-8 ; Art. 3, voir CPP, art. R. 92 ; Art. 4, voir CPP, art. R. 130 ; Art. 5, voir CCP, art. R. 216 et R. 216-1 ; Art. 8, voir CPP, art. R. 93.
Décret n. 99-1050 du 14 décembre 1999	relatif aux diligences du ministère public en cas de poursuite des infractions sanctionnées de la peine complémentaire de confiscation du fonds de commerce : Art. 1er, voir CPP, art. R. 51, R. 51-1.

Décrets en Conseil d'État	Articles du Code
Décret n. 2000-413 du 18 mai 2000	relatif au fichier national automatisé des empreintes génétiques et au service central de préservation des prélèvements biologiques : Art. 1er, voir CPP, art. R. 53-9 à R. 53-21.
Décret n. 2000-479 du 31 mai 2000	modifiant l'article R. 81 du CPP.
Décret n. 2000-1072 du 2 novembre 2000	pris pour application de l'article 28-1 du Code de procédure pénale et relatif à la participation des agents des douanes à certaines missions de police judiciaire : Art. 1, voir CPP, art. R. 15-33-24 ; Art. 2, voir CPP, art. R. 15-33-1 à R. 15-33-23.
Décret n. 2000-1136 du 24 novembre 2000	portant modification du Code de procédure pénale et fixant les conditions d'application du II de l'article 529-4 dudit code : Art. 2, voir CPP, art. R. 49-8-I à R. 49-8-4.
Décret n. 2000-1204 du 12 décembre 2000	modifiant le Code de procédure pénale et relatif à l'indemnisation à raison d'une détention provisoire : Art. 1er voir CPP, art. R. 26 à R. 40-22.
Décret n. 2001-71 du 29 janvier 2001	modifiant le Code de procédure pénale et relatif aux délégués et aux médiateurs du procureur de la République : Art. 1er, voir CPP, art. R. 15-33-61 ; Art. 2, voir CPP, art. 15-33-30 à R. 15-33-60 ; Art. 3, voir CPP, art. R. 92 ; Art. 5, voir CPP, art. 121 ; Art. 6, voir CPP, art. R. 121-2.
Décret n. 2001-303 du 4 avril 2001	modifiant le Code de procédure pénale et relatif à l'habilitation des officiers de police judiciaire de la gendarmerie nationale au sein des offices centraux de police judiciaire : Art. 1er, voir CPP, art. R. 13 ; Art. 2, voir CPP, art. R. 14 ; Art. 3, voir CPP, art. R. 15 ; Art. 4, voir CPP, art. 15-18.
Décret n. 2001-411 du 10 mai 2001	modifiant le Code de procédure pénale et relatif à la désignation des officiers de police judiciaire de la police nationale : Art. 1er, voir CPP, art. R. 8 ; Art. 2, voir CPP, art. R. 10 ; Art. 3, voir CPP, art. R. 15-17.
Décret n. 2001-672 du 25 juillet 2001	modifiant le Code de procédure pénale, art. R. 41-1 et relatif aux listes spéciales des jurés suppléants.

Décrets en Conseil d'État	Articles du Code
Décret n. 2001-689 du 31 juillet 2001	modifiant les articles R. 155 et R. 165 du Code de procédure pénale et relatif aux règles de délivrance des pièces de procédure.
Décret n. 2001-709 du 31 juillet 2001	relatif à la commission de suivi de la détention provisoire et modifiant le Code de procédure pénale... ; Art. R. 26, R. 38, R. 40, R. 40-1, R. 40-6, R. 40-19, R. 40-20.
Décret n. 2001-742 du 23 août 2001	modifiant l'article R. 41 du Code de procédure pénale et portant transfert du siège de la cour d'assises du Vaucluse de Carpentras à Avignon.
Décret n. 2001-1321 du 27 décembre 2001	pris pour l'application de l'article 800-2 du Code de procédure pénale et relatif à l'indemnité pouvant être accordée à la suite d'un non-lieu, d'une relaxe ou d'un acquittement : Art. 1er, voir CPP, art. R. 92 ; Art. 2, voir CPP, art. R. 200 ; Art. 3, voir CPP, art. R. 249-2 à R. 249-8.
Décret n. 2002-195 du 11 février 2002	modifiant le Code de procédure pénale... et relatif aux listes de jurés des cours d'assises : Art. 1er, voir CPP, art. 41-1-A ; Art. 2, voir CPP, art. 41-1.
Décret n. 2002-479 du 3 avril 2002	portant modification du Code de procédure pénale... et relatif au placement sous surveillance électronique : Art. 1er, voir CPP, art. R. 25-1 ; Art. 2, voir CPP, art. R. 57-10 à R. 57-22.
Décret n. 2002-697 du 30 avril 2002	modifiant le Code de procédure pénale... et relatif au Fichier national automatisé des empreintes génétiques : Art. 2, voir CPP, art. R. 53-10, R. 53-20 et R. 53-21.
Décret n. 2002-801 du 3 mai 2002	modifiant le Code de procédure pénale... et relatif à l'habilitation des délégués et médiateurs du procureur de la République, des contrôleurs judiciaires et des enquêteurs de personnalité et à l'amende forfaitaire : Art. 1er, voir CPP, art. R. 15-33-30 ; Art. 1er-II, voir CPP, art. R. 15-33-32 ; Art. 1er-III, voir CPP,

Décrets en Conseil d'État	Articles du Code
Décret n. 2002-801 du 8 mai 2002	art. R. 15-33-33 ; Art. 2-I, voir CPP, art. R. 15-35 ; Art. 2-II, voir CPP, art. R. 15-39 ; Art. 3, voir CPP, art. R. 16 ; Art. 4, voir CPP, art. R. 48-1 ; Art. 5, voir CPP, art. R. 49-8-5 ; Art. 6, voir CPP, art. R. 49-10 ; Art. 7, voir CPP, art. R. 49-13 ; Art. 8-I, voir CPP, art. R. 1er ; Art. 8-II, voir CPP, art. R. 15-19 ; Art. 8-III, voir CPP, art. R. 15-33-43 ; Art. 8-IV, voir CPP, art. R. 15-33-55 ; Art. 8-V, voir CPP, art. R. 15-33-57 ; Art. 8-VI, voir CPP, art. R. 15-34, R. 16, R. 16-1, R. 17-1, R. 17-2, R. 17-3, R. 17-4, R. 17-5, R. 18, R. 18-1, R. 25 ; Art. 9-I, voir CPP, art. R. 50 ; Art. 9-II, voir CPP, art. R. 50-23 ; Art. 10-I, voir CPP, art. R. 98 ; Art. 10-II, voir CPP, art. R. 116-1 ; Art. 10-III, voir CPP, art. R. 21 ; Art. 10-IV, voir CPP, art. R. 121-1 ; Art. 10-V, voir CPP, section IV, chap. II, titre X ; Art. 10-VI, voir CPP, art. R. 155 ; Art. 10-VII, voir CPP, art. R. 199 ; Art. 10-VIII, voir CPP, art. R. 224-1.
Décret n. 2002-1067 du 5 août	modifiant l'article R. 181 du Code de procédure pénale et le décret n. 96-887 du 10 octobre 1996 et relatif aux émoluments alloués aux huissiers de justice et à l'aide juridique : Art. 1er, voir CPP, art. R. 181.

Décrets	Articles du Code
Décret n. 59-822 du 10 juillet 1959	Art. D. 53.
Décret n. 60-134 du 12 février 1960	D. 43.
Décret n. 60-898 du 24 août 1960	modifiant le Code de procédure pénale, 3e partie. Art. D. 11 à D. 16, D. 28, D. 30, D. 47, D. 48, D. 54, D. 76, D. 115, D. 116, D. 128, D. 136, D. 188, D. 329, D. 418, D. 421, D. 454, D. 477, D. 490, D. 491 à D. 496, D. 508, D. 540, D. 597.
Décret n. 62-672 du 13 juin 1962	Art. D. 237.
Décret n. 62-1144 du 3 octobre 1962	Art. D. 279-1.
Décret n. 64-119 du 4 février 1964	Art. D. 115, D. 599.
Décret n. 64-421 du 14 mai 1964	Art. D. 235 à D. 240.

Décrets	Articles du Code
Décret n. 64-735 du 20 juillet 1964	Art. D. 86, D. 128, D. 131, D. 152, D. 155, D. 176, D. 216, D. 229, D. 322, D. 324, D. 326 à D. 329, D. 332, D. 345, D. 391, D. 392, D. 403, D. 415, D. 515, D. 520, D. 524, D. 527, D. 528, D. 536, D. 537.
Décret n. 65-129 du 19 février 1965	Art. D. 237, D. 520, D. 522, D. 524, D. 525.
Décret n. 65-758 du 26 août 1965	Art. D. 192.
Décret n. 66-656 du 1 septembre 1966	Art. D. 54.
Décret n. 66-730 du 30 septembre 1966	Art. D. 115.
Décret n. 67-718 du 18 août 1967	Art. D. 115.
Décret n. 68-645 du 9 juillet 1868	Art. D. 47-1.
Décret n. 69-275 du 24 mars 1969	Art. D. 115.
Décret n. 70-696 du 31 juillet 1970	Art. D. 185.
Décret n. 71-274 du 15 avril 1971	Art. D. 111, D. 112, D. 323, D. 331.
Décret n. 71-769 du 16 septembre 1971	Art. D. 490, D. 491, D. 496.
Décret n. 72-852 du 12 septembre 1972	Art. D. 17, D. 53, D. 54, D. 56, D. 59, D. 62, D. 69-1, D. 70, D. 73, D. 74, D. 76, D. 77, D. 80, D. 83, D. 83-1, D. 89, D. 91, D. 96, D. 97, D. 98, D. 99, D. 100, D. 101, D. 102, D. 103, D. 106, D. 107, D. 108, D. 116, D. 119, D. 124, D. 136, D. 137, D. 139, D. 143, D. 144, D. 145, D. 146, D. 148, D. 149, D. 150, D. 151, D. 153, D. 169, D. 170, D. 171, D. 176, D. 177, D. 180, D. 191, D. 194, D. 195, D. 196, D. 198, D. 199 à D. 215, D. 217, D. 221, D. 229, D. 237, D. 244 à D. 246, D. 248, D. 249, D. 250, D. 250-1, D. 252, D. 254, D. 255, D. 263, D. 266, D. 267, D. 270, D. 284, D. 302, D. 322, D. 332, D. 333, D. 335, D. 350, D. 354, D. 361 à D. 363, D. 380, D. 391, D. 401, D. 403 à D. 405, D. 410, D. 414, D. 415, D. 417, D. 422, D. 424-1, D. 426, D. 431, D. 432, D. 437, D. 439, D. 449-1, D. 453, D. 454, D. 473, D. 480, D. 489, D. 515 à D. 520, D. 528, D. 534, D. 536, D. 570.
Décret n. 73-281 du 7 mars 1973	Art. D. 54, D. 66, D. 115, D. 152, D. 167, D. 168, D. 411, D. 419, D. 466, D. 479, D. 480, D. 520, D. 526 à D. 530, D. 532 à D. 539, D. 540, D. 597.

Décrets	Articles du Code
Décret n. 74-1184 du 31 décembre 1974	relatif aux experts judiciaires. Art. D. 37 à D. 42.
Décret n. 75-128 du 7 mars 1975	Art. D. 111 à D. 114, D. 319, D. 320, D. 322 à D. 334, D. 421, D. 489.
Décret n. 75-402 du 23 mai 1975	Art. D. 54, D. 61, D. 67, D. 69-1, D. 70, D. 70-1, D. 70-2, D. 71, D. 72, D. 73, D. 75, D. 80, D. 81, D. 82, D. 85, D. 94, D. 95, D. 95-1, D. 97, D. 101, D. 121, D. 137, D. 142, D. 143, D. 144, D. 145, D. 146, D. 147, D. 160, D. 169, D. 172, D. 180, D. 192, D. 193, D. 216-1, D. 241, D. 248, D. 249, D. 250, D. 250-1, D. 251, D. 251-1, D. 252, D. 253, D. 254, D. 257-1, D. 261, D. 262, D. 266, D. 284, D. 300, D. 309, D. 318, D. 347 à D. 348-1, D. 358, D. 405, D. 405-1, D. 406, D. 414-1, D. 417, D. 418, D. 424, D. 425, D. 431, D. 438, D. 444 à D. 449, D. 452, D. 455, D. 456, D. 469, D. 477, D. 489, D. 517, D. 571.
Décret n. 75-972 du 23 octobre 1975	Art. D. 490 à D. 496.
Décret n. 77-1294 du 25 novembre 1977	Art. D. 96, D. 142, D. 444, D. 528.
Décret n. 78-460 du 28 mars 1978	Art. D. 323 à D. 325, D. 328.
Décret n. 79-37 du 10 janvier 1979	Art. D. 599.
Décret n. 79-534 du 3 juillet 1979	Art. D. 83-1, D. 96, D. 116, D. 117-1, D. 118, D. 119, D. 124, D. 125, D. 131, D. 142, D. 142-1, D. 148, D. 151, D. 293, D. 401, D. 401-1, D. 425, D. 426, D. 508, D. 544-1 à D. 544-4.
Décret n. 80-238 du 1 avril 1980	Art. D. 406.
Décret n. 81-40 du 16 janvier 1981	Art. D. 480.
Décret n. 83-48 du 26 janvier 1983	Art. D. 51, D. 55, D. 57, D. 61, D. 71, D. 72, D. 73, D. 73-1, D. 74, D. 75, D. 76, D. 80, D. 90, D. 97, D. 117-1, D. 121, D. 137, D. 152, D. 155, D. 156, D. 169. D. 170, D. 177, D. 178, D. 180, D. 184, D. 189, D. 196, D. 222, D. 237, D. 246, D. 249, D. 250, D. 265, D. 284, D. 296, D. 297, D. 300, D. 309, D. 310, D. 338, D. 347 à D. 348-1, D. 372, D. 378, D. 385, D. 391, D. 403, D. 405, D. 405-1, D. 414, D. 414-1, D. 417, D. 423, D. 426, D. 428, D. 445, D. 449, D. 449-1, D. 460, D. 465, D. 466, D. 478, D. 489, D. 490, D. 493, D. 497 à D. 504, D. 510, D. 517, D. 520, D. 521, D. 528.

Décrets	Articles du Code
Décret n. 83-1164 du 23 décembre 1983	Art. D. 20 à D. 22.
Décret n. 84-77 du 30 janvier 1984	Art. D. 177, D. 250, D. 370, D. 473, D. 516.
Décret n. 84-584 du 3 juillet 1984	Art. D. 54.
Décret n. 84-809 du 28 août 1984	modifiant les articles D. 526 et D. 535 du Code de procédure pénale. Art. D. 526, D. 535.
Décret n. 85-49 du 15 janvier 1985	modifiant les articles D. 520 à D. 524 du Code de procédure pénale. Art. D. 520 à D. 524.
Décret n. 85-836 du 6 août 1985	modifiant certaines dispositions du Code de procédure pénale (3e partie : décrets). Art. D. 32-1, D. 49-1, D. 50, D. 53 à D. 55-1, D. 57, D. 60, D. 69-1, D. 70, D. 70-1, D. 71, D. 73 à D. 78, D. 80 à D. 82, D. 87, D. 92, D. 98, D. 101, D. 103, D. 104, D. 106, D. 107, D. 110, D. 115, D. 116-1, D. 117-1, D. 119, D. 122, D. 126, D. 127, D. 131 à D. 135, D. 142, D. 145, D. 157, D. 159, D. 162, D. 178, D. 180, D. 182, D. 183, D. 193, D. 198, D. 217, D. 221, D. 222, D. 229, D. 248, D. 250, D. 254, D. 266, D. 270, D. 275, D. 280, D. 284 à D. 286, D. 300, D. 316, D. 318, D. 321, D. 336, D. 337, D. 372-1 à D. 372-3, D. 375, D. 379, D. 401, D. 401-1, D. 416, D. 421, D. 429, D. 432, D. 440 à D. 443, D. 445, D. 446, D. 452 à D. 455, D. 458, D. 460 à D. 476, D. 478 à D. 483, D. 485, D. 486, D. 516, D. 526, D. 527-1, D. 528, D. 530, D. 532 à D. 534, D. 536, D. 537, D. 542, D. 543, D. 570.[j53D. 532 à D. 534, D. 536, D. 537, D. 542, D. 543, D. 570.
Décret n. 86-462 du 14 mars 1986	modifiant certaines dispositions du Code de procédure pénale (3e partie : décrets). Art. D. 106, D. 131, D. 136, D. 138, D. 139, D. 152, D. 153, D. 216-1, D. 255, D. 427, D. 527, D. 533, D. 536, D. 538, D. 539, D. 540, D. 541, D. 545 à D. 568, D. 571 à D. 599.
Décret n. 93-347 du 15 mars 1993	modifiant certaines dispositions du Code de procédure pénale (3e partie : décrets, V). Art. D. 220, D. 347.

Décrets	Articles du Code
Décret n. 94-1032 du 23 novembre 1994	fixant la liste et le ressort des cours d'assises compétentes en matière de trafic de stupéfiants. Art. D. 47-2 ; Tableau Annexe.
Décret n. 96-74 du 25 janvier 1996	modifiant le Code de procédure pénale et relatif à la police judiciaire. Art. D. 2-1 à D. 8-2, D. 12.
Décret n. 96-287 du 2 avril 1996	relatif au régime disciplinaire des détenus. Art. D. 117-2, D. 167 à D. 175, D. 245, D. 246, D. 249 à D. 251-8, D. 262, D. 283-1 à D. 283-6.
Décret n. 96-305 du 10 avril 1996	modifiant le Code de procédure pénale et relatif à la médiation pénale. Art. D. 15-1 à D. 15-8.
Décret n. 96-651 du 22 juillet 1996	relatif à l'exécution des peines d'emprisonnement et à l'interdiction de séjour et modifiant certaines dispositions du Code de procédure pénale. Art. D. 49-1, D. 542, D. 571, D. 571-1, D. 571-2, D. 571-3.
Décret n. 96-694 du 6 août 1996	relatif à l'Office central pour la répression de l'immigration irrégulière et de l'emploi des étrangers sans titre. Art. D. 3, D. 4, D. 8, D. 8-1, D. 12.
Décret n. 97-285 du 25 mars 1997	modifiant le décret n. 75-432 du 2 juin 1975 instituant l'office central pour la répression du vol d'œuvres et objets d'art ainsi que l'article D. 8-1 du Code de procédure pénale. Art. D. 8-1.
Décret n. 98-1099 du 8 décembre 1998	modifiant le Code de procédure pénale (3e partie : Décrets) et relatif à l'organisation et au fonctionnement des établissements pénitentiaires : Art. D. 32-1, D. 49, D. 50, D. 55-1, D. 56, D. 64, D. 67, D. 70 à D. 82-4, D. 83, D. 84, D. 85, D. 86, D. 89, D. 90, D. 93, D. 94, D. 95, D. 95-1, D. 97, D. 98, D. 99, D. 101, D. 103, D. 104, D. 105, D. 106, D. 109, D. 109-1, D. 113, D. 116, D. 117-1, D. 119, D. 120, D. 121, D. 121-1, D. 122, D. 123, D. 124, D. 125, D. 126, D. 127, D. 128, D. 129, D. 130, D. 131, D. 132, D. 133, D. 134, D. 136, D. 137, D. 139, D. 143, D. 143-1, D. 152, D. 153, D. 155, D. 156, D. 158, D. 159, D. 160, D. 161, D. 162, D. 163, D. 164, D. 165, D. 166,

Décrets	Articles du Code
Décret n. 98-1099 du 8 décembre 1998	D. 167, D. 176, D. 178, D. 180, D. 182,D. 183, D. 184, D. 187, D. 188, D. 189, D. 191, D. 192, D. 193, D. 196, D. 198, D. 216, D. 220, D. 221, D. 223, D. 227, D. 229, D. 232, D. 237, D. 243, D. 252, D. 253, D. 255, D. 256, D. 259, D. 262, D. 263, D. 265, D. 266, D. 269, D. 270, D. 272, D. 273, D. 274 à D. 276-1, D. 277, D. 278, D. 279-1, D. 280, D. 283-1, D. 283-3, D. 283-4, D. 284, D. 285, D. 287, D. 290, D. 291, D. 292, D. 293, D. 294, D. 300, D. 301, D. 303, D. 306, D. 312, D. 314, D. 316, D. 318, D. 319, D. 320, D. 321, D. 323, D. 324, D. 333, D. 334, D. 335, D. 336, D. 338, D. 340, D. 341, D. 343, D. 344, D. 346, D. 348, D. 348-1 à D. 348-4, D. 352, D. 357, D. 358, D. 359, D. 360 à 402-1, D. 403, D. 404, D. 405, D. 405-1, D. 409, D. 414, D. 416, D. 422, D. 427, D. 428, D. 430, D. 430-1, D. 431, D. 433, D. 434, D. 434-1, D. 435, D. 438, D. 439, D. 440, D. 441 à D. 441-2, D. 443 à D. 445, D. 446, D. 447, D. 454 à D. 459-3, D. 460, D. 461, D. 470, D. 472, D. 473, D. 476, D. 478, D. 483, D. 485, D. 486, D. 490, D. 493, D. 494, D. 495, D. 506, D. 507, D. 508, D. 509, D. 510, D. 511, D. 514, D. 516, D. 518, D. 528, D. 530, D. 531, D. 532, D. 534, D. 535, D. 570, D. 578, D. 580, D. 581, D. 585, D. 592, D. 594, D. 597, D. 598.
Décret n. 98-1203 du 28 décembre 1998	modifiant le Code de procédure pénale (3e partie : Décrets) et relatif à la notation et au contrôle de l'activité judiciaire des officiers de police judiciaire : Art. D. 44 à D. 47.
Décret n. 99-276 du 13 avril 1999	modifiant le Code de procédure pénale (3e partie : Décrets) et portant création des services pénitentiaires d'insertion et de probation : Art. D. 76, D. 79, D. 94, D. 162, D. 196-1, D. 198, D. 219, D. 255, D. 285, D. 401, D. 429, D. 440, D. 441-1, D. 441-2, D. 446, D. 457, D. 459-1, D. 460 à D. 465, D. 472, D. 473, D. 474, D. 478, D. 479, D. 482, D. 483, D. 532, D. 533, D. 535, D. 542, D. 544, D. 572 à D. 587.

Décrets	Articles du Code
Décret n. 2000-1213 du 13 décembre 2000	portant modification du Code de procédure pénale (troisième partie : Décrets) et relatif à l'application des peines : Art. D. 32-1, D. 49-1, D. 77, D. 78, D. 116 à D. 116-16, D. 117-2, D. 119, D. 120, D. 124, D. 133, D. 142, D. 145, D. 237, D. 411, D. 419, D. 520 à D. 529-2, D. 540, D. 541, D. 570.
Décret n. 2000-1388 du 30 décembre 2000	relatif à l'application des peines : Art. 2, voir CPP, art. D. 116-3, D. 116-9, D. 116-4 ; Art. 3, voir CPP, art. D. 116-6, D. 116-8, D. 116-9, D. 116-10 à D. 116-12 ; Art. 4, voir CPP, art. D. 116-10 à D. 116-12, D. 116-17, D. 116-24, D. 117-2, D. 124 ; Art. 5, voir CPP, art. 722 et D. 116-8 ; Art. 6, voir CPP, art. 722, 502, 503 et D. 116-9 ; Art. 7, voir CPP, art. D. 116-14 ; Art. 8, voir CPP, art. D. 116-16, D. 529-2.
Décret n. 2001-475 du 30 mai 2001	modifiant le Code de procédure pénale : Art. 1er, voir CPP, art. D. 8-1 ; Art. 2, voir CPP, art. D. 15-1 à D. 15-8.
Décret n. 2002-223 du 20 février 2002	modifiant le Code de procédure pénale : Art. 1er, voir CPP, art. D. 1-II.
Décret n. 2002-619 du 26 avril 2002	modifiant le Code de procédure pénale... et complétant les dispositions relatives à l'application des peines : Art. 1er, voir CPP, art. D. 147-1 à D. 147-5 ; Art. 2, voir CPP, art. D. 49-1 ; Art. 3-I, voir CPP, art. D. 116-10-1 ; Art. 3-II, voir CPP, art. D. 528-1 ; Art. 4, voir CPP, art. D. 116-16 ; Art. 5, voir CPP, art. D. 116-16-1 ; Art. 6, voir CPP, art. D. 524 ; Art. 7, voir CPP, art. D. 534 ; Art. 8, voir CPP, art. D. 541.
Décret n. 2002-663 du 30 avril 2002	modifiant le Code de procédure pénale et portant création des centres pour peines aménagées : Art. 1er, voir CPP, art. D. 70 ; Art. 2, voir CPP, art. D. 72-1 ; Art. 3, voir CPP, art. D. 80 ; Art. 4, voir CPP, art. D. 81 ; Art. 5, voir CPP, art. D. 82-2 ; Art. 6, voir CPP, art. D. 97-1 ; Art. 7, voir CPP, art. D. 146-1 ; Art. 7, voir CPP, art. D. 146-1 ; Art. 8, voir CPP, art. D. 417.

Décrets	Articles du Code
Décret n. 2002-730 du 3 mai 2002	modifiant le Code de procédure pénale... et relatif à l'office central chargé des disparitions inquiétantes des personnes : Art. 1er, voir CPP, art. D. 8-1.

TABLE DES TEXTES COMPLÉMENTAIRES

INDEX ALPHABÉTIQUE

– Les chiffres ne comportant pas d'autre indication, renvoient aux articles de la partie législative du Code de procédure pénale.
– Les chiffres précédés de la lettre R, D, A renvoient aux articles de la partie réglementaire du code : respectivement aux décrets en Conseil d'État, aux décrets ou aux arrêtés.
– Les chiffres romains qui suivent l'abréviation « Ann. » sont ceux des numéros des annexes. Cette référence est elle-même suivie de celle qui renvoie à la page de l'ouvrage.
– Les renvois aux textes complémentaires sont indiqués par la date de la loi ou du décret suivie du numéro de la page de l'ouvrage.
– Les mots en caractères gras correspondent à une rubrique principale de l'ouvrage.
– Les mots précédés d'un tiret, correspondent à une sous-rubrique ; ceux qui sont précédés d'un point concernent un élément plus précis de cette sous-rubrique.

A

B

C

D

E

F

G

H

I

J

L

M

N

R

S

U

V

Traitement informatique par JOUVE
11, bd de Sébastopol, 75001 Paris

Achevé d'imprimer en octobre 2002
sur les presses de Normandie Roto Impression s.a.s.
à Lonrai (Orne)
N°d'imprimeur : 02-2347
Dépôt légal : octobre 2002

Imprimé en France